# 회 사 법

## [제 8 판]

### 김 정 호

法 文 社

# Corporation Law

## 8th edition

Jeong-Ho Kim

2023

Bobmunsa

Paju Bookcity, Korea

# 제8판 머리말

제7판이 나온 지 2년 만에 제8판을 내놓게 되었다. 그 사이 성문법규의 변화는 많지 않았지만 판례법의 변화는 역동적이었다. 법인격의 역부인을 다룬 2019다293449, 주주간 계약의 효력을 다룬 2019다274639, 차입금에 의한 자기주식취득의 효력을 다룬 2017두63337, 주권발행전 주식양도시 권리회복의 법률관계를 다룬 2020다239366, 소수주주의 총회소집 신청시 총회결의사항이 아닌 것을 그 대상으로 할 수 없다는 2022그501, 회계장부와 서류의 열람청구관계를 다룬 2019다270163, 총회결의의 부존재 또는 무효확인의 소를 수인이 공동으로 제기할 경우 해당 소송의 법적 성격을 다룬 2020다284977(전합), 철강회사 대표이사에 대해 내부통제시스템구축의무 위반을 이유로 회사에 대해 손해배상책임을 인정한 2017다222368(유니온스틸), 모든 이사에 대해 내부통제책임을 인정하면서도 사외이사에 대한 책임발생요건은 별도로 설시한 2021다279347(대우건설), 대표권의 전단적 행사시 제3자 보호요건을 선의·무과실에서 선의·무중과실로 변경한 2015다45451(전합), 대표권의 전단적 행사와 대표권 남용간의 관계를 다룬 2017다253829, 상법 제385조 제1항상의 이사에 퇴임이사는 포함되지 않는다는 2020다285406, 상장사에 있어 자기거래의 효력을 다룬 2017다261943, 신주의 제3자 배정과 비례의 원칙에 관한 2020카합22150(한진칼) 등 새로운 판례가 다수 반영되었다. 그 외에도 크고 작은 국외 판례들이 관련 국내 판례와 함께 소개되었다. 특히 기후변화소송에 관한 헤이그지방법원의 로열더치셸 사건, 내부통제시스템에 관한 독일의 지멘스사건, 내부통제실패 사례로 유명한 영국 베어링스은행사건, 미국 델라웨어주의 블루벨 아이스크림 및 보잉 등 내부통제관련 사건, 일본 다이와은행사건 등이 추가되었다.

회사법은 워낙 역동적인 분야여서 학계의 동향도 분주하였다. 제8판에서는 국내외 학계의 발전상황을 반영하였다. 오늘의 회사법에 있어 ESG 문제는 단순한 관심의 대상이 아니라 필수적 논제이며 회사법의 절체절명의 과제가 되었다. 관련된 핵심내용을 서론 부분에 추려보았다. 근자에 들어 주주간 계약과 관련된 논의 역시 판례법과 더불어 매우 활성화되었다. 출자자 전원의 동의권, 우선매수권, 동반매도청구권 등 관련 판례들도 긴박히 등장하고 있다. 대회사적 효력을 매끄럽게 설명하려면 폐쇄회사법의 성문화가 추가로 필요하다고 느껴진다. 우리은행 사건 이후 이사의 감시의무 분야는 현재 이사의 신인의무 중 가장 뜨거운 영역이 되었다. 내부통제시스템과 이사의 법적 책임에 대해서도 비교법적 접근이 시도되었다. 조직재편 분야에서는 현재 물적 분할과 쪼개기상장이 매우 뜨거운 논제이다. 관련 논점에 대해서도 새로운 언급이 추가되었다. 회사법은 역동적일 뿐만 아니라 가장 국제적인 영역이 되었고 관련 제도들은 이제 어떤 것이건 비교법적 접근이 불가피하게 되었다. 본서는 오래전부터 이러한 자세를 견지해 왔고 향후에도 변함이 없을 것임을 독자 제위께 약속드리는 바이다.

제8판을 내놓음에 있어서도 여러분들의 도움이 있었다. 법문사 사장님을 비롯하여 언제나 열과 성을 다하시는 편집부 김제원 이사님 그리고 영업부 정해찬 과장님께 감사드린다. 훌륭한 발표와 토론을 이어가고 있는 고려대학교 일반대학원생들에게도 감사의 인사를 전한다. 눈에 보이지 않는 곳에서 제8판을 준비해주신 모든 분들께 감사드리며 2023년 계묘년(癸卯年) 새해에 독자 여러분의 건강과 행복을 기원합니다.

2023년 1월

김 정 호

# 제7판 머리말

제6판이 나온 지 반년 만에 제7판을 내놓게 되었다. 지난해 12월 상법의 여러 곳이 개정되었다. 우선 지난 십수년간 치열하게 논의되던 감사위원 분리선출 및 다중대표소송제도가 마침내 우리 상법에 성문화되었다. 물론 사외이사인 감사위원의 경우 합산 3%룰은 개별 3%룰로 다소 규제의 정도가 완화되긴 하였으나 자산 2조원 이상의 상장사에서 감사위원회 위원을 선출할 경우 최소 1명은 분리선출하도록 의무화되었다. 다중대표소송제가 도입되어 모회사 주주는 자회사 이사를 상대로 대표소송을 수행할 수 있게 되었다. 상장사의 주주는 상장사 특례규정에 따른 소수주주권의 행사요건과 일반규정에 따른 소수주주권의 행사요건을 선택적으로 주장할 수 있게 되었다. 즉 일반적인 소수주주권의 행사요건을 만족시킨 경우에는 최소 6개월의 주식보유 없이도 권리행사가 가능해졌다. 나아가 전자투표를 실시하는 회사에 있어서는 감사 및 감사위원회 위원의 선임시 총회의 결의요건을 출석주주 의결권의 과반수로 한정하여 발행주식총수 4분의 1 이상의 요건은 적용하지 않도록 하였다. 그 외에도 배당실무상의 혼란을 해소하고 총회의 분산개최를 유도하기 위하여 영업년도말을 배당기준일로 보던 과거의 규정(구 상법 제350조 제3항)은 삭제되었다. 이번 상법개정은 기업지배구조와 기업금융 실무에 적지 않은 변화를 가져오게 될 것이다. 제7판에서는 이러한 성문법규의 변화를 두루 반영하였다.

성문규정의 변화뿐만 아니라 지난해에는 판례법의 발전 역시 역동적이었다. 적지 않은 수의 최고 심급 판례가 쏟아졌다. 소규모 주식회사에 있어 자기거래승인의 적법 요건을 다룬 2019다205398, 지배주주가 주식매도청구권을 행사할 경우 주식 전부에 대해 권리를 행사해야 한다는 2018다224699, 직무집행정지의 가처분이 있을 경우 이 결정은 이사 등의 직무집행을 정지시킬 뿐 이로 인하여 이사 등의 임기가 정지되거나 가처분결정의 존속기간만큼 그것이 연장되는 것이 아니라는 2018다249148, 명의주주인 양도담보권자의 주주권행사를 긍정한 2020마5263 등이 그것이다. 그 외에도 주주평등의 원칙(2018다236241), 일인회사와 의사록작성(2016다241515, 241522), 주주명부 작성의 의미(2017다278385) 등 주목할 만한 판례가 쏟아졌다. 나아가 비록 대법원의 최종 판결도 아니고 아직 확정된 것도 아니지만 우리나라에서도 마침내 내부통제시스템 구축 및 운영의무를 제대로 이행한 경우 회사에 대한 손해배상책임에서 벗어난다는 법원의 판단이 나왔다(서울중앙지법 2020. 9. 17. 선고 2014가합535259). 매우 반가운 판결이 아닐 수 없다. 경영판단의 원칙은 그 요건이 충족될 경우 적극적인 의사결정에 있어 이사를 면책시키지만 내부통제시스템 구축의무는 소극적 감시의무 부분에서 이와 유사한 기능을 수행한다. 본 판결은 이를 최초로 인정한 국내 사례가 될 것이다. 제7판에서는 이러한 판례법의 발전을 반영하였다.

제7판을 내면서도 적지 않은 분들의 도움이 있었다. 법문사 사장님을 비롯하여 편집을 주도하신 김제원 이사님과 영업부 정해찬 과장님께 감사드린다. 이번 학기에도 태예영 양은 연구실 조교로서 많은 일들을 도왔다. 태 변호사의 대성을 기원한다. 수업시간중 적지 않은 의견제시와 좋은 발표를 해 준 고려대 로스쿨생들과 일반대학원생에게도 감사의 인사를 전한다. 코로나19가 1년 이상 지속되는 초유의 상황 속에서도 묵묵히 제7판을 준비해주신 모든 분들께 진심 어린 감사의 인사를 드리며 2021 신축년(辛丑年) 독자 여러분의 건승을 기원합니다.

2021년 1월
고려대학교 법학전문대학원 연구실에서
김 정 호

# 제6판 머리말

제5판이 나온 후 약 1년반 만에 제6판을 내게 되었습니다. 제6판에서는 그간 새로이 등장한 판례법과 학설들을 반영하였습니다. 2019년 9월부터는 국내에서도 전자증권제도가 시행되었고 외국의 학설들도 더 깊이 있게 전개되고 있습니다. (주)삼협교역 주주대표소송(2016다16191), (주)외환은행 주주대표소송(2017다35717), 후쿠오카어시장 주주대표소송(日本最高裁判所『判例時報』2213号, 123頁) 및 Abouraya v. Sigmund ([2014] EWHC 277) 사건 등 회사법의 영역에서는 국내외를 가리지 않고 판례법도 활발히 전개되고 있습니다. 제6판에서도 이러한 새로운 동향을 반영하였습니다.

제6판을 내면서도 고마운 분들의 도움을 받았습니다. 법문사 사장님을 비롯하여 코로나19 사태 속에서도 개정의 전반적인 편집을 주도하신 김제원 이사님과 영업부 정해찬 과장님께 감사드립니다. 고려대 대학원 석사과정에 재학중인 중국변호사 태예영 양은 이번 학기 연구조교로서 많은 도움을 주었습니다. 태 양의 대성을 기원합니다. 수업시간 중 적지 않은 의견제시와 좋은 발표를 해준 고려대 로스쿨생들과 일반대학원생들에게도 감사의 인사를 전합니다. 코로나19라는 사상 초유의 상황 속에서도 묵묵히 제6판을 준비해주신 모든 분들께 감사드리며 독자 여러분의 건승을 기원합니다.

2020년 6월 25일
고려대학교 법학전문대학원 연구실에서
김 정 호

# 제5판 머리말

　제5판이 나오기까지 적지 않은 시간이 흘렀습니다. 제5판에서는 그간 새로이 등장한 판례 및 학설을 반영하였습니다. 특히 2017년 3월에 나온 주주명부 관련 대법원 전원합의체 판결은 여러 곳에서 많은 논의를 낳고 있습니다. 그 외에도 새로이 나온 주요 판례 및 이에 대한 학계의 목소리를 소개하였습니다. 오늘의 회사법이 글로벌 회사법을 지향하므로 주요 국가들의 입법상황이나 판례들을 국내의 그것과 비교하는 작업 역시 본서의 주요 구성부분입니다. 또한 책의 체계면에서도 바뀐 부분이 있습니다.

　제5판을 내면서도 적지 않은 분들의 도움을 받았습니다. 법문사 사장님을 비롯하여 개정의 전반적인 편집을 주도하신 김제원 이사님과 영업부 정해찬 과장님께 감사드립니다. 고려대학교 대학원 석사과정에 재학 중인 연구조교 이예진 양에게도 감사의 인사를 전합니다. 수업시간 중 적지 않은 의견제시와 좋은 발표를 해준 고려대 로스쿨생들과 일반대학원생들에게도 감사의 인사를 전합니다. 눈에 보이지 않는 곳에서 제5판을 준비해 주신 모든 분들께 감사드리며 황금돼지의 해인 2019 기해년 새해에 독자 여러분의 만복을 기원합니다.

2019년 1월 5일

고려대학교 법학전문대학원 연구실에서

김 정 호

# 제4판 머리말

제3판이 나온 지 1년 만에 다시 제4판을 내놓게 되었습니다. 제4판에서는 무기명주식제도의 폐지에 따른 2014년 개정 상법의 내용을 반영하였고 나아가 삼각분할합병, 역삼각합병, 삼각주식교환 및 간이영업양수도 등의 도입을 내용으로 하는 상법개정안을 반영하였습니다. 해당 법안은 아마도 곧 입법될 것으로 예측됩니다. 그 외에도 제4판에서는 그 사이 새로이 나온 판례와 학설들을 반영하였습니다.

제4판을 내면서도 많은 분들의 도움을 받았습니다. 법문사 사장님을 비롯하여 편집과 내용정리를 주도하신 김제원 부장님, 영업부 권혁기 대리께 감사드립니다. 고려대대학원에 재학중인 저자의 연구조교 고명수 군은 교정과 내용정리에 있어 큰 역할을 하였습니다. 고 군의 대성을 기원합니다. 눈에 보이지 않는 곳에서 제4판을 준비해주신 모든 분들께 깊이 감사드립니다. 2015년 대망의 을미년을 맞아 독자 여러분의 건강과 행복을 기원합니다.

2015년 1월 7일

고려대학교 법학전문대학원 연구실에서

김 정 호

# 제3판 머리말

제2판이 나온 지 2년 만에 다시 제3판을 내놓게 되었습니다. 제2판에서는 지난 2011년 상법 회사편의 개정내용을 주로 다루었습니다. 그러나 개정법률의 시행 초기라 해석이 미진한 부분들이 많았습니다. 제3판에서는 그 사이 제시된 학설과 2013년 말까지의 판례들을 반영하였습니다.

2013년은 회사법의 영역에서는 의미있는 한해였습니다. 회사지배구조관련 쟁점들이 경제민주화를 화두로 많은 논의를 낳았습니다. 집행임원제, 감사위원의 분리선임, 집중투표제, 전자투표제, 다중대표소송제 등 지배구조관련 논제들이 한 해를 뜨겁게 달구었습니다. 이러한 논의의 결과가 생산적인 회사법발전으로 이어지기를 희구합니다.

제3판을 내면서도 많은 분들의 도움을 받았습니다. 로스쿨 시대의 척박한 법서시장에도 불구하고 개정판을 준비해주신 법문사 사장님과 제3판에서도 편집과 내용정리를 주도하신 김제원 부장님께 감사드립니다. 고려대 대학원 박사과정 수료생으로서 저자의 연구조교인 강민국 군은 교정과 내용정리에 있어 큰 역할을 하였습니다. 강 군의 대성을 기원합니다. 아울러 고려대 법학전문대학원에서 저의 회사법강의를 수강한 주석호 군은 적지 않은 오탈자를 지적해주었습니다. 제3판이 세상에 나올 수 있도록 힘써주신 모든 분들께 감사드립니다. 2014년 대망의 새해를 독자 여러분과 함께 하기를 기약합니다.

2014년 1월 5일
고려대학교 법학전문대학원 연구실에서
김 정 호

# 제2판 머리말

초판이 나온 지 2년 만에 제2판을 내놓게 되었습니다. 개정판이 신속히 세상에 나오지 못한 점에 대하여 독자분들께 송구스런 마음 금할 길이 없습니다. 초판이 세상에 나온 지 얼마 안되어 상법 회사편의 대개정이 있었습니다. 유한책임회사의 도입, 종류주식의 다양화, 소수주식의 강제매수제도, 자기거래의 승인대상확대, 회사기회유용금지제도의 신설, 집행임원제의 도입, 합병대가의 유연화 및 준법지원인제의 도입 등 상법 회사편이 대규모로 새 모습을 띠게 되었습니다. 제2판에서는 이러한 상법전의 변화와 아울러 초판 출간 이후 나타난 판례법 및 학설의 발전을 반영하였습니다.

새로이 도입된 로스쿨 제도도 이미 제도시행 4년차를 맞게 되었습니다. 금년 초엔 제1회 변호사시험이 시행되었고, 곧 변시합격자들이 세상에 첫발을 내디디게 되었습니다. 로스쿨시대에도 본서가 묵묵히 회사법의 길잡이로서 자신의 소임을 다할 수 있기를 기원합니다.

제2판을 내면서도 많은 분들의 도움을 받았습니다. 제2판의 편집과 내용 정리를 맡아주신 법문사 김제원 부장님께 감사드립니다. 법서시장의 척박함에도 불구하고 개정판을 준비해주신 법문사 배효선 사장님, 영업부 이선욱 과장님께 감사드립니다. 코스닥협회 정진교 부장님은 책 말미의 2012년 상장회사 표준정관을 보내주셨습니다. 고려대 대학원 박사과정 수료생으로서 저자의 연구조교인 강민국 군은 교정 및 내용 정리에 있어 큰 역할을 하였습니다. 강군의 대성을 기원합니다. 제2판이 세상에 나오는 데 힘써 주신 모든 분들께 감사드립니다.

2012년 2월 22일
고려대학교 법학전문대학원 연구실에서
김 정 호

# 머 리 말

  대학강단에 선 지도 어느덧 20년이 되었다. 두려운 마음 가득하지만 강호제현의 지도편달을 기대하며 본서를 출간하게 되었다. 내용은 필자가 이미 출간한 상법강의(상) 제4판의 회사편을 기초로 하되 그간 새로이 전개된 국내외 판례법과 학설 및 성문법규의 변화발전을 새로이 반영하였다. 특히 내용의 깊이를 다지기 위하여 필자가 그간 여러 경로로 써왔던 회사법의 관련논문들을 참고문헌으로 별도 게재하였다. 로스쿨의 도입 등 법학교육전반에 걸쳐 모든 것이 변하는 격량의 와중이지만 이 변화의 물결속에서 본서가 자신의 역할을 묵묵히 수행해 줄 것을 희구한다.

  회사법은 로스쿨 시스템하에서도 상법 중 가장 중요한 과목임은 이언을 요하지 않는다. 버클리 로스쿨의 경우 회사법은 3학점 두 학기로 1년간 개설되고 있어 우리나라의 회사법 수업시간의 2배에 달한다. 이러한 것들은 향후 로스쿨의 운영과정에서 반영시킬 필요가 있다고 생각된다. 나아가 우리나라의 경우 특히 IMF사태이후 자본시장의 개방으로 회사법은 가장 국제적인 법영역이 되었다. 그중에서도 영미법의 영향은 결정적이다. 영미의 판례법은 기존의 대륙법계 법전시스템과 절묘하게 조화를 이루며 오늘 우리 회사법의 중요한 일부가 되어가고 있다. 특히 델라웨어주 Chancery Court와 Supreme Court의 회사관련 판례법은 사실상 전 세계의 대법원판례 역할을 수행하고 있다 해도 과언이 아니다. 그중에서도 이사의 신인의무(信認義務) 및 적대적 인수합병 관련 판례들은 국내 판례들을 경유하여 속속 우리 회사법의 일부가 되어가고 있다. 최근 대법원의 이사와 회사간 자기거래관련 판례(2005다4284)나 내부통제시스템구축의무와 관련된 판례(2006다68636)가 그 대표적인 예일 것이다. 필자는 본서에 이러한 회사법의 흐름을 최대한 반영하려 노력하였다.

  로스쿨 시행의 격량속에서도 지난 1년간 미국 버클리대학의 로스쿨에서 지금까지 강의해오던 상법의 제 분야를 다시 생각해 볼 수 있는 기회를 가진 것은 필자의 커다란 기쁨이었다. 특히 영어권 국가에서 수학한 경험이 전혀 없던 필자에게 로스쿨 시행이라는 절묘한 시점에 커먼로의 기초를 생각해 볼 수 있는 값진 기회를 가진 것은 큰 행운이었다. 먼저 로스쿨 시행초기임에도 강의와 행정적 부담에서 벗어나 1년간 연구활동에 전념할 수 있게 허락해 주신 고려대학교 당국에 감사드립니다. 나아가 버클리대학의 지도교수님이셨던 Buxbaum 교수님께 감사의 인사를 드립니다. 연구실로 처음 찾아뵙던 날 영어에 서툰 필자에게 독일인보다 더 유창한 독일어로 면담에 응해 주신

벅스바움 교수님의 배려에 감사드립니다. 사바티컬기간중 샌프란시스코대학에서 버클리대학으로 출강하셔서 회사법 강의를 해주셨던 Reza Dibadj 교수님께 감사드립니다. 매 시간 끝날 적 마다 필자의 질문에 정성어린 답변을 주셨던 디바지 교수님의 배려에 고마움의 인사를 전합니다. Michael Cypers 변호사님과 Eric Finseth 변호사님은 회사지배구조세미나를 열어주셨습니다. 두 분의 세미나는 필자에게 미국의 회사지배구조론에 대한 많은 것들을 전달해주었습니다. 항상 따스함과 친절함을 베풀어주신 버클리로스쿨의 비지팅스칼라 행정담당 Lauren Webb 선생님께 감사드립니다. 필자의 방문기간중 로라이브러리를 쾌적하게 이용할 수 있게 허락하신 UC Hastings와 UC Berkeley의 로라이브러리 스탭 여러분들께 진심어린 감사의 인사를 드립니다. 버클리대 방문체류기간중 독일어로도 많은 우정을 나눌 수 있었던 스위스 취리히 출신의 Mischa & Karin Kissling 변호사 부부의 건승을 빌고 또 이 기간중 여러 가지로 도움을 준 정재준, 신현탁, 고영미 버클리법대 박사과정생 여러분들께도 감사드립니다. 그리고 끝으로 1년내내 초가을 같던 샌프란시스코 및 베이지역의 날씨를 허락하신 하느님께 감사드립니다.

　　법서시장의 척박함에도 불구하고 본서를 쾌히 출간해주신 법문사 배효선 사장님, 정현성 부장님께 감사드립니다. 나아가 열과 성을 다하여 본서의 편집을 주도하신 법문사 김용석 과장님께 심심한 감사의 인사를 전합니다. 본서의 내용 정리와 교정에 있어서는 필자의 연구조교였던 정다영 양의 수고를 잊을 수 없습니다. 석사취득후 올해 미국유학길에 오를 다영양의 대성을 기원합니다.

2010년 2월 15일
고려대학교 법학전문대학원 연구실에서
김 정 호

# 차 례

# 제 2 장　주식회사 (93~1116)

# 참고문헌

[국내서 및 인용약어] (가나다 順)

권기범, 현대회사법론, 제8판, 삼영사, 2021.               권기범

김건식 · 노혁준 · 천경훈, 회사법, 제6판, 박영사, 2022.       김 · 노 · 천

김홍기, 상법강의, 제7판, 박영사, 2022.                   김홍기

송옥렬, 상법강의, 제12판, 홍문사, 2022.               송옥렬

이기수 · 최병규, 회사법, 제11판, 박영사, 2019.          이 · 최

이철송, 회사법강의, 제30판, 박영사, 2022.             이철송

임재연, 회사법(Ⅰ), 개정8판, 박영사, 2022.          임재연(Ⅰ)

임재연, 회사법(Ⅱ), 개정8판, 박영사, 2022.          임재연(Ⅱ)

정동윤, 상법(상), 제6판, 법문사, 2012.               정동윤

정동윤 · 유병현 · 김경욱, 민사소송법, 제9판, 법문사, 2022.  정 · 유 · 김

정찬형, 상법강의(상), 제25판, 박영사, 2022.          정찬형

채이식, 상법강의(상), 개정판, 박영사, 1996.           채이식

최기원, 신회사법론, 제14대정판, 박영사, 2012.         최기원

최준선, 회사법, 제17판, 삼영사, 2022.                최준선

홍복기 · 박세화, 회사법, 제8판, 법문사, 2021.           홍 · 박

[歐美書] (ABC 順)

Allen/Kraakman/Subramanian, *Law of Business Organization*, 2nd ed., Wolters Kluwer, 2007.

American Law Institute, *Principles of Corporate Governance-Analysis and Recom-mendations-*, Parts Ⅰ~Ⅵ §§1.01 to 6.02; Part Ⅶ §§7.01~7.25, St. Paul MN, Amercan Law Institute Publishers, 1994.

Berger & Berger, *The Compensation Handbook*, 6th ed., McGraw Hill, 2015.

Cahn/Donald, *Comparative Company Law*, 2nd ed., Cambridge University Press, 2018.

Davies/Worthington/Hare, *Gower Principles of Modern Company Law*, 11th ed., Sweet & Maxwell, 2021.

Dignam/Lowry, *Company Law*, 10th ed., Oxford University Press, 2018.

Dine, *Company Law* (Palgrave Law Masters), 5th ed., Palgrave, Macmillan, 2005.

Emmerich/Sonnenschein, *Konzernrecht*, 3. Aufl., Beck, 1989.

Folk, *Folk on the Delaware General Corporation Law: Fundamentals*, Wolters Kluwer, 2007.

French (Derek), *Mason, French & Ryan on Company Law*, 37th ed., Oxford University Press, 2021. [French]

Grunewald, *Gesellschaftsrecht*, 8. Aufl., Mohr Siebeck, Tübingen, 2011.

Haas (Jeffrey), *Corporate Finance*, 3rd ed., Thomson West, 2016.

Hannigan, *Company Law*, 5th ed., Oxford University Press, 2018.

Hüffer/Koch, *Aktiengesetz*, 13. Aufl., Beck, München, 2016.

Kallmeyer, *Umwandlungsgesetz*, Otto Schmidt, Cologne, 1997.

Kershaw (David), *Company Law in Context*, 2nd ed., Oxford University Press, 2012.

Koch, *Aktiengesetz*, 16. Aufl., Beck, München, 2022. [Koch]

Kraakman (Reinier) et al., *The Anatomy of Corporate Law-A Comparative and Functional Approach-*, 3rd ed., Oxford University Press, 2017.

Lipton/Herzberg, *Understanding Company Law*, 13th ed., Sydney, Thomson, 2006.

Lutter, *Umwandlungsgesetz Kommentar*, Bd. I und Bd. II, 6. Aufl., Otto Schmidt, Cologne, 2019.

Lutter/Hommelhoff, *GmbH-Gesetz*, 20. Aufl., Otto Schmidt, Cologne, 2020.

Monks/Minow, *Corporate Governance*, 3rd ed., Blackwell Publishing, 2004.

Palmiter, *Corporations (Examples & Explanations)*, 4th ed., Aspen, 2003.

Schmidt (Karsten), *Gesellschaftsrecht*, 3. Aufl., Heymanns, 1997.

Sealy & Worthington's *Text, Cases, and Materials in Company Law*, 11th ed., Oxford University Press, 2016.

Semler/Stengel, *Umwandlungsgesetz*, 4. Aufl., Beck, 2017.

Spindler/Stilz, *Kommentar zum Aktiengesetz*, Bd. I (§§1~149), 3. Aufl., Beck, 2015; Bd. II (§§150~410), 3. Aufl., Beck, 2015.

Wiedemann, *Gesellschaftsrecht*(I), Beck, 1980. [Wiedemann I]

Wiedemann, *Gesellschaftsrecht*(II), Beck, 2004. [Wiedemann II]

Windbichler, *Gesellschaftsrecht*, 24. Aufl., Beck, 2017. [Windbichler]

Worthington & Agnew, *Sealy & Worthington's Text, Cases & Materials in Company Law*, 12 ed., Oxford University Press, 2022.

[日本書]

江頭憲治郎, 株式会社法, 第8版, 有斐閣, 2021. [江頭]

神田秀樹, 会社法, 第24版, 弘文堂, 2022. [神田]

田中 亘, 会社法, 第3版, 第4刷 東京大学出版会, 2022. [田中]

伊藤靖史・大杉謙一・田中 亘・松井秀征, 会社法, 第5版, 有斐閣, 2021. [伊藤 外]

岡 伸浩, 会社法, 弘文堂, 2017.

近藤光男, 最新 株式会社法, 第8版, 有斐閣, 2015.

伊藤眞 監修・伊藤塾 著, 伊藤眞の全條解說 会社法, 弘文堂, 2016.

江頭憲治郎・中村直人 編著, 論点體系, 会社法 1~6, 第一法規, 2015.

山下友信 編輯代表, 會社法コメンタール, 第3巻 (§§104-154の2), 株式 [1], 商事法務, 2013.

菊地 伸・有限責任監査法人トーマツ・デロイトトーマツ税理士法人 編著, 企業再編, 第2版, 清文社, 2015.

山本爲三郎, 株式讓渡と株主權行使, 慶應義塾大學 法學研究會 叢書 [87], 2017.

中村直人 編著, 取締役・執行役 ハンドブック, 第2版, 商事法務, 2015.

岩原紳作・神作裕之・藤田友敬 編, 會社法判例百選, 第3版, 別冊 Jurist, No. 229, 有斐閣, 2016. 9.　　　　　　　　　　　　　　　　　　　　　　　　　　　　[百選]

明石一秀・大塚和成・松嶋隆弘・吉見 聰, 非公開化の法務と税務, 税務經理協會, 2013.

藤原總一郎・西村美智子・中島礼子, 株式買取請求の法務と税務, 中央經濟社, 2011.

池谷 誠, 論点詳解 係爭事件における株式價値評價, 中央經濟社, 2016.

原秀 六, 合併シナジー分配の法理, 中央經濟社, 2000.

飯田秀總, 株式買取請求權の構造と買取價格算定の考慮要素, 商事法務, 2013.

有田賢臣・金子登志雄・高橋昭彦, 自己株式の實務處理, 第4版, 中央經濟社, 2017.

伊藤靖史, 經營者の報酬の法的規律, 有斐閣, 2013.

藤原總一郎, M&Aの契約實務, 第1版 第22刷, 中央經濟社, 2017.

西村あさひ法律事務所 編, M&A法大全(上), (下), 全訂版, 商事法務, 2019.

金兌珍, M&A契約における表明保証条項の違反と補償責任の研究 ― デフォルトルールとしての解釈論の摸索 ―, 東京大学 大学院法学政治学研究科, 博士論文, 2020.

# 법령약어표

상법 ·················································································· 상
민법 ·················································································· 민
어음법 ·············································································· 어
수표법 ·············································································· 수
민사소송법 ······································································ 민소
비송사건절차법 ······························································ 비송
형법 ·················································································· 형
특허법 ·············································································· 특허
상표법 ·············································································· 상표

## 법조문 표기례

상법 제522조 제3항 ······································· 상 522 Ⅲ
상법 제289조 제1항 제4호 ···························· 상 289 Ⅰ 4호
상법 제42조 제2항 제1문 ······························· 상 42 Ⅱ 1문
비송사건절차법 제150조 제1항 ···················· 비송 150 Ⅰ
민법 제450조 유추 ········································· 민 450 analog

# 제1장 회사법 서설

## 제1절 공동기업의 제형태

### I. 공동기업의 필요성

영리적 혹은 비영리적 목적을 달성함에 있어서 한 개인의 힘만으로는 부족한 것이 보통이다. 재정면에서 어려움이 나타날 수 있고 필요한 전문지식이나 경험의 부족을 느낄 수도 있다. 또한 그 목적달성과 결부되어진 위험을 한 사람이 모두 부담한다는 것은 커다란 모험일 수 있다. 그리하여 개개인의 능력으로 극복하기 어려운 재정적·비재정적 난관이 複數人의 結社를 통하여 해결될 수 있는 것이다. 다수인에 의한 필요한 자본의 조달, 전문지식이나 경험의 교환을 통하여 여러 종류의 人的 結合形態가 나타날 수 있게 되는 것이다.

### II. 이익결사의 개념

상기의 共同企業들은 공동체(Gemeinschaft)와 利益結社(Gesellschaft)의 학문적 구분에 따르면 모두 후자에 속한다. 그리하여 우리는 이곳에서 사법상의 이익결사의 일반 개념을 살펴보고자 한다. 이는 다음과 같이 정의될 수 있다: "이익결사란 특정 목적 달성을 위한 조직체로서 私法上의 법률행위에 의하여 조직창설의 법적 근거가 마련되는 인적 결합이다."[1]

이러한 이익결사의 개념은 다음의 설명으로 구체화될 수 있다. **첫째** 이익결사는 "私法上"의 團體로서 공법상의 조직형태와는 구별되어야 한다. 즉 국가나 자방자치단체들은 그 조직의 법적 근거를 公法에 두고 있어 이익결사의 범주에 들어올 수 없다.

---

1) Hopt/Hehl, Gesellschaftsrecht, 3. Aufl., 1987, S. 17: "Gesellschaften im weitesten Sinne sind alle privatrechtlichen, rechtsgeschäftlich begründeten Personenzusammenschlüsse zu einem gemeinsamen Zweck."

**둘째** 이익결사는 단체의 *存立目的*이 *特定*되어야 한다.[2] 즉 일정하게 제한되어지고 또한 구별가능한 단체존립의 공동목적을 전제로 한다. 그리하여 이러한 특정된 목적의 존재를 발견할 수 없는 혈연공동체 등은 이익결사의 범주에 들어오지 못하는 것이다. 가령 혼인제도 속에서도 인적 결합을 발견할 수 있지만 혼인제도 속에는 생활공동체이긴 하나 특정된 인적 결합의 존립목적은 없다. 그것은 무제한의 생활공동체를 창설시킬 뿐이다. 나아가 특정물의 공유관계에서 나타나는 단순한 권리공동체 등에서도 사정은 같다. 따라서 이들도 이익결사의 범주에 들어오지 못하는 것이다. **셋째** 이익결사는 그 구성원의 자율적인 *法律行爲*에 의하여 창립되어야 한다. 따라서 법률규정에 따라 피동적으로 성립되는 단체는 이 범주에 들지 않는다. 예컨대 피상속인의 사망에 의한 상속인단 등은 이익결사가 아닌 것이다. **끝으로** 이익결사는 "*人的*" 결합체이다. 따라서 재단은 이익결사에 들 수 없는 것이다.

## III. 사단과 조합(이익결사의 사회학적 구분)

### 1. 의    의

이익결사를 학문적으로 구분할 때 우리는 *社團*과 *組合*의 구별을 발견하게 된다. 그리하여 사단형 이익결사와 조합형 이익결사의 구별을 할 수 있는데, 민법이나 상법 등의 실정법규 내에 이들의 여러 예를 발견할 수 있게 되는 것이다. 순수한 사단이나 순수한 조합은 개념원형(Prototyp)으로서 이익결사의 여러 형태 중 양극단을 형성한다. 실정법규에서 발견되는 대부분의 이익결사들은 이 양극단의 중간 혹은 어느 하나에 근접한 지점에 위치하고 있다고 보면 된다. 즉 민법상의 조합은 순수한 개념원형으로서 조합에 가장 근접해 있으며 상법상의 주식회사는 사단에 가장 근접해 있다고 보면 된다.

*組合*(Gesellschaft im engeren Sinne)이란 전체집단의 독립성이 약하고 구성원의 개성이 강하게 유지되며, 반대로 *社團*(Verein)에 있어서는 집단은 독자적 성격이 강하고 그 구성원과는 구별되어진 존재로서 구성원의 교체도 단체 자체의 성격에 영향을 미치지 못한다. 조합과 사단은 모두 민법에 규율되어 있으나 조합은 채권적 계약공동체라는 전통적 관념(로마법상의 societas)에 따라 채권편에 그리고 사단은 법인편에 규율되어 있다. 그러나 학문적·사회학적 개념으로서의 조합과 사단은 민법에 규율되어

---

2) 이러한 이유에서 민법 제34조("[법인의 권리능력] 법인은 법률의 규정에 좇아 정관으로 정한 목적의 범위 내에서 권리와 의무의 주체가 된다")가 정당화된다.

있는 민법상의 조합이나 민법상의 비영리사단법인을 떠나 이익결사의 ·개념원형으로
서 兩極을 형성한다.

## 2. 양자의 비교

학문적 의미의 조합(societas)과 사단(universitas)의 성격을 대비시켜 보면 다음과
같다.[3]

### (1) 외부에 등장하는 방식

우선 외부에 등장하는 방식을 비교해 보면 조합의 경우 모든 구성원의 이름으로
등장하나, 사단의 경우 단체 자신의 이름으로 외부에 나타나게 된다. 조합의 경우에
는 단체 자신의 외연보다는 구성원의 개성과 신용으로 단체의 성격이 좌우되나, 사단
의 경우에는 구성원은 단체 속에 함몰되어 단체는 구성원의 개성으로부터 독립된다.
따라서 조합에서는 구성원의 다양성이 존중되나 사단에서는 단체의 통일성이 지배한다.

### (2) 업무집행방식

둘째 단체 내부의 업무집행방식을 비교해 보면 조합의 경우 원칙적으로 구성원들
이 공동으로 이를 담당하나(자기기관성), 사단의 경우 원칙적으로 구성원이 아닌 타인
기관에 의하여 단체를 대표하는 방식을 취하게 된다(타인기관성). 즉 조합의 경우 기
관의 분화가 뚜렷하지 않아 단체 내부의 의사결정, 업무집행, 감시감독의 기능은 그
구성원에게 공동으로 분속되어 있다. 마치 단세포의 원생동물(Protozoa)에서 지각기
능, 운동기능, 조절기능이 한 세포 내에서 이루어지는 것에 비유된다. 반면 사단에서
는 단체 내부의 기능요소가 뚜렷이 분화된다. 다세포의 고등동물에 비유된다고도 할
수 있다.

---

3) 조합과 사단의 구별은 멀리 로마법에까지 거슬러 올라간다. 로마법상의 조합은 *societas*로 불리웠다. 이것이
오늘날의 조합의 개념원형을 형성한다. 채권적 계약공동체로 관념되었으며 법인격이 인정되지 않았고, 구성
원의 개인재산과 구별되는 조합재산의 관념도 존재하지 않았다. 개개 구성원이 대외적인 책임을 부담하였고
조합원 전원이 소송당사자가 되었다. 개개의 구성원은 언제든지 조합의 해산을 요구할 수 있었고, 한 조합원
의 탈퇴는 조합의 해산을 필연적으로 수반하였다. 이와 정반대로 로마법상의 *universitas*는 사단의 전형이었
다. 법인격이 부여되었고 구성원의 개성은 철저히 단체의 외연 속에 함몰되었다. 오늘날의 주식회사에서처럼
대외적 책임은 오로지 사단재산만으로 담보되었고 단체 자신이 소송주체였다. 구성원의 가입탈퇴는 단체의
존속에 아무 영향을 미치지 않으며 구성원의 개성으로부터 전적으로 독립되어 있었다. 단지 오늘날의 사단과
달리 로마법상의 *universitas*는 다소 공법적 색채가 강하였다고 한다. 어쨌든 이 *universitas*는 사단의 개념원
형으로서 모든 점에서 *societas*에 대립되는 개념이었다. Vgl. Hueck, Gesellschaftsrecht, 18. Aufl., §2 Ⅵ S.
16; Kaser, Römisches Privatrecht, 12. Aufl., §§17, 43; 현승종 저 · 조규창 증보, 로마법, 법문사, 1996, 764면
이하.

### (3) 대외적 책임

셋째 대외적인 책임에 있어서 조합의 경우에는 각 구성원이 자신의 개인재산으로 조합채무를 공동변제하나, 사단의 경우 단체 자신의 재산으로 책임진다.

### (4) 구성원간의 결속정도

넷째 단체 내부에 있어서 구성원들간의 결속 정도를 비교해 보면 조합의 경우에는 대부분 소수의 구성원들이 그들 자신의 개성과 신용 및 능력을 바탕으로 결합되어 있는 관계로 그들간에는 강한 내부적 결속이 나타난다. 반면 사단의 경우 구성원은 다수에 이르며 단체는 구성원의 개성으로부터 독립되어 있는 관계로 구성원들간의 내부적 결속은 이완되어 있다.

### (5) 법률관계의 중심

다섯째 단체 내부의 법률관계의 중심을 비교해 보면 조합의 경우 구성원들간의 횡적 연결이 법률관계의 중심이 됨에 반하여, 사단의 경우에는 단체와 구성원간의 求心的 법률관계가 중심이 된다. 그리하여 조합의 경우에는 단체 내부의 법률관계가 원형(圓形)으로 묘사됨에 반하여, 사단의 경우에는 성상형(星狀形)으로 묘사된다.

### (6) 의사형성방식

끝으로 단체 내부의 의사형성과정을 비교해 보면 조합에서는 만장일치주의가 지배하나 사단의 경우에는 다수결주의가 원칙이다.

## 3. 양자의 구별

거래의 실제에 등장하는 이익결사가 조합인지 아니면 사단인지의 판단은 사용된 단체의 명칭에 좌우되는 것이 아니라 단체의 실체를 파악하여 결정할 일이다.

> **대판 1992. 7. 10, 92다2431**
> "민법상의 조합과 법인격은 없으나 사단성이 인정되는 비법인사단을 구별함에 있어서는 일반적으로 그 단체성의 강약을 기준으로 판단하여야 하는바, 조합은 2인 이상이 상호간에 금전 기타 재산 또는 노무를 출자하여 공동사업을 경영할 것을 약정하는 계약관계에 의하여 성립하므로(원/703) 어느 정도 단체성에서 오는 제약을 받게 되는 것이지만 구성원의 개인성이 강하게 드러나는 인적 결합체인 데 비하여, 비법인사단은 구성원의 개인성과는 별개로 권리의무의 주체가 될 수 있는 독자적 존재로서의 단체적 조3

직을 가지는 특성이 있다 하겠는데 민법상 조합의 명칭을 가지고 있는 단체라 하더라
도 고유의 목적을 가지고 사단적 성격을 가지는 규약을 만들어 이에 근거하여 의사결
정기관 및 집행기관인 대표자를 두는 등의 조직을 갖추고 있고, 기관의 의결이나 업무
집행방법이 다수결의 원칙에 의하여 행해지며 구성원의 가입탈퇴 등으로 인한 변경에
관계없이 단체 그 자체가 존속되고, 그 조직에 의하여 대표의 방법, 총회나 이사회 등
의 운영, 자본의 구성, 재산의 관리 기타 단체로서의 주요 사항이 확정되어 있는 경우
에는 비법인사단으로서의 실체를 가진다고 할 것이다."

## 4. 사단 · 조합과 법인격

사단이냐 조합이냐 나아가 보다 사단적이냐 혹은 보다 조합적이냐에 대한 판단과
구별해야 할 것은 그 해당 이익결사의 法人格 유무의 문제이다. 조합 또는 사단의 구
분은 학문적인 것이요, 이에 반하여 법인격부여는 각국의 법정책의 소산이기 때문이
다. 물론 다수의 사단형 이익결사가 법인격을 향유하고 있고 반대로 다수의 조합형
이익결사가 법인격을 부여받고 있지 못함은 사실이다. 예컨대 사단형에 해당하는 민
법상의 비영리법인 및 각국의 물적회사 즉 영미의 corporation, plc,[4] AG,[5] GmbH,[6]
S.A.R.L.[7] 등은 법인이다. 또한 민법상의 조합뿐만 아니라 그 실질이 조합인 영미법의
partnership, limited partnership, 독일법상의 인적회사(OHG,[8] KG[9]) 등은 법인이 아
니다.[10] 그러나 사단이면 법인이고 조합이면 비법인이라는 명제는 존재하지 않는다.
그 실체가 사단이면서도 법인격이 없는 경우가 있는가 하면, 그 실질이 조합이면서도
법인격을 부여받는 경우가 있다. 민법상의 비법인사단이 전자의 예요, 우리나라, 일
본, 프랑스법상의 합명, 합자회사가 후자의 예이다. 따라서 법인이냐 아니냐의 문제와
조합이냐 사단이냐의 문제는 전혀 그 구별의 시각을 달리한다고 봐야 할 것이다.


## IV. 이익결사법정주의

우리의 법체계에 있어서는 그 법공동체 구성원의 자치(自治)에 맡기지 않는 몇 가

---

4) public limited company
5) Aktiengesellschaft
6) Gesellschaft mit beschränkter Haftung
7) Société Anonyme Résponsabilité Limitée
8) Offene Handelsgesellschaft
9) Kommanditgesellschaft
10) 그러나 미국의 partnership과 limited partnership은 최근 RUPA(Revised Uniform Partnership Act)에 의하면
    법인(legal entity)으로 다루어진다. 동법 제201조 참조.

지 타율적 입법주의가 있다. 우리는 이것을 통칭하여 法定主義(numerus clausus)라 부른다. 형법상의 죄형법정주의, 물권법의 물권법정주의, 유가증권법의 유통증권법정주의, 회사법상의 회사법정주의 등이 그것이다. 국가 형벌권의 행사는 반드시 사전에 성문화된 형사구성요건의 충족을 기다리며, 소유권 및 여타의 제한물권은 법률 및 관습법에 의하는 외에는 임의로 창설하지 못한다(${민 \atop 185}$). 유통증권의 경우에도 그 종류, 발행요건 및 증서상의 책임은 사전에 구체화된다. 이러한 원칙없이는 형사피의자의 인권도 거래의 원활도 도모할 수 없다.

회사라는 조직체는 불특정 다수인과 거래를 하는 영리법인이다. 그 구성원이 어떻게 대외적으로 책임지는지 그 내부조직은 어떻게 되는지 외부의 제3자는 설립당시부터 이를 알 수 있어야 한다. 그런 틀속에서만 법생활의 안정이 도모될 것이다. 그리하여 상법은 회사를 5종으로 한정하고 임의적인 신종 회사의 창설을 금지하며(${상 \atop 170}$) 사원의 책임내용과 그 내부질서를 법정한다. 나아가 상법은 "회사는 다른 회사의 무한책임사원이 되지 못한다"라고 함으로써(${상 \atop 173}$) 복합형 회사의 설립도 금지하고 있다.[11] 이러한 법정주의는 비단 상법의 영리법인인 5종의 회사에만 한정되는 것은 아니다.

우리의 실정법은 이익결사 일반에 관하여 법정주의(numerus clausus der Gesellschaftsformen im weitesten Sinne)를 취하고 있다.[12] 민법, 상법 또는 여타의 특별법이 다수의 이익결사를 법정한다.[13] 그러한 근거를 갖추지 못한 이익결사는 원칙적으로 출현할 수 없다. 그렇다고 사적 자치가 전적으로 제한되는 것은 아니다. 이익결사 출현의 법적 근거인 조합계약이나 사단의 설립행위에 따라 유형별로 차이가 있기는 하지만 그 내용형성에 있어서는 크고 작은 사적 자치가 허용되고 있다.

## V. 연구대상으로서의 회사

다음 표에 나타난 모든 인적 결사 중 회사법의 영역은 상법 제3편에 규율되어진 회사기업 즉 합명회사, 합자회사, 유한책임회사, 주식회사 및 유한회사의 5종에 한정된다. 회사법이란 이 5종의 이익결사를 그 관찰대상으로 한다. 따라서 회사법에서의 논의는 이제부터 이 5종의 이익결사에 한정시킬 수밖에 없다. 민법상의 조합이나 비영리사단법인은 민법에서, 선박공유자나 상호보험회사는 보험해상법에서 나아가 익명

---

11) 독일 회사법은 복합형 회사를 인정하고 있다. 유한회사와 합자회사의 복합형인 "유한합자회사(GmbH & Co. KG)"가 좋은 예이다.

12) Windbicher, Gesellschaftsrecht, 24. Aufl., S. 4.

13) 표 〈이익결사의 여러 형태들〉 참조.

조합은 상행위법에서 각각 논의될 것이다.

〈이익결사의 여러 형태들〉

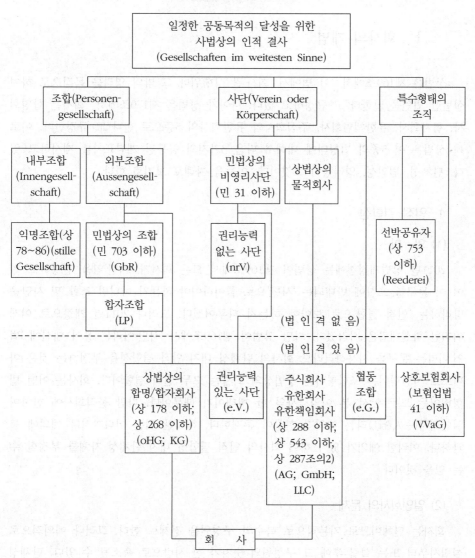

# 제 2 절 회 사

## Ⅰ. 회사의 개념

상법은 제169조에서 "이 법에서 '회사'란 상행위나 그 밖의 영리를 목적으로 하여 설립한 법인을 말한다"고 규정하고 있다. 나아가 상법은 제170조에서 "회사는 합명회사, 합자회사, 유한책임회사, 주식회사와 유한회사의 5종으로 한다"고 규정한다. 이로써 상법은 이 5종의 법형태에 대해서 다음 3가지의 공통된 개념표지를 제시하고 있다. 단체성, 법인성, 영리성이 그것이다. 이들을 차례로 보기로 한다.

### 1. 인적 결합성

#### (1) 의 미

2011년 상법개정전에는 상법이 제169조에서 모든 회사가 '사단'임을 천명하고 있어 이 문구를 조합에 반대되는 '사단'으로 풀이하여야 하는지 아니면 조합 및 사단을 망라하는 '인적 결합'으로 보아야 하는지 다투어졌다. 그러나 2011년 개정으로 이제 이러한 학설대립은 사라졌다. 다만 상법이 제169조에서 '사단'이라는 용어 대신에 '법인'이라는 문구를 사용하더라도 회사의 단체성 내지 인적 결합성을 부정하는 것은 아니므로 사단형이든 조합형이든 상법상의 회사는 모두 인적 결합이다. 회사는 어떤 법형태이든 모두 앞서 본 이익결사의 한 형태이기 때문이다. 다만 물적회사에 한하여 일인회사(一人會社)라는 예외적 현상이 존재한다. 하지만 이는 어디까지나 예외에 불과하다. 이러한 예외가 있다 하여 회사의 인적 결합성 내지 단체성 자체를 부정할 수는 없을 것이다.

#### (2) 일인회사의 문제

회사는 단체이므로 기본적으로 복수의 구성원을 전제로 한다. 그러나 예외적으로 설립시부터 또는 설립 후에 그 구성원의 숫자가 한 사람으로 축소될 수 있다. 단체성에 반하는 이러한 예외적인 경우도 회사의 실체를 인정할 것인가, 만약 이를 인정할 수 있다면 어느 정도까지 가능한가, 나아가 그 근거는 무엇인가? 이것이 일인회사(one-man company) 문제이다.

### (가) 일인회사의 개념 및 문제점

**1) 개 념:**　一人會社라 함은 사원이 한 사람뿐인 회사를 일컫는다. 2001년 개정상법은 주식회사와 유한회사에서 일인회사의 설립을 인정하였다. 그 전에는 주식회사에 한하여 그것도 설립 후 주식이 한 사람에게 집중되는 후발적인 경우에만 소극적으로 인정하여 왔다. 즉 설립시에는 3인 이상의 발기인을 요구하였으나($^{구~상}_{288}$) 복수주주의 존재가 주식회사의 존속요건은 아니었다(구 상법 제517조 제1호는 다른 회사와 달리 주주가 一人으로 되었을 때를 해산사유로 규정하지 아니하였다). 합명회사, 합자회사 및 유한회사에 있어서는 설립시나 그 후나 일인회사를 허용하지 않았다. 그곳에서는 회사의 성립요건으로 2인 이상의 사원이 필요하고($^{상~178~I;}_{268,~543~I}$), 사원이 한 사람으로 된 때에는 해당 회사의 해산사유로 규정하였다($^{상~227.~3호;~269,~285}_{I;~609~I.~1호}$).

그러나 2001년 개정상법은 세계적 흐름을 받아들여 주식회사뿐만 아니라 유한회사 및 유한책임회사에서도 일인회사를 인정하게 되었고 후발적인 경우뿐만 아니라 설립시에도 이를 허용하게 되었다.[1] 즉 물적회사의 경우 事後的인 일인회사뿐만 아니라($^{상~517.~1호;~609.~1호;}_{287의38.~2호}$) 일인설립(一人設立)도 가능하게 되었다($^{상~288,~543}_{I.~287의2}$). 물론 인적회사의 경우에는 설립시이든 성립 후이든 일인회사는 인정되지 않는다.[2] 결국 개정상법의 입장에 따르면 **일인회사란 물적회사에서 나타나는 현상으로 설립시 사원이 한 사람이거나 혹은 성립 후 그 회사의 지분을 한 사원이 독점하는 경우이다.**

**2) 문제점:**　일인회사는 물적회사에서만 허용되므로 채권자보호의 측면에서 문제점이 지적되고 있다. 인적회사의 경우에는 어차피 무한책임사원이 회사채무에 대해 연대, 직접, 무한책임을 지므로($^{상~212}_{조}$) 채권자보호는 크게 문제시되지 않는다. 인적회사에 있어서 일인회사의 의미는 복수의 사원으로 구성된 조합기업에서 개인기업으로의 전환을 의미할 뿐이다. 그러나 물적회사의 경우에는 회사의 독립성이 강하고 모든 사원이 유한책임의 혜택을 누리므로 사원의 숫자가 한 사람으로 줄면 유한책임의 개인기업(개인상인)을 인정하는 꼴이 되어 채권자보호에 적신호가 켜질 수 있다. 일인회사의 문제가 특히 회사의 법인격남용의 사례로 적시되는 이유도 여기에 있을 것이다.

**(나) 일인회사의 허부:**　일인회사의 적법성에 대해서는 다음과 같은 찬반양론의 대립이 있다. 그러나 오늘날 국내외적인 흐름은 일인회사를 사후적으로 뿐만 아니라 설립시부터 인정하는 것이다.

---

　1) 독일 주식법 제2조, 독일 유한회사법 제1조; 일본 상법 제165조 등.
　2) 상법 제178조 제1항, 제268조(설립시) 및 동법 제227조 제3호, 제269조(해산시) 참조.

**1) 긍정설:** 긍정설에서는 **첫째** 상법의 기업유지 및 보호이념을 일인회사의 적법성의 근거로 든다. 일인회사가 현실적으로 필요할 때 이를 부인할 이유가 없다는 것이다. 특히 주식회사에 있어 회사의 기초는 회사재산에 있으므로 회사의 재산이 유지되는 한 일인회사의 존재를 부정할 필요가 없다고 한다. 긍정설의 **두번째** 논거는 일인회사의 잠재적 사단성(潛在的 社團性)이다. 우연히 한 사람이 주식을 모두 가졌더라도 주식은 언제든 다시 양도할 수 있는 것이고 이로써 회사는 단체성을 회복할 수 있다고 한다. 나아가 일인회사를 설사 금지한다 해도 약간의 허수아비주주를 이용함으로써 회사의 해산을 피할 수 있고 이로써 실질적인 일인회사가 얼마든지 존재할 수 있다고 한다. **셋째** 긍정설은 일인회사를 부정하면 주식양도자유의 원칙에 반하는 결과가 된다고 한다. 우연히 주식이 한 사람에게 집중하였다고 회사의 존재 자체를 부정하면 주식의 자유로운 양도가능성에 제한을 가하는 것과 같아 부당한 결과가 된다고 한다. **끝으로** 일인회사가 된 것을 해산사유로 봐야 한다면 그 해산시기가 불분명하여 법률관계의 안정을 꾀할 수 없다고 한다. 무기명주식의 경우는 물론이요, 기명주식의 경우에도 명의개서가 제때에 이루어지지 않으면 회사의 해산시기를 제대로 파악하기 힘들다고 한다.

**2) 부정설:** 한편 부정설의 입장에서는 일인회사의 존재는 **첫째** 회사의 사단성에 근본적으로 배치된다고 한다. 합명회사, 합자회사의 경우 일인회사의 출현을 해산사유로 규정한 것은 회사의 단체성에 비추어 당연한 결과이며 해당 규정은 주의적 성격 밖에 없다고 한다. 나아가 상법이 제517조에서 일인회사를 주식회사의 해산사유로 규정하지 않았다 해도 그러한 법규만 가지고 상법이 일인회사를 적극 허용한 것으로 풀이할 수 없으며, 일인회사의 적법성에 대해서는 이를 학설에 맡긴 것으로 봐야 한다고 주장한다. 부정설의 **둘째** 논거는 부정한 목적에 회사제도가 악이용되는 것을 막기 위하여도 일인회사의 존재는 부정하지 않으면 안된다고 한다. 일인회사가 인정되면 회사가 책임회피의 수단으로 악용될 수 있고, 지배자와 책임자의 불일치라는 모순에 빠지며, 개인이 유한책임의 혜택을 누리기 위하여 회사를 설립하는 등 회사제도의 남용을 피할 수 없다고 한다. **끝으로** 주주명부제도 등을 통하여 주주 구성의 동태를 용이하게 파악할 수 있으므로 긍정설의 마지막 논거 역시 설득력이 없다고 주장한다. 즉 긍정설이 해산시기의 불분명을 들어 일인회사의 존재를 옹호하지만 주권공탁제도나 명의개서제도를 통하여 주주의 동태파악이 가능하다고 반박한다.

**3) 비 판:** 부정설에서 지적하듯이 많은 경우 일인회사가 회사제도의 남용사례로 등장하는 것은 사실이다. 그러나 일인회사의 존재를 부정하여도 주식의 형식적

분산을 통하여 일인회사는 실질적으로 존립할 수 있다. 또 사단의 개념만을 고집하며 일인회사를 부정한다면 주식의 자유로운 양도가능성 역시 위축될 것이다. 사원의 개념이 주식으로 대체된 오늘의 자본시장에서 주식은 자유로운 양도대상이어야 한다. 이 원칙이 흔들리면 자본시장의 전제가 흔들린다. 나아가 주식이 한 사람에 집중한다 해도 이는 영구고착적 현상이 아니다. 주식은 언제든 다시 양도될 수 있고 단체성은 회복가능하다. 일인회사를 허용할 때 나타나는 위험은 신의칙이나 법인격부인론 또는 실정법규[3] 등을 통하여 적절히 대처할 수 있다. 이러한 위험요소가 있다 하여 일인회사의 출현 자체를 부정하는 것은 법정책적으로도 적절치 못하다. 일인회사를 부정하였을 때 나타날 수 있는 법우회적인 위험요소도 생각해야 할 것이다. 사단성의 형식적 개념만 고집할 것이 아니라 현실적으로 일인회사가 필요할 때에는 이를 적극 인정하는 것이 바람직하다고 생각한다.

오늘날 대부분의 국가에서는 일인회사의 존재를 시인하고 이를 실정법화하였다. 독일의 주식법($\frac{동법}{2}$)[4] 및 유한회사법($\frac{동법}{1}$)은 일인설립을 허용하였고, 2006년의 일본 회사법 역시 일인주식회사의 설립을 인정한다($\frac{동법}{26}$).[5] 2006년의 영국 회사법도 일인회사의 존재를 성문화하였고($\frac{2006\ Companies\ Act}{s.\ 7\ (1)\ (a)}$)[6] 프랑스 상법도 각종 회사형태에서 일인회사의 존속을 인정하면서($\frac{프랑스\ 상법\ L.\ 223-1조}{1항.\ L.\ 225-247조}$) 일부 회사형태에서는 일인설립도 허용한다. 이것이 오늘날의 큰 흐름이다. 이러한 물결속에서 상법도 일인회사에 대한 소극적 자세를 버리고 물적회사에 대해서는 아예 설립시부터 이를 허용하게 되었다. 다만 인적회사의 경우에는 사원들의 인적 개성이 회사의 바탕이므로 이론적으로도 일인회사의 존재를 허용하기 어려울 것이다. 일인회사에 관한 한 2001년의 상법개정은 매우 타당하였다.

(다) **일인회사의 법률관계**: 일인회사에 있어서도 그 법률관계는 복수의 사원이 존재하는 정상적인 회사와 다를 것이 없다. 다만 예외적으로 사원이 한 사람인 관계로 일정 범위내에서 특수성이 나타날 수 있다.

1) **일인회사의 내부관계**: 사원이 한 사람인 관계로 몇 가지 특수한 현상이 나타날 수 있다. 다음과 같이 정리할 수 있을 것이다.

---

3) 특히 상법 제401조가 의미있다.
4) "§2[발기인의 수] 정관을 작성함에는 주식을 인수하는 1인 또는 수인의 참여가 필요하다"(독일 주식법 제2조).
5) 동법 제26조 [정관의 작성] (1) 주식회사를 설립함에는 발기인이 정관을 작성하여 그 전원이 이에 서명 또는 기명날인하지 않으면 안된다.
6) Section 7 [Method of Forming Company] (1) A Company is formed under this Act by **one or more** persons - (a) subscribing their names to a memorandum of association, and (b) complying with the requirements of this Act as to registration.

가) **주주총회의 운영:**    복수의 주주가 공존하는 것이 주식회사의 원래의 모습이다. 상법은 이를 전제로 주주총회와 관련한 각종 소집절차 또는 결의방법을 규정하고 있다. 그러나 일인회사에 대해서도 이러한 절차규정을 예외없이 강요한다면 이는 무의미한 일이다. 그리하여 판례는 일인회사에 대해서는 다음과 같은 예외를 인정하고 있다.

---

**판 례**

1. "주주가 유일한 주주로서 출석하면 전원총회로서 성립할 수 있을 것이며 따로 총회소집절차는 필요없다."($^{대판\ 1964.\ 9.\ 22,\ 63다}_{792(민판집\ 82,\ 296)}$)

2. "임시주주총회가 소집권한없는 자에 의해서 소집되었고 또 임시주주총회를 소집키로 한 이사회의 정족수와 결의절차에 흠결이 있어 이 주주총회 소집절차가 위법한 것이라 하더라도 피고 회사가 일인주주로 그 주주가 참석하여 총회개최에 동의하고 아무 이의없이 결의한 것이라면 이 결의 자체를 위법한 것이라 볼 수 없다."($^{대판\ 1966.\ 9.\ 20,}_{66다1187,\ 1188}$ $^{(대집\ 14-3)}_{민\ 54)}$

3. "일인주식회사의 경우에는 그 주주가 유일한 주주로서 주주총회에 출석하면 전원총회로서 성립하고 그 주주의 의사대로 결의가 될 것임이 명백하므로 따로 이 총회소집절차가 필요없다 할 것이고 실제로 총회를 개최한 사실이 없다 하더라도 그 일인주주에 의해서 의결이 있었던 것으로 볼 수 있어 형식적 사유만에 의하여 결의가 없었던 것으로 다툴 수는 없다."($^{대판\ 1976.\ 4.\ 13,\ 74다1755)7)}_{(민대집\ 24-1\ 민\ 203)}$

4. "영업양도처럼 이사가 일정한 행위를 하기 위하여 주주총회의 결의가 있어야 하는 경우 주주총회의 결의는 없었지만 일인주주의 동의가 있었다든지 또는 실질상 일인주주인 이사가 그러한 처분을 하였을 때 일인주주의 처분 결정은 주주총회의 결의를 대치한다."($^{대판\ 1964.\ 9.\ 22,\ 63다}_{743(민판집\ 82,\ 288)}$)

---

나) **일인주주인 이사의 자기거래:**    일인주주가 동시에 당해 주식회사의 이사인 경우 상법 제398조를 적용할 수 있는가의 문제가 있다. 이에 대해서는 아래와 같이 찬반양론의 대립이 있다.

**부정설**에서는 상법 제398조의 보호법익을 회사의 이익으로 한정한다. 그 결과 일인회사에서는 이사가 설사 이사회승인없이 자기거래를 하여도 일인주주의 이익과 회사의 이익은 경제적으로 일치하므로 회사의 법익이 침해될 여지가 없다고 한다. 따라서 일인주주가 동시에 이사인 주식회사에서는 상법 제398조에 대한 법률적 수요는

---

7) 대판 2007. 2. 22, 2005다73020(주식의 98%를 1인이 소유한 경우 그 지배주주가 총회소집절차없이 의사록만을 작성한 경우 해당 결의는 부존재상태에 놓인다는 취지의 판례) [1인회사와 주식의 98%를 1인이 소유한 경우를 구별한 사례].

존재하지 않는다고 한다. 일인주주의 재산과 회사재산의 귀속주체가 동일함을 내세워 이러한 결론에 이르게 된다.

반면 **긍정설**은 상법 제398조의 보호법익을 회사의 이익에 한정하지 않고 채권자의 이익까지 이에 포함시킨다. 따라서 일인주주가 동시에 이사인 회사에서도 상법 제398조는 의미를 갖는다고 한다. 즉 일인주주가 동시에 이사인 경우에도 이사와 회사간의 자기거래는 상법 제398조의 적용대상이라고 한다. 동 조문은 회사재산을 보호하는 것이 일차 목표이지만 회사재산을 보호하면 이는 결국 채권자보호로 이어지므로 결과적으로 두 가지가 모두 동 조문의 보호법익이라고 주장한다.

**생각건대** 상법 제398조는 회사의 이익을 보호하는 것이 그 주된 존재이유이다. 그러나 물적회사인 주식회사에 있어 회사재산은 채권자에 대한 유일한 책임재산이기도 하다. 상법 제398조는 회사재산의 보호와 더불어 채권자보호도 동시에 도모하고 있다고 풀이된다.

물론 긍정설에 따라 이렇게 결론내린다 하여도 위와 같은 회사에서는 일인주주가 이사회를 전적으로 장악할 것이므로 그러한 이사회가 효율적으로 통제기능을 수행할지 그것은 의문으로 남는다. 그러나 이는 회사 내부의 사실관계에 불과하며 법률적으로는 상법 제398조의 적용가능성을 부정하기 어렵다고 생각한다. 긍정설에 찬동한다.

다만 2011년 개정된 상법은 주요주주와 회사간 거래를 이사회승인을 얻어야 하는 자기거래의 대상에 포함시키고 있어 이 문제는 더 이상 학설대립의 대상이 될 수 없게 되었다($\substack{\text{상 398 1호 및 상 542} \\ \text{의8 II 6호 참조}}$).[8]

**다) 일인주주 겸 대표이사의 회사에 대한 업무상 배임죄의 성립 여부:**  판례는 일인주주 겸 대표이사의 회사에 대한 업무상 배임죄의 성립(업무상의 횡령과 배임($\substack{\text{형} \\ \text{356}}$))을 부정해왔다. 그러다가 1980년대에 이르러 신판례가 나오게 되었다. 일인주주와 일인회사가 별개의 인격체임을 내세워 판례변경이 이루어지게 된 것이다. 일인회사에서도 일인주주와 회사의 인격은 별개이므로 새로운 판례의 입장이 타당함은 물론이다.

> **│구판례**
>
> "일인주식회사에서 회사의 손해는 바로 그 주주 한 사람의 손해인 것임에 비추어 회사에 손해를 가하려는 범의가 없어 회사에 대한 업무상 배임죄는 성립될 수 없다."
> (대판 1974. 4. 23, 73도
> 2611(대집 22-1 형 53))

---

8) 여기서 '주요 주주'는 상장여부를 가리지 않는다(정동윤 감수, 상법 회사편 해설, 법무부, 2012년, 232면); 비상장사의 주요 주주는 제외된다는 異說도 있음(최준선, 2011년 개정상법 회사편 해설, 한국상장회사협의회, 132면).

**신판례**

"소위 일인회사에 있어서도 행위의 주체와 그 본인은 분명히 별개의 인격이며 그 본인은 주식회사에 재산상 손해가 발생하였을 때 배임죄는 기수가 되는 것이므로 궁극적으로 그 손해가 주주의 손해가 된다고 하더라도 이미 성립한 죄에 아무 소장이 없다."(대판 1983. 12. 13, 83도2330(법원공보 721호) (227면) ; 동지 대판 1984. 9. 25, 84도1581 등)

**2) 일인회사의 외부관계:** 일인회사에 있어서도 사원이 복수인 정상적인 경우와 같이 원칙적으로 회사재산만이 외부의 제3자에 대한 책임재산이 된다. 일인주주와 회사의 인격적 개별성 나아가 일인회사의 잠재적 사단성에 비추어 당연한 결과이다.

그러나 특히 일인회사에 있어서는 주식회사라는 법형식이 남용될 가능성이 크다. 이런 경우에는 일정 요건하에 법인격부인론이 적용될 수 있다. 그런 요건이 충족될 경우 일인주주는 더 이상 주식회사라는 법형식의 배후에 숨을 수 없다. 법인격의 장막은 걷히고 일인주주는 자신의 개인재산으로 회사채권자에 대하여 책임져야 한다. 일인회사가 법인격이 형해화되는 주요한 사례군이므로 일인회사는 법인격부인론의 빈번한 적용예가 되고 있다.

## 2. 법 인 성[9]

회사는 상법상 법인으로 다루어진다(상169). 이러한 법인격의 부여는 회사법상 법인과 그 구성원간 분리의 원칙을 낳는다. 그러나 양자간 분리가 언제나 관철되는 것은 아니다. 법인격의 부여 역시 신의성실의 원칙이나 권리남용금지 원칙의 지배하에 있기 때문이다. 세계 각국은 일정 요건하에 회사의 법인격을 부인하고 그 배후자에게 개인책임을 묻는 등 회사 법인격의 독립성에 일정한 예외를 허용하고 있다. 이하 우리는 법인격부여의 의미를 먼저 살핀 후 그 예외를 구성하는 법인격부인론을 심층 살펴 보기로 한다.

### (1) 법인격의 부여와 그 의미

**(가) 법인격의 부여와 각국의 법정책:** 상법상 회사는 모두 법인이다(상169). 모든 회사는 법인격을 향유한다. 법인격을 향유하느냐 여부는 사단이나 조합의 구별과 관계없이 각국이 법정책적으로 결정할 사안이다. 우리 상법은 일본이나 프랑스와 궤를 같이 하면서 모든 종류의 회사에 대해 법인격을 부여하고 있다. 그러나 영미법이나 독

---

9) 이하의 내용은 졸고, 주식회사법대계(I), 제4판, 한국상사법학회 편, 법문사, 110~182면을 본질적으로 참조하여 전재함.

일법에서는 물적 회사에 대해서만 법인격을 부여하고 인적 회사에 대해서는 법인성을 인정하지 않는다.

(나) **분리의 원칙**:   법인격이 부여되면 회사는 그 구성원인 사원의 인격과는 구별되는 독자적 권리주체성을 갖게 되고 스스로 권리와 의무의 주체가 된다. 나아가 소송상으로도 독자적인 당사자 적격을 향유한다. 나아가 법인의 독자성은 그 구성원인 사원의 인격과 법적으로 구별되며 법인인 회사는 자신의 고유한 특별재산을 갖게 된다. 이러한 **법적 독립성과 특별재산의 형성이 법인격부여의 원칙적 의미**이다.

(다) **주주의 유한책임**:   특히 주식회사에 있어 회사의 채무는 회사의 자산만으로 담보되고 주주는 오로지 경제적으로 이익배당의 감소 또는 주가하락 등으로 간접손해를 입을 뿐이다. 이하 주주의 유한책임에 대해 좀더 자세히 살피기로 한다.

1) **주주 유한책임의 의미**(§331):   주식회사에서는 모든 주주가 회사에 대해서 주식의 인수가액을 한도로 유한의 출자의무를 부담할 뿐 회사의 채권자에 대해 아무런 직접적인 책임을 지지 않는다(§331). 합자회사의 유한책임사원 역시 출자가액을 한도로 책임지는 점에서 주주가 부담하는 간접책임과는 성질이 다르다. 즉 주주는 회사에 대해서 주금납입의무를 부담할 뿐 직접 회사채권자를 상대로 책임지는 일이 없다.

2) **주주유한책임제도의 존재근거**:   이에 대해서는 여러 가지 논의가 있을 수 있겠으나 이하 이스터브룩과 피셸의 주장을 요약, 소개하기로 한다.[10]

가) **경영자감시비용의 절감**:   주주유한책임제도로 경영자감시비용이 줄어든다. 모든 투자자들은 그들의 대리인인 경영자의 행동여하에 따라 이익을 보기도 하고 손실을 볼 수도 있다. 투자위험이 크면 클수록 투자자들은 더 열심히 경영자를 감시하려 할 것이다. 이러한 감시는 비용을 낳고, 감시의 정도가 커질수록 비용도 증가하겠지만 일정 단계에 이르면 비용이 감시의 효과를 반영하지 못하는 한계점에 이르게 된다. 주주유한책임제도는 이러한 투자자들의 감시성향과 이에 따른 비용문제를 합리적으로 해결한다. 처음부터 주식인수금액 만큼만 책임지면 되기 때문에 투자자들은 투자위험과 감시비용간의 합리적인 조절을 꾀할 수 있게 된다.

나) **경영자들에 대한 경영의욕의 고취**:   주주유한책임제도는 자유로운 주식양도가능성을 뒷받침한다. 회사의 경영성과가 나쁘면 주주들은 보유주식을 매각하게 될 것

---

10) Frank Easterbrook/Daniel Fischel, Limited Liability and the Corporation, 52 U. Chi. L. Rev. 89, at pp. 94~97.

이고 이는 주가하락으로 이어진다. 이렇게 되면 경영진은 투자자들의 신임을 잃어 교체될 가능성이 커진다. 따라서 현 경영진들은 주가하락을 막기 위해 효율적인 경영에 진력하게 될 것이다.

**다) 기업가치산정의 용이:**　만약 주주들이 회사채무에 대해 무한책임을 진다면 주식은 자본시장에서 더 이상 동질적인 재화가 아니며 동일한 가격을 가질 수도 없다. 이 경우 투자자들은 주가의 적정성을 파악하기 위하여 회사의 사업계획서 등 많은 요소들을 분석해야 할 것이다. 따라서 주주유한책임제도는 기업가치산정을 용이하게 하여 불특정다수 투자자들에게 용이한 투자기회를 제공한다.

**라) 투자위험의 최소화:**　투자자들은 투자위험을 최소화하기 위해 투자대상을 분산시킨다. 만약 주주유한책임제도가 존재하지 않는다면 투자대상의 분산은 투자위험의 감소가 아니라 오히려 투자위험의 증대로 이어질 가능성이 높다. 따라서 주주유한책임제도는 투자대상의 분산을 통한 최적의 포트폴리오를 창출할 수 있게 한다.

**3) 주주유한책임의 예외(유한책임의 한계):**　이러한 주주유한책임의 원칙이 언제나 관철되는 것은 아니다. 다음의 예외를 생각해보기로 한다.

**가) 주주의 동의:**　주주유한책임의 원칙에도 불구하고 주주들이 자발적으로 회사채무를 분담할 수는 있다. 비록 주주유한책임의 기본원칙이 주식회사의 본질에 관한 것이어서 정관으로 달리 정할 수는 없지만 회사와 주주간 약정에 의하여 본 원칙을 포기하고 개별적으로 회사의 채무를 분담하거나 추가출자를 부담할 수는 있는 것이다. 판례도 이를 긍정하고 있다; "제331조의 주주유한책임원칙은 주주의 의사에 반하여 주식의 인수가액을 초과하는 새로운 부담을 시킬 수 없다는 취지에 불과하고 주주들의 동의 아래 회사채무를 주주들이 분담하는 것까지 금하는 취지는 아니다."[11]

**나) 특별법상의 예외:**　위에서 본 주주의 동의라는 이론적 예외 이외에도 아래와 같이 실정 성문규정이 주주유한책임의 예외를 구성하기도 한다. 그 예로서 첫째, 상호저축은행법을 들 수 있다.[12] 둘째 예로는 국세기본법이 있다.[13] 셋째로는 채무자회

---

11) 대판 1989. 9. 12, 89다카890; 동지: 대판 1983. 12. 13, 82도735.

12) **상호저축은행법 제37조의3** [임원들의 연대책임] "(2) 상호저축은행의 과점주주는 상호저축은행의 경영에 영향력을 행사하여 부실을 초래한 경우에는 상호저축은행의 예금 등과 관련된 채무에 대하여 상호저축은행과 연대하여 변제할 책임을 진다."

13) **국세기본법 제39조** [출자자의 제2차 납세의무] "법인의 재산으로 그 법인에 부과되거나 그 법인이 납부할 국세・가산금과 체납처분비에 충당하여도 부족한 경우에는 그 국세의 납세의무 성립일 현재 다음 각 호의 어느 하나에 해당하는 자는 그 부족한 금액에 대하여 제2차 납세의무를 진다. 다만, 제2호에 따른 과점주주의 경우에는 그 부족한 금액을 그 법인의 발행주식 총수(의결권이 없는 주식은 제외한다. 이하 이 조에서 같다) 또는 출자총액으로 나눈 금액에 해당 과점주주가 실질적으로 권리를 행사하는 주식 수(의결권이 없는 주식은 제외한다) 또는 출자액을 곱하여 산출한 금액을 한도로 한다.

생 및 파산에 관한 법률이 있다.[14)]

### (2) 법인격의 한계(법인격부인론)

### (가) 개 념

**1) 개념정의:**    법인과 그 구성원간의 법적 분리의 원칙을 관철하게 되면 정의와 형평의 이념에 반하여 법률상 용납될 수 없는 부당한 결과를 가져올 경우 그 특정 사안에 한하여 일시적으로 법인격을 부인하고 그 배후의 실체를 파악하여 구체적으로 타당한 결과를 모색하는 법이론을 법인격부인론(doctrine of disregard of the corporate entity; piercing the corporate veil; lifting the corporate veil)이라 한다. 이러한 법인격부인의 기법은 개개 사안에서 일시적으로 법인격을 부인하여 구체적 타당성을 실현하는 방법이므로 이는 회사의 해산명령($\frac{상}{176}$)이나 회사의 해산판결($\frac{상}{241}$)과는 구별하여야 한다.

**2) 법인격부인이냐? 아니면 법인격무시냐? (용어의 문제):**    다수의 학설들은 법인격의 '부인'(否認)이란 용어를 사용함에 반하여 일부 학자들은 법인격의 '무시'(無視)라는 용어를 사용한다.[15)] 이에 따르면 본 법리는 형해화한 회사의 법인격 자체를 부정하는 것이 아니라 개별 사안에서 구체적 타당성을 실현하기 위하여 해당 회사의 법인격을 일시적으로 무시하는 법리이므로 법인격부인보다는 법인격무시가 정확한 표현이라는 것이다. 즉 법인격 '부인(否認)'이라는 용어는 영구적으로 법인격을 부정하는 어감이 있어 '무시(無視)'라는 용어가 더 적절하다고 한다.[16)] 그러나 '부인'이라는 용어를 항상 법인격의 영구적 부정으로 인식할 필요는 없다고 느껴진다. 본고에서는 전래적으로 다수의 학자들에 의하여 사용되고 있는 '법인격부인'이라는 용어를 이하 통일적으로 사용하기로 한다.

---

1. 무한책임사원, 2. 주주 또는 유한책임사원 1명과 그의 특수관계인 중 대통령령으로 정하는 자로서 그들의 소유주식 합계 또는 출자액 합계가 해당 법인의 발행주식 총수 또는 출자총액의 100분의 50을 초과하면서 그에 관한 권리를 실질적으로 행사하는 자들(이하 "과점주주"라 한다)."

14) **채무자 회생 및 파산에 관한 법률 제205조** [주식회사 또는 유한회사의 자본감소] "④ 주식회사인 채무자의 이사나 지배인의 중대한 책임이 있는 행위로 인하여 회생절차개시의 원인이 발생한 때에는 회생계획에 그 행위에 상당한 영향력을 행사한 주주 및 그 친족 그 밖에 대통령령이 정하는 범위의 특수관계에 있는 주주가 가진 주식의 3분의 2이상을 소각하거나 3주 이상을 1주로 병합하는 방법으로 자본을 감소할 것을 정하여야 한다."

15) 정동윤, 341면, 각주 1번 참조; 남장우, 「회사법인격무시의 법리」, 고려대학교 박사학위논문(1995. 12.), 8~9면.

16) 남장우, 상계논문, 9면.

### 3) 인정근거

#### 가) 학설들

① **대륙법계 국가에서의 상황:**  대표적인 대륙법계 국가라 할 만한 독일에서는 주관적 남용설과 객관적 남용설이 주장되었는바 전자에 따르면 법인제도를 예정된 목적에서 벗어나 의도적으로 부당한 목적을 위하여 남용하였을 경우 법인격부인이 가능하다고 하며,[17] 후자에 의하면 법질서에 반하는 제도남용의 경우 법인격부인의 가능성이 있다고 한다. 일본에서도 독일의 객관적[18] 및 주관적 남용설[19]이 주축이 되어 법인격부인론의 논거로 인정되었다. 국내에서도 다수의 학설이 회사의 법인성을 선언한 제169조와 권리남용금지의 원칙에 관한 민법 제2조 제2항을 법인격부인론의 성문법적 근거로 들고 있다.[20] 일부 학설은 법인격부인론의 정당화논거를 제169조의 내재적 한계로 설명하기도 한다.[21] 대체로 이들 법전법국가에서는 신의칙이나 권리남용금지의 원칙과 법인제도의 본질에서 본 제도의 근거를 찾으려 한다.

② **커먼로 국가에서의 상황:**  특히 미국판례법에서는 아래의 네 가지 근거가 주장되었고 특히 그중에서도 前 3자가 강력히 주장되었다. 첫째, 대리설(代理說; agency theory)에서는 회사가 주주의 대리인이기 때문에 주주는 회사의 채무에 대하여 대리관계상 본인으로서 책임져야 한다고 한다.[22] 둘째, 분신설(分身說; alter ego doctrine) 또는 동일체설(同一體說; identity theory)에서는 회사와 주주가 실질상 동일하다고 평가되는 경우에는 그 회사와 주주는 하나이므로 주주는 회사의 채무에 대하여 마치 자기의 채무와 같이 책임져야 한다고 한다.[23] 셋째, 도구이론(道具理論; instrumentality theory)에서는 회사가 주주의 단순한 도구로 전락한 경우 주주는 회사의 채무에 대하여 책임진다고 한다.[24] 끝으로 법인격 내재설(法人格 內在說)에서는 자연인이 법인이라는 제도를 통하여 유한책임의 혜택을 누리는 것은 법에 의하여 부과된 특권인데 이 특권을 사해행위 등 부당한 목적을 위하여 이용하는 것은 허용되지 않는다고 한다.[25]

---

17) Rolf Serick, Rechtsform und Realität juristische Personen, 2. Aufl., 1980, S. 203; Thomas Raiser, Recht der Kapitalgesellschaften, Vahlen, 1992, S. 328.

18) 田中, 全訂會社法詳論, 上卷, 102면 등.

19) 江頭憲治郎, 會社法人格否認の法理(東京大出版部, 1980), 60面 等(日本 多數說).

20) 정동윤, 345면; 이철송, 52면; 최준선, 68~69면; 김·노·천, 61면(신의칙 및 정의와 형평의 이념); 송옥렬, 710면; 홍·박, 34면; 김홍기, 293~ 294면.

21) 정찬형, "법인격부인론,"「백산상사법논집」, 박영사, 2008, 72~119면, 특히 109면.

22) Cardozo in Berkey v. Third Ave. Ry. Co. 244 N. Y. 84 at 85 (1926).

23) Luckenbach S. S. Co., Inc. v. W. R. Grace & Co., Inc., 267 F. 676, at 681 (4th Cir. 1920).

24) Lowendahl v. Baltimore & Ohio Railroad Co., 287 N. Y. Supp. 62 (1936). 본 판례의 이름을 따서 도구이론의 적용요건을 'Lowendahl test'라 부르기도 한다(Allen-Kraakman-Subramanian, Commentaries and Cases on the Law of Business Oraganization, 2nd ed., p. 151.

나) 비판 및 결론:   법인격부인의 법리는 '법의 수렁'(legal quagmire)으로 표현될
정도로[26] 그 적용요건의 제시가 용이하지 않고 나아가 그 성문화도 어려운 특수영역
이다. 영미법에서도 형평법상의 판례법으로 발전해 왔으며 적용사례들을 일정한 기준
에 따라 분류할 수는 있지만 그 적용요건을 통일적으로 제시하는 것은 거의 불가능
에 가깝다. 그야말로 개별사안에서 구체적 타당성을 실현하기 위하여 필요하다고 느
끼면 법관들은 주저없이 법인격을 무시 또는 부인해왔던 것이다.[27] 따라서 법인격부
인의 기법은 거의 모든 법역에서 나타났고 그 법적 인정근거 역시 모든 법역영에 공
통될 수 있는 신의칙 및 권리남용금지의 원칙 나아가 법인제도에 내재한 한계라고
할 수 있겠다. 다소 표현이 다르기는 하지만 세계 각 법계에서 주장되는 내용들은 결
국 이러한 내용으로 수렴될 수 있다고 생각된다.

### (나) 법인격부인론의 발전사

**1) 영미법계:**   영미의 커먼로 국가에서는 본 제도에 대한 법발전이 가장 융성
하게 이루어졌다. 우선 19세기말 빅토리아 시대[28]의 판례로서 살로몬 사건에서 영국
의 최고법원(House of Lord)은 회사의 독립된 법인격을 부인하는 것은 매우 신중하게
접근하여야 한다고 판시하면서 법적 분리의 원칙이 회사법의 근간임을 천명하였다.[29]
본 제도는 주로 미국에서 수많은 판례를 남기며 오늘의 위상을 갖추게 되나[30] 영국을
위시한 커먼로 국가[31]의 어디에서나 다양하게 법인격부인이 시도되었다.[32] 우선 미국
에서는 채권자사해,[33] 계약상의 의무회피,[34] 탈법행위,[35] 신의칙상 법인격을 인정할 수
없는 경우,[36] 1인회사[37] 및 모회사가 자회사의 채권자로 등장하는 경우[38] 등에 본 이

---

25) Grotheer v. Meyer Rosenberg, Inc., 11 Cal. App. 2d 268, at 271 (1936).
26) Ballantine, "Parent and Subsidiary Corporations," 14 California Law Review 15 (Nov. 1925).
27) 영미의 판례(Macaura v. Northern Assurance Co. [1925] A.C. 619)에서는 '회사의 법인격 뒤에 가려 있는 인
간의 실존'(human reality behind the company) 또는 독일 판례(BGHZ 22, 226, 230)에서는 '사회의 현실, 경
제적 필요 및 사실의 힘'(die Wirklichkeiten des Lebens, die Bedürfnisse und die Macht der Tatsachen) 등으
로 표현하며 법인격을 부인해 왔다.
28) Victoria 여왕의 재위기간이었던 1837년부터 1901년까지를 의미한다.
29) Salomon v. Salomon & Co. Ltd, [1897] A. C. 22 [법인격존중]
30) 위에서 본 대리설, 분신설 및 도구설 등은 이러한 장구한 판례법 발전에 기초하고 있다. 미국이야 말로 법인
격부인론의 종주국이라 할 만하다(독일 쾰른대 비더만 교수의 표현이다; Wiedemann, Gesellschaftsrecht I,
1980, §4 III 1, S. 223).
31) 커먼로 국가라 함은 영국의 식민지개척과정에서 나타난 jurisdiction으로서 영국, 미국, 캐나다, 호주, 뉴질랜
드, 싱가포르, 홍콩, 인도, 남아공 등 과거 영국의 식민지 지배를 받았던 아프리카 제국 등을 이른다.
32) 뉴질랜드의 사례로는 Lee v. Lee's Air Farming Ltd., [1961] A. C. 12.
33) Booth v. Bunce 33 N. Y. 139 (1865).
34) Beal v. Chase 31 Mich. 490 (1875).
35) U. S. v. Lehigh Valley Railroad Co., 220 U. S. 257 (1911).
36) Keokuk Electric Railway Co. v. Weisman, 146 Iowa 679 (1910).
37) Pepper v. Litton, 308 U. S. 295 (1939).

론이 적용되어 왔다.[39] 사례에 나타나는 사실관계를 중심으로 보면 주로 사원에 의한 회사의 완전지배(complete dominion), 회사와 개인간 업무나 재산의 상호혼용(相互混融; commingling), 저자본(undercapitalization) 등의 경우에 주로 본 이론이 적용된 것으로 파악된다. 영국에서도 미국에서만큼 사례의 숫자가 많지는 않으나 다수의 판례가 'veil-piercing'을 시도하고 있고 주주의 이익을 위한 법인격 부인 등 다양한 경우가 망라되고 있다.[40]

법인실재설을 근간으로 하는 대륙법계 국가와 달리 커먼로 계열의 국가에서는 법인의제설에 바탕을 둔 결과, 보다 유연하게 개별사안의 구체적 타당성을 실현하기 위하여 법인격부인이 현란하게 시도되고 있다. 특히 법인격부인의 가장 전형적 사례군인 책임실체파악의 좁은 울타리를 일찌감치 청산하고 법인격의 역부인(逆否認; reverse piercing)[41] 등 주주를 위한 법인격부인, 나아가 개별사안의 구체적 내용을 반영한 다수의 판례가 전세계적으로 만들어지고 있다. 나아가 'veil-piercing'에 관한 영미의 판례법은 이미 전 세계적인 영향력을 가져 대륙법계 국가에서도 유사한 시도가 나타나고 있다는 점이다.[42] 가히 커먼로계열의 국가에서 시도된 법인격부인의 기법은 법인격의 한계를 금긋는 신의칙적 제도로서 세계적 보편성을 가지게 되었다 할 수 있겠다.

**2) 독 일:** 독일에서 법인격부인론이 발전되는 상황은 한마디도 실체파악론(Durchgriffslehre)과 규범적용설(Normanwendungslehre)의 대립으로 표현될 수 있다.[43] 전자는 다시 주관적 남용설과 객관적 남용설로 나누어질 수 있다. 주관적 남용설의 대표적 주창자는 Rolf Serick인데 그는 법인형태의 이용이 법질서가 예정한 목적을 벗어나 의도적으로 부당하게 이용될 때 법인격부인이 가능하다고 주장한다.[44] 그러나 그가 법인격남용의 주관적 요소를 지나치게 강조한 나머지 많은 비판을 받게 되었고, 그런 맥락에서 객관적 남용설이 제기되었다. 객관적 남용설은 제도설 내지 제도적 접근이라 할만한데, 법질서 및 경제질서에 매몰된 제도로서 법인의 내재적 한계를 발견하고 그러한 한계를 넘어선 경우 제도적 남용으로 파악하여 법인격부인의 가능성을

---

38) Taylor v. Standard Gas & Elec. Co. 306 U. S. 307 (1939) [이 판례는 사실관계에 등장하는 자회사 'Deep Rock Oil Corp.' 때문에 추후 설명할 'Deep Rock Doctrine'의 출처가 된다].
39) 이에 대해 자세히는 정동윤, "주식회사의 법형태의 남용의 규제와 법인격부인이론," 「저스티스」 제10권 제1호 (1972), 95~156면, 99~109면 참조.
40) Dine, *Company Law*, 5th ed., Palgrave, pp. 30~32.
41) 이에 대해서는 별도로 다음 [본서 43면 (바)]에서 자세히 다룬다.
42) 특히 사원에게 유리한 법인격부인의 예로 독일 판례 BGHZ 61, 380을 들 수 있다.
43) 독일에서의 법발전에 대한 자세한 소개로는, Ju Seon Yoo, Durchgriffshaftung bei Vermögensvermischung in der GmbH im deutschen und koreanischen Recht, jur. Diss., Univ. Marburg, Logos Verlag, 2005.
44) Serick, Rechtsform und Realität, S. 38.

인정한다.[45] 따라서 객관적 남용설에서는 법 및 목적에 반하는 법인격의 이용이 요건이지 법인격남용의 주관적 요소는 적용요건에서 제외된다.[46]

한편 규범적용설(Normanwendungslehre)에서는 실체파악론과 달리 법인격부인을 법인에 관한 일반적 문제에서 해방시킨 뒤 개별규범의 적용문제로 파악한다.[47] 즉 아무리 제도적 남용이 있다 할지라도 회사의 법인격 자체를 부인할 필요는 없으며, 개별사안에 적용가능한 규범의 해석결과로 구체적 타당성을 실현하고자 한다. 오늘날 독일의 판례법은 객관적 남용설의 입장에 기초해 있는 것으로 파악된다.[48] 물론 규범적용설의 입장을 고려하여 법인격을 부인함에 있어서는 매우 신중한 자세를 취한다.[49] 이러한 테두리 속에서 주로 일인회사,[50] 제도적 남용[51] 및 저자본[52] 등에서 법인격부인이 시도되고 있다. 적용사례군들은 적용효과면에서 크게 책임실체파악(Haftungsdurchgriff)과 귀속실체파악(Zurechnungsdurchgriff)으로 양분될 것이다.

**3) 일  본:**   일본에서도 미국, 독일 등의 영향하에 법인격부인의 다기한 논의가 진행되었다. 결정적인 것은 1969년 일본최고재판소 판례로서 이를 통하여 판례법의 골격이 만들어졌다. 본 판례는 법인격부인이 가능한 사례들을 법인격이 형해화된 경우와 법인격을 남용한 경우로 양분한다.[53] 이러한 리딩케이스를 중심으로 법인격부인론이 전개되고 있으며 본 판례는 우리 대법원판례에도 그대로 수용된 것으로 파악된다.[54] 즉 우리 대법원 역시 법인격부인의 가능성을 형해화사례와 남용사례로 양분하고 있다.

위 1969년 2월 27일의 최고재판소 판례의 사실관계 및 판시내용은 아래와 같다. 甲(원고)은 전기기구류판매업을 하는 피고 乙(주)에게 점포를 임대하였는데 乙(주)는 실질적으로 그 대표이사인 A의 개인기업으로서 단지 세금관리 차원에서 회사조직을 갖추고 있을 뿐이었다. 甲 역시 상대인 乙(주)가 회사인지, 개인인지 크게 신경쓰지 않았고, 이런 상태에서 A와 임대차계약을 체결하였다. 약정 임대차기간이 종료했음에

---

45) Rehbinder, Festschrift R. Fischer (1979), S. 96 f.
46) BGHZ 20, 4.
47) Müller=Freienfels, AcP 156 (1957), S. 522.
48) BGHZ 20, 4.
49) BGHZ 20, 11; BGHZ 26, 37. 이러한 독일 판례의 입장은 위에서 본 영국 대법원의 Salomon사건을 연상시킨다. 결국 법인격부인에 관한 판례법은 세계적으로 통일되어 있는 느낌이다.
50) BGHZ 89, 162.
51) BGHZ 31, 258; BGHZ 81, 315; BGHZ ZIP 1992, 694(소위 'Strohmanngesellschaft'의 경우).
52) BGHZ 68, 312(그러나 저자본 하나만으로 법인격을 부인하는 것이 아니라 개별사안의 종합적 정황을 고려하는 신중한 입장을 취하고 있다).
53) 日本最高裁判所(第1小法廷)判決, 1969년 2월 27일 선고, 判例時報 551号, 80頁, 民事判例集 23卷 2号, 551頁 등.
54) 대판 2008. 9. 11, 2007다90982.

도 A가 점포를 비우지 않자 甲은 명도(明渡)소송을 제기하였다. 소송계속중 A는 甲이 주장하는 내용의 명도에 대해 화해를 하였다. 그러나 A는 차후 화해의 당사자는 A였으므로 乙(주)가 사용하는 부분은 점유를 반환할 수 없다며 화해내용의 이행을 거부하였다. 이에 甲이 乙(주)를 상대로 명도청구소송을 제기한 것이 본 사건이다. 이에 대해 일본최고재판소는 법인격의 형해화와 법인격의 남용시 법인격부인이 가능한 바 형해화의 경우는 법인은 곧 개인, 개인은 곧 법인일 정도로 동일체인 경우를 뜻한다며 이러한 경우 법인격부인이 가능한데 본 사안에서는 乙(주)와 A간에 이러한 관계가 성립하고, 따라서 甲과 A간에 성립한 화해가 비록 A 개인 명의로 되어 있더라도 그 행위는 乙(주)의 행위이므로 A는 점포공간을 임대인에게 명도하여야 한다고 결론지었다.

**4) 우리나라:**    우리나라에서의 법인격부인론은 다음과 같은 단계를 거쳐 진행되었다.

**가) 차영일 대 김봉길 사건 [제1단계; 심사숙고기]:**    첫 단계는 본 이론의 적용을 심사숙고한 단계이다. 즉 차영일 대 김봉길 사건에서 서울고등법원은 우리 판례법상 처음으로 법인격부인을 시도하였다.[55] 그러나 이 사건의 상고심에서 대법원은 문제된 회사('주식회사 오리진'[56])의 법인격이 진정으로 형해화하였는가라는 물음을 부정하면서 원심을 파기환송하였다.[57] 본 판례의 입장에 대해서는 '진정으로 법인격무시이론에 의한 해결이 필요하고 적절한 사안임에도 불구하고 기묘한 인연으로 그에 의한 판결을 거부한 불행한 사건'이라는 코멘트가 나올 정도로 해당 회사의 법인격은 형식화하였다고 보아야 할 것이다. 다만 최고법원으로서 대법원이 이러한 소극적인 자세를 취한 것은 그때까지 국내에서 진행된 논의만으로는 법인격부인이라는 새로운 길을 선택하는 것이 용이하지 않았다고 생각된다.[58] 본 사건은 어쨌든 많은 코멘트를 낳으면서 국내 법인격부인론의 제1라운드를 장식하였다.

**나) 현대미포조선소 사건 [제2단계; 최초의 적용]:**    1988년에 이르러 대법원은 마침내 편의치적회사인 그랜드 하모니 인코퍼레이티드가 현대 미포조선소를 상대로 제기한 제3자 이의의 소(Drittwiderspruchsklage)에서 원고의 형해화된 법인격을 부인하고 제3자 이의의 소를 기각한 원심을 확정하였다.[59] 본 판례에 대해서는 본격적인 법인격부인의 사례로 보기 어렵다는 평도 있었으나[60] 다수의 학설들은 이 판례를 우리나라 법원이 내린 법인격부인의 최초사례로 보

---

55) 서울고등법원 1974. 5. 8, 72나2582.
56) 나중에 상호는 '태원주식회사'로 바뀜.
57) 대판 1977. 9. 13, 74다954 [형해화된 법인격의 존재를 부정함].
58) 이러한 대법원의 입장은 이중대표소송에 관한 판례에서도 확인되고 있다. 사실 해당 판례(대판 2004. 9. 23, 2003다49221)의 사실관계를 보면 모회사가 자회사 주식의 80% 이상을 소유하여 자회사의 독립성은 형식화하였다고 판단된다. 이러한 경우라면 자회사의 법인격을 부인하고 모회사 소수주주에게 자회사 이사를 피고로 한 이중대표소송을 허용할 만한 사안이었다(원심인 서울고법 2003. 8. 22, 2002나13746 참조). 아마도 법인격부인론 부분에서 그러하였듯이 머지 않아 대법원이 법인격부인의 방법을 경유하여 – 그 결과 제403조를 유추적용하게 될 것이다 – 모회사 소수주주에게 이중대표소송을 허용할 것으로 생각된다.
59) 대판 1988. 11. 22, 87다카1671 [법인격부인].

고 있다.[61] 비록 법인격부인의 가장 전형적인 책임실체파악의 경우는 아니지만 강제집행법의 영역에서 이루어진 법인격부인의 값진 사례였다. 이 판례를 필두로 해상법에서 자주 등장하는 편의치적의 상관행을 다룬 후속판례도 등장하였다.[62] 나아가 이 판례는 법인격부인의 적용요건 상 심각히 다투어지는 보충성요건의 필요성에 대한 논의의 불을 당겼다. 즉 본 사안은 선박우선특권이라는 해상법상의 특수제도로도 문제를 해결할 수 있었다. 그러나 대법원은 선박우선특권제도와 더불어 법인격부인도 시도하였다. 따라서 우리 판례의 입장은 보충성 요건을 절대시하지 않는 것으로 풀이된다.

### 🔘 현대미포조선소 사례 [대판 1988. 11. 22, 87다카1671] [법인격부인]

① 사실관계: 원고 그랜드하모니 인코퍼레이티드(Grand Harmony Incorp.)는 몬로비아 Broad Street 80에 주사무소를 둔 Liberia 회사로서 1981. 4. 1. 역시 Liberia 회사로서 주사무소를 원고와 같이 하는 소외 Touchest Shipping Ltd.와의 사이에 이 사건 선박에 대한 선박관리계약을 체결하면서 원고를 대표하여 Daniel Fuchieh Li가, Touchest Shipping Ltd.를 대표하여 Danis Fuping Li가 각 서명하였고, 같은 날 Touchest Shipping Ltd.는 같은 선박에 관하여 Hong Kong Kennedy Road 17, Hopewell Centre 36층에 사무소를 둔 Chipstead Ltd.와 선박관리복대리계약을 체결하면서 Touchest Shipping Ltd.를 대표하여 Danis Fuping Li가 Chipstead Ltd.를 대표하여 앞서 원고의 대표자로서 서명한 Daniel Fuchieh Li가 각 서명하였다.

Touchest Shipping Ltd.의 사실상의 주소지는 Chipstead Ltd. 方으로 Chipstead Ltd.와 주소가 같을 뿐 아니라 전화번호, 텔렉스번호도 같으며 Touchest Shipping Ltd.의 회장은 Danis Fuping Li, 사장은 원고회사의 총무이사인 Daniel Fuchieh Li이고 Chipstead Ltd.의 이사는 Daniel Fuchieh Li와 Danis Fuping Li이고, 원고의 사장은 Danis Fuping Li였는데 이들 두 사람은 형제간이었다.

이 사건 선박의 선장인 추이 윙 첸은 Chipstead Ltd.의 홍콩본사로부터 이 사건 선박을 피고 현대 미포조선소에서 수리하라는 지시를 받고 1985. 4. 1. 이 사건 선박을 울산항에 입항시키면서 입항신고시 소유자를 Chipstead Hong Kong으로 기재하였고, Chipstead의 東京支社長 소외 이석록도 1985. 6. 10. 위 피고회사와의 사이에 선박수리비에 관한 대금결제계약서를 작성함에 있어서 이 사건 선박을 Chipstead Ltd.의 소유로 알고 수리해 주었다. 그런데 피고 주식회사 현대미포조선소는 소외 Chipstead Ltd.에 대한 미화 105,232불의 수리비채권의 집행을 보전하기 위하여, 피고 삼성항업(주)는 위 같은 소외 회사에 대한 돈 31,191,798원의 채권의 집행을 보전하기 위하여 이 사건 선박의 가압류집행을 하였다. 이에 원고는 이 사건 선박은 원고의 소유이므로 피고들의 위 소외 회사에 대한 각 채권에

---

60) 정찬형, "법인격부인론", 「판례월보」 제226호(1989. 7.), 35~36면.

61) 정영환, "민사소송에 있어서의 법인격부인론", 「고시계」 통권 제522호(2000. 8.), 72면, 각주 10번 참조.

62) 대판 1989. 9. 12, 89다카678 [법인격존중] (편의치적회사가 선박의 실제소유자와 외형상 별개 회사라 해도 그 선박소유권을 주장하여 선박가압류집행을 불허하는 것은 편의치적이라는 편법행위가 용인되는 한계를 넘어서 채무면탈이라는 불법목적을 추구하는 것으로서 신의칙상 허용될 수 없음을 판시함. 그러나 현대미포조선소 사건에서와는 달리 형해화의 정도가 미약하여 법인격의 부인에는 이르지 못하고 대신 신의칙을 적용하여 해결함.)

기한 이 사건 가압류집행은 부당하다고 하여 이 소를 제기한 것이다. 원고의 주장은 정당
한가?(대판 1988. 11. 22, 87다카1671, 제3자 이의, 그랜드하모니 인코퍼레이티드 대 (주)
현대미포조선소 외 1인)

② 코멘트:　본 판례를 통하여 대법원은 처음으로 법인격부인론을 정식으로 수용하
였다. 물론 일부 학설은 본 판례를 법인격부인론의 수용예라기보다는 신의칙 내지 권리남
용금지원칙의 적용사례로 보기도 하였다. 그러나 위에서 살펴본 국외판례의 다양성을 고
려하건대 법인격부인론의 적용대상이 아니라고 단정하기는 어려울 것이다.

다) 오피스텔 분양사건 [제3단계; 본격적인 적용]:　마침내 21세기의 첫해인 2001년에 이르
러 대법원은 법인격부인의 가장 전형적 사례인 책임실체파악을 시도하였다.[63] 즉 유한책임의
남용을 통한 개인책임의 회피문제를 법인격부인의 기법으로 해결한 첫 대법원판례가 되었다.
판시내용은 다음과 같다; "회사가 외형상으로는 법인의 형식을 갖추고 있으나 이는 법인의 형
태를 빌리고 있는 것에 지나지 아니하고 그 실질에 있어서는 완전히 그 법인격의 배후에 있는
타인의 개인기업에 불과하거나 그것이 배후자에 대한 법률적용을 회피하기 위한 수단으로 함
부로 쓰여지는 경우에는, 비록 외견상으로는 회사의 행위라 할지라도 회사와 그 배후자가 별개
의 인격체임을 내세워 회사에게만 그로 인한 법적 효과가 귀속됨을 주장하면서 배후자의 책임
을 부정하는 것은 신의성실의 원칙에 위반되는 법인격의 남용으로서 심히 정의와 형평에 반하
여 허용될 수 없고, 따라서 회사는 물론 그 배후자인 타인에 대하여도 회사의 행위에 관한 책
임을 물을 수 있다고 보아야 한다."

라) 토탈미디어안건사 사건 [제4단계; 최초의 역부인시도]:　2004년에 이르러 대법원은 '토
탈미디어안건사 사건'에서 이른바 법인격의 역부인(逆否認; reverse piercing)을 시도하고 있
다.[64] 기존의 안건사가 여러 거래관계에서 채무를 부담하였는바 그 지배주주가 채권자 사해의
의도로 새로운 회사(토탈미디어안건사)를 설립하여 기존 안건사의 재산을 거의 전부 신 회사로
빼돌린 사건이다. 그러나 새로운 회사의 주주구성이나 주소나 업종이나 고객관계는 거의 기존
의 안건사와 동일하였다. 이러한 사실관계에서 대법원은 '토탈미디어안건사'라는 신회사의 설립
이 법인격남용에 해당하여 그 독립성을 부인한 후 원고의 청구를 인용하였다. 대법원이 설시한
법인격부인의 논거는 회사제도의 '남용'이었다. 그러나 이는 법인격의 '형해화'사례로도 볼 수
있을 것이다. 즉 토탈미디어 안건사의 법인격 역시 형식화하여, 기존 안건사의 지배주주였던
개인의 영업과 사실상 동일체였기 때문이다. 즉 법인격의 형해화와 명확히 구분되는 '법인격의
남용'사례로 보기는 어렵다고 판단된다. 어쨌든 전형적인 법인격부인이 채무자인 회사의 법인
격이 형식화하였을 때 이를 부인하고 그 배후자에게 책임을 묻는 것임에 반하여 본 사건에서
는 법인격이 부인된 (주)토탈미디어안건사는 본시 채무자가 아니었기에 법인격의 역부인 내지

---

63) 대판 2001. 1. 19, 97다21604 [법인격부인].
64) 대판 2004. 11. 12, 2002다66892, "기존회사가 채무를 면탈할 목적으로 기업의 형태·내용이 실질적으로 동
　　일한 신설회사를 설립하였다면, 신설회사의 설립은 기존회사의 채무면탈이라는 위법한 목적달성을 위하여 회
　　사제도를 남용한 것이므로, 기존회사의 채권자에 대하여 위 두 회사가 별개의 법인격을 갖고 있음을 주장하
　　는 것은 신의성실의 원칙상 허용될 수 없다 할 것이어서 기존회사의 채권자는 위 두 회사 어느 쪽에 대하여
　　서도 채무의 이행을 청구할 수 있다."

법인격부인론의 역적용이 시도된 최초의 사례가 된 것이다.[65]

마) 콘체른에서의 법인격부인 [제5단계; 콘체른에서의 가중된 요건제시]

① 판시내용:    2006년에 이르러 대법원은 콘체른에서의 법인격부인을 시도하고 있다.[66] 즉 모자회사간 법인격부인의 가능성을 탐구하고 있는 것이다. 즉 "자회사는 상호간에 상당 정도의 인적·자본적 결합관계가 존재하는 것이 당연하므로, 자회사의 임·직원이 모회사의 임·직원 신분을 겸유하고 있었다거나 모회사가 자회사의 전 주식을 소유하여 자회사에 대해 강한 지배력을 가진다거나 자회사의 사업 규모가 확장되었으나 자본금의 규모가 그에 상응하여 증가하지 아니한 사정 등만으로는 모회사가 자회사의 독자적인 법인격을 주장하는 것이 자회사의 채권자에 대한 관계에서 법인격의 남용에 해당한다고 보기에 부족하고, 적어도 자회사가 독자적인 의사 또는 존재를 상실하고 모회사가 자신의 사업의 일부로서 자회사를 운영한다고 할 수 있을 정도로 완전한 지배력을 행사하고 있을 것이 요구되며, 구체적으로는 모회사와 자회사 간의 재산과 업무 및 대외적인 기업거래활동 등이 명확히 구분되어 있지 않고 양자가 서로 혼용되어 있다는 등의 객관적 징표가 있어야 하며, 자회사의 법인격이 모회사에 대한 법률 적용을 회피하기 위한 수단으로 사용되거나 채무면탈이라는 위법한 목적 달성을 위하여 회사제도를 남용하는 등의 주관적 의도 또는 목적이 인정되어야" 자회사의 법인격을 부인할 수 있다는 판례이다. 이 판례에서 대법원은 콘체른 관계에서 자회사의 법인격을 부인하기 위한 일종의 가중된 형해화 내지 남용요건을 설시하고 있다. 이 판례에서 대법원은 형해화와 남용의 구성요건이 동시에 충족될 경우 비로소 자회사의 법인격을 부인할 수 있다는 판시를 한 점이 주목된다.

② 코멘트:    본 판결은 법인격부인의 요건부분에서나 사실관계상 외국회사가 등장한 점에서 많은 법률적 논의가 이어졌다. 우선 요건설시부분에서 대법원은 주관적 남용설에 기초한 판시를 하였다. 즉 "… 채무면탈이라는 위법한 목적달성을 위하여 회사제도를 남용하는 등의 주관적 의도 또는 목적이 인정되어야 한다"는 부분에 대해서는 다수의 비판이 있었다. 즉 법인격 남용의 주관적 의도 등은 입증이 어려워 본 제도의 실효성을 반감시킬 우려가 있는데 이를 본 제도의 적용요건으로 적극 요구하는 것은 적절치 않다는 비판이 있다.[67] 즉 객관적 남용설의 견지에서 비판이 가능할 것이다. 나아가 법인격부인의 대상이었던 본 사건의 자회사가 한국통신(KT)의 필리핀 법인이어서 국제사법적 문제도 제기되었다. 대법원은 섭외사법적 문제를 선결과제로 제기하지 않았으나 다수의 학설들은 법인격부인의 전제요건을 논하기 전에 먼저 적용할 준거법을 확정했어야 한다고 주장한다.[68] 이 문제에 대해서는 별도로 항을 두어 다루기로 한다.[69]

---

65) 2006년에 이르러서는 같은 취지의 후속판례도 나왔다(대판 2006. 7. 13, 2004다36130).
66) 대판 2006. 8. 25, 2004다26119 [법인격존중].
67) 신은영, "모자회사간 법인격부인의 요건", 제736차 판례연구발표회 발표문, 17면; 원용수, 「상사판례연구」 제20집 제1권(2007. 3.), 45면 참조.
68) 석광현, "외국회사의 법인격부인", 「법률신문」 제3680호(2008. 9.), 15면; 김태진, "법인격부인론에 관한 국제사법적 검토," 「국제사법연구」 제14호(2008. 12.), 209~242면, 특히 210면.
69) 본서 "(아)외국회사의 법인격부인"(55면 이하) 참조.

바) 법인격부인의 요건을 형해화와 남용으로 양분한 사례[70] [제6단계; 형해화와 남용으로 법인
격부인의 사례군 제시]

① 판시내용:    "회사가 외형상으로는 법인의 형식을 갖추고 있으나 법인의 형태를 빌리
고 있는 것에 지나지 아니하고 실질적으로는 완전히 그 법인격의 배후에 있는 사람의 개인기
업에 불과하거나, 그것이 배후자에 대한 법률적용을 회피하기 위한 수단으로 함부로 이용되는
경우에는, 비록 외견상으로는 회사의 행위라 할지라도 회사와 그 배후자가 별개의 인격체임을
내세워 회사에게만 그로 인한 법적 효과가 귀속됨을 주장하면서 배후자의 책임을 부정하는 것
은 신의성실의 원칙에 위배되는 법인격의 남용으로서 심히 정의와 형평에 반하여 허용될 수
없고, 따라서 회사는 물론 그 배후자인 타인에 대하여도 회사의 행위에 관한 책임을 물을 수
있다고 보아야 한다. 여기서 회사가 그 법인격의 배후에 있는 사람의 개인기업에 불과하다고
보려면, 원칙적으로 문제가 되고 있는 법률행위나 사실행위를 한 시점을 기준으로 하여, 회사
와 배후자 사이에 재산과 업무가 구분이 어려울 정도로 혼용되었는지 여부, 주주총회나 이사회
를 개최하지 않는 등 법률이나 정관에 규정된 의사결정절차를 밟지 않았는지 여부, 회사 자본
의 부실 정도, 영업의 규모 및 직원의 수 등에 비추어 볼 때, 회사가 이름뿐이고 실질적으로는
개인 영업에 지나지 않는 상태로 될 정도로 형해화되어야 한다.

또한, 위와 같이 법인격이 형해화될 정도에 이르지 않더라도 회사의 배후에 있는 자가 회
사의 법인격을 남용한 경우, 회사는 물론 그 배후자에 대하여도 회사의 행위에 관한 책임을 물
을 수 있으나, 이 경우 채무면탈 등의 남용행위를 한 시점을 기준으로 하여, 회사의 배후에 있
는 사람이 회사를 자기 마음대로 이용할 수 있는 지배적 지위에 있고, 그와 같은 지위를 이용
하여 법인 제도를 남용하는 행위를 할 것이 요구되며, 위와 같이 배후자가 법인 제도를 남용하
였는지 여부는 앞서 본 법인격 형해화의 정도 및 거래상대방의 인식이나 신뢰 등 제반 사정을
종합적으로 고려하여 개별적으로 판단하여야 한다."

② 코멘트:    2008년에 이르러 대법원은 1969년의 일본최고재판소판례의 판시내용을 재연
하는 듯한 판례를 내놓았다.[71] 즉 이 판례는 법인격을 부인할 수 있는 경우를 법인격의 형해화
와 법인격의 남용의 두 가지로 양분하면서 이 중 어느 하나의 요건이 충족될 경우 법인격을 부
인할 수 있다고 하였다. 이러한 판시내용은 1969년의 일본최고재판소판례의 내용과 사실상 완
전히 같다. 문제는 과연 형해화사례와 남용사례를 대법원의 판시내용처럼 쉽게 구별할 수 있느
냐는 것이다. 사실상 대부분의 법인격부인사례에서 양자가 동시에 나타나고 있다. 나아가 법인
격의 형해화사례군에서는 불법목적의 추구 등 추가적인 요건 없이도 법인격을 부인할 수 있다
고 하고 있다. 이 부분 역시 문제이다. 개인은 법인, 법인은 개인의 등식(等式)이 성립할 정도
로 양자가 하나로 파악되는 경우일지라도 ─ 이런 경우를 외국에서는 '회사가 제2의 자아(alter
ego; zweite ich)가 되었다'라 하겠지만 ─ 채무면탈, 불공정한 목적의 추구나 탈법 등 불법요소
가 나타나지 않는 한 법인격부인은 불가하다.[72]

---

70) 대판 2008. 9. 11, 2007다90982.
71) 대판 2008. 9. 11, 2007다90982.
72) 형해화한 법인격이라도 법질서가 그 존재를 합법적으로 인정할 수 있는 영역에 있는 한 어떻게 그 존재를 부
    인하겠는가?

나아가 남용사례에서도 지배주주가 자기 마음대로 회사를 좌지우지할 수 있다면 형해화는 이미 상당한 정도로 진행된 상태이다. 오히려 어떠한 형해사례에서보다도 더 법인격이 형해화한 상황이라 아니할 수 없다. '자기 마음대로'라는 판시 문언을 어떻게 읽을 것인가? 일반적인 지배상황을 '자기 마음대로' 회사를 조정한다고 할 수는 없다. 즉 판시내용대로라면 이렇게 지배주주가 자기 마음대로 회사를 움직일 수 있을 때에만 남용사례도 성립한다는 것이다. 어찌 본다면 형해화 단계에서도 최상단계라 아니할 수 없다. 그렇지 않으면 아무리 불법목적 추구 등 법인격이 남용되어도 법인격을 부인할 수 없다는 얘기다. 그렇다면 형해사례와 남용사례가 무엇이 다른가? 과연 구별의 필요는 있는 것인가?

후술할 법인격부인의 요건 부분에서 자세히 보겠지만 형해사례나 남용사례는 형태요건 (formalties requirement)으로 통일하고 이어 법인격부인의 필요성 내지 당위성을 제2의 요건으로 추가하여야 할 것이다. 남용사례군에서 대법원은 사원의 회사에 대한 완전지배를 형태요건으로 제시하고 있고, 제2의 요건으로 법인제도의 남용을 언급하고 있다. 결국 형해화사례와 남용사례에 있어 차이를 두고 있는데 이러한 판례의 입장은 비판의 여지가 있어 보인다.

사) 특수목적회사에서의 법인격부인 [제7단계; 특수영역-주관적 남용설에 기초함]:   2010년에 이르러 대법원은 특수목적회사에서의 법인격부인요건에 대하여 다음과 같이 설시하고 있다: "특수목적회사(SPC)는 일시적인 목적을 달성하기 위하여 최소한의 자본출자요건만을 갖추어 인적·물적 자본 없이 설립되는 것이 일반적이다. 따라서 특수목적회사가 그 설립목적을 달성하기 위하여 설립지의 법령이 요구하는 범위 내에서 최소한의 출자재산을 가지고 있다거나 특수목적회사를 설립한 회사의 직원이 특수목적회사의 임직원을 겸임하여 특수목적회사를 운영하거나 지배하고 있다는 사정만으로는 특수목적회사의 독자적인 법인격을 인정하는 것이 신의성실의 원칙에 위배되는 법인격의 남용으로서 심히 정의와 형평에 반한다고 할 수 없으며, 법인격 남용을 인정하려면 적어도 특수목적회사의 법인격이 배후자에 대한 법률적용을 회피하기 위한 수단으로 함부로 이용되거나, 채무면탈, 계약상 채무의 회피, 탈법행위 등 위법한 목적달성을 위하여 회사제도를 남용하는 등의 주관적 의도 또는 목적이 인정되는 경우라야 한다"[73]

아) 채무면탈목적으로 기존 회사를 이용한 경우 [제8단계: 역부인의 적용범위 확장]

2011년에 이르러 대법원은 위에서 본 토탈미디어 안건사 사건의 판시내용을 채무면탈목적의 신설법인 설립시 뿐만 아니라 이미 설립되어 있는 기존 회사를 이용한 경우에도 확장 적용하였다: "기존회사가 채무를 면탈할 목적으로 기업의 형태·내용이 실질적으로 동일한 신설회사를 설립하였다면, 신설회사 설립은 기존회사의 채무면탈이라는 위법한 목적달성을 위하여 회사제도를 남용한 것이므로, 기존회사의 채권자에게 위 두 회사가 별개의 법인격을 갖고 있음을 주장하는 것은 신의성실 원칙상 허용될 수 없다 할 것이어서 기존회사의 채권자는 위 두 회사 어느 쪽에 대하여서도 채무 이행을 청구할 수 있고, 이와 같은 법리는 어느 회사가 채무를 면탈할 목적으로 기업의 형태·내용이 실질적으로 동일한 이미 설립되어 있는 다른 회사를 이용한 경우에도 적용된다."[74]

---

73) 대판 2010. 2. 25, 2007다85980.

74) 대판 2011. 5. 13, 2010다94472; 본 사건에 대한 평석으로는 김수학, "기존의 다른 회사를 이용하는 경우와

자) 일제 강점기 징용피해자들의 일본 회사를 상대로 한 미지급임금 및 손해배상청구사건 [제9 단계: 외국회사의 법인격부인][75]

2012년에 이르러 대법원은 강제징용의 수혜자였던 미쓰비시중공업(주) 및 일본제철(주)(이하 이들을 '구회사'라 한다)가 징용피해자들에 대해 민사상 채무를 부담했다면 이들 구회사로부터 현물출자를 받아 신설된 현재의 미쓰비시중공업(주) 및 신일본제철(주)(이하 이들을 '신회사'라 칭한다)가 이에 대해 책임지느냐의 문제를 다루었다. 대법원은 구회사와 신회사가 '실질적으로 동일'하여 법적으로도 동일한 주체로 평가될 수 있다고 하면서 원고의 청구를 인용하였다:

"일제강점기에 국민징용령에 의하여 강제징용되어 일본국 회사인 미쓰비시중공업 주식회사(이하 '구 미쓰비시'라고 한다)에서 강제노동에 종사한 대한민국 국민 甲 등이 구 미쓰비시가 해산된 후 새로이 설립된 미쓰비시중공업 주식회사(이하 '미쓰비시'라고 한다)를 상대로 국제법 위반 및 불법행위를 이유로 한 손해배상과 미지급 임금의 지급을 구한 사안에서, 일본법을 적용하게 되면, 甲 등은 구 미쓰비시에 대한 채권을 미쓰비시에 대하여 주장하지 못하게 되는데, 구 미쓰비시가 미쓰비시로 변경되는 과정에서 미쓰비시가 구 미쓰비시의 영업재산, 임원, 종업원을 실질적으로 승계하여 회사의 인적·물적 구성에는 기본적인 변화가 없었음에도, 전후처리 및 배상채무 해결을 위한 일본 국내의 특별한 목적 아래 제정된 기술적 입법에 불과한 회사경리응급조치법과 기업재건정비법 등 일본 국내법을 이유로 구 미쓰비시의 대한민국 국민에 대한 채무가 면탈되는 결과로 되는 것은 대한민국의 공서양속에 비추어 용인할 수 없으므로, 일본법의 적용을 배제하고 당시의 대한민국 법률을 적용하여 보면, 구 미쓰비시가 책임재산이 되는 자산과 영업, 인력을 중일본중공업 주식회사 등에 이전하여 동일한 사업을 계속하였을 뿐만 아니라 미쓰비시 스스로 구 미쓰비시를 미쓰비시 기업 역사의 한 부분으로 인정하고 있는 점 등에 비추어 구 미쓰비시와 미쓰비시는 실질적으로 동일성을 그대로 유지하고 있는 것으로 봄이 타당하여 법적으로는 동일한 회사로 평가하기에 충분하고, 일본국 법률이 정한 바에 따라 구 미쓰비시가 해산되고 중일본중공업 주식회사 등이 설립된 뒤 흡수합병의 과정을 거쳐 미쓰비시로 변경되는 등의 절차를 거쳤다고 하여 달리 볼 것은 아니므로, 甲 등은 구 미쓰비시에 대한 청구권을 미쓰비시에 대하여 행사할 수 있다."[76]

(다) 적용범위

이하 본 이론의 적용상 문제시 될 수 있는 몇 가지 문제점을 먼저 살펴보기로 한다.

1) 소위 "보충성"의 문제: 법인격부인론은 구체적인 성문규정 등 개별 사안의 해결을 위해 필요한 수단이 이미 존재하는 경우에는 적용되지 않는가? 이러한 의문은

---

법인격부인의 법리」, 「재판과 판례」 제21집(김수학 대구고등법원장 퇴임기념), 2012.

75) 대판 2012. 5. 24, 2009다22549.

76) 이 판례에 대한 자세한 평석으로는 천경훈, "전후 일본의 재벌해체와 채무귀속-일제강제징용사건의 회사법적 문제에 관한 검토-", 「서울대학교 법학」 제54권 제3호(2013. 9.), 433~470면.

법인격부인론의 적용범위를 논함에 있어서 항상 초두에 제기될 수 있다. 예컨대 우리가 이미 위에서 살펴본 현대미포조선소 사건에서 상법상 선박우선특권의 적용으로 문제를 해결하면 족하지 굳이 편의치적회사의 법인격을 부인할 필요가 있는가? 나아가 '(주)토탈미디어안건사' 사건에서도 상호속용조 영업양수인의 책임(상 $^{42}$)이나 건설산업기본법 제17조 등을 적용하면 되지 굳이 법인격의 역부인(또는 '법인격부인론의 역적용')이라는 용어까지 만들어가며 법인격을 부인하여야 하나? 등의 의문에 부딪히게 된다.

### 가) 학설들

① **긍정설:**   이 입장은 보충성요건을 긍정한다. 법인격부인론은 종래의 사법이론으로 적절히 해결할 수 없는 범위에 국한시켜야 한다고 주장한다. 그 근거로 (i) 계약과 법률의 합리적 해석에 의하여 문제해결이 가능한 경우 법인격부인의 기법까지 동원해서는 아니되며,[77] (ii) 주주유한책임의 법리는 회사법의 근본이기 때문에 함부로 이를 부정할 수 없고, 종래의 이론으로 해결이 가능한 부분에서는 이에 따라 해결하는 것이 타당하며, 정의와 형평의 관념상 이러한 기존 이론으로 적절한 해결책을 찾을 수 없을 때에만 본 이론에 호소하는 것이 옳다고 한다.[78] 나아가 (iii) 본 이론은 성문법상의 기본질서(예컨대 제331조상의 유한책임의 원칙)에 대한 부정으로서 법공동체 구성원들에게 예측불가의 법적 불안정을 야기하므로 기존 제도로 해결되지 않는 예외적인 경우에만 적용할 것을 역설한다.[79]

② **부정설:**   이 입장은 보충성요건을 부정한다. 그 논거로는 (i) 만약 이 이론의 적용을 기존제도로 해결할 수 없는 예외적 상황에만 국한시키면 무리한 사실인정 또는 기존 조문의 무리한 해석을 낳을 가능성이 있고 당사자의 권리행사에 대한 무리한 제약이 되어 부당하며,[80] (ii) 본 이론의 적용이 가능한 영역에서는 다른 법이론과 명백히 충돌하지 않는 한 그 적용을 부정할 수 없으며 나아가 기존제도로 해결이 불가한 영역에서만 그 적용을 인정한다면 이 법리는 사실상 이론을 위한 이론으로 남을 수밖에 없다고 한다.[81]

### 나) 비판 및 결론:   보충성의 문제는 이른바 특정 제도를 적용함에 있어 다른 법질서와의 관계가 무엇이냐 하는 문제이다. 사실 법인격부인의 기법은 사법의 근간인

---

77) 정동윤, "주식회사의 법형태의 남용의 규제와 법인격부인이론," 「저스티스」 제10권 제1호(1972), 95~156면, 특히 151~152면; 이·최, 75면; 김홍기, 302면.
78) 송상현, 「법률신문」 제1061호(1974. 5. 27.), 8면; 김·노·천, 67~68면.
79) 이철송, 56면; 송옥렬, 712면.
80) 김교창, 회사법의 제문제, 육법사, 1982, 203면; 홍·박, 39면.
81) 정찬형, "법인격부인이론(Ⅰ)", 「백산상사법논집」, 박영사, 2008, 72~119면, 특히 107면.

법인격의 독립성을 부수는 것이기 때문에 매우 근본적 파괴에 해당한다. 사법의 기초를 허물어 가면서까지 문제를 해결해야 할 정도로 사실관계의 정황이 다급하고 위중한가? 묻지 않을 수 없다. 그리하여 독일에서도 규범적용설을 주장하는 학자들은 법인격부인 대신 실정조문의 적용과 그 해석학을 통하여 문제해결을 꾀하고 있다. 사실 이러한 접근자세는 매우 칭송할 만하다.

그러나 실정조문이 존재한다하여 무조건 그 규범의 틀속에서만 문제를 해결한다는 것은 지나치게 협소한 자세라고 생각된다. 또 해석학이란 매우 상대적인 것이어서 그 조문을 조망하는 입장에 따라 천차만별의 해석결과를 내놓을 수 있다. 나아가 해당 사실관계에 정확히 적용시킬 법조문이 없는 경우도 매우 많다. 조문이 있으면 그 틀에 갇히고 조문이 없으면 일반 신의칙이나 권리남용금지의 원칙에 터잡아 법인격부인기법을 동원한다면 오히려 그러한 조문이 없는 경우 더 용이하게 구체적 타당성을 실현할 수 있게 될 것이다. 이러한 점들을 종합해 볼 때 보충성요건을 법인격부인의 요건으로 절대시하는 것은 적절치 않아 보인다. 구체적 타당성 실현을 위해서라면 실정 조문의 존부에 불구하고 법인격부인의 가능성을 열어 둘 필요가 있을 것이다.

### 2) 적용가능성이 문제시되는 영역

가) 불법행위책임의 경우(involuntary creditor):　법인격부인론은 계약상 책임만을 대상으로 하지 않는다. 물론 가장 전형적인 책임실체파악의 경우 회사의 법률행위적 책임을 대상으로 하는 경우가 태반일 것이다. 그러나 불법행위상의 손해배상책임 등에 대해서도 법인격부인은 가능할 것이다. 아래에서 살필 Walkovszky v. Carlton[82]사건에서 그 좋은 예를 찾을 수 있다. 이 이론의 적용에 대하여 회의적인 입장도 있다 (일본의 다수설). 이 입장에서는 당해 회사의 실체와 능력에 대한 신뢰가 불법행위책임의 경우 배반된 일이 없다는 논거이다. 그러나 법인격부인론은 외관신뢰주의가 아니라 권리남용금지의 원칙에서 비롯된 것으로서 외관법리적 접근으로 본 이론을 계약책임에만 한정시킬 일은 아닐 것이다. 오히려 불법행위책임의 경우 이 이론의 적용필요성은 더 강하게 나타난다. 피해자는 가해자를 선택할 기회가 없었으므로 가해 회사의 진면목을 파악할 가능성은 전무였다. 그리하여 불법행위책임의 경우에는 법인격부인론의 적용요건을 계약책임에서보다 더욱 탄력성있게 다룰 필요가 있을 것이다.[83] 특히 위험사업을 수반하는 회사에 있어서는 피해자보호를 강화하기 위하여 책임보험에의 가입을 강제해야 한다는 주장도 있다.[84]

---

82) 18 N. Y. 2d 414, 223 N. E. 2d 6(1966).
83) 남장우, 「회사법인격무시의 법리」, 고려대 박사학위논문, 1995, 223면.
84) 정찬형, "법인격부인론," 現代民商法硏究(李在澈博士華甲紀念論文集), 371면 이하, 405~406면.

## Walkovszky v. Carlton, 18 N. Y. 2d 414, 223 N. E. 2d 6(1966)

원고는 뉴욕시에서 피고 Seon Cab Corporation이 운영하는 택시에 치어 중상을 입었다. 개인 피고(individual defendant)인 Carlton은 Seon사를 포함한 10개사의 주주였는데 이 회사들은 각 2개의 택시만을 그들의 이름으로 등록하고 있었고 각 택시는 법정최저한도인 10,000불의 책임보험에 가입되어 있을 뿐이었다. 겉보기에는 이 10개사가 각각 독립된 것처럼 보였지만 그들은 자금조달면 뿐만 아니라 수리, 부품공급, 기사고용 나아가 야간주차에 이르기까지 마치 일개의 기업처럼 통일적으로 운영되고 있었다. 이들 모두가 본건의 피고로 거명되었다. 원고는 이러한 기업구조자체가 불법이고 나아가 부상을 입은 일반 공중에게 사기적 내지 사해적이므로 이 회사들의 주주도 본건 손해배상에 대해 책임이 있다고 주장하였다. 피고 Carlton은 원고의 청구에 소의 원인(a cause of action)이 없으므로 원고의 청구를 기각해줄 것을 청구하였다. The Court of Special Term의 항소부는 원고의 청구를 인용하였다. 이에 피고가 항소한 것이 본 사건이다.

Fuld판사의 견해는 다음과 같다.[85] "사원의 개인책임을 피하기 위하여 유한책임회사를 설립하는 것을 법은 허용하지만 여기에 아무런 한계가 없는 것은 아니다. 광범하게 표현할 때 법원은 사기를 방지하고 형평을 복원하기 위하여 법인격을 부인할(꿰뚫을) 수 있다(pierce the veil). 자기의 개인사업을 추진하기 위하여 회사라는 법형태를 이용하는 자는 회사의 행위에 대하여 respondeat superior의 법리[86] ─ 사용자책임의 법리 ─ 를 경유하여 개인책임을 질 수 있다. 대리인이 자연인인 경우도 같다. 나아가 회사가 계약적으로 책임지는 경우뿐만 아니라 불법행위를 저지른 경우에도 같다. 그런데 원고는 본 사안에서 그러한 사용자책임을 주장한 것이 아니라 피고의 사기(fraud)를 주장하고 있는바 원고의 주장내용만으로는 소의 원인이 적정히 개진되었다고 할 수 없어 원고의 청구를 기각하는 바이다."[87]

판시내용을 보면 개인이 회사를 도구로 이용할 때 도구가 행한 것에 대해 이를 이용한 자가 책임져야 한다는 사용자책임의 법리를 간접적으로 끌어 들이고 있다. 법인격 배후에 숨어 있는 지배사원의 개인책임을 사용자책임의 형식을 빌어 도출하고 있는 것이다. 즉 지배사원이 사용자요, 회사가 그의 피용자로 인식될 정도로 법인격이 형해화한 경우라면 지배사원의 개인책임을 인정할 여지가 있다는 것이다. 그리하여 이를 도구이론(instrumentality doctrine)이라 부르기도 한다.

나아가 회사의 거래적 책임뿐만 아니라 불법행위책임에 대해서도 법인격부인이 가

---

85) Seligman, *Corporation, Cases & Materials*, Little, Brown & Company, Boston, New York, Toronto, London, 1995, pp. 88~91.

86) respondeat superior는 라틴어로 영어로 바꾸면 "let the superior answer"(상위자가 대답하게 하라!)는 의미인데 이는 '사무집행과 관련한 피용자의 불법행위에 대해서는 사용자가 책임져야 한다'는 사용자책임의 법리를 의미한다. cf. Dictionary of the Law, Random House of the Webster's, New York, 2000, p. 374.

87) 본 판결 이후 원고는 소장의 내용을 변경하여 피고 칼튼이 개인 자격에서 택시회사의 영업을 수행한 점을 명백히 주장, 입증하였다(Walkovszky v. Carlton, 29 A. D. 2d 763 [1968]). 그 결과 항소심에서는 원고의 청구를 인용하였다(244 N. E. 2d 55, [1968]).

능하다고 하고 있는데 이는 매우 타당한 결론이라고 생각된다. 법인격부인이란 외관책임제도도 아니고 법인격의 남용시 형평과 신의칙의 관점에서 법인격의 허용한계를 금긋는 제도이므로 굳이 계약적 책임의 경우에만 이를 인정해야 할 이유는 없을 것이다.

**나) 인적회사의 경우:**　　본래 법인격부인론은 사원의 유한책임이 존재하는 물적회사에서 주로 시도되고 있다. 따라서 사원의 인적 무한책임이 지배하는 합명, 합자회사 등 인적회사에서는 본 이론의 적용은 무의미하다.

**다) 귀속실체파악(歸屬實體把握; Zurechnungsdurchgriff):**　　법인격부인의 전형적 사례는 책임실체파악이다. 즉 외부 채권자에 대하여 채무를 부담하고 있는 회사가 법인격이 형해화하였을 경우 그 법인격을 부인하고 사실상의 소유자 즉 배후자에게 회사채무에 대한 개인책임을 묻는 것이 가장 빈번한 법인격부인의 사례유형이다. 그러나 간혹 이러한 대외적인 책임문제가 아니라 일정 사실에 대한 지(知) 또는 부지(不知)의 문제나 회사이름으로 부담한 경업금지의무를 지배사원도 부담하여야 하는지 등 책임과 무관한 사안들이 있다. 이러한 경우에는 회사대표기관의 지, 부지가 아니라 그 배후자 즉 지배주주의 주관적 용태를 기준으로 판단하여야 하고,[88] 회사 이름으로 경업금지의무를 부담하였더라도 이러한 의무는 지배주주에게도 확장된다.[89] 독일법에서 다수의 사례를 발견할 수 있다.

**라) 공개회사:**　　회사를 공개회사(publicly held corporation)와 폐쇄회사(closed corporation)로 양분한다면 법인격부인론은 대부분 후자에 대해 적용된다. 공개회사의 경우 사원의 회사에 대한 완전한 지배나 재산 내지 업무의 혼용 등 이른바 형해요건이 충족되기 어렵기 때문이다. 물론 대법원은 이렇게 법인격이 형해화한 경우가 아닐지라도 법인격을 남용한 경우 법인격부인이 가능하다고 설시하고는 있지만[90] 지금까지 전혀 형해화하지 않고 순수히 남용되기만 한 사례를 발견할 수는 없다. 따라서 공개회사에 대한 법인격부인 가능성은 부정적으로 판단해도 좋을 것이다.

**마) 주주를 위한 법인격부인:**　　전래적으로 법인격부인론은 채권자 사해 등에 대비하여 회사채권자를 보호하기 위한 법률 도구였다. 그러나 간혹 채권자보호와는 무관한 다수의 법인격부인사례가 존재한다. 법인격부인론이라는 것이 이른바 개별사안의 정의와 형평을 실현하고 이러한 목적을 달성하기 위하여 원칙을 부수고 예외를 인정하는 제도이므로 사실상 채권자보호만으로 이 제도의 존재목적을 한정할 필요는

---

88) Thomas Raiser, Recht der Kapitalgesellschaften, Vahlen, 1992, S. 329 f.
89) BGHZ 59, 64, 67 f.; BGHZ 89, 162, 165.
90) 상기 대판 2008. 9. 11, 2007다90982.

없는 것이다. 그리하여 다수의 판례에서 법원은 채권자가 아닌 형해화된 법인격의 배후자를 위하여 법인격의 껍데기(shell)를 부수기도 한다. 예컨대 영국판례를 보면 미망인과 유자녀를 보호하기 위하여 망인이 된 남편이 1인사원으로 설립한 회사의 법인격을 부인한 예가 있고,[91] 농장회사를 설립한 부부의 생존권을 보호하기 위하여 그들이 설립한 회사의 법인격을 부인한 예도 있다.[92] 이러한 사례들을 통칭하여 내부자 역부인(內部者 逆否認; insider reverse veil-piercing)이라 한다. 법인격의 역부인에 대해서는 별도의 항에서 살펴 보기로 한다.

## (라) 법인격 부인의 적용요건

### 1) 적용요건 관련 학설들

법인격부인론 중 가장 학설이 분분한 곳이 바로 적용요건 부분이다. 우선 아래의 학설대립을 보기로 한다.

가) 제1설(二分說): 법인격의 남용 및 법인격의 형해화로 이분(二分)하는 입장:   이는 우리나라 판례[93] 및 일본 판례[94]의 입장이기도 하며 다수의 학자들도 이를 따르고 있다.[95]

> **대판 2008. 9. 11, 2007다90982**
>
> "회사가 외형상으로는 법인의 형식을 갖추고 있으나 법인의 형태를 빌리고 있는 것에 지나지 아니하고 실질적으로는 완전히 그 법인격의 배후에 있는 사람의 개인기업에 불과하거나, 그것이 배후자에 대한 법률적용을 회피하기 위한 수단으로 함부로 이용되는 경우에는, 비록 외견상으로는 회사의 행위라 할지라도 회사와 그 배후자가 별개의 인격체임을 내세워 회사에게만 그로 인한 법적 효과가 귀속됨을 주장하면서 배후자의 책임을 부정하는 것은 신의성실의 원칙에 위배되는 법인격의 남용으로서 심히 정의와 형평에 반하여 허용될 수 없고, 따라서 회사는 물론 그 배후자인 타인에 대하여도 회사의 행위에 관한 책임을 물을 수 있다고 보아야 한다. 여기서 회사가 그 법인격의 배후에 있는 사람의 개인기업에 불과하다고 보려면, 원칙적으로 문제가 되고 있는 법률행위나 사실행위를 한 시점을 기준으로 하여, 회사와 배후자 사이에 재산과 업무가 구분이 어려울 정도로 혼용되었는지 여부, 주주총회나 이사회를 개최하지 않는 등 법률

---

91) Marylon v. Plummer [1963] 2 All. E. R. 344. [법인격부인의 예]
92) Cargill Inc. v. Hedge & Hedge Farm Inc. 375 N. W. 2d 477 [Supreme Court of Minnesota]. [법인격부인의 예]
93) 대판 2008. 9. 11, 2007다90982.
94) 日本最高裁判所(第1小法廷)判決, 1969년 2월 27일 선고, 判例時報 551號, 80면, 民事判例集 23卷 2號, 551면 등.
95) 강종쾌(姜種快), "법인격부인," 「회사법상의 제문제(상)」, 법원행정처 재판자료 제37집, 1987, 1~36면, 특히 20~31면; 이균성, "회사법인격부인의 법리," 「고시계」, 1983년 5월호, 45면; 서헌제, 상법강의(상), 459면; 이·최, 75~81면; 채이식, 384면; 김·노·천, 62면 이하; 송옥렬, 710~712면; 홍·박, 35~37면; 김홍기, 294~297면.

이나 정관에 규정된 의사결정절차를 밟지 않았는지 여부, 회사 자본의 부실 정도, 영업의 규모 및 직원의 수 등에 비추어 볼 때, 회사가 이름뿐이고 실질적으로는 개인 영업에 지나지 않는 상태로 될 정도로 형해화되어야 한다.

또한, 위와 같이 법인격이 형해화될 정도에 이르지 않더라도 회사의 배후에 있는 자가 회사의 법인격을 남용한 경우, 회사는 물론 그 배후자에 대하여도 회사의 행위에 관한 책임을 물을 수 있으나, 이 경우 채무면탈 등의 남용행위를 한 시점을 기준으로 하여, 회사의 배후에 있는 사람이 회사를 자기 마음대로 이용할 수 있는 지배적 지위에 있고, 그와 같은 지위를 이용하여 법인 제도를 남용하는 행위를 할 것이 요구되며, 위와 같이 배후자가 법인 제도를 남용하였는지 여부는 앞서 본 법인격 형해화의 정도 및 거래상대방의 인식이나 신뢰 등 제반 사정을 종합적으로 고려하여 개별적으로 판단하여야 한다.″

나) 제2설: 법인격의 형해화와 남용 중 어느 하나로 통일하려는 학설(통일설): 이 입장은 위의 이분설과 달리 형해화 사례 및 남용사례를 그 어느 하나로 통일하려는 성향을 보인다. 이 입장에 속하는 학설들도 세부적으로는 다시 아래와 같이 견해가 나누어진다.

① 법인격의 남용으로 통일하려는 견해: 이 입장에서는 법인격의 형해화사례 역시 남용의 한 형태에 불과하다고 보는 입장이다.[96]

② 법인격의 형해화로 통일하려는 견해: 이 입장에서는 거꾸로 법인격의 남용사례 역시 법인격의 형해화군에 포섭될 수 있다고 본다.[97]

다) 제3설: 형태요건과 공정요건의 이분설: David Barber의 주장에 기초하여[98] 형태요건과 공정요건으로 나누어 설명하는 견해가 있다. 이 견해 중에도 형태요건 (formalties requirement)으로서 ① 주주나 친회사에 의한 완전한 지배와 ② 주주와 회사 간 또는 친회사와 자회간의 이해 및 소유의 일치 내지 상호혼용이 있는 경우를

---

96) 강위두, "법인격부인의 법리의 적용범위와 적용요건," 「판례월보」 제223호, 60면; 최기원, 신회사법론, 12대정판, 57면(법인격의 형해화도 법인격남용으로 생기는 현상에 불과하다고 보면 이 법리는 광의로 법인격이 남용되는 경우에 적용된다); 송승훈, "법인격부인론의 適用要件에 있어 법인격 形骸化 및 濫用의 구분문제," 「재판실무연구 2009」, 광주지방법원(2009.1.), 25~58면, 43면.

97) 김정호, 회사법, 제4판, 2015, 20~21면: "판례가 이야기하는 두 가지 유형, 즉 법인격의 형해화와 법인격의 남용은 엄격히 살펴보면 구별할 수 없거나 구별의 필요가 없는 것이라고 생각된다. 회사의 배후자가 남용행위의 시점에 회사를 자기 마음대로 이용할 수 있는 지배적 지위에 있고, 이러한 지위를 이용하여 법인제도를 남용한 것이라면 이미 해당 회사의 법인격은 형해화한 것이기 때문이다. 즉 법인격의 형해화와 뚜렷이 구별되는 법인격 남용의 요건이 제시되지 못하는 한 양자는 법인격의 형해요건으로 통일될 수밖에 없는 것이 아닌가 생각된다."; 김건식 교수 역시 "판례에 따라서는 두 유형의 구별이 다소 모호하게 행해지는 경우가 없지 않다"고 지적하면서 위 대판 2008. 9. 11, 2007다90982를 그 예로 들고 있다(김 · 노 · 천, 62면, 각주 3번 참조).

98) David Barber, "Incorporation Risks: Defective Incorporation and Piercing the Corporate Veil in California," 12 Pacific Law Journal 829 (1981).

들고, 공정요건(fairness requirement)으로 ① 자본불충분과 ② 계약, 신의칙, 법령위반 등의 불공정행위를 드는 견해[99] 및 위와 같이 두 가지로 분류하되 그중 '자본불충분'을 형해요건에 포함시키는 견해가 있다.[100]

라) 제4설: 지배기준, 불의기준 및 손해기준으로 나누어 설명하는 견해:  끝으로 Powell의 발전적 도구이론에 기초하여 ① 사원에 의한 회사지배, ② 부정한 목적을 위한 지배력 행사 및 ③ 이로 인한 손해발생 또는 그 가능성의 세 가지로 적용요건을 설명하려는 견해가 있다.[101] 이 세 가지 요건이 모두 충족되었을 때 회사의 법인격을 무시할 수 있다고 한다.[102]

마) 제5설: 책임실체파악과 귀속실체파악의 이분법[103]:  법인격부인을 책임실체파악의 유형과 귀속실체파악의 유형으로 양분하여 전자에서는 법인격부인이론을 적극 적용하고, 후자에서는 실정법규나 계약내용의 합리적 해석 또는 사법의 일반이론을 통하여 해결하고, 이러한 방식이 여의치 않을 경우에만 법인격부인의 법리를 적용해야 한다고 한다.

바) 제6설: 객관적 요건과 주관적 요건의 이분설[104]:  이 입장은 법인격을 부당하게 이용하려는 부정목적의 주관적 의사가 요구되는가를 논하면서 이에 추가하여 객관적 요건으로서 형태요건, 공정요건, 지배요건을 들고 있다. 객관적 요건은 형태요건으로 치환할 수 있고 주관적 요건은 공정요건으로 바꿀 수 있다고 본다. 그렇게 보면 제3설과 유사해진다. 주관적 의도 등을 절대시하지 않을 경우 이 학설은 독일의 객관적 남용설과 유사해질 것이다.

### 2) 비판 및 결론

가) 요건제시의 어려움:  위에서 보았듯이 법인격부인의 적용요건에 대해서는 어느 국가에서건 백가쟁명식의 학설대립이 존재하며 소위 통설이라고 부를 만한 것이 없다. 이러한 현상은 오히려 당연한 것으로 보인다. 본 제도는 영미에서도 형평법(equity)의 소산이며[105] 오로지 개별사안에서 구체적 타당성의 실현을 위하여 법적 분

---

99) 정찬형, "법인격부인론," 現代民商法硏究(李在澈博士華甲紀念論文集), 371면 이하(본 논문은 栢山商事法論集 [백산정찬형교수화갑기념], 72~119면 이하에도 '법인격부인론(Ⅰ)'으로 게재됨).
100) 정동윤, 344면.
101) 권기범, "법인격부인의 법리," 「고시계」 제473호, 156면; 남장우, 「회사법인격무시의 법리」, 고려대학교 박사 논문, 1995, 215면.
102) 남장우, 상게논문, 215면.
103) 송호영, "법인격부인론의 요건과 효과," 「저스티스」 통권 제66호, 264면.
104) 최준선, 70~71면; 이철송, 53~56면.
105) Fletcher Cyc. Corp. §§41.25, 41.28, 41.29; Schultz v. General Elec. Healthcare Financial Services Inc., 2012 WL 593203(Ky. Feb. 23, 2012); Daniels v. CDB Bell, LLC 300 S.W. 3d 204 (Kentucky App. 2009).

리원칙에 대한 예외를 만들어 왔기 때문에 이를 일반적 법률요건으로 통일화하여 체계있게 설명하기가 쉽지 않다. 오로지 수많은 처방전들 즉 지나간 판례들의 분류작업만이 가능할 뿐이다. 그 결과 적용사례군의 분류는 가능하지만 이를 일반적 법률요건으로 체계화하거나 나아가 이를 성문법률로 구성요건화하는 것은 불가능하다고 생각된다.[106] 보통법(law)의 세계에서는 엄격한 적용요건의 설시가 가능할 것이나, 형평법(equity)의 세계에서는 그러한 가능성이 존재하지 않는다. 마치 이중대표소송(double derivative suit)에서 제소요건을 성문화하기 어려운 것과 같다.[107]

위에서 제시된 여러 학설들 역시 상당부분은 법인격부인의 전제요건이라기보다는 그 적용사례들의 유형화 내지 분류시도에 불과하다. 다른 법률제도에서의 적용요건과는 거리가 멀다. 나아가 본 제도의 적용범위에서도 이미 밝혔듯이 거의 모든 법영역에서 법인격부인이 시도되고 있으므로 여러 법역에 공통된 적용요건으로 굳이 제시한다면 형해화된 법인격과 이러한 형해화된 법인격을 부인하지 않으면 안되는 개별사안의 당위성 내지 필요성이 아닐까 생각한다.

나) 대판 2008. 9. 11, 2007다90982에 대한 비판점:   법인격의 형해사례와 법인격의 남용사례로 양분하여 적용가능성을 설명하는 대법원의 입장[108]에 대해서는 아래와 같은 비판이 가능하다고 본다. 대법원은 형해화와 남용 이렇게 두 가지 가능성을 병존시키고 있다. 그러면서 법인격이 형해화된 경우로 인정될 수 있는 여러 정황들 ― 재산과 업무의 상호혼융, 의사결정절차의 무시, 회사의 자본부실 등 ― 을 설명한후, 법인격남용의 가능성을 언급하면서 비록 형해화된 경우는 아니지만 일정 정황이 나타나는 경우 법인격을 추가적으로 부인할 수 있다고 한다. 그런데 남용의 경우는 형해화의 지경에까지 이르지는 않았지만 그래도 "… 회사의 배후에 있는 사람이 회사를 자기 마음대로 ― [필자주] 즉 자신의 수족처럼 ― 이용할 수 있는 지배적 지위에 있고, 그와 같은 지위를 이용하여 법인제도를 남용할 것이 요구"된다고 하고 있다. 즉 배후자가 회사를 자신의 수족처럼 지배할 수 있는 정도에는 이르러야 남용 요건도 충족된다는 얘기다. 이런 정도의 상태라면 이미 법인격은 심각하게 형해화된 상황이 아닌가? 즉 배후자가 회사를 자신의 수족처럼 움직일 수 있는 상황이라면 법인격도 이미 껍질만 남은 것이 아닌가? 의심할 수밖에 없다. 즉 대법원 판례는 형해화 사례에서는 주로 사원과 회사의 뒤섞임(intermingling) 사례군과 저자본(undercapitalization)

---

106) 최근 중국에서 법인격부인의 구성요건을 성문화한 사례는 있다. 그러나 이는 결국 책임실체파악의 좁은 울타리를 넘어서지 못할 것이며 이 제도를 그 속에 가두는 결과가 될 것이다.

107) 주요 문명국에서 이중대표소송의 제소요건을 성문화하자는 논의가 있었으나 실현되지 못한 이유도 바로 여기에 있다. 이중대표소송제도 역시 형평법의 소산이기 때문이다.

108) 대판 2008. 9. 11, 2007다90982.

사례군을 설명하고 있고, 남용사례에서는 사원의 회사에 대한 완전지배(complete dominion) 사례군을 묘사하고 있는 것이 아닌가 생각된다. 그런데 이러한 사례군들은 미국의 판례법을 따를 경우에는 모두 형해화의 대표적 사례로 거론되고 있다. 즉 법인격이 형해화하지 않고 단지 남용되기만 하는 사례는 찾기 어렵고 나아가 우리 대법원도 이러한 가능성을 인정하고 있는 것 같지는 않다. 그렇다면 위의 대법원판례의 문언에도 불구하고 법인격부인의 가능성은 법인격이 형해화된 경우로 통일시킬 수 있다고 본다.[109] 물론 형해사례로 통일될 수 있다 해도 형해요건의 충족만으로 법인격을 부인할 수는 없을 것이다.[110] 이에 추가하여 법인격부인의 필요성 내지 당위성의 요소가 나타나야 한다.

다) **법인격부인의 제 형태를 망라하는 통일적 요건론의 모색:**   결국 법인격부인의 요건으로서 통일적으로[111] 설명할 수 있는 것은 형해화된 법인격[112]과 법인격부인의 필요성 내지 당위성[113]이다. 일부 학자는 전자를 형태요건, 후자를 공정요건,[114] 또 일부의 학자는 전자를 객관적 요건, 후자를 주관적 요건으로 부른다.[115] 그러나 명칭이야 어떻건 결국 전자의 요건은 형해 내지 형태요건으로 쉽게 통일시킬 수 있지만, 후자의 요건은 법인격부인의 유형이 다양함에 비추어 쉽게 통일시킬 수 없다. 전래적인 법인격부인의 사례군인 책임실체파악의 경우 이 후자의 요건은 불공정요건과 인과요건으로 구체화된다. 반면 주주를 위한 법인격부인 등 책임실체파악 이외의 유형에서는 개별 사안에서 왜 법인격이 부인되어야 하는가에 대한 다양한 접근이 나올 수 있다. 그러한 법인격부인의 필요성과 당위성은 개별 사안의 내용에 맡겨야 한다. 더 구체화시키기가 어렵다는 말이다.[116]

---

109) 이 판결에 대한 일부의 평석에서도 역시 형해사례와 남용사례간 명확한 구별이 어렵다는 비판이 있다(송승훈, "법인격부인론의 適用要件에 있어 법인격 形骸化 및 濫用의 구분문제," 「재판실무연구 2009」, 광주지방법원 (2009. 1.), 25~58면, 42면.

110) 남장우, 전게 고려대학교 박사논문, 175면 참조.

111) 이하의 서술상 전래적인 책임실체파악 이외에도 귀속실체파악, 법인격의 역부인 등 법인격부인과 관련된 모든 영역이 망라된다.

112) 이를 캘리포니아주 최고법원은 "회사의 독립된 법인격이 주주개인과 분리하여 존재하지 않는다는, 이해 및 소유의 일치가 있을 것"으로 설명한다[Automotriz del Golfo de Cal. v. Resnick, 45 Cal. 2d 792, 796, 306 P. 2d 1, 3 (1957)].

113) 이를 캘리포니아주 최고법원은 "그 행위가 회사의 행위로 인정되면 형평에 어긋나는 결과가 발생할 것"으로 표현한다[Automotriz del Golfo de Cal. v. Resnick, 45 Cal. 2d 792, 796, 306 P. 2d 1, 3 (1957)].

114) 정찬형, "법인격부인이론(Ⅰ)," 「백산상사법논집」, 박영사, 2008, 103~104면 참조.

115) 이철송, 53~56면.

116) 현대미포조선소사건에서는 홍콩소재 칩스테드사의 채무면탈을 막기 위한 편의치적회사의 법인격부인이 이루어졌고, 외국판례에 나타난 것을 보면 유족보호를 위한 법인격부인(Marylon v. Plummer [1963] 2 All. E. R. 344), 농장회사를 설립한 농부들의 최저생계보장(Cargill Inc. v. Hedge & Hedge Farm Inc., 375 N.W. 2d 477)을 위한 법인격부인 등 다양하였다.

### (마) 법인격부인의 효과

#### 1) 책임실체파악(Haftungsdurchgriff)

가장 전형적이고 전래적인 법인격부인의 효과는 책임실체파악이다. 위의 요건이 갖추어져 법인격이 부인되면 회사의 채권자는 사원에 대하여도 회사채무에 대한 이행을 요구할 수 있다.[117] 그러나 이러한 효과가 도래한다 하여도 해당 회사의 법인격 자체가 소멸하는 것은 아니며 계류중인 사안의 해결을 위하여 필요한 범주내에서 법인격의 독립성이 부인(또는 무시)될 뿐이다.

#### 2) 귀속실체파악(Zurechnungsdurchgriff)

회사가 지배사원의 지시에 좇아 계약을 체결할 경우 일정 사항에 대한 지, 부지 등은 회사의 대표기관을 기준으로 판단하는 것이 아니라 그 지배주주나 일인 사원의 주관적 용태를 기준으로 판단하게 된다.[118] 나아가 영업양도 회사가 부담하는 경업금지의무(競業)는 그 지배사원도 부담하며,[119] 회사와 계약을 체결한 상대방이 지배사원의 신용에 대한 착오를 이유로 회사와의 계약을 취소할 수 있다.[120]

#### 3) 파산법상의 효과

회사의 지배사원(보통 1인 주주가 되겠지만)이 회사의 파산을 막을 목적으로 회사에 금전소비대차형태로 자금을 반입시켰다면 그러한 자금은 회사의 자본으로 다루어져 여타 채권자들의 채권보다 우선하지 못한다. 즉 열후적(劣後的)지위로 처리된다. 이를 영미법에서는 형평법상의 열후화(劣後化; equitable subordination)이라 하고 독일법에서는 '자기자본(自己資本)을 대체(代替)하는 사원의 소비대차'라 한다. 이하 이들을 자세히 살피기로 한다.

가) 영미법상의 'equitable subordination': 미국 파산법은 제510조 (c)항에서 "파산법원은 사원의 금전소비대차계약상 원리금 상환채권의 전부나 일부를 타 파산채권보다 후위(後位)에 두도록 조정할 수 있다"는 규정을 두고 있다. 이러한 입법취지는 'Deep Rock Doctrine'으로도 불리운다.[121] 이러한 파산법원의 결정은 파산채권 상호간 우선 순위의 재조정에 불과한 것으로서 파산채권을 전면적으로 부인하거나 청구

---

117) 대판 2001. 1. 19, 97다21604.

118) Thomas Raiser, Recht der Kapitalgesellschaften, Verlag Franz Vahlen GmbH (1992), S. 329 f.

119) 독일연방법원의 판례이다; BGHZ 59, 64, 67 f.; BGHZ 89, 162, 165.

120) 독일제국법원의 판례이다; RGZ 143, 429.

121) Taylor v. Standard Gas & Elec. Co., 306 U. S. 307. 이 판례의 사실관계 등장하는 子會社 'Deep Rock Oil Corp.'의 명칭에서 유래한다.

를 기각하는 판결이 아님을 유의하여야 한다.

나) 독일법상 '자기자본을 대체하는 사원의 소비대차':   독일 도산법 제90조는 과거 독일 유한회사법 제32a조에 규정되어 있던 'eigenkapitalersetzende Gesellschafter-darlehen'에 관련된 규정들을 승계하였다. 즉 사원이 해당 회사의 자본을 보충하여야 할 정도로 저자본이거나 재무상황이 악화되었을 때 회사에 대하여 금전소비대차 형태로 납입한 자금에 대해서는 해당 사원은 회사의 파산시 다른 채권자와 동열에서 그 반환을 청구하지 못하며 납입한 대여금은 자본금으로 다루어져 다른 채권자들과의 관계에서는 최후순위 채권으로 다루어진다.

### 4) 이중대표소송의 허용[122]

이중대표소송을 허용한 다수의 판례에서 모회사 주주의 제소권의 근거가 법인격부인론임을 발견하게 된다.[123] 즉 형해화된 자회사의 법인격을 부인하면 모회사 주주의 자회사 이사에 대한 대표소송은 모회사 차원에서 단순대표소송이 되고 만다. 즉 모회사의 소수주주를 보호할 필요가 있는 경우에는 모회사와 자회사 간의 법적 독립성을 부정하고 모회사 소수주주에게 자회사 이사를 피고로 한 대표소송을 허용할 수 있다.[124] 이러한 접근방법은 이미 위에서 살핀 사례들에서 감지되고 있지만 다수의 미국 판례에서 쓰여지고 있다.[125] 그러나 법인격부인론(veil-piercing-doctrine)으로 이중대표소송을 단순대표소송으로 전환시키려면 법인격부인의 까다로운 전제요건이 충족되어야 하므로 이중대표소송을 제기한 원고에게 입증상 무거운 부담이 되고 그 결과 상당한 법률적 비용을 발생시킬 여지도 있다.[126] 이러한 이유에서 법인격부인론을 통한 접근방법은 이중대표소송의 발전을 가로막는다는 우려섞인 목소리도 나오고 있는 것이다.[127]

나아가 법인격부인이 가능하려면 대부분 모회사가 자회사의 주식을 전부 혹은 거의 대부분 소유하는 경우여야 할 것이므로 이 이론에만 의지하여 이중대표소송을 정당화하는 것은 한계가 있다고 아니할 수 없다.[128] 실제 미국 판례에서도 다른 회사의

---

122) 이 부분의 서술은 졸고, "이중대표소송에 대한 연구," 「경영법률」 제17집 제1호, 248~250면에서 전재함.
123) Hirshhorn v. Mine Safety Appliances Co., 54 F. Supp. 588, 592 등.
124) Painter, Notes, [1951] 64 Harvard Law Review 1313; Locascio, [1989] 83 North Western Law Review 729, 743; Painter, Double Derivative Suits and Other Remedies with Regard to Damaged Subsidiaries, [1961] 36 Indiana Law Review 143, 147.
125) Martin v. Martin Co., 10 Del. Ch. 211, 220, 88 A. 612, 613~614 (1913); Hirshhorn v. Mine Safety Appliances Co., 54 F. Supp. 588, 592.
126) Locascio, *ibid.,* p. 745.
127) Locascio, *ibid.,* p. 745; Painter, [1951] 64 Harv. L. Rev. 1313.
128) 우리 대법원 판례 역시 모자회사관계에서 자회사의 법인격을 부인하려면 (i) 모회사에 의한 자회사의 완전한 지배, 나아가 (ii) 법인격남용의 주관적 의도가 있어야 한다고 판시하고 있다(대판 2006. 8. 25, 2004다26119).

지배주식을 소유하지 않은 회사의 소수주주가 그 다른 회사의 이사진을 피고로 이중대표소송을 제기하였고 재판부는 이를 인용한 예가 있다.[129] 따라서 이중대표소송이 항상 두 회사의 지배-종속관계를 전제로 해서만 정당화된다고 단정할 일은 아니며 나아가 일방이 타방의 단순한 도구 내지 수단일 때에만 정당화되는 것도 아니라는 것을 인식하여야 한다. 그런 면에서 이중대표소송을 법인격부인의 시각에서만 접근하는 것은 매우 위험한 자세라 아니할 수 없다.

나아가 법인격부인론을 통한 접근은 이중대표소송제도를 단순대표소송(single derivative suit)으로 변환시키므로 본 제도의 독자성을 살리지 못한다는 비난을 면키 어렵다. 이중대표소송 내지 삼중대표소송 등 이른바 다중대표소송제도(multiple derivative suit)의 독자성은 오늘날의 기업문화를 고려할 때 당연히 존중되어야 한다. 오늘날의 경제사회에서 너무도 흔한 콘체른구조를 경제주체들이 떨쳐 버릴 수 없는 한 있는 그 자체로서 존중되어야 하고 또 제도적으로도 스스로 존립할 수 있어야 한다. 이에 대한 이론적 접근 및 판례법의 발전은 험난하지만 그렇다고 이를 단순대표소송으로 변환시켜 그 틀속에 안주시키려는 입장은 너무도 안이한 자세라고 아니할 수 없다. 이렇게 단순대표소송으로 치환하는 접근 방식은 콘체른대위소권제도(代位訴權制度; actio pro concerno)의 독자성을 침해한다는 점에서 또 다른 한계를 드러내고 있다.

### 5) 모회사 주주의 자회사에 대한 회계장부열람권[130]

가) 미국법에서 논의되는 상황:    미국에서는 모회사 주주의 자회사 회계장부열람 가능성에 대해 다음과 같은 접근방식이 모색되고 있다.

① 법인격부인론을 통한 접근:    모회사 주주는 자회사의 주식을 갖고 있지 않기 때문에 공익권에 기해 회계장부열람을 청구할 수는 없지만 이중대표소송을 제기할 수 있는 상당 사례에서 자회사의 법인격이 형해화하기 때문에 법인격부인의 기법을 동원하여 모회사 주주에게도 자회사의 회계장부에 대한 접근가능성을 인정할 수 있다고 한다.[131] 그러나 이러한 이론구성이 가능하려면 자회사의 법인격이 형해화하여 모회사의 도구에 이를 정도로 형식화해야 하므로 본 요건을 충족시키지 못하는 경우에는 모회사 주주의 회계장부열람권에 한계가 드러날 수 있다. 미국의 학설들은 모회사가 자회사의 주식 중, 절대부분을 소유하지 않는 경우에도 이른바 'working control'

---

이러한 객관적 및 주관적 구성요건을 명확히 입증하기는 쉽지 않을 것이다. 특히 후자의 주관적 요소에 대한 입증은 매우 어려울 것으로 생각된다. 거의 불가에 가까울 수도 있다.

129) United States Lines, Inc. v. United States Lines, Co., 96 F. 2d 148.
130) 이 부분 서술은 김정호,「경영법률」제17집 제1호(2006. 10.), 273~276면까지의 내용을 전재함.
131) Painter, *ibid.*, [1951] 64 Harvard Law Review 1313, p. 1324.

이론(업무상의 완전지배론) 등을 동원하여 법인격부인의 범위를 확대할 수 있다고 주장하기도 한다.[132]

② **신탁이론의 유추에 의한 특정이행청구:**　　본 이론에 의하면 모회사는 모회사 주주와의 관계에서는 신인관계상 수임자(trustee)에 비유되지만 자회사에 대해서는 재차 수익자이므로 이 두 관계를 연결시키면 모회사의 주주도 자회사에 대하여 어떠한 형태로든 수익자의 지위를 갖는다고 아니할 수 없다. 이러한 접근방식은 Goldstein사건에서 확인되고 있다.[133] 이렇게 양차에 걸친 신탁관계속에서 충실의무의 주체가 의무이행을 게을리하는 경우 이를 강제하는 것이 이중대표소송이라고 풀이하면 모회사의 주주는 비록 자회사의 주주는 아니지만 신탁계약상의 이행을 청구할 수 있을 것으로 생각된다. 영미법상으로는 특정이행청구권의 행사(specific performance)가 될 것이다.

③ **모회사를 상대로 단순대표소송을 제기하는 방법:**　　형평법(equity)상으로는 회계장부열람을 원하는 모회사 주주를 위하여 지극히 예외적인 구제수단이 주어질 가능성이 있다. 즉 형식적 법원칙을 떠나 회계장부열람을 인정하지 않을 경우 모회사 주주를 보호할 다른 방법이 없는 특수한 경우라면 형평법적 구제수단도 동원될 수 있을 것으로 보인다.

주주대표소송은 대부분 회사의 부정행위자에 대한 손해배상청구권을 대위행사하기 위하여 쓰이지만 회사가 가진 여타의 권리 — 여기서는 모회사가 자회사의 주주이므로 자회사의 주주로서 가지는 공익권의 일종인 회계장부열람권 — [134]도 대표소송의 대상이 될 수 있을 것이다. 따라서 모회사의 주주는 단순대표소송에 의하여 모회사의 회계장부열람권을 대위행사할 수 있다고 한다. 그러나 페인터에 의하면 미국 판례에서 이러한 접근을 시도한 예는 없다고 한다.

④ **자회사 주식의 소량매입:**　　모회사의 주주가 자회사의 회계장부열람을 위하여는 아예 자회사의 주식을 소량매입하는 방법도 생각해 볼 수 있다. 이로써 모회사 주주가 동시에 자회사의 주주가 되어 직접적으로 자회사로 하여금 회계장부를 공개하도록 요구하자는 것이다. 그러나 이러한 방법에는 다음과 같은 한계가 있을 수 있다. 우선 이중대표소송이 허용되는 대부분의 경우가 자회사의 법인격이 형해화한 경우여서 모회사가 자회사의 유일한 주주이거나 자회사 주식을 대부분 소유하는 경우여서 모회사 소수주주가 회계장부열람의 목적으로 자회사의 주식을 취득하는 것은 불가능

---

132) Painter, *ibid.,* [1951] 64 Harvard Law Review 1313, p. 1325.
133) Goldstein v. Groesbeck, 142 F. 2d 422, 425.
134) Painter, Notes, [1951] 64 Harvard Law Review 1313, p. 1327.

에 가깝다는 것이다. 나아가 설사 주식을 취득했더라도 오로지 회계장부열람목적의 주식취득이어서 법원에 청구하여 회계장부열람을 강제한다는 것은 매우 비현실적이라고 한다.[135]

나) 우리나라에서 논의되는 상황:　우리나라에서도 모회사 주주가 자회사의 회계장부열람을 청구할 수 있는지에 대해 논의가 진행되고 있다.[136]

① 판례의 입장:　이와 관련된 서울고등법원 및 대법원의 입장을 차례로 알아본다.

### 서울고법 1999. 9. 3, 99다카187

"제3자인 다른 회사의 회계장부나 서류의 원본을 열람·등사하겠다는 것이 아니라 피신청인이 보관하고 있는 제3자인 다른 회사의 회계서류 등을 열람하겠다는 것임이 변론의 전 취지에 의하여 명백할 뿐만 아니라 모회사의 주주는 모회사가 자회사의 주식의 전부를 소유하는 경우 또는 자회사가 실질상 모회사의 일부라고 인정될 정도로 양자가 재산적 일체관계에 있는 경우에는 자회사의 회계장부·서류를 열람할 수 있다고 보아야 할 것이다."

### 대판 2001. 10. 26, 99다58051

"열람·등사제공의무를 부담하는 회사의 출자 또는 투자로 성립한 자회사의 회계장부라 할지라도 그것이 모자관계에 있는 모회사에 보관되어 있고 또한 모회사의 회계상황을 파악하기 위한 근거자료로서 실질적으로 필요한 경우에는 모회사의 회계서류로서 모회사 소수주주의 열람·등사청구의 대상이 될 수 있다."

② 학설의 입장:　대다수의 학설 역시 서울고등법원의 판시내용과 유사하게 종속회사가 모회사의 완전자회사이거나 자회사가 실질상 모회사의 일부로 인정될 정도로 양자가 재산적 일체관계에 놓여 있을 때에는 모회사주주의 자회사 회계장부에 대한 열람청구를 허용하여야 한다는 입장이다.[137] 이는 법인격부인이론이 적용될 정도의 사실관계에서만 모회사주주에게 자회사의 회계장부열람청구를 허용하자는 뜻으로 풀이된다.

---

135) Painter, *ibid.*, Notes [1951] 64 Harv. L. R. 1313, p. 1327.
136) 김대연, "모회사 주주의 자회사 회계장부열람권,"「법조」통권 제561호(2003. 6.); 대판 2001. 10. 26, 99다58051.
137) 정동윤, 상법(상), 제6판, 2012, 794면; 곽병훈, "주주의 회계장부열람, 등사청구권,"「사법연구자료」제25집(1999), 66면; 안동섭, "주주의 회계장부열람청구권," 이병태교수화갑기념논문집(신세기 회사법의 전개), (1996. 12.), 314~315면; 홍복기, "주주의 회계장부열람권," 이병태교수화갑기념논문집(신세기 회사법의 전개), (1996. 12.), 283~308면, 특히 296면.

## (바) 법인격의 역부인[138]

### 1) 적용사례들

가) 안건사 사건 [대판 2004. 11. 12. 2002다66892] [외부자 역부인]

① 사실관계 및 판시내용:    이 판례에서 대법원은 주식회사 '안건사'(이하 '甲'이라 한다)와 주식회사 '토탈미디어안건사'(이하 '乙'이라 한다) 모두에 대해 甲의 영업상의 채무(임차보증금지급채무)에 대한 이행을 명하였다. 甲은 실내건축업을 하는 회사였고 乙은 이 회사와 상호, 상징, 영업목적, 주소, 해외제휴업체 등이 동일하거나 비슷하였다. 乙의 이사진이나 지배주주는 대부분 甲의 그것과 같았다. 나아가 제3자들이 이들 두 회사를 동일한 회사로 인식해온 것도 사실이다. 나아가 1999년 10월 甲은 乙에게 실내건축공사업을 양도하였다. 이러한 정황을 종합적으로 고려한 후 재판부는 "기존회사(甲)가 채무를 면탈할 목적으로 기업의 형태·내용이 실질적으로 동일한 신설회사(乙)를 설립하였다면 신설회사의 설립은 기존회사의 채무면탈이라는 위법한 목적달성을 위하여 회사제도를 남용한 것이므로 기존회사의 채권자에 대하여 위 두 회사가 별개의 법인격을 갖고 있음을 주장하는 것은 신의성실의 원칙상 허용될 수 없다 할 것이어서 기존회사의 채권자는 위 두 회사 어느 쪽에 대해서도 채무의 이행을 청구할 수 있다"고 볼 것이므로 甲의 채권자인 원고는 乙에 대해서도 임대차보증금의 지급을 구할 수 있다고 결론지었다.[139]

② 코멘트:    이 사례는 외부자 역부인의 사례로 볼 수 있을 것이다.[140] 그런데 사실관계의 내용상 특별법의 내용이나 영업양도의 법리로 해결할 수 있어 보충성 요건의 문제가 남는다. 위의 사실관계에서 나타나듯 甲과 乙간에 영업양도가 이루어진 것이라면 특별법에 따라 양수인은 양도인의 영업상의 채무를 승계하게 되어 있고(구 건설산업기본법 제17조 제2항)[141] 나아가 '안건사'라는 상호와 '토탈미디어안건사'라는 두 상호가 '안건사'라는 상호의 요부(要部)에 있어서 동일하다면 본 영업양도는 상호속용조의 영업양도가 될 것이고 그렇다면 제42조 제1항상 영업양수인은 양도인의 채권자에 대해 영업상의 채무를 이행하게 되어 있으므로 군이 乙의 독립된 법인격을 부인하지 않아도 乙의 책임을 인정할 가능성은 있다. 그

---

138) 이 부분의 서술들은 김정호, "법인격의 역부인," 「경영법률」 제16집 제2호(2006. 4.), 235~257면에서 부분 전재함.

139) 같은 결론의 후속판례로는 대판 2019. 12. 13, 2017다271643.

140) 후술할 '역부인 일반론' 참조(본서 46면 이하).

141) 제17조(건설업의 양도 등) ① 일반건설업자 또는 전문건설업자는 다음 각호의 1에 해당하는 경우에는 건설교통부령이 정하는 바에 의하여 건설교통부장관 또는 시·도지사에게 신고하여야 한다.
1. 일반건설업자 또는 전문건설업자가 건설업을 양도하고자 하는 경우
2. 일반건설업자 또는 전문건설업자인 법인과 일반건설업자 또는 전문건설업자가 아닌 법인이 합병하고자 하는 경우(일반건설업자 또는 전문건설업자인 법인이 일반건설업자 또는 전문건설업자가 아닌 법인을 흡수합병하는 경우를 제외한다)
② 제1항의 규정에 의한 건설업양도의 신고가 있은 때에는 건설업을 양수한 자는 건설업을 양도한 자의 건설업자로서의 지위를 승계하며, 법인합병신고가 있은 때에는 합병에 의하여 설립되거나 존속하는 법인은 합병에 의하여 소멸되는 법인의 건설업자로서의 지위를 승계한다.
③ 제1항 및 제2항의 규정은 일반건설업자 또는 전문건설업자의 건설업을 상속받는 경우에 이를 준용한다. 이 경우 상속인이 제12조 제1항 각호의 1의 결격사유에 해당하는 때에는 3월이내에 그 건설업을 다른 사람에게 양도하여야 한다.

러나 위에서 보았듯이 보충성원칙을 절대시하지 않을 경우 이러한 실정조문의 적용가능성을 떠나 법인격의 역부인, 그것도 외부자 역부인의 형태로 乙회사의 책임을 인정할 수 있게 될 것이다.

　나) Cargill Inc. v. Hedge & Hedge Farm Inc.[142] [법인격의 역부인을 허용한 예; 내부자 역부인]

　1973년 10월 24일 Hedge부부(Sam, Annette)는 160에이커에 달하는 농장을 매입한다. 1974년 3월 1일 그들은 미네소타주법에 따라 가족농장회사(Family Farm Corporation)를 설립한 후 농지매수인의 지위를 이 회사에 양도하고 본 농장을 점유하기 시작하였다. 1976년부터 1979년까지 Sam Hedge는 원고 Cargill사로부터 농장경영에 필요한 많은 물건들을 사들였고 나아가 이 회사의 용역도 이용하였다. 그 결과 약 17,000달러에 달하는 채무를 부담하게 되었다. 1980년 이후에도 Sam Hedge가 채무를 변제하지 못하자 Cargill사는 소를 제기하여 약 12,000달러에 상당하는 이행판결을 법원으로부터 얻어 내었다. 그럼에도 불구하고 채무자 Sam Hedge가 지급자력이 없었으므로 채권자 Cargill사는 Hedge사가 소유하고 있던 농장을 강제집행하여 매수인으로 낙찰받는다. 추후 Hedge 부부는 미네소타주법상 가족경영농장에 대해 적용되는 가족면제(a homestead exemption)를 주장한다. 이에 따르면 가족이 경영하는 농장이 강제집행되는 경우에는 미네소타주 농촌에서는 80에이커의 토지와 지상건물에 대해서는 강제집행을 면제해주는 제도였다. 그런데 본 농장회사의 일인주주는 Sam의 배우자였던 Annette Hedge였다. 미네소타주 항소법원은 가족농장회사(Family Farm Corporation)의 법인격을 부인한 후 농장의 실질적인 소유자는 Hedge 부부이므로 80에이커에 이르는 농장토지와 지상건물에 대해 강제집행면제조치를 내렸다. 미네소타주 최고법원 역시 상고를 기각하면서 원심을 확정하였다. 원심 및 상고심 모두 채무자가 자신에게 유리하게 가족농장회사의 법인격을 부인하는 것을 허용한 것이다.

　다) Litchfield Asset Management Corp. v. Mary Ann Howell[143] [역부인을 허용한 예; 외부자 역부인]

　① 사실관계:　Mary Ann Howell(M; 피고)은 약 30년간 실내디자인을 해왔다. 1993년 피고는 지금은 없어진 Mary Ann Howell Interiors, Inc.사(Interiors)를 운영하면서 텍사스에 있는 원고측 시설을 위한 용역계약을 체결한다. 1985년 원고는 상기 계약상의 채무불이행을 이유로 텍사스주의 법원에 손해배상청구소송을 내게 되었고 M과 Interiors사는 패소하여 약 65만 달러의 손해배상채무를 지게 되었다. 1996년 12월 원고는 코네티컷주 최고법원에 텍사스주법원의 이행판결을 강제집행케 할 목적으로 소를 제기하였다. 이에 코네티컷주 법원은 1997년 2월 원고의 청구를 인용하면서 피고에게 65만 달러의 지급을 명하였고 항소심 역시 원심과 같이 1997년 12월 원고의 청구를 인용하였다.[144]

　상기와 같은 소송이 진행되던 중 M과 그의 가족들은 2개의 유한회사(Limited Liability Company)를 설립하였는바 하나는 Mary Ann Howell Interiors and Architectural Design, LLC(이하 'Design'이라 약칭한다)이고 다른 하나는 Antiquities Associates LLC(이하

---

142) 375 N.W. 2d 477 (Supreme Court of Minnesota); 358 N.W 2d 490 (Court of Appeals of Minnesota).
143) 799 A. 2d 298(Appellate Court of Connecticut).
144) Litchfield Asset Management Corp. v. Howell, 47 Conn. App. 920, 703 A. 2d 1192(1997).

'Antiquities'라 약칭한다)이다. 1996년 5월 M은 그녀의 생명보험증서를 담보로 14만 4,679 달러를 은행에서 빌린 후 이 돈으로 Design의 주식 97%를 사들인다. 나아가 M의 남편인 Jon Howell(이하 'J'라 한다)과 M의 두 딸인 Marla와 Wendi가 각 10달러로 Design의 주식 1%씩을 사들인다. 1997년 11월 Design은 10만 2,901달러를 출연하여 Antiquities의 주식 99%를 사들이고 M은 10달러를 출연하여 나머지 1%의 주식을 사들인다.

1998년 5월 11일 원고는 M, J, Design 및 Antiquities를 상대로 본건 소송을 시작하였는바 그 청구취지로 M과 J가 Design을 단지 껍데기("mere shell")로 설립하였고 이를 통하여 원고의 권리행사를 방해하여 부당한 채무면탈을 기도하였다고 주장하였다. 나아가 원고는 M과 J는 Design의 자금 10만 2,901달러를 Antiquities에게 출연케 하여 아무런 합법적인 설립목적 없이 원고의 채권행사만을 방해하는 껍데기법인 Antiquities를 하나 더 설립하였다고 주장한다. 끝으로 M과 J는 양사를 설립한 후 M의 개인재산을 이들 회사에 출연함으로써 원고가 이에 접근할 수 없게 하였고 이로써 원고에게 손해를 입혔다고 주장한다. 원고는 두 회사는 단지 M의 분신(分身; alter ego)으로 그 유일한 존립목적은 원고에 대한 채무면탈임을 확인해줄 것을 청구하였고 나아가 이러한 채무면탈 행위로 자신이 손해를 입었으므로 그 손해의 배상을 청구하였다.

본건은 2000년 5월 25일과 5월 31일에 각 심리가 진행되었고 아래와 같은 내용에 대해서는 당사자간에 다툼이 없어 사실관계가 확정되었다. M은 Design과 Antiquities의 대표이사를 겸직하였으나 어느 회사에도 피용자는 없었으며 이들 회사에 대하여 용역을 제공하는 독립계약자(independent contractor)가 있을 뿐이었다. 양 회사의 사무공간은 M과 J소유의 개인가옥에 위치하였으나 어느 회사도 그들에게 임차료를 지급한 바 없다. 나아가 M은 양 회사의 경영정책, 자금조달 및 사무처리를 전적으로 장악하고 있었고 이들 회사의 여타 주주인 J나 Marla나 Wendi는 두 회사의 업무집행 내지 의사결정에 참여한 바 없었다. 그럼에도 불구하고 M은 두 회사로부터 보수를 수령한 바 없으며 이익배당을 받은 적도 없었다. 단지 회사자금을 개인용도로 계속 사용하거나 가족에게 회사돈을 무이자로 빌려주거나 그들에게 증여해왔다.

1997년과 2000년 사이 두 회사의 자금에서 M의 개인의료비용조로 17,000달러가 지출되었고 M의 형제에게 개인용도로 11,450달러가 지급되었다. 이 중 지금까지 상환된 액수는 2,200달러에 불과하다. 나아가 M의 딸인 Marla Howell의 컴퓨터 구입용으로 1,409달러가, 나아가 M의 신용카드결제액으로 3,500달러가 각 회사돈에서 지급되었다. 또한 M의 둘째 딸인 Wendi에게 5,000달러가 나아가 그의 남편인 J에게 1,500달러가 회사돈에서 각 무이자로 대출되었다. 비록 두 회사는 은행에 별도의 구좌를 갖고 있긴 하였으나 Antiquities가 올린 매출액은 유보없이 Design의 계좌에 입금되었다.

② 법원의 판단:   재판부는 모든 거증자료를 종합한 후 Design과 Antiquities는 단지 M의 분신에 불과하므로 M이 원고들에 대하여 부담하고 있는 개인채무를 변제함에 있어 양 회사의 자산은 독립성을 인정받지 못하므로 원고는 두 회사에 대해서도 이행을 청구할 수 있다고 판단하였다.[145] 이러한 판단을 함에 있어 코네티컷주 항소법원은 이른바 도구

---

145) 본 사건에 있어 제1심 법원은 원고의 청구를 인용하려면 법인격의 역부인 외에도 피고의 공모(conspiracy)에

이론(instrumentality rule)을 채용하였는바[146] 법인격이 부인되려면, 첫째 주주가 회사를 완전히 지배하여야 하고, 둘째 피고는 이러한 지배관계를 채권자에 대한 채무면탈 등 이른바 불법목적에 사용해야 하며, 셋째 피고의 이러한 법인격 남용이 상당인과관계의 범위 내에서 원고에게 손해를 야기하여야 하는데 본 사건에서는 이 세 요건이 모두 충족되므로 법인격의 역부인이 가능하다고 결론지었다. 본 사건에 대해서는 미국법상 폐쇄회사요 우리 회사법상으로는 유한책임회사에 해당하는 Limited Liability Company에 대해서도 Corporation 에서와 같이 법인격을 부인한 점에서 그 의미가 추가된다고 보아야 할 것이다.

### 2) 역부인 일반론

가) 역부인의 개념:　각국의 판례에 등장하는 법인격의 역부인(reverse veil-piercing)은 대체로 다음 두 경우로 나누어질 수 있다. 하나는 외부자 역부인이고, 다른 하나는 내부자 역부인이다.[147] 이미 우리는 이 두 가지 경우를 상기의 여러 사례에서 살펴본 바 있다.

① 외부자 역부인:　외부자 역부인(外部者 逆否認; outsider reverse veil-piercing)이란 기존의 전통적인 법인격부인과 달리 주주(혹은 사원) 개인이 부담한 채무를 회사재산으로 변제하게 할 때 이용되는 법인격 부인의 기법이다. 기존의 전통적인 법인격부인에서는 회사가 대외적으로 채무를 지되 그 변제자력이 없을 경우 회사의 법인격을 부인하고 지배사원에게 회사의 채무에 대한 책임을 지우는 방식이었다. 그러나 역부인에서는 이것이 정반대로 바뀐다. 즉 개인이 진 채무에 대해 회사의 책임을 인정하는 방식이다. 주주가 회사의 주식을 거의 다 소유하고 회사의 경영도 완전히 장악하고 있을 때 그 주주가 자신의 채권자에 대한 채무를 불법적으로 면탈하기 위하여 회사를 설립한 후 개인재산을 그곳으로 이전시키는 경우 역부인의 기법은 채권자를 보호하기 위한 유용한 방법이 된다. 위에서 본 Litchfield Asset Management v. Mary Ann Howell사건 또는 First Flight사건(306 F.3d 126)이 좋은 예가 될 것이다. 마침내 우리 판례법 역시 이를 인정하였다.

> ▌**대판 2021. 4. 15, 2019다293449 [외부자 역부인]**
>
> [개인의 채권자가 개인이 설립한 회사에 대하여 법인격 부인론의 역적용을 전제로 채무의 이

---

의한 손해의 발생이 요구된다고 보았고 제1심은 이 두 가지 요건이 모두 충족된다고 보아 원고의 청구를 인용하였으나 제2심 법원은 전자는 인정하면서도 후자는 이를 인정하지 않고 원심을 파기환송하였다.

146) Davenport v. Quinn, 53 Conn. App. at 300: Angelo Tomasso, Inc. v. Armor Construction & Paving Inc. 187 Conn. at 553.

147) 역부인을 외부자 역부인과 내부자 역부인으로 나누는 것은 이미 미국 회사법상으로는 보편적인 분류가 되었다. cf. Elham Youabian, (2004) 33 Sw. U. L. Rev. (Southwestern University Law Review) 573, at p. 577; Leslie Heilman, (2003) Del. J. Corp. L. 619, at pp. 622 ff. Susan Kraemer, [1999] 76 Denv. U. L. Rev. 729, at pp. 735 ff.

행을 청구하는 사건]

"... 개인과 회사의 주주들이 경제적 이해관계를 같이 하는 등 **개인이 새로 설립한 회사를 실질적으로 운영하면서 자기 마음대로 이용할 수 있는 지배적 지위에 있다고 인** 정되는 경우로서, 회사 설립과 관련된 개인의 자산 변동 내역, 특히 개인의 자산이 설립된 회사에 이전되었다면 그에 대하여 정당한 대가가 지급되었는지 여부, 개인의 자산이 회사에 유용되었는지 여부와 그 정도 및 제3자에 대한 회사의 채무 부담 여부와 그 부담 경위 등을 종합적으로 살펴보아 **회사와 개인이 별개의 인격체임을 내세워 회사 설립 전 개인의 채무 부담행위에 대한 회사의 책임을 부인하는 것이 심히 정의와 형평 에 반한다고 인정되는 때**에는 회사에 대하여 회사 설립 전에 개인이 부담한 채무의 이행을 청구하는 것도 가능하다고 보아야 한다."

☞ 개인사업체를 운영하던 A가 원고에게 채무를 부담하고 있던 중(이하 '이 사건 채무') 영업목적이나 물적 설비, 인적 구성원 등이 동일한 피고를 설립하였는데, A를 제외한 피고의 주주들도 A와 경제적 이해관계를 같이 하였고, A의 개인사업체의 모든 자산이 피고에게 이전된 반면, A는 자본금 3억 원으로 설립된 피고 주식 중 50%를 취득한 외에 아무런 대가를 지급받지 않은 사건에서, 피고가 A의 채권자인 원고에게 이 사건 채무를 이행할 의무가 있다고 판단한 원심을 수긍하여 상고기각한 사례.

② **내부자 역부인:**　　내부자 역부인(內部者 逆否認; insider reverse veil-piercing)이란 회사채권자의 이익이 아니라 주주(혹은 사원) 개인의 이익을 위한 법인격부인이다. 외부자 역부인에서 보았듯이 법인격부인은 전래적으로 회사채권자에 대한 보호장치였음은 두말할 필요가 없다. 즉 유한책임의 법리를 악용하여 회사재산을 황폐화하게 한 후 채무면탈을 꾀하는 채무자를 상대로 회사채권자를 구하는 제도였다. 그러나 우리가 위에서 보았듯이 법인격부인의 주체가 채무자이든 채권자이든 가리지 않고 때로는 주주(사원)의 이익을 위해서 회사의 법인격이 부인되는 경우가 있다. 위에서 본 Cargill v. Hedge사건이 좋은 예가 될 것이다.

③ **두 가지 경우의 구별필요성:**　　전 이자를 구별하여야 하는 이유는 법인격의 역부인을 시도할 때 그 전제요건을 논함에 있어 나타난다. 외부자 역부인에서는 채권자에 대한 불법적인 채무면탈이 주된 예이므로 이에 기초하여 요건이 설시되겠지만 내부자 역부인에서는 불법적인 채무면탈 등의 요소가 요구되지 않으므로 법인격부인의 전제요건도 이와는 달리 설명되어야 한다.

전통적인 법인격부인은 외부자 부인(outsider veil-piercing)에서 시작되었고 이를 책임실체파악(Haftungsdurchgriff)이라 한다. 외부자 역부인은 책임실체파악의 방법을 개인채무에 대한 불법적 채무면탈에 적용시키기 위하여 적용방향을 반대로 바꾼 것에 불과하다. 따라서 외부자 역부인은 외부자 부인과 성립요건면에서 크게 다를 것이 없다. 그러나 내부자 역부인에서는 개별사안의 구체적 타당성을 실현하기 위하여 해당 회사의 주주가 스스로 법인격을 부인하는 것이므로 책임실체파악의 요소는 나타나지 않는다. 그런 면에서 양자는 개념상 구별의 가치가 있다.

나) 역부인의 허용성 여부:  법인격의 역부인을 회사법상의 제도로 허용할 수 있는지에 대해서는 아래와 같은 입장대립이 있다.

① 소극설(부정설):  일부 학설에서는 법인격의 역부인을 부정한다. 법인격의 역부인에 대하여 일반적으로 회의적인 시각을 갖는 견해가 있는가 하면[148] 주주의 채무를 회사에 부담시키기 위하여 법인격을 부인할 필요는 없으며 사해행위취소 등 기성의 법리로 해결하면 족하다고 한다.[149]

② 적극설(긍정설):  그러나 다수의 학설은 역부인의 필요성과 가능성을 부정하지 않는다. 법인격이 형해화된 회사의 채권자가 회사채무의 이행을 위하여 사원에게 책임을 묻는 것이나 주주의 채무를 회사에 부담시키기 위하여 형해화한 회사의 법인격을 부인하는 것이나 법인제도의 남용을 방지한다는 시각에서는 하등 차이를 둘 필요가 없다고 한다.[150]

③ 사 견:  생각건대 법인격의 역부인을 부정할 이유는 없다. 이미 살펴 보았듯이 법인제도의 남용은 여러 가지 방향으로 나타날 수 있는바 회사재산의 의도적 유출을 통하여 이를 황폐하게 한 후 법인격의 독립과 유한책임제를 악용하여 회사채무의 면탈을 꾀할 수 있고 역으로 개인채무의 면탈을 위하여 새로운 회사를 설립한 후 이 회사에 개인재산을 이전시켜 책임재산을 고의로 황폐화시킬 수도 있다. 어느 것이나 법인제도에 대한 남용이요 동시에 신의칙위반이 된다. 구체적 타당성의 실현 면에서 양자를 구별할 이유는 없다. 이러한 필요성은 위에서 본 외부자 역부인을 정당화한다. 나아가 내부자 역부인은 주주의 이익을 위하여 형해화된 회사의 법인격을 부인하는 기법인바 개별사안의 구체적 타당성을 실현하기 위해서는 경우에 따라 피할 수 없는 제도이다. 법인격의 역부인은 내부자 역부인과 외부자 역부인을 모두 포섭하는 개념으로서 제도적 필요성에 대해서는 국내외적으로 이미 공감대가 형성되었다고 생각된다.

---

148) Robert W. Hamilton, The Law of Corporations, §6.11, p. 157 ("All in all, this doctrine should be viewed to have doubtful validity"); 사원의 이익을 위한 법인격부인 가능성을 부정하는 학설로는, 권기범, 99면.
149) 이철송, 58면.
150) 최준선, 73~74면; 홍·박, 39~40면; 송옥렬, 713~714면; 김·노·천, 68면.

다) 역부인의 요건

① **외부자 역부인**:  법인격을 역부인하기 위한 전제요건은 전래적인 법인격부인의 경우와 크게 다르지 않다. 판례에 나타난 바를 종합하면 미국에서는 주로 분신이론(alter-ego-theory)이나 도구이론(instrumentality rule)을 적용하고 있는데 이 경우 이들 이론의 적용요건이 충족되어야 하며 나아가 이러한 이론적용의 결과가 구체적 타당성을 실현하는 데 도움이 되어야 한다.

(i) **도구이론이나 분신이론의 요건충족**:  Mary Ann Howell사건에 보았듯이 분신이론이나 도구이론의 요건이 충족되면 역부인도 가능하다고 할 수 있다. 첫째, 법인격의 역부인이 가능하려면 주주가 회사를 완전히 지배하여야 한다(complete dominion). 여기서 주주에 의한 회사의 완전지배는 주식소유를 전제로 하며 이러한 소유관계를 바탕으로 회사의 업무집행을 좌지우지하는 상태를 이른다. 둘째, 채무자가 이러한 지배관계를 이용하여 채권자에 대한 채무면탈 등 이른바 불공정한 목적에 이용하여야 한다. 셋째, 피고의 이러한 법인격남용과 원고측의 손해간에 상당인과관계(proximate cause)가 나타나야 한다.[151]

(ii) **구체적 타당성의 실현을 위하여 역부인이 필요할 것**:  나아가 개별 사안에서 법인격의 역부인이 가능하려면 상기의 도구이론이나 분신이론상의 요구조건이 충족되는 것 외에도 개별적 정의의 실현을 위하여 법인격 부인이 요구되는 경우여야 한다. 법인격부인을 통해서만 형평이 실현되고 불공정한 결과를 시정할 수 있는 경우여야 한다.[152]

② **내부자 역부인의 경우**:  사원이 자신의 이익을 위하여 법인격을 부인하는 경우에는 역시 다음의 두 요건이 충족되어야 한다. 하나는 법인격의 형해화요, 다른 하나는 구체적 타당성의 실현이다.

(i) **법인격의 형해화**:  Cargill v. Hedge사건이나 Marylon v. Plummer사건에서 보여주듯 대부분 1인회사나 사실상의 1인회사에서 이러한 법인격의 형해화가 자주 나타난다. 사원에게 유리한 법인격부인의 경우에는 위에서 본 불공정한 목적의 추구나 채권자의 손해와 불공정행위간의 인과관계 등은 요구되지 않는다. 오로지 객관적인 법인격의 형해화만 나타나면 된다.

---

151) 이를 'Lowendahl test'라 한다(Allen-Kraakman-Subramanian, *Commentaries and Cases on the Law of Business Oraganization*, 2nd ed., p. 151).
152) Litchfield Asset Management Corp. v. Mary Ann Howell, 799 A. 2d 298, at p. 312.

(ii) **구체적 타당성의 실현:**　　그러나 법인격이 형해화한 경우라도 개별정의의 실현에 도움이 될 경우에만 법인격의 역부인이 가능하다. 따라서 법인격이 형해화하였다고 모두 역부인이 가능한 것은 아니다. Cargill v. Hedge사건에서 보았듯이 신용불량의 가족농장이 최소한의 토지 등 삶의 기초를 잃지 않으려면 가족농장의 법률적 소유자인 회사의 법인격을 부인하여야 Family Farm Exemption을 통하여 가족농장의 실질적 소유자인 Hedge 부부의 보호가 가능해진다. 법인격을 부인하지 않으면 이러한 강제집행의 면제는 불가하였다.

반면 법인격이 형해화한 경우라도 법인격부인이 구체적 타당성의 실현에 도움이 되지 않는 경우에는 법인격의 역부인은 일어나지 않는다. Lee v. Lee's Air Farming Ltd.사건([1961] A.C. 12)에서 보듯이 회사의 법인격을 부인하는 경우 사망한 남편과 회사간의 고용계약이 성립될 수 없어 망인의 피용자성이 부정되고 그렇게 되면 뉴질랜드 근로자 보상법상 사망보상금지급이 어려워진다. 이 경우 법인격부인은 유족보호라는 바람직한 결과를 도출하는데 오히려 방해가 될 뿐이다. 따라서 법원은 이 길을 택하지 않았다.

라) **역부인의 효과:**　　외부자 역부인에서는 주주(지배사원)의 개인채무를 회사가 부담하게 된다. 즉 역부인의 요건이 충족되는 경우 회사의 재산은 지배주주의 개인채무변제에 제공될 수 있다. 나아가 내부자 역부인(사원에 유리한 법인격부인)에서는 형해화한 법인격이 부인됨으로써 나타나게 될 다양한 법률효과가 도래할 수 있다. Cargill 사건에서처럼 80에이커 상당의 토지 및 지상가옥에 대한 강제집행이 면제되기도 하고,[153] Marylon사건에서처럼 가해자에 대한 손해배상청구액에 변화가 야기될 수도 있다.[154] 그러나 어떠한 경우이든 해당 법인격은 개별 사안의 해결을 위하여 또 그 한도에서 일시적으로 부정되는 것이지 객관적으로 법인격이 소멸하여 회사의 존재 자체가 부정되는 것이 아님은 정상적인 법인격부인의 경우와 다를 바 없다.

(사) **법인격부인소송(Alter-Ego-Claim)**

**1) 총 설**

법인격이 형해화하거나 남용될 경우 해당 법인격이 부인될 가능성이 있음은 전술한 바와 같다. 이렇게 법인격이 형해화한 회사와 관련된 소송은 전래적인 책임실체파악의 경우 다음 세 가지 유형으로 제기될 수 있을 것으로 생각된다. 첫째는 채권자가 법인격이 형식화한 회사만을 피고로 이행청구의 소 등 권리를 주장하는 경우이다. 둘

---

153) 375 N.W. 2d 477 (Supreme Court of Minnesota); 358 N.W. 2d 490 (Court of Appeals of Minnesota).
154) Marylon v. Plummer, [1963] 2 All. E. R. 344.

째는 법인격이 형해화한 회사가 아니라 그 배후자만을 피고로 소송을 제기하는 경우이다. 셋째는 회사와 배후자를 공동 피고로 하여 소를 제기하는 경우이다. 협의의 법인격부인소송은 둘째와 셋째의 경우이다. 이러한 경우에는 원고에게 법인격부인의 요건에 대한 입증이 요구될 것이다. 이렇게 법인격이 형식화한 회사가 관련된 소송에서는 아래와 같은 여러 문제가 소송법적으로 문제시될 수 있다.

우리의 판례법은 지금까지는 전통적인 책임실체파악의 좁은 울타리를 크게 벗어나지 못하고 있다.[155] 그러나 앞으로는 위에서 언급한 역부인의 케이스도 많이 다루게 될 것으로 보인다. 미국의 경우 법인격부인을 다룬 사례 중 원고가 승소하여 법인격이 부인되는 비율은 전체 사건 중 약 40% 정도라 한다.[156] 이러한 Alter-Ego-Claim은 점점 더 다양하게 전개되고 있다. 따라서 전래적으로 쓰이던 법인격부인 이외에도 위에서 언급한 역부인의 방식도 점점 더 일반화할 것으로 보인다. 1980년대 현대 미포조선소사건을 필두로 우리 대법원도 Alter-Ego-Claim을 적극적으로 받아들이고 있으므로 우리의 판례법도 활발하게 발전해 갈 것으로 전망된다. 향후 이 분야에서 외부자 역부인뿐만 아니라 내부자 역부인 등 다양한 법인격부인의 기법이 우리 판례법상으로도 숙성하기를 기대한다.

### 2) 당사자능력

당사자능력이란 민사소송의 당사자, 즉 원고, 피고 또는 참가인이 될 수 있는 능력이다. 이는 민법상 권리능력에 대응하는 소송법적 개념으로서 권리능력이 없는 자는 원칙적으로 당사자능력도 없다. 법인격이 부인되는 회사도 소송상 당사자능력을 인정할 수 있는가?

**가) 부정설:**　　실체법상 법인격부인론이 적용되면 법인격이 형해화한 해당 회사는 그 실체가 존재하지 아니하므로 당사자능력도 인정할 수 없다고 한다.[157]

**나) 긍정설:**　　이에 대해 다수설은 법인격이 부인될 회사 역시 당사자능력이 있다고 본다.[158] 그 근거로는 법인격부인론은 (i) 일반적인 것이 아니고 '특정한 사안'에 한하여 해당 법인의 법인격이 부인되는 것이고, (ii) 특히 적용의 주된 목적이 특정 법인의 법인격을 특정 사안과 관련지어 부인함으로써 배후자에게 책임을 추궁하기

---

155) 현대미포조선소 사건이 거의 유일한 예외로 생각된다.
156) Thompson, 'Piercing the Corporate Veil; An Empirical Study', 76 Cornell University Law Review (1991), 1036, at p. 1048 (Table 1), Brown, A Guide to Winning Alter Ego Claim, [1996] 15-5 A.B. I. J. 15.
157) 김용욱, "민사소송에 있어서의 법인격부인의 법리," 「고시계」 통권 417호, 34~44면, 특히 38면.
158) 임재연( I ), 68~69면; 정영환, "민사소송에 있어서의 법인격부인론," 「고시계」 통권 522호, 83면; [반대설] 김용욱, "민사소송에 있어서의 법인격부인의 법리," 「고시계」 통권 417호, 34~44면, 특히 38면.

위한 도구라는 점에서 해당 법인의 당사자능력을 특정한 경우와 관계없이 전면적으로 부정할 필요가 없다고 한다. 이를 전면적으로 부인하면 책임을 부담하여야 할 법인이 전혀 책임을 지지 않는 결과가 되므로 오히려 부당하다고 한다. 따라서 법인격이 부인된다 하여도 해당 법인의 당사자능력을 전면적으로 부인하는 것은 타당하지 않다고 한다.[159)

**다) 사 견:** 생각건대 법인격부인론이란 주어진 사안에서 구체적 타당성의 실현을 위하여 필요한 범주내에서 한정적으로 회사의 법인격을 잠시 부정하는 것이다. 따라서 긍정설에 동조한다. 우리나라나 일본 나아가 세계 각국의 법인격부인관련 소송에서도 법인격을 부인당하는 회사가 당사자가 되는 것을 당연히 전제한 것으로 보아야 할 것이다.

### 3) 당사자적격

당사자 적격이란 특정 소송물에 관하여 당사자로서 소송을 수행하여 본안판결을 구할 수 있는 자격이다. 법인격부인론에 의하여 법인격을 부인당한 법인이 당사자적격을 갖는지에 대해서도 아래와 같은 다툼이 있다.

**가) 적극설:** 당사자적격의 개념이 특정한 소송사건에 있어서 소송물인 권리 또는 법률관계에 관하여 당사자로서 소송을 수행하고 본안판결을 받을 수 있는 자격을 말하는 것인데, 실체법상 인격이 부정된 자의 당사자적격을 인정하는 것은 논리적으로 모순이 되고, 실체적 법률관계에서 인격이 부정되었다면 그 자의 실체는 존재하지 않는다고 한다.[160)

**나) 소극설:** 적극설의 입장과 달리 소극설은 당사자적격을 부정하지 않는다. 적극설의 입장이 논리적으로 상당히 설득력이 있기는 하지만 법인격부인론을 전개하는 이유가 문제된 법인의 법인격을 부인함으로써 그 배후에 있는 자에게 책임을 추궁하기 위한 것이지, 법인격을 부인당하는 자에게 권리능력 내지 당사자적격을 상실시켜 그 자 명의로 된 법률행위의 책임을 면제하기 위한 것은 아니라고 한다.[161) 이 입장에 동조한다.

### 4) 당사자확정

당사자의 확정(Bestimmung der Partei)이란 현실의 소송에서 누가 당사자인가를 명

---

159) 정영환, "민사소송에 있어서의 법인격부인론,"「고시계」통권 522호, 83면; 김용진, 민사소송법, 제5판, 신영사, 2008, 758면.
160) 김용욱, 전게논문, 38~39면.
161) 정영환, 전게논문, 84면; 김용진, 전게서, 758면.

확히 하는 것이다.[162] 특히 법인격부인소송(alter ego claim)에 있어서는 당사자확정의 수요가 커질 수 있다. 법인격이 형해화한 회사와 그 배후자(背後者)를 상대로 소를 제기할 때 누구를 피고로 할 것인지 때때로 그 판단이 어려워질 수 있다. 당사자확정의 일반적 기준에 대해서는 실체법설(實體法說),[163] 의사설(意思說),[164] 행동설(行動說),[165] 표시설(表示說),[166] 적격설(適格說),[167] 병용설(倂用說)[168] 및 규범분류설(規範分類說)[169] 등 다양한 입장이 주장되고 있다. 법인격부인소송에 있어서도 대체로 일반 민사소송과 같은 기준이 적용될 것이다.[170] 다만 법인격부인론이 적용되는 경우 회사와 배후자를 모두 당사자로 할 수도 있고 경우에 따라서는 그중 한쪽만을 당사자로 할 수도 있다. 이에 아래와 같은 추가적인 문제점이 제기될 수 있을 것이다.

### 5) 소송의 형태

회사의 채권자가 법인격이 형해화한 회사와 그 배후자에 대해 공동으로 소를 제기할 경우 이러한 소제기는 가능한가? 가능하다면 이 경우 소송형태는 어떻게 되는가? 법인격을 부인당한 법인에게 당사자능력, 당사자적격을 인정한다면 채권자는 법인격이 부인될 법인 및 그 배후자를 공동 피고로 하여 소를 제기할 수 있다고 보아야 할 것이다. 이 경우 그 소송 형태는 어떻게 되는가? 이에 대해서는 통상공동소송설과 유사필요적 공동소송설의 대립이 있으나 다수설인 전자를 따르기로 한다.[171]

### 6) 당사자변경

소송중 문제된 회사로부터 그 배후자로 또는 배후자로부터 법인격이 형해화한 회사로 당사자를 바꾸는 경우 어떤 방식이 가능한가? 당사자의 변경인가 아니면 당사자의 표시정정인가? 이에 대해서도 아래와 같은 다툼이 있다.

---

162) 정·유·김, 195면.
163) 이 설은 권리주체설(權利主體說)이라고도 하며 소송의 목적인 권리 또는 법률관계의 주체인 자를 당사자로 보려는 견해이다. 다만 제3자라도 소송수행권이 있는 경우에는 당사자가 될 수 있다고 한다(강현중, 민사소송법, 제2전정판, 1995, 131면).
164) 이 입장은 원고 또는 법원의 의사를 기준으로 당사자를 정하려 한다(강현중, 전게서, 131면).
165) 이 설은 소송절차에서 당사자로 행동한 자 또는 법원에 의하여 당사자로 취급된 자를 당사자로 본다(강현중, 전게서, 132면).
166) 이 입장은 소장에 표시된 객관적 내용을 기준으로 당사자를 정하려 한다(강현중, 전게서, 132면).
167) 이 설은 소송에 나타난 일체의 징표를 참작하여 법원이 실체법상의 분쟁주체를 확정하는 것으로 당사자확정의 개념을 정리한다(강현중, 전게서, 132면).
168) 이 설은 적격설의 난점을 극복하기 위하여 제기된 학설로서 원고를 확정하는 경우에는 행동을 기준으로 하고, 피고를 확정하는 경우에는 원고의 의사, 적격 나아가 표시를 기준으로 당사자를 정하자고 한다(강현중, 전게서, 133면).
169) 이 설은 소송절차의 수행단계에서 개별적으로 확정의 기준을 정하여야 한다고 주장한다(강현중, 전게서, 133면).
170) 정영환, 전게논문, 85~86면.
171) 정영환, 전게논문, 87면; 김용진, 전게서, 758면; 정·유·김, 208면.

가) 당사자변경설:　　두 인격체는 적어도 소송절차중에는 별개의 독립된 인격을 가지므로 당사자의 동일성을 인정하기 어렵고 따라서 당사자변경에 해당한다고 한다.[172]

나) 구별설:　　이 입장에서는 당사자의 동일성이 인정되는 경우와 그렇지 않은 경우를 구분하여 전자(동일성이 인정되는 경우)의 경우에는 당사자표시정정으로 보고 후자(동일성이 인정되지 않는 경우)의 경우에는 당사자변경으로 보아야 한다고 한다. 그리하여 "법인 즉 배후자, 배후자 즉 법인"과 같은 경우에는 당사자변경이 아니라 당사자표시정정의 절차로 당사자를 고칠 수 있다고 한다. 반면 법인과 배후자가 동일한 것으로 평가되는 경우 외에는 원칙적으로 당사자변경에 해당하므로 이에 따라 문제를 해결하면 된다고 한다.[173]

### 7) 입증책임

법인격이 형해화한 회사와 관련된 소송은 아마도 다음 세 가지 유형으로 제기될 수 있을 것으로 생각된다. 첫째는 채권자가 법인격이 형식화한 회사만을 피고로 이행청구의 소 등 권리를 주장하는 경우이다. 둘째는 법인격이 형해화한 회사가 아니라 그 배후자만을 피고로 소송을 제기하는 경우이다. 셋째는 회사와 배후자를 공동 피고로 하여 소를 제기하는 경우이다. 이 중 둘째와 셋째의 경우에는 법인격의 형해화 내지 법인격남용관련 입증이 요구된다. 그 입증책임은 누가 지는가? 법인격부인을 시도하는 당사자가 법인격의 형해화 내지 법인격이 남용되었음을 적극 주장, 입증하여야 할 것이다.[174]

### 8) 법인격부인의 소송상의 효과

형해화된 법인격을 가진 회사만을 피고로 이행의 소를 제기하여 이행판결을 얻었을 경우 회사에 대한 이러한 판결의 효력으로 배후자에 대한 강제집행이 가능한가라는 문제가 있다.[175] 이에 대해서는 아래와 같이 긍정설, 부정설 및 절충설의 대립이 있다.

가) 긍정설:　　긍정설에 따르면 기판력과 집행력은 배후자인 사원에로 확장될 수 있다고 한다.[176]

---

172) 김용진, 전게서, 758면.
173) 정영환, 「고시계」 제522호, 87~88면.
174) 대판 2011. 12. 22, 2011다88856; 정찬형, "법인격부인론(Ⅰ)" 「백산상사법논집」, 2008, 109면.
175) 이에 대해 자세히는 정규상, "법인격부인법리와 판결의 효력의 확장문제(일본의 논의를 중심으로)," 「성균관법학」 제2호(1988. 12.).
176) 미국판례 및 일본 하급심 판례의 입장이다. Booth v. Bunce, 33 N. Y. 139 (1865); 일본 오사카고등법원판결 1975. 3. 28, 판례시보 781, 101; 오사카지방법원판결 1974. 2. 13, 판례시보 735, 99; 센다이(仙台)지방법원판

나) 부정설:    반면 부정설에 따르면 회사를 피고로 얻은 이행판결로 배후자에
대한 집행이 불가하다고 한다. 절차의 형식성, 명확성 및 안정성의 요청상 기판력과
집행력의 범위를 사원에게까지 확장하는 것은 허용되지 않는다고 한다. 다만 제3자이
의의 소에서는 예외를 인정할 수 있다고 한다. 우리 대법원 판례의 입장이며 국내 다
수설의 입장이다.[177]

> **대판 1995. 5. 12, 93다44531**
>
> "甲회사와 乙회사가 기업의 형태·내용이 실질적으로 동일하고, 甲 회사는 乙회사의
> 채무를 면탈할 목적으로 설립된 것으로서 甲회사가 乙회사의 채권자에 대하여 乙회사
> 와는 별개의 법인격을 가지는 회사라는 주장을 하는 것이 신의성실의 원칙에 반하거나
> 법인격을 남용하는 것으로 인정되는 경우에도, 권리관계의 공권적인 확정 및 그 신
> 속·확실한 실현을 도모하기 위하여 절차의 명확·안정을 중시하는 소송절차 및 강제
> 집행절차에 있어서는 그 절차의 성격상 을 회사에 대한 판결의 기판력 및 집행력의 범
> 위를 甲회사에까지 확장하는 것은 허용되지 아니한다."

다) 절충설(제한적 긍정설):    이 입장에서는 형해사례와 남용사례로 나누어 전자에
대해서는 배후자에게 독자적인 소송수행을 보장하여 그의 절차권을 보장할 필요가
없다고 하면서 이 경우에는 기판력의 확장을 허용한다. 반면 남용사례 및 여타 적용
군에서는 회사와 남용자는 별개로 존재하고 다른 출자자 등의 절차권을 보장하여야
하므로, 남용자가 받은 판결의 효력은 회사에 미치지 않는다고 한다. 나아가 이 입장
에서는 위에서 소개된 대법원판결[178]도 형해사례가 아니라 남용사례이므로 판례 역시
이 입장이라고 주장한다.[179]

### (아) 외국회사의 법인격부인

### 1) 총  설

외국회사가 사실관계 등장하는 경우 국제사법적 문제가 법인격부인론과 더불어
제기될 수 있다. 지금까지 우리 대법원판례에는 이러한 섭외사법적 고려는 나타나지
않고 있다. 우리 판례는 해상법에서 자주 나타나는 편의치적회사의 법인격부인에서나
최근의 한국통신 필리핀 법인사건에서나 국제사법적인 준거법 확정에 대해서는 언급
이 없었다. 당연히 우리 법의 적용을 전제로 한 판결들이었다. 그러나 근자에 들어

결 1970. 3. 26, 판례시보 588, 52.

177) 정찬형, 471면; 이철송, 58면; 홍·박, 41면; 송옥렬, 714면; 김·노·천, 68면.
178) 대판 1995. 5. 12, 93다44531.
179) 정동윤, 346면 참조.

이러한 법원의 자세를 비판하며 외국회사가 관련되는 법인격부인 케이스라면 준거법 확정이 선결문제임을 강조하는 학계의 주장이 있어 주목을 끈다. 아래에서는 법인격부인론의 국제사법적 관점을 살펴 보기로 한다.

### 2) 학설들

가) 속인법 원칙설:  외국회사의 법인격부인이 문제시되는 사안이라면 법인격부인의 준거법을 결정하고 그 준거법에 따라 법인격부인의 요건과 효력을 판단하여야 하는바 종래 법인격부인은 법인과 그 배후자간의 '법적 분리의 원칙에 대한 예외'이므로 법인이라는 단체의 조건 — 예컨대 법인격취득, 법인의 설립, 내부조직 및 법인격의 소멸 등 — 을 설정한 법질서가 이를 결정하여야 한다고 한다. 결국 외국회사가 관련된 법인격부인의 사례라면 문제된 회사의 설립준거법이 원칙적으로 적용되어야 한다는 것이다.[180] 이 입장에 따라 우리 국제사법 규정을 보면 속인법을 따르는 한 원칙적으로 설립준거법을 따르게 되고(국제사법 제16조 본문), 예외적으로 외국에서 설립된 법인 또는 단체가 대한민국에 주된 사무소가 있거나 대한민국에서 주된 사업을 하는 경우에는 대한민국 법에 따르게 될 것이다(본거지법주의: 국제 사법 제16조 단서). 물론 법인의 속인법이 법인격부인을 전혀 허용하지 않는다면 공서(公序; ordre public)가 개입할 가능성이 있다(국제사법 제10조).

나) 유형설(사인별 유형화를 주장하는 학설):  독일과 일본에서는 종래 실질법상 법인격부인론의 유형론이 유력한바,[181] 특히 독일에서는 ① 회사법적 이익보호에 봉사하는 경우 — 특히 회사의 자본불충분이나 재산혼용 등에서 자주 등장하는 회사 채권자보호의 경우 —, ② 규범충돌을 해결하기 위한 경우(사원이 회사에 물건을 양도하였을 경우 선의취득 가능성 등), ③ 회사와 거래한 채권자 보호 등 (예컨대 사원의 외관책임 등) 민사법적 이익보호에 봉사하는 경우 등으로 나누어, 첫째의 경우에는 당해 회사의 속인법을, 둘째의 경우에는 효력준거법(물권행위의 경우 물건소재지법)을, 셋째의 경우에는 당해 법률관계의 준거법을 선택하여야 한다는 유형론이 유력하다고 한다.[182]

이러한 경향을 살핀 후 우리나라에서도 대체로 책임실체파악의 경우에는 속인법을 따르고, 반면 귀속실체파악의 경우에는 실정법규범이나 계약내용의 합리적 해석 또는 사법(私法)의 일반이론 등을 적용하여 다양한 연결원칙을 개발하자고 한다.[183]

---

180) 전통적인 영미법과 스위스법의 입장이며 일본 다수설, 독일 판례(BGH WM 1957, 1047, 1049)의 입장이다. 현재 우리 판례도 이 입장을 취하고 있는 것으로 파악된다(대판 2012. 5. 24, 2009다22549).

181) 이에 대해서 자세히는 김태진, "법인격부인론에 관한 국제사법적 검토,"「국제사법연구」제14호(2008. 12.), 209~242면, 특히 독일에서의 상황은 216~222면, 일본의 상황은 222~233면 참조.

182) Zimmer, Internationales Gesellschaftsrecht, 1995, S. 344~349; 석광현,「법률신문」제3680호(2008. 9. 8.), 15면; 김태진, 전게논문, 216면 참조.

183) 석광현,「법률신문」제3680호(2008. 9. 8.), 15면 참조.

이 부류에 속하는 다른 입장을 보면 우선 주주의 유한책임을 부정하고 회사채권자를 평등하게 다루어야 할 사안(과소자본, 재산혼용, 파산 등)이라면 회사의 속인법으로 해결하고, 나아가 특정 거래관계에서 발생한 분쟁이라면 당해 행위의 준거법으로, 끝으로 법의 적용을 회피하기 위하여 법인격이 남용되는 경우라면 형해사례에서처럼 설립준거법에 의하는 것이 타당하다고 한다.[184]

### 3) 향후의 전망

우리나라는 한—미 FTA나 한—EU FTA를 통하여 타 경제권과 활발히 교류를 하고 있으므로 전통적으로 편의치적 문제를 잉태하고 있는 해상법의 영역 이외에서도 외국회사의 법인격부인문제는 매우 빈번히 등장할 가능성이 있다. 위에서 소개한 유형설은 매우 유력하게 주장되고 있다. 향후 섭외적 요소가 존재하는 법인격부인의 사실관계에 있어서는 유형론에 따른 다양한 논의가 시도될 것으로 전망된다. 다양한 판례법의 형성을 기대해 본다.

다만 지금까지 살핀 각 문명국(文明國)에서의 법인격부인이 통일세계법으로 수렴되어 가는 현상은 부인할 수 없을 것이다. 즉 영미법계 국가에서 행해지는 사원의 이익을 위한 법인격부인이나 법인격의 역부인 등 다양한 법인격부인의 기법이 독일 등 대륙법계 국가에도 전파되고 있으며 우리나라나 일본도 예외는 아니다. 법인격부인의 전제요건부분에서도 영미의 도구이론이나, 독일의 실체파악론이나 우리나라·일본의 법인형해론은 결국은 유사하며 신의칙적 관점에서는 사실 다같은 제도이므로 각국의 법이 달라 결과가 달라지는 경우는 — 최소한 전래적인 책임실체파악의 경우에는 — 그 가능성이 매우 작다고 판단된다.[185] 결국 법인격부인론은 현대적 의미의 lex mercatoria(국제불문법)로서 통일세계법으로 발전해 갈 것으로 전망된다. 그런 면에서 각국은 외국판례의 공동연구와 연구결과의 상호교환을 통하여 통일세계법 형성을 앞당기는 국제적 노력을 게을리하지 말아야 할 것이다.

## 3. 영 리 성

### (1) 영리성의 의미

상법 제169조가 규정하고 있다시피 상법상의 회사는 모두 그 목적상 영리성을 공통으로 갖는다. 이와 같은 영리성은 다시 대외적 영리성과 대내적 영리성으로 나누어

---

184) 김태진, 전게논문, 235~236면 참조.
185) 적어도 본서에서 제시한 통일요건론을 따를 경우 법인격부인의 어떤 형태에서도 세계 각국의 법인격부인을 위한 전제요건은 사실상 같아진다.

질 수 있다. 전자는 회사가 영리사업을 경영한다는 의미이고, 후자는 대외적인 영리활동으로부터 생긴 이익을 사원에게 분배한다는 의미이다. 이익의 분배라 함은 이익배당, 지분증가 또는 잔여재산분배 등의 방법으로 회사가 달성한 이익을 구성원에게 귀속시키는 것이다.

대외적으로 영리행위를 하지 않는 한 아무리 대내적인 잉여금의 분배나 배당이 수반되어도 회사가 되지는 않는다. 가령 상호보험회사(VVaG; mutual insurance)가 잉여금을 구성원에게 분배하였다 해도 영리보험에서처럼 영리를 목적으로 보험의 인수가 이루어지지 않으므로 회사가 될 수 없다. 그러나 대외적인 영리성이 존속하는 한 일시적으로 이익배당 등이 정지되었다 하여 회사의 영리성을 부인할 일은 아니며, 또 나아가 회사가 영리사업에 부대하여 기부행위 등 비영리적인 활동을 하여도 이것이 회사의 영리성에 반하는 것은 아니다(영리성의 형식화 경향).

국내 통설은 상법 제4조, 제46조에 의한 기본적 상행위를 영업의 대상으로 삼는 회사를 상사회사라 부르고, 상법 제5조에 의한 상행위 이외의 것을 기업의 대상으로 삼는 회사는 이를 민사회사라 부르고 있다. 그러나 이 구별은 전자를 당연상인, 후자를 의제상인으로 구별하는 것 이외에 특별한 의미를 갖지 못한다. 오히려 私見으로는 회사의 상인성은 상법이 예정해 놓고 있는 법형식을 취함으로써 상법 제5조 제2항에 의하여 통일적으로 상인성을 취득한다고 보고 싶다. 즉 상법 제5조에는 두 가지 형태의 의제상인이 있는바 제1항의 설비상인과 제2항의 형식상인(Formkaufmann)이 그것이다. 모든 회사는 기본적 상행위이든 준상행위이든 그 영업대상을 가리지 않고 법형식에만 착안하여 상인성을 인정받는다고 보아야 할 것이다.

## (2) 영리성의 한계(기업의 사회적 책임)

### ✸ 기업의 사회적 책임과 관련된 사례들

(가) 일본 最高裁 昭和 45년 6월 24일 大法廷判決 [야하다제철 정치헌금사건][186]

철강의 제조 및 판매, 그 부대사업을 목적으로 하는 야하다(八幡)제철주식회사의 2인의 대표이사가 회사 명의로 일본 자민당에 정치자금으로 350만엔을 기부하였던 바, 위 회사의 주주인 원고가 위 대표이사를 상대로 회사에 대하여 책임을 묻는 주주대표소송을 제기하였다. 원고 주주의 주장에 따르면 위 정치헌금은 회사의 정관기재 사업목적의 범위[187]

---

186) 본 사건에 대한 참고문헌으로는, 김건식, "회사의 정치헌금: 야하다제철 정치헌금사건 판결을 중심으로", 「법조」1986년 2월호, 1면 이하 [같은 논문은 김건식, 회사법연구 Ⅱ, 小花, 2010, 325~354면에 실려 있음]; 박홍대, "판례에서 본 회사 대표자의 정관기재 목적범위외의 행위 -회사의 기부행위와 관련하여-", 「판례연구」제7편, 부산판례연구회 등 참조.
187) 야하다제철(주)의 정관 제2조는 "본 회사는 철강의 판매 및 이에 부대하는 사업을 운영함을 목적으로 한다."고 되어 있다.

외의 행위로서 우선 정관위반행위이고, 나아가 일본상법 제266조 제1항 제5호(우리 상법 제399)소정의 "법령 및 정관에 위반하는 행위"에 해당하며, 동시에 이러한 행위는 일본 상법 제254조의3(우리 상법 제382) 소정의 이사의 충실의무에 반하는 행위이므로 대표이사들은 기부금과 소정의 이자에 해당하는 손해를 회사에 배상하라고 주장하였다(일본 最高裁 昭和 45년 6월 24일 大法廷判決사안). [원고 패소]

(나) A. P. Smith Manufacturing Co. v. Barlow, 98 A. 2d 581 (N. J. 1953)

원고 회사가 프린스턴대학에 제공한 기부금이 문제된 사건으로서 피고 주주는 원고 회사의 설립정관이 그러한 기부행위를 명시적으로 허용하고 있지 않으며 커먼로 역시 회사에 그러한 기부행위의 권한을 부여하고 있지 않다고 주장하면서 해당 기부행위의 무효를 주장한 사건이다. 재판부는 기부행위의 공익성과 나아가 그러한 공익적 행위가 동시에 회사의 장기적 이익에 부합하는 한 기부행위의 효력을 부정하지 않는다고 하였다.

위와 같이 상법상의 회사가 영리성을 갖는 것은 사실이지만 이 역시 일정한 한계를 가진다. 기업의 사회적 책임에 따른 일정한 예외가 존재한다는 말이다. 다시 표현하면 기업이 일정한 경우에는 영리를 추구하지 않고 비영리적 목적에 출연하거나 영리성과 무관한 각종 사회활동을 한다는 말이다. 또한 이러한 비영리적 활동이 상법상의 영리성과 모순되는 것도 아니다. 위 두 사건에서 법원은 모두 해당 회사의 비영리적 기부행위의 효력을 부인하지 않았다.

오늘날 모든 기업들은 크건 작건 수많은 이해당사자들과 함께 이윤을 추구한다. 회사와 관련을 맺는 당사자에는 비단 주주(shareholder)뿐만 아니라 채권자(creditor), 근로자(employee), 소비자(consumer), 원자재 공급자(supplier), 회사가 속해 있는 공동체(community) 등 다양한 이해당사자(stakeholder) 들이 있다. 기업의 이윤이란 이들 이해당사자의 존재와 무관치 않다. 근로자가 노동력을 제공하지 않는다면, 채권자가 사채를 인수하지 않는다면, 소비자가 해당 기업의 완제품을 소비하지 않는다면, 원자재 공급자가 원료의 공급을 중단한다면, 공동체가 해당 기업의 생산활동을 허가하지 않는다면 기업은 더 이상 존립할 수 없다. 자본주의 경제의 초기단계에서는 이러한 이해당사자들에 대한 배려가 회사법적으로 크게 요구되지 않았다. 그러나 오늘날의 경제사회에서는 그렇지 않다. 이해당사자들의 협조와 조력없이 기업은 더 이상 생존할 수 없을 정도로 오늘의 경제사회는 발전하고 진화되었다. 이제 그들의 존재와 조력없이는 어떤 기업도 이윤추구활동을 할 수 없다. 시간이 흐를수록 이러한 경향은 더 짙어질 것이다.

현재 우리 사회에서도 경제민주화라는 화두로 많은 이야기들이 진행되고 있다. 동반성장이니 종업원지주제도니 다양한 사원복지제도니 하는 말들은 빙산의 일각에 지나지 않는다. 기업들은 대학에 많은 건물들을 기부하고 방위성금을 내며 각종 장학재단을 운영한다. 이러한 활동은 물론 그런 활동이 이루어지는 순간에는 회사의 영리성과 무관한 것처럼 보인다. 그러나 조금 장기적 시각에서 이들을 관찰해보면 비영리적 활동은 결국 해당 기업의 장기적 이익과 일치한다. 그들의 활동은 친기업적 여론을 만들고, 소비자들에게는 간접적 마케팅 수단이 되며, 나아가 장차 그 기업이 필요로 하는 인재양성의 장기투자가 된다. 당장 영리성이 나타나지 않는다 하여 해당 행위가 무효라고 말할 수 없고 나아가 이러한 행위를 한 이사진들에게 정관소정의 목적범위를 넘어섰으니 회사에 대해 손해를 배상하라고 명할 수도 없다. 이러한 비영리활동은 결국 회사의 장기적 이익과 일치하기 때문이다.[188] 이것이 위의 사례들이 말하고 있는 바이다.

### 대판 2019. 5. 16, 2016다260455[189] [(주)강원랜드 사건: 비영리적 출연의 적법요건]

"[2] 주식회사 이사들이 이사회에서 회사의 주주 중 1인에 대한 기부행위를 결의하면서 기부금의 성격, 기부행위가 회사의 설립 목적과 공익에 미치는 영향, 회사 재정상황에 비추어 본 기부금 액수의 상당성, 회사와 기부상대방의 관계 등에 관해 합리적인 정보를 바탕으로 충분한 검토를 거치지 않았다면, 이사들이 결의에 찬성한 행위는 이사의 선량한 관리자로서의 주의의무에 위배되는 행위에 해당한다.

[3] 카지노사업자인 甲 주식회사의 이사회에서 주주 중 1인인 乙 지방자치단체에 대한 기부행위를 결의하였는데, 甲 회사가 이사회 결의에 찬성한 이사인 丙 등을 상대로 상법 제399조에 따른 손해배상을 구한 사안에서, 위 이사회 결의는 폐광지역의 경제 진흥을 통한 지역 간 균형발전 및 주민의 생활향상이라는 공익에 기여하기 위한 목적으로 이루어졌고, 기부액이 甲 회사 재무상태에 비추어 과다하다고 보기 어렵다고 하더라도, 기부행위가 폐광지역 전체의 공익 증진에 기여하는 정도와 甲 회사에 주는 이익이 그다지 크지 않고, 기부의 대상 및 사용처에 비추어 공익 달성에 상당한 방법으로 이루어졌다고 보기 어려울 뿐만 아니라 丙 등이 이사회에서 결의를 할 당시 위와 같은 점들에 대해 충분히 검토하였다고 보기도 어려우므로, 丙 등이 위 결의에 찬성한 것은 이사의 선량한 관리자로서의 주의의무에 위배되는 행위에 해당한다고 본 원심판단을 수긍한 사례."

---

188) 서울고법 2016. 9. 23, 2015나2046254.
189) 본 사건에 대한 평석으로는 이철송, "회사의 비영리적 출연의 허용기준 -강원랜드사건을 소재로-", 「선진 상사법률연구」 제89호(2020. 1.), 1면 이하.

## II. 회사의 종류

회사의 종류를 몇 가지 분류기준으로 나누어 살펴보기로 하자.

### 1. 상법전상의 분류

회사는 우리 상법전이 예정하고 있다시피 합명회사, 합자회사, 주식회사, 유한회사 및 유한책임회사의 다섯 가지 종류로 나누어진다($\frac{\S}{170}$). 이러한 상법전상의 회사의 형태는 회사법정주의(Numerus clausus der Gesellschaftsformen)를 따르고 있으므로 이 이외의 회사형태는 임의로 창설될 수 없다. 상법은 이렇게 다섯 가지 회사형태를 예정하여 이를 법정함으로써 일반 공중과 회사간의 거래안전의 보호를 꾀하고 있는 것이다. 나아가 우리 상법은 제173조에서 "회사는 다른 회사의 무한책임사원이 되지 못한다"고 규정함으로써 이 다섯 가지 법형식에 의한 복합형의 출현도 금지하고 있다. 예컨대 독일에서 자주 설립되는 有限合資會社(GmbH & Co. KG)는 우리 상법상으로는 그 출현이 불가능하다. 이 다섯 가지의 회사형태를 조합과 사단의 분류에 따라 나열해 보면 합명회사, 합자회사, 유한책임회사, 유한회사, 주식회사의 순으로 조합적 성격에서 사단적 성격으로 옮아간다고 할 수 있을 것이다. 우리 상법은 구법시대에는 독일 상법의 강한 영향하에 있었으나 1963년 상법제정 후에는 특히 주식회사의 경우 미국 회사법의 강한 영향을 받아[190] 이사회제도나 수권자본제 등을 도입한 것이 특징이다.

**합명회사**는 그 명칭만으로 보면 프랑스법의 영향하에 있다(société en nom collectif). 이 회사형태에서는 모든 사원이 회사채무에 대하여 무한책임을 지고 내부적으로 조합적 성격이 가장 짙어 동업자조합(Mitunternehmergemeinschaft)의 성격을 갖는다. 비록 상법상으로는 법인으로 다루어지나 그것은 어디까지나 대외적인 권리관계의 명확성을 제고하기 위한 것이므로 조합과 사단의 학리적 구별에서는 사단이라 부를 수 없다. 이 회사형태는 소규모의 친족회사나 상호 신뢰관계가 두터운 사원간의 소자본 경영회사에 적합하다. 사원간의 인적 결합이 가장 강하며 개개 사원의 개성과 신용을 바탕으로 외부에 등장하게 된다.

**합자회사**(Kommanditgesellschaft)는 합명회사의 연장선상에서 이해될 수 있는 법형식이다. 그 모태는 합명회사라 할 수 있고 유한책임을 누리는 자금주가 이에 가세한 형태라 할 수 있겠다. 역사적으로는 중세의 코멘다제도가 그 시원이라고 하며 유한책

---

190) board system, authorized capital system, audit committee, derivative suit or injunction etc.

임을 누리는 자금주가 아예 대외적으로 자신의 모습을 감추어버리면 익명조합화할
수도 있다. 여전히 영미법과 독일법에서는 법인격이 인정되지 않는 조합형 회사이나
합명회사보다는 다소 사단성이 강하다고 할 수 있겠다. 무한책임사원은 회사의 대표
권과 업무집행권을 누리나 유한책임사원은 자본을 제공하고 이익을 분배받는 소극적
지위에 있으므로 무한책임사원의 업무집행에 대한 제한된 통제권을 가질 뿐이다. 독일
에서는 상기한 바대로 유한회사를 무한책임사원으로 하는 복합형(GmbH & Co. KG)으
로 등장하기도 하고 다수의 자금주의 영입으로 대중회사화하여(Publikumsgesellschaft)
강한 사단성을 갖기도 한다.

　　**주식회사**(Aktiengesellschaft)는 물적회사이며 사단성이 강한 공개회사의 전형이다.
자본을 주식이라는 단위로 균분분할하여 이를 유가증권화시키며 이를 통하여 자본시
장에서의 유통을 촉진시키고 자금조달도 용이하게 하는 회사형태이다. 업무집행기관
은 미국식의 이사회제도를 도입하여 업무집행에 대한 의사결정과 대표이사에 대한
감시기능을 이사회가 일원적으로 수행할 수 있게 하였다. 회사의 기본결정사항들은
주주총회결의에 따르게 되며 회계감사와 업무감사를 위하여 감사를 두고 있다. 우리
나라에서는 대부분의 회사가 이 법형식을 취하고 있어 소규모의 폐쇄적 성격으로 운
영되기도 한다.

　　**유한회사**(GmbH)는 앞의 세 가지의 회사형태와는 다음과 같은 기본적 차이가 있
다. 즉 합명회사, 합자회사, 주식회사는 역사적으로 볼 때 경제사회에서 자생적으로
발전되어온 회사형태이다. 그러나 유한회사는 인위적으로 만들어진 회사형태이다. 이
회사는 합명회사와 주식회사의 성격을 부분적으로 조합시킨 유한책임의 폐쇄회사적
법형식으로서 19세기 말 독일의 법학자들에 의하여 탄생되었다. 즉 회사의 내부관계
는 합명회사의 그것을, 외부관계는 주식회사의 그것을 선택하여 조합시켰다고 보아야
할 것이다. 주식회사와 달리 지분의 증권화가 불가하고 감사도 임의기관이며 업무집
행기관인 이사가 복수여도 회의체가 아니다.

　　**유한책임회사**(Limited Liability Company; LLC)라 함은 2011년 상법개정으로 추가된
법형태로서 그 입법적 모델은 미국 회사법상의 LLC이다. 2011년 상법개정을 주관한
법무부측의 설명에 의하면 새로운 법형태의 도입으로 창의적인 청년창업을 적극 장
려할 수 있다고 한다. 스마트폰 앱 개발 등 모바일 산업, 바이오 · 생명공학 등 친환
경 산업을 비롯한 지식기반 사업은 물적 시설보다는 창의적 아이디어가 중요한 바
기존의 주식회사제도로는 획일적이고 경직된 틀을 벗어나기 힘들다고 한다. 그리하여
쉽게 만들 수 있고 자율적으로 지배구조를 설계할 수 있는 유한책임회사(LLC)나 합자
조합(LP)의 도입으로 제2의 벤처 붐을 조성할 수 있을 것으로 전망한다.[191] 유한책임

회사는 내부적으로는 사원들의 사적자치를 광범위하게 허용하면서도 외부적으로는 사원의 유한책임이 보장되는 법형태로서 지식기반형 소규모 전문기업에 적합한 법형태이다.[192]

## 2. 인적회사와 물적회사

이 구별은 사원 개인과 회사기업과의 관계에 따른 것이다. 인적회사(Personengesellschaft)는 소수의 사원의 결합체로서 구성원인 사원의 개성이 강하게 지배하고, 사원의 지분은 원칙적으로 자유로운 양도가 불가하며 업무집행은 사원 자신에 의하여 이루어지고(자기기관성; Selbstorganschaft), 사원은 대외적으로 책임지며 그들의 인적 신용이 바로 회사의 신용으로 작용한다. 반면 물적회사(Kapitalgesellschaft)에서는 사원의 개성은 대체적으로 무시되고 회사의 물적 기초인 자본에 기초를 두고 이것만이 신용의 대상이 되며, 원칙적으로 제3자가 업무집행을 수행하고(타인기관성; Drittorganschaft) 사원의 지분양도는 자유스럽고 사원의 수도 많다. 사단과 조합의 구별에 따르면 인적회사는 조합적 성격이 강하고 물적회사는 사단적 성격을 띤다.

## 3. 지배회사와 종속회사

이 구별은 결합기업에서 나타나는 회사의 분류이다. 결합기업간의 지배종속관계는 회사간 계약, 자본참여 또는 사실상의 관계에 의하여 나타날 수 있다. 이 때 타회사를 지배하는 회사를 모회사(Muttergesellschaft) 혹은 지배회사, 지배되는 회사를 자회사(Tochtergesellschaft) 또는 종속회사라 부른다. 우리 상법은 제342조의2에서 지배종속관계의 명확을 기하기 위하여 형식적으로 다른 회사의 주식총수의 50%를 초과하는 주식을 가질 때 모자관계를 인정하고 있다.

### ✿ 각국의 기업집단법 관련 현황 및 주요 사례들

오늘날 기업들은 서로 의존관계를 형성하며 기업집단을 형성한다. 이러한 현상은 국내외적으로 매우 보편적인 것이 되었고 우리나라에서는 지난날 주로 순환출자 방식에 의존하였다. 그러나 정부의 영향하에 근래에는 지주회사 체재가 꾸준히 늘고 있다. 기업집단에 관한 각국의 법발전 및 주요 사례들을 이하 정리해 보기로 한다.

---

191) "2011년 개정상법(회사법) 주요내용 및 신·구조문 대비표", 「선진상사법률연구」 제54호 별책부록(2011. 4.), 법무부, 2면 참조.
192) 애니메이션 영화 '슈렉'으로 유명한 '드림웍스' 역시 스티븐 스필버그가 LLC로 시작하여 대형회사로 발전시킨 사례라 한다(전게 「선진상사법률연구」 54호, 별책부록, 2면 참조).

## I. 기업집단관련 각국의 법발전[193]

**미국**에서는 1888년 이전에는 기업집단법(law of corporate group)이란 출현할 수 없었다. 당시 미국 각주의 회사법들은 회사가 다른 회사의 주식을 소유할 수 없게 금지하였기 때문에 모자회사 관계 등 기업결합 자체가 불가하였다. 그러나 1888년 뉴저지주가 최초로 이러한 규제를 풀면서 기업결합의 가능성이 열리게 되었고[194] 미국은 그 후 지주회사와 사업회사로 구성된 다수의 기업집단 보유국이 되었다. 미국에서는 주로 법인격부인론(piercing corporate veil)을 경유하여 각개 회사의 독자적 법인격을 허문 후 기업집단의 실제에 맞는 새로운 틀을 구축한다. 가장 중요한 사례가 다중대표소송 관련 판례법이다. 100년이 넘는 오랜 시간 속에서 다수의 판례가 숙성되었다. 나아가 세법상(稅法上)의 실질과세론(實質課稅論) 내지 사실상의 단일체론(事實上의 單一體論; unitary business doctrine), 형평법상의 열후화(equitable subordination) 내지 소송법상의 증거개시제도(discovery) 등도 기업집단법의 발전에 기여하였다고 한다.[195] 개개 계열사의 독립된 법인격이라는 틀을 부수고 기업집단 전체의 이익도 함께 고려하는 기업집단법의 발전은 날로 가속되었다.

**영국**에서도 지배주주의 충실의무와 관련된 폭넓은 판례법, 사실상의 이사(de facto director) 내지 그림자이사제도(shadow director) 나아가 불공정침해에 대한 구제명령제도(unfair prejudice) 등이 기업집단법의 발전에 기여하였다고 한다.[196] 최근에는 다수의 다중대표소송 관련 판례도 나오고 있다.[197] 영국은 과거 영연방 소속국가들이 많아 송사가 국제적으로 전개되는 예가 많으며 특히 최근에는 케이먼 군도나 브리티쉬 버진아일랜드(BVI) 등 조세피난처에서 발원하는 사례도 늘고 있다.[198]

**독일**에서는 주식법 내에 아예 기업집단법(Konzernrecht)을 성문화함으로써 세계에서 가장 명쾌한 기업집단법을 갖게 되었다. 동법(同法)은 계약적 콘체른[199](Vertragskonzern)과 사실상의 콘체른(faktischer Konzern)의 두 트랙으로 규율하고 있으며 '보상'(Ausgleich)이라는 도구를 매개로 모회사의 자회사에 대한 지배를 허용한다.[200] 독일은 세계에서 가장 자세한 성문규정을 가졌음에도 불구하고 성문규정의 적용범위를 모회사 소수주주에게 확장하는 판례법도 가지고 있다. 독일 연방대법원의 **홀츠뮐러(Holzmüller) 판결**이 그것이다.[201] 모회사에서 자회사로 자산이 양도되어 그 영업비중이 자회사로 옮아간 상황에서

---

193) 이하의 내용 중 상당 부분은 졸고, "삼성물산과 제일모직간 합병의 회고", 「商事判例研究」 第29輯 第3卷 (2016. 9.), 326~329면에서 전재함.

194) New Jersey Act, s. 1.

195) 즉 미국의 파산법이나 사법절차의 발전에서도 기업집단적 요소가 산견(散見)된다고 한다(Blumberg, "The American Law of Corporate Groups", in McCahery/Picciotto/Scott (ed.), *Corporate Control and Accountability*, Clarendon Press, Oxford, 1993, pp. 305 f., 특히 pp. 308 ff.).

196) 송옥렬, "기업집단에서 계열사 소액주주의 보호 — 각국의 입법례를 중심으로 —", [특집-기업집단의 법적 쟁점], 「BFL」 제59호(2013. 5.), 23면, 특히 31면 이하 참조.

197) Abouraya v. Sigmund, [2014] EWHC 277 (Ch); Bhullar v. Bhullar, [2015] EWHC 1943(Ch).

198) Renova Resources Private Equity Ltd. v. Gilbertson [2009] CILR 268 (Cayman); Tonstate Group Ltd. v. Wojakovski [2019] EWHC 857 (Ch)(지주회사가 BVI 회사임).

199) '콘체른'(Konzern; 영어로는 'concern')이라는 말은 라틴어 'concernere'에서 왔다고 하는데 'concernere'는 '별개의 것들을 함께 뒤섞는 것('to mingle separate things together')이라는 뜻이라고 한다(Cahn/Donald, 『Comparative Company Law』, Cambridge Univ. Press, 2010, p. 678 참조).

200) 계약적 콘체른(독일 주식법 제291조 이하); 사실상의 콘체른(독일 주식법 제311조 이하).

자회사에 이익이 발생하여도 이를 배당하지 않고 준비금 적립 등 사내유보를 계속하면 — 자회사의 주주인 — 모회사는 이익배당을 받을 수 없고 이런 현상이 계속되면 결국 모회사 소수주주도 거의 악의적 축출에 가까운 피해를 볼 수밖에 없다. 이렇게 자회사로 대규모 자산양도(Ausgliederung)를 시행하면서 모회사가 자회사에 영향력을 행사하여 사내유보를 강요하면 모회사 소수주주도 피해를 입을 수 있는바 독일 대법원은 이러한 경우 등에 대비하여 자회사와 관련한 일정 안건에 대해서는 모회사 소수주주도 의결권을 행사할 수 있게 허용하였다. 이러한 불문(不文)의 의결권까지 인정하며 기업집단 내에서 구체적 타당성을 실현하기 위하여 노력하고 있다. 나아가 **다중대표소송 관련 판례법**도 기업집단법의 발전에 기여하고 있다. 특히 'ITT'사건[202]이 유명한바 콘체른의 최정상에 군림하고 있는 모회사가 손회사에 경영자문을 해주고 그 대가를 지급받고 있었는바 별다른 용역제공도 없는 상황에서 손회사들은 적지 않은 자문료를 정기적으로 내면서 피해를 보고 있었다. 독일 대법원은 이 경우 자회사의 소수주주에게 손회사의 모회사에 대한 손해배상청구권을 대위하도록 허용하였다. 이로써 콘체른 대위소권제도(actio pro concerno)가 판례법으로 정착되었다.

**일본**의 경우에도 1997년 지주회사의 해금(解禁)에 힘입어[203] 기업집단법의 발전은 날로 가속되었다. 2014년 후쿠오카어시장(福岡魚市場) 주주대표소송에서 일본 최고재판소는 지주회사 이사의 자회사에 대한 감시의무를 승인하게 되었다. 나아가 성문법에도 다수의 기업집단관련 규정을 두게 되었는바 그룹차원의 내부통제시스템구축의무($\frac{일본\ 회사법}{362\ 6호}$), 주요 자회사 주식의 양도에 관한 모회사 주주총회의 승인권($\frac{일본\ 회사법}{1\ 2호의2}$ 467) 나아가 다중대표소송($\frac{일본\ 회사법}{847의3}$)의 창설 등 平成 26年(2014년)의 회사법 개정이 그 대표적인 예이다.

## Ⅱ. 각국의 주요 사례들

### 1. 후쿠오카어시장 주주대표소송(福岡魚市場 株主代表訴訟)

아래 사건은 **지주회사 이사의 자회사 경영에 대한 관리 내지 감독의무**를 다룬 2014년 일본 최고재판소 판결이다.[204]

(가) 사실관계[205]:　A社는 수산물 및 가공품의 수탁·수출입을 영업으로 하는 주식회사이고, B社는 식료품의 구입·판매·알선 등을 영업으로 하는 회사이며 A社의 100% 자회사이다. Y1은 A의 대표이사인 동시에 B社의 비상근이사를 겸임하고 있다. Y2는 A의 전무이사의 지위에 있으면서 B사의 비상근이사를 거쳐 B의 이사회의장을 겸임하고 있었다. Y3는 A의 상무이사의 지위에 있으면서 B사의 비상근 감사직을 겸임하고 있었다. B社는 A社 이외에도 자금이 풍부한 도매상(仕入業者)과의 사이에 일정기간 내에 매각되지 않으

---

201) BGHZ 83, 122.
202) BGHZ 65, 15.
203) 發知敏雄·箱田順哉·大谷隼夫,『持株会社の実務』, 第7版, 2016, 3頁.
204) 日本 最高裁判所 平成 26年(2014) 1月 30日 判決,『判例時報』, 第2213号, 123頁; 福岡高等裁判所 平成24年(2012) 4月 13日,『金融·商事判例』, 第1399号, 24頁; 福岡地方裁判所 平成23年(2011) 1月26日,『金融·商事判例』, 第1367号, 41頁.
205) 이하 사실관계의 내용은 近藤光男, "判例法理 取締役の監視義務", 中央經濟社, 2018年, 事例 [171], 449~450頁을 참조함.

면 기간만료시에 매수의 취지를 약속하는 조건으로 생선을 수입하는 소위 '댐거래'(ダム取引)를 행하였다. B社는 이러한 '댐거래'를 반복하는 소위 '순환회전거래'(이를 소위 "グルグル回し取引[뺑뺑이거래]라 한다)를 계속하였기 때문에 불량재고가 증가하여 다액의 부채를 지게 되었다.

Y1은 Y2로부터 B의 재고에 문제가 있다는 보고를 받고 그 문제를 해결하기 위한 조사위원회를 조직하여 B사에 불량재고의 조사를 지시하였다. 이 위원회는 B의 담당자 등으로부터 청취조사를 행하였지만 구체적인 자료를 통한 서면확인을 하지는 않았고 담당자로부터의 구두청취내용을 그대로 신뢰하였다. Y1은 본건 위원회의 조사방법 등에 대하여 구체적인 지시를 한 바 없으며 실제의 조사방법도 확인하지 않았다. 본건 조사위원회의 조사결과 B사는 최종적으로 특별손실이 14억8,000만엔이라는 재건계획을 수립하게 되었고 이를 A에 제출하였다. Y1 등 A사의 이사는 이사회에서 B사를 재건하기 위한 자금으로 20억엔의 대부를 승인하였다. 그후 A사는 총 약 19억1,000만엔을 B사에 대부하였다. 그후 B사의 특별손실이 약 22억엔에 이른다는 사실이 판명되었기 때문에 A는 B의 재건을 도모하기 위하여 이사회에서 A에 대한 채권 중 15억5천만엔의 환수를 포기하기로 결의하였다.

A와 B와의 사이에 대부와 변제가 되풀이되었지만 결과적으로 대부금의 회수가 불가능해졌기 때문에 A의 주주인 X는 Y1, Y2, Y3를 상대로 A의 B에 대한 융자 등으로 말미암아 A가 손해를 입었다며 18억 8천만엔의 손해배상을 구하는 주주대표소송을 제기하였다.

(나) 판시내용: 불량재고의 누적 및 회전거래의 계속 등 B에서 벌어지는 일들을 구체적으로 보고받고도 적절한 대책을 강구하지 않은 피고들에 대해 법원은 모든 심급에서 충실의무 및 선관주의의무위반을 인정하였다.

(다) 코멘트: 지주회사체제 등 기업집단관계가 존재하여도 원칙적으로 각개 회사는 독립된 법인격을 향유한다. 그러나 모회사는 자회사의 주식을 보유하므로 모회사의 이익을 극대화하기 위하여는 자회사의 사업이 제대로 운영되어야 하며 이를 전제로 모회사의 투자가치도 보존된다. 그리하여 독일이나 일본 등의 국가에서는 일찍이 "출자재산(出資財産)의 기업가적 활용의무(企業家的 活用義務)",[206] 또는 "자산관리의무론(資産管理義務論)"[207] 등이 주장되어 왔다. 특히 일본에서는 지주회사제도가 해금(解禁)된 1997년 이래 관련 논의는 활발히 진행되었고 마침내 2014년 일본 최고재판소는 최고 심급에서 이를 확인하게 되었다. 지주회사제도는 이미 우리나라에서도 매우 일반화하였다. 머지않아 우리 대법원 역시 위와 유사한 판례를 내놓을 것으로 전망된다. 이에 위 사건은 현재 우리나라의 기업집단법을 논함에 있어 초미의 관심을 받게 되었다.

(주)후쿠오카어시장(A)은 (주)후쿠쇼쿠(株式会社フクショク; B)의 주식 100%를 보유하였다. B는 '댐거래'를 반복하는 '순환회전거래'(이를 소위 "グルグル回し取引"라 한다)를 하고 있었는바 B가 재고누적 및 비용증대로 재무상태가 악화하였고 외부전문가가 B의 상황이 긴박하다고 지적하였음에도 B의 비상근이사직을 겸하고 있던 A의 이사진들은 별도의 조치를 취하지 않고 거액의 대출만 제공하는 등 안일하게 대응하다가 채권환수를 포기하

---

206) Hommelhoff, *Die Konzernleitungspflicht*, 1982.

207) 舩津浩司, "グルプ会社管理に關する理論的檢討ーアンケート調査および分析結果をみてー", 『商事法務』, 第2167号, 2018年, 6頁.

는 바람에 A에 거액의 손해를 야기하였고, 이에 A의 주주인 X가 A의 대표이사 Y1, 전무
이사 Y2 및 상무이사 Y3 등을 피고로 주주대표소송을 제기한 사건이다. 법원은 모든 심
급에서 피고 이사진들의 감시의무위반과 이로 인한 손해배상책임을 인정하였다. 특히 외
부전문가가 명시적으로 문제점을 지적한 후에도 아무런 조치를 취하지 않은 것이 원고 승
소의 결정적인 이유로 작용하였다.

다만 본 사건에서는 피고들이 동시에 자회사(B)의 비상근이사 내지 비상근감사를 겸하
고 있어 지주사 이사의 의무를 인정함에 있어 다소의 한계도 느껴진다.[208] 그럼에도 불구
하고 지주사의 수가 급증하는 현금의 흐름에 비추어 볼 때 우리나라에서도 중요한 판례로
인식될 수밖에 없을 것이다.

### 2. Holzmüller 사건[209]

이 사건은 기존의 회사가 물적분할(Ausgliederung)을 하여 새로운 회사를 설립한 후 영
업의 중심을 자회사로 옮겨가 모회사 소수주주들이 피해를 보는 소위 지주회사 소수주주
들의 **'주주권 감축'(株主權 減縮) 현상**을 다룬 독일 연방대법원 판례이다. 독일 주식법은
성문화된 기업결합법을 가지고 있지만 모회사 소수주주의 보호는 여전히 미흡하였다. 즉
독일 연방대법원은 법의 흠결이 존재한다고 보았고 이를 메꾸기 위하여는 모회사 주주에
게 불문(不文)의 권한(權限), 즉 자회사의 중요한 사안에 대해서 모회사 주주들이 일정 요
건하에 승인권을 가지는 예외를 허용하였다.

(가) 사실관계 및 판시내용:   본 사건의 원고는 총자본금이 320만 마르크인 피고 주식
회사에 25만 마르크의 지분을 투자한 주주였다. 피고 회사의 영업목적은 목재터미널의 운
영,[210] 목재 등의 판매중개 및 이와 관련된 신용거래 등이었다. 이 회사의 원시정관에는
그 외에도 목재업을 하는 다른 회사에 대한 자본참여도 포함되어 있었다. 1972년 7월 14
일자의 정관변경결의로 목재업과 관련된 타 회사의 설립, 영업의 전부 또는 일부의 양도
및 현물출자 또는 타 기업의 인수 역시 이 회사의 영업목적에 포함되었다. 해당 정관변경
을 위한 주주총회에서 이 회사 소속의 한 이사는 목재의 환적이나 저장을 위한 항만영업
을 별도의 회사(주식합자회사 형태의)에 물적 분할의 방식으로 이전시킬 것임을 시사하였
고 정관변경후 그대로 추진되었다.

본 사건의 원고는 본 물적분할이 모회사 주주총회의 승인없이 추진된 것이어서 효력이
없고 나아가 이 회사의 정관을 권한없이 변경한 것으로서 무효라고 주장한다. 이에 근
거하여 원고는 주위적 청구로 피고회사는 신설된 주식합자회사의 1인주주로서 물적 분할
시킨 해당 항만영업을 피고회사에 재차 명도(明渡)할 의무가 있음을 주장함과 동시에 예
비적 청구로 신설된 주식합자회사의 유상증자시 모회사 주주총회가 이에 대해 특별결의로
승인할 권한이 있음을 확인해 줄 것을 청구하였다.

사실심에서 원고의 청구는 주위적 청구이건 예비적 청구이건 모두 기각되었으나 독일

---

208) 舩津浩司, "子会社管理に關する取締役の責任", 『会社法判例百選』, 第3版, [53], 110~111頁.
209) BGHZ 83, 122 f.
210) 목재터미널(Umschlagsanlage für Holz)이란 마치 컨테이너 터미널처럼 운용되는 목재보관소이다. 국내외에
서 운반된 목재를 하역하여 이를 보관하며 수요자의 요구에 따라 이를 환적하여 수요자의 영업소에 보내는
일들이 주된 과제이다.

연방 대법원은 원고의 예비적 청구에 한하여 이를 인용하였다.

(나) 본 사건의 의미: 독일은 주식법에 매우 상세한 기업집단법을 가지고 있는 것으로 유명하다. 그럼에도 불구하고 본 사건은 이러한 성문규정 체계가 완전하지 않음을 밝히고 있다. 즉 성문규정상 법의 흠결이 명백하며 따라서 일정 요건하에 이를 보완할 필요가 있음을 인정한 후 판례법으로 바로 실행한 사건이다. 즉 기존 회사의 중요한 영업의 일부를 새로이 신설된 자회사에 이전할 경우 모회사 주주들은 심각한 주주권 감축을 경험할 수 있으므로 모회사 주주총회의 승인이 필요하다는 것이다.

### 3. Abouraya v. Sigmund 사건[211]

이 사건은 홍콩에서 설립된 모회사(Triangle, HK)의 주주가 이 회사가 영국 및 스위스에 설립한 2개 완전자회사(Triangle, UK; Triangle, Swiss)의 이사를 피고로 한 이중대표소송의 제소허가(leave) 신청사건이다. 원고인 Mr. Waleed Abouraya는 영국과 스위스의 완전자회사에서 이사직을 맡고 있던 피고 Ms. Anja Sigmund가 영국법인의 재산을 스위스법인에 이전시키고 영국법인에 귀속될 사업기회를 유용하여 스위스법인이 러시아업체와 광물 관련 계약을 체결하도록 하였다고 주장한다. 이러한 부적절한 재산관리로 영국법인이 직접손해를 입었고 모회사는 간접손해를 입었다며 영국 법원에 이중대표소송을 위한 제소허가(leave)를 신청하였다.

만약 이 사건이 단순대표소송이었다면 영국에서는 더 이상 커먼로상의 대표소송은 불가하므로 제소허가(leave)의 신청 역시 각하되었을 것이다.[212] 단순대표소송에 관한 한 영국법에 따라 설립된 회사의 주주[213]만이 그 회사의 이사를 상대로 영국 회사법 제260조 이하의 규정에 따라 대표소송을 제기할 수밖에 없기 때문이다.[214] 그러나 **영국의 커먼로는 다중대표소송에 대해서는 성문법의 구속에서 벗어나 판례법에 따른 제소를 허용**한다.[215] 즉 common law상의 다중대표소송이 가능하므로 섭외사법이 허용하는 한 해외 모회사의 주주라도 영국 자회사의 이사를 피고로 이중대표소송을 제기할 수 있는 것이다. 본 사건은 이렇게 다중대표소송이 영국의 국내 성문법이 아니라 판례법에 따라 시행될 수 있음을 확인해 주고 있다.

그런데 영국은 커먼로의 모국이므로 앞으로 이러한 현상은 전세계적으로 확산될 가능성이 크다.[216] 본 사건에서는 피고 이사가 영국 자회사(Triangle, UK)에서 스위스 자회사(Triangle, Swiss)로 재산을 이전시켰고 한 회사의 사업기회를 다른 회사로 가져갔기 때문

---

211) [2014] EWHC 277 (Ch).
212) Worthington (Sarah), *Sealy & Worthington's Text, Cases & Materials in Company Law*, 11th ed., Oxford Univ. Press, 2016, p. 672.
213) 영국 회사법 제260조 제1항의 문언에 등장하는 "by a member of a company"에서 "member"에는 모회사의 주주는 이에 포함되지 않는다.
214) 영국 회사법 제260조 제1항 참조.
215) Universal Project Management Services Ltd. v. Fort Gilkicker Ltd. [2013] 2 All ER 546에서 담당 법관인 Briggs 판사가 취한 이래 영국 common law의 확고한 입장이 되었다.
216) 특히 캐나다, 홍콩, 싱가포르, 호주, 뉴질랜드, 인도, 영국령 버진아일랜드(BVI), 케이먼군도 및 과거 영국의 식민지였던 아프리카 제국 등에서는 직·간접적으로 영국의 판례법이 적용될 것이다. 거의 전세계적으로 보면 미국을 제외한 영어권 국가 전부가 이에 해당한다.

에 Triangle 그룹을 전체적으로 보면 영국법인은 손해를 보았지만 스위스법인은 그만큼 이득을 본 것이어서 모회사에는 간접손해가 발생하지 않았고 나아가 피고 이사의 개인적인 이익추구도 없었기 때문에 결국 제소허가(leave) 청구는 기각되었다. 법원은 커먼로상의 이중대표소송에 대해 'fraud on the minority'의 법리를 적용하였고 이 소송의 발단 역시 원고의 영국법인에 대한 출자가 아니라 채권자(creditor)로서의 지위였기 때문에 제소허가가 이루어지지 않은 것으로 풀이된다. 즉 재판부의 판단으로는 원고의 채권자로서의 지위는 주주대표소송제도의 보호대상이 아니라는 것이다.[217]

### 4. ITT 사건[218]

미국의 ITT그룹이 독일에 진출하여 그룹을 확장하게 되었는바 독일 현지법인과 85% : 15%의 비율로 중간지주회사를 설립한 후 다시 두 회사의 출자로 수개의 손회사가 설립되었다. 미국의 기업집단에서는 계열사들이 경영자문료조로 연간 매출의 1%를 그룹의 최상위 지주회사에 매년 지불하는 것이 통상적인 관행이었다. 이러한 관행에 익숙하지 않았던 중간지주회사의 독일 측 투자자들은 이러한 그룹자문료(Konzernumlage)가 불필요한 것으로서 부당이득의 반환청구대상이라고 주장하며 소송을 제기하였다. 즉 송사는 손회사의 모회사에 대한 손해배상청구권 내지 부당이득의 반환청구권을 중간단계 유한회사의 소수주주가 대위하는 다중대표소송으로 발전하였다. 국제적인 콘체른을 형성하는 경우 같은 알파벳 문화권이라도 회사문화(corporate culture)의 이질성[219]은 반드시 극복해야 한다는 중요한 교훈을 남긴 사건이다.

### 5. Rozenblum 사건[220]

**프랑스**에는 '로젠블룸(Rozenblum)'이라는 유명한 판례가 있다.[221] 이로써 프랑스는 기업집단법의 영역에서 만큼은 세계 어느 나라보다도 선진적 판례를 가진 나라가 되었다. 동 판결은 ① 일정 행위가 기업집단 전체의 경제적·사회적·재정적 이익을 위하여 수립된 일관되고 영속적인 기준에 따라 결정되었고, ② 손해를 보는 종속회사에 보상이 이루어짐과 동시에 관계회사간 부담의 불균형이 없고, ③ 해당 손해가 부담을 떠안은 회사의 재정능력의 범위내에 있으면 전체 기업집단의 이익을 위한 일정 행위는 법적으로 승인될 수 있다고 본다.[222] 본 판결은 후속 판결을 통하여 계속 이어지고 있다고 한다.[223]

로젠블룸 판결에 의하면 결국 모회사가 자회사에 희생을 요구할 수 있는데 다음 세 가지가 충족되면 그러한 그룹차원의 조치 역시 정당성을 인정받는 결과로 된다고 한다. **우선** 안정된 기업집단의 존재(stable structure of the group)가 그것이다. 우연히 복수의 기

---

217) Brenda Hannigan, *Company Law*, 5th ed., 20-9, p. 552; Abouraya v. Sigmund [2015] BCC 503, at [60].
218) BGHZ 65, 15 f.
219) 독일과 미국간 회사문화의 이질성은 다이믈러-크라이슬러 합병이 성공하지 못한 핵심 원인이기도 하였다.
220) 이하의 내용은 졸고, "삼성물산과 제일모직간 합병의 회고", 「商事判例硏究」 제29집 제3권(2016), 328~329면에서 전재함.
221) Cass. Crim. 4 févr. 1985, Rev. soc. 1985=Cour de Cassation (1985) Revue des Sociétés 648).
222) Cass. Crim. 4 févr. 1985, Rev. soc. 1985=Cour de Cassation (1985) Revue des Sociétés 648).
223) 이 사건의 영향을 받았다고 평가되는 국내 판례로는 대판 2017. 11. 9, 2015도12633 [SPP조선사건] (기업집단내부의 계열사지원과 배임죄의 성부).

업이 병존하게 된 것이 아니라—예컨대 특수목적법인(SPC) 등을 만들면서 복수의 회사가 일시적으로 병존할 수 있다—공동의 영업목적이나 목표의식을 가진 복수의 회사가 평소부터 안정된 조직을 구축하고 있어야 한다. **나아가** 모회사의 조치는 일관된 그룹정책의 실행(implementing a coherent group policy)으로 나타난 것이어야 한다. 모회사의 조치는 우연하게 일회적으로 긴급히 내려진 것이 아니라 평소부터 인지가능한 일관된 그룹정책을 실천에 옮기는 그런 류(類)의 것이어야 한다. **끝으로** 그룹내에서 이익 및 비용의 균형있는 분배(equitable intra-group distribution of cost and revenues)가 나타나야 한다. 모회사의 조치로 특정 자회사가 파산한다든지 하는 그런 극단적인 결과로 이어져서는 아니되며 그룹차원의 조치에도 불구하고 각 계열사에 비용과 희생이 골고루 분산되어야 한다.[224]

### 6. (주)신세계 주주대표소송[225]

이 사건은 **자회사의 유상증자시 모회사 이사의 충실의무**를 다루고 있다. (주)신세계(이하 "S"로 약함)의 정용진 이사(이하 "甲"으로 약함)는 IMF 당시 S의 완전자회사인 (주)광주신세계(이하 "K"로 약함)의 500% 유상증자에 참여하여 유상증자물량을 모두 인수하는 바람에 그 최대주주가 되었다. S의 주주들은 甲이 S에 대한 충실의무를 위반하여 손해를 야기하였다고 주장하며 주주대표소송을 제기하였다. 법원은 경업대상회사 K의 대주주가 되는 것도 상법 제397조상 겸직금지의무를 위반하는 결과로 이어질 수 있다고 보면서도 K가 사실상 S의 지점 내지 영업의 일부이고 두 회사가 공동의 이익을 추구하는 관계에 있다면 예외가 성립할 수 있다고 보았다. 즉 S와 K는 이 예외에 해당한다고 본 것이다. 나아가 K에서의 유상증자는 S에 대한 회사기회를 구성하지만 S의 이사회가 합리적인 경영판단으로 이를 승인할 경우 당해 이사(甲)는 그 사업기회를 개인적으로 이용할 수 있다고 판시하였다.

### 7. SPP조선사건[226]

본 사건은 **한국판 로젠블룸**으로 불리어지며 **기업집단의 계열사지원행위를 둘러싼 법적 문제점들**을 다루고 있다.

"동일한 기업집단에 속한 계열회사 사이의 지원행위가 합리적인 경영판단의 재량 범위 내에서 행하여진 것인지를 판단하기 위해서는 앞서 본 여러 사정들과 아울러, 지원을 주고받는 계열회사들이 자본과 영업 등 실체적인 측면에서 결합되어 공동이익과 시너지 효과를 추구하는 관계에 있는지, 이러한 계열회사들 사이의 지원행위가 지원하는 계열회사를 포함하여 기업집단에 속한 계열회사들의 공동이익을 도모하기 위한 것으로서 특정인 또는 특정회사만의 이익을 위한 것은 아닌지, 지원 계열회사의 선정 및 지원 규모 등이 당해 계열회사의 의사나 지원 능력 등을 충분히 고려하여 객관적이고 합리적으로 결정된 것인지, 구체적인 지원행위가 정상적이고 합법적인 방법으로 시행된 것인지, 지원을 하는

---

224) Reinier Kraakman et al., *The Anatomy of Corporate Law*, 3rd ed., 2017, Oxford Univ. Press, 6.2.5.3., p. 164.

225) 대판 2013. 9. 12, 2011다57869.

226) 대판 2017. 11. 9, 2015도12633; 본 사건에 대한 **평석**으로는, 이완형, "배임죄에서 계열사 지원행위와 경영판단의 한계―대법원 2017. 11. 9. 선고 2015도12633 판결―", 「BFL」 제91호(2018. 9.), 86~105면; 김수련·이미지, "지주회사의 자회사 지원에 관한 법적 문제―공정거래법과 형법의 관점―", 「BFL」 제91호(2018. 9.), 37~48면.

계열회사에 지원행위로 인한 부담이나 위험에 상응하는 적절한 보상을 객관적으로 기대할 수 있는 상황이었는지 등까지 충분히 고려하여야 한다. 위와 같은 사정들을 종합하여 볼 때 문제 된 계열회사 사이의 지원행위가 합리적인 경영판단의 재량 범위 내에서 행하여진 것이라고 인정된다면 이러한 행위는 본인에게 손해를 가한다는 인식하의 의도적 행위라고 인정하기 어렵다."

## 4. 공개회사와 폐쇄회사

회사의 조직 및 운영이 대외적으로 얼마나 열려있느냐에 따른 구별이다. 폐쇄회사 (closely held corporation)란 사원의 수가 적고 지분양도에 일정한 제한이 가해지고 주식의 공모도 이루어지지 않는 회사이다. 공개회사(publicly held corporation)란 그 정반대의 속성을 갖는 회사를 말한다. 우리나라에서는 주식회사가 전회사 중 90% 이상을 차지하지만 그중에는 공개회사도 있고 폐쇄회사도 있다. 상법전의 규정은 대부분 공개회사를 대상으로 하고 있다.

> 😊 **영국 및 일본의 회사법**[227]
>
> 2006년의 **일본 회사법**은 소규모 폐쇄회사를 주식회사의 기본형으로 하면서 공개회사와 대회사에 대해서는 특례규정을 두는 방식을 취하였다.[228] 즉 주식회사에 관한 한 종래의 유한회사에 상당하는 주식회사를 규제의 기본형으로 하고 있는 점이 큰 특색이다.[229] 그 결과 주식회사와 유한회사의 룰이 새로이 제정된 회사법의 틀속에서 일체화되었다.[230] 위에서 본 미국식과는 정반대라 할 만하다. 이러한 입법방식은 우리 상법뿐만 아니라 구미 제국의 입법방식과도 완전히 다른 것으로서 그 이유는 단순한 조직형태인 소규모 폐쇄회사를 기본으로 한 후 대규모 공개회사에 대해 특례규정을 두면 조문수를 절약할 수 있고, 준용조문을 최소화할 수 있으며 나아가 소규모 폐쇄회사가 수적으로는 절대 다수인 점을 감안할 때 이를 기본으로 하는 것이 널리 수규자들의 공감을 얻기 쉬웠다고 한다.[231]
>
> 흥미로운 것은 2006년부터 시행에 들어간 개정 **영국 회사법** 역시 일본과 마찬가지로 폐쇄회사(private company) 중심의 입법이며 공개회사(public company) 또는 상장사에 대해서는 별도의 특칙을 두고 있는 점이다. 같은 영어권이라도 미국과는 다르다.[232] 영국에서도 공개회사와 폐쇄회사 중 후자가 압도적으로 많다.[233] 폐쇄회사가 전체 회사 중

---

227) 아래 내용은 졸고, "회사법의 과제들－2019년 (사)한국상사법학회 하계대회 기조발제문－", 「商事法研究」 제38권 제3호, 1~44면, 특히 5~7면에서 전재함.

228) 송종준, "상법과 회사법의 분리입법에 관한 소고", 「상사법연구」 제34권 제2호(2015), 111면.

229) 權鍾浩, "日本 新會社法의 特徵과 示唆點", (특집: 최근 우리나라와 주요국의 회사법 개정 동향과 논점), 「上場協研究」 제54호 (2006. 10.), 51면 이하, 특히 58면.

230) 伊藤靖史・大杉謙一・田中　亘・松井 秀征, 『会社法』 第5版 (LEGAL QUEST), 有斐閣, 2021, 15頁.

231) 권종호, "일본 상사법의 개별입법화 동향", 「企業法研究」 第23卷 第4號 (通卷 第39號), (2009. 12.), 169~192면, 특히 177면 참조.

232) 심 영, "영국 상사법의 개별입법화 동향", 「企業法研究」 第23卷 第4號 (通卷 第39號), (2009. 12.), 9~39면, 특히 27면 참조.

99.8%를 차지한다고 하며,[234] 주주의 숫자면에서도 전체 주식회사(company) 중 90% 이
상은 4인 이하라 한다.[235] 과거에는 공개회사의 틀속에서 폐쇄회사를 예외로 다루었지만
이제는 원칙과 예외가 뒤바뀐 것이다.[236] 입법경제적인 측면에서도 영국 회사법의 이러한
자세에 공감이 간다.[237] 향후 우리나라가 회사법을 단행 법률로 제정할 경우 영국 회사법
의 이러한 입법자세 역시 깊이 참고하여야 할 것이다.

## 5. 기타의 분류

이러한 분류 외에도 주식이 증권거래소에 상장되는지 여부에 따라 상장회사 · 비
상장회사의 구별을 할 수 있고, 회사의 자본이 내국자본이냐 외국자본이냐에 따라 내
자회사 · 외자회사 · 합작회사로 구별된다. 또한 설립준거법이 내국법이냐 외국법이냐
에 따라 내국회사 · 외국회사의 구별이 가능하다.

### ⊗ 상장요건(上場要件)

유가증권시장(KOSPI) 상장규정을 보면 상장심사를 위한 형식적 요건으로 영업활동기간
요건, 기업규모요건, 주식분산요건, 경영성과요건, 주식양도제한금지요건, 지배구조요건 등
이 있다. 구체적으로 보면 영업활동은 3년 이상, 기업규모는 300억원 이상의 자기자본, 주
식분산은 상장예비심사신청일 현재 보통주식총수의 25% 이상을 최소 700명 이상의 주주
가 보유할 것,[238] 경영성과요건으로 최근 사업연도기준 1,000억원 이상의 매출액 기타 주
식양도에 제한이 없어야 하며, 사외이사나 감사위원회 관련 규정을 준수할 것 등이 요건
으로 되어 있다.[239]

## Ⅲ. 회사의 능력

### 1. 회사의 권리능력

회사는 법인으로서 원칙적으로 자연인과 마찬가지로 일반적 權利能力을 갖는다.

---

233) Dignam/Lowry, *Company Law*, 7th ed., Oxford Univ. Press, 2012, 1-15, p. 8.
234) 2016년 4월말 현재의 통계이다(Mayson, French & Ryan on Company Law, 33rd ed., [2016-2017], Oxford
Univ. Press, 2016, 2.3.3.2, p. 59).
235) Davies/Worthington, *Principles of Modern Company Law*, 9th ed., Sweet & Maxwell, 2012, 1-22, p. 20.
이 문헌에 의하면 영국에서는 주주의 숫자가 하나 혹은 둘에 불과한 주식회사가 전체 주식회사 중 70%라 한다.
236) Mayson, French & Ryan on Company Law, 30th ed., [2013-2014], Oxford Univ. Press, 2013, p. 16.
237) 영국에서는 이를 "Think Small First Approach"라 부르고 있다(이형규 · 권재열 · 권종호 · 심영, "회사법제정
을 위한 법정책적 연구", 법무부 연구용역보고서, 2014년 10월, (사)한국상사법학회, 120면).
238) 코스닥시장 상장규정을 보면 최소 500명 이상의 주주가 있어야 한다 [코스닥시장 상장규정 제16조 제1항 제3
호 (가)목 참조].
239) 유가증권시장 상장규정(2018. 1. 31. 최종개정) 제29조 제1항 참조.

그러나 법인의 속성으로부터 다음과 같은 제한이 가해진다.

### (1) 성질에 의한 제한

회사는 자연인이 아니므로 그 성질상 자연인임을 전제로 하는 권리의무의 주체가 될 수 없다. 예컨대 생명 또는 신체에 대한 권리, 친권, 부양의무 등 신분법상의 권리의무는 이를 향유할 수 없다. 그러나 그 밖의 권리는 회사도 자연인과 같이 향유한다. 재산권은 물론이요, 명예나 신용에 관한 인격권(Persönlichkeitsrecht),[240] 회사의 명칭에 관한 상호권(Firmenrecht) 등은 자연인과 마찬가지로 향유한다. 나아가 회사는 육체적 노동제공을 전제로 하는 지배인 기타의 상업사용인 또는 업무집행사원 등은 될 수 없다.

### (2) 법률에 의한 제한

상법은 회사가 다른 회사의 무한책임사원이 되는 것을 금지하고 있다($\frac{4}{173}$). 물론 회사가 다른 회사의 유한책임사원이나 주주가 되는 것은 상관없다. 나아가 상법 제245조는 청산의 목적범위 내로 청산중인 회사의 권리능력을 제한하고 있다.

### (3) 목적에 의한 제한

회사의 권리능력에서 가장 문제시되는 부분이다. 나아가 영국회사법에서는 오랜 기간 동안 다수의 판례가 누적된 분야이기도 하다. 회사는 법인으로서 특정한 목적을 추구하는 단체이므로 일정한 목적의 범위 내에서만 권리능력이 있다고 볼 것이냐에 대하여 제한긍정설과 제한부정설의 대립이 있다.

### (가) 제한긍정설

1) 내  용:   회사도 법인이므로 법인 일반에 관하여 권리능력의 목적에 의한 제한을 규정한 민법 제34조의 규정은 영리법인인 회사에 대해서도 적용된다고 한다. 그리하여 회사는 정관소정의 목적범위 내에서 권리의무의 주체가 되고 회사의 목적범위 외의 사항은 설혹 그것이 회사명의로 행하여진 것이라 할지라도 회사에 대해서 무효라 한다.

2) 논  거:   제한긍정설은 다음과 같은 주장으로 상기 주장을 뒷받침하고 있다. 우선 회사는 목적단체이므로 그 존재목적의 범위 내에서만 존재하고 따라서 목적에 의한 권리능력의 제한은 법인의 본질상 당연하다고 한다. 둘째 비영리법인에 관한 민

---

240) 대판 2022. 10. 14, 2021다250735; 헌법재판소 2012. 8. 23. 선고 2009헌가27 전원재판부 결정 참조.

법 제34조는 회사에도 적용 또는 유추적용된다고 한다. 셋째 정관에서 회사재산이 사용될 수 있는 목적이 한정되어 있으므로 이를 회사의 목적 외에 사용하면 주주는 당초에 예기하지 않았던 행위에 대해서까지 위험을 부담하게 되어 주주의 이익을 해한다고 한다. 넷째 회사의 목적은 정관의 필요적 기재사항이고 또 등기사항이므로 영업목적에 의한 제한을 부정하면 상업등기제도의 운영에 차질을 가져온다고 한다. 끝으로 회사의 권리능력을 영업목적에 의해서 제한하지 않으면 회사는 비영리사업도 할 수 있게 되는데, 이는 민법의 비영리법인설립에 관한 허가주의($\frac{민법}{32조}$)의 제도적 기능을 상실시킬 우려가 있다고 한다.

**3) 판 례:** 우리 대법원은 제한긍정설을 취하고 있다. 그러나 '영업목적의 범위'에 대해서는 "목적사업의 수행에 필요하거나 유익한 행위"[241]뿐만 아니라 "목적에 반하지 않는 일체의 행위"[242] 등으로 탄력성있게 보고 있어 실질적으로는 제한부정설에 크게 접근하고 있다.

> **대판 2001. 9. 21, 2000그98**
>
> "법인의 권리능력은 법인의 설립근거가 된 법률과 정관상의 목적에 의하여 제한되나 그 목적 범위 내의 행위라 함은 법률이나 정관에 명시된 목적 자체에 국한되는 것이 아니라 그 목적을 수행하는 데 있어 직접, 간접으로 필요한 행위는 모두 포함된다."

(나) 제한부정설

**1) 내 용:** 이 입장에 따르면 회사의 권리능력은 정관 소정의 목적에 의하여 제한되지 않는다.

**2) 논 거:** 우선 제한부정설은 법인의 권리능력이 목적에 의한 제한을 받는 것은 법인의 본질상 당연히 요구되는 것은 아니라고 보면서 제한긍정설의 입장을 비판한다. 독일이나 스위스 등 대륙법계 국가에서는 법인에게도 일반적인 권리능력을 부여하고 있음에 비추어 명백하다고 한다. 둘째 회사에 대하여 민법의 규정을 준용할 때에는 상법전이 이를 명시하는데 현행 상법상 그런 명시규정이 없다고 한다. 셋째 출자자인 주주의 이익을 회사에 의한 거래의 안전을 희생시켜가면서까지 보호할 당위성은 없다고 한다. 오히려 회사가 목적범위 외의 행위를 하고 뒤에 이르러 불리하게 판단되면 이를 목적범위 외라고 주장하여 무효를 주장하는 것은 부당하다고 한다.

---

241) 대판 2001. 9. 21, 2000그98.
242) 대판 1955. 3. 10, 4287민상128.

끝으로 회사의 목적이 등기되어 있다 해도 일정 거래가 목적범위에 속하는지 아닌지를 제3자가 판단하는 것은 곤란하며, 상업등기제도는 등기부의 열람을 전제하지 않고 상법 제37조의 효력을 인정하므로 목적범위 내인지 외인지의 판단을 제3자의 위험부담사항으로 할 수 없다고 한다.

(다) 비판 및 결론:　　회사의 권리능력을 정관 소정의 영업목적 내로 제한시킬 것인지의 문제는 법인제도에 대한 기본문제로서 법인실재설(Theorie der realen Verbandsperson)과 법인의제설(Fiktionstheorie)로 거슬러 올라간다. 독일이나 스위스 등의 대륙법계 국가에서는 법인실재설이 지배한 관계로 처음부터 설립목적의 범위에 따른 권리능력의 제한은 이를 인정하지 않았다.[243] 독일 주식법도 외부관계에서는 회사의 목적에 따른 권리능력의 제한을 인정하지 않는다($\binom{독일\ 주식법}{82\ I\ 참조}$). 물론 회사 내적으로 업무집행기관이 정관 소정목적에 따른 권한제한을 받는 것은 사실이다($\binom{독일\ 주식법}{82\ II\ 참조}$). 이러한 사실은 프랑스의 물적회사에서도 그러하다.

제한긍정설의 모국은 영국이다. 능력외이론(ultra-vires doctrine)은 법인의제적 사고에서 출발한 것으로서 법인은 일정 목적을 위하여 설립되었고 권리주체성은 의제되는 것이므로 그 존립목적의 범위 내로 권리능력을 제한시켜야 한다는 것이었다. 그리하여 영국의 회사법에서는 상당수의 판례가 이 능력외이론을 다루어왔다. 그러나 오늘날 영국에서도 이 이론은 강도가 누그러져 오다가 현재 영국의 회사법전(Companies Act, 2006)은 이를 사실상 폐기하였다.[244] 미국에서도 초기에는 영국의 이론이 승계되었으나 오늘날은 거의 폐기된 상태이다.

영리법인인 회사에 대해서 그 권리능력을 정관 소정의 목적범위 내로 제한시킬 것이냐의 문제는 결국 회사와 거래하는 제3자의 이익과 사원의 이익을 비교형량하는 과정에서 실마리를 찾아야 한다. 민법 제34조의 규정이 있다고 하여 회사에 대해서도 이를 그대로 적용 내지 준용하는 것이 강제될 필요는 없다. 회사와 민법상의 비영리법인은 그 활동의 강도나 범위가 비교될 수 없기 때문이다. 오늘날의 기업현실에서 회사와 거래하는 제3자가 매거래시마다 회사등기부를 열람하여 회사의 정관상의 영업목적을 확인하고 거래에 임한다는 것은 상상키 힘들다. 또한 상업등기의 공시력이 등기부의 열람을 전제로 하는 것도 아니다. 목적범위 외의 대표기관의 행위에 대해서는 회사 내부의 책임추궁 등 사내적 해결에 의존할 수밖에 없다. 그렇게 하는 것이 거래안전의 관점에서 훨씬 타당하다. 대법원 판례에서처럼 "목적사업의 수행에 필요

---

243) Hüffer-Koch, AktG, 13. Aufl., 2018, §1 Rdnr. 4, §82 Rdnr. 1.

244) Companies Act, 2006, "Section 39 (1) The validity of an act done by a company shall not be called into question on the ground of lack of capacity by reason of anything in the company's constitution."

하거나 유익한 행위" 또는 "목적에 반하지 않는 일체의 행위" 등으로 정관상의 영업목적을 확장하거나 영업목적의 내용을 사실상 사문화시키는 해석도 법적 안정성의 관점에서 바람직스럽지 않게 느껴진다. 필요성이나 유익성의 판단기준이 객관성을 상실할 우려가 있기 때문이다. 비교법적인 관점에서나 거래안전의 시각에서나 제한부정설이 타당하다.

(라) 정관소정 목적의 기능:　이렇게 정관이 정한 회사의 영업목적 내로 회사의 권리능력이 제한되지 않는다 하여도 전적으로 그 의미가 상실되는 것은 아니다. 즉 정관 소정의 목적은 회사 내부에서 이사 기타 회사기관의 직무수행의 권한을 제한하는 의미를 갖는다(내부적 책임설).

우선 이사가 정관 소정의 목적범위 외의 행위를 하여 회복할 수 없는 손해의 염려가 있으면 소수주주 또는 감사의 유지청구권이 발생될 가능성이 있다($\frac{\text{상}}{402}$). 나아가 회사가 정관소정의 목적범위 외의 행위로 손해를 입으면 그 이사는 회사에 대해서 손해배상책임을 지게 된다($\frac{\text{상}}{399}$). 또한 이사는 경우에 따라서는 해임청구의 대상이 될 수도 있다($\frac{\text{상}}{385}$). 끝으로 상대방이 목적범위 외임을 알았을 때에는 회사는 권리남용금지의 법리나 신의성실의 원칙에 호소하여 상대방에게 대항할 수 있을 것이다.

## 2. 회사의 행위능력

법인인 회사는 그 기관에 의하여 대표되어진다. 회사의 조직을 이루는 기관이 하는 행위가 법률상 당연히 회사의 행위로 되는 관계를 대표관계라 한다. 인적회사에 있어서는 자기기관이, 물적회사에 있어서는 제3자기관이 원칙이다. 법인의 대표에 대해서는 민법 제59조 제2항에 의하여 대리에 관한 규정이 준용되므로 회사기관의 행위에 대해서는 민법이나 상법상의 대리에 관한 규정이 준용된다.

## 3. 회사의 불법행위능력

회사기관의 행위는 회사의 행위가 되므로 기관의 불법행위는 회사의 불법행위가 된다. 따라서 회사도 不法行爲能力이 있다. 그리하여 우리 상법은 제210조에서 "회사를 대표하는 사원이 그 업무집행으로 인하여 타인에게 손해를 가한 때에는 회사는 그 사원과 연대하여 배상할 책임이 있다"고 하고 있다. 이 규정은 합명회사에 관한 것이나 여타의 회사형태에도 준용되고 있다($\frac{\text{상 269,}}{389, 567}$).

나아가 회사의 대표기관 이외의 다른 임원이나 사용인이 그 직무집행에 관하여 제3자에게 불법행위에 의한 손해를 가한 때에는 회사가 사용자책임을 진다($\frac{\text{민}}{756}$).

**대판 1987. 11. 10, 87다카473**

"상호신용금고의 대표이사가 계정상의 법정차입한도액초과를 회피하기 위하여 예탁자가 예탁한 금원을 예탁자의 승낙없이 임의 해약 처리하고 이를 예탁자에게 알리지도 아니한 채 예탁자를 설득하여 그로 하여금 예탁금을 모두 해약하게 하고서는 실제로는 예탁금을 반환하지 아니하고 위 신용금고의 장부상으로만 예탁자에게 지급한 것으로 정리한 다음 이를 부외자금형식으로 위 신용금고에 대여하게 함으로써 위 금원차입행위가 상호신용금고법 제17조 제1항, 제2항 규정에 위배되어 위 신용금고의 채무부담행위로서 무효가 되어 예탁자에게 위 금원을 반환받지 못하게 한 손해를 입게 하였다면 대표이사의 위 일련의 행위는 신용금고대표이사로서의 직무집행행위와 밀접한 관련을 가지고 있고, 외관상 객관적으로 보아 위 신용금고 대표이사의 직무집행행위로 보여진다 할 것이므로 위 신용금고는 대표이사의 위 불법행위로 인하여 예탁자가 입은 손해를 배상할 책임이 있다."

# 제 3 절   회 사 법

## Ⅰ. 회사법의 의의

다른 여타의 법역에서와 마찬가지로 회사법에서도 형식적 의미의 회사법과 실질적 의미의 회사법의 구별을 할 수 있을 것이다.

**형식적 의미의 회사법**이란 상법전 제3편을 지칭한다. 즉 상법 제169조에서부터 제637조까지의 규정을 일컫는다. 성문법규의 규정형식에 착안한 개념이다.

반면 **실질적 의미의 회사법**이란 회사기업에 관한 법으로서 회사의 설립, 조직, 운영 및 소멸에 관한 모든 법규를 뜻한다. 이 개념 속에는 비단 *私法的* 규정뿐만 아니라 *公法的* 규정도 포함될 수 있다. *私法* 규정의 실현에 쓰이는 세법, 소송법, 비송사건절차법 또는 여타의 행정법규들이 이에 해당한다. 그러나 *私法*의 범주에 속한다 해도 회사가 아닌 여타의 이익결사들에 관한 법규는 실질적 의미의 회사법에 포함될 수 없다. 상호보험회사나 익명조합에 관한 규정 등이 그러하다. 따라서 많은 이익결사 중 오로지 상법 제3편에 나타난 다섯 가지 조직형태에 관한 모든 법규를 실질적 의미의 회사법이라 할 수 있겠다.

## Ⅱ. 회사법의 법원

다른 여타의 법역에서와 마찬가지로 역시 회사법에서도 다음과 같은 여러 가지 형태의 법의 존재형식을 발견할 수 있게 된다.

### 1. 성 문 법

회사법의 *法源*으로서 으뜸가는 것은 당연히 상법 제3편 회사에 관한 규정들이다. 1963년 시행된 현행 상법전은 의용상법과 달리 영미의 이사회제도 및 수권자본제 등의 도입으로 면모를 일신하였다. 동법은 수차의 개정으로 오늘에 이르고 있다. 상법전 이외에도 회사법에 관한 많은 성문법원이 특별법령의 형태로 존재한다. 대표적인 예는 자본시장법이다.

### 2. 관 습 법

본래 상법은 중세 상인의 상관습법인 상인법(Lex Mercatoria)에서 출발하였다. 그러나 회사법의 영역에서 관습법은 큰 힘을 갖지 못한다. 회사법의 성문법원이 강행법적 성격을 갖는 경우가 많아 일반 거래법에서처럼 관습법의 존재를 폭넓게 허용하지 않기 때문이다. 우리나라에서는 주금납입영수증 또는 주식청약증거금납입영수증에 의한 주식양도 등이 관습법의 예로 파악되고 있다.

### 3. 판 례 법

회사법의 법원으로서 매우 중요한 것은 판례법이다. 우리나라가 성문법계 국가인 것은 틀림없다. 상법 제1조 역시 "상사에 관하여 본법에 규정이 없으면 상관습법에 의하고 상관습이 없으면 민법의 규정에 의한다"고 규정하고 있다. 그러나 오늘날 회사법의 영역에서 성문 회사법규들이 아무리 발달하여도 판례법 없이 회사법을 설명할 수 없게 되었다. 특히 자본시장이 국제화한 오늘날에 있어서는 외국의 판례법도 무시못할 정도로 큰 영향력을 행사하고 있다. 가장 주요한 예는 미국 델라웨어주의 회사관련 판례법이다. 同州 Chancery Court와 Supreme Court가 내놓는 판례들은 사실상 미국 전역을 지배하며 나아가 우리나라나 일본에도 다대한 영향력을 행사하고 있다. 국내의 판례법 형성 면에서도 이들은 큰 의미를 갖는다. 주요 예를 들어보면 경영판단의 원칙에 관한 대법원판례,[1] 법인격부인론에 관한 대법원판례, 이사의 감시의무에 관한 대법원판례,[2] 나아가 대법원판례는 아니라 할지라도 적대적 인수합병관련 하급심판례가 그것이다.[3] 이들은 모두 살아 있는 회사법의 일부로서 때로는 성문법규들을 발전시키고,[4] 성문법규에 족적을 남기지 않더라도 홀로 독자적 규범력을 발휘한다.[5] 특히 회사지배구조의 국제적 통합이라는 거대한 물결을 바탕으로 판례법의 비중은 더욱 비대해질 것으로 전망된다.

## 4. 자치법규

국내 통설은 회사의 정관을 자치법규로서 회사법의 한 법원으로 다루고 있다. 즉 정관은 그 작성당사자뿐만 아니라 장래 사원의 지위를 취득하는 자에 대해서도 고루 구속력을 가지므로 단순한 계약이 아니라 自治法規로 파악하여야 한다고 주장되고 있다. 그러나 각종 회사의 정관이란 법률행위의 한 형태인 조직계약(Organisationsvertrag)으로 파악되어야 할 것이다. 법률행위 중에서도 단체법적 법률행위 즉 단체행위[6]의 일종이다. 또 장차 사원의 지위를 취득하는 주식인수인이나 신주인수인 등도 정관내용에 대한 동의와 주식이 배정되면 이에 구속된다는 의사를 주식청약서라는 서면의 형태로 표시하기 때문에 정관이 그들을 구속하는 법적 근거는 정관의 자치법규성보다는 주식청약과 배정에서 나타나는 법률행위의 효과로 보아야 할 것이다. 주식청약서에는 정관이라는 조직계약의 주요 내용이 서면화되어 있기 때문이다($^{상\ 302\ Ⅱ\ 및}_{402\ 참조}$).

정관의 자치법규성 문제는 보험약관의 법적 성질에서와 유사한 면을 보인다. 大數의 法則이 적용될 수 있을 정도의 다수의 보험가입자를 전제로 하는 보험제도에서 보통거래약관은 외견상 규범적 지위를 갖는 것이 사실이다. 그러나 그 법적 성질은 보험가입자의 동의를 구속력의 전제로 하므로 의사표시설에 따라 파악하는 것이 옳다. 대법원도 그렇게 보고 있다($^{대판\ 1989.\ 3.\ 28,}_{88다4645}$). 회사의 정관도 마찬가지다. 특히 사단적 성격이 강한 주식회사의 경우 자유스러운 주식양도의 가능성으로 사단의 구성원이 빈번히 교체되어도 회사는 이러한 구성원의 동적 변모에 영향받지 않고 주주는 이익

---

1) 대판 2005. 10. 28, 2003다69638 [(주)삼성전자 주주대표소송] 등.
2) 대판 2008. 9. 11, 2006다68636 [(주)대우분식회계사건] 등.
3) 수원지법 여주지원 2003. 12. 12, 2003카합369 결정 [현대엘리베이터사건].
4) 예컨대 상법 제398조상의 완전한 공정성 기준("그 거래의 내용과 절차는 공정하여야 …") 등이 그러하다.
5) 내부통제시스템구축의무에 관한 델라웨어판례(케어막 사건)가 좋은 예이다.
6) 단체행위는 단체법에서 나타나는 특수한 법률행위를 지칭한다. 이 용어를 사용하는 국내학자는 그리 많지 않다 (사용례로는 채이식, 상법강의(상), 1996, 403면 참조). 이 단체행위의 대표적인 예가 설립행위(Gründungsakt)와 결의(Beschluß)이다. 회사간의 합병도 설립행위에 포함시킬 수 있다. 신설합병이든 흡수합병이든 복수의 법인에 의한 새로운 법인의 창설을 합병당사회사가 법률효과로서 의욕하기 때문이다. 단체행위도 일반 법률행위와 마찬가지로 본질적 구성부분으로 의사표시의 존재를 요구한다. 단지 채권행위나 물권행위 등의 일반 법률행위와 달리 의사표시의 결합방법이나 결합과정에서 특수한 성격이 나타날 수 있다.

배당이나 주가상승 등을 기대하는 단순한 투자자로 등장할 때 그 회사의 정관은 독립적 규범성을 갖는다고 생각되기 쉽다. 그러나 정관이 주주들을 구속하는 이유는 어디까지나 주주들이 이에 동의하였기 때문이다. 따라서 회사의 정관을 회사법의 한 법원으로 파악하는 것은 무리라고 본다.

### 5. 법원적용의 순서

회사법에서도 私的自治(Privatautonomie)의 기본원칙이 지배하므로 강행법규에 반하지 않는 정관내용이 우선적으로 적용될 것이며, 나아가 회사관계특별법과 상법전이 적용될 것이다. 관습법은 성문법에 우선할 수 없으나($^{민}_{1}$) 상사에 관하여는 민법보다 우선하므로 그 다음 순위로 상관습법 그리고 민법의 순으로 적용될 것이다.

## Ⅲ. 회사법의 특성

### 1. 단체법적 성격

회사법규의 상당부분은 회사라는 단체의 조직과 관련되고 있다. 물론 회사와 그 거래상대방간의 평면적 거래에 관한 규정(예컨대 상법 제395조의 표현대표이사) 등도 존재하지만 회사법의 가장 커다란 특성은 단체 자신과 그 구성원 및 기관 등을 포괄하는 조직적 요소에서 찾아야 한다. 회사법의 이러한 단체적 성격은 설립행위나 기관결의 등 이른바 단체행위의 법적 취급에서 뚜렷이 부각된다. 일반 법률행위에서와는 달리 단체행위에서는 **법률관계의 획일적 처리와 기존상태존중주의가 지배**한다. 회사설립의 무효나 취소의 소 또는 주주총회결의의 하자를 다투는 소에서 원고가 승소하면 그 기판력은 제3자에게도 미치며($^{상 190 \text{ 본문}, 376 \text{ Ⅱ}, }_{380, 381 \text{ 등 참조}}$),[7] 회사설립의 하자는 소급하지 못하고 ($^{상 190}_{단서}$), 주식인수의 무효 또는 취소사유는 설립등기와 더불어 그 하자가 치유되고($^{상}_{320}$), 주식인수의 의사표시에서는 상대방이 아는 비진의표시도 유효하며($^{상 302}_{}$), 신주발행의 무효는 장래에 대해서만 효력을 갖는다($^{상}_{431}$). 이러한 것들은 모두 단체법에 특유한 법률관계의 획일적 처리[8]와 기존상태존중주의(gesellschaftsrechtlicher Bestandsschutz)의 산

---

7) 최근 대법원은 전원합의체 판결에서 주주총회결의 무효확인 및 부존재확인의 소(상법 제380조)를 복수의 원고가 공동으로 제기하였을 경우 그 법적 성질을 민사소송법 제67조상의 필수적 공동소송으로 판단하였다(대판 2021. 7. 22, 2020다284977)(다수의견). 다만 이러한 다수의견에 대해 통상공동소송으로 보는 소수의견이 있다.

8) 최근 대법원은 주주명부상의 기재를 마친 명의주주만을 주주권 행사자로 보는 전원합의체 판결을 내놓았다(대판 2017. 3. 23, 2015다248342). 실질적인 권리자가 누구든 오로지 주주명부상의 기재만으로 권리행사자를

물이다. 회사법이 채권법이나 물권법 등 다른 일반 거래법과 구별되는 가장 중요한 내용이 바로 여기에 있다. 나아가 회사법에서는 다루어야 할 법률관계도 입체적이고 다면적이다. 단체와 구성원, 구성원과 구성원, 단체와 기관 등 평면적이고 일회적인 거래관계에서와는 달리 복합적이다.

## 2. 영리단체법적 성격

회사는 기본적으로 그 구성원인 사원의 이익을 도모하는 영리단체이다. 회사는 이익결사(Gesellschaft)로서 사원은 회사를 자기의 재산적 수익의 원천으로 이용하는 관계에 있다. 따라서 회사법도 기본적으로 사원의 이러한 경제적 이익을 보호하는 임무를 띠고 있다.

> **Dodge v. Ford, 204 Mich. 459, 170 N. W. 668(1919)[9]**
>
> 포드자동차(주)의 주식 10%를 보유하고 있던 닷지 형제는 회사를 상대로 회사의 사내유보금을 주주들에 대한 이익배당의 재원으로 선언하도록 소를 제기하였다. 포드회사의 대주주인 Henry Ford는 회사가 그동안 주주들에게 충분할 정도로 이익배당을 해왔다고 생각하였다. 그리하여 이제는 영업이익중 일부를 사내에 적립하여 이를 소비자에 대한 차량가격인하 등 사회공헌기금으로 쓰는 것이 바람직하다고 선언하였다. 그러자 소수주주인 Dodge 형제가 이의를 제기하며 해당 재원을 주주들에 대한 배당가능이익으로 전환할 것을 요구하는 소를 제기하였다. 재판부는 "주식회사의 이사회는 주주에 대한 이익배당을 우연한 것으로 하고 다른 이해관계자를 만족시키는 것을 최우선 순위로 할 수 없다"며, 원고승소판결을 내렸다.

## 3. 강행법적 성격

회사법이 영리단체법적 성격을 띠고 있다 하여도 회사를 둘러싼 여러 이익주체의 보호도 동시에 이루어져야 한다. 특히 물적 회사의 경우에는 사원의 유한책임으로 말미암아 회사채권자보호가 긴요하다. 나아가 회사법은 일반 소비자나 근로자도 보호하여야 하는 공공적 성격을 갖는다. 회사법이 이렇게 공공적 성격을 띠는 부분에서는 동시에 강행적 성격이 나타난다. 물적회사의 자본충실에 관한 규정들($\frac{상\ 295,\ 299,\ 330,\ 334,}{341,\ 458,\ 462\ 등}$), 회사법정주의($\frac{상}{170}$) 또는 회사채권자에 의한 설립취소제도($\frac{상}{185}$) 등이 좋은 예이다.

---

파악한다. 법률관계를 획일적으로 처리하는 단체법리의 좋은 예이다.
9) 본 판례는 미국 회사판례 중 설문조사에서 1위로 선정된 바 있다.

⊛ **"바닥으로의 경쟁(Race to the Bottom)"**

미국의 경우 각주의 회사법은 우수기업의 유치를 위하여 진력하다보니 각주가 경쟁적으로 규제를 완화하게 되었다. 규제완화의 방향은 "manager friendly"이다. 그리하여 회사의 자금조달을 수월하게 하기 위하여 기존 주주들의 신주인수권을 인정하지 않고, 고의의 경우를 제외하고는 중과실의 경우에도 개별 회사의 정관으로 이사의 책임을 면제시킬 수 있으며(델라웨어주 회사법 제 102조 b항 7호 참조) 경영권안정을 위하여 포이즌필 제도가 도입되었다. 이러한 규제완화경쟁은 연방법과 주법이 분리되어 있고 회사관련사항은 주의 소관으로 되어 있기 때문에 나타난 현상이다. 그러나 이에 가세하여 미국의 대회사들은 주식의 소유가 완만하여 (widely held) 소유와 경영이 분리되므로 전문경영인의 힘이 강하다. 따라서 각주는 이 전문경영인들을 의식하게 되었고 따라서 경영인들에게 유리한 법제를 지향하게 되었다.

## IV. ESG 경영과 회사법

### 1. 회사법에서 기업법으로[10]

종래의 회사법이 그 구성원인 사원의 이익을 보호하는 데 주안점을 둔 利益一元的 (interessenmonistisch) 성격을 띠었다면, 앞으로의 회사법은 단체구성원 이외의 근로자, 일반 소비자, 투자자, 경영자 기타 회사를 둘러싼 여러 경제주체의 이익도 종합적으로 고려하는 利益多元的(interessenpluralistisch) 성격을 띠어야 할 것이다. 즉 회사법(Gesellschaftsrecht)에서 기업법(Unternehmensrecht)으로 발전해 나아가야 할 것이다. ESG를 고려할 경우 이러한 방향설정은 필연적인 것이다.

〈회사를 둘러싼 이해관계자들〉

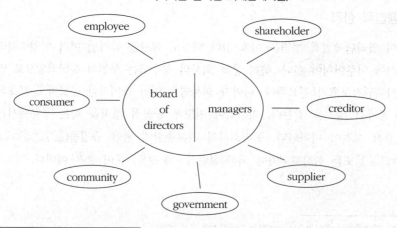

---

10) 이에 대해서는 안택식, "회사법의 限界와 기업법의 發展", 「상사판례연구」 제15집(2003), 3면 이하.

## 2. ESG 현상

제주 용머리해안의 수위는 날로 상승하고 있고 남태평양의 투발루는 매일 가라앉고 있다. 산업현장의 중대재해는 하루가 멀다 하고 보도되고 있으며 이에 대한 기업들의 대응은 숨가쁘기만 하다. 2022년 전세계의 이상기후는 인류가 지금까지 겪어 보지 못한 신기록들을 숨가쁘게 갱신하고 있다. 특히 2022년 서울에는 기상관측 이래 가장 많은 시간당 135밀리의 비가 내렸고 독일의 라인강은 지속된 가뭄으로 메말라가고 있다.

이런 모든 현상들은 기업경영에 결정적으로 영향을 미치고 있으며 이러한 비재무적(非財務的) 요소들을 우리는 영문 약칭으로 ESG라 부르고 있다. ESG는 '환경(Environment), 사회(Social), 지배구조(Governance)'를 뜻하는 영어의 약자이다. 21세기를 살면서 인류는 기후변화와 환경재앙이 인류의 미래에 어떤 위협이 되는지 뼈저리게 느끼게 되었다. 나아가 인력관리의 측면에서도 과거와는 다른 다양한 것들과 조우하게 되었다. 21세기는 가히 기업을 둘러싼 물적 환경(Umwelt)과 인적 환경(Mitwelt) 모두에 대해 심도 있는 배려가 요구되는 시기이다. ESG는 이제 선택이 아닌 필수이며 기업이나 투자자뿐만 아니라 모든 이해관계자가 나아가 미래가 아닌 현재 우리 모두가 부딪혀야 하는 절박한 과제가 되었다.

이러한 ESG현상은 오늘날 회사법에도 많은 영향을 미치고 있다. 이사회의 아젠다 설정에 있어서도 중장기적인 지속가능성을 추구하지 않으면 기업의 존립 자체가 어려워졌고 그 결과 대다수의 상장사에서는 이사회 산하에 ESG위원회를 설치하게 되었다.[11] 이사회의 인적 구성에서도 젠더, 국제성, 경력, 연령 등 다양성을 추구하고 있으며 ESG 이슈에 대한 권고적 주주제안도 활성화하고 있다. 이사의 과다보수를 억제하는 등[12] 과거 재무적 성과 위주의 지배구조론에서 비재무적 요소를 중시하는 또는 적어도 이를 함께 고려하는 다원적 지배구조론으로 진화하게 된 것이다. 이하에서는 이러한 ESG 현상을 살펴보고 이것이 회사법상 가지는 의미를 심화시켜 보기로 한다.[13]

### ❖ ESG 관련 용어들

하루가 멀다 하고 ESG와 관련된 새로운 용어들이 등장하고 있다. 이하에서는 그중 일부만을 간략히 언급하는 데 그치기로 한다.

① **넷제로(Net Zero):** '탄소 순배출 제로'를 의미한다. 2050년까지 실현예정인 탄소중립 상황을 뜻하는 용어로 탄소배출뿐만 아니라 이미 배출된 탄소를 포집·제거하여 실질적으로 배출되는 탄소를 '영(0)'으로 한다는 의미이다.

② **그린워싱(Greenwashing):** 기업들이 겉으로는 친환경 또는 녹색경영을 외치면서도 실제는 그렇지 않은 것을 이르는 용어이다. 예컨대 ESG 평가등급을 올리기 위하여 평가등

---

11) 매일경제 ESG 팀, 이것이 ESG다, 매일경제신문사, 2021, 54~59면.

12) 특히 Say-on-Pay 같은 권고적 주주제안이 보편화하고 있다.

13) ESG 문제에 대해 전반적으로 자세히는 김재필, ESG 혁명이 온다, 한스미디어, 2021; 매일경제 ESG 팀, 이것이 ESG다, 매일경제신문사, 2021; ESG 관련 법률문제에 대해 자세히는 「BFL」 제109호(2021. 9.) 및 「BFL」 제110호(2021. 11.), 서울대학교 금융법센터(CFL) 참조.

급 상향에 유리한 단어들을 알고리즘에 노출시키거나 의도적으로 ESG보고서를 자기 회사에 유리하게 작성하는 행위 또는 종이를 만드는 제지업체가 벌목으로 인한 환경파괴는 드러내지 않고 재생지 활용만 홍보해 친환경임을 강조하는 것 등이다.

③ RE 100 (Renewable Energy 100): 사용 전력을 100% 신재생에너지로 전환하는 것을 의미한다.

④ Green Bond + Social Bond: 조달하는 자금을 이산화탄소 배출량 감축을 위한 신재생에너지 부문에 투자하는 채권이다. 이와 더불어 예컨대 산재예방시설 개선이나 중소협력사와의 상생지원 등에 해당 자금이 사용되기도 한다.

⑤ 좌초자산: 화력발전소 등 기후변화로 자산가치가 급격히 떨어져 상각되거나 부채로 전환될 위험이 큰 자산을 이른다.

⑥ 내부탄소가격: 기업의 탄소배출에 가격을 매기는 제도이다.

⑦ CSO: Chief Sustainability Officer(지속가능경영 전담임원)를 뜻한다.

⑧ MSCI: 'Morgan Stanley Capital International'의 약자이다. ESG 평가기관 및 그 평가등급으로 유명하다.

⑨ Sustainalytics: '서스테이널리틱스'. ESG 평가기관을 이른다.

⑩ Carbon Footprint: '탄소발자국'으로 번역되며 개인이나 단체가 직·간접적으로 발생시키는 온실기체의 총량을 뜻한다.

⑪ ESG Integration: 재무적 요소와 비재무적 요소를 함께 고려하는 투자방식을 이른다.

⑫ Screening: ESG를 고려하여 투자대상을 선정하거나 혹은 제외시키는 방식으로 Negative Screening(ESG 기준요건에 부합하지 않는 기업을 투자대상에서 제외)과 Positive Screening(ESG 기준요건에 부합하는 기업을 채택) 방식이 있다.

⑬ Thematic Investment: 기후변화, 음식, 물, 재생에너지, 청정기술 및 농업 등과 같은 테마에 투자하는 것이다.

⑭ Impact Investment: 사회·환경적 문제를 해결하기 위한 투자를 의미한다.

## 3. ESG의 개념

### (1) 정  의

투자자나 기업이 투자나 경영관련 의사결정을 함에 있어서 재무적 상황뿐만 아니라 환경(Environment), 사회(Social), 지배구조(Governance)와 같은 비재무적 사항들을 함께 고려하는 것을 ESG 내지 ESG 경영이라 한다.[14] 환경, 사회, 지배구조를 뜻하는 영문 이니셜을 따서 ESG라는 용어가 탄생하였다.

회사법의 차원에서 보면 지금까지 환경(E), 사회(S), 지배구조(G)의 문제는 수도 없이 논의되던 과제이다. 국내에서도 지배구조의 투명성 제고는 IMF 이후 오랫동안 국가적 논제였으며 기업의 사회적 책임을 중시하는 오늘의 흐름 역시 하루 이틀 된 이야기는 아니다. 나아가 환경

---

14) 정준혁,「상사법연구」제40권 제2호(2021. 8.) 참조.

을 파괴하는 기업들과 NGO(Green Peace 등) 간의 갈등 역시 대중매체를 통하여 수도 없이 보아 왔다. 그런데 왜 지금, 왜 하필 지금 ESG 문제가 이토록 뜨거워졌나?[15] 여러 가지 이유가 있겠지만 특히 다음 몇 가지를 거론할 수 있지 않을까 한다.

**첫째** COVID-19 등 **글로벌 팬데믹의 장기화로 전세계적인 위기의식이 고조**되었다. 전례 없는 글로벌 팬데믹을 겪으면서 인류는 비상상황임을 뼈저리게 느끼게 되었다. 전세계적으로 이동이 어려워졌고 다수의 사망자가 나오면서 위기의식은 극에 달하였다. 기업들은 디지털방식의 총회개최 등 전례 없는 운영방식에 내몰렸고 코로나가 다년간 지속되자 각국은 ESG 관련 법제를 다급히 정비하는 등 적극적 자세로 돌아서게 되었다. 특히 COVID-19의 여파로 락다운이 지속되자 대기질이 확연히 개선되었고 이를 경험한 인류는 ESG를 통한 지속가능경영이 얼마나 소중한 것인지 다시 한번 절실히 깨닫게 되었다.

**둘째** 2021년 1월초 바이든 미국대통령의 취임으로 전임자인 트럼프 대통령 때와 달리 **미국이 파리협약에 복귀한 것**을 들 수 있다. 세계 경제의 최강자인 미국이 환경협약에 복귀함으로써 국제적인 분위기가 일신된 것은 부정할 수 없는 사실일 것이다. 바이든 정부에서는 ESG 공시의무가 더욱 강화될 것으로 예상되고, 기후변화에 따른 환경규제 역시 고강도로 바뀔 것으로 전망되며, 투자자들도 투자에 대한 의사결정에 있어 ESG 평가기준에 더 비중을 둘 것으로 예상된다.[16]

**셋째 신냉전의 기류**이다. 근자들어 미·중간 글로벌 패권경쟁이 어느 때 보다 가속된 것도 ESG 경영에 대한 관심을 고조시키고 있다. 특히 탄소배출권 문제나 지역적 인권문제는 어느 때 보다도 국제적인 핫이슈가 되었다. 여기에 더하여 우크라이나전쟁은 장기적 공급불안 등 위기의식을 고조시켰고 미국에 대항하는 러시아와 중국간의 밀착은 신냉전의 기류를 만들었다. 이들은 모두 경영환경을 장기적으로 불안하게 만들 수 있으며 기업들은 단기적 출혈을 감수하더라도 **장기적 관점에서 안정적 재무기반과 본원적 경쟁력을 추구**하게 될 것이다. 이러한 환경이라면 ESG 경영은 기업들에게 우회하기 어려운 전략적 선택지가 될 수밖에 없을 것이다.

### (2) 유사개념과의 구별

위와 같이 대략적으로 ESG의 개념을 정의해 보았지만 이와 유사한 개념들이 있으므로 이들을 정리해 보고 구별점을 찾아보기로 한다.

**(가) ESG와 기업의 사회적 책임(CSR):** 2000년대에 만들어진 ESG는 기업의 사회적 책임론(CSR)에 뿌리를 두고 있다. 그러나 양자간에는 다음과 같이 차이점이 있다. **첫째는 개념 내지 목적의 차이**이다. ESG는 기업활동 전반에 친환경이나 사회적 책임 나아가 지배구조개선 등을 통한 지속가능성을 추구한다. 반면 CSR은 사회에 기여하고자 하는 목적으로 진행되는 기업의 부가활동을 의미하며 이로써 기업은 장기적 영리성을 추구한다.[17] **ESG는 기업이 사업활동 자체를 친환경적 친사회적으로 변화시킬 것을 요구**한다. 그런 점에서 **이윤창출의 방법적 측면**

---

15) 특히 2022년 들어 대학, 대형 연구기관, 로펌 등이 주관하는 심포지움에서 ESG는 압도적 비율을 차지한다.
16) "ESG and the Biden Presidency", Harvard Law School Forum on Corporate Governance, Posted by Susanne Smetana (Feb. 19, 2021).
17) 김재필, 「ESG 혁명이 온다」, 84면.

이다. 반면 CSR은 **기업이 성취한 이익을 어떻게 분배 내지 사용하느냐의 문제**이다. 즉 전자는 이윤창출의 측면에, 그러나 후자는 이윤분배의 측면에 비중을 둔다.[18] **둘째는 계량화나 정량화의 측면**이다. 기업의 사회공헌활동은 계량화 내지 정량화되지 않았다. 이러한 활동은 기업의 입장에서 보면'하면 좋은 것'이었고 자발적인 것이었으며 계량화의 필요는 크지 않았다. 그러나 ESG에서는 흐름이 달라진다.'사회적 책임을 다하는 기업'에 투자를 하여야 하기 때문에 투자판단상 정량적 지표가 필요하다. 그러한 이유로 ESG의 틀 속에서는 계량화와 정량화가 본질적으로 중요하다. 이 부분이 양자간 결정적 차이가 될 것이다.[19]

(나) **ESG와 컴플라이언스**: 컴플라이언스(compliance)는 통상 법규준수·준법감시·내부통제 등의 의미로 사용되며, 컴플라이언스 프로그램(compliance program)이란 사업 추진 과정에서 **기업이 자발적으로 관련 법규를 준수하도록 하기 위한 일련의 시스템**이다. 보통 관련 내부통제시스템이 구축되어 적정히 유지·관리되면 이사는 면책에 이른다(Caremark 판결). 이에 반하여 **ESG는 기업이 법률에 의하여 강제되지 않음에도 불구하고 법률이 정하는 수준 이상으로 환경이나 사회문제를 고려할 때에도 사용할 수 있는 개념**이다.[20]

## 4. ESG 개념의 발전

ESG 개념이 발전해 온 주요흐름을 정리해 보기로 한다. ESG 개념의 발전 역사는 기업의 사회적 책임과 연결지을 경우 오랜 과거로 거슬러 올라 갈 것이다. 그러나 본격적인 ESG 개념의 정립은 2000년 이후가 될 것이다. 이하에서는 최근의 대표적인 것들만 일부 열거해 보기로 한다.

### (1) 2004 UN Global Compact

유엔 글로벌콤팩트(United Nations Global Compact)는 기업이 유엔 글로벌콤팩트의 핵심가치인 인권, 노동, 환경, 반부패 분야의 10대 원칙을 기업의 운영과 경영전략에 내재화시켜 지속가능성과 기업시민의식 향상에 동참할 수 있도록 권장하고, 이를 위한 실질적 방안을 제시하는 세계 최대의 자발적 기업·시민 이니셔티브이다.[21] 전 세계 기업들이 지속가능하고 사회적 책임을 다하는 운영정책을 채택하고 그 실행을 국제기구에 보고하도록 장려한다. 인권, 노동, 환경, 반부패 등 4개 분야에 대한 10대 원칙을 공표하였고 세계협약(Global Compact)의 틀 속에서 기업들이 유엔기관, 노동단체 및 시민사회와 함께 사회적 의무와 역할에 대해 책임의식을 갖고 실행하도록 권장한다. 세계의 각 지역별 도시도 도시계획을 통해 이에 가입할 수 있다. 현재 전세계 162개국 18,000여 회원(10,000여 기업회원 포함)이 참여하고 있다.[22]

---

18) 정준혁, 「BFL」 제109호(2021. 9.), 12면.
19) 김재필, 「ESG 혁명이 온다」, 82~83면.
20) 정준혁, 「BFL」 제109호(2021. 9.), 11면.
21) http://unglobalcompact.kr 참조.
22) http://unglobalcompact.kr 참조.

### (2) 2006 UN PRI

2006년에 출범한 유엔책임투자원칙(UN Principles of Responsible Investment)은 투자를 위한 의사결정과정에 ESG 이슈를 적극 반영하도록 요구하는 투자자들의 국제네트워크이다 (international network of investors).[23] 2005년초 코피아난 전 유엔사무총장의 주도하에 발기 하였으며 2006년 4월 뉴욕증권거래소에서 출범하였다. 유엔의 지원을 받기는 하나 그 산하 조 직은 아니다. 투자결정과 투자분석에 관한 6대원칙을 제시하고 있으며, 2022년 3월 현재 80여 개국의 4,800여 회원사가 가입하고 있다. ESG개념의 실질적인 출발점이라 할 만하다.[24]

### (3) 유엔지속가능발전목표(2015)

SDG(지속가능발전목표; Sustainable Development Goals)는 2015년 유엔 지속가능발전 정 상회의(UN Sustainable Development Summit)에서 나온 것으로 2030년까지 달성하기로 결정 한 의제이다. 인간, 지구, 번영, 평화, 파트너십 등 5개 영역에서 인류가 나가야 할 방향을 17 개의 목표와 160개의 세부목표를 통하여 제시하고 있다. 빈곤퇴치, 불평등해소, 일자리창출, 경 제성장, 지속가능발전, 기후변화 등을 주된 골자로 하고 있다. ESG와 SDG는 목적과 수단의 관 계(Mittel—Zweck—Relation)에 놓인다고 할 수 있다. 후자(SDG)가 목표라면 전자(ESG)는 그 목표달성을 위해 기업이 실행하는 수단 내지 활동이라 할 수 있다.[25] 예컨대 기업이 플라스틱 빨대를 폐지하고 종이 빨대를 도입하는 ESG활동을 실시하는 것으로 SDG의 13번째 목표인 '기 후변화 대응'에 기여하게 될 것이다. 나아가 SDG는 ESG평가지수에 활용되기도 한다.

### (4) 기후행동주의(Climate Activism)

그린피스(Green Peace) 등 국제기구는 이미 오래전부터 기후변화에 관한 다양한 퍼포먼스 를 주도해왔고[26], 스웨덴의 그레타 툰베리(Greta Thunberg) 등 행동주의자 역시 오늘의 ESG 운동에 많은 기여를 하였다. 특히 툰베리는 기후변화를 위한 등교거부운동(School Strike for Climate)을 주도하였고 2018년에는 유엔연설을 통하여 기후변화에 대한 즉각적인 대응을 촉구 하기도 하였다. 2019년 유엔 기후행동 서밋(UN Climate Action Summit)에서 "어떻게 그럴 수 있나요? (How dare you?)" 등의 강한 문구를 반복하며 기성세대에 대한 불만을 거침없이 토로 하기도 하였다. 2019년 TIME지 올해의 인물로 선정되었고, 다년간(2019년~2021년) 노벨평화 상 후보로 이름이 오르내리고 있다.[27]

### (5) Larry Fink의 서한(2018)

세계적인 투자자 블랙록(Black Rock)의 CEO인 래리 핑크는 2018년 투자대상기업에 보낸 서한에서 "지속가능한 기업이 되기 위하여 각 기업은 재무적 성과뿐만 아니라 사회에 대한 적

---

23) https://www.unpri.org 참조.
24) 김재필, 「ESG 혁명이 온다」, 7면.
25) 김재필, 「ESG 혁명이 온다」, 87면 이하.
26) https://www.greenpeace.org 참조.
27) https://en.wikipedia.org/wiki/Greta_Thunberg 참조.

극적 기여방법을 보여야 한다(To prosper overtime, every company must not only deliver financial performance, but also show how it makes a positive contribution to society)"고 하면서 각 기업이 투자를 계속 받으려면 기업경영에 ESG 요소를 반영할 것을 강력히 권고하였다. 이러한 그의 서신은 매우 큰 영향을 미쳤으며 그 이후 Black Rock의 투자를 받는 다수의 기업들은 구체적이고도 현실적인 ESG 실천방안들을 발표하기 시작했다. 2020년 1월에는 "환경 지속가능성"을 회사운용의 핵심전략으로 삼겠다는 연례서한을 보냈으며,[28] 2021년의 연례 서신에서는 모든 기업들에게 '넷제로'(Net－Zero)와 관련된 사업계획을 밝히라고 요구하였다.

### (6) 비즈니스 라운드테이블 2019

2019년 8월 미국의 200대 기업 최고경영자로 구성된 Business Roundtable은 회사의 존립 목적을 재정의하였다. "회사는 소비자 , 근로자, 하청 공급자, 지역사회 그리고 주주 등 모든 이해관계자들의 이익을 위하여 운영되어야 한다"고 선언하였다. 특히 미국에서는 유럽과 달리 지배구조론의 최종목적이 주주이익의 극대화라고 보는 시각이 우세하였다. 이러한 시각에 근본적인 변화가 찾아온 것으로 볼 수 있을 것이고 이는 결국 ESG경영의 세계적 흐름을 반영한 것이라고 할 수 있을 것이다.

### (7) COVID-19

2019년 말부터 시작된 코로나 팬데믹은 서서히 불타오르던 기업들의 ESG 논의에 기름을 쏟아 부었다. 국경은 봉쇄되고 경제활동은 마비되었으며 기업들의 경영실적은 결정적 타격을 입게 되었다. 현장 주주총회는 온라인 방식으로 대체되었고 기업의 상담(corporate meeting) 역시 줌(zoom)이나 메타버스(metaverse) 등 비대면 방식으로 바뀌어가고 있고 NFT 등 새로운 개념은 급속히 확산되고 있다. 2022년 들어 팬데믹의 확산세가 다소 가라앉자 현장 주주총회 등 과거의 방식이 다시 부활하고는 있으나 이번 팬데믹은 지속가능경영이 무엇인지 나아가 이를 이루려면 각 기업들이 무엇을 해야 하는지 단호하고도 뚜렷한 메시지를 던졌다.

## 5. ESG의 공시 및 평가

### (1) 공 시

주요 선진국을 중심으로 비재무적 요소를 고려하는 투자가 활성화함에 따라 이에 대한 정보공개요구가 증가하고 있다. **미국이나 일본** 등의 경우 ESG 관련 정보를 일부 공개하도록 정하고 있으나 재무정보에 관한 사항과 달리 ESG 관련 정보에 대해서는 법으로 강제한다기보다는 기업들로 하여금 자율적으로 정보공개를 하도록 유도하는 자세를 취하고 있다.[29] **유럽연합**(EU)은 "비재무정보 보고지침"을 제정 2018년부터 의무적 공시를 시행하고 있으며 일정 규모(상시 근로자 500인 이상) 이상의 역내(域內) 기업을 대상으로 환경, 사회, 임직원, 인권, 반부패, 뇌물에 대한 정보공개의 원칙을 제시하였다.[30] 기본적으로는 Comply or Explain의 원칙이

---

28) 김재필, 「ESG 혁명이 온다」, 71면 이하.
29) 심원태, "국내 ESFG 공시제도의 현황", 「BFL」 제109호, 18면.

적용되나 안전항(safe habour)의 예외도 인정하고 있다. **홍콩·대만·싱가포르** 등에서는 거래소에서 상장기업에 대해 ESG 관련 일정 사항에 대해 사업보고서나 별도 보고서를 통하여 공시하도록 강제한다.[31]

**우리나라**의 경우 미국이나 일본의 경우와 유사하게 공시의 강제보다는 거래소에서 가이던스를 제시하는 자율적 규제방식을 취하고 있고 현재 자본시장법상의 사업보고서를 통하여 다양한 ESG 관련 정보가 공시되고 있다. 거래소의 ESG 공시가이던스에 의하면 Comply or Explain 원칙에 의한 기업지배구조의 핵심원칙(10개 항목)과 그 세부원칙에 관한 지배구조보고서와 환경관련 기회와 위기요인 및 대응계획, 노사관계, 양성평등 등 사회적 이슈관련 개선 노력 등 지속가능경영보고서 등이 시행되고 있다.

그러나 2025년부터는 자산 2조원 이상의 코스피 상장사에 대해서는 **친환경(E) 및 사회적 책임활동(S)에 대한 지속가능경영보고서를 공시하도록 의무화하였고 2030년 이후에는 모든 코스피 상장사로 확대된다. 지배구조(G)와 관련해서도 이미 2019년부터 자산 2조원 이상의 상장사에 대해서는 공시가 의무화되었지만 2026년에는 전제 코스피 상장사로 확대**된다고 한다.[32]

## (2) 평 가

기업의 사회적 책임과 ESG의 결정적 차이가 후자의 계량화 내지 정량화에 있다함은 이미 위에서 이야기하였다. 다수의 평가기관에 의한 등급화, 계량화 등 ESG의 정량적 분석이 광범하게 이루어지고 있다. 현재 대표적인 글로벌 ESG 평가기관으로는 모건스탠리캐피털인터내셔널(MSCI; Morgan Stanley Capital International), 서스테이널리틱스(Sustainalytics), 블룸버그(Bloomberg) 등이 있고 국내에도 한국기업지배구조원(KCGS) 또는 서스틴베스트 등이 ESG 평가를 하고 있다.[33] 아직 국제적으로 통일된 평가기준이 정립되어 있지 않아 동일한 1개의 기업이라도 평가기관에 따라 결과가 상이할 수 있다.

## 6. ESG가 회사법에 미치는 영향

ESG는 이미 회사법에 많은 영향을 미치고 있다.

### (1) 이사회 조직 및 구성에 미치는 영향

**(가) ESG 위원회의 설치:** 이미 절대 다수의 이사회에 ESG 위원회가 설치되었다. 국내 기업집단의 대부분에서 환경, 사회, 지배구조를 다루는 **이사회산하 위원회를 별도로 설치하거나 아니면 기존 위원회조직을 ESG 영역으로까지 확장하는 조직개편**을 단행하였다.[34] 삼성물산은 2021년초 이사회내 거버넌스위원회를 ESG 위원회로 확대·개편하였으며 현대차는 이사회내 투명경영위원회를 지속가능경영위원회로 확대·개편하였다. LG그룹 13개 상장사는 ESG 위원

---

30) 매일경제 ESG 팀, 「이것이 ESG다」, 매일경제신문사, 2021, 22면.
31) 심원태, "국내 ESFG 공시제도의 현황", 「BFL」 제109호, 18면.
32) 매일경제 ESG 팀, 「이것이 ESG다」, 매일경제신문사, 2021, 22면.
33) 김재필, 전게서, 93면 이하.
34) 매일경제 ESG 팀, 「이것이 ESG다」, 매일경제신문사, 2021, 54~55면 참조.

회를 이사회산하에 신설하였고, SK 역시 주요계열사에 ESG위원회를 신설하였다.

(나) **이사회 구성의 다양성 추구**:　**이사회의 젠더다양성**을 추구하는 것 역시 ESG의 이념과 무관치 않다. 이미 국내외적으로 이에 대해서는 명확한 흐름이 형성되었다. 노르웨이는 2003년 가장 먼저 여성이사의 할당제를 도입하였고, 미국의 캘리포니아주는 2019년까지 최소한 여성이사 1인을 선임하도록 의무화하였다. 우리나라 역시 이 흐름을 받아들여 2020년 자산총액 2조원 이상의 주권상장법인에 대해 이사 전원을 특정 성(性)으로 구성할 수 없도록 자본시장법에 조문을 신설하였다(동법 제165조의20).[35] **성별뿐만 아니라 인종이나 연령에 대해서도 다양성을 추구**하여야 한다는 주장이 점점 더 지지를 얻고 있다. 구성원이 다양하면 다양할수록 더 다양한 생각을 할 수 있고 시너지효과도 기대할 수 있다는 것이다. 현재 경제 관련 주요기관들은 모두 ESG에 많은 관심을 기울이고 있기 때문에 예외 없이 이사회 구성의 다양성을 역설하고 있다.[36]

(다) **노동이사제**:　노동이사제에 대한 활발한 논의 역시 ESG 이념이 회사법에 미친 영향이라고 할 수 있다.[37] 현재 우리나라에서는 공기업에 한하여 이 제도가 시행되고 있으나[38] 일반 사기업에 대해서도 광범한 논의가 진행되고 있다. 독일에서는 이미 공동결정제도에 의하여 일정 요건하에 근로자대표를 감사회위원으로 선임하는 것이 법제화되어 있다.[39] 그러나 독일은 헌법상 사회주의의 국가이념이 성문화된 나라[40]이기 때문에 그러한 헌법적 기초를 갖지 않는 국가에서는 그 도입이 쉽지 않을 것으로 보인다.

**(2) 이해관계자에게 미치는 영향**

2011년 유엔은 "기업과 인권에 관한 이행원칙"을 선언하였고 이로써 전세계 기업들에게 인권경영의 기본지침을 제공하였다. 나아가 2019년 미국의 200대 대기업 CEO로 구성된 Business Round Table은 회사는 모든 이해관계자들을 위하여 존재한다고 선언하였다. 전통적으로 유럽과 달리 미국에서는 주주이익 극대화(maximization of shareholder wealth)가 지배구조론의 궁극적 지향점이었다. 그러나 재무적 성과 이외에도 비재무적 요소를 중시하는 ESG의 물결은 회사의 존립목적에 대해서도 새로운 시각을 요구하고 있고 사회책임경영을 통한 지속가능성을 제시하고 있다.[41] 국내에서는 특히 **중대재해처벌법**이 시행되고 있으며 많은 이해당사자들의 관심을 불러일으키고 있다.

---

35) 송지민, "여성이사 할당제의 향후과제", 「국회입법조사처 이슈와 논점」 제79호(2022. 8. 12.) 참조.
36) 김홍기, "좋은 지배구조는 근로자의 이사회 참여를 보장하는가?", 「경영법률」 제32권 제3호(2022. 4.), 95~129면, 99면 이하.
37) 김홍기, 상계논문, 95~129면, 99면 이하.
38) 공공기관의 운영에 관한 법률(2022. 8. 4. 시행) 제25조 제3항 제2호; 최소한 근로자대표의 추천을 받은 1명을 공공기관의 비상임이사로 선임하도록 의무화하고 있다.
39) 독일 주식법 제98조 및 독일 공동결정법(Mitbestimmungsgesetz) 참조.
40) 독일 기본법 제20조 제1항 참조("독일연방공화국은 사회·민주적 연방국가이다").
41) 이에 대해 보다 자세히는 김혜성·신석훈, "인권경영과 ESG 경영", 「BFL」 제110호(2021. 11.), 34면 이하.

### (3) ESG에 관한 권고적 주주제안의 논의

비록 부결되긴 했지만, 최근 HDC현대산업개발을 상대로 ESG에 관한 권고적 주주제안 도입을 위한 정관 변경안이 주주제안을 통해 이루어지기도 했다.[42] 권고적 주주제안(non−binding proposal)이란 주주총회의 권한사항($\frac{361}{상조}$) 밖에서 이루어지는 주주제안이다. ESG의 영역에서는 이러한 주주제안의 수요가 폭증하고 있다. 현행 상법의 테두리 내에서도 이러한 주주제안이 가능한지 이에 대해 뜨거운 논의가 계속되고 있고[43] 제21대 국회에서는 이와 관련한 상법개정안이 발의되기도 했다.[44]

### (4) 이사의 신인의무에 미치는 영향

각국의 실정법률이나 연성규범(soft law) 또는 학설에서 ESG 요소를 둘러싼 논의가 활성화하고 있다. ESG 요소를 고려한 경영상의 의사결정에 대해서도 경영판단의 원칙이 적용될 수 있을 것이다. 이에 대해 활발한 논의가 진행되고 있으며, 이사의 내부통제의무 및 책임에 ESG 문제를 함께 고려해야 한다는 논의 역시 활성화되고 있다.[45]

**영국 회사법**은 제172조에서 회사의 성공을 촉진시켜야 할 이사의 의무(Duty to promote the success of the company)를 다음과 같이 규정한다. "이사는 회사의 성공을 촉진시킴에 있어서 구성원(주주) 전체의 이익에 가장 기여한다고 생각하는 방법으로 성실히 행동하여야 하며 또한 다음을 고려하여야 한다. (a) 장기적 관점에서 본 의사결정의 결과, (b) 회사종업원의 이익, (c) 공급업체, 고객 기타의 자와 사업상의 관계, (d) **회사의 영업이 지역사회 및 환경에 미치는 영향**, (e) 사업에 있어서 높은 수준의 평가의 유지, (f) 회사 구성원간의 공정한 고려". 회사를 둘러싼 각종 이해관계자들을 배려해야 함은 물론 환경에 미치는 영향도 고려해야 함을 명확히 하였다.

2021년 6월 11일 발표된 **일본의 회사지배구조의 원칙**(CG코드; corporate governance code;コーポレートガバナンス・コード) 재개정판도 지속가능성에 관한 내용을 보충하는 **5가지 보충원칙을 신설**하였고 14가지 원칙에 대한 보정이 이루어졌다(2018년 코드를 개정). 5가지 보충원칙을 보면, "1. 이사회의 지속가능과제에 대한 대응: **ESG 요소를 포함하여 중장기적으로 지속가능성을 고려하도록 요구**하고 있다. 2. 이사회에 있어 다양성확보의 실효성 제고: 이사회 구성상 젠더, 국제성, 경력, 연령 등의 다양성 추구. 3. 이사회에 의한 감독과 집행의 체제정비: **ESG 과제에 대한 명확화**, 중요성의 평가를 실시할 필요. 4. 임원보수제도에 대한 ESG 지표의 도입: 임원의 보수결정이 지속가능성장을 위한 건전한 인센티브로 작용하도록 객관성과 투명성을 제고함(보충원칙 4−2①). 5. 이해관계자를 위한 민원처리제도의 도입 등"을 정하고 있다.

---

42) ESG 관련 권고적 주주제안에 대해 자세히는 노종화, "정관을 통한 ESG에 관한 권고적 주주제안권 도입", 「경제개혁리포트」 제2022-4호(2022. 5. 17.) 참조.
43) 노종화, 전게 리포트(앞 번호 각주) 참조.
44) 박주민 의원 대표발의, 의안번호 2114588.
45) 정준혁, "ESG와 회사법의 과제", 「상사법연구」 제40권 제2호(2021), 57면.

### (5) M&A 법에 미치는 영향

ESG는 M&A법에도 영향을 미치고 있다. 특히 국내에는 대주주 위주의 자본시장이 형성되어 있었지만 근래들어 ESG 그중에서도 지배구조(G) 영역에서 소수주주보호라는 이념이 강하게 대두하고 있다. 특히 관계자거래 형태의 조직재편에서는 절차적 공정성의 중요성이 점점 더 강조되고 있다. 델라웨어 회사법에서 나타나고 있는 독립된 위원회(independent committee) 내지 소수주의 다수결(MoM) 도입시 입증책임의 전환이나 사법심사기준의 변경 등 절차적 공정성 준수의 법률효과를 유념할 필요가 있다. 이러한 현상은 이미 일본의 M&A 법에도 결정적인 영향을 미치고 있다. 우리나라 역시 큰 이변이 없는 한 유사한 판례법을 계수할 것으로 예측된다. 조직재편시 적용가능한 주식가치의 평가에서도 단순히 시장가치에만 의존해서는 아니되며 선진금융권에서 시도되는 다기한 평가기법을 수용하여야 할 것이다. 특히 지배주주가 있는 경우 소수주식의 할인현상(minority discount)이나 공개매수를 통한 경영권 프리미엄의 분산가능성을 예의주시할 필요가 있다.

나아가 기업실사(due diligence) 분야에서도 ESG는 큰 힘을 발휘한다. E(환경)나 S(사회문제) 영역에서 제기되는 해당 기업의 상황은 M&A의 의사결정상 큰 의미를 갖는다.[46] 국내에서도 이미 M&A법상 주요 논제가 되었다.[47]

### (6) 기후변화소송의 대두

ESG와 관련하여 **직접 회사를 피고로 한 기후변화소송**(Climate Change Litigation)이 점증하고 있다.

#### 🕸 Milieudefensie et al. v. Royal Dutch Shell plc.[48]

2019년 4월 5일 네덜란드의 환경단체인 원고(Milieudefensie/Friends of the Earth Netherlands)와 공동원고(그린피스 등 환경단체와 17,000여명의 시민 포함)들은 다국적기업인 로열 더치 쉘(Royal Dutch Shell)社가 기후변화에 대한 원인을 제공하였고 이로써 네덜란드법상 선관주의의무를 위반하였을 뿐만 아니라 인권수호의무에 반하는 결과를 초래하였다면서 헤이그 지방법원에 법정소환명령(a court summons)을 신청하였다. 원고들은 Shell社가 파리기후협약에 따라 2030년까지 탄소배출을 2019년 대비 45% 감축할 것과 2050년까지 net zero를 실현할 것을 주장하였다. 이에 따라 동 법원은 2021년 5월 26일 원고의 청구를 인용하면서 온실가스의 감축을 명하였다. 과거에도 엑슨모빌, BP, 쉐브론 등 석유기업을 상대로 기후변화의 책임을 묻는 민사소송은 있었지만 법원이 직접 사기업을 상대로 온실가스감축을 명한 적은 없었다. 그런 점에서 이번 헤이그 지방법원의 결정은 직접 기업을 상대로 이루어진 최초의 사례로서 큰 의미를 갖는다.

---

46) 이를 'Environmental and Social Due Diligence'라 한다.

47) 황형준, "기업인수시 환경실사의 쟁점과 계약적 반영", 「지속가능성을 위한 사적자치 원리의 기능과 변화」, 2022년 사법학자대회 프로시딩(한국민사법학회, 한국상사법학회, 한국민사소송법학회 공동주최, 2022년 10월 1일, 고려대 CJ법학관), 51면 이하 참조.

48) District Court of The Hague, decided 26 May 2021, ECLI:NL:RBDHA:2021:5337.

# 제 2 장 주식회사

## 제 1 절 주식회사의 개념

주식회사는 사원의 출자에 의한 일정한 자본금을 가진 영리법인으로서, 사원의 지위는 균등하게 세분화된 비율적 단위인 주식의 형식을 취하되 그 주식의 인수가액의 한도에서 출자의무를 질 뿐 회사채권자에 대해서 직접 책임을 지지 않는 전형적 물적회사이다. 따라서 주식회사는 자본금, 주식 및 주주의 유한책임이라는 3가지 요소가 그 출발점이 된다.

## 제 1 관 자 본 금[1]

### I. 자본금의 의의

주식회사에서 資本金이라 함은 발행주식의 액면총액, 즉 회사가 발행한 주식수에 각 주식의 액면가를 곱한 액수이다($^{\text{상}}_{451}$).[2] 자본금은 회사채권자를 위한 담보의 기능을 가지므로 상법은 자본금을 공시하게 하고 적어도 이 금액에 상당하는 회사의 재산을 현실적으로 보유할 것을 강제한다. 자본금은 회사가 보유하는 재산의 총체인 회사재산과 전혀 다르다. 회사재산은 영업의 성과나 물가의 고저 등에 의하여 끊임없이 변동하나, 자본금은 신주발행이나 자본금감소 등 일정한 법정절차에 의해서 변경되지 않는 한 일정 부동의 추상적 수액이다.

---

1) 2011. 4. 14. 법률 제10600호로 상법이 일부 개정되어 '자본'이라는 용어가 '자본금'으로 대체되었다. 과거의 자본은 '자본금'과 '잉여금'을 포괄하는 것이었다.
2) 회사가 무액면주식을 발행하는 경우에는 회사가 정하는 발행가 중 2분의 1 이상의 금액으로서 이사회에서 자본금으로 계상하기로 정한 금액이 자본금이 된다(상법 제451조 제2항 제1문).

## Ⅱ. 자본금에 관한 입법주의

### 1. 두 가지 입법주의

주식회사의 자본금에 대해서는 크게 총액인수주의와 수권자본주의의 대립이 있다. 총액인수주의(總額引受主義; Grundsatz der Vollaufbringung des Kapitals)라 함은 자본금 총액을 정관에 기재하게 하고 회사성립시 그 전액의 인수확정을 요구하는 입법주의 이다. 대륙법계에서 나타난다. 반면 수권자본제(授權資本制; authorized capital system) 에서는 회사의 정관에 발행예정주식수는 확정되지만 회사의 성립시 그 전부가 인수 될 필요는 없고 그 일부나 정관이 정한 최소한의 인수로 회사의 성립을 허용하는 입 법주의이다. 영미법계에서 나타난다.

### 2. 양자의 비교

양자는 다음과 같은 장단점이 있다. **총액인수주의**는 회사의 성립시점부터 정관상 의 자본금이 주식의 전액인수로 완전히 갖추어져 채권자보호면에서는 우수하다. 그러 나 회사의 자금조달의 기동성 내지 탄력성의 측면에서는 불리하다. 즉 정관상의 발행 주식수가 이미 모두 인수확정된 상태이므로 사후 회사가 자금조달의 수요를 느껴 유 상증자를 할 때에는 발행주식총수를 늘리는 정관변경이 불가피하다. 정관변경은 주주 총회의 소집과 가중된 결의요건을 요구하므로 자금조달의 수요가 급박할 때 회사는 탄력적으로 이에 대처하기 어렵다.

반면 **수권자본제**하에서는 정반대의 현상이 나타난다. 즉 회사성립시에는 발행예정 주식의 일부만 인수되어도 족하므로 채권자에게 불리하다. 그러나 일단 회사성립 후 자금조달의 수요가 급박할 때에도 수시로 수권주식의 범주 내에서 정관변경 등의 절 차를 거치지 않고 이사회결의로 기동성있게 유상증자를 꾀할 수 있으므로 회사의 이 익면에서는 총액인수주의보다 앞선다. 수권자본제는 회사의 설립을 용이하게 하고 자 금조달에 탄력성을 제공하나 회사설립시 자본적 기초가 확고하지 못한 단점이 있다.

### 3. 상법의 입장

상법은 수권자본제를 취하고 있다. 2011년 개정 전에는 발행예정주식총수중 최소 4분의 1은 회사설립시 발행해야 한다는 제한이 있었다(商法 289 ①). 그러나 2011년 개정으로

이 조항은 삭제되었다. 따라서 상법은 현재 순수한 수권자본제를 취하고 있는 것으로 풀이된다.

## Ⅲ. 자본금에 대한 3원칙

자본금에 대해서는 다음과 같은 3가지 원칙이 지배한다.

### 1. 자본금확정의 원칙

**자본금확정(資本金確定)의 원칙(原則)이란 회사설립시에 자본금이 정관상 확정되고 그 자본금의 출자자 즉 주식인수인도 확정되는 것**을 말한다. 그러므로 자본금확정의 원칙은 총액인수주의와 통한다. 의용상법은 이러한 의미의 자본금확정의 원칙을 취하였다고 볼 수 있다. 그러나 현행 상법은 수권자본제를 채택한 결과 구법에서와 같은 자본금확정의 원칙은 적용되지 않는다. 그러나 현행 상법하에서도 자본금확정의 원칙은 부분적으로 그 의미를 잃지 않고 있다. 즉 정관에 회사설립시에 발행하는 주식의 총수가 기재되어야 하고($^{상\ 289}_{1\ 5호}$) 이 주식 전부의 인수가 확정되어야 하기 때문이다. 그러한 한도에서 아직도 자본금확정의 원칙은 살아있다고 볼 수 있다. 다만 회사설립 후 신주발행에 의한 자금의 추가조달의 경우에는 이 원칙이 폐기되었다고 보아야 한다.

### 2. 자본금유지의 원칙

자본금유지의 원칙이란 회사가 자본금액에 상당하는 순재산을 실질적으로 유지하여야 한다는 원칙이다. 추상적 수액인 자본금이 실질적으로 보유되어야 한다는 의미에서 **資本金充實의 原則**이라고도 한다. 주주의 유한책임을 전제로 하는 주식회사에 있어서는 채권자보호의 시각에서 이 원칙은 다음과 같은 여러 규정 속에 강행법적으로 구체화되어 있다. 즉, ① 주식발행가액의 전액납입 또는 현물출자의 전부이행($^{상\ 295,}_{303,\ 305}$), ② 현물출자 기타 변태적 설립사항의 엄격한 규제($^{상\ 290,\ 299,\ 310,}_{313,\ 314,\ 422\ 등}$), ③ 발기인의 인수 및 납입담보책임과 이사의 인수담보책임($^{상\ 321.}_{428}$), ④ 액면미달발행의 제한($^{상\ 330.}_{417}$), ⑤ 자기주식의 취득 및 질취의 제한($^{상\ 341.}_{341의2}$), ⑥ 법정준비금의 적립($^{상\ 458.}_{459}$), ⑦ 이익배당의 제한($^{상}_{462}$) 등이 그들이다.

### 3. 자본금불변의 원칙

자본금불변의 원칙이란 자본금을 엄격한 법정절차를 밟지 않고는 감소시킬 수 없는 원칙이다. 자본금유지의 원칙이 회사로 하여금 자본금액 이상의 순재산을 보유시키려는 것임에 대하여 이 원칙은 자본금의 감소를 별도의 법정절차에 의한 경우 외에는 허용하지 않겠다는 취지이다. 자본금감소제한의 원칙이라고도 불리운다.

### 4. 여론(餘論): 자본금충분의 원칙

상기의 전래적인 자본금의 3원칙에 만족하지 않고 실질적인 개개 회사의 자본금 수준을 그 회사의 영업규모 등에 맞게 요구하여야 한다는 자본금충분의 원칙에 대한 논의가 있다.[3] 그리하여 자본금확정의 원칙이나 자본금불변의 원칙은 공론에 그칠 염려가 있음을 시사하며 전래적인 자본금의 3원칙 중 자본금에 관한 형식적 요구로서 "자본금충실 및 유지의 원칙"을 들고 자본금에 관한 실질적 요구로서 "자본금충분의 원칙"을 중심으로 자본금에 관한 원칙론의 새로운 조명을 주창하고 있다.

그리하여 적극적으로 사업의 규모, 종류, 성질에 따라 일정 수준의 자본금을 요구하거나[4] 소극적으로 책임자본이 절대적으로 부족한 자본회사에게 더 이상의 경제활동을 금지하는 자본금부적정금지(資本金不適正禁止) 또는 자본금불상당금지(資本金不相當禁止)의 원칙이 제시되고 있다.[5]

그러나 자본금충분의 원칙이 실정법적 근거를 갖기에는 어려움이 많고 설사 인정한다 하여도 어느 정도가 충분한 자본금수준인지의 판단은 쉬운 일이 아니다. 또 소극적으로 부적정한 책임자본에 따라 해당 회사에게 경제활동을 금지시킨다 하여도 그 판단은 지극히 어려운 일이다. 오히려 이러한 자본금원칙의 제시가 법적 불안정을 야기시켜 경제활동을 위축시킬 가능성도 배제할 수 없다. 더욱이 우리나라의 많은 기업들은 지금까지 지극히 위약한 재무구조하에 영업하여 왔음도 부인할 수 없는 일이다. 특정 회사의 자기자본이 영업규모나 종류 또는 성질상 적정한 수준을 갖추었다 해도 타인자본인 부채가 상대적으로 크면 회사채권자보호란 허울에 지나지 않는다. 지나친 자본금부적정의 경우 법인격부인론 등으로 대처가능하므로 이 원칙을 우리나라에서 자본금의 원칙 중의 하나로 파악하기에는 아직 어려움이 많다고 본다.[6]

---

3) 정동윤, "주식회사의 자본에 관한 원칙 재론", 이윤영교수정년기념(1988), 387면; 이기수, "자본회사 최저자본금제도의 의의", 「고시계」 1985년 6월호, 70면 이하.
4) 정동윤, 371면.
5) 이·최, 149면.
6) 정찬형, 상법강의(상), 제25판, 2022, 655면; 채이식, 398면.

# 제 2 관  주식제도

주식회사는 자본회사로서 이 자본금은 株式이라는 균분 분할된 단위로 구성되어 있다. 주식회사의 기본개념요소 중의 하나인 주식은 회사법상 다음과 같은 3가지 의미로 쓰여지고 있다.

**첫째** 주식은 자본금의 구성단위이다. 주식회사의 자본금은 주식이라는 일정한 비율로 분할된 자본단위로 쪼개져 있으며 이 단위가 사원인 주주의 출자단위가 된다. 우리 상법상 주식은 균일성, 불가분성, 금액성을 갖는다($\frac{상}{329}$). 즉 출자단위로서의 주식은 균일하여야 하고, 더 이상 작은 단위로 쪼개질 수 없으며,[7] 무액면주식이 아닌 한 일정한 금액을 가져야 한다.[8] 1주의 금액은 최소 100원이며($\frac{상}{329}$), 균일해야 한다 ($\frac{상}{329}$).[9]

**둘째** 주식은 주주가 회사에 대해서 가지는 권리의 총체 즉 사원권(社員權)을 의미한다. 즉 주식은 주주를 위하여 주식회사의 사원의 지위를 표창한다. 사원권은 자익권과 공익권으로 나뉜다. 전자는 이익배당이나 잔여재산분배청구권에서 나타나고, 후자는 출자자인 주주의 회사에 대한 공동관리권으로서 주주총회에서의 의결권이나 대표소송제기권 등에서 나타난다. 이처럼 주주의 회사에 대한 법적 지위가 주식의 형태로 단위화되어 있어 일반 공중은 자신의 자력에 따라 용이하게 출자하며 쉽게 사원의 지위를 획득하고 또 양도할 수 있다. 주식제도는 이러한 목적을 위한 기술적 배려의 소산이다.

**셋째**로 주식이라는 용어는 사원권인 주식을 표창하는 유가증권, 즉 주권(株券)을 뜻하기도 한다.

---

7) 주식은 더 이상의 작은 단위로 쪼개질 수 없는 자본의 최소단위이다. 그러나 수인에 의한 1주의 공유는 가능하다(상법 제333조).

8) 2011년 개정에서 우리 상법은 무액면주식을 새로이 도입하였다(상법 제329조 제1항 본문). 이는 자본에 대한 일정 비율만 나타내는 것으로서 비례주(Quotenaktie)라고도 한다. 무액면주식을 발행하는 경우에는 액면주식을 발행할 수 없다(상법 제329조 제1항 단서). 그러나 정관에 정하는 바에 따라 양자간 전환은 가능하다(상법 제329조 제4항).

9) 1998년의 개정상법은 자유로운 주식분할과 신주발행시 기업자금조달의 편의를 위하여 1주의 최저액면금액을 종전의 5,000원에서 100원으로 인하하여 기업자율의 범위를 넓혔다.

## 제 3 관  주주의 유한책임(상331)

주식회사에서는 모든 株主가 회사에 대해서 주식의 인수가액을 한도로 하는 유한의 출자의무를 질 뿐 회사의 채권자에 대해서 아무런 직접책임을 지지 않는다. 합자회사의 유한책임사원도 출자가액을 한도로 책임지는 점에서는 주주와 같으나, 회사채권자는 그 출자가액에서 이미 회사에 이행한 부분을 공제한 범위 내에서는 직접 유한책임사원을 상대로 회사채무의 이행을 요구할 수 있다(상279). 이 점에서 유한책임이긴 하나 직접책임이다. 반면 주식회사의 경우 회사채권자는 주주를 상대로 회사채무의 이행을 요구할 수 없다. 주주는 회사에 대하여서만 주금납입의무를 부담할 뿐이다. 이 점에서 주주의 유한책임은 간접책임이다.

> **대판 1983. 12. 13, 82도735**
>
> "주주 유한책임의 원칙은 주주의 의사에 반하여 주식의 인수가액을 초과하는 새로운 부담을 시킬 수 없다는 취지에 불과하고 주주들의 동의 아래 회사채무를 주주들이 분담하는 것까지 금하는 취지는 아니다."

# 제 2 절  주식회사의 설립

## 제 1 관  회사설립의 입법주의

會社의 設立에 관해서는 아무런 제한도 두지 않고 복수인이 동업을 위해서 사단의 실체를 형성하면 된다는 **자유설립주의**, 회사의 설립에는 군주의 특허가 있거나 특별입법이 있어야 한다는 **특허주의**, 미리 제정된 일반법에 의해서 행정처분으로 법인격을 인정하는 **면허주의**, 일반적으로 회사의 설립을 위한 요건을 법정하고 이 요건을 구비하면 등기에 의하여 법인격을 인정하는 **준칙주의** 등이 있다. 이는 회사제도의 역사적 발전에 따라 나타난 제 제도로서 현재의 지배적인 입법주의는 준칙주의이다.

# 제 2 관   회사설립절차의 특색

## I. 인적회사

인적회사에 있어서는 정관작성과 설립등기만으로 설립절차가 완료되나, 물적회사의 경우에는 정관작성과 설립등기의 중간에 복잡한 실체형성절차가 요구된다. 인적회사의 경우 회사설립을 위한 정관작성시 이미 사원과 그 출자액이 확정되므로($^{상}_{270}$$^{179.}$) 주식의 인수에서처럼 회사의 구성원을 확정하는 별도의 절차가 필요없고, 또 사원이 개인재산으로 무한책임을 지므로 회사채권자의 보호를 위해서 설립단계에서부터 서둘러 회사자본의 실체를 갖출 필요도 없다. 따라서 인적회사에서는 정관작성과 설립등기로 설립절차는 종료한다.

## II. 물적회사

반면 물적회사에서는 정관작성과 설립등기 사이에 때로는 장기간 지속되기도 하는 **실체형성(實體形成) 절차**가 있다. 우선 주식회사의 경우 정관에 의해서 사원이 확정되지 않으므로($^{상}_{참조}$$^{289}$) 주주를 확정하는 **주식인수**절차가 필요하고, 회사재산은 회사채권자에 대하여 유일한 담보재산인 만큼 이를 설립전에 확보할 **출자이행**이 필요하다. 출자이행이 끝나면 이사나 감사 등 타인기관을 선임해야 하는 만큼 **임원선임**이 이어진다. 실체형성의 마지막 단계는 **설립검사**이다. 설립의 제반 단계가 강행법규에 위반되지 않았는지 전반적으로 살피게 된다. 정관작성 후 설립등기 전에 요구되는 이러한 제반 절차를 통털어 실체구성(實體構成) 또는 실체형성이라 한다. 유한회사에 있어서는 정관작성시 인적회사에서처럼 사원과 출자액이 확정되기는 하나($^{상}_{543}$), 설립전에 출자의 이행이 요구되고 임원선임이 필요한 것은 주식회사에서와 같다.

상법은 **주식회사의 경우** 부실설립을 막기 위하여 설립절차를 강행법적으로 통제하며 또 이러한 목적을 달성하기 위하여 매우 상세한 규정을 두고 있다. 특히 변태적 설립사항의 경우에는 법원도 개입하는 등 **엄격한 규제**를 가하고 있다.

# 제 3 관   주식회사 설립의 주체들

주식회사의 경우 회사설립의 주체로 발기인, 발기인조합, 설립중의 회사를 들 수 있다. 이하 이들에 대해 살펴보기로 한다.

## I. 발 기 인

### 1. 의    의

發起人(promoter)의 개념은 형식적 측면과 실질적 측면으로 나누어 볼 수 있다. **발기인은 실질적으로는 회사의 설립을 기획하고 그 절차를 주관하는 자이다.**[1] 그러나 법적으로 발기인의 권한을 취득하고 또 책임을 부담하려면 정관에 발기인으로서 자신의 이름을 기재하고 기명날인 또는 서명하여야 한다. 따라서 **형식적으로는 정관을 작성하고 기명날인 또는 서명한 자로서 해당 정관에 발기인으로서 자신의 성명, 주민등록번호 및 주소를 기재한 자이다**($\frac{상\ 289\ I}{8호\ 참조}$). 따라서 현실적으로 발기인의 존재는 모든 설립절차에 선행하나 이론적으로 발기인은 정관작성 후에야 비로소 나타날 수 있다.

### 2. 주식회사에서만 발기인제도를 두는 이유

다른 회사형태와 달리 유독 주식회사에서만 발기인제도를 두는 이유는 정관을 작성해도 사원(주주)이 확정되지 않기 때문이다.[2] 따라서 설립사무를 주도할 주체가 별도로 필요한 것이다. 발기인은 설립중 회사의 업무집행기관이다. 법인격을 취득하고 영업을 개시한 존속중 회사의 이사에 해당하는 자이다. 상법은 발기인에게 이사와 유사하게 자본충실의 책임 및 손해배상책임을 부과한다($\frac{상\ 321}{322}$).

### 3. 발기인의 수

발기인은 한 사람이어도 된다($\frac{상}{288}$). 2001년 이전에는 상법은 3인 이상의 발기인을

---

1) Twycross v. Grant(1877) 2 CPD 469; "A promoter is one who undertakes to form a company with reference to a given project and to set it going and who takes the necessary steps to accomplish that purpose"(Dine, *Company Law*, 3rd ed., p. 78에서 전재).
2) 유한회사의 경우 이미 정관작성시 사원의 존재가 확정되므로 이들이 모두 발기인의 역할을 한다고 할 수 있다(상법 제543조 제2항 제4호 참조).

〈주식회사 설립의 제 과정〉

法人格取得
설립등기
(상193)

發起人(1人이어도 됨)
(상 288)

發起人조합단계　　설립중의 회사단계 (Vorgesellschaft)　　성립 후 회사단계　　해산에 준한 청산단계

發起人비단계

創立 (errichtet)
정관작성 (Ursatzung)

成立 (entstanden)

發起人에 (상 288)
의한 民法上의 조합결성 (GbR)

주식 인수 및 납입　　기관 선임　　설립 경과 조사

實體形成단계

회사설립 무효나 취소의 소의 원고승소 확정시점

(상 190 단서) ex-nunc Wirkung

설립예비단계
發起人들간에 구속력없이 法的 설립준비를 행함

발기인조합의 해산시점
(예외로 설립중의 회사와 並存하기도 한다)

하자있는 회사의 존속기간 (회사설립의 하자시)

예외: 並存

요구하였다. 그러나 2001년 상법이 개정되어 일인설립도 허용되므로 발기인의 수는 1인이나 2인도 가능하게 되었다. 이렇게 주식회사의 사단성은 설립시부터 상대화되었다.

### 4. 발기인의 자격

나아가 발기인의 자격은 자연인에 한하지 않는다. 법인도 발기인이 될 수 있다. 이 경우 법인의 대표기관 또는 대리인이 정관작성 등 설립사무를 수행하게 될 것이다.

## Ⅱ. 발기인조합

주식회사 설립의 초기단계에 있어서 회사설립에 동참하고 설립사무를 주도할 발기인들은 그들간의 의사연락이나 협력관계가 숙성하여 어느 일정 단계에 이르면 법적 구속력을 갖는 발기인조합으로 그 조직을 갖추게 된다. 發起人組合(Vorgründungsgesellschaft)의 법적 성격은 민법상의 조합이다. 즉 2인 이상의 발기인들이 회사설립을 공동목적으로 하는 민법상의 조합을 결성하게 되는 것이다. 이 단계에서 원시정관이 작성된다. 그러나 개념상 조심하여야 할 것은 설립중의 회사(Vorgesellschaft; Gründungsgesell-schaft)와의 구별이다. 설립중의 회사는 적어도 실체형성의 초기단계[3]를 전제로 하며 성립 후의 회사와는 同一性說(Identitätstheorie)에 의하여 그 상호관계가 설명될 수 있다. 그러나 발기인조합은 설립중의 회사와 달리 성립 후 회사의 전신이 아니며, 발기인간의 계약내용에 따라 설립중의 회사의 창립[4]과 더불어 그 목적을 달성하고 해산되는 경우가 있는가 하면 때로는 설립중의 회사와 병존하며 회사설립의 마지막 단계인 등기절차의 종료시까지 존속하는 경우도 있다. 이처럼 발기인조합과 설립중의 회사는 엄격히 구분되어야 한다. 따라서 회사설립단계에서 나타난 발기인의 행위에 대하여는 이것이 발기인조합의 조합원의 자격에서 수행된 것인지 아니면 설립중의 회사의 기관자격으로 행한 것인지 여부에 따라 성립 후 회사의 책임내용이 달라질 수 있다. 설립중의 회사의 기관행위로 해석되는 경우에만 동일성설의 적용으로 성립 후 회사는 별도의 채무인수 등의 절차를 거치지 않은 경우에도 설립단계에서의 채무를 부담하게 될 것이다.

---

3) 실체형성의 초기단계는 주식의 일부인수시점이라고 할 수 있다. 물론 설립중의 회사의 창립시기에 대해서는 다음에 살펴보듯이 여러 학설의 대립이 있다.

4) 설립중의 회사가 출현하는 것을 創立이라 하고, 회사가 설립절차를 마무리지으며 법인격을 취득하는 것을 成立이라 한다. 독일의 회사법은 전자의 경우 'errichten'(독일 주식법 제29조 참조), 후자의 경우 'entstehen'이라는 용어를 사용하여 양자를 뚜렷이 구별하고 있다.

## III. 설립중의 회사

### 1. 개    념

회사는 설립등기에 의하여 성립되지만 그 실체는 설립등기시에 돌연히 나타나는 것이 아니다. 모태 속에서 태아가 자라 세상에 태어나듯 주식회사도 실체형성의 제과정을 거치면서 숙성하여 최종시점에 설립등기를 통하여 법인격을 취득하고 영업활동을 개시하게 되는 것이다. 그리하여 회사설립에 착수하여 어느 정도 실체가 형성되었을 때부터 설립등기에 이를 때까지의 과도적 단계에 대하여 사회적 실재성을 인정하려는 노력이 행하여졌고 이를 設立中의 會社(Gründungsgesellschaft, Vorgesellschaft)라 칭하게 되었다. 설립중의 회사는 '장차 성립할 회사의 전신으로서 비록 법인격은 없다 할지라도 회사와 실질적으로 동일한 실체'라 할 수 있겠다. 이 개념은 주로 주식회사의 설립단계에서 발기인이 회사설립을 위하여 취득한 권리·의무가 회사성립 후 채무인수 등 별도의 절차를 거치지 않고도 성립 후의 회사에 귀속되는 관계를 매끄럽게 설명하기 위한 노력의 소산이다.

설립중의 회사는 법인실재설을 바탕으로 하고 있다. 법인의제설을 취하는 영미법계에서는 설립중의 회사니 동일성설이니 하는 개념은 존재하지 않는다. 설립기간 중 발기인이 제3자와 거래를 하면 당연히 발기인의 개인책임으로 본다.[5] 다만 성립 후 회사가 발기인의 행위를 추인(ratification)하거나 채택(adoption)할 가능성이 있겠으나 영국의 회사법은 이러한 가능성도 부인한다. 미국에서는 추인이나 채택의 가능성을 인정한다고 한다.[6]

### 2. 법적 성질

설립중의 회사에서 우선 문제시되는 것은 그 법적 성질이다. 독일에서는 민법상의 조합설, 합명회사설 등도 주장되고 있으나, 우리나라의 다수설은 설립중의 회사를 권리능력없는 사단으로 보고 있고 소수설로 독일의 통설인 특수단체설이 주장되고 있다.

현재 우리나라의 다수설은 설립중의 회사를 권리능력없는 사단으로 보고 있다. 발기설립만 인정하는 독일의 경우와 달리 모집설립도 허용하는 우리 상법의 입장을 고려하면 설립중의 회사는 비법인사단으로 보는 것이 타당하다고 한다.[7] 나아가 사법상

---

5) Kelner v. Baxter [1866] L. R. 2c. p. 174; Dine, *Company Law*, 3rd ed., p. 82.
6) 정동윤, 회사법, 제7판, 2001, 150면, 주 2번 참조.

법인아닌 단체의 소유형태는 합유와 총유뿐인데 권리능력없는 사단이 아니라면 회사성립 전의 소유형태를 설명할 길이 없다는 주장도 있다.[8]

한편 국내의 소수설은 독일의 통설에 따라 설립중의 회사를 독자적 조직형태(eine Vereinigung sui generis; Vereinigung eigener Art)로 파악하고 있다. 설립중의 회사란 설립등기에 의해서 취득되는 법인격을 전제로 하지 않는 독자적 조직체로서 성립 후 회사에 적용되는 상법과 정관규정 중 법인격을 전제로 하지 않는 것은 모두 이에 적용된다고 한다. 나아가 설립중의 회사란 주식회사라는 종국적 조직형태에 도달하기 위한 과도적 단계에 불과하기 때문에 지속적인 목적의 달성을 꾀하기 위한 조직형태인 민법상의 조합이나 비법인사단 등은 설립중의 회사의 법적 성질을 설명하기에 적합치 않다고 한다.[9]

특수단체설이 타당하다고 본다. 발기설립뿐만 아니라 모집설립도 허용하는 우리 상법의 입장에서 민법상의 조합이나 합명회사설은 타당하지 않고, 또 설립중의 회사란 어디까지나 법인격취득 이전의 과도적 법형상이므로 비법인사단설도 타당하지 않다고 본다. 또 단체의 종류와 공동소유의 형태를 상호 연결시켜 생각할 필요도 없다고 생각된다. 나아가 비법인사단으로 보면 설립중의 회사에 권리능력을 인정할 근거를 잃어버려 설립사무의 원만한 수행에 여러 가지로 불리하다고 생각된다. 설립단계에서도 주금납입을 위한 은행과의 예금거래능력, 부동산등기능력 등 일부의 권리능력을 인정하는 것이 바람직하고 특히 기업시설을 현물출자받는 경우 설립기간 중에도 영업을 계속하게 하는 등 현실적인 필요가 있을 때 특수단체설은 이를 매끄럽게 설명할 수 있다.

## 3. 설립중의 회사의 창립시기

설립중의 회사의 창립시기에 대해서는 다음과 같은 여러 학설의 대립이 있다. 우선 定款作成時說은 정관작성과 더불어 설립중의 회사의 창립을 인정하려 한다. 둘째 株式一部引受時說은 정관작성 후 주식의 일부인수시점에서 설립중의 회사의 창립을 인정하고 있다. 즉 정관작성 후 공증인의 인증을 받고 각 발기인이 1주 이상을 인수한 때 설립중의 회사는 창립된다고 한다. 셋째 株式全部引受時說에서는 정관작성 후 설립단계에서 발행되는 주식의 전부인수시를 창립시점으로 보려 한다. 끝으로 機關選任時說은 정관작성 후 주식의 인수가 완료되고 나아가 이사·감사 등 기관선임도 완

---

7) 최기원, 145면.
8) 이철송, 232면.
9) 정동윤, 410면; 최준선, 157~158면("성립중의 법인설"을 주장함).

료되었을 때 설립중의 회사의 출현을 인정하려 한다. 위와 같은 여러 학설의 대립이 있으나 판례[10] 및 통설의 입장인 주식일부인수시설이 타당하다고 본다. 우선 **정관작성시설**은 주식인수가 전혀 이루어지지 않은 가운데 설립중의 회사의 창립을 인정하나 이는 바람직하지 않다고 생각된다. 설립중의 회사는 태아에 비유되므로 적어도 실체형성의 초기단계를 요구한다. 주식회사는 물적회사이므로 출자의 주체와 내용이 확정됨으로써 실체형성의 바탕을 마련하는 데 정관작성만으로 설립중의 회사가 창립되었다고 보는 것은 시간적으로 너무 이르다. 다음 **주식전부인수시설**을 보면 이 학설은 독일 주식법의 충실한 반영이다. 독일 주식법 제29조는 "발기인들이 주식을 전부 인수하였을 때 회사는 창립된다(Mit Übernahme aller Aktien durch die Gründer ist die Gesellschaft errichtet)"라고 규정하고 있다. 그러나 독일 주식법은 우리 상법과 달리 모집설립을 인정하지 않고 발기설립만 허용한다. 즉 발기인들이 설립 당시의 주식을 전부 인수하는 방법만을 허용하는 것이다. 우리 상법상 모집설립을 택할 경우 주식이 전부인수되는 시점은 상당히 탄력적으로 보아야 할 것이다. 때로는 장기간이 소요될 우려도 있다. 이 학설은 회사의 실체형성이 주식의 전부인수를 통하여 어느 정도 공고히 된 시점에서 설립중의 회사의 창립을 인정하므로 실체형성의 요건을 충족시키는 점은 우수하나, 주식인수가 시간을 끌 경우 지나치게 설립중의 회사의 창립시점을 후치(後置)시켜 실질적으로 설립중의 회사의 존속기간을 단축시킬 우려가 있다. 동일성설에 따라 설립중에 발생한 채무를 성립 후 회사에 매끄럽게 귀속시키는 것이 설립중의 회사의 가장 주된 효용가치인데 그 존속기간이 지나치게 짧으면 그 이용가치는 거의 전무상태에 이르고 만다. 나아가 **기관선임시설**은 주식전부인수의 시점보다 더욱 창립시점을 후치시키는 점에서 더 이상 동조할 여지가 없다고 본다. 끝으로 **주식일부인수시설**을 보면 주식일부인수의 시점을 기준으로 하므로 전부인수시설보다 창립시점을 탄력적으로 앞당길 수 있어서 우수하다.

> **대판 1994. 1. 28, 93다50215**
>
> "설립중의 회사라 함은 주식회사의 설립과정에서 발기인이 회사의 설립을 위하여 필요한 행위로 인하여 취득하게 된 권리의무가 회사의 설립과 동시에 그 설립된 회사에 귀속되는 관계를 설명하기 위한 강학상의 개념으로서 정관이 작성되고 발기인이 적어도 1주 이상의 주식을 인수하였을 때 비로소 성립하는 것이고, 이러한 설립중의 회사로서의 실체가 갖추어지기 이전에 발기인이 취득한 권리, 의무는 구체적 사정에 따라 발기인 개인 또는 발기인조합에 귀속되는 것으로서 이들에게 귀속된 권리의무를 설

---

10) 대판 1985. 7. 23, 84누678.

> 립 후의 회사에 귀속시키기 위하여는 양수나 채무인수 등의 특별한 이전행위가 있어야
> 한다."

### 4. 설립중의 회사와 발기인조합과의 관계

발기인조합(Vorgründungsgesellschaft)은 전기한 바와 같이 설립중의 회사와는 별도의 법적 독립체로서 구별되어야 한다. 발기인조합은 민법상의 조합으로서 설립중의 회사보다 시간적으로 선행하며, 설립중의 회사의 창립과 더불어 그 목적을 달성하고 해산·청산되기도 하고, 설립중의 회사와 병존하며 회사설립의 전과정을 함께 주도하기도 한다. 그것은 발기인조합계약의 해석문제이다. 발기인의 1개의 행위가 때로는 발기인조합의 조합원자격에서 수행되기도 하고 때로는 설립중의 회사의 기관자격으로 수행되기도 한다. 후자로 해석될 경우에만 동일성설의 적용이 가능하다 함은 전술한 바와 같다.

### 5. 설립중의 회사의 법률관계

설립중의 회사의 법률관계를 내부관계와 외부관계로 나누어 살펴본다.

#### (1) 내부관계

**(가) 사원권:** 설립중의 회사는 결국 법인격취득 이전에 존재하는 회사설립목적의 특수단체로서 그 구성원은 발기인들을 포함한 주식인수인들이다. 주식인수인의 설립중의 회사에 대한 포괄적 법적 지위를 권리주라 한다(상조319). 이는 주식의 전신이며 설립중의 회사의 사원권이다. 주식인수인과 설립중의 회사간 및 이들 구성원간의 권리의무는 정관규정이나 설립중의 회사의 존립목적을 고려하여 결정될 것이다.

**(나) 내부적 결속정도:** 또 회사설립의 목적을 달성하기 위한 범주 내에서 충실의무를 상호간 부담한다고 생각된다. 발기인이나 응모주주의 숫자가 다수냐 소수냐에 따라 설립중의 회사의 법적 성격이 때로는 조합적으로 또 때로는 사단적으로 나타날 것이고 이에 따라 그 구성원간의 법적 결속도 달라질 것이다.

**(다) 기 관**

**1) 의사결정기관:** 설립중의 회사의 최고의결기관(의사결정기관)은 발기설립의 경우 발기인총회, 모집설립의 경우 창립총회가 된다. 상법은 창립총회의 소집이나 결의방법에 관하여는 주주총회에 관한 상법의 규정을 대부분 준용하고 있다(상308). 발기인총회나 창립총회가 이사나 감사 등 성립 후의 기관선임을 담당한다(상312). 나아가

발기설립의 경우 발기인총회는 이사·감사로부터 설립경과의 조사를 보고받고($^{상\,298}$), 모집설립의 경우 창립총회는 발기인으로부터 설립경과를, 이사와 감사로부터는 설립경과의 조사결과를 각 보고받는다($^{상}_{313}{}^{311.}$). 이 외에도 창립총회는 변태적 설립사항의 변경처분이나($^{상}_{314}$), 정관변경, 설립폐지의 결의도 할 수 있다($^{상}_{316}$). 즉 설립중의 회사의 기본결정사항은 발기인총회나 창립총회가 그들의 결의를 통하여 결정한다고 볼 수 있다.

**2) 업무집행기관:**    설립중의 회사의 업무집행기관은 발기인이다. 발기인조합에서 업무집행자가 결정된 경우에는 그 업무집행자가 설립중의 회사의 업무집행기관이 된다. 발기설립의 경우 발기인은 각 발기인의 인수가액의 납입을 시행하고($^{상\,295}$), 발기인총회의 의사록을 작성한다($^{상}_{297}$). 모집설립의 경우 응모주주의 모집($^{상}_{301}$), 주식청약서의 작성($^{상\,302}$), 주식배정과 주금납입의 시행($^{상}_{305}{}^{303.}$), 미납입인수인의 실권조치($^{상}_{307}$), 창립총회의 소집과 설립경과의 보고($^{상}_{311}{}^{308.}$) 등 발기인은 회사설립사무의 시행기관이다.

**3) 감사기관:**    설립중의 회사의 감사기관은 향후 성립될 회사의 임원인 이사나 감사이다. 이들은 성립 후 회사의 업무집행기관이나 감독기관이지만 설립단계에서는 감사기능을 수행한다. 이사와 감사는 취임 후 지체없이 설립경과를 조사하여 발기인총회나 창립총회에 보고하여야 한다($^{상}_{313}{}^{298.}$). 변태적 설립사항의 경우에는 이사·감사가 스스로 감사기능을 수행하지 못하므로 법원에 검사인의 선임을 청구하여야 한다($^{상\,298}_{N\,310}$). 그러나 1995년의 상법개정으로 법원이 선임한 검사인의 검사가 공증인의 조사보고나 공인감정인의 감정으로 대체될 수 있어 검사인제도는 사실상 폐지된 것과 같다고 할 수 있다($^{상}_{의2}{}^{299}$).

### (2) 설립중의 회사의 외부관계

설립중의 회사의 외부관계는 권리능력의 문제와 설립중의 회사의 대표기관의 대표권의 범위로 나누어 살펴본다.

**(가) 설립중의 회사의 권리능력:**    이미 설립중의 회사의 법적 성질에서도 간략히 시사되었으나 설립중의 회사에도 적어도 부분적 권리능력이 필요하다. 비법인사단설에서는 이러한 권리능력을 인정하는 것이 이론적으로 순연할 수 없다. 그러나 특수단체설을 취하는 한 어려움없이 설립중의 회사의 예금거래능력, 부동산등기능력, 어음능력 등을 인정할 수 있을 것이다.

(나) **설립중의 회사의 업무집행기관의 대표권의 범위**: 이에 대해서는 다음과 같은 여러 학설의 대립이 있다.

① 우선 設立直接目的限定說에 따르면 설립중의 회사의 업무집행기관의 대표권의 범위는 회사설립 자체를 직접적인 목적으로 하는 행위에 한정된다고 한다. 예컨대 정관작성, 주식인수 및 납입, 창립총회의 소집 등 회사설립을 직접적인 목적으로 하는 행위에만 대표권이 인정되는 셈이다. 다만 법정요건을 갖춘 재산인수($^{\text{상 290 3}}_{\text{호 참조}}$)의 경우 예외가 인정된다고 한다.[11]

② 둘째 학설은 設立必要行爲說이다. 이 입장은 첫번째의 학설과 달리 회사설립을 위하여 법률상·경제상 필요한 행위까지 대표권의 범위에 포함시키고 있다. 그리하여 이 학설을 따르면 설립사무소의 임차라든지 설립사무원의 고용 또는 주식청약서의 인쇄위탁, 주주모집광고의 위탁 등의 행위에 대해서도 대표권의 범위 내의 행위로 본다. 또 개업준비행위는 불가하나 다만 법정요건을 갖춘 재산인수에 대해서는 설립직접목적한정설에서와 같이 예외를 인정한다.[12]

③ 셋째 開業準備行爲包含說에서는 회사성립 후의 개업을 위한 준비행위도 포함된다고 보고 있다. 예컨대 성립 후의 회사를 위한 토지나 건물의 양수, 원자재의 구입 또는 종업원의 채용 등의 행위도 대표권의 범주 내의 행위가 된다. 그러나 그중 재산인수는 특히 위험이 크므로 상법이 제290조 제3호에서 원시정관에 기재할 것을 요구하고 있을 뿐 원래 발기인의 권한에 속하는 행위라 한다.[13]

④ 끝으로 無制限說에서는 성립 후의 회사가 할 수 있는 모든 행위를 설립중의 회사의 업무집행기관이 할 수 있다고 한다.[14]

이러한 여러 학설의 대립이 있으나 설립중의 회사는 설립을 목적으로 존재하는 특수한 단체이므로 회사설립에 필요한 행위까지 포함시키는 제2설이 타당하다고 본다. 제1설은 지나치게 권한범위를 제한시키고 있고, 제3설 및 제4설은 설립중의 회사의 존립목적의 범주를 넘어서고 있다고 생각된다.

(다) **대표권범위 외의 행위의 효력**: 위에서 살펴본 대표권의 범위에 대한 각 학설의 대립은 결국 설립중의 회사의 업무집행기관이 설립중의 회사의 명의로 행한 각종 행위의 효과를 성립 후의 회사가 어느 정도까지 별도의 채무인수 등의 절차없이도 이를 부담하여야 하느냐 하는 문제를 다루고 있다. 결국 동일성설의 효과를 어느

---

11) 최기원, 151면; 이철송, 236면.
12) 이·최, 161면; 채이식, 436면.
13) 정동윤, 414면; 정찬형, 663면; 대판 1970. 8. 31, 70다1357.
14) 服部榮三, 民商, 36권 6호, 1958, 777면 이하.

범주까지 인정할 것인가의 문제이다. 그렇다면 만약 대표권의 범위 외의 행위에 대해서는 성립 후 회사가 전혀 책임지지 않는 것인지 아니면 설사 대표권의 범위 밖의 행위라 하여도 이를 일반 민법상의 추인의 법리를 끌어들여 성립 후 회사의 책임으로 할 수 있는지 다투어지고 있다. 특히 정관미기재의 재산인수의 경우 추인긍정설과 추인부정설의 대립이 있다. 상법 제290조 제3호의 강행법적 성격을 충실히 반영하자면 추인부정설이 타당할 것이다.[15] 그러나 상법 제290조와 같은 강행법규의 지배를 받지 않는 개업준비행위의 경우에는 추인의 법리에 따라 성립 후의 회사에 그 책임을 귀속시킬 수 있다고 본다.[16]

> **대판 2015. 3. 20, 2013다88829**
>
> "甲이 乙이 장래 설립·운영할 丙 주식회사에 토지를 현물로 출자하거나 매도하기로 약정하고 丙 회사 설립 후 소유권이전등기를 마쳐 준 다음 회장 등 직함으로 장기간 丙 회사의 경영에 관여해 오다가, 丙 회사가 설립된 때부터 약 15년이 지난 후에 토지 양도의 무효를 주장하면서 소유권이전등기의 말소를 구한 사안에서, **위 약정은 상법 제290조 제3호에서 정한 재산인수로서 정관에 기재가 없어 무효**이나, 丙 회사로서는 丙 회사의 설립에 직접 관여하여 토지에 관한 재산인수를 위한 약정을 체결하고 이를 이행한 다음 설립 후에는 장기간 丙 회사의 경영에까지 참여하여 온 甲이 이제 와서 丙 회사의 설립을 위한 토지 양도의 효력을 문제 삼지 않을 것이라는 정당한 신뢰를 가지게 되었고, 甲이 乙과 체결한 사업양도양수계약에 따른 양도대금채권이 시효로 소멸하였으며, 甲이 丙 회사 설립 후 15년 가까이 지난 다음 토지의 양도가 정관의 기재 없는 재산인수임을 내세워 자신이 직접 관여한 회사설립행위의 효력을 부정하면서 무효를 주장하는 것은 회사의 주주 또는 회사채권자 등 이해관계인의 이익 보호라는 상법 제290조의 목적과 무관하거나 오히려 이에 배치되는 것으로서 신의성실의 원칙에 반하여 허용될 수 없다."

# 제 4 관  주식회사설립의 절차

## Ⅰ. 설립절차의 종류

현행 상법은 주식회사의 실체형성과정에 발기인 이외에 모집주주의 주식인수를

---

15) 대판 2015. 3. 20, 2013다88829; 이에 대해서 보다 자세히는 졸저, 상법연습, 제3판, 2012, 사례 17번 참조.
16) 개업준비행위에는 재산인수 사항이외에도 여러 가지가 있을 수 있다. 즉 상법 제290조 제3호의 적용을 받지 않는 개업준비행위도 존재한다. 예컨대 종업원채용이나 원자재 구입 등 개업 및 홍보비용 등은 원시정관에 기재되지 않아도 사후추인으로 유효로 될 수 있다.

요구하느냐 아니냐에 따라 발기설립(Einheitsgründung, Simultangründung)과 모집설립(Stufengründung, Sukzessivgründung)을 구별하고 있고, 발기인의 특별이익이나 현물출자 등 위험한 약정이 행해지는지 여부에 따라 단순설립(einfache Gründung)과 변태설립(qualifizierte Gründung)을 구별하고 있다. 이하 정관작성과 이에 뒤따르는 실체형성 및 설립등기 등 設立의 諸節次를 순서에 따라 살펴본다.

## Ⅱ. 정관작성

定款作成行爲(Feststellung der Satzung)는 주식회사설립행위의 일부를 구성한다. 즉 주식인수행위(Aktienübernahme)와 더불어 주식회사설립을 내용으로 하는 조직계약(Organisationsvertrag)의 일부를 형성하는 것이다.[17] 상법은 제289조 제1항에서 조직계약의 주요 내용을 서면으로 하고 또 공증인의 인증을 효력발생요건으로 하는 등 법률행위의 형식을 엄격히 규정하고 있다. 나아가 발기인의 주식인수행위도 서면으로 하도록 규정하여 조직계약의 채권적 부분(schuldrechtlicher Teil des Organisationsvertrages)도 요식행위로 하였다(상293).

정관의 기재내용은 절대적 기재사항, 상대적 기재사항 및 임의적 기재사항으로 구별되고, 발기인이 작성하는 정관을 원시정관(Ursatzung)이라 한다. 정관은 공증인의 인증을 받음으로써 그 효력이 생긴다(상292).[18]

### 1. 절대적 기재사항

절대적 기재사항은 정관에 반드시 기재하여야 하는 사항으로 하나라도 누락되면 그 정관은 효력을 상실한다. 상법은 제289조 제1항 제1호에서부터 제8호까지의 8가지 사항과 발기인 전원의 기명날인 또는 서명을 절대적 기재사항으로 규정하고 있다.

### (1) 목 적(상289 1호)

회사가 추진할 영업대상(Unternehmensgegenstand)을 가리킨다. 그러나 이미 능력외이론(ultra-vires-doctrine)에서 살펴보았듯이 제한부정설을 취하는 한 목적사업의 기재

---

17) Hüffer-Koch, Aktiengesetz, 13. Aufl., §23 Rdnr. 7; Wood v. Odessa Waterworks(1889) 42 Ch. D. 636, "The articles of association constitute a contract not merely between the shareholders and the company, but between each individual shareholder and every other."
18) 공증인의 인증에 대해서는 공증인법 제2조 및 동법 제57조 참조. 자본금 10억원 미만의 소규모 회사를 발기설립할 때에는 정관의 공증의무가 면제된다(상법 제292조 단서).

가 그 회사의 권리능력을 대외적으로 제한시키지는 못한다. 단지 회사 내부적으로 목적범위 외의 행위를 한 이사 등의 임원이 사내책임을 질 근거는 될 수 있다.

### (2) 상 호($\frac{\text{상}}{1} \frac{289}{2\text{호}}$)

향후 성립될 회사의 영업상의 명칭이다. 人商號(Personenfirma)이든 物商號(Sachfirma)이든 자유롭게 선정될 수 있으나($\frac{\text{상}}{18}$) 반드시 주식회사라는 명칭이 후속되어야 한다($\frac{\text{상}}{19}$).

### (3) 회사가 발행할 주식의 총수($\frac{\text{상}}{1} \frac{289}{3\text{호}}$)

이는 해당 주식회사가 발행할 수 있는 주식수의 최대한을 이른다. 이 숫자에서 설립 당시에 발행한 주식수를 빼면 수권주식수가 나온다. 물론 회사성립후 정관변경의 절차를 밟으면 이 숫자도 변동될 수 있다.

### (4) 1주의 금액($\frac{\text{상}}{1} \frac{289}{4\text{호}}$)

액면주식을 발행하는 경우에는 1주의 금액은 균일해야 하며 최소 100원 이상이어야 한다($\frac{\text{상}}{329}$Ⅲ). 이를 액면가라고도 부른다. 이 액수는 주식의 발행가나 실거래가와 다를 수 있다.

### (5) 회사가 설립시에 발행하는 주식의 총수($\frac{\text{상}}{1} \frac{289}{5\text{호}}$)

설립 당시에 발행하는 주식의 총수는 발행예정주식총수중 설립시에 발행하는 주식수이다. 과거에는 설립시에 발행하는 주식총수는 최소한 발행예정주식총수의 4분의 1 이상이어야 했다. 하지만 2011년의 상법개정에서 이러한 제한은 폐지되었다.

### (6) 본점소재지($\frac{\text{상}}{1} \frac{289}{6\text{호}}$)

주식회사도 상인이므로($\frac{\text{상}}{5}$) 복수의 영업소를 가질 수 있다. 이 가운데 주된 영업소를 본점이라 부른다. 본점소재지의 기재는 회사의 보통재판적을 가리는 기준이 되고($\frac{\text{민소}}{5}$), 나아가 각종 회사법상의 소도 본점소재지를 관할하는 지방법원의 전속관할로 되어 있다($\frac{\text{상}}{376}$ 186, 326, 등 참조). 또한 물적회사에서는 회사의 정관, 주주총회의사록 등은 본점과 지점에, 주주명부, 사채원부, 이사회의사록 등은 본점에 비치하여야 한다($\frac{\text{상}}{566}$396.). 이러한 의미에서 본점소재지의 기재는 중요한 의미를 가지므로 상법은 이를 절대적 기재사항으로 하였다.

### (7) 회사가 공고하는 방법($\frac{상 289}{I 7호}$)

주식회사에서는 많은 이해관계인이 참여하기 때문에 정관에서 공고하는 방법을 정하도록 하였다. 공고는 관보 또는 시사에 관한 사항을 기재하는 일간신문에 하여야 한다($\frac{상 289}{III}$).

### (8) 발기인의 성명, 주민등록번호 및 주소($\frac{상 289}{I 8호}$)

아무리 실질적으로 회사의 설립사무를 수행한다 하여도 정관에 발기인으로 기재되지 않는 한 법적으로 발기인이 아니다(발기인의 형식적 의미). 따라서 이 기재사항은 법적으로 책임질 발기인을 구체화하는 역할을 한다. 발기인은 1인이어도 좋다($\frac{상}{288}$). 발기인의 성명이 기재되었다 하여 출자자와 출자내용이 확정되는 것이 아니므로 주식회사에서는 별도의 주식인수절차가 요구된다 함은 이미 기술한 바와 같다.

## 2. 상대적 기재사항

상대적 기재사항이라 함은 정관에 기재되지 않아도 정관 자체의 효력에는 영향을 미치지 않지만 해당 사항에 대해서는 정관에 기재되어야 비로소 효력이 발생하는 사항을 말한다. 효력발생을 위하여 반드시 기재하여야 하는 점에서 임의적 기재사항과 구별된다. 상대적 기재사항에는 (i) 변태적 설립사항과 (ii) 기타 사항이 있다.

### (1) 변태적 설립사항($\frac{상}{290}$)

이는 회사의 자본적 기초를 위태롭게 할 가능성이 있는 사항(이른바 위험한 약속; gefährliche Abrede)으로서 이 사항들은 정관에 기재하여야 효력이 발생하며, 모집설립의 경우에는 모집주주가 알 수 있도록 주식청약서에 기재하여야 한다($\frac{상 302}{II 2호}$). 나아가 변태적 설립사항이 있는 경우에는 원칙적으로 법원이 선임한 검사인의 조사를 받아야 한다($\frac{상 298 IV.}{310 I}$). 그러나 공증인이나 감정인이 대행할 경우에는 예외이다($\frac{상 299의2.}{310 III}$).

### (가) 발기인의 특별이익($\frac{Sondervorteil:}{상 290 1호}$): 발기인이 받을 특별이익과 이를 받을 자의 성명이 그 기재내용이다. 회사설립의 위험을 부담하고 설립활동을 한데 대한 공로로서 주어지는 이익을 발기인의 특별이익이라 한다. 예컨대 회사설비이용의 특혜나 회사와의 계속적인 거래의 약속, 신주인수에 대한 우선권, 이익배당이나 잔여재산분배시의 우선권[19] 같은 것들이다. 그러나 자본충실의 원칙에 반하는 이익은 허용될 수

---

19) 이익배당이나 잔여재산분배시의 우선권은 허용가능한 발기인의 특별이익에서 제외시키는 학설도 있다. 이철

없다. 발기인 소유주식에 대한 납입면제나 확정이자의 지급 또는 무상주의 교부 같은 것들은 발기인의 특별이익으로 기재될 수 없다. 발기인의 특별이익은 재산권적 권리로서 정관규정이나 그 성질에 반하지 않는 한 주식으로부터 분리되어 제3자에게 별도로 양도될 수 있다.

**(나) 현물출자**(상 290 2호)

**1) 개 념:** 현물출자를 하는 자의 성명과 그 목적인 재산의 종류, 수량, 가격과 이에 대하여 부여할 주식의 종류와 수가 그 기재내용이다. 현물출자라 함은 금전 이외의 재산으로 출자하는 것을 말한다. 금전출자가 원칙이겠지만 회사가 어차피 구입해야 할 자산을 마침 출자자가 가지고 있다면 굳이 이를 환가하여 금전으로 납입할 필요는 없는 것이다. 그러나 현물출자는 출자대상이 과대평가될 때 자본충실의 원칙을 침해할 가능성이 있다.

**2) 법적 성격:** 현물출자는 상법이 정한 출자의 한 형태일 뿐이므로 이를 대물변제로 보거나 매매 또는 주식과의 교환 등 기존의 특정 제도에 무리하게 연결시킬 필요는 없다. 그 법적 성질은 금전출자와 다를 바 없다. 즉 발기설립의 경우 발기인, 모집설립의 경우 발기인과 응모주주는 모두 조직계약[20]을 성립시킨 당사자로서 출자의무를 서로 약정한 것이므로 그것이 금전이든 현물이든 결국 그 계약의 이행을 함으로써 사원의 지위를 취득하게 되는 것이다.

**3) 목 적:** 현물출자의 목적은 금전 이외의 재산으로서 대차대조표의 자산의 부에 기재될 수 있는 것이면 무엇이든지 가능하다. 동산, 부동산, 유가증권, 무체재산권 등은 물론 영업상의 비밀, 고객관계, 영업권, 컴퓨터의 소프트웨어 등도 현물출자의 대상이 될 수 있다. 그러나 주식회사의 물적 성격에서 민법상의 조합이나 합명회사에서와 같은 노무나 신용출자는 허용되지 않는다.

**4) 출자자의 자격:** 설립시이든 성립 후 신주발행시이든 현물출자를 할 수 있는 자의 자격은 제한되지 않는다. 1995년의 상법개정 이전에는 상법 제294조에 의하여 설립시에는 발기인만이 이를 할 수 있었으나 이 조문은 1995년의 개정으로 삭제되었다.

**5) 규 제:** 상기한 바대로 현물출자제도는 자본충실을 위협할 요소가 있으므

---

송, 245면, 각주 1 참조.

20) 이 조직계약은 공동체형성 부분(korporationsrechtlicher Teil)과 구성원 상호간 채권적으로 출자를 약정하는 부분(nicht-korporativer Teil)으로 구성된다. 현행 상법상 주식회사의 경우 상법 제289조 제1항의 절대적 기재사항은 전자에 해당하고, 상법 제293조상의 주식인수는 후자에 해당한다.

로 상법은 이에 대한 엄격한 규제를 하고 있다. 우선 회사설립시의 현물출자는 상대적 기재사항으로 해놓고 있고, 모집설립시나 신주발행시에는 주식청약인이 인식할 수 있도록 주식청약서의 필수기재사항으로 하고 있다(상 302 II 2호, 420 3호, 416 4호). 나아가 법원이 선임한 검사인의 검사를 거치도록 하고 있고, 다만 1995년의 상법개정으로 설립시에는 공증인의 조사나 감정인의 감정으로 대체시킬 수 있게 하였다(상 298, 299의2, 310, 422).

6) **방 법**:  현물출자는 납입기일에 지체없이 이행되어야 하고 출자목적에 따라 그들의 고유한 양도방법이 지켜져야 한다. 동산은 인도, 부동산은 등기, 지시증권은 배서교부, 특허권은 등록 등 해당 권리의 이전방법에 따라 설립중의 회사에 귀속되었다가 별도의 이전절차없이 회사재산이 될 것이다. 나아가 현물출자는 출자자와 설립중의 회사와의 관계에서 유상·쌍무계약적 성격을 갖는 것은 사실이다. 그러나 급부장애(Leistungsstörung)시 일반 채권법상의 쌍무계약에 관한 규정이 모두 적용될 수는 없다. 가령 현물출자의 대상이 물건의 하자가 심각하여 출자목적을 달성할 수 없다고 할 때 설립중의 회사가 현물출자계약을 해제한다 해도 현물출자를 약정한 자는 물건 대신 현금으로 주금납입을 해야 한다고 본다.

(다) **재산인수**(Sachübernahme: 상 290 3호):  회사성립 후에 양수할 것을 약정한 재산의 종류, 수량, 가격과 그 양도인의 성명이 기재내용이다.

1) **개 념**:  재산인수란 발기인이 회사의 성립을 조건으로 회사를 위하여 일정 재산을 양수하기로 하는 계약을 말한다.[21] 재산인수행위는 발기인의 개업준비행위에 속한다.

2) **법적 성질**:  재산인수는 현물출자와 달라 단체법적 성질이 나타나지 않는 순수한 평면적 거래의 성격을 갖고 있다. 단지 현물출자와 같이 과대평가의 위험이 있고 현물출자를 우회하는 탈법행위의 가능성이 있으므로 상법은 이것도 정관의 상대적 기재사항으로 하였다.

3) **정관 미기재시**:  정관에 기재되지 않은 재산인수에 대해서는 추인긍정설과 추인부정설의 대립이 있음은 기술한 바와 같다. 판례는 추인부정설을 취하고 있다.[22]

4) **사후설립**:  현물출자나 재산인수에 관한 상법의 규제를 회피할 목적으로 회사가 법인격을 취득하고 난 다음 회사에 재산을 양도하는 방법도 가능할 것이다. 그

---

21) 판례는 '매매계약의 형식으로 양수할 것을 약정하는 계약'으로 보고 있다(대판 1992. 9. 14, 91다33087).
22) 대판 2015. 3. 20, 2013다88829 등.

러나 이렇게 되면 결국 양제도를 우회하여 상법의 규제를 퇴색시킬 것이므로 상법은 사후설립(Nachgründung)제도를 두고 있다.[23] 그리하여 회사의 성립 후 2년 내에 그 성립 전부터 존재하는 재산으로서 영업을 위하여 계속 사용할 것을 자본의 1/20 이상에 해당하는 대가로 취득하는 계약을 함에는 주주총회의 특별결의를 요하도록 하였다($\frac{\mbox{상}}{375}$).

(라) **설립비용과 발기인의 보수**($\substack{\mbox{Gründungsaufwand:}\\ \mbox{상 290 4호}}$):   회사가 부담할 설립비용과 발기인이 받을 보수액이 그 기재내용이다.

1) **개 념**:   설립비용이라 함은 발기인이 설립중의 회사의 기관으로서 회사의 설립을 위하여 지출한 비용을 말한다. 예컨대 정관 및 주식청약서의 인쇄비, 설립사무소의 임차료, 주주모집을 위한 광고비, 설립사무원의 보수 등이다. 그러나 이에 개업준비비용은 포함되지 않는다.[24]

2) **회계처리**:   설립비용과 발기인의 보수는 회계처리상 이연자산으로 계상되므로 회사성립 후 일정 기간내의 매결산기에 균등액 이상을 상각하도록 되어 있다.

3) **정관 미기재 또는 설립검사 미통과액의 처리방법**:   이러한 설립비용이 정관에 기재되지 않았거나 정관에 기재는 되었으나 실제 지출해야 할 액수보다 적게 기재된 경우 또는 설립검사를 통과하지 못한 액수의 경우 이를 어떻게 처리하여야 하는가? 즉 발기인의 부담사항으로 하여야 하는가 아니면 성립 후 회사의 부담사항으로 하여야 하는가? 이에 대하여 국내 및 일본의 학설은 다음과 같이 대립한다.

제1설은 회사전액부담설이다. 이 입장에 따르면 회사의 설립에 필요한 행위는 모두 발기인의 권한에 속하는 사항이므로 실질적으로 설립중의 회사에 귀속하고 따라서 제3자에 대한 관계에서 성립 후에는 당연히 회사의 부담사항이 된다고 한다. 따라서 아직 이행하지 않은 부분은 회사가 제3자에 대하여 이행하여야 하고 정관미기재액 등은 발기인에 대하여 구상할 수 있다고 한다.[25]

제2설은 발기인전액부담설이다. 이에 따르면 "설립비용은 회사설립의 전후를 구별함이 없이 제3자에 대하여는 발기인이 행위의 당사자로서 채무자가 되고 회사가 성립되면 정관에 기재하고 소정의 법정절차를 거친 범위 내에서 발기인은 회사에 대하여 구상할 수 있을 뿐이라고 본다".[26]

---

23) 사후설립과 재산인수의 구별기준은 계약성립시점인바 그 시점이 회사성립 전이면 재산인수요, 회사성립 후이면 사후설립이다(대판 1989. 2. 14, 87다카1128 참조).

24) KölnerKommentar-Kraft, AktG, §26 Rdnr. 25; Hüffer-Koch, AktG, 13. Aufl, §26 Rdnr. 5.

25) 정동윤, 391면; 임재연(Ⅰ), 261면; 이·최, 172면; 정찬형, 680면.

제3설은 회사발기인분담설이다. 설립비용 가운데 정관에 기재되고 검사인의 검사를 통과한 부분에 대하여는 회사가 제3자에 대하여 채무를 부담하고, 이러한 법정요건을 구비하지 못한 금액에 대하여는 발기인이 그 채무를 부담한다고 한다.[27]

제4설은 회사·발기인중첩책임설이다. 이 입장은 일반적으로 법인격없는 사단에 있어서는 대외적으로 그 사단의 재산으로 책임짐과 동시에 그 대표자도 책임져야 한다고 풀이하면서 그 법적 성질이 권리능력없는 사단인 설립중의 회사의 채무는 그대로 성립 후의 회사에 인계되지만 이로 인하여 설립중의 회사의 대표인 발기인의 책임이 면제되는 것은 아니라고 한다. 그리하여 회사와 발기인의 중첩적 책임으로 보고 있다.[28]

정관미기재액, 기재액 초과액 또는 설립검사미통과액 등을 누가 부담하느냐의 문제는 상법 제290조의 강행법규성과 제3자보호를 동시에 고려하여야 할 것이다. 우선 정관에 설립비용을 기재한다고 할 때 언제까지 원시정관에의 기재나 또는 정정이 가능한지 살펴보자. 설립비용은 정관작성뿐만 아니라 실체형성의 제과정에서 발생하므로 그 구체적인 산정이 쉽지 않다. 정관작성은 실체형성작업 이전에 이루어지므로 이 시점에서 발기인들이 설립비용의 모든 요목을 구체화시키기는 쉬운 일이 아닐 것이다. 그리하여 설립비용의 산정 및 그 기재 또 필요하다면 그 정정은 설립등기시점까지는 할 수 있다고 보아야 할 것이다(독일 주식법 26 Ⅲ 참조).[29] 물론 필요하다면 창립총회나 발기인총회 등에서 원시정관에 기재된 설립비용의 액을 재조정하는 등의 이유로 정관변경결의를 하여야 할 것이다. 설립등기 이후에는 이러한 정정은 유효한 정관변경결의로도 할 수 없다고 본다(독일 주식법 26 Ⅱ 2문).[30] 이렇게 본다면 발기인들은 상당한 시간적 여유를 가지고 설립비용을 구체화시킬 수 있는 기회를 제공받는다고 할 수 있다. 그럼에도 불구하고 정관에 설립비용을 전혀 기재하지 않았거나 부족하게 산정하였거나 또는 설립검사를 통과하지 못한 액수가 있다면 일단 이러한 결과는 발기인의 책임범위에 속한다고 봐야 한다. 이러한 내용을 전제로 상기 각 학설의 입장을 살펴보면, 우선 제1설은 회사가 일단 제3자에 대한 관계에서 모든 책임을 부담하므로 설립중의 회사와 거래한 제3자의 보호면에서는 우수하다고 할 수 있다. 나아가 설립중의 회사라는 개념을 인정하는 가장 주된 이유가 동일성설에 있다면 설립직접목적행위나 설립필요행위로부터 발생되는 채무를 성립 후의 회사가 부담하게 되는 것은 오히려 당연한

---

26) 최기원, 167면에서 인용, 결론은 169면; 채이식, 410~411면.
27) 일본 판례의 입장이다. 日大判 1917. 7. 4., 民集 6. 429.
28) 鈴木＝竹內, 50면.
29) KölnerKomm-Kraft, §26 Rdnr. 41; Hüffer-Koch, AktG, 13. Aufl., §26, Rdnr. 8.
30) KölnerKomm-Kraft, AktG, §26 Rdnr. 42.

결과인지도 모른다. 그러나 정관에 미기재되거나 기재액 초과분에 대해서까지 회사가 부담하므로 설립 당시부터 회사의 재무가 허약한 상태로 출발할 수 있어 문제가 있다(사전부담금지의 원칙; Vorbelastungsverbot). 또 회사가 발기인에 대하여 구상할 수 있다 해도 한계가 나타날 수 있다. 나아가 상법 제290조의 강행법규성도 문제이다. 회사가 정관에 아무런 기재도 없는 설립비용까지 부담한다면 설립비용을 상대적 기재사항으로 한 입법취지는 퇴색된다. 제2설은 제3자보호면에서 위험요소가 있다. 발기인이 설립비용을 모두 부담하여야 하므로 성립 후의 회사보다 발기인이 자력면에서 한계가 있는 경우 거래의 안전이 문제시된다. 제3설은 회사의 내부사정, 즉 설립비용의 정관기재 여부 또는 설립검사절차통과 여부 등의 사정에 따라 회사의 채무부담사항이 달라지게 되어 역시 제3자의 지위가 불안하다. 제4설은 설립중의 회사를 비법인사단으로 단정하고 있어 적어도 특수단체설의 입장에서는 이것도 문제이지만 설사 그렇게 본다 해도 성립 후의 회사 즉 법인사단에 대해서 비법인사단의 이론을 확장 적용시키고 있는 것도 문제이다.

각 학설은 여러 시각에서 장단점을 병유하고 있다. 그러나 설립비용의 부담 문제는 상법 제290조의 강행법규성을 무시하고는 제대로 해결될 수 없다고 본다. 물적 회사인 주식회사에서 자본충실의 원칙만큼 중요한 것은 없다. 이 원칙의 실현을 돕는데 상법 제290조의 가장 큰 존재이유가 있다. 정관미기재의 재산인수에서도 동 조문의 강행법규성을 우회해서는 안될 것이다. 발기인들은 설립등기를 마칠 때까지는 설립비용의 기재누락을 막을 수 있고 또 정정할 수도 있다. 그렇다면 이러한 충분한 기회부여에도 불구하고 정관에 전혀 기재하지 않거나 기재액이 실제 지출하여야 할 액보다 모자라는 경우 이는 발기인의 부담사항이다. 나아가 회사의 내부관계와 외부관계를 구별하여 달리 판단할 필요도 없다고 본다. 독일 주식법 제26조 제3항은 설립비용을 정관에 미기재하였을 경우에는 회사에 대해서 해당 비용에 관련된 법률행위의 효력을 부인하고 있다. 이러한 견지에서 본다면 제3설이 가장 타당하다고 본다.

### (2) 기타의 상대적 기재사항

변태적 설립사항 이외에도 정관에 기재되어야 효력이 발생하는 여타의 상대적 기재사항이 있다. 예컨대 종류주식의 발행사항($^{상\ 344}$), 전환주식의 발행($^{상\ 346}$), 주주총회의 권한사항($^{상}_{361}$) 등이 그것이다.

## 3. 임의적 기재사항

정관에는 상술한 절대적, 상대적 기재사항 이외에도 강행법규, 선량한 풍속 기타

사회질서 및 주식회사의 본질에 반하지 않고 상법이 허용하는 범위 내에서 필요한 사항을 기재할 수 있다. 예컨대 지점의 소재지, 주식의 명의개서절차, 주권의 종류, 주권의 재교부, 주주총회의 장소 등이다.

이들 사항은 정관 이외의 규정에서 정하여도 그 효력이 인정되지만 정관에 기재되면 그 변경은 엄격한 정관변경절차에 의해서만 가능하다는 차이가 있다.

## Ⅲ. 회사의 실체형성

### 1. 총    설

會社의 實體를 구성하는 것은 주식회사설립절차의 요체를 이룬다. 우선 주식인수인을 확정하여 회사의 구성원인 주주를 정하고 이들로부터 납입을 완료시켜 회사의 (i) 물적 기초를 확립하고, 다시 이사·감사를 선임하여 (ii) 기관을 형성하게 된다. 나아가 합명, 합자, 유한회사에서와는 달리 주식회사에서는 다수인의 이해관계가 얽히므로 (iii) 설립경과의 검사와 조사절차가 나타난다.

회사의 실체형성절차는 발기설립과 모집설립절차가 서로 차이점을 나타내며 상법은 전자에 대해서는 제293조에서 제300조까지, 후자에 대해서는 제301조에서 제316조까지 별도의 규정을 두고 있다.

### 2. 주식발행사항의 결정($^{\text{상}}_{291}$)

발기설립이든 모집설립이든 회사의 실체를 구성하기 위해서는 먼저 주식발행사항을 결정하여야 한다.

#### (1) 발기인 전원의 동의

회사설립에 관한 여러 가지 결정은 원칙적으로 발기인 과반수의 찬성에 의하지만 ($^{민\,706}_{II}$),[31] 다음 사항은 중요한 사항으로서 정관에 다른 정함이 없으면 발기인 전원의 동의로 이를 정한다($^{\text{상}}_{291}$).

(가) **주식의 종류와 수**($^{\text{상}\,291}_{1호}$):    설립시에 발행할 주식수는 이미 정관에 정해져 있다($^{\text{상}\,289}_{1\,5호}$). 다만 정관에서 회사가 종류주식을 발행할 수 있는 것으로 정한 때에는($^{\text{상}}_{344}$),

---

31) 주식의 인수가 있기 전에는 발기인조합(Vorgründungsgesellschaft)이 존재하므로 민법상의 조합에 관한 민법 제706조가 적용된다.

발기인은 그 전원의 동의로 설립시에 발행할 주식의 종류와 수를 정하여야 한다($^{상 291}_{1호}$). 물론 회사가 한 종류의 주식만을 발행할 경우에는 발기인들이 이러한 결정을 할 필요는 없다.

**(나) 액면 이상의 주식을 발행하는 때에는 그 수와 금액**($^{상 291}_{2호}$):   회사의 설립시에 주식의 할인발행(Unterpariemission)은 절대적으로 허용되지 않는다($^{상 330}_{417 참조}$). 그러나 주식의 할증발행은 금지되지 않는다. 즉 액면초과발행(Überpariemission)은 자본유지의 원칙에 반하지 않으므로 굳이 이를 금지할 이유가 없기 때문이다. 그러나 주식의 할증발행은 주식인수인에게 추가의 출자의무를 부과시키고 또 발기인은 최소한 1주는 반드시 인수하여야 하므로 이 경우 발기인 전원의 동의를 얻도록 하고 있는 것이다.

**(다) 무액면주식을 발행할 경우**($^{상 291}_{3호}$):   회사가 무액면주식을 발행하는 경우에는 주식의 발행가액과 주식의 발행가액 중 자본금으로 계상하는 금액을 발기인 전원의 동의로 정하여야 한다.

### (2) 동의의 흠결 또는 하자

발기인 전원의 동의가 없이 회사가 수종의 주식을 발행한다든가 할증발행을 하면 이는 설립무효의 원인이 될 것이다. 발기인 전원의 동의에 의한 주식발행사항의 결정이 강행법규나 정관규정에 위반하는 때에도 그 동의는 무효이다. 전원동의의 시기는 정관작성 후 발기인에 의한 주식인수 전이어야 한다. 그러나 주식인수 후라도 동의를 얻으면 그 하자는 치유된다고 할 수 있다($^{통}_{설}$).

### 3. 발기설립의 절차($^{상 293-}_{300}$)

### (1) 발기인에 의한 주식총수의 인수

**(가) 인수방법:**   설립시에 발행하는 주식은 전부 發起人들이 인수한다. 각 발기인은 서면으로 인수하여야 한다($^{상}_{293}$). 서면에 의하지 않은 주식인수는 무효이다. 인수의 시기는 통설에 의하면 정관작성의 전후를 불문한다고 하며, 소수설에 의하면 정관작성과 동시 또는 그 뒤라야 가능하다고 한다.

**(나) 주식인수의 법적 성질:**   주식인수의 법적 성질은 어떻게 파악하여야 할까? 이에 대해서 현재 우리나라에서는 합동행위설과 설립중의 회사에의 입사계약설이 대립하고 있으나, 필자는 회사의 설립행위인 多者間 조직계약의 일부로 보고자 한다.

1) **학설들:** 우선 합동행위설(點)에서는 주식인수의 법적 성질을 발기인의 평행선적인 일방적 의사표시의 공존에 의하여 효력이 발생하는 합동행위(Gesamtakt)라고 설명한다. 둘째 국내 소수설인 설립중의 회사에의 입사계약설에서는 설립중의 회사가 정관작성시에 이미 창립됨을 전제로 주식인수를 발기인과 설립중의 회사간의 입사계약으로 보고 있다. 셋째 조직계약설에서는 우리나라 통설이 합동행위라고 말하는 발기인의 주식인수라는 것은 실은 발기인들간의 출자합의에 지나지 않는다고 보고 있다.

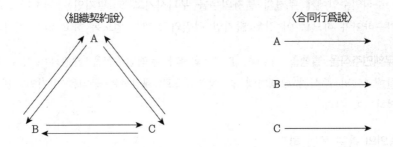

2) **합동행위설의 비판:** 우선 합동행위라는 개념은 독일의 기르케에 의하여 주창되었으나[32] 오늘날 이를 따르는 학설은 존재하지 않는다. 일반 법률행위론의 적용을 벗어나서 단체형성의 자율성을 보다 강조한 그의 입장은 오늘날 헌법상으로 결사의 자유가 보장된 사회에서는 큰 의미를 갖지 못한다. 나아가 발기인들이 서면으로 주식인수의 약정을 해야 하므로 발기인들간에는 적어도 출자범위 등에 대한 의사가 서로 교환적으로 표시되고 합치되어야 한다. 따라서 합동행위설은 우선 역사적으로 이 이론이 이미 퇴색되었고 나아가 의사표시의 결합과정을 제대로 파악하고 있다고 하기 어렵다. 평행선과 같이 같은 방향으로 또 같은 내용으로 행해지는 복수의 의사표시를 단체설립의 과정에서 어떻게 이해하여야 할까? 회사가 설립되고 그 속에서 서로 협력하며 공동목적달성을 추구하는 것이 설립행위의 효과의사일 것이다. 그렇다면 발기인들 상호간에 회사설립을 위한 여러 의사조정의 과정이 있고 난 후에 같은 내용의 의사가 상대방에게 서로 표시되고 교환되는 것이 보다 자연스러울 것이다. 합동행위설에서처럼 개개의 의사표시가 일정한 방향으로 평행선처럼 향한다면 그 의사표시들은 누구를 상대방으로 하는 것인가? 설립등기를 담당하는 상업등기소가 상대방인가? 그렇게 보기는 어려울 것이다.[33] 합동행위설은 회사설립과정에서 나타나는 발기

---

32) Deutsches Privatrecht Ⅰ, S. 150.
33) v. Tuhr, BGB Allgemeiner Teil, §34 Ⅰ.

인들의 의사표시에 관한 적합한 모델이 되기 어렵다.

**3) 입사설(入社說)의 비판:**   둘째 입사계약설은 우선 설립중의 회사의 창립시기를 정관작성시로 보는 경우에만 가능한데, 이미 살펴보았듯이 정관작성시설은 주식인수가 전혀 이루어지지 않은 시점에서 설립중의 회사의 창립을 인정하므로 적어도 실체형성의 초기단계를 요구하는 설립중의 회사의 본질과 합치할 수 없다. 즉 통설 및 판례인 주식일부인수시설을 따르는 한 동조할 수 없다.

**4) 결  론:**   주식인수의 법적 성질은 정관작성행위와 함께 고찰의 대상으로 삼아야 할 것이다. 여기서 우리는 정관작성과 주식인수의 법적 성질을 보다 정확하게 파악하기 위하여 이에 대한 독일에서의 논의를 참고해 보고자 한다. 독일에서는 정관작성과 주식인수의 법적 성질을 별개로 다루지 않고 함께 다루는데, 과거에는 계약설[34] 및 합동행위설[35]의 대립이 있었고 판례는 다음과 같이 변모되어 왔다. 초기의 판례는[36] 정관작성이나 주식인수를 쌍무계약(gegenseitig verpflichtender Vertrag)으로 파악하였으나 곧 입장을 바꾸어 1886년의 판례는[37] 계약이라는 명칭을 피하고 '결속'(Bindung)이란 용어를 사용하여 'gegenseitige Bindung'으로 표현하는가 하면 '주식회사설립의 전제가 되는 발기인들의 통일된 행위'(von einem einheitlichen Akte)라는 표현을 사용하기도 하였다.[38] 그러나 오늘날에는 특수계약설이 지배적이며 그 내용은 순수한 채권적 계약이 아니라 단체법적 계약(körperschaftlicher Vertrag)으로 보고 있다. 이에는 조직법적 규정들(organisationsrechtliche Bestimmungen)과 채권적 개인법적 규정(individualrechtliche Bestimmung)들이 공존하는 현상이 나타난다. 그리하여 단체법에 특유한 조직창설행위를 '조직계약'(Organisationsvertrag)으로 파악하는 것이 일반화되었다.[39] 위에서 살펴보았듯이 합동행위설은 회사의 설립과정을 자연스럽게 묘사하지 못하고 있고, 입사계약설도 동조하기 어려우므로 조직계약설에 따라야 할 것으로 판단된다.

**(2) 출자의 이행($\frac{상}{295}$)**

**(가) 전액납입제:**   우선 금전출자의 경우에는 발기인에 의해서 주식총수가 인수되면 지체없이 각 주식에 대하여 그 인수가액의 전액을 납입하여야 한다($\frac{상}{295}$). 상법

---

34) RGZ 2, 262, 264; RGZ 57, 292, 299; Brodman, §182, Anm. 2.
35) Gierke, Deutsches Privatrecht Ⅰ, S. 150.
36) RGZ 2, 262, 264.
37) RGZ 18, 56, 66.
38) RGZ 31, 17, 21; RGZ 45, 99, 101.
39) Hüffer-Koch, Aktiengesetz, 13. Aufl., §23 Rdnr. 7.

은 자본충실의 견지에서 전액납입제를 시행하고 있다. 인수가액이라 함은 주금액뿐만 아니라 액면을 초과하여 발행한 때에는 액면초과액(Premium)을 포함하는 것이다.

(나) **납입장소 지정의무:**    1995년 상법개정 이전에는 원칙적으로 발기인대표에게 주금을 납입하면 되었으나, 개정 후에는 모집설립시와 마찬가지로 납입장소의 지정의 무를 신설하였다($\substack{상\ 295 \\ 단서}$). 그리하여 발기인은 납입을 맡을 은행 기타 금융기관과 납입 장소를 지정하여야 한다. 납입은 원칙적으로 현금으로 하여야 한다. 당좌수표로 납입 한 때에는 그 수표가 결제될 때까지 납입의 효과가 도래하지 않는다.[40]

(다) **현물출자의 이행:**    현물출자의 경우에는 현물출자할 발기인이 지체없이 출 자의 목적인 재산을 인도하고 등기, 등록 기타 권리의 설정 또는 이전을 요할 경우에 는 이에 관한 서류를 완비하여 교부하여야 한다($상\ 295$). 현물출자의 경우 인수인은 주 식을 인수하고 유상·쌍무적 성격에서 현물을 제공하는 것이므로 현물출자의 목적물 에 대한 위험부담이나 담보책임에 대해서는 민법의 규정이 유추될 수 있다($\substack{민\ 537,\ 570, \\ 580\ 등}$). 현물출자자는 납입기일에 지체없이 이행하여야 한다. 출자의 목적물에 따라 그 고유한 권리이전방식을 따라야 한다. 동산이면 인도(Übergabe), 부동산이면 등기(Eintragung), 유가증권이면 배서교부(Übereignung und Indossament), 지명채권이면 채무자에 대한 채권양도의 통지(Abtretungsanzeige)나 채무자의 승낙 등 대항요건 등을 갖추어야 한 다. 회사성립 후에 다시 회사 앞으로 등기·등록을 해야 하는 이중의 절차를 생략하 기 위하여 상법은 등기·등록에 필요한 서류를 완비하여 교부하도록 하고 있다. 이 규정은 모집설립과 신주발행시에도 준용된다($\substack{상\ 305\ \text{Ⅲ.} \\ 425\ 참조}$). 설립시에 현물출자된 재산권은 일단 설립중의 회사에 귀속하고 회사성립 후 특별절차없이 회사재산이 된다($\substack{통\ 설}$).

(라) **출자불이행의 효과:**    인수인이 출자의무를 이행하지 않은 경우에는 모집설 립에서와 같이 실권절차가 따로 없으므로 일반원칙에 따라 이행을 강제하거나 계약 을 해제하고 손해배상을 청구한다. 나아가 회사가 성립한 후에도 아직 인수나 납입이 안된 주식이 있으면 발기인은 이에 관해 연대하여 인수 및 납입담보책임을 진다($\substack{상\ 321}$).

### (3) 기관선임($\substack{상\ 296}$)

출자의 이행이 완료되면 발기인은 지체없이 장차 성립될 회사의 기관을 구성하여 야 한다. 발기인들은 일정한 장소에 모여 발기인총회를 개최하여 의결권의 과반수로 이사와 감사를 선임하여야 한다($상\ 296$). 이 선임행위는 발기인 자격이 아니라 설립중의

---

40) 대판 1977. 4. 12, 76다943.

회사의 구성원으로서 하는 것이다. 따라서 의결권의 행사는 두수주의에 따르는 것이 아니라 인수주식 1개에 대해서 1개씩 주어진다($\frac{상}{령}$ 296).

발기인총회는 모집설립의 창립총회에 해당되는 것이므로 창립총회의 결의방법보다 완화되어 있다. 창립총회의 결의는 출석한 주식인수인의 의결권의 3분의 2 이상이며 인수된 주식의 총수의 과반수에 해당하는 다수로 하고 있다($\frac{상}{309}$).[41]

발기인은 의사록을 작성하여 의사의 경과와 그 결과를 기재하고 기명날인 또는 서명하여야 한다($\frac{상}{297}$). 이는 임원선임을 위한 결의가 실제 발기인들의 회합에서 이루어질 것을 전제로 한 것이다.

### (4) 설립경과의 조사

발기설립을 하는 경우에도 법원이 선임한 검사인에 의한 검사는 1995년의 상법개정으로 매우 완화되어 자체감사로 가능하게 되었다. 즉 이사와 감사가 회사설립의 경과를 조사하여 발기인에게 보고하도록 하였고($\frac{상}{298}$), 단지 변태설립사항의 경우와 현물출자의 이행을 조사하는 경우에는 법원이 선임한 검사인이 조사하여 법원에 보고토록 하였다($\frac{상}{299}$).[42] 그러나 변태적 설립사항에 대한 조사도 신설된 상법 제299조의2에 의하여 발기인의 특별이익이나 설립비용은 공증인의 조사보고로, 현물출자나 재산인수의 경우에는 공인된 감정인의 감정으로 대신할 수 있으므로 사실상 발기설립에서 법원선임의 검사인제도는 폐지된 것이나 다름없다. 물론 이 경우에도 공증인 또는 감정인은 조사 또는 감정결과를 법원에 보고하여야 한다($\frac{상}{2}\frac{299의}{2문}$).[43] 법원은 상법 제300조의 규정범위 내에서 변경처분을 내릴 수 있다.

### 4. 모집설립의 절차($\frac{상}{316}$ 301-)

### (1) 발기인의 주식인수

발기인은 반드시 주식을 인수하여야 하므로 募集設立을 하더라도 발기인의 주식인수는 필요하다. 이 사실은 주식청약서에 기재하여야 한다($\frac{상}{4호}\frac{302}{}$). 따라서 발기인의

---

41) 예컨대 12,000주가 인수된 경우 9,000주에 해당하는 주식인수인이 출석하면 이 중 6,000주의 의결권이 그 3분의 2에 해당하고 동시에 6,001주가 인수된 주식총수의 과반수가 된다. 따라서 6,001주를 인수한 주식인수인만이 출석한 경우에는 전원의 찬성이 있어야 결의가 성립한다(서돈각·김태주, 주석상법, 제309조, 주석 1 참조).

42) 그러나 현물출자나 재산인수의 총액이 자본금의 20%를 초과하지 않고 동시에 대통령령으로 정한 상한도 초과하지 않는 경우에는 법원에 보고할 필요가 없다. 2011년 상법 개정의 결과이다. 재산인수나 현물출자의 대상이 거래소의 시세있는 유가증권인 경우에도 같다(개정된 상법 제299조 제2항 참조).

43) 모집설립시에는 법원이 아니라 창립총회에 보고하고 이에 대한 변경처분도 창립총회가 한다(상법 제310조 제2항, 제314조 제1항 참조).

주식인수는 모집주주의 주식인수에 선행하여야 한다.

### (2) 주주의 모집

(가) 모집설립에서 나타나는 주식인수의 법적 성질:　모집설립시 나타나는 주식인수의 법적 성질은 어떻게 파악하여야 할까? 우리가 이미 발기설립에서의 정관작성 (Satzungsfeststellung) 및 주식인수(Aktienübernahme)의 법적 성질을 조직계약으로 파악한 이상 모집설립에서의 주주모집도 같은 방식으로 생각해 볼 수 있다. 즉 발기인들에 의해서 체결된 조직계약에 모집주주들이 사후적으로 참여하는 것으로 보면 될 것이다. 모집주주는 발기인들이 체결한 조직계약에 자신도 구속되겠다는 회사가입의 의사를 주식청약서를 통하여 인수청약의 형태로 표시하게 된다. 이 조직계약에 대한 청약의 의사표시의 상대방인 발기인들은 주식배정을 하면서 이를 승낙한다. 주식배정으로 발기인들만이 당사자였던 조직계약은 이제 주식을 배정받는 모집주주의 수만큼 그 당사자의 숫자가 늘어난다. 모집주주가 복수이면 이들간에도 의사표시의 교환이 이루어지는 것으로 보아야 한다. 그들간에도 향후 성립될 회사조직에 함께 참여하겠다는 의사가 주식배정을 정지조건으로 주식청약과 더불어 묵시적으로 교환된다고 보아야 할 것이다.[44) 모집주주에 의하여 그 당사자의 숫자가 늘어난 다자간 조직계약에서도 주식배정 이후 모든 참여자간에 의사표시의 교환이 이루어지는 것이다. 이러한 현상은 회사성립 후 신주발행시에도 속행된다. 결국 주주의 숫자가 매우 많아져 전형적인 사단형태가 된다 해도 조직계약은 모든 구성원(주주)들이 회사조직에 함께 참여하겠다는 의사표시의 교환현상으로 설명될 것이다.[45)

(나) 모　집:　발기인에 의한 응모주주의 모집은 청약에의 유인행위(invitatio ad offerendum)이다. 그 방법에는 연고모집이나 공개모집이나 모두 가능하다. 즉 발기인은 주식청약서를 작성하여 이를 일정 장소에 비치하거나 개별 응모주주에게 송부하는 등의 방식으로 그들의 인수청약을 유인한다. 따라서 이 단계에서는 아직 구속력있는 조직계약의 청약이 이루어지지 않는다. 모집주주가 이 주식청약서의 내용 등을 참고하여 인수청약을 서면으로 할 때 비로소 법적 구속력있는 청약이 이루어지는 것이다.

(다) 청　약:　응모주주의 모집에 관한 입법주의에는 주식청약서주의와 사업설명

---

44) 이 때 응모주주들은 서로간 교환될 의사표시를 위하여 발기인에게 의사표시의 수령자격(수동대리권)을 부여한다고 볼 수 있다.

45) 예컨대 주주가 n명인 주식회사의 조직계약에는 n(n-1)개의 의사표시가 필요하다; Wood v. Odessa Waterworks(1889) 42 Ch. D. 636; "The articles of association constitute a contract not merely between the shareholders and the company, *but between each individual shareholder and every other.*"

서주의[46]가 있다. 우리 상법은 전자를 택하였다. 그리하여 주식인수를 위한 청약은 상법이 그 기재사항을 법정한 주식청약서에 의하도록 하고 있다. 즉 청약의 의사표시는 주식청약서라는 서면으로만 가능하다($\frac{\text{상}302 \text{ I}}{\text{요식행위}}$). 주식인수의 청약을 하고자 하는 자는 주식청약서 2통에 인수할 주식의 종류와 수를 기재하고 기명날인 또는 서명하여야 한다($\frac{\text{상}}{302}$). 주식청약서의 기재내용은 상법 제302조 제2항에 열거되어 있다.

**(라) 주식청약의 하자**($\frac{\text{상}302}{\text{III}.320}$): 상법은 단체법의 이념을 존중하여 주식청약시 나타날 수 있는 하자에 대하여 그 효력을 가능한 확보할 수 있도록 다음과 같은 규정을 두고 있다.

우선 상법은 제302조 제3항에서 비진의표시에 의한 응모주주의 인수청약은 발기인이 악의인 경우에도 유효한 것으로 하였다. 민법 제107조 제1항 단서를 주식인수의 청약에는 적용시키지 않기로 한 것이다. 즉 상법은 상대방이 아는 비진의표시는 원래 무효이나, 기업유지의 이념과 주식회사의 자본단체성에 입각하여 효율적으로 자본의 형성을 촉진하고 또 단체법의 이념인 기존상태존중주의에 입각하여 이를 유효하게 취급하고 있다.

나아가 상법은 회사의 성립 후 또는 창립총회에 출석하여 그 권리를 행사한 때에는 주식청약서의 요건흠결을 이유로 인수의 무효를 주장하지 못하며, 사기, 강박, 착오를 이유로 인수의 취소를 주장하지 못하게 하고 있다($\frac{\text{상}}{320}$). 이 규정 역시 강한 기존상태존중주의의 반영결과이다. 즉 주식인수의 무효 또는 취소사유가 존재하여도 이 하자를 아예 치유(Heilung)시키는 조치를 취하고 있는 것이다.

그러나 (i) 무능력이나 (ii) 주식청약서에 기재된 일정 시기까지 창립총회가 종료되지 않은 경우($\frac{\text{상}302}{8 \circ}$) 주식인수인은 그 청약을 취소할 수 있다. 전자는 무능력자보호의 법이념이 회사법상의 기존상태존중주의(gesellschaftsrechtlicher Bestandsschutz)[47]보다 우위에 있기 때문이며, 후자는 우리 상법이 인수청약의 취소를 인정하는 예외의 명문규정을 두고 있기 때문이다.

**(마) 가설인 또는 타인명의의 인수청약**($\frac{\text{상}}{332}$): 상법은 가설인명의로 주식인수의 청

---

46) 사업설명서주의는 사업설명서(prospectus)에 회사의 조직과 사업을 보다 자세히 기재하여 주식청약시 이를 작성 · 비치하는 입법주의이다. 이에 대해서는 Dine, *Company Law*, 3rd ed., pp. 84 f. 참조.

47) 이는 비단 상법상의 회사뿐만 아니라 모든 광의의 이익결사(Gesellschaft)에서 공통적으로 나타날 수 있는 단체법의 기본이념이다. 회사설립행위와 같은 단체적 법률행위에서는 참여자의 의사표시가 하자있는 것이었다 해도 오로지 미래에 대해서만 그 효력이 부인된다(상법 제190조 단서 등). 이를 기존상태존중주의 제1단계라 할 수 있을 것이다. 나아가 무효나 취소사유가 있었다 해도 일정 요건하에 그 하자를 치유시켜 과거는 물론 미래에 대해서도 유효하게 다루는 때가 있다(지금 살펴본 상법 제320조 등). 이런 경우에는 기존상태존중주의 제2단계라 할 수 있을 것이다.

약을 하거나 또는 타인의 승낙없이 타인의 명의로 주식인수의 청약을 한 경우에는 실제로 주식인수의 청약을 한 사람을 주식인수인으로 보고 그에게 납입의무를 지우고 있다($\frac{4}{3}$<sup>332</sup>). 명의의 여하를 불문하고 실제로 주식인수의 청약을 한 사람을 주식인수인으로 보고 그에게 납입의무를 부담시킨 것이다.

이에 반하여 타인의 승낙을 얻어 타인명의로 주식인수의 청약을 한 경우 상법은 실제상의 청약인이 그 타인과 연대하여 납입의무를 진다고만 규정하고 있다($\frac{4}{3}$<sup>332</sup>). 학설은 대립하고 있다. 형식설에서는 명의인 즉 명의대여자를 주식인수인으로 본다. 그러나 실질설에서는 명의차용자 즉 실제상의 청약인이 주식인수인이 된다고 한다.

우선 타인의 승낙을 얻어 그 명의로 주식을 인수하는 경우부터 보기로 한다($\frac{4}{3}$<sup>332</sup>). 지금까지 판례는 명의대여자가 아니라 명의차용자를 주주로 보아 왔다.[48] 그러나 이번 2017년 3월의 대법원 전원합의체 판결은 명의대여자, 즉 주주명부상의 주주를 주주로 취급하여야 한다고 결정하였다.[49] 주주명부상 주주가 진정한 주주이든 아니든 진정한 주식의 귀속이 누구에게 있든 회사가 이에 대해 알든 모르든 결과는 달라지지 않는다고 한다.[50] 이것이 이번 전원합의체 판결 중 가장 중요한 변화이다. 주식거래에 대해 지금까지는 적어도 금융실명제법이 적용되지 않는 비상장주식에 대해서는 차명보유가 관행적으로 허용되어 왔다. 그러나 이번 판결로 대법원은 이를 더 이상 허용하지 않겠다는 법정책적 선언을 한 셈이다.[51]

문제는 타인의 승낙없이 그 타인의 이름으로 주식을 인수하거나 가설인 명의로 주식을 인수하는 경우이다($\frac{4}{3}$<sup>332</sup>). 대법원의 소수의견도 지적하고 있다시피 가설인이나 주식인수계약의 명의자가 되는 것에 승낙조차 하지 않은 사람을 주식인수계약의 당사자로 볼 수 있는지 의문이다. 아무리 다수 의견이 주주명부제도의 존재이유에 부합한다 하여도 상법 제332조 제1항의 경우 주주명부상 등재된 사람을 주주로 보는 데에는 일정한 한계가 느껴진다. 따라서 이러한 경우에는 다수의견도 인정하는 '특단의 예외'에 속한다고 보는 것이 본 판결에 대한 합리적 해석이 아닐까 생각한다.[52] 대법

---

48) 대판 1975. 9. 23, 74다804; 대판 1977. 10. 11, 76다1448; 대결 1980. 9. 19, 80마396; 대판 1980. 12. 9, 79다1989; 대판 1985. 12. 10, 84다카319; 대판 1998. 4. 10, 97다50619; 대판 2011. 5. 26, 2010다22552; 대판 2011. 5. 26, 2010다27519 등.

49) 대판 2017. 3. 23, 2015다248342 [전원합의체].

50) 만약 기존 판례대로 주주명부상의 주주가 아닌 실질주주를 주주명부 외적으로 가려낼 경우 상법상 주주명부제도의 목적을 달성할 수 없고 법률관계가 불안정해질 우려가 있다고 판단하고 있다.

51) 이번 대법원 판결이 나오기 전에도 국세청은 차명주식을 '사회악'으로 간주하여 '차명주식의 통합분석시스템' 등을 통하여 명의신탁주식에 대한 실명전환을 꾸준히 유도해 왔다(日刊 NTN, 2016. 10. 21. 이재환 기자, "주식의 명의신탁 관행 뿌리뽑는다").

52) 이번 전원합의체 판결문 7쪽 '(6)' 초두 참조; "따라서 특별한 사정이 없는 한…"의 '특별한 사정'에 속한다고 풀이하는 것이 합리적이라고 느껴진다.

원은 위 전원합의체 판결의 후속판례에서 이러한 결과를 확인하고 있다.

### 대판 2017. 12. 5, 2016다265351

"상법 제332조 제1항은 가설인(假設人)의 명의로 주식을 인수하거나 타인의 승낙 없이 그 명의로 주식을 인수한 자는 주식인수인으로서의 책임이 있다고 정하고, 제2항은 타인의 승낙을 얻어 그 명의로 주식을 인수한 자는 그 타인과 연대하여 납입할 책임이 있다고 정한다. 이처럼 상법은 가설인(이는 현실로는 존재하지 않고 외형만을 꾸며낸 사람을 가리킨다)이나 타인의 이름으로 주식을 인수할 수도 있다는 것을 전제로 그 납입책임을 부과하고 있지만, 누가 주주인지에 관해서는 규정을 두고 있지 않다.

타인의 명의로 주식을 인수한 경우에 누가 주주인지는 결국 주식인수를 한 당사자를 누구로 볼 것인지에 따라 결정하여야 한다. 발기설립의 경우에는 발기인 사이에, 자본의 증가를 위해 신주를 발행할 경우에는 주식인수의 청약자와 회사 사이에 신주를 인수하는 계약이 성립한다. 이때 누가 주식인수인이고 주주인지는 결국 신주인수계약의 당사자 확정 문제이므로, 원칙적으로 계약당사자를 확정하는 법리를 따르되, 주식인수계약의 특성을 고려하여야 한다.

발기인은 서면으로 주식을 인수하여야 한다($\frac{\text{상}}{293}$). 주식인수의 청약을 하고자 하는 자는 주식청약서 2통에 인수할 주식의 종류·수와 주소를 기재하고 기명날인하거나 서명하여야 한다($\frac{\text{상}}{425}^{302}$). 이와 같이 상법에서 주식인수의 방식을 정하고 있는 이유는 회사가 다수의 주주와 관련된 법률관계를 형식적이고도 획일적인 기준으로 처리할 수 있도록 하여 이와 관련된 사무처리의 효율성과 법적 안정성을 도모하기 위한 것이다. 주식인수계약의 당사자를 확정할 때에도 이러한 특성을 충분히 반영하여야 한다.

타인 명의로 주식을 인수하는 경우에 주식인수계약의 당사자 확정 문제는 다음과 같이 두 경우로 나누어 살펴보아야 한다.

첫째, 가설인 명의로 또는 타인의 승낙 없이 그 명의로 주식을 인수하는 약정을 한 경우이다. 가설인은 주식인수계약의 당사자가 될 수 없다. 한편 타인의 명의로 주식을 인수하면서 그 승낙을 받지 않은 경우 명의자와 실제로 출자를 한 자(이하 '실제 출자자'라 한다) 중에서 누가 주식인수인인지 문제되는데, 명의자는 원칙적으로 주식인수계약의 당사자가 될 수 없다. 자신의 명의로 주식을 인수하는 데 승낙하지 않은 자는 주식을 인수하려는 의사도 없고 이를 표시한 사실도 없기 때문이다. 따라서 **실제 출자자가 가설인 명의나 타인의 승낙 없이 그 명의로 주식을 인수하기로 하는 약정을 하고 출자를 이행하였다면, 주식인수계약의 상대방(발기설립의 경우에는 다른 발기인, 그 밖의 경우에는 회사)의 의사에 명백히 반한다는 등의 특별한 사정이 없는 한, 주주의 지위를 취득한다고 보아야** 한다.

둘째, 타인의 승낙을 얻어 그 명의로 주식을 인수하기로 약정한 경우이다. 이 경우에는 계약 내용에 따라 명의자 또는 실제 출자자가 주식인수인이 될 수 있으나, **원칙적으로는 명의자를 주식인수인으로 보아야** 한다. 명의자와 실제 출자자가 실제 출자자를 주식인수인으로 하기로 약정한 경우에도 실제 출자자를 주식인수인이라고 할 수는 없다. 실제 출자자를 주식인수인으로 하기로 한 사실을 주식인수계약의 상대방인 회사 등이 알고 이를 승낙하는 등 특별한 사정이 없다면, 그 상대방은 명의자를 주식인수계약의 당사자로 이해하였다고 보는 것이 합리적이기 때문이다."

## 대판 2017. 3. 23, 2015다248342 전원합의체 [주주총회결의취소]

[판시사항]

주식을 양수하였으나 아직 주주명부에 명의개서를 하지 아니한 경우 또는 주식을 인수하거나 양수하려는 자가 타인의 명의를 빌려 회사의 주식을 인수하거나 양수하고 타인의 명의로 주주명부 기재를 마친 경우, 주주명부상 주주만이 의결권 등 주주권을 행사할 수 있는지 여부(원칙적 적극) 및 이 경우 회사가 주주명부상 주주의 주주권 행사를 부인하거나 주주명부에 기재를 마치지 아니한 자의 주주권 행사를 인정할 수 있는지 여부(원칙적 소극) / 주주명부에 기재를 마치지 않은 자가 회사에 대한 관계에서 주주권을 행사할 수 있는 경우

[판결요지]

[다수의견]

(가) 상법이 주주명부제도를 둔 이유는, 주식의 발행 및 양도에 따라 주주의 구성이 계속 변화하는 단체법적 법률관계의 특성상 회사가 다수의 주주와 관련된 법률관계를 외부적으로 용이하게 식별할 수 있는 형식적이고도 획일적인 기준에 의하여 처리할 수 있도록 하여 이와 관련된 사무처리의 효율성과 법적 안정성을 도모하기 위함이다. 이는 회사가 주주에 대한 실질적인 권리관계를 따로 조사하지 않고 주주명부의 기재에 따라 주주권을 행사할 수 있는 자를 획일적으로 확정하려는 것으로서, 주주권의 행사가 회사와 주주를 둘러싼 다수의 이해관계인 사이의 법률관계에 중대한 영향을 줄 수 있음을 고려한 것이며, 단지 해당 주주의 회사에 대한 권리행사 사무의 처리에 관한 회사의 편의만을 위한 것이라고 볼 수 없다.

(나) 회사에 대하여 주주권을 행사할 자가 주주명부의 기재에 의하여 확정되어야 한다는 법리는 주식양도의 경우뿐만 아니라 주식발행의 경우에도 마찬가지로 적용된다.

주식양도의 경우와 달리 주식발행의 경우에는 주식발행 회사가 관여하게 되므로 주주명부에의 기재를 주주권 행사의 대항요건으로 규정하고 있지는 않으나, 그럼에도 상법은 주식을 발행한 때에는 주주명부에 주주의 성명과 주소 등을 기재하여 본점에 비치하도록 하고(상 352 Ⅰ, 상 396 Ⅰ), 주주에 대한 회사의 통지 또는 최고는 주주명부에 기재한 주소 또는 그 자로부터 회사에 통지한 주소로 하면 되도록(상 353) 규정하고 있다. 이와 같은 상법 규정의 취지는, 주식을 발행하는 단계에서나 주식이 양도되는 단계에서나 회사에 대한 관계에서 주주권을 행사할 자를 주주명부의 기재에 따라 획일적으로 확정하기 위한 것으로 보아야 한다.

(다) 주식을 양수하였으나 아직 주주명부에 명의개서를 하지 아니하여 주주명부에는 양도인이 주주로 기재되어 있는 경우뿐만 아니라, 주식을 인수하거나 양수하려는 자가 타인의 명의를 빌려 회사의 주식을 인수하거나 양수하고 타인의 명의로 주주명부에의

기재까지 마치는 경우에도, 회사에 대한 관계에서는 주주명부상 주주만이 주주로서 의결권 등 주주권을 적법하게 행사할 수 있다.

이는 주주명부에 주주로 기재되어 있는 자는 특별한 사정이 없는 한 회사에 대한 관계에서 주식에 관한 의결권 등 주주권을 적법하게 행사할 수 있고, 회사의 주식을 양수하였더라도 주주명부에 기재를 마치지 아니하면 주식의 양수를 회사에 대항할 수 없다는 법리에 비추어 볼 때 자연스러운 결과이다.

또한 언제든 주주명부에 주주로 기재해 줄 것을 청구하여 주주권을 행사할 수 있는 자가 자기의 명의가 아닌 타인의 명의로 주주명부에 기재를 마치는 것은 적어도 주주명부상 주주가 회사에 대한 관계에서 주주권을 행사하더라도 이를 허용하거나 받아들이려는 의사였다고 봄이 합리적이다.

그렇기 때문에 주주명부상 주주가 주식을 인수하거나 양수한 사람의 의사에 반하여 주주권을 행사한다 하더라도, 이는 주주명부상 주주에게 주주권을 행사하는 것을 허용함에 따른 결과이므로 주주권의 행사가 신의칙에 반한다고 볼 수 없다.

(라) 주주명부상의 주주만이 회사에 대한 관계에서 주주권을 행사할 수 있다는 법리는 주주에 대하여만 아니라 회사에 대하여도 마찬가지로 적용되므로, 회사는 특별한 사정이 없는 한 주주명부에 기재된 자의 주주권 행사를 부인하거나 주주명부에 기재되지 아니한 자의 주주권 행사를 인정할 수 없다.

상법은 주식발행의 경우 주식인수인이 성명과 주소를 기재하고 기명날인 또는 서명한 서면에 의하여 주식을 인수한 후 그 인수가액을 납입하도록 하면서, 회사로 하여금 주주명부에 주주의 성명과 주소, 각 주주가 가진 주식의 수와 종류 등을 기재하고 이를 회사의 본점에 비치하여 주주와 회사채권자가 열람할 수 있도록 하고 있다($^{\text{상}}_{396}{}^{352\,\text{I·}}$). 이는 회사가 발행한 주식에 관하여 주주권을 행사할 자를 확정하여 주주명부에 주주로 기재하여 비치·열람하도록 함으로써 해당 주주는 물론이고 회사 스스로도 이에 구속을 받도록 하기 위한 것이다.

주식양도의 경우에는 주식발행의 경우와는 달리 회사 스스로가 아니라 취득자의 청구에 따라 주주명부의 기재를 변경하는 것이기는 하나, 회사가 주식발행 시 작성하여 비치한 주주명부에의 기재가 회사에 대한 구속력이 있음을 전제로 하여 주주명부에의 명의개서에 대항력을 인정함으로써 주식양도에 있어서도 일관되게 회사에 대한 구속력을 인정하려는 것이므로, 상법 제337조 제1항에서 말하는 대항력은 그 문언에 불구하고 회사도 주주명부에의 기재에 구속되어, 주주명부에 기재된 자의 주주권 행사를 부인하거나 주주명부에 기재되지 아니한 자의 주주권 행사를 인정할 수 없다는 의미를 포함하는 것으로 해석함이 타당하다.

(마) 따라서 특별한 사정이 없는 한, 주주명부에 적법하게 주주로 기재되어 있는 자는 회사에 대한 관계에서 주식에 관한 의결권 등 주주권을 행사할 수 있고, 회사 역시 주주명부상 주주 외에 실제 주식을 인수하거나 양수하고자 하였던 자가 따로 존재한다는 사실을 알았든 몰랐든 간에 주주명부상 주주의 주주권 행사를 부인할 수 없으며, 주주명부에 기재를 마치지 아니한 자의 주주권 행사를 인정할 수도 없다. 주주명부에

기재를 마치지 않고도 회사에 대한 관계에서 주주권을 행사할 수 있는 경우는 주주명부에의 기재 또는 명의개서청구가 부당하게 지연되거나 거절되었다는 등의 극히 예외적인 사정이 인정되는 경우에 한한다. 자본시장과 금융투자업에 관한 법률(이하 '자본시장법'이라 한다)에 따라 예탁결제원에 예탁된 상장주식 등에 관하여 작성된 실질주주명부에의 기재는 주주명부에의 기재와 같은 효력을 가지므로($\substack{자본시장법 제 \\ 316조 제2항}$), 이 경우 실질주주명부상 주주는 주주명부상 주주와 동일하게 주주권을 행사할 수 있다.

[대법관 박병대, 대법관 김소영, 대법관 권순일, 대법관 김재형의 별개의견]

(가) 회사의 설립 시에는 다른 특별한 사정이 없는 한 주식인수계약서에 발기인 또는 주식청약인으로 서명 날인한 명의인이 회사의 성립과 더불어 주주의 지위를 취득하는 것이고, 배후에 자금을 제공한 자가 따로 있다고 하더라도 그것은 원칙적으로 명의인과 자금을 제공한 자 사이의 내부관계에 불과할 뿐 회사에 대하여 주주로서의 지위를 주장할 수는 없다.

(나) 상법은 가설인이나 타인의 명의로 주식을 인수한 경우에 주금납입책임을 부과하고 있지만, 누가 주주인지에 관해서는 명확한 규정을 두고 있지 않다. 이 문제는 주식인수를 한 당사자가 누구인지를 확정하는 문제이다. 먼저 가설인의 명의로 주식을 인수하거나 타인의 승낙 없이 그 명의로 주식을 인수한 경우에는 명의의 사용자가 형사책임을 질 수 있음은 별론으로 하더라도($\substack{상 \\ 634}$) 주식인수계약의 당사자로서 그에 따른 출자를 이행하였다면 주주의 지위를 취득한다고 보아야 한다. 가설인이나 주식인수계약의 명의자가 되는 것에 승낙조차 하지 않은 사람이 주식인수계약의 당사자가 될 수는 없기 때문이다. 이것이 당사자들의 의사에 합치할 뿐만 아니라 상법 제332조 제1항의 문언과 입법 취지에도 부합한다. 다음으로 타인의 승낙을 얻어 그 명의로 주식을 인수한 경우에는 주식인수계약의 당사자가 누구인지에 따라 결정하면 된다. 이에 관해서는 원칙적으로 계약당사자를 확정하는 문제에 관한 법리를 적용하되, 주식인수계약의 특성을 반영하여야 한다. 통상은 명의자가 주식인수계약의 당사자가 되는 경우가 많지만, 무조건 명의자가 누구인지만으로 주주를 결정할 것도 아니다.

(다) 주식 양도의 효력 내지 주주권의 귀속 문제와는 별도로 상법은 주식의 유통성으로 인해 주주가 계속 변동되는 단체적 법률관계의 특성을 고려하여 주주들과 회사 간의 권리관계를 획일적이고 안정적으로 처리할 수 있도록 명의개서제도를 마련하여 두고 있다. 즉 주식의 양수에 의하여 기명주식을 취득한 자가 회사에 대하여 주주의 권리를 행사하려면 자기의 성명과 주소를 주주명부에 기재하지 않으면 안 된다($\substack{상 \\ 337}$). 명의개서에 의하여 주식양수인은 회사에 대하여 적법하게 주주의 지위를 취득한 것으로 추정되므로 회사에 대하여 자신이 권리자라는 사실을 따로 증명하지 않고도 의결권 등 주주로서의 권리를 적법하게 행사할 수 있다. 회사로서도 주주명부에 주주로 기재된 자를 주주로 보고 배당금청구권, 의결권, 신주인수권 등 주주로서의 권리를 인정하면 설사 주주명부상의 주주가 진정한 주주가 아니더라도 그 책임을 지지 아니한다. 그러나 상법은 주주명부의 기재를 회사에 대한 대항요건으로 규정하고 있을 뿐 주식 인수의 효력발생요건으로 정하고 있지 아니하므로 명의개서가 이루어졌다고 하여 무권리

자가 주주로 되는 설권적 효력이 생기는 것은 아니다.

(라) 상장회사의 발행 주식을 취득하려는 자는 증권회사에 자신의 명의로 매매거래 계좌를 설정하고 증권 매매거래를 위탁하게 된다. 매매거래계좌의 개설은 금융거래를 위한 것이어서 '금융실명거래 및 비밀보장에 관한 법률'이 적용되므로 실명확인 절차를 거쳐야 하고, 매매거래의 위탁은 실명으로 하여야 한다. 증권회사가 증권시장에서 거래 소를 통하여 매수한 주식은 계좌명의인의 매매거래계좌에 입고되는데, 위와 같이 입고된 주식은 위탁자인 고객에게 귀속되므로(첫<sub>103</sub>), 그 주식에 대해서는 계좌명의인이 주주가 된다. 계좌명의인에게 자금을 제공한 자가 따로 있다고 하더라도 그것은 원칙적으로 명의인과 자금을 제공한 자 사이의 약정에 관한 문제에 불과할 따름이다.

## 대판 2017. 3. 23, 2015다248342 전원합의체에 대한 코멘트

### 1. 본 판결의 내용요약

최근 대법원은 타인명의의 주식인수와 주주명부제도에 관한 전원합의체 판결을 내놓 았다. 회사법 분야에서 전원합의체로 판례가 변경되는 것은 흔치 않은 일이며 이번 판 결은 주주명부제도 및 주식의 차명보유 관행에 혁명적 변화를 가져올 것으로 예상된다. 본 판례는 지금까지 오랜 기간 관행적으로 지속되어온 명의와 실질의 이원적 상황을 주 주명부에의 기재로 통일시킨 점에서 큰 의미를 가지며 그것도 성문입법이나 법개정이 아니라[53] 법원의 판결로 도입한 점에서 "법관(法官)에 의한 법형성(法形成)"(richterliche Rechtsfortbildung)의 좋은 예로 평가하여야 할 것이다.[54]

#### (1) 다수 의견

다수 의견의 흐름은 다음과 같다. 13명의 대법관 중 9인의 다수의견은 우선 주주명 부와 관련한 상법의 입법상황을 소개한다. 발기설립이든 모집설립이든 어떠한 방법을 취하든 회사설립시 뿐만 아니라 성립후의 신주발행시에도 회사가 일단 주식을 발행한 때에는 주주명부를 작성하여야 하고(첫 <sup>352</sup>), 회사 성립후 주식이 양도된 때에는 주주명 부에의 명의개서로 **주식이전의 대항요건을** 갖추어야 한다(첫 <sup>337</sup>). 나아가 회사는 이러한 주주명부상의 기재대로 소집통지나 이익배당 나아가 신주배정 등을 하면 면책적 효력 을 누린다(첫 <sup>353</sup>). 이러한 상법의 입법취지를 종합하면 주주명부제도는 회사를 둘러싼 단체적 법률관계의 획일적 처리를 위해 존재한다.[55] 나아가 이러한 입법취지는 최초의 주식인수시점에서든 회사성립후 주식의 유통단계에서든 아무런 구별없이 일관되게 나

---

53) 사실 이번 전원합의체 판결의 다수의견에 따라 그 정신이 제대로 실현되자면 주권발행전 주식양도시 상법 제 557조를 주식회사에 준용하거나 아니면 '주권발행전 주식양도에 있어서는 회사 및 제3자에 대한 대항요건으로 명의개서가 필요하다'는 내용의 성문화가 필요하다고 생각한다. 이에 대해서 자세히는 졸고, "주권발행전 주식양도와 명의개서의 효력-대판 2014. 4. 30, 2013다99942의 평석을 겸하여-", 「경영법률」 제27집 제2호 (2017. 1.), 289면 이하, 특히 319면 이하 참조.

54) 최근에 나온 대법원 판례 중 **법관에 의한 법형성의 좋은 사례**로는 대판 2016. 8. 17, 2016다222996 ("… 감사 의 선임에 있어서 3% 초과주식은 위 (상법) **제371조의 규정에도 불구하고** 상법 제368조 제1항에서 말하는 '발행주식총수'에 산입되지 않는다고 보아야 한다."; 법관에 의한 법형성의 또 다른 사례로는 어음법에서 발행 지의 어음요건성을 상대화한 대판 1998. 4. 23, 95다36466이 있다.

55) 본 사건 전원합의체 다수의견(2).

타나고 있다.[56]

이러한 입법취지를 종합하면 일부러 타인명의로 주주명부에 기재한 경우이든 단순한 명의개서 미필상태에 있든 회사에 대한 관계에서는 오로지 주주명부상의 주주만이 주주로 취급되어야 한다.[57] 나아가 이러한 결과는 명의개서를 신청하는 주식양수인에 대해서 뿐만 아니라 회사에 대해서도 적용된다.[58] 회사 역시 주주명부상 주주로 등재된 자만을 주주로 보아야 한다. 이러한 원칙에 대해 명의개서의 부당지연이나 부당거절 등 극히 일부의 특별한 경우에는 예외가 성립한다. 물론 자본시장법의 규정에 따라 작성되는 실질주주명부는 상법상의 주주명부와 효력면에서 전적으로 같다.

이러한 상법의 대원칙은 준수되어야 하며 지금까지 주주명부제도를 운영하면서 명의와 실질의 공존을 허용해 온 아래의 판례들은 변경되어야 한다; ① 상법 제322조 제2항상 명의차용자를 주주로 본 판례들[59]; ② 주식의 인수 및 양수에 관한 상법상의 형식적 절차를 이행하지 않은 실질 주주의 주주로서의 지위를 긍정한 판례들[60]; ③ 명의개서 미필의 실질주주에 대해 회사 측에서 권리행사를 허용할 수 있다고 본 판례들(편면적 구속설에 기한 대법원 판례들)[61]; ④ 주주명부의 기재에 대한 면책력의 한계를 긍정한 대법원 판례들(주주명부상의 주주가 주식의 소유자가 아님을 알면서도 또는 중과실로 모른 채 그를 주주로 취급한 경우 주주명부의 면책적 효력을 부정한 대법원 판례들).[62]

그러나 대법원의 다수의견은 위의 것들을 한정적으로 열거하지 않고 '이와 같은 취지의 판결들'이라는 표현을 써가며 추가적인 변경가능성을 열어 놓고 있다.[63] 즉 위에서 열거한 네 가지 영역뿐만 아니라 대법원의 다수의견에 반하는 모든 과거의 판례들이 변경대상에 포함될 수 있음을 선언하고 있다. 이 부분에 대해서는 다소의 법적 불안정도 예상된다.

이러한 원칙을 설시하면서 다수의견은 결론적으로 본 사건 원고가 예탁결제증권에 대해 작성되는 실질주주명부상의 명의주주로서 회사에 대한 관계에서 주주의 권리를 행사할 수 있으므로 당연히 주주총회결의취소의 소에 대해서도 원고적격을 향유한다고 보았다. 대법원은 원고적격의 부재를 이유로 부적법 각하한 원심을 파기하였다.[64]

(2) 소수의견의 정리

대법원의 다수의견에 동의할 수 없다. 상법 제332조를 둘러싼 문제점은 주식을 인수한 자가 누구인지 확정하는 것으로서 획일적으로 주주명부에 기재된 사람만을 주주로 볼 수는 없다. 상법이 주주명부의 면책적 효력을 규정하고 있기는 하지만 주주명부

---

56) 본 사건 전원합의체 다수의견(3).
57) 본 사건 전원합의체 다수의견(4).
58) 본 사건 전원합의체 다수의견(5).
59) 대판 2011. 5. 26, 2010다27519 등.
60) 대판 1980. 4. 22, 79다2087 등.
61) 대판 2006. 7. 13, 2004다70307 등.
62) 대판 1998. 9. 8, 96다45818.
63) 대법원의 다수의견이 이렇게 변경될 판례들을 완결적으로 열거하지 않아 향후 학설 다툼도 있을 수 있다.
64) 본 사건 다수의견 2. (9면 이하).

에의 기재는 회사에 대한 권리행사의 대항요건에 불과하고 주식인수 내지 양수의 효력 발생요건은 아니다. 따라서 명의개서가 이루어졌다고 하여도 무권리자가 주주로 되는 설권적 효력이 생기는 것이 아니다.[65] 다만 상장주식이 예탁결제원에 맡겨진 경우 증권사의 매매거래계좌는 금융실명제법의 적용을 받게 되므로 실명확인절차를 밟게 되고 따라서 계좌명의인의 증권계좌에 입고된 주식에 대해서는 계좌명의인이 주주가 된다.[66] 계좌명의인은 주주총회결의의 하자를 다투는 형성소송상 원고적격자이다.[67]

(3) 소수의견에 대한 보충의견의 정리

권리자가 누구인지에 대한 권리귀속의 문제를 제쳐두고 권리행사의 효력만 따로 논할 수는 없다. 주주의 지위와 주주권의 존부는 신주인수나 주식양수 등 주식취득의 요건을 갖춘 권리주체를 확인하는 실체적 권리귀속의 문제이고 주주명부는 회사의 주식, 주권 및 주주에 관한 사항을 나타내기 위하여 회사가 작성·비치하는 장부로서 주주와 회사 채권자의 열람 등에 제공되기는 하지만 부동산 등기부와 같은 권리공시의 기능이 없다.[68] 나아가 상법 제337조 역시 주주권행사에 필요한 형식요건을 정한 것에 불과하므로 주주권이 없다면 주주명부에의 기재는 권리자의 실질과는 무관한 외형에 불과하다. 무릇 권리없는 자의 권리행사가 유효할 수는 없는 것이다.[69] 현재 예탁결제에 맡겨진 상장주식 외에는 주식거래에 대해서는 금융실명제법이 적용되지 않고 있으므로 주식의 소유 명의를 실질과 일치시킬지 제3자의 이름을 빌려 주주명부에 등재할지는 적어도 현행법상으로는 금지의 영역이 아니라 자유선택의 영역이다.[70]

2. 개개 영역에 대한 판단

다수의견과 소수의견의 대립이 있기는 하지만 어쨌든 이번 전원합의체 판결로 판례는 변경되었다. 이하 우리는 대법원의 다수 의견에 따라 개개 영역을 구체적으로 정리해보기로 한다.

(1) 상법 제332조의 경우

우선 타인의 승낙을 얻어 그 명의로 주식을 인수하는 경우부터 보기로 한다(상 332). 지금까지 판례는 명의대여자가 아니라 명의차용자를 주주로 보아 왔다. 그러나 이번 전원합의체 판결은 명의대여자, 즉 주주명부상의 주주를 주주로 취급하여야 한다고 결정하였다. 주주명부상 주주가 진정한 주주이든 아니든 진정한 주식의 귀속이 누구에게 있든 회사가 이에 대해 알든 모르든 결과는 달라지지 않는다고 한다.[71] 이것이 이번 전원합의체 판결중 가장 중요한 변화이다. 주식거래에 대해 지금까지는 적어도 금융실명제법이 적용되지 않는 비상장주식에 대해서는 차명보유가 관행적으로 허용되어 왔

---

65) 본 사건 대법원 판례의 13면.
66) 13면.
67) 14면.
68) 16~17면.
69) 17면.
70) 17면.
71) 만약 기존 판례대로 주주명부상의 주주가 아닌 실질주주를 주주명부 외적으로 가려낼 경우 상법상 주주명부 제도의 목적을 달성할 수 없고 법률관계가 불안정해질 우려가 있다고 판단하고 있다.

다. 그러나 이번 판결로 대법원은 이를 더 이상 허용하지 않겠다는 법정책적 선언을 한 셈이다.[72]

문제는 타인의 승낙없이 그 타인의 이름으로 주식을 인수하거나 가설인 명의로 주식을 인수하는 경우이다($^{상\ 332}$). 대법원의 소수의견도 지적하고 있다시피 가설인이나 주식인수계약의 명의자가 되는 것에 승낙 조차 하지 않은 사람을 주식인수계약의 당사자로 볼 수 있는지 의문이다. 아무리 다수 의견이 주주명부제도의 존재이유에 부합한다 하여도 상법 제332조 제1항의 경우 주주명부상 등재된 사람을 주주로 보는 데에는 일정한 한계가 느껴진다. 따라서 이러한 경우에는 다수의견도 인정하는 '특단의 예외'에 속한다고 보는 것이 본 판결에 대한 합리적 해석이 아닐까 생각한다.[73]

(2) 명의개서 미필주주의 주주 인정 문제

지금까지는 명의개서 미필 상태에서도 회사가 허용하면 주주의 권리를 행사할 수 있었다. 그것이 판례의 입장이었다. 이른바 편면적 구속설을 취해 온 결과이다.[74] 그러나 이번 전원합의체의 다수의견은 이를 더 이상 허용하지 않는다. 앞으로는 회사 역시 무조건 주주명부에 주주로 등재된 자만을 주주로 다루어야(대접해야) 한다. 회사가 실질주주의 존재나 명의주주와 실질주주간의 법률관계를 알았든 몰랐든 관계없다. 무조건 주주명부에 기재된 자만을 주주로 취급하고 그에게만 주주권 행사를 허용해야 한다. 쌍방적 구속설로 바뀐 것이다.

(3) 명의개서의 부당거절시의 법률관계

이번 전원합의체 판결의 다수의견 역시 명의개서의 부당거절이나 이른바 부당지연 등의 경우에는 과거와 마찬가지로 실질주주의 주주권행사를 허용한다. 즉 주주명부에 기재된 자만을 주주로 보아야 한다는 대원칙에 신의칙적 예외를 허용한 것이다. 따라서 이 부분에서는 판례변경이 없다.[75]

(4) 면책력의 한계에 관한 과거의 판례들

지금까지 판례는 회사가 명의주주의 무권리를 알았거나 중대한 과실로 알지 못하였고 또한 이를 용이하게 증명하여 그의 권리행사를 저지할 수 있었음에도 이를 묵인하거나 허용한 경우 회사는 면책되지 않는다고 하였다.[76] 회사가 주주명부상의 주주에게 권리행사를 허용하면 주주명부의 면책적 효력으로 설사 그가 진정한 주주가 아니더라도 회사는 면책될 수 있으나 이러한 면책력에 한계를 설정한 것이다. 그러나 이번 전원합의체 판결로 이러한 법리 역시 사라졌다. 회사는 무조건 주주명부에 기재된 자만을 주주로 다루어야 하고 그 배후에 어떤 실질 주주가 있다 해도 또 회사가 그러한 사실을 알았든 몰랐든 그것이 결과에 더 이상 영향을 미칠 수 없게 되었다.

---

72) 이번 대법원 판결이 나오기 전에도 국세청은 차명주식을 '사회악'으로 간주하여 '차명주식의 통합분석시스템' 등을 통하여 명의신탁주식에 대한 실명전환을 꾸준히 유도해 왔다(日刊 NTN, 2016. 10. 21. 이재환 기자, "주식의 명의신탁 관행 뿌리 뽑는다").

73) 이번 전원합의체 판결문 7면 '(6)' 초두 참조; "따라서 특별한 사정이 없는 한…"의 '특별한 사정'에 속한다고 풀이하는 것이 합리적이라고 느껴진다.

74) 대판 2001. 5. 15, 2001다12973.

75) 전원합의체 판결문 8면 참조.

76) 대판 1998. 9. 8, 96다45818; 대판 1998. 9. 8, 96다48671 등.

### 3. 코멘트

2017년 12월의 판결은 권리귀속의 측면을 다루고 있음에 반하여 2017년 3월의 전원합의체 판결은 권리행사의 측면을 다루고 있으므로 주의를 요한다. 나아가 2017년 12월 판결의 사실관계에는 ㈜하이릭이라는 소규모 비상장사가 등장하나 2017년 3월 전원합의체 판결의 사실관계에는 ㈜신일산업이라는 제법 규모가 큰 상장사가 등장한다. 두 판결은 사실관계에 등장하는 대상회사에 면모에서도 대조적이다.

문제는 전원합의체 판결의 다수의견이 소규모 비상장사에도 그대로 적용될 수 있는 지이다. 같은 문제는 2017년 12월 판결에서도 나타나는바, 이 판결의 기본취지가 대규모 상장사에도 그대로 적용될 수 있는 지이다. 두 판결의 기본취지는 대상 회사에는 적합할지 몰라도 규모면에서 대조적인 다른 주식회사에 대해서는 적용하기 어려운 점이 있다. 향후 실무계와 학계가 함께 해결해야 할 문제이다.[77]

(바) **주식의 배정:**　　발기인은 청약인에게 주식인수를 시킬 것인지 또는 몇 주를 인수시킬 것인지 자유롭게 결정할 수 있다(배정자유주의). 배정의 법적 성질은 인수청약에 대한 승낙의 의사표시이다.

주식인수의 효력은 배정의 통지가 청약자에게 도달한 때에 발생하는 것이 원칙이다($\frac{\text{제}}{\text{111}}$). 배정의 통지는 주식청약서에 기재된 주소 또는 그 자로부터 회사에 통지된 주소로 하면 된다($\frac{\text{상}}{\text{304}}$). 이 통지는 보통 도달할 시기에 도달한 것으로 본다($\frac{\text{상}}{\text{304}}$). 그러나 이 문언은 너무 추상적이어서 구체적으로 해석되어야 한다. 보통 그 도달할 시기에 도달한 것으로 본다는 의미는 주식배정의 통지를 발송하면 족하고 실제 도달하지 않아도 위의 시기에 도달한 것으로 의제한다는 뜻이다(도달의제; Zugangsfiktion). 좀더 구체화시키면 통지 또는 최고의 효력발생시기는 도달주의에 따라 판단하되 발신에서 도달까지의 배달지연이나 불배달의 위험은 발신주의에 따라 처리한다는 의미이다. 즉 주식인수의 효력발생시기는 도달주의 그러나 위험부담면에서는 발신주의를 따른다는 것이다. 이는 자본의 결집을 용이하게 하려는 단체법정신의 반영결과요, 동시에 회사의 설립사무를 간이화하려는 이념의 표현이다.

주식인수의 청약에 대하여 배정이 이루어지면 주식의 인수가 성립하고 청약인은 주식인수인이 되어 주금납입의무가 발생한다($\frac{\text{상}}{\text{303}}$). 그러나 회사실무에서는 주식청약시 청약증거금으로 주금상당액을 미리 징수하므로 주식의 배정에 의하여 이 청약증거금은 주금으로 변신한다.

---

77) 이에 대해 자세히는 졸고, "주주명부기재의 효력-대판 2017. 3. 23, 2015다248342의 평석을 겸하여-", 「선진상사법률연구」 통권 제82호(2018. 4.), 1~38면 참조.

### (3) 납입의 이행($\frac{상}{305}$)

**(가) 전액납입주의:**　　회사가 성립시 발행하는 주식의 총수가 인수된 때에는 발기인은 지체없이 주식인수인에 대하여 각 주식에 대한 인수가액의 전액을 납입시켜야 한다.

**(나) 현실의 납입:**　　어음·수표에 의한 납입은 지급인에 의해서 현실적으로 지급이 이루어졌을 때에만 유효한 납입이 된다. 따라서 어음으로 납입하고 그 만기가 도래하기 전에는 적정한 설립등기를 할 수 없다.

---

[참고] **어음·수표에 의한 지급의 효과**

보통 어음·수표법에서는 원인관계와의 관련상 다음과 같은 세 가지 가능성을 구분하고 있다.

우선 이행에 갈음하여(an Erfüllungs Statt) 어음·수표의 교부가 이루어지는 경우가 있다. 이 경우에는 대물변제의 효과가 도래하므로 어음이나 수표의 교부는 원인채무를 소멸시키는 효력을 갖는다.

둘째는 이행을 위하여(erfüllungshalber) 어음·수표가 교부되는 경우이다. 이 경우 원인채무는 만기의 현실지급시까지 유예되고 그 때까지 원인채권과 어음채권은 병존한다. 그러나 어음소지인은 어음채권의 선행사의무를 부담한다. 물론 당사자간의 특약이 있으면 예외이다.

셋째는 이행을 담보하기 위하여(sicherungshalber) 어음·수표가 교부되는 경우이다. 이 경우에도 이행을 위하여 교부되는 경우와 같이 원인채권은 소멸되지 않고 어음채권과 더불어 현실의 지급시까지 공존한다. 그러나 이행을 위한 교부시와 다른 점은 어음소지인이 어음채권에 대한 선행사의무를 지지 않는다는 것이다. 즉 원인채권과 어음채권의 행사순서에 제한이 가해지지 않는다.

---

**(다) 납입장소의 제한:**　　발기인을 포함한 모든 주식인수인은 주식청약서에 기재된 납입장소에서 납입하여야 한다($\frac{상}{305}$). 발기인에 대한 납입은 효력이 없다. 또 납입장소나 납입금의 보관자를 변경할 때에는 법원의 허가가 있어야 한다($\frac{상}{306}$). 이는 모두 납입금의 소재를 분명히 하여 부정행위를 방지하기 위함이다.

**(라) 가장납입:**　　가장납입에는 통모가장납입(예합)과 위장납입(견금)의 두 유형이 있다.

**1) 통모가장납입:**　　발기인들과 납입금보관은행이 통모하여 납입금이 없거나 부족한 데도 은행이 발기인에게 납입금보관증명을 발급, 발기인이 이를 가지고 설립등기를 필하는 경우이다. 일본에서는 이를 預合이라 부르고 있다.

상법은 이를 방지하기 위하여 (i) 납입금보관자와 장소의 임의변경을 금지하고($^{상\ 305}_{\ 306}$), (ii) 이사, 감사에게 납입경과에 대한 조사보고의무를 부여하며($^{상\ 299.}_{313}$), (iii) 납입금보관자의 증명서교부를 의무화하고($^{상\ 318}$),[78] 일단 이를 발행교부한 때에는 납입의 부실 및 금액의 반환이 있었음을 이유로 회사에 대항할 수 없도록 은행의 항변을 제한시키고 있다($^{상\ 318}$).

통모가장납입은 주금납입으로서의 효력이 없다. 물론 납입의 흠결이 근소한 때에는 회사설립의 무효사유가 되지 아니하고 발기인의 납입담보책임($^{상\ 321}$)에 의하여 구제될 수 있다.[79] 그러나 납입의 흠결이 현저한 때에는 회사설립의 무효원인이 된다. 나아가 발기인 등은 회사나 제3자에 대하여 손해배상책임을 지게 되며($^{상\ 322,}_{399,\ 401}$) 또한 형사책임도 피할 수 없다($^{상\ 628.}_{622}$). 납입취급은행도 상법 제318조 제2항에 따른 책임을 지게 된다.

**2) 위장납입:**   이는 발기인이 타인으로부터 돈을 차입하여 납입금으로 내고 설립등기를 마친 후 은행으로부터 인출하여 그 타인에게 다시 변제해버리는 것이다. 이를 일본에서는 見金이라 부르고 있다. 위장납입은 가장납입에 관하여 은행과의 공모가 없다는 점에서 통모가장납입과 구별된다.

위장납입 역시 납입으로서의 효력이 없다. 이의 유효성을 인정한 판례가 있으나[80] 통설에 따라 무효로 보아야 할 것이다.[81] 위장납입은 통모가장납입과 달리 항상 납입의 흠결이 현저한 경우이므로 회사설립의 무효원인이 된다. 발기인 및 이사 등은 회사 및 제3자에 대하여 민사상의 손해배상책임을 지게 되고($^{상\ 322,}_{399,\ 401}$), 또한 배임죄($^{형}_{355}$), 특별배임죄($^{상}_{622}$), 납입가장죄($^{상}_{628}$) 등의 형사책임을 지게 된다. 나아가 이사해임의 원인이 될 수도 있다.[82]

**(마) 실권절차($^{상\ 307:}_{Kaduzierung}$):**   주금의 납입이 이루어지지 않는 경우에는 訴求하여 강제집행할 수도 있겠으나 이렇게 되면 회사설립이 지연되므로 상법은 새로이 주식인수인을 구하는 실권절차(失權節次)를 별도로 마련하고 있다. 설립의 신속을 꾀하기 위한 제도이다.

---

78) 그러나 자본금 10억원 미만의 중소회사를 발기설립하는 경우에는 납입금보관증명서를 은행이나 그 밖의 금융기관의 잔고증명서로 대체할 수 있다(상법 제318조 제3항).

79) 설립무효구제설에 따른 결론이다.

80) 대판 1985. 1. 19, 84다카1823, 1824.

81) 그러나 대법원은 위장납입의 효력을 지금까지도 유효로 보고 있다(대판 2004. 3. 25, 2002다29138, 판례공보 제201호, 709면 이하 참조).

82) 대판 2010. 9. 30, 2010다35985.

### (4) 기관의 구성

모집설립의 경우에는 발기설립과 달리 창립총회가 기관선임의 주체로서 이사와 감사를 선임한다($\frac{\wedge}{312}$). 창립총회는 모집설립의 경우 설립중의 회사의 최고의결기관으로서 발기인은 출자의 이행이 완료된 즉시 이를 소집하여야 한다($\frac{\wedge}{1}$ 308). 창립총회는 주주총회의 전신으로서 주주총회에 관한 여러 규정들이 준용되고 있다($\frac{\wedge}{1}$ 308). 그러나 결의요건은 주주총회보다 가중되어 출석한 주식인수인의 3분의 2 이상이며 인수된 주식 총수의 과반수로 의결한다($\frac{\wedge}{309}$). 가령 12,000주가 인수되었고 9,000주에 해당하는 주식인수인이 출석하였다면 그중 6,001주의 주식인수인의 결의로 의결할 수 있다. 6,001주는 9,000주의 3분의 2 이상이며 동시에 12,000주의 과반수가 되기 때문이다. 따라서 6,001주의 주식인수인만이 참석하였다 해도 만장일치로 임원선임을 할 수 있다.

### (5) 설립경과의 조사

모집설립에서도 발기설립과 마찬가지로 설립경과의 조사는 변태적 설립사항의 경우를 제외하고는 원칙적으로 회사 내부의 자율적 통제에 맡기고 있다. 그리하여 발기인은 회사의 창립에 관한 사항을 서면의 형식으로 창립총회에 보고하고($\frac{\wedge}{311}$), 이사 및 감사는 취임 후 지체없이 설립경과가 법령 또는 정관에 따라 순연히 진행되었는지 여부를 조사하여 그 결과를 창립총회에 보고하도록 하고 있다($\frac{\wedge}{313}$). 전자는 설립중의 회사의 업무집행기관으로서, 후자는 설립중의 회사의 감사기관으로서 각각 이를 수행한다.

단지 변태적 설립사항의 경우에만 법원이 선임한 검사인의 검사가 이루어진다($\frac{\wedge}{1}$ 310). 그러나 검사인의 보고서는 발기설립의 경우와 달라 법원이 아니라 창립총회에 제출되며($\frac{\wedge}{1}$ 310), 변태설립사항이 부당하다고 판단되면 창립총회는 이를 변경할 수 있다($\frac{\wedge}{314}$). 그러나 모집설립의 경우에도 검사인의 검사는 공증인 또는 감정인의 역할로 대체될 수 있어 실제 검사인이 선임되는 경우는 드물 것이다($\frac{\wedge}{1}$ 310).

## Ⅳ. 설립등기

### 1. 설립등기의 절차 및 내용

상법은 발기설립이든 모집설립이든 구별하지 않고 일단 실체형성의 경과가 완료되면 지체없이 設立登記를 통하여 회사의 설립절차를 마무리짓도록 하고 있다. 그리하여 설립경과의 조사가 완료된 날로부터 2주간 내에 본점소재지에서 설립등기를 하도록 하고 있다($\frac{\text{상}}{317}$,$\frac{172}{1}$). 설립등기사항은 상법 제317조 제2항에 구체적으로 열거되어 있다.

## 2. 설립등기의 효력

설립등기의 효력에는 본래적 효력과 부수적 효력이 있다.

### (1) 본래적 효력($\frac{\text{상}}{172}$)

설립등기는 창설적 효력을 갖는다. 즉 설립등기를 함으로써 비로소 설립중의 회사는 법인격을 갖춘 성립된 회사로 변신하게 된다. 아무리 실체형성의 제과정이 하자없이 완료되었다 해도 설립등기없이는 법인격취득은 불가하고 회사의 성립은 달성되지 못한다.

### (2) 부수적 효력

설립등기에는 상기의 본래적 효력 이외에도 다음과 같은 효과가 부수적으로 수반된다.

(가) **주식인수의 무효·취소의 제한**($\frac{\text{상}}{320}$):    설립등기를 통하여 주식청약시의 무효나 취소사유는 치유된다. 즉 주식인수인은 설립등기 후에는 주식청약서의 요건흠결을 이유로 인수의 무효를 주장하거나 사기, 강박 또는 착오를 이유로 그 인수를 취소하지 못한다. 기존상태존중주의의 반영결과임은 이미 기술하였다.

(나) **권리주양도의 제한해제**:    회사성립 전의 주식인수인의 지위를 權利株라 한다. 권리주의 양도는 당사자간에는 유효하지만 회사에 대해서는 효력이 없다($\frac{\text{상}}{319}$). 그러나 설립등기와 더불어 주식인수인의 지위는 주식이 되므로 이러한 제한은 설립등기의 효력으로 소멸된다. 단지 상법은 주권발행사무의 편의를 위하여 회사가 성립된 후에도 주권발행 전까지는 주식양도의 효력을 회사에 대한 관계에서는 원칙적으로 제한하고 있다($\text{상}^{335}$).

〈주주의 지위변화〉

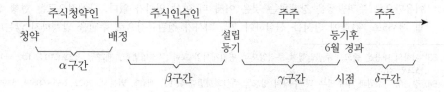

$\alpha$구간: 아무런 법적 지위를 갖지 않는다.
$\beta$구간: 주식인수인으로서 권리주의 주체가 된다.

γ구간: 회사가 주권을 발행하지 않은 경우 주식양도제한($\frac{상}{335}$ 1)

δ구간: 회사가 주권 미발행시에도 주식양도가능($\frac{상}{335}$ 2)

시간적 순서에 따라 주주로 되어가는 과정을 살펴보자. 우선 설립과정에서 발기인이 작성한 주식청약서 등을 참고하여 주식인수의 청약을 할 때에는 주식청약인이라 불리우고 이 단계에서는 아직 사단관계상의 법적 지위는 나타나지 않는다. 발기인에 의한 주식의 배정과 더불어 주식청약인의 지위는 주식인수인의 지위로 격상되고 이를 상법은 권리주라 부르고 있다. 권리주는 설립중의 회사의 구성원 주식인수인의 회사에 대한 포괄적 지위를 내포한다. 주식인수인은 주주총회의 전신인 창립총회에 참석하여 자신의 권리를 행사할 수 있다. 그러나 이 단계에서는 상법 제319조의 규정으로 주식인수인은 자신의 지위를 양도해도 회사에 대한 관계에서는 그 효력을 인정받지 못한다. 이러한 주식인수인의 지위는 회사의 설립등기로 주식이 되며 자익권과 공익권을 포괄하는 사원권의 주체가 된다. 이제 주식은 주권이라는 유가증권에 화체될 수 있다. 그러나 회사가 주권발행을 지체하면 설립등기 후 6개월까지는 주권발행전 주식양도가 자유스럽지 못하다($\frac{상}{335}$ 1). 즉 회사에 대하여 그 양도의 효력을 인정받지 못한다. 그러나 설립등기 후 6개월이 지나면 이러한 제한도 사라진다. 단지 기명주식의 경우에는 회사에 대한 대항요건을 갖추어야 한다($\frac{상}{337}$).

**(다) 주권발행의 허용 및 강제:**　회사는 설립등기를 마친 후가 아니면 주권을 발행하지 못하며, 또 성립 후에는 지체없이 주권을 발행하여야 한다($\frac{상}{355}$).

### ❖ 상법 제355조의 입법론[83]

우리 상법도 일본 회사법에서처럼 정관규정으로 처음부터 주권발행여부를 회사가 밝힐 수 있게 허용할 필요가 있어 보인다. 우리 상법은 제355조 제1항에서 "회사는 성립후 또는 신주의 납입기일 후 지체없이 **주권을 발행하여야 한다**"고 하면서 주주로부터 상법 제358조의2 제1항에 따른 주권불소지신고가 있는 경우를 제외하고는 주권발행을 법으로 강제한다.[84][85] 물론 주권을 발행하지 않은 상황에서도 성립후 6개월이 지나면 해당 주식의 이전은 회사에 대해 유효함을 밝히고 있기는 하다($\frac{상}{335}$ 단서). 그러나 소규모 폐쇄회사의 경우 처음부터 주권발행의사가 없는 경우가 많고 실제로도 주권을 전혀 발행하지 않는 것이 통례이다. 이러한 법과 현실의 괴리를 고려할 때 차라리 주권을 발행하지 않는다는 뜻을 아예 처음부터 정관에서 밝히는 것도 허용할 필요가 있지 않을까 생각된다. 주식회사라는 이유만으로 주권발행을 강제하는 것은 이제 더 이상 의미가 없다. 구체적으로는 현행 상법 제355조 제1항에 단서를 신설하여 "단, 회사가 정관규정으로 주권을 발행하지 않는다

---

83) 이하의 내용은 졸고, "주권발행전 주식양도와 명의개서의 효력", 「경영법률」 제27집 제2호(2017. 1.), 320~321면 참조.

84) 장근영, "주권과 주주명부 및 주식의 양도", 주식회사법대계(Ⅰ), 제4판, 법문사, 2022, 636~686면, 639면 참조.

85) 물론 이러한 주권발행의 강제가 유한회사와의 차이점이기도 하다(상법 제355조와 동법 제555조를 대조할 필요가 있다).

는 뜻을 정한 경우에는 그러하지 아니하다"등의 내용을 추가할 수 있을 것이다.[86] 나아가 기존의 상법 제335조 제3항은 삭제하는 것이 바람직하다고 생각한다.[87]

**(라) 설립무효의 주장제한($^{상}_{328}$):**  일단 설립등기가 완료된 후에는 설립절차상의 하자는 그 주장방법이 제한되어 설립무효의 소라는 회사법상의 특수한 형성소송으로만 가능하고 소제기권자 및 제소기간도 제한하고 있다($^{상\,328}$). 나아가 상법은 주식회사의 경우에는 설립무효사유도 객관적인 것으로 한정하여 주관적 하자는 배제시키고 있다. 즉 상법은 주식회사의 경우에는 설립취소의 소를 배제하였다. 주식회사는 가장 사단성이 강한 회사형태이므로 상법은 가장 강도 높은 기존상태존중주의를 적용시키고 있는 것이다.

**(마) 발기인의 자본충실의 책임발생($^{상}_{321}$):**  회사의 설립등기 후에는 발기인의 자본충실의 책임이 발생한다. 즉 발기인의 인수담보 및 납입담보책임이 무과실책임의 형태로 나타난다.

# 제 5 관  회사설립의 하자

## I. 회사설립의 하자 일반

우리는 이미 주식회사의 설립과정을 살펴보면서 정관작성행위나 주식인수행위 등이 의사표시를 본질적 구성요소로 하는 법률행위라고 파악하였다. 단체적 법률관계에서 나타나는 특수한 법률행위를 단체행위라 한다. 이 단체행위의 가장 주요한 예가 설립행위(Gründungsakt)와 기관결의(Organbeschluß)이다.[88] 이 단체적 법률행위들은 일반의 평면적 내지 교환적 거래에서와는 달리 다수인이 참여하여 단체의 창설이나 기관의 의사형성을 꾀하므로 단체법의 특수성이 반영될 수밖에 없다. 일반의 채권행위나 물권행위에서와는 달리 기존상태존중주의와 법률관계의 획일적 처리라는 단체법의 이념이 반영된다. 설립행위는 이미 살펴보았듯이 참여당사자의 의사표시가 조직계

---

86) 이로써 '주권발행전 주식양도'라는 매우 비현실적인 용어를 더 이상 사용하지 않는 것이 타당하다고 생각된다. 즉 지금까지 주권을 발행하지 않았고 앞으로도 주권을 발행하지 않을 회사의 주식이전을 언제까지 계속 **'주권발행전 주식양도'**라고 표현할 것인가 이러한 자세는 법규와 현실간의 괴리를 영속화하는 것으로서 바람직한 법운용 방식이 아닌 것으로 판단된다.

87) 同旨, 장경찬, 주식회사법대계(Ⅰ), 제4판, 법문사, 2022, 842면.

88) 이 이외에도 설립행위에 준하는 합병(Verschmelzung), 조직변경(Umwandlung), 회사의 분할(Spaltung) 등 각종 기본결정행위가 단체행위에 속할 수 있다.

약의 형태로 결집되고, 기관결의에서는 대부분 다수결주의가 지배하므로 설립행위와
는 또 다른 특수성이 나타난다. 여기서는 설립행위만을 그 하자를 중심으로 생각해보
고 기관결의는 주주총회와 이사회 등 회사의 기관 부분에서 다루기로 한다.

주식회사를 비롯한 모든 회사의 설립행위는 이미 살펴보았듯이 조직계약으로 설
명될 수 있다.[89) 이 조직창설을 위한 법률행위는 교환계약(Austauschvertrag)에서와
는 전혀 다른 속성을 갖는다. 매매나 임대차 등의 일반 교환계약에서는 당사자간에
이해대립적 성격이 현저하나, 조직계약에서는 당사자간의 이해동질성(利害同質性)이
지배한다. 전자에서는 급부와 반대급부가 등가적으로 교환되어 계약당사자의 경제적
목적달성을 꾀하는 교환적 의사가 법률행위의 중심이 되나, 후자에서는 조직의 창설과
그 조직의 중심으로 향하는 구심적 의사(求心的 意思)가 법률행위의 중심을 이룬다.

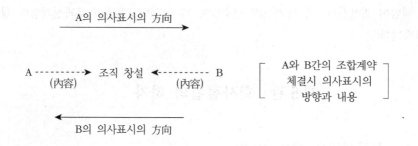

그리하여 교환계약에서는 그 성립의 효과로 급부청구권과 반대급부청구권이 동시이
행관계 속에서 쌍무적으로(synallagmatisch) 대립하나, 후자에서는 사원권(Mitgliedschaftsrecht)
및 지분권(Anteilsrecht)이 발생한다. 이러한 차이점으로 말미암아 법률행위를 구성하는
의사표시에 하자가 나타나면 교환계약에서는 소급적으로 무효화한 후 부당이득반환
의 법리를 끌어들여 교환된 급부를 원상회복시킴으로써 법률행위가 행해지기 이전단
계로 회귀시킬 수 있으나, 단체법상의 조직계약에서는 그 구성요소인 의사표시상에
하자가 있었다 해도 이를 소급적으로 무효화시키고 부당이득반환의 법리에 호소하는
것이 바람직스러운 처방이 될 수 없다. 다수인이 참여하여 조직을 창설하고 그 조직
을 바탕으로 내부적·외부적 법률관계를 형성시켜 가므로 소급적 무효처리는 당사자
간의 법률관계를 커다란 혼란 속에 빠뜨릴 뿐이다. 그리하여 기존상태존중주의가 대
안으로 나타나며 오로지 미래에 대해서만 해당 법률행위의 효력을 부인하고, 이미 이

---

89) 광의의 조직계약 속에는 비단 이익결사의 설립행위 외에도 혼인계약과 같은 생활공동체 창설행위도 포함된
다. 전자를 재산법상의 조직계약이라 한다면 후자는 신분법상의 조직계약이라 할 수도 있다. 후자에서도 기존
상태존중주의가 지배한다. 혼인의 취소는 기왕에 소급하지 않는다(민법 제824조).

루어진 급부들은 부당이득반환의 법리가 아니라 단체의 해산과 청산을 통한 채무변제나 잔여재산분배 등의 방법으로 처리되는 것이 이상적인 해결책인 것이다.

회사설립행위의 하자는 크게 객관적 하자와 주관적 하자로 나눌 수 있다. 단체적 성격이 강해지면 즉 사단적 성격이 강해지면 주관적 하자는 기존상태존중주의의 밀도있는 적용으로 설립등기에 의하여 아예 치유되어 버린다. 반면 조합적 성격이 강한 회사에서는 객관적 하자뿐만 아니라 주관적 하자도 역시 설립의 하자로 다루어진다. 객관적 하자는 설립무효의 소, 주관적 하자는 설립취소의 소제도에 의하여 다루어지게 되며 이러한 형성소송에서 원고가 승소하면 그 판결의 효력은 제3자에게도 미치나(법률관계의 획일적 처리), 판결확정 전에 생긴 회사, 사원 및 제3자간의 법률관계에 영향을 미치지 않는다(불소급효; 기존상태존중주의).

독일에서는 회사설립의 하자가 '하자있는 회사론'(Lehre von der fehlerhaften Gesellschaft) 또는 '사실상의 회사론'(Lehre von der faktischen Gesellschaft)이란 표제하에 오랜 판례법의 형성과정을 거쳐 오늘에 이르고 있다.[90] 독일에서는 비단 상법상의 회사뿐만 아니라 광의의 이익결사(Gesellschaft)에 대하여 이 이론이 적용되어 단체법의 가장 중요한 부분으로 자리잡고 있다.[91] 물적회사의 경우에는 명문의 규정을 두어 주식회사의 경우 주식법 제275조 내지 제277조에 설립무효의 소(Klage auf die Nichtigerklärung)제도를 두고 있고, 유한회사의 경우 역시 설립무효의 소를 유한회사법 제75조 내지 제77조에서 규정하고 있다. 무효원인은 지극히 제한시키고 있고, 원고승소의 경우 판결의 효력은 소급하지 않는다($\binom{\text{§277 II AktG; §77 II GmbHG, "Die Wirksamkeit der im Namen der Gesellschaft mit}}{\text{Dritten vorgenommenen Rechtsgeschäfte wird durch die Nichtigkeit nichtberührt"}}$). 인적회사의 경우 명문의 규정은 없으나 확고한 판례법으로 '하자있는 회사론'이 적용되고 있다. 그 전제요건을 보면 첫째 회사계약 내지 정관의 존재(Vorhandensein eines Gesellschaftsvertrags), 둘째 회사계약의 실행(Invollzugsetzung des Gesellschaftsvertrags), 셋째 회사법상의 기존상태존중주의보다 우선하는 개인이나 공동체의 법익이 없을 것 (kein vorrangiges Interesse als gesellschaftsrechtlicher Bestandsschutz) 등이다. 이 이론은 비단 상법상의 회사뿐만 아니라 민법상의 조합이나 비영리사단법인에도 적용되어 광의의 이익결사를 위한 설립행위에 보편적으로 자리잡고 있다. 뿐만 아니라 조직계약이라는 설립행위와 단체법적으로 유사한 성격을 갖는 각종 단체행위에 확대적용되어 회사법의 중핵을 이루고 있다. 예컨대 오늘에 와서는 자본증가나 자본감소를 위한 주주총회결의의 하자에도 설립행위와의 유사성에 입각하여 이 이론을 적용하여야 한다

---

90) 이에 대해서는 졸고, "하자있는 회사", 「고려대 법학논집」 제30집 참조; 나아가 졸저, 상법사례입문, 1996, 사례 8, 198면 이하; Paschke, Die fehlerhafte Korporation, ZHR 155(1991), S. 1~23.

91) 'gesicherter Bestandteil des Gesellschaftsrechts', '회사법의 확고한 구성 부분'이라는 표현이 판례상 나타난다. vgl. BGHZ 55, 5, 8.

는 유력한 학설도 제기되고 있다.[92]

## Ⅱ. 주식회사의 설립무효

### 1. 우리 상법의 입장

회사법상의 단체법적 요소들을 고려하여 우리 상법은 주식회사의 경우 다음과 같은 특별규정들을 두고 있다. 즉 주식을 취득한 일반대중뿐만 아니라 회사에 신용을 공여한 채권자에게 피해를 주지 않고 회사 내외부의 법률관계를 안정적으로 처리하기 위하여 상법은 (i) 우선 하자의 주장가능성이나 그 주장방법을 제한하고 있다. 주식회사가 설립등기를 마치면 설립에 참여하는 자의 의사표시상의 瑕疵나 설립절차상의 瑕疵는 원칙적으로 치유되는 것으로 하고, 다만 중대한 하자가 있는 경우에만 소의 방법으로 그것도 제한된 시간 내에 제한된 원고적격자에게만 그 하자를 주장하도록 허용하고 있다($\frac{상\ 328\ Ⅰ:설}{립무효의\ 소}$). (ii) 둘째로 設立無效의 판결이 확정되더라도 장래에 향해서만(ex-nunc) 그 효력이 미치도록 하여 기존상태존중주의를 꾀하고 있다($\frac{상\ 328\ Ⅱ,}{190\ 단서}$). (iii) 셋째 설립무효의 소에서 원고가 승소하면 판결의 효력은 제3자에게도 미치게 하여 법률관계의 획일적 처리를 꾀하고 있다($\frac{상\ 328\ Ⅱ,}{190\ 본문}$).

### 2. 설립무효의 소

#### (1) 설립무효의 원인

회사설립의 하자에는 위에서 보았듯이 주관적 원인에 기하는 것과 객관적 원인에 기하는 것이 있다. 주식회사에서는 설립에 참여하는 사원 개인의 주관적 의사표시상의 하자, 즉 착오, 사기, 강박, 주식인수시에 있어서의 통정허위표시 등은 일단 등기를 통하여 치유시키고 있다($\frac{상}{320}$). 그리하여 이러한 원인들이 합명, 합자, 유한 및 유한책임회사에서 설립취소의 원인이 되는 것과 크게 다르다.

상법은 주식회사설립의 무효원인을 명문의 규정으로 열거하고 있지는 않다. 그러나 객관적 원인에 기한 하자에 한정된다. 설립무효의 소만을 인정하는 상법의 취지로부터 그렇게 해석할 수 있다. 객관적 원인에 기한 하자는 설립절차가 선량한 풍속 기

---

92) Zöllner, "Folgen der Nichtigerklärung durchgeführter Kapitalerhöhungsbeschlüsse", AG 1993, S. 68 ff.; Zöllner/Winter, ZHR 158(1994), S. 59~100; Kort, "Aktien aus vernichteten Kapitalerhöhungen", ZGR 1994, S. 291~324; Krieger, "Fehlerhafte Satzungsänderungen: Fallgrupen und Bestandskraft", ZHR 158 (1994), S. 35~58.

타 사회질서, 강행법규 또는 주식회사의 본질에 반하는 경우이다. 구체적으로 예시하면, ① 정관의 절대적 기재사항이 누락되었을 때($^{상\ 289\ I\ 위반:}_{강행법규}$), ② 발기인의 기명날인 또는 서명 또는 공증인의 인증이 없거나 무효인 때($^{상\ 289\ I\ 및\ 292\ 위}_{반:\ 강행법규}$), ③ 주식발행사항의 결정이 없거나 또는 그 내용이 위법한 때($^{상\ 291\ 위반:}_{강행법규}$), ④ 설립시 발행할 주식총수의 인수 또는 납입의 흠결이 현저하여 목적사업을 수행하기 어려울 때, ⑤ 창립총회를 소집하지 않았거나 조사·보고하지 않은 때, ⑥ 설립등기가 무효인 때 등이다.

### (2) 무효의 주장

설립의 무효는 회사성립의 날로부터 2년 내에 소만으로 주장할 수 있다($^{상\ 328}$). 이 소의 원고는 이사, 감사 및 주주이고 피고는 회사이다. 설립무효의 소는 본점소재지 지방법원의 관할에 전속한다($^{상\ 328}_{186}$). 소가 제기된 때에는 회사는 지체없이 공고하여야 하고($^{상\ 328}_{187}$), 수개의 소가 제기된 때에는 병합심리하여야 한다($^{상\ 328}_{188}$). 그 심리중에 원인이 된 하자가 보완되고 회사의 현황과 제반사정을 참작하여 설립을 무효로 하는 것이 부적당하다고 인정할 때에는 법원은 그 청구를 기각할 수 있다($^{상\ 328}_{189}$).

### (3) 판결의 효력

**(가) 원고승소의 경우:** 회사의 설립은 무효가 된다. 형성판결(Gestaltungsurteil)인 무효판결의 효력은 당사자뿐 아니라 제3자에게도 미친다($^{대세적\ 효력:\ 상}_{328\ II.\ 190\ 본문}$). 그러나 무효의 판결은 과거에 소급하지 않는다. 판결확정 전에 생긴 회사와 사원 및 제3자간의 권리의무에 영향을 미치지 않는다($^{상\ 328\ II.}_{190\ 단서}$). 그 결과로 기왕의 관계에서는 마치 회사가 유효하게 설립된 것과 같은 현상이 나타나는데 이를 '사실상의 회사'(faktische Gesellschaft), 보다 정확하게는 '하자있는 회사'(fehlerhafte Gesellschaft)라 한다. 설립무효의 판결이 확정된 때에는 해산의 경우에 준하여 청산하여야 한다($^{상\ 328\ II.}_{193\ I}$). 회사설립의 무효는 본점 및 지점소재지에서 등기하여야 한다($^{상\ 328}_{192}$).

**(나) 원고패소의 경우:** 원고패소의 경우에는 그 판결의 효력은 기판력의 주관적 범위에 관한 민사소송의 일반원칙에 따라 당사자간에만 미친다($^{민소}_{218\ I}$). 따라서 원고 이외의 다른 주주들은 다시 설립무효의 소를 제기할 수 있다. 설립무효의 소를 제기한 자가 악의나 중과실이 있을 때에는 회사에 대하여 연대하여 손해를 배상할 책임을 진다($^{상\ 328}_{191}$).

146 회 사 법

## Ⅲ. 사실상의 회사(하자있는 회사)

**사례**　　A는 유력한 관광후보지에 호텔건설을 주장하면서 주위사람들에게 동업을 권유하였다. 얼마 후 B와 C가 동업의 뜻을 표하자 이들은 A를 무한책임사원으로 하고 B, C를 유한책임사원으로 하는 X합자회사의 설립에 이르렀고 정관작성과 설립등기도 완료되어진다. 영업개시 6개월 후 同種 업종의 증가로 경영부진에 이른 후 B가 회사가입의 전제로 삼았던 A의 스위스관광학교 졸업이 거짓임이 판명된다. 또한 C는 채 20세에 달하지 못한 자로서 회사가입에 대한 법정대리인의 동의가 없었다. A는 다른 업종으로 변경하여 영업을 계속하고자 하나 B는 회사설립취소의 소를 제기하여 승소한다.

(1) A는 B, C로부터 이 회사 유한책임사원 각각에 대하여 정관상 약정받았던 500만원의 출자이행을 아직 요구할 수 있는가?

(2) 설립등기 후 A가 Y사에 주문한 호텔용품이 B의 승소판결 직후 동사에 의하여 대금지급을 요구하며 배달된다면 동사는 누구로부터 어떻게 이를 요구할 수 있는가?

### 1. 의　　의

회사의 설립과정에서 법률적으로 유효하게 성립된 회사가 아님에도 불구하고 일정한 범위 내에서 마치 유효하게 성립된 것으로 취급되는 실체를 하자있는 회사라 한다. 하자있는 회사는 시간적으로 설립등기에서부터 설립무효나 설립취소의 형성판결이 확정될 때까지 존재한다. 이하에서는 주식회사뿐만 아니라 회사 일반의 설립과정에서 나타날 수 있는 이 법형상의 요건과 효과를 알아본다.

### 2. 요　　건

(1) **정관작성:**　　첫째 정관이 작성되었어야 한다. 비록 하자있는 상태였다 해도 설립행위의 기본을 형성하는 정관의 존재가 필요하다.

(2) **정관의 실행단계로의 진입:**　　둘째 설립등기와 실제 회사로서의 활동이 있어야 한다. 즉 정관이 실행단계에 들어갔어야 한다(Involzugsetzung des Gesellschaftsvertrags).

(3) **형성소송의 원고승소:**　　설립절차에 하자가 있어 회사설립의 무효나 취소판결이 확정되어야 한다. 상법상의 회사에서는 설립행위의 하자를 소만으로 주장하게 하므로 나타나는 요건이다. 민법상의 조합 등에서는 설사 조합계약상의 하자가 존재해도 소에 의한 주장만으로 한정되지 않으므로 이러한 요건은 나타나지 않는다.

(4) 상위법익의 부존재:  회사법상의 기존상태존중주의보다 상위의 법익이 없어야 한다. 상위의 법익이란 개인의 법익뿐만 아니라 공동체의 법익도 포함된다. 전자는 민법의 무능력자보호제도가 좋은 예이며, 후자는 양속위반의 회사설립, 강행법규위반의 회사설립(예컨대 밀수만을 위한 회사설립 등) 등에서 나타날 수 있다.

> 참고  私法에서 나타나는 가치의 수직구조(Wertungshierarchie im Privatrecht)

사법의 세계에서도 여러 법이념이 병존하게 되면 그들간에 수직적인 구조가 나타난다. 일반 민법에서 나타나는 각종 의사표시의 무효 및 취소제도와 그 하자의 주장시 도래하는 소급효는 가장 하위에 놓인다. 그 위에 단체법상의 기존상태존중주의가 지배하며 상위의 가치구조는 하위의 가치구조를 수정할 수 있다. 즉 단체법에서는 민법 일반의 취소의 효과인 소급효가 불소급효로 수정된다. 이 기존상태존중주의보다 더 우위의 법익은 미성년자보호제도(Minderjährigenschutz)이다. 상법 제190조 단서의 불소급효는 미성년자의 경우 적용되지 않는다. 즉 미성년자보호제도가 기존상태존중주의를 재차 수정한 것이다.

## 3. 효    과

이러한 요건이 갖추어지면 하자있는 회사는 그 내부관계나 외부관계에서 마치 유효하게 성립한 회사처럼 취급된다. 회사의 존재는 장래에 한해서만 부인되며, 이 때에는 해산에 준하는 청산절차를 밟아야 한다($^{상\ 190.}_{193}$).

> **대판 1972. 4. 25, 71다1833 [하자있는 조합]**
>
> "본래의 광업권자와 공동 광업권자로 등록하여 광업을 공동으로 관리 경영하기로 한 계약은 유효하고 공동 광업권자는 조합계약을 한 것으로 간주되며 그 조합이 사업을 개시하여 제3자와의 사이에 거래관계가 이루어지고 난 다음에는 조합계약체결 당시의 의사표시의 하자를 이유로 취소하여 조합 성립전으로 환원시킬 수 없다."

## 4. 구 별 점

사실상의 회사 또는 하자있는 회사는 표현회사 내지 외관회사(Scheingesellschaft)와 구별하여야 한다. 전자는 어디까지나 단체법상의 기존상태존중주의의 산물이나, 후자는 외관신뢰주의(Rechtsscheinprinzip)의 적용결과이기 때문이다. 전자에서는 선의자뿐만 아니라 회사설립의 하자에 대하여 악의인 자도 보호받으나, 후자에서는 선의자만이 보호받는다. 표현회사에서는 회사의 성립에 이르지 못하였으면서도 마치 유효한 회사의 존재가 법외관으로 현현되었고, 이러한 외관창출에 피청구자가 원인을 제공하였으며, 청구자는 선의자로서 보호필요성이 있어야 한다. 이러한 요건이 갖추어질 때 실제로는 유효하게 존재하지 못하는 회사임에도 불구하고 유효한 회사의 성립이 의제되는 법률효과가 발생한다.

> **사례풀이** "瑕疵있는 合資會社"

(1) A의 B, C에 대한 出資履行請求權: 합자회사의 무한책임사원은 업무집행권을 향유하므로($\frac{상}{273}$) 유한책임사원을 상대로 만약 그들이 아직 정관상 약정한 출자액을 회사에 납입하지 않은 경우 이를 회사에 이행하도록 요구할 수 있다. 그러나 이러한 청구권이 성립하려면 합자회사의 설립정관이 유효하여야 한다. 그런데 본 사안에서는 B와 C의 회사가입을 야기하였던 의사표시에 하자가 나타나고 있다. 하나는 착오나 사기로 인한 의사표시요 ($\frac{상109.}{110}$), 다른 하나는 법정대리인의 동의를 얻지 아니한 미성년자의 의사표시였다($\frac{민}{5}$). 이러한 하자를 어떻게 다룰 것인지 문제인 바 단체법에 특유한 하자있는 회사의 성립 여부를 살펴보아야 할 것이다.

하자있는 회사의 성립요건 중 첫째는 정관의 존재이다. 본 사안에서는 비록 B나 C의 의사표시가 취소가능의 하자있는 것이었으나 이러한 하자를 잉태한 정관의 존재를 인정할 수 있다. 둘째 요건은 정관의 實行이다. 이러한 실행은 본 사안의 합자회사가 설립등기를 마치고 예정된 영업을 개시함으로써 달성되었다. 셋째 회사설립취소의 소가 제기되어 원고승소판결이 내려져야 한다. 이 요건 역시 사안상 충족되고 있다. 끝으로 회사법상의 기존상태존중주의보다 上位의 법익이 없어야 한다. 여기서 B와 C의 경우 차이가 있다. B의 경우에는 기존상태존중주의보다 우월하는 개인이나 단체의 법익이 존재하지 않는다. 그러나 C의 경우에는 미성년자보호의 법이념이 단체법상의 기존상태존중주의보다 우위에 있다. 결국 B와 C 각각에 대하여 하자 있는 회사의 성립 여부를 달리 판단할 수밖에 없다. B에 대해서는 모든 요건이 충족되나, C에 대해서는 마지막 요건이 충족되지 않으므로, 하자있는 회사는 B에 대해서만 성립한다. 회사설립의 취소에도 불구하고 B에 대해서는 회사 내외부에서 형성된 기왕의 법률관계가 모두 유효한 것으로 다루어진다. 결국 회사는 B에 대해서 아직 이행하지 않은 500만원의 출자를 요구할 수 있다. 그러나 C에 대해서는 그러하지 아니하다.

(2) Y社의 **賣買代金請求權**: 하자있는 회사의 법률효과는 회사 내부뿐만 아니라 제3자와 회사간의 법률관계에도 그대로 적용된다. 따라서 회사설립취소의 효과는 오로지 미래에 한하여 나타나고 기왕에 형성된 외부관계는 모두 유효하다. 따라서 Y사는 호텔용품의 공급에 따른 매출채권을 그대로 행사할 수 있다. Y사는 당연히 계약상대방이었던 매수인 X 합자회사를 상대로 대금지급을 구할 수 있다. 나아가 이 회사의 무한책임사원인 A에 대해서는 상법 제269, 212조에 의하여 연대, 직접, 무한책임을 주장할 수 있고, 유한책임사원 B에 대해서도 약정한 출자가액에서 이미 이행한 부분을 공제한 가액을 한도로 대금지급을 요구할 수 있다($\frac{상}{279}$). 그러나 C에 대해서는 하자있는 회사의 요건이 충족되지 않으므로 회사설립의 하자는 소급하고 따라서 대금채무의 이행도 요구할 수 없다.

# 제 6 관  설립관여자의 책임

## Ⅰ. 총    설

주식회사의 설립에는 다수인이 개입한다. 그중 가장 주도적인 역할을 하는 것은 발기인이다. 그러나 발기인 이외에도 이사, 감사, 검사인, 설립찬조자 등이 보조적으로 참여하고 있다. 주식회사의 설립에는 많은 이해관계인이 참여하고 또 회사의 설립이 부실하면 사회적인 폐해가 크므로 상법은 설립과정을 다수의 강행법규에 의하여 규율할 뿐만 아니라, 設立關與者에게 민사상($\frac{상\ 321\ 내}{제\ 327}$) 또는 형사상의 책임($\frac{상\ 622}{이하}$)을 과하고 있다. 이하 발기인을 중심으로 한 설립관여자의 민사책임을 알아본다.

## Ⅱ. 발기인의 책임

### 1. 개    요

상법은 회사설립의 가장 주된 역할을 수행하는 발기인에 대하여 제321조, 제322조, 제326조의 규정을 두어 비교적 상세히 다루고 있다. 發起人의 責任은 회사가 성립한 경우($\frac{상\ 321.}{322}$)와 성립에 이르지 못한 경우($\frac{상}{326}$)로 나누어 볼 수 있다. 전자는 다시 회사에 대한 책임($\frac{상\ 321.}{322}$)과 제3자에 대한 책임($상\ 322$)으로 나누어진다. 회사에 대한 책임은 재차 연대무과실의 성격을 갖는 자본충실의 책임($\frac{상}{321}$)과 과실책임인 손해배상책임($상\ 322$)으로 분류될 수 있다. 발기인의 제3자에 대한 책임은 과실책임이다($상\ 322$). 한편

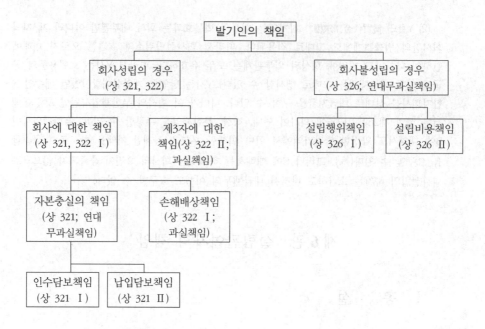

회사의 성립에 이르지 못한 경우 발기인은 상법 제326조에 따라 연대무과실로 설립행위책임($\frac{4}{326}$)과 설립비용책임($\frac{4}{326}$)을 지게 된다.

## 2. 회사가 성립한 경우의 책임

### (1) 회사에 대한 책임

### (가) 자본충실의 책임

**1) 법적 성질:**  회사의 설립시에 발행한 주식으로서 회사성립 후에 아직 인수되지 아니하거나 주식인수의 청약이 취소된 때에는 발기인이 이를 공동으로 인수한 것으로 보고, 회사성립 후 납입이 완료되지 않은 경우 발기인은 연대하여 그 납입의무를 부담한다($\frac{4}{321}$). 이를 발기인의 인수담보 및 납입담보책임이라 한다. 그 법적 성질은 연대무과실책임이다.

**2) 입법취지:**  이 책임의 입법취지에 대해서는 설립무효구제설과 설립무효무관계설의 대립이 있다. 전자는 인수나 납입의 흠결이 근소한 경우에 한하여 위의 책임이 발생하고 그 흠결이 현저한 경우에는 설립무효가 된다고 한다. 반면 후자는 발기인의 자본충실의 책임은 설립무효의 회피·구제를 위한 것이 아니라고 한다. 그리하여 아무리 인수나 납입의 흠결이 근소해도 발기인이 이를 전보하지 않으면 설립무효

로 되고 그 흠결이 아무리 중대하여도 발기인이 이를 전보하면 설립무효로 되는 것
이 아니라 한다. 설립무효구제설에 찬동한다. 후자에 따르면 인수나 납입의 흠결이
근소하여도 발기인이 이를 전보하지 않으면 설립무효로 되어 주식인수인 기타 회사
의 성립을 기대한 제3자의 보호에 충실할 수 없다.

**3) 요　건:**　책임발생의 요건을 살펴보면 우선 회사의 성립을 전제로 한다. 상
법 제321조는 이를 분명히 하고 있다. 나아가 인수나 납입의 흠결이 있어야 한다. 흠
결의 정도는 설립무효구제설을 따르는 한 인수나 납입의 흠결이 비교적 근소하여 발
기인에 의하여 그 흠결이 전보될 수 있는 경우에 한정된다. 인수나 납입의 흠결이 근
소하냐 중대하냐의 판단에는 회사의 목적, 자본총액 기타 사정이 종합적으로 고려되
어야 할 것이다. 인수가 흠결되는 경우로는 예컨대 주식청약서의 위조, 주식청약서를
사용하지 아니한 주식청약, 가설인 또는 승낙없이 타인명의로 주식을 인수한 자의 사
망이나 행방불명 등을 들 수 있고, 주식인수의 청약이 취소되는 때는 청약자의 무능
력 등의 경우이다.

**4) 효　과:**　책임의 내용을 보면 인수담보책임의 경우 발기인이 공동으로 '인수
한 것으로' 보므로($^{상\,321}$) 발기인은 주식청약서에 의한 주식인수를 거치지 않고 바로
인수한 것으로 의제된다. 또 '공동으로' 인수한 것으로 의제되므로 그 주식은 발기인
의 공유가 되며 전발기인은 연대하여 인수가액의 전액을 납입하여야 한다($^{상\,333}$). 납입
담보책임의 경우에는 발기인이 그 납입의무를 이행하여도 발기인이 주주가 되는 것
은 아니다. 이 점 인수담보책임과는 그 성격을 달리한다. 이미 존재하는 주식인수인
이 주주가 되며 발기인은 그 주주명의로 회사로부터 주권을 교부받고 그 주주로부터
납입금의 지급을 받을 때까지 그 주권을 유치할 수 있다. 원래 주식인수로 주금납입
의무를 지는 주식인수인의 납입의무와 발기인의 납입담보책임은 부진정연대채무관계
에 있다고 할 수 있다. 발기인의 자본충실의 책임은 총주주의 동의로도 면제될 수 없
으며 10년의 시효기간을 갖는다($^{민\,162}$).[93]

**(나) 손해배상책임**

**1) 의　의:**　발기인이 회사의 설립에 관하여 그 임무를 해태한 때에는 그 발기
인은 회사에 대하여 연대하여 손해를 배상할 책임이 있다($^{상\,322}$). 설립중의 회사의 업
무집행기관으로서 부담하는 책임으로, 성립 후 회사의 이사에 대한 상법 제399조와
평행선상에서 이해될 수 있는 책임이다. 발기인은 선량한 관리자의 주의를 다하여 설

---

93) 독일 주식법은 5년으로 하고 있다(동법 제51조).

립사무를 수행하여야 하는데 이를 다하지 못했을 때 부담하는 법정특별책임이라 할 수 있다. 위법성을 책임발생의 요건으로 하지 않으므로 불법행위책임과 구별되고, 발기인과 성립된 회사간에는 직접적인 계약관계가 존재하지 않으므로(그러나 동일성설에 의하여 간접적으로 연결은 된다) 일반 채무불이행책임으로 볼 수도 없다. 그러나 자본충실의 책임과는 달리 과실책임이다.

**2) 요 건:** 책임발생의 요건을 살펴보면 자본충실의 책임에서와 같이 우선 회사의 성립을 전제로 한다. 나아가 발기인이 회사의 설립에 관하여 임무를 해태하였어야 한다. 발기인의 임무해태란 설립의 전과정에서 발생될 수 있다. 예컨대 정관작성($_{289}^{상}$), 주식청약서의 작성($_{302}^{상}$), 인수가액의 납입최고($^{상\ 305}$), 창립총회의 소집($^{상\ 308}$) 기타 발기인의 권한 내의 모든 행위에서 임무해태가 발생될 가능성이 있다.

**3) 효 과:** 책임의 내용을 보면 임무를 해태한 발기인은 회사에 대하여 연대하여 손해를 배상할 책임을 부담한다($^{상\ 322}$). 자본충실의 책임과 본 책임이 병존할 때도 있다($_{315}^{상\ 321,}$). 나아가 이사, 감사도 회사에 대하여 손해배상책임을 지는 경우에는 이사, 감사, 발기인이 연대하여 책임을 질 수 있다($_{323}^{상}$). 그러나 자본충실의 책임과 달리 총주주의 동의로 면제될 수 있으며($_{400}^{상\ 324,}$), 주주의 대표소송의 방법으로도 책임추궁이 가능하다($_{403\ 이하}^{상\ 324,}$). 회사의 성립시를 기산점으로 하는 10년의 시효기간을 갖는다.

**(2) 제3자에 대한 책임**($^{상\ 322}$)

발기인이 악의 또는 중대한 과실로 인하여 그 임무를 해태한 때에는 발기인은 제3자에 대해서도 연대하여 손해를 배상할 책임이 있다($^{상\ 322}$). 회사성립후 이사의 제3자에 대한 책임을 규정한 상법 제401조에 대비되는 규정이다.

**(가) 책임의 법적 성질:** 본 책임의 법적 성질에 대해서는 상법 제401조의 논의에서와 유사하게 다음과 같은 학설의 대립이 있다.

**1) 법정특별책임설:** 우선 법정특별책임설에서는 본 책임을 설립중의 회사의 단계에서 제3자를 보호하기 위하여 상법이 특별히 인정한 법정책임으로서 일반 불법행위책임과는 책임발생의 요건이나 성격이 달라 양자의 요건이 동시에 충족되는 때에는 양책임이 경합한다고 한다($_{통설}^{국내}$).

**2) 불법행위책임특칙설:** 둘째 불법행위책임특칙설에서는 발기인의 제3자에 대한 책임을 일반 불법행위책임을 단체법적으로 수정한 특칙으로 파악한다. 이 입장에

서는 복잡다단한 회사설립의 업무집행을 담당하는 발기인의 지위를 고려하여 일반 불법행위책임에서처럼 고의·과실이 아니라 고의·중과실로 책임발생의 주관적 요건을 제한하여 경과실로 인한 책임을 면제시킨 것으로 이해한다. 따라서 민법 제750조와 본 책임은 법조경합관계에 있다고 한다.[94]

**3) 특수불법행위책임설:** 끝으로 특수불법행위책임설에서는 본 책임은 본질적으로는 불법행위책임이나 일반불법행위책임으로 규정할 수 없는 경우에 제3자를 보호하기 위하여 특별히 인정된 책임이며 일반 불법행위책임과의 경합이 배제되는 것은 아니라고 한다.[95] 이 입장은 책임의 본질을 불법행위책임으로 보는 점에서는 둘째의 입장과 같으나 민법 제750조와의 관계에서 본 책임의 병존가능성을 인정한다는 점에서는 그 입장이 다르다.

**4) 결 론:** 생각건대 상법 제322조 제2항의 책임은 법문언으로도 명백하듯이 일반 불법행위책임과 달리 위법성을 책임발생요건으로 하지 않는다. 따라서 법정특별책임설이 타당하다. 즉 본 책임은 불법행위책임과는 그 성질이 전혀 다른 것으로서 상법이 회사설립과정 중 나타날 수 있는 제3자의 피해가능성을 특히 인정하여 배려한 법정특별책임이다.

### (나) 책임발생요건

책임발생요건은 (i) 발기인의 임무해태로 인한 (ii) 제3자의 손해발생이다.

**1) 발기인의 임무해태:** 우선 발기인의 임무해태를 살펴보면 발기인은 회사의 설립에 관하여 악의나 중과실로 자신의 임무를 해태하였어야 한다. 발기인의 악의나 중과실은 임무해태에 대해서만 나타나는 것으로 족하다. 제3자의 손해발생에 대하여서까지 주관적 요건이 충족되어야 하는 것은 아니다(법정특별책임설). 단지 경과실의 경우에는 이 요건이 충족되지 않는다. 발기인의 임무해태는 설립중의 회사에 대한 선관주의의무 및 충실의무위반의 형태로 나타날 수 있으며, 법령이나 정관을 위반하는 때 뿐만 아니라 업무집행의 임무해태 일반에 걸쳐 나타날 수 있다. 예컨대 정관미기재의 재산인수로 말미암아 그 계약이 무효로 되어 거래상대방이 손해를 보는 경우, 설립사무를 발기인대표에게 전적으로 위임하고 방치하여 자본충실을 결한 경우 등이다.

**2) 제3자의 손해발생:** 둘째로는 제3자에게 손해가 발생하여야 한다. 이 때 제3

---

94) 서정갑, 상법(상), 1980, 242면.
95) 이병태, 상법(상), 1974, 484면.

자는 널리 회사 이외의 자로서 주주나 주식인수인도 이에 포함된다(<sup>통</sup><sub>설</sub>). 나아가 손해에는 제3자의 직접손해뿐만 아니라 간접손해도 포함된다.[96] 전자는 발기인의 임무해태로 제3자가 개인적으로 입은 손해를 뜻하며, 후자는 회사가 손해를 입은 결과 제3자가 2차적으로 입은 손해를 뜻한다. 발기인의 임무해태와 제3자의 손해발생간에는 상당인과관계가 필요하다.

　(다) 효　과:　　이러한 요건이 갖추어지면 발기인은 제3자에 대하여 연대하여 그 손해를 배상하여야 하며, 이사나 감사도 그 제3자에 대하여 동시에 책임을 부담할 때에는 발기인은 이들과 연대하여 책임진다(<sup>상</sup><sub>323</sub>). 연대채무의 내용에 대하여는 민법 제413조 내지 제427조의 규정이 적용된다.

## 3. 회사가 불성립한 경우의 책임

　회사가 성립하지 못한 경우에도 발기인은 연대무과실의 형태로 설립행위책임(상 <sup>326</sup>)과 설립비용책임(상 <sup>326</sup>)을 진다.

### (1) 책임의 법적 성질

　본 책임의 법적 성질에 대해서는 법정특별책임설과 이론상 당연책임설의 대립이 있다.

　(가) **법정특별책임설:**　　전자는 회사가 불성립한 때에는 설립중의 회사는 목적의 달성불능으로 해산한 것으로 되어 청산을 하고 그 잔여재산을 주식인수인에게 분배하면 될 것이나, 상법은 주식인수인을 보호하기 위하여 정책적으로 발기인에게 책임을 과한 것이라 한다(<sup>다</sup><sub>수</sub>).

　(나) **당연책임설:**　　후자는 회사의 불성립의 경우에는 설립중의 회사가 소급하여 소멸하므로 발기인 이외에는 형식적으로나 실질적으로나 권리의무의 주체로 될 자가 존재하지 않으므로 이 경우 발기인이 책임지는 것은 당연한 결과라 한다.

　(다) 결　론:　　생각건대 발기설립의 경우는 몰라도 모집설립의 경우 상법은 제326조를 통하여 주주모집에 응했던 주식인수인의 보호를 꾀하고 있다고 할 수 있다. 법정특별책임설에 찬동한다.

---

96) 간접손해(reflective loss)에 대해서는, Charles Mitchell, Shareholder's Claims for Reflective Loss, (2004) 120 L. Q. R. 457 참조.

## (2) 책임발생요건

책임발생요건을 살펴보면 (i) 우선 회사가 성립하지 못하여야 하며 (ii) 설립에 관한 행위로 인하여 책임이 발생하였거나, 회사의 설립에 관하여 비용이 지급되었어야 한다.

**(가) 회사의 불성립:** 우선 첫째 요건을 살펴보면 회사의 불성립이란 회사가 법률상은 물론 사실상으로도 성립하지 못한 것을 가리킨다. 예컨대 주식인수나 납입의 흠결이 중대하여 창립총회에서 설립폐지의 결의($\frac{1}{2}$ 316)를 한 경우 등이다. 따라서 설립등기는 되었으나 나중에 설립무효의 판결을 받은 경우에는 사실상의 회사의 적용대상은 되지만 회사의 불성립의 경우는 아니다(사실상의 성립, 법률적인 불성립). 이런 경우에는 회사의 성립을 전제로 한 발기인의 책임규정을 적용하여야 한다($\frac{1}{322}$).

**(나) 책임발생:** 둘째 설립에 관한 행위로 인하여 책임이 발생하였어야 한다. '설립에 관한 행위'가 구체적으로 어느 범위까지이냐의 문제는 설립중의 회사의 기관인 발기인의 권한범위의 문제와 같다. 설립필요행위포함설을 취하는 한 설립직접목적행위뿐만 아니라 설립에 필요한 행위까지 이에 해당될 것이다. 설립에 관하여 지급했던 비용에 대해서도 역시 같은 범위로 해석하면 될 것이다.

## (3) 효 과

상기의 요건이 갖추어지면 전 발기인이 연대무과실로 본 책임을 부담한다. 따라서 발기설립의 경우에는 설립중의 회사의 전 구성원의 연대책임이 될 것이고, 모집설립의 경우에는 주주모집에 응하였던 주식인수인을 제외한 전 발기인의 연대책임이 된다.

# Ⅲ. 기타 설립관여자의 책임

## 1. 이사·감사 및 검사인의 책임($\frac{\text{상}\ 323.}{325}$)

理事 및 監事가 설립절차에 대한 조사 및 보고의무를 해태하였을 때에는 회사 또는 제3자에게 손해배상책임을 지며, 발기인도 책임을 질 때에는 서로 연대하여 손해를 배상하여야 한다($\frac{1}{323}$). 제3자에 대한 책임은 발기인의 책임과의 균형상 악의 및 중과실의 경우에 한한다고 해석된다($\frac{\text{상}\ 322\ \text{Ⅱ}}{\text{analog}}$).

법원이 선임한 檢查人에게 악의 또는 중과실이 있었을 때에는 회사 또는 제3자에 대하여 손해를 배상할 책임을 진다($\frac{\text{상}}{325}$).

## 2. 유사발기인의 책임

　주식청약서 기타 주식모집에 관한 서면에 성명과 회사의 설립에 찬조하는 뜻을 기재할 것을 승낙한 자는 발기인과 동일한 책임이 있다($\frac{\text{상}}{327}$). 주식청약서나 주식모집에 관한 서면에 자신의 성명과 회사의 설립에 찬조하는 뜻을 기재하도록 허락한 자(類似發起人)는 비록 발기인은 아니지만 실질적으로 설립에 관여한 외관을 갖추었으므로 그 외관을 신뢰한 자를 보호하기 위하여 그에게도 발기인과 같은 책임을 지도록 한 것이다. 그러나 이러한 유사발기인은 회사설립에 관한 임무가 있을 수 없으므로 임무해태를 전제로 한 상법 제315조, 제322조의 손해배상책임은 지지 않는다. 따라서 유사발기인이 지는 책임은 회사의 성립시에는 자본충실의 책임($\frac{\text{상}}{321}$), 회사불성립시에는 상법 제326조의 책임뿐이다.

# 제 3 절　주주와 주식(주주와 회사간의 법률관계)

# 제 1 관　주　식(사원권의 객체론)

## Ⅰ. 주식의 개념

　주식회사의 기초개념에서 살펴보았듯이 株式이란 (ⅰ) 균분(均分)된 자본의 구성단위, (ⅱ) 株主의 회사에 대한 社員權, 그리고 (ⅲ) 이 사원권을 화체(化體)하는 주권(株券) 등 3가지 의미로 사용된다.[1]

## 1. 자본의 구성단위인 주식

　자본의 構成단위(Bruchteil des Grundkapitals)로서 주식은 다음과 같은 구체적 속성을 갖는다.

---

1) Windbichler, Gesellschaftsrecht, 24. Aufl., 2017, Beck, S. 279~280.

### (1) 균일성

주식회사의 자본은 이를 균등한 주식으로 분할하여야 한다($\substack{상\ 329 \\ II, III}$).

### (2) 불가분성

주주나 회사는 이 출자의 기본단위를 임의로 분할할 수 없다. 그러나 수인이 1개의 주식을 분할하지 않고 공유할 수는 있다($\substack{상 \\ 333}$).

### (3) 금액성

회사가 액면주식을 발행하는 경우에는 자본은 균등한 금액의 주식으로 분할하여야 한다($\substack{상\ 329 \\ II}$). 다만 무액면주식을 발행하는 경우에는 예외이다($\substack{상\ 329\ I, \\ 451\ II\ 참조}$).

## 2. 사원권으로서의 주식

과거에는 주식물권설[2] 내지 주식채권설[3]이 주장되었다. 그러나 오늘날에는 주식사원권설이 지배한다. 사원권(Mitgliedschaftsrecht)이란 단체의 구성원이 단체에 대해 가지는 포괄적 법적 지위이다. 주식회사에서는 주주가 사원이므로 결국 주식이란 주주가 회사에 대해 가지는 포괄적 지위이다. 이로부터 자익권(自益權)과 공익권(共益權)이 파생한다. 그러나 주식은 인적회사의 지분(持分)과는 성격이 다르다. 주식에는 지분복수주의가 지배하기 때문이다. 주식의 소유자는 '수개의 독립된 별개의 지위'를 자신이 가진 주식수 만큼 소유한다고 할 수 있다. 주식회사에서는 의결권의 불통일행사도 가능한 것이다($\substack{상\ 368 \\ 의2}$).

## 3. 유가증권으로서의 주식

주식은 株券(Aktienurkunde)의 의미로도 사용된다. 주권은 주식을 화체한 유가증권이다. 그러나 이 용례는 주권이라는 보다 분명한 용어가 있으므로 혼동을 피하는 것이 좋을 것으로 생각된다.

---

2) 주식을 회사재산의 단위로 파악함.
3) 주주가 회사에 대해서 가지는 권리에 중점을 둠.

## Ⅱ. 주식의 종류

액면주식의 금액은 균일해야 하지만(상 329) 그 밖의 속성에 있어서는 회사가 다양하게 주식을 발행할 수 있다. 즉 주식의 원활한 유통, 자금조달의 편의 또는 경영권 안정을 위하여 종류주식을 발행하기도 하고 특수한 약정을 부가시키기도 한다. 몇가지 기준으로 주식을 분류해 보기로 한다.

### 1. 액면주와 무액면주

주식의 액면가가 존재하는지 여부에 따른 구별이다. 2011년 개정 상법은 무액면주식제도를 도입하였다(상 329).

#### ⚙ 완리, 연내 무액면株 전환 … 가격제한 없이 주식 발행

[한국경제, 임도원 기자 van7691@hankyung.com: 마켓인사이트 10월 1일 오후 3시15분]

"국내 증시에 무액면 주식이 첫선을 보인다. 무액면주식은 기업이 증자 등을 할 때 발행가를 자유롭게 정할 수 있으나 국내에는 비(非)상장사 일부만 채용하고 있다. 중국 기업으로 2011년 코스닥시장에 상장한 완리인터내셔널홀딩스는 발행주식 전체인 4869만6351주(액면가 1홍콩달러)를 무액면주로 전환한다고 1일 밝혔다. 완리는 금융 당국과 협의해 연내에 전환을 완료할 계획이다. 완리는 홍콩에 지주회사를 두고 있으며 외벽 타일이 주력 제품이다. 완리의 국내 공시 대행사인 밸류씨앤아이의 김재우 공시팀장은 "지난 3월 홍콩에서 액면가 제도가 폐지돼 한국에서도 무액면으로 전환하기로 했다"고 말했다.

한국에서는 상법 개정으로 2012년 7월부터 무액면주가 도입됐다. 한국예탁결제원에 따르면 현재까지 무액면주로 전환한 상장사는 없다. 비상장사 가운데서만 위너스씨앤아이, 토네이도, 뉴바이오벡스 등 세 곳이 있다. 액면주 기업은 증자 등 과정에서 액면가 미만으로 주식을 발행하려면 주주총회 특별 결의와 함께 법원의 인가를 받아야 한다. 무액면주 기업은 액면가에 구애받지 않고 자유롭게 발행가를 정할 수 있다. 무액면주 기업은 주식 발행가액 50% 이상의 범위에서 이사회나 주주총회 결의에서 정한 금액으로 자본금을 정한다. 나머지 금액은 자본준비금으로 넣어야 한다. 액면주 기업들은 회사 정관 개정을 통해 무액면주로 전환할 수 있다. 강택신 한국상장회사협의회 기업법제팀 과장은 "국내 기업들은 주식을 저가로 발행하려는 한계기업으로 보일까봐 그동안 무액면주 도입을 꺼린 것 같다"며 "미국과 유럽 등에서는 무액면주가 보편화돼 있다"고 말했다."

#### ⚙ 무액면주식

1. 의    의

무액면주식(no-par value stock; Quotenaktie; nennbetraglose Aktie)이란 액면가가 존

재하지 않는 주식이다. 이에는 다시 진정무액면주식(true no-par stock)과 기재식무액면주식(stated value no-par stock)이 있다. 전자(前者)는 주권에는 물론 정관에도 권면액에 상당하는 기재가 없는 주식이다. 후자(後者)는 주권에 권면액의 기재가 없지만 정관에 이에 상응하는 금액을 정해 놓고 이 액수에 미달하는 가액으로는 주식을 발행하지 못하며 또 발행가액 중 이에 상응하는 액수를 자본으로 계상하는 주식이다. 상법에 규정된 무액면주식은 전자(前者)의 경우이다.

미국에서는 무액면주식이 널리 이용되고 있고, 일본에서는 2001년 이래 액면주식을 폐지하고 무액면주식만 이용되고 있다. 그러나 유럽에서는 아직도 액면주식이 큰 비중을 차지한다[독일주식법 제8조 제3항; 프랑스상법 제228-8조; 영국에서는 특수회사를 제외하고는 무액면주식 자체를 허용하지 않는다(영국회사법 제542조 제1항)].

### 2. 기  능

(1) 주식발행의 용이: 무액면주식의 최대 장점은 회사의 재무성과가 악화되었을 때 액면주식에서 나타나는 할인발행의 제한(상417조)을 피할 수 있다는 점이다. 회사가 발행가를 얼마로 책정하든 발행가의 일부는 잉여금으로 적립되므로 재무관리가 용이해진다. 그러나 이러한 순기능도 동시에 약점을 가지고 있다. 즉 액면가가 없어 주가에 대한 심리적 기준이 없고 그 결과 투자자의 소극성으로 이어질 가능성도 배제할 수 없다.

(2) 경영권의 안정도모: 무액면주식의 경우 회사가 발행가액을 소액으로 책정하여 주식모집시장을 광범위하게 확보할 수 있다. 이렇게 되면 주식이 널리 분산되어 주주들의 영향력이 약화되고 결국 경영자가 회사를 안정적으로 지배할 수 있게 된다. 그러나 자본의 구성과 발행대가의 결정이 회사의 임의에 맡겨져 투자자들에게 위험할 수 있다.

(3) 구조조정의 원활: 무액면주식은 액면가가 없어 액면에 묶여 있는 정관변경이나 액면조정 등의 절차를 거치지 않고도 자본감소, 주식분할 등 재무구조의 조정이 가능하고, 합병이나 분할 등 기업재편도 용이하게 수행할 수 있다.

### 3. 발행요건

(1) 정관상의 수권(授權): 무액면주식을 발행하려면 정관에 근거규정을 두어야 한다(상329 본문). 이는 정관의 상대적 기재사항이 될 것이다. 즉 정관 이외의 곳에 근거규정을 두어도 효력이 없으며 반드시 정관에 해당 규정을 두어야 한다.

(2) 액면주식과 무액면주식의 동시발행금지: 회사는 액면주식이나 무액면주식 중 하나를 선택하여 발행하여야 한다(상329 단서). 2001년 개정전 일본상법에서는 동시발행을 허용하여 그곳에서는 액면주식과 무액면주식간 상호 전환청구도 허용하였다. 그러나 우리 상법은 이를 허용하지 않으므로 양자간 전환청구 등은 불가하다.

(3) 무액면주식의 발행가 및 자본금: 무액면주식의 경우 액면가는 존재하지 않지만 발행가는 존재한다. 따라서 회사의 재무상태나 주가 등을 고려하여 적정히 발행가를 책정할 수 있다. 무액면주식의 경우에도 자본금은 존재한다. 이 경우 회사가 정하는 발행가 중 2분의 1 이상의 금액으로서 이사회에서 자본금으로 계상하기로 한 금액이 자본금이 된다

($\frac{\text{상 451}}{\text{II 1문}}$). 자본금으로 계상하지 아니한 잔여액은 자본준비금으로 계상된다($\frac{\text{상 451}}{\text{II 2문}}$).

### 4. 액면주식과 무액면주식의 전환

(1) 의 의:　회사는 정관으로 정하는 바에 따라 발행된 액면주식을 무액면주식으로 전환하거나 무액면주식을 액면주식으로 전환할 수 있다($\frac{\text{상 329}}{\text{IV}}$).

(2) 전환의 유효요건:　아래 요건의 충족을 전제로 양자간 전환이 가능하다.

(가) 정관변경:　상법은 액면주식과 무액면주식의 동시발행을 금지하므로($\frac{\text{상 329}}{\text{I 단서}}$), 회사는 양자 중 하나를 택일하여야 한다. 따라서 기존에 액면주식만 발행하던 회사가 무액면주식을 발행하려면 우선 정관을 변경하여야 한다. 정관변경은 일부규정의 삭제($\frac{\text{예컨대 상}}{\text{289 I 4호}}$)와 신설($\frac{\text{예컨대 상 329}}{\text{I 본문}}$)로 이어질 것이다. 발행예정주식총수($\frac{\text{상 289}}{\text{I 3호}}$)의 경우 기존의 범위내에서 양자간 전환이 이루어질 경우에는 정관변경은 불필요하지만 그 범위를 상회하는 경우 정관변경이 수반되어야 한다. 또 회사는 장기적 안목에서 임의로 발행예정주식총수를 늘릴 수는 있을 것이므로 이 경우 정관변경이 가능할 것이다.

(나) 일부 전환의 불허:　양자간 전환은 전부 전환에 한하여 허용되므로 예컨대 개별적인 주주의 청구에 따라 액면주식으로 발행된 기 발행주식중 일부만 무액면으로 전환해 주는 것은 불가하다($\frac{\text{상 329}}{\text{IV}}$).

(다) 자본변동의 금지:　상법은 양자간 전환의 결과로 자본금에 변동이 생기는 것을 금지하고 있다($\frac{\text{상 451}}{\text{III}}$). 자본에 변동이 발생하지 않으므로 채권자보호절차도 요구되지 않는다(상법 제329조 제5항은 채권자보호절차에 관한 상법 제441조 단서를 준용대상에서 제외하였다).

(라) 공 고:　회사는 1개월 이상의 기간을 정하여 액면주식을 무액면주식으로 전환한다는 뜻 또는 무액면주식을 액면주식으로 전환한다는 뜻과 그 기간내에 주권을 회사에 제출할 것을 공고하고, 주주명부에 기재된 주주와 질권자에게는 각별로 통지하여야 한다($\frac{\text{상 329}}{\text{V. 440}}$).

(마) 신주권의 교부:　회사는 주주가 제출한 구주권에 갈음하여 신주권을 교부하여야 한다($\frac{\text{상 329}}{\text{V. 442}}$).

(3) 전환의 효력발생시기:　주식의 전환은 주주에 대한 위 공고기간이 만료한 때에 그 효력이 생긴다($\frac{\text{상 329 V.}}{\text{441 본문}}$).

(4) 전환의 하자:　액면주식을 무액면주식으로 또는 무액면주식을 액면주식으로 전환하는 과정에서 각종 하자가 발생할 수 있다. 자본금불변 등 법정요건을 준수하지 않았거나($\frac{\text{상 451}}{\text{III 위반}}$), 일부 전환을 하였거나($\frac{\text{상 329}}{\text{IV 위반}}$), 공고기간을 준수하지 않은 경우($\frac{\text{상 329 V.}}{\text{440 위반}}$) 등이 그 예이다. 이 경우 법률관계의 획일적 처리와 기존상태존중의 법률적 수요를 고려해야 할 것이다. 그리하여 명문의 규정은 없지만 신주발행무효의 소에 관한 상법 제429조를 유추하는 것이 바람직할 것이다.

## 2. 기명주식과 무기명주식

2014년 4월의 상법개정으로 무기명주식제도는 51년 만에 폐지되었다.[4] 따라서 현재 상법상으로는 기명주식(Namensaktie)만 존재하며 무기명주식은 발행할 수 없다. 무기명주식(Inhaberaktie)은 상법개정전에도 이를 발행한 회사가 없어 사실상 유명무실한 제도였다. 따라서 이하의 내용은 현재로서는 이론적 구분에 불과하다.

이 구별은 주식의 속성에 따른 구별이 아니라 주권에 주주의 이름이 표시되느냐의 여부에 따른 구별이다. 記名株式은 주주의 이름을 주권에 표시하고 주주명부에도 기재하지만 무기명주식에서는 주주의 이름을 표시하지 않는다. 양자는 그 양도방법에 있어서는 차이가 없다. 즉 주권의 교부만으로 가능하다($^{상\ 336}_{참조}$).[5]

그러나 다음과 같은 차이점이 있다. 우선 회사에 대한 권리행사면에서 차이가 있다. 기명주주는 명의개서를 통하여 회사에 대한 권리행사의 대항요건을 구비한다. 즉 명의개서를 마친 후에는 주주명부를 통하여 인적 동일성만 확인받으면 권리행사가 가능하다($^{상\ 337}_{1\ 참조}$). 그러나 무기명주식에서는 명의개서가 불가하며 대신 주권을 회사에 공탁하였다($^{2014년\ 개정전}_{상\ 358\ 참조}$). 둘째 기명주식에는 주권불소지제도가 있으나($^{상\ 358의}_{2\ 1\ 참조}$) 무기명주식에는 이것이 없었다. 셋째 주식에 대한 질권설정의 방법면에서 차이가 있었다. 기명주식은 약식질과 등록질이 모두 가능하나 무기명주식에서는 약식질만 가능하였다($^{상\ 340}_{1\ 참조}$). 넷째 주주구성의 동태적 파악면에서 차이가 있었다. 기명주식에서는 주주명부를 통하여 명의개서가 이루어지므로($^{상}_{337}$) 회사는 용이하게 주주의 이동을 파악할 수 있지만 무기명주식에는 주주명부제도 자체가 없었다. 기존 경영권자의 시각에서 보면 무기명주주는 매우 불안한 존재였다. 이제는 상법이 더 이상 무기명주식을 허용하지 않으므로 위의 구별은 단순한 이론적인 것에 그치게 되었다.

## 3. 종류주식($^{상}_{344}$)

### (1) 종류주식 총론

(가) 개  념:   종류주식이란 일정한 주주의 권리에 대하여 회사가 내용이 다른 수종의 주식을 발행할 때 이들을 총칭하는 개념이다. 2011년 개정상법은 기존부터 존

---

4) 2014년 4월 29일 김도읍 의원이 대표발의한 '무기명주식제도 폐지법안'이 국회 본회의를 통과하였다. 1963년 상법제정 이래 단 한번도 발행되지 않은 무기명주식제도의 폐지가 주요내용이었다. 그 개정안은 기업소유구조의 투명성 제고와 과세사각지대의 해소를 목적으로 한다고 밝히고 있었다.

5) 1984년 상법개정 이전에는 기명주식의 경우 배서교부 또는 양도증서와 주권의 교부라는 방법을 취하였다. 그러나 개정 후 기명주식도 무기명식과 같이 단순히 주권의 교부만으로 양도되므로 양자의 차이점은 없어졌다.

재하던 '수종의 주식'제도를 대폭 수정하여 종류주식의 다양화를 도모하였다($\frac{상}{하}\frac{344}{참조}$ 이). 과거부터 인정되던 이익배당이나 잔여재산분배에 관한 종류주식을 인정함은 물론 ($\frac{상}{의2}^{344}$), 주주총회에서의 의결권의 행사($\frac{상}{의3}^{344}$), 주식의 상환($\frac{상}{345}$) 및 주식의 전환($\frac{상}{346}$)에 관하여도 내용이 다른 주식을 발행할 수 있도록 그 범위를 확대하였다. 주주평등의 원칙에도 불구하고 종류주식을 다양화한 이유는 투자상품의 폭을 넓혀 자본시장을 발전시키고 이로써 기업들의 자금조달을 보다 원활히하기 위함이었다. 다만 이러한 상법의 개정에도 불구하고 자본시장의 반응은 아직은 싸늘하다. 과거부터 존재하던 우선주 이외에 상장된 종류주식은 아직 발견할 수 없다.

### ⚙ 보통주도 '종류주식'인가?

일부 학설은 과거 수종의 주식이 발행될 때의 보통주는 상법 제344조 제1항상의 '종류주식'이 아니라고 한다. 즉 보통주를 상법 제344조 이하의 '종류주식' 개념에서 제외한다 (이하 이 입장을 '종류주식 부정설' 내지 '부정설'로 표현한다).[6] 이에 반하여 2011년 상법 개정 전 '수종의 주식'이라는 개념이 수정없이 개정 상법의 '종류주식'으로 대체된 것에 불과하다면서 보통주는 현행 상법 제344조 이하에서도 당연히 '종류주식'의 하나라는 학설도 있다(이 입장을 '종류주식 긍정설' 내지는 '긍정설'로 표현한다).[7] 개정 상법의 불만스런 문언이 이러한 학설대립의 주된 이유이다.[8] 이하 양측의 주장을 살펴 보면서 비판점과 사견을 제시하기로 한다.

#### 1. 부정설(보통주는 종류주식이 아니라는 주장)

(1) 상법 제344조의2 이하의 문언: 우선 부정설에서는 상법이 제344조의2 이하의 문언에서 각 종류주식의 유형 및 내용을 제한적으로 열거하고 있어 보통주식은 해석상 이에 포함되지 않는다고 한다.[9]

(2) 상법 제435조나 상법 제356조 제6호: 부정설은 상법이 종류주식을 발행한 경우에 한하여 종류주주총회가 필요한 것으로 규정하고 있고, 동법 제356조 제6호에서도 '종류주식이 있는 경우'라는 문언을 사용함으로써 보통주를 제외한 종류주식에 대해서만 주권의 기재내용으로 정한 것이라고 풀이한다. 나아가 상법은 종류주식과 보통주식을 모두 망라하는 경우에는 '종류주식'이라는 용어를 사용하지 않고 '주식의 종류'라는 문언을 사용하

---

6) 심영, "개정 상법상 종류주식에 대한 고찰", 「기업환경의 변화와 회사법의 대응」 (건국대 법학연구소 학술대회 발표문집, 2012년 3월), 32, 33면; 법무부, 상법 회사편 해설(상법해설서 시리즈 Ⅱ-2011년 개정 내용), 2012, 127면, 각주 73번[조문의 표현상 일견 종류주식은 보통주를 제외하는 것으로 해석된다고 함. 다만 상법 개정위원회에서 보통주를 종류주식의 개념에서 명확히 배제하기로 정하였는지는 불분명하다고 함].

7) 정동윤, "개정 상법의 해석에 관한 몇 가지 문제에 관하여-보통주와 종류주의 개념을 중심으로-", 「상장」 2012년 6월호, 논단, 21~30면, 특히 23면 이하; 송종준, "개정 상법상 기업구조의 변화요소와 활용방안", 「상장협연구」 2011년 가을호, 103면 이하, 특히 119면; 최준선, 회사법, 제9판, 2014, 228면.

8) 상법 제344조는 제1항에서 '…내용이 다른 종류의 주식'이라는 표현을 쓰면서 괄호속에 '이하 이를 "종류주식"이라 한다'는 문언을 사용함으로써 보통주와 다른 종류의 주식에 대해서만 '종류주식'이라는 용어를 사용하는 것처럼 읽힐 우려가 있다.

9) 심영, 전게논문, 32면.

고 있어 '주식의 종류'와 '종류주식'은 구별을 요한다고 한다.[10]

(3) 상법 제345조 제5항: 특히 부정설의 지지자들은 상법 제345조 제5항은 보통주를 상환주식으로 발행할 수 없음을 밝힌 규정으로 이해한다.[11]

### 2. 긍정설(보통주도 종류주식의 하나라는 주장)

(1) 상법 제344조 이하의 '종류'의 의미: 이 입장은 우선 상법이 사용하는 '종류주식'에서 '종류'라는 용어는 '여러 가지 종류'로 풀이할 수밖에 없다고 한다.[12]

(2) 종류주주총회 관련: 만약 부정설과 같이 풀이하면 보통주주는 상법 제435조상의 종류주주총회를 개최할 수 없게 되는데 이는 커다란 불합리라고 한다.[13]

(3) 보통주를 상환주식으로 발행할 수 없는가?: 부정설에 의하면 보통주가 상환주식으로 발행되면 적대적 M&A에 대한 방어수단으로 남용될 우려가 있어 이를 허용할 수 없고 따라서 상법 제345조 제5항이 보통주 아닌 종류주식에 대해서만 이를 허용한 것이라고 하나 적어도 문리해석으로는 이러한 해석결과를 인정할 수 없다고 한다.[14]

### 3. 비판 및 사견

위의 학설대립은 오랜 상법개정작업의 여파에서 나타난 것이 아닌가 추측된다. 개정위원들의 구성이 바뀌면서 당초의 논의에서 나타나지 않았던 문제들이 후속 논의에서는 크게 부각된 것이 있다.[15] 종류주식의 다양화 분야에서도 그러하였다고 생각된다. 그러나 이들간 충분한 상호조절이 없었다고 보인다. 개정과정이 성과없이 수년을 질질 끌다가 어느날 갑자기 국회본회의를 통과하다보니 최종 법률안의 문언정리가 미흡하지 않았나 생각된다.[16]

어쨌든 종류주식이라는 용어는 회사법 개정작업의 초기단계에서는 보통주를 제외한 개념이 아니었다. 종류주식이라는 용어는 그저 단순히 '수종의 주식'이라는 용어의 대체물에 불과하였고, 그저 '여러 종류의 주식'이라는 뜻으로 사용되었음이 분명하다. 위에서 부정설이 주장하는 그런 류의 의미가 아니었다. 위의 부정설에서처럼 종류주식에서 보통주를 배제할 것은 아니라고 본다. 나아가 보통주주들이 종류주주총회를 개최하지 말라는 법도 없다. 보통주주들에게만 불리한 정관변경이 있을 경우 보통주주들도 당연히 그들만의 집회를 가져야 한다.

끝으로 상법 제345조 제5항의 의미 역시 긍정설의 입장에서 이해하여야 할 것이다. 동 조항은 그야말로 상환주식과 전환주식을 제외한 종류주식에 한하여 상환주식으로 발행할 수 있다고 규정한 것이다. 이 조항이 보통주를 상환주로 발행할 수 없다고 못박은 것은 아니다. 그럴만한 선험적 제약도, 법문해석상의 당위성도 없기 때문이다. 긍정설에 찬동한다.

---

10) 심영, 전게논문, 32면.

11) 심영, 전게논문, 33면.

12) 송종준, 전게논문, 119면.

13) 정동윤, 전게논문, 27면; 임재연(Ⅰ), 391~392면.

14) 정동윤, 전게논문, 27면.

15) 정동윤, 전게논문, 27면 좌측 하단 참조(보통주식을 상환주식으로 발행할 수 없다는 점에 관하여 회사법개정위원회에서 논의한 기억도, 그런 내용이 회의록에 수록된 적도 없다고 회고함).

16) 정동윤, 전게논문, 23면 이하.

(나) **법적 규제:** 종류주식에 관하여는 상법상 공통적으로 다음의 규제가 있다.

**1) 종류의 법정:** 상법은 ① 이익배당이나 잔여재산의 분배에 관한 종류주식, ② 의결권행사에 관한 종류주식, ③ 주식상환에 관한 종류주식 및 ④ 주식전환에 관한 종류주식 등 4가지 형태만 허용한다($^{상\,344}$). 학계는 이미 오래전부터 종류주식의 다양화를 논의하였고 거부권부주식(황금주), 차등의결권주식, 임원임면권부주식 등의 도입가능성을 탐구해왔다. 그러나 이번 2011년의 상법개정에서는 위의 3가지 형태만 추가되었고 나머지 것들은 훗날의 과제로 남게 되었다.

**2) 정관의 상대적 기재사항:** 회사가 종류주식을 발행하는 경우에는 정관에 각 종류주식의 내용과 수를 정하여야 한다($^{상\,344}$). 회사가 종류주식을 발행할 경우 상법은 정관에 위의 사항들을 반드시 기재하도록 의무화하고 있다. 즉 '종류주식의 내용과 수'만큼은 정관의 상대적 기재사항으로 하여 그 기재를 의무화한다. 이러한 기재가 없어도 정관 자체의 효력에는 영향을 미치지 않지만 종류주식에 관하여 그 효력이 발생하려면 '종류주식의 내용과 수'만큼은 정관에 반드시 기재하여야 한다.

**3) 정관의 임의적 기재사항:** 회사가 종류주식을 발행하는 경우 정관에 다른 정함이 없는 경우라도 주식의 종류에 따라 신주의 인수, 주식의 병합·분할·소각 또는 회사의 합병·분할로 인한 주식의 배정에 관하여 특수한 정함을 할 수 있다($^{상\,344}$). 이러한 사항들은 소위 임의적 기재사항이다. 따라서 이들을 정관에 기재할 수 있음은 물론이요, 같은 내용이라도 정관이 아닌 다른 방법도 동원할 수 있다. 물론 위 사항들이 정관에 기재되면 그 효력은 보다 안정적으로 유지될 것이다. 주주총회의 특별결의를 요하는 정관변경절차를 거치지 않는 한 그 내용을 바꿀 수 없기 때문이다. 그러나 정관외적으로 위 사항들을 정한 경우에는 정관변경 없이도 그 변경이 가능할 것이다.

**4) 종류주주총회:** 회사가 종류주식을 발행한 경우 정관을 변경함으로써 어느 특정 종류의 주주들에게 손해를 가하게 되는 때에는 전체 주주들의 정관변경결의 외에 해당 종류주주들만의 별도 결의가 필요하다($^{상\,435}$).

**5) 공시의무:** 회사가 종류주식을 발행하는 경우에는 다음과 같은 공시의무가 수반된다. 우선 정관에 종류주식의 발행사항을 정한 경우에는 주식청약서 및 신주인수권증서에도 이를 기재하여야 하고($^{상\,302\,Ⅱ\,4호}_{420의2\,Ⅱ\,3호}$), 발행한 후에는 주주명부와 주권에도

기재하여야 한다($^{\text{상 352 I 2}}_{\text{호, 356 6호}}$). 나아가 설립등기에도 이를 등기하여야 한다($^{\text{상 317}}_{\text{II 3호}}$).

## (2) 이익배당 및 잔여재산분배에 관한 종류주식($^{\text{상}}_{\text{의2}}$344)

(가) 개 념:   회사는 이익배당이나 잔여재산의 분배에 관하여 내용이 다른 종류주식을 발행할 수 있다. 이는 2011년 상법개정전에는 '수종의 주식'으로 불리우던 전래적인 종류주식이다.

(나) 종 류:   전통적으로 보통주, 우선주, 후배주, 혼합주의 구별이 있다.

**1) 보통주:**   보통주(common share; Stammaktie)라 함은 이익배당이나 잔여재산의 분배에 있어 어떠한 제한이나 우선권도 부여되지 않는 표준이 되는 주식이다.

**2) 우선주:**   우선주(preferred share; Vorzugsaktie)라 함은 보통주보다 재산적 내용에 있어서 우선적 지위가 인정되는 주식이다. 대개 영업이 부진한 회사가 신주(新株)모집을 용이하게 하기 위하여 또는 설립시의 발기인을 우대하기 위하여 발행한다.

이때 '우선적 지위'라 함은 원칙적으로 시간적으로 우선한다는 말이다. 즉 시간적 우선성(zeitliche Priorität)이다.[17] 다시 말하면 우선주주는 보통주주보다 먼저 이익배당이나 잔여재산의 분배를 받는다. 그러나 경우에 따라서는 보통주보다 고율의 이익배당이 동시에 시행되기도 한다.[18] 우리나라에서도 오랜기간 동안 '1% 우선주'라 하여 보통주보다 1% 더 높은 고율배당을 받는 우선주주들이 있었다. 이 '1% 우선주'는 엄격한 의미에서 상법상의 우선주는 아니었다.[19] 그러나 비교법적으로 보면 이 우선성의 의미는 나라마다 시대마다 가변적이므로 이점 주의를 요한다.

### ❖ 2016년 독일 주식법 개정과 무의결권 우선주

2016년 개정된 독일 주식법은 전통적인 우선주식의 개념을 확장하였다($^{\text{2016년 개정 독일주식법}}_{\text{제139조 제1항 제2문 참조}}$). 이로써 전통적인 시간적 우선배당주식 뿐만 아니라 보통주주들보다 더 받는 고율배당주식 역시 우선주식의 개념에 포함되었다. 나아가 우선배당과 고율배당을 동시에 시행할 수도 있게 되었다.[20] 다만 회사가 정관에 우선주식에 대하여 별도의 정함을 하지 않은 경우에는 시간적 우선배당을 시행하는 우선주식에 대해서만 누적적 우선주로 할 수 있다($^{\text{독일 주식}}_{\text{법 제139조}}$ $^{\text{제1항}}_{\text{제3문}}$). 다만 독일 주식법 제139조의 규정은 무의결권 우선주를 대상으로 한다.

---

17) 江頭憲治郎, 株式会社法, 제8판, 2021, 141면; Hüffer/Koch, AktG, 13. Aufl., 2018, §139 Rdnr. 6.
18) Hüffer/Koch, AktG, 13. Aufl., 2018, §139 Rdnr. 7.
19) 상법상의 우선주는 아니지만 개정된 상법 제344조의2 제1항에 따른 "내용이 다른 종류주식"으로 발행가능하다고 보는 학설로는 이철송, 2011 개정상법-축조해설-, 박영사, 2011, 102면 참조.
20) Hüffer/Koch, AktG, 13. Aufl., 2018, §139 Rdnr. 7.

우선주는 다시 다음과 같이 세분된다.

**가) 참가적 우선주와 비참가적 우선주:**　　참가적 우선주(participating share)란 소정률의 우선적 이익배당을 받고도 이익이 남는 경우 우선주주가 다시 보통주주와 함께 이익배당에 참여할 수 있는 경우이다. 반면 비참가적 우선주(non-participating share)라 함은 소정률의 우선배당에 그치는 것으로서 배당가능이익이 많은 경우에는 오히려 보통주주들보다 불리할 수도 있다.[21]

**나) 누적적 우선주와 비누적적 우선주:**　　누적적 우선주(cumulative share)란 당해 영업연도에 소정률의 우선 배당을 받지 못한 경우에는 그 미지급배당액을 다음 영업연도 이후에도 우선하여 보충·배당받는 주식이다. 반면 비누적적 우선주(non-cumulative share)란 당해 영업연도에 우선 배당을 받지 못하면 그 미지급액을 다음 영업연도에도 배당받지 못하는 주식이다.

**3) 후배주:**　　후배주(後配株; deferred share; Nachzugsaktie)라 함은 이익배당이나 잔여재산의 분배에 있어 보통주보다 열후한 지위에 있는 주식이다. 열후주식(劣後株式)이라고도 한다. 열후한 지위라 함은 보통주주들보다 뒤의 시점에 잉여금 등의 배당이 이루어진다는 뜻이다. 일본에서는 회사재건시 또는 정부와 민간의 공통출자시 정부출자분에 대해 열후주로 발행한 사례가 있다고 한다.[22]

**4) 혼합주:**　　혼합주라 함은 보통주보다 어떤 면에서는 우선권이 있으나 어떤 면에서는 열후적 지위에 있는 주식, 예컨대 이익배당에 있어서는 우선하나 잔여재산분배에 있어서는 열후한 주식을 말한다.

**(다) 상대적 기재사항:**　　상법은 이익배당의 경우와 잔여재산분배의 경우를 나누어 상대적 기재사항을 규정하고 있다.

**1) 이익배당시 상대적 기재사항:**　　회사가 이익배당에 관한 종류주식을 발행하는 경우에는 정관에 배당재산의 종류, 배당재산의 가격의 결정방법 및 이익배당조건 등을 정하여야 한다($\frac{상}{2}\overset{344의}{ii}$).

**2) 잔여재산분배시 상대적 기재사항:**　　회사가 잔여재산의 분배에 관하여 내용이 다른 종류주식을 발행하는 경우에는 정관에 잔여재산의 종류, 잔여재산의 가액의 결

---

21) 가령 액면가의 20%를 우선배당받게 되어 있는 우선주를 발행한 회사에서 어느 결산기에 모든 주주에게 50%씩 배당할 수 있는 배당가능이익이 발생하였다면 보통주의 배당에는 제한이 없으므로 우선주는 액면가의 20%, 보통주는 액면가의 50% 이상의 배당을 받을 수 있게 되어 우선주주가 오히려 불리할 수 있다.

22) 江頭憲治郎, 株式会社法, 제8판, 2021, 142면.

정방법 및 여타 잔여재산분배의 내용을 정하여야 한다($^{\text{상}}_2 ^{344의}_{II}$).

### (3) 의결권제한 종류주식($^{\text{상}}_{의3} ^{344}$)

(가) 개  념:   회사는 의결권이 아예 없거나 부분적으로 제한되는 종류주식을 발행할 수 있다($^{\text{상}}_3 ^{344의}_{I}$). 2011년 상법개정 전에는 의결권의 부재는 종류주식의 하나로 보지 않고 이익배당 우선주에 부수된 특약사항으로 보아 왔다($^{2011년 개정}_{전 상 370}$ $_I$). 이 경우 의결권의 부분적인 제한은 허용되지 않았고 전적으로 의결권을 포기하는 자에게만 우선주주의 지위를 부여할 수 있었다. 그러나 2011년 개정상법은 의결권의 전적인 또는 부분적인 제한을 종류주식의 내용으로 정할 수 있도록 허용하였다. 다만 의결권제한 종류주식은 발행주식총수의 4분의 1을 초과할 수 없다($^{\text{상}}_3 ^{344의}_{II}$).

(나) 내  용:   상법이 새로이 규정하고 있는 의결권제한 종류주식의 구체적인 내용을 이하 살펴보기로 한다.

**1) 의결권의 배제 및 제한:**   의결권배제주식의 경우 과거와 마찬가지로 의결권행사가 전적으로 금지되는 무의결권주식이 발행가능하다. 다만 과거와 달리 우선주에 국한하지 않으므로 무의결권 보통주로도 발행할 수 있게 되었다. 의결권 제한주식의 경우에는 주주총회결의의 일부 안건에 대해 의결권이 제한되는 경우이다. 정관변경에 대해서만 의결권이 없거나 이사선임에 대해서만 의결권이 제한되는 경우가 이에 해당한다. 어떠한 경우이든 주주의 의결권을 전제로 그 전부나 일부를 차단한 것이므로 의결권을 전제로 하지 않는 주주의 권리 예컨대 대표소송제기권($^{\text{상}}_{403}$), 유지청구권($^{\text{상}}_{402}$), 총회소집청구권($^{\text{상}}_{366}$) 및 총회결의의 하자소권($^{\text{상}}_{380} ^{376.}$) 등 공동관리권에 해당하는 공익권은 제한없이 행사할 수 있다. 나아가 의결권배제 및 제한주식의 소유자라도 상법의 규정에 따라 의결권행사가 보장되는 법정 예외가 존재한다.[23]

**2) 차등의결권 주식[24]:**   의결권이 제한될 수 있다는 어의에 충실하게 풀이해보면 1주 1의결권의 원칙에 반하는 복수의결권 내지 차등의결권주식도 허용되는 것처럼 보인다. 그러나 상법 제344조의3의 법문언을 종합적으로 해석해보면 의결권의 제한이란 의안별 제한으로 풀이된다. 따라서 상법개정 후에도 차등의결권 내지 복수의결권주식이 허용되는 것은 아니라고 보아야 할 것이다.

---

23) 예컨대 종류주주총회(상법 제435조), 창립총회(상법 제308조 제2항), 발기인·이사·감사의 책임감면(상법 제324조, 제400조, 제415조), 분할승인(상법 제530조의3 제3항), 유한회사 내지 유한책임회사로의 조직변경 (상법 제604조, 제287조의43 제1항) 등이 그러하다.

24) 이에 대해서는 졸고, "차등의결권주식의 도입가능성에 대한 연구", 「경영법률」 제24집 제2호(2014. 1.), 129~ 164면.

### ❖ 차등의결권 주식의 사례들[25]

미국의 경우를 먼저 보기로 한다. 2012년 5월 기업공개에 성공한 페이스북(Facebook, Inc.; NASDAQ FB)의 저커버그는 기업공개전 투자자들에게 차등의결권제를 공표하였고, 자신은 18%의 주식을 보유하나 의결권은 57%에 이르도록 설계하였다.[26] 차등의결권 주식을 발행한 대표적인 또 다른 나스닥기업은 구글(Google, Inc.; NASDAQ GOOG)이다. 구글은 기업공개시 투자자들에게 처음부터 차등의결권제가 시행될 것임을 공표하였고 이로써 기업공개시점부터 창업자의 경영권 안정을 도모하였다. 구글의 주식은 1주1의결권인 Class A 주식과 1주 10의결권인 Class B 주식으로 구성된다.[27] 일반투자자들은 Class A 주식을 그러나 Larry Page와 Sergey Brin 등 창업자그룹은 Class B 주식을 부여받았다. 이를 통하여 구글은 기업공개후에도 창업자그룹이 구상한 기업의 색채를 그대로 유지하고 있다. 예를 들면 구글의 홈페이지는 초기화면이 단순한 "표제어 입력형"이다. 이러한 소박한 초기화면 역시 창업자들의 깊은 생각을 담고 있다. 나아가 구글은 독특한 기업문화를 자랑한다. 캘리포니아 산호세(San Jose) 인근 마운틴뷰(Mountain View)에 위치한 구글본사는 당구대와 장난감이 뒤섞인 자유분방한 캠퍼스를 연상시킨다.[28] 차등의결권제가 아니었더라면 래리 페이지와 세르게이 브린은 애초 이들이 품었던 그들만의 색깔을 유지할 수 없었을 것이다.

미국에서 차등의결권 제도를 채택하고 있는 다른 회사들을 보자. 대표적인 예는 포드자동차(Ford Motor Company; NYSE F)회사이다. 이 회사에서 포드가문의 지분율은 4%에 불과하지만 의결권비율은 40%에 달한다. 워렌 버핏이 창업한 버크셔 헤서웨이(Berkshire Hathaway Inc.; NYSE BRKA(voting), NYSE BRKB(non-voting)) 역시 차등의결권제를 시행하고 있다. 이 회사는 보통주를 A형과 B형의 두종으로 발행하고 있는데 B형주식은 A형주식이 보유하는 권리의 30분의 1을 갖는다. 그러나 의결권은 A형의 30분의 1이 아니라 200분의 1을 보유하는데 그친다. 요리, 실내장식 기타 가사(家事) 관련 잡지를 발행하는

---

25) 아래 내용은 졸고, "차등의결권주식의 도입가능성에 대한 연구", 「경영법률」 제24집 제2호(2014. 1.), 129~164면 중 132~138면에서 전재함.

26) James Surowiecki, "Facebook's I.P.O. and Dual-Class Share Structures", The New Yorker, May 28, 2012; <www.newyorker.com/.../120528ta_talk_surowiecki>; 반면 최근 기업을 공개한 트위터(Twitter)는 차등의결권제를 채택하지 않았다(Eric Jackson, "Will No Dual Class Structure Create A Bidding War For Twitter?", Forbes, October 4, 2013).

27) Chemmanur-Jiao, "Dual Class IPOs: A Theoretical Analysis", *Journal of Banking & Finance* 36 (2012), pp. 305~319, p. 305.

28) 구글의 위키피디아(Wikipedia)는 이를 다음과 같이 묘사하고 있다: "구글이 1999년 8월 처음 구글플렉스로 이주했을때, 거기에는 '직원들이 내부 일에만 집중하게 하겠다'는 결의가 반영되어 있었다. 구글플렉스에는 2~3층짜리 나지막한 건물이 모여있고, 건물 밖에는 야외테이블과 벤치, 울창한 나무들, 채소 정원, 사람과 자전거로 활기 넘치는 산책로가 있다. 직원들은 무료 식사와 간식을 즐기고(매년 구글은 여기에만 7천만 달러 가량을 쓴다), 트레이너가 대기하는 체육관과 마사지실이 붙어 있는 건물들 사이로 이동할 자전거를 지급받는다. 직원들은 커다란 카페테리아 탁자에서 식사하고, 당구대와 에스프레소 기계가 있는 라운지에서 쉰다. 세차나 오일 교환 때문에 캠퍼스를 떠날 필요도 없다. 목요일이면 검진 차량이 찾아올 뿐만 아니라 이발사, 세탁업자, 보모, 애완동물 도우미, 치과의사, 그리고 무료 검진 담당의도 5명이나 있다. 편안한 좌석에 무선인터넷이 완비된 바이오 디젤 통근 버스가 직원들을 멀게는 샌프란시스코까지 늦은 밤까지 실어 나른다. 노트북 컴퓨터도 살 필요가 없다. 그저 마음에 드는 모델을 고르기만 하면 된다. 여성은 출산 휴가를 5개월간 유급으로 낼 수 있고, 신생아 아빠는 마찬가지로 유급으로 7주 휴가를 낼 수 있다."

마사 스튜어트 리빙 옴니미디어社(Martha Stewart Living Omnimedia, Inc.; NYSE MSO) 의 주식은 Class A와 Class B로 구성되었으며, Class A 주식은 NYSE에 상장되어 1주 1의 결권 주식으로 거래된다. 반면 Class B주식은 상장되지 않았고 1주식당 10의결권이 부여 되었으며 창업주인 Martha Stewart가 이를 100% 소유하여 전체 의결권의 94.4%를 장악하 고 있다.[29] Hershey Bars 및 Hershey Kisses를 생산하는 쵸콜릿제조업체 허쉬社(Hershey Company; NYSE HSY)는 허쉬 신탁회사(Hershey Trust)가 80%의 의결권을 장악하고 있 다. Class A주식은 1주1의결권이지만 Class B주식은 1주 10의결권이기 때문이다. 뉴욕타 임즈(New York Times Company; NYSE NYT) 역시 차등의결권제를 시행하고 있으며 Class A주식을 가진 일반 주주들은 이사의 30%까지 선출할 수 있으나, Class B 주주들은 나머지 70%의 이사들과 여타의 사항에 대해 의결권을 갖는다. Class B 주식은 주로 창업 자인 아돌프 옥스(Adolph S. Ochs)의 후손만이 가질 수 있다.[30] 타이슨 푸드(Tyson Foods, Inc.; NYSE TSN)는 닭고기, 돼지고기, 쇠고기 등 육류 및 가금류를 도매상에 납품 하는 식품도매상이다. 타이슨 유한책임조합(Limited Partnership)이 Class B주식의 99. 97%를 소유하고 있다. 이로써 창업자와 그의 특수관계인들이 전체의결권 중 70.74%를 가 지고 있다. 그 외에도 미국에서는 UPS社(United Parcel Service of North America, Inc.; NYSE UPS),[31] Nike社(Nike, Inc.; NYSE NKE)[32] 등 식품, 통신, 미디어, 인쇄 및 출판, 비 즈니스 서비스 등에서 차등의결권제가 자주 등장한다.[33]

캐나다의 경우에도 최소 9년 이상 상장된 First Service, CHC Helicopter, MDC, Onex 등의 회사에서 차등의결권주식이 이용되고 있다.[34] 현재 토론토 증권거래소(TSX)에 상장 된 회사 중 77개사가 차등의결권제를 채택하고 있다고 한다. 그런데 최근 캐나다의 "좋은 기업지배구조를 위한 캐나다연대(CCGG; The Canadian Coalition for Good Governance)" 가 '차등의결권지침(Dual Class Share Policy)'을 발표하여 논란이 예상되고 있다.[35] 동 연 합은 차등의결권제에 대해 부정적이며 "1. 이사회가 차등의결권주식으로 투자자들에게 과 다한 영향력을 행사하는 것을 자제할 것, 2. 무의결권 주식을 없앨 것, 3. 차등의결권제를 폐기하고 정상적인 1주1의결권을 부활시킬 것" 등을 골자로 하는 가이드라인을 제시하고 있다. 이에 대해 언론은 이러한 지침이 기업공개시장을 얼어붙게 만들 것이라며 우려 섞 인 목소리를 쏟아내고 있다.[36]

---

29) Beam v. Martha Stewart, 833 A. 2d 961 (Del. Ch. 2003); Allen-Kraakman-Subramanian, *Commentaries and Cases on the Law of Business Organization*, 2nd ed., Kluwer, 2007, pp. 273~274.
30) Douglas McIntyre, "Companies Where Shareholders Have No Power-At All", 24/7 Wall St., Blog Archiv, June 4, 2012.
31) UPS의 주식은 Class A와 Class B로 구성되며, 1주당 1의결권이 부여되는 Class B 만이 NYSE에서 거래되고 있고, Class A는 상장되지 않았다. 2010년말 현재 Class A는 전체 주식중 약 26%에 달하며, Class B는 74%에 이른다. Class A는 1주당 10의결권이 부여되며 UPS의 종업원들과 퇴직자들만이 가질 수 있다고 한다.
32) 나이키의 창업자 Phil Knight는 37.5%의 지분으로 과반수 이사의 선임권을 행사한다.
33) 박양균, "차등의결권제도의 경제학적 분석", 「규제연구」 제18권 제1호(2009. 6.), 148~172면, 특히 159면.
34) 상장자료실, "차등의결권제도의 각국 사례와 검토과제", 「상장」, 2008년 5월호, 56~62면, 특히 60면.
35) 동 연합은 2013년 9월 차등의결권지침을 발표하였다.
36) David Dias, CCGG Stance on Dual Class Shares Could Chill IPO Market, Lexpert Magazine, http://lexpertblog.com/2013/10/10/ccgg-campaign-against-dual-class-structures-could-chill-ipo-market/.

유럽의 경우에도 역시 다양한 차등의결권제의 사례가 있다. 브리티쉬 에어웨이, 에릭슨(Ericsson), 사브(SAAB), 푸조(Peugeot), 피아트(Fiat)[37] 등 다수의 기업들이 차등의결권제를 시행하고 있다. 북미 쪽보다 유럽은 차등의결권제의 시행비율이 더 높다. 2005년에 발표된 연구조사에 따르면 유럽의 상위 300대 기업 중 35%가 차등의결권제를 도입하고 있었다.[38] 특히 그 선두 주자는 스웨덴인데 스웨덴에서는 전체 기업 중 55%, 상장회사 중에서는 66%가 이를 도입하고 있다고 한다.[39] 특히 스웨덴 경제를 거의 책임지고 있는 발렌베리(Wallenberg)가문은 4.46%의 지분으로 인베스터 홀딩스에서 20%가 넘는 지배권을 행사한다고 한다. 프랑스 역시 차등의결권제도에 대해서는 매우 적극적이다. 유럽의 300대 기업 중 29개의 프랑스 기업이 차등의결권주식을 발행하고 있다. 보험회사 악사(Axa)를 비롯하여 루이뷔통(LVMH),[40] 미쉐린(Michelin), 푸조(Peugeot), 르노(Renault), 소시에떼 제네랄(Société Générale) 등 주요기업들이 포함되어 있다.[41] 네덜란드 역시 차등의결권제를 적극 시행하고 있는 나라이다. ABN, ING그룹, 유니레버가 대표적이다. 한편 영국에서도 최근 축구구단으로 유명한 맨체스터 유나이티드(Manchester United plc; NYSE MANU)가 NYSE에 상장을 준비하면서 차등의결권계획을 발표하여 관심을 집중시킨 바 있다. 2005년 Glazer Family가 7억9천만 파운드에 사들인 이 축구클럽은 뉴욕증시 상장전에 주당 16 내지 20달러로 Class A주식을 공모하겠다고 공표하였다. 이러한 기업공개가 성공할 경우 일반투자자들은 Class A 주식의 42%를 갖게 되지만 그들이 행사할 수 있는 의결권비율은 전체의결권의 1.3%에 불과하다고 한다.[42] 현재 동 클럽은 성공적으로 뉴욕증시에 상장되었다.

최근에는 **아시아지역** 역시 차등의결권제에 관한 한 예외가 아니다. **일본** 회사법은 우리 상법과 마찬가지로 1주1의결권원칙을 선언하고 있지만(동법 제308조 제1항 본문), 단원주제도를 두고 있다(동법 제308조 제1항 단서). 그곳에서 복수의결권제도는 사실상 회사법에 규정되어 있는 단원주(單元株)제도에 의해 시행되고 있다.[43] 단원주란 정관에 일정 수의 주식을 "1단원"의 주식으로 정하여 이 "1단원"의 주식에 1개의 의결권을 인정하며 "1단원" 미만의 주식에는 의결권을 인정하지 않는 제도이다(일본 회사법 제188조 제1항, 제189조 제1항 참조).[44] 이에 의거하여 'A種類株式 10株 1單元, B種類株式 1株 1單元' 등의 방식으로 사실상 복수의결권제를 시행하고 있다.[45] 그 사례로 사이

---

37) 피아트의 Agnelli family는 3.5%의 지분으로 30.3%의 의결권을 행사한다.
38) Application of the One Share One Vote Principle in Europe, Deminor Rating, Association of British Insurers, March 2005.
39) "차등의결권제도의 각국 사례와 검토과제",「상장」, 2008년 5월호, 56~62면, 특히 60면 참조.
40) 이 회사는 3년 이상 주식보유의 장기주주에게 1주 2의결권을 부여한다(www.lvmh.com 참조). 2010년 말 현재 이 회사의 지배주주인 베르나르 아르노의 가족 지주회사가 이 회사주식의 47.64%를 보유하면서 의결권은 63.66%를 행사한다.
41) 한국경제매거진, "유럽기업 20% '차등의결권' 채택", 2009 연중 특별기획: 기업가정신이 희망이다⑨ - '1주1표제' 절대선인가 [장승규 기자; skjang@kbizweek.com].
42) Financial Times, "Man Utd Dual Class Shares IPO Criticized", August 8, 2012.
43) 김태진, "주주평등의 원칙과 1주1의결권 원칙에 관한 소고",「주주 의결권의 법리」, (사)한국기업법학회 간, 피앤씨미디어, 2015, 3~64면, 특히 52~53면.
44) 金子雅實,「種類株式」, 淸文社, 2010, 9 [1-7]頁.
45) 田中 亘,「会社法」, 第2版, 東京大学出版会, 81頁.

버다인(Cyberdyne)社[46]를 들 수 있다.[47] 이 회사는 '입는 로봇'(wearing robot) 형태의 특수 장비를 개발 및 생산하고 있다. 이 장비를 '외갑각류 의상(外甲殼類 衣裳)'(exo-skeleton suit)이라 한다. 이는 근력강화수트로 이것을 입으면 근육의 힘을 10배 이상 향상시킬 수 있다고 한다. 이 회사의 창업자인 쓰쿠바대학의 상카이(山海)교수는 1주 10의결권 주식을 갖고(B형 종류주식), 나머지 주주들은 1주1의결권 주식을 갖는다.[48] 그 이유는 이 장비의 위험성 내지 남용가능성 때문이다. 근력강화수트가 사람의 살상이나 병기의 개발 등 평화적 목적 이외의 용도로 쓰이는 것을 막기 위함이다. 나아가 창업자의 뜻대로 회사가 유지되기를 바라는 부분도 있다. 즉 사업의 지나친 확장이나 대량생산에서 오는 위험으로부터 공익을 보호하려는 뜻도 들어 있다고 보아야 할 것이다. 2018년 3월 현재 상카이 교수가 직ㆍ간접적으로 행사할 수 있는 의결권비율은 85.3%라 한다. **싱가포르** 역시 차등의결권제를 도입하였다.[49] 싱가포르 회사법은 2016년 제64조 제1항에 규정되어 있던 '1주1의결권 원칙'을 삭제하였다. 나아가 2018년 6월 싱가포르거래소(SGX)는 1주당 최대 10의결권까지 허용하는 상장규정을 발표하였다. 알리바바를 뉴욕증시에 빼앗겼던 **홍콩** 증시 역시 예외가 아니다.[50] 복수의결권 방식이라도 혁신적 기업(innovative company)에 대해서는 일정 요건하에 상장을 허용한 것이다. 이에 힘입어 알리바바는 2019년 11월말 홍콩증시에 2차 상장을 마무리하였고, 미국 나스닥에 상장돼 있는 중국 최대의 검색엔진 바이두(百度) 역시 홍콩 증시에 상장을 준비하고 있다고 한다. **중국** 역시 차등의결권제를 허용하였다. 상하이거래소[51]는 2019년 6월 '과창판(科創板; Sci-Tech Innovation Board)'을 설립하였고, 동년 7월부터 거래를 시작하였다. 중국의 증권감독당국은 이곳에서 거래되는 주식의 발행과 거래를 규제하는 세칙[52]을 제정하였는바 이에 따르면 과창판에 상장된 창업혁신기업에게는 차등의결권주식이 허용되며 발행회사의 신청에 따라 차등의결권주식을 발행하는 경우에는 그 의결권수가 표시된다고 한다(통세칙제12조).[53] 중국의 증권감독 당국은 과창판에 상장되는 차등의결권주식과 그 상장과정을 규제하기 위하여 '상하이거래소 과창판주식 상장규칙'도 함께 제정하였으며 그 운영은 미국, 싱가포르 또는 홍콩의 경우와 유사하다고 한다.[54] 결론적으로 도쿄, 싱가포르, 홍콩, 상하이 등 아시아의 주요 자본시장에서 — 적어도 혁신적 기업에 관한 한 — 모두 복수의결권주식이 허용되고 있음을 알게 되었다. 우리나라만 예외인 셈이며 이러한 국제적 동향을 참고하여 빠른 시일내에 우리의

---

46) www.cyberdyne.jp 참조.

47) 이하 일본 사례의 내용은 졸고, "회사법의 과제들—2019년 (사)한국상사법학회 하계대회 기조발제문—", 「상사법연구」 제38권 제3호(2019. 11.), 29면에서 전재함.

48) 종류주식 자체가 복수의결권을 갖는 것은 아니고 위에서 이야기한 단원주제도를 경유한 방식이다(김태진, 전게논문, 52면).

49) 이에 대해 보다 자세히는 문준우, "싱가포르 공개회사의 차등의결권주식", 「금융법연구」 제14권 제2호(2017) 참조.

50) 홍콩의 차등의결권주식에 대해서는 이한준, "차등의결권주식 발행 허용방안에 대한 고찰—홍콩의 사례를 중심으로—", 「商事判例研究」 제32집 제1권(2019. 3.), 279~315면.

51) www.sse.com.cn 참조.

52) "중국등기결산유한책임공사(CSDC)의 과창판주식 등기ㆍ결제업무 세칙"이라 한다.

53) 중국에서 차등의결권은 "특별표결권"으로, 차등의결권주식은 "특별표결권주식"이라는 용어를 사용한다고 한다고 한다(예탁결제, 제111호, 2019년 가을호, 89~90면 참조).

54) 예탁결제, 제111호(2019년 가을호), 90면 참조.

자본시장 역시 차등의결권주식에 대한 긍정적 자세를 가져야 할 것으로 생각된다.

### 🌀 쿠팡의 NYSE 상장과 차등의결권

2021년초 NYSE에 상장을 준비중인 쿠팡(Coupang) 역시 델라웨어 회사인 Coupang LLC의 완전자회사였다. 쿠팡은 쿠팡 LLC로부터 자산과 부채를 현물출자 받고 있었으며 쿠팡 LLC의 최대주주는 손정의 소프트뱅크 회장이 이끄는 '소프트뱅크 비전펀드(SVF)'였다. 상장신청 직전에 'Coupang LLC'는 'Coupang Inc.'로 법형태를 바꾸었고 이 상태에서 상장신청을 하였다. **뉴욕증시로 간 이유는 차등의결권 때문**이었다. 김범석 의장은 1주 29의결권을 갖는 클래스B 주식을 갖게 된다. 그러나 클래스B 주식은 상장되지 않으며 일반 주주들이 갖게 될 클래스A 주식만 종목코드 "CPNG"로 상장된다.

### (다) 법적 규제

**1) 정관상 상대적 기재사항:**   의결권배제 또는 의결권제한 주식을 발행할 경우에는 각 종류의 주식의 내용과 수를 정관에 기재하여야 한다($^{\text{상}\,344}$). 주식의 내용이란 무의결권주식의 경우에는 특정 주식에 대하여 의결권없음을 밝히면 되고, 의결권의 일부가 제한되는 주식의 경우에는 제한되는 대상 의안을 밝히면 된다. 의결권행사 또는 부활의 조건을 정한 경우에는 그 조건 등을 기재하여야 한다($^{\text{상}\,344}_{\text{제3 1}}$). 정관에 기재되지 않을 경우 행사 또는 부활은 허용되지 않는다.

**2) 발행한도의 규제:**   무의결권주식이나 의결권 제한주식은 발행주식총수의 4분의 1을 초과하지 않는 범위내에서만 발행할 수 있다($^{\text{상}\,344의}_{\text{3 Ⅱ1}}$). 과소한 지분으로 회사전체의 의결권을 독점하는 폐단을 막기 위함이다. 무의결권주식과 의결권제한주식의 숫자를 합산하여 4분의 1 이하여야 한다고 풀이된다. 4분의 1의 발행한도를 초과한 경우 회사는 제한초과를 막기 위한 상당한 조치를 강구하여야 한다($^{\text{상}\,344의}_{\text{3 Ⅱ2}}$). 제한 초과시에도 해당주식이 자동 무효로 되는 것은 아니라는 의미로 풀이되며, 회사가 종류주식의 비율을 4분의 1 이하로 축소하기 위한 제반조치를 강구하여야 한다는 의미로 해석하면 될 것이다.

### (4) 주식상환에 관한 종류주식($^{\text{상}}_{345}$)

**(가) 개 념:**   회사는 정관으로 정한 바에 따라 회사의 이익으로 소각하거나($^{\text{상}\,345}$), 주주가 회사에 대하여 상환을 청구할 수 있는 종류주식($^{\text{상}\,345}$)을 발행할 수 있다. 2011년 개정 이전에는 이익배당 우선주에 한하여 회사가 상환할 수 있는 특수한 경우로 제한되었으나, 2011년 개정 상법은 이를 독립적인 종류주식의 한 형태로 규정하였고,[55] 상환가능의 경우에도 회사상환($^{\text{상}\,345}$)과 주주상환($^{\text{상}\,345}$)의 두 가지 가능성을

예정하고 있다.

**(나) 규 제:** 상환주식에 대하여는 상법상 다음과 같은 규제가 있다.

**1) 정관에 상대적 기재사항으로 등재할 것:** 상환주식은 정관에 규정을 두어야 발행할 수 있다($\frac{\text{상 344}}{345}$ I, Ⅱ, III항). 수권주식의 범위내에서 이익배당 및 잔여재산분배에 관한 종류주식과 의결권제한 종류주식에 한하여 발행할 수 있다($\frac{\text{상 345}}{V}$). 종류주식 중 상환과 전환에 관한 종류주식을 제외한 결과이다($\frac{\text{상 345}}{V \text{참조}}$). 상환조항부 주식의 경우 회사는 정관에 상환가액, 상환기간, 상환의 방법과 상환할 주식의 수를 정해야 하며($\frac{\text{상 345}}{II 2}$),[56] 상환청구권부 주식의 경우에는 정관에 주주가 회사에 대하여 상환을 청구할 수 있다는 뜻, 상환가액, 상환청구기간 및 상환의 방법을 정해야 한다($\frac{\text{상 345}}{II 2}$).[57]

**2) 공시의무:** 상환조항은 주식청약서에 기재하여야 하고($\frac{\text{상 302}}{II 7호}$), 또 등기하여야 한다($\frac{\text{상 317}}{II 6호}$).

**(다) 상환의 방법**

**1) 상환조항부 주식의 경우:** 이 경우 회사는 정관에 정한 바에 따라 회사의 이익으로 상환대상주식을 취득하여 소각한다. '이익으로 소각한다' 함은 배당가능이익을 재원으로 상환주식의 주주에게 주금을 반환하여 존속중인 회사의 주식을 종국적으로 소멸시키는 회사의 행위이다. 배당가능이익의 존재를 전제로 하므로 상환이 이루어져도 자본이 감소하지 않는다($\frac{\text{상 345}}{V 1}$). 그 결과 회사가 액면주식을 발행한 경우에는 발행주식수와 자본간의 비례관계가 종식된다($\frac{\text{상 451}}{참조}$). 회사가 상환주식을 상환한 경우에는 상환한 만큼 미발행주식수가 증가한다.[58] 이 경우 상환한 종류주식의 수만큼 회사가 재차 주식을 발행할 수 있는지 문제시된다. 상환한 만큼 재발행을 허용하면 무한한 수권이 되어 불합리하다. 따라서 이를 부정하는 것이 타당할 것이다. 상환조항부 주식의 경우에는 상환대상인 주식의 취득일부터 2주간 전에 회사가 상환을 위하여 주식을 취득할 것임을 그 주식의 주주 및 주주명부에 적힌 권리자에게 별도로 통지하여야 한다($\frac{\text{상 345}}{II 1}$). 이 통지는 공고로 갈음할 수도 있다($\frac{\text{상 345}}{II 2}$). 2011년 개정 상법은 상환의 방법으로 현물상환도 허용하고 있다($\frac{\text{상 345}}{IV 1}$).

**2) 상환청구권부 주식의 경우:** 이 경우 주주는 정관에서 정한 바에 따라 상환

---

55) 따라서 보통주식에 대한 상환도 가능하고, 상환주식의 주주들만 별도로 모이는 종류주주총회도 소집될 수 있다.
56) 손진화, 상법강의, 제5판, 2014, 456면.
57) 손진화, 상게서, 456면.
58) 상환후에는 발행주식총수가 감소하므로 회사는 이에 따른 변경등기를 하여야 한다(상법 제317조 제2항 제3호, 제183조).

청구기간내에 회사에 대하여 상환을 청구할 수 있다($^{상\,345}$). 이 경우 회사의 승낙은 불필요하다. 주주의 상환청구는 형성권의 행사이다. 상환청구권부 주식의 경우에도 상환의 재원은 이익이므로 회사에 배당가능이익이 없는 경우에는 주주의 청구가 있는 경우에도 상환이 지연될 수 있다. 판례에 의하면 당사자간에 별도의 약정이 없는 한 주주가 상환권을 행사한 후 회사로부터 상환금을 지급받을 때까지는 여전히 주주의 지위를 유지한다.[59]

### (5) 주식의 전환에 관한 종류주식

(가) 개 념:  주식의 전환에 관한 종류주식이라 함은 회사가 종류주식을 발행할 경우 어느 일정 종류주식으로부터 다른 종류주식으로 전환할 수 있는 권리가 인정된 주식이다($^{상\,346}$). 2011년 4월 개정상법은 과거와 달리 주주뿐만 아니라 회사의 전환권도 인정한다. 주주가 전환권을 행사하는 경우 이를 전환청구권부 주식, 회사가 전환권을 행사하는 경우에는 이를 전환조항부 주식이라 한다. 어떠한 경우이든 전환주식은 주주의 모집을 용이하게 하고 회사금융의 원활을 도모하기 위하여 이용된다.

2011년 4월 개정상법의 큰 특징은 전환주식의 전환가능범위를 대폭 확장시켜 놓았다는 점이다. 과거에는 수종의 주식간에만 가능하였고 그것도 전환청구권부 주식만 허용되었으나 이제는 회사가 전환권을 행사하는 경우도 추가되었고 종류주식의 범위 자체가 확대되었기 때문에 예컨대 이익배당 보통주를 의결권 배제주식으로 전환하는 것도 가능하게 되었다. 그러나 회사들이 이론적으로 가능한 전환가능성을 실제 얼마나 활용할지는 두고 볼 일이다.[60]

### (나) 법적 규제

1) **정관의 상대적 기재사항:**  전환주식은 회사가 종류주식을 발행하는 경우에 한하여 나아가 전환에 관련된 사항들을 정관에 기재한 경우에만 발행할 수 있다($^{상\,346}$). 전환청구권부 주식의 경우에는 전환조건, 전환청구기간, 전환후 발행할 신주식의 수와 내용을 정관에 기재한다($^{상\,346}_{1}$). 전환조항부 주식의 경우에는 정관으로 정한 사유가 발생한 경우에만 전환할 수 있으므로 미리 정관에 전환사유, 전환기간 및 전환후 발행할 신주식의 수와 내용을 기재하여야 한다($^{상\,346}_{2}$).

2) **공시의무:**  회사가 전환주식을 발행하는 경우에는 주식청약서 또는 신주인수

---

59) 대판 2020. 4. 9, 2017다251564.
60) 일부 학설로는 이론상 220가지의 전환가능성이 나타날 수 있다고 한다(이철송, 2011 개정상법 -축조해설-, 박영사, 2011, 117면 참조).

권증서에 그 내용을 기재하여야 하고($^{\,상}_{\,347}$), 그 사항을 등기하여야 한다($^{\,상\,317}_{\,제\,7호}$).

### (다) 전환의 방법

**1) 전환청구권부 주식의 경우:**  이 경우에는 개정전과 다를 바 없다. 주주는 정관에서 정하는 바에 따라 전환청구기간내에 인수한 주식을 다른 종류주식으로 전환할 것을 청구할 수 있다($^{\,상\,346}$). 전환을 청구하는 주주는 청구서 2통에 주권을 첨부하여 회사에 제출하면 된다($^{\,상}_{\,349}$). 전환청구는 주주의 권리이지 의무는 아니므로 주주는 자신의 전환권을 포기할 수 있다.

**2) 전환조항부 주식의 경우:**  이 경우에는 정관에 예정된 전환사유가 발생한 경우에 한하여 전환할 수 있다($^{\,상\,346}_{\,제\,1}$). 전환조항부 주식의 경우에는 전환을 시행하기 2주 전에 이사회는 전환대상주식과 대상 주식에 대한 주권제출 및 이를 준수하지 않을 경우의 실권취지를 전환대상주식의 주주 및 주주명부상의 권리자에게 통지 및 공고하여야 한다($^{\,상\,346}_{\,제}$).

### (라) 전환의 효과

**1) 전환의 효력발생시기:**  전환청구권부 주식의 경우에는 주주가 전환을 청구한 때에, 전환조항부 주식의 경우에는 회사가 통지 내지 공고한 주권제출기간이 종료한 때에 전환의 효력이 도래한다($^{\,상\,350}$). 그러나 주주명부의 폐쇄기간 중에 전환된 경우에는 그 폐쇄기간 중에는 의결권행사가 불가하다($^{\,상\,350}$).

> ⚙ **2020년 12월 개정 상법의 내용**
>
> 2020년 개정 상법은 상법 제350조 제3항을 삭제하였다. 영업년도말을 배당기준일로 보고 이를 전제로 하던 상법 제350조 제3항을 삭제한 것이다. 배당실무의 혼란을 해소하고 주주총회의 분산개최를 유도하기 위함이다. 개정 전 상법 제350조 제3항은 여러 곳에 준용되고 있었다($^{개정\,전\,상법\,423\,I,\,461\,VI,}_{462의2\,IV,\,462의3\,V\,참조}$). 이들 준용조문에서 상법 제350조 제3항은 모두 삭제되었다. 신주의 이익배당 기준일에 대해 실무상 혼란을 야기하던 옛 규정을 정비함으로써 신주의 발행일에 상관없이 이익배당기준일을 기준으로 구주와 신주 모두에게 동등하게 이익배당을 할 수 있음을 명확히 하였다고 할 수 있다(개정법의 제안이유 참조).

**2) 전환가액:**  전환으로 인하여 신주식을 발행하는 경우에는 전환전의 주식의 발행가액은 신주식의 발행가액으로 한다($^{\,상}_{\,348}$). 전환주식의 '총발행가액'이 신주식의 '총발행가액'과 같아야 한다는 의미이다.

#### ⊕ 상법 제348조의 의미

상법 제348조는 전환전 주식의 총발행가액이 신주식의 총발행가액과 같아야 한다고 하고 있다. 이 의미를 좀더 구체화하면 아래와 같다.

| | 전환전 주식(우선주) | 전환후 주식(보통주) |
|---|---|---|
| 액면가 | 5,000원 | 5,000 |
| 발행가 | 6,000원 | $y$ |
| 발행주식수 | 100 | $100x$ |
| 전환비율 | 1 | $x$ |
| 총발행가액 | 600,000원 | $100x \cdot y$ |

여기서 상법 제348조에 따라 600,000(만원)$=100x \cdot y$가 되고, $y=6,000/x$가 된다. $x>1.2$이면, $y<5,000$(원)이 되어 액면미달발행이 되고 이 경우 상법 제417조의 제약이 있다. $x<1$이면 발행주식총수가 줄어들어 자본금감소의 절차를 밟지 않는 한 전환은 불가하다. 이러한 제약조건을 고려할 때 $1\leqq x\leqq1.2$인 경우에만 추가요건을 충족시키지 않고도 전환권의 행사가 가능함을 알 수 있다.

**3) 자본의 증감:** 전환주식을 전환한 후에는 전환비율이 1 : 1인 경우를 제외하고는 전환으로 인하여 자본이 증가하거나 감소할 수 있다. 그러나 자본은 별도의 감자절차에 따라서만 감소할 수 있으므로 실제적으로는 자본이 불변이거나 증가하는 경우만 허용될 것이다.

**4) 수권주식수의 변화:** 전환조항부 주식의 경우이든 전환청구권부 주식의 경우이든 전환후에는 구주식은 소멸하고 신주식이 발행되므로 발행예정주식총수중 미발행분 즉 수권주식의 숫자에 변화가 나타난다.

**5) 전환의 등기:** 전환주식을 전환한 후에는 전환청구권부 주식의 경우에는 주주가 전환을 청구한 날, 전환조항부 주식의 경우에는 전환전 주식의 주권제출기간의 최종일이 속한 달의 마지막 날로부터 2주간내에 주식의 전환으로 인한 변경등기를 하여야 한다($\frac{\text{상}}{351}$).

**6) 질권의 물상대위:** 전환주식에 설정된 질권의 효력은 전환으로 인하여 새로이 발행한 주식에 그대로 승계된다($\frac{\text{상}}{339}$).

# 제 2 관 주주 및 주주권

## I. 주 주

### 1. 의 의

주식의 귀속자요 주식회사의 사원을 株主라 한다. 주주는 주식을 타인으로부터 양수하지 않는 한 회사설립시나 신주발행시나 그 전신인 주식인수인의 지위를 거치게 되어 있다. 설립시에는 설립등기의 시점으로부터, 신주발행시에는 납입기일의 다음날로부터 주식인수인은 주주로 변신한다($\frac{상}{423}\frac{172.}{참조}$). 이 시점이 사원권인 주식의 발생시점이 된다. 어느 경우에나 주식회사 존립의 법적 토대인 조직계약에 가입함으로써 주주가 되는 것이다.

### 2. 자 격

주주의 자격은 주식의 취득이 전제가 되며 이와 상이한 약정은 무효이다. 주주의 자격에는 아무런 제한이 없으며 자연인, 법인을 묻지 않고 행위능력을 요구하지도 않는다. 주주의 수에는 설립시는 물론($\frac{상}{288}$) 성립 후 1인만 남아도 이것이 주식회사의 해산사유가 되지 않으므로($\frac{상법\ 제517조는\ 동법\ 제227}{조\ 제3호를\ 준용하지\ 않음}$) 아무런 제한이 없다.

### 3. 공유주주

주식은 이미 주식의 본질에서 상론하였듯이 주식불가분의 원칙에 의해서 그 분할이 허용되지 않는다. 그러나 수인이 주식을 공유하는 것은 가능하다($\frac{상}{333}$). 주식의 공유는 주식의 공동인수, 공동상속 또는 공동양수 나아가 주주들 상호간의 공유관계에 대한 약정으로도 나타날 수 있다. 주식공유의 법률관계에 대해서는 민법 제262조 내지 제270조의 규정이 준용되나 상법 제333조에 의한 특칙이 있다. 즉 수인의 공동주식인수인에게는 주금납입에 관한 연대책임($\frac{상}{333}$)과 공유주식의 권리행사를 위한 대표자 선정의무($\frac{상}{333}$), 대표자 부존재시의 통지나 최고의 방법을 공유자 1인에게 하는 것으로 간이화시킨 것($\frac{상}{333}$) 등이다. 주식을 분할하기 전에는 공유자 1인이 주식을 양도한다는 일은 있을 수 없고($\frac{민}{264}$) 자신의 지분만을 양도할 수 있을 뿐이다. 나아가 회사에

대하여 공유관계를 주장할 수 있기 위하여는 주주명부에 그와 같은 공유관계를 기재
하여야 한다.

### 4. 실질주주

실질주주란 주주명부상 주주로 기재되지 않은 주주이다. 이에 반하여 주주명부상
주주로 등재된 주주를 명의주주라 한다. 주주명부제도가 존재하는 한 주식의 주체라
면 당연히 주주명부에 주주로 등재되는 것이 원칙이다. 그러나 여러 가지 이유로 명
의주주와 실질주주의 불일치가 나타날 수 있다. 예컨대 처음부터 타인명의로 주식을
인수하는 경우도 있고 주식의 유통과정에서 주식을 양수하고도 바로 명의개서를 하
지 않아 실질주주가 되기도 한다.

2017년 대법원 전원합의체 판결은 오로지 주주명부에 등재된 주주만을 권리행사
가능주주로 보고 있다. 이 판결 이후에는 원칙적으로 실질주주가 존재하여도 또 회사
가 이를 알고 있어도 오로지 명의주주만이 권리행사가능 주주이다.[61] 그러나 주식의
신탁이나 예탁결제 등의 과정에서 합법적인 실질주주가 발생할 수 있으며 이런 경우
에는 특단의 예외가 성립할 것이다. 나아가 상법 이외의 법영역에도 실질주주는 존재
한다. 예컨대 형법, 세법 또는 공정거래법 등의 실정 조문에도 실질주주가 간헐적으
로 등장한다.

## II. 주주평등의 원칙

### 1. 서    설

#### (1) 의    의

株主平等의 原則(Gleichbehandlungsgrundsatz der Aktionäre)이란 주주가 주주라는
자격에서 가지는 권리의무에 관하여 원칙적으로 그가 가진 주식수에 비례하여 회사
로부터 평등한 대우를 받아야 한다는 원칙이다. 이 원칙은 주주가 자신의 주식수에
비례하여 권리나 이익을 누린다는 점에서 '주주의 비례적 이익의 원칙'이라고 표현할
수도 있다. 또한 이 원칙은 사원인 주주 개개인에 대한 평등이 아니라 각 주식에 대
한 평등취급을 의미하므로 이러한 관점에서 보면 '자본민주주의의 원칙'(Grundsatz der
Kapitaldemokratie)이라고도 할 수 있다. 이 원칙은 헌법의 기본권론에서 다루어지는

---

61) 대판 2017. 3. 23, 2015다248342 [전원합의체].

평등권에 비교된다고도 할 수 있겠다.[62]

### (2) 필요성

인적회사나 유한회사의 경우에는 개성있는 소수의 사원간에 인적 신뢰관계가 존재하고 내부관계에 대해서는 자치가 인정되어 각 사원이 누려야 할 기회는 출자액에 비례하지 않는다. 합명회사에 있어서는 의결권행사가 1인 1의결권주의에 따르며, 사원이 회사채무에 대하여 무한책임을 지므로 사원평등의 원칙이 뚜렷하게 관철될 수 없다. 유한회사에 있어서도 소수사원에 의한 폐쇄회사적 성격으로 인하여 내부적으로 강한 자치성이 보장된다. 그리하여 출자 1좌당 1의결권주의나 출자좌수에 비례한 이익배당의 원칙도 정관규정으로 이를 상대화시킬 수 있다($^{상}_{제}$ $^{575}_{580}$ $^{단}$). 이에 반하여 주식회사에 있어서는 주주의 간접·유한책임의 원칙이 강하게 지배하고 나아가 회사의 내부관계도 기관간의 강행법적인 권한분배와 통제로 자치성이 배제되어 주주의 위험부담과 주주가 누리는 기회는 주식수에 강하게 비례한다. 나아가 일반 공중의 주식투자는 주식의 자유스러운 양도가능성에 의하여 뒷받침되고 또 이러한 양도가능성은 주주평등의 원칙하에서만 가능한 것이다. 이렇게 본다면 주주평등의 원칙은 주식회사에 있어서는 회사의 본질에 바탕을 둔 근본원칙이라 할 수 있겠다. 따라서 정관규정으로 주주평등의 원칙을 포기한다는 일반규정은 둘 수 없다고 본다.[63]

## 2. 법적 근거

### (1) 성문법적 근거

우선 주주평등의 원칙에 대한 성문법적 근거를 살펴보자. 외국의 입법례에서는 주주평등의 원칙에 관한 일반규정을 산견할 수 있다. 예컨대 독일 주식법은 제53a조에서 "주주는 동등한 조건하에서는 동등하게 취급되어야 한다(Aktionäre sind unter gleichen Voraussetzungen gleich zu behandeln)"는 일반규정을 두고 있고, 미국의 모범회사법도 이와 유사한 규정을 마련하고 있다.[64] 우리 상법은 이에 관한 일반원칙을 직접적으로 표명하는 규정은 두고 있지 않다. 그러나 의결권, 신주인수권, 이익배당청구권 및 잔여재산분배청구권에 관한 개별규정에서 각 주식에 대한 비례적 평등의 원칙을 천명하고 있다($^{'그가 가진 주식의 수에 따라…', '의결권은 1주마다'}_{1개로 한다' 등, 상 369 I, 418 I, 464, 538 참조}$). 따라서 이러한 규정들의 종합유추(Gesamtanalogie)

---

62) Henn, AG 1985, 240.

63) Hüffer/Koch, AktG, 13. Aufl., 2018, §53a, Rdnr. 5.

64) M.B.C.A.(Model Business Corporation Act) §1. 40(21): "share means the unit into which the proprietary interests in a corporation are divided."; Adams/Matheson, Corporations and Other Business Associations, Statutes, Rules and Forms, 2000 ed., West Group, St. Paul, MN 2000, pp. 13~15.

의 방법으로 주주평등의 원칙을 우리 상법에 안착시킬 수 있을 것이다.

### (2) 이론적 근거

나아가 주주평등의 원칙이 주식회사법에서 정당화될 수 있는 이론적 근거는 주식회사라는 사단을 형성케 한 조직계약(Organisationsvertrag)에서 찾아야 할 것이다. 동등한 조건하에서 각 주주를 평등하게 대접해야 할 회사의 의무는 계약적 성격을 갖는다.[65] 이 의무는 또한 주주와 회사간 혹은 주주간의 충실의무와 관련시켜서 이해되어야 한다. 현재의 독일의 통설은 충실의무나 회사의 평등대우의무나 모두 조직계약으로부터 연유한다고 보고 있으며, 나아가 양자는 기능적으로 비교가능하다고 한다.[66] 회사의 평등대우의무나 충실의무나 그 법적 근거를 조직계약에서 찾는다면 회사의 평등대우의무도 충실의무 속에서 이해되어야 할 것이다. 오늘날 주식회사에서도 충실의무의 존재는 더 이상 부정되지 않는다.[67] 충실의무는 사원의 의무만을 그 내용으로 하지 않는다. 주식회사라는 사단 속에서 단체와 구성원 및 구성원 상호간에 모두 충실의무가 존재한다고 봐야 한다. 회사는 특별한 이유없이 각 사원을 불평등하게 대우하여서는 안된다는 것도 회사의 사원에 대한 충실의무의 한 내용으로 볼 수 있을 것이다.

### 3. 적용범위

### (1) 회사와 주주간의 법률관계

이 원칙은 회사와 주주간에만 적용되며 주주 상호간이나 주주와 제3자간에는 적용되지 않는다. 평등대우의무의 유일한 주체는 회사이기 때문이다.[68]

> **예** A가 B와 C로부터 주식을 각각 매수하여 자신의 지주율을 강화하고자 할 때 B는 A에게 액면가 5,000원, 발행가 6,000원의 주식을 주당 7,000원에 그리고 C는 8,000원에 매도한다 하여도 이것이 주주평등의 원칙에 위배된다고 할 수 없다.

### (2) 설립단계

회사의 설립단계에서 주주평등의 원칙은 주주의 전신이라 할 주식인수인에게도

---

65) Hüffer/Koch, AktG, 13. Aufl., §53a, Rdnr. 3.

66) Hüffer, FS Steindorff, 1990, S. 59, 72; Winter, Mitgliedschaftliche Treubindung, 1988, S. 82; Baumbach-Hueck, GmbHG, §13 Rdnr. 35; Ulmer in Großkomm HGB §105, Rdnr. 253.

67) BGHZ 103, 184=NJW 1988, 1579(Linotype); BGH NJW 1992, 3167, 3171, liSp(IBH/Scheich Kamel); BGHZ 127, 107, 111(BMW); BGHZ 129, 136, 142(Girmes); Lutter, ZHR 153(1989), 446, 452 f.; Dreher, ZHR 157(1993), 150, 151.

68) Hüffer/Koch, AktG, 13. Aufl., §53a, Rdnr. 4; OLG Düsseldorf AG 1973, 282, 284.

적용된다. 그러나 주식의 배정이 이루어지기 전 단계인 주식청약인에게는 적용되지 않는다. 배정자유주의가 지배하므로 회사는 청약주식수에 비례하여 각 청약인에게 주식을 배정하여야 하는 것은 아니다. 그러나 주식인수인의 경우에도 발기인의 특별이익($\substack{Sondervorteil: \\ 상 290 1호}$) 등 예외가 있다.

### (3) 제3자적 지위에서 회사와 거래하는 경우

주주평등의 원칙은 주주가 제3자의 자격에서 회사와 거래하는 경우에는 적용되지 않는다.

> **예**   예컨대 A운송회사(United Air Lines)의 주식을 각각 25%씩 보유한 X사(Caltex)와 Y사(Shell)는 제3자적 지위에서 A사에 유류를 공급한다고 할 때 X사는 *l*당 300원에 유류 공급계약을 맺고, Y사는 *l*당 350원에 공급하기로 계약을 체결하였다면 X사가 주주평등의 원칙을 내세워 A와 Y간의 계약의 무효를 주장할 수 없다.

### (4) 주주의 포기

주주가 구체적인 경우에 자신이 받을 수 있는 이익을 포기한 경우 주주평등의 원칙은 적용되지 않는다.

#### 💠 IPO시 차등의결권 약정이 가능한가?[69]

주주평등의 원칙이란 절대적인 법원칙이 아니라 여러 가지 예외가 허용되는 상황이므로 차등의결권제도가 이 원칙과 공존불가인 것은 아니다. 즉 주주들이 주식을 인수하기 전에 창업자가 제시하는 차등의결권조건을 수락한 후 주식을 인수할 경우 얼마든지 예외를 인정할 수 있다고 본다. 즉 주주평등의 원칙에 반하지 않는 제도시행이 될 것이다. 다만 이 제도가 그렇게 주주평등원칙의 예외로서 시행된다 하여도 의결권수의 차등정도(1대10, 1대100 등), 복수의결권의 부여기간, 부여대상, 부여조건 등 제도시행의 구체적 방법에 있어서는 신의칙적 한계를 발견할 수 있을 것이다. 그러한 점에서 제도시행의 외연을 구축하면 될 것이다.

먼저 페이스북이나 구글에서처럼 일반투자자들에게 기업을 공개하기 전에 창업자 그룹이 차등의결권제의 구체적 내용을 밝히고 투자자들의 동의를 얻는다면 제도시행에 따른 법이론적 문제점을 최소화할 수 있을 것이다. 회사의 설립단계에서부터 차등의결권조건을 제시하거나 창업후 일정기간이 지난후 신규투자자 모집시 차등의결권조건을 제시하는 경우나 차이가 없을 것이다. 결국 일반투자자들은 해당 주식회사의 조직계약(組織契約; contract of organization)에 참여하는 것이므로 이에 가입하는 과정에서 '차등의결권조건'을 수락하고 주식(신주)을 인수하는 한 주주평등의 원칙은 더 이상 걸림돌이 되기 어려울

---

69) 이하의 내용은 졸고, "차등의결권주식의 도입가능성에 대한 연구", 「경영법률」 제24집 제2호(2014. 1.), 129~164면 중 145~146면에서 전재함.

것이다. 주주가 주주평등의 원칙에 따른 이익을 스스로 포기하는 한 차후 회사가 이를 어겼다고 주장할 수는 없기 때문이다.

물론 이미 상장된 회사가 새로이 차등의결권주식을 발행할 경우에는 약간의 문제가 발생할 여지가 있다. 상장이전에 주식을 인수한 투자자들이 이를 원하지 않을 수 있는 것이다. 그러나 이 경우에는 주식매수청구제도를 이용할 수 있을 것이다. 차등의결권주식을 원치 않는 주주들에게는 매수청구의 기회를 부여하고 회사는 이에 응해 줌으로써 문제를 해결할 수 있을 것이다.[70] 물론 투자자들을 설득하여 가능한 한 계속적 투자를 유도하는 것이 더 좋은 대처방안이 될 것이다.

## 4. 내  용

### (1) 기회의 균등

각 주주는 동종, 동질의 권리자이며 동시에 의무자이므로 권리의 행사나 의무의 이행에 있어서 균등한 기회가 보장되어야 한다. 기회가 균등하게 보장되는 이상 현실적으로 개별 주주에게 불평등한 결과가 도래하여도 주주평등의 원칙에 위반되었다고 할 수는 없다.

> **예** 기명주주에 대한 주주총회의 소집통지는 회일의 2주간 전에 하면 되므로($^{\text{상}\,363}$) 이 기간이 준수되었으면 주주평등의 원칙은 준수된 것이다. 특정 주주가 회일 당일에 출석할 수 없는 개인 사정이 있었다 해도 이로써 회사가 주주평등의 원칙을 위반했다고 볼 수는 없다.

### (2) 비례적 평등

주주의 권리의무는 그가 가진 주식수에 따라서 정해지는 것이므로 주어지는 권리 내지 이익도 분량적으로 주식수에 비례하여 정하여지게 된다. 따라서 주주의 평등은 상대적 평등이다.

### (3) 종류적 평등

상법은 주주평등의 원칙에 대한 예외로 종류주식을 회사가 발행할 수 있도록 허용하고 있다($^{\text{상}\,344}$). 그리하여 서로 다른 종류의 주주의 지위를 인정하고 있으며 異種의 주식간에는 대우의 차이가 발생한다. 그러나 이 경우에 있어서도 동종의 주식 상호간에는 동등한 대우를 하여야 한다. 따라서 주주평등의 원칙은 주식의 종류에 따라 상대적인 것이기도 하다.

---

70) 박양균, "차등의결권 제도의 경제학적 분석", 「규제연구」 제18권 제1호, 143면 이하, 161면.

### (4) 객관적 평등

객관적 평등이란 회사의 주주에 대한 특정 행위가 주주평등의 원칙에 부합하였는지 여부를 판단함에 있어서 회사측의 선의나 악의는 묻지 않음을 뜻한다. 만약 회사가 선의인 경우 이 원칙에 반하지 않는다고 하면 주주가 회사의 악의를 입증하여야 할 것인데, 이러한 결과는 주주에게 지나치게 불리하고 나아가 이 원칙의 존재 의의를 퇴색시킨다. 회사가 선의로 불평등한 대우를 하였다 해도 주주평등의 원칙은 적용되는 것이다.

> **예**　누적적 우선주주인 A와 B의 경우 A에게는 익년연말결산에서 배당가능이익이 있어 전년도에 배당받지 못한 우선적 이익배당이 이루어졌으나 B에게는 이것이 누락되었다. 회사가 A와 B의 불평등 대우에 대해 선의였다 하여도 B는 주주평등의 원칙을 원용하여 전년도의 미배당이익의 지급을 회사에 요구할 수 있다.

## 5. 주주평등의 원칙의 예외

주주평등의 원칙에 대해서는 다음과 같은 예외가 인정되고 있다.

### (1) 종류주식

회사가 종류주식을 발행할 경우 이익배당, 잔여재산의 분배 혹은 의결권행사에 있어서 이 원칙의 예외가 인정되고 있다($^{상\,344}$). 나아가 주식의 종류에 따라 신주의 인수, 주식의 병합, 소각 또는 합병으로 인한 주식의 배정에 관한 특수한 정함을 한 경우 역시 이 원칙의 예외가 인정된다($^{상\,344}$).

### (2) 감사선임시

주주총회에서 감사를 선임하는 경우 발행주식총수의 3%를 초과하는 주식을 보유한 주주의 경우 그 초과하는 주식에 관하여는 의결권을 행사하지 못한다($^{상\,409}$). 이 역시 주주평등의 원칙에 대한 예외가 되나 감사선임에서의 공정성 확보를 위하여 이러한 예외는 정당화된다.

### (3) 소수주주권

각종 소수주주권의 경우 이 원칙에 대한 예외가 인정된다($^{상\,402,\,403,\,366,}_{385,\,466,\,467,\,520\,등}$). 1%, 3% 혹은 10% 이상의 주식을 보유한 주주에 대해서만 이러한 권리가 주어지므로 해당 주식보유비율에 미달한 주주에게는 불평등한 결과가 된다. 그러나 주주권의 남용을 막고 회사의 업무집행을 적정히 보장하자면 이러한 불평등은 불가피하다.

### (4) 단주처리시

주식병합시의 단주처리규정에서도 이 원칙의 예외가 나타난다($^{상}_{530}$$^{443.}_{460}$$^{461}_{Ⅲ}$). 즉 주식의 병합에 의한 자본감소의 경우, 준비금의 자본전입으로 인한 무상신주의 발행시 나아가 합병으로 인한 주식의 병합시 이러한 현상이 나타난다.

> **예** 어떤 주식회사가 주식의 병합에 의한 자본감소를 하면서 5주를 병합하여 3주로 한다고 하자. 이 경우 4주를 가진 주주는 이론적으로는 $4 \times 3/5 = 2.4$주를 신주로 교부받게 될 것이다. 그러나 주식불가분의 원칙에 따라 0.4주란 있을 수 없다. 그리하여 상법은 이를 단주(1에 못미치는 소수점 이하의 주식)라 부르고 이에 대해서는 별도로 처리하고 있다. 예컨대 위 주식회사의 주주 A는 4주, B는 7주, C는 9주, D는 10주를 갖고 있었다면 병합 후 이들은 각각 2.4주, 4.2주, 5.4주, 6주를 갖게 된다. 회사는 1에 못미치는 단주들을 모아(즉 $0.4 + 0.2 + 0.4 = 1$주이므로) 이를 신주로 하여 제3자에게 매각처분한 후 그 매득금을 A, B, C 에게 각각 $0.4 : 0.2 : 0.4$의 비율로 나누어 지급해 주는 것이다. 이렇게 단주를 처리하고 나면 위의 예에서 A, B, C, D는 각각 2주, 4주, 5주, 6주의 병합신주의 보유자가 되는바 병합 이전의 4주, 7주, 9주, 10주의 보유비율은 그대로 지켜지지 못한 셈이다. 그러나 이는 주식불가분의 원칙에 따른 불가피한 예외이다.

### (5) 특수사채배정

끝으로 전환사채와 신주인수권부사채를 배정함에 있어서 사채금액 중 그 최저액에 미달하는 단수가 발생할 경우 단주에서와 유사한 예외가 발생하였다($^{상}_{516의11}$$^{513의2}_{}$$^{Ⅰ}_{)}$.

> **예** 가령 전환사채의 인수권을 가진 주주 A, B, C가 각각 100주, 200주, 300주를 보유하고 있고 이 주식회사가 총 100만원의 전환사채를 발행한다고 하자. 회사는 이들에게 각각 100/600, 200/600, 300/600의 비율로 사채배정을 할 것이다. A, B의 경우에는 각각 16만 6,666원, 33만 3,333원의 사채가 배정되어 1만원에 미달하는 단수가 발생한다. 왜냐하면 사채의 최저액은 10,000원이기 때문이다($^{개정전 상}_{법 472조}$). 회사는 이 단수를 합산한 것(6,666원 + 3,333원 = 10,000원)에 해당하는 전환사채를 공모 또는 특정의 제3자에게 인수시켜 발행할수 있다. 이러한 단수처리 후 사채배정이 주식보유비율에 정확히 비례하지 않게 된다. 사채의 최저액을 법정한 결과였다. 그러나 2011년 상법개정에서 상법 제472조는 삭제되었다.

### 6. 위반의 효과

주주평등의 원칙은 주식회사의 본질에 바탕을 두어 강행법적 성질을 갖고 있으므로 이 원칙에 위반한 주주총회결의나 업무집행행위가 있을 때에는 각 주주가 구체적인 경우 이를 승인하지 않는 한 회사측의 악의나 선의를 가리지 않고 무효이다.

### 대판 2007. 6. 28, 2006다38161, 38178 [평화은행사건]

"[1] 회사가 직원들을 유상증자에 참여시키면서 퇴직시 출자 손실금을 전액 보전해 주기로 약정한 경우, 그러한 내용의 '손실보전합의 및 퇴직금 특례지급기준'은 유상증자에 참여하여 주주의 지위를 갖게 될 회사의 직원들에게 퇴직시 그 출자 손실금을 전액 보전해 주는 것을 내용으로 하고 있어서 회사가 주주에 대하여 투하자본의 회수를 절대적으로 보장하는 셈이 되고 다른 주주들에게 인정되지 않는 우월한 권리를 부여하는 것으로서 주주평등의 원칙에 위반되어 무효이다. 비록 그 손실보전약정이 사용자와 근로자의 관계를 규율하는 단체협약 또는 취업규칙의 성격을 겸하고 있다고 하더라도, 주주로서의 지위로부터 발생하는 손실에 대한 보상을 주된 목적으로 한다는 점을 부인할 수 없는 이상 주주평등의 원칙의 규율 대상에서 벗어날 수는 없을 뿐만 아니라, 그 체결 시점이 위 직원들의 주주자격 취득 이전이라 할지라도 그들이 신주를 인수함으로써 주주의 자격을 취득한 이후의 신주매각에 따른 손실을 전보하는 것을 내용으로 하는 것이므로 주주평등의 원칙에 위배되는 것으로 보아야 하고, 위 손실보전약정 당시 그들이 회사의 직원이었고 또한 시가가 액면에 현저히 미달하는 상황이었다는 사정을 들어 달리 볼 수는 없다.

[2] 민법 제137조는 임의규정으로서 의사자치의 원칙이 지배하는 영역에서 적용된다고 할 것이므로, 법률행위의 일부가 강행법규인 효력규정에 위배되어 무효가 되는 경우 그 부분의 무효가 나머지 부분의 유효·무효에 영향을 미치는가의 여부를 판단함에 있어서는 개별 법령이 일부무효의 효력에 관한 규정을 두고 있는 경우에는 그에 따라야 하고, 그러한 규정이 없다면 원칙적으로 민법 제137조가 적용될 것이나, 당해 효력규정 및 그 효력규정을 둔 법의 입법 취지를 고려하여 볼 때 나머지 부분을 무효로 한다면 당해 효력규정 및 그 법의 취지에 명백히 반하는 결과가 초래되는 경우에는 나머지 부분까지 무효가 된다고 할 수는 없다.

[3] 회사가 직원들을 유상증자에 참여시키면서 퇴직시 출자 손실금을 전액 보전해 주기로 약정한 경우, 직원들의 신주인수의 동기가 된 위 손실보전약정이 주주평등의 원칙에 위배되어 무효라는 이유로 신주인수까지 무효로 보아 신주인수인들로 하여금 그 주식인수대금을 부당이득으로서 반환받을 수 있도록 한다면 이는 사실상 다른 주주들과는 달리 그들에게만 투하자본의 회수를 보장하는 결과가 되어 오히려 강행규정인 주주평등의 원칙에 반하는 결과를 초래하게 될 것이므로, 위 신주인수계약까지 무효라고 보아서는 아니 된다.

[4] 은행이 단기간에 자기자본비율을 증대시키기 위하여 주식의 시가가 액면에 현저히 미달하는 상황에서 퇴직금의 중간정산 등 구체적인 출자금 마련 방법을 제시하고 또한 주주평등의 원칙에 어긋나는 손실보전약정을 체결하면서까지 액면으로 발행되는 유상증자에 참여하도록 직원들을 유인한 행위는 위법한 것이어서 불법행위를 구성한다고 한 사례."

### 대판 2009. 11. 26, 2009다51820

"[1] 상법 제369조 제1항에서 주식회사의 주주는 1주마다 1개의 의결권을 가진다고 하는 1주 1의결권의 원칙을 규정하고 있는바, 위 규정은 강행규정이므로 법률에서 위 원칙에 대한 예외를 인정하는 경우를 제외하고, 정관의 규정이나 주주총회의 결의 등으로 위 원칙에 반하여 의결권을 제한하더라도 효력이 없다.

[2] 상법 제409조 제2항·제3항은 '주주'가 일정 비율을 초과하여 소유하는 주식에 관하여 감사의 선임에 있어서 그 의결권을 제한하고 있고, 구 증권거래법(2007. 8. 3. 법률 제8635호 자본시장과 금융투자업에 관한 법률 부칙 제2조로 폐지) 제191조의11은 '최대주주와 그 특수관계인 등'이 일정 비율을 초과하여 소유하는 주권상장법인의 주식에 관하여 감사의 선임 및 해임에 있어서 의결권을 제한하고 있을 뿐이므로, '최대주주가 아닌 주주와 그 특수관계인 등'에 대하여도 일정 비율을 초과하여 소유하는 주식에 관하여 감사의 선임 및 해임에 있어서 의결권을 제한하는 내용의 정관 규정이나 주주총회결의 등은 무효이다."

### 대판 2018. 9. 13, 2018다9920, 9937

[1] 주주평등의 원칙이란, 주주는 회사와의 법률관계에서는 그가 가진 주식의 수에 따라 평등한 취급을 받아야 함을 의미한다. 이를 위반하여 회사가 일부 주주에게만 우월한 권리나 이익을 부여하기로 하는 약정은 특별한 사정이 없는 한 무효이다.

[2] 甲 주식회사와 그 경영진 및 우리사주조합이 甲 회사의 운영자금을 조달하기 위하여 乙과 '乙은 우리사주조합원들이 보유한 甲 회사 발행주식 중 일부를 액면가로 매수하여 그 대금을 甲 회사에 지급하고, 이와 별도로 甲 회사에 일정액의 자금을 대여하며, 甲 회사 임원 1명을 추천할 권리를 가진다'는 내용의 주식매매약정을 체결하였고, 그 후 甲 회사가 乙과 '乙이 위 임원추천권을 행사하는 대신 甲 회사가 乙 및 그의 처인 丙에게 매월 약정금을 지급한다'는 내용의 약정을 체결하여 乙 등에게 매월 약정금을 지급하였는데, 甲 회사가 위 약정금 지급약정이 주주평등의 원칙에 반하여 무효라고 주장하면서 약정금의 지급을 중단하고 부당이득반환을 구한 사안에서, 乙이 임원추천권을 가지게 된 것은 자금난에 처한 甲 회사에 주식매매약정에 따라 주식매매대금과 대여금으로 운영자금을 조달해 준 대가이므로, 임원추천권 대신 乙 등에게 약정금을 지급하기로 한 위 지급약정도 그러한 운용자금 조달에 대한 대가라고 볼 수 있고, 이와 같이 乙 등이 지급약정에 기해 매월 약정금을 받을 권리는 주주 겸 채권자의 지위에서 가지는 계약상 특수한 권리인 반면, 乙 등은 주식매매대금을 지급하고 주식을 매수한 때부터 현재까지 甲 회사의 주주이고, 이러한 주주로서의 권리는 주식을 양도하지 않는 이상 변함이 없으므로, 乙 등이 甲 회사로부터 적어도 운영자금을 조달해 준 대가를 전부 지급받으면 甲 회사 채권자로서의 지위를 상실하고 주주로서의 지위만을 가지게 되는데, 채권자의 지위를 상실하여 주주에 불과한 乙 등에게 甲 회사가 계속해서 지급약정에 의한 돈을 지급하는 것은 甲 회사가 다른 주주들에게 인정되지 않는 우월한 권리를 주주인 乙 등에게 부여하는 것으로 주주평등의 원칙에 위배된다고

한 사례.

**대판 2020. 8. 13, 2018다236241**

"주주평등의 원칙이란, 주주는 회사와의 법률관계에서는 그가 가진 주식의 수에 따라 평등한 취급을 받아야 함을 의미한다. 이를 위반하여 회사가 일부 주주에게만 우월한 권리나 이익을 부여하기로 하는 약정은 특별한 사정이 없는 한 무효이다. 회사가 신주를 인수하여 주주의 지위를 갖게 되는 자와 사이에 신주인수대금으로 납입한 돈을 전액 보전해 주기로 약정하거나, 상법 제462조 등 법률의 규정에 의한 배당 외에 다른 주주들에게는 지급되지 않는 별도의 수익을 지급하기로 약정한다면, 이는 회사가 해당 주주에 대하여만 투하자본의 회수를 절대적으로 보장함으로써 다른 주주들에게 인정되지 않는 우월한 권리를 부여하는 것으로서 주주평등의 원칙에 위배되어 무효이다. 이러한 약정의 내용이 주주로서의 지위에서 발생하는 손실의 보상을 주된 내용으로 하는 이상, 그 약정이 주주의 자격을 취득하기 이전에 체결되었다거나, 신주인수계약과 별도의 계약으로 체결되는 형태를 취하였다고 하여 달리 볼 것은 아니다."

## Ⅲ. 주주의 권리

### 1. 의    의

#### (1) 개    념

株主의 權利란 주주가 가지는 단체법상의 권리로서 조직계약으로부터 연유한다. 즉 주주라는 주식회사의 단체구성원이 조직계약을 체결할 때 표시하였던 단체창설의 효과의사가 결집된 결과이다. 이는 회사에 대하여 포괄적 성격을 띠며 그 일부의 양도가 불가능하다(주식불가분의 원칙). 이러한 단체법적 권리는 비단 주식회사뿐만 아니라 모든 형태의 회사에서 또 나아가 민법상의 조합이나 상법상의 익명조합, 비영리법인, 비법인사단, 상호보험회사, 협동조합, 선박공유자 관계 등 모든 형태의 광의의 이익결사(Gesellschaften im weitesten Sinne)에서 공통적으로 나타나는 현상인 것이다. 이러한 모든 형태의 이익결사에서는 모두 단체창설의 법률행위 즉 설립행위(Gründungsakt)의 효과로 단체법에 특유한 사원권이 발생하는 것이다.

#### (2) 채권자권과의 구별

이와 같은 주주의 권리는 주주가 제3자의 지위에서 회사에 대하여 취득하는 채권자권(Gläubigerrecht)과 구별하여야 한다. 즉 주주가 전적으로 제3자의 지위에서 회사와 매매나 임대차관계 등을 수립할 때 나타나는 대금채권이나 임차료채권 등은 제3

자적 권리로서 주주의 권리와는 전적으로 구별하여야 한다. 이들은 단체법의 고유한 성격으로부터 전혀 유리된 것들로서 주주권과는 그 시원부터 아무 관련이 없다.

### (3) 채권자적 권리와의 구별

또한 주주의 지위에서 생긴 것이기는 하지만 사후에 별도로 독립된 권리로 발전하는 것들이 있다. 예컨대 주주총회가 이익배당에 관한 의안을 승인함으로써 주주가 취득하는 특정 영업연도의 이익배당청구권과 같은 것들이다. 이들은 채권자적 권리라 부르며 앞서 살펴본 채권자권과는 구별하여야 한다. 채권자권은 처음부터 주주의 사원권과는 아무 관련없이 주주와 회사간의 개인적이요 평면적인 법률관계로부터 연유한 것이지만 지금 살펴보는 채권자적 권리는 그 연원은 주주의 사원권으로부터 출발하였지만 이것이 사후 주주권으로부터 독립하여 구체화되었다는 점이 다르다. 일정액의 이익배당청구권(Dividendenanspruch)은 추상적 주주권의 내용이라 할 자익권에서 유출된 권리이기는 하나 주주의 지위에서 분리되어 별도의 양도 및 압류의 대상이 될 수 있는 것이다. 이렇게 구체화된 주주의 채권자적 권리는 주주의 지위를 양도하여도 당연히 이에 따라 이전하지 않으며[71] 권리의 성립 후에는 주주총회의 결의로도 이를 침해할 수 없는 것이다.

## 2. 종 류

### (1) 자익권과 공익권

**(가) 자익권:** 자익권(自益權)이란 주주가 회사에 대해서 자기의 이익을 위하여 행사하는 권리로서, 주로 회사로부터 경제적 이익을 받는 것을 목적으로 하는 재산적 성격의 권리이다. 자익권은 모두 단독주주권으로 다음과 같은 것들이 있다: ① 이익배당청구권($^{상}_{464}$462.), ② 잔여재산분배청구권($^{상}_{538}$), ③ 이자배당청구권,[72] ④ 신주인수권($^{상}$418), ⑤ 주식전환청구권($^{상}_{346}$350.), ⑥ 주권교부청구권($^{상}$355), ⑦ 주식의 자유양도권($^{상}$335) 등이다.

---

71) 대판 1995. 7. 28, 94다25735.
72) 주주의 권리 가운데에는 원래 이자지급채권이란 존재할 수 없다. 주주는 매결산시마다 영업성과에 따른 이익을 배당받는 것이지 사채권자처럼 일정률의 이자를 영업성과와 상관없이 지급받는 것이 아니기 때문이다. 그러나 상법은 한 가지 예외를 제463조에 규정하고 있었다. 이것이 건설이자배당제도이다. 철도, 운하, 축항, 수력발전사업 등과 같은 장기의 건설공사로 인하여 곧 개업하기 어려운 사업은 장기간 이익배당이 어렵다. 배당가능이익이 없으면 이익배당을 할 수 없기 때문이다. 따라서 원대하고 유망한 사업이면서도 주주의 모집이 어려워 회사설립에 난항을 겪을 수 있는 업종을 위하여 상법은 회사는 성립하였으나 영업을 개시하지 못한 일정 기간 동안 특정된 주식에 대하여 일정률의 이자를 지급할 수 있도록 허용하고 있었다(개정전 상법 제463조 참조). 그러나 건설이자배당제도는 2011년의 상법개정에서 폐지되었다.

(나) **공익권**:　공익권(共益權)이란 주주가 자신의 이익뿐만 아니라 회사의 이익을 위하여 행사하는 권리로서, 회사의 경영에 참가할 것을 내용으로 하고 나아가 회사활동의 기초가 되는 권리이다. 회사의 경영 및 업무집행에 대한 감시감독 등을 포괄하므로 공익권은 공동관리권(Mitverwaltungsrecht)이라 불리운다. 이들은 단독주주권 또는 소수주주권으로 행사된다. 다음과 같은 것들이 공익권을 구성한다: ① 의결권($^{Stimmrecht:}_{상 369}$), ② 주주총회결의의 하자에 관한 제반 소권($^{상 376,}_{380, 381}$), ③ 설립무효의 소권($^{상}_{328}$), ④ 신주발행무효의 소권($^{상}_{429}$), ⑤ 유지청구권과 대표소송제기권($^{상 402 및}_{403 이하}$), ⑥ 재무제표의 열람청구권($^{상 448}_{}$) 등이 그것이다.

## (2) 단독주주권과 소수주주권

이것은 권리행사의 방법에 따른 주주권의 구별이다. 단독주주권은 주주가 단 1주라도 소유하고 있으면 행사할 수 있는 권리이고, 소수주주권은 회사의 발행주식총수 중 일정 비율을 가진 주주만이 행사할 수 있는 권리이다.

(가) **단독주주권**:　자익권 전부와 공익권에서도 대부분을 차지하고 있다. 즉 공익권 중 의결권, 총회결의의 하자에 관한 소권, 설립무효의 소권 등 많은 공익권은 단독주주권으로 되어 있다.

(나) **소수주주권**:　공익권 중 일부에서 나타나며, 우리 상법은 발행주식총수의 1% 이상의 주식을 소유한 주주에게만 인정되는 1% 소수주주권, 발행주식총수의 3% 이상의 주식을 소유한 주주에게만 인정되는 3% 소수주주권 및 발행주식총수의 10% 이상의 주식을 소유한 주주에게만 인정되는 10% 소수주주권의 세 가지를 인정하고 있다. 이러한 소수주주권은 단독주주권에서 나타날 수 있는 주주권의 남용을 방지하고 일정 비율 이상의 주식보유자에게만 권리행사를 허용함으로써 권리행사의 신중을 도모할 수 있다.

소수주주권은 한 사람의 주주가 위 보유비율을 만족시키는 경우 당연히 행사가능하며 여러 명의 것을 합산한 결과 위 비율이 충족되는 때에는 공동으로 이를 행사할 수 있다. 소수주주권의 예를 들면 아래와 같다: ⟨**1% 소수주주권**⟩ 유지청구권 및 대표소송제기권($^{상 402,}_{403 이하}$); ⟨**3% 소수주주권**⟩ ① 주주총회소집청구권($^{상}_{366}$), ② 회사의 재산상태와 업무조사청구권($^{상 467}_{}$), ③ 이사의 해임청구권($^{상 385}_{}$), ④ 청산인의 해임청구권($^{상 539}_{}$), ⑤ 주주제안권($^{상 363}_{의2}$); ⟨**10% 소수주주권**⟩ 회사의 해산청구권($^{상 520}_{}$) 등이 있다. 상장회사에서는 일정비율 이외에도 일정 보유기간이 행사요건으로 추가될 수 있다($^{상 542의}_{6 참조}$).

### (3) 고유권과 비고유권

고유권(Sonderrecht, wohlerworbenes Recht)이란 주주의 동의 없이는 정관이나 주주총회 또는 이사회결의로도 박탈할 수 없는 권리이다. 우리 상법은 고유권에 관하여 별도의 규정을 두고 있지 않지만 스위스채무법은 제646조에서 "고유권의 의의와 종류"라는 조항을 두고 있어 참고의 가치가 있다. 동 조문에 따르면 "고유권은 주주의 동의없이는 박탈할 수 없는 권리로서"(ⁱ조), "법률이나 정관에 의하여 주주총회나 이사회의 결의내용으로부터 독립되어 있거나 주주총회의 참석권으로부터 유출될 수 있는 제반 권리가 이에 해당한다"(ᶦ조). 나아가 동 조문은 고유권의 예시로서 "특히 사원의 지위 그 자체, 의결권, 총회결의취소권, 이익배당청구권 및 잔여재산분배청구권 등이 이에 속한다"(ⁱ조)고 하고 있다.[73]

고유권은 헌법상 보장된 기본권의 본질적 부분(Wesensgehalt)에 비유되는 주주의 권리이다.[74] 독일에서도 고유권의 개념은 사원권적 기본권(mitgliedschaftliche Grundrechte)의 맥락에서 발전되어 왔는데, 구체적으로 어떤 주주의 권리가 이에 속하느냐를 판단하는 것은 쉬운 일이 아니다. 그러나 주식회사의 본질이나 사원권의 기본속성으로부터 판단되어야 할 것이다. 예컨대 우리 상법상으로도 주주의 지위 그 자체,[75] 주주의 의결권이나 이익배당청구권, 잔여재산분배청구권, 주권교부청구권(상 355), 총주주의 동의를 요하는 특수결의사항(상 604, 400.)에 대한 주주의 동의권은 고유권에 속한다고 할 수 있겠다.

> **대판 2007. 9. 6, 2007다40000 [주주의 의결권을 고유권으로 본 판례]**
>
> "주주총회가 재무제표를 승인한 후 2년 내에 이사와 감사의 책임을 추궁하는 결의를 하는 경우 당해 이사와 감사인 주주는 회사로부터 책임을 추궁당하는 위치에 서게 되어 주주의 입장을 떠나 개인적으로 이해관계를 가지는 경우로서 그 결의에 관한 특별이해관계인에 해당함은 원심이 쓴 대로이지만, **주주의 의결권은 주주의 고유하고 기본적인 권리**이므로 특별이해관계인이라는 이유로 이를 제한하기 위하여는 그 결의에 관하여 특별한 이해관계가 있음이 객관적으로 명확하여야 하는데, 원심에 의하더라도 이

---

73) §646 Schweizerisches Obligationenrecht "(1) Wohlerworbene Rechte, die den einzelnen Aktionären in ihrer Eigenschaft als Aktionäre zustehen, können ihnen nicht ohne ihre Zustimmung entzogen werden. (2) Als wohlerworbenen gelten diejenigen Rechte des Aktionärs, die nach Vorschrift des Gesetzes oder Generalversammlung und der Verwaltung unabhängig sind oder dem Recht auf Beteiligung an der Generalversammlung entspringen. (3) Dazu gehören insbesondere die Mitgliedschaft, das Stimmrecht, das Recht zur Anfechtung, das Recht auf Dividende, das Recht auf Anteil am Liquidationsergebnis."

74) 우리 헌법 제37조 제2항을 보면 "…자유와 권리의 본질적 내용을 침해할 수 없다"고 되어 있다.

75) 물론 주주의 지위 그 자체는 고유권이라 할 수 있다. 그러나 여기에도 예외는 있다. 95% 이상 지배주주가 매수청구권을 행사할 경우이다(상법 제360조의24 제1항 참조).

사건 안건이 "제13기 결산서 책임추궁 결의에 관한 건"이라는 제목에 비추어 2003. 4. 1.부터 2004. 3. 31.까지의 기간 동안의 재무제표에 대한 경영진에 대한 책임을 추궁하기 위한 것으로 추측된다는 것일 뿐, 구체적으로 위 기간 동안에 이사나 감사로 재임한 자들 전원의 책임을 추궁하려고 하는 것인지, 그중 일부 이사나 감사만의 책임을 추궁하려고 하는 것인지, 나아가 어떠한 책임을 추궁하려고 하는 것인지 알 수 없고, 기록상 이를 알 수 있는 자료도 보이지 않는바, 그렇다면 원심이 들고 있는 사정만으로는 위 소외 1 등이 이 사건 결의에 관한 특별이해관계인에 해당한다고 단정할 수 없다."

### 대판 2010. 2. 25, 2008다96963, 2008다96970 [병합]

[구체적 신주인수권은 주주의 고유권에 속하지 않는다고 한 사례]

"상법 제461조에 의하여 주식회사가 이사회의 결의로 준비금을 자본에 전입하여 주식을 발행할 경우 또는 상법 제416조에 의하여 주식회사가 주주총회나 이사회의 결의로 신주를 발행할 경우에 발생하는 **구체적 신주인수권은 주주의 고유권에 속하는 것이 아니고 위 상법의 규정에 의하여 주주총회나 이사회의 결의에 의하여 발생하는 구체적 권리에 불과**하므로 그 신주인수권은 주주권의 이전에 수반되어 이전되지 아니한다. 따라서 회사가 신주를 발행하면서 그 권리의 귀속자를 주주총회나 이사회의 결의에 의한 일정시점에 있어서의 주주명부에 기재된 주주로 한정할 경우 그 신주인수권은 위 일정시점에 있어서의 실질상의 주주인가의 여부와 관계없이 회사에 대하여 법적으로 대항할 수 있는 주주, 즉 주주명부에 기재된 주주에게 귀속된다."

### (4) 일반권과 종류권

권리의 주체에 따른 구별로서 일반권은 모든 주주에게 속하는 권리요, 종류권은 특정 종류의 주주에게만 귀속하는 권리이다. 예컨대 우선주에만 인정되는 우선적 이익배당청구권은 종류권에 해당한다.

### (5) 비례권과 비비례권

소유주식수에 비례하여 권리의 내용이 양적으로 증감하는 권리를 비례권이라 한다. 의결권, 이익배당청구권, 신주인수권 등은 모두 비례권이다. 반면 비비례권이란 1주 이상 또는 소정 주식수 이상에 대해서는 주식수의 다과를 불문하고 균등하게 주어지는 권리를 말한다. 예컨대 주주총회결의취소의 소권($\frac{상}{376}$)이나 주주총회소집청구권($\frac{상}{366}$) 등이 이에 속한다. 비비례권에는 단독주주권뿐만 이나라 소수주주권도 이에 속할 수 있다.

### 3. 주주권의 행사방법

상법은 株主權의 행사방식을 주식의 종류나 행사할 권리의 내용에 따라 몇 가지 특수한 규정을 두고 있다. 이를 살펴보면 우선 기명주주는 주주명부에 명의개서를 통하여 주주로 등재되어야 비로소 자신의 권리를 행사할 수 있다($^{\,상}_{337}$). 나아가 공유주주는 그 권리를 행사함에 있어서 대표자 1인을 선정하여야 하며($^{\,상}_{333}$), 주주의 의결권은 대리행사나 불통일행사가 가능하다($^{\,상\ 368\ Ⅲ}_{368의2\cdot}$).

## Ⅳ. 주주의 의무

株主의 義務는 상법 문언상으로는 주금납입의무에 한정되나($^{\,상조}_{331}$), 법이론적으로는 오늘날 주주에게도 충실의무가 보편적으로 인정되고 있으므로 이 양자를 주주의 의무로 살펴볼 수 있을 것이다.

### 1. 납입의무

주주가 상법상 회사에 대하여 부담하는 유일한 의무는 주식의 인수가액에 대한 납입의무이다($^{\,상}_{331}$).[76] 독일 주식법상으로는 주금납입의무 이외에도 추가적으로 부수적인 의무(Nebenleistungspflicht)를 부담하는 일이 있다($^{\,독일\ 주}_{식법\ 55}$). 즉 회사의 동의가 있어야 주식을 양도할 수 있는 주주에게 정관으로 금전 이외의 급부이행을 요구할 수 있다($^{\,독일\ 주식}_{법\ 55\ 1}$). 예컨대 사탕무를 재배하는 농부들이 설탕제조를 위한 회사를 설립함에 있어서 사탕무의 공급의무(Lieferung von Zuckerrüben)를 부담하는 것 등이다. 그러나 우리 상법상으로는 이러한 부가적인 의무는 존재하지 않는다.

주금의 납입의무는 주식의 인수가액에 대한 납입의무인데, 주식의 인수가액이란 발행가액이 액면가를 초과할 때(할증발행)에는 그 초과금액을 포함한다. 수인에 의하여 주식이 공동으로 인수되었을 때에는 연대하여 납입할 의무를 부담한다($^{\,상}_{333}$). 나아가 신주의 인수인은 회사의 동의없이 회사에 대하여 주장할 수 있는 반대채권이 있다 하여도 이로써 주금납입의무와 상계하지 못한다($^{\,상}_{421}$).[77] 과거에는 설립단계에서도

---

76) 대판 1989. 9. 12, 89다카890; "상법 제331조의 주주유한책임원칙은 주주의 의사에 반하여 주식의 인수가액을 초과하는 새로운 부담을 시킬 수 없다는 취지에 불과하고 주주들의 동의 아래 회사채무를 주주들이 분담하는 것까지 금하는 취지는 아니라 할 것이다."

77) 과거에는 설립단계에도 상계금지규정이 있었다. 주식대금납입에 있어 상계를 금지하던 상법 제334조가 그것

상계금지규정이 있었다($\frac{\text{상}}{334}$) 주금납입의무의 면제(免除)도 불가하다. 상법은 전액납입주의를 취하고 있으므로 인수가액의 전액이 납입되어야 한다($\frac{\text{상}}{305}$ $_{I}^{295}$ $^{I}$·). 따라서 주주의 납입의무는 주식인수인의 납입의무일 뿐이다. 그러나 인수가액에 대한 납입이 없음에도 불구하고 설립등기에 의해서 회사가 성립하는 경우에는 주주의 납입의무와 발기인의 납입담보책임($\frac{\text{상}}{321}$)이 병존할 수 있다. 전자는 조직계약에 가입함으로써 발생하는 계약적 출자의무이고, 후자는 자본충실의 책임으로부터 발생하는 무과실책임이므로 이들은 부진정 연대채무(不眞正 連帶債務)관계에 놓인다.

## 2. 충실의무[78]

> **사례**   W건설주식회사는 재무구조의 개선을 위하여 자본감소를 조건으로 채권은행단으로부터 대출연장을 받기로 하였다. 채권은행단은 5 : 2의 주식병합으로 감자할 것을 요구하였다. 그러자 이 회사의 주식 1%를 보유한 주주 甲은 이러한 감자비율이 특히 소수주주들에게 지나치게 불리하다고 판단한 후 회사에 대하여 5 : 3의 감자비율을 제시하였고 나아가 타주주들에게 감자를 위한 주주총회결의시 자신에게 의결권을 위임해 줄 것을 요구하였다. 甲의 요구에 응한 소수주주는 다수에 달하였고 이러한 방법으로 발행주식총수의 40%에 달하는 의결권을 확보하였다. 한편 W건설의 이사진들은 5 : 3의 감자안을 채권은행단이 수용하지 않을 것임을 여러 차례 경고하였고 회사사정상 5 : 2의 감자안에 동의해 줄 것을 누차 호소하였다. 비전문가가 보아도 회사 내외의 여러 사정을 감안할 때 채권은행단의 요구를 따르는 것이 W건설의 유동성확보를 위한 유일한 대안이었다고 한다. 그럼에도 불구하고 甲은 감자결의시 5 : 2안에 반대하였고 그 결과 이 감자안은 부결되고 말았다. W건설은 채권은행단으로부터 대출연장을 받을 수 없었고 도산 후 법정관리로 들어가게 되었다. 甲에게 위임장을 교부한 바 없는 W건설의 또 다른 소액주주 乙은 도산 전 주가와 현재의 주가의 차액에 해당하는 손해배상을 甲에게 청구하려 한다. 이러한 청구의 승소가능성을 검토하라(독일 대법원판례 BGHZ 129, 136 [Girmes 사건]의 사실관계를 모델로 하였다).[79]

## (1) 총   설

우리나라에는 아직 주주의 충실의무를 직접적으로 다룬 판례가 없다. 다만 성문법

---

이다(2011년 이전의 상법 제334조 참조). 그러나 설립등기전에는 아직 독자적으로 법인격을 가진 회사가 존재하지 않으므로 설립도 되지 않은 회사를 상대로 상계한다는 것은 의미가 없는 일이었다. 그런 이유를 들어 2011년 상법은 제334조를 삭제하였고 대신 회사성립후의 유상증자에 적용될 제421조 제2항을 신설하였다. 그러나 설립중이라도 설립중회사에 대한 채권은 존재할 수 있는 것이고 주식일부인수시설에 의하면 발기인에 의한 주식일부인수만으로도 설립중 회사는 창립될 수 있는 것이어서 주식인수인의 설립중회사에 대한 채권도 발생가능하다고 생각된다. 구 상법 제334조의 삭제는 입법론적으로는 문제가 있다고 본다.

78) 이하의 내용은 졸고, "주주의 충실의무", 「경영법률」 제24권 4호(2014. 7.), 317~363면에서 부분적으로 전재함.

79) 이에 대해서는 졸고, "주주의 충실의무", 정동윤교수화갑기념논문집, 1999, 법문사, 147~161면, 특히 157면 이하 참조.

상으로는 이미 다수의 조문이 이를 뒷받침하고 있다. 업무집행지시자의 책임에 관한 상법 제401조의2, 10% 이상의 지분을 가진 주주가 회사와 거래할 경우 이사회승인을 의무화한 상법 제398조[80] 및 95% 이상의 대주주가 소수주주의 주식을 강제매수할 경우 별도의 경영상 목적을 요구하는[81] 상법 제360조의24 등이 그 예이다. 이 모든 조문 속에는 주주가 회사 및 다른 주주의 이익을 존중하여야 한다는 신의칙적 법의(法意)가 숨쉬고 있고, 이러한 주주의 배려의무를 주주의 충실의무[82](fiduciary duty of shareholders)라 한다.

외국에서는 영미법계건 대륙법계건 적극적으로 주주의 충실의무를 인정하고 판례법을 지속적으로 발전시켜 왔다.[83] 이에 반하여 국내에는 아직 이에 대한 판례는 없으나 다만 학자들의 논의는 활발하다.[84] 특히 지난 2011년의 상법개정에서 회사와 이사간 자기거래뿐만 아니라 회사와 대주주(10% 이상의 주식소유자)간의 자기거래에 대해서도 이사회승인을 의무화하였고($\frac{\text{상}}{398}$), 동법 제360조의24에서는 95% 이상의 주식을 보유한 대주주가 소수주주들의 주식을 강제매수할 때 요구되는 충실의무가 성문화되면서 주주의 충실의무론은 이제 국내에서도 단순한 학술적, 이론적 논의에 그치는 것이 아니라 현실 성문규정의 해석학이 되었다. 이하 아래에서는 주주의 충실의무론에 관련된 위와 같은 법환경의 변화를 목도하면서 관련 사례들을 정리해보고 이를 이론적으로 정리하기로 한다.

---

80) ALI-CORPGOV, §5. 10 [대주주와 회사간 자기거래시 이사회승인이 아닌 주주총회의 승인을 요구함] 참조.
81) 이는 델라웨어주의 Singer v. Magnabox [380 A. 2d 969 (Del. 1977)]의 판시내용 "valid business purpose"와 유사하다.
82) 주주의 충실의무와 관련된 용례는 다양하다. 이를 주주의 '誠實義務'로 표현하는 학자도 있다(金建植, "少數株主의 保護와 支配株主의 誠實義務-독일법을 중심으로-", 서울대 「법학」 제32권 3/4호(1991), 98면 이하).
83) [미국 판례] Donahue v. Rodd Electrotype Co. of New England, 328 N. E. 2d 505(1975); Singer v. Magnabox Co., 380 A. 2d 969 (Del. 1977); Singclair Oil Corp. v. Levien, 2A. 2d 717 (Del. 1971); Weinberger v. U.O.P., 457 A. 2d 701 (Del. 1983); [독일 판례] BGHZ 103, 184(Linotype, 1988) (대주주의 충실의무를 인정함); BGH WM 1995, 882 ff.(Girmes, 1995)(소수주주의 충실의무를 인정함); BGHZ 65, 15 ('ITT'사건)[유한회사의 2인 사원 상호간 충실의무 인정].
84) 강희갑, "지배주주의 충실의무", 「상사법연구」 제12집, 105~138면; 김건식, "少數株主의 保護와 支配株主의 誠實義務-독일법을 중심으로-", 서울대 「법학」 제32권 3/4호(1991), 98면 이하; 김재범, "주주의 충실의무에 관한 연구", 고려대 박사학위논문, 1993; 김정호, "주주의 충실의무", 하촌 정동윤 교수 화갑기념논문집 「二十一世紀 商事法의 展開」, 법문사, 1999, 147~161면; 남기윤, 유형론적 방법론과 회사법의 신이론, 학우출판사, 1999, 409~425면; 송인방, "지배주주의 충실의무에 관한 연구", 충남대 법학연구소 「법학연구」 제8권 제1호(1997), 247~264면; 송종준, "폐쇄기업화 거래의 공정요건과 소수파주주의 보호", 「상사법연구」 제19권 제1호, 2000, 211~248면; 송호신, "지배주주의 충실의무에 대한 비교연혁법적 고찰", 「법학연구」 제18권 제1호(2010. 4.), 329~365면; 육태우, "주주의 충실의무", 주식회사법대계(Ⅰ), 법문사, 2013, 651~669면; 이기수·최병규·조지현, 회사법, 제6판, 2008, 박영사, 207면 이하; 임중호, "주주의 충실의무론", 중앙대학교 「법학」 제20집, 193~214면; 장덕조, "지배주주의 충실의무", 「민주법학」 제18호, 2000, 165~186면; 정동윤, 회사법, 제7판, 205~208면; 천경훈, "개정 상법상 자기거래 제한 규정의 해석론에 관한 연구", 「저스티스」 통권 제131호(2012. 8.), 48~93면(특히 상법 제398조상 10% 이상 주식보유자의 이사회승인 의무화 관련 논의부분, 69면 이하); 홍복기, "주주의 충실의무-독일연방최고법원 리노티페 판결(BGHZ 103, 194, vom 1. 2. 1988)-", 「사법행정」, 1993년 7월, 27~34면.

## (2) 주주의 충실의무 관련 사례들

(가) Donahue v. Rodd Electrotype Co. of New England, 328 N. E. 2d 505(1975)
　　[폐쇄회사의 지배주주가 소수주주에게 충실의무를 부담한다고 한 사례]

본 사건에서는 Rodd Electrotype의 경영이사(甲)와 기술이사(乙)간 대립으로 지배주주의 충실의무가 문제시된 사안이다. Harry Rodd(甲)는 능력있는 Rodd Electrotype의 경영이사였다. 입사후 탁월한 능력으로 회사를 이끌어 몇 년 후 모회사로부터 회사주식을 사들여 이 회사를 독립시킨 후 이 회사의 사실상의 독점적 지배주주가 되었다. Joseph Donahue(乙)는 기술직 종사자로서 공장장의 지위에 까지 올랐으나 경영자적 기질이나 소양이 부족하여 부여받은 공로주 일부를 자신의 소수지분(20%)으로 가지고 있을 뿐이었다. 甲은 자신의 자녀 및 사위에게 보유주식을 조금씩 나누어주고 이들을 회사경영에 끌어들여 Rodd Electrotype을 완전히 자신과 가족들이 지배하는 가족회사로 만들어 버렸다. 로드가문 이외의 주주로는 도나휴가 유일하였다. 어느덧 甲과 乙이 고령이 되어 경영의욕을 잃게 되었다. 이에 甲은 자신이 마지막까지 개인적으로 보유하던 주식에 대해 회사에 매수청구를 하였다. 甲의 개인 보유주식을 회사가 매우 높은 가격으로 매수하자 乙도 같은 조건으로 자신의 보유주식을 매수해줄 것을 청구하였다. 그러나 회사는 이번에는 이를 거절한다. 乙의 사후 乙의 미망인은 원고가 되어 로드가문 사람들이 지배주주로서 乙에 대한 충실의무를 위반하였다고 주장하며 손해배상청구소송을 낸다. 매사츄세츠주 최고법원은 "폐쇄회사의 주주들간에는 조합원(組合員) 유사의 강도 높은 충실의무가 존재한다"고 판시하면서 이와 달리 판단한 원심을 파기하였다. 재판부는 결론적으로 본 사건에서 원고에게는 두 가지 구제책이 주어진다고 결론지었다. 하나는 甲으로부터 3만6천 달러에 사들여 아직 소각하지 않고 금고주로 보관중인 45주식을 그에게 되돌려주고 36,000달러와 1970년 7월 15일 이후의 법정이자를 회사가 그로부터 환수하는 것이다. 다른 하나는 乙의 주식 역시 주당 800달러의 동액으로 회사가 매수하는 것이다. 이러한 취의로 다시 판단케 하기 위하여 메사츄세츠주 최고법원은 원심으로 본건을 파기환송하였다.[85]

(나) Wilkes v. Springside Nursing Home, Inc. et al.[86] [폐쇄회사의 주주간 충실의무를 인정하며 원고의 청구를 인용한 사건]

본 사건은 스피링사이드 요양원을 공동으로 경영하던 4인의 주주들의 이야기이다. 원고 W는 부동산거래에 능하여 요양원 부지를 확보한 후 3인의 동업자(P, Q, R)를 모집한다. 이들은 Springside Nursing Home, Inc.이라는 회사(이하 'S사'라 한다)를 설립하여 공동으로 요양원을 경영하기로 뜻을 모은다. 회사내에서 이들 4인의 지분율은 모두 같았다. 즉 25%씩 주식을 나누어 가진 후 각자의 업무영역을 나누었고 S요양원을 공동으로 경영하였다.

그러던 중 Q가 S요양원과 인접한 S社 소유의 부지중 일부를 타 요양원의 설립용도로 매입코져 하였다. W는 탁월한 협상기술로 Q가 제시한 가격을 피해 갔으며 결국 Q는 애초 의도한 가격보다 훨씬 비싸게 본 물권을 취득하게 되었다. 물론 W로서는 S사를 위하

---

85) 328 N. E. 2d 505, at p. 521.
86) 353 N. E. 2d 657.

여 탁월한 협상력을 발휘한 것이지만 W와 Q는 이 부동산 거래후 완전히 멀어지게 되었다. 그후 S요양원의 경영에 있어서도 Q와 W는 박자를 맞추지 못하였고 양인간의 인간적 갈등은 다른 동업자(P, R)에게도 영향을 미쳐 Q가 W를 회사경영에서 거의 소외시키는 결과로 이어졌다. 인내로 일관하던 W는 수년간 사태를 관망하다가 개선의 기미가 보이지 않자 마침내 그간 자신에게 지급되지 않았던 급여지급을 요구하며 P, Q, R을 상대로 손해배상청구소송을 제기한다. 재판부는 앞선 Donahue v. Rodd Electrotype사건을 인용하면서 피고 P, Q, R이 주주의 충실의무를 위반하여 W에게 손해가 발생하였다며 원고의 청구를 인용하였다.

(다) Singer v. Magnavox Co., 380 A. 2d 969 (Del. 1977) [84.1%의 지분을 가진 대주주가 잔여주주에 대해 충실의무를 부담하며 정당한 경영상 목적이 있을 경우에만 소액주주들의 축출이 가능하다고 한 사례]

타 회사의 주식을 공개매수하여 해당 회사의 지배권을 가지려던 Development社(이하 'D'라 한다)는 공개매수를 통하여 Magnavox사(이하 'M'이라 약한다)의 총발행주식 중 84.1%를 확보하였다. 이제 M의 잔여 15.9%의 주주들을 축출할 목적으로 M사 주식의 실제 가치에 미치지 않는 주당 9달러의 가격으로 현금지급합병을 추진한다. 델라웨어주 챈서리법원은 D에게 유리하게 판결하였으나 델라웨어주 최고법원은 원심을 피기하였다. 즉 D의 현금지급합병에는 "정당한 경영상의 목적(valid business purpose)"이 결여되어 있다는 것이다. 만약 이러한 경영상 목적없이 합병이 완료되는 경우 M의 소액주주들에게 피해가 간다고 보았다. 나아가 M의 대주주인 D는 84.1%의 지분보유자로서 M의 소수주주들에게 충실의무를 부담한다고 보았다. 즉 84.1%의 압도적 지분을 가진 지배주주는 잔여주주들에 대하여 충실의무를 부담하며 정당한 경영상 목적이 있을 경우에만 소액주주들의 축출이 가능하다고 판시하였다.

(라) Weinberger v. U.O.P., 457 A. 2d 701 (Del. 1983) [50.5%의 지분을 가진 지배주주의 현금지급합병을 위해 완전한 공정성기준을 적용한 사례]

1974년 Signal사(이하 'S'라 한다)는 여유자금을 활용하여 Universal Oil Products Co.(이하 'U.O.P.'라 약칭한다)의 지분 50.5%를 취득한다. 3년후인 1977년 S는 U.O.P.의 나머지 49.5% 잔여주식도 취득할 목적으로 현금지급합병방식을 사용하였는바 1주당 21달러로 이를 추진하게 되었다. 델라웨어주 최고법원의 무어(Moore)판사는 완전한 공정성 기준(entire fairness standard)를 제시하였다. 50.5%의 주식을 가진 대주주 S는 49.5% 주식을 가진 잔여주주들에 대해 충실의무를 부담하는바 이를 이행하기 위하여는 절차적 및 실질적 공정성을 준수하여야 한다고 판시하였다. S의 U.O.P.주식에 대한 주당 21달러 현금지급합병은 절차적으로 신중하지 못했고 내용상으로도 주당 21달러의 가격이 U.O.P.의 기업가치(최소 주당 24달러)에 못미치므로 적법성을 상실한다고 보았다. 본 사건에서는 앞서 본 Singer v. Magnavox사건의 '경영상 목적요건'은 폐기하였다. 즉 완전한 공정성 기준만 충족되면 된다는 것이다. 본 사건의 결론은 완전한 공정성 기준을 충족시키지 못하면 S는 지배주주의 충실의무를 이행하지 못하는 결과가 된다는 것이다.

(마) Linotype 사건[87] [96% 지배주주의 소수주주에 대한 충실의무 위반을 인정한 최초의
독일 사례]

본 사건은 지배주주의 소수주주에 대한 충실의무를 인정한 최초의 독일 판례이다. 이
판례에 대해서는 국내 학자들 역시 엄청난 관심을 보였다. 대륙법계 국가에서 나온 이 분
야의 첫 판결이기 때문이었다.[88]

Linotype 유한회사(이하 'L'이라 약한다)는 프랑크푸르트 소재 Stempel 주식회사(이하
'S'로 약한다)의 주식중 96%를 가지고 있었다. S의 나머지 4% 주식은 증권거래소에 상장
되었고 그 당시 50여명의 군소주주들이 보유하고 있었다. L은 자회사인 S를 흡수합병하려
하였지만 독일주식법 제369조와 독일의 증자법은 총주주의 동의를 요구하고 있어 절차진
행상 어려움이 있었다.[89] 그리하여 L은 S의 소액주주들의 주식을 모두 매집하려 하였으나
이 역시 실패하였고 소액주주들은 합병에 반대하는 움직임마저 보이고 있었다. 이에 L은
결국 정면돌파 대신 돌아가기로 하였다. 이러한 법적 환경을 우회하기로 결정하였다. S를
흡수합병하는 대신 S를 해산시킨 후 청산단계에서 S의 주요 사업부문을 영업양수하기로
한 것이다. 계획이 확정되자 바로 S의 임원들과 L간에 은밀한 협상이 진행되었고 해산결
의를 위한 주주총회가 소집되기도 전에 이미 협상은 마지막 단계까지 와 있었다. 정상적
인 가격보다 훨씬 저가의 합의도 이루어졌다. 이제 해산결의후 계약서에 서명하는 것만
남겨 놓고 있었다. S의 정관은 해산결의의 의결정족수를 총 발행주식중 80%이상의 찬성으
로 하고 있었다. 1985년 4월 24일 회사자본의 96% 이상이며, S의 정관에서 정한 자본 5분
의 4 이상(80%)의 다수를 보유하는 주주들의 찬성으로 1985년 4월 30일부 해산결의가 가
결되었다.

S의 소액주주들은 본 해산결의의 취소를 구하였다. 청산사유의 부존재와 지배주주의 권
한남용이 그 이유였다. L이 정당화될 만한 해산사유도 없으면서 회사지배적 지위를 남용
하여 실질적으로는 군소 주주들을 축출하기 위한 방편으로 삼았다는 것이다. 즉 해산결의
를 함에 있어 L은 자신의 의결권을 남용하였고 지배주주의 이익을 위하여 소수주주를 희
생시켰다고 주장하였다. 독일대법원은 원고의 청구를 기각한 원심을 파기하고 원고의 청
구를 인용하였다. 독일대법원은 본 해산결의가 다수결의 남용도 아니고 독일 주식법이나
증자법 등 성문법규 위반도 아니지만 지배주주의 충실의무를 위반하여 무효라고 판시하였
다. L이 본 해산결의를 하기 이전부터 기존의 회사지배력을 이용하여 S와 영업양수를 추
진했고 이미 정상적인 시장가격보다 저가로 S의 영업을 양수하기로 약정한 점이 문제라는
것이다. **L은 증권거래소에서 주식을 매수한 50여 군소주주들의 희생하에 자신의 이익만 추
구함으로써 주주 상호간의 충실의무를 위반하였다**고 판시하였다.[90]

---

87) BGHZ 103, 194＝BGH NJW 1988, 1579 (1988년 2월 1일 독일연방대법원 민사부 판결).

88) 국내 학자들의 평석으로는 홍복기, "주주의 충실의무–독일연방최고법원 리노티페 판결(BGHZ 103, 194, vom
1. 2. 1988)–", 「사법행정」, 1993년 7월, 27∼34면; 정진옥, "주주의 충실의무–Linotype 사건을 계기로 본 주
주간의 직접적인 법률관계 가능성", 부산대 「법학논집」, 1993년 2월; 양동석, "독일의 Linotype 판결과 지배
주주의 충실의무", 조선대 「법학논총」 제4집, 1998년 6월.

89) 독일의 증자법(Kapitalerhöhungsgesetz) 제33조 제3항 및 독일 주식법 제369조 제2항에 의하면 주식회사를
소멸회사로 하고, 존속회사를 유한회사로 하는 흡수합병에 대해서는 소멸회사 주주총회의 특수결의(만장일
치)가 필요하였다.

90) BGH NJW 1988, 1581.

(바) Girmes 사건[91] [감자결의의 성립을 저지한 소수주주들의 충실의무위반을 인정한 최초의 독일 사례]

본 사건은 소수주주의 대주주 및 회사에 대한 충실의무를 인정한 최초의 독일 판례이다. Girmes社(이하 'G'로 약한다)는 오래전부터 매출부진으로 어려움을 겪고 있었다, 1982년부터는 이익배당도 하지 못했고 1987년과 1988년에는 1,400만 마르크 상당의 적자경영이 이어졌다. 채무누진의 위험이 커지자 G사는 5 : 2 비율의 감자안을 내놓았다. 즉 독일에서 자주 이용되는 명목적 감자후 유상증자를 결합시킨 회사갱생안이었다. G의 이사회, 지배주주 및 채권은행단은 이에 동의하였다. 문제는 소수주주들이었다. 소액주주운동가(shareholder activist)(이하 'A'로 약한다)는 G의 소액주주들로부터 의결권 대리행사의 위임장을 모은다. 마침내 A의 반대로 1989년 2월 3일 소집된 주주총회에서 의결정족수 75%를 채우지 못하고 위 감자안은 부결된다. 그후 채권은행단의 지지를 얻지 못한 G는 최종 부도처리되고 만다. A에게 의결권대리행사를 위임한 바 없는 G의 소액주주인 원고는 A를 상대로 주가하락에 따른 약 3만 마르크의 손해배상을 청구한다. A가 부당하게 회생안을 부결시켜 자신의 주식이 휴지조각이 되었다는 것이다. 독일 대법원은 **소수주주라도 감자결의를 저지할 수 있는 최소의 지분율(Sperrminorität)을 가지고 있는 한 충실의무의 주체가 될 수 있다**고 판시하였다.

(사) ITT사건[92] [유한회사의 지배사원이 소수사원에 대해 충실의무를 부담한다고 한 사례]

본 사건은 비록 주식회사는 아니지만 유한회사의 두 사원간 충실의무를 인정한 독일 판례이다. 미국의 "ITT"社가 콘체른의 최정상에 위치하였고 중간지주회사가 독일법에 따라 설립되었으며 그 회사의 소수주주가 증손회사의 모회사에 대한 손해배상청구권을 삼중대표소송의 형태로 대위행사하였다. 미국 ITT사와 증손회사간에 체결된 경영자문계약상 과다한 경영자문료를 모회사가 요구하였는바 그 계약의 효력을 무효화한 후 증손회사가 반환을 청구하여야 하나 이러한 청구가 콘체른의 수직구조 때문에 제대로 수행되지 않자 자회사의 소수 주주가 삼중대표소송을 제기한 사례이다.

본 사건의 당사자는 사원이 2인으로 구성된 유한회사(GmbH)의 지배사원(이하 '乙'이라 한다; 지분율 85%)과 소수사원(이하 '甲'이라 한다; 지분율 15%)이며, 甲이 원고이고 乙은 피고이다. 甲과 乙이 상기의 비율로 출자한 이 유한회사(이하 '丙'이라 한다)는 다시 甲과 계약을 맺고 丙이 무한책임사원, 甲이 유한책임사원이 되어 유한합자회사(GmbH & Co. KG; 이하 '丁'이라 한다)를 설립하였다. 丁의 지분중 60%는 丙이, 나머지 40%는 甲이 각각 소유하였다. 丁은 다시 100% 자회사인 戊를 설립하였고, 乙은 별도로 100% 자회사인 기(己)를 설립한다. 이 콘체른의 구조를 조감하면 그 최정상에는 乙(모회사; 미국의 'ITT' 그룹)이 있고 그 아래 甲과 乙이 공동출자한 丙(자회사)과 乙이 단독 출자한 己가 있으며, 그 아래 다시 丙과 甲이 공동출자한 丁(손회사)이 있고 끝으로 丁이 단독으로 출자한 戊(증손회사)가 있는 셈이다. 戊과 己는 경영자문계약을 체결하며 거액의 자문료가 己에게 지급된다. 이에 丙의 소수사원인 甲이 戊의 己에 대한 부당이득반환청구권 내지 손해배상

---

91) BGHZ 129, 136＝BGH NJW 1995, 1739(독일연방대법원 민사부 1995년 3월 20일자 판결).
92) BGHZ 65, 15.

청구권을 대위행사한 것이 본 사건이다. 乙-丙-丁-戊로 이어지는 콘체른구조에서 중간 자인 자회사의 소수사원이 증손회사의 모회사에 대한 손해배상청구권을 대위행사한 셈이 되었다.

본 사건에서 독일대법원은 원고의 청구를 기각한 원심을 파기하고 원고의 청구를 인용하였다. 그 근거는 **2인으로 구성된 유한회사에서 지배사원은 소수사원에게 충실의무를 부담한다**는 것이었다. 그러나 결국 이 사건을 통하여 독일 대법원은 증손회사의 손해배상청구권을 자회사의 소수사원이 대위행사할 수 있는 삼중대표소송(三重代表訴訟)을 허용한 셈이 되었다. 이 사건을 계기로 독일에서는 국제콘체른에서 벌어지는 다수사원과 소수사원간의 갈등문제를 다중대표소송으로 해결할 수 있다는 초석을 마련하게 되었다.

### (3) 주주의 충실의무 일반론

**(가) 충실의무의 개념:**   주주의 충실의무(fiduciary duty of shareholders; Treuepflicht des Aktionärs)란 주주가 회사나 여타 주주에 대하여 해를 끼치지 않으며 주주 공동의 이익 내지 회사 전체의 이익을 도모하여야 할 의무이다. 달리 표현하면 회사나 다른 주주에 대한 배려의무라 할 수 있다. 이러한 충실의무를 회사법에서 특히 인정하는 이유는 법률과 정관에 의해서 그 해결방안이 미리 예정되어 있지 아니한 사내갈등을 법적으로 극복하는 데에 있다고 한다.[93]

### (나) 충실의무의 분류

**1) 추상적 충실의무와 구체적 충실의무:**   이러한 충실의무는 다시 추상적 충실의무와 구체적 충실의무로 나누어진다. 이는 마치 추상적 신주인수권과 구체적 신주인수권의 구별과 유사한 개념구분이다. **추상적 충실의무**는 주주라는 사원권에 내재되어 있는 충실의무이며 사실관계의 구체적 상황과 무관하게 언제나 존재한다. 즉 지배주주이든 소수주주이든 폐쇄회사이든 공개회사이든 주주가 주주로서 사원권의 주체인 한 언제나 그에게 부과되는 상시적(常時的) 의무이다. 충실의무의 추상적 상태는 회사의 존재 그 자체에서 파생되는 것으로서 조직계약이 그 뿌리이다.

이에 반하여 **구체적 충실의무**는 개별 사안의 정황에 따라 구체적으로 생성되는 충실의무이다. 폐쇄회사의 경우 사원간의 관계가 어떻게 형성되느냐에 따라 지배주주와 소수주주가 나누어진다. 위에서 우리는 이미 Donahue v. Rodd Electrotype 사건 및 Wilkes v. Springside Nursing Home Inc. 사건을 보았다. 전자에서는 Rodd 가문 사람들이 전체로 지배주주가 되었다. 후자에서는 W를 제외한 P, Q, R가 연합하여 지배주주가 되었다. 어떻게 편가름이 되느냐가 중요하다. 전자에서 Rodd 가문사람들은

---

93) 홍복기, "주주의 충실의무", 「사법행정」, 1993년 7월호, 27면 이하, 특히 30면.

하나 하나 나누어보면 20%의 지분소유자에 불과하며 결코 지배주주가 아니었다. 그러나 한 집안이라는 이유로 행동을 통일하자 그들은 지배주주가 되었고 그제서야 그들에게 충실의무가 부과된 것이다. Rodd 가문 사람들은 물론 이러한 가족관계를 떠나 항상 충실의무의 주체였다. 즉 추상적 충실의무의 주체였다. 그러나 그들이 한 가문사람으로서 하나로 행동하기 시작하였을 때부터는 구체적 충실의무의 주체가 되었다. 이제 그들은 Donahue에 대해 그에게 불리한 결과가 발생하지 않도록 배려해야 할 구체적 충실의무자가 되었다. Wilkes v. Springside Nursing Home 사건에서도 마찬가지였다. P, Q, R, W 모두 똑같이 25%의 지분소유자들이었다. 그러나 W와 Q간의 갈등이 시작되면서 W는 소수자가 된다. P, Q, R가 일치하여 W를 배척하기 시작하였을 때부터 이들은 구체적 충실의무자로 변신하였다. 이들은 이제 그들의 일치된 행동으로 사내의 의사결정을 좌지우지할 수 있었지만 그러한 상황은 소수자에 대한 배려의무를 발생시켰다. 이들은 이제 구체적 충실의무의 주체가 된 것이다.

사원 간의 편가름이나 지분의 소유상황은 끝없이 변전(變轉)한다. 지배주주와 소수주주의 구별은 정해진 것이 아니며 누구나 어떤 이유로든지 지배주주가 될 수 있고 또 반대로 소수주주가 될 수도 있다. 따라서 지배주주만을 충실의무의 주체로 보는 학설에는 동조하기 어렵다. 지배와 피지배, 또는 다수와 소수간의 구별은 항상 유동적이기 때문이다. 추상적 상태에서는 누구나 똑같은 충실의무의 주체이다. 이러한 상황은 공개회사에 있어서도 다르지 않다. 물론 법인주주가 지배주주가 되는 경우 주식을 법인이 소유하므로 임의적 편가름보다는 그 법인의 주식소유상황에 따라 구체적 충실의무가 태동한다. 그러나 그러한 경우에도 예컨대 소수주주가 일치하여 한 목소리를 낼 경우 그들은 얼마든지 **상황결정력(狀況決定力)**을 가질 수 있다. 소수주주들이 주주행동가에게 의결권을 위임하면서 향후의 주주총회결의를 준비할 경우 이러한 일은 얼마든지 발생가능하다. 위의 Girmes 판결에서 우리는 이를 경험하였다. 법인주주가 지배주주가 되는 콘체른 상황에서도 지배회사가 되기 위하여 반드시 과반수의 주식을 가져야 하는 것은 아니다. 우리는 이미 Kahn v. Lynch Communication Systems, Inc.[94] 사건에서 이를 보았다. 43.4%의 주식보유로도 Alcatel은 Lynch를 충분히 지배할 수 있었다.[95] 그러나 과반수에 이르지 못하여 지배력을 상실하는 경우도 얼마든지 발생할 수 있다. 개개 사안의 구체적 정황이 결정적인 것이지 지배를 위한 추상적 절대적 기준은 존재하지 않는다. 결론적으로 폐쇄회사건 공개회사건 지배주주와 소수주주간의 구별은 개개 사안의 구체적 정황에 따라 달라질 수 있음을 보았다.

---

94) 638 A. 2d 1110.
95) 이 사건에 대해서는 졸고, "주주의 충실의무", 「경영법률」 24집 4호(2014. 7.), 330~335면 참조.

2) **회사에 대한 충실의무와 여타 주주에 대한 충실의무**:   충실의무의 상대방이
누구냐에 따라 주주의 충실의무는 다시 회사에 대한 충실의무와 여타 주주에 대한
충실의무로 나눌 수 있다.

먼저 **회사에 대한 충실의무**를 보기로 한다. 모든 주주들에게는 회사의 존립목적
달성을 위한 적극적 협력의무(positive Förderpflicht) 및 회사의 존립목적 달성을 방해
하지 아니할 소극적 부작위의무(passive Loyalitätspflicht)가 함께 부과된다. 이러한 점
에 대해서는 이미 오래전부터 異說이 없다.[96] 모든 주주들은 기업가치의 유지 향상에
협조할 의무가 부과된다. 비단 이사뿐만 아니라 주주들도 그러하다. 사실 주주들이
회사에 대해 충실의무를 부담한다는 것은 어찌 보면 당연한 사리같고 이를 특히 의
무라고 하기도 어려운 부분이 있다. 주주들은 출자를 하였고 당연히 그 출자목적이
달성되기를 원하는 상황이어서 이사에서처럼 대리인문제도 발생하지 않기 때문이다.
즉 회사 자신의 이익과 주주들의 이익은 일치한다. 따라서 적극적으로 '출자목적의
달성에 협력할 의무' 또는 소극적으로 '출자목적의 달성에 방해가 되는 일체의 행동을
자제할 의무' 등의 표현 역시 어색해 보인다. 그러나 경우에 따라서는 주주가 회사
전체의 이익을 희생하고 자신의 사익만 추구하는 경우도 발생한다. 근자의 대표적인
사례가 대기업의 일감몰아주기이다. 특정 사업부문을 별도의 회사로 독립시켜 이곳에
집중적으로 일감을 주어 그 회사의 덩치를 키울 때 기존 회사는 매출감소를 겪게 되
고 소수주주들은 그에 따른 손해를 입는다. 나아가 인수합병시장에서 종종 악질적인
'corporate raider'들을 보게 된다. 이들이 공개매수 등의 방법으로 일단 과반수의 주
식을 취득하면 그들이 누리는 회사지배를 남용하여 회사를 분할매각한 후 잠적하는
경우도 있다.

이제는 **주주 상호간의 충실의무**를 보기로 한다. 회사법의 이론상 훨씬 어려운 문제
는 주주들 상호간(inter partes)에도 위에서 본 것 같은 충실의무 내지 배려의무가 존
재하는 지이다. 독일 연방대법원은 1976년의 Audi/NSU 판결[97]까지만 해도 이를 부정
하였다. 주주간에는 민법상 조합이나 합명회사, 합자회사 등 인적회사 사원간의 관계
에서 볼 수 있는 수평적 결속은 존재하지 않는다고 결론지었다. 그 이유는 조합계약
에서 관찰할 수 있는 조합원 상호간의 법률행위적 의사합치가 주주상호간에는 존재
하지 않는다는 것이었다. 그럼에도 불구하고 주식회사의 주주들은 공동의 출자목적을

---

96) Lutter, Die Treuepflicht des Aktonärs, *ZHR* 153 (1989), S. 446~471, S. 452; 독일에서는 이미 제국법원 시
   절부터 주주의 회사에 대한 충실의무를 당연한 것으로 전제해 왔다(RGZ 146, 385 ff., 395; BGHZ 14, 25,
   38).
97) BGH JZ 1976, 561.

실현하는 투자자들이므로 그러한 형식적 판단을 접고 민법상 조합에서와 유사한 격상된 법률관계를 인정할 수 있다고 보는 견해도 있었다.[98] 독일연방대법원은 1988년 Linotype 판결에 이르러 마침내 이를 인정하였다. 주주들간에도 충실의무가 존재한다고 한 것이다.

주주의 회사에 대한 충실의무와 주주 상호간의 충실의무는 종종 그 **구별이 어려울 때**가 있다. Lutter도 지적하다시피 주주의 회사에 대한 충실의무와 주주 상호간의 충실의무는 때로 혼동되기도 하고 양자가 공존하는 경우도 많다.[99] 물론 개별 사안에서 양자가 명쾌히 구별되어 '이것은 주주의 회사에 대한 충실의무위반 사례다!', '저것은 주주 상호간의 충실의무위반 사례다!'라고 쉽게 이야기할 수 있는 것도 있다. 그러나 때때로 양자간 구별이 어려워지는 경우도 있다. 위의 Donahue 또는 Wilkes 사건에서는 여타 동료 주주에 대한 충실의무가 다루어졌다. Singer나 Weinberger사건에서도 그러하였다. Magnavox와 UOP의 대주주와 소수주주간 갈등이었다. 그 갈등 속에서 결국 지배주주가 소수주주의 이익을 침해한 사건이었다.

반면 Girmes 사건 같은 경우에는 주로 소수주주의 회사에 대한 충실의무를 다루었다. 감자결의를 승인해야 하는 상황에서 소수주주들이 단합하여 이를 부결시켰고 결과적으로 회사가 손해를 입게 되었다. 그러나 이 사건에서도 이것이 전적으로 회사에 대한 충실의무만 다루었다고 이야기하기는 어려울 것이다. 회사가 도산하여 주식이 휴지조각이 되었고 이로써 주주들에게도 손해가 발생하였기 때문이다.

**3) 지배주주의 충실의무와 소수주주의 충실의무:** 우리나라에서는 압도적으로 다수의 학자들이 주주의 충실의무를 지배주주에 한정시키는 입장을 견지하고 있다.[100] 그러나 이러한 입장에는 동조하기 어렵다.[101] 위에서 이미 논하였듯이 지배주주건 소수주주건 충실의무의 주체가 될 수 있다. 어떻게 편가름이 되느냐도 중요하고 나아가 어떤 의사결정 사안이었느냐도 중요하다. 전자의 경우는 위에서 이미 도나휴나 윌키스 사건 등의 예를 들어 설명하였고 후자의 경우는 다음과 같은 예에 의하여 설명될 것이다. 어떤 회사의 정관이 특정 사안에 대해 90% 이상 주식보유자의 찬성결의를 요구하는 초다수결조항(超多數決條項; super majority clause)을 두었다면 이 경우 11%의 주식을 보유한 소수 주주라 할지라도 이 사안을 부결시키는데 있어 결정적 역할을 할 수 있다. 이 경우 해당 의안의 부결이 회사전체의 이익에 도움이 되지 않는다면

---

98) Lutter, AcP 180 (1980), 84 ff.

99) Lutter, Die Treuepflicht des Aktonärs, ZHR 153 (1989), S. 446~471, S. 455.

100) 강희갑, "지배주주의 충실의무", 「상사법연구」제12집, 105~138면; 송호신, "지배주주의 충실의무에 대한 비교연혁법적 고찰", 「법학연구」제18권 제1호(2010. 4.), 329~365면 등.

101) Karsten Schmidt, Gesellschaftsrecht, 3. Aufl., Heymanns, 1997, §20 Ⅳ 3, S. 594.

찬성결의를 저지하는 이 11% 지분보유 주주의 반대표는 충실의무 위반을 구성하게 될 것이다.[102]

(다) **충실의무의 법적 근거:**   주주가 어떤 법적 근거로 충실의무를 부담하는지에 대해서는 아래와 같은 여러 학설이 있다.

**1) 조직계약설:**   이 학설은 주주의 충실의무는 회사존립의 법적 기초인 회사계약 내지 조직계약(組織契約)에서 파생한다고 주장한다.[103] 이러한 의무는 주식회사라는 단체의 본질에서 파생하며 주주의 충실의무는 이러한 계약관계에 뿌리를 두고 있다고 한다. 회사의 설립단계에서 발기인 및 주식인수인들은 다자간 계약관계로 진입하며 그 결과 조직계약이 성립하는바 이로부터 충실의무가 파생한다고 한다. '주주 상호간의 특수한 결합관계'[104] 혹은 '사원관계에서의 공동체 관계'[105]를 내세우는 학설도 있는데 이러한 입장 역시 이 부류에 포섭될 수 있다고 생각된다. 나아가 조직계약의 신의칙적 해석결과를 충실의무의 법적 근거로 보는 견해도 있다.[106] 이러한 견해 역시 이 부류에 포섭할 수 있을 것이다.

**2) 신의칙설:**   이 부류의 학자들은 주주의 충실의무를 '지배는 책임을 낳는다'는 법의 일반원칙이나 신의성실의 원칙($\frac{\text{민}}{2}$) 등 사법의 일반조항에서 그 근거를 찾으려 한다.[107] 회사의 경영과 회사의 기초적 변경에 대한 실질적 지배로 회사나 소수파 주주와 이해가 충돌하는 경우 지배주주의 충실의무가 정당화된다고 한다.[108] Karsten Schmidt에 의하면 모든 회사 및 단체의 법률관계에는 보편적 의무로서 독일 민법 제242조(우리 민법 제2조)에 기한 성실의무(Loyalitätspflicht)가 적용된다고 한다. 주주가 자기의 의결권을 행사할 때 자기 또는 제3자의 이익을 취하여 회사 또는 여타 주주에게 손해를 가하는 경우 그 주주는 자신에게 부과된 충실의무를 위반한 것이 된다고 한다.[109]

**3) 실정조문의 유추적용설:**   세 번째 부류의 학자들은 주주의 충실의무를 기존 실정조문의 유추적용에서 그 법적 근거를 찾으려 한다. "주주가 회사의 업무집행에

---

102) Lutter, a.a.O., S. 459.
103) Hüffer/Koch, Aktiengesetz, 13. Aufl., 2018, Beck, §53a Rdnr. 15.
104) 박세화, 「지배주주의 의무와 책임에 관한 연구」, 연세대학교 박사학위논문, 1997, 93면.
105) 남기윤, 유형론적 방법론과 회사법의 신이론, 학우출판사, 1999, 419면 이하.
106) Henze *BB* 1996, 489, 492; Grunewald, *Gesellschaftsrecht*, 8. Aufl., Rdnrn. 39 ff.
107) 정동윤, 회사법, 제7판, 208면; 이기수, "주주의 충실의무", 「월간고시」, 1987년 5월호, 163면; 장덕조, 회사법, 2014, 139면.
108) 이기수·최병규·조지현, 회사법, 제8판, 박영사, 2009, 230면.
109) Karsten Schmidt, Gesellschaftsrecht, 3. Aufl., S. 588.

영향을 주거나 개입하는 경우에는 회사의 이익과 다른 주주의 이익을 침해해서는 안될 충실의무를 부담한다고 보는 것이 타당한 것이며 이러한 경우는 상법 제399조의 이사의 회사에 대한 책임규정과 제401조의 이사의 제3자에 대한 책임규정의 유추적용을 인정할 수 있다"고 한다. 나아가 "주주가 의결권 행사에 의하여 또는 주주자격에 기하여 영향력을 행사하여 회사의 업무집행을 행하게 하는 것에 대하여 악의 또는 중대한 과실이 있는 경우에는 그 주주는 이사와 동일한 책임을 부담한다고 해석할 수 있다"고 하면서 이러한 상법 제401조의 유추적용이 가능하다고 한다.[110] 나아가 이사의 충실의무에 관한 상법 제382조의3 또는 상법 제401조의2 등을 충실의무의 해석학적 근거로 보기도 한다.[111]

그러나 그 사이 우리 상법에는 실질적으로 주주의 충실의무관련 규정이 대폭 늘어났다. 따라서 업무집행지시자의 책임에 관한 상법 제401조의2나 2011년 개정 상법이 도입한 소수주식의 강제매수에 관한 상법 제360조의24, 나아가 지배주주와 회사간의 자기거래시 이사회승인을 의무화한 상법 제398조 등을 종합유추(Gesamtanalogie)하는 것도 가능할 것으로 보인다.

**4) 비판 및 사견:** 생각건대 회사의 설립행위는 조직계약의 체결이다. 독일의 학설[112]이나 영국의 판례[113] 역시 이를 뒷받침한다. 물론 회사성립후 주주의 수가 많을 때에도 이러한 조직계약이 모든 주주 상호간 의사교환을 거쳐 성립하느냐는 다소 의문을 야기할 수 있다. 증권거래소에 상장된 주식을 증권회사를 통하여 사들이는 일반 투자자들은 해당 회사의 정관내용은 물론 다른 주주들의 면면을 알지도 못하고 알려고도 하지 않을 것이기 때문이다.[114] 그러나 이러한 공개회사라 할지라도 분명 같은 회사의 주주들끼리는 모종의 제고된 법률관계가 존재하며 이를 독일의 일부 학설은 '신의칙을 고려한 정관해석의 결과'(Satzungsauslegung unter Berufung auf §242 BGB)로 설명한다.[115]

필자의 사견으로는 아무리 주주 수가 많은 회사라 해도 주주 상호간 의사표시의 교환은 가능하다고 생각된다. 적어도 법이론적으로는 문제가 없다는 말이다. 우선 회

---

110) 송인방, "지배주주의 충실의무에 관한 연구", 「충남대 법학연구」 제8권 제1호(1997), 247~264면, 특히 263~264면.

111) 강희갑, 회사법강의, 책과사람들, 2004, 276~277면.

112) Grunewald, Gesellschaftsrecht, 8. Aufl., 2011, 2. C. Rdnr. 39 ff, S. 254 f.

113) Wood v. Odessa Waterworks(1889) 42 Ch. D. 636, "The articles of association constitute a contract not merely between the shareholders and the company, but between each individual shareholder and every other."

114) Grunewald, Gesellschaftsrecht, 8. Aufl., 2011, 2. C. Rdnr. 39.

115) Dreher ZHR 157 (1993), 150, 152 f.; Lutter ZHR 153 (1989), 446, 454 f.

사의 설립단계에서 그것이 발기설립이라면 매우 간단하다. 발기인들간에 조합계약 유
사의 설립행위가 완성된다. 완성된 정관을 놓고 이를 함께 승인하면서 다자간 계약이
맺어지기 때문이다.[116) 그러나 모집설립시에도 문제는 없다. 모집설립이라면 발기인들
은 먼저 그들만의 조직계약을 체결한다. 그후 응모주주의 청약을 받을 것이다. 이때
다수의 투자자들이 발기인에게 주식청약서를 제출할 것이다.[117) 주식인수에 대한 청
약의 의사표시를 하는바 이때 청약자는 발기인의 배정을 (정지)조건으로 모든 향후의
주식인수인들에게 조직계약에 대한 가입의 의사표시를 한다. 이때 발기인이 이 청약
자의 의사표시를 대리한다. 청약자는 주식청약서를 통하여 발기인을 상대로 위 의사
표시를 다른 모든 주식인수인에게 행할 능동대리권 나아가 다른 모든 주식인수인의
의사표시를 대리 수령할 수동대리권을 수여한다. 이는 묵시적으로도 가능하다고 생각
된다.[118) 이러한 과정을 거쳐 설립중의 회사가 주식배정을 마치는 순간 설립중 회사
의 모든 구성원간에 의사표시의 교환이 이루어지며 이로써 발기인과 주식인수인 모
두를 포괄하는 다자간 계약이 성립한다.[119) 이러한 다자간 조직계약은 이미 발기인들
이 확정해 놓은 원시정관(Ursatzung)을 그 내용으로 하게 될 것이다. 이러한 다자간
조직계약은 회사의 성립후에도 계속된다. 주식이 양도되는 경우 양도인의 지위가 양
수인에게 이전하며 조직계약의 당사자가 바뀐다. 추후 신주의 제3자 배정이나 전환사
채의 제3자 배정 등으로 주주 수가 늘어나는 경우에도 역시 조직계약의 당사자가 늘
어나는 현상이 되풀이 될 것이다.

17~18세기의 계몽사상가들은 심지어 국가도 계약이라고 설명하였다. 국가는 사회
계약(contrat sociale)의 산물이며 이 계약을 통하여 모든 국민은 자연상태에서 국가상
태로 이전한다고 하였다.[120) 하물며 사법(私法)상의 회사가 계약이 아니라면 오히려
이상하다. 위와 같은 다자간 조직계약의 존재를 전제로 하지 않고 어떻게 다수의 주
주들이 일정 장소와 시각에 모여 함께 의결권을 행사하고 함께 그 결과에 구속될 것

---

116) 김정호, 회사법, 제3판, 108~109면.
117) 주식청약서에는 회사조직의 대강이 모두 기재되어 있으므로 조직계약에 대한 가입의 청약이라 할 만하다(상
    법 제302조 제2항 참조).
118) 발기인이 주식을 배정한다는 의미가 무엇인가? 나아가 배정의 통지가 각 청약자에게 도달한다는 것은 무슨
    의미인가? 결국 배정의 통지를 받는 각 청약자는 배정된 주식의 수를 통하여 자신의 지분율을 알게 되며 동시
    에 자신 이외에도 다른 주식인수인이 있으며 그들과 함께 정관의 구속으로 들어간다는 것을 인식하게 된다.
    모든 설립중 회사의 구성원간에 이러한 인식이 공유되고 이는 그들간의 조직계약을 탄생시킬 것이다. 이러한
    프로세스는 묵시적으로도 가능할 것이다.
119) 김정호, 회사법, 제3판, 112~113면; 대개 주식청약서의 제출과 함께 청약증거금이 납입되므로 발기인의 배정
    과 더불어 주식인수인의 지위가 확정된다.
120) Rousseau, *The Social Contract*, 1762; 루소는 프랑스혁명에 가장 많은 영향을 끼친 계몽사상가였다(Ferguson/
    Bruun, *A Survey of European Civilization Since 1500*, 3rd ed., Boston, Riverside Press, Cambridge,
    Massachusetts, 1958, p. 596); 홉스나 로크의 주장 역시 그러하다.

인가! 전혀 아무런 관계도 없는 남남이라면 함께 그 결과에 구속될 하등의 이유가 없지 않은가! 모든 주주간에는 — 아무리 주주수가 많다 해도 — 의사의 교환과 이를 통해 조직계약이 성립하며 그 결과 모종의 제고된 법률관계가 탄생한다고 보아야 할 것이다.

이러한 다자간 조직계약의 성립 결과 주주는 회사에 대하여 충실의무를 진다. 나아가 주식회사라는 사단 구성원 상호간에도 신의칙적 충실의무가 파생한다. 조직계약에 대한 신의칙적 해석결과로 보면 될 것이다. 이러한 접근방법은 적극적 채권침해(positive Vertragsverletzung)제도를 설명할 때와 유사하다. 쌍무적 채권채무관계에서 급부와 반대급부의 등가성을 전제로 양자간 주급부의무가 쌍무적으로 대립하지만(Synallagma)[121] 이에 추가하여 채무자는 자신의 채무를 이행함에 있어 채권자의 법익을 침해하지 말아야 한다. 신의칙적 요구가 파생하는 것이다. 이를 부급부의무(Nebenleistungspflicht)라 한다. 이와 유사한 이치로 발기인이나 주식인수인 역시 주식인수를 통하여 주식대금에 대한 납입의무를 부담하지만 이와 동시에 회사나 여타 주주에 대한 배려의무 내지 충실의무도 부담한다. 결국 주주의 충실의무는 이 조직계약에서 파생하며 이로부터 도출되는 — 신의칙적 — 법률효과로 보면 될 것이다.

물론 충실의무의 정도는 주식회사라는 사단조직의 형태 및 유형에 따라 천차만별일 것이다. 주주의 수가 적으면 인적회사에서처럼 농도짙은 의무가, 주주의 수가 많으면 매우 옅은 의무만 존재할 것이다. 그러나 아무리 주주의 수가 많아진다 하여도 그러한 법률관계가 주주 상호간 그리고 회사와 주주간 존재하지 않는다고 할 수는 없다. 함께 정관상 약정한 바대로 이미 특별한 법률관계가 존재하는 것이다. 그리고 이러한 의무는 해당 단체가 존속하는 한 상존하는 것이다. 우리는 이를 위에서 **추상적 충실의무**라 불렀다. 조직계약설은 이 추상적 충실의무를 설명함에 있어 가장 탁월한 견해라 생각된다. 나아가 일정한 요건이 갖추어지면 해당 주주가 사내의 의사결정 등에서 결정적 역할을 하게 될 것이다. 이 경우 추상적 충실의무는 구체적 충실의무로 발전한다. 결론적으로 첫번째(조직계약설)와 두번째 학설(신의칙설)의 결합으로 본 의무의 법적 근거를 마련할 수 있을 것이다.

(라) 성문화의 가능성 내지 필요성:    일부 학설은 주주의 충실의무에 관한 일반규정을 둘 필요가 있다고 주장한다. 이사의 충실의무뿐만 아니라 주주의 충실의무 관련 일반규정도 필요하다고 한다.[122] 그러나 필자의 사견으로는 일반적인 충실의무관련 성문규정을 마련하는 것은 큰 의미가 없다고 본다. 오히려 위의 실정조문의 유추적용

---

121) Medicus, Bürgerliches Recht, 16. Aufl., §12, Rdnrn. 213 ff.
122) 육태우, 주식회사법 대계 (Ⅰ), 제4판, 621면; 강희갑, 회사법강의, 책과사람들, 2004, 277면.

설에서 시도하듯 기존의 실정법규상 존재하는 다수의 성문규정을 종합유추(Gesamt-
analogie)하는 것으로 족하다고 생각된다.

　이러한 처리가 불가피함은 법인격부인론의 성문화나 다중대표소송의 제소요건에
대한 성문화가 어려운 것과 사정이 같다. 주주의 충실의무는 사원권에 대한 신의칙적
한계, 지배력 행사에 대한 권리남용금지 차원의 억제 등을 내용으로 하는바 이러한
문제를 해결하려면 개별 사안의 정황에 따라 탄력적인 잣대를 적용하여야 한다. 어느
하나의 성문화된 법률요건으로 추상화하기가 매우 어려워진다. 다수 판례의 집적을
통한 사례군의 형성 만이 주주의 충실의무를 구체화할 수 있을 것이다.

### (4) 상법전상 성문화된 주주의 충실의무

　(가) 업무집행지시자의 책임($\substack{상\\의2}$401):　　사실상의 이사(de facto director)제도를 성문화
한 것이 상법 제401조의2이다.[123] 주주의 충실의무와 특히 관련을 갖는 것은 동 조문
제1호에 규정된 '업무집행지시자'이다. 회사에 대한 영향력을 이용하여 이사에게 업무
집행을 지시한 자에 대해서는 상법 제399조나 상법 제401조의 적용상 이들을 법률상
의 이사와 동시한다는 내용이다. 대부분 이러한 업무집행지시자는 지배주주 내지는
그 특수관계인들이다. 이들이 법률상의 이사에게 영향력을 행사하여 회사 또는 제3자
에게 손해를 가하였다면 이들도 당연히 손해배상책임에서 벗어날 수 없다. 이러한 법
의를 성문화한 것이 상법 제401조의2이다. 어찌 본다면 당연한 사리 같지만 주주의
충실의무라는 시각에서 보면 '지배에 따른 책임론'으로 풀이된다. 즉 지배주주의 영향
력의 신의칙적 한계를 그리고 있다. 외국의 입법례에서도 같은 취의의 규정들을 발견
할 수 있다.[124]

　(나) 주요 주주와 회사 간의 자기거래($\substack{상\\398}$):　　2011년 개정 상법은 누구의 명의이든
자기의 계산으로 의결권 없는 주식을 제외한 발행주식총수의 100분의 10 이상의 주
식을 보유하거나 이사, 감사의 선임과 해임 등 상장회사의 주요 경영사항에 대하여
사실상의 영향력을 행사하는 주주가 회사와 거래를 할 경우 거래의 내용을 개시한
후 재적 3분의 2 이상의 찬성으로 이사회승인을 얻도록 의무화하고 있다($\substack{상 398\\1호}$). 이러
한 상법 개정에 대해 법개정을 주도한 법무부는 '우리나라의 기업현실을 고려할 때
이사뿐만 아니라 지배주주와 회사간의 거래에 대하여도 이사회의 승인을 받게 할 필
요가 있다'는 점에 대하여 상법개정위원들간에 공감대가 형성되어 있다고 보고 있

---

123) Reinier Kraakman et al., *The Anatomy of Corporate Law*, 2nd ed., Oxford University Press, 2009, p. 176.
124) 독일 주식법 제117조 제1항.

다.[125] 개정위원회에서는 상법 제401조의2에 규정된 '업무집행지시자'의 개념을 활용하는 방안과 상법 제542조의8, 제2항 제6호에 규정된 '주요주주'의 개념을 사용하는 방안을 놓고 검토가 이루어졌는바 이 중 후자를 선택하는 것으로 결론이 났다고 한다. 그 이유는 전자는 이사에게 영향력을 행사한 자에 대하여 사후적으로 책임을 묻는 규정임에 반하여 상법 제398조상의 자기거래는 공정성의 존부에 관한 사전적 판단이 필요한 제도이므로 후자가 상법 제398조와 체계상 조화를 이룰 수 있다고 한다.[126] '주요주주'에는 법인주주도 포함되며 대상 회사에는 상장, 비상장 여부를 가리지 않고 모두 적용된다고 한다.[127]

지배주주와 회사간의 자기거래는 미국에서도 통제의 대상이다. 미국 법률가협회의 회사지배구조 ─ 분석 및 권고 ─ 제5.10조에서도 역시 지배주주와 회사간 자기거래시 공정거래의무(duty of fair dealing of shareholder)를 부과하고 있으며 거래 자체가 공정하거나 아니면 이해관계없는 주주 과반수의 사전 동의를 얻어야 하는 것으로 정하고 있다.

결국 우리나라의 규정이나 미국의 이러한 규정들은 모두 대주주가 회사에 대한 기존의 영향력을 이용하여 불공정한 거래를 함으로써 회사에 손해를 끼치는 것을 막는 제도이며 그 배후에는 지배주주의 회사에 대한 충실의무가 배경이 되어 있다.

(다) 소수주식의 강제매수제도:  2011년 개정상법은 제360조의24에서 95% 이상의 주식을 보유한 대주주의 소수주주에 대한 주식매도청구권을 인정하면서 이러한 매도청구권의 적법 행사요건을 정하고 있다. 그중 중요한 것은 주주총회의 승인(상 360의24 Ⅲ 내지 Ⅴ)과 공정한 가격의 보장 메카니즘(상 360의24 Ⅶ 내지 Ⅸ)이다. 이들은 모두 매도청구주체인 대주주의 소수주주에 대한 충실의무를 구체적으로 성문화하고 있다. 이를 위하여 상법은 크게 두 가지로 규제하는바 하나는 강제매수관련 주주총회를 소집하여 주주들간의 논의를 거치도록 강제하며, 다른 하나는 공정한 매도가격 산정을 위한 협의와 법원개입의 절차를 두었다.

95% 이상의 압도적 지배주식을 보유한 대주주는 매도청구권을 행사하기 전에 미리 주주총회의 승인을 얻어야 한다. 이 승인은 주주총회의 보통결의이다(상 368 Ⅰ, Ⅲ / 360의24 Ⅲ). 대주주의 지분율이 95% 이상이므로 사실 이러한 승인은 시작부터 형식적으로 보인다. 대주주의 뜻대로 결의가 이루어질 것이기 때문이다. 그럼에도 불구하고 주주총회의 승인절차를 규정한 이유는 이것이 소수주주의 법적 지위를 보호해 주는 역할을 하기

---

125) 법무부, 「상법 회사편 해설(정동윤 감수), 상법 해설서 시리즈 Ⅱ-2011년 개정내용」, 2012, 231면.
126) 법무부, 상게서, 231면.
127) 법무부, 상게서, 232면.

때문이다. 거꾸로 이야기하면 지배주주의 충실의무의 구체화요, 지배력의 신의칙적 한계를 그린 것이기 때문이다. 우선 이 승인을 위한 주주총회 소집시 **소집통지사항을** 상법은 구체적으로 정하고 있다. 보통 주주총회의 특별결의면 몰라도 보통결의시에는 의안의 제목 정도만 통지서에 기재하면 족하다. 그러나 상법은 지배주주의 주식보유 현황, 매도청구의 목적, 매매가액의 산정 근거와 적정성에 관한 공인된 감정인의 평가 등 세세히 소집통지 사항을 별도로 규정하였다($\frac{\text{상}}{24}\frac{360\text{의}}{\text{IV}}$). 이렇게 상법이 세세히 소집 통지사항까지 정한 이유는 어떤 목적으로 또 어떤 가액으로 매수청구가 이루어질 것 인지에 대해 사전에 검토할 시간여유를 주어 총회장에서 충분한 토론이 이루어지도 록 보장하기 위함이다. 상법은 제360조의24 제3항에서 매도청구권 행사에 대한 **사전 적 승인**을 명확히 하였다. 사후적 추인이 불가함을 명쾌히 함으로써 혹시라도 발생할 수 있는 대주주의 권한 남용을 사전에 억지하려는 의지를 뚜렷이 하고 있다.

나아가 상법은 지배주주의 매도청구권이 남용되는 것을 막기 위하여 **공정한 가액 산정 메카니즘**을 성문화하였다($\frac{\text{상}}{\text{VIII}}\frac{360\text{의}24}{\text{내지 IX}}$). 기본 원칙은 매도를 청구하는 대주주와 소액 주주간의 협의이다($\frac{\text{상}}{24}\frac{360\text{의}}{\text{VIII}}$). 그러나 30일의 기간중 만족스런 협의가 이루어지지 않을 경우에는 지배주주건 소수주주건 주식매매의 당사자는 법원에 공정한 가액의 산정을 청구할 수 있다($\frac{\text{상}}{24}\frac{360\text{의}}{\text{VIII, VIII}}$). 95% 이상의 지배주주만 매도청구를 할 수 있게 하면 불공정 하다. 따라서 상법은 지배주주의 매도청구에 대응한 소수주주의 매수청구권도 허용하 고 있다.

### (5) 주주의 충실의무가 문제시되는 여타 영역

#### (가) 순환출자와 주주의 충실의무

**1) 순환출자와 지배주주의 충실의무:**    순환출자고리는 지배주주 및 특수관계인 의 그룹내 지배력을 더욱 공고히 한다.[128] 그런 점에서 경영권 안정을 꾀할 수 있고 불필요한 경영권 방어비용을 줄일 수 있다. 가공의결권이 만들어내는 순기능이라 할 수 있다. 그런 점에서 순환출자 고리는 긍정적 작용을 한다. 그러나 지배주주가 이를 악용하여 그룹 전체의 이익이 아닌 사익만 추구한다면 대중투자자들은 이를 용인할 이유가 없다. 이런 경우라면 명백히 지배주주의 충실의무 위반이 될 것이다.

순환출자고리를 지배주주가 자신의 이익을 위하여 남용할 수 있기 때문에 장기간 우리 사회에서는 이러한 순환출자를 해소하여야 한다는 목소리가 끊이지 않았다. 특 히 작년 대선의 소용돌이에서 순환출자문제는 경제민주화의 제1주제로 선거쟁점화하

---

128) 2014년 12월 18일로 예정된 제일모직(구 에버랜드)의 상장은 자본시장의 최대 이슈였다. 제일모직의 상장이 성공적으로 이루어질 경우 3세 경영의 경영권 안정을 제고할 수 있을 것이다.

였고 그 결과 향후의 신규순환출자는 금지되었다. 다만 기존의 순환출자까지 소급적으로 모두 해소하여야 하는 것은 아니다.

순환출자는 가공자본이나 가공의결권의 문제를 낳고 이를 기반으로 지배구조를 왜곡하는 단점이 있다. 그러나 위에서 지적하였다시피 경영권 안정을 꾀하는 순기능 나아가 국제적 투기자본으로부터 국내 기업의 경영권을 지키는 순기능이 있다. 지배주주가 권리남용적으로 본 제도를 악용하지 않는 한 이러한 순기능을 살리는 것은 나쁘다고 말할 수 없다. 그 이유 중 중요한 것은 우리 법제에는 경영권 방어수단이 충분치 않기 때문이다. 나아가 모든 국가의 지배구조가 다 같을 수는 없으며 특히 우리나라의 경우 家中心(family-oriented)의 회사문화가 어느 다른 나라에서보다 강렬하다. 이를 부정적으로만 볼 수는 없으며 오히려 가중심의 회사문화가 갖는 장점을 살리는 지혜도 필요해 보인다.

**2) 순환출자와 소수주주의 충실의무:** 순환출자고리에 속한 어느 회사의 주주들이 일정한 의결정족수를 요하는 주주총회 결의시 매번 회사방침에 반대하며 일정 의안을 부결시키는 바람에 회사 전체의 이익 나아가 순환출자고리에 속한 계열사 전체의 이익이 위협을 받는다면 이 경우 소수주주들 역시 주주의 충실의무를 위반하는 것이 된다. 비록 가공의결권이나 가공자본 등으로 소액주주들이 피해를 본다 할지라도 주가상승 등 이를 만회할 만한 요소가 있음에도 매번 회사방침에 반대만 할 경우 소액주주들의 충실의무위반은 부정하기 어려울 것이다. 물론 소수주주들의 상황결정력(狀況決定力)은 전제가 되어야 할 것이다.

예를 들면 위에서 본 독일의 Girmes 사건에서처럼 순환출자 고리에 속한 어느 계열사에서 자본감소가 불가피한데 감자를 위한 주주총회결의의 의결정족수를 채우지 못하여 감자를 시행하지 못한다 하자. 그 결과 이 회사의 채권은행단이 더 이상의 채권회수연장을 거부하여 이 회사가 도산하였고 그 파급효과가 여타 계열사에도 미쳤다고 하자. 이 경우 해당 회사의 소액주주들은 충실의무를 위반할 가능성이 높다. 어떠한 형태로건 회사의 의사형성에 결정적 영향력을 가진다면 소수주주도 대주주와 마찬가지로 충실의무의 주체가 되기 때문이다.

**(나) 적대적 M&A와 인수자의 충실의무:** 특히 판례상 문제시되었던 것은 미국에서 1980년대 빈번하였던 2단계 공개매수였다. 이를 다룬 델라웨어 판례들은 오늘날에도 회사법의 주요한 구성부분이다.[129] 이 문제가 많은 2단계 공개매수는 'two tier,

---

129) 대표적인 판례가 델라웨어 최고법원의 Unocal 사건이다(Unocal v. Mesa Petroleum Co., 493 A. 2d 946 (Del. 1985)).

front loaded, tender offer'로 불리웠다.[130] 보통 인수합병과정에서 2단계로 대상회사 (target company)의 주식을 사들이는데 제1단계에서는 과반수 주식취득을 목표로 공개 매수가 이용되는바 시가보다 높은 가격으로 시행된다. 일단 과반수의 주식을 취득하 게 되면 2단계가 개시되는바 대개는 현금지급합병 등의 방식으로 잔여주식을 취득하 는 경우가 많다. 특히 제2단계에서는 'corporate raider'가 이미 과반수의 주식을 갖고 있어 우리가 지금 논하는 지배주주의 충실의무가 문제시될 때가 많다. 과반수의 주식 을 취득하여 제1단계에서 경영권을 장악하였기 때문에 공격자는 이제 자의적으로 자 신의 잣대에 따라 잔여 주주들을 축출할 수 있다. 이러한 공격자의 지배적 지위는 'junk bond' 등 잔여주주에게 매우 불리한 조건을 강요하는 'cash-out' 방식으로 나 타날 수 있다. 1단계에서 공개매수에 참여하지 못한 잔여주주들은 이제 '울며 겨자먹 기식'으로 정크본드수준의 대가를 받은 후 회사를 떠나야 한다. 이러한 불합리를 시 정하기 위하여 델라웨어 판례법은 대상회사 이사회의 방어권을 두터이 보호하여 공 격자의 공격정도에 비례한 방어수단을 허용하고 있다.

  (다) 'Going Private' 거래와 지배주주의 충실의무:   비공개화(Going Private)라 함 은 상장기업이 주식을 비공개화하는 일체의 거래를 지칭한다.[131] 달리 폐쇄기업화거 래라 부르기도 한다.[132] 이를 통하여 지배권을 보유한 대주주가 소수파주주의 보유주 식을 모두 취득함으로써 소수파 주주를 감소 또는 제거하고 지배주주만 남게하는 거 래를 말한다.[133]

  이러한 비공개화의 장점으로는 ① 소유와 경영의 분리로 야기되는 대리인문제의 해결, ② 장기적 시각에 기초한 사업개혁의 실행, ③ 상장비용의 삭감, ④ 기타 세무 상의 이점 등이 있다. 반면 비공개화는 ① 소수주주의 축출에 따른 법률적 위험(legal risk), ② 경영자가 MBO에 따라 주식을 취득할 때 생기는 이익상반 등의 단점도 발 생할 수 있다.[134]

  비공개화 거래에 있어 역시 가장 중요한 문제는 현금지급을 통한 cash-out에서 나타나는 공정성 확보의 문제이다. 공정성 확보문제는 곧 지배주주의 충실의무와도 연결된다. 만약 소수주식의 가격산정이 공정하지 못하면 이는 충실의무 위반으로 연

---

130) 이 용어에서 'two tier'는 두 단계로 되어 있다는 의미이고, 'front loaded'는 '처음에 전력투구한다'는 의미이므 로, 1단계에서 과반수 주식을 취득할 때까지는 전력투구하고, 일단 과반수를 취득하고 나면 회사의 지배권을 얻으므로 2단계에서는 '전력투구하지 않고' 잔여주주들을 쉽게 몰아내는 것으로 풀이할 수 있다.

131) 明石一秀・大塚和成・松嶋隆弘・吉見 聰, 非公開化の法務・稅務, 稅務經理協會, 2013, 3면.

132) 송종준, "폐쇄기업화거래의 공정요건과 소수파주주의 보호", 「상사법연구」 제19권 제1호(2000), 211면 이하.

133) 송종준, 상게 논문, 211면.

134) 明石一秀・大塚和成・松嶋隆弘・吉見 聰, 非公開化の法務・稅務, 稅務經理協會, 2013, 3, 4면.

결될 가능성이 높기 때문이다. 이에 대해 일본에는 이미 다수의 법원결정이 존재하며 우리 상법 제360조의24 제9항 또는 동법 제360조의25 제5항상의 '공정한 가액'을 구체화함에 있어 많은 지침을 줄 것이다.[135]

(라) **결합기업관계에서 나타나는 지배주주의 충실의무**   콘체른관계에서 지배회사는 콘체른의 상위에서 다수의 피지배회사들을 거느리는바 이때 지배당하는 회사는 여러 가지로 불이익을 입을 수 있다. 그리하여 독일의 주식법은 지배회사에 손실보상의무를 부과하고 있다. 콘체른 전체의 이익을 위하여 희생된 피지배회사에 대하여 일정 주기로 손실보상청구(Ausgleichsanspruch)를 허용하고 있다($^{독일주식법}_{제302조}$). 이러한 손실보상청구권은 자회사의 지배주주인 모회사의 충실의무를 대변한다. 지배에 따른 책임을 실정법화한 것으로 보아야 할 것이다.

그런데 콘체른 관계에서는 위와 같은 형태로 자회사(子會社)를 보호하는 것도 중요하지만 때로는 모회사 자신의 소수주주도 보호할 필요가 있다. 아래의 예를 보기로 한다.[136] A전자(주)에 70%의 지분을 가진 지배주주 甲과 각 10%의 지분을 가진 소수주주 乙, 丙, 丁이 있었다. 甲과 소수주주 乙, 丙, 丁은 영업방침에 대해 서로 다른 시각을 가지고 있어 갈등이 많았다. 이런 상황에서 甲의 주도하에 A의 영업중 가장 비중이 큰 모바일 부문만 물적 분할(物的 分割)의 형태로 독립시켜 B모바일(주)를 설립하였고 A社는 B의 주식을 모두 소유한다($^{상 530의}_{12 참조}$).[137] 즉 A는 B의 1인주주가 된다. 이어 A는 B의 영업에만 관심을 두고 A에 남아 있는 가전(家電)부분에 대해서는 새로운 투자도 없이 소극적 경영으로 일관한다. B에서 이익배당을 하여야 하나 甲이 영향력을 행사하여 배당가능이익이 있어도 모두 사내유보를 강행한다. A의 소수주주들은 회사가 B로부터 이익배당을 받는 것도 아니고 A 자신의 영업도 활발하지 못하여 결국 투자자로서 아무런 보상을 받지 못한 채 수년을 허송세월한다. 甲의 실질적인 의도는 乙, 丙, 丁을 축출하는 것이었다. 결국 乙, 丙, 丁은 甲이 제시한 헐값의 매도청구에 응하며 회사를 떠난다. 이러한 사안에서 甲은 A의 지배주주로서 소수주주인 乙, 丙, 丁에 대한 충실의무를 위반하였다고 생각된다. 자신이 가진 회사지배력을 이용하여 소수주주들의 축출을 기도하였기 때문이다.

---

135) 이에 대한 일본 법원의 결정을 정리한 것으로는, 明石一秀·大塚和成·松嶋隆弘·吉見 聰, 非公開化の法務·稅務, 稅務經理協會, 2013, 206~213면 참조.
136) 유사한 사실관계를 가진 사례로 독일에 홀츠뮐러 사건이 있었다(Holzmüller, BGHZ 83, 122 f.)
137) 甲의 A社에서의 지분율이 70%에 이르므로 物的 分割을 위한 주주총회승인도 크게 어렵지 않다고 생각된다. 주주총회의 특별결의이므로 甲이 크게 장애를 느낄 만한 일은 없을 것이다(상법 제530조의12, 상법 제530조의3 제2항 및 상법 제434조 참조).

## (6) 주주의 충실의무에 대한 종합 정리

이상 우리는 주주의 충실의무를 둘러싼 몇 가지 문제점을 정리해 보았다. 다음과 같이 몇가지로 결론을 압축할 수 있다고 본다.

**첫째** 주주의 충실의무는 추상적 충실의무와 구체적 충실의무로 나눌 수 있는바, 전자는 주식회사의 사원권인 주식과 더불어 상시적으로 모든 주주에게 부과되는 의무이다. 반면 구체적 충실의무는 이러한 추상적 의무를 바탕으로 사실관계의 구체적 정황에 따라 부과된다. 회사지배를 가능케하는 여러 가지 요소, 주주들간의 편가름, 의결정족수의 상황, 기타 구체적 사실관계가 만들어내는 **상황결정력** 등이 구체적 충실의무의 주체를 결정할 것이다.

**둘째** 충실의무의 법적 근거는 각 회사의 조직계약에서 찾아야 한다. 조직계약은 단체법적 계약으로서 회사의 존재를 설명하는 개념도구이다. 이러한 조직계약의 성립과정에서 개개 주주간에도 의사표시의 교환이 이루어지며 그러한 법률관계 속에서 주주의 회사에 대한 나아가 주주 상호간의 충실의무가 파생한다. 주주의 충실의무는 이러한 조직계약에서 파생되는 신의칙적 의무이다.

**셋째** 업무집행지시자의 책임($\overset{상}{\text{의}2}^{401}$), 소수주식의 강제매수제도($\overset{상}{\text{의}24}^{360}$) 및 지배주주와 회사간의 자기거래($\overset{상}{398}$) 등 우리 상법에 성문화된 충실의무 관련제도를 운영함에 있어서는 본 제도의 본질을 반영하고 이에 관한 국외의 다양한 판례들을 참조하여 향후 우리 자신의 판례법을 만들어가야 할 것이다.

**넷째** 위와 같이 성문화되지 않은 충실의무관련 제도들을 운영함에 있어 일반조항의 성문화는 큰 의미가 없다고 생각된다. 오히려 판례를 통한 법형성이 바람직한 바 이에 있어서는 여러 국외제도들의 운영실태를 고려하여 국제적 정합성을 추구하는 자세가 바람직하다고 생각된다.

> **사례풀이**  본 사실관계는 독일 판례법상 다각적으로 논의된 소수주주의 충실의무에 관한 것이다. 충실의무는 지배주주뿐만 아니라 소수주주나 회사 자신도 부담하는 것이며 그 근거는 사단형성의 법적 기초인 조직계약이다. 소수주주 역시 회사의 이익을 극대화하는 방향으로 자신의 사원권을 행사하여야 한다. 사안의 내용처럼 회사가 유동성확보를 위한 다른 대안이 없을 경우 소수주주도 회사의 제안에 협력할 의무가 있으며 이러한 협력의무는 주주의 충실의무에서 파생된다. 본 사안의 甲은 비전문가가 보아도 명백한 회사의 사정을 외면한 채 채권은행단이 제안한 감자안을 부결시킴으로써 결국 회사를 도산상태로 몰고 갔고 그 결과 주가폭락에 원인을 제공하였다. 乙의 甲에 대한 손해배상청구는 승소 가능성이 크다고 판단된다. 그 법적 근거는 충실의무위반인 바 이는 이론적으로는 조직계

약상의 채무불이행(p.F.V. des Organisationsvertrages)으로 설명될 것이다. 그 외에도 불법행위를 청구원인으로 삼을 수 있을 것이다.

## 제 3 관 주권과 주주명부(주식의 관리)

주식회사는 다른 회사형태와 달라 사원권인 주식을 유가증권화시켜 사원권의 유통촉진을 도모하고 나아가 주주명부제도를 두어 기명주주를 관리하고 있다. 이하 이 두 제도에 대하여 살펴본다.

## I. 주 권

### 1. 의의 및 기능

株券(Aktienurkunde)이란 주식 즉 주주의 회사에 대한 법률상의 지위인 주주권을 표창하는 유가증권이다. 주권은 주식의 원활한 전전유통을 보장, 촉진하는 역할을 한다. 주식회사에서는 인적회사와 같은 퇴사제도가 없는 대신 자유스러운 지분양도의 가능성을 보장함으로써 주주는 그 투하자본을 원활히 회수할 수 있는 것이다. 사원권인 주식이 유체물에 화체(verkörpern)되었을 때 그 유통은 더 확실해지고 또 촉진될 수 있다. 이러한 이유에서 주식회사에서는 지분의 증권화가 나타나고 있는 것이다.

이렇게 사원권의 유가증권화가 주식의 유통에 긍정적으로 작용하는 것은 사실이지만 그러나 한편으로는 부정적 요소도 없지 않다. 형체화된 주권은 주식의 이전을 원치 않는 주주에게는 오히려 권리상실의 위험을 높일 뿐이다. 또한 증권시장에서의 다량의 주식거래에서는 권리이전을 위한 증권의 교부($\frac{2}{3}$ 336)가 번거롭고 오히려 주식거래의 신속을 해할 가능성도 있다. 그리하여 전자를 해결하기 위하여 상법은 주권불소지제도(株券不所持制度)를,[138] 후자를 위하여 자본시장법은 증권예탁결제제도(證券預託決濟制度)를 시행하고 있다.[139]

### 2. 법적 성질

주권의 법적 성질은 어음·수표와의 비교를 통하여 효과적으로 설명될 수 있다.

---

138) 상법 제358조의2 참조.
139) 자본시장법 제294조 이하 참조; 동법 시행령 제310조 이하; 동 시행규칙 제29조 이하 참조.

### (1) 요인증권

우선 주권은 無因證券인 어음·수표와 달리 要因證券(또는 有因證券; kausales Wert-papier)이다. 이는 증서상 화체된 권리와 원인관계와의 관련 여부에 따른 구별이다. 요인증권이라 함은 증서발행의 원인을 제공한 법률관계의 효력에 따라 증권의 효력이 영향을 받는 유가증권을 일컫는다. 즉 주식이라는 사원권이 유효하게 발생하여야 이를 표창하는 주권도 효력을 갖는 것이다. 이에 반하여 어음·수표 등의 유가증권에서는 증권발행의 원인을 제공했던 법률관계가 증서상의 권리에 영향을 미치지 않는다. 즉 어음이나 수표발행의 원인을 제공하였던 매매나 소비대차계약 등의 법률관계가 무효나 취소 또는 부존재사유가 있었다 하여도 이를 기초로 하는 어음·수표행위에 영향이 없다. 그리하여 이들을 무인증권(abstraktes Wertpapier)이라 부른다.

### (2) 선언증권

둘째 주권은 設權證券(konstitutives Wertpapier)인 어음·수표와 달리 宣言證券(deklaratorisches Wertpapier)이다. 이는 증서상의 권리의 발생을 위하여 증서의 작성이 요구되느냐 여부에 따른 구별이다. 어음·수표의 경우에는 증서상의 권리는 증권의 발행이 이루어져야 비로소 성립되지만, 주권의 경우에는 이미 성립된 주식이라는 주주의 사원권이 주권의 발행으로 이에 결합될 뿐이다. 주식은 설립시에는 설립등기시점에($^{상\,172}_{등조}$) 또 신주발행시에는 납입기일의 익일에($^{상\,423}_{1\,참조}$) 이미 성립되어 있는 것이다. 이러한 선언증권성으로 말미암아 상법은 사원권이 성립되기 전에는 주권의 발행을 불허하고 있는 것이다($^{상\,355}_{1}$).

### (3) 완화된 요식증권

셋째 어음·수표는 엄격한 要式證券이나 주권은 완화된 요식증권이다. 법에 의하여 증권상에 기재될 내용이 정하여지고 이의 흠결이 증서를 무효화시킬 때 이를 요식증권이라 부른다. 어음이나 수표 등의 유가증권에서는 법정기재사항($^{어\,1,\,75:}_{수\,1}$)의 흠결은 증서 자체를 무효로 만든다($^{어\,2,\,I,\,76}_{1:수\,2\,I}$). 주권도 상법 제356조에 따라 법정기재사항이 정하여져 있는 점에서 어음·수표와 같이 요식증권이라 할 수 있다. 그러나 그 요식성의 정도에서는 차이가 있다. 물론 어음·수표에서도 법정기재사항흠결에 대한 구제조항을 두고 있는 것은 사실이지만($^{어\,2\,II\,내지\,IV,\,76\,II\,내지}_{IV:수\,2\,II\,내지\,IV}$), 주권에서는 이보다 훨씬 요식성이 완화되어 있다. 즉 법정기재사항이라도 본질적 내용이 아닌 것($^{상\,356\,2호,}_{3호,\,5호\,등}$)은 기재하지 않아도 주권이 무효가 되지 않는다.

### (4) 비문언증권

넷째 어음·수표는 文言證券이지만 주권은 非文言證券이다. 이 구별은 증서상의 권리의 내용이 증권상의 문언에 의하여 정해지느냐 여부에 따른 구별이다. 어음·수표 등의 유가증권에서는 증서상에 나타난 문언의 내용만으로 그 증서상의 권리의 내용이 정해지므로 당사자는 증권 이외의 입증방법으로 그 문언의 의의를 변경하거나 보충할 수 없다(객관해석의 원칙). 이에 반하여 주권에 있어서는 주권에 기재된 문언에 따라 주주권의 내용이 결정되지 않는다. 예컨대 주주는 주권에 기재된 액수의 이익배당을 청구하는 것이 아니라 매결산기마다 그 영업성과에 따라 상이한 이익배당을 받게 되는 것이다.

### (5) 비상환증권

다섯째 어음·수표는 相換證券이지만 주권은 非相換證券이다. 어음·수표에 있어서는 그 권리행사를 위하여 증서의 상환이 요구되나($^{어\ 39,\ 77,\ I}_{3호:\ 수\ 34}$), 주주는 아무리 많은 이익배당을 받아도 주권을 회사에 반환하지 않는다. 오히려 무기명주주는 공탁된 주권을 권리행사 후 회수할 뿐이다.

## 3. 주권의 종류

### (1) 기명주권·무기명주권

株券에 주주의 성명이 표시된 것을 기명주권, 그렇지 않은 것을 무기명주권이라 한다. 양자의 이론적 차이점은 이미 기명주식과 무기명주식의 구별에서 살펴보았다. 다만 상법은 2014년 4월 개정되어 무기명주식제도를 폐지하였으므로 무기명주권도 더 이상 존재하지 않는다. 이에 따라 무기명주권에 관한 개정 전 상법 제357조와 동법 제358조는 삭제되었다. 물론 우리나라에서는 위의 상법개정 전에도 무기명주권의 발행사례는 없었다.

### (2) 단일주권·병합주권

1개의 주식을 표창하는 주권을 단일주권이라 하고, 수개의 주식을 1매의 주권으로 표창하는 것을 병합주권이라 한다. 후자는 다시 10주권, 50주권, 100주권 등과 같은 통상의 단순병합주권과 특정 주주의 총주식수를 1매의 주권으로 표창하는 액면합산 표시주권으로 분류할 수 있다.

## 4. 주권의 발행

### (1) 주권의 기재사항($\frac{상}{356}$)

株券에는 상법 제356조 제1호에서부터 제6의2호까지의 사항이 기재되어야 한다. 나아가 주식의 수와 발행번호를 기재하고 대표이사가 기명날인 또는 서명하여야 한다. 그리고 기명주권의 경우에는 주주의 성명이 기재되어야 한다. 상법 제356조는 주권발행시 요구되는 법정기재사항을 정하고 있으므로 주권은 요식증권이다. 그러나 이미 기술한 바대로 그 요식성은 어음·수표보다 완화되어 본질적 기재사항이 아닌 것은 그 기재가 흠결되어도 주권을 무효화시키지 않는다. 상법 제356조 제2호, 제3호, 제5호 등이 그러한 기재사항으로 해석되고 있다.[140]

### (2) 주권의 발행시기($\frac{상}{355}$)

회사는 그 성립 후 또는 신주의 납입기일 후 지체없이 주권을 발행하여야 한다 ($상^{355}$). 상법은 주주의 사원권인 주식이 발생되자마자 이를 증권화시키는 것을 원칙으로 하고 있다. 그리하여 회사는 주권발행의 의무를 부담하고 주주는 주권교부청구권을 향유하는 것이다. 나아가 상법은 이 조항을 통하여 주권발행을 촉진하기 위한 법정책적 배려도 함께 표현하고 있다. 주식회사에서는 원칙적으로 자유스러운 주식양도가 보장되어야 하고 이를 위하여는 사원권을 증권화시키는 것이 필요하기 때문이다. 그러나 설립등기 또는 신주의 납입기일 이전에는 주권을 발행할 수 없고 설사 주권이 발행되었다 해도 이는 무효이다($\frac{상 355}{III 본문}$). 주권은 선언증권이므로 화체될 권리인 사원권이 성립조차 되지 않은 단계에서는 아무리 증서가 발행되어도 이는 경제적으로 가치없는 일편의 종이조각에 불과하다. 따라서 당연한 내용이 법문언화되었다고 볼여지도 있다. 그러나 상법은 주식의 전 단계인 권리주의 유가증권화를 방지하기 위하여 이러한 규정을 두고 있는 것이다. 나아가 이러한 무효의 주권을 발행한 자는 손해배상책임을 부담할 수 있다($\frac{상 355}{III 단서}$).

### ⚙️ 상법 제355조의 입법론[141]

우리 상법도 일본 회사법에서처럼 정관규정으로 처음부터 주권발행여부를 회사가 밝힐 수 있게 허용할 필요가 있어 보인다. 우리 상법은 제355조 제1항에서 "회사는 성립후 또

---

140) 대판 1996. 1. 26, 94다24039; "… 주식의 **발행연월일의 기재가 누락**되어 있다 하더라도 이는 주식의 본질에 관한 사항이 아니므로 주권의 무효사유가 된다고 할 수 없다."
141) 이하의 내용은 졸고, "주권발행전 주식양도와 명의개서의 효력",「경영법률」제27집 제2호.(2017. 1.), 320~321면 참조.

는 신주의 납입기일 후 지체없이 **주권을 발행하여야 한다**"고 하면서 주주로부터 상법 제 358조의2 제1항에 따른 주권불소지신고가 있는 경우를 제외하고는 주권발행을 법으로 강제한다.[142][143] 물론 주권을 발행하지 않은 상황에서도 성립후 6개월이 지나면 해당 주식의 이전은 회사에 대해 유효함을 밝히고 있기는 하다(상법 335 Ⅲ). 그러나 소규모 폐쇄회사의 경우 처음부터 주권발행의사가 없는 경우가 많고 실제로도 주권을 전혀 발행하지 않는 것이 통례이다. 이러한 법과 현실의 괴리를 고려할 때 차라리 주권을 발행하지 않는다는 뜻을 아예 처음부터 정관에서 밝히는 것도 허용할 필요가 있지 않을까 생각된다. 주식회사라는 이유만으로 주권발행을 강제하는 것은 이제 더 이상 의미가 없다. 구체적으로는 현행 상법 제355조 제1항에 단서를 신설하여 "단, 회사가 정관규정으로 주권을 발행하지 않는다는 뜻을 정한 경우에는 그러하지 아니하다" 등의 내용을 추가할 수 있을 것이다.[144] 나아가 기존의 상법 제335조 제3항은 삭제하는 것이 바람직하다고 생각한다.[145]

### (3) 주권의 효력발생시기

선언증권인 주권이 어느 시점부터 유가증권으로서의 효력을 갖게 되느냐가 문제시되고 있다. 이는 사원권과 증서가 어느 시점을 기준으로 결합하느냐의 문제인 것이다. 이에 대해서는 다음과 같은 학설의 대립을 보이고 있다.

(가) **작성시설:** 이 학설에서는 회사가 주권을 작성한 때에 주권으로서의 효력이 있다고 한다. 기명주권의 경우에는 주주의 성명이 주권에 기재된 때에, 무기명주권의 경우에는 주주의 성명을 기재한 봉투에 주권을 넣었을 때 주권으로서의 효력이 발생한다고 한다. 이 견해에 따르면 주권작성 후 주주에게 교부되기 전이라도 선의취득, 압류, 제권판결 등이 가능하다. 이 견해에 의하면 거래의 안전은 보호되나 주주의 보호에 문제가 있다.

(나) **발행시설:** 이 입장에 따르면 회사가 주권을 작성하여 회사의 의사로 누구에게든(주주 이외의 자라도) 교부하면 주권으로서의 효력이 발생한다고 한다. 발행시설은 회사가 주권을 교부하여야 그 효력이 생긴다고 보는 점에서 작성시설과 다르고, 주주가 아니더라도 누구에게든 교부하기만 하면 그 효력이 발생한다고 보는 점에서는 다음에 살펴볼 교부시설과 다르다.

---

142) 장근영, "주권과 주주명부 및 주식의 양도", 주식회사법대계(Ⅰ), 법문사, 2022, 636~686면, 639면 참조.
143) 물론 이러한 주권발행의 강제가 유한회사와의 차이점이기도 하다(상법 제355조와 동법 제555조를 대조할 필요가 있다).
144) 이로써 '주권발행전 주식양도'라는 매우 비현실적인 용어를 더 이상 사용하지 않는 것이 타당하다고 생각된다. 즉 지금까지 주권을 발행하지 않았고 앞으로도 주권을 발행하지 않을 회사의 주식이전을 언제까지 계속 **주권발행전 주식양도**'라고 표현할 것인가? 이러한 자세는 법규와 현실간의 괴리를 영속화하는 것으로서 바람직한 법운용 방식이 아닌 것으로 판단된다.
145) 同旨, 장경찬, 주식회사법대계(Ⅰ), 법문사, 2022, 842면.

이 설에 의하면 주권작성 후 회사의 의사에 기한 주권의 점유이전행위가 있게 되면 주주가 주권을 취득하기 전이라도 선의취득, 압류, 제권판결 등이 가능하다. 즉 회사가 착오 등에 의하여 주주가 아닌 자에게 주권을 교부하여도 주권으로서의 효력이 생기므로 그 후 선의취득이 가능하고 주주는 주주권을 상실하게 된다. 그러나 주권작성 후 회사의 의사에 기하지 않은 주권의 점유이탈(예컨대 도난 등; Abhandenkommen der Aktienurkunde)이 도래하면 주주가 주권을 취득하기 전에는 선의취득, 압류, 제권판결 등은 불가능하다. 이 견해는 작성시설과 교부시설의 중간적 입장으로서 한때 대법원 판례도 이 입장을 취했었다.[146)

(다) 교부시설: 이 학설은 회사가 주권을 작성하여 회사의 의사에 따라 주주에게 交付한 때에 주권의 효력이 발생한다고 본다.[147) 이 설에 의하면 주권의 작성 후 주주에게 교부되기 전에는 주권으로서의 효력이 발생하지 않으므로 선의취득이나 채권자의 압류 등이 불가능하다. 결국 회사가 아무리 주권을 작성한다 해도 이 입장을 따르는 한 주주에게 교부되기 전에는 주권은 단순한 지편에 불과하고 이를 통한 선의취득이나 압류 또는 제권판결 등은 불가한 것이다.

> **대판 2000. 3. 29, 99다67529 [주주권 확인 등]**
>
> "상법 제355조의 주권발행은 같은 법 제356조 소정의 형식을 구비한 문서를 작성하여 이를 주주에게 교부하는 것을 말하고 **위 문서가 주주에게 교부된 때에 비로소 주권으로서의 효력을 발생하는 것**이므로 회사가 주주권을 표창하는 문서를 작성하여 이를 주주가 아닌 제3자에게 교부하여 주었다 할지라도 위 문서는 아직 회사의 주권으로서의 효력을 가지지 못한다."

(라) 비판 및 결론: 상기 학설의 대립은 결국 주주의 보호가 우선하느냐 아니면 주권의 유통보호가 우선하느냐로 귀결된다. 작성시설은 주권의 유통보호를 우선시하고, 교부시설은 주주의 보호에 역점을 두고 있으며, 발행시설은 그 중간적 입장이라 할 수 있다.

이 문제는 주권의 기능 및 어음·수표 등의 유가증권과의 비교 속에서 해결되어야 할 것이다. 우선 주권은 어음·수표 등의 전형적인 유통증권과 비교해 볼 때 그 경제적 기능면에서 이들 만큼 유통성(Umlauffähigkeit)에 비중을 두고 있다고 보기는 어렵다. 어음·수표에서는 그 유통성이 제거되면 이들은 경제적 가치를 전적으로 상

---

146) 대판 1965. 8. 24, 65다968.
147) 대판 2000. 3. 23, 99다67529(주권발행 전의 주식양도와 주권의 효력발생시기): 이에 대한 평석으로는 정진세, 「판례월보」 제371호(2001. 8.), 30면 이하.

실한다고 볼 수 있다. 즉 배서제도가 뿌리채 흔들리기 때문에 유통증권(Umlaufpapier)으로서의 가치는 사라지고 만다. 그리하여 실권리자의 보호보다는 선의자보호가 우선하게 되고 따라서 어음·수표에서는 권리외관설에 따라 어음발행이나 그 후의 유통행위의 효력을 판단하는 것이 적절하다.[148]

그러나 주권의 경우에는 비록 사원권의 원활한 유통을 촉진하기 위하여 주권이 발행되는 것이기는 하지만 어음·수표에서처럼 진정한 권리자를 희생시켜가면서까지 증권의 유통보호를 꾀할 당위성은 없는 것이다. 나아가 많은 경우 증권대체결제제도가 주권의 현실적인 교부를 대체하고 있고, 기명주식의 경우에는 주권불소지제도도 시행되고 있으므로 이러한 현상은 더욱 공고해진다. 어음·수표에서의 物化(Verkörperung; Versachlichung)의 요구는 자본시장의 유가증권인 주권에서는 그만큼 희석되어 있는 것이다.

그렇다면 교부시설이 타당하다. 발행시설이 중간적 입장을 취하고 있기는 하나 주주의 보호면에서는 역시 교부시설보다 뒤떨어지므로 찬동하기 힘들다. 따라서 회사가 주권을 작성하여 주주에게 교부하는 때에 사원권인 주식과 선언증권인 주권이 결합하여 유가증권으로서의 효력이 발생한다고 보는 것이 타당할 것이다.

> **예**   X주식회사는 주권을 작성하여 착오상태에서 이를 주주 A가 아닌 B에게 교부하였다. B는 이러한 사정을 모르는 선의의 C에게 이를 양도하였다. C는 X사의 주주인가? 작성시설이나 발행시설을 따르면 유효한 주권의 효력이 발생하였으므로 이를 통한 C의 선의취득이 가능하다. 그러나 위에서 결론을 내린 대로 교부시설을 따르면 진정한 주주인 A에게 교부되기 전에는 유효한 주권이 존재하지 않고 설사 외관상 주권과 같은 증서가 작성되어 있다 해도 경제적으로 아무 가치없는 단순한 종이쪽지에 불과하므로 C는 이를 통하여 주식을 선의취득할 수 없고 따라서 X사의 주주가 될 수 없다.

## (4) 주권의 전자등록

(가) 의 의:   회사는 주권을 발행하는 대신 정관으로 정하는 바에 따라 전자등록기관의 전자등록부에 주식을 등록할 수 있다($^{상}_{의2}{}^{356}$). 2011년 개정상법은 실물주권을 발행하는 대신 회사가 주식의 전자등록을 시행할 수 있도록 근거조항을 마련하였다. 전자등록을 하면 주주는 주식의 양도, 담보권설정 및 주주권행사에 있어 실물주권의 소지없이도 이를 할 수 있으며, 회사로서는 주권발행 및 그 관리비용을 줄일 수 있을

---

148) 참고로 어음·수표법에서는 창조설(Kreationstheorie), 교부계약설(Vertragstheorie), 권리외관설(Rechtsschein-theorie) 등이 대립하고 있다. 창조설은 어음행위를 단독행위로 보는 점에서 사법 일반의 채무발생이 계약에 근거하고 있는 일반현상을 외면한 단점이 있고, 이를 개선하기 위하여 제기된 교부계약설도 이를 예외없이 적용하면 유통증권인 어음·수표의 본질을 해하므로 권리외관설이 가장 타당한 것으로 파악되고 있다.

것이다. 전자등록에는 발행등록, 대체기재 및 질권설정의 기재가 있다.

(나) **효 력:**    전자등록에는 다음의 효력이 예정되어 있다.

**1) 권리이전 및 질권설정적 효력:**    전자등록부에 등록된 주식의 양도나 질권설정은 전자등록부에 등록하여야 효력이 발생한다($\frac{\text{상}}{\text{II}}\frac{356\text{의}}{2}$). 주식을 양도하는 경우 양수인은 전자등록부상의 대체기재에 의하여 권리를 취득하고, 질권설정자는 질권설정의 기재에 의하여 질권을 설정하게 된다.

**2) 자격수여적 효력:**    전자등록부에 주식을 등록한 자는 그 등록된 주식에 대한 권리를 적법하게 보유한 것으로 추정한다($\frac{\text{상}}{\text{III}}\frac{356\text{의}2}{\text{전단}}$).

**3) 선의취득:**    전자등록부에 주식을 등록한 자가 전자등록부를 선의로 그리고 중대한 과실없이 신뢰하고 전자등록에 따라 권리를 취득한 경우에는 그 권리를 적법하게 취득한다($\frac{\text{상}}{\text{III}}\frac{356\text{의}2}{\text{후단}}$).

### ❋ 전자증권제도

우리나라에서도 2019년 9월부터 전자증권제도가 시행되고 있다. 이미 OECD 36개국중 독일과 오스트리아를 제외한 모든 국가에서 전자증권제도가 시행되고 있었다. 따라서 유가증권의 전자화는 이미 확고한 세계적 흐름이 되고 있었다. 우리나라도 이러한 세계적 흐름에 동참하여 2011년 상법개정시 해당 법적 근거를 마련한 후 구체적인 제도시행을 준비해오다가 2016년 '주식·사채의 전자등록에 관한 법률'[149]을 제정하였으며 동법은 2019년 9월부터 시행되고 있다. 아직까지는 상장사에 대해서만 의무적으로 시행되고 있으며 비상장사에 대해서는 회사의 선택에 따라 시행이 가능하다.

#### 1. 발행등록

(가) 정관의 상대적 기재사항:    주식의 전자등록이 가능하려면 먼저 정관에 근거규정을 마련하여야 한다($\frac{\text{상}}{\text{의}2}\frac{356}{\text{I}}$). 상장사의 경우 전자증권법의 시행과 동시에 전자증권으로 자동 전환되었으나($\frac{\text{전자증권법}}{\text{부칙 3 I}}$), 비상장사의 경우에는 회사가 전자증권으로 등록할지 여부를 스스로 결정한 후 정관에 해당 규정을 마련하여야 한다. 전자증권을 발행하기로 결정한 경우에는 실물증권을 발행할 수 없으며($\frac{\text{전자증권법}}{36 \text{ I}}$), 기 발행된 실물증권은 기준일로부터 그 효력을 상실한다($\frac{\text{전자증권}}{\text{법 }36 \text{ III}}$).

(나) 전자증권법상의 등록:    전자증권을 발행하는 회사는 전자등록기관[150]에 주식의 종목별로 전자등록신청서를 제출하고($\frac{\text{전자증권}}{\text{법 }25}$), 등록기관은 이를 발행인관리계좌부에 기록한다($\frac{\text{전자증권}}{\text{법 }26}$). 그 후 신청내용중 계좌관리기관(증권회사)에 등록될 사항이 있는 경우에는

---

149) 이하 '**전자증권법**'이라 약한다.
150) 현재 예탁결제원 이외에 복수의 금융기관이 이 기능을 수행하고 있다.

이를 고객관리계좌부[151]에 기재한 후 계좌관리기관에 통지한다(전자증권 26). 등록기관으로부터 해당 통지를 받은 계좌관리기관은 고객계좌부에 이를 등록한다(전자증권법 26 Ⅰ. Ⅱ).

예컨대 甲이 (주)삼성전자의 신주 100주식을 (주)삼성증권을 통하여 매입하였고 (주)삼성전자가 선택한 전자등록기관이 예탁결제원이라 하자. 발행회사(삼성전자)는 예탁결제원에 전자등록신청서를 제출하고 예탁결제원은 이를 발행회사별로 작성된 발행인관리계좌부에서 (주)삼성전자의 계좌부를 찾아 이곳에 신규발행사항을 기록한다. 그후 증권사별로 작성된 고객관리계좌부에서 (주)삼성증권의 해당 계좌부를 찾아 이곳에 100주식의 신주발행을 등록하고 동시에 이를 (주)삼성증권에 통지한다. 예탁결제원으로부터 통지를 받은 (주)삼성증권은 다시 자신이 작성한 고객계좌부중 甲의 계좌부를 찾아 이곳에 甲이 인수한 100주식을 신규등록하게 된다.

### 2. 대체기재

전자등록된 주식의 양도는 전자등록부에 등록하여야 한다(전자증권 35 Ⅱ). 전자등록된 주식을 양도하려면 양도당사자간의 합의와 계좌간 대체의 전자등록이 필요하다. 이때 **계좌간 대체의 전자등록**은 단순한 대항요건이 아니라 효력발생요건이므로 이것이 이루어지지 않으면 양도의 효력은 발생하지 않는다. 앞선 예에서 甲이 보유중인 (주)삼성전자의 보통주 100주식을 乙에게 양도한다고 하고 乙의 계좌관리기관을 (주)키움증권이라 하자. 우선 甲은 주식을 양도하기 위하여 (주)삼성증권에 대체전자등록을 신청한다(전자증권 30 Ⅰ). 신청을 받은 (주)삼성증권은 甲의 고객계좌부에서 100주식을 감소시킨 후 이를 예탁결제원에 통지한다. 예탁결제원은 (주)삼성증권의 고객관리계좌부에서는 감소의 기재를 하고, (주)키움증권의 고객관리계좌부에서는 증가의 기재를 한 후 이를 (주)키움증권에 통지한다. 통지를 받은 (주)키움증권은 乙의 고객계좌부에 증가의 전자기록을 하게 된다(전자증권 30 Ⅱ). 이로써 甲과 乙 간의 주식거래가 완료된다.

### 3. 질권설정의 기재

전자등록된 주식에 대한 질권설정 역시 전자등록부에 등록하여야 그 효력이 발생한다(상 356의2 Ⅱ ; 전자증권법 31 Ⅱ). 즉 질권설정자는 질권의 설정 또는 말소의 전자등록을 신청할 수 있는데(전자증권 법 31 Ⅰ), 이 경우 전자등록기관 또는 계좌관리기관은 해당 주식이 질물(質物)이라는 사실과 질권자를 질권설정자의 전자등록계좌부에 등록하는 방법으로 질권을 설정하게 된다(전자증권 법 31 Ⅱ).

### 4. 권리행사

전자증권의 경우에도 전통적인 실물주권의 경우와 마찬가지로 해당 주식의 권리행사를

---

151) 고객관리계좌부(전자)는 전자등록기관이 작성·유지하는 장부이며 고객계좌부(후자)는 계좌관리기관(증권회사)이 작성·유지하는 장부이다. 양자간 구별이 필요하다. 전자는 후자에 등록된 주식의 총수량 및 총금액으로 기재된다(전자증권법 제23조). 예컨대 (주)삼성전자가 예탁결제원을 전자등록기관으로 정한 경우 예탁결제원은 (주)삼성전자를 위하여 발행인관리계좌부와 고객관리계좌부를 작성·유지한다. 만약 투자자 甲이 (주)삼성증권을 통하여 (주)삼성전자의 보통주 100주식을 매입하였다면 (주)삼성증권은 甲에 대한 고객계좌부를 별도로 작성하게 된다. 그러나 이것은 예탁결제원이 작성하는 고객관리계좌부는 아니다.

위하여는 권리행사가능주주를 확정하여야 한다. 이를 위하여 발행회사는 전자등록기관에 일정한 날을 정하여[152] 소유자명세의 작성을 요청한다($^{전자증권법}_{37 \text{Ⅰ}}$). 전자등록기관은 이를 작성하여 지체없이 발행회사에 통보하여야 한다($^{전자증권법}_{37 \text{Ⅳ} 1문}$). 명세의 작성을 위하여 계좌관리기관의 도움이 필요한 경우 전자등록기관은 계좌관리기관을 상대로 필요사항의 통보를 요청할 수 있으며 그러한 요청을 받은 계좌관리기관은 이에 즉시 응하여야 한다($^{전자증권법}_{37 \text{Ⅳ} 2문}$).

소유자명세가 통지되면 발행회사는 이를 토대로 주주명부에 그 내용을 반영한다. 이를 전자증권법상의 집단적 명의개서라 한다($^{전자증권법}_{37 \text{Ⅵ}}$).[153] 과거 전통적으로 시행되던 개별적 명의개서제도는 전자증권법제하에서는 인정될 수 없게 되었다.[154]

## 5. 주권불소지제도($^{상}_{의2} {}^{358}$)

### (1) 입법취지

1984년의 개정상법은 기명주식에 대하여 **株券不所持制度**를 신설하여 주식을 장기간 안전하게 보유하고자 하는 주주의 정적 안전을 보호하고 있다. 1984년의 개정상법에서는 기명주식도 주권의 교부만으로 양도할 수 있도록 하였고($^{상}_{} {}^{336}$), 또 나아가 그러한 주권의 단순한 점유자도 적법한 소지인으로 추정되므로($^{상}_{} {}^{336}$) 주주권상실의 위험은 커졌다고 할 수 있다. 나아가 주권의 분실이나 도난의 경우 주권의 재발행을 요구하려면 공시최고 후 제권판결을 받아야 하므로($^{상}_{360}$) 그 절차도 번거롭고 시간도 소요되는 것이다. 이에 상법은 기명주주에 대해서는 주권의 소지를 주주의 선택사항으로 하였다. 즉 기명주식의 경우에는 주주명부에 주주로 기재되어 있으면 주주권행사에 충분하고 주권의 제시가 권리행사시마다 요구되지 않으므로[155] 상법은 주주의 희망에 따라 주권을 소지하지 않을 수 있도록 하였다. 1995년의 상법개정에서 상법은 기발행된 주권은 회사에 제출되어 무효처리되거나 명의개서대리인에게 임치할 수 있도록 허용하여 기발행주권의 처리가능성을 확장하였다($^{상}_{2 \text{Ⅲ}} {}^{358의}$).

### (2) 절 차

(가) **불소지의 신고:**   주권의 불소지는 정관에 이를 금하는 규정이 없을 때에만

---

152) 상법과 달리 전자증권법은 기준일제도만을 허용하고 있다(전자증권법 제37조).
153) 맹수석, "전자증권제도의 시행과 법적 쟁점의 검토",「경영법률」제28집 제4호(2018), 19면.
154) 최지웅, "전자증권제도의 시행과 주주명부제도 개선과제",「경영법률」제28집 제4호(2018), 81면.
155) 주권도 유가증권이므로 권리의 행사시마다 원칙적으로 증서의 제시가 요구된다고 보아야 한다. 즉 증서에 화체된 권리(Recht aus dem Papier)의 행사를 위하여 증서의 소지와 제시(Innerhabung und Vorlegung des Papiers)가 요구되는 것이 유가증권의 개념표지이다. 기명주권의 경우 일단 주주명부에 명의개서가 되어 주주로 등재되면 해당 주주는 자신의 사원권행사시마다 매번 주권을 제시할 필요는 없다. 그러나 이것이 유가증권의 일반개념과 배치되는 것은 아니다. 주주명부에 명의개서를 청구할 때 주권의 제시가 요구되므로 이때 시간적으로 앞당겨 사후의 권리행사를 위한 증서의 제시가 포괄적으로 이루어졌다고 보면 된다.

기능하다($^{상}_{2}\,^{358의}_{I}$). 나아가 신주발행의 효력발생 전의 주식인수인도 불소지의 신고를 할 수 있다고 해석된다. 처음부터 주권발행을 하지 않도록 회사에 요구할 수 있기 때문이다. 그러나 주식의 入質의 경우에는 질권자의 보호를 위하여 불소지신고를 할 수 없다고 해석된다. 소유주식의 일부에 한한 불소지의 신고도 가능하다. 불소지의 신고는 회사를 상대방으로 하며 명의개서대리인을 둔 경우에는 이에 대한 신고도 가능하다. 나아가 신고의 시기는 주권발행의 전후를 가리지 않으며 주주명부의 폐쇄기간 중에도 가능하다. 이미 주권이 발행된 경우에는 신고시 주권의 반환이 수반되어야 한다($^{상}_{2}\,^{358의}_{III}$).

(나) **회사의 조치**:  주권이 아직 발행되기 전 단계에서 불소지의 신고를 받으면 회사는 지체없이 주권을 발행하지 아니한다는 뜻을 주주명부와 그 복본에 기재하고 그 사실을 주주에게 통지하여야 한다($^{상}_{II}\,^{358의}$). 이 경우 회사는 주권을 발행할 수 없고 설사 이에 반하여 주권이 발행된다 해도 주권으로서의 효력을 인정할 수 없다.

그러나 주권이 이미 발행된 단계에서 주권불소지의 신고를 받으면 주주는 기발행 주권을 회사에 반환하여야 하고 회사는 이를 무효처리하거나 혹은 이를 명의개서대리인에게 임치하여야 한다. 회사는 이 두 가지 가능성 가운데 선택권을 가지며 그 처리결과는 주주에게 통지되어야 한다. 주권의 임치가능성은 1995년의 개정상법이 새로이 도입한 제도이다.

(다) **주권의 효력**:  회사는 주주의 불소지신고가 있으면 주권을 발행할 수 없으며($^{상}_{II}\,^{358의2}_{2문}$), 기발행된 주권으로서 주주로부터 제출된 주권은 회사에 의하여 무효처리되거나 명의개서대리인에게 임치된다($^{상}_{2}\,^{358의}_{III}$). 이에 불구하고 회사가 주권을 발행하거나 무효처리된 주권이 유통된다 해도 그 주권은 무효이므로 이에 의한 선의취득은 불가하다. 그러나 명의개서대리인에게 임치된 주권은 여전히 유효한 것이므로 이것이 유통되는 경우에는 선의취득의 가능성을 부정할 수 없을 것이다.

(라) **주주의 주권발행 및 반환청구**:  주주는 불소지의 신고를 했더라도 언제든지 회사에 대하여 주권의 발행을 청구할 수 있고, 명의개서대리인에게 임치된 경우에는 이의 반환을 요구할 수 있다($^{상}_{2}\,^{358의}_{IV}$).

(마) **주권불소지와 주식의 양도**:  주권의 불소지신고가 있어 주권이 없는 주식을 양도할 수 있느냐의 문제가 있다. 상법은 주식의 양도방법으로서 주권의 교부를 요구하고 있으므로($^{상}_{}\,^{336}$) 주권불소지의 경우 주식의 양도는 양도수단의 부재로 인하여 불가하다고 보아야 할 것이다.

## 6. 주권의 상실과 재발행($\frac{상}{360}$)

### (1) 상법 제360조의 입법취지

주식의 도난, 유실 등을 통하여 株券을 喪失하면 무기명주주는 권리의 행사도 주식의 처분도 할 수 없으며 기명주주는 적어도 주식의 처분을 할 수 없게 된다. 주식의 유가증권화로 주식의 유통이 촉진되는 대신 그 권리상실의 위험도 또한 커진다.

그러나 이와 같이 주권을 상실한 주주에게 아무 제한없이 회사가 주권을 再發行해 주면 다음과 같은 문제점이 생긴다. 즉 적법한 권리자의 점유를 이탈한 기발행주권이 선의의 제3자에게 유통되어 선의취득될 때에는($\frac{상}{359}$) 동일한 주식에 대한 二重의 유가증권화현상이 나타날 수 있는 것이다. 그리하여 상법은 이러한 문제점에 착안하여 주권은 공시최고절차에 의해서만 무효로 할 수 있도록 법정하고($\frac{상 360}{}$), 이 절차에 의한 제권판결을 얻지 아니하면 재발행의 청구를 할 수 없도록 하고 있다($\frac{상 360}{}$).

### (2) 공시최고절차(Aufgebotsverfahren)

公示催告節次에 대해서는 민사소송법이 제475~497조에서 자세히 규정하고 있다.

**(가) 공시최고를 신청할 수 있는 경우:** 공시최고의 절차는 기명주권 또는 무기명주권을 도난당하였거나 분실 또는 멸실한 경우에 신청할 수 있다($\frac{민소 475}{}$). 따라서 사기나 강박에 의한 경우라도 임의로 교부된 때에는 공시최고의 신청을 하지 못한다. 주권의 멸실의 경우에는 소지인의 의식적 행위에 의한 것이라도 무방하나 멸실의 사실이 발행회사측에 명백한 경우에는 공시최고절차에 의하지 않고 주권을 재발행할 수 있다. 나아가 주권을 도난당하거나 분실한 경우에는 주권의 소재가 불명하여야 한다. 따라서 주권의 소재가 분명한 경우에는 현 점유자에 대하여 주권의 반환청구를 하여야 한다.

**(나) 공시최고의 신청권자:** 공시최고의 신청권자는 그 증서에 의해서 권리를 주장할 수 있는 자로서 주권의 최종소지인이 이에 해당한다. 주권이 입질된 경우에는 주주나 질권자가 모두 공시최고절차를 신청할 수 있다.

**(다) 공시최고의 신청:** 공시최고절차는 주권을 발행한 회사의 본점소재지의 지방법원이 전속관할한다($\frac{민소}{476}$).

신청인은 신청의 증거로 주권의 내용을 밝히고 그 도난, 분실, 멸실과 공시최고절차를 신청할 수 있는 이유된 사실을 소명하여야 한다($\frac{민소}{494}$). 법원은 당사자 또는 법정대리인으로 하여금 보증금을 공탁케 하거나 그 주장이 진실함을 선서케 하여 소명에 갈음할 수 있다(敏訴₂₇₁ⅱ).

(라) 공시최고의 공고: 공시최고의 신청을 허가한 때에는 법원은 공시최고의 공고를 하여야 한다(敏訴₄₈₀). 이 공고는 대법원규칙이 정하는 바에 따른다(敏訴₄₈₀). 공시최고의 기간은 공고종료일로부터 최소 3개월로 한다(敏訴₄₈₁).

(마) 공시최고의 효과: 공시최고가 있은 후에도 제권판결이 있기 전에는 주권은 유효하며 제권판결이 있을 때 주권의 효력이 없어진다. 공시최고 판결은 공시최고신청시로 소급하여 주권을 무효로 하는 것은 아니다. 또한 공시최고의 공고가 있어도 그로 인하여 당연히 그 후에 주권을 취득하는 자가 악의가 되는 것도 아니다.

### (3) 제권판결과 그 효력

**사례** 甲식품주식회사에는 기명주주가 총 10명이 있으나 A, B, C 세 주주가 보유한 주식수는 甲식품주식회사의 전체주식수의 95%에 달하였다. A, B, C 세 주주의 주식은 甲주식회사의 대표이사 집무실에 보관중 도난당하였다. 직후 A, B, C 세 사람은 관할법원에 공시최고를 신청하였고 3개월의 공시최고기간중 권리자의 신고는 없었다. 공시최고기간도 과후 이들은 同법원으로부터 제권판결을 얻었다.

한편 X, Y, Z는 공시최고기간중 도난주식을 선의취득하였고 명의개서도 하였다. 그후 甲(주)는 이사선임을 위한 주주총회를 소집하게 되었는데 기존 주주인 A, B, C 에게는 소집통지를 하였으나 X, Y, Z에게는 소집통지가 이루어지지 않았다. 甲의 주주총회에서는 乙이 대표이사로 선임되었고 등기도 이루어졌다. 乙은 A, B, C의 주권도난 사실을 전혀 모르는 선의의 丙(주)와 5,000만원에 달하는 원료매수계약을 체결한다. 丙(주)는 甲(주)에 대하여 5,000만원의 매매대금지급청구권을 갖는가?

공시최고기간이 경과하여도 권리의 계출을 하는 자가 없는 때에는 법원은 공시최고절차의 신청인의 신청에 의해서 除權判決(Ausschlußurteil)을 선고할 수 있다(敏訴₄₈₇).

제권판결에는 소극적 및 적극적 효력이 있다. 우선 소극적 효력부터 살펴보면 제권판결에 의하여 그 주권은 누구의 수중에 있음을 불문하고 장래에 대하여 무효로 된다(敏訴₄₉₆). 따라서 제권판결 후에는 구주권에 의한 명의개서의 신청이 있어도 회사는 이에 응할 수 없고, 제3자가 이를 선의로 양수하여도 선의취득이 되지 않는다. 그러나 주식의 소각(Einziehung von Aktien)의 경우와 달리 제권판결은 주권의 효력만을 무효화시킬 뿐이므로 사원권인 주식은 제권판결에도 불구하고 그대로 존속한다.

나아가 적극적 효력을 보면 제권판결을 취득한 신청인은 제권판결시부터 주권을 소지하는 것과 동일한 지위를 회복하며 회사에 대하여 주주임을 주장할 수 있다(필송<sub>497</sub>). 그러나 주의할 것은 이러한 적극적 효력은 형식적 자격의 회복을 의미할 뿐 신청인 이 실질적 권리자로 확정된다는 뜻은 아니다.[156]

이렇게 제권판결의 적극적 효력이 형식적 자격의 회복에 불과한 것이므로, 주권을 선의취득한 자가 공시최고기간 중 권리의 신고를 하지 않아 제권판결이 이루어졌을 경우 이 선의취득자와 제권판결취득자 중 누구를 주주로 볼 것이냐에 대하여는 다음 과 같이 다투어지고 있다.

첫째 입장은 제권판결취득자우선설이다. 이 학설에 따르면 제권판결이 이루어지기 전에 아무리 주권을 선의취득한 자라도 권리의 신고를 하지 아니하면 권리를 상실하 게 된다.[157]

---

**대판 1991. 5. 28, 90다6774**

"주주로부터 기명주식을 양도받은 자라 하더라도 주주명부에 명의개서를 하지 아니 하여 그 양도를 회사에 대항할 수 없는 이상 그 주주에 대한 채권자에 불과하고, 또 **제권판결 이전에 주식을 선의취득한 자는 위 제권판결에 하자가 있다 하더라도 제권판 결에 대한 불복의 소에 의하여 그 제권판결이 취소되지 않는 한 회사에 대하여 적법한 주주로서의 권한을 행사할 수 없으므로** 회사의 주주로서 주주총회 및 이사회결의무효 확인을 소구할 이익이 없다."

---

둘째 입장은 선의취득자우선설이다. 이 입장을 따르면 제권판결은 그 신청인에게 형식적 자격을 회복시켜줄 뿐 실질적 권리를 확정하는 것이 아니므로 선의취득자의 주주권은 제권판결 후에도 그대로 존속한다고 한다.[158]

셋째의 입장은 절충설로서 제한적 선의취득자우선설이다. 이 설에 따르면 제권판 결선고 전에 명의개서절차를 마친 선의취득자의 권리는 존속하지만, 명의개서를 하지 아니한 선의취득자는 제권판결에 의해서 그 권리를 상실한다고 한다.[159]

생각건대 현재의 공시최고제도는 공시방법으로서 불완전하고 아울러 제권판결의 적극적 효력도 신청인의 형식적 지위만 회복시키는 것에 불과하다. 그렇다면 선의취

---

156) 서울민사지방법원 1971. 2. 10, 69라401; "제권판결의 효력은 신청인에게 증서의 점유에 대신하는 효력을 주 는 데 그치는 것이요, 실질적 권리를 창설하는 형성적 효력을 갖는 것은 아니므로 주권에 대한 실질적 권리관 계를 다투는 자가 있으면 여타의 방법으로 다시 이를 확정하여야 한다."
157) 대판 1991. 5. 28, 90다6774; 최기원, 313면(어음·수표와 주권의 경우를 구별함; 최기원, 어음·수표법, 제5 증보판, 2008, 51~53면도 참조); 이철송, 340면; 최준선, 264면; 정찬형, 상법강의(하), 제16판, 2014, 422면.
158) 정동윤, 471면; 이·최, 264면.
159) 송상현·박익환, 민사소송법, 2011, 833면; 박우동, "제권판결취득자와 선의취득자와의 관계", 「법조」 제26권 제8호, 76면.

득자우선설이 타당하다고 생각된다.

### (4) 주권의 재발행

일반적으로 주권을 상실한 자가 제권판결을 얻은 때에는 회사에 대하여 주권의 재발행을 청구할 수 있다(상 360). 재발행 신청자가 주주명부상으로도 주주인 경우에는 회사는 어려움 없이 그 신청인 명의의 주권을 재발행해 줌으로써 면책될 수 있다(민소 497). 물론 신청인이 실질적으로도 무권리자라는 사실을 회사가 알고 또 이를 증명할 수 있는 경우에는 회사는 면책되지 않는다.[160]

기명주주가 회사에 대하여 주권의 재발행을 청구할 때에는 주주명부가 작성되어 있으므로 다소 구체화가 필요하다. 특히 제권판결 이전에 주권을 선의취득한 자가 있는 경우에는 위 학설들에 따라 판단이 달라질 여지가 있다. 위에서 결론내린 선의취득자 우선설에 따라 이를 구체화시켜 보기로 한다.

우선 제권판결 취득자가 주주명부상으로도 주주인 경우 회사는 재발행 신청인 명의의 주권을 발행해 줌으로써 면책될 여지는 있다(민소 497). 그러나 선의취득자는 이를 다툴 수 있다. 제권판결은 해당 주권의 소지만을 회복시킬 뿐 제권판결취득자를 진정한 주주로 확정하는 효력이 없기 때문이다. 따라서 제권판결 전에 주권의 선의취득이 있었던 경우 선의취득자는 만일 제권판결취득자가 이미 주권을 재발행받았을 때에는 그 주권의 교부를 청구할 수 있고, 만일 아직 주권을 재발행받지 않았다면 선의취득자는 제권판결정본의 인도를 요구하여 이를 회사에 제시한 후 주권의 재발행을 요구할 수 있다.[161]

제권판결이 있기 전에 주권의 선의취득이 이루어졌고 선의취득자 명의로 명의개서까지 이루어진 경우에는 제권판결취득자는 자기가 실질상의 권리자임을 증명하여야 회사가 그 청구에 응할 수 있을 것이다. 따라서 제권판결 취득자가 이러한 증명에 이르지 못하는 한 명의개서나 주권의 재발행을 요구할 수 없다.[162]

### ✤ 여타의 학설에 따른 주권의 재발행 가능성

① 제권판결취득자 우선설을 취할 경우:  이 경우 제권판결 취득자가 주주명부상으로도 주주인 경우에는 회사는 어려움없이 그 취득자 명의의 주권을 발행해주면 된다. 선의취득자가 주주명부상의 명의자인 경우에도 같다. 제권판결취득자 우선설을 취하는 한 선의취득자는 권리의 신고를 하지 않아 권리를 상실하였기 때문에 설사 선의취득자가 주주

---

160) 정동윤, 회사법 제7판, 법문사, 2005, 221면 참조.
161) 정동윤, 회사법, 제7판, 법문사, 2005, 221면 참조.
162) 최기원, 313면 참조.

명부상 주주로 등재되어 있다 해도 회사는 그를 주주로 볼 수 없다. 선의취득자가 제권판결 전에 명의개서를 마쳐 주주명부상 주주로 되어 있다 해도 그가 공시최고 기간중 권리의 신고를 하지 않아 주권을 반환한 것과 같은 결과가 되고 이것이 그의 권리상실로 이어지기 때문이다. 제권판결 취득자는 선의취득자의 명의개서가 있더라도 자신의 명의로 다시 명의개서를 해줄 것을 요구할 수 있고 주권의 재발행도 청구할 수 있다.[163]

　② 절충설(제한적 선의취득자우선설)을 취할 경우: 　선의취득자가 명의개서까지 마친 경우에는 위 선의취득자우선설과 같아질 것이다. 선의취득자가 명의개서를 마치지 못한 경우에는 제권판결취득자우선설과 같아진다.

---

**대판 2013. 12. 12, 2011다112247, 112254 [명의개서절차이행등 · 명의개서절차이행]**

[기존 주권을 무효로 하는 제권판결에 기하여 주권이 재발행되었으나 제권판결에 대한 불복의 소가 제기되어 제권판결을 취소하는 판결이 선고 · 확정된 경우, 재발행된 주권의 소지인이 그 후 이를 선의취득할 수 있는지 여부(소극)]

　상법 제360조 제1항은 "주권은 공시최고의 절차에 의하여 이를 무효로 할 수 있다"라고 정하고, 같은 조 제2항은 "주권을 상실한 자는 제권판결을 얻지 아니하면 회사에 대하여 주권의 재발행을 청구하지 못한다"라고 정하고 있다. 이는 주권은 주식을 표창하는 유가증권이므로 기존의 주권을 무효로 하지 아니하고는 동일한 주식을 표창하는 다른 주권을 발행할 수 없다는 의미로서, 위 규정에 반하여 제권판결 없이 재발행된 주권은 무효라고 할 것이다. 한편 **증권이나 증서의 무효를 선고한 제권판결의 효력은 공시최고 신청인에게 그 증권 또는 증서를 소지하고 있는 것과 동일한 지위를 회복시키는 것에 그치고 공시최고 신청인이 실질적인 권리자임을 확정하는 것은 아니다. 따라서 증권이나 증서의 정당한 권리자는 제권판결이 있더라도 실질적 권리를 상실하지 아니하고, 다만 제권판결로 인하여 그 증권 또는 증서가 무효로 되었으므로 그 증권 또는 증서에 따른 권리를 행사할 수 없게 될 뿐이다.** 그리고 민사소송법 제490조, 제491조에 따라 제권판결에 대한 불복의 소가 제기되어 제권판결을 취소하는 판결이 확정되면 제권판결은 소급하여 효력을 잃고 정당한 권리자가 소지하고 있던 증권 또는 증서도 소급하여 그 효력을 회복하게 된다. 그런데 위와 같이 제권판결이 취소된 경우에도 그 취소 전에 제권판결에 기초하여 재발행된 주권이 여전히 유효하여 그에 대한 선의취득이 성립할 수 있다면, 그로 인하여 정당한 권리자는 권리를 상실하거나 행사할 수 없게 된다. 이는 실제 주권을 분실한 적이 없을 뿐 아니라 부정한 방법으로 이루어진 제권판결에 대하여 적극적으로 불복의 소를 제기하여 이를 취소시킨 정당한 권리자에게 가혹한 결과이고, 정당한 권리자를 보호하기 위하여 무권리자가 거짓 또는 부정한 방법으로 제권판결을 받은 때에는 제권판결에 대한 불복의 소를 통하여 제권판결이 취소될 수 있도록 한 민사소송법의 입법 취지에도 반한다. 또한 민사소송법이나 상법은 제권판결을 취소하는 판결의 효력을 제한하는 규정을 두고 있지도 아니하다. 따라서 **기존**

---

163) 최기원, 313면 참조.

주권을 무효로 하는 제권판결에 기하여 주권이 재발행되었다고 하더라도 제권판결에 대한 불복의 소가 제기되어 제권판결을 취소하는 판결이 선고·확정되면, 재발행된 주권은 소급하여 무효로 되고, 그 소지인이 그 후 이를 선의취득할 수 없다고 할 것이다.

## Ⅱ. 주주명부

### 1. 의    의

株主名簿(Aktienbuch)란 주주 및 주권에 관한 사항을 명확하게 하기 위하여 작성하는 장부이다. 주주명부는 회사의 영업 및 재산상황을 보여주는 것이 아니기 때문에 상업장부는 아니다. 나아가 주주명부는 주주가 아니라 주권을 기초로 작성되는 주권대장과도 구별하여야 한다.

주식회사에 있어서는 원칙적으로 주식양도의 자유가 보장되므로($^{상\ 335}_{1문}$) 주주는 수시로 변동하는 동적인 집단이 된다. 이에 회사가 계속적으로 집단적 법률관계를 처리해 나가자면 주주의 동태를 파악하는 기술적 장치가 필요하다. 예컨대 회사가 이익배당을 하자면 특정 시점에 있어서 획일적으로 주주로 파악된 집단을 대상으로 이를 시행할 수밖에 없는 것이다. 이러한 요구에서 상법은 주주명부의 작성, 비치 및 공시를 의무화하고($^{상\ 352}_{396}$), 기명주주에 대해서는 주식의 양도가 이루어질 경우 주주명부에 명의개서를 하지 않으면 회사에 대항할 수 없도록 하고 있다($^{상\ 337}$). 그러나 주주명부는 그 기재에 의하여 주주권 자체를 변동시키는 제도는 아니며 다만 회사가 누구를 주주로 취급하느냐에 대한 자료를 제공할 뿐이다.

> **대판 2020. 6. 11, 2017다278385**
>
> "상법이 주주명부제도를 둔 이유는, 주식의 발행 및 양도에 따라 주주의 구성이 계속 변화하는 단체법적 법률관계의 특성상 회사가 다수의 주주와 관련된 법률관계를 외부적으로 용이하게 식별할 수 있는 형식적이고도 획일적인 기준에 의하여 처리할 수 있도록 하여 이와 관련된 사무처리의 효율성과 법적 안정성을 도모하기 위함이다. 이는 주식의 소유권 귀속에 관한 회사 이외의 주체들 사이의 권리관계와 주주의 회사에 대한 주주권 행사국면을 구분하여, 후자에 대하여는 주주명부상 기재 또는 명의개서에 특별한 효력을 인정하는 태도라고 할 것이다. 따라서 특별한 사정이 없는 한, 주주명부에 적법하게 주주로 기재되어 있는 자는 회사에 대한 관계에서 그 주식에 관한 의결권 등 주주권을 행사할 수 있고, 회사 역시 주주명부상 주주 외에 실제 주식을 인수하거나 양수하고자 하였던 자가 따로 존재한다는 사실을 알았든 몰랐든 간에 주주명부상 주주의 주주권 행사를 부인할 수 없으며, 주주명부에 기재를 마치지 아니한 자의 주주

권 행사를 인정할 수도 없다. 그러나 **상법은 주주명부의 기재를 회사에 대한 대항요건으로 정하고 있을 뿐 주식 이전의 효력발생요건으로 정하고 있지 않으므로 명의개서가 이루어졌다고 하여 무권리자가 주주가 되는 것은 아니고, 명의개서가 이루어지지 않았다고 해서 주주가 그 권리를 상실하는 것도 아니다. 이와 같이 주식의 소유권 귀속에 관한 권리관계와 주주의 회사에 대한 주주권 행사국면은 구분되는 것이고, 회사와 주주 사이에서 주식의 소유권, 즉 주주권의 귀속이 다투어지는 경우 역시 주식의 소유권 귀속에 관한 권리관계로서 마찬가지이다."**

## 2. 작성 및 공시

이사는 주주명부를 作成하여 이를 본점에 비치하여야 한다($\frac{상}{\mathrm{I}}\frac{396}{1문}$). 명의개서대리인을 둔 경우에는 그 대리인의 영업소에 주주명부 또는 그 복본을 둘 수 있다($\frac{상}{\mathrm{I}}\frac{396}{2문}$). 주주 및 회사채권자는 영업시간 내에는 언제든지 주주명부 또는 그 복본의 열람 및 등사를 청구할 수 있다($\frac{상}{\mathrm{II}}^{396}$).

나아가 상법은 제352조에서 주주명부상의 기재사항을 법정하고 있다. 그러나 이외에도 주식의 등록질에 관한 사항($\frac{상}{}^{340}$), 주권불소지신고사항($\frac{상}{\mathrm{의}2}\frac{358}{\mathrm{II}}$), 공유주식의 경우 그 권리행사자의 성명과 주소($\frac{상}{353}\frac{333}{\mathrm{I}}\frac{\mathrm{II},\mathrm{III}}{참조}$) 등이 주주명부에 기재될 수 있다.

## 3. 주주명부의 효력

주주명부상의 기재는 다음과 같은 효력을 갖는다.

### (1) 추정력(Legitimationswirkung)

주식의 양수인이 주주명부에 명의개서를 한 때에는 주주로 추정되어 실질적인 권리를 증명하지 않고도 권리를 행사할 수 있다.[164] 자격수여적 효력 또는 권리추정력이라고도 한다. 나아가 등록질권자로 기재된 자도 적법하게 질권을 취득한 것으로 추정된다.

> **대판 2010. 3. 11, 2007다51505**
>
> "[3] 주주명부에 주주로 등재되어 있는 이는 그 회사의 주주로 추정되며 이를 번복하기 위하여는 그 주주권을 부인하는 측에 입증책임이 있다.
>
> [4] 주주명부에 주주로 등재되어 있는 이는 주주로서 주주총회에서 의결권을 행사할 자격이 있다고 추정되므로, 특별한 사정이 없는 한 주주명부상의 주주는 회사에 대한

---

164) 대판 1985. 3. 26, 84다카2082; "주주명부에 주주로 등재되어 있는 자는 일응 그 회사의 주주로 추정되며 이를 번복하기 위하여는 그 주주권을 부인하는 측에 입증책임이 있다."

관계에서 그 주식에 관한 의결권을 적법하게 행사할 수 있다. 따라서 한편 주주명부상의 주주임에도 불구하고 회사에 대한 관계에서 그 주식에 관한 의결권을 적법하게 행사할 수 없다고 인정하기 위하여는, 주주명부상의 주주가 아닌 제3자가 주식인수대금을 납입하였다는 사정만으로는 부족하고, 그 제3자와 주주명부상의 주주 사이의 내부관계, 주식 인수와 주주명부 등재에 관한 경위 및 목적, 주주명부 등재 후 주주로서의 권리행사 내용 등에 비추어, 주주명부상의 주주는 순전히 당해 주식의 인수과정에서 명의만을 대여해 준 것일 뿐 회사에 대한 관계에서 주주명부상의 주주로서 의결권 등 주주로서의 권리를 행사할 권한이 주어지지 아니한 형식상의 주주에 지나지 않는다는 점이 증명되어야 한다."

### (2) 면책력(Befreiungsfunktion)

가령 회사가 주주명부에 주주로 기재된 자를 주주로 보고 이익배당이나 신주배정을 하면 설혹 주주명부상의 주주가 진정한 주주가 아니더라도 회사는 면책될 수 있다. 이러한 주주명부의 효력을 면책력 또는 면책적 효력이라 한다.

이러한 면책력은 주주의 확정에만 한정되지 않고 주주의 주소 등 다른 기재사항에 대해서도 인정된다. 주주 또는 질권자에 대한 회사의 통지 또는 최고는 주주명부에 기재한 주소 또는 그 자로부터 회사에 통지한 주소로 하면 된다. 그리하여 주소의 변경이나 오기로 인하여 통지나 최고가 미달된 경우에도 회사는 책임지지 않는다($\frac{\text{상}}{353}$).

### (3) 대항력

기명주식의 이전은 명의개서를 해야 회사에 대항할 수 있다($\frac{\text{상}}{1}$ 337). 즉 명의개서(Umschreibung)를 통하여 회사에 대한 대항요건을 갖추게 된다.

### (4) 기타의 효력

주주명부에는 상기의 세 가지 주된 효력 이외에도 다음과 같은 효력이 있다.

(가) **주권불발행기재의 효력:**   주주의 주권불소지신고에 의하여 회사가 주주명부에 주권을 발행하지 않는다는 뜻을 기재하면 주권을 발행할 수 없고 주주가 제출한 주권은 무효가 된다($\frac{\text{상}}{2}$ ⅲ $\frac{358의}{}$).

(나) **등록질의 효력발생:**   기명주식을 질권의 목적으로 할 경우 약식질과 등록질의 두 가지 방법이 있는바, 후자는 주주명부에 질권자의 성명과 주소가 기재되고 주권에 그 성명이 기재되어야 그 효력이 발생한다($\frac{\text{상}}{340}$).

(다) **제3자에 대한 대항력:**   주권이 신탁재산인 사실을 주주명부에 기재하면 제3

자에 대한 대항력이 발생한다(실탈법).

## 4. 주주명부의 폐쇄와 기준일제도(상354)

### (1) 제도의 취지

주주가 주식의 유통으로 수시로 변하므로 이익배당이나 총회소집과 같이 주주권을 행사할 사안이 생겼을 때 회사는 그 권리행사자를 특정시킬 필요를 느끼게 된다. 이러한 요구를 충족시키기 위하여 상법은 주주명부의 폐쇄와 기준일제도를 두게 되었다(상354). 전자는 일정 기간 주주명부에 권리변동의 기재를 금지시키는 것이요, 후자는 특정일을 기준으로 그날에 주주명부에 기재된 자를 그 후에 변동이 발생했을지라도 주주로 취급하는 제도이다.

### (2) 주주명부의 폐쇄

주주 또는 질권자로서 권리를 행사할 자를 확정하기 위하여 일정 기간 주주명부의 기재변경을 정지시키는 제도를 주주명부의 閉鎖라 한다(상354전단). 폐쇄기간은 3개월을 초과하지 못하며(상354), 폐쇄기간이 정하여진 경우 그 2주 전에 공고하여야 한다(상354Ⅲ1문). 다만 정관으로 폐쇄기간을 정한 경우에는 공고를 요하지 않는다(상354Ⅲ2문). 폐쇄기간 중에는 명의개서는 물론 질권의 등록, 전환의 청구, 신주인수권의 행사도 할 수 없다.

### (3) 기준일

회사가 일정한 날을 정하여 그날에 주주명부에 기재된 주주 또는 질권자를 권리행사자로 일률적으로 확정하는 것을 基準日制度라 한다(상354후단). 기준일은 예정된 권리행사일로부터 이에 앞선 3개월 내의 날로 정하여야 하며(상354), 주주명부의 폐쇄에서와 마찬가지로 정관으로 그날을 지정한 경우 외에는 기준일의 2주간 전에 공고하여야 한다.

### (4) 주주명부의 폐쇄와 기준일의 병용

회사들은 실제로는 위 양제도를 함께 사용하는 경우가 많다. 예컨대 이익배당을 시행함에 있어서는 결산일을 기준일로 정하고, 이익배당을 받을 자와 정기총회에서 의결권을 행사할 자를 일치시키기 위하여 결산일로부터 정기총회의 종료시까지 주주명부를 폐쇄시키는 것이 관례로 되어 있다.

### 5. 전자주주명부[165]

회사는 정관으로 정하는 바에 따라 전자문서로 주주명부를 작성할 수 있다($\frac{상}{의2}\frac{352}{I}$). 전자주주명부를 작성함에는 상법 제352조 제1항의 기재사항 외에도 전자우편주소를 추가하여야 한다($\frac{상}{의2}\frac{352}{II}$). 전자주주명부의 비치·공시 및 열람에 대해서 필요한 사항은 대통령령으로 정한다($\frac{상}{의2}\frac{352}{III}$).

## 제4관 주주권의 변동

## I. 총 설

주식회사는 전형적인 물적회사로서 채권자보호 및 기업유지의 관점에서 자본의 원칙이 지켜져야 한다. 이러한 관계로 투하자본의 회수방법으로 인적회사에서와 같은 退社制度[166]가 인정되지 않고[167] 그대신 주식의 자유스러운 양도를 보장하고 있다 ($\frac{상}{}335$). 이렇게 주식회사에서는 끊임없이 사원권의 주체에 변동이 발생하고 우리는 매일매일 경제현상에서 이를 지켜보고 있다. 주식회사에 있어서 인적 구성의 변화는 株主權의 취득 및 상실의 모습으로 설명될 수 있다.

주식을 취득함에 있어서는 원시취득과 승계취득의 두 가지 가능성이 있다. 전자는 회사설립시의 주식인수와 회사성립 후의 신주인수에서 나타난다. 후자는 다시 특정승계와 포괄승계로 나누어진다. 특정승계는 주식의 법률행위적 양도에서 나타나고 포괄승계는 상속이나 회사의 합병에서 가능하다. 이 중에서 법률행위에 의한 주식의 양도야말로 주식회사의 인적 조직에 변화를 야기시키는 가장 중요한 법률요건이 된다.

한편 주주의 지위를 상실하는 경우는 다시 절대적 상실의 경우와 상대적 상실의 경우로 나누어질 수 있겠는데, 전자는 주식의 消却(Einziehung von Aktien)에서 나타난다.

---

165) 이에 대해서 자세히는 유춘화, "전자주주명부제도에 대한 입법적 고찰", 『KOSDAQ Journal』, 2010년 11월호, Vol. 94, 66~75면.

166) 퇴사란 특정한 사원이 회사의 존속 중에 자신의 사원자격을 절대적으로 상실하는 것이다.

167) 대판 2007. 5. 10, 2005다60147, [제명처분의 무효확인; 인적회사의 퇴사제도와 유사한 주주제명제도를 정관에 규정한 주식회사의 정관규정은 주식회사의 본질에 반하여 무효라고 한 사례] "상법은 제218조 제6호, 제220조, 제269조에서 인적회사인 합명회사, 합자회사에 대하여 사원의 퇴사사유의 하나로서 '제명'을 규정하면서 그 사원의 제명의 선고를 법원에 청구할 수 있도록 규정하고 있음에 반하여 주식회사의 경우에는 주주의 제명에 관한 근거규정과 절차규정을 두고 있지 아니한 바, 이는 상법이 인적 결합이 아닌 자본의 결합을 본질로 하는 물적 회사로서의 주식회사의 특성을 특별히 고려한 입법이라고 해석되므로 … 인적회사인 합명회사, 합자회사의 사원 제명(除名)에 관한 규정을 … 주식회사에 유추적용하여 주주의 제명을 허용할 수 없다."

상대적 상실은 법률행위적인 주식의 승계취득이나 선의취득의 반면현상으로 나타난다.

이하에서는 주주권변동의 가장 중요한 현상인 주식의 양도에 관하여 살펴보고, 이어서 선의취득과 기명주식양도시 회사에 대한 대항요건인 명의개서제도를, 나아가 주식의 담보화와 주식의 소각, 분할, 병합 등을 차례로 살펴본다.

## Ⅱ. 주식양도의 자유와 제한

### 1. 주식양도의 의의

株式의 讓渡란 사원의 지위인 주식을 법률행위에 의해서 이전하는 것으로서 양수인에게는 승계취득의 일종이 된다. 주식양도의 원인행위로서 매매나 증여 등의 채권행위가 선행하고 그 이행으로 주식의 양도가 이루어진다. 따라서 매매 등의 원인행위는 채무부담행위(Verpflichtungsgeschäft), 주식양도는 처분행위(Verfügungsgeschäft)라 할수 있다.

주식의 양도로 인하여 주주가 회사에 대하여 갖는 법적 지위인 자익권과 공익권은 포괄적으로 양수인에게 이전한다. 주식불가분의 원칙에 따라 이 포괄적 법적 지위는 분할하여 그 일부만을 양도의 대상으로 삼을 수 없다. 그러나 이미 살펴본 바대로 비록 추상적이고 포괄적인 주주권으로부터 파생되었으나 이미 구체화되고 독립된 채권자적 권리는 독립된 양도의 객체가 된다. 구체화된 이익배당청구권이나 신주인수권등이 그러하다.

### 2. 주식양도자유의 원칙 및 그 한계

퇴사제도가 인정되지 않는 주식회사에 있어 투하자본의 회수는 주식의 양도를 통하여 이루어진다. 물론 주식의 유상소각을 통한 자본감소, 이익소각 또는 상환주식의 상환 및 회사의 해산으로 말미암은 잔여재산의 분배 등도 행해지나 이들은 예외적인 현상에 불과하다. 나아가 주식회사가 원활히 자금조달을 꾀하자면 주식의 원활한 유통과 그 처분의 자유를 보장하는 것이 절대적으로 필요하다. 그리하여 주식은 자본시장에서 공개적인 투자대상으로 대중화되고, 또 그 거래의 내역은 해당 회사의 평가자료가 되며, 이들이 합산된 종합주가지수는 그때그때의 경제지표로 작용하고 있다. 이와 같이 주식은 그 자유스러운 양도가능성이 보장될 때 투자대상으로서의 가치를 인정받게 되고 이는 주식회사의 본질에서 유출되는 주식의 속성인 것이다. 그리하여 상법도 원칙적인 주식양도의 자유를 천명하고 있다($^{\text{상}}_{\text{본문}}{}^{335}$).

그러나 한편 소규모의 사원으로 구성된 폐쇄회사(closed corporation)에 있어서는 양도자유의 절대적 보장은 회사의 이익에 심각한 영향을 미칠 수 있다. 모든 주식회사가 다수의 주주로 구성되고 또 그 주식의 분산이 완만한 공개회사의 형태는 아니며, 특히 우리나라와 같이 주식회사가 '만능의 외투'(Allzweck-Mantel)로 이용되는 경제현실에서는 무수한 가족형 주식회사가 거의 폐쇄회사로 운영되고 있다고 봐야 할 것이다. 이러한 폐쇄회사에서는 주식의 양도는 사원의 인적 구성에 심각한 변화를 야기시키고 이것이 여타 주주 및 회사의 이익에 커다란 영향을 미칠 수 있다. 물론 법정책적으로는 그러한 폐쇄적 주식회사는 유한회사로 조직변경시키는 것도 바람직할 것이다. 그러나 주식회사에 대한 사회 일반의 인식과 선호도를 하루 아침에 불식시키는 것은 어려운 일이다. 또 비교법적으로 보더라도 주식회사가 반드시 공개회사의 형태로 운영되는 것도 아니다. 우리 상법도 一人設立을 허용하는 방향으로 개정되었고 ($^{\text{상}}_{288}$), 독일주식법은 기명주식에 대해서는 오래 전부터 정관규정을 통한 양도제한을 허용해 왔다($^{\text{독법}}_{68\,\text{II}}$). 일본상법도 이사회의 승인을 통하여 주식의 양도를 제한할 수 있도록 定款自治(Satzungsautonomie)를 허용하고 있다($^{\text{일법}}_{204}$). 그리하여 상법은 1995년의 개정에서 절대적으로 보장해 왔던 주식양도의 자유를[168] 개개 회사의 구체적 사정에 따라 정관규정으로 상대화시킬 수 있게 하였다($^{\text{상}}_{\text{단서}}{}^{335}$).

### 3. 주식양도의 제한

이제 주식양도의 자유를 제한시키는 법률요건들을 ① 정관 규정에 의한 제한, ② 주주간 계약에 의한 제한 및 ③ 법정제한사유로 나누어 살펴본다.

#### (1) 정관규정에 의한 제한

(가) 정관에 의한 주식양도의 제한방법:　주식의 양도는 정관이 정하는 바에 따라 이사회의 승인을 얻도록 할 수 있다($^{\text{상}}_{\text{단서}}{}^{335}$). 이로써 상법은 정관에 의하여 주식양도에 제한을 가할 수 있도록 법적 근거를 마련하였다. 즉 상법은 개정 전 상법과 달리 주식양도에 관한 한 정관자치(Satzungsautonomie)를 허용한 것이다. 개정 전 상법에서는 정관규정으로도 자유스런 주식양도를 제한할 수 없다고 하였으므로 개정상법은 그만큼 사적자치의 범위를 넓혔다고 할 수 있다.

---

168) 1995년의 개정 전 상법 제335조 제1항은 "주식의 양도는 정관에 의하여서도 이를 금지하거나 제한하지 못한다"로 되어 있었다.

**1) 정관상의 수권규정:** 우선 주식양도를 이사회의 승인으로 제한시키자면 정관에 이에 관한 정함이 있어야 한다. 이러한 정관규정은 회사설립시부터 원시정관에 기재되는 경우뿐만 아니라 정관변경의 방식을 거쳐 사후에 신설될 수도 있다.

**2) 공시의무:** 나아가 주식양도의 제한은 공시되어야 한다. 정관에 주식양도의 제한규정을 둔 경우에는 이를 주권과 주식청약서에도 기재하고 설립등기에도 등재하여야 한다(상 356 6호의2, 302 Ⅱ 5호의2, 317 Ⅱ 3호의2). 나아가 전환사채나 신주인수권부사채를 발행하는 경우에는 그 청약서, 채권, 사채원부에 기재되어야 하고, 신주인수권증권이 발행되는 경우에는 여기에도 기재되어야 한다(상 514 Ⅰ 5호, 516의4 제4호, 516의5 Ⅱ 5호).

**3) 이사회의 승인:** 양도의 승인기관은 이사회이다. 상법이 명문으로 승인기관을 정하고 있으므로 이사회가 아닌 주주총회나 대표이사를 승인기관으로 하는 것은 허용되지 않는다. 참고로 독일 주식법은 정관규정으로 주주총회나 감사회도 승인기관으로 정할 수 있도록 허용하고 있다(동법 68 Ⅱ 3문).

**(나) 양도제한을 받는 주식:** 기명주식과 무기명주식 중 전자에 대하여는 정관에 의한 양도제한이 가능하다는 데에 학설은 일치한다. 그러나 후자에 대하여는 긍정설과 부정설의 대립이 있다. 독일 주식법은 기명주식에만 한정시키고 있고(동법 68 제록 참조), 또 무기명주식은 소지인이면 누구든지 소지자로 추정되므로 기명주식에 한정시켜야 한다는 부정설이 있으나, 상법은 문언상 그러한 제한을 가하고 있지 않고 나아가 무기명주식의 경우에도 양도제한의 현실적 필요성이 나타날 가능성을 부정할 수 없으므로 기명주식이나 무기명주식이나 모두 양도제한대상이 된다고 본다.[169] 그러나 2014년 4월 상법개정으로 무기명주식제도는 폐지되었으므로 이 문제는 이제는 이론적 논의에 불과하다.

**(다) 양도승인절차(상 335의2):** 주식양도의 승인절차는 주주의 승인청구, 이사회의 승인 또는 거부의 결의, 회사의 결과통지의 순으로 진행된다. 주식을 양도하고자 하는 주주는 회사에 대하여 양도의 상대방 및 양도하고자 하는 주식의 종류와 수를 기재한 서면으로 양도의 승인을 청구한다(상 335의2 Ⅰ). 이러한 양도승인청구에 대하여 회사는 이사회결의로 승인 여부를 결정하여야 한다. 그리고 그 결과를 양도승인청구를 받은 날로부터 1개월 이내에 해당 주주에게 서면통지하여야 한다(상 335의2 Ⅱ). 이 1개월의 기간

---

169) 다만 우리나라에서는 거의 예외없이 기명주식으로만 발행하였으므로 무기명주식의 양도제한에 대한 논의는 현실성이 거의 없었다.

중에 이사회결의가 이루어져야 함은 물론이다. 회사가 이 기간 중 주주에게 양도승인 거부의 통지를 하지 않은 때에는 이사회가 승인한 것으로 취급된다($\frac{상}{2}\frac{335의}{Ⅲ}$).

### (라) 양도승인 및 거절의 효과

**1) 승인의 효과:** 양도승인의 통지는 상대방있는 단독행위이므로 그 승인통지의 도달로($\frac{민}{111}$) 효력이 발생하며, 이제 양도인은 양수인에게 해당 주식의 양도가 가능해지고 양수인은 명의개서도 청구할 수 있게 된다.

### 2) 거절의 효과

**가) 대회사적 효과:** 한편 양도승인이 거절되면 해당 주식양도는 회사에 대하여 효력이 없다($\frac{상}{제}$ 335). 그렇다고 양도당사자간에서도 주식양도가 효력을 잃는 것은 아니다. 즉 양도당사자간에 유효한 주식양도가 이루어졌다면 양수인은 양도인과의 관계에서는 주식을 유효하게 취득한 것이 된다. 주식양수인에 의한 승인청구도 가능하다고 보는 상법의 입장은 이를 전제로 한 것이다($\frac{상}{7}\frac{335의}{참조}$). 다만 회사에 대한 관계에서 주식 양도의 효력을 주장할 수 없을 뿐이다. 그리하여 양도승인이 거부된 주식의 양수인은 주식을 취득하였음에도 회사에 대해서는 그 양수의 효력을 주장할 수 없어 경제적 손실을 볼 수 있고 또 양도인도 마찬가지로 양수인에게 완전하게 주식을 이전시킬 수 없게 되어 그 피해가 나타날 가능성이 있는 것이다.

**나) 주주에 대한 효과:** 상법은 승인을 거부당한 주주를 보호하기 위하여 일정한 구제수단을 마련하고 있다. 양도상대방의 지정청구권과 주식매수청구권이 그것이다. 즉 양도승인거부의 통지를 받은 주주는 통지를 받은 날로부터 20일 내에 회사에 대하여 양도상대방의 지정 또는 그 주식의 매수를 청구할 수 있다($\frac{상}{제}\frac{335의}{Ⅳ}$).

① **양도상대방의 지정청구권:** 우선 양도상대방의 지정청구권부터 살펴보자. 회사로부터 양도승인거부의 통지를 받은 주주나 주식의 양수인은 통지를 받은 날로부터 20일 내에 회사에 대하여 양도상대방을 지정해 줄 것을 청구할 수 있다($\frac{상}{Ⅳ.}\frac{335의2}{335의7}$). 이를 상대방지정청구권이라 한다. 이러한 청구를 받으면 이사회는 상대방을 지정하여 청구일로부터 2주간 내에 주주 및 지정된 상대방에게 이를 서면통지하여야 한다($\frac{상}{3}\frac{335의}{Ⅰ}$). 2주간 내에 이러한 통지가 이루어지지 않으면 주식양도를 이사회가 승인한 것으로 보게 된다($\frac{상}{3}\frac{335의}{Ⅱ}$). 상대방이 확정되어 서면통지가 이루어지면 그 확정된 자는 통지일로부터 10일 내에 청구를 한 주주에 대하여 자신에게 주식을 매도할 것을 서면으로 청구할 수 있다($\frac{상}{원}\frac{335의4 Ⅰ: 지정}{자의 매도청구권}$). 이 때 그 매수가액은 상법 제335조의5의 규정에 의한다.

② **주식매수청구권:** 주주는 양도승인이 거부된 때에는 승인거절의 통지를 받은 날로부터 20일 내에 회사에 대하여 주식의 매수를 청구할 수도 있다($^{\text{상 335의}}_{\text{2 IV}}$). 이를 양도제한주식에 대한 주식매수청구권이라 한다. 이에 대해서는 영업양도승인결의시 반대주주의 주식매수청구권에 관한 상법 제374조의2 제2항 내지 제5항의 규정이 준용된다($^{\text{상 335}}_{\text{의6}}$).

다) **주식양수인에 대한 효과:** 주식의 양도에 관하여 이사회의 승인을 얻어야 하는 경우 주식을 취득한 양수인 역시 회사에 대하여 그 취득의 승인을 구할 수 있다. 이 경우 양수인은 해당 주식의 종류와 수를 기재한 서면으로 회사에 대하여 그 승인을 청구하여야 한다($^{\text{상 335}}_{\text{의7 I}}$). 회사는 청구일로부터 1개월내에 양수인에게 그 결과를 서면으로 통지한다($^{\text{상 335의7 II ;}}_{\text{상 335의2 II}}$). 회사가 양도승인을 거부하는 경우 그 통지를 받은 양수인은 회사에 대하여 양도상대방에 대한 지정청구나 해당 주식의 매수청구를 할 수 있다($^{\text{상 335의7 II ; 상}}_{\text{335의3, 상 335의6}}$).

이 경우 후자, 즉 주식매수청구권의 법적 성질은 형성권이고 이는 어디까지나 양수인의 유효한 주식취득을 전제로 한다. 따라서 주식을 적법히 취득하지 못한 양수인이 매수청구를 하여도 이는 무효이다. 나아가 사후적으로 양수인이 주식취득의 요건을 갖추게 되더라도 이미 존재하는 하자는 치유되지 않는다.

> **대판 2014. 12. 24, 2014다221258, 221265 [주식매수대금청구의소·주식매매대금]**
>
> "주식의 양도에 관하여 이사회의 승인을 얻어야 하는 경우에 주식을 취득하였으나 회사로부터 양도승인거부의 통지를 받은 양수인은 상법 제335조의7에 따라 회사에 대하여 주식매수청구권을 행사할 수 있다. 이러한 주식매수청구권은 주식을 취득한 양수인에게 인정되는 이른바 형성권으로서 그 행사로 회사의 승낙 여부와 관계없이 주식에 관한 매매계약이 성립하게 되므로, 주식을 취득하지 못한 양수인이 회사에 대하여 주식매수청구를 하더라도 이는 아무런 효력이 없고, 사후적으로 양수인이 주식 취득의 요건을 갖추게 되더라도 그 하자가 치유될 수는 없다."

**(2) 주주간 계약에 의한 제한**

주식의 양도는 주주간 계약에 의하여도 제한가능하다. 그간의 판례법을 중심으로 살펴보기로 한다.

**(가) 일정 기간 주식양도를 절대적으로 금지하는 약정(무효):** 판례는 일정기간 주식양도를 절대적으로 금지하는 주주간 계약을 무효로 보고 있다. 일정기간 동안 주주

의 투하자본에 대한 회수가능성을 전면적으로 부정하는 것이기 때문이다. 이러한 양
도금지방식은 정관에 규정을 두어도 무효이며 주주간 계약으로 정해도 역시 무효라
한다.

> **대판 2000. 9. 26, 99다48429 [명의개서절차이행]**
>
> "[1] 상법 제335조 제1항 단서는 주식의 양도를 전제로 하고, 다만 이를 제한하는
> 방법으로서 이사회의 승인을 요하도록 정관에 정할 수 있다는 취지이지 주식의 양도
> 그 자체를 금지할 수 있음을 정할 수 있다는 뜻은 아니기 때문에, 정관의 규정으로 주
> 식의 양도를 제한하는 경우에도 주식양도를 전면적으로 금지하는 규정을 둘 수는 없다.
> [2] 회사와 주주들 사이에서, 혹은 주주들 사이에서 회사의 설립일로부터 5년 동안
> 주식의 전부 또는 일부를 다른 당사자 또는 제3자에게 매각·양도할 수 없다는 내용
> 의 약정을 한 경우, 그 약정은 주식양도에 이사회의 승인을 얻도록 하는 등 그 양도를
> 제한하는 것이 아니라 설립 후 5년간 일체 주식의 양도를 금지하는 내용으로 이를 정관
> 으로 규정하였다고 하더라도 주주의 투하자본회수의 가능성을 전면적으로 부정하는 것
> 으로서 무효라는 이유로 정관으로 규정하여도 무효가 되는 내용을 나아가 회사와 주주
> 들 사이에서, 혹은 주주들 사이에서 약정하였다고 하더라도 이 또한 무효이다."

**(나) 우선매수권을 약정한 주주간 계약의 효력**

> **대판 2008. 7. 10, 2007다14193 [위약금]**
>
> [주주간 계약의 채권적 효력은 긍정하였으나 대회사적 효력은 부정한 사례; 우선매수권을 부
> 여하는 주주간 계약을 위반한 당사자에 대해 손해배상의무를 인정한 사례]
> "주식의 양도를 제한하는 방법으로서 이사회의 승인을 요하도록 정관에 정할 수 있
> 다는 상법 제335조 제1항 단서의 취지에 비추어 볼 때, 주주들 사이에서 주식의 양도
> 를 일부 제한하는 내용의 약정[170]을 한 경우, 그 약정은 **주주의 투하자본회수의 가능성
> 을 전면적으로 부정하는 것이 아니고, 공서양속에 반하지 않는다면 당사자 사이에서는
> 원칙적으로 유효**하다고 할 것이다."

**(다) 양도시 출자자 전원의 동의 및 우선매수권을 약정한 주주간 계약의 효력(한정 유
효):** 판례에 의하면 주식의 양도에 출자자 전원의 동의를 요하는 주주간 협약은
원칙적으로 그 효력을 인정할 수 있다고 한다. 즉 유효로 본다. 출자자가 전부 동의
해야 한다면 이는 사실상 양도를 매우 어렵게 할 것이다. 그러나 이러한 합의가 주주
의 투하자본에 대한 회수가능성을 전면적으로 부정하는 것은 아니므로 특히 **선량한
풍속 기타 사회질서에 반하지 않는 한 당사자 사이에서는 원칙적으로 그 효력을 부정**

---

170) 그 내용은 '우선매수권'을 부여하는 약정이었다(이동건·류명현·이수균, "주주간 계약의 실무상의 쟁점－작
성시 주의사항을 중심으로－", 「BFL」 제67호(2014. 9.), 3면.

할 이유가 없다고 한다.

---

**대판 2022. 3. 31, 2019다274639 [주식양도절차이행]**

"주식의 양도를 제한하는 방법으로 이사회 승인을 받도록 정관에 정할 수 있다는 상법 제335조 제1항 단서의 취지에 비추어 볼 때, 주주 사이에서 주식의 양도를 일부 제한하는 약정을 한 경우, 그 약정은 주주의 투하자본회수 가능성을 전면적으로 부정하는 것이 아니고, 선량한 풍속 그 밖의 사회질서에 반하지 않는다면 당사자 사이에서는 원칙적으로 유효하다(대판 2013. 5. 9, 2013다7608 등 참조)."

☞ 주주간 협약에서 주식양도를 위해 출자자 전원의 동의를 요구하고 있고 그와 별도로 출자자의 우선매수권을 규정하고 있는 사안에서, 위 동의 없이 출자자로부터 주식을 양수한 원고가 '주식양도시 출자자 전원 동의를 요구하는 것은 무효이고, 나아가 우선 매수권을 행사한 출자자가 없는 이상 동의 절차를 생략할 수 있다'고 주장하였으나, 원심은 위 주장을 모두 배척하였고, 대법원은 위와 같은 원심의 판단을 수긍한 사례.

---

(라) **동반매도조항의 효력:** 투자자가 투자의사를 결정함에 있어 특히 폐쇄회사의 경우 차후의 출자환급(exit)에서 지분의 현금화가 쉽지 않기 때문에 투자의사결정에 있어 투자자들은 신중을 기하게 되고 출자의 환급이 제때에 보장되지 않으면 투자를 접는 경우가 많다. 이러한 상황을 고려하여 특히 소수지분에 투자하는 경우 동반매도청구권조항이 자주 등장한다. 동반매도청구권이란 주주간 계약을 체결한 당사자의 일방이 일정조건이 성취되지 않을 경우 타방 당사자에게 투자지분의 동반매각(同伴賣却)을 요구할 수 있는 권리이다. 소수지분만 매각하려면 많은 어려움이 있지만 다수 지분과 함께 매각할 경우 현금화는 상대적으로 쉬워진다. 이러한 목적으로 체결하는 주주간 약정을 동반매도조항(drag along)이라 한다. 판례는 그 효력을 인정하고 있다.

---

**대판 2021. 1. 14, 2018다223054 [매매대금등지급청구의 소]**

"甲 사모투자전문회사 등이 乙 외국법인의 지분 전부를 보유하고 있던 丙 주식회사 등으로부터 乙 법인의 지분 일부를 매수하는 계약을 체결함과 동시에 丙 회사와 '3년 내에 乙 법인의 기업공개가 이루어지지 않으면 일방 당사자가 주식을 매도할 수 있다. 주식을 매도하고자 하는 일방 당사자(매도주주)는 원칙적으로 입찰절차를 진행하여야 하며, 그 결과 매수예정자가 결정되면 정식계약을 체결하기 전 상대방 당사자에게 매도결정통지를 해야 한다. 매도주주는 상대방 당사자에게 보유 주식 전부에 대한 동반매도요구를 할 수 있고, 이 경우 상대방 당사자는 매도주주의 동반매도요구에 동의하거나 (x), 매도결정통지에 기재된 가격 또는 사전에 약정한 가격 중 상대방이 선택한 가격으로 매도주주의 주식 전부를 매수하거나(y), 매도주주가 보유한 주식 전부를 보다 유리한 조건으로 새로운 제3자에게 매도할 것을 제안할 수 있다(z).'는 등의 내용으로 주주 간 계약을 체결하였고, 그 후 丁 유한회사가 甲 회사 등으로부터 위 지분매수계약 및 주주 간 계약상 지위를 승계하였는데, 3년이 지난 후에도 乙 법인의 기업공개가 이루어지지 않자, 丁 회사가 동반매도요구권 행사를 전제로 乙 법인 지분의 매각절차를 진행하다가 丙 회사가 자료제공 등에 협조하지 않는다는 등의 이유로 매각절차를 중단한 다음, 丙 회사를 상대로 丙 회사의 신의성실에 반하는 조건 성취의 방해로 민법 제150조 제1항에 따라 丁 회사와 丙 회사 사이에 매매계약 체결이 의제되었다며 매매대금의 지급을 구한 사안에서, 丙 회사는 丁 회사가 진행하는 매각절차의 상황과 진행단계에 따라 乙 법인 지분의 원활한 매각을 위해서 적기에 乙 법인에 관한 자료를 제공하고 乙 법인을 실사할 기회를 부여하는 등의 방법으로 협조할 신의칙상 의무를 부담하나, 丁 회사의 동반매도요구권 행사만으로는 매도 상대방이 누구인지, 매각금액이 얼마인지 구체적으로 특정되지 않는 점, 丙 회사의 선택이 있어야만 (x), (y), (z)에 따라서 매매계약의 당사자, 매매대상, 매매금액 등이 전혀 다른 별개의 매매계약의 체결이 의제되는 점, 위 매각절차가 법적 구속력이 없는 인수의향서만 제출받은 상황에서 투자소개서 작성을 준비하고 있던 초기 단계에서 중단된 점 등 제반 사정에 비추어 보면, 丙 회사가 丁 회사에 입찰절차 진행에 필요한 투자소개서 작성을 위한 자료를 제대로 제공하지 않은 행위만을 이유로 신의성실에 반하여 조건의 성취를 방해한 것으로 보기 어렵고, 그 조건 성취로 인한 법률 효과를 정할 수도 없으므로, 민법 제150조 제1항에 따라 丁 회사와 丙 회사 사이에 丁 회사 소유의 乙 법인 지분에 관한 매매계약 체결이 의제된다고 할 수 없다"고 한 사례."

## ◈ 주주간 계약과 관련된 문제점

### I. 주식양도제한에 관한 주주간 약정의 효력

#### 1. 의 의

주식회사는 가장 사단성이 강한 회사형태로서 회사내부의 의사형성은 주주총회나 이사회 등의 기관결의를 거치게 되고 이렇게 형성된 효과의사를 대표기관이 대외적으로 표시하게 된다. 이런 방식이 주식회사에 있어 의사형성과 표시행위의 본래의 모습이다. 그러나 오늘날 주주총회나 이사회 등 기관결의 대신 주주들끼리 또는 이들과 회사간의 계약을 통하여 회사의 주요한 의사결정을 다양한 방법으로 대신하는 경우가 많다. 특히 폐쇄회사에 있어서는 이러한 현상이 더욱 두드러지게 나타난다. 이 경우 전래적인 계약법과 단체법의 충돌이 나타나는바 회사법상 전통적으로 강행법규로 인식되던 각종 제도들과 주주간 계약의 내용이 서로 달라 심각한 법적 논의를 낳을 수 있다.

주주간 계약의 법률적 의미는 주주의 충실의무와의 관계에서 더 크게 조명된다. 주로 폐쇄회사에서는 주주간 충실의무가 빈번히 논의되고 있다. **충실의무가 폐쇄회사 소수주주의 사후적 구제수단이라면 주주간 계약은 그 사전적 대비**라 할 수 있다. 지배주주에 의한 억압이나 권리남용 등 특히 폐쇄회사에서 소수주주는 여러 가지로 피해를 볼 수 있는바 가해행위가 이루어진 후에는 충실의무제도에 호소하여 구제책을 찾을 수 있다. 그러나 그러한 권리남용적 행위가 행해지기 전에도 주주간 계약의 drafting을 통하여 피해를 최소화할 수 있으며 다양한 대책을 사전에 강구할 수 있다.  이하에서는 주식양도를 제한하는 주주간 계약(Shareholders' Agreement; SA)을 중심으로 살펴보기로 한다.

〈주주간 계약의 例示171)〉

제O조 [합작회사의 임원 및 이사회] ① 합작회사의 임원은 이사 7명(상근이사 5명, 비상근이사 2명), 상근감사 1명으로 하되, "갑"이 상근이사 4명을 지명하고, 그중 1명을 대표이사로 지명하며, "을"이 비상근이사 2명을, "병"이 상근이사 1명과 상근감사 1명을 지명한다.

② 주주들은 주주총회나 이사회에서 본조 ①항에 따라 각 주주가 지명하는 자를 만장일치로 선임하기로 하고, 각 주주가 지명한 임원의 변경을 원하는 경우, 그 변경을 위한 임시주주총회의 소집과 의결에 만장일치로 찬성하여야 한다.

제O조 [합작회사의 주주총회] ① 주주들은, 다음 각 호의 사항에 관하여는 주주들 전원이 동의한 내용에 따라 합작회사의 주주총회에서 의결권을 행사하여야 한다.

1. 정관의 변경
2. 영업의 전부 또는 중요한 일부의 양도
3. 이사의 선임......

## 2. 종 류

이러한 상황 속에서 주주들간에는 다양한 양도제한 약정이 체결되고 있다.172)

(1) 당사자에 따른 분류: 양도제한약정은 주주간에 체결되는 경우가 보통이겠으나 회사와 주주간 또는 주주와 제3자간에 체결되기도 한다. 현재 국내에서 회사를 주주간 계약의 당사자로 참여시키는 이유는 주주간 계약의 회사에 대한 효력이 인정되지 않기 때문이다. 회사가 참여한 경우 그 효력을 판단함에 있어서는 학설의 대립이 있다. 일부 학설에 의하면 회사와 주주간에 체결되는 양도제한약정은 상법 제335조 제1항의 탈법수단으로서 무효이고 주주간 또는 주주와 제3자간의 계약은 원칙적으로 유효라고 한다.173) 이에 반대하는 학설도 있는바, 이에 의하면 당사자가 누구냐에 따라 일률적으로 효력유무를 판단하는 것은 의미가 없고 계약의 내용이나 여타 요소를 종합적으로 고려하여 유·무효를 판단하자고 한다.174)

(2) 계약내용에 따른 분류: 이를 간략히 살펴보면 ① 일정기간 동안 주식양도를 절대적으로 금지하는 약정(lock-up), ② 주식의 양도에 관하여 다른 주주나 이사 등의 동의를 전제로 양도를 허용하는 약정(consent restraint), ③ 양도를 하더라도 특정 주주에게 우선

---

171) 본 예시는 송영복, "의결권의 행사 및 회사의 업무에 관한 주주간 계약－폐쇄회사를 중심으로－", 서울대학교 대학원 법학석사논문, 2010, 3면에서 전재함.
172) 이에 대해 보다 자세히는 정동윤, 폐쇄회사의 법리, 법문사, 1982, 76~86면.
173) 정동윤, 회사법, 제7판, 240면.
174) 이태종, "주주간의 주식양도제한약정의 효력", 「인권과 정의」 제312호(2002. 8.), 111면.

매수권을 부여하거나(first option) 또는 선거절권(first right of refusal)을 부여하는 약정, ④ 주주의 사망이나 고용계약의 종료 등 일정한 사유가 발생할 경우 해당 주주의 양도의무와 회사 또는 다른 주주의 양수의무를 하는 발생시키는 약정(buy-sell agreement), ⑤ 일방이 주식을 매각할 경우 일정 요건하에 상대방에 대하여도 보유주식의 매각을 요구할 수 있는 동반매도청구조항(drag-along) 등 다양하다. 종종 주주뿐만 아니라 회사 자신이 또는 그 대표자가 계약당사자가 되기도 한다. 대부분 합작투자회사나 벤처회사 등 폐쇄형 회사에 있어 인적 구성을 안정적으로 유지하기 위한 법률적 수요에서 출발하였다.

### 3. 효 력

당사자간의 효력과 회사에 대한 효력을 나누어 보기로 한다.

(1) 당사자간의 효력: 당해 약정이 투하자본의 회수가능성을 전면적으로 봉쇄하거나 공서양속에 반하지 않는 한 당사자 간의 채권적 효력은 원칙적으로 부정하기 어렵다.[175] 따라서 일정 기간 양도를 금지하는 주주간 계약에 있어 어느 주주가 이 기간 중 주식을 양도하거나 다른 주주의 동의 없이 제3자에게 주식을 양도할 경우 양도인은 계약상대방에 대하여 약정위반(채무불이행)으로 인한 손해배상이나 위약금 지급채무를 지게 된다.[176] 판례는 한때 일정기간(5년)의 양도금지약정이나 출자자 전원의 동의를 요하는 주주간 계약에 있어 당사자간의 효력도 부정한 적이 있다.[177] 그러나 대법원은 2008년 이후에는 일관되게 당사자간의 채권적 효력은 부정하지 않고 있다.[178] 여기서 채권적 효력은 제한적 의미이다. 당사자간의 효력이 인정된다 해도 약정을 어긴 당사자로부터 주식을 양수한 제 3자에 대해서는 이 약정의 효력을 주장할 수 없기 때문에 법률적 구제 역시 계약의 직접상대방에 대한 손해배상의 청구나 위약금청구(손해배상의 예정) 등으로 제한될 수밖에 없다.[179]

(2) 회사에 대한 효력: 주주간 계약의 효력을 논함에 있어 회사에 대한 효력은 당사자간의 효력보다 훨씬 중요한 문제이다. 현재 다수설은 회사에 대한 효력을 부정한다.[180] 즉 어느 일방 주주가 약정을 위반한 경우라도 해당 주식양도는 회사에 대해서는 여전히 유효하며 양수인이 명의개서를 청구할 경우 회사는 이를 거부할 수 없다고 한다.[181] 나아가 회사를 상대로 주주권을 행사할 수 있는 자가 누구인지를 판단함에 있어서도 양도제한약정의 존재나 그 위반 여부는 고려요소가 아니라고 한다.[182] 이것이 현재 다수설의 입장이다.[183]

---

175) 田中 亘, 会社法, 第2版, 東京大学出版会, 2018, 105頁.
176) 대판 2008. 7. 10, 2007다14193.
177) 대판 2000. 9. 26, 99다48429 [신세기통신사건].
178) 대판 2008. 7. 10, 2007다14193; 대판 2013. 5. 9, 2013다7608; 대판 2022. 3. 31, 2019다274639.
179) 李在洪, "合作投資契約에 있어서 株主間約定의 效力", 「會社法上의 諸問題」(下), 裁判資料 第38輯, 法院行政處, 1987, 458~490면, 특히 464면.
180) 李在洪, 상계논문, 458~490면, 특히 464면.
181) 윤영신, 주식회사법대계(I), 제4판, 867면.
182) 김건식 · 노혁준 · 천경훈, 회사법, 제5판, 209면.
183) 대판 2008. 7. 10, 2007다14193; 김건식 · 노혁준 · 천경훈, 상게서, 209면; 이철송, "주주간 계약의 회사법적 효력론의 동향", 「선진상사법률연구」 통권 제86호(2019. 4.), 1면 이하; 이동건 · 류명현 · 이수균, "주주간 계

이에 반하여 소수설에서는 회사법에 있어서 사적 자치의 확장가능성을 강조한다.[184] 폐쇄회사의 법리를 경유하여 주주간 계약의 회사에 대한 구속력을 가능한 한 널리 인정하고자 한다. 기업유지의 관점을 내세우기도 하고[185] 소수주주의 보호 및 투자촉진이라는 주주간 계약의 순기능을 강조하기도 한다.[186] 나아가 주식회사가 만능의 외투로 선택되는 우리나라의 상황과 공개회사와 폐쇄회사의 차이를 강조하기도 한다.

(3) 회사에 대한 효력과 관련한 사견(私見): 주주간 계약을 법이론적으로 어떻게 소화할 것인가하는 문제에 대해 크게 아래 두 시각에서 생각해 보기로 한다.

(가) 합자투자방식의 보편화: 스타벅스와 신세계의 합작품인 스타벅스코리아, 삼바(Samsung Biologics)와 바이오젠 간의 바이오에피스(Samsung Bioepis), 용산국제업무지구를 둘러싼 공모형 조인트벤처 등 오늘날 합작투자방식은 경제현상을 설명하는 큰 도구이다. 합작투자방식은 외부적으로 주식회사의 법형식을 취하더라도 내부적으로는 폐쇄적으로 운영되게 마련이다. 주주수는 극히 소수이고 투자자들의 지분은 시장에서 거래되지 않는다. 주주들이 적극적으로 회사운영에 참여하는 가운데 이들은 자신의 법적 지위를 확보하기 위해 필사적으로 주주간 계약에 매달리게 된다.

(나) 우리나라 주식회사의 현실(소규모 주식회사의 폭증): 나아가 주식회사라는 법형식이 보편화된 국내 현실도 중요하다. 본시 주식회사는 가장 사단성이 강한 법형태였다. 주요 문명국에서 회사형태는 인적회사와 물적회사로 양분되어 있었고 주식회사는 물적회사 중에서도 가장 단체성이 강한 공개회사의 전형이었다. 주식의 분산은 완만하고 그 양도는 자유스러우며 그 결과 어느 주주도 회사를 쉽게 지배하기 어려운 그런 회사 형태가 주식회사의 전형이었다. 제너럴일렉트릭(GE)이나 마이크로소프트(Microsoft) 같은 미국식 완만 분산형(widely-held)이 그 대표적인 예라 할 수 있다.

그런데 우리나라나 일본 등의 국가에서 주식회사는 만능의 외투가 되었다. 다양한 규모와 색깔의 회사들이 모두 주식회사의 지붕 아래 모여들었다. 그러다 보니 소규모의 조합형 회사 역시 주식회사의 형태를 띠면서 대규모 회사와 공존한다. 여기에 추가하여 정부의 외자도입정책 또는 그러한 이유를 떠나서라도 사업상의 이유로 다수의 합작법인이 만들어졌는바 이런 회사들은 대개 주주의 수가 둘, 많아야 서넛이다. 자본금은 10억원을 초과할 수 있겠지만 주주의 수가 극소수인 경우 회사는 폐쇄형으로 운영될 수밖에 없다.[187]

회사를 둘러싼 법률관계는 크게 방사형(放射形)과 원형(圓形)으로 나뉜다. 전형적인 대

---

약의 실무상 쟁점", 「BFL」 제67호(2014. 9.), 77면 이하; 윤영신, 주식회사법대계(I), 제4판, 866면; 권오성, "주주간 계약의 효력에 대한 연구", 「홍익법학」 제10권 제3호(2009), 443면; 일본에서도 그러하다(神田秀樹, 会社法, 第21版, 101頁).

184) 송옥렬, "주주간 계약의 회사에 대한 효력−회사법에 있어 사적 자치의 확대의 관점에서−", 「저스티스」 통권 제178호(2020. 6.), 328면 이하, 특히 344~352면.

185) 김태진, "합작투자의 해소와 주식회사 해산판결청구권", 「법학연구」(연세대 법학연구원) 제28권 제2호(2018. 6.), 119~171면, 특히 127면.

186) 천경훈, "주주간 계약의 실태와 법리−투자촉진수단으로서의 기능에 주목하여−", 「商事判例研究」 제26집 제3권(2013. 9.), 3~44면, 특히 결론부분(40, 41면); 이동건 · 류명현 · 이수균, "주주가 계약의 실무상 쟁점", 「BFL」 제67호(2014. 9.), 77면 이하, 101면.

187) 아이젠버그는 폐쇄회사의 가장 중요한 개념표지로 주주의 수를 들고 있다. 주식시장의 부존재나 주주의 회사경영에 대한 적극적 참여 등은 2차적인 요소로 본다.

규모 공개회사에 있어 법률관계는 그 중심에 포진한 회사와 이를 에워싼 다수의 주주간에 방사형으로 형성된다. 주주와 주주간의 법률관계는 설사 그 존재를 인정한다 해도 미미한 것이다. 그런 연유로 주식회사에 있어 주주 상호간의 충실의무는 최근까지도 쉽게 인정되지 않았다. 반면 소수의 사원으로 구성된 조합형 인적회사에 있어서는 사원과 사원간의 법률관계가 회사와 사원간의 법률관계를 압도한다. 회사의 신용도 개개 사원의 신용에 의존하며 사원들간의 결속 역시 매우 강하다.

현재 우리나라에서는 주식회사가 압도적 다수를 차지하면서 다양한 형태로 공존하고 있다. 삼성전자 같은 대규모 공개회사가 있는가 하면 소규모 1인회사나 사실상의 1인회사 나아가 소규모의 동업자조합 역시 모두 주식회사의 옷을 입고 있다. 상법 역시 이러한 소규모주식회사에 대해서는 합명회사에 준하는 별도의 지배구조를 명문의 규정으로 허용하고 있다.[188] 그 결과 주식회사를 둘러싼 법률관계를 법리적으로 일관되게 설명하기가 매우 어려워졌다.

따라서 개별 사안의 특성을 고려하여 케이스 바이 케이스로 접근하는 것이 바람직하다고 본다. 상법 제335조 제1항 단서만을 존중하면서 주식회사에 있어 주식의 양도제한은 정관의 규정만으로 그것도 이사회승인을 얻은 경우에만 가능하다는 문언적 접근은 일정한 한계에 부딪칠 것이다.[189] 그 본질이 동업자조합에 불과한 우리나라의 수많은 소규모 주식회사나 주주의 수가 몇 안되는 합작투자회사에 있어 주주간 계약은 사적 자치를 실현하는 탁월한 수단이다.[190] 이런 영역에 있어서까지 주식법의 강행성을 내세우며 하나의 원칙만 강조할 것은 아니라고 본다. 마치 주주명부기재의 효력에서도 유사한 논의가 있었듯이[191] 우리나라 주식회사의 다양한 스펙트럼을 고려할 때 회사법상의 획일주의는 일정 한도로 제한하는 것이 바람직하다고 생각한다. 결론적으로 주식양도를 제한하는 주주간 약정의 효력을 판단함에 있어서는 당사자간의 채권적 효력뿐만 아니라 경우에 따라서는 회사에 대해서도 합의한 내용대로 그 효력을 인정해 주어야 할 때가 있을 것이다.

(다) 향후의 법발전 방향: 대규모 공개회사를 전제로 한 기존 주식회사의 법리는 소규모 주식회사나 합작투자회사에는 적용하기 어려운 한계를 드러낸다. 기존 법리를 수정없이 강행할 경우 거대한 법리적 충돌은 피하기 어려울 것이다. 이런 상황하에서는 폐쇄회사의 법리를 통하여 해결점을 찾을 수밖에 없다. 그럼에도 불구하고 아직 국내에서 이에 대한 만족스러운 성문입법을 찾기는 어려운 실정이다. 비교법적인 노력을 통하여 향후의 입법론을 제시하고 그런 입법이 완성될 때까지라도 판례법을 통한 법형성을 꾸준히 시도하여야 할 것이다.

참고로 델라웨어주 회사법은 폐쇄회사에 대해서는 별도의 편별을 두고 있다.[192] 이에 의하면 "양도인이 주식양도제한약정을 위반한 경우 양수인이 주주명부상 명의개서를 청구

---

188) 상법 제383조 제4항 내지 제6항 참조.
189) 판례 및 다수설은 이 조문을 근거로 주주간 약정의 회사에 대한 효력을 인정하지 않는다. 주주간계약은 정관 규정에 의한 이사회승인보다 더 주식의 자유양도권을 제한한다는 것이다.
190) 田邉眞敏, 株主間契約と定款自治の法理, 九州大学出版会, 2010, 316頁.
191) 특히 근래 들어 활발히 논의되었던 대판 2017. 3. 23, 2015다248342 전원합의체 판결을 둘러싼 여러 논의 참조.
192) 동법 제341조 내지 동법 제356조.

해도 회사는 이를 거절할 수 있다"고 규정하여 양도제한약정의 회사에 대한 효력을 인정하고 있다.[193] 나아가 회사의 업무집행에 대한 주주간 계약에 대해서도 폐쇄회사에 대해서는 "과반수 주식을 보유한 주주들이 서면으로 이사회의 재량이나 권한을 제한하는 계약을 맺을 경우 그러한 약정이 회사의 업무집행사항임을 이유로 무효로 되지 않는다"고 규정한다.[194] 나아가 이사회의 기능을 주주들이 대신하는 것도 허용하며($\frac{동법 제}{351조}$), 이 경우 주주들은 이사들이 부담하던 신인의무를 부담하게 된다고 한다. 동법은 나아가 폐쇄회사는 조합처럼 운용되어도 좋다는 포괄적 규정도 두고 있고 주주들의 회사해산청구권도 보장한다($\frac{동법 제354}{조, 제355조}$). 다만 이러한 특칙이 적용되는 폐쇄회사(close corporation)가 되려면 아래의 요건을 충족시켜야 한다. 동법에 따라 폐쇄회사로 인정받으려면 ① 주주가 30명을 초과하지 않는 범위내에서 정관으로 정한 최대수를 넘지 않아야 하고(株主數要件),[195] ② 주식양도에 제한이 있어야 하며(讓渡制限要件),[196] ③ 정관상 해당 회사가 폐쇄회사임을 표시하는 조항(名稱要件)[197]과 ④ 회사가 공모증자(public offering)를 시행하지 않는다는 조항(公募增資 不可條項)[198]을 두어야 한다.

### 4. 개별적 접근

아래에서는 개별 상황별로 접근해 보기로 한다.

(1) 계약에 의한 양도제한과 정관에 의한 양도제한의 차이: 정관에 의한 양도제한의 경우에는 이러한 정관조항을 도입하기 위한 정관변경에 반대하였던 주주나 이러한 정관변경후에 주주가 되는 경우에도 해당 주주는 이 규정에 의한 제한을 받는다.[199] 따라서 정관에 의한 양도제한시에는 양도제한의 방법을 명시하고 그 후속효과도 법정되어 있다.[200] 이에 반해서 계약을 통하여 양도를 제한할 경우에는 훨씬 탄력적인 계약설계가 가능하다. 나아가 정관상의 양도제한을 위반하였을 경우에는 대회사적 효력도 인정되지만 계약상의 양도제한을 위반하였을 경우에는 회사에 대한 효력은 인정하지 않는 것이 현재 판례 및 다수설의 입장이다. 물론 근자의 유력한 학설들은 폐쇄회사의 법리를 경유하여 대회사적 효력을 확장하려 한다.[201]

(2) 합작투자계약의 경우: 예컨대 합작투자계약의 양 당사자가 상대방의 동의가 있을 경우에만 주식의 양도가 가능하다든지, 상대방에게 우선매수권을 부여한다든지 또는 일정기

---

193) 동법 제347조 (d), (3).
194) 동법 제350조.
195) 델라웨어주 일반회사법(Delaware General Corporation Law) 제342조 (a), (1).
196) 델라웨어주 일반회사법(Delaware General Corporation Law) 제342조 (a), (2).
197) 델라웨어주 일반회사법(Delaware General Corporation Law) 제343조 (1).
198) 델라웨어주 일반회사법(Delaware General Corporation Law) 제342조 (a), (3).
199) 그러나 이러한 결과는 정관의 조직계약적 성격에 반하지 않는다. 정관변경에 반대하였던 주주도 그 결과에 구속됨은 다수결의 원칙상 이미 정해진 사실이고 차후에 이 회사의 주주가 되는 자 역시 정관내용에 대한 동의-최소한 묵시적으로라도-를 전제로 주주가 된 것이기 때문이다.
200) 田中 亘, 会社法, 第2版, 東京大学出版会, 2018, 105頁; 윤영신, 주식회사법대계(I), 제4판, 법문사, 2022, 865면.
201) 국내에는 폐쇄회사의 법리가 제대로 구축되어 있지 않음을 들어 이러한 시도를 비판하는 시각도 있다(이철송, 전게논문, 28면).

간 주식양도를 금지하였다면 당사자간의 채권적 효력뿐만 아니라 대회사적(對會社的) 효력도 인정해주는 것이 바람직하다고 본다.[202] 물론 일정 기간 양도를 금지하는 경우에는 구체적 사실관계를 고려할 필요는 있을 것이다. 어느 정도의 기간이어야 투하자본의 회수가능성을 박탈하지 않는 합리적 제한인가에 대해서는 여러 가지 요소를 고려할 수 있을 것이다.[203]

합작투자회사의 경우에는 주주수가 보통 둘이고 많아야 서넛이라고 한다. 이런 조합형의 내부구조속에서는 주주와 주주간의 법률관계가 회사 대 주주의 법률관계보다 훨씬 강하게 부각된다. 합작투자계약상 양도금지조항을 어긴 상대방에 대해서는 더 이상 신뢰를 갖기 어려울 것이고 경우에 따라서는 손해배상의 청구보다는 해산판결을 구하는 것이 더 바람직한 법적 구제가 될 수도 있을 것이다.

(3) 주주 전원이 주주간 계약의 당사자인 경우: 주주 전원이 모두 계약에 참여하여 당사자가 되는 경우 이 계약의 회사에 대한 구속력은 어떻게 판단하여야 하는가? **주주 전원이 계약에 참여하였다면 이는 정관에 준한 의미를 갖는다**고 보아야 할 것이다. 이러한 결론은 주로 의결권구속계약을 중심으로 논의되고 있지만[204] 주식양도제한약정의 경우에도 그렇게 풀이하여야 할 것이다.[205] 따라서 그중 어느 주주가 이를 위반할 경우에는 회사에 대해서도 해당 주식양도는 무효로 보아야 할 것이다. 이러한 결과는 의결권구속계약이나 회사의 운영에 관한 주주간 계약에 대해서도 같다고 본다.

(4) 주주 전원의 동의를 요하는 양도제한약정: 판례는 한때 주주 전원의 승인을 전제로 주식을 양도할 수 있다는 주주간 약정에 대해 당사자간의 채권적 효력뿐만 아니라 회사에 대한 효력 역시 부정한 바 있다. 즉 "… 약정 가운데 주주 전원의 동의가 있으면 양도할 수 있다는 내용이 있으나, 이 역시 상법 제335조 제1항 단서 소정의 양도제한 요건을 가중하는 것으로서 상법 규정의 취지에 반할 뿐 아니라, 사실상 양도를 불가능하게 하거나 현저하게 양도를 곤란하게 하는 것으로서 실질적으로 양도를 금지한 것과 달리 볼 것은 아니"라며 이를 무효로 본 바 있다.[206] 그러나 최근의 판례에서는 입장을 바꾸었다. 즉 주식의 양도에 출자자 전원의 동의를 요하는 경우라도 투하자본의 회수가능성을 전적으로 부정하는 것이 아니고 양속에 반하지 않는 한 **당사자간에서는 유효하다**고 하고 있다.[207] 동의조항이 일정기간 동안만 효력을 갖는 경우에는 큰 문제없이 유효로 볼 수 있을 것이다.[208]

---

202) 동지: 송옥렬, "주주간 계약의 회사에 대한 효력―회사법에 있어 사적 자치의 확대의 관점에서―", 「저스티스」 통권 제178호(2020. 6.), 328~368면, 특히 357면 이하; 김태진, "합작투자의 해소와 주식회사 해산판결청구권", 「법학연구」(연세대 법학연구원) 제28권 제2호(2018. 6.), 119~171면, 특히 127면.

203) 이철송, "주주간 계약의 회사법적 효력론의 동향", 「선진상사법률연구」 통권 제86호(2019. 4.), 1면 이하, 특히 7~9면 참조.

204) 송옥렬, "주주간 계약의 회사에 대한 효력―회사법에 있어 사적 자치의 확대의 관점에서―", 「저스티스」통권 제178호(2020. 6.), 328~368면, 특히 353면; 송영복, "의결권의 행사 및 회사의 업무에 관한 주주간 계약―폐쇄회사를 중심으로―", 서울대학교 대학원 법학석사논문, 2010, 113면.

205) 鄭東潤, 閉鎖會社의 法理, 法文社, 1982, 174면.

206) 대판 2000. 9. 26, 99다48429 [신세기통신].

207) 대판 2022. 3. 31, 2019다274639.

208) 동지, 염미경, "계약에 의한 주식양도제한의 효력", 「經營法律」 제19권 제3호(2009), 60면.

(5) 일정 기간 주식양도를 금지하는 약정: 일정 기간 주식양도를 절대적으로 금지하는 주주간 약정의 경우 역시 개별 사안의 정황에 따라서는 달리 판단될 수 있다고 본다. 주식의 양도를 영구히 금지하는 계약조항이라면 이는 주식회사의 본질에 반할 것이다. 주식회사는 인적회사와 달리 퇴사제도를 인정하지 않기 때문이다.

그러나 일정 기간 동안만 양도를 금지하는 등 기한부 양도제한이라면 사정은 달라질 수 있다. 위의 신세기통신사건에서도 5년이란 기간은 사업초기의 주주구성을 안정적으로 유지하기 위한 긍정적 목적이 있었다. '5년'이란 기간이 주주의 투하자본 회수를 영구히 제한하는 것도 아니고 또 양도제한을 둘러싼 그럴 만한 당위성도 있었다.[209] 즉 일정한 사업의 경우에는 공권력에 의하여 지주비율을 일정하게 유지하는 것이 강제되기도 한다.[210] 이 약정의 효력을 판례에서처럼 무효로 보아 당사자간의 채권적 효력뿐만 아니라 대회사적 효력까지 부정하는 것은 바람직스럽지 않다고 생각된다. 이 사건에서처럼 양수인의 명의개서를 허용한다면 투자자들간의 원치 않는 나아가 예상 못한 부조화만 만들어질 것이다. 다만 그 양도금지기간이 지나치게 장기이거나 사실상 투하자금의 회수가능성을 영구히 차단하는 것이라면 이는 계약당사자간 뿐만 아니라 대회사적으로도 무효로 될 가능성이 있다.

(6) 회사가 계약에 참여하는 경우[211]: 이에 대해서도 먼저 당사자간의 효력을 보기로 한다. 위에서도 보았듯이 회사가 참여하는 양도제한약정에 대해 상법 제335조 제1항에 비추어 이를 무효로 보는 학설이 있다. 이 입장에서는 주주와 회사간의 약정으로 주식의 양도를 제한하는 것은 상법 제335조 제1항 단서의 탈법수단이 되므로 그 효력을 인정할 수 없다고 한다.[212] 그러나 양도제한약정의 효력을 당사자간으로 제한할 경우 회사가 계약당사자로 참여한 경우와 그렇지 않은 경우를 굳이 구별할 이유가 없다고 하면서 이에 반대하는 주장도 있고,[213] 회사가 주주간 계약의 상대방이 된다고 해서 주주간 계약의 법리에 변화가 생긴다고 보기도 어렵다는 주장도 있다.[214] 우리나라의 판례법은 후자의 견해를 따르고 있는 것으로 풀이된다.[215]

회사가 양도제한약정에 당사자로 참여하는 경우 이러한 약정은 회사에 대하여도 구속력이 있는가? 명확한 국내 판례는 아직 없다. 다만 실무에서는 주주간 계약의 채권적 효력에 기하여 의결권행사금지가처분이나 명의개서금지가처분 등 가처분제기를 시도해 볼 수 있다는 견해가 있다.[216] 주주 전원이 계약당사자로 참가한 가운데 여기에 추가하여 회사

---

209) 이태종, "주주간의 주식양도제한약정의 효력", 「인권과 정의」 제312호(2002. 8.), 113면.
210) 특히 위 신세기통신사건의 경우 피고 회사는 정부로부터 이동전화사업을 허가받으면서 피고 회사의 주식분배비율을 유지할 것을 정부에 서약하였다고 한다. 즉 주식분배비율의 유지가 사업의 인가조건이었다고 한다(윤영신, 주식회사법대계(I), 제4판, 874면 참조).
211) 이에 대해 자세히는 윤영신, 주식회사법대계(I), 제4판, 법문사, 2022, 868~871면 참조.
212) 정동윤, 회사법, 제7판, 2001, 240면; 이철송, 「선진상사법률연구」 통권 제86호(2019. 4.), 10면.
213) 염미경, "계약에 의한 주식양도제한의 효력", 「經營法律」 제19권 제3호(2009), 56면.
214) 송옥렬, "주주간 계약의 회사에 대한 효력 – 회사법에 있어 사적 자치의 확대의 관점에서 –", 「저스티스」 통권 제178호(2020. 6.), 328~368면, 특히 356면.
215) 대판 2000. 9. 26, 99다48429("…회사나 주주들 사이에서 혹은 주주들 사이에서 약정하였다 하더라도 이 또한 무효…"라고 하면서 양자간 구별을 시도하지 않음).
216) 이동건 · 류명현 · 이수균, "주주간 계약의 실무상 쟁점", 「BFL」 제67호(2014. 9.), 77면, 86면.

까지 당사자로 참가하였다면 그런 경우에는 회사도 구속한다고 보아야 할 것이다.

## Ⅱ. 기타 지배구조관련 주주간 계약

### 1. 의결권 구속계약

이 경우에도 양도제한약정과 유사하게 계약당사자간의 채권적 효력과 회사에 대한 효력을 나누어 살펴보아야 할 것이다. 당사자간의 채권적 효력에 대해서는 대체로 이를 긍정하는 것이 통설이다. 계약의 내용이 다른 주주의 권리를 해하거나 부당하게 제약하지 않는 한 당사자간의 효력을 부정하기 어렵다는 것이다.

그러나 회사에 대한 효력에 대해서는 원칙적으로 이를 허용하지 않는다. 따라서 주주간 계약에 위반한 의결권행사 역시 회사에 대해서는 유효한 것이다. 일부 주주들만이 당사자인 경우 이로 인하여 다른 주주들까지 영향을 받아야 할 이유는 없을 것이다. 다만 **주주 전원이 계약당사자인 경우에는 이를 정관에 준하는 것으로 보아 회사에 대한 효력도 긍정하는 것이 타당하다**고 본다.[217] 이 경우 어느 주주가 약정과 달리 의결권을 행사하였다면 해당 결의는 무효 또는 취소대상으로 처리될 수 있을 것이다.

**미국**에서는 Ringling 사건 이래 의결권구속계약의 효력을 인정하고 있으며[218] 주주 전원이 계약당사자인 경우에는 의결권계약의 특정이행까지 허용하고 있다.[219]

**독일**에서도 판례 및 학설은 우리나라의 그것과 같다. 주주들은 자유롭게 계약을 통하여 전체적으로 또는 개별 사안별로 의결권의 방향을 정할 수 있는바 이러한 계약[220]의 효력은 원칙적으로 부정할 수 없다고 한다. 즉 그러한 약정이 양속에 위반하거나 주식법의 강행규범에 반하지 않는 한 유효라고 한다. 다만 이러한 약정의 대가로 유상의 급부가 제공되는 것은 허용되지 않기 때문에 의결권매매는 불가하다고 한다.[221] 다만 이러한 효력은 당사자간에만 미치며 회사까지 구속하는 것은 아니라고 한다. 즉 당사자간의 채권적 효력 (schuldrechtliche Wirkung)만 가질 뿐이다.[222] 따라서 어느 주주가 약정에 반한 의결권행사를 하였더라도 회사에 대해서 이는 유효하며 다만 계약상대방에 대한 손해배상의무만 발생시킨다고 한다. 그러나 독일에서 주식회사는 대부분 대기업에 한정되므로 실제 폐쇄회사에서 자주 쓰이는 주주간 계약의 실례는 많지 않을 것이라고 한다.[223]

**일본**에서도 의결권구속계약의 효력은 우리나라나 독일과 같다. 주주는 본시 의결권을 어떤 방향으로든 행사할 수 있기 때문에 다른 주주와도 그 행사방향에 대해 자유롭게 정할 수 있다고 한다. 나아가 이를 금지할 이유도 없기 때문에 의결권구속계약은 원칙적으

---

217) 정동윤, 폐쇄회사의 법리, 168면, 174면.

218) Ringling Brothers-Barnum & Bailey Combined Shows, Inc., v. Ringling, 29 Del. Ch. 610 (53 A. 2d 441 [1947]).

219) Galler v. Galler, 203 N.E. 2d 577 (1964).

220) 독일에서는 'Stimmbindungsvertrag'이라는 용어가 쓰이고 있다.

221) 독일 주식법 제406조 제3항 제6호는 의결권매매를 금지대상(Ordnungswidrigkeit)으로 보고 있다; 우리 상법 역시 제467조의2 제1항에서 "회사는 누구에게든지 주주의 권리행사와 관련하여 재산상의 이익을 공여할 수 없다고 규정한다".

222) BGH NJW 1994, 2536; Windwichler, Gesellschaftsrecht, 24. Aufl., Beck, München, 2017, §29, Rdnr. 37; Hüffer/Koch, Aktiengesetz, 12. Aufl., 2016, Beck, §133, Rdnr. 26.

223) Windwichler, a.a.O., §29, Rdnr. 37.

로 유효이나 당사자간의 채권적 효력만 인정될 뿐이라고 한다. 이를 '계약의 상대효(契約
の相對效)'로 부르고 있다. 즉 회사에 대한 효력은 없기 때문에 약정에 어긋난 의결권행사
도 회사에 대해서는 유효이며 그렇게 성립한 결의에 대해서도 법적 하자를 인정할 수 없
다고 한다. 다만 예외적으로 **주주 전원이 의결권구속계약의 당사자인 경우**에는 결과가 달
라질 수 있다고 하며 이런 경우라면 해당 **계약의 위반은 결의의 취소사유로 작용**한다고 한
다.224)

### 2. 회사의 업무에 관한 주주간 계약

상법 제393조는 이사회결의를 거쳐야 하는 법정사항을 나열하고 있고 동법 제361조는
주주총회의 권한 사항을 제한적으로 다룬다. 오늘날 소유와 경영이 분리된 전형적인 주식
회사에 있어 주주는 원칙적으로 회사의 업무집행에 관여할 수 없다.

그러나 합작투자회사나 소규모의 인적 주식회사에서는 사정이 다를 것이다. 의결권 구
속계약에서와 마찬가지로 주주들은 업무집행과 관련된 여러 사항들을 사전에 계약형식으
로 정리한다. 예컨대 ① 업무집행사항에 대해 특정 주주의 동의를 요하는 약정, ② 동의권
이외의 방법으로 이사회의 업무집행에 대한 재량을 제한하는 약정, 또는 ③ 이사회의 결
의요건을 가중하는 약정 등이 그것이다.225) 업무집행에 대한 주주간 계약에서도 당사자간
의 채권적 효력은 원칙적으로 인정될 것이다. 나아가 **주주 전원이 주주간 계약의 당사자인
경우에는 회사에 대한 효력도 부정할 수 없다**고 본다.226)

### (3) 법정제한

나아가 주식의 양도에는 다음과 같은 법정제한사유가 있다. 상법상의 제한으로는
권리주의 양도제한($\frac{상}{319}$), 주권발행 전의 주식양도제한($\frac{상}{335}$), 자기주식의 취득제한($\frac{상}{341}$),
자회사에 의한 모회사의 주식취득금지($\frac{상}{342의1}$) 등이 있고, 기타 증권거래법을 비롯한
특별법상의 제한이 있다.

### (가) 권리주의 양도제한($\frac{상}{319}$)

**1) 입법취지:**   상법은 "주식의 인수로 인한 권리의 양도는 회사에 대해서 효력
이 없다"고 규정하여 주식의 전신인 주식인수인의 지위를 자유로운 양도대상에서 제
외시키고 있다. 회사의 성립 전 또는 신주발행의 효력발생 전의 주식인수인의 지위를
권리주라 한다. 엄격하게 살펴보면 권리주는 주식이 아니므로 주식양도의 제한사유에
들어가지도 않을 것이다. 권리주의 양도제한은 우선 회사의 설립과 신주발행을 위태
롭게 할 수 있는 투기행위의 방지에 그 입법취지가 있다. 가령 발기인이나 이사가 허

---

224) 田中 亘, 会社法, 第2版, 東京大学出版会, 2018, 181頁.
225) 이에 대해 자세히는 송영복, "의결권의 행사 및 회사의 업무에 관한 주주간 계약－폐쇄회사를 중심으로－",
     서울대학교 대학원 법학석사논문, 2010, 118면 이하 참조.
226) 송영복, "의결권의 행사 및 회사의 업무에 관한 주주간 계약－폐쇄회사를 중심으로－", 174면.

위의 선전으로 권리주를 고가로 매도하고 회사관계에서 손을 뗀다든지 하는 경우에
는 투기행위가 조장될 수 있는 것이다. 나아가 권리주의 양도제한은 회사의 사무처리
의 번잡을 덜어주는 목적도 있다. 설립중 또는 신주발행절차중 권리자의 변동이 생기
면 회사로서는 사무처리의 번잡이 가중되어 효율적인 업무집행이 어려워질 것이다.
이러한 의미에서 권리주의 양도제한은 단순히 권리행사자의 확정을 목적으로 하는
명의개서의 정지 등과는 구별되어야 한다.

   **2) 권리주양도의 효력:**   권리주의 양도는 회사에 대해서 효력이 없다. 이 의미
는 회사측에서도 양도의 효력을 주장하지 못하며 양도인을 주식인수인으로 취급하여
야 한다는 뜻이다. 그러나 상법 제319조가 권리주 자체의 양도를 금지하는 것은 아니
므로 당사자간에서는 유효하다. 그러나 회사에 대한 관계에서는 양도인이 주식인수인
이 되고 따라서 주금납입의무도 양도인이 진다.

   **(나) 주권발행 전의 주식양도의 제한**(상 335)

   **1) 입법취지:**   상법은 회사성립 후 또는 신주의 납입기일 후 지체없이 주권을
발행하도록 하는 동시에(상 355) 주권발행 전에 한 주식양도는 회사에 대하여 효력이 없
는 것으로 하였다(상 335). 그 이유는 우선 주권발행 전에는 보통 주주명부가 정비되어
있지 아니하므로, 주식양도를 회사에 대항하기 위해서 필요한 명의개서를 할 수 없다
는 데에 있다. 나아가 이러한 기술적 곤란성 외에도 주권발행사무의 혼잡을 방지하여
주권의 발행을 촉진하고, 또 상법은 원칙적으로 주권의 교부를 주식양도의 효력발생
요건으로 해놓고 있기 때문에(상 336) 주권발행 전의 주식양도는 제한할 필요가 있는 것
이다. 그리하여 권리주의 양도에서와 같이 주권발행 전에 한 주식의 양도도 당사자간
에서는 유효하지만 회사에 대해서는 효력이 없는 것으로 하였다(상 335 본문).[227]

   **2) 예 외:**   그러나 주권발행 전의 주식양도를 무기한 제한시킬 수만은 없다.
회사가 성립된 후 또는 신주가 효력을 발생한 후 합리적인 기간이 경과한 후에도 주
권의 발행이 지체되어 계속 주식양도가 제한된다면 주주의 이익에 커다란 침해가 나
타날 수 있다. 또 주권이 발행되지 않은 상태에서 회사의 지배주식을 양도해 놓고 일
정 기간이 도과한 후 그 무효를 주장하여 회사를 다시 빼앗으려는 악의자에게 본 조
항이 남용될 가능성도 있는 것이다.[228] 실제로 그러한 사례가 비일비재하여 상법은

---

227) 대결 1980. 10. 31, 80마446(주권발행 전에 한 주식의 양도는 회사가 이를 승인하더라도 회사에 대하여는 효
     력이 없다).
228) 대법원은 1984년 개정 전 상법 제335조 제3항을 문언에만 얽매여 이를 엄격히 해석함으로써 이러한 위험은 가
     중되었다. 대판 1977. 10. 11, 77다1244 등 대법원 판례 및 정동윤, 회사법, 제7판, 2001, 242~243면 참조.

1984년 개정에서 제335조 제3항 단서에 예외조항을 두게 되었다. 즉 회사성립 후 또는 신주의 납입기일 후 6개월이 경과한 때에는 양도가 가능하며, 그 양도는 당사간에는 물론 회사에 대해서도 유효한 것으로 하였다. 이 경우 주식은 주권이 존재하지 않으므로 주권의 교부는 불가능하고, 따라서 지명채권양도의 방법 및 절차에 따라 양도될 수밖에 없다. 즉 양도당사자의 의사표시만에 의하여 주식은 양도되며, 회사에 대하여는 양도의 통지나 승낙이 대항요건이 될 것이다($^{민\ 450}_{analog}$). 6개월이 도과되기 전에 주식을 양도한 자도 6개월이 도과하면 그 하자가 치유되어 회사에 대해서 유효한 주식양도를 주장할 수 있다고 해석된다.

### (다) 자기주식의 취득금지($^{상\ 341,\ 상}_{341의2}$)

**1) 입법취지:** 회사는 특정한 경우를 제외하고는 자기의 주식을 취득하지 못한다($^{상\ 341,\ 상}_{341의2}$). 회사의 자기주식의 취득이란 이론적으로는 '별개의 인격자인 회사가 자신의 구성원이 된다'는 모순을 야기시킨다.[229] 그러나 이러한 이론적 설명만으로는 상법 제341조 및 동법 제341조의2의 충분한 설명이 될 수 없다. 왜냐하면 주식은 원칙적으로 개성없는 유통객체로 다루어지고 또 상법 제341조 및 동법 제341조의2상에 나열된 예외의 경우도 있기 때문이다. 따라서 이론적 근거 외에도 다음과 같은 정책적 근거가 상법 제341조 및 동법 제341조의2의 입법취지를 구성한다.

첫째 자기주식의 취득은 자본의 유지를 위협하며 회사채권자의 이익을 해하는 결과가 된다. 자기주식의 유상취득은 실질적으로 자본의 환급이 되기 때문이다.

둘째 자기주식의 취득은 투기행위의 위험을 야기시킬 수 있다. 회사가 합병이나 신주발행을 유리하게 하기 위하여 사전에 자기주식을 고가로 매입하게 되면 이후 주가의 하락으로 투자자의 이익을 해하게 된다.

셋째 회사의 자기주식의 취득은 불공정한 회사지배를 야기시킬 수 있다. 회사가 타인명의로 그러나 자기 계산으로 자기주식을 취득하면 자기주식이지만 그 타인의 주식과 구별이 명확하지 않아 그에 의한 의결권행사로 불공정한 경영권장악을 야기시킬 우려가 있다.

넷째 회사의 자기주식취득으로 주주평등의 원칙이 침해될 수 있다. 회사가 다수의 주주로부터 증권시장을 통하지 않고 개별적으로 각기 다른 가격으로 자기주식을 취득하게 되면 주주평등의 원칙은 침해될 수 있다. 이것은 결국 일부의 주주에게만 유리한 투자회수의 기회를 제공하는 것이 되기 때문이다.

---

229) Trevor v. Whitworth(1887) 12 App Cas 409; (Lord Watson); "It is inconsistent with the essential nature of a company that it should become a member of itself. It cannot be registered as a shareholder to effect of becoming a debtor to itself for cases."

이와 같이 자기주식의 취득금지는 ① 자본충실을 도모하고, ② 투기위험을 방지하며, ③ 불공정한 회사지배를 예방하고, ④ 주주평등의 원칙을 실현하는 정책적 근거를 가지고 있다.

이렇게 회사의 자기주식취득이 이론적, 정책적으로 문제를 갖고 있는 것은 사실이지만 다른 한편 배당가능이익의 한도에서 회사가 자기주식을 취득하는 경우 자본유지의 원칙상 문제가 없으며, 부당한 경영권 위협에 대처하여 그 방어수단으로 자기주식을 활용할 수도 있는 것이다. 나아가 주가하락시 또는 주가상승시 자기주식의 취득 및 그 방출로 유통물량을 조절하여 주가조절을 꾀할 수도 있다. 이렇게 자기주식취득이 회사에 부정적인 의미만 있는 것은 아니므로 2011년 개정상법은 상법 제341조와 동법 제341조의2를 통하여 문언상 이러한 내용을 반영하였다. 물론 이러한 개정후에도 회사의 자기주식취득은 원칙적으로는 금지되는 것이다. 2011년 3월의 개정으로 자기주식의 취득이 금지에서 허용으로 완전히 선회하였다고 볼 수는 없다.[230] 다만 배당가능이익의 한도에서 주주총회의 승인하에 회사가 자기주식을 취득하는 것이 비상장법인에 대해서도 허용된 것으로 그 의미를 구체화하면 될 것이다.

### 2) 상법 제341조 및 동법 제341조의2의 적용범위

가) 승계취득:   자기주식의 원시취득은 회사가 자기주식을 신주로서 인수하는 것을 말하며 이는 상법 제341조 및 동법 제341조의2에 의하지 않고도 이론상 당연히 금지된다. 따라서 상법 제341조 및 동법 제341조의2는 승계취득의 경우에 한하는 것으로 풀이된다.

나) 유상취득:   나아가 자기주식취득금지는 회사의 유상취득에 한정되고 무상취득은 허용된다.[231] 자기주식취득을 위한 거래가 회사에 설혹 유리하다고 해도 그 대가가 지급되는 한 금지된다. 순수한 무상취득이라면 문제가 없겠으나 부담있는 증여도 금지된다고 봐야 한다.

> **대판 2003. 5. 16, 2001다44109**
>
> "주식회사가 자기의 계산으로 자기의 주식을 취득하는 것은 회사의 자본적 기초를 위태롭게 하여 회사와 주주 및 채권자의 이익을 해하고 주주평등의 원칙을 해하며 대표이사 등에 의한 불공정한 회사지배를 초래하는 등의 여러 가지 폐해를 생기게 할 우려가 있으므로 상법은 일반 예방적인 목적에서 이를 일률적으로 금지하는 것을 원칙으로 하면서, 예외적으로 자기주식의 취득이 허용되는 경우를 유형적으로 분류하여 명시

---

230) 특히 상법 제341조 제1항 본문은 과거와 달리 원칙적으로 자기주식취득이 허용되는 것처럼 읽힐 우려가 있다.
231) 대판 1996. 6. 25, 96다12726.

하고 있으므로 상법 제341조, 제341조의2, 제342조의2 또는 증권거래법 등에서 명시적
으로 자기주식의 취득을 허용하는 경우 외에, **회사가 자기주식을 무상으로 취득하는 경
우** 또는 타인의 계산으로 자기주식을 취득하는 경우 등과 같이, 회사의 자본적 기초를
위태롭게 하거나 주주 등의 이익을 해한다고 할 수 없는 것이 유형적으로 명백한 경우
에도 자기주식의 취득이 예외적으로 허용되지만, 그 밖의 경우에 있어서는, 설령 회사
또는 주주나 회사채권자 등에게 생길지도 모르는 중대한 손해를 회피하기 위하여 부득
이 한 사정이 있다고 하더라도 자기주식의 취득은 허용되지 아니하는 것이고 위와 같
은 금지규정에 위반하여 회사가 자기주식을 취득하는 것은 당연히 무효이다."

다) 회사의 계산으로 이루어지는 취득:    회사가 자신의 계산으로 자기주식을 취득
하는 한 그 취득명의가 누구이든 모두 금지된다. 즉 회사명의이든 제3자명의이든 구
별없이 모두 금지된다. 자기주식의 취득금지가 자본충실의 도모에 있으므로 회사의
계산으로 취득되는 한 누구의 명의이든 결과에 있어 동일하기 때문이다.

그러나 여기서 '회사의 계산으로 취득'한다 함은 **'회사의 출연'**으로 나아가 **'회사에
그 손익이 귀속'**되는 방식으로 자기주식을 취득하는 것이다. 즉 '회사의 출연' 및 '회
사에 대한 손익의 귀속' 이 두 가지 요건이 동시에 충족되어야 한다. 이는 특히 회사
가 자기 이름으로 자기주식을 취득하지 않고 타인의 이름으로 자기주식을 취득할 때
문제시될 가능성이 높다. 아래의 판례는 이를 확인시켜주고 있다.

**대판 2003. 5. 16, 2001다44109**[232]

"회사 아닌 제3자의 명의로 회사의 주식을 취득하더라도 그 주식취득을 위한 자금
이 회사의 출연에 의한 것이고 그 주식취득에 따른 손익이 회사에 귀속되는 경우라면,
상법 기타의 법률에서 규정하는 예외사유에 해당하지 않는 한, 그러한 주식의 취득은
회사의 계산으로 이루어져 회사의 자본적 기초를 위태롭게 할 우려가 있는 것으로서
상법 제341조가 금지하는 자기주식의 취득에 해당한다."

**대판 2011. 4. 28, 2009다23610**[233]

"[1] 상법 제341조는, 회사는 같은 조 각 호에서 정한 경우 외에는 자기의 계산으로
자기의 주식을 취득하지 못한다고 규정하고 있다. 이 규정은 회사가 자기 계산으로 자
기의 주식을 취득할 수 있다면 회사의 자본적 기초를 위태롭게 할 우려가 있어 상법

---

232) 같은 취지의 대법원 판례로는 대판 2007. 7. 26, 2006다33609이 있다.
233) 본 판례에 대한 평석으로는 김이수, "타인 명의, 회사계산에 의한 자기주식취득의 판단기준에 관한 고찰 -대
    법원 2011. 4. 28, 선고 2009다23610 판결을 대상으로-", 「상사판례연구」 제25집 제2권(2012. 6.), 41면 이하
    (타인 명의, 회사계산에 의한 자기주식의 취득여부는 회사의 출연과 손익의 귀속이라는 이중요건을 지양하고
    전자(출연요건)로만 국한시키는 일원적 요건제시가 바람직하다고 역설함. 즉 회사의 출연만 있으면 규제대상
    으로 보아야 한다고 주장함.)

기타의 법률에서 규정하는 예외사유가 없는 한 원칙적으로 이를 금지하기 위한 것으로 서, 회사가 직접 자기 주식을 취득하지 아니하고 제3자 명의로 회사 주식을 취득하였 을 때 그것이 위 조항에서 금지하는 자기주식의 취득에 해당한다고 보기 위해서는, 주 식취득을 위한 자금이 회사의 출연에 의한 것이고 주식취득에 따른 손익이 회사에 귀 속되는 경우이어야 한다.

[2] 甲 주식회사 이사 등이 乙 주식회사를 설립한 후 甲 회사 최대 주주에게서 乙 회사 명의로 甲 회사 주식을 인수함으로써 乙 회사를 통하여 甲 회사를 지배하게 된 사안에서, 甲 회사가 乙 회사에 선급금을 지급하고, 乙 회사가 주식 인수대금으로 사용 할 자금을 대출받을 때 대출원리금 채무를 연대보증하는 방법으로 乙 회사로 하여금 주식 인수대금을 마련할 수 있도록 각종 금융지원을 한 것을 비롯하여 甲 회사 이사 등이 甲 회사의 중요한 영업부문과 재산을 乙 회사에 부당하게 이전하는 방법으로 乙 회사로 하여금 주식취득을 위한 자금을 마련하게 하고 이를 재원으로 위 주식을 취득 하게 함으로써 결국 乙 회사를 이용하여 甲 회사를 지배하게 된 사정들만으로는, 乙 회사가 위 주식 인수대금을 마련한 것이 甲 회사의 출연에 의한 것이라는 점만을 인정 할 수 있을 뿐, 甲 회사 이사 등이 설립한 乙 회사의 위 주식취득에 따른 손익이 甲 회사에 귀속된다는 점을 인정할 수 없으므로, 乙 회사의 위 주식취득이 甲 회사의 계 산에 의한 주식취득으로서 甲 회사의 자본적 기초를 위태롭게 할 우려가 있는 경우로 서 상법 제341조가 금지하는 자기주식의 취득에 해당한다고 볼 수 없다.”

라) 자기‘주식’의 취득:   회사가 자기사채를 취득하는 것은 문제시되지 않는다. 상법 제341조 및 제341조의2는 어디까지나 자기‘주식’의 취득금지에만 한정되기 때문 이다. 따라서 회사는 자기 회사의 전환사채나 신주인수권부사채는 취득할 수 있으나 다만 전환권이나 신주인수권을 행사하면 결국 회사가 자기주식을 인수한 것이 되므 로 사채를 취득하더라도 신주인수권이나 전환권의 행사는 불가하다고 볼 수 있다.

마) 적용범위 밖의 것들:   끝으로 자기주식의 질취(Inpfandnahme)와 자회사에 의 한 모회사의 주식취득에 관하여는 특별규정이 있으므로 상법 제341조의 적용범위 밖 이다($^{상\ 341의3,}_{342의2}$).

3) 자기주식취득금지의 예외:   상법은 제341조 및 제341조의2에서 자기주식의 취득으로 인한 폐해가 없거나 회사가 자기주식의 취득을 필요로 하는 다섯 가지의 법정예외를 인정하고 있고 나아가 특별법상으로도 자기주식취득금지의 예외를 살펴 볼 수 있다. 이러한 법정예외 이외에도 해석상의 예외를 발견할 수 있다.

가) 상법상의 예외($_{341의2}^{상\ 341,\ 상}$)

① 배당가능이익에 의한 자기주식의 취득($_{341}^{상}$)

(i) **취 지:** 상법은 상장법인에 대해 자본시장법상 허용되던 배당가능이익한 도내의 취득을 비상장법인에 대해서도 허용하고 있다($^{상\ 341}$). 배당가능이익을 한도로 하는 취득은 자본유지의 원칙을 침해하지 않는다. 따라서 국내외의 입법례는 이를 허용하는 추세이다. 배당가능이익의 한도내라 하여 회사가 무조건 배당가능이익이라는 현금으로 자기주식을 취득하라는 뜻은 아니다. 즉 회사가 차입금(借入金)으로 자기주식을 취득하는 것도 가능하며 다만 취득가액의 총액(總額)이 배당가능이익을 초과하지 않으면 된다.

---

**대판 2021. 7. 29, 2017두63337 [법인세부과처분취소]**

"배당가능이익은 채권자의 책임재산과 회사의 존립을 위한 재산적 기초를 확보하기 위하여 직전 결산기상의 순자산액에서 자본금의 액, 법정준비금 등을 공제한 나머지로서 회사가 당기에 배당할 수 있는 한도를 의미하는 것이지 회사가 보유하고 있는 특정한 현금을 의미하는 것이 아니다. 또한 회사가 자기주식을 취득하는 경우 당기의 순자산이 그 취득가액의 총액만큼 감소하는 결과 배당가능이익도 같은 금액만큼 감소하게 되는데, 이는 회사가 자금을 차입하여 자기주식을 취득하더라도 마찬가지이다. 따라서 상법 제341조 제1항 단서는 자기주식 취득가액의 총액이 배당가능이익을 초과하여서는 안 된다는 것을 의미할 뿐 차입금으로 자기주식을 취득하는 것이 허용되지 않는다는 것을 의미하지는 않는다."

---

(ii) **취득요건:** 회사가 배당가능이익을 재원으로 자기주식을 취득하려면 아래의 요건을 충족시켜야 한다. 사전에 주주총회결의로 ① 취득할 수 있는 주식의 종류와 수, ② 취득가액의 총액의 한도, ③ 1년을 초과하지 않는 범위에서 자기주식을 취득할 수 있는 기간을 정하여야 한다($_{②}^{상\ 341}$).

(iii) **취득방법:** 회사가 배당가능이익의 한도내에서 자기주식을 취득하는 경우 자본충실의 원칙에 대한 위협요소는 없지만, 어떻게 취득하느냐에 따라 주주평등의 원칙이 침해될 소지가 있다. 그리하여 상법은 이러한 우려를 고려하여 다음 두 가지 방법을 제시하고 있다.

하나는 거래소에서의 매수를 허용하는바 상장된 주식은 시세가 형성되어 있으므로 공정하고 어떤 주주도 매도에 참여할 수 있어 공평하다($_{①\ 1호}^{상\ 341}$). 다른 하나는 각 주주가 가진 주식수에 따라 균등한 조건으로 취득하는 방법이다($_{①\ 2호}^{상\ 341}$). 상법시행령은 비상장회사에 대해서는 모든 주주에게 통지 또는 공고를 하여 균등조건으로 유상취득하는 방법을 제시하고 있고, 상장회사의 경우에는 자본시장법상의 공개매수를 취득방법으로 제시하고 있다(상법시행령 제9조). 이러한 두 가지 방법 외에 특정 주주만 선택하여 그들의 주식을 매수하는 등 주주평등의 원칙을 저해하는 방법은 허용되지 않는다.

(iv) **제 한**: 자본결손의 우려가 있는 경우에는 설사 주주총회가 자기주식취득을 결의했다해도 이사는 이를 실행할 수 없다(상341). 따라서 상법 제341조 제2항의 주주총회결의는 이사의 자기주식취득에 대한 사전승인의 의미로 풀이할 수 있고, 이사는 설사 이러한 승인이 있다 해도 스스로의 경영판단으로 주식취득의 실행여부를 결정하여야 한다. 만약 이사가 자본결손의 우려가 있음에도 불구하고 자기주식을 취득한 경우에는 회사에 대하여 자본결손분에 대한 배상책임을 질 수 있다(상341 ①). 본 조항에 따른 책임은 과실책임이며 이사에게는 무과실의 입증책임이 부과된다(상341 ②).

② **특수목적취득**(상341의2): 상법은 아래의 경우에는 배당가능이익에 의한 제한없이도 회사가 자기주식을 취득할 수 있게 허용한다.

(i) **합병 및 영업양수의 경우**(상341의2. 1호): 회사의 합병 또는 다른 회사의 영업 전부의 인수로 인한 자기주식의 취득은 허용된다.

회사의 합병에는 흡수합병(Verschmelzung durch Aufnahme; merger) 및 신설합병(Verschmelzung durch Neubildung; consolidation)의 두 가지가 있다. 어느 경우이든 해산회사의 사원과 재산은 청산절차를 거치지 아니하고 신설회사 또는 존속회사로 포괄승계된다(Universalsukzession). 흡수합병의 경우 소멸회사가 존속회사의 주식을 소유하고 있는 때에는 소멸회사를 흡수하는 존속회사는 이 포괄승계로 인하여 자기주식을 취득할 수 있다. 신설합병의 경우에는 종래의 사원의 지위는 모두 소멸하고 종래의 자기주식에 대해서는 신설회사의 주식을 발행할 수 없으므로 자기주식취득 문제는 생기지 않는다. 또한 영업 전부의 양수의 경우에도 양수회사는 양도회사가 가지는 자기주식을 취득할 가능성이 있다.

이렇게 흡수합병이나 영업 전부의 양수의 경우 유독 자기주식만을 승계의 대상에서 제외시킨다는 것은 번잡할 뿐만 아니라 이러한 사유로 인한 자기주식의 취득은 회사가 의도적으로 추진하는 것도 아니어서 그 폐해가 생길 염려도 또한 적다고 볼 수 있다. 이런 사유에서 상법 제341조의2 제1호의 예외는 정당화된다.

(ii) **회사의 권리실행을 위하여 필요한 때**(상341의2. 2호): 회사의 권리를 실행함에 있어 그 목적을 달성하기 위하여 필요한 때에는 자기주식의 취득이 예외적으로 인정된

다. 가령 회사의 거래상대방이 그 회사의 주식 이외의 재산은 갖고 있지 못한 경우 회사는 자신의 권리를 실행함에 있어서 — 강제집행, 소송상의 화해 혹은 대물변제를 받는 등 — 자기주식을 취득할 수 있다. 이 경우 회사는 상대방이 자기주식 외에 다른 재산을 갖고 있지 않음을 입증하여야 한다.

(iii) **단주처리를 위하여 필요한 때**(상 341의2. 3호):  회사의 자기주식취득은 예외적으로 단주의 처리를 위하여 필요한 때에도 가능하다. 회사의 자본감소나 합병 등의 경우에 단주가 발생할 수 있음은 이미 보았다. 이 경우 각각 단주의 처리방법이 법정되어 있는 경우 그에 따라 처리하고(예: 530 삼 443.) 기타의 경우에는 상법 제342조에 따른다.

(iv) **주주가 주식매수청구권을 행사한 때**(상 341의2. 4호):  이 예외는 상법이 1995년 개정되면서 신설된 경우이다. 정관에 의하여 주식양도가 회사의 승인을 얻어야 하는 경우 그 승인이 거절된 주주(상 335의2. Ⅳ. 335의6) 또는 영업양도나 합병에 반대하는 주주는(상 374의2. 522의3) 주식매수청구권을 행사할 수 있다. 이 때 주주가 매수청구를 해오면 회사는 이에 응하여야 하므로 회사는 자기주식의 취득을 피할 수 없다. 역시 이때에도 자기주식의 처분은 상법 제342조에 의한다. 다만 회사가 특정 주주와의 사이에 개별 약정을 통하여 그 주주가 보유한 주식을 매수하는 경우에는 여기서 이야기하는 '주식매수청구권을 행사한 때'가 아니다. 즉 이 경우는 법정된 반대주주의 주식매수청구가 아니므로 따라서 이 경우 회사는 상법 제341조의 요건하에 또 그 요건을 충족시키는 경우에만 자기주식을 취득할 수 있다.

> **대판 2021. 10. 28, 2020다208058 [제이티넷 사건]**
>
> "상법 제360조의5 제1항, 제374조의2 제1항, 제522조의3 제1항 등에 따라 주주가 주식매수청구권을 행사하는 경우에는 개정 상법 제341조의2 제4호에 따라 회사가 제한 없이 자기주식을 취득할 수 있으나, 회사가 특정 주주와 사이에 특정한 금액으로 주식을 매수하기로 약정함으로써 사실상 매수청구를 할 수 있는 권리를 부여하여 주주가 그 권리를 행사하는 경우는 개정 상법 제341조의2 제4호가 적용되지 않으므로, 개정 상법 제341조에서 정한 요건하에서만 회사의 자기주식취득이 허용된다."

나) **특별법상의 예외**

① **자본시장과 금융투자업에 관한 법률상의 예외**:  주권상장법인은 배당가능이익의 한도내에서 법인의 명의와 계산으로 자기주식을 취득할 수 있다(자본시장과 금융투자조의3 제1업에 관한 법률 제165항, 제2항). 이 경우 상장회사는 증권시장에서 자기주식을 취득하거나 공개매수의 방법을 통하여

취득하거나[234] 또는 신탁계약의 해지나 종료로 신탁회사로부터 반환받을 수 있다
(자본시장과 금융투자업에 관<br>한 법률 제165조의3 제2항).

② 벤처기업육성에관한특별조치법상의 예외:   주식회사인 벤처기업이 전략적 제휴
를 위하여 정관으로 정하는 바에 따라 자기주식을 다른 주식회사의 주요주주 또는
주식회사인 다른 벤처기업의 주식과 교환할 수 있는데 이때 주식교환을 하려는 벤처
기업은 「상법」 제341조에도 불구하고 주식교환에 필요한 주식에 대하여는 배당가능
이익의 한도내에서 자기의 계산으로 자기주식을 취득할 수 있다(동법 제15조<br>제2항 참조).

### 다) 해석상의 예외

이러한 법정예외 이외에도 다음과 같은 해석상의 예외가 가능하다.

① 자기주식의 무상취득:   이미 상법 제341조의 적용범위에서도 무상취득을 제외
시켰으나 회사가 무상으로 자기주식을 취득하는 경우에는 자본유지의 원칙에 위협이
되지 않으므로 허용된다. 회사는 자기주식을 증여나 유증 등의 형식으로 무상취득할
수 있다. 독일 주식법은 이를 법정예외로 허용하고 있다(동법 71 I<br>4호 전단). 이러한 무상취득의
경우에도 회사는 취득된 자기주식을 소각하든지 아니면 상당기간 내에 처분하여야
한다.

② 매수위탁에 의한 취득:   위탁매매인인 회사가 주선행위의 실행 중에 자기주
식을 취득하는 경우가 있다. 즉 자기회사의 주식을 매수해 줄 것을 위탁자가 요구한
경우 그 매수위탁의 실행 중에 자기주식을 취득할 가능성이 있는 것이다. 독일 주식
법은 역시 이 예외도 법정하고 있다(동법 71 I<br>4호 후단).

### 4) 금지위반의 효과

가) 취득행위의 효력:   자기주식취득금지의 원칙에 위반한 취득행위는 무효이다
(무효설). 취득행위 자체는 무효로 보나 일정한 경우 그 예외를 인정하는 입장(상대적
무효설), 취득행위 자체의 효력은 유효로 보되 단지 이사 등의 손해배상책임을 인정하
려는 학설(유효설), 또 나아가 자기주식취득으로 권리가 침해된 자는 그 취득의 취소
를 구할 수 있으나 상당한 대가로 제3자에게 양도된 때에는 그 하자가 치유된다는
학설(취소설)도 있으나 모두 타당하지 않다. 자기주식의 취득금지는 이론적 근거에 바
탕을 두기보다는 자본충실 등의 정책적 법리로서 이해되어야 하고 그 한에서는 이

---

234) 공개매수(tender offer; takeover bid)란 신문 등을 통하여 대상 기업의 주주들을 상대로 일정 매수가격을 제
    시하고 이에 응하여 매도의사를 표시한 주주들의 주식을 장외에서 매수하여 단기간 내에 대상기업의 경영권
    을 장악하는 행위이다.

원칙의 강행적 성격을 우회할 수 없다. 따라서 양도인이 선의였든 악의였든 불문하고 이 원칙에 위반한 자기주식의 취득은 무효로 보아야 한다.

**대판 2018. 10. 25, 2016다42800, 42817, 42824, 42831 [매매대금반환]**

[주권발행전 주식의 양도계약이 상법 제341조에 따라 무효인 경우]

"…**주권이 발행되지 않은 주식**에 관하여 체결된 매매계약이 구 상법(2011. 4. 14. 법률 제10600호로 개정되기 전의 것, 이하 같다) **제341조에서 금지한 자기주식의 취득에 해당하여 무효인 경우**, 매도인은 지급받은 주식매매대금을 매수인에게 반환할 의무를 부담하는 반면 매수인은 매매계약 체결 당시 이행받은 급부가 없으므로 특별한 사정이 없는 한 반환할 부당이득이 존재하지 않는다. 다만 무효인 매매계약을 근거로 매수인이 마치 주주인 것처럼 취급되고 이러한 외관상 주주의 지위에서 매도인의 권리를 침해하여 매수인이 이익을 얻었다면 매수인은 그 이익을 반환할 의무가 있다. 그러나 매수인이 이러한 외관상 주주의 지위에 기하여 이익을 얻은 바도 없다면, 역시 매수인의 매도인에 대한 부당이득반환의무는 존재하지 않는다. 한편 만약 무효인 매매계약에 따라 매수인에게 상법 제337조 제1항에 규정된 명의개서절차가 이행되었더라도, 매도인은 특별한 사정이 없는 한 매수인의 협력을 받을 필요 없이 단독으로 매매계약이 무효임을 증명함으로써 회사에 대해 명의개서를 청구할 수 있다. 주권이 발행되지 않은 주식에 관하여 체결된 매매계약이 구 상법 제341조에서 금지한 자기주식의 취득에 해당하여 무효인 경우에도 마찬가지이다."

**대판 2003. 5. 16, 2001다44109**

"주식회사가 자기의 계산으로 자기의 주식을 취득하는 것은 회사의 자본적 기초를 위태롭게 하여 회사와 주주 및 채권자의 이익을 해하고 주주평등의 원칙을 해하며 대표이사 등에 의한 불공정한 회사지배를 초래하는 등의 여러 가지 폐해를 생기게 할 우려가 있으므로 상법은 일반 예방적인 목적에서 이를 일률적으로 금지하는 것을 원칙으로 하면서, 예외적으로 자기주식의 취득이 허용되는 경우를 유형적으로 분류하여 명시하고 있으므로 상법 제341조, 제341조의2, 제342조의2 또는 증권거래법 등에서 명시적으로 자기주식의 취득을 허용하는 경우 외에, 회사가 자기주식을 무상으로 취득하는 경우 또는 타인의 계산으로 자기주식을 취득하는 경우 등과 같이, 회사의 자본적 기초를 위태롭게 하거나 주주 등의 이익을 해한다고 할 수 없는 것이 유형적으로 명백한 경우에도 자기주식의 취득이 예외적으로 허용되지만, 그 밖의 경우에 있어서는, 설령 회사 또는 주주나 회사채권자 등에게 생길지도 모르는 중대한 손해를 회피하기 위하여 부득이 한 사정이 있다고 하더라도 자기주식의 취득은 허용되지 아니하는 것이고 위와 같은 금지규정에 위반하여 회사가 자기주식을 취득하는 것은 **당연히 무효**이다."

나) **손해배상책임:**    이사의 손해배상책임취득금지규정에 위반하여 자기주식이 취

득됨으로써 회사에 손해가 발생되었다면 이사는 연대하여 이에 대한 손해배상책임을 지게 된다($_{399}^{상}$). 악의 또는 중과실의 경우에는 주주나 회사채권자 등의 제3자에 대해서도 연대하여 손해배상책임을 지게 된다($_{401}^{상}$). 감사 또는 1% 이상의 소수주주는 그 이사에 대하여 해당 취득행위의 유지를 청구할 수 있고($_{402}^{상}$), 소수주주권자는 대표소송에 의하여 회사가 행사하지 않는 손해배상청구의 대위를 실행할 수 있다($_{이하}^{상 403}$).

다) 형벌의 제재:　자기주식의 취득금지에 위반한 이사 등의 행위에 대해서는 형벌의 제재가 있다. 즉 누구의 명의에 의하건 회사의 계산으로 그 주식을 취득하거나 질권의 목적으로 받은 때에는 5년 이하의 자유형이나 1,500만원 이하의 금전형의 제재가 있다($_{2호}^{상 625}$).

5) 예외적으로 취득된 자기주식의 지위:　회사가 예외적으로 자기주식을 취득하는 경우 보유기간 중 그 주식에 대한 권리행사가 가능한지 의문이다. 상법은 "회사가 가진 자기주식은 의결권이 없다"($_{ }^{상 369}$)고 규정하여 의결권에 대해서는 이를 명확히 하고 있으나 여타의 권리에 대해서는 아무 규정을 두고 있지 않다. 그러나 가령 회사가 보유중의 자기주식으로 이익배당을 청구할 경우 그것은 다시 차년도의 배당가능이익이 됨으로써 회사의 수익력에 대한 주주의 판단을 흐리게 할 뿐이며 잔여재산의 분배에 있어서도 소멸될 회사에 대한 재산분배는 잔여재산분배의 의미없는 순환만 야기시킬 뿐이다. 신주인수권의 경우 회사의 자기주식을 통한 신주인수는 자기주식의 원시적 취득이 되어 이론상 부당하며 나아가 자기주식에 대한 주식배당도 그 법적 본질을 이익배당으로 보는 한 역시 인정될 수 없다.

결론적으로 볼 때 회사가 자기주식을 갖고 있는 경우 그 주식에 대해 회사는 아무런 권리도 행사할 수 없다. 즉 회사가 자기주식을 보유하는 동안 이 주식에 기한 권리행사는 전면적으로 휴지된다(全面的 休止說). 자익권이든 공익권이든 모두 행사불가이다.[235] 회사가 자기주식을 양수인에게 양도한 경우 이 주식에 기한 권리는 다시 부활할 것이다. 따라서 회사가 보유하고 있는 자기주식은 오로지 양도가능한 목적물일 뿐이다.

> 참고 ┃ 자기주식의 법적 성질에 대한 논의
>
> 　　현재 자기주식의 법적 본질에 대해서는 자산설(資産說)과 미발행주식설(未發行株式說)의 대립이 있다. 현재 우리나라의 판례는 자산설을 취하고 있다.[236] 그리하여 자기주식을

---

235) 독일 주식법은 이를 명정하고 있다("§ 71b AktG [Rechte eigener Aktien] Aus eigenen Aktien stehen keine Rechte zu.").
236) 대판 1980. 12. 23, 79누370; 대판 2021. 9. 30, 2017두66244 [법인세 등 부과처분 취소].

양도성있는 자산으로 보면서 자기주식의 처분도 손익거래로 본다. 그러나 이러한 시각은
뒤("**6) 자기주식의 처분**" 부분)에서 보듯이 세계적인 대세는 아니다. 미국이나 일본에서처
럼 '수권되었으나 발행되지 않은 주식'(authorized but unissued share)으로 봄이 타당하다
고 생각된다.

자기주식은 회사법 전반에 걸쳐 많은 문제점을 낳는다. 최근 우리나라에서 크게 문제되
고 있는 ① 인적 분할시 자기주식에 대한 신주배정 문제,[237] ② 삼성물산과 제일모직의
합병시 KCC에 대한 자사주처분의 효력[238] 나아가 ③ 씨디네트웍스 소수주주들의 주식매
수청구[239] 등 모든 사례에서 자기주식의 법적 성질이 다투어지고 있고 이를
어떻게 보느냐에 따라 결과가 달라진다. 씨디네트웍스사건에서 대법원은 자회사가 보유
하고 있는 자기주식을 모회사의 보유주식에 합산하였다(대결 2017. 7. 14, 2016마230 참조).

## 6) 자기주식의 처분

**가) 의 의:** 예외적으로 회사가 자기주식을 취득하는 경우에도 회사는 상법 제
342조에 따라 이를 처분할 수 있다. 처분이란 해당 주식의 매각이다. 그 법적 성질에
대해 판례는 2011년의 상법개정 전후를 불문하고 자기주식의 처분을 손익거래로 보
고 있다. 그러나 이러한 판례의 입장은 소득과세의 관점에 서 있다. 자기주식의 취득
이나 처분은 자본조정항목의 증감거래이므로 자본거래로 봄이 타당할 것이다. 국내외
의 입법례가 이를 뒷받침한다.

> **대판 1980. 12. 23, 79누370 [법인세부과처분취소]**
>
> "주식회사가 자기주식을 취득하는 것은 상법 제341조가 규정한 특별한 경우에 한하
> 는 것이지만, 자기주식도 다른 유가증권과 마찬가지로 양도성 있는 자산임이 분명하므
> 로, 그 처분도 다른 유동자산의 처분에 있어서와 같이, 그 취득과 양도를 1개의 거래
> 로 간주하여, 그 취득가액과 양도가액의 차액을 유가증권매각 손익으로 처리하는 것이
> 상당하다고 보여지며, 자기주식을 처분할 때 생기는 주식의 액면가액과 양도가액의 차
> 액은 상법 제459조가 규정한 합병잉여금과는 그 성질이 달라 자본준비금으로 적립하여
> 야 하는 것도 아니므로, 원심이 이러한 견해 아래 원고 회사의 **자기주식 처분을 자본거**
> **래로 보지 아니하고, 과세처분의 대상이 되는 손익거래로 본 조치는 정당**하고, 그 밖에

---

237) 현재 국회에 박용진 의원 대표발의의 상법개정안이 심의중에 있다. 이에 따르면 단순분할신설회사와 분할합
병신설회사는 분할회사가 보유하는 자기주식에 대해 신주배정을 할 수 없게 된다.
238) 서울중앙지법 2015. 7. 7, 2015가합80597 결정 [주식처분금지가처분]; 서울고법 제40민사부 2015. 7. 16,
2015라20503 결정 [주식처분금지가처분] 참조.
239) 최근에는 95% 이상의 주식을 보유한 지배주주의 매수의무 및 그 가격결정신청건도 관심을 모으고 있다(상법
제360조의25). KDDI는 일본 제2위의 무선통신회사로서 한국자회사 씨디네트웍스의 지분 84.96%를 갖고 있
었다. 원고는 씨디네트웍스의 소수주주로서 씨디네트웍스가 자사주 13.14%를 보유하고 있기 때문에 두 지분
을 합쳐 95% 이상이 되므로 상법 제360조의25 제2항에 규정한 95% 이상 지배주주의 매수의무가 발생한다고
주장한다. 이에 반하여 KDDI 측은 자기주식까지 지배주주의 보유주식에 포함시켜서는 안된다며 각하 대상이
라고 다투었다. 1,2심은 원고의 주장을 인용하였다("2017. 6. 21.자 이투데이 뉴스, 박은비 기자" 참조).

원심판결이 원고 회사의 주식평가에 관한 사실인정을 잘못하였다고 보여지지도 아니하므로, 이 점을 들어 원심판결을 비난하는 상고이유는 받아들일 수 없다."

나) 처분의 의사결정:   상법은 처분의 의사결정주체는 정관에 별도의 규정이 없는 한 이사회로 지정하고 있다($\frac{\text{상}}{342}$). 따라서 이사회는 정관에 별도의 규정이 없는 한 처분할 자기주식의 종류와 수, 처분가액과 납입기일, 처분의 상대방 및 처분방법을 결정할 수 있다($\frac{\text{상}}{4.호}^{342}$). 2011년 개정 상법은 과거와 달리 예외적으로 취득한 자기주식을 회사가 의무적으로 처분하도록 강제하지 않는다.

다) 경영권 분쟁과 자기주식의 처분:   자기주식의 처분시 특히 문제가 되는 점은 신주발행에 관한 상법규정을 자기주식의 처분에 유추적용할 수 있는 지이다. 이러한 문제는 특히 경영권 분쟁이 가시화된 상황에서 기존의 경영권자가 회사가 보유중이던 자기주식을 자신의 우호세력에게 처분하는 경우 심각해진다. 우호세력에 대한 신주의 제3자 배정으로 경영권을 방어하는 것과 사실상 같아지기 때문이다. 그렇다면 이 경우 상법 제418조 제2항을 유추적용하여야 하는가? 이를 긍정하는 아래의 하급심 판례 때문에 논의는 뜨거워졌다. 학설과 판례는 대립하고 있다. 유추적용긍정설에서는 자기주식처분이 신주의 제3자배정의 경우와 동일한 지분율변화를 야기하므로 주주평등의 원칙에 반하고 따라서 해당 주식처분은 무효라고 한다.[240] 반면 유추적용부정설에서는 자기주식의 처분은 자본거래가 아닌 개인법상의 손익거래이므로 신주발행에 관한 상법규정들을 자기주식의 처분에 유추하는 것은 바람직하지 않다고 한다.[241]

### 서울서부지방법원 2006. 3. 24. 자 2006카합393 결정 [의결권행사금지가처분]

"비록 우리 상법 및 증권거래법이 자기주식 처분에 대하여 신주발행에 관한 규정을 준용하고 있지 아니하고, 자기주식 처분은 이미 발행되어 있는 주식을 처분 하는 것으로서 회사의 총 자산에는 아무런 변동이 없고, 기존 주주의 지분 비율도 변동되지 아니하여 형식적으로는 신주발행과 그 효과를 일부 달리하지만, 자기주식의 처분이 자본의 증가를 가져오는 것은 아니라 하더라도 회사가 보유중이던 자기주식일 때에는 상법 제341조에 의하여 이 주식에 대해서는 의결권을 행사할 수 없으나 이 주식이 회사가 아닌 제3자에게 양도될 경우 이를 양도받은 제3자는 회사에 대하여 의결권을 행사할 수 있게 되어 회사의 의사결정기구인 주주총회에서 의결권을 행사할 수 있는 주식수가

---

240) 최준선, "개정 상법상 자기주식의 취득과 처분", 「상사법연구」 제31권 2호(2012. 8.), 219~241면, 특히 227면 (개인법상의 손익거래이면 주주평등의 원칙과 무관하다는 논리는 성립할 수 없다고 하면서 자기주식의 권리 남용적 처분을 막기 위해서는 상법 제418조 제2항의 준용이 필요하다고 한다).

241) 송종준, "자기주식의 처분절차규제에 관한 소고", 「법률신문」, 2006년 11월 9일자 참조; 수원지법 성남지원 2007. 1. 30, 2007카합30 결정; 서울북부지법 2007. 10. 25, 2007카합1082 결정 등의 하급심 판례에서는 위 서울서부지법의 결정과 달리 자기주식의 처분에 신주발행의 법리를 유추할 수 없다고 하고 있다.

증가한다는 점에서 기존 주주들에게는 회사가 신주를 발행하는 것과 유사한 효과를 가져온다. 또한, 자사주인 경우에는 회사가 자사주에 대하여 배당금을 수령하더라도 이는 결국 회사의 재산이 배당금 수령으로 다시 그만큼 증가하게 되어 기존의 주주들이 그 주식 보유 비율에 따라 추후 그 증가된 재산에 대하여 배당금을 추가로 수령할 수 있는 기회가 생기나 자사주가 제3자에게 처분되면 새로운 배당금 수령권자가 생기는 점, 유상증자가 이루어질 경우 자사주를 제외한 나머지 주식에 대해서만 그 지분비율별로 신주발행이 이루어지는데 자사주가 제3자에게 처분되면 자사주에 대한 신주발행이 이루어져 기존의 주주는 그만큼 배정받는 신주의 비율이 낮아지는 점 등으로 **회사가 그 보유의 자사주를 처분하는 행위는 그 처분으로 인하여 궁극적으로 보유주식의 비율에 따라 주주로서의 회사에 대한 권리나 지위가 변동하는 등 주주의 지위에 중대한 영향을 초래하게 되는데 특히 자기주식을 일방적으로 특정 주주들에게만 매각할 경우에는 매각으로 인해 초래되는 기존주주의 지분 비율의 감소로 인해 신주발행의 경우와 동일한 결과를 가져옴으로써 신주발행에서와 마찬가지로 통제를 가할 필요성이 있다.** 한편, 전환사채 발행의 경우에도 주식회사의 물적 기초와 기존 주주들의 이해관계에 영향을 미친다는 점에서 사실상 신주를 발행하는 것과 유사하여 신주발행무효의 소에 관한 상법 제429조를 유추적용하고 있는 것과 마찬가지로, 자기주식 처분의 경우에도 다른 주주들에게는 자기주식을 매수할 기회를 전혀 주지 않은 채 특정 주주에게의 일방적인 매도가 주주평등의 원칙에 반하고 주주의 회사지배에 대한 비례적 이익과 주식의 경제적 가치를 현저히 해할 수 있는 경우라면, 이러한 자기주식의 처분행위는 무효라고 하겠다.”

## 🎯 자기주식처분의 공정성 관련 외국의 입법례 및 바람직한 입법론

### 1. 외국의 입법례

#### (1) 일  본

일본 회사법은 처음부터 회사의 신주발행과 자기주식의 처분을 동질시하고 있다는 점이 특징이다.[242] 즉 일본 회사법은 제199조 제1항에서 '모집주식'(募集株式)이라는 용어를 사용하면서 이를 신주발행과 자기주식처분의 상위개념(上位槪念)으로 사용하고 있다.[243] 그리하여 신주발행의 하자시 신주발행무효의 소라는 회사법상의 형성소송(우리 상법 제429조)이 있듯이 자기주식처분의 하자는 자기주식처분무효의 소라는 회사법상의 형성소송으로 그 효력을 다투게 된다(일본 회사법 제828조 제1항 제3호).

2006년의 회사법 제정이전에는 즉 구 상법시대에는 신주발행과 자기주식의 처분을 별개로 다루었으나 양자는 실질적으로 같은 내용의 행위이므로 회사법에서는 동일한 규정으로 규제하는 것으로 하였다고 한다.[244] 특히 동법 제199조 제5항은 '모집시마다' 균등한 조건을 준수하도록 요구하므로 이는 결국 주주평등의 원칙을 준수하라는 뜻으로 풀이된다. 공개회사에 있어서는 절차의 신속을 위하여 주주총회가 아닌 이사회를 의사결정기관

---

242) 神田秀樹, 會社法, 제24판, 113면.
243) 尾崎哲夫, 條文가이드六法, 會社法, 自由國民社, 2012, 162면.
244) 尾崎哲夫, 상게서, 162면.

으로 하였다($\substack{\text{동법 제201} \\ \text{조 제1항}}$).

그러나 일본 회사법이 이처럼 자기주식의 처분을 신주발행과 동시하면서 엄격히 규제하는 데 대해 특히 경영권 방어관련 여타 제도와 함께 이를 조감할 필요가 있다는 점이다. 일본 회사법은 주지하다시피 일본형 포이즌필로 불릴 수 있는 신주예약권제도를 갖고있다. 따라서 회사법 체계 전반에 걸쳐 경영권 방어수단을 잘 마련해 놓고 있다고 할 수있다. 따라서 자기주식을 미리 취득해 놓았다가 유사시 경영권 방어용으로 쓸 필요가 거의 없다. 우리는 일본의 불독소스사건에서[245] 신주예약권이 얼마나 효율적으로 경영권 방어기능을 수행하는지 알 수 있었다. 즉 자기주식처분관련 일본 회사법을 볼 때 여타의 경영권 방어수단과 함께 관찰할 필요가 있다는 것이다. 이러한 전체적 내지 거시적 관찰을하지 않으면 개개 제도에 대한 정확한 비교가 이루어지지 못할 것이다.

### (2) 독 일

독일은 주식법 제71조 제1항 제8호에서 명문으로 자사주처분시 주주평등의 원칙을 준수할 것을 요구한다.

i) 성문의 규정내용:　동법은 "자기주식의 취득과 처분은 '주식평등의 원칙'에 따를것"을 명문의 규정으로 정하고 있다($\substack{\text{동법 제71조 제1} \\ \text{항 제8호. 제3문}}$). 나아가 증권거래소에서 자기주식을 사고파는 것은 이러한 주주평등의 원칙에 부합한다고 유권해석을 내리고 있다($\substack{\text{동법 제71조 제1} \\ \text{항. 제8호. 제4문}}$). 자기주식을 주주 아닌 제3자 혹은 특정된 주주에게 처분하는 경우에는 동법에 규정된 신주의 제3자 배정 관련 규정($\substack{\text{동법 제186조} \\ \text{제3항. 제4항}}$)이 준용된다($\substack{\text{동법 제71조 제1} \\ \text{항. 제8호. 제5문}}$).

ii) 성문화되지 않은 유효요건(비례의 원칙):　독일에서는 신주의 제3자 배정이나 특정 주주에 대한 배정이 유효하려면 주주총회의 특별결의 이외에도 실질적 유효요건으로우리 상법 제418조 제2항 단서와 유사한 법리가 적용되고 있다. 즉 제3자 배정에 따른 회사 전체의 이익과 기존 주주간 이해조절이 요구되는 데 이 때 비례의 원칙이 적용된다.[246]

### (3) 영 국

2006년의 영국 회사법도 자기주식의 처분시 주주의 신주인수권의 대상에서 배제하지않고 있다. 신주인수권의 대상이 되는 배정(allotment)의 정의에 '회사가 금고주(金庫株)로보유하고 있던 주식의 매각'을 포함시키고 있다($\substack{\text{동법 제560} \\ \text{조 제2항}}$).[247] 즉 회사의 자기주식처분시 마다 원칙적으로 기존 주주의 "자사주 인수권"을 인정하고 있는 셈이다. 동법은 제561조에서 우리 상법 제418조 제1항과 같은 주주의 우선적 신주인수권을 인정하고 있다.

---

245) 日本最高裁判所決定 2007. 8. 7, 商事法務 1809號, 16면.

246) BGHZ 71, 40, 43 ff.＝BGH NJW 1978, 1316.

247) 송옥렬, "개정 상법상 자기주식취득과 주식소각", 「특집 개정 상법의 해석상 쟁점」, 115~123면, 「BFL」 제51호, 2012년 1월; 2006년의 영국 회사법 Section 560 [Meaning of "equity securities and related expressions] "(2) Refenrences in this Chapter to the allotment of equity securities include … (b) the sale of ordinary shares in the company that immediately before the sale are held by the company as treasury shares."(Scanlan/Harvey/Prime, Companies Act 2006, A Guide to the New Law, p. 506); Gower & Davies, Principles of Modern Company Law, 9th Ed., Sweet & Maxwell, 2012, 13-26, p. 343; Charlesworth's Company Law, 18th ed., 8-001, footnote Nr. 2, p. 167; Mason-French-Ryan on Company Law, 30th Ed., [2013-2014], 10.6.6., p. 300.

(4) 미 국

미국 회사법상으로는 앞서 살핀 세 나라와는 달리 취득한 자기주식의 처분 관련 특별 규정을 발견하기 어렵다. 대신 매우 느슨한 규정들만 산견(散見)할 수 있는바 미국 회사법에서 가장 영향력이 강한[248] 델라웨어주 일반 회사법을 보면 배당가능이익의 범위내에서 취득한 자기주식이라면 사실상 그 처분에 대해서는 아무런 제한이 없다고 할 수 있다. 동법은 자본감손을 가져오지 않는 한 자기주식의 취득을 폭넓게 허용하면서[249] 그 처분 또한 규제하지 않고 있다.[250] 그러나 모범회사법(M.B.C.A.)은 자기주식을 '수권은 되었으나 발행되지 않은 미발행주식'(authorized but unissued share)으로 보고 있다.[251]

2. 바람직한 입법론

미국 회사법은 주주의 신주인수권을 적극적으로 인정하지 않는 입법례이므로 이를 따르기는 어렵고 우리나라의 경우에는 일본, 독일 또는 영국의 입법례를 참고하는 것이 옳다고 느껴진다. 나아가 자사주처분의 법적 성질을 파악함에 있어서는 세법(稅法)적 시각보다는 회사법적 시각이 바람직하다. 이런 면에서 자기주식처분을 손익거래로 보는 판례의 입장은 제한적으로 받아들여야 할 것이다. 과거에도 논의된 바있는 아래의 준용규정을 상법 제342조 제2항으로 추가하면서 아래와 같이 상법 제342조를 바꾸는 것이 바람직하다고 생각된다.

"**제342조[자기주식의 처분]**    **(1) 회사가 보유하는 자기의 주식을 처분하는 경우에는 다음의 사항으로서 정관에 규정이 없는 것은 이사회가 결정한다. 1. 처분할 주식의 종류와 수, 2. 처분할 주식의 처분가액과 납입기일 (2) 제417조 내지 제419조, 제421조 내지 422조, 제423조 제2항 및 제3항, 제424조, 제424조의2, 제427조 내지 제432조의 규정은 제1항의 경우에 이를 준용한다.**"

(라) 주식의 상호소유의 금지

1) **상호주소유의 의의:**    상호주소유(cross-ownership; wechselseitige Beteiligung)란 '상호주'라는 특수한 주식을 전제로 하는 것이 아니라 좁게는 독립된 회사가 서로 상대방 회사에 대하여 출자하고 있는 상태를 가리키며, 넓게는 3개 이상의 회사간의 순환적인 출자관계까지 포함하는 개념이다. 즉 상호주란 독립된 회사간의 상호출자관계를 지칭하는 말이다.

---

248) 물론 미국은 각주가 회사법에 대한 관할권을 가지므로 주의 수와 같은 수의 회사법이 병존한다고 할 수 있다. 그러나 실제에 있어서는 델라웨어주의 회사 관련 성문법과 판례법이 미국을 지배한다고 보아도 좋다. 실제 **로스쿨의 강의에서는 오로지 델라웨어주의 판례법만 가르친다**고 봐도 좋다. 필자가 2009년 버클리 로스쿨에서 직접 경험한 바이다. 솔직히 한 학기 내내 델라웨어 판례 외의 것은 한번도 들을 수 없었다.

249) 동법 제160조 (a)항 참조.

250) 동법 제160조 (b)항 참조; "(b) Nothing in this section limits or affects a corporation's right to resell any of its shares theretofore purchased or redeemed out of surplus and which have not been retired, for such consideration as shall be fixed by the board of directors."

251) §6. 31 (a) "A corporation may acquire its own shares, and shares so acquired authorized but unissued shares."

2) **상호주의 유형:** 이와 같은 교환적 출자관계는 다음과 같은 3개의 유형으로 구별될 수 있다.

가) **단순상호주:** 첫째 유형은 단순상호주(einfache Wechselbeteiligung)로서 직접 상호보유라고도 한다. 이 형태는 교환적 출자관계의 가장 기본형으로서 독립된 두 회사가 서로 상대방 회사에 대하여 상호출자하는 모습을 보이게 된다. 즉 A회사가 B회사의 주식을 보유하고 B회사는 다시 A회사의 주식을 보유할 때 나타난다.[252]

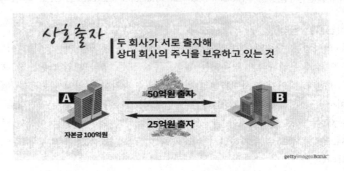

나) **환상형 상호주:** 둘째 유형은 환상형(環狀型) 혹은 고리형 상호주(ringförmige Beteiligung)로서 간접상호보유라고도 한다. 이 형태는 독립된 세 회사가 원형의 출자관계를 가질 때 나타난다. 즉 A회사는 B회사에 대하여 출자하고 B회사는 C회사에 대하여 출자하고 다시 C회사는 A회사에 대하여 출자하는 경우이다.

삼성물산·제일모직 합병으로 변화가 생긴 순환출자고리 사례

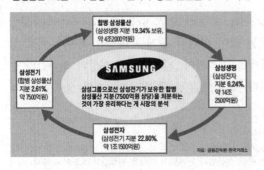

현대자동차그룹 기존 순환출자 구조

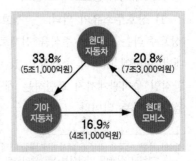

---

252) 최근 중견기업으로 비정규직이 적은 오뚜기 그룹의 경우에도 계열사간 상호보유가 존재한다고 한다; "오뚜기는 오는 27~28일로 예정된 문재인 대통령과 기업인들 간 간담회 참석 명단에 국내 15대 그룹 가운데 농협을 제외하고 삼성, 현대차, SK, LG, 롯데 등 14개 기업과 함께 이름을 올렸다. … 오뚜기의 주주는 계열회사인 알디에스, 오뚜기제유, 상미식품, 오뚜기라면, 풍림피앤피, 오뚜기물류, 애드리치 등이 있는데 이들의 지분합계가 10%가 넘는다. 오뚜기 재단을 포함하면 18%에 이른다. 하지만 이들 계열회사는 오뚜기가 적게는 9.8%에서 많게는 46.59%를 보유하고 있는 회사들이어서 **상호출자관계**에 있다." [메디컬투데이 김동주 기자 (ed30109@mdtoday.co.kr), 입력일: 2017-07-27 15:12:23]

환상형 상호주는 특히 우리나라의 대기업집단에서 자주 관찰되고 있다. 그 가장 좋은 예로는 국내최대인 삼성그룹에서 합병후의 신 삼성물산→삼성생명→삼성전자 →삼성전기→신 삼성물산으로 이어지는 대표적인 순환출자고리가 있다.[253] '물산'은 '생명'의 지분 19.34%를 가지고 있고, '생명'은 '전자'의 지분 6.24%를 가지고 있으며, '전자'는 '전기'의 지분 22.8%를, '전기'는 다시 '물산'의 지분을 2.6% 가지고 있었 다.[254] 현대차그룹에도 순환출자는 존재한다. 현대차→기아차→현대모비스→현대 차의 대표적인 순환출자고리가 있다. 현대차는 기아차의 지분 33.8%를 가지고 있고, 기아차는 현대모비스의 지분 16.9%를, 현대모비스는 다시 현대차 지분의 20.8%를 가 지고 있다.

**다) 항렬식 상호보유:**    셋째 유형은 항렬식(行列式) 상호보유(matrixförmige Beteiligung) 로서 다수 회사간의 상호출자관계에서 나타난다. 예컨대 A, B, C, …, N의 회사가 자 신을 제외한 모든 다른 회사에 대하여 서로 출자하는 경우이다. A는 B, C, …, N에 대하여 출자하고, B 는 A, C, …, N에 대하여 출자하고, C는 A, B, …, N에 대하여 출자하는 경우이다. 그 대표적인 예가 국내 기업집단 중에서도 특히 롯데그룹이다. 아래 그림에서 보듯이 한 계열사가 거의 모든 다른 계열사에 대해 출자하고 있으며 이것이 계열사마다 반복되고 있음을 알 수 있다.

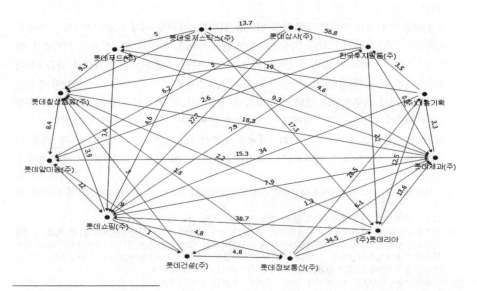

253) '물산'은 사실상 그룹의 지주사 역할을, '생명'은 자금조달 창구역을 담당한다. 사업회사인 '전자'는 그룹 최대 계열사로서 그룹의 핵심추진체이다. 지주사와 사업회사간에 '생명'이 금융회사로서 연결고리 역할을 한다. 이 로써 그룹 전체의 경영권이 안정적으로 유지될 수 있다.
254) 2018년 9월 삼성전기가 가진 삼성물산의 주식이 매각되면서 순환출자고리가 해소되었다.

### 🔹 우리나라의 순환출자[255]

현재 우리나라의 기업집단에는 순환출자관계가 아직 존재한다. 지난 대선정국의 소용돌이속에서 '경제민주화'라는 화두로 여러 문제들이 쟁점화하였다. 그중에서도 단연 수위(首位)에 있는 것이 이른바 '순환출자(circular ownership)'이다. 우리나라 회사소유구조 중 큰 특색이 바로 순환출자 방식인바 특히 재벌그룹내에서 보편적으로 발견된다. 그동안 이러한 순환출자 형식의 소유구조가 여러 가지 문제점을 잉태하고 있다는 주장이 있었고, 또 그 반대의 시각도 있었다. 특히 IMF 금융위기 이후 이러한 소유구조가 빈번히 나타남에 따라 사회적 관심은 폭증하였다. 특히 재계순위 1위인 삼성그룹의 경우 수개의 고리형 순환출자가 존재하며, 현대차의 경우에도 그 수가 많지는 않지만 이러한 현상이 존재한다.[256] 이들의 최고사령탑인 해당 그룹의 총수들은 그야말로 "반지의 제왕(The Lord of the Rings)"인 것이다. 수의 많고 적음의 차이는 있지만 이러한 고리형 출자구조인 점에서는 동일한 것이다.

이러한 순환출자 고리는 오래전부터 비판의 대상이었고 이를 대체할 모델로 지주회사제가 꾸준히 제안되었다.[257] 특히 미국 회사법에 심취한 학자들은 주로 미국의 GE나 독일의 Daimler Benz AG 등의 사례를 소개하며 순환출자로 인한 다수의 문제점이 지주회사체제로 옮아감으로써 해소된다고 주장한다.[258] 이것이 또한 정부의 시책이기도 하였다.[259] 또 실제 이러한 구조조정을 실천한 그룹들도 있다. 그러나 과연 이러한 변신이 순환출자의 문제점을 해결하였다고 할 수 있을까? 그 정당성은 어디에 있으며 그렇게 하면 정말 문제가 해결되고 경제민주화도 달성되는가? 정말 나쁜 것은 사라지고 좋은 것만 도래하는가?

순환출자에 대한 적대론의 주장을 받아들였는지는 몰라도 실제 LG와 SK그룹은 지주회사체재로 전환하였다. 그러나 지주회사로 전환한 후에도 여전히 총수일가의 지배력은 변하지 않았다. 오히려 더 증가한 상황이라고 한다. 순환출자해소를 위한 막대한 자금동원이 총수일가의 지배력확장이라는 바람직스럽지 않은 결과로 이어진 것이다. 일찌감치 순환출자를 정리하고 지주회사로 전환한 SK그룹의 경우 최태원 회장의 지분은 0.04%이고 회장 일가(一家)의 지분을 모두 더해도 0.06%밖에 안되지만 계열사를 통한 내부지분율[260]은 48.8%에 이른다고 한다.[261] 지주회사체제로 전환한 LG그룹의 경우 역시 구본무 회장 일가의 지분은 3.91% 밖에 안되지만 내부지분율은 33. 25%나 된다고 한다.[262] 적은 지분으

---

255) 이하의 내용은 졸고, "순환출자의 회사법적 문제점", 「경영법률」 제23집 제2호(2013. 1.), 253면 이하에서 부분적으로 전재함.

256) 박상인 편저, 한국의 기업지배구조 연구, 법문사, 2008, 35면 그림 참조.

257) 순환출자구조에서 지주회사체재로 전환하면 무엇보다 경영 및 소유구조의 투명성을 확보할 수 있고, 나아가 계열사간 영업실적이 서로 영향받는 현상을 막아 독립경영을 시도할 수 있을 것이다. 그러나 LG그룹의 지주회사화 과정에서 나타났듯이 소액자본으로 다수의 기업을 용이하게 지배하는 역기능도 관찰되었다. 그런 점에서는 지주회사제도 역시 순환출자의 단점을 개선하기는 어려워 보인다.

258) 김학현, "공정거래법상 지주회사의 규제", 김건식·노혁준 편저, 지주회사와 법(보정판), 小花, 2009, 29면.

259) 김학현, 상게서, 19~20면.

260) 내부지분율이란 총수와 친족, 계열사 등이 보유한 주식지분이 전체 자본금에서 차지하는 비율을 이른다.

261) 스포츠닷컴, "지주회사체재 SK, 오너중심 지배구조 확고부동", [서재근 기자] [기사입력 2012. 7. 3. 10:47] 참조.

로 그룹 전체를 지배하는 상황은 순환출자 때나 크게 달라진 게 없다. 오히려 일부 학자들의 주장에 따르면 지주회사체재로의 전환이 재벌체재를 더욱 공고히하는 결과가 되었다고 한다.[263]

사실 미국과 같은 나라에서도 현금흐름권과 회사지배간 괴리는 자주 관찰된다. 차등의결권주식(dual class stock) 등의 제도를 통하여 창업자 및 그 가족의 회사지배를 용이하게 제도화해주고 있고 이러한 제도의 사회적 기능은 우리나라의 순환출자와 유사하다. 예컨대 포드자동차회사에서 포드家가 차지하는 지분율은 3.7%에 불과하지만 차등의결권주 덕분에 40%의 실제 의결권을 행사하고 있는 것이 좋은 예이다. 적은 주식보유에도 불구하고 회사를 강하게 지배하는 것은 우리나라의 경우와 같은 것이다.

### 3) 주식상호보유의 문제점

가) 자기주식성(自己株式性):  첫째 상호주는 자기주식성을 갖고 있다. 주식을 회사재산에 대한 지분으로 본다면 상호주소유의 본질은 자기주식의 취득이다. 가령 A회사는 B회사 주식의 60% 소유하고 있고 또 B회사는 A회사 주식의 40%를 소유하고 있다면 그 40% 중의 60% 즉 24%는 자기주식을 갖는 것과 같은 현상이 나타난다. 따라서 상호주의 소유는 자기주식의 취득금지에 관한 상법 제341조의 우회행위(迂回行爲)라 할 수 있다.[264]

나) 사단성의 파괴:  회사는 사단성을 가지므로(상169) 궁극적으로 그 출자 또한 자연인과 연결되어야 한다. 그러나 주식을 상호보유하면 회사는 자연인의 출자에 기반을 두지 않고 일정한 자본을 가진 법인만으로 구성되어 재단화하는 현상이 나타난다. 극단적으로 A, B, C 세 회사가 상호 50%씩 교환적으로 출자하는 경우 이 세 회사는 '소유자를 떠난 회사 자체'로 되어 회사의 실체는 재단화하고 회사의 본질인 사단성은 파괴되는 현상이 나타난다.

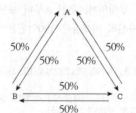

A의 주주는 B, C이고, B의 주주는 A, C이며, C의 주주는 A, B이다. 극단적인 예이지만 세 회사에서는 자연인의 출자로 연결되지 않는다.

다) 회사지배의 왜곡:  상호주를 소유하는 회사의 경영자들은 서로 상대방 회사

262) 미디어오늘, "순환출자 금지하면 진짜 좋은 세상올까요?", [이정환 기자] [2012. 12. 3.자].
263) 송원근, 재벌개혁의 현실과 대안찾기, 후마니타스, 2008.
264) 따라서 2011년의 상법개정으로 자기주식의 취득금지가 허용으로 180도 바뀌었다는 해석은 적절치 않다.

의 주주총회에서 의결권을 행사하므로 상호주가 상대방 회사를 지배하기에 충분하면 쌍방의 경영자의 지위는 서로 상대방의 의사에 따라 좌우되고 이 양자가 상호간 연임에 협력하면 영구적인 경영자지배가 가능하다.

### ❂ 가공자본론과 가공의결권론[265]

순환출자를 부정적으로 보는 견해는 가공자본론(架空資本論)과 가공의결권론(架空議決權論)을 들어 순환출자제도를 비판한다. 이하 이를 살펴보고 또 그러한 입장들을 비판해 보기로 한다.

(1) 가공자본(fictitious capital)론: 예컨대 A, B, C, D, E의 5개 상장회사가 각 100억원의 자본금으로 설립되었고 이들의 대주주 甲이 각 회사마다 50억원씩 출자하여 의결권의 절반을 갖고 있고 나머지 절반은 일반 군중투자자의 몫이라고 가정하자. 군중투자자들의 주식분산은 완만하여 甲 이외에 여타 대주주는 없는 것으로 한다. 이때 A社에서 90억원 상당의 유상증자가 일어나 새로운 투자자들이 영입되었다고 하자.[266] A社는 자신이 시행한 유상증자 직후 시행된 B社의 90억원의 유상증자에 참여하여 유상증자분 90억원을 그대로 다시 B社에 투자한다. 순차적으로 다시 B는 C에, C는 D에 그리고 D는 E에 그대로 같은 액수를 재투자한다. 맨마지막 단계에서 E는 D로부터 출자받은 90억원을 맨처음 A社의 유상증자시 투자하였던 A社의 주주들을 설득하여 그 주식을 모두 사들인다. 즉 E에서 A로의 90억원의 투자가 이루어지면서 5개 회사의 순환출자고리가 완성되었다.[267] A社의 유상증자를 통하여 형성된 최초의 투자액 90억원은 A사의 투자자들에게 다시 환급되면서 사라졌지만 이 5개 회사의 자본에는 그 출자액이 반영되어 이른바 가공자본(架空資本)의 문제가 발생할 것이다. 결국 甲은 아무런 비용없이 순환출자고리를 완성하였고 A, B, C, D, E 다섯개 회사의 자본은 각 90억원씩 늘어났다. 즉 90억원의 가공자본이 만들어진 것이다. 물론 이러한 사례는 매우 비현실적이다.[268] 그러나 이론적으로는 얼마든지 발생가능하다.[269]

(2) 가공의결권(fictitious voting right)론: 순환출자에 대한 비판논자들이 주장하는 두 번째 논거는 지배주주의 가공의결권이다. 위의 사례에서 보았듯이 甲이 개인적 비용의 부담없이 5개 회사를 완전장악하게 된다. 그 이유는 무엇일까? 우선 A부터 보면 원래 甲의 지분율은 50%였다. 그러나 90억원의 유상증자후 자신의 지분율은 190억원분의 50억원 즉

---

265) 이하의 내용은 졸고, "순환출자의 회사법적 문제점", 「경영법률」 제23집 제2호(2013. 1.), 253면 이하에서 부분적으로 전재함.
266) A社는 上場社이므로 상법 제418조에 따른 기존 주주들의 신주인수권도 신경쓸 필요가 없다. 일반 공모증자의 방식이 가능하기 때문이다(자본시장과 금융투자업에 관한 법률 제165조의6 참조).
267) 만약 유상증자분이 각 순환출자가 이루어질 때마다 100억원이 넘었다면 어떠할까? 이러한 경우라면 A-B간, B-C간, C-D간, D-E간 그리고 E-A간 주식보유비율이 50%를 초과하여 매 단계에서 법정모자관계가 형성된다. 이 경우에는 상법 제342조의2 제3항의 적용으로 순환출자고리의 형성이 불가하다. E는 A의 주식을 취득할 수 없기 때문이다.
268) 5개 회사가 모두 같은 자본액을 가지고 있고, 지배주주 甲의 지분율이 50%로 같다는 점에서 그러하다.
269) 본 사례에 대해서는 임영재·전성인, "기업집단의 순환출자: 시장규율과 감독규율의 역할", KDI 정책연구시리즈 2009-01, 20면 이하 참조.

26.32%로 줄어든다. 그러나 甲은 오래전부터 A사를 지배해온 관계로 이사진들을 자신의 사람으로 충원하였고 따라서 B사에 대한 90억원의 유상증자후 B사에서 주주총회가 열리게 되면 A의 B에 대한 출자분 90억원에 해당하는 의결권(190억원분의 90억원, 즉 47.37%)은 A의 대표이사가 행사하므로 사실상 甲의 뜻에 따라 의결권을 행사하게 될 것이다. 즉 甲은 자신 고유의 의결권인 26.32%에 추가하여 A社의 지분 47.37%을 합한 73.69%의 의결권을 행사하게 되어 B社를 완전장악하게 된다. 이러한 현상은 C, D, E에서 차례로 똑같이 반복된다. 맨마지막 E의 A에 대한 출자가 완성되는 경우 처음의 유상증자분 90억원은 환급되면서도-즉 甲이 스스로 투입한 재원은 전혀 없으면서도-甲의 A에 대한 영향력은 73.69%로 늘어나면서 5개 회사에 대한 지배력은 확고한 형태가 된다. 전단계(前段階)의 법인주주가 甲의 지시대로 움직여 후단계(後段階)회사의 주주총회에서 甲의 뜻대로 의결권을 행사하기 때문이다. 결국 출자고리의 완성은 甲의 5개사에 대한 완전한 지배를 의미하게 된다.[270]

(3) 비판:　위에서 순환출자 반대론자에 의하여 첫번째로 지적되는 가공자본의 경우 현재는 IFRS의 도입으로 연결재무제표의 작성이 의무화되어 큰 문제가 되지 않는다. 즉 기업집단 전체의 재무정보를 나타내는 연결재무제표를 통하여 가공자본의 내용이 소상히 드러나므로 투자자 보호에 큰 문제가 되지 않는다. 문제의 소지가 남는 부분은 가공의결권 쪽이다. 그러나 오늘날 현금흐름권(cash flow right)과 회사지배권(corporate control)간 괴리는 보편적인 현상이어서 가공의결권의 존재 자체만으로 순환출자제도를 비난하는 데에는 한계가 있다. 즉 1주1의결권의 기본원칙은 차등의결권주식, 황금주, 복수의결권주식 및 포이즌필을 위시한 각종 경영권방어제도에 의하여 상대화되어 가고 있다. 특히 순환출자로 말미암은 소수 주주들의 피해는 주주의 회사에 대한 또는 여타 주주에 대한 충실의무의 존재로 나아가 주주평등의 원칙에 대한 합리적 제한으로 설명될 수 있는 부분이 적지 않다.

**라) 자본충실의 저해:**　이미 위에서 살펴보았듯이 상호주는 결국 자기주식성을 잉태하므로 사실상 출자의 환급(Einlagenrückgewähr)을 초래한다. 이를 '출자의 부메랑 효과'라 한다. 가령 A주식회사는 B사의 유상증자시 신주인수를 위하여 1,000만원을 납입하였는데 그 직후 A사도 유상증자를 하는 바람에 B는 다시 A의 주식을 인수하기 위하여 1,000만원을 납입하였다면 결국 A가 행한 출자는 다시 환급된 것이나 다름없다.

**4) 주식상호보유의 규제:**　이러한 문제점을 갖고 있는 주식의 상호보유에 대해서 상법은 세 가지로 이를 규제하고 있다. 즉 모자관계가 성립될 경우(일방 회사가 타회사의 주식 50%를 초과하여 소유할 때) 자회사에 의한 모회사주식의 취득을 금지하고 있고(상342²), 타회사 주식의 10%를 초과하여 취득할 때에는 이를 그 다른 회사에 대하

---

270) 각 출자고리가 50%를 초과하지 않기 때문에 상법 제369조 제3항도 적용되지 않는다.

여 통지하도록 하였으며($^{342}_{상회3}$), 비모자관계의 경우 의결권을 제한하는($_{상}^{369}$) 방식을 취하고 있다. 이외에도 증권거래법이나 공정거래법 등 특별법상의 제한이 있다.

### 가) 모회사주식취득의 금지($^{342}_{상의2}$)

① **총 설:**　상법은 모자관계가 있는 경우에는 자기주식취득과 동일시하여 자회사의 모회사주식의 취득을 금지하고 있다. 상법은 모자관계의 인정기준을 명확히 하기 위하여 모자관계를 주식의 소유관계만으로 한정시키고 그것도 50%라는 객관적 기준을 둠으로써 법적 안정을 꾀하고 있다.

② **모자관계의 인정기준:**　상법 제342조의2는 다른 회사(B)의 발행주식총수의 100분의 50을 초과하는 주식을 가진 회사를 모회사(A), 그 다른 회사를 자회사로 보고 있다($^{당연자회사:}_{상342의2 I}$).[271] 그러나 이러한 모자관계는 위의 경우만으로 한정되지 않고 상법은 그 범위를 넓히고 있다. 즉 자회사(B)가 다른 회사(C; 손회사)의 발행주식총수의 100분의 50을 초과하는 주식을 갖거나,[272] 모회사(A)나 자회사(B)의 그 다른 회사(C)에 대한 보유주식의 합이 100분의 50을 초과하는 경우에도[273] 그 다른 회사(C)는 모회사(A)의 자회사로 보도록 하였다($^{의제자회사:}_{상342의2 III}$). 이처럼 상법은 모자관계의 인정기준을 실질적인 지배복종관계의 유무에 두지 않고 형식적인 주식소유의 비율에 두고 있다.

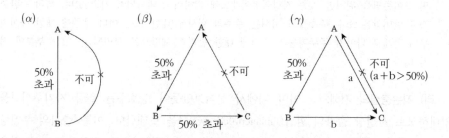

이와 같은 모자관계의 인정방식을 위의 예에서처럼 모회사(A), 자회사(B), 손회사(C)까지만으로 한정시킬 것인지 아니면 이러한 모자관계가 증손회사(D), … 등등으로 계속 연장되어 모자관계의 범위가 확장될 수 있는 것인지에 대해서는 다음과 같은 세 가지의 학설대립이 있다. 첫째 입장은 위 예의 경우 해석에 의하여 C 이하로 모자관계의 적용범위를 확장할 수 없다는 설,[274] 둘째는 위 예의 경우 D까지만으로 제

---

271) 다음 그림 중 (α)의 경우이다.
272) 다음 그림 중 (β)의 경우이다.
273) 다음 그림 중 (γ)의 경우이다.
274) 이철송, 432면 각주 1.

한하자는 설, 즉 D까지만을 A의 자회사로 의제시키자는 설,[275) 셋째는 C 이후 계속되는 모자관계에도 무제한적용시킬 필요가 있다는 설[276) 등이 그것이다. 첫째 입장은 상법 제342조의2의 문언만으로 한정시키고 더 이상의 확장해석을 부정하는 입장이요, 둘째 학설은 제한확장설이며, 마지막 입장은 무제한 확장해석설이다. 생각건대 위의 학설대립은 결국 상법 제342조의2의 법문언의 내용으로 한정시킬 것인가 아니면 법문언의 내용을 입법취지(Sinn)나 목적(Zweck)에 따라 그 적용범위를 확장할 것인가의 문제라고 본다. 달리 표현하면 문리해석에 머무를 것인가, 아니면 목적해석에 따라 적용범역에 탄력성을 둘 것인가의 문제라고 할 수 있다. 첫째 입장은 법적 안정성에는 충실할 수 있으나 상법 제342조의2의 의미나 목적에도 충실한지 의문이다. 상법이 의제자회사까지 그 적용범위를 확대시킨 것은 상호주의 자기주식성 때문이라고 생각되는데 그 범위를 꼭 A, B, C까지만으로 제한시킬 필요는 없다고 생각되기 때문이다. 또 둘째 학설도 왜 꼭 D까지만으로 제한되어야 하는지 의문이다. 상법의 상호주규제가 상호주식의 자기주식성으로 인한 자본충실의 저해방지에 있다면 이러한 입법목적은 강행법적 성격을 갖고 있으므로 이에 충실하게 해석할 수밖에 없다고 본다. 그렇다면 목적해석에 의한 확장해석(teleologische Expansion)이 바람직하고 그 범위는 D 이하의 의제자회사(E, F, …) 등에도 그 적용이 배제될 이유가 없다고 본다. 마지막 학설에 찬동한다.

③ **주식취득의 제한:**  자회사가 모회사의 주식을 취득하는 것은 자기주식의 취득과 동일한 것으로서 상법은 이를 금지하고 있다(상 342의2 본문). 즉 누구의 명의로 이루어지건 자회사 또는 손회사 또는 증손회사 등은 자신의 계산으로 모회사의 주식을 취득할 수 없다. 명문의 규정이 없어 자회사가 모회사의 주식을 질취(質取; Inpfandnahme)하는 것은 가능한가 의문이나 자회사의 모회사주식취득이 자기주식취득금지의 시각에서 이해되는 한 모회사주식의 질취도 불가하다고 해석된다. 자기주식취득금지에서와 같이 자회사가 모회사의 신주를 인수하는 것과 같은 원시취득도 금지되며 전환사채나 신주인수권부사채를 인수하여 전환권 및 신주인수권을 행사하는 것도 금지된다고 본다.

④ **예  외:**  이와 같이 자회사의 모회사주식취득은 원칙적으로 금지되나 다음과 같은 예외를 인정하고 있다. 즉 상법은 "주식의 포괄적 교환, 주식의 포괄적 이전, 회사의 합병 또는 다른 회사의 영업 전부의 양수로 인하여 자회사가 모회사의 주식을

---

275) 손주찬, 상법(상), 제15보정판, 2004, 665면.
276) 최기원, 368면.

취득하는 때"($\frac{상}{1}\frac{342의2}{1호}$)와 "회사의 권리를 실행함에 있어서 그 목적을 달성하기 위하여 필요한 때"($\frac{상}{1}\frac{342의2}{2호}$)에는 예외를 인정하고 있다. 전자에 있어서는 다른 회사가 모회사의 주식을 가지고 있을 때 이 회사가 자회사와 합병, 주식교환 및 주식이전을 하거나 영업 전부를 양수하는 경우 이 때에 자회사가 이를 취득할 수 있다는 의미이고, 후자의 예외는 채권의 실현이나 강제집행의 경우 그 다른 회사가 모회사의 주식 이외에 다른 재산이 없는 경우 등이다. 또한 자기주식취득금지에서처럼 신탁회사나 위탁매매인인 회사가 영업상 모회사의 주식을 취득하는 것은 허용된다고 본다.

이와 같이 예외적으로 자회사가 모회사주식을 취득하였다 해도 자회사는 이를 장기간 보유할 수 없고 6개월 이내에 이를 처분하여야 한다($\frac{상}{2}\frac{342의}{II}$). 이를 지키지 않을 경우 2,000만원 이하의 벌금형의 제재가 있다($\frac{상}{의2}\frac{625}{}$).

⑤ **금지위반의 효과**:  자회사가 취득금지에 위반하여 모회사의 주식을 취득한 경우 그 취득행위의 효력은 자기주식취득에서와 같이 무효로 보아야 하며, 금지내용에 위반하여 모회사주식을 취득하거나 예외적으로 취득한 모회사주식을 6개월 내에 처분하지 않은 이사는 회사에 대한 연대손해배상책임이 발생할 수 있으며 또한 상기한 벌금형의 제재를 받을 수 있다. 예외적으로 취득된 모회사주식도 역시 자기주식취득에서와 같이 공익권 및 자익권 가리지 않고 모든 사원권은 휴지(休止)된다.

나) **통지의무의 발생**($\frac{상}{의3}\frac{342}{}$):  주식상호보유에 대한 추가적인 규제방법으로서 1995년 개정상법은 통지의무제도를 신설하였다. 즉 회사가 다른 회사의 발행주식총수의 10%를 초과하여 취득한 때에는 그 다른 회사에 대하여 통지하도록 의무화한 것이다. 이것은 상호주발생의 사전저지와 상호주의 경쟁적 취득을 막기 위하여 취해진 것이다.

---

**대판 2001. 5. 15, 2001다12973**

　"상법 제342조의3에는 "회사가 다른 회사의 발행주식 총수의 10분의 1을 초과하여 취득한 때에는 그 다른 회사에 대하여 지체 없이 이를 통지하여야 한다."라고 규정되어 있는바, 이는 회사가 다른 회사의 발행주식 총수의 10분의 1 이상을[277] 취득하여 의결권을 행사하는 경우 경영권의 안정을 위협받게 된 그 다른 회사는 역으로 상대방 회사의 발행주식의 10분의 1 이상을 취득함으로써 이른바 상호보유주식의 의결권 제한 규정($\frac{상}{III}\frac{369}{}$)에 따라 서로 상대 회사에 대하여 의결권을 행사할 수 없도록 방어조치를 취하여 다른 회사의 지배가능성을 배제하고 경영권의 안정을 도모하도록 하기 위한 것으로서, 특정 주주총회에 한정하여 각 주주들로부터 개별안건에 대한 의견을 표시하게

---

277) 상법 제342조의3이나 상법 제369조 제3항의 법문상으로는 '10분의 1 이상'이 아니라 '10분의 1을 초과하여'로 되어 있으므로 '초과하여'라는 표현이 옳다.

하여 의결권을 위임받아 의결권을 대리행사하는 경우에는 회사가 다른 회사의 발행주식 총수의 10분의 1을 초과하여 의결권을 대리행사할 권한을 취득하였다고 하여도 위 규정이 유추적용되지 않는다."

**다) 비모자관계의 상호주규제(<sup>상</sup> <sup>369</sup>):**  상법은 모자관계가 없는 경우에는 상호보유는 금지하지 않되 다만 그 의결권을 제한하는 방식을 취하고 있다. 즉 "회사, 모회사 및 자회사 또는 자회사가 다른 회사의 발행주식총수의 10분의 1을 초과하는 주식을 가지고 있는 경우 그 다른 회사가 가지고 있는 회사 또는 모회사의 주식은 의결권이 없다(<sup>상</sup> <sup>369</sup>). 이 내용을 좀더 구체적으로 풀이하면 다음과 같다.

첫째 회사(A라 하자)가 다른 회사(B라 하자)의 발행주식총수의 10분의 1을 초과하는 주식을 소유하는 경우 B가 소유하는 A의 주식은 의결권이 없다.[278]

둘째 모회사(A라 하자)와 자회사(B라 하자)가 소유하는 주식을 합하여 다른 회사(C라 하자)의 발행주식총수의 10분의 1을 초과하여 소유하는 경우 C가 소유하는 A의 주식은 의결권이 없다.[279]

셋째 자회사(B)가 단독으로 다른 회사(C)의 발행주식총수의 10분의 1을 초과하여 가지고 있는 때에는 C가 가지고 있는 B의 주식뿐만 아니라 B의 모회사인 A의 주식도 의결권이 없다.[280]

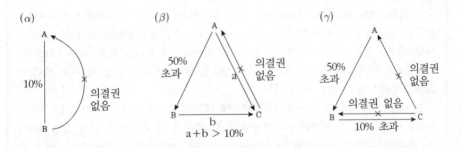

**〈상법 제369조 제3항상 상호보유주식의 판단기준과 명의개서여부〉**

**대판 2009. 1. 30, 2006다31269 [주주총회결의취소]**

"상법 제369조 제3항은 "회사, 모회사 및 자회사 또는 자회사가 다른 회사의 발행주식의 총수의 10분의 1을 초과하는 주식을 가지고 있는 경우 그 다른 회사가 가지고 있는 회사 또는 모회사의 주식은 의결권이 없다"고 규정하고 있다. 이와 같이 모자회사 관

---

278) 다음 그림의 (α)의 경우이다.
279) 다음 그림의 (β)의 경우이다.
280) 다음 그림의 (γ)의 경우이다.

계가 없는 회사 사이의 주식의 상호소유를 규제하는 주된 목적은 상호주를 통해 출자 없는 자가 의결권 행사를 함으로써 주주총회결의와 회사의 지배구조가 왜곡되는 것을 방지하기 위한 것이다. 한편, 상법 제354조가 규정하는 기준일 제도는 일정한 날을 정하여 그 날에 주주명부에 기재되어 있는 주주를 계쟁 회사의 주주로서의 권리를 행사할 자로 확정하기 위한 것일 뿐, 다른 회사의 주주를 확정하는 기준으로 삼을 수는 없으므로, 기준일에는 상법 제369조 제3항이 정한 요건에 해당하지 않더라도, 실제로 의결권이 행사되는 주주총회일에 위 요건을 충족하는 경우에는 상법 제369조 제3항이 정하는 상호소유 주식에 해당하여 의결권이 없다. 이때 회사, 모회사 및 자회사 또는 자회사가 다른 회사 발행주식 총수의 10분의 1을 초과하는 주식을 가지고 있는지 여부는 앞서 본 '주식 상호소유 제한의 목적'을 고려할 때, 실제로 소유하고 있는 주식수를 기준으로 판단하여야 하며 그에 관하여 주주명부상의 명의개서를 하였는지 여부와는 관계가 없다."[281]

## 대판 2009. 1. 30, 2006다31269 관련

Ⅰ. 상법 제369조 제3항상 상호보유주식의 판단기준과 명의개서여부

1. 주식의 실질적 취득으로 족하다는 견해: 주식을 소유하는 이상 명의개서가 없어도 상법 제369조 제3항상 상호주의 규제대상에 해당한다고 본다. 회사, 모회사 및 자회사 또는 자회사가 다른 회사 발행주식 총수의 10분의 1을 초과하는 주식을 가지고 있는지 여부는 "앞서 본 '주식 상호소유 제한의 목적'을 고려할 때, 실제로 소유하고 있는 주식수를 기준으로 판단하여야" 하며 그에 관하여 주주명부상의 명의개서를 하였는지 여부와는 관계가 없다고 한다.[282]

2. 명의개서가 요구된다는 견해: 이 입장은 위 판례의 입장을 비판하면서 의결권행사를 위하여는 반드시 명의개서가 필요하므로 상호보유주식의 판단에 있어서도 실제의 주식소유가 아니라 의결권의 행사가능여부로 판단하여야 한다고 한다. 더구나 2017년 전원합의체 판결 이후에는 명의개서 없는 단순한 보유만으로는 상법 제369조 제3항의 요건을 충족시킬 수 없다고 한다.[283]

3. 사견: 첫째 명의개서전에도 다른 회사에 대한 영향력이 존재하는 점(주식취득자는 언제든지 명의개서를 청구하여 주주명부상 명의주주가 될 수 있음), 둘째 상법 제369조 제3항의 문언상 "…10분의 1을 초과하는 주식을 가지고 있는 경우…"라고 하고 있는 점, 셋째 "자본의 공동화, 주주총회결의의 왜곡, 경영자에 의한 주주총회의 지배 등 상호주의 의결권 제한 취지에 비추어 명의가 없어도 상호주 제한의 취지를 잠탈할 수 있"[284]는 점 등을 고려할 때 주식의 실질적 취득으로 족하다는 견해에 찬동한다.

---

281) [판례의 입장에 찬성하는 견해(주식의 실질적 취득으로 족하다는 견해)] 김·노·천, 311면; 심영, "명의주주와 주주권의 행사", 「상사법연구」 제36권 제2호(2017. 11.), 32~33면; 김홍기, "상호주판단의 기준시점 및 기준일제도와의 상호연관성-대상판결 2009. 1. 30, 2006다31269 판결-", 「동북아법연구」 제3권 제2호(2009. 12. 31.), 481~508면, 특히 502면; [판례의 입장에 반대하는 견해(명의개서가 요구된다는 견해)] 이철송, 438면.

282) 김·노·천, 311면; 심 영, "명의주주와 주주권의 행사", 「상사법연구」 제36권 제3호, 2017년 11월, 9면 이하, 특히 32~33면 참조; 김홍기, "상호주 판단의 기준시점 및 기준일 제도와의 상호연관성-대상판결: 대법원 2009. 1. 30. 선고 2006다31269 판결-", 「동북아법연구」 제3권 제2호(2009. 12. 31.), 481~508면, 특히 502면.

283) 이철송, 437~438면.

Ⅱ. 상법 제369조 제3항상 상호보유주식의 판단시점 (기준일 v. 주주총회일)

본 사건의 원심인 서울고등법원은 기준일(상법 제354조) 제도와 상호주제도(상법 제369조 제3항)는 그 목적과 요건이 다르고, 기준일에 상호주에 해당하지 않더라도 주주총회일에 상호주에 해당하는 경우 상호주의 의결권을 인정하면 의결권의 제한이라는 상법 제369조 제3항의 입법목적이 잠탈된다고 보았다. 따라서 주주총회일이 상호주 보유의 판단기준일이 되어야 한다고 판단하였다.[285] 대법원은 원심을 그대로 확정하였다.[286]

#### (마) 특별법에 의한 주식양도의 제한

상법 이외의 특별법상으로도 주식양도의 제한사유를 발견할 수 있다. 이하 그 주요한 예들을 살펴본다.

**1) 자본시장과금융투자업에관한법률상의 제한:**  同法은 공공적 법인이 발행한 주식에 대하여는 누구의 명의로 하든 일정한 기준을 초과한 주식취득을 금지시키고 있다(동법 제167조). 나아가 상장법인의 주식에 대해서는 내부자거래의 제한이 있다(동법 제172조).

**2) 은행법에 의한 제한:**  은행법에 의하면 동일인이 금융기관의 의결권있는 발행주식총수의 100분의 10을 초과하여 주식을 취득하지 못한다(은행법 15①). 또한 은행은 다른 회사의 발행주식총수의 100분의 15를 초과하는 주식을 소유하지 못한다(은행법 37①). 특정인에 의한 금융자본의 독점을 막고 나아가 금융자본이 산업자본을 지배하는 현상을 막기 위함이다.

**3) 공정거래법상의 제한:**  독점규제 및 공정거래에 관한 법률은 타회사의 주식취득을 통하여 시장경쟁을 제한하는 기업결합을 금지시키고 있다(동법 7).

## Ⅲ. 주식양도의 방법

### 1. 서  설

상법은 주식의 양도에 있어서 기명주식이든 무기명주식이든 단순히 주권의 교부만에 의하도록 하고 있다(상 336). 즉 주식의 양도는 무기명증권의 양도방식에 따라 양도의 의사표시와 주권의 교부라는 요건의 충족으로 행하여진다. 그리하여 종래의 기명

---

284) 김홍기, "상호주 판단의 기준시점 및 기준일 제도와의 상호연관성 – 대상판결: 대법원 2009. 1. 30. 선고 2006 다31269 판결 –", 「동북아법연구」 제3권 제2호(2009. 12. 31.), 481~508면, 특히 502면.

285) 서울고등법원 2006. 4. 12, 2005나74368.

286) 대판 2009. 1. 30, 2006다31269.

주식의 양도방법인 배서와 양도증서제도는 폐지되었다.

1984년 상법이 개정되면서 위와 같이 주식의 양도방법을 간이화한 것은 주식의 유통력을 보다 강화하기 위한 조치였다. 우리나라의 경우 대부분의 상장회사나 공개회사는 소액면의 기명주식을 발행하고 있는데 그 양도시에 일일이 주권에 기명날인하여 주권과 함께 교부하거나($^{구}_{II}: ^{상}_{어} {336 \atop 13}$), 양도증서에 기명날인하여 주권과 함께 교부($^{구}_{336} {상 \atop 4}$)하는 경우 이러한 요식행위의 번잡성이 지적되어 왔다. 그리하여 거래의 실제에 있어서는 간단히 인장으로 날인만 한 후 주권을 교부해 왔다. 그러나 이러한 관행은 법적으로 유효한 배서라 할 수 없고 따라서 소지인의 자격수여력이 인정될 수 없어 명의개서도 불가한 것이었다. 그리하여 1984년의 개정상법은 기명주식의 양도에 관한 한 "법률적인 형식의 강요를 포기하고 거래의 관행을 법률적으로 합법화하였다"고 볼 수 있다. 그러나 법이론적인 의문은 여전히 남는다. 즉 그 법적 본질이 지시증권(Orderpapier)인 기명주권은 그 양도에 관한 한 무기명증권(Inhaberpapier)화하였다고 볼 수 있는데 이를 거래의 관행으로 무기명증권화시키는 것이 가능한지 그것이 지시증권법정주의(numerus clausus der Orderpapiere)와 어떻게 조화될 수 있는 것인지 향후의 연구과제이다.

2019년 9월부터는 전자증권시대가 시작되었다. 전자증권법의 시행으로 최소한 상장주식에 대해서는 실물주권을 교부하거나($^{상}_{336}$) 이를 전제로 한 예탁결제방식은 역사의 지평으로 사라지게 되었다. 대신 전자증권법상의 대체기재가 의무적으로 시행에 들어갔으며 비상장주식에 대해서도 회사가 전자증권시스템을 선택하는 한 역시 전자증권법의 적용을 받게 되었다.

## 2. 주권발행 전의 양도

### (1) 상법의 규정

株券이 發行되기 전이라도 당사자간의 의사표시의 합치에 의하여 주식은 여전히 유효하게 양도될 수 있다. 다만 이미 살펴본 대로 회사의 성립 후 또는 신주의 납입기일 후 6개월이 경과하기 전에 회사가 주권을 발행하지 않아서 주권없이 이루어진 양도는 회사에 대하여 효력이 없을 뿐이다($^{상}_{III} {335 \atop 본문}$). 그러나 회사가 이 6개월 기간경과 후에도 주권을 미발행한 경우에는 주권없이 행한 주식양도도 회사에 대하여 효력을 갖는다($^{상}_{III} {335 \atop 단서}$).[287] [288] 나아가 6개월이 경과하기 전에 주권없이 행한 주식의 양도도 6

---

287) 대판 2003. 10. 24, 2003다29661; "상법 제335조 제3항 소정의 주권발행 전에 한 주식의 양도는 회사설립 후 6월이 경과한 때에는 회사에 대하여 효력이 있는 것으로서 이 경우 주식의 양도는 지명채권양도의 일반원칙에 따라 당사자의 의사표시만으로 효력이 발생하는 것이고, 상법 제337조 제1항에 규정된 주주명부상의 명의

개월이 경과하면 회사에 대하여 유효한 양도가 된다.

### (2) 양도방식

주권없이 이루어지는 주식의 양도는 지명채권양도의 방식과 효력을 유추하여 이루어질 수밖에 없다. 즉 당사자간에 주식(사원권)의 양도에 관한 의사표시의 합치와 대항요건($\frac{민}{450}$)를 갖춤으로써 주식의 양도가 이루어진다. 이 때 주식의 양도를 회사에 대항하기 위하여 민법 제450조에 의한 지명채권양도의 대항요건을 갖추어야 하느냐에 대하여는 학설의 대립이 있다. 긍정설에서는 회사가 명의개서를 한 때에는 양도를 승낙한 것으로 볼 수 있고 양도계약서의 제출을 양도인의 양도통지로 볼 수 있다는 요지로 이를 긍정하나[289] 반대설에서는 주권없는 주식의 양도에서 민법 제450조상의 통지나 승낙은 회사관계하에서는 필요치 않다는 근거로 이를 부정한다.[290] 원래 지명채권양도의 법리는 사원권인 주식양도에는 직접적용될 수 없다. 즉 유추적용이나 준용이 보다 정확한 표현이다. 지명채권양도의 법리를 사원권양도에 준용시키는 한 그 법리의 부분수용은 적합치 않다. 긍정설에 찬동한다.

> **대판 1995. 5. 23, 94다36421**
>
> "주권발행 전의 주식의 양도는 지명채권 양도의 일반원칙에 따르고, 신주인수권증서가 발행되지 아니한 신주인수권의 양도 또한 주권발행 전의 주식양도에 준하여 지명채권 양도의 일반원칙에 따른다고 보아야 하므로, 주권발행 전의 주식양도나 신주인수권증서가 발행되지 아니한 신주인수권 양도의 제3자에 대한 대항요건으로는 지명채권의 양도와 마찬가지로 확정일자 있는 증서에 의한 양도통지 또는 회사의 승낙이라고 보는 것이 상당하고, 주주명부상의 명의개서는 주식 또는 신주인수권의 양수인들 상호간의 대항요건이 아니라 적법한 양수인이 회사에 대한 관계에서 주주의 권리를 행사하기 위한 대항요건에 지나지 아니한다."

### ❖ 민법 제450조와 상법 제337조간의 상호관계[291]

주권발행전에 주식을 양도할 때 민법 지명채권양도의 법리를 차용하다 보니 주식의 이전에 양도계약뿐만 아니라 회사에 대한 대항요건 구비 — 또는 제3자에 대한 대항요건 구비 — 라는 문제도 발생하였다. 그런데 의문스러운 것은 민법 제450조에 따라 회사에 대한

---

개서는 주식의 양수인이 회사에 대한 관계에서 주주의 권리를 행사하기 위한 대항요건에 지나지 아니한다."
288) 정진세, "주권발행 전 주식양도 및 주권의 효력발생시기", 「판례월보」 제371호, 30면 이하, 35면(우측상단) 참조.
289) 정동윤, 508면; 대판 1995. 5. 23, 94다36421.
290) 최기원, 380면.
291) 이하의 내용은 졸고, "주권발행전 주식양도와 명의개서의 효력", 「경영법률」 제27집 제2호(2017. 1.), 294~299면에서 전재함.

주식양도의 통지나 회사의 승낙이라는 대항요건을 구비하면 되는데 상법은 제337조에서 별도로 "주식의 이전은 명의개서를 마치지 않으면 회사에 대항하지 못한다"고 하고 있어 민법 제450조에 의한 대항요건 구비와 상법 제337조상의 명의개서가 서로 어떤 관계에 놓이는지 의문이며 양자를 서로 어떻게 이해하여야 할지 의문이다.

(1) 학설들

(가) 제1설(별개제도설): 주권발행전 주식양도를 회사에 대항하기 위하여는 지명채권양도의 대항요건에 준하여 회사에 대한 양도통지나 회사의 승낙이 필요하다고 한다. 단, 여기서 말하는 '대항'이란 '회사에 대해 주주로서 권리를 행사할 수 있다'는 뜻이 아니라 '민법 제450조의 대항요건을 갖춤으로써 회사에 대해 적법한 양수인임을 주장하면서 명의개서를 청구할 수 있는 지위'를 뜻한다고 한다.[292] 즉 주권없는 주식양도시 민법 제450조의 대항요건구비는 주권이 발행된 경우 '주권의 교부'에 갈음하는 정도로 풀이되고 그 이상의 의미는 부여할 수 없다고 한다.[293]

(나) 제2설(명의개서의 창설적 효력설): 이 설은 주권없는 주식양도시 명의개서는 권리이전의 효력발생요건이라고 한다.[294] 즉 명의개서에 권리창설적 효력을 인정한다. 주식양수인이 명의개서를 하지 않으면 아예 그 회사의 주주가 될 수 없다고 한다. 부동산물권변동시 등기가 필요하고 동산물권변동시 인도가 필요하듯 주권없는 주식양도에서는 양도계약 이외에도 그 효력발생요건으로서 명의개서가 필요하다고 한다.

(다) 제3설(상법 제337조의 배타적 적용설): 이 입장은 주권없는 주식양도시 회사에 대한 관계에서는 민법 제450조는 적용되지 않으며, 상법 제337조만이 배타적으로 적용된다고 한다[295]; "주권발행전 주식양도에 지명채권양도에 관한 민법 제450조를 준용하는 이유는 주식이 표창하는 사원권과 민법상 채권의 성질이 유사해서가 아니라 이중양도 등으로 주식의 귀속관계에 대하여 분쟁이 발생하는 경우에 대처하기 위해서이고 우리나라의 상법에는 회사에 대한 대항요건이 주주명부의 명의개서로 규정되어 있기 때문"이라고 한다.[296] 즉 이 입장은 상법 제337조를 민법 제450조의 특별법으로 보면서 주주명부에의 명의개서를 '권리행사'가 아니라 '권리이전'의 대항요건으로 해석한다.

(라) 제4설(민법 제450조의 배타적 적용설): 마지막 견해는 상법 제337조 불요설이다. 즉 주권발행전 주식양도를 회사에 대항하기 위하여 주식양수인은 민법 제450조의 대항요건을 갖추어야 하며, 이 요건을 갖추면 주주명부상의 명의개서 없이도 주주로서의 권리를 행사할 수 있다고 한다. 한마디로 민법 제450조의 대항요건을 구비하는 한 상법 제337조의 명의개서는 필요없다고 한다.[297]

(2) 비판 및 사견

상법은 '**회사에 대한 주식이전의 대항요건**'으로 명의개서를 요구한다($\frac{상}{337}$).[298] 그런데 "주

---

292) 이철송, 403면; 정동윤, 회사법, 제7판, 법문사, 271면; 정찬형, 상법강의(상), 제18판, 2015, 765면.
293) '권리이전 및 권리행사에 대한 대항요건구별설'이라 할 만하다.
294) 임재호, "명의개서전의 주식양수인의 지위", 『상사판례연구』 제4집(1991), 25~33면.
295) 최기원, 상법학신론(상), 제18판, 박영사, 2009, 383면.
296) 정진세, "주권발행전 주식양도의 대항요건", 『증권법연구』 제9권 제1호(2008), 203~205면.
297) 성민섭, "주권발행 전 주식양도의 대항요건과 주주명부의 명의개서-대법원 2010. 10. 14, 선고 2009다89665 판결을 중심으로-", 『홍익법학』 제12권 제1호(2011), 453면 이하, 특히 468면.

식의 이전은 취득자의 성명과 주소를 주주명부에 기재하지 아니하면 회사에 **대항하지 못한다**"는 상법 제337조의 문언에도 불구하고 상법 제336조와의 관계에서는 양 조문의 체계해석 내지 역사해석이 필요하다.

본시 상법 제337조는 조문의 위치를 보아도 알 수 있듯이 상법 제336조 바로 다음에 놓여 있다. 동 조문은 주식회사가 정상적으로 주권을 발행한 상황을 전제로 만들어졌다. 회사가 주권을 발행하지 않은 예외적 상황을 전제로 만들어진 것이 아니다.[299] 회사가 주권을 정상적으로 발행한 상황하에서는 '주권의 교부'가 주식취득의 필요충분조건이다. '주권의 교부' 이것만 있으면 된다. 이것만 있으면 주식양수인의 권리취득은 아무 문제없이 완성된다. **회사에 대해 양도사실을 알리거나 회사에 승낙을 요구할 필요가 없다.** 마치 배서를 통해 어음상 권리를 이전할 때 발행인에 대해 어음청구권 양도를 알릴 필요가 없는 것과 같다. 즉 배서교부(Übereignung mit Indossament) 때와 똑같은 결과가 나타나는 것이다.

그러면 정상적으로 주권이 발행된 상태에서 주식이 유통될 때 명의개서(Umschreibung)는 어떤 의미를 갖는가? 주식은 주권의 교부로 양수인에게 이전하므로 권리이전의 측면에서 보면 회사에 통지하거나 회사의 승낙을 얻을 필요가 없어 **회사와는 무관하게 권리이전은 완성**된다. 즉 권리이전의 측면에서는 주권의 교부만으로 모든 법률요건이 충족되므로 명의개서는 결국 주식의 이전과는 무관한 제도가 된다. 즉 권리이전의 구성요건(Übertragungstatbestand)과는 무관한 그 무엇이다.

주식회사는 본시 다수의 출자자, 즉 서로 잘 알지도 못하고 상호 아무 관련도 없는 대중투자자들의 주식분산을 원칙적인 모습(Prototyp)으로 하고 있다. 군중투자자들간의 **주식거래는 개인법적 거래행위이지만 회사는 이 대중투자자들을 단체적으로 상대하여야** 한다. 출자자들의 구성이 끊임없이 동태적으로 변하므로 회사가 이들을 통일적으로 관리하기가 어려워지고 따라서 단체적인 관리가 불가피하게 되었다. 이러한 수요에서 만들어진 것이 명의개서제도이다. 주식은 끊임없이 유통되므로 일정시점을 기준으로 주주명부에 기재된 자들을 주주로 보아 각종 조치를 취하면 회사가 면책되는 그런 단체법적 제도를 만들게 된 것이다.

결론적으로 명의개서 제도는 주식의 이전이라는 권리이전의 동태적 측면과는 무관하게 해당 주주들이 권리행사를 유효하게 하기 위하여 만들어진 제도이다. 다시 표현하면 '권리이전(귀속)의 구성요건(Übertragungstatbestand)'이 아니라 '적법한 권리행사의 구성요건(Ausübungstatbestand)'으로 고안된 것이다. 권리이전의 측면에서는 개인법적 성질이 강조되지만 권리행사의 측면에서는 단체법적 요소가 강조되는 그런 대조적 성격이 나타난다.

이렇게 명의개서제도는 본시 주권이 정상적으로 발행되고 있는 상황을 전제로 만들어

---

298) 적어도 상법 제337조의 문언만 보면 이는 당연한 결과이다. 즉 '주식의 **이전**은 …명의개서를 하지 않으면 회사에 대항할 수 없다'로 되어 있어 문리해석상 **'주식이전의 대항요건'**으로 읽힐 수 있다. 그러나 여기서 말하는 '이전'은 어디까지나 '**권리이전이 완료된 상황을 전제로 회사에 대하여 명의개서를 청구할 수 있는 지위**'로 읽어야 할 것이다. 명의개서를 마침으로써 주식양수인은 회사에 대해 주주로서의 권리를 행사할 수 있게 된다고 보아야 한다.

299) 이러한 결과는 두 조문이 만들어진 시점(時點)을 비교하면 분명해진다. 현행 상법 제335조 제3항 단서는 1984년 당시의 상법 제335조 제2항 단서에 추가되었다. 그러나 **상법 제337조는 이미 1962년 상법 제정 당시부터-즉 1984년 상법 개정전에도-존재하였으며 주권교부를 주식이전의 필요충분조건으로 또 그 전제하에 만들어졌다**(임홍근 편저, 한국상법전 50년사, 법문사, 2013, 168~171면).

졌다. 그런데 위에서 보았듯이 주권이 발행되지 않은 상태에서도 주식은 거래되고 유통되는 예외가 빈번해졌다. 급기야 상법도 1984년 개정되면서 주권없는 주식양도도 회사성립후 6개월이 지나면 회사에 대해 효력이 있다는 단서규정을 상법 제335조 제3항에 추가하기에 이르렀다. 문제는 여기서 시작되었다. 그런 상황에서는-본시 주권의 발행을 전제로 시행되던-명의개서제도는 어떻게 보아야 하며 주권미발행 상황하에서 주식의 이전을 설명하는 법리와는 어떻게 그 상호관계를 구축해야 하나?

특히 민법 제450조의 대항요건구비와 상법 제337조의 명의개서 간의 관계는 무엇인가? 주권이 발행되지 않은 상황에서도 권리이전의 측면과 권리행사의 측면은 구별하여야 하며 이러한 구별이 필요함은 주권이 발행된 경우와 다를 바 없다. 결론적으로 이야기하면 **민법 제450조상의 대항요건 구비는 주식양수인의 권리취득, 즉 '권리이전 내지 권리귀속의 대항요건'이고, 명의개서는 이와는 무관한 '권리행사의 적법요건'이다.** 이 양자를 명확히 구별하지 않으면 현행 상법에 따른 주권발행전 주식양도의 법리를 제대로 설명할 수 없다. 제1설이 타당하다. 판례의 입장 또한 이와 같다.[300)]

### 대판 2012. 11. 29, 2012다38780

"주권발행 전 주식의 양도는 양도인과 양수인 사이의 주식 양도에 관한 의사의 합치, 즉 주식양도계약만으로 그 효력이 발생하므로, 주식양도계약이 체결됨으로써 바로 양도인은 양도의 목적이 된 주식을 상실하고 양수인이 이를 이전받아 그 주주가 된다. 그와 같이 하여 주권발행 전 기명주식을 양도받은 사람은 다른 특별한 사정이 없는 한 양도인의 협력 없이도 그 주식을 발행한 회사에 대하여 자신이 주식을 취득한 사실을 증명함으로써 명의개서를 청구할 수 있고, 그 **명의개서로써 회사에 대한 관계에서 주주로서의 권리를 행사할 자격을 갖추게** 된다."

### 대판 2003. 10. 24, 2003다29661

"상법 제335조 제3항 소정의 주권발행 전에 한 주식의 양도는 회사성립 후 6월이 경과한 때에는 회사에 대하여 효력이 있는 것으로서, 이 경우 주식의 양도는 지명채권의 양도에 관한 일반원칙에 따라 당사자의 의사표시만으로 효력이 발생하는 것이고, **상법 제337조 제1항에 규정된 주주명부상의 명의개서는 주식의 양수인이 회사에 대한 관계에서 주주의 권리를 행사하기 위한 대항요건에 지나지 아니한다.**"

### 대판 2000. 3. 23, 99다67529

"주권발행 전의 주식양도라 하더라도 회사 성립 후 6월이 경과한 후에 이루어진 때에는 회사에 대하여 효력이 있으므로 그 **주식양수인은 주주명부상의 명의개서 여부와 관계없이 회사의 주주가 되고,** 그 후 그 주식양도 사실을 통지받은 바 있는 회사가 그

---

300) 대판 2012. 11. 29, 2012다38780; 대판 2003. 10. 24, 2003다29661; 대판 2000. 3. 23, 99다67529; 대판 1995. 5. 23, 94다36421.

주식에 관하여 주주가 아닌 제3자에게 주주명부상의 명의개서절차를 마치고 나아가 그에게 기명식 주권을 발행하였다 하더라도, 그로써 그 제3자가 주주가 되고 주식양수인이 주주권을 상실한다고는 볼 수 없다."

## (3) 주식의 이중양도시의 법률관계

**사례** A주식회사는 성립후 6개월이 지나도록 주권을 발행하지 않고 있었다. 그 사이 주주 甲은 乙에게 자신의 보유 주식을 양도하고 A회사에 그 사실을 확정일자있는 증서로 통지하였다. 그러나 乙 명의로 명의개서를 하지는 않았다. 그후 甲은 이 주식을 제3자 丙에게 양도하고 A회사는 丙에게 주주명부상 명의개서를 마치고 나아가 그에게 기명식 주권도 발행해 주었다. 乙은 A사와 甲을 상대로 자신이 A사의 주주임을 확인해 줄 것을 청구하였다. 乙의 주장은 정당한가?(참고판례 대판 2000. 3. 23, 99다67529 )

주권이 발행되기 전에 주식이 이중으로 양도되어 양수인들간의 우선 순위가 문제시되는 경우가 있다. 현재 판례는 명의개서의 시간적 순서가 아니라 지명채권 이중양도의 경우에 준하여 확정일자 있는 양도통지가 회사에 도달한 일시 또는 확정일자 있는 승낙시점의 선후에 의하여 결정하여야 한다고 판시하고 있다. 다만 확정일자 없는 양도통지나 승낙으로 여러번 주식이 양도된 경우에는 시간적으로 가장 먼저 대항요건을 갖춘 자가 주주이다.[301]

### 대판 2006. 9. 14, 2005다45537

"[1] 주권발행 전 주식의 양도는 당사자의 의사표시만으로 효력이 발생하고, 주권발행 전 주식을 양수한 사람은 특별한 사정이 없는 한 양도인의 협력을 받을 필요 없이 단독으로 자신이 주식을 양수한 사실을 증명함으로써 회사에 대하여 그 명의개서를 청구할 수 있지만, 회사 이외의 제3자에 대하여 양도 사실을 대항하기 위하여는 지명채권의 양도에 준하여 확정일자 있는 증서에 의한 양도통지 또는 승낙을 갖추어야 한다는 점을 고려할 때, 양도인은 회사에 그와 같은 양도통지를 함으로써 양수인으로 하여금 제3자에 대한 대항요건을 갖출 수 있도록 해 줄 의무를 부담한다. 따라서 양도인이 그러한 채권양도의 통지를 하기 전에 제3자에게 이중으로 양도하고 회사에게 확정일자 있는 양도통지를 하는 등 대항요건을 갖추어 줌으로써 양수인이 그 제3자에게 대항할 수 없게 되었고, 이러한 양도인의 배임행위에 제3자가 적극 가담한 경우라면,[302] 제3자에 대한 양도행위는 사회질서에 반하는 법률행위로서 무효이다.

[2] 주주명부에 기재된 명의상의 주주는 회사에 대한 관계에 자신의 실질적 권리를

---

301) 대판 2010. 4. 29, 2009다88631.
302) 판례에 의하면 이 경우 양도인에게 형법상의 배임죄가 성립하는 것은 아니라고 한다(대판 2020. 6. 8, 2015도6057).

증명하지 않아도 주주의 권리를 행사할 수 있는 자격수여적 효력을 인정받을 뿐이지 주주명부의 기재에 의하여 창설적 효력을 인정받는 것은 아니므로, 실질상 주식을 취득하지 못한 사람이 명의개서를 받았다고 하여 주주의 권리를 행사할 수 있는 것이 아니다. 따라서 주권발행 전 주식의 이중양도가 문제되는 경우, 그 이중양수인 중 일부에 대하여 이미 명의개서가 경료되었는지 여부를 불문하고 누가 우선순위자로서 권리취득자인지를 가려야 하고, 이 때 이중양수인 상호간의 우열은 지명채권 이중양도의 경우에 준하여 확정일자 있는 양도통지가 회사에 도달한 일시 또는 확정일자 있는 승낙의 일시의 선후에 의하여 결정하는 것이 원칙이다.

[3] 양도통지가 확정일자 없는 증서에 의하여 이루어짐으로써 제3자에 대한 대항력을 갖추지 못하였더라도 확정일자 없는 증서에 의한 양도통지나 승낙 후에 그 증서에 확정일자를 얻은 경우 그 일자 이후에는 제3자에 대한 대항력을 취득하는 것인바, 확정일자 제도의 취지에 비추어 볼 때 원본이 아닌 사본에 확정일자를 갖추었다 하더라도 대항력의 판단에 있어서는 아무런 차이가 없다."

### 대판 2010. 4. 29, 2009다88631

"주권발행 전 주식이 양도된 경우 그 주식을 발행한 회사가 확정일자 있는 증서에 의하지 아니한 주식의 양도 통지나 승낙의 요건을 갖춘 주식양수인(이하 '제1 주식양수인'이라 한다)에게 명의개서를 마쳐 준 경우, 그 주식을 이중으로 양수한 주식양수인(이하 '제2 주식양수인'이라 한다)이 그 후 회사에 대하여 양도 통지나 승낙의 요건을 갖추었다 하더라도, 그 통지 또는 승낙 역시 확정일자 있는 증서에 의하지 아니한 것이라면 제2 주식양수인으로서는 그 주식 양수로써 제1 주식양수인에 대한 관계에서 우선적 지위에 있음을 주장할 수 없으므로, 회사에 대하여 제1 주식양수인 명의로 이미 적법하게 마쳐진 명의개서를 말소하고, 제2 주식양수인 명의로 명의개서를 하여 줄 것을 청구할 권리가 없다고 할 것이다. 따라서 이러한 경우 회사가 제2 주식양수인의 청구를 받아들여 그 명의로 명의개서를 마쳐 주었다 하더라도 이러한 명의개서는 위법하므로 회사에 대한 관계에서 주주의 권리를 행사할 수 있는 자는 여전히 제1 주식양수인이라고 봄이 타당하다."

### 대판 2012. 11. 29, 2012다38780 [손해배상]

"주권발행 전 주식의 양도는 양도인과 양수인 사이의 주식 양도에 관한 의사의 합치, 즉 주식양도계약만으로 그 효력이 발생하므로, 주식양도계약이 체결됨으로써 바로 양도인은 양도의 목적이 된 주식을 상실하고 양수인이 이를 이전받아 그 주주가 된다. 그와 같이 하여 주권발행 전 기명주식을 양도받은 사람은 다른 특별한 사정이 없는 한 양도인의 협력 없이도 그 주식을 발행한 회사에 대하여 자신이 주식을 취득한 사실을 증명함으로써 명의개서를 청구할 수 있고, 그 명의개서로써 회사에 대한 관계에서 주주로서의 권리를 행사할 자격을 갖추게 된다. 한편 주식 양도의 원인이 된 매매·증여 기타의 채권계약에서 다른 약정이 없는 한 양도인은 그 채권계약에 기하여 양수인이 목적물인 주식에 관하여 완전한 권리 내지 이익을 누릴 수 있도록 할 의무를 진다고 할 것이다. 그러므로 양도인은 이미 양도한 주식을 제3자에게 다시 양도 기타 처분함으로써 양수인의 주주로서의 권리가 침해되도록 하여서는 아니된다. 나아가 회사 이외의 제3자에 대하여 주식의 양도를 대항하기 위하여는 지명채권의 양도에 준하여 확정일자 있는 증서에 의한 양도의 통지 또는 그와 같은 승낙(이하 단지 '제3자대항요건'이라고 한다)이 있어야 하므로, 양도인은 위와 같은 의무의 일환으로 양수인에 대하여 회사에 그와 같은 양도통지를 하거나 회사로부터 그러한 승낙을 받을 의무를 부담한다. 따라서 양도인이 제1양수인에 대하여 앞서 본 바와 같은 원인계약상의 의무를 위반하여 이미 자신에 속하지 아니하게 된 주식을 다시 제3자에게 양도하고 제2양수인이 주주명부상 명의개서를 받는 등으로 제1양수인이 회사에 대한 관계에서 주주로서의 권리를 제대로 행사할 수 없게 되었다면, 이는 그 한도에서 이미 제1양수인이 적법하게 취득한 주식에 관한 권리를 위법하게 침해하는 행위로서 양도인은 제1양수인에 대하여 그로 인한 불법행위책임을 진다고 할 것이다. 이러한 양도인의 책임은 주식이 이중으로 양도되어 주식의 귀속 등에 관하여 각 양수인이 서로 양립할 수 없는 이해관계를 가지게 됨으로써 이들 양수인이 이른바 대항관계에 있게 된 경우에 앞서 본 대로 그들 사이의 우열이 이 중 누가 제3자대항요건을 시간적으로 우선하여 구비하였는가에 달려 있어서 그 여하에 따라 제1양수인이 제2양수인에 대하여 그 주식의 취득을 대항할 수 없게 될 수 있다는 것에 의하여 영향을 받지 아니한다."

### ❖ 주식의 이중양도와 2017년 3월의 전원합의체 판결[303]

#### 1. 권리귀속의 측면

주식의 이중양도에 있어 권리귀속의 법리는 2017년 3월 전원합의체 판결과 아무 관련이 없다. 이중양도시 권리귀속의 법률요건에 관한 한 지금까지의 판례법이 그대로 적용된다. 주식의 이중양도는 주권이 발행되고 보통 그 거래가 예탁결제에 맡겨지는 대규모의 상장사에서는 일어나지 않는다. 주식의 이중양도는 우리나라에서는 보통 주권미발행 상태의 소규모회사에서만 나타난다. 전래적으로 판례법은 민법 지명채권양도의 법리를 주식의 이중양도에 그대로 준용해 왔다. 그 결과 양도당사자간의 양도계약과 회사 및 제3자에 대한 대항요건이 구비되어야 한다. 특히 주식의 이중양도에서는 이중양수인간의 우열을 가려야 하기 때문에 제3자 대항력을 따져보는 것이 중요하다.

##### (1) 제3자 대항력을 구비한 경우

이중양수인 모두 확정일자 있는 증서로 양도통지를 한 경우에는 확정일자의 순서에 따라 판단한다. 즉 확정일자가 앞서는 양수인이 주주이다.[304] 이중양수인 중 일방만이 제3자 대항력을 구비하였을 경우에도 당연히 그만이 주주로 확정된다. 또 처음에는 확정일자를 구비하지 못했지만 나중에 확정일자를 구비한 경우에는 그 시점부터는 제3자 대항력이 생

---

303) 대판 2017. 3. 23, 2015다248342.
304) 대판 2006. 9. 14, 2005다45537; "확정일자 있는 양도통지가 회사에 도달한 일시 또는 확정일자 있는 승낙의 일시의 선후에 의하여 결정함이 원칙…".

긴다.[305)]

(2) 제3자 대항력을 구비하지 못한 경우

이중양수인이 모두 확정일자 없는 증서로 양도통지를 한 경우에는 민법의 법리에 따라 처리된다. 이 때에는 비록 확정일자 없는 증서라 해도 양도통지의 순서에 따라 우열이 가려진다. 주식매수의 순서가 아니라 대항요건의 구비 순서가 중요하다.

### 2. 권리행사의 측면

주식의 이중양도시 지명채권양도의 법리에 따라 양수인 중 누구에게 주주권이 귀속되는지 살펴보았다. 그러나 주주로서의 권리를 행사하려면 주주명부상 주주로 등재되어야 한다. 즉 명의개서를 마쳐야 주주로서의 권리를 행사할 수 있다($\frac{商}{337}$).

(1) 제1 양수인 앞으로 명의개서가 먼저 이루어진 경우

이 경우도 다시 제3자 대항력을 구비한 경우와 그렇지 않은 경우를 나누어 보기로 한다.

(가) 제3자 대항력까지 갖춘 경우

위에서 서술한 대로 지명채권양도의 법리에 따라 제3자 대항력까지 갖추어 적법히 주식을 취득한 제1 양수인이 명의개서까지 마친 경우에는 그가 적법한 권리행사 가능주주이다. 만약 이 경우 우선순위를 갖추지 못한 제2 양수인이 회사에 대해 다시 명의개서를 신청하였고 회사가 그의 명의개서청구를 받아들여 그를 명의주주로 등재하였다면 이러한 제2의 명의개서는 위법한 것으로서 무효이다. 이 경우에는 주주명부상 전 명의인(前 名義人), 즉 주주명부상으로는 이미 그 이름이 지워진 전 명의인이 권리행사 가능주주이다.[306)]

(나) 제3자 대항력을 갖추지 못한 경우[307)]

그러나 판례에 등장하는 사실관계에서는 확정일자를 갖추지 않은 양도통지가 주류를 형성한다. 제1 양수인이나 제2 양수인이나 모두 제3자 대항력을 갖추지 못한 경우 제1 양수인이 먼저 명의개서를 신청하여 적법히 주주명부에 등재되었다고 가정한다. 이때 제2 양수인이 다시 명의개서를 신청하였고 회사가 그 신청을 받아들여 제1 양수인을 주주명부에서 말소하고 제2 양수인을 주주로 등재하였다면 이는 위법한 명의개서로서 무효이다. 이러한 경우에는 제1 양수인이 여전히 권리행사 가능주주이고 그에게 총회소집의 통지가 이루어지지 않았다면 그러한 총회에서 이루어진 결의는 절차상 하자있는 것이다.[308)] 이 경우 제1 양수인은 회사에 대하여 제2 양수인 앞으로 이루어진 명의개서를 말소하고 자신 앞으로 다시 명의개서를 회복해줄 것을 요구할 수 있다. 그러나 그러한 말소 또는 명의개서의 회복전이라도 회사에 대하여 권리를 행사할 수 있음은 물론이다.[309)] 실질상 주식을 취득하지 못한 사람이 명의개서를 받았다 하여 주주의 권리를 행사할 수 있는 것은 아니기 때문이다.[310)]

---

305) 원본이 아닌 사본에 확정일자를 얻은 경우에도 제3자 대항력이 생긴다고 한다(대판 2006. 9. 14, 2005다45537).
306) 山本爲三郞, 株式讓渡と株主權行使, 慶應義塾大學法學研究會叢書 [87], 2017, 80頁.
307) 대판 2010. 4. 29, 2009다88631.
308) 대판 2010. 4. 29, 2009다88631.
309) 김 · 노 · 천, 210면, 각주 3번 참조.
310) 임재연(Ⅰ), 467~468면.

(2) 제2 양수인 앞으로 명의개서가 먼저 이루어진 경우

권리귀속의 측면에서 우선순위를 누리지 못하는 제2 양수인 앞으로 명의개서가 먼저 이루어지는 경우도 있다. 이 경우에도 제1 양수인이 제3자 대항력을 구비하였는지 여부를 나누어 보기로 한다.

(가) 제1 양수인이 제3자 대항력을 구비한 경우

이 경우에는 당연히 제1 양수인의 주주로서의 지위가 제2 양수인보다 우선하므로 제1 양수인에게 권리가 귀속한다. 이 경우 제1 양수인이 전혀 명의개서를 신청한 바 없다면 제1 양수인에게 주식을 양도한 자가 권리행사 가능주주이다.[311] 그러나 제1 양수인이 적법하게 명의개서를 신청하였음에도 명의개서가 부당거절되거나 부당지연 상태에 놓여 있다면 제1 양수인에게 권리행사의 기회를 부여하여야 할 것이다. 무권리자에 의한 명의개서의 신청은 무효이므로 제2 양수인 앞으로 이루어진 명의개서가 무효임은 의심의 여지가 없다.[312]

(나) 제1 양수인이 제3자 대항력을 구비하지 못한 경우[313]

제1 양수인이건 제2 양수인이건 제3자 대항력을 구비하지 못한 경우 제2 양수인 앞으로 먼저 명의개서가 이루어진 경우에도 제2 양수인은 제1양수인에 대한 관계에서는 주주로서의 우선적 지위를 주장할 수 없다. 따라서 제2 양수인 앞으로 명의개서가 이미 이루어졌더라도 그 명의개서는 위법한 것이므로 제2 양수인은 권리행사 가능주주가 아니다.

그렇다면 제1 양수인은 권리행사 가능주주인가? 제1 양수인이 명의개서를 신청하였으나 회사가 특별한 이유없이 이를 거절하거나 명의개서가 부당히 지연된 경우라면[314] 이 경우에는 제1 양수인이 권리행사 가능주주이다.

그러나 제1 양수인이 전혀 명의개서를 신청한 적이 없다면 제1 양수인 역시 권리행사 가능주주가 아니다. 이 경우에는 제1 양수인에게 주식을 양도한 자가 권리행사 가능주주이다. 따라서 제1 양수인이든 제2 양수인이든 양차의 주식양도가 이루어지기 전 주주명부의 상황을 전제로 권리행사 가능주주를 확정하여야 한다. 이러한 경우가 ㈜삼한지 사건이었다.[315]

## (4) 권리회복의 법률관계

(가) 대항요건의 필요여부(소극):    양도인이 양수인의 대금지급 미이행 등을 이유로 주식양도계약의 해제를 통지한 경우 그 양도계약이 해제되면 계약의 이행으로 이전된 주식은 당연히 양도인에게 복귀한다. 이 경우 양수인이 회사에 대해 확정일자 있는 통지를 하는 등 다시 대항요건을 갖출 필요는 없다.

---

311) 물론 이 경우 제1 양수인이 회사와 제2 양수인을 상대로 자신이 주주임을 확인받은 후 자신 앞으로 명의개서를 신청할 수 있음은 물론이다.
312) 山本爲三郎, 株式讓渡と株主權行使, 慶應義塾大學法學硏究會叢書 [87], 2017, 72頁.
313) 대판 2014. 4. 30, 2013다99942 [(주)삼한지 사건]; 대판 2000. 3. 23, 99다67529.
314) 명의개서의 부당거절 또는 부당지연을 이른다.
315) 대판 2014. 4. 30, 2013다99942.

**대판 2022. 5. 26, 2020다239366 [회사에 관한 소송]**

"회사 성립 후 또는 신주의 납입기일 후 6개월이 경과한 경우 주권발행 전의 주식은 당사자의 의사표시만으로 양도할 수 있고, **주식양도계약이 해제되면 계약의 이행으로 이전된 주식은 당연히 양도인에게 복귀**한다는 것이 판례이다(대법원 2002. 9. 10. 선고 2002다29411 판결 참조). 위에서 보았듯이 제1 양도계약 해제 당시까지 피고가 양수한 다락코리아 주식 10,000주에 대해서는 주권이 발행되지 않았고, 양도대금이 완납되지 않아 피고 앞으로 **명의개서도 되지 않은 상태**였다. 이러한 사정을 위 법리에 비추어 보면, 제1 양도계약이 해제됨에 따라 다락코리아 주식 10,000주는 **피고의 통지 등을 기다릴 필요 없이 당연히 양도인인 소외인에게 복귀**한다고 봄이 타당하다."

(나) 주식양도계약의 해제와 전원출석총회: 　주식양도계약이 해제되었더라도 주주명부상 양도인 앞으로 재차 명의개서가 이루어지지 않으면 양도인은 회사에 대한 관계에서는 의결권을 행사할 수 있는 주주가 아니다. 따라서 종전의 주주가 명의개서 없이 총회에 참석하였다면 전원출석총회의 법리는 성립할 수 없다.

**대판 2002. 12. 24, 2000다69927 [주주총회결의부존재확인등]**

"주식회사의 임시주주총회가 법령 및 정관상 요구되는 이사회의 결의 및 소집절차 없이 이루어졌다 하더라도, 주주명부상의 주주 전원이 참석하여 총회를 개최하는 데 동의하고 아무런 이의 없이 만장일치로 결의가 이루어졌다면 그 결의는 특별한 사정이 없는 한 유효하다고 할 것이다(대법원 1996. 10. 11. 선고 96다24309 판결, 2002. 7. 23. 선고 2002다15733 판결 등 참조). 그리고 기명주식이 양도된 후 주식회사의 주주명부상 **양수인 명의로 명의개서가 이미 이루어졌다면, 그 후 그 주식양도약정이 해제되거나 취소되었다 하더라도 주주명부상의 주주 명의를 원래의 양도인 명의로 복구하지 않는 한 양도인은 주식회사에 대한 관계에 있어서는 주주총회에서 의결권을 행사하기 위하여 주주로서 대항할 수 없다**고 할 것이다(대법원 1963. 6. 20. 선고 62다685 판결 참조).

기록에 의하면, 소외 1은 1996. 6. 19. 원고 1과 사이에 원심 판시와 같은 내용의 이 사건 공동운영 약정을 맺은 다음, 그 약정에 따라 원고 1측에게 피고 회사 주식을 양도하여 피고 회사의 발행주식은 원고 1과 소외 1이 각 1,750주, 원고 1의 처인 소외 4가 1,500주를 소유하게 되었고, 이는 1996. 6. 27. 당시 피고 회사의 주주명부에도 등재되었는데, 그 이후 소외 1은 1996. 11. 21. 단지 원고 1이 위 약정에 따른 투자이행을 하지 않아 위 공동운영 약정 및 원고 1을 대표이사로 선임한 위 이사회의 결의가 무효가 되었다는 이유로, 원고 1에 대하여 위 사유를 이유로 한 약정 해제 혹은 취소의 의사표시를 발송한 후, 피고 회사의 **주주명부상 주주 명의를 복구하거나 혹은 피고 회사에 대하여 그 명의의 복구를 요청함이 없이 곧바로 종전 주주이던 소외 2와 함께 위 임시주주총회를 개최한 사실**을 알 수 있는바, 사정이 이와 같다면 최소한 피고 회사

에 대한 관계에 있어서는 주주명부상의 주주 전원이 참석하여 총회를 개최하는 데 동의
하였다고 볼 수 없어, 위 1996. 11. 21.자 임시주주총회의 소집절차에 관한 앞서의 하
자가 치유되어 그것이 유효하게 된다고 볼 수는 없다고 할 것이다."

### 3. 주권발행 후의 양도

주권발행 후에 있어서는 무기명증권의 권리이전방식에 의하여 양도가 이루어진다.
이를 좀더 상세히 설명하면 다음과 같다. 즉 주권의 소유권이전을 위한 양도당사자간
의 물적 합의(dingliche Einigung: 민 188 Ⅱ상의 '의사표/시'가 바로 이 물권법적 계약을 지칭한다)와 주권의 교부, 즉 점유이전에 의하여 이루어
진다는 뜻이다. 무기명증권(Inhaberpapier)이나 지시증권(Orderpapier)은 전형적인 유통증
권으로서 이들에 있어서는 채권법적 원리를 포기하고 유통력확보를 위하여 물권법의
원칙을 권리양도의 방식으로 채택하였기 때문이다. 물론 주식의 양도당사자간에 주식
양도에 관한 의사의 합치가 이루어져야 한다. 그러나 이는 주식양도의 직접적 요건은
아니다. 왜냐하면 주식은 주권에 화체되어 있기 때문이다. 여기서 화체(化體)는 권리
와 증서간의 특별한 결합을 의미하는데 그 결과로 주권이라는 유가증권의 동산물권
의 이전이 그 위에 화체된 사원권양도의 효과를 발생시키는 것이다. 따라서 상법 제
336조 제1항의 주권의 교부는 주권이라는 동산물권의 양도합의와 주권의 점유이전으로
풀이되어야 한다. 주권의 인도는 현실의 인도를 원칙으로 하나 간이인도(brevi manu traditio: 민 188 Ⅱ),
점유개정(Besitzkonstitut: 민 189) 나아가 반환청구권의 양도(민 190) 등도 가능하다.[316]

### 4. 주권의 대체결제제도(특수한 교부)

이와 같이 주권이 발행된 후에는 물권법의 원리에 입각한 주권의 교부로 주식이
양도되는데 이에 대한 한 가지 예외가 증권대체결제제도(Effektengiroverkehr)이다. 증
권을 움직이지 않고 증권에 표창된 권리를 이전시킬 수 있는 제도가 유가증권의 代
替決濟制度이다. 주식회사의 방대한 자본은 대중투자가의 증대로 인하여 소액면의 주
식으로 발행되는 것이 증권거래의 일반적 현상이 되었다. 그리하여 주식양도에서 요
구되는 주권의 현실적 교부는 증권거래소의 업무에 많은 어려움을 야기시키며 양도
당사자에게는 주권 등의 분실의 위험을 증대시키고 있다. 그리하여 현실적인 주권의
교부없이도 주식양도를 가능케 할 수 있는 방안이 모색되어 왔다. 그러한 노력의 결
과로 우리나라에서도 1974년 12월 증권거래소는 100% 자회사인 한국증권대체결제주
식회사를 설립하게 되었고 이로써 증권의 현실적인 교부없이도 이른바 계좌간의 장

---

316) 대판 1977. 3. 8, 76다1292.

부거래로 주식의 양도가 가능하게 되었다. 증권대체결제주식회사는 현재 한국예탁결제원으로 변모하였다.

증권대체결제의 방법은 자본시장과 금융투자업에 관한 법률에 별도의 규정을 두고 있다. 우선 증권회사 등은 고객으로부터 증권을 예탁받아 각 고객별로 구좌를 개설한 후 투자자계좌부를 작성한다(자본시장과 금융투자업에 관한 법률 제310조). 증권회사 등은 다시 증권대체결제의 중앙기관인 예탁결제원에 이들 증권을 재예탁하면서 예탁자계좌부가 작성된다(자본시장과 금융투자업에 관한 법률 제309조). 중앙기관인 예탁결제원은 이들 유가증권을 혼장임치(Sammelverwahrung)의 방식으로 보관하며 주식의 양도는 이들 계좌간의 장부거래로 이루어진다(자본시장과 금융투자업에 관한 법률 제311조 제2항). 즉 양도인의 계좌에 양도수량만큼 차감기재되고 양수인의 계좌에 같은 수량이 가상기재되며 보관자는 예탁자의 청구가 있으면 동종동량의 주권을 반환하는 방식이다. 이 때 주식의 양도는 중앙기관에 혼장임치한 유가증권에 대한 공유지분(Miteigentum)의 양도로 이루어진다. 따라서 예탁한 주식은 고객의 단독소유권에서 혼장예치된 주식의 공유관계로 변전하며 주식의 양도는 이 공유지분의 반환청구권양도에 의하여 이전된다고 풀이할 수 있다.[317]

## IV. 주권의 선의취득과 명의개서

### 1. 주권의 선의취득($\frac{상}{359}$)

#### (1) 의 의

주식을 양도한 자가 무권리자라 하여도 또는 그 양도행위에 일정 범위 내의 하자가 있었다 하여도 양수인이 선의로 주권을 양수하면 양수인은 적법하게 주권을 취득하게 되고 나아가 주주의 지위를 취득하게 되는데 이를 株券의 善意取得이라 한다($\frac{상 359;}{수 21}$). 주식의 양도는 주권의 교부만으로 할 수 있고($상^{336}$), 주권의 점유자는 적법한 소지인으로 추정된다($상^{336}$). 이러한 점에서 주식양도에 있어 선의자보호의 가능성은 더욱 커졌다고 할 수 있다. 그리하여 상법은 제359조에서 수표법 제21조(수표의 선의취득)를 준용하여 주권의 양수인이 양도의 하자에 관하여 악의 또는 중대한 과실이 없는 한 주권의 선의취득을 인정함으로써 주식의 원활한 유통을 도모하고 있다. 상법이 어음법 제16조 제2항에 규정된 어음의 선의취득규정이 아니라 수표법 제21조를 준용하는 이유는 수표의 경우 어음과 달리 무기명식이 인정되기 때문에 주권의 경우

---

317) KölnerKomm-Zöllner, §123 Rdnr. 24.

이것이 보다 적합한 준용대상이 되기 때문이다. 상법 제359조나 수표법 제21조나 모두 동산물권의 선의취득에 관한 민법 제249조 이하의 특칙이라 할 수 있다.

### (2) 선의취득의 요건

(가) 교부에 의한 취득:   주권의 선의취득은 주권을 법률행위적인 방식으로 양도하는 경우에만 가능하다. 즉 상속이나 회사의 합병에 의한 주식의 포괄승계의 경우에는 나타나지 않는다. 주권의 선의취득이란 외관신뢰주의에 바탕을 둔 제도로서 신뢰할 외관이 창출되지 않으면 성립될 수 없는 제도이다. 오로지 법률행위에 의하여 주식이 양도되는 경우에만 주권의 점유로 인한 권리자의 법외관이 창출된다. 그리하여 주식이라는 불가시(不可視)의 권리가 주권이라는 동산에 화체됨으로써 비로소 법외관이 만들어지고 그 법외관에 대한 신뢰를 보호하는 것이 본 제도이다. 상속이나 회사의 합병 등에서 나타나는 포괄승계(Universalsukzession)의 경우에는 이러한 법외관에 의한 신뢰보호의 필요성이 없다. 별도의 법률요건의 도래 즉 자연인의 사망이나 합병등기의 창설적 효력으로 바로 해당 법률효과가 도래하기 때문이다.

> **대판 2000. 9. 8, 99다58471 [주식인도청구]**
>
> "주권의 점유를 취득하는 방법에는 현실의 인도(교부) 외에 간이인도, 반환청구권의 양도가 있으며, 양도인이 소유자로부터 보관을 위탁받은 주권을 제3자에게 보관시킨 경우에 반환청구권의 양도에 의하여 주권의 선의취득에 필요한 요건인 주권의 점유를 취득하였다고 하려면, 양도인이 그 제3자에 대한 반환청구권을 양수인에게 양도하고 지명채권 양도의 대항요건을 갖추어야 한다."

(나) 양도인의 무권리 또는 양도행위의 하자:   나아가 주권의 선의취득이 가능하려면 양도인이 양도대상주식에 대하여 무권리자이거나 아니면 양도행위에 일정 범위의 하자가 있어야 한다. 여기서 일정 범위의 하자라 함은 양도인의 무권대리, 무처분권, 양도행위상의 의사의 하자, 양도인의 무능력 등을 포함할 수 있겠으나 어느 정도의 범위에서 이를 인정할 것인지에 대하여는 어음·수표법과의 비교를 통하여 해결되어야 할 것이다. 어음·수표법에서는 다음과 같은 세 가지 학설의 대립이 있다. 즉 최협의로 선의취득의 범위를 정하는 입장에서는 양도인의 무권리로 한정하나 이와 대립되는 무제한설에서는 어음법 제16조 제2항이나 수표법 제21조상의 문언("어떤 사유로든…")에 보다 충실한 해석을 꾀하여 양도인의 무권대리, 무처분권, 무능력 등 양도행위상의 모든 하자에 대해서도 선의취득을 인정하려 한다. 마지막 절충설의 입장에서는 양도인의 무능력의 경우만은 선의취득에서 제외시키는 입장을 취하고 있다.

어음·수표법에서는 증권의 유통성강화의 시각에서 무제한설이 타당하다고 생각된다. 그러나 주권의 경우는 어음·수표와는 조금 다르다. 유통성의 측면을 비교해 보면 주권은 어음·수표에서처럼 유통 그 자체를 목적으로 하는 유가증권은 아닌 것이다. 권리와 증권의 결합이 달성하려는 물화(物化)의 요구는 어음·수표에서와는 다르게 평가된다. 주권불소지제도나 증권대체결제제도 등에서 나타나는 증권의 역기능이 이를 대변한다고 볼 수 있다. 그렇게 본다면 주권의 경우 양도인의 무능력은 선의취득의 대상에서 제외시키는 것이 타당하다고 본다. 어음·수표법에서는 양도인의 무능력의 경우에도 기성립된 어음단체로 인하여 어음상의 책임을 질 자가 다수이므로, 무능력의 어음양도인은 채권적 교부계약의 하자를 주장하여 면책될 가능성이 있다. 이를 통하여 무능력자보호제도와 외관신뢰주의가 조화를 이룰 수 있는 것이다. 그러나 단순한 선언증권에 불과한 주권의 경우에는 그러한 가능성이 없다. 즉 주권의 선의취득에서 보호될 수 있는 범위는 양도인의 무권리, 무권대리, 무처분권, 여타 양도행위상의 의사의 하자 등으로 제한시킴이 타당하다.318)

(다) 양수인의 선의:  나아가 주권을 양수함에 있어서 양수인은 상기의 하자에 대하여 선의였어야 한다. 선의라 함은 선의, 무중과실의 상태를 말한다. 그러한 하자의 존재를 의식하지 못한 것을 말하며 설사 그러한 하자를 몰랐다하여도 그 모른 데 대하여 중과실의 비난을 가할 수 없는 상태를 뜻한다. 즉 조금만 주의하였더라면 양도인의 무권리나 무처분권 등 양도행위의 하자를 인식할 수 있었다면 양수인은 중과실 상태에 빠진다.

> **대판 2000. 9. 8, 99다58471**
>
> "주권의 취득이 악의 또는 중대한 과실로 인한 때에는 선의취득이 인정되지 않는바 ($\frac{상}{수}\frac{359.}{21}$), 여기서 악의 또는 중대한 과실의 존부는 주권 취득의 시기를 기준으로 결정하여야 하며, 중대한 과실이란 거래에서 필요로 하는 주의의무를 현저히 결여한 것을 말한다."

(라) 주권의 유효성:  선의취득의 마지막 요건은 주권의 유효성이다. 선언증권인 주권에서는 그 화체대상인 사원권의 성립이 증서의 작성과 직접 연결되지 않는다. 즉 이미 성립된 주식을 사후적으로 증서화하는 기능만을 갖는다. 사원권과 주권의 결합시점인 주권의 효력발생시기에 대해서는 이미 상론한 바대로 교부시설을 따르는 것이 타당하다고 본다. 이렇게 주권이 사원권을 유효하게 화체하고 난 다음에야 유가증

---

318) 대판 1997. 12. 12, 95다49646.

권으로서의 가치를 갖는 것이므로 이 단계에 이르기 전에는 주권은 단순한 지편에 불과한 것으로서 이를 통한 사원권의 선의취득은 생각할 수 없다. 즉 선의취득의 대상이 되는 주권은 회사의 성립 후 또는 신주의 납입기일 후 회사가 발행하여 주주에게 교부함으로써 주권의 효력이 인정된 유가증권에 한정된다.

### (3) 선의취득의 효과

상기의 요건이 갖추어지면 양수인은 주권을 선의취득하게 되고 이로 인하여 그 위에 화체된 주식도 선의취득한다. 즉 주식과 주권이 결합함으로써 선의취득에 관한 동산물권의 법리가 동원되어 주식의 선의취득이 가능해지는 것이다.[319] 그러나 회사에 대한 권리행사가 가능하려면 기명주식의 경우 명의개서절차를 밟아야 한다($\frac{\text{상}}{337}$).

## 2. 명의개서

### (1) 의의 및 기능

주주명부에는 주주의 성명과 주소, 각 주주가 가진 주식의 종류와 수, 주권의 번호, 각 주식의 취득연월일이 기재된다($\frac{\text{상}}{352}$). 이 때 기명주식의 경우 주식의 이전으로 주주가 교체되었을 때 그 취득자를 주주명부에 주주로 기재하는데 이를 名義改書 (Umschreibung)라 한다. 그러나 주주명부상의 기재사항 중 주주의 동일성에는 관계없이 오기를 바로잡는 정정, 주소변경, 이전이나 개명 등을 이유로 하는 변경기재, 주권 불발행의 기재($\frac{\text{상}}{92}$358)와 같은 것은 명의개서가 아니다.

주식의 이전은 명의개서없이는 회사에 대항하지 못한다($\frac{\text{상}}{337}$). 주식의 법률행위적 양도뿐만 아니라 상속, 합병 등의 포괄승계의 대상이 되는 때에도 같다.[320] 나아가 주식의 매매계약이 해제되었다 해도 매도인이 자기 앞으로 다시 명의개서를 하지 않는 한 회사에 대항하지 못한다.

회사관계에서는 집단적·반복적인 권리행사가 불가피하고 주주의 동태는 끝없이 변동하는 것이어서 만약 회사가 권리를 행사할 주주를 그 권리행사시마다 일일이 조사하여 확정한다면 회사의 대량적 사무처리는 사실상 불가능하다. 그리하여 회사로서는 주식사무를 획일적으로 간명하게 처리하고 주주로서는 권리행사시마다 일일이 주권의 제공이나 공탁을 하지 않고도 권리행사를 할 수 있도록 하기 위하여 명의개서 제도를 두게 되었다.

---

319) 상법 제359조의 제목 역시 "**주권**의 선의취득"임을 명심하자. "**주식**의 선의취득"이 아니다.
320) KölnerKomm-Lutter, §68 Rdnr. 49.

### (2) 명의개서의 절차

명의개서는 주권의 교부에 의하여 양도받은 양수인이 단독으로 이를 청구할 수 있다.[321] 주식양도인은 다른 특별한 사정이 없는 한 회사에 대하여 주식양수인 명의로 명의개서를 해 달라고 청구할 권리가 없다.[322] 청구의 상대방은 회사이다.[323] 명의개서를 청구함에는 주권을 회사에 제시하여야 한다. 주권의 교부를 받은 양수인은 주권의 점유만으로 적법한 소지인으로 추정되므로($\S$ 336) 실질적 권리를 증명할 필요없이 명의개서의 청구가 가능하다. 그러나 주권이 없는 경우에도 주식의 양수사실을 증명함으로써 명의개서의 청구는 가능하다.[324]

이러한 명의개서의 청구가 있을 때 그 청구자가 진실한 권리자인지 아닌지에 관하여 실질적 조사를 하는 것은 사실상 불가능하다. 따라서 주권의 자격수여적 효력에 기한 형식적 심사에 그칠 수밖에 없다. 그리하여 청구자가 실질적 권리자가 아닌 경우에도 회사측에 고의나 중과실이 없는 한 회사는 면책될 수 있다($^{\text{어 40 Ⅲ}}_{\text{analog}}$).

> **대판 2010. 10. 14, 2009다89665**
>
> "명의개서청구권은 기명주식을 취득한 자가 회사에 대하여 주주권에 기하여 그 기명주식에 관한 자신의 성명, 주소 등을 주주명부에 기재하여 줄 것을 청구하는 권리로서 기명주식을 취득한 자만이 그 기명주식에 관한 명의개서청구권을 행사할 수 있다. 또한 기명주식의 취득자는 원칙적으로 취득한 기명주식에 관하여 명의개서를 할 것인지 아니면 명의개서 없이 이를 타인에게 처분할 것인지 등에 관하여 자유로이 결정할 권리가 있으므로, 주식 양도인은 다른 특별한 사정이 없는 한 회사에 대하여 주식 양수인 명의로 명의개서를 하여 달라고 청구할 권리가 없다. 이러한 법리는 주권이 발행되어 주권의 인도에 의하여 기명주식이 양도되는 경우뿐만 아니라, 회사 성립 후 6월이 경과하도록 주권이 발행되지 아니하여 양도인과 양수인 사이의 의사표시에 의하여 기명주식이 양도되는 경우에도 동일하게 적용된다."

### (3) 명의개서의 효력

(가) 대항력:　주권의 교부로 주식양수인이 주주가 되는 것이므로 명의개서를 통하여 비로소 양수인이 주식을 취득하는 것은 아니다. 즉 명의개서는 권리창설적 효력이 있는 것은 아니고, 다만 주식취득자에 대하여 회사에 대한 관계에 있어서 자신의

---

321) 대판 2019. 4. 25, 2017다21176.
322) 대판 2010. 10. 14, 2009다89665.
323) 따라서 양도인을 상대로 한 명의개서이행의 소는 부적법(unzulässig)하다; KölnerKomm-Lutter, §68 Rdnr. 51.
324) 대판 1992. 10. 27, 92다16386.

실질적 권리를 증명하지 않아도 주주의 권리를 행사할 수 있는 형식적 자격을 부여 하는 효력을 가질 뿐이다.[325]

(나) 추정력:   상법이 규정하는 정당한 절차를 밟아서 주주명부에 명의개서가 이루어지면 대회사관계에서 정당한 주주로 추정되어 자기가 실질적 주주임을 증명하지 않고도 주주로서의 권리를 행사할 수 있다.

(다) 면책력:   회사가 주주명부에 명의개서를 마친 취득자를 주주로 취급하면 설사 그가 진실한 주주가 아닌 경우에도 면책된다. 회사는 주주명부상의 주주에게 이익배당금을 지급하였거나 의결권을 행사시켰을 때 실제 그가 주주가 아니라 해도 그 배당금의 지급이 무효가 되거나 그 총회결의가 취소의 대상이 되지 않는다. 주주명부상의 주주가 진정한 주주인지 아닌지 회사가 알았든 몰랐든 구별하지 않는다. 과거의 판례는 회사가 악의 또는 중과실로 주주명부상의 주주에게 권리행사를 허용한 경우에는 면책력을 부정하였다.[326] 그러나 대법원은 2017년 3월 전원합의체 판결에서 면책력의 한계에 관한 과거의 판례들을 폐기하였다. 이제는 회사 측의 악의나 선의는 면책력의 판단에 있어 의미가 없게 되었다.

> **대판 2017. 3. 23, 2015다248342 전원합의체 [주주총회결의취소]**
>
> "회사가 주주명부상 주주가 형식주주에 불과하다는 것을 알았거나 중대한 과실로 알지 못하였고 또한 이를 용이하게 증명하여 의결권 행사를 거절할 수 있었음에도 의결권 행사를 용인하거나 의결권을 행사하게 한 경우에 그 의결권 행사가 위법하게 된다는 취지로 판시한 대법원 1998. 9. 8. 선고 96다45818 판결, 대법원 1998. 9. 8. 선고 96다48671 판결 등을 비롯하여 이와 같은 취지의 판결들은 이 판결의 견해에 배치되는 범위 내에서 모두 변경하기로 한다."

## (4) 명의개서미필주의 법적 지위

주식을 양수하거나 기타 원인으로 취득하였음에도 불구하고 명의개서를 하지 아니한 경우 취득자의 법적 지위가 문제시되는바, 특히 (i) 회사가 명의개서를 마치지 않은 실질주주에 대해서도 주주권의 행사를 허용할 수 있는가? (ii) 회사가 부당하게 명의개서를 거절한 경우 취득자의 지위는 어떻게 되는가? (iii) 주식의 양수인이 명의

---

325) 대판 2006. 9. 14, 2005다45537; 대판 2020. 6. 11, 2017다278385, 278392.
326) 대판 1998. 9. 8, 96다45818 [주주총회결의취소]; "주식회사가 주주명부상의 주주에게 주주총회의 소집을 통지하고 그 주주로 하여금 의결권을 행사하게 하면, 그 주주가 단순히 명의만을 대여한 이른바 형식주주에 불과하여도 그 의결권 행사는 적법하지만, 주식회사가 **주주명부상의 주주가 형식주주에 불과하다는 것을 알았거나 중대한 과실로 알지 못하였고 또한 이를 용이하게 증명하여 의결권 행사를 거절할 수 있었음에도 의결권 행사를 용인하거나 의결권을 행사하게 한 경우에는 그 의결권 행사는 위법**하게 된다."

개서를 하지 아니한 동안 주주명부상의 주주(양도인)가 주주권을 행사하여 이익배당을 받거나 신주인수를 하는 등 이익을 얻었을 때 양도인과 양수인간의 법률관계는 어떻게 되는가? (실기주의 문제) 등의 사항에서 의문이 제기되고 있다. 이들을 하나 하나 살펴보기로 한다.

(가) 명의개서미필주주에 대한 회사측의 권리행사허용 여부: 명의개서의 효력에 관한 상법 제337조의 해석을 둘러싸고 명의개서 전의 주식양수인을 회사측에서 주주로 인정할 수 있느냐의 문제이다. 이에 대해서는 다음과 같이 긍정설과 부정설의 대립이 있다.

**1) 긍정설:** 긍정설에서는 주주명부의 기재로부터 생기는 주주의 자격은 주권의 점유가 갖는 권리추정력의 반영에 지나지 않으므로, 주주명부의 기재와 다른 주권의 점유자가 나타난다면 주주명부의 효력은 부정되는 것이 타당하다고 한다. 나아가이 입장은 상법 제337조 제1항의 입법취지를 회사의 사단법적 사무처리의 편의도모에 있다고 보므로, 회사가 이 편익을 스스로 포기하고 자기 위험하에 명의개서미필주주를 주주로 대우하는 것은 얼마든지 가능하며 또 이를 굳이 막을 이유도 없다고 한다.[327] 2017년 3월 23일의 전원합의체 판결 이전에 판례가 취하던 입장이다.[328]

**2) 부정설:** 반면 부정설에서는 명의개서 전의 주식양수인은 회사에 대하여 자신이 주주임을 주장할 수 없을 뿐 아니라 회사측에서도 이를 주주로 인정할 수 없다고 본다. 긍정설의 입장은 명의주주와 실질주주 중 누구를 주주로 보더라도 무방하다는 결과가 되기도 하고 또한 양자의 권리행사를 회사측에서 모두 부인할 수도 있어 부당하다고 한다.[329] 2017년 판례는 변경되었다. 대법원은 전원합의체 판결로 위의 긍정설에서 부정설로 입장을 바꾸었다.[330]

> **대판 2017. 3. 23, 2015다248342 [전원합의체]**
>
> "주식을 양수하였으나 아직 주주명부에 명의개서를 하지 아니하여 주주명부에는 양도인이 주주로 기재되어 있는 경우뿐만 아니라, 주식을 인수하거나 양수하려는 자가 타인의 명의를 빌려 회사의 주식을 인수하거나 양수하고 타인의 명의로 주주명부에의 기재까지 마치는 경우에도, 회사에 대한 관계에서는 주주명부상 주주만이 주주로서 의

---

327) 정동윤, 512면.
328) 대판 2001. 5. 15, 2001다12973; "상법 제337조 제1항의 규정은 기명주식의 취득자가 주주명부상의 주주명의를 개서하지 아니하면 스스로 회사에 대하여 주주권을 주장할 수 없다는 의미이고, 명의개서를 하지 아니한 실질상의 주주를 회사측에서 주주로 인정하는 것은 무방하다."
329) 최기원, 398면.
330) 같은 취지의 후속 판례로는 대판 2020. 6. 11, 2017다278385.

결권 등 주주권을 적법하게 행사할 수 있다. … 주주명부상의 주주만이 회사에 대한
관계에서 주주권을 행사할 수 있다는 법리는 주주에 대하여만 아니라 회사에 대하여도
마찬가지로 적용되므로, 회사는 특별한 사정이 없는 한 주주명부에 기재된 자의 주주권
행사를 부인하거나 주주명부에 기재되지 아니한 자의 주주권 행사를 인정할 수 없다."

**3) 비판 및 결론:**   명의개서를 주식이전의 대항요건으로 한 것은 반드시 회사의
주식사무의 편의를 고려한 것만은 아니고 오히려 회사를 둘러싼 법률관계의 획일적
처리를 위한 것이라고 본다. 따라서 회사가 주주인정 문제에 대하여 선택권을 갖는다
면 이는 단체법상의 법률관계에 불안정을 초래하고 명의개서제도의 취지에도 반할
것이다. 독일 주식법상으로도 "회사와의 관계에서는 오로지 주주명부상 주주로 기재
된 자가 주주이다"($^{동법\ 67}$)로 되어 있는바 부정설을 따르고 있는 것으로 해석된다.[331]

상법은 본시 주식회사를 공개된 물적회사의 전형으로 입법하였다. 주주명부를 통
한 법률관계의 획일적 처리는 단체법의 소산이며 이러한 획일주의가 뿌리를 내리려
면 해당 회사의 단체성이 뚜렷이 현현되어야 한다. 불행하게도 우리나라의 대부분의
비상장 주식회사는 소규모 회사이며 인적 성격이 강하다. 즉 인적 주식회사이다. 소
수의 주주, 주주의 적극적인 경영참여, 주식양도의 제한 등 그 실질은 유한책임의 동
업자조합이다. 즉 상법이 예정한 대규모 물적회사와는 정반대의 모습을 보이고 있다.

따라서 상장사와 비상장사간 구별이 필요하다고 본다. 상장사의 경우 단체성이 강
하여 주주명부를 통한 법률관계의 획일적 처리가 가능하지만 비상장사의 경우에는 편
면적 구속설이 개별 사안의 구체적 타당성 실현에 더 도움이 될 것으로 생각된다.[332]

### ⊛ 빙산(氷山)의 모습을 한 주식회사의 분포

아래 그림에 표시된 삼각형은 빙산(氷山)이다. 우리나라 주식회사의 절대다수는 비상장
사로서 수면 아래 위치한다. 수면 위에는 상장된 주식회사와 예탁결제에 맡겨진 비상장사
가 포진한다. 경제에 대한 기여도 내지 법인세의 납부비율면에서는 수면 위의 회사들이
큰 비중을 차지할 것이다. 즉 상장사와 장외주식으로 거래가 이루어지는 비상장사가 압도
적 비율을 차지할 것이다. 그러나 단지 숫자로만 따지면 수면 아래의 비상장사가 우리나
라 주식회사의 거의 전부를 점하고 있다. 대략 우리나라의 주식회사를 60만개로 볼 경우
상장사는 2,000개, 예탁결제에 맡겨진 비상장사가 또한 약 2,000개 정도라 한다. 숫자로만
보면 둘을 합해 봐야 채 1%도 되지 않는다.

---

331) KölnerKomm-Lutter, §67 Rdnr. 25.

332) 이에 대해 자세히는 졸고, "주주명부기재의 효력-대판 2017. 3. 23, 2015다248342의 평석을 겸하여-", 「선진
상사법률연구」통권 제82호(2018. 4.), 1~38면 참조.

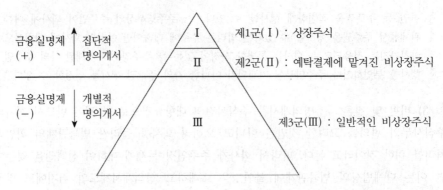

　　현재 우리나라에서 주식의 양도방법은 약 셋으로 분류된다. **첫째** 부류는 수면 위에 보이는 상장사들(제1군)이다. 2019년 9월부터 전자증권제도가 시행되어 상장사들은 모두 주권을 전자등록하였다. 이 부류에서는 상법과 전자증권법이 적용될 것이다. **두번째** 부류는 수면 위에 있되 아직 상장되지 아니한 주식회사들(제2군)이다. 이들의 주식거래에는 전자증권법이 의무적으로 적용되지는 않으므로 다시 다음의 두 가지 방식이 가능하다. 하나는 상장주식과 마찬가지로 주권을 전자등록하는 것이고, 다른 하나는 과거와 같은 예탁결제 방식을 따르는 것이다. 전자(前者)에 대해서는 전자증권법이 그러나 후자(後者)에 대해서는 자본시장법이 적용될 것이다. 비상장사에 대해서는 전자증권법이 의무적으로 적용되지는 않으므로 이들 회사에서는 과거와 마찬가지로 전통적인 예탁결제 방식으로 주식을 거래할 수 있다. **셋째** 부류는 수면 아래에 있는 일반적인 비상장사들(제3군)이며 이들에 대해서는 상법이 적용된다. 즉 주권이 발행되는 경우에는 주권의 교부로($^{\text{상 336}}$), 주권이 발행되지 않은 경우에는 민법상 지명채권양도의 방식으로 양도할 수 있다($^{\text{민 449, 450}}_{\text{analog}}$).

　　**수면 위에 있는 회사들**[333]에 있어서는 금융실명제가 시행되고 있다. 이들 회사의 주식거래에 있어서는 증권회사를 통한 증권계좌가 필요하고 이를 개설하기 위하여는 실명확인 절차를 거쳐야 한다. 이렇게 실명확인을 거친 경우에는 누구의 돈이 그 계좌에 들어와 있건 회사에 대한 관계에서는 계좌명의인이 주주이며 그 만이 주주로서 권리를 행사할 수 있다. 나아가 명의개서 역시 집단적으로 시행된다. 양수인이 양도인으로부터 주권을 교부받은 후 회사에 찾아가 주권을 제시하며 명의개서를 신청하는 그런 전통적인 개별적 명의개서방식은 이 회사들에 있어서는 불가하다.[334] 상장주식 – 또는 비상장주식이라도 이미 전자등록이 이루어진 주식 – 이라면 어떤 경우이든 예탁결제원은 발행회사가 요구하는 대로 소유자명세를 작성하여 이를 발행회사에 통지하며(전자증권법 제37조 참조), 발행회사는 이를 기초로 직전에 작성해두었던 주주명부상 집단적으로 명의개서를 하게 된다. 비상장주식중 아직 전자등록이 이루어지지 않은 경우에도 사정은 같다. 비록 전자등록은 이루어지지 않았지만 예탁결제원은 발행회사가 요구하는 대로 자본시장법에 따라 새로운 실질

---

333) 이는 제1군과 제2군에 속한 회사들이다. 이들이 법인세 납부 등 경제면에서 차지하는 비중은 압도적일 것으로 생각된다.

334) 노혁준, "주주명의와 실질의 불일치 – 주주권 귀속 및 행사법리의 변천 –", 「BFL」 제100호 (2020. 3.), 서울대 금융법센터, 21~41면, 특히 40면.

주주명부를 작성하여 이를 발행회사에 교부할 것이다. 따라서 이런 경우에도 명의개서는 예탁결제원이라는 제3의 공인된 기관에 의하여 집단적으로 이루어진다.

이에 반하여 **수면 아래 존재하는 일반적인 비상장사**에 있어서는 주권이 발행되었건 아직 이에 이르지 못한 경우이건 명의개서는 상법의 규정에 따라 개별적으로 이루어진다. 나아가 금융실명제도 시행되지 않는다. 증권계좌를 가질 필요도 없고 실명확인 절차를 거칠 이유도 없다. 2017년 3월 전원합의체 판결의 소수의견대로 금융실명제가 적용되지 않는 사적자치의 영역이다.[335]

결론적으로 수면 위와 수면 아래는 다음과 같이 비교된다. 수면 위에서는 금융실명제가 시행되며 명의개서는 집단적으로 이루어진다. 반면 수면 아래에서는 금융실명제가 시행되지 않으며 명의개서 역시 개별적으로 시행된다. 권리행사 가능주주를 파악함에 있어서도 이러한 양자의 차이를 반영하여야 할 것이다. 상장주식이나 비상장 장외주식에 대해서는 증권계좌의 명의인만이 주주이며 권리행사가능 주주이다. 반면 수면 아래 존재하는 다수의 일반적인 비상장사에 있어서는 과거의 전통적인 법리대로 먼저 권리의 귀속주체를 파악한 후 권리행사가능주주를 확정하여야 할 것이다.

**(나) 명의개서의 부당거절:**  회사가 명의개서를 정당한 이유없이[336] 거부한 경우 주식취득자는 명의개서이행의 소를 제기하여 이에 갈음하는 판결을 구할 수도 있고 손해배상청구도 가능하며 이사 등에게는 벌칙의 적용도 가능할 것이다($\frac{635}{7조}$). 문제는 부당하게 명의개서가 거부된 주식취득자가 명의개서없이도 주주권을 행사할 수 있는 지이다. 이에 대해서도 긍정설과 부정설의 대립을 볼 수 있다.

**1) 긍정설:**  긍정설에서는 회사측의 부당한 명의개서의 거절은 신의칙에 반하며 따라서 주식취득자의 권리행사는 예외적으로 허용되어야 한다고 주장한다.

---

**대판 2017. 3. 23, 2015다248342 전원합의체 [주주총회결의취소]**

"따라서 특별한 사정이 없는 한, 주주명부에 적법하게 주주로 기재되어 있는 자는 회사에 대한 관계에서 주식에 관한 의결권 등 주주권을 행사할 수 있고, 회사 역시 주주명부상 주주 외에 실제 주식을 인수하거나 양수하고자 하였던 자가 따로 존재한다는 사실을 알았든 몰랐든 간에 주주명부상 주주의 주주권 행사를 부인할 수 없으며, 주주명부에 기재를 마치지 아니한 자의 주주권 행사를 인정할 수도 없다. 주주명부에 기재를 마치지 않고도 회사에 대한 관계에서 주주권을 행사할 수 있는 경우는 주주명부에의 기재 또는 명의개서청구가 부당하게 지연되거나 거절되었다는 등의 극히 예외적인 사정이 인정되는 경우에 한한다.

---

335) 소수의견 중에서도 특히 박병대, 김소영 대법관의 보충의견 참조.
336) 대판 2010. 4. 29, 2009다89665 [주주총회결의취소](기명주식의 양도인이 양수인의 이름으로 명의개서를 요구한 사안에서 회사의 명의개서거부는 부당거절이 아니라고 한 사례. 따라서 양도인에게 총회의 소집통지를 하고 양수인에게는 총회의 소집통지를 하지 아니하였더라도 주주총회결의의 취소사유가 되지 않았다.)

**2) 부정설:** 반면 부정설에서는 주주명부제도의 취지는 다수의 주주에 대한 법률관계의 획일적 처리에 있다고 보고 이 취지를 살리려면 예외의 인정을 막아야 한다고 주장한다. 나아가 명의개서거절의 정당한 이유 유무를 객관적으로 파악한다는 것도 어렵다고 한다. 이러한 논거하에 명의개서의 부당거절시에도 주주로서의 권리행사를 부정한다.

**3) 사 견:** 명의개서의무를 해태한 회사가 그 불이익을 양수인에게 돌리는 것은 부당하다고 본다. 동시에 이것은 신의성실의 원칙에도 반한다고 할 수 있다. 물론 주주명부제도가 회사관계를 둘러싼 법률관계의 획일적 처리라는 단체법의 이념을 좇고 있는 것은 사실이나 그렇다고 명의개서가 부당거절된 경우까지 그 획일성만 강요할 바는 아니다. 이 경우에는 예외를 인정함이 타당할 것이다. 그리하여 이 때에는 명의개서없이도 회사에 대하여 주주권 행사를 허용하여야 할 것이다.[337]

(다) 실기주의 문제

**1) 실기주의 개념:** 실기주(失期株)란 광의로는 주식양수인이 명의개서를 지연하다가 이익배당기일, 신주배정기일 등의 소정의 기일을 경과함으로써 회사에 대해서 권리행사를 할 수 없게 된 주식을 의미한다. 그러나 좁은 의미는 신주발행의 경우 주식양수인이 신주배정일까지 명의개서를 하지 않고 기일을 넘긴 결과 주주명부상의 명의주주인 양도인에게 배정된 신주를 뜻한다.

**2) 실기주와 권리의 귀속 문제:** 이러한 협의의 실기주에 대하여 그 권리의 귀속이 문제시되고 있다. 이에 있어서는 대회사적 법률관계와 양도당사자간의 관계를 구별하여야 할 것이다. 회사에 대한 관계에 있어서는 양도인에게 신주가 배정되는 것이 정당할 것이다.[338] 주주명부상으로는 양도인이 회사에 대한 관계에서 아직 주주로 등재되어 있으므로, 회사가 양도인에게 신주배정을 하는 것은 단체적 법률관계의 획일적 처리에 기여하는 주주명부의 기능상 정당하다.

> **대판 2010. 2. 25, 2008다96963 [주주총회결의부존재확인 · 주권발행]**
>
> "상법 제461조에 의하여 주식회사가 이사회의 결의로 준비금을 자본에 전입하여 주식을 발행할 경우 또는 상법 제416조에 의하여 주식회사가 주주총회나 이사회의 결의

---

337) 대판 2017. 3. 23, 2015다248342 [전원합의체]; 대판 1993. 7. 13, 92다40952; 나아가 명의개서의 부당거절시 명의개서 청구주주에게 소집통지를 결한 경우 결의취소의 원인이 될 수 있다(日最判 1966. 7. 28, 민집 20. 6, 1251).

338) 대판 1988. 6. 14, 87다카2599, 2600; 대판 2010. 2. 25, 2008다96963, 96970(병합).

로 신주를 발행할 경우에 발생하는 구체적 신주인수권은 주주의 고유권에 속하는 것이 아니고 위 상법의 규정에 의하여 주주총회나 이사회의 결의에 의하여 발생하는 구체적 권리에 불과하므로 그 신주인수권은 주주권의 이전에 수반되어 이전되지 아니한다. 따라서 **회사가 신주를 발행하면서 그 권리의 귀속자를 주주총회나 이사회의 결의에 의한 일정시점에 있어서의 주주명부에 기재된 주주로 한정할 경우 그 신주인수권은 위 일정시점에 있어서의 실질상의 주주인가의 여부와 관계없이 회사에 대하여 법적으로 대항할 수 있는 주주, 즉 주주명부에 기재된 주주에게 귀속된다.**"

그러나 문제는 양도인과 양수인간의 관계에서이다. 이들간의 관계에서도 양도인에게 실기주를 귀속시켜야 하는가? 학설은 대립한다. **명의주주귀속설**에서는 양수인에게 실기주가 귀속된다면 양수인이 신주의 주가변동에 따라 자기에게 유리한 시기를 택하여 청구하는 것을 허용하는 결과가 되어 신의칙에 반하고 거래의 안전을 해한다고 본다. 나아가 신주인수권자를 주주명부에 등재된 자로 보아 그에게 신주를 배정하는 것은 회사의 적법한 조치이므로 신주는 양도인에게 귀속된다고 본다. 반면 **실질주주 귀속설**에서는 기왕에 충분한 대가로 주식을 이전한 양도인이 대회사관계에 있어서 주주명부상 명의가 남아 있음을 기화로 이득을 취하는 것은 부당하다고 본다. 그리하여 양도당사자간에서는 양수인에게 귀속시킴이 정당하다고 한다. 실기주의 귀속 문제에 있어서는 대회사적 법률관계와 양도당사자간의 관계를 구별하여 관찰함이 타당하다. 대회사적 법률관계에서는 양도인에게 귀속시킴이 정당하겠으나 양도당사자간에까지 그 결과를 확장시킬 필요는 없을 것이다. 주식의 양도는 이미 당사자간에서는 유효하게 양수인에게 이전된 것이고 단지 명의개서가 미필되어 양수인이 회사에 대한 대항요건을 갖추지 못한 것에 불과하기 때문이다.

**3) 권리회복의 법적 근거:**  상기에서 실질주주귀속설을 따른다고 할 때 어떠한 법적 근거로 양수인에게 실기주를 귀속시킬 것인지 의문시된다. 이에 대하여 학설은 부당이득설, 사무관리설 및 준사무관리설로 나누어진다. **부당이득설(不當利得說)**에서는 양도인이 신주인수로 인하여 받은 이득을 부당이득으로 보아 양수인이 이의 반환을 청구할 수 있다고 본다.[339] 이 입장에 따르면 신주 그 자체의 반환이 아니라 신주배정으로 인한 이득의 반환이 된다. 둘째 입장은 **사무관리설**로서 신주가 양도인에게 배정된 것을 양도인이 양수인을 위하여 사무관리를 한 것으로 보고 양수인은 양도인에게 신주의 인도를 청구할 수 있고 양도인은 양수인에게 제 유익비의 상환을 청구할 수 있다고 한다. 끝으로 **준사무관리설**은 기본법리는 사무관리설을 따르되 다소의 수

---

339) 신주의 납입금액과 신주발행직후의 주가와의 차액이 반환청구의 대상이다.

정을 주장한다. 수정된 사무관리설이라고도 할 수 있다. 본래 사무관리(Geschäftsführung ohne Auftrag)의 요건으로서 '타인을 위한 관리의사'(Fremdgeschäftsführungswille)가 필요한데 실기주의 경우 보통 양도인이 회사로부터 신주를 배정받을 때 이러한 의사가 결여되므로 민법 제734조 이하의 직접적용은 어렵다는 것이다.[340) 그리하여 이 입장에서는 사무관리법리의 준용에 그쳐야 한다고 주장한다. 부당이득설은 신주 그 자체의 반환이 결여된다는 점에 단점이 있고 순수한 사무관리설 역시 위에서 본 바대로 타인을 위한 관리의사의 존재가 많은 경우 결여되므로 준사무관리설이 타당하다.

**4) 광의의 실기주의 처리:** 이 경우에는 주식의 양도로 이미 주주권은 양수인에게 이전되었으므로 당사자간에 특별한 약정이 없으면 주식양수인은 이익배당금 등을 수령한 주식양도인(명의주주)에 대하여 부당이득 반환청구의 법리로 그 수령한 금원의 반환을 청구할 수 있다고 본다.

## V. 주식의 담보

재산적 가치를 가지고 있는 주식은 원칙적으로 양도성이 있고 따라서 담보목적물이 될 수 있다. 담보설정을 위하여는 질권설정 및 양도담보의 두 가지 가능성이 있다.

### 1. 주식의 입질

#### (1) 입질의 방법

주식의 入質에는 기명주식의 경우 약식질(略式質)과 등록질(登錄質)의 두 가지 방법이 모두 가능하고, 무기명주식의 경우에는 약식질의 방법만이 가능하다. 그러나 2014년의 상법개정에서 무기명주식은 사라졌으므로 기명주식에 한정하여 살펴보고자 한다.

약식질은 담보권설정자와 담보권자간에 질권설정의 합의와 주권의 교부로 효력이 생기고 주권의 계속적 점유가 제3자에 대한 대항요건이다($\frac{\grave{c}}{338}$). 등록질에서는 위의 약식질의 요건을 충족시킨 후 질권설정자인 주주의 청구에 의하여 회사가 주주명부에 질권자의 성명과 주소를 기재하고 또 그 성명을 주권에 기재한다($\frac{\grave{c}}{340}$).

---

340) '타인을 위한 관리의사'의 의미에 대해서는 대판 2010. 1. 14, 2007다55477('사무처리로 인한 사실상의 이익을 본인에게 귀속시키려는 의사').

> **대판 2012. 8. 23, 2012다34764 [손해배상]**
>
> [점유매개관계가 중첩적으로 이루어진 경우 그 주식에 대한 질권설정방법과 대항요건]
>
> "기명주식의 약식질에 관한 상법 제338조는 기명주식을 질권의 목적으로 하는 때에는 주권을 질권자에게 교부하여야 하고($\frac{1}{\ddot{v}}$), 질권자는 계속하여 주권을 점유하지 아니하면 그 질권으로써 제3자에게 대항하지 못한다고($\frac{2}{\ddot{v}}$) 규정하고 있다. 여기에서 주식의 질권설정에 필요한 요건인 주권의 점유를 이전하는 방법으로는 현실 인도(교부) 외에 간이인도나 반환청구권 양도도 허용되고, 주권을 제3자에게 보관시킨 경우 주권을 간접점유하고 있는 질권설정자가 반환청구권 양도에 의하여 주권의 점유를 이전하려면 질권자에게 자신의 점유매개자인 제3자에 대한 반환청구권을 양도하여야 하고, 이 경우 대항요건으로서 제3자의 승낙 또는 질권설정자의 제3자에 대한 통지를 갖추어야 한다. 그리고 이러한 법리는 제3자가 다시 타인에게 주권을 보관시킴으로써 점유매개관계가 중첩적으로 이루어진 경우에도 마찬가지로 적용되므로, 최상위 간접점유자인 질권설정자는 질권자에게 자신의 점유매개자인 제3자에 대한 반환청구권을 양도하고 대항요건으로서 제3자의 승낙 또는 제3자에 대한 통지를 갖추면 충분하며, 직접점유자인 타인의 승낙이나 그에 대한 질권설정자 또는 제3자의 통지까지 갖출 필요는 없다."

### (2) 입질의 효력

(가) **질권설정의 일반적 효과:**   주식의 질권자는 약식질이든 등록질이든 다음과 같은 권리를 행사한다.

1) **목적물을 유치할 권리**($\frac{민}{335}$):   채권을 담보로 수취한 주권을 피담보채권의 변제를 받을 때까지 유치할 수 있다.

2) **우선변제권:**   변제기에 변제받지 못하면 그 주권을 환가처분하여 그 대금으로부터 다른 채권자에 우선하여 변제받을 권리가 있다($\frac{민}{329}$).

3) **전질권(轉質權):**   질권자는 자신의 권리의 범위 내에서 자신의 책임으로 질물을 전질할 수 있다($\frac{민}{336}$).

4) **물상대위권(物上代位權):**   주식의 질권자는 주식의 消却, 併合, 分割 및 轉換 시 이로 인하여 종전의 주주가 받을 금전이나 주식에 대하여도 종전의 주식을 목적으로 한 질권의 행사가 가능하다($\frac{상}{339}$). 이러한 물상대위권은 회사의 합병시 주식의 병합이 이루어지지 않을 때 소멸회사의 주식을 목적으로 하는 질권에 대해서도 인정되며($\frac{상}{530}$), 나아가 신주발행의 무효($\frac{상}{432}$), 준비금의 자본전입에 의한 무상신주의 교부시($\frac{상}{461}$)에도 나타난다.

(나) 여타의 권리: 상법은 기명주식의 등록질에 대해서는 제340조에 명문의 규정을 두어 담보권이 미치는 범위를 규정하고 있으나 약식질의 경우에는 이러한 규정이 없다. 상법의 규정방식과는 달리 약식질과 등록질 중 실제 이용도가 많은 것은 약식질이어서 약식질에 대한 담보권의 효력범위를 밝히는 것이 필요하고, 나아가 상법 제340조에 규정되지 않은 신주인수권과 같은 경우에도 담보의 효과가 나타날 수 있는지 살펴볼 필요가 있다.

1) **이익배당청구권 등**: 우선 이익배당 혹은 주식배당청구권, 잔여재산분배청구권 등을 살펴보자. 명문의 규정이 없는 약식질의 경우에도 이익배당청구권에 대한 담보권의 효력이 미치느냐에 대하여 의견이 대립되고 있다. 찬성론에서는 이익배당금은 법정과실 또는 이에 준하는 것이므로 약식질의 경우에도 담보권의 효력이 미친다고 본다. 반면 반대설에서는 약식질은 회사와 무관하게 이루어지므로 주식 자체의 재산적 가치만을 담보의 목적으로 한 것이라고 한다. 그러나 약식질의 경우에도 이익배당금에 대해서 담보의 효력을 배제한다는 당사자의 의사를 읽을 수 없으므로 등록질과 같게 보아야 할 것이다. 주식배당의 경우에도 등록질의 경우에는 질권자의 주권교부청구권을 인정하고 있다(상 $\frac{462의}{2}$). 이러한 규정이 없는 약식질의 경우에도 주식배당의 성질을 이익배당으로 보는 한 상기의 논지로 담보의 효력을 긍정하여야 할 것이다. 나아가 잔여재산분배청구권에서도 같다고 본다.

2) **신주인수권**: 반면 신주인수권의 경우에는 등록질의 경우에도 명문의 규정이 없다. 그러나 신주인수권에 대해서는 담보의 효력을 부정하는 것이 옳다. 신주인수권의 경우에는 신주인수권을 인정한다 해도 피담보채권의 변제기가 도래하지 않는 한 신주인수권의 행사가 불가하여 이를 인정하는 실익이 적고 또 신주인수권의 행사시에는 주식대금의 납입의무가 발생하므로 이를 질권자에게 강요할 수 없는 것이다. 따라서 약식질이든 등록질이든 신주인수권의 경우에는 담보의 효력이 미치지 않는다고 풀이한다.

3) **의결권**: 나아가 의결권 등의 공익권도 질권자가 행사하지 못한다. 질권자의 권리는 재산적인 담보가치의 유지 및 그 확보에 불과하기 때문이다. 그러나 주식에 대한 근질권설정자가 근질권자에게 의결권을 포괄적으로 위임하는 경우가 있다.

**대판 2014. 1. 23, 2013다56839 [주주총회결의부존재확인]**[341]

"상행위로 인하여 생긴 채권을 담보하기 위하여 **주식에 대하여 질권이 설정된 경우**에 질권자가 가지는 권리의 범위 및 그 행사 방법은 원칙적으로 질권설정계약 등의 약정에 따라 정하여질 수 있고($상_{59}^{59}조$), 위와 같은 질권 등의 담보권의 경우에 **담보제공자의 권리를 형해화하는 등의 특별한 사정이 없는 이상 담보권자가 담보물인 주식에 대한 담보권실행을 위한 약정에 따라 그 재산적 가치 및 권리의 확보 목적으로 담보제공자인 주주로부터 의결권을 위임받아 그 약정에서 정한 범위 내에서 의결권을 행사하는 것도 허용될 것이다.**

이와 같은 사정들을 앞서 본 법리에 비추어 살펴보면, 우리은행의 이 사건 위임장 및 이 사건 주주총회를 통한 담보권자로서의 권한 행사는 이 사건 대출금이 변제기에 이른 후에 위에서 본 것과 같은 사정 아래에서 피고의 실질적 책임재산인 이 사건 빌딩을 담보로 확보하기 위하여 체결된 이 사건 주식근질권 설정계약에서 약정된 담보권의 실행방법에 따라 원고로부터 위임받은 의결권 행사의 범위 내에서 이루어진 것이라고 할 것이고, 담보제공자로서 주주인 원고의 권리를 부당하게 침해하는 것이라고 할 수 없다."

### (3) 자기주식의 질취제한($상_{의3}^{341}$)

상법은 회사가 발행주식총수의 20분의 1 이상을 초과하여 자기주식을 질취하지 못하도록 하고 있다. 자기주식의 질취(Inpfandnahme)는 곧 자기주식취득의 탈법행위로 볼 수 있어 원칙적으로 금지된다. 그러나 상법은 자기주식의 질취금지라는 원칙을 다소 완화하여 발행주식총수의 20분의 1 이내에서는 이를 허용하고 있고 또 상법 제341조의2 제1호 및 제2호의 경우에는 이를 예외적으로 허용하고 있다. 예외의 경우는 회사의 합병 또는 다른 회사의 영업 전부의 양수시($상_{2.\ 1호}^{341조의}$)와 회사의 권리를 실행함에 있어서 그 목적을 달성하기 위하여 필요한 때이다($상_{2.\ 2호}^{341조의}$). 이 경우에는 회사는 20분의 1을 초과하는 범위에서도 자기주식을 질권의 목적으로 받을 수 있다.

### 2. 주식의 양도담보

주식의 양도담보도 약식양도담보와 등록양도담보로 나누어질 수 있다. 등록양도담보도 등록질과 같이 널리 이용되지 않는다. 그러나 전반적으로 입질의 방법보다는 양

---

341) 본 판례에 대한 평석으로는 김연미, "의결권 포괄위임의 효력", 「기업법연구」 제28권 제4호(통권 제59호), 9~39면; 위 판례의 사실관계는 프로젝트금융과 관련하여 시행사의 주식에 질권을 설정한 채권자가 해당 주식의 의결권을 포괄위임받은 사안이다. 본 판례는 그러한 포괄위임의 효력을 유효로 보았다. 오늘날 이러한 의결권의 포괄위임방식은 경영권 거래에서도 나타난다. 즉 주식양수도방식의 우호적 M&A에서도 자주 관찰되고 있다.

도담보의 방식이 거래의 실제에서 더욱 애호받고 있다.

양도담보제도(Sicherungsübereignung)는 물권적으로는 담보물의 소유관계를 전적으로 담보권자에게 이전시키나 채권법적으로는 담보권자의 권리행사를 담보목적 내로 제한시키는 담보권 설정방법이다. 따라서 주식의 양도담보의 경우 기명주식이든 무기명주식이든 일단 외형상으로는 주주권의 변동이 수반되나 담보권자와 담보권설정자의 내부관계에서는 담보특약(Sicherungsabrede)이 나타난다. 약식양도담보의 경우 환매약관이 수반된 주식의 양도가 나타난다. 즉 주권이 교부되나 환매약관 즉 피담보채권이 변제되는 경우 주식의 재양도를 약정하는 특약이 부수되는 것이다. 등록양도담보의 경우에도 환매약관부의 명의개서가 수반된다. 즉 주주명부상에 담보권자를 신주주로 개서하면서 환매조항도 이에 기재된다. 주식의 입질에서와 다른 점은 약식양도담보이든 등록양도담보이든 양자가 모두 주식양도의 외형을 취하되 환매각서나 환매의 합의, 즉 담보목적 내로 담보권자의 권리행사를 구속하는 채권계약이 수반된다는 점이다. 판례는 주주명부상 주주인 양도담보권자의 주주권행사를 부정하지 않는다.

### 대결 2020. 6. 11, 2020마5263

"채무자가 채무담보 목적으로 주식을 채권자에게 양도하여 채권자가 주주명부상 주주로 기재된 경우, 그 양수인이 주주로서 주주권을 행사할 수 있고 회사 역시 주주명부상 주주인 양수인의 주주권 행사를 부인할 수 없다."

### 대판 2018. 10. 12, 2017다221501 [공탁금출급청구권확인청구의소]

[주권발행 전 주식의 양도담보권자와 동일 주식에 대하여 압류명령을 집행한 자 사이의 우열을 결정하는 방법]

"회사성립 후 또는 신주의 납입기간 후 6월이 지나도록 주권이 발행되지 않아 주권 없이 채권담보를 목적으로 체결된 주식양도계약은 바로 **주식양도담보**의 효력이 생기고, 양도담보권자가 대외적으로는 주식의 소유자가 된다. 주권발행 전 주식의 양도담보권자와 동일 주식에 대하여 압류명령을 집행한 자 사이의 우열은 주식양도의 경우와 마찬가지로 확정일자 있는 증서에 의한 양도통지 또는 승낙의 일시와 압류명령의 송달 일시를 비교하여 그 선후에 따라 결정된다. 이때 그들이 주주명부에 명의개서를 하였는지 여부와는 상관없다."

## VI. 주식의 소각·분할·병합

주식의 양도, 상속, 합병에 의한 승계, 선의취득 등은 주주의 교체가 이루어질 뿐 주식 자체의 변동이 생기는 법률요건이 아니다. 그러나 주식의 소각이나 분할 또는 병합은 이와 달리 주주의 교체없이 소유주식이 소정의 원인에 의하여 수량적으로 소멸 또는 증감함으로써 주주권에 변동이 생기는 경우이다.

### 1. 주식의 소각

#### (1) 의 의

株式의 消却(cancellation of shares; Einziehung von Aktien)이란 회사의 존속중에 발행주식의 일부를 절대적으로 소멸시키는 회사의 행위이다. 이 제도는 인적회사의 퇴사제도와 유사한 것으로서 회사의 존속중에 사원권의 일부가 절대적으로 소멸하는 점에서 회사의 주식이 전부 소멸하는 회사의 해산과 다르고, 주식 그 자체가 소멸하는 점에서 주권의 효력만을 무효화하는 제권판결($^{상\,360}$)과 다르다. 나아가 주식이 절대적으로 소멸하는 점에서 그 상대적 소멸에 불과한 주식인수인의 실권처분($^{상}_{307}$), 또는 단주의 처리($^{상\,443,\,530}_{461\,II}$)와 구별된다.

#### (2) 종 류

2011년 개정된 현행 상법은 ① 자본금감소에 따른 주식소각, ② 상환주식의 상환 및 ③ 이사회결의로 하는 주식소각의 3가지를 규정하고 있다.

**(가) 자본금감소에 따른 주식소각**($^{상\,343\,I\,본문}_{상\,438\,이하}$):  이 경우에는 자본금감소의 절차를 준수하여야 한다. 따라서 ① 주주총회의 특별결의로 감자결의를 하고($^{상}_{438}$), ② 채권자보호절차($^{상\,439}_{상\,232\,II}$)를 준수한 후, ③ 감자를 실행하여야 한다. 이 경우 임의소각시에는 주주와의 계약에 따라 회사가 자기주식을 취득하여 이를 소멸시키고, 강제소각시에는 회사가 강제소각을 한다는 뜻과 1개월 이상의 일정 기간내에 주권을 회사에 제출할 것을 공고하고 주주명부에 기재된 주주와 질권자에게 각별로 통지하여야 한다 ($^{상\,343\,II}_{상\,440}$).

**(나) 상환주식의 상환**($^{상}_{345}$):  이 경우에는 자본금감소의 절차를 준수할 필요가 없다. 따라서 주주총회의 특별결의나 채권자보호절차를 준수할 필요없이 상환이 이루어

진다. 상법은 상환주식의 경우에는 '이익으로 소각'하는 것을 허용하므로 이 경우 상환한 만큼 발행주식총수는 줄어들지만 자본금은 감소하지 않는다. 즉 상법 제451조의 예외가 발생한다.

**(다) 이사회결의로 하는 자기주식의 소각**($\frac{상}{343}\frac{343}{4\text{서}}$ I): 이사회의 결의에 의하여 회사가 보유하는 자기주식을 소각하는 경우에는 자본금감소에 관한 규정을 적용하지 않는다 ($\frac{상}{1}\frac{343}{2}$). 2011년 개정 상법은 자기주식의 취득금지를 완화하면서 회사가 보유하는 자기주식을 소각하는 경우에는 자본금감소의 절차 대신 이사회결의 만으로 당해 주식을 소각할 수 있게 하였다. 그러나 현재 상법 제343조 제1항 단서가 구체적으로 무엇을 뜻하느냐에 대해서는 학설이 대립한다.

**1) 무액면주식한정설**: 이 입장은 상법 제343조 제1항 단서가 규정하는 이사회결의에 의한 자기주식의 소각은 무액면주식에 한정된다고 한다. 액면주식의 경우 자본금감소절차를 준수하지 않고 이사회결의만으로 이를 시행할 수 없으므로 그렇게 제한해석함이 타당하다고 한다.[342]

**2) 배당가능이익을 재원으로 취득한 자기주식 한정설**: 이 입장은 무액면주식한정설과 달리 상법 제343조 제1항 단서의 소각은 상법 제341조에 의한 자기주식의 취득, 즉 배당가능이익을 재원으로, 주주총회의 결의를 거쳐 이루어진 자기주식의 경우에만 적용가능하다고 한다. 자본금감소의 절차를 준수함이 없이 이사회결의만으로 주식을 소각하는 것은 예외이므로 상법 제341조의2에 규정된 특수목적취득의 경우 본 조항을 적용할 수 없다고 한다.[343]

**3) 사 견**: 무액면주식의 경우에도 자본금의 감소는 감자절차를 요하고,[344] 특수목적취득의 경우 이사회결의만으로 이를 소각할 수 없으므로 후설(배당가능이익을 재원으로 취득한 자기주식 한정설)에 찬동한다.

**(3) 주식의 소각과 자본금의 변동**

주식을 소각하면 원칙적으로 자본금은 감소한다($\frac{상}{451}$). 상법상 자본금이란 발행주식의 액면총액이기 때문이다. 그러나 상환주식의 상환($\frac{상}{345}$)이나 이사회결의로 하는 자

---

342) 이철송, 2011 개정상법 축조해설, 95면.
343) 최준선, 2011 개정상법 회사편 해설, 상장협, 72면 이하; 상법 회사편 해설, 상법해설서 시리즈 II, 법무부, 2012년 4월, 64면 및 120~121면.
344) 상법 회사편 해설, 상법해설서 시리즈 II, 법무부, 2012년 4월, 64면; 최준선, 2011 개정상법 회사편 해설, 상장협, 57면.

기주식의 소각($_{\substack{상\\례외}}^{343 \ I}$)시에는 자본금에 변동이 없다. 상환주식의 상환에서는 '이익으로 소각'하기 때문이다. 나아가 이사회결의로 하는 자기주식의 소각시에도 이미 배당가능이익을 재원으로 주주총회의 결의를 거쳐 취득한 것이므로 위 2)의 입장을 취하는 한 상환주식과 유사하게 소각의 재원은 이익이라고 할 수 있다. 따라서 이 경우에도 상환주식의 경우와 똑같은 현상이 나타나는 것이다. 이 두 경우에는 자본금과 발행주식수간의 비례관계는 종식된다($_{\substack{상\\례외}}^{451의}$).

## 2. 주식의 분할

### (1) 의  의

株式의 分割이란 회사의 자본이나 자산을 변경시킴이 없이 주식을 세분하여 발행주식총수를 증가시키는 회사의 행위이다. 주식이 분할되어도 자본에 변동이 없으므로 결국 발행주식수는 증가하나 1주의 금액은 감소된다. 주식분할은 회사합병준비단계에서의 株價差調節과 高價株의 유통성 회복을 위하여 이용된다. 상법은 주식분할이 용이하게 이루어지도록 주식의 최저액면가를 100원으로 인하하였다($_{상}^{329}$).

#### 삼성전자 사상 첫 주식 액면분할 … 액면가 5천원 → 100원

"(서울=연합뉴스) 이승관 기자 [기사입력 2018-01-31 09:47]  삼성전자는 31일 이사회를 열고 주주가치 제고를 위한 방안의 하나로 50대 1의 주식 액면분할을 결의했다. 이에 따라 발행주식의 1주당 가액이 5천원에서 100원으로 변경됐다. 주가가 250만원이라면 5만원으로 낮아지는 셈이다. 보통주식의 총수는 기존 1억2천838만6천494주에서 64억1천932만4천700주로 늘어난다. 이번 결정은 오는 3월 23일로 예정된 정기 주주총회 안건으로 상정돼 최종 결정될 예정이다. 삼성전자가 주식 액면분할을 단행한 것은 이번이 처음이다. 이번 결정은 '대장주'로 불리는 삼성전자의 주가가 너무 높아 일반 투자자들이 사기에는 부담이 크다는 지적이 지속적으로 제기된데다 지난해 주가가 많이 오른 것도 감안된 것으로 알려졌다. 삼성전자는 이날 결정에 대해 "액면분할을 실시할 경우 더많은 사람들이 삼성전자 주식을 보유할 기회를 갖게 되고, 올해 대폭 증대되는 배당 혜택도 받을 수 있을 것"이라고 설명했다. 특히 **"투자자 저변 확대와 유동성 증대 효과 등 주식거래 활성화에 기여하고, 이를 통해 장기적인 관점에서 기업가치 증대에도 도움이 될 것**"이라고 강조했다."

### (2) 절  차

액면주식의 경우 주식을 분할하면 주식의 액면이 분할된다. 1주의 금액은 정관상의 절대적 기재사항이므로 따라서 주식을 분할하려면 정관을 변경시켜야 한다($_{\substack{상\\1}}^{289}_{4호}$). 상법 제329조의2 제1항에서 말하는 주주총회의 결의란 정관변경결의로 해석된다. 그러나 1주의 금액이 100원에 미달하는 주식분할은 불가하다($^{상\ 329의}_{2\ \text{II}}$). 주권제출의 최고 및 신주권의 교부에 대해서는 주식병합에 관한 규정이 준용된다($^{상\ 329의2\ \text{III},}_{440~444}$).

### (3) 효 과

주식의 분할이 이루어지면 각 주식의 액면가는 감소하고 대신 각 주주의 보유주 식수는 증가한다. 따라서 이에 대한 변경등기도 하여야 한다($^{상\ 317\ \text{II}\ 1호,\ 3}_{호,\ 317\ \text{IV},\ 183}$). 그러나 회사 의 자본이나 재산 또는 개개 주주의 지주율에는 아무런 변화가 나타나지 않는다. 주 식분할의 효력은 주권제출을 위한 최고기간의 만료로 도래하며($^{상\ 329의2}_{\text{II},\ 441}$), 분할 전 구주 식에 대하여 성립되었던 질권은 분할신주에도 그대로 미친다($^{상}_{339}$).

## 3. 주식의 병합

### (1) 의 의

株式의 倂合(Zusammenlegung der Aktien)이란 이미 발행된 수개의 주식을 합하여 그보다 적은 수의 주식으로 하는 회사의 행위이다. 1주의 권면액을 인상하거나 존속 회사의 주식에 대하여 해산회사의 주식을 비례배분시킬 때 나타난다.

### (2) 절 차

주식을 병합할 때에는 회사는 1개월 이상의 기간을 정하여 그 뜻과 그 기간 내에 주권을 회사에 제출할 것을 공고하고 주주명부에 기재된 주주와 질권자에 대하여는 각별로 그 통지를 하여야 한다($^{상}_{440}$). 병합에 적합하지 아니한 수의 주식이 있는 경우에 는 단주처리규정($^{상}_{443}$)에 따라 처리할 수밖에 없다. 이러한 경우에는 병합 후 1에 미치 지 못하는 우수리를 모아 1주로 한 후 그 매득금을 기존의 주주에게 단주의 비율대 로 분배한다. 그러나 거래소의 시세있는 주식은 거래소를 통하여 매각하고, 거래소의 시세없는 주식은 법원의 허가를 얻어 경매 외의 방법으로 매각할 수 있다($^{상\ 443}_{1\ 2문}$). 상기 의 주권제출기간($^{상}_{440}$)이 만료되면 병합의 효력이 도래한다($^{상\ 441}_{1문}$).

### (3) 효 과

병합의 효과가 도래하면 회사가 발행한 주식총수는 감소되고 주주의 권리는 병합 신주에 존속한다.[345] 물론 단주처리가 필요한 경우에는 소멸한 단주 부분만큼 주주의

---

345) 회사는 신주권을 발행하고(상법 제442조 제1항) 주주는 병합된 만큼 감소된 수의 신주권을 교부받는다. 이때 교부된 신주권은 병합전의 주식을 여전히 표창하면서 그와 동일성(同一性)을 유지한다(대판 2005. 6. 23, 2004다51887; 대판 1994. 12. 13, 93다49482).

권리는 감소할 수 있다. 나아가 구주식에 성립되었던 질권은 병합신주에 존속한다 (질권의 물상대위: 상 339). 주식병합의 경우에도 회사의 발행주식총수가 변하므로 이에 대한 변경등기가 수반되어야 한다.

### (4) 무효의 주장방법

주식병합의 하자에 대해서는 감자무효의 소에 관한 상법 제445조 이하의 규정을 준용한다.

> **대판 2009. 12. 24, 2008다15520**
>
> "상법 부칙(1984. 4. 10.) 제5조 제2항에 의하여 주식 1주의 금액을 5천 원 이상으로 하기 위하여 거치는 주식병합은 자본의 감소를 위한 주식병합과는 달리 자본의 감소가 수반되지 아니하지만, 주식병합에 의하여 구 주식의 실효와 신 주식의 발행이 수반되는 점에서는 자본감소를 위한 주식병합의 경우와 차이가 없다. 그런데 위와 같은 주식병합 절차에 의하여 실효되는 구 주식과 발행되는 신 주식의 효력을 어느 누구든지 그 시기나 방법 등에서 아무런 제한을 받지 않고 다툴 수 있게 한다면, 주식회사의 물적 기초와 주주 및 제3자의 이해관계에 중대한 영향을 미치는 주식을 둘러싼 법률관계를 신속하고 획일적으로 확정할 수 없게 되고, 이에 따라 주식회사의 내부적인 안정은 물론 대외적인 거래의 안전도 해할 우려가 있다. 따라서 이러한 경우에는 그 성질에 반하지 않는 한도 내에서 구 상법(1991. 5. 31. 법률 제4372호로 개정되기 전의 것) **제445조의 규정을 유추 적용하여, 주식병합으로 인한 변경등기가 있는 날로부터 6월 내에 주식병합 무효의 소로써만 주식병합의 무효를 주장**할 수 있게 함이 상당하다."

### (5) 주식의 병합과 소수주주 축출(squeeze─out)제도

주식의 병합은 때로 소수주주의 축출을 야기한다. 병합비율이 클 경우 해당 주식수에 미치지 못하는 주식을 보유한 소수주주들은 병합후 신주식을 하나도 배정받지 못하게 된다. 예를 들어 병합비율이 1 대 1,000인데 甲이라는 주주가 800주식밖에 갖지 못한 경우 甲은 주식병합후에는 신주를 전혀 기대할 수 없고 구주 800주식에 대해서는 상법 제443조에 따라 단주로 처리될 것이다. 이렇게 병합비율에 미치지 못하는 주식을 보유한 소수주주들은 병합절차가 종료되면 해당 회사로부터 사실상 축출되고 만다. 소수주주의 축출에 대해 상법은 제360조의24 이하에서 별도의 규정을 두고 있으므로 이 규정들과 위 방식간에 어떤 관계가 설정될 수 있는지 살펴 볼 필요가 있다. 판례는 소수주주의 축출제도를 회피하기 위하여 탈법적으로 동일한 효과를 갖는 다른 방식을 활용하는 것은 원칙적으로 위법하다고 하면서도 일정 요건하에 그 효력을 인정해주는 타협적 자세를 취하고 있다. 한편 이러한 판례의 입장에 대해 비판적인 학설도 존재한다. 판례의 입장은 소수주주의 보호에 미흡하며 병합비율에 반대하는 주주들에게는 주식매수청구권이나 유지청구권을 부여하는 등 추가적인 보호조치가 필요하다고 한다.[346)]

> ## 대판 2020. 11. 26, 2018다283315 [자본감소무효확인의 소]
>
> "우리 상법이 2011년 상법 개정을 통해 소수주식의 강제매수제도를 도입한 입법 취지와 그 규정의 내용에 비추어 볼 때, 엄격한 요건 아래 허용되고 있는 소수주주 축출제도를 회피하기 위하여 탈법적으로 동일한 효과를 갖는 다른 방식을 활용하는 것은 위법하다. 그러나 소수주식의 강제매수제도는 지배주주에게 법이 인정한 권리로 반드시 지배주주가 이를 행사하여야 하는 것은 아니고, 우리 상법에서 소수주식의 강제매수제도를 도입하면서 이와 관련하여 주식병합의 목적이나 요건 등에 별다른 제한을 두지 않았다. 또한 주식병합을 통해 지배주주가 회사의 지배권을 독점하려면, 단주로 처리된 주식을 소각하거나 지배주주 또는 회사가 단주로 처리된 주식을 취득하여야 하고 이를 위해서는 법원의 허가가 필요하다. 주식병합으로 단주로 처리된 주식을 임의로 매도하기 위해서는 대표이사가 사유를 소명하여 법원의 허가를 받아야 하고(비송사건절차법 제83조), 이때 단주 금액의 적정성에 대한 판단도 이루어지므로 주식가격에 대해 법원의 결정을 받는다는 점은 소수주식의 강제매수제도와 유사하다. 따라서 결과적으로 주식병합으로 소수주주가 주주의 지위를 상실했다 할지라도 그 자체로 위법이라고 볼 수는 없다."
>
> [甲 주식회사가 임시주주총회를 개최하여 1주당 액면가를 5,000원에서 50,000,000원으로 인상하는 10,000 : 1 의 주식병합을 하고, 10,000주에 미치지 못하는 주식을 보유한 주주에게 1주당 액면가 5,000원을 지급하기로 하는 내용의 '주식병합 및 자본금감소'를 결의하였고, 이에 따라 乙을 포함하여 10,000주 미만의 주식을 보유한 주주들이 주주의 지위를 상실한 사안에서, 위 주식병합은 법에서 정한 절차에 따라 주주총회 특별결의와 채권자보호절차를 거쳐 모든 주식에 대해 동일한 비율로 주식병합이 이루어졌고, 단주의 처리 과정에서 주식병합 비율에 미치지 못하는 주식수를 가진 소수주주가 자신의 의사와 무관하게 주주의 지위를 상실하게 되지만, 이러한 단주의 처리 방식은 상법에서 명문으로 인정한 주주평등원칙의 예외이므로, 위 주식병합의 결과 주주의 비율적 지위에 변동이 발생하지 않았고, 달리 乙이 그가 가진 주식의 수에 따라 평등한 취급을 받지 못한 사정이 없는 한 이를 주주평등원칙의 위반으로 볼 수 없으며, 위 주식병합 및 자본금감소는 주주총회 참석주주의 99.99% 찬성(발행주식총수의 97% 찬성)을 통해 이루어졌는데, 이러한 회사의 결정은 지배주주뿐만 아니라 소수주주의 대다수가 찬성하여 이루어진 것으로 볼 수 있고, 이와 같은 회사의 단체법적 행위에 현

---

346) 김지환, "주식병합을 통한 소수주주축출 문제 해결방안", 「상사법연구」 제40권 제2호, 2021; 홍복기, "2021년 회사법 관련 대법원 판례회고", 「선진상사법률연구」 통권 제97호(2022. 1.), 91~139면, 특히 100면.

저한 불공정이 있다고 보기 어려우며, 또한 해당 주주총회의 안건 설명에서 단주의 보상금액이 1주당 5,000원이라고 제시되었고, 이러한 사실을 알고도 대다수의 소수주주가 주식병합 및 자본금감소를 찬성하였으므로 단주의 보상금액도 회사가 일방적으로 지급한 불공정한 가격이라고 보기 어려운데도, 이와 달리 위 주식병합 및 자본금감소가 주주평등의 원칙, 신의성실의 원칙 및 권리남용금지의 원칙에 위배된다고 본 원심 판단에 법리오해 등의 위법이 있다고 한 사례]

# 제 4 절 주식회사의 기관

## 제 1 관 서 론

### Ⅰ. 회사내부의 기능분화

모든 회사는 그 내부적 또는 외부적 활동을 위하여 기관이 필요하다. 회사존립의 기초가 사원이라면 그 활동의 기초는 기관이다. 이는 모든 법형태에 있어 공통이지만 회사 내부의 기관조직은 회사마다 적지 않은 차이를 보인다. 단세포동물과 다세포동물에 비유해보자.

단세포동물인 짚신벌레가 지각기능, 이동기능 그리고 제어기능을 하나의 세포 안에서 모두 수행하듯 조합형 회사에서 회사 내부의 권한은 사원총회에 포괄적으로 귀속된다. 사원자격과 기관자격은 혼융되고 자기기관의 원칙이 지배하며 구성원들은 광범한 定款自治를 향유한다. 실질이 동업자조합인 까닭에 각 사원은 회사 내부의 의사결정권, 업무집행권 나아가 감시감독권을 공동으로 행사한다.

다세포동물인 고등동물로 옮아감에 따라 기관의 분화가 뚜렷해지듯 단체성이 강한 법형태로 가면 갈수록 점점 더 다양한 내부기관을 발견하게 된다. 사원자격과 기관자격은 분리되고 구성원의 내부자치권도 축소된다. 기관의 분화(分化)가 가장 진전된 주식회사에 이르면 사단성은 최고조에 달하지만 주주들의 내부자치권은 큰 폭으로 줄어든다. 같은 물적회사에 속한다 해도 유한회사와는 상황이 또 다르다. 유한회사에서는 사원총회가 법령 또는 정관에 반하지 않는 한 제한 없이 의사결정을 할 수 있고 그 결정은 업무집행기관을 구속하므로 사원총회는 사내의 최고기관으로 남을 수 있다. 나아가 유한회사에 있어서는 감사도 필요상설기관이 아니다.[1] 그러나 주식회사에서는 소유와 경영이 분리되어 이사회 권한은 광범한 반면($\frac{\text{상}}{393}$), 주주총회는 법이 정한 사항에 대해서만 의사결정을 할 수 있다($\frac{\text{상}}{361}$). 나아가 감사도 필요상설기관이다.

## Ⅱ. 이사회의 권한비대

기관이 수행하는 회사 내부의 기능은 크게 의사결정, 실행(實行) 및 통제(統制)의 셋으로 나누어진다. 이는 주식회사의 경우 주주총회, 이사회, 감사의 역할에 각각 대응한다고 할 수 있다. 자본주의 초기 단계의 주식회사에 있어 기관의 역할분배는 전형적인 삼권분립(三權分立)을 연상시킬 정도로 의사결정, 업무집행, 감시감독의 3분화가 뚜렷하였다. 그러나 자유주의적 입헌국가에서 나타나던 입법권, 행정권, 사법권의 전형적인 권력분립이 현대적 복지국가로 변모함에 따라 행정권의 비대를 낳았듯이 오늘의 주식회사에 있어서도 이사회의 업무집행기능은 비대·강화되었고 주주총회의 그것은 축소·약화되는 모습을 보이고 있다. 우리 상법에서도 의용상법시대(즉 1963년 이전의 일본상법 의용시대)에는 뚜렷하던 기관의 3분현상은 미국식 이사회제도의 도입으로 업무집행기관의 비대를 낳았고 이는 곧 주주민주주의(株主民主主義)에서 경영자지배주의(managerialism)로의 전환으로 설명되고 있다.

종래 만능설(萬能說; Omnipotenztheorie)로 대변되어지던 주주총회의 최고기관성은 현행 상법하에서는 "상법 또는 정관에 정함이 있는 사항에 한하여 결의할 수 있는" 한정적 기관($\frac{\text{상}}{361조}$)으로 바뀌게 되었다. 소유와 경영의 분리라는 현대 회사법의 대원칙은 주주총회의 지위에도 심각한 변화를 요구하였다.

## Ⅲ. 회사지배구조의 기본틀

오늘날 특히 공개회사의 전형인 주식회사에 대해서는 아래와 같은 기관구성의 기본원리가 발달하여 왔다.

---

1) 물론 소규모 주식회사(자본금 10억원 미만)의 경우에는 주식회사에서도 감사는 임의기관이다(상법 제409조 제4항).

〈경영지배구조의 흐름〉

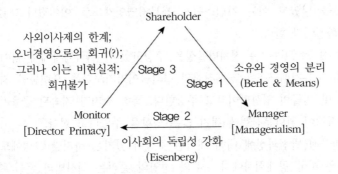

[Shareholder – Primacy through Oversight Shareholder]

Stage 1: 소유와 경영의 분리: 규모의 경제(economy of scale) 및 대량생산시대의 도래로 19세기말 소유와 경영은 분리됨; 전문경영인은 지식과 정보면에서 대주주를 능가하였고 주식소유 자체가 광범히 분산되어 전문경영인 시대가 도래하였다.

Stage 2: 이사회의 독립성 강화: 소유와 경영의 분리는 대리인비용(agency cost) 문제를 낳았고 대기업의 CEO가 자기영속적 존재로 군림하자 이에 대한 반성으로 사외이사중심의 독립된 이사회구성이 제창되었고(Eisenberg, The Structure of the Corporation), 이를 실현하기 위한 이론적 연구 및 법개정작업이 진행되었다. 그러나 이러한 흐름은 경험적 연구결과에 의해 뒷받침되지는 못하였다.

Stage 3: 오너경영으로의 회귀 [가정적 서술]: 1970년대부터 2007년에 이르기까지 약 30년간의 연구성과를 분석해보면 사외이사가 다수를 점하는 이사회구성이 결코 효율적이지 않다는 반성에 이르게 된다(Paul MacAvoy, ALI, C-1, C-26-45 (1983); Agrawal-Knoeber, 31 J. Fin. & Quantitative Analysis 377, 389-394 (1996); Baysinger-Butler, 1 J. L. Econ. & Org. 101, 115-122(1985); Bhagat-Black, 27 J. Corp. L. 231, 233 (2002) [Non-Correlation]; Bhagat-Black, 54 Bus. Law. 921 (1999) [uncertain relationship]; Fogel-Geier, 32 Del. J. Corp. L. 33). 삼성 대 소니, 포드 대 GM의 사례에서 오너경영의 우수성도 입증되고 있다(특히 2008, 2009년의 미국 금융위기 이후).

## 1. 소유와 경영의 분리

오늘날 대규모 공개회사에서는 소유와 경영의 분리가 대세이다. 물론 나라별로 회사별로 차이가 있기는 하나 소유와 경영의 분리를 회사조직의 기본원리로 삼고 있다.

일찍이 벌리(Berle)와 민즈(Means)는 "The Modern Corporation and Private Property"에서 오늘날 미국 회사들의 주식소유는 널리 분산되었는데 그 이유는 경제진화의 자연스런 결과라 하였다. 19세기 말에 완성된 대량생산체제는 그에 비례한 거대자본(巨

大資本)을 요구하였고 개인이든 기관이든 주식을 아무리 많이 사들여도 그들의 지분율은 2~3%를 넘기 어려웠다고 한다. 이러한 거대자본이 완만분산형(widely-held)의 소유지배구조를 낳았고 이는 자연스럽게 전문경영인제도로 이어졌다고 주장하였다. 이를 **경제진화설**이라 한다.[2]

이에 반하여 로우(Roe)는 **정치법률설**을 주장하였다. 미국회사에서 많이 나타나는 완만분산형의 소유지배구조는 경제진화의 결과물이라기보다는 오랫동안 지속되어 온 미국의 정치 및 법률의 영향탓이라고 주장한다. 특히 장기간 지속된 금융자본과 산업자본의 분리정책이 완만분산형에 적지 않은 영향을 주었다고 한다.[3]

이처럼 역사적 발전과정에 대해 대립된 주장이 있기는 하지만 그럼에도 불구하고 확고한 사실은 미국 공개회사에서 소유와 경영의 분리는 회사법의 흔들 수 없는 기본원리라는 사실이다. 회사를 소유하는 주주는 경영에 간섭할 수 없다는 기본틀이 정립된 것이다.[4] 우리 상법도 주주총회의 권한을 정하면서 "본법과 정관에 정하는 사항에 한하여 결의할 수 있다"는 매우 제한적인 문언을 사용하게 되었다(商361).

소유와 경영의 분리가 현대 회사제도의 기본틀이기는 하지만 동시에 대리인비용(agency cost)이라는 커다란 숙제를 남겼다. 소유와 경영이 분리되다 보니 경영자들은 투자자들이 맡긴 막대한 재산을 관리하게 되었다. 그러나 그들이 언제나 투자자들의 이익만을 위하여 행동할 것이라고 단정할 수는 없게 되었다. 수임자에 대한 감시가 요구되었고 이를 수행하자니 그에 상응하는 비용이 발생하였다. 감시비용의 최소화 이것 또한 현대 회사법의 주요 과제가 되었다. 대표적인 예가 스톡옵션제이다. 이로써 투자자와 경영자간의 이해대립이 해소되고 경영효율은 증진된다.

## 2. 업무집행기관의 구성원리

이렇게 회사를 소유하는 주주들이 경영에 관여하지 않고 전문경영인들을 영입하여 이들에게 일상적인 업무집행을 맡기는 구조를 갖게 되었는바 그러면 업무집행기관의 구성에는 어떤 기본 원리가 작용하는 것일까?

업무집행기관의 기능은 크게 업무집행의 실행(performance)과 이에 대한 감시감독(monitoring)으로 나누어질 수 있다. 1970년대 이전 미국 회사들에 있어서는 소유와 경영의 분리는 철저하였지만 전문경영진으로 구성된 이사회는 업무집행의 실행과 이에 대한 감시감독을 동시에 수행하는 일원적 구조를 가지고 있었다. 소유의 분산으로

---

2) Berle/Means, *The Modern Corporation and Private Property*, Revised Edition(1967), p. 48 도표 참조.
3) Mark J. Roe, *Strong Managers, Weak Owners*, Princeton University Press, 1994, p. 283.
4) CA Inc. v. AFSCME, 953 A. 2d 227(Del. 2008).

개개 주주들의 목소리가 줄어들자 전문경영인들은 이를 이용하여 자신의 권한을 끝없이 늘려가는 경영자지배주의(managerialism)를 실현하였다.

그러나 이러한 경영자지배주의 역시 오래가지 못하였다. 특히 1970년대 이후 사외이사제를 기본틀로 하는 이사회지상주의(director primacy)가 출현하였고 이는 회사지배구조의 기본흐름으로 파악된다. 오늘날 미국 공개회사들은 이사회에 감시감독권을 부여하고 업무집행의 실행은 CEO, CFO 등으로 불리우는 집행임원(officer)에게 맡기고 있다. 주로 사외이사로 구성된 이사회는 전문경영인들을 선임하고 뒤에서 감독할 뿐 적극적인 업무집행은 집행임원들의 소관사항이 되었다. 이렇게 외형상으로는 집행과 감독이 철저히 분리되지만 오늘날 미국의 대기업에 있어서는 CEO가 이사회의장(Chairman)을 겸하는 사례가 많아 양자의 기능은 **통합과 분리의 절묘한 조화**를 이루고 있다. 집행과 감독을 분리하면 지배구조의 투명성은 커지지만 업무집행의 효율은 반감할 수 있기 때문이다.

### ✸ 미국식 Officer제와 CEO Duality[5]

미국에서는 우리가 이야기하는 집행임원을 officer, 보다 정확하게는 senior executive officer라 한다.[6] 이들은 CEO(Chief Executive Officer), COO(Chief Operating Officer), CFO(Chief Finance Officer), CLO(Chief Legal Officer) 및 CAO(Chief Accounting Officer) 등으로 호칭된다. 이러한 미국식 집행임원제는 두터운 전문경영인층과 잘 발달된 사외이사제를 전제로 하고 있다.[7] 이러한 officer제는 주로 공개대회사를 전제로 시행되고 있으며 이로써 대규모회사의 업무집행기관은 감독형 이사회(supervisory board)와 업무집행형 집행임원회(management board)로 양분되어 있다고 보아도 좋다. 종래 이사회가 행사하던 업무집행의 의사결정, 실행 및 감시감독이 이사회와 집행임원에게 나누어져 업무집행은 officer에 그러나 감시감독은 director에 배분되는 결과가 되었다.

그러나 여기서 조심할 것은 미국 법조협회의 『회사지배구조-분석과 권고-』,[8] 개정모범회사법[9] 또는 각주(各州)의 회사법 규정[10]에도 불구하고 대표집행임원인 CEO와 감독이사회의 수장(首長)인 Chairman이 미국에서는 90% 이상의 회사에서 동일인(同一人)이라는 사실이다. S&P(Standard & Poor) 500에 속한 기업 중 약 75~80%에서는 대표집행임원(CEO)과 감독이사회의장(chairman)이 同一人物로 되어 있었다.[11] 나아가 다우존스산업평

---

5) 이하의 내용은 졸고, "집행임원제에 대한 연구", 「경영법률」 제18집 제4호(2008. 7.), 140~142면에서 전제함.

6) ALI-CORPGOV, §3.01 참조; Officer제도는 물론 공개회사(a publicly held corporation)를 전제로 한다.

7) 전우현, "상법상 주식회사의 집행임원제 도입에 관한 연구", 2008년 상사법관련 3개학회공동학술대회 발표문, 9면 참조; 김봉수, "대표이사(CEO)와 회장(Chairman)의 권한분배에 관한 북미의 추세에 대한 소고", 상법연구의 향기(정희철교수정년20년기념논문집), 57면 이하, 61면.

8) §3.01 ALI-CORPGOV(이는 officer에 대한 규정임); §3.02 ALI-CORPGOV(이는 감독이사회에 관한 규정임).

9) §8.40(a) RMBCA.

10) §312(a) California Corporation Code; §142(a) Delaware General Corporation Law; 캘리포니아와 델라웨어 등 2개주에서는 집행임원은 필요기관으로 규정되어 있다.

균지수(Dow Jones Industrial Average)에 소속된 미국의 30대 메이저 기업 중 3분의 2 이상이 CEO와 Chairman을 동일 인물로 채우고 있었고, Fortune에 상장된 회사 중에서도 10% 정도만이 집행임원을 겸하지 않는 이사회구성원을 가지고 있었다.[12]

이러한 사실에서 다음과 같은 결론이 나온다. 즉 집행과 감독의 분화가 집행임원(officer)과 감독이사회 구성원(director)의 분리에도 불구하고 완전치 않다는 사실이며 위에서 열거한 여러 성문규정에도 불구하고 경제현실에서는 어찌 본다면 현행 우리 상법 제393조처럼 업무집행기관이 구성되어 있고[13] 또 그러한 상태에서 이사회가 운영되고 있다고 보아도 좋다는 것이다.[14]

위에서 열거한 성문규정에도 불구하고 실제 집행임원회와 감독이사회의 수장(首長)이 同一人이라면 이는 양 기능이 융합되어 있다는 것인데[15] 이러한 현상이 기업의 경영실적과는 어떤 상관관계를 가질까? 지난 수십년간 양자간 분리에 소홀했던 미국기업이 양자간 분리에 철저했던 캐나다기업보다 오히려 경영성과는 우수하였다는 실증적 연구결과들이 있다.[16] 나아가 위의 통계수치에 들어 있는 대부분의 미국기업들은 거의 세계경제를 좌지우지하는 초거대기업들임을 알아야 한다. 사실상 세계 100대 메이저 기업의 태반에서 양자간 분리가 완전치 않다는 사실을 유념할 필요가 있다. 물론 미국은 M&A시장이 잘 발달된 나라이므로 아마도 회사내부적으로 이렇게 권력이 집중되어도 적대적 인수합병에 의해서 무능한 경영진을 쉽게 교체할 수 있었는지도 모른다. 그리하여 내부통제에서 다소 이완되어도 효율적 외부통제에 힘입어 우수한 경영성과를 계속 낼 수 있었는지도 모른다. 어쨌든 이러한 결과는 향후 우리 기업들이 집행임원제를 시행하는 경우에도 참고하여야 할 것이다.

나아가 이사회내 위원회를 사외이사 중심으로 할 것인가 아니면 사내이사의 비중을 높일 것인가에 대해서도 집행임원제와 관련하여 함께 생각해 볼 필요가 있다. 미국에서 나온 실증적 연구결과들을 보면 보수위원회(compensation committee)와 감사위원회(audit committee)의 경우에는 사외이사로 주로 구성해야 되겠지만, 재정위원회(finance committee)나 장기투자위원회(longterm investment committee)의 경우 사외이사보다는 사내이사로 구성하였을 때 경영실적이 좋았다는 연구결과들이 있다.[17]

---

11) 업무집행과 이에 대한 감시감독의 분리가 능사냐? 와 관련한 흥미있는 논문으로는 김봉수, "대표이사(CEO)와 회장(Chaiman)의 권한분배에 대한 북미의 추세에 대한 소고", 상법연구의 향기(정희철교수정년20년기념논문집), 57면 이하 참조.

12) Kim/Nofsinger, *Corporate Governance*, 2nd ed., p. 49.

13) 상법 제393조 제1항은 "**이사회는 회사의 업무집행과 각 이사의 직무집행을 감독한다**"고 규정한다. 집행임원제를 시행하지 않는 주식회사는 집행과 감독의 일원주의를 취하고 있다.

14) 미국과 달리 캐나다의 경우 TSE(Toronto Stock Exchange) 300의 경우 약 70~75%의 캐나다 대표기업에서는 CEO와 Chairman의 분리가 나타나고 있었다(Belle Kaura in: Puri/Larsen, *Corporate Governance and Securities Law in 21st Century*, p. 37).

15) 양 기관의 수장이 같다고 하여 양 기능이 융합되는 것은 아니지 않은가? 하는 의문을 제기할 가능성은 있다. 그러나 경제실제에 나타난 사례들을 보면 Officer의 수장과 Board의 수장이 同一人일 때에는 사실상 집행과 감독은 一人에게 집중한다고 보아야 한다. Walt Disney社의 사례에서 이를 알 수 있다. Michael Eisner는 Walt Disney의 CEO와 Chairman직을 동시에 가짐으로써 독재적으로 군림하였다. 디즈니社의 이사회는 2004년 3월 George Mitchell을 새로운 이사회의장으로 선출하면서 Michael Eisner를 CEO로만 재임용하여 독재에 대한 견제기능을 회복하였다고 한다.

16) Share performance의 측면에서 그러하였다고 한다(김봉수, 전게논문, 58면 참조).

## 3. 회사지배구조의 목적과 수단

회사를 소유하는 주주들, 실제 경영권을 행사하는 집행임원들 그리고 이들을 감시하는 이사들이 회사지배구조의 틀속에 나타나는 주요 등장인물이다. 누구에게 지배적인 권한을 부여할 것인가? 그리고 이러한 지배구조의 기본틀은 궁극적으로 누구를 위한 것인가? 주주의 이익극대화가 지배구조의 최종 목표인가? 아니면 주주의 이익도 중요하지만 회사를 둘러싼 다양한 이해관계자들의 이익도 동시에 고려하여야 하는가? 전자가 지배구조의 수단문제요, 후자는 지배구조의 목적정립문제이다. 오늘날 자본주의 경제의 최종적 진화단계라 할 수 있는 미국의 경제사회에 있어서는 지배구조의 수단면에서는 이사회지상주의를 지향하고 있고 목적면에서는 주주이익극대화를 추구하고 있다.

수단면(means)에서는 소유와 경영의 분리후 경영자지상주의가 지배하였고 전문경영인의 독주를 막아야 한다는 반성하에 오늘날에는 이사회지상주의가 자연스런 흐름으로 파악된다. 반면 지배구조의 목적 측면(ends)에서는 주주이익극대화가 종국적인 회사의 존재이유라고 한다. 임금근로자들이나 사채권자들은 회사와 맺는 계약 등을 통하여 자신의 권익을 충분히 주장할 수 있다고 한다. 즉 근로자의 경우 임금협상이나 나아가 파업 등을 통하여 자신의 권익주장이 가능하고 사채권자들도 기업의 영업성과와 무관하게 일정률의 이자를 지급받고 회사가 도산하는 경우 주주에 우선하여 원금도 상환받지만 주주들에게는 그러한 보호장치가 마련되어 있지 않다는 것이다. 따라서 주주들은 그야 말로 회사의 물적 기초를 제공한 투자자에 그치지 않고 회사와 최종적으로 운명을 같이 하는 이해관계자이므로 그들에게만 의결권을 부여하여 이사·감사 등 업무집행기관을 선임하게 하는 것이라고 한다.

### ⚙ Business Roundtable 2019

2019년 8월 미국의 200대 기업 최고경영자로 구성된 Business Roundtable은 회사의 존립목적을 재정의하였다: "회사는 소비자, 근로자, 하청 공급자, 지역사회 그리고 주주 등 모든 이해관계자들의 이익을 위하여 운영되어야 한다"고 선언하였다. 특히 미국에서는 유럽과 달리 지배구조론의 최종목적이 주주이익의 극대화라고 보는 시각이 우세하였다. 이러한 시각에 근본적인 변화가 찾아온 것으로 볼 수 있을 것이고 이는 결국 ESG경영의 세계적 흐름을 반영한 것이라고 할 수 있을 것이다.

---

17) Klein, "Firm Performance and Board Committee Structure", *Journal of Law & Economics*, 41(April 1998), pp. 275~303.

## 4. 현행 상법상 주식회사 내부의 권한분배

우리나라의 현행 상법 역시 소유와 경영의 분리 및 이사회지상주의를 성문화하고 있다. 우선 주주총회의 권한은 동법 제361조에서 한정적으로 규정하고 있는 반면 이사회의 권한은 제393조에서 포괄적으로 규정하였다. 나아가 의사결정기능은 기본변경사항과 업무집행사항으로 나누고 다시 후자는 일상사항과 비상사항으로 나누었다. 그리하여 기본결정사항에 대해서는 주주총회가 비상 업무집행사항에 대해서는 이사회가, 나아가 일상적 업무집행사항에 대해서는 대표이사가 각각 의사결정권을 행사한다. 나아가 실행기능은 전적으로 회사의 대표기관인 대표이사에게 부여하였다. 끝으로 감시기능은 다시 수직적 감시기능과 수평적 감시기능으로 나누어지는바, 전자는 이사회에 후자는 감사에게 부여하고 있다. 그러나 1999년의 상법개정에서 새로이 도입된 감사위원회제도에 따라 이를 시행하는 회사에 있어서는 감사위원회가 수평적 및 수직적 감독기능을 행사한다.

### 〈상법상 주식회사의 권한분배〉

| 의사결정 | | | 실행 | 통제 | | |
|---|---|---|---|---|---|---|
| 기본결정사항 | 업무집행사항 | | 대표이사<br>(상 389) | 수직적 통제 | | 수평적 통제 |
| | 비상사항 | 일상사항 | | 이사회<br>(상 393 Ⅱ) | 감사위원회<br>(상 415-2) | 감사<br>(상 412 Ⅰ) |
| 주주총회<br>(상 361) | 이사회<br>(상 393 Ⅰ) | 대표이사<br>(상 389) | | | | |

# 제 2 관   주주총회

## Ⅰ. 의   의

주주총회(株主總會; general meeting of shareholders; Hauptversammlung)란 회사의 기본조직과 경영에 관한 주요사항에 대하여 주주들의 의결권행사로 회사 내부의 의사를 결정하는 주식회사의 필요기관이다. 주주총회는 회의체로서 필요기관이기는 하지만 상설(常設)이 아니며 정기적으로 또 필요에 따라 소집된다.[18] 오늘날 주주총회는

---

18) 주주총회는 이론적으로 회사기관의 존재형식으로서의 주주총회와 그 활동형식인 회의체로서의 주주총회로 구별된다. 전자의 의미에서 주주총회는 상설기관이다. 그러나 후자의 의미에서는 비상설기관으로서 정기적으

만능설로 대변되던 사내의 최고기관에서 법이 정하는 일정 범위내로 권한이 축소되는 퇴조를 경험하고 있다. 그러나 주주총회는 주식회사의 기본구조를 결정하고, 임원을 선임하며, 정관변경으로 자신의 권한을 스스로 확장할 수 있는 점에서 아직도 주식회사의 최고기관이라고 보아야 할 것이다.

## II. 주주총회의 권한

### 1. 권한의 한정성($\frac{상}{361}$)

주주총회는 "본법(상법) 또는 정관에 정하는 사항에 한하여 결의할 수 있다"($\frac{상}{361}$). 근대적인 대규모 기업은 회사의 의사결정을 비전문적인 주주들에게 위임할 수 없도록 조직화되고 전문화되었다. 이러한 경향에 부응하여 상법도 전문경영인들에게 광범한 의사결정권을 부여하고 있다($\frac{상}{393}$). 주주총회는 오늘날 회사 내의 중요한 의사결정사항에 대해서만 자신의 권한을 행사한다. 그것이 국내외의 보편적 현상이다. 이하 주주총회가 갖는 상법상의 권한, 특별법상의 권한 및 정관상의 권한을 살펴 보기로 한다.

### 2. 상법상의 권한

상법은 특히 주주의 이해에 중요한 영향을 미칠 수 있는 사항을 추려 이를 주주총회의 권한사항으로 하였다. 이들은 크게 주주가 갖는 출자자로서의 지위나 업무집행에 대한 감시자로서의 지위에 근거하고 있고 나아가 회사 내부의 기본결정사항에 관한 것들이다. 출자자의 지위에서 파생하는 주주총회의 권한은 이사 · 감사의 선임($\frac{상 382 \text{ I} \cdot}{409 \text{ I}}$), 재무제표의 승인($\frac{상 449}$) 등이며, 감시적 기능에 관한 것으로는 임원의 보수결정($\frac{상}{388}$) 등을 들 수 있겠다. 그러나 주주총회의 가장 중요한 권한은 회사의 기초 내지 영업의 기본틀에 변화를 가져오는 기본변경사항에 대한 의사결정권이다. 예컨대 정관변경($\frac{상}{433}$), 자본감소($\frac{상}{438}$), 합병($\frac{상}{522}$), 분할($\frac{상}{5303}$), 조직변경($\frac{상}{604}$), 해산($\frac{상}{518}$), 영업양도($\frac{상}{374}$)[19] 등 다양하다.

### 3. 특별법상의 권한

상법 이외의 특별법에서도 주주총회의 권한사항이 발견되는바 예컨대 채무자회생

---

로 또는 임시의 소집에 의하여 개최된다.

19) 상법 제374조의 해석학에 대해서는 뒤의 '기업재편' 부분에서 자세히 다루기로 한다.

및 파산에 관한 법률 제35조를 보면 청산중의 회사나 파산선고 후의 회사가 회생절차의 개시신청을 함에는 주주총회의 특별결의가 필요하다.

## 4. 정관상의 권한

주주총회의 권한사항은 이와 같이 상법이나 기타 특별법상의 권한으로 한정되지 않고 定款에 의하여 그 범위가 확대될 수 있다. 이러한 정관상의 권한사항은 상법상의 유보조항이 있는 경우와 없는 경우로 나누어 살펴볼 수 있다.

### (1) 상법상의 유보조항이 있는 경우

상법은 특정 사안에 대해서는 원칙적으로 이사회의 권한사항으로 정해 놓으면서도 이를 정관에 의하여 주주총회의 권한사항으로 할 수 있다는 명시적 유보조항을 두고 있다. 그 예는 대표이사의 선임($^{상\ 389}_{1\ 2문}$), 신주의 발행($^{상\ 416}_{2문}$), 준비금의 자본전입($^{상\ 461}_{1\ 2문}$), 전환사채의 발행($^{상\ 513}_{II\ 2문}$), 신주인수권부사채의 발행($^{상\ 516의2}_{2\ II\ 2문}$) 등에서 나타난다. 이와 같은 명시적 유보조항이 있는 경우에는 정관의 규정에 따라 위의 안건에 대하여 주주총회의 권한확대가 가능하다.

### (2) 상법상의 유보조항이 없는 경우

그러나 정작 문제는 이러한 유보조항이 없는 경우이다. 이러한 명시적 유보조항이 없는 경우에도 정관규정으로 주주총회의 권한을 확대시킬 수 있느냐에 대해서는 긍정설과 부정설의 대립이 있다. 소수설인 부정설에서는 상법에 명문의 규정이 있는 경우를 제외하고는 정관의 규정에 의하더라도 이를 주주총회의 권한사항으로 할 수 없다고 한다.[20] 이에 반하여 통설의 입장은 주식회사의 본질 또는 강행법규에 위반되지 않는 한 이사회의 결의사항을 정관의 규정에 의하여 주주총회의 결의사항으로 할 수 있다고 한다.[21]

통설의 견지에 따라 자율적인 권한분배의 가능성을 긍정하는 것이 타당하다고 본다. 물론 주식회사의 본질이나 강행법규에 위반되지 않는 범위 내로 한정시켜야 할 것이다. 비교법적으로 보면 독일 주식법은 동법이 예정한 회사지배구조를 개개 회사가 임의로 바꾸지 못하게 하고 있다($^{독법\ 23\ V:}_{Satzungsstrenge}$). 독일 주식법은 주식회사의 경우에는 정관에 의한 사적 자치(Satzungsfreiheit)를 엄격히 제한하고 있다. 주식회사를 대규모의 사단적 회사형태로 특화한 후 그 내부질서를 세세히 규정하고 있기 때문에 개개

---

20) 이철송, 506면; 정찬형, 상법강의(상), 제25판, 2022, 887면.
21) 정동윤, 541면; 이·최, 517면; 최기원, 435면; 채이식, 498면.

회사가 정관규정으로 법정 지배구조를 상대화할 가능성은 거의 없게 된다. 그 결과 독일에서는 주식회사는 거의 선택되지 않는 예외적인 법형태가 되고 말았다.[22] 대신 다수의 기업들은 지배구조의 설계가 비교적 자유로운 유한회사를 선택하고 있다.[23]

이와 비교해서 우리의 경제 현실을 보면 주식회사란 사실상 '만능의 외투(Allzweck-mantel)'이다. 가족형의 소규모 폐쇄회사로부터 국가의 기간산업을 책임지는 초대형 공개기업에 이르기까지 모두 주식회사다. 이런 기형적 쏠림현상은 도대체 왜 일어나는가? 그 이유를 쉽게 밝히기는 어렵다. 그러나 이는 엄연한 현실이다. 상업등기부에 등기된 회사 중 90% 이상은 주식회사이다. 그렇다면 이러한 쏠림현상에 대해 어떻게 대응할 것인가? 합명·합자·유한회사 등 이른바 지분회사로 조직변경을 유도하는 것도 한 방책이겠지만 아무리 국가가 인위적으로 조종한다 해도 한계가 있으며 특히 이런 방식은 위헌적 성격도 짙어 그 실현가능성은 제로에 가깝다. 우리의 기업현실에서는 회사규모의 다양성을 현실로 인정하고 정관자치의 가능성을 폭넓게 인정하는 것이 불가피할 것이다.

소유와 경영의 분리라는 근대기업의 일반적 현상과 주주민주주의라는 상반된 기업지배의 요소에서 정관을 통한 지배구조의 자율적이고 탄력적인 선택은 우리 기업의 현실에서는 불가피한 것이다. 그리하여 비록 상법이 주주총회의 권한에 대한 기본적인 한정성을 천명하고 있기는 하나 이를 정관규정으로 탄력성있게 개별 기업의 현실에 맞출 수 있도록 허용하여야 한다고 본다. 단지 회사의 합리적 경영이나 채권자 혹은 일반 소비대중의 보호를 위하여 전문경영인제도의 골격은 유지되어야 할 것이고 따라서 이사회를 마치 주주총회의 비서실 정도로 격하시키는 권한의 재분배는 주식회사의 본질에 반한다고 본다. 나아가 주주총회와 이사회 이외의 — 예컨대 독일에서 자주 논의되는 부위원회제도(Beirat) 등 — 제3의 기관에 권한이전(Kompetenzverschiebung)을 시키는 가능성도 부정할 필요가 없다고 본다. 현재 국내에서도 사외이사제가 현실화하였는데, 이러한 관점에서 그러한 제도의 수용도 가능하다고 판단된다.

## 5. 권한유월(Kompetenzüberschreitung)의 효과

주주총회가 자신의 권한사항이 아닌 사안에 대하여 결의를 하였다 하여도 그 결의는 법령에 반하는 것으로서 총회결의의 무효사유가 된다.

---

22) 우리나라에서는 90% 이상이 주식회사이지만 독일에서는 전체 회사 중 채 1%도 되지 않는다(Windbichler, Gesellschaftsrecht, 24. Aufl., S. 45).

23) 2016년 1월 1일 현재 독일에서 유한회사의 비율은 전체 회사 중 71.63%에 달한다(Windbichler, a.a.O., S. 45).

**대판 1999. 4. 23, 98다45546 [주식양수도계약에 대한 주주총회의 승인이 필요하지 않다고 한 사례]**

"주식회사가 양도·양수에 관련되어 있는 경우에 그 양도·양수가 영업 주체인 회사로부터 영업 일체를 양수하여 회사와는 별도의 주체인 양수인이 양수한 영업을 영위하는 경우에 해당한다면 상법 제374조 제1항 제1호에 따라 회사의 양도·양수에 반드시 주주총회의 특별결의를 거쳐야 하는 것이지만, 회사의 주식을 그 소유자로부터 양수받아 양수인이 회사의 새로운 지배자로서 회사를 경영하는 경우에는 회사의 영업이나 재산은 아무런 변동이 없고 주식만이 양도될 뿐이므로 주주총회의 특별결의는 이를 거칠 필요가 없으며, 설사 당사자가 그 경우에도 회사 재산의 이전이 따르는 것으로 잘못 이해하여 양도계약 후 즉시 주주총회의 특별결의서를 제출하기로 약정하고 있다 하더라도, 당사자가 그러한 약정에 이르게 된 것은 계약의 법적 성격을 오해한 데서 비롯된 것이므로, 그 약정은 당사자를 구속하는 효력이 없다."

**대판 1991. 5. 28, 90다20084**

"주식회사가 이사회결의에 의하여 공장을 3개월여 이내에 이전하고 공장으로 사용하여 온 부동산은 2개월 이내에 매매하여 매도대금 중 공장이전비용을 초과하는 금액을 위 부동산을 양도한 주주에게 지급하기로 약정한 경우 **위 약정은 상법 제374조 소정의 주주총회의 특별결의를 필요로 하는 행위가 아니고, 위 약정 후에 주주총회에서 위 이사회결의를 무효로 하는 결의를 하였다 하더라도 위 약정의 효력이 상실되지 아니한다.**"

**CA Inc. v. AFSCME, 953 A. 2d 227 (Del. 2008)**

델라웨어 최고법원 역시 대법원과 유사하게 판시하고 있다. 주주는 회사의 경영에 간섭할 수 없다는 내용이다. 즉 경영사항과 관련하여 주주총회에서 결의가 있었다 하여도 그 결의는 무효라는 내용이다. 소유와 경영의 분리요, 이는 주식회사의 본질임을 판시한 사건으로 새기면 될 것이다.

## Ⅲ. 주주총회의 소집

주주총회는 주주들이 결의라는 법률행위를 통하여 회사의 의사를 결정하는 회의체기관이므로 그 소집은 소집권자에 의하여 법정의 소집절차에 따라 이루어져야 한다. 즉 다수인이 일정한 시간과 장소에 모여 주식회사의 주요 의사결정을 수행하여야 하므로 일반 법률행위에서와는 달리 별도의 절차규정이 요구되는 것이다. 이러한 소집절차가 흠결되거나 준수되지 않은 경우 후에 살펴볼 주주총회결의의 취소나 부존재사유가 될 수 있다.

## 1. 소집권자

주주총회의 소집은 원칙적인 경우 이사회가 수행하고 예외적으로 소수주주나 감사의 청구 또는 법원의 명령에 의하여 이루어진다.

### (1) 이사회

주주총회의 소집은 상법에 다른 규정이 있는 경우 외에는 이사회가 이를 결정한다($\overset{상}{362}$). 이는 강행법규로서 정관규정에 의하여도 타기관에 이를 위임할 수 없다. 이사회가 주주총회의 일시, 장소, 의안 등을 정하여 대표이사가 세부적인 사항을 정하고 이를 실행한다.

이사회의 결의없이 대표이사가 소집한 총회나 이사회의 결의는 있었으나 대표이사가 아닌 이사가 소집한 총회결의는 취소사유가 되고, 이사회의 결의도 없고 소집권한도 없는 이사나 감사가 소집한 총회결의는 부존재사유가 된다고 보아야 할 것이다.

### (2) 소수주주

발행주식총수의 100분의 3 이상을 가진 소수주주는 회의의 목적사항과 소집의 이유를 기재한 서면을 이사회에 제출하여 임시주주총회의 소집을 청구할 수 있다($\overset{상}{366}$). 상장회사의 경우에는 6개월 전부터 계속하여 발행주식총수의 1,000분의 15 이상에 해당하는 주식을 보유한 소수주주에게 소집청구권을 부여하고 있다($\overset{상 542의}{6 i}$). 이 청구가 있은 후 지체없이 총회소집절차를 밟지 아니한 때에는 청구한 주주는 법원의 허가를 얻어 총회를 소집할 수 있다($\overset{상}{366}$).

상법은 무익한 총회소집청구의 남발을 막기 위하여 총회소집청구권한을 단독주주권이 아니라 소수주주권으로 하였다. 발행주식총수의 100분의 3을 계산함에는 회사의 자기주식과 의결권없는 주식은 이에 포함되지 않는다($\overset{통}{설}$).[24] 어느 시점을 기준으로 100분의 3 이상의 주식소지를 결정할 것인가에 대해서는 소집청구의 시점을 기준으로 하여야 할 것이다. 일본상법은 100분의 3의 주식보유가 6개월 전부터 이루어질 것을 요구한다. 나아가 수인의 소수주주가 그들의 주식보유를 합산하여 100분의 3 이상에 이르게 되는 경우에도 소집청구권이 부여된다. 이들은 공동으로 소집청구권자가 된다.

소수주주는 회의의 목적사항과 소집의 이유를 기재한 서면을 이사회에 제출하여

---

24) 그러나 소수설은 의결권없는 주주도 소집청구권이 있다고 본다. 손주찬, 주석상법, 사법행정학회, §370, 144면.

임시총회의 소집을 청구한다($\frac{상}{366}$). 이 경우 역시 소수주주의 청구에 의하여 이사회가 소집결의를 하여야 한다. 다만 소수주주가 상법 제366조에 따라 총회소집의 허가를 신청하는 경우, 총회결의사항이 아닌 것을 회의목적사항으로 할 수는 없다. 예컨대 정관에서 총회결의사항으로 '대표이사의 선임 및 해임'을 규정하지 않은 경우 이를 회의의 목적사항으로 하여 상법 제366조에서 정한 총회소집의 허가를 신청할 수는 없다.

> **대결 2022. 4. 19, 2022그501 [주주총회소집허가]**
>
> "소수주주가 상법 제366조에 따라 주주총회소집허가 신청을 하는 경우, 주주총회 결의사항이 아닌 것을 회의목적사항으로 할 수 없다. 주주총회는 상법 또는 정관이 정한 사항에 한하여 결의할 수 있고($\frac{상}{361}$), 대표이사는 정관에 특별한 정함이 없는 한 이사회 결의로 선임되므로($\frac{상}{389}$), 정관에서 주주총회 결의사항으로 '대표이사의 선임 및 해임'을 규정하지 않은 경우에는 이를 회의목적사항으로 삼아 상법 제366조에서 정한 주주총회 소집허가 신청을 할 수 없다."

### (3) 감 사

감사는 회의의 목적사항과 소집의 이유를 기재한 서면을 이사회에 제출하여 임시총회의 소집을 청구할 수 있다($\frac{상}{의3}$). 감사에 의한 임시총회의 소집청구는 1995년 상법개정시 신설되었다. 감사의 청구가 있은 후 지체없이 총회소집절차를 밟지 아니한 때에는 청구한 감사는 법원의 허가를 얻어 총회를 소집할 수 있다($\frac{상}{366}$ $\frac{412의3}{Ⅱ}$).

### (4) 법원의 명령

주주총회의 소집은 예외적으로 법원의 명령에 의하여 이루어질 수 있다. 회사의 업무집행에 관하여 부정행위 또는 법령이나 정관에 위반한 중대한 사실이 있음을 의심할 사유가 있는 때에는 100분의 3 이상의 주식을 보유한 소수주주는 회사의 업무와 재산상태를 조사하기 위하여 법원에 검사인의 선임을 청구할 수 있고($\frac{상}{467}$), 검사인은 그 검사결과를 법원에 보고해야 하는데($\frac{상}{467}$), 이 보고에 의하여 법원이 필요하다고 인정하는 때에는 대표이사에게 주주총회의 소집을 명할 수 있는 것이다($\frac{상}{467}$).

### 2. 소집시기

주주총회의 소집시기에 대하여 상법은 정기총회와 임시총회로 나누어 규정하고 있다. 정기총회는 매년 일회 일정한 시기에 소집하고($\frac{상}{365}$), 연 2회의 결산기를 정한 회사는 매결산기마다 정기총회가 소집된다($\frac{상}{365}$). 임시총회는 필요있는 경우에 수시 이를 소집한다($\frac{\text{상}}{\text{조}}$ 365). 소수주주나 감사의 청구 또는 법원의 명령에 의하여 소집되는 주주총회는 모두 임시총회이다.

### 3. 소 집 지

총회는 정관에 다른 정함이 없으면 본점소재지 또는 이와 인접한 지에 소집한다($\frac{\text{상}}{364}$). 다수의 주주가 참석하여 의결권행사를 하는 것이 주주총회이므로 그들이 큰 불편없이 주주총회에 참석할 수 있게 하기 위하여 소집지에 이러한 제한을 두게 되었다. 특별한 사유없이 소집지를 다수의 주주가 참석하기 어려운 장소를 선택하는 경우 결의취소사유가 될 수 있다.

### 4. 소집절차

#### (1) 통지와 공고

(가) 주주에 대한 통지:   주주총회를 소집하기 위하여는 회일의 2주간전에 각 주주에게 서면 또는 전자문서로 통지를 발송하여야 한다($\frac{\text{상}}{1}\frac{363}{1\text{문}}$). 이 통지에는 회의의 목적사항이 기재되어야 하며($\frac{\text{상}}{}363),25)$ 주주명부에 기재된 주소로 하면 된다($\frac{\text{상}}{}353$). 다만 그 통지가 주주명부상의 주소에 계속 3년간 도달하지 아니한 때에는 회사는 당해 주주에게 총회소집을 통지하지 아니할 수 있다($\frac{\text{상}}{1}\frac{363}{2\text{문}}$). 통지는 반드시 서면형식을 취하여야 하며($\frac{\text{상}}{1\text{문}}\frac{363}{\text{전단}}$) 구두나 전화에 의한 통지는 적법한 것으로 볼 수 없다. 다만 오늘날의 발달된 디지털기술을 반영하여 상법은 각 주주의 동의를 얻은 경우에는 전자문서에 의한 소집통지를 추가로 허용하였다($\frac{\text{상}}{1\text{문}}\frac{363}{\text{후단}}$). 이로써 주주들이 보다 신속하게 주주총회 소집에 대응할 수 있게 되었다.

(나) 상장법인의 경우:   주권상장법인의 경우에는 주주총회소집시 대통령령이 정하는 수 이하의 주식을 소유하는 주주에 대하여는 정관이 정하는 바에 따라 회의일을 정하여 그 2주간전에 주주총회를 소집하는 뜻과 회의의 목적사항을 둘 이상의 일간신문에 각 2회 이상 공고하거나 대통령령으로 정하는 바에 따라 전자적 방법으로 공고함으로써 상법 제363조 제1항의 소집통지에 갈음할 수 있다($\frac{\text{상}}{\text{회}4}\frac{542}{1}$).26) 여기서 "대통령령이 정하는 수 이하의 주식"이란 현재 의결권있는 발행주식총수의 100분의 1 이하의 주식을 뜻하며($\frac{\text{상법시행령}}{\text{제31조 제1항}}$),27) "대통령령으로 정하는 바"란 금융감독원이나 한국

---

25) 보통결의시에는 회의의 목적사항(상법 제363조 제2항)이지만, 특별결의시에는 여기에 의안의 요령(要領)이 추가되어야 한다(상법 제433조 제2항).
26) 서울고법 2011. 6. 15, 2010나120489(정관에 전자적 방법을 규정하지 않은 상장사는 전자공고불가라 판시한 사례).

거래소가 운용하는 전자공시시스템을 이른다(동시행령 제<br>31조 제2항).[28]

나아가 상장법인의 경우 이사 및 감사의 선임에 관한 사항을 목적으로 하는 주주 총회를 소집통지 또는 공고하는 경우에는 이사·감사 후보자의 성명, 약력, 추천인, 그 밖에 후보자와 최대주주와의 관계 또는 후보자와 해당 회사간의 최근 3년간의 거래내역을 통지하거나 공고하여야 한다(상 542의4 Ⅱ. 동 시<br>행령 제31조 제3항).

상장법인은 나아가 주주총회의 소집시 사외이사의 활동내역과 보수에 관한 사항, 사업개요 등 대통령령으로 정하는 사항을 통지하거나 공고하여야 한다(상 542의4 Ⅲ 본문, 동<br>시행령 제31조 제4항). 다만 회사의 인터넷 홈페이지에 상기 사항들을 게재하고 상장회사의 본점이나 지점, 명의개서대행회사, 금융위원회 또는 한국거래소에 이를 비치하여 일반인이 이를 열람할 수 있게 한 경우에는 통지 또는 공고가 생략될 수 있다(상 542의4 Ⅲ 단서, 동<br>시행령 제31조 제5항).

**(다) 자본금 10억원 미만인 회사의 경우:** 2009년 5월의 상법개정에서는 자본금 10억원 미만의 소규모회사에 대한 특칙을 두게 되었다. 현재 자본금 10억원 미만의 중소기업은 우리나라 주식회사 총수 중 약 98%에 이르는 실정인데 대부분 주주가 직접 경영에 참여하는 지배구조 형태로 운영되고 있어 그 운영절차를 실용적으로 간소화할 필요가 있었다. 이러한 상황을 반영하여 상법도 이들 회사에 대한 주주총회의 소집절차 및 그 운영을 간소화하는 특칙을 두게 되었다.

자본금총액이 10억원 미만인 회사가 주주총회를 소집하는 경우에는 주주총회일의 10일 전에 각 주주에게 서면으로 통지를 발송하거나 각 주주의 동의를 얻어 전자문서로 통지를 발송할 수 있다(상 363). 소규모회사의 경우 주주총회의 소집절차를 간소화하기 위하여 상법은 통지 및 공고기간을 단축하였다.

나아가 주주 전원의 동의가 있을 경우에는 소집절차 없이 주주총회를 개최할 수 있고, 서면에 의한 결의로써 주주총회의 결의에 갈음할 수 있다(상 363의1). 이 서면에 의한 결의는 주주총회의 결의와 같은 효력이 있으며(상 363), 주주총회에 관한 규정이 준용된다(상 363). 결의의 목적사항에 대하여 주주 전원이 서면으로 동의한 때에는 서면에 의한 결의가 있는 것으로 본다(상 363의2).

**(라) 무의결권주주의 경우:** 통지나 공고의 대상에서 의결권없는 주주는 제외된다(상 363). 따라서 의결권배제주식(상 344의3)이나 회사가 가진 자기주식(상 369), 자회사가 예외적으로 보유한 모회사의 주식이나 비모자회사간에 상호소유된 의결권제한주식(상 369)에

27) 본 상법시행령은 종래부터 있어 왔던 "상법의 일부규정의 시행에 관한 규정(대통령령 11485호)"을 2012년 4월 15일 개정된 상법 회사편의 시행을 앞두고 개정한 것이다.

28) 12월 결산 코스닥 상장사 951개사를 조사한 결과 '전자적 방법에 의한 주주총회소집공고'가 2010년 770개사 (81.3%)에서 2011년 795개사(83.6%)로 증가했다고 한다[디지털타임즈 2011. 6. 22.자 참조].

대하여는 통지나 공고가 이루어지지 않아도 절차상의 하자를 구성하지 않는다.

## (2) 소집의 철회와 연기

주주총회소집을 위한 통지나 공고가 있은 후에도 특별한 사정이 있을 경우 회사는 총회소집을 철회하거나 연기할 수 있다. 이를 위하여는 소집의 경우에 준하여 재차 이사회결의를 거쳐야 하며 대표이사는 철회 또는 변경사항이 전에 통지된 회일전에 도달하도록 통지나 공고를 하여야 한다. 최근의 대법원 판례는 주주총회소집의 철회 혹은 변경의 적법요건을 구체적으로 다루고 있어 흥미롭다.

> ### 대판 2011. 6. 24, 2009다35033[29)]
>
> "주식회사 대표이사가 이사회결의를 거쳐 주주들에게 임시주주총회 소집통지서를 발송하였다가 다시 이를 철회하기로 하는 이사회결의를 거친 후 총회 개최장소 출입문에 총회 소집이 철회되었다는 취지의 공고문을 부착하고, 이사회에 참석하지 않은 주주들에게는 퀵서비스를 이용하여 총회 소집이 철회되었다는 내용의 소집철회통지서를 보내는 한편, 전보와 휴대전화(직접 통화 또는 메시지 녹음)로도 같은 취지의 통지를 한 사안에서, 임시주주총회 소집을 철회하기로 하는 이사회결의를 거친 후 **주주들에게 소집통지와 같은 방법인 서면에 의한 소집철회통지를 한 이상 임시주주총회 소집이 적법하게 철회되었다**고 본 원심판단은 정당하다.

### ✪ 호숫가의 결투(Lakeside 골프장 사건)

위 판례의 사건은 세간에서 소위 "호숫가의 결투"로 불리웠으며 레이크사이드 골프장의 경영권을 다투었던 사건이다. 레이크사이드 C.C.은 경기도 용인에 소재하고 있으며, 한때 동양최대의 골프장으로 각광받았다. 그런데 10년 가까이 경영권분쟁이 계속되면서 국내의 주요 로펌들이 모두 끼어들어 엎치락뒤치락 결론을 달리해왔다. 본 사건은 2005년 7월 29일 개최된 임시주주총회의 효력을 둘러싼 분쟁이다. 레이크사이드 C.C.의 창업주인 甲이 사망하면서 甲이 보유하던 지분은 그의 장남인 乙이 14.5%, 차남인 丙이 36.5%, 3남인 丁과 큰 딸 戊가 각 14.5%를 보유하였다. 이러한 지분구조속에서 일본측 지분 20%가 丙을 지지하여 丙이 경영권을 장악하였다. 그러나 가족들간의 갈등이 계속되면서 2004년 丙은 나머지 3형제들에게 지분 3%씩을 양도하였으나 분쟁은 심화되었다. 丙은 丁의 협박으로 지분이 양도된 것이라고 주장하며 지분양도의 무효를 주장한 반면, 丁은 자신과 나머지 형제들이 위 9% 지분까지 합치면 丙보다 지분이 많아지므로 경영권을 보유하려 하였다. 이런 상황에서 丙은 자신의 이사 중임과 자신의 측근을 이사로 추가하는 안건을 목적사항으로 임시주주총회를 계획하고 2005. 7. 1. 이사회를 소집하여 임시주·총을 같은 해 7월

---

29) 이 사건에 대한 평석으로는 윤영신, "주주총회소집 철회·변경의 법률관계", 「상사판례연구」 제23집 제4권 (2010. 12.), 163~190면 참조.

29일 11시에 소집한다는 이사회결의를 한 후 같은 날 丁측에 소집통지서를 발송하였다. 그러나 7월 14일 서울고등법원이 丙이 丁측에 교부하였던 문제의 지분 9%에 대해 丁측의 의결권행사를 허용한다는 가처분결정을 내리자, 丙은 이 가처분결정에 대해 이의절차로 시간을 벌기 위하여 일단 2005년 7월 29일자의 임시주총소집을 철회하기로 계획하였다. 2005년 7월 28일 丙은 2005년 7월 29일자 임시주총의 소집을 철회하기로 하는 내용의 이사회결의를 한 후 임시주총 개최장소의 출입문에 임시주총소집철회문을 부착하였고, 이사회에 불참한 이사들에게는 퀵서비스를 이용하여 소집철회의 뜻을 알리는 동시에 전보와 휴대전화를 이용하여 같은 취의의 통지를 하였다. 동시에 丙은 만일의 경우에 대비하여 신임대표이사도 선임하였다. 그러나 丁측은 휴대폰 연락도 되지 않다가 그중 1인에게만 29일 오전 8시에 통화가 되었고 이에 丁측은 임시주총철회의 통지를 받지 못했다는 이유로 임시주총의 개회를 요구하였고, 신임 대표이사는 사후적 판단은 법원에 맡긴다는 전제 하에 조건부로 임시주총을 진행하였다. 여기서 丁측이 추천하는 이사 2인이 신임이사로 선임되었고 이어진 이사회결의에서 丁을 신임대표이사로 선임하는 결의를 하였다. 대법원은 위 임시주총소집의 철회는 적법하여 위 임시주총에서 이루어진 주주총회결의는 결의가 존재한다고 볼 수 없을 정도의 부존재상태라고 판시하였다. 따라서 7월 29일자 이사회결의도 의결정족수 미달로 무효이므로 丁을 대표이사로 선임한 이사회결의도 무효라고 판시하였다.[30]

## 소집철회의 적법요건에 대한 종전의 판례

### 대판 2007. 4. 12. 2006다77593 [비영리사단법인 혹은 비법인사단의 경우의 종전 판례=소집시와 반드시 같은 방법으로 철회할 필요없음]

"[1] 법인이나 법인 아닌 사단의 총회에 있어서, 소집된 총회가 개최되기 전에 당초 그 총회의 소집이 필요하거나 가능하였던 기초 사정에 변경이 생겼을 경우에는, 특별한 사정이 없는 한 그 소집권자는 소집된 총회의 개최를 연기하거나 소집을 철회·취소할 수 있다.

[2] 법인이나 법인 아닌 사단의 총회에 있어서 총회의 소집권자가 총회의 소집을 철회·취소하는 경우에는 반드시 총회의 소집과 동일한 방식으로 그 철회·취소를 총회 구성원들에게 통지하여야 할 필요는 없고, 총회 구성원들에게 소집의 철회·취소결정이 있었음이 알려질 수 있는 적절한 조치가 취하여지는 것으로써 충분히 그 소집 철회·취소의 효력이 발생한다."

### 대판 2009. 3. 26. 2007도8195 [주식회사의 경우=이사회결의를 거쳐 소집시와 동일한 방법으로 철회하여야 함][31]

"주주총회 소집의 통지·공고가 행하여진 후 소집을 철회하거나 연기하기 위해서는

---

30) 본 사건의 사실관계와 평석은 이상훈, "임시주주총회의 소집을 적법하게 철회하는 요건: 레이크사이드 C.C. 사건", 「기업지배구조연구」 제40권(2011년 가을호), 126면 이하를 참조함.
31) 위 대법원 2011. 6. 24. 2009다35033 판결은 이를 그대로 승계함.

소집의 경우에 준하여 이사회의 결의를 거쳐 대표이사가 그 뜻을 그 소집에서와 같은
방법으로 통지·공고하여야 한다."

### (3) 소집절차를 결여한 총회

(가) 전원출석총회:　법정의 소집절차에 의하지 아니하고 주주 전원이 총회개최
에 동의하고 출석하여[32] 이루어진 주주총회를 전원출석총회(Universalversammlung)라
한다. 이 경우 소집절차에 하자가 있어도 주주들이 이의를 제기함이 없이 총회개최에
동의하고 전원 출석하여 의사가 진행되었다면 절차상의 하자는 더 이상 문제삼을 필
요가 없다. 일인회사(一人會社)에서는 일인주주(一人株主)의 참석으로 하자는 치유된
것으로 볼 수 있고 이사회의 소집결정도 없고 소집권한도 없는 자가 소집한 경우라
도 해당 주주총회는 유효한 주주총회로 다룰 수 있을 것이다. 법정소집절차란 모든
주주에 대하여 공정한 출석의 기회와 준비의 시간을 주기 위한 것이므로 모든 주주
가 그 이익을 포기하고 총회개최에 동의한 이상 이를 유효한 총회로 인정하여도 무
방할 것이다. 독일 주식법은 이를 명문의 규정으로 허용하고 있고(독법 121), 우리 판례
역시 같은 입장이다.[33]

> **대판 2002. 7. 23, 2002다15733 [주주총회 및 이사회결의 무효확인]**
>
> "주식회사의 주주총회가 법령이나 정관상 요구되는 이사회의 결의나 소집절차를 거
> 치지 아니하고 이루어졌다고 하더라도 주주 전원이 참석하여 아무런 이의 없이 일치된
> 의견으로 총회를 개최하는 데 동의하고 결의가 이루어졌다면 그 결의는 특별한 사정이
> 없는 한 유효하다."

(나) 소집절차의 생략:　나아가 전부나 일부의 소집절차를 총주주의 동의로 생략
하는 것도 가능하다고 본다. 특히 우리나라와 같이 주식회사의 법형태가 여러 규모의
회사형태에 다양하게 이용되는 나라에서는 실익이 크다. 유한회사의 경우에는 상법이
이에 관한 명문의 규정을 두었고(상573) 이 규정은 주식회사에도 유추될 수 있을 것이
다.[34] 또한 개개의 주주는 총회소집의 통지를 받을 권리를 포기할 수도 있고, 법정절
차 이외의 통지방법에 동의할 수도 있을 것이다. 총회소집을 위한 절차규정들은 주주
들에게 의결권행사를 위한 공정한 기회와 적정한 준비기간을 부여하기 위한 것이므
로 마치 형법에서 피해자의 동의(Einwilligung)로 위법성이 조각되듯 총주주의 동의는

---

32) 그러나 주주명부상 명의개서를 마치지 않은 실질주주가 포함된 경우 본 법리는 성립할 수 없다(대판 2002.
　　12. 24, 2000다69927); 이에 대해서는 졸저, 상법연습, 제3판, 2012, [사례 40]도 참조.
33) 대판 1979. 6. 26, 78다194; 대판 1977. 2. 8, 74다1754; 대판 2002. 7. 23, 2002다15733.
34) 정동윤, 550면.

하자를 치유할 것이다.

### (4) 주주총회의 연기와 속행

총회에서는 회의의 속행 또는 연기의 결의를 할 수 있다($^{샹\ 372}$). 총회의 속행(續行)이란 총회의 의사진행에 들어가기는 하였으나 시간 또는 자료의 부족 등으로 다음 기일을 정하여 계속 의사일정을 진행하는 것이요, 총회의 연기(延期)는 총회의 성립 후 의사에 들어가지 않고 회일을 후일로 변경하는 것이다. 총회의 연기나 속행의 경우에는 이미 성립된 총회와 동일성이 유지되므로 별도의 소집절차를 되풀이할 이유는 없는 것이다($^{샹\ 372}$).

## Ⅳ. 주주의 의결권

### 1. 의    의

주주총회에 출석하여 그 결의에 참가할 수 있는 권리를 議決權(Stimmrecht; voting right)이라 한다. 주주의 의결권은 공익권으로서 법이 특히 인정한 예외를 제외하고는 정관의 규정으로도 박탈할 수 없는 고유권(Sonderrecht)이다.

> **대판 2007. 9. 6, 2007다40000 [임시주주총회결의무효확인]**
>
> "주주총회가 재무제표를 승인한 후 2년 내에 이사와 감사의 책임을 추궁하는 결의를 하는 경우 당해 이사와 감사인 주주는 회사로부터 책임을 추궁당하는 위치에 서게 되어 주주의 입장을 떠나 개인적으로 이해관계를 가지는 경우로서 그 결의에 관한 특별이해관계인에 해당함은 원심이 쓴 대로이지만, 주주의 의결권은 주주의 고유하고 기본적인 권리이므로 특별이해관계인이라는 이유로 이를 제한하기 위하여는 그 결의에 관하여 특별한 이해관계가 있음이 객관적으로 명확하여야…"한다.

주주는 의결권행사를 통하여 주식회사의 의사형성형식인 결의를 성립시킨다. 주주의 의결권행사의 법적 성질은 의사표시이고 그 의사표시의 결집체인 결의는 특수한 단체적 법률행위이다. 이러한 의결권행사의 경우에도 일반 법률행위에 대한 규정이 원칙적으로 적용됨은 물론이나 단지 단체법의 고유한 특성이 반영된다.

### 2. 의결권의 제한

원칙적으로 모든 주주는 자신이 보유한 주식수에 비례한 의결권을 갖는다. 주식회사는 지분복수주의를 취하여 1주마다 1개의 의결권을 부여하고 있다($^{상\ 369}$). 이 점에서 1인 1의결권주의인 頭數主義하의 인적회사와 대비된다($^{상\ 195;\ 민\ 706;\ 상\ 198\ IV.}_{200\ II.\ 203,\ 269\ I\ 등\ 참조}$). 그러나 1주 1의결권의 기본원칙에는 다음과 같은 예외가 있다.

### (1) 법률에 의한 제한

상법 및 특별법에는 다음과 같은 의결권제한사유가 규정되어 있다.

**(가) 의결권 배제 및 제한에 관한 종류주식:**   주식회사가 의결권이 없는 종류주식이나 의결권이 제한되는 종류주식을 발행하는 경우 해당 주주의 의결권은 전적으로 배제되거나 부분적으로 제한된다($^{상\ 344}_{의3}$).

**(나) 회사가 보유한 자기주식:**   자기주식의 취득은 금지되지만 예외적으로 회사가 취득한 자기주식은 그 보유기간 동안 전면적으로 그 권리행사가 휴지되므로 의결권도 인정되지 않는다($^{상\ 369}_{III}$).

**(다) 상호보유주식:**   회사가 스스로 혹은 그 자회사가 타회사의 주식 10분의 1을 초과하여 가지고 있거나 모회사와 자회사가 각각 소유한 주식의 합계가 타회사 주식의 10분의 1을 초과하는 경우 그 타회사가 가지고 있는 회사 또는 모회사의 주식은 의결권이 없다($^{상\ 369}_{III}$). 법문언의 내용이 매우 복잡하고 추상적이어서 다음과 같이 구체적으로 분설(分設)할 필요가 있다.

① A회사가 B 회사의 주식의 10%를 초과하여 소유할 때에는 B가 소유하는 A회사의 주식은 의결권이 없다.

② A회사는 B회사의 주식의 50%를 초과하여 소유하고 있다. 즉 A와 B간에는 모자관계가 성립한다. B회사는 C회사의 주식을 10%를 초과하여 보유하고 있다. 이 경우 C회사가 보유하고 있는 A회사나 B회사의 주식은 의결권이 인정되지 않는다.

③ A회사와 B회사간에 위의 경우와 같이 모자관계가 성립하고 이들의 C회사에 대한 주식보유의 합계가 C회사의 총주식의 10%를 초과할 때 C회사가 보유한 A회사의 주식은 의결권이 없다. 즉 C회사는 A회사의 주주총회에 참석하여 의결권을 행사하지 못한다.

**(라) 특별이해관계인의 소유주식:**   총회의 결의에 관하여 특별한 이해관계가 있는 자는 의결권을 행사하지 못한다($^{상\ 368}_{III}$). 무엇이 특별이해관계를 구성하느냐에 대해서는 다음과 같은 학설의 대립이 있다. 특별이해관계설에 따르면 모든 주주의 이해에 관련되지 않고 특정 주주만의 이익에 관련되는 때 이를 특별이해관계로 풀이한다. 둘째

법률상 이해관계설에 따르면 해당 주주총회결의에 의하여 권리의무의 득상이 생기는 등 법률상 특별한 이해관계를 가지게 될 때 특별이해관계가 존재한다고 한다. 끝으로 개인법설에 따르면 특정 주주가 주주의 입장을 떠나서 해당 주주총회결의로 말미암아 개인적으로 이해관계를 가지게 될 때 이를 특별이해관계라 해석한다. 마지막 학설이 판례·통설이며 또한 타당하다고 본다.

예컨대 회사와 주주간에 영업양도계약이 체결된 경우 그 영업양도승인결의에 양수인인 주주는 의결권을 행사하지 못한다. 왜냐하면 양수인인 주주는 주주의 입장을 떠나 해당 영업양도승인결의의 가부에 따라 이해관계를 가지게 되기 때문이다. 나아가 주주인 이사에 대한 면책결의나 이사의 보수를 결정하는 결의시에도 주주인 해당 이사는 의결권을 행사하지 못한다. 그러나 주주의 입장을 떠나 개인적으로 이해관계를 갖는 것이 아니라 사단적으로 이해관계를 갖게될 때 예컨대 이사선임결의시 후보자인 주주나 이사해임결의시 해임의 대상인 주주 나아가 재무제표승인결의시 주주인 이사 등은 자신의 의결권을 잃지 않는다고 생각된다. 회사를 지배할 수 있는 상당한 주식을 갖는 주주는 당연히 이사선임결의 등에 참석하여 이사로 선출되는 등 회사경영을 지배할 수 있다고 보아야 하기 때문이다.

> **대판 2007. 9. 6, 2007다40000 [판례는 '개인법설'을 따름]**
>
> "주주총회가 재무제표를 승인한 후 2년 내에 이사와 감사의 책임을 추궁하는 결의를 하는 경우 당해 이사와 감사인 주주는 회사로부터 책임을 추궁당하는 위치에 서게 되어 **주주의 입장을 떠나 개인적으로 이해관계를 가지는 경우로서 그 결의에 관한 특별이해관계인에 해당함**은 원심이 쓴 대로이지만, 주주의 의결권은 주주의 고유하고 기본적인 권리이므로 특별이해관계인이라는 이유로 이를 제한하기 위하여는 그 결의에 관하여 특별한 이해관계가 있음이 객관적으로 명확하여야 하는데, 원심에 의하더라도 이 사건 안건이 "제13기 결산서 책임추궁 결의에 관한 건"이라는 제목에 비추어 2003. 4. 1.부터 2004. 3. 31.까지의 기간 동안의 재무제표에 대한 경영진에 대한 책임을 추궁하기 위한 것으로 추측된다는 것일 뿐, 구체적으로 위 기간 동안에 이사나 감사로 재임한 자들 전원의 책임을 추궁하려고 하는 것인지, 그중 일부 이사나 감사만의 책임을 추궁하려고 하는 것인지, 나아가 어떠한 책임을 추궁하려고 하는 것인지 알 수 없고, 기록상 이를 알 수 있는 자료도 보이지 않는바, 그렇다면 원심이 들고 있는 사정만으로는 위 소외 1 등이 이 사건 결의에 관한 특별이해관계인에 해당한다고 단정할 수 없다."

⊛ **특별이해관계있는 주주의 의결권배제에 관한 비교법적 고찰**[35]

### 1. 영    국

(1) common law:    영국의 보통법상으로는 한마디로 우리 상법 제368조 제3항과 같은 법리는 발달되어 있지 않다. 이사라면 몰라도 주주의 경우에는 특별이해관계인의 의결권 배제법리는 존재하지 않는다고 보아도 좋다. 다만 최근 들어 이에 대한 비판은 있다.[36]

**주주는 투자자로서 의결권행사를 통하여 자신의 재산권(right of property)을 행사하는 것이므로 설사 당해 사안에 이해관계가 존재한다 하여도 권리행사에서 배제될 이유가 없다고 한다.** 심지어 이사가 회사와 자기거래를 하는 경우 해당 거래를 추인하는 주주총회에서도 이사인 주주의 의결권행사는 원칙적으로 배제되지 않는다.[37] 이러한 입장이 영국 common law의 기본 흐름이라 할 수 있다.[38]

다만 해당 의결권 행사가 소수주주에 대한 억압(oppression on the minority)이나 사기(fraud)를 구성할 경우[39] 지배주주의 충실의무 위반을 이유로 무효처리하거나 손해배상의무로 이어질 수는 있다. 나아가 지배주주의 충실의무의 시각에서 경우에 따라서는 회사 전체의 이익을 위하여 의결권을 행사해야 하며[40] 부적정한 목적을 추구하지 말아야 한다는 법원칙은 존재한다.[41]

(2) statute law:    2006년의 영국 회사법 제239조는 임무해태(negligence)나 의무불이행(default) 등으로 이사가 회사에 대해 손해배상책임을 지게 될 때 당해 이사에 대한 책임면제나 감경은 주주총회의 보통결의로 가능하다고 규정한다(동조제2항). 나아가 총회결의로 책임면제나 감경을 시행할 경우 당해 이사 역시 그가 주주인 한 의결권이 있고 또 표결에도 참여할 수 있지만 당해 이사 또는 그의 특수관계인이 당해 이사에게 유리하게 던진 찬성표는 표결결과에 산입하지 않는다고 규정한다(동조제4항). 즉 당해 이사나 그 특수관계인의 찬성표를 무시하고도 의결정족수를 충족시키면 면책결의는 성립한다.

다만 같은 내용의 결의를 서면결의(written resolution)로 하는 경우 이사인 주주 또는 그의 특수관계인은 의결권이 없다(동법 제239조 제3항 참조). 나아가 주주들의 만장일치의 동의가 있는 경우 위 룰은 적용하지 않는다(동법 제239조 제6항 참조).

### 2. 미    국

미국법도 근본적으로 영국법과 같다. 주주는 주주총회에 있어서 만큼은 개인적으로 별

---

35) 이에 대해 자세히는 졸고, "회사법상의 특별이해관계", 「경영법률」 제26집 제4호(2016. 7.), 151~200면 참조.
36) Gower & Davies, *Principles of Modern Company Law*, 9th ed., pp. 16~193, pp. 622~623.
37) North-West Transportation v. Beatty [1887] 12 App. Cas. 589.
38) **[특별이해관계 주주의 의결권 배제를 인정하지 않는 입장]** North-West Transportation v. Beatty [1887] 12 App. Cas. 589, PC; Burland v. Earle [1902] A.C. 83; Goodfellow v. Nelson Line [1912] 2 Ch. 324; Carruth v. Imperial Chemical Industries Ltd. [1937] AC 707 at p. 765; Northern Countries Securities Ltd. v. Jackson & Steeple Ltd. [1974] 1 W.L.R. 1133; **[특별이해관계있는 주주의 의결권 배제를 인정하는 반대설]** Vinelott J. in Prudential Assurance Co. Ltd. v. Newman Industries ltd. [1981] Ch. 257.
39) Arrow Nominees Inc. v. Blackledge [2000] 2 BCLC 167 by Chadwick LJ at p. 197; MacDougall v. Gardiner (1875) 1 ChD 13, at pp. 21~22 (James LJ)
40) Allen v. Good Reefs of West Africa Ltd. [1900] 1 Ch 656.
41) Re Western Mines Ltd. (1975) 65 DLR (3d) 307, at p. 313.

개의 이해관계(a personal interest separate from other shareholder)를 갖는 경우에도 그 의안에 관한 투표권을 갖는다고 본다.[42] 주주총회에서 각 주주는 자기 자신의 이해관계를 고려하면 족하다고 한다.[43] 다만 영국에서처럼 권리남용적 의결권행사에 대한 제한법리는 있다. 종합적으로 보면 미국에서도 특별이해관계를 가진 주주의 일반적이고도 사전적인 의결권배제는 나타나고 있지 않으며 다만 이러한 주주가 참가하여 행한 결의가 사후적, 결과적으로 불공정한 경우 이에 대한 구제는 인정된다고 보면 된다.[44]

### 3. 독  일

독일 주식법 제136조 제1항은 "누구든지 자신의 책임을 면제할 것인지 또는 의무를 면제할 것인지의 여부 또는 회사가 자신에 대하여 청구권을 행사하여야 할 것인지 여부에 관하여 결의를 하는 경우에는 자기 또는 타인을 위하여 의결권을 행사할 수 없다"고 규정한다. 나아가 동법 제243조 제2항은 "주주가 의결권행사를 통하여 회사에 손해이면서 자신의 특별이익을 꾀하는 경우" 해당 결의에 대해 취소원인을 인정하고 있다.

이처럼 독일법은 특별이해관계있는 주주의 사전적이고도 일반적인 의결권배제의 구성요건은 최소한의 범위로 줄이는 대신 해당 의결권행사가 결과적으로 부당할 경우 사후적으로 구체적 사실관계를 고려하여 총회결의의 취소사유로 처리한다.

### 4. 일  본

특별이해관계있는 주주의 의결권배제법리는 1981년 구 일본 상법의 개정전에는 지금의 우리 상법 제368조 제3항과 사정이 같았다. 그러나 1981년 일본 상법은 영미식으로 개정되었다. 즉 특별이해관계있는 주주의 사전적 의결권배제법리를 지양하고 대신 특별이해관계있는 주주의 의결권행사가 결과적으로 현저히 불공정하거나 부당할 경우 이를 총회결의의 취소사유로 하였다(일본 회사법 제831조 제1항 제3호).

### 5. 결  론

우리 상법 제368조 제3항의 입법방식에 대해서는 비판이 불가피하다. 사전적으로 특별이해관계의 존재를 확정하기 어렵고 나아가 특별이해관계있는 주주의 의결권행사시에도 항상 결의결과가 불공정하거나 부당한 것은 아니다. 따라서 일본 회사법 제831조 제1항 제3호처럼 사후적인 처리방식을 적극 고려할 시점이라고 생각된다. 물론 상법 제391조 제2항에 규정된 특별이해관계있는 이사의 의결권 배제는 전혀 다른 법리에 기초한 것으로서 그 정당성을 문제삼기 어렵다.

(마) **감사선임결의시의 제한:**    의결권없는 주식을 제외한 발행주식총수의 3%를 초과하는 수의 주식을 가진 주주는 그 초과하는 주식에 관하여 감사선임에 관한 의결권을 행사하지 못한다(상 409). 감사의 선임은 이사의 선임과 달라야 한다. 후자의 경

---

42) Gamble v. Queens County Water Works Co., 123 N. Y. 91.
43) Windmuller v. Standard Distributing Co., 115 Fed. 748.
44) Henn, *Handbook of the Law of Corporation*, 1961, pp. 381~383.

우에는 출자비율에 따른 의결권행사가 인정되어야 한다. 그러나 전자의 경우에도 이를 그대로 관철하면 선임시부터 이사, 감사가 모두 대주주의 영향하에 들어가 제대로 감시감독을 할 수 없는 위험상태가 나타날 가능성이 높다. 이를 방지하고 감사에게 업무감사 및 회계감사를 적정하고 공정하게 수행할 수 있도록 하기 위하여 상법은 대주주의 입김을 배제할 수 있는 감사선임규정을 두게 되었다. 그리하여 아무리 대주주라도 전 주식의 3% 이상의 소유분에 대해서는 의결권행사를 금지시키고 있는 것이다. 이미 살펴본 주주평등의 원칙의 한 예외가 된다. 상장회사에서는 이 3% 초과분 의결권 제한을 산정함에 있어 최대주주의 경우 특수관계인 소유 지분까지 합산하게 되어 있다($\frac{상}{12}\frac{542의}{III}$). '최대주주 아닌 자에 대해서도, 즉 2대주주 또는 3대 주주에 대해서도 이 규정을 적용하고, 이 3% 초과여부를 산정함에 있어 특수관계인 지분을 합산해야 한다'는 정관규정에 대하여 판례는 이를 주주평등의 원칙에 반하여 무효라 하였다.

### 대판 2009. 11. 26, 2009다51820

"상법 제369조 제1항에서 주식회사의 주주는 1주마다 1개의 의결권을 가진다고 하는 1주 1의결권의 원칙을 규정하고 있는바, 위 규정은 강행규정이므로 법률에서 위 원칙에 대한 예외를 인정하는 경우를 제외하고, 정관의 규정이나 주주총회의 결의 등으로 위 원칙에 반하여 의결권을 제한하더라도 그 효력이 없다. 그런데 상법 제409조 제2항·제3항은 '주주'가 일정 비율을 초과하여 소유하는 주식에 관하여 감사의 선임에 있어서 그 의결권을 제한하고 있고, 구 증권거래법(2007. 8. 3. 법률 제8635호 자본시장과 금융투자업에 관한 법률 부칙 제2조로 폐지, 이하 같다) 제191조의11[45]은 '최대주주와 그 특수관계인 등'이 일정 비율을 초과하여 소유하는 주권상장법인의 주식에 관하여 감사의 선임 및 해임에 있어서 의결권을 제한하고 있을 뿐이므로, '최대주주가 아닌 주주와 그 특수관계인 등'에 대하여도 일정 비율을 초과하여 소유하는 주식에 관하여 감사의 선임 및 해임에 있어서 의결권을 제한하는 내용의 정관 규정이나 주주총회 결의 등은 무효라고 보아야 한다."

### ❸ 상법 제371조의 문제점

상법 제368조 제3항의 특별이해관계가 존재하면 그 법률효과로서 상법 제371조 제2항이 적용되어 특별이해관계있는 주주가 보유한 주식의 의결권 수는 출석한 주주의 의결권 수에 산입되지 않는다($\frac{상}{1}$ 371). 그런데 이러한 법문언은 경우에 따라 심각한 문제를 야기한

---

45) 이 규정은 현재 **상법 제542조의12 제3항**에 승계되어 있다. "(3) 최대주주, 최대주주의 특수관계인, 그 밖에 대통령령으로 정하는 자가 소유하는 상장회사의 의결권있는 주식의 합계가 그 회사의 의결권없는 주식을 제외한 발행주식총수의 100분의 3을 초과하는 경우 그 주주는 그 초과하는 주식에 관하여 감사 또는 사외이사가 아닌 감사위원회 위원을 선임하거나 해임할 때에는 의결권을 행사하지 못한다. 다만 정관에서 이보다 낮은 주식보유비율을 정할 수 있다."

다.[46] 예컨대 주주요 동시에 이사인 자가 상법 제388조상의 임원보수승인결의시 국내 통설에 따라 '특별이해관계있는 주주'로서 의결권이 배제된다고 가정하자. 만약 그의 의결권 있는 주식이 발행주식총수의 76%라면 이 회사에서는 어떤 경우라도 임원보수승인은 불가하다. 상법 제368조 제1항상 출석한 주주의 의결권의 과반수가 동시에 발행주식총수의 4분의 1이상이어야 하는데 위의 경우라면 24%의 주식을 보유한 주주만 참석가능하므로 그들이 만장일치로 찬성하여도 상법 제368조 제1항의 결의는 성립할 수 없다. 물론 상법 제371조 제2항은 특별이해관계 외에서도 문제를 야기한다. 많은 문헌이 지적하듯이 감사선임결의에서도 문제가 발생하는바 예컨대 X(주)의 A, B, C, D 4명의 주주가 각 25%의 주식을 보유하고 있고, 이 회사가 감사를 선임한다면 각 주주는 3%를 초과하는 보유주식에 대해서는 모두 의결권이 없으므로 발행주식총수 중 총 12%의 주식만이 의결권행사대상주식이 된다. 따라서 이 경우에도 상법 제368조 제1항상의 감사선임은 영원히 불가하다.[47]

이러한 문제점 때문에 동 조항을 해석함에 있어서는 명백한 법문언에도 불구하고 정정해석(訂正解釋; berichtigende Auslegung)이 불가피하다.[48] 즉 상법 제371조 제2항의 "출석한 주주의 의결권수"는 "발행주식총수"로 해석할 수밖에 없다고 한다.[49] 이렇게 '발행주식총수'에 산입하지 않을 경우 특별이해관계있는 주주의 보유주식수는 '발행되지 않은 것'으로 취급되므로 상법 제368조 제1항상의 발행주식총수에도 산입되지 않는다. 위의 경우를 보면 X(주)의 76%의 주식을 보유한 이사인 주주는 임원보수승인결의시 자신의 보유주식이 발행주식총수에서도 제외되므로 결국 24%의 주식을 가진 주주들만이 결의에 참여하게 될 것이고 따라서 그중 최소 4분의 1 이상의 출석과 출석의결권의 과반수 찬성으로 상법 제388조상의 승인이 가능해질 것이다. 물론 24% 주식의 보유자들만이 행한 결의를 전체 주주의 의사로 볼 수 있느냐는 별도로 생각해 보아야 할 것이다. 마침내 판례 역시 이러한 정정해석을 시도하고 있다.

### 대판 2016. 8. 17, 2016다222996 [주주총회결의무효확인 등]

"주주총회에서 감사를 선임하려면 우선 '출석한 주주의 의결권의 과반수'라는 의결정족수를 충족하여야 하고, 나아가 의결정족수가 '발행주식총수의 4분의 1 이상의 수'이어야 하는데, 상법 제371조는 제1항에서 '발행주식총수에 산입하지 않는 주식'에 대하여 정하면서 상법 제409조 제2항의 의결권 없는 주식(이하 '3% 초과 주식'이라 한다)은 이에 포함시키지 않고 있고, 제2항에서 '출석한 주주의 의결권 수에 산입하지 않는 주식'에 대하여 정하면서 3% 초과 주식을 이에 포함시키고 있다.

---

46) 상법 제371조의 일반적 문제점에 대해서는 이미 개정법의 시행전에도 적지 않은 비판이 있었다(최준선, 2011년 개정상법 회사편 해설, 상장협, 상장협 실무전집 43, 2011. 12., 116~117면; 이철송, 2011 개정상법-축조해설-, 박영사, 2011, 139~141면).

47) 정동윤 감수, 상법회사편 해설, 「상법 해설서 시리즈 II-2011년 개정내용」, 법무부, 2012, 200면 하단.

48) 권기범, 736면(1995년의 상법개정으로 의사정족수 제도가 폐지됨에 따라 1995년 이전의 해석학과는 달라야 한다고 함).

49) 정동윤 감수, 전게서, 201면("향후 의사정족수의 부활, 전자투표의 활성화, 그림자투표의 폐지 등 주주총회 의결요건 관련 규정들의 전반적인 재검토 및 개정을 통해 해결해야 할 과제"라 하고 있음); 아예 상법 제371조 제2항을 없는 것으로 보자는 학설도 있다(이철송, 전게서, 141면).

그런데 만약 3% 초과 주식이 상법 제368조 제1항에서 말하는 '발행주식총수'에 산입된다고 보게 되면, 어느 한 주주가 발행주식총수의 78%를 초과하여 소유하는 경우와 같이 3% 초과 주식의 수가 발행주식총수의 75%를 넘는 경우에는 상법 제368조 제1항에서 말하는 '발행주식총수의 4분의 1 이상의 수'라는 요건을 충족시키는 것이 원천적으로 불가능하게 되는데, 이러한 결과는 감사를 주식회사의 필요적 상설기관으로 규정하고 있는 상법의 기본 입장과 모순된다. 따라서 감사의 선임에서 3% 초과 주식은 상법 제371조의 규정에도 불구하고 상법 제368조 제1항에서 말하는 '발행주식총수'에 산입되지 않는다. 그리고 이는 자본금 총액이 10억 원 미만이어서 감사를 반드시 선임하지 않아도 되는 주식회사라고 하여 달리 볼 것도 아니다."

**(바) 기타 特別法上의 제한:**  은행법에 따르면 금융기관의 경우 의결권있는 발행주식총수의 100분의 4를 초과하여 소유하더라도 그 초과분에 대해서는 의결권행사가 불가능하다(은행법 제16조 및 제16조의2). 기타 독점규제및공정거래에관한법률에서도 대규모집단에 속하는 회사로서 금융업 및 보험업을 영위하는 회사는 국내계열회사의 주식을 취득 또는 소유하더라도 의결권을 행사하지 못한다고 규정하여 의결권을 제한시키고 있다(同법).

## (2) 정관에 의한 제한

의결권의 제한사유는 이러한 법정제한 이외에도 정관에 의하여 나타날 수 있다. 독일 주식법은 정관규정에 의한 최고의결권제(Höchststimmrecht)[50]나 소유주식의 숫자별로 의결권을 달리 배정하는 차등의결권제(Abstufungen)[51]를 허용하고 있다(동법 134 1 2문).[52] 또한 미국에서도 액면금액이 다르나 의결권이 동일한 종류의 주식을 발행함으로써 다수 주주의 의결권을 부분적으로 제한하는 것이 가능하다고 한다. 우리 상법은 이러한 제도를 모르고 있으며 정관으로 이러한 규정을 둔다면 이는 주주평등원칙의 위반사항이 될 것이다.

## (3) 계약에 의한 의결권의 제한

주주간 계약으로 의결권을 제한하는 것이 가능한지 의문시되고 있다. 이에 대해서는 의결권구속계약, 의결권신탁, 자격양도 등의 제도들이 발전되어 왔다. 이들의 내용을 구체적으로 살펴보기로 한다.

**(가) 의결권구속계약:**  주주간에 미리 일정한 방향으로 의결권을 행사하기로 약

50) 발행주식총수의 3%, 5%, 10% 등이 보통이라 한다. vgl. Hüffer, AktG, 3. Aufl., §134 Rdnr. 6.
51) 예컨대 1,000주까지는 1주에 의결권 1을 배정하고 1,001주부터 2,000주까지는 10주에 1의결권을 배정하고 2,000주 이상에 대해서는 20주마다 의결권을 하나씩 배정하는 경우 등이다. vgl. Hüffer, AktG, 3. Aufl., §134 Rdnr. 6.
52) 비상장법인에 한하여 이를 허용한다.

정하는 경우 이를 의결권구속계약(shareholders' voting agreement)이라 한다. 예를 들면 "甲을 이사로 선임하는 안건에서 주주 乙은 찬성으로 의결권을 행사한다"와 같은 약정이다. 앞서 주식양도제한에 관한 부분에서 이야기하였듯이 이들은 주로 합작회사 등 폐쇄회사에서 널리 쓰이고 있다. 주주의 수가 워낙 적다보니 외형적으로 주식회사의 형식을 취하여도 내부적으로는 조합형으로 운영될 수밖에 없고 따라서 사단형 주식회사에 적용되던 기존의 지배구조는 어느 정도 수정이 불가피하다.

주주간 계약의 효력에 대해서도 주식양도제한약정과 마찬가지로 계약당사자간의 채권적 효력과 회사에 대한 효력을 나누어서 살펴보아야 한다. 당사자간의 채권적 효력에 대해서는 대체로 이를 긍정하는 것이 통설이다. 계약의 내용이 다른 주주의 권리를 해하거나 부당하게 제약하지 않는 한 당사자간의 효력을 부정하기 어렵다는 것이다. 즉 다른 사법상의 계약에서처럼 신의칙이나 강행법규에 반하지 않는 한 유효로 본다.53)

그러나 회사에 대한 효력에 대해서는 원칙적으로 이를 허용하지 않는다. 따라서 주주간 계약에 위반한 의결권행사 역시 회사에 대해서는 유효한 것이다. 일부 주주들만이 당사자인 경우 이로 인하여 다른 주주들까지 영향을 받아야 할 이유는 없을 것이다. 다만 **주주 전원이 계약당사자인 경우에는 이를 정관에 준하는 것으로 보아 회사에 대한 효력도 긍정하는 것이 타당하다**고 본다.54) 이 경우 어느 주주가 약정과 달리 의결권을 행사하였다면 해당 결의는 무효 또는 취소대상으로 처리될 수 있을 것이다.

### ⊙ 의결권 구속계약 관련 각국의 상황

미국 델라웨어주 회사법 제218조 (c)항은 의결권 구속계약(voting agreement)의 효력을 인정한다. 나아가 미국의 판례법도 Ringling 사건 이래 의결권구속계약의 효력을 인정하고 있으며55) **주주 전원이 계약당사자인 경우**에는 의결권계약의 특정이행까지 허용하고 있다.56)

**독일**에서도 판례 및 학설은 우리나라의 그것과 같다. 주주들은 자유롭게 계약을 통하여 전체적으로 또는 개별 사안별로 의결권의 방향을 정할 수 있는바 이러한 계약57)의 효력은 원칙적으로 부정할 수 없다고 한다. 즉 그러한 약정이 양속에 위반하거나 주식법의 강행규범에 반하지 않는 한 유효라고 한다. 다만 이러한 약정의 대가로 유상의 급부가 제공되는 것은 허용되지 않기 때문에 의결권매매는 불가하다고 한다.58) 다만 이러한 효력은 당

53) 김재범, 주식회사법대계(II), 제4판, 166면.
54) 정동윤, 폐쇄회사의 법리, 168면, 174면.
55) Ringling Brothers—Barnum & Bailey Combined Shows, Inc., v. Ringling, 29 Del. Ch. 610 (53 A. 2d 441 [1947]).
56) Galler v. Galler, 203 N.E. 2d 577 (1964).
57) 독일에서는 'Stimmbindungsvertrag' 이라는 용어가 쓰이고 있다.
58) 독일 주식법 제406조 제3항 제6호는 의결권매매를 금지대상(Ordnungswidrigkeit)으로 보고 있다; 우리 상법 역시 제467조의2 제1항에서 "회사는 누구에게든지 주주의 권리행사와 관련하여 재산상의 이익을 공여할 수

사자간에만 미치며 회사까지 구속하는 것은 아니라고 한다. 즉 당사자간의 채권적 효력 (schuldrechtliche Wirkung)만 가질 뿐이다.[59] 따라서 어느 주주가 약정에 반한 의결권행 사를 하였더라도 회사에 대해서 이는 유효하며 다만 계약상대방에 대한 손해배상의무만 발생시킨다고 한다. 그러나 독일에서 주식회사는 대부분 대기업에 한정되므로 실제 폐쇄 회사에서 자주 쓰이는 주주간 계약의 실례는 많지 않을 것이라고 한다.[60]

**일본**에서도 의결권구속계약의 효력은 우리나라나 독일과 같다. 주주는 본시 의결권을 어 떤 방향으로든 행사할 수 있기 때문에 다른 주주와도 그 행사방향에 대해 자유롭게 정할 수 있다고 한다. 나아가 이를 금지할 이유도 없기 때문에 의결권구속계약은 원칙적으로 유 효이나 당사자간의 채권적 효력만 인정될 뿐이라고 한다. 이를 '계약의 상대효(契約の相對 效)'로 부르고 있다. 즉 회사에 대한 효력은 없기 때문에 약정에 어긋난 의결권행사도 회사 에 대해서는 유효이며 그렇게 성립한 결의에 대해서도 법적 하자를 인정할 수 없다고 한 다. 다만 예외적으로 **주주 전원이 의결권구속계약의 당사자인 경우**에는 결과가 달라질 수 있다고 하며 이런 경우라면 해당 **계약의 위반은 결의의 취소사유로 작용**한다고 한다.[61]

(나) **의결권신탁**(voting trust):　이것은 신탁의 법리를 이용하여 주식을 일정 목적 하에 수탁자(voting trustee)에게 양도하고 그로 하여금 의결권을 행사하게 하며, 위탁 자는 수탁자로부터 의결권신탁증서(voting trust certificate)를 교부받아 이를 독자적으 로 유통시키거나 이익배당을 받게 하는 제도이다.[62] 회사에 대한 관계에서는 주식이 완전히 수탁자에게 이전되므로 수탁자가 주주인 셈이다. 이것은 의결권계약의 가장 강화된 모습이라고 할 수 있으며 주로 미국에서 많이 이용되고 있다.[63]

(다) **자격양도**(Legitimationsübertragung)[64]:　이는 타인에게 주식을 양도하지 않고 그 타인이 자기 자신의 이름으로 의결권을 행사할 수 있게 하는 제도이다. 마치 어음 상의 권리를 타인으로 하여금 자기 자신의 이름으로 행사할 수 있게 하는 자격수여 배서(Ermächtigungsindossament)와 유사한 제도라고도 할 수 있다.[65]

---

없다"고 규정한다.
59) BGH NJW 1994, 2536; Windwichler, Gesellschaftsrecht, 24. Aufl., Beck, München, 2017, §29, Rdnr. 37; Hüffer/Koch, Aktiengesetz, 12. Aufl., 2016, Beck, §133, Rdnr. 26.
60) Windwichler, a.a.O., §29, Rdnr. 37.
61) 田中 亘, 会社法, 第2版, 東京大学出版会, 2018, 181頁.
62) 공익권과 자익권의 분리가 나타난다.
63) 그러나 우리나라에서는 신탁법상 주주명부에 해당 주권이 신탁재산인 사실을 기재하여 제3자에게 대항할 수 있다(신탁법 제4조 참조).
64) 이는 독일주식법 제129조 제3항에 규정된 의결권 행사방식인데 우리나라에서도 이러한 방식이 가능한지는 의문이다(vgl. Hüffer, 3 Aufl., §129 Rdnr. 12).
65) 이에 대해서는 Baumbach/Hefermehl, Wechsel- und Scheckgesetz, 20. Aufl., Art. 18 WG, Rdnr. 8 참조.

## 3. 의결권의 행사

### (1) 총 론

주주는 그의 의결권을 자유로이 자기 의사에 의하여 행사할 수 있다. 그러나 그러기 위하여는 주주명부에 주주로 등재되어야 한다. 지난 2017년 3월 23일자 전원합의체판결은 주주명부에 등재하는 것을 권리행사의 절대요건으로 선언하였고 주주뿐만 아니라 회사 역시 이에 구속된다고 하고 있다.[66] 즉 과거처럼 회사가 실질주주에게 임의로 권리행사를 허용하는 것도 불가하게 되었다. 이제는 명의주주만이 권리행사 가능자이다.

주주가 자연인인 경우에는 본인 또는 그 대리인이, 법인인 경우에는 대표기관 또는 법인의 대리인이 의결권을 행사한다. 나아가 이러한 의결권의 대리행사 이외에도 상법은 다수의 주식을 보유한 주주에게 그 의결권의 불통일행사도 허용하고 있다.

주주의 개별적 의결권행사(Stimmabgabe)는 법률행위적 의사표시이다.[67] 따라서 법률행위 및 의사표시에 관한 일반 규정이 이에 적용될 수 있음은 물론이다. 상법은 이러한 의사표시의 법정형식(Form)에 대해서는 별도의 규정을 두고 있지 아니하다. 이에 대해서 정관이 정한 경우에는 이에 따르고 또 개별 주주총회에서 그 방법이 달라질 수 있을 것이다. 아래에서는 상법이 의결권의 행사방법으로서 별도의 규정을 두고 있는 의결권의 불통일행사와 대리행사에 관하여 살펴보고, 나아가 의결권행사에 대한 일반 민법의 적용가능성을 차례로 살펴보고자 한다.

### (2) 의결권의 불통일행사($^{상\,368}_{의2}$)

(가) 의 의: 주주가 2개 이상의 의결권을 가지고 있는 때에 이를 통일하지 않고 행사할 수 있는데 이를 의결권의 불통일행사(uneinheitliche Stimmabgabe)라 한다($^{상\,368의2}_{1문}$). 일부는 찬성에 또 일부는 반대에 의결권을 행사하는 것뿐만 아니라 일부의 주식은 의결권을 행사하고 다른 일부에 대해서는 기권(Stimmenthaltung)한다든지 또는 자신의 소유주식을 일부는 본인이 또 일부는 대리인이 혹은 수인의 대리인에 의하여 의결권을 행사하게 하는 것도 가능하다. 나아가 동일한 주주총회에 수개의 의안(Beschlußantrag)이 제안된 경우 일정 의안에 대해서는 불통일행사를 하고 다른 의안에 대해서는 이를 통일적으로 행사하는 것도 가능하다. 이와 같이 의결권의 불통일행사는 여러 가지 모습으로 다양하게 나타날 수 있다.[68]

---

66) 대판 2017. 3. 23, 2015다248342 [전원합의체].
67) Bartholomeyczik, AcP 144(1938), 287 ff., 329; KölnerKomm-Zöllner, §133 Rdnr. 24.

이러한 의결권의 불통일행사를 상법이 허용하는 데에는 다음과 같은 이론적 또는 실제적 근거가 있다. 우선 1주 1의결권의 지분복수주의를 취하는 주식회사에서는 의결권의 불통일행사는 이론적으로 큰 어려움이 없다. 주주총회의 의안에 대하여 주주들이 일정한 의사표시를 하는 권한이 의결권이라고 한다면 이를 불통일적으로 행사함으로써 모순되는 의사표시를 하는 것은 논리에 맞지 않는다는 비판이 가능하나 지분복수주의하의 1주 1의결권원칙은 이와 같은 1주주의 상반된 의사표시에 대해서도 그 정당성을 부여할 수 있다. 물적회사로서의 주식회사에서는 두수에 의하여 다수가 결정되는 것이 아니라 출자단위인 주식의 수로 다수를 결정하며 이 단위요소인 주식은 인적 개성을 문제시하지 않는다. 나아가 이러한 불통일행사의 가능성은 거래의 실제에서 그 필요성이 강조되어 왔다. 예컨대 주식의 신탁,[69] 위탁거래[70] 등의 원인으로 명의상의 주주와 실질주주가 다를 때에는 명의주주가 수인의 실질주주의 의사에 따라 의결권을 달리 행사할 필요성이 있는 것이다. 이러한 실제 거래계의 필요에서 1984년의 상법개정 이전에도 통설[71]의 지지를 받았던 의결권의 불통일행사는 1984년의 상법개정시 명문화되었다.

그러나 이러한 의결권의 불통일행사는 총회운영의 혼란을 가중시킬 우려가 있다. 그리하여 상법은 명의주주와 실질주주가 다른 경우와 같이 불통일행사의 실제적 필요가 있는 경우 이외에는 불통일행사에 대한 회사의 거부권을 인정하고 있고($\frac{상}{2}$ $^{368의}_{II}$), 불통일행사가 허용되는 경우에도 주주에게 회일의 3일 전에 회사에 대하여 서면 또는 전자문서로 불통일행사의 뜻과 이유를 통지하도록 하고 있다($\frac{상}{1}$ $^{368의2}_{2문}$).

(나) **불통일행사의 절차**:    주주가 의결권을 불통일행사하기 위해서는 회일의 3일 전에 회사에 대하여 서면 또는 전자문서로 그 뜻과 이유를 통지하여야 한다($\frac{상}{1}$ $^{368의2}_{2문}$). 3일 전에 통지해야 한다고 함은 3일 전에 도달해야 함을 뜻한다. 불통일행사의 이유란 불통일행사의 필요성을 뜻하고 이유는 무엇이든 좋으며 주주는 찬반의 수를 밝힐 필요가 없다. 그리고 주주는 1회의 통지로 수회에 걸쳐 포괄적으로 불통일행사를 통지할 수도 있고 또한 불통일행사를 통지하고 난 후에도 실제 주주총회에서는 통일적

---

68) 그러나 1인이 수인의 주주를 대리하여 의결권을 행사할 경우 본인들의 뜻이 달라 불통일행사를 하는 것은 수인을 대리한 결과이지 의결권의 불통일행사가 아니다. vgl. Hüffer, AktG, 3. Aufl., §133 Rdnr. 20, S. 588; KölnerKomm-Zöllner, AktG, §133 Rdnr. 51.

69) 주주명부상의 명의는 신탁의 수탁자인 수탁회사 명의이다(신탁법 제2조).

70) 증권예탁결제제도하에서는 주주명부상 예탁결제원이 명의주주이다.

71) Klausing, Uneinheitliche Ausübung mehrerer Stimmen durch Einzelpersonen und Personenverbände, 1928; Heckelmann, AcP 170(1970), 306; KölnerKomm-Zöllner, §133 Rz. 50; Baumbach-Hueck, §134 Anm. 5; 반대설로는 즉 불통일행사의 가능성을 부정하는 학설로는 Ruth, AcP 131 (1929), 236, 240 ff. 등이 있다.

으로 의결권을 행사해도 무방하다고 해석된다.

> **대판 2009. 4. 23, 2005다22701, 22718**
>
> "상법 제368조의2 제1항은 "주주가 2 이상의 의결권을 가지고 있는 때에는 이를 통일하지 아니하고 행사할 수 있다. 이 경우 회일의 3일 전에 회사에 대하여 서면으로 그 뜻과 이유를 통지하여야 한다"고 규정하고 있는바, 여기서 3일의 기간이라 함은 의결권의 불통일행사가 행하여지는 경우에 회사 측에 그 불통일행사를 거부할 것인가를 판단할 수 있는 시간적 여유를 주고, 회사의 총회 사무운영에 지장을 주지 아니하도록 하기 위하여 부여된 기간으로서, 그 불통일행사의 통지는 주주총회 회일의 3일 전에 회사에 도달할 것을 요한다. 다만, 위와 같은 3일의 기간이 부여된 취지에 비추어 보면, 비록 불통일행사의 통지가 주주총회 회일의 3일 전이라는 시한보다 늦게 도착하였다고 하더라도 회사가 스스로 총회운영에 지장이 없다고 판단하여 이를 받아들이기로 하고 이에 따라 의결권의 불통일행사가 이루어진 것이라면, 그것이 주주평등의 원칙을 위반하거나 의결권 행사의 결과를 조작하기 위하여 자의적으로 이루어진 것이라는 등의 특별한 사정이 없는 한, 그와 같은 의결권의 불통일행사를 위법하다고 볼 수는 없다.""

　　**(다) 회사의 거부:**　　주주가 주식의 신탁을 인수하였거나 기타 타인을 위하여 주식을 가지고 있는 경우 외에는 회사는 주주의 의결권의 불통일행사를 거부할 수 있다($^{상}_{2}368^{의}_{\mathrm{II}}$). 불통일행사를 허용할 실익이 없고 총회의 운영상 혼란만 초래하는 불통일행사라면 회사가 이를 거부할 수 있어야 한다. 이러한 거부권행사는 총회의 결의 전에 이루어져야 할 것이다. 결의 후에 이러한 거부가 이루어진다면 결의의 결과를 회사가 임의로 변경할 수 있는 것이 되기 때문이다. 회사는 주주의 불통일행사에 관한 통지서를 바탕으로 허용 여부를 결정하게 될 것이나 그 당부나 거부의 이유를 적시할 의무까지 부담하지는 않는다. 그러나 주주가 타인을 위하여 주식을 가지고 있는 경우에는 의결권의 불통일행사를 거부할 수 없다($^{상}_{2}368^{의}_{\mathrm{II}}$). 투자신탁회사나 증권회사처럼 타인의 주식을 보관하는 자 등이 여기에 해당한다. 이러한 법정요건을 갖추지 못한 상황에서 주주의 **의결권 대리행사를 수인의 대리인에게 각기 위임할 경우** 회사는 이 역시 거절할 수 있다.

> **대판 2001. 9. 7, 2001도2917**
>
> "주주의 자유로운 의결권 행사를 보장하기 위하여 주주가 의결권의 행사를 대리인에게 위임하는 것이 보장되어야 한다고 하더라도 주주의 의결권 행사를 위한 대리인 선임이 무제한적으로 허용되는 것은 아니고, 그 **의결권의 대리행사로 말미암아 주주총회의 개최가 부당하게 저해되거나 혹은 회사의 이익이 부당하게 침해될 염려가 있는 등**

의 특별한 사정이 있는 경우에는 회사는 이를 거절할 수 있다고 보아야 할 것이며, 주주가 자신이 가진 복수의 의결권을 불통일행사하기 위하여는 회일의 3일 전에 회사에 대하여 서면으로 그 뜻과 이유를 통지하여야 할 뿐만 아니라, 회사는 주주가 주식의 신탁을 인수하였거나 기타 타인을 위하여 주식을 가지고 있는 경우 외에는 주주의 의결권 불통일행사를 거부할 수 있는 것이므로, **주주가 위와 같은 요건을 갖추지 못한 채 의결권 불통일행사를 위하여 수인의 대리인을 선임하고자 하는 경우에는 회사는 역시 이를 거절할 수 있다.**"

(라) **통지없는 불통일행사의 승인가능성:**   주주가 불통일행사의 통지를 하지 않고 의결권을 불통일행사한 경우 이를 회사가 승인할 수 있는지 의문이나 이를 부정하는 것이 타당할 것이다. 불통일행사에 대한 통지가 없었으므로 그 허부 문제는 결의 전에는 나타나지 않고 결의 후에야 제기되는데, 이 때 회사에 재량권을 허용하면 이는 회사가 결의의 성부를 사후에 선택할 수 있게 되어 부당할 것이다. 따라서 회사는 불통일행사를 승인할 수 없으며 주주가 통지없이 의결권을 불통일행사하여 이루어진 결의는 결의취소의 대상이 될 수 있을 것이다.

(마) **불통일행사의 효과:**   적법하게 불통일행사된 의결권은 각기 전부 유효한 찬표 내지 반대표가 되어 정족수 계산에 산입된다. 즉 상반하여 행사된 동수의 의결권이 상계되어 그 범위 내에서 무효가 되는 것이 아니다.

(3) **의결권의 대리행사**($^{\,상\,368}$)

(가) **의결권대리의 의의:**   의결권의 대리행사란 제3자가 특정 주주를 위하여 주주총회에서 의결권을 행사하고 그것을 주주의 의결권행사로 보는 제도이다. 의결권행사는 대리에 친한 행위이다. 다수의 주주가 존재하는 주식회사에서 주주권은 인적회사의 사원권과는 달리 비개성적 성질을 갖게 되고 따라서 의결권은 주주가 일신전속적으로 행사해야 하는 권리는 아닌 것이다. 따라서 의결권의 대리행사에 관한 상법 제368조 제2항의 규정은 강행규정으로서 정관으로도 대리행사의 가능성을 배제시킬 수 없다고 본다.[72]

(나) **대리행사의 방법**

1) **위임의 방법:**   대리인에 의하여 의결권을 행사하는 경우 대리인은 대리권을 증명하는 서면(위임장; proxy)을 총회에 제출해야 한다($^{상\,368}_{\,II\,2분}$). 대리권의 수여는 상대방의 수령을 요하는 단독행위이다.[73] 상법은 이 수권행위의 형식을 서면으로 법정하였

---

72) Hüffer-Koch, AktG, 13. Aufl., §134 Rdnr. 21.

다.[74] 그러나 대리권철회의 경우에도 서면형식이 요구되는 것은 아니다. 유효한 의결권의 대리행사가 이루어지기 위하여는 수권행위의 서면성 이외에도 대리인이 이 서면의 위임장 정본을 해당 주주총회에 제출하여야 한다($\frac{상}{제}\frac{368}{2}$).[75] [76]

> **대판 1995. 2. 28, 94다34579**
>
> "상법 제368조 제3항은 주주의 의결권을 대리행사하고자 하는 자는 대리권을 증명하는 서면을 총회에 제출하도록 규정하고 있는바, 그 규정은 대리권의 존부에 관한 법률관계를 명확히 하여 주주총회 결의의 성립을 원활하게 하기 위한 데 그 목적이 있다고 할 것이므로, 대리권을 증명하는 서면은 위조나 변조 여부를 쉽게 식별할 수 있는 원본이어야 하고 특별한 사정이 없는 한 사본은 그 서면에 해당하지 않는다."

> **대판 2004. 4. 27, 2003다29616**
>
> "상법 제368조 제3항의 규정은 대리권의 존부에 관한 법률관계를 명확히 하여 주주총회 결의의 성립을 원활하게 하기 위한 데 그 목적이 있다고 할 것이므로 대리권을 증명하는 서면은 위조나 변조 여부를 쉽게 식별할 수 있는 원본이어야 하고, 특별한 사정이 없는 한 사본은 그 서면에 해당하지 아니하고, 팩스를 통하여 출력된 팩스본 위임장 역시 성질상 원본으로 볼 수 없다."

**2) 의결권의 포괄위임 가능성:** 위임장을 매 총회마다 제출하여야 하는가 하는 문제가 있으나 수개의 주주총회에 대한 대리권을 일괄 수여하는 것도 가능하다고 본다. 특히 실무에서는 주식에 대한 근질권설정시 또는 경영권 거래시 이러한 현상이 나타나고 있다. 판례 역시 의결권의 포괄위임을 유효로 보고 있다. 아래 판례의 사실관계는 프로젝트금융과 관련하여 시행사의 주식에 질권을 설정한 채권자가 해당 주식의 의결권을 포괄적으로 위임받은 사안이다. 본 판례는 그러한 포괄위임의 효력을 유효로 보았다. 오늘날 이러한 의결권의 포괄위임방식은 경영권 거래에서도 나타난다. 즉 주식양수도방식의 우호적 M&A에서도 자주 관찰되고 있다.[77]

> **대판 2014. 1. 23, 2013다56839 [주주총회결의부존재확인][78]**
>
> "상행위로 인하여 생긴 채권을 담보하기 위하여 주식에 대하여 질권이 설정된 경우

---

73) Heinz Hübner, BGB Allg. Teil, 2. Aufl., §31 B Ⅰ 1 a Rdnr. 615.
74) 대판 2004. 4. 27, 2003다29616(팩스로 보낸 위임장으로는 주·총 의결권을 위임할 수 없다).
75) 대판 1995. 5. 28, 94다34579(사본은 위임장 정본과 달리 총회에 제출할 수 없다).
76) 대판 2004. 4. 27, 2003다29616(팩스로 보낸 위임장으로는 주·총 의결권을 위임할 수 없다).
77) 보다 자세히는 김연미, "의결권 포괄위임의 효력", 「기업법연구」 제28권 제4호(통권 제59호), 9~39면, 특히 16~17면.
78) 본 판례에 대한 평석으로는 김연미, "의결권 포괄위임의 효력", 「기업법연구」 제28권 제4호(통권 제59호),

에 질권자가 가지는 권리의 범위 및 그 행사 방법은 원칙적으로 질권설정계약 등의 약
정에 따라 정하여질 수 있고($\frac{\text{상법}}{\text{참조}}^{59}$), 위와 같은 질권 등의 담보권의 경우에 담보제공자
의 권리를 형해화하는 등의 특별한 사정이 없는 이상 담보권자가 담보물인 주식에 대
한 담보권실행을 위한 약정에 따라 그 재산적 가치 및 권리의 확보 목적으로 담보제공
자인 주주로부터 의결권을 위임받아 그 약정에서 정한 범위 내에서 의결권을 행사하는
것도 허용될 것이다.

　　이와 같은 사정들을 앞서 본 법리에 비추어 살펴보면 우리은행의 이 사건 위임장
및 이 사건 주주총회를 통한 담보권자로서의 권한 행사는 이 사건 대출금이 변제기에
이른 후에 위에서 본 것과 같은 사정 아래에서 피고의 실질적 책임재산인 이 사건 빌
딩을 담보로 확보하기 위하여 체결된 이 사건 주식근질권 설정계약에서 약정된 담보권
의 실행방법에 따라 원고로부터 위임받은 의결권 행사의 범위 내에서 이루어진 것이라
고 할 것이고, 담보제공자로서 주주인 원고의 권리를 부당하게 침해하는 것이라고 할
수 없다.”

**3) 철회불가특약의 효력**:　의결권행사를 위한 위임장에 철회불가의 특약을 기재
하여도 이는 법적 효력을 인정받을 수 없다. 왜냐하면 의결권은 주식이라는 포괄적
사원권의 일부분으로서 주식불가분의 원칙에 따라 그 일부의 권리를 분할하여 별도
의 양도객체로 삼을 수 없기 때문이다(Abspaltungsverbot).[79] 따라서 위임장에 기재된
철회불가의 특약은 무익적 기재사항으로 해석되며 따라서 이러한 기재에도 불구하고
자유로이 철회할 수 있는 것으로 볼 수 있을 것이다.[80]

**4) 수인의 주주를 위한 1인의 대리인**:　의결권의 대리행사의 경우 1인이 다수의
주주를 위한 대리인이 될 수 있고, 또 역으로 1인의 주주가 다수의 대리인으로 하여
금 자신의 의결권을 분산하여 행사하게 할 수 있다. 이 때 그 다수의 대리인이 내용
적으로 달리 의결권을 행사한다면 이는 동시에 의결권의 불통일행사가 되며 이 때에
는 상법 제368조의2의 적용을 받게 될 것이다.

**(다) 대리인의 자격제한**:　대리인의 자격을 주주로 한정시키는 정관조항의 효력
이 의문시되고 있다. 이에 대해서는 대리인의 자격을 주주로 한정시키는 정관조항의
획일적 유효를 주장하는 유효설과 그 정반대의 무효설, 나아가 원칙적으로 주주만으
로 한정시키는 정관규정도 유효하나 주주인 공공단체나 법인이 직원을 대리인으로

---

9~39면.

79) BGH NJW 1987, 780 f.; Hüffer, AktG, §134 Rdnr. 21.

80) 異說 있음; 김연미, "의결권 포괄위임의 효력", 「기업법연구」 제28권 제4호(통권 제59호), 9~39면, 특히
31~32면(미국의 irrevocable proxy에 대해 소개하면서 특히 주식양수도거래시 주식매수자의 독자적인 이익
이 있을 경우 대리나 위임의 일반법리에 대한 수정필요성을 역설함).

선임하거나 개인 주주가 발병이나 노령 등으로 주주 외의 자를 대리인으로 선임하는 것은 가능하다는 제한적 유효설의 대립이 있다.

주주총회가 주주 이외의 제3자에 의해서 교란되는 것을 방지하고 회사의 이익을 보호하기 위하여 대리인의 자격을 주주로 제한시키자는 관점에서 유효설도 그 근거가 전무한 것은 아니다. 그러나 개별 주주의 보호도 고려하여야 한다. 이러한 조항으로 인하여 주주가 대리인의 선임시 심한 애로를 겪을 수 있고 또 상장회사의 경우에는 대중 주주들간에 서로 지면이 없음이 보통이어서 주주가 직접 출석하지 않으면 의결권행사를 아예 포기하거나 회사에 백지위임을 할 수밖에 없는 경우도 있다. 따라서 의결권의 대리행사를 권유하는 경영자나 대주주에게는 이러한 정관조항이 유리하게 작용할지 모르나 개별 주주의 의결권행사에는 커다란 제약으로 작용할 가능성이 있다. **판례는 제한적 유효설의 입장**을 취하고 있다.

> **대판 2009. 4. 23, 2005다22701, 22718 [제한적 유효설의 입장]**
>
> "[2] 주주의 자유로운 의결권 행사를 보장하기 위하여 주주가 의결권의 행사를 대리인에게 위임하는 것이 보장되어야 한다고 하더라도 주주의 의결권 행사를 위한 대리인 선임이 무제한적으로 허용되는 것은 아니고, 그 의결권의 대리행사로 말미암아 주주총회의 개최가 부당하게 저해되거나 혹은 회사의 이익이 부당하게 침해될 염려가 있는 등의 특별한 사정이 있는 경우에는 회사가 이를 거절할 수 있다.
>
> [4] 상법 제368조 제3항의 규정은 주주의 대리인의 자격을 제한할 만한 합리적인 이유가 있는 경우 정관의 규정에 의하여 상당하다고 인정되는 정도의 제한을 가하는 것까지 금지하는 취지는 아니라고 해석되는바, 대리인의 자격을 주주로 한정하는 취지의 주식회사의 정관 규정은 주주총회가 주주 이외의 제3자에 의하여 교란되는 것을 방지하여 회사 이익을 보호하는 취지에서 마련된 것으로서 합리적인 이유에 의한 상당한 정도의 제한이라고 볼 수 있으므로 이를 무효라고 볼 수는 없다. 그런데 위와 같은 정관규정이 있다 하더라도 주주인 국가, 지방공공단체 또는 주식회사 등이 그 소속의 공무원, 직원 또는 피용자 등에게 의결권을 대리행사하도록 하는 때에는 특별한 사정이 없는 한 그들의 의결권 행사에는 주주 내부의 의사결정에 따른 대표자의 의사가 그대로 반영된다고 할 수 있고 이에 따라 주주총회가 교란되어 회사 이익이 침해되는 위험은 없는 반면에, 이들의 대리권 행사를 거부하게 되면 사실상 국가, 지방공공단체 또는 주식회사 등의 의결권 행사의 기회를 박탈하는 것과 같은 부당한 결과를 초래할 수 있으므로, 주주인 국가, 지방공공단체 또는 주식회사 소속의 공무원, 직원 또는 피용자 등이 그 주주를 위한 대리인으로서 의결권을 대리행사하는 것은 허용되어야 하고 이를 가리켜 정관 규정에 위반한 무효의 의결권 대리행사라고 할 수는 없다."

**(라) 대리행사의 권유**　　오늘날 대규모의 공개회사에서는 회사가 주도하여 의결

권의 대리행사를 권유하는 것이 보편적 현상이 되었다. 미국이나 일본 등의 선진국에서는 경영자나 대주주 혹은 그들의 반대파간에 위임장확보를 위한 위임장쟁탈전[81] (proxy contest)이 비일비재하게 나타난다고 한다. 이러한 위임장권유현상은 기존 경영진의 자기 영속화를 위한 수단으로 악이용될 소지가 커서 선진국에서는 이에 대한 법적 규제가 강화되어 왔다.

의결권 대리행사 권유의 법적 성질은 민법상의 위임이다. 즉 권유자가 위임장양식을 송부할 때 이를 민법상의 위임계약에 대한 청약으로 볼 수 있고 이에 대해 주주가 그 위임장을 작성하여 반송함으로써 그 청약이 승낙된다고 할 수 있다.

위에서도 지적되었듯이 위임장권유제도의 부정적 성격으로 인하여 우리나라에서도 특별법을 통하여 대리행사의 권유는 제한되고 있다. 즉 상장주식의 경우 대리행사의 권유에는 백지위임의 방지와 주주에 대한 중요 정보의 공시를 내용으로 하는 제한이 수반되며(자본시장과금융투자업에관한법률 제152조 제6항, 동 시행령 제163조), 국가기간산업 등 국민경제상 중요한 산업을 영위하는 법인으로서 대통령령이 정하는 상장법인의 경우에는 해당 공공적 법인만이 대리행사의 권유를 할 수 있도록 제한하고 있다(자본시장과금융투자업에 관한법률 제152조 제3항).

### 🔹 자본시장법상 위임장권유의 규제

자본시장법은 제152조 내지 제158조에서 상장주권에 관한 의결권 대리행사의 권유관련 규정을 두고 있다.

#### 1. 규제의 필요성

본시 미국 대형회사의 주식투자자들은 물리적으로 주주총회가 개최되어도 이에 참석하는 것은 매우 특별한 경우이다. 이러한 투자자의 소극성 때문에 의결권 대리행사는 주주총회의 의사형성에 매우 큰 의미를 갖는다. 특히 경영권분쟁중 타인의 의결권에 대한 대리의 위임을 받아 이를 총회장에서 일괄 행사하는 경우 경영권교체도 가능하다. 자본시장법은 의결권대리행사의 권유시 나타날 수 있는 백지위임 및 과잉권유를 방지하고, 국가기간산업의 경영권분쟁을 예방하며 기타 투자자보호를 위하여 본 규정들을 두게 되었다.

#### 2. 의결권대리행사 권유(proxy solicitation)의 개념

자본시장법은 제152조 제2항에서 "1. 자기 또는 제3자에게 의결권의 행사를 대리시키도록 권유하는 행위, 2. 의결권의 행사 또는 불행사를 요구하거나 의결권위임의 철회를 요구하는 행위, 3. 의결권의 확보 또는 그 취소를 목적으로 주주에게 위임장 용지를 송부하거나 그 밖의 방법으로 의견을 제시하는 행위"를 의결권대리행사의 권유로 보고 있다. 대

---

81) 우리나라의 사례로는 하나로통신의 11억불 외자유치건(매경 2003. 10. 21.)이 있다. 소액주주들의 위임장을 모은 하나로통신은 대주주 LG의 반대를 물리치고 뉴브리지의 외자를 유치하는 데 성공하였다(cf. www. hanaro.net).

리인의 자격에는 원칙적으로 제한이 없으나 판례는 이를 주주로 제한하는 정관규정의 효력을 유효로 보되 주주인 국가, 지방자치단체 및 주식회사 등에 있어서는 그 소속 공무원, 직원 또는 피용자 등이 대리하는 것을 허용한다(대판 2009. 4. 23. 2005<br>다22701, 22718).

### 3. 권유자 및 피권유자의 제한

국가기간산업 등 국민경제적으로 중요한 산업을 영위하는 법인(공공적 법인)의 경우 그 공공적 법인만이 권유주체가 될 수 있다(자본시장법 제<br>152조 제3항). 따라서 의결권 대리행사의 주주간 권유는 불가해진다. 공공적 법인의 경영권 분쟁을 막기 위함이다. 상장회사 자신 및 그 임원 이외에 대리행사의 권유를 받는 상대방이 10인 미만일 경우에는 자본시장법 시행령은 이를 대리행사의 권유로 보지 아니하므로 상대방은 10인 이상이어야 한다(령 제161<br>조 제1호).

### 4. 권유의 방법

상장주권에 대한 의결권대리행사를 권유하려면 피권유자에게 위임장용지 및 참고서류를 교부하여야 한다(법 제152<br>조 제1항). 위임장용지에는 의결권대리행사에 관한 위임문언, 위임을 받을 자, 피권유자가 소유한 주식수, 위임할 주식수, 주·총의 목적사항 및 사항별 찬반여부, 위임일자 등을 기재하여야 한다(령 제163<br>조 제1항). 이때 피권유자가 위 항목에 대하여 명확히 인지하고 기재할 수 있도록 작성되어야 한다(령 제163<br>조 제1항). 나아가 위임장 용지는 주주총회의 목적사항 각 항목에 대하여 의결권피권유자가 찬반을 명기할 수 있도록 작성하여야 한다(법 제152<br>조 제4항). 나아가 의결권권유자는 위임장용지에 나타난 피권유자의 의사에 반하여 의결권을 행사할 수 없다(법 제152<br>조 제5항). 참고서류에는 권유자의 성명, 소유주식수, 권유자의 대리인, 권유자와 회사간의 관계, 주주총회의 목적사항, 대리행사권유의 취지 등이 기재되어야 한다(령 제163<br>조 제2항). 그 교부방법으로는 권유자의 피권유자에 대한 직접전달, 우편, 팩스, 이메일, 주주총회소집통지서에 동봉하여 송부하는 등 여러 가지가 가능하다(령 제<br>160조).

### 5. 위임장용지 및 참고서류의 제출 및 비치

의결권권유자는 피권유자에게 상기 서류를 제공하는 날 2일 전까지 이를 금융위원회와 거래소에 제출하여야 하고 회사의 영업소, 명의개서대리인, 위원회 및 거래소 등에 비치하고 일반인이 열람할 수 있게 하여야 한다(법 제153조,<br>령 제164조).

### 6. 위반시의 제재

금융위원회는 위임장 및 참고서류의 형식을 제대로 갖추지 않은 경우 상기 서류상 허위기재나 누락이 있을 경우 그 정정을 명할 수 있다(법 제<br>156조). 나아가 자본시장법 규정을 위반한 위임장 권유에 대하여는 권유의 정지나 금지 기타 형사제재가 수반될 수 있다(법 제158조, 법 제<br>445조, 령 제166조).

### 🏵 사례 1: 대림통상 경영권 '위임장대결'

"대림통상의 소액주주에 이어 경영진도 주주들을 대상으로 의결권대리행사를 권유하겠다고 나서 경영진과 소액주주간 위임장대결(Proxy Fighting)이 벌어지게 됐다.

대림통상은 9일 경영권 안정을 위해 자사주 보통주 1천주이상을 보유한 주주들을 대상으로 의결권 대리행사를 권유하겠다는 신고서를 증권감독원에 제출했다.

대림통상은 신고서에서 소액주주인 白光薰(백광훈)씨가 회사의 경영권을 인수하겠다며 주주에게 의결권 위임을 권유하고 나선데 대응해 경영권을 방어하려는 목적이라고 설명했다.

이에 따라 대림통상은 오는 13일 열릴 주총에서 대주주와 소액주주들간에 경영권을 둘러싼 표대결이 벌어질 것으로 예상된다.

대림통상의 소액주주인 白씨는 지난 5일 기존대주주의 보수적인 경영을 타파하고 경영권을 인수하기 위해 주주들에게 의결권 대리행사를 권유하겠다며 증감원에 신고서를 제출한 바 있다."                      [문화일보, 기사 게재 일자 1998-03-10]

### 🏵 사례 2: NHS금융 소액주주, 위임장대결 시작

"NHS금융의 2대주주와 5대주주가 소액주주모임과 같이 손을 잡고 위임장 대결을 통해 감자를 저지하겠다고 나섰다. 이를 위해 지난 20일 소액주주모임은 2대주주와 5대주주와 연계해 감자와 황금낙하산 저지를 위해 위임장대결을 통한 의결권대리행사 권유공시를 냈다.

NHS금융은 지난 11일 정기주주총회 공고를 통해 15주를 1주로 병합하는 무상감자와 적대적 M&A시 대표이사는 30억원, 이사는 20억원 이상을 퇴직금 보상액으로 지급해야 한다는 황금낙하산 제도를 도입하겠다고 밝힌 바 있다. NHS금융의 2대주주인 서상규씨는 "NHS금융은 2003년 이후 650억원의 자본확충을 했음에도 현재 자본금 175억, 시가총액 63억원에 불과해 얼마나 경영을 방만하게 했는지 여실히 보여주고 있다"며 "이러한 와중에서도 다시 15 : 1의 감자를 실시하고 황금낙하산 제도를 도입하겠다는 것은 주주들을 기만한 행위라 볼 수밖에 없어 감자 및 황금낙하산제도 도입을 반대하고 경영권 교체를 요구하는 소액주주모임을 추진하고 있다"고 밝혔다. 소액주주모임은 감자 및 황금낙하산 반대 등 주총안건과 더불어 경영실패의 책임을 묻기 위해 이사와 감사선임 등 경영권 교체를 추진할 예정이다. 한편 NHS금융은 소액주주연대와의 트러블이 지분 경쟁 기대감으로 확대되며 11.11% 오른 200원을 기록하고 있다."

[매일경제 원문 기사전송 2009-03-23 09 : 55, 최익호 기자]

### (4) 하자있는 의결권행사 및 그 효과

이미 살펴본 바대로 주주의 개별적인 의결권행사(Stimmabgabe)는 의사표시로서[82] 이에 대해 일반 민법상의 의사표시와 법률행위에 관한 여러 규정들이 적용될 수 있는

---

82) BGH NJW 1952, 98, 99; KölnerKomm-Zöllner, §133 Rdnr. 24; Bartholomeyczik, AcP 144(1938), 287 ff., 329.

것이다.[83] 그리하여 의사표시의 무효나 취소사유를 낳는 여러 규정들이 의결권행사에도 적용될 수 있다. 행위능력에 관한 민법 제5, 10, 13조, 의사의 흠결(Willensmängel)에 관한 민법 제107조(Mentalreservation), 제108조(Scheingeschäft), 제109 내지 110조 등도 근본적으로 적용가능하다. 나아가 상대방있는 의사표시의 도달에 관한 민법 제111조의 규정도 의결권행사에 적용된다. 즉 주주의 의결권행사는 상대방있는 의사표시로서 주주총회의 의장(HV-Leiter)에게 도달하여야 효력이 발생한다.[84] 나아가 신의성실 및 권리남용금지의 원칙에 관한 민법 제2조(가령 주주의 충실의무에 반한 의결권행사 등)나 양속위반의 법률행위를 무효로 하는 민법 제103조 등도 적용가능하다고 본다.[85] 나아가 의결권행사를 제한하는 각종 강행법규(예컨대 단순한 단속규정이 아닌 사법상의 효력규정인 경우)에 위반한 의결권행사는 민법 제105조의 적용하에 놓이게 될 것이다.

이렇게 의결권행사에 무효사유가 있거나 취소사유가 있어 취소권이 행사된 경우 그 해당 주주의 의결권행사는 찬성이나 반대의 그 어디에도 속할 수 없는 무효의 의결권행사가 되어 실질적으로는 기권과 같이 다루어지게 된다.[86] 그러나 이러한 결과가 곧 해당 결의 그 자체를 무효화하는 것은 아니다. 즉 개개 의결권행사의 하자와 결의의 효력은 엄격히 구별하여야 한다. 물론 개개의 의결권행사에 무효나 취소사유가 있어 효력을 상실하였을 때 그것이 전체 결의의 성립에 영향을 미칠 때가 있다. 그러나 다른 한편으로 의결권행사의 하자가 유효하게 주장되어 무효화하여도 그것이 전체 결의의 성립결과에 영향을 미치지 못하는 때도 있다.

개개 의결권행사에 나타난 하자는 늦어도 찬성 또는 반대의 집계가 완료되기 전까지는 주장되어야 한다.[87] 만약 이에 이르지 못하고 해당 의결권행사의 하자가 반영되지 못한 채 결과가 집계되어 그 결과가 선포되고 난 후에는 상법상의 까다로운 회사법상의 소에 의하여 그 하자를 주장하는 방법밖에 없을 것이다.[88] 주주총회 의장의 집계결과의 확인과 선포는 결의의 성립요건으로서[89] 일단 이에 의하여 결의의 성립이 선포되고 난 후에는 개개의 의결권행사에 내재된 하자는 그 주장방법이 제한될 수밖

---

83) 이에 대해서 자세히는 Zöllner, Die Schranken mitgliedschaftlicher Stimmrechtsmacht bei den privatrechtlichen Personenverbänden, 1963, S. 364 ff.

84) Hüffer-Koch, AktG, 13. Aufl., §133 Rdnr. 19.

85) 예컨대 어느 회사의 주주총회에서 이사 甲을 살해하기 위하여 청부살인업자 乙에게 이를 위임하기로 결의하는 경우 해당 결의 자체뿐만 아니라 개별주주의 찬성표시도 모두 양속위반의 의사표시로서 무효이다.

86) Zöllner, Die Schranken mitgliedschaftlicher Stimmrechtsmacht, a.a.O., §31 I 1 S. 359.

87) KölnerKomm-Zöllner, §133 Rdnr. 26.

88) KölnerKomm-Zöllner, §133 Rdnr. 96.

89) 현재 독일의 압도적 다수설이다. 즉 총회 의장의 결과집계와 그 선포는 단순한 선언적 성격(deklarativer Charakter)에 머무는 것이 아니라 창설적 효력(konstitutive Wirkung)이 있다고 보고 있다. 그리하여 유효한 결의가 성립하자면 이 절차가 필히 요구된다고 한다. vgl. KölnerKomm-Zöllner, §133 Rdnr. 95, 96 참조.

에 없는 것이다.

### (5) 의결권행사의 철회

(가) 의  의:    의결권행사의 철회(Widerruf der Stimmabgabe)라 함은 하자없이 정상적으로 이루어진 의결권행사임에도 불구하고 차후 이를 다시 거두어 들이는 社員의 행위이다. 의결권행사는 의사표시이므로 위에서 논의된 대로 그 잉태된 하자로 말미암아 취소되는 경우도 있지만 철회될 때도 있다. 그렇다면 의사표시로서의 의결권행사는 언제까지 철회될 수 있는 것인지 의문이다. 이에 대해서는 다음과 같은 여러 학설의 대립이 있다. 물론 이 문제는 주식회사뿐만 아니라 모든 회사형태에 공히 나타나는 문제이므로 여러 법형태를 망라하여 포괄적으로 다루기로 한다.

(나) 학설들:    제1설은 무제한설이다. 이 입장에 따르면 의결권의 행사는 종국적인 결의가 성립될 때까지는 제한없이 철회될 수 있다고 보고 있다.[90] 즉 도달 후에도 철회가능하다고 보고 있다. 그러나 종국적으로 결의가 성립된 후에는 재차 별도의 결의가 성립되기 전에는 이를 철회할 수 없다고 한다. 보통 인적회사의 사원결의에서는 의결권행사의 상대방은 다른 사원이 될 것이다. 그러나 주주총회장에서는 의장이나 그의 대리인이 의결권행사의 상대방이 될 것이다. 이 경우 의결권행사가 동시에 이루어지면 이로써 결의가 성립하므로 철회가능성이 없다고 할 수 있을 것이다. 그러나 각종 회사형태에서 다수의 사원들이 순차적으로 또는 시간간격을 두고 서면결의를 하는 경우 종국적으로 결의성립을 위하여 요구되는 찬성이나 반대의 의결권행사가 나타나기까지는 일단 행한 의결권행사라도 철회가능성이 사라지지 않는다고 한다.

제2설은 도달 후 철회불가설이다. 즉 의결권의 행사가 상대방있는 의사표시라는 점에 착안하여 그 상대방에게 도달하고 난 후에는 철회할 수 없다고 보고 있다(例<br>三).[91] 의결권행사는 상대방있는 의사표시인 점에 의문이 없다. 따라서 이 입장은 상대방있는 의사표시의 도달에 관한 민법의 일반규정을 그대로 의결권행사시에 적용하려는 입장이다. 이 견해에 따르는 한 종국적인 결의성립을 위한 의결권행사가 아직 나타나지 않은 단계에서도 해당 사원의 의결권행사가 다른 사원이나 총회장의 의장에게 도달한 후에는 철회가능성이 사라진다고 한다.

---

90) RGZ 128, 172, 177; RGZ 163, 385, 392 f.; Heymann-Emmerich, §119, Rdnr. 4; Brodmann, GmbHG, 2. Aufl.(1930), §48 Rdnr. 2.

91) Bartholomeyczik ZHR 105(1938), 327 f.; Baltzer, Beschluß als rechtstechnisches Mittel organschaftlicher Funktion im Privatrecht, 1965, S. 151 f.; Messer, FS Fleck, ZGR-Sonderheft 7(1988), S. 221 ff., 224 f., 228; Scholz-K. Schmidt, GmbHG, 7. Aufl., 1988, §45 Rdnr. 2, §48 Rdnr. 65 f.; Hüffer-Koch, AktG, 13. Aufl., 133 Rdnr. 19.

제3설은 제한허용설이다. 이 입장은 해당 결의가 아직 실행되지 않은 경우 부득이한 사정이 있는 때에 한하여 도달 후에도 철회할 수 있다고 한다.[92]

제4설은 계약성립법적용설이다. 이 입장은 의결권행사의 철회가능성을 계약성립에 관한 민법 제527조 이하의 규정으로 해결코자 한다.[93] 이 견해는 단체법상의 결의의 성립에 대해서도 민법 제527조 이하($\frac{독일민법 제}{145조 이하}$)의 직접적용이나 준용으로 해결될 수 있다고 보고 있다. 특히 인적회사에서 기본결정사항에 관한 표결을 할 경우 이러한 의사표시의 교환현상을 목격할 수 있다고 한다.

제5설은 표결과정고려설이다.[94] 이 입장은 의결권행사가 의사표시이고 결의가 법률행위이긴 하지만 결의는 단독행위나 계약과 구별되는 단체법상의 독특한 법률행위로서 의사표시의 교환이 아니라 그 의결권행사의 결집(結集)으로 성립된다고 설명한다. 따라서 상대방있는 의사표시에 관한 민법 제111조나 계약성립에 관한 민법 제527조 이하의 규정은 결의에 적용되지 않는다고 한다. 그리하여 이 입장에서는 개개의 결의가 성립되는 표결과정에 따라 각별로 그 철회불가의 시점을 정해야 한다고 주장한다.

(다) 사 견:　생각건대 의결권행사는 개개의 법형태에 따라 또 같은 법형태라도 결의에 참여하는 사원의 수나 결의대상사안의 내용에 따라 표결절차가 달라질 수 있고 그리하여 개개 사원이 행사하는 의결권의 내용이 결집되는 방식 역시 천차만별 다양할 수 있다고 본다. 예컨대 단 2인의 사원만을 갖고 있는 유한회사에서 사원총회 결의로 정관변경을 한다고 하자. 이러한 경우라면 두 사원의 의결권행사는 마치 매매의 성립에서와 유사하게 의사표시가 교환되어 결의를 성립시킬 것이다. 이러한 경우라면 민법 제527조 이하의 적용도 가능하다고 본다. 한 사원이 정관변경의 청약을 하고 다른 사원이 이를 승낙하면 되는 것이다. 그리고 이 경우라면 한 사원의 청약이 상대방에 도달한 다음부터는 철회불가라고 봐야 할 것이고($\frac{민법}{527}$) 다른 사원이 변경을 가한 승낙을 하였다면 새로운 청약으로 볼 수 있을 것이다($\frac{민법}{534}$). 나아가 어떤 합명회사가 다른 회사와 합병함에 있어 합명회사의 세 사원이 합병결의($\frac{상}{230}$)를 한다고 하자. 이런 경우에는 총사원의 동의로 결의가 성립되므로 세 사람에 의한 조직계약의 성립에

---

92) Düringer-Hachenburg-Flechtheim, HGB, 3. Aufl., 1932, §115 Anm. 11; Wieland, Handelsrecht, Bd. Ⅰ, 1921, S. 570 f.; Robert Fischer in Großkomm. HGB, 3. Aufl., 1967, §119 Rdnr. 29; A. Hueck, Recht der oHG, 4. Aufl., 1971, 11 Ⅱ 3 S. 164 f.; Münchkomm.-Ulmer, BGB, 2. Aufl., §709 Rdnr. 67; Soergel-Hadding, BGB, 11. Aufl., §709 Rdnr. 32; Staudinger-Kessler, BGB, 12. Aufl., 1980, §709 Rdnr. 9, 26.

93) Ulmer FS Niederländer, 1991, S. 415, 424 ff.; Würdinger, Gesellschaften, 1. Teil, Recht der Personengesellschaften, 1937, S. 57; A. Hueck, Recht der oHG, 4. Aufl., 1971, §11 Ⅱ 3, S. 165, Fn. 10.

94) Wiedemann, Gesellschaftsrecht, Bd. Ⅰ, 1980, §3 Ⅲ 1 b, S. 179; K. Schmidt, Gesellschaftsrecht, 3. Aufl., §15 Ⅰ 2 a, S. 443.

서와 유사하게 각 사원의 의사표시가 각각 다른 사원들에게 도달함으로써 결의가 성립될 것이다. 이런 경우에도 다른 사원에게 각개의 의사표시가 도달하고 난 다음에는 철회가 불가능하다고 본다. 일반적으로 인적 성격이 강한 조합적 회사형태에서는 도달과 이에 이은 철회가능성의 배제라는 일반원칙이 단체법에도 적용된다고 할 수 있다.

그러나 다수의 주주가 운집한 주주총회를 생각해 보자. 예컨대 주주가 1,000명 가까운 어느 주식회사에서 영업양도승인결의를 하기 위하여 주주들이 극장형 대강당에 운집하였다고 하자. 이 경우에는 개개 주주가 행하는 의결권행사가 다른 주주들에게 도달하는 것은 기대할 수 없다. 그리하여 의장의 사회로 그를 의사표시의 상대방으로 하여 표결이 진행될 것이다. 그러나 그가 혼자 표를 집계하는 것이 어려우면 의장을 대리하는 집계원이 그를 대리하여 의결권행사의 상대방이 되는 것이 통례이다. 또 만장일치가 아니라 다수결이므로 조직계약에서 관찰할 수 있는 의사표시의 교환도 기대할 수 없다. 개개의 의결권행사는 다발로 결집되어 결의성립에 필요한 찬성표수가 확보되면 결의가 성립하는 것이다. 이런 경우에는 개개 주주의 의결권행사는 의장에게 도달한 다음에는 철회할 수 없다고 본다.[95] 그러나 같은 주식회사라도 2인의 주주가 유한회사로의 조직변경결의를 한다면($\frac{\text{상}}{3}$ 604),[96] 이 경우에는 한 주주의 의사표시가 다른 주주에게 도달하여야 할 것이고 도달 후에는 철회할 수 없다고 본다. 이 경우 조직변경결의 속에는 이미 유한회사의 조직을 창설하는 효과의사도 내재하고 있기 때문에 조직계약의 속성을 갖게 된다. 그러나 1인주주의 주식회사라면 총회결의는 단독행위가 되고 말 것이고 의결권행사의 철회라는 문제는 생기지 않을 것이다. 이러한 경우에는 1인주주의 심경변화는 곧 새로운 결의를 성립시키는 결과가 되고 말 것이다. 이러한 결과를 종합하면 같은 법형태라도 천차만별의 표결과정이 나타날 수 있고 그 각 경우마다 의결권행사의 철회가능성은 달리 판단되어야 할 것이다.

결론적으로 마지막 학설에 찬동한다. 그러나 민법 제111조나 민법 제527조 이하의 규정이 결의에 전적으로 적용될 수 없는 것은 아니고 개개의 경우를 따져서 판단하여야 할 것이다.

### (6) 의결권의 서면행사

(가) 의 의:  주주는 정관이 정하는 바에 따라 총회에 출석하지 않고 서면에 의하여 의결권을 행사할 수 있다($\frac{\text{상}}{3}\frac{368의}{1}$). 이를 서면에 의한 의결권의 행사 또는 서면투표라 한다. 이 경우 회사는 총회의 소집통지서에 의결권행사 관련 서면과 참고자료를

---

95) Hüffer-Koch, AktG, 13. Aufl., §133 Rdnr. 19.
96) 총주주의 만장일치결의를 요구한다.

송부하여야 한다($_3^상$ $_{II}^{368의}$).

미국에서는 대회사의 경우 소액주주들이 주주총회에 물리적으로 참여하는 것은 매우 예외적인 일이다. 공간적 광대함과 공개회사에 있어서 전래적인 주주의 소극성 (passivity) 또 총회장소로 이동하는 데 따른 시간과 비용 등 주주총회에 직접 참석하는 것은 매우 비이성적인 때가 많다. 따라서 통상적으로 회사는 우편물로 의결권 행사관련 서면이나 참고자료를 송부하고 주주들은 이를 작성하여 반송함으로써 의결권 행사를 마친다. 회사로서는 이 반송된 위임장 기타 서면을 잘 정리하여 보관해두면 훗날 법적 분쟁이 발생할리 없으므로 이것만 철저히 해두면 되고 주주는 주주대로 시간과 비용을 절약하게 되어 유리하다. 우리 상법도 이러한 의결권의 서면행사가능성을 1999년 말 상법개정시 반영하였다.[97]

(나) **행사의 유효요건**:    의결권의 서면행사가 유효하려면 다음의 요건을 갖추어야 한다.

**1) 정관규정**:    주주가 서면투표를 하려면 우선 그 회사의 정관에 해당 규정을 두어야 한다($_{의3}^상$ $_I^{368}$). 서면투표에 관한 정관규정은 상대적 기재사항이다. 이에 대한 규정이 없더라도 정관 자체의 효력에는 영향이 없으므로 절대적 기재사항은 아니고 해당 사항을 시행하기 위하여는 반드시 정관에 규정을 두어야 하므로 상대적 기재사항이다.

**2) 서면 및 참고자료의 송부**:    주주가 서면투표를 하려면 회사가 주주에게 사전에 참고자료를 송부하여야 한다($_{의3}^상$ $_{II}^{368}$). 나아가 의결권을 행사하는 데 필요한 서면을 송부하여야 한다.

**3) 물리적 총회의 소집**:    현행 상법은 서면행사의 유효요건으로 물리적 총회의 소집을 요구한다($_3^상$ $_{참조}^{368의}$).

(다) **행사의 효과**:    서면투표의 경우에도 물리적 총회에 출석하여 의결권을 행사하는 경우와 마찬가지로 유효한 의결권 행사가 된다.

**(7) 의결권의 전자적 행사**

회사는 이사회결의로 주주가 총회에 출석하지 아니하고 전자적 방법으로 의결권

---

97) 이에 대해서는 권재열, "상법상 서면투표제도의 문제점과 그 해결방안", 「상사법연구」 제19권 제1호, 통권 제26호(2000), 249면 이하.

을 행사할 수 있음을 정할 수 있다($^{\text{상}}_{\text{의4}}{}^{368}_{\text{I}}$). 이 경우에는 주주총회 소집시에 전자적 방법으로 의결권을 행사할 수 있다는 뜻을 통지하거나 공고하여야 한다($^{\text{상}}_{\text{의4}}{}^{368}_{\text{II}}$).

주주가 물리적으로 총회장에 가지 않고 전자적 방식으로 의결권을 행사한다면 시간과 비용절감 측면에서 서면행사 때보다 더 절약될 것이다. 그러나 다른 한편 이러한 온라인상의 의결권행사에는 많은 위험도 수반된다. 미국의 경우 해킹 등의 위험으로 아직도 전통적인 우편제도에 더 의존하고 있는 인상을 받았다. 특히 미국은 세계 제1의 국가로서 어떤 면에서건 표적이 되기 쉽다. 그리하여 온라인 보안면에서도 매우 수준이 높아 작은 실수로도 인트라넷 접속이 끊어지는 때가 많다. 실제 미국 이외의 국가에서 수없이 해킹이 시도되므로 회사의 입장에서도 디지털 환경만 신뢰한 채 주주총회관련 사무를 처리하기는 어려운 실정이다. 필자의 경험으로는 미국의 경우 아직 압도적으로 오프라인상의 우편제도에 의해서 위임장 및 의결권의 서면행사 양식 등이 송부되고 있다고 느꼈다. 심지어 우리는 전자어음제도도 시행하고 있지만 미국의 경우 기명식 당좌수표를 편지봉투에 넣어 송부하는 예가 매우 흔하다. 위 규정은 강행규정이 아니라 회사에서 여건이 갖추어질 경우 자율적으로 시행하는 임의규정이므로 각 회사는 자율적으로 선택할 수 있을 것이다.

### ✿ 2020년 12월 개정 상법의 내용

2020년 개정 상법은 전자투표제를 시행하는 회사에 대해서는 감사 및 감사위원회 위원 선임시 주주총회의 결의요건을 완화하였다($^{\text{상}}_{\text{542의12}}{}^{409}_{\text{VII}}{}^{\text{III}}$). 즉 회사가 상법 제368조의4 제1항에 따라 전자적 방법으로 의결권을 행사할 수 있도록 한 경우에는 상법 제368조 제1항에도 불구하고 **출석한 주주의 의결권의 과반수로 감사 또는 감사위원회 위원을 선임**할 수 있게 하였다.

## (8) 섀도우 보팅

예탁증권에 대해 실질주주가 의결권을 행사하지 않을 경우 정족수 관리차원에서 명의주주인 예탁결제원이 대신 주주총회에 참석하여 다른 주주의 찬반비율대로 의결권을 행사하는 것을 섀도우 보팅(shadow voting; 中立的 議決權 行使制度)이라 한다.[98] 우리나라에서는 지난 1991년 도입되었고 2017년까지 시행되었다. 총회에 불참한 소액주주들의 의결권을 결과에 영향을 주지 않는 범위 내에서 예탁결제원이 대신 행사한 것이다. 증권시장의 확대로 소액주주가 늘어나 주주총회에서 의결정족수 확보가 어려워진데 따른 임시 조치였다.

---

98) 구 자본시장법 시행령 제317조 참조.

그런데 최근들어 이 제도가 부쩍 관심의 초점에 놓여 있다. 2017년 12월 31일부로 폐지되었기 때문이다. 다수 기업들이 감사선임이나 정관변경안에 대해 우려를 표명하였고 임기가 남아 있음에도 새로이 감사를 선출하는 해프닝도 있었다. 제도의 폐지를 눈앞에 둔 일부기업들이 비정상적인 방법을 동원하였기 때문이다. 사실 이 제도가 폐지될 경우 적지 않은 회사에서 총회의 안건관리상 그간의 우려가 현실화할 수 있다. 특히 대주주의 의결권이 3%로 제한되는 감사 또는 감사위원회 위원의 선임시 문제는 더욱 심각할 것이다. 잘못하면 상장폐지의 우려마저 제기되기도 한다. 이러한 기업들의 목소리를 반영하여 2017년 말까지 전자투표제나 의결권 대리행사의 위임 등 일정 요건을 갖춘 기업에 한해 폐지가 유예되기도 하였다.

상법상 주주총회의 결의요건이나 전자투표제 등 총회의 활성화방안은 오래전부터 논의되었다. 그러나 지난 3년의 유예기간 중 어느 것도 만족스러운 단계에 이르지 못한 채 이 제도는 이제 역사의 뒤편으로 사라졌다.

### (9) 스튜어드십 코드

삼성물산과 제일모직간 합병이 남긴 주요과제 중 하나는 기관투자자가 의결권을 행사할 때 사전에 일정 지침을 마련하고 사후에도 그 사유를 공개하는 등 일정한 행동강령이 필요한지이다. 위 합병사례에서 국민연금이 행사하는 의결권의 향방은 처음부터 초미의 관심사였다. 국민연금이 합병에 찬성하느냐 반대하느냐가 합병승인에 결정적 영향을 미칠 수 있었기 때문이다. 금융위원회는 2016년 말 민간자율규제 형식으로 '기관투자자의 수탁자 책임에 관한 원칙'을 채택·공표하였다.

#### ⚙ 스튜어드십 코드[stewardship code]란?[99]

"연기금과 자산운용사 등 주요 기관투자가가 기업의 의사결정에 적극 참여하도록 유도하는 기관투자가들의 의결권 행사지침이다. 주인의 재산을 관리하는 집사(steward)처럼, 기관투자가가 고객 돈을 제대로 운용하는 데 필요한 행동지침인 셈이다. 기관투자가의 역할을 단순히 주식 보유와 그에 따른 의결권 행사에 한정하지 않고 기업과 적극적인 대화를 통한 기업의 지속가능 성장에 기여하고 이를 바탕으로 고객의 이익을 극대화하는 것을 목적으로 한다.

스튜어드십 코드는 2010년 영국이 처음 도입했다. 현재까지 네덜란드, 캐나다, 스위스, 이탈리아 등 10여개 국가가 도입해 운용 중이다. 아시아에서는 일본, 말레이시아, 홍콩, 대만 등이 운용하고 있다. 영국이 처음으로 코드를 도입한 것은 2008년 글로벌 금융위기가 주주, 특히 기관투자가의 무관심에서 비롯됐다는 판단에 따른 것이다. 기관투자가가 금

---

99) [네이버 지식백과] 스튜어드십 코드 [stewardship code] (한경 경제용어사전, 한국경제신문/한경닷컴)에서 전재함.

융회사 경영진의 잘못된 위험 관리를 견제하지 못했기 때문이라는 지적에서다. 일본은 상장사의 자기자본이익률(ROE) 개선을 위해 2014년 도입했다. 지금까지 214개 기관투자가가 참여했다.

코드 도입 효과에 대한 분석은 엇갈린다. 금융위원회는 일본에 대해 "기관투자가의 활발한 주주활동으로 기업들이 자사주 매입을 늘리고, 배당을 확대해 증시를 20년 장기 박스권에서 탈피시켰다"고 평가했다. 그러나 전국경제인연합회 등은 2016년 '스튜어드십 코드 도입에 대한 경제단체 공동건의'에서 "코드 도입 및 시행 이후 일본 상장사의 ROE는 변화가 없다"며 "실효성이 불분명하다"고 주장했다. 영국에 대해선 각종 해외 보고서를 인용해 "코드를 도입한 300개 기관투자가 중 실제 이를 준수하는 곳은 30개에 불과하다"고 지적했다. 코드 도입 목적을 달성하지 못했다는 평가를 받는 일본, 영국 등과 달리 한국은 도입 목적 자체에 문제가 있다는 지적도 나온다. 코드를 통해 재벌 기업의 지배구조를 바꾸겠다는 목적이 강하다는 것이다.

우리나라도 금융위원회가 중심이 되어 애초 작년 도입을 목표로 태스크포스를 구성해 추진했으나 전국경제인연합회 등 경제단체의 반대로 시행이 늦춰지다가 2016년 12월 19일 한국판 스튜어드십 코드인 '기관투자자의 수탁자 책임에 관한 원칙'을 공표했다. 공개된 제정안은 7개 원칙으로 이뤄져 있는데 기관투자자가 자금 수탁자로서 고객이나 수익자 이익을 최우선에 두고 책임을 이행하면서 의결권 행사의 절차와 기준을 마련해 공개하고 의결권 행사 내역과 이유를 적절한 방식으로 알리도록 규정하고 있다.

〈스튜어드십 원칙〉 1. 기관투자자는 고객, 수익자 등 타인 자산을 관리 · 운영하는 수탁자로서 책임을 충실히 이행하기 위한 명확한 정책을 마련해 공개해야 한다. 2. 기관투자자는 수탁자로서 책임을 이행하는 과정에서 실제 직면하거나 직면할 가능성이 있는 이해상충 문제를 어떻게 해결할지에 관해 효과적이고 명확한 정책을 마련하고 내용을 공개해야 한다. 3. 기관투자자는 투자대상회사의 중장기적인 가치를 제고하여 투자자산의 가치를 보존하고 높일 수 있도록 투자대상회사를 주기적으로 점검해야 한다. 4. 기관투자자는 투자대상회사와의 공감대 형성을 지향하되, 필요한 경우 수탁자 책임 이행을 위한 활동 전개 시기와 절차, 방법에 관한 내부 지침을 마련해야 한다. 5. 기관투자자는 충실한 의결권 행사를 위한 지침 · 절차 · 세부기준을 포함한 의결권 정책을 마련해 공개해야 하며, 의결권 행사의 적정성을 파악할 수 있도록 의결권 행사의 구체적인 내용과 그 사유를 함께 공개해야 한다. 6. 기관투자자는 의결권 행사와 수탁자 책임 이행 활동에 관해 고객과 수익자에게 주기적으로 보고해야 한다. 7. 기관투자자는 수탁자 책임의 적극적이고 효과적인 이행을 위해 필요한 역량과 전문성을 갖추어야 한다."

## V. 의사진행

주주총회의 議事進行에 관하여 상법이 명문의 규정을 두고 있는 것은 아니다. 그러나 다음과 같은 과정을 거쳐서 결의가 성립될 것이다.

## 1. 총회의 성립

주주총회는 소집통지서에 기재된 일시와 장소에 결의성립에 필요한 수의 주주가 출석하고 나아가 이사 및 감사가 참석하며 이를 총회 의장이 확인·보고한 후 주주총회의 개회를 선언함으로써 성립한다. 이사 및 감사의 출석의무는 상법에 법정되어 있으며($\frac{상}{제}\frac{373}{413}$), 필요한 주주의 출석 여부는 주주의 명수(頭數)가 아니라 출석주주의 보유주식수에 따라 판단한다($\frac{상}{제}\frac{368}{434}$).

### ◈ 현행 상법에 의한 의사정족수

1995년 상법은 구법상의 의사정족수제도는 이를 폐지하였다. 그러나 현행법에 따르더라도 최소한 총회결의가 성립하려면 보통결의의 경우 출석한 주주의 의결권의 과반수가 동시에 발행주식총수의 4분의 1 이상은 되어야 하고($\frac{상}{제}368$), 특별결의라면 출석한 주주의 의결권의 3분의 2 이상이 동시에 발행주식총수의 3분의 1 이상은 되어야 한다($\frac{상}{434}$). 따라서 보통결의의 경우 발행주식총수의 4분의 1, 특별결의의 경우 발행주식총수의 3분의 1에 미치지 않는 주식을 보유한 주주만 참석한 경우에는 주주총회는 어떤 형태로도 결의를 성립시킬 수 없다. 이러한 점에서 보면 1995년의 상법개정 이후에도 의사정족수제도는 제한적으로나마 잔존한다고 보아야 한다.[100] 출석한 주주의 의결권의 과반수($\frac{보통결의}{상\ 368\ I}$) 또는 출석한 주주의 의결권의 3분의 2 이상($\frac{특별결의}{상\ 434}$) 이라는 의결정족수제도는 과거와 마찬가지로 그대로 시행되고 있다.

## 2. 의장의 선임

### (1) 선임절차

총회에는 의사진행을 맡을 議長이 있어야 한다($\frac{상}{제}\frac{373}{참조}$). 보통 정관상 대표이사가 의장이 되는 것이 상례이다($\frac{상장회사\ 표준정}{관\ 21\ I\ 참조}$). 그러나 정관에 이에 관한 정함이 없으면 총회에서 選任할 수 있다($\frac{상}{2}\frac{366의}{I}$).

### (2) 의장의 권한

의장은 의사진행에 필요한 권한을 가지며, 출석주주의 확인, 의사진행에 필요한 각종 절차를 주도한다. 의사진행은 합리적으로 공정하게 관리되어야 하며 찬반을 유도한다든지 일부 주주의 발언을 편파적으로 봉쇄하는 경우 등에는 결의방법이 현저

---

100) 소집통지와 의결정족수에 대한 판례평석으로는 김재범, "소집통지를 결하거나 정족수에 미달한 주주총회결의의 효력", 「판례월보」 제326호(1997. 11.), 30면 이하.

하게 불공정한 경우($\frac{상}{의}$<sup>376</sup>)가 되어 결의취소사유가 될 수 있다.

(가) **질서유지권:**  1999년의 상법개정 이전에는 주주총회의 의장을 제373조 제2
항에서 의사록의 기명날인 또는 서명자로 지정하고 있을 뿐 그의 권한에 대한 구체
적 규정을 두고 있지 않았다. 이러한 입법적 미비를 개선하기 위하여 상법은 과거 증
권거래법 제191조의9에 규정되었던 의장의 질서유지권<sup>101)</sup>을 삭제하고, 이를 상법에
신설함으로써 모든 주식회사에 확대적용하게 되었다($\frac{상}{의2}^{366}$).

신설된 내용에 따르면 의장은 總會의 秩序를 維持하고 議事를 整理한다($\frac{상}{의2}^{366}$ Ⅱ). 이
는 의장의 일반적인 질서유지권을 규정한 것이다. 나아가 의장은 주주총회장에서 고
의로 의사진행을 방해하기 위한 발언·행동을 하는 등 질서를 문란하게 하는 자에
대하여 그 발언의 정지 또는 취소나 퇴장(Saalverweis)을 명할 수 있는 데($\frac{상}{2}^{366의}$ Ⅲ), 이
는 소위 총회꾼의 횡포를 막고 원만한 의사진행을 보장하기 위하여 둔 규정이다.<sup>102)</sup>
나아가 의장은 의사진행의 원활을 기하기 위하여 필요하다고 인정하는 때에는 주주
의 발언시간이나 발언횟수를 제한할 수 있다고 본다. 그러나 이러한 의장의 권한이
정당한 주주의 발언권을 제한하거나 기존 경영권자에게만 유리하게 작용하는 경우에
는 권리남용에 해당한다고 봐야 할 것이다. 만약 의장의 질서유지권이 권리남용적으
로 행사되는 경우에는 의사진행상 절차상의 하자를 구성하여 해당 결의는 취소대상
이 될 가능성도 있다.<sup>103)</sup>

(나) **의장의 권한과 주주의 권리:**  나아가 의장의 질서유지권은 항상 개별주주의
총회참여권 및 의결권과 대립될 수 있다. 따라서 양자간에는 目的手段關係(Zweck-
Mittel-Relation)가 나타날 수 있고, 이러한 상호관련 속에서 양자간에는 比例의 原則이
지배하여야 할 것이다.<sup>104)</sup> 즉 의장이 질서유지권을 행사할 때에는 그에 상응하는 의
사진행상의 뚜렷한 목적이 있어야 하고, 또 그 목적을 달성하기 위하여는 개별 주주
의 총회참여권이나 의결권의 침해가 最小化하는 방법을 선택해야 할 것이다. 나아가
개별주주의 권리가 희생되는 정도와 달성하려는 의사진행상의 목적간에는 比例性
(Angemessenheit)이 나타나야 할 것이다.<sup>105)</sup> 또한 퇴장 등 극단의 제재를 가하기 위하

---

101) 이에 대해서는 Hüffer-Koch, AktG, 13. Aufl., 129 Rdnr. 17 ff.; Martens, Die Leitungskompetenz auf der
Hauptversammlung einer AG, WM 1981, 1010; Max, Die Leitung der Hauptversammlung, AG 1991, 77 등
참조.
102) 상법 제366조의2의 해석상 제2항은 의장의 일반적인 秩序維持權과 議事整理權을 규정하고 있고, 제3항의 내
용은 제2항에 규정된 질서유지권의 한 例示로 보인다. 따라서 해석의 중심도 제2항에 두어야 할 것이다.
103) BGHZ 44, 245, 251 f.=BGH NJW 1966, 43; Hüffer-Koch, AktG, 13. Aufl., §243 Rdnr. 16; Zöllner in
KölnerKomm., §243 Rdnr. 118.
104) Hüffer-Koch, AktG, 13. Aufl., §129 Rdnr. 23; BGHZ 44, 245, 251 ff.
105) 쉽게 표현하자면 모기 한 마리를 잡기 위하여 한 도시를 불지를 수는 없는 것이다.

여는 최소한 사전경고가 先行되어야 할 것이다.[106]

### ⚙ 회사법과 비례의 원칙

의장의 권한행사에 비례의 원칙이 적용될 수 있음을 알아 보았다. 그러나 그외에도 회사법상 비례의 원칙이 나타나는 경우는 많다.

i) 신주 및 전환사채의 제3자 배정시: 우선 상법 제418조 제2항 단서를 보면 신주의 제3자 배정이 정당화되려면 경영상 목적을 달성하기 위하여 필요한 경우에만 가능하다고 하고 있다. 즉 **신주의 제3자배정**을 통하여 달성하려는 회사 전체의 이익과 그 이익추구의 정당성 -기업가치의 유지향상-, 이 목적 달성을 위하여 신주의 제3자 배정이 적합한 수단일 것, 신주의 제3자배정이 다른 여타의 수단보다 기존 주주의 이익을 덜 침해하는 것일 것(침해의 최소성), 신주의 제3자배정을 통하여 달성되는 회사전체의 이익과 희생되는 기존 주주들의 지분율 하락 간 협의의 비례성 등이 나타나야 할 것이다. 나아가 이러한 현상은 **전환사채의 제3자 배정**시에도 나타난다(상 513 Ⅲ 단서, 상 418 Ⅱ 단서 참조).

ii) 소수주식의 강제매수시: 나아가 소수주식의 강제매수제도에서도 비례의 원칙이 나타난다. 지배주주의 매도청구는 '회사의 경영상 목적을 달성하기 위하여 필요한 경우'에 정당화된다(상 360-4 1). 우선 소수주식의 강제매수가 정당화되려면 정당한 경영상의 목적(valid business purpose)이 있어야 한다. 소수주주들의 주식을 관리하는 데 지나친 비용이 발생하여 이를 절감할 절대적 필요가 있는 등 정당화요소가 나타나야 한다. 둘째 소수주식의 강제매수가 경영상 목적을 달성하기 위한 적합한 수단이어야 한다. 셋째 소수주식의 강제매수가 상기의 목적을 달성하기 위한 적합한 수단이면서도 여타 소수주주들의 이익침해를 최소화하는 것이어야 한다. 그런데 소수주주들은 지배주주의 매도청구로 주주의 지위 자체를 상실하므로 가장 최악의 상태로 전락한다. 따라서 공정한 매수가격을 보장하여 소수주주의 이익침해를 최소화할 필요가 있다. 끝으로 소수주식의 강제매수가 소수주주들에게 주는 불이익과 회사가 누리는 이익간에 협의의 비례성이 나타나야 한다.

iii) 경영권 방어행위의 적법성 판단시: 끝으로 **경영권 방어의 적법요건**에서도 비례의 원칙이 동원된다. 수원지법 여주지원의 현대엘리베이터사건에서 재판부는 미국의 유노칼사건에 비유될 만한 비례성 심사를 하고 있다. 비록 공법에서와 같은 논증 구조 — 목적의 적법성, 수단의 적합성, 침해의 최소성, 법익의 균형성 — 를 문언으로 확인하기는 쉽지 않지만 전체적인 판결문의 흐름에서 이를 확인할 수 있다.

## 3. 의안상정 및 토의·표결

총회가 성립되고 의장이 선임되면 본격적인 의사진행이 시작된다. 우선 주주들의 표결대상이 되는 의안이 상정되고 이에 대한 토론이 속행되며 이어 주주들의 표결로 들어갈 것이다.

---

106) Quack AG 1985, 145, 147 f.; Hüffer-Koch, AktG, 13. Aufl., §129 Rdnr. 23.

## (1) 의안상정

주주의 의결권행사는 대화적 성격을 지니고 있다. 의결권은 총회 회의장에서 의장에 의하여 제시된 일정 안건에 대하여 찬성이나 반대의 응답형식으로 행사되기 때문이다. 우선 議案上程(Beschlußantrag)의 법적 성질을 살펴보면 이는 주주들의 의사표시인 의결권행사를 유도하는 특별한 법률요건으로 볼 수 있다. 이를 마치 매매계약상의 청약과 같은 의사표시로 보는 소수설도 있으나[107] 이는 개개 주주가 자신이 행사할 의결권의 내용을 사전에 알리는 보조적 행위로 보아야 할 것이다.[108] 그 이유는 가령 행위무능력상태의 자가 의안상정을 하고 이에 대하여 주주가 의결권행사를 하였다고 할 때 그의 행위능력의 흠결에도 불구하고 결의의 성립요건만 갖추어지면 하자없는 결의의 성립이 가능하기 때문이다.

상정될 의안은 정기총회의 경우 이사회에 의하여 사전에 결정되며 소집통지서에 기재된다. 임시총회의 경우에도 사전에 총회의 목적사항이 특정될 것이다. 의안상정권은 원칙적으로 주주, 이사, 감사 등 총회에 참석할 권한을 누리는 모든 자가 향유하나[109] 주권상장법인의 경우에는 주주제안권에 관한 별도의 특칙이 있다($\frac{상}{의6}\frac{542}{II}$).

### 🔅 주주제안권제도

1998년 개정상법은 상장법인에만 인정되어 오던 주주제안권을 상법에도 명문화하였다. 그 이유는 주주의 적극적인 경영참여와 경영감시를 강화하기 위함이다. 이리하여 주주제안권제도(Antragsrecht)를 일반화하였다. 의결권없는 주식을 제외한 발행주식총수의 100분의 3 이상에 해당하는 주식을 가진 주주는 이사에 대하여 회일의 6주 전에 서면으로 일정한 사항을 주주총회의 목적사항으로 할 것을 제안할 수 있다($\frac{상}{I}363의$). 나아가 이러한 주주제안권을 향유하는 소수주주는 자신이 제출하는 의안의 요령을 총회소집통지서나 공고문에 기재할 것을 요구할 수 있다($\frac{상}{2II}363의$). 이러한 주주제안이 있을 때에는 이사는 이를 이사회에 보고해야 하고 이사회는 주주제안의 내용이 법령이나 정관에 위반되지 않는 한 이를 주주총회의 목적사항으로 하여야 한다. 또한 주주제안자의 청구가 있을 때에는 해당 주주가 총회장에서 당해 의안을 설명할 수 있는 기회도 부여해야 한다($\frac{상}{2III}363의$).

## (2) 토 의

### (가) 토의의 필요성: 총회 회의장에서 의안이 상정되면(가령 '다음은 제3호 의안인

107) Herta Krause, Gesellschafterbeschluß und Abstimmung, ihre Rechtsnatur und Behandlung, Marburger Diss., 1937, S. 19.
108) KölnerKomm-Zöllner, §133 Rdnr. 33.
109) KölnerKomm-Zöllner, §133 Rdnr. 35.

합병승인결의를 의결할 차례입니다' 등으로 총회 의장의 사회가 시작될 것이다) 원칙적으로 표결에 들어가기 전에 제안된 의안의 설명이나 주주들의 질문이 있을 경우 이에 대한 답변 또 이에 이은 토의가 후속될 것이다. 주주제안자의 요청이 있는 경우에는 주주총회에서 당해 의안을 설명할 수 있는 기회를 주어야 한다(상363의2 Ⅲ 단서). 이러한 의안설명과 토론의 기회는 주주들이 자신의 의결권을 합리적이고 정당하게 행사할 수 있는 기초를 제공한다.

### (나) 주주의 정보권

**1) 총 설:** 이러한 절차는 주주의 정보권(Informationsrecht)을 전제로 하고 있다. 쉽게 표현하자면 주주들의 '알 권리'이다. 주주들은 상정된 의안과 관련하여 회사 내외부의 제반사정을 충분히 알아야 합리적인 의결권행사가 가능한 것이다. 그러나 이러한 주주들의 '알 권리'는 내재적 한계가 있다. 마치 오늘날의 복지형 행정국가에서 국민의 알 권리가 일정한 한계를 보이듯이 전문경영인들에 의하여 주도되는 오늘의 주식회사에서도 주주들의 알 권리는 일정한 제한이 불가피한 것이다. 회사의 내부사항을 모두 주주들에게 제한없이 공개한다면 이사회의 업무집행에 커다란 차질이 나타날 수 있다. 가령 경쟁업체에서 특정 회사의 사업계획을 미리 알아 사전에 시장점유를 무력화시킨다든지 각종 산업스파이를 통한 오늘날의 통상정보전을 생각하면 더 이상 자세한 설명이 필요없을 정도이다. 그러나 이러한 한계에도 불구하고 주주의 알 권리는 원칙적으로 보장되어야 한다. 단지 회사의 이익과 주주의 알 권리간에 합리적인 이해형량(利害衡量)이 있어야 하고 그 결과는 개별 사안에서 구체적으로 확정되어야 할 것이다. 독일 주식법은 주주의 알 권리에 대하여 명문의 규정을 두고 있다. 동법 제131조 제1항은 주주의 원칙적인 알 권리(Auskunftsrecht)를 규정하고 있고 동조 제3항은 이러한 주주의 알 권리에 대하여 회사가 거부할 수 있는 요건들을 적시하고 있다. 이사회는 자신의 재량으로 상기 사유가 있을 경우 정보거부를 결정할 수 있고 주주는 이에 대하여 법원의 심판을 요구할 수 있다(동법 제132조). 우리 상법은 이러한 명문의 규정을 두고 있지 않지만 이사회의 의사록이나 회계장부와 서류에 대한 주주의 열람·등사청구권을 규정하는 등 주주의 정보권을 부분적으로 성문화하고 있다(상391의3, 466). 주주의 알 권리는 합리적 경영판단에 따른 일정한 한계 내에서는 원칙적으로 보장되어야 할 것이다. 이에 있어서는 물론 회사의 이익과 주주의 권리가 객관적 시각에서 비교형량되어야 할 것이다.

**2) 개개의 경우:** 주주의 정보권에 대해 좀더 구체적으로 아래와 같이 접근해보

기로 한다.

**가) 회계장부열람권:**   회계장부열람권은 아래와 같은 요건하에 이를 행사할 수 있다.[110)]

① **3% 소수주주권:**   상법 제466조상 보장된 주주의 회계장부열람권은 3%의 소수주주권으로 되어 있다. 개개 주주가 이 지분율을 넘지 못하더라도 복수의 주주가 합하여 3% 이상의 주식을 보유한 경우 그들은 공동으로 이 소수주주권을 행사할 수 있다. 주주가 상법상 인정되는 권리를 행사하려면 회사의 업무나 재산상태에 대해 정확히 알 필요가 있는데 회사에 비치되어 있는 재무제표만으로는 충분한 정보를 얻기 어렵다. 이에 상법은 소수주주들에게 재무제표 작성의 기초가 되는 회계장부에 대해서도 일정 요건하에 열람·등사권을 부여하고 있는 것이다.[111)]

② **이유부 서면의 제출:**   본 열람권의 두번째 행사요건은 이유를 첨부한 서면의 제출이다($^{상\ 466}$). 주주로 하여금 이유부 서면을 제출하도록 요구하는 것은 열람·청구절차에 신중을 기하기 위함이다. 회사는 이를 통하여 열람·등사의무의 존부를 보다쉽게 판단할 수 있게 될 것이다. 나아가 회사가 이에 응할 경우에도 공개의 범위를구체적으로 확정할 수 있게 될 것이다.

서면상 청구이유는 구체적으로 기재되어야 하지만 청구이유가 사실일지도 모른다는 합리적 의심이 들 정도로 자세히 기재될 필요는 없다. 나아가 그 이유를 뒷받침하는 자료를 첨부할 필요도 없다. 주주에게 과중한 부담을 주는 경우 상법 제466조의 입법취지를 살릴 수 없기 때문이다.

---

**대판 2022. 5. 13, 2019다270163 [회계장부와 서류의 열람 및 등사 청구의 소]**

"상법 제466조 제1항은 '이유를 붙인 서면'으로 열람·등사를 청구할 수 있다고 정한다. 그 이유는 주주가 회계장부와 서류를 열람·등사하는 것이 회사의 회계운영상중대한 일이므로 그 절차가 신중하게 진행될 필요가 있고, 또 회사가 열람·등사에 응할 의무의 존부나 열람·등사 대상인 회계장부와 서류의 범위 등을 손쉽게 판단할 수있도록 할 필요가 있기 때문이다(대법원 1999. 12. 21. 선고 99다137 판결 참조).

**주주가 제출하는 열람·등사청구서에 붙인 '이유'는 회사가 열람·등사에 응할 의무의존부를 판단하거나 열람·등사에 제공할 회계장부와 서류의 범위 등을 확인할 수 있을정도로 열람·등사청구권 행사에 이르게 된 경위와 행사의 목적 등이 구체적으로 기재되면 충분하고, 더 나아가 그 이유가 사실일지도 모른다는 합리적 의심이 생기게 할 정**

---

110) **모회사 주주의 자회사에 대한 회계장부열람권**에 대해서는 이미 법인격부인론 중 '법인격부인의 효과'부분에서 살펴 본 바 있다(본서 40~43면 참조).

111) 대판 2022. 5. 13, 2019다270163.

도로 기재하거나 그 이유를 뒷받침하는 자료를 첨부할 필요는 없다. 이와 달리 주주가 열람·등사청구서에 이유가 사실일지도 모른다는 합리적 의심이 생기게 할 정도로 기재해야 한다면, 회사의 업무 등에 관하여 적절한 정보를 가지고 있지 않는 주주에게 과중한 부담을 줌으로써 주주의 권리를 크게 제한하게 되고, 그에 따라 주주가 회사의 업무 등에 관한 정보를 확인할 수 있도록 열람·등사청구권을 부여한 상법의 취지에 반하는 결과가 초래되어 부당하다."

③ 회사의 거부권:　회사는 주주의 청구가 부당할 경우 거부권을 행사할 수 있다($^{\text{상}\,466}$). 판례에 의하면 **경업관계에 있는 주주가 회계장부의 열람을 요구할 경우 회사의 거부권은 정당화될 수 있다고 한다. 일관된 판례의 입장이다.** 나아가 주주가 제출하는 서면 그 자체로부터 허위사실이 발견되거나 청구목적의 부당성이 명백한 경우에는 회사는 주주의 열람청구를 거부할 수 있게 될 것이다. 모색적 증거수집은 일반적으로는 허용될 수 없겠지만 구체적인 사안에서 주주의 요구가 이에 해당하는 것인지는 신중하게 판단하여야 할 것이다.

### 대판 2022. 5. 13, 2019다270163

"... 이유 기재 자체로 그 내용이 허위이거나 목적이 부당함이 명백한 경우 등에는 적법하게 이유를 붙였다고 볼 수 없으므로 이러한 열람·등사청구는 허용될 수 없다. 또 이른바 모색적 증거 수집을 위한 열람·등사청구도 허용될 수 없으나, 열람·등사청구권이 기본적으로 회사의 업무 등에 관한 정보가 부족한 주주에게 필요한 정보 획득과 자료 수집을 위한 기회를 부여하는 것이라는 사정을 고려할 때 모색적 증거 수집에 해당하는지는 신중하고 엄격하게 판단해야 한다."

### 대판 2018. 2. 28, 2017다270916 [회계장부와서류·열람등사][112]

"상법 제466조 제1항에서 규정하고 있는 주주의 회계장부와 서류 등에 대한 열람·등사청구가 있는 경우 회사는 청구가 부당함을 증명하여 이를 거부할 수 있고, 주주의 열람·등사권 행사가 부당한 것인지는 행사에 이르게 된 경위, 행사의 목적, 악의성 유무 등 제반 사정을 종합적으로 고려하여 판단하여야 한다. 특히 주주의 이와 같은 열람·등사권 행사가 회사업무의 운영 또는 주주 공동의 이익을 해치거나 **주주가 회사의 경쟁자로서 취득한 정보를 경업에 이용할 우려가 있거나, 또는 회사에 지나치게 불리한 시기를 택하여 행사하는 경우 등에는 정당한 목적을 결하여 부당한 것이라고 보아야** 한다."

---

112) **같은 취지의 가처분 결정**으로는 대법원 2004. 12. 24. 자 2003마1575 결정 [회계장부등열람및등사가처분] 및 대법원 2014. 7. 21. 자 2013마657 결정 [이사회의사록열람및등사허가신청] 등이 있다.

④ **증명책임:**  청구의 부당성에 대한 입증은 회사의 소관사항이다. 회사는 상법 제466조 제2항에 따라 청구이유의 허위성 내지 청구목적의 부당성을 입증하여 열람·등사의무에서 벗어날 수 있게 될 것이다.

> **대판 2022. 5. 13, 2019다270163**
>
> "… 주주로부터 열람·등사청구를 받은 회사는 상법 제466조 제2항에 따라 열람·등사청구의 부당성, 이를테면 열람·등사청구가 허위사실에 근거한 것이라든가 부당한 목적을 위한 것이라든가 하는 사정을 주장·증명함으로써 열람·등사의무에서 벗어날 수 있다."

**나) 주주명부의 교부청구권:**  주주명부의 경우 주주와 회사채권자는 영업시간내에 언제든지 그 열람 또는 등사를 청구할 수 있는바($\frac{\text{상}}{\text{제}}$ 396), 이 경우에는 회계장부열람권과 다르게 회사의 거부권이 규정되어 있지 않다. 그러나 위의 총설부분에서 언급하였듯이 회사의 이익과 주주의 이익을 비교형량할 수밖에 없을 것이다. 판례 역시 **회사가 그 청구의 목적이 정당하지 아니함을 주장·입증하는 경우에는 이를 거부할 수 있다**고 보고 있다.[113]

**(다) 주주의 발언권:**  총회의 의사진행을 위하여는 나아가 주주의 발언권(Rederecht)이 보장되어야 한다. 이것은 상기의 정보권과 밀접한 관련을 맺고 있다. 총회 회의장에 출석한 주주들간에 충분한 발언과 토의가 보장되어야 개개 주주들이 자신의 의결권행사에 만전을 기할 수 있기 때문이다. 물론 합리적인 회의진행을 위한 발언시간이나 횟수의 제한은 필요할 것이다.[114] 주주의 발언권은 정보권의 일부로 이해하여야 하며 따라서 합리적인 의사진행의 범주 내에서는 반드시 보장되어야 한다. 주주의 발언권이 부당하게 침해된 경우에는 '결의방법이 현저하게 불공정한 경우'($\frac{\text{상}}{\text{제}}$ 376)에 해당되어 총회결의의 취소사유가 될 것이다.

## (3) 표  결

**(가) 표결의 방식:**  이와 같이 상정된 의안에 대한 제안설명과 주주의 질문에 대한 답변 나아가 주주들의 토의가 끝나면 표결로 들어간다. 주주의 의결권행사는 결의라는 단체법상의 법률행위를 성립시키기 위한 의사표시이다.

상법은 서면결의, 서면투표 또는 전자투표 등 특수한 경우 외에는 의결권의 행사

---

113) 대법원 1997. 3. 19. 자 97그7 결정 [강제집행정지].
114) BGH NJW 1971, 2225; KölnerKomm-Zöllner, §118 Rdnr. 18.

방식에 대해 별도로 정하고 있지는 않다. 따라서 회의진행의 일반원칙에 따라 여러 방법이 동원가능할 것이다. 거수나 기립으로 표결할 수도 있고 주주들을 개별 호명하여 찬반의사를 물을 수도 있으며 투표함에 서면형식으로 투표할 수도 있을 것이다. 표결방법은 개개 주주총회에서 결과를 가장 신속히 또 정확히 파악할 수 있는 방법으로 선택하면 될 것이다.

(나) **소규모 주식회사에서의 서면결의:** 표결방법에서 특히 문제시되는 것은 서면결의 가능 여부이다. 유한회사에서는 명문의 규정으로($\frac{상}{577}$) 총사원의 동의가 있을 경우 이를 허용하고 있다. 2014년 개정 상법은 소규모 주식회사에 한하여 이를 허용하였다($\frac{상}{제}$ 363).

주주총회는 회의체로 의사진행이 이루어지는 것이 원칙일 것이다. 주주들의 의사가 충실히 표결결과에 반영되자면 토론과 의견교환이 이루어져야 하는데 서면결의를 할 경우에는 이러한 기회가 보장되지 않는다. 유한회사와 같은 폐쇄적 성격의 회사에서는 사원들간에 認知度가 높아 총회의 목적사항에 대해 개별적으로 의견을 교환할 수도 있고 일정한 장소에 모이지 않아도 결과수렴을 꾀할 수 있다. 그러나 전형적인 사단형 주식회사에 있어서는 그런 가능성을 기대하기 어렵고 그 결과 서면결의는 수용할 수 없었다.

그러나 오늘날에 와서는 인터넷 등 전자적 의견교환 가능성이 대중화하였고, 또 주식회사라는 법형태가 반드시 다수의 주주를 전제로 한 사단형 영리법인 만을 그 대상으로 하는 것도 아니다. 특히 우리나라에서 주식회사는 이미 만능의 외투(Allzweck Mantel)가 되었다.[115] 주주가 소수이고 1, 2인의 이사를 둔 중소형 주식회사가 얼마든지 설립될 수 있고, 또 1998년 개정상법은 자본금 10억원 미만의 소규모 주식회사에 대해서는 별도의 지배구조까지 허용하였다($\frac{상}{제조}$ 383). 이제는 주식회사라는 법형태만 내세워 서면결의의 가능성을 전체적으로 부정할 수는 없게 되었다. 2014년 상법은 이러한 상황을 참고하여 자본금 10억원 미만의 소규모 주식회사에 대하여는 서면결의를 허용하는 쪽으로 방향을 바꾸었다($\frac{상}{제}$ 363).

### 🔅 소규모 주식회사의 서면결의와 주주총회 의사록의 작성 필요성

#### 1. 문 제 점

소규모 회사가 주주 전원의 동의로 서면결의를 하거나 주주 전원이 서면으로 동의한

---

115) 정확한 통계자료를 제시하기는 어렵지만 상업등기에 등기된 영리법인 중 90% 이상이 주식회사라 한다. 반면 독일의 경우를 보면 주식회사는 전체 법형태중 채 1%를 넘지 못한다(0.95%). 가장 흔한 회사형태는 유한회사(GmbH)로 전체 회사 중 72%를 차지한다. 2위는 합자회사(15.5%), 3위는 합명회사(1.46%)라 한다(Windbichler, Gesellschaftsrecht, 24. Aufl., 2017, S. 45).

경우에도 주주총회 의사록을 작성하여야 하는지 의문이다.

## 2. 긍정설과 부정설의 대립

이에 대해서는 긍정설과 부정설의 두 가지 입장이 대립할 수 있다. 긍정설(의사록을 작성하여야 한다는 견해)에서는 우선 ① 의사록 작성은 총회의 형식을 불문하고 모든 경우에 작성하도록 하고 있는 점,[116] ② 상법이 이사에게 주주총회의 의사록을 본점과 지점에 비치하도록 의무화하고 있는 점,[117] ③ 서면결의서가 상법 제373조 제2항을 충족시키기 어려운 점,[118] ④ 의사록을 작성하지 않을 경우 상법 제635조 제1항 제4호 및 제9호에 위반할 가능성이 있는 점 등을 논거로 들고 있다. 반면 부정설(의사록을 작성하지 않아도 된다는 견해)에서는 ① 자본금 10억원 미만의 소규모 주식회사는 회의체 이사회구성도 면제되는 등 규제를 완화한 형태인데 서면결의서 이외에 총회의사록 작성까지 의무화하는 것은 규제완화의 취지에 반하며,[119] ② 서면결의는 오로지 결의만 있을 뿐 과정이 있다고 보기 어렵기 때문에 의사록 작성을 의무화한다는 것은 의미가 없고,[120] 나아가 ③ 상법 제396조에 따른 의사록 비치에 갈음하여 '서면결의서'를 비치하여 이를 공시하면 되므로 굳이 이에 추가하여 의사록 작성까지 의무화할 필요는 없다고 한다.[121]

## 3. 사    견

소규모 주식회사에 있어서 서면결의가 이루어지거나 주주전원의 서면동의가 이루어지는 경우에도 의사록 작성은 필요하다고 생각한다. 그 근거는 아래와 같다.

첫째, 소규모 회사에서 서면결의가 가능하더라도 언제나 가능한 것은 아니며 **주주들의 전원동의가 있을 때에만 가능**하다($^{상}_{회}$363). 물론 자본금 10억원 미만의 소규모 폐쇄회사이므로 이러한 전원 동의의 가능성은 정상적인 대규모 주식회사 보다는 크겠지만 어쨌든 주주 전원의 의견이 일치된 경우에만 서면결의가 가능하므로 이는 특수한 상황이며 이에 대한 제안자의 성명 등을 밝히고 자세한 경과를 남기는 것이 결의의 해석이나 훗날의 분쟁예방에 도움이 될 것이다.

둘째, 소규모 회사의 서면결의에도 주주총회에 대한 여러 규정들이 준용되므로($^{상}_{회}$363), **물리적 총회의 소집을 전제로 하지 않는 각종 절차 규정들은 서면결의에도 준용**된다. 예컨대 서면결의라도 의결권의 대리행사가 가능하고($^{상}_{회}$368), 특별이해관계자의 의결권은 배제되며($^{상}_{회}$368), 의결정족수에 관한 규정 등은 물리적 총회의 경우와 마찬가지로 적용된다. 따라서 현재 우리나라에서 보통 작성되는 주주전원의 서면결의서 만으로는 의사경과의 여러

---

116) 소규모 회사의 경우에도 의사록 작성은 의무화되어 있다. 상법은 서면에 의한 결의에 대하여 주주총회에 관한 규정을 준용한다고 하고 있으며(상법 제363조 제6항), 어떠한 총회이든 총회의 종류가 무엇이든 주주총회의 의사에 대하여는 의사록 작성이 의무화되어 있다(상법 제373조 제1항).

117) 상법 제396조 제1항.

118) 주주총회의 의사록에는 의사의 경과요령과 그 결과를 기재하고 출석한 이사가 기명날인 또는 서명을 하여야 한다(상법 제373조 제2항). 그러나 서면결의서에는 의사의 경과요령이 기재되기 어렵고 이사의 서명도 없어 주주들의 의사를 객관적으로 확정하기 어렵다.

119) 서면결의 제도의 사문화를 우려한다.

120) 소규모회사의 경우 의사록과 서면결의서의 내용에 큰 차이가 없는 경우가 대부분일 것이라고 한다.

121) 서면결의서의 비치로 상법 제396조상의 의무를 대신한다고 한다.

면을 충분히 담을 수 없을 것이다. 예컨대 주주 중 한 사람이 특별이해관계인이라면 왜 그가 특별이해관계인인지, 특별이해관계자의 의결권배제에 대해 당사자가 동의하였는지 등을 의사경과로 남겨둘 필요가 있으며 의결권의 대리행사의 경우에도 서면결의서에 위임장을 첨부할 수 있겠지만 이와 관련된 의사경과를 의사록으로 남겨두면 훗날의 분쟁예방에 도움이 될 것이다.

셋째, 주주들의 만장일치로 결의가 이루어진다해도 서면결의서에는 의사의 경과요령이 기재되기 어렵고 또 이사 등 업무집행기관의 서명이 없으므로 주주들의 의사를 제3자가 객관적으로 확인할 수 없다는 한계가 드러난다. 즉 **정상적인 물리적 총회에서 의장이 수행할 역할을 서면결의서가 대신할 수 없다**는 한계에 부딪힐 수 있다.

넷째, 비교법적으로 일본의 경우를 보면 아예 회사법 시행규칙에 명문의 규정을 두고 있다(동 시행규칙 제72조, 제4항 제1호 참조). **일본 회사법 시행규칙은 주주총회의 서면결의시에도 당연히 의사록 작성을 의무화하고 있으며 심지어 의사록에 담아야 할 내용까지 법문언으로 정하고 있다.** 이에 따르면 ① 주주총회가 있었던 것으로 볼 사항의 내용(서면결의의 내용), ② ①의 사항을 제안한 자의 성명, ③ 주주총회결의가 있었던 것으로 보게 되는 날(서면결의의 결의성립일), ④ 의사록 작성에 관여한 이사의 성명 등이다.[122]

**(다) 전원서면결의:** 서면에 의한 의결권행사시 의문시되는 것은 全員書面決議도 가능한가이다. 즉 소규모 주식회사 이외의 정상적인 주식회사에 있어서도 물리적 주주총회를 전혀 개최함이 없이 모든 주주가 서면으로 의사표시를 하여 결의를 성립시키는 것이 가능한지이다. 주주 전원이 만장일치로 동의한 경우에는 당연히 가능하다고 본다. 전원출석총회(Universalversammlung)에서처럼 주주총회의 소집이나 의결권행사와 관련된 방법규정은 절차규정으로서 공정한 결의성립을 유도하고 개개 주주의 권익을 보장하기 위함이므로 주주 전원이 합의한다면 자유스럽게 서면결의를 할 수 있을 것이다. 그러나 정관에 서면결의가 가능한 때와 시행방법을 구체적으로 정해 놓은 경우에는 별도로 주주들의 전원합의가 이루어지지 않아도 전원서면결의가 가능하다고 본다.

**(라) 일부서면결의:** 그러나 一部書面決議의 경우에는 주주총회가 개최되어야 한다. 이 경우에는 주주 중 일부만이 서면형태로 의결권을 행사하는 것이므로 서면투표를 원하지 않는 나머지 주주들을 위하여 물리적 주주총회가 개최되어야 할 것이다.[123] 이를 통하여 토론과 질의의 기회가 부여되어야 절차상의 하자를 피할 수 있을 것이다. 물론 회사의 정관은 일부서면결의의 가능성을 보다 구체화시킬 수 있을 것이다.

---

122) 江頭憲治郎 監修, 會社法・關聯法令條文集, 有斐閣, 2014, 208면 참조.
123) 상법 제368조의3은 이러한 경우를 전제로 이를 '서면투표'로 부르고 있다.

(마) e—meeting:    오늘날의 디지털혁명은 주주총회의 운영패턴에도 많은 변화를 예고하고 있다. 회사가 설치한 홈페이지를 통하여 각종 의견을 제시하고 서로 토론할 수 있게 되었다. 결의라는 단체행위의 성립을 위하여 굳이 單一의 物理的 空間을 요구할 필요는 없게 되었다. 다만 각 회사에서 이러한 폭넓은 가능성을 私的 自治의 기본원칙 하에 어떻게 정관에 구체화할지 또 이와 관련된 定款自治(Satzungsfreiheit)의 法律的 限界는 어디까지인지 이런 것들이 회사법의 당면과제가 되었다.[124)]

## 4. 표결결과의 집계 및 선포

주주들의 표결이 끝나면 총회 의장은 그 결과를 집계, 확인하여 이를 공표하여야 한다. 결과 선포의 법적 성질은 무엇인가? 오늘날 독일의 다수설은 표결결과의 확인과 그 선포를 결의의 효력발생요건으로 보고 있다. 그 이유는 독일 주식법상 결의취소의 소의 제소기간은 결의일로부터 1개월로 한정되어 있어(동법 제246조 제1항), 다수의 주주가 운집한 주주총회의 경우 결과선언이 없으면 개별 주주는 표결결과를 쉽게 파악할 수 없고 나중에 자신이 믿었던 결과와 정반대의 결의가 성립되어 있었던 경우에는 설사 취소사유가 있었다 해도 단기의 제소기간의 도과로 결의취소를 유도할 수 없는 불합리가 노정되기 때문이라고 한다.[125)]

우리 상법에서도 같은 결과를 인정하여야 한다고 본다.[126)] 즉 주주들의 표결 후 총회 의장이 결과를 집계, 확인하여 이를 선포하는 것은 결의의 효력발생요건이다. 즉 결과확인 및 선포는 단순히 선언적 성격(deklarativer Charakter)을 갖는 데 그치는 것이 아니라 창설적 효력(konstitutive Wirkung)을 갖는다.[127)] 나아가 다음에 살펴볼 의사록작성으로도 이 요건은 충족되지 않는다. 주주들에게 결의결과가 알려져야 하기 때문에 표결결과를 서면화하였다는 것만으로는 이 요건이 충족될 수 없다. 물론 이에는 한 가지 예외가 있다. 즉 일인회사(Einmanngesellschaft)의 경우이다. 이 때에는 총회의 의사진행 자체가 불필요하므로 결과선언도 요구되지 않을 것이다.

---

124) 이에 대해서는 권재열, "주주총회의 전자화", 「비교사법」 제10권 제2호(2003), 268면; 홍복기, "전자주주총회 제도의 도입", 「상사법연구」 제22권 제3호(2003. 10.), 179~222면 참조.

125) KölnerKomm-Zöllner, §133 Rdnr. 96; 특히 Zöllner, Die Schranken mitgliedschaftlicher Stimmrechtsmacht bei den privatrechtlichen Personenverbaden, a.a.O., S. 393 ff. 참조.

126) (반대설) 이철송, 587면(표결결과 확인시 결의 성립).

127) KölnerKomm-Zöllner, §133 Rdnr. 95; Zöllner, Die Schranken mitgliedschaftlicher Stimmrechtsmacht bei den privatrechtlichen Personenverbaden, a.a.O., S. 393.

### 5. 의사록의 작성

총회의 의사진행이 모두 완료되면 議事錄이 作成(Protokollierung)되어야 한다. 이에는 의사의 경과요령과 의장 및 출석이사의 기명날인 또는 서명이 수반되어야 한다(상373). 의사록은 결의라는 단체행위의 법정서면형식(Schriftform)은 아니다. 독일 주식법은 의사록의 공증을 요구하고 이것이 이루어지지 않았을 때에는 결의의 무효사유로 하고 있어(동법 제241조 제 2호. 제130조 제) 의사록작성을 결의의 효력발생요건으로 볼 수 있으나 우리 상법은 단지 의사록작성의무만 규정할 뿐(상373), 그 위반의 효과에 대해서는 침묵하고 있다. 그러나 의사록은 주주총회의 의사에 관한 유일한 증거라고 볼 수 없으므로 이를 작성하지 않은 경우에도 결의의 성립 자체를 부정하기는 힘들 것이다. 따라서 결의는 의장의 결과확인 및 그 선포로 완결적으로 성립된다고 본다.[128]

일인회사의 경우에는 다소 특별한 취급이 필요하다. 판례는 일인회사의 경우 의사록을 결의의 유효요건으로 보고 있다.[129] 일인회사의 경우에는 의사록마저 작성되지 않으면 일인주주의 의사를 사실상 객관화시키는 것이 불가하므로 이러한 판례의 입장은 타당하다고 평가된다. 다만 최근의 판례는 의사록작성의 요건을 완화하고 있다.

> **대판 2020. 6. 4, 2016다241515, 241522**
> "주식회사의 총주식을 한 사람이 소유하는 이른바 1인회사의 경우에는 그 주주가 유일한 주주로서 주주총회에 출석하면 전원 총회로서 성립하고 그 주주의 의사대로 결의가 될 것이 명백하다. 이러한 이유로 주주총회 소집절차에 하자가 있거나 **주주총회 의사록이 작성되지 않았더라도, 1인주주의 의사가 주주총회의 결의내용과 일치한다면 증거에 의하여 그러한 내용의 결의가 있었던 것으로 볼 수 있다.** 그러나 이는 주주가 1인인 1회사에 한하여 가능한 법리이다. 1인회사가 아닌 주식회사에서는 특별한 사정이 없는 한, 주주총회의 의결정족수를 충족하는 주식을 가진 주주들이 동의하거나 승인하였다는 사정만으로 주주총회에서 그러한 내용의 결의가 이루어질 것이 명백하다거나 또는 그러한 내용의 주주총회 결의가 있었던 것과 마찬가지라고 볼 수는 없다."

## VI. 결    의

의사진행이 완료되면 決議가 성립된다. 이곳에서는 이러한 결의의 법적 성질, 종

---

128) KölnerKomm-Zöllner, §133 Rdnr. 99.
129) 대판 1992. 6. 23, 91다19500.

류, 결의에 대한 일반 민법규정의 적용가능성, 결의의 해석, 결의의 하자 등을 살펴보
기로 한다.

## 1. 결의의 법적 성질

주주총회의 활동결과는 결의이다. 주주총회는 결의라는 단체적 법률행위를 통하여
회사의 비상사항에 관한 의사형성(Willensbildung)을 꾀하는 주식회사의 필요기관인 것
이다. 자연인의 경우에는 의사의 형성이 심리과정의 결과이지만 법인인 주식회사에
있어서는 해당 기관의 법률행위인 결의를 통하여 의사를 형성한다. 그렇다면 결의
(Beschluß)의 법적 성격은 무엇인가? 결의는 단체법상의 특수한 법률행위이다.[130]

국내학설 중에는 결의의 법적 성격을 합동행위로 보는 입장도 있다. 그러나 설사
합동행위의 개념을 인정할 수 있다 해도 상정된 의안의 내용에 반대한 주주 역시 성
립된 결의의 내용에 구속되므로 합동행위로 보기는 어렵다. 나아가 오늘날에는 과거
에 주장되었던 합동행위의 개념 자체가 흔들리고 있다. 우리나라의 통설적 입장은 법
률행위를 단독행위, 계약, 합동행위로 3분하고 있다. 그러나 오늘날 독일의 통설적 입
장은 합동행위의 개념을 인정하지 않는다. 아니 적어도 전혀 다른 뜻으로 이를 사용
하고 있다.[131] 원래 합동행위의 개념은 독일의 Otto von Gierke가 창시한 개념이다.
그는 단체법의 설명을 위하여 기존 법률행위의 범주에 속하지 않는 독특한 개념을
창안하였다. 그것이 '사회법적 창설행위'(sozialrechtlicher Konstitutivakt)라는 것이다. 단
체의 창설이나 기관결의의 성립시 그 단체의 구성원은 의사표시를 하게 되나 일단
단체가 창설되거나 단체의 의사가 결의의 형식으로 성립되면 그 구성요소였던 구성
원의 의사표시는 단체의 의사 속으로 함몰되어 독립성을 상실한다고 보았다. 즉 단체
의 총의(Gesamtwille)는 개개 구성원의 의사를 압도하여 구성원의 의사표시는 자신의
개성을 상실한다고 보았다. 그러나 이러한 기르케의 학설은 단체설립을 위한 법률행
위나 단체의 의사형성을 위한 기관결의를 기존 법률행위론의 적용범위에서 제외시키
는 우를 범하고 말았다.

결의는 나아가 계약도 아니다. 결의를 성립시키는 요소는 의사표시인 의결권행사
(Stimmabgabe)인데 이들이 서로 교환되면서 합의를 형성시키는 것이 아니라 의결정족
수에 해당하는 다수의사의 확정을 위하여 필요한 의사표시가 일정한 방향으로 향하

---

130) Bartholomeyczik, ZHR 105(1938), S. 293 ff.; KölnerKomm-Zöllner, §133 Rdnr. 13; 상정의안을 부결시키는
  경우 법률행위성을 부정하는 소수설도 있다. vgl. Winnefeld, DB 1972, 1055.
131) 예컨대 甲과 乙이 공동명의로 임대차계약을 체결하였을 때 이들이 공동으로 임대차계약의 해지권을 행사하는
  경우 그들의 의사표시는 평행하게 임대인에게로 향하고 그 도달로 효력이 발생한다. 이에 대해서는 Hübner,
  Allg. Teil BGB, 2. Aufl., §31 B Ⅰ 2 b, Rdnr. 619, S. 281 참조.

여 결의의 성립 여부를 확정짓게 되기 때문이다.[132]

## 2. 결의의 종류

주주총회의 결의는 여러 가지 분류기준에 따라 다음과 같이 나누어진다.

### (1) 찬성결의와 반대결의(positive und negative Beschlüsse)

주주총회의 결의내용은 상정의안의 찬성이나 부결로 나타난다. 전자의 경우에는 상정의안이 승낙된 것이고 후자의 경우에는 거절된 것이다. 부결의 경우 법률행위적 성격을 부정하는 소수설도 있으나[133] 통설은 찬성결의나 부결이나 모두 법률행위성을 부정하지 않는다.[134]

### (2) 보통결의 · 특별결의 · 특수결의

이는 의결정족수(voting requirement)에 따른 구별이다.

(가) 보통결의:　보통결의는 출석주주의 의결권의 과반수와 발행주식총수의 4분의 1 이상의 수로 하는 결의이다(상 368). 1995년 이전에는 발행주식총수의 과반수에 해당하는 주식을 가진 주주의 출석으로 그 의결권의 과반수로 한다고 하였으나(개정 전 상법 제368조 제1항), 1995년 상법개정으로 이러한 의사정족수(quorum)제도는 폐지되었다. 그 이유는 발행주식총수의 과반수에 해당하는 주주의 출석이 이루어지지 못하여 의사진행 자체를 하지 못하는 어려움을 해소하기 위한 것이다. 그러나 개정 후 상법에서도 출석주주의 의결권의 과반수가 동시에 발행주식총수의 4분의 1 이상은 되어야 하므로 의사정족수의 개념이 실질적으로는 살아있으며 결의성립의 가능성이 완화되었다고 할 수는 없다. 즉 최소한 발행주식총수의 4분의 1 이상에 해당하는 주주의 출석이 이루어지지 않고서는 어떠한 보통결의도 불가하다. 가부동수(可否同數)인 경우에는 부결로 하며[135] 이 경우 의장에게 결정권이 주어지는 것도 아니다. 기권(棄權)은 찬성으로도 또 반대로도 계산되지 않는다. 상법 및 정관에 별도의 규정이 있는 경우 외에는 주주총회결의는 보통결의의 방식을 취하게 된다.

---

132) Hüffer, AktG, 3. Aufl., §133 Rdnr. 4.
133) Winnefeld, DB 1972, 1053, 1055.
134) RGZ 142, 123, 130; KölnerKomm-Zöllner, §133 Rdnr. 6; Hüffer, AktG., 3. Aufl., §133 Rdnr. 5.
135) KölnerKomm-Zöllner, §133 Rdnr. 64.

> **대판 2017. 1. 12, 2016다217741**
>
> "상법 제368조 제1항은 주주총회의 보통결의 요건에 관하여 "총회의 결의는 이 법 또는 정관에 다른 정함이 있는 경우를 제외하고는 출석한 주주의 의결권의 과반수와 발행주식총수의 4분의 1 이상의 수로써 하여야 한다."라고 규정하여 주주총회의 성립에 관한 의사정족수를 따로 정하고 있지는 않지만, **보통결의 요건을 정관에서 달리 정할 수 있음을 허용하고 있으므로, 정관에 의하여 의사정족수를 규정하는 것은 가능**하다."

(나) **특별결의:** 특별결의는 출석한 주주의 의결권의 3분의 2 이상의 수와 발행주식총수의 3분의 1 이상의 찬성으로 하는 결의이다($^{\text{상}}_{434}$). 1995년의 상법개정 전에는 발행주식의 과반수의 주식을 가진 주주의 출석으로 그 의결권의 3분의 2 이상에 해당하는 다수를 요구하였으나 보통결의에서와 같이 개정상법은 특별결의에서도 의사정족수 제도를 폐지하였다. 그러나 출석주주의 의결권의 3분의 2 이상이 최소한 발행주식총수의 3분의 1은 되어야 하므로 결국 발행주식총수의 3분의 1 이상에 해당하는 주식을 소유한 주주가 출석하지 않고서는 어떠한 특별결의도 성립시킬 수 없는 결과가 되어 실질적으로는 의사정족수의 개념이 살아있는 셈이다.

특별결의는 가중된 다수를 요하는 결의로서 회사 내부의 주요한 의사결정사항들이 이에 해당한다. 정관변경결의($^{\text{상}}_{434}$), 영업양도 및 영업용 중요 재산의 양도승인결의($^{\text{상}}_{374}$), 사후설립의 결의($^{\text{상}}_{375}$), 해산결의($^{\text{상}}_{518}$), 감자결의($^{\text{상 }438}$), 합병승인결의($^{\text{상 }522}$), 주식의 할인발행결의($^{\text{상 }417}$) 등이다. 특별결의는 주로 회사의 근본을 변경하는 사안에서 빈번히 나타나고 있다.

(다) **특수결의:** 이는 총주주의 동의로 하는 결의이다. 상법은 이사의 책임면제 결의($^{\text{상}}_{400}$)와 유한회사로의 조직변경결의($^{\text{상 }604}$)에서 이를 요구하고 있다.

### (3) 구조변경결의와 비구조변경결의

(가) **구별의 의의:** 이는 해당 결의의 내용이 회사의 구조변경을 야기하는가 야기하지 않는가 여부에 따른 구별이다. 이 구별은 해당 결의의 하자를 다투는 형성소송에서 원고가 승소하였을 경우 판결의 효력이 결의성립시로 소급하는가 소급하지 않는가를 결정할 때 의미가 있다. 구조변경적 결의(構造變更的 決議; strukturändernder Beschluß)에 있어서는 결의의 하자를 성공적으로 주장하여도 그 무효는 소급하지 않으나, 비구조변경적 결의(非構造變更的 決議; nicht-strukturändernder Beschluß)에 있어서는 소급효가 인정된다.

(나) **비구조변경적 결의:**　주식회사의 인적 및 물적 구조변경과는 무관한 주주총회결의를 비구조변경적 결의라 한다. 예컨대 이사·감사의 선임($^{상}_{409}{}^{382}_{I}{}^{I}$) 및 해임결의($^{상}_{I}{}^{385}_{415}$), 대표이사선임결의($^{상}_{2}{}^{389}_{문}$), 재무제표승인결의($^{상}_{449}$), 이사의 책임면제결의($^{상}_{400}$), 특별검사인의 선임결의($^{상}_{367}$), 영업양도 승인결의($^{상}_{374}$), 사후설립결의($^{상}_{375}$), 이사의 보수확정결의($^{상}_{388}$) 등이 이에 해당한다. 이 경우 결의에 하자가 있어 그 하자를 성공적으로 주장할 경우 판결의 효력은 소급한다.

상법은 제376조 내지 제381조에서 총회결의의 하자에 관한 일반규정을 두고 있고, 이 규정들은 상법 제190조 단서를 준용하지 않는다. 즉 소급효가 부정되지 않는다. 예컨대 주주총회가 상법 제374조에 따라 영업양도를 승인할 경우 그 승인결의는 물적회사인 주식회사의 구조변경행위가 아니다. 회사 영업의 전부 또는 중요한 일부를 양도하는 경우 양도회사가 필연적으로 해산하지는 않기 때문이다. 영업을 전부 양도하고 난 후에도 다른 회사나 개인상인의 동종 영업을 양수할 수 있고 이로써 해당 영업을 속행(續行)할 수 있다. 상법 제374조상 영업양도 승인결의가 무효나 취소사유를 잉태하였을 때 그 하자는 어떻게 주장할 것인가? 상법 제376조나 상법 제380조상의 소를 제기할 수밖에 없다. 법원이 이 소송에서 원고승소판결을 내릴 경우 판결의 효력은 소급한다. 상법 제376조 제2항 및 동법 제380조는 동법 제190조 단서를 준용 대상에서 제외하고 있기 때문이다.

(다) **구조변경결의:**　주식회사의 인적 및 물적 구조변경을 야기하는 총회결의를 구조변경결의라 한다. 주식회사는 사단성이 강한 물적회사로서 **구조변경은 인적, 물적 및 법형식의 변경 그리고 이에 수반되는 정관변경 등에서 나타난다.** 예컨대 증자 및 감자, 회사의 해산 및 계속, 합병 및 분할, 주식의 교환 및 이전, 조직변경, 정관변경 나아가 특수사채의 배정을 위한 주주총회결의($^{상}_{상}{}^{513}_{516}{}^{II}_{II}{}^{단서\,및\,동조}_{단서\,및\,동조}{}^{III}_{IV}$)가 이에 해당한다. 구조변경결의는 대부분 주주총회의 특별결의로 되어 있다. 그러나 유한회사로의 조직변경결의는 총주주의 동의를 요하는 특수결의이다.

구조변경결의에 나타난 하자를 성공적으로 주장하여 원고가 승소한 경우에도 소급효가 인정되지 않는 이유는 무엇인가? 기존상태존중주의가 적용되기 때문이다. 보다 구체적으로는 '하자있는 회사론'(Lehre von der fehlerhaften Gesellschaft)의 준용대상이 되기 때문이다. 하자있는 회사론은 본시 회사설립의 하자를 다투기 위하여 판례법상 발전된 제도이지만 그 적용대상이 반드시 설립행위에만 한정되지는 않는다. 그 법이념은 조직을 창설하는 설립행위를 넘어서서 이와 비교가능한 각종 구조변경행위

(Strukturänderung)에 확장적용될 수 있다.[136]

구조변경결의는 위에서 열거한 구조변경(조직재편 내지 각종 기본변경)의 실행 중 등장한다. 상법은 구조변경의 경우 부분적으로는 이들을 위한 별도의 형성소송을 마련하고 있다. 예컨대 합병을 승인하는 주주총회결의에 무효 또는 취소사유가 있을 때에는 그 하자를 합병무효의 원인으로 하여 합병무효의 소($\frac{\text{상}}{529}$)를 제기할 수 있다. 물론 합병등기후에는 합병무효의 소 대신 상법 제376조 이하의 소를 제기할 수는 없다(흡수설).[137] 합병무효의 소에서 원고가 승소할 경우 판결의 효력은 소급하지 않는다(상법 제530조 제2항은 상법 제190조 단서도 준용함). 따라서 굳이 위에서처럼 구조변경결의/비구조변경결의라는 분류를 하지 않아도 기존상태존중주의는 실현된다. 이미 실정법이 관련 규정을 두고 있기 때문이다.

그러나 상법이 이러한 특칙을 언제나 빠짐없이 마련하고 있는 것은 아니다. 부분적으로는 법의 흠결이 존재한다. 이 경우 위 분류가 빛을 발한다. 예컨대 어느 주식회사가 전환사채를 제3자에게 배정하기 위하여 주주총회를 소집하였다고 하자. 상법 제513조 제3항은 이 경우 정관에 규정이 없으면 주주총회의 특별결의를 거치도록 요구한다. 그런데 이 결의가 나중에 무효/취소 등 하자를 잉태하여 전환사채발행무효의 소가 제기되었고 법원은 이에 대해 원고승소판결을 내렸다 하자. 이 판결의 효력은 소급하는가? 상법에는 전환사채발행무효의 소라는 별도의 형성소송이 존재하지 않으므로 법원은 이 경우 상법 제429조 이하를 준용하고 있다.[138] 그 결과 판결의 효력은 소급하지 않는다. 상법 제431조 제1항을 준용한 결과이다. 신주인수권부사채를 발행하는 경우에도 마찬가지이다. 판례는 이 경우에도 상법 제429조 이하를 준용한다.[139] 마찬가지로 원고승소판결의 효력은 소급하지 않을 것이다. 이러한 결론은 어떻게 이론적으로 설명될 수 있는가?

특수사채의 제3자 배정시에는 사채권자가 추후 전환권이나 신주인수권을 행사할 수 있고 이 경우 주식회사의 인적 구성에 변화가 야기된다. 주주배정시에도 결과는 바뀌지 않는다. 특수사채를 배정받은 주주들이 추후 전환권이나 신주인수권을 행사하면 자본이 증가하기 때문이다. 이는 주식회사의 물적 기초에 변화를 야기하는 구조변경행위이다. 특수사채의 잠재적 주식성 때문이다. 따라서 주주배정이든 제3자배정이든 그 유형을 가리지 않고 특수사채를 총회결의로 배정하는 경우 해당 총회결의는

---

136) 이에 대해서는 Zöllner, AG 1993, 68 ff. 등 참조(여기서는 특히 자본증가와 회사설립의 구조변경적 유사성을 분석하고 있다).
137) 대판 1993. 5. 27, 92누14908.
138) 대판 2004. 6. 25, 2000다37326 [삼성전자 전환사채발행 무효소송].
139) 대판 2015. 12. 10, 2015다202919.

구조변경행위이다. 그러나 이 경우 상법이 예정한 별도의 형성소송이 존재하지 않으므로 유상증자무효의 소제도를 준용할 수밖에 없는 것이고 그 결과 원고승소시에도 판결의 효력은 소급하지 않게 된다.

### ❖ 구조변경과 감자무효판결의 효력

1995년 개정상법은 감자무효판결의 효력에 관하여 동법 제190조 단서를 준용대상에서 제외하였다($^{상}_{440조}$). 그러나 자본감소 역시 자본증가와 마찬가지로 구조변경 사항이다. 따라서 감자무효판결의 소급효를 인정하는 것은 적절치 않다고 생각한다.[140]

## 3. 결의에 대한 일반규정의 적용가능성

### (1) 법률행위의 무효에 관한 일반규정

결의는 위에서 살펴보았듯이 특수한 단체법상의 법률행위이다. 결의에도 일반 법률행위의 무효사유인 형식흠결(Formmangel), 강행법규위반(Gesetzeswidrigkeit), 양속위반(Sittenwidrigkeit) 등의 무효사유의 적용을 생각할 수 있겠으나 상법 제376조 내지 제381조까지의 결의하자에 관한 일반규정과 이에 대한 각종 특칙($^{예컨대\ 상\ 431,}_{446,\ 530\ 등}$)의 적용으로 일반 민법상의 무효사유는 그 적용이 배제된다.[141] 물론 결의의 내용상의 하자가 상기 민법규정에 연유되는 것일 때에는 상법 제380조상의 결의무효사유를 구성할 수 있을 것이다. 이러한 상법상의 결의하자법(Beschlußmängelrecht)은 단체법상의 특수성 즉 법률관계의 획일적 처리와 기존상태존중주의를 결의라는 단체행위에 반영시키고 있다.

그러나 법률행위의 일부무효(Teilnichtigkeit)에 관한 민법 제137조는 그 적용가능성이 부정되지 않는다.[142] 상정된 의안이 포괄적인 것이어서 몇 개의 구체적인 내용으로 나눌 수 있다면 그 일부의 무효로 결의 전부의 무효를 강요할 필요는 없을 것이다. 즉 그 무효 부분이 없더라도 나머지 부분만으로도 결의의 성립을 의욕하였을 것으로 추단되는 때에는 그 일부만을 무효처리하는 것이 바람직할 것이다.

### (2) 의사의 흠결(Willensmängel)에 관한 일반규정

민법 제107조 내지 제110조까지의 규정들은 결의에 적용되지 않는다. 즉 상법 제376조 이하의 규정으로 그 적용이 배제되기 때문이다. 즉 주주총회는 착오나 사기 또

---

140) 이에 대해서 보다 자세히는 졸고, "단체행위론", 박길준교수회갑기념논문집, 1998 참조.
141) KölnerKomm-Zöllner, §133 Rdnr. 16; Hüffer, AktG, 3. Aufl., §133 Rdnr. 4.
142) RGZ 140, 174(177 f.); KölnerKomm-Zöllner, §241 Rn. 62 ff.; Hüffer, AktG, 241 Rn. 36; 반대설로는 Winnefeld, DB 1972, 1056.

는 강박을 이유로 자신의 결의를 취소할 수 없고, 상대방이 아는 비진의표시나 통정 허위표시를 이유로 결의의 무효를 주장할 수 없다. 물론 이미 살펴보았듯이 결의라는 단체행위를 구성하는 개개의 의결권행사의 무효나 취소사유가 성립된 결의 전체에 어떤 영향을 미치느냐는 이와 전혀 다른 문제이다. 개개 의결권행사의 하자가 결의의 성립 자체에 영향을 미칠 정도라면 이는 결의방법이 법령에 위반하거나 결의의 내용 이 정관에 위반되는 것으로서 결의취소의 소의 제소기간 내에 소의 방법으로 그 취 소를 구하는 길만이 남을 것이다.[143]

### (3) 의사표시의 도달에 관한 민법 제111조

결의라는 단체행위는 비록 개개 주주의 의결권행사라는 다수의 의사표시로 성립 되지만 기관의 의사형성행위로서 유효하기 위하여 이의 상대방의 수령이 요구되지는 않는다. 물론 이미 살펴보았듯이 개개 주주의 의결권행사는 총회 의장에게 도달함으 로써 효력이 발생한다. 그러나 이것과 결의 자체는 구별하여야 한다.[144]

### 4. 결의의 해석

결의도 일반 법률행위의 일종으로서 특정한 경우에는 그 성립된 결의의 내용을 구체적으로 밝히기 위한 해석이 필요하다. 이에 있어서는 성립된 결의의 문언내용에 국한됨이 없이 총회의 전체의사를 고려하여 객관해석(objektive Auslegung)을 하여야 할 것이다.[145] 즉 결의의 내용에 직간접적으로 영향을 받는 특정 주주가 그 내용을 어떻게 받아들일 수 있느냐에 중점이 놓여지는 것이 아니라 총회결의의 실행이 대부 분 결의에 참가한 주주 이외의 제3자에게도 영향을 미치는 점을 고려하여 제3자의 시각에서 그 내용을 객관적으로 구체화시킬 필요가 있다. 객관해석을 한다고 하여 결 의의 문언에만 기속되어서는 안될 것이고 거래의 안전이 위협받지 않는 한 총회의 의사진행과정에서 나타난 여러 정황 등 주주총회의 총의를 갈음할 만한 사정들도 종 합고려되어야 한다. 상정의안의 제안설명이 서면형식으로 이루어진 경우 이러한 서면 은 총회결의의 해석에 도움이 될 것이다.

---

143) KölnerKomm-Zöllner, §133 Rdnr. 20.
144) 이 부분에 대하여는 의결권행사의 철회 부분 참조.
145) KölnerKomm-Zöllner, §133 Rdnr. 23; RGZ 146, 146(154).

## 5. 결의의 하자

### (1) 결의하자법(Beschlußmängelrecht)의 특성

(가) 특칙의 존재:　주주총회결의는 단체적 법률행위로서 그 성립과정 자체가 많은 비용과 시간적 준비를 요구할 뿐만 아니라 다수인의 이해관계가 개재되며 또 성립된 결의의 유효를 전제로 각종 후속행위(Folgegeschäft)가 이어지므로 일반 무효나 취소의 법리를 적용하여 그 瑕疵를 처리한다면 단체적 법률관계의 불안정을 초래하고 나아가 다수인의 이익을 해할 수 있다. 그리하여 상법은 기존상태존중주의와 법률관계의 획일적 처리라는 단체법의 이념을 받아들여 제376조 내지 제381조까지의 특칙을 두게 되었다. 이에 따라 상법은 주주총회결의라는 단체행위에 하자가 존재하는 경우 다음과 같은 방식으로 하자의 주장방법 및 그 효과를 제한시키고 있는 것이다.

(나) 하자유형의 특정:　첫째 상법은 하자의 유형을 특칙으로 법정하고 있다. 즉 결의의 효력을 부정할 원인이 되는 하자의 유형을 일반 법률행위의 무효나 취소사유에서 해방시켜 별도로 정하고 있다. 즉 상법은 총회결의의 하자를 절차상의 하자와 내용상의 하자로 나누어 법령 또는 정관에 위반한 절차상의 하자(Verfahrensmangel)와 정관에 위반한 내용상의 하자는 취소사유로($^{\mbox{상}}_{376}$), 법령에 위반한 내용상의 하자는 무효사유로($^{\mbox{상}380}_{\mbox{전단}}$), 나아가 절차상의 중대한 하자는 부존재사유로($^{\mbox{상}380}_{\mbox{후단}}$), 끝으로 상법 제368조 제4항에 위반한 경우는 부당결의의 취소 및 변경사유로($^{\mbox{상}}_{381}$) 각각 특정하였다.

(다) 하자주장방법의 제한:　둘째 이러한 하자의 주장방법을 제한시켜 법정하고 있다. 그리하여 주주총회결의의 하자는 원칙적으로 소만으로 주장할 수 있도록 제한하였다. 사적자치의 기본원칙이 지배하는 사법의 세계에서는 법률행위의 하자주장도 원칙적으로 소에 의하거나(klagweise) 항변으로 하거나(einredeweise) 자유스러운 것이다. 그러나 상법은 총회결의의 하자시에는 가능한 한 법률관계의 획일적 처리와 안정을 꾀하기 위하여 원칙적으로 소에 의한 방법만으로 제한하고 있다. 물론 아래에서 자세히 살펴보겠지만 상법 제380조상의 무효나 부존재확인의 소의 경우에는 그 법적 성질을 확인소송으로 보느냐 아니면 형성소송으로 보느냐에 따라 하자의 주장방법에는 차이가 있게 된다. 물론 상법 제376조 이하의 특칙인 동법 제429조(신주발행무효의 소), 제445조(감자무효의 소), 제529조(합병무효의 소)에서는 소에 의한 방법만이 가능하다. 즉 합병승인결의, 감자결의 내지 신주발행을 위한 총회결의 등에 하자가 있을 때에는 소에 의해서만 그 하자주장이 가능한 것이다.

(라) 소의 종류의 특정:   셋째 상법은 위에서 살펴본 하자의 유형에 따라 소의 종류를 법정하였다. 즉 결의취소의 소($\frac{상}{376}$), 결의무효확인의 소($\frac{상380}{전단}$), 결의부존재확인의 소($\frac{상380}{후단}$), 부당결의취소변경의 소($\frac{상}{381}$) 등이 그것이다.

(마) 판결의 효력:   넷째 이러한 소에서 원고가 승소한 경우 그 판결의 효력을 법정하고 있다. 즉 민사소송의 일반원칙에 의하지 아니하고 판결의 효력을 제3자에게 까지 미치게 하여 법률관계의 획일적 처리를 꾀하고 있다. 1995년의 개정 전에는 원고승소의 경우 판결의 효력을 소급시키지 않는 특칙까지 두었으나 이는 상법 제190조 단서를 준용대상에서 제외시키는 쪽으로 개정되어 판결의 효력은 소급하게 되었다. 물론 제376조 이하의 특칙적 성격을 갖는 제429조(신주발행무효의 소)나 제529조(합병무효의 소)상의 소에서는 소급효가 배제되고 있다($\frac{상431}{530 \, \text{II}}$). 즉 구조변경적 성격의 결의에 대해서는 상법이 별도의 특칙으로 소급효를 배제시키고 있다고 보면 된다.

(바) 공동제소의 효과:   주주총회결의의 하자를 다투는 소송을 여러 사람이 공동으로 제기하는 경우 해당 소송은 민사소송법 제67조가 적용되는 필수적 공동소송에 해당한다. 이는 아래에 소개된 대법원 전원합의체 판결의 다수의견이다. 이에 대해 편면적 대세효가 나타나는 상법상의 모든 회사관계소송에 대해 그 법적 성질을 통상공동소송으로 보는 별개의견이 있다.

---

**대판 2021. 7. 22, 2020다284977 전원합의체 [임시주주총회결의무효확인 등]**

[주주총회결의의 부존재 또는 무효 확인을 구하는 소를 여러 사람이 공동으로 제기한 경우, 민사소송법 제67조가 적용되는 필수적 공동소송에 해당하는지 여부(적극)]

[다수의견] 주주총회결의의 부존재 또는 무효 확인을 구하는 소의 경우, 상법 제380조에 의해 준용되는 상법 제190조 본문에 따라 청구를 인용하는 판결은 제3자에 대하여도 효력이 있다. 이러한 소를 여러 사람이 공동으로 제기한 경우 당사자 1인이 받은 승소판결의 효력이 다른 공동소송인에게 미치므로 공동소송인 사이에 소송법상 합일확정의 필요성이 인정되고, 상법상 회사관계소송에 관한 전속관할이나 병합심리 규정(상법 제186조, 제188조)도 당사자 간 합일확정을 전제로 하는 점 및 당사자의 의사와 소송경제 등을 함께 고려하면, 이는 민사소송법 제67조가 적용되는 필수적 공동소송에 해당한다.

[대법관 이기택, 대법관 박정화, 대법관 김선수, 대법관 이흥구의 별개의견] 청구를 기각하는 판결은 제3자에 대해 효력이 없지만 청구를 인용하는 판결은 제3자에 대해 효력이 **있는 상법상 회사관계소송에 관하여 여러 사람이 공동으로 소를 제기한 경우, 이러한 소송은 공동소송의 원칙적 형태인 통상공동소송이라고 보아야** 한다. 필수적 공동소송의

요건인 합일확정의 필요성을 인정할 수 없어, 민사소송법 제67조를 적용하여 소송자료와 소송 진행을 엄격히 통일시키고 당사자의 처분권이나 소송절차에 관한 권리를 제약할 이유나 필요성이 있다고 할 수 없다.

### (2) 결의취소의 소(Anfechtungsklage)

주주총회결의에 있어 총회의 소집절차 또는 결의방법이 법령 또는 정관에 위반되거나 현저하게 불공정한 때 또는 그 결의의 내용이 정관에 위반한 때에는 결의취소의 소로 그 하자를 주장할 수 있다(상376).

(가) 소의 성질:　하자가 있다고 당연히 무효가 되는 것이 아니고 취소판결의 확정으로 인하여 무효가 되는 것이므로 상법 제376조상의 결의취소의 소는 형성의 소(Gestaltungsklage)이다.

(나) 소의 원인(Anfechtungsgrund):　결의취소의 소의 원인은 법령 또는 정관위반의 절차상의 하자와 정관위반의 내용상의 하자이다.

1) **총회의 소집절차 또는 결의방법이 법령 또는 정관을 위반한 경우:**　① 소집통지기간(2주간)의 부족(상363), ② 소집통지의 누락(상363), ③ 회의의 목적사항통지의 흠결(상363), ④ 이사회의 의결을 거치지 않은 대표이사의 총회소집(상362),[146] ⑤ 특별이해관계인의 의결참가(상368), ⑥ 소정 정족수 부족의 결의(상368), ⑦ 정관을 위반하여 사전투표기간을 연장한 경우[147] 등을 들 수 있다.

2) **총회의 소집절차 또는 결의방법이 현저하게 불공정한 경우:**　① 교통이 극히 불편한 곳에 소집한 경우, ② 수용능력이 없는 건물을 총회장소로 선택한 경우, ③ 출석하기 어려운 시간대에 총회를 소집한 경우, ④ 의사진행이 위협이나 모략에 의하여 정상적으로 진행되지 못한 경우, ⑤ 의장이 부당하게 주주의 발언권을 제한한 경우, ⑥ 개회의 부당지연 혹은 개회장소의 무단변경,[148] ⑦ 의결권 행사와 관련하여 위법한 이익이 제공된 경우[149] 등이다.

---

146) 대표이사 아닌 자가 소집한 경우에는 결의부존재사유가 될 수 있다(대판 1973. 6. 29, 72다2611).
147) 대결 2014. 7. 11, 2013마2397 [가처분이의].
148) 대판 2003. 7. 11, 2001다45584.
149) 대결 2014. 7. 11, 2013마2397 [가처분이의] (전체 투표수의 67%에 해당하는 주주에게 의결권 행사와 관련하여 사회통념상 허용되는 범위를 넘어서는 위법한 이익이 제공된 경우 주주총회결의의 취소사유로 봄).

### 대판 2003. 7. 11, 2001다45584

"주주총회의 개회시각이 부득이한 사정으로 당초 소집통지된 시각보다 지연되는 경우에도 사회통념에 비추어 볼 때 정각에 출석한 주주들의 입장에서 변경된 개회시각까지 기다려 참석하는 것이 곤란하지 않을 정도라면 절차상의 하자가 되지 아니할 것이나, 그 정도를 넘어 개회시각을 사실상 부정확하게 만들고 소집통지된 시각에 출석한 주주들의 참석을 기대하기 어려워 그들의 참석권을 침해하기에 이르렀다면 주주총회의 소집절차가 현저히 불공정하다고 하지 않을 수 없고, 또한 소집통지 및 공고가 적법하게 이루어진 이후에 당초의 소집장소에서 개회를 하여 소집장소를 변경하기로 하는 결의조차 할 수 없는 부득이한 사정이 발생한 경우, 소집권자가 대체 장소를 정한 다음 당초의 소집장소에 출석한 주주들로 하여금 변경된 장소에 모일 수 있도록 상당한 방법으로 알리고 이동에 필요한 조치를 다한 때에 한하여 적법하게 소집장소가 변경되었다고 볼 수 있다."

### 대결 2014. 7. 11, 2013마2397 [가처분이의][150]

甲 주식회사가 이사회를 개최하여 정기주주총회에서 실시할 임원선임결의에 관한 사전투표 시기(시기)를 정관에서 정한 날보다 연장하고 사전투표에 참여하거나 주주총회에서 직접 의결권을 행사하는 주주들에게 골프장 예약권과 상품교환권을 제공하기로 결의한 다음 사전투표 등에 참여한 주주들에게 이를 제공하여 주주총회에서 종전 대표이사 乙 등이 임원으로 선임되자, 대표이사 등 후보자로 등록하였다가 선임되지 못한 주주 丙 등이 주주총회결의의 부존재 또는 취소사유가 존재한다고 주장하면서 乙 등에 대한 직무집행정지가처분을 구한 사안에서, "**위 주주총회결의는 정관을 위반하여 사전투표기간을 연장하고 사전투표기간에 전체 투표수의 약 67%에 해당하는 주주들의 의결권 행사와 관련하여 사회통념상 허용되는 범위를 넘어서는 위법한 이익이 제공됨으로써 주주총회결의 취소사유에 해당하는 하자가 있으므로,** 위 가처분신청은 乙 등에 대한 직무집행정지가처분을 구할 피보전권리의 존재가 인정되는데도, 이와 달리 보아 가처분신청을 기각한 원심결정에는 주주총회결의 취소사유에 관한 법리오해의 위법이 있다"고 한 사례.

### 대판 2018. 2. 8, 2015도7397 [상법위반][151]

"甲 주식회사 대표이사인 피고인이 주주총회 등에서 특정 의결권 행사방법을 독려하기 위한 방법으로 甲 회사의 주주총회 등에 참석하여 사전투표 또는 직접투표 방식으로 의결권을 행사한 주주들에게 甲 회사에서 발행한 20만 원 상당의 상품교환권 등

---

150) 이 사건에 대한 자세한 평석으로는 강대섭, "주주권행사에 관한 이익공여와 주주총회 결의의 효력-대법원 2014. 7. 11, 2013마2397 결정-",「상사법연구」제34권 제1호(2015); 정준우, "상사법상 이익공여금지규정의 주요쟁점 검토-최근의 대법원 판례를 중심으로-",「상사판례연구」제30집 제2호(2017. 6.), 3면 이하 참조.
151) 상법 제634조의2 및 동법 제467조의2 위반으로 확정된 사건으로서 바로 위에서 본 대법원 2014. 7. 11, 2013마2397 결정에서 이미 민사사건으로 다루어진 바 있다.

을 제공함으로써 상법을 위반하였다는 내용으로 기소된 사안에서, 피고인이 甲 회사의
계산으로 사전투표와 직접투표를 한 주주들에게 무상으로 20만 원 상당의 상품교환권
등을 각 제공한 것은 주주총회 의결권 행사와 관련된 이익의 공여로서 사회통념상 허
용되는 범위를 넘어서는 것이어서 상법상 주주의 권리행사에 관한 이익공여의 죄에 해
당한다고 본 원심의 판단이 정당하다."

**3) 결의의 내용이 정관에 위반된 경우:**  ① 정관규정에 없는 대표이사의 선임결
의, ② 정관에 정한 정원수 이상의 이사의 선임결의 등을 들 수 있다.

**(다) 소의 제기:**  주주총회결의취소의 소는 주주, 이사, 감사에 한하여 결의의 날
로부터 2개월 내에만 제기할 수 있다($^{상376}_{}$). 이 때 주주는 결의에 찬성했던 경우에도
원고적격을 누리며 또 결의취소권은 소수주주권이 아니므로 단독주주라도 제소가능
하다. 나아가 결의 당시에 주주가 아니었어도 상관없다. 피고는 회사이고 본점소재지
의 지방법원이 전속관할한다($^{상376}_{Ⅱ.186}$). 소가 제기되면 회사는 이를 지체없이 공고하여야
한다($^{상376}_{Ⅱ.187}$).

> **대판 2010. 3. 11, 2007다51505**
>
> "주주총회결의 취소의 소는 상법 제376조 제1항에 따라 그 결의의 날로부터 2개월
> 내에 제기하여야 하고, 이 기간이 지난 후에 제기된 소는 부적법하다. 그리고 주주총회
> 에서 여러 개의 안건이 상정되어 각기 결의가 행하여진 경우 위 제소기간의 준수 여부
> 는 각 안건에 대한 결의마다 별도로 판단되어야 한다."

**(라) 담보제공:**  남소의 방지를 위하여 법원은 결의취소의 소가 제기되었을 때
회사의 청구에 의하여 상당한 담보를 제공할 것을 명할 수 있다($^{상377}_{}$).

**(마) 소의 절차:**  법원은 수개의 소가 제기된 경우에는 이를 병합심리하게 된다
($^{상376}_{Ⅱ.188}$). 나아가 결의취소의 소의 경우에는 법원의 재량기각권이 인정된다. 즉 결의취소
의 소가 제기된 경우에 결의의 내용, 회사의 현황과 제반사정을 참작할 때 오히려 그
취소를 하는 것이 부적당하다고 인정할 때에는 법원은 그 청구를 기각할 수 있다($^{상}_{379}$).

**(바) 판결의 효과:**  원고가 승소하여 취소의 판결이 확정되면 그 판결은 당사자
이외의 제3자에게도 미친다($^{상376 Ⅱ}_{190 본문}$). 이는 법률관계의 획일적 처리를 위하여 민사소송
법상의 기판력의 주관적 범위($^{민소}_{218 Ⅰ}$)를 예외적으로 제3자에게까지 확장시킨 결과이다.
그러나 취소판결의 효력은 소급한다. 1995년의 개정상법은 제190조 단서를 그 준용

대상에서 제외시켰다. 물론 제376조 이하의 특칙적 성격을 띤 신주발행무효의 소나 합병무효의 소에서는 소급효가 인정되지 않는다. 결의사항이 등기된 경우에는 취소판결이 확정되면 본점과 지점의 소재지에서 등기하여야 한다($\frac{\text{상}}{378}$).

원고가 패소한 경우에는 민사소송의 일반원칙에 따라 판결의 효력은 당사자에게만 미치므로 다른 제소권자가 다시 소를 제기할 수 있다. 그러나 실제로는 제소기간이 결의일로부터 2개월에 한정되므로 다른 제소권자의 소제기는 불가능할 때가 많을 것이다.

### (3) 결의무효확인 및 부존재확인의 소

(가) 소의 성질:  상법은 제380조에서 결의무효확인 및 부존재확인의 소에 관하여 결의취소의 소에서와 같이 전속관할 등 소송절차에 관한 제186조 내지 188조 및 판결의 대세적 효력을 인정하면서도 제소권자 및 제소기간에 대해서는 규정을 두고 있지 않아 이 양소의 법적 성질에 대하여 다음과 같은 학설의 대립이 있다.

1) **확인소송설**:  확인소송설은 상법 제380조상의 소를 확인의 소로 보는 견해이다.[152] 이 입장에서는 결의무효나 결의부존재의 경우에는 결의취소 때보다 하자가 중대하므로 당연무효이고 어느 때든지 어떠한 방법으로든지 그 무효를 주장할 수 있다고 한다. 즉 결의의 내용에 실질적인 하자가 있을 때에는 당연히 무효이므로 소송 외의 항변에 의해서도 결의의 무효를 주장할 수 있으며 필요한 경우에는 결의 무효확인의 소를 제기할 수 있다고 한다. 이 견해에 의하면 상법 제380조상의 소는 당연히 무효이거나 부존재인 결의에 대해서 그 무효 또는 부존재의 확인을 구하는 것이므로 이는 보통의 확인의 소(Feststellungsklage)라고 한다.

2) **형성소송설**:  이에 반하여 형성소송설에서는 결의무효 및 부존재확인의 소를 조문의 자구에 불구하고 형성소송으로 보는 견해로서 상법 제380조는 법률관계의 획일적 처리를 위하여 무효확인판결에 형성소송과 동일한 대세적 효력을 인정하고 있는데 만약 어떠한 방법으로나 무효를 주장하게 한다면 대세적 효력을 인정하는 상법 제380조의 입법취지와 모순된다고 한다.[153] 나아가 결의무효나 부존재확인의 소에서 제소권자나 제소기간을 제한하지 않은 것은 소의 원인이 보다 중대하기 때문에 누구나 또 어느 때나 제소할 수 있게 해 놓은 것이지 이것이 소 이외의 방법으로 무효를 주장할 수 있게 허용한 것은 아니라고 한다.

---

152) 대판 1993. 8. 18, 91다39924.
153) 정·유·김, 77면; 이시윤, 신민사소송법, 제8판, 2014, 195면.

3) **양설의 차이:**  이러한 양설의 결과적 차이점은 형성소송설의 경우에는 하자의 주장방법은 소만으로 한정되고 결의의 무효나 부존재확인판결이 있을 때까지는 그 결의를 유효한 것으로 보게 됨에 반하여 확인소송설을 취하는 경우에는 하자의 주장방법이 소 이외의 항변으로도 가능하고 무효나 부존재의 확정판결이 있기 전이라도 해당 결의는 당연무효의 취급을 받게 된다.

4) **사 견:**  양 입장은 모두 장점과 함께 단점도 내포하고 있다. 확인소송설은 무효 또는 부존재확인판결의 대세적 효력을 설명하는 데에 난점이 있다. 반면 형성소송설은 판결의 대세적 효력을 설명하는 데에는 난점이 없으나 사회질서위반의 결의나 결의부존재 등 심각한 결의의 하자시에도 판결이 확정될 때까지 이를 일응 유효한 것으로 보아야 한다는 데 문제가 있다. 또한 위법배당의 반환청구 등을 함에 있어서는 먼저 배당의안승인 내지 재무제표승인결의의 무효확인판결을 받아야 하는 등 절차적 이중성을 강요당하게 된다. 비교법적으로 살펴보면 독일 주식법의 경우에는 동법 제241조가 지극히 제한적으로 무효원인을 나열하고 있고 법령위반의 결의는 취소원인으로 되어 있어 대부분의 결의하자는 결의취소의 소로 다루어진다.[154] 따라서 법령위반의 내용상의 하자를 무효원인으로 하고 있는 우리 상법에서 무효확인의 소를 일반 확인의 소로 보게 되면 내용상의 하자는 일반법리로 처리하는 것이 되어 상법이 추구하는 법률관계의 안정적, 획일적 처리의 이념이 상당히 퇴색하고 만다는 비판도 가능하다.

무릇 양입장 모두 나름대로 타당성이 있는 것은 사실이나 형성소송설이 지니는 난점이 확인소송설의 그것보다 훨씬 크다고 판단되므로 결과적으로 확인소송설에 찬동한다. 더구나 1995년의 상법개정으로 판결의 효력이 소급하므로 형성소송설은 그 지지기반을 더욱 상실하였다.

**(나) 결의무효의 원인:**  이는 총회의 결의 내용이 법령에 위반한 경우이다. 정관에 위반하는 경우에는 1995년의 상법개정으로 취소사유가 되었다. 예를 들면 ① 주주평등의 원칙 위반의 결의 및 주주총회 권한범위 밖의 결의,[155] ② 유한책임원칙의 무시(예컨대 추가의 출자의무를 부담하기로 하는 결의 등), ③ 위법한 재무제표를 승인하는 결의, ④ 설립후 2년이 경과하지 아니한 시점에서 행한 액면미달발행결의 등이다.

---

154) 독일 주식법상 주주총회결의 무효확인의 소의 법적 성질은 확인의 소로 본다. 그러나 판결의 효력이 제3자에게까지 미치므로 형성의 소의 요소가 전혀 배제되지는 않는다고 한다. vgl. KölnerKomm-Zöllner, §249 Rn. 25.
155) 대판 1991. 5. 28, 90다20084.

(다) 결의부존재의 원인:　총회의 소집절차 또는 결의방법에 나타난 하자가 총회 결의가 존재한다고 볼 수 없을 정도로 중대한 경우가 이에 해당한다. 예컨대 ① 이사회의 결의없이 소집권한이 없는 자가 소집한 총회에서 이루어진 결의,[156] ② 적법한 소집철회후 이루어진 주주총회결의,[157] ③ 주주가 아닌 사람들만이 모여서 한 결의, ④ 극히 일부의 주주에게만 소집통지를 하여 소집된 총회에서 한 결의, ⑤ 총회를 열거나 결의를 한 사실이 전혀 없음에도 마치 결의가 있었던 것처럼 주주총회의사록에 기재하여 등기한 경우의 결의($\frac{대판\,1992.\,8.\,18.}{91다14369}$), ⑥ 명의개서의 부당거절후 명의개서 신청주주들(총지분율의 약 68%)에게 소집통지가 결여된 상태에서 이루어진 결의[158] 등의 경우이다.

(라) 소의 당사자와 제소권자·제소기간:　원고적격에는 제한이 없다($\frac{상}{380}$). 따라서 이사, 감사, 주주 이외의 제3자라도 확인의 이익(Feststellungsinteresse)이 있으면 이 소를 제기할 수 있다. 따라서 회사의 채권자도 자신의 지위에 현실적으로 영향을 받는 경우에는 제소권이 있다. 피고는 회사이며 제소기간에도 제한이 없다.

(마) 관할·소제기의 공고·병합심리·담보제공·등기:　상법 제380조상의 소에서도 역시 회사의 본점소재지의 지방법원이 전속관할하며 수개의 소가 제기되었을 때에는 법원은 병합심리하며 소가 제기되었을 때에는 회사는 지체없이 공고하여야 한다($\frac{상\,380,\,186.}{187,\,188}$). 나아가 결의취소의 소에서와 같이 제소주주의 담보제공의무가 발생할 수 있으며 결의한 사항이 등기된 경우에는 판결확정 후 본점과 지점소재지에서 등기하여야 한다($\frac{상\,380.}{377,\,378}$).

(바) 판결의 효과:　결의무효나 부존재의 경우 이 소가 제기되어 원고승소판결을 받으면 그 판결의 효력은 제3자에게도 미친다($\frac{상\,380.}{190\,본문}$). 그러나 개정 전 상법과 달리 판결의 효력은 소급한다. 이것은 상법 제380조가 결의하자법에서 차지하는 지위를 고려한 결과로 해석할 수 있다. 왜냐하면 상법은 여러 가지 구조변경적 결의에 대해서는 소급효를 부정하는 특칙을 별도로 마련하고 있기 때문이다($\frac{상조\,431\,등}{}$). 이것은 타당한 상법개정이다.[159] 결국 상법 제380조에 포섭되는 하자있는 주주총회결의는 구조변경적 성격을 결한 경우에 한정될 것이다. 판결의 효력이 소급해도 제3자의 신뢰보호는 별

---

156) 대판 1973. 6. 29, 72다2611; 대판 2002. 12. 24, 2000다69927.
157) 대판 2011. 6. 24, 2009다35033(레이크사이드 골프장 사건).
158) 대판 1993. 7. 13, 92다40952.
159) 이에 대해서는 졸고, "주주총회결의 부존재확인판결의 효력", 「고시계」 1993년 7월호, 200면 이하 참조.

도의 법원칙에 의하여 실현될 수 있다. 즉 이사선임결의의 무효나 부존재의 경우에도 그와 거래한 선의의 제3자는 상법 제395조나 상법 제39조 나아가 일반 외관법리 등에 따라 보호될 수 있을 것이다.

원고가 패소한 경우에는 판결의 효력은 당사자간에만 미치며 다시 다른 원고가 결의무효나 부존재확인의 소를 제기할 수 있다. 물론 소 이외의 방법으로도 얼마든지 하자의 주장이 가능하다(확인소송설).

### (4) 부당결의 취소 · 변경의 소($\frac{상}{381}$)

특별이해관계인이 결의과정에서 빠진 경우 반대파에 의한 결의의 악용을 방지하기 위한 소이다. 그 성격 및 법적 취급은 거의 결의취소의 소와 동일하다. 소의 원인은 내용상의 하자로서 특별이해관계인인 주주를 배제하고 한 결의의 내용이 현저하게 부당한 경우이다. 소의 법적 성질은 형성의 소이고, 제소기간도 2개월로 취소의 소와 동일하다. 나아가 상법 제186조 내지 188조, 377, 378조 등이 그대로 준용된다. 원고적격은 의결권을 행사하지 못한 특별이해관계있는 주주이고 판결의 효력도 취소의 소와 같다.

### (5) 합병무효나 감자무효의 소와의 관계

합병승인결의($\frac{상}{522}$)나 자본감소의 결의($\frac{상}{438}$)시에 주주총회의 특별결의를 요하게 되는데, 이 때 상법이 예정한 합병무효의 소($\frac{상}{529}$)나 減資無效의 訴($\frac{상}{445}$)는 상법 제376조 이하의 소와 어떤 관계가 있는지 의문이다.[160] 결의취소의 경우와 결의무효확인의 경우를 나누어 살펴보기로 한다.

### (가) 결의취소의 소의 경우: 

회사의 합병이 효력을 발생하기 전 즉 합병등기 전에는 합병무효의 소는 제기할 수 없으므로($\frac{상 529}{참조}$) 합병결의취소의 소 만을 합병승인결의일로부터 2개월의 제소기간 내에 제기할 수 있다. 결의취소의 소의 제소기간(결의일로부터 2개월) 경과 후에는 합병무효의 소만을 제기할 수 있다. 물론 이 소도 합병등기일로부터 6개월 내에 제기되어야 한다($\frac{상 529}{}$).

문제는 합병등기 후 결의취소의 소의 제소기간 내에는 어떻게 되는가이다. 즉 양 소의 제소기간이 서로 겹치는 기간 중에는 합병무효의 소를 제기하여야 할 것인가 아니면 결의취소의 소를 제기하여야 할 것인가? 이에 대해서는 병존설과 흡수설의 대

---

160) 상법 제429조에 규정된 증자무효의 소(신주발행무효의 소)의 경우에도 예외가 아니다. 유상증자의 의사결정은 주주총회결의로도 가능하며(상법 제416조, 2문) 이 경우 일반적으로 주주총회결의의 하자를 다투는 소와 상법 제429조상 증자무효의 소간의 관계가 문제시될 수 있을 것이다.

립이 있다. 전자에 따르면 양소는 별개의 제도로서 병존하므로 결국 어느 소를 제기
할 것인가는 제소자의 선택사항이 될 것이다. 그러나 후자에 따르면 결의취소의 소는
합병무효의 소에 흡수되어 독립한 제소의 대상이 되지 못한다고 한다. 후설이 타당하
다. 합병무효의 소나 감자무효의 소의 특칙적 성격을 인정하여야 할 것이다. 따라서
양소의 제소기간이 겹치는 구간에서는 합병무효의 소나 감자무효의 소만이 제기될
수 있다.

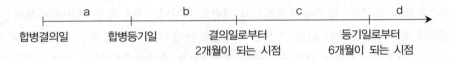

a구간: 상법 제376조의 소만이 제기가능하다.
b구간: 상법 제529조상의 합병무효의 소만이 제기가능하다.
c구간: 상법 제529조상의 합병무효의 소만이 제기가능하다.
d구간: 아무런 소도 제기할 수 없다.

### 대판 2010. 2. 11, 2009다83599

"상법 제445조는 자본감소의 무효는 주주 등이 자본감소로 인한 변경등기가 있은
날로부터 6월 내에 소만으로 주장할 수 있다고 규정하고 있으므로, 설령 주주총회의
자본감소 결의에 취소 또는 무효의 하자가 있다고 하더라도 그 하자가 극히 중대하여
자본감소가 존재하지 아니하는 정도에 이르는 등의 특별한 사정이 없는한 자본감소의
효력이 발생한 후에는 자본감소 무효의 소에 의해서만 다툴 수 있다."

(나) 결의무효확인의 소의 경우:  결의무효확인의 소($\frac{상}{380}$)와 합병무효나 감자무효
의 소 등과의 관계 역시 결의취소의 경우와 같게 판단하여야 할 것이다. 즉 합병 등
의 효력이 발생하기 전에는 결의무효확인의 소를 제기할 수 있지만 합병 등의 효력
이 발생한 다음에는 결의무효확인의 소는 합병무효의 소 등에 흡수되므로 독립하여
제기하지 못한다.

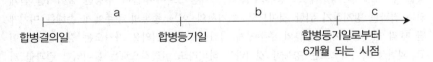

a구간: 상법 제380조상의 소만이 제기가능하다.
b구간: 상법 제529조상의 소만이 제기가능하다(흡수설).
c구간: 아무런 소도 제기할 수 없다(흡수설).

## VII. 종류주주총회($\frac{상}{435}$)

### 1. 의 의

회사가 수종의 주식을 발행한 경우에 특정 종류의 주식을 가진 주주만으로 구성된 총회를 種類株主總會(gesonderte Versammlung)라 한다. 종류주주총회는 그 자체를 주주총회로 볼 수는 없으며 주식회사의 기관도 아니다. 다만 특정 사안에 대해서 그 결의가 요구되는 경우가 있다. 상법은 의결권없는 종류의 주식에 관한 규정을 제외해 놓고는 일반 주주총회에 관한 규정들을 포괄적으로 종류주주총회에도 준용시키고 있다($\frac{상}{435}$).

### 2. 결의가 필요한 사항

종류주주총회의 결의가 요구되는 사안은 다음과 같은 것들이다.

#### (1) 정관변경시 특정 종류주주들에 대한 손해발생가능성

정관변경으로 어느 종류의 주주에게 손해를 미치게 될 때 해당 종류의 주식을 보유한 주주들의 결의가 필요하다($\frac{상}{435}$). 예컨대 우선주의 배당률을 낮춘다든지 참가적 우선주를 비참가적 우선주로 변경한다든지 등의 경우가 이에 해당한다.

> **대판 2006. 1. 27, 2004다44575, 44582**
>
> "상법 제435조 제1항은 "회사가 수종의 주식을 발행한 경우에 정관을 변경함으로써 어느 종류의 주주에게 손해를 미치게 될 때에는 주주총회의 결의 외에 그 종류의 주주의 총회의 결의가 있어야 한다."고 규정하고 있는바, 위 규정의 취지는 주식회사가 보통주 이외의 수종의 주식을 발행하고 있는 경우에 보통주를 가진 다수의 주주들이 일방적으로 어느 종류의 주식을 가진 소수주주들에게 손해를 미치는 내용으로 정관을 변경할 수 있게 할 경우에 그 종류의 주식을 가진 소수주주들이 부당한 불이익을 받게 되는 결과를 방지하기 위한 것이므로, 여기서의 '어느 종류의 주주에게 손해를 미치게 될 때'라 함에는, 어느 종류의 주주에게 직접적으로 불이익을 가져오는 경우는 물론이고, 외견상 형식적으로는 평등한 것이라고 하더라도 실질적으로는 불이익한 결과를 가져오는 경우도 포함되며, 나아가 어느 종류의 주주의 지위가 정관의 변경에 따라 유리한 면이 있으면서 불이익한 면을 수반하는 경우도 이에 해당된다."

제 2 장   주식회사[기관]  **393**

## (2) 이사회결의로 하는 특별한 정함

나아가 회사가 수종의 주식을 발행하고 정관에 다른 정함이 없지만 이사회의 결의로 각 주식의 종류에 따라 신주의 인수, 주식의 병합이나 소각 또는 합병으로 인한 주식배정에 관하여 특수한 정함을 하는 경우 종류주주총회의 결의가 필요하다(상 436 전. 344 Ⅲ).

## (3) 주식교환·주식이전 및 회사의 합병시 특정 종류주주에 대한 손해발생가능성

끝으로 주식의 포괄적 교환 및 이전 또는 회사의 합병으로 어느 종류의 주주에게 손해를 미치게 될 때 종류주주총회의 결의가 필요하다(상 436). 예컨대 합병신주를 교부함에 있어서 우선주가 보통주보다 그 교환비율이 불리한 경우 등이다.

## 3. 의결정족수

종류주주총회는 출석주주의 의결권의 3분의 2 이상의 수와 그 종류의 발행주식총수의 3분의 1 이상의 수로 의결한다(상 435).

## 4. 종류주주총회결의 흠결의 효과

> **사례**   2005년 10월 7일 S(주)는 우선주주들의 최저배당율을 액면가의 10%에서 5%로 줄이는 정관변경결의를 하였다. 그러나 지금까지 우선주주들의 종류주주총회는 소집된 바 없다. 2006년 1월 S사의 우선주주인 甲은 정관변경의 무효를 주장한다. 甲이 취할 수 있는 법적 가능성을 설명하라.

## (1) 문제점

종류주주총회결의가 필요한 사안에서 아직 이를 거치지 않은 경우 또는 종류주주총회가 소집되어 결의가 이루어졌으나 그 결의가 무효 또는 취소된 경우 일반 주주총회결의의 효력은 어떠한가? 특히 특정 종류의 주주들에게 불리한 정관변경이 이루어지는 경우 이러한 문제가 심각하게 제기될 수 있다. 이 경우 정관변경 그 자체의 효력과 이를 위한 일반 주주총회의 정관변경결의의 효력을 구분할 것인가? 종류주주총회의 흠결을 절차상의 하자로 보아 결의취소소송(상 376)의 대상으로 볼 것인가? 일반 주주총회결의의 효력을 부동적 무효상태로 볼 것인가? 이 경우 어떻게 그 하자를 주장할 수 있을 것인가? 이러한 문제점은 지금까지 크게 논의되지 않았으나 2003년 수원지방법원의 삼성전자(주) 정관변경사건의 제1심 판결이 나옴으로써 본격적으로 논의되기 시작하였다.[161]

### (2) 학설들

이러한 문제점에 대해서는 아래와 같은 학설의 대립이 있다.

**(가) 취소사유설**[162]:   이 입장은 종류주주총회결의가 필요할 때 이를 흠결한 일반주주총회결의는 상법 제376조상 절차상의 하자를 잉태한 것이므로 일반주주총회의 결의일로부터 2개월내에 정관변경결의취소의 소를 상법 제376조에 따라 제기하여 취소를 구할 수 있을 뿐이라고 한다. 따라서 이 입장을 따를 경우 제소기간 2개월이 이미 도과한 경우에는 더 이상 종류주주총회결의가 없었음을 이유로 일반주주총회결의의 효력을 다툴 수 없게 된다. 즉 해당 정관변경결의는 유효한 것이 된다. 위 사례에서 甲은 2006년 1월 해당 정관변경의 무효를 주장하는 것이므로 이 시점에서는 이미 2개월의 제소기간이 도과한 후여서 이 학설을 따르는 한 우선주주들의 최저배당률은 이미 유효하게 액면가의 10%에서 5%로 감소된 것으로 보아할 것이며 이에 대해 甲은 더 이상 법적으로 대응할 수단이 없다.

**(나) 부동적 무효설**:   이 학설에 따르면 종류주주총회결의가 필요한 경우 이를 거치지 않은 일반주주총회결의의 효력은 부동적 무효상태(浮動的 無效狀態; schwebende Unwirksamkeit)에 있다고 한다. 즉 차후 종류주주총회가 소집되어 승인을 얻으면 정관변경결의는 확정적으로 유효가 되며 그 때까지는 부동적(浮動的) 무효상태에 놓인다고 한다.[163] 따라서 정관변경결의의 효력을 다투는 경우에는 일반 확인의 소의 형태로 정관변경결의불발효확인의 소를 제기하면 된다고 한다.

**(다) 무효설**:   종류주주총회결의가 필요한 사안에서 이를 거치지 않은 경우 해당 정관변경의 효력을 인정할 수 없다고 한다.[164] 대법원 판례는 현재 이 입장을 취하면서 "종류주주가 일반 민사소송상의 확인의 소를 제기함에 있어서는 정관변경에 필요한 특별요건이 구비되지 않았음을 이유로 하여 정면으로 그 정관변경이 무효라는 확인을 구하면 족한 것이지, 그 정관변경을 내용으로 하는 주주총회결의가 '불발효 상태'에 있다는 것의 확인을 구할 필요는 없다"고 판시하고 있다. 판례의 입장을 정리하면 '정관변경의 효력'과 '정관변경을 위한 일반 주주총회결의의 효력'을 구분하는 것이다. 즉 정

---

161) 수원지방법원 2003. 7. 11, 2002가합14429.

162) 이철송, 657면.

163) 이는 하급심 판례(수원지법 2003. 7. 11, 2002가합14429, 2003가합6609; 서울고등법원 2004. 7. 9, 2003나 55037) 및 다수설의 입장이다; 정동윤, 576면; 同人, "종류주주총회의 결의를 얻지 아니한 정관변경결의의 효력", 상법연구의 향기(정희철교수정년20주년기념), 41~55면; 정찬형, 상법(상), 제17판, 2014, 877면; 권기범, 현대회사법론, 제5판, 2014, 726면.

164) 대판 2006. 1. 27, 2004다44575, 44582.

관변경을 위한 일반 주주총회결의 효력에는 아무런 하자가 없는 것이고 다만 종류주주총회결의가 흠결되었으므로 정관변경의 효력이 나타나지 않음에 불과하다는 것이다.

(라) **결 론:** 우선 취소사유설은 결의일로부터 2개월의 제소기간의 제한이 있으므로 일반주주총회가 있고 난 후 2개월이 지나가 버리면 종류주주는 더 이상 정관변경의 효력을 다투지 못하므로 종류주주의 보호면에서 불리하다. 특히 회사의 사정상 2개월이라는 기간내에 종류주주총회의 소집이 어려울 경우도 있을 것이므로 이러한 경우 타당한 결과를 제시하기 어렵다. 부동적 무효설에 대해서는 대법원 판례가 비판적으로 잘 지적하고 있으므로 결론적으로 무효설을 따르기로 한다.

> **대판 2006. 1. 27, 2004다44575, 44582**
>
> "어느 종류 주주에게 손해를 미치는 내용으로 정관을 변경함에 있어서 그 정관변경에 관한 주주총회의 결의 외에 추가로 요구되는 종류주주총회의 결의는 정관변경이라는 법률효과가 발생하기 위한 하나의 특별요건이라고 할 것이므로, 그와 같은 내용의 정관변경에 관하여 **종류주주총회의 결의가 아직 이루어지지 않았다면 그러한 정관변경의 효력이 아직 발생하지 않는 데에 그칠 뿐이고, 그러한 정관변경을 결의한 주주총회결의 자체의 효력에는 아무런 하자가 없다.**"
>
> "정관의 변경결의의 내용이 어느 종류의 주주에게 손해를 미치게 될 때에 해당하는지 여부에 관하여 다툼이 있는 관계로 회사가 종류주주총회의 개최를 명시적으로 거부하고 있는 경우에, 그 종류의 주주가 회사를 상대로 일반 민사소송상의 확인의 소를 제기함에 있어서는, 정관변경에 필요한 특별요건이 구비되지 않았음을 이유로 하여 **정면으로 그 정관변경이 무효라는 확인을 구하면 족한 것이지, 그 정관변경을 내용으로 하는 주주총회결의 자체가 아직 효력을 발생하지 않고 있는 상태(이른바 불발효 상태)라는 관념을 애써 만들어서 그 주주총회결의가 그러한 '불발효 상태'에 있다는 것의 확인을 구할 필요는 없다.**"

# 제 3 관  이사회와 대표이사

# I. 서  론

## 1. 권한의 포괄성

이미 주주총회에서 살펴보았듯이 주주총회의 권한사항은 상법이나 정관에 규정된 사항에 한정되므로 그 외에 회사 내의 의사결정 혹은 업무집행권은 이사회와 대표이사에 위임되어 있다. 물론 상법 제361조에 의한 주주총회의 권한사항이 정관규정에 의하여 탄력적으로 확대될 수 있지만 오늘날 전형적인 대규모의 공개적 주식회사에 있어서는 통상업무나 중요한 업무집행에 관련된 사항뿐 아니라 획일적으로 금그을 수 없는 다대한 권한이 이사회와 대표이사라는 회사의 최고경영진에게 부여되고 있는 것이다. 오늘날 이사회는 어느 나라에서건 주식회사의 최고 핵심기관임에 틀림없다. 이러한 현상은 주주총회 권한의 한정성($\frac{\text{상}}{361}$)에 대비되는 이사회의 포괄적 권한($\frac{\text{상}}{393}$)으로 표현될 수 있을 것이다.

## 2. 권한비대의 통제가능성

전문지식과 장기계획으로 특징지워지는 오늘의 전문경영인제도는 이와 같이 이사회의 권한비대를 낳았고 이러한 포괄적 권한위임은 동시에 다양한 통제가능성을 요구하게 되었다. 권한사항이 커질수록 그에 상응하는 통제의 가능성도 커져야 한다. 이는 근대의 헌정사를 들추지 않아도 자명한 이치이다.

상법은 포괄적인 권한을 업무집행기관에 부여하는 미국식 이사회제도의 도입과 더불어 이에 상응하는 다양한 통제가능성도 마련하였다. 이러한 감시감독의 방법은 다음과 같은 세 가지 방향으로 요약될 수 있다.

우선 수평적 감시방법으로 감사제도를 필요기관으로 두게 하였다. 이곳에서 업무집행에 대한 적법성의 감독이 가능하다.

둘째는 첫번째와 다소 성격을 달리하면서 수직적 감독권을 이사회에 부여하였다 ($\frac{\text{상}}{393}$). 이사회에 의한 감시감독은 자정적 성격을 띤 것으로서 전문경영인에 의한 상호감시의 성격이 강하다. 그리하여 단순히 업무집행의 적법성에 그치는 것이 아니라 전문경영인의 시각에서 해당 업무집행의 합목적성까지 통제할 수 있도록 하였다.

끝으로 이러한 사내 기관에 의한 감시에 그치지 않고 주주들에게도 감시권을 분배하였다. 투자자로서의 소극적이고 수동적인 지위를 벗어나 주주들도 대표소송제기권이나 유지청구권 등을 행사하면서 적극적 감시자로 활동할 수 있도록 길을 열어 놓았다.

## 3. 비교법적 고찰

주식회사의 업무집행과 그 감시체계는 이미 살펴보았듯이 미국식의 1원적 이사회제도와 독일식의 2원적 이사·감사회제도로 대별된다. 독일 주식법에서는 감사회가 이사회의 중요한 업무사항에 관하여 사전동의권을 가질 수 있으므로($\frac{\S 111\ \text{IV}}{2\ \text{AktG}}$) 회사의 업무집행에 대한 의사결정은 실질적으로 이사회와 감사회에 적정 2분되어 있다고 할

수 있다. 그러나 미국법의 board system은 이사회라는 동일의 gremium 속에 업무집
행에 관한 의사결정과 그 실행 및 통제의 기능을 동시에 부여하고 있다. 그리하여 회
사의 내부기능을 의사결정, 실행, 통제로 3분한다면 이사회는 이 세 영역에 자신의
권한사항을 모두 갖는 광범한 권한주체가 되는 것이다.[165]

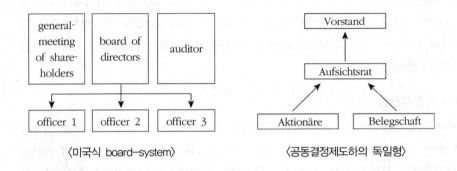

〈미국식 board—system〉                    〈공동결정제도하의 독일형〉

## 4. 대표이사와 이사회간의 관계

이러한 이사회의 광범한 기능은 다시 board 내부에서는 이사회와 대표이사라는
두 기관에 분속된다고 할 수 있겠다. 우리 상법은 이사회와 대표이사라는 2기관으로
업무집행기관을 구성하고 있으나 이들에 관한 상법 제393조와 제389조의 규정만으로
는 이들간에 구체적으로 어떻게 권한분배가 이루어져 있는 것인지 파악하기 힘들다.
즉 상법 제393조는 제1항에서 업무집행에 관한 의사결정권한을 이사회에 둔다는 것
과 제2항에서 이사회의 각 이사에 대한 업무집행의 감독권을 규정하고 있고, 제389조
에서는 대표이사의 선출방식과 그 대표권에 관하여 정하고 있다. 그러나 이러한 법문
언의 내용만으로는 이사회와 대표이사간의 내부관계를 명확히 하기 어렵다. 결국 상
법은 이 양자간의 관계를 학설 및 판례에 맡긴 것이라고 풀이할 수 있다. 그리하여
학설은 이 양자간의 관계를 설명함에 있어서 파생기관설과 독립기관설의 대립을 보
이고 있다.

### (1) 파생기관설

파생기관설은 업무집행에 관한 의사결정, 실행 및 감시감독권을 모두 이사회에 부
여하는 것으로 하고 대표이사는 이 권한 중 업무집행의 실행권과 회사대표권을 이사

---

165) 물론 의사결정기능은 기본결정사항과 업무집행사항으로 대별할 수 있고, 기본결정사항은 주주총회의 전속사
항이다. 나아가 통제기능에서도 감사(auditor)는 이사회의 업무집행이 법령이나 정관에 위반하는지 여부를 가
리는 적법성의 감시활동을 하므로 이사회가 수행하는 감시기능은 수직적 통제에 한정된다.

회로부터 위양받고 있다고 설명한다. 이 설은 이사회가 업무집행에 관한 의사결정과 그 실행의 모든 권한을 갖고 있으나 이사회가 이를 모두 수행하는 것은 비현실적이므로 그 권한 중 이사회가 결정한 의사의 집행, 통상업무에 관한 의사결정 및 그 집행, 나아가 대외적인 회사대표권은 이를 대표이사에게 위양한 것으로 파악한다. 이 설은 대표이사의 업무집행권을 이사회로부터 도출시키고 있으므로 이사회가 대표이사 이외의 업무담당이사를 선임하여 그에게 대내적 업무집행권을 위양하는 것도 가능하다고 본다. 이 설은 헌법상으로 보면 이사회제도를 내각책임제에 유사하게 파악하고 있는 셈이다.

### (2) 독립기관설

반면 독립기관설에서는 이사회의 권한을 처음부터 나누어 원래 이사회는 업무집행에 관한 의사결정권과 감독권만을 갖는 것이고, 대표이사는 자신의 고유의 권한으로 업무집행의 실행권과 회사대표권을 향유한다고 한다. 즉 대표이사와 이사회는 서로 독립된 별개의 기관으로서 이사회는 의사결정기관이요, 대표이사는 주주총회나 이사회에서 결정된 의사를 실행에 옮기는 기관이라고 한다. 이 설은 파생기관설과는 달리 대통령제에 가깝다고 할 수 있다.

### (3) 사 견

이사회는 합의체이므로 그 성격상 업무집행의 실행면에서는 기동성을 결여하고 있고 또 상법상 주주총회에서도 대표이사를 직선할 수 있는 점($^{상\ 389}_{1\ 2문}$), 나아가 오늘날 기업 내부의 분업조직을 고려해 보면 독립기관설이 더욱 타당하다고 생각된다. 그러나 이 설을 취한다 할지라도 대표이사가 오로지 업무집행의 실행기관에 그치지 않고 통상의 일상적 업무집행에 대해서는 의사결정권한도 향유한다고 해석한다. 그렇게 보는 것이 자연스러울 것이다. 나아가 독립기관설을 따른다 할지라도 이사회가 대표이사 이외의 업무담당이사를 두는 것도 가능하다고 본다. 이사회의 감독권한으로부터 그러한 예외를 도출시킬 수 있다고 보기 때문이다.

# Ⅱ. 이 사 회

## 1. 의　　의

理事會는 모든 이사로 구성되고 회사의 업무집행에 관한 의사결정과 이사의 직무집행을 감독하는 주식회사의 필요상설기관이다($\frac{\text{상}}{393}$). 이사회는 대표이사를 포함한 이사 전원으로 구성되는 회의체기관이다. 나아가 그 권한사항은 업무집행에 대한 의사결정 권($상 ^{393}$)과 이사의 직무집행에 대한 감독권($상 ^{393}$)이다. 이사회는 상설적 필요기관이지 만 이 때 상설의 의미는 주주총회에서와 마찬가지로 추상적으로 파악되어야 한다. 구 체적으로 소집되는 회의체로서 보면 비상설기관이라고도 할 수 있다.

## 2. 권    한

### (1) 업무집행에 대한 의사결정권한

이사회의 의사결정권한은 상법이나 개별 정관의 규정에서 구체적으로 나타날 수 있다.

#### (가) 상법규정에 의한 권한

**1) 법정사항:**    상법이 명시적으로 이사회의 권한으로 나열하고 있는 것은 다음 과 같다. 주주총회의 소집결정($\frac{\text{상}}{362}$), 대표이사의 선임($\frac{\text{상}}{389}$), 중요한 자산의 처분 및 양 도, 대규모재산의 차입, 지배인의 선임 또는 해임과 지점의 설치·이전 또는 폐지 등 회사의 업무집행에 관한 제반사항($상 ^{393}$),[166] 이사의 경업거래 및 회사와의 거래의 승 인($\frac{\text{상} \, 397.}{398}$), 주식양도의 승인($\frac{\text{상}}{335}$), 신주발행사항의 결정($\frac{\text{상}}{416}$), 재무제표와 영업보고서의 승 인($\frac{\text{상} \, 447.}{447의2}$), 준비금의 자본금전입($\frac{\text{상}}{461}$), 사채의 모집결정($\frac{\text{상}}{469}$) 및 전환사채 및 신주인수권 부 사채의 발행($\frac{\text{상} \, 513.}{516의2}$) 등이다.

**2) '중요한 자산의 처분 및 양도'의 해석 문제:**    그런데 위의 권한 사항 중 특히 구체적인 해석이 필요한 부분이 상법 제393조 제1항이 규정하고 있는 '중요한 자산의 처분 및 양도'이다. 이는 상법이 이사회 결의로 정한다고 하고 있다. 보통 영업자산의 처분은 일상적 업무이기 때문에 이에 대한 의사결정은 대표이사의 고유한 권한사항 이다. 그러나 일정한 요건이 갖추어지는 경우 더 이상 대표이사 단독의 의사결정사항 이 아니다. 이때 '중요성'이라는 추상적 구성요건이 법문언에 나타나고 있기 때문에 이의 구체화가 필요하다. 판례는 상법 제374조상의 영업 일부 양도의 중요성 기준이 나 영업양수의 중대성 기준에 상응하는 실질적 판단기준을 제시한다.

---

166) 대결 2021. 8. 26, 2020마5520(채무자회생법상 이사가 파산신청권자이기는 하나 **파산신청은 대표이사의 일상 적 업무집행사항은 아니므로 이사회결의가 필요**하다고 본 사례. 다만 **소규모 주식회사에서는 회의체 이사회 가 없으므로 대표이사가 단독으로 신청**할 수 있다고 본 사례).

**대판 2008. 5. 15, 2007다23807**

"상법 제393조 제1항은 주식회사의 대규모 재산의 차입 등은 이사회의 결의로 한다고 규정하고 있는바, 여기서 대규모 재산의 차입에 해당하는지 여부는 당해 차입재산의 가액, 회사의 규모, 회사의 영업 또는 재산의 상황, 경영상태, 당해 재산의 차입목적 및 사용처, 회사의 일상적 업무와 관련성, 당해 회사에서의 종래의 취급 등 여러 사정에 비추어 대표이사의 결정에 맡기는 것이 상당한지 여부에 따라 판단하여야 할 것이다."

**대판 2010. 1. 14, 2009다55808**

"상법 제393조 제1항은 주식회사의 중요한 자산의 처분 및 양도, 대규모 재산의 차입 등 회사의 업무집행은 이사회의 결의로 한다고 규정함으로써 주식회사의 이사회는 회사에 업무집행에 관한 의사결정권한이 있음을 밝히고 있으므로, 주식회사의 중요한 자산의 처분이나 대규모 재산의 차입행위뿐만 아니라 이사회가 일반적·구체적으로 대표이사에게 위임하지 않은 업무로서 일상 업무에 속하지 아니한 중요한 업무에 대해서는 이사회의 결의를 거쳐야 하고, 여기에서 말하는 중요한 자산의 처분이나 대규모 재산의 차입 등 일상 업무에 속하지 아니한 중요한 업무인지 여부는 당해 재산의 가액, 총자산에서 차지하는 비율, 회사의 규모, 회사의 영업 또는 재산의 상황, 경영상태, 그 업무행위의 목적, 회사의 일상적 업무와의 관련성, 당해 회사에서의 종래의 취급 등에 비추어 대표이사의 결정에 맡기는 것이 상당한지 여부에 따라 판단하여야 한다."

**대판 2016. 7. 14, 2014다213684 [주식매매대금]**

[중요한 자산에 해당하는 경우 이사회규정상 이사회 부의사항으로 정해져 있지 아니하더라도 반드시 이사회의 결의를 거쳐야 하는지 여부(적극)]

"상법 제393조 제1항은 주식회사의 중요한 자산의 처분 및 양도는 이사회의 결의로 한다고 규정하고 있다. 여기서 말하는 중요한 자산의 처분에 해당하는지 아닌지는 당해 재산의 가액, 총자산에서 차지하는 비율, 회사의 규모, 회사의 영업 또는 재산의 상황, 경영상태, 자산의 보유목적, 회사의 일상적 업무와 관련성, 당해 회사에서의 종래의 취급 등에 비추어 대표이사의 결정에 맡기는 것이 상당한지 여부에 따라 판단하여야 하고, **중요한 자산의 처분에 해당하는 경우에는 이사회가 그에 관하여 직접 결의하지 아니한 채 대표이사에게 그 처분에 관한 사항을 일임할 수 없으므로 이사회규정상 이사회 부의사항으로 정해져 있지 아니하더라도 반드시 이사회의 결의를 거쳐야** 한다."

　　3) **이사회결의 흠결의 효과:**　　법령 또는 정관규정으로 이사회의 승인이 필요함에도 대표이사가 그 승인없이 대표행위를 한 경우 그 대외적 효력이 문제시되는바 일반적으로는 이를 대표권의 전단적 행사라 한다. 2021년 대법원은 전원합의체 판결에서 선의·무과실의 제3자를 보호하던 기존의 입장을 바꾸어 선의·무중과실의 제3

자를 보호한다.[167] 판례는 이러한 결과를 적용함에 있어 상법 제393조와 같은 법령상의 제한이건 정관 또는 이사회규정에 따른 내부적 제한이건 차이를 두지 않는다.[168]

(나) 정관규정에 의한 권한: 상법에 명문의 규정이 없는 경우에도 주식회사의 본질이나 강행법규에 위반되지 않는 한 정관규정으로 이사회의 의사결정사항을 추가시킬 수 있다고 본다. 이와 같은 이사회의 권한사항들은 이사회가 스스로 결정하여야 하며 대표이사나 상무회 등 일부의 이사들에게 위임할 수 없는 것이 원칙이다. 그러나 이사회의 본질이나 그 기능이 침해되지 않는 한도 내에서 대표이사나 업무담당이사에게 의사결정을 위임할 수 있는 예외는 가능하다고 본다. 나아가 일상업무(日常業務)에 대해서는 이사회가 대표이사에게 그 업무집행을 위하여 필요한 의사결정권을 위임하였다고 추정할 수 있다.

(다) 회사의 업무에 관한 주주간 계약: 상법 제393조는 이사회결의를 거쳐야 하는 법정사항을 나열하고 있고 동법 제361조는 주주총회의 권한 사항을 제한적으로 다룬다. 오늘날 소유와 경영이 분리된 전형적인 주식회사에 있어 주주는 원칙적으로 회사의 업무집행에 관여할 수 없다.

그러나 합작투자회사나 소규모의 인적 주식회사에서는 사정이 다를 것이다. 의결권 구속계약에서와 마찬가지로 주주들은 업무집행과 관련된 여러 사항들을 사전에 계약형식으로 정리한다. 예컨대 ① 업무집행사항에 대해 특정 주주의 동의를 요하는 약정, ② 동의권 이외의 방법으로 이사회의 업무집행에 대한 재량을 제한하는 약정, 또는 ③ 이사회의 결의요건을 가중하는 약정 등이 그것이다.[169] 업무집행에 대한 **주주간 계약에서도 당사자간의 채권적 효력은 원칙적으로 인정될 것이다. 나아가 주주 전원이 주주간 계약의 당사자인 경우에는 회사에 대한 효력도 부정할 수 없다**고 본다.[170]

### (2) 감독권

이사회는 대표이사를 선임할 뿐만 아니라(상 389), 대표이사를 포함한 이사의 직무집행을 감독한다(상 393). 이와 같은 이사회의 업무감독권을 정확히 파악하자면 감사의 업무감사권과 비교해 볼 필요가 있다.

감사의 업무감사권(감사는 이사의 직무집행을 감사한다: 상 412 I)은 적법성의 감사이다. 즉 이사의 업무집행이

---

167) 대판 2021. 2. 18, 2015다45451 전원합의체 [보증채무금].
168) 위 전원합의체 판결에 대해 보다 자세히는 본서 "대표권의 전단적 행사" 부분 참조.
169) 이에 대해 자세히는 송영복, "의결권의 행사 및 회사의 업무에 관한 주주간 계약－폐쇄회사를 중심으로－", 서울대학교 대학원 법학석사논문, 2010, 118면 이하 참조.
170) 송영복, 상계논문, 174면.

법령이나 정관에 위반되었는지 또는 이들 규정에 나타난 재량권을 일탈한 것은 아닌지 등 이른바 수평적 감독기관으로서 적법성의 감사에 한정된다고 볼 수 있다.

그러나 이사회의 감독권한은 이와 성격을 달리한다. 즉 상법도 제412조 제1항에서와는 달리 제393조 제2항에서는 '감사'라는 용어를 사용하지 않고 직무집행을 '감독'한다고 하고 있다. 이 의미는 수직적 성격을 지니고 있으며 설사 대표이사를 비롯한 이사의 직무집행이 정관이나 법령상의 재량권을 일탈한 일이 없더라도 회사의 이익을 위한 최대의 주의와 노력을 다하였는지에 대해서 심사할 수 있는 것이다. 즉 업무집행의 합목적성, 능률성, 실효성 여부에 대한 판단으로 확대될 수 있으며 이러한 사항들은 대부분 법원이 심리대상으로 삼을 수 없는 경영판단의 법칙(business judgement rule)의 대상인 것이다. 결론적으로 감사는 적법성을 심사하는 수평적 감사기관이요, 이사회는 업무집행의 타당성과 합목적성을 감시하는 수직적 감독기관이라고 할 수 있을 것이다.

## 3. 소    집

### (1) 소집권자

이사회는 원칙적으로 각 이사가 召集할 수 있다($\frac{\text{상}}{1}\frac{390}{1분}$). 그러나 이사회의 결의로 특정 이사에게 소집권을 일임할 수 있다($\frac{\text{상}}{1}\frac{390}{2분}$). 소집권자로 지정되지 않은 이사는 소집권자인 이사에게 이사회의 소집을 요구할 수 있고 그가 정당한 이유 없이 이사회 소집을 거절하는 경우에는 다른 이사도 이사회를 소집할 수 있다($\frac{\text{상}}{\text{③}}$390).

### (2) 소집절차

이사회를 소집함에는 회일의 1주간 전에 각 이사 및 감사에게 소집의 통지를 발송하여야 한다. 그러나 이 기간은 정관규정으로 단축될 수 있다($\frac{\text{상}}{\text{③}}$390). 이사회의 소집통지는 주주총회의 경우와 달리 서면형식을 취하든 구두로 하든 상관없다. 주주총회와 달리 회의의 목적사항이 반드시 통지되어야 하는 것도 아니다. 나아가 이사 및 감사의 전원이 동의한 경우에는 이러한 소집절차없이도 언제든지 회의할 수 있다($\frac{\text{상}}{\text{④}}$390). 이사회의 소집절차는 각 이사에 대하여 공정한 출석의 기회와 준비의 시간을 주기 위한 것이므로 개개의 이사 또는 감사가 이를 포기할 수도 있다고 본다. 이사회에 있어서도 주주총회와 마찬가지로 전원출석총회에서는 소집절차의 하자가 치유된다고 본다.

**대판 2011. 6. 24, 2009다35033**

"**이사회 소집통지를 할 때에는**, 회사의 정관에 이사들에게 회의의 목적사항을 함께 통지하도록 정하고 있거나 회의의 목적사항을 함께 통지하지 아니하면 이사회에서의 심의·의결에 현저한 지장을 초래하는 등의 특별한 사정이 없는 한, 주주총회 소집통지의 경우와 달리 **회의의 목적사항을 함께 통지할 필요는 없다.**"

## 4. 결    의

### (1) 결의요건

이사회의 決議는 재적이사 과반수의 출석과 출석이사의 과반수 찬성으로 한다 (상 391). 즉 이사회는 이사 과반수의 출석을 의사정족수(quorum)로 하고 출석이사의 과반수를 의결정족수(voting requirement)로 한다. 이 결의 요건은 정관에 의하여 가중할 수 있으나 완화할 수는 없다(상 391 2문). 가부동수의 경우에는 부결이며 재차 토의를 거친 후 재의결할 수 있다고 본다. 가부동수의 경우 의장이 결정하는 바에 따른다는 정관 규정을 업무집행의 신속을 이유로 그 유효성을 인정하는 학설도 있으나 이는 상법 제391조 제1항에 반한다고 본다.

### (2) 의결권의 대리행사·서면결의·회람결의

**(가) 이사회와 주주총회의 차이점:**    이사의 의결권은 주주의 의결권과는 달리 두수주의(頭數主義)에 따른다. 즉 1인1의결권으로 한다. 이러한 1인1의결권의 원칙은 대표이사이든 평이사이든, 사내이사이든 사외이사이든 차별이 없다. 이사이면 누구나 1인1표를 갖는 점에서 동일하다.

주주가 주주총회에 참석하여 의결권을 행사하는 것과 이사가 이사회에 출석하여 의결권을 행사하는 것은 모두 법적으로 의사표시라 할 수 있겠으나 양자는 상이한 성격을 갖고 있다. 즉 주주는 자신의 주주권의 일부를 의결권으로 행사하며 그 결과에 대하여 뚜렷이 책임지는 일이 없다.[171] 그러나 이사는 전문경영인의 한 사람으로서 이사회에 출석하여 다른 이사와 함께 협의와 의견교환을 거쳐 가장 타당한 업무집행의 의사결정을 도출하여야 하므로 자신의 임무를 해태할 경우 회사나 제3자에 대하여 손해배상책임을 지는 등 그 결과는 가혹하다(상 399 II, 401 II 참조). 이렇게 주주총회와 이사회의 성격은 상이한 것이다.

---

171) 물론 주주의 의결권행사가 충실의무에 위반하는 경우 회사나 타주주에 대하여 손해배상책임을 부담할 가능성은 있다(본서, 주주의 충실의무 부분 참조).

**(나) 대리행사·서면결의:** 이러한 관점에서 주주에게 인정되는 의결권의 대리행사 등은 이사회에서는 불가능한 것이다.[172] 전문경영인들이 직접 의견 및 경험교환 등을 거쳐 최선의 경영입안을 도출하여야 하는 것이 이사회이므로 이사가 직접 이사회에 참석하지 않고 타인으로 하여금 의결권을 대리행사시키는 것뿐만 아니라 의견교환의 기회를 부여할 수 없는 공람이나 또는 회람에 의한 결의도 인정될 수 없다.

**(다) 전화회의:** 그러나 이사회의 회의진행이 반드시 단일의 물리적 공간에 한정될 필요는 없을 것이다. 이사 전원이 타 이사의 발언을 직접 듣고 자신의 의견도 진술할 수 있는 기회가 보장된다면 전화회의(conference call)나 화상회의(video-conference) 등으로 회의를 진행시키는 것도 가능하다고 생각된다. 즉 오늘날의 기술진보로 이사들을 반드시 단일의 공간에 묶어 놓을 필요는 없을 것이다.

디지털혁명과 커뮤니케이션기법의 다양화는 상법의 조문에도 영향을 미쳤다. 그리하여 1999년 개정상법은 "정관에서 달리 정하는 경우를 제외하고 이사회는 이사의 전부 또는 일부가 직접 회의에 출석하지 아니하고 모든 이사가 音聲을 동시에 송·수신하는 원격통신수단에 의하여 결의에 참가하는 것을 허용할 수 있다"고 하고 있다 ($\frac{2}{8}$ 391). 여기서 음성을 동시에 송수신하는 원격통신수단이란 음성을 공유하는 화상회의나 전화회의를 뜻한다. 2011년 개정상법에서는 상법 제391조 제2항을 개정하여 과거 화상회의만 허용하던 것을 전화회의도 가능하게 동영상 공유의 요건을 삭제하였다.

### (3) 특별이해관계있는 이사

**(가) 상법 규정 및 입법취지:** 상법 제391조 제3항은 상법 제368조 제3항을 준용하고 있다. 그러나 특별이해관계있는 주주와 특별이해관계있는 이사는 그들의 의결권 행사시 법적 의미가 다르다. 주주의 의결권행사는 자본다수결에 의한 재산권 행사이지만, 이사의 의결권행사는 처음부터 회사나 주주에 대한 신인의무(信認義務)의 이행이다.[173] 나아가 주주의 의결권행사는 1주1표라는 자본다수결(資本多數決)의 실현이지만, 이사의 의결권행사는 1인1표의 두수주의(頭數主義)를 따른다. 이러한 대조적 차이에도 불구하고 상법은 제368조 제3항을 그대로 이사회결의에 준용하고 있다($\frac{4}{8}$ 391).

특별이해관계있는 이사는 어떤 이유로 이사회결의에서 의결권이 배제되는가? **이사는 주주와 달라 처음부터 주주 및 회사에 대한 신인의무자**이기 때문이다. 따라서 회

---

172) 그러나 단순한 의사표시의 전달을 위한 使者(Bote)를 쓰는 것은 다른 이사 전원의 동의하에 가능하다고 한다. vgl., KölnerKomm-Zöllner, 2. Aufl., §77 Rn. 27.

173) 일본에서는 일본 회사법 제355조를 신인의무의 법적 근거로 들고 있다(伊藤壽英, 會社法判例百選, 제2판, 139면).

사와 이사간 이해상충이 나타날 수 있는 모든 사안에서 당해 이사의 의결권 제한은 정당화된다. 주주의 경우와는 사뭇 다른 결과가 나타난다. 즉 그의 의결권은 해당 이사회결의시 사전적으로 또 원천적으로 배제된다. 주주의 경우와 달리 이사는 회사와 주주들로부터 수임받은 신인의무자(fiduciary)이므로 이사의 의결권배제는 회사와 이사간의 이해상충시 광범히 나타날 수 있다. 주주들은 법이 정한 특정 사안에 대해서만 의결권을 행사하지만 이사회는 업무집행과 감시감독에 관한 광범한 권한을 가지므로 이를 고려하여야 할 것이다.

특별이해관계있는 주주의 경우 규범의 적용범위를 가능한 한 축소하려는 노력을 하였지만[174] **상법 제391조 제3항에서는 특별이해관계를 엄격히 해석할 필요는 없어 보인다. 즉 회사의 이익과 상충하는 이사의 개인적 이해관계가 있을 때에는 특별이해관계를 광범하게 인정할 수 있을 것이다.**

(나) 개별 사례군들

**1) 자기거래의 주체인 이사:** 회사와 이사간 자기거래에서 자기거래의 주체인 이사는 특별이해관계있는 이사이다.[175] 주주총회에서 판례·통설이 개인법설에 따라 특별이해관계의 존부를 파악하듯[176] 이사회의 경우에도 개인법설에 따라 이를 판단한다. 회사와 이사간 개인적 이해관계가 존재할 때 특별이해관계가 있다고 보면 된다. 따라서 자기거래의 승인($^{\text{상}}_{398}$)을 요구하는 당해 이사는 특별이해관계있는 이사이며 이에 대해 이설(異說)은 없다.

똑같이 현재 또는 장래에 회사에 이익이 될 수 있는 사업기회를 자기 또는 제3자의 이익을 위하여 이용하려는 이사($^{\text{상}}_{397-2}$), 회사의 영업부류에 속하는 거래를 하려는 이사 또는 회사와 동종영업을 목적으로 하는 다른 회사의 이사가 되려는 이사($^{\text{상}}_{397}$)는 모두 특별이해관계있는 이사이다.

**2) 이사회에서 대표이사를 선임할 경우 대표이사 후보인 이사:** 이 경우 후보이사는 특별이해관계있는 이사가 아니다. 이에 대해서도 학설의 다툼은 없다. 이사가 대표이사로 선임되는 것은 개인적 이해관계라기보다는 사단적 이해관계로 파악할 수 있고, 회사의 지배구조상 후보인 당해 이사도 의결권을 행사할 수 있다고 풀이되기 때문이다.

나아가 주주총회에서 이사선임결의시 이사후보인 주주뿐만 아니라 이사인 주주를

---

174) 그리하여 판례는 "…그 결의에 관하여 **특별한 이해관계가 있음이 객관적으로 명확하여야**…"한다고 판시하면서 '객관적 명확성'의 원칙을 제시하고 있다(대판 2007. 9. 6, 2007다40000).
175) 대판 1992. 4. 14, 90다카22698.
176) 대판 2007. 9. 6, 2007다40000.

해임하는 해임결의에 있어 해임대상인 이사 역시 특별이해관계있는 주주로 보지 않는
다(통설).[177] 주주총회에서는 자본다수결이 지배하고 주주는 자기가 원하는 후보에게 투
표할 권리가 인정되므로 선임시건 해임시건 비록 자신이 그 대상자라도 주주로서의 권
리를 행사한다. 주주의 의결권은 주식소유에 바탕을 둔 회사지배의 수단이기 때문이
다. 이에 대해 국내의 극소수설이 있기는 하나[178] 크게 보아 역시 학설의 다툼은 없다.

**3) 이사회에서 대표이사를 해임할 경우 해임대상인 대표이사:**　이사회에서 대표
이사를 해임할 경우 해임대상인 대표이사는 이사회결의에 참여할 수 있는가? 대표이
사 해임결의시 해임대상인 대표이사가 특별이해관계있는 이사인가에 대해서는 현재
학설의 다툼이 있다.

**가) 긍정설:**　이 입장은 대표이사 해임결의시 해임 대상인 대표이사는 해당 이
사회결의시 특별이해관계있는 이사라 한다. 이는 일본 판례의 입장이며[179] 국내에서
는 소수설의 입장이다.[180]

이 입장은 당해 대표이사에게 공정한 의결권 행사가 기대되지 않는다고 한다. 해
임의 대상이 된 대표이사가 일체의 사심(私心)을 버리고 회사의 이익에 따라 공정하
게 의결권을 행사하는 것을 기대하기 어렵다고 한다.[181]

**나) 부정설:**　이 입장은 대표이사의 해임결의시 해임대상인 대표이사는 해당 이
사회결의에 있어 특별이해관계있는 이사가 아니라고 한다.[182] 그 근거로 대표이사의
선임 및 해임은 회사지배의 일환이고, 이사 및 그 배후에 있는 주주의 세력관계를 반
영하는 절차로 개인적 이해관계가 나타나지 않는다고 한다. 즉 대표이사의 선임 또는
해임은 회사지배에 관한 주주의 비례적 이익이 연장·반영되는 문제이므로 그 결의
의 대상인 이사 또는 대표이사는 특별한 이해관계자에 포함되지 않는다고 한다.[183]

**다) 절충설:**　이 입장은 대표이사 해임결의시 해직사유를 고려하여 절충적 입장
을 취하려 한다. 이사회의 업무집행의 일환으로 회사지배권이 다투어지는 경우에는
특별이해관계를 부정한다. 그러나 위법·부정한 업무집행에 대해 이사회가 감독권을
행사하면서 해임결의를 추진하는 경우 당해 대표이사는 특별이해관계인에 해당한다

---

177) 정동윤, 552면; 일본 최고재판소 1967. 3. 14, 민집 제21권 제2호 378면.
178) 손주찬, 상법(상), 제15보정판, 2004, 박영사, 713면(이사해임의 대상인 주주는 특별이해관계인이라 한다).
179) 일본 최고재판소 소화 44년 3월 28일 제2소법정 판결, 민집 제23권 제3호 645면＝판례시보 제553호 74면＝
　　　판례타임즈 제234호 130면.
180) 정동윤, 608면.
181) 정동윤, 회사법, 제7판, 법문사, 407면.
182) 국내 다수설이다; 김·노·천, 386면; 임재연(Ⅱ), 406면; 권기범, 986면; 이철송, 710면.
183) 이철송, 710면.

고 한다.[184)]

**라) 비판 및 사견:**    국내에는 이에 대한 판례가 아직 없어 이 문제를 실무에서 다루어본 적이 없다. 그러나 일본에서는 위의 판례가 있어 참고의 여지가 있으며 활발한 논의가 있었다. 일본에서는 현재 법원 실무상 긍정설의 입장으로 굳어 있으며 이에 따라 판례가 계속 이어지고 있다고 한다.[185)] 특별이해관계있는 이사의 의결권행사를 금지하는 입법취지는 이사회결의의 공정성 확보에 있다. 따라서 해직사유가 부정·위법한 업무집행인 경우 당연히 해당 대표이사의 의결권행사는 제한되어야 한다. 나아가 해직사유가 그렇지 않은 경우라도 대표이사의 자기보신적(自己保身的) 대응으로 회사와 주주의 이익이 침해될 여지도 있다. 나아가 주주총회와 달리 이사회에서는 자본다수결은 타당하지 않고 대표이사의 해임결의는 오로지 그 대상으로 된 이사에 관한 결의이다. 절충설의 입장은 일견 매우 타당해 보이지만 양자간 구별이 어려워질 때에는 한계에 부딪힌다. 실제 그런 사례가 자주 발생한다고 한다.[186)] 회사와 주주의 최선의 이익을 고려하는 한 긍정설이 타당하다.[187)]

**(다) 상법 제371조 제2항의 준용문제:**    상법 제391조 제3항은 동법 제371조 제2항을 준용하고 있다. 그러나 아래와 같이 그 적용상 문제점을 야기한다.

**1) 판례의 입장:**    상법 제391조 제3항은 동법 제371조 제2항을 특별이해관계있는 이사에 준용한다. 판례에 나타난 사실관계를 예로 들면서 그 의미를 구체화하기로 한다. 대법원은 다음과 같이 판시하고 있다;

**가) 주식회사의 경우[188)]:**    "상법 제391조에 의하여 주식회사의 이사회의 결의는 이사 과반수의 출석과 출석이사의 과반수로 하여야 하고(상 391), 이 경우 상법 제368조 제4항과 제371조 제2항의 규정이 준용되는 것인바(상 391), 상법 제368조 제4항과 제371조 제2항은, 총회의 결의에 관하여 특별한 이해관계가 있는 자는 의결권을 행사하지 못하고(상 368), 이 규정에 의하여 행사할 수 없는 의결권의 수는 출석한 주주의 의결권의 수에 산입하지 아니한다고 규정할 뿐이고(상 371), 이를 의사정족수에 산입하지 아니한다는 규정은 두고 있지 않다. 따라서 이해관계 있는 이사는 이사회에서 의결권을 행사할 수는 없으나, 의사정족수 산정의 기초가 되는 이사의 수에는 포함된다고

---

184) 국내 학설은 없고 다만 日本에서는 아래 문헌이 이에 해당한다; 出口正義, 株主權法理の展開, 1991, 310면; 市川兼三, "代表取締役解職の取締役會決議と特別利害關係", 香川法學, 제15권 1·2호, 138면.
185) 최고재판소 평성 10년 11월 24일, 資料版 商事法務, 178호, 80면.
186) 이를 '限界事例'로 부르고 있다(伊藤壽英, 會社法判例百選, 別冊 Jurist, No. 229, 제3판, 2016. 9, 137면).
187) 伊藤壽英, 會社法判例百選, 別冊 Jurist, No. 229, 제3판, 2016. 9, 137면.
188) 대판 1991. 5. 28, 90다20084.

보아야 할 것이고, 다만 결의성립에 필요한 출석이사에는 산입되지 아니한다고 풀이
함이 상당하다.

그러므로 원심이 위 1988.3.14. 피고 회사 이사회는 총이사 4명 중 대표이사 甲,
이사 乙, 이사인 원고 3인이 출석하여 그와 같은 결의를 하였다고 확정하고, 원고는
이사회결의에 특별한 이해관계를 가진 자로서 의결권을 행사할 수 없으나 총이사 4
명 중 3명이 이사회결의에 참석하여 전원일치로 결의를 한 이상, 원고가 행사한 의결
권을 제외하더라도 이사 4명 중 3명이 출석하여 과반수 출석의 요건을 구비하였고,
원고를 제외하고도 2명의 이사가 찬성하여 출석이사 과반수 찬성의 요건을 구비하여,
이사 과반수의 출석과 출석이사 과반수로 한다는 상법 제391조 제1항 본문의 요건을
모두 충족한 결과가 된다고 판단한 것은 정당하고, 이사 4명 중 2명만이 출석하였다
고 할 수 없다.”

결국 특별이해관계있는 이사는 이사회에서 의결권을 행사할 수는 없으나 의사정
족수 산정의 기초가 되는 이사의 수에는 포함되고 다만 결의성립에 필요한 출석이사
에는 산입되지 않는다는 것이 판례의 입장이라 할 수 있다.

나) **비영리 사단법인의 경우**[189]:  “민법 제74조는 사단법인과 어느 사원과의 관계
사항을 의결하는 경우 그 사원은 의결권이 없다고 규정하고 있으므로, 민법 제74조의
유추해석상 민법상 법인의 이사회에서 법인과 어느 이사와의 관계사항을 의결하는
경우에는 그 이사는 의결권이 없다. 이 때 의결권이 없다는 의미는 상법 제368조 제4
항, 제371조 제2항의 유추해석상 이해관계 있는 이사는 이사회에서 의결권을 행사할
수는 없으나 의사정족수 산정의 기초가 되는 이사의 수에는 포함되고, 다만 결의 성
립에 필요한 출석이사에는 산입되지 아니한다고 풀이함이 상당하다.”

이 경우에도 대법원은 특별이해관계있는 이사의 수를 의사정족수에는 포함시키나
의결정족수 산정시에는 포함시키지 않고 있다.

2) **문제점**:    상법 제391조 제3항이 동법 제371조 제2항을 준용하므로 특별이해
관계있는 이사는 의사정족수 산정시에는 포함되나 의결정족수 산정시에는 이사수에
포함되지 않는 결과로 된다. 그런데 2011년의 상법개정으로 이사회결의가 이사정원의
과반수 출석에 출석이사 과반수 찬성이 아니라 가중된 의결정족수를 요하는 새로운
경우가 발생하였다. 특별이해관계있는 이사와 관련이 큰 자기거래나 기회유용의 경우
이사정원의 3분의 2 이상의 찬성을 승인요건으로 하고 있어 문제이다. 따라서 이러한
경우 상법 제391조 제3항과 동법 제371조 제2항의 기계적 준용은 문제를 야기할 가

---

189) 대판 2009. 4. 9, 2008다1521.

능성이 크다.[190] 따라서 이사회의 경우에도 의결권을 행사할 수 없는 이사, 즉 특별이해관계있는 이사수를 의사정족수 및 의결정족수에서 모두 차감하는 것이 바람직하다. 일본 회사법 제369조는 입법론적으로 참조의 여지가 크다.

예를 들면 甲주식회사에 5인의 이사(A, B, C, D, E)가 있고 그중 2인의 이사(A와 B)가 회사와 자기거래를 하고자 하는바 이들이 이사회에 그 승인을 요구하였다고 하자. 이 경우 나머지 3인의 이사 중 한 사람(C)이 이사회에 참석하지 않았고, D와 E는 해당 거래에 찬성하였다고 하자. 현 상법의 기계적 적용으로는 이 경우 이사회승인을 얻을 수 없다. 4인의 찬성이 필요한데 2인의 이사만 찬성하였기 때문이다. 그러나 만약 상법 제391조 제1항을 "(1) 이사회결의는 의결권을 행사할 수 있는 이사의 과반수 출석과 그 출석이사의 과반수로 한다"로 바꾸면 이 경우 승인이 가능해 질 것이다. 상법 제398조의 '이사 정원 3분의 2 이상'에서도 역시 특별이해관계있는 이사수는 의사정족수나 의결정족수 계산시 모두 차감하여야 할 것이다. 그럴 경우 위 예에서 D, E의 이사회 출석과 그들의 찬성으로 '이사 3분의 2 이상'의 요건도 충족되는 결과가 될 것이다.

때로는 특별이해관계를 갖지 않는 이사보다 특별이해관계를 갖는 이사가 더 많을 수도 있다. 특별이해관계를 갖지 않는 이사가 반드시 특별이해관계인 보다 많아야 하는 것은 아니다. 즉 전체이사회의 의사정족수보다 적은 수의 이해관계없는 이사들도 자기거래를 승인할 수 있다.[191]

### (4) 의사록의 작성

(가) 의사록 작성의 법적 성질:  이사회의 의사에 관하여는 의사록을 작성하여야 한다($\frac{상}{3}\frac{391의}{1}$). 이러한 의사록은 주주총회의사록과 마찬가지로 이사회결의의 유효요건은 아니다. 즉 이사회결의라는 법률행위의 서면형식이나 효력발생요건으로 보기는 어렵다.

(나) 의장의 결과선포:  의사록 작성과는 별도로 이사회의장은 회의종료시 의사 진행결과를 선포할 수 있다. 그러나 주주총회에서와 달리 이사회는 소수의 이사들에

---

190) 김재범, 「영남법학」 제40집(2015. 6.), 148면(5명의 재적이사가 있는 경우 그중 2명이 특별이해관계있는 이사 라면 '이사의 3분의 2'는 4명 이상이 될 것이고 이 회사에서 자기거래의 승인을 위한 이사회가 소집되어 이사 전원이 참석하더라도 2명의 특별이해관계있는 이사는 출석이사에 산입되지 않을 것이다. 그러나 나머지 이사 전원이 찬성하여도 3명밖에 안되어 '이사 3분의 2'의 찬성이 불가하다고 한다).

191) Clarke, *Corporate Law*, 1986, p. 168(예컨대 'Chip Company'의 이사회에 7인의 이사가 있는데 그중 4인은 'Potato Farm'이라는 감자농장과 개인적인 이해관계를 갖고 있다. 'Chip Company'가 'Potato Farm'으로부터 감자를 매입하려 할 때 그 승인을 위한 이사회는 어떻게 의결하여야 하는가? 이 경우 특별이해관계를 갖지 않는 나머지 3인의 이사 중 2인만 찬성하면 된다. 즉 3인 중 최소한 2인이 참석하여 위와 같이 찬성하면 감자 매입이라는 자기거래는 유효하다고 한다. 이러한 주장은 우리 현재 상법 제398조의 해석상으로도 유효하다고 생각된다).

의하여 의사가 진행되므로 의사진행의 결과를 의장이 선포한다 해도(Feststellung des Ergebnisses und Verkündung) 이러한 의장의 행위가 이사회 결의의 유효요건으로 작용하지는 않는다. 회의의 진행 중 회의의 결과는 확연히 각 참석이사에게 알려질 것이기 때문이다.[192]

(다) 의사록의 법적 기능:　다만 이사회의 의사록은 이사의 책임을 추궁하는 수단으로 작용할 수 있다($\frac{\text{상}}{\text{III}}\frac{399}{\text{참조}}$). 종래 이사회의 의사록에는 의사의 경과요령과 그 결과만이 기재되고 출석이사가 기명날인 또는 서명하였지만 1999년 상법 개정으로 "議事의 안건, 經過要領, 그 결과, 반대하는 자와 그 반대이유를 기재하고 출석한 이사 및 감사가 기명날인 또는 서명"하게 함으로써 이사의 책임소재가 의사록에 의하여 분명해 질 수 있게 되었다($\frac{\text{상}}{\text{의3}}\frac{391}{\text{II}}$).

(라) 의사록의 열람·등사·비치:　주주는 영업시간 내에 이사회 의사록의 열람 또는 등사를 청구할 수 있다($\frac{\text{상}}{\text{3}}\frac{391\text{의}}{\text{III}}$). 회사는 제3자의 청구에 대하여는 이유를 붙여 이를 거절할 수 있으나, 이 경우 주주는 법원의 허가를 얻어 이사회의사록을 열람 또는 등사할 수 있다($\frac{\text{상}}{\text{3}}\frac{391\text{의}}{\text{IV}}$). 이사회 의사록은 주주명부나 사채원부와 함께 본점에 비치되는 서류 가운데 하나였지만($\frac{\text{구}}{\text{I}}\frac{\text{상}}{\text{참조}}396$), 1999년 상법개정시 이사회 의사록은 본점 비치대상에서 제외되었다($\frac{\text{상}}{\text{I}}396$).

## (5) 이사회결의의 하자

(가) 이사회결의의 하자에 대한 상법의 기본 입장:　주주총회와는 달리 이사회결의의 내용상 또는 절차상의 하자에 대해서 상법은 아무런 특칙도 두고 있지 않다. 따라서 하자있는 이사회의 결의에 대해서는 그 하자의 종류를 구별함이 없이 민법의 일반원칙에 따라 무효의 주장이 가능하며 반드시 소에 의해서 그 하자를 주장할 필요도 없고 항변으로도 가능하다. 나아가 소제기의 방법을 택한다 하여도 제소권자나 제소기간에 제한이 없다. 또한 이 때에는 일반 민사소송법상의 확인의 소가 가능하며 원고가 승소하여도 판결의 효력이 대세성을 띠지 않는다. 개개 이사의 의결권행사(Stimmabgabe)에 나타나는 하자는 의결정족수 산정에 영향을 미칠 정도인 경우 외에는 고려되지 않는다.[193]

(나) 이사회결의의 하자와 그 후속행위의 효력:　하자있는 이사회결의가 무효처리

---

192) 물론 이사의 수가 많은 경우 집계 및 선포가 필요한 경우도 있을 것이다.
193) KölnerKomm-Zöllner, 2. Aufl., §77 Rn. 27.

된다 하여도 그 결의에 기하여 이루어진 후속행위(後續行爲)의 효력이 모두 무효인 것은 아니다. 이 때 후속행위의 효력은 아래와 같이 크게 둘로 나누어 판단하는 것이 보통이다.

**1) 후속행위의 효력이 순수히 회사 내부에만 미치는 경우:** 예컨대 하자있는 이사회결의에 따라 준비금을 자본전입시키거나 하자있는 이사회결의에 기초하여 대표이사나 지배인의 선임 또는 해임이 이루어지는 경우 등이다. 이 때에는 그 **후속행위 역시 무효**이다. 준비금의 자본전입으로 교부된 무상신주 역시 무효이며 대표이사나 지배인도 대표권이나 지배권을 인정받지 못한다. 물론 대표이사나 지배인의 선임이 무효로 될 경우 거래상대방의 선의나 악의를 가려 표현대표이사나 표현지배인의 법리를 적용시킬 수 있음은 별도의 문제이다.

**2) 후속행위의 효력이 대외적으로 미치는 경우:** 회사가 행하는 채권적·대외적 거래가 여기에 해당한다. 예컨대 대표이사가 하자있는 이사회결의에 기하여 제3자와 채권적 거래에 들어간 경우이다. 이 때에는 거래의 안전을 고려하여 선의의 제3자에 대해서는 회사가 이사회결의의 하자 또는 그 흠결을 내세워 거래의 무효를 주장하지 못한다. 상대적 무효처리가 바람직하다. 대외적 거래에 있어서는 대표이사가 영업에 관하여 재판상 또는 재판외의 모든 행위를 할 수 있는 포괄적 권한을 가지고 있고 회사 내부의 의사결정방법에 불과한 이사회결의에 하자가 있다는 이유로 회사가 선의의 제3자에게 대항할 수 없기 때문이다.[194]

물론 회사내부의 의사형성방식이 이사회결의가 아니라 주주총회결의인 경우에는 결과가 달라진다. 예컨대 상법 제374조에 따른 영업양도 승인결의를 거치지 않은 양도행위는 상대방의 선의나 악의를 가리지 않고 무효이다. 거래의 안전 보다는 양도주체의 정적 이익이 우월하기 때문이다. 그러나 이사회승인을 얻어야 하는 경우에는 법익의 형량 결과가 다르다. 거래의 안전이라는 동적이익이 정적이익보다 우월하다. 판례의 입장 역시 그러하다. 다만 선의의 범위에 대해 판례는 과거 "선의·무과실"의 입장을 취했으나[195] 2021년의 전원합의체 판결에서는 "선의·무중과실"로 입장을 바꾸었다.[196]

**3) 특수한 경우들:** 아래에서는 별도의 이해형량이 필요한 몇가지 사례군을 생각해보기로 한다.

---

194) 대판 1978. 6. 27, 78다389.
195) 대판 1995. 4. 11, 94다33903.
196) 대판 2021. 2. 18, 2015다45451.

가) 이사회결의를 거치지 않았거나 하자있는 이사회결의로 신주를 발행한 경우: 이 경우 판례는 원칙적으로는 신주인수인의 이익을 고려하여 그의 선의·악의 여부를 가리지 않고 획일적으로 유효로 본다. 다만 "법령이나 정관의 중대한 위반 또는 현저한 불공정이 있어 그것이 주식회사의 본질이나 회사법의 기본원칙에 반하거나 기존 주주들의 이익과 회사의 경영권 내지 지배권에 중대한 영향을 미치는 경우"등 하자가 중대한 경우에는 예외를 인정하여 신주발행무효의 원인($\frac{4}{429}$)으로 본다.

학설은 대립하고 있다. 신주발행후의 새로운 주주 또는 제3취득자를 보호하고 나아가 법률관계의 획일적 처리를 위하여 이를 유효로 보아야 한다는 견해(유효설)[197] 및 신주발행을 통한 유상증자는 물적회사인 주식회사의 자본을 증가시키는 행위로서 일종의 구조변경행위에 해당하며 특히 제3자배정이 이루어지는 경우에는 주주들의 인적 구성마저 변개시키는 조직변개행위가 되므로 신주발행무효의 원인으로 보아야 한다는 입장(무효설)[198]이 있다. 하자의 경중을 가려 절충적으로 처리하는 판례의 입장에 동조한다.

> **대판 2007. 2. 22, 2005다77060, 77077 [이사회결의무효확인등·손해배상(기)]**
>
> "주식회사의 신주발행은 주식회사의 업무집행에 준하는 것으로서 대표이사가 그 권한에 기하여 신주를 발행한 이상 신주발행은 유효하고, 설령 신주발행에 관한 이사회의 결의가 없거나 이사회의 결의에 하자가 있더라도 이사회의 결의는 회사의 내부적 의사결정에 불과하므로 신주발행의 효력에는 영향이 없다고 할 것인바, 비록 원심의 이유설시가 적절하다고 할 수는 없지만 원심이 피고(반소원고, 이하 '피고'라고만 한다) 회사가 감사 및 이사인 원고들에게 이사회 소집통지를 하지 아니하고 이사회를 개최하여 신주발행에 관한 결의를 하였다고 하더라도 피고 회사의 2001. 2. 28.자 신주발행의 효력을 부인할 수 없다고 판단한 것은 결론에 있어서 정당하고 거기에 상고이유에서 주장하는 바와 같은 채증법칙 위반, 신주발행의 효력에 관한 법리오해 등의 위법이 없다."

> **대판 2010. 4. 29, 2008다65860 [신주발행무효]**
>
> [신주발행을 결의한 甲 회사의 이사회에 참여한 이사들이 하자있는 주주총회에서 선임된 이사들이어서, 그 후 이사 선임에 관한 주주총회결의가 확정판결로 취소되었고, 위와 같은 하자를 지적한 신주발행금지가처분이 발령되었음에도 위 이사들을 동원하여 위 이사회를 진행한 측만이 신주를 인수한 사안에서, 위 **신주발행이 신주의 발행사항을 이사회결의에 의하도록 한 법령과 정관을 위반하였을 뿐만 아니라 현저하게 불공정하고, 그로 인하여 기존 주주들의 이익과 회사의 경영권 내지 지배권에 중대한 영향을 미쳤다**

---

197) 임재연( I ), 699~700면.
198) 최기원, 636면.

는 등의 이유로 무효라고 한 사례]

"신주발행 무효의 소를 규정하는 상법 제429조에는 그 무효원인이 따로 규정되어 있지 않으므로 신주발행유지청구의 요건으로 상법 제424조에서 규정하는 '법령이나 정관의 위반 또는 현저하게 불공정한 방법에 의한 주식의 발행'을 신주발행의 무효원인으로 일응 고려할 수 있다고 하겠으나 다른 한편, 신주가 일단 발행되면 그 인수인의 이익을 고려할 필요가 있고 또 발행된 주식은 유가증권으로서 유통되는 것이므로 거래의 안전을 보호하여야 할 필요가 크다고 할 것인데, 신주발행유지청구권은 위법한 발행에 대한 사전 구제수단임에 반하여 신주발행 무효의 소는 사후에 이를 무효로 함으로써 거래의 안전과 법적 안정성을 해칠 위험이 큰 점을 고려할 때, 그 무효원인은 가급적 엄격하게 해석하여야 하고, 따라서 **법령이나 정관의 중대한 위반 또는 현저한 불공정이 있어 그것이 주식회사의 본질이나 회사법의 기본원칙에 반하거나 기존 주주들의 이익과 회사의 경영권 내지 지배권에 중대한 영향을 미치는 경우로서 신주와 관련된 거래의 안전, 주주 기타 이해관계인의 이익 등을 고려하더라도 도저히 묵과할 수 없는 정도라고 평가되는 경우에 한하여 신주의 발행을 무효로 할 수 있을 것이다.**"

나) 이사회결의를 거치지 않았거나 이사회결의에 하자있는 사채발행:　이 경우에는 특히 **사채발행의 집단성**을 고려하지 않을 수 없을 것이다. 따라서 이사회결의없이 이루어진 대표이사의 사채발행이라 하더라도 사채인수인의 선의·악의를 불문하고 유효로 볼 필요가 있다. 다만 전환사채나 신주인수권부사채 등 특수사채를 제3자에게 배정하는 경우에는 주주총회의 특별결의를 요하는 경우가 있고($^{상\,513\;Ⅲ:\;상}_{516의2\;Ⅳ}$), 이 경우 그러한 결의가 흠결되었다면 그때에는 사채인수인이나 제3자의 선의 내지 악의를 불문하고 무효로 보아야 할 것이다.[199]

다) 이사회승인없는 자기거래:　이 경우 해당 거래는 이사와 회사간에는 무효이며, 회사와 제3자간에는 선의 내지 악의를 가려 무효로 보는 상대적 무효설이 판례 및 통설의 입장이다.

**대판 2004. 3. 25, 2003다64688 [어음금]**

"회사의 대표이사가 이사회의 승인 없이 한 이른바 자기거래행위는 회사와 이사 간에서는 무효이지만, 회사가 위 거래가 이사회의 승인을 얻지 못하여 무효라는 것을 제3자에 대하여 주장하기 위해서는 거래의 안전과 선의의 제3자를 보호할 필요상 이사회의 승인을 얻지 못하였다는 것 외에 제3자가 이사회의 승인 없음을 알았다는 사실을 입증하여야 할 것이고, 비록 제3자가 선의였다 하더라도 이를 알지 못한 데 중대한 과실이 있음을 입증한 경우에는 악의인 경우와 마찬가지라고 할 것이며, 이 경우 중대한

---

199) 강대섭, 주식회사법대계(Ⅱ), 2013, 497면.

> 과실이라 함은 제3자가 조금만 주의를 기울였더라면 그 거래가 이사와 회사간의 거래
> 로서 이사회의 승인이 필요하다는 점과 이사회의 승인을 얻지 못하였다는 사정을 알
> 수 있었음에도 불구하고, 만연히 이사회의 승인을 얻은 것으로 믿는 등 거래통념상 요
> 구되는 주의의무에 현저히 위반하는 것으로서 공평의 관점에서 제3자를 구태여 보호할
> 필요가 없다고 봄이 상당하다고 인정되는 상태를 말한다."

## 5. 위 원 회

### (1) 총 설

개정상법은 理事會 內에 委員會制度를 新設하였다($^{상393}_{의2}$). 이사회 내에 2인 이상의
이사로 구성되는 각종 위원회를 설치하여 이사회로부터 위임받은 권한을 행사할 수 있
도록 한 것이다. 이러한 위원회제가 도입된 데에는 다음과 같은 타율적 배경이 있다.
국제통화기금에 긴급구제금융을 신청할 수밖에 없었던 1997년 말 우리나라는 국가부도
라는 최대의 위기를 맞았고[200] 그 후 이러한 금융위기의 극복과정에서 외국의 투자전
문기관들은 우리 기업의 지배구조를 비판적으로 평가하면서 이의 개선을 요구하게 되
었다. 1999년 5월에 이르러서는 경제협력개발기구(Organisation for Economic Cooperation
and Development; OECD)가 회사지배구조원칙(Principles of Corporate Governance)[201]을
발표하면서 우리나라를 비롯한 각국으로 하여금 동 원칙을 참조한 제도개선을 촉구
하게 되었다.[202] 이에 정부는 재정경제부 산하에 기업지배구조개선위원회를 설치하여
기업지배구조와 관련한 제도개선가능성을 모색하게 되었다.[203] 이러한 모색과정에서
미국식 이사회제도를 모델로 한 위원회제도가 감사위원회(audit commitee)설치와 연계
되어 새로이 우리 상법에 등장하게 되었다.[204]

### (2) 미국의 이사회 내 위원회제도

(가) 현  황:    미국의 기업문화에는 위원회제도가 이미 강하게 자리잡고 있다.
1978년 이래로 뉴욕의 증권거래소는 그 상장요건으로서 독립의 사외이사로 구성된
감사위원회의 설치를 요구하여 왔고, 이외에도 이사들에 대한 책임추궁의 증가와 이
사회의 독립성을 강조하는 사회 전반의 분위기가 각 기업마다 위원회 숫자를 급속히

---

200) 이 때 정부는 IMF측에 기업지배구조의 개선을 약속하였다고 한다.
201) 이에 대해서는 오수근, "OECD 기업지배구조원칙에 대한 분석", 기업지배구조개선의 법적 제문제, 한국상장
  회사협의회(1999. 10.), 상장협자료 99~7, 64면 이하 참조.
202) 최준선, "미국과 영국의 기업지배구조와 그 동향", 기업지배구조개선의 법적 제문제, 한국상장회사협의회
  (1999. 10.), 상장협자료 99~7, 37면 이하, 38면.
203) 동 위원회는 1999년 9월 기업지배모범규준을 내놓았다. 이에 대해서는, 企業支配模範規準, 한국상장회사협의
  회, 상장협자료 99~6 참조.
204) 羅承成, 商法改正案逐條解說-1999년 상법개정안-, 도서출판 자유, 7면 참조.

증가시키고 있다. 이미 1977년 통계에 의하여도 대부분의 회사가 한 개 이상의 위원회를 갖고 있었으며, 1985년의 통계에 의하면 956개 대기업 중 감사위원회와 보수위원회는 그 설치비율이 80%를 넘어서고 있다. 그중 감사위원회는 1970년대의 기업관련 대형사건이 주원인으로 작용하였다고 한다.[205]

(나) **법적 근거:**  미국의 위원회제도의 법적 근거로서 우선 개정모범회사법(RMBCA)을 들 수 있다. 동법 §8.25(a)는 "기본정관(article of incorporation) 또는 부속정관(by-laws)에 다른 규정이 없는 한 이사회는 위원회들을 설치할 수 있고, 이에 속할 이사를 선임할 수 있다"고 하고 있다. 각 주법에서도 이와 유사한 규정을 발견할 수 있다. 뉴욕회사법은 제712조에서 "기본정관에 규정한 바에 따라 이사회는 전이사의 과반수의 결의에 의하여 3인 이상의 이사로 구성되는 집행위원회 기타의 위원회를 둘 수 있다"고 하고 있다. 델라웨어주 회사법도 "이사회는 전체 이사회의 과반수결의에 의하여 1인 이상의 이사로 구성되는 한 개 또는 수개의 위원회를 지정할 수 있다"고 하여 위원회설치가능성을 열어 놓고 있다.[206]

(다) **위원회의 종류:**  미국의 예를 들어 보면 집행위원회, 감사위원회, 지명위원회, 보수위원회, 재무위원회, 공공정책위원회 등 여러 가지가 있다. 이들을 개관하기로 한다.

1) **집행위원회(executive committee):**  이사회위원회로서 가장 알려진 것이 이 집행위원회이며,[207] 이는 經營委員會로 불리우기도 한다. 대규모의 공개회사에서는 이사회가 대부분 회사의 영업에 정통하지 못한 사외이사로 구성되어 있으므로 상당수의 회사에서 집행위원회는 각종 의사결정권을 이사회로부터 위임받고 있다.[208] 그러나 일부 회사에서는 수동적으로 이사회를 위한 기초작업(background work)만을 수행하기도 한다. 집행위원회의 주요기능은 이사회가 개최되지 않는 동안 이사회의 결정이나 승인을 요하는 문제에 대하여 이사회를 대행하는 것이다.[209] 우리나라의 상무회와 유사한 기능을 수행하고, 대부분 업무집행임원을 겸임하는 사내이사로 구성되며,

---

205) 그중 주요한 사건은 Penn Central Transportation Co.의 경영파탄과 분식결산, Watergate 사건에서 나타난 걸프석유회사의 부정한 정치헌금, Lockheed 항공회사에 대한 해외 뇌물사건 등이라 한다. 홍복기, 「상장협연구」 제39호(1994. 4.), 58면 참조.

206) Del. Gen. Corp. Law 141(c). 델라웨어주 회사법 및 동주의 판례법이 사실상 미국의 회사법을 이끌고 가고 있다. 이 이유에 대해서는 "Why Choose Delaware as Your Corporate Home?"(http://www. corp.delaware. gov/default.shtml) 참조할 수 있다.

207) 洪復基, "理事會와 그 委員會", 「상장협연구」 제39호(1999년 춘계호), 51면 이하, 57면.

208) 대규모 공개회사 1,146사 중 약 50%, S&P 500사 중 약 62%가 집행위원회에 이사회의 결정권을 위임하고 있다고 한다(최준선, 전게논문, 상장협자료 99~7, 51면).

209) 홍복기, 전게논문, 57면.

그 결정은 이사회의 추인을 받도록 하고 있다. 집행위원회의 의사결정범위는 고유한 의미의 업무집행사항에 한정되므로 會社의 構造와 資本構成을 변경한다든지, 理事會의 결정을 바꾸거나 理事와 任員의 報酬를 정하는 사항 또는 제한액 이상의 자산의 구입 및 처분 등의 사항에 대해서는 의사결정권이 없다. 나아가 업무의 신속한 처리를 위하여 상시 위원회로서 기능할 수 있을 정도의 인원으로 구성되어야 한다.

2) **보수위원회(compensation committee):**    보수위원회는 고위집행임원의 연급여, 상여금, 주식매수권 등 보수 전반에 관한 의사결정을 하며 회사의 전반적인 보수체계와 그 가이드라인을 설정하는 위원회이다. 보수위원회는 주로 사외이사들로만 구성되며 그 구성원의 과반수는 회사의 고위집행임원과 중요한 관계를 가지지 않는 자여야 한다.[210] 회사법상 그 설치가 강제되지는 않으나 대규모 공개회사의 경우에는 세법[211]이나 증권거래소법[212]에 의하여 그 설치가 강제되고 있다고 한다.[213]

3) **감사위원회(audit committee):**    이는 경영진의 업무 및 회계에 대한 위법성 감사를 통하여 이사회의 감독기능을 지원하는 위원회이다. 미국의 대부분의 주회사법은 이사회에 업무집행권과 감독권을 일원적으로 부여하고 있으나 실제로는 회사의 업무집행은 임원에게 일임하고, 회계감사에 관한 감독권은 주로 감사위원회에 부여하고 있다고 한다.[214]

미국의 회사법상 감사위원회의 설치는 코네티컷주를 제외하고는 강제되어 있지 않다.[215] 그러나 ALI의 제안에 의하면 대규모 공개주식회사는 적어도 3명의 구성원으로 된 감사위원회를 설치하여야 하며, 그 구성원은 회사와 고용관계를 가지지 않고, 과거 2년 내에도 회사와 고용관계가 없는 이사여야 한다. 그리고 구성원의 과반수는 고위집행임원과 중요한 관계를 가지고 있지 않은 자여야 한다.[216]

4) **지명위원회(nominating committee):**    지명위원회는 새로운 이사후보자를 추천하는 위원회이다. 임원 또는 종업원을 겸하지 않는 이사만으로 구성되고 회사의 고위집행임원과 중요한 관계를 가지지 않은 자가 구성원의 과반수여야 한다.[217]

---

210) ALI Principles, §3A.05(a); ALI Principles는 American Law Institutes가 작성한 "Principles of Corporate Governance"의 약자이다. ALI는 1992년 5월 13일 동 원칙의 최종안을 공표하였다. 그 제3편과 제3A편이 경영관리구조에 대하여 규정하고 있다.
211) 내국세입법(Internal Revenue Code), 제162조 m항.
212) 동법 제16조 b항.
213) 최준선, 전게논문, 51, 52면; 나승성, 「주식회사지배구조에 관한 연구」, 고려대 박사학위논문, 1999, 101면.
214) 나승성, 전게논문, 149면.
215) 홍복기, 전게논문, 58면 참조.
216) ALI Principles, §3.05 제2문.
217) ALI Principles, §3A.04(a).

5) **재무위원회**(finance committee):　이는 기업자금의 투자를 감독하고 자본조달과 배분계획을 검토하는 위원회이다. CEO 및 사외이사로 구성된다.

6) **기업지배구조위원회**(corporate governance committee):　회사지배구조의 전반에 걸친 논의와 그 제안을 담당하는 위원회이다. 최근에는 지명위원회가 기업지배위원회의 기능을 겸하는 예가 많다고 한다.[218]

7) **공공정책위원회**(public policy committee):　이 위원회는 환경, 안전 및 건강 등에 영향을 미치는 회사의 정책, 계획 및 관행 등을 검토하고 제안하는 위원회이다. 정기적으로 공장지역 등을 시찰하며 공해방지를 포함하여 현재의 업무운영상황 등을 감시하고 또 이에 대한 의견표명을 수행한다. CEO 및 부사장, 사외이사 등으로 구성된다.

8) **주주위원회**(committee of shareholder representatives):　이는 長期株主들이 기업의 경영방향을 감시할 수 있게 하는 위원회이다. 해당 기업에 3년이상 투자하고 있는 대주주들이 위원후보의 추천권을 갖는다. 3인 정도의 위원으로 구성되며 주주총회에서 선출된다. 그 기능은 주로 이사회의 활동에 대한 감시인데, 좀더 구체적으로 살펴보면 이사회의 활동검토, 이사회에 대한 주주들의 견해전달, 주주들에 대한 이사회의 활동보고 및 주주총회안건에 대한 건의 등이다.

9) **ESG 위원회**(ESG committee):　ESG 문제를 전담하는 위원회이다.

### ❖ 3대 위원회

위에 열거된 여러 위원회 중 ②번, ③번, ④번에 해당하는 세 위원회는 3대위원회(三大委員會)로 부를 수 있다. 그 이유는 이 세 위원회는 뉴욕증권거래소 상장규정상 필수위원회로 다루어지고 일본 회사법상으로도 지배구조 설계상 큰 의미를 가지기 때문이다.

### (3) 1999년 개정상법상의 위원회제도

(가) **위원회의 설치요건**:　이사회 내에 위원회가 설치될 수 있기 위해서는 다음 두 가지 요건이 충족되어야 한다. 하나는 정관규정이다($\frac{\text{상}}{2}\,^{393의}_{I}$). 회사가 위원회를 설치하려면 먼저 정관에 이에 해당하는 규정을 마련하여야 한다. 다른 하나는 이사의 수가 2인 이상이어야 한다($\frac{\text{상}}{2}\,^{393의}_{III}$). 따라서 1인이사 주식회사에서는 위원회의 설치가 불

---

218) 지명위원회가 corporate governance 위원회의 기능을 겸하는 기업수가 전체의 36%에 달하며 점차 늘어나는 추세라 한다. 최준선, 전게논문, 상장협자료 99~7, 53면.

가능하다. 즉 자본금총액이 10억원 미만인 주식회사에서 나타날 수 있는 1인이사 주식회사(kleine Aktiengesellschaft)에서는 위원회의 설치가 불가능하다($\frac{\text{상 383}}{\text{2분}}$).

다음 이사의 수가 2인인 경우 위원회제도가 도입될 수 있는가? 일단 위원회의 구성상 2인 이상의 이사로 구성한다 하였으므로($\frac{\text{상 393의}}{\text{2 III}}$), 가능할 것 같은 느낌이 들지만 위원회란 이사회로부터 일정권한을 위임받는데($\frac{\text{상 393의}}{\text{2 II}}$), 총 이사수가 2인인 이사회가 2인의 이사를 구성원으로 한 위원회를 둔다면 이사회나 위원회나 그 人的 構成이 같아져 權限委任이라는 개념이 살아날 수 없을 것이다. 따라서 이사의 수가 2인인 경우에도 위원회제도는 불가하다고 해석된다. 결론적으로 3인 이상의 이사를 둔 주식회사에서만 위원회제가 시행가능할 것이다.

**(나) 위원회의 구성:**  이사회 내 위원회는 2인 이상의 이사로 구성한다($\frac{\text{상 393의}}{\text{2 III}}$). 다만 감사위원회는 3인 이상의 이사로 구성하며($\frac{\text{상 415의2}}{\text{II 1호}}$), 감사위원회를 설치한 경우에는 감사를 둘 수 없다($\frac{\text{상 415의2}}{\text{I 2호}}$).

**(다) 위원회의 운영방법:**  이는 원칙적으로 理事會의 운영방식과 같다고 할 수 있다. 상법은 이사회의 운영에 관한 다수의 규정을 그 위원회에도 준용시키고 있다($\frac{\text{상 393의}}{\text{2 V}}$). 그리하여 위원회는 이사회소집시와 같이 각 위원이 소집하며($\frac{\text{상 393의2}}{\text{V. 390 I}}$), 위원회의 결의는 위원 과반수의 출석과 출석위원의 과반수로 한다($\frac{\text{상 393의2}}{\text{V. 391 I}}$). 나아가 위원회의 의사에 관하여도 의사록을 작성하여야 하며($\frac{\text{상 393의2}}{\text{391의3 I V.}}$), 위원회의 연기나 속행시에는 별도의 소집절차가 다시 요구되지 않는다($\frac{\text{상 393의2}}{\text{392, 372 V.}}$). 위원회는 결의된 사항을 각 이사에게 통지하여야 한다. 이 경우 이를 통지받은 각 이사는 이사회의 소집을 요구할 수 있으며, 이사회는 위원회가 결의한 사항에 대하여 다시 결의할 수 있다($\frac{\text{상 393의}}{\text{2 IV}}$).

**(라) 위원회의 권한:**  이사회는 자신의 권한을 위원회에 위임할 수 있다. 그러나 ① 주주총회의 승인을 요하는 사항의 제안, ② 대표이사의 선임 및 해임, ③ 위원회의 설치와 그 위원의 선임 및 해임, ④ 기타 정관에서 정하는 사항은 위임의 범위에서 제외된다($\frac{\text{상 393의}}{\text{2 II}}$). 이러한 사항들은 중요사항으로서 1개 위원회의 결정사항이 될 수 없다.

나아가 다음과 같은 권한위임의 제한이 있다. 이사회의 권한사항 전부에 대하여 위원회에 全的으로 의사결정을 위임하면 전체 이사회는 형해화하고 또 權限濫用의 위험이 커진다.[219] 그리하여 상법은 委員會의 결정에 대하여 각 이사에게 통지하도록 의무화하였고, 나아가 이러한 통지를 받은 이사가 위원회의 결정에 대하여 異議가 있

---

219) 홍복기, 전게논문, 「상장협연구」 제39호(1999년 춘계호), 67면.

는 경우에는 이사회의 소집을 요구할 수 있고, 이 경우 이사회는 위원회의 결정을 번복할 수 있도록 하였다($^{상}_{2}$$^{393의}_{Ⅳ}$).

## 6. 이사회구성과 사외이사제도

### (1) 사외이사의 개념

(가) 상무에 종사하지 않는 자: 사외이사란 회사의 '상무(常務)에 종사하지 않는 이사'로서 결격요건에 해당하지 않는 자이다($^{상 382}_{Ⅲ}$). 상무라 함은 회사의 일상 업무를 집행하는 것이다. 따라서 사외이사는 회사의 일상업무(daily business)를 수행하지 않는 자이다. 그러나 사외이사와 비상무(非常務)이사는 구별하여야 한다. 비상무이사란 사외이사가 아닌 자로서 회사의 상무에 종사하지 않는 이사를 이른다.

(나) 권한과 책임: 사외이사는 비록 회사의 상무에 종사하지는 않지만 사내이사와 마찬가지로 회사의 업무집행에 대한 의사결정과 타 이사 및 종업원에 대한 감시의무 등 이른바 선량한 관리자의 주의의무를 부담하고 나아가 자신의 이익과 회사의 이익이 상충하는 경우에는 회사의 이익을 우선시하는 충실의무를 부담한다.

(다) 결격사유: 상법은 상장여부를 구별하지 않는 일반적 결격사유($^{상 382}_{참조}$ $^{Ⅲ}$)와 상장회사에만 적용되는 추가적인 결격사유($^{상 542의8}_{참조}$)를 제시하고 있다.

### 1) 일반적 결격사유

**상법 제382조(이사의 선임, 회사와의 관계 및 사외이사) 제3항**

"③ 사외이사(사외이사)는 해당 회사의 상무(常務)에 종사하지 아니하는 이사로서 다음 각 호의 어느 하나에 해당하지 아니하는 자를 말한다. 사외이사가 다음 각 호의 어느 하나에 해당하는 경우에는 그 직을 상실한다. <개정 2011.4.14>

1. 회사의 상무에 종사하는 이사·집행임원 및 피용자 또는 최근 2년 이내에 회사의 상무에 종사한 이사·감사·집행임원 및 피용자
2. 최대주주가 자연인인 경우 본인과 그 배우자 및 직계 존속·비속
3. 최대주주가 법인인 경우 그 법인의 이사·감사·집행임원 및 피용자
4. 이사·감사·집행임원의 배우자 및 직계 존속·비속
5. 회사의 모회사 또는 자회사의 이사·감사·집행임원 및 피용자
6. 회사와 거래관계 등 중요한 이해관계에 있는 법인의 이사·감사·집행임원 및 피용자
7. 회사의 이사·집행임원 및 피용자가 이사·집행임원으로 있는 다른 회사의 이사·감사·집행임원 및 피용자

### 2) 상장회사에 적용되는 추가적인 결격사유

**상법 제542조의8(사외이사의 선임) 제2항**

"② 상장회사의 사외이사는 제382조제3항 각 호 뿐만 아니라 다음 각 호의 어느 하나에 해당되지 아니하여야 하며, 이에 해당하게 된 경우에는 그 직을 상실한다. <개정 2011.4.14>

1. 미성년자, 피성년후견인 또는 피한정후견인
2. 파산선고를 받고 복권되지 아니한 자
3. 금고 이상의 형을 선고받고 그 집행이 끝나거나 집행이 면제된 후 2년이 지나지 아니한 자
4. 대통령령으로 별도로 정하는 법률을 위반하여 해임되거나 면직된 후 2년이 지나지 아니한 자
5. 상장회사의 주주로서 의결권 없는 주식을 제외한 발행주식총수를 기준으로 본인 및 그와 대통령령으로 정하는 특수한 관계에 있는 자(이하 "특수관계인"이라 한다)가 소유하는 주식의 수가 가장 많은 경우 그 본인(이하 "최대주주"라 한다) 및 그의 특수관계인
6. 누구의 명의로 하든지 자기의 계산으로 의결권 없는 주식을 제외한 발행주식총수의 100분의 10 이상의 주식을 소유하거나 이사·집행임원·감사의 선임과 해임 등 상장회사의 주요 경영사항에 대하여 사실상의 영향력을 행사하는 주주(이하 "주요주주"라 한다) 및 그의 배우자와 직계 존속·비속
7. 그 밖에 사외이사로서의 직무를 충실하게 수행하기 곤란하거나 상장회사의 경영에 영향을 미칠 수 있는 자로서 대통령령으로 정하는 자"

**(라) 등  기:**　사내이사, 사외이사 및 기타 비상무이사는 각 구분하여 등기하여야 한다(상 317 조 8호).

**상법 제317조(설립의 등기)**

"② 제1항의 설립등기에 있어서는 다음의 사항을 등기하여야 한다. <개정 2009.1.30, 2011.4.14.>

8. **사내이사, 사외이사, 그 밖에 상무에 종사하지 아니하는 이사, 감사 및 집행임원의 성명과 주민등록번호**"

### (2) 이사회구성과 사외이사제도

비상장사에 있어서는 사외이사의 선임은 강제되지 않는다. 그러나 상장사에 있어

서는 아래와 같은 선임의무가 있다.

(가) 전체 이사회의 구성과 사외이사제도:  상법은 모든 상장법인에 대하여 기본적으로 이사총수 중 최소 4분의 1 이상을 사외이사로 선임하도록 강제한다($\frac{상}{8\,I\,1문}^{542의}$). 상장회사 중에서도 자산 2조원 이상인 상장사에 대해서는 최소 3인의 사외이사를 두어야 하며, 이런 규모의 상장사에서는 이사 총수 중 과반수를 사외이사로 선임하도록 강제한다($\frac{상\,542의8\,I\,2문,\,상법}{시행령\,제34조\,제2항}$). 상장회사의 사외이사에 대해서는 위에서 본 대로 추가적인 결격사유가 규정되어 있고($\frac{상}{의8}^{542}\,II$), 사외이사가 사망이나 사임 등으로 이사회 구성상 위의 최소의무비율을 충족하지 못할 경우에는 그 사유발생 이후 소집되는 최초의 주주총회에서 그 요건에 합치하도록 사외이사를 선임하여야 한다($\frac{상}{의8}^{542}\,III$). 최근 사업연도말 현재의 자산총액이 2조원 이상인 회사는 사외이사후보추천위원회를 구성하여야 하고($\frac{상\,542의}{8\,IV\,1문}$), 동 위원회를 구성함에 있어서는 사외이사가 총 위원 중 과반수를 차지하여야 한다($\frac{상\,542의}{8\,IV\,2문}$). 자산 2조원 이상의 상장사에서 사외이사를 선임하는 경우에는 반드시 동 위원회의 추천을 받은 후보 중에서 선출하여야 한다($\frac{상\,542의}{8\,V}$).

---

**상법 제542조의8(사외이사의 선임)**

① 상장회사는 자산 규모 등을 고려하여 대통령령으로 정하는 경우를 제외하고는 **이사 총수의 4분의 1 이상을 사외이사로** 하여야 한다. 다만, 자산 규모 등을 고려하여 대통령령으로 정하는 상장회사의 사외이사는 3명 이상으로 하되, 이사 총수의 과반수가 되도록 하여야 한다.

③ 제1항의 상장회사는 사외이사의 사임·사망 등의 사유로 인하여 사외이사의 수가 제1항의 이사회의 구성요건에 미달하게 되면 그 사유가 발생한 후 처음으로 소집되는 주주총회에서 제1항의 요건에 합치되도록 사외이사를 선임하여야 한다.

④ 제1항 단서의 상장회사는 사외이사 후보를 추천하기 위하여 제393조의2의 위원회(이하 이 조에서 "사외이사 후보추천위원회"라 한다)를 설치하여야 한다. 이 경우 사외이사 후보추천위원회는 사외이사가 총위원의 과반수가 되도록 구성하여야 한다. <개정 2011.4.14>

⑤ 제1항 단서에서 규정하는 상장회사가 주주총회에서 사외이사를 선임하려는 때에는 사외이사 후보추천위원회의 추천을 받은 자 중에서 선임하여야 한다. 이 경우 사외이사 후보추천위원회가 사외이사 후보를 추천할 때에는 제363조의2 제1항, 제542조의6 제1항·제2항의 권리를 행사할 수 있는 요건을 갖춘 주주가 주주총회일(정기주주총회의 경우 직전연도의 정기주주총회일에 해당하는 해당 연도의 해당일)의 6주 전에 추천한 사외이사 후보를 포함시켜야 한다.

(나) 감사위원회구성과 사외이사제도:　　자산 2조원 이상의 상장회사는 의무적으로 감사위원회를 두어야 하며 이때 총 위원 중 3분의 2 이상을 반드시 사외이사로 선출하여야 한다(상 542의11, 상 415의2, Ⅱ: 상법시행령 제37조).

---

**상법 제542조의11(감사위원회)**

① 자산 규모 등을 고려하여 대통령령으로 정하는 상장회사는 감사위원회를 설치하여야 한다.

② 제1항의 상장회사의 감사위원회는 제415조의2 제2항의 요건 및 다음 각 호의 요건을 모두 갖추어야 한다.

1. 위원 중 1명 이상은 대통령령으로 정하는 회계 또는 재무 전문가일 것

2. 감사위원회의 대표는 사외이사일 것

③ 제542조의10 제2항 각 호의 어느 하나에 해당하는 자는 제1항의 상장회사의 사외이사가 아닌 감사위원회위원이 될 수 없고, 이에 해당하게 된 경우에는 그 직을 상실한다.

④ 상장회사는 감사위원회위원인 사외이사의 사임·사망 등의 사유로 인하여 사외이사의 수가 다음 각 호의 감사위원회의 구성요건에 미달하게 되면 그 사유가 발생한 후 처음으로 소집되는 주주총회에서 그 요건에 합치되도록 하여야 한다.

1. 제1항에 따라 감사위원회를 설치한 상장회사는 제2항 각 호 및 제415조의2 제2항의 요건

2. 제415조의2 제1항에 따라 감사위원회를 설치한 상장회사는 제415조의2 제2항의 요건

---

**상법 제542조의12(감사위원회의 구성 등)**

① 제542조의11 제1항의 상장회사의 경우 제393조의2에도 불구하고 감사위원회위원을 선임하거나 해임하는 권한은 주주총회에 있다.

② 제542조의11 제1항의 상장회사는 주주총회에서 이사를 선임한 후 선임된 이사 중에서 감사위원회위원을 선임하여야 한다.

③ 최대주주, 최대주주의 특수관계인, 그 밖에 대통령령으로 정하는 자가 소유하는 상장회사의 의결권 있는 주식의 합계가 그 회사의 의결권 없는 주식을 제외한 발행주식총수의 100분의 3을 초과하는 경우 그 주주는 그 초과하는 주식에 관하여 감사 또는 사외이사가 아닌 감사위원회위원을 선임하거나 해임할 때에는 의결권을 행사하지 못한다. 다만, 정관에서 이보다 낮은 주식 보유비율을 정할 수 있다.

④ 대통령령으로 정하는 상장회사의 의결권 없는 주식을 제외한 발행주식총수의 100분의 3을 초과하는 수의 주식을 가진 주주는 그 초과하는 주식에 관하여 사외이사인 감사위원회위원을 선임할 때에 의결권을 행사하지 못한다. 다만, 정관에서 이보다 낮은 주식 보유비율을 정할 수 있다.

⑤ 상장회사가 주주총회의 목적사항으로 감사의 선임 또는 감사의 보수결정을 위한 의안을 상정하려는 경우에는 이사의 선임 또는 이사의 보수결정을 위한 의안과는 별도로 상정하여 의결하여야 한다.

⑥ 상장회사의 감사 또는 감사위원회는 제447조의4 제1항에도 불구하고 이사에게 감사보고서를 주주총회일의 1주 전까지 제출할 수 있다.

(다) **집행임원 설치회사와 사외이사제도:**   2011년 개정 상법은 회사의 선택에 좇아 집행임원을 둘 수 있게 하였다($^{\text{상}}_{\text{의2}}{}^{408}_{\text{I}}$). 아직까지 기업들이 이를 적극적으로 선택하고 있지는 않지만 이러한 집행임원설치회사의 경우 사외이사제와 관련되는 내용을 보면 아래와 같다.

**1) 이사회의장과 사외이사제도:**   집행임원제를 시행하는 경우 이사회는 순수한 감독기관이 될 것이다. 따라서 사외이사를 (압도적) 다수로 하는 이사회를 구성하여야 할 것이다. 특히 이사회의장(chairman of the board; COB)을 사외이사로 선임하도록 강제하는 여러나라의 지배구조모범규준 또는 관행(practice)이 있다. 주로 미국을 제외한 영어권이 그러하다. 미국에서도 최근 CEO와 COB를 분리시키자는 목소리가 강해지고 있기는 하다.

사외이사가 이사회의장이 될 경우 문제는 회사의 일상을 잘 모르는 이사회의장이 과연 얼마나 효율적으로 감시기능을 수행할 수 있느냐라는 것이다. 정보가 없으면 감시도 불가하다. 나아가 집행과 감독의 분리가 가져오는 조직내부의 파열음이나 갈등의 우려 역시 만만치 않다. 특히 국제경쟁이 심한 제조업 등의 영역에서는 ─ 특히 애플과 전 세계에서 법정(法庭) 전쟁을 치르고 있는 ㈜삼성전자 같은 경우 ─ 신속한 경영상의 의사결정과 내부정보관리가 필수적이어서 사외이사들에게 핵심정보를 그때그때 제한없이 제공할 수도 없을 것이다.

### 🔅 이사회의장과 대표이사의 분리를 둘러싼 국내의 최근 동향

최근 국내에서도 이사회의장을 사외이사로 보하면서 대표이사와 이사회의장을 분리하는 흐름이 감지되고 있다. 특히 (주)삼성전자 같은 간판 기업에서 그러한 현상이 나타나고 있으며 최근에는 (주)한진칼에서도 그러한 흐름이 감지되고 있다. 그러나 이러한 경우라 하더라도 이들 기업이 순수한 집행임원제를 시행하고 있다고 평가하기는 어려울 것이다. 즉 이들 회사의 이사회는 미국의 GE나 GM 등에서 관찰할 수 있는 순수한 감독형 이사회는 아닌 것이다. 업무집행과 감시감독을 함께 수행하는 점에서 이들 이사회는 미국식 보다는 영국식에 더 가깝다고 평가할 수 있다.

2) **권한과 책임의 명확한 구분:**    2010년의 신한사태에서 보았듯이 금융권이라도 지나친 권력분점(分占)은 갈등과 혼란을 야기할 가능성이 있다. 지주회장, 지주사장, 이사회의장 및 은행장 등 신한의 지도부에는 장(長)만 4인이 있었다. 아무리 지주회사 체제의 금융업이라 하여도 지나친 권력분점은 강력하고 안정된 리더십을 가로막는다. 일사분란한 지휘체계는 군대조직이든 일반 기업이든 조직생존의 필요조건이기 때문이다. 견제와 균형의 헌법원리를 제한없이 회사지배구조에 끌어 들이는 것은 바람직하지 않다.[220] IMF사태 때 느꼈듯이 국가는 최소의 세수(稅收)와 국방 및 치안 유지로 생존하지만 기업은 다르다. 기업이 성장하여 안정된 궤도에 이르려면 많은 정성과 시간이 필요하지만 사라질 때에는 일순간이다. 리먼 브라더스를 생각해보자. 가능한 한 조직구성을 단순화하되 권력분립이 불가피할 경우에는 주요 보직자들의 권한과 책임을 사전에 명확히 하는 지배구조의 설계가 긴요할 것이다. 국가기관에서도 마찬가지다. 대법원과 헌법재판소간의 갈등은 지금도 팽팽하게 감지되고 있지 않은가!

3) **사외이사들만의 회동필요성:**    특히 집행임원제가 시행되는 미국의 다수 대기업에서는 사외이사의 비율이 매우 높고 상당수의 경우 CEO가 이사회의장을 겸직하되 나머지 이사들은 모두 사외이사로 충원하는 것이 상례이다(GE, GM 등 회사홈페이지 참조). 우리나라에서는 금융권의 경우 일반 제조업보다 사외이사의 비율이 높다고 할 수 있다. 사외이사의 비율에 상관없이 사외이사들만의 별도 회동도 필요할 것이다. 이러한 별도 회의에서 자유롭게 의견을 개진하고 교환함으로써 보다 효율적인 감시기능이 보장될 것이다.

4) **권력기관으로의 진화가능성과 그 대책:**    사외이사가 다수인 감독형 이사회에서는 사외이사들이 의결권의 다수를 점하므로 자칫 사외이사들이 스스로 권력기관으로 진화할 수 있는 소지도 있다. 우리나라에서도 지난번 KB금융지주 이사회의장을 선출하는 과정에서 이러한 흐름이 감지된 바 있다.

### (3) 사외이사의 의무

사외이사 역시 사내이사와 마찬가지로 회사에 대해 선관주의의무나 충실의무를 부담한다($_{상\ 397,\ 397-2,\ 398}^{상\ 382\ II,\ 민\ 681;}$). 여기서는 다만 회사의 일상 업무에 종사하지 않는 사외이사의 특성을 살려 몇가지 강조할 점만 점검해 보기로 한다.

---

220) 견제와 균형의 헌법원리는 국가권력을 최소화하여 국민의 기본권을 지키려는 역사적 투쟁의 산물이다. CEO의 권력을 최소화하는 것이 기업지배구조론의 이상적 지향점은 아니지 않은가!

(가) **선관주의의무**:　사외이사 역시 사내이사와 마찬가지로 수임인으로서 선량한 관리자의 주의를 다하여야 한다(상 382 Ⅱ, 민 제681조). 물론 사외이사도 경영상의 의사결정에 참여하겠지만 이는 주로 사내이사들이 주도할 것이다. 대주주 및 경영진에 대한 견제와 감시가 사외이사제도의 기본취지이기 때문이다. 이하에서는 특히 사외이사들에게 의미있는 이사의 감시의무(duty of oversight)를 상론하기로 한다.

**1) 고도로 분업화되고 전문화된 대규모회사의 경우**:　우리나라의 경우 아마도 자산 2조원 이상의 회사가 이에 해당하겠지만[221] 대법원판례에 의하면 이러한 회사에 있어서는 개개의 이사들에게 내부통제시스템의 구축과 그 성실한 이행이 요구된다.[222] 이른바 미국의 케어막 판결에서 발단된 본 의무는 사외이사들에게 매우 중요한 선관주의의무이다. 내부통제시스템이란 회계관리, 준법관리, 위험관리의 세 영역으로 나누어지며 지금까지는 주로 금융권에서도 회계관리부분에서만 제도시행이 이루어져 왔다. 그러나 2008년 대우 분식회계사건[223]을 계기로 우리나라에도 내부통제시스템구축의무는 대법원판례를 통하여 그대로 도입되었다. 특히 이러한 의무는 이사회를 구성하는 **'개개'의 모든 이사들에게** 부과되므로 회사의 daily business와 거리가 먼 사외이사도 예외일 수 없다. 따라서 이러한 대회사의 사외이사들은 내부통제시스템에 대한 적극적 자세가 요구된다고 생각된다.

다만 사외이사는 사내이사와 달리 회사의 상무에 종사하지 않으므로 사내 정보에 접근하기 어려운 한계가 있다. 판례법은 이러한 사정을 고려하여 사외이사에 대한 별도의 사법심사기준을 제시하고 있다. **2022년 대법원은 (주)대우건설 주주대표소송에서 내부통제시스템구축의무 위반으로 인한 사외이사의 책임발생요건을 별도로 설시하**였다.

대법원은 두 가지 경우를 나누어 설명하고 있다. 하나는 내부통제시스템이 전혀 구축되지 않은 경우이다. 이 경우 사외이사에게는 시스템설치에 대한 촉구의무가 부과된다. 다른 하나는 이미 시스템이 구축된 경우이다. 이 경우에는 해당 시스템이 제대로 운영되고 있는지 감시해야 하며 의심할 만한 사유가 있는 경우에는 적극적으로 조사에 임하여야 할 것이다. 그 결과에 따라 동원가능한 조치를 취하는 등 정상적인 운영에 이를 수 있도록 최선의 노력을 경주하여야 할 것이다. 만약 이를 외면하고 방

---

221) 특히 현재 우리나라에 있어서는 자산 5천억원 이상인 상장사에 대해서는 내부통제시스템 중에서도 준법통제기준(compliance code)의 제정 및 그 시행의무가 부과되고 있고 나아가 준법통제기준의 준수에 관한 업무를 수행할 준법지원인을 1명 이상 두도록 강제한다(상법 제542조의13; 상법시행령 제39조 내지 제42조 참조).
222) 대판 2008. 9. 11, 2006다68636.
223) 대판 2008. 9. 11, 2006다68636.

치하는 경우에는 회사에 대한 손해배상책임이 발생할 수 있다. 이러한 판례의 입장은 타당하다고 생각된다. 다만 향후의 판례법에서 이번에 설시된 책임발생요건이 좀더 구체화되기를 바란다.

> **대판 2022. 5. 12, 2021다279347**
>
> "... 회사의 업무집행을 담당하지 않는 사외이사 등은 내부통제시스템이 전혀 구축되어 있지 않는데도 내부통제시스템 구축을 촉구하는 등의 노력을 하지 않거나 내부통제시스템이 구축되어 있더라도 제대로 운영되지 않는다고 의심할 만한 사유가 있는데도 이를 외면하고 방치하는 등의 경우에 감시의무 위반으로 인정될 수 있다."

    **2) 기타 회사:**    케어막 듀티가 적용될 만한 규모 이외의 회사에 있어서는 전통적으로 적용되어 왔던 **'의심할 만한 사유기준**(red-flag-test)**'**이 적용된다. 즉 다른 이사 및 종업원의 비행을 의심할 만한 정황이 포착되는 경우 이사들에게는 적극적 탐지의무가 부과된다. 그렇지 않은 경우에는 적극적인 조사의무나 탐지의무까지 요구되지는 않는다. 특히 사외이사의 가장 주요한 기능이 경영진이나 대주주에 대한 감시 및 견제이므로 사외이사들은 적극적으로 타 이사나 종업원의 비행가능성에 대한 열린 눈과 귀가 있어야 할 것이다.

    **(나) 충실의무:**    회사와 이사간 이해상충관계가 존재할 경우 이사들에게는 충실의무가 부과되는바 특히 지난 2011년 상법개정에서 자기거래에 관한 상법 제398조가 대폭 개정되었고, 회사기회유용금지에 관한 상법 제397조의2가 신설되는 등 비교적 큰 변화가 나타났다. 따라서 이러한 개정내용을 중심으로 사외이사들에게 의미있는 내용을 정리해 보기로 한다.

    **1) 사외이사제와 경업금지의무**(§397):    상법 제397조가 요구하는 경업금지 내지 겸직금지의무 역시 사외이사에 적용된다. 따라서 사외이사 역시 이사회의 승인없이 회사의 영업부류에 속하는 거래를 하거나 동종 영업을 목적으로 하는 다른 회사의 이사가 되지 못한다.

    **2) 사외이사제도와 자기거래의 규제**
    **가) 입법내용:** 제398조(이사 등과 회사 간의 거래)

> 다음 각 호의 어느 하나에 해당하는 자가 자기 또는 제3자의 계산으로 회사와 거래를 하기 위하여는 미리 이사회에서 해당 거래에 관한 중요사실을 밝히고 이사회의 승

인을 받아야 한다. 이 경우 이사회의 승인은 이사 3분의 2 이상의 수로써 하여야 하고, 그 거래의 내용과 절차는 공정하여야 한다.

1. 이사 또는 제542조의8 제2항 제6호에 따른 주요주주
2. 제1호의 자의 배우자 및 직계존비속
3. 제1호의 자의 배우자의 직계존비속
4. 제1호부터 제3호까지의 자가 단독 또는 공동으로 의결권 있는 발행주식 총수의 100분의 50 이상을 가진 회사 및 그 자회사
5. 제1호부터 제3호까지의 자가 제4호의 회사와 합하여 의결권 있는 발행주식총수의 100분의 50 이상을 가진 회사

나) 자기거래승인관련 2011년 상법의 개정 내용:　과거와 달리 우선 회사와의 자기거래를 승인받아야 하는 대상 주체가 대폭 늘어났다. 즉 과거에는 이사들에게만 요구되는 것이 특히 주요주주 및 그 특수관계인 등으로 확대되었다. 나아가 승인요건이 과거 과반수 출석에 과반수 찬성이던 것이 재적이사 3분의 2 이상으로 강화되었다. 나아가 적법한 승인이 되려면 사전승인에 한하고 — 물론 일정 요건하에 사후추인도 가능하다고 보는 판례 및 학설이 있기는 하지만 — 또한 자기거래의 주체인 이사는 이사회승인을 얻기 전에 자기거래의 내용을 다른 이사들에게 상세히 그리고 충분히 개시(開示)하여야 한다. 끝으로 개정 상법은 이사회에 의한 자기거래의 승인이 절차적으로나 실질적으로 공정할 것을 요구한다. 즉 절차적 공정성과 실질적 공정성 양자를 해당 거래의 효력발생요건으로 하고 있다.[224] 물론 이 부분에 대해서는 현재 해석상 많은 논란이 제기되고 있어 그 정리에는 다소 시간이 필요해 보인다.[225]

다) 자기거래의 주체인 사외이사:　회사와 직접 자기거래에 들어가려는 사외이사들은 우선 이사회승인을 철저히 준비하여야 할 것이다. 위에서 언급하였듯이 사외이사 역시 이사회의 일 구성원이므로 이사회의 승인을 얻어야 하는바 승인의 유효요건이 개시의무의 이행이므로 자세하고 상세하게 회사와 거래하려는 내역을 다른 이사들에게 알려야 한다. 나아가 회사에 손해가 발생하지 않는 공정거래의무가 존재하므로 그 거래의 내용을 사전에 주도면밀히 조율하여야 할 것이다.

라) 자기거래를 승인하는 사외이사:　대부분의 경우 사외이사들은 회사와 직접 거래를 하기보다는 다른 이사, 특히 사내이사와 회사간의 자기거래를 승인하게 될 것이

---

224) 이런 점에서 2011년 개정상법은 '완전한 공정성 기준'(entire fairness test; EFT)을 채택하고 있다.
225) 특히 실질적 공정성 부분에 대해서는 다수의 학자들에 의하여 반론이 제기되고 있다. 절차적 공정성이 준수된 경우라면 실질적 공정성은 (사실상) 추정되므로 실질적 공정성을 자기거래의 독립된 유효요건으로 보지 않으려는 경향이 강하다. 이사회승인을 얻어도 사후에 회사에 손해가 발생하는 경우 회사에 대한 손해배상책임이 남으므로 실질적 공정성을 손해배상책임의 고려요소로 보면 될 것이다.

다. 다른 이사와 회사간의 자기거래 또는 대주주와 회사간의 자기거래를 승인하는 사외이사들은 우선 개시된 자기거래의 내역을 정확히 숙지한 후 이사회승인절차에 참여하여야 할 것이다. 나아가 이사회승인전에 절차상 하자없이 이사회가 소집되었는지, 특별이해관계있는 이사의 참여는 없었는지, 거래의 내용은 적정히 개시되었는지, 이사회의 심의는 충분히 이루어질 것인지 등을 스스로 점검할 필요가 있다. 이러한 것들이 준수되지 않을 경우 절차적 공정성(procedural fairness)이 흠결되어 자칫 승인 자체가 무효로 될 가능성이 있기 때문이다.

**3) 사외이사제와 회사기회의 유용금지제도:**    2011년 개정 상법은 미국의 판례법상 발전되어 온 회사기회유용금지제도를 새로이 입법하였다. 회사가 재정적 능력을 결하거나 여타의 이유로 회사에 귀속될 사업기회를 스스로 이용하지 못하게 되는 경우가 있다. 이때 이사회의 구성원인 사외이사도 이사회승인을 얻으면 이를 이용할 수 있게 될 것이다. 그러나 훨씬 더 가능성이 큰 경우는 다른 이사, 특히 사내이사의 회사기회이용을 승인하는 경우일 것이다. 이 경우 사외이사로서 특히 유의할 점은 **성실심의의무의 이행**이다. 상법 제397조의2 제2항은 "제1항을 위반하여 회사에 손해를 발생시킨 이사 및 **승인한 이사**는 연대하여 손해를 배상할 책임이 있다"고 규정한다. 여기서 '승인한 이사'는 '성실심의의무'(duty to exercise judgment in good faith)를 위반한 이사를 뜻한다. 즉 이사회승인에 임하는 이사는 성실히 법규를 준수하며 선량한 관리자의 주의를 다하여야 하는데 이를 위반한 경우 다른 이사들과 더불어 연대하여 책임질 가능성이 있다.

**(다) 성실의무[226]:**    오늘날 미국 회사법에서는 선관주의의무나 충실의무 등 이사의 신인의무(信認義務)의 전통적 유형 이외에도 이사의 성실의무(duty of good faith)가 제3의 유형으로 논의되고 있다. 사외이사 역시 당연히 성실의무의 주체이다. 따라서 사외이사 역시 회사경영을 둘러싼 기초법규를 준수함은 물론 상도덕의 준수, 직무에 대한 기초적 성실성, 회사이익과 무관한 행동방식의 자제 등 이사 본연의 기초적 의무(baseline duty)를 충실히 이행하여야 할 것이다.

**(4) 사외이사의 책임**

사외이사이든 사내이사이든 회사나 제3자에 대해 책임을 지기는 마찬가지이다($\frac{상}{401}^{399.}$). 다만 사외이사에 대해서는 책임감경시 사내이사와 달리 연보수의 3배를 한도로 그 초과액에 대해 책임이 면제될 수 있다($\frac{상}{400}^{400}$).

---

226) 자세한 논의는 후술할 '이사의 의무' 부분 참조.

### 🔅 인공지능(artificial intelligence)과 이사회[227]

로봇 사외이사의 이사회 진출 등 이미 다수의 학자들이 시론을 펼치고 있다.[228] 인공지능과 4차산업혁명의 도도한 파고를 피할 수 없을 것이며 회사법의 영역에서도 예외일 수 없을 것이다. 인공지능시대의 회사법에 대해서는 이미 많은 연구들이 국내외에서 진행되고 있다.

#### 1. 인공지능과 이사회구성

2014년 홍콩에 기반을 둔 벤처캐피털 'Deep Knowledge Ventures'는 'Vital'(Validating Investment Tool for Advancing Life Sciences)이라 불리우는 알고리즘을 이사로 임명하였고 투자결정상 의결권도 부여하였다.

인공지능으로 무장한 로봇의 이사회 진출가능성은 이미 어느 정도는 예측된 것이었다. 빅데이터로 무장한 로보어드바이저(robo-adviser)가 투자자문을 하는 것에 그치지 않고 회사의 주요의사결정에 인공지능이 능동적으로 관여하게 될 것이다. 다만 현재의 시점에서도 인공지능을 이사회 구성원으로 인정할 수 있는지에 대해 델라웨어주 회사법은 이를 부정하고 있으며 현재로서는 그저 달콤한 상상에 불과한 상황이다. 그러나 이러한 물결이 다만 예측에만 그칠 일인가? 아니면 가까운 장래 우리의 현실이 될 것인가?[229] 현재로서는 알쏭달쏭한 퀴즈를 푸는 기분이지만 머지 않은 장래 인류는 전혀 새로운 경영환경과 이사회구성을 경험하게 될 것이다. 자연인보다 더 신중하고 예측력있게 방대한 자료를 분석해 내는 인공지능의 이사회진출 가능성을 누가 부정할 수 있겠는가!

현재로서는 위 Vital의 예에서처럼 **로봇 이사(robo-director)를 최소한 사외이사로 선임**하고 의결권을 부여하는 것 정도를 상상할 수 있겠지만 향후 예측불가의 혁신이 이사회를 어떻게 만들어 놓을지 현재로서는 쉽게 그 그림이 그려지지 않는다. 인공지능의 발달과정은 크게 3단계로 나뉘는바[230] 제1단계는 보조적 기능단계(assisted artificial intelligence)로서 여기서는 인공지능이 인간을 단순히 피동적으로 돕는 수준에 그치게 된다. 즉 인간이 만든 프로그램에 따라 인공지능은 피동적으로 인간을 돕는다. 제2단계는 증강기능단계(augmented AI)라 할 수 있다. 이 단계에서는 인공지능은 단순한 보조적 역할에 그치지 않고 인간과 대등하게 의사결정에 참여하며 인간과 상호작용도 시도한다. 마지막 제3단계에 이르면 자율적 인공지능(autonomous AI)이 되고 여기서는 인공지능이 인간을 대신하여 스스로 나아가 독자적으로 의사결정을 하게 된다고 한다. 마지막 단계에 이르면 이른바 전자인격(e-person)의 문제로 화두는 자연스럽게 이어지게 될 것이다.[231]

---

227) 이하의 내용은 졸고, "회사법의 과제들－2019년 (사)한국상사법학회 하계대회 기조발제문－",「상사법연구」 제38권 제3호 (2019. 11.), 30~32면에서 전재함.

228) 김화진, "인공지능 사외이사", 뉴스1, 기사입력 2019. 2. 26.

229) 위의 'Deep Knowledge Ventures'의 창사 구성원인 드미트리 카민스키(Dmitry Kaminskiy)는 5~10년안에 기존의 회사에서 수행하던 대부분의 의무들이 인공지능에 의하여 자동화되며 자연인의 지시나 도움없이도 인공지능에 의하여 자체적으로 수행될 것이라고 예견한다(Möslein, Florian, "Robots in the Boardroom: Artificial Intelligence and Corporate Law", <https://papers.ssrn.com/sol3/papers.cfm?abstract_id=3037403>, p. 2).

230) 'AI is AAAI'(assisted-augmented-autonomous Intelligence)라는 표현이 쓰이고 있다(Möslein, ibid., p. 8).

231) 영화 'Artificial Intelligence'는 전자인격을 이해함에 있어 많은 도움이 될 것이다.

### 2. 이사의 신인의무와 인공지능의 출현

인공지능을 갖춘 로봇의 이사회진출은 이사의 신인의무법에도 영향을 미치게 될 것이다. 이사의 신인의무는 크게 선관주의의무와 충실의무로 양분되지만 최근에는 여기에 이사의 성실의무(duty of good faith)를 제3의 유형으로 추가하기도 한다.[232] 특히 인공지능의 출현은 이사의 감시의무 중에서도 내부통제시스템 구축의무에 영향을 줄 수 있을 것으로 생각된다.[233] **방대한 양의 정보를 순식간에 스캔하는 인공지능의 출현이야말로 내부통제시스템의 효율을 높이는 결정적 계기가 될 것이다.** 회사내부의 법규위반을 탐지하는 속도가 빨라지고 그 후속처리 역시 순식간에 이루질 것이다. 특히 회계부정 등의 법규위반 사례들은 효율적으로 탐지될 것이며 나아가 예방될 것이다. 즉 인공지능의 출현은 회사의 준법관리시스템(compliance)에 긍정적으로 작용하여 지배구조 개선의 효과를 극대화할 것이다.

나아가 이사의 성실의무 같은 경우에는 다소 소극적으로 변모할 수도 있을 것이다. 자**연인(natural person)의 믿음과 동기부여에 바탕을 둔 이사의 성실의무를 그 상태대로 인공지능에 확장할 경우 여러 문제를 야기할 가능성**이 있다. 로봇이사들에게 자연인 이사들에게 요구되는 성실의무를 수정없이 요구하는 것은 적절치 않다는 주장이 벌써부터 제기되고 있다.[234]

## III. 대표이사

### 1. 의 의

代表理事는 대외적으로 회사를 대표하고 대내적으로 업무를 집행하는 주식회사의 필요상설기관이다. 즉 대표이사는 대외적으로 회사를 대표하며($^{상 389}$), 대내적으로는 이사회가 결정한 업무집행사항을 실행에 옮긴다. 일상적인 업무집행사항에 대해서는 이미 살펴보았듯이 의사결정권한도 갖는다고 보아야 한다. 대표이사는 주식회사의 필요기관이며 추상적 의미에서나 구체적 의미에서나 상설기관이다. 이사회와의 관계는 이미 살펴보았듯이 독립기관설에 의하여 설명되나 이사회의 감독을 받는 하부기관이라고 할 수 있다($^{상 393}$).

### 2. 선임과 종임

대표이사는 이사회의 결의에 의하여 이사 중에서 選任한다($^{상 389}_{1항}$). 그러나 주주총회

---

232) Melvin A. Eisenberg, "The Duty of Good Faith in Corporate Law", [2006] 31 Del. J. Corp. L., pp. 1 ff.
233) 人工知能法務研究會 編, 『AI ビジネスの法律實務』, 日本加除出版株式會社, 2017年, 179頁 以下.
234) Möslein, Florian, "Robots in the Boardroom: Artificial Intelligence and Corporate Law", <https://papers.ssrn.com/sol3/papers.cfm?abstract_id=3037403>, p. 3.

에서 직선될 수도 있다($\frac{상\ 389}{1\ 2문}$). 대표이사의 수에는 제한이 없으며 복수의 대표이사를 선임한 경우에는 공동으로 대표권을 행사하도록 정할 수 있다($상\ ^{389}_{ⅱ}$). 그러나 이사회의 감독적 기능을 생각하면 전원의 이사가 대표이사가 되는 것은 해석상 불가할 것이다. 대표이사의 선임은 등기사항이다($\frac{상\ 317}{ⅱ\ 9호}$).

이사의 자격상실로 대표이사의 지위도 상실되며 회사와 대표이사간의 법률관계는 위임이므로 언제든지 사임가능하고 이사회도 언제든지 대표이사를 해임할 수 있다($\frac{민}{689}$). 그러나 주주총회에서 선임된 대표이사는 주주총회의 결의로만 해임된다고 할 수 있다.

## 3. 권  한

### (1) 업무집행권

**(가) 법정권한:** 이에는 ① 주권과 채권에 대한 기명날인 또는 서명($\frac{상\ 356}{478\ ⅱ}$), ② 정관 및 주주총회의사록 등의 비치($상\ _{396}$), ③ 재무제표의 작성·비치·공고($상\ ^{447}_{448}$), ④ 주식 및 사채청약서의 작성($\frac{상}{474}\ ^{420}$), ⑤ 신주인수권증서 및 신주인수권증권에 대한 기명날인($\frac{상\ 420의2}{516의5}$) 등이 있다.

**(나) 일반사항:** 대표이사는 그 밖의 모든 회사업무에 관하여 주주총회 및 이사회의 결의사항을 집행할 권한이 있다.

**(다) 의사결정사항:** 대표이사는 업무의 집행뿐만 아니라 통상업무(daily business)에 관하여는 의사결정권한도 향유한다고 추정한다. 나아가 정관이나 이사회규칙에 의하여 자신에게 위임된 일정 범위 내에서는 통상업무가 아니라 하여도 의사결정권한을 가질 수 있다고 본다.

**(라) 업무담당이사:** 회사는 예외적으로 대표이사 이외에 대내적으로 업무집행권만을 가진 이사를 선임하고 그 집행을 위임할 수 있다. 이는 이사회와 대표이사간의 관계를 독립기관설에 따라 이해할 때에도 가능하다고 본다. 이사회의 감독기관성에서 그러한 예외가 도출될 수 있다고 보기 때문이다.

### (2) 회사대표권

**(가) 의  의:** 대표이사가 회사의 영업에 관하여 제3자에 대한 지위에서 재판상 또는 재판외의 모든 행위를 할 권한을 대표이사의 회사대표권이라 한다. 법인인 주식회사는 대표자의 행위를 통하여 비로소 권리를 취득하고 의무를 부담한다. 대외적으

로는 대표이사의 행위가 곧 회사의 행위가 되므로 상법은 거래의 안전과 제3자의 신뢰보호를 위하여 대표이사의 선임은 등기사항으로 하여 이를 공시하도록 하고 있고 ($\frac{상}{9.}\frac{317}{10호}$Ⅱ), 나아가 대표권의 범위도 법정하여 영업에 관한 재판상 및 재판외의 모든 행위를 할 수 있도록 하였으며($\frac{상}{209}\frac{389}{Ⅰ}$Ⅲ.), 그 내부적 제한은 선의의 제3자에게 대항하지 못하도록 하였다($\frac{상}{209}\frac{389}{Ⅱ}$Ⅲ.).

(나) 대표권의 성격:　대표이사의 대표권의 성격은 한마디로 정형성과 포괄성 및 불가제한성으로 표현될 수 있다($\frac{상}{Ⅲ}\frac{389}{209}$). 그것은 마치 지배인의 대리권과 마찬가지로 영업에 관한 재판상 및 재판외의 모든 범위에 걸치는 포괄적 성격을 띠며 그 대표권의 범위는 정형적으로 법정되어 임의로 상대화할 수 없는 것이다. 이것은 사적자치의 제한현상으로도 설명될 수 있으나 주식회사는 상인이요($\frac{상}{Ⅱ}$⁵) 따라서 영리의 의도로 상행위를 반복하는 자이므로 그 대표자의 대표권의 범위를 임의로 상대화하면 거래의 안전과 제3자의 신뢰는 보호될 수 없는 것이다. 이러한 이유로 법정포괄대표권은 정당화된다. 나아가 상법은 내부적으로 이러한 포괄적 대표권을 제한할 수는 있되 선의의 제3자에게는 대항하지 못하게 하고 있다. 즉 선의의 외부자에게는 불가제한적 성격을 띠고 있는 것이다.

(다) 대표권의 제한 및 제한위반의 효과

**1) 대표권의 제한**:　다음과 같은 사항에 있어서는 대표이사의 대표권은 예외적으로 제한될 수 있다.

가) 법정제한사유:　다음과 같은 것들이 있다. 우선 이사와 회사간의 소에 관하여는 대표이사가 회사를 대표할 수 없으므로 감사가 회사를 대표한다($\frac{상}{394}$). 나아가 다음 사항에서는 대표이사는 이사회나 주주총회의 결의를 거쳐야 회사를 대표할 수 있다. 영업의 전부 또는 중요한 일부의 양도($\frac{상}{374}$), 사후설립($\frac{상}{375}$), 이사와 회사간의 자기거래 ($\frac{상}{398}$), 신주의 발행($\frac{상}{416}$), 사채의 모집($\frac{상}{469}$) 등이 그 예이다. 끝으로 민법 제34조의 준용으로 대표이사의 대표권을 영업의 목적범위 내로 제한시키는 것은 ultra-vires-doctrine 에 관하여 제한부정설을 취하는 한 인정될 수 없다.

나) 정관이나 이사회규칙에 따른 제한사유:　정관이나 이사회규칙에 따라 일정 범위 내에서 대표권행사를 금지시키거나 공동대표권의 형식으로만 대표권을 행사하게 하거나 타 기관의 사전동의를 얻게 하는 등 회사 내부적으로 대표권에 제한을 가할 수도 있다. 그러나 이러한 제한으로 회사는 선의의 제3자에게 대항할 수 없다($\frac{상}{209}\frac{389}{Ⅱ}$Ⅲ.).

**2) 대표권의 전단적 행사:**   이렇게 대표이사의 대표권에는 예외적으로 그 제한이 가하여질 수 있으나 특히 문제시되는 것은 주주총회나 이사회의 사전결의를 거쳐야 하는 사안에서 대표이사가 그러한 절차를 거치지 않고 바로 실행행위를 하거나 또는 해당 결의가 있었더라도 그 결의에 위반하여 대표행위를 하는 경우이다. 이를 위법한 대표행위 또는 대표권의 전단적 행사라 한다. 이러한 대표권의 전단적(專斷的) 행사의 경우 그 행위의 효력을 어떻게 판단하여야 하는가 문제시된다. 그러나 이것은 결국 그러한 기관결의를 거치게 하는 회사의 이익과 해당 대표행위를 유효로 신뢰한 제3자의 이익을 비교형량하는 문제이다.

**가) 주주총회결의가 필요한 경우:**   일반적으로 대표권행사가 주주총회의 결의를 거친 후에야 가능한 경우에는 회사의 이익이 심대한 경우로서 거래상대방의 보호는 미약해진다. 가령 회사가 영업 전부나 중요한 일부의 양도를 하는 경우 상법 제374조 소정의 특별결의를 거쳐야 하는데 대표이사가 그러한 절차를 거치지 않고 영업양도를 단행하였다면 거래상대방(양수인)의 선의·악의를 묻지 않고 해당 양도행위는 무효로 된다.[235] 설사 양수인이 선의라 하여도 양도회사의 이익이 훨씬 심대하기 때문이다. 회사의 영업 전부가 이전되는 것은 회사의 물적 기초가 변동되는 것으로서 양도회사 주주들의 정적 이익이 거래상대방의 신뢰보호라는 동적 이익보다 훨씬 크다.

**나) 이사회결의가 필요한 경우:**   이사회결의가 필요한 경우에는 이미 상론한 바와 같이 아래와 같이 세 가지 경우로 나누어야 할 것이다.

① **해당 대표권 행사가 회사 내부적으로만 영향을 미치는 경우:**   이 경우 이사회결의 없이 대표이사가 해당 행위를 하였다면 무효처리가 제한없이 가능하다. 예컨대 대표이사가 이사회 결의없이 준비금을 자본에 전입시켜 무상신주를 발행하였다면 그러한 무상신주는 무효로 된다. 해당 행위가 회사내부에만 영향을 미치므로  이러한 처리가 가능해진다.

② **해당 대표권 행사가 회사 외부적으로만 영향을 미치는 경우:**   그러나 순수한 대외적·채권적 거래에서는 위와 같이 처리할 수 없을 것이다. 이 경우에는 회사의 이익보다는 거래상대방의 보호에 비중을 둘 수밖에 없다. 따라서 거래상대방의 선의는 보호하여야 한다. 가령 대표이사가 부동산거래를 함에 있어서는 이사회의 사전동의가 필요한 것으로 그 회사의 이사회규칙이 정하고 있는데 해당 대표이사가 그러한 이사회승인 없이 부동산계약을 체결하였다고 가정하자. 이 경우 그 계약의 효력은 어떻게

---

235) 독일 주식법상도 이와 같이 해석된다. vgl. Hüffer, AktG, 3. Aufl., §179a Rn. 15.

파악할 것인가? 이 경우 상법 제389조 제3항과 동법 제209조 제2항이 적용될 것이다. 그 결과 회사는 대표이사의 대표권에 대한 제한으로 선의의 제3자에게 대항할 수 없게 된다. 다만 문제로 되는 것은 이 경우 어느 정도여야 상법 제209조 제2항에서 이야기하는 선의자로 볼 수 있느냐이다. 대법원은 민법 제107조 제1항 단서를 유추하던 과거의 판례를 접고 최근 선의·무중과실로 입장을 변경하는 전원합의체 판결을 내놓았다. 즉 과거의 "선의·무과실기준"을 "선의·무중과실기준"으로 바꾼 것이다.

---

**대판 2021. 2. 18, 2015다45451 전원합의체 [보증채무금]**

[피고 회사의 이사회 규정에 의하면 보증행위에 관하여 이사회 결의를 거쳐야 하는데, 피고 회사의 대표이사가 이사회 결의를 거치지 않고 원고에게 피고 회사가 甲의 채무를 보증한다는 의미의 확인서를 작성해 준 경우, 원고가 피고 회사를 상대로 위 확인서에 기한 보증채무의 이행을 구한 사안]

[주요 판시사항]

1. 주식회사의 정관이나 이사회 규정 등에서 이사회 결의를 거치도록 대표이사의 대표권을 제한한 경우, 거래행위의 상대방인 제3자가 상법 제209조 제2항에 따라 보호받기 위하여 선의 이외에 무과실까지 필요한지 여부(소극) 및 이때 제3자에게 중대한 과실이 있는 경우에는 거래행위가 무효인지 여부(적극)

2. 위 결과가 주식회사의 대표이사가 상법 제393조 제1항에서 정한 '중요한 자산의 처분 및 양도, 대규모 재산의 차입 등의 행위'에 관하여 이사회의 결의를 거치지 않고 거래행위를 한 경우에도 마찬가지인지 여부(적극)

[다수의견] (가) 주식회사의 대표이사는 대외적으로는 회사를 대표하고 대내적으로는 회사의 업무를 집행할 권한을 가진다. 대표이사는 회사의 행위를 대신하는 것이 아니라 회사의 행위 자체를 하는 회사의 기관이다. 회사는 주주총회나 이사회 등 의사결정 기관을 통해 결정한 의사를 대표이사를 통해 실현하며, 대표이사의 행위는 곧 회사의 행위가 된다. 상법은 대표이사의 대표권 제한에 대하여 선의의 제3자에게 대항하지 못한다고 정하고 있다(상법 제389조 제3항, 제209조 제2항).

대표권이 제한된 경우에 대표이사는 그 범위에서만 대표권을 갖는다. 그러나 그러한 제한을 위반한 행위라고 하더라도 그것이 회사의 권리능력을 벗어난 것이 아니라면 대표권의 제한을 알지 못하는 제3자는 그 행위를 회사의 대표행위라고 믿는 것이 당연하고 이러한 신뢰는 보호되어야 한다. 일정한 대외적 거래행위에 관하여 이사회 결의를 거치도록 대표이사의 권한을 제한한 경우에도 이사회 결의는 회사의 내부적 의사결정 절차에 불과하고, 특별한 사정이 없는 한 거래 상대방으로서는 회사의 대표자가 거래에 필요한 회사의 내부절차를 마쳤을 것으로 신뢰하였다고 보는 것이 경험칙에 부합한다. 따라서 회사 정관이나 이사회 규정 등에서 이사회 결의를 거치도록 대표이사의 대표권을 제한한 경우(이하 '내부적 제한'이라 한다)에도 선의의 제3자는 상법 제209조 제2항에 따라 보호된다.

거래행위의 상대방인 제3자가 상법 제209조 제2항에 따라 보호받기 위하여 선의 이 외에 무과실까지 필요하지는 않지만, 중대한 과실이 있는 경우에는 제3자의 신뢰를 보 호할 만한 가치가 없다고 보아 거래행위가 무효라고 해석함이 타당하다. 중과실이란 제 3자가 조금만 주의를 기울였더라면 이사회 결의가 없음을 알 수 있었는데도 만연히 이 사회 결의가 있었다고 믿음으로써 거래통념상 요구되는 주의의무를 현저히 위반하는 것으로, 거의 고의에 가까운 정도로 주의를 게을리하여 공평의 관점에서 제3자를 구태 여 보호할 필요가 없다고 볼 수 있는 상태를 말한다. 제3자에게 중과실이 있는지는 이 사회 결의가 없다는 점에 대한 제3자의 인식가능성, 회사와 거래한 제3자의 경험과 지 위, 회사와 제3자의 종래 거래관계, 대표이사가 한 거래행위가 경험칙상 이례에 속하 는 것인지 등 여러 가지 사정을 종합적으로 고려하여 판단하여야 한다. 그러나 제3자 가 회사 대표이사와 거래행위를 하면서 회사의 이사회 결의가 없었다고 의심할 만한 특별한 사정이 없다면, 일반적으로 이사회 결의가 있었는지를 확인하는 등의 조치를 취할 의무까지 있다고 볼 수는 없다.

(나) **대표이사의 대표권을 제한하는 상법 제393조 제1항은 그 규정의 존재를 모르거 나 제대로 이해하지 못한 사람에게도 일률적으로 적용**된다. 법률의 부지나 법적 평가에 관한 착오를 이유로 그 적용을 피할 수는 없으므로, 이 조항에 따른 제한은 내부적 제 한과 달리 볼 수도 있다. 그러나 주식회사의 대표이사가 이 조항에 정한 **'중요한 자 산의 처분 및 양도, 대규모 재산의 차입 등의 행위'에 관하여 이사회의 결의를 거치지 않고 거래행위를 한 경우에도 거래행위의 효력에 관해서는 위에서 본 내부적 제한의 경 우와 마찬가지로 보아야** 한다.

[대법관 박상옥, 대법관 민유숙, 대법관 김상환, 대법관 노태악의 반대의견] (가) 주식회사의 대표이사가 '이사회 결의를 거쳐야 하는 경우'가 모두 대표이사의 대표권에 대한 제한 에 해당한다는 전제하에 상법 제209조 제2항이 전면적으로 적용된다고 보는 것은 부 당하다. 대표권의 법률상 제한이 존재하는 주식회사와 그렇지 않은 합명회사의 구조적 차이 등을 고려해 보면, 정관 등 내부 규정에 의하여만 대표권이 제한될 것이 예정되 어 있는 합명회사의 대표사원에 관한 상법 제209조 제2항을 상법 제389조 제3항에 따 라 주식회사의 대표이사에 준용하더라도, 대표이사의 대표권 제한에 관한 모든 경우에 그대로 준용할 것이 아니라 성질상 준용이 가능한 범위에서만 준용되어야 하므로, 상 법 제393조 제1항에 따라 이사회의 결의로 회사의 의사결정을 하여야만 하는 경우에 까지 적용되어야 한다고 볼 수는 없다.

(나) 거래 상대방을 보호하는 기준을 '선의·무과실'에서 '선의·무중과실'로 변경하 는 것은 거래안전 보호만을 중시하여 회사법의 다른 보호가치를 도외시하는 것일뿐더 러 '전부 아니면 전무'의 결과가 되어 개별 사건을 해결할 때 구체적이고 합리적인 타 당성을 기하기 어렵다. 지금까지의 판례는 선의·무과실의 거래 상대방을 보호한다는 원칙하에 주식회사의 여러 다양한 실질관계에 따라 보호되는 '과실'의 범위를 해석하는 데에 집중하는 한편, 보호되지 않는 경과실의 거래 상대방은 회사에 대한 손해배상청 구가 가능하도록 제도를 운용함으로써 과실상계를 통한 손해의 공평·타당한 분담을

도모하고 있다. 이러한 관점에서 지금까지의 판례가 보호기준으로 삼고 있는 '선의·무과실'은 단순한 '선의·무과실'이라는 표현에 그치는 것은 아니다. 다수의견과 같이 거래 상대방의 보호기준을 '선의·무중과실'로 판례를 변경하는 것은 강학적인 의미에서 '무과실'을 '무중과실'이라는 용어로 대치하는 것 외에 재판실무에 큰 변화를 가져올 것으로 보이지 않는다. 오히려 판례를 변경한다면, 거래 상대방의 과실의 정도가 큰 경우에도 중과실에 해당하지 않는 한 그 거래행위를 유효하다고 보게 될 것이어서, 특히 보증과 같은 거래행위를 한 경우에는 회사의 재정건전성을 악화시키는 결과를 가져올 수 있다. 결론적으로 구체적 타당성과 쌍방의 이해관계 조정에 있어 지금까지의 판례가 더 우월하기 때문에 판례 변경의 필요성이 없다.

③ **별도의 이해형량이 필요한 특수한 경우:** 회사 내외부에 모두 심대한 영향이 예상되는 특수한 경우에는 개별 사안에 따라 별도로 비교형량하여야 한다. 이사회결의를 거치지 않은 또는 하자있는 이사회결의에 의한 신주발행에 대해서는 이미 살펴 본 바대로 사안의 경중에 따라 신주발행무효의 원인으로 처리될 가능성이 있다.[236] 상법 제398조상의 이사회결의를 요하는 이사와 회사간의 자기거래의 경우에는 상대적 무효설에 따라 처리될 것이다.[237]

### (라) 대표권의 남용[238]

**1) 의 의:** 대표권의 남용이란 대표이사가 객관적으로는 그 대표권의 범위 내에서 행위하였지만 주관적으로는 자기 또는 제3자의 이익을 위하여 대표행위를 하는 것을 말한다. 예컨대 대표이사가 자기의 개인적 채무의 변제를 위하여 회사명의로 약속어음을 발행하는 경우가 이에 해당한다.

**2) 법리구성:** 대표권남용의 경우 객관적으로는 대표이사의 행위가 일응 대표권의 범위 내이므로 대표행위의 효력 자체에는 지장이 없겠으나 거래상대방이 대표이사의 사리추구를 알고 회사가 이를 입증한 경우에는 회사가 책임을 면한다는 것이 통설이다. 그 이론적 근거에 대해서는 다음과 같은 학설의 대립이 있다.

첫째는 권리남용설로서 이 입장에 의하면 대표권남용의 경우에도 해당 대표행위는 유효한 것이지만 악의의 상대방이 그 취득한 권리를 가지고 회사에 대하여 이를 행사하는 것은 신의칙위반 내지 권리남용의 예로서 허용될 수 없다고 한다. 이 경우 악의에는 중과실로 대표이사의 배임적 의도를 모른 경우도 포함된다고 한다.[239]

---

236) 대판 2010. 4. 29, 2008다65860(신주발행의 무효원인을 긍정한 사례); 대판 2007. 2. 22, 2005다77060, 77077 (신주발행의 무효원인으로 보지 않은 사례).
237) 대판 2004. 3. 25, 2003다64688 [어음금].
238) 이에 대해서는 졸고, "대리권남용의 법리구성", 「법학논집」 제33집, 고려대 법학연구소, 1997, 605면 이하.
239) 이철송, 735면; 홍·박, 468면; 김홍기, 598면.

둘째는 심리유보설이다. 이 설은 민법 제107조 제1항 단서를 대표권남용의 경우에 유추적용하자는 입장이다. 즉 대표권남용행위도 원칙적으로 유효한 회사대표행위이나 거래상대방이 대표이사의 배임적 의도를 알았거나 알 수 있었을 때에는 무효로 풀이하는 입장이다.[240)

셋째 입장은 이익형량설이다. 이 설에 따르면 대표권은 회사를 위하여 행사되어야 하므로 대표자 개인이나 제3자의 이익을 위하여 행사된 경우에는 본래 무효이나 거래의 안전을 위하여 악의인 거래상대방에 대해서만 회사가 무효를 주장할 수 있다고 한다. 이 때 악의에는 중과실로 대표이사의 배임적 의도를 모른 경우도 포함된다고 한다.

끝으로 대표권제한설이 있다. 이 설은 대표권에는 본인인 회사를 위하여 행사되어야 한다는 내재적 제한이 있다고 보면서 이 제한을 상법 제209조 제2항상의 내부적 제한의 예로 다루어 대표권남용행위를 상법 제389조 제3항과 제209조 제2항의 적용대상으로 취급하는 입장이다. 그리하여 회사는 배임적 의도를 모른 선의의 제3자에 대하여만 대항할 수 없다고 보는 입장이다.

대표권남용의 문제는 비단 주식회사의 대표이사뿐만 아니라 사법 전반에 걸친 대리권남용의 한 예로 보아야 할 것이다. 단지 포괄정형적 대리권 즉 상사대리권의 경우에만 그 법이론적 구성이 크게 문제시 된다.[241) 왜냐하면 보통의 임의대리의 경우에는 대리인이 본인이 아닌 대리인 자신이나 제3자를 위하여 대리권행사를 하는 경우 이를 무권대리로 취급할 가능성이 크기 때문이다.

대리권남용의 법리구성에 대해서는 크게 대립된 두 입장이 있는바, 하나는 권리남용설로서 대리권남용행위도 본시 대리권의 범위 내에 속하는 유효한 것으로 보면서 상대방이 대리인의 배임적 의도를 알았을 때에는 회사가 권리남용의 항변(Mißbrauch-seinwand)으로 악의의 제3자에게 대항할 수 있도록 하자는 것이다(exogene Lösung). 이와 정반대의 입장은 무권대리설로서 대리권남용의 경우 원칙적으로 대리권의 범주에서 벗어난 무권대리행위로서 무효이나 본인의 추인이나 표현법리의 유입으로 선의의 제3자를 보호하려 한다(endogene Lösung). 이 입장은 대리권에는 본인을 위하여 행사되어야 한다는 주관적 내지 내재적 한계가 있다고 전제하는 것이 권리남용설과 결정적으로 다른 점이다.

상기 학설 중 전 2자는 권리남용의 법리를 따르고 있고 후 2자는 무권대리설에 바탕을 두고 있다. 이 두 입장 중 포괄정형적 상사대리권에 관한 한 전자가 타당하다

---

240) 대판 2004. 3. 26, 2003다34045; 대판 2005. 7. 28, 2005다3649.
241) 대리권남용에 관한 대법원 판례도 오로지 포괄정형적 상사대리권만을 심리의 대상으로 삼아 왔다.

고 본다. 즉 지배인이나 인적회사의 대표사원이나 주식회사의 대표이사나 모두 포괄 정형적 대리권자이다. 그들의 대리권이나 대표권은 거래의 안전을 위하여 법에 의해서 의도적으로 영업에 관한 재판상·재판외의 모든 행위에 미치도록 정형화되어 있다. 따라서 설사 지배인이나 대표이사가 배임적 의도를 갖고 행위하는 경우라도 그 행위가 객관적으로 그들의 지배권이나 대표권 밖의 무권대리나 무권한 대표행위에 해당된다고 볼 수는 없는 일이다. 이렇게 본다면 대표권남용행위라 할지라도 일단 유효한 것으로 보면서 단지 악의의 상대방에게만 회사가 대항하는 것으로 법리를 구성하는 것이 타당할 것이다. 단지 악의의 상대방의 범위에 대해서는 배임적 의도를 알면서 거래에 참여한 경우와 중과실로 그러한 배임적 의도를 모른 자까지 포함시켜야 한다고 본다.

이렇게 본다면 제3설과 제4설은 취할 바가 되지 못하고 심리유보설은 경과실의 제3자에 대해서까지 회사가 대항할 수 있게 되어 거래의 안전을 해할 가능성이 있다. 그러나 다른 한편 경과실의 제3자에 대해서는 사용자책임 등 불법행위법을 통한 권리구제가능성도 있고 나아가 이를 통한 과실상계의 적용여지를 남겨 두는 것도 구체적 타당성의 측면에서 바람직한 경우가 있으므로 **권리남용설과 심리유보설을 구체적 사안의 내용에 따라 탄력적으로 적용**하는 것이 바람직하다고 생각된다.

**3) 대표권의 전단적 행사와의 관계:** 판례법은 대표권 남용에 관한 법리는 대표권 제한에 관한 법리와 양립할 수 있다고 본다. 대표이사가 대표권 제한을 위반하여 한 거래행위가 상법 제209조 제2항에 의하여 유효한 경우라도 그 행위가 대표권을 남용한 행위로서 상대방이 그러한 대표이사의 진의를 알았거나 알 수 있었다면 회사에 대해서는 무효가 될 수 있다고 한다.

> **대판 2021. 4. 15, 2017다253829**
>
> "주식회사의 대표이사가 상법 제393조 제1항에서 정한 '중요한 자산의 처분 및 양도, 대규모 재산의 차입 등의 행위'에 관하여 이사회의 결의를 거치지 않고 한 거래행위는 무효이지만, 거래 상대방이 이사회 결의가 없었다는 점을 알지 못하였거나 알지 못한 데에 중대한 과실이 없다면 상법 제389조 제3항, 제209조 제2항에 따라 보호된다(대법원 2021. 2. 18. 선고 2015다45451 전원합의체 판결 참조). 한편 주식회사의 대표이사가 회사의 영리목적과 관계없이 자기 또는 제3자의 이익을 도모할 목적으로 그 권한을 행사하였다면 이는 대표권을 남용한 행위가 되고, 그 거래행위의 상대방이 대표이사의 진의를 알았거나 알 수 있었을 때에는, 그 거래행위는 회사에 대하여 무효가 된다(대법원 1997. 8. 29. 선고 97다18059 판결 등 참조). 이러한 **대표권 남용에 관한 법리는 앞서 본 대표권 제한에 관한 법리와 양립할 수 있다. 즉 대표이사가 대표권 제한**

> 을 위반하여 한 거래행위가 상법 제209조 제2항에 의해 유효한 경우에 해당하더라도 그
> 거래행위가 대표권을 남용한 행위로서 상대방이 그러한 대표이사의 진의를 알았거나 알
> 수 있었다면 회사에 대하여 무효가 될 수 있다."

**(마) 대표권의 행사방법:**    회사대표권의 행사시 개별 법률행위를 함에 있어서는
대리에 관한 규정이 준용되므로($\frac{민}{\text{제}59}$), 본인인 회사의 이름을 밝혀야 하는 현명주의가
지배한다($\frac{민}{114}$). 어음·수표행위와 같은 증권적 법률행위에 있어서는 철저한 현명주의가
지배하여 반드시 대표자격의 표시와 대표이사의 서명 또는 기명날인이 요구된다. 그
러나 일반적인 상행위에 대해서는 상법 제48조에 따라 현명주의는 상대화될 것이다.

**(바) 공동대표이사($\frac{\text{상}}{\text{제}389}$)**

**1) 의  의:**    수인의 대표이사를 선정하였을 경우에는 각자 회사를 대표함이 원
칙이지만(각자대표; Einzelvertretung) 이들이 공동으로 회사를 대표할 것을 정할 수 있
다($\frac{\text{상 }389\ \text{II} : \text{Gesamt-}}{\text{vertretung}}$). 능동적으로 대표행위를 할 때에는 각자 대표한 대표행위는 회사에
대하여 효력이 없다. 그러나 의사표시를 수령하는 것(수동대리)은 각자가 할 수 있다.
즉 상대방이 회사에 대하여 하는 의사표시는 공동대표이사 중 1인에 대하여 하면 회
사에 대하여 효력이 있다($\frac{\text{상 }389\ \text{II}}{208\ \text{II}}$ $\text{III.}$).

**2) 기  능:**    공동대표이사제도는 대표권행사에 통제를 가할 수 있는 기능이 있
다. 대표이사의 자의적인 행위로 회사가 예측할 수 없는 대외적 책임을 질 가능성이
있는데 이때 공동대표이사제는 그러한 위험을 감소시켜준다. 즉 대표권행사의 남용을
막고 대표권행사에 신중을 기할 수 있게 도와준다. 반면 각자 대표제보다 상대적으로
업무집행의 기동성을 떨어뜨리는 역기능도 있다.

### 🔅 공동대표(대리)제도와 기업의 위험

　공동대표(대리)제도는 업무집행의 신중을 기하게 하는 순기능을 갖는다. 그러나 위에서
보듯이 업무집행의 기동성을 저해하는 역기능도 나타난다. 각 영역에 고유한 위험정도가
공동대표(대리)제도의 도입가능성에 영향을 준다. 예컨대 공동지배인($\frac{\text{상}}{12}$)이나 공동대표이
사($\frac{\text{상}}{\text{제}389}$) 등 육상 기업활동에서는 공동대표(대리)제도가 보편화되어 있다. 그러나 선장의
경우 공동선장제도는 존재하지 않는다. 해상기업활동에서 오는 전형적인 바다의 위험 때
문이다. 항공기의 경우에도 공동기장이란 존재하지 않는다. 비행기의 cockpit은 기장과 부
기장으로 채워지지 대등한 권한을 갖는 공동기장으로 채워지지 않는다. 선박이나 항공기
등은 양자 모두 전형적인 위험공동체이기 때문이다. 유사시에는 일사분란한 명령지휘계통이
가동되어야 한다. 공동기장이나 공동선장제도는 이러한 위험공동체에는 어울리지 않는다.

**3) 상법 제395조의 유추적용가능성:**  공동대표이사 중 1인이 마치 단독대표권자인양 자의적으로 대표행위를 할 경우 상법 제395조의 유추적용으로 회사의 책임이 발생할 가능성이 있다.

**4) 공동대표이사 1인에 대한 위임의 효력:**  복수의 공동대표이사 중 1인이 다른 공동대표이사에게 포괄적으로 대표권행사를 위임하는 경우가 있다. 이 경우 그러한 포괄적 위임의 효력이 문제시된다. 판례는 이를 무효로 본다. 다만 사전에 구체적으로 범위를 정하여 개별적으로 위임한 경우에는 달리 볼 여지도 있다. 그러나 어떤 경우이든 공동대표이사제도의 입법취지를 몰각시키는 경우라면 그 효력을 인정할 수 없을 것이다. 다만 거래상대방으로서는 해당 위임이 포괄적인 것인지 개별적인 것인지 쉽게 파악하기 어려우므로 선의의 거래상대방에 대해서는 상법 제395조의 유추적용이 가능하다고 생각된다.[242]

> **대판 1989. 5. 23, 89다카3677**
>
> [공동대표이사 중 1인이 다른 대표이사에게 대표권의 행사를 일반적, 포괄적으로 위임할 수 있는지 여부(소극)]
>
>  "주식회사에 있어서의 공동대표제도는 대외 관계에서 수인의 대표이사가 공동으로만 대표권을 행사할 수 있게 하여 업무집행의 통일성을 확보하고, 대표권 행사의 신중을 기함과 아울러 대표이사 상호간의 견제에 의하여 대표권의 남용 내지는 오용을 방지하여 회사의 이익을 도모하려는데 그 취지가 있으므로 공동대표이사의 1인이 그 대표권의 행사를 특정사항에 관하여 개별적으로 다른 공동대표이사에게 위임함은 별론으로 하고, 일반적, 포괄적으로 위임함은 허용되지 아니한다."

## 4. 표현대표이사

### (1) 의 의

주식회사를 대표할 수 있는 자는 대표이사 뿐이다. 그러나 거래의 현실에서는 종종 이례적인 일들이 벌어진다. 정상적인 대표권을 부여받지 못한 자가 사장, 부사장, 전무, 상무 등의 명칭으로 제3자와 거래를 할 경우 거래 상대방은 이와 같은 명칭이 만들어내는 법외관 때문에 그들을 정상적인 대표권자로 오인할 수 있다.

이러한 외관상의 대표이사를 표현대표이사(表見代表理事)라 한다. 상법은 외관을 신뢰한 제3자를 보호하고 거래의 안전을 도모하기 위하여 표현대표이사의 행위에 대

---

242) 同旨, 김·노·천, 398면 각주 4번.

해서는 진정한 대표이사의 행위와 마찬가지로 회사의 책임을 인정한다($\frac{\text{상}}{395}$). 예컨대 대표권이 없는 상무이사가 회사의 이름으로 약속어음을 발행한 경우 제3자가 그에게 대표권이 있다고 믿었다면 회사는 그로 인한 책임에서 벗어나지 못한다.

이와 같은 표현법리는 영미법상의 금반언제도(estoppel by representation)나 독일법상의 외관이론(Rechtsscheinlehre)에 뿌리를 두고 있으며 일반 외관신뢰주의의 일부이다.[243] 따라서 이 제도는 민법상의 표현대리제도나 상법상의 표현지배인제도 등과 궤를 같이한다고 볼 수 있다.

### (2) 표현대표이사의 성립요건

표현대표이사제도는 일반 외관신뢰주의의 한 예이므로 외관법리의 적용요건인 외관의 존재, 창출된 외관에 대한 원인부여, 거래상대방의 선의를 그 적용전제로 한다.

(가) **외관의 존재(외관요건):** 상법 제395조가 적용되기 위하여는 우선 대표권없는 자가 정당한 대표권자로 오인할 수 있는 명칭을 사용하여 회사의 대표행위를 함으로써 표현대표이사의 법외관을 작출해야 한다.

1) **외관작출의 수단:** 이러한 외관작출은 우선 대표권이 존재하는 것 같은 표현적 명칭을 사용함으로써 현출된다. 상법 제395조는 사장, 부사장, 전무, 상무 등의 명칭을 예시하고 있으나 동 조문의 적용은 이러한 예시에 한정되지 않는다. 회장, 부회장, 업무담당이사, 계약담당이사 등 기업조직상 일반적 통념에 따라 대표권이 있는 것으로 보이는 명칭을 사용한 경우에도 표현대표이사는 성립될 수 있다.[244]

2) **표현대행의 경우:** 이 표현대표이사제도는 자기의 명칭을 사용하여 표현적 대표행위를 한 경우가 원칙이겠으나 행위자 자신이 표현대표이사인 이상 다른 표현대표이사의 명칭이나 진정한 대표이사의 명칭을 사용한 이른바 '명칭도용의 행위'도 상법 제395조의 준용대상이 된다.[245] 이 경우는 엄격히 표현하면 "표현대행"의 경우가 된다고 볼 수 있겠다.

3) **표현대표이사의 자격:** 나아가 상법 제395조의 문언에 따르면 진정한 "이사"만이 표현대표이사가 될 수 있는 것처럼 보이나 어차피 이 제도는 제3자의 신뢰보호

---

243) 독일에서 외관법리를 체계화하여 이를 정리한 대표적인 학자는 뮌헨대의 카나리스 교수이다. 그는 자신의 Habilitation인 *"Die Vertrauenshaftung im deutschen Privatrecht"*에서 독일의 외관법리를 사법 전반에 걸쳐 정리하고 있다.

244) '큰 사장'이라는 명칭도 대표권작출능력이 있다고 한다(서울민사지법 1984. 2. 24, 83가합3345).

245) 대판 2003. 7. 22, 2002다40432.

를 위하여 대표권없는 자의 행위를 진정한 대표행위로 의제시키는 제도이므로 행위자의 자격을 이사로 한정시킬 필요가 없다. 즉 이사란 자격의 유무는 표현적 지위의 형성에 아무런 차이를 나타내지 아니하므로 이사의 자격을 갖추지 않은 자도 표현대표이사로 취급될 수 있다($^{상\ 395}_{analog}$).246)

**4) 대표행위:** 나아가 법외관요건을 충족시키기 위하여는 이러한 명칭사용을 통하여 표현대표이사가 회사의 대표행위를 하였어야 한다. 표현대표이사제도는 거래의 안전을 위한 제도이므로 불법행위나 소송행위 등에서는 적용될 수 없다. 그곳에서는 외관작출과 그에 대한 신뢰보호가 나타날 수 없기 때문이다. 따라서 상법 제395조의 적용대상은 법률행위에 한정되는 회사의 대표행위이다. 대표행위이므로 대내적인 업무집행행위는 이에 포함되지 않으며 또한 회사의 책임을 발생시킬 수 있어야 하므로 진정한 대표권자의 권한 내의 행위이어야 한다. 따라서 진정한 대표이사라 할지라도 주주총회의 특별결의를 거쳐야 비로소 처분가능한 회사의 유일무이한 부동산을 표현대표이사가 매도담보로 제공한 경우 상법 제395조의 적용은 배제되고 거래행위는 당연무효로 되어 회사의 책임은 발생하지 않는다($^{대판\ 1964.\ 5.\ 19.}_{63다293}$).

**(나) 외관에 대한 회사측의 원인부여(귀책요건):** 표현대표이사에 의한 회사의 책임은 그러한 외관작출에 대한 회사의 귀책사유를 전제로 한다.

**1) 명시적·묵시적 허락:** 즉 표현적 지위의 형성을 가능케 한 명칭사용을 회사가 명시적 혹은 묵시적으로 허용하였어야 한다. 회사가 표현적 명칭의 사용을 발령 또는 위촉 등의 방법으로 적극 허용하는 경우는 물론이요, 표현적 명칭의 사용을 알면서도 이를 제지함이 없이 방관하거나 그러한 대표권없는 자의 행위에 기한 계약상의 책임을 이의없이 이행하는 경우 등도 묵시적 허용으로서 회사에 대한 귀책이 가능하다.

> **대판 2005. 9. 9, 2004다17702**
>
> "상법 제395조의 규정에 의하여 회사가 표현대표자의 행위에 대하여 책임을 지는 것은 회사가 표현대표자의 명칭사용을 명시적으로나 묵시적으로 승인함으로써 대표자격의 외관 현출에 책임이 있는 경우에 한하는 것이나($^{대판\ 1995.\ 11.\ 21.}_{94다50908\ 참조}$), 이사 또는 이사의 자격이 없는 자가 임의로 표현대표자의 명칭을 사용하고 있는 것을 회사가 알면서도 이에 동조하거나 아무런 조치를 취하지 아니한 채 그대로 방치한 경우도 회사가 표현대표자의 명칭사용을 묵시적으로 승인한 경우에 해당한다고 봄이 상당하다($^{대판\ 1992.\ 7.\ 28.}_{91다35816\ 참조}$)."

---

246) 대판 2009. 3. 12, 2007다60455.

**2) 과실의 경우:**    이처럼 적극적 또는 소극적으로 표현적 명칭이 사용되는 것을 알면서 허용하거나 묵시적으로 방치한 경우 회사의 귀책사유에는 문제가 제기되지 않는다. 그러나 회사가 과실로 이러한 표현대표행위를 방치한 경우에도 귀책가능성을 긍정할 것인가? 이 부분에 대해서는 다소 의문이 제기된다. 즉 고의에 의한 명칭사용은 당연히 회사의 귀책사유를 구성한다고 보고 있고 이에 이설은 없다. 그러나 과실의 경우는 어떠한가? 대법원 판례는 과실에 기하여 표현적 명칭의 사용을 방치한 경우에는 회사에 귀책사유가 없다고 한다.[247] 그러나 회사가 중과실로 표현적 명칭의 사용을 알지 못하여 이를 제지하지 않은 경우에는 회사의 귀책사유를 인정하는 것이 타당하다고 본다. 즉 표현적 명칭의 사용을 알지 못해서 저지하지 못한 것이 '묵인과 비견되는 정도의 과실에 기인한 경우'에는 회사의 책임을 긍정하여야 한다고 생각된다.[248]

> **대판 2011. 7. 28, 2010다70018 [배당이의]**
>
> "상법 제395조에 의하여 회사가 표현대표이사의 행위에 대하여 책임을 지기 위하여는 표현대표이사의 행위에 대하여 그를 믿었던 제3자가 선의이어야 하고, 또한 회사가 적극적 또는 묵시적으로 표현대표를 허용한 경우에 한한다. 여기서 회사가 표현대표를 허용하였다고 하기 위하여는 진정한 대표이사가 이를 허용하거나, 이사 전원이 아닐지라도 적어도 이사회결의의 성립을 위하여 회사의 정관에서 정한 이사의 수, 그와 같은 정관의 규정이 없다면 최소한 이사 정원의 과반수 이사가 적극적 또는 묵시적으로 표현대표를 허용한 경우이어야 한다."

**3) 일방적인 참칭의 경우:**    그 이외의 행위자의 일방적인 표현적 명칭의 참칭(僭稱)만으로는 회사의 책임이 발생하지 않는다. 즉 회사가 일반적인 상인으로서의 주의의무를 다하였더라도 방지하지 못하였을 고의적인 표현적 명칭의 사용은 회사를 구속할 수 없다. 회사에 귀책시킬 사유가 존재하지 않기 때문이다. 이것은 마치 어음의 위조의 경우 피위조자가 원칙적으로 책임을 지지 않는 것에 비유된다.

**4) 명칭사용 허용기관:**    표현적 명칭의 사용을 정관이나 회사내규에 의하여 권한있는 기관이 허용하였다면 당연히 회사의 책임을 긍정할 수 있다. 그러나 그 외의 경우에는 대표이사의 의사에 따라 결정될 것이다. 왜냐하면 그는 회사의 대표권자로서 개별 법률행위에 관한 한 그의 지, 부지는 곧 회사의 그것으로 평가되기 때문이다

---

247) 대판 1975. 5. 27, 74다1366; 대판 2011. 7. 28, 2010다70018.
248) 서울고법 1974. 7. 9, 72나1289.

($^{민\,59\,Ⅱ.\,116}_{Ⅰ\,참조}$). 그러나 판례는 이러한 명칭허용기관을 더욱 확대하고 있다. 그리하여 이사 전원, 대표이사 전원, 이사의 과반수, 1인의 대표이사 등의 경우에도 그들의 승인이 있었으면 표현대표이사의 성립을 긍정한다.

> **대판 2011. 7. 28, 2010다70018 [배당이의]**
>
> "상법 제395조에 의하여 회사가 표현대표이사의 행위에 대하여 책임을 지기 위하여 는 표현대표이사의 행위에 대하여 그를 믿었던 제3자가 선의이어야 하고, 또한 회사가 적극적 또는 묵시적으로 표현대표를 허용한 경우에 한한다. 여기서 회사가 표현대표를 허용하였다고 하기 위하여는 진정한 대표이사가 이를 허용하거나, 이사 전원이 아닐지 라도 적어도 이사회결의의 성립을 위하여 회사의 정관에서 정한 이사의 수, 그와 같은 정관의 규정이 없다면 최소한 이사 정원의 과반수 이사가 적극적 또는 묵시적으로 표 현대표를 허용한 경우이어야 한다."

(다) **외관에 대한 제3자의 신뢰(보호요건):**　회사가 책임져야 할 상대방은 선의의 제3자에 한한다.

1) **선의의 범위:**　선의라 함은 표현대표이사가 회사를 대표할 권한이 없다는 사 실을 몰랐다는 것을 의미한다. 나아가 상대방의 악의에는 중과실로 표현대표이사의 무권한을 모른 경우도 포함시켜야 할 것이다. 종래의 통설은 거래상대방의 선의를 판 단함에 있어서 그의 과실 여부는 묻지 않는다고 하였다. 그러나 경과실로 모른 경우 는 선의로 볼 수 있으나 중과실로 모른 경우에는 악의에 준한다고 보아야 할 것이 다.[249] 가령 표현대표이사의 대표권에 대해서 의심할 만한 충분한 사유가 있어서 조 금만 주의를 기울였더라면 그가 대표권자가 아님을 알 수 있었던 경우까지 제3자를 보호할 필요는 없기 때문이다. 물론 이 때 중과실에 대한 판단은 거래상대방의 개별 적 사정을 고려하여 개개의 사안에 따라 판단될 일이다. 이 때 제3자의 선의 여부에 대한 입증책임은 회사가 부담한다. 즉 상법 제395조상의 책임을 지지 않으려면 회사 가 거래상대방의 악의를 입증하여야 한다.[250]

> **대판 2003. 7. 22, 2002다40432 [예금]**
>
> "상법 제395조가 규정하는 표현대표이사의 행위로 인한 주식회사의 책임이 성립하 기 위하여는 법률행위의 상대방이 된 제3자의 선의 이외에 무과실까지도 필요로 하는 것은 아니지만, 그 규정의 취지는 회사의 대표이사가 아닌 이사가 외관상 회사의 대표

---

249) 대판 2003. 7. 22, 2002다40432 [법률신문 제3202호(2003. 9. 15), 10, 11면 참조].
250) 대판 1971. 6. 29, 71다946.

권이 있는 것으로 인정될 만한 명칭을 사용하여 거래행위를 하고, 이러한 외관이 생겨
난 데에 관하여 회사에 귀책사유가 있는 경우에 그 외관을 믿은 선의의 제3자를 보호
함으로써 상거래의 신뢰와 안전을 도모하려는 데에 있다 할 것인바, 그와 같은 제3자
의 신뢰는 보호할 만한 가치가 있는 정당한 것이어야 할 것이므로 설령 제3자가 회사
의 대표이사가 아닌 이사가 그 거래행위를 함에 있어서 회사를 대표할 권한이 있다고
믿었다 할지라도 그와 같이 믿음에 있어서 중대한 과실이 있는 경우에는 회사는 그 제
3자에 대하여는 책임을 지지 아니하고, 여기서 제3자의 중대한 과실이라 함은 제3자가
조금만 주의를 기울였더라면 표현대표이사의 행위가 대표권에 기한 것이 아니라는 사
정을 알 수 있었음에도 만연히 이를 대표권에 기한 행위라고 믿음으로써 거래통념상
요구되는 주의의무에 현저히 위반하는 것으로, 공평의 관점에서 제3자를 구태여 보호
할 필요가 없다고 봄이 상당하다고 인정되는 상태를 말한다."

### 대판 2011. 3. 10, 2010다100339

"[1] 표현대표이사의 행위로 인한 주식회사의 책임에 대하여 정한 상법 제395조는
표현대표이사가 자신의 이름으로 행위한 경우는 물론이고 대표이사의 이름으로 행위한
경우에도 적용된다. 그리고 이 경우에 상대방의 악의 또는 중대한 과실은 표현대표이
사의 대표권이 아니라 대표이사를 대리하여 행위를 할 권한이 있는지에 관한 것이다.
　　[2] 甲 회사의 표현대표이사 乙이 대표이사를 대리하여 자신의 채권자 丙에게 차용
증을 작성해 준 사안에서, 상대방인 丙의 악의 또는 중과실은 乙에게 대표권이 있는지
가 아니라 그에게 대표이사를 대리하여 위 차용증을 작성함으로써 채무를 부담할 권한
이 있는지 여부에 따라 판단되어야 하므로, 乙이 甲 회사의 대표이사가 아님을 丙이
알았다고 하더라도 그 점은 丙의 악의 또는 중과실을 판단하는 데 결론을 좌우할 만한
의미가 있는 사정이 된다고 할 수 없고, 상법 제395조의 취지와 위 중과실의 의미 내
지 판단 기준 등에 비추어 보면, 乙이 甲 회사의 표현대표이사에 해당하는 한 그에게
대표권 등 권한이 있는지를 당연히 의심하여 보아야 하는 객관적 사정이 있는 등의 경
우가 아닌 이상 甲 회사에 乙이 대표이사를 대리하여 위 차용증을 작성할 권한이 있는
지 여부에 관하여 확인하지 않았다는 사정만으로 丙의 악의 또는 중과실을 쉽사리 인
정할 수는 없다고 한 사례."

**2) 제3자의 범위:** 　　제3자의 범위는 표현대표이사와 거래한 직접거래상대방에
한하지 않고 이 행위와 관련하여 표현적 명칭을 신뢰한 당사자를 모두 포함한다. 따
라서 표현대표이사가 한 어음행위를 믿고 이 어음을 취득한 제3취득자도 보호대상이
된다. 예컨대 회사가 발행인으로부터 교부받아 보관중인 약속어음을 표현대표이사가
진정한 대표권자인 양 제1피배서인에게 배서양도하고 그는 또 다시 제2피배서인에게
배서양도하였다면 현재의 어음소지인인 제2피배서인도 상법 제395조상의 제3자가 될
수 있다. 즉 그가 선의인 경우 제1배서인인 회사를 소구의무자로 하여 소구권을 행사

할 수 있는 것이다.[251]

> **대판 2003. 9. 26, 2002다65073 [어음금] [제3취득자 포함설을 따름]**
>
> "회사를 대표할 권한이 없는 표현대표이사가 다른 대표이사의 명칭을 사용하여 어음행위를 한 경우, 회사가 책임을 지는 선의의 제3자의 범위에는 표현대표이사로부터 직접 어음을 취득한 상대방뿐만 아니라, 그로부터 어음을 다시 배서양도받은 제3취득자도 포함된다."

### (3) 표현대표이사의 효과

표현대표행위의 요건이 충족되면 마치 대표권의 범위 내에서 대표이사가 유효한 대표행위를 한 것과 같이 회사의 책임이 발생한다. 그 결과 회사는 대표권한이 없다는 것을 이유로 표현대표이사가 한 행위의 효력을 부인할 수 없게 되어 이로 인한 의무를 부담함과 동시에 그 법률행위로 인한 권리도 취득한다.

표현대표이사의 대표행위는 개개의 법률행위의 관점에서는 무권대리의 성격을 띠나 상법 제395조는 민법의 대리에 관한 규정의 특칙으로 작용하므로 일반 민법의 무권대리에 관한 규정들($\substack{민 130 \\ 이하}$)은 상법 제395조의 요건이 충족되는 한 그 적용이 배제된다. 그러나 어음행위의 경우에는 본인인 회사가 상법 제395조상의 책임을 지는 경우에도 표현대표이사는 별도로 어음법 제8조에 의한 무권대리인으로서의 책임을 면할 수 없다. 회사가 표현대표이사의 행위에 대해서 책임을 지고 그로 인하여 회사에 손해가 발생한 경우에는 회사는 그 표현대표이사를 상대로 손해배상을 청구할 수 있다($\substack{상 \\ 399}$).

### (4) 관련문제

**(가) 표현대리 및 표현지배인제도와의 관계:** 우선 민법상의 표현대리와 비교해 보면 상법 제395조는 대리권 수여의 표시에 관한 민법 제125조를 강화하고 정형화시킨 변용이라고 할 수 있다. 그러나 상법 제395조는 비단 대리권 수여에 의한 표현대리의 경우뿐만 아니라 권한유월의 표현대리나 대리권 소멸 후의 표현대리의 경우에도 적용될 수 있다. 왜냐하면 표현대표이사제도는 회사가 포괄적이고도 불가제한적인 대표권의 존재를 추측케 하는 명칭사용을 명시적 또는 묵시적으로 허락한 데 대하여 회사의 책임을 인정하는 제도이므로 처음부터 표현대표이사가 어떤 대리권을 가졌느냐 또는 그의 행위가 월권대리냐 등은 문제삼지 않기 때문이다. 따라서 대리권의 수

---

251) 그러나 판례는 민법 제126조를 적용할 경우에는 제3취득자포함설이 아니라 직접상대방한정설(直接相對方限定說)을 취하고 있음을 유의하여야 한다(대판 1994. 5. 27, 93다21521). 같은 외관법리 규정임에도 불구하고 조문에 따라 적용범위에 차이가 있다.

여라는 외관에 의하여 불러일으켜진 제3자의 신뢰보호 뿐 아니라 권한유월의 표현대리($\frac{民}{126}$) 혹은 대리권 소멸 후의 표현대리($\frac{民}{129}$)의 경우에도 적용가능하다. 상법 제395조가 있다 하여 민법 제125, 126, 129조의 적용이 전적으로 배제되는 것은 아니다. 표현대표이사의 요건이 충족되지 않는 경우에도 민법상의 표현대리의 요건이 충족되는 경우에는 회사의 책임이 발생할 수 있다.[252]

나아가 상법 제14조의 표현지배인제도와 비교해 보면 상법 제395조는 회사의 대표권에 대한 허위의 외관작출에 대해 회사가 책임지는 것이고 표현지배인제도에서는 지배권에 대한 허위의 외관창출에 대하여 영업주의 책임을 발생케 하는 제도이다. 즉 양제도는 작출되는 법외관의 내용을 달리하는 별개의 제도이다. 지배권은 영업소별로 수여되고 또 지배인은 이사회에서 선임되는 자이므로 정당한 지배권을 갖고 있는 자라도 회사대표권자인 양 행위하였을 때에는 상법 제395조의 적용이 가능하다.

**(나) 상업등기제도와의 관계:**     상법 제37조 제2항에 의한 상업등기의 적극적 공시력과 상법 제395조상의 표현대표이사제도는 다음의 경우 그 적용상 충돌가능성이 있다. 가령 퇴임한 대표이사가 퇴임등기까지 마쳤으나 여전히 과거의 명함을 이용하여 대표행위를 하는 경우 회사가 이를 알면서 그대로 방치하면 그의 행위는 표현대표행위로서 회사가 책임을 질 사유가 된다. 그러나 한편 이미 퇴임등기를 마친 상태이므로 회사는 상업등기의 적극적 공시력을 주장하여 자신의 책임을 방어할 가능성도 있는 것이다.

나아가 또 다른 예를 제시하면, 복수의 대표이사가 선임되었고 그들이 공동으로만 대표권을 행사하도록 등기되어 있는[253] 주식회사에서 일인의 대표이사가 전단적으로 단독대표권자인 양 행위하였고 회사가 이를 알면서 방치한 경우 거래상대방은 상법 제395조의 효과를 주장하고 회사는 공동대표관계가 등기되어 있음을 내세워 자신의 책임을 부정하려든다면 양자간의 법률관계는 어떻게 판단하여야 하는가? 상법 제37조 제2항과 제395조는 이 때 동일 사안에서 상호 모순된 법률효과를 제시함으로써 적용상 충돌되고 있다. 이에 대하여 학설은 다음과 같이 대립되고 있다.

첫째 학설은 **이차원설(異次元說)**로서 상업등기의 적극적 공시효과는 등기의 기초사실이 있을 때에 이를 공시하는 효과만이 있고 그 외의 여타사실이 없다는 것을 공시하는 것은 아니므로 상업등기의 효과와 표현대표이사제도는 상호 아무런 상관이 없는 차원이 다른 제도라 한다.[254]

---

252) 同旨, 채이식, 541면; 정찬형, 1027면.
253) 상법 제317조 제2항 제10호에 따라 공동대표이사의 선임은 등기사항이다.
254) 대판 1979. 2. 13, 77다2436; 정동윤, 623면; 이·최, 441면.

둘째 학설은 **예외설(例外說)**로서 이 입장은 표현대표이사의 대표행위에 기한 책임 발생은 상업등기의 일반적 공시효과와는 별개로 판단하여야 한다고 주장한다. 즉 상법 제395조는 상업등기제도의 예외로 작용한다고 보는 셈이다.[255]

셋째 학설은 **정당사유설**로서 표현대리의 요건이 갖추어지면 적극적 공시력의 조각사유인 상법 제37조 제2항상의 "정당한 사유"가 있는 때에 해당하여 상업등기의 적극적 공시력은 도래하지 못한다고 보는 입장이다.

넷째 학설은 **권리남용설**이다. 이 입장에 따르면 표현대표이사의 요건이 갖추어짐에도 불구하고 상업등기가 되어 있음을 기화로 그 적극적 공시력을 내세워 회사의 책임을 부정하는 것은 권리남용이 되어 허용될 수 없다고 한다.[256]

다섯째는 **축소해석설**이다. 그 입장은 상업등기의 공시력에 관한 상법 제37조를 목적해석의 기법에서 축소해석하여 동 조문의 타당한 적용범위를 구체화시키려는 입장이다. 그리하여 상법 제37조와 상법 제14조나 제395조 등이 적용상 충돌되는 경우 상법 제37조의 적용범역을 그 한도 내에서 축소시켜야 한다고 주장한다.[257]

생각건대 상법 제37조 제2항상의 '정당한 사유'는 천재지변 등의 객관적 불가항력의 경우로만 한정시키는 것이 통설의 입장이므로 이를 표현지배인이나 표현대표이사 제도의 경우에까지 확장시킴은 무리일 것이다. 그러한 관점에서 정당사유설은 동조하기 어렵고, 나아가 예외설이나 이차원설도 명칭은 다르나 그 실질은 같은 입장이라고 생각되며 차원을 달리한다든지 원칙과 예외를 구별한다든지 등의 일반적 표현만으로 양조문의 충돌현상을 묘사하기에는 부족하다는 느낌이 든다. 권리남용설은 신의칙이나 권리남용금지의 일반법리를 원용하여 해결점을 찾으려는 점에서 우수하나 단지 권리남용의 입증이 어려워질 때에는 법적 안정성을 해할 수 있다는 단점이 있다. 축소해석설은 객관적으로 상법 제37조의 적용범역을 구체화시키고 있을 뿐 아니라 권리남용설과 달리 법적 안정성의 측면에서도 우수하다. 제설을 비교한 결과 이 **마지막 입장이 가장 타당하다**고 생각된다.

> **대판 1979. 2. 13, 77다2436 [약속어음금](異次元說)**
>
> "상법 제395조와 상업등기와의 관계를 헤아려 보면, 본조는 상업등기와는 다른 차원에서 회사의 표현책임을 인정한 규정이라고 해야 옳으리니 이 책임을 물음에 상업등기가 있는 여부는 고려의 대상에 넣어서는 아니된다고 하겠다. 따라서 원판결이 피고회사의 상호변경등기로 말미암아 피고의 상호변경에 대하여 원고의 악의를 간주한 판단

---

255) 최준선, 526면; 채이식, 543~544면; 최기원, 646면; 정찬형, 1029면.
256) Hueck, GesR, §5 S. 59 ff.
257) Capelle/Canaris, Handelsrecht, 21. Aufl., §5 Ⅲ 2 b S. 61.

▌ 은 당원이 인정치 않는 법리위에 선 것이라 하겠다." ▌

(다) **공동대표이사와의 관계:**    회사는 수인의 대표이사가 회사를 공동으로 대표할 것을 정할 수 있고($^{389}$) 이는 등기사항이므로 등기하였을 때에는 선의의 제3자에 대해서도 대항할 수 있으나 공동대표이사 중 1인이 사장 등 단독으로 대표할 권한이 있는 듯한 명칭을 회사로부터 허락받아 단독대표권의 법외관을 작출하는 경우 상법 제395조의 적용이 가능할까? 이 문제에 대해서는 긍정설과 부정설의 대립이 있다. 부정설의 입장에서는 상법 제395조는 대표권없는 자의 표현대표규정으로서 대표권있는 자에 대한 적용은 무리라고 주장한다. 그러나 대표권없는 자가 대표권자인 양 허위의 외관을 작출하는 경우나 공동대표권자가 단독대표권자인 양 허위의 법외관을 작출하는 경우나 제3자보호의 관점에서는 아무런 차이가 없는 것이다. 회사가 아무리 공동대표관계를 등기해 놓았다 할지라도 단독대표권의 외관창출에 일조(一助)한 이상 이에 따른 책임을 지게 될 것이다. 즉 진실한 법률관계를 상업등기를 통하여 공시하였더라도 이와 모순되는 단독대표권의 외관작출에 회사가 원인을 제공한 이상 이에 따른 신뢰책임을 부정할 수는 없는 일이다. 따라서 긍정설에 찬동하며 이 경우 상법 제395조의 유추적용이 가능할 것이다.

(라) **표현대표이사와 대표권남용:** 표현대표이사의 요건이 충족되는 경우에도 대표권남용의 법리가 가동될 수 있는지 의문이다. 판례는 아래와 같이 이를 긍정한다. 전자가 보호하는 것은 대표권있음에 대한 선의의 신뢰이다. 반면 후자가 보호하는 것은 배임적 의도없이 회사를 위하여 대표권이 행사되었을 것이라는 상대방의 신뢰이다. 양 법리는 보호대상이 다르고 따라서 동일한 사안에서 함께 공존할 수 있다고 생각한다. 판례의 입장에 동조한다.

> **대판 2013. 7. 11, 2013다5091**
> "대표이사가 대표권의 범위 내에서 한 행위라도 회사의 영리목적과 관계없이 자기 또는 제3자의 이익을 도모할 목적으로 그 권한을 남용한 것이고, 그 행위의 상대방이 대표이사의 진의를 알았거나 알 수 있었을 때에는 회사에 대하여 무효가 된다. 그리고 **특별한 사정이 없는 한 이러한 법리는 상법 제395조에서 정한 표현대표이사가 회사의 영리목적과 관계없이 자기 또는 제3자의 이익을 도모할 목적으로 그 권한을 남용한 경우에도 마찬가지로 적용**된다."

### 5. 대표이사의 불법행위

대표이사가 업무집행으로 인하여 타인에게 손해를 가한 때에는 회사는 대표이사와 연대하여 배상할 책임이 있다($\substack{상 389 \\ 법 210}$).[258] 아래에서 보듯이 판례는 외형이론에 따라 업무집행관련성을 판단한다.[259] 이 규정은 비영리법인의 이사가 업무집행에 관하여 불법행위를 하였을 때 법인이 부담하는 기관책임제도(Organhaftung)와 같은 취지이다($\substack{민 35}$). 나아가 이러한 규정은 법인실재설의 입장에서 회사의 불법행위능력을 인정한 결과이며, 피해자보호를 위하여 불법행위를 한 이사와 회사가 연대하여 책임지도록 규정하였다.

---

#### 대판 2017. 9. 26, 2014다27425

"상법 제389조 제3항, 제210조에 의하여 주식회사가 그 대표이사의 불법행위로 손해배상책임을 지는 것은 대표이사가 '업무집행으로 인하여' 타인에게 손해를 입힌 경우이어야 한다. 여기에서 '업무집행으로 인하여'라는 것은 대표이사의 업무 그 자체에는 속하지 않으나 행위의 외형으로부터 관찰하여 마치 대표이사의 업무 범위 안에 속하는 것으로 보이는 경우도 포함한다. 행위의 외형상 주식회사의 대표이사의 업무집행이라고 인정할 수 있는 것이라면 설령 그것이 대표이사의 개인적 이익을 도모하기 위한 것이거나 법령의 규정에 위배된 것이라고 하더라도 주식회사의 손해배상책임을 인정하여야 한다."

---

#### 대판 2013. 6. 27, 2011다50165 [건물인도]

[업무집행과 관련하여 고의 또는 과실로 회사의 불법점유 상태를 발생시킨 대표이사 개인에 대하여 회사와 별도로 손해배상책임을 물을 수 있는지 여부(적극)]

"주식회사의 대표이사가 업무집행을 하면서 고의 또는 과실에 의한 위법행위로 타인에게 손해를 가한 경우 주식회사는 상법 제389조 제3항, 제210조에 의하여 제3자에게 손해배상책임을 부담하게 되고, 대표이사도 민법 제750조 또는 상법 제389조 제3항, 제210조에 의하여 주식회사와 연대하여 불법행위책임을 부담하게 된다. 따라서 주식회사의 대표이사가 업무집행과 관련하여 정당한 권한 없이 직원으로 하여금 타인의 부동산을 지배·관리하게 하는 등으로 소유자의 사용수익권을 침해하고 있는 경우, 부동산의 점유자는 회사일 뿐이고 대표이사 개인은 독자적인 점유자는 아니기 때문에 부동산에 대한 인도청구 등의 상대방은 될 수 없다고 하더라도, 고의 또는 과실로 부동산에 대한 불법적인 점유상태를 형성·유지한 위법행위로 인한 손해배상책임은 회사와 별도로 부담한다고 보아야 한다. 대표이사 개인이 부동산에 대한 점유자가 아니라는

---

258) 대판 2013. 6. 27, 2011다50165.
259) 대판 2017. 9. 26, 2014다27425; 대판 2005. 2. 25, 2003다67007 등.

것과 업무집행으로 인하여 회사의 불법점유 상태를 야기하는 등으로 직접 불법행위를
한 행위자로서 손해배상책임을 지는 것은 별개라고 보아야 하기 때문이다."

## Ⅳ. 이    사

### 1. 의    의

理事는 회사의 업무집행의 의사결정에 참여하고 이사회를 통하여 대표이사 등의
직무집행을 감독하는 이사회의 구성원이다. 이처럼 이사는 이사회라는 기관의 구성원
에 불과하고 대표이사가 될 수 있는 잠재적 가능성만 가지고 있으므로 이사는 주식
회사의 독립된 기관은 아니다.

### 2. 이사의 선임과 종임

#### (1) 이사의 수

(가) 원칙(3인 이상의 이사의 경우):     이사는 3인 이상이어야 한다($^{\frac{383}{12}}$). 다만 자본
의 총액이 10억원 미만인 회사는 1인 또는 2인으로 할 수 있다($^{\frac{383}{22}}$).[260] 이 단서는
1998년 말의 상법개정으로 새로이 도입되었다. 소규모 중소기업체에까지 3인 이상의
이사를 의무화한 현행 상법의 비현실성을 개선하여 자본금 10억원 미만의 회사는 2
인 이하로 할 수 있도록 자율화하였다.

#### (나) 소규모 주식회사

1) **개정취지:**     상법은 소규모의 주식회사를 1998년 개정으로 공식화하였다. 사
실 상법이 예정한 주식회사는 대기업에 합당한 법형태였기에 중소기업들에게 다수의
상법규정은 비현실적이고 버거운 것이었다. 폐쇄적 성격의 가족회사도 모두 주식회사
의 법형태를 취하고 있다. 이렇게 주식회사를 선호하는 우리 경제사회의 관행은 무시
할 수 없는 현실이 되었다. 왜 우리나라에서는 주식회사만 선호되는지 합리적인 이유
를 찾기는 쉽지 않지만 국가가 나서서 조정할 일도 아닌 것이다. 상법은 이러한 현실
을 2단계에 걸쳐 반영하였다.

1995년의 개정에서는 폐쇄적 성격의 주식회사에 대해 주식양도를 제한할 수 있도
록 허용하였고($^{\frac{335}{2}}$), 1998년의 개정에서는 소규모 주식회사에 별도의 지배구조를 허

---

260) 상법은 2009년 5월의 개정에서 소규모 주식회사의 성립요건을 자본금 5억원에서 10억원으로 상향조정하였다.

용하였다($\binom{상\ 383\ I\ 단서,\ 동법\ 제383}{조\ 제4항,\ 제5항\ 및\ 제6항}$). 개정된 상법 제383조 제4항 내지 제6항의 내용을 자세히 보면 주식회사와 유한회사의 중간에 새로운 법형태를 하나 더 창설했다고 봐도 좋을 정도이다. 사실 상법은 1998년의 개정으로 대규모 주식회사와 소규모 주식회사 그리고 여기에 유한회사를 더하여 물적회사를 셋으로 나누고 있다고 봐도 과언이 아닐 것이다. 상법은 중소기업에 적합한 물적회사를 지분의 증권화가 가능한 소규모 주식회사와 그것이 불가한 유한회사로 나누고 있는 셈이다.

2009년의 개정 상법은 이사가 2인인 경우에도 1인인 경우와 마찬가지로 소규모 주식회사의 지배구조를 허용한다.

**2) 소규모 주식회사의 성립요건:** 소규모 주식회사가 되기 위하여는 자본금 총액이 10억원 미만이면 된다($\binom{상\ 383}{I\ 2문}$). 상법 제383조 제1항 단서의 '자본금 총액'이란 '발행주식의 액면총액'을 이른다.

**3) 소규모 주식회사의 지배구조:** 소규모 주식회사가 정상적인 주식회사와 다른 점은 이사회를 구성할 수 없다는 점이다. 즉 회의체 구성이 되지 않으므로 업무집행 기관이 유한회사에 접근하는 현상을 나타낸다. 그리하여 주주총회도 주요한 업무집행의 의사결정을 담당하여야 한다. 유한회사의 사원총회에 접근하고 있다.

**가) 의사결정기관**

① **회의체 이사회의 결여:** 정상적인 주식회사에서는 회사의 기본변경에 해당하는 주요사항에 대해서는 주주총회가 반면 회사의 업무집행에 대한 의사결정은 이사회와 대표이사가 이를 수행한다.[261] 그러나 소규모 주식회사에서는 그러한 업무집행의 의사결정을 주도할 회의체 이사회가 결여되어 있다. 따라서 **업무집행에 대한 의사결정이 이사와 주주총회에 분속(分屬)**되는 것이 특징이다.

> **대판 2021. 8. 26, 2020마5520 [파산선고]**
>
> "채무자회생법은 파산신청권자에 대하여 다음과 같이 정하고 있다. 채권자 또는 채무자가 파산을 신청할 수 있고($\binom{제294조}{제1항}$), 채권자가 파산신청을 하는 때에는 채권의 존재와 파산의 원인인 사실을 소명하여야 하지만($\binom{제294조}{제2항}$) 채무자가 파산신청을 하는 때에는 이러한 소명이 필요하지 않다. 주식회사에 대하여는 이사가 파산을 신청할 수 있고($\binom{제295조}{제1항}$), 이사의 전원이 하는 파산신청이 아닌 때에는 파산의 원인인 사실을 소명하여야 한다($\binom{제296}{조}$). 이와 같이 채무자회생법은 채권자와 채무자 외에 주식회사의 이사를 별도의 파산신청권자로 정하고 있고, 일부 이사가 파산신청을 하는 경우 채무자나 이사

---

261) 물론 非常事項은 이사회가 그리고 日常事項은 대표이사가 결정한다.

전원이 파산신청을 하는 경우와 달리 파산의 원인인 사실을 소명하도록 하고 있다.

위와 같은 주식회사 이사회의 역할, 파산이 주식회사에 미치는 영향, 회생절차 개시 신청과의 균형, 파산신청권자에 대한 규정의 문언과 취지 등에 비추어 보면, 주식회사 의 대표이사가 회사를 대표하여 파산신청을 할 경우 대표이사의 업무권한인 일상 업무 에 속하지 않는 중요한 업무에 해당하여 이사회 결의가 필요하다고 보아야 하고, 이사 에게 별도의 파산신청권이 인정된다고 해서 달리 볼 수 없다.

그러나 **자본금 총액이 10억 원 미만으로 이사가 1명 또는 2명인 소규모 주식회사에 서는 대표이사가 특별한 사정이 없는 한 이사회 결의를 거칠 필요 없이 파산신청을 할 수 있다. 소규모 주식회사는 각 이사(정관에 따라 대표이사를 정한 경우에는 그 대표이 사를 말한다)가 회사를 대표하고 상법 제393조 제1항에 따른 이사회의 기능을 담당하기 때문이다**($^{상\,383\,Ⅵ.}_{Ⅰ\,단서}$).”

② **이사의 권한사항:**  상법은 회사의 업무집행, 지배인의 선임, 지점의 설치 및 이전에 대한 **일반적인 업무집행의 의사결정은 각 이사에게** 맡기고 있다($^{상\,383\,Ⅵ.}_{393\,Ⅰ}$). 나아 가 주주총회의 소집결정이나 주주제안의 수리도 역시 각 이사의 소관사항으로 해 놓 고 있다($^{상\,383\,Ⅵ.\,362,\,366,\,412.}_{의3:\,383\,Ⅵ,\,363의2}$).

③ **주주총회의 권한사항:**  **업무집행의 의사결정 가운데서도 특히 비중있는 사안 은 주주총회가 이를 결정**하도록 하고 있다.[262] 신주 또는 사채발행의 의사결정, 준비 금의 자본전입 및 중간배당의 의사결정 모두 총회의 소관사항이 되었다($^{상\,383\,Ⅳ,\,416,}_{461,\,469}$). 마치 유한회사의 사원총회와 유사한 현상이다. 따라서 소규모 주식회사에서는 기본결 정사항 및 주요한 업무집행사항은 모두 주주총회의 의사결정사항이 되어 주주총회가 명실 공히 사내의 최고기관성을 회복하였다.

나) **실행기관:**  일단 형성된 의사내용의 실행은 각 이사가 담당할 수밖에 없다. 실행기관은 오직 그 뿐이기 때문이다. 각 이사는 동시에 회사를 대표한다($^{상\,383}_{Ⅵ}$).

다) **통제기관:**  이사가 1인 내지 2인이므로 통제기관으로서 감사위원회를 설치 할 수 없음은 물론이나($^{상\,415}_{의2\,Ⅱ}$) 감사를 두는 것까지 금지되지는 않을 것이다. 2009년 개 정 상법은 소규모 주식회사에 대해서는 감사 선임의무를 면제해 주었다($^{상}_{Ⅳ\,409}$). 그러나 이사회의 통제기능은 회의체가 형성되지 않으므로 기대할 수 없는 것이다. 따라서 주 주총회가 이를 대신할 수밖에 없다. 이사와 회사간 자기거래의 승인기관도 주주총회 요,[263] 이사의 경업거래를 승인하는 기관도 주주총회이다($^{상\,383\,Ⅳ,}_{397,\,398}$). 나아가 정관규정으

---

262) 자본금 10억원 미만의 소규모회사에서는 서면결의도 가능하다(상법 제363조 제4항).
263) 대판 2020. 7. 9, 2019다205398.

로 주식양도를 제한하는 경우 주식양도의 승인 역시 주주총회가 이를 수행한다 (상 383 IV. 335의2 ·). 끝으로 소규모 주식회사가 감사를 선임하지 않을 경우 종래 감사의 기능 역시 주주총회가 담당한다(상 409).

> **대판 2020. 7. 9, 2019다205398**
>
> "자본금 총액이 10억 원 미만으로 이사가 1명 또는 2명인 회사의 이사가 자기 또는 제3자의 계산으로 회사와 거래를 하기 전에 **주주총회에서 해당 거래에 관한 중요사실을 밝히고 주주총회의 승인을 받지 않았다면, 특별한 사정이 없는 한 그 거래는 무효라**고 보아야 한다."

### (2) 이사의 선임방법

이사는 주주총회에서 선임한다(상 382). 이사의 선임은 주주총회의 전속결의사항이며 이 권한을 타 기관에 위임할 수 없고 제3자의 동의에 조건지울 수 없다.[264] 그 선임방법은 원칙적으로 단순투표제에 의하나 예외적으로 집중투표의 방식을 따를 수 있다.

**(가) 단순투표제:** 이사는 주주총회의 보통결의로 선임된다. 1995년의 개정 전에는 상법 제384조가 선임결의의 정족수에 관한 규정을 갖고 있었으나 이는 삭제되었고 따라서 이사선임도 보통결의에 관한 상법 제368조에 의하게 되었다. 출석 주주의 의결권의 과반수와 발행주식총수의 4분의 1 이상으로 선임한다.

선임방법은 원칙적으로 단순투표제이다. 즉 각 주주는 선출할 이사에 대하여 각 이사별로 1주 1의결권원칙에 따라 의결권을 행사한다. 이러한 단순투표제하에서는 51% 이상의 주식을 소유한 주주는 자기 마음대로 이사를 선임하여 회사지배를 꾀할 수 있지만 소수파 주주는 단 한 명도 자신의 뜻대로 선출할 수 없게 된다. 그리하여 1998년의 개정상법은 이러한 불공정을 시정하기 위하여 누적투표제(cumulative voting)를 도입하였다.

### (나) 누적투표제

**1) 의 의:** 누적투표제(cumulative voting) 또는 집중투표제란 복수의 이사를 선출할 경우 각 주주가 자신의 보유주식수에 피선임(被選任)이사수를 곱한 후 그 수의 의결권을 가지고 각 후보에게 임의로 표를 나누어 행사한 다음 최고득표자로부터 순차적으로 이사로 선출하는 제도이다.

---

264) 독일 주식법상으로는 이사는 감사회(Aufsichtsrat)에서 선임된다(동법 §84 I).

## 대판 2017. 1. 12, 2016다217741

"집중투표란 2인 이상의 이사를 선임하는 경우에 각 주주가 1주마다 선임할 이사의 수와 동일한 수의 의결권을 가지고 이를 이사 후보자 1인 또는 수인에게 집중하여 투표하는 방법으로 행사함으로써 투표의 최다수를 얻은 자부터 순차적으로 이사에 선임되는 것"이다.

### 🎬 집중투표방식의 예

예컨대 60주식을 보유한 주주(X)와 40주식을 보유한 주주(Y)가 A, B, C, D, E 등 5인의 이사후보를 놓고 그중 3인을 이사로 선출할 때 이 방식에 따라 선임결의를 한다면 X는 선임될 각 이사별로 60도합180의 의결권행사가 가능하고 Y는 선임될 각 이사별로 40도합120의 의결권행사가 가능하다. 이제 X와 Y는 임의로 자신의 선택에 따라 이를 행사할 수 있다. 전체 의결권을 어느 한 이사후보에게 집중하여 행사할 수도 있고 임의로 나누어 투표할 수도 있다. 그리하여 Y가 120의 의결권을 모두 A의 선임을 위하여 행사하는 경우 자신의 의도대로 이사선임을 할 가능성이 배제되지 않는다.

2인 이상의 이사의 선임을 목적으로 하는 총회의 소집이 있는 때에는 의결권이 없는 주식을 제외한 발행주식총수의 100분의 3 이상에 해당하는 주식을 가진 주주는 정관에서 달리 정하는 경우를 제외하고는 회사에 대하여 집중투표의 방법으로 이사를 선임할 것을 청구할 수 있다($\frac{\text{상}382}{\text{의2 I}}$). 이러한 제도는 단순투표제하에서 다수파 주주만이 실질적으로 이사선임권을 갖게 되어 회사지배를 전횡하는 불합리를 시정하기 위하여 만들어진 제도이다. 그러나 한편으로는 이사회가 처음부터 대립적인 인적 구성이 되어 업무집행의 효율이 저하된다는 지적도 있다.

이 제도의 모국은 미국이다.[265] 미국 각주의 헌법 또는 주식법은 누적투표제를 반영하고 있는데, 복수의 이사를 선임할 때에는 그 수에 보유주식수를 곱한 만큼 의결권을 인정하고 이를 자유스럽게 각 후보에게 분산시켜 투표할 수 있도록 허용한다.[266]

**2) 시행요건:** 집중투표의 방식이 가능하려면 다음의 요건이 갖추어져야 한다.

**가) 금지규정의 부존재:** 우선 정관에 이에 대한 금지규정이 없어야 한다. 상법 제382조의2 제1항도 '정관에서 달리 정하는 경우를 제외하고는'이라는 단서를 달고 있다. 따라서 집중투표방식을 원치 않는 회사는 이에 대한 금지규정을 둘 수 있고 이 경우 누적투표제는 시행될 수 없다.[267]

---

265) 1870년 일리노이주가 처음 이를 채택한 이래 현재 거의 모든 주에서 이를 허용하고 있다고 한다; Seligman, Corporations, Cases and Materials, Little, Brown and Co., 1995, p. 490.

266) Wiedemann, Gesellschaftsrecht, Bd. I, S. 423; Wiethölter, Interessen und Organisation der Aktiengesellschaft in amerikanischen und deutschen Recht(1961), S. 217~236.

267) 실제 상법이 1998년 말 개정된 이후 국내의 많은 주식회사가 정기총회에서 누적투표를 금지하는 정관조항을

나) **복수의 이사선임:**  선임할 이사의 수가 복수(複數)여야 한다($^{상}_2\,^{382의}_1$). 누적투표제는 오로지 복수의 이사를 선임할 때만 쓸 수 있다. 따라서 자본금이 10억원 미만인 주식회사에서 1인의 이사만 선임할 때에는 집중투표방식을 선택할 수 없다. 선임할 이사가 한 사람이라면 지주수에 비례한 단순투표방식 이외에 다른 대안은 있을 수 없기 때문이다.

다) **주주의 청구:**  누적투표제는 발행주식총수의 100분의 3 이상에 해당하는 주식을 가진 주주의 청구가 있을 때에만 시행된다. 이 청구는 이사를 선임할 주주총회 회일의 7일 전까지 서면으로 이루어져야 한다($^{상}_{의2}\,^{382}_{II}$). 정관규정으로 집중투표방식을 배제하지 않은 주식회사에서 이사를 선출할 경우 이를 위한 주주총회의 소집통지서에는 선출할 이사의 수를 명기하여야 한다. 각 주주들이 집중투표방식을 선택함에 있어 피선임 이사수는 의사결정상 중요한 자료이기 때문이다.[268] 누적투표에 대한 청구서면은 총회가 종결할 때까지 이를 본점에 비치하고 주주로 하여금 영업시간 내에 열람할 수 있게 하여야 한다($^{상}_{의2}\,^{382}_{VI}$). 이렇게 정관에 반대규정이 없고 3% 이상의 주식을 보유한 주주의 청구가 있는 한 회사는 누적투표제를 시행할 의무가 있다. 나머지 주주들의 반대가 있다 하여도 그것이 결과에 아무 영향을 미치지 못한다.

---

### 서울고법 2010. 11. 15, 2010라1065 결정 [이사직무집행정지가처분; 확정]

"이사 선임에 있어 집중투표를 정관으로 배제하지 않은 주식회사는 이사 선임에 관한 주주총회의 통지와 공고에 선임할 이사의 원수를 반드시 기재하여야 한다. 왜냐하면 주주는 선임될 이사의 원수에 따라 회사에 대한 집중투표의 청구 여부를 결정할 것이기 때문이다(예컨대, 5인의 이사를 선임한다면 자신의 보유 지분에 의하여 이사 선임에 영향력을 미칠 수 있지만, 2인의 이사를 선임할 경우에는 별다른 영향력을 행사할 수 없는 주주는 선임될 이사의 원수에 따라 집중투표의 청구 여부를 달리 결정할 것이다). 따라서 정관에 의하여 집중투표를 배제하지 않은 주식회사가 주주총회의 소집통지에서 회의의 목적사항으로 '이사선임의 건'이라고 기재하였다면 이는 단수이사의 선임으로 보아야 하고, **복수이사의 선임을 할 경우에는 반드시 '이사 ○인 선임'의 건으로 그 인원수를 표기하여야** 한다."

---

채택하였다. 한번 정관에 이러한 금지조항이 들어가면 주주총회의 특별결의라는 가중된 다수결없이는 금지조항을 제거할 수 없다. 따라서 그 후에는 다수의 독주를 견제하고 누적투표제를 시행할 가능성은 거의 없어지고 만다.

268) 서울고법 2010. 11. 15, 2010라1065 결정 [이사직무집행정지가처분; 확정].

### 3) 누적투표의 절차

**가) 집중투표방식의 선포:** 누적투표방식으로 이사를 선임할 경우 우선 의장은 누적투표의 청구가 있다는 사실을 주주들에게 알려야 한다($_2^{\text{상}}\text{V}^{382의}$). 이를 알리지 않으면 의결권행사의 방향이 달라질 수 있으므로 의장은 이러한 방식이 청구되었고 그 결과 이사선임이 집중투표방식으로 진행될 것임을 사전에 선포하여야 한다.

**나) 표 결:** 누적투표방식이 선포되면 주주들은 피선임 이사수에 자신의 보유 주식수를 곱한다. 그 결과 산출된 수의 의결권을 각 주주는 이사 후보 중 1인 또는 수인에게 집중하여 행사할 수 있다. 예컨대 각 100주와 250주를 가지고 있는 주주 甲과 주주 乙이 3인의 이사를 선출하는 총회에 참석하였다면 이들은 각각 총 300과 750의 의결권을 갖게 된다. 이 의결권을 甲과 乙은 각각의 이사후보에게 집중하여 행사할 수 있다. 예컨대 甲이 300의 의결권을 집중하여 이사 후보 A에게 행사할 경우 A도 이사로 선출될 가능성이 있다. 설사 乙이 750의 의결권을 갖지만 3인에게 분산하여 투표할 경우 甲이 행사한 300에 미달하는 경우도 발생할 수 있기 때문이다.

**다) 선임자의 확정:** 위의 방법으로 표결이 모두 끝나면 투표의 최다수를 얻은 자부터 순차적으로 이사에 선임된다($_2^{\text{상}}\text{Ⅳ}^{382의}$). 의장은 표결결과를 산출하여 이를 선포하여야 한다. 결과선포는 객관적 표결상태에 대한 단순한 확인이 아니라 선출결의의 효력에 영향을 미치는 창설적 성격을 갖는다. 다만 개개 회사가 의사정족수에 관한 규정을 정관에 별도로 두었을 때에는 이러한 정함은 집중투표방식에도 적용될 수 있다.

> **대판 2017. 1. 12, 2016다217741**
>
> "상법 제382조의2에 정한 집중투표란 2인 이상의 이사를 선임하는 경우에 각 주주가 1주마다 선임할 이사의 수와 동일한 수의 의결권을 가지고 이를 이사 후보자 1인 또는 수인에게 집중하여 투표하는 방법으로 행사함으로써 투표의 최다수를 얻은 자부터 순차적으로 이사에 선임되는 것으로서, 이 규정은 어디까지나 주주의 의결권 행사에 관련된 조항이다. 따라서 주식회사의 정관에서 이사의 선임을 발행주식총수의 과반수에 해당하는 주식을 가진 주주의 출석과 출석주주의 의결권의 과반수에 의한다고 규정하는 경우, 집중투표에 관한 위 상법조항이 정관에 규정된 의사정족수 규정을 배제한다고 볼 것은 아니므로, 이사의 선임을 집중투표의 방법으로 하는 경우에도 정관에 규정한 의사정족수는 충족되어야 한다."

**4) 결의의 하자:** 집중투표방식의 이사선임결의는 다음과 같은 경우에는 절차상의 하자로 취소될 가능성이 있다($_{376}^{\text{상}}$). 즉 누적투표방식의 신청이 있었음을 의장이 선

포하지 않았다든지, 정관에 누적투표방식을 배제한다는 규정이 있음에도 이 방식을 취하였다든지, 누적투표의 청구가 서면으로 이루어지지 않았다든지 또는 해당 서면이 본점에 비치되지 않았다든지 하는 경우에는 모두 절차상의 하자를 구성하여 취소가 능한 결의가 될 것이다.

### (3) 이사의 자격

(가) **이사의 자격과 주식의 보유:**　이사의 자격은 주식의 소유를 전제로 하지 않는다. 그러나 정관으로 그 자격을 주주로 제한하는 것은 가능할 것이다($\frac{\&}{387}$). 이 때 정관으로 이사가 가질 주식의 수를 정한 경우 이를 **자격주**(資格株)라 부른다. 이사는 정관에 다른 규정이 없는 한 자격주의 주권을 감사에게 공탁하여야 한다($\frac{\&}{387}$).

(나) **법인의 이사능력:**　이사는 행위능력에 제한이 없는 자연인에 한한다고 본다(독일주식 $_{76\,III}$). 이에 반하여 법인의 이사능력(理事能力)을 인정하는 견해도 있다. 이러한 학설에 의하면 법인도 발기인이 될 수 있고 또 법인도 회생절차상 관리인이 될 수 있다는 규정,[269] 나아가 외국의 입법례[270] 등을 제시하며 법인의 이사능력을 긍정한다. 생각건대 주식회사의 이사는 전문경영인의 한 사람으로서 자신의 경험과 지식을 바탕으로 이사회에 참석하여 합리적인 경영입안을 도출시킬 임무를 띤 수임자이다. 그러한 기능을 고려하면 이사는 통설의 견해대로 자연인에 한정시키는 것이 타당하다고 본다.

(다) **감사나 지배인의 이사능력:**　나아가 감사는 본질상 이사가 될 수 없고($\frac{\&}{411}$), 지배인 기타의 상업사용인도 이사를 겸직할 수 없으나 영업주의 허락이 있는 경우에는 예외이다($\frac{\&}{17}$).

### (4) 선임의 효과 및 등기

(가) **위임계약의 요부:**　주주총회에서 이사로 선출된 경우에는 주주총회의 선임결의와 피선임자의 동의로 이사의 자격을 취득한다. 과거에는 주주총회에서 이사나 감사로 선임되어도 바로 이사나 감사가 되는 것이 아니고 피선임자와 회사간에 별도의 위임계약이 필요하다고 보았다. 즉 주주총회의 선임결의 후 대표이사가 회사를 대표하여 위임의 청약을 하고 피선임자가 이를 승낙하여야 위임이 성립한다고 보았다.[271] 즉 선임결의와 위임계약의 효력을 준별하였다. 그러나 2017년 3월 23일 선고

---

269) 채무자회생 및 파산에 관한 법률 제74조 제6항 참조.
270) 예컨대 2006년부터 시행되고 있는 영국 회사법 제164조를 보면 법인이사(corporate director)를 위한 이사명부(理事名簿; register of directors)상의 기재사항을 별도로 정하고 있다.

된 대법원 전원합의체 판결은 이러한 과거의 판례를 폐기하였다. 새로운 판례에 의하면 이사·감사의 지위는 주주총회의 선임결의가 있고 선임된 사람의 동의만 있으면 취득된다.

---

**대판 2017. 3. 23, 2016다251215 전원합의체 [이사 및 감사 지위 확인]**

"이사·감사의 지위가 주주총회의 선임결의와 별도로 대표이사와 사이에 임용계약이 체결되어야만 비로소 인정된다고 보는 것은, 이사·감사의 선임을 주주총회의 전속적 권한으로 규정하여 주주들의 단체적 의사결정 사항으로 정한 상법의 취지에 배치된다. 또한 상법상 대표이사는 회사를 대표하며, 회사의 영업에 관한 재판상 또는 재판 외의 모든 행위를 할 권한이 있으나($\frac{상}{209}\frac{389}{I}$ III.), 이사·감사의 선임이 여기에 속하지 아니함은 법문상 분명하다. 그러므로 **이사·감사의 지위는 주주총회의 선임결의가 있고 선임된 사람의 동의가 있으면 취득된다**고 보는 것이 옳다.

상법상 이사는 이사회의 구성원으로서 회사의 업무집행에 관한 의사결정에 참여할 권한을 가진다($\frac{상}{393}$). 상법은 회사와 이사의 관계에 민법의 위임에 관한 규정을 준용하고($\frac{상}{382}$), 이사에 대하여 법령과 정관의 규정에 따라 회사를 위하여 그 직무를 충실하게 수행하여야 할 의무를 부과하는 한편($\frac{상}{382의3}$), 이사의 보수는 정관에 그 액을 정하지 아니한 때에는 주주총회의 결의로 이를 정한다고 규정하고 있는데($\frac{상}{388}$), 위 각 규정의 내용 및 취지에 비추어 보아도 이사의 지위는 단체법적 성질을 가지는 것으로서 이사로 선임된 사람과 대표이사 사이에 체결되는 계약에 기초한 것은 아니다. 또한 주주총회에서 새로운 이사를 선임하는 결의는 주주들이 경영진을 교체하는 의미를 가지는 경우가 종종 있는데, 이사선임결의에도 불구하고 퇴임하는 대표이사가 임용계약의 청약을 하지 아니한 이상 이사로서의 지위를 취득하지 못한다고 보게 되면 주주로서는 효과적인 구제책이 없다는 문제점이 있다.

한편 감사는 이사의 직무의 집행을 감사하는 주식회사의 필요적 상설기관이며($\frac{상}{412}$), 회사와 감사의 관계에 대해서는 이사에 관한 상법 규정이 다수 준용된다($\frac{상}{I}\frac{415,382}{388}$). 이사의 선임과 달리 특히 감사의 선임에 대하여 상법은 제409조 제2항에서 "의결권 없는 주식을 제외한 발행주식총수의 100분의 3을 초과하는 수의 주식을 가진 주주는 그 초과하는 주식에 관하여는 의결권을 행사하지 못한다."라고 규정하고 있다. 따라서 감사선임결의에도 불구하고 대표이사가 임용계약의 청약을 하지 아니하여 감사로서의 지위를 취득하지 못한다고 하면 위 조항에서 감사 선임에 관하여 대주주의 의결권을 제한한 취지가 몰각되어 부당하다. 이사의 직무집행에 대한 감사를 임무로 하는 감사의 취임 여부를 감사의 대상인 대표이사에게 맡기는 것이 단체법의 성격에 비추어 보아도 적절하지 아니함은 말할 것도 없다.

결론적으로, 주주총회에서 이사나 감사를 선임하는 경우, 선임결의와 피선임자의 승

---

271) **[구 판례]** 대판 1995. 2. 28, 94다31440; 대결 2005. 11. 8, 2005마541; 대판 2009. 1. 15, 2008도9410.

낙만 있으면, 피선임자는 대표이사와 별도의 임용계약을 체결하였는지와 관계없이 이 사나 감사의 지위를 취득한다."

**(나) 선임등기:**    선출된 이사는 선임등기($\frac{\text{상}317}{\text{등조}}$ Ⅱ 8호.  및 183)를 함으로써 정당한 절차에 기하여 선임된 적법한 이사의 추정을 받게 될 것이다. 그러나 이사선임등기가 창설적 효력을 갖지는 않는다. 즉 단순한 선언적 등기사항에 불과하다.

## (5) 임 기

이사의 임기는 3년을 초과하지 못한다($\frac{\text{상}}{\text{3}383}$). 그러나 주주총회에서 재선될 수는 있다.

## (6) 종 임

**(가) 종임의 원인:**    이사와 회사간의 법률관계는 위임이므로 위임계약의 해지($\frac{\text{민}}{689}$) 나 위임의 법정종료사유($\frac{\text{민}}{690}$)가 도래하면 이사는 終任한다. 이 밖에 임기만료나 정관소정의 자격상실로 종임할 수도 있다. 나아가 이사는 언제든지 주주총회의 특별결의로 해임될 수 있으며($\frac{\text{상}}{\text{3}385}$),[272] 나아가 소수주주가 제기한 이사해임의 소로 법원판결에 의하여 해임될 수도 있다($\frac{\text{상}}{\text{3}385}$). 단 이미 임기만료로 퇴임하였으나 후임이사가 선임될 때까지 이사의 직무를 수행하는 직무계속이사($\frac{\text{상}}{\text{3}386}$)의 경우 상법 제385조 제1항상의 해임대상이 아니다.[273]

> **대판 2010. 9. 30, 2010다35985**
> "직무에 관한 부정행위 또는 법령이나 정관에 위반한 중대한 사실이 있어 해임되어야 할 이사가 대주주의 옹호로 그 지위에 그대로 머물게 되는 불합리를 시정함으로써 소수주주 등을 보호하기 위한 상법 제385조 제2항의 입법 취지 및 회사 자본의 충실을 기하려는 상법의 취지를 해치는 행위를 단속하기 위한 상법 제628조 제1항의 납입가장죄 등의 입법 취지를 비롯한 위 각 규정의 내용 및 형식 등을 종합하면, 상법 제628조 제1항에 의하여 처벌 대상이 되는 납입 또는 현물출자의 이행을 가장하는 행위는 특별한 다른 사정이 없는 한, 상법 제385조 제2항에 규정된 '그 직무에 관하여 부정행위 또는 법령에 위반한 중대한 사실'이 있는 경우에 해당한다고 보아야 한다."

**(나) 손해배상청구권:**    임기만료전에 **정당한 이유없이** 주주총회의 특별결의로 이사를 해임한 경우, 당해 이사는 회사에 대하여 해임으로 인한 손해를 배상할 것을 청

---

272) 대판 2004. 10. 15, 2004다25611(상법 제385조 제1항상의 정당한 사유의 의미에 대한 판례).
273) 대판 2021. 8. 9, 2020다285406.

구할 수 있다($^{상\,385}$).

---

**법원 "신○○ 호텔롯데 이사 해임 정당"**

"신○○(64) 전 일본 롯데홀딩스 부회장이 부당하게 이사직에서 해임을 당했다며 호텔롯데 등을 상대로 소송을 냈지만 1심에서 패소했다. 서울중앙지법 민사16부(재판장 함종식 부장판사)는 18일 신 전 부회장이 호텔롯데와 부산롯데호텔을 상대로 낸 손해배상청구소송(2015가합563503)에서 원고패소 판결했다. 재판부는 "**이사가 경영자로서 업무를 집행하는 데 장해가 될 객관적 상황이 발생한 때에는 임기 전에 해임할 수 있는 정당한 이유가 있다고 할 것**"이라며 "신 전 부회장은 이사로서 기업의 기획 · 그룹 공조 업무를 이행한 사실이 인정되지 않는다"고 밝혔다. 이어 "신 전 부회장은 일본 롯데그룹에서 해임된 상태로 그룹 공조 임무를 정상적으로 수행할 상태가 아니었다"며 "신 전 부회장은 회사에 대한 충실의무 등을 위반했다"고 설명했다. 그러면서 "신 전 부회장은 롯데그룹 경영권 회복을 위한 목적으로 회사가 아닌 자신을 위해 언론 인터뷰를 했고 그 내용은 진실로 인정하기에 증거가 부족하다"며 "이로 인해 호텔롯데 등이 심각한 손해를 입었고 신 전 부회장이 경영자로서 업무 집행에 장애가 발생했다는 점이 객관적으로 인정된다"고 판시했다. 호텔롯데 등은 2015년 9월 임시주주총회를 열고 신 전 부회장을 이사직에서 해임했다. 이에 신 전 부회장은 같은 해 10월 "신동빈 롯데 회장이 경영권을 탈취하려는 과정에서 부당하게 해임을 당했다"며 "8억 7,900여만원을 배상하라"며 소송을 냈다. 반면 신 회장 측은 "신 전 부회장은 이사회 업무를 소홀히 하고 경영능력이 부족해 해임된 것"이라며 맞섰다."

[법률신문 2018. 1. 18. 자; 이순규 기자 soonlee@lawtimes.co.kr
입력: 2018.01.18 오후 4:18:45]

---

### (7) 비상시의 이사

(가) **직무계속이사**:  법률 또는 정관에 정한 이사의 원수를 결한 경우에는 임기의 만료 또는 사임으로 인하여 퇴임한 이사는 새로 선임된 이사가 취임할 때까지 이사의 권리의무를 갖는다($^{상\,386}$). 이를 직무계속이사(holdover directors)라 한다. 이 경우 새로 선임된 이사가 취임하거나 상법 제386조 제2항에 따른 임시이사가 선임되면 직무계속이사는 이사로서의 권리와 의무를 상실한다. 이 경우 주주총회가 별도로 해임 결의를 할 필요도 없다.[274] 퇴임등기의 기산점 역시 퇴임일이 아니라 후임이사의 취임일이며 후임이사가 취임하기 전에 퇴임한 이사의 퇴임등기만을 따로 신청할 수도 없다.[275] 나아가 직무계속이사는 상법 제385조 제1항상의 해임대상도 아니며[276] 그를

---

274) 대판 2021. 8. 9, 2020다285406.
275) 대결 2005. 3. 8, 2004마800 [전원합의체].
276) 대판 2021. 8. 9, 2020다285406.

상대로 직무집행의 정지를 구하는 가처분신청도 허용되지 않는다.[277]

### 대결 2005. 3. 8. 2004마800 전원합의체

"대표이사를 포함한 이사가 임기의 만료나 사임에 의하여 퇴임함으로 말미암아 법률 또는 정관에 정한 대표이사나 이사의 원수(최저인원수 또는 특정한 인원수)를 채우지 못하게 되는 결과가 일어나는 경우에, 그 **퇴임한 이사는 새로 선임된 이사(후임이사)가 취임할 때까지 이사로서의 권리의무가 있는 것**인바(상 386 I ·), 이러한 경우에는 이사의 퇴임등기를 하여야 하는 2주 또는 3주의 기간은 일반의 경우처럼 **퇴임한 이사의 퇴임일부터 기산하는 것이 아니라 후임이사의 취임일부터 기산한다**고 보아야 하며, 후임이사가 취임하기 전에는 퇴임한 이사의 퇴임등기만을 따로 신청할 수 없다고 봄이 상당하다."

### 대결 2009. 10. 29. 2009마1311 [가처분이의]

"[1] 상법 제386조 제1항은 법률 또는 정관에 정한 이사의 원수를 결한 경우에는 임기의 만료 또는 사임으로 인하여 퇴임한 이사로 하여금 새로 선임된 이사가 취임할 때까지 이사의 권리의무를 행하도록 규정하고 있는바, 위 규정에 따라 이사의 권리의무를 행사하고 있는 퇴임이사로 하여금 이사로서의 권리의무를 가지게 하는 것이 불가능하거나 부적당한 경우 등 필요한 경우에는 상법 제386조 제2항에 정한 일시 이사의 직무를 행할 자의 선임을 법원에 청구할 수 있으므로, 이와는 별도로 상법 제386조 제1항에 정한 바에 따라 이사의 권리의무를 행하고 있는 퇴임이사를 상대로 해임사유의 존재나 임기만료·사임 등을 이유로 그 **직무집행의 정지를 구하는 가처분신청은 허용되지 않는다.**

[2] 상법 제386조 제1항의 규정에 따라 퇴임이사가 이사의 권리의무를 행할 수 있는 것은 법률 또는 정관에 정한 이사의 원수를 결한 경우에 한정되는 것이므로, 퇴임할 당시에 법률 또는 정관에 정한 이사의 원수가 충족되어 있는 경우라면 퇴임하는 이사는 임기의 만료 또는 사임과 동시에 당연히 이사로서의 권리의무를 상실하는 것이고, 그럼에도 불구하고 그 이사가 여전히 이사로서의 권리의무를 실제로 행사하고 있는 경우에는 그 권리의무의 부존재확인청구권을 피보전권리로 하여 직무집행의 정지를 구하는 가처분신청이 허용된다."

### 대판 2021. 8. 9, 2020다285406

"주식회사의 이사는 임기가 만료됨에 따라 이사의 지위를 상실하는 것이 원칙이지만, 소유와 경영의 분리를 원칙으로 하는 주식회사에 있어 경영자 지위의 안정이라는 이사의 이익뿐만 아니라 주주의 회사에 대한 지배권 확보라는 주주의 이익 또한 보호되어야 하므로, 위와 같은 주주와 이사의 이익을 조화시키기 위해 상법 제385조 제1항

---

277) 대결 2009. 10. 29, 2009마1311 [가처분이의].

은 회사가 언제든지 주주총회의 결의로 이사를 해임할 수 있도록 하는 한편 이사를 선임할 때와 달리 이사를 해임할 때에는 주주총회의 특별결의를 거치도록 하고, 임기가 정해진 이사가 임기만료 전에 정당한 이유 없이 해임된 때에는 회사에 대하여 손해배상을 청구할 수 있도록 하고 있다. 한편 임기만료로 퇴임한 이사라 하더라도 상법 제386조 제1항 등에 따라 새로 선임된 이사의 취임 시까지 이사로서의 권리의무를 가지게 될 수 있으나(이하 '퇴임이사'라고 한다), 그와 같은 경우에도 새로 선임된 이사가 취임하거나 상법 제386조 제2항에 따라 일시 이사의 직무를 행할 자가 선임되면 **별도의 주주총회 해임결의 없이 이사로서의 권리의무를 상실**하게 된다. 이러한 상법 제385조 제1항의 입법 취지, 임기만료 후 이사로서의 권리의무를 행사하고 있는 퇴임이사의 지위 등을 종합하면, **상법 제385조 제1항에서 해임대상으로 정하고 있는 '이사'에는 '임기만료 후 이사로서의 권리의무를 행사하고 있는 퇴임이사'는 포함되지 않는다고 보아야** 한다."

(나) **임시이사:**   나아가 이사의 결원의 경우 필요하다고 인정하는 때에는 법원이 일시 이사의 직무를 행할 자를 선임할 수 있다($\frac{\text{상}386}{1}$). 이를 임시이사라 하며, 이 경우 그 선임사항은 본점소재지에서 등기하여야 한다($\frac{\text{상}386}{2}$).

(다) **이사직무대행자**

1) **의  의:**   이사선임결의의 하자를 다투는 소가 제기되거나 이사해임의 소가 제기된 경우 법원은 당사자의 신청에 기하여 가처분으로 이사의 직무집행을 정지하고 또 그 직무대행자를 선임할 수 있다($\frac{\text{상}407}$). 이를 이사직무대행자라 하며 이의 선임 및 그 변경도 본점 및 지점소재지에서 등기하여야 한다($\frac{\text{상}407}$).

2) **권  한:**   이사직무대행자는 가처분명령에 다른 정함이 있는 경우 또는 법원의 허가를 얻은 경우 외에는 회사의 상무(常務)에 속하지 않는 행위를 하지 못한다($\frac{\text{상}408}$). 그러나 이사직무대행자가 이러한 제한을 위반한 경우에도 회사는 선의의 제3자에게는 대항하지 못한다($\frac{\text{상}408}$).

**대판 2007. 6. 28. 2006다62362 [상무(常務)의 의미]**

"상법 제408조 제1항이 규정하는 회사의 '상무'라 함은 일반적으로 회사에서 일상 행해져야 하는 사무, 회사가 영업을 계속함에 있어서 통상 행하는 영업범위 내의 사무 또는 회사경영에 중요한 영향을 주지 않는 통상의 업무 등을 의미하고, 어느 행위가 구체적으로 이 상무에 속하는가 하는 것은 당해 회사의 기구, 업무의 종류·성질, 기타 제반 사정을 고려하여 객관적으로 판단되어야 할 것인바, 직무대행자가 정기주주총회를 소집함에 있어서도 그 안건에 이사회의 구성 자체를 변경하는 행위나 상법 제374

조의 특별결의사항에 해당하는 행위 등 회사의 경영 및 지배에 영향을 미칠 수 있는 것이 포함되어 있다면 그 안건의 범위에서 정기총회의 소집이 상무에 속하지 않는다고 할 것이고, 직무대행자가 정기주주총회를 소집하는 행위가 상무에 속하지 아니함에도 법원의 허가 없이 이를 소집하여 결의한 때에는 소집절차상의 하자로 결의취소사유에 해당한다."

**3) 가처분 결정의 효력:** 판례에 의하면 이사나 감사를 피신청인으로 한 직무집행정지의 가처분이 있을 경우 이 결정은 이사 등의 직무집행을 정지시킬 뿐 이로 인하여 이사 등의 임기가 정지되거나 가처분결정의 존속기간만큼 그것이 연장되는 것은 아니라고 한다.

### 대판 2020. 8. 20, 2018다249148 [이사 및 감사지위확인]

"주식회사의 이사나 감사를 피신청인으로 하여 그 직무집행을 정지하고 직무대행자를 선임하는 가처분이 있은 경우 **가처분결정은 이사 등의 직무집행을 정지시킬 뿐 이사 등의 지위나 자격을 박탈하는 것이 아니므로**(대법원 1987. 8. 18. 선고 87도145 판결 등 참조), **특별한 사정이 없는 한 가처분결정으로 인하여 이사 등의 임기가 당연히 정지되거나 가처분결정이 존속하는 기간만큼 연장된다고 할 수 없다.** 나아가 위와 같은 가처분결정은 성질상 당사자 사이뿐만 아니라 제3자에 대해서도 효력이 미치지만(대법원 2014. 3. 27. 선고 2013다39551 판결 등 참조), 이는 어디까지나 직무집행행위의 효력을 제한하는 것일 뿐이므로, 이사 등의 임기진행에 영향을 주는 것은 아니다."

[甲 주식회사의 주주들이 법원의 허가를 받아 개최한 주주총회에서 乙이 감사로 선임되었는데도 甲 회사가 감사 임용계약의 체결을 거부하자, 乙이 甲 회사를 상대로 감사 지위의 확인을 구하는 소를 제기하여, 소를 제기할 당시는 물론 대법원이 乙의 청구를 받아들이는 취지의 환송판결을 할 당시에도 乙의 감사로서 임기가 남아 있었는데, 환송 후 원심의 심리 도중 乙의 임기가 만료되어 후임 감사가 선임된 사안에서, 乙의 임기가 만료되고 후임 감사가 선임됨으로써 乙의 감사 지위 확인 청구가 과거의 법률관계에 대한 확인을 구하는 것이 되었으나, **과거의 법률관계라고 할지라도 현재의 권리 또는 법률상 지위에 영향을 미치고 이에 대한 위험이나 불안을 제거하기 위하여 그 법률관계에 관한 확인판결을 받는 것이 유효·적절한 수단이라고 인정될 때에는 확인을 구할 이익이 있으므로, 乙에게 현재의 권리 또는 법률상 지위에 대한 위험이나 불안을 제거하기 위해 과거의 법률관계에 대한 확인을 구할 이익이나 필요성이 있는지를 석명하고 이에 관한 의견을 진술하게 하거나 청구취지를 변경할 수 있는 기회를 주어야 하**는데도, 종전의 감사 지위 확인 청구가 과거의 법률관계에 대한 확인을 구하는 것이 되었다는 등의 이유만으로 확인의 이익이 없다고 보아 乙의 청구를 부적법 각하한 원심판결에는 확인소송에서 확인의 이익 및 석명의무의 범위에 관한 법리오해의 잘못이 있다고 한 사례]

## 3. 이사의 의무

이사가 회사에 대하여 부담하는 의무를 통칭하여 신인의무(信認義務; fiduciary duty)라 한다. 이 의무는 다시 선관주의의무(duty of care)와 충실의무(duty of loyalty)로 나뉜다. 전자는 이사와 회사간 이해충돌가능성이 없는 영역에서 부담하는 신인의무이고, 후자는 이사와 회사간 이해충돌가능성이 존재하는 영역에서 나타나는 신인의무이다.

> ✦ **이사의 신인의무(信認義務)(fiduciary duty of director)의 조감**[278]
>
> 가. 선관주의의무(duty of care):
>  Ⅰ. 적극적 주의의무; 경영상 의사결정상의 주의의무
>  1. 행위기준: 선량한 관리자의 주의($^{\text{상}}_{\text{민}}\,^{382\,\text{Ⅱ.}}_{681}$)
>  2. 책임기준: 경영판단기준(business judgement rule; BJR)
>     [대판 2002. 6. 14, 2001다52407 등]
>   (1) 적용요건:
>    (i) 경영상의 의사결정(business decision)
>    (ii) 합리적인 의사결정 과정(reasonable decision-making process)
>    (iii) 성실한 신뢰(good faith belief); 고의/중과실의 경우 면책불가
>    (iv) 이해상충관계의 부존재(disinterestedness)
>   (2) 적용효과:
>    (i) 추정적 효과: 주의의무위반을 주장하는 원고 주주가 입증책임을 부담
>    (ii) 면책적 효과: 위의 추정을 원고가 번복하지 못할 경우 이사는 면책
>
>  Ⅱ. 소극적 선관주의의무(이사의 감시의무; duty of oversight)
>  1. 행위기준: 선량한 관리자의 주의($^{\text{상}}_{\text{민}}\,^{382\,\text{Ⅱ.}}_{681}$)
>  2. 책임기준(Ⅰ): 내부통제시스템 구축의무 [대판 2008. 9. 11, 2006다68636]; Caremark Duty [698 A. 2d 959 (Del Ch. 1996)] (Caremark 사건)
>   (1) 내부통제시스템의 미구축/부실관리
>   (2) 고의/과실($^{\text{상}}\,^{399}$)
>   (3) 인과관계
>  3. 책임기준(Ⅱ): 의심할 만한 사유기준('Red-Flag' Test)
>   (1) 의심할 만한 사유(Red-flag)의 존재
>   (2) 부작위에 대한 이사의 고의/과실
>   (3) 인과관계(회사의 손해와 이사의 부작위간 상당인과관계)

---

278) 참고문헌: 김정호, "회사법상 행위기준과 재고기준", 「상사법연구」 제30권 제3호(2011. 11.), 229면 이하.

### 나. 충실의무(duty of loyalty)

Ⅰ. 이사와 회사간 자기거래(self dealing) 금지

1. 행위기준: 법령과 정관의 규정에 따라 회사를 위하여 직무를 충실하게 수행($\stackrel{\text{상}}{\text{회3}}^{382}$)

2. 효력기준($\stackrel{\text{상}}{398}$): 이사회의 승인으로 거래의 효력은 유효(예외로 주주전원의 동의 혹은 정관규정으로 주·총승인사항으로 한 경우 주·총승인도 가능)

   [대판 2007. 5. 10, 2005다4284];

   그러나 이 경우에도 상법 제399조상의 손해배상책임은 남을 수 있음(대판 1989. 1. 31, 87누760).

3. 책임기준: 이 부분에 대한 책임기준은 국내법상으로는 아직 확립이 안된 상황. 미국법상으로는 ① 거래의 공정성, ② 이사회승인, ③ 주총승인으로 유효가 되며, 이사회승인후의 책임기준에 대하여는 아래의 세 가지 견해가 대립한다.

   (1) 부적법 각하설: 미국의 모범회사법(RMBCA S. 8.61)

   (2) 경영판단원칙 적용설: 공정성기준(fairness standard)을 경영판단원칙으로 전환함 (델라웨어 판례법). [Marciano v. Nakash, 535 A. 2d 400, 405, footnote 3]

   (3) 입증책임전환설: 공정성기준을 유지하되 입증책임만 원고 주주에게 전환함

   [ALI-CORPGOV 5.01; Eisenberg, 13 J. Corp. L. 997]

Ⅱ. 회사기회유용(usurpation of corporate opportunity)금지($\stackrel{\text{상}}{\text{회2}}^{397}$)

1. 사업수행에 대한 회사의 재정능력 요건(financial ability of corporation)

2. 사업관련성 요건(line of business test)

3. 이익 또는 기대치 요건(interest & expectancy test)

4. 이사와 회사간 이해상충요건(conflict of interest)

Ⅲ. 회사재산오용금지(duty not to misuse corporate asset)

Ⅳ. 회사와의 경업금지/겸직금지(competition with the corporation)($\stackrel{\text{상}}{397}$)

Ⅴ. 이사의 과다보수책정금지(executive compensation): 합리적 비례성 기준(우리 판례); 미국에서는 낭비기준(waste standard)

### 다. 이사의 성실의무(duty of good faith)

최근 디즈니 사건을 계기로 미국에서는 신인의무의 제3의 유형으로서 이사의 성실의무를 인정할 것인가를 놓고 학설이 대립함

1. 독립의무긍정설: Eisenberg, 31 Del. J. Corp. L. 1

2. 독립의무부정설(충실의무의 한 예로 봄): 델라웨어 판례법(Stone사건) [911 A. 2d 362]

## (1) 이사의 선관주의의무

**(가) 개 념:** 이사는 이미 살펴 보았듯이 회사와 위임관계에 놓이므로 수임인으로서 위임의 본지에 따른 "선량한 관리자의 주의"로 위임사무를 처리할 의무가 있다 ($\stackrel{\text{상}}{\text{민}}{}^{382}_{681}{}^{Ⅱ:}$). "선량한 관리자의 주의"란 그 사람이 속하는 지위 또는 직업에 응하여 사회

통념상 객관적으로 요구되는 주의를 말한다. 주식회사의 이사는 사회통념상 주식회사 업무집행기관의 구성원으로서 객관적으로 요구되는 주의능력을 갖추고 그러한 주의로 회사의 업무를 집행하여야 한다.[279] 이를 달리 표현하면 '좋은 기업지배구조'(good governance)상 이사가 부담하는 행위기준(standard of conduct)이라 할 수 있다.

따라서 주식회사의 이사는 사회통념상 **주식회사의 업무집행기관의 구성원으로서 객관적으로 요구되는 주의능력을 갖추고 그러한 주의로써 회사의 업무를 집행해야** 하며 만약 그러한 주의의무에 위반하였을 때에는 회사에 대해서 손해배상책임을 질 수 있다(상399 I 후단 업무해태형). 악의나 중과실로 의무위반을 하였을 때에는 제3자에 대해서도 손해배상책임을 부담할 수 있다(상401).

> ### 대판 2007. 10. 11, 2007다34746
>
> "주식회사의 이사 내지 대표이사가 개인적으로 지급의무를 부담하여야 할 사저(私邸) 근무자들의 급여를 회사의 자금으로 지급하도록 한 행위는 이사로서의 선관주의의무를 위반하여 회사로 하여금 그 급여액 상당의 손해를 입게 한 것이므로 위 이사는 상법 제399조 제1항에 따라 회사가 입은 손해를 배상할 책임이 있다."

(나) 행위기준과 사법심사기준의 괴리[280]:  그러나 이러한 선관주의의무를 이사가 이행하여야 하겠지만 오늘날의 기업활동이란 처음부터 일정 수준의 위험과 결부되어 있다. 따라서 위 의무를 제대로 이행하지 않았다 하여 이를 과실책임주의라는 민사책임의 일반원칙에 따라 예외없이 책임을 추궁하게 되면 이사는 위험회피적 성향(risk-averse)을 띠게 되고 과감한 의사결정과 업무추진 대신 소극적으로 안주하게 될 것이다. 이러한 결과는 결코 투자자인 주주들이 원하는 바가 아니며 국민경제적으로도 바람직스럽지 못하다. 따라서 법원이 사후적으로 이사의 의무이행여부를 파악하여 법적 책임을 묻는 경우 위의 행위기준은 일정요건하에 수정이 불가피하다. 이를 위하여 필요한 잣대를 사법심사기준(standard of review)이라 한다.

### 🌣 사법심사기준(standard of review)

사법심사기준(司法審査基準; standard of review)은 단순히 '심사기준'이라고도 하며 이는 다시 '유효기준'(有效基準; standard of validity)과 '책임기준'(責任基準; standard of

---

279) 상법 제62조상 임치를 받은 상인의 주의의무 역시 선량한 관리자의 주의를 요한다. 사회통념상 요구되는 상인의 객관적 주의의무(Sorgfalt eines ordentlichen Kaufmanns)로 볼 수 있을 것이다. 그러나 민법 제695조상 무상수치인의 주의의무는 "자기 재산과 동일한 주의(Sorgfalt aus eigener Angelegenheit)"만을 요구한다. 이 때에는 구체적 주관적으로 의무의 이행여부가 판단된다.

280) 이에 대해서는 Melvin Eisenberg, The Divergence of Standards of Conduct and Standards of Review in Corporate Law, 62 Fordham L. Rev. 437.

liability)으로 분류된다. 전자는 일정 행위의 유·무효를 가리는 심사기준이고, 후자는 경영자의 민사책임을 정하는 심사기준이다. 행위기준이 이사·감사를 대상으로 함에 반하여, 심사기준은 법관을 대상으로 한다. 전자는 임원의 행동지침이지만 후자는 법관의 판단기준이다. 보통 양자는 일치하는 것이 원칙이지만 회사법의 영역에서는 기업경영상의 위험요소가 양자의 분리를 요구한다.

이사의 선관주의의무는 업무집행 부분(performance)과 감독부분(oversight)으로 나뉘어지는바 전자는 적극적인 경영상의 의사결정(business decision)에서 후자는 소극적인 감시(oversight)부분에서 나타난다. 행위기준상으로는 이 양 영역에 있어서 공히 선량한 관리자의 주의를 다하는 것이지만 사법심사기준상으로는 양 영역에서 차이가 나타난다. 적극적인 경영상의 이사결정부분에서는 경영판단기준이 존재하고, 감시의무부분에서는 '내부통제시스템구축의무' 내지 '의심할 만한 사유기준'이 각 판례법으로 확립되었고 이에 따라 사법심사기준도 별도로 나타난다.

### (다) 경영판단의 원칙(적극적 의사결정상의 면책요건)

**1) 제도적 의의:** 급속한 기술진보, 가변적인 시장, 시시각각 바뀌는 환율 등 최고경영자는 한시도 마음을 놓을 수 없다. 회사는 대양(大洋)을 가로지르는 선박과 같다. 마치 격랑속의 선장처럼 CEO는 이런 환경속에서 매순간 거칠게 결단을 강요받는다. 동원가능한 모든 정보를 입수한 후 신중히 내린 의사결정도 거액의 손해로 이어지기 일쑤다. 이처럼 기업경영은 예측불가의 변수 때문에 태생적으로 위험과 연결된다. 그러나 어찌 본다면 위험없는 기업은 존재할 수 없는 것이고, 투자자인 주주의 입장에서도 통상의 은행이자에 만족하지 않고 그보다 나은 수익을 기대하며 해당 주식에 투자한 것이다. 이처럼 위험은 기업경영의 필수 전제다.

따라서 경영자의 민사책임을 제3자인 법원이 사후적으로 판단할 때에는 언제나 일정한 한계에 부딪힐 수밖에 없다. 경영자의 책임을 사후적으로 판단하면서 법원이 민사법의 일반원칙을 수정없이 적용하는 경우 최고경영진의 과감한 결단이나 혁신은 더 이상 기대할 수 없게 될 것이다. 소극적으로 행동하게 되고 위험회피적으로 처신하며 이미 만들어진 경영환경에 소극적으로 안주하게 될 것이다. 그러나 이러한 결과는 국민경제적으로도 바람하지 않고 투자자의 기대에도 부응하지 않는다.

따라서 법원이 최고경영진의 경영판단을 사후적으로 심리함에 있어서는 자연히 일정한 한계에 부딪힐 수밖에 없다. 그리하여 미국의 회사법에서는 이사가 최고경영진의 입장에서 객관적 정보에 따라 제반 사정을 고려하여 합리적인 결정을 내리고 이를 성실히 이행한 경우 법원은 사후적으로 이에 간섭하지 않으며 나아가 회사에 손해가 발생하였더라도 이사에게 악의나 중과실의 비난을 가할 수 없는 한 이사를 면책시키는 법원칙이 확립되었는바 이를 경영판단의 원칙(business judgment rule)이라 한다. 우리 회사법에 있어서도 동 원칙은 이미 확고한 판례법으로 정착하였다.[281]

**2) 적용요건:**　경영판단의 원칙이 성립하려면 다음 네 가지 요건이 갖추어져야 한다.[282]

**가) 경영상의 의사결정(business decision):**　우선 본 원칙이 적용될 수 있으려면 이사가 경영상의 의사결정을 하였어야 한다. 사적(私的)인 영역에서 유사한 의사결정을 하였더라도 이는 본 원칙의 적용대상이 아니다.

**나) 합리적인 의사결정 과정(reasonable decision-making process):**　이사는 합리적 정보와 절차에 입각하여(duly informed) 위의 의사결정을 하였어야 한다. 동원가능한 모든 정보를 수집하고 나름대로 합리적인 의사결정 과정을 준수하였어야 한다. 합리적인 의사결정과정의 존부를 판단함에 있어서는 사실관계를 종합적으로 고려하여야 한다.[283]

**다) 성실한 신뢰(good faith belief):**　위의 결정을 함에 있어 이사는 자신의 의사결정이 회사를 위한 최선의 것이라고 성실히 믿었어야 한다. 중과실[284]이나 악의의 경우에는 본 원칙이 적용되지 않는다. 나아가 법령위반의 경우도 같다. 이사가 경영상 의사결정을 하면서 법령을 위반한 경우에는 어떠한 경우에도 성실하다고 평가받을 수 없기 때문이다. 따라서 경영판단의 원칙은 적어도 우리나라에서는 상법 제399조 제1항 후단의 임무해태형에 대해서만 적용된다.[285]

**라) 이해상충관계의 부존재(disinterestedness):**　이사는 위의 의사결정을 함에 있어 개인적으로 회사와 이해상충관계에 놓이지 않아야 한다. 예컨대 이사와 회사간의 자기거래(⅜₉₈)에 있어서 본 원칙은 적용되지 않는다.

**3) 적용효과:**　이러한 요건이 모두 충족될 경우 다음과 같은 효과가 도래한다.

**가) 추정적 효과:**　본 원칙이 적용되면 당해 이사는 선량한 관리자의 주의를 다

---

281) 대판 2007. 9. 21, 2005다34797; 대판 2007. 7. 26, 2006다33609; 대판 2007. 7. 26, 2006다33685; 대판 2006. 11. 9, 2004다41651; 대판 2005. 10. 28, 2003다69638; 대판 2004. 7. 22, 2002도4229; 대판 2002. 6. 14, 2001 다52407; 대판 2002. 3. 15, 2000다9086 등.

282) Eisenberg, ibid., 62 Fordham 437, at 441 f.

283) 대판 2005. 10. 28, 2003다69638(예컨대 2005년 삼성전자 주주대표소송의 사실관계를 보면 비록 삼성전자의 이사진들이 단 한 시간 만에 '이천전기'의 인수를 결정하였더라도 서울고등법원과 대법원은 인수협상에 소요된 총 기간, 인수합병 전문가들의 의견을 종합적으로 참작한 점 등을 고려하여 삼성전자 이사진들이 선량한 관리자의 주의를 다하였다고 판단하였다).

284) Smith v. Van Gorkom, 488 A. 2d 858(Del. 1985).

285) 대판 2005. 10. 28, 2003다69638 [삼성전자 주주대표소송 사건].

한 것으로 추정되어 그에게 손해배상을 요구하는 원고 측이 이사의 고의, 중과실 또는 무모함 등 반대의 입증을 하여야 한다.[286] 이는 미국 판례법상의 원칙이요 나아가 상기한 미국법률가협회의 "지배구조원리: 분석 및 권고" 제4.01조 (d)항에도 성문화되어 있다. 상법 제399조상으로도 이사의 임무해태에 대한 입증책임은 원고에게 있다. 즉 주주대표소송으로 소수주주가 이사의 책임을 추궁하려면 이사가 '임무를 게을리 한' 것을 원고 주주가 입증하여야 한다.

**나) 면책적 효과:** 상기의 추정을 원고가 번복하지 못할 경우 경영판단의 주체였던 당해 이사는 사후적으로 회사에 손해가 발생하는 경우에도 선량한 관리자의 주의를 다한 것이 되어 결과적으로 손해배상책임을 지지 않게 된다.

### ❂ 경영판단의 원칙 관련 사례들

**대판 2002. 6. 14, 2001다52407**

[경영판단원칙의 기본법리와 고의, 중과실의 경우에는 경영판단원칙의 적용이 배제됨을 밝힌 사례]

"[1] 금융기관의 임원은 소속 금융기관에 대하여 선량한 관리자의 주의의무를 지므로, 그 의무를 충실히 한 때에야 임원으로서의 임무를 다한 것으로 된다고 할 것이지만, 금융기관이 그 임원을 상대로 대출과 관련된 임무 해태를 내세워 채무불이행으로 인한 손해배상책임을 물음에 있어서는 임원이 한 대출이 결과적으로 회수곤란 또는 회수불능으로 되었다고 하더라도 그것만으로 바로 대출결정을 내린 임원에게 그러한 미회수금 손해 등의 결과가 전혀 발생하지 않도록 하여야 할 책임을 물어 그러한 대출결정을 내린 임원의 판단이 선량한 관리자로서의 주의의무 내지 충실의무를 위반한 것이라고 단정할 수 없고, 대출과 관련된 경영판단을 함에 있어서 통상의 합리적인 금융기관 임원으로서 그 상황에서 합당한 정보를 가지고 적합한 절차에 따라 회사의 최대이익을 위하여 신의성실에 따라 대출심사를 한 것이라면 그 의사결정과정에 현저한 불합리가 없는 한 그 임원의 경영판단은 허용되는 재량의 범위 내의 것으로서 회사에 대한 선량한 관리자의 주의의무 내지 충실의무를 다한 것으로 볼 것이며, 금융기관의 임원이 위와 같은 선량한 관리자의 주의의무에 위반하여 자신의 임무를 해태하였는지의 여부는 그 대출결정에 통상의 대출담당임원으로서 간과해서는 안 될 잘못이 있는지의 여부를 대출의 조건과 내용, 규모, 변제계획, 담보의 유무와 내용, 채무자의 재산 및 경영상황, 성장가능성 등 여러 가지 사항에 비추어 종합적으로 판정해야 한다.

[2] 금융기관의 임원, 특히 새마을금고의 임원이 대출을 결정함에 있어서 임원이 법령이나 정관에 위반한 대출이었음을 알았거나 또는 어떤 부정한 청탁을 받거나 당해 대출에 관한 어떤 이해관계가 있어 자기 또는 제3자의 부정한 이익을 취득할 목적으로

---

286) 이를 'business judgement presumption'이라 한다.

대출을 감행한 경우 또는 조금만 주의를 기울였으면 임원으로서의 주의의무를 다 할 수 있었을 것임에도 그러한 주의를 현저히 게을리 하여 쉽게 알 수 있었던 사실을 알지 못하고 대출을 실행한 경우에는 고의 또는 중과실로 인한 책임을 진다."

### 대판 2005. 10. 28, 2003다69638

[이사가 법령을 위반한 경우에는 경영판단의 원칙이 적용되지 않는다고 한 사례]

"상법 제399조는 이사가 법령에 위반한 행위를 한 경우에 회사에 대하여 손해배상책임을 지도록 규정하고 있는바, 이사가 회사에 대하여 손해배상책임을 지는 사유가 되는 법령에 위반한 행위는 이사로서 임무를 수행함에 있어서 준수하여야 할 의무를 개별적으로 규정하고 있는 상법 등의 제 규정과 회사가 기업활동을 함에 있어서 준수하여야 할 제 규정을 위반한 경우가 이에 해당된다고 할 것이고, 이사가 임무를 수행함에 있어서 위와 같은 법령에 위반한 행위를 한 때에는 그 행위 자체가 회사에 대하여 채무불이행에 해당되므로 이로 인하여 회사에 손해가 발생한 이상, 특별한 사정이 없는 한 손해배상책임을 면할 수는 없다 할 것이며, 위와 같은 법령에 위반한 행위에 대하여는 이사가 임무를 수행함에 있어서 선관주의의무를 위반하여 임무해태로 인한 손해배상책임이 문제되는 경우에 고려될 수 있는 경영판단의 원칙은 적용될 여지가 없다."

### 대판 2006. 11. 9, 2004다41651

[경영판단의 원칙이 적용되지 않는 '법령위반'의 의미]

"이사가 임무를 수행함에 있어서 법령을 위반한 행위를 한 때에는 그 행위 자체가 회사에 대하여 채무불이행에 해당하므로, 그로 인하여 회사에 손해가 발생한 이상 손해배상책임을 면할 수 없고, 위와 같은 법령을 위반한 행위에 대하여는 이사가 임무를 수행함에 있어서 선량한 관리자의 주의의무를 위반하여 임무해태로 인한 손해배상책임이 문제되는 경우에 고려될 수 있는 경영판단의 원칙은 적용될 여지가 없다. 다만, 여기서 법령을 위반한 행위라고 할 때 말하는 '법령'은 일반적인 의미에서의 법령, 즉 법률과 그 밖의 법규명령으로서의 대통령령, 총리령, 부령 등을 의미하는 것인바, 종합금융회사 업무운용지침, 외화자금거래취급요령, 외국환업무·외국환은행신설 및 대외환거래계약체결 인가공문, 외국환관리규정, 종합금융회사 내부의 심사관리규정 등은 이에 해당하지 않는다."

### ❖ 경영판단원칙에 대한 각국의 상황 및 성문화(成文化)의 문제[287]

현재 우리나라에서는 경영판단원칙에 대한 성문화의 논의가 있다. 경영판단원칙이란 주로 미국에서 판례법으로 발달한 법리이지만 오늘날 세계각국은 이를 국내법화하고 있어 국제적 성격이 강해졌다. 국내에서도 이의 성문화에 대해서는 긍정론과 부정론의 대립이

---

287) 이 부분은 졸고, "이사의 선관주의의무와 그 위반의 효과 ─ 대판 2005. 10. 28, 2003다69638에 대한 평석을 겸하여 ─", 「경영법률」 제28집 제1호(2017. 10.), 1~35면, 특히 18~27면의 내용을 참조하여 전재함.

있다. 결론부터 이야기하면 필자의 사견으로는 성문화는 큰 의미가 없다고 생각한다. 우선 각국에서 본 원칙을 법제상 어떻게 다루고 있는지 살펴 보기로 한다.

## Ⅰ. 각국의 상황

### 1. 미 국

미국에서는 독립적이고 이해관계없는 이사가 경영상 성실히 내린 의사결정에 대해 법원이 개입할 수 없다는 사고가 강하게 유지되어 왔다.[288] 미국에서는 회사법이 각 주별로 형성되었지만 경영판단원칙에 관한 한 약 150년 이상 지속된 각주의 판례법은 위와 같은 공통의 뿌리를 갖고 있다.[289] 비록 미국법률가협회가 공간한 "회사지배구조의 원칙-분석과 권고-"[290] 또는 미국변호사협회가 공간한 "Corporate Director's Guidebook" 등에서 시도되는 개념정의를 발견할 수는 있지만[291] 동 원칙이 실정법은 아니므로 미국법상 이 원칙은 판례법상의 원칙임에 틀림없다. 미국에서는 이사의 적극적인 경영상의 의사결정뿐만 아니라 타 이사나 피용자에 대한 소극적 감시의무에 있어서도 본 원칙의 기본 사고가 그대로 관철되고 있다. 즉 내부통제시스템 구축의무[292]나 '의심할 만한 사유'기준[293] 등 일정 요건하에 이사의 감시의무를 경감하여 경영진의 부담을 덜어 주는 제도들을 판례법으로 구축해왔고 이것이 델라웨어판례법의 경쟁력이기도 하다.

〈경영판단의 원칙관련 미국 사례: Smith v. Van Gorkom[294]〉

본 사건은 트랜스 유니언社의 합병과정에서 연유되고 있다. 시카고의 거부이며 M&A의 귀재인 프리츠커家의 마르몬 그룹은 100% 자회사를 설립하여 이 회사가 Trans Union의 주식을 모두 현금으로 사들이는 방식으로 흡수합병을 단행한다. 본 합병이 진행되기 전 트랜스 유니언의 주식은 주당 40불을 상회하지 않았으나 30불대를 거의 유지하고 있었다. 트랜스 유니언은 다양한 업종을 망라하는 지주회사였고 그중 가장 주된 영업분야는 철도 차량의 임대업이었다. 1980년 이 회사의 CEO로서 17년간 이 회사를 이끌어온 Van Gorkom 은 임기만료 직전 Pritzker와 본 합병건을 추진하게 된다. 그는 시카고의 거부집안출신 Pritzker를 스위스의 스키장에서 만나 교분을 쌓아왔고 그러던 중 자신의 CEO 임기가 거의 종료되는 상황에서 이러한 친밀한 인간관계와 그가 그간 회사에서 쌓아온 지위를 이용하여 트랜스 유니언 이사회의 견제를 거의 받지 않고 본 합병계약을 성사시킨다. 특히 합병계약에서 가장 주요한 트랜스 유니언의 1주당 가격을 상당히 임의적으로 결정한다. 뚜렷한 전문가의 도움없이 자의적으로 주당 55불로 합의된다. 트랜스유니언의 이사회는 각종 합병조건이나 합병계약의 내용을 심층 논의한 적이 없음에도 상당히 빠른 시간내에 합병계약을 승인하고 합병승인을 위한 주주총회를 소집하게 된다.[295] 주주총회에서도 합병

---

288) 미국 문헌에는 'second-guess'라는 표현이 자주 쓰인다(Allen-Kraakman-Subramanian, ibid., p. 252).
289) Allen-Kraakman-Subramanian, ibid., p. 252.
290) 위에서 살펴 본 동 원칙 §4.01(c)를 이른다.
291) American Bar Association, *Corporate Director's Guidebook*, 6th ed., 2011 참조.
292) In re Caremark International Inc. Derivative Litigation, 698 A. 2d 959 (Del. Ch. 1996).
293) Graham v. Allis-Chalmers Manufacturing Co., 188 A. 2d 125 (Del. 1963).
294) 488 A. 2d 858(Del. 1985).
295) 트랜스유니언 이사회의 합병계약승인과정의 구체적인 내용에 대해서는 488 A. 2d 858의 사실관계부분에 자

계약은 승인되었지만 트랜스유니언의 소수주주인 원고는 주위적 청구로 합병의 무효를 나아가 선택적으로 주당 55불의 합의된 주가가 적정치 않으며 그러한 합병계약을 승인한 이 사회의 임무해태를 들어 회사를 위한 손해배상청구를 주주대표소송으로 제기한다.

재판부는 트랜스유니언의 이사들이 합병계약을 승인함에 있어 중과실 상태에 있었고 따라서 경영판단원칙의 보호를 받을 수 없다고 판시하였다. 합병승인행위 역시 경영상의 의사결정으로서 동 원칙에 따른 보호를 받을 수 있으나 합병과 같은 중대한 기본결정사항을 심의하는 트랜스유니언의 이사들이 회의가 시작되기 한 시간전에야 비로소 합병관련 서류를 읽었으며 충분한 논의도 거치지 않았고 오로지 CEO 반 고르콤의 일방적 지휘에 휘둘리며 본건을 의결함에 따라 적정한 주가 산정이 이루어지지 못하였고 이로써 트랜스유니언의 주주들에게 손해를 야기하였다고 결론지었다. 이로써 트랜스 유니언의 이사들은 중과실의 비난에서 벗어날 수 없었고 따라서 경영판단의 원칙에 따른 보호도 받을 수 없다고 하였다.

### 2. 영 국

영국의 경우를 보면 이사의 선관주의 의무(duty to exercise reasonable care, skill and diligence)에 관하여 2006년 회사법 제174조가 규정하고 있는바 주식회사의 이사로서 기대될 수 있는 지식, 경험 및 수완에 상응한 주의의무를 부과한다. 다만 이러한 의무를 개별 사안에 적용하려면 일정한 구체화작업이 필요한데 이에 대해서는 보통법(common law rules)이나 형평법의 원칙(equitable principles)에 맡기고 있다($\frac{통별}{IV \, 참조}$170).[296] 결론적으로 영국에서도 미국에서와 마찬가지로 경영판단원칙을 일정 법률요건으로 성문화하지는 않고 있으며 경영판단원칙을 개별 사안에 적용함에 있어서는 보통법이나 형평법 등 판례법에 맡기고 있다고 보아야 한다.[297] 다만 경영상의 의사결정상 절차에 비중을 둔 미국식 경영판단원칙은 영국에서는 선호되지 않고 있으며 따라서 영국 회사법의 입법과정에서도 절차중심의 법원칙이라 할 미국식 경영판단원칙은 고려되지 않았다고 한다.[298]

영국 회사법 제174조는 이사의 선관주의의무를 이원적으로(dual, twofold) 규정하고 있다. 한편으로는 주식회사 이사에 대해 객관적으로 요구되는 선관주의 의무를 정하고 있고[299] 다른 한편으로는 이사 개인의 주관적 측면도 고려하고 있다.[300] 전자(前者)는 주식회사의 이사로서 합리적으로 기대되는 지식(knowledge), 경험(experience), 수완(skill) 등 객관적 주의의무이고, 후자(後者)는 개개 사안에서 개별 이사가 가지는 구체적인 지식이나 경험에 기초한 주관적 주의의무이다. 19세기말이나 20세기초에는 주관적 의무만이 적용되었다고 한다.[301] 그러나 20세기말에 이르러 법원들은 이러한 주관적 의무를 포함하는 양

세히 나온다. 나아가 Allen/Kraakman/Subramanian, *Commentaries and Cases on the Law of Business Organization*, 2nd ed., Kluwer, 2007, pp. 546 ff. 참조.

296) Palgrave, *Core Statutes on Company Law*, Cowan Ervine, 2014/2015, p. 329.
297) Mayson, French & Ryan on Company Law [2013-2014], 30th ed., Oxford University Press, p. 499.
298) Gower & Davies, Principles of Modern Company Law, 9th ed., Sweet & Maxwell, 16-35, p. 523.
299) 영국 회사법 제174조 2항 (a).
300) 영국 회사법 제174조 2항 (b).
301) Mayson, French & Ryan on Company Law, ibid., p. 498; Re City Equitable Fire Insurance Co. Ltd. [1925]

면적 기준을 선택하였다고 한다.[302]

영국에서는 경영판단원칙이 구체적으로 성문화되어 있지는 않지만[303] 다만 책임면제나 감경에 있어 **법원의 재량이 광범하므로 이러한 방법으로 경영상의 위험으로부터 이사를 구제한다**고 보면 된다(영국 회사법).[304] 영국 회사법상 특이한 점은 정관규정으로 이사의 책임을 사전적으로 면제하거나 제한하는 것을 일반적으로 금지하고 있는 점이다(동법 232조). 물론 선관주의의무 위반부분에 대해서는 예외를 허용하고 있어 결과적으로는 우리 상법 제400조 2항 단서와 유사해지기는 하지만(동법 232조 Ⅳ참조), 어쨌든 소극적이다. 대신 동법은 법원판결을 통한 책임제한을 원칙적인 선택지로 보고 있다(동법 1157). 즉 이사가 정직하고 합리적으로 행동하였으며 어떤 정황을 고려해도 책임의 전부 또는 일부의 면제가 바람직하다고 판단되면 법원은 직권으로 책임제한을 시행할 수 있다.[305] 결국 이런 규정이 간접적으로 경영판단원칙을 대신하고 있다고 평가할 수 있을 것이다(동법 1157). 이사의 정직은 성실한 경영판단(good faith decision)으로, 합리성은 충분한 정보에 기한 결정(informed decision)으로 치환(置換)할 수 있기 때문이다.

### 3. 독 일[306]

독일 주식법은 경영판단원칙을 주식법에 성문화하였다.[307] 거의 전세계적으로 유일한 성문화 사례로 보인다. 동법 제93조 제1항 제2문은 "이사가 경영상의 의사결정에 임하여 적절한 정보에 입각하여 회사의 이익을 위하여 행위한 것으로 합리적으로 인정될 때에는 의무위반이 아니"라고 규정하며, 동조 제2항은 "…이사가 정상적으로 성실한 업무집행자의 주의를 다하였는지 여부에 관하여 다툼이 있는 경우에는 이사가 입증책임을 진다"고 규정한다. 결국 위 내용은 경영판단원칙과 관련이 있으며 다만 미국식 절차중심의 접근은 아니며 실체법적 판단기준이라 할 수 있다. 특이한 점은 입증책임의 분배규정이다. 이사 자신이 임무를 해태하지 않았음을 스스로 입증하게 하고 있다(동법 93 Ⅱ 2문).

### 4. 일 본

일본 회사법 역시 경영판단원칙을 성문화하지는 않았다. 일본 회사법 제423조[308]는 이

---

Ch. 407.

302) Mayson, French & Ryan on Company Law, ibid., p. 499; Norman v. Theodore Goddard [1991] BCLC 1028 등.

303) 2006년 회사법 개정시 영국에서는 미국식 경영판단원칙에 대한 성문화의 필요성을 느끼지 못하였다고 한다 (Davies/Worthington, *Principles of Modern Company Law*, 10th ed., Sweet & Maxwell, 2016, 16-18, p. 483).

304) 사실 좀더 엄격히 이야기하면 영국에서는 이사의 경영판단에 대한 법원의 사법심사(court review)는 존재하지 않는다고 보아야 할 것이다(Kershaw, Company Law in Context, 2nd ed.,Oxford University Press, 2012, p. 474; "It is often correctly stated, however, that English courts do not review business judgments."). 이와 관련하여서는 Howard Smith v. Ampol Petroleum Ltd., [1974] AC 821 (Lord Wilberforce) 판례가 자주 인용되고 있다.

305) 동법 제1157조.

306) 이 부분에 대해 보다 자세히는, 조지현, "경영판단원칙-독일 주식법 내용을 중심으로-",「경영법률」제21권 제1호(2010. 10.), 159~185면.

307) 성문화에 많은 영향을 끼친 판례가 Arag/Garmenbeck 사건(=BGHZ 135, 244)이라 한다.

사가 임무해태로 회사에 대하여 손해배상책임을 질 수 있음을 규정하고 있지만 이사의 면책을 가능케하는 경영판단기준까지 성문화하지는 않았다. 우리나라와 같이 동 원칙은 판례법으로 도입되어 있으며[309] 절차법적 의미보다 실체법적 제도로 인식되고 있음도 우리나라와 같다.[310] 경영판단원칙과 관련된 최근의 사례 하나를 살펴 보기로 한다.

### 〈Apamanshop Holdings(アパマンショップホールディングス)事件[311]〉

( ⅰ ) 개요: 비교적 최근에 나온 대표적인 일본 최고재판소 판례는 賃貸住宅仲介業 등을 하는 Apamanshop Holdings(アパマンショップホールディングス)事件으로서 기업집단에서 사업재편계획의 일환으로 소수주주가 존재하는 자회사를 완전자회사화할 목적으로 당해 자회사의 주식을 취득함에 있어 매수가격의 타당성이 문제시된 사건이었다. 법원은 "의사결정의 과정 또는 내용에 현저한 불합리가 없는 한 이사로서의 선관주의의무를 위반하였다고 볼 수 없다"고 하면서 경영판단원칙을 적용하였다.[312]

( ⅱ ) 사실관계: 동 사건의 사실관계를 보면 다음과 같다. (주)Apamanshop Monthly(이하 '甲'이라 한다)는 2001년 5월에 설립된 비상장사이다. (주)Apamanshop Holdings(이하 '乙'이라 한다)는 甲 주식의 3분의 2를 보유하고 있었고, 乙이 사업수행상 중요하다고 생각해 온 프랜차이즈 가맹점들이 甲의 주식 중 나머지 3분의 1을 보유하고 있었다. 2006년 5월경 乙의 이사인 丙은 완전자회사에 주요사업을 맡기고 乙을 지주회사로 하는 사업재편계획을 확정하였고 이에 따라 甲을 乙의 완전자회사로 하기로 결정한다. 이를 실행하기 위하여 乙은 甲의 주식을 주당 5만엔에 매수하기로 결정한다. 이 액수는 甲의 설립 당시 주식인수인의 납입대금과 같았다. 그후 乙은 위 결정에 따라 甲의 주주들로부터 주식을 매수함과 아울러[313] 주식매각에 동의하지 않은 주주들로부터는 甲과의 주식교환계약에 따라 이를 취득하였다.[314] 乙의 주주인 丁은 회사의 결정에 대하여 甲 주식의 적정가가 주당 8,448엔에 불과한데 丙은 이를 주당 5만엔이라는 고액으로 매수함에 따라 丙을 비롯한 乙의 이사진들이 선량한 관리자의 주의를 다하지 않아 회사에 1억 3,004만여엔의 손해를 야기하였다고 주장하면서 丙 등 피고 이사진들의 연대책임을 주주대표소송으로 주장하였다(일본 회사법 423).

( ⅲ ) 당사자의 주장

ⅰ) 원고측 주장:   원고 丁의 주장을 보면 "① 乙은 이미 甲의 주식 중 3분의 2를 소

---

308) 이사의 임무해태로 인한 회사에 대한 손해배상책임을 규정하고 있다. 우리 상법 제399조에 해당한다.

309) 日本 最高裁判所 平成 22年 7月 15日, 第1小法廷判決, 『判例時報』, 2091號 90頁 =『判例タイムズ』 1332號 50頁 =『金融・商事判例』 1353號 26頁; 日本 最高裁判所 平成 21年 11月 27日, 『判例時報』 2063號 138頁.

310) 伊藤眞 監修・伊藤塾 著, 『伊藤眞の全條解説 会社法』, 弘文堂, 2016, § 423, 671~672頁; 中村直人 編著, 『取締役・執行役 ハンドブック』, 第2版, 商事法務, 2015, 433頁 이하.

311) 日本 最高裁判所 平成 22年(2010년) 7月 15日, 第1小法廷判決, 『判例タイムズ』 1332號 50頁.

312) 이 사건에 대해 보다 자세히는 회사법 판례백선 사례 [50] "取締役の注意義務と經營判斷原則", 岩原紳作・神作裕之・藤田友敬 編, 『會社法判例百選』, 第3版, 別冊 Jurist, No. 229, September 2016, 有斐閣, 2016.

313) 약 31.8%의 주주가 주식매각에 동의하였다.

314) 주식매각에 동의하지 않은 주주는 약 1.5%에 불과하였다. 물론 일본 회사법은 본 사건 이후인 2014년 개정되어 지배주주의 주식매도청구권을 우리 상법처럼 인정하고 있다(일본 회사법 제179조 이하 참조). 그러나 이 사건 당시에는 아직 그러한 제도를 모르고 있었으므로 아마도 주식교환계약이 체결되었던 듯 싶다.

유하고 있었기 때문에 甲의 주식을 5만엔이라는 고액으로 매수할 합리적인 이유가 없었다. ② 甲의 자산상황이 악화되어 주식교환비율로부터 살펴볼 때 甲 1주식의 가치는 8,448엔에 불과하다. ③ 완전자회사화를 추진하더라도 방법상 문제가 있다. 주식교환이라는 방법을 선택함에 하등의 법적 장애가 없었고, 위험도 없던 터라 임의매수가 아닌 주식교환방식을 선택해야 했다. ④ 프랜차이즈 가맹점인 甲의 주주들이 乙에 의한 강제적인 완전자회사화를 이유로 甲의 영업에 악영향을 미칠 것으로는 생각되지 않는다."

ⅱ) 피고측 주장:  이에 반하여 丙을 비롯한 피고 이사들은 "① 乙그룹의 조직재편을 위하여 甲을 완전자회사화할 필요가 있었다. ② 주식교환을 하면 저가(低價)로 완전자회사화할 수 있을지 모르지만 일방적으로 완전자회사화를 강행할 경우[315] 가맹점들인 甲의 주주와 乙간의 관계에 악영향을 미칠 소지가 있다. ③ 피고 이사들은 변호사에 의견을 구하고 이사회에서 논의하는 등 신중을 기하였고 사실관계의 인식이나 판단과정에 오류가 존재하지 않았다. ④ 다양한 방법으로 산출된 주식가치와는 별개로 대상회사의 전략적 중요성 및 장래성에 대한 나름의 평가를 하여 인수회사가 독자적으로 대상회사의 주식을 평가하는 것은 경영판단에 있어 합리적인 재량의 범위내에 있다."

(ⅳ) 법원의 판결

ⅰ) 제1심(東京地方裁判所 平成 19年 12月 4日, 『金融·商事判例』 1304號, 33頁): "…전제로 된 사실관계의 인식에 있어 중요한 오류가 없고 의사결정과정이나 내용이 기업경영자로서 특히 불합리하거나 부적절한 점이 없는 한 당해 이사의 행위는 이사로서의 선관주의의무나 충실의무에 반한다고 할 수 없다"며 원고의 청구를 기각하였다.

ⅱ) 원심(東京高等裁判所 平成 20年 10月 29日, 『金融·商事判例』 1304號, 28頁): 동경고등법원은 "① 본건 주식의 매수가격 산정상 甲의 주식을 1주당 5만엔으로 평가함에 있어 충분한 검토가 이루어지지 못한 점, ② 이미 乙이 甲의 주식을 3분의 2 이상 보유하고 있던 터에 완전자회사화가 반드시 요구되었는지에 대한 판단에 있어 충분한 검토가 있었다고 보기 어려운 점… 등을 들어 피고 이사들의 선관주의의무 위반 및 임무해태를 부정할 수 없다"고 하면서 원고의 청구를 일부 인용하였다.[316]

ⅲ) 최고재판소:  경영상의 전문적 판단에 대하여는 **의사결정의 과정 및 의사결정의 내용에 현저한 불합리가 존재하지 않는 한 이사로서의 선관주의의무위반을 인정하기 어렵다**는 사법심사기준을 정립하였다. 이에 따라 "① 의사결정의 과정에 있어 이사회(경영회의)에서 검토되고 변호사의 의견을 청취하는 등 불합리한 점이 없었고, ② 의사결정의 내용에 대해서도 주식의 임의매수방법 및 매수가격산정상 합리성이 인정되어 피고 이사진들의 선관주의의무위반을 인정할 수 없다"고 판단하였다.

(ⅴ) 코멘트

**일본법상 경영판단원칙이란 의사결정의 과정 및 그 내용에 대한 합리성을 심사하는 사법심사기준**이라고 풀이할 수 있다. 위 사례가 이야기 하듯 의사결정의 절차 및 내용 양자에

---

315) 乙이 甲의 주식을 이미 3분의 2 이상 가지고 있던 터라 사실 甲 주식회사의 주주총회에서 주식교환계약을 승인하는 것은 어려운 일은 아니었다고 생각된다. 이른바 관계자 거래(related party transaction)가 될 것이다.

316) 원고의 청구인 1억 3,004만여엔 및 지연손해에서 다소 감경되어 1억 2,640만엔 및 지연손해로 청구를 일부 인용하였다.

걸쳐 합리성이 존재하여야 한다.[317] 그러한 합리성이 존재하는 한 선관주의의무는 준수된 것으로 본다. 의사결정과정에 불합리가 없을 때에는 의사결정의 내용에 대해서는 법원이 일체 간섭하지 않는 미국식 경영판단원칙과 달리 일본식 경영판단원칙은 의사결정의 절차뿐만 아니라 그 내용에 대해서도 합리성을 요구하는 점에서 차이가 있다고 할 수 있다.[318]

### 5. 우리나라

경영판단의 원칙에 관한 한 우리나라의 상황은 일본의 그것과 크게 다르지 않다. 즉 본 원칙에 대한 우리 판례의 흐름을 보면 절차중심적으로 흐르는 미국식 경영판단의 원칙은 아니라는 것을 발견하게 된다. 즉 법원은 의사결정의 과정 및 그 내용에 대해 모두 판단하고 있으며 결국 본 원칙을 이사의 주의의무를 구체화하는 실체법적 원칙으로 인식하고 있음을 발견하게 된다. 이러한 흐름에 대해서는 비판이 가능하며 특히 제4차 산업혁명과 관련해서도 향후에는 절차중심적으로 접근할 필요가 있다고 생각한다.

나아가 두 나라의 판례법은 선관주의의무와 충실의무를 동질설에 따라 일원적으로 파악하는 점에서도 차이가 없다. 이 부분에 대해서도 비판의 여지는 있다. 즉 경영판단의 원칙은 오로지 이사의 선관주의의무(duty of care)와 관련된 법원칙임을 분명히 인식할 필요가 있을 것이다.

## Ⅱ. 경영판단의 원칙에 대한 성문화의 문제

### 1. 국내의 논의

우리나라에서도 본 원칙은 성문화되어 있지 않으나 학계에서는 성문화에 찬성하는 입장과 반대하는 입장으로 나뉘어 있다.

**찬성론**에서는 ① 이사들에게 신속하고 과감한 의사결정을 지원하는 조치가 필요한 점, ② 기업경영에 대한 전문적 지식이 부족한 법관에게 경영상의 의사결정에 대해 사후적으로 그 당부를 가리게 하는 것은 일정한 한계에 부딪힐 수밖에 없는 점 등을 이유로 경영판단원칙의 성문화를 주장한다.[319] 즉 상법 제399조나 제382조에 경영판단원칙을 아래와 같이 성문화할 것을 주장한다. 상법 제382조 제2항에 단서를 신설하여 "다만 이사가 충분한 정보를 바탕으로 어떠한 이해관계를 갖지 않고 상당한 주의를 다하여 회사에 최선의 이익이 된다고 선의로 믿고 경영상의 결정을 내렸을 경우에는 비록 회사에 손해를 끼쳤다고 하더라도 의무의 위반으로 보지 않는다" 같은 내용을 삽입하자고 한다.[320] 상법 제399조 제1항 2문에도 유사한 규정을 신설할 수 있다고 한다.[321]

이에 반하여 **반대론** 측에서는 ① 우리 기업의 다수가 폐쇄회사여서 소유와 경영이 분리된 미국식 대기업과 큰 차이를 보이는 점, ② 기업지배권시장이 잘 발달한 미국 등에서

---

317) 권종호, "이사책임 법리에 관한 일본의 최근 논의 동향", 「상사법연구」 제36권 제2호(2017. 8.), 175~210면, 특히 188~189면.
318) 岡 伸浩, 『会社法』, 2017, 529頁.
319) 조지현, "경영판단원칙-독일 주식법 내용을 중심으로-", 「경영법률」 제21권 1호(2010. 10.), 159면 이하.
320) 실제 이러한 의원입법안이 있었다; 이명수 의원 대표발의 상법일부개정법률안(2013. 3. 25. 의안번호 4246).
321) 최병규, "경영판단원칙과 그의 수용방안-최근 독일의 입법 내용을 중심으로-", 「기업법연구」 제19권 제2호 (2005), 123면.

는 시장이 원만히 작동하므로 경영판단원칙 등을 통하여 사법기관이 소극적으로 임해도 경영효율을 높일 수 있지만 우리나라에서는 경영권시장의 미발달로 그러한 현상을 기대하기 어려운 점, ③ 국내에서는 이사의 의무와 책임에 관하여 널리 인정될 만한 법적 기준이 충분히 정립되어 있지 않아 동 원칙의 도입시 혼란이 초래될 수 있는 점 등 경영판단원칙의 국내 도입은 바람직하지 않다고 한다.[322]

생각건데 우리의 판례법이 가지고 있는 경영판단원칙이나 미국 판례법상의 그것은 본질적으로 같은 제도라고 생각한다. 즉 이사들을 위험회피적(risk averse)으로 만들지 않으려면 동 원칙이 반드시 필요하다. 다만 우리나라와 미국은 사법제도상 차이가 있고 또 지리적으로도 차이를 보이고 있어 제도의 운영방식이 다를 뿐이다. 이러한 차이는 경영판단원칙 자체의 차이라기보다는 이를 둘러싼 사법제도 및 각종 법률환경의 차이에서 온다. 예컨대 미국에서는 왜 경영판단원칙이 절차법적 성격을 강하게 갖게 되는가? 필자의 사견(私見)으로는 지리적 요소도 작용한다고 생각한다. 소송당사자들이 법정심리를 하려면 엄청나게 광활한 공간을 극복하여야 한다. 판사가 보기에 원고가 제출한 소장이 경영판단원칙의 추정을 충분히 번복하지 못했다면 굳이 먼 거리를 달려와 법정 심리를 하게 할 필요도 없다. 담당 법관은 우선 약식판결로 소장의 보정을 명하게 될 것이다. 이러한 약식판결제도(summary judgment)의 기능이 경영판단원칙을 절차법적 제도로 만들어 갔을 것으로 추측한다.

## 2. 소 결

세계에서 유일하게 독일 주식법이 경영판단원칙을 주식법에 성문화하기는 하였으나 이는 큰 의미를 갖지 않는다고 생각된다. 세계 대부분의 문명국가에서처럼 경영판단원칙은 판례법으로 운용하면 된다고 생각된다. 그 이유는 다음과 같다.

첫째, 본 원칙의 적용범위를 판례법으로 그때그때 구체화할 수 있다. 현재 대법원 판례에 따르면 법령위반시에는 경영판단원칙의 적용이 불가하고 판례는 이 경우 법령의 의미를 세세히 구체화하고 있다.[323] 이런 작업은 성문규정의 신설이나 개정으로 하는 것보다 판례법으로 하는 것이 좋다. 그때그때의 사회변화를 판례에 반영할 수 있기 때문이다.

둘째, 우리 상법은 이미 제399조에서 임무해태로 인한 손해배상책임을 규정한다. 그곳에서 상법은 이사의 책임을 추궁할 때 입증책임을 누가 부담하는지 명확히 규정하고 있다. 즉 원고 주주가 피고 이사의 임무해태를 적극 입증하여야 한다. 그 결과 상법 제399조에 추가하여 경영판단기준을 더 세세히 성문화할 필요는 없다고 생각된다. 이사의 책임면제나 책임감경의 구성요건 역시 이미 상법 제400조에 규정되어 있다. 이러한 성문적 기초위에 다수의 판례법이 형성되어 있으므로 굳이 동 원칙을 추가적으로 성문화할 필요는 크지 않다.

셋째, 개개 사건을 통해 이사의 선관주의의무의 구체적 범위가 밝혀진다. 아무리 성문화를 세세히 시도한다 하여도 성문화에는 한계가 있으며 바람직하지도 않다. 풍성한 판례법으로 경영판단원칙을 끝없이 다듬어 가는 자세가 더 바람직하다고 생각한다. 물론 독일 주식법 제93조 같은 규정을 둔다 하여도 이는 선언적 의미밖에 없을 것이다.

---

322) 권재열, "경영판단의 원칙－도입여부에 관한 비판적 검토－", 「비교사법」 제6권 1호(통권 10호), 30~32면.
323) 대판 2006. 11. 9, 2004다41651(경영판단의 원칙이 적용되지 않는 '법령위반'의 의미).

(라) 이사의 감시의무

**1) 총  설:**   이사의 감시의무(duty to monitor; duty of oversight)란 이사가 부담하는 선관주의의무의 일부라고 할 수 있다. 회사와의 관계에서 위임관계에 놓이는 이사들은 선량한 관리자의 주의를 다하여 업무를 집행하고 나아가 타 이사나 피용자의 업무집행을 감시한다. 전자를 업무집행의무, 후자를 감시의무라 할 수 있다.

전자는 적극적 성격의 선관주의의무로서 경영상의 의사결정과 그 실행으로 나타나지만 후자는 소극적인 것이다. 즉 다른 이사나 여타 피용자가 제대로 업무를 집행하는지 배후에서 감시하는 것이다. 전자의 경우 경영판단원칙이라는 회사법의 기본틀이 존재한다. 후자의 경우에도 유사한 법발전이 나타나고 있다.

이사의 감시의무와 관련하여 우리 판례법은 현재 두 가지 사법심사기준을 제시하고 있다. 하나는 대회사에 대해 적용되는 '내부통제시스템기준'이고, 다른 하나는 모든 회사형태에 대해 보편적으로 적용되는 '의심할 만한 사유'기준이다. 이러한 사법심사기준들은 특히 미국 델라웨어주 판례법의 영향을 받고 있다.

💿 **미국회사법상 이사의 감시의무에 대한 법발전**[324]

I. Graham에서 Caremark으로

종업원의 수도 다수이고 거대한 내부조직을 갖는 대규모 회사의 경우 미국의 판례법은 이른바 "위험관리체계의 구축의무"를 창안하였다. 나아가 이러한 의무를 제대로 이행하는 경우 이사를 면책시키고 있다. 적극적인 경영상의 의사결정에 있어서 사후적으로 회사에 손해가 발생하여도 경영판단원칙을 적용하여 이사를 구제하듯 감시의무를 해태하여 회사에 손해가 발생한 경우에도 해당 이사가 평소 위험관리체계를 구축하여 이를 성실히 유지 관리해 온 경우라면 경영판단원칙의 적용과 같은 식으로 이사의 면책을 허용한다.

이러한 법발전에는 다음과 같은 배경이 깔려 있다. 첫째 오늘날 대규모 회사들은 엄청나게 방대한 내부조직을 갖고 있다. 대규모 공개회사의 경영자들은 이러한 방대한 내부조직의 상·중·하부구조를 일일이 꿰뚫어 감시할 수 없다. 말단 피용자의 위법행위에 대해 일일이 최고 경영진의 개인책임을 물을 경우 경영행위 자체가 불가해진다. 둘째 이사의 감시의무 역시 위험인수라는 기업경영의 기본틀속에서 이해하여야 하며 따라서 경영판단원칙의 보호범위에서 제외시킬 수 없다. 셋째 불법행위상의 사용자책임에서도 사용자가 피용자의 선임 및 감독을 충실히 하면 사무집행과 관련한 피용자의 제3자에 대한 불법행위시 사용자가 면책될 수 있다. 이러한 불법행위상의 면책요건과도 균형을 이룰 수 있어야 한다. 이러한 기본적인 사고를 바탕으로 1960년대 Graham 판례[325]에서 형성된 "이사

---

324) 이 부분은 졸고, "미국회사법상 이사의 감시의무 -대판 2008. 9. 11, 2006다68636의 평석을 겸하여-", 「경영법률」 제20집 제1호(2009. 10.), 273면 이하 중, 288면 내지 300면까지를 참조함.

325) Graham v. Allis-Chalmers Manufacturing Co., 188 A. 2d 125 (Del. 1963).

의 피용자에 대한 기초적 신뢰권(right to rely)"의 이론체계는 1990년대의 Caremark 사건에서는 더 이상 유지되지 못하고 위험관리체계의 구축의무로 발전하게 되었다.

### Ⅱ. 내부통제시스템구축의무에 대한 델라웨어 판례법의 기본틀

① 기본적으로 이사의 감시의무의 이행여부를 가리는 데 있어 경영판단원칙의 기본사고를 포기하지 않는다. 경영판단원칙은 기업경영에 내재된 위험에 그 근거가 있으므로 소극적 감시의무 부분에서도 그 법정신(ratio legis)을 존중한다.

② 좀더 구체적으로 접근하면 델라웨어 판례법은 다음과 같은 두 가지 개념구별을 시도한다.

첫째, 경영상의 적극적 의사결정과 소극적인 감시의무를 구별한다.[326] 일반적으로 경영판단원칙은 적극적인 경영상의 의사결정(business decision)이 결과적으로 회사에 손해를 야기하였을 때 그 후속처리를 다루고 있다. 이 경우 중과실의 이사는 본 원칙에 따른 보호를 받지 못한다.[327] 그러나 감시의무의 소극성 때문에 적극적 의사결정상의 과실과 감시의무의 해태를 대등하게 다룰 수는 없다. 여기서 감시의무에 대한 별도의 책임기준이 정당화되며 이는 대회사(大會社)의 경우 이른바 '내부통제시스템구축의무(內部統制시스템構築義務; 이른바 Caremark Duty)'로 나타난다. 대규모 회사의 이사는 피용자 기타 다른 이사들의 비행(非行)이나 임무해태를 일일이 감시하기 어렵다. 따라서 일종의 경보체계가 필요하다. 즉 회사내의 감독을 효율적으로 달성하기 위하여 정보 및 보고시스템을 구축하는 것이다. 이를 성실히 구축하고 유지·관리하는 경우 마치 적극적 의사결정상 경영판단원칙에 따라 처리되듯 이러한 위험관리체계를 구축하고 그 유지관리를 성실히 수행한 이사는 피용자의 위법행위로 회사가 손해를 입어도 면책에 이를 수 있다. 소극적 감시의무에 대한 변형된 경영판단원칙이라고 해도 좋을 것이다.

둘째, 감시의무에 대해 상기의 위험관리체계의 구축의무를 부과하면서도 피용자 내지 타 이사의 사기 내지 범죄적 비행(非行)에 대한 감시해태(failure to monitor fraud and criminal misconduct within the company)와 일반적 경영위험에 대한 불충분한 대응(failure to monitor business risk)을 구별한다.[328] 사기적이고 실정법규를 위반하는 임원이나 피용자의 비행으로 회사가 손해를 입은 경우 이에 대한 감시 및 보고체계를 평소 잘 유지·관리해 온 경우 이사는 면책에 이를 수 있다. 다만 의도적으로 그러한 관리체계를 구축하지 않거나 설사 그러한 시스템을 구축했더라도 알고 있는 의무의 면전(面前)에서 그 유지·관리를 해태하여 회사가 손해를 입은 경우라면 회사에 대한 손해배상책임으로부터 면제되지 않는다. 이러한 책임기준은 케어막사건을 필두로 스토운사건,[329] AIG사건[330] 나아가 ITT사건[331]에 이르기까지 계속 이어지고 있다.[332] 이에 반하여 이사가 일반적인

---

326) Caremark, 698 A. 2d at 967; In re Citigroup Inc. Shareholder Derivative Litigation, 964 A. 2d 106, at p. 122.
327) Brehm, 746 A. 2d at 259.
328) Citigroup,(Del. Ch. 2009), 964 A. 2d 106, at pp. 123 ff.
329) 911 A. 2d 362.
330) 965 A. 2d 763.
331) 2009 WL 2877599(S.D.N.Y.), (Sept. 8, 2009).

경영환경의 악화에 제대로 대응하지 못한 경우에는 케어막 듀티의 적용범위에서 제외하고 있다.[333] 델라웨어법에 따를 경우 이사는 미래에 전개될 경영상의 위험을 적정히 예측하지 못했다는 이유로 회사에 대하여 책임을 지지는 않는다고 한다.[334]

③ 결론적으로 대회사의 경우 감시의무위반으로 인한 이사의 책임은 두 가지 경우로 정리된다. 하나는 위의 위험관리체계를 아예 구축하지 않아 회사의 손해로 이어진 경우이고 다른 하나는 이러한 관리체계를 구축했더라도 그 유지관리를 성실히 하지 못한 경우이다. 즉 위험관리체계에 대한 구축이나 그 유지관리에 대한 의무를 인지하면서도 고의적으로 이를 해태하여 적시에 정보를 취득하지 못하였거나 보고받지 못하여 회사에 손해가 발생하여야 한다. 어떤 경우이든 주관적 구성요건으로 이사에 대한 악의(선의의 부재; lack of good faith)가 요구된다.[335] 이러한 맥락에서 이사의 성실의무(duty of good faith)가 신인의무의 독립적인 제3의 유형인가에 대하여 논의가 뜨겁게 진행되고 있다. 아이젠버그 같은 학자는 이를 긍정하나[336] 판례는 그 독자성을 부정한다.[337]

### Ⅲ. Caremark에서 Marchand로

위에서 보았듯이 Graham 판례에서 주장되던 기초적 신뢰권의 이론체계는 대회사의 경우 1996년 Caremark사건을 통하여 내부통제시스템구축이론으로 발전하였다. 그러나 케어막 클레임(Caremark Claim)은 성공을 거두지 못했다. 고의나 이에 준하는 불성실(bad faith) 등 주관적 구성요건의 경직성으로 원고 승소사례가 거의 없었고 지난 20여년간 거의 이용되지 못하였다. 그러던 중 2019년 마침내 전기(轉期)가 찾아왔다. 아이스크림을 제조하던 블루벨(Blue Bell)社에서 리스테리아균에 오염된 아이스크림이 유통되면서 3명이 사망하는 대규모의 식품안전사고가 터진 것이다. 그리고 이를 수습하는 과정에서 당해 회사 이사들의 책임이 문제시되었고 이를 해결하기 위하여 23년 전의 선례(先例)인 케어막 기준을 적용하게 되었다. 델라웨어의 법원들은 이에 있어 이른바 "mission-critical"이란 개념을 사용하면서 과거의 선례들을 한단계 발전시키기 시작하였다. 즉 회사가 내부통제 시스템을 통하여 관리하여야 할 위험을 사업의 성격에 따라 차등화 내지 특화하기 시작하였다. **즉 사업의 성격상 회사가 필수적으로 관리해야 할 핵심영역을 설정한 후 적어도 이 영역에서 만큼은 이사의 책임을 강화하는 방향으로 나아가게 되었다.** 그리고 이러한 델라웨어 판례법의 전향적 자세는 4~5개의 원고승소사례를 남기며 2021년까지 계속 이어진

---

332) 물론 이사의 책임이 인정된 것은 AIG 사건뿐이다. 네 사건 모두 임직원의 법규위반이 존재하였다. 케어막 사건의 경우 '소개비지급금지법'(ARPL; The Anti-Referral Payments Law), 스토운 사건의 경우 '연방은행비밀법'(Federal Bank Secrecy Act), AIG사건의 경우 분식회계로 인한 다기한 회계관련법규위반 그리고 ITT사건의 경우에는 '무기수출법'의 위반사례가 존재하였다. 이에 반하여 시티그룹사건에서는 이러한 현상이 나타나지 않고 있다.

333) 원고들의 청구를 결과적으로 해석하면 오히려 의사결정의 과정(decision-making process)에 초점을 맞추는 일반적인 경영판단원칙의 적용대상이 될 수 있다는 것이 재판부의 판단결과이다(964 A. 2d 106, at p. 124, 좌측 하단 참조).

334) 964 A. 2d 106, p. 130.

335) Stone, 911 A. 2d at 370.

336) Eisenberg, Melvin A., The Duty of Good Faith in Corporate Law, Del. J. Corp. L. 1.

337) Stone 911 A. 2d 362.

다. 마지막 사건은 보잉사건이었다. Boeing 737 MAX 기종의 기체결함이 문제시된 사건으로 델라웨어법원은 위에서 본 'mission−critical'의 이론체계를 적용하면서 이사회 차원 (board−level)의 대응이 없었음을 지적하였다. 항공기를 제작하는 회사에 있어 안전한 항공기의 제작은 본질적인 것이며 이를 위한 회사의 내부통제는 절대적인 것이고 그것도 이사회 차원의 대응이 있어야 하는데 보잉사에는 그러한 시스템이 원천적으로 결여되었다는 것이 원고승소의 주요 이유였다. 이러한 델라웨어 판례법의 기본방향은 유니온스틸사건 (2021년)[338]이나 대우건설 사건(2022년)[339]을 통하여 우리 판례법에도 족적을 남기게 되었다.[340]

**2) 회사규모별 감시의무의 내용:** 감시의무의 구체적인 내용은 각 회사마다 천차만별일 것이다. 회사의 규모나 조직, 업종, 법령의 규제정도, 영업상황 및 재무상태 등 회사내외부의 정황이 크게 영향을 미칠 수 있을 것이다.[341] 이하 공개회사(public corporation)와 폐쇄회사(closed corporation)로 분류한 후 감시의무의 내용을 구체화시켜 보기로 한다.

**가) 공개회사:** 집행임원제를 시행하는 대회사의 경우 집행과 감독이 분리되므로 이런 경우라면 이사회는 집행임원에 대한 감독권만 가지게 되며 이사의 감시의무는 이사회구성원의 가장 주요한 선관주의의무가 될 것이다. 이 경우 이사는 집행임원들의 업무집행전반에 걸쳐 감시활동을 하게 될 것이다.

그러나 실제 미국의 대규모 공개회사에 있어서 집행임원제가 시행된다 하여도 이사회 구성원 중 상당수는 집행임원을 겸하는 경우가 많고 상당수의 회사에서 이사회 의장(chairman of the board)과 CEO가 동일 인물이어서 감시기능은 사외이사들이 주로 수행하게 될 것이다.

국내 판례에 따르면 사내이사(집행임원겸임이사)가 사외이사보다 높은 수준의 감시의무를 부담한다고 한다.[342] 물론 이사회내에 다기한 위원회가 구성될 경우에는 적어도 내부적으로는 위원회별로 감독영역도 나누어질 것이다. 그렇다 하더라도 이사의 감시의무가 어느 한 영역으로 고정된다고 생각되지는 않는다. 이사들은 원칙적으로 업무집행 전반에 걸쳐 감시의무를 부담한다고 보아야 할 것이다.[343] 물론 감사위원회

---

338) 대판 2021. 11. 11, 2017다222368.

339) 대판 2022. 5. 12, 2021다279347.

340) 두 사건에서 모두 대법원은 "높은 위험이 예상되는 업무"라는 용어를 사용하면서 델라웨어법상의 'mission-critical' 개념을 도입하고 있다.

341) 대판 2008. 9. 11, 2006다68636.

342) 대판 2008. 9. 11, 2007다31518: "… 일정한 업무분장하에 회사의 일상적인 업무를 집행하는 업무집행이사는 회사의 업무집행을 전혀 담당하지 아니하는 평이사에 비하여 높은 주의의무를 부담한다고 보아야 한다."

343) 우리나라 판례 역시 같은 입장이다. 대판 2004. 12. 10, 2002다60467: "이사는 자신의 담당업무는 물론 다른 업무담당이사의 업무집행을 전반적으로 감시할 의무가 있으므로 이사가 다른 업무담당이사의 업무집행이 위

(audit committee)는 가장 비중있는 감시의무의 주체가 될 것이다.

이러한 대회사에 있어서는 이사들이 수많은 피용자와 타 이사들을 감시하기가 용이하지 않다. 델라웨어주 판례법이 개발한 위험관리체계 - 준법감시시스템, 내부통제시스템, 정보 및 보고시스템 등 유사한 표현이 많지만 - 를 구축하여 이를 적정히 유지·관리해 온 경우라면 이사의 책임을 묻기는 매우 어려울 것이다. 이런 흐름 속에서 특히 미국에서는 케어막 판결 이후 이를 구체화하는 법규도 등장하였다. 대표적인 예는 엔론 및 월드컴 사건을 계기로 2002년에 만들어진 사베인스-옥슬리법(Sarbanes-Oxley Act) 제302조이다. 그 제1항에 최고경영자 및 재무책임자의 내부통제시스템 구축 및 유지의무가 규정되어 있다.[344]

나) 폐쇄회사:　이 경우 이사회의 구성원인 이사들은 대규모회사에서 보다 더 업무집행범위가 커질 수 있다. 소수의 이사가 업무집행를 분담하기 때문이다. 이사회 내에 위원회를 두기도 힘들겠지만 이를 설치한다 해도 각 위원회의 위원수는 소수에 그칠 가능성이 크다. 이 경우 각 이사들이 느끼는 감시의무의 정도는 대규모 회사에서보다 오히려 더 부담스럽게 느껴질 가능성도 없지 않다. 만약 이사가 1인에 불과한 특수한 경우라면 아예 이사회가 구성되지도 않을 것이므로 이 경우 주주총회가 그 기능을 대신하게 될 것이다.

중소규모회사의 경우에는 피용자의 숫자도 대회사보다 상대적으로 적을 것이므로 정보 및 보고시스템(information and report system)과 같은 내부통제시스템의 구축을 이사들에게 의무화할 필요는 없어 보인다. 물론 개개 회사의 경우 이러한 시스템이 필요한 때도 있을 것이다. 그러나 각 이사들이 충분히 피용자의 감시를 분담할 수 있

---

법하다고 의심할 사유가 있음에도 불구하고 이를 방치한 때에는 회사가 입은 손해를 배상할 책임이 있다.";
대판 2008. 9. 11, 2007다31518: "이사의 임무는 단지 이사회에 상정된 의안에 대하여 찬부의 의사표시를 하는 데에 그치지 않으며 대표이사를 비롯한 업무담당이사의 전반적인 업무집행을 감시할 수 있는 것이므로, 대표이사나 다른 업무담당이사의 업무집행이 위법하다고 의심할 만한 사유가 있음에도 악의 또는 중대한 과실로 인하여 감시의무를 위반하여 이를 방치한 때에는 이로 말미암아 제3자가 입은 손해에 대하여 배상책임을 면할 수 없으며, 일정한 업무분장하에 회사의 일상적인 업무를 집행하는 업무집행이사는 회사의 업무집행을 전혀 담당하지 아니하는 평이사에 비하여 보다 높은 주의의무를 부담한다고 보아야 한다. 한편, 감시의무의 구체적인 내용은 회사의 규모나 조직, 업종, 법령의 규제, 영업상황 및 재무상태에 따라 크게 다를 수 있는 바, 주식회사 대우(이하 '대우'라고만 한다)와 같이 고도로 분업화되고 전문화된 대규모의 회사에서 공동대표이사 및 업무담당이사들이 내부적인 사무분장에 따라 각자의 전문 분야를 전담하여 처리하는 것이 불가피한 경우라 할지라도 그러한 사정만으로 다른 이사들의 업무집행에 관한 감시의무를 면할 수는 없고, 그러한 경우 무엇보다 합리적인 정보 및 보고시스템과 내부통제시스템을 구축하고 그것이 제대로 작동하도록 배려할 의무가 이사회를 구성하는 개개의 이사들에게 주어진다."; 평이사의 감시의무의 범위에 대한 학설의 정리 및 소개로는, 김재범, "평이사의 감시의무와 주주총회의 동의", 「안암법학」 제13호, 345면 이하, 350면 참조.

344) 그 외에도 2004년 개정된 연방 판결선고지침(Sentencing Guidelines) 등이 있다. 이에 대해 보다 자세히는 염미경, "미국판례법상 이사의 감시의무", 21세기 상사법·민사소송법의 과제(정동윤교수칠순기념논문집), 89면 이하; 정봉진, "이사의 준법감시의무위반책임에 관한 미국법연구", 「인권과 정의」, 2008년 11월호, 69면 이하, 특히 85면 이하.

을 것으로 추정되기 때문에 그러한 시스템의 구축을 일반화할 필요는 없어 보인다.

한편 소규모 가족회사나 폐쇄회사의 경우에도 Martha Stewart 사건[345]이나 Francis 사건[346]에서 나타나듯이 이사의 타 이사에 대한 감시의무는 신인의무의 기본틀 속에서 엄격히 준수되어야 하고 이러한 의무를 제대로 이행하지 않았을 경우 회사에 대한 손해배상책임이 발생할 여지가 있다.

### 3) 우리나라법상 이사의 감시의무

#### 가) 감시의무관련 상법 및 특별법의 규정들

① **상법상의 규정들:** 2001년 개정전 상법에 의하면 이사회의 감독권($\text{상}^{393}$)과 감사의 감사권($\text{상}^{412}$)에 대해서만 규정하고 있어 개개 이사에게 감시의무를 부과할 수 있는지 의문시되었다. 평이사는 이사회를 통해서만 회사의 업무집행에 관여할 수 있다는 이유로 이러한 감시의무를 부정하는 견해도 있었으나 이사회가 충분히 감독기능을 발휘하자면 개개 이사의 감시의무가 전제되어야 한다. 상법은 2001년의 개정에서 평이사의 감시권 및 감시의무에 관한 규정을 신설하였다($\text{상}^{393}_{\text{IV}}$). 이에 따라 이사는 대표이사로 하여금 다른 이사 또는 피용자의 업무에 관하여 이사회에 보고할 것을 요구할 수 있고($\text{상}^{393}$), 나아가 이사는 3개월에 1회 이상 업무집행상황을 이사회에 보고하여야 한다($\text{상}^{393}$). 1995년의 상법개정에서는 이사의 감사에 대한 보고의무도 신설하였는바 이에 따르면 이사는 회사에 현저하게 손해를 미칠 염려가 있는 사실을 발견한 때에는 즉시 감사에게 이를 보고하여야 한다($\text{상}^{412}_{\text{의2}}$).

② **특별법상의 규정들:** 현재 자본시장과금융투자업에관한법률 제28조를 보면 그 제1항에 금융투자업자의 내부통제시스템 구축의무를 규정하고 있고, 동법 시행령 제31조는 내부통제기준의 구체적 내용을 열거하고 있다. 나아가 동법 제28조 제2항은 내부통제기준의 준수여부를 점검할 준법감시인을 1인 이상 두도록 의무화하고 있다. 나아가 은행법 제23조의3에서도 유사한 규정을 발견할 수 있다.

**나) 판례법의 발전:** 우리 판례상으로도 이사의 감시의무는 많은 발전을 거듭하였다. 판례법이 제시하는 사법심사기준은 두 가지이다. 하나는 고도로 분업화되고 전문화된 대규모회사에 적용되는 '내부통제시스템기준'이고,[347] 다른 하나는 모든 규모 회사에 적용되는 '의심할 만한 사유기준'이다.[348] 이 두 가지 사법심사기준에 대해서

---

345) Beam v. Martha Stewart, 833 A. 2d 961 (Del. Ch. 2003).
346) Francis v. United Jersey Bank, 432 A. 2d 814 (N. J. 1981).
347) 대판 2008. 9. 11, 2006다68636 [(주)대우분식회계사건].
348) 대판 1985. 6. 25, 84다카1954 [대명모방사건].

는 이하 절을 달리 하여 자세히 보기로 한다.

### 4) 의심할 만한 사유기준

가) 의 의: 다른 이사 또는 피용자의 업무집행이 위법하다고 의심할 만한 사유가 있음에도 불구하고 이를 그대로 방치하여 회사에 손해가 발생하였을 경우 적절한 대응을 취하지 않은 이사에 대해 손해배상책임을 묻는 회사법상의 책임기준을 '의심할 만한 사유기준'(red-flag test)이라 한다. 이 기준은 내부통제시스템기준이 나오기 전부터 회사의 규모와 상관없이 널리 적용되던 사법심사기준이었고 지금도 모든 규모의 회사에 대해 보편적으로 적용되고 있다.

① 기 능: 이 기준 역시 경영판단의 원칙과 마찬가지로 기업경영에 수반되는 각종 위험 및 회사내부의 복잡한 정황을 고려하여 가급적 이사의 책임을 축소하는 기능을 갖고 있다. 이러한 기능이 부여되려면 이사에게는 다른 임직원이나 피용자에 대한 **기초적 신뢰권**(基礎的 信賴權; right to rely)이 보장되어야 한다. 이사가 다른 이사나 피용자의 위법행위가 있기만 하면 언제나 회사에 대해 책임지는 것은 아니다. 평소에는 이사에게 위와 같은 기초적 신뢰권이 보장된다. 그러나 의심할 만한 특이 정황이 나타날 경우에는 상황이 달라질 것이다. 이 경우 이사는 소극적 부작위에 머물러서는 안되며 해당 사안을 적극 조사하고 원인을 규명하여야 한다. 그 후 회사의 손해를 최소화하기 위한 여러 방안을 적극 강구하여야 한다. 의심할 만한 특이정황에도 불구하고 또 그러한 정황을 적극 인지하였거나 인지할 수 있었음에도 불구하고 적절한 대응책을 취하지 않은 해당 이사의 부작위(不作爲)에 대해 법적 책임을 묻겠다는 것이 본 사법심사기준인 것이다. 경영판단원칙이 경영상의 적극적 의사결정시 이사를 보호하는 사법심사기준이라면 본 기준은 소극적 감시의무 분야에서 같은 기능을 수행한다.

② 의심할 만한 사유: 이사의 기초적 신뢰권이 더 이상 인정되지 않는 특이한 정황을 판례는 '의심할 만한 사유'라고 하고 있다. 미국의 문헌에서는 이를 '붉은 깃발'(red-flag)이라는 용어로 표현하기도 한다.[349] 조금 덜 심한 상황이라면 '노란 깃발'(yellow-flag)이라는 용어가 등장하기도 한다. 마치 축구장에서 심판이 규칙을 위반한 선수에게 '붉은 카드'(red card)나 '노란 카드'(yellow card)를 들어 퇴장을 명하거나 주의를 주는 것을 연상하면 된다. 축구장이 아니더라도 붉은 깃발은 건설현장에서 다이너마이트 등을 폭파시킬 때 건설작업 종사자나 일반인들에 대한 위험경고의 표시로 자주 사용되어 왔다. 폭파 직전에는 이를 흔들거나 소리를 지르거나 별도의 안전

---

349) '붉은 깃발 이론'(red-flag doctrine)에 대해 보다 자세히는 Allen-Kraakman-Subramanian, *Commentaries and Cases on the Law of Business Organization*, 2nd ed., Kluwer, p. 273.

조치를 강구하기도 한다.

회사 내부 역시 이와 유사하다. 평소에는 볼 수 없던 특히 정황이 포착될 경우 이사는 다른 임원이나 피용자에 대한 신뢰권을 더 이상 누릴 수 없다. 이제는 비상상황이므로 그에게는 적극적 탐지의무(duty to ferret out) 및 결과방지의무가 부과된다. 구체적으로 무엇이 문제인지 적극적으로 원인을 찾아 나서야 하고 결과방지에도 최선을 다하여야 한다. 이를 해태할 경우 이사는 회사에 대해 그로 인한 손해를 배상하여야 한다. 이것이 '의심할 만한 사유기준'이다.

> ### 대판 1985. 6. 25, 84다카1954 [평이사의 감시의무 관련(대명모방사건)]
>
> "주식회사의 업무집행을 담당하지 아니한 평이사는 이사회의 일원으로서 이사회를 통하여 대표이사를 비롯한 업무담당이사의 업무집행을 감시하는 것이 통상적이긴 하나 평이사의 임무는 단지 이사회에 상정된 의안에 대하여 찬부의 의사표시를 하는 데에 그치지 않으며 대표이사를 비롯한 업무담당이사의 전반적인 업무집행을 감시할 수 있는 것이므로, 업무담당 이사의 업무집행이 위법하다고 **의심할 만한 사유**가 있음에도 불구하고 평이사가 감시의무를 위반하여 이를 방치한 때에는 이로 말미암아 회사가 입은 손해에 대하여 배상책임을 면할 수 없다."

> ### 대판 2007. 12. 13, 2007다60080 [동아건설사건]
>
> "주식회사의 이사는 이사회의 일원으로서 이사회에 상정된 의안에 대하여 찬부의 의사표시를 하는 데 그치지 않고, 담당업무는 물론 다른 업무담당이사의 업무집행을 전반적으로 감시할 의무가 있으므로, 주식회사의 이사가 다른 업무담당이사의 업무집행이 위법하다고 **의심할 만한 사유**가 있음에도 불구하고 이를 방치한 때에는 그로 말미암아 회사가 입은 손해에 대하여 배상책임을 면할 수 없다."

나) 성립요건:　　이 기준이 충족되려면 다음 요건이 갖추어져야 한다.

① 대상회사:　　내부통제시스템기준의 경우 고도로 분업화되고 전문화된 대규모 회사에 한정하였지만[350] 의심할 만한 사유기준에서는 그런 제한이 없다. **모든 규모의 회사에 대해 적용가능**하다. 나아가 위와 같은 대규모회사라면 동일한 회사라도 내부통제시스템기준과 의심할 만한 사유기준이 나란히 적용될 수도 있다. 즉 피고 이사들이 여럿일 경우 이사별로 다른 심사기준이 적용될 가능성을 부정할 수 없다.[351] 또한 동일한 대표이사라도 회사가 다르면 회사마다 다른 기준이 적용되기도 한다.[352]

---

350) 대판 2008. 9. 11, 2006다68636 [대우분식회계].
351) 대판 2022. 5. 12, 2021다279347 [대우건설 주주대표소송].
352) 대표이사에 대해 '내부통제시스템기준'을 적용한 사례(대판 2021. 11. 11, 2017다222368 [유니온스틸]); 대표

② **의심할 만한 사유의 존재와 탐지의 해태(객관적 구성요건):**    이 사법심사기준이 적용되려면 의심할 만한 사유가 존재하여야 한다. 언제 이러한 상황이 도래하는지에 대해서는 각 회사마다 나아가 각 상황마다 구체적으로 살펴보아야 할 것이다. 사실 그 판단이 그리 쉽지는 않을 것이다. 그러나 선관주의의무가 주식회사의 이사에게 객관적으로 기대되는 일정 수준을 요구하므로 그런 틀 속에서 판단하면 될 것이다. 그런 틀 속에서 해당 회사내부의 여러 사정상 일반적으로 예상할 수 없는 특이한 정황이 나타날 경우 일단 이사는 경각심을 가져야 하며 주의의 정도를 높여야 할 것이다. 이런 경우라면 의심할 만한 사유는 존재한다고 보아야 한다. 나아가 이런 상황을 접했음에도 불구하고 이사가 적극적으로 그 원인이나 배후를 조사하지 않고 그대로 방치했어야 한다. 이러한 부작위(不作爲)가 본 기준의 객관적 구성요건이 될 것이다.

③ **부작위에 대한 이사의 고의·과실(주관적 구성요건):**    상법 제399조 제1항상 주관적 구성요건은 일반적으로 고의 및 과실의 모든 형태가 다 가능하다. 즉 고의는 물론 경과실이나 중과실 모두 본 사법심사기준을 충족시킬 수 있을 것이다.

④ **인과관계:**    이사의 부작위와 회사의 손해간에는 상당인과관계가 존재하여야 한다.

**다) 적용효과:**    위의 요건이 충족되면 이사는 다른 이사나 피용자의 위법행위로 말미암아 회사가 입은 손해를 배상하여야 한다. 복수의 이사가 본 의무를 위반할 경우에는 그들간 연대채무가 성립된다. 본 책임은 이사 또는 감사의 회사에 대한 임무해태로 인한 손해배상책임이므로 일반 불법행위책임이 아니다. 따라서 그 소멸시효기간은 일반 채무와 마찬가지로 10년이라고 보아야 할 것이다.[353]

### 5) 내부통제시스템기준[354]

**가) 의 의:**    고도로 분업화되고 전문화된 대규모 회사에서 이사가 내부통제시스템을 전혀 구축하지 않았거나 또는(or) 설사 구축하였더라도 그 유지·관리를 소홀히 하여 회사에 손해가 발생한 경우 해당 이사는 회사에 대하여 연대하여 손해배상책임을 지게 된다. 이러한 이사의 책임기준을 내부통제시스템기준(internal control system standard; ICS)이라 한다.

고도로 분업화되고 전문화된 대규모 회사에서는 회사내부의 권한이 세세히 나누

---

이사에 대해 부분적으로 '의심할 만한 사유기준'을 적용한 사례(대판 2022. 5. 12, 2021다279347 [대우건설]).
353) 대판 1985. 6. 25, 84다카1954.
354) 이하 522면까지 내용은 졸고, "내부통제시스템과 이사의 법적 책임 – 특히 독일주식법의 상황을 소개하며 –", 「상사법연구」 제41권 제3호(2022. 10.), 65~124면을 재편집하여 게재함.

어지고 전문화되어 그중 일정 분야에 속한 업무담당이사는 다른 부서의 업무집행상황을 잘 알지 못하며 쉽게 알 수도 없다. 따라서 동료 임원의 위법한 비행(非行)을 탐지하려 해도 이에 이를 수 없는 내재적 한계에 부딪힌다. 나아가 자기가 담당하는 부서라 할지라도 수많은 하급기관과 피용자가 존재할 수 있으며 따라서 이들을 효율적으로 감시한다는 것은 거의 불가능에 가깝다.

이러한 상황임에도 상법은 제393조 제2항에서 "이사회는 이사의 직무집행을 감독한다"고 규정한다. 즉 회사의 규모에 상관없이 이사회를 구성하는 모든 이사들은 다른 이사나 피용자의 위법행위를 감시·감독하여야 하는 것이다. 그 결과 위에서 논한 '의심할 만한 사유기준'만으로는 이사의 감시의무를 만족스럽게 의율(擬律)할 수 없게 된다. 이러한 상황 속에서 만들어진 회사내부의 체재를 내부통제시스템이라 하며 이와 관련된 법원의 사법심사기준을 내부통제시스템기준이라 한다.

본 사법심사기준은 2008년 대우분식회계사건[355]을 통하여 처음 우리 판례법에 도입되었다. 그러나 이 사건은 상법 제399조가 아니라 상법 제401조상 이사의 제3자에 대한 책임을 주된 청구원인으로 하고 있었다. 한참 후속 판례가 나오지 않다가 마침내 2021년 11월 대법원은 유니언스틸 주주대표소송에서 철강회사 대표이사의 내부통제시스템구축의무 위반을 이유로 회사에 대한 손해배상책임을 인정하게 되었고,[356] 이것이 국내 최초로 인용된 케어막 클레임(Caremark Claim)이 되었다. 그 6개월 후인 2022년 5월 대법원은 (주)대우건설 주주대표소송에서 다시 내부통제시스템기준을 적용한 두 번째 사건을 선고하게 되었다.[357] 이 판례를 통하여 관련 법리의 완성도는 한층 높아졌다고 평가된다. 이제 고도로 분업화되고 조직화된 대규모 회사에 있어 본 사법심사기준은 우리나라에서도 신인의무의 핵심영역으로 자리 잡게 되었다.

---

**대판 2008. 9. 11, 2006다68636 [대우분식회계]**

"대표이사는 이사회의 구성원으로서 다른 대표이사를 비롯한 업무담당이사의 전반적인 업무집행을 감시할 권한과 책임이 있으므로, 다른 대표이사나 업무담당이사의 업무집행이 위법하다고 의심할 만한 사유가 있음에도 악의 또는 중대한 과실로 인하여 감시의무를 위반하여 이를 방치한 때에는 그로 말미암아 제3자가 입은 손해에 대하여 배상책임을 면할 수 없다. 이러한 감시의무의 구체적인 내용은 회사의 규모나 조직, 업종, 법령의 규제, 영업상황 및 재무상태에 따라 크게 다를 수 있는바, 고도로 분업화되고 전문화된 대규모의 회사에서 공동대표이사와 업무담당이사들이 내부적인 사무분장

---

355) 대판 2008. 9. 11, 2006다68636.
356) 대판 2021. 11. 11, 2017다222368.
357) 대판 2022. 5. 12, 2021다279347.

에 따라 각자의 전문 분야를 전담하여 처리하는 것이 불가피한 경우라 할지라도 그러한 사정만으로 다른 이사들의 업무집행에 관한 감시의무를 면할 수는 없고, 그러한 경우 무엇보다 합리적인 정보 및 보고시스템과 내부통제시스템을 구축하고 그것이 제대로 작동하도록 배려할 의무가 이사회를 구성하는 개개의 이사들에게 주어진다는 점에 비추어 볼 때, 그러한 노력을 전혀 하지 아니하거나, 위와 같은 시스템이 구축되었다 하더라도 이를 이용한 회사 운영의 감시·감독을 의도적으로 외면한 결과 다른 이사의 위법하거나 부적절한 업무집행 등 이사들의 주의를 요하는 위험이나 문제점을 알지 못한 경우라면, 다른 이사의 위법하거나 부적절한 업무집행을 구체적으로 알지 못하였다는 이유만으로 책임을 면할 수는 없고, 위와 같은 지속적이거나 조직적인 감시 소홀의 결과로 발생한 다른 이사나 직원의 위법한 업무집행으로 인한 손해를 배상할 책임이 있다.”

### 대판 2021. 11. 11. 2017다222368 [유니온스틸]

“이사의 감시의무의 구체적인 내용은 회사의 규모나 조직, 업종, 법령의 규제, 영업상황 및 재무상태에 따라 크게 다를 수 있는데, 고도로 분업화되고 전문화된 대규모 회사에서 대표이사 및 업무담당이사들이 내부적인 사무분장에 따라 각자의 전문 분야를 전담하여 처리하는 것이 불가피한 경우라 할지라도 그러한 사정만으로 다른 이사들의 업무집행에 관한 감시의무를 면할 수는 없다. 그러한 경우 합리적인 정보 및 보고 시스템과 내부통제시스템(이하 ‘내부통제시스템’이라고 한다)을 구축하고 그것이 제대로 작동되도록 하기 위한 노력을 전혀 하지 않거나 위와 같은 시스템이 구축되었다 하더라도 회사 업무 전반에 대한 감시·감독의무를 이행하는 것을 의도적으로 외면한 결과 다른 이사의 위법하거나 부적절한 업무집행 등 이사들의 주의를 요하는 위험이나 문제점을 알지 못하였다면, 이사의 감시의무 위반으로 인한 손해배상책임을 진다. 이러한 내부통제시스템은 비단 회계의 부정을 방지하기 위한 회계관리제도에 국한되는 것이 아니라, 회사가 사업운영상 준수해야 하는 제반 법규를 체계적으로 파악하여 그 준수 여부를 관리하고, 위반사실을 발견한 경우 즉시 신고 또는 보고하여 시정조치를 강구할 수 있는 형태로 구현되어야 한다. 특히 회사 업무의 전반을 총괄하여 다른 이사의 업무집행을 감시·감독하여야 할 지위에 있는 대표이사가 회사의 목적이나 규모, 영업의 성격 및 법령의 규제 등에 비추어 높은 법적 위험이 예상되는 경우임에도 이와 관련된 내부통제시스템을 구축하고 그것이 제대로 작동되도록 하기 위한 노력을 전혀 하지 않거나 위와 같은 시스템을 통한 감시·감독의무의 이행을 의도적으로 외면한 결과 다른 이사 등의 위법한 업무집행을 방지하지 못하였다면, 이는 대표이사로서 회사 업무 전반에 대한 감시의무를 게을리한 것이라고 할 수 있다.”

### 대판 2022. 5. 12. 2021다279347 [대우건설 주주대표소송]

“이사의 감시의무의 구체적인 내용은 회사의 규모나 조직, 업종, 법령의 규제, 영업상황 및 재무상태에 따라 크게 다를 수 있다. 특히 고도로 분업화되고 전문화된 대규모 회사에서 대표이사나 일부 이사들만이 내부적인 사무분장에 따라 각자의 전문 분야를 전담하여 처리하는 것이 불가피한 경우에도, 모든 이사는 적어도 회사의 목적이나 규모, 영업의 성격 및 법령의 규제 등에 비추어 높은 법적 위험이 예상되는 업무와 관련해서는 제반 법규를 체계적으로 파악하여 그 준수 여부를 관리하고 위반사실을 발견한 경우 즉시 신고 또는 보고하여 시정조치를 강구할 수 있는 형태의 내부통제시스템을 구축하여 작동되도록 하는 방식으로 감시의무를 이행하여야 한다. 다만 회사의 업무집행을 담당하지 않는 사외이사 등은 내부통제시스템이 전혀 구축되어 있지 않는데도 내부통제시스템 구축을 촉구하는 등의 노력을 하지 않거나 내부통제시스템이 구축되어 있더라도 제대로 운영되고 있지 않다고 의심할 만한 사유가 있는데도 이를 외면하고 방치하는 등의 경우에 감시의무 위반으로 인정될 수 있다."

나) **대상회사:**    내부통제시스템구축의무가 모든 종류의 회사에 예외없이 의무화되어 있는 것은 아니다. 단지 어느 나라든 주로 대형회사에 대해서는 시스템설치가 의무화되어 있지만 나라마다 사정은 조금씩 다르다. **미국**의 경우 대규모 회사를 대상으로 본 의무가 논의되고 있다. 최소한 몇 천명의 종업원을 갖는 케어막 인터내셔널社 등을 대상으로 본 의무가 이야기되었다. **독일**의 경우에도 아래의 지멘스 사건에서 보듯이 종업원 40만명의 대회사를 상대로 판례가 만들어졌다.[358] 나아가 아래에서 볼 독일 주식법 제91조 제2항은 상장여부를 가리지 않지만 동조 제3항은 상장된 주식회사를 전제로 하고 있다.[359] 나아가 독일에서 주식회사는 이미 대기업을 전제로 한 법형태이다.[360] 이런 점을 감안할 때 독일에서도 주로 대기업을 상대로 내부통제시스템 기준이 적용될 것으로 보인다. **일본** 회사법 역시 위원회설치회사(委員會設置會社)와 대규모인 감사역설치회사(監査役設置會社)에 있어서는 이사회결의로 내부통제시스템의 도입을 결정하도록 의무화하고 있다.[361] 회사의 규모에 따라 임의도입이 가능한 경우도 있다. 그럴 경우에는 반드시 이사회결의를 거칠 필요는 없을 것이다.

**우리나라** 같은 경우 2008년의 대우분식회계사건에서 대법원은 "고도로 분업화되고 조직화된 대규모회사"의 이사들을 상대로 본 의무가 부과된다고 하였다. 물론 내부통제시스템이란 반드시 대규모의 주식회사에서만 시행될 제도는 아니다. 중소기업

---

358) 아래 '내부통제시스템과 관련된 각국의 법발전 상황'(본서 509면 이하) 부분 참조.
359) 즉 상장된 주식회사에 있어서는 비상장사보다 내부통제시스템구축의무가 보다 높은 수준으로 요구된다고 보면 될 것이다.
360) 가장 주요한 이유는 독일 주식법 제23조 제5항 때문이다. 동법의 규정과 다른 정관규정을 허용하지 않는다. 정관상의 사적자치가 배제되므로 웬만한 규모의 대회사가 아니고서는 주식회사를 선택할 이유가 없다. 또 선택할 수도 없다. 대신 모두 유한회사(GmbH)로 가게 마련이다. 그리하여 독일에서는 전체 영리법인 중 71% 이상이 유한회사로 되어 있다. 우리나라나 일본에서 주식회사가 전체 영리법인 중 90% 이상을 차지하는 것과는 대조적인 현상이다.
361) 일본 회사법 제348조.

에서도 얼마든지 회사의 자율로 도입을 결정할 수는 있을 것이다. 그러나 **이 제도가 논의되기 시작한 이유가 "의심할 만한 사유기준"의 한계를 극복하기 위함이었으므로 주로 회사내부의 의사결정권한이 분업화나 조직화 등으로 세세히 나누어진 대회사가 아니면 실제 그 법률적 효용을 찾기는 어려울 것이다.**

### 다) 내부통제시스템 구축의무의 귀속 주체

① **이 사:** 상법은 "이사회는 이사의 직무집행을 감독한다"고 하고 있다($^{\text{상}\ 393}$). 그 이사회의 구성원인 이사는 어떤 부류에 속하든 감시의무의 주체가 된다고 보아야 한다. 사내이사건 사외이사건 대표이사건 평이사건 예외가 인정되지 않는다. 감시의무를 효율적으로 이행하기 위하여 내부통제시스템을 구축하는 것이므로 시스템구축 및 그 유지관리상 어떤 이사도 예외일 수 없음은 분명한 이치이다. 유니온스틸사건[362]에서는 대표이사만 피고여서 이점이 분명하지 않았다. 그러나 대우건설사건[363]은 이 점을 분명히 하고 있다. 사외이사 역시 예외가 아님을 분명히 하였다. 사실 사외이사는 바로 이러한 감시의무를 이행하기 위하여 선임된 자이기 때문에 이러한 결론의 타당성은 의심의 여지가 없을 것이다.

델라웨어의 판례법도 지적하다시피 감독의무는 이사회 차원(board-level)에서 이행되어야 한다.[364] 우선 이사회는 개개 이사의 직무집행을 효율적으로 감독하기 위한 시스템구축을 이사회결의로 정하여야 한다. 이러한 이사회결의에 따라 대개는 대표이사나 그의 지시를 받는 사내 하부조직(예컨대 컴플라이언스팀 등)이 시스템구축의 실행을 담당할 것이다. 이사회가 대표이사나 그의 지시를 받는 하부조직에 위임할 수는 있겠지만 일부나 전부 등 위임의 범위에 상관없이 시스템구축의 주체는 이사회라고 보아야 하며 미구축이나 부실관리에 따른 법적 책임 역시 이사회의 소관사항이다.

이사회를 구성하는 개개의 **이사들이 모두 내부통제시스템과 관련한 책임의 주체이지만 의무의 정도나 책임의 범위면에서는 차이를 둘 수 있다**고 본다. 또한 개개 회사의 특수한 정황에 따라 정도의 차이도 나타날 수 있다고 본다. 우리는 영국 Barings 사건에서 이를 살펴 볼 것이다. 이 사건에서 Jonathan Parker J.가 지적하듯이 개개 이사가 회사에서 어떤 자격으로 업무를 수행하는지 나아가 개개 이사의 보수수준은 어떠한지 등을 참고할 필요가 있다. 특히 **개개 이사의 보수 수준은 해당 이사의 업무 관여도를 객관적으로 반영하는 것이기 때문에 개개 이사의 책임을 구체적으로 판단함에 있어서도 중요한 척도**로 작용할 것이다.

---

362) 대판 2021. 11. 11, 2017다222368.
363) 대판 2022. 5. 12, 2021다279347.
364) Marchand v. Barnhill, 212 A. 3d 805 (Del. 2019).

② **집행임원**:    집행임원제를 시행하는 회사에 있어 내부통제시스템구축의무의 귀속주체는 누구인가? 이 부분에 대해서는 다소 비교법적 접근이 필요하다.

　　(i) **수직적 이원체제**[365]:    내부통제시스템구축의무는 주로 대형회사에서만 나타나는데 세계적으로 볼 때 미국의 대규모 회사나 독일의 주식회사는 이원적 업무집행구조를 가지고 있다. 독일의 주식회사에서는 이사회와 감사회의 전통적인 2원적 구조이며 미국의 대회사에서도 이사회(board)와 집행임원(officer)의 2원적 구조로 되어 있다. 미국식의 officer제에서 이사회는 감독형 이사회(monitoring board)이기 때문에 대부분 사외이사로 충원되며 특히 델라웨어법에 의하면 그럼에도 불구하고 이사회가 회사내부의 최고기관성(director primacy)을 갖기 때문에,[366] 감시의무로 인한 책임 역시 그 구성원인 이사(director)들이 지게 될 것이다. 독일의 2원적 업무집행시스템에서는 미국식으로 보면 집행임원에 해당하는 이사(Vorstandsmitglied)들이 감시의무의 주된 주체이며[367], 임무해태로 인한 주된 책임 역시 그들이 지게 된다.[368] 감사회(Aufsichtsrat)의 구성원은 우리 식으로 보면 사외이사 정도로 평가할 수 있고 회사내부의 일상적 업무에 종사하지 않으므로 책임수준 역시 이사들 보다는 낮고 또 책임지게 되는 경우도 예외적으로만 발생하게 될 것이다.[369]

　　이들 국가에서의 집행구조는 **수직적 이원체제**라 할 수 있고 미국에서는 상부구조에[370] 그러나 독일에서는 하부구조에[371] 각 감시의무의 불이행으로 인한 주된 책임을 부과하고 있다고 평가된다. 이러한 수직적 이원체제하에서는 주주들이 주주총회에서 실제 업무집행을 담당할 기관[372]을 직접 선출하는 것이 아니라 간접선거방식을 거치게 된다.[373] 물론 우리 상법도 미국식 집행임원제를 도입한 것은 사실이나 실제 내부통제시스템이 작동할 만한 대형회사에 있어서 그 선택은 거의 이루어지고 있지 않다.

　　(ii) **수평적 이원체제**:    이에 반하여 우리나라나 일본 또는 영국 같은 나라에

---

365) 수직적이라는 표현을 쓴 이유는 상부기관이 하부기관의 구성원을 선출하기 때문이다. 독일의 경우 감사회는 이사들을 선임 내지 해임할 수 있다. 미국의 경우에도 이사회(board of directors)는 집행임원(officers)을 선출한다.

366) 델라웨어주 일반회사법 제141조.

367) 독일 주식법 제91조; Spindler/Stilz/Fleischer, §91 Rdnr. 67.

368) 독일 주식법 제76조("회사는 이사회의 주도하에 업무집행이 이루어진다").

369) Spindler/Stilz/Fleischer, §91 Rdnr. 67.

370) 이는 결국 감독형 이사회(monitoring board)를 의미하게 된다.

371) 이는 이사회(Vorstand)를 의미하게 된다. 독일의 Vorstand는 집행이사회(management board)의 성격을 갖는다.

372) CEO 등을 의미한다.

373) 상법 제408조의2 제3항 제1호; 미국 같은 경우에는 정관에 별도의 규정이 없으면 이사회(board)가 CEO 등 집행임원을 선출하며 독일 같은 경우는 주주대표 및 근로자대표로 구성된 감사회(Aufsichtsrat)가 이들을 선출한다.

서는 **수평적 이원체제**를 갖고 있다. 대회사라 하여도 독일이나 미국처럼 상하로 양분된 이중적 구조를 갖지 않으며 수평적으로 사내이사와 사외이사가 동일한 이사회 내에서 공존하는 형태를 취하게 된다. 수평적 이원체제하에서는 사내이사든 사외이사든 이사는 모두 주주총회에서 선출된다.[374]

이런 국가들에서는 결국 **사내이사와 사외이사의 책임발생요건을 각각 달리 설정할 수밖에 없을 것**이다. 회사내부의 일상적 업무에 대한 접근 정도면에서 차이가 크기 때문이다. 우리나라의 경우 대형 공개회사의 이사회는 대부분 과반수를 사외이사로 충원하는바 이사총수에서 사외이사가 차지하는 비율은 약 59% 정도이다. 일본의 경우에는 사내이사가 압도적이며 사외이사는 2~3명 정도이다.[375] 영국의 경우에는 우리나라와 거의 같다.[376]

라) 구축 및 운영의 정도:    내부통제시스템을 구축하는 경우에도 어느 정도여야 본 의무를 이행했다고 할 수 있는지 의문이다. 이에 대해서는 나라마다 다소 용어의 차이가 있기는 하나 결국 따져보면 내부통제시스템의 필수 핵심영역과 그 외의 영역으로 나누어질 수 있다고 본다. 이하 이에 대해 살펴보기로 한다.

① 필수핵심영역(必須核心領域):    이 부분을 델라웨어의 판례법은 "mission-critical" 영역으로 표현하고 있고, 독일 주식법은 앞서 보았듯이 이를 "회사의 존속을 위협할 정도의 상황전개"로 표현하고 있다.[377] 우리 판례법상 나타나는 "높은 법적 위험이 예상되는 영역" 역시 여기에 해당한다고 생각한다.

(i) **'회사의 존속을 위협할 만한 사건' 기준**:    비교법적으로 보면 이 기준을 가장 명쾌하게 성문화한 나라는 독일이다. **독일 주식법**은 제91조 제2항에서 주식회사의 이사들에게 "회사의 존속을 위협할 만한 사건전개"에 대해 **조기경보시스템을 구축하라고 명하고** 있다. 조기경보시스템이란 보고체계나 정보체계를 의미하는바 내부통제시스템의 일부라고 보면 된다. 다만 **회사의 존속을 위협할 정도의 것이어야 한다.** 이 정도에 이르려면 **해당 상황이 계속 전개될 경우 회사의 재산상태, 재무상태 혹은**

---

374) 그러나 일본의 경우 회사별로 차이가 날 수 있다. 소니(SONY) 같은 경우 미국식 지배구조를 갖고 있으나 도요타(TOYOTA)의 경우 일본식의 전통적 지배구조를 갖고 있다고 평가된다.

375) 神田秀樹, 會社法, 第21版, 弘文堂, 2019, 208頁(상장사에 대해 법적으로 요구되는 사외이사의 최소숫자는 1명이다): 동경증권거래소 발표자료에 의하면 동경증시에 상장되어 있는 3,770개 회사 중 각 회사의 이사 총수는 평균 8.1명이며 그중 2.9명이 사외이사라고 한다. 약 60%의 상장사에서 사외이사는 2명 내지 3명이었다 [東証上場会社における独立社外取締役の選任状況及び指名委員会・報酬委員会の設置状況, 株式会社 東京証券取引所(2022年8月3日), 6頁].

376) Kim/Nofsinger/Mohr, Corporate Governance, 3rd ed., Prentice Hall, 2010, p. 50, Figure 4.2.

377) 일본 다이와은행사건에서도 "회사경영의 근간(根幹)에 관한 위험관리체계"라는 말이 나온다. 이 역시 유사한 개념으로 파악된다.

수익상황이 본질적으로 악화될 수 있는 정도여야 하며 그 결과 회사가 도산하거나 최소한 그런 위험이 본질적으로 증대될 수 있는 것이어야 한다. 이 영역에서 이사들은 선택의 여지가 없다. 반드시 구축해야 하며 비용 대 효용의 비교 분석도 허용되지 않는다. 2021년의 유니언스틸 사건이나 2022년의 대우건설 주주대표소송 등에서 우리의 판례법도 "높은 법적 위험이 예상되는 영역"이라는 표현을 쓰고 있고 개념상 다소 추상적이어서 동의어로 분류하기는 쉽지 않으나 이러한 표현은 본질적으로 미국의 "mission-critical" 혹은 독일 주식법상의 "회사의 존속을 위협할 만한 사건 전개" 등과 같은 부류라고 생각한다. 그런 점에서 향후 우리 판례법 발전에 가장 많이 기여할 입법례라고 생각한다.

(ii) 'mission-critical' 기준:   한편 미국 델라웨어주의 판례들은 1996년 케어막사건에서는 시스템구축의 정도에 대해서는 구체적 언급을 하지 않았다. 그러나 2019년 Marchand 사건 이후에는 'mission-critical'기준을 설정하고 있다. 이에 따르면 **회사의 영업수행에 결정적으로 영향을 미칠 수 있는 업무영역에서는 보다 제고된 의무수준이 요구된다**고 하고 있다.

우리의 판례법 역시 그 영향을 받은 것으로 판단된다. 유니언스틸사건(2021)이나 대우건설사건(2022)의 판결문과 2008년의 대우분식회계사건의 판결문을 비교해보면 모두 내부통제시스템구축의무를 다루고 있기는 하지만 한 가지 부분에서 명확한 차이가 있다. 전자(前者)들에서는 "높은 법적 위험이 예상되는 업무"라는 용어가 등장하나 후자(後者)에서는 그런 언급을 발견할 수 없다. 즉 전자들에서는 **회사 내부의 사정상 "높은 법적 위험이 예상되는" 그런 영역에서는 내부통제시스템구축의무가 보다 높은 수준으로 요구된다**는 것이다. 대법원은 적어도 이런 경우에는 적정한 내부통제시스템을 제대로 갖추어야 하고 그렇지 않으면 이사는 면책되기 어렵다는 식의 경고성 판시를 하고 있다. 결국 내부통제시스템구축의무의 정도를 업무의 성격이나 종류에 따라 차등화하고 있다고 할 수 있다. 최소한 이런 경우에는 보다 제고된 의무수준을 요구하고 있는 것은 분명해 보인다.[378]

대법원의 이런 자세는 내부통제시스템에 관한 델라웨어주 법원들의 근자의 입장과 무관하지 않다. 1996년 이 사법심사기준이 처음 케어막사건에 등장한 이후 이 청구원인(cause of action)은 크게 이용되지 않았다. 그러다가 2019년 Marchand v. Barnhill 사건을 계기로 전기를 맞는다. 이 사건 이후 본 청구원인의 승소사례가 급증하기 시작한다. Marchand 사건 이후, Clovis 사건, Hughes 사건, Chou 사건,

---

378) 그러나 이러한 판시내용은 매우 추상적이기 때문에 위에서 본 독일 주식법의 해석학이 도움이 된다고 본다 (위에서 본 독일 주식법 제91조 제2항 부분 참조).

Boeing 사건 등 일련의 판결들이 갑자기 쏟아져 나오기 시작했다. 승소사례의 증가에는 ① 'mission critical'이란 개념을 이용하면서 판례법이 급속히 진화하였고, ② 원고 주주의 증거수집상 어려움이 해소되었으며, ③ 기업경영에 있어 ESG의 요소를 중시하는 근자의 흐름이 일정한 역할을 수행하였다는 분석들이 있다.[379] 어쨌든 이번 대우건설 사건이나 유니언스틸 판결은 내부통제시스템을 둘러싼 회사 내부의 위험을 차등화하였다는 점에서 큰 의미를 갖는다. 항공기를 제조하는 보잉사에 있어 제작한 항공기의 안전과 이를 유지하기 위한 내부통제시스템은 절대적으로 중요한 것('mission critical')이며, 아이스크림만 제조하는 Blue Bell社에 있어 아이스크림의 안전은 식품위생법상 절대적 요소이며 이를 유지하기 위한 Blue Bell社의 내부통제시스템은 'mission-critical'이다.

유니온스틸사건이나 대우건설사건에서는 가격담합이나 입찰담합 등 컴플라이언스문제가 주된 대상이었다. 대형 건설사의 입찰담합이나 철강회사의 가격담합은 준법경영의 기본이념에 반할 뿐만 아니라 거액의 과징금처분을 받게 되어 회사의 현금흐름에도 큰 영향을 준다. 나아가 이러한 위법행위를 되풀이할 경우 해당 기업은 사회적 신뢰를 잃게 되어 향후의 영업활동에 막대한 지장을 초래하게 될 것이다. 나아가 이러한 결과는 오늘날 기업경영에 필수적으로 등장하는 ESG의 이념에도 반하는 결과가 될 것이다. 따라서 유니언스틸사건이나 대우건설사건에서 지적된 **담합행위는 높은 법적 위험이 예상되는 위법행위라고 보아야 하고 적어도 이런 영역에서는 보다 제고된 시스템관리가 필요하다는 판례의 설시는 타당하다**고 생각되며 델라웨어주 판례법상의 mission critical기준과도 일치한다고 생각된다.

(iii) **내부통제시스템기준과 경영판단기준**:  어느 정도 내용의 관리체계를 정비하여야 하는가 하는 것은 이사들의 경영판단사항이므로 회사경영의 전문가인 이사들에게는 광범한 재량이 부여된다고 보아야 한다.[380] 위에서도 언급하였듯이 시스템구축의 시점과 부정행위가 실제 발생한 시점간에도 디지털환경이나 인공지능의 발전 등 기술적 진보가 급격하여 구축하여야 할 시스템의 내용이나 수준이 달라질 수 있음을 유의하여야 한다. 따라서 일단 시스템구축의 의사결정 당시 이사들이 그 당시 수집된 정보에 기하여 회사의 이익에 최선이라고 믿고 일정 수준의 시스템구축을 결의한 것이라면 차후 해당 이사들에게 사후적으로 책임을 묻기는 쉽지 않을 것이다.[381]

앞서 본 일본시스템기술사건에서 일본 최고재판소는 "합리적으로 예견가능한 범

---

379) 송옥렬, "이사의 감시의무와 내부통제시스템구축의무", 「企業法研究」 제36권 제1호(2022. 3.), 9면 이하.
380) 다이와은행 주주대표소송에서 오사카지방법원은 그렇게 판시한 바 있다.
381) 전준영, "내부통제시스템구축의무와 이사의 책임", 「상사법연구」 제40권 제4호(2022. 2.), 274면.

위내에서 통상 상정가능한 부정행위를 방지할 정도의 관리체계를 구축하면 이사는 일단 면책에 이를 수 있다"고 판시한 바 있다.[382] 이사의 선관주의의무가 주식회사의 이사에 대해 기대되는 객관적 주의의무임을 감안하면 이러한 일본 최고재판소의 입장은 일단 타당하다고 할 수 있다. 동 재판소는 추가로 다음과 같은 취지의 판지를 남기고 있다: "본건에서와 같은 유형의 부정행위가 과거에도 있었던 경우라면[383] 그런 부정행위 역시 막을 수 있는 시스템구축이 필요하고 또 예상가능하다고 보아야 하겠지만 본건에서 벌어진 부정행위는 통상 용이하게 예상할 수 있는 방법으로 이루어진 것이 아니고 나아가 과거의 전례도 없는 것이어서 대표이사가 그 발생을 예견할 수 있거나 예견해야만 할 특별한 사정도 존재하지 않았다고 보아야 한다." 이런 취지로 일본 최고재판소는 의무위반을 인정한 원심을 파기하였다. 내부통제시스템기준이라는 것이 경영판단기준과 같이 원칙적으로 이사의 면책을 돕는 사법심사기준임을 고려할 때 이러한 법원의 입장은 공감할 만하다.

(iv) **사외이사에 대해 요구되는 정도**:    영국의 베어링스(Barings) 사건에서 항소법원(Court of Appeal)은 이사진들의 임무해태를 인정한 1심법원의 판결을 그대로 확정하였다.[384] 1심 법원의 담당법관인 Parker 판사는 **모든 이사들에 대하여 같은 정도로 의무가 부과되지는 않으며 그럴 필요도 없다**는 취의의 판시를 한 바 있다. 나아가 이사별로 차등을 둘 경우 특히 개개 이사의 보수수준은 구체적 판단에 크게 영향을 미칠 것이라는 의견도 밝히고 있다. 그 결과 특히 사외이사와 사내이사의 경우 보수의 격차가 매우 크므로 내부통제시스템구축의무와 관련해서도 양자간의 구별은 불가피할 것으로 생각된다.

2022년 대우건설 주주대표소송의 큰 의미는 사외이사의 내부통제시스템구축의무 위반으로 인한 책임발생요건을 별도로 설시하였다는 데에 있다. 사외이사 역시 내부통제시스템구축의무의 주체인 것만은 분명하지만 사외이사들은 사내이사들과 달리 회사내 업무집행에 대한 접근가능성에 한계가 있으므로 의무위반의 성립요건상 사내이사들과는 차이를 두어야 한다. 대우건설 사건은 똑같은 Caremark Claim이라도 사내이사와 사외이사에 대해 책임발생요건을 차등화하였다. 이러한 자세는 타당하다고 생각된다. 우리나라에서도 자산 2조원 이상의 상장사에서는 과반수가 사외이사이므로 자문업무를 수행하는 사내변호사나 로펌의 실무자들에게는 매우 중요한 사법심사기

---

382) 最高裁判所 平成21年(2009年)7月9日 『判例時報』 2055号, 147頁 = 『判例タイムズ』 1307号, 117頁 = 金融商事判例 1321号, 36頁; 金融商事判例 1330号, 55頁.

383) 위에서 본 독일 지멘스 사건에서도 과거의 유사사례가 있었는지 여부가 시스템구축의 이행정도를 판단함에 있어서 중요한 요소로 작용한다고 하고 있다.

384) Re Barings plc (no. 5) [1999] 1 BCLC 433.

준이 될 것이다.

대법원은 두 가지 경우를 나누어 설시하고 있다. 하나는 내부통제시스템이 전혀 구축되지 않은 경우이고 이 경우 사외이사에게는 시스템설치에 대한 촉구의무를 부과하고 있다. 다른 하나는 이미 시스템이 구축된 경우이다. 이 경우에는 해당 시스템이 제대로 운영되고 있는지 감시해야 하며 의심할 만한 상황이 나타나는 경우에는 적극 조사하여 적정한 운영에 이르도록 대처해야 할 것이다.

(v) **실질적 운영의 필요성**: 내부통제시스템은 1회성 구축으로 의무의 이행이 완성되지 않는다. 판례도 "어떠한 제도를 도입했다거나 어떠한 직위를 가지는 사람을 두었다고 하여 그것만으로 해결되는 것은 아니고 그 제도가 실질적으로 운영되고 직책을 가진 사람이 그 역할을 제대로 수행하였음이 입증되어야 한다"고 보고 있다. 즉 '필요한 시스템을 구축했더라도 또는 필수 요원에 대한 임명이 이루어졌더라도 시스템 전반에 걸쳐 실질적으로 나아가 효율적으로 운영되지 못할 경우 본 의무는 이행되지 않은 것이다'라고 판시하고 있다.[385]

② 기타 영역(비필수영역): 위에서와 같은 **필수영역이 아닌 경우에는 이사들에게 내부통제시스템구축과 관련한 광범한 재량이 부여될 것이다.** 독일 주식법 제91조 제3항에서처럼 **적정성 내지 상당성의 형량(衡量)도 가능하다고 본다.** 나아가 독일 주식법은 비상장 주식회사의 경우 비필수영역에 있어서는 시스템구축 역시 의무사항으로 보지 않는다. 델라웨어주의 판례법상으로도 "mission-critical" 영역에 속하지 않는 경우에는 시스템구축은 반드시 의무사항이라고 풀이되지 않는다.

내부통제시스템이 광범히 구축되어 준법경영의 정도가 제고되면 좋겠지만 회사에 따라서는 높은 비용 및 부작용 등 부정적 요소도 만만치 않은 것이어서 모든 영역에 걸쳐 시스템 구축을 의무화하는 것이 반드시 긍정적이라고 할 수도 없다. 따라서 이러한 비필수영역에서는 회사의 광범한 재량에 맡기는 것이 좋다고 생각한다.

마) 내부통제시스템과 다른 사법심사기준간의 관계

① 의심할 만한 사유기준(RFT)과 내부통제시스템기준(ICS)간의 관계

(i) **동일한 회사에서의 공존가능성**: 주식회사의 이사가 부담하는 감시의무의 이행여부는 전통적으로 의심할 만한 사유기준에 의하여 의율(擬律)되어 왔다. 이에 따르면 이사는 언제나 상시 적극적으로 타 임원이나 피용자에 대하여 감시를 하여야

---

385) 대판 2022. 7. 28, 2019다202146 [STX 조선해양]; 최근 우리나라의 행정법원 역시 내부통제의 실효성 관련 판결들을 남기고 있는 바 이에 대해 자세히는 윤승영, "회사법상 이사의 내부통제시스템 구축의무에 대한 비교법적 고찰", 「경제법연구」 제21권 제2호(2022), 3~38면, 특히 14면 이하 참조.

하는 것은 아니다. 그들은 타 임원이나 피용자에 대한 기초적 신뢰권을 향유한다. 즉 동료 이사진들이나 기타 피용자들이 법령을 준수하고 회사의 이익에 부합하는 방향으로 업무집행을 할 것이라고 믿을 수 있다. 그러나 회사내부의 지배구조상 권한 범위나 업무범위가 세세히 분업화된 경우라면 자기가 맡고 있는 분야 이외의 영역을 세세히 관찰하기 어려워진다. 내부통제시스템은 이런 경우 효용을 발휘한다.

유니온스틸이나 대우건설 주주대표소송을 통하여 분명해지는 것은 동일한 회사에서도 이사의 감시의무에 관한 두 가지 사법심사기준이 공존할 수 있다는 사실이다. 회사의 규모에 관계없이 의심할 만한 사유기준은 모든 회사에 있어 보편적으로 적용된다. 다만 고도로 분업화되고 조직화된 대규모 회사에 있어서는 이사들이 의심할 만한 상황에 접근하기 어려운 경우가 있다. 즉 일부 이사들은 해당 상황에 용이하게 접근할 수 없게 된다. 그러한 경우를 위하여 마련한 것이 내부통제시스템기준이다. 대우건설 주주대표소송에서 대법원은 대표이사, 업무담당이사 및 사외이사의 책임발생요건을 각각 별도로 설시하고 있다. 가장 주된 피고라 할 대표이사의 경우 청구원인은 "의심할 만한 사유기준"이었다. 즉 4대강 사업에 관한 한 대우건설의 대표이사가 회사에 대해 감시의무위반을 이유로 손해배상책임을 지게 되는 청구원인은 내부통제시스템기준이 아니라 전래적으로 적용되어 온 '의심할 만한 사유기준'이었다. 이에 반하여 여타 사내이사들과 사외이사들에 대해서는 내부통제시스템기준을 적용하고 있다. 다만 사외이사에 대해서는 같은 내부통제시스템기준이라도 사내이사들과는 별도로 의무위반의 구성요건을 제시하고 있다. 이처럼 대우건설 사건은 동일한 하나의 회사라도 이사의 감시의무위반을 이유로 그에게 책임을 묻는 경우 의심할 만한 사유기준이든 내부통제시스템기준이든 개별 사안의 성격에 따라 나아가 개개 이사의 사정에 따라 달리 적용할 수 있으며 두 기준이 일개의 회사내에서도 공존할 수 있음을 보여주고 있다.

(ii) **대표이사에 대한 양 기준의 적용가능성**: 나아가 유니온스틸 사건과 대우건설 사건을 비교해보면 같은 대표이사라도 사실관계의 정황에 따라 나아가 소속회사의 내부지배구조에 따라 책임기준이 달라질 수 있음을 발견할 수 있다. 대우건설 사건보다 6개월 전에 선고된 유니언스틸의 경우 대표이사는 내부통제시스템기준에 따라 책임지게 되었지만 이번 대우건설 사건에서는 적어도 4대강 사업의 경우 대표이사에 대해서는 의심할 만한 사유기준이 적용되었다. 똑같은 대표이사라도 감시의무위반의 판단기준이 달랐던 것은 두 회사의 내부지배구조에 차이가 있었기 때문이다. 유니온스틸에서는 철강재의 가격결정에 관한 한 영업담당이사가 전결권을 가지고 있

었고 대표이사에게 관련 사항을 보고할 의무도 없었다. 따라서 유니온스틸에서는 대표이사는 철강재의 가격담합에 대해 적극적으로 인지하지 못하였고 또 적극적으로 인지하지 못한 것에 대해 법률적 비난을 가하기도 어려웠다.

(iii) **시스템운용의무에 대한 적용가능성**:  끝으로 내부통제시스템기준과 의심할 만한 사유기준간에는 다음과 같은 관계가 존재한다. 일단 시스템이 구축된 경우라도 이사들은 그 체제가 처음 계획된대로 작동하는지 감시하여야 하고 나아가 시스템을 정기적으로 평가하고 필요한 경우에는 시스템을 보완·변경하여야 할 것이다. 즉 한번 시스템을 만들었다고 이를 무조건 신뢰하면서 그대로 방치하는 것은 차후 법적 책임의 원인이 될 수 있을 것이다.

그렇다고 시스템의 정상 작동에 대해 매번 의심하면서 일일이 확인하는 것도 기대가능하지 않다. 따라서 이사에게 시스템운용과 관련한 법적책임을 묻는 경우 일정 한도에서 "의심할 만한 사유기준"이 적용될 여지가 있다. 즉 이사들에게는 구축된 시스템의 정상작동에 대한 기초적 신뢰권이 존재한다고 보아야 한다.[386] 정상작동을 의심할 만한 특이 정황이 포착되는 경우에는 물론 적극적 개입이 요구될 것이고 그럼에도 불구하고 조사 및 시정요구가 이루어지지 않은 경우에는 의심할 만한 사유기준에 따라 회사에 대해 책임지는 경우가 있을 것이다.

② 내부통제시스템기준(ICS)과 경영판단기준(BJR)

(i) **일정 요건하에 이사의 면책을 허용하는 사법심사기준**:  내부통제시스템기준과 경영판단기준간에는 동질성이 존재한다. 둘다 모두 일정 요건하에 이사의 면책을 허용하는 사법심사기준이다. 경영판단기준이 적극적인 경영상의 의사결정에 있어 일정 수준의 주의를 다한 이사에게는 설사 회사에 손해가 발생하더라도 더 이상을 책임을 묻지 않듯이 내부통제시스템기준은 소극적인 감시영역에서 유사한 기능을 수행한다. 즉 평소에 일정 요건을 갖춘 시스템을 구축하고 이를 적정히 유지·관리해 왔다면 설사 다른 이사들이나 피용자들의 위법행위로 회사에 손해가 발생한다 할지라도 감시의무위반으로 인한 책임을 묻지 않겠다는 것이다.[387]

(ii) **시스템의 수준과 경영판단기준**:  오늘날의 디지털 환경과 특히 인공지능의 급속한 발전은 내부통제시스템의 내용 및 구축수준에도 영향을 미칠 수 있다. 따

---

386) 野村修也, "內部統制システム", 別冊 Jurist No. 205, 岩原紳作·神作裕之·藤田友敬 編, 『会社法 判例百選』, 有斐閣, 第2版, 2011, Nr. 54, 112~113頁.

387) 이러한 결과는 미국이나 일본의 판례법에 의하여 확인되어 왔다; 시티그룹 주주대표소송(In re Citigroup Inc. Shareholder Derivative Litigation, 964 A. 2d 106 [Del. Ch. 2009]); 日本システム技術事件(日本 最高裁判所 平成21年[2009年]7月9日, 『判例タイムズ』, 1307号 117頁) 등 참조.

라서 회사가 내부통제시스템을 처음 구축할 당시에는 예상할 수 없었던 컴플라이언스 위반사례가 벌어질 수 있으며 이사들로서는 일일이 그 기술진보를 따라가기도 버거울 수 있다. 위에서 밝힌 대로 내부통제시스템을 끝없이 개선시켜야 하겠지만 처음 구축할 당시의 상황에서 이사들이 모든 정보를 동원하여 회사에 최선인 시스템구축을 결의하였다면 해당 이사들에 대해서는 경영판단의 원칙을 적용하는 것이 바람직하다고 생각한다. 즉 훨씬 진보된 기술수준에서 차후 임직원의 위법행위가 일어났고 그것이 원인이 되어 회사의 손해로 이어졌더라도 경영판단원칙의 일반 이념에 따라 이사의 면책은 가능하다고 본다.[388]

바) 의무위반의 요건:  내부통제시스템구축의무위반의 객관적 구성요건은 시스템의 미구축 또는 시스템이 이미 구축된 경우에는 이에 대한 부실관리이다. 이것이 케어막기준의 객관적 구성요건이다. 주관적으로는 피고 이사의 고의나 이에 준하는 불성실(bad faith)이 나타나야 한다. 다만 나라마다 특히 주관적 구성요건 부분에서는 적지 않은 차이가 나타난다. 이하에서는 이번 대우건설 사건과 유니온스틸 사건을 중심으로 제기되는 책임발생의 법률요건상 문제시되는 부분들을 정리해 보기로 한다.

① 객관적 구성요건:  델라웨어 판례법상 이사가 내부통제시스템구축의무 위반으로 회사에 대해 손해배상책임을 지려면 ① 내부통제시스템이 전혀 구축되지 않았거나 혹은 ② 구축되었더라도 그 유지관리가 제대로 이루어지지 않았어야 한다. 설사 시스템을 구축한다 하여도 어느 정도여야 하는지 그 판단은 쉽지 않다. 나아가 시스템구축을 위한 비용이 막대할 경우 비용대비효용을 고려해야 하는지도 의문이다. 다른 나라에서도 이 두 가지 형태로 객관적 구성요건을 상정하고 있다고 생각된다.

두 가지 유형은 서로 독립적이다. 마치 상법 제399조 제1항상 이사가 회사에 대해 책임지게 되는 것이 임무해태형과 법령정관위반형으로 나뉘듯이 이사가 내부통제 관련 의무를 위반하여 회사에 대해 책임지게 되는 것도 이처럼 두 가지로 나뉘는 것이다. 즉 전혀 구축하지 않은 경우와 구축은 했으되 그 유지관리가 제대로 이루어지지 않은 경우 이렇게 둘로 나뉘는 것이다. 조심할 점은 이들이 어떤 형태로든 단계의 개념은 아니라는 것이다. 즉 내부통제시스템이 전혀 구축되지 않은 것이 1단계, 이미 구축되었지만 그 유지관리를 태만히 한 것을 2단계 이렇게 부를 수는 없다. 그리고 한쪽이 다른 쪽보다 더 중대한 의무위반 또는 그 반대도 아니라는 사실이다.

② 주관적 구성요건:  이 부분은 비교법적으로 접근할 필요가 있다고 본다. 델라웨어 판례법상 케어막 클레임(Caremark Claim)은 고의라는 주관적 구성요건을 요한다.

---

388) 田中 亘, 『会社法』, 第3版, 284~285頁

미국 델라웨어주 최고법원은 Ritter v. Stone 사건[389]에서 이사가 내부통제시스템의 미구축 또는(or) 관리소홀로 인한 손해배상책임을 지려면 주관적 구성요건으로 피고 이사의 고의 내지 고의에 준한 불성실(不誠實; bad faith)이 필요하다고 보았다. 즉 이사가 내부통제시스템구축의무의 실패로 말미암아 회사에 대해 책임지려면 **"의무를 인식하면서도 이를 고의로 무시하는 것"**(conscious disregarding the board's duties)이 필요하다는 것이다.[390]

그러나 일본이나 독일의 판례법에서는 의무위반의 주관적 구성요건을 이처럼 고의나 이에 준하는 불성실로 제한하지 않는다.[391] 그러면 왜 이러한 차이가 생기는가? **혹시 나라마다 상이한 사외이사의 비율이 케어막 클레임의 주관적 구성요건과 어떤 상관관계를 갖고 있는 것은 아닌지** 알아 볼 필요가 있다. 이에 있어 특히 대형회사의 이사회구성을 비교해 보아야 한다. 그 이유는 내부통제시스템기준은 고도로 분업화되고 전문화된 대형회사에서 주로 나타나기 때문이다.

미국 대형회사의 경우 이사회구성원의 절대다수는 사외이사이다.[392] 반면 일본의 경우 절대다수는 거꾸로 사내이사이다. 우리나라는 그 중간정도에 해당한다. 즉 자산 2조원 이상의 대형 상장사에서 이사회는 과반수를 사외이사로 채워야 한다. 이러한 차이는 우리나라 판례법에 어떠한 영향을 미치는가? 또 주관적으로 어느 정도의 수준을 요구하여야 적정한 것일까?

미국 대형회사 이사회의 대다수를 점하는[393] 독립이사(independent director)는 회사의 일상적인 업무를 수행하지 않는다. 그들은 대부분 관련 업종에 현직으로 종사하고 있거나 아니면 과거 해당 내지 유사업종에 종사했던 사람들이다. 이들의 풍부한 경험이 의사결정의 질(質)을 높인다. 그러나 해당 회사의 일상적인 업무와는 무관하기 때문에 이들에게 임직원의 사내 비리나 법규위반을 일일이 탐지하라고 요구하기 어렵다. 만약 이들에게 고의, 과실의 모든 경우 감시의무위반을 이유로 광범한 배상책임을 부과한다면 사외이사제도의 존립 자체가 위협받을 수 있다.

반면 **일본**의 경우 대형회사라도 사외이사는 대개 2~3인이다. 일본의 비즈니스 서

---

389) 911 A. 2d 362.

390) Stone v. Ritter, 911 A. 2d 362 (Del. 2006); Christoph Van der Elst, in: Birkmose/Neville/Sørensen (edited by), *Boards of Directors in European Companies,* Wolters Kluwer, 2013, §6.02, p. 131.

391) 독일의 지멘스사건 참조(LG München I, NZG 2014, 345, 348); 일본의 판례에서도 "전혀", "조직적으로" 내지 "의도적으로" 등의 표현은 발견되지 않는다(동지, 전준영, 전게논문, 259~260면 참조).

392) 2020년 상반기 기준 S&P 500 회사에서 전체 이사수의 85%는 독립적 이사이며 각 이사회는 평균 9.1명의 독립적 이사와 1.6명의 관련 이사로 구성되어 있다고 한다(윤성승, "기업지배구조와 주식회사 이사의 책임의 상관관계에 관한 비교법적 연구", 「商事法研究」 제41권 제1호(2022), 176면).

393) 위에서 언급한 케어막社 역시 이사회 구성원 11명 중 한 명을 제외하고는 모두 사외이사로 되어 있다. 그 한 명은 이 회사(CVS Health Corp.)의 President & CEO인 Karen Lynch이다. 대개 그 회사의 CEO를 이사회 구성원에 포함시키는 이유는 사외이사들만으로는 이사회의 의제도 정하기 어렵기 때문이다.

클에서 사외이사제도는 비교적 최근에야 도입되었고 이사회구성상 차지하는 사외이사의 비율 역시 매우 적다. 따라서 대부분 사내이사인 이사회 구성원은 감시의무를 수행함에 있어서도 상당한 정도로 일상 업무와 연결되어 있어 의심할 만한 상황과 조우하기 쉽다. 설사 회사내부의 업무분장이 전문화되어 있고 권한이 세세히 나뉘어 있더라도 사외이사들과는 상황이 다르다. 따라서 이들에게 고의나 이에 준하는 불성실 등 매우 엄격한 구성요건으로 책임의 존부를 가릴 경우 사실상 의무위반시에도 책임지는 이사는 찾기 어려워질 것이고 따라서 감시의무라는 제도 자체가 큰 범주에서 의미를 잃게 될 것이다. 따라서 일본의 관련 판례법에는 델라웨어주 판례와 달리 주관적 구성요건의 충족여부에 대한 구체적 언급이 없다. 구체적 언급이 없다고 법원이 그 심사를 포기한 것은 아니다. 고의·과실의 전 범위에 걸쳐 이를 인정하고 있다고 보아야 한다.

**독일**의 판례법은 판결문 속에서 명시적으로 고의·과실의 전 범위에 걸쳐 주관적 구성요건의 충족을 인정한다. 앞서 본 지멘스사건에서 뮌헨지방법원은 의무위반의 주관적 구성요건은 독일 민법 제276조에 따라 고의·과실의 모든 경우에 그 포섭이 가능하다고 판시하고 있다.[394] 조심할 것은 독일에서는 업무집행기관이 처음부터 이사회(Vorstand)와 감사회(Aufsichtsrat)로 2원화되어 있는 점이다. 감사회는 이사들을 선임 또는 해임할 뿐 회사의 업무집행은 전적으로 이사회의 소관사항이다. 물론 제한된 범위에서 업무집행과 관련한 승인권을 가지기는 한다. 그러나 그 범위는 매우 좁다. 따라서 우리 상법에 따르면 집행임원에 해당하는 이사들에게 내부통제시스템의 구축 및 그 유지관리에 관한 모든 권한이 부여된다(독일 주식법 제91조 참조).[395] 권한만 부여되는 것이 아니라 의무도 귀속되며 그 위반시에는 당연히 책임도 지게 되는 것이다. 이 경우 독일 주식법 제93조 제2항이 적용된다. 그러한 책임을 지는 주체가 모두 사내이사이므로 독일 법원 역시 고의·과실의 모든 경우 내부통제시스템과 관련한 배상책임이 성립할 수 있다고 보는 것이다.

**우리나라**는 이사회 구성의 측면에서 보면 미국과 일본의 중간에 서 있다. 내부통제시스템이 가장 활발하게 논의될 수 있는 자산 2조원 이상의 상장사에 있어 이사회는 과반수를 사외이사로 채워야 한다. 최근 사업연도말 현재 자산총액이 2조원 이상인 상장사의 경우 사외이사의 비율은 59.6%라고 한다.[396] 사외이사 대 사내이사의 비

---

394) 독일 주식법 제91조 위반의 경우 동법 제93조 제2항에 따라 책임지게 되는바 이 조문의 해석상 경과실로도 구성요건의 충족을 인정할 수 있다고 한다(LG München I, NZG 2014, 345, 348).
395) Spindler/Stilz/Fleischer, AktG Kommentar, §91 Rdnr. 47.
396) 윤성승, "기업지배구조와 주식회사 이사의 책임의 상관관계에 관한 비교법적 연구", 「商事法研究」 제41권 제1호(2022), 197면.

율은 약 6 : 4라고 할 수 있다. 따라서 우리나라의 경우 케어막 클레임의 책임발생요건을 논함에 있어서는 이원화(二元化)가 필요하다고 본다. **사내이사의 경우에는 일본이나 독일에서와 마찬가지로 고의나 과실의 모든 경우 책임발생이 가능하다고 보아야한다.**

반면 **사외이사의 경우**에는 주관적 구성요건을 미국에서처럼 고의나 이에 준하는 불성실 등으로 좁게 설정하거나 아니면 객관적 책임발생요건을 사내이사들과는 별도로 설정할 필요가 있다. 대우건설 주주대표소송에서 대법원은 두 가지의 길을 모두 택하였다. 내부통제시스템구축 부분에서는 **시스템구축을 촉구하는 의무로 축소시켰고 유지관리 부분에서는 의심할 만한 사유가 있는데도 이를 만연히 외면하고 방치하는 등 고의의 부작위에 한정**하고 있다. 결론적으로 사외이사의 경우에는 내부통제시스템이 전혀 구축되어 있지 않을 경우 그 마련을 촉구하기만 하면 사실상 더 이상 책임질 가능성은 없어 보인다. 고의의 부작위에 의한 외면이란 거의 발생하기 어렵고 설사 발생한다 해도 그 입증은 거의 불가능에 가깝다고 본다.

③ 인과관계: 이사의 의무위반과 회사의 손해간에 상당인과관계가 필요하다.

사) 의무위반 이사의 책임범위: 내부통제시스템기준을 위반하였다고 당해 이사가 언제나 발생한 손해의 전부를 배상해야 하는 것은 아니다. 책임제한에 관한 성문법이나 판례법의 잣대가 탄력적으로 동원될 수 있다고 본다. 대우건설 주주대표소송의 원심에서도 피고 이사들의 책임액을 합산하면 과징금 부과처분으로 (주)대우건설이 입은 전체 손해액(약 284억원)의 5% 정도에 불과하다.[397] 대법원도 원심을 그대로 확정하였다. 대표이사, 평이사, 사외이사 등 사내 비리나 정보에 접근할 가능성을 차등화할 수 있다면 이에 따라 책임제한의 비율도 달라질 것이다. 나아가 각 이사의 연보수 수준, 개인적인 이득 또는 형사처벌의 유무 등도 구체적인 책임산정에 작용할 것이다. 나아가 D&O 등 임원배상책임보험의 현황도 함께 고려하여야 할 것이다.

⊛ 대판 2022. 5. 12, 2021다279347 판결에 대한 코멘트

2021년 11월 유니온스틸(주)의 대표이사가 내부통제시스템구축 및 유지관리의무 위반을 이유로 회사에 대해 손해배상책임을 진다는 대법원 판결(2017다222368)이 난 지 불과 반년 만에 대법원은 다시 (주)대우건설 주주대표소송의 상고심을 선고하였다. 매우 긴박한 법발전이라고 생각한다. 판결의 내용을 보아도 유니온스틸 때보다 훨씬 더 의미심장하다. 아래에서 보듯이 여러 논점이 포함되어 있어 그 내용을 깊이 음미할 필요가 있다. 아래에서는 대우건설 주주대표소송의 사실관계와 판시내용을 요약한 후 관련 문제점으로 진입해

---

397) 서울고법 2021. 9. 3. 2020나2034989 판결.

보기로 하자.

## Ⅰ. 사실관계

대우건설은 4대강사업, 영주다목적댐공사 및 인천도시철도 2호선공사의 입찰 등에 있어 다른 건설사들과 더불어 입찰가격을 담합함으로써 공정거래위원회로부터 각 97억여원, 24억여원 및 161억여원의 과징금처분을 받았다. 이에 대우건설의 주주들이 이 회사의 대표이사, 평이사 및 사외이사들을 상대로 주주대표소송을 제기한 것이 본 사건이다. 1심인 서울중앙지법은 대표이사에 대해서만 '의심할 만한 사유기준'을 적용하여 손해배상책임을 인정하였고 다른 이사들에 대해서는 '의심할 만한 사유기준'이건 '내부통제시스템기준'이건 그 적용이 어렵다고 보아 상법 제399조상의 책임을 인정하지 않았다. 원고가 항소하자 항소심인 서울고등법원은 1심판결을 변경하면서 모든 이사들의 책임을 인정하였다. 대표이사에 대해서는 '의심할 만한 사유기준'을, 여타 이사들에 대해서는 '내부통제시스템기준'을 적용하였다. 책임의 범위에 대해서는 전체 손해액의 약 5% 정도를 적정한 것으로 보아 책임제한을 시행하였고 대법원도 이러한 원심을 그대로 확정하였다.

## Ⅱ. 판시내용: 주요 판시내용을 아래와 같이 축약해 보기로 한다.

### 1. 감시의무의 주체

대표이사든 평이사든 사내이사든 사외이든 이사회 구성원 모두는 감시의무의 주체이다. 내부통제시스템의 구축 및 그 유지·관리 역시 모든 이사들의 의무사항이다. 이번 대우건설 사건은 이를 분명히 하였다.

### 2. 감시의무의 내용

감시의무의 구체적인 내용은 회사의 규모나 조직, 업종, 법령의 규제, 영업상황 및 재무상태에 따라 크게 다를 수 있다. 특히 고도로 분업화되고 전문화된 대규모 회사에서 대표이사나 일부 이사들만이 내부적인 사무분장에 따라 각자의 전문 분야를 전담하여 처리하는 것이 불가피한 경우에도, **모든 이사는 적어도 회사의 목적이나 규모, 영업의 성격 및 법령의 규제 등에 비추어 높은 법적 위험이 예상되는 업무와 관련해서는 제반 법규를 체계적으로 파악하여 그 준수 여부를 관리하고 위반사실을 발견한 경우 즉시 신고 또는 보고하여 시정조치를 강구할 수 있는 형태의 내부통제시스템을 구축하여 작동되도록 하는 방식으로 감시의무를 이행하여야** 한다(대법원 2021. 11. 11. 선고 2017다222368 판결 등 참조).

다만 회사의 업무집행을 담당하지 않는 사외이사 등은 내부통제시스템이 전혀 구축되어 있지 않는데도 내부통제시스템 구축을 촉구하는 등의 노력을 하지 않거나 내부통제시스템이 구축되어 있더라도 제대로 운영되지 않는다고 의심할 만한 사유가 있는데도 이를 외면하고 방치하는 등의 경우에 감시의무 위반으로 인정될 수 있다.

## Ⅲ. 코멘트

### 1. "높은 법적 위험이 예상되는 영역"

유니언스틸사건이건 대우건설사건이건 모두 판결문 중에 "높은 법적 위험이 예상되는 업무 또는 영역"이라는 문언이 나온다. 이 부분을 법정책적(法政策的)으로 어떻게 운용할지 매우 중요한 문제이다. 그리고 이것을 델라웨어 판례법이 말하는 'mission-critical'이라는 개념과 등가(等價)로 볼 것인지도 중요하다. 향후의 법발전을 예의주시할 필요가 있다. 그리고 "높은 법적 위험이 예상되는 업무"의 법률효과는 무엇인지도 의문이다.

위에서도 보았듯이 **"높은 법적 위험이 예상되는 영역"이란 델라웨어 판례법 상의 "mission-critical 기준"이나 독일 주식법상 나타나는 "회사의 존속을 위협할 만한 사건기준"과 같은 개념**이라고 생각한다. 대우건설 사건의 판결문을 보면 "적어도 회사의 목적이나 규모, 영업의 성격 및 법령의 규제 등에 비추어 높은 법적 위험이 예상되는 업무와 관련해서는 제반 법규를 체계적으로 파악하여 그 준수 여부를 관리하고 위반사실을 발견한 경우 즉시 신고 또는 보고하여 시정조치를 강구할 수 있는 형태의 내부통제시스템을 구축하여 작동되도록 하는 방식으로 감시의무를 이행하여야 한다"고 하고 있다. 여기서 "적어도"라는 표현은 독일 주식법 제91조 제2항의 "insbesondere(특히)"를 연상시키고 "즉시 ... 시정조치를 강구할 수 있는"은 "früh(조기에)"를 연상시킨다. 위 판결문은 전체적으로 독일 주식법 제91조 제2항과 본질적으로 같다. 향후 이 부분을 구체화하는 판례들이 후속될 경우 독일 주식법 제91조 제2항의 해석학은 큰 도움이 될 것으로 보인다.

### 2. 주관적 구성요건 부분

원래 미국 델라웨어주 최고법원은 Ritter v. Stone 사건[398]에서 이사가 내부통제시스템의 미구축 또는(or) 관리소홀로 인한 손해배상책임을 지려면 주관적 구성요건으로 피고 이사의 "고의 내지 고의에 준한 불성실(不誠實; bad faith)"이 필요하다고 보았다.

대우분식회계사건에서 대법원은 내부통제시스템기준을 두 가지로 나누었다. 내부통제시스템을 전혀 구축하지 않은 경우(제1유형[399])와 내부통제시스템을 구축은 하였으나 그 운영 및 유지관리를 소홀히 한 경우(제2유형[400])가 그것이다. 이 두 가지 책임발생요건을 완전히 별개로 볼 경우 주관적 구성요건 부분도 별도로 구성할 것인가? 두 가지 책임유형은 "혹은(or)"으로 연결되어 있다. 두 나라의 판례에서 차이점은 보이지 않는다. 양 유형은 독립적인 것으로 풀이된다.

그러나 주관적 요건에 대해서는 판례마다 다소의 차이점이 발견된다. Stone v. Ritter 사건에서는 두 유형에 대해 모두 고의나 불성실(bad faith)이 요구된다고 하고 있다. 다만 2019년부터 이어진 델라웨어의 판례들에서는 객관적 구성요건인 'mission critical'이 충족되는 경우 위 '고의나 불성실(bad faith)'등 주관적 구성요건은 추론(inference)되는 것으로 보고 있다.

그러나 우리나라의 대우분식회계사건이나 유니온스틸사건에서는 내부통제시스템의 미구축(제1유형)부분에서는 "전혀"라는 용어를 쓰고 있고 주관적인 부분은 더 이상 보이지 않는다. 주관적 구성요건 요소에 대해 아무 언급이 없다는 것은 고의·과실의 전 유형을 다 포섭한다는 의미로 풀이된다. 그러나 내부통제시스템의 관리실패(제2유형) 부분에서는 "...감시·감독의무의 이행을 **의도적으로 외면**..."이라는 부분이 나온다. 즉 고의에 한정한

---

398) 911 A. 2d 362.
399) 이는 '구축'의 측면을 강조한 유형이다.
400) 이는 '이행'의 측면을 강조한 유형이다.

다는 의미이다.

　그런데 우리 판례 중에서도 가장 최근의 대우건설 사건에서는 제2유형에서 보이던 '의도적으로'라는 표현이 보이지 않으며, "...내부통제시스템을 **구축하여 작동되도록 하는 방식으로 감시의무를 이행하여야...**" 라고 표현함으로써 제1유형과 제2유형의 뚜렷한 구분도 없어졌다. 대신 사외이사의 책임발생요건이 별도로 추가되었다.

　결론적으로 정리해보면 우리의 판례법은 2008년의 대우분식회계사건에서는 델라웨어의 판례법에 가장 근접한 주관적 구성요건을 가졌으나 2021년의 유니언스틸사건과 2022년의 대우건설사건을 거치면서 독일 주식법 제91조 제2항에 다가가는 모습을 보이고 있다. 사실 커먼로의 본질을 간직한 미국의 판례법을 우리 판례법에 수용하는 것은 매우 어려운 일이었다. 가장 큰 어려움은 '불성실(bad faith)'과 같은 이질적 개념에 있었다. 나아가 델라웨어의 판례법은 이사의'불성실'을 선관주의의무가 아니라 충실의무 위반의 사례로 인식한다. 솔직히 우리 법에서는 받아들이기 어려운 부분이다.

　이에 반하여 독일 주식법 제91조 제2항의 해석학은 우리 법의 체계와 완전히 맞아 떨어진다. 솔직히 법적용의 청량감마저 느껴진다. 내부통제시스템구축의무의 위반을 선관주의의무위반으로 인식한다든지, 고의·과실의 전범위에 걸쳐 책임발생을 허용한다든지, 다수 이사의 의무위반시에는 연대책임을 인정한다든지,[401] 책임제한의 법리를 탄력적으로 가동[402]하는 등 모든 부분에서 우리의 기존 법체계와 완전히 맞아 떨어진다. 나아가 위에서도 보았듯이 필수구축영역과 그 밖의 영역을 나누어 시스템구축의 정도까지 세세히 성문화하고 있다.[403]

　사실 델라웨어주의 회사관련 판례들은 미국적 특수 상황을 반영하고 있음을 직시하여야 한다. 즉 ① '바닥으로의 경쟁'(race to the bottom)이라는 특수한 상황 속에서 친경영자적(親經營者的; manager-friendly) 성향을 가졌을 뿐 아니라, ② 미국식 officer제의 특성상 이사회가 대부분 사외이사로만 충원되어 있다든지, ③ 그럼에도 불구하고 이사회의 최고기관성(director primacy)이 성문법에 규정되어 있는 것이다(델라웨어주 회사법 제141조). **이러한 정황들을 종합적으로 고려하건대 주관적 구성요건을 고의·과실의 전 범위에 걸쳐 인정하고 대신 책임제한의 탄력적 법리를 가동하는 독일 주식법의 자세는 우리에게 많은 것을 시사한다. 나아가 이러한 방향이 이사의 감시의무와 관련된 구체적 타당성 실현에 가장 크게 기여할 것으로 전망된다. 이것이 또한 국내 판례법의 향후의 방향이 될 것이다.**

### 3. 사외이사의 내부통제시스템구축의무

　본 사건의 큰 의미는 사외이사의 내부통제시스템구축의무를 국내 판례법이 최고심급에서 처음 밝힌 점이다. 이보다 앞선 대우분식회계사건이나 유니언스틸 사건에서는 이 점이 없었다. 그러나 이번 대우건설사건은 이를 밝히고 있다.

　(1) 시스템구축 이전(以前)의 의무(촉구의무 등): 시스템이 전혀 구축되지 않은 경우에는 시스템설치를 촉구하는 등의 노력을 하여야 한다. 대법원은 촉구의무를 밝히고 있고 나아

---

401) 독일 주식법 제93조 제2항 참조.
402) 독일 주식법 제93조 제4항 참조.
403) 독일 주식법 제91조 제2항 및 제3항 참조.

가 판결문이 "...등의"라는 표현을 쓰고 있으므로 이와 유사하거나 관련되는 노력도 하여야 할 것이다. 사외이사에 대해 대표이사나 업무담당이사와 달리 취급하고 있다. 의무이행의 정도면에서 완전히 양자를 구별하고 있고 이미 위의 비교법적 부분에서 보았듯이 영국의 Barings 판례를 연상시킨다. 사내이사와 사외이사는 보수면에서 차이가 클 것이고 따라서 양자간의 구별은 어떤 시각에서건 비난하기 어려울 것이다. 우리 판례가 이렇게 영국 판례법을 수용한 이유는 대형회사의 이사회구성면에서 양국의 그것이 매우 유사하기 때문이다. 미국이나 독일의 그것과는 비교가 되지 않을 정도로 유사하다. 즉 영국의 이사회는 일원적(unitary)이다. 그 속에 사내이사와 사외이사가 섞여 있는 것도 같고 양자간의 비율도 다소의 차이가 나기는 하지만 유사하다. 따라서 양자간의 차이를 반영하여 의무위반의 책임발생요건을 별도로 설시하고 있는 것은 타당하다고 본다.

다만 사외이사가 시스템구축을 촉구하려면 회사 내부의 사정도 알아야 한다. 즉 시스템구축이 절대적으로 필요한가? 그 시스템이 mission−critical 영역을 위한 것인가 아닌가? 만약 아니라면 비용 대비 효용의 분석도 요구되는 것은 아닌가? 등 여러 물음에 부딪히게 될 것이다. 이러한 물음에 효율적으로 답하려면 사외이사에게도 적지 않은 정보권이 보장될 필요가 있다.[404] 소극적으로 이사회에 참석하는 정도에 그친다면 촉구의무를 제대로 수행하기 어려운 상황도 발생할 것이다. 나아가 이 촉구의무에 대한 의무위반의 주관적 구성요건은 고의·과실의 전 범위에 걸치는 것으로 해석된다. 고의뿐만 아니라 과실도 포함되므로 사외이사들에게는 더 신경이 쓰일 수도 있을 것이다.

(2) 시스템구축 이후(以後)의 의무(감시의무): 해당 회사에 이미 내부통제시스템이 구축된 경우에는 해당 시스템이 제대로 운영되고 있는지 감시할 필요가 있다. 정상적인 시스템운영이 의심되는 경우에는 적극적으로 나서야 하며 이를 외면하지 말아야 한다. 다만 이미 시스템이 구축된 경우 의무위반의 주관적 구성요건은 고의이다. 판결문도 밝히고 있듯이 "... 외면하고 방치하는 경우"에 회사에 대한 책임이 발생한다. 이것은 사외이사의 기초적 신뢰권(right to rely)을 밝힌 것으로 보인다. 즉 일단 시스템이 정상적으로 구축되었다면 그 운영이 정상적으로 이루어지고 있다고 신뢰할 권리가 사외이사들에게 보편적으로 보장된다고 보면 될 것이다.

### 4. 책임제한부분

원심인 서울고등법원은 전체 과징금의 약 5%를 적정한 책임수준으로 보았고 대법원도 이를 그대로 확정하였다. 과연 이러한 접근은 타당한 것인가? 특히 상법 제400조 제2항 단서는 고의 및 중과실의 경우 책임감경은 불가하다는 입장이다. 이러한 상법의 법문언을 존중할 경우 본 사건의 책임감경이 정당화될 수 있는지 의문이다. 나아가 국내의 임원배상책임보험(D&O liability)의 현황도 고려할 필요가 있다고 본다.

(1) 상법 제400조 제2항과의 관계: 상법 제400조 제2항 단서는 "다만 이사가 고의 또는 중대한 과실로 손해를 발생시킨 경우와 제397조, 제397조의2 및 제398조에 해당하는 경우에는 그러하지 아니하다"라고 하고 있다. 즉 고의·중과실의 경우 책임제한이 불가하다는

---

404) 일본의 학설에서도 같은 입장이 있다(丹羽はる香, "社外取締役の監視義務の具體的內容", 同志社法學, 제65권 제4호(2013. 11.), 354~430頁, 특히 420頁 以下.

주관적 책임제한조각사유와 충실의무에 대한 객관적 책임제한조각사유를 규정하고 있다. 그러나 이 규정의 의미는 정관규정으로 이사의 책임을 제한하는 경우 정관규정에 대한 사적자치의 한계를 정한 것이다. 따라서 사실심 법원이 자율적으로 회사내외부의 여러 정황을 고려하여 이사의 책임을 제한하는 경우까지 이 조항의 구속을 받는다고 풀이되지는 않는다.[405]

다만 중과실의 경우는 몰라도 이사가 고의였던 경우에는 책임제한은 불가할 것이다. 내부통제시스템과 관련하여 이사의 고의가 입증된 경우라면 당연히 책임제한은 불가하고 나아가 그러한 상황이라면 이는 기업윤리적으로도 용서받기 어려울 것이다. 이사가 높은 법적 위험이 예견되는 영역에서 시스템구축의 필요성을 인지하였음에도 회사의 구축시도에 반대하거나 심지어 방해하는 경우 해당 이사는 상법 제399조 제1항상의 책임을 면치 못할 것이다. 나아가 설사 시스템이 구축된 후라도 그 운영이 비정상적일 경우 이사가 이를 인지하였음에도 그 시정을 촉구하지 않고 의도적으로 이를 외면하는 경우 해당 이사는 역시 회사에 대해 손해배상책임을 지게 될 것이다. 그러나 어떠한 형태로든 책임제한은 불가할 것이다. 다만 그러한 경우는 현실적으로 일어나기 어렵고 설사 일어난다 해도 고의의 입증은 사실상 쉽지 않을 것이다.

중과실의 경우에는 상법 제400조 제2항 단서와는 달리 실제 책임을 제한한 판례도 있다. 대법원은 삼성전자 주주대표소송에서 계열사 삼성종합화학의 비상장주식을 헐값에 매각한 삼성전자의 이사진들에게 책임제한을 시행하였다. 1심인 수원지방법원은 이사진들의 중과실을 확인한 후 경영판단의 원칙을 적용하지 않고 600억원의 손해배상책임을 인정하였다. 항소심인 서울고등법원은 이 600억원의 책임을 120억원으로 제한하였고[406] 대법원도 이를 그대로 확정하였다.[407]

(2) 국내 대형 상장사의 D&O 가입실태와 내부통제시스템기준: 미국이나 일본의 대형 상장사들은 90% 이상 임원배상책임보험(D&O)에 가입되어 있다고 한다. 국내 실정이 어느 정도인지 잘 파악되지 않으나 가입정도 및 부보조건은 이사의 책임을 판단함에 있어 영향을 미칠 수 있다. 특히 책임의 범위를 구체화하는 경우 그 산정상 영향을 미칠 가능성이 높다고 본다.

## Ⅳ. 에필로그

본 사건 판례가 나오고 얼마 되지 않아 다시 STX 분식회계사건[408]도 선고되어 2022년 우리나라의 판례법에는 내부통제시스템과 관련하여서는 다수의 판례가 만들어졌다. 그만큼 기업 내부의 불상사가 사회적 문제로 크게 작용하고 있다는 의미이다. 나아가 관련 법리 역시 매우 빠르게 형성되고 있고 또 변화하고 있다. 이에 있어 비교법적 접근은 이제 필수적인 것이 되었다.

---

405) 同旨, 최문희, 주식회사법대계(Ⅱ), 제4판, 1091면(법원의 판례법은 공평의 관념과 비례책임의 원칙을 기반으로 한 것임에 반하여 상법 제400조 제2항 단서상의 주관적 책임제한조각사유는 위법행위에 대한 억지력의 손상을 감안한 것); 송옥렬, 상법강의, 제11판, 1085면(법정책적인 관점에서 판례법의 설득력을 인정함).
406) 서울고등법원 2003. 11. 20. 선고 2002나6595 판결.
407) 대판 2005. 10. 28, 2003다69638.
408) 대판 2022. 7. 28, 2019다202146.

위에서는 특히 독일 주식법상의 내부통제시스템구축의무와 그 위반의 효과를 살펴보았고 관련한 동법 제91조의 해석학을 알아보았다. 위에서 밝힌 바대로 대우건설 주주대표소송과 같은 상법 제399조의 적용사례에 있어 미국의 판례법보다는 독일 주식법의 해석학이 우리의 기존 대륙법체계와 잘 맞아 떨어짐을 확인하였다. 특히 동법의 규정이 최근에 개정된 것이고 내부통제시스템의 구축정도도 언급하고 있어 참고의 가치가 크다고 생각한다. 국내의 관련 판례법 형성에 독일 주식법의 해석학이 크게 기여하기를 바란다.

### ◈ 내부통제시스템과 관련된 각국의 법발전 상황

내부통제시스템 및 관련 이사들의 책임과 관련된 세계 각국의 법발전을 비교법적으로 살펴보기로 한다.

### I. 미국의 경우

#### 1. 성문법

미국의 사베인스 옥슬리 법은 특히 CEO 및 CFO에 대하여 분기보고서나 연말결산서류에 부정확한 또는 불완전한 내용이 반영되지 않도록 노력하여야 하며 이를 위한 내부통제시스템을 구축하고 또 이를 유지할 의무가 있다고 규정한다(동법 제404조). 이 규정에 따르면 영업보고서의 일부로서 내부통제보고서(internal control report)를 적시하고 있으며[409] 동법 제404b조는 연말 결산서류의 검토와 확인의무를 규정한다. 다만 이런 조항들로 인하여 적지 않은 기업들이 비용부담을 느끼고 있는 바 그 액수가 수천만 달러에 이르는 경우도 비일비재하다고 한다. 그 외에도 사베인스 옥슬리 법은 회계서류의 공시관련 규정들도 두고 있다[동법 제302조(a), (4)항]. 회사에 관한 모든 주요 정보가 공시의 대상이 되며 그 점에서 독일 주식법 제91조 제2항보다 더 강한 규제라고 한다. 다만 준법관리(compliance)와 관련해서는 성문법보다는 아래에서 살펴 볼 판례법을 통하여 지금까지 활발히 발전해 왔다고 할 수 있다.

#### 2. 판례법

미국의 경우 이사의 감시의무에 관한 판례법의 발전은 다음과 같이 크게 세 단계로 나타나고 있다. 첫째 단계는 1960년대의 Graham 사건[410]으로 대표되는 시기이다. 이 시기에는 오로지 "의심할 만한 사유 기준"에 의하여 감시의무의 이행여부를 판단하였다. 둘째 단계는 1996년 이후로서 이른바 케어막 사건[411]에 의한 내부통제시스템기준이 정립된 단계이다. 셋째 단계는 2019년 Marchand 사건[412] 이후로서 이른바 "새로운 케어막 시대"이다.

(1) Graham 시대(1963~1996): 미국에서는 1996년 델라웨어 챈서리법원의 Caremark 판결이 나오기 전까지는 이사의 기초적 신뢰권(right to rely)에 근거한 전통적 책임체계가 구축되어 있었다. 이에 따르면 이사는 평상시 다른 이사들이나 피용자들이 적법히 회사의

---

409) 이는 위험관리체계, 그 실행 및 효력에 관한 상세를 규정하고 있다.
410) Graham v. Allis−Chalmers Manufacturing Co., 188 A. 2d 125 (Del. 1963).
411) In re Caremark International Inc., Derivative Litigation, 698 A. 2d 959 (Del. Ch. 1996).
412) Marchand v. Barnhill, 212 A. 3d 812 (Del. 2019).

이익을 위하여 최선의 방법으로 업무를 집행할 것이라고 신뢰할 수 있다는 것이다. 이사의 감시의무에 관한 법적 판단은 항상 이러한 전제에서 출발하고 있다. 다만 이러한 신뢰권은 비상상황(red flag)이 벌어지는 경우에는 더 이상 보장되지 않는다. 비상상황이란 다른 이사나 피용자의 행동에 의심할 만한 사유가 있는 경우이다. 이런 경우에는 더 이상 이를 그대로 방치해서는 아니되며 적극적으로 조사하여야 한다. 나아가 그러한 상황이 지속되지 않도록 적극적으로 조치하여야 한다. 이러한 상황을 조우하고도 이를 그대로 방치하는 경우에는 '의심할 만한 사유기준'(red-flag test)에 따라 회사에 대한 손해배상책임이 발생할 수 있다.

(2) Caremark 시대(1996~2019): 1996년 델라웨어 챈서리 법원의 알렌 판사는 1960년대부터 계속 유지되어 오던 위 Graham 시대를 접고 내부통제시스템구축의무라는 새로운 법률적 도구를 제시하며 케어막시대를 열었다. 고도로 분업화되고 조직화된 대규모 회사에 있어서는 위에서 언급한 의심할 만한 사유에 근접하기 어려운 경우가 비일비재 발생한다. 특히 대기업의 경우가 그러하였다. 경제 및 시대상황의 발전으로 고도의 분업화와 조직화가 진행됨에 따라 대회사의 경우 특히 그러한 어려움은 가중되었다. 이에 델라웨어의 판례법은 1960년대에 정립된 Graham 체계를 청산하고 내부통제시스템구축의무라는 새로운 깃발을 내세우며 Caremark 시대를 열었다.

(3) Marchand 시대(2019~현재): 1996년에 정립된 케어막기준은 당위성 면에서는 너무나 타당하였지만 지난 20여년간 실제로는 크게 이용되지 못하였다. 고의나 준고의에 해당하는 주관적 구성요건을 원고 주주가 입증하기는 매우 어려운 일이었다. 따라서 2019년 Marchand 사건에 이르기까지 이 청구원인은 사실상 제 구실을 하지 못하였다. 즉 있으나마나 한 사법심사기준이었으며 원고 승소사례는 거의 나오지 않았다.

이러한 흐름에 전기(轉機)를 마련한 것이 2019년의 Marchand 사건이다. 아이스크림을 제조하는 Blue Bell社에서 이 회사가 생산한 제품에서 리스테리아(Listeria)균이 발견되었고 식품안전기준에 어긋나는 불량제품의 유통으로 세 사람이 사망하고 다수의 부상자가 나오는 대형 식품안전사고가 터진 것이다. 델라웨어주 최고법원은 이 사건에서 회사가 관리해야 할 내부통제시스템을 사업의 성격에 따라 차등화한 후 특히 그중에서도 핵심영역에 있어서는 제고된 시스템구축 및 관리의무가 요구된다고 보았다. 즉 회사의 영업이 정상적으로 유지되기 위한 결정적인 영역을 'mission critical'로 명명한 후 이러한 영역에서는 보다 높은 수준의 관리의무가 부과된다고 본 것이다. 즉 **이러한 영역에서 회사 내부에 관련 시스템이 전혀 구축되지 않았거나 또는 설사 그러한 시스템이 구축되었더라도 적정히 관리되지 않았다고 의심되는 경우 사실상 이사의 불성실 내지 고의를 추론할 수 있다고 본** 것이다. 즉 케어막 기준에 등장하는 고의나 준고의의 까다로운 주관적 구성요건을 "mission critical"이라는 객관적 구성요건으로 극복한 것이다. 이 사건 이후 2021년 보잉사건에 이르기까지 총 5개의 케어막 클레임에서 원고승소사례가 계속 이어지는 이변(異變)이 나타났다. 이러한 흐름을 고려하여 Marchand 사건 이후를 "새로운 케어막 시대"("a new Caremark era")라 부를 수 있게 되었다.[413]

---

413) Shapira, "A New Caremark Era: Causes and Consequencies", 98 Wash. U. L. Rev. 1857.

## Ⅱ. 영국의 경우

영국의 경우 역시 이사의 내부통제시스템구축과 관련하여서는 중요한 판례가 누적되어 있다. 그중 가장 세간의 주목을 끌었던 것은 **베어링스(Barings)은행사건**이다.[414] 이하 이 사건의 사실관계와 판시내용을 정리해 보기로 한다.

### 1. 사실관계

이 사건은 영국의 대표적인 투자은행이었던 베어링스(Barings, plc)社가 젊은 직원 한 사람의 무모한 거래방식으로 끝내 문을 닫고 마는 어처구니없는 사건이었다. 일본 다이와 (大和)은행 뉴욕지점사건이나 최근 터진 우리은행의 600억원 횡령사건을 떠올리게 한다. 그러나 이 사건은 해당 은행이 쌓아온 230여년의 역사, 영국의 왕실까지 주요 고객이었던 점, 미국이 프랑스로부터 루이지애나주를 사들였을 때 미국에 대출까지 해주었던 영국의 대표은행이었던 점을 함께 생각하면 훨씬 더 충격적인 사건이었다.

20대인 닉 리슨(Nick Leeson)은 싱가포르에 거점을 두고 베어링스를 위해 선물거래를 주도하였다. 그는 일본 니케이225와 싱가포르 사이멕스(SIMEX)간 선물지수의 차이를 이용하여 많은 성과를 거두고 있었다. 리슨은 그동안 '88888'이라는 비밀 계좌를 운영해 왔고 자신의 거래가 회사에 손실을 야기하여도 이를 통하여 은밀히 감추어 왔다. 이런 상황임에도 베어링스의 이사진들은 리슨의 거래에 대해 아무런 의심도 하지 않았고 그의 요청이 있을 때마다 거액의 투자자금을 보내고 있었다.

그러던 중 1995년 코베(Kobe)에 대지진이 일어났다. 그리고 그후 리슨의 예상과 달리 닛케이선물지수는 단시일내에 회복되지 않았다. 그 결과 리슨이 입은 천문학 숫자의 손실[415]은 베어링스의 운명을 결정짓고야 말았다. 베어링스는 손실을 회복하지 못하고 결국 파산하였으며 네덜란드의 ING에 단 1파운드에 팔리는 비운의 운명을 맞게 된다. 그후 닉 리슨은 도주하였으나 체포되어 싱가포르로 압송되었으며 그곳에서 6년 6개월의 형을 선고받고 복역 중 대장암 판정을 받는 바람에 4년 만에 가석방되었다. 리슨이 자신의 회고록[416]을 세상에 내놓자 영국에서는 그의 이야기를 영화로 만들기도 하였다.[417]

### 2. 판시내용

담당 법관(Jonathan Parker J.)은 자신의 의견을 아래와 같이 정리하고 있다.[418]

**첫째** 이사는 자신이 속한 회사에 대해 충분히 알고 있어야 하며 회사의 업무를 이해하

---

414) Re Barings plc and others (No. 5), Secretary of State for Trade and Industry v. Baker, [1999] 1 BCLC 433.

415) 대략 18억 달러 한화로 약 2조원이 넘는다고 한다.

416) "*Rogue Trader: How I Brought Down Barings Bank and Shook the Financial World*", Little Brown & Co. 1996 (ISBN 0316518565).

417) Ewan McGregor 주연(Nick Leeson扮)의 "Rogue Trader"가 그것이다. 유튜브에서 "Rogue Trader"로 들어가면 이 영화를 볼 수 있으며 그 외의 다양한 사건 관련 내용과도 접할 수 있다.

418) Re Barings plc. Secretary of State for Trade and Industry v. Baker, [1998] BCLC 583, at. 586; Court of Appeal 도 Jonathan Parker J. 판사의 견해를 그대로 확인하였다(Re Barings plc (no. 5) [1999] 1 BCLC 433; Worthington & Agnew, Sealy & Worthington's, Text, Cases & Materials in Company Law, 12th ed., [5. 12], p. 298.

고 있어야 한다. 그런 상태를 유지하는 것은 그의 지속적인 의무이다. Dorchester Finance 사건에서 확인되고 있듯이 오늘날 회사에 있어 이사로 취임하고서도 아무 것도 하지 않는 것은 상상할 수 없는 일이다.[419]

**둘째** 이사는 합리적인 범위내에서 일정 범위의 업무집행을 하급자에게 위임할 수 있고 수임자의 능력과 진실성을 신뢰할 수도 있다. 그러나 그렇게 했다고 해서 이사가 자신의 의무를 모두 이행한 것은 아니다. **위임받은 자가 위임받은 업무를 제대로 이행했는지에 대해 지속적으로 감시해야 하고 그러한 감시활동을 효율적으로 뒷받침할 내부통제시스템도 구축해야** 한다. 만약 그러한 시스템이 적정하지 않았다면 그것은 해당 이사가 선량한 관리자의 주의를 다하지 않은 것으로 된다. 위임하였다고 이사의 감시의무가 면제되는 것은 아니기 때문이다.[420]

**셋째** 이사의 감시의무와 그 이행을 효율적으로 달성하기 위한 내부통제시스템구축의무의 구체적인 내용은 문제시되는 이사가 회사내에서 어떤 임무를 수행하고 있고 나아가 어떤 형태로 회사경영에 참여하고 있는지에 따라 달라질 수 있다. 모든 상황에 공통적으로 적용되는 획일적 기준을 제시하는 것은 불가능하다. 특히 이사가 회사로부터 수령하는 보수(報酬)의 수준은 좋은 구별 기준이 될 수 있다. 담당 판사는 **각 이사가 수행하여야 할 내부통제시스템구축의무의 내용을 판단함에 있어 결국 사내이사(executive director)와 사외이사(non-executive director)의 구별이 중요한 잣대가 될 수 있다고 보고 있다.**[421]

### 3. 이 사건이 주는 시사점

이 사건은 영국의 판례로서 미국이나 독일의 그것과 달리 **이사마다 내부통제시스템구축 의무의 내용이 달라질 수 있고 의무위반의 효과 면에서도 차등을 둘 수 있다**는 점에서 우리에게 시사하는 바가 많다. 주식회사의 업무집행구조가 수직적으로 이원화되어 있는 나라에서는 이사회(Vorstand)와 감사회(Aufsichtsrat) 중 어느 하나[422], 또는 이사(director)와 집행임원(officer) 중 어느 한 부류에 대해 책임을 묻는 경우[423]가 많다. 그런데 영국의 경우에는 대부분의 대회사가 우리나라와 같이 단일한 이사회를 가지고 있고[424] 그 속에 사내이사도 있고 사외이사도 있다.[425] 그런 점에서 이사회구성이 우리나라와 유사하고 따라서 우리나라에 시사하는 바가 크다.

대우건설 주주대표소송에서 우리 대법원 역시 내부통제시스템구축과 관련한 사외이사의 책임발생요건을 사내이사와는 달리 별도로 설시하고 있다. 이 점은 매우 흥미로우며 영국의 판례법이 우리나라에도 영향을 미쳤다고 본다. 오늘날 회사지배구조는 국제적으로도 빈번히 상호작용을 하고 있다고 보아야 한다. 이미 미국과 독일의 성문법 및 판례법의

---

419) French, French, Mason & Ryan on Company Law, 7th ed., Oxford University Press, 2021, 16.8.3., p. 481.
420) French, ibid., 16. 8. 4., p. 481.
421) French, ibid., 16. 8. 4., p. 482.
422) 독일에서는 Vorstand에 원칙적으로 내부통제책임을 묻는다.
423) 미국의 경우에는 board에 원칙적으로 책임을 묻는다.
424) Davies/Worthington/Hare, Gower Principles of Modern Company Law, 11th ed., Sweet & Maxwell, London, 2021, 9-013, p. 231.
425) FCA Listing Rules, Rule 9. 8. 5. (5); Para. B. I, UK Corporate Governance Code ; Cahn/Donald, Comparative Company Law, 2nd ed., Cambridge Univ. Press, 2018.

상호작용이나 델라웨어의 Smith v. Van Gorkom 사건과 델라웨어주 일반회사법 제102조 (b)항 7호간의 상호작용에 대해서는 앞서 본 바와 같다.

## Ⅲ. 일본의 경우[426]

### 1. 다이와은행 주주대표소송[427]

본 대표소송은 일본에서 내부통제시스템구축의무위반의 리딩케이스로 꼽히는 사건이다.

(1) 사실관계[428]: 다이와은행 뉴욕지점에 근무하던 사원(이하 '甲'이라 한다)이 과거 11년여에 걸쳐 미국채의 무단거래를 3만여회에 걸쳐 행한 결과 해당 은행에 약 11억 달러의 손해를 야기하였다. 甲이 당시 다이와은행에 행한 고백문(告白文)에 따르면 이사 등이 평성 7년(1995년) 7월 중 위 사실을 파악하였지만 다이와은행은 그 후에도 미국연방은행법 등에 위반하여 미국 연방과 각주의 감독관청에 허위의 보고를 계속하였고 정정 보고서의 제출을 지연함으로써 다이와 은행은 미국 연방으로부터 전면 퇴출명령을 받았고 24개의 訴因에 대한 형사소추를 받기에 이르렀다고 한다. 동 은행은 16개의 訴因에 대해 유죄를 인정하여 3억4천만 달러의 벌금처분을 승낙하였고 이에 미국 연방지방재판소는 동액의 벌금을 부과하는 판결을 하였으며 동 은행은 이 벌금을 지불하였다. 그 후 다이와은행의 주주들에 의하여 동 은행의 이사와 감사(전직 이사 및 감사 포함)를 상대로 당해 사원의 무단거래로 인하여 발생한 손해 11억 달러와 동액의 손해를 회사에 지불할 것을 요구하는 주주대표소송을 제기하였다.

(2) 판시내용: 제1심은 피고 이사 등에 대한 손해배상책임을 인정하였다. 그러나 항소심에서 화해가 이루어졌다. 1심법원인 오사카지방법원의 판결내용을 보면 다음과 같다; "건전한 회사경영을 하기 위하여는 회사가 목적으로 하는 사업의 종류, 성질 등에 비추어 그로부터 발생하는 각종 위험(risk), 예컨대 신용리스크, 시장리스크, 유동성리스크, 사무리스크, 시스템리스크 등의 상황을 정확히 파악하여 이를 적절히 제어하는 것, 즉 리스크관리가 흠결됨이 없이 **회사가 행하는 사업의 규모나 특성 등에 따른 위험관리체계(소위 內部統制시스템)를 정비할 것이 요구된다.** 중요한 업무집행에 대하여는 이사회가 이를 결정해야 하므로(당시의 일본 상법 제260조 제2항), **회사경영의 근간에 관한 위험관리체계**[429]의 대강에 대하여는 이사회가 이를 결정할 것이 요구되며 업무집행을 담당하는 대표이사 및 업무담당이사는 그 대강을 정하고 나아가 각자 담당하는 부문에 있어서는 각자의 위험관리체계를 구축할 의무를 부담한다."

---

426) 내부통제시스템과 이사의 책임에 관한 일본의 상황에 대해 자세히는 정대, "일본의 신회사법상의 주식회사의 내부통제시스템에 관한 연구", 「상장협연구」 제54호(2006. 10.), 138~175쪽.

427) 大阪地方裁判所 平成12年(2000年) 9月20日, 『判例時報』 1721号(2000. 11. 1.), 3頁 以下 [大和銀行株主代表訴訟] =『判例タイムズ』 1047号, 86頁.

428) 본 사건의 사실관계와 판시내용에 대해서는 近藤光男 編, 判例法理 取締役の監視義務, 中央經濟社, 2018年, 327頁 以下를 참조함.

429) 본 사건에서도 "회사경영의 근간(根幹)에 관한 위험관리체계"라는 용어가 등장하는 바 위에서 본 "회사의 존속을 위협하는 사건전개"나 "mission critical"과 유사성을 보이고 있다. 같은 내부통제시스템이라도 이런 영역에서는 이사회가 직접 의사결정을 해야 하는 등 이사들로 하여금 더 많은 주의를 경주하도록 요구하고 있는 것이다.

### 2. 일본 시스템기술(日本システム技術) 事件[430]

[내부통제시스템구축의무 위반의 요건 = 합리적으로 예견가능한 범위내에서 통상 상정가능한 부정행위를 방지할 정도의 관리체계를 구축하였다면 이사는 면책에 이를 수 있다는 판례]

본 사건은 종업원에 의한 가공매출의 계상에 의하여 유가증권보고서에 허위기재가 이루어진 회사에 대하여 그 대표이사가 위험관리체계구축의무를 위반하였는지 문제시된 사건이었다. 다만 본 소송은 주주대표소송이 아니라 그 청구원인은 일본 회사법 제350조였다. 즉 주식회사의 대표이사가 직무집행과 관련하여 타인에게 손해를 가하였을 때 회사가 지게 되는 기관책임(Organhaftung)이 청구원인이었다.

(1) 사실관계: Y사는 소프트웨어의 개발 및 판매 등을 영업으로 하는 동경증권거래소 제 2 부 상장사로서 A가 그 대표이사이다. Y에 있어서는 end-user(최종소비자)를 대학 등으로 하는 판매회사에 이들을 판매하는 B사업부가 있었다. B사업부의 책임자였던 C는 스스로의 입장을 유지하기 위하여 평성12년(2000년) 9월 이래 그 영업사원 등에 지시하여 판매회사의 인감, 주문서, 검수서 및 외상매출금 잔고확인서를 위조하는 등의 방법으로 판매회사로부터 실제 주문이 있었던 것처럼 위장하여 11억 4천만엔을 가공(架空)의 매출로 계상(計上)하였다(이하 이를 '본건부정행위(本件不正行爲)'라 한다).

평성16년(2004년) 12월경 '본건부정행위'가 발각되어 그 사실이 매스컴에 보도되자 Y의 주가는 대폭 하락하게 되었다. 그리하여 Y의 주주인 X는 A가 종업원 등의 부정행위를 방지하기 위한 위험관리체제를 구축하였어야 하나 이에 이르지 못한 과실이 있어 그 결과 회사가 손해를 입었다고 주장하였다. Y에 대하여는 일본 구 상법 제261조 제3항 및 동법 제78조 제2항이 준용하는 평성18년(2006년) 개정 전 민법 제44조 제1항(현재의 일본 회사법 제350조[431])에 기초하여 손해배상청구소송을 제기하였다.

제1심과 항소심은 A의 리스크 관리체계 구축의무 위반을 인정하여 X의 Y에 대한 손해배상청구를 인용하였다. 이에 대하여 Y사가 상고하였다. 일본 최고재판소는 A의 위험관리체계구축의무 위반을 부정한 후 Y사의 손해배상책임을 부정하였다(破棄自判).

(2) 판시내용: 상고심에서 내부통제시스템구축의무 위반이 부정된 요소로 다음 사항들을 생각할 수 있다. **일본 최고재판소는 다음과 같은 것들을 들며 내부통제시스템구축의무 위반을 부정**하였다: ① 업무분장 규정들을 정하여 사업부문과 재무부분을 분리한 점, ② B사업부에 있어서 영업부와는 별도로 주문서 및 검수서의 형식면의 확인을 담당하는 BM부와 소프트웨어의 가동확인을 담당하는 CR부를 설치하여 이러한 통제를 거쳐 재무부에 매출보고가 이루어지도록 시스템을 정비한 점, ③ 감사법인 및 재무부가 판매회사에 외상매출금 잔고확인서 용지를 송부하여 반송을 맡는 등의 방법으로 외상채무금의 잔고를 확인해 온 점, ④ 영업사원이 위 ③의 잔고확인서를 판매회사로부터 교묘히 회수하여 금액을 기

---

430) 最高裁判所 平成21年(2009년)7月9日 『判例時報』 2055号, 147頁 = 『判例タイムズ』 1307号, 117頁 = 金融商事判例 1321号, 36頁; 金融商事判例 1330号, 55頁; (第1審) 東京地方裁判所 平成19年(2007년) 11月 26日 『判例時報』 1998号, 141頁; (抗訴審) 東京高等裁判所 平成 20年 6月 19日, 金融·商事判例 1321号, 42頁.

431) 일본 회사법 제350조: "주식회사는 대표이사 그 외 대표자가 그 직무수행과정에서 제 3 자에 입힌 손해를 배상할 책임을 진다".

입하는 등 본건 부정행위가 발각되지 않도록 위장하여 감사법인 또는 재무부에 송부한 점. ⑤ 외상매출금 채권의 회수지연에 대하여 C등이 열거한 이유는 대학에 있어서 시스템 전체의 가동이 연기되는 등 나름 합리적으로 보인 점, ⑥ 감사법인이 Y의 재무제표에 대하여 적정의견을 표명한 점 등 제반 요소를 고려하건대 A의 **위험관리체계구축의무 위반을 인정하기 어렵다**고 보았다. 즉 최고재판소는 **합리적으로 예견가능한 범위내에서 통상 상정되는 부정행위를 방지할 수 있는 정도의 시스템 구축이면 이사의 면책이 가능**하다고 본 것이다.

## Ⅳ. 독일의 상황

### 1. 성문법의 발전

독일의 경우 내부통제시스템구축의무는 이사가 부담하는 신인의무의 주요한 구성부분이다. 특히 독일 주식법은 이를  2단계에 걸쳐 성문화하였다. 첫 단계는 1998년의 콘트라법[432]의 시행에 따른 동법 제91조 제2항의 신설이었다. 동 규정은 상장사건 비상장사건 가리지 않고 모든 주식회사의 이사들에게 조기경보(早期警報)시스템(Frühwarnsystem)의 구축을 의무화하였다. 2번째 단계는 지난 2021년의 FISG법의 시행으로 나타나게 된다.[433] 이에 따라 독일 주식법 제91조에 제3항이 신설되었다. 이 조항은 상장사의 이사에 대하여 내부통제시스템 및 위험관리시스템구축의무를 부과하고 있다. 독일 주식법 제91조의 현 상황은 아래와 같다: § 91 [Organisation. Buchführung] (1) Der Vorstand hat dafür zu sorgen, daß die erforderlichen Handelsbücher geführt werden. (2) Der Vorstand hat geeignete Maßnahmen zu treffen, insbesondere ein Überwachungssystem einzurichten, damit den Fortbestand der Gesellschaft gefährdende Entwicklungen früh erkannt werden. (3) Der Vorstand einer börsennotierten Gesellschaft hat darüber hinaus ein im Hinblick auf den Umfang der Geschäftstätigkeit und die Risikolage des Unternehmens angemessenes und wirksames internes Kontrollsystem und Risikomanagementsystem einzurichten.(제91조[조직, 부기] (1) 이사회는 필수적인 상업장부가 작성되는지에 관하여 주의하여야 한다.(2) 이사회는 회사의 존속을 위협하는 상황전개를 사전에 인식할 수 있도록 적절한 조치를 취하여야 하며, 특히 감독체계를 수립하여야 한다.[434] (3) 상장된 주식회사의 이사회는 이에 추가하여 영업활동의 규모 및 해당 기업의 위험상황을 고려하여 이에 상응하는 실효적이고도 적정한 내부통제 및 위험관리시스템을 구축하여야 한다.)

(1) 조기경보시스템구축의무: 1998년에 만들어진 콘트라법에 의하여 독일 주식법에 제91조 제2항이 도입되었다. 이 조항에 따라 "주식회사의 이사는 회사의 존속을 위협할 만한 비상상황이 발생할 경우 이를 조기에 인지하기 위한 조치들을 취해야 한다"(독일 주식법 제91조 2항).

---

432) 콘트라법(KonTraG)이란 "Gesetz zur Kontrolle und Transparenz im Unternehmensbereich" vom 27. 4. 1998 (BGBl. I. S. 786)의 약칭(略稱)이다.
433) FISG(Finanzmarktintegritätsstärkungsgesetz)법이란 "자본시장 '진실성' 강화법"이라 번역할 수 있을 것이다. 이 법은 2020년의 Wirecard社 사고가 계기가 되었다고 한다.
434) 제1항 및 제2항의 번역은 이형규 역, 독일주식법, 법무부간 비교회사법총서 4, 2014, 111면을 참조함.

(가) 시스템구축의 범위: 이 조항의 의미를 해석함에 있어 두 가지의 입장대립이 있는 바 하나는 동 조항의 문언에 충실하게 해석한다. 즉 조기경보시스템(Frühwarnsystem)의 구축의무 만으로 한정하여 좁게 본다.[435] 다른 하나는 동 조항을 기업경영에 있어 요구되는 내부통제시스템을 전반적으로 의미하는 것으로 인식한다. 즉 기업경영에 있어 요구되는 일반적인 위험관리체계의 전반적인 구축의무로 넓게 풀이한다. 즉 독일 주식법 제91조 제2항은 기업경영에 있어 일반적으로 야기될 수 있는 모든 위험상황에 대비한 시스템 구축으로 확장될 수 있다고 한다.[436]

일단 제91조 제2항의 문언을 보면 "회사의 존속을 위협할 만한 상황"이 전제되어야 한다. 이런 상황을 조기에 인지할 수 있는 정보 및 보고시스템을 구축하라는 것이다.[437] 그런데 2021년에 독일 주식법 제91조에 제3항이 신설되었으므로 이제는 동조 제2항과 제3항간의 체계해석이 필요하다. 신설된 제3항의 문언을 보면 제2항에서 요구되는 것에 "더 나아가(darüber hinaus)" 즉 "이에 추가하여"라는 표현이 나오므로 적어도 2021년 이후에는 후자와 같이 넓게 해석하기는 어려울 것이다. 즉 제2항의 조기경보체계구축의무는 문언에 충실하게 그야말로'회사의 생존을 위해 필요한 조기의 정보 및 보고체계의 구축'으로 좁게 풀이하여야 할 것이다. 그것이 제3항과의 관계에서도 올바른 해석이라고 본다.[438] 이것이 또한 현재 독일의 통설적 입장이기도 하다. **이렇게 풀이하는 경우에만 제3항에 규정된 유효성과 상당성의 잣대 역시 제3항에만 적용되는 결과**로 될 것이다.

(나) 회사의 존속을 위협할 정도의 위험: 독일 주식법 제91조 제2항은 회사 내의 일정한 상황전개가 적어도 회사의 존속을 위협할 만한 중대한 것임을 전제로 한다. 이 조항을 도입한 콘트라법의 입법이유서를 보면 위의 "위험이란 예컨대 위험한 거래, 회계부정, 법규위반 중에서도 개개 회사 혹은 기업집단 전체의 재산상황, 재무상황, 수익상황에 본질적으로 악영향을 미칠 수 있는 그런 상황전개를 지칭한다"고 한다.[439] 어느 정도여야 본질적으로 영향을 미친다고 할 수 있는가에 대해 학설의 대립이 있기는 하지만[440] 적어도 법문언이 지적하고 있다시피 "회사의 존속을 위협할 정도"여야 하므로 예컨대 **그러한 상황이 계속된다면 직접적으로 회사의 도산(파산)을 야기하거나 혹은 도산(파산)위험을 본질적으로 증대시키는 정도는 되어야** 할 것이다.[441]

---

435) 현재 독일의 통설이다; Baums ZGR 2011, 218 (272f.); Schmidt/Lutter−Sailer−Coceani, AktG Kommentar, 4. Aufl., §91, Rdnr. 14.; Koch, Aktiengesetz, 16. Aufl., Beck, §91, Rdnr. 11; Dreher FS Hüffer 2010, 161, 162ff.; Seibert FS Bezzenberger, 2000, 427, 437ff.; Kort in Gross Kommentar, Aktiengesetz, §91, Rdnr. 55.

436) Lück, DB 1998, 8ff., 1925; Berg, AG 2007, 271; Preußner/Becker NZG 2002, 846 (848); Nomos Kommentar zum Aktienrecht und Kapitalmarktrecht, 5. Aufl., §91 Rdnr. 6.

437) Wilsing, Deutsche Corporate Governance Kodex Kommentar, Beck/Vahlen, München, 2012, 4.1.4., S. 293, Rdnr. 5.

438) Koch, AktG Kommentar, 16. Aufl., §91 Rdnr. 11.

439) Sailer−Coceani in K. Schmidt/Lutter, §91 Rdnr. 9; MüKoAktG/Spindler, §91 Rdnr. 21; Henssler/Strohn, Gesellschaftsrecht, 5. Aufl., §91 AktG Rdnr. 7.

440) 독일의 일부 학설에 의하면 "회사의 수익성이 지속적으로 악화할 경우"가 모두 이에 해당한다고 한다(Hüffer, FS Imhoff 1998, 91, 100).

441) (독일 통설) Spindler/Stilz/Fleischer, §91 Rdnr. 32 ; Koch, AktG, 16. Aufl., §91, Rdnr. 14; Sailer−Coceani in K. Schmidt/Lutter, a. a. O., §91 Rdnr. 9; Götz, NJW−Sonderheft 2001, S. 21, 22; Seibert in FS Bezzenberger 2000, S. 427, 437; Fleischer in Spindler/Stilz, §91 AktG, Rdnr. 32; Redeke ZIP 2010, 159, 161.

이러한 독일 주식법 제91조 제2항의 해석학은 묘하게도 2019년 Marchand 사건 이래 델라웨어 판례법에 등장하는 "mission-critical" 기준을 떠올리게 한다. **그러한 부정적 상황이 지속되는 경우 회사가 파산하거나 적어도 그런 위험을 본질적으로 증대시키는 경우라면 그런 상황은 "mission-critical" 상황과 개념상 일치하기** 때문이다. 1998년에 성문화된 독일 주식법 제91조 제2항이 약 20년후 델라웨어주 판례법에 영향을 주었다고 본다. 1996년 델라웨어 챈서리법원의 알렌(Allen)판사가 내부통제시스템기준을 처음으로 선언한 이래[442] 이 판례법은 1998년 독일 콘트라법에 영향을 주었고 이 법은 다시 거꾸로 20년후 델라웨어의 판례법에 영향을 준 것이다. 법률문화의 국제적 상호작용(Wechselwirkung)이라고 할 수 있을 것이다.

법률문화의 상호작용에 대해 우리는 이미 Smith v. Van Gorkom 사건[443]에서 이를 경험하였다. 델라웨어주 회사법 제102조 (b)항 7호와 위 판례간에도 유사한 상호작용이 이루어졌다. 델라웨어주의 판례법이 이사가 중과실인 경우 경영판단의 원칙을 적용할 수 없다고 하자 미국의 대기업들은 발칵 뒤집혔다. 이에 델라웨어주 의회는 이들을 달래기 위해 이사가 중과실인 경우에도 개개 회사가 정관규정으로 이사의 면책을 가능케 하는 별도의 규정을 둘 경우에는 책임제한이 가능하다는 예외규정을 델라웨어주 일반회사법에 마련하게 되었다. 이는 동일한 주내(州內)에서 일어난 사법부와 입법부간의 상호작용이었다. 미국의 판례법과 독일의 주식법 간에도 유사한 현상이 일어났던 것이다. 대서양을 사이에 둔 미국과 독일간의 국제적 상호작용이라고 할 수 있을 것이다.

(다) 기업집단 전체의 조기경보체계인가?: 독일 주식법 제91조 제2항의 내용만으로는 이 질문에 충분히 답하기 어렵다. 그러나 동 조항을 입법할 당시 독일 정부의 입법이유서를 보면 회사의 존속을 위협할 정도의 상황 전개는 기업집단의 재산상태나 재무상태 혹은 수익상태에서도 똑같이 나타난다고 하고 있다. 즉 자회사에서 야기된 비상상황이 모회사의 존속을 위협할 정도라면 이 역시 여기서 이야기하는 "회사의 존속을 위협할 정도의 상황"이라고 보아야 한다는 것이다.[444] 이러한 독일 학설의 입장은 미국 판례법의 입장과도 일치하는 것이어서 더욱 관심을 끈다. 2020년 8월에 선고된 델라웨어주 챈서리법원의 Teamsters Local 443 v. Chou 판결[445] 역시 같은 결론을 내리고 있다. 회사 전체의 수익을 기준으로 할 때 소규모 자회사에서 발생한 사고였음에도 모회사 이사의 케어막 책임을 인정하고 있기 때문이다. 이 점에서 역시 회사지배구조는 국제적으로 격렬히 수렴하고 있음을 확인할 수 있다.

(라) "조기"경보체계: 여기서 말하는 '조기(早期)'란 **이사가 그 시점에는 아직 적절한 조치를 취하여 당해 상황을 극복할 수 있을 정도로 충분히 이른 시점**을 이른다고 한다.[446] 여

---

442) 이는 1996년의 Caremark사건을 의미한다.

443) 488 A. 2d 858 (Del. 1985).

444) Sailer－Coceani in K. Schmidt/Lutter, §91 Rdnr. 10; Grigoleit, AktG Komm. 2. Aufl., §91 Rdnr. 6; Goslar in Wilsing DCGK, 4.1.4., Rdnr. 6; Heidel, Aktienrecht und Kapitalmarktrecht, 5. Aufl., §91 Rdnr. 7; Spindler/Stilz/Fleischer, §91 Rdnr. 41.

445) Teamster Local 443 Health Services & Ins. Plan v. Chou, No. 2019－0816－SG, 2020 WL 5028065 (Del. Ch. Aug. 24, 2020).

446) Sailer－Coceani in Schmidt/Lutter, §91 Rdnr. 11 ; Spindler/Stilz/Fleischer, §91 Rdnr. 32.

기서 충분히 이른 시점이 필요한 이유는 회사의 존속을 위협할 만한 사건전개를 막을 수 있어야 하기 때문이다.

(마) 적절한 조치: 이사가 취하는 적절한 조치는 무엇을 의미하는가? **선량한 관리자의 주의로 업무를 집행하는 이사가 제때에 해당 상황에 대한 정보를 취득할 수 있다면 해당 조치는 적절**하다고 평가할 수 있다.[447] 이를 판단함에 있어서는 회사의 규모, 내부지배구조, 현 상황, 업계의 동향 나아가 자본시장의 여건 등 여러 가지를 고려할 필요가 있다고 한다.따라서 이사에게는 일정 범위의 경영판단이 허용되는 결과로 될 것이다.[448]

(2) 상장사에 대한 내부통제시스템구축의무의 신설: 2021년 독일 주식법은 FISG법의 시행을 게기로 제91조에 제3항을 신설하게 되었다. 그 게기가 된 사건은 Wirecard사건이었다.

〈Wirecard 사건[449]〉

와이어카드社는 DAX Index 회사[450]로서 독일 뮌헨에 본부를 둔 금융서비스제공회사였다. 자회사인 Wirecard Bank AG는 은행업을 하고 있었다. 한때 독일 최대의 유망기업으로 인식되었으나 사기적 회계부정과 잘못된 거래관행으로 2020년 도산에 이르게 되었고 CEO 마쿠스 브라운은 체포된다. 독일 금융감독당국(BaFin)의 정기적인 감사실패와 장기간 이 기업의 외부 회계감사를 담당한 Ernst & Young의 잘못된 감사관행이 화를 키웠다는 세평이다. 2020년 6월 와이어카드(주)의 이사회는 지금까지 이 회사 앞으로 되어 있던 은행구좌의 19억 유로(€)의 잔고가 더 이상 존재하지 않는다고 잠정 결론을 내리고 이를 언론에 공표하였다. 주주 및 채권자들이 이 회사에 대해 행사할 채권액은 수백억 유로(€)에 달하였고, 언론보도에 의하면 전체 손해액은 약 300억 유로 정도로 추산된다고 한다. 책임의 소재를 가리자 회사와 이사회 나아가 회계감사인 등이 그 대상이 되었다. 정계 역시 이 사건을 가볍게 볼 수 없었고 그 결과 독일 국회의 하원은 2021년 5월 20일 "금융시장진실성강화법"(Finanzmarktintegritätsstärkungsgesetz)을 입법하게 되었고 그 결과 회계감사인의 민사책임은 대폭 강화되었다. 2021년 5월 28일 독일 국회의 상원도 이를 통과시킴으로써 법률로 완성되었다.

(가) 개념: 독일에서도 내부통제시스템의 개념은 본시 경영학에서 파생한 것이라 법률적 개념은 아니었다. 그러나 법률의 여러 곳에 이미 성문화되는 바람에 이제는 더 이상 경영학적 개념에 국한된다고 하기는 어렵게 되었다.[451] 그 개념정의는 이제는 독일 정부의 입법이유서에서 찾을 수 있다. 이에 따르면 "내부통제시스템이란 회사업무의 유효성과 경제성을 확보하고 회계부정을 방지하며 기업경영에 있어 필수적인 법규를 준수하기 위한 기본원칙, 절차 및 관련 조치들"을 이른다.[452] 위에서 우리가 이미 살펴 본 조기경보시스템

---

447) Sailer‒Coceani in K. Schmidt/Lutter, §91 Rdnr. 12.
448) Spindler/Stilz/Fleischer, §91 Rdnr. 33.
449) www.youtube.com에서 'wirecard scandal'로 검색하면 사건 개요를 자세히 확인할 수 있다.
450) DAX 라 함은 독일 프랑크푸르트 증권거래소에 상장된 회사중 가장 비중있는 30개 기업의 종합주가지수이다. 뉴욕증권거래소에 비유하면 DOW지수 같은 것이다. 여기에 이름을 올린다는 것은 해당 기업이 독일을 대표할 만한 기업이라는 뜻이다. Bayer, Deutsche Bank, Henkel, Merck, BMW, Daimler, Porsche, Siemens, Volkswagen 등이 이에 속한다. 2021년 9월부터는 가입 기업의 수가 30개에서 40개로 늘었다.
451) 예를 들면 독일 상법 제289조 제4항; 독일 주식법 제107조 제3항 제2문.

역시 내부통제시스템의 일종이라고 할 수 있다. 다만 독일 주식법은 제91조의 제2항과 제3항을 분리하여 위험의 정도에 따른 차등화를 시도하고 있다. 즉 **제2항은 회사의 존속을 위협할 정도의 상황전개를 전제로** 하나, **제3항은 그 이외의 일반적인 상황을 전제로** 한 내부통제시스템구축의무를 정하고 있다고 풀이할 수 있다.

(나) 구축의 정도: 내부통제시스템을 어떻게 구축하여야 법의 요구수준에 맞는 것인가? 이에 대해 독일 주식법은 제91조 제3항에서는 유효성과 상당성의 원칙을 천명하고 있다.

1) 유효성의 원칙: 유효성(Wirksamkeit)이란 내부통제 및 위험관리를 위한 시스템이 해당 회사의 영업연도 전반에 걸쳐 예정대로 시행되고 준수될 수 있는지의 문제이다. 예정대로 준수될 수 있는 정도라면 해당 시스템은 유효하다고 보아야 한다. 실제 시스템이 운영될 때 예정대로 준수될 수 없다면 아무 의미가 없는 것이다. 시스템의 유효성은 해당 체제가 모든 본질적인 위험을 발견하고 계도하고 극복하는 데 적합한 수준이라면 일단 유효하다고 평가할 수 있을 것이다.[453] 그런 점에서 유효성은 비례의 원칙이 내포하는 적합성의 원칙(Grundsatz der Geeignetheit)도 포함하고 있다고 보아야 한다.[454] 그러나 시스템을 실행했음에도 불구하고 일정 위험이 완전히 사라지지 않았다 하여 해당 시스템이 전체적으로 부적합하다고 결론내릴 일은 아니다. 특히 경쟁법이나 행정법의 영역에서 그러한 일이 종종 발생하는데 예상과는 달리 정반대로 결론 날 때가 많았다고 한다.[455]

2) 상당성의 원칙: 2020년 개정전 독일 회사지배구조준칙(Deutsche Corporate Governance Kodex) 제4.1.4.조는 "위험관리 및 위험통제에 있어 이사는 상당성의 원칙을 준수하여야 한다"고 규정하고 있었다. 그러나 2020년의 개정에서 동 준칙은 '상당성(相當性; Angemessenheit)'이라는 용어를 없애고 대신 '적정성(適正性; Eignung)'이라는 용어를 사용하고 있다. 그럼에도 불구하고 2021년에 개정된 독일 주식법은 신설된 제91조 제3항에서 여전히 유효성(Wirksamkeit)과 상당성(Angemessenheit)라는 용어를 그대로 사용하고 있다. 제91조 제3항이 이야기하는 상당성이란 공법(公法)에서 발전된 비례의 원칙을 수용하고 있다. 즉 내부통제시스템이건 위험관리시스템이건 기대가능하지 않은 조치(unzumutbare Maßnahmen)를 취해서는 안된다고 한다.

이하에서는 내부통제시스템의 구축과 관련한 상당성(相當性)의 비교형량을 시도해 보기로 한다. 세상 만사가 다 그렇듯이 내부통제 역시 희생없이 이루어지지는 않는다. 다시 말하면 효용과 비용이 공존한다는 것이다. 내부통제가 잘 이루어져 기업의 회계부정이 방지되고 준법경영이 실현되면 물론 좋겠지만 이러한 목표에 이르는 과정에서 비용이 발생하고 임직원의 자율이 위축되는 등 예상치 못한 비효율도 나타날 수 있다.[456] 미국의 사베인스 옥슬리 법 역시 내부통제시스템의 실행비용이 수천만달러에 이르는 경우가 많아 그 준수를 놓고 기업들의 고민이 크다고 한다. 내부통제시스템이건 위험관리시스템이건 비용

---

452) RegBegr. BT-Drs. 19/26966, 115; Koch, AktG, 16 Aufl., §91 Rdnr. 20.
453) Koch, AktG, 16 Aufl., §91 Rdnr. 37.
454) Koch, AktG, 16 Aufl., §91 Rdnr. 37.
455) Koch, AktG, 16 Aufl., §91 Rdnr. 37.
456) Schehr, "An Analysis of A Corporate Director's Duty to Ferret Out Wrongdoing: Have The Federal Sentencing Guidelines Effectively Overruled Graham v. Allis-Chalmers?", 42 Wayne L. Rev. 1617, at 1640~1641; 伊勢田道仁, 內部統制と會社役員の法的責任, 中央經濟社, 2018年, 54頁.

이 발생하므로 담당이사가 그 도입을 통고 고민하거나 주저하는 경우는 얼마든지 있을 수 있는 것이다.

나아가 설사 시스템을 도입하는 경우에도 기업의 불상사나 위법행위는 방지되겠지만 그에 못지 않게 경영효율이 떨어져 기업의 재무적 성과에 악영향을 미칠 수도 있다. 따라서 경영자들은 이러한 시스템을 도입하는 경우 도입으로 인한 효용과 그 효용을 얻기 위해 치러야 하는 비용을 치밀하게 형량할 수밖에 없는 것이다. 즉 기업의 구체적 상황을 고려해서 비용 대 효용의 비교분석을 해 본 후 후자가 전자보다 큰 경우 그 도입을 결정하게 될 것이다. 독일 주식법 제91조 제3항에 규정된 상당성의 개념은 바로 이러한 상황을 이르고 있다. 기대가능한 수단을 선택하지 않으면 아무리 좋은 시스템이라도 해당 기업에는 독(毒)이 되고 만다. 이러한 법의(法意)가 동 조항에 녹아 있다고 보면 될 것이다.[457]

다만 조심해야 할 것은 유효성과 상당성의 요건은 위에서 본 조기경보시스템구축의무(제2항)에는 적용되지 않는다는 사실이다. 제2항에서는 유효성이나 상당성 등의 용어가 발견되지 않는다. 그곳에서는 그러한 시스템이 구축되지 않으면 회사의 존립 자체가 위협받을 상황이므로 이사로서는 어떠한 희생을 치르더라도 그러한 상황전개는 막아야 하는 것이다. 예를 들면 이미 위 Marchand 사건에서 보았듯이 Blue Bell社가 식품위생법상의 최소수준을 지키지 못한 상태에서 아이스크림을 유통시키는 바람에 3명이 사망하고 다수의 부상자가 나왔다든지 737 MAX 기종(機種)을 제작한 보잉(Boeing)社가 순수한 기체결함으로 두 차례나 추락사고를 막지 못한 것이 그 예이다. 이런 사고는 어떠한 희생을 치러서라도 막아야 하는 것이며 비례성 원칙의 적용대상이 아니다. 또 이에 이르기 위한 각 회사의 내부통제시스템은 더 이상 타협할 수 없는 절대적 수준을 유지하여야 한다. 여기서 비용 대 비 효용을 운운하는 것은 그 자체가 잘못된 접근이다. 독일 주식법 제91조 제3항은 그러한 'mission-critical' 상황을 전제로 하지 **않는** 여타의 일반적 위험관리영역을 전제로 한다.

### 2. 판례법의 발전

내부통제시스템구축의무와 관련하여서는 2013년 뮌헨지방법원의 Siemens 사건[458]이 있다. 이하 이 사건의 사실관계, 판시내용 및 이 사건과 관련된 학계 및 실무계의 반응을 차례로 알아보기로 한다.

(1) 사실관계: 2013년 12월 10일 뮌헨지방법원은 내부통제 및 준법감시분야에서 이정표가 될 만한 큰 사건을 선고하였다. 준법감시사건이 터진 회사는 지멘스(주)[459]로서 약 40만여명의 종업원을 거느리고 프랑크푸르트 증권거래소 및 뉴욕증권거래소에 상장된 세계적 기업이다. 그런데 이 회사에서 언제가부터 비자금창구(schwarze Kasse)가 생기더니 이를 통하여 명분없는 자금이 지속적으로 유출되기 시작하였다. 자금의 흐름을 추적한 결과 Siemens의 독일 은행계좌에서 불법 자금들이 오스트리아로 향하고 있음이 감지되었다. 차

---

457) Koch, AktG, 16. Aufl., §91, Rdnr. 36.
458) 2013년 12월 10일 뮌헨지방법원 선고(LG München I, Urt. v. 10. 12. 2013 – 5 HK O 1387/10) = NZG 2014, 345~349).
459) Siemens AG 이다.

후에 밝혀진 바로는 이들은 외국에서 불법의 청탁성 자금으로 쓰였다. 그후 실재하지 않는 경영자문계약의 자문료 지급조로 이중 거액이 지급된 사실도 밝혀졌다. 이 사건을 계기로 Siemens사는 관련 당국으로부터 거액의 형사벌금을 부과받았고 관련자들의 형사처벌도 이어졌다.

본 사건을 내부적으로 수습하는 과정에서 회사는 이 회사의 재무담당이사인 피고에게 독일 주식법 제91조 제2항상의 책임을 묻게 되었다. 즉 준법감시를 위한 조기경보체계를 구축하고 이를 유지하여야 하나 관련부서를 책임지고 있는 피고가 이를 전혀 이행하지 않았고 결국 이번 사고로 이어지게 되었다고 본 것이다. 처음 회사는 피고 이사를 상대로 4백만 유로의 화해를 제안했지만 피고가 이에 응하지 않자 미국계 로펌에 1,285만 유로라는 거액의 수임료까지 지급하면서 사건의 해결을 위임하게 되었다. 차후 Siemens 사는 뮌헨지방법원에 피고 이사를 상대로 1,500만 유로 상당의 손해배상청구소송을 제기하였고 법원은 원고의 청구를 전부 인용하였다.

(2) 판시내용: 뮌헨지방법원은 아래와 같이 판시하였다; "1. 주식회사의 이사는 준법경영의 틀속에서 외국이나 외국거주 개인에게 청탁성 자금의 지급과 같은 법규위반이 이루어지지 않도록 회사가 조직을 갖추고 충분한 감시가 이루어지도록 노력하여야 한다. 이를 위하여 **주식회사의 이사는 손해의 예방과 위험관리를 위한 준법감시체계를 구축하여야 하며 이에 이르지 못할 경우 위 의무를 이행하지 않은 것**이다. 의무의 이행여부를 판단함에 있어서는 회사의 업종, 규모, 관련 법규, 지리적 위치 및 과거 유사사례의 유무 등을 고려하여야 한다. 2. 준법경영의 준수와 이를 위한 **감시체계의 구축은 이사회를 구성하는 모든 이사의 의무사항**이다."

(3) 코멘트: 본 사건은 다수의 평석이 이어질 정도로 학계 및 실무계에 관심을 불러 일으켰고[460] 재계도 민감하게 반응하였다.[461] 나아가 찬성평석이 있는가 하면 반대평석[462]도 만만치 않아 결과를 놓고 찬반여론이 격렬히 대립하였다. 이하에서는 우선 법원이 피고에게 손해배상책임을 부과한 청구원인을 검토하고 관련 주요 사항을 부기하기로 한다.

(가) 청구원인에 대한 검토: 뮌헨지방법원은 독일 주식법 제91조 제2항과 동법 제93조 제2항에 따라 원고의 청구를 인용하였다. 이사가 회사에 대해 선관주의의무를 부담함은 어느 문명국가에서나 같다고 본다. 독일 주식법 역시 이를 명문화하고 있다(동법 제93조 제1항). 선관주의의무 속에 감시의무도 포함되는바 이를 보다 구체화한 조문이 제91조 제2항이다. 사내 비리에 대비하여 조기경보(早期警報; Frühwarnung)가 울릴 수 있도록 정보체계나 보고체계 등 내부통제시스템을 구축하여야 한다는 것이다. 결국 본 사건의 피고 이사는 상무회(常務會; Zentralvorstand)의 구성원이었을 뿐만 아니라 컴플라이언스 부문의 직접적인 책임자였다.

재판부는 의무위반의 객관적 구성요건이 충족된다고 보았다. 피고 이사가 지멘스社에

---

460) 관련 평석으로 가장 많이 인용되는 것은 Fleischer, "Aktienrechtliche Compliance—Pflichten im Praxistest", NZG 2014, 321~329이다.

461) 디 벨트(Die Welt)紙 2008년 5월 26일자는 지멘스의 스캔들을 보도하면서 "비자금 창구의 몸통이 드러나고 있다"("Der Herr der schwarzen Kassen packt aus")고 전하고 있다.

462) Bachmann, ZIP 2014, 579.

조기경보체계를 전혀 구축하지 않았고 이로 인하여 본 사건이 발생하였다고 본 것이다. 나아가 주관적 구성요건 역시 충족된다고 보았다. **미국 델라웨어의 판례법과 달리 독일 법원은 의무위반의 주관적 구성요건을 고의 및 과실의 전범위에 걸쳐 인정**한다. 즉 경과실로도 회사에 대한 손해배상책임이 발생할 수 있다는 것이다.[463] 미국 델라웨어법상의 고의 내지 불성실(bad faith)뿐만 아니라 중과실이건 경과실이건 문제시되지 않는다는 입장이다. 끝으로 피고 이사의 부작위와 회사의 손해발생간에 인과관계가 필요하다. 이러한 요소들이 모두 충족될 경우 독일 주식법 제93조 제2항에 따라 의무위반의 이사는 회사에 대해 연대하여 손해배상책임을 지게 된다고 한다. 뮌헨지방법원은 본 사건에서 피고 이사가 위 요건을 모두 충족시켰다고 보아 원고의 청구를 전 범위에 걸쳐 인용하였다.[464]

(나) 본 사건에 대한 학계의 반응: Fleischer는 이 사건을 컴플라이언스의 영역에서 이정표가 될 만한 사건으로 보고 있다. 내부통제시스템은 일회성의 구축으로 끝나는 것이 아니라 지속적인 관리대상임도 강조하고 있다. 나아가 본 사건이 나오기 전에 학계에서 '이런 소송에서는 회사[465]가 승소하기 어렵다'는 선입견도 있었지만 그는 이를 근거없는 주장이라고 일축한다.

반면 본 사건에 대한 비판적 견해도 없지 않다. Bachmann은 본 사건에서 임무해태를 인정할 만한 피고의 재직 기간중에 회사법 관련 주석서에는 컴플라이언스(compliance)라는 용어가 아직 등장하지도 않았다고 주장한다. 독일에서 컴플라이언스에 대한 학문적 논의는 2003년 Fleischer 및 Schneider의 논문에서 비로소 시작되었고 이에 기초하여 2007년이 되어서야 German Corporate Governance Code가 Compliance라는 용어를 처음으로 사용하였다고 지적한다.[466] 그러나 이러한 반론에도 불구하고 본 사건의 사실관계가 독일 국내에만 한정된 것이 아니고 외국과 밀접한 것을 고려할 때 이런 식으로 비판한다는 것은 한계가 있다고 본다. 미국의 케어막 사건은 이미 1996년에 나왔고 일본의 다이와은행 사건 역시 2000년에 선고된 것임을 감안하여야 할 것이다. 나아가 독일 주식법 제91조 제2항은 이러한 흐름을 감안하여 이미 1998년에 입법된 것이었다.

## (2) 충실의무

이사는 법령과 정관의 규정에 따라 회사를 위하여 그 직무를 충실하게 수행하여야 한다(상382). 상법은 이사의 충실의무에 관한 명문의 규정을 신설하였다. 물론 지금까지도 영미의 회사법에 대한 비교법적인 연구를 통하여 또 상법 제397조나 제398조의 종합유추(Gesamtanalogie)의 방식으로 이를 인정해 온 것은 사실이지만 상법은 1998년의 개정에서 이를 명문화하였다. 그 이유는 이사의 책임강화를 통하여 건전한 기업운영을 촉진하고 이사에게 법령과 정관에 따른 성실한 직무수행의무가 있음을

---

463) LG München I, NZG 2014, 345, 348.
464) 원고가 청구한 것은 다년간 누적된 비자금 전액이 아니라 피고 이사가 화해를 거부함에 따라 발생한 변호사 비용과 후속처리비용이었다.
465) 대표소송의 형식을 취할 경우 원고는 주주가 될 것이다.
466) Bachmann, ZIP 2014, 579, 581.

명시적으로 밝히기 위함이다. 그러나 사실상 상법이 개정되기 전에도 당연히 이사의 충실의무를 인정해 온 것이므로 제382조의3의 신설은 법문언에 의한 명확화라는 상징적 의미밖에 없다고 할 수 있다.

일반적으로 주식회사의 이사는 회사와 그 기업의 이익에 저해가 되는 모든 조치를 취하지 않을 부작위의무를 진다고 할 수 있다. 즉 자신의 이기만을 위한 거래로 회사의 이익을 해하거나 회사의 경영인으로서 취득한 유리한 정보를 사익을 위하여 이용하는 경우 이는 충실의무 위반이 될 것이다. 우리 상법도 이사의 경업금지($\frac{\dot{\triangle}}{397}$), 기회유용금지($\frac{\dot{\triangle}}{\Omega 2}\frac{397}{}$) 및 이사와 회사간의 자기거래의 제한에 대하여 명문의 규정($\frac{\dot{\triangle}}{398}$)을 두고 있다. 그러나 포괄적 권한의 이사회제도는 자연히 그에 비례한 충실의무의 강도를 요구할 것이다. 그리하여 이사의 충실의무는 계속적인 판례법의 형성에 의하여 구체화되고 뒷받침되어야 할 것이다. 이제 우리 상법이 충실의무의 예로 들고 있는 경업금지의무, 회사기회유용금지 및 자기거래제한을 차례로 알아본다.

### 🔷 이사의 誠實義務(duty of good faith)[467]

오늘날 미국의 회사법에서는 이사의 성실의무(duty of good faith)가 집중적으로 논의되고 있으며 이를 신인의무의 제3의 유형으로 볼 것인지를 놓고 학설이 분분하다. 미국에서는 독립의무인정설과 독립의무부정설이 대립한다.

#### 1. 성실의무의 개념

그 개념정의를 내리는 것은 쉽지 않은 과제이다. 그러나 선의(good faith)라는 말에 기초하여 소박하게 정의를 내려보면 '목적의 정직성과 합법성을 지향해야 할 의무'라고 정의할 수 있을 것이다. 그러나 아이젠버그 같은 학자는 이를 더욱 구체화하여 성실의무의 기초적 구성내용으로서 첫째 주관적 정직성(subjective honesty), 둘째 해당 업계의 상도덕 준수(nonviolation of generally accepted standard of decency applicable to the conduct of business), 셋째 기초적 회사법규의 준수(nonviolation of generally accepted basic corporate norm), 넷째 직무에 대한 기초적 성실성(fidelity to office)을 들고 있다.[468] Allen 교수는 소극적으로 정의하여 "회사에 최선의 이익이 되는 행동과 무관한 방법으로 행동하는 것"을 악의로 정의한 바 있다.[469]

#### 2. 법적 성질

이에 대해서는 독립의무인정설과 부정설의 대립이 있다. 부정설의 입장을 보면 이사의 성실의무란 이사의 선관주의의무나 충실의무처럼 그 위반시 독자적인 손해배상책임을 발

---

467) 이하의 내용은 졸고, "회사법상의 행위기준과 재고기준", 「상사법연구」 제30권 제3호(2011. 11.), 258~261면에서 전재함.
468) Eisenberg, The Duty of Good Faith in Corporate Law, 31 Del. J. Corp. 1 ff.
469) Allen, In re RJR Nabisco, Inc., Shareholder Litigation, 1989 WL 7036, at 15 (Del. Ch. Jan. 31. 1989)

생시키는 독립적 법률요건이 아니라 충실의무이행의 한 종속적 개념요소에 불과하다고 한다.[470] 반면 긍정설의 입장에서는 이사의 성실의무를 선관주의의무 및 충실의무에 이은 제3의 유형으로 분류한 후 이사의 신인의무를 삼분(三分)하여야 한다(triad of fiduciary duty)고 주장한다.[471] 생각건대 이사의 성실의무란 보험계약법상의 책무(責務)와 유사한 성격을 지녔다. 보험계약법상 책무위반시 보험자가 면책되어 보험계약자나 피보험자는 불이익을 입는다. 이사의 성실의무에서도 상황은 비슷하게 전개된다. 즉 이사가 성실의무를 위반하면 경영판단의 원칙에 따른 면책이 불가해져 이사가 불이익을 입을 수 있다. 나아가 케어막 듀티상으로도 면책의 혜택을 입지 못한다. 결국 성실의무란 이사가 부담하는 신인의무의 본질적 구성부분(Wesensgehalt)이며 그 최소한으로 볼 수 있을 것이다.[472]

### 3. 의무위반의 효과

이에 대해서는 직접적 효과와 간접적 효과로 나누어 볼 수 있다.

(1) 직접적 효과:　　이사가 성실의무를 위반하여도 그 자체로서(ipso facto) 회사나 주주들에게 손해배상책임을 지게 되는 등 직접적 효과는 나타나지 않는다. 성실의무는 이사와 회사간 위임 내지 그 유사의 계약관계에서 파생하는 신의칙적 기본의무로 보는 것이 옳다. 마치 보험계약법에서 고지의무를 위반하였다고 바로 보험계약자가 보험자에 대해서 모종의 책임을 지지 않는 것과 같다. 다만 보험자의 면책사유를 구성하여 사후 계약을 해지당하거나 보험금청구권을 상실할 수는 있을 것이다. 성실의무의 경우에도 이와 유사하게 판단하면 될 것이다. 이사가 성실의무를 위반하였다 해도 이에 기초하여 직접 청구원인(cause of action)이 구성되지는 않는다.[473]

(2) 간접적 효과:　　그러나 이사가 성실의무를 위반하면 그 결과 경영판단기준이나 케어막기준 등 이사의 면책요건들이 작동하지 않게 된다. 그 결과 손해배상책임이 발생할 수 있다.[474] 미국회사법상으로는 선관주의의무의 경우 아래와 같이 3단계로 나누어 설명할 수 있을 것이다.[475] 첫째 이사가 통상의 과실을 저지른 경우 경영판단의 원칙이 적용되어 이사의 완전면책이 가능하다. 델라웨어주 회사법 제102조 b항 7호에 기초한 정관규정이 있든 없든 마찬가지이다. 둘째 이사가 중과실인 경우에는 경영판단의 원칙이 적용되지 않아 면책의 혜택을 누리지 못한다. 그러나 만약 그 회사가 델라웨어주 회사법 제102조 b항 7호에 기초한 정관규정을 둔 경우에는 이에 기초하여 사후적으로 면책되거나 책임감경에 이를 수 있다. 셋째 이사가 성실의무를 위반한 경우에는 경영판단의 원칙도 적용되지 않고 개개 회사의 정관규정(위 델라웨어주 회사법 제102조 b항 7호에 기초한)에 따

---

470) Stone v. Ritter, 911 A. 2d 362, at pp. 369~370.

471) Hillary Sale, 89 Cornell L. Rev. 456, at 494; Eisenberg, 31 Del. J. Corp. L. 1 ff.

472) 이에 대해서는 졸고, "이사의 선의의무", 21세기 상사법·민사소송법의 과제(정동윤교수칠순기념논문집), (2009), 67면 이하 참조; 아이젠버그 역시 이사의 성실의무를 이사의 '기본의무(a baseline duty)'로 보고 있다 (Eisenberg, *ibid.*, p. 449).

473) Eisenberg, 31 Del. J. Corp. L. pp. 1 ff., at p. 30; Stone v. Ritter, 911 A. 2d 362; Burton/Eisenberg, Contract Law: Selected Source Materials, 2008 Ed., Thomson/West, p. 15 (Official Comment to UCC, § 1-203).

474) 졸고, "이사의 선의의무" (전게논문), 84, 85면 참조.

475) Allen/Kraakman/Subramanian, *ibid.*, pp. 350~351.

른 추가적인 면책도 불가하다. 이러한 결과를 가져오는 성실의무위반의 예로 디즈니사건의 재판부가 예시한 것들은 ① 의도적인 목적위반행위, ② 의도적인 실정법규위반행위 나아가 ③ 인식하고 있는 의무의 의도적 방기(dereliction of known duty) 등이다.[476] 물론이 세 가지만으로 한정한 것은 아니다. 성실의무위반이 충실의무위반으로 연결되는 경우도 있을 수 있다. 델라웨어주 최고법원은 Stone v. Ritter 사건에서 성실의무위반이 충실의무위반으로 연결될 수 있음을 강조하고 있다. 이 사건에서 재판부는 충실의무는 이사와회사간 이해상충을 전제로 한 신인의무뿐만 아니라 성실의무도 내포한다고 강조한다.[477]

우리나라에서도 향후의 법발전을 지켜봐야 하겠지만 미국법에서와 유사한 상황전개가나타날 것으로 예상된다. 특히 2011년 3월 11일 새로이 개정된 상법 제400조 제2항 단서에 규정된 "고의 또는 중과실"의 해석상 이것이 미국회사법에서 이야기하는 '성실의무위반' 즉 '불성실(bad faith)'로 볼 여지가 있어 이에 대한 향후의 해석학이 기대된다. 위 규정은 델라웨어주 회사법(Delaware General Corporation Law) 제102조 (b)항 7호와 매우유사한 문언을 담고 있기 때문이다. 즉 우리나라에서도 미국에서와 마찬가지로 '불성실(bad faith)'은 위 조문상 책임제한배제사유로 작용할 가능성이 매우 크다.

### 4. 행위기준과 책임기준의 괴리여부

아이젠버그는 이사의 성실의무의 경우에는 행위기준과 책임기준의 괴리가 나타나지 않는다고 설파한다. 성실의무는 기초의무이며 선관주의의무에 특유한 위험(risk)의 문제를내포하고 있지 않아 행위기준과 재고기준의 불일치는 나타나지 않는다고 한다.[478]

### 🏵 선관주의의무와 충실의무의 구별[479]

### Ⅰ. 문제의 소재

일부 국가에서는 양자간 구별이 명확하지 않아 이사의 신인의무법을 이해함에 있어 혼란을 야기한다. 예컨대 일본과 우리나라가 그러하다. 적어도 두 나라에 있어서는 판례법과일부 학설이 양자간 구별을 시도하지 않는다.[480] 그러나 이러한 상황은 용어상 혼란을 초래하는 데 그치지 않고 신인의무법을 전체적으로 혼란에 빠뜨린다.

**선관주의의무(duty of care)는 이사와 회사간 개별적 이해충돌이 없을 때** 나타난다. 즉이사와 회사의 이익이 직접적으로 충돌하지 않는 영역이 선관주의의무의 대상영역이다. 이에 반하여 **충실의무(duty of loyalty)는 이사와 회사간에 직접적으로 이해상충이 있을 때비로소 출현**한다.[481] 경업금지, 기회유용 및 자기거래 등 충실의무의 3대 유형에서 모두이사와 회사간 이해상충이 나타난다. 이런 사안에서 이사가 자신의 사적 이익을 추구하면

---

476) Disney IV, 907 A. 2d 693, at 755; Disney V, 906 A. 2d 27, at 67.

477) Stone v. Ritter, 911 A. 2d 362, at pp. 369~370, "…The failure to act in good faith may result in liability because the requirement to act in good faith is a subsidiary element, i.e. a condition of the fundamental duty of loyalty".

478) Eisenberg, *ibid.*, pp. 449~450.

479) 이하의 내용은 졸고, "경업거래, 기회유용 및 손해배상－대판 2018. 10. 25, 2016다16191의 평석을 겸하여－", 「經營法律」 제29집 제4호(2019. 7.), 69~117면 중 74~89면을 전재함.

480) 近藤光男, 『株主と会社役員をめぐる法の課題』, 有斐閣, 2016, 80頁 以下.

481) 유영일, "이사의 충실의무의 체계화에 관한 연구", 「商事判例研究」 제26집 제4권(2013. 12. 31.), 333면.

회사는 직접적으로 손해를 보게 된다. 이사에게 이로운 자기거래는 회사의 손해로 이어지며 이사가 경업적 거래를 하거나 회사에 귀속될 사업기회를 유용할 때에도 마찬가지다. 반면 선관주의의무에서는 그러한 직접적인 이해상충이 나타나지 않는다. 델라웨어의 판례법은 이를 전제로 경영판단의 원칙을 만들었다. 그리하여 적용요건 중 첫째를 이해상충의 부존재(disinterestedness)로 설정하였다. 유사하게 이사의 감시의무에 속하는 내부통제시스템 구축의무(Caremark duty)나 의심할 만한 사유기준(red-flag test) 역시 선관주의의무의 영역이다.

양자간 구별은 지난 2011년 상법개정후에는 더욱 큰 의미를 갖게 되었다. 상법 제400조 제2항 단서를 보면 회사가 정관에 규정을 두어 이사의 책임을 감경할 수 있지만 경업금지, 기회유용 및 자기거래 등 이른바 충실의무 위반시에는 책임제한이 불가하다. 따라서 양자간 구별은 이제 더 이상 이론적인 것에 그치지 않는다.

## Ⅱ. 학설의 대립

선관주의의무와 충실의무간 상호관계에 대해서는 동질설과 이질설의 대립이 있다.

### 1. 동질설[482]

동질설(同質說)에 의하면 ① 선관주의의무는 그 내용이 탄력적이므로 회사에 최선의 이익이 되는 결과를 추구하여야 할 의무까지 포함하는 것으로 볼 수 있어 충실의무라는 규정($\frac{상}{제3}$382)이 새로이 도입되었다 하여도 주의의무에 관한 민법의 규정과 다른 법률 효과를 군이 인정할 필요가 없는 점, ② 수임인은 항상 위임자의 이익을 위하여 행동할 것이 요구되므로 상법전에 충실의무라는 규정($\frac{상}{제3}$382)을 두었다고 영미법상의 신인의무를 별도로 수용하였다고 볼 수 없는 점, ③ 비교법적으로 보아도 일본의 판례법이나 통설 역시 양자를 동질적인 것으로 다루고 있는 점[483] 등을 근거로 제시하며 선관주의의무와 충실의무를 같은 내용의 것으로 해석한다. 우리 판례 역시 이 입장을 취하고 있는 것으로 풀이된다.[484] 일본의 판례[485] 내지 다수설[486] 역시 이 입장을 취한다.

---

482) 이철송, 765면; 송옥렬, 1043~1045면; 정찬형, 상법강의(상), 제25판, 2022, 1049면; 최기원, 신회사법론, 제14 대정판, 박영사, 2012, 660~661면; 최준선, 회사법, 삼영사, 2022, 531~532면; 고창현, 주식회사법대계 (Ⅱ), 제3판, 651~652면(양자간의 관계에 대해서는 기본적으로 동질설을 취하면서도 주관적 요건, 사법심사 기준, 구제수단 등에서 차이가 있어 양자간 구별의 실익이 있다는 절충적 입장을 취함).

483) 近藤光男,『会社法コンメンタール (8)』, § 355, 52~53頁.

484) 대판 1985. 11. 12, 84다카2490; 대판 2002. 6. 14, 2001다52407; 대판 2003. 4. 11, 2002다70044; 대판 2006. 11. 9, 2004다41651, 41668; 이들 판례에서 모두 주의의무와 충실의무는 동질적인 것으로 나란히 열거되고 있다(이에 대해 보다 자세히는 권재열, "상법 제382조의3(이사의 충실의무)의 존재의의 - 대법원 판례의 동향에 대한 검토를 중심으로 -",「상사판례연구」 제22집 제1권(2009. 3. 31.), 3~35면.; 본 평석대상 판례(2016다16191) 역시 "…이사는 회사에 대하여 선량한 관리자의 주의의무를 지므로 법령과 정관에 따라 회사를 위하여 그 의무를 충실히 수행한 때에야 이사의 임무를 다한 것이 된다. …"고 하고 있다. 선관주의의무(상법 제382조 제2항; 민법 제681조)와 충실의무(상법 제382조의3)를 동질적으로 보고 있다. 충실의무가 선관주의의무에 포섭되고 있음을 알 수 있다.

485) 日本 最高裁判所 判決 昭和 45年 6月 24日, 民集 24卷 6号 625頁(야하다제철주주대표소송사건)

486) 江頭憲治郎,『株式会社法』, 第7版, 有斐閣, 2017年, 435頁; 田中 亘,『会社法』, 第2版, 東京大學出版部, 2018, 260~261頁(コラム 4-49); 伊藤眞・伊藤塾,『全條解説 会社法』, § 355, 556頁.

## 2. 이질설

이질설(異質說)에 의하면 선관주의의무는 이사가 자신의 직무를 수행함에 있어서 준수하여야 할 주의의 정도를 설정하는 것임에 반하여 충실의무는 이사가 그 지위를 이용하여 회사의 이익을 희생하고 자기 또는 제3자의 이익을 도모하지 않아야 하는 의무로서 양자는 이질적인 것이라고 한다.[487] 이 입장에 의하면 선관주의의무 위반으로 인한 손해배상책임은 과실책임이지만 충실의무위반시에는 무과실책임이 원칙이며 나아가 선관주의의무를 위반한 경우 책임의 범위는 회사가 입은 구체적 손해이지만 충실의무위반시에는 이사가 얻은 이득을 회사의 손해로 추정하므로 양자간 차이는 뚜렷하다고 한다.[488]

## Ⅲ. 각국의 상황

### 1. 영 국

영미법계에서 주식회사 이사의 충실의무는 주로 신탁법(law of trust)을 중심으로 발전하여 왔다. 영국의 신탁법은 이해상충금지의 원칙(no conflict rule)과 이익향수금지의 원칙(no profit rule)을 낳았다. 1726년 Keech v. Sandford 사건[489]에서 재판부는 의제신탁(constructive trust)[490]의 법률효과를 경유하여 위 원칙들을 명확히 하였다. 신탁법(law of trust)의 모국답게 영국은 이사의 충실의무를 2006년의 회사법에 자세히 규정하였고 (동법 170 이 하 참조), 특히 동법에 규정된 '이해상충금지의 원칙'(동법 175) 또는 '이익향수금지의 원칙' (동법 176)은 신탁법의 냄새를 짙게 풍기고 있다.

### 〈Keech v. Sandford〉

본 사건에서는 수탁자요 피고인 Sandford(이하 'S'로 약함)는 미성년의 수익자 Keech (이하 'K'로 약함)를 위하여 런던 인근 Rumford Market의 부동산 임차권(lease)을 관리하고 있었다. 원고 K가 아직 유아일 때 원고는 해당 임차권을 상속받았고 피고 S는 원고가 성년이 될 때까지 이 임차권의 관리를 위탁받았다. 임대차계약을 갱신할 시점에 이르러 임대인은 수익자가 아직 미성년임을 이유로 수탁자(S)가 직접 계약당사자가 되지 않으면 계약을 갱신할 수 없다고 하였다. 이에 피고 S는 자기 자신의 이름으로 본 부동산 임차권을 갱신하였고 사기적인 의도도 전혀 갖고 있지 않았다.[491] 차후 피고가 자신의 이름으로 임차권을 갱신한 것이 문제가 되었다. 법원은 의제신탁의 법률효과를 통하여 피고가 본 임차권상의 수익을 미성년의 원고에 돌려야 한다고 판시하였다.

영국에서 회사 관련 사건을 다루는 법원을 형평법원(Chancery Court)이라 하는데 이 법원의 관할은 주로 신탁(trust)과 관련된 것들이었다. 회사의 이사 역시 신탁관계상의 수탁자와 유사한 지위를 갖으므로[492] 이 법원은 회사사건도 관장하게 되었다. 영국 신탁법

---

487) 赤堀光子, "取締役の忠實義務(四・完)", 『法曹協会雜誌』第85卷 4号(1968年), 532頁.
488) 近藤光男, 『会社法コンメンタール (8)』, § 355, 52~53頁.
489) (1726) Se. Case Ch 61 ; 국내문헌 중 이 판례에 대한 자세한 분석으로는 박기령, "이사의 충실의무에 관한 법적 연구", 이화여대 대학원 박사학위논문, 2010, 87면 이하.
490) 이에 대해 보다 자세히는 Pettit, *Equity and The Law of Trusts*, 10th ed., Oxford University Press, 2006, pp. 139 f.
491) 어차피 충실의무 위반시 그 효과를 논함에 있어서는 의무자의 과실 여부는 중요하지 않았다.
492) 영국에서 1844년 Joint Stock Company Act가 만들어지기 전에는 대부분의 Joint Stock Company는 법인이

의 기본 원칙들은 그대로 대서양을 건너 미국에 전파되었다. 초기 대서양안의 주들에 있어서 회사관할 법원의 명칭은 영국의 그것을 그대로 사용하였고 그리하여 회사법상 가장 영향력이 큰 델라웨어주에서도 'Chancery Court'라는 명칭이 그대로 사용되었다. 델라웨어 챈서리 법원은 오늘날 전세계적으로 가장 영향력이 강한 회사법 관할법원이 되었다.

### 2. 미 국

미국에 전파된 영국식 신탁법리는 그러나 회사법의 영역에서는 다소 기본 원칙을 완화하며 발전하게 된다.[493]

① 자기거래(自己去來):　특히 Marsh의 주장에 의하면 이사와 회사간의 자기거래에 대해서는 크게 다음과 같은 3단계를 거치며 완화의 길을 걷는다.[494] 그의 주장에 대해서는 일부 반론도 있으나[495] 아이젠버그 같은 학자는 압도적 다수의 사례에서 Marsh의 주장이 타당하다고 평가하고 있다.[496]

**제1단계**는 **금지의 시대**(period of prohibition)였다. 1880년대를 전후한 미국의 판례법은 회사나 주주가 요구하는 한 이사와 회사간의 자기거래를 예외없이 무효로 처리하였다.[497] 즉 우리나라의 현행 상법처럼 이사회나 주주총회 등 회사의 기관이 이를 승인하는 경우 그 효력을 인정하지 않고 무조건 무효를 선언한 셈이다. 해당 행위의 공정 여부도 고려하지 않았다. 회사나 주주가 원하는 한 법원은 서슴없이 또 예외없이 해당 거래를 무효(void)로 처리하였다.[498] 이러한 부류의 판례들은 주로 서부개척시대에 등장한 철도회사들의 사기사건에 관한 것들이었고 이러한 판례법의 흐름은 약 30년간 지속되었다. 이러한 판례법의 흐름은 영국 신탁법에서 형성된 이해상충금지의 원칙을 실현한 것이다. 즉 수탁자가 수탁사무를 처리하면서 신탁자의 이익에 영향을 줄 수 있는 이해갈등 상황을 조성하지 않아야 하는데 만약 이에 이를 경우에는 해당 행위 자체가 무효로 되는 no conflict rule을 회사관계에 그대로 확장 적용하였다.

**제2단계**는 **조건부 유효의 시대**였다. 즉 이사회의 승인이나 행위의 공정성을 조건으로 이를 유효로 보는 판례들이 이 시기에 출현하게 되었다. 대략 1910년을 기준으로 미국의 판례법은 금지의 시대에 풍미했던 경직성에서 벗어나 유연한 모습을 보이기 시작한다. 즉 이사회승인을 조건으로 유효처리하거나 그러한 승인과 무관하게 해당 거래가 공정하기만 하면 그 효력을 부인하지 않는 전향적(轉向的) 자세를 취하게 되었다.[499]

---

아니었고 회사재산은 수탁자(trustee)들에게 맡겨졌다. 나중에 회사가 법인격을 취득하게 되었고 그 결과 회사재산이 회사에 귀속된 후에도 법원은 신탁법의 법리를 그대로 회사의 이사들에게 준용(analogy)하였다 (Davies/Worthington, *Gower & Davies Principles of Modern Company Law*, 9th ed., 16-39, p. 525).

493) Velasco, "The Diminishing Duty of Loyalty", 75 Wash. & Lee L. Rev. 1035.

494) Harold Marsh Jr., "Are Directors Trustee?, Conflict of Interest and Corporate Morality", *The Business Lawyer* Vol. 22 (1966), pp. 35 f.; 김정호, "미국회사법상 이사와 회사간 자기거래금지의 법리", 「고려법학」 제49호(2007), 119~153면. 특히 121면 이하.

495) Norwood Beverage, Jr., "The Corporate Director's Fiduciary Duty of Loyalty: Understanding the Self-Interested Transaction", 41 Depaul L. Rev. 655, 659 (1992).

496) Eisenberg, *Cases and Materials on Corporations*, 7th ed., 1995.

497) Wardell v. Railroad Co., 103 U.S. 651 (1880).

498) 즉 우리 민법상으로 보면 이는 당연무효가 아니라 취소할 수 있는(voidable) 행위였던 셈이다.

499) Holcomb v. Forsyth, 216 Ala. 486=113 So. 516 (1927).

**제3단계는 공정성의 시대였다.** 1960년대에 이르러 미국의 판례들은 이사와 회사간의 자기거래에 대해서는 더욱 유연성을 보인다. 제2단계와 달리 실질적으로 공정성 하나만을 자기거래의 유효요건으로 보는 경향이 뚜렷해졌다. 즉 해당 거래가 회사에 대해서 공정한 경우라면 대부분의 법원들은 그 거래의 효력을 부정하지 않았다.[500]

② 경업거래: 미국 회사법상 이사의 경업금지의무는 우리 상법과 달리 탄력적인 잣대를 가지고 있다. 경업적 성격의 거래라도 이사가 이를 성실히(in good faith) 수행한 경우라면 굳이 이를 문제삼지 않겠다는 판례도 있었고,[501] 이사의 경업적 거래를 충실의무의 시각에서 전체적으로 금지하는 판례도 있었다.[502] 미국법률가협회의 "회사지배구조의 원칙-분석과 권고-"는 이 양자의 중간에 서서 이사의 경업적 거래로 회사가 입는 손해와 이사의 경업적 거래로 회사가 기대할 수 있는 이익간 비교형량을 시도한다.[503]

미국이라는 나라가 갖는 지리적 광대함도 영향을 주고 있다고 생각된다. 예컨대 미국의 동부에서 주로 활동하는 조다쉬(Jordache)라는 청바지 회사와 캘리포니아 등 주로 미서부 지역에 상권을 가진 게스(Guess)를 상상해보자. 한 사람이 양사(兩社)의 이사직을 겸한다 하여도 상권이 격리되어 있다면 경업으로 인한 손해는 쉽게 발생하지 않을 것이다. 나아가 지리적 광활함은 프랜차이즈라는 북미식(北美式) 마케팅기법을 낳았다. 똑같은 비즈니스모델의 프랜차이즈가맹점들이 북미대륙을 온통 뒤덮고 있다. 수도 없이 널려 있는 쇼핑몰과 동일 브랜드의 가맹점들을 보는 순간 경업금지와 겸직금지를 금과옥조처럼 여기는 상법 제397조는 왠지 비현실적인 것처럼 느껴진다.

⟨§ 5.06 ALI-CORPGOV⟩

미국법률가협회가 간행한 "회사지배구조-분석과 권고-"는 제5.06조에서 이사의 경업거래에 대해 다음과 같이 규정한다.[504]

"(a) 통칙(General Rule): 이사 또는 집행임원은 회사와 경쟁관계에 들어감으로써 금전적 이익을 추구하지 말아야 한다. 단, 다음의 경우에는 예외이다.

(1) 그러한 **경업적 거래를 허용하였을 때 회사에 합리적으로 기대되는 이익이 그러한 경업거래로 인하여 회사에 합리적으로 예견되는 손해보다 더 크거나 그러한 경업적 거래를 허용하여도 회사에 손해가 발생하지 않을 것으로 합리적으로 예견되는 경우**

(2) 이해충돌상황과 경업적 성격의 거래에 대해 사전에 충분히 개시된 후 이해관계없는 이사들에 의하여 해당 거래가 사전적으로 승인되거나 혹은 사후적으로 추인되거나 이사 아닌 집행임원의 경우 경영판단기준을 만족시킬 정도의 방법으로 상급 집행임원에 의하여

---

500) Frank H. Buck Co. v. Tuxedo Laud Co., 109 Cal. App. 453=293 P. 122 (1930) 등.

501) Regenstein v. J. Regenstein Co., 213 Ga 157 (=95 S.E.2d 693) (1957); Maryland Metals, Inc. Metzner, 282 Md. 31,(=382 A. 2d. 564) (1978).

502) Foley v. D'Agostino, 21 A.D.2d 60 (1964); Veco Corp. v. Babcock, 243 Ill. App. 3d 153 (=611 N.E. 2d 1054) (1993) (일반 피용자와 집행임원 등 이사진들을 구별하여 전자의 경우 일반적으로 경업금지의무를 지지 않으나 후자의 경우 충실의무의 구속을 받는다는 판지이다).

503) American Law Institute, Principle of Corporate Governance-Analysis and Recommendations-, § 5.06. pp. 289 f.

504) American Law Institute, Principle of Corporate Governance-Analysis and Recommendations-, § 5.06, pp. 289 f.

승인되는 경우

(3) 당해 경업거래가 충분히 개시된 후 특별이해관계없는 주주들에 의하여 사전승인 또는 사후추인되고 그 결과 당해 승인이 회사재산의 낭비를 구성하지 않을 경우

(b) 입증책임(Burden of Proof):   경업거래의 존재 및 회사의 손해를 주장하는 자가 이를 주장·입증하여야 한다. 단, 이사회나 주주총회의 승인없이 경업적 거래가 이루어진 경우에는 경업거래의 주체인 이사는 자신의 경업적 거래로 인하여 회사가 얻을 이익이 그러한 경업적 거래로 인하여 합리적으로 예견가능한 회사의 손해보다 더 큼을 증명하거나 또는 해당 경업거래로부터 회사에 합리적으로 예견가능한 손해가 존재하지 않음을 증명하여야 한다."

③ 기회유용:   미국 회사법상 기회유용은 경업거래보다 오히려 더 엄격히 다루어졌다. 기회유용의 리딩케이스인 구스(Guth) 사건에서 델라웨어 법원은 의제신탁(constructive trust)의 법리를 적용하여 회사기회를 유용한 대표이사 Guth에게 펩시(Pepsi)주식의 환수를 명하였다.[505] 다수의 문헌은 경업거래보다는 기회유용에 더 비중을 두고 있다. 나아가 경업거래 그 자체보다는 그러한 경업을 준비하는 과정에서 발생하는 기회유용 그리고 이에 대한 회사법적 구제책에 더 비중을 둔다. 그러나 오늘날에 와서는 미국에서도 회사기회이용계약을 허용하는 등 기회유용과 관련한 충실의무는 완화되어 가는 느낌이다.[506] 즉 전면적 금지보다는 이사가 회사기회를 이용하는 경우 발생하는 회사의 손해와 이를 허용하였을 경우 회사가 거둘 수 있는 이익간의 비교형량을 시도하고 있다.

## 3. 독 일

독일 같은 대륙법계 국가에서는 이사의 충실의무는 판례법국가들과는 달리 신탁법과는 무관하게 발전해왔다고 할 수 있다. 우리의 현행 상법 제397조와 유사한 관련 규정들을 발견할 수 있다. 관련 규정들을 보면 아래와 같다:

경업금지의무를 위반한 주식회사의 이사는 회사에 대해 손해를 배상하여야 한다(독일주식법 88 Ⅱ 1문). 손해배상청구 이외에 회사는 개입권도 행사할 수 있다(독일주식법 88 Ⅱ 2문). 비록 독일주식법 제88조 제2항 제1문의 문언상 이사의 손해배상책임이 과실책임인지 무과실책임인지는 명확하지 않지만 독일 주식법의 경우에도 사법(私法) 일반의 과실책임주의가 지배하므로 그 법적 성질은 과실책임으로 풀이하는 것이 타당하다. 따라서 법령위반 이외에도 이사의 고의나 과실 등 주관적 책임발생요건이 충족되어야 한다.[507] 독일주식법은 금지를 위반한 가해자의 행위를 회사가 안 때로부터 3개월의 단기시효를 규정하고 있다(독일주식법 88 Ⅲ 1문). 가해행위를 알지 못한 경우에도 5년으로 시효가 완성한다(독일주식법 88 Ⅲ 2문). 손해배상의 범위에 대해서는 독일민법이 규정한 바에 따르며(독일민법 249 이하 참조),[508] 나아가 개입권이 행사될 경우에도 손해배상청구권의 행사에는 영향을 미치지 않는다.

---

505) Guth v. Loft, Inc., 5 A. 2d 503 (Del. 1939) (Guth가 가족회사의 이름으로 취득한 펩시의 주식에 대해 Loft 社 쪽으로 양도하고 명의개서도 이행하라고 명하였다).
506) Velasco, The Diminishing Duty of Loyalty, 75 Wash. & Lee L. Rev. 1035, 1063.
507) Hüffer–Koch, Aktiengssetz, 12. Aufl., § 88 Rdnr. 6.
508) 이를 일반 손해법(allgemeines Schadensrecht)이라 한다.

## 4. 일 본

① 충실의무의 도입경과:   회사법의 시각에서 볼 때[509] 일본에서는 미국에서처럼 영국식 신탁법리의 계수(繼受)가 직접적으로 일어나지는 않았다. 대신 2차대전의 결과물로 미국법상 이사의 충실의무(duty of loyalty) 규정을 상법전에 두다 보니 여러 가지 해석학적 문제들이 대두되었고 이러한 상황들이 간접적으로 일본 회사법제에도 영향을 미치게 되었다. 그리고 이러한 상황은 그대로 우리나라에도 전해지게 된다. 따라서 2차대전 직후 충실의무에 관한 일본법의 발전상황은 우리 상법 제382조의3의 해석학에도 큰 의미를 갖게 된다.

본시 선관주의의무는 로마법상 '선량한 가장(家長)의 주의의무'(bonus paterfamilias)로부터 출발하였다고 한다.[510] 여기서 '선량한 가장(家長)'이란 개념은 가장권을 전제로 행위능력을 파악하던 로마법의 특성에 기인한 것으로서 '신중하고도 합리적인 통상의 일반인'이라는 개념과 바꾸어 쓸 수 있다고 한다.[511] 이러한 로마법상의 제도는 그 후 프랑스민법을 경유하여 일본에 전해졌고 그후 일본 상법 및 회사법에 족적을 남기게 된다.[512]

반면 이사의 충실의무는 주의의무와 달리 주로 영국의 신탁법과 관련을 맺고 있어 수탁자에게 강도높게 요구되던 이해충돌금지 및 이익향수금지에 그 뿌리를 두고 있었다. 이러한 충실의무에 대해 일본은 매우 낯설어 했으며 더욱이 1950년 미 점령군 사령부에 의하여 일본 상법전에 타율적으로 도입되다 보니 새로운 제도에 대한 몰이해 내지 심리적인 거부감도 적지 않았다고 한다.[513] 특히 2차대전 직후 美占領軍이 법개정의 주도권을 쥐고 있어 일본 측은 처음부터 소극적으로 임하였고 영미식 충실의무에 대한 도입필요성에 대해서도 크게 공감하지 못하였다고 한다. 이러한 배경으로부터 탄생한 것이 오늘날 일본의 소위 '동질설(同質說)'(<sup>다수</sup>)이다.[514]

이러한 타율적 도입 탓인지는 몰라도 그후 1960~1970년대를 거치면서 격렬한 학술적 논의가 이루어졌음에도 일본의 판례법 및 다수설은 주의의무와 충실의무의 차이를 부각시키지 않았다. 나아가 이들을 이질적인 것으로 인식하지도 않았다. 일본최고재판소는 1970년 야하다(八幡)제철주주대표소송 사건에서 양자를 동질적인 것으로 인식하면서 이사의 **"충실의무는 선관주의의무를 명확히 하는 한 수단에 불과"**하다고 판시하였다. 즉 일본 "상법 제254조의3(<sup>현행 일본 회</sup><sub>사법 355</sub>)은 기존의 선관주의의무를 보다 명확히 하고 이를 부연한 것으로서 통

---

509) 물론 오늘날 세계 각국은 신탁법을 성문화하였고 그 속에는 영국에서 시원한 이해상충금지 내지 이익취득금지 등 각종 신탁법의 기초법리가 들어 있다(신탁법 제34조[이익상반행위의 금지] 내지 동법 제36조[수탁자의 이득향수금지] 참조).

510) 박기령, "이사의 충실의무에 관한 법적 연구", 이화여대 대학원 박사논문, 2010, 34면.

511) 박기령, 상게논문, 34면; 일부 문헌은 善良한 家長의 注意義務를 '抽象的 過失'과 동어반복적으로 묘사한다 (조규창, 로마법, 법문사, 1996, 763면 참조).

512) 박기령, "이사의 충실의무에 관한 법적 연구", 「이화여대 법학논집」 제14권 제3호(2010. 3.), 355~356면.

513) 박기령, "이사의 충실의무에 관한 법적 연구", 이화여대 대학원 박사논문, 2010, 125면 이하.

514) 赤堀光子, "取締役の忠實義務(四・完)", 『法學協會雜誌』 第85卷 第4号 (1968. 4.), 529~569頁, 530頁; "(일본 구 상법) 제254조의2는 '이사는 법령, 정관 나아가 주주총회결의를 준수하여 회사를 위하여 충실히 그 직무를 수행할 의무를 부담한다'고 정하고 있다. 이 규정은 영미법의 충실의무를 도입한 취지로 昭和 25년 개정의 주도권을 잡았던 미점령군의 示唆에 기하여 두게 되었다고 할 수 있다. 이에 대한 일본측의 태도는 소극적이어서 충실의무를 이해하여 그 필요성을 평가한 다음 도입한 것은 아니었다."

상의 위임관계에서 비롯된 주의의무와 구별되는 고도의 의무규정은 아니"라고 하였다.[515]
그후 일본의 판례법은 이러한 기조를 그대로 유지한다. 즉 선관주의의무와 충실의무를
동의어처럼 나란히 사용하게 되었고[516] 우리 판례 역시 이에 대한 어떠한 의심이나 비판
도 없이 이들을 그대로 재연(再演)하게 되었다.[517]

② 충실의무 관련 성문규정:  일본 회사법은 회사기회유용금지에 대해서는 우리 상법
과 달리 이를 아직 성문화하지 않았다. 자기거래 및 경업금지와 관련하여서는 일본 회사법
제423조 제1항 및 동법 제356조에서 이사의 회사에 대한 손해배상책임을 규정하고 있다.

( i ) 손해배상책임의 성립요건:  이사의 회사에 대한 손해배상책임은 ① 임무해태,
② 임무해태에 대한 귀책성, ③ 회사의 손해발생, ④ 임무해태와 손해발생간의 (상당)인과
관계를 전제로 한다. 그중 첫째 요건인 **임무해태**를 보다 자세히 보기로 한다. 일본 회사법
은 우리 상법과 달리 이사의 회사에 대한 두 책임유형, 즉 임무해태형과 법령위반형을 임
무해태형으로 통일하였다($\frac{일본 \; 회사법}{423 \; I \; 참조}$). 따라서 위에서 "임무해태"라 함은 우리 상법 제399조
상의 임무해태형 뿐만 아니라 법령정관위반형까지 포섭하는 넓은 개념이다. 이사와 회사
간의 위임계약상 이사는 기본적으로 준법경영의무를 부담하며 따라서 법령준수는 위임계
약의 본질적 구성요소이다. 따라서 이사가 회사경영상 요구되는 각종 법령을 위반한 경우
이는 당연히 자신의 임무인 준법경영의무를 위반한 것이 되고 따라서 일본 회사법은 법령
위반도 임무해태의 일부로 처리하였다.

( ii ) 경업거래금지의무 위반시의 특칙($\frac{일본 \; 회사법^{518}}{423 \; II}$):  이사 또는 집행임원이 경업거래
에 대한 규제($\frac{동법 \; 365 \; I^{519}}{동법 \; 356^{520} \; I \; 1호}$)를 위반한 경우 당해 거래로 인하여 **이사, 집행임원 또는 제3자
가 얻은 이익은 회사의 손해로 추정**한다($\frac{동법 \; 423}{II}$).[521]

### 〈山崎製パン(야마자키제빵[522])事件[523]〉

일본 회사법상 이사의 경업금지의무 위반을 다룬 사건은 그리 흔하지 않다. 이 사건은

---

515) 近藤光男, 『会社法コンメンタール (8)』, § 355, 52~53頁; 神田秀樹, 『会社法』 第21版, 弘文堂, 228頁.
516) 적지 않은 후속 판례에서 이러한 현상을 발견할 수 있게 된다.
517) 대판 1985. 11. 12, 84다카2490; 대판 2002. 6. 14, 2001다52407; 대판 2003. 4. 11, 2002다70044; 대판 2006.
    11. 9, 2004다41651, 41668.
518) **일본 회사법 제423조 [임원 등의 회사에 대한 손해배상책임]** "(1) 이사, 회계참여, 감사, 집행임원 또는 회계
    감사인(이하 이 절에서 '임원 등'이라고 한다)이 그 임무를 해태한 때에는 주식회사에 이로 인하여 발생한 손
    해를 배상할 책임을 진다. (2) 이사 또는 집행임원이 제356조 제1항에 위반하여 제356조 제1항 제1호의 거래
    를 한 때에는 **그 거래에 의하여 이사, 집행임원 또는 제3자가 얻은 이득액은 전항의 손해액으로 추정**한다."
    (권종호 역, 일본 회사법(상) (법률), 2, 개정판, 법무부, 2018, 471~473면 참조).
519) 동 조문은 이사회설치회사에 대해서는 주주총회가 아니라 이사회가 그 승인기관이라 규정하고 있다.
520) **일본 회사법 제356조[경업 및 이익상반거래의 제한]** "(1) 이사는 다음의 경우에는 주주총회에서 당해 거래에
    관한 중요한 사실을 공시하고 승인을 받아야 한다. 1. 이사가 자기 또는 제3자를 위하여 주식회사의 사업부류
    에 속하는 거래를 하려는 경우 2. 이사가 자기 또는 제3자를 위하여 주식회사와 거래를 하려는 경우 3, 주식
    회사가 이사의 채무를 보증하거나 그 밖에 이사 이외의 자와의 사이에 주식회사와 이사의 이익이 상반하는
    거래를 하려는 경우 (2) 민법 제108조[자기계약 및 쌍방대리 등]는 전항의 승인을 받은 동항 제2호의 거래에
    관하여는 적용하지 아니한다."
521) 伊藤眞・伊藤塾, 會社法, 제423조, 670頁.
522) http://www.yamazakipan.co.jp 참조.
523) 東京地方裁判所 昭和 56年(1981年) 3月 26日, 判例時報 1015号 27頁.

동경지방재판소사건으로서 해당 회사의 감사가 회사를 대표하여 대표이사의 책임을 추궁한 소송이다. 일본 회사법 제356조와 관련된 대표적 사례이다.

야마자키제빵(주)(이하 X社로 약함; 원고)는 치바현(千葉県)을 포함한 일본의 관동지역을 판매구역으로 하며 제빵업을 영위하고 있었다. X社의 대표이사 甲은 창업시점부터 대표이사로서 회사를 이끌어왔는데 강력한 카리스마로 원맨(one-man)式 경영을 하고 있었다.[524] 反社長派인 甲의 동생(實弟) 乙과 甲은 경영권 분쟁중이었다. 이 과정에서 X社의 감사가 甲의 경업금지의무 위반을 주장하며 회사를 대표하여 책임추궁의 소를 제기한 것이 본 사건이다. 소송에서 다투어진 사실관계 중 주요한 두 개의 논점은 다음과 같다.

**첫째** 甲이 역시 치바현(千葉県)에서 제빵업을 운영하고 있는 기존 회사(A社)를 매수(買收)하려 하자 X의 다른 이사들은 이에 대해 난색을 표하였다. 이렇게 되자 甲은 개인적으로 A社의 주식 대부분을 취득한 후 A의 대표이사 뿐아니라 평이사직도 맡지 않았지만 그 대주주로서 A를 완전히 지배하였고 이 상태에서 A를 경영하였다. X의 다른 이사들의 승인은 없었지만 인수(매수)자금이나 인수기업의 운영 등에 있어서는 전적으로 X社에 의존하고 있었다.

**둘째** 甲은 간사이지방(関西地方)으로도 사세를 확장하려 하였다. X社가 간사이지방으로 진출하기 위하여 시장조사를 행하고 있음에도 불구하고 스스로 자금을 조달하여 별도의 회사인 B社를 설립한 후 그 대표이사가 되어 간사이지방에서 제빵업을 영위하였다.

위의 두 건에 대해서는 X의 주주총회의 승인이 없었다. X의 감사는 택일적으로 甲의 경업금지의무, 선관주의의무 및 충실의무위반 등을 이유로 손해배상을 청구하거나 甲이 보유한 경업회사(A, B社) 주식의 반환을 구하는 소를 관할법원에 제기하였다.

법원은 원고의 청구를 인용하였다. **첫째** 논점에 대해서는 甲이 명목상으로는 A의 대표이사가 아니지만 사실상 대표이사로서 행동하고 있었고 법원은 법의 잠탈을 허용할 수 없다는 이유로 甲의 경업금지의무위반을 인정하였다.[525] **둘째**의 논점에 대해서는 X社가 해당 지역(간사이지방)으로의 진출을 결의하고 그 준비에 들어간 경우라면 甲의 행동은 일본 회사법 제356조상 "영업부류에 속한다"고 판시하였다: "경업거래란 회사가 실제로 행하는 사업과 시장에서 거래상대방이 경합하여 회사와 이사간의 이해상충이 생길 가능성이 있는 거래를 지칭하지만 회사의 영업에는 현재 회사가 현실로 영위하는 사업 외에 이미 개업준비에 착수한 사업 또는 과거에 영위하였으나 현재 일시적으로 휴지(休止)하고 있는 경우도 이에 포함시켜야 한다."[526]

## Ⅳ. 소 결

위에서 자세히 보았듯이 충실의무와 주의의무는 뿌리부터 다른 것이다. 이질적인 것을

---

524) 원맨식(one-man式) 경영이라 함은 오너(owner)에 의한 독단적 경영을 뜻하는바 甲은 X社에 있어서는 업무방침 뿐만 아니라 인사 내지 일상업무 등 모든 영역에서 자신의 뜻에 반대하는 직원은 해직(解職)하거나 전직(轉職)시키는 등 조직구성원들을 압박하였고 이사회는 전혀 개최됨이 없이 자신의 말을 잘 따르는 소수의 간부급 직원들만으로 소위 간부회(幹部會)를 구성하여 여기서 사내의 주요의사결정을 주도하였다고 한다(大垣尚司, 『金融から学ぶ会社法入門』, 2017, 277頁, 脚註 290).

525) 유사한 판시내용을 가진 우리나라 판례로는 대판 2013. 9. 12, 2011다57869(광주신세계사건)가 있다.

526) 유사한 판시내용을 가진 우리나라 판례로는 대판 1993. 4. 9, 92다53583이 있다.

이질적인 것으로 이해하지 않고 동질적으로 엮게 되면 결국 어디서든 무리수가 따를 것이다. 서로 팽창률이 다른 금속을 맞붙혀 놓으면 언젠가 한쪽으로 휘듯이[527] 주의의무와 충실의무를 동어반복형(同語反復形)으로 사용하면 불합리한 결과가 나타나게 되는 것은 정해진 이치다. 처음부터 본질이 다른 것은 처음부터 달리 취급함이 옳다.

본시 영미에 있어서 주의의무와 충실의무는 본질적으로 구별되었다. 그 위반시 주의의무에 있어서는 의무주체의 과실여부가 크게 문제로 되었지만 충실의무에서는 이러한 것이 크게 문제시되지 않았다. 나아가 의무위반시 책임의 범위면에서도 주의의무에서는 피해자가 입은 손해를 구체적으로 산정하여 이를 배상하면 되지만 충실의무에서는 원상회복적 구제가 특징이었다. 즉 이사가 충실의무 위반으로 얻은 이익은 회사의 손해로 추정하였고, 나아가 의제신탁의 법률효과를 경유하여 다기한 원상회복적 구제가 이루어졌다.[528] 나아가 사법심사기준면에서도 주의의무에는 경영판단원칙이 적용되어 광범한 면책이 시행되나 충실의무에서는 완전한 공정성기준이 적용되어 이사는 가장 가혹한 입증책임을 부담하게 된다.[529]

사실 상법전 역시 이들을 달리 다루어온 것이 사실이다. **예컨대** 충실의무의 한 예라 할 경업금지의무의 경우 그 위반의 효과로 상법은 의무위반의 이사에 대해 손해배상책임을 부과할 뿐만 아니라 회사의 개입권도 허용하고 있고($^{상\,397}_{}$), 기회유용을 금지하는 상법 제397조의2에서도 이를 위반한 이사가 거둔 이익은 회사의 손해로 추정하는 등($^{상\,397}_{의2\,II}$) 민사책임의 일반원칙과는 동떨어진 원상회복적 권리구제를 허용하고 있다.[530] **나아가** 충실의무의 대표격인 이사와 회사간 자기거래의 금지에서도 이사회에 해당 거래의 내용을 알리고 이사회의 승인을 얻게 하였으며($^{상}_{398}$) 이러한 상법의 태도는 경업금지나 기회유용의 경우에도 마찬가지로 나타나고 있다($^{상\,397\,및\,동법\,397}_{의2\,각\,1\,참조}$).[531] 이러한 상법의 입법태도는 전반적으로 영국의 신탁법을 상기시킨다. 즉 그곳에서 만들어진 '이해상충금지의 원칙'(no conflict rule)과 '이익향수금지의 원칙'(no profit rule)을 연상시킨다. **끝으로** 회사가 정관규정으로 이사의 책임을 제한한다 하더라도 충실의무의 3대 유형에서는 이사의 책임감경이 모두 금지되고 있다($^{상\,400\,II}_{답서\,참조}$).

반면 주의의무에 대해서는 민법상 수임인의 선관주의의무에 관한 민법 규정($^{민}_{681}$)을 준용하고 있을 뿐이다. 주의의무위반은 수임자의 채무불이행을 구성하게 되고 그 결과 손해배상책임을 발생시킨다($^{상}_{399}$). 그러나 설사 책임이 발생한다 하여도 회사는 정관규정으로 이를 감경하거나($^{상\,400}_{본문}$), 총주주의 동의로 아예 면제할 수도 있다($^{상\,400}_{I\,참조}$). 나아가 과실상계나 손익상계 등 손해배상법의 탄력적 잣대 등도 동원가능하다. 주의의무에 관한 한 상법이 예정한 권리구제는 충실의무에 비하면 매우 탄력적이다.

이상의 논의에서 우리는 현행 상법의 해석학에서도 일단 양자간 구별이 필요하며 나아가 양자를 이질적인 제도로 이해하는 것이 보다 합리적임을 확인할 수 있게 된다. 다만

---

527) 이를 바이메탈(bimetal)이라 한다.
528) 神田秀樹, 『会社法』 第24版, 弘文堂, 2022, 251頁.
529) 고창현, 주식회사법대계 (II), 제2판, 한국상사법학회간, 법문사, 643면 (도표 참조).
530) 이들은 모두 영국 신탁법상의 이득취득금지의 원칙을 실현한 것이다.
531) 이러한 개시의무는 이해충돌상황을 만들지 말라는 신탁법리('no conflict rule')를 연상시킨다.

오늘날 이사의 충실의무는 적지 않은 변화를 경험하고 있으며 **18세기의 Keech的 경직
성**[532]**에서는 서서히 멀어져가고 있음**은 이미 밝힌 바와 같다.

### (3) 경업금지의무($\frac{\text{상}}{397}$)

(가) 의  의:    이사는 이사회의 승인이 없으면 자기 또는 제3자의 계산으로 회
사의 영업부류에 속하는 거래를 하거나 동종영업을 목적으로 하는 다른 회사의 무한
책임사원이나 이사가 되지 못하는데 이를 이사의 경업금지의무(duty not to compete
with corporation)라 한다($\frac{\text{상}}{397}$). 이 의무는 이사가 자기의 지위를 이용하여 회사의 영업
부류에 속하는 거래를 하거나 경쟁관계에 있는 회사에 참여함으로써 자기 또는 제3
자의 이익을 추구하여 회사의 이익이 침해되는 것을 막기 위한 제도로서 이사의 충
실의무의 一例이다.

상법은 이사의 경업금지의무와 유사한 여러 규정을 두고 있다. 상업사용인에 관한
제17조, 대리상에 관한 제89조, 합명회사의 사원에 관한 제198조, 합자회사의 무한책
임사원에 관한 제269조 및 유한회사의 이사에 관한 제564조 제3항 및 제567조($\frac{\text{유한회사의}}{\text{이사에 관하}}$
$\frac{\text{여 제397조}}{\text{를 준용}}$) 등은 모두 같은 맥락에서 이해될 수 있는 규정들이다. 단지 상업사용인의 경
우에는 영업의 종류와 관계없이 다른 회사의 무한책임사원이나 이사 또는 다른 상인
의 사용인이 될 수 없는 특징이 있다.

(나) **경업금지의무의 내용:**    이 의무는 협의의 경업금지의무로서 나타나는 거래
금지의무와 겸직금지의무로 세분된다.

1) **거래금지의무:**    이사는 이사회의 승인이 없으면 자기 또는 제3자의 계산으
로 회사의 영업부류에 속하는 거래를 하지 못한다($\frac{\text{상 397}}{\text{1 전단}}$). 이를 거래금지의 의무라 한
다. 자기 또는 제3자의 계산으로 한다는 것은 그 거래로부터의 경제적 효과가 이사
자신이나 제3자에게 귀속한다는 뜻이다. 따라서 이사는 자기 명의로 하든 제3자의 대
리나 대표로 하든 그 행위의 경제적 효과가 자기 또는 제3자에 귀속하는 행위를 할
수 없다. 금지의 대상행위는 회사의 영업부류에 속하는 거래이다. 회사의 영업부류에
속한다 함은 회사가 실제 행하는 사업과 시장에서 경합하여 회사와 이사간에 이해충
돌의 가능성이 있는 거래를 뜻한다. 이에는 회사의 정관상의 영업목적에 국한하지 아
니하고 사실상 그 회사의 영리활동의 대상이 되어 있는 모든 거래를 포함한다. 그러
나 이해충돌의 가능성이 있어야 하므로 회사의 목적사업에 관련된다 할지라도 그 유

---

532) 이는 Keech v. Sandford 판례에 나타난 'no profit rule' 내지 'no conflict rule' 등 경직된 수탁자의 충실의무
를 지칭한다.

지편익을 위한 보조적 행위나 정관 소정의 목적사업이라 할지라도 완전히 폐업한 것은 이에 포함되지 않는다. 그러나 일시 휴지중인 사업이나 개시준비중인 것은[533] 이에 포함된다고 보아야 한다. 이해충돌의 가능성이 결정적 요소이므로 거래가 일시적으로 행해지든 계속적으로 행해지든 묻지 않으나 영리성이 없는 거래는 이해충돌의 가능성이 없는 것으로 취급될 것이다. 예컨대 자동차판매회사의 이사가 자가용으로 자동차를 매입하는 경우 등이 그러하다.

**2) 겸직금지의무:** 이사는 회사와 동종의 영업을 목적으로 하는 회사의 무한책임사원이나 이사가 되지 못한다($\frac{397}{^{P}$후단}$). 동종영업을 목적으로 하는 회사에 한정시킨 것은 회사와 이사간의 이해충돌가능성 때문이다. 이 점에서 이러한 제한을 모르는 상업사용인의 겸직금지의무와 다르다($\frac{상17 I}{후단 참조}$). 판례는 이사가 "경업 대상 회사의 이사, 대표이사가 되는 경우뿐만 아니라 그 회사의 지배주주가 되어 그 회사의 의사결정과 업무집행에 관여할 수 있게 되는 경우에도 자신이 속한 회사 이사회의 승인을 얻어야 하는 것"으로 보고 있다. 나아가 복수의 회사가 '공동의 이익을 추구하는 경우'에는 '이해충돌가능성'도 부정한다.

> **대판 2013. 9. 12, 2011다57869 [광주신세계]**
>
> "상법이 제397조 제1항으로 "이사는 이사회의 승인이 없으면 자기 또는 제3자의 계산으로 회사의 영업부류에 속한 거래를 하거나 동종영업을 목적으로 하는 다른 회사의 무한책임사원이나 이사가 되지 못한다."고 규정한 취지는, 이사가 그 지위를 이용하여 자신의 개인적 이익을 추구함으로써 회사의 이익을 침해할 우려가 큰 경업을 금지하여 이사로 하여금 선량한 관리자의 주의로써 회사를 유효적절하게 운영하여 그 직무를 충실하게 수행하여야 할 의무를 다하도록 하려는 데 있다($\frac{대판 1993. 4. 9}{92다53583 참조}$). 따라서 이사는 **경업 대상 회사의 이사, 대표이사가 되는 경우뿐만 아니라 그 회사의 지배주주가 되어 그 회사의 의사결정과 업무집행에 관여할 수 있게 되는 경우에도 자신이 속한 회사 이사회의 승인을 얻어야 하는 것**으로 볼 것이다. 한편 어떤 회사가 이사가 속한 회사의 영업부류에 속한 거래를 하고 있다면 그 당시 서로 영업지역을 달리하고 있다고 하여 그것만으로 두 회사가 경업관계에 있지 아니하다고 볼 것은 아니지만, 두 회사의 지분소유 상황과 지배구조, 영업형태, 동일하거나 유사한 상호나 상표의 사용 여부, 시장에서 두 회사가 경쟁자로 인식되는지 여부 등 거래 전반의 사정에 비추어 볼 때 경업 대상 여

---

533) 대판 1993. 4. 9, 92다53583; "이사의 경업금지의무를 규정한 상법 제397조 제1항의 규정취지는 이사가 그 지위를 이용하여 자신의 개인적 이익을 추구함으로써 회사의 이익을 침해할 우려가 큰 경업을 금지하여 이사로 하여금 선량한 관리자의 주의로써 회사를 유효적절하게 운영하여 그 직무를 충실하게 수행하여야 할 의무를 다하도록 하려는 데 있으므로 경업의 대상이 되는 회사가 영업을 개시하지 못한 채 공장의 부지를 매수하는 등 영업의 준비작업을 추진하고 있는 단계에 있다 하여 위 규정에서 말하는 '동종영업을 목적으로 하는 다른 회사'가 아니라고 볼 수는 없다."

부가 문제되는 회사가 실질적으로 이사가 속한 회사의 지점 내지 영업부문으로 운영되고 공동의 이익을 추구하는 관계에 있다면 두 회사 사이에는 서로 이익충돌의 여지가 있다고 볼 수 없고, 이사가 위와 같은 다른 회사의 주식을 인수하여 지배주주가 되려는 경우에는 상법 제397조가 정하는 바와 같은 이사회의 승인을 얻을 필요가 있다고 보기 어렵다.”

### ㈜광주신세계사건에서 ㈜신세계 이사(甲)의 겸직금지의무 위반여부

본 사건상 甲이 ㈜신세계(S)의 이사회승인없이 ㈜광주신세계(K)의 주식을 인수하여 그 지배주주가 됨으로써 상법 제397조상 겸직금지의무를 위반하였고 이로써 S사에 손해가 발생하였는지 또 그 결과 甲이 S에 대해 손해배상책임을 부담하는지[534] 살펴볼 필요가 있다.

#### 1. 두 가지의 길

이러한 법률적 검토에는 두 가지 길이 있다고 생각된다. **하나는 상법 제397조의 규범해석에 의한 방법이고, 다른 하나는 K의 법인격을 부인하는 방법**이다. 전자는 규범적 용설의 입장이고 후자는 법인격부인의 방법이다. 판례는 전자의 길을 택하였다. 그러나 본 사안의 내용상 후자도 충분히 가능하였다고 보인다. 다만 판례는 규범해석의 방법으로 충분히 만족스런 결과를 도출할 수 있었기 때문에 후자를 선택함에는 신중을 기하였다고 보인다. 또 굳이 규범해석의 방법으로 만족스런 결과를 얻을 수 있는데 사법의 대전제인 법인격까지 부인할 필요도 없었다고 보인다. 그러나 법이론적으로는 양자의 가능성을 병존시킬 수 있다고 보고 양자간의 관계를 규명하며 나아가 향후 벌어질 유사사례에 대비하여 이론적 검토를 해둘 필요가 있다고 보인다.

#### 2. 규범적용설(상법 제397조의 해석론적 접근)

(1) 상법 제397조의 적용범위를 '지배주주'로 확장할 가능성

S와 K는 완전모자관계에 놓여 있다. 그러던 중 甲이 K의 500% 유상증자에 유일한 주식인수자로 참여하여 K의 83.3%의 지분을 갖게 된다. 이렇게 甲은 S의 이사로서 S와 **'동종영업을 목적으로 하는 다른 회사'** K의 지배주주가 된다. 대법원은 동종영업회사의 이사나 대표이사가 되는 경우뿐만 아니라 그 회사의 지배주주가 되어 그 회사의 의사결정과 업무집행에 관여할 수 있게 되는 경우에도 자신이 속한 회사의 이사회승인을 얻어야 한다고 판시하고 있다. 목적론적 확장해석(teleologische Expansion)이다. 상법 제397조는 "이사는 이사회의 승인이 없으면 자기 또는 제3자의 계산으로 회사의 영업부류에 속하는 거래를 하거나 **동종영업을 목적으로 하는 다른 회사의 무한책임사원이나 이사가 되지 못한다**"고 규정하는바 판례는 동조 후단의 겸직금지의무의 적용범위를 넓혀 동종영업을 목적으로 하는 다른 회사의 **지배주주**로까지 그 적용을 확장하였다.[535]

---

534) 그러한 손해배상책임의 법적 근거는 당연히 상법 제399조 제1항상 법령정관위반형이 될 것이고 이에 대해서는 책임제한도 불가할 것이다(상법 제400조 제2항 단서 참조).

535) 대판 2013. 9. 12, 2011다57869, 판결요지 [3].

이러한 확장해석에 대해서는 이의를 제기할 수 없을 것이다. 지배주주는 상법 제401조의2의 업무집행지시자가 될 가능성이 높고, 특히 본 사안에서처럼 83.3%의 지분을 가진 절대 지배주주인 경우에는 사실상 법률상의 이사를 순수히 자기 뜻대로만 선임할 수 있을 것이므로 결국 그 회사의 법률상의 이사들은 상업사용인 유사의 지위로 전락할 것이다. 즉 상명하복의 질서 속에서 지배주주가 지시하는 대로 움직이는 피동적 지위만 갖게 된다. 지배주주의 손에 쥐어진 망치와 같이 지배주주가 의도하는 대로 휘둘리는 존재에 불과할 것이다. 그렇다면 동종업종을 목적으로 하는 다른 회사의 지배주주가 되는 경우 역시 상법 제397조의 적용 내지 준용 내지 유추적용의 대상에 포함시켜야 할 것이다. 판례의 입장에 찬동한다.

(2) 확장해석의 예외가능성

이렇게 동종업종을 목적으로 하는 다른 회사의 지배주주가 되는 것도 상법 제397조상 겸직금지의무의 위반으로 보아 해당 이사가 속한 이사회의 승인이 요구된다고 판시하면서도 판례는 다음의 경우에는 예외를 인정하고 있다. 즉 "두 회사의 지분소유 상황과 지배구조, 영업형태, 동일하거나 유사한 상호나 상표의 사용 여부, 시장에서 두 회사가 경쟁자로 인식되는지 여부 등 거래 전반의 사정에 비추어 볼 때 경업대상 여부가 문제되는 회사가 **실질적으로 이사가 속한 회사의 지점 내지 영업부문으로 운영되고 공동의 이익을 추구하는 관계에 있다면** 두 회사 사이에는 서로 이익충돌의 여지가 있다고 볼 수 없다"면서 이 경우 상법 제397조의 준용을 부정하였다. 결정적 요건은 ① 경업대상 여부가 문제시되는 회사가 실질적으로 이사가 속한 회사의 지점 내지 영업부문으로 운영되고, ② 양자가 공동의 이익을 추구하는 관계에 있어야 한다. 이 두 요건이 동시에 충족되어야 한다. 즉 한 회사가 다른 회사의 영업의 일부여야 하고 동시에 두 회사가 공동의 이익(common benefit)을 추구하는 관계에 있어야 한다. 두 요건이 'and'로 연결되기 때문에 둘 중 어느 하나라도 충족되지 않으면 상법 제397조에 따른 이사회승인을 얻어야 한다. 이러한 판례의 입장 또한 비판할 것이 없어 보인다. 상법 제397조는 이사의 충실의무를 구체화한 규범이며 이사와 회사간 이해충돌가능성을 그 적용전제로 한다. 판례는 상법 제398조에서도 이해상충가능성이 없는 이사와 회사간의 자기거래에 대해서는 그 적용가능성을 부정하고 있다.[536]

### 3. 법인격부인의 방법

본 사건의 판례는 어느 심급(審級)에서건 K의 법인격이 형해화하였으니 이를 부인하고 겸직금지의무의 대상회사가 존재하지 않는다고 판시하지 않는다. 그러나 지금까지 드러난 이 사건의 사실관계를 종합해보면 K의 법인격은 완전히 형해화하였다고 보지 않을 수 없다. K는 S의 영업의 일부였고 S와 공동이익을 추구하고 있었다. 그 정도로 K의 독립성은 존재하지 않았다. K는 그저 'S의 광주지점'일 뿐 독립적인 영리법인이라고 보기 어려웠다. 사안이 그러하다면 판례가 K의 법인격을 부인하고 상법 제397조 제1항 후단의 적용가능성을 부인하는 것이 결론에 이르는 훨씬 더 빠른 길이 아니

---

536) 대판 2010. 3. 11, 2007다71271; 대판 2010. 1. 14, 2009다55808.

없나 생각된다. 같은 결론에 도달하더라도 위와 같이 상법 제397조의 적용범위를 '지배주주'로 확장하고 다시 '영업의 일부이면서 공동이익을 추구하는 관계'라는 예외를 만들어낼 필요도 없었다고 생각된다. 즉 확장해석과 다시 그 예외의 설시라는 우회로(迂回路) 대신 바로 K의 법인격을 부인하고 상법 제397조상 '동종업종을 목적으로 하는 **다른** 회사'의 존재를 부정해 버리는 지름길을 택할 수도 있었다. 그러나 판례는 이 길을 택하지 않았다.

3) **이사회의 승인:**   위와 같은 경업금지나 겸직금지의 원칙은 예외적으로 이사회의 승인으로 해제될 수 있다. 이 경우 당해 이사는 특별이해관계인으로서 경업금지의 승인을 위한 이사회에서 의결권을 행사할 수 없다($\frac{&}{368}$391 III.). 이 경우 승인은 사전적이어야 하며 사후적인 추인은 허용되지 않는다.[537] 사후의 승인은 책임면제와 유사한 성격을 갖게 되는데 상법은 제400조에서 총주주의 동의로만 책임면제를 하도록 허용하므로 단순한 이사회결의로 같은 효과를 인정함은 입법상의 비례에 맞지 않기 때문이다.[538] 또한 승인은 반드시 개개의 거래마다 이루어져야 하는 것은 아니고 거래의 범위나 대상 등을 한정하여 경업거래의 내용을 예측할 수 있는 한 포괄적 승인도 무방할 것이다. 그러나 아무런 한계를 긋지 않는 백지식 승인(Blanketteinwilligung)은 상법 제397조의 입법목적과 합일될 수 없다. 이사는 이러한 이사회의 승인을 얻기 위하여 거래의 주요 내용을 이사회에 알려야 한다. 이사회의 결정을 위하여는 이러한 구체적 정보가 필요불가결하기 때문이다.

(다) **금지위반의 효과**

1) **일반적 효과:**   이사가 본조의 의무를 위반하여 거래하였다 할지라도 그 거래 자체는 유효하며 상대방이 그 거래에 대하여 이사회의 승인을 거치지 않았다는 사실을 알고 있었다 하더라도 결과는 마찬가지이다. 그러나 회사는 당해 이사에 대하여 그 의무위반을 주장하여 손해배상을 청구할 수 있다($\frac{&}{399}$). 나아가 주주총회는 특별결의로 당해 이사의 해임을 결의할 수 있을 것이고($\frac{&}{385}$), 또 소수주주도 상법 제385조 제2항의 요건하에 이사해임의 소를 제기할 수 있을 것이다($\frac{&}{385}$).[539]

2) **회사의 개입권:**   상법은 상기의 일반적인 효과 이외에도 제397조 제2항에서

537) 독일 주식법은 감사회의 동의를 얻도록 규정하고 있는데 그곳에서도 사전적 승인만이 허용된다. 설사 감사회가 사후적 추인을 했더라도 회사의 손해배상청구권에 영향을 주지 못한다고 한다. 왜냐하면 감사회의 추인은 결과적으로 회사의 의무위반이사에 대한 손해배상청구권을 면제시킨 것과 같은 결과를 가져오는데 감사회는 이사의 책임을 면제시킬 권한이 없기 때문이라고 한다. vgl. KölnerKomm-Mertens/Cahn, AktG, 3. Aufl., § 88 Rn. 17; Hüffer-Koch, AktG, 13. Aufl., §88 Rn. 5.
538) 정동윤, 630면; 이철송, 770면; (반대설) 최기원, 669면.
539) 대판 1993. 4. 9, 92다53583.

회사가 개입권을 행사할 수 있도록 규정하고 있다. 회사의 개입권(Eintrittsrecht)이라 함은 이사가 본조의 의무를 위반하여 거래한 경우 이사회결의로 그 이사의 거래가 자기 계산으로 한 것인 때에는 이를 회사의 계산으로 한 것으로 볼 수 있고 제3자의 계산으로 한 것인 때에는 그 이사에 대하여 이로 인한 이득의 양도를 청구할 수 있는 권리이다(상 397).

**가) 취 지:** 이러한 개입권을 특히 인정하는 취지는 회사의 손해가 대개 기대이익의 상실로 나타나는 경우가 많아 회사가 그 손해발생의 입증에 어려움을 겪을 때가 많고 나아가 이사에 대한 손해배상청구만으로는 경업적 거래로 인한 거래처의 이탈 등을 방지하기 어렵다는 데에 있다.

**나) 법적 성질:** 회사의 개입권은 형성권으로서 이사회결의에 의한 일방적 의사표시에 의하여 효과가 발생한다(상대방있는 단독행위). 이 경우 해당 이사는 특별이해관계인으로서 개입권행사를 위한 이사회결의에 참석하여 의결권을 행사할 수 없다(상 391 III. 368 III.). 회사의 개입권은 금지위반의 거래가 있은 날로부터 1년 내에만 행사할 수 있고 이 기간의 경과로 소멸한다(상 397). 이 기간은 소멸시효기간이 아니라 제척기간이다.

**다) 행사의 효과:** 회사가 개입권을 행사하면 그 효과는 회사와 해당 이사에게만 미치고 이사와 제3자간의 법률관계를 변경시키거나 회사가 제3자에 대해서 거래당사자가 되는 것은 아니다. 따라서 이러한 회사의 개입권은 위탁매매인이나 운송주선인의 개입권(상 107.116)과 구별된다. 전자는 경제적 개입권에 불과하다고 할 수 있고 후자는 법률적 내지 전면적 개입권이라 할 수 있다. 위탁매매인이나 운송주선인이 개입권을 행사하면 그들 스스로가 매도인이나 운송인의 지위를 취득하게 되기 때문이다. 결과적으로 회사가 이 경우 개입권을 행사해도 제3자에 대한 관계에서는 여전히 이사가 당사자의 지위에 머무르게 되고 회사는 단지 해당 이사로 하여금 금지위반의 거래로 인한 경제적 효과만을 회사에 돌리도록 요구할 수 있을 뿐이다. 즉 회사의 개입권행사는 이사에 대한 채권적 효력이 있을 뿐이다.

따라서 이사가 의무위반의 거래로 제3자에 대한 관계에서 부담한 채무를 회사가 이행할 수 없는 상태라 해도 전혀 문제될 것이 없다. 회사가 개입권을 행사하고 난 다음에는 거래의 경제적 효과가 회사에 귀속되는 것이므로 이사는 회사에 대한 관계에서는 회사의 계산으로 해당 거래를 하자없이 이행해 놓을 의무를 지게 되기 때문이다.[540] 이 경우 이사의 지위는 위임계약상의 수임인과 유사하다고 할 수 있다. 이렇

---

540) KölnerKomm-Mertens, 3. Aufl., §88 Rn. 21.

게 하여 회사는 금지위반의 이사에게 그 거래로 인하여 취득한 권리는 회사에 이전시킬 것을 요구할 수 있고, 동시에 이사가 부담한 채무나 그 밖에 지출한 비용에 대해서는 이사에 대한 관계에서 변제나 상환의무가 발생할 것이다.

또한 제3자의 계산으로 한 때에도 이사와 제3자간의 거래는 그대로 유효하고 회사는 단지 이사에 대하여 그 거래로 인하여 취득한 이득의 양도를 청구할 수 있다(상 397 II 후단).

이러한 개입권은 경업금지의무위반시에만 인정되는 것으로서 이사의 겸직금지의무위반시에는 손해배상청구만이 가능하다(상 399).

### (4) 이사 등의 자기거래의 제한

**(가) 의 의:** 이사 또는 특수관계자는 이사회의 사전 승인없이 자기 또는 제3자의 계산으로 회사와 거래를 하지 못한다(상 398). 이것을 이사 등의 자기거래제한이라고 한다. 이사가 자기 또는 제3자의 계산으로 회사와 거래하는 경우 이사는 자신의 지위를 이용하여 회사의 이익을 해할 수 있기 때문에 이러한 제한이 가해지는 것이다. 그 법적 성질은 이사의 신인의무 중 충실의무의 한 표현이다. 이러한 제한은 주식회사에 있어서 뿐만 아니라 합명회사의 사원과 회사간의 거래(상 199), 합자회사의 무한책임사원과 회사간의 거래(상 269, 199), 유한회사의 이사와 회사간의 거래(상 564) 등에서도 관찰되고 있다. 이는 모두 회사의 업무집행기관이 영업에 관한 유리한 정보를 이용하여 회사와의 거래에서 사리(私利)를 추구할 가능성이 있으므로 이사와 회사 전체의 이익을 조절할 필요에서 나타나게 되었다.

2011년 개정상법은 기존의 자기거래금지제도에 아래와 같은 변화를 가하였다.

**첫째** 이사회의 승인을 얻어야 하는 자기거래의 주체를 대폭 확장하였다. 과거에는 이사만이 수규자였으나, 2011년의 개정에서 상법은 제398조의 적용을 받게 되는 행위주체를 대폭 확장하였다. 이사 및 주요주주 그리고 이들의 배우자 및 직계존비속 등 본조의 적용대상자를 확장하였다.

**둘째** 과거에는 없던 이사회의 사전승인이 명문화되었다. 물론 이는 과거의 판례와는 상치되어 향후 본 제도의 운영상 문제를 남기고 있다.

**셋째** 과거 판례가 이사회 승인의 유효요건으로 요구해왔던 이사의 개시의무(開示義務)가 성문화되었다.

**넷째** 이사회승인의 요건이 강화되었다. 과거에는 이사정원 과반수의 출석과 출석이사 과반수의 찬성으로 족하였으나(상 391), 이제는 이사정원의 3분의 2 이상의 찬성으로 승인요건이 강화되었다.

**다섯째** 이사회승인의 유효요건이 강화되었다. 과거에는 이사회가 승인결의의 실질적 공정성 여부에 불구하고 절차적으로 하자가 없으면 자기거래는 유효로 취급되었으나 이제는 자기거래가 유효로 되기 위하여는 절차적으로 공정하여야 할 뿐만 아니라 내용적으로도 공정하여야 한다. 즉 실질적 공정성과 절차적 공정성이 모두 충족될 경우에만 승인대상거래는 효력을 인정받게 된다. 유효요건이 강화된 것이다. 물론 이 부분도 후술하겠지만 커다란 해석상의 문제를 야기하고 있다. 끝으로 과거 민법 제124조를 적용하지 않는다는 단서가 있었으나 개정상법은 이를 삭제하였다.

**(나) 제한되는 거래:** 이사회의 승인을 얻어야 하는 대상은 이사 및 특수관계자가 자기 또는 제3자의 계산으로 회사와 하는 거래로서 회사와 이사 및 특수관계자간에 이해충돌가능성이 있는 것이어야 한다.

**1) 자기거래주체의 범위:** 본조의 규제대상이 되는 자기거래의 주체를 보기로 한다.

**가) 이사 및 집행임원**(상 398, 1호 ; 상 408의9): 본조의 대상이 되는 가장 주된 주체는 2011년 상법개정에도 불구하고 주식회사의 업무집행기관인 이사회의 구성원, 즉 이사이다. 상법은 2011년의 개정에서 집행임원제를 회사가 선택적으로 도입할 수 있게 하였고 이러한 변화에 부응하여 집행임원에 대해서도 본조를 준용하게 하였다(상 408의9).

우선 이사의 경우 평이사나 대표이사를 구별하지 않으며, 사내이사나 사외이사의 구별도 없다. 1인회사의 1인주주인 이사 역시 대상에서 제외되지 않는다. 회사의 이사인 1인주주를 적용대상에서 제외시키자는 학설도 있지만 본조의 보호법익은 단순히 회사의 이익에 한정되지 않는다. 물적 회사에서는 회사 자체의 이익 또는 담보재산의 유지가 곧 채권자보호와 연결되므로 본조의 입법목적에는 이러한 취의도 포함시켜야 할 것이다. 따라서 1인회사에 있어서도 그 유일한 주주가 회사의 이사인 경우 회사와의 자기거래시에는 원칙적으로 이사회의 승인이 요구된다고 풀이해야 할 것이다.

집행임원의 경우에도 이사와 유사하게 대표집행임원인지 아닌지는 묻지 않으며 집행임원이면 모두 적용대상이 된다. 이사직을 겸하는 집행임원도 있을 수 있는바 이 경우에도 본조의 적용대상에서 제외되지 않는다.[541]

**나) 주요주주**(상 398, 1호): 여기서 말하는 주요주주는 누구의 명의로 하든지 자기의 계산으로 의결권없는 주식을 제외한 발행주식총수의 10% 이상의 주식을 소유하거나

---

541) 특히 이사회의장과 CEO의 겸직은 주식회사의 리더십구성상 큰 의미를 갖는다(김정호, "이사회구성과 사외이사제도", 「상사법연구」 제29권 제2호(2010. 8.), 203면 이하, 특히 233면 이하 참조).

이사·집행임원·감사의 선임과 해임 등 상장회사의 주요 경영사항에 대하여 사실상의 영향력을 행사하는 주주를 이른다($\frac{\text{상}}{\text{6호}}\frac{542\text{의}8}{}$).[542] 이사와 회사간의 자기거래가 야기할 수 있는 불공정성은 주요주주와 회사간 거래에서도 나타날 수 있다고 보았기 때문에 2011년 개정상법은 이들과 회사간의 거래에도 본조를 적용하게 하였다.

다) 이사[543] 또는 주요주주의 배우자 및 직계존비속($\frac{\text{상}}{\text{2호}}\frac{398.}{}$):   이들은 이사 및 주요주주와 이해관계를 같이 하는 자로 보아 이들에게도 본조의 적용을 확대하였다.

라) 이사 또는 주요주주의 배우자의 직계존비속($\frac{\text{상}}{\text{3호}}\frac{398.}{}$):   위 다)에서는 이사 또는 주요주주의 배우자와 이사 또는 주요주주의 직계존비속을 대상에 포함시켰지만 본호에서는 이사 또는 주요주주의 배우자의 직계존비속을 규정한 것이다. 이들 역시 자기거래로 인한 불공정성을 야기할 가능성이 있다고 본 것이다.

마) 상법 제398조에 제1호, 제2호, 제3호로 규정된 자가 단독 또는 공동으로 의결권있는 발행주식총수의 100분의 50 이상을 가진 회사 및 그 자회사($\frac{\text{상}}{\text{4호}}\frac{398.}{}$)

바) 상법 제398조 제1호부터 제3호까지의 자가 동조 제4호의 회사와 합하여 의결권있는 발행주식총수의 100분의 50 이상을 가진 회사($\frac{\text{상}}{\text{5호}}\frac{398.}{}$)

**2) 명의 불문:**   다음 거래의 내용을 살펴보면 본조가 규제하는 거래는 이사가[544] 자기 또는 제3자의 계산으로 하는 회사와의 거래로서 이사가 누구의 명의로 하느냐는 결정적 요소가 아니다. 즉 자기의 계산으로 하는 경우에는 제3자의 명의로 거래한다 할지라도 자기거래이며, 제3자의 계산으로 한다면 이사의 명의로 거래가 이루어지거나 이사가 제3자의 대리인이나 대표기관으로 행위한다 하여도 본조의 적용범위에서 벗어나지 않는다. 따라서 동일인이 양 회사의 대표이사를 겸하면서 양 회사 사이에 거래를 하는 경우에도 본조의 적용대상이 되는 것이다.[545]

**3) 회사와 이사간의 이해충돌 가능거래:**   그러나 그 거래는 회사와 이사간의 이익충돌(Interessenkollision)을 일으킬 수 있는 것이어야 한다. 본조를 문언에 충실하게 읽어 나가면 이사가 회사와 하는 '모든' 거래가 자기거래가 될 수 있는 것처럼 보이나 본조의 입법목적은 회사의 이익 및 채권자보호에 있으므로 회사와 이사간에 이해

---

542) 이하 이들은 계속 "주요주주"로 칭한다. '주요주주'의 개념은 상장, 비상장을 가리지 않는다(정동윤 감수, 『상법 회사편 해설, 상법해설서 시리즈 Ⅱ－2011년 개정내용』, 법무부, 2012, 232면 참조); (비상장사 제외설) 최준선, 2011년 개정상법해설, 상장협, 132면.

543) 이하 자기거래와 관련된 서술에서 이사에는 집행임원도 포함된다.

544) 이하 자기거래관련 서술내용 중 '이사'는 위 ①에서 열거한 자기거래제한 대상자' 모두를 지칭하는 것으로 한다.

545) 대판 1996. 5. 28, 95다12101, 12118, 공보 1996, 1977.

충돌의 가능성이 없는 경우에는 본조의 적용대상에서 제외시키는 것이 타당하다. 이러한 입법목적에 따라 축소하여 해석하면 본조의 대상이 되는 거래는 '이사와 회사간에 이익충돌을 야기시킬 우려가 있는 모든 재산상의 행위'로 볼 수 있을 것이다. 이러한 이익충돌의 가능성을 판단함에 있어서는 일반적·추상적으로 관찰할 것이 아니라 거래의 구체적이고 실질적인 내용을 중시하여 개별 사안에 따라 정하여야 할 것이다.

> **대판 2010. 3. 11, 2007다71271**
>
> "[3] 상법 제398조 전문이 이사와 회사 사이의 거래에 관하여 이사회의 승인을 얻도록 규정하고 있는 취지는, 이사가 그 지위를 이용하여 회사와 직접 거래를 하거나 이사 자신의 이익을 위하여 회사와 제3자 간에 거래를 함으로써 이사 자신의 이익을 도모하고 회사 및 주주에게 손해를 입히는 것을 방지하고자 하는 것이므로, 이사와 회사 사이의 거래라고 하더라도 양자 사이의 이해가 상반되지 않고 회사에 불이익을 초래할 우려가 없는 때에는 이사회의 승인을 얻을 필요가 없다.
>
> [4] 주식회사의 이사가 자신을 피보험자 및 수익자로 하여 회사 명의로 퇴직보험에 가입한 사안에서, 회사가 이사를 피보험자로 하여 퇴직보험계약을 체결한 것은 임원퇴직금지급규정상 임원의 보수를 지급하기 위한 수단에 불과하고, 회사에게 퇴직금을 조성하기 위한 일반적인 자금 운영의 범위를 넘는 실질적인 불이익을 초래할 우려가 없으므로, 이에 관하여 이사회의 승인을 얻을 필요가 없다."

**가) 무색거래·약관거래:** 그리하여 소위 무색거래나 약관거래는 본조에서 제외된다. 즉 회사가 반대급부의 의무를 부담하지 않는 단순한 증여, 이사의 회사에 대한 무이자·무담보의 금전대여(그러나 역으로 회사가 이사에게 무이자·무담보의 금전대여를 하였다면 그것은 본조의 적용대상이다), 단순한 채무의 이행, 상계 등은 본조의 대상이 아니다. 나아가 보통거래약관(general provision; allgemeine Geschäftsbedingung)에 의하여 거래의 내용이 이미 객관적으로 정형화된 거래도 이에 포함시킬 필요가 없다. 가령 보험계약이나 이미 국제적으로 거래의 내용이 정형화된 운송거래 등에 있어서는 이사와 회사간의 자기거래가 나타난다 할지라도 회사의 이익이 위협받을 가능성은 거의 없다. 해당 업계에서 수수되는 보험료나 운임 등은 이미 객관적으로 정형화되어 있어 개별 거래에서 나타나는 당사자의 개성은 전혀 문제시되지 않는다. 그리하여 이사가 회사의 이익을 해하면서 이기적으로 계약내용을 형성할 가능성은 거의 없는 것이다.

> **대판 2010. 1. 14, 2009다55808**
>
> "상법 제398조에서 이사와 회사 사이의 거래에 관하여 이사회의 승인을 얻도록 규

> 정하고 있는 취지는, 이사가 그 지위를 이용하여 회사와 거래를 함으로써 자기 또는
> 제3자의 이익을 도모하고 회사 나아가 주주에게 불측의 손해를 입히는 것을 방지하고
> 자 함에 있으므로, 회사와 이사 사이에 이해가 충돌될 염려가 있는 이사의 회사에 대
> 한 금전대여행위는 상법 제398조 소정의 이사의 자기거래행위에 해당하여 이사회의 승
> 인을 거쳐야 하고, 다만 이사가 회사에 대하여 담보 약정이나 이자 약정 없이 금전을
> 대여하는 행위와 같이 **성질상 회사와 이사 사이의 이해충돌로 인하여 회사에 불이익이**
> **생길 염려가 없는 경우에는 이사회의 승인을 거칠 필요가 없다.**"

**나) 어음거래:**    나아가 이사와 회사간의 이해충돌 여부를 놓고 문제시되는 것은
어음거래와 소위 간접거래의 경우이다. 어음거래의 경우 어음행위의 무인성 및 독립
성 나아가 어음수수의 채무이행적 성질을 들어 본조의 적용을 부정하고 단지 원인관
계상 이사회의 승인이 없었던 경우 이를 인적 항변사유로 다루자는 적용부정설이 있
었으나 오늘의 판례와 통설은 어음행위를 상법 제398조의 적용대상에서 제외시키지
않는다.[546] 오히려 어음채무의 부담은 어음의 유통성확보를 위하여 원인채무보다 훨
씬 엄격하게 다루어지므로 어음행위는 당연히 본조의 적용에서 제외되지 않는다고 봐
야 할 것이다. 예컨대 회사가 이사에게 융통어음을 발행해 준 경우 어음소지인이 융
통어음임을 알고 취득하였다 해도 회사는 그로써 소지인에게 대항할 수 없는 것이다.

**다) 간접거래:**    끝으로 간접거래에 대하여 살펴보면 이는 회사와 이사간의 직접
거래는 아니나 실질적으로 이사와 회사간의 이익충돌을 야기시킬 가능성이 있는 경
우이다. 예컨대 이사의 채무에 대하여 회사가 연대보증을 하거나 또는 회사가 채권자
인 제3자에 대하여 이사의 채무를 인수하는 경우 등이다. 이 경우 본조의 입법취지에
서 이사 개인에게 이익이 되고 회사에 불이익이 되는 간접거래는 본조의 적용대상이
된다고 풀이하는 것이 타당하며 동시에 판례의 입장이기도 하다.[547]

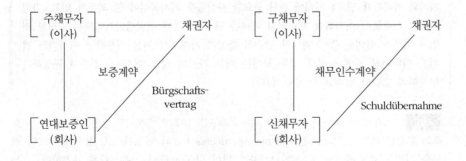

---

546) 대판 2004. 3. 25, 2003다64688.
547) 대판 1984. 12. 11, 84다카1591.

**라) 쌍방대리:**   상법 제398조는 쌍방대리를 금지한 민법 제124조의 특칙이면서도 그 규정내용은 문언상 이사와 회사간의 자기거래만을 문제삼고 있다. 그러나 한 사람(이사)이 양 회사를 모두 대리하는 경우에도 상법 제398조의 적용을 긍정해야 할 것이다.[548] 상법 제398조의 적용상 이사가 자기 또는 제3자의 계산으로 회사와 거래를 하면 족하므로 이사가 누구의 명의로 하든 그것은 중요하지 않다.

**(다) 이사회의 승인:**   이사가 자기거래를 하는 것은 원칙적으로 금지되나 이사회의 승인이 있을 때에는 이러한 금지가 해제된다. 이 때 이사회의 승인을 얻고자 하는 당해 이사가 이사회를 소집하여야 하며 이 결의에서 당해 이사는 특별이해관계인으로서 의결권이 배제된다($^{\text{상}391}_{368}$Ⅲ·). 승인은 개별 거래에 관하여 이루어져야 하며 포괄적으로 막연히 할 수 없음은 물론이다. 그러나 동종동형의 거래에 관하여 일정한 기간, 한도 등을 정하여 그 범주 내에서 포괄성을 띠는 것은 가능하다고 본다.

**1) 이사의 개시의무:**   회사와의 자기거래를 승인받고자 하는 이사는 이사회승인을 받기에 앞서 해당 거래의 내용 및 그 거래가 어떻게 회사와 이해상충관계에 놓이는지를 다른 이사들에게 자세히 알려야 한다. 2011년의 개정상법은 과거 판례로 인정되던 것을 명문화하여 이사회의 승인을 얻기 전에 자기거래의 주체는 해당거래의 '중요사실'을 밝힐 것을 요구하고 있다. 이러한 이사의 의무를 개시의무(開示義務; duty of disclosure)라 하며 이 의무를 위반하는 경우 이사회승인의 효력을 인정할 수 없다.

---

**대판 2007. 5. 10, 2005다4284**

"이사와 회사 사이의 이익상반거래가 비밀리에 행해지는 것을 방지하고 그 거래의 공정성을 확보함과 아울러 이사회에 의한 적정한 직무감독권의 행사를 보장하기 위해서는 그 거래와 관련된 **이사는 이사회의 승인을 받기에 앞서 이사회에 그 거래에 관한 자기의 이해관계 및 그 거래에 관한 중요한 사실들을 개시하여야 할 의무**가 있고, 만일 이러한 사항들이 이사회에 개시되지 아니한 채 그 거래가 이익상반거래로서 공정한 것인지 여부가 심의된 것이 아니라 단순히 통상의 거래로서 이를 허용하는 이사회의 결의가 이루어진 것에 불과한 경우 등에는 이를 가리켜 상법 제398조 전문이 규정하는 이사회의 승인이 있다고 할 수는 없다."

---

**사례**   Talbot v. James, 190 S. E. 2d 759(S.C. 1972)[549][개시가 불완전하여 승인의 효력이 부정된 예]:   "James는 Chicora Apartments Inc.의 대표이사요, 동시에 50%의 지분을 가진 주주로서 스스로 계약당사자가 되어 Chicora社와 건축계약을 체결한다. 그는

---

548) 대판 1996. 5. 28, 95다12101, 12118; 김정호, 상법연습, 제3판, 2012, [사례 15] 참조.
549) 1972년 8월 1일 South Carolina주 Supreme Court 판결.

특별이해관계있는 이사요, 주주로서 나머지 특별이해관계없는 주주 및 임원들에게 자신이 회사와 빌딩건축계약을 체결하였다고 고지하였다. 그러나 고지의 내용 중 자신이 계약상 Chicora社로부터 2만불의 수수료와 3만불의 차익금(overhead)을 받게 되어 있는 사실을 묵비하였고, 그 결과 이 고지는 완전한 개시(full disclosure)가 되지 못하였다. 원고 Talbot 는 James와 Chicora社를 공동피고로 하여 James에게 지급된 액수의 반환을 명하는 주주대표소송을 제기하였고 재판부는 주주들의 추인이 효력이 없고 따라서 본건 건축계약 역시 무효이며 따라서 Chicora社는 James에게 지급한 수수료 및 차익금을 반환청구할 수 있다고 판시하였다."

**2) 사전적 승인:**   나아가 이사회의 승인은 사전적이어야 한다. 2011년의 개정상법은 '미리 이사회에서 해당 거래에 관한 중요사실을 밝히고 이사회의 승인을 받아야 한다'고 규정하여 이를 명문화하였다. 사후적 추인은 이해충돌가능성이 있는 자기거래로부터 회사의 이익을 보호하여야 하는 동조의 입법목적에 충실할 수 없고 나아가 해당 이사가 자기거래로 인한 법률관계를 기성사실화하고 이를 타 이사들에게 강요할 가능성을 배제할 수 없기 때문이다.

그러나 이러한 위험이 존재하지 않는 경우에는 예외를 인정해도 무방할 것이다. 또 회사 마다 이사회의 분위기는 천차만별일 것이고 승인을 받아야 하는 거래 역시 천차만별이므로 이러한 예외를 인정하는 것이 필요해 보인다. 판례는 사후적 추인도 허용하는 입장이다. 2011년의 개정상법은 비록 '사전적 승인'에 국한되는 것 같은 문언으로 성문화되었지만 본조를 문언만 앞세우며 경직되게 운용할 경우에는 오히려 기업활동의 원활을 저해하는 부정적 결과도 예측된다. 비록 '미리'라는 법문언은 존재하지만 법해석에는 여러 가지 방법이 있으며 심지어 '정정해석(訂正解釋; berichtigende Auslegung)'도 가능함을 상기하여야 할 것이다.[550] 또 '미리'라는 문언은 이사의 개시가 이사회승인이 이루어지기 전에 행해져야 한다는 것을 강조한 것으로 볼 여지도 있다. 즉 '미리'라는 문언은 '이사회의 승인 전에 개시하여야 한다'와 '이사회승인이 사전에 이루어져야 한다'라는 두 의미에 모두 걸려 있다. 물론 '회사와 거래를 하기 위하여는'이라는 앞선 문언 때문에 '사전승인'의 의미가 강조되기는 한다. 그러나 이 부분 역시 필연적으로 '자기거래가 실행되기 전에 반드시 이에 앞서서 이사회가 승인하여야 한다'라는 의미로 읽힐 필요는 없어 보인다. 결론적으로 사전승인이 원칙이지만 사후추인의 예외가능성도 열려 있다고 풀이된다.

---

550) 정정해석의 예로는 이미 앞서 보았듯이 상법 제371조 제2항과 관련한 대판 2016. 8. 17, 2016다222996이 있다.

대판 2007. 5. 10, 2005다4284

"상법 제398조 전문이 이사와 회사 사이의 거래에 관하여 이사회의 승인을 얻도록 규정하고 있는 취지는, 이사가 그 지위를 이용하여 회사와 거래를 함으로써 자기 또는 제3자의 이익을 도모하고 회사 나아가 주주에게 불측의 손해를 입히는 것을 방지하고자 함에 있는바, 이사회의 승인을 얻은 경우 민법 제124조의 적용을 배제하도록 규정한 상법 제398조 후문의 반대해석상 이사회의 승인을 얻지 아니하고 회사와 거래를 한 이사의 행위는 일종의 무권대리인의 행위로 볼 수 있고 무권대리인의 행위에 대하여 추인이 가능한 점에 비추어 보면, 상법 제398조 전문이 이사와 회사 사이의 이익상 반거래에 대하여 이사회의 사전 승인만을 규정하고 사후 승인을 배제하고 있다고 볼 수는 없다."

3) **묵시적 추인가능성**:    판례는 사후적 추인가능성을 사전적 승인의 경우와 더불어 대등하게 허용하고 있으며 한걸음 더 나아가 일정 요건하에 묵시적 추인가능성도 열어 두고 있다. 물론 지극히 예외적인 경우가 될 것이다. 2011년의 개정 상법하에서도 이러한 가능성을 인정할 수 있을지 의문이다. 그러나 앞서 서술한 바대로 예외적인 사후추인 가능성을 인정한다면 묵시적인 방법의 사후추인도 그 가능성을 열어 두어야 할 것이다. 만약 법문언을 경직되게 적용하여 이러한 가능성을 모두 봉쇄해버린다면 그 성격이 천차만별인 수많은 기업간 거래가 생기와 원활을 잃게 될 것이다.[551]

물론 묵시적 추인가능성을 인정한다 하여도 이는 지극히 예외적인 경우가 될 것이다. 즉 판례의 문언대로 '이사회가 거래의 주요내용을 지득한 상태에서 회사의 손해발생가능성 내지 이사의 연대책임가능성까지 모두 감안하면서까지 추인하였으리라'는 명확한 사실관계가 존재하는 경우에만 이러한 예외를 인정할 수 있다고 풀이된다.

대판 2007. 5. 10, 2005다4284

"회사가 이익상반거래를 묵시적으로 추인하였다고 보기 위해서는 그 거래에 대하여 승인 권한을 갖고 있는 이사회가 그 거래와 관련된 이사의 이해관계 및 그와 관련된 중요한 사실들을 지득한 상태에서 그 거래를 추인할 경우 원래 무효인 거래가 유효로 전환됨으로써 회사에 손해가 발생할 수 있고 그에 대하여 이사들이 연대책임을 부담할 수 있다는 점을 용인하면서까지 추인에 나아갔다고 볼 만한 사유가 인정되어야 한다."

---

551) 조심해야 할 것은 법해석은 문리해석으로 그치지 않는다는 사실이다. 비록 법문언에 따르면, 즉 국문법에 합당하게 풀이한다면 반드시 사전에 그것도 명시적으로 이사회에서 승인해주어야 하지만 이러한 상법 제398조의 문언 역시 광활한 법질서의 일부이다. 따라서 사법관계를 지배하는 법의 일반원칙인 신의칙의 지배를 받으며 나아가 다른 법영역과의 체계해석도 불가피하다. 동시에 자유로운 시장경제질서를 근간으로 하는 헌법정신도 고려하여야 한다. 따라서 2011년의 상법개정이 사전승인의 원칙과 명시적 승인의 원칙을 천명한 것은 분명하지만 개별 사안에서 모든 예외를 부정하는 경직된 자세는 바람직하지 않고 만약에 이러한 자세를 견지한다면 이는 전체 법질서에도 부합하지 않는다.

**4) 주주총회의 자기거래 추인가능성:**　이사와 회사간의 자기거래를 승인할 기관으로 상법은 명백히 이사회를 지목하고 있다.552) 그러나 비교법적으로 보면 특히 미국의 경우 주주총회의 결의로 자기거래를 사후적으로 추인하는 가능성도 열어 놓고 있다. 즉 미국의 판례법은 자기거래가 사기적이거나 공정성을 상실한 경우가 아닌 한 주주총회의 사후적 추인으로도 자기거래의 효력을 유지시킬 수 있다고 한다.553) 이에 반하여 상법이 명백히 자기거래의 승인기관으로 이사회를 지목하고 있으므로 주주총회는 자기거래의 승인기관이 될 수 없고 상법 제398조는 회사뿐만 아니라 채권자보호의 기능도 하는 것이므로 총주주의 동의로도 이사회의 승인을 대체할 수 없다는 입장도 있다. 상법 제398조가 추구하는 입법목적이 무엇인지 이를 어떻게 파악하느냐에 따라 답이 달라질 수 있다고 본다. 즉 이사의 충실의무가 누구에 대한 의무이냐의 문제이기도 하다. 이사가 오로지 주주들에 대하여 충실의무를 부담하는데 불과한가? 아니면 주주 이외의 이해관계자, 특히 채권자, 종업원, 소비자 등에 대해서도 충실의무를 부담하는가? 회사법의 근본문제라 아니할 수 없을 것이다. 만약 이사의 충실의무가 주주이익극대화를 지향하는 것이라면 주주총회의 추인가능성도 부인하기 어려울 것이다. 현재 우리 판례는 지극히 예외적인 경우에만 주주총회의 추인가능성을 허용하는 입장을 취하고 있다. 이러한 판례의 입장은 2011년의 상법개정이후에도 타당하다고 생각된다. 즉 '주주전원의 동의가 있거나 정관에 주주총회의 권한사항으로 정한 경우'에는 최소한 주주총회가 이사회의 승인권한을 대체할 수 있다고 풀이된다.

---

**대판 2002. 7. 12, 2002다20544**

"회사의 채무부담행위가 상법 제398조 소정의 이사의 자기거래에 해당하여 이사회의 승인을 요한다고 할지라도, 위 규정의 취지가 회사 및 주주에게 예기치 못한 손해를 끼치는 것을 방지함에 있다고 할 것이므로, 그 채무부담행위에 대하여 사전에 주주 전원의 동의가 있었다면 회사는 이사회의 승인이 없었음을 이유로 그 책임을 회피할 수 없다."

---

**대판 2007. 5. 10, 2005다4284**

"이사와 회사 사이의 이익상반거래에 대한 승인은 **주주 전원의 동의**가 있다거나 그 승인이 **정관에 주주총회의 권한사항으로 정해져** 있다는 등의 특별한 사정이 없는 한 이사회의 전결사항이라 할 것이므로, 이사회의 승인을 받지 못한 이익상반거래에 대하여 아무런 승인 권한이 없는 주주총회에서 사후적으로 추인 결의를 하였다 하여 그 거

---

552) 물론 소규모 주식회사에서는 주주총회가 승인기관이다(상법 제383조 제1항, 제4항).

553) San Diego, Old Town and Pacific Beach Railroad Co. v. Pacific Beach Co., 44 P. 33(1896); Brainard v. De la Montanya, 116 P. 2d 66(1941); Massoth v. Central Bus Corp., 134 A. 236(1926); Hodge v. United States Steel Corp., 54 A. 1(Ct. Err & App. 1903) 등.

▌ 래가 유효하게 될 수는 없다."

**5) 거래의 공정성만으로도 자기거래의 효력을 유지할 수 있는가:**  이사회의 승인이나 주주들의 추인 없이도 해당 자기거래행위가 회사에 대하여 공정하기만 하면 그 효력을 유지할 수 있는지 의문이다. 미국의 대부분의 주에서는 이를 긍정하고 있다. 공정성은 자기거래의 유효성에 대한 필요충분조건이다. 물론 공정성에 대한 입증은 자기거래를 행한 이사의 몫이다. 즉 피고 이사가 자신과 회사간 거래가 공정하여 회사에 손해가 없었음을 입증하여야 한다. 이렇게 이사회승인이나 주주총회의 추인없이도 공정성 하나만으로 자기거래가 그 효력을 유지할 수 있지만 이사회의 승인이나 주주총회의 추인이 전적으로 불가한 것은 아니므로 이러한 일이 일어난 경우에는 입증책임을 전환시키는 효과를 부여하고 있다. 즉 이해관계없는 이사나 주주들이 자기거래를 승인한 경우에는 자기거래의 효력을 다투는 측이 자기거래의 불공정을 입증하여야 한다.

이러한 미국법의 상황은 우리나라에도 충분히 영향을 미칠 수 있다고 생각된다. 물론 현행 우리 상법의 문언으로는 이러한 결과를 받아들이기 쉽지 않지만[554] 향후의 입법론으로 남겨둘 수 있지 않을까 생각된다.[555]

**6) 공정성요건:**  2011년 개정상법의 커다란 변화는 여기서도 감지되고 있다. 이사 등과 회사간의 자기거래가 유효하려면 이사회의 승인이 요구되지만 그 승인의 절차와 거래의 내용이 공정하여야 한다. 즉 미국회사법에서 강조되던 '절차적 공정성(procedural fairness)'과 '실질적 공정성(price fairness)'요건을 받아들인 결과이다.

**가) 절차적 공정성:**  먼저 절차적 공정성부터 보기로 한다. 이사회의 승인이 있기 전에 거래주체인 이사가 충분히 다른 이사들에게 거래의 주요내용을 알려야 한다. 위에서 서술한 대로 이사는 개시의무(開示義務; duty of disclosure)를 충분히 이행하여야 한다. 다음 자기거래를 승인할 이사회는 적법히 소집되어야 하고, 특히 특별이해관계있는 이사들의 참여가 배제된 가운데 하자없이 의사가 진행되어야 한다($\substack{\text{상 }391\\368}$ Ⅲ.). 승인할 대상거래의 내용에 대해서도 이사회에서 충분한 검토와 토의를 거쳐 승인결

---

554) 아마도 현행 상법의 문언상 동원가능한 방법으로 자기거래가 공정하였다면 무색거래나 약관거래에서처럼 이사와 회사간 이해충돌가능성이 없는 것으로 보아 처음부터 상법 제398조의 적용대상에서 제외시키는 방법을 생각해볼 수는 있을 것이다. 그러나 이러한 처리가 언제나 용이하지는 않을 것이다. 해당 거래가 무색거래에서처럼 회사에 해가 되지 않음이 명백히 드러나거나 약관거래에서처럼 거래의 내용이 객관적으로 정형화되어 공정성을 위협하지 않는 경우는 드물기 때문이다.

555) 만약 절차적 공정성과 실질적 공정성을 2011년 개정상법과 달리 'and'가 아니라 'or'로 연결한다면 거래의 (실질적) 공정성만으로도 자기거래를 유효로 할 수 있을 것이다.

의에 이르러야 한다. 전체 이사 중 3분의 2 이상에 해당하는 다수가 해당 거래를 승인하여야 한다. 이러한 절차가 모두 충족된 가운데 이사회승인이 이루어지게 되면 절차적 공정성을 긍정할 수 있게 된다.

나) 실질적 공정성:   2011년 개정상법의 큰 특징은 이사회승인 이외에도 자기거래가 유효하기 위하여는 거래내용의 공정성, 즉 실질적 공정성이 요구된다는 점이다. 즉 절차적으로 하자없이 이사회가 승인하였다고 자기거래가 유효로 되는 것이 아니고 이에 추가하여 거래의 내용이 실질적으로도 공정하여야 한다는 것이다. 절차적 공정성과 실질적 공정성은 'or'가 아니라 'and'로 연결되어 있다. 실질적 공정성이란 주로 가격공정성(price fairness)이 될 것이다. 즉 '회사의 이익에 최대한 부합하는 최저가격으로 부품공급가격을 정하였는가?', 아니면 '회사의 이익에 부합하는 최대의 가격으로 매도하였는가?' 등 거래의 상황에 따라 여러 가지가 되겠지만 아무리 이사회의 승인이 절차상 하자없이 이루어졌다 해도 실질적으로 공정하지 못하면 해당 거래는 효력을 인정받지 못하게 된다.

그런데 절차적 공정성과 실질적 공정성이 자기거래의 유효요건으로 동시에 충족될 경우에만 자기거래가 효력을 유지할 수 있다면 자기거래가 무효로 되는 경우가 지나치게 많아질 우려가 있다. 나아가 이사회가 적법히 승인한 거래를 거래내용이 불공정하다는 이유로 무효처리한다면 이는 상법이 예정한 이사회의 순기능을 상법이 스스로 부인하는 결과가 된다. 끝으로 오늘날 회사의 내부관계는 매우 복잡하며 이사와 회사간의 자기거래는 점점 더 전문영역으로 발전해가고 있다는 점이다. 제3자에 불과한 법관이 외부적으로 드러난 숫자에만 의존하며 거래내용의 공정여부를 판단하는 것은 쉬운 일이 아니다. 따라서 절차적 공정성이 준수된 경우라면 실질적 공정성은 추정되는 것으로 보는 것이 바람직할 것이다. 입법론적으로는 절차적 공정성과 실질적 공정성을 'and'가 아니라 'or'로 연결하는 것이 더 바람직하였다고 생각된다.[556]

### 7) 이사의 책임발생가능성

가) 이사회승인후의 책임발생가능성:   끝으로 이사회결의는 이사의 자기거래에 대한 유효요건에 불과하며 이러한 승인이 있다고 해서 이사의 책임이 전적으로 면제되는 것은 아니다. 따라서 이사의 자기거래로 회사에 손해가 발생한 경우 이사회의 승인이 있었다 할지라도 회사의 손해배상청구권에는 영향이 없는 것이다. 나아가 그 승인결의에 찬성한 이사들의 연대책임도 부정되지 않을 것이다($\stackrel{상}{\text{II}}\,^{399}$). 이는 판례의 입장

---

556) 이에 대해 자세히는 김정호, "회사법상 행위기준과 재고기준", 「상사법연구」 제30권 제3호(2011. 11.), 229면 이하, 245면 이하.

이기도 하다.

> **대판 1989. 1. 31, 87누760**
>
> "주식회사의 대표이사가 그의 개인적인 용도에 사용할 목적으로 회사명의의 수표를
> 발행하거나 타인이 발행한 약속어음에 회사명의의 배서를 해주어 회사가 그 지급책임
> 을 부담 이행하여 손해를 입은 경우에는 당해 주식회사는 대표이사의 위와 같은 행위
> 가 상법 제398조 소정의 이사와 회사간의 이해상반하는 거래행위에 해당한다 하여 이
> 사회의 승인여부에 불구하고 같은 법 제399조 소정의 손해배상청구권을 행사할 수 있
> 음은 물론이고 대표권의 남용에 따른 불법행위를 이유로 한 손해배상청구권도 행사할
> 수 있다."

　　나) **책임조건의 변경가능성**:　　이사회의 승인후에도 이사가 회사에 대해 책임질
가능성이 배제되는 것은 아니지만 책임발생조건에 변화가 수반될 수 있는지는 여전
히 의문으로 남는다. 즉 상법 제398조가 규정하고 있는 완전한 공정성 기준에 어떤
변화가 감지될 수 있는지 살펴볼 필요가 있다.

　　미국에서는 아래에서 보듯이 여러 학설의 대립이 있다. 아직 우리나라에서는 이에
대한 법원의 판단은 존재하지 않지만 사견으로는 **완전한 공정성 기준이 경영판단기준
으로 바뀐다**고 생각한다.[557] 즉 이사회가 절차적으로 하자없이 해당 거래를 승인한
경우라면 그후 이사가 설사 회사에 대해 책임질 일이 있더라도 경영판단기준에 따라
처리하면 족하다고 본다. 이사회가 절차상 하자없이 승인한 후에도 계속 내용상의 공
정성을 거래의 유효요건으로 요구할 경우 위에서도 지적하였듯이 이사회의 순기능을
상법이 스스로 부정하는 결과가 될 것이다. 이사회승인이 절차상 하자없이 완료되면
자기거래에 잉태된 이해충돌가능성은 이미 제거되었다고 보아도 좋다.[558] 내용상의
공정성에 객관성이 충분히 확보되었기 때문이다. 특별이해관계없는 이사들만 모여 그
것도 이사 정원의 3분의 2라는 가중된 다수결로 해당 거래를 승인한 상황이므로 이
제 내용상의 공정성은 추정된다고 보아도 좋다. 가격공정성에 대한 입증책임은 피고
의 책임을 묻는 원고의 몫이 될 것이다. 즉 이사회 승인후에는 원고가 내용상의 불공
정을 적극 입증하여야 한다.

---

557) 그 역(逆)현상도 있다. 미국에서는 원고가 경영판단의 추정을 번복할 경우에는 이사는 완전한 공정성기준
　　(entire fairness test; EFT)에 따라 거래의 공정성을 증명하여야 한다. 이에 이르지 못하면 해당 이사는 회사
　　에 대한 책임으로부터 벗어나지 못한다.

558) 미국의 문헌은 "이사회승인은 자기거래에 내재해 있던 이해상충의 흔적(taint)을 지워 해당 거래가 회사와 이
　　해관계없이 체결된 것처럼 거래의 성질을 변환시킨다"고 한다. 그 결과 이해관계없는 이사들의 승인은 해당
　　자기거래에 독립당사자간 거래(arm's length transaction)의 표지(earmark)를 붙이는 기능을 수행한다고 한다
　　(Hansen-Johnston-Alexander, "The Role of the Disinterested Directors on "Conflict Transactions: The
　　ALI Corporate Governance Project & Existing Law", 45 Business Lawyer 2083, at p. 2089.

### ⊛ 이사회승인 후의 법률관계; 미국의 상황[559]

참고로 미국에서는 이해관계없는 이사들이 자기거래를 승인하거나 이해관계없는 주주들의 추인이 있는 경우에도 해당 행위의 공정성에 의심이 가는 경우 다음과 같은 3가지 후속처리 가능성이 논의되고 있다.

**첫째**는 이사회승인의 결과로 법원이 주주대표소송을 부적법 각하하는 것이다. 이는 자기거래에 관한 성문규정(RMBCA s. 8.61)의 문언을 존중한 결과이다. 미국의 연방 모범회사법 제8.61조는 "회사가 그 효력을 승인한 거래에 대해서는 회사의 이사에 대한 책임소송을 허용하지 않는다"고 하고 있다. 따라서 절차적 공정성을 준수하면서 이사회가 자기거래를 승인한 경우라면 이사에 대한 책임소송 자체가 허용되지 않는다고 한다. 그러나 미국에서는 델라웨어주건 그 외의 주에서건 법원이 이 입장을 취한 적은 없다.

**둘째**는 델라웨어 판례법의 입장으로 충실의무 위반시 적용되던 공정성기준 대신 경영판단기준으로 책임기준(standard of review)을 바꾸는 것이다. 즉 충실의무위반시 적용되던 "공정성기준(fairness test)"에서 "경영판단기준(business judgement rule)"으로 책임기준을 변경하는 것이다. 비록 자기거래는 이사와 회사간 이해상충거래이기는 하지만 일단 이해관계없는 이사들이 승인한 경우에는 이해상충가능성이 없는 거래로 보아 선관주의의무위반시 적용되던 경영판단의 원칙으로 회귀함이 마땅하다고 한다. 이 경우 미국법상 독특한 동 원칙의 적용결과로 해당 자기거래에 대한 법원의 사법심사가 차단되는 결과를 낳는다.[560]

**셋째**는 아이젠버그 및 "회사지배구조의 원칙 -분석과 권고-"(ALI-CORPGOV) 제5.01조의 입장인 입증책임전환설이 있다. 이 입장은 둘째 견해와 달리 이사회승인의 결과로 경영판단의 원칙까지 적용할 필요는 없고 단지 피고 이사가 부담하던 공정성의 입증책임을 원고 주주에게 전환시키면 족하다고 한다.[561] 아이젠버그는 특히 지배주주와 회사간의 자기거래에서는 이해관계없는 이사들의 승인이 있었다 해도 기존 회사내에서 지배주주가 갖는 영향력 때문에 경영판단의 원칙으로 회귀하는 것은 문제가 있다고 보고 있다.

### (라) 이사회의 승인을 받지 않은 거래의 효력

**1) 학설 및 사견:**  이사회의 승인없이 이루어진 자기거래의 효력에 관하여는 다

559) 이에 대해서 자세히는 김정호, "이사와 회사간 자기거래에 있어 적법한 이사회승인의 효과-Marciano v. Nakash 사건의 평석을 겸하여", 「상사법연구」 제32권 제1호(2013. 5.), 223면, 특히 229면 이하 참조.
560) 델라웨어주 최고법원은 마르시아노사건에서 아무리 불공정한 자기거래라 해도 일단 당해 회사의 이사회나 주주들이 해당 행위의 효력을 승인하는 결의를 마친 상태라면 법원이 재차 이에 개입하여 해당 행위의 불공정을 이유로 이를 무효화할 수 없다고 한다. 즉 자기거래를 행하는 이사가 거래의 내용 및 이해충돌상황까지 자세히 개시하였고 이에 기초하여 이사들이나 주주들이 해당 행위의 유효를 승인해 준 경우라면 이는 경영판단원칙(business judgement rule)의 적용 대상이 되고 따라서 법원이 사후적으로 이에 개입하여 사법심사를 할 가능성이 제한되는 것이다. 이를 사법심사(judicial review) 차단의 효과라 할 수 있을 것이다; Marciano v. Nakash, 535 A. 2d 400, at. p. 405, Footnote 3, "On the other hand, approval by fully-informed disinterested directors under section 144(a)(1), or disinterested stockholders under section 144(a)(2), permits invocation of the business judgement rule and limits judicial review to issues of gift or waste with the burden of proof upon the party attacking the transaction."
561) Melvin Eisenberg, Self-interested Transactions in Corporate Law, 13 J. Corp. L. 997, 9971008(1988).

음과 같은 학설대립이 있다.

**가) 무효설:** 이 입장은 상법 제398조를 강행규정으로 보고 이 규정에 위반한 이사의 자기거래는 무효이고 선의의 제3자는 일반 민법상의 선의취득에 관한 규정에 따라 보호될 뿐이라고 한다.

**나) 유효설:** 이 입장은 상법 제398조를 '효력규정'이 아니라 '명령규정'에 불과하다고 보므로 이에 위반한 이사의 자기거래도 유효하나 다만 회사는 악의의 제3자에 대해서는 일반 악의의 항변 혹은 권리남용의 항변(Mißbrauchseinwand)으로 대항할 수 있을 뿐이라고 한다.

**다) 상대적 무효설:** 이 입장은 유효설과 무효설의 절충적 성격을 띠고 있다. 이사회승인없이 이루어진 자기거래는 거래당사자인 이사와 회사간에는 당연 무효이지만 회사는 이러한 무효로 선의의 제3자에게 대항할 수 없다고 한다. 중과실있는 선의는 악의로 다루어진다고 한다.[562] 이 경우 입증책임은 회사가 진다고 한다. 즉 거래의 무효를 주장하는 회사가 거래상대방의 악의(이사회의 승인이 없음을 안 것) 및 중과실(이사회의 승인이 없었음을 중과실로 모른 것)을 입증하여야 한다고 한다.[563]

**라) 비판 및 결론:** 무효설은 지나치게 회사의 이익을 위하여 거래의 안전을 희생시키고 있으며 유효설은 그 정반대의 비난을 피할 수 없다. 무효설이 선의취득의 방법으로 거래의 안전을 꾀하는 것도 부동산거래 등에서는 불가하므로 타당성을 결여하였고 유효설에서 본조를 단순한 명령규정으로 보는 것도 동조하기 어렵다. 결과적으로 판례[564] 및 통설의 입장인 상대적 무효설이 회사와 거래의 안전을 가장 잘 조화시키고 있다고 생각한다. 이에 동조한다.

**2) 가분적(可分的) 거래에 있어 이사회승인 흠결의 효과:** 판례에 의하면 "하나의 법률행위의 일부분에만 무효사유가 있는 경우 그 법률행위가 가분적이거나 그 목적물의 일부가 특정될 수 있고, 나머지 부분이라도 이를 유지하려는 당사자의 가정적 의사가 인정되는 경우 그 일부만이 무효로 되고 나머지 부분은 무효로 되지 않는다"고 한다.

---

562) 대판 2004. 3. 25, 2003다64688(악의에는 중과실로 이사회의 사전승인이 없었음을 모른 경우도 포함된다); 종전 대표이사가 발행하고 현 대표이사가 수취인이 되어 있으며 현 대표이사가 원고은행에 부담하고 있는 금전대차채무에 대한 연대보증조로 어음이 원고에게 배서된 사안에서(발행의 무효) 원고가 악의 또는 중과실이므로 어음발행이 무효라는 판결이다.
563) 대판 1973. 10. 31, 73다954.
564) 대판 1973. 10. 31, 73다954.

### 대판 2010. 1. 14, 2009다55808 [可分的 거래에 있어 이사회승인 흠결의 효과]

"…선정자 3이 원고 회사에 대하여 위와 같이 금전을 대여한 행위가 상법 제398조에서 정한 이사의 자기거래로서 이사회의 승인을 거쳐야 한다고 본 원심의 판단은 정당하다. 그러나 원심이 선정자 3의 원고 회사에 대한 금전대여행위에 대하여 원고 회사의 이사회의 승인이 있었음을 인정할 증거가 없다는 이유로 위 금전소비대차 전부를 무효라고 판단한 부분은 다음과 같은 이유로 수긍할 수 없다.

**하나의 법률행위의 일부분에만 무효사유가 있는 경우 그 법률행위가 가분적이거나 그 목적물의 일부가 특정될 수 있고, 나머지 부분이라도 이를 유지하려는 당사자의 가정적 의사가 인정되는 경우 그 일부만이 무효로 되고 나머지 부분은 무효로 되지 않는다.**

이 사건에서 선정자 3이 원고 회사에 금전을 대여하는 거래행위에 이사회의 승인을 필요로 하는 이유는 그 금전거래약정 중 이자 약정 부분이 회사의 이익을 해할 염려가 있기 때문이라고 할 것인데, 위 이자 약정 부분이 무효로 되어 무이자부 금전소비대차로서의 효력이 인정된다고 하더라도 원고 회사로서는 아무런 불이익이 없고, 선정자 3이 원고 회사에 금전을 대여한 이유는 원고 회사의 운영자금으로 사용하기 위한 것으로서 당시 선정자 3은 원고 회사의 대표이사 직무대행으로서 그 운영자금을 조달할 필요가 있었던 것으로 보이는 점, 선정자 3이 위 금전대여 이후 원고 회사로부터 이자를 지급받지는 않았던 것으로 보이는 점 등에 비추어 보면, 원고 회사나 선정자 3 모두 이자 약정 부분이 무효로 된다고 하더라도 무이자부 금전소비대차로서의 효력은 유지하려는 의사는 있었다고 볼 여지가 많고, 이러한 경우 위 이자 약정 부분이 무효라고 하여 위 금전소비대차 전체가 무효가 된다고 할 수 없다."

**3) 이사의 손해배상책임:** 자기거래의 제한규정을 무시한 경우 그 이사와 회사를 대표한 이사의 행위는 법령위반의 경우가 되어 회사에 대한 손해배상책임이 발생하게 되고(상 399 전단), 위 책임은 총주주의 동의없이는 면제될 수 없다(상 400).

**(마) 상장회사에 대한 특칙**

**1) 관련 규정:** 상법은 상장사에 대해서는 상법 제398조의 특칙을 두고 있다(상 542 의9).

### 제542조의9(주요주주 등 이해관계자와의 거래)

① 상장회사는 다음 각 호의 어느 하나에 해당하는 자를 상대방으로 하거나 그를 위하여 신용공여(금전 등 경제적 가치가 있는 재산의 대여, 채무이행의 보증, 자금 지원적 성격의 증권 매입, 그 밖에 거래상의 신용위험이 따르는 직접적·간접적 거래로서 대통령령으로 정하는 거래를 말한다. 이하 이 조에서 같다)를 하여서는 아니 된다. <개정 2011.4.14>
1. 주요주주 및 그의 특수관계인

2. 이사(제401조의2 제1항 각 호의 어느 하나에 해당하는 자를 포함한다. 이하 이
   조에서 같다) 및 집행임원

3. 감사

② 제1항에도 불구하고 다음 각 호의 어느 하나에 해당하는 경우에는 신용공여를
할 수 있다. <개정 2011.4.14>

1. 복리후생을 위한 이사·집행임원 또는 감사에 대한 금전대여 등으로서 대통령령
   으로 정하는 신용공여

2. 다른 법령에서 허용하는 신용공여

3. 그 밖에 상장회사의 경영건전성을 해칠 우려가 없는 금전대여 등으로서 대통령령
   으로 정하는 신용공여

③ 자산 규모 등을 고려하여 대통령령으로 정하는 상장회사는 최대주주, 그의 특수
관계인 및 그 상장회사의 특수관계인으로서 대통령령으로 정하는 자를 상대방으로 하
거나 그를 위하여 다음 각 호의 어느 하나에 해당하는 거래(제1항에 따라 금지되는 거
래는 제외한다)를 하려는 경우에는 이사회의 승인을 받아야 한다.

1. 단일 거래규모가 대통령령으로 정하는 규모 이상인 거래

2. 해당 사업연도 중에 특정인과의 해당 거래를 포함한 거래총액이 대통령령으로 정
   하는 규모 이상이 되는 경우의 해당 거래

④ 제3항의 경우 상장회사는 이사회의 승인 결의 후 처음으로 소집되는 정기주주총
회에 해당 거래의 목적, 상대방, 그 밖에 대통령령으로 정하는 사항을 보고하여야 한다.

⑤ 제3항에도 불구하고 상장회사가 경영하는 업종에 따른 일상적인 거래로서 다음 각
호의 어느 하나에 해당하는 거래는 이사회의 승인을 받지 아니하고 할 수 있으며, 제2호
에 해당하는 거래에 대하여는 그 거래내용을 주주총회에 보고하지 아니할 수 있다.

1. 약관에 따라 정형화된 거래로서 대통령령으로 정하는 거래

2. 이사회에서 승인한 거래총액의 범위 안에서 이행하는 거래

[본조신설 2009.1.30]

**2) 상법 제542조의9 제1항 위반의 효과:** 이 조항은 사법상의 강행규정이므로
이에 위반하는 경우 해당 거래는 처음부터 무효이고 누구나 그 무효를 주장할 수 있
다. 이사회의 승인유무도 의미가 없다. 사전승인이건 사후추인이건 해당 거래는 무조
건 무효이다. 다만 대외적 효력에 대해서는 달리 판단할 부분이 있다. 판례는 아래와
같이 상대적 무효설의 입장을 취하고 있다.

> **대판 2021. 4. 29, 2017다261943 [배당이의]**[565]
>
> "상법 제542조의9 제1항의 입법 목적과 내용, 위반행위에 대해 형사처벌이 이루어

---

565) 이 판례에 대한 평석으로는 황현영, "상법 제542조의9 제1항을 위반한 신용공여행위의 효력에 관한 연구—대
법원 2021. 4. 29. 선고 2017다261943 판결—", 「商事法硏究」 제40권 제1호(2021. 5.), 65~105면.

지는 점 등을 살펴보면, 위 조항은 강행규정에 해당하므로 위 조항에 위반하여 이루어진 신용공여는 허용될 수 없는 것으로서 사법상 무효이고, 누구나 그 무효를 주장할 수 있다. 그리고 위 조항의 문언상 **상법 제542조의9 제1항을 위반하여 이루어진 신용공여는, 상법 제398조가 규율하는 이사의 자기거래와 달리, 이사회의 승인 유무와 관계없이 금지되는 것이므로, 이사회의 사전 승인이나 사후 추인이 있어도 유효로 될 수 없다.**

다만 상법 제542조의9는 제1항에서 신용공여를 원칙적으로 금지하면서도 제2항에서는 일부 신용공여를 허용하고 있는데, 회사의 외부에 있는 제3자로서는 구체적 사안에서 어떠한 신용공여가 금지대상인지 여부를 알거나 판단하기 어려운 경우가 생길 수 있다. 상장회사와의 상거래가 빈번한 거래현실을 감안하면 제3자로 하여금 상장회사와 거래를 할 때마다 일일이 상법 제542조의9 위반 여부를 조사·확인할 의무를 부담시키는 것은 상거래의 신속성이나 거래의 안전을 해친다. 따라서 **상법 제542조의9 제1항을 위반한 신용공여라고 하더라도 제3자가 그에 대해 알지 못하였고 알지 못한 데에 중대한 과실이 없는 경우에는 그 제3자에 대하여는 무효를 주장할 수 없다고 보아야 한다.**"

## (5) 회사기회유용금지

(가) 서 설:    2011년 개정상법은 제397조의2에 회사기회유용금지제도를 도입하였다. 그러나 아직은 해석학적으로 넘어야 할 산이 많아 보인다. 새로이 도입된 회사기회유용금지제도는 주로 미국에서 판례법으로 발전되어 온 것이어서 처음부터 그 성문화는 난제 중 난제였다. 어쨌든 이제 우리 상법에 본 제도의 기초적 성문화가 이루어졌으므로 본 제도 발전의 초석으로 삼아야 할 것이다.

### 🌀 기회유용관련 사례들

회사기회이론에 대해서는 2011년의 성문화 이전에도 적지 않은 논의가 있었다. 특히 **현대글로비스사건** 이후 회사기회이론은 회사법의 여러 테마 중에서도 최대관심사였다. 현대글로비스는 원래 현대자동차그룹의 총수 부자가 100% 출자한 회사로서 현대차 및 기아차가 생산하는 완성차의 배송 등 물류를 담당해왔다. 그런데 이들 회사의 운송물량을 현대글로비스가 독점하면서 문제가 커지게 되었다. 본시 이러한 용역업은 해당 자동차 생산업체가 사내에 일정 부서를 두어 스스로 해결하거나 아니면 100% 자회사를 설립하여 일을 맡기는 것이 보통이며 그럴 경우 법적으로는 크게 문제시될 일이 없을 것이다. 그러나 현대글로비스의 경우 사정이 조금 달랐다. 출자자는 총수부자였고 계열사의 운송수주를 독점하였으며 이로써 매출은 급신장하였다. 상황이 그렇게 전개되다보니 "현대차나 기아차에 귀속될 사업기회를 총수일가가 가로챈 것 아니냐"라는 시민단체의 강력한 의혹과 비판이 쏟아졌다. 나아가 이 회사가 상장(上場)하면서 주가가 급등하여 다시 한번 세상을 놀라게 하였고 더욱이 법무부가 예고한 상법개정안에 관련조항이 들어가면서 세간의 주목은 개정안에 대한 뜨거운 찬반론으로 이어졌다.[566] 시민단체는 이를 적극 환영하였으나, 경제단체들은 본 이론이 기업활동을 심각히 위축시킬 것이라며 강하게 반발하였다. 본 사건은 결국 법정으로 가게 되었다. 그러나 현대차그룹의 정몽구 회장을 상대로 제기된 주주대표 소송에서 1심 재판부는 '글로비스의 설립과 지분인수는 현대차에 주어진 사업기회라 보기 어렵다'는 논지로 회사기회의 존재자체를 부정하였다.[567]

그 외에도 **광주신세계사건**이 있다. 이 사건에서도 담당재판부는 회사기회의 존재를 인정함에 있어서는 신중을 기하고 있다.[568] 특히 우리나라에서는 현재 본 제도가 재벌그룹 내의 일감몰아주기와 연결되어 뜨거운 관심사로 부각되고 있다. 이하 우리는 본 제도의 뿌리라 할 수 있는 미국판례법 및 여타 나라의 상황을 개관한 후 새로이 입법된 기회유용 제도의 내용을 알아 보기로 한다.

(나) **회사기회의 개념**: **회사기회**(corporate opportunity)**란** 무엇인가? 이는 이사 개인이 아무런 제한없이 개인적으로 추구할 수 있는 사업기회 - 이러한 용어를 쓸 수 있다면 - 즉, **개인기회**(individual opportunity)**의 반대개념**이 될 것이다. 그러면 어떠한 기준으로 회사기회와 개인기회를 구별할 것인가? 결국 이 문제가 본 법리의 가장 주요한 테마가 될 것이다.

### 1) 미국에서의 논의

가) **미국법률가협회의 정의**: 미국법률가협회(ALI)가 공간한 "회사지배구조-분석과 권고"에 따르면 회사기회에 대하여 "(1) 상급집행임원이나 이사가 지득하게 된 사업활동기회로서 (A) 자신의 직무수행과 관련하여 알게 된 것이거나 제3자로부터 이러한 기회를 알게 되었을 때 해당 기회를 제공하는 자가 필경 이를 회사에 제공한 것이라고 합리적으로 신뢰할 수 있었거나 (B) 회사의 정보나 재산을 통하여 알게 된 것으로서 회사에 이익이 될 것으로 합리적으로 기대할 수 있었던 것 또는 (2) 상급집행임원(senior executive)이 지득하게 된 사업기회로서 회사의 현재 또는 미래의 사업활동과 밀접히 연관된 것으로 인지되는 것"이라고 정의하고 있다.[569] 그러나 본 규정

---

566) **재계는 이를 반대하였다**: "재계, 상법 개정 입법예고안, 뒤통수 맞았다", 朝鮮日報, 2006. 10. 3.자; "재계, 상법개정안에 실망", 每日經濟, 2006. 10. 3.자; 반면 **시민단체는 이를 적극 찬성하였다**: "회사기회유용, 44명 재벌일가 2조 5천억 이익", 한겨레신문, 2006. 11. 23.자.

567) 서울중앙지법 2011. 2. 25, 2008가합47881.

568) 서울고등법원 2011. 6. 16, 2010나70751; 다만 대법원은 회사기회의 존재는 인정하였으나 ㈜신세계의 이사회가 정용진 이사의 기회이용을 적법히 승인한 것으로 판단하였다(대판 2013. 9. 12, 2011다57869).

569) ALI §5.05(b), "*Definition of a Corporate Opportunity*. For the purpose of this Section, a corporate opportunity means:(1) Any opportunity to engage in a business activity of which a director or senior executive becomes aware, either:(A) In connection with the performance of functions as a director or senior executive, or under circumstances that should reasonably lead the director or senior executive to believe that the person offering the opportunity expects it to be offered to the corporation; or(B) Through the use of corporate information or property, if the resulting opportunity is one that the director or senior executive should reasonably expected to believe would be of interest to the corporation; or(2) Any opportunity to engage in a business activity of which a senior executive becomes aware and knows is closely related to a business in which the corporation is engaged or expects to engage."

은 객관적 규범력을 갖는 법조문은 아니므로 각 주(州)의 입법참고자료에 불과하다.

나) 판례법상의 정의:　후술할 Guth v. Loft 사건에서 델라웨어의 법원은 "회사가 ① 재정적으로 수행가능한 사업기회가 ② 성격상 회사의 기존 영업과 밀접한 관련을 가지고 있어, ③ 이를 실행할 경우 회사에 이익이 되고 그 결과 ④ 회사가 이기회를 실행하는 데 대해 이해관계를 가지거나 그 실행에 대한 합리적 기대를 할 수 있으며, ⑤ 이사가 이를 사적으로 이용할 경우 회사와 이해상충(利害相衝)이 예상될 때 해당 사업기회는 회사의 사업기회이며 이사는 이를 사적으로 이용할 수 없다"고 판시하였다.[570] **이 개념정의가 실질적으로 미국뿐만 아니라 전세계적으로도 현재 가장 많이 쓰이는 것으로서 보편타당성을 지니고 있다고 평가된다.**

**2) 영국에서의 논의:**　2006년 영국 회사법 제175조는 이사에게 회사와의 이해상충회피의무(duty to avoid conflicts of interest)를 부과한다. 그 내용을 보면 "(1) 이사는 회사의 이익과 직·간접적으로 충돌하는 상황을 피해야 한다. (2) 이는 특히 이사가 회사의 재산, 정보 또는 **기회**를 이용할 때 적용된다 … (4) 이사회의 승인을 얻거나 이사의 행위가 이사와 회사간 이해상충으로 이어지지 않는다는 합리적 판단이 가능할 경우 이사는 제1항의 의무를 이행한 것으로 본다. (5) 다음의 경우에는 전항에 규정한 이사회의 승인이 있었던 것으로 본다. (a) 폐쇄회사(private company)의 경우 당해 제안을 이사회에 알리고 그곳으로부터 승인을 얻었으며 정관상 해당 권한위임을 무효화할 만한 사유가 없을 때, (b) 공개회사(public company)의 경우 당해 회사의 정관이 기회이용에 대한 승인권을 이사회에 위임하였고, 정관규정에 따라 이사회가 이를 승인한 때"라는 규정을 두고 있다.[571] 회사기회의 개념요건에 해당하는 부분이 없어 위에서 본 Guth v. Loft 사건의 판시결과와는 차이가 있으며 실무에서 활용하기에는 다소 부족한 느낌이 든다.

영국에서도 회사기회유용금지론은 미국에서와 유사하게 Cook v. Deeks 사건[572] 이래 판례법으로 승인되어 왔다. 이 판례는 Guth 케이스에서처럼 회사기회의 개념요건을 구체적으로 설시하고 있지는 않지만 기회유용의 법률효과를 의제신탁의 법리에 따라 처리하고 있는 점에서 미국법과 동일하다.

---

570) 5 A. 2d 503, at p. 511; "If there is presented to a corporate officer or director a business opportunity which the corporation is financially able to undertake, is, from its nature, in the line of corporation's business and is of practical advantage to it, is one in which the corporation has an interest or a reasonable expectancy, and, by embracing the opportunity, the self-interest of the officer or director will be brought into conflict with that of his corporation, the law will not permit him to seize the opportunity for himself."

571) Palgrave, *Core Statutes on Company Law*, [2014-2015], Cowan Ervine, pp. 329~330.

572) [1916] 1 AC 554(Privy Council).

⚙ Cook v. Deeks [1916] 1 A.C. 554

토론토건설회사(Toronto Construction Co.; 이하 X社라 한다)는 Canadian Pacific Railway와 계약을 맺고 철도건설을 수주하기 위하여 설립된 회사이다. 이 회사의 주식은 네 사람이 거의 같은 비율로 소유하고 있었는데 이들은 동시에 이 회사의 이사들이었다. 이 회사는 그동안 상당한 매출을 올리며 철도부설을 성공적으로 추진해왔다. 그런데 이 4인간에 갈등이 발생하였다. 원고인 Cook(이하 甲이라 한다)와 피고들(G. S. Deeks, G. M. Deeks, Hinds; 이하 乙, 丙, 丁이라 한다)간에 불신이 깊어졌다. 그리하여 X의 이름으로 새로운 철도건설구간의 수주를 하였음에도 불구하고 피고인 乙, 丙, 丁은 새로운 회사를 설립한 후 이 회사(이하 이를 Y社라 한다)에 회사(X社)의 주요한 영업용 재산을 주주총회의 특별결의로 이전시킨 후 Y社로 하여금 새로운 철도건설을 추진케 하였다. 甲은 X社 및 乙, 丙, 丁을 공동피고로 하여 X社를 위한 주주대표소송을 제기하였다. 영국의 추밀원(樞密院; Privy Council)은 피고들의 충실의무위반을 확인한 후 Y社의 이름으로 체결되고 이행된 철도건설계약의 법률효과는 형평법상 모두 X社에 귀속된다고 판시하였다. 즉 피고들이 저지른 행위는 충실의무위반으로 X社에 귀속될 사업기회를 부당히 가로챈 것이며, 그 결과 **피고들은 의제신탁(constructive trust)의 법리에 따라 철도건설계약을 이행함에 있어서는 X社의 수임인(受任人; trustee)으로 행동한 것처럼 의제된다**고 판시하였다.

**3) 독일에서의 논의:** 독일에서는 2003년 공간된 "Deutscher Corporate Governance Kodex"가 "이사는 회사의 이익을 우선시하여야 한다. 이사는 경영상의 의사결정시 개인의 이익을 추구할 수 없으며 회사에 귀속될 사업기회를 개인적으로 유용할 수 없다"고 규정하고 있다.[573] 그러나 본 Kodex가 성문법적 효력을 갖는 것은 아니므로 본 규정을 회사기회유용금지론에 대한 성문법적 법원으로 다룰 수는 없을 것이다.[574] 어쨌든 본 규정은 회사기회에 대한 입법적 정의를 내리고 있지는 않다. 그러나 독일에서도 오래 전부터 회사기회유용금지론은 판례법으로 다듬어져 왔다. 회사에 귀속될 사업기회(Geschäftschancen der Gesellschaft)를 이사가 개인적으로 유용할 수 없다고 선언한 독일 판례는 다수에 이르며,[575] 학설도 이러한 판례의 입장을 지지하여 왔다.[576]

**4) 호주에서의 논의:** 호주에서는 영국의 판례법 및 제정법이 거의 수정없이 도입된 관계로 회사기회유용금지의 법리는 탄탄한 기반을 형성하고 있다. 즉 회사에 귀

---

573) 4.3.3. Deutscher Corporate Governance Kodex.

574) Kodex-Kommentar/Ringleb, Vorbem. 42, Ringleb/Kremer/Lutter/v.Werder, Deutscher Corporate Governance Kodex, 2. Aufl., Beck, München, 2005.

575) BGH WM 1971, S. 412, 413 (KG); BGH WM 1972, S. 1229, 1230 (KG); BGH WM 1985, S. 1444, 1445 (OHG); BGH WM 1989, S. 1216, 1217 (KG); BGH WM 1989, S. 1335, 1339 (GmbH).

576) Kübler, Erwerbschancen und Organpflichten, in: Festschrift Werner, 1984, S. 437 f.; Wiedemann, *Gesellschaftsrecht II*, §4 II 4, b), bb), S. 342, 343; Karsten Schmidt, Gesellschaftsrecht, 3. Aufl., §20 v, S. 601(그는 본 이론을 'Geschäftschancenlehre'로 칭하고 있다).

속될 사업기회는 원칙적으로 이사가 이를 개인적으로 유용할 수 없으나 회사의 동의를 얻은 경우에는 예외이다.[577] 호주 회사법(Corporations Act)은 제181조[578] 내지 제182조[579]에 이사의 일반적인 충실의무를 규정하였고 판례로 회사기회유용금지를 이러한 충실의무의 위반사례로 구체적으로 다루고 있다.[580] 따라서 호주법상 회사기회유용금지론은 영국의 그것과 거의 같다고 할 수 있다.[581]

**5) 중간결과:**    여러 나라의 입법상태를 살펴 본 결과 회사기회의 개념, 회사기회의 성립요건 및 이사의 항변가능성을 구속력있는 성문법규로 입법하고 있는 나라는 없음을 발견하게 되었다. 나아가 모든 국가에서 본 제도를 판례법으로 시행하고 있는 것도 알게 되었다. 다만 일부 국가에서 성문화를 시도하고 있기는 하나 아직 긍정적인 결과에 이른 나라는 없음을 알게 되었다.

### (다) 유사 조문과의 관계

**1) 상법 제397조와 상법 제397조의2의 상호관계:**    회사기회유용금지의 원칙과 이사의 경업금지의무는 서로 어떤 관계에 놓여 있을까?[582] 상법 제397조와 상법 제397조의2의 내용을 비교해보면 양자 간 적용범위 및 법률효과 면에서 아래와 같은 차이를 발견할 수 있다.

상법 제397조는 회사의 영업부류에 속한 거래를 금지하고 있는데 여기서 "회사의 영업부류에 속한 거래"라 함은 회사가 목적으로 하는 사업에 관한 거래로서 시장에서 경합관계가 생기게 되어 회사와 이사간 이익충돌의 여지가 있는 거래이다. 따라서 회사의 영업부류에는 속하지 않지만 사실상 회사와 경업이 이루어지는 거래에 대해서는 상법 제397조가 적용될 수 없다. 즉 넓은 의미에서 이사와 회사간에 경쟁관계를 유발할 여지가 있는 회사의 사업기회를 유용하는 이사의 행위에 대해서는 상법 제397조로 다스릴 수 없는 것이다. 나아가 비록 경업적 '거래'는 아니라 할지라도 일정 재산의 취득이나 재산적 가치있는 권리의 취득 또는 예약 등은 회사기회로 다루어질 수 있는바 상법 제397조가 규율할 수 없는 이사와 회사간의 이해충돌상황을 제397조

---

577) Lipton and Herzberg, *Understanding Company Law*, 13th ed., Thomson, Sydney, 2006, [13. 3. 105], pp. 330 f.

578) S. 181(1) "A director or other officer of a corporation must exercise their powers and discharge their duties in good faith in the best interests of the corporation and for a proper purpose".

579) 호주 회사법 제182조는 회사의 임원이나 피용자는 회사내에서의 지위를 이용하여 자신이나 제3자에게 이익이 되나 회사에 손해를 입히는 행동을 할 수 없다고 규정하고 있다.

580) Mordecai v. Mordecai(1988) 12 NSWLR 58; Queensland Mines Ltd. v. Hudson(1978) 52 ALJR 399.

581) Lipton and Herzberg, *Understanding Company Law*, 13th ed., p. 330.

582) 이에 대해서 자세히는 Popofsky, "Corporate Opportunity and Corporate Competition", 10 Hofstra L. Rev. 1193.

의2는 포섭할 수 있다. 즉 양자간 적용범위가 중첩되는 것은 아니지만 **상법 제397조의2는 이사의 경업행위의 준비단계 내지 예비단계에 적용될 가능성이 크다.**

미국의 회사기회유용이론에 관한 판례법은 위반의 효과면에서는 상법 제397조와 유사하다. 상법 제397조 제2항은 위반의 효과로 회사의 개입권(介入權)을 규정하고 있는데 이는 이사의 기회유용시 미국판례법이 제시하고 있는 의제신탁(constructive trust)의 법리와 매우 유사하다. 경업거래에서 발생한 경제적 효과를 회사에 돌리는 개입권행사의 효과는 동시에 의제신탁의 효과이기도 하다. 다만 상법 제397조의2는 위반의 효과로 이사의 손해배상책임만 규정한다($^{\overline{\Xi}^{\infty}}_{\overline{\mathrm{I}}}$). 의제신탁의 효과는 성문화되지 못하였다. 입법론적으로는 재고의 여지가 있다.

**2) 상법 제382조의3과 상법 제397조의2간의 관계:** 회사기회유용금지의 법리는 이사의 충실의무($^{\mathrm{\dot{b}}\ 382}_{\mathrm{92}3}$)의 한 하부(下部) 법리이다. 주식회사의 이사는 신인의무자로서 선관주의의무와 충실의무를 부담하는데 회사기회유용금지의무는 이중 충실의무의 한 영역이다. 회사에 제공된 유리한 사업기회를 회사에 귀속시키지 않고 이사가 사익추구의 기회로 삼는다면 당해 이사는 정면으로 충실의무를 위반하는 것이 된다. 따라서 상법 제397조의2는 이사의 충실의무를 일반적으로 규정한 상법 제382조의3의 한 예시규정이다. 양자는 일반법과 특별법의 관계에 놓인다.

상법 제382조의3은 상법전에 명시적으로 규정되지 않은 충실의무도 포섭하는 일반규정이다. 예컨대 회사재산오용금지의무도 포섭한다. 충실의무의 일종으로 **회사재산오용금지의무**(會社財産誤用禁止義務; duty not to misuse corporate asset)**가 인정된다.** 이사는 회사가 가진 영업용 재산을 자신의 사익추구(私益追求) 수단으로 이용할 수 없다.[583] 즉 회사재산을 사적으로 이용하여 회사에 손해를 끼치거나 부당이득을 추구하는 경우 이사는 본 의무를 위반한 것이 된다.[584]

**(라) 회사기회유용금지법리의 고전적 케이스 소개(Guth 케이스):** Guth 케이스는 회사기회이론의 고전적 완성(古典的 完成)이라 할 수 있다. 많은 판례 중에서도 본 사건은 가장 자주 인용되는 선례(先例)이다.[585] 본 판례에 따르면 ① 회사가 재정적으로

---

583) Emanuel, *Corporations*, 3rd ed., 1997-1998, p. 223.

584) 〈사례: Cole Real Estate Corp. v. Peoples Bank & Trust Co., 310 N. E. 2d 275(1974, Ind.)〉 甲은 부동산회사의 대표이사로서 동시에 이 회사 주식의 97%를 소유하고 있다. 甲은 회사가 소유하고 있는 주택에 임대료를 지불하지 않고 살고 있다. 나아가 회사 소유의 승용차를 두 대나 사용(私用)으로 쓰고 있다. 甲은 회사재산오용금지의무를 위반한 것이 된다. 甲은 이로써 3%지분을 가지고 있는 회사의 소액주주들에게 손해를 입혔다.

585) Salzwedel, 23 Pace L. Rev. 83, at p. 101; "…the Guth test is the most widely accepted test for establishing whether an opportunity is a corporate opportunity under the corporate opportunity doctrine…"

수행가능한 사업기회가 ② 성격상 회사의 기존 영업과 밀접한 관련을 가져, ③ 이를 실행할 경우 회사에는 이익이 되고 따라서 회사는 그 실행에 대해 합리적 기대치를 가지며, ④ 이사가 이를 개인적으로 이용할 경우에는 회사와 이해충돌상태에 빠진다면 그러한 기회는 회사의 사업기회이며 이사는 이를 사적으로 유용(流用)할 수 없다는 것이다.[586] 이러한 회사기회이론의 구성요건과 법률효과 들을 좀더 구체적으로 알아 보기로 한다.

**1) 사실관계 및 판시내용**[587]:    Loft社(이하 乙이라 한다)는 사탕, 시럽 및 식음료의 제조판매원으로서 뉴욕주 롱아일랜드에 영업소와 제조설비를 갖고 있었다. 1931년 乙은 대서양안의 인구밀집지역에 115개의 점포를 운영하고 있었다. 이들은 주로 소매형태로 운영되고 있었지만 도매의 매출액도 상당하여 1931년에 이르러서는 80만 달러에 달하였다. 乙은 시럽제조용 설비 및 인력을 갖고 있었고 이로써 자신의 수요를 스스로 해결하고 있었으며 영업권(goodwill)의 자산가치를 제하고서도 약 900만 달러의 자산을 보유하고 있었다. 1931년부터 1935년까지 乙은 자신의 현금수요를 해결할 정도로 충분한 자기자본도 보유하고 있었다. 한편 사탕, 쵸콜릿 및 음료업계에서 오랜 경험을 쌓은 Guth(이하 甲이라 한다)가 1928년 乙의 부회장이 되었고 1930년 3월에는 乙의 회장이 되었다. Grace社(이하 '丙'이라 한다)는 甲의 가족회사였으며 메릴랜드주 볼티모어에 공장을 갖고 있었고 이곳에서 음료제조용 시럽을 제조하였고 乙에도 'Lady Grace Chocolate Syrup'이라는 상표로 시럽을 공급해왔다.

1931년 코카콜라가 乙의 판매점에서 팔리게 되자 코카콜라의 시럽 역시 乙이 대량매입하게 되어 연간 3만갤런의 시럽을 코카콜라사로부터 사들이게 되었다. 가격은 갤런당 1달러 48센트였다. 1931년 甲은 Coca Cola사에 대량매입을 하니 가격을 인하해 달라고 요구하였으나 거절당하였다. 이에 甲은 乙의 부회장인 Robertson과 Pepsi Cola로 대체하면 공급가액을 인하할 수 있는지 논의하였다. 한편 그 즈음 펩시콜라는 거의 도산상태에 빠져 있었고 이 기회를 이용하여 甲은 펩시콜라의 주식을 자신과 Grace社의 명의로 사들였다.

乙社은 자신이 좋은 가격으로 펩시콜라를 인수할 수 있었는데 이 기회를 甲이 가로챘다고 주장하며 甲과 그레이스社 명의로 된 펩시의 주식을 乙명의로 변경하는 권리구제[588]를 신청하였고 원심은 원고의 청구를 그대로 인용하였다.[589] 이에 甲은 항소하였으나 항소심 역시 원심을 그대로 확정하였다.[590]

이 사건은 미국회사법상 회사기회유용금지법리의 가장 중요한 선례로 인식되고 있으며 이

---

586) 5 A. 2d 503, at p. 511,; "If there is presented to a corporate officer or director a business opportunity which the corporation is financially able to undertake, is, from its nature, in the line of corporation's business and is of practical advantage to it, is one in which the corporation has an interest or a reasonable expectancy, and, by embracing the opportunity, the self-interest of the officer or director will be brought into conflict with that of his corporation, the law will not permit him to seize the opportunity for himself."
587) Guth v. Loft, Inc., 5 A. 2d 503 (Supreme Court of Delaware, April 11th 1939).
588) 의제신탁(constructive trust)을 신청하였다.
589) Loft Inc. v. Guth, 23 Del. Ch. 138, 2 A. 2d 225.
590) Guth v. Loft Inc., 23 Del. Ch. 255; 5 A. 2d 503.

사건에서 재판부는 특정의 사업기회가 해당 이사에게 개인자격으로 제공되었는지 아니면 해당 회사의 기관자격에서 제공되었는지를 구별하고 있다. 이 구별을 전제로 회사기회유용금지의 요건을 각별로 설시하고 있다. **기관자격에서 회사의 사업기회(business opportunity)를 알게 된 경우에는 ① 회사가 그 사업기회를 실행할 만한 재정적 능력을 갖고 있고 ② 해당 영업기회가 성격상 회사의 기존 영업영역과 밀접한 관련을 갖으며 ③ 그 기회의 실현이 회사에 바람직스러운 결과를 가져오고, 나아가 ④ 회사가 그 기회에 대해 일정한 이해관계나 일정 범주의 기대치를 갖고 있으며 ⑤ 이사가 그 기회를 자신의 것으로 할 경우 회사의 이익과 이사 개인의 이익이 충돌할 때 이사는 해당 사업기회를 개인적으로 이용해서는 아니되며 만약 이를 어길 경우 이사는 자신의 행위로 인한 각종 이득을 회사에 반환하여야 한다**고 판시하고 있다(Guth Rule).[591]

반면 일정 영업기회가 이사의 기관자격이 아니라 개인자격에서 제공되거나 인지된 경우에는 우선 해당 사업기회가 그 성격상 회사의 영업을 위하여 본질적인 것이 아니고 회사도 이에 대해서 이해관계를 갖거나 모종의 기대치를 갖지 않으며 이사가 해당 사업기회를 실행함에 있어 회사의 재산이나 근무시간 등을 이용하지 않았다면 이사는 그 기회를 자기 개인의 것으로 간주할 수 있고 자신의 이익을 위하여 이용할 수 있다고 한다(Guth Collorary Rule).[592]

본 사건에서는 전자(前者; Guth Rule)가 적용되었고 재판부는 원심이든 항소심이든 그 요건들이 모두 충족된다고 보았다. 즉 甲은 乙의 대표이사로서 펩시콜라를 유리한 조건으로 인수할 수 있는 사업기회를 사적(私的)으로 가로챈 결과가 되었다.

甲이 펩시를 인수할 당시 乙의 **재정상태는 양호**한 편이었고[593] 비록 乙의 주된 영업이 소비자를 직접 대하는 소매업 형태이긴 했지만 도매업의 매출 역시 80만 달러에 달하였고, 乙이 대규모 공장설비를 갖춘 후 시럽(syrup)을 생산·판매하였던 점에 비추어 **청량음료용 시럽을 생산·판매하던 펩시의 영업방향과 밀접히 연결**되어 있었다.[594] 나아가 乙은 **콜라시럽의 합성비율(formula)과 상표권에 대해서 실질적이며 불가피한 이해관계**를 갖고 있었다. 乙의 판매점에서는 콜라와 같은 청량음료의 판매가 필수적이었기 때문이다. 당시에는 대중들에게 한참 인기가 상승중이던 콜라음료를 제공하지 않으면 乙 같은 회사는 사세(社勢)의 확장을 꾀할 수 없었다. 이러한 사실은 甲이 乙의 매장(賣場)에서 코카콜라를 판매하지 못했을 때 나타난 매출감소로 여실히 증명되었다.[595] 끝으로 **甲의 사익과 乙의 이익간의 충돌가능성**은 더욱 의심의 여지가 없어 보인다.[596] 모든 면에서 甲의 펩시인수는 乙의 사업기회였고 이를 甲이 정당한 이유없이 가로챈 꼴이 되어 본건 결론은 그 타당성면에서 의심의 여지가 없어 보인다.

**2) 적용요건:** 회사의 사업기회로 인정되기 위하여는 다음의 요건이 충족되어야 한다.

**가) 회사의 재정능력 요건:** Guth Rule의 회사기회에 대한 첫번째 요건은 **새로운**

---

591) 5 A. 2d 503, at p. 511.
592) 5 A. 2d 503, pp. 510~511.
593) financial ability test.
594) 5 A. 2d 503, pp. 513~514; business line test.
595) 5 A. 2d 503, p. 514; interest & expectancy test.
596) conflict of interest test.

사업기회에 대한 회사의 재정능력(financial ability to take the opportunity)이다. Guth사
건에서 이 요건은 중요하게 다루어졌으나 일부의 사건에서는 회사가 거의 파산상태
에 놓여 있다는 명확한 증명을 하지 못하는 한 회사의 재정능력이 흠결되었다는 주
장은 회사기회의 존부를 논함에 있어 큰 의미를 갖지 못한다는 비판도 있었다.[597]

나) 사업연장선요건(事業延長線要件):  나아가 **회사의 현재 또는 미래의 사업활동과**
**밀접히 연관된 것으로서 회사에 이익이 되는 사업기회여야 한다**(line of business test).[598]
여기서 구체화해야 할 요소가 바로 밀접한 연관관계(close relationship)이다. 어떤 경
우에 현재 또는 미래의 사업활동과 긴밀히 연결되는 것일까?

회사가 사업영역을 확장하기 위해 이미 그 영역에 진입을 시도했거나 진입을 준
비중인 때에는 본 요건은 이미 충족되었다고 보아야 한다. 나아가 그 정도는 아니라
해도 기존의 사업활동과 기능적으로 밀접히 연결되는 경우 역시 본 요건은 충족되었
다고 보아야 할 것이다(기능적 관련성; functional relationship). 예컨대 회사가 해당 분
야의 전문가를 다수 보유하고 있어 언제든 새로운 사업기회에 도전할 수 있는 상태
라면 본 요건은 충족된다고 보아야 한다. 나아가 기존의 사업활동과 새로운 사업기회
가 결합하여 기업가치의 상승효과(synergy effect) 내지 규모의 경제(economy of scale)
를 실현할 수 있을 때에도 본 요건은 긍정적으로 검토해 볼 수 있다. 물론 이 요건은
매우 불확정하여 다수의 학자로부터 비판을 받고 있는 실정이다.[599]

Guth 사건에서는 본 개념을 다음과 같이 설명하고 있다: "'Line of business'는 정
확히 개념을 밝히기 어렵고 나아가 일련의 요건설시로 명쾌히 외연을 금긋기 어려운
그런 용어이다. 이는 개별 사안의 사실관계와 정황에 따라 합리적 또는 감각적으로
적용될 수 있는 탄력성을 지녔다. 만약 회사가 이미 어느 사업분야에 진출해 있는데
특정 사업기회가 찾아 왔고 이러한 기회에 대하여 회사가 기초적인 지식을 갖고 있
고 실제적인 경험이 있으며 나아가 이를 추진할 수 있는 능력이 있어 자연스럽게 또
논리적으로 기존 사업과 연결시킬 수 있다면 해당 사업기회는 회사의 사업연장선상
(事業延長線上: line of business)에 있다고 보아도 좋다."[600]

다) 이익 또는 기대치의 존재(interest or expectancy test):  회사는 이사에게 제시

---

597) Klinicki v. Lundgren, 678 P. 2d 1250.
598) 따라서 본 요건은 'interest & expectancy'요건과 밀접히 연결되어 있으며 매우 추상적인 개념이어서 혼동의
    여지가 있다(Bauman/Weiss/Palmiter, *Corporation's Law & Policy-Materials and Problems*, 5th ed.,
    Thompson/West, 2003, p. 789.
599) Brudney/Clark, 94 Harv. L. Rev. 997, at p. 1012; Chew, "Competing in the Corporate Opportunity
    Doctrine", 67 N.C.L. Rev. 435, 466(1989)(Line of Business Test는 개념이 애매모호하여 논리적인 결과도출
    에 적절치 않다고 비판하고 있다).
600) Guth v. Loft, Inc., 5 A. 2d 503, 514(1939).

된 새로운 사업기회에 대하여 모종의 이해관계를 갖거나 또는 합리적으로 기대해 왔어야 한다. 이로써 해당 기회의 실현이 회사에 실질적으로 유리한 결과를 낳을 수 있어야 한다.

① 이익 내지 이해관계:　예컨대 회사가 이미 특정 취득 객체에 대해 계약적 인도청구권이나 기대권(期待權; Anwartschaftsrecht)을 갖고 있다면 회사는 그 대상에 대해 이해관계(interest)를 갖는다. 이러한 계약적 권리를 갖지 않더라도 이해관계는 존재할 수 있다. Guth사건에서 Loft社는 펩시콜라의 제조법(formula) 및 상표권(trade mark)에 대해 계약적 청구권도 기대권도 갖지 않았다. 그러나 **자신의 점포에서 유리한 조건으로 청량음료를 제공하지 못하면 엄청난 매출감소를 피할 수 없었다. 펩시의 인수는 Loft社에게는 필수불가결의 사업기회였다.** 더구나 펩시는 당시 도산하여 **주식은 헐값이었고 따라서 펩시의 인수는 Loft社에게는 절대절명의 기회였다.** 그 와중에 Loft社의 대표이사인 Guth가 회사를 제치고 개인의 이름으로 펩시의 주식을 인수한 것은 어떤 시각에서 보아도 회사의 사업기회를 부당히 가로챈 결과가 되었다.

② 합리적 기대(reasonable expectancy):　예컨대 회사가 사무공간을 임차해서 쓰고 있는데 그 회사의 대표이사가 임대차 기간 만료 전에 자기 개인의 이름으로 새로운 임대차계약을 체결하였다고 가정하자. 이 경우 회사는 비록 현재의 임차기간이 끝나면 임차권도 종료하므로 계약갱신에 대해 일정한 권리는 없지만[601] 다만 기존의 임차인이 그간 아무 문제를 일으키지 않았다면 제3자보다는 계약을 갱신할 가능성이 클 것이다. 따라서 모종의 기대치는 갖는다고 할 수 있다.[602] 회사가 이를 갱신하기 전에 그 회사의 대표이사가 개인 이름으로 그 부동산에 대해 새로운 계약을 체결한다면 이는 회사에 귀속될 사업기회를 대표이사가 가로채는 결과가 될 것이다.

③ 필수불가결한 사업기회:　회사가 특정 사업기회를 이용하지 못하면 엄청난 손해를 입거나 사세에 회복불가의 타격을 입을 경우 이 사업기회는 그 회사에 필수불가결한 것이다.

### ❖ 속칭 '알박기' 형태의 회사기회유용 사례

A社는 대도시 중심부에 초고층빌딩을 추진중이다. 이미 80% 정도의 대지는 매입하였으나 나머지 20%에 해당하는 필지는 소유자들의 까다로운 매도조건으로 시간이 다소 소요되고 있다. 그런데 A社의 부회장 甲이 최근 A社가 취득을 희망하는 필지 중 일부를 자신의 명의로 매입하였다. 이 경우 甲의 부동산매입은 A社의 건립계획에 필수불가결한 취득

---

601) 물론 그러한 계약갱신권을 계약서상 별도로 약정하기도 한다.
602) Pike's Peak Co. v. Pfuntner, 123 N.W. 19.

기회를 가로채는 것으로서 본 이론의 적용대상이 될 것이다.

**라) 이해충돌가능성:**    새로운 사업기회를 이사가 자신의 것으로 할 경우 회사의 이익과 이사의 사익간에 충돌이 발생하여야 한다(conflict of interest test).

**3) 법률효과:**    위의 요건이 충족되면 이사는 해당 사업기회를 개인적으로 이용할 수 없다. 만약 이를 어기면 의제신탁(constructive trust)의 효과가 도래한다. 이는 상업사용인이 경업금지의무를 위반한 경우 영업주가 행사하는 개입권(§ 17)과 유사하다. 즉 이사가 가로챈 사업기회를 회사가 직접 실행하였을 때 나타날 가정적 상태를 전제로 이사에게 기회유용으로 인한 이득의 반환 및 손해배상을 명한다.[603]

그러나 이러한 효과는 이사가 해당 사업기회를 기관자격에서 인지한 경우이고 이사가 업무집행과는 무관하게 개인자격에서 인지한 경우라면 다음과 같은 효과가 도래할 수 있다(Guth Collorary Rule; Guth Rule의 역적용). 즉 ① 특정 사업기회가 회사의 영업상 반드시 필요한 것이 아닐 것, ② 나아가 회사가 이에 대해 특정 이익이나 합리적 기대치를 갖고 있지 않았고, 또한 ③ 이사가 회사의 재산을 이용하여 개인적인 기회실현을 꾀하지 않았다면 이사는 해당 사업기회를 개인적으로 이용할 수 있다.

### ◈ Salzwedel의 입법론

참고로 잘쯔베델의 입법론을 소개한다.[604] 잘쯔베델은 특히 **법경제학적 측면을 반영한 회사기회유용론**을 전개하면서 입법적 제안을 하고 있다. 우선 그는 회사기회의 성립요건을 설명한 후 이사의 다양한 항변가능성으로 이어지는 2원적 구성을 취하고 있다. 이를 구체적으로 보기로 한다.

(1) [**적용범위**] 본 규정은 공개회사 및 폐쇄회사 모두에 적용되고 법형태는 합명회사, 합자회사, 주식회사, 유한회사 모두에 적용된다.

(2) [**회사기회의 성립요건**] 회사기회는 일정 사업기회가 아래의 요건을 충족할 때 성립한다.

  (a) 해당 사업기회가 회사의 기득권, 이익 혹은 일정한 기대치에서 유래하였을 것

  (b) 기존 사업영역과 밀접한 관련이 있을 것

  (c) 기존의 공인된 사업목적범위내에 있을 것

  (d) 현재 또는 미래의 사업활동과 합리적으로 연계될 것

  (e) 해당 사업기회가 기존의 영업영역과 밀접한 관련을 갖지 않는 경우라도 해당 사업기회를 회사가 실행하는 경우 회사에 실질적으로 이득이 발생할 것

(3) [**이사의 항변**] 이사는 위 (2)에 의해서 입증된 회사의 사업기회를 이용한 경우에도

---

603) Guth事件에서 Guth는 펩시주식을 다시 Loft社에 양도하여야 했다.
604) Matthew R. Salzwedel, "A Contractual Theory of Corporate Opportunity and a Proposed Statute", 23 Pace L. Rev. 83.

아래의 사항을 객관적으로 명확히 입증하는 경우에는 회사에 대해 책임을 면한다.

(a) 의사결정기관이 이해관계를 갖지 않았고,[605]

(b) 상기의 기관이 영업영역을 구분하여 포괄적으로 동의해 주었거나,[606]

(c) 개별적으로 동의해주었거나,[607]

(d) 사후적으로 추인해주었거나,[608]

(e) 그 사업기회가 발생한 후 합리적인 시간내에 회사가 이를 실행할 재정능력을 갖지 못하였고,[609]

(f) 재정능력개선불능이 이사의 귀책사유가 아닐 때

(4) **[경영판단의 원칙에 따른 동의의 유효성심사]** 회사기회유용을 주장하는 자가 의사결정기관의 결의의 효력을 다투는 경우에는 경영판단의 원칙을 적용한다.

(5) **[회사기회이용계약]** 본 조문의 규정에도 불구하고 회사는 서면형태의 계약에 의해서 이사의 충실의무위반 및 본 조문의 위반으로 인한 이사의 책임을 변경하거나 면제할 수 있다.

### (마) 상법 제397조의2의 내용

**1) 조문의 내용:** 2011년 상법에 새로이 신설된 조문의 내용은 아래와 같다.

---

**제397조의2(회사의 기회 및 자산의 유용 금지)**

① 이사는 이사회의 승인 없이 현재 또는 장래에 회사의 이익이 될 수 있는 다음 각 호의 어느 하나에 해당하는 회사의 사업기회를 자기 또는 제3자의 이익을 위하여 이용하여서는 아니된다. 이 경우 이사회의 승인은 이사 3분의2 이상의 수로써 하여야 한다.

1. 직무를 수행하는 과정에서 알게 되거나 회사의 정보를 이용한 사업기회

2. 회사가 수행하고 있거나 수행할 사업과 밀접한 관계가 있는 사업기회

② 제1항을 위반하여 회사에 손해를 발생시킨 이사 및 승인한 이사는[610] 연대하여 손해를 배상할 책임이 있으며 이로 인하여 이사 또는 제3자가 얻은 이익은 손해로 추정한다."

---

**2) 회사기회의 성립요건:** 상법은 이를 "현재 또는 장래에 회사의 이익이 될 수 있는 사업기회"로 표현하면서 첫째, 이사가 직무를 수행하는 과정에서 알게 되거나

---

605) 'and'로 연결된다.

606) 'or'로 연결된다.

607) 'or'로 연결된다.

608) 'or'로 연결된다.

609) 'and'로 연결된다.

610) 여기서 '승인한 이사'란 '성실심의의무'를 위반한 경우를 뜻한다. 즉 기회를 이용하려는 이사의 설명을 듣고 이사회에 안건으로 부의한 회사기회를 회사가 스스로 이용할지 이사에게 그 이용을 허용할지 결정하여야 하는데 이에 있어 '성실심의의무'(duty to exercise judgment in good faith)를 준수하여야 한다. 이를 구체화하면 승인에 임하는 이사들이 성실히 법규를 준수하여 선량한 관리자의 주의를 다하여 심의하여야 함을 뜻한다.

회사의 정보를 이용한 사업기회, 둘째, 회사가 수행하고 있거나 수행할 사업과 밀접한 관계가 있는 사업기회로 구체화하고 있다($^{\text{상}}_{2}$ $^{397의}_{1}$).

① **제1호의 사업기회:**　이 규정의 내용은 대체로 미국법률가협회가 공표한 "회사지배구조의 원칙-분석과 권고-"의 내용을 거의 그대로 재현하고 있다.[611] "이사가 직무를 수행하는 과정에서 알게 되거나 회사의 정보를 이용한 사업기회"로서 "현재 또는 장래에 회사의 이익이 될 수 있는 사업기회"가 그것이다. 제1호의 사업기회는 회사의 현 사업과 전혀 관련이 없는 경우에도 인정될 수 있다.[612] 즉 제2호의 사업기회와 문언적으로 그 성립요건이 전혀 다른 것이므로 이러한 해석이 가능하다.

　(i) **직무를 수행하는 과정에서 알게 된 사업기회**($^{제1호}_{전단}$):　이것은 이사가 자신의 직무수행중 또는 직무수행과 직접적으로 관련된 상황에서 지득(知得)하게 된 것들이다. 다만 직무수행과 사업기회의 지득(知得)간의 관계를 원고가 쉽게 증명하기 어려울 때가 많을 것이다. 특히 사내이사의 경우 객관적으로 직무관련성이 존재하는 경우라면 이사가 해당 사업기회를 직무를 수행하는 과정에서 알게 된 것으로 추정할 필요가 있다.[613]

　나아가 직무를 수행하는 과정이란 때로는 넓게 풀이될 수도 있다. 따라서 이사가 직무수행중 해당 기회를 직접 접하지는 못하였지만 제3자로부터 간접적으로 알게 되는 경우도 생각해 볼 수 있다. 이러한 경우에는 '기회를 제공하는 자가 **이를 회사에 제공하였다고 합리적으로 신뢰할 수 있는 경우**'로 제한하여 해석할 필요가 있다.[614] 특히 지식정보화 내지 인공지능시대에 현재의 문언만으로 제1호를 적용할 경우 여러 가지가 모두 규제대상이 되어 법적 불안정이 나타날 수 있기 때문이다. 즉 문리해석에 그친다면 이사회의 승인대상이 되어야 하는 사업기회는 바닷가 백사장의 모래알만큼 많아지게 될 것이다.

　(ii) **회사의 정보를 이용한 사업기회**($^{제1호}_{후단}$):　여기서 정보란 이사가 회사로부터 직접 얻은 것뿐만 아니라 회사의 비용으로 새로이 취득하게 된 것까지 포함할 수 있다.[615] 이사가 회사의 정보를 이용하는 것은 그것이 기존의 것이든 아니면 새로운 것이든 결국 회사의 비용으로 얻게 되는 것이므로 규제의 대상이 된다.

---

611) American Law Institute, *Principles of Corporate Governance-Analysis and Recommendation*, § 5.05 (b), (1), (A).
612) 송옥렬, 1077면; 최준선, 538면.
613) 김·노·천, 459면; 송옥렬, 1077면.
614) ALI-CORPGOV, § 5.05 (b) (1) (A).
615) 임재연(Ⅱ), 501면.

(iii) **이익 및 기대치 요건:**　　제1호건 제2호건 상법 제397조의2 제1항이 규정하는 회사기회가 되려면 **"현재 또는 장래에 회사의 이익이 될"수 있어야 한다.** 여기서 현재라면 몰라도 장차 회사에 이익이 될지 여부를 현 시점에서 판단하기는 매우 어려운 일이다. 따라서 상법 제397조의2 제1항상 회사기회의 존부를 판단함에 있어서는 회사가 그 기회를 이용하여 **"사업을 추진할 만한 상당한 개연성이 있는 경우"**로 한정함이 타당할 것이다. 아래의 하급심 판례[616]는 이러한 불확정한 법률문언을 극복하는 데 도움을 줄 수 있을 것이다.

(iv) **회사의 재정능력요건(financial ability):**　　나아가 이러한 요건이 충족되려면 당연히 전제되어야 할 것이 회사의 재정능력이다. 즉 회사가 해당 기회를 실행할 수 있는 재정적 능력을 보유한 경우에만 이 기회가 실현될 것이고 그 결과 회사의 이익이 발생할 것이기 때문이다.

> **서울중앙지법 2011. 2. 25, 2008가합47881 [현대글로비스사건]**
>
> "그런데 '사업의 기회'는 포괄적이고 불명확한 표현이고, 이사의 선관주의 의무 내지 충실의무는 직무를 수행하는 과정에서 부담하는 의무이지 회사의 이익이 되는 모든 행위를 하여야 하는 일반적인 의무가 아니므로, **이사가 자신이 알게 된 모든 사업의 기회를 회사에게 적극적으로 이전해야 하는 의무까지 부담한다고 할 수는 없고,** 이사에게 그 사업의 기회를 회사로 하여금 추진하게 해야 할 충실의무를 지우고, 이사가 그 충실의무를 위반함으로써 회사에게 기대이익을 얻지 못하게 하는 손해가 발생하였다고 볼 수 있기 위해서는 **그 사업의 기회가 '회사에 현존하는 현실적이고 구체적인 사업기회'로서 인정되는 경우여야 할 것이다.**
>
> 따라서 회사 내에서 사업의 추진에 대한 구체적인 논의가 있었거나 회사가 유리한 조건으로 사업기회를 제안받는 경우와 같이 그 사업의 기회가 회사에 현존한 현실적이고 구체적인 사업기회였고, 당시 회사의 사업전략, 영업형태 및 재무상황, 그 사업의 특성, 투자 규모, 위험부담의 정도, 기대 수익 등을 종합적으로 고려한 합리적인 경영판단에 따르면 **회사가 그 사업의 기회를 이용하여 사업을 추진할 만한 상당한 개연성이 인정되는 경우,** 이사는 회사가 그 사업을 추진하도록 해야 할 선관주의의무 내지 충실의무를 부담한다고 할 것인데, 이사가 이러한 의무를 위반하여 그 지위를 이용하여 회사의 기회를 부당하게 탈취 또는 유용한다면 회사에 대한 선관주의의무 내지 충실의무를 위반한 것으로 인정될 수 있을 것이다."

② **제2호의 사업기회:**　　제2호는 "회사가 수행하고 있거나 수행할 사업과 밀접한 관계가 있는 사업기회"로서 "회사에 이익이 될 수 있는 사업기회"를 회사기회로 규정

---

616) 서울중앙지법판결 2011. 2. 25, 2008가합47881 [현대글로비스].

하고 있다. 이는 대체로 위에서 본 Guth v. Loft 사건을 성문화하고 있다. 즉 **이익 및 기대치기준**(interest and expectancy test)과 **사업연장선요건**(line of business test)을 그대로 재현하고 있다. 따라서 제2호의 사업기회를 구체화함에 있어서는 위에서 살펴본 구스(Guth)사건의 내용들을 참조하면 될 것이다. 이에 따라 상법 제397조의2 제1항 제2호의 회사기회가 성립하려면 ① 회사의 재정능력, ② 사업연장선요건, ③ 이익 또는 기대치의 존재, ④ 이익충돌가능성 등 네 가지 요건이 충족되어야 한다.

  **3) 금지되는 내용:**  회사의 사업기회를 이사회의 승인없이 자기 또는 제3자의 이익을 위하여 이용하는 것이 금지의 대상이다. 이는 누구의 명의로 하건 회사기회의 이용에 의하여 그 행위의 경제적 이익이 이사 자신이나 또는 제3자에게 귀속되는 것을 의미한다. 즉 명의를 불문하고 이사 자신이나 제3자의 계산으로 하면 금지의 대상이 된다.

  **4) 이사회의 승인:**  이사회의 승인이 있으면 회사기회의 이용이 가능하다($\frac{\text{상}}{1}\frac{397\text{의}2}{\text{전단}}$). 이사회의 승인은 이사 정원의 3분의 2 이상의 찬성으로 한다($\frac{\text{상}}{2}\frac{397\text{의}}{1}\frac{2}{2}$). 회사기회를 이용하려는 이사는 당연히 특별이해관계자이므로 이사회 승인절차에서 배제된다($\frac{\text{상}}{368}\frac{391}{\text{III}}$ III·). 이사회의 승인은 이사와 회사간 자기거래의 경우와 마찬가지로 원칙적으로 사전승인을 의미한다고 새겨진다. 비록 상법 제398조에서처럼 명문의 규정은 없지만 회사의 사업기회를 이용하려는 이사는 그 내용을 사전에 상세히 밝힌 후 이사회승인을 요청하여야 할 것이다. 즉 회사기회를 개인적으로 이용하려는 **이사는 사전에 개시의무를 이행하여야** 한다.

> **대판 2013. 9. 12, 2011다57869 [(주)신세계 주주대표소송]**
>
>   "… 회사의 이사회가 그에 관하여 **충분한 정보를 수집·분석하고 정당한 절차를 거쳐** 회사의 이익을 위하여 의사를 결정함으로써 그러한 사업기회를 포기하거나 어느 이사가 그것을 이용할 수 있도록 승인하였다면 그 의사결정과정에 현저한 불합리가 없는 한 그와 같이 결의한 이사들의 경영판단은 존중되어야 할 것이므로, 이 경우에는 어느 이사가 그러한 사업기회를 이용하게 되었더라도 그 이사나 이사회의 승인 결의에 참여한 이사들이 이사로서 선량한 관리자의 주의의무 또는 충실의무를 위반하였다고 할 수 없다."

  **5) 금지위반의 효과**[617]:  상법은 제397조의2 제2항에서 이사회의 승인없이 기회

---

617) 이 부분은 김정호, "회사법상 행위기준과 재고기준", 「상사법연구」 제30권 제3호(2011. 11.), 255~257면에서 전재함.

를 유용하여 회사에 손해를 발생시킨 이사와 이를 승인한 이사의 손해배상책임을 규정하고 있다.

가) 손해배상책임의 주체:　상법 제397조의2 제2항은 기회유용의 주체인 이사와 이를 승인한 이사에게 손해배상책임을 지우고 있다.

① 손해를 발생시킨 이사:　'제1항을 위반하여 회사에 손해를 발생시킨 이사'란 '적법한 이사회승인을 거치지 않고 회사에 귀속될 사업기회를 유용하여 회사에 손해를 끼친 이사'이다. 물론 이사의 기회유용과 회사의 손해 간에는 상당인과관계가 요구될 것이다. 이 부분은 해석상 큰 문제를 야기하지 않는다.

② 승인한 이사:　상법 제397조의2 제2항은 '승인한 이사'에게도 손해배상책임을 부과한다. 여기서 "승인한 이사"가 도대체 무엇을 뜻하는지 쉽게 파악되지 않는다. 그러나 입법목적(ratio legis)과 입법과정을 종합해보면 '승인한 이사'란 '회사의 사업기회를 이용하려는 이사의 제안을 심의하면서 선량한 관리자의 주의를 다하지 못한 이사'를 뜻한다. 좀더 구체적으로 이야기하면 **성실심의의무**(duty to exercise judgment in good faith)**를 위반한 이사**'를 의미하는 것으로 풀이된다: "…이사회에 상정은 되었으나 **성실심의의무**를 위반한 경우에는 그 심의한 이사들이 손해배상책임을 지게 하려는 것"이 입법자의 의도였다고 한다.[618]

### ❖ 성실심의의무란?

그렇다면 **성실심의의무**란 무엇인가? 이사회가 성실심의의무를 제대로 이행하려면 우선 이사회승인이 절차적으로 하자없이 이루어져야 한다. 적법한 소집절차를 준수한 상태에서 소집되어야 하고, 특별이해관계있는 이사가 배제된 상태에서 절차적으로 하자없이 충분한 정보에 기초하여 심의한 후 결론에 이르러야 한다. 나아가 이사들은 자신의 결정이 회사의 최대이익에 부합한다고 신뢰하였어야 한다. 승인대상 행위의 내용 역시 고려하여야 할 것이다. 예컨대 승인대상행위가 이사와 회사간 자기거래라면 양속위반거래($_{103}^{민}$) 또는 현저히 불공정한 거래($_{104}^{민}$)를 이사회가 승인한 경우에는 해당 이사회는 성실심의의무(duty to exercise judgment in good faith)를 위반한 것이므로 경영판단기준상으로도 선관주의의무의 이행이라는 추정은 깨어지고 해당 거래의 효력은 무효로 될 것이다. 이러한 거래를 승인한 이사들은 당연히 사후적 책임에서도 자유로울 수 없을 것이며, 아울러 책임제한의 혜택도 누릴 수 없다고 보아야 한다.[619] 회사기회이용에 대한 이사회의 승인은 물론 당해 이사와 제3자간의 거래가 많겠지만 어쨌든 관련 법규를 준수하고 선량한 관리자의 주의를 다하여 승인할지 여부를 결정하여야 할 것이다.

---

618) 정동윤 감수, 상법 회사편 해설(상법 해설서 시리즈 II-2011년 개정내용), 법무부, 2012, 223면.
619) 물론 이에 반대한 이사들은 손해배상책임을 지지 않는다고 본다.

③ **연대책임:**   상법 제397조의2 제2항은 위 두 책임주체간의 연대책임을 규정하고 있어 해석학적으로 문제를 야기한다. 이하 이를 자세히 보기로 한다.

### ❀ 상법 제397조의2 제2항의 연대책임과 관련한 논의들

#### I. 문제의 소재

상법 제397조의2 제2항은 다음과 같이 규정한다; "(2) **제1항을 위반하여 회사에 손해를 발생시킨 이사 및 승인한 이사는 연대하여 손해를 배상할 책임이 있으며 이로 인하여 이사 또는 제3자가 얻은 이익은 손해로 추정한다**". 이 조항은 여러 가지로 해석상 문제를 야기한다. 우선 이 조항의 앞부분 "제1항을 위반하여"란 '제1항상 요구되는 이사회승인을 얻지 않고 기회를 이용한 경우'를 뜻하는 것으로 읽히기 때문에 이 조항의 뒷부분 '승인한 이사'와 잘 연결되지 않는다.[620] '승인한 이사'란 기회이용에 관한 이사회의 승인은 있었지만 '성실심의의무'를 위반한 경우인데 앞부분은 승인이 없었던 것을 그러나 뒷부분은 – 문제가 있기는 하나 어쨌든 – 승인이 있었던 경우를 전제로 하므로 양자간의 연결이 쉽지 않다. 따라서 아래와 같은 학설의 대립이 있다.

#### II. 상법 제397조의2 제2항의 해석학

##### 1. "제1항을 위반하여 회사에 손해를 발생시킨 이사"의 의미

###### (1) 다수설

이에 대해 현재 대부분의 학설은 "**제1항을 위반하여**"**의 의미를 이사가 처음부터 아예 이사회승인을 받지 않고 기회유용을 한 경우는 물론 이사회 승인을 받았지만 승인한 이사들이 성실심의의무를 위반한 경우도 이에 포함시킨다**(다수설).[621] 이 입장에 속하는 일부 학설은 이사회에 대한 보고와 이사회의 승인이라는 요소에 따라 아래의 세 가지 경우로 나눈다.[622]

i) 미보고 및 미승인:   이 경우에는 사업기회를 이용한 이사는 제397조의2 제2항에 따라 손해배상책임을 지고, 나머지 이사들은 원칙적으로 책임이 없지만 감시의무 위반에 해당하는 경우에는 제399조에 따라 배상책임을 진다고 한다.

ii) 보고(승인요청) 및 미승인:   이 경우에는 사업기회를 이용한 이사는 제397조의2 제2항에 따라 책임을 지고 나머지 이사들은 책임이 없다고 한다.

iii) 보고(승인요청) 및 승인:   이 경우에는 승인이 적법하면 기회를 이용한 이사를 포함한 모든 이사는 제397조의2 제2항에 의한 배상책임은 지지 않는다고 한다. 다만 이사회의 승인을 받고 기회를 이용하는 과정에서 임무해태로 인하여 회사에 손해를 입힌 이사가 있다면 그는 회사에 대하여 상법 제399조의 임무해태형으로 손해배상책임을 진다고 한다.

---

620) 임재연(II), 514면.
621) 임재연(II), 514면; 이철송, 781면; 최준선, 542~543면; 천경훈, "개정상법상 회사기회유용금지규정의 해석론연구", 「상사법연구」 제30권 제2호(2011), 143~213면, 특히 204면.
622) 임재연(II), 513~514면.

다만 승인이 위법한 경우에는 승인결의 자체가 무효로 되므로 이사는 이사회승인을 받지 않고 기회를 이용한 것과 같은 상황이 되고 결과적으로 "제1항에 위반"한 경우에 해당하여 제397조의2 제2항에 따른 책임을 진다고 한다. 이때 승인결의를 한 다른 이사들 역시 연대하여 책임지도록 규정하므로 그들도 규정상 상법 제397조의2 제2항에 따라 책임진다고 한다.

(2) 소수설

다만 일부학설은 다소 좁게 보기도 한다.[623] 이 입장은 상법 제397조의2 제2항과 관련하여 이사의 행위유형을 아래와 같이 넷으로 나눈다; (i) 이사가 이사회승인없이 회사기회를 유용하는 경우, (ii) 이사가 이사회승인을 받았으나 승인이 명백히 잘못 이루어진 경우, (iii) 위 (i)의 경우 다른 이사가 그것을 알면서도 방치 또는 방조한 경우, (iv) 위 (ii)의 경우 다른 이사가 잘못 승인한 경우가 그것이다. 이중 (i)과 (iv)의 경우에는 상법 제397조의2가 적용되고 (ii)와 (iii)의 경우에는 상법 제399조가 적용된다고 한다. 이 설은 '제1항을 위반하여'는 '처음부터 이사회 승인없이 회사기회를 유용한 경우'만으로 제한한다.

### 2. "승인한 이사"의 의미

이는 성실심의의무를 위반한 이사들을 뜻한다. 물론 승인에 이르게 된 경우는 다양할 것이다. 회사기회를 이용하려는 이사가 해당 기회를 제대로 보고하지 않아 부실한 정보만을 가지고 승인하는 바람에 차후 회사에 손해가 발생하는 경우도 있을 수 있고, 반면 당해 이사가 제대로 보고는 하였지만 이를 승인하는 이사들이 선량한 관리자의 주의를 다하지 않아 회사에 손해가 발생하는 경우도 있을 수 있다. 그러나 어떤 경우이든 승인에 임하는 이사들은 선관주의의무를 위반한 것이 된다.

### 3. "연대책임"

제1항을 위반한 이사와 승인한 이사가 연대하여 손해를 배상하라고 하므로 앞뒤가 맞지 않고 그 전제사실이 성립할 수 없다는 비판이 있다. 그러나 위 1.에서 다수설을 취하는 학설들은 겉으로 드러난 문리적(文理的) 어려움에도 불구하고 조화로운 해석을 시도한다.[624] 다만 "기회를 유용한 당해 이사가 아니라 단지 이사회에서 승인한 이사들까지 승인을 해주었다는 이유로 기회를 유용한 당해 이사와 같은 정도의 연대책임을 묻는 것은 지나치다"는 비판도 있다.[625] 그리하여 일부 학설은 제2항에서 "및 승인한 이사는 연대하여" 부분을 삭제하고 성실심의의무를 위반한 "승인한 이사"는 상법 제399조 제2항에 따라 책임지게 하면 족하다고 한다.[626]

**나) 손해배상책임의 발생:** 복수의 이사가 이사회의 승인없이 회사기회를 유용하였을 경우에는 회사에 대하여 연대채무를 지게 될 것이다(상 397의2 전단). 이사의 기회유용으

---

623) 김·노·천, 465면.
624) 임재연(Ⅱ), 514면("규정형식에 있어 다소 미흡한 점은 있지만 이사들이 위법한 승인결의를 한 경우에 적용된다고 하면 굳이 전제사실이 성립할 수 없는 규정으로 볼 것은 아니"라고 한다).
625) 최준선, 542면.
626) 천경훈, 전게논문, 205면 참조(이 입장에 따르면 승인한 이사는 임무해태형으로 처리될 것이다).

로 이사 또는 제3자가 얻은 이익은 회사의 손해로 추정한다($^{상\ 397의2}_{II\ 전단}$). 이사의 기회유용
과 회사의 손해간에는 상당인과관계가 성립하여야 한다.

> **대판 2018. 10. 25. 2016다16191 [손해배상(기)] [(주)삼협교역 주주대표소송]**[627]
>
> [경업거래 및 기회유용행위와 영업권의 가치간에 상당인과관계가 성립한다고 한 사례]
>
> "[4] 회사 이사가 법령을 위배하여 회사가 손해를 입은 경우 이사가 회사에 손해배
> 상책임을 지기 위해서는 **법령에 위배된 행위와 회사의 손해 사이에 상당인과관계가 있
> 어야** 한다. 이때 상당인과관계의 유무는 결과발생의 개연성, 위배된 법의 입법 목적과
> 보호법익, 법령위배행위의 모습 및 피침해이익의 성질 등을 종합적으로 고려하여 판단
> 하여야 한다.
>
> [5] 甲은 乙 주식회사의 이사로 재직하던 중 丙 주식회사를 설립하여 이사 또는 실
> 질주주로서 병 회사의 의사결정과 업무집행에 관여할 수 있는 지위에 있었는데, 丙 회
> 사가 乙 회사와 丁 외국법인이 체결한 丁 법인 제품에 관한 독점판매계약의 기간이 종
> 료하기 전부터 丁 법인 제품을 수입·판매하는 사업을 하다가 위 계약 기간 종료 후
> 丁 법인과 독점판매계약을 체결하여 丁 법인의 한국 공식총판으로서 위 제품의 수입·
> 판매업을 영위하고 그 후 이를 제3자에게 양도하여 영업권 상당의 이득을 얻자, 위 사
> 업기회를 상실한 후 운영에 어려움을 겪다가 해산한 乙 회사의 주주 戊가 甲을 상대로
> 경업금지의무 및 기회유용금지의무 위반에 따른 손해배상을 구한 사안에서, 甲은 경업
> 금지의무를 위반하고 사업기회를 유용하여 乙 회사의 이사로서 부담하는 선량한 관리
> 자의 주의의무 및 충실의무를 위반하였으므로 乙 회사의 손해를 배상할 책임이 있고,
> 乙 회사가 甲의 경업행위와 사업기회 유용행위로 입은 손해는 乙 회사의 매출액 감소
> 에 따른 영업수익 상실액 상당이며, 乙 회사의 매출액 감소분은 丙 회사가 판매한 丁
> 법인 제품의 매출액 상당이라고 봄이 타당하다고 판단한 다음, 丙 회사는 甲이 유용한
> 乙 회사의 사업기회를 이용하여 직접 사업을 영위하면서 이익을 얻고 있다가 이를 제3
> 자에게 양도하면서 영업권 상당의 이익을 얻었는데, 그 **영업권 속에는 丙 회사가 직접
> 사업을 영위하여 형성한 가치 외에 甲의 사업기회 유용행위로 乙 회사가 상실한 丁 법
> 인과의 독점판매계약권의 가치도 포함되어 있고**, 위 사업 양도 후 수개월이 지나 乙 회
> 사가 해산하였다고 하여 해산 전에 乙 회사가 입은 손해와 상당인과관계가 단절되지도
> 않으므로, 丙 회사가 받은 양도대금 중 丙 회사가 乙 회사의 사업기회를 이용하여 수
> 년간 직접 사업을 영위하면서 스스로 창출한 가치에 해당하는 부분을 제외하고 乙 회
> 사가 빼앗긴 사업기회의 가치 상당액을 산정하는 등의 방법을 통해 이를 乙 회사의 손
> 해로 인정하여야 한다고 한 사례."

다) 상법 제399조 제1항 법령위반형과의 관계:   양 조문간의 관계에 대해서는 특

---

627) 본 사건에 대한 평석으로는 졸고, "경업거래, 기회유용 및 손해배상 – 대판 2018. 10. 25, 2016다16191의 평
석을 겸하여–", 「經營法律」 제29집 제4호(2019. 7.), 69~117면 참조.

히 (주)삼협교역 주주대표소송[628] 이래 아래와 같은 논의가 전개되고 있다. 상법 제399조 제1항 법령위반형은 주의의무적(注意義務的) 청구이고 반면 상법 제397조의2 제2항은 충실의무적(忠實義務的) 청구여서 향후 양자간의 관계에 대한 판례법의 형성이 기대된다.

### ✪ 상법 제397조의2 제2항과 상법 제399조 제1항 법령위반형간의 상호관계

#### 1. 양자간의 차이점
양자는 아래와 같은 차이가 있다.

**첫째** 상법 제397조의2 제2항(전자)은 상법 제399조 제1항의 법령위반형(후자)과 달리 고의나 과실 등 과실책임의 문언을 가지고 있지 않다. 따라서 무과실책임으로 해석될 수 있다(문리해석).

**둘째** 양자는 증명책임의 주체면에서 상이하다. 전자에서는 이사의 이득은 회사의 손해로 추정되므로 회사기회를 유용한 이사가 회사에 손해가 없었음을 증명하여야 한다. 반면 후자에서는 회사나 원고주주(대표소송의 경우)가 피고 이사의 법령위반과 회사의 손해간의 인과관계 나아가 회사의 손해액도 적극적으로 증명하여야 할 것이다.

**셋째** 양자는 책임제한의 가능성에서도 상이하다. 전자의 경우 상법 제400조는 전체적으로 적용될 수 없다. 동조는 문언상 제1항이건 제2항이건 "상법 제399조상의 손해배상책임"을 면제 또는 감경하는 것이기 때문이다. 따라서 전자에 따른 책임은 주주 전원의 동의로도 면제할 수 없으며 정관규정으로도 감경할 수 없다. 반면 후자에 따른 책임은 주주 전원의 동의로 면제할 수 있다. 다만 후자에서도 기회유용이라는 충실의무 위반시에는 책임감경(일부 제한)은 이루어지지 않는다($\frac{상}{앞서}\ ^{400\ Ⅱ}_{참조}$).

#### 2. 양자간의 관계
양 조문은 똑같이 회사에 대한 손해배상책임을 발생시키기는 하지만 그 전제요건, 증명책임, 손해액의 산정방법 및 책임제한의 가능성이 다르므로 상호 별개의 청구로 보아야 할 것이다(청구권경합).

일부 학설은 양자간의 선택가능성을 인정한다. 즉 상법 제397조의2 제2항과 상법 제399조 제1항 법령위반형 중에서 자유롭게 선택할 수 있다고 한다. 다만 양 조문에 따른 증명책임이 달라지므로 원고에게는 상법 제397조의2 제2항이 유리하다고 한다.[629] 삼협교역 주주대표소송의 원심에서 양자간의 차이가 처음으로 부각된 상황이어서 아직 양자간의 관계를 적극적으로 다룬 선례가 없다.

**라) 입법론적 비판:** 이러한 입법태도에 대해서는 아래와 같은 비판이 가능하다. 즉 이사가 회사에 사업기회를 개시하지 않았거나 기타 이사회승인을 얻지 않고 기회

---

628) 대판 2018. 10. 25, 2016다16191.
629) 이철송, 781면.

를 유용하는 등 본 조문을 위반하였을 때 그 의무위반의 효과가 완전하지 못하다는
점이다. 즉 미국 판례법상 등장하는 **의제신탁(constructive trust)의 법률효과는 누락**
되어 있다. 기회유용금지위반시 회사는 오로지 손해배상만 청구할 수 있는데 이는 커
다란 입법적 흠결이다. 이사가 본조를 위반하는 것은 회사가 누려야 할 사업기회를
이사가 탈취(usurp)하였기 때문이지 단순히 계약을 위반(breach)하거나 불법행위를 저
지른 것은 아니기 때문이다.

앞서 본 Guth v. Loft 사건[630]에서 구스(Guth)는 자신이 취득한 펩시의 주식을 로
프트(Loft)社에 반환하게 되었다. 법원은 주식의 양도를 명한 것이다. 우리 상법 제397
조의2를 구스사건에 적용하는 경우 법원은 구스에게 로프트사가 입은 손해를 배상하
라고 판결할 수밖에 없다. 펩시주식의 반환은 불가한 것이다. 그렇다면 이러한 권리구
제가 완전할 수 있을까? 로프트사의 입장에서 보면 펩시의 주식을 반환받아 자신의
영업에 필요한 콜라의 공급을 원활히 하는 것이 중요하지 금전배상으로 문제가 해결
될 수 없는 일이었다. 회사기회유용금지관련 선례 중 가장 중요한 것도 포섭할 수 없
다면 우리 상법이 가진 기회유용금지제도는 도대체 어디에서 온 것인가? 출처를 알
수 없고 정체를 알 수 없는 무엇인가 시작부터 불안한 제도라 아니할 수 없다. 미국법
에서 발전된 기회유용금지제도는 사업기회의 유용뿐만 아니라 중요한 영업재산의 취
득기회(Erwerbschance)를 탈취하는 것도 포섭하는 제도이다.[631] 따라서 금지위반의 효
과로 손해배상만 인정한다면 본 제도의 의미는 처음부터 반쪽에 그치고 말 것이다.

나아가 이사가 얻은 이득을 회사의 손해로 추정한다고 문제가 해결되지도 않는다.
손해배상제도와 의제신탁제도는 본질적 차이를 잉태하고 있기 때문이다. 따라서 영미
법상의 의제신탁제도에 가장 가까운 개입권제도를 상법 제397조 혹은 상법 제17조를
준용하여 회사의 권리구제수단으로 인정했어야 한다고 생각된다. 재입법이 반드시 필
요한 부분이다.[632]

### 🔹 상법 제397조의2의 입법론

#### 1. 상법 제397조의2 제2항상 "승인한 이사"의 연대책임

위에서도 보았듯이 "승인한 이사"에 대해 기회를 유용한 당해 이사와 연대책임을 요구
하는 것은 지나치다는 견해가 있다. 승인한 이사는 선관주의의무만 위반하였는데 충실의

---

630) 5. A. 2d 503; 본 판례는 회사기회분야의 가장 중요한 선례이며 가장 자주 인용되고 있다.

631) 독일 회사법에서도 회사기회이론(Geschäftschancenlehre)이 판례법상 확립되어 있으며 인적회사의 사원이나
물적회사의 이사가 회사의 이름으로 취득하여야 할 부동산을 사원이나 이사가 자기 개인의 이름으로 취득하
였을 때 회사에 대한 등기이전의무가 존재한다고 한다(BGH NJW 1989, 2687). 독일법상의 기회유용이론에
대해서는 Karsten Schmidt, Gesellschaftsrecht, 3. Aufl., Heymanns Verlg, §20 V, S. 601 참조.

632) 회사기회의 개념요건과 달리 해석학으로는 극복할 수 없기 때문이다.

무 위반의 당해 이사와 연대해서 손해배상책임을 지게 하는 것은 가혹하다고 한다.[633]

상법 제397조의2 제2항에서 "및 승인한 이사는 연대하여" 부분을 삭제하고 성실심의의무를 위반한 "승인한 이사"는 상법 제399조 제2항에 따라 책임지게 하면 족하다는 주장도 있다.[634] 기회유용의 이사는 충실의무를 위반한 것이지만 승인한 이사는 단지 선관주의의무를 위반한 것이므로 차이를 두는 것이 합리적이라고 생각된다.

### 2. 상법 제397조의2 제2항 후단 관련

**언제까지 이사의 이득을 회사의 손해로 추정할 것인가?** 개입권 유사의 제척기간 등을 설정할 필요가 있다는 지적이 있다.[635] 예컨대 '회사가 이사의 기회유용을 안 날로부터 3개월, 기회유용이 있었던 날로부터 1년'의 제척기간이 도과하면 더 이상 이 조항에 기한 손해배상청구를 할 수 없다든지 등의 조치가 필요하다고 한다. 이러한 제척기간이 설정되면 그 기간이 경과한 후에는 자연스럽게 상법 제399조 제1항상의 법령위반형으로 옮아가서 원고가 적극적으로 손해 및 인과관계를 입증한 후 손해배상청구를 할 수 있을 것이다.

### 3. 기회이용계약조항의 신설필요성

특히 제4차 산업혁명기에는 이사의 경업금지 내지 기회유용금지제도를 탄력적으로 운영할 필요가 있다는 여러 주장들이 있다.[636] 따라서 일정요건하에 회사기회를 이사가 이용할 수 있도록 허용하는 방식도 향후의 입법론으로 생각해 볼 수 있다.

**┃참고[637]** **(주)삼협교역 주주대표소송** – 대판 2018. 10. 25, 2016다16191의 평석 –

### I. 들어가며

2018년 10월 선고된 (주)삼협교역 주주대표소송은 이사의 충실의무 위반과 그 효과를 다룬 흔치 않은 판례이다. 선관주의의무와 관련된 큰 사건으로는 (주)삼성전자 주주대표소송 등 여러 건이 있었다. 그러나 이사의 충실의무 그중에서도 자기거래 분야에서는 간간히 판례가 나왔지만 경업거래나 기회유용으로 인한 손해배상 청구사건은 자주 관찰하기 어려웠다.

본 사건은 특히 선관주의의무와 충실의무의 구별문제, 경업금지의무나 기회유용금지의무 위반시 손해액 산정의 문제, 기업의 초과수익력(超過收益力)으로 인식되는 영업권(營業權)의 법률적 처리 등 적지 않은 회사법적 문제들을 잉태하고 있다. 이하에서는 위 사건의 사실관계와 판시내용 및 주요 문제점을 살펴본 후 이사의 충실의무를 둘러싼 관련 논점에 접근해 보기로 한다.

---

633) 김·노·천, 465면.
634) 천경훈, 전게논문, 205면 참조(이 입장에 따르면 승인한 이사는 임무해태형으로 처리될 것이다).
635) 최준선, 542면.
636) 델라웨어주 일반회사법 제122조 제17항; American Law Institute, Principles of Corporate Governance– Analysis and Recommendation–, § 5.06 (a) (1); Rauterberg/Talley, "Contracting Out of the Fiduciary Duty of Loyalty; An Empirical Analysis of Corporate Opportunity Waivers", 117 Columbia L. Rev. 1075 (2017); 문병순, "기회이용 허용 정관규정의 입법필요성과 델라웨어주의 입법동향", 「商事法研究」 제37권 제3호(2018).
637) 이하의 내용은 필자가 2019년 9월 기업소송연구회(www.elpi.or.kr)에서 발표한 내용이다.

## Ⅱ. 사실관계 및 판시내용

### 1. 사실관계[638]

(가) 삼협교역(주)(이하 'A' 또는 'A社'로 略함)는 1981. 8. 7. 설립되어 스포츠용품 수출입 및 도소매업을 주된 영업으로 하는 회사이다. 원고(이하 '丁'으로 略함)는 A社의 주식 4,000주(총 발행주식 15,000주의 26%)를 소유하고 있는 주주이고, 소외 1(이하 '甲'으로 略함)은 'A社'가 설립된 1981. 8. 7.부터 A社의 이사로 취임하여, 1985. 12. 19.부터 A社가 해산된 2011. 8. 4.까지 A社의 대표이사로 근무하였다.

(나) 甲은 1987. 2. 23. ㈜삼화기연(이하 'B社' 또는 'B'로 略함)을 설립하여 1990. 2. 23.까지 대표이사로 재직하였고, 1991. 4. 11.부터 2003. 4. 11.까지 이사로 재직하였다. B社 발행주식 중 29%는 甲이 보유하고 있고, 나머지 주식은 甲의 자녀인 피고 6(이하 '乙'이라 略함)(50%), 피고 5(13%), 피고 4(8%)가 보유하고 있다. 甲의 아들인 乙은 2003. 4. 11.부터 B社의 대표이사로 재직하고 있다.

(다) A社는 1996. 1. 1. 일본 던롭(이하 'D社' 또는 'D'로 略함)과 10년 동안 D 제품의 독점판매권을 행사할 수 있는 계약을 체결하였다.

(라) 그 후 A社는 D의 한국 총판으로서 D社의 골프용품 수입·판매를 주된 영업으로 하였는데, 2001년경부터 점차 골프용품 수입량이 감소하였고, D와의 독점판매계약이 종료된 2006년부터는 D의 골프용품을 수입한 내역이 전혀 없다. 반면 B의 골프용품 수입량은 1999년 이후 계속적으로 증가하였고, 수입한 골프용품 대부분이 D社 제품이었으며, 2006년부터는 D의 한국 공식총판으로서 D 제품을 수입·판매하였다.

(마) A社의 설립 이후, A의 주식은 원고의 남편 소외 2(이하 '丙'이라 略함)측과 甲측 주주들이 각각 50%씩을 보유하여 왔는데, 2002년경부터 丙측 주주들과 甲측 주주들 사이에서 경영권 분쟁이 발생하였고 위와 같이 A의 주된 사업이던 D 제품의 독점판매계약 기간이 종료하면서 A의 운영이 어렵게 되었다. 이에 2011. 8. 4. 서울중앙지방법원 2011가합9155 주식회사해산청구 사건에서 강제조정이 확정됨으로써 A는 법원의 해산명령으로 해산되었다.

(바) 한편 B는 2011. 2.경 스릭슨스포츠코리아 주식회사(이하 'S社' 또는 단지 'S'로 略함)에 골프용품 사업부문을 21,425,000,000원에 양도하였다.

(사) 2011년 4월 원고는 甲을 상대로 주주대표소송을 제기하였다.

(아) 甲은 원심 소송 계속 중이던 2015. 5. 25. 사망하였고, 甲의 처와 자녀들인 피고들이 甲의 상속재산을 공동상속한 다음 이 사건 소송절차를 수계하였다.

### 2. 판시내용

(1) 상법 제397조 제1항은 "이사는 이사회의 승인이 없으면 자기 또는 제3자의 계산으로 회사의 영업부류에 속한 거래를 하거나 동종영업을 목적으로 하는 다른 회사의 무한책임사원이나 이사가 되지 못한다."라고 규정하고 있다. 이 규정의 취지는, 이사가 그 지위를 이용하여 자신의 개인적 이익을 추구함으로써 회사의 이익을 침해할 우려가 큰 경업을

---

638) 출처: 대판 2018. 10. 25, 2016다16191 [손해배상(기)].

금지하여 이사로 하여금 선량한 관리자의 주의로써 회사를 유효적절하게 운영하여 그 직무를 충실하게 수행하여야 할 의무를 다하도록 하려는 데 있다. 따라서 이사는 경업 대상 회사의 이사, 대표이사가 되는 경우뿐만 아니라 그 회사의 지배주주가 되어 그 회사의 의사결정과 업무집행에 관여할 수 있게 되는 경우에도 자신이 속한 회사 이사회의 승인을 얻어야 한다.

(2) 이사는 회사에 대하여 선량한 관리자의 주의의무를 지므로, 법령과 정관에 따라 회사를 위하여 그 의무를 충실히 수행한 때에야 이사의 임무를 다한 것이 된다. 이사는 이익이 될 여지가 있는 사업기회가 있으면 이를 회사에 제공하여 회사로 하여금 이를 이용할 수 있도록 하여야 하고, 회사의 승인 없이 이를 자기 또는 제3자의 이익을 위하여 이용하여서는 아니 된다.

(3) 이사가 법령 또는 정관을 위반한 행위를 하거나 임무를 해태함으로써 회사에 대하여 손해를 배상할 책임이 있는 경우에 그 손해배상의 범위를 정할 때에는, 당해 사업의 내용과 성격, 당해 이사의 임무 위반의 경위 및 임무위반행위의 태양, 회사의 손해 발생 및 확대에 관여된 객관적인 사정이나 그 정도, 평소 이사의 회사에 대한 공헌도, 임무위반행위로 인한 당해 이사의 이득 유무, 회사의 조직체계의 흠결 유무나 위험관리체제의 구축 여부 등 제반 사정을 참작하여 손해분담의 공평이라는 손해배상제도의 이념에 비추어 그 손해배상액을 제한할 수 있다. 이때에 손해배상액 제한의 참작 사유에 관한 사실인정이나 그 제한의 비율을 정하는 것은, 그것이 형평의 원칙에 비추어 현저히 불합리한 것이 아닌 한 사실심의 전권사항이다.

(4) 회사 이사가 법령을 위배하여 회사가 손해를 입은 경우 이사가 회사에 손해배상책임을 지기 위해서는 법령에 위배된 행위와 회사의 손해 사이에 상당인과관계가 있어야 한다. 이때 상당인과관계의 유무는 결과발생의 개연성, 위배된 법의 입법 목적과 보호법익, 법령위반행위의 모습 및 피침해이익의 성질 등을 종합적으로 고려하여 판단하여야 한다.

(5) 甲은 A주식회사의 이사로 재직하던 중 B 주식회사를 설립하여 이사 또는 실질주주로서 B 회사의 의사결정과 업무집행에 관여할 수 있는 지위에 있었는데, B 회사가 A 회사와 외국법인 D가 체결한 D 법인 제품에 관한 독점판매계약의 기간이 종료하기 전부터 D 법인 제품을 수입·판매하는 사업을 하다가 위 계약 기간 종료 후 D 법인과 독점판매계약을 체결하여 D 법인의 한국 공식총판으로서 위 제품의 수입·판매업을 영위하고 그 후 이를 제3자에게 양도하여 영업권 상당의 이득을 얻자, 위 사업기회를 상실한 후 운영에 어려움을 겪다가 해산한 A 회사의 주주 丁이 甲을 상대로 경업금지의무 및 기회유용금지의무 위반에 따른 손해배상을 구한 사안에서, 甲은 경업금지의무를 위반하고 사업기회를 유용하여 A 회사의 이사로서 부담하는 선량한 관리자의 주의의무 및 충실의무를 위반하였으므로 A 회사의 손해를 배상할 책임이 있고, A 회사가 甲의 경업행위와 사업기회 유용행위로 입은 손해는 A 회사의 매출액 감소에 따른 영업수익 상실액 상당이며, A 회사의 매출액 감소분은 B 회사가 판매한 D 법인 제품의 매출액 상당이라고 봄이 타당하다고 판단한 다음, B 회사는 甲이 유용한 A 회사의 사업기회를 이용하여 직접 사업을 영위하면서 이익을 얻고 있다가 이를 제3자에게 양도하면서 영업권 상당의 이익을 얻었는데, 그 영업

권 속에는 B 회사가 직접 사업을 영위하여 형성한 가치 외에 甲의 사업기회 유용행위로 A 회사가 상실한 D 법인과의 독점판매계약권의 가치도 포함되어 있고, 위 사업 양도 후 수개월이 지나 A 회사가 해산하였다고 하여 해산 전에 A 회사가 입은 손해와 상당인과관계가 단절되지도 않으므로, B 회사가 받은 양도대금 중 B 회사가 A 회사의 사업기회를 이용하여 수년간 직접 사업을 영위하면서 스스로 창출한 가치에 해당하는 부분을 제외하고 A 회사가 빼앗긴 사업기회의 가치 상당액을 산정하는 등의 방법을 통해 이를 A 회사의 손해로 인정하여야 한다고 한 사례.

## Ⅲ. 평 석

### 1. 본안전 판단 관련 논점들

#### (1) 원고적격

지난 2017년 3월의 대법원 전원합의체 판결[639] 이후에는 주주명부상 명의주주만이 주주의 권리를 행사할 수 있으므로 혹 원고가 명의주주인지 아니면 실질주에 불과한지 문제시될 수 있겠다. 그러나 본 사건은 위 전원합의체 판결 이전에 사실관계가 진행된 것으로서 실질주주를 주주로 보고 그에게 권리행사를 허용하던 구 법리에 따라 처리할 수밖에 없었다. 피고는 본안전 항변으로 원고가 삼협교역의 실질주주가 아니라 소외 2로부터 주식을 명의신탁받은 명의상 주주에 불과하므로 원고가 제기한 이 사건 소는 부적법하다고 주장하였다. 그러나 원심은 이러한 피고의 본안전 항변을 받아들이지 않았다.

### 🔅 주주명부관련 2017년 3월의 전원합의체 판결과 법정책적 논의

2017년 3월 대법원 전원합의체 판결은 주주명부의 기재를 중심으로 주주권의 행사가능 주체를 정하고 있다.[640] 즉 원칙적으로 실질주주가 아니라 명의주주만이 주주권의 행사가 능 주체가 된다는 것이다. 주주명부상의 기재내용을 바탕으로 법률관계를 획일적으로 처리하는 단체법 이념을 반영한 것이다. 우리 판례법은 주식회사라는 법형태를 대규모 공개회사 위주로 파악해 왔다. 2017년 12월에 나온 주주권 귀속관련 대법원 판결 역시 대규모 공개회사를 원칙적인 모습으로 하면서 특별한 사정이 없는 한 명의주주에게 주주권이 귀속된다고 판단하였다.[641]

그러나 우리 경제의 현실에 있어서 대규모 주식회사는 극소수에 불과하고 그중 상장된 주식회사는 더더욱 적은 숫자이다. 대신 자본금 10억원 미만의 폐쇄형 소규모 주식회사는 이미 전체 주식회사 중 95%를 넘어섰다. 물론 상법전에 유한회사, 유한책임회사, 합자회사, 합명회사 등 중소규모 기업에 적합한 법형태가 마련되어 있지만 주식회사에 대한 높은 선호도는 1963년 상법전 시행 이래 단 한 번도 바뀌지 않았다.

한편 눈을 해외로 돌려도 이러한 현상은 국내와 크게 다르지 않다. 주식회사의 편중현상은 현재 세계 공통이며 그중에서 압도적인 다수가 폐쇄회사인 점도 그러하다. 일본의 경우 주식회사가 전체 회사숫자에서 차지하는 비율은 우리나라와 거의 같으며,[642] 영국의

---

639) 대판 2017. 3. 23, 2015다248342 [전원합의체].
640) 대판 2017. 3. 23, 2015다248342 [전원합의체].
641) 대판 2017. 12. 5, 2016다265351.

경우에는 폐쇄회사(private company)가 차지하는 비율이 우리나라보다도 오히려 더 높다. 폐쇄회사가 전체 company 중 99.7%를 차지한다고 한다.[643] 독일의 경우에도 폐쇄회사로 입법된 유한회사가 70%를 상회하고, 주식회사는 채 1%도 되지 않는다.[644] 미국의 경우 역시 S Corporation이 다수를 차지한다고 한다.[645]

그런데 이들 국가 중 일본과 영국은 우리나라의 주식회사에 해당하는 부분의 법적 규율을 폐쇄회사 중심으로 바꾸었다. 2006년 일본 회사법과 역시 같은 해에 시행에 들어간 2006년 개정 영국 회사법은 같은 입법자세를 취하고 있다.[646] 독일의 경우에는 어차피 물적회사를 주식회사와 유한회사로 나누어 별도의 법률로 성문화하였으므로 영국, 일본, 우리나라와는 사정이 조금 다르다. 미국의 경우에는 완만분산형(widely-held)의 전통과 대규모 회사의 유치를 위한 주간(州間) 경쟁(race-to-the-bottom) 때문에 공개회사 위주의 입법이 계속되고 있는 것이 아닌가 추측된다.

우리나라와 가장 비교가능한 국가는 일본과 영국이라고 생각한다. 2022년이 되면 상법 제정 60주년을 맞는다. 우리는 언제까지 주식회사를 대규모 공개회사로만 관념할 것인가? 언제까지 소규모 주식회사를 이단아로 다룰 것인가? 현실은 현실이고 이러한 현실은 바뀌지 않는다. 이 점은 우리가 분명히 인지하고 있는 바이기도 하다. 그렇다면 이제는 현실을 반영한 입법으로 가야 하는 것이 아닌가 생각된다. 즉 우리나라도 주식회사 부분의 입법은 폐쇄회사 중심으로 가고 대규모 공개회사나 상장사에 대해서는 특칙을 두는 방향으로 가야 할 것이다.

2017년 3월의 전원합의체 판결이나 같은 해 12월의 대법원 판결이나 모두 주식회사를 공개회사 위주로 생각하고 있다. 주식회사는 공개회사라는 고정관념을 버리지 않는 한 이러한 판례의 입장은 변하기 어려울 것이다. 단체성에 있어서 극과 극을 달리는 회사형태들을 하나의 잣대로 묶어 놓을 수는 없을 것이다. 주식회사에 대한 법적 규제를 재고할 때가 되었다.

### 🔘 주주명부 관련 영국 회사법의 규정 내용

특히 영국 회사법은 폐쇄회사(private company)에 관한 한 주주명부의 작성도 회사의 선택에 따라 회사등록관(registrar of companies)에게 위임할 수 있게 하고 있다(동법 제112A조 및 제128A조 내지 제128J조 참조). 이에 따르면 폐쇄회사의 경우에는 등록관을 선출할 경우 그 기간 중에는 회사가 주주명부를 작성·유지할 필요가 없다(동법 제128D조 제2항).[647] 대신 회사는 주주명부 작성과 관련된

---

642) 93%.
643) Lee Roach, *Company Law*, 3rd ed., Oxford Univ. Press, 2014, p. 10 (as of in *March 2014*).
644) Windbichler, Gesellschaftsrecht, 24. Aufl., §4, II, Rdnr. 11, S. 45 (2016년 현재 유한회사는 71. 63%를 차지한다).
645) S Corporation이란 주식회사이면서도 세제상 소규모 회사에 적합한 새로운 기업형태라 한다. 미국내 전체 법인 중 약 3분의 2 정도를 차지하고 있다고 한다(김광록, "미국법상 S주식회사제도에 관한 소고", 「기업법연구」 제26권 제2호(통권 제49호), 2012. 6., 99~116면).
646) Brenda Hannigan, *Company Law*, 5th ed., Oxford Univ. Press, 2018, 2-7, p. 22; 반면 1985년의 영국 회사법은 현재 우리 상법과 같이 대형 공개회사 위주의 입법이었다고 한다.
647) Hannigan (Brenda), *Company Law*, 5th ed., 2018, Oxford Univ. Press, 16-73, p. 430.

제반사항들을 회사등록관에게 통지하면 된다(<sup>동법 제128E</sup>). 결국 폐쇄회사와 공개회사간의 차이를 반영한 입법이라고 생각되고 폐쇄회사의 경우 주주의 교체가 빈번하지 않기 때문에 나타나게 된 입법이 아닌가 생각한다.

### (2) 제소청구요건

주주대표소송이 적법하려면 주주가 대표소송을 제기하기 전에 먼저 회사에 대해 서면 형태의 제소청구를 하여야 한다(<sup>상법 403 I</sup>). 이러한 제소청구가 요구되는 것은 대표소송의 종속성 때문이다.[648] 즉 회사가 임무를 해태한 이사에 대해 손해배상청구권을 갖는 것이기에 당연히 당해 회사의 대표기관이 관련 소송을 제기하고 또 이를 주도하여야 한다. 그러나 대주주와 이사간의 밀착관계 등 여러 사정으로 이러한 책임소송이 제대로 수행되지 않거나 기대되지 않는 경우가 있다. 따라서 이런 경우에는 예외적으로 소수주주에게 제소권을 부여하게 된다.[649]

(가) 제소청구: 원고는 대표소송을 제기하기 전에 삼협교역에 대해 제소청구를 하지 않은 사실을 자인(自認)하고 있다. 원고는 2010년 12월 두 차례에 걸쳐 삼협교역의 주소로 제소청구의 내용증명을 발송하였으나 반송되었다고 한다.[650]

(나) 제소청구 불요요건(提訴請求 不要要件; demand futility): 그러나 상법은 일정 요건하에 원고 주주의 제소청구를 면제해 주기도 한다. 즉 상법 제403조 제4항은 "(4) 제3항의 기간의 경과로 인하여 회사에 회복할 수 없는 손해가 생길 염려가 있는 경우에는 전항의 규정에 불구하고 제1항의 주주는 즉시 소를 제기할 수 있다"고 규정한다. 여기서 '회사에 회복할 수 없는 손해가 생길 염려가 있는 경우'란 판례에 의하면 "… 이사에 대한 손해배상청구권의 시효가 완성된다든지 이사가 도피하거나 재산을 처분하려는 때와 같이 이사에 대한 책임추궁이 불가능 또는 무익해질 염려가 있는 경우 등을 의미한다"고 한다.[651]

본 사안에서는 삼협교역이 피고 이사(甲)에 대해서 갖는 손해배상청구권은 제소시점에 계속적으로 시효가 완성되어 소멸되어 가고 있었다. 상법 제399조상 회사의 손해배상청구권은 10년으로 시효가 완성하는바[652] 2011년 제소 당시에는 이미 2001년에 발생한 손해배상청구권은 시효가 완성되었고 그 이후에 발생한 손해배상청구권도 시간의 경과에 따라 계속하여 시효가 완성될 예정이었다.[653] 시효의 완성이 현재 진행형으로 계속되는 상황이라면 제소청구와 30일의 대기기간은 원고에게는 아무런 의미를 가질 수 없고 회사에 회복할 수 없는 손해만 야기하게 될 것이다. 따라서 본 사건에서 원고 주주의 제소청구는 처음부터 필요하지 않았다고 보아야 한다.

---

648) 대표소송의 종속성은 1843년 영국의 Foss v. Harbottle 사건(2 Hare 461) 이래 확고한 원칙이다.
649) 대표소송의 대상이 되는 손해배상청구권, 즉 실체권은 회사에 귀속되고, 소권(actio)만 예외적으로 주주에게 부여된다.
650) 본래 대표소송을 위한 제소청구의 상대방은 감사이다(상법 제394조 제1항 단서). 그러나 감사였던 소외 3의 주소를 알 수 없어 회사주소로 제소청구의 내용증명을 발송하였으나 그마저도 반송되었다고 한다.
651) 대판 2010. 4. 15, 2009다98058.
652) 대판 1985. 6. 25, 84다카1954.
653) 삼화기연이 삼협교역 대신 던롭 골프용품을 국내에 유통시킬 때마다 삼협교역의 매출은 줄고 삼화기연의 매출은 증가하여 삼협교역의 손해로 이어지므로 손해배상청구권 역시 위 기간 중 삼화기연이 국내에서 판매한 액수에 비례하여 그때그때 지속적으로 발생하였다.

(3) 여타의 소송요건 충족 여부: 더 이상 여타의 점에서는 소송요건상 문제가 없어 보이므로 원고의 소제기는 적법하였다.

### 2. 본안 판단 관련 논점

(1) 본 사건의 청구원인

본 사건에서는 甲의 충실의무위반으로 A가 어떤 손해를 입었는지, 나아가 손해는 어떻게 산정할 수 있는지 문제시되는바 우선 원고 주주가 대표소송의 대상으로 삼을 수 있는 손해배상청구권이 어떤 청구원인으로부터 성립할 수 있는지부터 살펴보아야 한다.

본 사건에서 원고가 선택한 청구권규범(Anspruchsgrundlage)은 상법 제399조 제1항 전단이었다. 즉 원고 주주는 甲이 상법 제397조 및 동법 제397조의2를 위반하여 A회사에 손해를 야기하였다고 주장한다. 법령위반으로 인한 이사의 회사에 대한 손해배상책임은 2011년 상법개정 이래 과실책임으로 되어 있고 손해의 증명 역시 원고가 하여야 한다.

한편 본 사건의 원심인 서울고등법원은 원고가 선택한 상법 제399조 제1항 전단과 상법 제397조의2 제2항을 각각 독립된 청구원인으로 보아 양자를 구별하고 있다.[654] 후자는 "(2) 제1항을 위반하여 회사에 손해를 발생시킨 이사 및 승인한 이사는 연대하여 손해를 배상할 책임이 있으며 이로 인하여 이사 또는 제3자가 얻은 이익은 손해로 추정한다"고 규정한다.

원고 주주는 비록 2011년 개정전 상법에 기하여 손해배상청구를 할 수밖에 없었지만 상법 개정 법률 부칙[655] 제3조에 의하면 "[일반적 경과조치] 이 법은 특별한 규정이 있는 경우를 제외하고는 이 법 시행 전에 발생한 사항에 대하여도 적용한다"고 되어 있다. 따라서 상법 제397조의2 제2항 역시 청구권 근거규범으로 선택될 가능성이 있다. 그러나 2011년 4월의 제소시점을 놓고 보면 개정상법의 시행일이 2012년 4월이었으므로 원고가 상법 제399조 제1항 전단을 선택한 것은 당연한 결과였다.

다만 서울고등법원은 상법 제397조의2 제2항을 손해액 산정과정에 반영하고 있다. 경업거래 또는 기회유용과 같은 충실의무 위반사건에서는 손해액 산정이 용이하지 않기 때문이다. 따라서 원심은 삼화기연이 얻은 이득을 삼협교역의 손해로 추정하였고 이로써 손해산정의 효율을 도모하였다. 다만 이렇게 산정된 손해는 액수상 추정치이므로 책임제한의 방식을 경유하여 일정 부분(40%)은 감액 처리되었고 이로써 구체적 타당성을 추구하였다.

### ✪ 상법 제397조의2 제2항과 상법 제399조 제1항 법령위반형간의 상호관계

양 조문은 똑같이 회사에 대한 손해배상책임을 발생시키기는 하지만 그 전제요건, 증명책임, 손해액의 산정방법 및 책임제한의 가능성이 다르므로 상호 별개의 청구로 보아야

---

654) 서울고법 2016. 2. 5, 2013나50901: "… 한편 개정 상법 부칙 제3조는 개정 상법 제397조의2 제2항의 '손해배상의무 및 손해액 추정' 규정을 개정 상법 시행 전에 발생한 사항에 대하여도 적용하도록 규정하고 있으나, 위 **개정 상법 제397조의2 제2항의 '손해액 추정' 규정은 같은 항에 근거한 손해배상 청구에 대하여만 적용되는 것으로 봄이 타당하므로**, 상법 제399조 제1항에 근거해 이사의 손해배상을 구하는 이 사건에 그대로 적용하는 것도 부적절하다."

655) 부칙 〈제10600호, 2011.4.14.〉

할 것이다.

**첫째** 상법 제397조의2 제2항(전자)은 상법 제399조 제1항의 법령위반형(후자)과 달리 고의나 과실 등 과실책임의 문언을 가지고 있지 않다. 따라서 무과실책임으로 해석될 수 있다(문리해석).

**둘째** 양자는 증명책임의 주체면에서 상이하다. 전자에서는 이사의 이득은 회사의 손해로 추정되므로 회사기회를 유용한 이사가 회사에 손해가 없었음을 증명하여야 한다. 반면 후자에서는 회사나 원고주주(대표소송의 경우)가 피고 이사의 법령위반과 회사의 손해간의 인과관계 나아가 회사의 손해액도 적극적으로 증명하여야 할 것이다.

**셋째** 양자는 책임제한의 가능성에서도 상이하다. 전자의 경우 상법 제400조는 전체적으로 적용될 수 없다. 동조는 문언상 제1항이건 제2항이건 "상법 제399조상의 손해배상책임"을 면제 또는 감경하는 것이기 때문이다. 따라서 전자에 따른 책임은 주주 전원의 동의로도 면제할 수 없으며 정관규정으로도 감경할 수 없다. 반면 후자에 따른 책임은 주주 전원의 동의로 면제할 수 있다. 다만 후자에서도 기회유용이라는 충실의무 위반시에는 책임감경(일부 제한)은 이루어지지 않는다(상법 400 II 앞서 참조).

일부 학설은 양자간의 선택가능성을 인정한다. 즉 상법 제397조의2 제2항과 상법 제399조 제1항 법령위반형 중에서 자유롭게 선택할 수 있다고 한다. 다만 양 조문에 따른 증명책임이 달라지므로 원고에게는 상법 제397조의2 제2항이 유리하다고 한다.[656] 삼협교역 주주대표소송의 원심에서 양자간의 차이가 처음으로 부각된 상황이어서 아직 양자간의 관계를 적극적으로 다룬 선례가 없다.

### (2) 손해배상책임의 발생

#### (가) 상법 제397조

( i ) 경업금지의무 위반: 본 사건에서 재판부는 甲의 충실의무 위반을 확정한 후 그로 인한 손해액을 구체적으로 산정하여야 했다. 다만 책임발생 원인인 이사의 법령위반 행위는 경업거래와 기회유용이라는 두 요소가 결합된 상황이었다. 다만 원고가 선택한 청구원인, 즉 상법 제399조 제1항 전단의 시효기간이 10년이므로[657] 제소시점으로부터 시효가 아직 진행중인 10년간이 의무위반기간으로 설정되었다.

원고는 이 기간을 양분하여 2002년부터 2006년까지는 전기(前期)로, 2006년부터 2010년까지는 후기(後期)로 구성한 후 손해배상청구를 하고 있다.[658] 2006년이 분기점이 된 이유는 그 해에 삼협교역이 일본 던롭과의 독점판매계약을 종료하였고 직후 삼화기연이 한국총판의 지위를 이어받았기 때문이다.

전기에는 경업거래가 법령위반사항이었고, 후기에는 기용유용이 그러하였다. 다만 전기에 있어서는 오로지 경업거래만 나타났다고 하기는 어려우며 기회유용도 함께 손해발생의 원인으로 작용하였다고 보아야 할 것이다.[659] 즉 甲은 전기에는 사실상 두 회사를 동시에

---

656) 이철송, 759면.
657) 대판 1985. 6. 25, 84다카1954.
658) 전기는 경업기간, 후기는 기회유용기간이라 할 수 있다.
659) 원심 판결문 중 일부는 "… 가사 삼화기연의 던롭 제품 수입·판매행위가 병행수입에 해당한다고 하더라도 삼화기연의 던롭 제품 수입·판매행위는 여전히 삼협교역에 대한 경업행위 및 기회유용행위에 해당하는 점"

경영하고 있었고 두 회사가 각각 던롭 골프용품을 각자의 명의로 수입하였으며, 적어도 삼화기연의 경업거래가 시작되는 초기단계[660]에는 삼협교역이 던롭제품을 국내에 유통시키는 과정에서 얻게 된 각종 정보, 마케팅기법, 소비자의 반응 등을 삼화기연에 그대로 제공하였다고 보아야 할 것이다.[661]

어쨌든 甲은 2002년부터 2006년까지는 삼협교역의 이사회승인없이 이 회사가 갖는 독점판매권을 침해하면서 골프용품의 일부를 삼화기연으로 하여금 수입·판매하게 하였고 이로써 상법 제397조가 규정한 경업금지의무를 위반하였다.

( ⅱ ) 겸직금지의무 위반: 나아가 甲은 상법 제397조가 규정한 겸직금지의무도 위반하였다.[662] 甲은 자신의 가족회사인 (주)삼화기연의 지배주주가 됨으로써 (주)삼화기연의 의사결정과 업무집행에 관여할 수 있게 되었다. (주)삼화기연의 영업내용 역시 (주)삼협교역의 그것과 사실상 완전히 같았다. 甲은 상법 제397조상 요구되는 이사회승인없이 삼화기연의 지배주주가 되었고 이로써 겸직금지의무도 위반하였다. 대법원 역시 본 사건에서 甲의 겸직의무·위반을 아래와 같이 확정하였다.[663]

"상법 제397조 제1항은 "이사는 이사회의 승인이 없으면 자기 또는 제3자의 계산으로 회사의 영업부류에 속한 거래를 하거나 동종영업을 목적으로 하는 다른 회사의 무한책임사원이나 이사가 되지 못한다."라고 규정하고 있다. 이 규정의 취지는, 이사가 그 지위를 이용하여 자신의 개인적 이익을 추구함으로써 회사의 이익을 침해할 우려가 큰 경업을 금지하여 이사로 하여금 선량한 관리자의 주의로써 회사를 유효적절하게 운영하여 그 직무를 충실하게 수행하여야 할 의무를 다하도록 하려는 데 있다. 따라서 **이사는 경업 대상 회사의 이사, 대표이사가 되는 경우뿐만 아니라 그 회사의 지배주주가 되어 그 회사의 의사결정과 업무집행에 관여할 수 있게 되는 경우에도 자신이 속한 회사 이사회의 승인을 얻어야 한다.**"

(나) 상법 제382조의3

2006년부터 제소시점까지는 상법 제382조의3이 법령위반의 대상이 되었다.[664] 1996년부터 2006년까지 A는 10년간 한국에서 D제품에 대한 독점판매권을 갖고 있었다. 나아가 삼협교역은 큰 어려움 없이 이 계약을 갱신할 수 있었다. 일본 던롭에 대한 계약위반의 점도 없었고 큰 어려움 없이 재계약 또는 연장도 가능한 상황이었다.[665]

---

이라 하고 있다.

660) 삼협교역은 1996년부터 던롭제품의 국내 판매를 시작하였고, 삼화기연은 1999년부터 같은 던롭제품을 수입한 사실이 원심판결문에서 확인된다(서울고법 2016. 2. 5, 2013나50901 판결문 중 兩社의 수입내역 도표 참조).

661) 경업거래의 준비단계에서는 자주 기회유용행위가 나타나게 마련이다(Popofsky, "Corporate Opportunity and Corporate Competition", 10 Hofstra L. Rev. 1193).

662) 사실관계상 甲은 1991. 4. 11.부터 2003. 4. 11.까지 삼화기연의 이사로 근무하였다. 따라서 2003. 4. 11. 이후의 기간중 경업금지의무위반 내지는 기회유용금지위반의 점이 문제시되고 있으며 이 경우를 상정하여 삼화기연의 지배주주였던 점이 문제시되었다.

663) 대판 2018. 10. 25, 2016다16191.

664) 회사기회유용금지에 관한 상법 제397조의2는 2011년 상법개정시 비로소 신설된 규정으로서 위 사건에는 직접 적용되기 어려웠다. 원심은 대신 충실의무의 일반규정인 상법 제382조의3을 적용하고 있다. 나아가 판례는 충실의무사건에서도 선관주의의무 위반의 점을 함께 설시하고 있으므로 판례에 따르면 상법 제382조 제2항(민법 제681조 준용) 및 상법 제382조의3이 기회유용으로 인한 손해배상책임의 근거규정이 될 것이다(백숙종, 「대법원 판례해설」 제117호[2019. 3.], 225면).

甲은 이러한 상황임에도 계약갱신을 포기한 채 새로운 물량의 주문을 의도적으로 중단하였고 이로써 D와 A간의 독점판매계약을 파국으로 몰고 갔다. 이러한 계약종료의 중요 원인은 甲이 2006년 이후에는 오로지 B로 하여금 던롭제품의 한국총판지위를 승계하도록 유도하였기 때문이다. 결과적으로 일본 던롭의 독점판매계약을 갱신할 수 있는 유리한 나아가 실현가능한 사업기회를 A社의 이사회 승인없이 개인적으로 이용하기 위하여 이를 가로챈 결과가 되었다.

물론 상법 제397조의2는 2011년 개정 상법에 신설된 규정으로서 원고의 제소 당시 (2011. 4.)에는 상법전에 존재하지 않았다. 그러나 위에서 언급한 개정 상법 부칙 제3조 때문에 위 조문은 소급적으로 적용가능하였다. 물론 위 조문이 직접 적용되지 않았다 할지라도 일반적인 회사기회유용금지의 법리는 상법 제382조의3을 경유하여 본 사건에 적절히 적용될 수 있었다. 동 조문은 일반적 충실의무 조항으로서 개정 상법의 시행(2012. 4.) 전에도 이미 존재하였기 때문이다. 甲은 일본 던롭과의 독점판매계약을 기존의 삼협교역 대신 삼화기연이 체결하도록 유도함으로써 삼협교역에 귀속될 사업기회를 근거없이 탈취한 결과가 되었고 이로써 상법 제397조의2를 위반하였다.

(3) 손해액의 산정

**본 사건의 큰 문제점은 甲의 경업거래 및 기회유용으로 ㈜삼협교역에 발생한 손해를 산정하는 것**이었다. 불행이도 이 작업은 용이하지 않았다. 선관주의의무의 경우에는 임무해태와 상당인과관계 있는 회사의 손해가 비교적 용이하게 산정된다. 그러나 충실의무 위반의 경우에는 적극적 손해산정이 쉽지 않다. 따라서 소극적 손해산정이라는 우회로를 택할 수밖에 없다. 즉 **충실의무 위반의 이사가 얻은 이득을 회사의 손해로 추정하는 것**이다 (상397 의2 II).

물론 상법 제397조의2 제2항은 현행 상법의 문언상으로는 기회유용의 경우에만 적용될 수 있다. 그러나 이 조항은 경업금지의무 위반시에도 유추될 수 있다. 본 사건의 원심인 서울고등법원은 이러한 방법을 사용하였다. 일본 회사법은 경업금지위반의 경우에도 상법 제397조의2 제2항과 같은 규정을 두고 있다.[666] 우리 상법상으로도 기회유용에 적용되는 위 조항은 경업거래로 인한 손해액 산정시 최소한 유추될 수 있다고 생각한다.

🏵 **경업금지의무 관련 일본 회사법의 규정들**

**제356조[경업 및 이익상반거래의 제한]**[667] "(1) 이사는 다음의 경우에는 주주총회에서 당해 거래에 관한 중요한 사실을 공시하고 승인을 받아야 한다. 1. **이사가 자기 또는 제3자를 위하여 주식회사의 사업부류에 속하는 거래를 하려는 경우** 2. 이사가 자기 또는 제3자를 위하여 주식회사와 거래를 하려는 경우 3. 주식회사가 이사의 채무를 보증하거나 그 밖에 이사 이외의 자와의 사이에 주식회사와 이사의 이익이 상반하는 거래를 하려는 경우

---

665) 삼협교역이 일본 던롭 측과 맺은 한국내 독점판매계약에 따르면 기간 만료 3개월전까지 당사자 일방의 서면에 의한 해약의 의사가 없는 한 계약기간이 만료하더라도 1년씩 자동갱신되도록 되어 있었다고 한다(백숙종, 「대법원판례해설」 제117호, 207면 참조).
666) 일본 회사법 제423조 제2항.
667) 권종호 역, 일본 회사법(상) (법률), 2, 개정판, 법무부, 2018, 471~473면 참조.

(2) 민법 제108조[자기계약 및 쌍방대리 등]는 전항의 승인을 받은 동항 제2호의 거래에 관하여는 적용하지 아니한다."

**제423조[임원 등의 회사에 대한 손해배상책임][668]** "(1) 이사, 회계참여, 감사, 집행임원 또는 회계감사인(이하 이 절에서 '임원 등'이라고 한다)이 그 임무를 해태한 때에는 주식회사에 이로 인하여 발생한 손해를 배상할 책임을 진다. (2) **이사 또는 집행임원이 제356조 제1항에 위반하여 제356조 제1항 제1호의 거래를 한 때에는 그 거래에 의하여 이사, 집행임원 또는 제3자가 얻은 이득액은 전항의 손해액으로 추정한다.**"

2002년부터 2006년까지는 경업금지의무 위반으로 인한 것이었지만 순수히 경업적 성격의 거래로 한정되지는 않았고 앞서 본 것처럼 기회유용도 법령위반에 포함되었다. 2006년 이후 2011년까지는 삼협교역에 귀속될 사업기회를 유용함으로써 발생한 손해였고 이는 상법 제397조의2 제2항의 직접적용으로 가능하였다. 어느 구간이건 상당인과관계가 의무위반과 손해발생간에 원인－결과의 연결고리로 작용하였다.[669]

어쨌든 본 사건의 원심은 이 규정을 손해발생의 전 구간에 적용하였다. 즉 2002년부터 제소시점까지의 전구간에 적용한 것이다. 액수산정은 쉽지 않은 과정이었지만 원심은 우선 삼협교역의 매출액 감소분에 삼협교역의 매출액 대비 순이익률을 곱하여[670] 삼협교역의 구체적인 일실손해액을 산정하였다. 이때 삼협교역의 매출액 감소분은 같은 기간 삼화기연의 매출액 상당액으로 보았다. 두 회사의 판매물품이 던롭 제품으로 동일하였고, 판매시장도 국내로 한정되었으며, 매출에 영향을 줄 수 있는 다른 요소들 예컨대 브랜드의 선호도나 수요도, 경기변동 등 시장상황, 대체재의 존부 등이 모두 동일하였기 때문이다.[671] 따라서 한쪽의 매출증대는 곧 다른 쪽의 매출감소로 이어질 수밖에 없는 시장구조였다. 원심은 이렇게 산정된 **매출액 감소분에 삼협교역의 매출액 대비 순이익률을 곱하여 삼협교역의 영업수익 상실액을 산정**하였다.[672]

(4) 손해배상책임의 제한

다만 법이론적으로 어려움을 낳는 것은 책임제한과 관련된 부분이다. 왜냐하면 상법 제400조 제2항 단서가 고의의 법령위반의 경우에는 책임의 일부제한을 허용하지 않기 때문이다. 나아가 상법은 선관주의의무에서와 달리 충실의무 위반시에는 책임의 감경을 허용하지 않는다.

이러한 결과는 충실의무의 역사적 발전과정과 무관치 않다. 영국에서는 선관주의의무와 달리 충실의무 위반시에는 신탁법이 적용되었고 이에 의하면 신탁법의 양대 원칙인 이익충돌금지의 원칙(no-conflict rule)과 이익향수금지의 원칙(no profit rule)이 적용되었다.

---

668) 권종호 역, 일본 회사법(상) (법률), 2, 개정판, 법무부, 2018, 471~473면 참조.

669) 다만 후술할 영업권과 관련하여서는 원심은 상당인과관계를 부정하였음에 반하여 대법원은 이를 인정한 후 그 한도에서 원심을 파기하였다.

670) 순이익률은 甲의 임무위배행위가 본격화하기 전인 1999년부터 2001년까지의 삼협교역의 재무제표를 근거로 산출되었다.

671) 백숙종(白淑種), 「대법원판례해설」 제117호, 236~237면.

672) 매출액 감소분은 대략 2,059억원으로 산출되었고, 매출액 대비 순이익률은 8.23%로 계산되어 일실손해액은 대략 171억 정도로 계산되었다.

충실의무 위반시에는 그 법적 성질도 과실책임이 아니라 무과실 책임으로 다루어져 이사의 과실 여부와 무관하게 이사가 얻은 이득은 회사의 손해로 추정되었다.

본 사건에서도 원심은 결국 제소시점보다 앞선 10년의 기간 중 삼화기연이 얻은 이득을 삼협교역의 손해로 보게 된다. 구체적으로는 삼화기연이 거둔 이익을 먼저 산정한 후 삼화기연이 스스로 투입한 비용과 노력을 배상할 손해액에서 차감하는 방식을 취하였다. 다만 이러한 접근방식은 판결문상으로는 손해배상책임의 제한으로 나타나게 되었다. 그러나 필자의 사견으로는 이것은 고유한 의미의 책임제한, 즉 책임의 감경이 아니라 상법 제397조의2를 직접 또는 간접적으로 적용한 결과였다.

**즉 손해가 적극적으로 산정된 것이 아니라 소극적으로 추정되다 보니 삼화기연의 매출액 중 독자의 비용과 노력으로 이룩한 부분을 고려하지 않을 수 없게 되었고 그 결과 산출된 추정액에서 일정 부분은 차감되었다.** 이런 식으로 **손해액을 사실관계에 맞게 구체화하였다**고 보면 된다. 원심은 그 결과 삼화기연이 거둔 이득 중 60%만 삼협교역의 손해로 인정하였고 나머지 40%는 삼화기연 자신의 노력과 비용의 투입결과로 보았다. 이렇게 보는 한 본 사건에서 시도된 손해액 산정방식은 본시 책임제한을 허용하지 않는 고의의 법령위반 또는 충실의무제도 본래의 성격과도 조화를 이룰 수 있게 될 것이다.

다만 상법 제400조 제2항은 개개 회사가 정관에 해당 책임제한조항을 두어야 적용가능하다.[673] 따라서 이러한 책임감경조항을 삼협교역이 정관에 두고 있었는지 의문이나 제소시점에는 아마도 2011년 개정 상법의 시행전이라 그러한 정관규정의 존재는 부정적으로 판단할 수밖에 없을 것이다.

(5) 법령위반과 손해발생간의 인과관계 문제(영업권)

본 사건에서 甲은 상법 제397조상의 겸직금지 및 경업금지의무 나아가 상법 제397조의2에 규정된 기회유용금지의무를 위반하였다. 대법원은 원심판결의 판시내용 대부분을 그대로 확정하였지만 한 가지 점에 있어서는 그렇지 않았다. 삼화기연이 자신의 골프용품 사업부문을 스릭슨스포츠코리아에 양도하면서 얻은 **양도대가 속에는 삼화기연이 그동안 형성한 자본을 재투자하고 고유의 노력을 기울여 형성한 가치 외에도 甲의 기회유용으로 삼협교역이 상실한 일본 던롭과의 독점판매계약권의 가치도 포함되어 있다**고 본 것이다. 대법원은 이러한 가능성을 부정한 원심에 대해 그 한도에서 이를 파기하고 원심으로 본 사건을 돌려보냈다. 삼화기연이 골프용품 사업부문을 양도한 후 수개월이 지나고 나서 삼협교역이 해산했다 할지라도 이로써 삼협교역이 해산 전에 입은 손해와 피고 이사(甲)의 기회유용간에는 상당인과관계가 단절되지 않는다고 본 것이다.

삼화기연은 214억여원에 자신의 골프용품부문을 스릭슨스포츠코리아에 양도하였다. 그러나 이 양도가액은 삼화기연의 자산가치를 훨씬 상회(上廻)하고 있었다. 그 상회분의 대부분은 영업권(營業權)이었다.[674] 영업권이란 "그 기업의 전통, 사회적 신용, 입지조건, 특수한 제조기술 또는 거래관계의 존재 등 영업상의 기능 내지 특성으로 인하여 동종의 사업을 영위하는 다른 기업의 통상수익보다 높은 수익을 올릴 수 있는 초과수익력(超過收益

---

673) 상법 제400조 제2항 단서는 **"정관에 의한 책임면제를 금지하는 규정"**으로 해석된다(백숙종, 전게논문, 244~245면).
674) 원고 측 주장에 따르면 본 사건에서 영업권의 가치는 무려 118억원에 달한다.

力)이라는 무형의 재산적 가치"를 뜻한다.[675]

초과수익력의 원천은 크게 인적자산, 조직자산 및 관계자산으로 분류되는데 인적자산 (人的資産)의 경우 유능한 경영진, 특정업계의 지식이나 노하우(know-how)에 정통한 종업원의 존재, 동기화(motivation)가 높은 인재 및 인맥 등이 그 요소로 거론된다. 조직자산(組織資産)에는 사풍(社風), 생산기술 및 레시피, 양호한 노사관계, 교육시스템, 생산체계 및 공급망 등이 주요 요소로 거론된다. 끝으로 관계자산(關係資産)에는 고객과의 관계,[676] 희소한 재료제조원과의 거래관계, 공공기관으로부터 취득한 인허가, 소비시장에서 해당 기업이 갖는 지위,[677] 기타 브랜드의 가치 또는 해당 브랜드에 대한 고객층의 인식[678] 등을 주요 요소로 꼽을 수 있을 것이다.[679]

삼화기연 역시 창사 이래 부단한 노력으로 영업권의 가치를 향상시켜 왔다고 할 수 있다. 그러나 삼협교역이 골프용품업계에서 쌓아 올렸던 영업권의 일부는 甲의 기회유용으로 삼화기연에 옮아갔다고 본 것이다. 대법원의 판단에 동조한다.

### Ⅳ. 본 사건과 관련된 문제점

#### 1. 충실의무와 선관주의의무의 구별 필요성

우리나라 및 일본의 판례법은 선관주의의무와 충실의무를 구별하지 않는다. 즉 동질설의 입장을 취한다. 양국의 판결문에는 양자가 항상 나란히 등장한다. 만약 미국이나 영국 등 커먼로 국가의 법률가들이 영어로 번역된 우리나라의 대법원 판결문이나 일본 최고재판소의 판결문을 보게 되면 상당히 놀랄 것이며 매우 의아하게 생각할 것이다. 어째서 이러한 현상이 나타나게 되었을까? 법사적(法史的)으로 접근하지 않을 수 없다.

본시 선관주의의무(duty of care)는 로마법의 산물이다. 그곳에서 만들어진 '선량한 가장의 주의의무'가 주의의무의 시원이라고 한다. 이러한 로마법상의 주의의무는 그 후 주로 유럽의 대륙법계 국가인 프랑스에 의하여 그 민법전에 성문화되었으며 그 후 프랑스 민법전을 법전 편찬 과정에서 계수한 일본에 의해 그 민법전에 반영되었다. 이것이 우리 민법에도 그대로 영향을 주게 되었고 바로 그 조문이 상법 제382조 제2항이 준용하고 있는 민법 제681조이다.

반면 이사의 충실의무(duty of loyalty)는 로마법이 아닌 영국의 신탁법(law of trust)에서 유래하였다. 18세기 영국의 Keech v. Sandford 사건 이래 영국의 판례법은 회사의 이사들에게도 신탁법의 주요원칙인 이익취득금지의 원칙과 이익충돌금지의 원칙을 적용하였다. 초기의 회사 형태에는 법인격도 인정되지 않았고 회사재산은 수탁자인 이사들에게 귀

---

675) 대판 1997. 5. 28, 95누18697.
676) 특히 특정지역에 거주하는 고객들과 폭넓은 거래관계를 가지고 있다거나 다른 경쟁기업에 비해 소비성향이 강한 유력한 고객층을 많이 확보하고 있는 것 등을 예로 들 수 있다.
677) 해당 기업이 시장에서 주요 공급자로 인식되고 있는 것 또는 독과점적 지위 등을 이른다.
678) 브랜드가 이미 널리 알려져 시장에서 높은 신뢰를 얻고 있는 것 등이다. 예를 들면 독일의 벤츠자동차는 이미 타의 추종을 불허하는 고객층의 신뢰를 얻고 있고 일본의 키코만(Kikkoman)은 간장부문에서는 세계적 명성의 브랜드 파워를 과시한다. 국내기업이라면 예컨대 샘표식품은 간장 등 전통식품 분야에서는 높은 고객층의 신뢰를 얻고 있다.
679) EY(Ernst & Young) 新日本有限責任監査法人 編, 『のれんの会計実務』, 中央經濟社, 2018, 18~19頁, 圖表 1-5.

속되었다. 사정이 그러하니 회사법과 신탁법은 매우 근접하게 되었고 이러한 유사성은 법원의 관할면에서도 근접성을 갖게 하였다. 즉 양 영역은 동일한 챈서리(Chancery) 법원의 관할에 놓이게 되었다.

영국 신탁법의 양대 원칙은 매우 엄격한 것이었고 융통성이 없는 것이었다. 따라서 주식회사의 이사에 그대로 적용하는 것은 그다지 바람직스러운 것이 아니었다. 이러한 경직된 신탁법의 원칙은 그 후 미국으로 건너가 19세기와 20세기를 두루 거치면서 상당히 완화된 모습을 띄게 된다.

한편 일본에서는 이러한 영미식 충실의무는 2차대전 직후 주로 미군정 당국의 영향하에 일본의 구상법에 반영되기 시작하였다. 이러한 타율적 계수 때문에 일본의 회사법에서는 선관주의의무와 충실의무를 명확히 구별하지 않는 판례법을 낳았다. 즉 충실의무를 선관주의의무의 일부로 보는 법원 판결들이 되풀이되었고 학계에서도 동질설이 주류를 이루게 되었다.

그리고 이러한 흐름은 우리나라에도 그대로 이어졌다. 일본의 학설이나 판례에 대해 큰 비판없이 우리의 판례법도 이를 수용하였고 본 평석대상 판례에 이르기까지 그대로 이어지고 있다. 그러나 이러한 동질설의 입장은 두 제도의 뿌리를 잘못 인식하고 있는 것이며 개선의 여지가 있다. 향후 우리나라에서도 주의의무와 충실의무의 구별은 반드시 필요하다고 생각한다.

### 2. 충실의무와 신탁법

2011년 우리나라에서도 신탁법의 대규모 개정이 있었다. 이러한 흐름의 여파로 새로이 개정된 신탁법의 여러 규정들을 주식회사의 이사에 적용 내지 준용하여야 하는지 문제로 된다. 특히 이사의 충실의무와 관련하여 많은 관심을 끌고 있다. 신탁법의 대원칙인 이득금지의 원칙 및 이익충돌금지의 원칙뿐만 아니라 위탁자에 대한 손해발생 여부와 무관하게 수탁자의 이득반환의무를 규정한 신탁법 제43조의 적용여부 등 많은 관심이 제기되고 있다.

일부의 학설에 의하면 상법이 제382조의3을 두고 있으므로 충실의무를 주의의무로부터 독립시킬 수 있고 따라서 새로이 정비된 신탁법의 규정들은 광범위하게 주식회사의 이사들에게도 적용 내지 준용할 수 있다고 한다. 나아가 이사의 충실의무를 규정한 상법 제382조의3을 구체화하여 다양한 사례군을 이에 포섭하게 하는 것이 회사법학의 향후의 과제라고 역설한다.[680]

한편 또 다른 일부 학설은 신탁법의 회사법에 대한 적용 내지 준용에는 신중한 자세가 필요하다고 반박한다. 신탁법상의 수탁자와 주식회사의 이사는 그 법적 지위가 같지 않으며 신탁법의 제반 규정들을 주식회사의 이사에 적용함에는 신중을 기할 필요가 있다고 주장한다. 특히 위에서 언급된 신탁법 제43조 같은 규정들을 이사에 적용 내지 준용함에는 더 더욱 신중한 자세가 필요하다고 강조한다.[681]

생각건대 신탁법상 수탁자에게는 신탁대상 물건의 소유권이 직접 귀속하지만 이사에게

---

680) 유영일, "이사의 충실의무의 체계화에 관한 연구", 「商事判例硏究」 제26집 제4권(2013. 12. 31.), 311~359면.
681) 고창현, "이사의 충실의무", 주식회사법대계(II), 제3판, 2019, 한국상사법학회 편, 법문사, 2019, 627~669면.

는 회사재산이 직접 귀속하지 않고 오로지 회사만이 스스로 회사재산의 귀속주체가 되는
점, 수탁자는 위탁자와 단일한 법률관계에 놓이지만 주식회사의 이사는 다양한 이해관계
자들과 다양하게 연결되며 그들의 이해관계를 종합적으로 조절해야 하는 점 등을 고려하
면 주식회사의 이사에 대해 신탁법을 적용 내지 준용할 경우에는 신중한 자세가 필요하다
고 생각한다.

### 3. 기존 성문법규의 정비문제

충실의무와 관련된 상법의 문언에 있어 문제점들이 눈에 들어온다.

첫째 경업금지의무의 경우 이사회승인은 이사회의 보통결의로 되어 있지만, 회사기회유
용금지 및 이사와 회사간의 자기거래승인 부분에서는 이사 정원의 3분의 2 이상의 찬성으
로 되어 있다. 균형을 꾀할 필요가 있어 보인다.

둘째 상법 제397조의2 제2항의 경우 역시 문맥상 여러 문제를 낳고 있다: "제1항을 위
반한 이사"와 "승인한 이사"가 논리적으로 잘 연결되지 않는다. 법문언을 보다 매끄럽게
정비할 필요가 있을 것이다. 나아가 이사의 이득을 회사의 손해로 추정하는 동조 제2항의
법률효과는 개입권 유사의 것으로서 제척기간의 설정이 필요해 보인다.[682]

### 4. 상법 제382조의3의 활용문제

이 조문은 충실의무에 대해 매우 추상적으로 규정하고 있지만 중요한 역할을 수행하고
있다. 즉 법률에 명시되지 않은 충실의무의 여러 유형들을 두루 포섭하는 일반조항
(Auffangtatbestand)의 역할을 담당하고 있는 것이다. 향후 다양한 판례법으로 관련 사례
군이 이 조항에 담기기를 기대한다. 특히 일본에서는 "종업원 빼가기" 등이 이 조항의 주
요 사례군으로 벌써부터 거론되고 있다.

#### ⊙ 일본의 '종업원 빼가기' 사례 [日本設備事件][683]

시스템엔지니어 및 프로그래머 등의 인재파견을 영업으로 하는 X社의 이사 Y는 그 회
사 대표이사 A와 반목과 갈등을 경험하던 중 차제에 독립을 결심하였다. 이를 위하여 아
직 회사를 떠나기 전부터 자신의 부하 직원들에 대하여 자신이 설립을 예정하고 있던 Z社
로의 전직을 권유하였다. Z는 X와 최소한 부분적으로라도 영업부문이 동일하여 경쟁관계
에 놓일 것으로 예측되었다. 마침내 Y가 Z의 설립을 마치자 Y의 권유를 받아왔던 X의 직
원들이 일제히 X를 떠나 Z에 합류하게 되었다. 이에 X는 Y가 종업원들에게 재임중에 행
한 Z로의 전직권유행위(轉職勸誘行爲)로 X가 손해를 입게 되었고 Y의 그러한 권유행위는
이사의 충실의무에 반한 것이라고 주장하면서 동경지방법원에 손해배상청구소송을 제기하
였다.

법원은 "X社의 컴퓨터사업부는 주로 프로그래머 및 시스템엔지니어 등의 인재를 파견
하는 영업을 수행하고 있었고 인재는 X社의 유일한 자산으로서 인재의 확보 및 그 교육훈

---

682) 同旨, 최준선, 542면.
683) 이에 대한 자세한 설명으로는 김재걸, "理事의 從業員選拔行爲(종업원 뽑아가기)에 의한 責任과 會社의 損害
에 관한 法律的 論考 -日本의 判例를 중심으로 하여-", 「기업법연구」 제11집(2002), 143면 이하.

련이 회사의 유지·발전을 위한 주된 과제로 되어 있었다. 그럼에도 X의 이사인 Y가 X의 컴퓨터사업부의 종업원에 대하여 X를 퇴직하고 자신이 설립한 동종(同種)의 Z社에로 참가를 권유한 것은 이사의 충실의무 위반에 해당한다"고 판시하면서 원고의 청구를 인용하였다.[684] Y가 항소하였지만 항소심 역시 원심을 그대로 확정하였다.[685]

## V. 글을 맺으며

본 사건에서 원심 및 대법원이 취한 입장을 종합적으로 평가해보면 어느 심급에서건 피고 이사의 손해배상책임의 성립요건에서나 손해액의 산정에서나 **주의의무적 접근과 충실의무적 접근이 병행되고 있음**을 알 수 있다. 원고가 상법 제397조의2 제2항 대신 동법 제399조 제1항의 법령위반형에 따른 청구를 하였기 때문에 주의의무적 접근이 주된 방식이 되었다. 이에 따라 원고는 삼협교역이 입은 손해를 적극 증명하여야 했고 원심은 산정된 피고의 책임을 직권으로 감경하기도 하였다. 그러나 법원은 삼협교역의 손해를 산정함에 있어서는 상법 제397조의2 제2항의 법정신을 본 사건에 끌어들임으로써 충실의무적 접근도 시도하였다. 즉 피고 이사가 얻은 이득을 회사의 손해로 추정하는 원상회복적 구제도 허용한 결과가 되었다. 결국 구체적 타당성의 실현이라는 사법기관의 목적설정 및 그 실천의 시각에서 보면 본 사건은 크게 비판하기 힘든 판례로 기억될 것이다.

이상에서 우리는 경업거래, 겸직금지의무 및 기회유용금지의무를 둘러싼 비교법적 상황을 살펴본 후 평석대상 판례의 주요 문제점에 접근해 보았다. 1998년 상법 제382조의3이 도입되었으면서도 이사의 충실의무와 관련한 우리 판례법의 발전은 미미하다. 향후 보다 활발한 비교법적 연구를 통하여 다채로운 판례법이 형성되기를 기대해 본다.

## 4. 이사의 책임

### (1) 서 론

소유와 경영의 분리를 원칙으로 하는 오늘의 전형적인 주식회사에 있어 이사는 주주들이 출자한 막대한 재산을 관리하며 주식회사 내부의 핵심기관인 이사회를 구성한다. 앞서 보았듯이 오늘날 국내외적으로 이사회의 권한은 강화되고 권한이 강화되는 만큼 이에 대한 통제도 강화된다. 상법은 법령정관위반이나 임무해태를 이유로 이사가 회사에 대해 책임을 지게 할 뿐 아니라($_{399}^{상}$) 직접 아무런 법률관계를 갖지 않는 제3자에 대해서도 악의나 중과실 등 일정 요건하에 책임을 지게 한다($_{401}^{상}$). 또 유지청구제도나 대표소송제도를 두어 주주도 일정범위 내에서 이사의 업무집행을 통제할 수 있도록 하였다($_{403\ 이하}^{상\ 402,}$). 나아가 상법은 형법적 제재규정도 두고 있는데 일정 요건하에 자유형과 벌금형 또는 과태료의 제재를 예정하고 있다($_{635}^{상\ 625,}$).

684) 東京地方裁判所 昭和63年(1988年) 3月 30日, 「判例時報」 1272號, 23頁[日本設備事件].
685) 東京高等裁判所 平成元年(1989年) 10月 26日, 「金融·商事判例」 835號, 23頁.

이와 같이 이사는 업무집행상 법령위반이나 임무해태로 인한 각종 민사 내지 형사책임을 질 수 있어 스스로 업무집행에 신중을 기해야 한다. 나아가 책임발생시에는 스스로 무자력인 경우에 대비하여 임원배상책임보험(D&O liability insurance)에 가입하는 등 추가적인 대응책도 필요할 것이다.

### (2) 회사에 대한 책임

이사는 회사에 대하여 자본충실의 책임과 손해배상의 책임을 부담한다.

**(가) 자본충실의 책임($^{상}_{428}$):** 이사는 자본충실의 책임을 진다. 이는 설립시 나타나는 발기인의 책임($^{상\ 321}_{참조}$)과 유사하다. 회사가 유상증자를 하여 신주를 발행한 후 변경등기를 한 후에도 아직 인수하지 않은 주식이 있거나 주식인수의 청약이 취소된 때에는 이사가 이를 공동으로 인수한 것으로 본다($^{상\ 428}$). 이를 이사의 인수담보책임이라 하며 그 법적 성격은 발기인의 책임과 같은 무과실책임이다. 나아가 이 책임은 총주주의 동의로도 면제되지 않는다. 회사의 자본형성과 관련된 책임이므로 채권자보호의 법리가 작용하기 때문이다.

**(나) 손해배상책임($^{상}_{399}$)**

**1) 입법취지:** 이사와 회사간의 관계는 위임 혹은 준위임이므로 이사는 회사에 대해 수임인의 지위에서 선량한 관리자의 주의를 다하여야 할 것이다($^{상\ 382\ II}_{민\ 681\ I}$). 따라서 이사가 이러한 의무에 위반한 경우 회사에 대한 채무불이행 책임이 발생할 것이다($^{민}_{390}$). 이는 위임계약에 대한 적극적 채권침해(positive Forderungsverletzung des Auftragsverhältnisses)로 설명될 것이다. 이사의 임무해태는 동시에 일반 불법행위가 되어 민법 제750조 이하의 배상책임도 발생시킬 수 있다.

그러나 이사의 광범한 권한과 그가 관리하는 막대한 재산규모를 고려할 때 일반적인 민사책임만으로는 만족스럽지 못한 부분이 있다. 그리하여 상법은 민법상의 일반책임 외에 다음과 같은 추가적인 장치를 강구하였다. 즉 법령이나 정관위반 또는 임무해태시에는 회사에 대하여 연대하여 책임지도록 하였고($^{상\ 399}$), 나아가 이사의 책임이 발생하게 된 원인이 이사회결의에 있을 때에는 그 결의에 찬성한 이사도 책임지게 하였다($^{상\ 399}$). 또한 이사회의사록에 이의를 제기한 기록이 없는 이사는 찬성한 것으로 추정하고 있다($^{상\ 399}$). 그러나 이사가 이사회에 출석하여 결의에 기권하였다고 의사록에 기재된 경우에는 그러한 추정은 불가하다는 것이 판례의 입장이다.

> ### 대판 2019. 5. 16, 2016다260455 [손해배상(기)]
>
> "상법 제399조 제1항은 "이사가 고의 또는 과실로 법령 또는 정관에 위반한 행위를 하거나 그 임무를 게을리한 경우에는 그 이사는 회사에 대하여 연대하여 손해를 배상할 책임이 있다."라고 규정하고, 같은 조 제2항은 "전항의 행위가 이사회의 결의에 의한 것인 때에는 그 결의에 찬성한 이사도 전항의 책임이 있다.", 같은 조 제3항은 "전항의 결의에 참가한 이사로서 이의를 한 기재가 의사록에 없는 자는 그 결의에 찬성한 것으로 추정한다."라고 규정하고 있다. 이와 같이 상법 제399조 제2항은 같은 조 제1항이 규정한 이사의 임무위반행위가 이사회 결의에 의한 것일 때 결의에 찬성한 이사에 대하여도 손해배상책임을 지우고 있고, 상법 제399조 제3항은 같은 조 제2항을 전제로 하면서, 이사의 책임을 추궁하는 자로서는 어떤 이사가 이사회 결의에 찬성하였는지를 알기 어려워 증명이 곤란한 경우가 있음을 고려하여 증명책임을 이사에게 전가하는 규정이다. 그렇다면 **이사가 이사회에 출석하여 결의에 기권하였다고 의사록에 기재된 경우에 그 이사는 "이의를 한 기재가 의사록에 없는 자"라고 볼 수 없으므로, 상법 제399조 제3항에 따라 이사회 결의에 찬성한 것으로 추정할 수 없고, 따라서 같은 조 제2항의 책임을 부담하지 않는다고 보아야 한다.**"

**2) 책임발생유형:**  상법 제399조는 이사의 책임발생요건을 법령정관위반형과 임무해태형으로 나누고 있다. 어느 경우이든 회사의 손해와 이사의 행위간에는 상당인과관계가 있어야 할 것이다.

### 가) 법령위반형

① **법령에 위반한 행위:**  이사가 고의 또는 과실로 법령에 위반한 행위를 할 경우 이사는 회사에 대하여 그로 인한 손해를 배상하여야 한다($\frac{상}{민}\frac{399}{전단}$).

(i) **법령의 의미:**  법령에 위반한 행위라 함은 "이사로서 임무를 수행함에 있어서 준수하여야 할 의무를 개별적으로 규정하고 있는 상법 등의 제 규정과 회사가 기업활동을 함에 있어서 준수하여야 할 제 규정을 위반한 경우"가 이에 해당한다.[686] 여기서 '법령'이란 일반적인 의미에서의 법령, 즉 법률과 그 밖의 법규명령으로서의 대통령령, 총리령, 부령 등을 의미하는 것이다.[687]

(ii) **신인의무관련 상법의 일반규정들:**  다만 법률규정 중에서도 선관주의의무에 대한 상법상의 일반규정($\frac{상}{민}\frac{382}{681}$ II·)은 이에 포함되지 않는다. 이 경우는 후술할 임무해태형에 속하기 때문이다.[688] 이 규정은 단지 이사의 행위기준(standard of conduct)에

---

686) 대판 2005. 10. 28, 2003다69638.
687) 대판 2006. 11. 9, 2004다41651, 41668.
688) 대판 2010. 7. 29, 2008다7895.

불과할 뿐 법관의 사법심사기준(standard of review)은 아니기 때문이다.

충실의무에 관한 상법상의 일반규정($\frac{상}{382-3}$)에 대해서는 다소 구분이 필요하다. 이 규정 역시 위 선관주의의무에 관한 상법의 일반규정과 마찬가지로 원칙적으로는 이사의 행위규범(standard of conduct)이다. 즉 상법은 제382조의3에서 일반적인 충실의무규정을 두고 있는바 이는 일반적으로는 이사의 행위규범에 불과하고 법관의 사법심사기준은 아니다. 이 규정을 구체화한 상법 제397조(경업금지 및 겸직금지), 상법 제397조의2(기회유용금지) 또는 상법 제398조(자기거래의 금지) 등이 법령위반형에서 말하는 '법령'에 해당한다.[689] 즉 이들이 사법심사기준이다. 이들을 위반하면서 경업적 거래를 하거나 자기거래를 하거나 기회를 유용하면 해당 이사는 상법 제399조상 법령을 위반한 것이 되어 회사에 대해 손해배상책임을 지게 된다. 상법 제382조의3의 경우 원칙적으로는 이사의 행위기준에 그친다. 이사가 이를 위반하였다고 상법 제399조상 법령을 위반한 것으로 다루어지지는 않는다. 다만 여기에는 예외가 있다. 상법이 명시적으로 성문화하지 않은 충실의무가 존재하는바 예컨대 '회사재산오용금지의무(duty not to misuse corporate asset)' 또는 일본에서 자주 문제시되고 있는 '종업원 빼가기' 사례 등에 있어서 그러하다. 이 경우에는 상법 제382조의3이 상법 제399조상의 법령으로 작용할 가능성이 있다. 충실의무의 모든 영역이 다 성문화되어 있는 것은 아니므로 상법 제382조의3은 이런 경우에는 보충규범(Auffangtatbestand)으로 작용하며 이러한 영역에 있어 이 규정은 상법 제399조 제1항에서 이야기하는 '법령'으로 해석될 여지가 있다고 하여야 한다.

법령위반과 임무해태를 준별하는 상법 제399조의 입장[690] 나아가 법령위반의 경우에는 경영판단기준의 적용을 거부하는 판례의 입장[691]을 고려하면 상법 제399조상 '법령'의 의미는 이처럼 제한적으로 새길 수밖에 없을 것이다.

### ✤ 일본의 '종업원 빼가기' 사례 [日本設備事件]

시스템엔지니어 및 프로그래머 등의 인재파견을 영업으로 하는 X社의 이사 Y는 그 회사 대표이사 A와 반목과 갈등을 경험하던 중 차제에 독립을 결심하였다. 이를 위하여 아직 회사를 떠나기 전부터 자신의 부하 직원들에 대하여 자신이 설립을 예정하고 있던 Z社로의 전직을 권유하였다. Z는 X와 최소한 부분적으로라도 영업부문이 동일하여 경쟁관계

---

689) 다만 이들 규정에서 요구하는 이사회승인을 얻은 경우에도 - 즉 이사가 법령을 준수한 경우에도 - 회사에 손해가 발생할 여지는 있으며 이 경우에는 더 이상 법령위반형이 아니라 임무해태형으로 처리되고 위에서도 이야기하였듯이 책임기준의 변경이 일어날 수 있다. 즉 상법 제398조의 경우 절차적으로 하자없이 이사회승인을 얻은 경우에는 완전한 공정성기준에서 경영판단기준으로 책임기준이 바뀔 수 있는 것이다.

690) 참고로 일본 회사법 제423조는 임무해태형과 법령위반형을 '광의의 임무해태형'으로 통일하였다. 따라서 일본 회사법상의 해석학 역시 큰 도움이 되지 않는다.

691) 대판 2005. 10. 28, 2003다69638.

에 놓일 것으로 예측되었다. 마침내 Y가 Z의 설립을 마치자 Y의 권유를 받아왔던 X의 직원들이 일제히 X를 떠나 Z에 합류하게 되었다. 이에 X는 Y가 종업원들에게 재임중에 행한 Z로의 전직권유행위(轉職勸誘行爲)로 X가 손해를 입게 되었고 Y의 그러한 권유행위는 이사의 충실의무에 반한 것이라고 주장하면서 동경지방법원에 손해배상청구소송을 제기하였다.

법원은 "X社의 컴퓨터사업부는 주로 프로그래머 및 시스템엔지니어 등의 인재를 파견하는 영업을 수행하고 있었고 인재는 X社의 유일한 자산으로서 인재의 확보 및 그 교육훈련이 회사의 유지·발전을 위한 주된 과제로 되어 있었다. 그럼에도 X의 이사인 Y가 X의 컴퓨터사업부의 종업원에 대하여 X를 퇴직하고 자신이 설립한 동종(同種)의 Z社에로 참가를 권유한 것은 이사의 충실의무 위반에 해당한다"고 판시하면서 원고의 청구를 인용하였다.[692] Y가 항소하였지만 항소심 역시 원심을 그대로 확정하였다.[693]

(iii) **구체적인 예들**:  구체적으로 법령위반형의 상법상의 예를 들어보면 이미 살펴본 주주총회의 특별결의를 거치지 않은 영업양도($\stackrel{상}{374}$), 경업피지의무의 위반($\stackrel{상}{397}$), 회사기회유용금지의 위반($\stackrel{상}{의2}^{397}$), 자기거래의 제한위반($\stackrel{상}{398}$), 위법배당안의 제출($\stackrel{상}{1}^{462}$), 허용범위를 넘어서거나 취득방법을 위반한 자기주식의 취득($\stackrel{상}{341}$), 주주의 권리행사와 관련한 이익공여($\stackrel{상}{의2}^{467}$) 등이다. 기타 상법 이외에도 형법 등 다수의 법령이 존재할 수 있다. 지난 2005년의 삼성전자 주주대표소송에서는 이건희 회장의 노태우 대통령에 대한 뇌물공여가 문제시 되었다($\stackrel{형법 제133조상}{뇌물공여죄}$).

> **대판 2005. 10. 28, 2003다69638**
>
> "상법 제399조는 이사가 법령에 위반한 행위를 한 경우에 회사에 대하여 손해배상책임을 지도록 규정하고 있는바, 이사가 회사에 대하여 손해배상책임을 지는 사유가 되는 **법령에 위반한 행위는 이사로서 임무를 수행함에 있어서 준수하여야 할 의무를 개별적으로 규정하고 있는 상법 등의 제 규정과 회사가 기업활동을 함에 있어서 준수하여야 할 제 규정을 위반한 경우가 이에 해당된다**고 할 것이고, 이사가 임무를 수행함에 있어서 위와 같은 **법령에 위반한 행위를 한 때에는 그 행위 자체가 회사에 대하여 채무불이행에 해당**되므로 이로 인하여 회사에 손해가 발생한 이상, 특별한 사정이 없는 한 손해배상책임을 면할 수는 없다 할 것이며, 위와 같은 법령에 위반한 행위에 대하여는 이사가 임무를 수행함에 있어서 선관주의의무를 위반하여 임무해태로 인한 손해배상책임이 문제되는 경우에 고려될 수 있는 **경영판단의 원칙은 적용될 여지가 없다.**"

---

692) 東京地方裁判所 昭和63年(1988年) 3月30日 『判例時報』 1272号 23頁(日本設備事件).

693) 東京高等裁判所 平成元年(1989年) 10月26日 『金融·商事判例』 835号23頁.

> ## 대판 2006. 11. 9, 2004다41651, 41668[694]
>
> "이사가 임무를 수행함에 있어서 **법령을 위반한 행위를 한 때에는 그 행위 자체가 회사에 대하여 채무불이행에 해당**하므로, 그로 인하여 회사에 손해가 발생한 이상 손해배상책임을 면할 수 없고, 위와 같은 법령을 위반한 행위에 대하여는 이사가 임무를 수행함에 있어서 선량한 관리자의 주의의무를 위반하여 임무해태로 인한 손해배상책임이 문제되는 경우에 고려될 수 있는 경영판단의 원칙은 적용될 여지가 없다. 다만, 여기서 **법령을 위반한 행위라고 할 때 말하는 '법령'은 일반적인 의미에서의 법령, 즉 법률과 그 밖의 법규명령으로서의 대통령령, 총리령, 부령 등을 의미하는 것**인바, 종합금융회사 업무운용지침, 외화자금거래취급요령, 외국환업무·외국환은행신설 및 대외환거래계약체결 인가공문, 외국환관리규정, 종합금융회사 내부의 심사관리규정 등은 이에 해당하지 않는다."

② **책임의 법적 성질**

(i) **과실책임:** 법령 및 정관위반으로 인한 이사의 책임이 과실책임인지 아니면 무과실책임인지에 대해 과거에는 학설의 다툼이 있었다. 과거의 통설은 무과실책임으로 보아 왔으나 오늘날에는 과실책임설이 유력하게 제기되고 있다. 그 근거로 상법이 발기인의 인수 및 납입담보책임($\frac{\text{상}}{321}$)이나 이사의 인수담보책임($\frac{\text{상}}{428}$)의 경우처럼 무과실책임은 이를 명문으로 규정하고 있고 또 이러한 담보책임들은 자본충실의 요청에 부응하기 위한 성격을 띠므로 손해배상책임의 경우에는 민사책임의 일반원리에 따라 과실책임주의를 견지하는 것이 타당하다고 한다. 다만 이 때 이사에게 무과실의 입증책임을 지운 것으로 파악하고 있다. 생각건대 과실책임설이 타당하다고 본다. 마침내 2011년 개정상법 역시 '고의 또는 과실로'라는 문구를 상법 제399조 제1항에 삽입함으로써 법령정관위반형이 과실책임 임을 명문화하였다.

(ii) **채무불이행책임:** 법령위반형의 손해배상책임이 채무불이행책임인가 아니면 별도의 법정 책임인가? 이에 대해서도 학설 다툼이 있을 수 있으나 우리 판례는 채무불이행책임으로 보고 있다.[695] 즉 법령준수의무는 이사와 회사간의 위임계약상 이사의 본질적 의무 내지는 기초적 의무(baseline duty)이기 때문이다. 준법경영의무는 이사가 회사에 대해 부담하는 신인의무 중 본질적인 것이요, 최소한의 것이다. 따라서 **이를 위반하면 그 자체가 채무불이행을 구성하게 되는 것이다.**

③ **책임발생요건:** 법령위반으로 인한 손해배상책임을 채무불이행책임으로 보는

---

694) 본 사건에 대한 평석으로는, 김재범, "대출결정시 금융기관 이사의 주의의무와 경영판단의 원칙", 「상사판례연구」 제2집 제1권(2008. 3.), 3~36면.

695) 대판 2005. 10. 28, 2003다69638.

한 책임발생요건은 다음과 같이 정리할 수 있다. 첫째는 채무불이행의 존재(객관적인 법령위반의 존재), 둘째는 채무불이행(법령위반)에 대한 귀책사유의 존재(고의/과실), 셋째는 회사의 손해발생, 넷째 법령위반과 회사의 손해 간의 상당인과관계의 존재가 그것이다.

### 😊 노무라증권(野村證券) 손실보전사건[696]

노무라증권(이하 甲이라 한다)의 이사진이 투자자들에게 손실이 발생하였을 경우 그 손실을 보전하기로 결정하고 이를 시행하였다. 동경방송(주)(이하 乙이라 한다)는 모 신탁은행(이하 丙이라 한다)과 사이에 乙을 위탁자, 丙을 수탁자로 하여 특정금전신탁계약을 체결하고 10억엔을 丙은행에 신탁하였다. 이에 따라 丙은 甲증권(주)에 거래계좌를 개설한 후 乙을 위한 자산운용을 시작하였다. 불행이도 이 자산운용상 손실이 발생하였고 甲증권(주)는 위 결정에 따라 손실을 보전해 주었다. 그러나 이러한 손실보전행위는 일본 독점금지법 제19조 위반임을 차후 알게 되었다. 법원은 비록 **甲의 손실보전이 법령위반임은 확실하지만 손실보전이 이루어지던 1990년 2월 당시 甲의 이사진들에 대하여 그러한 법령위반에 대한 고의, 과실을 인정할 수 없으므로 甲 경영진들의 회사에 대한 손해배상책임도 존재하지 않는다고 보았다.**

④ **경영판단원칙의 적용가능성:**     법령정관위반형에 대해서는 임무해태형에 적용될 수 있는 경영판단의 원칙은 적용불가이다. 판례는 **법령위반은 그 자체가 회사에 대한 채무불이행**이므로 임무해태형에 대해 적용되는 경영판단의 원칙은 적용될 여지가 없다고 한다.[697] 좀더 구체적으로 표현하면 경영판단원칙의 적용요건인 (i) 경영상의 의사결정(business decision), (ii) 이해상충의 부존재(disinterestedness), (iii) 모든 동원가능한 정보에 기한 결정(informed decision), (iv) 자신의 의사결정이 회사에 최선이 될 것이라는 믿음을 가지고 내린 성실한 결정(good faith decision) 중 맨 마지막 요건인 '성실한 결정'의 요건이 법령정관 위반형에서는 나타나지 않기 때문이다. 즉 성실의무(duty of good faith)를 준수하여야 하는데 성실의무의 내용 중에는 회사경영을 둘러싼 기초법규의 준수도 포함되기 때문이다. 기초법규의 준수란 기업경영에 있어 기본적으로 요구되는 준법경영의무로서 이는 이사의 기초의무(基礎義務; baseline duty)이며 이사가 이마저 위반하는 경우에는 **그 자체가 회사에 대해 채무불이행을 구성**하게 된다.

⑤ **손익상계가능성:**     이사가 법령을 위반한 경우 항상 회사가 손해만 보는 것은

---

696) 日本 最高裁判所 平成 12年 7月 7日 第2小法廷判決, 判例タイムズ, 1046号, 92頁＝회사법 판례백선, 제3판, 사례 [49].

697) 대판 2005. 10. 28, 2003다69638.

아니다. 법령위반의 반사효과로 회사에 이익이 발생할 수도 있다. 예컨대 운송회사의 대표이사가 일정 기간 소속 기사들에게 운송용 트럭의 법정 최고적재량을 10% 정도 초과하도록 지시하여 회사가 운송비용 중 상당부분을 절약하였다고 가정하자. 차후 관계당국에 이 사실이 적발되어 과징금이나 벌과금처분을 받았고 이로 인하여 회사가 손해를 본 경우 당해 이사는 회사에 대하여 회사가 본 이익 만큼 손해배상의 감경을 주장할 수 있는가? 소위 **효율적 법률위반**(efficient breach of law)의 **문제**이다. 우리나라도 마찬가지이지만[698] 일본에도 그러한 가능성을 인정한 판례가 있다.[699] 나아가 그러한 가능성을 인정하는 학설도 있다.[700]

미국법률가협회의 『회사지배구조의 원리-분석과 권고-』는 그러한 가능성을 부정한다.[701] 즉 준법경영을 준수할 것을 요구한다. 이러한 비용-편익분석을 허용하면 준법경영의 기본원칙은 흔들릴 것이다. 단순한 임무해태형 손해배상책임과 법령위반형 손해배상책임간 차이를 인정하여야 할 것이다. 성실의무의 시각에서 손익상계의 가능성은 쉽게 인정하기 어려운 부분이 있다.[702] 개별 사안의 특수 정황은 고려하되 매우 엄격한 잣대가 필요해 보인다.

> **대판 2006. 7. 6, 선고 2004다8272 [손해배상(기)](고려생명보험사건)**
>
> [금융기관의 수익증권 매입·매도행위가 실질적으로 보험계약자에게 보험료를 할인하여 주는 것과 동일하여 구 보험업법 제156조 제1항 제4호에서 금지하는 특별한 이익을 제공하는 행위에 해당하므로 이에 관여한 임원의 회사에 대한 채무불이행을 인정할 수 있지만, 그 채무불이행으로 인하여 회사에게 실질적인 손해를 입혔다고 단정할 수 없다는 이유로, 금융기관의 임원의 회사에 대한 손해배상책임을 배척한 사례]
>
> "… 그러나 이사의 법령·정관 위반행위 혹은 임무 해태행위로 인한 상법 제399조의 손해배상책임은 그 위반행위와 상당인과관계 있는 손해에 한하여 인정될 뿐이므로, 그 결과로서 발생한 손해와의 사이에 상당인과관계가 인정되지 아니하는 경우에는 이사의 손해배상책임이 성립하지 아니한다고 할 것이다(대판 2005. 4. 29, 2005다2820 참조).
>
> 기록에 의하면, 피고 1이 위와 같이 수익증권을 액면가로 매입하였다고 하더라도 그 자체만으로 고려생명보험에게 손해가 발생하였다고 할 수 없고, 그 무렵 도래한 IMF 외환위기로 인하여 급증한 보험계약의 해지 등으로 인해 고려생명보험의 유동성 부족 상태가 매우 심각한 상태에서, 현대건설이 1998. 1. 중순 고려생명보험에게 종업원퇴직

---

698) 대판 2006. 7. 6, 2004다8272.
699) 日本 最高裁判所 平成 5年 9月 9日, 民集 47卷 7号, 4925頁.
700) 이철송, 회사법, 제26판, 2018, 788면(비록 법령위반시에는 경영판단원칙은 적용되지 않지만 그렇다고 손익상계의 가능성까지 부정할 수는 없다고 한다).
701) 『Principles of Corporate Governance-Analysis and Recommendation-』 §2.01 (b) (1).
702) 정대익, "이사의 회사에 대한 책임에 관한 독일의 최근 현황과 개정논의", 「상사법연구」 제36권 제2호(2017), 116면 각주 43) 참조.

적립보험(준비금 110억 7천만 원)에 대한 해지 또는 준비금의 2배에 해당하는 대출을 요구하자, 이러한 상황을 타개하기 위하여 위와 같이 **수익증권을 만기이자 상당의 손실을 보면서 매도하거나 수익증권 매입 후 단기간 내에 저가에 매도하는 방법으로 현대건설에 대한 종업원퇴직적립보험계약을 유지하지 않을 수 없었고**, 이러한 방법으로라도 고려생명보험의 유동성 부족을 해소하지 아니하였다면 IMF 외환위기 이후 급증한 보험계약의 해지에 따른 보험료환급요청에 대처할 수 없어 곧바로 파산되는 등의 위기에 직면하였을 터인데 **피고 1의 위와 같은 행위로 말미암아 이를 면할 수 있었다는 사정을 알 수 있는바, 이러한 사정을 감안하면 피고 1의 위와 같은 채무불이행에도 불구하고 고려생명보험에게 위와 같은 수익증권 매각손실 이상의 무형의 이익을 가져왔다고 볼** 여지가 충분하고, 이렇게 보게 되면 피고 1의 행위로 고려생명보험에게 실질적인 손해를 입혔다고 단정할 수 없으므로, 결국 피고 1의 손해배상책임을 배척한 원심의 판단은 정당한 것으로 수긍이 된다."

⑥ **입증책임**:    법령위반으로 인한 손해배상책임의 경우에는 법령위반 그 자체가 과실의 존재를 추정하는 것이므로 이사에게 무과실의 입증책임을 부과하는 것으로 풀이하여야 할 것이다.[703] 즉 원고는 이사의 행위가 법령위반에 해당한다는 사실만 주장하면 되고, 피고 이사는 그 법령위반을 인식하지 못한 것에 대해 과실이 없음을 증명해야 한다.

나) **정관위반형**:    정관위반으로 인한 이사의 회사에 대한 손해배상책임은 구체적으로 문제되는 정관규정의 법적 성격에 따라 책임의 내용도 달라질 수 있다. 회사가 갖고 있는 정관규정의 문언이 법령을 그대로 재현하는 경우에는 정관위반은 동시에 법령위반이 된다. 따라서 위의 내용이 그대로 적용될 것이다. 반면 이사가 위반한 것으로 보이는 정관규정이 내용상 법령과는 무관한 것일 때에는 후술할 임무해태형으로 다루면 될 것이다. 즉 이사가 위반한 것으로 판단되는 정관규정이 법령과는 무관한 내용일 때에도 당해 이사는 위임계약상의 선관주의의무는 위반할 수 있으므로 임무해태형으로 처리하면 족하다고 본다. 결론적으로 정관규정이 법령을 그대로 재현한 경우 이를 위반하면 경영판단의 원칙은 적용되지 않지만 반대의 경우에는 적용가능성을 부정할 수 없을 것이다.

다) **임무해태형**:    이사가 그 임무를 해태한 때에도 회사에 대해 손해배상책임을 부담할 수 있다(상 399 후단).

① **임무해태의 의의**:    임무해태라 함은 이사가 위임에 따른 선량한 관리자의 주의를 다하지 못한 것이다. 예컨대 감독불충분으로 회사 재산을 낭비하였다든지 어음

---

703) 鄭東潤, 會社法, 제7판, 法文社, 2005, 448면.

금의 추심을 해태하여 자금사정을 악화시켰다든지 회사의 자산이나 능력을 고려하지 아니한 채 무모한 투자를 하여 회사를 파탄케 하였다든지, 은행의 이사가 채무자의 자력을 충분히 조사하지 않고 대부하여 손해가 발생한 경우 등이다. 나아가 위에서도 보았듯이 법령을 준수한 경우에도 임무해태가 발생할 수 있다. 예컨대 이사가 상법 제398조상의 이사회승인을 얻어 자기거래를 하였더라도 그 거래의 내용이 불공정하여 회사에 손해가 발생한 경우에는 임무해태로 인한 손해배상책임이 발생할 수 있는 것이다.[704] 이 경우 경영판단원칙이 적용될 수 있음은 기술한 바와 같다.

> **대판 2010. 7. 29, 2008다7895**
>
> "상법 제399조 제1항에 규정된, 이사가 회사에 대하여 연대하여 손해배상 책임을 지는 **'임무해태 행위'라 함은 이사의 직무상 충실 및 선관주의의무 위반의 행위이다.**"

② **책임의 법적 성질:**  이러한 임무해태형에 대해서는 이를 과실책임으로 보는데에 이설이 없다. 위임관계에 대한 채무불이행 책임의 성격을 띠기 때문이다.

③ **증명책임:**  **이사의 과실에 대한 입증은 채무불이행 일반의 경우와 달리 원고의 몫**이다. 결과채무와 수단채무를 구별하는 한 이사가 부담하는 선관주의의무는 후자에 속하며 채무불이행의 입증에 있어서도 원고가 채무자의 과실을 입증하여야 한다.[705] 헌법재판소 역시 상법 제399조의 임무해태형에 있어 고의·과실의 입증은 원고의 몫이며 **이러한 증명책임의 분배는 입법형성권의 범위 안에 있다**고 판단하였다.[706] 임무해태라는 법률사실 속에는 피고 이사의 객관적 과실도 포함되는 것이며 이것이 입증된 경우라면 피고 이사의 무과실은[707] 사실상 그 증명이 불가한 것으로 보아야 할 것이다.[708]

> **대판 1996. 12. 23, 96다30465, 30472 [퇴직금·손해배상(기)]**
>
> "채무불이행 사실이 인정되는 경우라면 상고이유에서 지적하는 바와 같이 채무자가 자신에게 귀책사유가 없다는 점을 적극적으로 입증하여야 할 것이지만, 이 사건과 같이 대표이사를 상대로 주식회사에 대한 임무해태를 내세워 채무불이행으로 인한 손해배상책임을 물음에 있어서는 **대표이사의 직무수행상의 채무는 미회수금 손해 등의 결과가 전혀 발생하지 않도록 하여야 할 결과채무가 아니라, 회사의 이익을 위하여 선량한**

---

704) 이 경우 절차적 공정성이 준수된 경우라면 위에서 보았듯이 '완전한 공정성 기준'(entire fairness test; EFT)에서 '경영판단기준'(business judgment rule; BJR)으로 책임기준이 변경될 수 있다.

705) 대판 1996. 12. 23, 96다30465, 30472.

706) 헌법재판소 2015. 3. 26. 결정 2014헌바202.

707) 이는 피고 이사의 **주관적 과실에 대한 무과실의 입증**이 될 것이다.

708) 森田 章, 『取締役の善管注意義務』, 有斐閣, 2019, 214頁.

관리자로서의 주의의무를 가지고 필요하고 적절한 조치를 다해야 할 채무[수단채무: 편집자주]이므로 회사에게 대출금 중 미회수금 손해가 발생하였다는 결과만을 가지고 곧바로 채무불이행사실을 추정할 수는 없는 것이다. 따라서 원심이, 이 사건에서 원고의 임무해태사실을 인정할 만한 증거가 없고, 오히려 반대증거에 의하면 원고가 회사경영방침이나 경영전략에 따라 자신에게 부여된 포괄적인 위임사무의 권한을 적법하게 행사한 것으로 볼 수 있다는 취지로 판단한 것은 정당하고, 거기에 채무불이행에 관한 입증책임을 전도한 위법이 있다고 할 수 없다."

### 헌법재판소 2015. 3. 26. 2014헌바202 결정 [상법 제399조의 위헌소원]

[주식회사 이사의 회사에 대한 손해배상책임을 과실책임으로 규정하고, 고의 또는 과실의 입증책임을 이사의 책임을 주장하는 자에게 부담시키는 형식으로 규정된 상법(2011. 4. 14. 법률 제10600호로 개정된 것) 제399조 제1항(이하 '상법조항'이라 한다)이 입법형성권의 한계를 일탈하여 이사의 책임을 추궁하는 청구인인 회사의 재산권을 침해하는지 여부(소극)]

"...과실책임원칙은 헌법 제119조 제1항의 자유시장 경제질서에서 파생된 것으로 민사책임의 기본원리인바, 이사의 회사에 대한 손해배상책임을 과실책임으로 규정한 것은 이사의 업무집행의 적정성을 도모하고 회사의 손해를 전보하기 위하여 이사의 회사에 대한 손해배상책임을 규정하면서도 한편으로 이사의 포괄적 업무집행권이라는 이해관계도 고려한 것으로 합리적인 입법권의 행사라고 판단되고, 구체적으로 누구에게 입증책임을 분배할 것인가는 정의의 추구라는 사법의 이념, 재판의 공정성, 다툼이 되는 쟁점의 특성 및 관련 증거에 대한 접근성 등을 종합적으로 고려하여 입법자가 재량으로 정할 수 있는 입법형성의 영역이고, **이사의 임무해태는 이사가 선량한 관리자로서의 주의의무를 가지고 필요하고 적절한 조치를 다해야 할 의무를 위반한 것으로서 과실과 분리되는 것이 아니므로, 이에 대한 고의 또는 과실의 입증책임을 이사의 책임을 주장하는 자에게 부담시킨 것은 그 합리성을 인정할 수 있으므로,** 상법조항이 입법형성권의 한계를 일탈하여 이사의 책임을 추궁하는 청구인인 회사의 재산권을 침해하였다고 할 수 없다."

### 3) 책임의 주체 및 범위

가) 책임의 주체:  책임을 부담할 이사는 법령을 위반하거나 임무를 해태한 당해 이사일 것이나 그 이사가 복수이면 연대책임으로 한다($^{상 399}$). 나아가 결의에 찬성한 이사도 책임을 부담하며($^{同 399}$), 의사록에 이의를 제기하지 아니한 이사는 찬성한 것으로 추정된다($^{同 399}$). 상법은 제399조상의 책임을 집행임원($^{상 408의}_{1}$)과 업무집행지시자($^{상}_{401-2}$)에게도 같은 내용으로 요구하고 있다.

나) 책임의 면제:  상법 제399조의 책임이 면제되려면 무의결권주주를 포함한 총주주의 동의가 있어야 한다($^{상 400}$). 나아가 상법 제450조에 의한 책임의 해제도 가능

하다. 책임추궁은 회사 자신뿐만 아니라 소수주주의 대표소송의 방법도 가능할 것이다($^{\mathrm{상}\ 403}_{\mathrm{이하}}$).

### ⚙ 책임의 면제($^{\mathrm{상}}_{\ }$ 400)와 책임의 해제($^{\mathrm{상}}_{450}$)

양자는 모두 이사의 손해배상책임을 소멸시키는 법률요건이지만 다음과 같은 차이점을 갖고 있다. 우선 면제대상인 책임의 범위를 보면 전자는 면제될 이사의 책임이 구체적·개별적으로 특정되어 있으나 후자의 경우에는 해제의 대상인 책임이 그 발생 여부가 불확실한 상태라도 재무제표로부터 알 수 있는 상태이면 포괄적으로 해제의 효과가 미칠 수 있다. 나아가 책임소멸의 시기를 살펴보면 전자의 경우에는 총주주의 동의와 더불어 즉 책임면제의 결의가 성립되는 시점에서 즉시 소멸하지만 후자의 경우에는 정기주주총회에서 재무제표를 승인하는 결의를 한 후 2년의 제척기간의 완료로 소멸한다. 끝으로 전자의 경우에는 총주주의 동의를 요하므로 이에는 무의결권주주도 포함되나 후자의 경우 무의결권주주는 재무제표승인결의에서 의결권을 행사하지 못한다.

**다) 책임의 제한:** 이사의 회사에 대한 손해배상책임은 일정한 요건하에 제한가능하다고 본다.[709]

**① 판례의 태도:** 판례법은 이사의 책임제한가능성을 오래전부터 인정하여 왔다.

> **대판 2004. 12. 10, 2002다60467, 60474**
>
> "이사가 법령 또는 정관에 위반한 행위를 하거나 그 임무를 해태함으로써 회사에 대하여 손해를 배상할 책임이 있는 경우에 그 손해배상의 범위를 정함에 있어서는 당해 사업의 내용과 성격, 당해 이사의 임무위반의 경위 및 임무위반행위의 태양, 회사의 손해발생 및 확대에 관여된 객관적인 사정이나 그 정도, 평소 이사의 회사에 대한 공헌도, 임무위반행위로 인한 당해 이사의 이득 유무, 회사의 조직체계의 흠결 유무나 위험관리체제의 구축 여부 등 제반사정을 참작하여 손해분담의 공평이라는 손해배상제도의 이념에 비추어 그 손해배상액을 제한할 수 있다."

**② 2011년 개정상법의 내용:** 2011년 개정상법은 명문의 규정을 두어 책임제한가능성을 아래와 같이 구체화시켰다. 즉 회사는 정관으로 정하는 바에 따라 제399조에 따른 이사의 회사에 대한 손해배상책임을 이사가 그 행위를 한 날 이전 최근 1년간의 보수액의 6배를 초과하는 금액에 대하여 면제할 수 있다. 위의 연보수액에는 상여금과 스톡옵션의 행사로 인한 이익이 포함되며, 사외이사의 경우에는 최근 연보수액의 3배를 초과하는 금액에 대하여 면제가능하다. 다만, 이사가 고의나 중과실로 손

---

709) 이에 대해 자세히는 최문희, 「주식회사 이사의 책임제한에 관한 연구」, 서울대 박사학위논문, 2004.

해를 야기한 경우와 경업금지($\frac{상}{397}$), 기회유용($\frac{상}{의2}$397) 및 자기거래($\frac{상}{398}$) 위반시에는 책임제한이 불가하다($\frac{상}{400}$).

(i) **책임제한의 방법:** 2011년 개정상법은 정관에 규정을 둠으로써 이사의 회사에 대한 책임을 제한할 수 있다고 규정하고 있다. 정관규정 속에 책임제한의 주체, 책임제한의 범위 나아가 책임제한의 의사결정방법 등을 각 회사가 자율적으로 정할 수 있을 것이다.[710] 다만 이러한 정관규정에도 불구하고 책임제한의 효과가 정관규정만으로 도래하는지,[711] 아니면 이사회 결의가 필요한지[712] 아니면 이러한 정관규정에 기초하여 추가적으로 주주총회결의가 필요한지, 만약 마지막 경우라면 주주총회의 특별결의가 필요한지,[713] 보통결의로 족한지[714] 등 해석상의 문제가 여전히 남는다.

(ii) **책임제한의 한도:** 상법 제400조 제2항에 따르면 이사의 최근 연보수액의 6배를 초과하는 금액에 대하여 책임면제가 가능하다. 이 말은 예컨대 甲이라는 이사가 100억원의 손해를 야기하였고 최근 연보수액이 10억원이라면 이 연보수의 6배 즉 60억원을 초과하는 40억원에 대해서 면제가능하다는 의미이다. 물론 회사가 정관에 '연보수의 7배(내지 8배)를 초과하는 액수에 대해 면제할 수 있다'는 규정을 둔 경우에는 70억원(내지 80억원)을 초과하는 30억원(내지 20억원)이 감면되는 것이다. 최근 연보수의 6배를 하회할 수는 없다.

(iii) **책임제한배제사유:** 상법은 기회유용, 경업금지, 자기거래 등 이른바 충실의무위반시에는 책임제한배제사유로 삼고 있다. 나아가 이사가 고의나 중과실로 회사에 손해를 야기한 경우에도 책임제한이 불가하다. 참고로 미국 델라웨어주법에서도 이사가 충실의무(duty of loyalty) 또는 성실의무(duty of good faith)를 위반하였을 경우에는 책임제한이 불가하다.[715] 위와 같은 충실의무 및 성실의무 규정들은 이사의 회사에 대한 기초적 성실성을 전제로 한다. 따라서 이러한 'basic duty'를 위반한 경우에는 책임감면을 시행할 수 없는 것이다. 다만 미국법에서는 선관주의의무의 경우에

---

710) 2012년 3월 26일 현재 코스피 313개사, 코스닥 446개사 등 총 759개 상장회사(전체의 43%)가 상법 제400조 제2항에 따라 이사의 책임제한조항을 정관에 도입하였다고 한다(CGCG, 2012년 주주총회분석, 2012년 3월 26일자, 참조).

711) 코스닥협회 표준정관 제41조의2.

712) 최준선, 회사법, 제13판, 2018, 556면("주주총회의 결의에 의한다는 규정이 없으면 이사회결의로 면제할 수 있다"고 한다).

713) 이철송, 회사법강의, 제26판, 2018, 794면(주주총회의 특별결의에 의해 책임제한을 하는 것이 합리적이라는 견해).

714) 임재연, 회사법 II, 제5판, 2018, 526면(정관에 근거규정을 두고 주주총회의 보통결의로 결정할 수 있다는 견해); 최문희, 주식회사법대계 II, 법문사, 2013, 907면(정관에 책임제한규정을 둔 경우 결의요건은 주주총회의 보통결의로 족하다고 한다).

715) 델라웨어주 회사법 제102조 b항 7호 참조.

는 설사 이사가 중과실이었던 경우에도 정관규정으로 책임을 면제시킬 수 있는 가능성이 열려 있다.[716]

**(iv) 불법행위책임에의 적용여부:** 본시 정관규정에 의한 이사의 책임제한은 법문언상 상법 제399조에 의한 이사의 회사에 대한 손해배상책임에만 적용된다. 문제는 이사가 민법 제750조 등 일반 불법행위법에 기하여 회사에 대해 손해배상책임을 질 수도 있다는 점이다. 즉 상법 제399조상의 책임과 불법행위책임이 청구권경합관계에 놓이는 경우 상법 제400조 제2항상의 책임제한은 상법 제399조에만 미치는지 아니면 민법 제750조 등 불법행위상의 손해배상책임에도 확장될 수 있는지 의문이다. 상법 제400조 제1항상 총주주의 동의에 의한 책임면제시 그 효과는 상법 제399조의 책임에 한정된다는 판례가 있다.[717]

상법 제400조 제2항의 책임제한에 대해서도 유사한 문제가 생기지만 현재 국내에서는 이에 대한 학설을 발견하기 어렵다. 생각건대 이 문제에 대해서는 운송법상의 책임제한제도를 참작해야 할 것으로 보인다. 즉 운송법에서 논의되는 작용적 청구권경합(einwirkende Anspruchskonkurrenz)의 사고를 회사법에서도 고려하여야 할 것이다. 책임제한 대상을 상법 제399조상의 것으로 한정하면 경우에 따라서는 상법 제400조 제2항의 입법이념이 살아나지 않는 경우가 발생할 수 있기 때문이다. 상법 제399조상의 책임은 제한됨에 반하여 민법 제750조상의 책임은 제한불가라면 경우에 따라서는 불합리한 결과가 도래할 수 있다. 따라서 이러한 경우에는 청구원인의 여하를 가리지 않고 책임제한의 혜택을 확장하는 해석론이 필요할 것이다.

### ❖ 이사의 책임제한에 관한 비교법적 고찰 및 상법 제400조 제2항의 입법론

#### Ⅰ. 각국의 입법례
이사의 책임제한에 관한 각국의 입법례를 보면 아래와 같다.

#### 1. 미 국
미국의 경우 가장 영향력이 큰 델라웨어주 회사법은 고의나 이에 준하는 경우[718] 및 충실의무(duty of loyalty) 위반의 경우를 제외하고는 회사가 정관규정으로 이사의 책임을

---

716) 이러한 가능성은 특히 1980년대 Smith v. Van Gorkom (488 A. 2d 858, Del. 1985) 사건 이후 출현하였다. 트랜스 유니언社 이사들의 회사매각승인이 중과실이어서 이들이 회사에 대해 손해배상책임을 져야 한다는 델라웨어주 법원판결 이후 미국 대회사의 CEO들은 큰 충격에 빠졌으며 이로 인하여 크게 동요하였고, D&O보험이 강화되자 델라웨어주 의회는 이러한 상황을 조기에 수습하기 위하여 중과실의 경우에도 회사의 정관규정에 따라 책임면제가 가능한 성문규정을 델라웨어주 회사법에 신설하였다(델라웨어주 회사법 제102조 b항 7호 (ii)목 참조).

717) 대판 1989. 1. 31, 87누760.

718) 이사의 성실의무(duty of good faith) 위반이 가장 주요한 예이다. 즉 불성실(failure to act in good faith)의 경우 책임제한이 불가하다.

제한할 수 있도록 허용한다($^{동법 \ 제107조}_{b항 \ 7호}$). 회사가 책임감경에 관한 정관규정을 둔 경우에는 중과실의 경우에도 책임제한이 가능하다. 이는 Smith v. Van Gorkom 사건의 결과이다.

## 2. 영    국

영국에서는 원칙적으로 정관규정과 무관하게 그때 그때 주주총회결의로 이사의 책임을 제한할 수 있다. 이사가 회사의 손해 및 책임제한의 내용을 밝힌 후 주주총회에서 단순과 반수로 승인하면 되고 다만 정관위반의 임무해태시에는 특별결의로 하면 된다. 미국과 달리 이사의 책임을 제한하는 정관규정의 효력을 인정하지 않는다($^{영국 \ 2006년 \ 회사}_{법 \ 제232조 \ 참조}$). 즉 원칙적으로 정관상의 책임제한규정은 무효(void)이다. 다만 선관주의의무 위반시 예외를 허용한다($^{동법 \ 제234}_{조 \ 제4항}$). 커먼로우 국가 답게 법원판결에 의한 이사의 책임제한가능성을 광범위하게 허용한다($^{동법}_{제1157조}$).

## 3. 일    본

일본의 2006년 회사법은 비교적 자세히 이사의 책임감경 가능성을 규정한다.[719] 원칙적으로는 정관에 규정을 둠이 없이 주주총회의 특별결의[720]로 이사의 책임을 제한할 수 있게 허용한다($^{동법 \ 제425}_{조 \ 제1항}$). 이는 사후적 감경방식이다. 단 이사가 악의나 중과실인 경우 책임제한 대상에서 제외한다.[721] 나아가 대표이사의 경우 연보수의 6배, 평이사의 경우 연보수의 4배, 사외이사의 경우 연보수의 2배에 해당하는 액수를 초과하는 금액에 대해서만 책임을 감경할 수 있다. 즉 책임제한을 하더라도 위에서와 같이 산정된 액수는 책임의 최저하한이어야 한다($^{동법 \ 제425}_{조 \ 제1항}$). 다만 책임감경결의전에 감사나 감사위원회 위원의 동의를 얻어야 하고($^{동법 \ 제425}_{조 \ 제3항}$), 책임제한결의로 들어가기 전에 이사는 책임제한 결의안에 대해 주주들에게 상세히 설명하여야 한다($^{동법 \ 제425}_{조 \ 제2항}$). 나아가 일본 회사법은 그 외에도 정관에 규정을 두고 이사회결의로 이사의 책임을 제한할 수 있게 허용한다($^{동법 \ 제426}_{조 \ 참조}$). 끝으로 특히 사외이사에 대해서는 사전적 책임제한 방식으로서 책임한정계약을 정관에 둘 수 있게 허용한다($^{동법 \ 제427}_{조 \ 참조}$).

## 4. 독    일

독일 주식법은 회사는 이사에 대한 손해배상청구권을 일정 요건하에 포기할 수 있다고 규정한다($^{동법}_{제93조}$). 회사의 손해배상청구권이 성립한지 3년이 도과한 후 주주총회의 보통결의로 손해배상청구권을 면제하거나 화해할 수 있다고 규정한다($^{동법 \ 제93조}_{제4항 \ 제3문}$). 다만 감사회(Aufsichtsrat)에 의한 이사의 책임제한은 불가하며, 10% 이상의 주식을 가진 소수주주들의 이의가 없어야 한다($^{동법 \ 제93조 \ 제4항 \ 제}_{2문 \ 및 \ 제3문 \ 참조}$).

---

719) 이하의 내용에 대해서는 神田秀樹, 會社法, 第15版, 弘文堂, 2013, 239~241면 참조.
720) 의결권의 과반수를 가진 주주의 출석과 출석주주의 의결권의 3분의 2 이상에 해당하는 다수로 하는 결의이다 (동법 제309조 제2항).
721) 이점 우리법과 같으나 특히 중과실의 경우 아래에서 보는 바와 같이 문제가 제기될 여지가 남는다.

Ⅱ. 현행 상법 제400조 제2항의 문제점[722]

1. 주관적 책임제한조각사유상의 문제점

고의나 중과실의 경우 책임제한대상에서 제외하나 고의의 경우는 이러한 결과가 당연
하다고 할 수 있지만 중과실의 경우에는 문제를 야기한다. 오히려 **중과실의 경우가 바로
책임감경의 가장 주요한 경우여야 한다.** 이사의 신인의무에 관한 한 미국법을 거의 그대로
받아 들인 우리나라에서는 중과실은 책임감경 대상에 포함시켜야 한다. 주관적 책임제한
조각사유는 고의나 이에 준하는 예컨대 불성실(failure to act in good faith) 정도에서 그
쳐야 한다. 그 이유는 경영판단의 원칙상 경과실의 경우 이사는 완전면책에 이르고 악의
나 중과실의 경우에는 경영판단원칙이 적용되지 않기 때문이다. 즉 상법 제400조 제2항을
현 상태로 그대로 적용하면 임무해태로 회사에 대해 손해배상책임을 지는 경우 중과실의
이사는 책임감경의 혜택을 전혀 누릴 수 없게 된다. 기존 판례법의 적용결과와 다를 것이
없어진다. 선관주의의무위반의 경우 현 상태라면 상법 제400조 제2항은 전혀 책임감경기
능을 수행할 수 없다.

나아가 상법 제399조상 법령정관위반으로 인한 손해배상책임에 대해서도 중과실은 책
임감경 대상에 포함시키는 것이 옳다고 본다. 즉 상법 제400조 제2항 단서상 주관적 책임
제한 조각사유인 중과실은 이 경우에도 적절치 않다. 2011년 상법개정으로 상법 제399조
의 법령정관위반형 역시 과실책임으로 바뀌었다. 따라서 고의에 의한 법령위반과 과실에
의한 법령위반이 구별될 수 있는바 고의에 의한 법령위반시에는 책임을 감경시킬 수 없지
만 과실의 경우에는 부분적으로라도 책임제한 가능성을 열어 두는 것이 옳다. 사후적으로
손해배상책임이 제한될지 여부는 추후의 문제이다. 미국 델라웨어주 회사법 역시 그러하
다. 즉 '알고 있는 법령위반'(knowing violation of law) 또는 '알고 있는 의무의 면전에서
이를 방기하기'(dereliction of known duty)의 경우에만 책임제한을 금지한다. 임무해태형
이든 법령위반형이든 결국 고의 및 이에 준하는 불성실의 경우를 제외하고는 원칙적으로
책임제한대상에서 제외시킬 이유가 없다.

2. 책임하한에 관한 부분

이사의 책임을 제한하면서도 상법 제400조 제2항은 이사의 연봉을 기준으로 일정 배수
의 하한을 설정하고 있다. 그러나 이러한 하한설정 역시 구체적인 책임감경사안에서는 문
제를 야기할 가능성이 크다. 이사의 연보수의 6배는 구체적인 경우 불합리한 결과에 도달
할 수 있다. 이사의 과실의 정도, 손해에 인과관계를 제공한 다른 이사들의 과실정도, 해
당 이사의 회사에 대한 지금까지의 기여도 및 근무기간, 손해발생정황, 손해발생 당시 회
사의 재무구조 및 경영상황 등에 따라 구체적인 책임감경의 비율이 달라질 수 있으며 그
정도는 그야말로 케이스 바이 케이스로 결정하는 것이 순리라고 생각된다. 따라서 미국
델라웨어주법에서처럼 이러한 책임하한을 두지 않는 것이 바람직하다고 본다.[723]

---

722) 이에 대해 자세히는 김정호, "이사의 책임제한", 「고려법학」 제74호(2014. 9.), 399~452면 참조.
723) 예컨대 삼성전자(주) 대표이사의 연봉은 거의 100억원에 육박한다. 그 6배이면 600억원이다. 구체적인 손해
    사고시 600억원이하로는 책임을 제한할 수 없다면 이러한 하한은 결코 적은 액수가 아니며 불합리한 경우도
    자주 발생할 것이다.

### Ⅲ. 바람직한 입법론

#### 1. 상법 제400조 제2항을 대체할 내용들

**향후의 입법론**으로는 상법 제400조 제2항에서 기존의 제2항 대신 아래 내용으로 바꾸는 것이 바람직해 보인다.

(가) 상법 제400조 제2항:  "(2) 회사는 **정관규정과 무관하게** 주주총회의 특별결의로 상법 제399조에 따른 이사의 책임을 제한할 수 있다. 이 경우 주주총회의 결의에 앞서 책임제한의 내용에 대한 감사 전원 또는 감사위원회 위원 전원의 동의가 있어야 한다. 다만 이사가 악의나 이에 준하는 경우 또는 충실의무 위반시에는 그러하지 아니하다."

(나) 상법 제400조 제3항:  나아가 기존의 상법 제400조 제2항은 제3항으로 바꾸어 아래와 같이 수정할 것을 제안한다; "(3) 회사는 정관에 정하는 바에 따라 상법 제399조에 따른 이사의 책임을 제한할 수 있다. 다만 이사가 악의 또는 이에 준하는 경우 및 충실의무 위반시에는 그러하지 아니하다."

(다) 상법 제400조 제4항:  끝으로 상법 제400조에 제4항을 두어 사외이사의 책임에 대해 사전경감조항을 둘 수 있게 하는 것이 바람직해 보인다; "(4) 회사는 정관규정에 따라 상법 제399조에 따른 사외이사의 책임을 일정 액수로 한정하는 사전경감조항을 둘 수 있다. 다만 해당 사외이사가 악의나 이에 준하는 경우 또는 충실의무 위반시에는 그러하지 아니하다." 전체적으로 보면 중과실을 책임제한 배제사유에서 제외하였고 책임의 하한 규정 역시 삭제하였다.

#### 2. 총  평

위 **(가)의 경우가 원칙적인 상황**이어야 한다. 즉 원칙적으로 회사는 주주총회의 특별결의라는 신중한 방법으로 이사의 책임을 제한할 수 있게 하여야 한다. 주주총회의 특별결의여야 하는 이유는 총주주의 동의로 이사의 책임을 완전히 면제시키는 상법 제400조 제1항과의 균형 때문이다. 전부면제를 위하여 주주총회의 특수결의가 요구된다면 일부면제에는 그 특별결의 정도의 가중된 다수결이 필요할 것이다. 그러나 이러한 책임제한은 기존 법질서에 대한 예외이므로 이를 정례화(定例化)할 수는 없다. 따라서 **개별 회사가 선택한 '정관규정과는 무관하게' 특별결의를 요구하는 것이 원칙임을 처음부터 명백히 할 필요가 있다.** 책임의 감경은 특히 필요한 경우에 시행할 일이며 나아가 개별 사건마다 통일된 기준으로 접근할 필요도 없다고 본다. 일상적(日常的)으로 이사의 책임이 제한되어야 하는 것은 아니기 때문이다. 이러한 점 때문에 **이사의 책임감경은 상법상 물건운송인의 책임이 정형적으로 제한되는 것과 다르다.**

이렇게 상법 제400조 제2항에 기존의 내용 대신 위 (가)와 같은 규정을 두더라도 우리나라에서 주식회사는 (주)삼성전자나 (주)현대차처럼 국가의 기간산업을 책임지는 초대형 거대회사에서부터 그 실질이 조합인 가족회사에 이르기까지 매우 다양하므로 이를 고려하여 정관규정으로 개개 회사가 이사의 책임제한을 위한 특별규정을 둘 수 있게 위 (나)에서와 같은 상법 제400조 제3항을 두는 것이 좋을 것으로 보인다. 끝으로 위 (다)에서처럼 상법 제400조에 제4항을 신설하여 일본 회사법과 유사하게 사외이사에 대한 사전감경조항을 두는 것도 가능하다고 본다. 즉 법령에 의하여 강제적으로 사외이사를 두어야 하는 소형 상장사의 경우 사전감경 조항을 두는 것이 사외이사 선임에 도움이 될 수 있을 것이다.

라) 책임의 시효:    이사의 회사에 대한 상법 제399조상의 손해배상책임은 10년으로 시효소멸한다.[724] 단, 상법 제399조상의 소를 제기했더라도 불법행위상의 손해배상청구에 대한 시효중단의 효력은 존재하지 않는다.[725]

### (3) 제3자에 대한 책임($\frac{\text{상}}{401}$)

(가) 의의 및 기능:    이사가 악의 또는 중대한 과실로 인하여 그 임무를 해태한 때 그 이사는 제3자에 대하여 연대하여 손해를 배상하여야 한다($\frac{\text{상}}{401}$). 비록 이사는 대표이사라 하더라도 회사의 대표기관으로 활동하므로 제3자와 직접 법률관계를 맺는 것은 아니나 이사의 직무수행은 제3자에게 영향을 미치는 경우가 많으므로 상법은 제3자 보호와 이사의 직무수행시 신중을 꾀하기 위하여 이러한 규정을 두게 되었다.

> ### 대판 2006. 9. 8, 2006다21880
>
> "주식회사의 대표이사가 대표이사의 업무 일체를 다른 이사 등에게 위임하고 대표이사의 직무를 전혀 집행하지 않는 것은 그 자체가 이사의 직무상 충실 및 선관의무를 위반하는 행위에 해당하므로, 명의상 대표이사에 불과하더라도 상법 제401조 제1항에 의한 손해배상책임이 있다."

> ### 대판 2010. 2. 11, 2009다95981
>
> "상법 제401조 제1항에 규정된 주식회사의 이사의 제3자에 대한 손해배상책임은 이사가 악의 또는 중대한 과실로 인하여 그 임무를 해태한 것을 요건으로 하는 것이어서 단순히 통상의 거래행위로 인하여 부담하는 회사의 채무를 이행하지 않는 것만으로는 악의 또는 중대한 과실로 그 임무를 해태한 것이라고 할 수 없지만, 이사의 직무상 충실 및 선관의무 위반의 행위로서 위법성이 있는 경우에는 악의 또는 중대한 과실로 그 임무를 해태한 경우에 해당한다."

이러한 이사의 제3자에 대한 책임규정은 상기의 효과 이외에도 법인격부인을 대체하는 기능도 있다. 즉 소규모의 회사에서 채권자가 자기 채권의 만족이 어려울 때에는 지배주주의 개인재산을 책임재산으로 하는 방법이 요구되는데, 상법 제401조는 경영자의 책임재산을 회사의 책임재산으로 확대시킬 수 있는 가능성을 갖고 있다.

---

724) 대판 1985. 6. 25, 84다카1954.
725) 대판 2002. 6. 14, 2002다11441.

(나) **책임의 법적 성질**:    본조의 책임이 어떤 성격의 것이냐를 놓고 다음과 같이 학설이 대립하고 있다. 어느 학설을 취하느냐에 따라 개별 문제점에서 결과가 달라진다.

**1) 법정책임설**:    첫째 견해는 법정책임설이다. 이 견해에 따르면 상법 제401조는 상기의 특수한 정책적 배려에서 나타난 규정으로서 일반 불법행위책임과는 아무 관련없는 독립된 책임요건이라고 한다. 따라서 이 학설은 민법 제750조와는 청구권경합을 인정하며 소멸시효기간도 일반 채권의 시효기간인 10년으로 보게 된다($민^{162}$). 한편 상법 제401조상의 악의나 중과실 등 주관적 요건은 이사의 임무해태시에만 나타나면 족한 것으로 본다. 즉 피해를 본 제3자에 대한 관계에서까지 악의나 중과실을 요구하지는 않는다. 나아가 제3자에는 주주도 포함되며 배상할 손해에는 제3자의 직접손해 및 간접손해를 모두 포함시킨다.

> **대판 2006. 12. 22, 2004다63354**
>
> "상법 제401조는 이사가 악의 또는 중대한 과실로 인하여 그 임무를 해태한 때에는 그 이사는 제3자에 대하여 연대하여 손해를 배상할 책임이 있다고 규정하고 있다. 원래 이사는 회사의 위임에 따라 회사에 대하여 수임자로서 선량한 관리자의 주의의무를 질 뿐 제3자와의 관계에 있어서 위 의무에 위반하여 손해를 가하였다 하더라도 당연히 손해배상의무가 생기는 것은 아니지만, 경제사회에서 중요한 지위에 있는 주식회사의 활동이 그 기관인 이사의 직무집행에 의존하는 것을 고려하여 제3자를 보호하고자, 이사가 악의 또는 중대한 과실로 위 의무에 위반하여 제3자에게 손해를 입힌 때에는 위 이사의 악의 또는 중과실로 인한 임무 해태행위와 상당인과관계가 있는 제3자의 손해에 대하여 그 이사가 손해배상의 책임을 진다는 것이 위 법조의 취지라 할 것이다($대판^{1985.}_{11. 12, 84다카}_{2490 등 참조}$). 이처럼 상법 제401조에 기한 이사의 제3자에 대한 손해배상책임이 제3자를 보호하기 위하여 **상법이 인정하는 특수한 책임**이라는 점을 감안할 때, 일반 **불법행위책임의 단기소멸시효를 규정한 민법 제766조 제1항은 적용될 여지가 없고, 달리 별도로 시효를 정한 규정이 없는 이상 일반 채권으로서 민법 제162조 제1항에 따라 그 소멸시효기간은 10년이라고 봄이 상당하다**."

**2) 불법행위특칙설**:    둘째 견해는 불법행위특칙설로서 첫째 견해와 상당히 대립적이다. 우선 본조의 법적 성격을 일반 불법행위책임($민_{750}$)의 특칙으로 파악한다. 상법 제401조가 요구하는 악의나 중과실은 민법 제750조상의 고의, 과실을 강화시킨 것이라 한다. 그리하여 경과실의 경우에는 책임을 면제하여 이사의 책임을 경감시켰다고

한다. 따라서 이 학설은 민법 제750조와 상법 제401조의 책임간에는 법조경합을 인정하여 일반법인 민법 제750조는 적용되지 않는다고 한다(청구권경합부정). 책임의 본질을 불법행위책임의 일종으로 보므로 시효기간도 당연히 불법행위책임의 시효기간인 3년으로 본다($\text{민}^{766}$). 나아가 이사의 악의나 중과실은 이사의 임무해태시 뿐만 아니라 피해자인 제3자에 대한 관계에서까지 요구하며 배상가능한 손해는 직접손해에 한한다고 한다.

**3) 특수불법행위책임설:** 셋째 견해는 특수불법행위책임설이다. 이 입장은 명칭은 둘째 견해와 유사하나 그 내용은 오히려 첫째 견해에 더 가깝다. 이 견해는 상법 제401조상의 책임을 특수불법행위책임의 일종으로 본다. 즉 민법 제755조 내지 제759조상의 여러 특수불법행위책임에 추가하여 상법이 정한 특수불법행위의 책임요건이라고 본다. 이 점에서 일반 불법행위책임 즉 민법 제750조의 특칙으로 보는 둘째 견해와 다르다. 그러나 불법행위에 바탕을 두고 있다고 보므로 그 시효기간은 역시 3년으로 본다. 이 견해는 나아가 상법 제401조와 민법 제750조간에 청구권경합을 인정하며 악의나 중과실의 존재도 첫째 견해와 같이 이사의 임무해태에 대해서만 요구하고 배상가능한 손해도 직접·간접을 가리지 않는다.

**4) 사 견:** 생각건대 본조의 책임은 일반 불법행위책임과는 관련이 없다고 본다. 본조는 불법행위의 책임발생요건인 **위법성을 일반적으로 구성요건화하고 있지 않다.**[726] 나아가 불법행위특칙설에서처럼 경과실의 경우에 이사의 책임을 면제하기 **위하여 상법 제401조를 두었다고 볼 수도 없다. 본 책임은 이사의 행위가 대외적으로 미치는 영향이 지대하므로 제3자에 대해서까지 책임을 질 수 있도록 한 특별한 입법적 배려의 소산이다.** 나아가 악의나 중과실의 존재를 피해자에 대한 관계에 대해서까지 요구함은 지나치다. 즉 둘째 견해는 이로 인하여 본조에 의한 책임발생요건을 지나치게 가중하여 본조의 취지를 퇴색시킬 수 있다. 나아가 제3자의 직접손해뿐만 아니라 간접손해도 배상범위에 들어가야 한다고 본다. 결론적으로 첫째 견해에 찬동한다.

---

726) 다만 위에서도 보았듯이 판례에 의하면 "…이사의 직무상 충실 및 선관의무 위반의 행위로서 **위법성이 있는 경우**에는 악의 또는 중대한 과실로 그 임무를 해태한 경우에 해당한다"고 한다(대판 2010. 2. 11, 2009다 95981).

### 〈상법 제401조의 법적 성격〉

| 항목 \ 학설 | 法定責任說 | 不法行爲特則說 | 特殊不法行爲責任說 |
|---|---|---|---|
| Ⅰ. 民750조와의 競合可能性 | 可能 (Anspruchskonkurrenz) | 不可 (法條競合) (Gesetzeskonkurrenz) | 可能 (민 755-759상의 特殊不法行爲의 一種) |
| Ⅱ. 시효기간 | 10년 (민 162 Ⅰ) | 3년 (민 766 Ⅰ) | 3년 (민 766 Ⅰ) |
| Ⅲ. 악의·중과실 주관적 요건 | 이사의 임무해태시에만 나타나면 족하다 | 임무해태 및 피해자에 대한 관계에서 모두 요구된다. | 이사의 임무해태에 대해서만 요구한다. |
| Ⅳ. 배상가능한 손해의 범위 | 직접손해 간접손해 | 직접손해 | 직접손해 간접손해 |
| Ⅴ. 제3자에 주주도 포함되는가? | 포함 | 포함 | 포함 |

(다) 상법 제401조의 책임발생요건:  상법 제401조는 "이사가 고의 또는 중과실로 임무를 해태한 때에는 그 이사는 제3자에 대하여 연대하여 손해를 배상할 책임이 있다"고 규정한다. 이하 그 적용요건을 분설하기로 한다.

**1) 임무해태:**  상법 제401조는 객관적 구성요건으로 '이사가 그 임무를 게을리할 것'을 요구한다. 즉 '임무를 게을리하는 것'은 '임무해태'인데 여기서 이야기하는 '임무해태'는 상법 제399조상의 그것과는 범위가 다르다. 즉 상법 제401조의 임무해태는 상법 제399조의 임무해태('협의의 임무해태')뿐만 아니라 이사가 법령정관을 위반한 경우도 포함한다('광의의 임무해태'). 즉 이사의 선관주의의무위반뿐만 아니라 법령이나 정관을 위반하여 그 결과 제3자에게 손해를 입히는 경우도 포섭하고 있다.

**2) 악의와 중과실의 존재:**  본조의 주관적 구성요건은 '고의 또는 중대한 과실'이다. 즉 악의 또는 중대한 과실로 임무를 해태해야 한다. 즉 악의나 중과실이 임무해태와 연결되어야 한다. 본조가 말하는 악의나 중과실이 이사의 임무해태시에만 나타나면 족한 것인가 아니면 제3자의 손해에 대해서도 요구되는 것인가에 대해서는 학설 대립이 있으나 이미 본조의 법적 성질을 법정책임설에 따라 결론지었으므로 이사의 임무해태시에만 나타나면 족한 것으로 풀이하여야 할 것이다.

**대판 2006. 8. 25. 2004다26119**

"상법 제401조의2 제1항 제1호의 '회사에 대한 자신의 영향력을 이용하여 이사에게 업무집행을 지시한 자'에는 자연인뿐만 아니라 법인인 지배회사도 포함되나, 나아가 상법 제401조의 제3자에 대한 책임에서 요구되는 '고의 또는 중대한 과실로 인한 임무해태행위'는 회사의 기관으로서 인정되는 직무상 충실 및 선관의무 위반의 행위로서 위법한 사정이 있어야 하므로, 통상의 거래행위로 부담하는 회사의 채무를 이행할 능력이 있었음에도 단순히 그 이행을 지체하여 상대방에게 손해를 끼치는 사실만으로는 임무를 해태한 위법한 경우라고 할 수 없다."

### 3) 제3자의 손해발생

가) 제3자의 범위:　　제3자에는 주주도 포함된다는 것이 정설이다. 제3자는 널리 회사 이외의 자로 보아야 하나 주주 또는 주식인수인을 제외시킬 필요가 없다고 한다.

나) 손해의 범위:　　이에는 직접손해와 간접손해가 모두 포함된다.

**직접손해**란 이사의 임무해태로 제3자가 직접 입은 손해이다. 예를 들면 이사가 작성한 허위의 주식청약서를 믿고 제3자가 주식을 인수하였다가 손해를 보는 경우 또는 이사의 부실공시로 인한 투자손해[727] 등이다.

반면 **간접손해**(reflective loss)란 이사의 임무해태로 1차적으로 회사가 손해를 입고 이 손해로 인하여 다시 제3자가 2차적으로 입는 손해이다.[728] 가령 이사가 무리한 투자로 회사재산을 탕진하여 회사채권자가 채권을 회수할 수 없는 경우 등이다.

법정책임설을 따르므로 손해의 유형에 제한을 둘 필요가 없다. 이사의 악의·중과실로 인한 임무해태와 제3자의 손해발생간에 상당인과관계만 성립되면 되는 것이다. 그러나 판례에 의하면 **주주의 간접손해는 상법 제401조 제1항상의 손해에 포함되지 않는다**고 한다. 이중배상금지의 원칙을 받아 들인 결과이다.

> **대판 1993. 1. 26, 91다36093**
>
> [주주의 간접손해로서 상법 제401조상의 청구를 기각한 사례]
>
> "주식회사의 주주가 그 회사의 대표이사의 악의 또는 중대한 과실로 인한 임무해태행위로 직접 손해를 입은 경우에는 이사와 회사에 대하여 상법 제401조, 제389조 제3항, 제210조에 의하여 손해배상을 청구할 수 있다 하겠으나, 대표이사가 회사재산을 횡령하여 회사재산이 감소함으로써 회사가 손해를 입고 결과적으로 **주주의 경제적 이익이 침해되는 손해와 같은 간접적인 손해는 같은 법 제401조 제1항에서 말하는 손해의 개념에 포함되지 아니하므로** 이에 대하여는 위 법조항에 의한 손해배상을 청구할 수 없는 것으로 봄이 상당하다고 할 것이고, 이와 같은 법리는 주주가 중소기업창업지원법상의 중소기업창업투자회사라고 하여도 다를 바 없다.

---

727) 대판 2012. 12. 13, 2010다77743.
728) 이에 대해서는 Charles Mitchell, Shareholder's Claims for Reflective Loss,(2004) 120 L. Q. R.457도 참조.

원심판결 이유에 의하면 원심은, 피고 회사의 대표이사였던 피고 사공국이 피고 회사의 금원을 횡령하여 회사재산을 감소시켰다면 회사에 대하여 손해배상책임을 부담할 것이고 따라서 피고 회사가 피고 사공국에 대하여 손해배상을 구할 수 있을 것이나 **위 손해는 어디까지나 법률상 피고 회사가 입은 손해이므로 주주인 원고가 그 손해가 경제적으로 자기에게 귀속된다는 사유만으로 직접 피고 회사와 피고 사공국에 대하여 자기 주식인수액 상당을 손해라고 하여 배상을 구할 수가 없다**고 판단하였는바, 원심판결은 위와 같은 법리에 따른 것으로서 정당하고, 피고 사공국의 위 금원횡령이 바로 피고 회사의 주주인 원고에 대하여 일반불법행위로 된다거나 피고 회사의 불법행위로 되는 것은 아니라 할 것이므로 거기에 소론이 지적하는 바와 같은 불법행위책임에 대한 법리오해의 위법이 없다."[729]

## 대판 2012. 12. 13, 2010다77743

[이사의 부실공시로 인한 투자손해는 직접손해로서 상법 제401조상의 배상청구가 가능하다고 한 사례]

"주식회사의 주주가 이사의 악의 또는 중대한 과실로 인한 임무해태행위로 직접 손해를 입은 경우에는 이사에 대하여 구 상법(2011. 4. 14. 법률 제10600호로 개정되기 전의 것, 이하 '상법'이라 한다) 제401조에 의하여 손해배상을 청구할 수 있으나, 이사가 회사의 재산을 횡령하여 회사의 재산이 감소함으로써 회사가 손해를 입고 결과적으로 주주의 경제적 이익이 침해되는 손해와 같은 간접적인 손해는 상법 제401조 제1항에서 말하는 손해의 개념에 포함되지 아니하므로 이에 대하여는 위 법조항에 의한 손해배상을 청구할 수 없다. 그러나 회사의 재산을 횡령한 이사가 악의 또는 중대한 과실로 부실공시를 하여 재무구조의 악화 사실이 증권시장에 알려지지 아니함으로써 회사 발행주식의 주가가 정상주가보다 높게 형성되고, 주식매수인이 그러한 사실을 알지 못한 채 주식을 취득하였다가 그 후 그 사실이 증권시장에 공표되어 주가가 하락한 경우에는, **주주는 이사의 부실공시로 인하여 정상주가보다 높은 가격에 주식을 매수하였다가 주가가 하락함으로써 직접 손해를 입은 것이므로, 이사에 대하여 상법 제401조 제1항에 의하여 손해배상을 청구할 수 있다.**"

## 대판 2003. 10. 24, 2003다29661

[주주의 간접손해로서 상법 제401조상의 청구대상이 아니라고 한 사례]

"주식회사의 주주가 이사의 악의 또는 중대한 과실로 인한 임무해태행위로 직접 손해를 입은 경우에는 이사에 대하여 상법 제401조에 의하여 손해배상을 청구할 수 있으나, 이사가 회사재산을 횡령하여 회사재산이 감소함으로써 회사가 손해를 입고 결과적으로 주주의 경제적 이익이 침해되는 손해와 같은 간접적인 손해는 상법 제401조 제1항에서 말하는 손해의 개념에 포함되지 아니하므로 이에 대하여는 위 법조항에 의

---

[729] 본 판례에 대해서는 졸고, "주주의 간접손해에 대한 배상청구가능요건", 고려대 법과대학 100주년 기념논문집(2005. 12.), 257~276면 참조.

한 손해배상을 청구할 수 없다. 같은 취지에서 원심이, 가사 **부산건설회관의 이사인 피고가 대출금을 횡령하여 부산건설회관의 재산을 감소시킴으로써 주주임을 전제로 하는 원고의 경제적 이익이 결과적으로 침해되는 손해를 입었다 하더라도 이는 간접적인 손해에 불과하므로 원고로서는 손해배상을 구할 수 없다고 판단한 조치는 정당하고, 거기에 상법 제401조 소정의 이사의 책임에 관한 법리를 오해한 위법이 있다고 할 수 없다.**"

### 🏵 주주의 간접손해에 대한 배상금지의 원칙[730]

#### 1. 각국의 입법례 및 판례법

a. 영 국: 영국에서는 간접손해에 대해서 주주들의 개별청구를 불허하는 판례법이 형성되었다. 1982년의 항소법원판례인 Prudential Assurance 사건을 필두로 본 원칙이 천명되었고 2000년의 Johnson 사건에서 House of Lord는 그간의 논의를 정리하여 최고법원판례로서 본 원칙을 재확인하였다.[731] 본 판례는 간접손해에 대한 배상청구금지원칙(no recovery of reflective losses' principle)을 확인함과 아울러 회사가 가해자에 대한 손해배상청구를 포기하거나 배상의 범위를 감액하는 등 이른바 배상채권에 대한 처분[732]을 할 때 회사의 손해배상청구권과는 별도로 이와 경합관계에 놓이는 주주의 배상채권에 이러한 회사의 처분행위가 어떠한 영향을 미치는지에 대해서도 언급하고 있다. Johnson 사건 이후에 나타난 다수의 후속 판례들은 본 원칙에 대한 예외의 성립가능성을 여러 각도에서 깊이 있게 다루고 있다.[733] 학설들도 본 문제에 큰 관심을 갖고 있으며 어떤 경우에 Johnson 사건에 대한 예외를 인정할지에 관심의 초점을 모으고 있다.[734]

House of Lord가 Johnson 사건에서 내린 간접손해배상금지의 원칙을 존중하면서도 후속 사건이 계속 이어지고 있어 향후의 법발전이 주목된다. 특히 본 원칙에 대한 예외로서 첫째 회사가 가해자에 대한 배상청구권을 포기하거나 배상액감경에 합의하거나 가해자의 손해배상의무를 면제하는 경우 주주의 손해배상채권에 어떤 영향이 미치는가? 둘째 가해자의 행위로 말미암아 회사가 가해자에 대해서 가지는 손해배상청구권을 실행할 수 없게 되었을 때에도 주주의 배상청구금지원칙이 유지되는가? 셋째 회사의 가해자에 대한 배상청구에 대해서 가해자가 적절한 항변권(defence)를 가지는 경우 주주 개인의 청구는 가능한가? 넷째 주주가 주주 이외의 지위에서 간접손해를 입었을 때에도 상기의 원칙이 유지

---

730) 이하의 내용은 졸고, "주주의 간접손해에 대한 배상청구가능요건", 「고대 법대 100년의 학문적 성과와 미래-고려대학교 법학과 100주년 기념논문집 제1권-」, 고려대학교 법과대학 100주년 기념논문집 발간위원회 (2005. 12.), 259~263면을 전재함.

731) Johnson v. Gore Wood & Co. [2002] 2 AC 1.

732) 이를 판례에서는 'settlement'라 하고 있다.

733) (제1심 판례로는) John v. Price Waterhouse [2001] EWHC 438 (Ch.); Barings plc. v. Coopers & Lybrand [2002] 2 B.C.L.C. 364; Chantrey Vellacott v. Convergence Group plc. [2002] EWHC 3048 (Ch.); Gardiner v. Parker [2003] EWHC 1463 (Ch.); (제2심 판례로는) Day v. Cook [2002] 1 B.C.L.C. 1; Ellis v. Property Leeds (U.K.) Ltd. v. [2002] 2 B.C.L.C. 175; Gilles v. Rhind [2003] Ch 618; Shaker v. Al-Badrawi [2003] Ch 351 등이 있다.

734) Hert [2003] J.B.L. 420 (J.B.L.은 Journal of Business Law의 약칭이다)(Giles v. Rhind [2003] Ch 618에 대한 평석); Charles Mitchell, "Shareholder's Claim for Reflective Loss", (2004) 120 L.Q.R. 457 f.; Peter Watts, "The Shareholder as Co-Promisee", (2001) 117 L.Q.R. 388.

되는가? 등이 주된 논의의 대상이 되고 있다. 이하에서도 이러한 문제점에 대해서 좀 더 깊이 있게 접근하기로 한다. 현재까지 나타난 Johnson과 그 후속사례들의 경향을 종합하면 향후 Johnson의 기본원칙에는 많은 예외가 성립될 것으로 보인다.

　　b. 독 일:　　독일에서도 성문법과 판례법이 모두 이 원칙을 확인하고 있는바 독일주식법 제117조 및 동법 제317조 제1항 제2문은 주주의 간접손해가 배상청구불가임을 명문의 규정으로 선언하고 있다. 물론 이 조문은 그 적용범위상 한계가 있는 것이지만 독일의 학설들은 이 조문의 적용범위를 확장하여 보편화하고 있다.[735] 나아가 독일의 판례법 역시 간접손해배상금지의 원칙을 천명하고 있다. 비록 제국법원판례를 답습하면서 주주 개인에게 배상을 명한 일부 판례가 없지는 않으나[736] 1980년대 들어와 주주가 간접손해를 자신에게 직접 배상하도록 요구할 수 없다는 기본원칙을 독일 대법원은 여러 차례 천명하였다.[737] 학설들 역시 간접손해에 대한 주주의 배상청구불가원칙에 동조하고 있다.[738]

　　c. 프랑스:　　프랑스법에서도 일차적으로 회사가 손해를 보고 그 결과 주주가 입게 되는 주가하락 내지 배당이익의 감소에 따른 손해는 간접손해로 다루어 주주에 대한 개별배상을 금지하고 있다(프랑스 회사법 제52조. 제245조 참조). 이러한 간접손해는 회사가 손해배상청구권을 행사하여 회사재산에 배상되도록 하여야 한다. 만약 회사가 자신의 배상청구권을 행사하지 않으면 주주가 대표소송 형식으로 소권을 행사하여야 할 것이다(action sociale exercée ut singuli).

　　d. 스위스:　　스위스 채무법(Schweizerisches Obligationenrecht) 제755조는 간접손해는 오로지 손해를 회사에 배상하여 처리할 수밖에 없다고 규정하고 있다.[739] 이러한 명문의 규정으로 문제를 해결하였기 때문에 이러한 성문규정의 존재는 독일 등 다른 나라에도 영향을 미치고 있으며 Wiedemann 같은 학자는 간접손해배상금지의 원칙을 회사법상의 자연법으로 설명하고 있다.[740]

## 2. 간접손해에 대한 배상금지의 이유

　　그러면 어떠한 이유로 각국의 성문법과 판례 및 학설들은 간접손해를 주주가 직접 자신에게 배상청구하는 것을 금지하고 있는가? 어떠한 연유로 이러한 통일된 결과가 나오고 있을까? 이제 그 이유들을 하나하나 살펴 보기로 한다.

　　a. 이중배상의 금지:　　만약 주주가 자신의 간접손해를 자신에게 직접 배상청구하게 되면 가해자인 제3자에게는 회사에 대한 배상의무와 주주 개인에 대한 배상의무가 중첩되어

---

735) MünchKommAktG-Kropff, §117 Rdnr. 49; Baums, ZGR 1987, 554 ff., S. 557.

736) BGH WM 1967, 287; BGH WM 1969, 1081.

737) BGH WM 1984, 1640; BGH WM 1987, 13 ("Dubai"-Fall).

738) Hefermehl in Geßler/Hefermehl/Eckardt/Kropff, AktG, §93, Rdnr. 97; Mertens in Hachenburg, GmbHG, 7. Aufl., §43 Rdnr. 111 a. E.; Mertens in Festschrift für Robert Fischer, S. 461 ff., 474 f.; Martens ZGR 1972, 254, 279; Wiedemann WM 1975, Sonderbeilage Nr. 4, S. 26; Winter ZHR 1984, 579, 596.

739) Art. 755 (OR) "*B. Geltendmachung des mittelbaren Schadens I. Ausser Konkurs* Soweit es sich bei der Gründerhaftung, der Haftung aus Geschäftsführung und Kontrolle und bei der Haftung der Liquidatoren um den den einzelnen Aktionären oder Gesellschaftsgläubigern nur mittelbar durch Schädigung der Gesellschaft verursachten Schaden handelt, geht ihr Anspruch nur auf Leistung des Ersatzes an die Gesellschaft."

740) Wiedemann, JZ 1987, 781, 785 r. S.

이중배상(二重賠償; double recovery)의 위험에 놓이게 된다고 한다.[741] 나아가 가해자가 회사에 손해를 배상하면 주주들의 간접손해는 자동소멸하는 것인데 주주가 개인적으로 이를 자신에게 배상하도록 허용하면 결과적으로 이중배상이 되고 만다고 한다.

　b. **주주평등의 원칙에 대한 위반:**　　만약 주주들에게 간접손해의 배상을 허용하면 이를 배상받은 주주와 그렇지 않은 주주들 간에 차이가 생겨 주주평등의 원칙에 반하는 결과를 초래한다고 한다.

　c. **자본유지의 원칙에 대한 위반:**　　나아가 주주의 간접손해에 대한 배상청구를 허용하면 자본유지의 원칙에 반하는 출자의 환급이 발생하여 채권자의 이익을 위협한다고 한다. 즉 주주들에게 간접손해가 발생한다 해도 일단 회사가 자신이 입은 직접손해를 배상받아 문제해결을 꾀하여야지 주주들이 지분가치의 하락 등을 이유로 개별청구를 하여 손해배상을 받게 되면 그만큼 회사재산으로 귀속되어야 할 재산이 주주들에게 유출되는 불합리가 발생한다고 한다. 좀더 구체적으로 표현하면 주주가 주장하는 지분가치의 하락 등 간접손해란 결국 자신의 지분율에 비례한 것으로서 회사가 입은 전체 손해의 일부인데 이러한 회사의 손해는 그 전액 회사에 귀속되어야 모든 주주들의 간접손해가 일괄 보상되는 결과가 되는 데 지분율에 비례한 개별 주주의 간접손해를 주주들이 개별적으로 청구하게 하면 결국 그 부분만큼 회사에 남아야 할 재산이 주주들에게 유출되는 결과가 되어 자본유지의 원칙(capital maintenance principle)에 반하는 결과가 되고 만다는 것이다.[742]

　d. **출자목적의 퇴색:**　　회사의 재산은 출자목적이라는 정관상 구체화된 특정 목적을 위하여 주주들에 의해서 출연된 것이므로 일정 목적으로 그 사용이 제한된다(목적제한; Zweckbindung). 따라서 이러한 출자목적이 존재하는 한 해당 재산은 독립된 법인격체인 회사에 귀속되어야 한다. 다만 이러한 출자목적은 주주총회가 회사의 해산을 결의하거나 또는 배당가능이익의 범주내에서 배당의안이 포함된 재무제표를 승인함으로써 해제되는데 이러한 절차없이 회사에 귀속되어야 할 자산을 주주가 청구하여 주주 개인의 재산에 귀속시키면 그러한 출자목적은 퇴색(退色)하고 만다는 것이다.[743]

**4) 인과관계:** 이사의 임무해태와 제3자의 손해간에는 상당인과관계가 성립하여야 한다.

---

741) Lord Millett in Johnson v. Gore Wood & Co. [2002] 2 A.C. 1 ff., p. 62, at E, F, G.

742) Gerd Müller, FS Kellermann (1991), S. 317 ff., S. 318.

743) André Kowalski, Der Ersatz von Gesellschafts- und Gesellschafterschaden, -Zum gesellschafts-rechtlichen Zweckbindungsgedanken im Schadensrecht, jur. Diss., Univ. Cologne, 1990, Otto Schmidt, Cologne, 1990, S. 132 ff.; 본 논문은 논문의 부제(副題)가 암시하듯 회사의 손해배상청구권과 주주의 손해배상청구권간의 갈등문제를 전반적으로 출자재산의 목적구속성(Zweckbindung des Gesellschaftsvermögens)의 관점에서 접근하고 있다; 출자재산의 목적구속성의 관점을 지지하는 학자들은 그 외에도 많다; Brandes, Festschrift für Fleck (1988), S. 13 ff., 17 f.; Baums ZGR 1987, 554 ff., insb. S. 557 f.; 판례도 출자 재산의 목적구속성을 간접손해배상금지의 주요이유로 언급하고 있다. 그 예를 들어 보면 BGH JZ 1987, 781 (783); BGH ZIP 1988, 1112, 1115 등이 있다.

**대판 2012. 12. 13, 2010다77743**

"… 甲 주식회사 주주인 乙 등이 이사 丙을 상대로, 丙의 횡령, 주가조작, 부실공시 등 임무해태행위로 인한 주가 하락으로 손해를 입었음을 이유로 구 상법(2011. 4. 14. 법률 제10600호로 개정되기 전의 것, 이하 '상법'이라 한다) 제401조 제1항에 기한 손해배상을 구한 사안에서, 丙이 주가 형성에 영향을 미칠 수 있는 사정들에 관하여 언제 어떠한 내용의 부실공시를 하거나 주가조작을 하였는지, 乙 등이 어느 부실공시 또는 주가조작으로 인하여 주식 평가를 그르쳐 몇 주의 주식을 정상주가보다 얼마나 높은 가격에 취득하였는지 등에 관하여 심리하여 乙 등이 주장하는 손해가 **상법 제401조 제1항에 정한 손해에 해당하는지 및 상당인과 관계를 인정할 수 있는지를 가려본 후 손해액 산정에 나아가야 하는데도, 이에 관하여 제대로 심리하지 아니한 채 乙 등의 청구를 인용한 원심판결에 상법 제401조 제1항의 해석 및 상당인과관계에 관한 법리 오해의 위법이 있다.**"

(라) **상법 제401조의 법률효과**:    이상의 요건이 충족되면 아래의 법률효과가 도래한다.

1) **손해배상책임의 발생**:    이상의 요건이 충족되면 이사는 제3자가 입은 손해를 배상하여야 한다. 복수의 이사가 임무를 해태한 경우에는 연대채무로 한다($\frac{\text{상}}{401}$).

2) **책임부담자의 확장**:    상법 제401조 제2항은 상법 제399조 제2항 및 제3항을 준용하고 있다. 따라서 이사의 행위가 이사회결의에 의한 것일 때에는 그 결의에 찬성한 이사도 본조의 책임을 부담하며($\frac{\text{상}401}{399}$ Ⅱ·), 이사회의사록에 이의를 기재하지 아니한 이사는 그 결의에 찬성한 것으로 추정될 것이다($\frac{\text{상}401}{399}$ Ⅱ·).

3) **불법행위책임과의 경합관계**:    법정책임설에 따르면 본조에 의한 이사의 책임은 불법행위책임과 무관하므로 이사의 행위가 불법행위의 구성요건까지 구비하는 경우에는 민법 제750조와 청구권경합 관계에 놓일 수 있다.

4) **소멸시효**:    위에서 보았듯이 상법 제401조의 책임을 상법에 규정된 별도의 법정책임으로 보는 한 일반 청구권의 시효기간과 같이 10년으로 보아야 할 것이다.[744]

**대판 2008. 2. 14, 2006다82601**

"상법 제401조에 기한 이사의 제3자에 대한 손해배상책임이 제3자를 보호하기 위하여 상법이 인정하는 특수한 책임이라는 점을 감안할 때 일반 불법행위책임의 단기소멸

---

744) 대판 2006. 12. 22, 2004다63354.

시효를 규정한 민법 제766조 제1항은 적용될 여지가 없고, 일반 채권으로서 민법 제
162조 제1항에 따라 그 소멸시효기간은 10년이며, 제3자가 상법 제401조에 기한 이사
의 제3자에 대한 손해배상책임만을 묻는 손해배상청구 소송에 있어서 주식회사의 외부
감사에 관한 법률 제17조 제7항이 정하는 단기소멸시효는 적용될 여지가 없다."

### (4) 사실상의 이사(faktische Organe)[745]

**(가) 총 설:** 상법은 1998년의 개정에서 제401조의2를 신설하여 업무집행관여
자의 책임을 명문화하였다. 이는 회사법상 일반적으로 논의되는 사실상의 기관이론을
상법이 성문화한 것이다. 개정상법은 회사에 대한 영향력을 이용하여 이사의 업무집
행을 지시하거나 직접 업무를 집행한 지배주주 또는 사실상 경영권을 행사하는 자에
대하여는 상법의 적용상 법률상의 이사와 동시(同視)하여 회사 및 제3자에 대한 연대
책임을 부과함으로써 주식회사의 책임경영을 도모하였다.

이러한 제도를 상법이 마련하게 된 배경에는 우리 경제현실의 특성이 강하게 작
용하고 있다. 특히 선단식 재벌그룹이라는 독특한 기업문화는 우리 경제의 큰 특징이
었고 또한 약점이기도 하였다. 상법전을 아무리 뒤져도 그곳에 '회장'이니 '명예회장'
이니 하는 직위는 없다. 따라서 이들의 회사나 제3자에 대한 책임을 근거지울 상법규
정도 찾을 수 없다. 그러나 이들은 대부분 해당 회사의 지배주주로서 경영상의 의사
결정을 실질적으로 주도하고 있다.

재벌총수가 팔이라면 계열사의 대표이사는 그의 손에 쥐어진 망치이다. 망치가 잘
못 휘둘리면 사회적으로 커다란 물의가 빚어진다. 따라서 망치를 휘두르는 자는 그
구체적인 경영결과에 대해서도 책임져야 할 터인데 개정 전 상법의 규정만으로는 이
들에게 책임을 지울 만한 법적 근거가 없었다. 물론 해석에 의해서 법의 흠결을 극복
하는 것이 전적으로 불가한 것은 아니지만 여기에도 일정한 한계는 존재한다.

상법 제401조의2의 의미는 이들에게 책임을 물을 수 있는 명문의 규정을 두어 기
업경영상의 부정적 관행을 종식시키고 책임경영의 터전을 마련함에 있다.

**(나) 사실상의 이사의 유형:** 상법은 제401조의2 제1항에 사실상의 이사의 3가지
형태를 다음과 같이 유형화하였다. 배후이사형($\frac{1}{6}$), 무권대행형($\frac{2}{6}$), 표현이사형($\frac{3}{6}$)의 3
자가 그것이다. 배후이사형은 배후조정의 성격에서 간접형으로 부를 수 있고, 후 2자
는 누구의 이름으로 하건 배후조정의 소극성을 버리고 능동적으로 나서므로 직접형

---

745) 이에 대해서는 K. Schmidt, GesR., 3. Aufl., S. 425 ff.; 특히 事實上의 理事의 刑法的 취급에 대해서는 D.
Kratzsch, ZGR 1985, 506 f. 참조; 국내 문헌으로는 정승욱, "업무집행관여자의 책임", 「상사법연구」 제17권
제2호(1998), 267면 이하; 同人, "대기업에 있어서 사실상 이사의 책임과 그 한계", 「상장협」 1998년 추계호,
91면 이하; 신현윤, "상법상 업무집행관여자 등의 책임", 「고시연구」 1998년 12월호, 138면 이하.

으로 분류할 수 있다. 다만 이사의 명의로 하느냐($\frac{2}{\bar{z}}$) 아니면 표현적 명칭을 쓰되 자신의 이름으로 하느냐($\frac{3}{\bar{z}}$) 하는 차이가 있을 뿐이다.

**1) 업무집행지시자(背後理事型):**　이는 회사에 대한 자신의 영향력을 이용하여 이사에게 업무집행을 지시한 자이다($\frac{\text{상}\,401\text{의2}}{1\,1\text{호}}$). 이를 업무집행지시자 또는 背後理事(shadow director)라 부를 수 있을 것이다. 업무집행지시자가 되기 위하여는 회사에 대한 영향력을 이용하여 이사에게 업무집행을 지시하여야 한다.

**가) 회사에 대한 영향력의 이용:**　'회사에 대한 영향력'이라 함은 그 종류나 정도에 비추어 법률상의 이사에게 일정한 행위를 요구할 수 있는 사실상의 상태이다.[746] 이러한 영향력은 주식의 보유나 금전의 대여, 독점적인 거래상대방으로서의 사실상의 지위 등 여러 가지 경로로 파생된다. 그러나 본조의 입법목적상 영향력의 범위를 넓게 잡을 수는 없다고 본다. 이사에 대한 영향력의 행사는 한 기업의 주변요소로부터 영향받는 것으로서 매우 광범위하게 나타날 수 있다. 소비자집단, 노동조합, 금융권뿐만 아니라 공권력도 이에 포함될 수 있다. 특히 우리나라와 같이 공권력의 비호와 정경유착의 관행 속에서 급속히 자본이 집중된 경우에는 국가도 으뜸가는 영향력 행사자이다. 이렇게 보면 영향력을 가진 자의 범위는 끝없이 확장되는데 본조의 입법취지는 건전한 기업경영과 기업경영자의 책임을 강화시킴에 있다.[747] 즉 지배주주와 사실상의 경영권소유자가 본조의 적용대상이다.[748] 따라서 본조의 영향력의 범위는 문리해석에 그쳐서는 아니되며 목적해석의 범주에서 축소해석(teleologische Reduktion)을 하여야 할 것이다.

즉 입법자의 의사를 고려한 목적해석이 불가피하다. 그렇다면 상기의 영향력의 종류 중 금융권이나 노동조합 또는 거래상대방 등은 계약상대방으로서 자신의 이익을 유지하기 위한 영향력 행사주체로 보아야 할 것이고 그러한 관점에서 본조의 영향력 행사자로 보기는 어려울 것이다. 나아가 국가나 지방자치단체 등 공권력의 주체 역시 여기에서 제외된다고 본다. 이들도 국가의 경제행정주체로서 공익을 대변한다고 볼 수 있을 것이기 때문이다. 다만 상기의 사적 계약당사자나 공권력의 주체가 불법적인 영향력을 행사함으로써 회사나 제3자에게 손해가 발생한 경우에는 민법상의 일반제도나 공법상의 손실보상제도 등에 호소하는 수밖에 없을 것이다.[749]

---

746) Hüffer, AktG, 3. Auf., §117 Rdnr. 3.

747) 1998년 정부측 상법개정안의 개정이유 참조.

748) 1998년 상법개정안 주요골자 (바)항 참조; 대판 2006. 8. 25, 2004다26119, "상법 제401조의2 제1항 제1호의 '회사에 대한 자신의 영향력을 이용하여 이사에게 업무집행을 지시한 자'에는 자연인뿐만 아니라 법인인 지배회사도 포함된다."

나) 이사에 대한 업무집행의 지시:　위의 영향력을 이용하여 사실상의 이사가 법률상의 이사에게 업무집행을 지시하였어야 한다. 여기서 업무집행의 범위는 넓게 잡아야 할 것이다. 단순히 회사의 영업목적달성을 위한 업무처리뿐만 아니라 합병, 분할, 조직변경, 해산, 영업양도 등 회사의 기본에 변경을 초래하는 경우도 이에 포함시킬 수 있다. 또한 업무집행은 법률행위이든 사실행위이든 상관없다.

나아가 사실상의 이사는 업무집행상의 지시를 하여야 한다. 여기에서 말하는 '지시'는 적극적 의미의 것이며 어떠한 경로를 통하더라도 이사의 복종을 유발시킬 수 있는 정도의 것이어야 한다. 명백한 지시, 명령 또는 경영방침의 하달 이외에 외형상 권고나 추천에 해당하는 약한 것이라도 개개 기업의 내부사정에 따라서는 본조의 '지시'가 될 수 있을 것이다. 즉 배후이사의 인사관행이라든지 카리스마적 임원관리 등은 지시의 범위를 확장시킬 수 있을 것이다.

**2) 이사의 명의로 직접 업무를 집행한 자(無權代行型):**　이러한 자들은 무권대행자로 불러도 좋을 것이다. 이 두번째 유형에서도 회사에 대한 영향력이 그 적용전제로 되어 있다.[750] 단지 첫째 유형과 다른 것은 피동적인 지시에 그치지 않고 사실상의 이사가 법률상의 이사의 이름으로 직접 업무집행을 수행한다는 점이다. 그런 점에서 능동적이요 또한 직접적이라고 할 수 있다. 이 경우는 특히 중소기업에서 지배주주가 명목상의 이사를 두고 그의 이름으로 직접 업무집행을 하는 관행을 표적으로 하고 있다.

**3) 표현적 명칭을 사용하여 업무를 집행하는 자(表見理事型):**　이는 이사가 아니면서 직접 명예회장, 회장, 사장, 부사장, 전무, 상무, 이사 기타 회사의 업무를 집행할 권한이 있는 것으로 인정될 만한 명칭을 사용하여 회사의 업무를 집행하는 경우이다. 표현이사는 회장이나 명예회장 등 계열기업을 총괄하는 지위에 있는 자 또는 미등기임원 등을 주요 적용대상으로 하게 될 것이다. 표현이사형에서도 회사에 대한 영향력의 존재는 전제되어 있다. 단지 이 경우에는 표현적 명칭을 사용하되 사실상의 이사가 자기 자신의 이름으로 직접 업무집행을 한 경우이다. 이런 점에서 법률상의 이사에게 업무집행을 지시하거나 그의 명의를 이용하는 전 2자와 다른 것이다. 그러나 판례는 표현이사형에서는 회사에 대한 영향력의 존재를 요구하지 않는다.

---

749) 이는 현재 국내 통설이다. 異說로는 신현윤, 「고시연구」 1998년 12월호, 146면.
　750) 대판 2009. 11. 26, 2009다39240.

> **대판 2009. 11. 26, 2009다39240**
>
> "상법 제399조·제401조·제403조의 적용에 있어 이사로 의제되는 자에 관하여, 상법 제401조의2 제1항 제1호는 '회사에 대한 자신의 영향력을 이용하여 이사에게 업무집행을 지시한 자', 제2호는 '이사의 이름으로 직접 업무를 집행한 자', 제3호는 '이사가 아니면서 명예회장·회장·사장·부사장·전무·상무·이사 기타 업무를 집행할 권한이 있는 것으로 인정될 만한 명칭을 사용하여 회사의 업무를 집행한 자'라고 규정하고 있는바, 제1호 및 제2호는 회사에 대해 영향력을 가진 자를 전제로 하고 있으나, 제3호는 직명 자체에 업무집행권이 표상되어 있기 때문에 그에 더하여 회사에 대해 영향력을 가진 자일 것까지 요건으로 하고 있는 것은 아니다."

상법 제401조의2 제3호의 법문언은 상법 제395조와 매우 유사하므로 주의를 요한다. 즉 상법 제401조의2 제3호상의 표현이사제도는 표현적 명칭을 사용한 자 자신의 책임을 묻기 위한 제도이다. 이 점에서 회사의 책임을 묻기 위한 표현대표이사제도와 그 제도적 방향이 다르다. 나아가 상법 제395조는 그 적용전제로 거래상대방의 선의가 요구되지만 상법 제401조의2 제3호에서는 제3자의 선의의 신뢰나 회사측의 원인제공이 없어도 표현이사의 책임이 성립될 수 있다. 따라서 표현이사제도는 외관신뢰주의규정이라고 볼 수는 없다. 이 제도는 회사에 대한 영향력 행사자의 행동패턴을 규정한 것으로 보아야 한다. 즉 상기의 간접형($\frac{1}{2}$)과 직접형 중 후자에 속하지만 이사의 이름으로 하는 것이 아니라 비록 표현적 명칭을 쓰기는 해도 자기 자신의 이름으로 하는 경우를 규정한 것으로 이해해야 할 것이다.

(다) **책임의 내용:**   사실상의 이사의 어느 형태이든 상법 제399조나 제401조 및 제403조를 적용함에 있어서는 이들은 법률상의 이사로 본다. 따라서 사실상의 이사가 법령, 정관에 위반하거나 임무를 해태한 경우에는 회사에 대하여, 나아가 악의나 중과실로 임무를 해태한 경우에는 이로 인하여 손해를 입은 제3자에 대하여 손해배상책임을 진다. 물론 법문언의 해석상 사실상의 이사가 임무를 해태한다는 것은 상상키 어렵다. 회사와 위임관계를 갖고 있지 않은 사실상의 이사에게 그러한 계약관계를 전제로 하는 임무해태를 인정하기는 어려울 것이기 때문이다. 그러나 본조의 목적해석을 경유하면 지배주주나 사실상의 경영권자들에게도 회사에 대한 충실의무를 인정할 수 있을 것이고 이러한 충실의무에 대한 위반은 임무해태로 표현될 수 있을 것이다.[751]

사실상의 이사의 책임추궁은 대표소송의 방식으로도 수행될 수 있다. 나아가 회사나 제3자에 대하여 별도로 책임질 법률상의 이사가 있는 경우에는 사실상의 이사와

---

751) 이를 불법행위책임으로 보는 견해도 있다. 이철송, 회사법, 제22판, 2014, 750면 이하 참조.

법률상의 이사가 연대책임을 지게 된다($_2^{\rm 4}$ $_{\rm I\!I}^{401의}$).

## 5. 이사의 행위에 대한 주주의 감독

### (1) 서 설

株主는 주주총회에서 이사를 선임 및 해임하고($_{385}^{\rm 4}$ $_{\rm I}^{382}$·) 나아가 재무제표를 승인하는 등 이사의 직무집행을 간접적으로 감독할 수 있다. 그러나 상법이 종래의 주주총회중심주의(Aktionärsdemokratie)에서 이사회중심주의(managerialism)로 선회함에 따라 주주들에게도 미국의 회사법에서 주로 발전되어 온 유지청구제도(injunction)나 대표소송제도(derivative suit)가 도입되게 되었다.

현행의 이사회제도하에서도 대주주가 자의적으로 자신의 의사에 따라 이사를 선출할 수 있고 대표이사 역시 예외가 될 수 없다. 따라서 대주주의 지배하에 있는 이사진은 자칫 그의 이익을 위한 도구로 이용될 수 있고 회사 내부의 기존 시정기능은 때때로 마비될 수 있는 것이다. 가령 이사 중의 일인이 대주주와 결탁하여 회사에게 일방적으로 불리하고 대주주에게만 유리한 방식으로 회사와 자기거래를 하였을 때 회사는 당해 이사에 대하여 손해배상을 요구하거나 여타의 시정조치를 취하는 등 기존의 회사 내부조직에 의한 자구책을 취하는 것이 원칙적인 모습일 것이다. 그러나 대주주의 완전한 지배하에 있는 이사진들이 쉽게 이러한 조치를 실행에 옮기리라는 것은 기대하기 어렵다. 그리하여 회사의 손해는 고착화하고 이는 결국 소수주주들의 공동부담사항이 되고 만다. 이렇게 대주주와 소수주주들간에 갈등이 나타날 때 회사 내부의 기존 시정기능은 사라지고 회사는 복원력을 상실할 때가 많다. 따라서 이러한 경우 기존의 조직체계를 부정하고 개개의 사원인 주주에게 사전적 또는 사후적 구제수단을 부여할 필요가 있는 것이다. 이들이 유지청구나 대표소송제도이다. 유지청구제도는 사전적 구제수단으로서 이사의 위법행위에 의한 회사의 손해를 사전에 방지하는 제도이고 대표소송은 사후적 조치로서 회사가 실행하지 않는 이사의 책임추궁을 소수주주에 의하여 실행시키는 제도이다.

### (2) 유지청구권

(가) 의 의: 이사의 법령이나 정관위반행위로 회사에 회복할 수 없는 손해발생의 염려가 있는 경우 감사 또는 소수주주가 회사를 위하여 당해 이사의 행위를 사전에 저지할 수 있는데 이를 이사의 위법행위에 대한 유지청구권이라 한다($_{402}^{\rm 4}$).

이러한 유지청구제도는 상법 제407조상의 직무집행정지제도와 다르다. 전자는 이사의 개별적 위법행위를 저지시키는 제도임에 반하여 후자는 이사의 권한을 가처분 제도를 통하여 일반적으로 정지시킨다는 데에 차이점이 있다. 나아가 상법 제403조 이하의 대표소송제도는 사후적 구제수단임에 반하여 유지청구제도는 손해의 사전적 예방수단이다. 나아가 대표소송은 소수주주만이 제기할 수 있으나 유지청구는 감사도 할 수 있다.

**(나) 청구권자:**   유지청구를 할 수 있는 자는 감사 및 100분의 1 이상의 주식을 소유한 소수주주이다($\frac{\text{상}}{402}$). 주권상장법인의 경우에는 6개월 전부터 계속하여 발행주식 총수의 100,000분의 25 혹은 100,000분의 50 이상을 보유한 주주에게도 유지청구자 격이 있다($\frac{\text{상} 542}{\text{의}6 \text{ V}}$).

### 🔘 엘리엇의 구 삼성물산 이사진들을 채무자로 한 유지청구가부

― 서울중앙지법 제50민사부, 2015년 7월 1일, 2015카합80852 결정을 대상으로 ―

**Ⅰ. 법원의 판단**
구 (주)삼성물산(S)의 주주인 엘리엇은 합병승인을 위한 S(주)의 임시주주총회의 소집 통지 및 결의금지가처분을 신청하였다. 채무자 S에 대하여는 합병무효의 소 제기권($\frac{\text{상}}{529}$)을, 채무자 S의 이사진들에 대해서는 유지청구권($\frac{\text{상}}{402}$)을 피보전권리로 하였다. 법원은 S를 채무 자로 한 가처분신청을 기각하였고, S의 이사진들을 채무자로 한 가처분신청은 각하하였다. 먼저 S를 채무자로 한 가처분신청에 대해서 재판부는 1:0.35의 합병비율이 실정법규에 따 른 것으로서 이를 불공정하다고 볼 근거가 없고, 채권자가 주장하는 합병목적의 부당성 역시 확인할 수 없다면서 본 신청을 기각하였다. S의 이사진들을 채무자로 한 가처분신청 에 대해서는 채권자 측이 6개월의 주식보유요건을 충족시키지 않아 상법 제542조의6 제5 항에서 정한 유지청구권의 행사요건 미비를 이유로 부적법 각하하였다. 이에 대해 채권자 E는 서울고등법원에 항고하였으나 서울중앙지법의 결정내용과 같은 이유로 항고기각하였 다.[752]

**Ⅱ. 상법 제542조의6 제5항상 "6개월 전부터 계속하여"의 의미**
2015년 (구)삼성물산과 제일모직의 합병건에서 합병에 반대하던 엘리엇 측은 상법 제 402조상의 유지청구권을 피보전권리로 한 가처분도 신청하였다. 상법 제402조는 소수주주 권의 하나로 이사가 법령 또는 정관에 위반한 행위를 하여 이로 인하여 회사에 회복할 수 없는 손해가 생길 염려가 있는 경우 발행주식 총수의 100분의 1 이상에 해당하는 주식을 가진 주주는 회사를 위하여 이사에 대하여 그 행위를 유지할 것을 청구할 수 있다고 규정 한다. 본 합병은 합병비율이 공정하지 않고 그 목적이 부당하며 KCC에 대한 자사주처분 도 불법이어서 이러한 상황에서 7월 17일의 주주총회가 소집되어 합병이 승인되는 경우

---

752) 서울고등법원 2015. 7. 16, 2015라20485 결정 [총회소집통지 및 결의금지가처분].

회사에 회복할 수 없는 손해가 발생함은 물론 그 소수주주들 역시 피해를 입을 수밖에 없어 이러한 부당한 합병을 승인하기 위한 임시주주총회의 소집통지를 유지할 필요가 있으며 설사 이러한 주주총회에서 합병이 승인된다 할지라도 채무자 회사의 대표인 채무자 이사진들은 그 결의를 집행해서는 아니된다고 주장한다. 위와 같은 사안에서 엘리엇의 유지청구권 행사가 가능한 것인지에 대해서는 다음과 같은 학설 다툼이 있다.

### 1. 선택적용부정설

하나는 엘리엇이 주식을 취득한지 6개월이 되지 않았기 때문에 유지청구권을 행사할 수 없다고 한다($\substack{상\\o유6}$542 V).[753] 상법상 유지청구권은 상장사에서는 발행주식총수의 1만분의 50 이상의 주식을 6개월 전부터 보유한 주주만이 행사할 수 있다고 한다. 이 6개월의 보유요건은 상장사의 경우—지금 엘리엇이 그러하듯이—갑작스럽게 주식을 매집해 분란을 일으킬 소지가 있는 소수주주들을 견제할 필요에서 만들어진 것이라 한다.[754]

### 2. 양자택일적 경합설(兩者擇一的 競合說)

다른 하나의 입장은 상장사에서 유지청구의 경우 일반규정에서 요구하는 100분의 1($\substack{상\\o402}$)은 완화된 1만분의 50($\substack{상\\o유6}$542 V)에 6개월간의 보유를 추가한 것과 등가(等價)의 요건을 의미한다고 주장한다.[755] 그 결과 양자—즉 1% 이상의 주식보유 또는 1만분의 50 이상의 주식을 6개월 이상 보유—는 양립(兩立)가능한 요건으로서 양자 택일적 경합관계(兩者擇一的 競合關係)에 있고 따라서 상장사의 주주는 일반규정이 요구하는 요건과 상장사를 위한 특례요건 중 어느 쪽이든 자신이 원하는 쪽에 근거하여 소수주주권을 행사할 수 있다고 한다.[756]

### 3. 비판 및 사견

소수주주권 행사를 위하여 상장사에서 6개월의 주식보유기간을 요구하는 것은 나름의 이유와 정당성이 있다. 상장사에서는 소수주주권 행사를 위하여 주식보유비율을 낮추는 대신 일정 보유기간을 요구한다. 이러한 제한은 소수주주권이 남용되지 않고 본래의 취지에 맞게 행사되도록 유도하기 위함이다. "주식거래가 용이한 상장회사에서는 주식을 취득하여 바로 소수주주권을 행사하고 다시 이를 처분하는 식으로 소수주주권이 악용될 우려가 있"기 때문이다.[757] 상법 제542조의6 제5항은 상장회사에서는 상법 제402조의 특칙이다. 특별법은 일반법의 적용을 배제하므로 6개월 이상 주식을 보유하지 않은 엘리엇은 상

---

753) 최준선, 회사법, 제17판, 삼영사, 2022, 249면; 김교창, "상장회사의 특례에 관한 2009년 개정 상법의 논점", 「인권」 제396호(2009. 8.), 69면; 김화진, "삼성물산과 제일모직의 합병", 「선진상사법률」 제72호(2015. 10.), 179~196면, 특히 188~189면.
754) 최준선, "엘리엇, 법리논쟁으로 여론 호도 안돼", 한국경제, 2015년 6월 30일자, A35면 참조.
755) [100분의 1의 주식보유]=[상장사 1만분의 50 주식보유]+[6개월간의 주식보유]
756) 이철송, 회사법강의, 제30판, 박영사, 2022, 12~13면; 김순석, "상장회사 특례제도의 문제점 및 개선방안", 「상사법연구」 제34권 제2호(통권 87호)(2015. 8.), 129~174면, 특히 137면; 임재연(Ⅰ), 32면; 권기범, 499면; 서울고법 2011. 4. 1, 2011라123 결정; 천경훈, "상장회사의 소수주주권 행사요건", 「상사판례연구」 제32권 제3호(2019. 9.), 3~46면.
757) 서울중앙지법 2015. 7. 1, 2015카합80582 결정.

법 제542조의6 제5항에서 정한 유지청구권의 행사요건을 갖추지 못하였다.

### 🌐 2020년 12월 개정상법의 내용

2020년 개정 상법은 위의 두 대립된 입장 중 양자택일적 경합설을 택하였다($\frac{상}{96}\frac{542}{x}$). 즉 상장회사의 주주는 상장회사 특례규정에 따른 소수주주권 행사의 요건과 일반 규정에 따른 소수주주권 행사의 요건을 선택적으로 주장할 수 있도록 하였다. 이로써 상장회사의 특례규정이 일반 규정에 따른 소수주주권 행사에 영향을 미치지 않음을 명확히 하였다.

**(다) 유지청구의 요건:**  이사의 법령 또는 정관위반행위로 회사에 회복할 수 없는 손해가 야기될 우려가 있을 때 위 청구권자는 유지청구를 할 수 있다.

법령 또는 정관위반행위란 예컨대 상법 제341조를 위반하여 이사가 회사의 자기주식을 취득한다든지, 주주총회의 특별결의없이 영업의 중요한 일부를 양도한다든지($\frac{상}{위반}\frac{374}{}$), 상법 제416조나 제469조를 위반하여 신주나 사채를 모집한다든지 또는 정관상의 신주인수권규정을 위반하여 신주발행을 한다든지 하는 것이다. 그러나 상법 제399조 제1항의 경우와 달리 '법령 또는 정관에 위반한 행위'에는 법령의 구체적인 규정을 위반한 경우뿐만 아니라 이사의 선관주의의무위반행위($\frac{상}{민}\frac{382}{681}$ II·) 내지 충실의무 위반행위($\frac{상}{의3}\frac{382}{}$)도 포함된다.[758]

회사에 회복할 수 없는 손해를 야기할 우려가 있다 함은 손해의 회복이 전혀 불가능한 경우뿐만 아니라 가능하기는 하나 부담할 비용이나 수고 등을 고려할 때 손해의 회복을 사실상 기대할 수 없는 경우도 이에 포함된다.

**(라) 유지청구의 방법:**  유지청구는 반드시 소에 의할 필요는 없으며 위법행위를 하려는 이사에 대하여 재판외적으로 즉 의사표시로 할 수도 있다. 유지의 소에 대해서는 명문의 규정이 없으므로 대표소송에 관한 상법 제403 내지 406조의 규정을 유추할 수 있을 것이다($\frac{통}{설}$).

**(마) 유지청구의 시기:**  유지청구제도는 이사의 위법행위에 대한 사전(事前)저지를 목적으로 하므로 대상행위가 이루어지고 나면 본 제도는 그 의미를 상실한다. 따라서 대상행위의 私法상의 효력이 무효인 경우에는 그 이행에 착수하기 전에, 반대로 유효인 경우에는 이를 위한 법률행위가 이루어지기 전에 유지청구권을 행사하여야 할 것이다.[759]

---

758) 伊藤眞 監修·伊藤塾 著, 伊藤眞の全條解說 会社法, 弘文堂, 2016, §360, 567면.
759) 伊藤眞 監修·伊藤塾 著, 상게서, 568면.

### (바) 유지청구의 효과

**1) 유지청구를 소로 하는 경우:**    유지청구를 소로 하는 경우에는 판결의 효력에 따라 그 효과를 정하면 될 것이다. 또한 유지의 소는 회사 자체의 이익을 위한 것이므로 원고 승소시이든 원고 패소시이든 판결의 효력은 회사에도 미친다(민소 218).[760]

유지청구소송의 판결확정 전까지에 이사가 계쟁행위를 할 우려가 있는 경우에는 당해 이사에 대하여 그 부작위를 명하는 가처분을 구할 수 있다. 이러한 가처분은 피보전권리(유지청구권)를 실현하는 만족적 가처분(滿足的 假處分)이 될 것이다.[761] 유지청구권은 통상 가처분신청을 통하여 행사되며 이사가 법원의 가처분을 따르지 않을 경우 회사에 대해서는 부작위의무위반이 되겠지만 그로 말미암아 회사에 대해 손해배상책임을 지게 되는지 여부는 별도의 소송에서 다투어야 할 것이다.

가처분을 위반한 행위가 대외적으로 어떤 효력을 가지느냐에 대해서는 학설의 다툼이 있다. 일부 학설은 가처분이 이사에 대해 부작위의무를 부과함에 불과하므로 대상행위의 사법(私法)상의 효력에는 영향을 미치지 못한다고 한다.[762] 반대의 입장에서는 가처분위반을 아는 악의의 거래상대방에 대해서는 회사가 그 무효를 주장할 수 있다고 한다.[763] 사법상의 효력에는 영향을 미치지 못한다는 앞의 학설에 찬동한다. 일본의 다수설과 판례의 입장이기도 하다.[764]

### 2) 유지청구를 의사표시로 하는 경우

**가) 유지청구에 대한 이사의 의무:**    감사 또는 주주의 유지청구가 있으면 당해 이사는 자신의 행위에 대한 유지여부를 선량한 관리자의 주의로 결정하여야 한다. 무조건 유지청구에 응하여야 할 의무가 있는 것은 아니다. 다만 유지청구를 무시한 이사는 사후에 자신의 행위가 법령이나 정관위반으로 판명될 때에는 회사에 대해 손해배상책임을 부담할 수 있다.

**나) 유지청구불응의 사법(私法)상의 효과:**    유지청구를 무시한 경우 대상행위의 효과에 대해 보기로 한다. 유지청구의 대상행위가 처음부터 무효인 경우와 반대로 유효인 경우로 나누어 보기로 한다.

---

760) 神田秀樹, 会社法, 弘文堂, 第20版, 2018, 279면.
761) 江頭憲治郎, 株式会社法, 有斐閣, 第7版, 2017, 505면.
762) 江頭憲治郎, 상게서, 505면.
763) 鈴木竹雄·竹內昭夫, 会社法, 有斐閣, 第3版, 1994, 305면.
764) 岡 伸浩, 会社法, 弘文堂, 2017, 543면; 東京高判 昭和 62年 12月 23日 判例タイムズ, 685号, 253頁(주주총회 개최금지가처분에 불응한 이사가 회사에 대해 책임을 지는 문제는 별론으로 하더라도 본건 가처분결정위반 그 자체를 이유로 본건 결의가 무효 또는 부존재상태로 되는 것은 아니라고 하고 있음).

무효인 경우 해당 행위는 어차피 무효이므로 이사가 유지청구에 응했는지 여부와 무관하게 해당 행위의 효력은 외부적으로 주어진다. 예컨대 이사가 주주총회의 보통결의 없이 또는 배당가능이익을 초과하여 자기주식을 취득한다든지($\frac{상}{위반}^{341}$), 주주총회의 특별결의 없이 영업의 중요한 일부를 양도한다든지($\frac{상}{위반}^{374}$) 하는 경우가 이에 해당한다.

반면 유효인 경우에는 견해가 갈린다. 일부 학설은 유지대상행위를 다시 단체적 성격의 것과 개인법적 성격의 것으로 나누어 판단한다. 신주발행이나 사채의 모집 등 단체적 성질을 가진 경우에는 그 효과의 획일적 확정이 필요하므로 이사가 유지청구를 무시하고 신주를 발행하는 등 해당 사실을 제3자가 알았더라도 유효로 볼 필요가 있다고 한다. 반면 평면적·개인적 성격의 거래에 대해서는 당해 행위에 대해 유지청구가 있었다는 사실을 알고 거래에 임한 제3자, 즉 악의의 제3자에 대해서는 회사가 그 악의를 입증하여 무효를 주장할 수 있다고 한다.[765]

반면 다른 일부의 학설에 따르면 의사표시로 유지청구를 하는 경우 이는 이사에게 해당 행위를 실행하기 전에 다시 한번 생각할 것을 요구하는 정도의 의미 밖에 없으므로 이러한 유지청구가 거래의 효력에 영향을 주지는 못한다고 한다. 따라서 유지청구와 상관없이 항상 유효로 판단하여야 한다고 한다.[766] 맨 마지막 입장에 동조한다.

### (3) 대표소송[767]

**(가) 의의 및 발전:** 대표소송이란 소수주주가 회사를 위하여 이사의 책임을 추궁하기 위하여 제기하는 소송을 말한다($\frac{상}{403}$). 상기한 바대로 회사의 정규적인 조직에 따라 이사의 책임을 추궁하는 것이 회사 내부의 특수사정으로 그 실행을 기대하기 어려운 경우에는 소수주주가 회사를 대신하여 이사의 책임을 추궁할 수 있는 보조장치가 마련되어야 한다. 이러한 필요에서 소수주주가 회사의 손해배상청구권을 회사를 대신하여 행사하는 제도가 대표소송제도이다.

**1) 법적 성격:** 이 제도의 성격상 대표소송이라는 말은 엄격히 따지면 정확한 용어로 보기 어렵다. 원래 형평법상의 단체소송을 직역하면 대표소송(representative suit)이라 할 수 있겠으나 우리 상법상의 대표소송은 회사의 권리를 소수주주가 제3자의 소송담당(Prozeßstandschaft)의 형태로 대위하여 행사하는 것이므로 대위소송(derivative

---

765) 최준선, 581면.

766) 송옥렬, 1108~1109면.

767) 이에 대해서는 졸저, Die Einzelklagebefugnis des Gesellschafters beim Ersatzprozeß für die Gesellschaft, jur. Diss., Univ., Cologne, 1990도 참조.

suit)이라 표현하는 것이 더욱 정확할 것이다. 원고 주주가 수인일 경우 판례는 소송의 법적 성격을 유사필수적 공동소송으로 보고 있다.[768]

**2) 영국에서의 법발전:**  대표소송제도의 효시는 Joint stock company 내에서 충실의무에 위반된 부동산거래를 한 이사를 상대로 몇 명의 주주가 전체 주주를 대표하여 제소한 1828년의 Hitchens v. Congreve 사건이다.[769] 그러나 이 당시의 대표소송은 오늘날 우리 상법에 규정된 그것과는 성격이 달랐다. 이 사건에서는 그야말로 몇명의 주주가 전주주를 '대표하여' 제소한 것이었다(class action). 전주주가 심리에 참가하는 것이 사실상 불가하고 소송경제적으로도 불필요한 것이었기 때문이다. 따라서 이 당시에는 회사의 손해배상청구권을 제소자가 대위행사한다는 관념은 아직 나타나지 않았다. 그 후의 법발전에서 대위소송으로 변신하게 된다. 1843년의 Foss v. Harbottle[770] 사건은 대표소송에 관한 영국 판례법상의 leading case로서 이 판례에서 회사의 기존 조직에 의한 이사의 책임추궁이 원칙이고 대표소송의 제기는 이러한 기존 조직의 기능이 마비된 경우에만 예외적으로 인정된다는 법원칙이 확립되었다. 즉 대표소송제기권의 종속성을 확인한 사건이었다.

**3) 미국에서의 법발전:**  그 후 이 제도는 주로 미국의 회사법에서 본격적인 꽃을 피우기 시작한다. 이사의 신인의무위반을 다룬 대부분의 판례는 이 제도를 통하여 숙성되었다. 주주들에 의한 이사진의 감시가 이 제도에 의하여 가능하였던 것은 제소자가 패소해도 소송비용의 부담을 크게 느낄 필요가 없는 미국식 제소비용부담제도(American rule)에 힘입은 바 크다.[771] 그러나 무엇보다도 승소만 하면 거액의 수임료를 겨냥할 수 있어 변호사들이 적극적으로 임하게 되었고 그 결과 이 제도는 미국의 회사문화에 강한 뿌리를 내리게 되었다. 주주가 변호사를 찾아 소송을 의뢰하는 것이 아니라 거꾸로 변호사가 소송거리를 찾아 사냥하는 기이한 현상도 관찰되었다. 제도가 활성화하면 그 남용가능성도 커지는 법이어서 이사의 부정에 터잡아 소제기로 회사를 협박하며 뒷거래를 요구하는 주주들도 많았다(black mailing 등). 그리하여 미국에서는 남소방지를 위하여 대표소송제기권을 엄격한 전제요건하에 두는 법발전이 속행되었다.

**4) 미국 이외에서의 법발전:**  그러나 오늘날 미국 이외의 나라에서는 이 제도는

---

768) 서울중앙지법 2008. 6. 20, 2007가합43745.
769) (1828) 38 E. R. 1917.
770) (1843) 2 Hare 461.
771) 소송의 승패와 관련없이 소송당사자가 각자가 선임한 변호사 비용을 부담한다는 원칙이다. 이에 반대되는 것이 'English rule'이다. 여기서는 패소한 측은 승소한 측의 변호사 비용도 부담한다.

크게 활성화되어 있지 않다. 제2차 세계대전 후 미국의 회사법을 계수한 일본에서나 우리나라에서나 이 제도는 크게 이용되고 있지 않다.[772] 개인에 의하여 행사되는 회사소권(action sociale exercée ut singuli)제도를 일찍이 발전시킨 프랑스에서도 이 제도는 그렇게 자주 이용되고 있지 않다. 그 이유는 제소자의 패소에 따른 비용부담 문제가 크게 작용하고 있기 때문이다. 우리 상법은 미국식 이사회제도의 도입과 발을 맞추어 이 제도를 받아들였으므로 가능한 한 소송비용의 부담 등을 합리화하여 제소자의 심리적 부담을 덜고 건전한 회사문화의 정착을 꾀한다는 관점에서 이 제도를 활성화시켜 나가야 할 것이다.

(나) **법적 성질**:　대표소송의 제기는 소송법적으로 보면 제3자의 소송담당(Prozeßstandschaft)의 형태가 되며 그 소권을 사원권의 내용에서 살펴보면 공익권의 일종인 통제권(Kontrollrecht)이라 할 수 있다.

대표소권은 비단 주식회사에서 뿐만 아니라 유한회사에서도 명문의 규정으로 인정되고 있으며($\frac{상}{565}$), 나아가 인적회사에서도 소위 *actio pro socio*에 의하여 일찍이 승인되어 왔다. 대표소권은 실체권과 소권이 분리되는 전형적인 현상 중의 하나로서[773] 그 법적 구성에 있어서는 계약설(Vertragstheorie)과 조직설(Organisationstheorie)의 대립이 있으나 영미법에 의하여 주도된 본 소권은 후자의 입장에서 정당화될 것이다.[774]

(다) **대표소송이 인정되는 이사의 책임범위**:　대표소송이 인정되는 이사의 책임범위에 상법 제399조상의 손해배상책임이나 제428조상의 자본충실의 책임이 포함됨은 물론이며 이외에도 차용금채무 등 이사가 회사에 대하여 부담하는 모든 채무가 이에 해당할 수 있다. 이사에 대하여 회사가 제소를 해태할 가능성은 이 경우에도 상존하는 것이므로 이사가 회사에 대하여 부담하는 일체의 채무가 상법 제403조상의 책임대상이 된다. 책임의 발생시기면에서 그 범위를 살펴보면 이사로 재직중인 기간에 발생한 책임뿐만 아니라 이사로 취임하기 전의 채무도 이에 포함시킬 수 있다. 나아가 재직중에 발생한 책임에 대해서는 퇴직 후라도 대표소송에 의한 책임추궁이 가능하다.[775]

---

772) 그러나 최근들어 수건의 대표소송사례가 발견되어 매우 고무적이다. 서울고법 2003. 8. 22, 2002나13746; 대판 2002. 3. 15, 2000다9086; 대판 2002. 7. 12, 2001다2617. 많이 이용되지 않은 이유는 소유지배구조의 차이 때문이다. 미국에서는 'widely-held'가 많지만 여타 국가에서는 과점주주가 잘 발달되어 있고 주주들이 적극적이어서 내부통제를 더 잘 실행한 결과가 아닌가 생각된다.

773) 실체권(*obligatio*)과 소권(*actio*)이 분리되는 현상은 재보험자의 대위권행사시에도 상관습적으로 나타나고 있다. 즉 재보험자가 청구권자이나 그 행사는 원보험자가 담당하는 것이 일반이다. 나아가 어음의 추심위임배서에 있어서도 어음채권과 추심권한이 교부계약에 의하여 분리된다고 할 수 있다.

774) 이에 대해서는 졸고, "사원의 개별소권", 「상사법연구」 제11집(1992) 참조.

775) 대판 2002. 3. 15, 2000다9086.

### (라) 대표소송의 당사자

**1) 원 고:** 대표소송의 원고는 1% 이상의 소수주주이다.[776] 주주는 반드시 주주명부에 등재된 주주, 즉 명의주주여야 한다. 과거에는 주주명부에 등재되지 않은 실질주주 역시 원고적격자가 될 수 있었으나,[777] 2017년 3월 대법원은 전원합의체 판결로 해당 판례를 폐기하였다.[778] 상법은 대표소송의 남발을 막기 위하여 소수주주권으로 하였다. 원고는 소제기시부터 변론종결시까지 계속 주주의 자격을 갖추어야 한다. 나아가 제소자가 이사의 책임발생시점에도 주주이어야 하는가는 의문이나 우리 상법은 책임발생시의 주식보유요건(contemporaneous shareownership)을 요구하지 않으므로 책임발생시점에 주주가 아니었던 자도 대표소송의 제소권자가 된다. 원고 주주의 보유주식이 제소 후 1% 미만으로 감소한 경우에도 제소의 효력에는 영향이 없다(상403). 그러나 주식을 전혀 보유하지 않게 된 경우에는 원고적격을 상실한다(상403). 다만 **주식을 비자발적으로 상실하는 경우** 예컨대 주주대표소송 제기후 회사가 주식교환을 단행하여 완전자회사의 주주가 완전모회사의 주주로 되는 경우 또는 주주대표소송제기후 회사가 합병을 단행하여 소멸회사의 주주가 존속회사의 주주로 되는 경우 등에 있어서는 원고적격의 계속을 인정할 필요가 있다고 생각한다.[779] 소의 이익이 있기 때문이다. 물론 현금지급합병(cash-out merger)의 경우 또는 반대주주가 주식매수청구권을 행사하여 공정한 가격으로 보상받고 회사를 떠나는 경우 등에 있어서는 원고적격의 계속을 인정할 필요가 없을 것이다. 그러나 판례는 상법 제403조 제5항 괄호속 문언에 대한 예외를 인정하지 않는다.

---

### 대판 2018. 11. 29, 2017다35717 [손해배상][780]

"상법 제403조 제1항, 제2항, 제3항, 제5항, 구 은행법(2015. 7. 31. 법률 제13453호

---

776) 상장회사의 경우에는 6개월 전부터 계속하여 발행주식총수의 1만분의 1 이상에 해당하는 주식을 보유한 자에게 원고적격을 인정한다(상법 제542조의6 제6항).

777) 대판 2011. 5. 26, 2010다22552.

778) 대판 2017. 3. 23, 2015다248342 [전원합의체].

779) 同旨, 노혁준, "주주 지위의 변동과 회사소송의 원고 적격", 「企業法研究」 제30권 제4호(통권 제67호) (2016. 12.), 9~46면, 특히 33면(본서의 입장과 같으면서도 입법적 필요성을 강조함); 최문희, "합병, 주식교환 등 조직재편과 대표소송의 원고적격의 쟁점 - 대법원 판례에 대한 비판적 고찰과 입법론적 제안 -", 「商事判例研究」 제29집 제3권(2016. 9. 30.), 247~296면(본고의 결론과 같으면서도 입법적 필요성을 강조함); 최문희, "판례에 나타난 주주대표소송의 절차법적 논점 - 주주의 제소청구 요건을 중심으로 -", 「선진상사법률연구」 통권 제82호(2018. 4.), 39~71면, 특히 46~48면(도산이나 채무재조정 등의 상황과 주식교환 등으로 인한 비자발적 지분상실의 경우를 구별할 필요성을 강조함); 손창완, "회사소송에서 주주의 원고적격", 「상사법연구」 제38권 제2호(2019. 8.), 309~353면, 특히 347면(헌법합치적 법률해석을 근거로 한 목적론적 축소해석을 통하여 비자발적 주식상실의 경우 예외사유로 인정할 필요성을 인정함).

780) 이 판례에 대한 평석으로는 졸고, "조직재편과 대표소송의 원고적격", 「법학연구」, 연세대학교 법학연구원 (2019. 12.)

로 개정되기 전의 것, 이하 '구 은행법'이라 한다) 제23조의5 제1항의 규정들을 종합하여 보면, 주주가 대표소송을 제기하기 위하여는 회사에 대하여 이사의 책임을 추궁할 소의 제기를 청구할 때와 회사를 위하여 그 소를 제기할 때 상법 또는 구 은행법이 정하는 주식보유요건을 갖추면 되고, 소 제기 후에는 보유주식의 수가 그 요건에 미달하게 되어도 무방하다. 그러나 대표소송을 제기한 주주가 소송의 계속중에 주식을 전혀 보유하지 아니하게 되어 주주의 지위를 상실하면, 특별한 사정이 없는 한 그 주주는 원고적격을 상실하여 그가 제기한 소는 부적법하게 되고($^{\underline{상}\,403}$), 이는 그 **주주가 자신의 의사에 반하여 주주의 지위를 상실하였다 하여 달리 볼 것은 아니다.**"

여러 주주들이 함께 대표소송을 제기하는 경우에는 보유주식을 합산하여, 상법 또는 특별법상의 제소요건을 갖추면 된다. 물론 원고 주주 중 일부가 주식처분 등으로 주주의 지위를 상실하는 경우에는 해당 주주는 원고적격을 상실하고 그가 제기한 부분의 소는 부적법 각하대상이 될 것이다.

### 대판 2013. 9. 12, 2011다57869

"상법 제403조 제1항, 제2항, 제3항, 제5항과 구 증권거래법(2007. 8. 3. 법률 제8635호 자본시장과 금융투자업에 관한 법률 부칙 제2조로 폐지, 이하 '구 증권거래법'이라 한다) 제191조의13 제1항을 종합하여 보면, 여러 주주들이 함께 대표소송을 제기하기 위하여는 그들이 회사에 대하여 이사의 책임을 추궁할 소의 제기를 청구할 때와 회사를 위하여 그 소를 제기할 때 보유주식을 합산하여 상법 또는 구 증권거래법이 정하는 주식보유요건을 갖추면 되고, 소 제기 후에는 보유주식의 수가 그 요건에 미달하게 되어도 무방하다. 그러나 대표소송을 제기한 주주 중 일부가 주식을 처분하는 등의 사유로 주식을 전혀 보유하지 아니하게 되어 주주의 지위를 상실하면, 특별한 사정이 없는 한 그 주주는 원고적격을 상실하여 그가 제기한 부분의 소는 부적법하게 되고, 이는 함께 대표소송을 제기한 다른 원고들이 주주의 지위를 유지하고 있다고 하여 달리 볼 것은 아니다."

**2) 피 고:** 피고는 이사 또는 이사였던 자이다. 미국의 대위소송(derivative suit)에서는 원고가 제소주주이고 회사와 이사가 함께 피고가 된다. 그곳에서는 소송경제적 관점에서 소수주주의 회사에 대한 청구와 회사의 이사에 대한 책임추궁이 하나의 소송으로 처리되기 때문이다.

### (마) 제소전 절차

**1) 제소전 절차의 필요성:** 대표소권은 이미 상론한 바대로 회사의 기존 조직을 신뢰할 수 없을 때 즉 정상적인 책임추궁의 기능이 마비된 예외적 상황을 전제로 한

다. 따라서 소수주주가 아무런 사전절차를 거치지 않고 바로 이 제도에 호소할 수는
없다. 이는 이미 상기한 Foss v. Harbottle 사건에서 확립된 원칙이다. 각국에 따라
이 제소전 절차의 내용은 상당한 차이를 보이고 있다. 미국과 같은 나라에서는 대위
소권을 단독주주권으로 하는 관계로 남소의 가능성이 크므로[781] 일단 이사회에 소제
기를 요구하게 하고 있으며 이곳에서 특별제소위원회(special litigation committee)에 의
하여 경영판단의 법칙(business judgement rule)을 적용하여 회사에게 유리하게 제소전
에 소송을 종결시켜 버리는 예가 많다.

**2) 제소전 절차와 원고적격간의 관계:** 비교법적으로 제소전 절차와 제소자격의
요건은 상호 반비례하는 현상을 보인다. 즉 제소자격이 까다로우면 까다로울수록 제
소전 절차는 간이화하고 그 반대이면 제소전 절차는 강화된다. 프랑스의 경우 소수주
주권으로 규정하나 사전절차는 제소통지만 요구하는 단순성을 보인다. 독일 주식법에
서는 기업결합의 경우 제기가능한 대표소송에서는 아무런 제소전 절차를 요구하지
않는다(기업결합의 경우 독일주식법 제309, 310, 317, 318조의 각 제4항에서 이를 인정함).[782]

우리 상법은 이러한 비교법적 관점에서 살펴보면 중간형에 해당한다. 즉 적정한
제소자격의 제한(소수주주권)과 적정한 제소전 절차를 규정하고 있다. 그리하여 대표
소송을 제기하고자 하는 주주는 일단 회사에 대하여 이사의 책임을 묻는 소제기를
촉구하여야 한다(상 403조 III). 주주의 회사에 대한 제소청구는 서면으로 해야 하며(상 403조),[783]
회사가 이 요구에 응하여 피고 이사를 상대로 책임추궁의 소를 제기하는 경우에는
감사가 회사를 대표한다(상 394). 이렇게 회사가 주주의 제소청구에 응하여 자신의 권리를
행사하는 경우에는 원고 주주의 대표소권은 사라진다. 즉 정상적으로 회사가 시정기
능을 발휘하는 한 대위소권은 행사될 수 없다(종속성의 원칙; Subsidiaritätsprinzip). 그
러나 주주의 소제기요구에도 불구하고 30일이 경과하도록 회사가 제소하지 않으면
주주는 단독으로 즉시 회사를 위한 대위소권을 행사할 수 있다(상 403).

**3) 제소청구의 내용:** 제소청구는 이유를 기재한 서면으로 하여야 한다(상 403).
이 서면에는 **회사가 제소여부를 판단할 수 있도록 구체적으로 기재**되어야 한다. 즉 책
임추궁의 대상이 되는 이사나 책임발생의 원인사실에 관한 내용이 포함되어야 한다.

---

781) 물론 각 주에 따라 차이는 있으나 contemporaneous share ownership이나 shareholder with clean hands(제
소주주에게 비난할 사실이 없어야 한다는 원칙) 등의 요건이 추가되고 있다.
782) 다만 2005년의 주식법개정에서 동법 148조가 개정되었고 이에 따르면 콘체른 이외의 영역에서는 1% 소수주
주권으로 되었고 제소주주는 법원에 소를 허용해 달라는 별도의 신청(Klagezulassungsverfahren)을 하여야
한다.
783) 서면청구(written demand)의 원칙이다.

① **구체성의 정도:**    다만 구체성의 정도에 대해서는 다소 탄력적인 판단이 필요하다. 회사의 업무에 대해 주주가 언제나 적정한 정보나 지식을 가지고 있다고 보기는 어려울 것이다. 따라서 책임추궁의 대상이 되는 이사의 성명이 누락되거나 책임발생의 원인사실이 다소 개략적으로 기재되어 있더라도 회사가 제소청구서에 기재된 내용이나 이사회의 의사록 등 회사가 보유한 자료 등을 종합하여 책임추궁의 대상이 될 이사나 책임발생의 원인사실을 구체적으로 특정할 수 있다면 해당 서면은 상법 제403조 제2항에서 정한 요건을 충족하였다고 보아야 할 것이다.[784]

> **대판 2021. 5. 13, 2019다291399**
>
>    "상법 제403조 제2항에 따른 서면에 기재되어야 하는 '이유'에는 권리귀속주체인 회사가 제소 여부를 판단할 수 있도록 책임추궁 대상 이사, 책임발생 원인사실에 관한 내용이 포함되어야 한다. 다만 주주가 언제나 회사의 업무 등에 대해 정확한 지식과 적절한 정보를 가지고 있다고 할 수는 없으므로, 주주가 상법 제403조 제2항에 따라 제출한 서면에 책임추궁 대상 이사의 성명이 기재되어 있지 않거나 책임발생 원인사실이 다소 개략적으로 기재되어 있더라도, 회사가 그 서면에 기재된 내용, 이사회의사록 등 회사 보유 자료 등을 종합하여 책임추궁 대상 이사, 책임발생 원인사실을 구체적으로 특정할 수 있다면, 그 서면은 상법 제403조 제2항에서 정한 요건을 충족하였다고 보아야 한다."

② **위반의 효과:**    제소청구서 자체가 누락되거나 제소청구서에 기재된 책임발생의 원인사실과 전혀 무관한 사실관계를 기초로 대표소송을 제기하는 경우에는 제소청구불요(提訴請求不要; demand futility)의 예외가 성립하지 않는 한 부적법 각하의 대상이 된다. 다만 판례는 주주가 대표소송에서 주장한 이사의 손해배상책임이 제소청구서에 적시된 것과 차이가 있더라도 다음과 같은 예외를 인정한다. 즉 제소청구서상 기재된 책임발생의 원인사실을 기초로 하되 다만 그 **법적 평가만 달리한 것**에 불과한 경우에는 부적법 각하의 대상이 되지 않는다고 한다. 나아가 제소청구서에 적시된 사실을 기초로 하는 한 그것과 법적 평가만 달리하는 청구는 소송계속 중 추가할 수도 있다고 한다. [785]

아래 판례가 다룬 사건은 이사가 자기주식을 취득하면서 배당가능이익의 요건을 준수하지 않아 회사에 대한 책임이 문제시된 경우였다. 이 사건에서 원고는 제소청구서에는 상법 제341조 제4항상의 손해배상책임을 청구원인으로 적시하였으나 대표소

---

784) 대판 2021. 5. 13, 2019다291399; 대판 2021. 7. 15, 2018다298744.
785) 대판 2021. 7. 15, 2018다298744 [주주대표소송].

송의 항소심에서는 상법 제399조 제1항상의 손해배상책임을 청구원인에 추가하였다. 대법원은 동일한 사실관계에 기초한 것으로서 법적 평가만 달리한 것으로 보아 소송 요건상 문제가 없다고 판단하였다.

> **대판 2021. 7. 15, 2018다298744 [주주대표소송]**
>
> "주주가 아예 상법 제403조 제2항에 따른 서면(이하 '제소청구서'라 한다)을 제출하지 않은 채 대표소송을 제기하거나 제소청구서를 제출하였더라도 대표소송에서 제소청구서에 기재된 책임발생 원인사실과 전혀 무관한 사실관계를 기초로 청구를 하였다면 그 대표소송은 상법 제403조 제4항의 사유가 있다는 등의 특별한 사정이 없는 한 부적법하다. 반면 주주가 대표소송에서 주장한 이사의 손해배상책임이 제소청구서에 적시된 것과 차이가 있더라도 제소청구서의 책임발생 원인사실을 기초로 하면서 법적 평가만을 달리한 것에 불과하다면 그 대표소송은 적법하다. 따라서 주주는 적법하게 제기된 대표소송 계속 중에 제소청구서의 책임발생 원인사실을 기초로 하면서 법적 평가만을 달리한 청구를 추가할 수도 있다."

**4) 제소청구 불요요건:** 예외적으로 회사에 회복하기 어려운 손해가 발생할 가능성이 있는 경우에는 이 30일의 요건은 생략될 수 있다($_{제}^{상 403}$). 이를 제소청구의 무용성(無用性) 또는 제소청구의 불요요건(demand futility)이라 한다. 이러한 예외는 주주가 즉시 대표소송을 제기하지 않으면 회사의 손해가 고착화되는 비상상황을 전제로 한다. 따라서 이러한 비상상황이 아님에도 불구하고 원고 주주가 회사에 대한 사전절차를 해태하는 경우에는 해당 대표소송은 소송요건이 흠결되어 부적법 각하될 것이다.[786] 그러면 어떠한 경우에 이러한 비상상황이 발생한다고 할 것인가? 판례는 손해배상채권의 시효소멸가능성, 회사의 재산을 처분한 이사가 도피 내지 잠적할 가능성 등을 예로 들고 있다.[787]

> **대판 2010. 4. 15, 2009다98058**
>
> "상법 제403조 제1항, 제3항, 제4항에 의하면, 발행주식 총수의 100분의 1 이상에 해당하는 주식을 가진 주주는 회사에 대하여 이사의 책임을 추궁할 소의 제기를 청구할 수 있는데, 회사가 위 청구를 받은 날로부터 30일 내에 소를 제기하지 아니하거나 위 기간의 경과로 인하여 회사에 회복할 수 없는 손해가 생길 염려가 있는 경우에는 발행주식 총수의 100분의 1 이상에 해당하는 주식을 가진 주주가 즉시 회사를 위하여 소를 제기할 수 있다는 취지를 규정하고 있는바, 이는 주주의 대표소송이 회사가 가지

---

786) 대판 2010. 4. 15, 2009다98058.
787) 대판 2010. 4. 15, 2009다98058.

는 권리에 바탕을 둔 것임을 고려하여 주주에 의한 남소를 방지하기 위해서 마련된 제소요건에 관한 규정에 해당한다. 따라서 **회사에 회복할 수 없는 손해가 생길 염려가 없음에도 불구하고 회사에 대하여 이사의 책임을 추궁할 소의 제기를 청구하지 아니한 채 발행주식 총수의 100분의 1 이상에 해당하는 주식을 가진 주주가 즉시 회사를 위하여 소를 제기하였다면 그 소송은 부적법한 것으로서 각하되어야** 한다. 여기서 회복할 수 없는 손해가 생길 염려가 있는 경우라 함은 이사에 대한 손해배상청구권의 시효가 완성된다든지 이사가 도피하거나 재산을 처분하려는 때와 같이 이사에 대한 책임추궁이 불가능 또는 무익해질 염려가 있는 경우 등을 의미한다.”

(바) **소송절차:**  주주의 대표소송은 본점소재지의 지방법원이 전속관할하며($^{상\ 403}_{민소\ 186}$), 소수주주가 대표소송을 제기한 경우 피고인 이사는 원고인 주주가 악의임을 소명하여 주주에게 상당한 담보를 제공할 것을 법원에 청구할 수 있다($^{상\ 403\ VII}_{176\ III,\ IV}$). 나아가 회사의 소송참가를 용이하게 하기 위하여 제소주주에게 소송고지의무를 부과하고 있다($^{상\ 404}$). 회사가 소송에 참가하는 경우 이는 민사소송법상 공동소송참가의 형태가 될 것이다($^{상\ 404\ I}_{민소\ 83}$;).

(사) **소송종료의 효과**

1) **총  설:**  대표소송에 대하여 판결이 선고되면 그 효력은 회사에 미친다($^{민소}_{218\ III}$). 또한 원고 주주가 승소한 경우에는 그 주주는 회사에 대하여 소송비용 및 기타 소송으로 인하여 지출한 비용의 범위 내에서 상당한 금액의 지급을 청구할 수 있다($^{상\ 405}_{I\ 1문}$). 나아가 소송비용을 지급한 회사는 이사에 대하여 구상권을 행사할 수 있다($^{상\ 405}_{I\ 2문}$). 나아가 원고가 패소하여도 악의인 경우 외에는 회사에 대하여 손해를 배상할 책임을 지지 않는다($^{상\ 405}$).

2) **소송비용:**  상법 제405조 제1항은 제소주주의 부담을 완화하기 위한 규정이나 대위소권을 행사하는 주주는 승소하여도 자신의 이익을 위하는 것이 아니라 회사 전체의 이익을 추구하는 자이므로 수동적인 배상책임의 면제에 그칠 일이 아니라 미국에서와 같이 소송비용부담 자체의 합리화가 이 제도의 활성화를 위하여 필요하였다. 그리하여 2001년 개정상법은 과거 원고승소시 원고주주가 소송비용 외의 실비액의 범위 내에서 상당액을 회사에 청구하게 하던 소극적 자세를 버리고 소송비용을 포함한 소송관련지출비용 중 상당액을 회사에 청구할 수 있도록 허용하였다($^{상\ 405}_{I\ 1문}$). 물론 비용부담여건이 개선되면 남소의 가능성도 증대되나 이는 외국의 선례들을 고려하여 해결의 실마리를 찾을 수 있을 것이다.

**3) 당사자처분권주의의 제한:**  판결에 의한 소송의 종료 이외에도 당사자의 의
사에 따라 소송의 종료가 도래할 수도 있다. 그러나 대표소송이나 이사의 책임을 추
궁하는 회사의 소송은 모두 회사와 다른 주주들의 이해가 관련되어 있으므로 민사소송
법상의 당사자처분권주의(Dispositionsmaxime)는 그 제한이 필요하다. 그리하여 1998년
개정상법은 회사가 주주의 서면청구에 따라 이사에 대해 손해배상청구소송을 제기하
거나, 회사의 제소가 없어 주주가 대표소송을 제기한 경우 이러한 소송의 당사자들은
소의 취하, 청구의 포기, 인락, 화해는 법원의 허락을 얻지 않고는 할 수 없는 것으로
하였다(상 403). 2011년 개정상법은 회사 자신도 화해 등의 금지대상에 포함시켰다.

**(아) 재심의 소:**  제소주주와 피고 이사가 공모하여 소송의 목적인 회사의 권리
를 사해할 목적으로 판결을 하게 한 때에는 회사 또는 주주는 확정된 종국판결에 대
하여 재심의 소를 제기할 수 있다(상 406).

### (자) 이중대표소송[788]

**사례**  甲주식회사는 염전개발업 등을 주된 목적으로 설립된 법인이나 현재 乙(주)의
발행주식 65만 7,100주 중 52만 9,300주(지주율 80.55%)를 소유한 지주회사일 뿐 특별히
영위하는 영업은 없다. 한편 乙(주)는 염부산물의 생산, 가공, 판매 및 수출입업 등을 주된
목적으로 설립된 법인이나 1996년경 사업관련 염전을 폐전한 후 주로 부동산임대 등의 사
업만을 영위하고 있는 회사이다. 1995년 乙(주)의 대표이사로 재직할 당시 丁은 乙(주) 소
유토지를 소외 X 등에게 임대하고 보증금 및 임료명목으로 4,500만원을 수령하고도 위 토
지를 4,300만원에 임대한 것처럼 허위의 임대차계약서를 작성한 후 실제의 임대보증금과
의 차액을 회사에 입금하지 않고 횡령하였다. 이에 甲사의 발행주식총수 73,000주 중
21,350주(약 29%)를 소유하고 있는 주주 丙은 甲(주)의 종속회사인 乙사의 대표이사로 재
직하였던 丁에 대하여 그의 업무상 횡령으로 인한 손해배상을 청구하기 위하여 이중대표
소송을 제기하였다. 법원은 어떻게 판단할 것인가?

**1) 제도적 의의:**  기업결합의 경우에는 소수주주의 대위소권이 모회사나 자회사
등 자신이 소속된 회사의 범위를 초월하여 행사될 수 있다(*actio pro concerno*).[789]
가령 자회사의 이사진이 회사의 이익을 해하는 부정행위를 하였음에도 자회사가 이
를 시정하지 않고 이러한 현상이 모회사의 대주주의 입김으로 뒷받침된다고 하자. 이
런 경우 모회사의 소수주주는 다음과 같이 자신의 소권을 두 차례에 걸쳐 유도할 수

---

788) 이에 대해서는 김정호, "이중대표소송에 대한 연구", 『경영법률』 제17집 제1호(2006), 221~290면 참조.
789) Actio는 소권(訴權; right to sue), pro는 영어로 바꾸면 'for', concerno는 기업집단의 구성원(내지는 계열사)
을 뜻하므로 전체를 영어로 바꾸면 'actio pro concerno'는 "the right to sue for the benefit of the member
company of a corporate group" 정도로 번역된다.

있다. 그의 소권은 1차적으로 자회사의 주주인 모회사에게 유도된다(first derivation). 즉 원래는 자회사 자신이 임무해태의 이사에 대하여 책임추궁을 하여야 하나 이를 하지 않으므로 자회사의 주주인 모회사가 그 소권을 대위행사할 수 있는 것이다. 그러나 이 모회사도 역시 책임추궁의 가능성이 기대되지 않으므로 다시 이 모회사로부터 2차적으로 그 회사의 소수주주에게 소권이 유도되는 것이다(second derivation). 이렇게 모회사의 소수주주가 자회사의 이사를 상대로 한 대표소송을 제기할 경우 이를 이중대표소송(double derivative suit)이라 한다.<sup>790) 791)</sup> 이러한 현상은 더욱 발전되어 3차례(triple derivative suit) 혹은 그 이상의 소권유도를 가능케 하여 중복대표소송(multiple derivative suit)으로 일반화될 수 있다.

우리나라에서는 본 제도가 성문화되어 있지도 않았고 이를 긍정하는 판례도 없었다. 비록 2003년 서울고등법원이 "대표소송을 제기할 수 있는 주주의 개념에 '회사의 주주인 주주'를 포함함으로써 이중대표소송을 인정할 수 있다"면서 국내 최초로 이중대표소송을 인정하였으나<sup>792)</sup> 대법원은 그 다음해 이를 파기하였다.<sup>793)</sup> 대법원의 이러한 소극적 자세가 옳은 것인지는 재고의 여지가 있었다. 단순대표소송에 관한 기존의 상법규정($^{상\,403}_{이하}$)을 법인격부인론이나 공동지배이론을 경유하여 신의칙적으로 확장해석하는 방법을 심각히 고려하여야 할 필요가 있다고 생각되었다.

그러던 중 2020년 12월 마침내 상법에 다중대표소송제도가 성문화되었다($^{상}_{의2}{}^{406}$).

---

### 서울고법 2003. 8. 22, 2002나13746의 판결내용(원심)

원고(丙)가 소외 1회사(乙)의 지배회사인 소외 甲사의 주주로서 乙의 대표이사인 피고 丁의 업무상 횡령으로 인한 乙사의 손해에 대하여 소외 1회사(乙)를 위하여 위 피고를 상대로 원심에서 추가한 손해배상청구의 대표소송에 대하여, "… 어느 한 회사가 다른 회사의 주식 전부 또는 대부분을 소유하여 양자간에 지배종속관계에 있을 때, 종속회사가 이사 등의 부정행위에 의하여 손해를 입은 경우 지배회사의 주주가 종속회사를 위하여 종속회사의 이사 등을 상대로 직접 대표소송을 제기하는 이른바 이중대표소송은, 지배회사 이사회에 대한 제소청구 또는 지배회사 이사를 상대로 한 대표소송만으로는 종속회사 이사의 부정행위로 인한 지배회사의 간접적인 손해액을 평가하기 어렵고, 종속회사의 주식을 여러 회사가 나누어 소유하고 있는 경우 각 지배회사마다 대표소송이 제기되는 결과를 초래할 수 있으며, 이중대표소송을 허용하지 않으면 지배회

---

사 및 종속회사에 대한 경영권을 모두 지배하고 있는 경영진이 종속회사를 통하여 부
정행위를 함으로써 책임을 회피하는 수단으로 이용할 위험이 존재하는 등의 부작용이
발생하는 난점을 극복하기 어렵고, 반면 종속회사의 경영진이나 주주들이 여러 가지
이유로 이사들의 종속회사에 대한 부정행위를 시정하지 못하는 경우가 있을 수 있는
바, 이러한 경우 이중대표소송을 인정함으로써 종속회사 이사들의 부정행위를 억제할
수 있는 효과를 기대할 수 있고, 종속회사의 손해는 종국적으로 지배회사 주주의 손해
로 귀속되므로 이중대표소송을 통하여 종속회사의 손해를 회복함으로써 간접적으로 지
배회사 및 지배회사 주주의 손해를 경감하는 효과를 기대할 수도 있다"는 이유로 "**대
표소송를 제기할 수 있는 주주의 개념에 「회사인 주주의 주주」를 포함함으로써 이중대
표소송을 인정할 수 있다**"며 "丁이 乙(주)의 대표이사로서 570,207,600원을 횡령한 사
실을"인정하여 "丁은 乙(주)에 대하여 570,207,600원 및 지연손해금을 지급하라"고 판
결하였다.

### 대판 2004. 9. 23, 2003다49221

"… 그러나 위와 같은 원심의 판단은 다음과 같은 이유로 수긍하기 어렵다. 상법 제
403조 제1항, 제3항은 발행주식의 총수의 100분의 1 이상에 해당하는 주식을 가진 주
주는 회사에 대하여 이사의 책임을 추궁할 소의 제기를 청구할 수 있고, 회사가 이 청
구를 받은 날로부터 30일내에 소를 제기하지 아니한 때에는 위 주주는 즉시 회사를 위
하여 소를 제기할 수 있다고 규정하고 있고, 이 규정은 상법 제415조에 의하여 감사에
준용되는바, 어느 한 회사가 다른 회사의 주식의 전부 또는 대부분을 소유하여 양자간
에 지배종속관계에 있고 종속회사가 그 이사 등의 부정행위에 의하여 손해를 입었다고
하더라도, 지배회사와 종속회사는 상법상 별개의 법인격을 가진 회사이고, **대표소송의
제소자격은 책임추궁을 당하여야 하는 이사가 속한 당해 회사의 주주로 한정되어 있으
므로, 종속회사의 주주가 아닌 지배회사의 주주는 상법 제403조, 제415조에 의하여 종
속회사의 이사 등에 대하여 책임을 추궁하는 이른바 이중대표소송을 제기할 수 없다** 할
것이어서, 소외 3회사(甲)의 주주의 지위에서 소외 1회사(乙)의 대표이사인 피고 1(丁)
에 대하여 책임추궁을 구하는 원고(丙)의 이 부분 소는 원고 적격이 흠결되었다고 할
것이다. 그럼에도 불구하고 원심은 이중대표소송이 가능함을 전제로 원고적격을 인정
하였으니, 이 부분에 관한 원심 판결에는 주주의 대표소송에 있어서의 원고적격에 관
한 법리를 오해하여 판결에 영향을 미친 위법이 있다고 할 것이므로 더 나아가 본안에
관하여 판단할 필요없이 그대로 유지될 수 없다 할 것이다."

**2) 이론에 의한 해결책:**  그러나 이론적으로는 아래와 같은 여러 가능성이 모색
되고 있다.

**가) 법인격부인론에 의한 소권부여가능성:**  모회사가 자회사의 일인주주이거나 사
실상의 일인주주일 경우에는 자회사의 독립된 법인격은 형해화하고 그리하여 자회사

는 모회사의 영업의 일부로 인식될 여지가 있다. 이 경우 자회사의 형식적인 법인격
을 부인해 버리면 결국 이중대표소송은 단순대표소송으로 바뀌면서 기존 상법 규정
($^{403}_{이하}$)에 따라 소권부여가 가능해진다. 그러나 이 방법은 이중대표소송을 단순대표소송
으로 대체하는 해결책이므로 이중대표소송을 독자적인 제도로 인정하기 어려워진다
는 단점이 있다.

나) **공동지배이론**(common control theory): 부정을 저지른 또는 임무를 해태한
이사가 모회사 및 자회사를 모두 지배하고 있다면 모회사 주주라도 자회사 이사를
상대로 이중대표소송을 제기할 수 있다고 보는 이론이다. 모·자회사 양자의 임원진
구성이 동일하거나 매우 유사할 경우 동원할 수 있는 학설이다.

다) **신인관계론**(fiduciary relation theory): 이중대표소송을 주주와 회사 및 이사와
회사 간의 신인관계(fiduciary relation) 속에서 정당화하려는 시도가 있다. 모회사는 자
회사의 주주이므로 자회사는 자신의 주주인 모회사의 이익을 극대화하여야 할 신인
관계상의 의무를 부담한다. 여기서 모회사의 이익이란 자회사에 투자한 투자가치의
극대화일 것이다. 그런데 모회사 역시 자신의 주주에 대해서는 신인관계상의 채무자
이다. 즉 모회사는 자회사에 대해서는 권리자이지만 자신의 주주에 대해서는 의무자
이다. 따라서 이중대표소송제도는 이러한 신인관계의 연속 속에서 매끄럽게 설명된다
는 것이 본 이론이다. 즉 위와 같이 연속된 신인의무가 이행되지 않을 경우 이를 강
제하는 수단 그것이 바로 이중대표소송 내지 다중대표소송이라는 것이다.[794]

이 이론은 결과적으로 주주와 회사간 나아가 이사와 회사간의 계약관계를 바탕으
로 그 계약의 이행을 이중대표소송을 통하여 강제하는 것으로 설명하고 있지만 본시
단순대표소송이든 이중대표소송이든 대표소송제도에서 그러한 계약관계는 제도의 출
발점이 아니다.

라) **보상 및 억제이론**: 오늘날 다수 학자들에 의하여 유력하게 제기되는 이중대
표소송의 정당화 논거는 보상 및 억제이론(compensation & deterrence theory)이다. 즉
이중대표소송제도는 부정을 저지르는 자회사의 이사진에 대해서는 억제기능(deterrence)

---

794) Fiduciary Duty는 보통 충실의무(duty of loyalty)의 뜻으로 쓰이고 있다. 즉 이사는 정관상 부여된 자신의 권
한을 사용하여 회사의 이익을 극대화하고 또 그 목적 달성을 위하여 적정히 자신의 권한을 행사해야 하며 개
인의 이익과 회사의 이익이 충돌하는 경우에는 항상 후자를 우선시켜야 하고 회사와 경업을 해서는 아니된다
(Morse, Charlesworth's Company Law, 17th ed., Thompson/Sweet & Maxwell, London, 2005, p. 299). 그
런데 이러한 충실의무는 회사와 주주 간, 대주주와 소수주주 간, 이사와 회사 간, 이사와 주주 간에 존재할
수 있는 것이다. 우리 상법 제399조 및 제401조 나아가 주주의 충실의무를 전반적으로 정당화 하자면 그러한
이론 구성이 불가피하다. 나아가 회사관계를 둘러싼 이러한 전반적인 충실의무는 근본적으로 회사계약, 즉 정
관에서 그 법적 근거를 찾아야 한다. 정관은 조직계약(contract of organization)이므로 충실의무는 이러한 조
직계약에서 파생된다고 보아야 한다.

을 갖고 반면 모회사의 주주들에게는 보상기능(compensation)을 갖는다고 한다. 이러한 정책적 이유에서 이중대표소송제의 정당성을 찾아야 한다고 설명한다.[795] 이중대표소송이 정당히 수행되는 경우 모회사의 주주는 자회사에서 발생한 직접손해가 보상되므로 자신이 입은 간접손해를 자회사의 손해회복을 통하여 만회할 수 있게 되고 반면 자회사에서 부정을 저지른 이사들에게는 부정을 방지할 수 있는 심리적 억지력이 나타난다. 그러나 이 이론 역시 이중대표소송에 대한 법정책적 근거를 제시하고 있기는 하지만 이론적 근거는 되지 못한다.

### 3) 외국의 판례들

1. Martin v. D. B. Martin Co., 88 A. 612(1913)[796] [법인격부인론과 공동지배이론을 경유하여 모회사주주의 자회사에 대한 회계장부열람권을 인정한 미국 사례]

본 사건에서 원고들은 다른 8개 회사를 지배하는 순수지주회사(이하 '甲'이라 한다)의 주주들이다. 이 8개 종속회사들의 영업목적은 동일하며 이중 4개회사의 이사진 구성은 甲과 전적으로 같고 나머지 4개사의 이사진 역시 甲과 대동소이(大同小異)하다. 피고는 甲이었고 甲의 회장(president) 및 甲과 종속회사의 겸직이사 중 2인이 공동피고가 되었다. 원고측 주장을 요약하면 피고들이 업무집행을 태만히 하였고 甲과 그 종속회사의 재산을 빼돌려 개인적인 치부를 하였다고 한다. 재판부는 아래와 같이 종속회사의 법인격을 부인하면서 모회사 주주들의 자회사에 대한 회계장부열람권을 인정하였다: "비록 한 사람이 다른 회사의 주식 전부를 가지고 있어도 법인격의 독립이 부정되는 것은 아니지만… 사기적이고 불법적인 목적을 위하여 회사 법인격의 허상을 이용하는 경우 회사의 독자적 법인격은 부정될 수 있다.… 피고 회사가 사실상 종속회사들의 주식을 전부 소유하고 있고 나아가 피고회사의 이사 및 집행임원들이 동시에 종속회사의 임원진을 구성할 경우에는 종속회사들은 사실상 피고 회사(甲)의 도구에 불과하며 이러한 경우라면 모회사의 주주는 자기 회사뿐만 아니라 종속회사에 대한 회계장부에 대하여도 열람청구권을 갖는다."[797]

2. Universal Project Management Services Ltd. v. Fort Gilkicker Ltd.[798] [공동지배이론을 경유하여 다중대표소송을 인정한 영국사례]

본 사건은 이중대표소송에 관한 영국에서의 최근 사건이다. 매우 흥미를 끌만 사실관계

---

795) David W. Locascio, "The Dilemma of the Double Derivative Suit", (1989) 83 Northwestern University Law Review 729, 753~759.

796) 10 Del. Ch. 211, 220.

797) "The fact that one person owns all the stock in a corporation does not merge his identity with that of the corporation."… "The fiction of a legal corporate entity will be ignored, when used to shield fraudulent or illegal acts."… "Certain subsidiary corporations, *whose stock was substantially owned by defendant corporation, and whose directors and principal officers were practically the same as defendant's*, held mere instrumentalities of defendant, so that, in a suit by defendant's stockholders to compel it to produce the corporate books for discovering whether it was fraudulently mismanaging its corporate affairs, defendant will be compelled to produce the books of such companies, as well as its own."

798) [2013] E.W.H.C. 348 (Ch.); 이 사건 관련내용은 拙稿, "다중대표소송의 도입방안에 관한 연구", 「경영법률」 제23집 제4호(2013. 7.), 219~221면의 내용을 전재함.

와 판시내용을 담고 있으므로 반드시 살펴야 할 판례이다.

(1) 사실관계 및 판시내용

Universal Project Management Services Ltd.(이하 'U社'라 약칭한다)와 Mr. Ian Pierce (이하 'P'라 약칭한다)는 Askett Hawk Properties LLP(유한책임조합)(이하 'A 組合'이라 약한다)에 각 50%의 지분율로 참여하고 있었다. U社의 지배사원은 Dr. Frischmann(이하 'F'라 한다)였다. A조합은 다시 본 사건의 피고인 Fort Gilkicker Ltd.(이하 'FG社'라 약한다)를 100% 소유하고 있었다. FG社의 이사는 F와 P이다. P는 FG社의 회사기회를 유용하여 FG社에 손해를 야기하였다. 이에 U사는 FG社와 P를 공동피고로 하여 이중대표소송을 제기하였다. Briggs 판사는 다중대표소송을 보통법상 인정할 수 있다며 원고의 청구를 인용하였다.

(2) 평 석

본 사건은 영국에서 최근에 나온 이중대표소송 사례로서 이 영역에서 판례가 흔치 않은 점에 비추어 귀중한 선례가 될 것이다. 본 사건은 특히 다음의 관점에서 큰 의미를 갖고 있다. 그 의미를 최근 이 사건에 대한 코멘트를 참조하며 살펴 보기로 한다.[799]

첫째 영국의 여타 선례와 달리 본 사건에서 Briggs 판사는 보통법상 이중대표소송이 어떤 근거로 허용되는지 그 이유를 자세히 설명하였다는 것이다. 즉 본 사건의 담당판사는 원고의 제소권(locus standi)이 인정되는 이유를 미국의 이중대표소송 관련 판례에 자주 등장하는 이른바 **공동지배이론**(common control theory)에서 찾고 있다; "**부정이 저질러진 회사의 지주회사 역시 부정을 저지른 이사들이 지배하고 있다면 그 모회사의 사원에게 제소권(提訴權)을 확장하는 것은 전혀 놀라울 일이 아니다**"라고 판시하고 있다.

둘째 담당판사가 영국에서 2006년 회사법 개정으로 보통법상의 단순대표소송이 사라진 것은 사실이지만[800] 그렇다고 이 **성문법**(Companies Act 2006)**이 보통법상의 다중대표소송까지 소멸시키지는 않았다**고 판시한 점을 주목하여야 할 것이다. 즉 2006년의 영국 회사법 제260조는 문언 그대로 "Chapter 1 of Part 11"을 보통법의 해당 부분에 적용하고 있을 뿐 여타 커먼로상의 이중대표소송이나 다중대표소송까지 위 조문이 대체하는 것은 아니라고 하고 있다. 성문법규(statute law)란 그것이 명시적으로 또 필요한 범위에서 보통법에 영향을 미치는 것이지 입법기관이 대표소송관련 'Old Common Law'를 전적으로 폐기한 것은 아니며 또 그런 것이 본법의 의미도 아니라고 지적한다. 영국회사법 제260조는 그런 입법자의 의사를 명확히 밝히고 있다고 한다.[801]

끝으로 본 사건이 갖는 의미는 주식회사가 아닌 유한책임조합(LLP)의 사원이 이중대표소송의 원고라는 사실이다. 즉 주식회사나 유한회사 등 자본회사가 아닌 유한책임조합에서도 다중대표소송이 가능하다는 점을 확인한 점에서 그 의미가 크다. 즉 콘체른 대위소

---

799) 본 사건에 대한 최근의 평석으로서 Tan Cheng-Han, Multiple Derivative Suit, [2013] 129 L.Q.R. 337 참조.

800) 영국 회사법은 2006년 개정되어 제260조 이하에 단순대표소송 관련 규정들을 신설하게 되었고 이로써 common law 상의 단순대표소송은 사라졌다. 아울러 1843년의 Foss v. Harbottle 판례도 폐기(overruled)되기에 이른다.

801) Briggs 판사의 이러한 결론에 대해 학설은 대립한다. 판례의 입장에 동조하는 견해로는 Lightman, [2011] L.M.C.L.Q. 142의 견해가 있다. 판례의 입장에 반대하는 견해로는 Reisberg & Prentice, [2009] 125 L.Q.R. 209가 있다.

권(代位訴權)(actio pro concerno)의 영역이 매우 넓다는 점을 본 사건은 잘 묘사해주고 있다.

### 3. Waddington Ltd. v. Chan Chun Hoo Thomas[802]

본 사건은 비록 홍콩사건이긴 하지만 미국을 제외한 커먼로의 세계에서 다중대표소송에 관한 의미있는 선례라 아니할 수 없다. 즉 영연방 국가의 판례 중 최초로 다중대표소송을 보통법으로 허용할지 아니면 성문법으로 허용할지에 대하여 판단하였다는 점이다.

#### (1) 사실관계

Playmates Ltd. Holding社(이하 'P'라 한다)는 Playmates International社(이하 'PI'라 한다)를 완전자회사로 소유하고 있고, PI는 다시 Profit Point社(이하 'PP'라 한다)와 Autoestate社(이하 'A'라 한다)를 완전자회사로 지배하고 있었다. 본 사건의 원고인 Waddington Ltd.(이하 'W'라 한다)는 이 3층 콘체른구조의 최상위 회사인 P에 6.5%의 지분으로 참여하고 있었다. 본 사건의 피고는 Chan Chun Hoo Thomas(이하 'C'라 한다)로서 C는 P그룹의 모든 계열사, 즉 P, PI, PP 그리고 A의 업무집행인이요 대표이사였다. W는 C가 PP와 불공정 자기거래를 하여 회사에 손해를 입혔다고 주장하며 3중대표소송을 제기하였다. 재판부는 홍콩 회사조례(Hong Kong Companies Ordinance)에 명문의 규정은 없지만 보통법상 3중대표소송을 허용할 수 있다며 원고의 청구를 인용하였다.

#### (2) 판시내용

우선 재판부는 영국에서 Wallersteiner v. Moir 사건이나 Halle v. Trax 사건 등은 다중대표소송의 사실관계를 갖고 있었지만 이 사건들에 있어 다중대표소송의 제소요건에 대해서는 언급함이 없이 원고의 제소권을 인정하였다고 하면서 그러나 본 사건에서 원고 W의 삼중대표소송에 대한 제소권은 보통법상 허용된다고 판시하였다.

재판부는 피고(항소인)가 주장한 아래 다섯 가지의 항변을 배척하였다. 첫째 피고 C는 다중대표소송제도가 회사가 주주와 독립된 별개의 인격체라는 회사법의 기본 원칙에 반한다고 주장하였다.[803] 이에 대해 재판부는 다중대표소송의 가능성은 모자회사간 법인격 독립의 예외로 인정할 여지가 있으며 이미 호주 등 일부 영연방 국가의 회사법 규정들이[804] 이를 뒷받침하고 있다고 반박한다.[805] 둘째 이중대표소송은 2개의 단순대표소송일 뿐이라는 피고측 주장에 대해서도 재판부는 손해배상청구권이 귀속되는 자회사를 위한 1개의 소송이라며 피고의 주장을 일축한다.[806] 셋째 모회사 주주는 자회사 주식에 대해 아무런 권리나 이해관계가 없다는 피고측 주장에 대해서도 이중대표소송에서는 결정적 문제가 소권(訴權; locus standi)이므로 이를 문제 삼을 필요가 없다고 일축한다. 넷째 이중대표소송

---

802) Sept. 8, 2008, Final Court of Hong Kong, (2008) 11 HKCFAR 370=[2008] HKCU 1381; 이 사건 관련 내용은 拙稿, "다중대표소송의 도입방안에 관한 연구", 「경영법률」 제23집 제4호(2013. 7.), 221~224면의 내용을 전재함.

803) (2008) 11 HKCFAR 396, at C.

804) 호주 회사법 제236조 제1항 (a)호에 의하면 '"related" or "affiliated"company'의 권리를 대상으로 한 대표소송도 가능하다고 되어 있다. 그러나 다중대표소송의 구체적 제소요건이나 그 법적 근거가 성문화되어 있지는 않다. 다만 법원의 허가(leave)를 얻어야 하는 것으로 되어 있다.

805) (2008) 11 HKCFAR 397, at B.

806) (2008) 11 HKCFAR 398, 399.

없이도 자회사의 손해는 배상될 수 있다는 피고측 주장에 대해 홍콩회사조례가 인정하는 불공정 권리침해제도(unfair prejudice proceeding)는 대표소송제도와는 다르므로 다중대 표소송을 인정하지 않는 한 모회사 주주의 간접손해는 고착화된다고 판시하였다. 다섯째 영연방 내에서 다중대표소송은 성문법규에 그 허용여부 및 제소요건이 규정되는데 홍콩회 사조례는 다중대표소송을 규정하고 있지 않으므로 본소가 불가하다는 피고 측 주장에 대 해서 **다중대표소송은 보통법상 판례법으로 발전시키는 것이 적절**하다고 판시하면서 최종적 으로 본 다중대표소송을 허용하였다.[807]

(3) 평 석

재판부는 보통법(common law)으로 향후 이 제도를 발전시켜 나갈 것임을 명확히 하 였다. 향후 영국을 비롯한 영연방국가내에서는 이에 따라 다중대표소송이 허용될 것으로 예측된다. 일종의 법정책적 판단을 한 것으로 보면 될 것이다. 더욱이 본 사건을 담당하였 던 Lord Millett경(卿)의 위상을 보아도 향후 영연방 제국에서는 결국 보통법을 통하여 본 제도가 발전해 갈 것 같다. 그 첫 증거가 앞서 살핀 영국 Universal Project Management Services 사건이다.

다만 단순대표소송과 다중대표소송의 구별 및 그 인정근거를 독립적으로 제시하지 않 았다는 점에서 한계를 느낀다. 즉 미국 판례법에서처럼 법인격부인론이니 공동지배론이니 신인의무론이니 보상 및 억제론이니 하는 이론적 뒷받침이 나타나지 않고 있다는 점이다. **사실관계상으로는 피고 Chan Chun Hoo Thomas가 Playmates Group 산하 모든 계열사 (P, PI, PP, A)의 CEO 직을 맡고 있고 모회사 - 자회사 - 손회사 모두에서 완전모자관계가 나타나고 있으므로 미국 판례에 자주 등장하는 공동지배이론(common control theory)으로 충분히 처리할 수도 있지 않았을까 생각된다.** 다중대표소송은 원고가 모회사의 주주라는 점외에도 적어도 타 회사의 이사를 피고로 하는 점에서 자회사의 법인격이 형해화하는 등 추가적인 정당화 요소가 나타나야 한다. 그런데 그런 점에서는 아무런 언급을 발견할 수 없다는 점이 아쉽다. 그러나 본 판례가 다중대표소송제도를 회사법상 근본적으로 허용하 였고 향후 이 제도의 발전을 common law에 맡겼다는 점에서 그 의미는 적지 않다.

4. BGHZ 65, 15("ITT"사건)[808]

본 사건의 당사자는 사원이 2인으로 구성된 유한회사(GmbH)의 지배사원(이하 '乙'이라 한다; 지분율 85%)과 소수사원(이하 '甲'이라 한다; 지분율 15%)이며, 甲이 원고이고 乙은 피고이다. 甲과 乙이 상기의 비율로 출자한 이 유한회사(이하 '丙'이라 한다)는 다시 甲과 계약을 맺고 丙이 무한책임사원, 甲이 유한책임사원이 되어 유한합자회사(GmbH & Co. KG; 이하 '丁'이라 한다)를 설립하였다. 丁의 지분 중 60%는 丙이, 나머지 40%는 甲이 각 각 소유하였다. 丁은 다시 100% 자회사인 戊를 설립하였고, 乙은 별도로 100% 자회사인

---

807) (2008) 11 HKCFAR 400, at A. (Lord Millett)

808) 미국의 "ITT"社가 콘체른의 최정상에 위치하였고 중간지주회사가 독일법에 따라 설립되었으며 그 회사의 소 수주주가 증손회사의 모회사에 대한 손해배상청구권을 삼중대표소송의 형태로 대위행사하였다. 미국 ITT사 와 증손회사 간에 체결된 경영자문계약상 과다한 경영자문료를 모회사가 요구하였는바 그 계약의 효력을 무 효화한 후 증손회사가 반환을 청구하여야 하나 이러한 청구가 콘체른의 수직구조 때문에 제대로 수행되지 않 자 자회사의 소수 주주가 삼중대표소송을 제기한 사례이다.

기(己)를 설립한다. 이 콘체른의 구조를 조감하면 그 최정상에는 乙(모회사; 미국의 'ITT' 그룹)이 있고 그 아래 甲과 乙이 공동출자한 丙(자회사)과 乙이 단독 출자한 己가 있으며, 그 아래 다시 丙과 甲이 공동출자한 丁(손회사)이 있고 끝으로 丁이 단독으로 출자한 戊 (증손회사)가 있는 셈이다. 戊와 己는 경영자문계약을 체결하며 거액의 자문료가 己에게 지급된다. 이에 丙의 소수사원인 甲이 戊의 己에 대한 부당이득반환청구권 내지 손해배상 청구권을 대위행사한 것이 본 사건이다. 乙-丙-丁-戊로 이어지는 콘체른구조에서 중간 자인 자회사의 소수사원이 증손회사의 모회사에 대한 손해배상청구권을 대위행사한 셈이 되었다.

본 사건에서 독일대법원은 원고의 청구를 기각한 원심을 파기하고 원고의 청구를 인용 하였다. 그 근거는 2인으로 구성된 유한회사에서 지배사원은 소수사원에게 충실의무를 부 담한다는 것이었다. 그러나 결국 이 사건을 통하여 독일 대법원은 증손회사의 손해배상청 구권을 자회사의 소수사원이 대위행사할 수 있는 삼중대표소송(三重代表訴訟)을 허용한 셈이 되었다. 이 사건을 계기로 독일에서는 국제콘체른에서 벌어지는 다수사원과 소수사 원 간의 갈등문제를 다중대표소송으로 해결할 수 있는 초석을 마련하게 되었다.

### 🔸 다중대표소송 관련 제도들의 비교법적 고찰[809]

현재 다중대표소송제도와 관련한 각국의 제도들을 개관하면 아래와 같다.

#### 1. 미 국

다중대표소송제의 모국은 단연 미국이다. 지난 약 100년에 걸친 풍성한 판례법은 다중 대표소송제의 가장 중요한 *法源*이다.[810] 제소요건의 성문화 대신 들쭉날쭉한 판례법이 주 로 법인격부인이론이나 공동지배이론과 결합하여 다중대표소송의 제소요건을 설명하고 있 다. 콘체른 내부의 이해갈등상황을 종합적으로 해결할 수 있는 다기한 가능성이 열려 있 어 실용성면에서 가장 뛰어나다. 예컨대 모-자-손의 삼층 콘체른에서 가운데 층 회사(자 회사)의 소수주주도 손회사의 모회사에 대한 손해배상청구권을 다중대표소송으로 대위할 수 있어 실용성이 크다.[811] **근자에 들어서는 거의 예외없이 완전모자관계를 대상으로 본 제 도가 시행**되고 있다.

#### 2. 영 국

영미법계의 모국이라 할 영국에서는 2006년의 회사법상 단순대표소송과 이중(다중)대 표소송은 별개의 체계로 운영된다. 단순대표소송(simple derivative action)의 경우 위 회 사법 제260조가 common law상의 대표소송을 더 이상 허용하지 않는다. 즉 단순대표소송 의 경우에는 소제기 2주(14일) 전에 관할 법원에 제소청구허가를 신청하고 그 결정을 기

---

809) 이하의 내용에 대해 보다 자세히는 졸고, "이중대표소송에 대한 연구", 「경영법률」 제17집 제1호(2006. 10.), 221면; 졸고, "다중대표소송의 도입방안에 관한 연구", 「경영법률」 제23집 제4호(2013. 7.), 209면 이하; 졸고, "다중대표소송의 발전방향에 관한 연구", 「상사법연구」 제33집 제4호(2015. 2.), 9면 이하 참조.

810) 졸고, "다중대표소송의 도입방안에 관한 연구", 「경영법률」 제23집 제4호(2013. 7.), 209면 이하, 특히 211~ 212면 참조.

811) 예컨대 Goldstein v. Groesbeck, 142 F. 2d 422 등이 그러하다.

다려야 한다. 법원이 허가한 경우에만 주주 단독의 대표소송이 가능하다. 그러나 다중대표
소송은 해석상 영국 회사법 제260조의 적용대상이 아니다.[812] 즉 ① 회사에 손해배상청구
권이 존재하고, ② Foss v. Harbottle 사건의 예외(실체권과 소권의 분리가 정당화되는 상
황의 존재)가 성립하면[813] 언제든 다중대표소송은 제기할 수 있다. 물론 ②의 요건 부분
에서는 **자회사의 법인격이 형해화하거나 모자회사간 공동지배상황이 나타나야 할 것이다.**
이러한 요건이 충족되면 이중대표소송은 정당화된다.

### 3. 일    본

일본은 현재 지구상에서 유일하게 **다중대표소송제를 성문화**한 국가이다. 그러나 그 제
소요건은 매우 엄격하여 **완전모자관계하에서만 가능**하며 그것도 최종 완전모회사[814]의 1%
이상의 소수주주에게만 제소를 허용한다.[815] 성문화에 따른 법이론적 문제점 — 특히 모자
회사간 법인격의 독립성 — 을 극복하기 위하여 제소요건을 지나치게 엄격히 제한한 결과
actio pro concerno(콘체른 대위소권제도)로서의 실용성에는 한계가 있다.

### 4. 독    일

독일 역시 상황은 영국과 유사하다고 할 수 있다. 즉 단순대표소송과 다중대표소송이
별개의 체계로 운영된다고 보면 된다. 단순대표소송은 제소전에 먼저 법원의 허가를 얻어
야 하며(독일주식법 제148조), 다중대표송제도는 판례법으로 시행된다고 파악된다.[816] 다중대표소송을
다룬 사건은 거의 없으며 거의 유일한 것이 삼중대표소송형태의 ITT 사건이다.[817] 미국식
다중대표소송의 전형적인 케이스로서 자회사의 소수사원이 증손회사의 모회사에 대한 손
해배상채권을 대위하였다.

### 5. 기타 영연방국가들

홍콩, 싱가포르, 호주, 뉴질랜드, 케이먼군도 등 영연방국가들은 각각의 회사법전이나 회
사조례에 대표소송의 원고적격을 '회사 또는 관계회사(an affiliated associated company)
의 주주'로 폭넓게 규정한다.[818] 그 결과 '관계회사'에는 모회사 등이 포함되어 이러한 방
식으로 다중 내지 이중대표소송에 성문적 근거를 제공하고 있다. 모두 일정 요건하에 법
원의 허가(leave)를 얻는 방식을 요구한다. 주요 판례로 홍콩의 Waddington 사건[819]과 케

---

812) Universal Project Management Services v. Fort Gilkicker, [2013] EWHC 348 (Ch.).
813) Prudential Assurance Co. Ltd. v. Newman Industries Ltd. [1982] Ch. 221.
814) 완전모자관계가 여러 층으로 중첩될 경우에는 최상층 모회사의 소수주주만 원고적격자이다.
815) 일본 회사법 제847조의3 참조.
816) 물론 독일 주식법은 자회사의 모회사에 대한 손실보상청구권을 자회사의 소수주주가 대위할 수 있게 허용한
    다(동법 제309조, 제310조, 제318조, 제319조 각 제4항 참조). 그러나 이는 엄격히 따지면 다중대표소송이 아니
    다. 자회사의 권리를 자회사의 소수주주가 대위하기 때문이다. 즉 단순대표소송의 한 유형이 되고 만다(졸고,
    "다중대표소송의 발전방향에 관한 연구", 「상사법연구」 제33권 제4호(2015. 1.), 9면 이하, 특히 50면 참조.
817) BGHZ 65, 15.
818) 홍콩회사조례 제732조; 싱가포르 회사법 제216A조, 제216B조; 캐나다 회사법 제239조 제2항; 호주 회사법 제
    236조; 그러나 이들 국가의 성문규정상 다중대표소송에 대한 엄격한 의미의 원고적격이라기보다는 법원의 허
    가(leave)를 얻기 위한 심사청구적격에 불과하다고 생각된다(졸고, "다중대표소송의 발전방향에 관한 연구",
    「상사법연구」 제33권 제4호(2015. 2.), 21면 각주 36 참조.
819) Waddington Ltd. v. Chan Chun Hoo Thomas, [2008] HKCU 1381.

이먼 군도의 Renova 사건[820])이 있다.

### ❖ 다중대표소송 관련 상법개정안의 문제점[821])

"지난 7월 17일 법무부는 집행임원제, 집중투표제, 전자투표제의 의무시행 및 다중대표소송제를 신설하는 상법개정안을 입법예고하였다. 본고에서는 그중 다중대표소송 부분에 대해 코멘트하고자 한다. 법안은 상법 제406조의2와 동법 제542조의6에 비상장사는 100분의 1, 상장사는 1만분의 1의 지분을 가진 주주가 자회사 내지 손회사 이사를 상대로 이중 내지 다중대표소송을 제기할 수 있다고 하고 있다. 이 법안에 문제점은 없는지 살펴 보기로 한다.

#### 1. 국내외의 상황

이 제도가 현재 국내·외에서 어떻게 시행되고 있는지를 먼저 개관하자. 미국에서는 약 100년전부터 본 제도가 판례법으로 시행되고 있으며 주로 법인격부인론, 공동지배론(common control theory), 신인의무론 및 억제 및 보상론 등이 이론적 기초로 등장한다. 최근에는 영국과 홍콩에서도 다중대표소송관련 판례가 나오고 있는바 2013년 영국의 Universal Project Management Services Ltd. v. Fort Gilkicker 사건에서 Briggs 판사는 완전모자관계와 공동지배관계를 이유로 이중대표소송을 허용하였다. 영국 회사법 제260조 이하에 규정된 단순대표소송과는 무관하게 이중대표소송은 common law로 허용할 수 있다고 하였다. 이에 5년 앞선 홍콩 판례 Waddington Ltd. v. Chan Chun Hoo Thomas 사건에서 Lord Millett는 모회사 소수주주의 손회사 이사에 대한 삼중대표소송을 허용한 바 있다. 두 사건 모두 완전모자관계와 공동지배이론(common control theory)에 기초하고 있다. 반면 대륙법계 국가에서는 1976년 독일의 "ITT"사건(BGHZ 65, 15)을 제외하고는 다중대표소송의 사례를 쉽게 발견할 수 없다. 일본은 최근 영미법계의 사례를 참조하여 완전모자관계를 전제로 한 성문입법을 시도하고 있다. 우리나라에서는 2003년 서울고등법원이 이중대표소송을 허용하는 최초의 판례를 내놓았으나 안타깝게도 2004년 대법원에서 파기환송되었다.

#### 2. 단순대표소송과 다중대표소송의 차이

단순대표소송(standard derivative suit)의 경우 제소권(locus standi)은 주식, 그중에서도 주주의 공익권에서 파생한다. 반면 이중 내지 다중대표소송(double or multiple derivative suit)의 경우 원고 주주가 모회사 내지 최종 모회사의 주주여야 하지만 ─ 따라서 그 모회사의 주식 소유가 전제되어야 하지만 ─ 책임추궁을 당할 피고는 그 모회사의 기관이 아니라 자회사나 손회사의 이사이므로 그 소권이 직접 원고 주주의 주식에서 파생하지 않는다. 즉 다중대표소송에서 원고의 제소권은 모회사의 사원권에 추가한 플러스 알파의 그 무엇을 요구한다. 이 알파가 무엇인가? 이것이 다중대표소송의 본질을 밝히는데 결정적 역할을 한다. 현재 법무부가 제시한 상법개정안 상으로는 그 알파는 모회사-자회

---

820) Renova Resources Private Equity Ltd. v. Gilbertson & 4 Others, [2009] CILR 268.
821) 졸고, "다중대표소송 관련 상법개정안의 문제점", 「법률신문」, 2013년 9월 5일자, 연구논단, 12면에서 전재함.

사 간 법정모자관계, 즉 타 회사 주식을 50%를 초과하여 보유하는 것이다. 그렇다면 이러한 법정모자관계가 이 알파의 필요충분조건인가?

그런데 단순모자관계만으로는 이 울타리를 쉽게 넘어설 수 없다. 지금까지 주로 영미법계에서 이중대표소송제도가 시행되고 있는바 사실관계에는 완전모자관계가 자주 등장하며 여기에 추가하여 모회사와 자회사의 이사진 구성이 동일한 이른바 공동지배(common control)상황 또는 자회사의 법인격이 형해화한 상황이 자주 등장한다. 이를 전제로 이중대표소송 내지 다중대표소송이 허용되고 있는 것이다. 즉 완전모자관계에 추가하여 공동지배상황 혹은 자회사의 법인격이 부인될 만한 상황 이것이 가장 자주 발견되는 이중대표소송의 사실관계라 할 수 있다. 공동지배상황이든 완전모자관계든 결국 이는 자회사의 법인격이 형식화한 경우를 지칭할 수밖에 없으며 어떤 경우 자회사의 법인격이 형해화하는가는 개별 사례별로 나아가 사후적으로만 판단할 수 있다. 이러한 연유로 이중대표소송의 제소요건을 사전에 성문화하기가 어려워지는 것이다.

### 3. 단순모자관계를 통한 소권부여의 문제점

법무부안과 같은 규정을 신설할 경우 다음과 같은 문제가 생길 수 있다. 우선 본 제도가 필요할 경우에도 원고 적격을 충족시키기 못하여 소권이 부정되는 경우가 발생할 수 있다. 예를 들어 보자. 지배회사(甲)와 종속회사(乙)가 있다고 하자, 甲의 乙에 대한 지분율은 45%이고, 乙에는 甲 외에도 55%의 주주들이 있지만 甲 이외의 주주들은 모두 외국인이고 회사경영에 전혀 관심이 없으며, 이들의 보유주식은 완전히 분산되어 있다고 하자. 나아가 甲이나 乙 이사진의 인적 구성이 완전히 같고, 乙에서는 이사회나 주주총회의 의사결정도 甲경영진의 뜻대로 이루어진다고 하자. 이런 정도라면 비록 甲이 乙주식의 45%만 소유하고 있어도 乙의 법인격은 사실상 형식화한 것이나 다름이 없고 乙은 甲 영업의 일부로 보아도 좋을 것이다. 이런 경우라면 甲의 소수주주는 乙의 이사를 상대로 이중대표소송을 제기할 수 있어야 하지 않을까? 그러나 이 경우 위 법안은 甲의 소수주주에게 이중대표소송을 허용하지 않는다.

반대로 소권부여가 부당한 경우에도 소권(訴權)이 인정되어 남소가능성이 예견되는 경우도 있다. 예컨대 甲(주)가 乙(주)의 주식 중 60%를 갖고 있다고 하자. 그런데 乙에는 각 15%의 지분을 가진 과점 주주 2인(A, B)이 있다고 하자. A, B는 乙(주)의 운영에 매우 적극적이며 모회사 주주들의 이중대표소송을 반대한다고 가정하자. 이러한 A, B의 뜻에 반하여 甲의 소수주주가 乙의 이사를 피고로 이중대표소송을 제기할 수 있는가? 법무부안대로 상법이 개정될 경우 甲의 소수주주는 A, B의 의사와는 무관하게 이중대표소송을 제기할 수 있다. 이러한 결과가 바람직하다고 할 수 있을까?

위의 사례들은 결국 곡선(曲線)을 그어야 할 상황임에도 위 법안이 직선(直線)만 그리기 때문에 나타나는 현상들이다. 이중대표소송제도는 사전에 일개(一個)의 조문으로 소권부여의 요건을 정한 후 획일적으로 시행하는 그런 제도가 아니다. 모회사와 자회사는 별개 독립의 인격체라는 일반원칙에 하나, 둘 예외가 만들어졌다. 이들이 쌓이다 보니 일정한 사례군이 만들어졌고 이들이 오늘날 이중 내지 다중대표소송을 정당화하는 공동지배이론, 법인격부인론, 신인관계론 또는 보상 및 억제이론으로 발전하였다. 따라서 하나 혹은 둘의 조문으로 이들 예외의 구성요건(Ausnahmetatbestand)을 담아낼 수 없다. 결국 영미의 판례에 나타난 바대로 구체적 사실관계에 기초하여 사후적으로 이중대표소송을 허용할 수밖에 없는 것이다.

### 4. 판례법을 통하여 이중대표소송을 도입할 경우 그 제소요건

판례법을 통한 이중대표소송제의 시행을 위해서는 한 가지 선결과제가 있다. 즉 2004년 대법원이 선고한 판례를 극복하여야 한다. 그러기 위해서는 대법원의 판례변경이 있어야 할 것이다. 2003년 서울고등법원의 최초의 이중대표소송 판결($^{2002나}_{13746}$)이 나온지도 17년이 되었다. 이제는 대법원도 이 문제를 재고(再考)할 때가 되었다. 최소한 완전모자관계나 아니면 자회사의 법인격을 충분히 부인할 만한 사실관계에서는 모회사 주주가 자회사 이사를 상대로 이중대표소송을 제기할 수 있다고 판례변경을 하여야 할 것이다. 그렇게 해줄 것을 요청한다.

영미법계에서와 같이 이중대표소송을 판례법으로 도입할 경우 다음과 같이 제소요건을 구체화할 수 있을 것이다. 이중대표소송을 도입하기 위하여 성문규정의 신설을 주장하는 학설은 법의 흠결을 주장하며 새로운 규정이 마련되어야 한다고 역설한다. 그러나 필자가 보기에는 그러한 법의 흠결은 존재하지 않는다. 즉 상법 제403조의 유추적용과 민법 제2조를 통하여 이중대표소송은 무리없이 시행될 수 있으며 현 상태에서도 법의 흠결은 발견할 수 없다.

원고적격(standing)의 경우 비상장사인 모회사의 경우 100분의 1의 지분율, 상장사인 모회사의 경우 1만분의 1의 지분율이면 될 것이다. 제소청구요건(demand requirement)을 보면 이중대표소송을 제기하려는 모회사 주주는 모회사와 자회사 모두에 대하여 서면의 제소청구(written demand)를 하여야 할 것이다. 모회사와 자회사가 사실상 하나이므로 양사(兩社) 이사회 모두에 대하여 제소청구를 하여야 할 것이다. 물론 일정한 경우에는 제소청구가 무의미하며 이러한 경우라면 원고 주주는 제소청구불요(demand futility) 상황을 입증하여야 한다. 이렇게 제소청구를 해놓고 30일을 기다린다. 그리고 이 30일의 대기상황이 결실없이 끝나야 한다. 끝으로 원고는 이에 추가하여 완전모자관계, 공동지배상황 나아가 자회사에 대한 법인격부인의 요건이 충족됨을 주장·입증하여야 할 것이다. 그러나 위의 모든 제소요건들이 충족되는지 여부 역시 개별 사안의 사실관계를 고려하여 개별적으로 판단할 일이다. 본 제도는 형평법(equity)의 산물이기 때문이다.

### 5. 결　론

2013년 영국의 Universal Project Management Services 사건을 담당했던 브릭스 판사나 2008년 홍콩의 Waddington 사건을 담당했던 밀렛卿이나 모두 이중대표소송이 판례법으로 발전하여야 함을 역설하고 있다. 우리나라에서도 무리한 성문화의 시도보다는 판례법을 통한 접근을 기대해 본다. 이것이 정부가 밝힌 다중대표소송제의 '점진적(gradual) 도입'과도 개념상 맞아 떨어진다고 본다.

**4) 다중대표소송제도의 성문화**[822]:   멀고도 험한 길이었다. 마침내 우리 상법전에 다중대표소송제도가 도입되었다. 2020년 12월 여의도 국회는 우려곡절 끝에 마침내 오랜 논의에 종지부를 찍고 이 제도를 성문화하였다(2020년 개정 상법 제406조의2). 다소 불만스런 부분도 있지만 어쨌든 우리나라에도 이제 다중대표소송의 문이 열리게 되었다. 본 제도의 도입을 둘러싼 과거의 학설 대립은 이제 더 이상 의미가 없다. 합리적인 해석과 조화로운 운영으로 본 제도가 대한민국의 회사문화 발전에 기여할 수 있도록 함께 노력하여야 할 것이다.

다만 2020년 12월 상법이 도입한 다중대표소송제도는 전세계 여타 국가에서는 유례를 찾기 어려운 독특한 제도여서 제도시행상 주의가 요구된다. **첫째** 미국식의 다중대표소송에서는 법인격부인론이나 공동지배이론 등 모자관계뿐만 아니라 추가적인 이론적 정당성이 인정되는 경우에만 모회사 주주의 대위소권을 인정하고 있다. 그것도 1988년 이후에는 판례법상 완전모자관계를 전제로 본 제도가 시행되고 있다.[823] 그러나 우리의 개정 상법은 그러한 추가적인 요소를 요구하지 않고 있어 대위소권의 종속성 측면에서 신중을 기할 필요가 있다. **둘째** 일본 회사법이 도입한 다중대표소송 제도 역시 완전모자관계를 전제로 하므로 우리 상법이 도입한 다중대표소송제도와는 차이가 있다. 일정 요건하에 모회사 주주에게 소권을 부여하는 점에서 한국법과 일본법은 공통점을 갖고 있지만 비교법적 연구를 수행함에 있어서는 그 한도에서 주의가 필요하다. **셋째** 우리 상법이 도입한 다중대표소송은 영연방 제국이나 독일법이 도입한 대표소송제도와도 또 다르다. 즉 이들 국가에서는 일정 요건하에 확정적으로 모회사 주주에게 다중대표소송의 제소권을 부여하는 것이 아니라 법원에 대한 제소허가의 신청권만 부여하는 것이므로 그 한도에서 역시 주의가 필요하다. 즉 법원이 원고 주주의 청구에 따라 다중대표소송을 허가할지 여부를 결정한다. 이러한 절차를 통하여 소 이외의 다른 방법으로 종결할지 여부 등 포괄적이고 탄력적인 접근이 가능해진다. 결론적으로 우리 상법이 도입한 다중대표소송제도는 전 세계 어느 법권에서 시행되는 것과도 다른 제도이므로 주의가 필요하다.

이하에서는 2020년 12월 상법전에 새로이 도입된 다중대표소송제도를 전체적으로 개관한 후 향후의 발전방향과 운영상의 주의점을 정리해 보기로 한다.

---

822) 이하의 내용은 졸고, "2020년 개정 상법상의 다중대표소송 – 해석론과 문제점 –", 「高麗法學」 제100호(2021. 3.), 91~144면을 참고하여 전재함.

823) Sternberg v. O'Neal, [1988] 550 A. 2d 1105 (Del. 1988).

### ⚙️ 다중대표소송제도

I. 2020년 12월 개정 상법에 도입된 다중대표소송제도의 개관
이하 우리 상법이 새로이 도입한 다중대표소송제도의 여러 면모를 살펴보기로 한다.

1. 원고적격
원고적격(standing ; locus standi)에 대해 개정 상법은 상장사와 비상장사로 나누어 규정하고 있다.

(1) 비상장사
비상장사의 주주는 단순대표소송의 경우와 마찬가지로 1%의 지분을 가져야 한다.

1) 소수주주권: 상법은 모회사 발행주식총수의 1% 이상을 가진 주주를 원고적격자로 규정한다($\frac{상}{조2}\frac{406}{1}$). 지주요건의 계산에 있어 의결권의 유무는 따지지 않는다. 즉 의결권 유무에 불구하고 최소 1% 이상을 보유하면 원고적격을 누린다. 따라서 무의결권 우선주 같은 경우에도 전체 주식중 1% 이상이면 원고적격을 누릴 수 있다. 참고로 일본 회사법 역시 1% 이상의 소수주주권으로 하였지만 이때 1% 이상은 주식보유 및 의결권 보유를 모두 포괄하고 있어 둘 중 어느 하나의 요건만 갖추어도 다중대표소송이 가능하다($\frac{일본 회사법 제847}{조의3 제1항 참조}$).

100분의 1 이상을 계산할 때 회사가 가진 자기주식도 발행주식총수에 포함시킬 것인지 문제이다. 자기주식을 자산으로 보느냐 아니면 미발행주식으로 보느냐 어느 입장을 취하느냐에 따라 결과가 달라질 수 있을 것이다. 세법상 과세의 관점에서 판례는 자기주식의 처분을 손익거래로 보고 있다. 그러나 자기주식은 회계처리상 자본의 조정항목으로 다루어지므로 이에 포함시키지 않는 것이 옳다고 본다. 일본 회사법의 경우 100분의 1의 계산에 있어 자기주식은 포함하지 않는다고 명정(明定)하고 있다($\frac{동법 제847조의}{3 제1항 참조}$)824).

2) 동시보유 및 계속보유의 필요 여부: 상법은 단지 모회사 주주가 최소 1%의 주식을 보유하여야 한다 라고만 하고 있어 **자회사 이사의 임무해태나 법령위반 등 책임발생원인의 발생시점에 이미 모회사의 주주여야 하는지 나아가 그 시점에 모자관계도 존재하여야 하는지** 등 해석상의 의문이 있다.

(가) 동시보유의 원칙: 단순대표소송의 경우에도 우리 상법은 동시보유의 원칙을 요구하지 않는다. 즉 피고 이사의 임무해태나 법령위반 등 회사의 손해가 발생할 시점에 원고가 당해 회사의 주주여야 한다고 못박지 않는다. 우리 상법은 동시보유의 원칙(contemporaneous shareownership)을 포기하였다. 사실 동시보유의 원칙이란 대표소송제기권을 단독주주권으로 하는 바람에 남소의 위험이 큰 미국법의 산물이다. 우리나라에서 대표소송제기권은 단독주주권이 아니라 소수주주권으로 되어 있어 동시보유의 원칙을 관철할 유인이 크지 않다. 다중대표소송의 경우에도 그렇게 풀이할 수밖에 없을 것이다. 즉 **자회사 이사의 임무해태나 법령위반 등 자회사에 손해가 발생할 시점에 반드시 모회사 주주가 아니었다 해도 다중대표소송의 원고적격을 갖는다고** 풀이하여야 할 것이다.

문제는 단순대표소송이 아니라 다중대표소송이므로 **자회사 이사의 책임발생시점에 모자**

---

824) 江頭憲治郎 監修, 会社法・関連法令条文集, 第2版, 有斐閣, 2015, 536頁.

관계는 존재하여야 하는지 아니면 자회사 이사의 임무해태나 법령위반 등 손해발생의 원인 사실이 발생한 이후에 모자관계가 성립해도 좋은지 문제이다. 즉 모회사가 자회사 이사의 임무해태시점에 자회사의 주식을 보유하지 않은 경우에도 모회사 주주의 다중대표소송 제기권이 정당화되는지이다.

본시 미국에서는 동시보유의 원칙이 철저히 관철되었고[825] 그 결과 이중대표소송의 경우에도 원고 주주는 피고인 자회사 이사의 부정행위가 이루어지던 시점에 모회사의 주주였어야 하고  또 그 시점에 모회사는 자회사의 주식을 가지고 있어야 한다. 나아가 이러한 상태가 소송계속 중 계속 유지될 것을 요구하였다.[826] 그러나 델라웨어 최고법원은 자회사 이사의 임무해태 시점에는 모회사가 자회사의 주식을 보유하면 되고 원고 주주는 이중대표소송의 제소시점에만 모회사 주식을 보유하면 된다고 하면서 델라웨어 챈서리법원의 위 판례를 파기하였다.[827] 즉 **모회사 주주가 자회사 이사의 임무해태시점에 모회사 주주가 아니었어도 좋으며 자회사 이사의 임무해태시점에는 모회사만 자회사의 주식을 보유하면 된다**고 하고 있다.

일본 회사법에는 보다 정밀한 개념 구분이 있다. 모자관계의 성립시점 (A), 자회사 이사의 임무해태시점 (B) 및 모회사 주주의 제소시점 (C) 등 3가지를 생각할 수 있고 정상적인 경우라면 이중대표소송에 대해서는 A→B→C 의 순으로 이어져야 할 것이다. 즉 모자관계가 존재하는 시간대에 자회사 이사의 임무해태가 나타나고 이를 시정하기 위하여 모회사 주주가 이중대표소송을 제기하는 것이다. 이것이 정상적인 이중대표소송의 시간적 흐름이다. 그러나 경우에 따라서는 자회사 이사의 임무해태 후 자회사 주주가 단순대표소송을 제기하였으나 그후 자회사가 모회사와 주식교환을 하는 바람에 원고 주주가 모회사 주주로 되는 경우도 있다.[828] 나아가 자회사 이사의 임무해태 후 주식교환 등 구조조정이 이루어져 자회사의 주주였던 원고가 모회사의 주주로 되는 바람에 후발적으로 이중대표소송을 제기하는 경우도 있다. 일본 회사법은 전자를 "**주주였던 자의 소송추행(訴訟追行)**"으로 부르며($^{동법 제}_{851조}$), 후자는 "**구 주주에 의한 책임추궁의 소**"로 부르고 있다($^{동법, 제847}_{조의2}$).[829] 어느 경우이건 엄격한 의미의 이중대표소송은 아니다. 다만 광의의 다중대표소송으로 부를 수는 있을 것이다.[830]

우리 상법의 해석상으로는 다중대표소송제도에 있어서는 원고적격을 판단함에 있어 주식동시보유의 원칙은 의미가 없다고 생각한다. 즉 자회사 이사의 책임발생시점에 원고 주주가 반드시 모회사 주주여야 할 필요도 없고 나아가 그 책임발생시점에 모회사가 자회사의 발행주식총수의 과반수를 가져야 할 필요도 없다고 본다. 다만 **우리 상법은 모회사 주주의 자회사에 대한 제소청구시점에만 모회사가 자회사 주식의 과반수를 가지면 되고**($^{상, 406의}_{2 \text{ IV}}$),

---

825) S. 23.1. F.R.C.P.(Federal Rules of Civil Procedure); § 7.02 (1) ALI—CORPGOV; Choper—Coffee—Gilson, Cases and Materials on Corporations, 7th ed., Wolters Kluwer, 2008, p. 870.

826) Saito v. McCall, 2004 WL 3029876 (Del. Ch.).

827) Lambrecht v. O'Neal, 3 A. 3d 277 (Del. 2010).

828) 이런 류의 사건이 바로 외환은행 주주대표소송이었다(대판 2018. 11. 29, 2017다35717). 물론 우리 대법원은 상법 제403조 제5항(괄호속 문언)을 적용하여 부적법 각하하였다.

829) 神田秀樹, 會社法, 第21版, 弘文堂, 273頁 下段 圖表 참조.

830) 畠田公明, 企業グループの經營と取締役の法的責任, 中央經濟社, 2019, 214頁.

**제소청구주주는 제소청구시점에만 모회사의 1% 이상의 지분을 가지면 된다(상406의2 I)고 규정할 뿐이다.**

어차피 우리 상법은 단순대표소송에서도 주식동시보유의 원칙을 포기하였고 나아가 대표소송에서 행사되는 회사의 권리 역시 매우 넓게 인정되고 있다. 상법 제399조상의 청구권 이외에도 계약적 이행청구권, 부당이득법상의 반환청구권 등 광범위하며 나아가 현직 이사의 책임뿐만 아니라 퇴임 이사의 재직 중에 발생한 책임 역시 대표소송으로 책임추궁이 가능하다.

우리 상법은 대표소송제기권을 단독주주권이 아니라 소수주주권으로 해 놓았기 때문에 원고적격을 판단함에 있어 **미국식의 동시보유는 큰 의미를 가질 수 없다.** 나아가 **일본 회사법이 규정한 다중대표소송제도 역시 큰 의미를 갖지 못한다. 그곳에서는 완전모자관계를 전제**로 다중대표소송제도를 시행하므로 그곳에 규정되어 있는 "주주였던 자의 소송추행"이나 "구 주주에 의한 책임추궁의 소" 등 역시 우리 상법의 해석상으로는 큰 의미를 갖지 않는다. 결론적으로 2020년 개정 상법이 받아들인 다중대표소송의 원고적격을 판단함에 있어 동시보유의 원칙은 적극적으로 고려할 필요가 없다고 생각한다.

(나) 계속보유의 원칙: 우리 상법은 주식계속보유의 원칙(continuous shareownership)은 갖고 있다. 즉 원고 주주는 자회사에 대한 제소청구의 시점[831]부터 사실심의 변론종결시까지 주주의 지위를 유지하여야 한다. 그러나 계속보유의 의미 역시 미국법과는 다소 차이가 있다. 즉 미국에서는 이사의 임무해태시점부터 사실심의 변론종결시까지 원고 주주가 계속 주식을 보유하여야 하지만 상법상으로는 비상장사에서는 자회사에 대한 제소청구의 시점으로부터 사실심의 변론종결까지 주식을 계속 보유하라는 의미이고, 상장사에서는 제소청구일의 6개월 전부터 사실심의 변론종결일까지 주식을 계속 보유하라는 것이다. 따라서 우리 상법상으로는 동시보유와 계속보유가 이사의 임무해태시점을 중심으로 서로 연결되어 있지 않다.

상법상의 계속보유에는 아래와 같은 예외가 있다. 즉 제소청구후 원고의 지분율이 발행주식총수의 100분의 1 미만으로 감소한 경우에도 제소의 효력에는 영향이 없다(상406의2 III; 상403 V). 다만 발행주식을 전혀 갖지 않게 된 경우에는 그러하지 아니하다(상406의2 III; 상403 V 괄호속 문언). 나아가 모회사가 보유한 자회사의 주식이 자회사 발행주식총수의 100분의 50 이하로 감소한 경우에도 제소의 효력에는 영향이 없다(상406의2 IV). 단 모회사가 자회사의 주식을 전혀 갖지 않게 된 경우에는 그러하지 아니하다(상406의2 IV 괄호속 문언).

3) 공동제소의 경우: 개개 주주의 지분율이 1%에 이르지 않는 경우에도 여러 주주가 보유한 주식수의 합이 1% 이상인 경우 역시 공동으로 제소할 수 있다.[832] 나아가 제소후 보유주식의 합이 그 비율을 미달하게 되더라도 이미 제기한 소의 효력에 영향을 미치지 않는다. 물론 이들 중 일부가 주식양도 등 주식을 전혀 보유하지 않게 된 경우에는 특별한

---

831) 상법은 제406조의2 제4항에서 "제1항의 청구를 한 후 모회사가 보유한 자회사의 주식이 자회사 발행주식총수의 100분의 50 이하로 감소한 경우에도 제1항 및 제2항에 따른 제소의 효력에는 영향이 없다"고 하고 있으므로 **모회사 주주에 의한 단독제소일이 아니라 자회사에 대한 제소청구일이 계속보유의 시점(始點)**이다.
832) 대판 2013. 9. 12, 2011다57869.

사정이 없는 한 그 주주는 원고적격을 상실하며 그가 제기한 부분의 소는 부적법하게 될 것이다.[833]

4) 주주명부상의 주주여야 하는가?: 2017년 3월의 대법원 전원합의체 판결 이후에는 원칙적으로는 **주주명부상 적법히 주주로 등재된 명의주주만이 원고적격자**이다.[834] 그러나 위 전원합의체 판결이 적시하고 있듯이 명의개서의 부당거절이나 부당지연 등의 경우에는 실질주주 역시 원고적격자가 될 수 있다.

다만 법이론적으로는 지난 2017년 3월의 전원합의체 판결은 아직도 끊임없이 다투어지고 있으므로 주의를 요한다. 2019년 9월부터는 우리나라에서도 전자증권법이 시행되고 있으므로 우리나라에서 주식의 거래는 현재 다음의 세 가지 유형으로 이루어지고 있다.

**첫째는 상장된 주식**이다. 상장주식의 거래에는 전자증권법이 적용된다. 즉 2019년 9월부터는 의무적으로 상장주식의 전자화가 시행되어 모든 상장주식은 이미 전자증권화하였으며 증권사의 증권계좌를 통하여 실명거래로 이루어지고 있다. 물론 전자증권법이 시행되기 전에도 실명거래가 이루어진 것은 사실이지만 여기에 추가로 전자증권법이 시행되고 있으므로 주의를 요한다. 상장주식은 현재 증권회사와 예탁결제원의 전산정보처리에 따라 거래되며 이를 위하여는 증권사에 증권계좌를 개설하여야 하고 증권계좌를 개설함에는 반드시 실명확인을 거쳐야 하므로 금융실명제가 시행되고 있다. 나아가 주식거래는 증권사와 예탁결제원에 의한 전산처리로 완결되므로 양수인이 회사나 명의개서 대리인을 찾아가 주권 등을 제시하며 개별적으로 명의개서를 청구하는 그런 일도 일어나지 않는다. 즉 상법규정에 따른 개별적 명의개서는 이루어지지 않으며 대신 정기총회나 임시총회 등 그때그때 주주명부가 필요할 경우에는 발행회사의 요청에 의하여 예탁결제원이 소유자명세(전자증권법 제37조 참조)를 작성, 이를 발행회사에 통보하므로 발행회사로서도 이를 근거로 직전에 작성했던 주주명부에 집단적으로 명의개서를 하게 된다(집단적 명의개서). 이러한 절차들을 종합해보면 상장주식에 대해서는 명의주주와 실질주주간 괴리는 생기지 않는다.[835] 즉 주주권의 귀속주체와 그 행사주체간 불일치가 생길 이유가 없다.

**둘째의 유형은 예탁결제에 맡겨진 비상장 장외주식**이다. 이에 대해서는 전자증권화가 의무적으로 시행되는 것은 아니므로 일부는 상장주식과 마찬가지로 전자증권법의 적용을 받게 되겠지만 전자화하지 않은 비상장주식에 대해서는 예전처럼 자본시장법이 적용될 것이다.[836] 그러나 이 둘째의 유형에서도 상장주식과 마찬가지로 증권사의 증권계좌를 통해서 거래되고 증권계좌의 개설을 위하여는 실명확인절차를 거치는 것은 마찬가지이므로 역시 금융실명제가 시행되는 것이고 따라서 해당 증권계좌에 누구의 돈이 들어오건 해당 증권

---

833) 대판 2013. 9. 12, 2011다57869.
834) 대판 2017. 3. 23, 2015다248342 [전원합의체]; 이 전원합의체 판결은 실질주주가 주주대표소송을 제기한 경우에도 원고적격을 인정하던 과거의 대법원 판결(대판 2011. 5. 26, 2010다22552)을 변경하였다; 김재남, "주주명부상 주주와 실질주주가 다를 경우 발생하는 회사법상 쟁점 – 대법원 2017. 3. 23. 선고 2015다248342 전원합의체 판결을 중심으로 –", 「BFL」 제89호(2018. 5.), 112~135면, 특히 120면 참조.
835) 노혁준, "주주명의와 실질의 불일치 – 주주권 귀속 및 행사법리의 변천 –", 「BFL」 제100호(2020. 3.), 21~41면, 특히 40~41면("협의에 의한 차명의 경우 주주권의 귀속주체와 행사주체가 분리되는 현상이 나타나기 어렵다"고 함).
836) 자본시장법 제308조 내지 제323조 참조.

계좌를 통하여 입고된 주식은 계좌명의인의 소유주식이요 회사 역시 그만을 권리행사가능 주주로 취급하여야 한다.

**셋째**의 유형은 첫째와 둘째 유형 이외의 모든 **일반적인 비상장주식**이다. 셋째 유형의 주식거래에는 상법이 적용된다. 나아가 금융실명제도 시행되고 있지 않다. 명의주주와 실질주주간 괴리가 발생할 수 있으며 양자간의 구별도 가능하다. 나아가 상법규정에 따른 개별적 명의개서 역시 그대로 시행되고 있다. 다만 이 유형에 속하는 주식회사들은 실제 소규모의 폐쇄회사가 압도적 다수를 점하고 있다. 나아가 주권을 발행하는 경우도 거의 없다.

필자의 **사견**으로는 지난 2017년 3월의 전원합의체 판결의 다수의견이 가장 무리없이 적용될 수 있는 영역은 법이론적으로는 **상장주식**이다. 상장주식의 경우에는 상장요건상 유가증권시장(코스피)은[837] 최소 500인 이상, 코스닥 역시 500인 이상의 주주를 요하며, 발행주식총수의 4분의 1 이상을 위 주주들이 분산소유하고 있어야 한다. 나아가 주식양도의 제한도 허용되지 않는다. 이 정도의 단체성을 가지고 있다면 전원합의체 판결의 다수의견이 적용될 만한 충분한 토양을 갖추고 있다.

나아가 **비상장 장외주식**의 경우에도 역시 큰 문제없이 다수의견이 적용될 수 있다고 본다. 비록 아직 상장된 것은 아니지만 상장준비 중에 있거나 상장준비를 다 마치고 최종결정만 남긴 경우도 있고, 사단성은 그대로지만 영업실적이 저조하여 상장폐지된 경우도 있을 것이다. 대부분의 경우 회사의 내부 상황은 상장사들과 크게 다르지 않을 것이며 이들은 준상장사(準上場社)로 불러도 좋을 것이다. 이런 회사들은 우리나라에 약 2,000개가 있다. 이 영역에서도 금융실명제가 시행되고 있으며 상법 대신 전자증권법과 자본시장법이 시행되고 있다. 나아가 상법이 규정하고 있는 명의개서 역시 개별적으로 시행되는 것이 아니라 집단적으로 시행되고 있다. 자발적으로 주식을 전자등록한 경우에는 전자증권법, 그렇지 않은 경우에는 과거처럼 자본시장법이 적용될 것이다. 전자의 경우 소유자명세, 후자의 경우에는 실질주주명부가 작성되어 발행회사에 통보될 것이다. 즉 특별법이 일반법인 상법의 적용을 가로막고 있는 것이다.

제3의 유형인 **일반적인 비상장 주식회사**는 숫자로만 보면 우리나라 주식회사의 절대 다수를 점하고 있다.[838] 이들은 대부분 소규모 회사이며 폐쇄회사이다. 주주의 수도 거의 5인 이하이며 상법 자신도 인적회사 유사의 지배구조를 별도로 허용하고 있다.[839] 즉 위 전원합의체 판결의 다수의견을 적용하기에는 회사의 소유지배구조나 경영지배구조가 이를 뒷받침하지 않는다.

여기서 우리는 잠깐 우리 상법의 지난 60년간의 발전을 조감할 필요가 있다. 우리 상법

---

837) 유가증권시장(KOSPI) 상장규정 제29조 제1호 (다)목 (2021. 3. 8. 현재); 코스닥 상장규정 제6조 제3호(2021. 3. 8. 현재).

838) 2020년말에 발표된 **2020 국세통계연보**(https://stats.nts.go.kr)에 의하면 우리나라에는 현재 74만 7,882개의 주식회사가 있으며 위 상장사와 준상장사를 합하여 대략 4,000개 정도로 볼 때 **일반적인 비상장사는 약 74만 3천개** 정도라고 할 수 있다[2020 국세통계연보, 8-1-2 법인세 신고현황(II) 참조]. 우리나라 전체 영리법인중 74만 4,382개가 자본금 10억원 이하이며 전체 법인 중 약 95%가 주식회사임을 감안할 때 **소규모 주식회사는 약 70만개에 이른다**고 할 수 있다[2020 국세통계연보, 8-1-3 법인세 신고현황(III) 참조].

839) 상법 제383조 제4항 내지 제6항 참조.

은 1960년대 초에 탄생하였다. 의용상법시대를 접고 우리 상법이 탄생하던 당시의 입법자들은 주식회사를 물적 회사의 전형(典型)으로 보았고 그에 상응하는 소유지배구조와 경영지배구조를 설계하였다. 발기인의 수도 7인 이상으로 하였고 주권발행전 주식양도는 허용되지 않았으며  정관규정에 의한 주식의 양도제한도 허용되지 않았다.840) 지금처럼 소규모 주식회사의 지배구조는 물론 허용되지 않았다.841)

그러나 그 후 우리 경제는 고도성장을 이어간다. 전세계에서 1~2위의 가난한 나라 대한민국이 달리기 시작한 것이다. 특히 5.16. 이후 우리 경제는 고도성장을 이어갔고 그로부터 약 60년이 흐른 지금 우리나라는 명실공히 세계 10대 경제대국의 반열에 오르게 되었다. 이러한 고도성장의 뒤안길에는 주식회사라는 숨은 공로자가 있었다. 너도 나도 주식회사를 설립하였다. 회사의 규모 정도는 신경 쓰지 않았다. 규모로만 보면 합명회사 정도임에도 주식회사의 옷을 입은 채 버젓이 설립등기를 마쳤다. 그 결과 수많은 인적 주식회사(人的 株式會社)가 탄생하였고842) 동시에 이들은 대부분 창업과 동시에 법의 사각지대(死角地帶)에 방치되었다.843) 개중에는 급성장하여 나라의 기간산업을 책임지는 극단적인 성공사례도 있었지만844) 그 반대의 경우도 비일비재하였다.

이런 와중에 상법도 이들을 주식회사의 틀속에 포용하기 시작하였다. 다른 선택지는 없었다. 발기인의 수는 7인에서 3인으로845) 다시 1인으로 줄어 1인설립도 허용되었고846), 이사회승인을 통한 주식양도의 제한도847), 주권발행전 주식양도도 가능해졌다.848) 1998년에는 5억원 미만의 자본금을 가진 소규모 주식회사에 대해서는 합명회사 유사의 지배구조도 허용되었다.849)

이처럼 상법은 인적 주식회사를 주식회사의 지붕 아래 포용하면서 다각적으로 진화해 나갔다. 그러나 관련 제도들이 예외없이 이 흐름에 완전히 동참한 것은 아니었다. 일부는 1960년대초의 모습을 그대로 간직한 채 주식회사를 대규모 공개회사의 전형으로 인식하며

---

840) 의용 상법(제204조 단서)과 달리 1960대초의 제정 상법은 정관규정으로도 주식의 양도금지나 양도제한을 허용하지 않았다(당시의 상법 제335조 참조); 임홍근, 한국상법전 50년사, 법문사, 2013, 123면 참조.

841) 당시의 입법모델은 한마디로 미국식의 완만분산형 공개회사(widely−held)였다고 생각된다. 소유와 경영은 철저히 분리되었고 주주총회의 권한은 법령과 정관규정 안으로 제한되었으며(상법 제361조) 미국식의 수권자본제(상법 제416조), 주주대표소송(상법 제403조 이하) 내지 유지청구제도(상법 제402조)의 도입에 비추어보면 그러하다.

842) 이에 대해 보다 자세히는 南基潤, 類型論的 方法論과 會社法의 新理論, 學友出版社, 1999, 213면 이하,

843) 鄭東潤, 閉鎖會社의 法理, 법문사, 1982, 3면(정동윤 교수는 "無法地帶에 있는 小規模株式會社의 어지러운 現實"이라는 표현을 사용하고 있다).

844) 그중에서도 특히 (주)대우 김우중 회장의 성공사례는 압권이었다; "대우그룹은 자본금 500만원으로 출발해 30년 만에 세계 500대 기업에 진입하는 대기록을 세웠으나 환난의 소용돌이를 이겨내지 못하고 끝내 해체되고 말았다."(김덕형, "타계 1주년 '주산' 김우중이 남긴 것", 주간조선 2640호, 2021.1.4. 커버스토리에서).

845) 1995년의 상법개정에서 발기인의 수는 7인 이상에서 3인 이상으로 줄었다(상법 제288조 개정).

846) 2001년의 상법개정으로 1인회사의 설립도 가능해졌다(2001년 개정상법 제288조).

847) 정관이 정하는 바에 따라 이사회승인으로 주식양도를 제한할 수 있게 하였다(1995년 개정상법 제335조 제1항 단서).

848) 회사성립후 6개월이 경과한 후에는 주권발행전의 주식양도도 회사에 대해 그 효력이 있는 것으로 개정되었다(1984년 개정상법 제335조 제2항).

849) 2009년 5월의 상법개정으로 소규모 주식회사의 적용요건이 자본금 5억원 미만에서 자본금 10억원 미만으로 상향 조정되었으며 이러한 소규모 주식회사에 있어서는 감사의 선임의무가 면제되었고 주주총회가 사실상 합명회사의 사원총회와 유사하게 폭넓은 기능을 갖게 되었다(상법 제384조 제4항 내지 제6항 참조).

변화를 외면하였으니 그 대표적인 예가 바로 주주명부 관련 제도이다. 상법 제352조 내지 제354조는 전형적인 사단형 공개회사에 적절한 규정들이다. 주주구성의 동태는 끊임없이 바뀌고 주식거래는 주권의 교부로 완결되므로 회사로서는 누가 주주인지 누구에게 권리를 행사시킬지 쉽게 파악이 되지 않는다. 이러한 문제를 해결하기 위하여 주주명부제도를 두 었으며 일정한 날에 그 위에 명의자로 기재된 자에게 총회소집의 통지를 하고 신주를 배 정하며 이익을 배당할 수밖에 없는 상황이었다. 나아가 주권발행이나 명의개서 관련 상법 규정 역시 이 변화에 민감하지 못하였다. 국내 주식회사의 압도적 숫자가 이미 소규모 폐 쇄회사로 바뀐 후에도 상법은 여전히 주권발행을 강제한다($^{\text{상 355}}$). 중소기업형 주식회사에 있어서는 주권을 발행하지 않는 것은 이미 보편화하였고 설립후 6개월이 지나도 이러한 자세에는 아무런 변화가 없다. 그 사이 상장법인에 대해서는 위에서 보았듯이 이미 전자 등록제와 금융실명제가 시행되고 있다. **명의개서 관련 상법 제337조 역시 그러하다. 주권 을 발행하지 않는 중소규모의 폐쇄형 주식회사라면 위 조문의 내용 역시 유한회사에 관한 상법 제557조로 대체하는 것이 옳다.** 주권을 발행하지 않았으므로 주주명부에 대한 명의 개서를 하지 않으면 회사뿐만 아니라 제3자에게도 대항하지 못하는 것으로 해야 한다.[850]

위에서도 보았듯이 주주명부제도를 둘러싼 국내의 법환경은 지난 60여년간 극단적으로 바뀌었다. 인적 주식회사의 폭증, 예탁결제제도, 금융실명제 및 전자증권법의 시행 등 주 식거래를 둘러싼 법환경은 근본적으로 바뀌었다. 특히 인적 주식회사의 폭증은 주식회사 라는 단일한 법형태 안에 복수의 법원칙을 요구하며,[851] 금융실명제의 시행은 전통적인 당사자확정의 법리[852]를 근본적으로 수정하고 있다. 이러한 여러 요소들을 종합적으로 헤 아리건대 우리나라의 주식거래에 대한 법적 취급은 위에서처럼 상장사(제1군), 준상장사 (제2군) 및 일반적인 비상장사(제3군)로 삼분(三分)할 필요가 있다고 본다.

**일본**도 우리나라와 마찬가지로 주식회사의 수가 압도적이다.[853] 일본 회사법은 이러한 현실을 감안하여 주식회사 내부에 구분입법(區分立法)을 허용하였다. 즉 폐쇄적 성격을 갖 는 주식회사와 공개적 성격을 갖는 주식회사에 대해 단일한 법원칙을 강요하지 않는 다.[854] 대신 대조적인 여러 원칙들을 하나의 법형태 속에 공존시키고 있다. 일반적인 비상

---

850) 상법 제337조는 주권발행을 전제로 한 규정이다. 주권의 점유는 회사 이외의 누구에 대해서도 그 점유자가 적법한 주주임을 주장할 수 있게 한다. 즉 주권의 점유는 제3자 대항요건이고 주주명부상의 명의개서는 회사 에 대한 대항요건이 된다.

851) 특히 상법 제1조는 상사에 관한 제1의 법원이 "상법전"임을 천명하고 있다. 정상적인 사단형 주식회사와 소 규모 주식회사의 조합형 지배구조는 너무 다르며 극과 극을 달리고 있다. 그러나 양자는 모두 상법전이 인정 하는 주식회사의 지붕 아래 있다. 2017년 3월 전원합의체 판결의 다수의견은 일부를 전부로 보고 있다고 평 가할 수밖에 없다.

852) 판례는 "계약의 당사자가 누구인지는 계약에 관여한 당사자의 의사해석 문제이다. 당사자들의 의사가 일치하 는 경우에는 그 의사에 따라 계약의 당사자를 확정해야 한다. 그러나 당사자들의 의사가 합치되지 않는 경우 에는 의사표시 상대방의 관점에서 합리적인 사람이라면 누구를 계약의 당사자로 이해하였을 것인지를 기준으 로 판단해야" 한다고 보고 있다(대판 2019. 9. 10, 2016다237691).

853) 2018년 10월 현재 청산중인 법인을 제외하고 총 373만 2천개사가 있는바 그중 주식회사(특례 유한회사 포함) 가 346만 2천개사, 합명회사는 1만8천개사, 합자회사는 9만 1천개사, 합동회사는 16만 1천개사이다. 주식회사 의 비중은 대략 92.8%로 압도적이다(神田秀樹, 会社法, 第21版, 弘文堂, 2019, 7頁).

854) 대표적인 사례가 바로 우리 상법 제337조에 해당하는 주식양도의 대항요건 조항인데 일본 회사법은 주권발행 회사와 주권불발행회사로 나누어 구분입법을 하고 있다. 전자에 대해서는 우리 상법 제337조에 해당하는 규 정을 두었고(동법 제130조 제2항), 후자에 대해서는 우리 상법 제557조에 해당하는 규정(동법 제130조 제1

장주식에 대해서는 2017년 3월의 전원합의체 판결이 폐기한 소위 실질설의 입장을 일본의 판례법은 그대로 유지하고 있다.[855] **영미법에서는 주주명부에 명의개서를 하는 것이 주식이전의 효력발생요건**이므로,[856] 대항요건주의를 취하는 대륙법계 국가와는 비교가 어렵다. 독일의 경우 주식법에 제67조 제2항과 같은 규정을 두기는 하였으나 그곳에서 주식회사는 전체 회사 숫자 중 채 1%도 되지 않는다. 따라서 우리나라나 일본법의 상황과는 합리적으로 비교하기 어렵다.[857]

다수의견이 적용되면 좋을 듯한 영역에서는 상법 대신 특별법이 적용되고 있고 상법이 적용되는 영역에서는 대부분 단체성이 따라 주지 않는다. 일반적인 비상장 주식에 대해 2017년 3월 전원합의체 판결의 다수의견을 적용하는 것은 적절치 않아 보인다.[858] 이 부류의 주식에 대해서는 우선 권리의 귀속주체를 확정하고 다음 권리의 행사주체를 정하는 일반적인 프로세스로 돌아가야 할 것이다. 나아가 위 전원합의체 판결에서 폐기된 과거의 판례들도 제 3의 유형에서는 그대로 부활시키는 것이 바람직할 것이다.

(2) 상장사: 상장사의 경우에는 6개월의 주식보유를 전제로 1만분의 50, 즉 0.5%의 소수주주권으로 하였다($\overset{상 542의}{6 \ \text{VII}}$). 주의할 점은 2020년 12월의 **개정상법은 상장사에 적용되는 특례규정과 소수주주권에 관한 일반 규정간의 상호 관계를 양자택일적 경합설(兩者擇一的競合說)로 확정**하였으므로($\overset{2020년 개정상법 제542}{조의6 \ 제10항 \ 참조}$) 상장사의 소수주주라도 비상장사에 적용되는 1%의 지분요건을 동시에 충족시키는 경우에는 **6개월 보유기간의 제한을 받지 않고** 본 소송을 제기할 수 있다. 상장사의 경우 현재 의무적으로 전자증권법이 시행되고 있으므로 본 소송을 제기하려는 주주는 증권사를 통하여 소유자증명서($\overset{전자증권법}{제39조 \ 참조}$)를 교부받은 후 이를 제시하여야 할 것이다.[859]

## 2. 피 고

피고는 자회사의 이사 등이다($\overset{상 406의2}{ll}$). 좀더 자세히 살펴보면 아래와 같다.

### (1) 피고의 대상범위

2020년 개정상법상 다중대표소송의 피고가 될 수 있는 범위는 상당히 넓다. 이사[860]는 물론이고 발기인($\overset{상}{324}$), 청산인($\overset{상}{542}$), 사실상의 이사($\overset{상}{의2}401$), 집행임원($\overset{상}{의9}408$), 감사($\overset{상}{415}$) 등이 그

---

항)을 두었다. 결국 일본 회사법은 주권발행여부에 따라 주식이전의 대항요건을 달리 규정하고 있다.

855) 명의개서 미필주주의 회사에 대한 권리행사의 가부에 대해 일본의 판례법 및 학설은 전래적인 편면적 구속설의 입장을 그대로 유지하고 있다(日本 最高裁判所 判決 昭和 30年 10月20日, 民集 9卷 11号 1657頁; 江頭憲治郎, 株式会社法, 第7版, 有斐閣, 2017, 212~213頁).

856) Davies/Worthington, *Gower's Principles of Modern Company Law*, 10th ed., Sweet & Maxwell, London, 2016, 27–5, p. 897.

857) 주주명부와 관련된 영미법 내지 독일법의 상황에 대해서는 졸고, 「선진상사법률연구」 제82호(2018. 4.), 1~38면, 특히 30면 이하.

858) 대판 2017. 3. 23, 2015다248342 전원합의체 판결의 별개의견(박병대 대법관, 김소영 대법관, 권순일 대법관, 김재형 대법관의 의견) 및 이에 대한 보충의견(박병대 대법관 및 김소영 대법관의 의견) 참조.

859) 일본에서도 다중대표소송을 제기하려는 상장사의 주주는 "社債, 株式等の振替に關する法律"(이하 '振替法'으로 略함)에 의한 **"개별주주통지"(個別株主通知)를 얻어야** 한다(振替法 第154條) (畠田公明. 企業グループの經營と取締役の法的責任, 中央經濟社, 2019, 231頁; 神田秀樹, 会社法, 第21版, 弘文堂, 2019, 116頁).

860) 감사위원회 위원 역시 이사이므로 감사위원회 위원 역시 이에 포함된다.

들이다. 사실상의 이사 중 특히 업무집행지시자에는 모회사 자신도 포함될 수 있는바[861] 그 경우에는 다중대표소송의 형태가 다양해질 수 있을 것이다.

### (2) 대상회사

**다중대표소송의 대상회사는 자회사이다.** 자회사란 상법이 규정하고 있는 법정모자관계로 정하여 진다($\frac{\text{상}342}{\text{의}21}$). 이를 **당연자회사**(當然子會社)라 한다. 그러나 다중대표소송의 대상이 되는 회사는 이에 그치지 않는다. 즉 상법이 규정한 **의제자회사**(擬制子會社)**까지 포함**된다. 다른 회사의 발행주식총수의 100분의 50을 초과하는 주식을 모회사 및 자회사 또는 자회사가 가지고 있을 때 그 다른 회사 역시 상법의 적용상 그 모회사의 자회사로 보므로($\frac{\text{상}342}{\text{의}2\text{III}}$), 이러한 의제자회사의 이사 등 역시 피고가 될 수 있다.[862]

특히 **의제자회사의 범위**가 문제시 될 수 있는바 다른 회사의 발행주식총수의 100분의 50을 초과하는 주식을 자회사가 가지고 있을 때 "자회사"의 개념을 연장하여 손회사, 증손회사, 고손회사 등으로 그 적용범위를 계속 넓혀 갈 수 있는지 의문이다. 학설의 대립은 있지만 이를 부정할 근거도 없다. 원고적격을 갖춘 모회사의 주주는 자회사뿐만 아니라 손회사, 증손회사 나아가 고손회사의 이사를 상대로 해서도 다중대표소송을 제기할 수 있다고 보아야 한다. 이렇게 해석하여야 상법 제406조의2의 표제어 "다중대표소송"의 어의(語義)에도 부합하게 될 것이다. **의제자회사의 또 다른 유형**은 모회사(A)와 자회사(B)가 다른 회사(C) 주식의 과반수를 가질 때 나타난다. 이때는 C 역시 A의 자회사로 다루어지므로 A의 소수주주는 C의 이사를 피고로 이중대표소송을 제기할 수 있다.

외국에서 외국법에 따라 설립된 **해외자회사**(oversea's subsidiary) 역시 대상회사에 포함될 수 있는지 해석상 문제시될 가능성이 있다. 다중대표소송제도를 우리보다 먼저 성문화한 일본에서는 해외자회사는 회사법의 해석상 대상회사에 속할 수 없다고 보고 있다.[863] 우리 상법상으로도 그렇게 풀이하여야 할 것이다. 다만 그 반대의 경우에도 그러한지 그것은 의문이다. 즉 외국법에 따라 외국에서 설립된 **해외모회사**(oversea's parent)의 주주가 우리 법에 따라 국내에 설립된 자회사 이사를 상대로 이중대표소송을 제기할 수 있는지 문제이다.[864] 대표소송을 통해서 행사하려는 권리는 자회사의 권리이므로 이 경우 우리 법이 적용될 가능성이 있다. 국내 법원이 국제재판관할권을 갖는 경우에는 우리 법에 따라 국내 법정에서 다중대표소송이 진행될 가능성은 배제할 수 없다고 본다.[865]

### 3. 제소전 절차

단순대표소송의 경우와 마찬가지로 모회사 주주는 자신의 다중대표소송을 제기하기 전

---

861) 대판 2006. 8. 25, 2004다26119.
862) 권재열, "2020년 상법 개정안의 주요 쟁점 검토",「商事法硏究」제39권 제3호, 1~25면, 특히 3면; 송옥렬. "기업지배구조관련 상법개정안의 검토",「經營法律」제31집 제1호, 55~103면 특히 94~95면.
863) 일본 회사법 제847조의3 제1항 및 제2항 제1호, 제2호; 동법 제2조 제1호, 제2호 참조; 畠田公明, 企業グルー プの經營と取締役の法的責任, 中央経済社, 2019, 219~220頁.
864) 일본에서는 이 경우에도 해외자회사의 경우와 마찬가지로 일본 회사법에 의한 다중대표소송의 제기가능성을 부정한다(畠田公明, 企業グループの經營と取締役の法的責任, 中央経済社, 2019, 219~221頁).
865) 영국 같은 경우 홍콩에서 홍콩법에 따라 설립된 모회사 내지 브리티쉬 버진 아일랜드(BVI)에서 설립된 모회사가 각각 영국 법원에서 이중대표소송을 수행한 사례가 있다[Abouraya v. Sigmund, [2014] EWHC 277 (Ch.); Tonstate v. Wojakovski [2019] EWHC 857(Ch.)].

에 자회사를 상대로 먼저 이사의 책임추궁을 위한 소의 제기를 청구하여야 한다(demand requirement).

(1) 방법 및 상대방

이러한 제소청구는 이유를 기재한 서면으로 하여야 하며($^{상\ 406의2\ III}_{상\ 403\ II}$), 제소청구의 상대방은 자회사의 감사이다($^{상}_{394}$). **제소청구의 상대방 회사**를 자회사 등으로 한정할 것인가도 의문이다. 즉 원고주주가 속한 모회사에 대해서도 이러한 청구를 하여야 하는 것은 아닌지 비교법적으로는 의문의 여지가 있다.[866] 즉 모회사에 대해서는 자회사 및 그 이사를 상대로 한 단순대표소송의 제소청구를 하고 자회사에 대해서는 피고 이사를 상대로 한 책임추궁의 소를 제기하도록 요구하여야 한다는 주장도 있다.[867] 이에 따르면 모회사의 원고 주주는 모회사와 자회사 모두를 상대로 제소청구를 하여야 할 것이다. 그러나 2020년 개정 상법은 문언상 제소청구의 상대방을 자회사로 못박고 있으므로 일단 개정 상법의 문리해석으로는 **피고 이사가 속한 자회사로 한정하여야 할 것이다**($^{상\ 406}_{의2\ I}$).[868] 이 경우 자회사는 자회사의 감사가 대표하므로($^{상}_{394}$), 그에게 해당 서면이 도달하여야 할 것이다.

(2) 제소청구불요요건

단순대표소송의 경우와 마찬가지로 다중대표소송의 경우에도 예외적인 경우에는 제소청구 등 사전절차가 요구되지 않는다($^{상\ 406의2\ III}_{상\ 403\ IV}$). 이를 제소청구불요요건(提訴請求不要要件; demand futility)이라 하며 단순대표소송의 경우와 마찬가지로 판단하면 될 것이다. 즉 자회사 이사에 대한 손해배상청구권이 단계적으로 시효소멸 중이거나 또는 자회사의 이사가 도피 내지 잠적할 위험이 있거나 또는 피고 이사가 비밀리에 회사재산에 대한 처분을 시도하는 등 **자회사에 회복할 수 없는 손해가 발생할 염려가 있는 경우에는 30일의 대기기간을 준수하지 않고도 바로 본 소송을 제기할 수 있다**고 풀이하여야 할 것이다.[869]

### 4. 여타의 절차 규정들

2020년 개정상법은 단순대표소송의 경우와 유사하게 다중대표소송에 대해서도 아래와 같은 절차 규정을 두고 있다.

(1) 담보의 제공

모회사 주주가 다중대표소송을 제기하는 경우 피고인 이사는 원고의 악의를 소명하여 상당한 담보를 제공할 것을 법원에 청구할 수 있다($^{상\ 406의2\ III;}_{상\ 176\ III\ 및\ IV}$).

(2) 소송고지

나아가 회사의 소송참가를 용이하게 하기 위하여 단순대표소송의 경우와 마찬가지로

---

866) 일본 회사법상으로도 자회사에 대해서만 제소청구를 하면 된다(동법 제847조의3 제1항). 그러나 일본 회사법상의 다중대표소송에서는 완전모자관계를 전제로 하므로 모회사는 자회사의 1인주주이다. 이 점 우리 상법과 다르므로 주의를 요한다.

867) Painter, Notes, "Suites by a Shareholder in a Parent Corporation to Redress Injuries to the Subsidiary", [1951] 64 Harvard Law Review 1313, p. 1318; 권재열, "2020년 상법 개정안의 주요 쟁점 검토", 「商事法研究」 제39권 제3호, 1~25면, 특히 8~9면.

868) 이 부분에 대해서는 아래 "Ⅱ. 개정 상법상 나타날 수 있는 다중대표소송의 특수한 문제점" 부분도 참조.

869) 대판 2010. 4. 15, 2009다98058.

제소 주주에게 소송고지의무를 부과하였다($\frac{\text{상 406의2 Ⅲ}}{\text{상 404 Ⅱ}}$). 이때 단순대표소송의 경우와는 달리 고지의 상대방은 자회사뿐만 아니라 모회사도 이에 포함된다고 풀이하여야 할 것이다.

증거관리의 차원에서도 그렇고 입증면에서도 그렇다. 모회사 주주보다는 모회사 자신이 훨씬 피고 이사의 임무해태에 더 가까이 다가가 있다. 모회사는 자회사의 지배주주로서 실질적으로 그 업무집행기관을 선임한 자이며 또 이들을 관리·감독할 위치에 있기도 하다. 따라서 모회사 자신이 소송에 참여하는 것이 이중대표소송의 원고에게도 유리하며 소망스러울 것이다. 다중대표소송 역시 단순대표소송과 마찬가지로 원고가 승소한다 해도 피고는 자회사에 손해를 배상하는 것이어서 모회사 주주로서는 어찌 본다면 공익소송적 성격의 송사에 뛰어든 것이라고 할 수 있다. 따라서 모회사가 모회사 주주인 원고와 함께 소송을 수행하는 것은 매우 바람직하다고 생각한다. 그런 면에서 모회사에게도 소송을 고지하여 그 참여를 독려하는 것은 절대적으로 필요하고 또 바람직할 것이다.

(3) 소송참가

모회사 주주가 다중대표소송을 제기할 경우 회사는 이에 참가할 수 있다($\frac{\text{상 406의2 Ⅲ}}{\text{상 404 Ⅰ}}$). 이때 회사에는 자회사뿐만 아니라 모회사도 포함된다고 풀이하여야 할 것이다. 회사가 소송에 참가하는 경우 이는 민사소송법상 공동소송참가의 형태가 될 것이다.

(4) 관할법원

모회사 주주가 제기하는 다중대표소송이나 모회사 주주의 청구로 피고 이사에 대해 자회사가 제기한 책임추궁소송의 경우 모두 **자회사 본점소재지 지방법원의 전속관할**로 하였다($\frac{\text{상}}{\text{의2 Ⅴ}}$). 다투어지는 권리(vested right)가 자회사에 귀속되므로 이러한 결과는 당연하다고 할 수 있다.

(5) 당사자처분권주의의 제한

단순대표소송의 경우와 마찬가지로 다중대표소송의 경우에도 당사자처분권주의에는 제한이 있다. 모회사 주주가 다중대표소송을 제기할 경우에도 소송당사자들은 소의 취하, 청구의 포기, 인락, 화해는 법원의 허락을 얻지 않고는 할 수 없게 하였다($\frac{\text{상 406의2 Ⅲ}}{\text{상 403 Ⅵ}}$). 물론 법원의 허가가 있으면 할 수 있지만 이미 소는 제기된 상태에서 법원의 허가를 얻을 때까지는 상당한 시간이 소요될 가능성이 있다.

### 5. 소송종료의 효과

단순대표소송과 마찬가지로 다중대표소송의 경우에도 원고 승소시 판결의 효력은 회사에 미친다. 원고 승소시 당해 주주는 회사에 대해 소송비용 및 여타 소송으로 인하여 지출한 비용 중 상당액의 지급을 청구할 수 있다($\frac{\text{상 406의2 Ⅲ}}{\text{상 405 Ⅰ}}$). 소송당사자의 공모로 소가 제기된 경우 소송의 목적인 회사의 권리를 사해할 목적으로 판결을 하게 한 때에는 단순대표소송의 경우와 마찬가지로 재심의 소가 가능하다($\frac{\text{상 406의2 Ⅲ}}{\text{상 406 Ⅰ}}$).

## Ⅱ. 개정 상법상 나타날 수 있는 다중대표소송의 특수한 문제점

2020년 12월 우리 상법이 도입한 다중대표소송제도는 전 세계적으로는 유례가 없는 제도이므로 제도의 운용상 주의를 요한다. 특히 우리 상법이 도입한 다중대표소송제도는

2014년 일본이 도입한 것과는 또 다르므로 법문언의 해석상 나아가 제도의 운영상 여러 가지로 주의가 필요하다. 아래와 같이 몇가지 문제점을 지적해 보기로 한다.[870]

### 1. 대위소권의 종속성문제

우선 가장 주의를 요하는 것은 다중대표소송의 제소요건이 단순모자관계로 되어 있으므로 모회사의 주주가 나서는 경우 자회사에도 소수주주가 있을 수 있고 따라서 모회사 주주의 제소의사와 상관없이 자회사의 주주도 별도로 단순대표소송을 제기할 가능성이 있다. 그러나 자회사의 주주들은 경우에 따라서는 대표소송이 불필요하다고 생각할 수도 있다. 공연히 대표소송을 제기하여 회사의 이미지만 부정적으로 만든다면 오히려 피고 이사와 화해를 추진하거나 소 이외의 다른 방법을 선택할 수도 있다. 그럴 경우 모회사 소수주주의 다중대표소송 제기권과 자회사 주주의 의사결정권간에 상호충돌이 발생할 가능성이 있다. 이를 어떻게 해결하여야 할 지 의문이다.

### (1) 대표소송제기권의 종속성

대표소송제도는 주식회사에 한정되지 않는다. 물론 상법은 대표소송제도를 물적회사의 여러 형태에 대해 공히 인정하고 있지만[871] 인적회사에 대해서도 이와 유사한 사원소권제도가 있다. 대표소송제기권의 법적 성질에 대해서는 계약설과 조직설의 두 가지 대립된 입장이 있다

고래(古來)로 **인적회사**에도 사원소권제도(社員訴權制度)가 있었다.[872] 인적회사에 있어서는 회사계약(정관)상 사원의 개별소권이 도출되었다.[873] 즉 물적회사와 달리 사원간의 횡적 유대가 강했기 때문이다.[874] 예컨대 합명회사의 어느 사원이 업무집행 중 회사에 손해를 야기한 경우 여타 사원은 누구든지 회사계약에 기초하여 해당 사원을 피고로 손해배상청구소송을 제기할 수 있었고 원고 승소시 피고 사원은 회사에 손해를 배상해야 했다. 그리고 이를 사원(社員)의 개별소권(個別訴權; actio pro socio[875])이라 불렀다. 이러한 접근방식을 **계약설**(契約說; Vertragstheorie)이라 한다. 이 입장은 개개 사원의 소권은 조합계약에서 직접 파생한다고 보므로 그 행사 역시 제3자의 소송담당으로 보지 않는다.[876]

---

870) 2014년 일본 회사법이 도입한 다중대표소송제도에서는 완전모자관계를 전제로 최종완전모회사의 주주만 원고적격을 누린다(동법 제847조의3 제1항).

871) **(주식회사)** 상법 제403조, 제406조의2; **(유한회사)** 상법 제565조; **(유한책임회사)** 상법 제287조의22.

872) RGZ 90, 300 ; BGHZ 10, 91 ; BGH NJW 1960, 433.

873) Wiedemann, Gesellschaftsrecht, Bd. II, § 3 Ⅰ 1, S. 166.

874) "Actio pro socio"는 본시 조합과 같은 합수적 공동체(合手的 共同體)를 전제로 하였으나 현대에 와서는 인적회사에 대해 이 용어가 쓰이기 시작하였다고 한다(K. Schmidt, Gesellschaftsrecht, 3. Aufl., Heymanns, § 21 IV, S. 631~632).

875) "Actio pro socio"는 고대 로마법에도 있었지만 현재와 같은 의미로 쓰이지는 않았다. 로마법상 이 용어는 "회사해산의 소"의 의미로 사용되었다고 한다(Kaser, Das Römische Privatrecht, Bd. I, 2. Aufl., §133.3., IV, S. 575). 오늘날의 의미와는 잘 통하지 않는다. 그 이유는 로마법에서도 모든 조합원에게 조합에서 발생한 채권의 실현을 위하여 다른 조합원을 조합소송(組合訴訟)으로 소구(訴求)할 수는 있었지만 로마법상의 조합이란 고도의 신뢰관계를 전제로 하였고 조합소송의 패소자는 불명예자가 되었다. 나아가 해당 소송을 제기한 조합원에게는 조합탈퇴의 법률효과가 도래하였기 때문에 조합소송이 제기되는 경우 해당 조합은 해산하였다고 한다(현승종 저/조규창 증보, 로마법, 법문사, 1996, 771면 참조).

876) 독일 다수설 및 판례 입장이다; Koller/Roth/Morck, HGB, 5. Aufl., § 105 Rdnr. 34; Ulmer, Die Gesellschaft bürgerlichen Rechts, § 705 Rdnr. 147; BGHZ 25, 47, 49; 다만 독일에서도 물적회사의 경우에는 제3자의 소송담당으로 본다.

반면 주식회사나 유한회사 등 **물적회사**의 경우에는 회사계약을 통한 접근보다는 회사 내부의 지배구조를 고려한 이론적 접근이 이루어졌다. 즉 업무를 집행한 이사가 회사에 손해를 야기하는 경우에도 대주주와의 관계 등 회사내부의 역학구조(力學構造)상 회사의 손해배상청구권이 원만히 행사되지 않는 경우가 많으므로 예외적으로 소수주주나 소수사 원 등에게 이를 대신 행사하게 하는 방식이었다. 즉 기존의 지배구조상 회사의 권리를 행 사할 자가 엄연히 존재함에도 그에게 더 이상 정상적인 권리행사를 기대할 수 없을 때 비 로소 주주(사원)의 대위소권이 정당화되었다. 이를 조직설(組織說; Organizationstheorie) 이라 한다. 조직설에 의하면 단순대표소송이든 다중대표소송이든 대표소송을 통하여 행사 되는 권리는 (모)회사 내지 자회사의 것이므로 권리행사에 대한 우선권도 그에게 있다고 본다. 주주 또는 개개 사원이 나서는 것은 예외적인 일이며 후차적인 것이다. 영국의 판례 법은 오래 전부터 이 원칙을 강조해 왔고[877] 다만 몇 가지 예외를 인정하였으니 특히 그 중 중요한 것이 '소수주주에 대한 사기'(fraud on the minority) 또는 '가해자의 회사지 배'(wrongdoer in control)였다.[878] 따라서 주주대표소송은 언제나 제3자의 소송담당이 되 며 제소주주는 항상 회사에 대해 먼저 제소청구를 해야 한다. 나아가 이는 소송요건이므 로 이를 해태하는 경우 해당 제소는 부적법 각하의 대상이 될 것이다.

(2) 자회사가 책임추궁의 소를 먼저 제기하는 경우

분명한 것은 자회사가 먼저 나서서 피고 이사에 대한 책임추궁의 수순을 밟기로 한 경 우이다. 이 경우에는 자회사의 주주든 모회사의 주주든 누구도 단순대표소송이나 다중대 표소송을 제기할 수 없다($\text{상}_{\text{의2}}^{406}$ Ⅱ). 주주대표소송에서 원고가 주장하는 것은 어디까지나 회사 의 권리이지 주주 자신의 권리가 아니기 때문이다. 권리의 귀속주체인 자회사가 나서서 직접 손해배상청구권을 행사하는 경우라면 자회사의 주주든 모회사의 주주든 누구도 이를 가로 막을 수 없다. 2020년 개정 상법 역시 이를 분명히 하고 있다. **자회사가 모회사 주주 의 제소청구에도 불구하고 30일이 지나도록 아무런 조치를 취하지 않을 경우에만 다중대표 소송을 제기할 수 있다고 하고 있다**($\text{상}_{\text{의2}}^{406}$ Ⅱ).

(3) 자회사의 주주들이 단순대표소송을 먼저 제기하는 경우

그러나 문제는 이에 그치지 않는다. 자회사가 직접 피고 이사에 대해 책임추궁의 소를 제기하지는 않으나 자회사의 대주주인 모회사 또는 자회사의 소수주주들이 자회사에 대해 제소청구를 한 후 모회사 주주 보다 먼저 단순대표소송을 제기하는 경우는 어떠한가? 이 경우에도 역시 모회사 소수주주의 다중대표소송 제기권은 인정되지 않는다고 보아야 한 다. 자회사 이사의 임무해태나 법령위반 등으로 자회사는 직접손해를 입지만 모회사 또는 자회사의 여타 주주들은 투자자로서 간접손해를 입게 된다. 그 간접손해의 주체가 직접 나서서 자회사 이사를 상대로 단순대표소송을 제기한다면 그 경우에도 모회사 주주가 이 중대표소송을 제기할 수 있을까? 이 문제를 2020년 개정 상법은 명확히 하고 있지 않다. 단지 모회사 주주는 자회사에 피고 이사에 대한 책임추궁의 소를 제기하라고 요구한 후

---

877) 이는 Foss v. Harbottle, (1843) 2 Hare 461 사건 이래 커먼로의 확고한 원칙이다. 이를 'proper claimant principle'이라 한다(Worthington, Sealy & Worthington's Text, Cases & Materials in Company Law, 11th ed., Oxford University Press, 2016, p. 669).

878) Foss v. Harbottle, (1843) 2 Hare 461.

30일을 기다렸다가 아무 반응이 없을 경우 즉시 이중대표소송을 제기할 수 있다고 규정할 뿐이다($^{상}_{의2}$ $^{406}_{Ⅱ}$).

생각건대 다중대표소송의 제소권은 소권의 유도를 통하여 정당화된다. 다중대표소송에서는 그것이 여러 차례에 걸쳐 나타난다. 이중대표소송의 경우에는 우선 자회사에서 자회사의 주주인 모회사로 다시 모회사에서 모회사의 주주인 원고에게로 소권이 두 차례에 걸쳐 유도된다. 대표소송은 종속적 성격의 제도이므로 여러 차례에 걸쳐 소권이 유도되는 경우에는 **먼저 소권이 귀속되는 자가 다음 단계에서 소권을 부여받는 자보다 우선한다**고 보아야 한다. 즉 일차적으로 소권이 부여되는 모회사 또는 자회사의 여타 주주들이 먼저 단순대표소송을 제기하는 경우 후순위 소권자인 모회사의 주주는 이중대표소송을 제기할 수 없다고 풀이하여야 할 것이다.

이 경우 나중에 제기된 모회사 주주의 다중대표소송은 우리나라의 현 민사소송법상으로는 중복제소가 되어($^{민소}_{259}$) 부적법 각하될 가능성이 있다. 자회사의 주주들이 제기하는 단순대표소송과 모회사 주주가 제기하는 다중대표소송은 비록 당사자(원고)가 서로 다르기는 하지만 그럼에도 불구하고 중복제소로 될 가능성이 있기 때문이다.[879] 그러나 완전모자관계를 전제로 본 제도를 시행하는 전세계 대부분의 국가에서 이와 유사한 문제는 발생하지 않을 것이다. 나아가 주주대표소송에서 나타나는 대위소권의 종속성 문제를 민사소송법상의 중복제소 문제로 접근하는 것도 바람직하지는 않다고 본다. 회사법상 소권의 우선순위문제로 해결하여야 할 것이다.

이렇게 소권간의 상호관계를 설정한다면 상법 제406조의2 제1항의 문언과는 달리 **다중대표소송의 경우 제소전 절차를 수행함에 있어서도 단지 자회사에 대한 제소청구 뿐만 아니라 모회사에 대해서도 제소청구가 필요하다**고 풀이하여야 할 것이다.[880] 모회사 주주의 지위가 모회사 자신보다 앞설 수는 없기 때문이다. 즉 **모회사는 소권유도(訴權誘導)의 길목에 서 있기 때문에 모회사 주주는 이를 우회할 수 없다.** 모회사가 스스로 단순대표소송을 포기하지 않는 한 모회사의 주주가 독자적으로 이중대표소송을 제기할 수는 없는 것이다.[881] 물론 이러한 일은 실제 사건에서는 좀처럼 일어나기 어려울 것이다.[882] 그러나 이론적으로는 그렇게 정리하는 것이 바람직하다.

879) 비록 당사자가 다를지라도 기판력의 확장으로 후소의 당사자가 전소판결의 효력을 받게 될 경우 동일사건으로 다루어질 가능성이 있다(강현중, 민사소송법강의, 박영사, 2013, 202면; 정영환, 신민사소송법, 세창출판사, 2009, 388면). 이와 관련한 논의 및 각하 대상인 제소자의 소송참가문제에 대해 자세히는 이승규·이승환·장문일, "2020년 개정 상법의 분석 1: 다중대표소송과 소수주주권", 「BFL」 제106호(2021. 3.), 6~24면, 특히 13면 이하 참조.

880) 同旨, 권재열, "2020년 상법 개정안의 주요 쟁점 검토", 「商事法硏究」 제39권 제3호, 1~25면, 특히 8~9면; 김경일, "일본에서의 다중대표소송 제도의 쟁점에 대한 논의와 그 시사점", 「商事法硏究」 제37권 제1호(2018), 243~272면, 특히 260~261면; 유진희, "이중대표소송의 도입에 관한 입법론적 고찰", 「商事判例硏究」 제19권 제4호(2006), 145면.

881) 물론 자회사에는 모회사 이외에도 여타 주주들이 있을 수 있으므로 그들이 단순대표소송을 제기하는 경우에도 같은 결과를 인정하여야 할 것이다.

882) 실제 이러한 경우가 어려운 이유는 모회사 이사회가 자회사의 임원진들을 실질적으로 임면하게 되므로 다수의 경우 자회사의 이사진들은 모회사의 이사나 대주주의 사적 이익에 공여할 가능성이 크기 때문이다. 따라서 이러한 이해관계의 유착 등으로 모회사가 직접 나서서 자회사 이사들에 대해 책임을 추궁할 가능성은 현저히 줄어들 것으로 보인다.

(4) 모회사 주주가 다중대표소송을 먼저 제기하는 경우

(가) 자회사의 주주가 차후 단순대표소송을 제기할 경우: 거꾸로 모회사 주주가 먼저 다중대표소송을 제기한 후 자회사 주주가 단순대표소송을 제기하는 경우도 발생가능하다. 상법 규정의 문언만으로 보면 모회사의 주주는 자회사에 제소청구를 한 후 30일을 기다렸다가 자회사가 아무 반응을 보이지 않을 경우 바로 다중대표소송을 제기할 수 있다($\frac{상}{의2} \frac{406}{II}$).

모회사 주주가 이중대표소송을 제기한 후 자회사의 주주들이 단순대표소송을 제기하는 경우에는 어떻게 보아야 하는가? 비교법적으로 보면 이런 경우는 사실 일어나기 어렵다. 다중대표소송의 모국이라 할 미국의 경우 자회사뿐만 아니라 모회사에 대해서도 제소청구를 하고 두 회사가 모두 아무런 반응을 보이지 않을 경우에만 모회사 주주의 이중대표소송이 가능하기 때문이다. 나아가 전세계 대부분의 국가들은 예외없이 완전모자관계를 전제로 다중대표소송제도를 시행하므로 모회사는 자회사의 1인주주이다.

그러나 지난 2020년말 도입된 상법상의 다중대표소송제도는 단순모자관계를 전제로 하므로 위와 같은 현상도 나타날 수 있게 되었다. 결코 바람직스런 일은 아니지만 이럴 경우에는 위에서 보았듯이 민사소송법상의 중복제소 또는 소송참가 등의 방법을 동원할 수밖에 없을 것이다. 모회사 주주의 다중대표소송제기 후에 자회사 주주들이 단순대표소송을 제기할 경우 후소는 중복제소가 되어 각하될 가능성을 배제할 수 없지만 소송참가의 가능성은 열려 있다고 생각한다. 이 경우에는 처음부터 자회사의 주주들 역시 단순대표소송의 의사가 있었던 경우이므로 공동소송참가 등의 형식으로 처리하면 큰 문제는 없다고 본다.[883]

(나) 자회사의 주주 모두 단순대표소송을 원치 않을 경우: 문제는 그 반대의 경우이다. 즉 자회사의 주주들이 대표소송을 제기할 의사가 전혀 없었던 경우이다. 모회사든 자회사의 여타 주주든 모두 피고 이사에 대한 대표소송을 원치 않을 경우에도 상법 규정에 따르면 모회사의 주주는 제소청구 30일후 즉시 이중대표소송을 제기할 수 있다($\frac{상}{의2} \frac{406}{II}$). 이 경우 모회사 주주의 다중대표소송을 막을 길은 없다.

그러나 경우에 따라서는 자회사가 입은 손해에 비해 소송수행으로 인한 비효율이 더 클 때도 있다. 즉 자회사의 기업이미지에 결정적 타격을 입혀 설사 이중대표소송에서 원고가 승소한다 하여도 자회사로서는 얻는 것보다 잃는 것이 더 많을 수도 있다. 이러한 경우라면 소제기 후라도 절차를 속행하기보다는 소의 취하 또는 화해 등으로 소송을 조기에 종결하는 것이 더 바람직할 수 있다. 그러나 이 경우 법원의 허락이 필요하다($\frac{상}{상} \frac{406의2}{403} \frac{III}{VI}$).

단순대표소송이건 다중대표소송이건 대표소송제도의 이러한 위험 때문에 세계 각국은 아래에서 보듯이 일정 요건하에 소권(訴權)을 기계적으로 부여하는 대신 제소허가신청 제도를 시행하고 있다. 영미법계에서 흔히 발견할 수 있는 이른바 'leave'제도[884]나 독일 주식법상의 '제소허가신청제도'(Klagezulassungsverfahren)[885]가 그것이다. 향후 우리나라에

---

883) 이 경우 소송참가 가능성에 대해 자세히는 이승규·이승환·장문일, "2020년 개정 상법의 분석 1: 다중대표소송과 소수주주권", 「BFL」 제106호(2021. 3.), 6~24면, 특히 14면 이하 참조.

884) 영국 회사법 제260조 이하; 싱가포르 회사법 제216A조, 제216B조; 홍콩 회사조례 제731조 내지 제738조; 호주 회사법 제236조; 캐나다 회사법 제239조 등.

885) 독일 주식법 제148조.

서도 이러한 방식으로 소송절차를 시작하기 전에 대표소송의 수행으로 인한 효용과 비효용을 먼저 충분히 형량해 보고 효용이 비효용 보다 클 경우에만 이후의 소송을 허용하는 그런 제도를 갖는 것이 바람직하다고 생각한다.

### 2. 상법규정에 따른 다중대표소송의 유형

2020년 개정 상법이 도입한 다중대표소송제도는 다양한 형태로 시행할 수 있게 되어 일본 회사법상의 그것보다 오히려 우월하다고 평가된다. 일본 회사법에서는 오로지 하향제소만 가능하나[886) 우리 상법이 도입한 다중대표소송은 단순한 하향제소뿐만 아니라 하향·상향제소도 가능하여 다양성을 추구할 수 있을 것이다.

#### (1) 하향제소

모회사의 주주가 자회사의 이사를 상대로 소를 제기하므로 이는 하향제소(下向提訴)이다(**기본형**). 물론 위에서도 보았듯이 손회사나 증손회사의 이사 역시 피고의 범위에 들어오므로 이중대표소송 뿐만 아니라 삼중, 사중 등 다중대표소송이 모두 가능하다(**확장형**).[887)

확장형의 경우에는 여러 차례에 걸쳐서 소권이 유도되지만 기본형과 마찬가지로 손해배상청구권의 귀속주체인 자회사에 대해 제소청구를 하면 될 것이다. 물론 모-자-손-증손 등 모든 단계의 회사에 대해 소송고지가 가능하다고 해석되고 또 소송고지를 받은 회사들은 모두 소송참가가 가능하다고 풀이된다. 예컨대 임무를 해태한 이사가 손회사의 이사일 경우 모회사의 주주가 그를 상대로 삼중대표소송을 제기한다면 원고 주주는 손회사에 대해 제소청구를 하여야 한다. 30일내에 손회사가 피고 이사를 상대로 책임추궁의 소를 제기하지 않으면 모회사 주주는 직접 삼중대표소송을 제기할 수 있다. 소제기 후에는 손회사뿐만 아니라 모회사나 자회사에 대해서도 소송고지를 하여야 할 것이다. 소송을 고지받은 회사들은  모두 소송참가가 가능하다.

#### (2) 하향·상향 제소

상법은 사실상의 이사 역시 피고의 범위에서 제외하지 않고 있고($\overset{\text{상 401}}{\text{의2 1}}$), 사실상의 이사에는 모회사 역시 이에 속할 수 있게 되므로[888) 현재 우리 상법상으로는 다음과 같은 하향 및 상향식 제소도 가능하다고 할 수 있다(**발전형**).[889) 예컨대 모-자-손의 삼층구조가 존재한다고 할 때 손회사가 모회사의 지시에 따라 불필요한 거액의 경영자문수수료를 일정 기간을 주기로 계속 지급하고 있다고 하자.[890) 이로써 손회사의 손해가 누적됨에도 모

---

886) 일본 회사법은 오로지 최종완전모회사의 주주만 다중대표소송을 제기할 수 있게 허용한다(동법 제847조의3 제1항 참조). 즉 하향제소(下向提訴)만 가능하다.

887) 이 부분에 대한 보다 자세한 설명으로는 졸고, "다중대표소송의 발전방향에 관한 연구",「商事法硏究」제33권 제4호(2015. 2.), 9~56면, 특히 8~50면.

888) 대판 2006. 8. 25, 2004다26119 [한국통신 필리핀법인사건]; 특히 영국에서는 **모회사가 이사회결의를 통하여 지속적으로 자회사 및 손회사에 대해 업무집행상의 지시를 하였다면 모회사는 상법 제401조의2 제1호상 업무집행지시자가 되어 자회사나 손회사에 대해 책임질 수 있게 된다**고 한다(김건식, "자회사에 대한 모회사의 책임관계",「아주법학(亞洲法學)」제7권 제3호(2013), 247~277면, 특히 271면.

889) 이 부분에 대한 보다 자세한 설명으로는 졸고, "다중대표소송의 발전방향에 관한 연구",「商事法硏究」제33권 제4호(2015. 2.), 9~56면, 특히 49면.

890) 기업집단의 실제에 있어서도 기업집단의 최정상 회사에 대한 경영자문 수수료의 지급이 자주 관찰되고 있다. 미국의 경우 경영전반에 대한 컨설팅 자체보다는 비영업적 업무수행에 대한 대가적 성격이 가미되는 경우가

회사의 지배력 등으로 이를 시정할 가능성이 없을 때에는 자회사의 소수주주가 대신 나설 수 있다. 즉 자회사의 소수주주는 이중대표소송의 형태로 손회사의 모회사에 대한 청구를 대위할 수 있게 될 것이다.[891]

대표소송을 통해서 주장할 수 있는 청구권의 범위는 매우 다양하다.[892] 상법 제399조에 기한 회사의 이사에 대한 손해배상청구권 이외에도 회사와 이사간 금전대차관계에서 파생하는 원리금상환청구권이나 부당이득법상의 반환청구권 역시 대표소송의 대상이 될 수 있다. 따라서 다중대표소송에서도 손회사의 모회사에 대한 각종 청구원인이 그 대상이 될 수 있을 것이다.

(3) 상향제소

그러나 순수한 형태의 상향제소는 적어도 다중대표소송의 울타리 내에서는 불가할 것이다. 즉 자회사가 모회사에 대해 손해배상청구권 등 각종 청구원인을 가지고 있음에도 불구하고 자회사의 이사진들이 이를 행사하지 않고 있을 때에는 자회사의 주주들은 단순대표소송의 형태로 이를 대위할 수 있으나 다중대표소송의 방식이 동원되지는 않을 것이다.[893]

### 3. 권리남용적 제소에 대한 대응가능성

대표소송제도는 오래 전부터 남소의 문제점을 갖고 있었다. 우선 이에 대한 각국의 대응을 살펴 본 후 우리 상법이 도입한 다중대표소송제를 시행함에 있어 주의해야 할 점을 지적해 보기로 한다.

(1) 미국식 대응

미국은 대표소송의 모국이다. 회사법상 수많은 송사가 주주대표소송의 형태로 이루어졌으며 미국 회사법의 장기적 발전에 크게 기여하였다. 즉 미국식 회사문화의 가장 주된 견인차가 바로 주주대표소송이었다. 미국에서 대표소송이 크게 발전한 이유는 원고 주주에게 유리한 소송비용제도 나아가 주주들의 소극성으로 이어질 수밖에 없는 'widely-held'의 소유구조도 한 몫하고 있다. 소송비용제도에는 영국식(English Rule)과 미국식(American Rule)이 있지만 미국식 소송비용 분담제도는 유달리 대표소송제도에 유리했기에 미국에서는 대표소송의 문화가 활짝 꽃필 수 있었다. 나아가 주주들이 회사경영에 쉽게 접근하기 어려운 상황이어서 이 역시 주주대표소송을 발전시키는데 큰 원인을 제공하였다. 쉽게 표현하면 소유와 경영이 철저히 분리된 미국식 대회사 – 즉 'widely-held' – 에서 경영성과가 악화하였을 때 주주가 행할 수 있는 최선의 선택지는 "회사의 성과가 좋지 않으면 주식을 팔고 회사를 떠나"는 것이었다. 그리고 이를 월스트리트룰(Wall Street Rule)이라 불렀다. 차선책으로는 회사에 손해를 가한 이사진들에 대해 사후적으로

---

많으나 일본의 경우 경영컨설팅 수수료의 지급은 광범위하게 인정되고 있다고 한다(신영수·곽관훈·황태희, "외국의 지주회사 현황·제도 등의 운영실태 및 변화양상에 대한 분석", 경북대 산학협력단, 공정거래위원회 정책연구용역 최종보고서(2018. 9. 14.), 98면, 158면 참조).

891) 미국의 Goldstein v. Groesbeck 사건(142 F. 2d 422)이나 독일의 ITT 사건(BGHZ 65, 15)에서 그러하였다.

892) 이는 단순대표소송이건 다중대표소송이건 다르지 않다.

893) 마치 독일 주식법상 자회사의 모회사에 대한 손실보상청구권을 자회사의 소수주주가 대위하는 것과 같다(독일 주식법 제309조, 제310조, 제318조 및 제319조 참조).

책임추궁의 소를 제기해보는 것이었다. 원고 주주가 매번 먼저 나서는 것도 아니었다. 변호사들이 소송거리를 찾아 굶주린 하이에나처럼 길을 헤매는 괴이한 현상도 자주 목격되었다.

그러나 미국식 대표소송제도는 원고 주주의 단독주주권으로 되어 있기에 끊임없이 권리남용적인 제소에 시달렸다. 소를 제기해놓고는 회사와 배후에서 협상을 하는 사례가 빈번하였고 회사에 서신(black mail)을 보내어 소제기를 무기로 회사를 협박하는 사례도 빈번하였다. 이 문제를 해결하기 위하여 동원된 것이 철저한 제소전 절차와 원고적격의 강화였다. 원고적격을 단독주주권으로 해놓은 탓에 남소의 가능성이 커지자 동시보유와 계속보유의 원칙으로 이를 보완하였다. 그러나 이것만으로는 모자랐기에 제소전 절차도 강화하였다. 대회사의 경우 이사회에 대표소송의 계속여부에 대한 사실상의 심사권을 부여하였다. 즉 이사회 산하에 특별소송위원회(special litigation committee)를 설치해놓고는 여기에 심사권을 부여하여 설사 원고가 대표소송을 제기했더라도 그 이후 회사가 이에 응할지 말지는 이 위원회가 결정하도록 하였다. 그리고 친경영자적(親經營者的)인 델라웨어주의 법관들은 이러한 위원회의 결정 역시 경영상의 의사결정으로 보아 경영판단의 원칙을 적용하면서 당해 결정을 행한 이사들을 두터이 보호해 주었다.[894] 유럽이나 영연방 국가들이 가지고 있는 제소허가신청제도상 법원의 역할이 이러한 독립적 성격의 사내 위원회에 사실상 맡겨진 것이다.[895]

미국의 회사법상 이중대표소송제도는 단순대표소송과 달리 법인격부인이론(piercing corporate veil)이나 공동지배이론(common control theory) 등 추가적인 이론적 도구를 통해서 비로소 그리고 예외적으로 허용되었다. 다중대표소송 역시 남소의 가능성이 없지 않았고 이론적으로도 넘어야 할 산들이 많았기 때문이다. 즉 자회사와 모회사간 법인격의 독립성을 어떤 형태로든 극복하여야 했기에 이러한 추가적인 정당화 요소들을 찾아 다녔다.

(2) 일본 회사법의 대응

2014년 일본 회사법에 도입된 다중대표소송제도는 '최종완전모회사 주주에 의한 특정책임추궁의 소'로 불리우고 있다(동법 제847조의3). 일본 회사법 역시 다중대표소송제도의 남용가능성에 착안하여 원고적격을 갖춘 모회사 주주라도 다음과 같은 경우에는 제소권을 허용하지 않는 예외를 규정하고 있다(동법 제847조의3 제1항 단서). 즉 "책임추궁의 소가 주주 혹은 제3자의 부정한 이익을 도모하거나 회사 또는 최종완전모회사 등에 손해를 가할 목적으로 제기되는 경우(제1호)" 또는 "책임의 원인이 된 사실에 의하여 최종완전모회사 등에 손해가 발생하지 않은 경우(제2호)" 등에는 모회사 주주의 다중대표소송 제기권을 인정하지 않는다(동법 제847조의3 제1항 단서). 즉 모회사에 손해가 발생하지 않았는데에도 모회사 주주가 자회사 이사를 상대로 이중대표소송을 제기하거나 모회사나 자회사에 오로지 손해를 가할 목적으로 소를 제기하는 경우 동법은 이를 권리남용적 제소의 대표적인 사례로 인식하고 있다.

나아가 일본 회사법은 남소를 막기 위하여 원고적격도 강화하였다. **상장사건 비상장사**

---

894) Zapata Corp. v. Maldonado, 430 A. 2d 779(Del. 1981).

895) 물론 특별소송위원회는 법원에 대표소송의 기각을 신청하고 법원의 결정을 기다릴 것이다(최승재, "유지청구와 대표소송", 주식회사법대계(II), 제3판, 법문사, 2019, 1067~1069면.

건 상장 여부에 구애받지 않고 최소 6개월의 주식보유를 전제로 다중대표소송을 제기할 수 있게 한다(동법 제847조의3 제1항). 우리 상법처럼 6개월의 주식보유를 오로지 상장사에 한정하지 않는다. 나아가 **완전모자관계의 경우에만 제소권을 허용**한다. 즉 자회사에 모회사 이외의 다른 주주들이 있을 경우에는 모회사 주주의 대위소권을 아예 허용하지 않는다. 나아가 피고 이사가 속하게 될 대상회사의 범위도 제한하였다. 즉 대상회사 주식의 장부가액이 최종완전모회사의 총자산의 5분의 1을 초과하는 정도여야 한다(동법 제847조의3 제4항). 따라서 이 정도의 규모를 가진 완전자회사라면 손에 꼽을 정도이며 이로써 본 제도의 적용범위가 처음부터 매우 제한적이라는 비판도 있다.[896] 그 밖에도 대위소권의 종속성 원칙을 철저히 관철하였다. 모회사 주주가 자회사에 피고 이사에 대한 책임추궁의 소를 제기하도록 요구할 경우 우리 상법의 두 배인 60일의 대기기간을 설정하였다. 또 이 기간이 지나도록 **자회사가 책임추궁의 소를 제기하지 않을 경우에는 이유부 서면으로 소를 제기하지 않은 이유를 밝히도록** 하였다(동법 제847조의3 제8항).

(3) 영국 및 영연방식의 대응

영국과 영국법의 영향하에 있는 영연방제국에서는 일정 요건하에 회사 주주에게 대표소송의 제소권을 확정적으로 부여하는 것이 아니라 일단 관할법원에 먼저 대표소송을 위한 제소전 허가절차를 밟게 한다. 이러한 절차를 'permission' 혹은 'leave'라 한다. 이러한 사전절차들은 모두 권리남용적 제소에 대한 대응에서 출발하였다.

우선 2006년의 **영국** 회사법을 보면 제261조에 관련 규정을 두고 있다. 이에 의하면 단순대표소송을 제기하려는 원고 주주는 우선 법원에 제소허가를 위한 신청을 하여야 한다(동법 제261조 제1항). 신청인이 제출한 증거가 제소허가를 위한 '자명한 사건'(a prima facie case)임을 증명하지 못하는 경우 법원은 신청을 각하하거나 후속 조치를 명할 수 있다(동조 제2항). 후자의 경우 법원은 증거제출에 대하여 추가로 지시하거나 해당 증거를 얻을 때까지 절차를 연기할 수 있다(동조 제3항). 증거가 모두 제출된 경우 법원은 해당 증거들이 소송을 수행하기에 적절하다고 판단하는 경우에는 소송의 계속을 허가한다. 그러나 반대의 경우에는 청구의 기각 또는 절차의 연기 내지 직권으로 추가적인 지시를 할 수 있다(동조 제4항). 법원의 허가 여부에 대해서도 동법은 여러 기준을 제시하고 있는 바 원고 주주의 소송계속에 대한 성실성(good faith), 회사에 손해를 야기한 원인사실이 회사 자신의 사전적 허가나 사후적 추인으로 말미암은 것은 아닌지 등을 주요 요소로 하여 심사하게 된다(동법 제263조). 이러한 절차는 본시 단순대표소송을 위한 것이었다. 그러나 영국의 커먼로는 이러한 절차 규정을 다중대표소송에도 준용하고 있다.[897]

여타 영연방 제국의 회사법 내지 관련 조례들 역시 이와 유사한 제도를 두고 있다. 먼저 **캐나다**의 경우를 보면 주주의 대표소송을 위하여는 법원의 사전허가가 필요하다(캐나다 회사법 제239조 참조). 이때 모회사의 주주 역시 자회사를 위한 사전심사를 신청할 수 있는데(동법 제238조 (a)항 및 동법 제239조), 이러한 'leave'청구권은 법원의 재량에 따라 적정하다고 판단되는 모든 주체에 허용되고 있

---

896) 森・濱田松本 法律事務所, 菊地 伸・石井 裕介, 會社法 改正法案の解說と企業の實務對応, 淸文社, 121頁.
897) 이에 대한 근자의 대표적인 사건은 Abouraya v. Sigmund [2014] EWHC 277이다.

다($_{조 d항}^{동법 제238}$). 이것이 캐나다 회사법의 특징이기도 하다. 주주대표소송이 아니라 공익소송으로 느껴질 정도이다.[898] 제소허가의 신청인은 14일 요건을 준수하였다는 것,[899] 심사청구의 성실성 및 대표소송의 제기가 회사의 이익에 부합할 것임을 증명하여야 한다($_{조 제2항}^{동법 제239}$). 이러한 3가지 요건이 충족될 경우 법원은 대표소송을 허가할 수 있다. 이러한 제소허가제도는 단순대표소송뿐만 아니라 다중대표소송에도 공히 적용되고 있다.

**호주** 역시 유사한 제도를 갖고 있다($_{제236조}^{호주 회사법}$). 법원으로부터 대표소송의 허가를 얻으려면 신청인은 회사가 피고 이사에 대한 권리를 행사하지 않은 점, 신청인의 심사청구에 대한 진정성 및 성실성, 신청한 대표소송이 회사의 이익을 극대화할 것이라는 점, 심사청구에 대한 14일전의 사전고지 등을 증명하여야 한다($_{237조}^{동법 제}$).[900]

**홍콩** 역시 유사한 제도를 갖고 있다($_{조 내지 제738조}^{홍콩 회사조례 제731}$). 제소허가의 요건 역시 다른 영연방 국가의 그것과 유사하다. 대표소송의 제기가 회사의 이익에 부합할 것, 권리남용적 제소가 아닐 것, 제소허가신청에 대한 사전고지 등을 그 요건으로 한다($_{제733조}^{동 조례}$). 홍콩에서는 '소수주주에 대한 사기'(fraud on the minority)의 경우에는 홍콩 회사조례에 의한 성문법상의 대표소송 이외에도 커먼로상의 대표소송이 가능하다.[901]

**기타 싱가포르,**[902] **케이먼 군도,**[903] **브리티쉬 버진 아일랜드**(BVI)[904] 나아가 **버뮤다**[905]의 경우에도 유사한 제도가 존재한다

(4) 독일 주식법상의 대응[906]

대륙법계 국가의 대표격인 독일의 경우 사실 주주대표소송제도는 다른 나라에 비하면 매우 후진적이었다. 그 이유는 독일 주식회사의 경우 어차피 회사내부의 감사회가 강력한 통제기능을 수행하기 때문이다. 사회주의적 헌법 탓에 일찍이 공동결정제도가 도입되었고 이에 기초하여 주주대표와 노조대표로 구성된 감사회(Aufsichtsrat)가 강력한 통제력을 발휘하였다. 주식의 소유구조 역시 은행 등 금융기관의 안정적인 간접소유로 주주대표소송에 대한

---

898) 이에 대해 보다 자세히는 졸고, "다중대표소송의 발전방향에 관한 연구", 「商事法研究」 제33권 제4호(2015. 2.), 9~56면, 특히 21면.

899) 제소허가(leave)의 신청인은 심사청구일로부터 최소 14일 전에 해당 모회사 또는 자회사의 이사진들을 상대로 사전심사청구를 행할 것임을 알려야 한다.

900) 호주의 'leave' 신청절차에 대한 사례로는 Goozee사건이 있다; Goozee v. Graphic World Holdings Pty. Ltd., [2002] NSWSC 640 (July 25th 2002). 이 사건에서 법원은 신청인의 성실성 요건, 회사이익의 극대화요건 및 제소신청의 진정성요건이 충족되지 않았다고 보아 이를 기각하였다.

901) 이에 대해서는 Waddington Ltd. v. Chan Chun Hoo Thomas ([2008] HKCU 1381) 참조; 이에 대해 보다 자세히는 졸고, "다중대표소송의 발전방향에 관한 연구", 「商事法研究」 제33권 제4호(2015. 2.), 9~56면, 특히 27면 이하.

902) 싱가포르 회사법 제216A조, 제216B조.

903) Rule 12A, Order 15, Cayman Islands' Grand Court Rules; 케이먼의 사례로는 Renova Resources Private Equity Ltd. v. Gilbertson & 4 Others., [2009] CILR 268.

904) Section 184C (1) British Virgin Island's Business Companies Act 2004.

905) 버뮤다(Bermuda)의 경우에도 2018년 7월 9일 이후로는 Bermudian Supreme Court로부터 제소허가('leave')를 얻지 않고는 주주대표소송을 제기할 수 없게 되었다(Rule 12A of Bermudian Supreme Court 1985) (Stuart Jessup, "Derivative actions in the name of Bermudian companies: when is judicial leave required?", <https://www.globalbankingandfinance.com>).

906) 이에 대해 자세히는 졸고, "다중대표소송의 발전방향에 관한 연구", 「商事法研究」 제33권 제4호(2015. 2.), 9~56면, 특히 32면 이하.

유인이 그리 크지 않았다. 그리하여 독일 주식법은 최근까지도 오로지 기업집단(Konzern) 내에서만 단순대표소송을 그것도 지극히 제한된 범위내에서만 허용하여 왔다.[907] 그러다가 2005년의 주식법 개정을 통하여 영국식의 제소허가신청제도(Klagezulassungsverfahren)를 받아들였다(독일 주식법 제148조 참조).

동 제도에 의하면 신청인은 ① 자본금의 100분의 1 이상의 지분을 보유할 것(**최소지분요건**)[908], ② 회사의 손해배상청구권이 성립하는 시점부터 제소허가신청일까지 계속 위 지분을 유지할 것(**동시보유요건**), ③ 심사청구전 적정 시점에 회사에 대해 책임추궁의 소를 제기하도록 요구하였을 것(**제소청구요건**), ④ 대표소송의 수행이 회사의 이익을 해하지 않을 것(**회사이익요건**) 등을 증명하여야 한다(동법 제148조). 이러한 청구는 본점소재지를 관할하는 지방법원의 전속관할이며 위 요건이 모두 충족될 경우 법원은 주주의 심사청구를 인용할 수 있다.

위 제소허가신청제도는 당연히 단순대표소송을 위한 제도이며 독일법상 다중대표소송에 대해서도 이러한 절차가 요구되는지 아니면 최소한 주식법 제148조가 준용되는지에 대해서는 아직 명확한 입장을 발견하기 어렵다. 그러나 이미 1975년에 독일 연방법원은 ITT 사건[909]에서 다중대표소송의 좋은 사례를 선보인 바 있어 향후 독일에서 다중대표소송제도가 본격적으로 시행되는 경우 위 규정의 준용이 불가피할 것으로 전망된다.

결국 독일에서도 남소방지책으로 제소허가신청제도가 도입되었다고 할 수 있으며 결정적인 것은 위 제소허가요건 중 맨 마지막 것이라고 할 수 있다. 즉 대표소송의 수행이 회사의 이익을 해하지 않아야 하므로 진지한 의도 없이 이루어진 불성실한 청구는 기각될 것이다.

〈독일 연방대법원의 "ITT" 사건 (BGHZ 65, 15)〉

I. 사실관계

미국 "ITT" 그룹의 한 계열사(피고 '乙'로 약한다)가 독일 측 투자자(이하 '甲'으로 약한다)와 함께 85:15의 출자비율로 유한회사('丙'이라 약한다)를 설립한다. 丙은 다시 甲과 60:40의 비율로 2개의 유한합자회사(GmbH & Co. KG; 이하 '丁'으로 약한다)를 설립하였고 丁은 다시 완전자회사 형태로 3개의 유한회사(이하 '戊'라 약한다)를 설립한다. 한편 乙은 100% 완전자회사(이하 '己'로 약한다)를 설립한 후 丙의 이사진에 압력을 가하여 己로 하여금 丁, 戊 등 5개 회사와 서비스계약을 체결하게 한다. 이 계약에 따라 위 5개 회사는 乙에 거액의 경영자문료(약 177만 마르크 상당)를 지급하게 된다. 원고 甲은 이러한 경영자문료가 법적 근거가 없다고 다투면서 피고 乙로 하여금 해당 금액을 위 5개사에 반환하라고 청구하였다. 연방대법원은 원심을 파기한 후 원고의 청구를 인용하였다.[910]

---

907) 콘체른 관계에서 나타나는 손실보상청구권을 자회사가 모회사를 상대로 제때 행사하지 못하는 경우가 많다. 즉 모-자간 지배종속관계로 인하여 자회사의 이사진들이 모회사를 상대로 보상청구를 하지 않을 경우 자회사의 손해는 고착화한다. 이러한 경우에 대비하여 자회사의 주주가 단순대표소송의 형태로 대신 소송을 수행하게 된다(독일 주식법 제309조, 제310조, 제317조, 제318조 각 제4항 참조).

908) 보유주식의 액면총액이 10만 유로를 초과하는 경우에도 같다.

909) BGHZ 65, 15; 이에 대해 자세히는 졸고, "다중대표소송의 발전방향에 관한 연구", 「商事法硏究」 제33권 제4호(2015. 2.), 9~56면, 특히 33면 이하.

910) 이 사건의 사실관계 개요도 등 자세한 설명으로는 졸고, "이중대표소송에 대한 연구", 「경영법률」 제17집 제1

## Ⅱ. 평 가

이 사건은 국내에는 잘 알려져 있지 않다. 그러나 이 사건은 독일 유한회사 콘체른법의 초석이 되었으며 독일 최초의 다중대표소송으로 인식되고 있다. 물론 이 사건이 심리되던 당시 독일 주식법이나 유한회사법에 관련 조항은 없었다. 하지만 판례법으로 관련 법리를 구축한 것으로 평가할 수 있다. 유한회사(丙)의 지배사원 乙이 소수사원 甲에 대해 충실의 무를 부담하므로 원고의 청구는 이유 있다고 본 것이다. 이 사건은 유한회사 사원간의 충실의무와 그 위반시 나타나는 손해배상청구사건이고 그것이 주된 청구취지임은 분명하다. 그러나 이 사건의 사실관계를 전체적으로 조감하면 결과적으로 다중대표소송이 된다. 모회사 내지 자회사의 소수주주(甲)가 손회사(丁)및 증손회사(戊)의 모회사(乙)에 대한 부당이득법상의 반환청구권을 대위행사한 결과가 되었다.911) 독일에서 판례법으로 삼중대표소송 내지 사중대표소송을 인정한 최초의 사건으로 기억될 것이다.912) 나아가 국제콘체른에 있어 각국 비즈니스 멘탈리티(business mentality)의 차이가 어떤 결과를 가져오는지 보여주는 좋은 사건이었다. 당시 미국의 기업집단에서 경영자문수수료(consulting fee)의 지급은 상당히 보편적이었다. 반면 당시 독일의 그룹경영에서는 아마도 그러한 수수료(Konzernumlage)의 지급은 낯선 관행이었던 것 같다. 아마도 미국에서 이 송사가 진행되었다면 원고의 승소확률은 매우 낮았을 것이다.

### (5) 종합평가 및 우리 법에의 시사점

이상 우리는 각 법계에 나타난 남소방지책을 살펴보았다. 이들은 크게 두 부류로 나누어지는바 하나는 일정 요건의 충족을 전제로 모회사 주주에 대해 독립적인 제소권(actio)을 부여하는 것이고 다른 하나는 법원의 사전 심리절차를 규정하고 법원이 향후의 제소에 대해 이를 긍정적으로 평가하는 경우에만 대표소송을 허가(leave)하는 것이다. 전자는 미국·일본형이요 후자는 유럽형이다. 전자는 확정된 소권을 주주에게 부여하지만 여러 형태의 요건충족을 요구한다. 후자는 법원에 의한 종합적 심사를 요구한다. 비교법적 관점에서 양자 모두 장점과 단점을 보유하고 있겠지만 필자의 사견은 후자의 방식이 보다 효율적으로 권리남용적 제소를 막을 수 있다고 생각한다.

우리 상법이 이번에 도입한 다중대표소송제도는 권리남용적 제소에 대해서는 별다른 대응책을 갖고 있지 않다. 물론 비상장사의 경우 원고적격을 1% 소수주주권으로 해놓은 것과 상장사의 경우 0.5%의 소수주주권 및 6개월의 주식보유로 해놓은 것이 어느 정도는 필터 역할을 할 것이다. 그러나 상장사의 경우에도 비상장사에 적용되는 1%의 지분요건을

---

호(2006. 10.), 245~247면 참조.

911) Wiedemann, JZ 1976, 392, 395; Ulmer, NJW 1976, 193; Schilling, BB 1975, 1452.

912) 이 사건에 대한 독일 측 평석으로는 Wiedemann, "Die Bedeutung der ITT Entscheidug", JZ 1976, 392; Brezing "Gedanken zur internationalenKonzernumlage—Besprechung des BGH—Urteils vom 5. 6. 1975—Ⅱ ZR 23/74", AG 1976, S. 5~10; Schilling, "GmbH—Konzernrecht : Haftung des Mehrheitsgesellschafters für sorgfaltswidrige Weisungen an die Geschäftsführung", BB 1975, 1450~1452; Emmerich, Anm. z. "ITT", JuS 1976, 54; Ulmer, Anm. z. "ITT", NJW 1976, 191; Westermann, "GmbH—Konzernrecht kraft richerlicher Rechtsfortbildung ? Besprechung des Urteils des BGH v. 5. 6. 1975—Ⅱ ZR 23/74", GmbH—Rundschau, 1976, 77~80.

원고 주주가 충족시킬 경우 6개월의 주식보유는 더 이상 필요 없게 되었다(상 542의6 X). 이런 것들을 종합적으로 보면 우리 상법상 다중대표소송에 대한 권리남용적 제소시 이에 대한 방지책은 거의 전무한 상황이다. 이 점 향후 법정책적으로 깊이 생각할 부분이다.

즉 유럽형의 제소허가신청제도 역시 깊이 있게 고려할 필요가 있다. 만약 이러한 제도를 상법이 도입한다면 단순대표소송이나 다중대표소송이나 가리지 말고 먼저 제소허가를 신청하는 그런 제도를 만드는 것도 좋은 발전방안이 될 수 있다고 생각한다.

### 4. 국제적인 판례법과 국내법의 동화문제

#### (1) 콘체른대위소권제의 일반적인 흐름

2020년 상법이 마침내 다중대표소송을 성문화하였지만 전 세계적인 판례법의 흐름은 완전모자관계를 전제로 하고 있어 그 점에서 우리 상법은 예외적인 법제에 해당한다. 미국의 경우 1988년 Lambrecht v. O'Neal 사건[913] 이후에는 예외없이 완전모자관계가 사실관계에 등장하는 경우에만 본 제도가 시행되고 있으며 영국을 비롯한 영연방 제국의 판례 또한 그러하다. 나아가 일본 회사법 마저 완전모자관계를 전제로 이를 성문화하였다. 이러한 현상은 각국의 기업집단법제 특히 지주회사제도에 있어 완전모자관계가 대세이므로 그러한 상황이 본 제도에도 영향을 미친 것으로 보인다. 향후 우리 법을 운영함에 있어서도 이러한 흐름을 외면하지 않는 열린 자세가 필요하다고 생각한다.

먼저 미국의 경우를 보면 1988년 이전에는 완전모자관계를 전제로 하지 않고도 이중대표소송을 허용하는 적지 않은 판례법들이 있었다.[914] 이들은 주로 법인격부인론, 공동지배이론, 신인관계론, 보상 및 억제이론 등을 이론적 근거로 제시하며 모회사와 자회사의 상이한 법인격을 뛰어넘는 모습을 보여 왔다. 그러나 1988년의 람브레히트사건 이후에는 완전모자관계를 가진 사안에서만 이 제도가 인정되는 방향으로 정리되어 가고 있다.[915]

영국은 미국만큼 많은 사건을 가지고 있지는 않지만 근자들어 본 제도는 심심치 않게 등장하며[916] 성문규정이 아닌 커먼로상의 제도로 인식되고 있다.[917] 그러면서도 제소허가신청에 관한 2006년의 영국 회사법은 다중대표소송에도 준용되고 있다.[918] 근자들어 본 제도가 등장하는 사건들은 모두 그 사실관계에 완전모자관계가 등장한다. 이 점 미국의 커먼로와 다르지 않다. 영국법의 영향하에 있는 영연방제국에서도 영국과 유사한 현상이 나타나고 있다. 즉 일정 법률요건에 따라 확정된 소권을 부여하는 대신 제소허가신청제도(leave)를 운영하고 있다. 이러한 사전절차를 통하여 원고의 청구취지가 성실한 것인지 소

---

913) Lambrecht v. O'Neal, 3 A. 3d 277 (Del. 2010).

914) United States Lines Inc. v. United States Lines Co., [1938] 96 F. 2d 148; Goldstein v. Groesbeck, 142 F. 2d 422 (2nd Cir., 1944); Issner v. Aldrich, 254 F. Supp. 696 (Del. 1966).

915) 졸고, "다중대표소송의 도입방안에 대한 연구", 「經營法律」 제23집 제4호(2013. 7.), 209~254면, 특히 211~212면에 소개된 <이중 내지 다중대표소송 관련 common law 국가의 판례들> 참조.

916) Universal Project Management Services v. Fort Gilkicker Ltd., [2013] EWHC 348 (Ch.); Abouraya v. Sigmund, [2014] EWHC 277 (Ch.); Bhullar v. Bhullar, [2015] EWHC 1943 (Ch); Tonstate Group Ltd. & Others v. Edward Wojakovski, [2019] EWHC 857 (Ch.).

917) Universal Project Management Services v. Fort Gilkicker Ltd., **[2013]** EWHC 348 (Ch.) (Briggs 판사의 견해이다).

918) Abouraya v. Sigmund, [2014] EWHC 277 (Ch.) 사건에서 그러하였다.

를 허용할 경우 남소의 우려는 없는지 등을 사전에 종합적으로 점검할 기회를 갖게 된다. 홍콩이나 케이먼군도의 사례 등에서도 모두 완전모자관계를 전제로 한 판례법이 존재한다.

일본의 경우에는 일정한 법률요건의 충족을 기다려 확정된 소권을 모회사 주주에게 부여하는 확정소권부여방식을 취하고 있다(일본 회사법 제847조의3). 성문규정으로 확정 소권제를 입법한 점에 있어서는 전세계적으로 최초의 입법례라 할 수 있다. 다만 매우 제 한적인 원고적격을 매우 제한적으로 인정하고 있고 대상회사의 범위 역시 최종완전모회사 의 자산가치의 최소 5분의 1 이상이어야 하므로 실제 이 제도가 이용되기는 매우 어려운 상황이다. 남소를 막기 위한 입법적 노력의 소산이기는 하지만 제도의 실효성 측면에서는 처음부터 한계가 있다는 지적이 이어지고 있다.

독일의 경우에는 성문규정상으로는 단순대표소송만 인정되며 그것도 영국 회사법에서 처럼 제소허가신청제도를 받아 들여 매우 소극적으로 대표소송제를 시행하고 있다. 그러 나 이미 1975년 독일 연방대법원은 ITT사건에서 다중대표소송의 발전된 모습을 선보인바 있어[919] 향후에도 판례법으로 본 제도가 계속 이어질 것으로 보인다.

이처럼 세계 각국은 성문규정 보다는 판례법으로 그것도 거의 예외없이 완전모자관계 를 전제로 콘체른대위소권제(actio pro concerno)를 시행하고 있음을 알 수 있다. 일본의 경우 유일한 예외로서 성문규정을 가지고 있지만 아직 관련 판례는 나오지 않고 있다. 세 계의 주요문명국에서 나타나고 있는 이러한 현상을 예의 주시할 필요가 있다. 향후 우리 판례법도 이러한 세계적인 흐름을 외면하지 않을 것으로 전망된다.

(2) 국내법의 동화문제

**다중대표소송과 관련된 판례법이 전세계적으로 완전모자관계를 지향한다는 것은 다른 시 각에서 보면 기업집단의 소유지배구조가 완전모자관계로 되어 있거나 그 방향으로 가고 있 음을 암시**한다. 이와 관련하여 외국에서 지주회사제도가 어떻게 운영되고 있는가를 살펴 보는 것은 매우 의미가 크다.

전세계에서 가장 큰 경제규모를 자랑하는 **미국**의 경우 대부분의 지주회사들은 자회사 들과 100% 완전모자관계를 형성한다. GE, GM, IBM, Dupont 등이 그러하고 Mobil의 경 우에도 140개의 주요 자회사 중 109개 자회사에 대해 100% 지분을 보유하고 있다고 한 다.[920] **영국** 역시 그러한 흐름을 이어가고 있다. 지주회사와 자회사의 관계는 대부분 완전 모자관계로 되어 있으며 양자간에는 사실상 단일한 경제체(single economic entity)가 형 성된다. 다만 지주회사든 자회사든 회사법적으로는 여전히 독립된 법인격을 향유하므로 자회사에 대한 지주회사의 외부적 책임은 주주의 유한책임으로 제한된다고 한다.[921] **독일** 의 경우에도 주식법이 콘체른을 규제하고 있으며 경쟁제한방지법 등이 간접적 규제를 하 고 있다. 독일에서도 지주회사와 자회사간의 관계는 완전모자관계를 지향한다고 한다. 이 로써 지주회사를 매개로 기업집단 전체의 책임을 명확히 하고 기업집단을 둘러싼 지배구 조의 투명성을 제고한다.[922] **일본**의 경우 1997년 지주회사의 해금(解禁) 이래 다수의 기업

---

919) BGHZ 65, 15 ("ITT").
920) 신영수 · 곽관훈 · 황태희, "외국의 지주회사 현황 · 제도 등의 운영실태 및 변화양상에 대한 분석", 경북대 산
학협력단, 공정거래위원회 정책연구용역 최종보고서(2018. 9. 14.), 92면.
921) 신영수 · 곽관훈 · 황태희, 상게 보고서, 81면.

집단이 지주회사 체제를 취하고 있다. 지주회사에 대해서는 주로 회사법에서 규율하고 있으며 사업지주회사가 일반적이라고 한다. 지주회사의 자회사에 대한 지분율은 50~100% 사이에서 다양하지만 상당수는 100% 지분을 보유하고 있다고 한다.[923]

이와 같이 주요문명국의 기업집단내 소유지배구조를 보면 100%에 가까운 완전모자관계가 대세임을 알 수 있다.[924] 자회사의 지분비율을 높게 유지할수록 세제(稅制)상 유리해지고[925], 완전모자관계가 아닐 경우 증권거래법이나 소송법상 법률적 위험이 증가하며 나아가 기업집단내에서 내부통제시스템을 효율적으로 가동시키기 위하여도 자발적으로 완전모자관계를 지향한다고 한다. 즉 주요 문명국에 있어서 완전모자관계를 선호하는 이유는 지분보유비율에 대한 직접적인 규제 때문이 아니라 위에서 든 여러 사유가 복합적으로 작용한다는 것이다.[926]

이러한 흐름에 반하여 우리나라의 경우 지주회사는 총수일가에 의하여 지배되고 다시 자회사는 지주회사의 낮은 지분으로 지배되고 있는 실정이다. 이러한 현상이 우리나라 기업집단의 특징이라고도 할 수 있다. 상장사에 대해서는 30%, 비상장사에 대해서는 50%의 지분율만 충족시키면 지주회사의 설립을 인정해주므로[927] 대주주 지분이 적은 자회사로부터 지분이 높은 모회사로 터널링 등의 사익편취현상이 나타날 우려가 크다는 지적이 계속 이어지고 있다. 결국 완전모자관계를 지향하는 세계적 흐름은 우리도 외면할 수 없을 것이며 또 그 방향으로 나아갈 때 다중대표소송 등 관련제도도 외국의 예에서처럼 제자리를 찾아가게 될 것이다. 법정책적으로는 지주회사의 자회사에 대한 지분율을 상향조정하는 쪽으로 나아갈 수밖에 없을 것이다.[928]

나아가 우리나라에서는 지금까지 **기업집단에 대한 법적 규제는 주로 경제행정법의 영역이라할 경제법이 수행하고 있고 이에 반하여 기업집단내의 이해갈등 상황을 다루는 다중대표소송제도는 상법이 담당**하고 있다. 전자는 공법(公法)적 성격의 법영역임에 반하여 후자는 전형적인 사법(私法)의 영역이다. 이러한 이질적인 규제의 틀속에서 마침내 상법이 다중대표소송제도를 성문화하였다. 향후 양자간의 조화를 꾀하며 법적 규제의 효율을 제고하는 통섭적 노력이 필요하다고 생각한다.

### Ⅲ. 입법론적 개선점

#### 1. 다중회계장부열람권 관련규정의 신설필요성

다중대표소송이 효율적으로 제기되려면 이에 대한 효율적인 준비가 필요하다. 소송준비를 위하여 모회사 주주는 자회사의 회계장부에 대한 접근이 필요할 것이다. 이하 새로이

---

922) 신영수·곽관훈·황태희, 상게 보고서, 143면.
923) 신영수·곽관훈·황태희, 상게 보고서, 153면 ("[표] 주요국의 지주회사 운영실태 비교" 참조).
924) <https://blog.naver.com/pokara61/221539394212>; 주요 국가의 지주회사는 출현배경, 변화양상 등이 상이함에도 대부분 100% 완전모자관계로 운영되고 있다고 한다.
925) 發知敏雄·箱田順哉·大谷隼夫, 『持株会社の實務―ホールディングカンパニーの経営·法務·税務·会計』, 第7版, 東洋經濟新報社, 2016, 231頁(일본에서는 2010年 도입된 기업집단의 법인세제로 인하여 완전모자관계를 갖고 있는 그룹의 경우 유리한 세제가 적용된다).
926) 신영수·곽관훈·황태희, 전게 보고서, 148면.
927) 2020년말 공정경제 3법의 개정으로 지주회사의 지분요건이 10%씩 상향되었다.
928) 신영수·곽관훈·황태희, 전게 보고서, 162면.

도입된 상법상의 다중대표소송제도가 효율적으로 시행되기 위한 모회사 주주의 자회사에 대한 회계장부열람가능성을 살펴 보기로 한다.

(1) 국내 판례법의 상황

현재까지 나타난 국내의 판례법은 엄격히 제한된 요건하에 모회사 주주에게 자회사 회계장부에 대한 접근권을 허용하고 있다:

> **대판 2001. 10. 26, 99다58051 [장부등열람및등사가처분]**
>
> "상법 제466조 제1항에서 정하고 있는 소수주주의 열람·등사청구의 대상이 되는 '회계의 장부 및 서류'에는 소수주주가 열람·등사를 구하는 이유와 실질적으로 관련이 있는 회계장부와 그 근거자료가 되는 회계서류를 가리키는 것으로서, 그것이 회계서류인 경우에는 그 작성명의인이 반드시 열람·등사제공의무를 부담하는 회사로 국한되어야 하거나, 원본에 국한되는 것은 아니며, 열람·등사제공의무를 부담하는 회사의 출자 또는 투자로 성립한 자회사의 회계장부라 할지라도 그것이 모자관계에 있는 **모회사에 보관되어 있고, 또한 모회사의 회계상황을 파악하기 위한 근거자료로서 실질적으로 필요한 경우에는 모회사의 회계서류로서 모회사 소수주주의 열람·등사청구의 대상이 될 수 있다.**"

그러나 위 판결이 인정한 정보접근권은 너무 한정적이어서 모회사 주주의 입장에서는 만족하기 쉽지 않은 상황이다. 일부의 학설이 비판하고 있듯이[929] 위 대법원 판결에서 피고는 모회사이지 자회사가 아니었다. 즉 모회사 주주가 직접 자회사에 대해 자회사의 회계장부에 대해 열람청구를 한 것이 아니었다. 나아가 **모회사의 회계상황을 파악하기 위한 근거자료로서 실질적으로 필요할 경우 그것도 모회사가 이를 보관하고 있을 경우에만 모회사의 주주에게 이에 대한 접근권을 인정하겠다는 것이다.** 이 정도라면 정보접근의 가능성은 거의 없다고 보아도 좋을 정도로 제한적이고 한정적이다.

(2) 입법론적인 개선점

다중대표소송제도가 활성화되려면 최소한 자회사 회계장부에 대한 모회사 주주의 열람권이 충분히 보장되어야 할 것이다. 그러나 이를 이번 다중대표소송의 성문화 때처럼 단순모자관계를 전제로 하여 모회사 주주에게 자회사의 회계장부에 대해 제한없는 접근권을 부여하는 것은 용이하지 않을 것이다. 향후 입법적으로 또 다시 고민하여야 할 사항이다.

### 2. 권리남용적 제소에 대한 대응조항의 신설필요성

다중대표소송뿐만 아니라 단순대표소송 등 대표소송제도 자체가 원고 승소시에도 피고 이사는 (자)회사에 손해를 배상할 뿐이어서 원고 주주는 소송결과에 대해 직접적인 수혜자가 되기 어렵다. 이를 근거로 대표소송은 남용되기 어렵다고 생각할 수도 있다. 그러나 바로 거기에 큰 함정이 있다. 대표소송의 그러한 성격 때문에 남소의 유인은 오히려 더 커진다고 할 수도 있다. 적지 않은 사례에서 원고 주주는 대표소송의 승소를 최종목표로

---

929) 천경훈, "기업집단의 법적 문제 개관", 「BFL」 제59호(2013. 5.), 6~22면, 특히 16면.

삼지 않았으며 오히려 다른 요구를 관철하기 위한 방편으로 이를 이용하였다. 미국에서 나타난 적지 않은 사례들이 이를 대변한다.[930] 나아가 위에서 본 각국의 대응도 이를 증명한다.

상법이 이번에 도입한 성문규정의 틀 안에서는 남소에 대한 효율적 방어는 이루어지기 어려워 보인다. 물론 현재의 문언으로도 피고인 이사는 원고의 악의를 소명하여 법원에 담보의 제공을 명하도록 요구할 수 있고(상법 제406조의2 제3항; 동법 제176조 제3항 및 제4항), 회사의 권리를 사해할 목적으로 소가 제기된 경우에는 재심의 소가 가능하다(상법 제406조의2 제3항; 동법 제403조 제6항). 그러나 전자의 경우 원고 주주의 주관적 악의는 이를 증명하기가 쉽지 않으며, 후자는 원·피고 등 소송당사자의 공모를 전제로 하므로 권리남용적 제소에 대한 효율적 대응이 되기 어렵다.

위에서도 보았듯이 독일 주식법에서처럼 제소허가를 얻기 위하여는 신청인으로 하여금 "대표소송의 수행이 회사의 이익을 해하지 않을 것"임을 밝히게 한다든지[931] 일본 회사법에서처럼 다중대표소송이 "주주 혹은 제3자의 부정한 이익을 도모하거나 자회사 혹은 모회사에 손해를 가할 목적으로 제기되는 경우[932]" 혹은 "책임의 원인된 사실로 모회사에 손해가 발생하지 않은 경우[933]"에는 모회사 주주의 제소권 자체를 허용하지 않는 방향으로 보완할 필요가 있을 것이다.

아니면 영연방 제국이나 독일에서처럼 아예 처음부터 일정 요건하에 확정적인 소권을 원고 주주에게 부여할 것이 아니라 제소허가신청제도를 두어 원고의 소제기가 가져올 효용과 비효용을 종합적으로 형량하는 보다 거시적인 해결책도 생각해 볼 필요가 있다. 법정책적으로는 오히려 이러한 제소허가신청제도가 확정소권을 부여하는 제도보다 우수함은 전술한 바와 같다.

### 3. 이유부 서면통지의 필요성

모회사 주주가 자회사에 대해 피고 이사에 대한 책임추궁의 소를 제기하도록 요구할 경우 해당 요청을 받은 자회사가 이러한 청구에 응하지 않을 경우 자회사가 모회사 주주에게 이유를 부기한 서면으로 그 뜻을 알려야 하는지 의문이다. 이번에 입법된 내용만으로는 그러한 것을 의무화하기는 어려워 보인다. 일본 회사법은 모회사 주주의 제소청구를 받고도 60일내에 제소하지 않은 자회사에 대해서는 제소청구주주에 대하여 서면으로 그 이유를 알리도록 요구한다(동법 제847조의3 제8항). 향후 우리 상법의 입법론으로도 고려의 여지가 있다.

### 4. 자회사 이사의 책임면제 또는 책임감경에 대한 모회사 주주의 동의권

일본 회사법은 자회사 이사의 책임을 자회사 주주들이 면제하는 경우 자회사 주주뿐만 아니라 모회사 주주 전원의 동의가 필요하다고 규정한다(동법 제847조의3 제10항). 자회사 주주들이 자

---

930) 특히 미국의 경우 주주대표소송이나 집단소송이 제기되는 경우 이를 결산서류 등에 공시하는 것이 일반이며 따라서 피소될 경우 회사로서는 신경이 곤두설 수밖에 없을 것이다. 자칫 투자자들에게 부정적 인식이 확산될 가능성이 크며 따라서 회사로서는 다중대표소송이 제기되는 경우에도 매우 민감하게 반응할 것이다.
931) 독일 주식법 제148조.
932) 일본 회사법 제847조의3 제1항 단서 제1호.
933) 일본 회사법 제847조의3 제1항 단서 제2호.

회사 이사진을 상대로 한 단순대표소송 대신 피고 이사의 책임을 면제하거나 책임을 감경할 경우 모회사 주주가 원하는 이중대표소송은 소송의 목적을 잃게 될 것이다. 이러한 현상은 다중대표소송제를 허용한 입법취지를 몰각시키므로[934] 어떠한 형태로든 이를 제한하거나 수정할 필요가 있게 된다.[935] 물론 일본 회사법은 완전모자관계를 전제로 다중대표소송제를 시행하므로 우리 상법상의 다중대표소송제와 사정이 같다고 할 수는 없겠지만 우리 상법하에서도 같은 문제가 발생한다고 볼 수밖에 없다. 단순모자관계나 완전모자관계나 이중대표소송의 목적인 자회사의 청구권이 자회사 주주들에 의하여 소멸하거나 축소하는 면에서는 아무런 차이가 없기 때문이다. 우리 상법상으로는 단순모자관계를 전제로 이 제도를 시행하므로 일본에서보다 오히려 더 문제는 심각해 질 수 있다.

자회사에는 모회사 이외에도 다수의 소수주주들이 있을 수 있고 그들이 만장일치로 상법 제400조 제1항상의 면책결의를 하거나 상법 제400조 제2항상의 책임감경결의를 할 경우 모회사 주주는 어떻게 대처해야 하는가? 이를 그대로 받아들여야 하나? 아니면 일본 회사법에서처럼 일정한 통제권을 행사해야 하나? 2020년에 새로이 만들어진 상법상의 다중대표소송제도는 이에 대해 명확한 답을 주지 않는다.

자회사 이사의 임무해태나 법령위반 등이 있을 경우 자회사에는 직접 손해가 발생하지만 모회사에는 간접손해가 발생한다. 만약 자회사 주주들이 모회사 주주들의 동의없이 책임면제결의를 해버리면 자회사의 직접손해나 모회사의 간접손해는 모두 회복불가의 상태로 고착화되고 만다. 이러한 상황을 고려하건대 모회사 주주에게도 일정 요건하에 동의권을 부여하여야 한다. 다른 대안이 없을 것이다. 마치 독일 연방대법원의 홀츠뮐러(Holzmüller) 사건에서처럼 모회사 주주들에게 "불문(不文)의 권한"을 인정하는 것이 바람직하다.[936] 자회사의 피고에 대한 손해배상청구권을 자회사 주주들의 자의적 결정으로 면제하거나 감경할 경우 모회사 주주들은 보호되지 않으며 새로이 도입한 상법 제406조의2의 입법취지는 유지되지 않을 것이다. 이러한 상황을 감안할 때 이번에 도입한 상법 제406조의2에 일본 회사법 제847조의3 제10항 유사의 규정을 추가하는 것이 바람직하다고 생각한다.

### 5. 다른 물적회사에 대한 준용가능성

상법은 주식회사뿐만 아니라 물적회사 모두에 대해 대표소송을 허용하고 있다. 즉 주식회사뿐만 아니라 유한회사나 유한책임회사에 대해서도 대표소송을 허용한다(상법 제565조; 상법 제287조의22). 주식회사에 대해 단순대표소송뿐만 아니라 다중대표소송도 허용한다면 주식회사 이외의 물적회사에 대해서도 그러한 가능성을 생각해 볼 필요가 있다. 최소한 이번에 입법한 상법 제406조의2를 이들 법형태에 대해서도 준용할 수 있는지 한번쯤 생각해 볼 필요가 있다. 유한회사가 기업집단의 최정상에 놓일 수도 있고 유한책임회사가 그러한 위치에 놓일 수도 있기 때문이다. 가능성은 다양하다고 할 수 있다. 유한회사가 다른 유한회사의 지분 과반수를 가짐으로써 기업집단을 형성할 수도 있고 유한회사가 주식회사의 과반수 주식을 가짐으로써 기업집단을 형성할 수도 있을 것이다.[937] 이러한

934) 伊藤眞·伊藤塾, 伊藤眞の全條解說 会社法, 弘文堂[§847-3], 2016, 1223頁.
935) 畠田公明, 企業グループの經營と取締役の法的責任, 中央経済社, 2019, 236頁.
936) BGHZ 83, 122f.; 이 사건에 대한 보다 자세한 설명은 김정호, 회사법, 제6판, 2020, 67면.

다양한 가능성에 대비하여 해당 규정들을 정비하는 것도 향후의 과제로 조심스럽게 생각해 볼 필요가 있을 것이다.[938]

## IV. 에필로그

이상 우리는 2020년 12월 상법전에 새로이 도입된 다중대표소송제도를 개관하였다. 개정 법률은 공포 즉시 시행에 들어가[939] 이제 우리나라에서는 언제든 다중대표소송이 제기될 수 있는 상황이다. 도입여부를 두고 적지 않은 논의가 있었지만 정작 상법에 성문화된 이후에도 해석학적으로 다투어질 만한 것들도 있고 명확하지 않은 부분도 많다.

다중대표소송제도는 법이론(法理論)의 보고(寶庫)이다. 법인격의 한계, 실체권과 소권의 분리, 그리고 이를 정당화하는 각종 지배구조의 문제점, 기업집단법 등 회사법의 핵심 논점들이 함께 작용한다. 나아가 소송법적으로도 소송참가. 소송고지, 소송비용 및 당사자의 처분권 등 적지 않은 문제점들을 잉태한다. 법일반(法一般)으로 보아도 신의성실의 원칙이나 권리남용금지의 원칙 등 사법의 일반조항들이 근저에 포진한다. 단순대표소송의 경우에는 소수주의 권리로서 이론적으로도 단출하지만 다중대표소송의 경우에는 결이 다르다.[940] 위의 여러 문제점들이 함께 작용하면서 다양한 시각을 만들어내고 다양한 결과를 생산하며 국제적으로도 서로 비교해 볼 만한 적지 않은 볼거리를 제공한다. 나아가 각 나라가 이런 문제들을 어떻게 처리하는가는 각 나라 법률문화의 수준을 가늠해 볼 수 있는 좋은 도구가 되기도 한다.

나아가 이 제도는 오늘날 국제적으로는 서로 동화되어 가는 양상을 보이고 있다. 특히 **전세계적으로는 완전모자관계를 전제로 원고적격을 인정하는 성문법과 판례법이 보편적으로 구축되어 있음을 주목하여야** 한다. 따라서 이러한 큰 흐름을 국내의 판례법도 외면하지 않는 자세가 필요하다. 나아가 이 제도의 도입과 함께 국내 기업집단의 소유구조나 지배구조에 대해서도 뒤돌아보는 기회를 가져야 할 것이다. 전세계 대부분의 문명국가에서 완전모자관계를 전제로 기업집단을 형성하는 점에 비추어 **기업집단법에 관한 국내법의 상황도 함께 검토할 필요가 있으며 지주회사의 성립요건에 대해서도 다시 살펴볼 기회를 가져야** 한다.

끝으로 다중대표소송을 둘러싼 세계의 법제는 유럽식의 사전심사형과 미국·일본식의 확정소권형으로 양분되어 있고, 상법이 2020년말에 도입한 것은 후자였다. 남소를 막고 기업집단내의 이해조절에 보다 충실한 사전심사형으로 전환하는 것도 생각해볼 여지는 있을 것이다. 장기적인 법정책적 시각에서 그러한 방향설정도 필요하다고 생각된다. 다중대표소송제도가 우리나라의 회사소송문화에 매끄럽게 안착할 수 있도록 힘과 지혜를 모아야

---

937) Lutter/Hommelhoff, GmbH—Gesetz, 20. Aufl., Anh. zu §13 Rdnrn. 75ff.

938) 가장 간단한 방법은 위 해당 법형태의 대표소송 관련 규정에 상법 제406조의2를 준용대상에 포함시키는 것이다. 즉 상법 제565조 및 상법 제287조의22 각 제2항에 있는 "제406조"를 "제406조의2"로 바꾸거나 아니면 "제406조의2"를 제2항에 새로이 추가하면 될 것이다.

939) 2020년 12월의 상법개정법률(법률 제17764호)은 공포일로부터 바로 시행에 들어가 2020년 12월 29일부터 시행되었다.

940) 양자간의 구별점에 대해서는 졸고, "다중대표소송의 발전방향에 대한 연구", 「商事法研究」 제33권 제4호 (2015), 43~44면.

할 때다.

## 6. 이사의 보수

### (1) 경영자보수의 대상론 [상법 제388조의 물적 적용범위]

(가) 보수의 개념:   먼저 보수의 개념을 구체화하여야 한다. 어떤 것들이 이에 포함되는지 밝혀져야 상법 제388조의 적용범위가 드러난다. 나아가 경영자보수제도를 단일한 독립적 영역으로 특화할 수 있다. 또 왜 경영자보수에 대해 이를 회사지배구조의 문제와 연결시키는지 왜 회사법상 이를 독립적인 지배구조의 문제점으로 보는지 등이 가시적으로 드러날 것이다.

보수(報酬; remuneration)는 통상적 의미로 풀이하면 정기급여(salary) 정도로 생각하기 쉽다. 그러나 여기서 말하는 보수는 이사가 회사로부터 직무수행의 대가로 받는 모든 재산적 이익(benefit)을 포함한다고 새겨야 할 것이다.[941] 상법은 동일한 법전내에 또 다른 규정에서 경영자보수와 관련된 입법적 정의(legal definition)를 시도하고 있다. 상법 제400조 제2항은 이사의 연보수의 6배를 초과하는 회사의 손해에 대해서 책임제한을 시행하는바, 여기서 상법은 이사의 보수에 "상여금과 주식매수선택권 등을 포함"시키고 있다. "상여금과 주식매수선택권 등"이라고 표현하고 있으므로 현금성 보수, 상여금, 스톡옵션 그 외의 것들이 이사의 보수에 포함될 여지를 남겨 놓았다. 상법은 이사의 보수라는 개념에 대해 포괄적 개방주의를 취하고 있다고 할 수 있다.[942]

참고로 일본 회사법 및 그 시행규칙은 이에 있어 참고가 될 만하다.[943] 일본의 회사법 시행규칙 제113조 제1항을 보면 임원 등이 그 재직중에 보수나 상여금 기타 직무집행의 대가로 회사로부터 받는 또는 받아야 할 재산상의 이익에 지배인 기타 사용인 겸직시에는 그 보수나 상여금 기타 퇴직수당 등 직무집행의 대가를 포함한다고 하고 있다. 나아가 동 규칙 제113조 제2항에서는 퇴직위로금, 퇴직수당 기타 이와 유사한 재산상의 이득 등을 산견(散見)할 수 있고, 동 규칙 제114조를 보면 신주예약권 등에 대해 언급하고 있다.[944] 이상의 사항들은 우리 상법 제400조 제2항이 규정한 "상여금과 주식매수선택권 등"에 포함시킬 수 있을 것이다. 결국 위에서 열거된 모든 사항들은 상법 제388조상 보수의 개념에 포섭될 것이다. 독일 주식법 역시 참조의 여

---

941) 神田秀樹, 會社法, 제16판, 有斐閣, 2015, 228면; 崔文僖, "이사의 보수에 관한 규정의 검토", 「한양대 법학논총」 제24집 제3호, 626~627면; 일본 회사법 제361조 제1항은 위의 내용을 성문화하고 있다. 이사의 보수에 대한 법적 정의(legal definition)라 할 만하다.

942) 대판 2020. 4. 9, 2018다290436.

943) 崔文僖, "이사의 책임감면", 주식회사법대계(Ⅱ), 법문사, 2013, 876~928면, 특히 913면 참조.

944) 江頭憲治郞 監修, 會社法・關聯法令條文集, 有斐閣, 2014, 274~275면.

지가 있다. 동법은 제87조 제1항에서 보수의 종류를 나열하고 있는바 급여, 이익참가, 비용보상, 보험료, 성과유인적 보수약속 및 기타 부수급여 등을 나열하고 있다. 끝으로 미국 델라웨어주 일반 회사법 제122조 제15항 역시 참고의 여지가 있다. 동조항은 "회사는 회사의 이사, 집행임원 및 종업원의 일부 또는 전부 및 그 자회사의 이사, 집행임원 및 종업원의 일부 또는 전부를 위하여 연금(pension)을 지급하고, 연금, 이익분배, 주식매수선택권, 주식매수, 주식상여, 퇴직금 및 기타 복지후생을 위한 인센티브 및 보수계획을 수립하고 이를 시행할 수 있다"고 규정한다.

(나) **보수의 종류**: 보수는 크게 현금성 보수와 비현금성 보수로 나누어지며 전자는 기본급, 상여금, 퇴직위로금, 임원의 사용인으로서의 급여 등으로 되어 있고, 후자는 다시 주식매수선택권(스톡옵션)이나 공로주(stock grant)945) 등으로 구성된다. 이중 경영자보수의 적정성 판단에 가장 자주 등장하였던 것들만 한정적으로 보기로 한다.

1) **기본급 및 상여금**: 이는 월급, 상여금, 연봉 등의 명칭으로 불리우는 것들이다. 명칭 여하를 불문하고 임원진들은 대개 이러한 현금성 급여를 지급받는다. 이는 보수 중 가장 기본적 유형으로 정액급여이며 통상 1년 단위로 책정된다.946) CEO 등 최고경영자들은 대개 해당 업계에서 경쟁적으로 벤치마킹된 보수체계에 따라 기본급(base salaries)을 받게 된다.947) 모든 집행임원(officers)들에게는 이러한 룰이 공통적으로 적용될 것이다. 나아가 회사마다 상당한 차이가 있겠지만 보통 연차 상여금(annual bonus)이 지급된다.948)

어떤 요건하에 경영자보수가 확정되며 그 결과 회사에 대해 실체법상의 청구권을 갖게 되는가? 원래 영미법에서는 이사가 반드시 직무집행의 대가로 보수를 지급받았던 것은 아니다.949) 적어도 커먼로(common law)의 오랜 전통하에서는 '무보수(無報酬) 추정의 원칙'이 지배하였다.950) 나아가 이러한 추정은 집행임원들(officers)에게도 적용

---

945) 이는 다시 성과연계형(performance share)과 양도제한 주식형(restricted stock)으로 나뉜다. 전자는 일정한 경영성과가 성취되었을 때 제공되며, 후자는 일정 기간이 지난 후에야 처분할 수 있는 형태이다(Kim/Nofsinger/Mohr, *Corporate Governance*, 3rd ed., p. 17).

946) Palmiter, *Corporations*, 4th ed., Aspen Publishers, 2003, p. 241; 문상일, "이사의 보수", 주식회사법대계 (Ⅱ), 412면.

947) Lance Berger-Dorothy Berger, The Compensation Handbook, 6th ed., McGrawHill, 2015, p. 336; Kevin J. Murphy, "Executive Compensation", in; Roberta Romano, Foundations of Corporate Law, 2nd ed., Foundation Press, Thomson Reuters, 2010, p. 428.

948) Murphy, *ibid.*, in Roberta Romano, *ibid.*, p. 429.

949) Sealy & Worthington's Cases and Materials in Company Law, 10th ed., Oxford University Press, 2013, p. 270; Hutton v. West Cork Railway Co., (1883) 23 Ch. D. 654, 672.

950) Cox-Hazen, *Business Organizations Law*, 3rd ed., West(Hornbook Series), St. Paul, Thomson Reuters,

되었다. 이러한 추정을 깰 수 있는 것은 정관규정, 주주들의 결의 및 보수와 관련된 명시적 약정(express agreement)들이었다.[951] 본시 커먼로의 세계에서는 이사들이 회사와 보수에 관한 계약을 체결하면 이는 이해상충을 낳는 자기거래가 되기 때문에 따라서 이사와 회사간 보수계약이 유효하려면 주주들의 관여가 필요하였다. 즉 정관에서 정하거나 주주총회의 승인이 있어야 했다.[952] 이 경우에만 이사는 회사에 대해 보수청구권을 갖게 되었다.[953] 이러한 결과는 영국법상 회사제도가 신탁법(trust)과 밀접한 관련을 갖는 결과이다. 법원의 관할 역시 신탁법을 담당하던 챈서리법원(Chancery Court)이 맡고 있다. 이러한 영국법의 전통은 오늘날 미국에도 그대로 이어져 델라웨어주 챈서리법원은 오늘날 전세계에서 가장 영향력이 큰 회사법 관할법원이 되었다. 최근 우리 대법원 역시 상법 제388조에 입각하여 정관에서 이사, 감사의 보수에 관하여 주주총회의 결의로 정한다고 규정한 경우 주주총회결의가 있어야 회사에 대해 보수청구권을 행사할 수 있다고 판시한 바 있다.[954]

그러나 오늘날 미국에서는 구체적인 보수산정의 권한을 이사회에 부여하는 흐름이 나타났고 이것이 대세가 되었다.[955] 집행과 감독을 각각 이사회(Vorstand)와 감사회(Aufsichtsrat)에 맡기는 독일 주식회사의 2원적 거버넌스 때문에 독일 주식법 역시 경영자보수에 대한 의사결정은 감사회의 소관사항으로 하였다.[956] 우리 상법도 집행임원 설치회사에서는 정관규정이나 주주총회결의로 구체적인 내용이 확정되어 있지 않을 때에는 이사회가 이를 결정하는 것으로 하였다(상 408조 6호). 물론 이사회에 보수결정권한을 위임하는 이러한 현상들은 특히 21세기 들어 적지 않은 제약을 받고 있다. 미국,[957] 영국,[958] 독일[959] 등 국가에서는 'say-on-pay'제도가 도입되어 주주총회의 권

---

2011, § 11.1, p. 241; Corinne Mill, Canal & Stock Co. vs. Toponce, 152 U.S. 405 (1894).

951) 영미법에서 회사제도는 신탁법(trust)의 영역에 속해 있었다. 신탁법에서는 묵시적 방법으로는 이사의 보수청구권을 인정하지 않았다. 정관규정이나 주주총회결의 등이 필요하였다(Gower & Davies, *Principles of Modern Company Law*, 9th ed., 14-30, p. 400). 상법 제388조 역시 그러한 영미법의 전통을 이어 받은 것은 아닌지 의문이다.

952) Mayson, *French & Ryan on Company Law*, 26th ed., [2009-2010], 15. 9.(Remuneration), pp. 450 f.

953) Dunston v. Imperial Gas Light and Coke Co. (1832) 3 B & Ad 125; Hutton v. West Cork Raliway Co. (1883) 23 Ch. D. 654; Guinness plc. v. Saunders [1990] 2 AC 663.

954) 대판 2015. 9. 10, 2015다213308.

955) MBCA §§ 3.02(11), 8. 11 (2008).

956) 독일 주식법 제87조 제1항 참조.

957) 도드프랭크법 제951조 및 미국 증권거래법 제14조 A에 따라 미국의 모든 상장사는 적어도 3년에 1회 이상 정기주주총회에서 임원보수에 대한 승인투표를 실시하여야 한다. 그러나 이러한 주주총회의 결의는 권고적(advisory) 효력밖에 없다. 이에 대해 자세히는 문상일, "이사보수개별승인제도의 도입필요성에 관한 연구", 「법학연구」, 연세대 법학연구원, 제24권 제2호(2014. 6.), 261~284면; 맹수석, "금융기관 임원의 과도한 보수 규제 및 투명성 제고 방안에 관한 연구", 「법학논총」, 전남대 법학연구소, 제34집 제1호(2014. 4.), 239~267면.

958) Sec. 439 (5) CA 2006; Cahn-Donald, *Comparative Company Law*, p. 434.

959) 미국법과 마찬가지로 독일 주식법 역시 2009년 이후 상장회사에 대해 구속력이 없는 주주총회의 권고적 결의를 허용한다(독일 주식법 제120조 제4항 참조). 이를 통하여 집행임원의 보수체계에 간접적으로 영향력을 행

고적 결의가 이루어진다.

**2) 사용인 겸 이사의 사용인으로서의 급여:** 이사의 직위를 가지고 있을 뿐만 아니라 지점장 등 사용인으로서의 지위를 겸하는 자를 사용인 겸 이사라 한다. 이 경우 사용인겸 이사의 사용인으로서의 급여도 상법 제388조상의 보수에 포함시킬 것인지를 놓고 학설은 긍정설, 부정설 및 절충설로 나뉜다. 현재 국내에서는 부정설 내지는 절충설의 입장이 더 자주 눈에 띈다. 절충설의 입장에서는 주주총회에서 이사의 보수에 관하여 결의할 때 사용인분의 급여를 고지할 필요가 있다는 입장이다.

불포함설(부정설)은 상법 제388조의 보수가 임원의 직위에 따른 직무집행의 대가이므로 사용인의 대가는 포함되지 않는다고 하지만 상법 제388조의 규제목적을 달성하려면 긍정설의 입장이 타당해 보인다.[960] 판례는 이사의 보수는 근로기준법 소정의 임금이 아니라고 보고 있다.[961] 따라서 근로기준법 소정의 임금에 해당하는 사용인분 급여를 이사의 보수에서 제외하는 부정설의 입장도 고려의 여지는 있다. 그러나 이사가 사용인의 지위를 겸하는 것은 예외적 상황이며 또 사용인으로서의 직무가 이사 고유의 직무에 영향을 줄 수도 있으므로 이사의 보수에 포함시켜 전체적으로 통제를 가하는 것이 상법 제388조의 입법목적에 부합한다고 생각된다.

**3) 퇴직위로금:** 퇴직위로금이 상법 제388조상의 보수에 포함되는가에 대해서도 국내에서는 찬반 양설의 대립이 있지만 이는 보수의 후불적 성격을 갖는 것으로서 당연히 보수에 포함시켜야 한다고 본다. 위에서 본 미국이나 독일 판례에서도 퇴직위로금은 임원의 보수와 관련된 중요한 판례들의 사실관계에 등장하고 있다.[962] 재직중 공로에 대한 보상의 성격이 강하다는 이유로 이를 단순히 증여로 다루는 것은 적절치 않다. 우리나라나 일본 판례의 입장 또한 그러하다.[963]

퇴직위로금은 미국이나 독일 판례가 시사하듯 보수의 후불적 성격을 갖으면서도 때로 거액이 책정되어 영미법에서는 '합리적 기대의 요건(requirement of reasonable expectation)'상 '반대급부(反對給付; consideration)'의 존재를 다툰 예가 많다.[964] 그런데 위에서 본 디즈니 사건과 마네스만사건은 결과면에서 대조적이며 양자의 비교는 불

---

사할 수 있다; Cahn-Donald, *Comparative Company Law*, p. 434.
960) 일본 회사법 시행규칙은 위에서 보았듯이 이를 명정하고 있다(동 규칙 제113조 제1호 참조).
961) 대판 1988. 6. 14, 87다카2268.
962) 위에서 본 독일 Mannesmann사건과 미국의 Disney사건을 참조하라.
963) 대판 1999. 2. 24, 97다38930; 대판 1977. 11. 22, 77다1742; 일본 최고재판소, 소화 39년 12월 11일 판결, 판례시보 제401호 61면.
964) 영국 회사법은 특히 퇴직위로금의 책정에 대해서는 회사가 신중히 결정하라는 취지에서 이를 주주총회의 보통결의사항으로 하였다(S. 217 (1) CA 2006).

가피해 보인다. 미국의 디즈니사건에서는 오비츠(Ovitz)에 대한 1억 3천만 달러의 퇴직위로금이 낭비가 아니라고 보았지만, 독일의 마네스만사건에서는 클라우스 에써(Klaus Esser)에 대한 1천만 파운드의 퇴직금지급은 불법이며 결국 임원진에 지급된 5천8백만 유로는 환급되었다. 특히 마네스만사건에서는 보다폰을 포함한 98%의 주주가 클라우스 에써에 대한 퇴직금지급에 동의한 점을 고려하면 미국과는 너무 대조적인 결과로 보인다.[965] 더욱이 에써가 수령한 퇴직금은 디즈니의 전직 CEO 오비츠에 대한 퇴직위로금의 7분의 1밖에 되지 않았다. 디즈니사건에서는 퇴직금 지급이 임용계약상 사전에 합의된 바이지만 마네스만사건에서는 그렇지 않았다는 차이는 있다. 그렇더라도 에써의 마네스만에 대한 기여도를 고려하면 현격한 차이이다.[966]

잘 알다시피 독일은 사회주의 국가이다. 따라서 이러한 사회주의적 이념이 사법적 가치판단에도 영향을 미친 것으로 보인다. 최고경영자와 일반 직원간 보수의 차이가 어느 정도에 이르는지 살펴 보면 2007년 현재 미국에서는 344배에 이르지만 독일에서는 49배에 그치고 있다.[967] 이러한 격차는 양국 기업문화의 차이를 대변한다.

---

**대판 2006. 11. 23, 2004다49570 [약정금]**

[퇴직위로금과는 별도로 해직보상금을 정한 경우 이사의 보수는 아니지만 상법 제388조의 유추적용을 허용한 사례]

"주식회사와 이사 사이에 체결된 고용계약에서 **이사가 그 의사에 반하여 이사직에서 해임될 경우 퇴직위로금과는 별도로 일정한 금액의 해직보상금을 지급받기로 약정한 경우, 그 해직보상금은 형식상으로는 보수에 해당하지 않는다** 하여도 보수와 함께 같은 고용계약의 내용에 포함되어 그 고용계약과 관련하여 지급되는 것일 뿐 아니라, 의사에 반하여 해임된 이사에 대하여 정당한 이유의 유무와 관계없이 지급하도록 되어 있어 이사에게 유리하도록 회사에 추가적인 의무를 부과하는 것인바, 보수에 해당하지 않는다는 이유로 주주총회 결의를 요하지 않는다고 한다면, 이사들이 고용계약을 체결하는 과정에서 개인적인 이득을 취할 목적으로 과다한 해직보상금을 약정하는 것을 막을 수 없게 되어, 이사들의 고용계약과 관련하여 그 사익 도모의 폐해를 방지하여 회사와 주주의 이익을 보호하고자 하는 상법 제388조의 입법 취지가 잠탈되고, 나아가 해직보상금액이 특히 거액일 경우 회사의 자유로운 이사해임권 행사를 저해하는 기능을 하게 되어 이사선임기관인 주주총회의 권한을 사실상 제한함으로써 회사법이 규정하는 주주총회의 기능이 심히 왜곡되는 부당한 결과가 초래되므로, **이사의 보수에 관한 상법 제388조를 준용 내지 유추적용하여 이사는 해직보상금에 관하여도 정관에서 그 액을 정하지 않는 한 주주총회 결의가 있어야만 회사에 대하여 이를 청구할 수 있다.**"

---

965) R. Kraakman *et al.*, *The Anatomy of Corporate Law*, 3rd ed., pp. 75~78 참조.
966) 더욱이 오비츠는 디즈니에 기여한 바가 없지 않은가!
967) Cahn/Donald, *Comparative Company Law*, Cambridge University Press, 2010, p. 421.

**4) 스톡옵션**[968]:　미국에서 경영자보수 관련 판례에 가장 자주 등장하는 것은 단연 스톡옵션이다. 현금성 보수보다 훨씬 자주 등장한다. 나아가 위에서 본 '합리적 기대의 원칙' 및 '합리적 관계의 원칙'을 탄생시킨 공로자이다. 스톡옵션이야 말로 미국 회사법상 대리인문제를 해결하는 가장 중요한 수단이었기 때문이다. 만약 스톡옵션의 행사가격(striking price) 보다 주가가 상승할 경우에는 스톡옵션을 부여받은 이사는 옵션을 행사하여 현재의 주가와 행사가격간의 차액을 현금화할 수 있게 된다. 이로써 투자자와 경영자간의 이해상충이 해소되고 대리인문제도 해결할 수 있다. 예컨대 주가가 50달러인 회사가 경영진에게 스톡옵션을 부여하여 3년 후부터 이를 행사할 수 있게 하였고 3년 후 이 회사의 주가가 2배로 뛰어 100달러가 되었다면 이 회사의 경영진들은 주당 50달러에 이 회사 주식을 사서 100달러에 팔 수 있으므로 1주식당 50달러씩 현금성 보수를 받는 것과 같은 결과가 될 것이다. 물론 이 비현금성 보수는 문제를 일으키는 것도 사실이다. 대개 아래와 같은 것들이 문제점으로 지적되고 있다. 스톡옵션이 가장 빈번히 부여되었던 미국기업에 있어 나타난 문제점들을 정리하면 아래와 같다.[969]

**첫째** 스톡옵션을 부여받는 CEO는 이익배당 대신 주가상승에만 주력하게 되어 주주이익 극대화에 반하는 결과가 나타날 수 있다. 투자이익은 주가상승과 배당이익으로 구성되나 경영자에게 스톡옵션이 부여된 회사에서는 CEO가 이중 주가관리에만 신경을 쓰게 되어 우려스러운 결과가 나타날 수 있다는 것이다. **둘째** 스톡옵션제를 시행하는 회사에서는 최고경영자가 보다 위험이 높은 사업을 선호할 수 있다. 고위험군 사업에 뛰어들 가능성이 커지므로 자칫 손해를 가져올 수도 있다. **셋째** 스톡옵션을 인센티브로 사용하는 회사에서는 주가가 상승하는 경우 임직원에 대한 정당한 보상기능을 상실한다. 반대로 주가하락기에는 정작 유능한 CEO였음에도 스톡옵션제는 인센티브 기능을 갖지 않는다. **넷째** 스톡옵션제를 시행하는 회사에서는 예정된 옵션행사시점을 위한 수익조작이 나타날 수 있다. CEO는 스톡옵션 행사를 통하여 자신의 이익을 극대화하려 한다. 옵션행사년도의 주가를 최대로 끌어 올릴 목적으로 회계를 조작할 가능성도 있다.

### (2) 보수 수령의 주체 [상법 제388조의 인적 적용범위]

이하 우리는 상법 제388조가 규정하는 보수 수령의 주체, 즉 '이사'의 범위를 구체

---

968) 국내에서도 스톡옵션 등 주식기반형 보수(stock-based compensation)를 상법 제388조상 '보수'의 개념에 포함시키고 있다(문상일, "이사의 보수", 주식회사법대계(Ⅱ), 410~411면).

969) Kim/Nofsinger/Mohr, *Corporate Governance*, 3rd ed., Prentice Hall, pp. 18~19.

화하기로 한다.

(가) 이   사:   집행임원제를 시행하는 회사이든 아니든 이사가 보수 수령의 주체임은 분명하다. 이사의 범위에는 평이사이든 대표이사이든, 사내이사이든 사외이사이든 가리지 않는다. 물론 그들간 구체적 보수액에는 차이가 있을 수 있고 또 현실에서도 그것은 분명하다. 그러나 상법 제388조의 해석상 아래와 같은 것들이 문제로 될 수 있다.

1) 업무집행지시자(사실상의 이사):   첫째는 업무집행지시자이다. 이들은 '사실상의 이사'(de facto directors) 내지 '그림자 이사'(shadow directors)로도 불리우며 회사나 제3자에 대한 책임에 대해서는 '법률상의 이사'(de jure directors)와 동등하게 다루어진다. 그렇다면 이들의 보수에 대해서도 상법 제388조의 제한이 유효한가? 이들은 우리 경제사회에서는 주로 '회장', '명예회장' 등으로 불리우며 기업집단의 '오너'(owner)로 통칭되는 경우가 많다. 또 이들은 보수를 보유주식에 대한 배당으로 받는 경우가 많아 이들이 수령하는 금전 등을 '보수'라는 명칭으로 부를 수 있을지 다소 의문이 제기되기도 한다. 그러나 만약 그들이 법률상의 이사가 아니면서도 이익배당 이외의 급여를 수령한다면[970] 이것은 상법 제388조상의 '보수'에 포함시켜야 할 것이다. 2006년의 영국 회사법은 이를 명문화하고 있다(동법 제223조 및 제230조 참조).

특히 우리나라에서는 재벌 그룹의 총수나 그 특수관계인들에 대한 보수규제가 회사법적으로 큰 문제이다. 2013년 자본시장법이 개정되어 연봉이 5억원을 초과하는 등기임원들에 대해서는 보수의 개별공시가 시행되고 있다. 그런데 2013년의 개정법 시행을 전후하여 그룹총수들의 등기임원 사퇴가 줄을 잇고 있다고 한다.[971] 이러한 현상은 등기임원의 보수공개와 결코 무관치 않을 것이다. 향후 상법 제401조의2 제1호에 해당하는 사실상의 이사에 대해 상법 제388조를 준용하는 해석학은 불가피할 것으로 보인다.

2) 명목상의 이사:   최근 대법원 판례를 보면 명목상의 이사에 대해서도 상법 제388조를 적용하여 동 조문상의 요건이 충족된 경우 이들의 회사에 대한 보수청구권을 긍정한 예가 있다.[972] 판례는 명목상의 이사를 "법적으로는 주식회사 이사·감

---

970) 물론 10% 이상의 주주나 그 특수관계인에 대해서는 주식매수선택권을 부여할 수 없다(상법 제340조의2 제2항).
971) YTN 조태현 기자[choth@ytn.co.kr], "재벌총수 등기임원감소…보수공개 영향?" [기사입력 2015. 8. 30. 16:48].
972) 대판 2015. 7. 23, 2014다236311; "법적으로는 주식회사 이사·감사의 지위를 갖지만 회사와의 명시적 또는 묵시적 약정에 따라 이사·감사로서의 실질적인 직무를 수행하지 않는 이른바 **명목상 이사·감사도** 법인인 회사의 기관으로서 회사가 사회적 실체로서 성립하고 활동하는 데 필요한 기초를 제공함과 아울러 상법이 정한 권한과 의무를 갖고 그 의무 위반에 따른 책임을 부담하는 것은 일반적인 이사·감사와 다를 바 없으므

사의 지위를 갖지만 회사와의 명시적 또는 묵시적 약정에 따라 이사·감사로서의 실질적인 직무를 수행하지 않는"자로 정의하고 있다. 이는 어쩌면 위에서 본 업무집행지시자의 반대개념이다.

판례의 사실관계에 등장하는 문제된 임원들은 파산자 부산저축은행이 특수목적법인으로 설립한 농업회사법인 (주)대광의 이사·감사들이었다. (주)대광은 파산자 부산저축은행으로부터 거액을 대출받는 형식으로 모회사를 위하여 부동산 개발사업만 처리하는 특목법인이었는바 그 보수지급이 문제된 임원들은 (주)대광의 이사·감사였다. 그러나 이들은 (주)대광에서 실질적인 직무수행을 한 바 없으며 오로지 완전모회사인 부산저축은행의 부동산 개발사업만 처리해 왔다. 부산저축은행이 파산하자 파산관재인인 원고 예금보험공사는 (주)대광의 명목상 이사·감사였던 피고들을 상대로 이들에 지급된 임원보수를 부당이득의 법리에 따라 반환·청구하였다.

본 사건에서 대법원은 정관규정이나 주주총회결의를 통해 보수로서 결정된 액수라면 이에 대해 이사는 회사에 대해 법적 청구권을 갖는다고 판시하고 있다. 다시 표현하면 이사가 회사에 대해 보수청구권을 갖자면 정관규정이나 주주총회의 결의가 필요하다고 보고 있다. 영미에서도 이사회가 이사의 보수를 정하는 것은 자기거래에 해당하므로 정관상의 수권이나 주주들의 동의가 필요하다고 보고 있다. 대법원은 정관규정이나 주주총회의 동의를 거쳐 확정된 보수라면 명목상의 이사라 할 지라도 회사에 대해 보수청구권을 갖는다고 하면서 원고의 반환청구를 기각하였다.

(나) 감 사: 상법 제415조는 상법 제388조를 감사에 준용하고 있다. 특히 감사의 경우 이사와 달리 업무집행기관으로부터 독립될 필요가 크므로 감사의 보수는 주주들의 전속결정사항이다. 정관규정이나 주주총회결의로 감사보수의 구체적인 내용을 정하여야 할 것이다. 이점에서 이사의 경우 보수총액의 상한을 정관규정이나 주주총회결의로 정하고 나머지 사항들은 이사회에 위임할 수 있다는 다소 탄력적인 해석은 감사의 경우 기대할 수 없을 것으로 생각된다.

(다) 집행임원: 집행임원 설치회사에 있어서는 정관에 규정이 없거나 주주총회의 승인이 없는 경우 집행임원의 보수는 이사회가 결정한다(상 408의2 Ⅲ 6호). 집행임원 설치회사의 경우에는 이사회가 감독이사회의 성질을 갖게 되므로 집행임원에 대한 전반적인 감독권을 갖게 되고 나아가 선·해임권도 가지므로 그들의 보수 역시 이사회가

─────────────

로, 과다한 보수에 대한 사법적 통제의 문제는 별론으로 하더라도, 오로지 보수의 지급이라는 형식으로 회사의 자금을 개인에게 지급하기 위한 방편으로 이사·감사로 선임한 것이라는 등의 특별한 사정이 없는 한, **회사에 대하여 상법 제388조, 제415조에 따라 정관의 규정 또는 주주총회의 결의에 의하여 결정된 보수의 청구권을 갖는다고 할 것이다.**"

결정하도록 하였다. 다만 이 경우에도 집행임원의 보수에 대한 정관규정이나 주주총회의 결의가 있는 경우에는 이들이 감독이사회의 의사결정보다 우선한다.

보수결정을 행하는 회사의 실무에 있어서는 정관에 규정을 두거나 주주총회의 결의로 이사의 보수를 정한다 해도 대개 총보수의 상한 정도를 결정하고[973] 그 한도내에서 구체적인 보수체계의 구성은 이사회에 위임하며 이사회는 다시 이사회 산하의 보수위원회에 위임하는 것이 통례이므로 집행임원 설치회사에 있어서는 보수위원회가 구체적인 의사결정을 한 후 이를 전체 이사회에 회부하여 그곳에서 최종적인 승인을 얻게 될 것이다.

(라) 기타 피용자:    상법 제388조는 이사의 보수에 대해서만 정관규정으로 사전에 정하거나 주주총회의 결의로 이사의 보수를 정하도록 주주들에게 그 의사결정권을 부여하고 있다. 그리고 지금까지 그 이사의 범위를 구체화하여 보았다. 그러면 이러한 경영자가 아닌 즉 임원이 아닌 일반 피용자의 경우는 어떻게 할 것인가? 당연히 이들의 보수는 이사회의 결정사항이다. 또한 이들의 보수는 회사 마다 차이는 있을 지라도 대개 (노동)시장에서 일정 수준으로 객관화되어 있다 물론 이들의 구체적인 보수수준이나 보수체계는 보수위원회에서 결정될 것이고 대개는 보수전문가(compensation consultant) 등의 도움을 얻어 구체적인 '보수체계'(compensation plan)가 결정될 것이다. 이 보수위원회의 결정사항은 전체 이사회에 회부되고 그곳에서 보수위원회가 제출한 안을 승인하게 될 것이다.

임원의 보수와 일반 피용자의 보수간에는 회사지배구조적 상관관계가 있을 수 있다. 특히 경영자의 과다보수를 억지하여야 하는 당위성이 일반 피용자와 경영자 보수간의 차이에서 나온다. 경영자의 보수가 일반 피용자의 그것보다 지나치게 과다하면 일반 피용자들은 근로의욕을 상실하게 되고 기업의 경영성과에도 악영향을 미치게 될 것이다.[974]

## (3) 보수의 적정성 판단기준

### (가) 주요국가의 입장

**1) 미 국:**    경영자보수의 적정성과 관련된 가장 많은 판례를 가진 미국의 판례를 중심으로 살펴 보기로 한다. 미국 회사법상 낭비기준(classical waste standard)은 시간적으로 아래 네 단계에 걸쳐 발전해 왔다고 할 수 있다.

첫째 단계는 **실체적 통제시대**이다. 이에 해당하는 판례가 Rogers v. Hill 사건이

---

973) 이는 일본의 회사법에서도 통설적 견해라 한다(伊藤靖史, 經營者の報酬の法的規律, 有斐閣, 2013, 270면).
974) 최근 우리나라 상장사에서 경영자 보수가 일반 피용자의 32배에 달한다는 보도가 있다.

다.[975] 아메리칸 토바코社의 이사들에게 지급된 과다한 보너스가 문제시된 사건으로 과거의 상여금 지급기준이 회사기관에 의해서 적법히 승인된 경우라도 시간의 흐름에 따라 과다보수가 될 수 있고 법원은 이에 대해 실체적 통제를 가할 수 있다고 보았다.

둘째는 **경직된 비례성기준(proportionality waste standard)시대**이다.[976] 경직된 비례성기준(strict proportionality test)은 **초기의 낭비기준(early waste standard)**으로 부를 수 있으며 보수계약의 효력을 전제로 충분한 반대급부 및 반대급부의 실질적인 기대 가능성을 제시하고 있다. 회사가 이사에게 제공하는 보수의 대가로 이사는 회사를 위하여 충분한 반대급부를 제공해야 하고 나아가 이사가 그러한 반대급부를 제공할 것이라는 데 대해 회사가 실질적으로 기대할 수 있는 정도가 되어야 한다. 1952년 델라웨어 최고법원은 Kerbs 사건에서 그 정도로 엄격한 낭비기준을 제시하였다.[977]

셋째는 **완화된 비례성기준시대**이다. Kerbs 사건 등에[978] 나타난 초기의 낭비기준은 오래가지 못하였다. 델라웨어주 최고법원은 1960년대에 이르러 베어드(Beard) 사건에서 충분한 반대급부를 포기하는 대신 합리적 기대(reasonable expectation) 및 합리적 관계(reasonable relationship)의 원칙을 제시하며 경직된 초기기준을 완화하였다. 이로써 Kerbs 사건에서 제시된 초기의 비례성기준은 청산되고 대신 완화된 판단기준이 정립되었다.

넷째는 **고전적 낭비기준(classical waste standard)시대**이다.[979] **이것이 현재 이사의 보수에 관한 미국 판례법의 대세이다.** 이 기준에 따르면 낭비(waste)란 "어떤 합리적이고 건전한 판단능력을 가진 자라도 회사가 해당 보수지급에 따른 적정한 반대급부를 기대할 수 없는 일방적 거래"이다.[980] 사실 이 기준은 이미 1962년 Saxe v. Brady 사건에서 델라웨어 챈서리법원이 취한 바 있었다.[981] 다만 그 당시의 사건에서는 이

---

975) Rogers v. Hill, 289 U. S. 582 (1933).

976) 비례성 기준시대는 시간적으로는 1950~60년대를 이른다. 이 시기는 다시 두 단계로 나누어지는데 前期는 1950년대의 경직된 비례성기준시대이고, 後期는 1960년대의 완화된 비례성 기준시대이다.

977) Kerbs v. California Eastern Airways, Inc., 90 A. 2d 652 (Del. 1952).

978) 경직된 비례성기준을 적용한 다른 사례로는 Gottlieb사건이 있다.

979) 시간적으로 보면 이 시기는 1990년대 후반부터이다. 1970~1980년대 델라웨어의 법원들은 비례성기준 (proportionality test)과 고전적 낭비기준(classical waste standard) 사이에서 다소 혼돈을 겪는다. 1979년 Michelson v. Duncan사건(4 A07. 2d 211, Del., 1979)에서는 'classical waste doctrine'을 취하는 듯한 입장을 보이다가 1984년 Pogostin v. Rice사건(480 A. 2d 619, Del. 1984)에서는 다시 1960년대의 'proportionality test'(비례성 기준)로 돌아오기도 한다. 이에 대해 보다 자세히는 Johnson, "Waste Not, Want Not: An Analysis of Stock Option Plan, Executive Compensation, and the Proper Standard of Waste", [2001] 26 J. Corp. L. 145, 특히 pp. 162~165.

980) "Waste is an exchange that is so one sided that no business person of ordinary, sound judgment could conclude that the corporation has received adequate consideration."; Michelson v. Duncan, 407 A. 2d 211, 224(1979); Grobow v. Perot, 539 A. 2d at 189; Brehm, 746 A. 2d at 263; Glazer v. Zapata Corp., 658 A. 2d 176, 183 (Del. Ch. 1993).

사나 집행임원의 보수가 문제된 것이 아니라 회사와 계약한 투자자문회사에 대한 자문료가 낭비인지 문제시된 사건이었다. 이러한 고전적 낭비기준은 1990년대 후반에 들어 미국 판례법의 보편적 기류가 되기 시작한다. Lewis v. Vogelstein 사건에서[982] 델라웨어 챈서리법원의 알렌(Allen) 판사는 비례성 기준과 고전적 낭비기준을 비교 형량한 후 결론적으로 후자를 선택한다.

2) 영  국:    이러한 미국의 판례법은 사실상 수정없이 **영국**에 전파되었다. 위에서 본 대로 '회사에 이익이 되는 객관적 기준을 적용하면서 법원이 합리적이라고 생각할 만한 그런 정도로 지급될 경우에만 합법적이라고 할 수 있다'는 영국판례의 내용은[983] 합리적 기대의 원칙과 합리적 관계의 원칙을 연상시킨다. 영국에서도 미국과 유사하게 법원의 사법심사가 적극적이지는 않은 것 같다.[984] 즉 미국과 같이 '낭비(waste)'나 '지나친 보수(excess)' 등의 구체적 내용에 대해 법원이 이에 적극 개입하여 판단하려 하지는 않는다는 것이다. 이러한 법원의 소극적 입장은 매우 현명해 보인다. 만약 법원이 적극적으로 보수의 수준 등에 개입한다면 보수와 관련된 광범한 정책적 결정이 이루어져야 하기 때문이다. 그런데 이런 것이 사법기관에 불과한 법원의 능력 밖임은 처음부터 자명(自明)해 보인다.

3) 독일 주식법 제87조[985]

가) 규정내용:    한편 독일 주식법 제87조를 보면 다음과 같다; "(1) 감사회는 각 이사의 보수총액[986]을 결정함에 있어서는 이사의 활동영역, 회사에 대한 기여도 및 회사의 상황을 고려한 적정수준에서 이를 결정하여야 한다. 나아가 특별한 사유없이 통상의 보수수준을 초과하지 않아야 한다. 상장사의 보수체계에 있어서는 기업의 장기적 발전을 염두에 두어야 한다. 그 결과 보수 중 변경가능한 부분에 대해서는 회사는 수년간의 자료에 기초한 산정 시스템을 갖추어야 한다. 감사회는 예외적인 보수산정근거에 대해서는 이를 제한할 권한이 있다. 본 항의 규정들은 연금, 유족연금에 준용한다. (2) 제1항에 따라 이사의 보수를 산정한 후 회사의 상황이 악화되어 기 산정된 이사의 보수액이 부당한 과다보수로 비춰지는 경우 감사회 또는 법원은 이를 감

---

981) Saxe v. Brady, 184 A. 2d 602, at 610 (Del. Ch. 1962).
982) 699 A. 2d 327 (Del. Ch. 1997).
983) Re Halt Garage (1964) Ltd. (Ch. D. 1982)
984) Gower & Davies'/Worthington, *Principles of Modern Company Law*, 9th ed., Sweet & Maxwell, 2012, London, 14-32, p. 401.
985) 이에 대한 자세한 분석으로는 최병규, "이사의 보수에 대한 최근 논점", 「기업소송연구」 통권 제9호(2011), 134~159면, 특히 139면 이하.
986) 이사의 보수총액에는 "통상의 보수, 이익참가, 비용보상액, 보험료, 수수료, 스톡옵션 또는 이와 유사한 업적급"을 모두 망라한다(동법 제87조 제1항 제1문 괄호속 참조).

액하여야 한다. 연금이나 유족연금의 경우에는 이사가 회사를 퇴직한 후 3년내에만 감액조치를 할 수 있다. 설사 감액처분이 이루어지는 경우라도 회사와 이사간의 여타 계약부분의 효력에 영향을 미치지 않는다. 그러나 이사는 감액처분이 이루어진 후 다음 4분기의 종료시점에 6주의 해지예고기간을 거친 후 수임계약을 해지할 수 있다. (3) 회사의 재산에 대하여 파산절차가 개시되고 파산관재인이 이사의 수임계약을 해지하는 경우 해당 이사는 수임관계의 종료후 2년내에 계약해지에 따른 손해배상을 청구할 수 있다"고 규정한다.[987]

나) 코멘트:   이로써 독일 주식법은 이사보수의 적정성에 대해 비교적 상세한 규정을 두고 있음을 알 수 있다. 영미의 경우와 달리 이러한 규정내용에 비춰 보건데 독일 법원의 사법심사는 실체적 통제로 나아갈 수 있다. 실제로 2014년 슈투트가르트 고등법원(OLG Stuttgart)은 독일 주식법 제87조 제2항에 따라 시행된 이사보수의 감액(減額)에 관한 감사회결정(Herabsetzungsbeschluss des Aufsichtsrats)의 효력을 다루었다.[988]

우선 제87조 제1항 제1문을 보면 회사는 이사의 회사에 대한 기여도 및 회사의 상황을 고려한 적정수준에서 보수액을 산정하여야 한다. 이는 미국 베어드 사건에서 형성된 합리적 기대 또는 합리적 관계의 원칙을 연상시킨다. 이사의 회사에 대한 기여도(Leistung)에 합당한 적정수준이어야 하기 때문이다. 나아가 특별한 사유가 없을 경우 통상적인 보수수준을 초과하면 과다보수가 될 것이다($^{제87조 제1항 제2문}$). 상장사에서 있어서는 기업의 지속가능한 발전가능성을 고려하여야 하며 변액가능성이 있는 부분에 대해서는 수년간 축적된 객관적 자료를 제시하여야 한다($^{제87조 제1항 3. 제4문}$). 또한 한때 공정하게 정한 보수라도 사후적 사정변경시에는 감액가능성을 예견하고 있다($^{제87조 제2항}$). 이러한 규정내용을 종합해보면 독일법은 미국법이나 영국법과 달리 임원보수에 대해 상당히 엄격한 실체적 규제를 가하고 있음을 직감한다.

4) 일본 회사법 제361조[989]:   동조는 "① 이사의 보수, 상여금 기타의 직무집행의 대가로서 주식회사로부터 받는 재산상의 이익에 관한 다음에 게기하는 사항은 정관에 당해 사항을 정하고 있지 아니한 때에는 주주총회의 결의에 의하여 정한다. 1.

---

987) 이에 대해 자세히는 Hohaus/Weber, "Die Angemessenheit der Vorstandsvergütung gem. § 87 AktG nach dem VorstAG", DB vom 17. 07. 2009, Heft 28~29, S. 1515~1520; Koch/Stadtmann, Das Gesetz zur Angemessenheit der Vorstandsverguetung, (European University Viandrina Frankfurt(Oder), Dept. of Business Administration and Economics, discussion Paper No. 288, ISSN 1860 0921, September 2010.

988) 이에 대해 자세히는 Spindler, "Die Herabsetzung von Vorstandsvergütungen in der Insolvenz", DB (Der Betrieb), 2015, Heft 16, (17. 4. 2015), S. 908~912.

989) 일본 회사법 제361조는 2014년의 일본 회사법 개정으로 개정전 제2항은 제4항으로 옮겨 갔고 제2항, 제3항, 제5항 및 제6항이 추가되었다(江頭憲治郎 監修, 會社法·關聯 法令 條文集, 有斐閣, 2014, 235면 참조).

보수 중 액이 확정된 것에 대해서는 그 액, 2. 보수 중 액이 확정되지 않은 것에 대해서는 그 구체적인 산정방법, 3. 보수 중 금전이 아닌 것에 대해서는 그 구체적인 내용. ② 감사위원회 설치회사에 있어서는 전항(前項) 각호에 게기한 사항은 감사 등 위원인 이사와 그 이외의 이사를 구별하여 정하지 않으면 안된다. ③ 감사위원인 각 이사의 보수 등에 대하여 정관 또는 주주총회결의가 없는 경우에는 해당 보수 등은 제1항의 보수 등의 범위내에서 감사 등 위원인 이사의 협의로 정한다. ④ 제1항 제2호 또는 제3호에 게기한 사항을 정하거나 또는 이를 개정하는 의안을 주주총회에 제출한 이사는 당해 주주총회에 있어서 당해 사항이 상당한 이유를 설명하여야 한다. ⑤ 감사 등 위원인 이사는 주주총회에서 감사 등 위원인 이사의 보수 등에 대하여 진술할 수 있다. ⑥ 감사 등 위원회가 선정하는 감사 등 위원은 주주총회에서 감사 등 위원인 이사 이외의 이사의 보수 등에 대하여 감사 등 위원회의 의견을 진술할 수 있다"고 규정한다.

일본 회사법 역시 독일 주식법 만큼 자세히 또 구체적으로 임원의 보수수준에 대한 실체적 규율을 하고 있지는 않다. 물론 정관에 구체적 규정을 두지 않았을 때에는 주주총회 결의로 확정된 보수액, 미확정 보수분에 대한 확정방법 등으로 정하라고 하고 있지만 이렇게 정해진 보수액이 과연 회사에 대해 공정한지 또는 과다보수는 아닌지 등의 문제는 직접적으로 다루고 있지 않다. 일본 회사법 역시 판례나 학설에 이를 맡긴 것으로 풀이된다.

**5) 총평 및 결론:**    이상 다수 국가의 경영자 보수관련 적정성 판단기준을 살펴보았다. 미국, 영국, 독일 및 일본 등 주요국가들의 그것을 살펴본 결과 미국의 판례법과 독일 주식법이 가장 비중있게 결론을 제시하고 있음을 깨달았다. 즉 미국의 판례법은 1960년의 베어드사건에서 합리적 기대의 원칙과 합리적 관계의 원칙으로 나아가다가 1997년 루이스 대 포겔쉬타인(Lewis v. Vogelstein) 사건 이래 고전적 낭비기준으로 정착된 것을 발견하였다. 그러나 이 낭비기준이란 사실상 법원이 보수의 적정 여부에 대해 제3자로서 구체적 판단을 할 수 없거나 할 뜻이 없음을 선언한 것과 같아 경영자보수의 적정성 판단을 위한 실체적 기준으로서는 큰 효용가치를 기대하기 어렵다. 한편 주주총회나 이사회 등 회사의 내부기관이 절차상 하자없이 해당 보수 수준을 승인한 경우라면 제3자에 불과한 법원으로서는 더 이상 적극적으로 이에 개입할 명분도 없고 또한 이에 깊숙이 개입하여 간섭할 입장도 되지 못한다. 그런 면에서 보면 미국 델라웨어 판례법상의 낭비기준은 법원의 현명함을 대변하고 있다고도 할 수 있다. 그럼에도 불구하고 임원보수의 적정여부를 판단해야 하는 경우라면 법원

으로서는 무언가 구체적인 기준이 객관적으로 존재하기를 희구할 것이고 그런 시각에서 본다면 여전히 불만스런 부분은 있다.

반면 경영자보수에 관한 실체적 통제규범으로서 독일 주식법은 가장 구체적인 내용을 담고 있다. 실체적 통제가능성의 측면에서 보면 가장 탁월하다고도 할 수 있다. 물론 그 기준은 대체적으로는 미국 베어드 사건의 합리적 기대 및 합리적 관계의 원칙을 연상시킨다. 이사의 기여도를 고려하고 회사의 상황을 반영하여 적정보수에 이르도록 요구한다. 그러나 이 조문은 2009년 독일의 주식법 개정으로 탄생한 것이어서 아직 이에 기초한 풍성한 판례가 형성되어 있지 않다. 효용가치가 높아지려면 이에 기초한 판례가 풍성히 형성되어야 한다. 따라서 향후 독일의 사법기관이 이 조문으로 어떻게 판례법을 형성해 나가는지 유심히 관찰할 필요가 있다. 물론 독일은 우리나라나 미국과 달리 사회주의국가적 색채가 강하다. 따라서 그곳에서 형성된 판례법을 국내에서 참고하는 데에는 한계가 있을 것이다. 그렇다 하여도 독일의 적정보수관련 판례의 흐름은 국내에서도 예의주시할 필요가 있다. 왜냐하면 가장 구체적인 성문규정이기 때문이다.

### (나) 우리나라에서의 적정보수의 판단기준(=완화된 비례성 기준)

#### 1) 판례의 입장

**대판 2016. 1. 28, 2014다11888 [합리적 비례성기준]**

"상법이 정관 또는 주주총회의 결의로 이사의 보수를 정하도록 한 것은 이사들의 고용계약과 관련하여 사익 도모의 폐해를 방지함으로써 회사와 주주 및 회사채권자의 이익을 보호하기 위한 것이므로($\binom{대판\ 2006.\ 11.\ 23,}{2004다49570\ 참조}$), 비록 보수와 직무의 상관관계가 상법에 명시되어 있지 않더라도 **이사가 회사에 대하여 제공하는 직무와 그 지급받는 보수 사이에는 합리적 비례관계가 유지되어야** 하며, 회사의 채무 상황이나 영업실적에 비추어 합리적인 수준을 벗어나서 현저히 균형성을 잃을 정도로 과다하여서는 아니 된다.

따라서 회사에 대한 경영권 상실 등에 의하여 퇴직을 앞둔 이사가 회사로부터 최대한 많은 보수를 받기 위하여 그에 동조하는 다른 이사와 함께 이사의 직무내용, 회사의 재무상황이나 영업실적 등에 비추어 지나치게 과다하여 합리적 수준을 현저히 벗어나는 보수 지급 기준을 마련하고 그 지위를 이용하여 주주총회에 영향력을 행사함으로써 소수주주 반대에 불구하고 이에 관한 주주총회결의가 성립되도록 하였다면, 이는 회사를 위하여 직무를 충실하게 수행하여야 하는 상법 제382조의3에서 정한 의무를 위반하여 회사재산의 부당한 유출을 야기함으로써 회사와 주주의 이익을 침해하는 것으로서 회사에 대한 배임행위에 해당하므로, 주주총회결의를 거쳤다 하더라도 그러한 위법행위가 유효하다 할 수는 없다($\binom{대판\ 2005.\ 10.\ 28,\ 2005도4915;\ 대}{판\ 2007.\ 6.\ 1,\ 2006도1813\ 등\ 참조}$)."

## 대판 2015. 9. 10, 2015다213308 [합리적 비례성기준]

"이사·감사가 회사에 대하여 제공하는 반대급부와 그 지급받는 보수 사이에는 **합리적 비례관계**가 유지되어야 하므로 그 보수가 합리적인 수준을 벗어나서 현저히 균형성을 잃을 정도로 과다하거나, 오로지 보수의 지급이라는 형식으로 회사의 자금을 개인에게 지급하기 위한 방편으로 이사·감사로 선임하였다는 등의 특별한 사정이 있는 경우에는 보수청구권의 일부 또는 전부에 대한 행사가 제한되고 회사는 합리적이라고 인정되는 범위를 초과하여 지급된 보수의 반환을 구할 수 있다."

**2) 코멘트:**     2015년과 2016년 두차례에 걸쳐 판례는 1960년 미국 델라웨어주 최고법원의 베어드 사건[990]을 연상시키는 완화된 비례성기준을 제시하고 있다. 그곳에 나타났던 합리적 기대의 원칙과 합리적 관계의 원칙을 떠올리게 한다. 물론 위에서도 보았듯이 '합리적 비례관계의 원칙'이 오늘날 미국 판례법의 대세는 아니다. 1997년 루이스(Lewis)사건 이래 미국 판례법의 흐름은 위에서 본 고전적 낭비기준으로 굳어 있다: **"낭비란 정상적이고 건전한 판단능력을 가진 어느 누구도 회사가 해당 거래에서 적정한 반대급부를 얻을 수 있다고 생각할 수 없는 그런 일방적 거래이다"**[991] 그러나 이러한 미국의 낭비기준은 델라웨어주법의 속성, 즉 '친경영자적' 색채를 담고 있다. 워낙 회사유치를 둘러싼 주간 경쟁이 치열하다 보니 델라웨어주법은 매우 'manager-friendly'하게 되어 있다. 위에서도 보았듯이 이 '낭비기준'의 법률요건이 충족되기는 매우 어렵다.[992] 아니 사실상 불가에 가깝다고 보아야 한다. 즉 이 기준을 따르는 한 경영자보수가 회사에 대해 낭비로 되는 일은 거의 없다고 보아도 좋다. **결국 우리 대법원은 이 낭비기준을 택하는 대신 1960년대의 비례성기준을 택한 것으로 보인다. 그중에서도 초기의 경직된 비례성 기준이 아니라, 1960대부터 완화된 합리적 비례성기준을 택하였다**고 풀이된다. 적어도 판결문에 나타나는 외형적 문언만으로 보면 그러하다.[993]

**3) 보수결정의 거버넌스**

**가) 보수결정기관:**     이사의 보수는 정관에 그 액을 정하지 아니한 때에는 주주총

---

990) Beard v. Elster, 160 A. 2d 731.

991) "Waste is an exchange that is so one sided that no business person of ordinary, sound judgment could conclude that the corporation has received adequate consideration."

992) "이성적인 사람이라면 절대 저지르지 아니할 정도의 사실관계"가 나타나야 한다고 한다(김희철, 전게논문, 「금융법연구」 제12권 제1호(2015), 160면 참조).

993) 물론 대판 2015. 9. 10, 2015다213308의 사실관계에서 보듯이 그 사건의 피고들은 이사나 감사의 실질적 업무를 수행하지 않았다. 다만 명의대여 유사의 소극적 업무집행과 법적 책임을 부담하는 정도였다. 그럼에도 불구하고 대법원은 회사가 제공한 보수와 피고들이 행한 반대급부간에 합리적 비례관계가 존재한다고 보았다. 실질적으로는 위에서 본 낭비기준을 적용한 것과 결과면에서는 크게 달라 보이지 않는다.

회의 결의에 의한다($^{\ddot{8}}_{388}$). 상법은 이사의 보수에 관한 의사결정을 정관규정이나 주주총회의 결의에 맡김으로써 出資者의 소관사항으로 하였다. 그것은 과다한 보수책정이 회사의 이익에 反하고 이는 동시에 회사의 채권자, 출자자 및 근로자에게도 不利益으로 작용하기 때문이다.[994] 이사의 보수를 정하는 주주총회결의에는 會社의 諸般事情, 회사에 대한 理事의 기여도 및 이사의 총보수액 간에 適正性(Angemessenheit)이 나타나야 할 것이다. 이에 이르지 못한다면 해당 결의는 정관이나 법령위반 등 내용상의 하자를 이유로 결의취소나 무효의 대상이 될 수 있을 것이다($^{\ddot{8}\,376.}_{380}$).[995]

> **대판 2016. 1. 28, 2014다11888**
>
> "…회사에 대한 경영권 상실 등에 의하여 퇴직을 앞둔 이사가 회사로부터 최대한 많은 보수를 받기 위하여 그에 동조하는 다른 이사와 함께 이사의 직무내용, 회사의 재무상황이나 영업실적 등에 비추어 지나치게 과다하여 합리적 수준을 현저히 벗어나는 보수 지급 기준을 마련하고 그 지위를 이용하여 주주총회에 영향력을 행사함으로써 소수주주의 반대에 불구하고 이에 관한 주주총회결의가 성립되도록 하였다면, 이는 회사를 위하여 직무를 충실하게 수행하여야 하는 상법 제382조의3에서 정한 의무를 위반하여 회사재산의 부당한 유출을 야기함으로써 회사와 주주의 이익을 침해하는 것으로서 회사에 대한 배임행위에 해당하므로, 주주총회결의를 거쳤다 하더라도 그러한 위법행위가 유효하다 할 수는 없다."

> **대판 2016. 1. 28, 2014다11888 [(주)행담도개발 관련 사건]**
>
> 1. 사실관계
>
> A(주)의 발행주식총수의 90%는 B(주)가 가지고 있었고 잔여 10%는 한국도로공사가 소유하고 있었다. B가 소유하는 A의 주식은 B 발행 회사채의 담보조로 C社에 입질(入質)되어 있었다. A는 휴게소의 임대사업 이외에는 별다른 사업을 수행하지 않았고 특히 대표이사의 급여비중이 높아 지속적으로 재무상태가 악화되어 있었다. B 또한 재무상태가 좋지 않아 C社에 회사채를 변제할 수 없었고, 그 결과 A의 이사진들은 C의 질권실행으로 자신들이 이사직에서 해임될 수 있음을 충분히 예견하고 있었다.
>
> A의 대표이사 甲과 이사 乙(이 사건 원고들)은 퇴직금 지급율을 대표이사의 경우 종전의 5배, 이사의 경우 종전의 3배로 인상하는 퇴직금지급규정을 결의하여 A의 정기주주총회에서 소수주주인 한국도로공사의 반대에도 불구하고 ― B의 의결권행사를 위한 대리인과 공조하여 ― 퇴직금지급규정을 가결시켰다. 그후 3개월후 원고들을 포함한

---

994) Hüffer, AktG, 2. Aufl., §87 Rdnr. 1; 독일 주식법은 이사의 보수결정권을 감사회(Aufsichtsrat)에 부여하고 있다. 비록 이사의 보수결정권이 다른 기관에 귀속되어 있긴 하지만 우리 상법 제388조나 독일 주식법 제87조나 그 입법목적에서는 같다고 할 수 있다.

995) 확정된 이사의 보수와 회사의 제반사정 간에 심한 불균형이 나타나는 경우 해당 결의는 良俗違反으로 무효가 될 가능성도 있다(vgl. Hüffer, AktG, §87, Rdnr. 1).

임직원 10명은 A와 연봉인상계약을 체결하였고 그 결과 甲의 경우 연봉이 30%, 乙의 경우 연봉이 67% 인상되었다. 이 연봉인상계약상 A는 甲이 대표하였다. 그 1개월후 C 가 질권을 행사하여 A의 발행주식총수중 90%를 보유한 대주주가 되었고 다시 그 1개 월후 개최된 A의 주주총회에서 새로운 이사가 선출되면서 甲과 乙은 퇴임하였다. 甲과 乙은 A를 상대로 인상된 기준에 따른 퇴직금을 청구하였다.

### 2. 문제점

(1) "그러한 위법행위"의 의미: 대법원의 판시내용 중 "그러한 위법행위"의 의미가 무엇인지 의문이다. 판결문상 쉽게 읽혀지지 않는다. 그러나 이는 "증액된 보수지급의 근거가 되는 '퇴직금지급규정'을 만들어 이사회에서 가결하고 주주총회에 상정한 행위" 로 풀이하여야 할 것이다.[996]

(2) 퇴직금지급규정이 무효인 근거: 직무와 보수간 합리적 비례관계가 결여되어 있 으므로 본 규정을 제정하기 위한 이사회 및 주주총회결의는 ① 자본충실의 원칙에 반 하여 무효로 된다(총회결의의 내용상의 하자; 상법 제380조).[997] 그 외에도 ② 다수결 남용의 법리 또는 ③ 지배주주의 충실의무의 법리로 무효가 정당화될 가능성도 있다.[998] 일부의 학설은 본 사건에서 "이사회가 스스로 보수를 결정한 것과 마찬가지여서 ④ 상 법 제388조의 취지에 비추어 이 사건 주주총회결의는 무효라고 판단"하는 것이 바람직 하다고 주장한다.[999]

(3) 무효의 주장방법: 상법 제380조상 주주총회결의 무효확인의 소는 확인의 소이므 로(확인소송설; 판례/통설) 별도의 결의무효확인판결없이 퇴직금지급청구를 배척할 수 있다.

(4) 대표권남용가능성: 원고들을 포함한 임직원 10명은 A와 연봉인상계약을 체결하 여 甲의 경우 연봉이 30%, 乙의 경우 연봉이 67% 인상되었고, 이 연봉인상계약상 甲 이 A를 대표하였다고 하고 있어 이 경우 甲의 대표권남용가능성이 논의되고 있으나, 甲이 대표이사의 권한범위를 벗어나 A를 대표한 것이므로 대표권남용의 법리를 적용 하기는 어려워 보인다.[1000]

**나) 권한분배의 강행성:**    이사의 보수결정에 대한 權限分配는 강행법적 성격을 띤다.[1001] 따라서 회사는 정관이나 주주총회결의로 이에 대한 의사결정을 이사회나 대 표이사에 위양시킬 수 없다.[1002] 다만 이사의 보수에 대한 세세한 부분까지 모두 주

---

996) 이철송, 「선진상사법률연구」 제77호(2017. 7.), 426면.

997) 이철송, 전게논문, 427면; 송종준, 「법조」 제721호(2017. 2.), 809면.

998) 김진오, 「BFL」 제79호(2016. 9.), 167~168면.

999) 권재열, 「경북대 법학논고」, 2017년 2월, 162면.

1000) 송종준, 전게논문, 811~812면 참조.

1001) 대판 2020. 6. 4, 2016다241515, 241522; KölnerKomm-Mertens, §87 Rdnr. 2(물론 독일 주식법은 주주총회 가 아니라 감사회에 그 결정권한을 부여하고 있다. 그러나 强行性의 측면에서 양조문은 차이가 없다고 해석 된다).

1002) 이러한 것들을 통틀어 權限의 再分配 또는 權限移轉(Kompetenzverlagerung)의 문제라 한다.

주총회나 정관규정으로 確定하라는 뜻은 아니다. 그리하여 이사 전원에게 지급할 보수의 총액 또는 최고한도를 정관규정으로 정하고 각 이사에게 지급할 구체적인 액수는 이사회에 위임한다든지, 또는 퇴직위로금에 대해서도 그 총액이나 최고액은 정관으로 정하나 개별퇴임이사에 대한 구체적 지급액수는 그때그때 이사회결의로 정한다는 정관규정 또는 주주총회결의는 유효하다고 새겨야 할 것이다($\frac{통}{설}$).

### 🔅 권한분배의 강행성 관련[1003]

현행 상법은 제388조에서 이사의 보수는 주주총회의 결정사항으로 하였다. 물론 **집행임원 설치회사**에 있어 집행임원의 보수는 정관이나 주주총회에서 정하지 않는 한 이사회의 결정사항이다($\frac{상\ 408의2\ Ⅲ}{6호\ 참조}$).

실제 집행임원제를 시행하지 않는 다수의 **대규모 주식회사**에서는 상법 제388조에도 불구하고 주주총회는 보수총액의 상한(上限) 정도만 결정하고 나머지는 모두 이사회에 일임하는 등 상법 제388조는 이미 오래전부터 형식화되어 왔다. 그 이유는 적어도 대규모 주식회사에 있어서는 주주들의 전문성 결여로 각개 이사에 대한 보수 수준을 구체적으로 정하는 것이 용이하지 않았기 때문이다. 적어도 상장사에 있어서는 이사회가 보수결정권을 갖고 주주총회는 'Say-on-Pay' 정도의 권고적 결의에 그치는 권한분배형태가 더 바람직하다고 생각한다. **필요하다면 집행임원 관련 상법 제408조의2 제3항 제6호의 유추적용도 가능하다고 생각한다.**

반면 **중소규모의 주식회사**에 있어서는 주주들이 주도적으로 의사결정을 할 수 있었을 것으로 생각된다. 이사의 수도 적고 복수의 이사가 존재하여도 그들 상호간의 보수격차 등 보상체계의 전반은 비교적 용이하게 설계될 수 있을 것이다. 따라서 회사규모별 구분이 필요하다고 생각한다.

상법 제388조와 관련하여 대법원 판례에 등장하는 대상 회사들은 대부분 중소규모의 주식회사들이었다. 2016년 판결[1004]에 등장한 '행담도개발(주)'나 2015년 판결[1005]에 등장한 '(주)메가골프앤레져컨설팅'이나 2019년 판결[1006]에 등장한 '(주)동부청과' 등은 모두 회사의 규모면에서 (주)삼성전자나 (주)현대차 등의 대회사는 아니었다. 그러한 중소규모의 회사에 있어서는 이사의 보수를 정함에 있어 대회사보다는 상대적으로 전문가가 개입하여야 할 여지가 적다고 할 수 있다. 대개 해당 산업영역에서 관습적으로 형성된 보수수준이 존재할 것이며 이에 따라 처리될 가능성이 높다. 그러나 만약 판결의 대상회사가 (주)삼성전자 등의 대기업이었다면 사정은 전혀 달라졌을 것이다. 이사나 집행임원의 수도 엄청나고 그들의 회사에 대한 기여도나 보수책정을 위한 평가는 더 이상 업계의 관행조사 등으로는 해결되지 않는다. 나아가 (주)삼성전자라면 주주의 수만도 160만명에 달하는데 그들

---

1003) 아래 내용은 졸고, "회사법의 과제들－2019년 (사)한국상사법학회 하계대회 기조발제문－", 「商事法研究」 제38권 제3호, 1~44면, 특히 23~24면에서 전재함.
1004) 대판 2016. 1. 28, 2014다11888.
1005) 대판 2015. 9. 10, 2015다213308.
1006) 대판 2019. 7. 4, 2017다17436.

에게 보수결정에 대한 전문성을 기대하기는 어려울 것이다. 그 정도 규모의 회사라면 보수체계를 설계하는 전문가가 필요하고 적어도 이사회 산하의 보수위원회가 보수체계의 전문가(compensation planner)들에게 의뢰하여 보상체계의 큰 그림을 그리고 나아가 세부적인 조율도 후속적으로 수행하여야 할 것이다.

따라서 상법 제388조를 운용함에 있어서도 회사의 규모별로 판례법의 구분화를 시행하는 것이 바람직하다고 생각한다. 나아가 필요하다면 회사규모별로 권한분배를 달리하는 법개정도 필요하다고 본다.

다) 이사의 보수에 대한 감액결의의 효력:　판례에 의하면 **회사가 일방적으로 이사의 보수에 대해 감액결의를 할 수는 없다**고 보고 있다. 보수액은 임용계약의 내용이 되기 때문이다. 아래 판례는 비록 사실관계상 유한회사를 대상으로 하고 있지만 주식회사에 대해서도 적용가능하다고 생각한다.

> **대판 2017. 3. 30, 2016다21643 [사원총회결의 무효확인]**
>
> "유한회사에서 상법 제567조, 제388조에 따라 정관 또는 사원총회 결의로 특정 이사의 보수액을 구체적으로 정하였다면, 보수액은 임용계약의 내용이 되어 당사자인 회사와 이사 쌍방을 구속하므로, 이사가 보수의 변경에 대하여 명시적으로 동의하였거나, 적어도 직무의 내용에 따라 보수를 달리 지급하거나 무보수로 하는 보수체계에 관한 내부규정이나 관행이 존재함을 알면서 이사직에 취임한 경우와 같이 직무내용의 변동에 따른 보수의 변경을 감수한다는 묵시적 동의가 있었다고 볼 만한 특별한 사정이 없는 한, 유한회사가 이사의 보수를 일방적으로 감액하거나 박탈할 수 없다. 따라서 유한회사의 사원총회에서 임용계약의 내용으로 이미 편입된 이사의 보수를 감액하거나 박탈하는 결의를 하더라도, 이러한 사원총회 결의는 결의 자체의 효력과 관계없이 이사의 보수청구권에 아무런 영향을 미치지 못한다."

### ❖ 경영자보수(executive compensation) 관련 미국법의 동향

현재 미국에서는 이사의 보수관련 의사결정은 이사회의 소관사항으로 인식되고 있으며 상장된 대회사의 경우 보수위원회(compensation committee)가 운영되고 있어 여기서 구체적인 의사결정이 주도된다. 우리 기업 중에도 뉴욕증시에 상장된 기업들(현재 KB 금융지주, 한전, KT, LG디스플레이, POSCO, 신한금융지주, SK 텔레콤, 우리금융지주 등 8개사)이 있으므로 이들 기업들은 NYSE가 요구하는 상장규정(Listed Company Manual)에 따라 전원 사외이사로 구성된 보수위원회를 설치하여야 한다(통규정 제303조 A.05조 (a)항).

현재 미국에서는 이사의 과다보수가 문제이며 특히 지난 2008~2009년의 금융위기를 거치면서 CEO의 보수를 어떻게 통제할 것인가가 회사지배구조의 주요 문제점으로 부각하였다. 우리나라의 경우 미국에서와 같은 CEO의 과다보수는 아직 회사지배구조의 주요이슈로 부각하지 않고 있다. 그 이유는 경영자시장이 미국처럼 고도로 발달하지 않았고 특히 재벌그룹의 경우에는 지배주주의 존재가 경영자의 과다보수를 억제하는 주요 요인인 것으로 파악되고 있다. 미국에서는 다수의 사외이사가 보수위원회에 참여하는바 그 사외 이사 중 태반은 다른 회사의 전·현직 임원이므로 경영자보수에 대해 관대한 입장을 견지 하는 공감대가 형성되어 있고 이러한 분위기가 CEO의 과다보수를 억지하지 못하는 주요 요인으로 파악되고 있다.

**라) 입증책임:** 판례는 보수청구권이 성립하려면 상법 제388조상의 절차가 필요 하며 보수청구권을 행사하려는 이사 또는 감사가 총회승인이 존재함을 입증하여야 한다고 판시하고 있다.

> **대판 2015. 9. 10, 2015다213308**
>
> "상법 제388조는 '이사의 보수는 정관에 그 액을 정하지 아니한 때에는 주주총회의 결의로 이를 정한다'고 규정하고 있고, 상법 제415조는 위 규정을 감사에 준용하고 있 다. 위 규정은 강행규정으로서 정관에서 이사·감사의 보수에 관하여 주주총회의 결의 로 정한다고 되어 있는 경우에 그 **금액·지급시기·지급방법 등에 관한 주주총회의 결 의가 있었음을 인정할 증거가 없다면 이사·감사는 보수를 청구할 수 없으며, 이사·감 사는 그 주주총회의 결의가 있었음에 관하여 증명책임을 진다.**"

**(4) 주식매수선택권**[1007]

**(가) 서 론:** 2000년 개정상법은 제340조의2 이하에 주식매수선택권(株式買受選 擇權; stock option)에 관한 規定을 새로이 마련하였다. 이로써 자본시장법이나 '벤처기 업육성에 관한 특별조치법' 등에서만 인정되던 스톡옵션제가 모든 형태의 주식회사에 허용되었다. 스톡옵션제는 일반의 금전적 급여 대신 自社의 株式을 제공함으로써 임 원이나 피용자에 대하여 기업의 주인의식을 고양하고 주가상승에 대한 기대심리를 자극한다. 그 결과 정액의 금전적 보수에서 기대할 수 없는 성과급의 역할을 수행한 다. 나아가 이 제도는 회사발전에 공헌을 하였거나 공헌할 능력이 있는 경영진에 대 하여는 상여금과 같은 장기적 보상수단으로 쓰이기도 한다. 최근에는 벤처기업에서 이 제도가 활발히 이용되어 일반인의 관심이 폭증하였고, 특히 천문학적 숫자로 주가 가 상승하는 인터넷기업에서는 이 제도가 일간지 경제면을 화려하게 장식하여 대중

---

1007) 이에 대해서는 上場協, "한국형 스톡옵션제도의 개발," 상장회사협의회, 1997. 11.; 金敎昌, "Stock Option제 도의 회사별(상장·일반) 구체적 활용방법," 「인권과 정의」 제251호(1997. 7.); 손성, "증권거래법상 스톡옵션 제도의 도입과 법제적 검토", 「법조」(법조협회) 제484호(1997. 1.); 鄭東潤, "株式買入選擇權에 관하여", 「고 려대 법학논집」 제33집, 1997, 503~522면; 정상근, "주식매수선택권제도의 문제점-회사법과 세법을 중심으 로-", 「상사법연구」 제17집 제3호(1999), 193면 이하; 백형기 저, 최준선 감수, 스톡옵션의 모든 것, 청림출 판, 1999; 강석철, 「주식매수선택권에 관한 연구」, 고려대 석사학위논문, 1999; 권대현, 「주식매수선택권-개정 상법과 증권거래법을 중심으로-」, 고려대 석사학위논문, 1999. 이 외에도 많은 문헌이 있다.

의 시선을 고정시키기도 하였다. 이하 본 제도의 여러 내용을 살펴보기로 한다.

### (나) 주식매수선택권의 의의 및 구별점

**1) 의 의:**   주식매수선택권(stock option)이란 회사의 임·직원이 미리 정해진 가격으로 自社株式을 예정된 기간 동안 정해진 수량 만큼 취득할 수 있는 권리이다. 이 때 정해진 가격을 行使價格, 예정된 기간을 行使期間이라 부른다. 상법은 주식매수선택권에 대하여 회사가 정관규정이나 주주총회의 특별결의로 "회사의 설립·경영 및 기술혁신 등에 기여하거나 기여할 수 있는 회사의 이사, 집행임원, 감사 또는 피용자에게 미리 정한 가액으로 신주를 인수하거나 자기의 株式을 매수할 수 있는 권리를 부여할 수 있다"라는 정의규정을 두었다($^{상}_2{^{340의}_1}$).[1008]

스톡옵션제의 이론적 근거는 일반적으로 대리인이론에서 찾을 수 있다.[1009] 물론 실용적 관점을 중시하면서 세제상의 租稅減免效果가 도입의 실질적 배경이라고 주장하는 견해도 있다.[1010] 代理人理論(agency theory)에서는 代理人費用(agency cost)의 감소가 스톡옵션제의 주된 목적이라고 주장한다. 주식을 보유하지 않은 경영자들은 자칫 기업가치의 극대화에 진력하기보다는 자신의 사익을 추구할 가능성이 있고 그 결과 회사는 손해를 입을 수 있는데 회사가 이를 피하려면 비용이 발생한다는 것이다. 이러한 비용을 일반적으로 대리인비용이라 하는데,[1011] 이를 줄이기 위한 방법 중 하나가 스톡옵션제라고 한다.

**2) 구별점(Abgrenzungen):**   스톡옵션의 개념을 좀 더 구체화하기 위하여 몇 가지 유사제도와 구별할 필요가 있다.

가) 종업원지주제도:   1968년 '자본시장육성에 관한 법률'에 우리사주제도가 처음 마련되어 시행되었으나 동법은 1997년 4월 폐지되었고, 현재는 '자본시장과 금융투자업에 관한 법률' 제165조의7이 이를 규정하고 있다. 동 규정은 주권상장법인 또는 새

---

1008) '벤처企業에 관한 특별조치법'은 "주식회사인 벤처기업(증권거래법에 의한 주권상장법인과 협회등록법인은 제외한다)은 정관이 정하는 바에 따라 상법 제434조의 규정에 의한 결의로써 당해 기업의 설립 또는 기술·경영의 혁신 등에 기여하거나 기여할 능력을 갖춘 자에게 특별히 유리한 가격에 의한 신주의 매입 기타 대통령령이 정하는 바에 따라 당해 기업의 주식을 매입할 수 있는 권리를 부여할 수 있다"고 규정하고 있다(동법 제16조의3 제1항). 용어사용상 약간의 차이가 있기는 하나 상법상의 정의와 대체로 일치한다고 할 수 있다.

1009) 상장협, 한국형 스톡옵션제의 개발, 12~13면; 강석철, 전게논문, 11면; 권대현, 전게논문, 7면.

1010) Hite and Long, "Taxes and executive stock options," *Journal of Accounting and Economics*, Vol. 4, North-Holland Publishing Co., Amsterdam, pp. 5~13.

1011) 이는 다시 本人에 의한 監視費用(monitoring expenditures), 代理人에 의한 保證費用(bonding expenditures) 및 殘餘損失(residual loss)로 구성된다고 한다. 감시비용이란 대리인이 본인의 이익에 따라 행동하는가를 감시하는 데 부과되는 비용으로서, 예컨대 감독요원의 고용비용을 생각할 수 있다. 보증비용의 예로서는 신원보증보험에 대한 보험료 등을 생각할 수 있겠다. 잔여비용이란 대리인의 의사결정과 본인의 이익을 최대화하는 의사결정이 상이함으로 말미암아 발생하는 이익감소분을 뜻한다고 한다. 강석철, 전게논문, 11, 12면 참조.

로이 상장하려는 법인이 주식을 모집 또는 매출하는 경우 20%의 범위 내에서 종업원에게 우선적으로 신주를 배정할 수 있게 허용한다. 이러한 우리사주제도는 自社株式을 종업원에게 분배한다는 점에서 스톡옵션과 유사한 면이 있다. 그러나 다음과 같은 여러 차이점이 있다.

첫째, 우리사주제도는 근로자의 주인의식 고취와 그들의 재산형성을 위한 복지제도의 성격이 강하나,[1012] 주식매수선택권은 고급인력의 유치와 이를 자극하기 위한 성과급적 요소가 강하다.[1013]

둘째, 우리사주조합제도는 법률규정에 의하여 제3자의 신주인수권을 인정해 주는 제도이나, 주식매수선택권제도는 회사와 被附與者 간의 개별약정에 의하여 일정행사기간 내에 주식을 매입할 수 있는 선택권(옵션)을 부여하는 제도이다($^{\text{상 }340의2}_{3 \text{ III}}$).[1014] 스톡옵션제에서는 행사기간 중 임의의 시점을 선택하여 권리를 행사할 수 있고 또 시가가 행사가격에 미치지 못할 때에는 권리행사 자체도 유보할 수 있다. 반면 從業員持株制에서는 신주인수권의 행사기간 내에 신주를 인수하지 않으면 失權처분되고 만다.

셋째 주식매수선택권제도는 임원을 포함한 모든 직원이 그 대상이 될 수 있으나 ($^{\text{상 }340의2}_{2 \text{ I}}$), 우리사주조합원제도에서는 임원을 제외한 근로자만이 그 대상이 된다.

넷째 종업원지주제도는 유상증자시 발행주식의 20% 내에서 우선배정을 받을 권리가 있지만, 주식매수선택권은 발행주식총수의 10%를 초과할 수 없다($^{\text{상 }340의2}_{3 \text{ III}}$).

나) 신주인수권부사채 및 전환사채:  신주인수권부사채(BW)는 기채회사(起債會社)의 신주인수권이 부여된 사채이고, 전환사채(CB)는 기채회사의 주식으로 전환할 수 있는 권리가 부여된 사채이다. 이들도 사채권자에게 신주인수권이나 주식으로의 전환권을 인정하는 점에서 주식매수선택권과 유사한 성격을 갖는다.[1015] 사실 이들은 미리 정해진 기간에 정해진 가격으로 주식을 매수할 수 있게 하는 점에서 스톡옵션제와 다를 바 없다. 따라서 이들은 '類似스톡옵션'으로 불리우기도 한다. 독일이나 일본 같은 나라에서는 스톡옵션제를 도입하기 전에 이들이 동일 또는 유사한 기능을 수행하였다고 한다. 그러나 양자간에는 다음과 같은 차이가 있다.

우선 신주인수권부사채의 경우에는 신주인수권증권을 分離型으로 발행하여 이를 통한 양도가 가능하지만($^{\text{상 }516의}_{6 \text{ I}}$), 주식매수선택권은 이를 讓渡할 수 없다($^{\text{상 }340의}_{4 \text{ II}}$).

나아가 전환사채와 스톡옵션의 차이점을 보면 전환사채의 전환권은 그 경제적 가

---

1012) 강석철, 전게논문, 23면.
1013) 정상근, 전게논문, 193면 이하, 197면.
1014) 契約書의 例示에 대해서는, 강석철, 전게논문, 151~154면 참조.
1015) 정상근, 전게논문, 195면; 권대현, 전게논문, 16, 17면.

치의 산정이 용이하고 또 채권가액과 株價 간의 차액이 사채권에 化體되어 양도될 수 있다. 그러나 스톡옵션의 경우에는 사전에 예정된 行使價額과 선택권행사시의 市價 간에 차액이 발생하여도 이를 별도로 화체할 증권이 없고 또한 양도가능성도 인정되지 않는다.[1016]

끝으로 신주인수권부사채건 전환사채건 그 발행사항에 대하여 정관에 규정이 없을 때에는 원칙적으로 이사회가 이를 결정하나($^{상\ 513\ II,}_{516의2\ II}$), 주식매수선택권의 부여는 반드시 주주총회의 특별결의를 거쳐야 한다($^{상\ 340의}_{2\ I}$).

**다) 주가지수옵션:**  매매 대상인 기초자산이 주가지수인 경우 이를 주가지수 옵션(stock index option)이라 한다. 이는 주가지수의 가치를 사전에 약정된 날짜 또는 일정 기간 내에 매매할 수 있는 권리를 거래하는 제도이다. 스톡옵션이든 주가지수옵션이든 옵션거래의 속성상 공통점은 있다.[1017] 그러나 몇가지 점에서 차이가 나타난다.

우선 스톡옵션에서는 부여대상자가 임직원에 한정되지만, 주가지수옵션은 그러한 제한을 모른다. 나아가 주가지수옵션은 투자의 한 수단으로서 거래소에서 거래되는 금융상품의 일종에 불과하지만 스톡옵션은 임직원에 대한 장기 인센티브로 작용하는 성과급의 성격이 강하다. 즉 양자는 제도적 취지가 다르다. 끝으로 주가지수옵션은 투자의 한 수단으로서 당연히 양도가능하나, 주식매수선택권은 양도불가이다.

> 🔅 **주가지수 옵션거래(stock index option)**
>
> "주가지수를 대상자산으로 하는 옵션거래를 말하는 것으로 주가지수 옵션거래를 이용하면 개별종목의 가격변동보다는 시장의 전체 동향이나 변동성을 전망해 주식시장 전체에 대한 투자를 할 수 있다. 주가지수 옵션거래를 도입할 때 가장 중요한 것은 옵션거래의 대상이 되는 주가지수를 선정하는 것인데, 이는 어떤 지수를 매매대상으로 선택하느냐에 따라 주가지수 옵션거래의 성패가 좌우되기 때문이다. 현재 미국에서는 NYSE 종합, S&P500, Dow-Jones 30지수, 일본에서는 TOPIX, Nikkei 225지수, 우리나라에서는 KOSPI 200지수가 주가지수 옵션거래의 대상지수로 이용되고 있다. 이러한 주가지수 옵션거래에서의 권리행사는 주가지수 선물거래에서 최종결제와 마찬가지로 주가지수와 권리행사 가격간의 차금결제로 이루어진다. 이와 같이 옵션거래는 현금으로 결제함으로써 거래를 단순화시키고 유동성도 높일 수 있어 전 세계적으로 거래가 활발히 이루어지고 있다."[1018]

---

1016) 정상근, 상게논문, 196면.
1017) 옵션(option)거래는 일정시점에 자신이 처한 상황에 따라 미리 약속한 거래에 대한 혜택을 선택할 수 있다는 점에서 공통된다(권대현, 전게 석사논문, 9면 참조).
1018) [네이버 지식백과] 주가지수 옵션거래 [stock index option] (NEW 경제용어사전, 2006. 4. 7., 미래와 경영)에서 전재함.

라) 일본 회사법상의 신주예약권제와 우리 상법상의 주식매수선택권제도:  둘 다 콜옵션이라는 점에서는 같다. 그러나 2006년의 일본 회사법은 구 일본 상법에 널리 산재(散在)해 있던 콜옵션류를 폐지하고 신주예약권(新株豫約權)이라는 일반 제도로 통일하였다(동법 제236조 내지 제294조 참조).1019) 우리 법은 전환사채의 전환권, 신주인수권부사채의 신주인수권, 임직원의 주식매수선택권 등 아직 각론적으로 이들을 나누어 입법하고 있다. 최근에는 경영권 방어용의 포이즌필(poison pill)을 신주인수선택권이라는 이름으로 도입할지를 놓고 논의가 지속되고 있다. 일본 회사법은 블랙-숄즈-모델 등 옵션가치의 평가산식(評價算式)이 개발되어 회계처리가 가능해지자 회사법에 일반 제도로 이를 도입하였다.

### 💮 日本 会社法상 신주예약권(新株豫約權)의 이용사례1020)

이하 일본에서 나타난 신주예약권의 이용사례들을 정리해 본다.

### Ⅰ. 자금조달수단으로서의 신주예약권

일본에서는 2001년부터 본격적인 신주예약권제도가 구 일본상법에 도입되었고, 2005년의 신회사법이 이를 그대로 승계하였기 때문에 본 제도의 시행은 이미 20여년의 기간을 갖게 되었다. 일본에서 신주예약권은 인센티브 보수로서의 기능이나 경영권 방어수단으로서의 기능도 수행하지만 우리의 시각에서 가장 주목해야 할 부분은 신주예약권이 '유연한 자금조달수단'으로 기능하고 있는 점이다. 또 이를 통한 자금조달의 규모 역시 주목할 필요가 있다. 다소 시간이 흐른 통계이긴 하나 2007년 동경증권거래소에서 이루어진 공모증자방식의 자금조달액보다 신주예약권, 신주예약권부사채 및 종류주식을 활용한 자금조달 규모는 이보다 약 2.5배에 이르는 1조 1,736억엔(93건)이었다.1021)

일본에서는 근년 들어 상장사의 공모증자를 대신하는 "수시전환촉진형(隨時轉換促進型)의 제3자 배정형 자금조달"(PIPEs; Private Investment in Public Equities)로 불리는 방식이 등장하고 있다. 이는 신주예약권을 활용한 파이낸스기법으로 기업의 다양한 재무적 수요에 대응하는 한 방법으로 출현하게 되었다. 이 방법은 구체적으로는 ① 전환사채형 신주예약권부사채, ② 전환권부 우선주식, ③ 신주예약권 자체를 이용한 것 등으로 대별(大別)된다. 2007년도 PIPEs 방식에 의한 상장사의 제3자배정형 Equity Finance의 총액은 앞서도 보았듯이 1조 1,736억엔(2007년 기준)에 이른다.

이러한 파이낸스기법이 등장하게 된 배경을 보기로 한다. **우선 주가에의 영향을 회피하려는 기업의 수요가** 존재한다.1022) 즉 자금조달을 꾀하면서도 이것이 주가에 미치는 영향을 최소화하려는 기업의 수요를 만족시켜야 한다. 상장기업이 공모증자에 의해 자금을 조

---

1019) 이에 대해 보다 자세히는 졸고, "일본 회사법상 신주예약권에 관한 연구", 「경영법률」 제26권 제2호(2016. 1.), 189~249면.

1020) 이하의 내용은 졸고, 상게 "일본 회사법상 신주예약권에 관한 연구", 194~221면에서 부분적으로 전재함.

1021) 荒井邦彦・大村 健, 『新株豫約權・種類株式의 實務』, 第2次改訂版, 第一法規, 2013, 2頁.

1022) 荒井邦彦・大村 健, 上揭書, 302頁.

달하게 되면 신주발행 결의일 후 주가가 하락하는 경향이 있기 때문에 주가에의 영향을 회피해야 할 니즈(needs)가 발생한다. 공모증자의 경우 기존 주식에 대한 희석화가 일시에 나타나지만 PIPEs에서는 전환에 이르기까지 권리행사가 단계적으로 이루어져 주가에 대한 영향력을 조절할 수 있고 급격한 희석화를 막을 수 있다. **나아가 자금조달의 기동성을 꾀할 수 있는 장점**도 있다.[1023] 일반적인 공모증자의 경우 신주발행결의일로부터 실제의 자금조달에 이르기까지 최고 2~3개월의 시간이 필요하게 되어 회사들은 보다 기동성 있는 자금조달을 모색하게 된다. **끝으로 자기자본증가에 대한 수요** 때문이다. 종래의 CB에서는 인수한 증권사의 공매(空賣)로 주가가 붕괴한다는 비판이 끊이지 않았다. 그리하여 전환가액이 내려가면 잠재주식수도 증가하여 이에 따른 대규모 희석화가 진행되었고 기존 주주들은 이를 비판하여 왔다. 이렇게 전환권이 행사되어도 자기자본이 증가하지 않는 현상 때문에 PIPEs기법에 대한 수요가 발생하게 된다.[1024] 이하 우리는 일본에서 일어나고 있는 신주예약권을 통한 자금조달기법에 대해 조금 더 자세히 알아보기로 한다.

### 1. Equity Commitment Line

2005년 8월 18일 메릴린치저팬증권(주)(メリルリンチ日本證券; Merrill Lynch Japan Securities, Co., Ltd.)는 신주예약권을 이용하여 기동적(機動的)으로 자금을 조달하는 'Equity Commitment Line'(이하 'ECL'로 略함)을 개발하였다. 통상의 신주예약권에 있어서는 신주예약권의 인수자가 권리를 행사할지 여부를 결정하므로 자금조달 효과가 불분명해지는 단점이 있다.[1025] 이에 반하여 'ECL'의 경우에는 미리 일정수의 신주예약권을 인수인(증권회사 등)에게 부여해 놓고 발행회사에 자금수요가 생기는 경우 발행회사가 인수인에 대해 일정 조건하에 신주예약권을 행사하지 않으면 안되는 뜻 및 행사하여야 할 신주예약권의 수를 지정할 수 있는 시스템이다. 증권회사 등이 발행회사로부터 지시를 받는 경우 일정 조건으로 일정 기간내에 지시된 수의 신주예약권을 행사하지 않으면 안된다. 이에 따라 발행회사는 자금수요에 따라 기동성있게 자금을 조달할 수 있게 된다. 또한 발행회사는 신주예약권 행사의 타이밍(timing)을 지정할 수 있기 때문에 주식공급량을 통제할 수 있게 되어 주가에 대한 임팩트를 최대한 배려할 수 있게 된다.[1026]

### 2. MS워런트

이는 '行使價額修訂條項付新株豫約權'(Moving Strike Price Warrant)을 이른다. 즉 MS워런트에 대해서 확립된 정의는 존재하지 않지만 자금조달목적으로 제3자에게 배정된 신주예약권으로 발행사 주식의 주가변동에 따라 행사가액(striking price)이 변동하는 신주예약권이다. MS워런트는 재무내용이 상대적으로 열악한 업적부진의 기업에서 자주 나타난다고 한다.[1027] ECL과의 차이점은 ECL에서는 신주예약권의 발행회사와 증권사간에 equity

---

1023) 荒井邦彦·大村 健, 『新株豫約權·種類株式の實務』, 第2次改訂版, 第一法規, 2013, 303頁.

1024) 荒井邦彦·大村 健, 『新株豫約權·種類株式の實務』, 第2次改訂版, 第一法規, 2013, 303頁.

1025) 일반적으로 신주예약권 자체의 발행가액은 저가이므로 그 행사가 이루어지는 시점에야 비로소 자금조달의 효과를 기대할 수 있게 된다(太田洋·山本憲光·柴田寬子(編輯代表), 『新株豫約權ハンドブック』, 전게서, 516~517頁).

1026) 荒井邦彦·大村 健, 『新株豫約權·種類株式の實務』, 第2次改訂版, 第一法規, 2013, 314~315頁.

commitment 조항에 의해 증권사는 신주예약권의 행사'**의무**'를 부과받음에 반하여 **MS워런트에서는 그러한 계약상의 의무는 존재하지 않는다**는 점이다.[1028]

### 3. 신주예약권부 loan

신주예약권을 이용한 자금조달 기법 중에는 신주예약권부론의 방식도 산견(散見)된다. 구체적인 사례에서는 다소 차이가 있겠지만 대표적인 것으로 Sumitomo(住友)不動産의 경우를 소개한다.[1029]

**첫째** 대부은행단은 SPC에 책임재산한정특약부론을 제공한다. **둘째** SPC는 위탁자겸 수익자로서 신탁회사 등과 특정금외신탁(特定金外信託)을 설정하여 위 론(loan)에 의한 차입금(借入金)을 신탁한다. **셋째** 신주예약권발행회사는 신탁에 대하여 신주예약권을 배정함과 동시에 신탁으로부터 론의 공여를 받는다. **넷째** SPC는 신주예약권을 신탁재산으로 하는 수익권을 차입금의 담보조로 대부은행단에 제공한다.

### 4. 라이츠 오퍼링(Rights Offering)

일본에서는 근년 들어 주주 전원에 신주예약권을 무상으로 배정한 후 당해 신주예약권이 행사되면 증자를 실현하는 Rights Offering의 성공사례도 간간히 나오고 있다.[1030] 이는 일본 회사법 제277조에 기하여 주주에 대한 신주예약권의 무상배정을 이용한 자금조달 방법으로서 'Rights Issue'라고도 불리운다. 상장사인 발행회사가 일정의 기일에 주주 전원에 대해 신주예약권을 무상으로 배정하고 배정받은 주주는 소정의 행사가액(일본 회사법 236 I 2호)을 납입함으로써 자금조달 효과가 나타나는 그러한 파이낸스기법이다. 이 방법은 일반의 공모증자와 달리 기존 주주에게만 신주예약권이 부여되므로 기존 주주들의 지분희석화의 우려가 없고 대규모 자금조달도 용이하게 할 수 있지만 단 신주예약권의 행사가 실제 이루어지기까지는 2.5개월 정도의 시간이 소요되는 단점이 있다고 한다.[1031]

## Ⅱ. 벤처기업의 자본정책으로 이용되는 경우

신주예약권이 일본에서는 벤처기업에 있어 특히 **창업주를 위한 경영권 안정수단**으로 쓰일 수 있다. 다시 표현하면 창업주에게 신주예약권을 배정해두면 차후의 경영권 분쟁시 차등의결권주식과 유사한 역할을 수행할 가능성이 있다. 즉 창업오너를 위한 지주비율의 유지수단으로 신주예약권이 발행되기도 한다.[1032] 물론 종업원들에 대한 인센티브 보수로 발행되기도 하지만 벤처기업에 있어서는 창업주의 고유한 비즈니스 모델 내지 비즈니스 감각이 기업가치의 유지·향상에 결정적일 때가 많다. 이러한 이유로 벤처기업의 경영권 안정을 위한 수단으로 신주예약권이 쓰일 수 있는 것이다. 나아가 벤처기업의 이사진이나

---

1027) 太田洋·山本憲光·柴田寬子(編輯代表), 『新株豫約權ハンドブック』, 第3版, 2015, 560頁 이하, 565頁 참조.
1028) 太田洋·山本憲光·柴田寬子(編輯代表), 『新株豫約權ハンドブック』, 第3版, 2015, 567頁 참조; MSCB의 유리발행관련 문제점에 대하여는 久保田安彦, 『企業金融と會社法·資本市場規制』, 有斐閣, 2015, 143頁 이하.
1029) 太田洋·山本憲光·柴田寬子(編輯代表), 『新株豫約權ハンドブック』, 第3版, 2015, 609~611頁.
1030) 荒井邦彦·大村 健, 『新株豫約權·種類株式の實務』, 第2次改訂版, 第一法規, 2013, 3頁 참조.
1031) 이에 비하여 공모증자시에는 1달, 제3자배정증자시에는 2주~1달 정도 시간이 소요된다고 한다(太田洋·山本憲光·柴田寬子(編輯代表), 『新株豫約權ハンドブック』, 전게서, 621頁 참조).
1032) 荒井邦彦·大村 健, 『新株豫約權·種類株式の實務』, 第2次改訂版, 第一法規, 2013, 514頁 이하 참조.

종업원 이외의 자에 대해서도 신주예약권의 부여가 가능하므로 예컨대 IPO를 돕는 변호사나 컨설턴트에게도 신주예약권이 부여될 수 있다.[1033]

## Ⅲ. 우호적 M&A에서의 신주예약권

기업의 인수합병과정에서 신주예약권이 쓰이는 예가 많다. 특히 합병대가를 유연하게 설정할 수 있어 탄력성있는 인수합병의 스킴(scheme)이 가능해진다.

### 1. '월마트'에 의한 '西友'의 買收

세이유(西友; 이하 'S'로 略함)는 2002년 월마트(Wal-Mart Stores, Inc.; 이하 'W'로 略함)와 포괄적 업무제휴를 하여 제3자배정방식으로 W에 신주예약권을 대량 발행하였다. 이 신주예약권의 발행은 W가 단계적으로 S에의 출자비율을 높일 목적으로 이루어진 것이다. 이 사례는 신주예약권이 본격적인 M&A 수단으로 이용된 첫 사례여서 많은 주목을 받았다. 이 사례에서 S는 W의 스위스 소재 간접자회사(間接子會社)인 Wyoming Holding GmbH(이하 'WHD'로 略함)에 대하여 제1회부터 제3회까지 도합 3회에 걸쳐 신주예약권을 발행하였다. 제1회 신주예약권이 모두 행사되면 S의 발행주식총수의 33.4%, 제2회 신주예약권이 모두 행사되면 S의 발행주식총수의 50.1%, 제3회의 신주예약권이 모두 행사되면 66.7%의 주식을 확보하도록 설계되었다. 본 신주예약권의 발행가액이 무상이어서 일본 회사법상 유리발행에 해당되었다. 그 관계로 2002년 S社 주주총회의 특별결의도 거쳤다. 그러나 본건 자본제휴는 S의 업적부진 등 우여곡절 끝에 계획대로 추진되지 못하다가 2007년 최종적으로 W의 공개매수와 그후 종류주식을 이용한 스퀴즈 아웃(squeeze out) 등의 방식으로 2008년까지 W가 S를 완전자회사하는 안으로 바뀌었다. 본 사례에서 우리가 주목할 부분은 신주예약권을 선택하게 된 이유이다. 즉 인수합병계약을 체결할 당시에는 기업가치의 정확한 변화를 예측할 수 없어 단계적으로 지주비율을 높이는 방식이 채택되었고 이러한 목적을 달성하는 데에는 신주예약권이 가장 적합하였기 때문이다.[1034]

### 2. Culture Convenience Club에 의한 신세이도(新星堂)의 매수

2006년 3월 22일 '컬쳐 컨비니언스 클럽'(Culture Convenience Club Co., Ltd.; 이하 'CCC'로 略함)의 완전자회사인 TSUTAYA와 신세이도(新星堂; Shinseido)간의 업무 및 자본제휴에서도 위의 월마트-세이유 건에서와 마찬가지로 신주예약권이 동원되었다. 이 사례에서는 TSUTAYA의 신세이도에 대한 출자비율이 최대 48.7%가 되도록 설계되어 실질적으로는 신주 및 신주예약권의 제3자 배정 방식으로 CCC가 신세이도를 매수하는 자본제휴였다. 본건 역시 경영재건(經營再建)중인 기업이 우호적인 스폰서와 맺은 자본제휴 사례로서 CCC는 신세이도의 경영재건 정도를 보아가며 유연하게 출자를 확대해 나갈 수 있었다. 즉 신세이도에 대해 계속 출자를 할지 말지 또는 출자를 계속하는 경우에도 그 타이밍(timing)을 조절할 수 있었다.[1035]

---

1033) 荒井邦彦・大村 健, 『新株豫約權・種類株式の實務』, 第2次改訂版, 第一法規, 2013, 3頁 참조.
1034) 太田洋・山本憲光・柴田寬子(編輯代表), 『新株豫約權ハンドブック』, 第3版, 2015, 881頁.
1035) 太田洋・山本憲光・柴田寬子(編輯代表), 『新株豫約權ハンドブック』, 第3版, 2015, 882頁.

### 3. DeNA와 ngmoco, Inc.간 삼각합병 [미국과 일본 기업간 國際三角合倂에서 인수대상 회사의 주주가 스톡옵션을 보유한 경우 인수모회사의 신주예약권을 합병대가로 부여한 사례][1036]

삼각합병을 이용한 국제합병에서도 외국 대상회사 주주가 스톡옵션을 갖고 있는 경우 인수모회사는 합병대가로 신주예약권을 교부할 수 있다. 이러한 사례를 다룬 ngmoco, Inc.(미국측 대상회사)와 DeNA(일본측 인수모회사)간의 삼각합병건을 보기로 한다.

(1) 당사자: 소셜게임플랫폼(social game platform)인 '모바일게임 다운로드'를 운영하는 동경증시1부상장사인 DeNA는 소셜게임플랫폼을 개발·제공하는 미국 실리콘밸리 벤처기업 ngmoco, Inc를 삼각합병의 방법으로 인수하기로 한다. 소셜게임플랫폼의 강화에 경영 자원을 집중하고 있던 DeNA는 게임플랫폼의 글로벌화, 특히 미국에서의 사업확장 및 강화를 목적으로 본건 인수합병을 추진하게 된다. 본건 인수합병은 일본법과 미국법(델라웨어법)이 교착하는 크로스보더(cross-border) 안건으로 법률과 세무상의 제약이 수반되었다. 일본 상장사에 의한 미국벤처기업의 인수건으로서 미국에서 삼각합병이 이루어지는 일본 회사법 시행(2006년)후의 첫 사례로 주목받았다.

(2) 당사자간의 기본합의: 본건 인수합병의 총액은 최대 4억 3백만 달러로 합의되었다. '최대'라는 용어가 사용된 것은 소위 'Earn-out' 조항이 삽입되었기 때문이다. 매수실행시 지불될 대가는 3억 200만 달러였지만 소위 'Earn-out' 대가로 2011년 12월 종료될 사업연도의 업적지표를 고려하여 최대 1억 달러가 추가지급될 수 있었다. 본건 매수에서는 미국 델라웨어주법에 기초한 삼각합병이 추진되었기 때문에 합병대가로 인수모회사인 DeNA의 주식과 신주예약권이 교부될 예정이다.

(3) 인수합병의 scheme: **제1단계**로 ① 인수모회사가 미국에 매수자회사(sub-1)를 새로이 설립하고, 인수모회사는 sub-1이 발행하는 신주를 인수하고 인수대가를 지불한다. ② 인수모회사는 인수자회사(sub-1)에 대하여 본건 인수합병의 대가로 되는 인수모회사의 주식과 신주예약권을 제3자 배정의 방법으로 발행한다. 이러한 주식취득이 자회사의 모회사 주식취득금지의 예외인 것은 삼각합병 방식의 당연한 결과이다. ③ 인수자회사(sub-1)는 인수모회사가 제공한 자금으로 주식 및 신주예약권을 지급한다(여기서 자금의 還流가 일어난다). 합병대가로 쓸 현금부분은 인수모회사가 인수자회사가 발행하는 신주를 인수함으로써 추가로 마련된다. **제2단계**로 인수자회사(sub-1)는 대상회사와 합병계약에 기하여 인수자회사가 소멸회사로 되는 역삼각합병을 실시하여 대상회사의 주주들에게는 인수모회사의 주식과 현금으로, 대상회사의 스톡옵션보유자에게는 그 내용에 상응한 인수모회사의 신주예약권과 현금을 지급한다. **제3단계**로 위 역삼각합병에 이어 당해 합병의 존속회사인 대상회사와 인수모회사의 기존의 미국 자회사가 새로이 설립한 LLC(sub-2)와 사이에 'Sub-2'가 존속회사로 되는 정삼각합병을 행한다.

(4) 신주예약권을 합병대가로 사용한 이유: 위에서 본바와 같이 본건 인수합병에 있어서 대상회사의 스톡옵션 보유자에 대하여는 매수의 대가로 일부 현금이 교부될 때에도 인

---

1036) 이하의 내용에 대해서는 棚橋 元, "上場國內會社の株式を對價とする外國會社の買收",「商事法務」1922號 (2011. 2. 5.), 29頁 이하 참조.

수모회사의 신주예약권이 교부되었다. **옵션보유자의 세무상의 관점에서 인수합병전에 보유하고 있는 대상회사의 스톡옵션과 내용적으로 동일할 것이 요청되었기 때문이다.**

## Ⅳ. 주주환원책으로서의 신주예약권

상장사들은 장기보유를 위한 인센티브 목적으로 신주예약권을 주주배정방식으로 발행하는 경우가 많다. 예컨대 주주가 경영진의 중장기적인 경영계획을 지지하여 잉여금을 배당재원으로 쓰지 않고 재투자용으로 쓸 수 있게 허용한 결과 경영실적이 향상되어 주가가 상승하였다고 하자. 이런 경우 그 성과를 주주에게 되돌리는 수단으로 신주예약권이 쓰일 수 있다.[1037] 예로는 신회사법 시행전의 (주)인보이스(インボイス)사례(2004년)와 2006년 회사법 시행 후에 이루어진 (주)Oak 캐피탈사례(2010년)가 있다. 양자 모두 회사방침에 호응한 주주들에 대해 회사 측이 보답차원에서 신주예약권을 무상으로 배정한 사례이다.[1038]

## Ⅴ. 경영권 방어수단으로서의 신주예약권

### 1. 방어수단의 유형들

일본에서는 신주예약권을 이용한 매수방어책이 다양하게 나타나고 있다.[1039] 신주예약권의 발행시기가 평시냐, 유사시냐에 따라 **평시발행형**과 **유사발행형**으로 양분할 수 있다. 다시 평시발행형은 **주주배정형**과 **제3자배정형**으로 나누어지는데 전자의 예로 유명한 니레코 사건[1040]을 들 수 있다. 후자는 다시 **통상발행형**과 **유리발행형**으로 나누어진다. 유사발행형 역시 주주배정형과 제3자배정형으로 나누어지며 전자는 일반 사전경고형으로 불리우고 그 사례로는 유명한 불독소스사건[1041]과 피코이(ピコイ)사건[1042]이 있다. 후자는 다시 통상발행형과 유리발행형으로 나뉘며 통상발행형의 사례로 니폰방송이 후지테레비에 대해 발행한 신주예약권관련 사례[1043]가 있다.

신주예약권을 이용한 경영권방어의 이점으로는 공격자가 등장한 시점에 이미 전 주주 또는 특정된 자에 교부된 신주예약권이 행사되는 점, 이에 따라 공격자 이외의 전체 또는 일부의 주주에게 의결권있는 보통주식이 교부되어 그 결과 공격자의 의결권이 희석되는 효과가 발생한다. 종류주식을 이용한 경영권방어의 스킴(scheme)에서는 정관변경결의 등

---

1037) 太田洋・山本憲光・柴田寬子(編輯代表), 『新株豫約權ハンドブック』, 第3版, 2015, 926頁 이하.

1038) 太田洋・山本憲光・柴田寬子(編輯代表), 新株豫約權ハンドブック, 929頁 이하[(주)インボイス의 press release 참조], 934頁 이하[(주)Oak 캐피탈의 press release 참조].

1039) 이하의 논의는 太田洋・山本憲光・柴田寬子(編輯代表), 『新株豫約權ハンドブック』, 第3版, 2015, 676頁를 참조함.

1040) 東京地方裁判所決定 平成17년(2005년) 6월 1일, 「判例タイムズ」 1186號, 274頁[신주예약권발행금지가처분사건]; 동경지방재판소결정 平成17년(2005년) 6월 9일, 「判例タイムズ」 1186號, 265頁[保全異議申立事件]; 동경고등재판소결정 平成17년(2005년) 6월 15일, 「判例タイムズ」 1186號, 265頁[保全抗告申立事件].

1041) 日本 最高裁判所決定 平成19년(2007년) 8월 7일, 「判例タイムズ」 1252號, 125頁.

1042) 新潟(니가타)地方裁判所決定, 平成20년(2008년) 3월 27일, 「金融・商事判例」 1298號, 59頁[신주발행금지 등 가처분신청사건]; 新潟(니가타)地方裁判所決定, 平成20년(2008년) 4월 3일, 「金融・商事判例」 1298號, 56頁 [保全異議申立事件]; 東京高等裁判所決定 平成20년(2008년) 5월 12일, 「金融・商事判例」 1298號, 46頁[保全抗告申立事件].

1043) 니폰放送(ニッポン放送)事件[니폰放送新株豫約權發行差止가처분신청사건][유사발행형; 제3자배정; 통상발행형]; 東京高等裁判所決定 平成17년(2005년) 3월 23日, 「判例タイムズ」 1252號, 125頁.

이 요구되지만 신주예약권을 이용한 경영권방어 스킴에서는 공개회사의 경우 유리발행의 경우를 제외하고는 이사회결의로 발행의 의사결정이 가능하다는 장점이 있다.[1044] 이하 일본에서 논의된 신주예약권 관련 판례들을 망라해본다.

### 2. 신주예약권을 이용한 경영권 방어관련 사건들

(1) 이치야(イチヤ)신주예약권발행금지가처분사건[1045][제3자 배정이 기존 경영권자의 경영권 유지를 주요목적으로 하는 경우 적법성을 인정하지 않지만 그러한 제3자 배정이 동시에 회사의 자금조달 목적을 추구하는 경우 예외를 인정한 사건]

(가) 사실관계의 개요:　(i) 의료품 판매회사인 (주)이치야(イチヤ)(株式会社一や; Ichiya Co., Ltd.; 이하 '이치야'로 略함)의 주주 A는 平成 16년(2004년) 5월 현재 '이치야'의 발행주식총수 약 9,634만 884주식 중 176만 1,000주를 가진 자로서 '이치야'가 발행한 제1회 신주예약권의 신주예약권자이다.

(ii) 자금조달이 어려웠던 '이치야'의 대표이사 B는 A에 대하여 제1회 신주예약권의 행사를 촉구했지만, A는 이에 응하지 않았다. 그 때문에 '이치야'의 이사회는 제2회 신주예약권을 제3자 배정 방식으로 발행하기로 하고 주식이전을 실시하여 '이치야'를 새로이 설립할 완전모회사의 완전자회사화하기로 하였다.

(iii) 제1회 신주예약권에서는 '이치야'가 주식교환 또는 주식이전에 의하여 완전자회사화 하는 경우 해당 신주예약권은 무상소각될 수 있다고 규정하고 있었다. 그 결과 위 주식이전에 의하여 제1회 신주예약권은 무상소각되었다.

(iv) A는 제2회 신주예약권의 발행은 A를 지배주주의 지위에서 축출하는 것이라고 주장한다. 나아가 B의 회사지배권 유지가 제2회 발행의 주요목적이므로 이는 '현저히 불공정한 발행'이라고 판단한다. 이에 기초하여 A는 구 일본 상법 제280조의39 제4항과 동법 제280조의10에 따라 그 발행금지 내지 유지를 구하였다.

(나) 판시사항:　원 결정(高知地決 平成16년 6월 1일)은 유지청구를 인용하였지만, 異議審은 당해 발행에는 **자금조달이 중요한 위치를 점하고 있다**고 판시하면서 원 결정을 취소하고 가처분신청을 각하하였다. 항고심인 다카마스(高松)고등법원 역시 항고를 기각하였다.

(다) 코멘트:　경영권 분쟁이 가시화한 상황에서 기존의 경영권자는 자신의 우호세력을 제3자로 하는 신주의 제3자 배정 내지 **신주예약권의 제3자배정의 방법으로 경영권 방어를 시도할 수 있다.** 문제는 그 적법성이다. 일본 법원의 입장은 2000년대 들어 거의 통일되어 있는 상황인데[1046] 그러한 **제3자배정이 기존 경영권자의 경영권 유지를 주요목적으로 하는 경우 적법성을 인정하지 않는다. 다만 그러한 제3자배정이 회사의 자금조달 수요를 충족시키기 위한 수단일 경우에는 예외이다.** 위 판례 역시 이러한 기준을 따르고 있는 것

---

1044) 太田洋・山本憲光・柴田寛子(編輯代表),『新株豫約權ハンドブック』, 第3版, 2015, 674頁.

1045) 高知(こうち)地方裁判所決定 平成16년(2004년) 6월 1일, 資料版 商事法務 251號, 216頁[신주예약권발행금지가처분신청사건]; 高知地方裁判所決定 平成16년(2004년) 7월 8일,「資料版 商事法務」251號, 220頁[保全異議申立事件]; 高松(다카마스)高等裁判所 平成16년(2004년) 8月 23日,「資料版 商事法務」251號, 226頁[保全抗告申立事件].

1046) 주요목적기준으로 일관되게 흘러가다가 2007년 불독소스 사건에서는 미국 델라웨어주 법원의 '유노칼기준'(Unocal standard)으로 바뀌었다.

으로 보인다.

(2) 니폰방송사건 [니폰방송신주예약권발행금지가처분신청사건][1047][유사발행형; 제3자배정; 통상발행형] [Fuji텔레비에 대한 신주예약권의 제3자배정이 기존 경영진의 경영권 유지를 주요목적으로 하므로 신주예약권의 발행금지가처분을 인용한 사례]

(가) 사실관계의 개요: (i) 지상파 텔레비전 등의 방송사업자인 (주)후지텔레비전(Fuji Television; 이하 '후지텔레비' 또는 단순히 'F'로 略함)은 AM 라디오방송사업자인 (주)니폰방송(ニッポン放送; 이하 'N'으로 略함)의 발행제주식총수 중 약 12.4%를 보유하고 있는 바, N의 경영권획득을 목적으로 그 발행제주식의 전부획득을 목표로 공개매수를 결정한다.

(ii) 한편 컴퓨터네트웍에 대한 컨설팅 등을 영업목적으로 하는 (주)라이브도어(ライブドア)(이하 'L'로 略함)는 N의 주식 중 약 5.4%를 보유하고 있었는데 본건 공개매수기간 중인 평성 17년(2005년) 2월 8일에 동경증권거래소의 입회외거래(立會外去來)인 'ToSTNet-1'을 이용 그 자회사를 통하여 N의 주식을 매집하였다. 그 결과 平成17년(2005년) 2월 21일까지 자회사와 더불어 총의결권에 대하여 37.85%의 의결권비율을 확보하게 되었다.

(iii) 이에 대하여 N은 2월 23일의 이사회에서 신주예약권의 배정대상을 F로 하여 발표할 것을 결의하였다. 이것이 모두 행사되는 경우에는 'L'의 주식보유비율은 약 42%에서 17%로 줄어들고 F의 주식보유비율은 신주예약권의 행사로 취득할 주식수를 합하여 약 59%에 이르게 되었다.

(iv) 'L'은 본건 신주예약권의 발행은 '현저히 불공정한 방법'에 의한 것이라 주장하며 발행금지가처분을 구하였다.

(나) 법원의 결정내용: 법원은 각 결정에서 모두 당해 신주예약권의 발행이 현저히 불공정한 방법으로 이루어진 것으로 본 후 발행유지신청을 인용하였다.

(i) 주요목적기준: "회사의 경영권분쟁이 현실화한 상황에서 주식의 적대적 매수로 경영지배권을 다투는 특정주주(L)의 지분비율을 떨어뜨리고 현 경영자 또는 그를 지지하는 사실상의 영향력을 가진 특정 주주의 경영지배권을 유지·확보하는 것을 주요한 목적으로 하는 신주예약권의 발행은 원칙적으로 상법 제280조의39 제4항이 준용하는 제280조의10에서 말하는 '현저히 불공정한 방법'으로 신주예약권을 발행한 경우에 해당한다고 풀이함이 상당하다."

(ii) 주요목적기준의 예외: "경영권의 유지·확보를 주요목적으로 하는 신주예약권의 발행이 허용되지 않는 것은 이사가 회사의 소유인인 주주의 신뢰에 기초하여 존재하는 자이기 때문이다. 따라서 **주주 전체의 이익을 보호하기 위하여 신주예약권이 발행되는 특단의 사정이 존재하는 경우에는 예외가 성립할 수 있다.** 그러한 경우라면 경영지배권의 유지·확보를 주요목적으로 하는 발행도 불공정 발행에 해당하지 않는다고 해석해야 한다." 그러나 재판부는 본 사안에서 그러한 특단의 사정이 존재하지 않는 것으로 결론을 내렸다.

(다) 코멘트: 다카하시 교수는 이 사건의 의미를 다음과 같이 회고하고 있다.[1048] 우선 그는 본 사건을 과거 우호세력에 대한 **신주의 제3자배정방식으로 경영권방어를 시도한**

---

1047) 東京高裁, 平成17년(2005년) 3월 23일, 「判例タイムズ」 1173號(2005. 5. 1.).

1048) 高橋英治, "第三者割當による新株豫約權發行の差止め", 「會社法判例百選」, 제2판, 別冊 Jurist No. 205, 2011년 9월, 200~201頁.

데 대한 일본 법원의 기존 입장 – 이른바 주요목적기준(primary purpose test) – 을 신주예
약권의 제3자배정방식에도 확장시킨 점에 의의가 있다고 한다. 즉 경영권분쟁이 가시화한
상황에서 오로지 기존 경영권자가 경영권을 유지할 목적으로 또는 그것을 '주요목적
(primary purpose)'으로 하여 신주를 제3자인 우호세력에 배정하는 경우 그 배정은 무효
라는 기존의 룰[1049]을 신주예약권의 제3자배정시에도 그대로 확장 적용하고 있다는 점을
강조한다.

나아가 다카하시 교수는 이 사건은 종래의 판례들과 달리 **"주주 전체의 이익보호"** – 즉
**주주공동의 이익** – 의 관점에서 경영권 방어수단인 신주예약권의 발행이 정당화되는 네 가
지 유형을 제시한 점에서 의미가 크다고 한다. 즉 공격자가 ① 그린메일러, ② 초토화경영
을 의도하는 공격자, ③ 경영지배권 획득후 회사자산을 자신의 채무의 담보 등으로 유용
하는 corporate raider, ④ 회사경영을 일시적으로 지배하여 회사사업과 관계없이 고액자
산만 매각처분한 후 일시적으로 고배당 등을 노리는 공격자 등이 그들인데 이들 유형을
본 사건이 잘 제시하고 있다고 평한다.

(3) 니레코 신주예약권발행금지가처분사건[1050] [평시발행형; 주주배정형] [일본 최초의 사
   전방어 목적의 포이즌필이었지만 방어수단의 상당성이 흠결되어 발행금지가처분신청
   이 인용된 사례]

(가) 사실관계의 개요:     (i) 오토메이션(자동화장치) 및 계측장치의 제조 및 판매 등을
주된 사업으로 하는 (주)니레코[1051](株式会社ニレコ; Nireco Corp.; 이하 'N'으로 略함)은
PBR[1052]치가 2003년 9월 당시에 0.31, 2003년 3월에는 0.40, 2003년 9월에는 0.55 등으로
낮아짐에 따라 장차 적대적 인수합병에 직면할 가능성이 점점 높아져 가고 있었다. 이에
N社는 平成17년(2005년) 3월 14일 이사회결의로 신주예약권을 발행하기로 하였다.

(ii) 본건 신주예약권은 동월 31일 현재 주주명부상의 주주에 대하여 그 소유주식 1주
식당 2개의 비율로 배정될 예정인바 신주예약권 1개당 목적인 주식의 수는 1개, 발행가액
은 무상, 발행일은 동년(2005년) 6월 16일, 행사가액은 1엔, 행사기간은 同日(발행일)로부
터 2008년 6월 16일까지 3년간으로 하였다. 또한 행사조건은 N의 의결권있는 발행주식총
수의 20% 이상의 보유자가 등장하는 경우(이하 '절차개시요건(triggering event)'으로 부른
다)에 신주예약권을 행사할 수 있는 것으로 하였고 신주예약권의 양도에 대해서는 이사회
승인을 요구하였다. 나아가 승인신청을 하여도 승인이 이루어지지 않는 승인불가의 사례
도 정하였다.

신주예약권의 소각사유는 '절차개시요건'이 성취될 때까지 이사회가 기업가치의 극대화
를 위하여 필요하다고 인정하는 경우였다. 이에 따라 이사회결의를 거쳐 신주예약권의 전

---

1049) 이 룰은 사실 우리 법원의 입장이기도 하다. 2009년의 대법원 판례에 이르기까지 이러한 입장이 지속되고 있
  다. 물론 이 '주요목적기준'은 사실 1960년대 델라웨어 법원의 입장으로서 1980년대 중반부터는 '유노칼 룰'이
  대세임에 틀림없다.

1050) 동경지방재판소결정 平成17년(2005년) 6월 1일,「判例タイムズ」1186號, 274頁[신주예약권발행금지가처분사
  건]; 동경지방재판소결정 平成17년(2005년) 6월 9일,「判例タイムズ」1186號, 265頁[保全異議申立事件]; 동
  경고등재판소결정 平成17년(2005년) 6월 15일,「判例タイムズ」1186號, 265頁[保全抗告申立事件].

1051) www.nireco.jp 참조.

1052) 'PBR'은 'price-to-book-ratio'의 약자이다. 이는 '주가순자산비율'로서 주가를 BPS(주당순자산가치)로 나눈
  것이다.

부를 무상으로 소각할 수 있게 하였고 소각여부의 판단에 있어서는 N의 대표이사 사장과 사외자(社外者)인 변호사 및 대학교수 등 합계 3인으로 구성된 특별위원회의 권고를 최대한 존중하기로 하였다.[1053]

(iii) N의 주주는 본건 신주예약권의 발행이 불공정하다고 주장하면서 그 발행금지를 구하였다. 법원 역시 모든 심급에서 본건 신주예약권의 발행을 현저히 불공정한 것으로 보아 원고의 청구를 인용하였다.

(나) 코멘트:  니레코형 매수방어책이 '현저히 불공정한 것'으로 그 효력을 인정받지 못한 원인은 회사가 신주예약권의 수반성을 부정한 결과였다. 즉 니레코가 도입한 신주예약권은 수반성(隨伴性)이 없어 배정기준일 시점 이후의 주주는 이를 취득할 수 없게 되었다. 그 때문에 장래 경영권 공격자가 나타나 신주예약권이 행사될 때 배정기준일이 지난 후 주식을 취득한 주주는 신주예약권을 갖지 못하여 그 주식보유비율이 현저히 줄어드는 일이 일어나게 된다.[1054]

(4) オートバックスセブン(Autobacs Seven[1055]) [신주예약권부사채발행유지신청사건][1056]
    [자금 조달목적을 주요목적기준의 예외로 인정한 사례]

(가) 사실관계:  (i) 차량 운반구의 판매 및 관련 타이어, 튜브, 호일의 판매 등을 영업목적으로 하는 (주) Autobacs Seven(이하 'A'로 略함)의 이사회는 平成19년(2007년) 10월 26일 제3자 배정에 의한 신주예약권부사채(이하 '본건 신주예약권부사채'라 한다)의 발행에 대하여 결의하였다. 동일 Press Release(보도자료)도 공표하였다.

(ii) 본건 신주예약권부사채에 부가된 신주예약권의 내용은 다음과 같다; "① 각 사채에 부가된 신주예약권의 수는 10개로 한다. ② 신주예약권의 취득시 불입(拂入)할 금전은 요구되지 않는다(무상배정). ③ 신주예약권의 목적인 주식의 종류는 보통주식으로 한다. ④ 신주예약권의 행사시 출자될 재산은 신주예약권과 연결된 각 사채로 한다. ⑤ 신주예약권의 행사에 의하여 A가 그 보통주식을 교부하는 경우에 있어 주식 1주당 출자될 재산의 가액은 2,890엔으로 한다.

(iii) 본건 신주예약권부사채가 모두 보통주식으로 전환될 경우 배정받는 제3자(SK Advisory Limited 및 ARCM Ltd.)는 발행주식총수의 약 36.43%의 지주비율을 갖는 것으로 되었다.

(iv) 투자 Management Service의 제공 등을 목적으로 하여 설립된 영국의 유한책임회사인 Silchester International Investors, Ltd. (이하 'S'로 略함)는 미합중국 델라웨어주법에 따라 설립된 트러스트가 보유한 A의 주식(지분율 2.4%)에 대하여 가처분신청 등 수행권한을 위임받음에 따라 본건 신주예약권부사채의 발행이 '유리발행'($_{238\ III\ 1호}^{일본\ 회사법}$) 및 '현저히 불공정한 방법에 의한 발행'($_{법\ 247}^{일본\ 회사}$)이라고 주장하며 그 발행금지가처분을 구하였다.

---

1053) 나중에 사장을 외부의 변호사(＝전 나고야 고등검찰청 검사장)로 교체한다.
1054) 石綿 學・青山大樹・小林卓泰・內田修平, "日本型 ライツ・プランの新展開(上)－買收防禦策をめぐる實務最新動向－",「商事法務」No. 1738, 30～41頁, 특히 32頁.
1055) 상호(商號) 중 'bacs'는 'Battery, Accessory, Car audio, Service'의 약자임(www.autobacs.co.jp 참조).
1056) 東京地方裁判所決定, 平成19年(2007年) 11月 12日,「金融・商事判例」1281號, 52頁[신주예약권부사채발행금지가처분신청사건].

(나) 판시내용:　법원은 본건 신주예약권부사채와 관련된 신주예약권부분의 실질적인 대가가 그 공정한 가치를 크게 하회(下回)하는 것이 아니고, 나아가 A의 이사회가 위 발행을 결의한 시점에 이 회사에 **경영지배권의 다툼이 생긴 사정을 알 수는 있지만 A에 자금조달의 수요(필요성)가 없다고는 이야기할 수 없는 등 회사내외부의 사정을 종합하건데 그 유지청구를 인용하지 않는 것이 상당하다**고 결정하였다.

(5) 피코이(ピコイ) 신주발행금지가처분사건[1057] [신주예약권 발행의 무효를 이유로 신주발행의 유지를 허용한 사례]

(가) 사실관계:　(i) 목재 및 건물의 보존공사 등을 영업 목적으로 하는 (주)피코이[1058](ピコイ; Picoi; 이하 'P'라 略함)는 A社와의 사이에 平成19년(2007년) 1월 26일 '업무제휴 및 자본제휴에 관한 기본계약서'를 체결하고 ① P는 A에 대하여 제3자 배정증자를 할 것, ② A는 P가 발행할 의결권있는 주식총수 중 35%를 상한으로 하여 P의 주식을 보유할 수 있는 것으로 할 것, ③ A가 취득할 P의 의결권있는 주식은 제3자에 대하여 신탁할 것 등을 정하였다.

(ii) 이 기본계약서에 기초하여 B법률사무소는 A로부터 P주식의 신탁적 양도를 받았다. (iii) 平成20년(2008년) 2월 15일 B 법률사무소는 발행제주식총수 중 의결권있는 주식 421주식중 147주식을 가진 대주주였고, 기타 대주주로 이 회사에는 65주식을 가진 C사도 있었다.

(iv) C가 P의 대표이사를 포함한 현 이사진 5인의 해임과 신이사 6명의 선임을 목적사항으로 하는 임시주주총회의 소집을 청구하자 A는 B에 대해 C의 주주제안에 찬성한다고 하였다.

(v) P의 이사회는 平成20년(2008년) 3월 15일에 취득조항을 부가한 신주예약권의 무상배정을 결의하여 같은 날 신주예약권을 발행하려 하자 당해 취득조항을 발동하여 B에 배정된 신주예약권을 취득하였다(이하 이를 '본건 신주예약권의 발행'이라 한다).

(vi) B는 P에 의한 본건 신주예약권발행이 주주평등의 원칙(일본 회사법 109 I)에 반하여 현저히 불공정한 발행임을 이유로 당해 발행에 기초한 신주발행을 유지할 것을 청구하였다(일본 회사법 210조 유추적용).

(나) 판시내용:　원심 결정, 이의심 및 항고심 모두 B가 경영에 관여하는 것에 의하여 P의 기업가치가 훼손되지 않으므로 **본건 신주예약권의 발행은 현 경영진의 경영지배권의 유지를 위한 것으로서 현저히 불공정한 방법에 의한 것이어서 그 발행유지청구를 인용한다**고 결정하였다.[1059]

(6) (株)オープンループ(Openloop) 신주예약권 발행금지가처분신청사건[1060] [자금조달목

---

1057) 新潟(니가타)地方裁判所 決定, 平成20년(2008년) 3월 27일, 「金融・商事判例」 1298號, 59頁[신주발행금지 등 가처분신청사건]; 新潟(니가타)地方裁判所 決定, 平成20년(2008년) 4월 3일, 「金融・商事判例」 1298號, 56頁 [保全異議申立事件]; 東京高等裁判所決定 平成20년 5월 12일, 「金融・商事判例」 1298號, 46頁[保全抗告申立사건].

1058) www.picoi.co.jp 참조.

1059) 본 결정에 대한 비판적 코멘트로는 久保田安彦, 『企業金融と會社法・資本市場規制』, 有斐閣, 2015年, 173頁이하.

1060) 삿포로(札幌)地方裁判所決定 平成20년(2008년) 11월 11일, 「金融・商事判例」 1307號, 44頁[신주발행금지 등

적을 주요목적기준의 예외로 인정한 사례]

(가) 사실관계:   (i) 컴퓨터 하드웨어, 소프트웨어 및 컴퓨터 주변 기기의 기획, 개발 등을 주된 사업내용으로 하는 (주) Openloop(이하 'O'라 略함)는 평성 20년 10월 27일 이사회를 개최하여 신주 및 신주예약권의 발행을 결의하였다(이하 이를 각각 '본건 신주' 및 '본건 신주예약권'이라 한다). 본건 신주예약권에 대하여는 당해 결의에 있어서 발행총수 3만4천개, 불입금액 1개당 748엔, 배정받을 자(配定先)는 '(주) SK Capital'로 하는 것 등이 정해졌다.

(ii) '株式会社クオンツ・キャピタル(Quanz Capital Co., Ltd.)' 및 '株式会社クオンツ・キャピタル アジア リミテッド(Quanz Capital Asia Ltd.)'(이하 이 둘을 총칭하여 '양회사' 또는 '양사(兩社)'라 칭한다)는 모두 '株式会社クオンツ(Quanz Co., Ltd.)'의 완전자회사로서 'O'의 주식에 대해 '양사'의 지분율은 합하여 34.49%인 1,244주식을 보유중이다.

(iii) 양사는 본건 신주 및 신주예약권의 발행에 의하여 그 지주비율이 20.71%로 저하되기 때문에 본건 신주 및 본건 신주예약권의 발행이 유리발행 및 현저히 불공정한 방법에 의한 것이라며 그 발행의 유지를 구하였다.

(나) 판시사항:   이에 대해 법원은 본건 신주 및 신주예약권의 발행에 앞서 회사지배권에 다툼이 생긴 것은 인정되나 − 'O'가 회사지배권 유지의 의도로 본건 신주 혹은 신주예약권을 발행하였다는 것을 부정하기는 어렵지만 − 동시에 회사로서는 **적자경영으로부터 벗어나려는 의도가 있었기 때문에 지배권 유지가 회사의 주요목적이었다고 결론내리기는 어려운 사안이었다**고 보면서 결국 원고의 유지청구를 인용하지 않았다. 유리발행(有利發行) 부분에 대해서도 본건 신주 및 신주예약권의 불입가액은 각각 일본 회사법 제199조 제3항 및 동법 제238조 제3항 2호상 '특히 유리한 금액'에는 해당하지 않는다고 보았다.

(7) 마루하치증권(丸八証券株式会社)   신주예약권부사채발행금지신청사건[1061][최대주주와 2대주주간 분쟁조짐은 있었지만 자금조달성격을 부정할 수 없어 가처분신청을 각하한 사건]

(가) 사실관계:   (i) 유가증권의 매매, 유가증권지수 등 선물거래, 유가증권 옵션거래 등을 영업으로 하는 마루하치(丸八)증권(주)(Maruhachi Securities Co., Ltd.; 이하 'M'으로 略함)는 平成20년(2008년) 10월 31일, 임시이사회에서 제3자배정 형식으로 신주예약권부사채의 발행을 결의하였다.

(ii) 본건 신주예약권부사채에 첨부될 신주예약권의 내용은 다음과 같다: "(i) 각 사채에 첨부되는 신주예약권의 수는 5,000만엔의 1종류에 대하여 1개로 한다. (ii) 신주예약권의 취득과 교환할 금전의 불입은 요구되지 않는다. (iii) 신주예약권의 목적인 주식의 종류는 보통주식으로 한다. (iv) 신주예약권의 행사시 불입할 액은 사채의 발행가액과 동액으로 하고, 전환가액은 50엔으로 한다."

(iii) 본건 신주예약권부사채가 모두 보통주식으로 전환될 경우 배정받는 제3자 1인당 M의 대표자 甲의 지주비율은 15.15%에서 4.95% 상승하여 20.10%로 되는 반면 M의 주주

가처분신청사건].

1061) 나고야(名古屋)지방재판소결정, 平成20년(2008년) 11월 19일, 「金融・商事判例」 1309號, 20頁[신주예약권사채발행금지가처분신청사건].

인 '乙 Financial Holdings'(이하 '乙홀딩스'라 한다)의 지주비율은 10.91%로부터 3.63% 저하된 7.28%로 되게 되었다.

(iv) 이상의 사실관계에 기초하여 '乙홀딩스'는 본건 신주예약권의 발행이 유리발행 내지 현저히 불공정한 방법에 의한 것으로서 그 유지(발행금지)를 구하였다.

(나) 판시내용:　법원은 본건 신주예약권부사채에 부착된 신주예약권부분의 실질적 대가는 그 공정한 가치를 크게 하회하는 것이 아니고 나아가 M이 본건 신주예약권부사채의 발행을 결의할 당시 이에 상응한 **자금조달의 필요가** 있었던 것으로 인정됨에 따라 회사 **지배권의 유지 또는 쟁탈을 주된 목적으로 하여 발행한 것이라고 말할 수 없으므로 그런 이 유로 발행금지가처분을 구한 원고의 신청을 인용하지 않았다.**

(다) 주식매수선택권제도의 발전:　이하 스톡옵션제도의 발전과정을 각국별로 개관하기로 한다.

**1) 미 국:**　스톡옵션제의 母國은 미국이라 할 수 있다. 1920년대에 이미 이 제도가 도입되어 다양한 형태로 발전되어 왔다. 특히 稅制의 변화가 내용과 종류면에서 여러 형태를 派生시켰다고 한다.[1062] 이들은 크게 投資型, 報償型 및 全價値型으로 나누어진다고 할 수 있다.[1063]

가) 투자형:　대다수의 선진국에서 시행되는 형태인데 주식만을 지급대상으로 하고 수혜자는 권리행사가격만큼의 자기자금을 투자하는 유형이다. 이 형태는 세제상의 우대조치가 있는지 여부에 따라 다시 動機附與스톡옵션(incentive stock option; ISO)과 非適格스톡옵션(non-qualified stock option)으로 나누어진다.

나) 보상형:　이 형태에서는 스톡옵션을 업무수행에 대한 보상(appreciation)으로 이해하며 제공받는 주식은 일종의 성과급으로 평가된다. 그리하여 이를 부여받은 임직원은 시장가격이 행사가격을 상회할 경우 회사로부터 현금, 주식 또는 양자의 혼합형으로 지급받게 된다. 투자형과는 달리 주식취득시 株金의 납입이 요구되지 않고, 회사는 주식 대신 현금으로 대체 지급할 수도 있다. 이 유형은 다시 株價上昇報償型(stock appreciation right; SAR)과 假象株式型(phantom stock)으로 나누어진다. 전자는 임직원에게 옵션행사시점과 옵션부여시점의 주가차액을 현금이나 주식 또는 양자의 혼합형태로 지급하는 것이고, 후자는 임직원에게 일정수의 주식을 가상으로 부여하고 일정 기간 후의 주가와 가상주식부여 당시의 시가 간의 차이를 현금으로 지급해 주는 형태이다.

---

1062) 정동윤, 전게논문,「고려대 법학논집」제33집, 505면.
1063) 이에 대해 보다 자세히는, 정동윤, 전게논문, 508면 이하; 강석철, 전게 석사논문, 15면 이하; 권대현, 전게 석사논문, 18면 이하 참조.

**다) 전가치형:** 이 형태는 주식의 전체가치(full value)나 특정가치를 임직원의 업무실적에 따라 성과급의 형태로 제공하는 것이다.[1064] 이에는 다시 讓渡制限株式型(restricted stock)과 成果連繫型(performance plan)의 구별이 있다. 전자는 회사가 일정기간 매각 또는 양도할 수 없는 조건부주식을 임직원에게 무상으로 부여하는 제도이고, 후자는 회사가 임직원에 대하여 그 개인적 성과나 실적에 따라 사전에 일정수의 주식 또는 현금을 수령할 권리를 부여하는 형태이다.

**2) 프랑스:** 프랑스 상사회사법은 이미 1970년 말 "주식의 인수 또는 매수의 선택권"이란 제목으로 제208조의1에서 7까지의 규정을 신설함으로써 비교적 빠른 시기에 스톡옵션제를 제도화하게 되었다. 동법은 스톡옵션제를 주식인수선택권과 주식매수선택권의 두 가지로 나누어 규율하고 있는데, 前者는 부여회사의 상장 여부와 관계없이 회사의 종업원에게 일정기간과 가격하에 주식인수를 허용하는 제도이며, 後者는 회사가 자기주식을 취득하여 그 종업원에게 재매각하는 방식이다. 양 方式은 상법 제340조의2 제1항에 규정된 것과 내용상 거의 일치한다. 그러나 동법은 부여대상자를 회사의 전 종업원에 대해서 넓게 허용함으로써 우리 법제상으로는 종업원지주제도의 성격을 병유하고 있다고 할 수 있다.

**3) 독 일:** 독일은 스톡옵션제에 있어서는 프랑스보다 상당히 늦어 최근에 와서야 이를 받아들였다. 전래적으로 주식매수선택권(Aktienoption)에 대한 입법이 이루어지지 않다가 1998년 "기업의 감독과 투명성에 관한 법률(Gesetz zur Kontrolle und Transparenz im Unternehmensbereich; KonTraG)"[1065]에 의하여 이를 시행하게 되었다. 동법은 주식회사를 대상으로 주식법 및 관련법령을 개정하기 위한 특별 입법이었다. 이에 따라 독일 주식법은 條件附增資부분과 자기주식취득금지부분에서 개정되었고 그 결과 新株引受方式[1066]과 自己株式取得方式[1067]에 의한 스톡옵션의 가능성을 열어 놓았다.[1068]

---

1064) 1990년대 말과 2000년대 초에 미국의 다수 기업에서 지배구조문제가 불거지자 이들은 장기적인 인센티브 보상체계를 모색하게 되었고 이들이 그 결과물이다(Kim-Nofsinger-Mohr, *Corporate Governance*, 3rd ed., p. 17).

1065) 1998년 4월 27일 공포, 1998년 5월 5일 시행, BGBl. I 1998, 786.

1066) 독일 주식법 제192조 제2항 제3호; 근로자 또는 경영진에게 신주인수권을 부여할 목적으로 하는 주주총회의 조건부증자결의는 근로자 또는 경영진에게 신주인수권을 부여한다는 뜻, 신주인수권의 취득시기와 행사시기, 취득목적 및 신주인수권의 최초행사를 위한 대기기간을 정하도록 하고 있다. 이 때 조건부자본의 액면가는 회사의 기본자본의 10%를 초과할 수 없다고 한다.

1067) 1998년 개정 주식법 제71조 제1항 제8호; "회사는 최저가격과 최고가격을 정하고 기본자본의 10%를 초과하지 않는 범위 내에서 주주총회의 수권에 의하여 자기주식을 취득할 수 있다. 단 총회의 수권은 18개월을 초과하지 못하며, 자기주식을 '거래'하기 위한 목적으로 취득하는 것은 금지된다."

1068) 유진희, "한국상법의 미래-최근 독일상법의 개정을 바라보며-", 하촌정동윤선생회갑기념논문집, 1999, 1면 이

**4) 일 본:** 일본의 기업문화는 연공서열과 종신고용으로 특징지어졌고 상법이나 증권거래법에서도 임직원에 대한 양도목적의 自社株保有를 금지하여 왔기 때문에 스톡옵션제는 그 도입가능성이 희박한 것이었다. 그리하여 신주인수권부사채 등 여타의 '類似스톡옵션제'가 이 제도를 代行하여 왔다고 할 수 있다.[1069] 그러나 1995년 벤처기업의 인재확보책으로 스톡옵션제가 긴요하여 이를 부분적으로 허용하였고,[1070] 이윽고 1997년에 이르러서는 이를 일반화하는 상법개정이 후속되었다.[1071] 그리하여 상장회사나 비상장회사를 가리지 않고 스톡옵션이 가능하게 되었다.

현재 일본에서는 2006년 회사법이 일본 상법으로부터 독립하여 단행 법률로 만들어짐에 따라 스톡옵션과 관련해서는 이에 따라 신주예약권제도가 시행되고 있다(일본 회사법 제236조 이하). 종래 일본 상법에서는 전환사채나 신주인수권부사채 나아가 스톡옵션 등 이른바 콜옵션 류(類)에 대해서만 그 발행을 허용하였다. 그러다가 2001년 11월의 상법개정에서 보다 광범한 대상을 포섭하는 신주예약권제로 일반화되었고, 2006년 새로이 제정된 일본 회사법은 이를 수용하여 제236조에서부터 제294조에 이르기까지 신주예약권제를 자세히 규정하고 있다. 현재 일본 회사법상 스톡옵션은 이사나 종업원에 대한 인센티브 보수로 부여되며 해당 신주예약권은 유리발행(有利發行)의 절차에 따라 무상(無償)으로 발행되는 것으로 풀이된다.[1072]

**(라) 스톡옵션제의 기능:** 주식매수선택권제도는 다음과 같은 순기능과 역기능을 갖고 있다. 이를 차례로 살피기로 한다.

### 1) 순기능

#### 가) 부여기업에 대한 효과

① **대리인비용의 감소와 생산성 향상:** 우선 스톡옵션제는 이 제도를 시행하는 회사에 代理人費用(agency cost)의 減少效果를 가져온다. 소유와 경영의 분리는 근대기업의 대원칙으로 자리잡았지만 한편 전문경영인은 수임인에 불과하여 기업의 이익과 경영인의 이익이 상반하고 이사가 회사에 대한 충실의무를 제대로 이행하지 않는 경우 회사에 손해가 발생하며 이를 방지하기 위하여는 여러 단계의 감시감독이 필요하고 또 이를 위한 비용도 발생하게 마련이다. 그러나 스톡옵션제를 이용함으로써 임원

---

하, 20, 21면.

1069) Sony 같은 대기업이 신주인수권부사채를 유사스톡옵션으로 이용하여 왔다고 한다.

1070) 特定新規事業實施圓滑化臨時措置法(1995년 11월)은 벤처기업의 신규사업지원조치의 일환으로 비상장회사에 한하여 인재확보수단으로 이를 허용하였다(동법 제8조 1, 제2항).

1071) 1997. 5. 16. 개정상법 제210조의2(조문개정), 제280조의19 내지 22(신설).

1072) 神田秀樹, 會社法, 第二十版, 弘文堂, 2018, 166면 이하 특히 170~171면.

진은 기업의 주인의식을 갖게 되고 기업의 이해와 경영인의 이해가 일치하여 양자의 대립에서 야기되는 여러 비용을 절감할 수 있다.

나아가 스톡옵션이 이루어짐으로써 단순한 受任人이나 被傭者의 지위에 있던 임직원은 주인의식을 갖게 되고 이는 곧 생산성향상으로 직결된다. 영업실적의 향상은 주가상승으로 이어지고, 주가상승은 곧 그들의 이익으로 작용하기 때문이다. 이로써 기업의 내재가치는 상승하고 대외경쟁력도 강화된다. 이렇게 스톡옵션제는 소극적으로는 대리인비용의 감소, 적극적으로는 생산성향상이라는 장점을 부여회사에 제공한다.

② **세금절감:**  스톡옵션제의 모국인 미국에서 다양한 형태가 나타나게 된 것은 세제상의 혜택이 큰 변수로 작용하였다. 이렇게 스톡옵션제는 세제와 무관하지 않다. 조세특례제한법(租稅特例制限法)은 동법 제16조의2에서 벤처기업의 주식매수선택권에 대한 행사이익의 납부특례를 정하고 있다.[1073]

③ **우수인재의 확보:**  스톡옵션제는 특히 벤처기업에서 우수인재를 확보하는 데 크게 기여하고 있다. 우수인재를 확보하기 위하여는 임금의 부담이 가중되는데 스톡옵션제를 이용함으로써 최소의 비용으로 목적을 달성할 수 있다.

④ **기업의 재무구조와 지배구조의 개선:**  스톡옵션을 통하여 기업은 임금이라는 고정비용을 줄일 수 있고 이를 통하여 자금의 유동성을 확보할 수 있다. 또 이렇게 절감된 지출항목을 통하여 얻어진 액수로 신규기술개발이나 연구투자를 할 수 있어 경쟁력강화를 꾀할 수 있다. 또 임금의 인상에 대해서도 그때 그때 지출부담을 느낄 필요가 없다.

주식매수선택권제는 이러한 재무구조의 개선효과뿐만 아니라 회사의 지배구조에도 영향을 줄 수 있다. 스톡옵션을 통하여 소유분산은 촉진되고 가족중심의 지배구조에서 해방되어 안정적인 다수의 임직원을 주주로 확보할 수 있다.[1074] 이로써 적대적 M&A에 대한 對抗力도 향상된다.

나) **주식매수선택권자에 대한 장점:**  우선 주식매수선택권의 수혜자인 임직원은 스톡옵션을 부여받을 경우 근로소득세가 비과세되므로 회사로부터 추가급여의 형태로 지급받을 때보다 세부담을 면하거나 감소시킬 수 있다. 특히 상장·등록법인에 있어서는 주식매입선택권을 행사하고 이 때 취득한 주식을 양도하는 경우 양도차익에 대해서도 非課稅의 혜택이 주어지므로 증권거래세만 부담하면 된다.[1075] 나아가 주가

---

1073) 보다 자세히는 강석철, 전게논문, 95면 이하.
1074) 상법은 대주주(10% 이상 주식보유자) 및 주요경영사항에 대해 사실상의 영향력을 행사하는 자 및 이들의 배우자와 직계존비속에게는 스톡옵션의 부여를 금지하고 있다(상법 제340조의2 제2항).

가 행사가격 이하로 떨어졌을 때에는 스톡옵션을 행사하지 않으면 되고 행사가격 이상으로 상승했을 때에만 선택권을 행사하면 되므로 주가하락에 따른 위험부담도 없다. 끝으로 주식매수선택권을 유효적절하게 행사함으로써 기업의 임직원은 유리한 재산형성기회도 가질 수 있다.

다) **주주에 대한 효과:**　일반주주들에게도 스톡옵션제는 장점을 갖고 있다. 비록 신주교부방식에서는 임직원에게 부여되는 숫자만큼 기존 주주의 신주인수권이 제한되는 현상이 나타나긴 하지만 기업의 생산성향상과 경쟁력강화는 궁극적으로 기존 주주들에게도 이익으로 작용할 것이다. 또한 주식매수선택권에 대한 의사결정은 반드시 주주총회를 거치도록 되어 있으므로($\frac{\mathrm{상}}{2}\mathrm{1}^{340의}$) 피부여자에 대한 과도한 이익제공을 견제하여 주주의 이익을 방어할 수 있다.

라) **국가 전체에 대한 효과:**　주식매수선택권제도는 국가 전체적으로도 벤처기업의 창업을 촉진하여 산업구조의 합리화에 기여할 수 있다. 대기업중심의 독과점체제를 개선하고 특히 정보통신산업에서 경쟁력 있는 다수의 중소기업을 육성하자면 스톡옵션제는 반드시 필요할 것이다. 일본이나 우리나라에서나 벤처기업이 이 제도 도입의 선두주자였다는 사실이 이를 반증하고 있다.

**2) 역기능:**　그러나 스톡옵션제는 이러한 장점에도 불구하고 다음과 같은 많은 부작용을 낳을 수 있다.

우선 부여회사에게는 이 제도를 통하여 임직원에게 과도한 보상이 이루어져 경영 전반에 부작용이 나타날 수 있다. 특히 주가상승이 경영성과에 힘입은 것인지 전체 주식시장의 動向에 기인한 것인지 애매모호할 때 이러한 위험은 더 크게 나타날 수 있다.[1076] 나아가 경영자의 노력과 관련 없는 주가상승분에 대해서까지 주가에 따른 보상이 이루어지면 인센티브의 효과는 줄어들고 장기적 경영성과보다는 단기의 주가 상승만 노리는 근시안적 경영행태가 정착될 수 있다.[1077] 나아가 경영자에 대한 과도한 보상은 다수 근로자에 대한 근로의욕의 저하와 인간관계에 악영향을 미쳐 결과적으로 근로분위기를 해칠 수 있다.

나아가 수혜자에게도 부작용이 나타날 수 있는바, 성실히 노력하여 기업가치의 상승에 기여했음에도 불구하고 전체 자본시장의 악화로 노력의 대가를 충분히 보상받지 못하는 경우에는 정상적인 보수체계에 있을 때보다 더 위약한 지위를 경험하게 된

---

1075) 정상근, 전게논문, 201면.
1076) Kim-Nofsinger-Mohr, *Corporate Governance*, 3rd ed., p. 19.
1077) Kim-Nofsinger-Mohr, *ibid.*, p. 19.

다.[1078] 나아가 행사기간이나 행사조건이 부적정한 경우에는 심리적 부담만 가중된다.

끝으로 국가 전체에도 부작용이 나타날 수 있다. 근시적인 주가상승에만 치중하여 사행성을 만연시키는 경우 국가 전체의 대외경쟁력이나 건전한 기업문화에 악영향을 미칠 수 있다.

### (마) 주식매수선택권의 성립요건

**1) 부여주체:** 주식매수선택권을 부여할 주체는 2000년 개정상법이 이 제도를 상법에 일반화하였으므로 상법개정 이전보다 매우 넓어졌다고 할 수 있다. 그리하여 상법상의 주식매수선택권에 대해서는 모든 株式會社가 부여주체가 될 수 있다. 그러나 특별법상의 스톡옵션제에서는 부여주체에 제한이 가하여질 수 있다. 상장법인에 대해서는 상법 제542조의3에 특칙이 있다.

**2) 대상자(피부여자):** 주식매수선택권의 주체는 상법상으로는 회사의 설립·경영과 기술혁신 등에 기여하거나 기여할 수 있는 회사의 이사·집행임원·감사 또는 피용자이다($\frac{상}{1}^{340의}$). 그러나 제도운영의 공정성확보를 위하여 일정한 제한을 가하고 있다. 그리하여 (i) 의결권없는 주식을 제외한 발행주식총수의 100분의 10 이상의 주식을 가진 주주, (ii) 이사·집행임원·감사의 선임과 해임 등 회사의 주요경영사항에 대하여 사실상 영향력을 행사하는 자 및 (iii) 상기 (i)과 (ii)에 해당하는 자의 배우자와 직계존비속은 부여대상에서 제외된다($\frac{상}{2}^{340의}_{II}$).

**3) 부여한도:** 상법상의 주식매수선택권을 위하여 발행할 신주 또는 양도할 자기주식은 회사의 발행주식총수의 10%를 초과할 수 없다($\frac{상}{2}^{340의}_{III}$). 스톡옵션제는 일정한 자에게 특별히 유리한 가격으로 신주를 교부하거나 自社株를 양도해 주는 제도이므로 타주주와의 이해관계상 그 부여규모에는 제한이 불가피하다.

**4) 부여방식:** 상법이든 특별법에 의한 스톡옵션이든 현재 우리나라에서는 新株發行交付方式, 自己株式交付方式 및 株價差益受益權方式(SAR) 등 세 가지 부여방식이 허용되고 있다($\frac{상}{2}^{340의}_{1}$). 따라서 이들 방식 가운데 어느 하나를 취하여야 한다. 신주교부방식은 주식매수선택권의 행사가격으로 새로이 주식을 발행하여 교부하는 방식이고, 자기주식교부방식은 회사가 자기주식을 매수하여 이를 보유하고 있다가 피부여자가 주식매수선택권을 행사하여 행사가격을 납입한 경우 자기주식을 그에게 교부하는 방식이다($\frac{상}{2}^{340의}_{1 I}$). 끝으로 주가차익수익권방식이란 행사가액이 행사일을 기준으로 평가

---

1078) Kim-Nofsinger-Mohr, *ibid.*, p. 19.

한 주식의 시가보다 낮은 경우 회사가 그 차액을 현금으로 지급하거나 그 차액에 상당하는 자기주식을 양도하는 방식이다($^{\text{상}}_{2}\,^{340의2}$). 현재 우리나라에서 시행되고 있는 방식 중에는 신주발행방식이 가장 선호되고 있고 자기주식방식이나 SAR방식이 신주발행방식과 병행하여 부분적으로 시행되고 있다.[1079]

**5) 정관규정의 존재:** 주식매수선택권이 성립하자면 회사의 정관에 이에 관한 규정을 두어야 한다($^{\text{상}}_{2}\,^{340의}$). 그리고 이러한 정관규정은 최소한 다음 다섯 가지 사항을 포함하고 있어야 한다($^{\text{상}}_{3}\,^{340의}$). 첫째 일정한 경우 주식매수선택권을 부여할 수 있다는 뜻, 둘째 주식매수선택권의 행사로 발행하거나 양도할 주식의 종류와 수, 셋째 주식매수선택권을 부여받을 자의 자격요건, 넷째 주식매수선택권의 행사기간, 다섯째 일정한 경우 이사회결의로 주식매수선택권의 부여를 취소할 수 있다는 뜻이 그것이다.

**6) 주주총회의 특별결의:** 주식매수청구권이 성립하자면 상기 정관규정의 테두리 내에서 주주총회가 특별결의로 피부여자와 부여조건을 확정하여야 한다. 이 결의에서는 ㉠ 피부여자의 성명, ㉡ 부여방법, ㉢ 행사가액과 그 조정에 관한 사항, ㉣ 행사기간, ㉤ 주식매수청구권의 행사로 교부하거나 발행할 주식의 종류와 수를 확정하여야 한다($^{\text{상}}_{3}\,^{340의}_{\text{II}}$).

**7) 행사가액:** 상법상 자기주식교부방식의 경우 행사가액은 주식매수선택권의 부여일을 기준으로 한 주식의 실질가액 이상이어야 하고, 신주발행방식일 때에는 주식매수선택권의 부여일을 기준으로 한 주식의 실질가액과 주식의 액면가 중 높은 금액 이상이어야 한다($^{\text{상}}_{2}\,^{340의}_{\text{IV}}$).[1080] 그러나 제3의 방식인 SAR에서는 행사가액에 대한 제한은 없다.

**8) 행사기간**

**가) 시기(始期):** 주식매수선택권은 상기의 주주총회결의가 이루어진 날로부터 2년 이상 在任 또는 在職한 후에만 이를 행사할 수 있다($^{\text{상}}_{1}\,^{340의}$). 주식매수선택권은 회사에 기여한 바가 큰 임직원에게 이를 보상해 주고 또 근로의욕을 고취시키는 성과급적 제도이므로 일정기간의 도과를 그 행사전제요건으로 한 것은 지극히 당연한 것이다. 다만 상장법인에 대해서는 상법 제542조의3 제4항("대통령령으로 정하는 경우"에는 예외가 인정됨)에 특칙이 있다. 당연히 비상장법인에 대해서는 이 특칙이 적용되지

---

1079) 각종 회사별 시행상황에 대해서는 강석철, 전게논문, 138면 이하 참조.
1080) 단, 무액면주식을 발행한 경우에는 자본으로 계상되는 금액 중 1주에 해당하는 금액을 권면액으로 본다(2011년 개정상법 제340조의2 제4항 제1호 단서 참조).

않으며 이 특칙을 구체화하고 있는 상법시행령 제30조 제5항("대통령령으로 정하는 경우"의 구체화)도 적용되지 않는다. 이러한 적용관계에 대해서는 아래의 판례가 있다.

> **대판 2011. 3. 24, 2010다85027**
>
> "[1] 상법 제340조의4 제1항과 구 증권거래법(2007. 8. 3. 법률 제8635호 자본시장과 금융투자업에 관한 법률 부칙 제2조로 폐지, 이하 '구 증권거래법'이라 한다) 및 그 내용을 이어받은 상법 제542조의3 제4항이 주식매수선택권 행사요건에서 차별성을 유지하고 있는 점, 위 각 법령에서 '2년 이상 재임 또는 재직' 요건의 문언적인 차이가 뚜렷한 점, 비상장법인, 상장법인, 벤처기업은 주식매수선택권 부여 법인과 부여 대상, 부여 한도 등에서 차이가 있는 점, 주식매수선택권 제도는 임직원의 직무 충실로 야기된 기업가치 상승을 유인동기로 하여 직무에 충실하게 하고자 하는 제도인 점, 상법의 규정은 주주, 회사의 채권자 등 다수의 이해관계인에게 영향을 미치는 단체법적 특성을 가지는 점 등을 고려하면, 상법 제340조의4 제1항에서 정하는 주식매수선택권 행사요건을 판단할 때에는 구 증권거래법 및 그 내용을 이어받은 상법 제542조의3 제4항을 적용할 수 없고, 정관이나 주주총회의 특별결의를 통해서도 상법 제340조의4 제1항의 요건을 완화하는 것은 허용되지 않는다고 해석하여야 한다. 따라서 본인의 귀책사유가 아닌 사유로 퇴임 또는 퇴직하게 되더라도 퇴임 또는 퇴직일까지 상법 제340조의4 제1항의 '2년 이상 재임 또는 재직' 요건을 충족하지 못한다면 위 조항에 따른 주식매수선택권을 행사할 수 없다.
>
> [2] 주식매수선택권을 부여받은 비상장법인 임직원들이 자신들의 귀책사유가 아닌 사유로 비자발적으로 퇴임·퇴직한 경우에 상법 제340조의4 제1항의 최소 재임(재직) 요건에 관계없이 주식매수선택권을 행사할 수 있는지가 문제된 사안에서, 그러한 경우라 하더라도 최소 재임(재직) 요건을 충족하지 못하는 한 위 조항에 따른 주식매수선택권을 행사할 수 없다고 한 사례."

**나) 종기(終期):**    주식매수선택권을 언제까지 행사하여야 하는지에 대하여 상법은 아무런 규정을 두고 있지 않다. 즉 스톡옵션행사의 종기(終期)에 대해서는 시기(始期)와 달리 상법상 아무런 규정을 발견할 수 없다. 따라서 판례는 아래와 같이 탄력적인 잣대를 제시하고 있다.

> **대판 2018. 7. 26, 2016다237714 [스톡옵션행사차액보상청구의소]**
>
> "상법은 주식매수선택권을 부여하기로 한 주주총회 결의일(상장회사에서 이사회결의로 부여하는 경우에는 이사회 결의일)부터 2년 이상 재임 또는 재직하여야 주식매수선택권을 행사할 수 있다고 정하고 있다(상법 제340조의4 제1항, 제542조의3 제4항, 상법 시행령 제30조 제5항). 이와 같이 상법은 주식매수선택권을 행사할 수 있는 시기(始期)만을 제한하고 있을 뿐 언제까지 행사할 수

있는지에 관해서는 정하지 않고 회사의 자율적인 결정에 맡기고 있다. 따라서 회사는 주식매수선택권을 부여받은 자의 권리를 부당하게 제한하지 않고 정관의 기본 취지나 핵심 내용을 해치지 않는 범위에서 **주주총회 결의와 개별 계약을 통해서 주식매수선택권을 부여받은 자가 언제까지 선택권을 행사할 수 있는지를 자유롭게 정할 수 있다**고 보아야 한다."

**9) 부여계약서의 작성:** 주식매수선택권이 성립하자면 부여자와 피부여자간의 부여계약이 체결되어야 한다($\frac{\text{상}}{3}\frac{340\text{의}}{\text{III}}$). 상법은 이 계약이 서면형식을 취할 것을 요구하고 있다. 이 계약에는 ㉠ 주식매수선택권의 행사가격 및 그 조정에 관한 사항, ㉡ 주식매수선택권의 행사기간, ㉢ 행사방법 및 절차, ㉣ 주식매입선택권의 양도 및 담보제공 등의 제한, ㉤ 주식매수선택권의 행사에 따른 법인의 이행기간, ㉥ 주식매수선택권의 취소에 관한 사항 등이 포함되어야 한다($\frac{\text{주식매입선택}}{\text{권운영기준 4}}$).[1081]

**10) 공 시:** 상법상의 주식매수청구권에서는 스톡옵션에 관한 정관규정을 설립등기 및 성립 후에는 회사등기부에 登記하여야 한다($\frac{\text{상 317 II 3호의}}{\text{3: 상 317 IV, 183}}$). 나아가 부여회사와 피부여자간의 부여계약서는 주식매수선택권의 행사기간이 종료할 때까지 부여회사의 본점에 備置하고, 주주로 하여금 영업시간 내에 이를 열람할 수 있도록 하여야 한다($\frac{\text{상}}{3}\frac{340\text{의}}{\text{IV}}$).

**(바) 주식매수선택권의 행사 및 그 효과**

**1) 행사방법:** 상기의 요건이 충족된 가운데 행사기간이 도래하면 피부여자는 주어진 조건하에 주식매수선택권을 행사할 수 있다. 주식매입선택권을 행사하고자 하는 임직원은 법인에 대하여 書面으로 이를 신청하여야 한다($\frac{\text{주식매입선택권}}{\text{운영기준 8 I}}$).

自己株式交付型에서는 주식매수선택권의 부여일을 기준으로 한 주식의 실질가액을 주식매수청구권의 행사가액으로 하므로($\frac{\text{상}}{2}\frac{340\text{의}}{\text{IV 2호}}$), 예컨대 부여일을 기준으로 10,000원이 실질가격이었다면 행사 당시의 주가와 상관 없이 10,000원으로 주식매입을 청구할 수 있다. 부여일기준의 실질가격보다 행사 당시의 가격이 고액이라면 이를 행사할 것이고, 그 반대이면 주식매수선택권을 행사하지 않을 것이다.[1082]

新株交付型에서는 부여일을 기준으로 한 주식의 실질가액과 주식의 권면액 중 높은 금액으로 주식매수선택권을 행사하므로($\frac{\text{상}}{2}\frac{340\text{의}}{\text{IV 1호}}$), 항상 권면액 이상으로만 주식매수선택권이 행사될 것이다.[1083]

---

1081) 부여계약서의 예시로는 강석철, 전게논문, 151면 이하 참조.
1082) 나승성, 상법개정안축조해설-1999년 상법개정안-, 도서출판 자유, 174면.
1083) 단, 무액면주식을 발행한 경우에는 자본으로 계상되는 금액 중 1주에 해당하는 금액을 권면액으로 본다(2011

差額交付型에서는 주식매수선택권의 행사가액이 주식의 실질가액[1084]보다 낮은 경우 회사는 그 차액을 금전으로 지급하거나 자기의 주식으로 교부할 수 있으므로, 예컨대 행사가격(계약가격)이 10,000이고 실질가격(시장가격)이 15,000이면 주당 5,000씩의 차액이 발생하므로 이 액수와 교부할 주식수를 곱하여 그 금액만큼 현금으로 청구하거나, 1주당 주식가격으로 나누어 그 수량만큼의 주식을 청구하게 될 것이다.[1085]

**2) 행사의 효과:**   주식매수선택권은 피부여자의 일방적 의사표시에 의하여 효력이 발생하는 形成權이다.[1086] 따라서 회사의 승낙을 기다릴 필요 없이 의사표시의 도달로 예정된 법률효과가 도래한다. 신주교부형에서는 정관과 총회결의에 예정된 바대로의 신주가 교부되고, 자기주식형에서는 회사가 보유한 자기주식이 양도되며, SAR형에서는 주가차익이 현금 또는 자기주식의 형태로 지급 또는 교부될 것이다. 이에 따라 신주교부형에서는 신주의 株金을 납입한 다음날 주주가 되고($\frac{상}{423}$), 자기주식형에서는 매수대금의 지급일에 주주가 된다. 주가차익형에서는 주가차익을 현금으로 교부하기로 약정한 경우에는 선택권행사와 더불어 그 차익에 대한 청구권이 발생한다.

신주인수형에 대해서는 전환주식과 신주인수권부사채에 관한 다수의 규정이 준용되고 있고($\frac{상\ 340의}{5\ 참조}$), 행사결과 자본이 증가하므로 이에 따른 변경등기가 수반되어야 할 것이다.

**(사) 취소 및 양도:**   상법 및 '벤처법'에서는 주식매수선택권의 취소에 관한 별도의 규정을 두고 있지 아니하다. 따라서 부여계약서 작성시 자율적으로 그 취소요건을 정할 수 있을 것이다. 이 경우 계약상의 취소사유가 충족되면 회사는 취소의 의사결정을 하여야 하는데 상법은 이를 이사회결의로 하도록 규정하고 있다($\frac{상\ 340의}{3\ Ⅰ\ 5호}$). 물론 이사가 1인인 경우에는 주주총회가 이를 대행하여야 할 것이다($\frac{상\ 383}{}$).

주식매수선택권은 이를 타인에게 양도할 수 없다($\frac{상\ 340의}{4\ Ⅱ\ 1호}$). 다만 상법상의 주식매수선택권의 경우에는 선택권을 행사할 수 있는 자가 사망한 경우 그 相續人이 이를 행사하는 것은 무방하다($\frac{상\ 340의}{4\ Ⅱ\ 2호}$). 주식매수선택권이 회사에 대한 임직원의 기여도를 고려하고 이를 부추기기 위한 제도임을 고려할 때 이러한 양도제한은 큰 어려움 없이 인정될 수 있을 것이다.

---

년 개정상법 제340조의2 제4항 제1호 단서 참조).
1084) 이 경우 株式의 實質價額은 株式買受選擇權의 行使日을 기준으로 평가한다(상법 제340조의2 제1항 제3호).
1085) 나승성, 상법개정안축조해설-1999년 상법개정안-, 도서출판 자유, 175면.
1086) 정동윤, 전게논문, 「고려대 법학논집」 제33집, 505면.

(아) 주식매수선택권과 관련된 문제점

**1) 상법 제388조와의 관계:**     주식매수선택권이 이사의 보수규정과는 어떤 관계에 놓여 있느냐가 문제시된다. 만약 보수가 아니라고 할 것 같으면 상법 제388조상의 주주총회결의는 요구되지 않고, 반대로 이를 긍정한다면 동조상의 주주총회결의가 요구될 것이다.

학설은 긍정설과 부정설로 나누어진다. 긍정설에서는 이사의 보수란 명칭여하를 불문하고 회사의 직무수행에 대한 보상으로 지급되는 일체의 대가이므로 주식매수청구권에 있어서도 그 부여나 행사 후 취득한 주식의 시가와 행사가격간의 차액은 상법 제388조상의 보수에 해당한다고 한다. 다만 주식매수선택권을 부여하기 위하여는 주주총회의 특별결의가 요구되므로 통상의 보수와 달리 상법 제388조상의 주주총회결의는 별도로 요구되지 않을 뿐이라고 한다. 이에 반하여 부정설에서는 주식매수선택권에서 얻는 차액에 대해서는 그 양도제한성과 이익의 불확실성을 들어 직무대가성을 부정하고 결국 상법 제388조상의 보수에서 이를 제외시키려 한다.

생각건대 주식매수선택권의 부여나 그 행사를 통한 주식의 시가와 행사가격간의 차액은 이사의 직무와 무관하지 않으므로 그 報酬性을 부정할 수는 없다고 본다. 다만 통상의 보수와 달리 주식매수선택권의 경우에는 정관규정과 주주총회의 특별결의를 거치는 별도의 통제장치가 마련되어 있으므로 상법 제388조상의 통제를 반드시 거칠 필요는 없다고 해석된다. 결론적으로 긍정설에 찬동한다.

**2) 상법 제398조와의 관계:**     주식매수선택권을 부여하기 위한 부여회사와 이사간의 계약이 상법 제398조상의 자기거래에 해당하는지 의문시되고 있다. 이러한 이사와 부여회사간의 계약 역시 선택권행사 후 회사의 신주발행의무나 자사주양도의무, 차액급부의무 등이 발생하는 점에서 회사와 이사간에 이해충돌의 가능성이 있는 거래라고 하여야 할 것이다. 다만 상법 제398조가 예정한 이사회결의를 반드시 거쳐야 하는지 여부는 좀 더 생각할 필요가 있다. 상법이나 특별법에서 모두 정관규정과 더불어 스톡옵션의 주요내용을 결정하는 주주총회의 특별결의를 거치도록 요구하고 있으므로($^{상\ 340의}_{2\ 1}$), 이러한 상법이나 특별법상의 규정은 상법 제398조보다 우선하는 특별규정으로 새겨야 할 것이다.

따라서 주식매수선택권을 부여하는 주주총회의 특별결의를 거친 경우에는 다시 상법 제398조상의 이사회승인결의까지 요구되지는 않는다고 본다.

**3) 상법 제424조의2와의 관계:**     상법 제424조의2는 "이사와 통모하여 현저하게

불공정한 가액으로 신주를 인수한 자는 회사에 대하여 공정한 발행가액과의 차액에 상당한 금액을 지급할 의무가 있다"고 규정하고 있다. 여기서 상법 제340조의2 제1항이 예정한 바대로 부여회사가 피부여자에게 특별히 유리한 행사가액으로 주식매수선택권을 부여하였다면 이것이 상법 제424조의2의 적용대상이 될 수 있는지 의문시되고 있다.

상법 제424조의2의 적용이 가능하자면 이사와 통모하여 불공정한 가액을 정하여야 한다. 그런데 주식매수선택권의 경우에는 이사와 인수인간의 통모가 아니라 정관규정과 이에 기한 주주총회의 특별결의를 반드시 거치게 되어 있으므로 우선 이 요건이 충족될 수 없다고 보아야 한다. 나아가 인수가액의 불공정성이라는 요건 역시 충족될 수 없다. 회사에 대한 기여 또는 미래의 기여도가 확실한 경우에만 부여될 수 있는 권리이므로 행사가액이 특히 주식의 시가와 큰 차이를 보인다 할지라도 그 차액은 결국 성과급의 성격을 가지게 되는 것이다. 이러한 점을 고려하면 주식매수선택권의 경우에는 상법 제424조의2의 적용이 불가하다고 생각된다.[1087]

## V. 집행임원제

### 1. 서 설

본관의 서론부분에서도 이미 언급하였지만, 오늘날 미국의 대회사에 있어 이사회는 대부분 사외이사로 충원되고[1088] 이사회는 주로 감독기능만 수행하며 업무집행은 Officer라 불리우는 집행임원들이 수행한다. 이사회의 기능은 감독형 이사회(monitoring board)로 축소되었고, 기존의 이사회는 감독형 이사회와 집행임원회(management board)로 양분된다. GE나 GM 등 우리나라의 삼성전자나 현대차에 해당하는 대기업들의 홈페이지에서 독자들은 이를 확인할 수 있을 것이다.[1089] 우리 상법도 이러한 이사회기능의 시간적 진화에 발맞추어 집행과 감독의 양자를 분리할 경우 이에 필요한 경영지배구조의 틀을 성문화하였다.[1090] 그러나 우리 상법은 어디까지나 기업의 선택에 본제도의 도입을 맡기고 있으므로 기업들은 자유롭게 그 도입여부를 스스로 결정할 수 있다.[1091]

---

1087) 손성, 전게논문, 179면; 강석철, 전게논문, 112면.
1088) 물론 전부는 아니지만 대기업의 경우 상당수가 그러하며 이사회구성원 중 사내이사는 CEO로 한정되는 경우가 많다.
1089) www.ge.com, www.gm.com 등을 참조하라.
1090) 상법 제408조의2 내지 상법 제408조의9까지 8개의 조문이 그것이다.

이러한 선택가능성은 기업들의 입장에서 보면 매우 중요한 것이다. 이제 한·미 양국간 회사문화의 저변을 비교해보자. 이러한 비교없이 미국식 제도를 우리나라에 수정없이 도입할 경우 여러 측면에서 혼란이 나타날 가능성이 크기 때문이다. 미국은 우리가 잘 인지하고 있다시피 지리적으로 매우 광활한 나라이다. 대서양에서 태평양 까지 동서로 3시간의 시간차가 존재하며 국토의 면적은 우리나라와는 비교가 되지 않는다. 이런 광활한 대지위에 주주들은 널리 분산되어 있고 주주총회가 소집되어도 대회사의 경우 대부분의 주주들은 물리적으로 총회에 참석하지 않는 것이 보통이 다.[1092] 아니 정확히 표현하면 '참석하지 않는 것'이 아니라 '참석할 수가 없다'.[1093] 잘 분산된 주식소유와 광활한 면적이 주주들의 소극성으로 이어지고 이러한 사정은 경 영지배구조에도 영향을 미친다. 소극적인 주주들을 대변할 공익적 존재, 즉 주주들의 대변인이 필요한 것이다.[1094] 이들이 사외이사로 선출되어 이사회로 진출하고 이들은 CEO나 CFO 등 전문경영인을 감시·감독하는 역할을 맡게 된다. 이렇게 되면 자연 스레 기존의 이사회는 주로 사외이사로 충원될 수밖에 없고 또 회사의 'daily busi- ness'를 접하지 않는 사외이사들은 회사의 일상(日常)을 모르므로 전문경영인에게 업무 집행을 맡길 수밖에 없다. 남는 것은 이들을 감독하고 지켜보는 것이다. 이렇게 하여 집행과 감독의 분리는 자연스레 찾아온다. 물론 이렇게 집행과 감독이 분리된다 해도 회사마다 차이가 있겠지만 사실상 유능한 CEO라면 감독이사회의 의장직(Chairman of the board; COB)까지 겸한다. 양 직위의 겸직이 양 직위의 분리보다 더 자주 관찰된다.

그러나 우리나라에서는 사정이 많이 다르다. 내국적으로 시차가 존재하지도 않고 주주들의 총회출석을 저해하는 공간적 광활함도 없다.[1095] 나아가 주식소유의 분산이 미국대회사에서 처럼 완전하지도 않다. 여전히 창업자와 그가 속한 가족들의 회사지 배는 계열사간 순환출자구조속에서 견고하며[1096] 사외이사들은 경영자가 아니라 대주 주와 그들의 친인척들을 감시하여야 한다.[1097] 이러한 저변의 차이는 미국식 집행임원

1091) 상법 제408조의2 제1항 참조. 이에 이르기까지 다년간 의견대립이 팽팽하였다.
1092) 버클리대(UC Berkeley) 로스쿨에서 회사지배구조론 강의를 담당하셨던 Eric Finseth 변호사는 필자와의 대담 에서 이러한 사실들을 구두로 직접 확인해주셨다.
1093) 비행기를 타고 호텔에 투숙하며 총회장에 도착하였다고 회사가 그 비용을 보상해줄까?
1094) 흥미롭게 지켜봐야 할 것은 미국의 대통령선출방식이다. 아직도 간접선거방식을 유지하고 있다. 일반국민들 이 직접 대통령후보에 대해 투표하는 것이 아니라 국민들은 선거인단만 뽑고 선거인단이 대통령을 선출한다. 왜 이러한 방식이 채택되었을까를 생각해보아야 한다. 이러한 정치전통은 미국의 회사지배구조를 연구하는 데에도 도움이 된다.
1095) 사실 우리나라는 현재 남북분단의 상황에서 작은 섬 같은 나라이다. 서울을 중심으로 한 수도권과 그 변두리 라 해도 좋다. 미국과 비교하면 사실상 도시국가라 불러도 크게 틀리지 않는다. 주주들이 물리적으로 총회장에 참석하기 어려운 공간적 장애는 미국과 비교하면 거의 없다고 봐도 좋다.
1096) 박상인 편저, 한국의 기업지배구조 연구, 법문사, 2008, 91~133면에 나오는 다수의 그림을 참조하라.
1097) 특히 최근 대기업 대주주의 친인척에 대한 '일감몰아주기'가 사회적으로 큰 이슈가 되었고, 이를 막기 위한 회 사기회유용금지의 법리가 성문화되기에 이르렀다(2011년 3월의 개정상법 제397조의2 참조).

제의 도입에 커다란 장애가 될 것이다.

독일의 주식회사에서도 집행임원제는 시행되고 있다. 그러나 독일식 경영지배구조
는 사회국가(Sozialstaat)의 모델위에 놓여 있다. 공동결정제도(Mitbestimmung)가 함께
시행되고 있으며 주식의 소유구조 역시 우리나라와는 많이 다르다. 대규모 은행들의
안정적인 주식소유가 특징이다. 이웃나라 일본의 경우 역시 신회사법에서 위원회설치
회사의 경우 집행임원제시행을 의무화하고 있다. 그런데 위원회설치회사의 경영지배
구조를 선택하였다가 다시 전통적인 경영지배구조, 즉 감사를 두는 지배구조로 돌아
온 회사가 과반수라 한다.[1098] 이러한 실증적 자료들은 미국식 경영지배구조의 타 문
화권에 대한 이식(移植)이 용이하지 않음을 적나라하게 보여주고 있다.

결론적으로 집행임원제를 시행할지 말지의 문제는 각개 기업의 선택에 맡길 수밖
에 없다. 학계와 실무계에서는 그 선택을 위한 여러 기준들을 제시하는 노력을 게을
리해서는 안될 것이다.[1099]

## 2. 집행임원 일반론

### (1) 집행임원의 개념

집행임원(officer)이란 이사회로부터 회사[1100]의 업무집행의 위임을 받은 경영인이
다($\frac{상}{의2}^{408의}$ I). 집행임원의 권한과 의무는 사실상 기존 '이사'의 그것과 매우 유사하다($\frac{상}{의9}^{408}$).
집행임원은 이사회 결의로 선출하며($\frac{상}{2}^{408의}$ III. 1호), 임기는 원칙적으로 2년을 초과하지 못한
다($\frac{상}{의3}^{408}$ I). 집행임원설치회사는 대표이사를 두지 못하므로 이 경우에는 대표집행임원을
두어야 한다($\frac{상}{2}^{408의}$ I 2).

### (2) 집행임원의 권한

집행임원은 업무집행의 의사결정권 및 그 실행권을 갖는다($\frac{상}{의4}^{408}$). 나아가 집행임원
은 필요하면 회의의 목적사항과 소집이유를 기재한 서면을 이사에게 제출하여 이사
회소집을 청구할 수 있다($\frac{상}{의7}^{408}$).

---

1098) 김태진, "개정 상법상의 집행임원제 운용을 위한 법적 검토", 「상사법연구」 제30권 제2호(2011), 1면 이하
(2011년 7월 1일 현재 3위원회설치회사를 채택한 회사는 89개에 불과한데 그마저도 그중 49개사는 과거의
지배구조로 복귀하였다 한다. 동경증권거래소에 상장된 상장사의 숫자가 2,282개라 하니 그중 약 40개만이
집행임원제를 시행하고 있다고 볼 수 있을 것이다. 약 1.8%에 불과하다. 그러나 얼마나 많은 회사가 추가로
과거의 지배구조로 복귀할지는 아직 아무도 모른다).
1099) 각개 회사의 소유지배구조, 적대적 인수합병의 가능성, 기업의 나이, 사외이사제의 숙성정도 등이 집행임원제
의 시행여부와 관련하여 각 회사들이 고려하여야 할 요소로 논의될 수 있을 것이다(김정호, "이사회구성과 사
외이사제도", 「상사법연구」 제29권 제2호(2010), 203면 이하, 229면 이하 참조).
1100) 상법은 이를 '집행임원설치회사'라 부르고 있다(상법 제408조의2 제1항).

### (3) 대표집행임원

집행임원이 복수로 있을 경우에는 이사회결의로 회사를 대표할 대표집행임원을 선출하여야 한다($\frac{\text{상}}{5} 1^{408의}$). 대표집행임원은 대외적으로는 회사대표권을, 대내적으로는 집행임원 설치회사의 업무집행권을 갖는다($\frac{\text{상}}{5} \text{II}^{408의}$). 대표집행임원에도 공동대표이사에 해당하는 공동대표집행임원제도($\text{II}. \frac{408의5}{389 \text{II}}$)와 표현대표이사에 해당하는 표현대표집행임원제도가 존재한다($\text{III}. \frac{408의5}{\text{상. 상} 395}$).

### (4) 집행임원의 의무

집행임원도 이사와 마찬가지로 선관주의의무와 충실의무를 부담한다($\frac{\text{상}}{2} \text{II}^{408의}$). 집행임원설치회사와 집행임원간의 관계는 이사와 회사간의 관계와 마찬가지로 민법상의 위임에 해당하므로($\frac{\text{상}}{2} \text{II}^{408의}$), 집행임원 역시 수임인(受任人)의 선관주의의무를 부담한다($\text{II}. \frac{408의2}{\text{민} 681}$). 집행임원은 3개월에 1회 이상 업무의 집행상황을 이사회에 보고하여야 한다($\frac{\text{상}}{6} 1^{408의}$). 나아가 집행임원은 이사와 마찬가지의 비밀유지의무를 부담한다($\frac{\text{상}}{\text{상} 382의4}^{408의9}$).

집행임원도 충실의무를 부담한다($\frac{\text{상}}{382의3}^{408의9}$). 이사와 마찬가지로 경업금지의무를 지고($\frac{\text{상}}{9. \text{상} 397}^{408의}$), 회사와 자기거래를 할 경우에는 사전에 이사회의 승인을 얻어야 한다($\frac{\text{상}}{9. \text{상} 398}^{408의}$). 나아가 집행임원도 이사회의 승인없이는 현재 또는 장래에 회사의 이익이 될 수 있는 회사의 사업기회를 자기 또는 제3자의 이익을 위하여 이용하여서는 아니된다($\frac{\text{상}}{397의2}^{408의9}$).

### (5) 집행임원의 책임

집행임원 역시 이사와 마찬가지로 법령정관위반시 또는 임무해태시 회사에 대해서 손해배상책임을 지게 되며, 고의나 중대한 과실로 임무를 해태한 경우에는 제3자에 대해서 손해배상책임을 지게 된다($\frac{\text{상}}{의8}^{408}$).

## 3. 집행임원제의 선택기준

이하 각 회사가 어떤 기준으로 본 제도를 선택할 수 있을지를 알아보기로 한다.

### (1) 주식소유구조

미국식 완만분산형(widely-held)의 경우 위에서 논하였듯이 사외이사제, 이사회내 위원회제도와 연결되어 이사회의 기능은 자연스럽게 감독과 집행으로 분리될 것이다. 반면 주식이 소수에 집중되는 경우에는 주주의 입김이 강해져 대주주는 굳이 이사회에 CEO 선출권을 넘기려 하지 않을 것이다. 자신이 직접 주주총회장에서 전문경영인을 선택하면 되기 때문이다. 따라서 각 회사의 주식분산형태를 잘 관찰하면 본 제도의 선택가능성을 일차적으로 판단할 수 있을 것이다.

### (2) 업종별 연령별 차별가능성

경영환경이 급변하고 경쟁관계가 심한 영역에서는 집행과 감독의 분리보다는 오히려 권력집중이 적절한 경영지배구조가 될 때가 많다.[1101] 기업의 연령 역시 집행과 감독의 분리냐 통합이냐에 의미심장한 자료를 제공할 때가 있다. 고도성장기에는 집행과 감독의 통합을 지향하고, 성숙한 단계에 이르면 견제와 균형을 유지하는 것이 기업의 라이프사이클에 부응하는 바람직한 경영지배구조로 보는 학설도 있다. 즉 성장단계별로 달리 보자는 것이다.

### (3) 사외이사제나 적대적 M&A의 가능성

특정 기업을 둘러싼 경영환경은 경영지배구조에도 영향을 미친다. 사외이사제가 고도로 숙성한 경제사회에서는 이를 전제로 집행임원제가 선택될 가능성이 높으나, 사외이사제가 숙성하지 못한 나라에서는 집행임원제는 자칫 '좋은 기업지배구조의 가장된 장식물'로 전락할 가능성이 크다. 나아가 적대적 M&A의 가능성이 큰 나라에서는 이를 통하여 무능한 경영자를 제때에 교체할 수 있으므로 굳이 집행임원제를 통하여 내부통제를 강화하지 않아도 될 것이다. 즉 집행임원제와 대체관계에 있는 제도들이 잘 발달된 경우에는 본 제도의 선택가능성은 그 만큼 줄어들 수 있다.

## 4. 이사회의장과 대표집행임원의 겸직문제(CEO Duality)[1102]

### (1) 'CEO Duality' 현상

(가) 'CEO Duality'란 무엇인가?:   'CEO Duality'란 CEO가 이사회의장직을 겸한 상황을 이른다.[1103] 이러한 상황이 회사지배구조에서 왜 문제가 되는가? 감독형 이사

---

1101) 스티브 잡스의 애플과 대치상황에 놓인 삼성을 보라. 전세계 법정에서 양사 제품에 대한 특허분쟁이 열전으로 비화되고 있다. 이런 상황에서 이사회에는 감독권만 주고 업무집행권은 CEO가 갖는 이원적 경영지배구조는 자칫 의사결정의 비용과 시간만 소모할 뿐 과감한 결단과 추진력을 상실할 우려가 있다.

1102) 이하의 내용은 졸고, "CEO Duality-이사회의장과 대표집행임원의 겸직문제-", 「경영법률」 제24집 제1호 (2013. 10.), 98~124면에서 전재함.

1103) Financial Times Lexicon (The definitive dictionary of ecnomic, financial & business); "CEO duality refers to the situation when the CEO also holds the position of chairman of the board."; Thuy-Nga T. Vo, "To Be or Not to Be Both CEO and Board Chair", 76 Brooklyn Law Review 65 (2010), at p. 73; Baliga-Moyer-Rao, "CEO Duality and Firm Performance; What is the Fuss", [1996] 17 Strategic Management Journal 41, 42 ("In case of CEO duality, the CEO of the firm wears two hats-a CEO hat and a chairperson of the board of directors hat. Non-duality implies that different individuals serve as

회(monitoring board)를 지향하는 오늘날의 좋은 기업지배구조(good governance)상 감독받아야 할 CEO가 감독기관의 수장(首長)이 되는 논리적 모순에 빠지기 때문이다. 그러나 주의할 것은 이러한 결과는 어디까지나 대리인이론(agency theory)의 적용결과에 한정된다는 사실이다. 청지기이론(stewardship theory)의 시각에서 보면 'CEO Duality'는 오히려 긍정적 현상일 것이다.

CEO와 COB의 역할이 무엇이 다르길래 양자간 구별이 필요하며 양자간 겸직이니 분리니 하는 논의가 나타나는가? 양자간 겸직의 당부나 현실적 필요를 논하기 전에 정리해야 할 부분이 바로 이사회의장과 대표이사 또는 대표집행임원의 역할 구별이다. 상법은 "이사회의 회의를 주관하기"위하여 이사회 의장을 둔다고 규정한다(제408조의2 제4항 제1문 참조). 그러나 "회의의 주관"이라는 기능만으로 CEO와 COB가 구별되지는 않는다. 이사회를 열어 그때 그때 '회의 주재자'정도는 선임해도 되기 때문이다. '회의 주재자'로 집행임원이 되지 말아야 한다는 당위성도 도출되지 않는다. 현재 전 세계적으로 논의되는 CEO와 COB의 분리 내지 통합의 문제를 설명하자면 무엇인가 양자간의 실질적인 역할구분이 도출되어야 할 것이다.[1104]

일반적으로 이사회의장은 이사회를 이끌며 회사의 주요 어젠다를 설정한다. 나아가 주주와 효율적인 소통을 할 수 있도록 노력하며 CEO가 회사의 전략을 개발할 수 있도록 지원하고 조언한다. 회사경영진과는 꾸준히 관계를 유지하되 CEO의 영역을 침범하지 말아야 한다. 나아가 사외이사와 경영진과의 원활한 소통관계를 형성하기 위하여 노력하여야 할 것이다.[1105]

반면 CEO는 경영진을 이끌고 연간 경영플랜을 설정한다. 이사회를 설득할 수 있는 합리적인 전략을 만들고 이를 달성할 수 있도록 회사의 가용자원을 효율적으로 구성한다. 이사회 의장과는 신뢰를 통한 가까운 관계를 구축하고 정중하게 조언을 구한다. 정확하고 시의적절하게 이사회에 정보를 제공하며 경영성과는 항상 회사의 원칙과 일치하도록 노력한다.[1106]

그렇다면 최고경영자와 이사회의장의 구분이 법률적 구분인가? 현행 상법에 따르

---

the CEO and the chairperson.")

1104) 매일경제, 2012년 12월 8일자, B1면; "외국에서는 이사회를 이끌어 회사의 비전을 제시하고 경영진을 감시하는 역할을 하는 이사회 의장을 체어맨(chairman), 즉 회장이라고 부른다. 반면 CEO는 회사경영을 책임지는 사람이다. 그러나 국내에서는 경영자나 오너, 이사회 의장 등을 회장으로 존칭해 부르는 경우가 많다."

1105) 차윤탁 기자, 매일경제, 2012년 12월 8일, B3면 도표 참조; The UK Corporate Governance Code를 바탕으로 한 영국 BG Group plc.의 "ROLES OF THE CHAIRMAN AND CHIEF EXECUTIVE"(12 December 2012)을 참조함.

1106) 차윤탁 기자, 매일경제, 2012년 12월 8일, B3면 도표 참조; The UK Corporate Governance Code를 바탕으로 한 영국 BG Group plc.의 "ROLES OF THE CHAIRMAN AND CHIEF EXECUTIVE"(12 December 2012)을 참조함.

면 집행임원 설치회사의 경우 이사회 의장은 상법상의 기관이다($^{상}_{2}$$^{408의}_{Ⅳ}$). 그러나 상법은 그의 역할이나 대표집행임원과의 역할 구분 등에 대해서는 침묵하고 있다.[1107] 이는 결국 지배구조모범규준이나 업계의 관행에 맡긴 것으로 보아야 하고[1108] 국내에서 이에 대한 규정이나 관행이 존재하지 않는 한 비교법적 접근이 불가피함을 암시한다.[1109] 집행임원 설치회사가 아닌 경우에는 이사회 의장은 상법상의 기관은 아니다. 그러나 이사회 의장을 선출할 수 있음은 물론이다. 나아가 이사회 의장과 대표이사간 역할 구분 역시 위와 같이 각 회사가 정관 규정이나 이사회 규정으로 자유롭게 설계할 수 있을 것이다.

외국의 경우 집행임원제를 시행하는 나라보다는 오히려 집행임원제를 시행하지 않는 나라에서 이사회의장과 대표이사간 분리의 필요성이 더 큰 것으로 주장되고 있다. 즉 다수의 영어권 국가중 영국 등 단일한 이사회 체재의 경영지배구조를 갖는 나라에서 오히려 양자간 분리가 더 철저히 시행되고 있다.[1110] 반면 집행임원제를 시행하는 국가-특히 미국-에서는 이사회가 거의 사외이사로 충원되는 경우 이사회의장과 대표집행인원간 겸직이 대세이다. 왜 이러한 현상이 발생하는가? 솔직히 사외이사로만 구성되는 이사회의 경우 사외이사들은 회사의 일상 업무(daily business)를 모르므로 업무집행의 감독도 수월하지 않고 회사발전을 위한 어젠다 설정도 불가하다. 따라서 대표집행임원을 이사회의장으로 하여야 이러한 긍정적 기능들을 살릴 수 있는 것이다.[1111] 반면 전래적인 일원적 이사회(one-tier board)를 가진 나라에서는 이사회의 독립성과 객관성을 제고할 목적으로 양자간 분리가 바람직하다는 지배구조론자들과 주주운동가들의 목소리가 거세다.[1112]

### (나) CEO Duality 현황

**1) 미 국:**  현재 다수의 문명국에서 CEO Duality가 감지되고 있지만 그중에서도 가장 적나라한 모습을 보이는 나라는 미국이다. 미국에서는 대표집행임원과 이사회 의장의 겸직이 업종을 가리지 않고 보편적으로 나타나고 있다. 물론 2008년 미국 금융위기 이후 다소 양자간 분리의 흐름이 감지되기는 하지만 아직도 미국의 회사문화에 있어 'CEO Duality'는 매우 강렬하다. 주주행동가(shareholder activist)들의 캠페

---

1107) 상법 제408조의2 제4항 참조.
1108) 「우리나라 기업지배구조모범규준」 2. 3. 참조.
1109) OECD Principles of Corporate Governance, Ⅵ, E.; The UK Corporate Governance Code
1110) 예컨대 영국 BG Group plc. 의 경우 이사회는 13인으로 구성되며 이사회의장을 포함한 10인의 사외이사와 3인의 사내이사로 되어 있다. 미국의 GE등과 달리 'board'와 'management'의 구별이 없다. 즉 'one-tier-board'이다.
1111) GE 및 GM 등 미국 다수의 대기업이 그러하다.
1112) OECD Principles of Corporate Governance, Ⅵ, E.

인에도 불구하고 이를 규제하거나 제한하려는 입법적 움직임은 감지되지 않는다.[1113] 특히 내부통제의 수요가 제조·서비스업종보다 커 보이는 금융권에서마저 이러한 현상은 강렬하게 지속되고 있다. 존 쉬툼프(John Stumpf) 웰스파고(Wells Fargo)은행의 최고경영자 겸 이사회의장은 최근 이사회 의장직을 박탈하려는 주주들의 시도에서 살아남았다.[1114] JPMorgan Chase의 Jamie Dimon 역시 2013년 5월 21일 CEO Duality를 해소하려는 주주들의 움직임에서 살아남았다. 경영실적을 보니 CEO와 Boardchair를 분리한 Bank of America나 Citigroup보다 양직을 겸했던 Morgan Stanley나 Wells Fargo가 더 좋았다.[1115] 이처럼 글로벌 메가뱅크(대형은행)에서조차 CEO와 COB의 겸직이 나타나고 있고 또 경영성과면에서도 결코 부정적이 아님이 증명되고 있다.

현재 포춘 500대 기업중 매출 상위 20개사를 보면 약 67%에서 양직의 겸직이 나타나고 있으며 그 회사들의 면면을 보면 가히 세계적 기업들이다. 100년 이상의 역사를 가진 GE, GM을 비롯하여 ExxonMobil, 쉐브론, 필립스66 등 석유재벌 뿐 아니라 세계적인 투자귀재 워렌 버핏의 버크셔 헤서웨이, IBM 나아가 AT&T, Verizon Communication 등 통신기업 끝으로 JPMorgan Chase 등 금융회사에 이르기까지 모두 CEO와 COB를 동일 인물로 채우고 있었다.[1116]

물론 미국에서도 CEO Duality 현상은 현재 그 비율이 점점 줄어들고 있기는 하다. 1996년부터 2005년까지의 10년 사이 겸직현상은 꾸준히 감소하여, 1996년 76%이던 것이 2000년 69%를 지나 2005년에는 60% 선에 그치고 있다.[1117] 2013년 현재 S&P 500에 속하는 미국의 500대 기업중 57%가 CEO와 COB를 겸직시키고 있었다.[1118] 그러나 이러한 감소추세가 계속 이어져 미국 땅에서 이 현상이 완전히 사라질 것 같지는 않다. 정책당국은 여전히 여러 이유로 CEO Duality를 칭송하고 있으며 어떠한 입법적 제한조치도 고려하고 있지 않다고 한다.[1119]

**2) 비미국(非美國) 영어권:** 비미국 영어권에서 CEO Duality는 미국과는 상당히

---

1113) Carty-Weiss, Does CEO duality affect corporate performance? Evidence from the US banking crisis, Journal of Financial Regulation and Compliance, [2012] 20(1), pp. 26~40.
1114) Anthony Goodman, Should banks keep combined the role of CEO & Chairman?, May 1, 2013.
1115) Anthony Goodman, Financial Times, May 1, 2013.
1116) "잘나가는 포천 20대기업, 이사회의장·CEO 겸직", 머니투데이, 2013년 8월 14일자 [입력시간 06:31] 참조 (오동희 기자).
1117) Thuy-Nga T. Vo, "To Be or Not to Be Both CEO and Board Chair", 76 Brooklyn Law Review 65 (2010), at p. 74.
1118) Anthony Goodman, Should banks keep combined the role of CEO & Chairman?, Financial Times, May 1, 2013.
1119) Carty-Weiss, Does CEO duality affect corporate performance? Evidence from the US banking crisis, Journal of Financial Regulation and Compliance, [2012] 20(1), pp. 26~40, AT P. 26.

대조적인 모습을 보인다. 영국의 경우 미국과 달리 통계수치를 보면 대부분 CEO와 COB의 분리를 실천하고 있다. Cadbury Report의 영향이라고도 한다. 영국 150대 회사 중 유일하게 1개 회사만이 이사회의장과 CEO를 겸직시키고 있었다. 이렇게 같은 영어권이라도 미국과 영국에서 CEO Duality는 대조적인 모습을 보이고 있다. 그 이유로는 아래의 것들이 지적되고 있다.

첫째 미국 대기업에서는 이사회 구성원 중 78%가 사외이사여서 이사회의 감독기능과 집행기능이 대체로 분리될 가능성이 크다. 반면 영국에서는 미국과 달라 이사회 구성상 사외이사가 50%를 넘는 이사회가 거의 없다. 이러한 현상은 이사회의 감독기능과 집행기능이 완전히 분리되지 않았다는 것을 말하고 있다. 즉 우리나라의 전통적인 이사회처럼 감독기능과 집행기능이 융합되어 있다고 보면 된다. 미국에서처럼 이사회가 사외이사중심으로 구성되지 않고 숫자적으로 사내이사가 더 많은 상황이라면 의장직은 사외이사에게 맡기는 것이 '좋은 기업지배구조'(good governance)상 더 바람직하다고 평가될 가능성이 높다.[1120] 이러한 이유로 양자간 분리가 선택되는 것이 아닌가 한다.[1121] 미국에서는 사외이사가 압도적으로 높은 구성비를 가지고 있고 또 사외이사들은 회사의 일상에 어두우므로 이사회 의장 마져 사외이사로 보할 경우 이사회의 의제선정이나 회의진행에 어려움이 많을 수 있다. 따라서 일단 CEO에게 의장직을 맡기는 것이 편리할 것으로 생각된다. 설사 이렇게 양자간 겸직을 허용하더라도 미국에서는 선임 사외이사제(lead outside directors)를 운영하므로 사외이사들만의 회의에서 이사회의 통제기능을 살릴 수 있을 것이다. 나아가 영국에서 특히 CEO와 COB의 분리비율이 미국보다 월등히 높은 것은 CEO의 승계절차와 관련이 있다. 영국에서는 COB가 대개 전직 CEO인 경우가 많아 최고경영자 승계절차의 과도기적 형태로 양자간 분리가 나타나는 경우가 많다고 한다. 끝으로 양국간 기업문화의 차이도 한몫하고 있다. 즉 미국인의 권력지향적 성향(예컨대 미합중국 대통령, 수퍼맨 등)이 CEO & Chairman 이라는 직함을 선호한다는 주장이 있다. 실제 미국에서는 CEO로 선임될 경우 Chairman의 직함까지 함께 주지 않으면 CEO職을 수락하지 않는 풍토가 있다고 한다.

영국의 일부 학자들은 미국에서 CEO와 COB간 겸직률이 높아 1980년 이후 기업부패 스캔들이 영국보다 12배나 많다고 주장하기도 한다.[1122] 영국 크랜필드대 카카

---

1120) 이에 추가하여 영국에서는 증권거래소가 CEO와 COB의 겸직시 이를 반드시 공시하도록 강제한다고 한다. CEO duality의 비율이 낮아지는 요인이 된다고 할 수 있겠다.
1121) 김정호, "이사회구성과 사외이사제도", 「상사법연구」 제29권 제2호.(2010. 8.), 203~245면, 특히 235면.
1122) "기업부패 스캔들 미국이 영국보다 12배 많은 까닭은", 2012년 12월 8일자 매일경제 B1, B3면 〈영국 크랜필드대 카카밧세 교수와의 대담내용〉 참조.

밧세 교수는 매일경제지와의 대담에서 미국에서 흔한 CEO와 COB간 겸직을 강하게 질타하면서 양자간 겸직이 회사의 가장 커다란 전략적 실패라고 비난한다. 스티브 잡스 같이 CEO와 이사회 의장직을 겸하면서 회사를 비약적으로 성장시키는 리더는 지극히 예외이며 이러한 회사들에 있어서도 성공적인 CEO의 사망후 또는 퇴진후 회사의 장래에 부정적 영향이 가해진다고 주장한다. 그는 회장과 CEO의 역할을 구분하면서 동시에 하나의 팀으로 성과를 낼 수 있도록 노력해야 한다고 주장한다. 그리고 그 성공적인 예로 BAE Systems, 맥쿼리은행, 루프트한자를 든다.[1123]

그러나 그의 주장에 대해서는 반론이 가능하다. 우선 영국보다 미국의 부패 스캔들이 12배나 많다고 하지만 양국간 경제규모의 차이를 고려하면 과연 그러한 비교가 가능할지 의문이며, 나아가 수많은 회사들의 개성을 고려하지 아니한 채 무조건 양자간 분리만 강요하는 것도 설득력을 얻기 어려울 것이다. 무엇보다도 그의 주장의 한계는 영미식 소유-경영 분리형은 전세계적인 현상은 아니라는 사실이다. 따라서 미국이나 영국 등 비교적 자본시장이 잘 발달하고 직접금융기법이 숙성한 국가라면 몰라도 이외의 국가에서는 CEO와 COB간의 분리강제는 경영효율의 측면에서 많은 비판에 직면할 것이다.

**3) 우리나라:** 우리나라에서는 지금까지 CEO와 Boardchair의 분리니 통합이니 하는 문제가 심각하지 않았다.[1124] 집행기능과 감독기능을 단일한 이사회가 모두 갖고 있으므로 CEO Duality 문제는 거의 일어나지 않았다. 그러나 사실상 다수의 계열사를 거느린 재벌그룹의 경우 오너출신 회장이 이사회의장 역을 대신해왔다고 할 수 있고 계열사의 사장들은 CEO의 역을 맡아 왔다고 할 수 있다. 즉 한국식의 독특한 소유구조하에서 다소 변형된 '한국식 집행임원제' 내지는 이사회 의장과 CEO간 분리가 시행되었다고 표현할 수도 있다. 따라서 이러한 그룹계열사 하나 하나에서 다시 집행과 감독을 분리하고 COB와 CEO를 분리하는 것은 무의미한 일이었다. 우리나라의 주요 기업들은 이사회 의장과 대표이사간 비분리(非分離)가 대세이다.[1125] 다만 삼성전자(주)의 경우 사외이사 6인과 사내이사 5인 총 11인으로 이사회를 구성하였으며 대표이사와 이사회 의장을 분리하였다.[1126] 현대차의 경우 이사회는 5인의 사외이사와 4인의 사내이사로 되어 있으며, 대표이사가 이사회 의장직을 겸하고 있다. LG 역시 구광모 회장이 이사회 의장을 겸직하고 있다.

---

1123) 매일경제 2012년 12월 8일, B3면 참조.
1124) 물론 집행과 감독을 분리하지 않는 즉 1개 이사회에서 집행과 감독이 모두 이루어지는 경우에도 이사회 의장과 대표이사간 분리는 가능하다고 본다. 주로 영국의 이사회들이 그러한 형태일 것이다.
1125) 방문옥, "CEO와 이사회의장의 분리선임현황", 「CGS Report」 제14호(2012), 11~13면, 12면.
1126) 삼성전자(주)는 2018년 3월 이사회 결의로 CEO와 이사회 의장을 분리하였다.

그러나 우리나라에서도 특히 뉴욕 증시에 동시 상장한 회사들이 있고 이들에 있어서는 미국식 지배구조가 나타나고 있으며 이사회의장과 CEO의 개념상 분리가 뚜렷하다. 현재 뉴욕증시에 상장된 국내 기업은 한국전력, KT, 포스코, LG 디스플레이, SK Telecom, 신한금융지주, 우리금융지주, KB금융지주 등 8개사이다. 이들은 대부분 이사회의장과 대표이사를 분리하고 있었다. 포스코는 12인의 이사를 갖고 있으며, 7인의 사외이사와 5인의 사내이사로 이사회를 구성하였고 이사회의장과 대표이사 회장을 분리시켰다. 한국전력은 8인의 비상임이사와 7인의 상임이사(사내이사)로 이사회를 구성하였다. KT(한국통신)는 8인의 사외이사와 3인의 사내이사로 이사회를 구성하였으며 대표이사와 이사회의장을 분리하였다. 신한금융지주 역시 12인의 이사 중 10인이 사외이사(이사회의장 포함), 1인이 사내이사(CEO) 그리고 1인이 비상무이사이다. 이사회의장과 CEO가 분리되었다. KB금융지주의 경우 9인의 이사 중 7인이 사외이사(이사회의장 포함)이고 2인이 사내이사(CEO, 비상임이사)이다. 이사회의장과 대표이사가 분리되어 있다. 우리금융지주의 경우 이사 총 8인중 7인이 사외이사이고 1인이 사내이사(CEO)이다. 이사회의장과 CEO를 분리시켰다. LG Display의 경우 이사회는 7인의 이사로 구성하였고 그중 사외이사 4인, 사내이사 2인 및 비상무이사가 1인이다. 이사회의장은 비상무이사가 맡고 있어 CEO와 이사회의장은 분리된 셈이다. SK Telecom의 경우에는 이사회가 8인으로 구성되어 있는데 그중 사외이사가 5인이고, 사내이사가 3인이다. 이사회의장과 CEO는 분리되었다.

지난 2011년 3월에는 상법에 집행임원제가 도입되었다. 2012년 4월부터 시행되고 있는데 각 기업이 이를 받아들일지 여부는 각 기업의 선택에 맡겨졌다. 물론 지금 이 신 규정들을 정관에 반영하여 상법상의 집행임원제를 시행하고 있는 회사는 손에 꼽을 정도이다. 왜 다수의 기업들이 이를 받아들이지 않았는지에 대한 심층분석이 필요할 것이다. 아마도 과거 이사와 달리 집행임원의 권한은 업무집행의 실행에 그치면서도 회사나 제3자에 대한 책임면에서는 과거의 이사와 다르지 않으며, 나아가 집행임원에 대한 등기의무 역시 기업의 입장에서는 달가울 것이 없다고 생각된다.[1127] 이러저러한 이유로 극소수의 기업이 현재 상법에 도입된 자율적 집행임원제를 선택하였다.[1128] 현재 상법 제408조의2 제4항은 "집행임원 설치회사는 이사회의 회의를 주관하기 위하여 이사회 의장을 두어야 한다. 이 경우 이사회 의장은 정관의 규정이 없으면 이사회 결의로 선임한다"고 규정한다. 명시적인 반대의 문언이 없는 한 이사회의

---

1127) 상법 제317조 제1항, 8~10호 참조.
1128) 지금까지 집행임원제를 자율적으로 도입한 국내기업들을 보면 코스피 상장사로서는 대한전선, 쌍용양회, 넷마블 및 에이블씨엔씨 등이 있고, 코스닥 상장사로는 휴젤, 리메드, 아이티센 등이 있다. 대부분 중견기업들이다.

장과 집행임원간 겸직은 가능하다고 해석된다.[1129]

최근 정부의 유도로 지주회사체제로 전환한 LG나 SK그룹의 경우 양자간 분리가 관찰된다. 최근 '경제민주화'의 바람을 타고 최태원 SK회장이 그룹차원의 의사결정에서 한발 물러나 '이사회의장'직을 맡은데 이어, GS그룹 역시 2012년 12월의 정기인사에서 이사회의장인 회장직과 CEO직을 분리하였다고 한다. 보통 지금까지는 국내에서는 최고경영자, 오너, 이사회의장 등을 모두 회장으로 부르는 관행이 있었는바 위의 현상들은 서구식 practice에 한발자국 더 가까이 다가가는 느낌이다.

한때 정부는 자산 2조원 이상의 상장사에 대해 집행임원제의 시행을 의무화하고 이 경우 이사회의장과 CEO를 강제로 분리하는 상법개정안을 입법예고한 적이 있었다. 'CEO Duality' 문제는 당시에는 자산 2조원 이상의 상장사에 있어서는 심각하고도 현실적인 사안이었다. 문제는 자산 2조원 이상의 상장사 모두에 대해 예외없이 분리를 강제하는 데에 있었다. 지배구조 개선도 좋지만 자칫 경영효율을 해할 우려가 큰 부분이었다. 이 부분이 우리가 이하 더 자세히 살펴 보고자 하는 대상이다.

(다) 관련 soft law들

**1) 우리나라 기업지배구조모범규준**[1130]:    "2.3 대규모 공개기업의 경우, 이사회를 대표하는 이사회 의장은 경영진을 대표하는 대표이사와 분리하여 선임하거나 그렇지 않을 경우에는 사외이사를 대표하는 선임사외이사를 선임하는 것이 바람직하다.

이사회 의장과 대표이사의 분리는 이사회에 의한 경영진 감독이라는 측면에서 긍정적 효과를 기대할 수 있다. **이사회 의장과 대표이사의 분리**는 상호간의 견제와 균형을 통하여 기업경영의 효과를 높이는데 도움을 줄 수 있기 때문에 이들 직책의 분리 선임은 바람직하다고 할 것이다. 이사회 의장과 대표이사가 분리되지 않을 경우에는 사외이사들이 임무를 수행하는데 있어 주도적 역할을 할 수 있는 선임사외이사(lead director)를 선임하여 공시할 것을 권고한다. 선임사외이사는 사외이사 회의를 주재하고 사외이사들의 의견을 집약하는 역할을 한다."

**2) 은행 등 사외이사 모범규준(2010. 1. 25. 제정)**

"제16조(이사회 의장) ① 이사회는 매년 이사회가 정하는 바에 따라 사외이사 중에서 이사회 의장을 선임한다.

② 제1항에도 불구하고 이사회가 사외이사 아닌 자를 이사회 의장으로 선임할 경우 사외이사를 대표하는 자(이하 '선임사외이사'라 한다)를 선임하여야 한다.

---

1129) 정동윤 감수, 상법 회사편 해설(상법해설서 시리즈 Ⅱ-2011년 개정 내용), 법무부, 2012년 4월, 270면.
1130) 2003년 2월 개정.

③ 선임사외이사는 다음 각 호의 업무를 행한다.

1. 사외이사 전원으로 구성되는 사외이사회의의 소집 및 주재

2. 사외이사가 이사회 의장, 경영진 등 임직원으로부터 업무집행상황의 보고 및 관련 자료를 제출받을 수 있도록 지원

3. 기타 사외이사의 역할 및 책임 제고에 필요한 업무

④ 은행 등은 선임사외이사가 제3항에 따른 업무를 수행함에 있어서 필요한 지원을 하여야 한다.

⑤ 은행 등은 제1항과 제2항의 사실을 이사회 종료 후 지체 없이 공시하여야 한다."

## 3) OECD Principles of Corporate Governance 2004 (VI. E.)

"…In a number of countries with single tier board systems, *the objectivity of the board and its independence from management may be strengthened by the separation of the role of chief executive and chairman, or, if these roles are combined, by designating a lead non-executive director to convene or chair sessions of the outside directors. Separation of the two posts may be regarded as good practice, as it can help to achieve an appropriate balance of power, increase accountability and improve the board's capacity for decision making independent of management.* The designation of a lead director is also regarded as a good practice alternative in some jurisdictions. Such mechanisms can also help to ensure high quality governance of the enterprise and the effective functioning of the board. The Chairman or lead director may, in some countries, be supported by a company secretary. In the case of two tier board systems, consideration should be given to whether corporate governance concerns might arise if there is a tradition for the head of the lower board becoming the Chairman of the Supervisory Board on retirement."

## 4) CalPERS Global Principles of Accountable Corporate Governance, Ⅲ. B. 1. 4.~6.

1.4 **Independent Board Chairperson:** The board should be chaired by an independent director. The CEO and chair roles should only be combined in very limited circumstances; in these situations, the board should provide a written statement in the proxy materials discussing why the combined role is in the best interest of shareowners, and it should name a lead independent director to fulfill duties that are consistent with those provided in Appendix C.

1.5 **Examine Separate Chair/CEO Positions:** When selecting a new chief executive officer, boards should re-examine the traditional combination of the "chief executive"and "chair"positions.

1.6 **Board Role of Retiring CEO:** Generally, a company's retiring CEO should not continue to serve as a director on the board and at the very least be prohibited from sitting on any of the board committees.

### 5) U.K. Corporate Governance Code A.2.1.

"A.2.1 The roles of chairman and chief executive should not be exercised by the same individual. The division of responsibilities between the chairman and chief executive should be clearly established, set out in writing and agreed by the board."

(라) 'CEO Duality'의 문제점:   위에서 상론하였듯이 CEO-COB간 겸직문제는 대리인이론에 바탕을 두고 있다. CEO가 감독형 이사회의 수장까지 겸할 경우 이사회의 감독기능이 보장될 수 없다는 것에서 출발한다. 그리하여 'CEO Duality'에서는 아래의 것들이 특히 문제시된다. 첫째는 CEO와 COB를 분리할지 말지의 의사결정에 어떤 이론적 근거가 존재하는가를 살펴야 한다. 우선 이 문제를 심각히 생각하여야 한다. 본고에서는 이를 찬성하는 이론과 이를 거부하는 이론들을 소개하고 비판한다. 이러한 과정을 통하여 CEO Duality의 이론적 기초를 공고히 하여야 한다. 두번째는 CEO Duality와 경영실적간의 관계이다. 이 부분이 해결되어야 CEO Duality에 대한 실질적 접근이 가능해진다. 기업은 오로지 실적으로 평가된다. 이사회의장과 CEO간 겸직문제가 탁상공론이 되지 않으려면 분리시와 겸직시의 경영성과에 어떠한 차이가 있는지, 분리 또는 겸직이 경영성과와 어떤 상관관계(correlation)를 갖는지 따져 보아야 할 것이다. 끝으로 실제 회사들이 지배구조를 설계하는 경우 어떤 요소들이 겸직 또는 분리에 영향을 미치는지 헤아릴 필요가 있다. 이러한 분석없이 통합 또는 분리를 결정할 수는 없을 것이다.

### (2) CEO Duality의 이론적 기초

(가) 대리인이론:   CEO와 COB간 겸직을 금지하려는 움직임은 대리인 이론 (agency theory)으로부터 출발한다. 마치 사람의 본성이 악하다고 보고 출발하는 성악설에 비유된다. CEO가 COB의 직까지 겸할 경우 이들은 주주의 희생하에 자신의 부 (富)를 극대화할 것이고 동시에 개인적인 위험은 최소화하려는 성향을 가졌다고 한다. 그리하여 회사들은 업무집행의 실행은 CEO에 그러나 그에 대한 감독권은 board에 맡겼다고 한다. 여기서 이사회는 CEO와 주주들간의 이해상충을 조절하게 되고 만약 CEO가 COB의 직위까지 겸하면 이사회의 감독기능은 약화되고 경영실적에 악영향을 미치게 된다고 한다.[1131]

---

1131) Jensen/Meckling, "The Theory of the Firm: Managerial Behavior, Agency Costs and Ownership Structure", [1976] *Journal of Financial Economics*, 3, pp. 305~350.

본 이론은 아마도 가장 널리 알려진 이론일 것이다. 그 이유는 두 가지이다. 하나는 매우 간단하다는 것이다. 회사를 둘러싼 이해당사자를 투자자와 경영자로 양분한 후 각 당사자의 분명하고도 변함없는 이해충돌상황을 보여주고 있다. 이로써 매우 간명한 접근을 하고 있다는 점이 이 학설의 최대 강점이라고도 할 수 있다. 다른 하나는 인간의 본성을 이기심에서 찾고 있으며 보통 타인의 이익보다는 자신의 이익을 추구하는 보편성에서 출발하고 있다. 이러한 간명한 설정과 보편적 가정이 이 학설의 강점이라고도 할 수 있다.

**(나) 청지기이론:**  청지기이론(stewardship theory)은 대리인이론과 정반대의 전제에서 출발한다. 즉 성악설이 아니라 성선설적 입장이다. 경영자는 주주의 이익을 희생하면서 자신의 이익만 추구하는 이기적 존재가 아니라 자신을 믿고 재산관리를 위임한 투자자들에 대해 정직과 봉사로 임하며 이를 통하여 스스로 만족을 찾는 존재라는 것이다. 한마디로 성공적인 경영자는 스스로 자기성취를 통하여 자아를 실현하는 존재라는 것이다.[1132] 이 입장에서는 위와 같은 전제하에 CEO와 COB간 겸직이 오히려 효율적인 회사경영을 장려하고 이로써 경영실적은 증대된다고 한다.

나아가 기업경영과 관련된 책임주제 역시 CEO Duality 하에서만 각 이해관계자에게 분명히 현시된다고 한다.[1133] 본 이론은 경영자를 집단주의적이고 조직지향적(pro-organizational)인 것으로 가정한다.[1134]

이 입장을 옹호하는 자들은 기실 경영자 자신들이다. 이들은 대표이사와 이사회 의장간 분리를 원치 않으며 특히 대기업의 CEO들은 양자의 분리를 경영실적을 가로막는 공해(nuisnace) 또는 장애물(hindrance)로 보고 있다는 점도 주목하여야 할 것이다.[1135] 본 이론의 지지자들은 CEO와 COB간 겸직시 "대외적으로 누가 이 회사에 대해 종국적으로 책임지는지 분명해지므로 이에 대한 불확실성이 해소되어 특히 회사가 위기상황에 봉착하였을 때 그 극복이 용이하고 신속한 의사결정과 전략적 결단을 내릴 수 있다"고 한다.[1136]

**(다) 상황이론:**  상황이론(contingency theory)이란 행위론(behavioral theory)의 일

---

1132) Davis-Schoorman-Donaldson, Toward a Stewardship Theory of Management, Academy of Management Peview, Vol. 22 [1997], pp. 20~46, at p. 25.

1133) Tonello, (Matteo), "Separation of Chair and CEO Roles", The Harvard Law School Forum on Corporate Governance and Financial Regulation, posted by Matteo Tonello, on Sept. 1, 2011, p. 1.

1134) 김주태, "기업지배구조의 결정요인에 관한 향후의 연구방향", 「대한경영학회지」 제18권 제6호(통권 63호), 2005년 12월, 2419~2452면, 2431면.

1135) Dimma, Exellence in the Boardroom, Best Practices in Corporate Directorship, Wiley, 2002, p. 191 참조.

1136) Ruigrok-Peck-Keller, Board Characteristics and Involment in Strategic Decision Making, Evidence from Swiss Companies, Journal of Management Studies, Vol. 43 (5), July, 2006, pp. 1201~1226, at p. 1208.

종으로서 이 부류의 학자들은 회사를 조직하거나 그 통치조직을 구성하거나 경영상의 의사결정을 함에 있어 한 가지 뚜렷한 길만 있는 것이 아니라고 전제한다. 즉 "one-size-fits-all"의 접근은 불가하다고 주장한다.[1137] 적정한 행동방식은 기업내・외부의 정황에 따라 달라질 수 있다는 것이다.[1138] 즉 지배구조에서도 최적의 선택은 기업내부/외부의 상황에 종속 내지 의존(contingent=dependent)한다는 것이다.

이러한 흐름은 1960년대 후반부터 시작되었는데 그 기본입장은 어떤 조직이든 리더십 구성이나 조직 그 자체에 대해 절대적으로 옳은 "단 하나의 최선"("one best way")은 존재하지 않는다는 것이다. 이 부류에 속하는 학자들은 "조직을 구성하는 최선의 길은 조직과 관계를 맺게 될 환경의 성격에 달려 있다"고 하거나[1139] 1970년대를 풍미하였던 구조적 정황이론(structure contingency theory)을 주장하기도 한다. 이러한 기류속에서 경영환경의 불확실성 및 조직구조간의 상호작용을 분석하였다. 회사조직에 영향을 미칠 수 있는 요소로 "기술, 원자재 공급자, 완제품의 판매망, 소비자 이해집단, 고객 및 경쟁기업, 정부, 노조 등 회사를 둘러싼 각종 스테이크 홀더들이 모두 회사기관의 권력집중이나 분산, 법규나 절차의 형성, 지배의 강도 등을 결정짓는다"는 것이다.[1140] Fred Fiedler는 조직의 리더십에 대한 정황모델을 제시하고 있는데 리더십 형태와 정황간 선호도에 촛점을 맞추고 있다. 리더와 구성원간의 관계, 단체가 설정한 목표의 정도, 리더의 권력위치 등 세 가지 요소가 모두 긍정적이면 그 리더는 일반적으로 구성원들로부터 선택받을 것이라고 한다.

상황이론은 이를 개별 회사에 적용하는 경우 하나가 다른 어느 하나를 압도하여 통일된 결론을 도출하는 것을 배척한다. 즉 여러 학설 중 어느 하나를 선택하는 '선택의 문제'가 아니라 다기한 요소들을 이용하여 최적의 조합을 만들어 내는 것을 선호한다. 상황이론을 대함에 있어서는 이러한 자세를 견지하는 것이 중요할 것이다.

---

1137) Tribett, Splitting The CEO & Chairman Roles-Yes or No ?, Let Company needs rather than activist pressures guide your decision, The Corporate Board, November/December 2012, pp. 3~7, at pp. 4~5.

1138) 좋은 예로 경영학자들은 도요타의 'just-in-time'방식을 들고 있다. 일본의 도요타 공장에서는 자동차의 조립에 필요한 모든 부품을 부품공급업체가 조립직전에 정확히 납품하여 물류비용과 창고비용을 최소화할 수 있었다. 그러나 이러한 JIT방식은 도요타의 미국 켄터키 현지 공장에서는 작동하지 않았다. 일본 근로자들의 근면성과 일제히 피고 지는 '사쿠라 정신'을 미국의 조립근로자들에게서는 찾을 수 없었기 때문이다. 일본의 근로자들은 애국자였지만 미국의 근로자들은 개인주의자였던 것이다. 이렇게 똑같은 생산방식이라도 기업이 속한 환경에 따라 작동하기도 하고 작동하지 않기도 한다. 그야말로 케이스-바이-케이스인 것이다.

1139) William Richard Scott, "Organizations; Rational, Natural and Open Systems", Englewood Cliffs, NJ, Prentice Hall, 1981; "The best way to organize depends on the nature of the environment to which the organization must relate."

1140) Woodward, Management and Technology, London, Her Majesty's Stationary Office, 1958.

### 💮 상황이론에 관한 몇몇 구체적 학설들

이 부류에 속하는 구체적인 몇 가지 입장들을 정리한다. 첫째 **라이프 사이클 이론**(life cycle theory)이 있다.[1141] 이는 더 구체적으로는 조직 라이프 싸이클 이론(organizational life cycle theory)으로 불리운다. 일정 조직이 시간의 흐름에 따라 움직여가듯 회사나 기업 역시 그러한 'life cycle'이 있다고 하며, 각 cycle 단계에 맞는 리더십 구성이 필요하다고 한다. 즉 기업에도 탄생기-성장기-완숙기-쇠퇴기-소멸기의 구별이 있고, 각 단계마다 회사의 리더십 구성에 차이가 생길 수 있다는 것이다. 회사의 고도성장기에는 권력의 집중이 필요하고, 반면 완숙기에 이르면 사내 권력을 분산시키고 견제와 균형의 원리를 가동시키는 것이 바람직해 보인다. 다만 아무리 회사가 본 괘도에 접어 들었더라도 주변 경영환경이 척박할 경우 단순한 권력분산은 경영위기의 원인이 될 수 있다. 예컨대 삼성전자나 현대차의 경우 회사는 라이프사이클 상으로는 완숙기에 도달했다고 판단되지만 애플과 삼성전자간의 특허분쟁, 마이크로 소프트의 노키아 인수, 현대차와 글로벌 카메이커간의 에코카(eco-car) 전쟁 등을 고려하면 리더십의 분산은 바람직해 보이지 않는다. **자원종속이론**(resource dependence theory)은 기업경영에 필요한 각종 자원들의 수급상황을 고려하여 이사회 구성을 하여야 한다고 주장한다. 이에는 원자재 공급뿐만 아니라 회사의 인적 자원조달도 포함될 것이다. 예컨대 항공물류회사라면 항공원유의 수급이 매우 중요하며, 정유회사 출신의 사외이사로 COB를 보하는 것이 필요할 수도 있다. 나아가 인력관리회사인 경우에는 효율적인 인력의 공급에 필요한 인사를 사외이사로 영입하고 경우에 따라서는 그에게 이사회의장직을 제공하는 것도 좋을 것이다. **사회연락망이론**(social network theory)은 기업의 명성, 신뢰, 타 기업이나 타 산업과의 상호의존관계 등을 고려할 때 이를 위해 필요한 'social network' 구축의 필요성을 강조한다. 특히 오늘날의 소셜넷웍 서비스를 강조하는 기업들에게는 중요한 리더십 구성의 기준이 될 수 있을 것이다. **신제도론**(neo institutional theory)에서는 이사회구성이 해당 산업계를 지배하는 제도적 규범들에 의하여 크게 지배되므로 이러한 규범적 틀을 고려하여 리더십 구성에 임하는 것이 필요하다고 한다. 예컨대 한미, 한-EU 간 통상협정의 체결 전과 후의 변화를 이사회나 리더십 구성에 반영하여야 할 때도 있을 것이다.

**(라) 사견(비판 및 결론):**  위에서 우리는 대리인이론, 청지기이론 및 상황이론을 살펴 보았다. 전(前) 이자(二者)는 한쪽에 치우친 감이 있다. 대리인이론은 지나치게 경영자의 타율적 감시를 강조한다. 반면 청지기이론은 정반대로 투자자보호에 소홀할 수 있다. 실제 경영현장에서 접하게 되는 경영자들은 아마도 여러 가지로 다양할 것이다. 결국 케이스-바이-케이스적(的) 사고가 필요하다고 본다. 회사 역시 각자가 처한 경영환경은 모두 제각각일 것이다. 어느 하나의 이론 모델로 전체를 설명할 수는 없을 것이다. 회사도 경영자도 모두 치수가 다르므로 모든 회사와 경영자에게 같은

---

1141) 이에 대해 자세히는 Chung, Dayoung, "Significance of the 'Corporate Life-Cycle' Theory in the Debate over 'Executive Officer System'", *Korea University Law Review*, Vol. 6, Fall 2009, pp. 91~103.

치수로 옷을 입으라고 강요할 수는 없지 않겠는가?

결국 각 회사마다 이사회의장과 CEO를 분리시킬지 동일 인물로 할지 개별적으로 결정하여야 한다. 각 회사의 정황 내지 상황에 맞는 리더십 구성을 하면 그만인 것이다. 다만 회사를 둘러싼 경영환경에 따라 일정한 기준을 제시할 수는 있을 것이다.[1142] 그러나 그것 역시 회사별로 차이가 있을 수 있다. 따라서 확정적이라기보다는 권고적 모델을 제시하는 것으로 그쳐야 할 것이다.

### (3) CEO Duality와 경영성과

이사회의장과 대표집행임원을 분리할지, 동일 인물로 보할지를 추상적으로 또 규범적으로만 판단할 수는 없다. 회사는 실적(實績)으로 평가받는다. 회사는 국가와 달라 영업성과가 없으면 사라져야 하는 비운(悲運)의 존재이다. 따라서 CEO와 COB의 분리냐, 통합이냐의 문제는 각 회사의 경영실적과 밀접히 연결된다. 현재 이에 대한 다기한 연구가 진행되고 있으며 다기한 각도에서 연구성과가 쌓여가고 있다. 1978년부터 2003년까지 발표된 주요 저널상의 연구결과들을 보면 대리인이론의 지지자들은 CEO Duality가 경영실적에 악영향을 미치며 이사회의 독립성을 해한다고 한다. 반면 조직론자(organization theorist)들은 CEO Duality가 분명한 리더십의 소재를 회사에 제공함으로써 오히려 경영성과가 향상된다고 주장한다.[1143]

Kang/Zardkoohi의 연구[1144]는 2005년에 이루어진 것으로 1978년부터 2003년까지 수행한 CEO Duality와 Firm Performance간의 상관관계에 관한 연구성과물들을 종합적으로 분석하고 있다. 이를테면 경영실적과 CEO Duality에 관한 "연구의 연구"라 할만 하다. 다음의 연구결과를 제시하고 있다. 우선 CEO Duality와 경영실적간에는 긍정적으로 또는 부정적으로 명쾌한 결과도출이 나타나지 않았다. 30개의 연구중 10개(34%)의 연구에서 '유의미한 상관관계 없음'[1145]의 판정이 나왔고, 30개중 하나에서 (3%) '긍정적 상관관계'[1146]를, 30개 중 4개(13%)에서 '부정적 상관관계'[1147]를, 끝으로 30개중 15개(50%)에서 '엇갈린'[1148] 결론을 내고 있다고 분석하였다.

2007년에 나온 Braun과 Sharma의 연구는 우리나라와 유사한 가족지배의 공개회

---

1142) 이것이 향후 지배구조론의 커다란 과제가 될 것이다.

1143) Kang-Zardkoohi, Board Leadership Structure and Firm Performance, Corporate Governance, Vol. 13, Nr. 6, November 2005, pp. 785~799, at p. 786.

1144) Kang-Zardkoohi, Board Leadership Structure and Firm Performance, Corporate Governance, Vol. 13, Nr. 6, November 2005, pp. 785~799.

1145) Kang-Zardkoohi, *ibid.*, p. 793, ('no significant relationship').

1146) Kang-Zardkoohi, *ibid.*, p. 793, ('a significant positive').

1147) Kang-Zardkoohi, *ibid.*, p. 793, ('a significant negative').

1148) Kang-Zardkoohi, *ibid.*, p. 793, ('mixed results with significant as well as non-significant relationships').

사에 있어 CEO Duality와 경영실적간 관계를 다루고 있다.[1149] 연구결과는 CEO와 COB간 겸직 그 자체가 가족지배회사(family-controlled public firms; FCPF)의 경영성과에 직접적으로 영향을 미치지는 않는 것으로 조사되었다고 한다. 그러나 그 오너가족의 지분율은 CEO Duality와 경영실적간의 관계에 의미있는 결과를 보여주고 있다고 한다. 즉 CEO와 COB가 일치하는, 즉 양 직위을 겸직하는 경우에는 가족 오너의 지분율이 경영실적에 변화를 주지 못한다고 한다. 반면 CEO와 COB간 분리시에는 오너가족의 지분율과 경영성과간에 반비례 관계가 나타났다고 한다. 결론적으로 오너가족의 지분율이 낮을 경우에는 shareholder return의 측면에서 양 직위의 분리가 바람직하다는 것이다. CEO와 COB를 별도의 인물로 보함으로써 family entrenchment의 위험에 대한 효율적인 지배구조적 통제수단이 될 수 있다고 주장한다.[1150]

Robert Carty와 Gail Weis는 2008년 미국의 금융위기 이후 미국은행들의 경영실패가 CEO-COB간 겸직과 상관관계가 있는지를 연구하였다. 결론은 은행의 경영실패와 CEO Duality간에는 아무런 상관관계가 없다는 것이다.[1151] 그러나 그중에서도 한 가지 분명한 것은 주식의 분산이 완만한 은행이 주식이 집중된 은행보다 훨씬 더 높은 비율로 공적 자금의 수혈(bailout funds)을 받았다는 사실이다. 이 부분에 대해서는 확실한 상관관계를 제시할 수 있다고 한다. 또 한 가지 분명한 사실은 2008년 미국 금융위기 이후에도 미국의 입법자(regulators) 들은 CEO Duality를 있는 그대로 승인하고 있으며 어떠한 형태로도 이를 제한하거나 규제하려는 움직임을 보이고 있지 않다는 사실이다.[1152]

Yang과 Zhao는 미-캐나다 간 자유무역협정 이후의 법률환경변화가 CEO Duality에 미치는 영향을 연구하였다. 1989년 미국과 캐나다간 자유무역협정(Free Trade Agreement)이 체결되었고 그 이후 2008년 TARP(Troubled Asset Relief Program), 2010년의 Dodd-Frank법 등으로 CEO Duality를 둘러싼 법률환경의 변화가 야기되었다. 급기야 미의회 역시 2009년 CEO와 COB간 양 직위를 분리하는 권고안을 채택하였고, SEC는 2010년의 도드-프랭크법에 따라 상장기업에 대해서는 CEO Duality에 대한 이유를 공시하도록 강제할 예정이다. 이렇게 CEO Duality를 둘러싼 법률환경이 바뀜에 따라 상당

---

1149) Braun/Sharma, Should the CEO Also Be Chair of the Board? An Empirical Examination of Family-Controlled Public Firms, Family Business Review, Vol. XX, No. 2, June 2007, pp. 111~126.

1150) Braun/Sharma, Should the CEO Also Be Chair of the Board? An Empirical Examination of Family-Controlled Public Firms, Family Business Review, Vol. XX, No. 2, June 2007, pp. 111~126, at p. 111.

1151) Carty-Weiss, Does CEO Duality affect corporate performance? Evidence from the banking crisis, J. F. R. & C. 2012, 20(1). pp. 26~40, at p. 26.

1152) Carty-Weiss, Does CEO Duality affect corporate performance? Evidence from the banking crisis, J. F. R. & C. 2012, 20(1). pp. 26~40, at p. 26.

수의 미국기업들도 그 사이 CEO Duality를 해소한 것이 사실이다. 1970년대에서부터 1990년대에 이르기까지 약 80%에 달하던 겸직비율은 2010년에 이르러서는 54%로 하강하였다. 이처럼 입법자들과 주주운동가들이 CEO Duality의 해소를 주장하는 것과는 달리 미국 기업들의 최근 경영성과는 여전히 CEO Duality 기업이 CEO Non-Duality 기업보다 3~4% 더 좋은 경영성과를 보여주고 있다.[1153] 특히 CEO Duality 기업에 있어 신속한 의사결정과 정보비용의 감소가 기업의 경영실적에 긍정적으로 작용하였다고 한다.

### (4) CEO Duality와 지배구조의 설계

(가) CEO Duality와 집행임원제:　　CEO Duality는 집행임원제를 시행하는 회사에서만 나타나는 현상은 아니다. 이는 전래적인 one-tier-system에서도 출현가능하다. 사내이사와 사외이사로 혼성된 이사회조직에서도 이사회의장과 대표이사간 분리는 가능하다. 위에서 보았듯이 이러한 혼성 이사회는 주로 영국이나 우리나라에서 찾을 수 있다. 다만 두 나라는 주식의 소유구조가 다르므로 쉽게 비교할 일은 아니다. 영국에서 쉽게 관찰할 수 있는 이사회의장과 대표이사간의 분리는 그러나 경영권 승계와 밀접히 연결되어 있다. 즉 전직 CEO가 이사회의장이 되는 일이 매우 잦다. 전직 대표이사가 이사회의장이 되는 경우 업무의 자연스러운 흐름과 매끄러운 직무승계가 가능하여 리더십 공백을 최소화할 수 있을 것이다. 다만 이러한 경우 위에서 본 이사회의장과 CEO간 고유한 의미의 기능구분은 그 의미가 희석될 것이다. 그러나 이러한 영국식 혼성 이사회구성과 기능분리는 직접금융기법이 발달한 영미식 분산소유구조를 전제로 하고 있다. 따라서 이러한 지배구조를 우리나라에 그대로 이식한다는 것은 쉬운 일도 아니고 바람직스럽지도 않다.

CEO Duality현상이 가장 빈번한 미국의 경우 officer제를 시행하는 대회사의 경우 집행과 감독을 각각 'management'와 'board'에 분산시키고 있다. 그러나 이사회의장과 대표집행임원을 한 사람이 겸직할 경우 사실상 위에서 본 'one-tier-system'으로 수렴한다. 예컨대 미국의 GE를 보면 11인의 이사회구성원 중 단 사람만이 사내이사이고 나머지는 모두 사외이사이며 유일한 사내이사는 CEO Larry Culp이다. 그가 이사회의장직을 겸하고 있으므로 이 회사는 사실상 우리 상법 제393조상의 전래적인 'one-tier-board'를 가졌다고 할 수 있다. 이 회사의 이사회는 물론 감독형이라고 할 수 있겠지만 CEO가 의장으로서 사실상 이사회에 상정될 의안을 결정하고 CEO는 자

---

1153) Yang-Zhao, CEO Duality & Firm Performance, Evidence from an Exogenous Shock to the Competitive Environment.

신의 책임하에 자신의 참모조직인 각 집행임원들을 선임한다. 사외이사들은 자신들끼리만 일정 주기로 회동하여 경영진의 활동에 대한 보고를 받고 각종 감시활동을 수행한다. 경영진들을 감독형 이사회의 하부조직으로 볼 수는 없을 것이다.

미국에서 CEO Duality 현상이 잦은 이유는 위에서 보았듯이 사외이사로만 구성된 이사회가 제대로 감시기능을 수행하기 어렵기 때문이다. 사외이사들은 회사내부의 'daily business'를 모르므로 사내정보에 어둡고 따라서 이사회에서 다룰 의제도 쉽게 고르지 못한다. 집행임원에 대한 감독도 어디서부터 어떻게 시작해야 할지 쉽게 알지 못한다. 따라서 사내정보와 업무의 흐름에 가장 밝은 CEO가 나서지 않으면 원활한 이사회운영은 사실상 불가할 것이다. 어찌 본다면 사외이사제의 한계라고도 할 수 있다.

어찌되었든 CEO Duality가 나타나는 회사에서는 이사회의 원활한 감시기능을 보장하기 위하여 주로 '선임 사외이사(lead outside director)'제가 시행되고 있고 그가 이사회의장 역할을 대신한다. 이러한 지배구조하에서는 그래도 회사의 최고수장은 어쨌든 CEO이므로 사외이사의 감독기능을 CEO의 리더십 밑에 두는 형태가 된다. 이사회의 감시기능은 살리면서도 대외적으로는 단일한 리더십 구성으로 일사분란한 지휘계통을 확립하므로 신속한 의사결정과 과감한 실행이 보장된다. 경영환경이 급변하는 산업영역에 적합할 것이다.

(나) CEO Duality와 주식의 소유구조:   이사회의장과 집행임원간의 철저한 분리 및 그 시행은 영미 이외의 나라에서는 특히 더 조심할 필요가 있다. 그 이유는 영미와 그 외의 나라간 회사의 소유지배구조가 다르기 때문이다. 세계 기업들의 소유구조에 대해서는 보통 다음과 같은 3분법이 대세이다. 첫째는 영미식 분산형, 둘째는 일본 및 독일의 은행소유형 그리고 셋째 한국이나 스웨덴 식의 가족소유형이 그것이다.[1154) 지금까지 논의된 것은 주로 영미식의 분산소유형을 전제로 한 것들이었다. 따라서 영어권 이외의 국가들에 있어서 CEO와 Boardchair간 분리니 통합이니 하는 논의는 영어권에서와 같이 적용될 것이라고 속단해서는 안된다. 특히 우리나라 같은 경우는 대주주가 존재하는 그룹형태의 기업들이 많은 바 이러한 곳에서는 특히 그룹회장이 이사회의장의 역할을 대신하는 경우가 많다. 따라서 개별기업별로 다시 이사회의장과 대표이사의 직역분리니 통합이니 하는 논의 자체가 큰 의미를 갖지 못할 것이다.

전세계 기업들의 소유구조는 각국의 고유한 정치, 사회, 역사 및 문화적 요소를

---

1154) 서완석, "집행임원제의 제한적 의무화에 관한 쟁점사항 검토", 한국경제법학회 하계 학술대회 발표문집, 2013년 8월 19일, 한국거래소 국제회의장, 119~162면, 139면 표 1 참조.

가지고 있고 이들 중 어느 하나가 다른 하나를 압도할 정도로 우월한 힘을 가지고 있지 못하다. 따라서 발달된 직접금융시장을 전제로 한 영미식 소유구조하의 지배구조론을 여타 지역에 그대로 관철할 수는 없는 일이다. 이 점을 고려하여 우리나라에서도 어떤 경우이든 일정 자산 규모 이상의 대회사에 대해서 집행임원제를 강제하거나 그 연장선상에서 이사회의장과 대표집행임원을 강제로 분리하는 입법정책은 결코 바람직스런 결과를 가져오지 못할 것이다.

국내에서는 적어도 IMF사태 이후 소위 '선진지배구조'라는 개념이 보편화하였고 이것이 영미식을 지향하고 있음은 주지의 사실이다. 그러나 여기에는 커다란 함정이 있다. 이 틀이 전세계적으로 통용가능한 만병통치의 패러다임은 아니기 때문이다. 전세계 기업들의 소유지배구조가 천차만별이므로 여기서 쉽게 그 한계가 드러나는 것이다.

예컨대 GE나 GM 같은 미국식 대회사의 지배구조를 일본의 소니가 모방했다가 실패한 사례가 있으며 반면 도요타는 사외이사를 한명도 두지 않는 일본 고유의 지배구조를 택하였음에도 세계 제1의 자동차판매대수를 자랑하는 일본 최대의 기업이 되었다. 과연 이사회를 사외이사로 가득 채우는 이사회구성만이 선진지배구조일까? 이사회의장과 대표이사를 분리하고 사외이사로 이사회의장을 보하는 것만이 선진지배구조일까? 누구도 그렇게 확신할 수는 없을 것이다. 소니의 실패와 삼성의 성공, 나아가 도요타의 성공사례를 보면 반드시 미국식이어야 한다는 생각은 버려야 할 것이다.

(다) CEO Duality와 경영환경:   여기서 우리는 일본 Sony의 지배구조상의 문제점을 지적하면서 화두를 시작하기로 한다. 소니 대 삼성의 저자로 유명한 장세진 교수는 "이데이 회장이 도입한 컴퍼니제도와 사외이사중심의 이사회, **집행임원과 이사회 임원의 분리** 등의 구조개편은 특정 개인의 카리스마에 의존하지 않고 이미 거대기업이 되어 버린 소니를 시스템에 의해 효과적으로 운영하려는 동기에서 나온 것"이긴 하나, 지난 10년 동안 소니는 전략 리더십 스타일과 조직구조간의 불합치(mismatch)로 실적 부진에 이르고 말았다고 지적한다.[1155]

소니의 사례는 우리에게 많은 점을 시사한다. 대부분의 기업들은 급변하는 경영환경에 노출되어 있고 한치 앞을 예측하기 힘든 상황에서 순간적인 결단을 강요받기도 한다.[1156] 적어도 국가와 기업이 다르다는 사실은 이런 점에서 극명해진다. 상기의 상

---

1155) 장세진, SONY vs. SAMSUNG, 살림Biz, 2008, 367면 참조.
1156) 삼성과 LG는 현재 세계 평면TV시장의 최강자이다. 이 두 기업은 전세계적인 Trade Fair가 있게 되면 그 직전 상대회사가 어떤 신제품을 진열대에 올리느냐로 신경전을 벌이다가 개막시각 직전에야 공개할 신제품의 종류와 범위를 최종 확정한다. 그러나 어떤 후발주자가 이들을 잠재울지 아무도 모른다. 최근 마이크로 소프트가 노키아를 인수하였다. 세계 휴대폰 시장의 지각변동을 예고한다. 소니가 삼성에게 추월당했듯이 삼성도 어느

황이론 부분에서도 일부 언급되었지만 회사를 둘러싼 각종 스테이크 홀더 나아가 각종 경영환경은 회사의 지배구조설계에 적지 않은 영향을 미칠 것이다. 그리하여 경영학에서도 특히 전략경영분야에서는 이에 대한 다수의 선행연구를 갖고 있다.[1157] 이러한 점을 고려하여 케이스-바이-케이스적 사고로 나아가야 할 것이다.

(라) CEO Duality와 이사회운영의 효율문제:    현재 영어권에서는 사외이사 출신의 이사회의장이 적절한가를 놓고 많은 논의가 이루어지고 있으며[1158] 나아가 분리된 이사회의장이 이사회운영상 어떤 의미를 갖는지 논의되고 있다. 이러한 논의는 우리나라에서도 이루어질 수 있다고 생각된다. 특히 과거 신한금융지주 사태에서 우리는 많은 교훈을 얻을 수 있을 것이다. 신한은행은 2010년 9월 신한 금융지주 사장과 은행직원 등 7명을 특정범죄가중처벌법상의 배임 및 횡령 혐의로 검찰에 고소했다. 불과 얼마 전까지 은행장을 지냈고 당시 신한금융지주의 2인자였던 지주사 사장을 직접 고소한 충격적인 사건이었다. 이 사건에서 우리는 무엇을 배울 수 있을 것인가? 신한금융지주사의 리더십 구성에 지배구조적 문제점은 없었는지 생각해볼 일이다. 그 당시 신한금융지주에는 4인의 소위 '장(長)'이 있었다. 사외이사였던 전 신한금융지주 이사회의장, 라 신한금융지주회장, 신 신한금융지주 사장 그리고 이 신한은행장이 그들이다. 과연 이러한 다기한 권력분배가 바람직하였을까? 신 사장의 개인비리사건이라는 해석도 있지만 신한금융지주(주)의 1인자 자리를 둘러싼 권력다툼이라는 분석도 있다. 금융기관이라 하여도 지나친 권력분립과 그들간에 명확한 구분이 없을 때에는 다기한 지배구조위험에 노출될 수 있다는 교훈을 남기고 있다. 위에서도 보았듯이 웰스파고은행의 존 쉬툼프나 제이피모건체이스의 제이미 다이먼이 이사회의장과 대표집행임원직을 겸하고 있는 것과 위 신한의 리더십 구성은 극명한 대조를 보인다. 그러나 과연 양자간의 분리만이 올바른 선택이요, 선진지배구조라 할 수 있을까? 어떤 것이 선진지배구조인지는 회사마다 다를 수 있다는 탄력적 사고를 가져야 하지 않을까?

## (5) CEO Duality 관련 상법개정안의 문제점

지난 2013년 7월 17일 정부가 입법예고한 상법개정법안 제408조의2 제4항 제1문은 "집행임원 설치회사는 이사회의 회의를 주관하기 위하여 **집행임원이 아닌 이사회의장을 두어야 한다**"고 규정하고 있었다. 법무부가 밝힌 상법개정의 제안이유는 "글

---

한순간 어떻게 무너질지 아무도 모른다.

1157) 김주태, "기업지배구조의 결정요인에 관한 향후의 연구방향", 「대한경영학회지」 제18권 제6호(통권 63호), 2005년 12월, 2419~2452면 등 참조.

1158) Tonello, (Matteo), "Separation of Chair and CEO Roles", The Harvard Law School Forum on Corporate Governance and Financial Regulation, posted by Matteo Tonello, on Sept. 1, 2011.

로벌 금융위기 이후 전 세계적으로 바람직한 기업지배구조에 관한 관심이 고조되고, 국내에서도 경영투명성 제고를 위한 제도개선의 필요성이 제기되고 있다"고 하면서, "감사위원회 설치회사는 집행임원을 의무적으로 도입하여 업무집행을 전담하게 하고, 이사회의장을 겸직하지 못하도록" 한다는 것이다.[1159] 이 법안의 내용대로 입법될 경우 우리나라에서 자산 2조원 이상의 상장사는 무조건 집행임원제를 시행해야 하고 이 경우 이사회의장과 대표집행임원은 반드시 분리시켜야 한다.

상법개정법안 제408조의2 제4항의 가장 큰 문제는 자산 2조원 이상의 상장사에 대해 예외없이 집행임원제를 의무화하고 나아가 이사회의장과 대표집행임원을 강제로 분리하는데 있다. 즉 각 회사가 처한 특수한 사항을 고려하지 않고 획일적으로 일정 지배구조만 강요하는 것이 기업들의 사적 자치를 과도하게 제한하고 있다고 생각된다. 소액주주들의 보호도 중요하지만 이사회의장과 집행임원의 강제분리만이 그 해결책이 될 수는 없다. 위 개정 조항은 필자의 사견으로는 상당히 위헌적이다. 위에서 이미 보았듯이 각 기업이 고려해 볼 수 있는 각종 정황요소들을 기업들이 스스로 형량할 수 있도록 지배구조의 자율적 설계가능성을 열어 놓아야 할 것이다. 즉 지금의 상법 조문이 훨씬 바람직하고 개정의 필요성은 발견되지 않는다.

### (6) 에필로그

지금까지 우리는 CEO Duality 현상과 이에 대한 이론적 정당화 작업을 개관하였고, CEO Duality와 경영성과간의 관계를 살펴 보았다. 지금까지 보아온 바로는 CEO와 COB의 겸직이 양자를 분리시킨 경우보다 경영실적 면에서 나쁠 것이 없었고 또 개별 기업들의 특수한 사정을 고려할 때 예외없이 양자간 분리만 강요하는 것은 정당하지 않음을 발견하였다.

위에서도 이미 언급하였지만 회사지배구조에는 어느 하나의 정답은 존재하지 않는다. 100사람이 있으면 100개의 얼굴이 있듯이, 100개의 기업이 있으면 100개의 지배구조가 있다고 보아야 한다. 일정한 규격과 형식으로 모든 기업들에게 제복을 입히려는 생각 자체가 기업의 활력을 앗아가며 결국 경제 전반에 심대한 악영향을 남길 것이다. 결론적으로 Charles Tribbett의 논문 중 한 줄을 인용하며 끝내기로 한다; "There is no 'one-size-fits-all' approach for the CEO-Chair issue. No single structure works for every corporation."[1160]

---

1159) 7월 17일 법무부가 입법예고한 '상법일부개정법률안 제안이유 및 주요내용' 참조.
1160) Charles Tribbett, Splitting the CEO & Chairman Roles-Yes or No? Let company needs rather activist pressures guide your decision, The Corporate Board, November/December 2012, pp. 3~7, at p. 4.

# 제 4 관  감사 및 기타 감사제도

## Ⅰ. 주식회사의 감사제도

회사의 내부기능을 크게 살펴보면 의사결정과 그 실행 및 통제의 3자로 나누어지고 이는 마치 근대입헌국가의 3권분립과 유사한 결과가 되어 의사결정은 입법권에, 실행은 행정권에, 통제는 사법권에 대응된다고 설명하였다. 회사의 의사결정은 다시 기본결정사항과 업무집행사항으로 나누어지며 업무집행사항은 또 다시 비상사항과 통상사항으로 나누어진다. 그리하여 기본결정사항은 주주총회에, 업무집행사항 중 비상사항은 이사회에, 통상사항은 대표이사에게 각각 의사결정권을 분속시켰다고 볼 수 있다(독립기관설). 실행권은 대표이사에게 부여되나 예외적으로 업무담당이사가 별도로 선출되기도 한다. 끝으로 통제권은 다시 수평적 통제권과 수직적 통제권으로 분류되어 전자는 감사에게 그러나 후자는 이사회에 귀속되는 것이다.

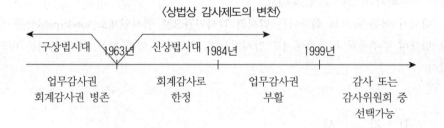

〈상법상 감사제도의 변천〉

이렇게 보면 監事의 監査機能이란 회사 전체의 기능분배에서 관찰하면 지극히 미미한 것이다. 즉 미국식 이사회제도하에서는 감사(auditor)의 감사기능은 이사회의 자정적 제어기능에 대한 보충적 내지 2차적 통제수단에 불과한 외부감사의 기법이었다. 그리하여 1963년 이전의 구상법시대에 업무감사와 회계감사의 양자에 미치던 감사의 기능은 신상법의 이사회제도 도입과 더불어 회계감사로 한정되었다. 그러나 그 후 이사회에 이전되어진 업무감사권이 만족스럽게 시행되지 못하여 1984년의 상법개정에서 다시 감사의 업무감사권이 부활되었다. 우리의 회사현실에서는 대표이사와 대주주가 동일 인물일 경우가 많아 이사회가 대표이사의 업무집행을 감독한다는 것이 사실상 불가하고 이사 중 대부분이 사용인이거나 업무담당이사여서 상위적 지위에서 이사회가 업무집행을 감시하는 것이 사실상 기대되기 어려웠기 때문이다. 그리하여

1984년의 상법개정에서 회계감사권에 한정되던 감사의 감사권에 업무감사권이 부활되어 오늘에 이르고 있다.

그러나 이러한 감사의 기능이 제대로 발휘되지 못한 것이 우리 기업의 현실이었다. 그러던 중 1997년 말 외환위기에 처한 우리나라는 국제통화기금에 긴급구제금융을 요청하게 되었고 그 여파로 외국의 신용평가기관과 국제금융기구는 우리 기업의 지배구조를 조속히 개선해 줄 것을 강력히 요청하게 되었고, 정부도 이에 응하여 1999년의 상법개정이 이루어지게 되었다. 그리하여 정관규정으로 기존의 감사와 감사위원회 중 하나를 선택할 수 있게 되었으나($^{ 상 415의1}_{2 1}$), 일정 규모 이상의 상장법인에서는 감사위원회를 의무적으로 시행하게 되었다($^{상 542}_{의11}$).

이러한 주식회사의 감사기능은 반드시 사내기관에 의한 내부감사로 한정되는 것은 아니다. 즉 회사 외부의 제3자에게 감사를 의뢰하기도 한다. 그리하여 회사의 감사는 내부감사(internal auditor)와 외부감사(external auditor)로 분류된다.[1161] 전자는 감사 또는 상근 감사직원에 의하여 수행되며 후자는 주로 회계법인에 의하여 수행되고 있다. 현재 주식회사의 외부감사에 관한 법률에 따르면 주권상장법인 및 자산총액 100억원 이상의 대규모 주식회사에 있어서는 공인회계사나 회계법인에 의한 외부감사가 의무화되어 있다($^{외부감사에 관한 법}_{률 2 및 동시행령 2}$).

나아가 어떤 규모의 회사이든 임시적 감사기관으로 검사인제도(Sonderprüfer)를 두고 있으며 주주총회나 주주에게도 감시기능이 분속되어 있다 함은 이미 살펴본 바와 같다.

## II. 감      사

### 1. 의      의

監事란 회사의 업무와 회계의 감사를 주된 업무로 하는 주식회사의 필요상설기관이다. 감사를 주된 목적으로 하는 점에서 부분적 감독기능을 가지는 이사회, 주주총회 및 주주 등과 구별되고, 상설적 감사기관이라는 점에서 필요시에만 존재하는 검사인과 구별되며, 필요기관인 점에서 임의기관에 불과한 유한회사의 감사와 구별된다. 그러나 자본금총액이 10억원 미만인 경우에는 주식회사에서도 감사는 임의기관이다($^{상 409}_{IV}$).

---

1161) Kim-Nofsinger, *Corporate Governance*, 2nd ed., p. 27, 28 참조.

## 2. 선임과 종임

### (1) 감사의 선임방법

**(가) 3% 룰:** 감사는 주주총회에서 選任된다($\S^{409}$). 이 때 의결권이 없는 주식을 제외한 발행주식총수의 3%를 초과하는 수의 주식을 가진 주주는 그 초과하는 주식에 관하여 의결권을 행사하지 못한다($\S^{409}$). 정관에서 더 낮은 주식 보유 비율도 정할 수 있다($\S^{409}$). 대주주의 입김을 감사선임결의에서 배제하기 위한 조치이다.

**(나) 상법 제371조 제2항의 문제점:** 그런데 상법 규정상 약간의 문제가 있다. 상법 제371조 제2항은 특별이해관계있는 주주의 의결권 배제에서 뿐만 아니라 감사 선임결의에서도 문제를 야기한다. 위 조항은 감사선임을 위한 총회결의시 3% 초과분에 대하여 출석한 주주의 의결권 수에 산입하지 않는다고 하고 있다($\S^{371}$). 예컨대 X(주)에 A, B, C, D 4명의 주주가 각 25%의 지분을 가지고 있다고 하자. 이 회사가 감사를 선임할 경우 각 주주는 3% 초과분 즉 22%의 주식에 대해서는 의결권을 행사하지 못한다($\S^{409}$). 즉 4명의 주주는 각 3%의 보유주식에 대해서만 의결권을 행사할 수 있으므로 총 12%의 주식만이 의결권행사대상 주식이 된다. 따라서 상법 제368조 제1항의 보통결의의 요건이 성립할 수 없다. 출석한 주주의 의결권의 과반수는 달성 가능하지만 발행주식총수의 4분의 1 이상은 어떤 경우에도 충족될 수 없다. 이 회사는 영원히 감사는 선임할 수 없다는 결과가 된다. 이러한 문제점 때문에 명백한 법문언에도 불구하고 판례는 상법 제371조 제2항의 정정해석(訂正解釋; berichtigende Auslegung)을 하고 있다. 즉 상법 제371조 제2항의 "출석한 주주의 의결권"을 "발행주식총수"로 바꾸어 해석하고 있는 것이다. 이렇게 하여야만 비로소 상법 제368조 제1항의 보통결의가 성립할 수 있기 때문이다.

> **대판 2016. 8. 17, 2016다222996 [주주총회결의 무효확인 등]**
>
> "주주총회에서 감사를 선임하려면 우선 '출석한 주주의 의결권의 과반수'라는 의결정족수를 충족하여야 하고, 나아가 의결정족수가 '발행주식총수의 4분의 1 이상의 수'이어야 하는데, 상법 제371조는 제1항에서 '발행주식총수에 산입하지 않는 주식'에 대하여 정하면서 상법 제409조 제2항의 의결권 없는 주식(이하 '3% 초과 주식'이라 한다)은 이에 포함시키지 않고 있고, 제2항에서 '출석한 주주의 의결권 수에 산입하지 않는 주식'에 대하여 정하면서는 3% 초과 주식을 이에 포함시키고 있다.
>
> 그런데 만약 3% 초과 주식이 상법 제368조 제1항에서 말하는 '발행주식총수'에 산입된다고 보게 되면 어느 한 주주가 발행주식총수의 78%를 초과하여 소유하는 경우와

> 같이 3% 초과 주식의 수가 발행주식총수의 75%를 넘는 경우에는 상법 제368조 제1항
> 에서 말하는 '발행주식총수의 4분의 1 이상의 수'라는 요건을 충족시키는 것이 원천적
> 으로 불가능하게 되는데, 이러한 결과는 감사를 주식회사의 필요적 상설기관으로 규정
> 하고 있는 상법의 기본 입장과 모순된다. 따라서 감사의 선임에서 3% 초과 주식은 상
> 법 제371조의 규정에도 불구하고 상법 제368조 제1항에서 말하는 '발행주식총수'에 산
> 입되지 않는다. 그리고 이는 자본금 총액이 10억원 미만이어서 감사를 반드시 선임하
> 지 않아도 되는 주식회사라고 하여 달리 볼 것도 아니다."

(다) 전자투표를 실시할 경우:  2020년 개정 상법은 전자투표제를 도입한 회사에
대해서는 감사 및 감사위원회 위원의 선임시 결의요건을 완화하고 있다($^{\text{상}\ 409\ \text{III.}}_{542의12\ \text{VII}}$). 전
자투표를 장려하여 소수주주의 권익을 향상시킨다는 입법취지가 담겨 있다. 즉 회사
가 상법 제368조의4 제1항에 따라 전자적 방법으로 의결권을 행사할 수 있도록 한
경우에는 상법 제368조 제1항에도 불구하고 출석한 주주의 의결권의 과반수로 감사
를 선임할 수 있게 하였다($^{\text{상}\ 409}$). 이 경우에는 발행주식총수 4분의 1 이상이라는 주주
총회 보통결의의 요건은 적용하지 않으며 **출석주주의 의결권의 과반수만 충족되면 감
사 선임이 가능**하다.

### (2) 감사의 자격 · 겸직가능여부 · 임기

감사의 자격에는 제한이 없다. 그러나 회사 및 자회사의 이사 또는 지배인 기타의
사용인의 직무를 겸하지 못한다($^{\text{상}}_{411}$). 감사의 수는 이사와 달라 1인이라도 좋으나 복
수의 감사가 선임되었다 하여도 그들이 회의체로 감사에 관한 의사결정과 실행을 추
진하는 것은 아니다. 즉 각자가 독립한 감사기관이 된다. 감사의 임기는 취임 후 3년
내의 최종결산기에 관한 정기총회의 종결시까지로 한다($^{\text{상}}_{410}$). 예컨대 1995년 1월 15일
취임하였다면 원칙적으로 1998년 1월 15일까지가 되겠으나 그 1997 영업연도의 최종
결산기에 관한 정기총회가 1998년 2월 25일 종료되었다면 이 때까지가 된다. 이러한
경우는 3년을 초과하겠으나 그 반대도 가능하다. 예컨대 1995년 4월 1일 감사로 취
임하였고 1998년 2월 25일에 정기총회가 종료하였다면 3년에 미달하는 결과가 될 것
이다.

### (3) 감사와 회사간의 법률관계

감사와 회사간의 법률관계 역시 이사와 마찬가지로 위임이라 할 수 있다($^{\text{상}\ 415,}_{382\ \text{II}}$).
이러한 위임계약은 주주총회의 선임결의와 피선임자의 승낙으로 성립한다. 피선임자
가 대표이사와 별도로 임용계약을 체결할 필요는 없다. 구 판례에 따르면 주주총회에

서 감사로 선출되어도 이러한 선임결의는 회사의 의사를 형성하기 위한 내부절차에 불과하였다. 따라서 위임이 성립하려면 이에 기초하여 다시 그 회사의 대표이사가 회사를 대표하여 피선임자에게 위임의 청약을 하고 피선임자가 이를 승낙하여야 위임관계가 창설된다고 보았다.[1162] 그러나 2017년 대법원은 전원합의체 판결로 구 판례를 폐기하였다. 판례변경의 주된 취지를 대법원은 주식회사의 지배구조에서 찾고 있다. 대법원은 "감사선임결의에도 불구하고 대표이사가 임용계약의 청약을 하지 아니하여 감사로서의 지위를 취득하지 못한다고 하면 위 조항($^{상\ 409\ II}_{편집자료}$)에서 감사 선임에 관하여 대주주의 의결권을 제한한 취지가 몰각되어 부당하다"고 판시하고 있다.

> ### 대판 2017. 3. 23, 2016다251215 전원합의체 [이사 및 감사 지위 확인]
>
> "이사·감사의 지위가 주주총회의 선임결의와 별도로 대표이사와 사이에 임용계약이 체결되어야만 비로소 인정된다고 보는 것은, 이사·감사의 선임을 주주총회의 전속적 권한으로 규정하여 주주들의 단체적 의사결정 사항으로 정한 상법의 취지에 배치된다. 또한 상법상 대표이사는 회사를 대표하며, 회사의 영업에 관한 재판상 또는 재판외의 모든 행위를 할 권한이 있으나($^{상\ 389\ I\ III.}_{209\ I}$), 이사·감사의 선임이 여기에 속하지 아니함은 법문상 분명하다. 그러므로 이사·감사의 지위는 주주총회의 선임결의가 있고 선임된 사람의 동의가 있으면 취득된다고 보는 것이 옳다.
>
> 상법상 이사는 이사회의 구성원으로서 회사의 업무집행에 관한 의사결정에 참여할 권한을 가진다($^{상\ 393}$). 상법은 회사와 이사의 관계에 민법의 위임에 관한 규정을 준용하고($^{상\ 382}$), 이사에 대하여 법령과 정관의 규정에 따라 회사를 위하여 그 직무를 충실하게 수행하여야 할 의무를 부과하는 한편($^{상\ 382}_{의3}$), 이사의 보수는 정관에 그 액을 정하지 아니한 때에는 주주총회의 결의로 이를 정한다고 규정하고 있는데($^{상}_{388}$), 위 각 규정의 내용 및 취지에 비추어 보아도 이사의 지위는 단체법적 성질을 가지는 것으로서 이사로 선임된 사람과 대표이사 사이에 체결되는 계약에 기초한 것은 아니다. 또한 주주총회에서 새로운 이사를 선임하는 결의는 주주들이 경영진을 교체하는 의미를 가지는 경우가 종종 있는데, 이사선임결의에도 불구하고 퇴임하는 대표이사가 임용계약의 청약을 하지 아니한 이상 이사로서의 지위를 취득하지 못한다고 보게 되면 주주로서는 효과적인 구제책이 없다는 문제점이 있다.
>
> 한편 감사는 이사의 직무의 집행을 감사하는 주식회사의 필요적 상설기관이며($^{상\ 412}$), 회사와 감사의 관계에 대해서는 이사에 관한 상법 규정이 다수 준용된다($^{상\ 415,\ 382}_{II.\ 388}$). 이사의 선임과 달리 특히 감사의 선임에 대하여 상법은 제409조 제2항에서 "의결권 없는 주식을 제외한 발행주식총수의 100분의 3을 초과하는 수의 주식을 가진 주주는 그 초과하는 주식에 관하여는 의결권을 행사하지 못한다."라고 규정하고 있다. 따라서 감사

---

1162) 대판 1995. 2. 28, 94다31440(구 판례).

선임결의에도 불구하고 대표이사가 임용계약의 청약을 하지 아니하여 감사로서의 지위를 취득하지 못한다고 하면 위 조항에서 감사 선임에 관하여 대주주의 의결권을 제한한 취지가 몰각되어 부당하다. 이사의 직무집행에 대한 감사를 임무로 하는 감사의 취임 여부를 감사의 대상인 대표이사에게 맡기는 것이 단체법의 성격에 비추어 보아도 적절하지 아니함은 말할 것도 없다.

결론적으로, 주주총회에서 이사나 감사를 선임하는 경우, 선임결의와 피선임자의 승낙만 있으면, 피선임자는 대표이사와 별도의 임용계약을 체결하였는지와 관계없이 이사나 감사의 지위를 취득한다."

### (4) 감사의 보수

감사의 보수에 관하여는 이사의 보수에 관한 규정이 준용된다($\frac{상}{388}$415.). 이사의 보수에 관한 부분에서 보았듯이 판례는 적정보수의 판단기준으로 "합리적 비례기준"을 제시하고 있다.

### 대판 2015. 9. 10, 2015다213308 [합리적 비례기준]

"이사·감사가 회사에 대하여 제공하는 반대급부와 그 지급받는 보수 사이에는 **합리적 비례관계**가 유지되어야 하므로 그 보수가 합리적인 수준을 벗어나서 현저히 균형성을 잃을 정도로 과다하거나, 오로지 보수의 지급이라는 형식으로 회사의 자금을 개인에게 지급하기 위한 방편으로 이사·감사로 선임하였다는 등의 특별한 사정이 있는 경우에는 보수청구권의 일부 또는 전부에 대한 행사가 제한되고 회사는 합리적이라고 인정되는 범위를 초과하여 지급된 보수의 반환을 구할 수 있다."

### (5) 감사의 종임

감사도 위임관계의 일반 종료사유에 따라 종임(終任)하며 그 외에 주주총회의 특별결의에 의한 해임이나($\frac{상}{385}$415.$\frac{}{I}$), 소수주주에 의한 감사해임의 소로 종임될 수 있다($\frac{상}{385}$415.$\frac{}{II}$).

## 3. 권    한

감사의 감독권한은 업무감사권과 회계감사권으로 되어 있지만 이외에도 여러 부수권한이 수반된다.

### (1) 업무 및 회계감사권

감사는 이사의 직무집행을 감사한다($\frac{상}{}$412). 이것은 감사가 회계감사를 포함한 업무집행 전반에 걸치는 감사의 권한을 가짐을 뜻한다. 이 때 감사의 권한은 이사회의 감독권과 달리 원칙적으로 적법성의 감사에 한정되며 업무집행의 타당성이나 합목적성의 감사는 이사회에 의하여 수행된다. 그러나 예외적으로 상법이 명문의 규정을 두고 있는 때에는 타당성 심사도 가능하다. 예컨대 재무제표에 대한 감사보고의 경우에는 주주총회에 제출할 의안의 법령 또는 정관위반 여부와 함께 재무제표의 내용의 현저한 부당성 여부도 심사할 수 있다(상 413, 447의4 참조).

### (2) 여타 권한

상법은 감사에게 이러한 업무 및 회계감사의 주된 권한 이외에도 이의 원활한 수행을 위하여 다음과 같은 부수권한들을 예정하고 있다: ① 이사에 대한 보고요구 및 조사권(상 412), ② 임시주주총회의 소집청구권(상 412의3 I), ③ 자회사에 대한 조사권(상 412의4), ④ 이사회출석 및 의견진술권(상 391의2 I), ⑤ 이사회의사록에 대한 기명날인권(상 391의3), ⑥ 이사의 행위에 대한 유지청구권(상 402), ⑦ 이사와 회사간의 소에 대한 회사대표권(상 394), ⑧ 설립무효의 소, 총회결의취소의 소, 신주발행무효의 소, 감자무효의 소, 합병무효의 소 등에서의 제반 소권(상 328, 376, 429, 445, 529) 등이 있다.

## 4. 의    무

### (1) 선관주의의무

감사와 회사와의 관계도 위임이므로 이사와 마찬가지로 선량한 관리자의 주의로 감사의 직무를 수행하여야 할 의무를 진다(상 415, 382; 민 681).[1163] 이러한 선관주의의무 외에도 주주총회제출서류의 조사보고의무(상 413, 447의4 II), 이사회에 대한 보고 의무(상 391의2), 감사록작성의무(상 413의 I, II), 감사보고서의 작성 및 제출의무(상 447의4 I) 등을 부담한다고 할 수 있다.

### (2) 충실의무

감사도 이사와 마찬가지로 충실의무의 주체인지에 대해서는 학설의 대립이 있다. 긍정설에서는 감사 역시 이사와 마찬가지로 회사의 내부정보에 접근할 수 있고 감사의 활동 역시 사전적 내지 예방적으로 이루어질 수 있음을 들어 감사도 충실의무의 주체라고 한다.[1164] 이에 반하여 부정설에서는 상법 제415조가 감사에 대해서는 선관주의의무에 관한 상법 제382조 제2항만 준용하고 있으며, 충실의무에 관한 상법 제382조의3은 준용대상에서 **빠져** 있고 나아가 감사는 이사와 달리 적극적으로 회사의 업무집행을 수행하지 않음을 들어 감사에게는 충실의무를 부과할 수 없다고 한다.[1165]

---

1163) 대판 2019. 11. 28, 2017다244115.
1164) (소수설) 권기범, 현대회사법론, 제8판, 1042~1043면.
1165) (다수설) 정동윤, 481면; 정찬형, 1130면; 최기원, 1003면; 정준우, 주식회사법대계(Ⅱ), 제3판, 1302면.

## 5. 책 임

### (1) 회사에 대한 책임

감사가 임무를 해태한 때에는 회사에 대하여 연대하여 그 손해를 배상할 책임이 있다($\frac{상}{414}$). 이 경우에도 책임이 면제되기 위하여는 총주주의 동의가 있어야 한다($\frac{상415.}{400}$). 나아가 이러한 손해배상책임의 추궁을 회사가 해태하는 경우에는 소수주주에 의한 대표소송이 가능하다($\frac{상415.}{403-407}$).

> **대판 2019. 11. 28, 2017다244115**
> "주식회사의 감사는 회사의 필요적 상설기관으로서 회계감사를 비롯하여 이사의 업무집행 전반을 감시할 권한을 갖는 등 상법 기타 법령이나 정관에서 정한 권한과 의무가 있다. 감사는 이러한 권한과 의무를 선량한 관리자의 주의의무를 다하여 이행하여야 하고, 이에 위반하여 그 임무를 해태한 때에는 그로 인하여 회사가 입은 손해를 배상할 책임이 있다."

### (2) 제3자에 대한 책임

나아가 감사도 악의나 중과실의 경우에는 이사와 마찬가지로 제3자에 대한 연대책임을 부담한다($\frac{상}{414}$). 책임의 내용에 대해서는 상법 제401조의 그것과 같이 해석할 수 있다($\frac{상415.}{401}$). 나아가 감사가 위의 책임을 부담하는 경우 이사도 그 책임을 지는 경우에는 감사와 이사가 연대하여 책임을 부담한다($\frac{상}{414}$).

> **대판 2011. 4. 14, 2008다14663**
> "주식회사의 결산과 관련하여 분식회계가 이루어지고 감사가 이를 발견하지 못한 채 감사보고서를 제출한 경우 감사에게 임무해태가 인정되는지 여부(소극) (분식결산이 회사의 다른 임원들에 의하여 조직적으로 교묘하게 이루어짐; 재무제표를 법정기한 내에 받지 못하여 허위기재를 밝혀낼 수 없었음; 이런 경우 감사가 분식결산을 발견하지 못했다는 이유만으로 상법 제414조 제1항상의 임무해태라 할 수 없다고 한 사례)"

> **대판 2009. 7. 23, 2008다80326**
> "결산과 관련하여 감사로서의 직무를 전혀 수행하지 아니한 경우와는 달리 감사로서 결산과 관련한 업무 자체를 수행하기는 하였으나 재무제표 등에 허위의 기재가 있다는 사실을 과실로 알지 못한 경우에는 문제된 분식결산이 쉽게 발견 가능한 것이어서 조금만 주의를 기울였더라면 허위로 작성된 사실을 알아내어 이사가 허위의 재무제

표 등을 주주총회에서 승인받는 것을 저지할 수 있었다는 등 중대한 과실을 추단할 만한 사정이 인정되어야 비로소 제3자에 대한 손해배상의 책임을 인정할 수 있을 것이고, 분식결산이 회사의 다른 임직원들에 의하여 조직적으로 교묘하게 이루어진 것이어서 감사가 쉽게 발견할 수 없었던 때에는 분식결산을 발견하지 못하였다는 사정만으로 중대한 과실이 있다고 할 수는 없고, 따라서 감사에게 분식결산으로 인하여 제3자가 입은 손해에 대한 배상책임을 인정할 수는 없다.”

### 대판 2008. 2. 14, 2006다82601

“회사의 정관이 정하는 바에 따라 감사위원회를 둔 경우를 제외하고 감사는 주식회사의 필요적 상설기관으로서 이사의 직무집행을 감사하고 업무감사를 위하여 언제든지 이사에 대하여 영업에 관한 보고를 요구하거나 회사의 재산상태를 조사할 수 있는 권한이 있을 뿐만 아니라($_{412}^{상}$), 특히 결산 업무와 관련하여서는 이사로부터 매 결산기의 재무제표와 영업보고서를 제출받아 법정기한 내에 이에 대한 감사보고서를 작성할 의무가 있다($_{3, 4}^{상 447의}$). 따라서 만약 실질적으로 감사로서의 직무를 수행할 의사가 전혀 없으면서도 자신의 도장을 이사에게 맡기는 등의 방식으로 그 명의만을 빌려줌으로써 회사의 이사로 하여금 어떠한 간섭이나 감독도 받지 않고 재무제표 등에 허위의 사실을 기재한 다음 그와 같이 분식된 재무제표 등을 이용하여 거래 상대방인 제3자에게 손해를 입히도록 묵인하거나 방치한 경우 감사는 악의 또는 중대한 과실로 인하여 임무를 해태한 때에 해당하여 그로 말미암아 제3자가 입은 손해를 배상할 책임이 있다고 할 것이나, 이처럼 결산과 관련하여 감사로서의 직무를 전혀 수행하지 아니한 경우와는 달리 감사로서 결산과 관련한 업무 자체를 수행하기는 하였으나 재무제표 등에 허위의 기재가 있다는 사실을 과실로 알지 못한 경우에는 문제된 분식결산이 쉽게 발견 가능한 것이어서 조금만 주의를 기울였더라면 허위로 작성된 사실을 알아내어 이사가 허위의 재무제표 등을 주주총회에서 승인받는 것을 저지할 수 있었다는 등 중대한 과실을 추단할 만한 사정이 인정되어야 비로소 제3자에 대한 손해배상의 책임을 인정할 수 있을 것이고, 분식결산이 회사의 다른 임직원들에 의하여 조직적으로 교묘하게 이루어진 것이어서 감사가 쉽게 발견할 수 없었던 때에는 분식결산을 발견하지 못하였다는 사정만으로 중대한 과실이 있다고 할 수는 없고, 따라서 감사에게 분식결산으로 인하여 제3자가 입은 손해에 대한 배상책임을 인정할 수는 없다고 할 것이다.”

## Ⅲ. 감사위원회

### 1. 감사위원회제도의 의의 및 도입배경

회사는 정관이 정하는 바에 따라 감사에 갈음하여 이사회 내의 위원회로서 監査

委員會를 설치할 수 있다($^{상 415의}_{2 \, 1 \, 1호}$). 상법은 이사회의 하부기관으로서 감사위원회를 설치할 수 있도록 그 근거규정을 마련하였다.

이미 이사회 위원회제도에서도 언급하였지만 1999년의 개정상법이 감사위원회제도를 도입하게 된 것은 IMF 구제금융의 여파로 외국의 신용평가기관이나 금융기구가 우리 기업의 지배구조를 강력히 비판하였고 이를 조속히 개선해 줄 것을 강력히 요청한 데 따른 것이다. 이러한 타율적 배경 이외에도 기존의 회사지배구조에 대한 국내의 비판도 만만치 않았으므로 이러한 요인들이 함께 작용하여 이사회 내에 감사위원회제도를 두게 되었다. 원칙적으로 기존의 감사와 더불어 회사의 선택에 맡기고 있으나($^{상 415의}_{2 \, 1}$), 자산총액 2조원 이상 규모의 상장법인은 반드시 감사위원회를 설치하여야 한다($^{상 542의11 \, I \, 및 상법}_{시행령 \, 16 \, I \, 참조}$). 다만 자산총액 1,000억원 이상 2조원 미만인 상장사는 특례감사위원회를 설치하거나 상근감사를 두거나 선택가능하다($^{상 542}_{의10}$).

## 2. 감사위원회의 구성

현행 상법상 감사위원회의 구성에는 두 가지 방식이 있다. 하나는 '일반 감사위원회'($^{상 415}_{의2}$)요, 다른 하나는 '특례 감사위원회'($^{상 542}_{의11}$)이다. 차례로 설명하기로 한다.

### (1) 일반 감사위원회

감사위원회는 3인 이상의 이사로 구성한다($^{상 415의}_{2 \, II \, 1}$). 다만 사외이사가 3분의 2 이상이어야 한다($^{상 415의}_{2 \, II \, 2}$). 여기서 사외이사(社外理事)란 해당 회사의 상무(常務)에 종사하지 아니하는 이사로서 다음 경우의 어느 하나에 해당하지 않는 자를 말한다. 만약 이에 해당하는 결격사유가 발생하면 사외이사는 그 직을 상실한다($^{상 382}$). 사외이사의 결격사유를 열거하면 ① 회사의 상무에 종사하는 이사 및 피용자 또는 최근 2년 이내에 회사의 상무에 종사한 이사·감사 및 피용자, ② 최대주주가 자연인인 경우 본인과 그 배우자 및 직계 존속·비속, ③ 최대주주가 법인인 경우 그 법인의 이사·감사 및 피용자, ④ 이사·감사의 배우자 및 직계 존속·비속, ⑤ 회사의 모회사 또는 자회사의 이사·감사 및 피용자, ⑥ 회사와 거래관계 등 중요한 이해관계에 있는 법인의 이사·감사 및 피용자, ⑦ 회사의 이사 및 피용자가 이사로 있는 다른 회사의 이사·감사 및 피용자($^{상 382 \, III \, 각}_{호의 내용}$) 등이다. 이러한 사외이사가 전체 위원의 3분의 2 이상이어야 한다($^{상 415의2}_{II \, 단서}$).

### (2) 특례 감사위원회

최근 사업연도말 현재 자산총액이 2조원 이상인 상장회사는 특례 감사위원회를 설치하여야 한다($^{상}_{회11}\,^{542}_{I}$). 나아가 의무는 아니라 할지라도 자산총액 1,000억원 이상 2조원 미만의 상장사가 상근감사를 두지 않고 감사위원회를 두는 경우에도 다른 법률 또는 상법상의 특례 감사위원회를 구성하여야 한다($^{상}_{참조}\,^{542의10}$).

특례 감사위원회는 3명 이상으로 구성하고 사외이사가 위원의 3분의 2 이상인 점은 일반 감사위원회와 같으나($^{상\,542의11\,II\cdot}_{상\,415-2\,II\cdot}$), 위원 중 1명 이상은 반드시 회계 내지 재무전문가여야 하며($^{상\,542의11,\,II,\,1호:}_{상법시행령\,37\,II}$), 감사위원회의 대표는 반드시 사외이사여야 한다($^{상\,542의11.}_{II.\,2호.}$). 나아가 상근감사의 결격사유에 해당하는자 역시 이 특례 감사위원회의 사외이사가 아닌 감사위원회 위원이 될 수 없다($^{상\,542의}_{11\,III}$).

## 3. 위원의 선임과 해임

### (1) 일반 감사위원회의 경우

감사위원회 위원의 選任은 理事會가 하게 되는데($^{상\,393의2\,II\cdot}_{3호\,참조}$), 이사회결의는 과반수 이사의 출석하에 출석이사의 과반수로 하므로($^{상}_{§\,391}$), 정관이 의사정족수나 의결정족수를 높이지 않는 한 감사위원회 위원의 선임에 있어서도 이에 따르게 될 것이다. 그러나 감사위원회 위원의 解任에 관한 이사회 결의는 이사 총수의 3분의 2 이상의 결의로 하여야 한다($^{상\,415의}_{2\,III}$). 이렇듯 감사위원회 위원의 선임결의와 해임결의는 의결정족수에 있어 차이가 있다.

회사설립시부터 감사 대신 감사위원회를 두기 위하여는 발기인이 감사위원회 위원이 될 이사를 선임해야 한다. 즉 발기설립시에는 발기인총회, 모집설립의 경우에는 창립총회에서 선임된다($^{상\,415의2\,VII\cdot}_{296.\,312}$). 성립 후 회사에서는 이들이 이사회에서 선임되는 것과 비교하면 차이가 있다.[1166]

### (2) 특례 감사위원회의 경우

자산총액 1,000억원 이상 2조원 미만의 상장사로서 상근감사 대신 감사위원회를 설치하거나 자산 2조원 이상의 주식회사로서 감사위원회의 설치가 의무화되는 상장법인의 경우 감사위원회 위원은 이사회가 아니라 주주총회에서 선임 또는 해임된다($^{상\,542의}_{12\,I}$). 2020년 개정 상법은 **감사위원회 위원 중 최소 1인은 다른 이사들과 분리하여 선출**하도록 하였으므로 아래와 같이 다시 두 경우로 나누어 살펴보기로 한다.

### (가) 일괄선출의 경우:    2020년 상법개정에도 불구하고 감사위원회 위원으로 될

---

1166) 나승성, 상법개정안축조해설, 도서출판 자유, 1999, 143, 144면.

이사가 모두 분리선출되는 것은 아니다. 일부는 과거와 마찬가지로 일괄선출 방식에 따라 선출될 수 있다.

**1) 선 임:** 일괄선출의 경우에는 과거와 마찬가지로 감사위원회 위원은 일단 **주주총회의 보통결의**로 선출된 후 그 선출된 이사 중에서 감사위원회 위원으로 선출된다($^{\text{상 542의12}}_{\text{II 본문}}$). 이때 감사위원회 위원 후보가 사내이사인 경우와 사외이사인 경우 다시 의결권의 행사방법에 차이가 있다.

① **사외이사 출신의 이사가 감사위원회 위원후보인 경우:** 이 때에는 최대주주나 여타 주주의 구별없이 모든 주주에 대해 똑같이 **개별 3%룰**이 적용된다. 즉 의결권없는 주식을 제외한 발행주식총수의 100분의 3을 초과하는 수의 주식을 가진 주주는 그 초과하는 주식에 대하여 의결권을 행사하지 못한다($^{\text{상 542의}}_{\text{12 IV}}$). 회사는 정관규정으로 3%보다 더 낮은 비율을 정할 수 있고 이 경우 주주는 그 비율을 초과하는 보유주식에 대해 의결권을 행사할 수 없다.

② **사내이사 출신의 이사가 감사위원회 위원 후보인 경우:** 이때에는 최대주주와 여타 주주간 구별이 있다. **최대주주의 경우에는 합산 3%룰이 적용되고 여타주주에 대해서는 개별 3%룰이 적용**된다($^{\text{상 542의12}}_{\text{IV 괄호}}$). 이 경우 최대주주 및 그 특수관계인 그 밖에 대통령령으로 정하는 자가 소유하는 주식은 모두 합산되며 이 주식에 대해서는 전체적으로 3% 까지만 의결권을 행사할 수 있다(**합산 3% 룰**).

**2) 해 임:** 감사위원회 위원을 해임하려면 **주주총회의 특별결의**가 있어야 한다($^{\text{상 542의}}_{\text{12 III}}$). 단 **해임되어도 이사의 지위는 유지**한다. 분리선출의 경우와 달리 과거처럼 일괄선출방식으로 선출된 감사위원회 위원의 경우에는 상법 제542조의12 제3항 단서가 적용되지 않는다. 해임의 경우에도 역시 사내이사 출신의 감사위원회 위원과 사외이사 출신의 감사위원회 위원간 차이가 있다.

① **사외이사 출신의 감사위원회 위원을 해임하는 경우:** 이 경우에는 모든 주주에 대해 개별 3%룰이 적용된다. 즉 최대주주나 여타 주주나 모두 3% 초과분에 대해 의결권을 행사하지 못한다($^{\text{상 542의}}_{\text{12 IV}}$).

② **사내이사 출신의 감사위원회 위원을 해임하는 경우:** 이 경우에는 최대주주와 여타 주주간 차이가 있다. 즉 최대주주에 대해서는 합산 3%룰이 적용되고 여타 주주에 대해서는 개별 3%룰이 적용된다($^{\text{상 542의12 IV 괄}}_{\text{호속 문언 참조}}$).

**(나) 분리선출의 경우:** 회사는 감사위원회 위원 중 최소 1명은 주주총회 결의로

다른 이사들과 분리하여 감사위원회 위원으로 되는 이사로 선출하여야 한다(상 542의12 Ⅱ 단서). 2020년 개정 상법은 감사위원회 위원 중 최소 1명에 대해서는 의무적으로 분리선출하도록 하였다. 물론 회사는 정관규정으로 분리선출 대상을 2인 이상으로 할 수 있다(상 542의12 Ⅱ 단서) (괄호속 문언 참조).

1) 선 임: 분리선출의 경우에는 감사위원회 위원으로 되는 이사는 다른 이사들과 달리 처음부터 별도의 절차를 밟는다. 즉 주주총회의 보통결의로 일단 이사로 선출된 후 그 선출된 이사 중에서 감사위원회 위원으로 선임되는 것이 아니라 **주주총회에서 별도의 절차를 거쳐 바로 선임**된다. 그러나 이때에도 역시 사내이사출신 후보와 사외이사출신 후보간 차이가 있다.

① 사외이사 출신 후보인 경우: 이때에는 주주총회의 보통결의로 선출하되 모든 주주에 대해 개별 3%룰을 적용한다.

② 사내이사 출신 후보인 경우: 이때에는 최대주주와 여타 주주간의 구별이 있다. 최대주주에 대해서는 합산 3%룰이 적용되고 여타 주주에 대해서는 개별 3%룰이 적용된다.

2) 해 임: 분리선출 방식으로 선출된 감사위원회 위원의 경우에도 역시 주주총회의 특별결의로 해임할 수 있다(상 542의 12 Ⅲ). 다만 일괄선출방식으로 선출된 감사위원회 위원과 달리 **분리선출방식으로 선출된 감사위원회 위원은 주주총회의 해임결의로 감사위원회 위원의 지위뿐만 아니라 이사의 지위도 모두 상실한다**(상 542의12 Ⅲ 단서). 이 점 주의를 요한다.

(다) 전자투표 방식을 채택하는 경우: 특례감사위원회 위원을 선출하는 경우 2020년 개정 상법은 전자투표방식의 특칙을 허용하였다(상 542의 12 Ⅷ). 조심할 점은 감사위원회 위원의 **선임의 경우에만 본 특칙이 적용되는 것**이다. 즉 감사위원회 위원을 주주총회의 특별결의로 해임하는 경우에는 본 특칙은 적용되지 않는다.

2020년 개정 상법은 회사가 전자투표방식을 채택한 경우에는 감사위원회 위원 선임시 주주총회의 결의요건을 완화하였다. 다수의 회사에서 나타났던 애로사항을 해결하기 위함이다. 즉 전자투표를 실시하는 회사에 대해서는 **감사위원회 위원의 선임시 주주총회의 결의요건을 출석한 주주의 의결권의 과반수로 완화**함으로써 발행주식총수 4분의 1의 결의요건을 적용하지 않기로 하였다(상 542의 12 Ⅷ).

### 🔅 감사위원회 위원 분리선출의 문제점

경제민주화 3법에 대한 논의가 뜨거웠다. 그중에서도 감사위원회 위원의 분리선출에 관한 개정 상법의 내용은 가장 뜨거운 감자였다. 감사위원회 위원을 주주총회에서 뽑되 처음부터 따로 뽑고 3%로 의결권을 제한하자는 주장은 오래전부터 있어 왔다. 2020년 개정 상법은 3인의 감사위원 중 최소 1명(정관규정으로 2명 이상으로 할 수 있음)은 분리선출하고 이 경우 모든 주주에 대해 3%로 의결권을 제한하되 사내이사 출신의 감사위원회 위원을 선임 또는 해임하는 경우 최대주주에 대해서는 특수관계인과 합산하여 3%로 의결권을 제한한다.[1167] 감시기능을 담당할 임원을 대주주의 입김에서 해방시켜 공정하게 뽑자는데 누가 이의를 제기하랴? 이런 면만 보면 2020년의 개정 상법은 전혀 나쁠 것 같지 않다. 그러나 이 속에는 적지 않은 문제점이 도사리고 있다.

#### 1. 위헌적 요소(違憲的 要素)

감사위원회 위원은 과거의 전통적인 감사가 아니다. 감사위원은 비록 감사위원회라는 이사회 산하 한 위원회의 구성원이지만 이들은 엄연히 이사이며 이들이 담당하는 일 역시 연중 대부분은 다른 이사들과 똑같이 이사회에 참석하여 수많은 경영사항에 대해 1인 1표를 행사하는 것이다. 이런 **이사회 구성원을 주주총회에서 선출하면서 자본다수결과 무관하게 그것도 최대주주에 대해서는 특수관계인과 합산하여 3%로 의결권을 제한하는 사례는 전세계 어디에도 없다.** 감사선출시 3%로 의결권을 제한하는 것도 우리나라만의 독특한 제도이지만 그래도 감사는 이사가 아니기에 이 3%룰(rule)은 지금까지 명맥을 유지해 왔다. 일괄선출의 경우에는 3%룰을 적용한다 해도 일단 주주총회의 보통결의로 이사를 선출한 후 그중에서 감사위원회 위원을 선임하므로 재산권 등 기본권 침해의 요소를 발견하기 어려웠다. 그러나 분리선출 방식은 처음부터 3%로 의결권을 제한하면서 그런 틀 속에서 주식회사의 업무집행기관인 이사를 선출하므로 문제이다. 아무리 선출된 자가 감사위원회 위원직을 수행한다 해도 그는 과거의 전통적인 감사가 아니라 이사회의 구성원이기 때문이다.

비록 헌법 제119조 제2항이 경제민주화 조항을 갖고 있는 것은 사실이지만 이러한 헌법규정 역시 헌법 전체의 내용과 조화를 이룰 수 있어야 할 것이다. 헌법 전문(前文)은 분명 자유민주적 기본질서를 우리 경제의 기본틀로 하고 있으며 여타 재산권 보장조항(헌법 제23조)이나 기업경영의 자유(헌법 제15조)[1168]도 함께 고려해야 할 것이다. 나아가 주식

---

1167) 감사위원 분리선출에 관한 2020년 개정 상법은 기존 상법 제542조의12 제2항에 단서를 신설하여 "다만 감사위원회 위원 중 1명(정관에서 2명 이상으로 정할 수 있으며, 정관으로 정한 경우에는 그에 따른 인원으로 한다)은 주주총회 결의로 다른 이사들과 분리하여 감사위원회 위원이 되는 이사로 선임하여야 한다"고 규정하며, 동법 제542조의12 제4항은 "(4) 제1항에 따른 감사위원회 위원을 선임 또는 해임할 때에는 상장회사의 의결권 없는 주식을 제외한 발행주식총수의 100분의 3(정관에서 더 낮은 주식보유비율을 정할 수 있으며, 정관에서 더 낮은 주식보유비율을 정한 경우에는 그 비율로 한다)을 초과하는 수의 주식을 가진 주주(최대주주인 경우에는 **사외이사가 아닌 감사위원회 위원을 선임 또는 해임할 때**에 그의 특수관계인 그 밖에 대통령령으로 정하는 자가 소유하는 주식을 합산한다)는 그 초과하는 주식에 관하여 의결권을 행사하지 못한다"로 문언을 바꾸었고, 동 조문에 제8항을 신설하여 전자투표제를 실시하는 경우에는 상법 제368조 제1항에도 불구하고 "출석한 주주의 의결권의 과반수"로 감사위원을 선출할 수 있게 하고 있다.

1168) 헌법상으로는 "직업선택의 자유"로 규정되어 있으나 이 속에는 '기업경영의 자유'도 포함된다(헌법재판소

회사에서 주주는 다른 이해관계자와 달리 투자위험을 전적으로 부담하며 경영결과에 대해서도 최종적으로 책임진다는 사실을 잊지 말아야 한다. 이런 점에서 2020년의 개정 상법 중 감사위원 분리선출 부분은 주주의 재산권에 대한 과도한 제한이 아닌가 생각된다.

## 2. 회사의 정보관리문제

개정법의 내용을 찬성하는 측에서는 감사위원 전부도 아니고 최소 1명을 그렇게 뽑자는데 뭐가 그리 문제냐고 할 수도 있다. 그러나 1명이건 10명이건 **회사의 정보관리**차원에서 보면 아무런 차이가 없다. 오늘날 우리 대표기업들은 치열한 생존전쟁을 치르고 있다. 특히 반도체, 배터리, 바이오 등에서 기술개발은 회사의 생존을 좌우하며 나아가 그 기업이 속한 국가의 경제서열을 결정한다. 미드웨이해전에서 일본이 단 5분 만에 태평양의 제해권(制海權)을 상실한 것이 정보관리의 미숙탓이었음은 역사가 증명하고 있다. 이런 기술전쟁 속에서 우리 대표기업의 이사회는 전시작전사령부(戰時作戰司令部)이지 평화로운 공화국의 국회본회의장(國會本會議場)이 아니다. 국가는 IMF 같은 경제위기속에서도 최소의 세수(稅收)와 국방으로 생존하지만 기업은 실적이 없으면 사라져야 하는 비운(悲運)의 존재다. 그런 면에서 회사지배구조와 국가지배구조는 다르고 경제민주화와 정치민주화도 또 다르다. **위 법률대로라면 경우에 따라서는 니미츠제독에게 나구모와 같은 테이블에 앉아 미드웨이 방어계획을 수립하라고 명하는 것과 같은 상황도 연출될 수 있다.** 오늘날 회사법은 세계적으로 동화(同化)되어 가고 있으며 우리에게만 가능한 그런 독특한 제도는 더 이상 존재하지 않는다.

## 3. "금융회사 지배구조에 관한 법률"과의 관계

나아가 개정 상법을 찬성하는 쪽에서는 "금융회사 지배구조에 관한 법률"[1169]에 감사위원의 분리선출방식은 이미 성문화되어 있으며[1170] 금융업 이외의 영역에서도 감사위원의 독립성을 제고하려면 같은 방식은 불가피하다고 주장한다. 그러나 제조업(前者)과 금융업(後者)은 여러 가지 면에서 질적으로 다르다.

**첫째 경영환경**면에서 양자는 차이를 드러낸다. 제조업분야는 전통적으로 과감한 의사결정과 모험투자가 필수이다. 극심한 경쟁관계도 빈번히 관찰된다.[1171] 치열한 R&D 경쟁 등 불안한 상황이므로 과감한 장기투자와 공격경영이 필요하다.[1172] 반면 은행·증권·보험

---

2017. 3. 11, 2016헌나1 [대통령탄핵]).

1169) 법률 제14818호, 시행 2017. 10. 19.

1170) 관련 조문은 다음과 같다: "**금융회사의 지배구조에 관한 법률 제19조(감사위원회의 구성 및 감사위원의 선임 등)** ⑤ 금융회사는 감사위원이 되는 **사외이사 1명 이상에 대해서는 다른 이사와 분리하여 선임**하여야 한다. ⑥ 감사위원을 선임하거나 해임하는 권한은 주주총회에 있다. 이 경우 감사위원이 되는 이사의 선임에 관하여는 감사 선임 시 의결권 행사의 제한에 관한 「상법」 제409조 제2항 및 제3항을 준용한다. ⑦ 최대주주, 최대주주의 특수관계인, 그 밖에 대통령령으로 정하는 자가 소유하는 금융회사의 의결권 있는 주식의 합계가 그 금융회사의 의결권 없는 주식을 제외한 발행주식 총수의 100분의 3을 초과하는 경우 그 주주는 100분의 3을 초과하는 주식에 관하여 감사위원이 되는 이사를 선임하거나 해임할 때에는 의결권을 행사하지 못한다. 다만, 금융회사는 정관으로 100분의 3보다 낮은 비율을 정할 수 있다."

1171) 전 세계에서 벌어지고 있는 애플과 삼성 간의 지적재산권 분쟁이나 최근 LG화학과 SK이노베이션간의 배터리 분쟁을 생각하라.

1172) 졸고, "이사회구성과 사외이사제도", 「상사법연구」 제29권 제2호(2010. 8.), 203면, 특히 219면.

등 금융업종의 경우 신속한 의사결정보다는 신중한 의사결정이 필요하다. 신용과 위험을 제대로 평가해야 하며 이를 성공적으로 수행하기 위하여는 의사결정의 투명성이 긴요하다. 은행장이 제왕적으로 군림하며 권력을 키워가면 부실대출과 부실투자는 그 다음 순서가 될 것이다.[1173]

둘째 **경영지배구조**면에서도 양자는 차이를 드러낸다. 위에서 본 경영환경의 차이는 자연스럽게 개개 회사가 선택할 경영지배구조의 내용에도 영향을 미친다. 제조업의 경우 권력집중형이 대세이나 금융업에서는 권력분산형이 더 자주 관찰된다. 제조업의 경우 사외이사의 수는 최소로 하고 CEO에 대한 권력집중이 필요할 때가 많다. 사외이사제도가 자칫 경영능률을 저하시키는 부정적 결과로 이어지기도 한다.[1174] 전체 이사회도 슬림(slim)한 것이 더 좋을 수 있다. 의사결정의 신속이 필요하기 때문이다. 반면 은행 같은 금융업종의 경우 강한 공공성 때문에 전통적으로 제조업보다는 사외이사의 수가 많았고 집행임원제를 실시하는 경우에도 이사회의장과 대표집행임원(CEO)간의 분리가 자주 관찰되었다.[1175] 한마디로 견제와 균형의 조직원리가 일반 제조업보다 더 필요하였기 때문이다.

### ❖ 감사위원 분리선출의 시뮬레이션

우선 국내 시가총액 1위인 삼성전자(주)를 보자. 2020년 10월 현재 이 회사의 최대주주의 주식보유비율은 무의결권 우선주를 제외한 의결권있는 주식총수 중 약 21.2%이다.[1176] 개정법에 따라 **사외이사가 아닌 감사위원회 위원 1명을 분리선출할 경우** 합산 3%률이 적용되므로 이중 3%만 의결권을 행사할 수 있다. 2대주주는 국민연금이고 그 지분율은 10.9%이며 위 법안에 따라 감사위원을 분리선출할 경우 개별 3%률이 적용되므로 역시 3%까지만 의결권을 행사할 수 있다. 그 외 전체 해외투자자들의 보유비율은 56.02%에 이르며 이 속에는 다수의 개인 및 기관투자자가 있다. 그러나 이들은 대부분 그 지분율이 3% 이하이므로 위 개정법에 따라 감사위원을 분리선출할 경우에도 그 보유비율대로 의결권을 행사할 수 있다. 물론 국내의 개인 또는 여타 기관투자자들의 보유비율은 총 11.88%이나 이들 역시 그 각각의 보유지분은 3%를 넘지 못할 것이므로 보유비율대로 의결권을 행사하게 된다. 위 최대주주와 2대주주를 제외한 나머지 주주들의 지분율이 각 3%를 초과하지 않는다는 전제하에 외국인주주는 56.02%의 의결권을 가지나, 내국인 주주들은 도합 17.88%(최대주주 및 특수관계인 3% + 국민연금 3% + 기타 내국인주주 11.88%)의 의결권을 가지는데 불과하다. 이런 상황에서 위 법안에 따라 1명의 감사위원을 처음부터 분리선출한다면 해외 기관투자자들이 지지하는 후보가 감사위원이 될 가능성은 매우 높다고 보아야 한다. 경우에 따라서는 3% 초과분은 처음부터 발행주식총수에서 차감될 것이므

---

1173) 졸고, "이사회구성과 사외이사제도", 「상사법연구」 제29권 제2호(2010. 8.), 203면, 특히 220면.
1174) 소니와 도요타의 비교는 좋은 결과를 보여주고 있다. 소니는 다수의 사외이사를 둔 미국식 지배구조를 지향했지만 경영성과는 도요타보다 좋지 않았다. 도요타는 사외이사를 거의 두지 않았으며 2013년에 와서야 비로소 최초의 사외이사를 두었고 그것도 1~2인에 그쳤다. 그럼에도 도쿄증시에서 시가총액 1위의 대표기업으로 우뚝 섰다.
1175) 졸고, "이사회구성과 사외이사제도", 「상사법연구」 제29권 제2호(2010. 8.), 203면 이하, 특히 239면 이하.
1176) 개인별로 따지면 국민연금이 최대주주일 것이다. 그러나 상법상의 최대주주는 합산개념이므로 특수관계인의 지분과 합하여 가장 지분율이 높을 경우 그 본인이 최대주주가 된다(상법 제542조의8 제2항 제5호 참조).

로[1177] 감사위원의 분리선출시 외국인 주주들의 의결권보유비율은 무려 75.8%에 이르게 된다. **사외이사 출신의 감사위원회 위원을 선출할 경우** 비록 개별 3%로 다소 완화되었다고는 하나 삼성전자(주)의 경우 최대주주가 행사할 수 있는 지분율은 약 12.52% 정도에 그치며 외국인 주주들은 그보다 훨씬 큰 의결권 비율을 갖게 될 것이다. 시가총액 2위인 SK하이닉스, 3위인 NAVER, 4위인 LG화학, 5위인 현대차 나아가 10위인 삼성SDI 등에서도 유사한 현상이 나타나게 될 것이다. 시가총액 1위에서 10위까지의 국내 상장사들은 대부분 국제적으로 심각한 기술전쟁을 치르고 있다. 엘리엇 같은 해외 펀드들이 연대하여 산업스파이형 감사위원을 선출할 가능성도 있고, 애플이나 화웨이 등 국내기업과 경쟁관계에 있는 회사들과 삼성전자의 외국인 주주들이 서로 연대할 가능성도 부정할 수 없을 것이다. 이러한 가능성은 엘리엇의 주주제안에 대한 외국인주주들의 반응에서 이미 확인되었다. 위험한 법률임에 틀림없다.

### 4. 감사위원회의 운영

감사위원회도 理事會 산하의 여러 위원회 중 하나이므로 상법 제393조의2의 적용을 받게 된다($\frac{상\ 415의2}{1문\ 참조}$ I). 그리하여 이사회 내 위원회의 일반적인 운영규정은 감사위원회에도 그대로 적용된다. 다만 상법은 제415조의2에서 감사위원회의 운영에 적용될 몇 가지 특칙적 규정을 추가하였다($\frac{상\ 415의2}{Ⅳ.\ Ⅴ.\ Ⅵ.\ Ⅶ}$ Ⅲ).

#### (1) 감사위원회의 소집($\frac{상\ 415의2\ I.}{393의2\ V.\ 390}$)

감사위원회는 각 위원이 소집한다. 그러나 위원회의 결의로 소집할 위원을 정한 때에는 그 위원이 소집한다($\frac{상\ 415의2\ I.393}{의2\ V.\ 390\ I}$). 위원회를 소집함에는 회일을 정하고 그 1주간 전에 각 위원에 대하여 통지를 발송해야 한다. 그 기간은 정관으로 단축할 수 있다($\frac{상\ 415의2\ I.393}{의2\ V.\ 390\ Ⅱ}$). 그러나 위원회는 위원 전원의 동의가 있는 때에는 상기의 소집절차 없이 언제든지 회의할 수 있다($\frac{全員出席委員會;\ 상\ 415의}{2\ I.\ 393의2\ V.\ 390\ Ⅲ}$).

#### (2) 감사위원회의 의사진행 및 결의

감사위원회 역시 會議體機關이므로 자신의 활동결과를 決議(resolution; Beschluß)로써 표시하게 될 것이다. 회의진행의 일반원칙은 감사위원회에 대하여도 그대로 적용될 것이다. 위원회의 결의는 위원 과반수의 출석과 출석위원의 과반수로 하여야 한다. 그러나 정관규정으로 의사정족수와 의결정족수를 높일 수 있을 것이다($\frac{상\ 415의2\ I.393}{의2\ V.\ 391\ I}$).

---

1177) 비록 상법 제371조 제2항은 3% 초과분에 대해 "출석한 주주의 의결권의 수에 산입하지 않는다"고 하고 있으나 대법원은 이를 정정해석(訂正解釋)하여 3% 초과분을 "발행주식총수"에서 차감하는 것으로 하였다(대판 2016. 8. 17, 2016다222996).

나아가 위원회의 의사진행에 있어서도 모든 위원들이 반드시 일정한 장소에 집결하여 의견교환과 토론을 거친 후 표결로 결의를 성립시킬 필요는 없을 것이다. 音聲을 동시에 송·수신할 수 있는 커뮤니케이션기법에 의하여 서로 멀리 떨어져 있는 경우에도 감사위원회의 진행은 가능할 것이다($\frac{4}{9}\frac{415}{9}\frac{212}{391}\frac{393}{11}$).1178)

또한 委員會의 議事進行內容에 特別利害關係있는 委員이 있는 경우에는 의결권이 배제되며, 특별이해관계 있는 위원의 의결권의 수는 출석한 위원의 의결권의 수에 산입하지 않는다($\frac{4}{11}\frac{415}{368}\frac{212}{11}\frac{393}{371}\frac{212}{11}\frac{391}{11}$). 감사위원회의 위원들은 모두 1인 1의결권을 가지므로 결국 특별이해관계 있는 위원의 수를 뺀 나머지 위원들의 수를 기준으로 의사정족수와 의결정족수를 계산해야 할 것이다.

### (3) 의사록의 작성($\frac{4}{9}\frac{415}{2}\frac{212}{V}\frac{393}{391}\frac{212}{3}$)

위원회의 의사에 관하여는 의사록을 작성하여야 한다. 議事錄에는 의사의 안건, 경과요령, 그 결과, 반대하는 자와 그 반대이유를 기재하고 출석한 위원들이 기명날인 또는 서명하여야 한다. 나아가 주주는 영업시간 내에 위원회의사록의 열람 또는 등사를 청구할 수 있다. 그러나 회사는 제3자의 청구에 대하여는 이유를 붙여 이를 거절할 수 있다. 이 경우 주주는 법원의 허가를 얻어 위원회의사록을 열람 또는 등사할 수 있다.

### (4) 위원회의 연기 및 속행

감사위원회도 연기 또는 속행의 결의를 할 수 있다. 감사위원회가 延期되거나 일시 休止되었다가 속행되는 경우에는 재차 소집절차를 밟을 필요가 없다($\frac{4}{9}\frac{415}{2}\frac{212}{392}\frac{393}{372}$). 連會 또는 續會에서의 결의는 소집절차가 이루어지지 않았다 하여 이것이 절차상의 하자를 구성하지 않는다.

### (5) 감사위원회의 대표기관(대표위원)

3인 이상의 위원들로 구성되는 감사위원회에도 대표기관이 필요하다($\frac{4}{2}\frac{415}{N}\frac{1}{1}$). 대표위원은 의결절차를 주도하며 각 위원이 행사한 表決結果를 정리하여 이를 위원들에게 선포하게 될 것이다. 또 이러한 결의를 각 이사들에게 통지하여야 하고($\frac{4}{393}\frac{415}{N}\frac{212}{N}\frac{1}{1}\frac{1}{E}$), 의사록도 작성하여야 한다. 정관, 감사위원회내규 또는 위원회결의가 정하는 바에 따라서는 위원회의 소집권도 갖게 될 것이다($\frac{4}{1}\frac{393}{2E}\frac{212}{4}\frac{390}{2}$). 이렇게 대표위원은 감사위원회의 대내적인 업무집행과 대외적인 대표기관의 역할을 담당하게 될 것이다. 대표위원

---

1178) 예컨대 telephone-conference 같은 경우를 말한다.

은 위원 과반수의 출석과 출석위원 과반수의 찬성으로 선임된다($\frac{\text{상}}{\text{의2}} \frac{415의2}{V, 391} \frac{I, 393}{I}$). 數人의 委員이 共同으로 委員會를 대표할 것을 정할 수도 있다($\frac{\text{상}}{2} \frac{415의}{N 2}$). 이들을 共同代表委員이라 한다.

### (6) 전문가의 조력

감사위원회는 회사의 비용으로 전문가의 조력을 구할 수 있다($\frac{\text{상}}{2} \frac{415의}{V}$). 감사위원회가 여러 가지 내부활동을 효과적으로 수행하자면 법률가나 공인회계사 등 전문가의 조력을 요하는 일이 많을 것이다. 이에 대비하여 상법은 회사의 비용으로 전문가의 조력을 구할 수 있도록 명문의 규정을 두었다.

### 5. 감사위원회의 권한

회사가 감사위원회를 설치한 경우에는 감사를 둘 수 없다($\frac{\text{상}}{2} \frac{415의}{I 2}$). 이렇게 감사위원회는 기존 감사의 기능을 대신하는 역할을 한다고 할 수 있다. 그렇다면 감사위원회의 권한범위는 어떻게 보아야 하는가? 일반적으로 이사회의 감독권은 수직적인 것이요, 위법성뿐만 아니라 타당성까지 검토할 수 있는 것으로 해석되고 있다. 반면, 감사의 감사권은 수평적인 것이요, 적법성의 감사에 한정된다. 만약 회사가 기존의 감사제를 포기하고, 감사위원회를 설치하면 그 권한은 기존 이사회가 수행하던 수직적 감독권과 감사의 수평적 감사권을 망라하는 결과가 될 것이다($\frac{\text{상}}{\text{의2}} \frac{415의2}{I, 393의2} \frac{VI, 412; \text{상}}{II, 393} \frac{415}{I}$). 나아가 미국의 감사위원회(audit committee)는 주로 회계감사권만 가진다고 하나,[1179] 상법상의 감사위원회는 업무감사와 회계감사의 양자를 모두 수행할 수 있다고 새겨진다.

상법은 제415조의2 제7항에서 감사에 관한 다수의 규정을 감사위원회에 준용시키고 있다. 감사위원회의 권한과 관련하여 이들을 정리해보면 다음과 같다. 이사의 資格株를 공탁받을 권리($\frac{\text{상}}{\text{III}} \frac{415의2}{387}$), 이사가 법령 또는 정관에 위반한 행위를 하거나 할 염려가 있다고 인정한 때 이사회에 이를 보고할 권리($\frac{\text{상}}{391의2} \frac{415의2}{II} \frac{VI}{\cdot}$), 회사가 이사에 대하여 또는 이사가 회사에 대하여 소를 제기하는 경우 그 소에 관한 회사대표권($\frac{\text{상}}{\text{VII}} \frac{415의2}{394 I}$), 임시주주총회의 소집청구권($\frac{\text{상}}{412의3} \frac{415의2}{I} \frac{VI}{\cdot}$), 자회사의 조사권($\frac{\text{상}}{\text{VII}} \frac{415의2}{412의4}$), 재무제표에 대한 감사보고서작성권($\frac{\text{상}}{\text{VII}} \frac{415의2}{447의4}$) 등을 들 수 있을 것이다.

### 6. 감사위원회 위원의 책임

감사위원회의 위원 역시 이사의 지위를 갖고 있으므로 이사의 책임에 관련된 다

---

1179) 이에 대해서는 나승성, 「주식회사지배구조에 관한 연구」, 고려대 박사학위논문, 1999, 161면.

수의 규정은 그대로 감사위원회 위원에게도 준용되고 있다($\frac{상\ 415의2\ VIII,\ 400,}{402\ 내지\ 407}$).1180)

## Ⅳ. 감사인 및 검사인

이외에도 주식회사의 외부감사에 관한 법률에 따른 監査人과 특별한 경우에 선임되는 檢査人制度가 있다. 전자는 외부감사에 관한 법률에 따라 현재 100억원 이상의 자산소유회사를 대상으로 하며 그 선임 및 권한 등은 동법에 상세한 규정을 두고 있다. 검사인은 설립절차나 업무 및 재산상태의 조사를 위한 임시감사기관으로서 창립총회나 주주총회에서 선임되어 법정사항을 수행한다.

## Ⅴ. 준법지원인

### 1. 의    의

준법지원인(compliance officer)이란 준법통제기준의 준수에 관한 업무를 담당하는 자이다($\frac{상\ 542의}{13\ II}$).1181) 준법통제기준이란 법령을 준수하고 회사경영을 적정하게 하기 위하여 임직원이 그 직무를 수행할 때 따라야 할 준법통제에 관한 기준 및 절차이다($\frac{상\ 542의}{13\ I}$). 현재 일정 규모이상의1182) 상장사는 준법통제기준을 마련하여야 하며 또 이러한 상장회사는 준법지원인을 두어야 한다.

본 제도의 도입여부를 놓고, 나아가 본 제도를 도입하는 경우에도 어느 규모 이상의 상장회사에 대해 그 설치를 강제할 것인지를 놓고 경제계와 법조계간의 대립은 극에 달하였다. 결국 정부의 상법시행령 입법예고에서 자산 규모 5,000억원 이상의 상장사에 대해 그 설치가 강제되는 쪽으로 정리가 되기는 하였으나 아직도 뜨거운 열기가 사라진 것은 아니다.

---

1180) 상법 제415조의2의 준용대상에 대한 법률적 검토에 대해서는, 김태진, "감사위원회에 준용되는 상법규정의 정비를 위한 제안-상법 제415조의2를 중심으로-", 「선진상사법률연구」 제62호(2013. 4.), 141~197면 참조.
1181) 현재 준법지원인과 명칭이 매우 유사한 준법감시인제도가 금융기관에서 시행되고 있다. 준법감시인이란 금융기관에서 내부통제기준의 준수여부를 점검하고 내부통제기준에 위반하는 경우 이를 조사하여 감사위원회에 보고하는 자이다(은행법 제23조의3, 제1항). 금융기관은 준법감시인을 1인 이상 두어야 하며, 준법감시인을 임면코자 할 때에는 이사회결의를 거쳐야 한다(은행법 제23조의3, 제1항, 제3항).
1182) 상법시행령에 따르면 자산규모 5,000억원 이상의 상장사가 이에 해당한다(상법시행령 제39조 참조).

## 2. 선    임

준법지원인은 이사회결의로 선임한다($\frac{상}{13} \frac{542의}{IV}$). 그 자격은 ① 변호사자격이 있는 자, ② 법률학 조교수 이상의 직에 5년 이상 근무한 경력이 있는 자 그리고 ③ 여타 법률적 지식과 경험이 풍부한 자로서 대통령령이 정하는 자이다($\frac{상}{13} \frac{542의}{V}$). 임기는 3년이며 상근으로 한다($\frac{상}{13} \frac{542의}{VI}$). 다른 법률의 규정이 준법지원인의 임기를 3년보다 짧게 정하고 있는 경우에도 그 다른 법률에 우선하여 3년의 임기가 보장된다($\frac{상}{13} \frac{542의}{XI}$). 회사와의 법률관계는 민법상 위임으로 보아야 할 것이다.

## 3. 준법지원인의 의무

### (1) 준법통제기준의 준수점검 및 보고의무

이는 준법지원인의 가장 기본적인 의무이다. 준법지원인은 준법통제기준의 준수여부를 점검하고 그 결과를 이사회에 보고하여야 한다($\frac{상}{13} \frac{542의}{III}$).

### (2) 선관주의의무

준법지원인은 선량한 관리자의 주의로 그 직무를 수행하여야 한다($\frac{상}{13} \frac{542의}{VII}$). 나아가 재임 중 뿐만 아니라 퇴임후에도 직무상 알게 된 회사의 영업상의 비밀을 누설하여서는 아니된다($\frac{상}{13} \frac{542의}{VIII}$).

## 4. 회사의 협력의무

준법지원인을 두는 상장사는 준법지원인이 독립적으로 직무를 수행할 수 있도록 협력하여야 하며, 준법지원인이 직무수행상 필요한 자료나 정보의 제출을 요구할 경우에는 이에 성실히 응하여야 한다($\frac{상}{13} \frac{542의}{IX}$). 나아가 준법지원인에 대하여 그 직무수행과 관련된 사유로 인사상의 불이익을 주어서는 아니된다($\frac{상}{13} \frac{542의}{X}$). 특히 3년의 보장된 임기를 지키지 아니하고 회사가 정당한 이유없이 해임할 경우에는 준법지원인에 대한 손해배상책임이 발생할 가능성도 부정할 수 없을 것이다($\frac{상}{상}$ $\frac{542의13~VI.}{385~참조}$).

# 제5절  주식회사의 자금조달 및 계산

이하에서는 주식회사의 재무질서에 관련된 資金調達의 문제와 영업성과의 분배 등을 위한 회사의 計算規定에 관하여 알아본다. 이 부분은 헌법에 비유하면 경제헌법 내지 재정(Finanzverfassung)에 해당하는 부분이다.

## 제1관  주식회사의 자금조달

### I. 총  설

주식회사의 자금조달방법에는 크게 나누어 자기자본(Eigenkapital)에 의한 방법과 타인자본(Fremdkapital)에 의한 방법이 있다. 전자는 신주발행을 통한 유상증자요 후자는 사채발행이나 금전차입이다. 단순한 금전차입은 회사법상의 특수성이 나타나지 않으므로 여기에서는 신주와 사채의 발행을 통한 자금조달에 대해서만 알아보기로 한다. 이 양자는 서로 공통된 성격도 있지만 많은 관점에서 대립적인 이질적 제도이다. 신주와 사채의 공통점과 차이점을 먼저 정리해 보기로 한다.

우선 공통점을 알아보면 (i) 양자 모두 주식회사의 영업자금을 증대시키는 방법으로 발행되며 (ii) 그 총액이 균등한 단위로 세분되고($\frac{\text{상}}{\text{II}} \frac{329, 474}{6호}$), 그 유통성을 높이기 위하여 주권이나 채권 등의 유가증권이 발행된다($\frac{\text{상}}{356,} \frac{355,}{478}$). 나아가 (iii) 양자의 발행은 모두 청약서(주식청약서, 사채청약서)에 의하여야 하며($\frac{\text{상}}{474,} \frac{302,}{475}$), 양자의 이전에는 기명식인 경우 대항요건으로서(주주명부 및 사채원부에의) 명의개서를 요한다($\frac{\text{상}}{479} \frac{337.}{}$). 또한 양자 모두 (iv) 발행절차는 이사회결의로 결정된다($\frac{\text{상}}{469} \frac{416.}{}$).

그러나 이러한 공통점에 비하면 훨씬 많은 차이점이 있다. 우선 (i) 신주나 사채 모집의 법적 성질을 비교해 보면 전자는 단체법적 성격을 띠나 후자는 단순히 개인법적인 거래행위이다. 신주의 발행은 물적회사인 주식회사의 자본을 증가시키므로 기존 주주들의 인적 구성에 영향을 미치지 않는 방법 즉 기존 지주비율대로 주주들에게만 발행되어도 회사의 규모를 바꾸는 것으로서 구조변경적 성격을 띤다. 나아가 신주가 기존 주주가 아닌 제3자에게 배정되면 이 때에는 주식회사의 사단구성원이 재편되는 기본변경행위가 된다. 즉 신주발행을 통한 유상증자는 주식회사의 인적 혹은 물적 구조변경에 해당하여 기존상태존중주의 등 특수한 단체법적 취급이 불가피해진다.[1] 반면 사채발행의 경우에는 비록 다수의 채권자로부터 일시에 거액의 금전대차를 하여 부채를 증가시키고 또 원리금상환채권을 유가증권화시키기는 하지만 그 본질은 어디까지나 금전소비대차로서 이는 평면적·거래법적 영역을 벗어나지 않는다. 둘째로 양자는 (ii) 자본과의 관계에서 대조적이다. 신주는 그 대금을 납입하면 자기자본을 구성함에 반하여 사채는 회사의 금전차입으로 부채 즉 타인자본을 형성한다. 셋째 (iii) 신주나 사채권의 귀속자의 권리를 비교해 보면 신주의 경우에는 그 효력발생과 더불어 회사의 사원권인 주식이 귀속됨에 반하여 사채권자는 단순한 회사 외부의 국외자로서 일정률의 이자와 원금상환만을 기대하는 채권자에 불과하다. 넷째 (iv) 회사의 자금조달에 참여하는 반대급부를 비교해 보면 신주는 그 회사의 배당가능이익의 존재를 전제로 이익배당을 받음에 반하여 사채의 경우에는 회사의 영업성과와 관련 없는 일정률의 이자와 원금상환이 있을 뿐이다. 다섯째 (v) 투하자본의 회수면에서 비교해 보면 신주의 경우에는 회사의 존립중에는 오로지 주식양도를 통한 대가의 회수만이 가능하여 원칙적으로 납입금의 반환이 불가하고 회사 해산시에도 회사채권자를 만족시킨 후 잔여재산이 있는 것을 전제로 이를 분배받을 수 있을 뿐이다($^{상\ 542}_{I.\ 260}$). 이에 반하여 사채권자는 상환기가 도래하면 주주에 우선하여 일반 회사채권자와 동일 순위에서 원리금의 상환을 받고 회사해산의 경우에도 주주에 우선하여 채권의 변제를 받는다. 여섯째 (vi) 납입방법면에서의 차이를 알아보면 신주의 경우에는 자본충실의 원칙이 지배하므로 전액납입의 방법만이 가능하나($^{상}_{421}$), 사채의 경우에는 그 납입으로 자본을 형성하는 것이 아니므로 분할납입도 가능하다($^{상\ 474,\ II\ 9}_{호.\ 476\ I}$). 일곱째 (vii) 액면미달발행가능성을 비교하면 신주의 경우에는 자본충실의 요구에서 원칙적으로 액면미달발행이 불가함에 반하여($^{상\ 330;\ 예}_{회\ 상\ 417}$) 사채는 원칙적으로 액면미달가액으로도 발행할 수 있다($^{상\ 474}_{II\ 6호}$). 여덟째 (viii) 납입시의 상계가능성을 보면 신주식의 납입은 회사의 동의가 없는 한 상계로 대항할 수 없으나($^{상\ 421}$), 사채의 납입은 상계로 회사에 대항할 수 있다. 이처럼 양자는 대조적이어서 결론적으로 주권은 투기증권임에 반하여 사채권은 이자증권이라고 불러야 할 것이다.

양자가 이렇게 대조적이긴 하나 오늘날에 와서 양자는 서로 접근하는 모습도 보이고 있다. 우선 주식이 사채화하는 현상이 나타나고 있다. 주식에 있어서의 이익배당은 배당가능이익의 산출결과에 따라 유동적이요, 사채는 처음부터 확정률의 이자지급을 전제로 하지만 만약 회사가 임의준비금을 탄력적으로 적립해 나가면 주식의 이

---

1) 예컨대 신주발행의 무효는 소급하지 않는다(상법 제431조). 기존상태존중주의의 반영이다.

익배당을 평균화할 수 있다. 이렇게 되면 주식은 경제적으로 사채에 접근한다. 나아가 주식은 회사의 존속중 납입금의 반환이 인정되지 아니하나 회사가 일정 기간 후에 이익으로 소각하는 상환주식과 같은 경우에는 실질적으로 사채에 접근한다. 또한 의결권없는 주식의 경우에도 우선적인 이익배당의 대가로 의결권행사를 포기한 것이므로 무의결권주주는 사채권자의 지위와 유사해지며 특히 누적적·비참가적 우선주는 고정적 이익배당의 가능성으로 더욱 사채화하는 모습을 보인다.

이와 반대로 사채도 주식화하는 현상이 나타나고 있다. 즉 사채가 비교적 장기의 회사자금으로 조달되면 회사의 준자본적 역할을 하게 되며 특히 전환사채나 신주인수권부사채 또는 이익참가부사채와 같은 특수사채의 경우에는 사채의 주식화현상이 더욱 현저하다. 전환권이나 신주인수권의 행사로 주주의 지위를 취득할 수 있고 사채의 이율에 따른 이자지급 외에 이익배당에도 참가할 수 있으므로 사채의 확실성과 주식의 투기성이 혼용되고 있다.

## II. 신주의 발행

### 1. 신주발행의 의의

新株發行은 회사의 성립 후에 회사가 발행예정주식총수의 범위 내에서 미발행주식을 신주로 발행하는 것이다. 현행 상법은 영미법상의 수권자본제를 도입하여 이사회의 결정에 따라 수시로 신주를 발행할 수 있도록 하였다.

### 2. 신주발행의 종류

신주의 발행에는 보통의 신주발행과 특수한 신주발행이 있다. 전자를 협의의 신주발행이라고도 하며 양자를 합하여 광의의 신주발행이라 한다. 어느 경우에나 정관 소정의 발행예정주식총수($\frac{상}{3호}$ $^{289 \text{ I}}$)의 범위 내에서만 가능하며 또한 수종의 주식을 발행하는 경우에는 정관이 정한 주식의 종류와 수를 지켜야 한다($상^{344}$).

#### (1) 보통의 신주발행

일반적으로 신주발행이라 함은 회사가 실질적인 자본의 증가 즉 유상증자를 위하여 주식을 발행하는 경우를 지칭한다. 이 때 상법 제416조 이하의 규정이 적용되며 이러한 보통의 신주발행을 통상의 신주발행이라고도 한다.

## (2) 특수한 신주발행

특수한 신주발행이라 함은 회사가 자금조달을 직접 목적으로 하지 아니하고 그 외의 사유로 신주를 발행하는 경우이다. 예컨대 준비금의 자본전입에 따른 무상신주의 교부($\frac{상}{461}$), 주식배당($\frac{상}{의2}^{462}$), 전환주식이나 전환사채에서의 전환권행사($\frac{상\ 346\ 이하.}{513\ 이하}$), 신주인수권부사채의 신주인수권 행사($\frac{상}{의9}^{516}$), 흡수합병시 존속회사의 신주발행($\frac{상}{3호}^{523}$), 주식의 병합($\frac{상}{442}$), 주식의 분할, 기타 특별법상의 신주발행의 경우($\frac{자법재평}{가법\ 28}$) 등이 이에 해당한다.

## (3) 양자의 비교

보통의 신주발행과 특수한 신주발행은 모두 정관에서 규정한 발행예정주식총수의 범위 내에서 발행된다는 것과 수종의 주식은 정관규정에 따라서만 발행될 수 있다는 점에서 공통되나 다음과 같은 차이점이 나타난다.

우선 신주발행 후 회사의 자산이 증가하는지 여부를 비교해 보면, 보통의 신주발행시에는 신주의 발행가에 대한 납입 및 현물출자에 따라 회사의 자산이 실질적으로 증가하나 특수한 신주발행의 경우에는 일반적으로 회사의 자산에 변화가 없다. 다만 흡수합병의 경우 소멸회사의 재산이 승계회사에 포괄적으로 승계되기 때문에 현물출자에 의한 통상의 신주발행과 유사해지며 전환사채의 전환권행사시에는 부채가 소멸하므로 소극적으로 회사의 자산이 증가하는 효과가 나타날 뿐이다. 나아가 신주발행 후 자본의 변화를 비교해 보면 보통의 신주발행시에는 당연히 자본이 증가하나 특수한 신주발행의 경우에는 경우에 따라 차이가 있다. 대부분은 자본이 증가하지만 전환주식의 전환비율이 1 : 1인 경우에는 자본에 변화가 없으며 주식의 병합시에는 자본이 감소한다. 끝으로 신주의 효력발생시기를 비교해 보면 보통의 신주발행의 경우에는 납입기일의 익일로부터 신주의 효력이 발생하나($\frac{상}{}^{423}$), 특수한 신주발행의 경우에는 납입절차가 없음은 물론 신주의 효력발생시기도 각 경우마다 다르다. 준비금의 자본전입의 경우에는 무상신주의 배정일 또는 총회결의일($\frac{상}{III.\ IV}^{461}$), 주식배당의 경우에는 주식배당을 한다는 주주총회가 종결한 때($\frac{상}{2\ IV}^{462의}$), 전환사채나 전환주식의 경우에는 전환청구한 때($\frac{상\ 350,}{316\ II}$), 신주인수권부사채의 경우에는 주식대금을 납입한 때($\frac{상}{의\ 10}^{516}$)에 신주의 효력이 발생한다.

### 3. 신주인수권

#### (1) 의의 및 상법 제418조의 입법취지

新株引受權(preemptive right; Bezugsrecht)이란 회사의 성립 후 신주를 발행하는 경우에 우선적으로 신주의 배정을 받을 수 있는 권리이다.

회사가 신주를 발행하는 경우에 직접적인 영향을 받는 이해관계자는 회사의 기존 주주라고 할 수 있다. 만약 신주인수권이 기존 주주가 아닌 제3자에게 부여된다면 회사의 인적 구성은 흔들리고 기존의 지배관계는 변모한다. 그리하여 기존 주주의 지주비율은 낮아지고 그들의 주주총회에서의 발언권은 약화되며 나아가 신주가 시가 이하로 발행되면 주가의 하락으로 경제적 손실을 입게 된다. 따라서 기존 주주의 입장에서는 그들의 종래의 지주비율에 따라 신주를 인수하는 것이 절실히 필요한 것이다.

그러나 회사의 입장은 이와 다르다. 수권자본제에 의하여 신속하게 거액의 자금을 조달하려면 그 회사의 주주만을 상대로 할 것이 아니라 넓은 자본시장을 상대로 기동성있게 대처하는 것이 요구된다. 즉 회사의 입장에서 자금조달의 효과를 극대화하기 위하여는 자력있는 제3자에게도 신주인수권을 부여하는 것이 더욱 바람직할 것이다. 이렇게 유상증자시 회사의 이익과 기존 주주의 이익은 대립한다. 그렇다면 이러한 이해상충을 어떻게 조화시킬 것인가? 상법은 일단 기존 주주의 보호를 선택하였다. 그들은 지금까지의 회사영업을 가능케 한 출자자이므로 기존의 공과를 고려하여 신주배정시에도 그들에게 우선적으로 신주배정이 이루어지도록 하였고 다만 그들이 신주를 인수할 자력이 없는 경우 등에는 일정 요건하에 이를 양도할 수 있게 하였고 예외적으로 정관규정을 전제로 제3자에게도 신주인수의 기회가 주어지도록 하였다. 이러한 고려하에 상법은 제418조 제1항에서 "주주는 정관에 다른 정함이 없으면 그가 가진 주식의 수에 따라서 신주의 배정을 받을 권리가 있다"라고 규정하게 되었다.

#### (2) 주주의 신주인수권

**(가) 의의 및 법적 성질:**  주주의 신주인수권이란 정관에 다른 정함이 없는 한 주주가 소유하고 있는 주식의 수에 비례하여 우선적으로 신주의 배정을 받을 수 있는 권리이다($^{상\ 418}$).

이러한 주주의 신주인수권은 추상적 또는 구체적 시각에서 달리 파악될 수 있다. 추상적 신주인수권(allgemeines Bezugsrecht, Bezugsstammrecht)이라 함은 장차 회사가 발행할 모든 주식에 대하여 신주를 인수할 수 있는 자격으로서 이는 주주의 지위에서 법률상 당연히 파생되는 자익권의 일종이다.

이에 반하여 구체적 신주인수권(konkreter Bezugsanspruch)이라 함은 이사회의 신주발행결의를 거쳐 신주배정일을 지나 인수권을 갖는 주주가 확정되었을 때의 구체화된 권리를 뜻하며 이 시점에서부터는 추상적 신주인수권과 달리 포괄적 주주권으로부터 분리 독립되어 별도의 양도나 처분대상이 될 수 있는 것이다.

이 양자의 관계는 마치 추상적 이익배당청구권으로부터 구체적 이익배당 청구권이 파생하는 이치와 같다. 추상적 신주인수권은 주주권 즉 자익권의 일 내용이 되므로 주식불가분의 원칙에 따라 주주의 회사에 대한 포괄적 법적 지위에서 별도로 분리 독립될 수 없다. 그러나 구체적 신주인수권은 일단 발생하면 주주권과는 별도의 채권적 권리의 성격을 띠며 주식이 양도되어도 이에 내재되어 함께 이전하는 것이 아니라 신주인수권증서의 교부에 의하여 별도로 양도된다($\substack{\text{상 420의}\\ 3\ 1}$).

**(나) 신주인수권과 주주평등의 원칙:**    주주는 정관에 다른 정함이 없는 한 지주수에 따라 평등하게 신주의 배정을 받을 권리가 있다. 즉 주주의 신주인수권에는 주주평등의 원칙이 지배하게 된다. 그러나 다음과 같은 예외를 생각할 수 있다. 즉 회사가 종류주식을 발행한 경우에는 각 주식의 종류에 따라 신주의 인수에 관하여 특수한 정함을 할 수 있고($\substack{\text{상}\\ 344}$), 나아가 신주인수권이 부여된 주주에 대하여 발행되는 주식의 수가 주주의 지주수에 의하여 정제되지 않고 1주 미만의 단주가 생기는 때에는 이를 회사가 처분하여 그 차액을 주주에게 재분배하므로 역시 주주평등의 원칙의 예외라 할 수 있겠다.[2]

**(다) 신주인수권의 대상이 되는 주식:**    주주는 원칙적으로 장래에 발행될 모든 신주에 대하여 자신의 추상적 신주인수권의 대상으로 할 수 있다. 그 범위는 발행예정주식총수 중 미발행 부분이 되겠으나 회사가 정관변경에 의해서 발행예정주식총수를 증가시킨 경우에는 이 증가분에 대해서도 미치게 된다. 그러나 다음과 같은 예외를 생각할 수 있다.

우선 신주인수인이 이미 확정되어 있는 관계로 신주인수권이 더 이상 문제시되지 않는 경우가 있다. 예컨대 (i) 현물출자자에 대한 신주발행의 경우[3]($\substack{\text{상 416}\\ 4호}$), (ii) 준비금

---

2) 회사의 자기주식처분이나 자회사가 가지는 모회사주식의 처분시에는 신주의 발행이 아니므로 회사는 이를 자의적으로 처분할 수 있다. 이를 신주인수권에 대한 주주평등의 원칙의 예외로 보기는 어려울 것이다.

3) 현물출자자에 대해서 부여할 주식의 종류나 수는 정관규정이나 이사회결의로 미리 정하여진다; 대판 1989. 3. 14, 88누889; 그러나 반대설이 있다. 김건식, "현물출자와 신주인수권", 「법학(서울대)」 제31권 제1호, 제2호 (1990), 205면; 이철송, 회사법강의, 제30판, 2022, 919~920면; 서헌제, 회사법, 2000, 494면; 채이식, 상법강의(상), 개정판, 1996, 699면.

의 자본전입[4]($\frac{\text{상}}{461}$), (iii) 주식배당[5]($\frac{\text{상}}{\text{의}2}^{462}$), (iv) 전환사채나 전환주식의 전환권행사시[6]($\frac{\text{상}\,346,}{516}$), (v) 주식의 병합($\frac{\text{상}\,440}{\text{이하}}$), (vi) 신주인수권부사채의 신주인수권행사($\frac{\text{상}}{\text{의}9}^{516}$), (vii) 흡수합병으로 존속회사가 해산회사의 주주에게 주식을 발행하는 경우[7]($\frac{\text{상}}{523}$) 등이다.

나아가 신주발행에 해당하지 아니하여 신주인수권이 문제시되지 않는 경우도 있다. 예컨대 회사가 가진 자기주식을 처분하는 경우나 자회사가 가진 모회사주식을 처분하는 경우 이는 신주에 해당하지 않으므로 신주인수권이 문제시될 수 없다. 또한 실권주의 경우에도 그러하다. 실권주라 함은 신주인수권을 가지는 주주가 실권예고부통지에 정하여져 있는 청약기일까지 청약을 하지 아니하여 그 신주인수권을 상실한 주식으로서($\frac{\text{상}}{\text{N}}^{419}$), 이 경우 이사회는 이를 자유로이 처분할 수 있다.

**(라) 신주인수권의 제한:**　　주주의 신주인수권은 정관이나 법률규정에 따라 제한될 수 있다. 상법 제418조 제2항이 밝히고 있듯이 주주의 신주인수권은 정관에 다른 정함이 없는 한 보장되는 권리이므로 정관규정으로 주주의 신주인수권은 상대화될 수 있다.

**1) 제한의 범위:**　　주주의 신주인수권의 제한에 완전박탈까지 포함하는가에 대해서는 견해의 다툼이 있다. 부정설에서는 명문의 규정이 없음을 들어 이를 부정하나 주권상장법인의 경우에는 일정 요건하에 일반공모증자방식을 택할 수 있고($\frac{\text{자본시장과 금융}}{\text{투자업에 관한 법}}$ $\frac{\text{률 제}165}{\text{조의}6}$),[8] 이러한 경우가 아니더라도 자금조달의 기동성을 고려하여 주주의 신주인수권의 완전박탈도 가능하다고 본다. 단지 주주의 신주인수권을 배제(Bezugsrechtsausschluß)함에 있어서는 주주의 이익을 상회하는 회사의 이익이 있어야 할 것이다. 따라서 주주의 신주인수권을 무조건적으로 어떤 경우에도 인정치 않는 원천봉쇄형은 허용될 수 없으나 회사의 중대한 이익이 있을 때 구체적으로 범위를 제한하여 주주의 신주인수권을 배제하는 방식은 가능할 것이다. 예컨대 新技術의 도입이나 財務構造의 改善 등 회사의 경영상 목적을 달성하기 위하여 필요한 경우에 그러할 것이다($\frac{\text{상}}{\text{}}^{418}$). 나아가 회사는 설립 후 여러 차례에 걸쳐 신주발행을 하게 될 것이므로 그때그때마다 회사의 이익과 주주의 이익을 형량할 수 있도록 정관문언을 탄력적으로 구성하여야

---

4) 모든 주주에게 지주수에 비례한 무상신주가 교부된다.
5) 이때에도 모든 주주에게 그들의 소유주식수에 따른 이익배당금에 갈음하여 주식의 배정이 이루어진다.
6) 이때에도 이미 전환주주 또는 전환사채권자에게 신주발행이 예정되어 있다.
7) 이때에는 소멸회사의 주주에 대한 신주의 배정사항이 합병계약서에 기재되므로(상법 제523조 제3호) 소멸회사의 주주는 합병의 효력발생과 더불어 당연히 신주의 주주가 된다. 따라서 존속회사의 주주에게 신주인수권이 문제시되지 않는다.
8) 일반공모증자란 주주의 신주인수권을 배제하고 불특정다수인(당해 법인의 주주를 포함한다)을 상대로 신주를 모집하는 방식이다(자본시장 및 금융투자업에 관한 법률 제165조의6 제1항 제3호 참조).

할 것이다. 나아가 정관에 이에 관한 일정 규정을 두었다 하더라도 구체적으로 주주의 신주인수권을 배제할 필요가 있을 때에는 정관변경 등의 방식으로 이를 조절할 수 있을 것이다.

**2) 주주총회의 특별결의에 의한 제한가능성:**　나아가 이러한 신주인수권의 제한에 관한 정관규정이 전혀 없었다 하더라도 정관변경을 가능케 하는 주주총회의 특별결의로 주주의 신주인수권을 제한할 수 있다고 본다.[9] 가령 회사가 타회사의 특정 영업재산을 인수하는 것이 회사의 이익을 위하여 절대적으로 긴요하고 그 영업양도인이 그 대가로 신주의 배정을 절대적으로 요구하는 경우 회사가 주주의 신주인수권을 배제하고 양도인에게 신주의 배정을 할 필요가 있으므로 총회결의로 이러한 방식의 선택이 가능하다고 본다. 이러한 의안을 다루는 주주총회에서 이에 반대하는 주주는 의결권행사에 대한 충실의무위반이 될 수도 있다.[10]

### ⊛ Kali & Salz 판결[11]

독일 대법원은 Kali & Salz 판결(＝BGHZ 71, 40)에서 신주인수권배제의 유효요건을 제시하였다. 주주의 신주인수권을 제한할 수 있음은 독일 주식법상 명문으로 허용되는 바이지만(동법 제186조 제3항 및 제4항) 이러한 회사의 조치가 정당화되려면 법문언상의 요건 이외에도 성문화되지 않은 실질요건이 추가된다고 보았다. 이를 '신주인수권배제의 실질적 요건'(materielle Berechtigung des Bezugsrechtsausschlusses)이라 한다. 이에 따르면 주주의 신주인수권을 배제하는 주주총회 결의가 성립하는 시점에 신주인수권 배제를 정당화할 만한 회사의 이익이 비례의 원칙을 만족시킬 정도로 명확히 현시되어야 한다. 그 후 독일 대법원은 이러한 실질요건을 인허자본(genehmigtes Kapital)에도 요구하였다.[12] 그러나 최근의 판례에서는 입장을 다소 완화하였다. 구체성의 요건은 추상적으로만 나타나도 족한 것으로 정리되었다(판례변경).[13]

**3) 특별법상의 제한:**　끝으로 주주의 신주인수권은 몇몇 특별법에서 명시적으로

---

9) 同旨, 이철송, 922면(주주 이외의 자에게 전환사채 또는 신주인수권부사채를 발행할 경우 정관에 규정이 없으면 주주총회의 특별결의로 제3자 배정을 할 수 있다는 상법 제513조 제3항 또는 동법 제516조의2 제4항을 유추적용하는 입장); 反對說, 최준선, 650면(이 입장에서는 '정관에 정하는 바에 따라'라는 상법 제418조 제2항의 법문언을 더 중시함).
10) 이에 대해서는 Zöllner, Die Schranken mitgliedschaftlicher Stimmrechtsmacht, §30, S. 335 이하도 참조.
11) 이에 대해 보다 자세히는 Hopt, Handels- und Gesellschaftsrecht (Bd. II), 4. Aufl., Beck, 1996, Rdnr. 1014 f. (pp. 254 f.).
12) 인허자본(認許資本)이란 독일 주식법 제202조에 따른 것으로서 영미식의 수권자본(authorized capital)에 해당한다. 정관규정으로 이사회에 증자를 위임하는 것이다. 다만 독일 주식법은 수권(授權)의 시간적 범위를 5년으로 제한하였다(독일 주식법 제202조 제1항 참조). 독일 대법원은 "Holzmann 판결"(BGHZ 83, 319)에서 "Kali & Salz"에서 요구한 실질요건이 수권자본에도 적용된다고 보았다. 즉 이사회(Vorstand)에 대한 수권시점에 이미 실질적 증자요건이 구체적으로 갖추어져야 한다고 보았다.
13) BGH NJW 1998, 2815 f.

제한되고 있다. 자본시장 및 금융투자업에 관한 법률은 주권상장법인이 유상증자하는 경우 발행주식총수의 20% 범위내에서 종업원(우리사주조합원)에게 우선적인 신주인수권을 부여하고 있다(<sub>자본시장과 금융투자업</sub><sub>에 관한 법률 165의7</sub>). 나아가 상장법인이 일반공모증자의 방식을 택하거나 임직원에게 주식매수선택권을 부여하는 경우에도 주주의 신주인수권은 제한될 수 있다(<sub>자본시장과 금융투자업에 관한</sub><sub>법률 165의6: 상 542의3</sub>).

### (마) 신주인수권의 양도

**1) 양도객체:** 주주의 추상적 신주인수권은 주주권의 내용을 이루는 자익권으로서 이것을 주식으로부터 분리하여 별도의 양도대상으로 삼을 수 없음은 주식불가분의 원칙(Abspaltungsverbot)상 당연하다. 그러나 주주의 구체적 신주인수권은 주식과 별개의 권리로서 이미 독립화한 채권적 권리이므로 이는 양도나 여타의 독립적 처분의 대상이 된다.

**2) 양도의 당위성:** 상법은 기존 주주에게 신주의 우선적 인수권을 부여했지만 구체적 신주인수권은 일정 요건하에 제3자에게 양도할 수 있도록 허용하고 있다(<sub>상 416, 5호;</sub><sub>상 420의3 I</sub>). 그 이유는 신주인수권의 행사는 납입자금을 전제로 하므로 이러한 자력이 없을 때에는 신주인수를 단념하여야 하고 신주식의 시가와 발행가액의 차액을 포기하여야 한다. 그리하여 신주인수권만을 제3자에게 양도하여 그 차액의 상실을 막도록 한 것이다.

**3) 유효요건:** 신주인수권이 양도되려면 정관 또는 이사회결의(또는 정관규정에 의한 주주총회의 결의)로 신주인수권의 양도가능성이 인정되어야 하며 나아가 이러한 양도가능성은 주주의 신주인수권에 한정된다(<sub>상 416</sub><sub>5호</sub>).

**4) 양도방법:** 신주인수권을 양도하기 위하여는 신주인수권증서를 교부하여야 한다(<sub>상 420의</sub><sub>3 I</sub>). 상법은 명문의 규정으로 이 방법만을 허용하고 있다. 그런데 대법원은 상법 제420조의3 제1항의 규정을 상대화하여 이사회의 신주인수권양도에 관한 정함이 없는 경우에도 신주인수권을 채권양도의 효력과 방법으로 양도할 수 있다고 하였다.[14] 그러나 이는 명문의 규정에 반하는 해석으로서 그 타당성에 의문이 제기된다.

### (바) 신주인수권증서

**1) 의 의:** 신주인수권증서(stock purchase warrant)라 함은 주주의 구체적 신주인수권을 표창하는 유가증권이다. 이는 주주의 신주인수권에 대해서만 발행할 수 있고 제3자의 신주인수권에 대해서는 그 발행이 불가하다. 신주인수권증서는 권리자를

---

14) 대판 1995. 5. 23, 94다36421.

증서에 표시할 필요가 없으므로 무기명증권(Inhaberpapier)이요, 또 증서발행에 의하여 신주인수권이 발생하는 것도 아니므로 비설권증권(선언증권)이다.

**2) 발 행:**  신주인수권증서는 주주의 청구가 있을 때에만 이를 발행한다는 것 과 그 청구기간을 정한 때에는 그 기간 내에 청구한 주주에 한하여 이를 발행한다 ($\frac{상 420의2 \ I}{단단. 416 5호}$). 그러나 이러한 정함이 없는 경우에는 신주인수의 청약기일 2주간 전에 주 주의 청구 여부에 관계없이 모든 주주에게 발행해야 한다($\frac{상 420의}{2 \ I \ 후단}$).

신주인수권증서는 보통 단위별로 즉 1주, 10주, 100주, 1,000주의 신주인수권증서 등의 형식으로 발행된다.

**3) 양 도:**  신주인수권증서는 설사 기명식으로 발행하였어도 교부로써 양도할 수 있다($\frac{상 420의}{3 \ I}$). 즉 주식의 경우와 같다($상 336$). 따라서 주식점유자의 자격수여적 효력 에 관한 상법 제336조 제2항 및 수표의 선의취득에 관한 수표법 제21조의 규정이 준 용되고 있다($\frac{상 420의}{3 \ II}$).

**4) 기재사항:**  신주인수권증서에는 (i) 신주인수권증서라는 뜻의 기재 (ii) 상법 제420조의 기재사항, 즉 주식청약서의 기재사항 (iii) 신주인수권증서의 목적인 주식 의 종류와 수 (iv) 일정 기일까지 주식의 청약을 하지 않으면 그 권리를 잃는다는 뜻 과 번호를 기재하고 이사가 기명날인 또는 서명하여야 한다($\frac{상 420의}{2 \ II}$).

미작성, 기재의 흠결 및 부실기재의 경우에는 해당 이사가 과태료의 제재를 받으 며($\frac{상 635}{I \ 16호}$), 신주인수인은 신주인수권증서의 요건흠결을 이유로 신주인수의 무효를 주 장할 수 있다. 그러나 무효의 주장은 신주발행으로 인한 변경등기일로부터 1년 내에 만 가능하다($\frac{상}{427}$).

**5) 효 력:**  신주인수권증서에는 다음과 같은 효력이 인정된다.

**가) 권리추정력:**  신주인수권증서의 점유자는 적법한 소지인으로 추정된다($\frac{상 420의3}{II. 336 \ II}$). 나아가 이러한 권리추정적 효력으로 선의취득이 가능해진다($\frac{상 420의3}{II. \ 수 21}$).

**나) 신주인수권의 양도방법의 제한:**  어음의 경우에는 배서교부의 어음법적 방법 이외에도 지명채권양도의 방법이 가능하나 신주인수권은 신주인수권의 교부를 통하 여만 양도가 가능하므로 양도방법의 제한과 요식성이 나타난다. 물론 전기한 판례의 입장을 따를 때에는 결과가 달라진다.

**다) 권리행사의 제한:**  신주인수의 청약은 신주인수권증서에 의하여야 한다($\frac{상 420의}{3 \ I}$). 즉 신주인수권증서 2통에 인수할 주식의 종류와 수 및 주소를 기재하고 기명날인 또

는 서명하여야 한다($^{\text{상}~420의5}_{2문.~302}$ Ⅰ). 그러나 신주인수권증서를 상실한 자는 주식청약서에 의하여 주식의 청약을 할 수 있다. 그 이유는 신주인수권증서는 발행일로부터 신주의 청약일까지 2주간의 단기간에만 유통되는 유가증권으로서 최소한 3개월 이상의 시간이 걸리는 공시최고절차는 이용될 수 없어 증서의 재발행이 어렵기 때문이다. 그러나 그 청약은 신주인수권증서에 의한 청약이 있는 때에는 그 효력을 잃는다($^{\text{상}~420의}_{5~Ⅱ}$). 이 규정은 신주인수권증서가 선의취득되는 경우 선의취득자가 우선한다는 의미이다.

**6) 신주인수권증권과의 비교:** 명칭이 유사하기는 하나 신주인수권증서와 신주인수권증권은 엄격히 구별되어야 한다. 신주인수권증권은 분리형 신주인수권부사채의 발행시 사채권자의 신주인수권을 표창하는 유가증권이다. 신주인수권증서와 신주인수권증권은 다음과 같은 공통점과 차이점을 갖고 있다.

양자는 모두 신주인수권을 표창하는 유가증권으로서 신주인수권의 행사에는 모두 이들의 제시가 요구되며($^{\text{상}~420의5}_{516의8}$ Ⅰ·), 신주인수권의 양도는 이들의 교부에 의하고($^{\text{상}~420의3}_{516의6}$ Ⅰ·) 나아가 그 점유자는 모두 적법한 소지인으로 추정되며($^{\text{상}~420의3}_{의6~Ⅱ.~336}$ Ⅱ.516) 또한 선의취득이 인정된다($^{\text{상}~420의3}_{의6~Ⅱ:~수~21}$ Ⅱ.516).

그러나 양자는 다음과 같은 점에서 상이하다. 우선 신주인수권증서의 경우에는 주주의 청구에 의하여서만 발행한다는 것과 그 발행기간을 정한 때에는 청구한 주주에 대해서만 발행하나($^{\text{상}~420의2}_{의.~4165호}$), 신주인수권증권의 경우에는 이사회가 분리형 신주인수권부사채를 발행할 것을 정한 때에는 의무적으로 발행된다($^{\text{상}~516의}_{5~Ⅰ}$). 나아가 증권상실의 경우 그 구제조치가 상이하다. 신주인수권증서의 경우에는 발행일 이후 청약일에 이르기까지 2주간의 단기간에만 유통되므로 증권을 상실한 경우에도 공시최고가 불가하여($^{\text{민소}}_{참조}$452) 제권판결제도가 준용되지 않는다. 그리하여 증서상실의 경우에는 주식청약서에 의하여 청약하게 되나($^{\text{상}~420}_{의5~Ⅱ}$), 신주인수권증권은 장기간 유통되는 유가증권으로서 그 상실의 경우에는 제권판결제도가 준용되어 증권의 재발행청구가 가능하다($^{\text{상}~516의}_{6~Ⅱ.~360}$). 끝으로 신주인수권의 행사시 신주인수권증서의 경우에는 그 자체로서 신주인수권이 행사되나($^{\text{상}~420}_{의5}$), 신주인수권증권의 경우에는 신주인수의 청구서에 첨부될 뿐이다($^{\text{상}~516의}_{9~Ⅱ}$).

**(3) 제3자의 신주인수권**

**(가) 의 의:** 제3자의 신주인수권이라 함은 주주 이외의 제3자가 우선적으로 신주의 배정을 받을 수 있는 권리이다. 제3자에게 신주인수권을 부여하면 주주들의 인적 구성 및 지배관계에 변동이 초래되므로 기존 주주의 재산적 이익이 침해될 염

려가 있다. 그러나 상법은 회사의 자금조달의 기동성 또는 노사관계의 평온, 거래처 등과의 관계강화 나아가 신기술의 도입이나 재무구조의 개선 등 회사의 경영목적달 성을 위하여 필요한 경우에는 정관규정으로 주주의 신주인수권을 제한할 수 있도록 하고 있다($^{상\,418}_{제}$).

(나) **제3자 배정의 유효요건:**  제3자 배정이 유효하려면 아래와 같은 두 가지 요 건이 충족되어야 한다.

1) **정관규정의 존재:**  상법은 주주의 우선적 신주인수권에도 불구하고 **정관에 정하는 바에 따라** 주주 외의 자에게 신주를 배정할 수 있다고 하고 있다($^{상\,418}_{1항본문}$). 따라 서 신주의 **제3자 배정이 이루어지려면 사전에 이를 가능케 할 정관규정이 있어야** 한 다. 다만 앞서도 논하였듯이 정관에 해당 규정이 마련되어 있지 않은 경우에는 정관 변경을 가능하게 할 정도의 다수결, 즉 주주총회의 특별결의로 이를 대체하는 것도 가능하다고 본다($^{상\,513\,III\,및\,516의}_{2\,IV의\,유추적용}$). 나아가 제3자 배정을 위한 정관변경과 제3자 배정을 동시에 추진할 수도 있다고 본다.

2) **상법 제418조 제2항 단서의 요건충족:**  두 번째 유효요건은 경영상의 목적 이다. 즉 해당 제3자 배정이 유효하려면 신기술의 도입이나 재무구조의 개선 등 회사 의 경영상 목적을 달성하기 위하여 필요한 경우여야 한다. 상법 제418조 제2항 단서 는 문언적으로 볼 때 비례의 원칙을 천명하고 있는 헌법 제37조 제2항과 완전히 같 다("... 필요한 경우에 한한다."). 사법의 영역에서도 비례의 원칙은 적용가능하다.[15] 비 록 이 원칙이 주로 공법의 영역에서 발전되어 온 것은 부정하기 어렵겠지만 그렇다 고 해서 이 원칙이 공법의 전유물이라고 단정할 수는 없는 것이다. 우리의 판례법 역 시 이를 긍정하고 있다.[16]

이 원칙의 네 가지 구성요건은 목적의 정당성, 수단의 적합성, 침해의 최소성, 법 익의 균형성이다. 이 네 가지 요건이 충족되어야 하는바 첫째 제3자 배정이 정당화되 려면 재무구조의 개선이나 신기술의 도입 등 제3자 배정을 정당화할 만한 경영상 목 적이 있어야 한다. 제3자 배정이 경영권분쟁 중 오로지 기존 경영권자의 방어수단으 로 쓰이는 경우에는 그러한 정당성을 상실하게 될 것이다.[17] 둘째는 수단의 적합성이 다. 제3자 배정이 설정된 목적을 달성하기 위한 적합한 수단이어야 한다. 즉 제3자

---

15) 이에 대해 보다 자세히는 졸고, "경영권 방어와 비례의 원칙－대판 2009. 1. 30, 2008다50776 판결의 평석을 겸하여－",「경영법률」제21집 제3호(2011. 4.), 1~36면.
16) 대판 2001. 9. 20, 2001다8677 [전원합의체].
17) 대판 2009. 1. 30, 2008다50776.

배정이 제시된 경영상의 목적을 달성하는데 기여할 수 있는 선택지여야 한다. 셋째는 침해의 최소성이다. 설정된 경영상의 목적을 달성하기 위하여 선택가능한 여러 수단 중 기존 주주의 이익을 가장 덜 침해하는 것이어야 한다. 제3자 배정 이외의 방법이 기존 주주의 이익을 덜 침해하는 경우라면 당해 제3자 배정은 정당성을 상실하게 될 것이다. 넷째는 법익의 균형성이다. 즉 주주 이외의 자에게 신주를 배정하여 기존 주주의 비례적 이익이 줄어드는 것이 회사가 달성하려는 경영상의 목적과 협의의 비례관계에 놓여야 한다. 즉 경영상의 목적이 아무리 중요하더라도 이를 달성하기 위해 치러야 하는 주주의 희생이 안분비례를 상실할 정도로 크다면 이 경우 제3자 배정은 정당성을 상실하게 된다. 2020년말 서울중앙지방법원은 한진칼의 제3자 배정 유상증자에 관한 신주발행금지가처분사건에서 이러한 법의를 잘 설명하고 있다.[18]

### ⊕ 서울중앙지법 2020. 12. 1, 2020카합22150 결정[19]과 비례의 원칙

본 결정은 요소요소에서 비례성원칙의 구성요건을 아래와 같이 잘 반영하고 있다:

"...이와 같은 이 사건 거래 구조와 내용을 고려해 볼 때, **산○은행에 주주 지위를 부여하는 이 사건 신주발행은 '사업상 중요한 자본제휴'를 목적으로 한 것으로 볼 수 있다...** [목적의 정당성]

채무자가 J을 통해 S에 긴급하게 대여할 자금을 마련하기 위하여 **이 사건 신주발행을 추진한 것은 이 사건 거래 구조와 내용을 고려할 때 합리적인 경영 판단으로 수긍할 수 있다...** [수단의 적합성]

이 사건 신주발행에 경영상 목적이 인정되는 경우에도, 채무자는 그와 같은 경영 목적을 실현하는 데 필요한 한도에서 주주의 신주인수권을 가급적 최소로 침해하는 방법을 택하여야만 이 사건 신주발행이 정당화될 수 있다...[침해의 최소성]

그렇다면 채권자들이 제시하는 방안들은 이 사건 신주발행에 대한 충분한 대안이라고 볼 수는 없고, 채무자가 이 사건 신주발행을 결정한 것은 경영 목적을 달성하기 위한 불가피한 선택으로서, 그에 따라 채권자들의 신주인수권이 제한되는 것은 회사와 전체 주주의 이익을 위해 부득이한 것으로 볼 여지가 크다...[법익의 균형성]

위와 같은 사정에 비추어 볼 때, 이 사건 신주발행은 상법 제418조 제2항 및 채무자 정관 제8조 제2항 제3호 및 제4호에 따라, 채무자의 S 인수 및 통합 항공사 경영이라는 경영상 목적을 달성하기 위해 필요한 범위에서 이루어진 것으로 보이고, 채무자 현 경영진의 경영권이나 지배권 방어라는 목적 달성을 위해 신주를 발행한 것이라 보기 어렵다. 따라서 이 사건 신청은 그 피보전권리에 관한 소명이 부족하다."

---

18) 서울중앙지법 2020. 12. 1, 2020카합22150 결정.

19) 본 결정에 대한 평석으로는 류지민, "한진칼의 제3자 배정 신주발행 사례에 비추어 본 상법 제418조 제2항 관련 심사기준 – 서울중앙지법 2020. 12. 1. 선고 2020카합22150 결정 –", 「기업법연구」 제35권 제1호(통권 제84호)(2021. 3), 107~154면; 이상훈, "한진칼, 산업은행의 투자합의와 신주발행금지 가처분 – 정부의 M&A 개입과 주주의 이익, 신주인수권 조항의 새로운 해석 –", 「상사법연구」 제39권 제4호(2021), 155~193면.

### ❸ 서울중앙지법 2020. 12. 1, 2020카합22150 결정 관련 법률신문의 보도내용[20]

[판결] 법원, 한진칼 신주발행 허용… "경영권 방어 목적으로 보기 어려워"

서울중앙지법 민사50부, KCGI측 가처분 신청 기각

"대한항공의 지주회사인 한진칼이 아시아나항공 인수를 위해 제3자 배정 유상증자를 한 것에 반발한 사모펀드 KCGI가 한진칼을 상대로 신주발행금지 가처분을 신청했으나 기각됐다. 서울중앙지법 민사50부(재판장 이승련 수석부장판사)는 1일 KCGI 산하 투자목적회사인 그레이스홀딩스 등이 한진칼을 상대로 낸 신주발행금지 가처분 신청(2020카합22150)을 기각했다. 재판부는 "이 사건 신주발행은 상법 및 한진칼 정관에 따라 한진칼의 아시아나항공 인수 및 통합항공사 경영이라는 경영상 목적을 달성하기 위해 필요한 범위에서 이뤄진 것으로 보이고, 한진칼 현 경영진의 경영권이나 지배권 방어라는 목적 달성을 위해 신주를 발행한 것이라 보기 어렵다"고 밝혔다.

재판부는 경영권 분쟁 아래 이뤄진 '제3자 배정 신주발행' 효력에 대해서는 "주식회사가 자본시장의 여건에 따라 필요 자금을 용이하게 조달하고, 이로써 경영 효율성 및 기업 경쟁력이 강화될 수 있다고 봐 제3자 배정방식의 신주발행으로 자금을 조달하기로 했다면, 그 신주발행이 단지 경영권 분쟁 상황에서 이뤄졌다는 사정만으로 이를 곧바로 무효로 볼 수는 없다"면서 "다만 회사가 내세우는 경영상 목적은 표면적인 이유에 불과하고, 실제로는 경영진의 경영권이나 지배권 방어 등 회사 지배관계에 대한 영향력에 변동을 주는 것을 주된 목적으로 하는 경우에는 제3자 배정방식의 신주발행은 상법 제418조 2항을 위반해 주주의 신주인수권을 침해하는 것이므로 무효로 봐야 한다"고 설명했다.

이어 "신주발행 당시 한진칼은 '사업상 중요한 자본제휴'와 '긴급한 자금조달'의 필요성이 있었다"면서 "한진칼이 아시아나항공을 인수할 경우 시장에서 유일한 국적 항공사로서 독점적 지위를 확보할 수 있고, 이로써 당면한 재정상 위기를 타개함은 물론 규모의 경제를 통해 글로벌 경쟁력을 갖출 수 있다고 봐 산업은행의 제안을 받아들인 것은 한진칼이 경영 판단의 재량 범위 내에서 충분히 선택할 수 있는 사항으로 보인다"고 판단했다.

또 "주주연합이 제시하는 대안적 거래 방식들은 이 사건 신주발행에 대한 충분한 대안이라고 볼 수는 없고, 한진칼이 이 사건 신주발행을 결정한 것은 경영 목적을 달성하기 위한 불가피한 선택"이라며 "그에 따라 주주연합의 신주인수권이 제한되는 것은 회사와 전체 주주의 이익을 위해 부득이한 것으로 볼 여지가 크다"고 덧붙였다.

그러면서 "이 사건 신주발행이 진행될 경우 주주연합이 당초 예상했던 한진칼에 대한 지배권 구도에 변화가 생길 것으로 보인다"면서도 "신주발행이 한진칼의 지배권 구도를 결정적으로 바꾼다고 볼 수는 없다"고 판시했다.

앞서 지난 25일 열린 심문기일에서 KCGI 측은 "제3자 배정 유상증자가 아니더라도 아시아나항공을 인수할 대안이 존재한다"면서 "이번 유상증자는 조원태 회장 측의 경영권 방어를 위해 상법 제418조를 위반한 것"이라 주장했다. 그러면서 "공공기관인 산업은행이 경영권 분쟁에 개입하고, 막무가내식으로 주주의 권리를 침해해서는 안 된다"며 "이는 주주평등의 원칙에 어긋난다"고 강조했다.

---

20) 이용경 기자(yklee@lawtimes.co.kr) 입력: 2020-12-01 오후 3:57:18.

이에 대해 한진칼 측은 "산업은행과의 제3자 배정 유상증자가 이뤄져야 대한항공이 아시아나항공을 인수할 수 있는 선행조건이 완성되고, 항공산업 재편과 재무구조 개선이 가능하다"고 맞섰다. 이어 "인수합병을 통해 여객 수 기준으로 세계 10위, 화물 수 기준으로 세계 3위의 초대형 항공사로 거듭날 수 있다"면서 "대한항공과 아시아나 양측의 신용도와 경쟁력이 향상될 것"이라고 주장했다.

3자 연합을 구성해 한진칼의 조 회장과 경영권을 두고 갈등을 겪어 온 KCGI는 지난달 18일 한진칼의 신주발행을 금지해달라며 법원에 가처분을 신청했다. KCGI 측은 "산업은행의 한진칼 투자가 조 회장의 경영권과 지배권을 방어하기 위한 수단일 뿐"이라며 반발해왔다.

그러나 이번 법원의 결정으로 대한항공의 아시아나항공 인수는 순풍을 타게 됐다. 산업은행이 오는 2일 한진칼에 유상증자 대금인 5,000억원을 납입하는 것을 시작으로 대한항공의 아시아나항공 인수 작업은 속도가 붙을 전망이다."

(다) 주주배정과 제3자배정의 구별기준:  판례는 양자간 구별기준을 아래와 같이 제시하고 있다.

---

**대판 2012. 11. 15, 2010다49380 [신주발행 무효확인]**

"신주 등의 발행에서 주주배정방식과 제3자배정방식을 구별하는 기준은 회사가 신주 등을 발행하면서 주주들에게 그들의 지분비율에 따라 신주 등을 우선적으로 인수할 기회를 부여하였는지 여부에 따라 객관적으로 결정되어야 하고, 신주 등의 인수권을 부여받은 주주들이 실제로 인수권을 행사함으로써 신주 등을 배정받았는지 여부에 좌우되는 것은 아니다. 회사가 주주배정방식에 의하여 신주를 발행하려는데 주주가 인수를 포기하거나 청약을 하지 아니함으로써 그 인수권을 잃은 때에는(삼419) 회사는 이사회 결의로 인수가 없는 부분에 대하여 자유로이 이를 제3자에게 처분할 수 있고, 이 경우 실권된 신주를 제3자에게 발행하는 것에 관하여 정관에 반드시 근거 규정이 있어야 하는 것은 아니다."

---

**대판 2009. 5. 29, 2007도4949 [에버랜드전환사채발행사건]**

[신주 등의 발행에서 주주 배정방식과 제3자 배정방식을 구별하는 기준 및 회사가 기존 주주들에게 지분비율대로 신주 등을 인수할 기회를 부여하였다면 주주들이 그 인수를 포기함에 따라 발생한 실권주 등을 시가보다 현저히 낮은 가액으로 제3자에게 배정한 경우에도 주주 배정방식으로 볼 수 있는지 여부]

[다수의견]  "신주 등의 발행에서 주주 배정방식과 제3자 배정방식을 구별하는 기준은 회사가 신주 등을 발행하는 때에 주주들에게 그들의 지분비율에 따라 신주 등을 우선적으로 인수할 기회를 부여하였는지 여부에 따라 객관적으로 결정되어야 할 성질의 것이지, 신주 등의 인수권을 부여받은 주주들이 실제로 인수권을 행사함으로써 신주 등을 배정받았는지 여부에 좌우되는 것은 아니다. 회사가 기존 주주들에게 지분비

율대로 신주 등을 인수할 기회를 부여하였는데도 주주들이 그 인수를 포기함에 따라 발생한 실권주 등을 제3자에게 배정한 결과 회사 지분비율에 변화가 생기고, 이 경우 신주 등의 발행가액이 시가보다 현저하게 낮아 그 인수권을 행사하지 아니한 주주들이 보유한 주식의 가치가 희석되어 기존 주주들의 부(富)가 새로이 주주가 된 사람들에게 이전되는 효과가 발생하더라도, 그로 인한 불이익은 기존 주주들 자신의 선택에 의한 것일 뿐이다. 또한, 회사의 입장에서 보더라도 기존 주주들이 신주 등을 인수하여 이를 제3자에게 양도한 경우와 이사회가 기존 주주들이 인수하지 아니한 신주 등을 제3자에게 배정한 경우를 비교하여 보면 회사에 유입되는 자금의 규모에 아무런 차이가 없을 것이므로, 이사가 회사에 대한 관계에서 어떠한 임무에 위배하여 손해를 끼쳤다고 볼 수는 없다.”

　[대법관 김영란, 대법관 박시환, 대법관 이홍훈, 대법관 김능환, 대법관 전수안의 반대의견]　“신주 등의 발행이 주주 배정방식인지 여부는, 발행되는 모든 신주 등을 모든 주주가 그 가진 주식 수에 따라서 배정받아 이를 인수할 기회가 부여되었는지 여부에 따라 결정되어야 하고, 주주에게 배정된 신주 등을 주주가 인수하지 아니함으로써 생기는 실권주의 처리에 관하여는 상법에 특별한 규정이 없으므로 이사는 그 부분에 해당하는 신주 등의 발행을 중단하거나 동일한 발행가액으로 제3자에게 배정할 수 있다. 그러나 주주 배정방식으로 발행되는 것을 전제로 하여 신주 등의 발행가액을 시가보다 현저히 저가로 발행한 경우에, 그 신주 등의 상당 부분이 주주에 의하여 인수되지 아니하고 실권되는 것과 같은 특별한 사정이 있는 때에는, 그와 달리 보아야 한다. 주주 배정방식인지 제3자 배정방식인지에 따라 회사의 이해관계 및 이사의 임무 내용이 달라지는 것이므로, 회사에 대한 관계에서 위임의 본지에 따른 선관의무상 제3자 배정방식의 신주 등 발행에 있어 시가발행의무를 지는 이사로서는, 위와 같이 대량으로 발생한 실권주에 대하여 발행을 중단하고 추후에 그 부분에 관하여 새로이 제3자 배정방식에 의한 발행을 모색할 의무가 있고, 그렇게 하지 아니하고 그 실권주를 제3자에게 배정하여 발행을 계속할 경우에는 그 실권주를 처음부터 제3자 배정방식으로 발행하였을 경우와 마찬가지로 취급하여 발행가액을 시가로 변경할 의무가 있다고 봄이 상당하다. 이와 같이 대량으로 발생한 실권주를 제3자에게 배정하는 것은, 비록 그것이 주주 배정방식으로 발행한 결과라고 하더라도, 그 실질에 있어 당초부터 제3자 배정방식으로 발행하는 것과 다를 바 없고, 이를 구별할 이유도 없기 때문이다. 그러므로 신주 등을 주주 배정방식으로 발행하였다고 하더라도, 상당 부분이 실권되었음에도, 이사가 그 실권된 부분에 관한 신주 등의 발행을 중단하지도 아니하고 그 발행가액 등의 발행조건을 제3자 배정방식으로 발행하는 경우와 마찬가지로 취급하여 시가로 변경하지도 아니한 채 발행을 계속하여 그 실권주 해당부분을 제3자에게 배정하고 인수되도록 하였다면, 이는 이사가 회사에 대한 관계에서 선관의무를 다하지 아니한 것에 해당하고, 그로 인하여 회사에 자금이 덜 유입되는 손해가 발생하였다면 업무상배임죄가 성립한다.”

**(라) 법적 성질:**　　제3자의 신주인수권은 정관이나 법률규정에 의하여 발생한다.

정관에 의한 제3자의 신주인수권에 대해서는 정관규정만으로 바로 신주인수권이 발생하느냐[21] 아니면 이 정관규정에 의한 회사와 제3자간의 계약에 의해서 발생하느냐($\frac{통}{설}$)의 다툼이 있다.

제3자는 주주와 달라 회사 외부의 국외자이므로 회사의 조직계약인 정관의 직접 적용을 받지 않는다. 따라서 정관규정만으로 제3자가 바로 신주인수권의 주체가 된다고 보기 어렵다. 그리하여 정관규정에 의한 회사와 제3자간의 계약에 의하여 비로소 신주인수권이 취득된다고 보아야 할 것이다.

이와 같이 제3자의 신주인수권은 계약상의 권리이므로 회사가 제3자의 신주인수권을 무시하였다 하여도 이는 주주의 신주인수권을 무시한 경우와 달라 신주발행무효의 원인($\frac{상}{429}$)이나 신주발행유지청구의 원인($\frac{상}{424}$)이 되지 아니하고 단지 회사의 제3자에 대한 채무불이행으로 손해배상책임이 생길 뿐이다. 기존 정관에 제3자의 신주인수권에 관하여 아무 정함이 없는 경우에도 정관변경의 특별결의를 거쳐 제3자의 신주인수권에 관한 규정을 둘 수 있을 것이다.

법률규정에 의하여 제3자의 신주인수권을 인정하는 경우에는 이 규정에 의하여 자동발생된다. 상기한 우리사주조합원의 신주인수 등이 그 예이다($\frac{자본시장과금융투자업에}{관한법률 제165조의7}$).[22] 다만 판례는 우리사주조합은 회사주식에 대해서만 우선배정권이 있지 신주인수권부사채에 대해서는 우선적 인수권이 없다고 하고 있다.

**대판 2014. 8. 28, 2013다18684**

"구 근로자복지기본법(2010. 6. 8. 법률 제10361호로 전부 개정되기 전의 것) 제32조 제1항은 "'자본시장과 금융투자업에 관한 법률' 제9조 제15항 제3호에 따른 주권상장법인(코스닥시장에 주권이 상장된 법인을 제외한다) 또는 주권을 같은 법 제9조 제13항 제1호에 따른 유가증권시장에 상장하고자 하는 법인이 같은 법에 따라 주권을 모집 또는 매출하는 경우에 우리사주조합원은 '자본시장과 금융투자업에 관한 법률' 제165조의7 제1항에 따라 당해 주식을 우선적으로 배정받을 권리가 있다."라고 규정한다. 여기에서 **우리사주조합원이 우선적으로 배정받을 권리가 있는 '당해 주식'에 사채의 일종인 신주인수권부사채가 포함되지 아니함은 문언의 해석상 분명**하다.

나아가 신주인수권부사채는 미리 확정된 가액으로 일정한 수의 신주 인수를 청구할 수 있는 신주인수권이 부여된 점을 제외하면 보통사채와 법률적 성격에서 차이가 없고, 신주인수권부사채에 부여된 신주인수권은 장래 신주의 발행을 청구할지 여부를 선택할 수 있는 권리로서 주식의 양도차익에 따라 신주인수권 행사 여부가 달라질 수 있

---

21) 이철송, 회사법강의, 제28판, 918면.
22) '근로복지기본법'에 따른 우리사주조합원에 대해 우선적 신주배정을 규정하고 있다. KOSPI 상장법인에 대해 20%까지 배정이 가능하다.

는 것이므로 우리사주조합원의 주식우선배정권과는 법률적 성격이나 경제적 기능에서 차이가 있는 점, 우리사주제도는 근로자로 하여금 우리사주조합을 통하여 소속 회사의 주식을 취득·보유하게 함으로써 근로자의 경제적·사회적 지위 향상과 함께 근로자의 생산성 향상과 노사협력 증진을 통하여 국민경제에 기여하는 사회정책적 효과를 도모하기 위하여 채택된 제도이고, 이러한 제도의 취지에 따라 우리사주조합원에게 부여된 주식우선배정권은 주주의 신주인수권을 법률상 제한하는 것인 점 등을 고려하면, **우리사주조합원에게 주식 외에 신주인수권부사채까지 우선적으로 배정받을 권리가 있다고 유추해석하기도 어렵다.**"

(마) 제3자의 범위:　신주인수권을 취득할 수 있는 제3자는 정관에 종업원, 임원, 대리점 등과 같이 특정되어 있는 자이다($\frac{상}{5호}\frac{420}{참조}$). 나아가 법률규정에 의하여 제3자의 신주인수권이 인정되는 경우에는 이러한 규정에 제3자의 범위가 특정되어 있다. 상기한 우리사주조합원의 신주인수가 그러하다. 나아가 신주인수권부 사채를 발행하는 경우에도 이것이 기존 주주가 아닌 제3자에게 인수되는 경우에는 주주의 인적 구성이 달라지므로 인적 구조변경에 해당하여 이에 관한 정관의 규정이 없을 때에는 주주총회의 특별결의를 거쳐야 한다($\frac{상}{2}\frac{516의}{N}$). 정관에 제3자의 신주인수가능성과 제3자의 범위가 정하여져 있을 때에는 주주들이 앞으로 사단의 인적 구성에 변경이 도래할 수 있다는 점을 인식하고 이에 관한 사전결단을 내린 것이라 할 수 있다. 따라서 이에 관한 추가적인 의사결정이 필요없지만 정관에 이에 관한 아무 규정이 없을 때에는 사후적으로라도 이에 관한 주주총회의 의사형성이 있어야 하는 것이다.

(바) 제3자의 신주인수권의 발생:　법률규정에 의하여 발생하는 제3의 신주인수권은 이 법규에 의하여 자동발생하나 이는 추상적 신주인수권이다. 추후 이사회나 주주총회가 이 법규에 의하여 신주발행결의를 하고 배정일이 도래하였을 때 구체적 신주인수권이 발생한다.

정관규정에 의한 제3자의 신주인수권은 이 정관에 기한 회사와 제3자간의 계약으로 추상적 신주인수권이 발생하였다가 이사회나 주주총회의 신주발행결의와 배정일의 도래로 구체적 신주인수권으로 변한다고 할 수 있다.

(사) 제3자의 신주인수권의 양도:　제3자의 신주인수권을 양도할 수 있느냐에 대해서는 다툼이 있다. 양도가능설은 제3자의 신주인수권이 계약상의 권리임을 주장하여 이를 긍정하나 제3자의 신주인수란 회사와 제3자간의 특별한 관계에 기하여 인정되는 것이므로 주주의 신주인수권과는 달리 취급되어야 한다. 주주의 신주인수권은 발행가와 실거래가간의 차액손실을 막기 위하여 그 양도가능성을 인정하지만 제3자

의 신주인수시에는 그러한 환가가 전제되지 않고 제3자와 회사간의 특별한 관계로 신주인수를 허용하는 것이므로 양도불가설이 타당하다고 할 수 있다. 즉 제3자의 신주인수권은 일정한 이유로 정관 또는 법률에 특정된 자에 한하므로 이들 이외의 제3자에 대한 양도는 불가하다고 보아야 한다.

### 4. 신주발행의 절차

이하 상법이 규정하고 있는 통상의 新株發行節次를 살펴보기로 한다.

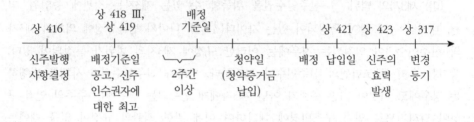

#### (1) 신주발행사항의 결정(상416)

원칙적으로 이사회는 상법 제416조 제1호에서 제6호까지의 사항을 결정하게 된다. 그러나 예외적으로 상법에 다른 규정이 있거나 정관으로 주주총회에서 결정하기로 정한 경우에는 이에 의한다(상416). 신주발행사항의 결정으로 추상적 신주인수권이 구체적 신주인수권으로 변하게 된다.

#### (2) 배정기준일의 공고(상418)

회사는 일정한 날을 택하여 그날에 주주명부에 기재된 주주가 신주인수권을 갖는다는 뜻을 그날의 2주간 전에 공고하여야 한다(상418). 이 때 배정기준일까지 명의개서가 이루어지지 않아 주주명부상의 주주인 주식양도인에게 배정된 신주를 협의의 실기주라 함은 이미 설명하였다.

#### (3) 신주인수권자에 대한 최고(상419)

회사는 일정한 기일(청약일)을 정하고 그 기일의 2주간 전에 신주인수권자에게 그가 인수권을 갖는 주식의 종류와 수, 그 기일까지 주식인수의 청약을 하지 않으면 실권한다는 뜻, 신주인수권을 양도할 수 있는 것에 관한 사항과 주주의 청구에 의하여 신주인수권증서를 발행한다는 것을 정한 때에는 그 사항도 통지하여야 한다(상419). 이 실권예고부 최고는 신주인수권자가 확정된 상태에서만 가능하므로 신주배정기준일

($\frac{상}{418}$) 이후에 하여야 한다. 무기명주주에게는 상기 사항이 공고된다($\frac{상}{419}$). 정관에 의하여 공모하는 경우에는 이러한 최고는 불필요할 것이다.

### (4) 청 약

신주배정기준일까지 명의개서를 한 주주는 구체적 신주인수권의 행사로 회사에서 정한 청약기일까지 주식인수의 청약을 한다. 실권예고부 최고에도 불구하고 신주의 청약이 이루어지지 않으면 그에 해당하는 주식은 신주인수권을 상실하고 실권주가 된다($\frac{상}{419}$). 청약시 청약증거금이 납입액과 동액으로 이행되는 것이 보통이다.

> **대판 2012. 11. 15, 2010다49380 [신주발행무효확인]**
>
> [신주의 제3자 배정시 정관규정이 필요한지 여부(소극)]
>
> "신주 등의 발행에서 주주배정방식과 제3자배정방식을 구별하는 기준은 회사가 신주 등을 발행함에 있어서 주주들에게 그들의 지분비율에 따라 신주 등을 우선적으로 인수할 기회를 부여하였는지 여부에 따라 객관적으로 결정되어야 하고, 신주 등의 인수권을 부여받은 주주들이 실제로 인수권을 행사함으로써 신주 등을 배정받았는지 여부에 좌우되는 것은 아니다($\frac{대판 2009. 5. 29, 2007도}{4949 전원합의체 등 참조}$). 회사가 주주배정방식에 의하여 신주를 발행하려는데 주주가 인수를 포기하거나 청약을 하지 아니함으로써 그 인수권을 잃은 때에는($\frac{상}{419}$) 회사는 이사회의 결의에 의하여 그 인수가 없는 부분에 대하여 자유로이 이를 제3자에게 처분할 수 있고, 이 경우 그 실권된 신주를 제3자에게 발행하는 것에 관하여 정관에 반드시 근거 규정이 있어야 하는 것은 아니다."

### (5) 배 정

신주인수의 청약이 있으면 회사는 이에 대한 배정을 한다. 이렇게 배정받은 주식인수인의 지위를 권리주라 하며 권리주의 양도는 회사에 대하여 효력이 없다($\frac{상 425}{1. 319}$). 배정시에는 회사의 설립시와 달리 신주인수권자에게는 배정자유주의의 원칙이 적용되지 않는다. 즉 이사의 재량이 없으나 회사가 공모하는 경우에는 이사의 재량이 인정될 것이다.

### (6) 납 입

주식인수인은 배정받은 주식수에 따라 납입기일에 그 인수한 각 주식에 대한 인수가액을 전액납입하여야 한다($\frac{상}{421}$). 그러나 실제 거래의 관행은 이미 청약시에 100%의 청약증거금을 예입받아 이로써 납입금에 충당한다.

### (7) 신주의 효력발생($\substack{\text{상} \\ \text{423}}$)

주식인수인이 납입기일에 납입한 때에는 납입기일의 다음날로부터 주주의 권리의무가 발생한다. 즉 신주의 효력이 발생하게 된다.

### (8) 변경등기

신주발행의 효력이 발생하면 발행주식총수, 주식의 종류와 수, 자본의 액 등에 변경이 생기므로 소정 기일 내에 변경등기를 하여야 한다($\substack{\text{상} \, 317 \\ \text{ੀ} \, 183}$). 이 변경등기가 있은 후에는 이사는 신주에 대한 인수담보책임을 진다($\substack{\text{상} \\ \text{428}}$). 또한 신주발행의 변경등기를 한 때로부터 1년을 경과한 때에는 신주인수의 무효나 취소를 주장하지 못한다($\substack{\text{상} \\ \text{427}}$).

## 5. 액면미달발행의 제한($\substack{\text{상} \\ \text{417}}$)

### (1) 의  의

주식회사에 있어서는 자본충실의 원칙상 주식의 額面未達發行은 금지되어 있다($\substack{\text{상문} \\ \text{330}}$). 그러나 이 원칙을 고수하면 그 회사의 주식의 시가가 액면을 하회하는 때에는 신주를 발행하여 자금을 조달하려 하여도 주식을 인수하려는 자가 없을 것이므로 회사는 사업상 필요한 자금을 얻지 못하게 된다.

이러한 경우 두 가지 해결방법이 있다. 하나는 회사가 처음부터 무액면주식을 발행하는 것이다. 이 경우 주식의 시장가격이 하락한 경우에도 비교적 용이하게 발행할 수 있어 자금조달이 수월하다. 우리 상법도 2011년의 개정에서 무액면주식제도를 도입하였으므로 이러한 선택을 하는 회사도 나타날 수 있을 것이다. 다른 하나는 회사가 액면주식을 발행하되 일정 요건하에 액면미달발행을 하는 것이다. 상법 제417조는 바로 이러한 경우에 대한 것이다.

주식의 할인발행(Unterpariemission)과는 반대로 액면초과발행(Überpariemission)의 경우에는 자본충실의 요구에 아무런 해가 없으므로 당연히 허용된다. 이 때 발생하는 액면초과액은 자본준비금으로 적립된다($\substack{\text{상} \\ \text{459}}$).

### (2) 액면미달발행의 요건

액면미달발행이 가능하려면 다음의 요건이 갖추어져야 한다.

① 우선 회사가 성립한 날로부터 2년이 경과하여야 한다($\substack{\text{상} \\ \text{417}}$).

② 할인발행의 여부와 최저발행가액의 결정에 관한 주주총회의 특별결의가 있어

야 한다($\frac{상}{II}.\frac{417}{}$).

③ 나아가 법원의 인가가 있어야 한다($\frac{상}{}417$). 이 때 법원은 회사의 현황과 제반사정을 참작하여 최저발행가액을 변경하여 인가할 수 있다($\frac{상}{III}\frac{417}{1분}$). 이 때 법원은 회사의 재산상태 및 기타 필요사항을 조사하게 하기 위하여 검사인을 선임할 수 있다($\frac{상}{III}\frac{417}{2분}$).

④ 끝으로 발행기일을 준수하여야 한다. 액면미달발행은 법원의 허가를 얻은 날로부터 1개월 내에 발행하여야 한다($\frac{상}{IV}\frac{417}{1분}$). 이 기간은 법원의 인가로 연장될 수 있다($\frac{상}{IV}\frac{417}{2분}$).

### (3) 액면미달발행의 효과

① 액면미달가액을 인수가액으로 하여 인수한 주주도 주주평등의 원칙하에 타주주와 동등한 권리의무를 갖는다.

② 액면미달가액의 총액은 이연자산(移延資産)으로 대차대조표의 자산의 부에 기재하고 주식발행 후 일정 기간내의 매결산기마다 균등액 이상을 상각하여야 한다. 본래 회사가 지출한 비용이지만 그 지출의 효과가 차년도 이후에까지 미치는 경우 일반장부의 계상방법에 따라 당기순이익을 산출하면 그 해의 영업실적은 장부상 적절히 반영되지 못할 것이다. 그리하여 회사가 일시에 지출한 비용이나 이자 등의 금액은 비록 회사가 그에 상당하는 금액을 자산으로 보유하고 있지 않더라도 회계처리상 마치 회사가 보유하고 있는 것으로 취급하되 일정 기간 내에 일정 비율로 상각하는 허구의 장부상의 자산을 뜻한다.

③ 주식발행으로 인한 변경등기시에는 액면미달총액(미상각액)을 등기하여야 한다($\frac{상}{426}$). 나아가 추후의 신주발행시에는 주식청약서와 신주인수권증서에 할인발행의 조건과 미상각액을 기재하여야 한다($\frac{상}{의2}\frac{4204호,\ 420}{II\ 2호}$).

## 6. 신주발행의 하자와 그 구제수단

수권자본제는 이사회를 통하여 기동성있게 자금조달을 꾀할 수 있게 하는 반면 불공정한 신주발행의 가능성도 그만큼 확대시켰다고 할 수 있다. 그리하여 상법은 위법 또는 불공정한 신주발행에 대하여 ① 사전적 예방조치로서 신주발행의 유지청구제도($\frac{상}{424}$), ② 사후적 수단으로 신주발행무효의 소($\frac{상}{429}$), ③ 나아가 불공정한 가액으로 주식을 인수한 통모인수인의 책임에 관한 규정을 두고 있다($\frac{상}{의2}424$).

### (1) 신주발행유지청구권($\frac{상}{424}$)

(가) 의 의: 회사가 법령 또는 정관에 위반하거나 현저하게 불공정한 방법에

의하여 주식을 발행함으로써 주주가 불이익을 받을 염려가 있는 경우 그 주주는 회사에 대하여 신주의 발행을 유지할 것을 청구할 수 있다($\frac{\&}{424}$). 이를 주주의 신주발행유지청구권이라 한다.

(나) 요 건: 신주발행유지청구권이 발생하자면 다음 요건이 갖추어져야 한다.

첫째 회사가 법령 또는 정관에 위반하거나 현저하게 불공정한 방법에 의하여 주식을 발행할 염려가 있어야 한다($\frac{\&}{424}$). 예컨대 이사회결의를 거치지 않고 대표이사가 자의적으로 신주발행을 단행할 조짐 등이 있을 경우이다.

둘째 유지를 청구하는 주주가 불이익을 받을 염려가 있어야 한다.

(다) 유지청구의 당사자: 유지청구권자는 불이익을 입을 염려가 있는 주주이며 피청구자는 회사이다.

이 때 원고 주주는 소수주주가 아니라 단독주주라도 상관없다.

(라) 유지청구권의 행사방법: 신주발행의 유지청구는 사전적 구제조치이므로 신주발행의 효력이 생기는 납입기일의 익일($\frac{\&}{423}$) 이전에 행사하여야 한다. 나아가 유지청구의 방법에 관하여는 상법상 특별한 규정이 없으므로 소에 의할 수도 있고 소 이외의 방법으로 할 수도 있다.

(마) 유지청구권행사의 효과: 신주발행의 유지청구가 있게 되면 회사는 위법 또는 불공정 여부를 심사하여 그 유지 여부를 결정하여야 한다. 이 때 회사가 유지를 결정한 경우에는 지금까지 진행되어 온 신주발행 전부가 효력이 없게 되고 또 앞으로 신주발행절차를 계속할 수 없느냐 하는 문제가 있다. 이 경우 회사는 위법불공정한 사항을 시정하여 신주발행절차를 속행할 수 있다고 본다. 신주발행유지청구권은 단순한 단독주주권임에 비추어 신주발행절차를 완전히 중단시키는 것은 지나치다고 할 수 있기 때문이다.

회사가 주주의 유지청구에도 불구하고 그 절차를 속행한 경우에는 다음과 같이 생각할 수 있다. 신주발행유지의 소가 제기되어 이에 기한 유지의 판결이나 가처분이 내려진 경우에는 이에 위반한 신주발행은 무효로 볼 수 있고, 소 이외의 방법으로 유지청구를 한 경우에는 무효원인으로 처리되지는 않고 다만 이사의 책임($\frac{\&}{401}$)이 발생하는 것으로 볼 수 있을 것이다($\frac{통}{설}$).

(바) 위법행위 유지청구권과의 비교: 상법 제402조상의 유지청구권과 상법 제424조상의 유지청구권은 다음과 같은 차이를 드러낸다. 우선 손해의 주체를 보면 전

자는 회사임에 비하여 후자는 불이익을 입을 염려가 있는 주주 자신이다. 나아가 유지청구권자도 전자에서는 소수주주(1% 이상)와 감사이나 후자에서는 단독주주이고 감사는 이를 행사할 수 없다. 끝으로 청구의 상대방은 전자에서는 이사 개인임에 반하여 후자에서는 회사이다.

### (2) 신주발행무효의 소($^{상\ 429-}_{432}$)

**(가) 의 의:** 신주의 발행이란 자본회사의 인적 및 물적 구조변경에 해당하는 중대한 조치이다. 따라서 이에 참가하는 이해관계자가 다수당사자의 이해관계를 조절하자면 그 하자의 주장을 일반법리에 맡길 수 없는 것이다. 그리하여 상법은 신주발행이 법률이나 정관에 위반하여 무효인 경우 그 주장방법을 일반원칙에 맡기지 않고 신주발행무효의 소라는 형성소송으로만 다투도록 제한하였다. 나아가 그 소에서 원고가 승소하면 그 효력은 제3자에게도 미치며 판결의 소급효도 제한하였다($^{상\ 430,}_{431\ 참조}$). 이것은 법률관계의 획일적 처리와 기존상태존중이라는 단체법의 이념을 실현하기 위한 것이다.

신주발행의 무효라 함은 그 발행절차 모두를 포괄하여 일체로 무효화하는 제도이므로 주식인수에 있어서 개별적으로 나타나는 신주인수의 무효주장($^{상}_{427}$)과는 구별하여야 한다.

**(나) 무효원인:** 신주발행의 무효원인은 거래의 안전이나 회사법의 기존상태존중을 위하여 가급적 제한하는 것이 바람직하다. 따라서 법령 또는 정관위반의 모든 경우가 이에 해당되지는 않는다.

> **대판 2009. 1. 30, 2008다50776**
> "신주발행을 사후에 무효로 하는 경우 거래의 안전과 법적 안정성을 해할 우려가 큰 점을 고려할 때 신주발행무효의 소에서 그 무효원인은 가급적 엄격하게 해석하여야 한다. 그러나 신주발행에 법령이나 정관의 위반이 있고 그것이 주식회사의 본질 또는 회사법의 기본원칙에 반하거나 기존 주주들의 이익과 회사의 경영권내지 지배권에 중대한 영향을 미치는 경우로서 주식에 관련된 거래의 안전, 주주 기타 이해관계인의 이익 등을 고려하더라도 도저히 묵과할 수 없는 정도라고 평가되는 경우에는 그 신주의 발행을 무효라고 보지 않을 수 없다."

**1) 법령위반의 경우:** 무효원인으로 할 수 있는 것은 예컨대 수권주식총수를 초과한 신주발행($^{상\ 289}_{1\ 3호}$), 소정절차를 무시한 할인발행($^{상417}_{330}$), 주주의 신주인수권을 무시한

신주발행($^{\stackrel{\text{상}}{418}}$) 등이다.

> **대판 2009. 1. 30, 2008다50776**
>
> "상법 제418조 제1항, 제2항의 규정은 주식회사가 신주를 발행하면서 주주 아닌 제3자에게 신주를 배정할 경우 기존 주주에게 보유 주식의 가치 하락이나 회사에 대한 지배권 상실 등 불이익을 끼칠 우려가 있다는 점을 감안하여, 신주를 발행할 경우 원칙적으로 기존 주주에게 이를 배정하고 제3자에 대한 신주배정은 정관이 정한 바에 따라서만 가능하도록 하면서, 그 사유도 신기술의 도입이나 재무구조 개선 등 기업 경영의 필요상 부득이한 예외적인 경우로 제한함으로써 기존 주주의 신주인수권에 대한 보호를 강화하고자 하는 데 그 취지가 있다. 따라서 주식회사가 신주를 발행함에 있어 신기술의 도입, 재무구조의 개선 등 회사의 경영상 목적을 달성하기 위하여 필요한 범위 안에서 정관이 정한 사유가 없는데도, 회사의 경영권 분쟁이 현실화된 상황에서 경영진의 경영권이나 지배권 방어라는 목적을 달성하기 위하여 제3자에게 신주를 배정하는 것은 상법 제418조 제2항을 위반하여 주주의 신주인수권을 침해하는 것이다."

**2) 양속위반의 신주발행:**  선량한 풍속 기타 사회질서에 반하여 현저히 불공정한 방법으로 이루어진 신주발행의 경우 무효원인이 될 수 있다.

> **대판 2003. 2. 26, 2000다42786**
>
> "원심이 채용한 증거들을 기록에 비추어 살펴보면, 원심이 이 사건 신주발행이 선량한 풍속 기타 사회질서에 반하여 현저히 불공정한 방법으로 이루어진 것으로서 무효라고 판단한 조치를 수긍할 수 있고, 거기에 채증법칙위반으로 인한 사실오인이나 불공정한 법률행위 및 신주발행의 무효에 관한 법리오해 등의 위법이 있다고 볼 수 없다. 이 부분 상고이유의 주장도 이유 없다."

**3) 이사회결의없는 신주발행:**  이사회결의없이 한 신주발행이 무효원인이 되느냐에 대해서는 학설의 다툼이 있다. 유효설에서는 발행된 신주가 유통되는 위험을 고려하여 거래안전의 취지에서 신주발행의 무효원인으로 보지 않는다. 그러나 무효설에서는 신주의 발행을 단순한 개인적 또는 평면적 거래와 구별하여 회사조직과 관련된 행위로 다루어 신주발행무효의 원인이 된다고 한다. 판례는 하자의 경중에 따라 아래와 같이 탄력적인 입장을 취하고 있다. 판례의 입장에 동조한다.

> **대판 2007. 2. 22, 2005다77060, 77077 [이사회결의무효확인등·손해배상(기)]**
>
> "주식회사의 신주발행은 주식회사의 업무집행에 준하는 것으로서 대표이사가 그 권한에 기하여 신주를 발행한 이상 신주발행은 유효하고, 설령 신주발행에 관한 이사회의 결

의가 없거나 이사회의 결의에 하자가 있더라도 이사회의 결의는 회사의 내부적 의사결정에 불과하므로 신주발행의 효력에는 영향이 없다고 할 것인바, 비록 원심의 이유설시가 적절하다고 할 수는 없지만 원심이 피고(반소원고, 이하 '피고'라고만 한다) 회사가 감사 및 이사인 원고들에게 이사회 소집통지를 하지 아니하고 이사회를 개최하여 신주발행에 관한 결의를 하였다고 하더라도 피고 회사의 2001. 2. 28.자 신주발행의 효력을 부인할 수 없다고 판단한 것은 결론에 있어서 정당하고 거기에 상고이유에서 주장하는 바와 같은 채증법칙 위반, 신주발행의 효력에 관한 법리오해 등의 위법이 없다."

### 대판 2010. 4. 29, 2008다65860 [신주발행무효]

[신주발행을 결의한 甲 회사의 이사회에 참여한 이사들이 하자있는 주주총회에서 선임된 이사들이어서, 그 후 이사 선임에 관한 주주총회결의가 확정판결로 취소되었고, 위와 같은 하자를 지적한 신주발행금지가처분이 발령되었음에도 위 이사들을 동원하여 위 이사회를 진행한 측만이 신주를 인수한 사안에서, 위 신주발행이 신주의 발행사항을 이사회결의에 의하도록 한 법령과 정관을 위반하였을 뿐만 아니라 현저하게 불공정하고, 그로 인하여 기존 주주들의 이익과 회사의 경영권 내지 지배권에 중대한 영향을 미쳤다는 등의 이유로 무효라고 한 사례]

"신주발행 무효의 소를 규정하는 상법 제429조에는 그 무효원인이 따로 규정되어 있지 않으므로 신주발행유지청구의 요건으로 상법 제424조에서 규정하는 '법령이나 정관의 위반 또는 현저하게 불공정한 방법에 의한 주식의 발행'을 신주발행의 무효원인으로 일응 고려할 수 있다고 하겠으나 다른 한편, 신주가 일단 발행되면 그 인수인의 이익을 고려할 필요가 있고 또 발행된 주식은 유가증권으로서 유통되는 것이므로 거래의 안전을 보호하여야 할 필요가 크다고 할 것인데, 신주발행유지청구권은 위법한 발행에 대한 사전 구제수단임에 반하여 신주발행 무효의 소는 사후에 이를 무효로 함으로써 거래의 안전과 법적 안정성을 해칠 위험이 큰 점을 고려할 때, 그 무효원인은 가급적 엄격하게 해석하여야 하고, 따라서 **법령이나 정관의 중대한 위반 또는 현저한 불공정이 있어 그것이 주식회사의 본질이나 회사법의 기본원칙에 반하거나 기존 주주들의 이익과 회사의 경영권 내지 지배권에 중대한 영향을 미치는 경우로서 신주와 관련된 거래의 안전, 주주 기타 이해관계인의 이익 등을 고려하더라도 도저히 묵과할 수 없는 정도라고 평가되는 경우에 한하여 신주의 발행을 무효로 할 수 있을 것이다.**"

(다) 소송절차:　신주발행의 무효는 주주, 이사 또는 감사에 한하여 신주를 발행한 날로부터 6개월 내에 회사를 피고로 하는 소의 방법만으로 가능하다($^{상}_{429}$). 소의 전속관할, 소제기의 공고, 소의 병합심리, 하자의 보완과 청구의 기각, 패소원고의 손해배상의무, 무효판결의 등기 등에 관하여는 회사설립무효의 소 일반에 대한 것과 같다($^{상\ 430,\ 186-}_{192,\ 377}$).

신주발행무효의 소에서 출소기간 경과후 새로운 무효사유를 추가하여 주장하는 것은 허용되지 않는다.

**대판 2012. 11. 15, 2010다49380 [신주발행 무효확인]**

"상법 제429조는 신주발행의 무효는 주주·이사 또는 감사에 한하여 신주를 발행한 날부터 6월 내에 소만으로 주장할 수 있다고 규정하고 있는데, 이는 신주발행에 수반되는 복잡한 법률관계를 조기에 확정하고자 하는 것으로서, 새로운 무효사유를 출소기간 경과 후에도 주장할 수 있도록 하면 법률관계가 불안정하게 되어 위 규정의 취지가 몰각된다는 점에 비추어, 위 규정은 무효사유의 주장시기도 제한하고 있는 것이라고 해석함이 타당하므로, 신주발행무효의 소에서 신주를 발행한 날부터 6월의 출소기간이 경과한 후에는 새로운 무효사유를 추가하여 주장할 수 없다."

(라) **무효판결의 효력:** 　법률관계의 획일적 처리의 요구에서 신주무효판결의 효력은 제3자에게도 미치는 대세성을 보인다($^{상 430,}_{190 본문}$). 나아가 단체법상 기존상태존중의 요구에서 판결의 효력을 장래에 한하여 미치도록 하였다($^{상}_{431}$). 즉 무효판결의 효력은 소급하지 않는다. 1995년 상법개정시 상법 430조가 190조 단서를 준용대상에서 제외한 것은 상법 제431조가 있기 때문에 이중의 준용을 피하기 위한 것이지 소급효를 부활시키는 것은 아니었다. 이처럼 신주발행의 무효가 소급하지 않으므로 형성판결이 있기까지 행하여진 모든 회사 및 주주의 조치는 유효하다. 신주에 의한 의결권의 행사나 이에 대한 이익배당이나 모두 유효하게 처리되고 다만 미래에 한하여 신주의 효력이 부정된다.

무효판결이 확정된 후에는 무효인 주권의 반환과 주금의 환급이 속행된다($^{상 431,}_{II. 432}$).

(3) **불공정가액인수인의 책임**($^{상 424}_{의2}$)

이사와 통모하여 현저하게 불공정한 발행가액으로 신주를 인수한 자는 회사에 대하여 공정한 발행가액과의 차액에 해당하는 금액을 지급할 의무가 있다($^{상 424의}_{2 1}$). 이것은 회사의 자본충실의 요구에 기하여 불공정발행가액의 신주인수인에게 과하여진 책임이다. 이 때 통모인수인이 부담하는 책임은 회사의 자본충실을 위하여 인정되는 추가적 출자의무로서 주주유한책임의 원칙의 예외를 형성한다($^{통}_{설}$).

# III. 사 　채

## 1. 의 　　의

회사가 불특정 다수인에 대하여 일정 금액을 단위로 한 정형화된 금전지급채무를 부담하고 그 금전상환채권을 표창하는 유가증권을 채권자에게 발행한 때 그 채무를

社債라 한다. 이러한 사채제도는 신주발행의 경우와 달리 투자자의 지위를 단순한 회사의 채권자로 묶어둘 수 있고 또 일반공중으로부터 장기의 자금을 집단적으로 흡수할 수 있다는 장점이 있다.

사채제도는 그 본질이 원금의 상환과 확정률의 이자지급을 내용으로 하는 금전대차관계이지만 다음과 같은 특성이 있다. 우선 모집하는 사채의 액이 거액이므로 집단적인 사채모집을 가능케 할 기술적 조치가 필요하다. 나아가 사채관계의 당사자인 차주는 주식회사요 대주는 일반공중으로서 이에는 다수의 투자자가 참여하므로 사채권자의 채권자적 지위를 강화할 필요가 있다. 끝으로 그 원리금상환채권을 표창하는 사채권은 다수인들간에 유통되는 유가증권이므로 채권의 유통성을 확보할 필요가 있는 것이다. 이러한 요구에서 상법은 여러 특별규정들을 마련하고 있다.

## 2. 종   류

사채는 여러 기준에 따라 다음과 같은 분류가 가능하다.

### (1) 담보부사채 · 무담보사채

물상담보권이 부착되어 있는 사채를 담보부사채, 그렇지 않은 것을 무담보사채라 한다. 담보부사채에 대해서는 담보부사채신탁법이라는 특별법이 별도로 제정되어 있어 상법상의 사채는 무담보사채에 한한다고 볼 수 있다.

### (2) 기명사채 · 무기명사채

기명사채는 사채권자의 이름이 채권면에 표시되어 있는 사채이고, 무기명사채는 사채권자의 성명이 채권면에 표시되어 있지 않은 사채이다. 전자는 기명증권, 후자는 무기명증권에 표창되어 있는 사채이다. 전자는 기명증권의 방식 즉 채권양도의 의사표시와 채권의 교부로 이전될 수 있으며 회사나 제3자에 대해서는 사채원부에 명의개서를 하고 취득자의 성명을 채권에 기재함으로써 대항요건($^{\text{상}}_{479}$)을 갖추게 된다. 후자의 경우에는 무기명채권의 양도방식인 사채권의 교부($^{\text{민}}_{523}$)에 의하게 되며 증권의 점유로 회사 및 제3자에게 대항할 수 있다.

### (3) 등록사채 · 현물사채

등록사채는 공사채등록법에 의하여 등록기관에 등록을 하고 채권을 발행한 사채요, 현물사채는 등록기관에 등록함이 없이 발행한 사채이다.

### (4) 보통사채·특수사채

사채에 특수한 권리가 부착된 것을 특수사채라 하고, 그렇지 않은 것을 보통사채라 한다. 특수사채의 예로는 신주인수권이 부착된 신주인수권부사채, 주식으로의 전환권이 부여된 전환사채, 확정률의 이자지급뿐만 아니라 주주들의 이익배당에도 참가할 수 있는 이익참가부사채, 사채발행회사가 소유하고 있는 상장유가증권과 사채간의 교환권을 인정하는 교환사채 등이 있다.

## 3. 사채계약의 법적 성질

사채를 성립시키는 원인행위 즉 사채발행회사와 사채권자간의 사채계약의 법적 성질에 대해서는 다음과 같은 학설의 다툼이 있다.

### (1) 소비대차설

이 학설에 따르면 사채는 보통의 소비대차계약(Darlehen)이라 한다. 민법상 소비대차라 함은 차주가 수령한 것과 동종, 동량, 동질의 물건을 대주가 반환할것을 약정하는 계약인데($\frac{민}{598}$), 사채계약에는 액면미달발행과 액면초과상환이 인정되므로 민법상의 소비대차와 완전히 같다고는 볼 수 없다. 그러나 이 입장에서는 이러한 요소들은 부수적인 것에 불과하다고 본다.[23]

### (2) 무명계약설

이 입장에 의하면 사채계약은 통일적, 일체적인 채무부담방법으로서 소비대차에 유사한 무명계약(Vertrag sui generis)이라 한다.[24]

### (3) 채권매매설

이 학설은 사채의 응모자가 사채금액을 납입하고 사채권을 취득하여 사채권의 권리자가 되므로 사채계약은 사채권의 매매라 한다.[25]

### (4) 절충설

이 입장은 무명계약설과 채권매매설을 절충시키고 있다. 그리하여 사채계약은 사채를 채권매출의 방법으로 발행하는 경우에는 사채권의 매매가 되는 것이고, 기타의

---

23) 이철송, 회사법강의, 제30판, 2022, 1051면.
24) 최기원, 846면; 채이식, 719면; 이기수·최병규, 회사법, 제9판, 2011, 583면.
25) 정찬형, 상법강의(상), 제17판, 2014, 1168~1169면.

경우에는 소비대차에 유사한 무명계약이라고 한다.[26]

### (5) 비판 및 결론

우선 무명계약설을 보면 사채계약의 성질을 적극적으로 규명하고 있지 못하며 또 사채계약을 통일적, 일체적 채무부담으로 파악하고 있으므로 사채의 총액이 응모되지 않으면 사채의 전체가 불성립하게 되는 결함이 있다. 나아가 매출발행의 경우도 제대로 설명할 수 없다. 채권매매설은 사채를 채권매출의 방법에 의하여 발행하는 경우에는 설명이 용이하나 사채청약서에 의하여 모집하는 경우에는 설명이 궁색하며 특히 사채권이 발행되지 않는 등록사채 같은 경우에는 아예 설명이 불가해진다. 나아가 절충설에 의하면 사채제도의 통일적 설명이 어려워진다. 생각건대 사채제도는 대차된 금전에 대하여 원리금상환을 약정하는 금전소비대차 외에 아무 것도 아니라고 본다. 물론 그 원리금상환채권은 사채권이라는 유가증권에 표창되어 있으며 그 유통성을 확보하기 위하여 일반 유가증권의 법리가 유입된다. 나아가 다수의 금전대주들을 위하여 사채권자집회 등 채권자의 지위를 강화하기 위한 단체법적 제도도 마련되어 있다. 그러나 이러한 사채모집의 집단성과 유가증권의 법리유입이 사채의 법적 본질을 바꿀 수는 없다. 나아가 액면이하발행과 액면초과상환도 금전소비대차계약상 대주에게 유리한 원리금상환조건의 하나로 풀이할 수 있다. 끝으로 채권매출의 방법을 취하는 것은 원래 상법이 예정한 것은 아니므로($^{\$478}$) 이는 특별법상의 예외로 보든지 아니면 원리금상환의 한 특수한 방법으로 해석할 수도 있을 것이다. 사채의 납입을 받고 채권을 발행해 주는 것이 원칙이겠지만 다수의 채권자들을 집단적으로 취급하기 위하여 미리 유가증권을 발행해 두었다가 금전대여와 동시에 이를 교부한다고 보면 될 것이다. 소비대차설이 타당하다.

## 4. 사채의 발행

### (1) 사채발행의 방법

사채발행의 발행의 방법에는 직접발행, 간접발행, 총액인수의 세 가지 방법이 있다.

**(가) 직접발행:**  직접발행에는 다시 직접모집과 매출발행의 방법이 있다.

**1) 직접모집:**  이 방법은 사채발행회사(기채회사) 자신이 직접 일반 공중으로부터 사채를 모집하는 경우인데 상법은 이 형태를 예정하여 규율하고 있다. 그러나 오늘날 발행회사 자신이 사채를 모집하는 경우는 드물게 되었다. 즉 오늘날의 사채모집

---

26) 정동윤, 722면.

은 증권회사 등에 의한 전문적 업무로 변하고 있다.

2) **매출발행**:　매출모집은 사채총액을 확정하지 않고 일정한 기간을 정하여 그 기간 내에 개별적으로 채권을 매출하는 방법으로 사채를 발행하는 것이나 상법은 사채 전액의 납입이 완료한 후가 아니면 채권을 발행하지 못하게 하고 있어($_{상}^{478}$) 일반 주식회사에 대해서는 이러한 모집방법은 인정되지 않는다. 매출발행의 예로는 주택채권이나 산업금융채권 등이 있고 특별법에 의하여 발행되고 있다($_{產銀施\ 27조}^{住銀施\ 25조:}$).

(나) **간접발행**　　이에는 다시 위탁모집과 도급모집의 방법이 있다.

1) **위탁모집**($_{상}^{476}$):　　사채의 발행에 있어서 수탁회사(受託會社)를 개입시키는 방법으로서 일반적으로 은행이나 신탁회사에 의하여 신속하고 효율적으로 모집할 수 있다. 수탁회사의 자격은 은행, 신탁회사, 증권회사에 한한다($_{6}^{상\ 부칙}$).

2) **도급모집(인수모집)**:　　사채모집의 수탁회사가 그 응모액이 미달되는 때에는 그 잔액에 대한 인수의무를 지는 간접발행방법을 도급모집이라 한다($_{호.\ 475\ 2문}^{상\ 474\ II\ 14}$).

(다) **총액인수**:　　총액인수는 특정인이 발행회사(기채회사)와의 계약에 의하여 사채의 총액을 일괄하여 인수하는 방법이다($_{475}^{상}$). 위탁모집시 단순히 수탁회사가 보수를 받는 데 비하여 이 경우에는 채권의 매매시 그 인수가와 발행가간의 차액을 인수자가 자기 것으로 할 수 있다. 이 경우 사채의 인수인은 증권회사에 한하며 사채청약서의 작성도 요구되지 않는다($_{1문}^{상\ 475}$).

## (2) 사채발행의 절차

(가) **발행의 결정**($_{469}^{상}$):　　사채는 이사회결의에 의하여 모집할 수 있다. 그러나 정관으로 주주총회의 권한으로 할 수 있다. 원칙적으로 이사회에 사채발행에 대한 권한을 부여한 것은 신주발행시와 같이 회사 내부의 자금수요에 가장 정통하기 때문이다. 이사회는 발행할 사채의 총액, 각 사채의 금액, 이율, 발행가액, 모집방법, 상환기한 및 방법 등을 정한다.

(나) **사채계약의 성립(청약과 배정)**:　　기채회사(起債會社) 혹은 위탁모집시에는 수탁회사가 사채청약서를 작성하고($_{476\ II}^{상\ 474\ II.}$) 청약자는 이 사채청약서 2통에 인수할 사채의 수와 주소를 기재하고 기명날인한다($_{상}^{474}$). 위탁모집시에는 수탁회사가 기채회사를 위하여 대리행위를 한다. 비록 상법은 제476조 제2항에서 "그 명의로"라는 표현을 쓰고 있으나 한편 제485조 제1항을 보면 복수의 수탁회사는 공동으로 그 권한에 속하

는 행위를 하는 점으로 보아 임의대리인이다.[27] 따라서 자신의 명의로 그러나 기채회사의 계산으로 하는 주선행위가 아니라 직접대리인으로 활동한다고 볼 수 있다. 그러나 이러한 직접대리에 필요한 현명주의는 상법 제48조에 따라 요구되지 않는다. 사채모집행위는 기채회사의 보조적 상행위이기 때문이다. 따라서 사채계약은 위탁모집시에도 기채회사와 사채권자간에 성립되며 그 법적 성질은 금전소비대차계약이 된다고 볼 수 있다. 도급모집시 수탁회사의 인수의무 부분과 총액인수시에는 사채청약서가 요구되지 않는다($\frac{상}{475}$). 사채의 모집은 집단성과 공중성 때문에 사채청약서라는 서면형식을 취하게 되었다. 따라서 청약과 배정으로 성립될 소비대차계약의 청약의 의사표시는 서면의 요식행위이다.

기채회사나 수탁회사는 청약자들에게 자유로이 배정할 수 있다. 신주인수권자에게 신주를 발행할 때와 달리 배정자유의 원칙이 철저히 지켜진다.

(다) 납 입($\frac{상}{476}$): 사채의 모집이 완료되면 이사 및 수탁회사는 지체없이 사채의 전액 또는 제1회의 납입을 시켜야 한다. 사채는 주식과 달라 일시에 납입할 것을 요하지 않고 또 인수인의 상계도 가능하다. 또한 주식인수시 나타나는 실권절차도 없다.

(라) 등 기: 일반사채의 경우에는 등기의무가 없다. 사채는 일정 기간 후에는 상환하여야 할 채무이므로 공시의 실익이 없다고 보아 1984년 개정법에서 등기의무를 규정하고 있던 상법 제477조를 삭제하였다. 그러나 특수사채인 전환사채와 신주인수권부사채의 경우에는 등기의무가 있다($\frac{상\ 514의2.}{516의7}$).

## 5. 사채의 유통과 상환

### (1) 사채권의 발행[28]

사채권(Schuldverschreibung)은 사채계약상의 원리금상환채권을 표창하는 유가증권이다. 그러나 어음이나 수표와 같은 설권증권은 아니며 선언증권에 해당한다. 사채계약의 성립과 이에 이은 납입에 따라 그 원리금상환채권이 성립되고 난 후 이를 유가증권상 표창하여 대외적으로 선언하는 효력만 있기 때문이다. 발행시기는 사채 전액의 납입이 완료한 후이며($\frac{상}{478}$), 발행형식은 기명식 또는 무기명식의 양자가 모두 가능

---

27) 그러나 상법 제476조 제2항의 문언에 충실하게 위탁매매시와 같이 수탁회사가 주선행위를 한다고 해석할 수도 있다. 즉 수탁회사의 이름으로 그러나 위탁회사의 계산으로 사채모집을 한다고 볼 여지도 있는 것이다. 이 규정이 강행규정은 아니다.

28) 상법은 2011년 개정에서 사채의 실물발행 이외에도 전자등록할 수 있게 하였다(상법 제478조 제3항 신설). 이에 따라 회사는 정관규정으로 전자등록기관의 전자등록부에 채권을 등록할 수 있게 되었다.

하고 그들 상호간의 전환청구도 할 수 있다($\frac{상}{480}$). 무기명식사채권의 경우에는 선의취득도 가능하다($\frac{상}{524},\frac{65;}{514}$ 민). 나아가 사채권을 상실하였을 때에는 공시최고절차를 거쳐 제권판결을 받아 증권의 재교부를 요구할 수 있다. 사채권의 발행시 그 기재사항은 ① 채권번호, ② 회사의 상호, ③ 사채의 총액, ④ 각 사채의 금액, ⑤ 사채의 이율, ⑥ 사채의 상환과 이자지급의 방법 및 기한, ⑦ 기명식 또는 무기명식의 어느 한 종류로 정한 때에는 그 사항, ⑧ 위탁모집시에는 수탁회사의 상호 및 주소 등이다($\frac{상}{8}$ 478).

### (2) 사채원부($\frac{상}{488}$)

회사는 주식의 주주명부에 상응하는 사채원부를 작성, 비치하여야 한다. 사채원부에 기재가 이루어지면 주주명부에서와 같이 회사에 대한 면책적 효력이 있고 기명사채의 경우에는 회사에 대한 권리이전의 대항요건이 된다($\frac{상}{8}$ 479). 기명사채이전의 대항요건인 취득자의 사채원부상의 기재는 대리인에 의하여도 할 수 있다($\frac{상 479 \: II : 명의개서대리인}{에 관한 상법 제337조 제2}$ 항을 준).

### (3) 양   도

기명사채의 경우에는 사채권상에 표창된 원리금상환채권의 양도를 내용으로 하는 의사의 합치와 채권의 교부로 양도가 이루어진다. 이 때 채권의 교부는 단순한 대항요건이 아니라, 채권양도의 효력발생요건이다. 즉 기명증권(Rektapapier)의 양도방식을 취하게 된다. 나아가 회사 및 제3자에 대한 대항요건을 갖추기 위하여는 사채원부에 취득자의 성명과 주소를 기재하고 채권에도 취득자의 성명을 기재하여야 한다($\frac{상}{8}$ 479). 취득자의 성명이 사채권에 가재되어야 대항요건이 완료된다는 점에서 단순히 주주명부상의 명의개서로 회사에 대한 대항요건을 갖추는 기명주식의 경우와 다르다.

한편 무기명사채(Inhaberschuldverschreibung)의 경우에는 채권을 양수인에게 교부함으로써 양도의 효력이 생긴다($\frac{상}{민}\frac{65;}{523}$). 교부의 의미는 단순한 증서의 점유이전(Übergabe)에 그치는 것이 아니라 무기명사채권 즉 증권의 동산물권(소유권)을 취득자에게 이전(Übereignung)시킴으로써 그 위에 화체된 채권이 취득자에게 이전되는 것으로 설명하여야 한다. 이렇게 이론구성하여야 선의취득 등의 설명이 순연하다.[29]

---

29) 이러한 이론구성은 독일의 통설적 입장이며 이렇게 설명함으로써 채권양도의 법리(Zessionsrecht)에서 나타나는 유통부적격이 동산물권법(Mobiliarsachenrecht)에 의하여 극복된다. 이에 대해서는 졸고, "어음상의 권리이전과 교부계약의 의미", 「고려대 법학논집」 제28집(1992), 227면 이하 참조.

### (4) 사채의 이자지급과 상환

이자의 지급은 사채계약에서 정한 이율에 의하여 이루어지고 보통 무기명사채권에는 이권(利券)이 첨부되어진다. 기채회사는 채무를 변제하여 사채의 법률관계를 종식시킨다. 주식의 경우와 달라 자기주식취득금지와 같은 규정이 없으므로 회사는 매입소각 즉 자기사채를 매입하여 소각하는 등의 방법으로 償還과 같은 효과를 거둘 수 있다.

## 6. 사채관리회사

2011년 개정상법은 제480조의2부터 제484조까지 사채관리회사를 규정하고 있다.

### (1) 사채관리회사의 지정 및 위탁($\frac{480}{92}$)

회사가 사채를 발행할 경우 사채관리회사를 정하여 변제의 수령, 채권의 보전, 그 밖에 사채의 관리를 위탁할 수 있다($\frac{480의}{2\ 1}$). 이러한 수임을 받는 회사를 사채관리회사라 한다. 사채관리회사가 될 수 있는 자는 은행, 신탁회사 기타 대통령령으로 정하는 자이다($\frac{480의}{2\ 1}$). 사채의 인수인 및 기채회사와 특수 이해관계에 놓이는 자로서 대통령령이 정하는 자는 여기서 제외된다($\frac{480의}{2\ 11.\ 111}$).

### (2) 사채관리회사의 권한($\frac{상}{484}$)

사채관리회사는 사채권자를 위하여 사채에 관한 채권을 변제받거나 채권의 실현을 보전하기 위하여 필요한 재판상 또는 재판외의 모든 행위를 할 수 있다.

### (3) 사채관리회사의 의무와 책임($\frac{상484}{92}$)

사채관리회사는 사채권자를 위하여 공평하고 성실하게 사채를 관리하여야 한다. 나아가 선량한 관리자의 주의로 수임한 바를 수행하여야 한다. 이러한 의무를 위반하였을 경우에는 사채권자에 대하여 연대하여 손해배상책임을 질 수 있다.

### (4) 사채관리회사의 사임 또는 해임($\frac{상481.}{482}$)

사채관리회사는 사채를 발행한 회사와 사채권자집회의 동의를 얻어 사임할 수 있다. 부득이한 사유가 있는 경우에는 법원의 허가를 얻어 사임할 수 있다($\frac{상}{481}$). 사채관리회사가 사무를 처리하기에 적임이 아니거나 기타 정당한 사유가 있는 경우에는 법원은 기채회사 또는 사채권자집회의 청구에 의하여 사채관리회사를 해임할 수 있다($\frac{상}{482}$).

## 7. 사채권자집회

사채의 발행은 거액의 장기자금을 일반공중으로부터 차입하는 제도로서 회사의 사채권자에 대한 대화통로의 일원화와 다수의 사채권자의 이익을 보호하기 위하여 상법은 사채권자집회제도를 두고 있다.

### (1) 의 의

社債權者集會란 권리능력없는 사단인 사채권자단체의 의결기관이다. 이는 회사의 사채권자들로 구성되므로 회사의 기관은 아니며 주주총회와 달리 수종의 사채가 발행된 경우에는 각 사채의 종류마다 집회가 소집된다($\frac{상}{509}$). 나아가 사채권자집회는 법정의 임시기관으로서 주주총회와 달리 정기적으로 소집되는 것이 아니라 필요가 있을 때에만 임시적으로 소집된다.

### (2) 권 한

사채권자집회의 결의사항은 법정사항과 임의사항으로 나누어진다. 법정사항의 예로는 수탁회사의 사임동의 및 해임청구($\frac{상}{482}^{481}$), 수탁회사의 사무승계자의 선임($\frac{상}{483}$), 사채권자집회의 대표자 및 결의집행자의 선임($\frac{상}{501}^{500}$), 기한이익의 상실($\frac{상}{505}$), 자본감소 및 합병에 대한 이의제기($\frac{상}{530}^{439\,III.}_{II}$), 기채회사가 어느 한 사채권자에 대하여 현저하게 불공정한 변제나 화해 등의 행위를 하였을 때 이에 대한 취소의 소구($\frac{상}{511}^{512}$) 등이다. 이러한 법정사항 이외에도 사채권자집회는 사채권자의 이해에 관련된 중대사항에 관하여 결의할 수 있다($\frac{상}{490}$).

### (3) 소 집

사채권자집회의 소집권자는 기채회사, 수탁회사 및 사채총액의 10분의 1 이상에 해당하는 소수사채권자이다($\frac{상}{491}^{}_{II}$). 소수사채권자는 회사에 소집청구하고 회사가 이를 시행하지 않을 때에는 법원의 허가를 얻어 직접 소집할 수 있다($\frac{상}{366}^{491\,III.}_{II}$). 무기명식의 사채권을 소유한 자는 이러한 권리를 행사하기 위하여 회사에 채권을 공탁하여야 한다($\frac{상}{II}^{491}$).

기타 소집에 관한 절차는 주주총회의 소집절차에 관한 규정들이 준용되며($\frac{상}{363}^{510}$), 소집통지시에는 기채회사와 수탁회사도 포함시켜야 한다($\frac{상}{II}^{493}$).

### (4) 결 의

사채권자집회의 결의는 원칙적으로 주주총회의 특별결의에 준하는 다수로 하여야 한다($\frac{\text{상}}{495}$). 즉 출석한 사채권자의 의결권의 3분의 2 이상의 수와 발행사채총액의 3분의 1 이상의 수로 하여야 한다. 그러나 예외적으로 수탁회사의 사임동의 및 해임청구($\frac{\text{상}481}{482}$), 수탁회사의 승계자선임($\frac{\text{상}}{483}$)과 기채회사 대표자의 출석요구($\frac{\text{상}}{494}$)에 있어서는 출석한 사채권자의 의결권의 과반수로 의결할 수 있다($\frac{\text{상}}{495}$).

각 사채권자는 사채금액의 합계액에 따라 의결권을 갖는다($\frac{\text{상}}{492}$). 의결권의 대리행사, 자기사채의 의결권휴지, 특별이해관계인의 의결권배제, 정족수 및 의결권수의 계산에 관하여는 주주총회에 관한 해당 규정들이 준용된다($\frac{\text{상}510, 368 \text{ Ⅲ}, 368}{\text{Ⅳ}. 369 \text{ Ⅱ}. 371}$).

사채권자집회의 의사진행은 회의진행의 일반원칙에 따르게 되며 기채회사나 사채관리회사는 그 대표자를 출석시켜 서면으로 의견을 제출할 수 있다($\frac{\text{상}}{493}$). 나아가 사채권자집회는 주주총회와 마찬가지로 회의의 연기나 속행을 결의할 수 있다($\frac{\text{상}510}{\text{Ⅱ}. 372}$). 사채권자집회의 의사에 관하여는 의사록이 작성되어야 하며 이 의사록은 사채발행회사의 본점에 비치되어야 한다($\frac{\text{상}. 510, \text{ Ⅰ}}{373, 510 \text{ Ⅱ}}$). 그러나 의사록작성이 사채권자집회가 행한 결의의 법정형식이나 효력발생요건은 아니다. 수탁회사나 사채권자는 의사록의 열람을 청구할 수 있다($\frac{\text{상}}{510}$).

사채권자집회결의가 효력을 발생하자면 법원의 인가가 있어야 한다($\frac{\text{상}}{498}$). 즉 법원의 인가는 효력발생요건(Wirksamkeitsvoraussetzung)이다. 사채권자집회의 소집자는 결의일로부터 1주간 내에 법원에 결의의 인가를 청구하여야 한다($\frac{\text{상}}{496}$). 법원의 인가를 얻은 경우에는 그 결의는 전사채권자에 대하여 효력이 있다($\frac{\text{상}}{498}$). 그러나 그 종류의 사채권자 전원이 동의한 결의는 법원의 인가가 필요없다($\frac{\text{상}498}{2}$).

사채권자집회에 관한 비용은 사채발행회사가 부담한다. 나아가 결의인가청구에 관련된 비용도 기채회사의 부담이 원칙이지만 법원은 별도의 부담자를 선정할 수 있다($\frac{\text{상}}{508}$).

### (5) 사채권자단체의 대표 및 업무집행기관

사채권자집회는 해당 종류의 사채총액의 500분의 1 이상의 사채를 가진 사채권자 중에서 1인 또는 수인의 대표자를 선임할 수 있다. 이들은 사채권자단체의 대표기관이 된다. 그러나 사채의 상환에 관하여는 사채관리회사가 사채권자단체를 대표한다($\frac{\text{상}}{484}$). 사채권자집회의 대표자는 사채권자집회에 갈음하여 결의할 사항의 결정을 할 수 있다(상 500). 수인의 대표자가 선임된 경우에는 그들의 과반수로 결정한다(상 500). 다수의 사채권자들을 일시에 소집한다는 것은 사실상 용이하지 않은 경우가 많으므로 그 대표자에게 집회의 결의에 갈음한 의사결정권을 부여한 것이다. 이러한 결정사항 이외의 대표행위 예컨대 기채회사 대표자의 출석요구나 취소의 소제기(상 494 512) 등은 수인의 대표자가 공동으로 이를 수행한다(상 502 485 Ⅰ). 사채권자집회는 언제든지 대표자나 집행자를 해임할 수 있고 또 위임사항도 변경할 수 있다(상 504).

집행을 필요로 하는 사채권자집회의 결의는 별도의 집행자가 선임된 경우에는 그 집행자가 담당하고 집행자가 없을 때에는 사채관리회사, 사채관리회사도 없을 때에는 대표자가 이를 행한다(상 501). 집행자나 대표자가 수인인 경우에는 공동으로 이를 하여야 한다(상 502 485 Ⅰ).

사채권자단체의 업무집행, 대표자의 보수 및 사무처리비용은 사채발행회사와의 약정이 있으면 이에 따르고 이러한 약정이 없으면 법원의 허가를 얻어 기채회사의 부담으로 할 수 있다(상 507).

## 8. 특수한 사채

특수한 사채에는 담보부사채, 이익참가부사채, 전환사채, 신주인수권부사채 등이 있다. 아래에서는 상법에 별도의 규정이 있는 전환사채와 신주인수권부사채에 관하여 살펴보기로 한다.

### (1) 전환사채

(가) 의 의:　轉換社債(convertible bond; CB)는 사채권자에게 사채발행회사의 주식으로 전환할 수 있는 권리(전환권)가 인정된 사채이다. 전환사채의 사채권자는 회사의 영업이 부진할 때에는 안정적인 사채의 이자를 받고 회사의 영업이 호전될 때에는 주식으로 전환하여 높은 이익배당을 향유할 수 있으므로 사채의 안정성과 주식의 투기성이 병유된 사채라고 할 수 있다.

### (나) 발행절차

#### 1) 발행의 의사결정

가) 주주배정:　전환사채의 인수권이 기존의 주주에게 부여될 때에는 정관규정 또는 이것이 없을 때에는 이사회결의로 이를 정할 수 있다(상 513). 물론 정관규정이 이 경우에도 주주총회결의로 이를 정한다고 해 놓았을 때에는 이를 따르게 될 것이다. 나아가 1인이사를 둔 주식회사의 경우에도 같다. 여기서 전환사채의 총액, 전환의 조

건, 전환으로 인하여 발행할 주식의 내용, 전환청구기간, 주주에게 전환사채의 인수권을 준다는 뜻과 인수권의 목적인 전환사채의 액 등을 정하게 된다.

나) **제3자 배정:** 전환사채가 주주 이외의 자에게 발행되는 경우에는 그 발행될 수 있는 전환사채의 액, 전환의 조건, 전환으로 인하여 발행할 주식의 내용과 전환청구기간에 대해서는 정관규정이나 주주총회의 특별결의로 이를 정한다(상513).30)

이와 같이 기존 주주들을 인수주체로 할 때와 제3자를 인수주체로 할 때 각각 의사결정기관이 달라지는 것은 전환사채에 부착된 주식으로의 전환권 때문이다. 전환사채권자가 전환권을 행사하면 주주가 되므로 제3자 인수시에는 주식회사를 형성하는 사단의 인적 구성이 달라진다. 이는 주식회사의 존립기초인 조직계약의 변화를 의미한다. 따라서 기존 주주들이 사단의 인적 구성을 놓고 새로운 결단을 내려야 한다. 이러한 결단은 정관규정을 통하여 사전에 이루어질 수 있다. 그러나 이러한 정관규정이 없을 때에는 주주총회에서 이를 정하여야 한다.

전환사채의 제3자배정은 주주 외의 자에게 신주배정을 하는 것과 유사하다. 전환사채의 잠재적 주식성(潛在的 株式性) 때문이다. 따라서 전환사채를 주주 외의 자에게 배정할 때에도 기존 주주들의 이익을 상회하는 회사의 이익이 있어야 할 것이다. 기존 주주의 이익과 회사의 이익을 비교형량함에 있어서는 比例의 原則을 준수하여야 한다. 우선 주주 아닌 제3자에게 전환사채를 배정하는 것이 회사의 목적달성에 적합한 수단이어야 한다(適合性의 原則; Geeignetheit). 나아가 이 방법이 회사의 이익을 도모하면서도 기존 주주의 이익침해를 최소화하는 수단이어야 한다(必要性의 原則; Erforderlichkeit). 끝으로 침해되는 주주의 이익과 달성되어야 할 회사의 이익간에는 按分比例關係가 유지되어야 한다(狹義의 比例性原則; Angemessenheit). 2001년 개정상법은 신주의 제3자 배정에 관한 상법 제418조 제2항을 전환사채의 제3자배정에 준용함으로써 이러한 취의를 성문화하였다(상513의2).31)

**2) 인수권과 배정일의 지정, 공고:** 주주가 전환사채의 인수권을 가지는 경우에는 회사는 일정한 날을 정하여 그날에 주주명부에 기재된 주주가 전환사채의 인수권을 가진다는 뜻을 2주간 전에 공고하여야 한다(상 513의2, 418 III). 주주배정의 경우에는 원칙적으로 각 주주는 보유주식수에 비례한 전환사채의 인수권이 있다(상 513의2 I).

---

30) 대판 2004. 6. 25, 2000다37326(정관이 전환사채의 발행에 관하여 "전환가액은 주식의 액면금액 또는 그 이상의 가액으로 사채발생시 이사회가 정한다"하고 규정하고 있는 경우, 이는 구 상법 제513조 제3항이 요구하는 최소한도의 요건을 충족하고 있어 무효라고 볼 수 없다고 한 사례).

31) 상기 대판 2004. 6. 25, 2000다37326 판결은 2001년 7월 24일 개정이전의 상법을 근거로 판단하고 있음을 주의하여야 한다. 상법 제513조 제3항 단서가 적용될 경우에도 위 삼성전자사건이 같은 결론에 이르렀을지는 의문이다.

**3) 주주에 대한 실권예고부 최고:** 주주가 전환사채의 인수권을 가진 경우 회사는 위의 배정일에 확정된 주주에 대하여 그 인수권을 가지는 전환사채의 액, 발행가액, 전환의 조건, 전환으로 인하여 발행할 주식의 내용, 전환을 청구할 수 있는 기간과 일정한 기일까지 전환사채의 청약을 하지 않으면 그 권리를 잃는다는 통지를 하여야 한다($\frac{상}{3}\frac{513의3}{1}$). 무기명식 주권이 발행되어 있을 때에는 회사는 이러한 실권예고부 공고를 해야 한다($\frac{상}{1}\frac{513의3}{후단}$).

**4) 전환사채의 청약:** 전환사채를 청약하는 자는 소정의 사채청약서에 일정 사항을 기재하여 청약한다($\frac{상}{514}$). 전환사채의 모집이 완료되면 이사는 사채납입기일을 정하여 사채의 납입을 시켜야 한다($\frac{상}{476}$).

**5) 전환사채발행의 등기, 채권발행, 사채원부의 작성:** 회사가 전환사채를 발행한 때에는 사채의 납입이 완료된 날로부터 2주간 내에 본점소재지에서 전환사채의 등기를 하여야 한다($\frac{상}{2}\frac{514의}{1}$). 보통 사채의 경우에는 등기가 요구되지 않으나 전환사채의 경우 전환권의 행사로 신주가 발행되고 이는 자본을 증가시키므로 회사의 자본은 이미 잠재적으로 증가한 것이나 다름없다. 따라서 전환사채발행은 등기사항이 되어야 한다.

사채 전액의 납입이 완료되면 회사는 사채권을 발행하고($\frac{상}{478}$), 사채원부를 작성하여야 한다($\frac{상}{488}$). 이 때 사채권과 사채원부에는 상법 제514조 제1항 각호의 사항을 기재하여야 한다.

**6) 불공정발행시의 절차:** 회사가 법령이나 정관에 위반하거나 현저히 불공정한 방법으로 전환사채를 발행함으로써 주주가 불이익을 받을 염려가 있는 때에는 그 주주는 회사에 대하여 발행의 유지를 청구할 수 있다. 나아가 사채인수인이 이사와 통모하여 현저하게 불공정한 가액으로 인수한 때에는 회사에 대하여 공정한 발행과의 차액을 회사에 지급하여야 한다. 나아가 이러한 차액지급의무는 주주의 대표소송으로 실행될 수도 있다($\frac{상 516}{424의2}\frac{I, 424,}{}$). 이러한 방법 외에도 상법상 전환사채발행무효의 소가 허용되는지 의문이다. 판례는 상법 제429조를 준용하여 이를 허용하고 있다.

**┃ 대판 2004. 6. 25, 2000다37326[32]**

"[1] 상법은 제516조 제1항에서 신주발행의 유지청구권에 관한 제424조 및 불공정

---

32) 본 판례는 2001년 7월 24일 개정된 상법의 내용을 기초로 판단한 것이 아님을 유념하여야 한다. 즉 상법 제418조 제2항 단서가 신설되기 전의 상법에 따라 판단하고 있다.

한 가액으로 주식을 인수한 자의 책임에 관한 제424조의2 등을 전환사채의 발행의 경우에 준용한다고 규정하면서도 신주발행무효의 소에 관한 제429조의 준용 여부에 대해서는 아무런 규정을 두고 있지 않으나, 전환사채는 전환권의 행사에 의하여 장차 주식으로 전환될 수 있는 권리가 부여된 사채로서, 이러한 전환사채의 발행은 주식회사의 물적 기초와 기존 주주들의 이해관계에 영향을 미친다는 점에서 사실상 신주를 발행하는 것과 유사하므로, **전환사채의 발행의 경우에도 신주발행무효의 소에 관한 상법 제429조가 유추적용된다**고 봄이 상당하고, 이 경우 당사자가 주장하는 개개의 공격방법으로서의 구체적인 무효원인은 각각 어느 정도 개별성을 가지고 판단할 수밖에 없는 것이기는 하지만, 전환사채의 발행에 무효원인이 있다는 것이 전체로서 하나의 청구원인이 된다는 점을 감안할 때 전환사채의 발행을 무효라고 볼 것인지 여부를 판단함에 있어서는 구체적인 무효원인에 개재된 여러 위법요소가 종합적으로 고려되어야 한다."

(다) **전환의 청구:** 　사채권자는 전환을 청구할 수 있는 기간이 도래하면 전환권을 행사할 수 있을 것이다.

**1) 전환청구의 방식:** 　전환사채권자의 전환권 역시 전환주식에서의 전환권과 마찬가지로 형성권이다. 따라서 사채권자의 일방적 의사표시로 전환의 효력이 도래한다. 즉 상대방의 수령을 요하는 단독행위로 전환권을 행사하게 된다. 물론 이 의사표시의 방식을 상법은 서면의 의사표시로 요식화하였다($\frac{상}{515}$). 그리하여 전환을 청구하는 자는 청구서 2통에 사채권을 첨부하여 회사에 제출하도록 하였다.

**2) 전환의 효과:** 　전환사채의 전환은 전환의 청구시에 그 효력이 발생한다($\frac{상}{350}\frac{516}{I}\frac{II}{I}$). 이로써 사채권자는 사채권을 상실하고 새로이 주주의 지위를 취득하게 된다.

전환권의 행사가 있으면 회사는 전환조건에 따라 신주를 발행하여야 한다. 이 때 전환으로 새로이 발행할 신주의 총발행가액은 전환 전 사채권의 발행총액과 같아야 한다($\frac{상}{II}\frac{516}{348}$). 전환사채를 목적으로 하는 질권은 전환으로 인하여 사채권자가 받을 주식에 존재하게 된다($\frac{질권의 물상대위:}{상 516 \, II. \, 339}$).

전환의 효력이 발생하면 전환사채가 감소하고 회사의 발행주식총수와 자본이 증가하므로 전환을 청구한 날이 속하는 달의 말일부터 2주간 내에 본점소재지에서 변경등기를 하여야 한다($\frac{상}{II}\frac{516}{351}$).

**대판 2004. 6. 25, 2000다37326**

"[2] 구 상법(2001. 7. 24. 법률 제6488호로 개정되기 전의 것) 제513조 제3항은 주주 외 자에 대하여 전환사채를 발행하는 경우에 그 발행할 수 있는 전환사채의 액, 전환의 조건, 전환으로 인하여 발행할 주식의 내용과 전환을 청구할 수 있는 기간에 관하여 정관에 규정이 없으면 상법 제434조의 결의로써 이를 정하여야 한다고 규정하고 있는바, 전환의 조건 등이 정관에 이미 규정되어 있어 주주총회의 특별결의를 다시 거칠 필요가 없다고 하기 위해서는 전환의 조건 등이 정관에 상당한 정도로 특정되어 있을 것이 요구된다고 하겠으나, 주식회사가 필요한 자금수요에 대응한 다양한 자금조달의 방법 중에서 주주 외의 자에게 전환사채를 발행하는 방법을 선택하여 자금을 조달함에 있어서는 전환가액 등 전환의 조건을 그때 그때의 필요자금의 규모와 긴급성, 발행회사의 주가, 이자율과 시장상황 등 구체적인 경제사정에 즉응하여 신축적으로 결정할 수 있도록 하는 것이 바람직하다 할 것이고, 따라서 주주총회의 특별결의에 의해서만 변경이 가능한 정관에 전환의 조건 등을 미리 획일적으로 확정하여 규정하도록 요구할 것은 아니며, 정관에 일응의 기준을 정해 놓은 다음 이에 기하여 실제로 발행할 전환사채의 구체적인 전환의 조건 등은 그 발행시마다 정관에 벗어나지 않는 범위에서 이사회에서 결정하도록 위임하는 방법을 취하는 것도 허용된다.

[3] 정관이 전환사채의 발행에 관하여 "전환가액은 주식의 액면금액 또는 그 이상의 가액으로 사채발행시 이사회가 정한다"라고 규정하고 있는 경우, 이는 구 상법(2001. 7. 24. 법률 제6488호로 개정되기 전의 것) 제513조 제3항에 정한 여러 사항을 정관에 규정하면서 전환의 조건 중의 하나인 전환가액에 관하여는 주식의 액면금액 이상이라는 일응의 기준을 정하되 구체적인 전환가액은 전환사채의 발행시마다 이사회에서 결정하도록 위임하고 있는 것이라고 할 것인데, 전환가액 등 전환의 조건의 결정방법과 관련하여 고려되어야 할 특수성을 감안할 때, 이러한 정관의 규정은 같은 법 제513조 제3항이 요구하는 최소한도의 요건을 충족하고 있는 것이라고 봄이 상당하고, 그 기준 또는 위임방식이 지나치게 추상적이거나 포괄적이어서 무효라고 볼 수는 없다.

[5] 신주발행무효의 소에 관한 상법 제429조에도 무효원인이 규정되어 있지 않고 다만, 전환사채의 발행의 경우에도 준용되는 상법 제424조에 '법령이나 정관의 위반 또는 현저하게 불공정한 방법에 의한 주식의 발행'이 신주발행유지청구의 요건으로 규정되어 있으므로, 위와 같은 요건을 전환사채 발행의 무효원인으로 일응 고려할 수 있다고 하겠으나 다른 한편, 전환사채가 일단 발행되면 그 인수인의 이익을 고려할 필요가 있고 또 전환사채나 전환권의 행사에 의하여 발행된 주식은 유가증권으로서 유통되는 것이므로 거래의 안전을 보호하여야 할 필요가 크다고 할 것인데, 전환사채발행유지청구권은 위법한 발행에 대한 사전 구제수단임에 반하여, 전환사채발행무효의 소는 사후에 이를 무효로 함으로써 거래의 안전과 법적 안정성을 해칠 위험이 큰 점을 고려할 때, 그 무효원인은 가급적 엄격하게 해석하여야 하고, 따라서 법령이나 정관의 중대한 위반 또는 현저한 불공정이 있어 그것이 주식회사의 본질이나 회사법의 기본원칙에 반하거나 기존 주주들의 이익과 회사의 경영권 내지 지배권에 중대한 영향을 미치는 경우로서 전환사채와 관련된 거래의 안전, 주주 기타 이해관계인의 이익 등을 고려하더라도 도저히 묵과할 수 없는 정도라고 평가되는 경우에 한하여 전환사채의 발행 또는 그 전환권의 행사에 의한 주식의 발행을 무효로 할 수 있을 것이며 그 무효원인을 회사의 경영권 분쟁이 현재 계속중이거나 임박해 있는 등 오직 지배권의 변경을 초래

하거나 이를 저지할 목적으로 전환사채를 발행하였음이 객관적으로 명백한 경우에 한 정할 것은 아니다.

[6] 전환사채의 인수인이 회사의 지배주주와 특별한 관계에 있는 자라거나 그 전환 가액이 발행시점의 주가 등에 비추어 다소 낮은 가격이라는 것과 같은 사유는 일반적 으로 전환사채발행유지청구의 원인이 될 수 있음은 별론으로 하고 이미 발행된 전환사 채 또는 그 전환권의 행사로 발행된 주식을 무효화할 만한 원인이 되지는 못한다.”

### 🔅 Legal Times 2004. 6. 26. 기사내용

“삼성전자가 이건희 삼성 회장의 장남인 재용씨에게 450억원 상당의 전환사채를 사모 의 방법으로 발행한 데 대해 참여연대 경제민주화위원장으로 활동했던 장하성 고대 교수 가 낸 전환사채발행 무효확인청구소송이 원고 패소로 대법원에서 확정됐다.

이로써 1997년 3월 24일 전환사채가 발행된 후 3개월 만인 같은 해 6월 24일 제기된 이 소송은 소 제기후 7년 만에 막을 내리게 됐다.

대법원 제3부(주심 고현철 대법관)는 6월 25일 장교수가 삼성전자를 상대로 낸 이 소송 상고심($^{2000다}_{37326}$)에서 원고의 상고를 기각, 원고 패소판결한 원심을 확정했다.

재판부는 판결문에서 “전환사채 발행의 무효원인은 가급적 엄격하게 해석하여야 하고, 법령이나 정관의 중대한 위반 또는 현저한 불공정이 있어 그것이 주식회사의 본질이나 회 사법의 기본원칙에 반하거나 기존 주주들의 이익과 회사의 경영권 내지 지배권에 중대한 영향을 미치는 경우로서 전환사채와 관련된 거래의 안전,주주 기타 이해관계인의 이익 등 을 고려하더라도 도저히 묵과할 수 없는 정도라고 평가되는 경우에 한하여 전환사채의 발 행 또는 그 전환권의 행사에 의한 주식의 발행을 무효로 할 수 있을 것”이라며 “단지 전 환사채의 인수인이 회사의 지배주주와 특별한 관계에 있는 자라거나 전환가액이 발행시점 의 주가 등에 비춰 다소 낮은 가격이라는 것과 같은 사유는 일반적으로 전환사채발행 유 지청구의 원인이 될 수 있음은 별론으로 하고 이미 발행된 전환사채 또는 그 전환권의 행 사로 발행된 주식을 무효화할 만한 원인이 되지는 못한다”고 밝혔다.

재판부는 이어 “이 사건 전환사채의 전환가격 5만원은 사채발행인수실무협의회에서 실 무상의 준칙으로 정한 ‘사채의 발행조건에 관한 기준’에 따른 기준주가 5만5,200원보다 약 9.42% 할인된 것으로서 사모 방식으로 발행되었음에도 일응 공모 방식에 적용되는 기준 주가의 90% 이상이라는 요건도 충족하고 있었다는 것인바, 여기에다 이 사건 전환사채는 전환권이 부여되는 대신 피고 회사가 그 무렵 발행한 회사채의 이율인 연 11%보다 낮은 연 7%의 이율이 적용되었다는 사정까지 고려해 볼 때 비록 전환가액이 비슷한 시기에 발 행된 피고 회사의 다른 전환사채의 전환가액 등에 비춰 다소 저렴하게 발행되었다고 볼 여지가 있다 하더라도 그 정도에 비추어 이를 이유로 이미 발행된 전환사채 또는 전환권 의 행사로 발행된 주식을 무효로 볼 수는 없다”고 밝혔다.

재판부는 또 “이 사건 전환사채의 발행이 편법적인 상속 또는 증여에 의하여 피고 회사 의 경영권 내지 지배권을 이양하려는 목적 아래 이루어진 것이라는 원고의 주장은 그 근 거가 분명하지 않은 데다 구 상법(2001. 7. 24. 법률 제6488호로 개정되기 전의 것)과 피고 회사의 정관이 주주 외의 자에 대한 전환사채의 발행을 허용하면서 피고 회사의 지배 주주와 특별한 관계에 있는 자를 그 인수인에서 제외하고 있지 않으므로 이재용 등에게 전환사채를 배정하였다는 사유만으로 이 사건 전환사채의 발행을 무효로 볼 수 없다"며 "이 사건 전환사채 발행에 있어 앞서 본 법리에 의한 무효원인이 있다고 볼 사정이 없다 면 설령 이 사건 전환사채의 발행이 상속이나 증여 또는 회사 경영권 내지 지배권의 이양 이라는 목적이나 의도 아래 이루어진 것이라고 의심할 여지가 있다고 하더라도 그러한 사 유만으로 전환사채의 발행을 무효로 볼 수는 없다"고 밝혔다.

장씨는 97년 3월 이건희 회장의 장남 재용씨가 삼성전자가 발행한 600억원 어치의 사 모 전환사채 중 450억원 어치를 매입한 뒤 같은 해 9월 인수한 전환사채 전부에 전환권을 행사하여 주식을 취득함으로써 97년 11월 현재 피고회사 주식 9,807만40주 중 이건희 3.5%, 이재용 0.9%, 삼성물산 4.5% 등 이건희 회장 친족과 삼성계열사가 24.8%의 지분을 보유하게 되자 "이 사건 전환사채 발행과 전환권의 행사에 의한 신주발행 역시 무효"라고 주장하며 소송을 내 1,2심에서 패소했었다."(김진원 기자)[33]

## 대판 2009. 5. 29, 2007도4949 전원합의체[34]

〈에버랜드 전환사채 발행 사건〉

[문제점]

[1] 회사의 이사가 시가보다 현저하게 낮은 가액으로 신주 등을 발행한 경우 업무 상배임죄가 성립하는지 여부

[2] 신주 등의 발행에서 주주 배정방식과 제3자 배정방식을 구별하는 기준 및 회사 가 기존 주주들에게 지분비율대로 신주 등을 인수할 기회를 부여하였다면 주주들이 그 인수를 포기함에 따라 발생한 실권주 등을 시가보다 현저히 낮은 가액으로 제3자에게 배정한 경우에도 주주 배정방식으로 볼 수 있는지 여부

[3] 주주 배정방식에 의한 전환사채 발행시 주주가 인수하지 아니하여 실권된 부분 을 제3자에게 발행하는 경우 전환가액 등 발행조건을 변경하여야 하는지 여부

[4] 전환사채 발행을 위한 이사회 결의에는 하자가 있었다 하더라도 실권된 전환사 채를 제3자에게 배정하기로 의결한 이사회 결의에는 하자가 없는 경우, 전환사채 발행 절차를 진행한 것이 업무상배임죄의 임무위배에 해당하지 않는다고 한 사례

[5] 회사 지배권 이전을 목적으로 한 전환사채의 발행이 이사의 임무위배에 해당하 는지 여부(소극)

[판결요지]

[1] [다수의견] "주주는 회사에 대하여 주식의 인수가액에 대한 납입의무를 부담 할 뿐 인수가액 전액을 납입하여 주식을 취득한 후에는 주주 유한책임의 원칙에 따라 회사에 대하여 추가 출자의무를 부담하지 않는 점, 회사가 준비금을 자본으로 전입하 거나 이익을 주식으로 배당할 경우에는 주주들에게 지분비율에 따라 무상으로 신주를

---

33) www.legaltimes.co.kr에서 참조(2004-06-26 09:23:41).

34) 이에 대해서는 최문희, "경영자의 배임죄와 회사법상의 이사의 의무-전환사채의 저가발행판례를 소재로 하여-", 「저스티스」 제112호, 37~80면 참조.

발행할 수 있는 점 등에 비추어 볼 때, 회사가 주주 배정의 방법, 즉 주주가 가진 주식 수에 따라 신주, 전환사채나 신주인수권부사채(이하 '신주 등'이라 한다)의 배정을 하는 방법으로 신주 등을 발행하는 경우에는 발행가액 등을 반드시 시가에 의하여야 하는 것은 아니다. 따라서, 회사의 이사로서는 주주 배정의 방법으로 신주를 발행하는 경우 원칙적으로 액면가를 하회하여서는 아니 된다는 제약 외에는 주주 전체의 이익, 회사의 자금조달의 필요성, 급박성 등을 감안하여 경영판단에 따라 자유로이 그 발행조건을 정할 수 있다고 보아야 하므로, 시가보다 낮게 발행가액 등을 정함으로써 주주들로부터 가능한 최대한의 자금을 유치하지 못하였다고 하여 배임죄의 구성요건인 임무위배, 즉 회사의 재산보호의무를 위반하였다고 볼 것은 아니다. 그러나 주주배정의 방법이 아니라 제3자에게 인수권을 부여하는 제3자 배정방법의 경우, 제3자는 신주 등을 인수함으로써 회사의 지분을 새로 취득하게 되므로 그 제3자와 회사와의 관계를 주주의 경우와 동일하게 볼 수는 없다. 제3자에게 시가보다 현저하게 낮은 가액으로 신주 등을 발행하는 경우에는 시가를 적정하게 반영하여 발행조건을 정하거나 또는 주식의 실질가액을 고려한 적정한 가격에 의하여 발행하는 경우와 비교하여 그 차이에 상당한 만큼 회사의 자산을 증가시키지 못하게 되는 결과가 발생하는데, 이 경우에는 회사법상 공정한 발행가액과 실제 발행가액과의 차액에 발행주식수를 곱하여 산출된 액수만큼 회사가 손해를 입은 것으로 보아야 한다. 이와 같이 현저하게 불공정한 가액으로 제3자 배정방식에 의하여 신주 등을 발행하는 행위는 이사의 임무위배행위에 해당하는 것으로서 그로 인하여 회사에 공정한 발행가액과의 차액에 상당하는 자금을 취득하지 못하게 되는 손해를 입힌 이상 이사에 대하여 배임죄의 죄책을 물을 수 있다. 다만, 회사가 제3자 배정의 방법으로 신주 등을 발행하는 경우에는 회사의 재무구조, 영업전망과 그에 대한 시장의 평가, 주식의 실질가액, 금융시장의 상황, 신주의 인수가능성 등 여러 사정을 종합적으로 고려하여, 이사가 그 임무에 위배하여 신주의 발행가액 등을 공정한 가액보다 현저히 낮추어 발행한 경우에 해당하는지를 살펴 이사의 업무상 배임죄의 성립 여부를 판단하여야 한다.”

[**대법관 양승태의 별개의견**]  “회사에 자금이 필요한 때에는 이사는 가능한 방법을 동원하여 그 자금을 형성할 의무가 있다 할 것이나, 이사는 회사에 필요한 만큼의 자금을 형성하면 될 뿐 그 이상 가능한 한 많은 자금을 형성하여야 할 의무를 지는 것은 아니고, 또 회사에 어느 정도 규모의 자금이 필요한지, 어떠한 방법으로 이를 형성할 것인지는 원칙적으로 이사의 경영판단에 속하는 사항이다. 그런데 신주발행에 의한 자금형성의 과정에서 신주를 저가 발행하여 제3자에게 배정하게 되면 기존 주주의 지분율이 떨어지고 주식가치의 희석화로 말미암아 구 주식의 가치도 하락하게 되어 기존 주주의 회사에 대한 지배력이 그만큼 약화되므로 기존 주주에게 손해가 발생하나, 신주발행을 통하여 회사에 필요한 자금을 형성하였다면 회사에 대한 관계에서는 임무를 위배하였다고 할 수 없고, 신주발행으로 인해 종전 주식의 가격이 하락한다 하여 회사에 손해가 있다고 볼 수도 없으며, 주주의 이익과 회사의 이익을 분리하여 평가하는 배임죄의 원칙상 이를 회사에 대한 임무위배로 볼 수 없어, 배임죄가 성립한다고 볼

수 없다."

[2] [다수의견]　　"신주 등의 발행에서 주주 배정방식과 제3자 배정방식을 구별하는 기준은 회사가 신주 등을 발행하는 때에 주주들에게 그들의 지분비율에 따라 신주 등을 우선적으로 인수할 기회를 부여하였는지 여부에 따라 객관적으로 결정되어야 할 성질의 것이지, 신주 등의 인수권을 부여받은 주주들이 실제로 인수권을 행사함으로써 신주 등을 배정받았는지 여부에 좌우되는 것은 아니다. 회사가 기존 주주들에게 지분비율대로 신주 등을 인수할 기회를 부여하였는데도 주주들이 그 인수를 포기함에 따라 발생한 실권주 등을 제3자에게 배정한 결과 회사 지분비율에 변화가 생기고, 이 경우 신주 등의 발행가액이 시가보다 현저하게 낮아 그 인수권을 행사하지 아니한 주주들이 보유한 주식의 가치가 희석되어 기존 주주들의 부(富)가 새로이 주주가 된 사람들에게 이전되는 효과가 발생하더라도, 그로 인한 불이익은 기존 주주들 자신의 선택에 의한 것일 뿐이다. 또한, 회사의 입장에서 보더라도 기존 주주들이 신주 등을 인수하여 이를 제3자에게 양도한 경우와 이사회가 기존 주주들이 인수하지 아니한 신주 등을 제3자에게 배정한 경우를 비교하여 보면 회사에 유입되는 자금의 규모에 아무런 차이가 없을 것이므로, 이사가 회사에 대한 관계에서 어떠한 임무에 위배하여 손해를 끼쳤다고 볼 수는 없다."

[대법관 김영란, 대법관 박시환, 대법관 이홍훈, 대법관 김능환, 대법관 전수안의 반대의견]　　"신주 등의 발행이 주주 배정방식인지 여부는, 발행되는 모든 신주 등을 모든 주주가 그 가진 주식 수에 따라서 배정받아 이를 인수할 기회가 부여되었는지 여부에 따라 결정되어야 하고, 주주에게 배정된 신주 등을 주주가 인수하지 아니함으로써 생기는 실권주의 처리에 관하여는 상법에 특별한 규정이 없으므로 이사는 그 부분에 해당하는 신주 등의 발행을 중단하거나 동일한 발행가액으로 제3자에게 배정할 수 있다. 그러나 주주 배정방식으로 발행되는 것을 전제로 하여 신주 등의 발행가액을 시가보다 현저히 저가로 발행한 경우에, 그 신주 등의 상당 부분이 주주에 의하여 인수되지 아니하고 실권되는 것과 같은 특별한 사정이 있는 때에는, 그와 달리 보아야 한다. 주주 배정방식인지 제3자 배정방식인지에 따라 회사의 이해관계 및 이사의 임무 내용이 달라지는 것이므로, 회사에 대한 관계에서 위임의 본지에 따른 선관의무상 제3자 배정방식의 신주 등 발행에 있어 시가발행의무를 지는 이사로서는, 위와 같이 대량으로 발생한 실권주에 대하여 발행을 중단하고 추후에 그 부분에 관하여 새로이 제3자 배정방식에 의한 발행을 모색할 의무가 있고, 그렇게 하지 아니하고 그 실권주를 제3자에게 배정하여 발행을 계속할 경우에는 그 실권주를 처음부터 제3자 배정방식으로 발행하였을 경우와 마찬가지로 취급하여 발행가액을 시가로 변경할 의무가 있다고 봄이 상당하다. 이와 같이 대량으로 발생한 실권주를 제3자에게 배정하는 것은, 비록 그것이 주주 배정방식으로 발행한 결과라고 하더라도, 그 실질에 있어 당초부터 제3자 배정방식으로 발행하는 것과 다를 바 없고, 이를 구별할 이유도 없기 때문이다. 그러므로 신주 등을 주주 배정방식으로 발행하였다고 하더라도, 상당 부분이 실권되었음에도, 이사가 그 실권된 부분에 관한 신주 등의 발행을 중단하지도 아니하고 그 발행가액 등의 발행조건

을 제3자 배정방식으로 발행하는 경우와 마찬가지로 취급하여 시가로 변경하지도 아니한 채 발행을 계속하여 그 실권주 해당부분을 제3자에게 배정하고 인수되도록 하였다면, 이는 이사가 회사에 대한 관계에서 선관의무를 다하지 아니한 것에 해당하고, 그로 인하여 회사에 자금이 덜 유입되는 손해가 발행하였다면 업무상배임죄가 성립한다."

[3] [다수의견]   "상법상 전환사채를 주주 배정방식에 의하여 발행하는 경우에도 주주가 그 인수권을 잃은 때에는 회사는 이사회의 결의에 의하여 그 인수가 없는 부분에 대하여 자유로이 이를 제3자에게 처분할 수 있는 것인데, 단일한 기회에 발행되는 전환사채의 발행조건은 동일하여야 하므로, 주주배정으로 전환사채를 발행하는 경우에 주주가 인수하지 아니하여 실권된 부분에 관하여 이를 주주가 인수한 부분과 별도로 취급하여 전환가액 등 발행조건을 변경하여 발행할 여지가 없다. 주주배정의 방법으로 주주에게 전환사채인수권을 부여하였지만 주주들이 인수청약하지 아니하여 실권된 부분을 제3자에게 발행하더라도 주주의 경우와 같은 조건으로 발행할 수밖에 없고, 이러한 법리는 주주들이 전환사채의 인수청약을 하지 아니함으로써 발생하는 실권의 규모에 따라 달라지는 것은 아니다."

[대법관 김영란, 대법관 박시환, 대법관 이홍훈, 대법관 김능환, 대법관 전수안의 반대의견]   "상법에 특별한 규정은 없지만, 일반적으로 동일한 기회에 발행되는 전환사채의 발행조건은 균등하여야 한다고 해석된다. 그러나 주주에게 배정하여 인수된 전환사채와 실권되어 제3자에게 배정되는 전환사채를 '동일한 기회에 발행되는 전환사채'로 보아야 할 논리필연적인 이유나 근거는 없다. 실권된 부분의 제3자 배정에 관하여는 다시 이사회 결의를 거쳐야 하는 것이므로, 당초의 발행결의와는 동일한 기회가 아니라고 볼 수 있다. 그 실권된 전환사채에 대하여는 발행을 중단하였다가 추후에 새로이 제3자 배정방식으로 발행할 수도 있는 것이므로, 이 경우와 달리 볼 것은 아니다. 그리고 주주 각자가 신주 등의 인수권을 행사하지 아니하고 포기하여 실권하는 것과 주주총회에서 집단적 의사결정 방법으로 의결권을 행사하여 의결하는 것을 동일하게 평가할 수는 없는 것이므로, 대량의 실권이 발생하였다고 하여 이를 전환사채 등의 제3자 배정방식의 발행에 있어서 요구되는 주주총회의 특별결의가 있었던 것으로 간주할 수도 없다."

[4] "전환사채 발행을 위한 이사회 결의에는 하자가 있었다 하더라도 실권된 전환사채를 제3자에게 배정하기로 의결한 이사회 결의에는 하자가 없는 경우, 전환사채의 발행절차를 진행한 것이 재산보호의무 위반으로서의 임무위배에 해당하지 않는다"고 한 사례.

[5] "이사가 주식회사의 지배권을 기존 주주의 의사에 반하여 제3자에게 이전하는 것은 기존 주주의 이익을 침해하는 행위일 뿐 지배권의 객체인 주식회사의 이익을 침해하는 것으로 볼 수는 없는데, 주식회사의 이사는 주식회사의 사무를 처리하는 자의 지위에 있다고 할 수 있지만 주식회사와 별개인 주주들에 대한 관계에서 직접 그들의 사무를 처리하는 자의 지위에 있는 것은 아니고, 더욱이 경영권의 이전은 지배주식을 확보하는 데 따르는 부수적인 효과에 불과한 것이어서, 회사 지분비율의 변화가 기존

> 주주 자신의 선택에 기인한 것이라면 지배권 이전과 관련하여 이사에게 임무위배가 있
> 다고 할 수 없다."

### (2) 신주인수권부사채[35]

(가) 의 의: 신주인수권부사채(Bond with Warrants[BW]; Optionsanleihe)란 사채
권자에게 기채회사의 신주인수권을 부여한 사채이다. 이 역시 전환사채와 마찬가지로
사채권자에게 유리한 투자조건을 제시할 수 있다.

(나) 전환사채와의 차이점: 그러나 전환사채와 달리 신주인수권부사채는 주식으
로의 전환권이 아니라 별도의 신주인수권을 부여한 사채이다. 따라서 전환사채의 경
우에는 전환권의 행사로 사채권자의 지위를 잃음과 동시에 주주의 지위를 취득하지
만 신주인수권부사채의 경우에는 사채권자가 신주인수권을 행사해도 바로 사채권자
의 지위를 상실하지 않는다. 그러나 신주인수권을 행사하여 신주가 발행될 때 신주의
발행시기와 사채의 상환시기가 일치할 때에는 사실상 전환사채와 다를 바 없게 된다.
 나아가 전환사채의 경우 채권과 전환권을 표창하는 별개의 증권이 존재하지 않음
에 반하여, 신주인수권부사채의 경우 분리형으로 발행될 때에는 사채권과 신주인수권
을 표창하는 증권이 별도로 존재한다.
 끝으로 전환사채의 경우 전환으로 인한 신주의 총발행가액은 사채의 총발행가액
과 동일하다. 따라서 신주가 발행되어도 회사는 사채상환의무를 면함에 그치고 신주
발행에 따른 현실적인 자본의 납입은 이루어지지 않는다. 그러나 신주인수권부사채의
경우에는 상법 제516조의2 제2항 제5호(소위 代用納入)[36]의 경우를 제외해 놓고는 신
주의 발행에 따른 현실적인 자본의 납입이 시행된다.

(다) 종 류: 신주인수권부사채에는 분리형과 비분리형의 2종이 있다. 채권과
신주인수권을 표창하는 별개의 증권이 발행되면 분리형이요, 양자를 단일증권에 표창
시키면 비분리형이라 부른다. 이 양자의 구별은 신주인수권을 양도하는 방법을 각각
달리하고 있다. 비분리형의 경우에는 사채권과 신주인수권이 단일의 증권으로 발행되
므로 채권의 교부로 신주인수권도 양도되어진다. 그러나 분리형의 경우에는 신주인수
권은 별도로 발행된 신주인수권증권을 교부함으로써 양도된다($\frac{\text{상}}{6}$ $516$의 $\text{I}$). 현재 분리형 신
주인수권부사채는 발행이 금지되었다.

---

35) 이에 대해서는 대판 2004. 9. 24, 2001두6364 [삼성 SDS 사건] 참조.
36) 대용납입이란 사채상환에 갈음하여 그 발행가액으로 납입이 된 것으로 보는 제도이다.

### ◈ 코스닥시장, 분리형 BW 무더기 발행 '부메랑' 우려

[(서울=연합뉴스) 배영경 기자, ykbae@yna.co.kr | 2014.07.24 17:02 입력]

"지난해 여름 코스닥 상장사들이 무더기로 발행했던 분리형 신주인수권부사채(BW)가 1년 만에 '부메랑'이 돼 시장에 물량 부담을 줄 거란 우려가 커졌다. 24일 금융정보업체 에프앤가이드와 하나대투증권에 따르면 지난해 6~8월 코스닥 상장사가 분리형 BW를 발행한 사례 중 신주인수권 행사기간이 올해 6~8월에 시작되는 경우가 모두 72건으로 집계됐다. 분리형 BW는 코스닥 상장사의 오너가 지분율을 유지하거나 높이면서도 외부 자금을 조달할 수 있는 방법이었다. 유상증자의 경우 오너가 증자에 참여하지 않으면 지분율이 희석되는 약점이 있다. 그러나 **분리형 BW가 기업 오너 일가의 편법 증여 방식으로 악용된다는 점 때문에 자본시장법이 개정돼 지난해 8월 말부터 분리형 BW 발행이 금지됐다.** 이 때문에 발행이 금지되기 직전인 지난해 6~8월 코스닥 상장사의 분리형 BW 발행이 봇물 터지듯 이어졌다. 당시 분리형 BW 발행을 결의한 코스닥 상장사는 모두 101개로, 2012년 같은 기간보다 4배 많았다. 발행 규모도 9천억원을 넘었다. 신주 상장은 일반적으로 분리형 BW 발행 후 1년이 지나면 이뤄진다. 지난해 여름에 급증한 BW 발행 규모를 1년 뒤인 최근에 와서 시장이 걱정하는 것도 이런 이유에서다. 특히 신주인수권 행사가격과 현재의 실제 주가가 크게 차이 나면, 투자자의 차익 실현 욕구가 커진다. 따라서 행사가격과 실제 주가의 차이가 크면 차익 실현을 위해 신주인수권을 행사하려는 투자자도 늘어나 주가 하락으로 이어질 수 있다. 실제로 올해 6~8월 사이에 신주인수권 행사가 가능한 72건 중 행사가격보다 현재 주가가 10% 이상 높은 사례는 50건에 달한다. 예를 들어 팬엔터테인먼트의 경우 신주인수권 행사가격(2천436원)과 이날 실제 종가(7천620원)의 괴리율이 212.8%에 달했다. 옴니텔(154.5%), 네오아레나(134.9%), 웰메이드(102.9%), 에이치엘비(100.5%), 쓰리원(100.4%) 등의 행사가격과 이날 종가의 괴리율도 100%가 넘었다. 그러나 분리형 BW 관련 물량 부담에 대한 우려가 지나치다는 분석도 있다. 이영곤 하나대투증권 연구원은 "지난해 여름에 발행된 BW는 주로 상장사 오너의 경영권 강화나 증여를 위한 것이었다"며 "대규모로 BW가 발행된 점은 분명히 시장에 부담 요인이지만 실제 매물로 나올 물량은 우려만큼 많지 않을 것"으로 봤다."

### (라) 발 행

**1) 발행의 의사결정:**   전환사채의 경우와 마찬가지로 신주인수권부사채의 경우에도 이를 기존 주주들에게 인수시키는 경우와 제3자에게 인수시키는 경우 그 의사결정의 주체가 달라진다. 주주인수의 경우에는 정관에 정함이 없는 한 원칙적으로 이사회가 이를 결정하나($^{\text{상 516의}}_{2 \, \text{II}}$), 제3자인수의 경우에는 주주총회가 이를 결정한다($^{\text{상 516의}}_{2 \, \text{IV}}$).

**2) 배정일의 지정, 공고:**   주주에게 신주인수권부사채를 발행하는 경우에도 전환사채의 경우와 마찬가지로 이사회가 발행사항을 결정하면서 신주인수권부사채의 배정일을 같이 정하여 그날의 2주간 전에 이를 공고하여야 한다($^{\text{상 516의11,}}_{513의2, 418 \, \text{III}}$).

3) **인수권을 가진 주주에 대한 최고:** 주주가 신주인수권부사채의 인수권을 가진 경우에는 회사는 각 주주에 대하여 인수권을 가지는 신주인수권부사채의 액, 발행가액, 신주인수권의 내용, 신주인수권을 행사할 수 있는 기간과 일정한 기일까지 신주인수권부사채의 청약을 하지 않으면 그 권리를 잃는다는 뜻을 통지하여야 한다($\frac{상}{3} \frac{516의}{1}$).

4) **청약과 배정:** 역시 전환사채에 있어서와 마찬가지로 사채청약서에 의하여 신주인수권부사채의 청약을 하여야 하고 회사가 이에 대해 사채를 배정하면 사채계약이 성립한다.

5) **납 입:** 사채의 모집이 완료되면 이사는 지체없이 각 인수인에 대하여 각 사채의 전액 또는 제1회의 납입을 시켜야 한다($\frac{상}{476}$).

6) **증권발행, 사채원부의 작성, 등기:** 신주인수권부사채의 경우에는 분리형($\frac{상 516}{의5}$)과 비분리형이 있으므로 각각 이에 따른 증권작성이 후속된다. 분리형의 경우에는 별도로 작성된 신주인수권증권을 교부하지 않고는 신주인수권을 양도할 수 없다($\frac{상}{6} \frac{516의}{1}$). 신주인수권부사채를 발행한 경우에도 등기의무가 부과된다. 사채권자의 신주인수권의 행사는 자본을 증가시키는 사안이기 때문이다. 따라서 보통의 사채발행과 같지 않다($\frac{상 516}{의8}$).

**(마) 신주인수권의 행사:** 신주인수권을 행사하려는 자는 청구서 2통을 회사에 제출하고 신주의 발행가액의 전액을 납입하여야 한다($\frac{상}{9} \frac{516의}{1}$). 대용납입의 경우에는 물론 현실이 납입이 이루어지지 않을 것이다. 분리형의 신주인수권증권이 발행된 때에는 이를 첨부하고, 이를 발행하지 않은 때에는 채권을 제시하여야 한다($\frac{상}{9} \frac{516의}{II}$).

신주인수권이 행사되면 신주의 발행가액이 전액납입된 때 주주가 된다($\frac{상 516}{의 10}$). 신주인수권의 행사로 등기사항이 변경된 때에는 이에 따른 변경등기가 수반되어야 한다($\frac{상 516의}{II, 351}$).

> **대판 2014. 9. 4, 2013다40858 [신주인수권행사가격조정]**
> "신주인수권만의 양도가 가능한 분리형 신주인수권부사채를 발행한 발행회사가 신주인수권의 발행조건으로 주식의 시가하락 시 신주인수권의 행사가액을 하향조정하는 이른바 '리픽싱(refixing) 조항'을 둔 경우, 주식의 시가하락에 따른 신주인수권 행사가액의 조정사유가 발생하였음에도 발행회사가 그 조정을 거절하고 있다면, 신주인수권자는 발행회사를 상대로 조정사유 발생시점을 기준으로 신주인수권 행사가액 조정절차의 이행을 구하는 소를 제기할 수 있고, 신주인수권자가 소송과정에서 리픽싱 조항에 따른 새로운 조정사유의 발생으로 다시 조정될 신주인수권 행사가액의 적용을 받겠다

는 분명한 의사표시를 하는 등의 특별한 사정이 없는 한 위와 같은 이행의 소에 대하여 과거의 법률관계라는 이유로 권리보호의 이익을 부정할 수는 없다. 그리고 위와 같은 발행조건의 리픽싱 조항에서 신주인수권의 행사를 예정하고 있지 아니하고 신주인수권자가 스스로 신주인수권 행사가액의 조정을 적극적으로 요구하는 경우와 발행회사가 자발적으로 행사가액을 조정하는 경우를 달리 볼 이유가 없는 점, 주식의 시가하락이 있는 경우 리픽싱 조항에 따른 신주인수권 행사가액의 조정이 선행되어야만 신주인수권자로서는 신주인수권의 행사 또는 양도 등 자신의 권리행사 여부를 결정할 수 있는 점, 반면 위와 같은 이행의 소에 신주인수권의 행사가 전제되어야 한다면 이는 본래 신주인수권의 행사기간 내에서 신주인수권의 행사 여부를 자유로이 결정할 수 있는 신주인수권자에 대하여 신주인수권의 행사를 강요하는 결과가 되어 불합리한 점 등을 종합하면, 신주인수권 행사가액 조정절차의 이행을 구하는 소는 신주인수권의 행사 여부와 관계없이 허용된다고 보아야 한다.”

**(바) 신주인수권부사채발행무효의 소:**  신주인수권부사채의 경우에도 여러 가지 이유로 하자가 존재할 수 있다. 상법은 전환사채의 경우와 마찬가지로 이에 대해 별도의 규정을 두고 있지 않다. 판례는 신주인수권부사채의 경우에도 신주발행의 경우에 준하여 상법 제429조를 준용하고 있다. 타당한 자세라고 생각된다.

**대판 2015. 12. 10, 2015다202919 [신주인수권부사채발행무효확인]**

[1] 상법 제418조 제1항, 제2항은 회사가 신주를 발행하는 경우 원칙적으로 기존 주주에게 배정하고 정관에 정한 경우에만 제3자에게 신주배정을 할 수 있게 하면서 사유도 신기술의 도입이나 재무구조의 개선 등 경영상 목적을 달성하기 위하여 필요한 경우에 한정함으로써 기존 주주의 신주인수권을 보호하고 있다. 따라서 회사가 위와 같은 사유가 없음에도 경영권 분쟁이 현실화된 상황에서 경영진의 경영권이나 지배권 방어라는 목적을 달성하기 위하여 제3자에게 신주를 배정하는 것은 상법 제418조 제2항을 위반하여 주주의 신주인수권을 침해하는 것이다. 그리고 이러한 법리는 신주인수권부사채를 제3자에게 발행하는 경우에도 마찬가지로 적용된다(상 516의2 IV 후,).
윤. 418 II 단서)
[2] 신주 발행을 사후에 무효로 하는 것은 거래의 안전을 해할 우려가 크기 때문에 신주발행무효의 소에서 무효원인은 엄격하게 해석하여야 하나, 신주 발행에 법령이나 정관을 위반한 위법이 있고 그것이 주식회사의 본질 또는 회사법의 기본원칙에 반하거나 기존 주주들의 이익과 회사의 경영권 내지 지배권에 중대한 영향을 미치는 경우에는 원칙적으로 신주의 발행은 무효이다. 신주인수권부사채는 미리 확정된 가액으로 일정한 수의 신주 인수를 청구할 수 있는 신주인수권이 부여된 사채로서 신주인수권부사채 발행의 경우에도 주식회사의 물적 기초와 기존 주주들의 이해관계에 영향을 미친다는 점에서 사실상 신주를 발행하는 것과 유사하므로, 신주발행무효의 소에 관한 **상법 제429조가 유추적용**되고, 신주발행의 무효원인에 관한 법리 또한 마찬가지로 적용된다.

# 제 2 관  주식회사의 회계

## I. 총   설

주식회사에는 다수의 투자자인 주주가 참여하고 또 주주의 유한책임이 지배하므로 회사의 計算關係는 주주 및 회사채권자에게 중요한 기업공시의 내용이 된다. 따라서 상법은 모든 상인에게 그 작성이 의무화되어 있는 상업장부 이외에도 재무제표의 작성을 요구하고 있다. 즉 물적회사로서의 주식회사는 일반 상인의 그것보다 한층 가중된 공시의무를 부담하게 된다.

상법 총칙편에도 상업장부에 관한 일반규정이 있으나 주식회사의 계산에 관하여는 제447조 이하의 규정이 우선적으로 적용되며 나아가 주식회사의 계산에 관하여는 기업회계기준이 상법상의 계산규정에 우선한다고 할 수 있다. 이하에서는 주식회사의 계산관계를 決算節次 및 이익배당 등을 중심으로 살펴보기로 한다.

2011년 개정상법은 회사의 계산관련 기존의 규정들을 대폭 바꾸었다. 우선 회사의 계산에 있어서 일반적으로 공정 타당한 기업회계관행을 따른다는 사실을 선언하였다($_{의2}^{상\,446}$). 둘째, 기업회계관행과 괴리를 일으키는 자산평가규정($_{상\,452}^{개정전}$) 및 이연자산규정($_{지\,457의2까지}^{개정전 상\,453\,내}$)을 삭제하였다. 셋째, 배당방법으로 현물배당제도를 신설하였다($_{의4}^{상\,462}$). 넷째, 준비금의 감소제도를 신설하였다($_{의2}^{상\,461}$).

## II. 결산절차

### 1. 재무제표 등의 작성 및 승인

상법 제5조 제2항에 의하여 주식회사도 상인이므로 주식회사는 상인 일반에게 요구되는 회계장부 및 대차대조표를 작성하여야 한다($^{상\,29}$). 그러나 물적회사인 주식회사는 이외에도 財務諸表 및 영업보고서의 작성이 의무화되어 있다. 즉 이사는 매결산기에 (i) 대차대조표 (ii) 손익계산서 (iii) 이익잉여금처분계산서 또는 결손금처리계산서와 재무제표의 주요한 항목의 내역을 정리한 (iv) 부속명세서 및 (v) 영업보고서를 작성하고 이사회의 승인을 얻어야 한다($_{447의2}^{상\,447;}$). 이와 같은 이사회의 승인은 정기주주총회에 제출, 보고하기 전에 그 내용을 확정하는 절차이다.

### (1) 작성서류

(가) **대차대조표(balance sheet; Bilanz):**    대차대조표는 일정 시기에 있어서 기업의 영업용 재산을 자산의 부와 자본 및 부채의 부로 나누어 자산과 자본 및 부채를 대조하여 작성하는 상업장부이다. 대차대조표는 일정한 시기에 있어서 기업의 영업용 재산의 정적 상태를 표시하는 정태적 성격의 장부라는 점에서 재산목록과 같고 기업 활동의 동적 변동을 정리하는 회계장부와 다르다고 할 수 있다. 나아가 대차대조표는 일정 시점에서 회사의 총자산과 부채의 액을 대비하여 처분가능한 잉여금을 명백히 하는 서류라는 점에서 일정 기간의 거래를 평가하여 손익을 계산하는 손익계산서와 다르다. 작성형식에는 계정식(account form)과 보고식(report form)이 있다.

(나) **손익계산서(profit & loss statement; P/L):**    손익계산서는 기업의 경영성적을 명확히 하기 위하여 1회계기간에 발생한 모든 수익과 이에 소요되는 모든 비용을 기재하여 그 기간의 순이익을 표시하는 계산서이다. 오늘날 기업의 경영성적의 정확한 파악을 위하여는 손익계산서의 작성이 중요한 과제로 되어 있다. 손익계산서도 계정식과 보고식의 2종류가 있으나 기업회계기준은 보고식으로 작성하는 것을 원칙으로 하고 있다.

(다) **이익잉여금처분계산서 · 결손금처리계산서:**    이익잉여금처분계산서(surplus statement)는 대차대조표와 손익계산서에 나타난 이익금의 처분에 관한 계획서로서 배당의안이라 할 수 있다. 이를 통하여 이익이 생긴 경우 당기의 미처분이익의 처리내용이 기재된다. 결손금처리계획서(deficit reconciliation statement)는 대차대조표와 손익계산서에 나타난 결손금의 처리에 관한 계획서라 할 수 있다. 이를 통하여 손실이 생긴 경우 당기의 미처리결손금의 처리내용이 기재된다.

(라) **부속명세서:**    이는 대차대조표와 손익계산서의 주요 항목에 관하여 그 내역 명세를 기재한 서류이다. 재무제표에는 중요한 사항에 대해서만 개략적으로 기재하고 주주와 채권자에게 공개할 필요가 있는 사항으로서 세부적인 것은 부속명세서에 상세히 기재토록 하였다. 이에는 필수적 부속명세서와 임의적 부속명세서로 나누인다($\binom{\text{기업회계기준 }120}{\text{I 및 III 참조}}$).

(마) **영업보고서(business report; 營業報告書):**    이는 당해 영업연도에 있어서 회사의 영업의 경과와 성적의 개요를 문장으로 설명하는 보고서이다. 물론 손익계산서에 회사의 손익의 결과가 기재되나 숫자로는 그 손익이 생긴 원인과 경과를 설명할

수 없을 때 영업보고서는 이를 해설하는 기능을 한다. 영업보고서의 기재내용에 대하여는 상법시행령 제17조에 자세히 열거되어 있다.

(바) **자본변동표:** 자본변동표(Statement of Changes in Equity)란 1년 동안의 자본의 변동을 구성항목별로 구분하여 보여주는 보고서이다. 즉 한 회계기간 동안에 자기자본 총액이 변하는 내역을 한눈에 알아볼 수 있도록 만든 재무제표이다. 자본금, 자본잉여금, 이익잉여금, 기타 포괄손익누계액, 기타 자본구성요소의 변동을 보고하는 서식이다. 상법시행령 제16조 제1항 제1호가 그 근거조문이다.

## (2) 공정타당한 회계관행

상법 제446조의2는 상업장부의 작성에 관하여 상법에 규정한 것을 제외하고는 '일반적으로 공정타당한 회계관행'에 의한다고 하고 있다. 2011년 개정 상법은 이 규정을 신설하였다.[37] 이는 영미에서는 '일반적으로 인정되어진 회계원칙(generally accepted accounting principles; GAAP)', 독일에서는 '정규적인 부기의 원칙(Grundsätze ordnungs-mäßiger Buchführung; GoB)'[38]으로 불리워지고 있다. 우리나라에서는 기업회계기준에 이에 대한 주요내용이 정리되어 있다. 이들을 살펴보면 다음과 같다.

(가) **신뢰성의 원칙:** 회계처리 및 보고는 신뢰할 수 있도록 객관적인 자료와 증거에 의해 공정하게 처리하여야 한다.

(나) **명료성의 원칙:** 재무제표의 양식 및 과목과 회계용어는 이해하기 쉽도록 간단명료하게 표시하여야 한다.

(다) **충분성의 원칙:** 중요한 회계방침과 회계처리기준, 과목 및 금액에 관하여는 그 내용을 재무제표상에 충분히 표시하여야 한다.

(라) **계속성의 원칙:** 회계처리기준 및 절차는 매기 계속하여 적용하고 정당한 사유없이 이를 변경해서는 안되며 기간별 비교가 가능하여야 한다.

(마) **중요성의 원칙:** 회계처리와 재무제표의 작성에 있어서 과목과 금액은 그 중요성에 따라 실용적인 방법에 의하여 결정하여야 한다.

(바) **안정성의 원칙:** 회계처리과정에서 2 이상의 선택가능한 방법이 있는 경우에는 재무적 기초를 견고히 하는 관점에 따라 처리하여야 한다.

---

37) 이에 대해 자세히는 권재열, "개정 상법 제446조의2의 의의", 「상사법연구」 제30권 제3호(2011. 11.), 305면 참조.
38) §243 Ⅰ HGB.

## 2. 재무제표 등의 감사

이사회의 승인을 거친 재무제표와 그 부속명세서 및 영업보고서는 이사회승인 후 감사의 監査를 거치게 된다. 즉 이사는 정기총회의 6주간 전에 상기 서류를 감사에게 제출하여야 한다($^{상}_{의3}447$). 감사는 위 서류를 받은 날로부터 4주간 내에 감사를 실시하고 감사보고서를 이사에게 제출하여야 한다($^{상}_{의4}447$). 이 때 감사는 상법 제447조의4 제2항 제1호 내지 제10호에 기재되어진 사항에 대하여 감사보고서를 작성하게 된다.

주식회사의 외부감사에 관한 법률 또는 증권거래법에 의해서 외부감사를 받는 주식회사는 위에서 말한 감사에 의한 내부감사 이외에도 감사인에 의한 외부감사를 시행한다. 이 때 회사는 재무제표, 부속명세서 및 영업보고서 이외에도 현금흐름표를 정기총회 기일의 6주간 전에 외부감사인에게 제출한다($^{외부감사법}_{동시행령 6}7$). 외부감사인은 정기총회 회일의 1주간 전까지 감사보고서를 작성하여 이를 회사, 증권관리위원회 및 공인회계사회에 제출하여야 한다($^{외부감}_{사법}8$).

## 3. 재무제표 등의 비치와 공시

이사는 정기총회 회일의 1주간 전부터 재무제표, 부속명세서, 영업보고서 및 감사보고서를 본점에 5년간 또 그 등본을 지점에 3년간 備置하여야 한다($^{상}448$). 외부감사를 받는 회사는 외부감사인의 조사보고서도 함께 비치하여야 한다($^{외부감사}_{법14}$). 주주와 회사채권자는 영업시간 내에 언제든지 위의 비치서류를 열람할 수 있고 또 회사가 정한 비용을 지급하고 그 서류의 등본이나 초본의 교부를 청구할 수 있다($^{상}448$).

## 4. 재무제표의 승인 및 보고

### (1) 재무제표의 승인 및 영업보고서를 통한 보고

이사는 재무제표를 정기총회에 제출하여 그 승인을 요구하여야 한다($^{상}449$). 또한 영업보고서를 정기총회에 제출하여 그 내용을 보고하여야 한다($^{상}449$). 재무제표의 승인결의와 영업보고서의 보고청취는 임시총회에서 할 수 없는 정기총회의 전속권한사항이다. 정기총회의 승인결의는 보통결의에 의한다($^{상}368$). 감사는 이사가 정기총회에 제출하려는 재무제표 등과 기타 회계에 관한 서류를 조사하여 주주총회에 그 의견을 진술하여야 한다($^{상}413$). 또한 주주총회는 검사인을 선임하여 이사가 제출한 서류와 감사의 감사보고서를 조사하게 할 수 있다($^{상}367$).

2011년 개정상법은 일정 요건하에 이사회도 재무제표를 승인할 수 있게 하였다

($^{상\,449의}_{2\,신설}$). 본시 재무제표의 승인은 주주총회의 고유한 권한 사항이지만 일정 요건하에 이사회가 이를 행할 수 있게 예외를 인정한 것이다. 즉 ① 상법 제447조의 각 서류가 법령 및 정관에 따라 회사의 재무상태 및 경영성과를 적정히 표시하고 있다는 외부감사인의 의견이 있고, ② 감사(내지 감사위원회설치회사의 경우 감사위원) 전원의 동의가 있을 경우에는 이러한 예외를 인정한 것이다. 이 경우 이사회가 승인한 후에는 주주총회에 단지 보고만 하면 된다($^{상\,449}_{의2\,II}$). 이사회가 재무제표를 승인할 수 있는 경우에는 이익배당도 이사회가 결의할 수 있다($상^{462}$). 큰 변화이다.

### (2) 재무제표승인의 효과

(가) 재무제표의 확정    정기총회가 재무제표를 보통결의로서 승인하면 재무제표는 확정되고 이에 따라 이익배당 또는 결손금의 처리, 준비금의 적립 등이 확정된다.

(나) 이사와 감사의 책임의 해제($상_{450}$)

1) 의  의:    정기주주총회에서 재무제표의 승인결의를 한 후 2년 내에 다른 결의가 없으면 부정행위가 있는 경우 외에는 이사의 책임이 해제된 것으로 본다($상_{450}$). 이 규정은 이사, 감사의 회사에 대한 책임을 면제하기 위하여 총주주의 동의를 요하는 상법 제400조의 예외라 할 수 있다. 이사의 잘못이 재무제표 등의 승인과정을 통하여 어느 정도 주주에게 공개되었고 또 이사에게 적극적 부정행위가 없는 이상 이사의 책임을 어느 정도 감경코자 하는 것이 본조의 입법취지이다.

> **대판 2009. 11. 12, 2007다53785**
>
> "주주총회에서 재무제표 등의 승인을 한 후 2년 내에 다른 결의가 없으면 회사는 이사와 감사의 책임을 해제한 것으로 본다고 한 상법 제450조는 이사 등의 회사에 대한 책임에 관한 규정으로서 이사 등의 제3자에 대한 책임에 대하여는 적용되지 아니한다."

2) **책임해제의 법적 성질:**    이러한 책임해제의 법적 성질에 대해서는 승인효과설과 제척기간설의 다툼이 있다. 전자는 책임해제의 효과가 도래하는 데 재무제표의 승인결의 이외에 다른 결의가 요구되지 않으므로 책임해제의 효과는 재무제표승인의 부수적 효과라 한다. 그러나 후자에서는 이사·감사의 책임해제는 재무제표의 승인결의를 한 때로부터 2년의 제척기간의 경과에 의하여 책임해제가 도래하므로 이는 이 제척기간이 경과한 결과라고 본다. 상법 제400조의 규정을 함께 고려한다면 제척기간설이 타당하다고 본다. 이사·감사의 책임의 면제는 원칙적으로 총주주의 동의에 의해서만 가능한 것이므로 보통결의인 재무제표승인결의만으로는 책임해제의 효과가

도래하기 어려울 것이다.

**3) 책임해제의 범위:**    해제되는 책임은 재무제표에 기재되었거나 그것으로부터
알 수 있는 사항에 한한다. 주주총회의 기능이 형식화해 가고 있는 현실에서 이사·
감사가 이 제도를 악이용할 경우 해제되는 책임의 범위가 무제한 확장될 우려가 있
기 때문에 이렇게 해석하여야 한다.

**4) 예 외:**    이사 또는 감사의 부정행위에 대해서는 책임해제의 효과가 도래하
지 않는다($\frac{\text{상}}{\text{단서}}^{450}$). 여기에서 부정행위라 함은 회사에 대하여 악의 또는 중대한 과실로 가
해행위를 한 경우를 뜻한다. 손해배상책임이 부정행위로 인하여 발생한 경우뿐만 아니
라 승인이 부정행위에 의해서 이루어졌던 경우도 이에 포함된다. 나아가 재무제표의 승
인 후 2년 내에 다른 결의가 있었던 때에도 책임해제의 효과는 도래하지 않는다($\frac{\text{상}}{\text{본문}}^{450}$).

**5) 상법 제400조의 책임면제와의 구별:**    상법 제400조상의 책임면제와 제450조
상의 책임해제는 이사·감사의 손해배상책임이 소멸하는 법률요건이라는 점에서는
상호 공통하나, 전자의 경우에는 면제대상인 책임이 구체적으로 개별화하여 면제승인
결의의 대상이 됨에 반하여 후자에서는 책임해제의 대상이 재무제표에 기재되었거나
이것으로부터 인식가능한 포괄적 범위에 걸친다. 나아가 책임소멸의 효과도 전자의
경우에는 총주주의 동의와 더불어 즉시 발생하나 후자에서는 승인결의 후 2년의 제
척기간이 경과하여야 한다. 끝으로 전자에 면제승인결의를 함에 있어서는 무의결권주
주의 동의도 있어야 하나 보통결의인 후자의 승인결의에서는 무의결권주주의 참여를
요하지 않는다.

### 5. 재무제표의 공고

주주총회에서 재무제표가 승인된 경우에는 이사는 지체없이 대차대조표를 公告하
여야 한다($상^{449}$). 외부감사에 관한 법률에 의하여 외부감사를 받는 주식회사의 경우에
는 대조대조표를 공고할 때 외부감사인의 명칭과 감사의견도 병기하여야 한다($\frac{\text{외부감사}}{\text{법 14 Ⅲ}}$).

## Ⅲ. 준비금제도

### 1. 의    의

회사의 순재산액(자산에서 부채를 공제한 액)이 자본금을 초과하는 경우 그 초과한

금액을 잉여금이라 하고, 이 잉여금 중에서 주주에게 배당하지 아니하고 일정한 목적을 위하여 적립하는 경우 그 적립액을 準備金(Rücklage)이라 한다. 이러한 준비금은 사내유보금액으로서 적립금이라고도 한다.[39]

준비금은 자본금과 마찬가지로 계산상의 수액에 불과한 것으로서 현실의 금전이나 기타 동산, 부동산, 유가증권, 채권 등과 같은 특정의 형태로 존재하는 것이 아니다. 따라서 준비금을 자본금으로 전입하는 경우에도 대차대조표상의 준비금계정에서 자본금계정으로 장부상의 이체가 이루어질 뿐이다.

### 2. 자본금과의 비교

준비금의 개념을 좀더 구체화하기 위하여는 자본금과의 비교가 필요하다. 우선 자본금과 준비금간의 공통점을 살펴보면 양자 모두 계산상의 수액에 불과한 것으로서 배당가능이익의 산출시 공제항목으로 작용한다. 즉 양자 모두 부채의 부에 기재되며 구체적인 재산의 형태로 남아 있는 것이 아니라 추상적인 장부상의 수액일 뿐이다. 따라서 자본금의 증감이나 준비금의 적립 또는 사용이라는 것은 대차대조표상의 수액을 증감하는 장부상의 조작일 뿐이다. 나아가 양자 모두 그 감소에 있어서는 제한이 가하여진다. 자본금이나 준비금이나 회사와 회사채권자를 위하여 회사의 재산적 기초를 견실히 하기 위한 것이므로 그 증가시에는 문제가 없으나 감소의 경우에는 제한이 불가피하다. 자본금이나 준비금의 감소는 배당가능이익산출시 공제항목의 감소를 가져오고 이는 배당액의 증가를 야기시키므로 그 결과 회사의 재산적 기초는 약화되고 채권자를 위한 담보재산은 감소되므로 양자 모두 그 제한에는 엄격한 규제가 불가피하다. 그리하여 자본금감소는 주주총회의 특별결의($^{438}_{상}$)와 채권자보호절차($^{439·}_{상232}$)를 거치게 하고 있고 또 법정준비금은 자본금의 결손전보($^{460}_{상}$)나 자본금전입($^{461}_{상}$)시에만 이를 처분할 수 있도록 하고 있다.

이러한 공통점에도 불구하고 자본금과 준비금간에는 다음과 같은 차이가 있다. 우선 재원을 보면 자본금은 원칙적으로 주주들의 출자로 마련되나 준비금의 경우에는 자본거래($^{459}_{상}$)나 영업거래상의 이익($^{458}_{상}$)이 재원이 된다. 나아가 자본금총액은 등기사항이나($^{317}_{상 2호}$), 준비금은 등기사항이 아니다. 준비금은 회사의 자본충실을 기하기 위한 것이지만 직접 회사채권자를 위한다기보다는 회사 자체를 위하여 장래의 손실에 대

---

39) 자산총액에서 부채총액이 공제되면 순재산액이 산출되고 여기서 자본금액을 공제하면 잉여금(surplus)이 산출된다. 이 잉여금에서 법정준비금(이익준비금과 자본준비금)이 공제되면 배당가능이익이 산출된다. 그러나 여기서 또 다시 임의준비금이 공제될 수 있고 이것이 공제되면 이제 이 액수가 주주들에게 실제 배당될 실배당총액이 된다.

비한다는 의미가 강하기 때문이다. 끝으로 감소절차상 자본금의 경우에는 준비금보다
더 엄격하여 반드시 주주총회의 특별결의가 있어야 하지만 준비금의 경우에는 이사
회의 결의만으로도 이를 자본전입시킬 수 있다.

### 3. 준비금의 종류

#### (1) 법정준비금(gesetzliche Rücklage)

법정준비금은 자본금의 결손전보(Verlustausgleich)[40]에 사용하기 위해서 그 적립이
강제되는 준비금이다. 법정준비금은 그 재원에 따라 이익준비금($\frac{\text{상}}{458}$)과 자본준비금($\frac{\text{상}}{459}$)
으로 구분된다. 자본금의 결손이란 대차대조표상 자산에서 부채를 공제한 회사의 순
재산액이 자본금과 법정준비금의 합계액보다 적은 것을 의미한다.

#### (2) 임의준비금(freiwillige Rücklage)

이는 회사가 정관 또는 주주총회의 결의에 의하여 자주적으로 적립하는 준비금을
말한다. 임의적립금이라고도 하며 이의 처분에도 정관규정이나 주주총회의 특별결의
가 필요하다. 임의준비금은 자본금전입에는 쓸 수 없고 이익배당 내지 주식배당의 재
원으로는 쓸 수 있다.

#### (3) 비밀준비금(stille Rücklage)

이는 고유의 의미에 있어서의 준비금이라 할 수 없고 회계처리의 조작 즉 자산항
목을 과소평가하거나 부채항목을 과대평가하여 생기는 것으로서 실질적으로는 준비
금의 성격을 띠나 대차대조표상으로는 준비금의 명칭으로 계상되어 있지 아니한 금
액이다. 이에 대하여 대차대조표상의 정상적인 준비금을 공연한 준비금이라고 한다.
비밀준비금은 그 적법성이 문제시되므로 그 적립을 금지하는 것이 국내외의 일반적
경향이다.

### 4. 법정준비금

法定準備金은 자본거래로부터 발생하는 자본준비금과 이익잉여금 중 일부를 적립
하는 이익준비금으로 나누어진다.

---

40) 자본금의 결손전보란 대차대조표상 자본금의 部에 있는 법정준비금을 감소시킴과 동시에 같은 자본금의 부에
　　있는 이것에 상당하는 액의 결손금을 멸각시킴으로써 이루어진다(서돈각·김태주, 주석 개정 회사법(하),
　　§460 Anm. 2. pp. 225~226).

### (1) 이익준비금($\frac{a}{458}$)

회사는 자본금의 2분의 1에 달할 때까지 매결산기의 금전에 의한 이익배당액(주식배당 제외)의 10분의 1 이상의 금액을 이익준비금으로 적립하여야 한다($\frac{a}{458}$).

### (2) 자본준비금($\frac{a}{459}$)

회사가 영업활동에 의해서 발생한 이익이 아니라 자본거래를 통하여 취득한 재산은 그 전액을 사내에 적립하여야 한다. 그리하여 상법은 자본준비금의 적립을 의무화하고 있으며($\frac{a}{459}$) 이에는 다음과 같은 것들이 있다.

(가) **주식발행초과금**: 주식을 발행함에 있어서 액면가를 상회하는 가액으로 발행한 경우 그 액면초과액(발행가에서 액면가를 공제한 차액에 발행주식수를 곱한 액수)은 자본준비금으로 적립된다.

(나) **주식교환차익(株式交換差益)**: 주식의 포괄적 교환을 한 경우에 상법 제360조의7에 규정하는 자본금증가의 한도액이 완전모회사의 자본금액을 초과한 경우 그 초과액은 자본준비금으로 적립된다.

(다) **주식이전차익(株式移轉差益)**: 주식의 포괄적 이전을 한 경우에 상법 제360조의17에 규정하는 자본금의 한도액이 설립된 완전모회사의 자본금액을 초과한 경우 그 초과액은 자본준비금으로 적립된다.

(라) **감자차익(減資差益)**: 이는 자본금감소의 경우에 그 감소액이 주식의 소각, 주금의 반환에 요한 금액과 결손전보에 충당한 금액을 초과한 때 그 초과금액도 자본준비금으로 적립되어야 한다.

(마) **합병차익(合倂差益)**: 회사의 합병시 소멸회사로부터 승계한 재산이 그 회사로부터 승계한 채무액, 그 회사의 주주에게 지급한 금액과 합병 후 존속하는 회사의 자본증가액 또는 합병으로 인하여 설립된 회사의 자본금액을 초과한 때 그 초과금액은 자본준비금으로 적립된다.

(바) **분할차익(分割差益)**: 주식회사의 분할에 관한 규정에 의하여 신설된 회사 또는 존속하는 회사에 출자된 재산가액이 출자한 회사로부터 승계한 채무액, 출자한 회사의 주주에게 지급한 금액과 설립된 회사의 자본금액 또는 존속하는 회사의 자본금증가액을 초과한 때에는 그 초과금액은 자본준비금으로 적립된다.

(사) 기타 자본거래에서 발생한 잉여금

## (3) 법정준비금의 사용($^{\text{상 460,}}_{461}$)

법정준비금은 자본금의 결손전보나 자본금전입의 경우에만 그 사용이 가능하다. 자본금의 결손전보란 회계처리상 법정준비금을 감소시켜 준비금과 자본금을 회사의 순재산과 같게 하는 회사의 행위이다. 이는 회계처리상 자본잉여금의 부에 기재된 법정준비금의 액을 감소시키고 그 대신 결손금의 부에 계상될 당기손실의 액을 그만큼 감소시키는 방법으로 이루어진다. 나아가 준비금은 자본금전입시 처분될 수 있는바 이는 별도로 살펴보기로 한다.

## 5. 준비금의 자본금전입($^{\text{상}}_{461}$)

### (1) 의의 및 기능

準備金의 資本金轉入이라 함은 법정준비금의 전부나 일부를 자본금에 전입하여 자본금을 증가시키는 회사의 행위이다. 즉 준비금의 자본금전입은 대차대조표상의 자본의 부에 계상되어 있는 법정준비금(이익준비금, 자본준비금)을 감소시키고 동시에 동액의 자본금액을 그만큼 증가시키는 것이다. 이렇게 준비금의 자본금전입은 준비금계정에서 자본금계정으로 일정액을 이기하는 장부상의 조작에 불과하므로 회사재산의 규모에는 아무런 변화도 생기지 않는다. 전입대상이 되는 준비금은 법정준비금에 한하고 임의준비금은 자본금에 전입될 수 없다.

준비금이 자본금에 전입되면 자본금이 증가하고 신주가 발행되어 주주에게 무상교부되므로 이를 신주의 무상교부라 부르기도 한다. 그러나 이는 준비금을 그 재원으로 하므로 이익을 재원으로 하는 신주의 무상교부인 주식배당과는 구별하여야 한다.

준비금을 자본금전입시키는 이유는 여러 가지가 있다. 우선 주식의 시가가 너무 높은 경우 준비금을 자본금에 전입시켜 무상신주를 발행하면 유통주식수가 늘어나 주가를 인하시키는 효과를 거둘 수 있고 이를 통하여 주식의 시장성이 회복되고 신주발행이 용이해진다. 나아가 준비금이 자본금전입되면 증자부분에 해당하는 회사재산을 회사가 유지하지 않으면 안되므로 회사재산의 사내유보가 확고해지고 회사의 신용도 증대된다. 이익준비금을 자본금전입시킨 경우에는 다시 일정 한도까지 이익준비금을 적립해야 하고 자본준비금을 자본금전입시킨 경우에도 자본금의 증가로 다시 이익준비금의 적립한도가 높아지므로 그만큼 자산의 사내유보가능성이 증가된다. 또한 준비금이 지나치게 많아 자본금과의 균형이 깨진 경우 이를 통하여 양자간의 불균형을 시정할 수 있다.

## (2) 법적 성질

준비금의 자본금전입으로 회사의 자본금은 증가하나 실제 회사의 재산에는 아무런 변동이 없고 또 주주의 지주율에도 변화가 생기지 않으므로 준비금의 자본금전입은 주식의 분할과 같다고 할 수 있다. 그러나 양자가 전적으로 동일한 것은 아니다. 주식의 분할에 있어서는 주식수만 늘어나 자본금에 변화가 없지만 준비금의 자본금전입 후에는 자본금이 증가하기 때문이다. 따라서 준비금의 자본금전입은 주식의 분할과 유사한 현상이라고 할 수 있을 것이다.

## (3) 자본금전입의 절차

(가) 이사회의 결정($\frac{1}{8}$ 461):　준비금의 자본금전입은 정관에 주주총회결의로 결정한다는 규정이 없는 한 이사회결의로 정한다($\frac{1}{8}$ 461). 준비금의 자본금전입은 법정준비금의 단순한 자본금에의 이체에 불과하고 기존 주주에게 불이익을 주는 것은 아니므로 이사회결의로 이를 정할 수 있도록 하였다. 그러나 자본금전입으로 발행될 무상신주도 정관상의 발행예정주식총수 내이어야 한다.

(나) 신주배정일의 공고($\frac{1}{8}$ 461):　준비금을 자본금에 전입시킨다는 이사회결의가 이루어지면 회사는 신주배정일을 정하여 그날에 주주명부에 기재된 주주가 신주의 주주가 된다는 뜻을 그날의 2주간 전에 공고하여야 한다. 그러나 그날이 주주명부의 폐쇄기간 중일 경우에는 그 기간의 초일의 2주간 전에 이를 공고하여야 한다($\frac{1}{8}$ 461).

## (4) 자본금전입의 효력

준비금의 자본금전입이 있으면 전입된 금액만큼 준비금이 감소하고 자본금액이 증가되며 그 증가된 자본금만큼 신주가 발행된다($\frac{1}{8}$ 461).

(가) 효력발생시기:　주주는 이사회결의시에는 이사회에서 정한 신주배정일에($\frac{1}{8}$ 461), 주주총회의 결의시에는 주주총회의 결의가 있는 때로부터 신주의 주주가 된다($\frac{1}{8}$ 461).

(나) 신주의 발행:　회사는 증가된 자본금액만큼 주주의 지주수에 비례하여 무상으로 신주를 발행하여야 한다($\frac{1}{8}$ 461). 준비금을 자본금에 전입시킴에 있어서는 별도의 제한이 없으므로 회사는 법정준비금의 전부이든 또는 그 일부이든 상관없이 자본금전입시킬 수 있으나 발행될 무상신주는 발행예정주식총수의 범위 내이어야 한다. 이때 교부되는 무상신주는 권면액을 발행가로 하여야 한다. 즉 액면가와 발행가가 같아

야 한다. 액면초과발행으로 재차 자본준비금이 적립되는 것은 무의미하기 때문이다. 단주가 발생되는 경우에는 이를 경매하여 종전의 주주에게 그 대금을 나누어 주게 된다($\frac{\text{상}\,461\,\text{II}.}{443\,\text{I}}$).

**(다) 주주 등에 대한 통지 및 공고:**  자본금전입의 효력이 발생한 때 즉 주주가 무상신주의 주주가 된 때에는 이사는 지체없이 신주를 교부받을 주주와 등록질권자에게 신주의 종류와 수를 통지하고 또 무기명주식을 발행한 경우에는 준비금의 자본금전입에 관한 결의내용을 공고해야 한다($\frac{\text{상}\,461}{5}$).

**(라) 질권의 물상대위:**  종전의 주식을 목적으로 하는 질권에는 물상대위의 효과가 발생하여 무상교부받은 신주에도 질권의 효력이 미치게 된다($\frac{\text{상}\,461}{339}$).

### 6. 준비금의 감소

회사는 적립된 자본준비금 및 이익준비금의 총액이 자본금의 1.5배를 초과하는 경우에 주주총회의 결의에 따라 그 초과한 금액 범위에서 자본준비금과 이익준비금을 감액할 수 있다($\frac{\text{상}\,461}{92}$). 2011년 개정상법은 준비금의 감소제도를 신설하였다. 기본적으로 회사법에서 자본금 개념의 역할이 축소되고 있음을 인식하여 준비금의 역할을 축소하거나 보다 자유롭게 운용토록 한 것이다. 즉 자본금의 150%를 넘는 법정준비금은 주주총회의 보통결의로 배당 등 자본금의 결손전보 이외의 용도로 사용할 수 있게 허용하였다.[41]

## Ⅳ. 이익배당제도

### 1. 이익배당

### (1) 의  의

주식회사는 영리단체이므로 회사의 이익은 궁극적으로 주주에게 귀속된다. 이익의 귀속방법으로 해산하여 잔여재산을 분배하는 것도 가능하겠으나 이는 지극히 예외적인 경우이고 대부분은 정기적으로 결산을 하여 매영업연도를 단위로 발생한 영업이익을 주주들에게 분배하고 있다. 출자자인 주주에게 영업성과가 분배되는 것은 지극히 당연한 것으로서 利益配當請求權(Dividendenanspruch)은 주주의 고유권으로 파악되

---

41) 법무부, 2011개정상법, 회사편 해설집, 330면 참조.

고 있다. 그러나 다른 한편으로 회사나 회사채권자의 입장에서 보면 영업성과의 완전분배는 회사의 재산적 기초를 위협하고 불확실한 미래에 대비할 수 없는 결과가 된다. 따라서 이를 일정 한도로 제한하는 것은 불가피하다. 그리하여 상법은 이익배당의 요건을 엄격히 하고 이익준비금이나 주식배당제도 등을 두어 영업성과 중의 일부는 사내에 유보시킴으로써 적정한 범위 내에서 이익배당이 이루어지도록 유도하고 있는 것이다.

### (2) 요 건

**(가) 배당가능이익의 존재($^{\text{상}}_{462}$):** 이익배당은 배당가능이익을 전제로 한다. 배당가능이익은 대차대조표상의 순자산액에서 자본, 그 결산기까지 적립된 자본준비금 및 이익준비금, 그 결산기에 적립해야 할 이익준비금 및 미실현이익($^{\text{상법시행령}}_{\text{제19조}}$)을 공제함으로써 산출된다($^{\text{상}}462$). 여기서 회사가 임의로 추가적인 사내유보를 결정하는 경우에는 이 임의준비금도 공제된다. 이로써 주주들에게 배당가능한 실질배당이익이 최종적으로 결정된다.

**(나) 주주총회의 결의($^{\text{상}}_{\text{I}}462$):** 이익배당은 나아가 주주총회가 보통결의로 배당의 안을 승인함으로써 가능해진다. 즉 이사가 작성하고 감사의 감사를 거친 이익잉여금처분계산서가 주주총회에서 승인되어야 하는 것이다. 다만 재무제표를 이사회가 승인하는 경우($^{\text{상}}_{\text{의2 I}}449$)에는 이사회결의로 정한다($^{\text{상}}_{\text{II}}462$). 정관에서 배당금의 지급조건이나 배당금의 산정방식을 구체적으로 정하고 있는 경우에는 예외적으로 주주총회의 결의 없이도 이익배당청구권이 성립할 가능성이 있다.

> **대판 2022. 8. 19, 2020다263574 [손해배상등 청구의 소]**
>
> "주주의 이익배당청구권은 장차 이익배당을 받을 수 있다는 의미의 권리에 지나지 아니하여 이익잉여금처분계산서가 주주총회에서 승인됨으로써 이익배당이 확정될 때까지는 주주에게 구체적이고 확정적인 배당금지급청구권이 인정되지 아니한다(대법원 2010. 10. 28. 선고 2010다53792 판결 등 참조). 다만 정관에서 회사에 배당의무를 부과하면서 배당금의 지급 조건이나 배당금액을 산정하는 방식 등을 구체적으로 정하고 있어 그에 따라 개별 주주에게 배당할 금액이 일의적으로 산정되고, 대표이사나 이사회가 경영판단에 따라 배당금 지급 여부나 시기, 배당금액 등을 달리 정할 수 있도록 하는 규정이 없다면, 예외적으로 정관에서 정한 지급조건이 갖추어지는 때에 주주에게 구체적이고 확정적인 배당금지급청구권이 인정될 수 있다. 그리고 이러한 경우 회사는 주주총회에서 이익배당에 관한 결의를 하지 않았다거나 정관과 달리 이익배당을 거부하는 결의를 하였다는 사정을 들어 주주에게 이익배당금의 지급을 거절할 수 없다."

[피고 주식회사의 정관에 우선주주에 관한 이익배당에 관하여 배당의무, 배당액 산정 기준(1주당 당기순이익 중 106,000분의 1), 지급방법(현금), 지급시기(정기주주총회일로부터 7일 이내) 등이 구체적으로 정해져 있는데, 피고 주식회사가 정기주주총회에서 당기순이익이 포함된 재무제표를 승인하면서도 이익배당에 관하여 아무런 결의를 하지 않은 사안에서, 대법원은 정관에 기재된 배당금지급청구권에 관한 규정이 구체적으로 정하여 이를 달리 해석할 여지가 없는 경우에는 예외적으로 주주가 정관의 기재만으로도 구체적 이익배당청구권을 가진다고 판단하여, 이와 달리 배당에 관한 주주총회 결의가 없는 이상 우선주주에게 구체적 이익배당청구권이 없다고 판단한 원심을 파기한 사례]

## (3) 이익배당의 기준

주주의 이익배당청구권은 비례권으로서 주주는 자신이 보유한 주식수에 비례하여 이익배당을 받게 된다(상464). 그러나 종류주식이 발행되는 경우에는 이미 살펴보았듯이 차등지급이 가능하다(상464). 이렇게 이익배당은 주주평등의 원칙에 따라 이루어져야 하지만 영업연도 도중에 발행된 신주에 대해서도 구주와 마찬가지의 동액배당을 하여야 하는가에 대해서는 의문이 제기된다. 그리하여 영업연도 중간에 새로이 신주가 발행되거나 주식배당이 이루어진 경우에는 구주와 동액배당을 하지 않고 신주의 효력발생일로부터 결산일까지의 일수를 따져서 이익 중의 일부만 배당하는 일할배당이 관행화되어 있다. 이러한 방법은 가능하고 또 이는 투하자본의 운영기간에 비례한 차등배당으로서 형평의 이념에도 부합하며 주주평등의 원칙에도 반하지 않는다고 생각된다.

## (4) 이익배당의 지급

배당금청구권이 있는 주주는 정기총회의 승인결의 당시의 주주이나 실제로는 결산기 익일로부터 정기총회 익일까지는 주주명부가 폐쇄되므로 결산기의 주주명부상의 주주가 배당금청구권있는 주주가 된다. 배당금의 지급시기는 재무제표승인결의시로부터 1개월 내이다(상464의2본문). 그러나 재무제표승인결의에서 이익배당금의 지급시기를 따로 정한 경우에는 이에 따를 수 있다(상464의2단서). 배당금지급청구권은 5년간 이를 행사하지 아니하면 소멸시효가 완성한다(상464의2Ⅱ). 이는 제척기간이 아니라 소멸시효기간이다.

## (5) 위법배당

위법배당은 광의 또는 협의로 파악될 수 있다. 광의의 위법배당이라 함은 예컨대 주주평등의 원칙에 위반한 경우 등 법령 또는 정관에 위반하는 모든 이익배당을 가리키나 협의의 위법배당은 회사가 상법 제462조 제1항에 반하여 배당가능이익이 없음에도 불구하고 이익배당을 하거나 배당가능이익이 있더라도 그 액을 초과한 이익배당을 뜻한다.

이러한 위법배당이 있게 되면 해당 배당의안승인결의는 정관이나 법령에 위반하는 내용상의 하자를 구성하게 되고 그 결과 총회결의의 무효(법령위반)나 취소사유(정관위반)가 될 것이다. 총회결의가 무효확인 또는 취소되면 그 결과는 소급하고 이에 기하여 지급된 배당이익도 회사에 반환되어야 한다. 그리하여 회사는 부당이득반환청구의 형태로 각 주주에게 그의 선의나 악의를 묻지 않고 이의 반환을 청구하게 될 것이다. 반환청구권의 시효기간은 10년이다.[42] 나아가 회사채권자도 협의의 위법배당의 경우에는 주주에 대하여 위법배당금을 회사에 반환할 것을 요구할 수 있다($\frac{상}{462}$). 위법배당을 주도한 이사나 감사는 회사나 주주를 포함한 제3자에 대하여 손해배상책임을 질 수 있으며($\frac{상}{401}$ $^{399.}$) 또한 벌칙의 제재도 가능하다($\frac{상}{3호}$ $^{625}$).

> **대결 2013. 4. 26. 2009마1932 [가압류취소]**
>
> [위법배당표 작성의 효과]
> "부당이득의 반환은 법률상 원인 없이 취득한 이익을 반환하여 원상으로 회복하는 것을 말하므로, 배당절차에서 작성된 배당표가 잘못되어 배당을 받아야 할 채권자가 배당을 받지 못하고 배당을 받을 수 없는 사람이 배당받는 것으로 되어 있을 경우, 배당금이 실제 지급되었다면 배당금 상당의 금전지급을 구하는 부당이득반환청구를 할 수 있지만 아직 배당금이 지급되지 아니한 때에는 배당금지급청구권의 양도에 의한 부당이득의 반환을 구하여야지 그 채권 가액에 해당하는 금전의 지급을 구할 수는 없고, 그 경우 집행의 보전은 가압류에 의할 것이 아니라 배당금지급금지가처분의 방법으로 하여야 한다."

## 2. 주식배당

### (1) 의의 및 법적 성질

株式配當(stock dividend)이라 함은 금전 대신 새로이 발행하는 주식으로 이익배당을 하는 것이다. 이러한 주식배당의 법적 성질에 대하여는 주식분할설과 이익배당설의 대립이 있다.

---

42) 대판 2021. 6. 24, 2020다206821(회사의 위법배당에 따라 회사가 주주에게 행사하는 부당이득반환청구권의 시효는 10년이며 상법 제64조에 따른 일반상사시효는 적용되지 않는다고 본 사례).

### (2) 주식배당의 요건

주식배당이 가능하려면 다음과 같은 요건이 갖추어져야 한다. 우선 배당가능이익이 있어야 한다. 주식배당도 이익을 그 재원으로 하므로 배당가능이익의 존재는 주식배당의 당연한 선결요건이다. 둘째 주식배당은 이익배당을 신주교부의 형태로 하는 것이다. 따라서 이로 인한 신주의 발행도 발행예정주식총수 내에 포함되어야 한다. 그러므로 주식배당을 위하여는 그에 해당하는 수만큼의 수권주식이 남아 있어야 한다. 셋째 상법은 주식배당의 한도를 정하고 있으므로 이를 지켜야 한다. 즉 주식을 통한 이익배당은 배당총액의 2분의 1을 초과할 수 없다($^{상 462의}_{2 \text{ I 단서}}$). 상법은 현금배당의 완전배제를 금지하고 있다. 넷째 주식배당을 위한 주주총회의 보통결의가 있어야 한다($^{상 462의}_{2 \text{ I 본문}}$).

### (3) 주식배당의 효과

위와 같은 요건이 갖추어지는 경우 다음과 같은 효과가 도래한다.

**(가) 신주의 발행:** 우선 특수한 신주발행의 한 예로서 금전배당에 갈음한 신주가 발행된다. 주식배당을 받는 주주는 주식배당의 결의를 한 주주총회가 종결한 때로부터 신주의 주주가 된다($^{상 462의}_{2 \text{ IV}}$). 결국 자본이 증가한다. 신주의 발행가액은 주식의 권면액이며 할증발행이나 할인발행은 불가하다($^{상 462의}_{2 \text{ II}}$). 주식으로 배당할 이익금액 중 주식의 권면액에 미달하는 단수가 발생할 경우에는 이를 경매하여 그 대금을 종전의 주주에게 교부한다($^{상 462의}_{2 \text{ III}}$). 주식배당을 한다는 주주총회의 결의가 있는 경우에는 회사는 지체없이 주주와 질권자에게 그 주주가 받을 주식의 종류와 수를 통지하여야 하고 무기명식인 경우에는 공고해야 한다($^{상 462의}_{2 \text{ V}}$).

**(나) 질권의 물상대위:** 등록질의 경우 질권자는 주식배당에 의해서 주주가 받을 주식에 대해서도 질권을 행사할 수 있다($^{상 462의}_{2 \text{ VI}}$).

**(다) 등 기:** 주식배당을 하면 회사의 발행주식수가 증가하므로 자본이 증가한다. 따라서 회사는 자본의 변경등기를 하여야 한다($^{상 317}_{\text{II 183}}$).

### (4) 위법주식배당

주식배당의 요건과 절차를 위반한 경우 이를 위법주식배당이라 한다. 예컨대 주식배당을 위한 주주총회결의가 흠결되었거나 주식배당을 통하여 발행될 신주의 수가 수권주식수를 초과하거나 배당가능이익이 없거나 부족함에도 이를 강행하였거나 총배당액의 2분의 1을 초과한 주식배당 등이 이에 해당한다.

　이러한 위법한 주식배당의 경우에도 주주총회의 결의를 거친 경우에는 해당 주주총회결의는 무효 또는 취소사유가 될 것이며 전체적으로는 신주발행무효의 원인을 구성할 것이다($\frac{상}{429}$). 나아가 신주의 주식배당이 있기 전에는 신주발행의 유지청구도 가능할 것이다($\frac{상}{424}$). 또한 이사 및 감사에게는 법정요건을 구비하는 경우 회사 및 제3자에 대한 손해배상책임이 발생할 수 있고 또한 형벌의 제재도 가능할 것이다($\frac{상\ 399,\ 401,}{625\ 3호}$). 끝으로 위법한 주식배당을 받은 주주가 회사에 대하여 위 주식의 반환의무를 지느냐에 대해서는 다툼이 있다. 통설에 의하면 이 경우 회사재산이 사외로 유출된 바 없으므로 회사에 대한 위법주식배당의 반환의무는 없다고 한다.

### 3. 중간배당

1998년 개정상법은 중간배당제도를 새로이 도입하였다.

#### (1) 의 의

中間配當(interim dividend)이란 연 1회의 결산기를 정한 주식회사가 영업연도말의 정상적인 이익배당 외에 영업연도 중 1회에 한하여 이사회결의로 금전의 이익배당을 하는 제도이다($\frac{상}{3}$ $\frac{462의}{1}$).

#### (2) 성 질

중간배당의 법적 성질에 대하여는 後給說[43]과 先給說[44]이 대립하고 있다. 전자에 따르면 중간배당이란 전 영업연도에 발생한 이익을 차후의 시점에 분배하는 것이라고 하고, 후자에 따르면 당해 영업연도에 발생할 이익을 선급하는 것이라고 한다. 그러나 우리 상법은 중간배당의 재원을 직전 결산기의 대차대조표상의 순자산액에서 상법 제462조의3 제2항 각호의 액을 공제한 액수를 한도로 하므로 후급설이 타당하다고 본다.

#### (3) 요 건

중간배당의 요건을 살펴보면 아래와 같다.

#### (가) 회사의 결산기가 연 1회일 것: 　중간배당은 회사가 연 1회의 결산기를 정한

---

43) 최기원, 938면; 정동윤, 792면.
44) 최준선, 758면; 손주찬, 상법(상), 제15보정판, 2004, 941면.

경우에만 이를 시행할 수 있다($\frac{\text{상}}{3}\frac{462\text{의}}{1}$). 따라서 연 2회 이상의 결산기를 가진 주식회사에서는 중간배당이 불가능하다.

**(나) 정관규정의 존재:**  중간배당제도는 회사의 정관에 이에 대한 규정이 있을 때에만 가능하다. 그러나 정관상 중간배당규정이 있다 해도 회사가 이를 반드시 따를 필요는 없다.

**(다) 중간배당의 시기:**  중간배당은 영업연도 중 1회에 한하여 할 수 있다. 중간배당금은 이사회결의가 있은 날로부터 1개월 내에 지급하여야 한다($\frac{\text{상}}{1}\frac{464\text{의}2}{1\text{문}}$). 다만 이사회결의에서 별도의 지급일을 정한 경우에는 그에 따른다($\frac{\text{상}}{1}\frac{464\text{의}2}{2\text{문}}$).

> ### 대판 2022. 9. 7, 2022다223778 [배당금청구]
>
> [상법 제462조의3 제1항의 '영업연도 중 1회의 중간배당이 실시되었는지'를 판단하는 기준]
>
> "상법 제462조의3 제1항은 중간배당에 관하여 '연 1회의 결산기를 정한 회사는 영업연도 중 1회에 한하여 이사회의 결의로 일정한 날을 정하여 그 날의 주주에 대하여 이익을 배당할 수 있음을 정관으로 정할 수 있다'고 규정하고 있다. 이에 따라 연 1회의 결산기를 정한 회사의 경우 정관에 정함이 있으면 이사회 결의로 중간배당을 실시할 수 있고 그 횟수는 영업연도 중 1회로 제한된다.
>
> 중간배당에 관한 이사회의 결의가 성립하면 추상적으로 존재하던 중간배당청구권이 구체적인 중간배당금 지급청구권으로 확정되므로, **상법 제462조의3이 정하는 중간배당에 관한 이사회 결의가 있으면 중간배당금이 지급되기 전이라도 당해 영업연도 중 1회로 제한된 중간배당은 이미 결정된 것이고, 같은 영업연도 중 다시 중간배당에 관한 이사회 결의를 하는 것은 허용되지 않는다.** 이사회 결의로 주주의 중간배당금 지급청구권이 구체적으로 확정된 이상 그 청구권의 내용을 수정 내지 변경하는 내용의 이사회 결의도 허용될 수 없다."
>
> [피고 회사의 이사회가 중간배당에 관한 결의(1차 이사회 결의)를 한 후 같은 영업연도 중 다시 중간배당에 관한 결의(2차 이사회 결의)를 하였는데, 주주인 원고들이 2차 이사회결의의 내용에 따라 피고 회사를 상대로 중간배당금의 지급을 구하는 사건에서, 위와 같은 법리를 판시하면서 2차 이사회 결의는 상법 제462조의3 제1항에 위반하였다고 보아 그에 기초한 원고들의 중간배당금 청구를 기각한 원심을 수긍한 사례]

**(라) 이사회결의:**  중간배당은 재무제표의 승인이라는 정상적인 연말의 결산절차와 달라 이사회결의로 결정한다. 즉 이사회의 재량으로 이를 결정하게 되며 주주총회가 추인할 필요도 없다. 그러나 이사가 1인인 주식회사에서는 주주총회가 이를 결정한다($\frac{\text{상}}{462\text{의}3}\frac{383\ \text{IV},}{\text{I}}$).

(마) 배당의 재원:　중간배당은 직전 결산기의 대차대조표상의 순자산액에서 직전 결산기의 자본액, 직전 결산기까지 적립된 자본준비금과 이익준비금의 합계액, 직전 결산기의 정기총회에서 이익으로 배당하거나 또는 지급하기로 정한 금액, 중간배당에 따라 당해 결산기에 적립하여야 할 이익준비금을 공제한 액을 한도로 한다($\frac{\dot{\vartheta}}{3}\frac{462의}{\mathbb{I}}$). 그러나 회사는 당해 영업연도의 결산기에 대차대조표상의 순자산액이 자본이나 준비금의 합계에 이르지 못할 우려가 있을 때에는 중간배당을 실시할 수 없다($\frac{\dot{\vartheta}}{3}\frac{462의}{\mathbb{II}}$).

(바) 방 법:　중간배당에서는 오로지 금전배당만이 가능하다. 원래 이익배당은 금전배당뿐만 아니라 주식배당의 방법도 가능하나 중간배당에서는 금전배당으로 한정시켰다. 중간배당제도는 연중 한차례 더 이익배당을 함으로써 투자자의 투자의욕을 증진시키는 데에 제도적 중점이 있으므로 주식배당으로 이를 실시한다면 제도적 의미가 사라질 것이다. 또 주식배당은 주주총회의 결의를 거쳐야 하므로 이사회결의로 시행하는 중간배당에서는 주식배당이 이루어질 수 없다.

(사) 대 상:　중간배당을 받을 주주는 중간배당기준일상 주주명부에 등재된 주주이다($\frac{\dot{\vartheta}}{354}\frac{462의3}{\mathbb{I}}$). 중간배당기준일은 정관에 미리 정해져야 한다. 상법 제462조의3 제1항의 문언상으로는 이사회결의로 중간배당기준일을 정하는 것도 가능하다고 해석할 수 있겠으나 이사회의 자의적인 결정으로 주주의 이익이 침해될 가능성이 있으므로 이는 사전에 정관으로 정하여야 할 것이다.

### (4) 위법중간배당의 효과

(가) 한도액을 초과한 중간배당의 효력:　상법 제462조의3 제2항이나 제3항의 제한을 위반하여 중간배당이 이루어진 경우에는 그 효력을 인정할 수 없고 따라서 이는 주주의 부당이득이 된다. 주주는 이를 회사에 반환하여야 하며 회사채권자도 배당액을 회사에 반환할 것을 요구할 수 있다($\frac{\dot{\vartheta}}{\dot{\vartheta}}\frac{462의3}{462\,\mathbb{II}}$).

(나) 이사의 책임:　중간배당의 재원이 없음에도 불구하고 중간배당이 이루어진 경우 이사는 회사에 대하여 연대하여 그 차액을 배상할 책임이 있다($\frac{\dot{\vartheta}}{\mathbb{N}}\frac{462의3}{1\,\overline{\mathbb{E}}}$). 여기서 차액이란 중간배당이 이루어지던 영업연도의 결산대차대조표상의 순재산액이 상법 제462조 제1항 각호의 합계액에 미치지 못하는 액수이다. 또 배당액이 그 차액보다 적을 때에는 그 배당액을 연대배상하여야 한다. 다만 이사가 이러한 재원부족의 우려가 없다고 판단함에 있어서 주의를 태만히 하지 않았다는 증명이 있을 때에는 그러하지 아니하다($\frac{\dot{\vartheta}}{\mathbb{N}}\frac{462의3}{2\,\overline{\mathbb{E}}}$).

## 4. 현물배당

### (1) 의 의

회사는 정관으로 금전 이외의 재산으로 배당을 할 수 있다($^{상}_{^4}462$). 2011년 개정 상법은 현물배당제도를 신설하였다. 현물은 금전이 아닌 경제적 가치있는 재산으로서 회사로 하여금 배당의 대상을 폭넓게 선택할 수 있게 한 것이다.

### (2) 요 건

(가) **정관규정의 존재:** 현물배당이 이루어지려면 정관에 현금 이외의 재산으로 배당을 시행할 수 있다는 내용이 등재되어야 한다. 여기서 재산에는 물품 등의 동산, 자기주식 기타의 유가증권 등이 모두 포함될 것이다. 새로이 발행하는 주식은 이에 포함되지 않는다. 이 경우에는 주식배당($^{상}_{의2}462$)이 되기 때문이다.

(나) **배당가능이익의 존재:** 현물배당에서도 현금배당과 마찬가지로 배당가능이익이 연말결산에서 산출되어야 함은 물론이다.

(다) **배당의 의사결정:** 현물배당을 결정하는 의사결정기관은 주주총회이다. 그러나 이사회가 재무제표를 승인하는 예외적인 경우($^{상}_{1}449$의)에는 이사회결의로 결정할 수 있을 것이다.

(라) **주주평등의 원칙준수:** 현물배당의 경우에도 현금배당과 마찬가지로 주주평등의 원칙을 준수하여야 한다($^{상}_{464}$). 물론 이익배당에 관한 종류주식이 발행된 경우에는 예외가 성립할 수 있다($^{상}$ 344).

### (3) 위법현물배당

회사가 현물배당의 요건에 위반하여 이익배당을 한 경우에는 주주총회 내지 이사회결의가 있었다 하더라도 무효이다. 이 경우 배당을 받은 주주는 회사에 수령한 재산을 반환하여야 할 것이다($^{민}_{741}$).

# 제 6 절  주식회사의 기본결정사항

## 제 1 관  총    설

지금까지 우리는 주식회사의 설립, 주주와 회사와의 관계, 주식회사의 기관들, 자금조달 및 계산관계 등 주식회사를 둘러싼 제반 사항들을 살펴보았다. 이제 주식회사의 기본에 변경을 초래하는 법률요건들(basic changes)을 보기로 한다. 이들은 합병, 분할, 주식교환, 주식이전, 조직변경, 자본감소, 정관변경, 해산, 청산 등 다수에 이르며 모두 비상(非常)의 의사결정사항이어서 대부분 주주총회 결의를 거쳐야 한다. 이러한 기본결정사항은 회사의 인적 또는 물적 구조변경에 해당되어 회사의 기본틀에 변화를 야기하므로 관련 결의에 하자가 있더라도 기존상태존중주의가 지배하여 관련 소송에서 원고가 승소하여도 판결의 효력은 소급하지 않는다. 또 법률관계는 획일적으로 처리되어 그 하자를 다투는 형성소송에서 원고가 승소하면 그 효과는 제3자에게도 미친다. 본절에서는 특히 그중 조직변경, 자본감소, 정관변경, 해산 및 청산에 대해서만 보기로 하고 합병, 분할, 주식교환, 주식이전 및 삼각조직재편 등은 별도로 제7절에서 다루기로 한다.

## 제 2 관  조직변경

### Ⅰ. 의    의

組織變更(transformation; Formwechsel, Umwandlung i.e.S.)이란 회사가 그 인격의 동일성을 유지하면서 법형태를 변경하여 다른 종류의 회사가 되는 것이다. 조직변경은 한 종류의 회사의 해산과 다른 종류의 회사의 신설이라는 번잡한 절차를 피할 수 있고 동시에 기업유지에도 도움이 되는 제도이다. 조직변경의 특징은 조직변경 전후를 불문하고 법률상의 권리의무의 주체에 동일성이 유지되는 점이다. 상법은 조직변경의 경우 편의상 등기의 기술적 처리를 위하여 변경 전의 회사는 해산등기를 변경 후의 회사는 설립등기를 하게 하고 있다(상 243, 286 Ⅲ. 606, 607 Ⅴ.).

## Ⅱ. 조직변경의 제한

회사의 조직변경은 그 성격이 유사한 인적회사간과 물적회사간에만 가능하다. 인적회사와 물적회사간에는 법형태의 변경이 불가하다. 권리의무의 주체에 동일성이 유지되면서 법형태만 바꾸는 것이 조직변경이므로 인적회사와 물적회사 상호간에는 이러한 기본변경은 적절치 않다. 따라서 상법상 조직변경은 주식회사와 유한회사간($_{607}^{상\,604,}$), 주식회사와 유한책임회사간($_{43}^{상\,287의}$) 그리고 합명회사와 합자회사간($_{286}^{상\,242,}$)에만 가능한 것이다. 결국 상법상 6가지의 조직변경이 가능하다고 할 수 있다.

## Ⅲ. 조직변경의 각 경우

### 1. 주식회사에서 유한회사로의 조직변경($_{604}^{상}$)

#### (1) 요 건

주식회사에서 유한회사로 조직변경을 하자면 다음의 요건이 갖추어져야 한다. 우선 ① 총주주의 동의에 의한 조직변경결의가 있어야 한다($_{1분}^{상\,604}$). 이 결의에서는 정관 및 기타 조직변경에 필요한 사항을 정하여야 한다($_{}^{상\,604}$). ② 채권자보호절차를 거쳐야 한다($_{232}^{상\,608,}$). 즉 회사는 조직변경결의가 있은 날로부터 2주간 내에 회사채권자에 대하여 조직변경에 대한 이의가 있으면 이를 제출할 것을 공고하고, 알고 있는 채권자에 대하여는 각별로 최고하여야 한다($_{1분}^{상\,232}$). 이의제기기간은 최소한 1개월 이상이어야 한다($_{2분}^{상\,232}$). 채권자의 이의제기가 있을 때에는 변제나 담보제공 등의 조치를 취하여야 한다($_{608}^{상\,232}$). 이의가 없으면 조직변경은 승인된 것으로 본다($_{608}^{상\,232}$). ③ 회사가 사채를 발행한 경우에는 그 상환을 완료하여야 한다($_{2분}^{상\,604}$). ④ 조직변경 후의 유한회사의 자본총액은 조직변경 전의 주식회사에 현존하는 순재산액보다 많은 액으로 정하지 못한다($_{}^{상\,604}$). 이는 자본충실을 기하기 위함이다. ⑤ 변경등기를 하여야 한다. 즉 조직변경결의 후 본점소재지에서는 2주간 내에, 지점소재지에서는 3주간 내에 주식회사는 해산등기를 하고 유한회사는 설립등기를 하여야 한다($_{606}^{상}$).

#### (2) 효 과

주식회사는 유한회사로 법형태(Rechtsform)의 변경을 일으킨다. 그러나 권리의무의 주체에는 아무런 변화가 생기지 않는다. 조직변경이 이루어진 경우라도 소송절차가 중단되지는 않으므로 조직변경후의 회사가 소송절차를 수계할 필요도 없다.[1]

### (3) 조직변경의 하자

주식회사에서 유한회사로의 조직변경은 여러 가지 이유로 하자를 잉태할 수 있다. 예컨대 상기한 여러 제한규정을 위반하였다든지 조직변경을 위한 주주총회결의에 무효, 취소 또는 부존재사유가 있는 경우 등이다.

상법은 조직변경의 하자에 대하여 명문의 규정을 두고 있지 않다. 즉 조직변경무효의 소 등 별도의 형성소송을 마련하고 있지 않으나 유한회사의 설립무효나 설립취소에 관한 상법 제552조의 준용이 불가피할 것이다. 변경될 새로운 법형태에 대해서는 설립등기를 해야 하므로 설립에 준한다고 볼 수 있기 때문이다. 또 조직변경은 회사의 구조변경사항으로서 총주주의 동의가 필요한 기본결정사항이다. 따라서 기존상태존중주의가 지배하며 법률관계의 획일적 처리도 불가피하다. 조직변경의 무효는 소로만 이를 주장할 수 있으며 이 소에서 원고가 승소하여도 판결의 효력은 소급하지 않고 판결의 효력은 제3자에게도 미친다고 보아야 한다($^{상\ 552\ II}_{analog.\ 190}$). 조직변경의 무효판결이 확정되면 유한회사가 해산이나 청산절차를 밟는 것이 아니라 조직변경 전의 주식회사로 복귀한다.

## 2. 유한회사에서 주식회사로의 조직변경($^{상}_{607}$)

### (1) 요 건

이 경우에도 우선 ① 총사원의 일치에 의한 사원총회의 결의가 있어야 한다($^{상\ 607}$). 이 경우에도 역시 ② 채권자보호절차를 거쳐야 한다($^{상\ 608}_{232}$). ③ 법원의 인가가 있어야 한다($^{상\ 607}$). ④ 조직변경시 발행하는 주식의 발행가액의 총액은 회사에 현존하는 순재산액을 초과할 수 없다($^{상\ 607}$). 이 경우에도 역시 자본충실을 꾀하기 위함이다. ⑤ 변경등기가 수반되어야 한다($^{상\ 607}_{\ 606}$). 유한회사는 해산등기를 하며, 주식회사는 설립등기를 하여야 한다.

### (2) 효 과

이러한 요건이 갖추어지면 유한회사는 주식회사로 법형태의 변경을 일으킨다. 당사자가 유한회사에서 주식회사로 조직변경을 했다는 이유로 소송수계신청을 할 필요

---

1) 대판 2021. 12. 10, 2021후10855.

도 없다. 다만 당사자의 표시정정은 이루어질 것이다.

> **대판 2021. 12. 10, 2021후10855**
>
> "상법상 주식회사의 유한회사로의 조직변경은 주식회사가 법인격의 동일성을 유지하면서 조직을 변경하여 유한회사로 되는 것이고(대법원 2012. 2. 9. 선고 2010두6731 판결 등 참조), 이는 유한회사가 주식회사로 조직변경을 하는 경우에도 동일한바 그와 같은 사유로는 소송절차가 중단되지 아니하므로 조직이 변경된 유한회사나 주식회사가 소송절차를 수계할 필요가 없다. 따라서 유한회사에서 주식회사로 조직변경을 하였다는 이유로 원고가 한 이 사건 소송수계신청은 받아들이지 않는다(다만 이에 따라 원고의 당사자표시를 정정하였다)."

### (3) 조직변경무효의 소

이 경우에도 조직변경에 하자가 있을 때에는 주식회사의 설립무효의 소에 관한 상법 제328조의 유추적용으로 해결하여야 할 것이며, 조직변경무효의 소에서 원고가 승소해도 판결의 효력은 소급하지 않고 또 제3자에게도 미친다. 조직변경무효의 판결이 확정되면 조직변경 전의 유한회사로 복귀한다.

## 3. 인적회사 상호간의 조직변경

### (1) 합명회사에서 합자회사로의 조직변경

합명회사는 총사원의 동의로 일부 사원을 유한책임사원으로 하거나 유한책임사원을 새로 가입시켜 그 조직을 합자회사로 조직변경할 수 있다($\frac{}{}$242). 조직변경결의를 한 때에는 합명회사는 해산등기, 합자회사는 설립등기를 하여야 한다($\frac{}{}$243). 조직변경에 의해서 유한책임사원이 된 자는 본점소재지에서 설립등기를 하기 전에 생긴 회사의 채무에 대해서는 등기 후 2년 내에는 무한책임사원의 책임을 면치 못한다($\frac{}{}$244). 조직변경에 하자가 발생한 경우에는 합명회사의 설립무효나 취소의 소에 관한 규정을 유추하여 해결할 수 있다($\frac{상\ 269,}{184\ 이하}$).

### (2) 합자회사에서 합명회사로의 조직변경

합자회사는 존속중에는 총사원의 동의로, 유한책임사원이 전원 퇴사한 때에는 무한책임사원 전원의 동의로 그 조직을 합명회사로 변경할 수 있다($\frac{상\ 286,}{II}$). 이 경우 합자회사는 해산등기를, 합명회사는 설립등기를 한다($\frac{}{}$286). 이 경우에도 조직변경무효의 소는 합명회사의 설립무효나 취소의 소제도가 준용된다.

### 4. 주식회사와 유한책임회사간의 조직변경

주식회사는 주주총회에서 총주주의 동의로 결의한 경우에는 유한책임회사로 조직
변경을 할 수 있다(상287의1). 반대로 유한책임회사 역시 총사원의 동의에 의하여 주식회
사로 조직을 변경할 수 있다(상287의2). 이 조직변경에 관하여는 합명회사의 조직변경에
관한 채권자 보호절차(상232) 및 유한회사와 주식회사간의 조직변경에 관한 규정(상604
내지607)
이 준용된다(상287의44).

### 5. 유한회사와 유한책임회사간의 조직변경

이 부분에 대해 상법은 침묵하고 있다. 현행 상법상 유한회사에서 유한책임회사로
의 조직변경 또는 그 반대의 조직변경은 불가하다. 그리하여 **우회전환**의 방식이 나타
나고 있다. 유한회사에서 일단 주식회사로 조직변경을 한 후 다시 유한책임회사로 조
직을 변경하는 사례가 늘어나고 있다. 특히 최근 들어 해외 명품 브랜드의 국내 법인
에 있어 이러한 현상이 급증하고 있다. 그 이유는 외감법상의 공시의무나 외부감사의
무를 회피하기 위함이다.

> 🔅 **외국계기업, 외부감사·공시의무 없는 '유한책임회사' 전환 러시**[2]
>
> "이탈리아 럭셔리 브랜드 구찌의 한국 법인인 구찌코리아가 회사 종류를 '유한책임회사'
> 로 전환한 것으로 확인됐다. 올해 회계연도부터 적용되는 주식회사 등의 외부감사에 관한
> 법률 개정안(신외감법)에 따라 부여되는 외부감사, 공시 의무를 피하기 위한 꼼수라는 지
> 적이 나온다. 8일 유통업계에 따르면 구찌코리아는 지난달 24일 '구찌코리아 유한책임회
> 사'로 회사의 상호를 변경해 등기를 완료했다. 1998년 주식회사로 설립됐던 구찌코리아는
> 2014년 유한회사로 전환한 데 이어 다시 회사의 종류를 바꿨다. 이는 지난해 11월 발효된
> 신외감법에 따른 유한회사의 의무를 피하기 위해서라는 해석이 지배적이다. 신외감법에
> 따르면 그동안 외부감사와 공시 의무가 없었던 유한회사도 매출이나 자본금이 500억원 이
> 상이면 올해부터 외부감사를 받고 매출과 이익, 배당과 기부금 규모 등이 기재된 감사보
> 고서를 공시해야 한다. 하지만 유한책임회사는 이 대상에 포함되지 않는다…
>
> 　최근 들어 이 같은 움직임이 다시 반복되고 있다. 구찌코리아 외에도 2017년 아디다스
> 코리아, 지난해 이베이코리아와 딜리버리히어로코리아가 각각 유한책임회사로 전환했다.
> **유한회사에서 유한책임회사로 바로 바꾸는 건 상법상 불가능하기 때문에 유한회사에서 주식**
> **회사로 복귀한 후 다시 유한책임회사로 변경하는 '우회전환' 방식도 쓰이고 있다.** 구찌코리
> 아는 올해 9월 18일 유한회사에서 주식회사로 전환했다가 두 달 만에 다시 유한책임회사

---

2) 동아일보 황태호 기자(taeho@donga.com); 입력 2020-12-09 03:00.

로 바꿨다. 딜리버리히어로코리아는 지난해 11월 19일 유한회사에서 주식회사로, 불과 이틀 뒤에 다시 유한책임회사로 바꾸면서 "드러내 놓고 제도를 악용했다"는 지적이 나왔지만, 지금까지 이를 막기 위한 대책은 마련되지 않은 상황이다."

# 제 3 관   자본금감소

## I. 의   의

### 1. 개   념

자본금(資本金)의 감소(reduction of capital; Kapitalherabsetzung)라 함은 회사의 자본금, 즉 발행주식의 액면총액을 줄이는 것이다. 자본금은 발행주식의 액면총액이므로(상451), 감자가 이루어지려면 일주의 액면가를 줄이거나 발행주식수를 줄이거나 양자를 병행하면 된다. 그중 감자의 방법으로 자주 등장하는 것이 주식병합의 방법이다.[3] 물론 자본이 감소하였다 하여 필연적으로 회사의 재산이 줄어드는 것은 아니다. 이른바 명목적 감자가 이루어질 경우에는 회사재산에는 변동이 없고 회계상으로만 자본금의 액이 줄어들 뿐이다.

자본회사인 주식회사에 있어서 자본금이 갖는 의미는 인적회사 사원의 무한책임에 비유되는 절대적인 것이다. 나아가 자본금의 변동은 대내적으로는 사내의 인적 구성에 변화를 야기할 수 있고 대외적으로는 회사채권자에 대한 책임재산의 변동이므로 감자에 있어서는 기존상태존중 및 신뢰보호의 법이념이 가동되어야 한다.[4]

기업이 감자를 시행하는 경제적 동기는 매우 다양하다. 유상감자(실질적 감자)의 경우 회사의 자산이 수행하는 영업규모보다 과다하여 불필요한 회사재산을 주주들에게 분배할 목적으로 감자를 시행하기도 한다. 그러나 이러한 경우는 그리 흔치 않으며 회사갱생(Sanierung)의 차원에서 시행되는 명목적 감자가 많다. 감자의 유무상을 떠나 오늘날 자본감소는 우리나라에서도 매우 자주 시행되고 있다.[5]

---

3) 독일에서는 비례주를 발행하지 않는 한 액면가를 줄이는 방법이 원칙이고 감자후 일주의 액면가가 법정 최저 액면가보다 더 내려갈 경우에만 주식병합을 허용한다(독일 주식법 제222조 제4항 참조).

4) 그런 점에서 후술하겠지만 감자무효의 소에서 원고승소시 판결의 소급효배제가 요구된다. 1995년의 상법개정 시 상법 제446조가 동법 제190조 단서를 준용대상에서 제외한 것은 비판의 여지가 있다.

5) 필자는 2003년 들어 매일경제지에서 거의 매주 감자공고를 보아 왔다. 물론 무상감자가 유상감자보다 숫자는 많으나 유상감자도 약 3분의 1 정도를 차지하고 있었다. 이러한 공고에 나타난 감자의 방법 역시 매우 다양하다. 균등무상감자, 차등유상감자, 특정 주주의 주식만 유상소각하는 경우 등 여러 가지였다.

## 2. 이해관계자 보호의 필요성

이렇게 자본이 줄어드는 경우 영향받게 되는 것은 회사채권자와 주주이다. 우선 채권자부터 보면 자본이 배당가능이익을 산출함에 있어 최우선 공제항목이므로 자본금이 줄어드는 경우 강행법적으로 묶여 있던 회사재산은 감소된 부분만큼 사슬을 벗게 되고 이것은 채권자들에게는 담보재산(Haftungsgrundlage)의 감소로 이어진다. 그리하여 상법은 자본금감소시 반드시 채권자보호절차를 밟게 하여 알고 있는 채권자에게는 각별로 최고를 하게 하고 그렇지 않은 경우에는 공고를 하여 이의제기의 기회를 부여하게 하고 있으며 이의를 제기한 채권자들에게는 변제, 담보의 제공 또는 신탁재산을 제공하게 하여 이들을 보호하고 있다.

채권자뿐만 아니라 자본감소시 직접적으로 영향받는 것은 주주이다. 자본의 감소는 여러 형태로 시행되지만 종종 지분율의 감소나 투하자본의 포기[6]를 강요하게 된다. 회사갱생의 차원에서 감자를 시행할 경우 회사의 감자계획은 자칫 소수주주들에게는 회사를 떠나라는 최후경고로 들릴 수도 있다.[7] 경영정상화를 내세우며 자본감소를 단행한 후 인수주체에게 과다하게 신주를 배정하여 기존 주주들의 지분율을 바닥으로 떨어뜨리는 예도 있다. 물론 권면액을 줄여 감자하는 경우보다 주식병합의 방법을 취할 때 주주의 위험은 더 커질 것이다.[8] 그러한 사정 때문에 상법은 자본감소시 무조건 주주총회의 특별결의를 거치도록 하고 있는 것이다.

# Ⅱ. 종   류

## 1. 유상감자와 무상감자

감자시 주주들에게 줄어드는 자본금의 액만큼 해당 액수를 환급하는지 여부에 따른 구별이다. 유상감자는 실질적 자본감소라고도 하며 무상감자는 명목적 자본감소로도 불리운다. 유상감자는 회사재산의 직접적 유출을 낳는 경우로서 자본에 비해 회사재산이 과다하거나 사업규모의 축소로 자산이 과잉된 경우 이를 주주들에게 반환할 목적으로 시행되는 때가 많다. 반면 무상감자는 주로 대차대조표상 자본금결손이 커

---

6) 하이닉스 반도체의 21 대 1 감자안을 생각해보라. 이 경우 소액주주들에게 감자안은 투하자본의 회수를 단념하라는 포기각서나 다름없다.
7) KölnerKomm-Lutter, Vorb. §222 AktG Rdnr. 11.
8) 이 경우 균등감자시에도 단주의 발생으로 지분율이 줄어들 가능성이 있기 때문이다.

서 감자를 하지 않고는 이익배당을 할 수 없게 된 경우 결손을 전보할 목적으로 시행되는 경우가 많다.

## 2. 균등감자와 차등감자

자본금을 감소시키는 방법상 모든 주주들에게 같은 비율로 감자가 시행되는지 여부에 따른 구별이다. 기존 주식들을 모든 주주들에게 같은 비율로 병합하거나 주금액을 줄여 감자하는 경우 이를 균등감자라 한다. 반면 특정 주주의 주식만 유무상으로 소각하거나 기존 주식을 각기 다른 비율로 병합할 경우 이를 차등감자라 한다. 후자의 경우 주주평등의 원칙에 반하여 감자무효의 원인이 되기도 한다.

## 3. 감자후 증자 내지 감자후 출자

감자후 증자(Kapitalherabsetzung in Verbindung mit einer Kapitalerhöhung)란 회사갱생의 차원에서 감자가 시행되면서 동시에 증자가 후속되는 것이다. 무상감자로 주가를 끌어올린 후 신주발행으로 종래의 자본금규모를 회복하면 재무구조개선의 효과를 단기적으로 달성할 수 있다. 증자결의를 주주총회에서 할 경우에는 감자결의와 증자결의가 일개의 총회에서 동시에 이루어질 수도 있다.[9] 물론 이 방법을 쓸 경우 기존 소수주주들에게는 불리한 결과가 나타날 수도 있다. 큰 비율로 주식을 병합하여 감자해 놓고 제3자에게 신주를 배정하면서 현물출자를 받거나 기존 기업을 인수시키는 예가 많음은 위에서도 살펴보았다.

감자후 출자(Kapitalherabsetzung und Aufforderung zu freiwilliger Zuzahlung) 역시 회사갱생의 차원에서 시행되는 예가 많으며 감자 후 증자의 대체수단으로 이용된다. 손실전보의 수단으로 감자한 후 주주들에게 임의로 금전출자를 시키는 방법이다. 물론 이 경우 출자 주주들에게는 배당우선권 등 일정한 반대급부가 제공될 수 있으나 그 출자가 강제되어서는 안될 것이다.[10]

### 🔹 독일 주식법상 자본금 감소의 종류

독일 주식법상으로는 정식감자, 약식감자 및 주식소각에 의한 감자의 구분이 있다. 정식감자(正式減資; ordentliche Kapitalherabsetzung)란 일반적 감자를 통칭하며 이를 위하여는 주주총회의 특별결의, 채권자보호절차 및 감자등기가 요구된다. 나아가 주금액의 감소를 통한 자본금감소를 원칙으로 하고 주식 병합의 방법은 감자후 일주의 금액이 법정최

---

9) KölnerKomm-Lutter. AktG. §222 Rdnr. 18.
10) KölnerKomm-Lutter, AktG. §222 Rdnr. 19.

저한을 하회하는 경우에만 허용하고 있다($\substack{독일주식법제\\222조 제4항}$). 독일 주식법은 우리 상법과 달리 감자등기를 창설적 등기사항으로 규정하고 있어 감자등기[11] 없이는 감자의 효력이 나타나지 않는다($\substack{동법 제224\\조 참조}$). 반면 약식감자(略式減資; vereinfachte Kapitalherabsetzung)란 회사재산의 감가상각, 회계상의 자본금결손 등을 메우기 위한 감자방법($\substack{동법 제229\\조 제1항}$)으로서 항상 무상감자의 형태로 시행된다.[12] 이 방법은 법정준비금과 자본준비금의 합이 감자후 자본금액의 100분의 10을 초과하며 이익준비금이 잔존하지 않는 경우에만 허용된다($\substack{동법 제229\\조 제2항}$). 약식감자시 독일 주식법은 채권자보호절차를 생략하는 대신($\substack{동법 제229조\\제3항 참조}$)[13] 감소한 자본금액에 해당하는 회사재산으로 주주들에게 이익배당하는 것은 금지하고 있다($\substack{동법 제230\\조 참조}$). 이 방법은 회사의 사내유보금을 헐어도 구제가 불가한 경우에만 회사갱생의 수단으로 이용된다.[14] 주식소각을 통한 자본금감소(Kapitalherabsetzung durch Einziehung von Aktien)는 주식의 강제소각이나 감자목적으로 자기주식을 취득하는 경우 시행될 수 있으며 강제소각방식은 정관상 강제소각에 관한 수권규정이 있을 때에만 가능하다($\substack{독일 주식법 제\\237조 제1항}$).

## Ⅲ. 자본금 감소의 방법

주식회사의 자본금은 발행된 주식의 액면총액이다($\substack{상\\451}$). 즉 발행주식총수에 액면가를 곱한 액수이다. 따라서 자본금의 감소에는 이론적으로나 실질적으로나 다음과 같은 세 가지 가능성이 있다. 첫째는 발행주식수에 변화를 꾀함이 없이 주금액을 감소시키는 방법이다. 둘째는 액면가는 고정시키되 발행주식수를 줄이는 방법이다. 셋째는 양자를 병용하는 방법이다. 즉 주금액과 발행주식수 모두를 감소시키는 방법이다.

### 1. 주금액의 감소

1주의 금액은 정관상 절대적 기재사항이므로($\substack{상 289\\1 4호}$) 정관을 변경하여 1주의 금액을 감소시킴으로써 자본금을 감소시킬 수 있다. 그러나 株金額은 100원으로 그 최저한이 법정되어 있으므로($\substack{상 329\\Ⅲ}$) 이 방법으로 회사가 자본금을 감소시키자면 주금액이 100원 이상인 경우에만 가능하다.

주금액감소를 통한 자본금감소에는 다시 회사재산에 변화가 나타나는지 여부에 따라 실질적 자본금감소와 명목상의 자본금감소의 두 가능성이 있다함은 위에서 본 바

---

11) 보다 정확히는 주주총회의 감자결의를 등기하는 것이다.
12) Kübler, Gesellschaftsrecht, 3. Aufl, §16 Ⅴ 3 b. S. 227.
13) Hüffer, AktG. 3. Aufl., §229 Rdnr. 3.
14) Hüffer, AktG. 3. Aufl., §229 Rdnr. 1.

와 같다. 전자는 이미 납입한 주금액의 일부를 회사가 각 주주에게 반환하고 나머지 잔액을 새로운 주금액으로 하는 방법이다. 반면 후자에서는 주금액 중 주주가 이미 납입한 부분의 일부를 주주의 손실로 처리하고 나머지 부분을 새로운 주금액으로 하는 방법이다. 전자를 환급(還給; Rückzahlung), 후자를 절기(切棄; cancelling, Abschreibung)라 부르기도 한다.

## 2. 주식수의 감소

이에는 다시 주식을 소각하는 경우와 주식을 병합하는 경우가 있다.

### (1) 주식소각의 방법

주식의 消却(Einziehung von Aktien)이란 일정한 주식을 절대적으로 소멸시키는 회사의 행위이다. 주식의 소각에는 다시 강제소각과 임의소각의 두 가지 방법이 있다. 회사가 주주의 동의를 얻어 특정 주식을 양수하여 소멸시키면 임의소각이 되고, 주주의 의사와 관계없이 주식을 소멸시키면 강제소각이다. 나아가 주식소각의 대가가 있는지 여부에 따라 유상소각과 무상소각의 구별이 있다. 어느 방법이든지 주주평등의 원칙이 지켜져야 한다.

### (2) 주식병합의 방법

주식의 倂合(Zusammenlegung von Aktien)이란 수개의 주식을 합하여 그 보다 적은 수의 주식으로 하는 회사의 행위이다. 예컨대 2주를 1주로 하거나 6주를 5주로 하는 것이다. 이 방법은 명목상의 자본금감소에 이용되며 실제에 있어서 가장 많이 사용되는 방식이다. 그리하여 상법도 제440조 내지 제444조에서 이 방법을 비교적 자세히 다루고 있다. 주식병합을 통하여 자본금을 감소시키는 경우 회사는 3개월 이상의 기간을 정하여 그 뜻과 그 기간 내에 주권을 회사에 제출할 것을 공고하고, 주주명부에 기재된 주주와 질권자에 대하여는 개별통지를 하여야 한다($^{\text{상}}_{440}$). 나아가 상법은 단주처리규정을 두고 있다($^{\text{상}}_{443}$).

## 3. 양 방법의 병용

자본금감소의 세번째 방법으로 주금액과 발행주식수를 동시에 줄이는 방법이 있다. 이 방법을 쓰는 경우에도 주주평등의 원칙이 지켜져야 하며 수종의 주식이 발행된 경우 손해를 입는 종류의 주식에 대하여는 종류주주총회의 결의를 거쳐야 한다($^{\text{상}}_{436}$).

## Ⅳ. 자본금감소의 유효요건

### 1. 형식적 요건

감자가 유효하기 위하여는 우선 아래와 같은 형식적 요건(formelle Voraussetzung)이 충족되어야 한다. 즉 ① 적법한 감자결의가 이루어져야 하고, ② 채권자보호절차를 거쳐야 하며, ③ 적법한 감자의 실행이 있어야 한다. 감자등기는 우리 상법상으로는 감자의 효력발생요건이 아니다.

### (1) 주주총회의 특별결의

자본금감소가 이루어지기 위하여는 우선 주주총회의 특별결의를 거쳐야 한다(상 438). 자본금감소는 주주의 이익에 중대한 변화를 일으키므로 상법은 특별결의를 요구하고 있다(상 438, 434). 나아가 감자결의에서는 자본금감소의 액 및 감자의 방법(상 439)을 구체적으로 확정하여야 하며 이러한 의사결정을 이사회 등 다른 기관에 위양할 수 없다.[15] 자본금증가의 경우에는 채권자에게 위해가 없고 주주에게 원칙적으로 신주인수권이 부여되므로 수권자본의 범주 내에서 이사회에로 의사결정권한을 위양할 수 있지만 자본금감소의 경우는 이와 다르다.[16] 따라서 감자결의에 있어서는 이를 위한 총회소집시 감자의 구체적인 내용을 밝혀야 한다. 감자공고나 소집통지서에 단순히 '자본금감소의 건'과 같은 추상적 기재만으로는 부족하며 구체적으로 감자의 방법 및 목적 등 의안의 요령이 밝혀져야 한다. 독일 주식법의 경우 감자목적도 결의사항으로 되어 있으나(동법 제222조 제3항 참조) 우리 상법상으로는 이를 강제할 수 없다고 본다.

주금액을 감소시켜 감자를 하는 경우에는 감자결의 외에 정관변경결의도 얻어야 하는지 의문이다. 양자의 결의요건이 특별결의로 같은 점에 비추어 감자결의만으로 족하고 별도의 정관변경결의가 요구된다고 할 필요는 없을 것이다. 이 경우 감자결의 속에는 이미 정관변경의 뜻도 포함되어 있다고 해석될 수 있기 때문이다. 또한 감자결의를 위한 주주총회에 정관변경의안도 동시에 상정하여 자본금감소의 의안과 함께 의결할 수도 있다고 본다. 따라서 이는 형식의 문제에 불과하다. 그러나 회사가 수종의 주식을 발행한 경우에는 특정 종류의 주주에게 손해가 발생하는 사안에 대해서는 해당 종류주주총회의 결의도 있어야 한다(상 435).

---

15) Hüffer-Koch, AktG, 12. Aufl., §222 Rdnr. 8.
16) 그러나 수시로 변동하는 경제적 상황에 대처할 수 있도록 일정한 범위내에서 이사회에 그 결정권한을 넘길 수 있다고 보는 견해도 있다(최기원, 900면).

### (2) 채권자 보호절차

주주총회의 특별결의가 있은 날로부터 2주간 내에 자본금감소에 대한 이의제출공고 및 최고를 필두로 채권자보호절차가 개시되어야 한다($^{\m&#xmath 439 II.}_{232 I}$). 자본금감소는 채권자에게는 담보재산의 감소이므로 회사는 감자결의일로부터 2주간 내에 회사채권자에 대하여 자본금감소에 이의가 있으면 일정 기간 내에(최소 1개월) 이의를 제출할 것을 공고하고, 알고 있는 채권자에게는 각별로 최고하여야 한다($^{상 439 II.}_{232 I}$). 채권자가 감자에 이의를 제기할 때에는 사채권자집회의 결의를 거쳐야 한다($^{439}_{채}$). 이의제기기간 내에 이의가 없으면 감자가 승인된 것으로 볼 수 있고($^{상 439 II.}_{232 II}$), 반면 이의가 제출되면 회사는 이의제출채권자에게 그 채무를 변제하거나 상당한 담보제공 또는 이를 목적으로 상당한 재산을 신탁회사에 신탁하여야 한다($^{상 439 III.}_{232 III}$). 채권자보호절차의 흠결은 감자무효의 소의 원인이 된다. 2011년 개정상법은 새로이 결손보전감자의 방식을 신설하였다. 그리하여 이 경우에는 채권자보호절차가 생략될 수 있다($^{상 439 II}_{2 참조조}$).

### (3) 적법한 감자의 실행

감자의 효과가 도래하자면 자본금감소의 실행(Durchführung der Kapitalherabsetzung)이 이루어져야 한다. 우선 (i) 주금액감소의 경우에는 회사가 주주에게 그 뜻을 통지하고 주권을 제출받아 주금액을 정정한다. 나아가 (ii) 주식수 감소의 경우 ① 임의소각시에는 주주와의 계약에 따라 회사가 자기주식을 취득하여 이를 소멸시키는 방법을 취하게 되고, ② 주식의 강제소각시에는 회사가 강제소각을 한다는 뜻과 1개월 이상의 일정 기간 내에 주권을 회사에 제출할 것을 공고하고, 주주명부에 기재된 주주와 질권자에게는 각별로 그 통지를 하여야 한다($^{상 343 I.}_{II. 440}$). 나아가 ③ 주식병합의 방법으로 감자하는 때에도 회사가 주식을 병합한다는 뜻과 1개월 이상의 일정 기간 내에 주권을 회사에 제출할 것을 공고하고, 또 주주명부에 기재된 주주와 질권자에는 통지하여야 한다($^{상}_{440}$).

## 2. 실질적 요건

상기의 형식적 요건이 충족되었다고 감자가 모두 유효한 것은 아니다. 이에 이어 다음과 같은 실질적 요건(materielle Voraussetzung)이 요구될 수 있다.

### (1) 주주평등의 원칙

우선 감자의 방법이 주주평등의 원칙 등 강행법규에 반하지 않아야 한다. 주식의 병합이 동일한 비율로 이루어지지 않는 차등감자의 방식은 주주평등의 원칙에 반하여 감자무효의 원인이 된다.[17] 물론 불리한 감자비율을 적용받는 주주가 이에 사전적으로 동의한 경우 예외가 있을 수 있다.

### (2) 실질적 정당성의 문제

나아가 독일에서 크게 논의되는 것은 자본감소가 상기의 형식적 요건 외에도 실질적 정당성(sachliche Rechtfertigung)을 갖추어야 하는지이다. 일부 학설은 감자시 대부분의 기존 주주들이 사원권침해를 경험하므로 이러한 주주의 희생을 정당화할 정도로 우월한 회사의 이익이 있을 경우에만 해당 감자가 유효하다고 한다. 즉 회사의 이익과 주주의 이익을 형량하여 회사의 이익이 우월할 경우 감자가 가능하지만 그것도 비례의 원칙을 준수하여 자본감소가 적정성, 필요성 나아가 안분비례성을 갖출 경우에만 실질적 정당성을 누리며 이러한 요건이 충족되지 않을 경우 해당 감자결의는 무효 내지 취소대상이 된다고 한다.[18] 즉 자본감소의 방법이 재무구조개선이나 회사의 갱생 등 회사의 목적 달성을 위하여 적정한 수단이어야 하고 나아가 그러한 목적 달성을 위한 여러 수단 중 사원권침해를 최소화하는 방법이어야 하며 끝으로 달성하려는 회사의 이익과 감자로 인한 주주의 희생이 안분비례관계에 있어야 한다는 것이다. 한편 다른 일부 학설들은 실질적 정당성을 감자의 유효요건으로 보지는 않는다.[19] 생각건대 자본감소가 주주의 이익을 위협할 수 있으므로 실질적 정당성을 감자의 유효요건으로 인정하여야 한다고 생각된다.

이에 있어 흥미로운 것은 하이닉스반도체(주)의 21 대 1 균등감자결의에 대한 주주총회결의효력정지가처분사건의 결정내용이다: "… 이 사건 주주총회의 결의가 성립된 상황에서 만약 이 사건 주주총회 결의의 효력이 정지된다면 피신청인으로서는 임원선임과 자본감소가 이루어지지 않음으로써 재무구조개선 등 경영정상화를 위한 작업을 진행하여 나가는데 중대한 난관에 봉착하게 되어 피신청인 회사의 정상적 경영과 국민경제라는 공익이 위태로워지게 될 가능성도 배제할 수 없는 것과 같이 이 사건 신청의 주된 동기가 된 이 사건 주주총회의 감자결의안의 내용에 대한 피신청인 회사의 경영 측면이나 일반 경제, 사회적 측면 등 여러 면에서의 평가는 관점에 따라 상반될 수 있는 점 등에 비추어 볼 때 신청인이 주장하는 사정만으로 바로 이 사건 주주총회결의의 효력을 정지할 만한 급박한 필요성을 인정하기도 곤란하다."[20]

---

17) 대판 2020. 11. 26, 2018다283315.
18) Lutter ZGR 1981, 171. 180; ders., Kölner Kommentar, §222 Rdnr. 29; Wiedemann, ZGR, 1980, 147, 157.
19) Krieger, Münchner Handbuch Aktiengesellschaft, §60 Rdnr. 11; Hüffer, AktG, a.a.O., §222 Rdnr. 14.
20) 수원지법 여주지원 2003. 3. 28.

법원은 분명 21 대 1 균등감자로 희생되는 소액주주의 이익과 이러한 감자를 통하여 달성하려는 회사의 이익 내지 국민경제상의 이익을 형량하였다. 따라서 우리 법원도 감자의 실질적 정당성을 감자의 유효요건으로 다루고 있는 것으로 사료된다.

### (3) 주주의 충실의무위반문제

감자후 증자의 방법을 사용하여 소수주주를 축출하려는 시도가 있을 수 있다. 회사갱생을 명분으로 내세우며 큰 비율의 주식병합으로 감자를 단행한 후 대규모의 제3자 배정으로 증자를 후속시키면 기존 주주들의 지분율은 땅에 떨어지고 소수주주는 사실상 축출(squeeze out)되는 것과 같은 상황에 놓일 수 있다. 이 경우 해당 감자결의는 충실의무위반으로 감자무효의 원인이 될 수 있을 것이다.

그러나 역으로 회사의 재무구조개선이나 경영정상화를 달성하기 위하여 일정율의 감자가 불가피함에도 소수주주가 이를 반대하여 감자승인결의를 부결시키는 경우 해당 소수주주가 충실의무위반으로 후속결과에 대하여 책임질 때도 있다. 독일 대법원의 Girmes 케이스가 이를 잘 설명해주고 있다.

> ⚙ **Girmes 사건: BGHZ 129, 136 = BGH NJW 1995, 1739**
>
> 본 사건의 원고 K는 Girmes사의 주식 350주를 소유한 소수주주이다. 매출부진으로 어려움을 겪던 동 회사는 채권은행단의 요청에 따라 5 : 2의 명목적 감자와 이에 이은 유상증자로 재무구조의 개선을 시도하였다. 피고 A는 소액주주운동가로서 다른 많은 소액주주로부터 의결권을 위임받아 감자승인결의를 종국적으로 부결시킨다. 이에 채권은행단은 채무상환을 강행하였고 그 결과 동 회사는 도산하고 말았다. 그 후 G사의 주식은 휴지조각이 되고 만다. A에게 의결권을 위임하지 않았던 원고 K는 주가의 폭락으로 자신이 입은 손해 30,450마르크를 피고가 배상하여야 한다고 주장하며 손해배상청구의 소를 제기하였다. 제1심과 제2심에서는 원고가 패소하였으나 독일 대법원은 원심을 파기환송하였다.

## V. 자본금 감소의 효과

주주총회결의, 채권자보호절차 그리고 감자의 실행절차가 완료되면 감자의 효과가 도래한다.

### 1. 자본금감소의 효력발생시기

주금액감소의 경우에는 회사가 그 뜻을 통지하여 모든 주주에게 도달한 때 감자의 효력이 발생하며, 임의소각시에는 회사가 소각을 위하여 취득한 자기주식을 실효시킨 때에 감자의 효력이 발생한다. 나아가 주식의 병합이나 강제소각시에는 채권자 보호절차가 종료하고 공고 또는 통지에서 정한 주권제출기간이 만료되었을 때에 자본금감소의 효과가 도래할 것이다($_{343\ II}^{\&\ 441,\ 440,}$).

> ### 대판 2008. 7. 10, 2005다24981
>
> "주식의 강제소각의 경우와 달리, 회사가 특정 주식의 소각에 관하여 주주의 동의를 얻고 그 주식을 자기주식으로서 취득하여 소각하는 이른바 주식의 임의소각에 있어서는, 회사가 그 주식을 취득하고 상법 소정의 자본감소의 절차뿐만 아니라 상법 제342조가 정한 주식실효 절차까지 마친 때에 소각의 효력이 생긴다."

### 2. 등기의무의 발생

자본금이 감소하면 발행주식총수의 감소 또는 주금액의 감소 등 등기사항에 변동이 생기므로 변경등기를 하여야 한다($_{2\mbox{호},\ 183}^{\&\ 317\ II}$). 그러나 이 등기는 감자의 효력발생요건이 아니다.[21] 즉 합병등기나 설립등기와 달리 창설적 등기사항이 아니다.

### 3. 수권주식수의 증가 여부

주식수의 감소로 인한 감자의 경우에는 미발행주식수가 회복하여 授權株式數가 증가하는 듯한 현상이 나타난다. 그리하여 감소된 발행주식수만큼 재차 신주발행을 할 수 있는지 의문시되며 이에 대해서는 학설의 다툼이 있다. 소수설에서는 감소된 수만큼 수권주식수가 회복되어 이 부분에 대한 신주발행이 가능하다고 하나,[22] 통설에서는 감자로 소멸된 주식에 대해서는 이사회가 이미 신주발행권한을 행사한 것이므로 소멸된 주식수만큼 신주를 재발행할 수 없다고 한다. 이사회가 이미 신주발행권한을 행사한 부분에 대하여 재차 이를 허용함은 타당하지 않으므로 통설에 찬동한다.

### 4. 감자차익의 처리

자본금감소의 경우 그 감소액이 주식의 소각, 주금의 반환에 요한 금액과 결손전보에 충당한 금액을 초과한 때에는 그 초과금액은 주주에게 이익으로 배당할 수 없는 재원으로서 이는 자본준비금으로 적립된다($_{\ }^{\&\ 459}$).

---

21) 독일 주식법은 감자결의의 등기로 감자의 효력이 발생한다고 규정하고 있다(동법 224).
22) 이병태, 상법(상), 1974, 523면.

## Ⅵ. 자본금감소의 무효

### 1. 상법의 취지

자본금감소는 주식회사의 주요한 기본변경사항으로서 자본금감소의 절차나 내용에 하자가 있는 경우 그 하자의 주장을 민법의 일반원칙에 맡기면 회사를 둘러싼 법률관계의 안정을 해하게 된다. 따라서 상법은 감자무효의 소제도를 두어 무효의 주장을 억제하는 동시에 무효의 효과를 획일적으로 처리할 수 있도록 하였다($^{\,\text{상}}_{445}$). 그리하여 감자무효의 소라는 형성의 소(Gestaltungsklage)로만 감자의 하자를 다룰 수 있으며 제소권자나 제소기간에도 제한을 두었다. 나아가 원고승소의 경우 판결의 효력도 제3자에게 미치게 하여 법률관계의 획일적 처리를 꾀하고 있다($^{\,\text{상}\,446}_{190}$).

### 2. 무효의 원인

자본금감소의 무효원인은 감자절차나 내용에서 나타날 수 있다. 예컨대 감자결의의 부존재 또는 결의내용 및 절차상 하자가 있었던 경우, 채권자보호절차를 거치지 않은 경우, 채권자보호절차를 개시하기는 하였으되 이의제출채권자를 위한 조치를 해태하였을 때, 종류주주총회결의를 거치지 않았을 때 등이다.

### 3. 감자무효의 소

#### (1) 제소권자

減資無效의 訴는 주주, 이사, 감사, 청산인, 파산관재인 또는 감자를 승인하지 않은 이의채권자에 한하여 제기할 수 있다($^{\,\text{상}}_{445}$).

#### (2) 제소기간

제소기간(Klagefrist)은 자본금감소의 변경등기 후 6개월 내이다. 감자의 변경등기 전이라도 제소는 가능하다. 즉 변경등기일은 제소기간의 기산일이 될 뿐이다. 따라서 감자의 효력이 발생하면 등기 전에도 소제기는 가능한 것이다.

감자로 인한 변경등기일로부터 6개월의 출소기간이 경과한 후에는 새로운 무효사유는 주장불가이다.

**대판 2010. 4. 29, 2007다12012**

"상법 제445조는 "자본감소의 무효는 주주·이사·감사·청산인·파산관재인 또는 자본감소를 승인하지 아니한 채권자에 한하여 자본감소로 인한 변경등기가 있는 날로부터 6월 내에 소만으로 주장할 수 있다."고 규정하고 있는바, 이는 자본감소에 수반되는 복잡한 법률관계를 조기에 확정하고자 하는 것이므로 새로운 무효사유를 출소기간의 경과 후에도 주장할 수 있도록 하면 법률관계가 불안정하게 되어 위 규정의 취지가 몰각된다는 점에 비추어 위 규정은 무효사유의 주장시기도 제한하고 있는 것이라고 해석함이 상당하고 자본감소로 인한 변경등기가 있는 날로부터 6월의 출소기간이 경과한 후에는 새로운 무효사유를 추가하여 주장할 수 없다."

### (3) 소의 절차

이에 대해서는 설립무효의 소에 관한 규정이 준용된다($^{상 446, 186\sim}_{189, 191, 192}$). 또한 총회결의의 하자를 다투는 소에서 나타나는 담보제공의무도 이에 준용된다($^{상 446}_{377}$).

**대판 2004. 4. 27, 2003다29616**

"법원이 감자무효의 소를 재량 기각하기 위해서는 원칙적으로 그 소제기 전이나 그 심리중에 원인이 된 하자가 보완되어야 한다고 할 수 있을 것이지만, 하자가 추후 보완될 수 없는 성질의 것으로서 자본감소 결의의 효력에는 아무런 영향을 미치지 않는 것인 경우 등에는 그 하자가 보완되지 아니하였다 하더라도 회사의 현황 등 제반 사정을 참작하여 자본감소를 무효로 하는 것이 부적당하다고 인정한 때에는 법원은 그 청구를 기각할 수 있다."

### (4) 일반 주주총회결의의 하자를 다투는 소와의 관계

자본금감소의 효력발생 후에는 흡수설에 따라 감자무효의 소만을 제기할 수 있다.

**대판 2010. 2. 11, 2009다83599**

"상법 제445조는 자본감소의 무효는 주주 등이 자본감소로 인한 변경등기가 있은 날로부터 6월 내에 소만으로 주장할 수 있다고 규정하고 있으므로, 설령 주주총회의 자본감소 결의에 취소 또는 무효의 하자가 있다고 하더라도 그 하자가 극히 중대하여 자본감소가 존재하지 아니하는 정도에 이르는 등의 특별한 사정이 없는한 자본감소의 효력이 발생한 후에는 자본감소 무효의 소에 의해서만 다툴 수 있다."

### (5) 판결의 효과

감자무효의 형성판결로 자본금감소는 무효로 된다. 원고승소시 판결의 효과는 제3자에게도 미친다. 판결확정시에는 본점과 지점소재지에서 감자무효의 등기를 하여야 한다($\frac{상}{192}$446). 원고패소시에는 악의 및 중과실의 패소원고에 한하여 손해배상책임이 발생한다($\frac{상}{191}$446).

**(가) 감자무효판결의 소급효문제:**   상기의 효과에 대해서는 의문이 없으나 원고승소시 판결의 효과가 소급하는지에 대해서는 다툼이 있다. 상법은 1995년 개정시 소급효의 배제에 관한 동법 제190조 단서를 감자무효의 소의 준용대상에서 제외시켰다. 이러한 상법개정의 결과로 소급효가 인정된다는 학설이 있는 반면 상법개정에도 불구하고 계속 소급효를 인정하지 않는 반대설이 있다. 소급효의 인정 여부는 회사법을 포함한 단체법의 가장 중대한 당면과제 중의 하나이다. 이 문제를 해결하기 위하여는 자본금감소가 자본회사에서 차지하는 비중을 되새겨야 할 것이다. 자본금증가의 경우에는 상법 제431조가 있으므로 신주발행의 무효는 소급하지 않는다. 개정상법은 증자무효의 소에 대해서도 불소급효에 관한 상법 제190조 단서의 준용을 배제시켰지만 이는 상법 제431조와의 중복을 피하기 위함이었다. 무릇 자본금의 증가나 감소는 주식회사의 가장 커다란 기본변경사항 중의 하나이다. 자본금의 변동은 때로는 사단의 인적 구성을 바꾸며 채권자에게는 책임재산의 규모를 변동시키는 구조변경사항이다. 증자가 기존 자본에 비하여 대규모로 시행되는 경우 이는 실질적인 회사의 설립에 준하는 사안이며 그 역도 마찬가지이다. 즉 자본금이 감소하는 경우에도 회사채권자나 주주에게는 기존상태존중의 요구가 발생하며, 따라서 증자시나 감자시나 그 하자를 다투는 형성소송에서 원고가 승소한 경우 판결의 효력은 소급시킬 수 없다. 개정상법 제446조가 비록 동법 제190조 단서를 준용대상에서 제외시키고 있으나 이는 어디까지나 준용이므로 해석으로 극복할 수 있다고 본다. 불소급설에 찬동한다.[23]

### ⚙ 판결의 효력에 관한 학설의 대립 및 사견

상법은 증자무효의 소(신주발행무효의 소)에서는 상법 제431조를 통하여 소급효를 배제하였으나 감자무효의 경우에는 제446조의 개정으로 소급효를 인정하는 바람에 해석상 논란이 가중되고 있다.

#### 1. 소 급 설

1995년의 상법개정으로 상법 제446조가 동법 제190조 단서를 준용대상에서 제외하고 있기 때문에 감자무효의 소에서 원고가 승소할 경우 판결의 효력은 소급하며 따라서 감자의 실행완료시점으로 돌아가 자본감소는 무효가 된다고 한다. 감자가 주식의 병합에 의한 경우 감자후 병합신주가 유통된 경우에도 거래의 안전에는 문제가 있으나 채권자보호의

---

23) 이에 대해 보다 자세히는 졸고, "자본감소의 무효와 판결의 효력", 상법학의 전망(임홍근교수정년기념논문집), 293~308면.

실익을 인정할 수 있다고 한다.[24]

### 2. 불소급설

이 입장은 상법 제446조의 문언에도 불구하고 감자무효판결의 효력은 소급하지 않는다고 한다. 감자무효판결에 소급효를 인정하면 회사를 둘러싼 법률관계에 매우 큰 혼란이 야기되어 부당하다고 한다. 주식병합을 통한 감자시 병합신주의 효력 자체가 무효로 되므로 양도행위도 따라서 무효가 되고 감자시 소각된 주식은 소급적으로 그 효력이 부활하므로 감자실행후 무효판결이 확정될 때까지 행해진 주주총회의 결의도 모두 무효가 되거나 또는 취소를 면치 못한다. 그 결과 회사를 둘러싼 법률관계는 수인불가의 혼란으로 이어지므로 기존상태존중의 시각에서 소급효를 인정할 수 없다고 한다.[25]

### 3. 절 충 설

이 입장은 양 입장의 대립을 절충하여 개개 사안의 정황에 따라 소급효 유무를 결정하는 것이 바람직하다고 한다.[26]

### 4. 비판 및 결론

상법은 자본감소가 구조변경사안임을 전제로 기존상태존중의 단체법이념을 감자무효의 소에서 다단계로 성문화하였다. 우선 감자무효의 소라는 형성소송제도를 두어 감자무효를 소만으로 주장하게 하고 나아가 제소권자도 주주, 이사, 감사, 청산인, 파산관재인 또는 감자를 승인하지 아니한 채권자에 한정시켰고, 제소기간 역시 감자등기일로부터 6개월로 제한하였다. 이러한 규정속에는 가능한 한 자본감소에 하자가 있더라도 이를 사후적으로 문제삼지 말아야 한다는 기존상태존중의 단체법 정신이 숨쉬고 있다. 나아가 본 문제를 해결함에 있어 자본증가의 경우와 비교할 필요가 있다. 상법 제431조상 증자무효의 경우 판결의 효과는 소급하지 않는다. 자본이 증가하는 경우와 감소하는 경우 양자는 서로 대립적인 것처럼 보이나 구조변경적 사안이라는 점에서는 서로 다를 것이 없다. 이러한 관점을 종합하면 감자무효시에도 하자있는 회사론의 준용은 원칙적으로 가능하다고 보아야 할 것이고 따라서 기본적으로 불소급설이 설득력을 얻는다고 보아야 할 것이다.

다음 살펴보아야 할 것은 불소급설을 취할 때 채권자보호에 문제가 있는지이다. 이 문제를 판단함에 있어 중요한 것은 증자와 감자의 대립적인 문언만 염두에 둔채 결과를 예단하지 말아야 한다는 것이다. 즉 자본증가의 무효를 소급시키면 자본이 줄어 채권자에게 불리하나 감자시에는 정반대의 결과가 나타난다고 쉽게 단정할 일은 아니라는 것이다. 회사의 채권자들은 대부분의 감자시 이의제기절차를 통하여 충분히 보호된다.[27] 이의를 제

---

24) 최기원, 신회사법론, 제7전정판, 1996, 919면; 정찬형, 상법강의(상), 제25판, 1212면; 강위두, 회사법, 제3전정판, 676면(소급효를 인정하나 감자의 방법으로 주식병합을 택한 경우 병합주식의 유통보호를 위하여 불소급효를 입법적으로 규율하는 것이 바람직함).

25) 이철송. 1995년 개정상법-이론과 실무-, 박영사, 1996, 224면; 서헌제, 회사법(사례중심체계), 법문사, 2000, 589면; 졸저, 상법강의(상), 제3판, 법문사, 810면.

26) 정동윤, 회사법, 제5판, 669면(구체적 문제에 따라 소급효의 인정여부를 판단함); 임홍근, 회사법, 법문사, 2000, 759면(거래의 안전을 해하지 않는 범위내에서 소급효를 저지할 필요가 있음).

27) Kort, a.a.O., S. 242.

기하는 채권자에 대해서는 회사가 변제하거나 담보를 제공해야 하기 때문이다. 만약 감자무효의 원인이 채권자보호절차 그 자체의 흠결이라면 채권자보호의 차원에서 소급효를 강제하여야 한다고 생각 할 수도 있다. 그러나 이러한 경우는 매우 예외적일 것이며 나아가 많은 경우 감자가 무상감자의 형태로 추진되므로 감자후에도 회사의 재산에는 변화가 없는 것이 보통이다. 회사갱생의 차원에서 감자하는 경우에는 대부분 감자와 증자가 결합되므로 채권자보호에 큰 문제가 있다고 단정하기는 어렵다. 주식병합에 의한 감자시 무효판결에 소급효를 인정할 수 있으므로 채권자보호에 만전을 기할 수 있다는 소급설의 주장도 쉽게 수긍하기 어렵다. 이런 점들을 고려할 때 불소급설을 취했다하여 채권자의 이익이 침해되는 것은 아니라고 판단된다.

그렇다면 이제 우리는 원칙적으로 불소급설을 취하여 문제해결을 꾀하는 것이 바람직하다는 결론에 도달하게 된다. 그러나 주의할 것은 상기의 불소급설을 취하는 경우라도 이것이 하자있는 회사론의 준용 내지 유추적용을 통한 기존상태존중의 결과이므로 하자있는 회사론의 적용상 이 이론에 내재된 고유한 적용범위를 고려하여 결과를 구체화시켜야 할 것이다. 이러한 점들을 고려한 후 구체적으로 결론을 제시하면 아래와 같다.

**첫째** 하자있는 회사론이 적용되려면 하자있는 상태라 해도 의사형성행위 자체는 존재하여야 한다. 따라서 각종 구조변경행위에 본 이론을 준용할 때에도 본 요건은 충족되어야 한다. 결론적으로 이야기하면 자본감소라는 구조변경의 경우에도 자본감소를 위한 주주들의 의사형성행위, 즉 감자결의가 있어야 한다는 것이다. 따라서 주주총회의 감자결의가 아예 이루어지지 않은 경우 즉 총회 자체가 소집된 적이 없거나 소집되었더라도 주주 아닌 자들만이 모여서 감자결의의 외관만 현시한 경우 등과 같이 비결의나 극단적인 결의부존재시에는 하자있는 회사론이 준용되지 않는다. 나아가 회사의 정관에 따라서는 주주총회의 감자결의 외에도 종류주주총회의 감자결의가 요구되는데 이러한 경우 그러한 종류주주총회의 결의가 전적으로 흠결된 경우 비결의에 준하여 처리하는 것이 바람직할 것이다.[28]

**둘째** 하자있는 회사론은 구조변경행위가 완료되어 이미 의사적 결단이 실행 단계로 접어든 후에만 적용가능하므로 예컨대 자본감소의 경우라면 감자의 효력이 발생하고 난 다음에만 그 적용이 가능할 것이다. 따라서 상법 제445조상의 소가 아니라 감자의 효력발생 전에 감자결의의 취소, 무효 및 부존재를 다투는 소가 제기되었을 때에는 상법 제376조 이하의 규정에 따라 판결의 효력은 소급한다.

**셋째** 하자있는 회사론은 단체법상의 기존상태존중주의를 능가하는 상위의 법익이 있을 때에는 적용상 후퇴하므로 감자무효시에도 이를 고려하여야 할 것이다. 즉 자본감소의 결의가 내용상 공동체의 법익을 극도로 침해하는 예외적인 경우라든지 양속위험의 성격이 강하여 공익에 현저히 반하는 경우 나아가 감자결의의 내용이 보호가치있는 개인의 법익을 현저히 침해하는 경우 예외적으로 소급효를 인정할 수 있을 것으로 생각된다. 감자의 실행이 주식회사의 본질이나 강행법규에 반하는 자본감소시에도 공익을 현저히 침해하는 경우로 보아 하자있는 회사론의 준용은 제한해야 할 것으로 판단된다. 예를 들어 주금액 감소를 통한 감자를 추진하는 경우 감자후 금액이 법정 최저한인 100원에도 못미치는 경

---

28) Kort, a.a.O., S. 242.

우나 감자후의 자본액이 법정 최저한인 5,000만원에 못미치는 경우에도 소급효를 부정할 것인가? 소급효를 인정하여야 할 것으로 생각된다. 상법이 주식회사라는 법형태를 선택할 경우 그 최소의 외연을 정한 것이므로 이러한 한계마저 지켜지지 않는 자본감소의 경우에는 공익침해의 차원에서 하자있는 회사론의 준용을 부정할 수 있다고 생각한다.[29] 그러나 이러한 경우는 지극히 나타나기 어려운 예외라고 생각된다. 그러나 이러한 몇가지 예외들은 그 발생가능성이 매우 빈약한 것으로서 실질적으로는 불소급설에 따라 처리하되 위의 극단적 경우에는 예외를 인정하는 쪽으로 결과를 정리하면 될 것이다.

(나) 하자의 영구적 치유도 허용할 것인가?: 감자무효의 소급효과 관련해 추가로 생각해야 할 것이 하자의 완전치유문제이다. 소급효를 부정한 것이 기존상태존중주의 제1단계였다면 하자의 영구치유는 그 제2단계인 것이다. 설사 소급효는 부정했다 할지라도 자본감소의 무효를 장래에 향하여 실행하는 것, 즉 판결후의 후속처리가 항상 용이한 것은 아니기 때문이다. 예를 들어 주식소각의 방법으로 유상감자를 하였다 하자. 이제 자본감소가 무효화하였으니 다시 주금을 납입하고 회생된 주권을 찾아가라고 하면 그 실행이 용이할 것인가? 소급효는 부정하였기 때문에 감자의 실행후 무효판결이 내려질 때까지 이루어졌던 회사내외부의 법률관계는 영향받지 않을 것이다. 그러나 장래에 향하여 감자전 상태로 복귀하는 것이 항상 용이한 일은 아닐 것이다. 그리하여 경우에 따라서는-특히 실질적 감자의 경우-감자무효판결의 장래효(ex-nunc Wirkung)마저 부인하지 않으면 안되는 경우도 있을 수 있음을 생각할 필요가 있다. 특히 대규모의 상장된 공개법인(Publikumsgesellschaft)에서 유상감자가 시행되었다고 가정할 경우 주금액이 제대로 환수될지는 매우 회의적이다. 사실관계의 구체적 내용에 따라서는 감자무효의 장래효마저 부인하여야 할 것이다.

(다) 하자없는 감자결의의 재결의의무(再決議義務): 끝으로 경우에 따라서는 감자의 효력이 형성판결의 확정으로 장래에 향하여 무효가 된 후에도 자본감소를 속행하여야 할 때가 있다. 가령 회사의 재무구조개선이나 경영정상화를 위하여 자본감소 외에 달리 대안이 없는 경우가 있다. 이 경우 주주들에게는 하자없는 감자결의에 협력해야 할 충실의무까지 있다고 할 수 있다. 이러한 경우 '하자없는 감자결의의 수선의무'(Reparaturpflicht)라는 용어도 쓰인다.[30]

---

29) Kort, a.a.O., S. 242.
30) Kort, a.a.O., S. 247.

# 제 4 관   정관변경

## Ⅰ. 의    의

定款變更(Satzungsänderung)이라 함은 회사의 조직과 활동에 관한 근본규칙인 정관의 내용을 변경하는 것이다. 회사의 정관은 경제사정이나 회사의 내부사정에 따라 변경의 필요성이 생기므로 상법은 그 변경을 인정한다. 정관변경이란 헌법으로 보면 헌법개정에 해당한다.

## Ⅱ. 정관변경의 한계

정관변경의 범위에는 특별한 제한은 없으나 다음과 같은 법리적 한계를 생각해볼 수 있다. 즉 선량한 풍속 기타 사회질서 및 강행법규에 위반되는 정관변경은 불가하다. 정관 역시 단체법상의 조직계약으로서 법률행위의 일종이므로 이에 관한 일반원칙이 적용됨은 당연하다. 나아가 주식회사의 본질에 위배되는 정관변경도 불가하다. 예컨대 주주의 유한책임의 원칙을 폐기하거나 주주평등의 원칙을 본질적으로 무시하는 정관변경, 또는 주식의 양도가능성을 전적으로 부정하거나 자본금의 기본원칙을 폐기하는 정관변경 등은 인정될 수 없다. 나아가 주주의 고유권(Sonderrecht)을 침해하는 정관변경도 허용되지 않는다.[31]

**대판 2000. 9. 26, 99다48429 [명의개서절차이행]**

[주식의 양도가능성을 일정기간 절대적으로 부정하는 정관규정은 무효라는 사례]

"[1] 상법 제335조 제1항 단서는 주식의 양도를 전제로 하고, 다만 이를 제한하는 방법으로서 이사회의 승인을 요하도록 정관에 정할 수 있다는 취지이지 주식의 양도 그 자체를 금지할 수 있음을 정할 수 있다는 뜻은 아니기 때문에, 정관의 규정으로 주식의 양도를 제한하는 경우에도 주식양도를 전면적으로 금지하는 규정을 둘 수는 없다.

[2] 회사와 주주들 사이에서, 혹은 주주들 사이에서 회사의 설립일로부터 5년 동안 주식의 전부 또는 일부를 다른 당사자 또는 제3자에게 매각·양도할 수 없다는 내용의 약정을 한 경우, 그 약정은 주식양도에 이사회의 승인을 얻도록 하는 등 그 양도를

---

31) 이는 마치 기본권의 본질적 부분의 제한을 금지하는 헌법 제37조 제2항과 유사하다(Wesensgehaltsgarantie).

제한하는 것이 아니라 설립 후 5년간 일체 주식의 양도를 금지하는 내용으로 이를 정관으로 규정하였다고 하더라도 주주의 투하자본회수의 가능성을 전면적으로 부정하는 것으로서 무효라는 이유로 정관으로 규정하여도 무효가 되는 내용을 나아가 회사와 주주들 사이에서, 혹은 주주들 사이에서 약정하였다고 하더라도 이 또한 무효라고 한 사례."

### 대판 2007. 5. 10, 2005다60147 [주식회사의 본질 위반]

"[1] 상법은 제218조 제6호, 제220조, 제269조에서 인적 회사인 합명회사, 합자회사에 대하여 사원의 퇴사사유의 하나로서 '제명'을 규정하면서 제명의 사유가 있는 때에는 다른 사원 과반수의 결의에 의하여 그 사원의 제명의 선고를 법원에 청구할 수 있도록 규정하고 있음에 비하여, 주식회사의 경우에는 주주의 제명에 관한 근거 규정과 절차 규정을 두고 있지 아니한바, 이는 상법이 인적 결합이 아닌 자본의 결합을 본질로 하는 물적 회사로서의 주식회사의 특성을 특별히 고려한 입법이라고 해석되므로, 회사의 주주의 구성이 소수에 의하여 제한적으로 이루어져 있다거나 주주 상호간의 신뢰관계를 기초로 하고 있다는 등의 사정이 있다 하더라도, 그러한 사정만으로 인적 회사인 합명회사, 합자회사의 사원 제명에 관한 규정을 물적 회사인 주식회사에 유추적용하여 주주의 제명을 허용할 수 없다.

[2] 주주 간의 분쟁 등 일정한 사유가 발생할 경우 어느 주주를 제명시키되 회사가 그 주주에게 출자금 등을 환급해 주기로 하는 내용의 규정을 회사의 정관이나 내부규정에 두는 것은 그것이 회사 또는 주주 등에게 생길지 모르는 중대한 손해를 회피하기 위한 것이라 하더라도 법정사유 이외에는 자기주식의 취득을 금지하는 상법 제341조의 규정에 위반되므로, 결국 **주주를 제명하고 회사가 그 주주에게 출자금 등을 환급하도록 하는 내용을 규정한 정관이나 내부규정은 물적 회사로서의 주식회사의 본질에 반하고 자기주식의 취득을 금지하는 상법의 규정에도 위반되어 무효**이다."

## III. 정관변경의 절차

### 1. 주주총회의 특별결의

정관변경을 위하여는 주주총회의 특별결의에 따라야 한다($^{상\ 433}_{\ 434}$). 정관은 사법상의 조직계약의 일종이므로 원칙적으로 따지면 주주들의 만장일치로 그 내용을 변경할 수 있도록 하여야 하겠으나 이렇게 되면 다수인에 의한 의사형성상 어려움이 많을 것이므로 특별결의의 방식을 취하는 것이다. 그러나 회사의 설립시에는 발기인들의 의사일치하에 정관이 작성되는 것이고 모집설립의 경우에도 주주들은 정관내용에 구속된다는 동의하에 주식인수의 청약을 하는 것이므로 사단구성원의 완전동의하에 정관이 조직계약의 형태로 성립되는 것이다.

정관변경을 위한 총회소집의 통지와 공고에는 의안의 요령을 기재하여야 한다($\S^{433}$). 즉 정관변경의 구체적 내용을 표시하여야 한다. 예컨대 상호변경시에는 신상호, 목적 변경의 경우에는 추가 또는 삭제되는 업종, 이사보수의 변경시에는 그 변경될 액수 등이 통지 또는 공고되어야 한다. 따라서 단지 '정관변경의 건'이나 '정관 제○조의 변경' 등으로만 기재되면 이는 총회소집의 절차상의 하자를 구성하고 따라서 결의취 소의 원인이 될 수 있다. 주주들은 사전에 변경예정의 정관내용을 숙지하여 의결권행 사가 이루어지기 전에 이에 대해 준비할 수 있어야 하기 때문이다.

## 2. 종류주주총회의 결의($\S^{435}$)[32]

회사가 수종의 주식을 발행한 경우에는 정관변경이 어느 종류의 주주에게 손해를 미칠 염려가 있는 때에는 주주총회의 결의 이외에도 그 종류의 주주총회의 결의가 있어야 한다. 여기서도 결의요건은 주주총회의 특별결의와 같으며 주주총회에 관한 규정들이 준용된다($\S^{435}_{\text{III}}$). 이러한 종류주주총회결의가 필요한 사안에서 그것이 흠결된 경우 정관변경을 위한 일반 주주총회결의의 효력 및 정관변경의 효력에 대해서는 다음 판례를 참조할 필요가 있다.

> **대판 2006. 1. 27, 2004다44575, 44582**
>
> "어느 종류 주주에게 손해를 미치는 내용으로 정관을 변경함에 있어서 그 정관변경에 관한 주주총회의 결의 외에 추가로 요구되는 종류주주총회의 결의는 정관변경이라는 법률효과가 발생하기 위한 하나의 특별요건이라고 할 것이므로, 그와 같은 내용의 정관변경에 관하여 종류주주총회의 결의가 아직 이루어지지 않았다면 그러한 정관변경의 효력이 아직 발생하지 않는 데에 그칠 뿐이고, 그러한 정관변경을 결의한 주주총회 결의 자체의 효력에는 아무런 하자가 없다.
>
> 정관의 변경결의의 내용이 어느 종류의 주주에게 손해를 미치게 될 때에 해당하는지 여부에 관하여 다툼이 있는 관계로 회사가 종류주주총회의 개최를 명시적으로 거부하고 있는 경우에, 그 종류의 주주가 회사를 상대로 일반 민사소송상의 확인의 소를 제기함에 있어서는, 정관변경에 필요한 특별요건이 구비되지 않았음을 이유로 하여 정면으로 그 정관변경이 무효라는 확인을 구하면 족한 것이지, 그 정관변경을 내용으로 하는 주주총회결의 자체가 아직 효력을 발생하지 않고 있는 상태(이른바 불발효 상태)라는 관념을 애써 만들어서 그 주주총회결의가 그러한 '불발효 상태'에 있다는 것의 확인을 구할 필요는 없다."

---

32) 이러한 종류주주총회의 결의가 흠결되었을 때 일반주주총회결의의 효력에 대해서는 본서 제3편 2장 Ⅶ 참조; 나아가 정동윤, "종류주주총회의 결의를 얻지 아니한 정관변경결의의 효력", 상법연구의 향기(정희철교수정 년20년기념), 41~50면 참조(부동적 무효설).

## 3. 등    기

정관변경 자체의 효력발생을 위하여 등기가 요구되는 것은 아니다. 그러나 등기사항인 정관규정에 변경이 가해지는 경우 변경등기가 수반되어야 한다($^{商\ 317}_{\ 183}$).

## Ⅳ. 정관변경의 효력

정관변경은 주주총회의 결의와 동시에 효력이 발생하며 원시정관(Ursatzung)과 달리 공증인의 인증도 필요없다.[33] 따라서 이러한 정관변경결의에 따른 정관서면의 변경은 사후적 절차에 불과한 것이요, 정관변경의 효력발생요건은 아니다.[34] 그러나 정관변경결의가 조건이나 기한부인 때에는 그러한 조건이나 기한의 도래로 효력이 발생한다. 나아가 정관변경으로 인한 변경등기 역시 정관변경의 효력발생요건은 아니다.

> **대판 2007. 6. 28, 2006다62362**
>
> "주식회사의 원시정관은 공증인의 인증을 받음으로써 효력이 생기는 것이지만 일단 유효하게 작성된 정관을 변경할 경우에는 주주총회의 특별결의가 있으면 그때 유효하게 정관변경이 이루어지는 것이고, 서면인 정관이 고쳐지거나 변경 내용이 등기사항인 때의 등기 여부 내지는 공증인의 인증 여부는 정관변경의 효력발생에는 아무 영향이 없다."

## Ⅴ. 정관변경의 특수한 경우

### 1. 주금액의 변경

#### (1) 주금액인상의 경우

1주의 금액은 정관상 절대적 기재사항이므로($^{商\ 289}_{Ⅰ\ 4호}$), 그 인상에는 정관변경이 필요하다. 이 경우 인상된 부분에 대하여 현실적인 추가납입을 시키는 경우에는 주주유한책임의 원칙($^{商}_{331}$)에 반하므로 총주주의 동의가 있어야 할 것이다. 기타 현실적인 추가납입이 요구되지 않는 주식병합에 의한 신주금액의 변경 등에는 주주총회의 특별결

---

33) 상법 제292조 참조.
34) 대판 1978. 12. 26, 78누167.

의로 족하다. 예컨대 준비금을 자본금전입시키고 그 무상신주와 구주를 병합하여 주금액을 100% 인상시키는 경우 등이다.

### (2) 주금액인하의 경우

주식의 분할에 의하여 株金額을 인하시키는 경우에는 주식분할의 결정 자체는 이사회결의로도 가능하나 1주의 금액은 정관상 절대적 기재사항으로 주주총회의 특별결의를 거쳐야 한다($\frac{상}{4\bar{x}}\frac{289}{433}$). 예컨대 10,000원인 주식을 분할하여 액면 5,000원의 2주로 하는 경우이다. 반면 단순히 액면가만을 인하시키는 경우에는 자본금감소에 해당하므로 정관변경 이외에도 자본금감소절차가 요구된다.

### 2. 사실상의 정관변경

이는 정관변경의 일종은 아니다. 가령 회사가 100% 자회사를 설립하고 이에 대부분의 영업용 재산을 출자하여 모자관계가 성립되는 경우 기존 회사의 영업목적은 사실상 지주회사(holding)로 전환한 것이나 마찬가지이다. 그리하여 이러한 경우 사실상 정관이 변경(faktische Satzungsänderung)된 것과 같은 상태가 도래함에도 불구하고 정관변경절차가 없었으므로 현물출자 등의 법적 효력을 정관변경의 흠결을 주장하여 다툴 수 있는 것이다.

## VI. 하자있는 정관변경

정관변경을 위한 주주총회결의가 부존재하거나 무효 또는 취소사유가 있는 경우에는 총회결의의 하자를 다투는 회사법상의 소제도를 이용할 수 있을 것이다($\frac{상}{이하}\frac{376}{}$). 문제는 이러한 정관변경무효의 소에서 원고가 승소한 경우 그 효력을 소급시킬 수 있는가 아니면 불소급효로 처리하여야 하는가의 문제가 있다. 이 경우는 자본의 증감이나 합병 내지 분할 등의 경우와는 달리 경우에 따라 달리 취급하여야 한다고 본다.

### 1. 소급처리가 가능한 경우

가령 상호($\frac{상}{1}\frac{289}{2호}$)나 회사의 영업목적($\frac{상}{1}\frac{289}{1호}$)변경을 위한 정관변경결의에 瑕疵가 있었던 경우에는 판결의 효력을 소급시켜도 무방하다고 본다. 하자있는 신상호로 회사가 대외적 거래를 하였다 하여도 그 행위의 효력 자체가 문제시되지는 않기 때문이다. 나아가 회사의 영업목적변경을 위한 정관변경이 무효인 경우에도 ultra-vires-doctrine

에 관한 제한부정설을 취하는 한 대표기관의 대표행위의 효력에는 지장이 없기 때문이다. 나아가 본점소재지($^{상}_{1}\,^{289}_{6호}$)를 변경시키는 정관변경결의에 하자가 있어 취소되는 경우에도 그 결과를 소급시켜 과거의 본점소재지로 회귀할 수 있을 것이다. 무효인 본점소재지를 바탕으로 그 중간에 제기된 회사법상의 소나 이를 바탕으로 한 상업등기 등은 소송이송($^{민소}_{34 등}$)이나 관할전속($^{상업등기}_{규칙 4}$) 등의 방법으로 해결될 수 있을 것이기 때문이다.[35]

## 2. 소급처리가 적절치 못한 경우

반면 이러한 소급효가 적절치 못한 경우도 있다. 가령 회사가 공고를 하는 방법($^{상}_{1}\,^{289}_{7호}$)을 변경하는 정관변경결의에 하자가 있어 이를 취소하거나 무효처리하는 경우 그 결과가 소급한다면 그 중간에 소집된 주주총회는 모두 소집절차를 제대로 지키지 못한 총회가 될 것이고 따라서 이러한 총회에서 이루어진 결의도 절차상의 하자를 피할 수 없어 취소대상이 되고 말 것이다. 그러나 이러한 결과는 회사를 둘러싼 주주의 이익이나 거래의 안전에 모두 해가 되고 만다. 기존상태존중의 법리를 내세워 이러한 경우에는 소급효를 부정하고 장래에 대해서만 새로운 공고방법을 요구하는 것이 바람직할 것이다. 그 외에도 정관변경이 회사의 기본구조변경과 더불어 이루어지는 경우에는 일반적으로 그 정관변경결의의 무효도 소급하지 않는다고 보아야 할 것이다.

# 제 5 관   해산과 청산

## I. 해     산

## 1. 의     의

해산(解散; Auflösung)이란 회사의 법인격을 소멸시키는 원인이 되는 법률요건이다.

## 2. 원     인

주식회사의 해산원인은 다음과 같다($^{상}_{517}$): ① 존립기간의 만료나 기타 정관으로 정

---

35) Krieger, ZHR 158(1994), S. 35 ff., S. 54.

한 사유의 발생($^{상\ 517\ 1호.}_{227\ 1호.}$), ② 합병, 파산($^{상\ 517\ 1호.}_{227\ 4,\ 5호.}$), ③ 법원의 해산명령($^{상}_{176}$) 또는 소수주주에 의한 해산판결($^{상}_{520}$)($^{상\ 517\ 1호.}_{227\ 6호.}$), ④ 주주총회의 특별결의($^{상\ 517\ 2호.}_{518,\ 434}$),36) ⑤ 상법 제530조의2의 규정에 의한 회사의 분할 또는 분할합병($^{상\ 517}_{1호의2}$).

여기서 ①과 ④의 경우에는 회사계속의 결의가 가능하다($^{상}_{519}$). 주식회사의 경우에는 주주가 1인이더라도 해산사유가 되지 않는다(상법 제517조 제1호는 제227조 제3호를 주식회사의 해산사유에서 제외하고 있다).

## 3. 해산의 효과

### (1) 후속절차의 개시

해산의 효과로 합병 또는 파산의 경우를 제외하고는 회사는 청산단계로 들어간다($^{상\ 531}$). 이 경우 회사의 권리능력은 청산의 목적범위 내로 제한된다($^{상\ 542.}_{245}$). 즉 회사는 제3자에 대한 법률관계의 종결과 주주에 대한 잔여재산의 분배를 위하여 존속하게 된다. 합병이나 파산의 경우에는 각각 합병절차나 파산절차가 개시될 것이다.

### (2) 해산의 공시

회사가 해산한 때에는 파산의 경우 외에는 이사는 주주에 대하여 그 통지를 하고 무기명주권을 발행한 경우에는 공고를 하여야 한다($^{상}_{521}$). 그리고 해산사유가 있는 날로부터 소정기간 내에 해산등기가 이루어져야 한다($^{상\ 530}_{228}$). 그러나 해산등기가 창설적 등기사항은 아니다. 회사의 해산등기는 제3자에 대한 대항요건에 불과하다. 따라서 법인이 해산결의를 하고 사실상 청산사무를 마쳤더라도 해산등기를 하지 않으면 제3자에 대하여 법인의 소멸을 주장할 수 없다. 재판에 의하여 회사가 해산을 한 경우에는 법원의 촉탁에 의하여 등기를 하여야 한다.

### (3) 회사의 계속

주식회사가 존립기간의 만료 기타 정관에 정한 사유의 발생 또는 주주총회의 결의에 의해서 해산한 경우 즉 회사의 의사에 기하여 해산이 이루어진 경우에는 주주총회의 특별결의에 의해서 회사의 계속(Fortsetzung der Gesellschaft)을 결의할 수 있다($^{상}_{519}$). 회사의 계속을 결의한다 함은 해산에 이르는 시점까지 회사의 존립을 가능케 했던 조직계약을 갱신하는 의미를 갖는다. 회사의 계속은 해산등기 후에도 가능하나 청산등기가 있기 전이어야 한다.

---

36) 주주총회의 특별결의에 의한 해산시 그 해산결의에 하자가 발생한 경우 해산무효의 소가 제기될 수 있을 것이다. 이 소에서 원고가 승소하는 경우 판결의 효력은 소급하지 않는다. 해산결의는 회사의 구조변경적 결의로서 강한 기존상태존중주의가 요구되기 때문이다.

### 4. 해산명령제도($\frac{상}{176}$)

회사의 행동이 사회적 이익을 해치는 등 회사제도가 남용되는 경우 공익적 견지에서 회사의 법인격을 박탈하기 위하여 인정된 제도이다. 상법은 해산명령의 사유로서 3가지를 들고 있다($\frac{상}{176}$). 회사의 설립목적이 불법한 것일 때($\frac{제1}{호}$), 회사가 정당한 사유없이 설립 후 1년 내에 영업을 개시하지 않거나 1년 이상 영업을 휴지하는 때($\frac{제2}{호}$) 및 이사 또는 회사의 업무를 집행하는 사원이 법령 또는 정관에 위반하여 회사의 존속을 허용할 수 없는 행위를 하는 때($\frac{제3}{호}$)이다. 해산명령의 절차에 대해서는 비송사건절차법에 규정되어 있다.

### 5. 해산판결제도($\frac{상}{520}$)

해산명령제도가 공익적 견지에서 회사의 법인격을 박탈하는 제도임에 반하여 해산판결제도는 회사의 내부에서 자치능력을 상실한 경우 주주의 이익을 보호하기 위한 제도이다. 10%의 소수주주권으로 되어 있다.

# Ⅱ. 청    산

## 1. 의    의

청산(淸算; Liquidation)이라 함은 회사가 합병이나 파산 이외의 원인으로 해산한 경우 회사의 법률관계를 종국적으로 처리하고 잔여재산을 분배함을 목적으로 하는 절차이다. 청산단계에 있는 회사를 청산중인 회사(Abwicklungsgesellschaft)라 한다.[37] 본래 청산은 임의청산($\frac{상}{247}$)과 법정청산의 두 가지 방법이 있으나 주식회사에 있어서는 법정청산만을 허용하고 있다.

---

37) 이는 회사의 일생(Lebensprozeß der Gesellschaft) 중의 마지막 단계이다. 회사는 크게 설립중의 회사(Vorgesellschaft), 존립중의 회사(werbende Gesellschaft), 청산중인 회사(Abwicklungsgesellschaft)의 3단계를 거친다고 할 수 있다. 설립중의 회사에 대해서 오늘날 유력설은 부분적 권리능력을 인정하고, 존립중의 회사는 완전한 권리능력을 향유하며, 청산중인 회사는 청산의 목적범위 내로 다시 권리능력이 줄어든다. 각각의 단계에서 업무집행기관은 발기인, 이사, 청산인이 된다.

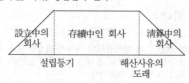

## 2. 청 산 인

청산중인 회사의 업무집행인을 청산인(Liquidator)이라 한다. 청산중에도 주주총회와 감사는 그대로 존속하고 검사인도 선임할 수 있지만 이사는 그 지위를 잃고 청산인이 대신 청산중인 회사의 청산사무를 담당하게 된다. 이는 설립중의 회사의 발기인, 존립중인 회사의 이사에 해당한다.

존립중의 회사에 대하여 이사회와 대표이사가 분화하듯 청산중인 회사에 대해서도 청산인회와 대표청산인의 구별을 할 수 있다. 청산인회는 이사회에 대응하는 기관으로서 청산사무에 대한 의사결정과 청산인의 청산사무에 대한 감독을 한다($\frac{상}{542}$). 나아가 청산사무의 집행과 청산회사의 대표권은 대표청산인이 행사한다($\frac{상}{542}$).

이사는 원칙적으로 모두 청산인이 되지만(법정청산인) 정관 또는 주주총회의 결의로 이사 이외의 자를 청산인으로 정한 경우에는 그가 청산인이 된다($\frac{상}{531}$). 그러나 청산인이 될 자가 없는 때에는 법원이 이해관계인의 청구에 의하여 청산인을 선임한다($\frac{상}{531}$).

## 3. 청산인회

청산인회는 청산인 전원으로 구성되는 회의체로서 청산사무의 의사결정기관이다. 즉 청산사무의 집행은 청산인회의 결의에 따라야 한다($\frac{상}{393}\frac{542}{I}$ Ⅱ·). 이사회에 상응하는 기관이므로 청산인회의 소집, 의사, 결의 등에 대해서는 이사회에 관한 규정이 준용되고 있다($\frac{상}{390-393}\frac{542}{}$ Ⅱ·).

## 4. 대표청산인

대표청산인은 청산인이 법정청산인(이사)인 경우에는 해산 전의 대표이사가 되며, 법원이 청산인을 정한 경우에는 법원이 대표청산인을 정한다($\frac{상}{255}\frac{542}{}$). 여타의 경우에는 청산인회의 결의로 대표청산인을 정한다($\frac{상}{389}\frac{542}{I}$, Ⅱ·).

## 5. 청산인과 청산중의 회사와의 관계

청산인도 존립중의 회사의 이사에 비유되는 선관주의의무(duty of care)와 충실의무(duty of loyalty)를 부담한다. 청산인과 회사와의 관계도 이사와 회사간의 관계와 같이 위임이다($\frac{상}{382}\frac{542}{II}$ Ⅱ·). 따라서 청산인도 회사에 대하여 선량한 관리자의 주의로 청산사무를 수행하여야 한다($\frac{상\ 542\ II,\ 382}{II:\ 민\ 681}$).

나아가 청산인은 청산회사가 청산행위의 내용으로서 종래의 영업을 계속하는 경우에는 경업피지의 의무를 부담한다.[38] 나아가 청산인도 청산회사와의 자기거래가 제한된다. 즉 청산인이 회사와 자기거래를 할 때에는 청산인회의 승인을 얻어야 한다($\frac{상\ 542}{II,\ 398}$).

청산인과 회사간의 소에 있어서는 감사가 회사를 대표한다($\frac{상\ 542}{II,\ 394}$). 나아가 청산인도 법령정관위반이나 임무해태로 인하여 청산회사에 대한 손해배상책임을 질 수 있고 또 악의나 중과실인 경우에는 제3자에 대해서도 손해배상책임을 질 수 있다($\frac{상\ 542\ II,\ 399\sim}{401,\ 403\ 이하}$).

### 6. 청산사무($\frac{상\ 542\ I,}{254\ I}$)

청산사무의 범위는 현존사무의 종결, 채권추심과 채무의 변제($\frac{상\ 536,}{537}$), 재산의 환가처분 및 잔여재산의 분배($\frac{상}{538}$) 등에 이르며 이외에도 여타 청산을 위하여 필요한 각종 조치가 포함된다.

### 7. 청산의 종결

청산사무가 종결한 때에는 청산인이 지체없이 결산보고서를 작성하고 주주총회에 제출하여 그 승인을 얻어야 한다($\frac{상}{1}\ 540$). 청산인은 승인을 얻은 후 청산종결의 등기를 한다($\frac{상\ 542}{I,\ 264}$).

# 제7절 기업재편

# 제1관 총 설

본 장에서는 기업재편(corporate restructuring)에 대해서 살펴 보기로 한다. 기업재편은 오늘날 큰 의미를 갖는다. 본장에서는 회사의 합병, 분할, 주식교환, 주식이전, 삼각조직재편, 영업양수도, 주식양수도 등 우호적 M&A의 여러 현상들을 포괄적으로 살펴 보기로 한다.

---

38) 그러나 일반적으로 여타의 경우에는 상법 제542조 제2항은 상법 제397조를 준용하고 있지 않다.

## 제 2 관  회사의 합병

## Ⅰ. 총    설

오늘날 기업들은 끝없는 경쟁관계 속에 놓여 있다. 각국의 국경도 더 이상 보호막
이 아니다. 이런 환경속에서 기업들은 때때로 조직재편을 통하여 주변환경에 민첩히
대응해야 한다. 특히 합병은 특정 상황하에서는 기업이 살아 남기 위한 유일한 대안
이 되기도 한다. 시사매체가 보도하듯 영국의 글락소웰컴(Glaxo Wellcome)社와 스미스
클라인(Smith Kline)社간의 합병은 제약업계의 지각변동으로 이어졌고[1] 독일의 철강업
체 티센(Thyssen)과 크룹(Krupp)의 결합도 해당 업계에 파장을 일으켰다.[2] 비록 오래
가지는 못했지만 한 때 대서양을 사이에 둔 다이믈러(Daimler)와 크라이슬러(Chrysler)
간 결합 역시 경제뉴스의 첫줄을 장식하기에 충분했다.

합병을 통한 시너지효과는 규모의 경제를 낳고 원가절감으로 이어지며 합병후 회
사의 시장지배력을 제고한다. 그렇게 되면 지금까지 경쟁해 오던 상대 기업은 사라져
야 하는 비정한 시장논리가 온 세계를 휘감고 있다. 기술패권주의와 무한경쟁의 파라
다임은 21세기를 무언의 기술전쟁시대로 만들어 가고 있다. 이러한 시대적 흐름 속에
서 合倂에 관한 법률문제들은 회사법의 뜨거운 주제가 아닐 수 없다.

우리나라에서는 특히 동일 기업집단내에서 계열사간 합병이 자주 관찰되고 있다.
대등한 당사자간의 경영권거래에서는 주식양수도 방식이 많이 쓰이나 동일 기업집단
내에서는 합병을 통한 구조조정의 사례가 많다. 그런 점에서 외국의 경우와는 많은 차
이점을 드러낸다. 계열사간 합병이 많다 보니 합병비율의 공정성이나 반대주주의 주식
매수청구권 등 소수주주 보호를 위한 법률적 장치들이 자주 논의의 대상이 되고 있다.

## Ⅱ. 합병의 의의

### 1. 합병의 개념정의

會社의 合倂(merger; consolidation; Verschmelzung)이란 복수 회사의 참여를 전제로

---

1) www.gsk.com을 참조하라.
2) www.thyssenkrupp.com을 참조하라.

참여회사의 전부 또는 일부가 청산절차없이 해산하고 그 재산은 포괄적으로 합병후 회사로 이전하며 그 사원은 합병후 회사의 사원으로 되는 단체법상의 법률요건이다.

## 2. 개념요소

합병의 개념요소를 열거해 보면 아래와 같다.

### (1) 포괄승계

합병은 포괄승계(包括承繼)[3]를 법률효과로 하는 법률요건이다. 영업양도에서처럼 양도객체를 개별적으로 이전시키는 경우 이는 합병이 아니다. 즉 영업양도에서는 각 영업용 재산이 특정승계되지만 합병의 경우에는 포괄승계가 특징이다.

### (2) 소멸회사의 해산

나아가 합병에서는 소멸회사가 청산절차 없이 해산한다는 점이 특징이다. 소멸회사의 재산이 존속회사나 신설회사로 포괄적으로 이동하므로 청산절차가 요구되지 않는다. 재산의 양도주체가 양도 후에도 존속하면 이는 합병이 아니다.[4]

### (3) 합병대가는 사원권(주식)

끝으로 권리의무가 포괄승계되는 결과 존속회사나 신설회사의 사원권(주식)이 소멸회사의 사원(주주)에게 부여된다(stock-for-stock). 지난 2015년 삼성물산과 제일모직 간 합병에서는 삼성물산의 주주들에게 삼성물산 3주식을 제일모직 1주식으로 바꾸어 주는 1:0.35의 합병비율이 논란의 대상이 되었다. 물론 주식회사의 경우에는 합병대가의 다양화가 추진되어 예외가 나타나기도 한다. 2011년의 개정상법은 교부금합병과 삼각합병 방식을 추가로 신설하였다. 그리하여 'stock-for-stock'의 원칙에는 일정한 예외가 나타나게 되었다. **교부금합병**(cash-out merger)의 경우에는 존속회사의 주식 대신 현금 내지 여타 재산으로 합병대가가 지급되고($\frac{상}{4호}^{523}$), **삼각합병**(triangular merger)의 경우에는 존속회사의 모회사 주식이 합병대가로 교부된다($\frac{상}{의2}^{523}$).

---

3) 포괄승계를 영어로는 'universal succession', 독일어로는 'Gesamtrechtsnachfolge'라 한다.
4) 예컨대 상법 제374조상 주주총회의 특별결의가 요구되는 영업 전부의 양도시 양도회사가 반드시 해산하지는 않는다. 회사는 다시 다른 회사의 영업 등을 인수하여 회사의 계속을 기할 수 있다.

## Ⅲ. 법적 성질

### 1. 학 설 들

합병의 법적 성질에 대해서는 아래와 같은 학설대립이 있다.

#### (1) 인격합일설

인격합일설(人格合一說)에 의하면 합병이란 사단법(조직법)상의 특수한 계약으로서 해산회사는 합병에 의하여 존속회사나 신설회사에 통합되고 그 결과 회사재산이 이전된다고 한다(답수).

#### (2) 현물출자설

현물출자설(現物出資說)에서는 흡수합병은 소멸회사의 영업 전부를 현물출자하는 존속회사의 자본증가요, 신설합병은 소멸회사의 재산출자에 의한 신회사의 설립이라고 설명한다.

#### (3) 재산합일설

재산합일설(財産合一說)에서는 합병의 본질을 소극재산을 포함한 재산관계의 융합에 있다고 설명한다.

### 2. 비판 및 사견

생각건대 현물출자설은 현물출자자인 소멸회사 대신 소멸회사의 사원(주주)이 존속회사 또는 신설회사의 사원(주주)이 되는 이치를 설명할 수 없다. 재산합일설 역시 재산결합의 시각에서 합병의 본질을 설명하는 관계로 소멸회사의 주주나 피용자가 합병후 회사의 주주 또는 피용자로 되는 것을 만족스럽게 설명할 수 없다. 인격합일설이 대체로 무난하다. 이에 찬동한다.

## Ⅳ. 합병과 유사개념의 비교

### 1. 합병과 영업양수도의 비교

合倂의 개념을 보다 구체화하기 위하여는 우선 영업양도와 비교해 볼 필요가 있다.

### (1) 공통점

공통점을 살펴보면 둘 다 모두 ① **기업집중을 도모**하는 경제적 목적을 갖는다. 나아가 ②주식회사의 경우 합병승인결의나 영업양도를 위한 주주총회결의나 모두 **주주총회의 특별결의**를 거치며($\frac{\text{상}}{\text{III}}\frac{522}{374}$), ③ 이에 **반대하는 주주에게는 주식매수청구권이 인정된다**($\frac{\text{상}\ 522의3.}{374의2}$).[5]

### (2) 차이점

이와 같은 공통점에도 불구하고 양자간에는 다음과 같은 본질적 차이가 존재한다.

**(가) 법적 성질:** 행위의 법적 성질을 비교해 보면 합병은 단체법상의 법률요건이다. 즉 합병이란 법인간의 단체행위라 할 수 있다. 참여회사의 실체가 융합하여 합병후 회사라는 새로운 실체를 탄생시킨다. 이에 반하여 영업양도는 그 본질이 채권적 거래로서 양도인과 양수인간의 평면적·개별적인 거래행위에 불과하다.

**(나) 참여 당사자:** 당사자를 비교해 보면 합병에서는 회사로 제한되나,[6] 영업양도의 경우에는 법인(회사)뿐만 아니라 자연인(개인상인)도 되고 특히 영업양수인은 비상인(非商人)도 가능하다.

**(다) 법률행위의 형식:** 합병은 강한 요식성을 갖는다. 주식회사가 합병당사자인 경우에는 반드시 서면의 합병계약서를 작성하여야 한다. 나아가 합병등기는 그 효력발생요건이다. 그러나 영업양도계약은 불요식의 낙성계약이다.

**(라) 재산승계의 방식:** 합병이 이루어지면 소멸회사의 재산은 존속회사나 신설회사에 포괄적으로 승계되므로 그중 일부의 재산을 제외시킬 수 없다. 그러나 영업양도의 경우에는 특정승계가 이루어지므로 영업의 동일성이 유지되는 한 양도재산의 일부가 제외되어도 상관없다.

**(마) 소멸회사 사원(주주)의 수용여부:** 합병의 경우 소멸회사의 사원은 존속회사에 수용된다. 그러나 영업양도의 경우에는 그러하지 아니하다. 영업양도의 당사자가 회사인 경우에도 양도회사의 사원(주주)이 당연히 양수회사에 수용되지는 않는다.

---

5) 판례는 주식매수선택권의 법적 성질을 형성권으로 보고 있다(대판 2011. 4. 28, 2009다72667).

6) 독일의 사업재편법(Umwandlungsgesetz 1994)상으로는 합병당사자는 회사에 한정되지 않는다. 회사 이외에도 협동조합, 비영리사단법인, 상호보험회사 및 물적회사의 1인사원인 자연인도 합병당사자가 될 수 있다(§3 UmwandlungsG).

(바) **하자의 주장방법**:　합병의 경우에는 합병무효의 소라는 형성소송이 존재한다. 이를 통해서만 무효의 주장이 가능하다($\frac{\text{商 }236.}{529, 603}$). 반면 영업양도의 경우에는 무효의 주장방식에 제한이 없다. 민법과 민사소송법의 일반원칙을 따르면 된다.

## 2. 합병과 주식교환(이전)의 비교

합병과 유사하지만 구별하여야 할 것으로 주식교환 및 주식이전이 있다. 주식교환의 경우에는 완전모회사로 될 회사(P)와 완전자회사로 될 회사(S)간에 주식교환계약이 맺어지고 이 계약의 실행으로 완전모자관계가 창설되며 경제적으로는 두 회사간 경제력 집중의 효과가 나타나므로 흡수합병과 유사해진다. 그러나 흡수합병의 경우와 달리 완전자회사로 될 회사(S)의 법인격은 주식교환의 실행후에도 그대로 유지된다. 즉 S는 법적 독립성을 그대로 유지한다. 이점에서 합병과 구별된다. 주식이전의 경우도 마찬가지다. 공동주식이전(共同株式移轉)의 경우에는 복수의 회사가 완전자회사로 되는데 이 경우에도 기존 회사들의 법인격은 그대로 존속하는 점에서 신설합병과 구별된다.

# V. 합병의 방법

## 1. 흡수합병과 신설합병

흡수합병(吸收合倂; merger)이란 합병 당사회사 중 1개 회사는 존속하고 다른 회사는 해산하며, 소멸회사의 사원(주주) 및 그 권리·의무는 존속회사에 포괄적으로 승계되는 합병 방법이다. 실무에서는 주로 이 방식을 많이 선택한다. 반면 신설합병(新設合倂; consolidation)이란 합병에 참여하는 모든 당사회사는 해산하고 새로운 회사를 설립하며 해산회사의 사원 및 재산은 신회사에 포괄적으로 승계되는 합병 방식이다.[7]

## 2. 현금지급합병

이는 2011년 개정상법이 **합병대가의 유연화를 도모하는 과정에서 새로이 도입한 합병방식**이다.[8] 교부금합병(交付金合倂; cash-out merger)이라고도 한다. 합병대가를 존속회사나 신설회사의 주식으로 교부하지 않고 현금으로 지급하므로 소멸회사의 주주들

---

7) 독일에서도 실무상 흡수합병이 압도적 다수이고, 신설합병은 지극히 희귀하다고 한다(Kallmeyer/Marsh-Barner, §2 Rn. 7).

8) 개정전에도 물론 합병교부금의 지급은 가능하였다. 그러나 존속회사의 주식을 교부하지 않고 오로지 현금만으로 합병대가를 지급하는 것은 불가하다는 것이 통설적 견해였다.

은 비록 현금으로 보상을 받기는 하지만 그후에는 회사로부터 축출되는 결과가 된다.

따라서 현금지급합병의 경우에는 합병대가의 공정성이 자주 법적 분쟁으로 등장한다. 이 경우 존속회사는 대개 소멸회사의 지배주주일 경우가 많으므로 결국 지배주주의 충실의무 문제로 확대되기도 한다. 미국에서는 합병대가의 공정성을 확보하기 위하여 와인버거 사건 이후 '완전한 공정성 기준(entire fairness standard)'이 확립되었다.

### 🟢 Weinberger v. UOP[9]

[50.5%의 지분을 가진 지배주주의 현금지급합병을 위해 완전한 공정성기준을 적용한 사례]

Signal社(이하 'S'라 약한다)는 다수의 자회사를 통하여 운영되는 다기한 기술집약형 회사였다. 그의 주식은 뉴욕, 필라델피아 및 퍼시픽 증권거래소에서 거래되고 있었다. 공식적으로는 'Universal Oil Products Company'로 불리우던 UOP는 석유 및 석유화학 관련 용역과 관련 제품을 생산하였고, 건축, 운송장비의 생산 및 부동산 개발 등 다기한 영역에서 활동하는 회사였다. UOP는 뉴욕증권거래소에 상장되어 있었다. 1974년 S는 완전자회사 중 하나를 4억 2천만 달러에 현금으로 매각하였고 그 사용처를 물색하던 중 이 자금(資金)으로 UOP를 인수하기로 결정한다. 우호적인 협상 끝에 주당 21불로 합의되었으며, UOP의 미발행 수권주식 150만주를 S가 취득하고, 430만 주식은 현금공개매수로 취득하게 되었다. 그 결과 **S는 UOP의 총발행주식 중 50.5%를 취득**하게 되었다. 그후 S측 인사인 James Crawford가 UOP의 CEO & Chairman 에 취임한다.

1977년 S는 UOP의 과반수 주식을 인수하고도 아직 자금이 남아 있었다. 이 잉여자금의 투자처를 모색하던 중 S는 이 재원을 UOP의 나머지 잔여주식을 인수하는 데 쓰기로 한다. 그후 수차례에 걸친 협상 끝에 주당 21달러의 가격으로 UOP의 49.5% 잔여주식을 현금지급방식으로 매수하여 합병하기로 결정한다. 1978년 5월 26일 소집된 UOP의 주총에 본 합병건이 상정되었고 S를 제외한 UOP의 주식 중 51.9%는 찬성, 48.1%는 반대하였으나, 지배주주 S의 찬성표까지 합산하면 UOP의 주식(outstanding)중 76.2%가 찬성한 것이 되어 합병안은 가결되었다. 합병승인일은 본 합병의 효력발생일이었고 UOP의 소수주주들의 의사와 무관하게 주당 21달러로 S가 UOP의 주식을 매입하게 되었다.

UOP의 소수주주인 원고(William B. Weinberger)는 본 합병에 반대한 UOP의 모든 주주를 대표하여 주위적 청구로 합병의 무효를, 예비적 청구로 손해배상을 각 청구하였다. 예비적 청구는 적정한 현금지급합병액과 주당 21불간의 차액을 손해로 보아 이를 배상하라는 취지였다. 델라웨어주 챈서리법원은 원고 패소판결하였고[10] 원고는 델라웨어주 최고법원에 항소하였다.

델라웨어주 최고법원의 무어(Moore)판사는 원심을 파기하였다. 본 현금지급합병이 완전한 공정성기준(entire fairness standard)을 충족시키지 못하여 무효라고 보았다.

먼저 **절차적 공정성**을 보면 본 합병을 추진한 자들이 합병 당사회사 양측에 모두 이사

---

9) 457 A. 2d 701 (Del. 1983).
10) 426 A. 2d 1333 (Del. Ch.).

직을 갖고 있었고[11] 투자은행의 공정성 의견(fairness opinion) 역시 서둘러 작성되는 등 절차상 문제가 있다고 지적하였다. UOP에는 13인의 이사가 있는데 그중 6인이 S측 인사였고 나머지는 사외이사였는데 사외이사들과는 본 합병안에 대해 한번도 제대로 논의한 바 없다고 한다.[12]

**실질적 공정성**(price fairness)의 측면에서도 주당 21달러로 UOP의 주식을 평가하는 것은 공정하지 않다고 보았다. 최소한 주당 24달러는 되어야 하는데,[13] 21달러의 가격으로는 실질적 공정성이 충족되지 않는다고 본 것이다. 나아가 원고가 주장한 금전적 손해배상청구 역시 인용하였다. 원고는 주식매수청구는 하지 않았지만 합병무효로 인한 손해배상청구(rescissory damage) 역시에 형평법상 가능하다고 보았다. 끝으로 재판부는 본 사건의 심리에 있어 Singer v. Magnabox 사건에 등장했던 '경영상의 목적'요건(valid business purpose requirement)을 폐기하였다.[14] 이 요건을 버리는 대신 완전한 공정성 기준을 사용하였고 또 그것으로 충분하다고 판시하였다.

본 판결은 Singer v. Magnabox 판결보다 한 걸음 더 나아간 것으로 평가된다. '경영상 목적요건'이 폐기되었고[15] 지배주주가 소수주주에 대해 충실의무를 부담한다는 명시적 언급도 없지만 본 판례는 이보다 한 걸음 더 나아간 것이다. 완전한 공정성 기준을 현금지급합병의 적법요건으로 명확히 제시하였기 때문이다.

## 3. 삼각합병[16]

삼각합병(三角合倂; triangular merger)이란 어느 회사(甲)가 자회사(乙)를 설립하여 모자관계를 만든 다음, 그 자회사(乙)가 다른 회사(丙)를 흡수합병하면서 그 회사(丙)의 주주들에게 합병 대가로 존속회사(乙)의 주식을 교부하는 것이 아니라 그 회사의 **모회사(甲) 주식을 교부하는 합병방식**이다. 현금지급합병과 더불어 2011년 개정상법에 의하여 새로이 도입된 방식이다(상523). 합병대가로 존속회사의 주식이 아니라 존속회사의 모회사 주식을 교부하므로 그 결과 소멸회사의 주주들은 존속회사의 모회사 주주가 된다. 상법 제523조의2의 신설로 우리나라에서도 미국식의 삼각합병(triangular merger)이 가능해졌다. 상법은 2015년 삼각합병 이외에도 삼각분할합병 및 삼각주식교환제도도 도입하였다. 이로써 상법은 삼각조직재편제도의 성문화를 완성하였다.[17]

---

11) 이럴 경우 S측에 공정성에 대한 입증책임이 있다고 한다.

12) 개시(開示; disclosure)가 완전치 않았다고 한다.

13) S는 주당 24불이상의 현금지급합병도 자신에게는 "좋은 투자(good investment)"였다고 내부적으로 판단하였다고 한다.

14) 457 A. 2d 701, at p. 715.

15) 그 주요 이유는 '경영상 목적 요건(business purpose test)'이 '쉽게 조정될 수 있는 유약한 개념' (weak and easily manipulated)이었기 때문이다. 소수주주에게 실체법상의 구제를 주지는 못하면서 지배주주는 재무의 효율 또는 회계의 간명화 등 소수주주 축출을 위한 명분을 쉽게 만들어 낼 수 있어 소수주주보호에 도움이 되지 않는다는 비판이 끊이지 않았다(Palmiter, *Corporations*, 4th ed., §17.3.2, p. 285).

16) 이에 대해서는 후술할 '삼각조직재편' 부분도 참조.

## Ⅵ. 합병의 자유와 제한

### 1. 합병의 자유

회사는 원칙적으로 상법상의 어떤 회사와도 합병할 수 있다(삼 174). 또한 해산 후의 회사도 존립중의 회사를 존속회사로 하는 경우에는 합병을 할 수 있다(삼 174). 이와 같이 상법은 원칙적으로 상법상의 모든 회사에 대하여 합병능력(合併能力)을 인정하고 있다. 원칙적으로 모든 존립중의 회사는 완전한 합병능력을 누리며, 청산중인 회사도 소멸회사로서 흡수합병에 참여하는 부분적 합병능력(部分的 合併能力)을 향유한다.

### 2. 합병의 제한

#### (1) 합병능력이 없는 경우

해산후의 회사(청산법인)도 흡수합병의 경우 소멸회사로서 당사자가 될 수 있으나 (삼 174), ① 법원의 해산명령에 의하여 해산한 회사, ② 설립무효판결을 받은 회사, ③ 설립중의 회사(해산회사와 달리 법인격이 없다),[18] ④ 파산회사(회사재산의 처분권은 파산관재인에게 있다), ⑤ 외국회사와 내국회사간의 합병은 인정되지 않는다(그러나 영업양도는 가능할 것이다). 나아가 재단(財團)이나 민법상의 조합 또는 익명조합도 합병능력을 인정받지 못한다.[19]

#### (2) 물적회사의 합병(삼 174)

합병 당사 회사의 일방 또는 쌍방이 주식회사, 유한회사 또는 유한책임회사인 때에는 합병 후 존속하는 회사 또는 합병으로 인하여 신설되는 회사는 주식회사, 유한회사 또는 유한책임회사여야 한다(삼 174). 유한책임을 지는 물적회사의 사원이 인적회사의 무한책임사원이 되는 것은 바람직하지 않기 때문이다.

#### (3) 사채미상환의 주식회사(삼 600)

사채의 상환을 완료하지 않은 주식회사가 합병의 당사자인 때에는 존속회사나 신

---

17) 이에 대해 자세히는 후술하는 '삼각조직재편' 부분 참조.
18) 설립중의 회사도 합병계약에 참여할 수 있고, 창립총회에서 합병승인결의를 할 수도 있다. 그러나 합병의 효력이 발생하려면 설립등기가 완료되어야 한다. vgl., Kallmeyer/Marsch-Barner, §3 UmwG, Rdnr. 9; Lutter in Lutter, §3 Rdnr. 6; Streck/Mack/Schwedhelm, GmbHR 1995, 161, 162.
19) Kallmeyer/Marsch-Barner, §3 Rdnr. 2.

설회사를 유한회사로 하지 못한다($\frac{상}{}$600). 이러한 제한은 사채를 부담한 유한회사의 성립을 막기 위함이다.

### (4) 법원의 인가($\frac{상}{}$600)

유한회사가 주식회사와 합병하여 존속하는 회사나 신설회사를 주식회사로 하는 때에는 법원의 인가가 있어야 한다. 합병이 현물출자에 의한 주식회사의 설립이나 증자에 이용되어 법원의 감독을 우회하는 수단으로 남용되는 것을 막기 위함이다.

### (5) 해산회사의 합병($\frac{상}{}$174)

해산회사를 존속회사로 하는 흡수합병이나 해산 후의 회사와 존립중의 회사에 의한 신설합병은 인정되지 않는다($\frac{상}{}$174).

## Ⅶ. 합병의 절차

이하에서는 주식회사의 합병절차를 알아보기로 한다.

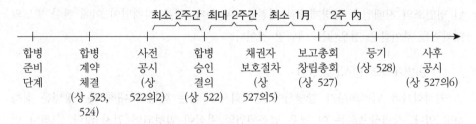

〈합병절차〉

## 1. 합병준비단계

일반적으로 합병준비단계에서는 양 당사회사의 최고경영자 또는 소수정예요원(태스크포스)에 의한 조심스러운 접촉이 이루어진다. 이러한 단계를 거친 후 최고경영진의 결단이 후속될 것이다. 일반적으로 최고경영자들은 합병이 가져올 효용과 이를 위해 치러야 할 비용을 비교분석하고 회계전문가나 법률전문가의 조언을 듣는 등 신중한 접근을 할 것이다. 특히 삼각합병 등을 통한 국제합병이 추진된다면 당사회사가 속한 국가들의 문화사회적 차이도 간과할 수 없는 주요 고려사항이 될 것이다.[20]

## 2. 합병계약의 체결

### (1) 합병계약의 법적 성질

합병이 이루어지려면 우선 합병 당사회사간에 합병계약이 체결되어야 한다. 합병계약은 단체법상의 조직계약(Organisationsvertrag)으로서[21] 이를 통하여 합병의 내용이 구체화된다($\frac{상}{524}\frac{523.}{참조}$). 합병을 법률행위의 하나로 파악할 때 합병계약과 합병등기는 이를 일체로 다룰 수 있다. 단체적 법률행위인 합병행위는 합병계약과 합병등기로 구성된다. 물론 주주총회나 사원총회의 합병승인결의 나아가 채권자 보호절차도 필요하지만 이는 합병계약의 독립적인 유효요건이므로 합병행위의 일부로 보기는 어려울 것이다.[22]

다만 합병승인결의는 합병계약의 효력에 대해서는 정지조건으로 작용한다고 할 수 있다. 물론 합병승인결의가 선행하고 나서 정식의 합병계약이 체결되는 경우도 있다. 그러나 대부분은 합병승인결의는 합병계약이 있고 난 다음 행해지는 것이 보통이다. 합병에 대한 의사결정은 대부분 최고경영진에 의한 고도의 경영판단이기 때문이다.

### (2) 체약주체

합병계약은 합병 당사회사의 대표기관에 의하여 체결된다. 물적회사에서는 대표이사, 인적회사에서는 대표사원이 합병계약을 주도한다. 따라서 회사의 대표기관이 아닌 영업소의 지배인은 합병계약의 체결능력이 없다. 물론 지배인이 이에 관한 별도의 대리권을 부여받은 경우에는 예외일 것이다.

### (3) 합병계약의 방식(要式性)

인적회사와 인적회사가 합병하여 인적회사로 되는 합병에 대해서는 상법은 침묵하고 있다. 상법상으로는 이 경우 법률행위의 방식이 법정되어 있지 않다. 그러나 인적회사와 인적회사간 또는 인적회사와 물적회사간 합병으로 주식회사가 탄생하는 경우($\frac{상}{523}\frac{525.}{524}$), 나아가 물적회사와 물적회사간 합병으로 물적회사가 탄생하는 경우($\frac{상}{524}\frac{523.}{603}$)에는 상법은 서면의 합병계약서를 요구하며 그 내용도 법정하고 있다($\frac{상}{524}\frac{523.}{}$). 즉 상법은 인적회사와 인적회사가 결합하여 인적회사로 되는 경우를 제외하고는 서면형식을 강제한다.

---

20) CCTV《국제인수합병》프로그램팀 편저 · 류정화 옮김, 크로스보더 국제인수합병(Cross Border M&A), 가나북스, 2013, 108면 이하.

21) Kallmeyer/Marsch-Barner, §4 UmwG, Rn. 2.

22) 이에 대해서는 Heinz Hübner, BGB Allg. Teil, 2. Aufl., §31 A Ⅰ Rdnrn. 610-613 S. 279, 280 참조.

### (4) 합병계약의 해석

합병계약에는 당사 회사의 채권적 권리의무를 규정하는 부분(예컨대 해산회사의 주주에 대한 할<br>병교부금의 지급약정. 상 523 4호 등)도 있지만 압도적인 내용은 합병후 존속할 회사나 신설될 회사 등 새로이 탄생할 조직에 관한 것이다. 합병계약은 조직재편계약(組織再編契約)이고 그 영향을 받는 주체도 다수에 이른다. 따라서 조직재편적 성격의 합병계약에 대해서는 객관해석의 원칙을 견지하여야 할 것이다.[23] 물론 채권적 부분에 대해서는 당사자의 진의를 탐구하고 신의칙과 거래의 관행을 존중하는 의사표시와 법률행위의 일반적 해석방법도 동원가능할 것이다.

### (5) 합병계약의 내용

이하 흡수합병과 신설합병계약서의 기재사항을 알아 본다.

### (가) 흡수합병 계약서의 기재내용($^{상}_{523}$)

**1) 존속회사의 합병신주 관련사항($^{상\,523}_{1호}$):**   존속하는 회사가 합병으로 인하여 발행주식총수를 늘릴 경우에는 그 증가할 주식의 총수 및 개개의 종류와 그 수를 기재하여야 한다. 소멸회사의 주주에게 교부할 주식이 있어야 하므로 소멸회사의 재산을 인수하는 대가를 존속회사의 증자사항으로 표시하게 될 것이다.

**2) 존속회사의 증자사항($^{상\,523}_{2호}$):**   존속하는 회사의 자본금 또는 준비금이 증가하는 경우에는 증가할 자본금과 준비금에 관한 사항을 기재하여야 한다.

**3) 소멸회사의 주주들에게 교부할 합병신주 또는 존속회사의 자기주식 관련사항**($^{상\,523}_{3호}$):   존속하는 회사가 합병을 하면서 신주를 발행하거나 자기주식을 이전하는 경우에는 발행하는 신주 또는 이전하는 자기주식의 총수, 종류와 수 및 합병으로 인하여 소멸하는 회사의 주주에 대한 신주의 배정 또는 자기주식의 이전에 관한 사항을 기재하여야 한다.

특히 중요한 문제는 **합병비율의 산정**이다. 합병신주나 존속회사의 자기주식을 어떤 비율로 소멸회사의 주주들에게 배분할지 이를 결정하려면 합병비율을 산정하여야 하는데 이와 관련하여서는 자본시장법에 관련 규정이 있다(자본시장법 165의4: 자본시장<br>법 시행령 176의5 I 1호 참조).

이에 의하면 **상장된 주식회사간의 합병**에 있어서는 각 당사 회사에서 합병을 결의

---

23) Semler/Stengel, Umwandlungsgesetz, 4. Aufl., 2017, § 5 Rn. 4; Kallmeyer/Marsch-Barner, §4 Rn. 10; Geßler/Hefermehl/Eckardt/Kropff-Grunewald, §341 AktG Rn. 5; Lutter in Lutter, §5 UmwG, Rn. 4;

할 이사회 결의일과 합병계약을 체결한 날 중 앞서는 날의 전일(前日)을 기산일로 하여 이 날로부터 1달의 평균종가, 1주의 평균종가[24] 및 최근일 종가의 산술평균을 기준으로 100분의 30(계열사간 합병에서는 100분의 10)의 범위 내에서 할증 또는 할인한 가액을 사용한다. 이렇게 산정된 각 당사 회사의 평균주가를 근거로 합병비율이 산정된다.

**상장사와 비상장사간의 합병**시에는 상장사에 대해서는 위에서 본 상장사간 합병시의 기준을 그대로 사용하고, 비상장사에 대해서는 자산가치와 수익가치를 가중 산술평균한 가액을 기준으로 한다(자본시장법 시행령 176의5 ① 2호).

**합병 당사회사가 모두 비상장사인 경우**에는 자본시장법과 그 시행령에는 관련 규정이 없다. 다만 대법원 결정에 의하면 객관적 교환가치가 적절히 반영된 거래의 실례가 있으면 그 거래가격을 시가로 보아 이를 참고하되 그러한 실례가 없을 경우에는 사실상 시장가치, 자산가치 및 수익가치 등을 일정한 비율로 가중하여 평균을 구하는 델라웨어 블록방식을 사용하고 있는 것으로 보인다.[25]

> **대결 2006. 11. 24, 2004마1022**
>
> "…그 주식에 관하여 객관적 교환가치가 적정하게 반영된 정상적인 거래의 실례가 있으면 그 거래가격을 시가로 보아 주식의 매수가액을 정하여야 할 것이나, **그러한 거래사례가 없으면 비상장주식의 평가에 관하여 보편적으로 인정되는 시장가치방식, 순자산가치방식, 수익가치방식 등 여러 가지 평가방법을 활용**하되, 비상장주식의 평가방법을 규정한 관련 법규들은 그 제정 목적에 따라 서로 상이한 기준을 적용하고 있으므로, 어느 한 가지 평가방법(예컨대, 증권거래법 시행령 제84조의7 제1항 제2호의 평가방법이나 상속세 및 증여세법 시행령 제54조의 평가방법)이 항상 적용되어야 한다고 단정할 수는 없고, **당해 회사의 상황이나 업종의 특성 등을 종합적으로 고려하여 공정한 가액을 산정하여야** 할 것이다."

### ⊛ ㈜ 구 삼성물산과 ㈜제일모직간 합병시 합병비율의 산정 및 문제점

2015년 양사간 합병은 그해 회사법상 최대의 이슈였고 아직도 관련 당사자들의 형사재판이 진행중이며 사회적 관심은 식을 줄 모른다. 당시 두 회사는 모두 삼성그룹의 계열사였기 때문에 위에서 이야기한 상장된 계열사간 합병에 적용되는 자본시장법 시행령에 따라 1 : 0.35의 비율로 확정되었다. 물론 여기서 계열사간 합병시에는 100분의 10의 범위내에서 할증 또는 할인할 수 있다는 규정이 있는데 양사의 이사진들은 이를 반영하지 않았고 나아가 합병계약의 타이밍 역시 도마위에 올라 2015년 9월 합병의 효력발생후에도 계

---

24) 1개월 및 1주간의 평균종가는 그날 그날의 거래량으로 가중한 평균치를 말한다(자본시장법 시행령 제176조의5 제1항 제1호 참조).

25) 대결 2006. 11. 24, 2004마1022 [드림시티은평방송사건].

속 합병비율의 공정성은 다투어졌다. 물론 이것이 합병무효의 원인으로 작용하려면 현저히 불공정한 경우여야 한다. ㈜일성신약이 제기한 합병무효소송에서 관할법원인 서울중앙지방법원은 1 : 0.35의 비율이 합병무효의 원인으로 작용할 만큼 불공정하지는 않았다고 판단하였다. 원고의 항소로 본 사건은 현재 서울고등법원에 계류중이다.

**4) 현금지급합병과 삼각합병 관련 사항**($^{상\,523}_{4호}$):　존속하는 회사가 합병으로 소멸하는 회사의 주주에게 상법 제523조 제3호에도 불구하고 그 대가의 전부 또는 일부로서 **'금전이나 그 밖의 재산을 제공하는 경우'** 에는 그 내용 및 배정에 관한 사항을 기재하여야 한다. 합병의 대가로 금전이 지급되면 현금지급합병이 된다. 위에서 법문언상 '그 밖의 재산'이란 삼각합병의 실행을 위하여 필요한 모회사 주식을 이른다. 상법은 삼각합병을 실행하기 위해서 필요한 모회사 주식을 자회사가 취득할 수 있도록 상호주의 취득금지규정에 예외를 마련하였다($^{상\,523의}_{2\,참조}$).

**5) 합병승인을 위한 사원총회나 주주총회의 기일**($^{상\,523}_{5호}$):　이는 합병승인결의를 하기 위하여 각 당사회사가 소집할 주주총회의 기일을 이른다. 주식회사 이외의 경우에는 사원총회의 기일이 될 것이다.

**6) 합병을 할 날**($^{상\,523}_{6호}$):　이는 합병기일을 뜻하는데 합병의 효력이 발생하는 날이다. 물론 합병의 효력은 합병등기로 비로소 발생하지만 합병의 효력발생기준일을 별도로 정할 수 있다.

**7) 존속회사의 정관변경사항**($^{상\,523}_{7호}$):　존속하는 회사가 합병으로 인하여 정관을 변경하기로 정한 때에는 그 규정을 기재하여야 한다.

**8) 합병과 관련한 이익배당사항**($^{상\,523}_{8호}$):　각 회사가 합병으로 이익배당을 할 때에는 그 한도액도 기재하여야 한다.

**9) 존속회사의 임원변경사항**($^{상\,523}_{9호}$):　합병으로 인하여 존속하는 회사에 취임할 이사와 감사 또는 감사위원회의 위원을 정한 때에는 그 성명 및 주민등록번호를 기재하여야 한다.

**(나) 신설합병계약서의 기재사항**:　합병으로 회사를 설립하는 경우에는 합병계약서에 다음의 사항을 적어야 한다($^{상}_{524}$).

**1) 신설회사의 기본조직**($^{1}_{호}$):　설립되는 회사의 영업목적, 상호, 발행예정주식총

수, 액면주식을 발행할 경우에는 1주의 금액, 종류주식을 발행할 경우에는 그 종류와 수 및 본점소재지가 그 기재내용이다.

**2) 신설회사의 주식발행사항 및 주식배정사항($\frac{2}{2}$):** 설립되는 회사가 합병당시에 발행하는 주식의 총수와 종류, 수 및 각 회사의 주주에 대한 주식의 배정에 관한 사항을 기재하여야 한다.

**3) 신설회사의 자본관련사항($\frac{3}{2}$):** 설립되는 회사의 자본금과 준비금의 총액을 기재한다.

**4) 현금지급합병 및 삼각합병 관련 사항($\frac{4}{2}$):** 각 회사의 주주에게 제2호에도 불구하고 금전이나 그 밖의 재산을 제공하는 경우에는 그 내용 및 배정에 관한 사항을 기재한다.

**5) 합병기일과 합병승인을 위한 주주총회일($\frac{5}{2}$):** 제523조 제5호 및 제6호에 규정된 사항을 기재하여야 한다.

**6) 신설회사의 임원관련사항($\frac{6}{2}$):** 합병으로 인하여 설립되는 회사의 이사와 감사 또는 감사위원회의 위원을 정한 때에는 그 성명 및 주민등록번호를 기재하여야 한다.

### 3. 합병대차대조표의 공시(사전공시)

합병계약이 체결되고 난 다음에는 이사가 합병승인결의를 위한 주주총회 회일의 2주간 전부터 각 회사의 대차대조표를 본점에 비치하여야 한다($\frac{상}{2}\frac{522의}{i}$). 주주 및 회사 채권자는 회사의 영업시간 내에 그 열람 및 등초본의 교부를 요구할 수 있다($\frac{상}{2}\frac{522의}{ii}$).

### 4. 합병승인결의(주주보호절차)

#### (1) 원 칙

합병계약이 효력을 발하기 위하여는 주주총회의 승인이 필요하다. 합병승인결의는 인적회사의 경우에는 총사원의 동의로 즉 만장일치로($\frac{상}{269}\frac{230.}{}$), 주식회사의 경우에는 주주총회의 특별결의로($\frac{상}{522}$), 유한회사의 경우에는 사원총회의 특별결의($\frac{상}{585}\frac{598.}{}$)로 한다. 종류주식이 발행된 경우 합병으로 인하여 어느 종류의 주주에게 손해를 미치게 될 경우에는 종류주주총회의 결의도 거쳐야 한다($\frac{상}{435}\frac{436.}{}$).

### (2) 간이합병·소규모합병

그러나 1998년 개정상법은 기업의 구조조정 및 인수·합병의 활성화를 지원하기 위하여 간이합병제도와 소규모합병제도를 신설하였다($\frac{상}{527의3}$ $\frac{527의2}{}$).

**(가) 간이합병:**   합병할 회사의 일방이 합병 후 존속하는 경우 합병으로 인하여 소멸하는 회사의 총주주의 동의가 있거나 그 회사의 발행주식총수의 100분의 90 이상을 합병 후 존속하는 회사가 소유하고 있을 때에는 **소멸회사의 주주총회의 승인은 이사회승인으로 갈음**할 수 있다($\frac{상}{의2}^{527}$).

**(나) 소규모합병:**   합병 후 존속하는 회사가 합병으로 인하여 발행하는 신주 및 이전하는 자기주식의 총수가 그 회사의 발행주식총수의 100분의 10을 초과하지 아니하는 때에는 그 **존속하는 회사의 주주총회의 승인은 이를 이사회승인으로 갈음**할 수 있다($\frac{상}{의3}^{527}$). 단, 합병으로 인하여 소멸하는 회사의 주주에게 제공할 금전이나 그 밖의 재산을 정한 경우에 그 금액 및 그 밖의 재산의 가액이 존속하는 회사의 최종 대차대조표상으로 현존하는 순재산액의 100분의 5를 초과하는 경우에는 그러하지 아니하다($\frac{상}{1}^{527의3}$ 단서). 소규모합병제도를 부당하게 이용하는 것을 막기 위해 상법은 2015년 12월 이 단서 규정을 두게 되었다. 즉 존속회사가 합병교부금 등의 재산을 제공하고 대신 합병신주의 발행을 줄이는 방법을 쓸 수 있기 때문이다.[26]

### (3) 합병반대주주의 주식매수청구권[27]

합병에 반대하는 주주는 주식매수청구권을 행사할 수 있다($\frac{상}{의3}^{522}$). 즉 합병결의를 위한 주주총회 전에 서면으로 반대의사를 표시한 주주는 결의일로부터 20일 이내에 주식의 종류와 수를 기재한 서면의 형태로 자신이 보유한 주식을 회사가 매수해 줄 것을 청구할 수 있다($\frac{상}{의3}^{522}$). 이를 합병반대주주의 주식매수청구권이라 한다. 주식매수청구권의 일반에 대해서는 본장 말미에 서술될 반대주주의 주식매수청구권 부분에서 상론하기로 한다.

### 5. 채권자보호절차

회사는 합병승인결의가 있은 날로부터 2주간 내에 회사채권자에 대하여 합병에

---

26) 본 단서 규정의 입법배경에 대한 보다 자세한 설명으로는 김홍기, "2015년 개정상법 및 2016년 기업활력특별법상 기업조직재편의 주요 내용과 시사점", 「YGBL」 제7권 제2호, 1~34면, 특히 9~10면 참조.

27) 반대주주의 주식매수청구권 일반에 대해서는 본절 "제8관 반대주주의 주식매수청구권" 부분 참조.

이의가 있으면 일정 기간 내에 이를 제출할 것을 공고하고, 알고 있는 채권자에 대하여는 각별로 이를 최고하여야 한다($\frac{\text{상 }232, 269,}{\text{530 II, 603}}$). 이의제기기간은 1개월 이상이어야 하며($\frac{\text{상 }232 \text{ I }2}{\text{문, }527\text{의}5}$), 이 기간 내에 이의제출이 없으면 합병을 승인한 것으로 본다($_{\text{책}}^{\text{상 }232}$). 반면 이의를 제출한 채권자가 있는 경우에는 회사는 그 채권자에게 채무를 변제하거나 아니면 상당한 담보를 제공할 수 있다. 또 담보제공의 목적으로 상당한 재산을 신탁회사에 신탁할 수도 있다($_{\text{책}}^{\text{상 }232}$).

## 6. 설립위원의 선임

신설합병의 경우에는 각 당사회사는 설립위원을 선임하여야 한다($_{\text{175}}^{\text{상}}$). 이들은 공동으로 정관작성 및 기타 설립에 관한 행위를 하게 되며 그 선임결의의 요건은 합병결의요건과 같다($_{\text{}}^{\text{상 }175}$). 설립위원은 주식회사 설립시의 발기인과 유사한 역할을 한다고 볼 수 있다.

## 7. 창립총회 또는 보고총회의 소집

이는 물적회사에만 있는 절차로서 이사는 채권자보호절차의 종료 후 지체없이 흡수합병의 경우에는 보고총회($_{\text{603}}^{\text{상 }526,}$), 신설합병의 경우에는 창립총회($_{\text{603}}^{\text{상 }527,}$)를 소집하여야 한다. 그러나 합병으로 인한 주식의 병합이 있는 경우에는 그 효력이 생긴 후, 단주의 처리가 필요한 때에는 이로 인한 처분을 한 후여야 한다. 보고총회에서는 합병에 관한 사항이 보고되며($_{\text{}}^{\text{상 }526}$), 창립총회에서는 신설회사의 이사나 감사를 선임하고 기타 정관변경도 할 수 있다($\frac{\text{상 }527 \text{ III,}}{\text{312, }527\text{II}}$). 그러나 창립총회에서 합병계약의 취지에 반하는 결의를 하지는 못한다($_{\text{2문}}^{\text{상 }527}$). 이미 합병승인결의를 하였기 때문에 이에 반하는 취지의 결의를 한다면 이는 상호 모순일 것이기 때문이다. 보고총회는 이사회의 공고로 대체될 수 있다($_{\text{}}^{\text{상 }526}$).

### 대판 2009. 4. 23, 2005다22701, 22718

"[10] 상법 제527조 제4항은 신설합병의 경우 이사회의 공고로써 신설합병의 창립총회에 대한 보고에 갈음할 수 있다고 규정하고 있고, 상법 제528조 제1항은 신설합병의 창립총회가 종결한 날 또는 보고에 갈음하는 공고일로부터 일정기간 내에 합병등기를 하도록 규정하고 있으므로, 상법 제527조 제4항은 신설합병의 창립총회 자체를 이사회의 공고로써 갈음할 수 있음을 규정한 조항이라고 해석된다. 한편, 상법 제527조 제2항은 신설합병의 창립총회에서 정관변경의 결의를 할 수 있되 합병계약의 취지에 위반하는 결의는 하지 못하도록 규정하고 있는바, 정관변경은 창립총회에서 할 수 있다는 것이지 반드시 하여야 하는 것은 아니고, 주식회사를 설립하는 창립총회에서는 이사와 감사를 선임하여야 한다는 상법 제312조의 규정이 상법 제527조 제3항에 의해서 신설합병의 창립총회에 준용되고 있다 하더라도, 상법 제524조 제6호에 의하면 합병으로 인하여 설립되는 회사의 이사와 감사 또는 감사위원회 위원을 정한 때에는 신설합병의 합병계약서에 그 성명 및 주민등록번호를 기재하게 되어 있고, 그 합병계약서가 각 합병당사회사의 주주총회에서 승인됨으로써 합병으로 인하여 설립되는 회사의 이사와 감사 등의 선임이 이루어지는 만큼, 이러한 경우에는 굳이 신설합병의 창립총회를 개최하여 합병으로 인하여 설립되는 회사의 이사와 감사 등을 선임하는 절차를 새로이 거칠 필요가 없고 이사회의 공고로 갈음할 수 있다.

[11] 상법은 신설합병의 창립총회에 갈음하는 이사회 공고의 방식에 관하여 특별한 규정을 두고 있지 아니하므로, 이 경우 이사회 공고는 상법 제289조 제1항 제7호에 의하여 합병당사회사의 정관에 규정한 일반적인 공고방식에 의하여 할 수 있다."

## 8. 합병등기

합병의 맨 마지막 절차는 합병등기이다($^{상}_{528} {}^{233.}_{I.} {}^{269.}_{602}$). 이는 창설적 등기사항으로서 합병계약과 더불어 합병행위를 구성하는 합병의 효력발생요건이다($^{상}_{530} {}^{234.}_{II.} {}^{269.}_{603}$). 흡수합병의 보고총회나 신설합병의 창립총회가 종결한 날로부터 본점소재지에서는 2주간 내에, 지점소재지에서는 3주간 내에 존속회사는 변경등기를, 소멸회사는 해산등기를, 그리고 신설회사는 설립등기를 각각 하여야 한다($^{상}_{}$ $^{528}$).

## 9. 사후공시($^{상}_{의6} {}^{527}$)

이사는 채권자보호절차(제527조의5에 규정한 절차)의 경과, 합병을 한 날, 합병으로 인하여 소멸하는 회사로부터 승계한 재산의 가액과 채무액 기타 합병에 관한 사항을 기재한 서면을 합병을 한 날부터 6월간 본점에 비치하여야 한다. 주주 및 회사채권자는 영업시간내에는 언제든지 위 서류의 열람을 청구하거나, 회사가 정한 비용을 지급하고 그 등본 또는 초본의 교부를 청구할 수 있다($^{상}_{의6} {}^{527}_{II}$).

## Ⅷ. 합병의 효과

합병등기가 완료되면 합병의 효력이 도래한다. 우선 합병등기와 더불어 소멸회사는 청산절차를 거침이 없이 당연히 소멸하며, 신설회사는 새로이 법인격을 취득하며 성립된다. 둘째 소멸회사의 사원은 신설회사나 존속회사의 사원권을 부여받고 그 사원이 된다. 셋째 소멸회사의 권리의무는 포괄적으로 존속회사나 신설회사에 이전된다($\frac{상}{530}$ $\frac{235,\ 269,}{II.\ 603}$). 넷째 소송절차의 중단효과가 있다. 즉 당사자가 소멸회사인 경우에는 소송절차가 중단되며 신설회사나 존속회사가 이를 승계하여야 한다($\frac{민소}{234}$).

## IX. 합병의 무효

### 1. 합병무효의 처리

합병은 복잡한 절차를 거치는 단체법상의 특수한 행위로서 다수 당사자가 참여하고 거래의 규모도 커서 절차의 진행상 하자가 발생하더라도 그 주장을 민법이나 민사소송법의 일반원칙에 맡기면 법률관계의 안정은 달성될 수 없다. 그리하여 상법은 법률관계의 획일적 처리와 기존상태의 존중이라는 단체법이념을 고려하여 합병무효의 소 제도를 두게 되었다($\frac{상}{529}$). 하자의 주장은 소만으로 가능하고 판결의 효력에는 대세효와 불소급효를 인정하여 법률관계의 획일적·안정적 처리를 도모하고 있다. 나아가 판례법은 합병무효의 원인을 인정함에 있어서는 신중한 자세를 취하고 있다.[28]

### 2. 합병무효의 원인

합병무효의 원인은 여러 각도에서 발생할 수 있다. 예컨대 (i) 합병에 대한 제한규정의 위반($\frac{상}{I.}$ $\frac{174}{II.}$ $\frac{II,\ 600}{174\ III}$), (ii) 합병계약서의 법정요건의 흠결($\frac{상}{524}$ $\frac{523.}{}$), (iii) 합병계약에 무효나 취소의 원인이 있을 때,[29] (iv) 채권자보호절차의 미이행($\frac{상}{530}$ $\frac{232,\ 269,}{II.\ 603}$), (v) 창립총회(신설합병)나 보고총회(흡수합병)의 미소집($\frac{상}{527}$ $\frac{526,}{}$), (vi) 종류주주총회의 미소집($\frac{상}{436}$), (vii) 합병승인결의의 무효나 취소 또는 부존재, viii) 합병비율의 불공정 등 다양하다.[30]

> **대판 2008. 1. 10, 2007다64136**
>
> "합병비율을 정하는 것은 합병계약의 가장 중요한 내용이고, 그 합병비율은 합병할 각 회사의 재산 상태와 그에 따른 주식의 실제적 가치에 비추어 공정하게 정함이 원칙이며, 만일 그 비율이 합병할 각 회사의 일방에게 불리하게 정해진 경우에는 그 회사

---

28) 합병비율의 불공정이 합병무효의 원인으로 작용하기는 하나 오로지 현저한 불공정의 경우에만 합병무효의 원인이 된다.

29) 인천지법 1986. 8. 29, 85가합1526, "현저하게 불공정한 합병비율을 정한 합병계약은 사법관계를 지배하는 신의성실의 원칙이나 공평의 원칙에 반하여 무효이다."

30) 서울지법 2003. 11. 30, 2001가합18662 [합병철회(무효)], 2001가합61253(병합)[주주총회결의 취소]: "국민은행의 주택은행 합병에 관한 주주총회시 1주 주주의 집단참여봉쇄는 정당하다"는 요지의 판결; 「JURIST」 2004년 2월호(Vol. 401), 114면 이하(화제의 판결 4번 참조): 同號 120면도 참조.

의 주주가 합병 전 회사의 재산에 대하여 가지고 있던 지분비율을 합병 후에 유지할 수 없게 됨으로써 실질적으로 주식의 일부를 상실케 되는 결과를 초래하므로, **현저하게 불공정한 합병비율을 정한 합병계약은 사법관계를 지배하는 신의성실의 원칙이나 공평의 원칙 등에 비추어 무효**이고, 따라서 합병비율이 현저하게 불공정한 경우 합병할 각 회사의 주주 등은 상법 제529조에 의하여 소로써 합병의 무효를 구할 수 있다."

### 대판 2009. 4. 23, 2005다22701, 22718

"현저하게 불공정한 합병비율을 정한 합병계약은 사법관계를 지배하는 신의성실의 원칙이나 공평의 원칙 등에 비추어 무효이고, 따라서 합병비율이 현저하게 불공정한 경우 합병할 각 회사의 주주 등은 상법 제529조에 의하여 소로써 합병의 무효를 구할 수 있다. 다만, 합병비율은 자산가치 이외에 시장가치, 수익가치, 상대가치 등의 다양한 요소를 고려하여 결정되어야 할 것인 만큼 엄밀한 객관적 정확성에 기하여 유일한 수치로 확정할 수 없고, 그 제반요소의 고려가 합리적인 범위 내에서 이루어진 것이라면 결정된 합병비율이 현저하게 부당하다고 할 수 없다. 따라서 합병당사회사의 전부 또는 일부가 주권상장법인인 경우 증권거래법과 그 시행령 등 관련 법령이 정한 요건과 방법 및 절차 등에 기하여 합병가액을 산정하고 그에 따라 합병비율을 정하였다면 그 합병가액 산정이 허위자료에 의한 것이라거나 터무니없는 예상 수치에 근거한 것이라는 등의 특별한 사정이 없는 한, 그 합병비율이 현저하게 불공정하여 합병계약이 무효로 된다고 볼 수 없다."

### 인천지법 1986. 8. 29, 85가합1526

"흡수합병의 경우 합병비율 즉 존속회사가 합병당시 발행하는 신주를 소멸하는 회사의 주주에게 배정, 교부함에 있어서 적용할 비율을 정하는 것이 합병계약의 가장 중요한 내용이 된다 할 것인데, 합병비율은 합병당사회사의 재산상태와 그에 따른 주식의 객관적 가치에 비추어 공정하게 정함이 원칙이라 할 것이고, 만일 그 비율이 합병당사회사의 일방에게 불리하게 정해진 경우에는 그 회사의 주주가 합병전 회사 재산에 대하여 가지고 있던 지분비율을 합병후에 유지할 수 없게 됨으로써 실질적으로 주식의 일부를 상실케하는 결과를 초래하는 만큼 현저하게 불공정한 합병비율을 정한 합병계약은 사법관계를 지배하는 신의성실의 원칙이나 공평의 원칙에 반하여 무효라고 할 것인바, 위 인정사실에 의하면 **합병당시 순자산액을 기준으로 할 때 피고회사와 소멸회사의 발행주식 1주의 가치가 무려 17 : 1이나 됨에도 불구하고 합병비율은 1 : 1로 정해졌다는** 것이니 그렇다면 기업자체나 주식의 가치가 대차대조표상의 자산상태나 영업실적에 의하여 엄밀하게 측정할 수 있는 성질의 것이 못 되고 장래의 사업전망이나 경기변동 등 불확실한 요인에 의하여 영향을 받게 된다는 점을 감안한다 하더라도 달리 위와 같은 합병비율을 수긍할 만한 아무런 합리적 이유도 찾아 볼 수 없는 이 사건에 있어 위 합병비율은 현저하게 불공정하다고 할 수밖에 없고, 따라서 피고회사와 소멸회사 사이에 체결된 이 사건 합병계약은 그 내용으로 된 합병비율이 현저하게 부당하여 무효라 할 것이다."

### ◈ 합병비율의 공정성여부

－ 서울중앙지법 제50민사부, 2015년 7월 1일, 2015 카합 80852 결정을 대상으로 －

본 합병과 관련한 법적 쟁점의 시작은 합병비율의 공정여부이다. 물론 양측의 주장은 엇갈린다. 엘리엇 측은 삼성물산의 주식가치가 저평가되었다고 주장한다. 반면 삼성물산 측은 자본시장법에 따른 적법한 계산이었다고 반박한다. 합병의 효력을 다투는 형성소송에서 합병비율의 불공정은 가장 자주 나타나는 합병무효의 원인이다. 삼성물산과 제일모직간 합병비율은 삼성물산 1 대 제일모직 0.35 로 정해졌다. 합병으로 소멸할 삼성물산 주주들은 그간 보유하던 삼성물산 1주식을 제일모직의 0.35주로 교환하게 된다. 이같은 합병비율은 자본시장법 제165조의4 제1항[31] 및 동 시행령 제176조의5 [합병의 요건 및 방법 등] 제1항[32]에 기초한 것이다.

이렇게 제일모직과 삼성물산 등 합병당사회사들은 주가에 기초하여 합병비율을 산정하였다. 이에 대해 엘리엇은 본 합병비율이 두 회사의 자산 또는 자본규모에 부합하지 않는다고 반박하며 본 합병이 삼성물산의 주주들에게 일방적으로 불리하다고 주장한다. 이러한 의심은 두 회사의 비교에 기초한다. 삼성물산의 자산가치는 제일모직의 3배에 달하였고, 자본금은 60배에 이른다. 삼성물산은 제일모직보다 덩치가 매우 큰 회사였다. 그런데 삼성물산을 소멸회사로 하고 제일모직을 존속회사로 하면서 합병비율을 제일모직 1주식을 삼성물산 3주식으로 계산하니 이러한 비율이 삼성물산에 일방적으로 불리하다고 생각할 여지도 있었다. 어느 정도 그러한 의심이 드는 것은 자연스러운 결과였다.

이러한 산정방식이 법규에 어긋나는 것은 아니지만 합병결의가 이루어진 시점까지 법이 정해 놓은 것은 아니므로 그 한도에서는 다소 다른 주장도 가능할 것이다. 왜 하필 삼성물산의 주가가 최저점이고, 제일모직의 주가가 최고점일 때 합병계약이 체결되었는가? 라고 묻는다면 둘 중 어느 누구도 명쾌히 답하기는 쉽지 않아 보였다.[33] 합병시점의 선정은 물론 양사의 자유로운 경영판단이겠지만 두 회사 소수주주들의 이익도 고려한다면 지

---

31) 자본시장법 제165조의4 제1항은 다음과 같다; "(1) 주권상장법인은 다음 각 호의 어느 하나에 해당하는 행위 (이하 이 조에서 "합병 등"이라 한다)를 하려면 대통령령으로 정하는 요건, 방법 등의 기준에 **따라야 한다.** 1. 다른 법인과의 합병…"

32) 자본시장법 시행령 제176조의5 [합병의 요건 방법 등] 제1항은 다음과 같다; "(1) 주권 상장법인이 다른 법인과 합병하려는 경우에는 다음 각 호의 방법에 따라 산정한 합병가액에 **따라야 한다.** 이 경우 주권상장법인이 제1호 또는 제2호 가목 본문에 따른 가격을 산정할 수 없는 경우에는 제2호 나목에 따른 가격으로 하여야 한다. 1. 주권상장법인간 합병의 경우에는 합병을 위한 이사회결의일과 합병계약을 체결한 날 중 앞서는 날의 전일을 기산일로 한 다음 각 목의 종가(증권시장에서 성립된 최종가격을 말한다. 이하 이 항에서 같다)를 산술평균한 가액(이하 이 조에서 "기준시가"라 한다)을 기준으로 100분의 30(계열회사간 합병의 경우에는 100분의 10)의 범위에서 할인 또는 할증한 가액. 이 경우 가목 및 나목의 평균종가는 종가를 거래량으로 가중산술평균하여 산정한다. 가. 최근 1개월간 평균종가. 다만 산정대상기간 중에 배당락 또는 권리락이 있는 경우로서 배당락 또는 권리락이 있는 날로부터 기산일까지의 기간이 7일 이상인 경우에는 그 기간의 평균종가로 한다. 나. 최근 1주일간의 평균종가. 다. 최근일의 종가. 2. 주권상장법인(코넥스시장에 주권이 상장된 법인은 제외한다. 이하 이 호 및 제4항에서 같다)과 주권비상장법인간 합병의 경우에는 다름 각 목의 기준에 따른 가격 가. 주권상장법인의 경우에는 제1호의 가격. 다만 제1호의 가격이 자산가치에 미달하는 경우에는 자산가치로 할 수 있다. 나. 주권비상장법인의 경우에는 자산가치와 수익가치를 가중 산술평균한 가액".

33) 실제 채권자 엘리엇은 본건 합병과 관련하여 자본시장법 제178조 제1항 제1호 소정의 부정거래행위가 존재하고 ㈜제일모직 주가의 지속적인 상승세 및 ㈜삼성물산 주가의 지속적인 하락세는 의도적으로 유도된 것으로서 자본시장법상 시세조종행위나 부정거래행위 등이 개입되었다고 볼 여지가 있다고 주장하였다.

나치게 자의적인 시기선정은 문제를 일으킬 소지가 있었다. 특히 동일 그룹 계열사간 합병에서는 그렇지 않은 경우보다 지배주주의 사적 이익을 추구하는 사례가 많다는 근자의 연구결과도 있었다.[34] 본 합병건에서도 처음부터 삼성그룹 총수일가의 그룹내 지배력 강화가 본 합병의 주된 목적일 것이라는 예측은 존재하였다. 특히 삼성물산은 국내 최대기업인 삼성전자의 주식 4.1 %를 보유하고 있었고 제일모직과의 합병이 성사되면 제일모직의 주식을 상대적으로 많이 가진 총수일가가 삼성전자에 대한 지배력을 강화할 것임은 분명해 보였다.

그리하여 엘리엇측의 결의금지가처분신청 내용 중에도 합병목적의 부당성을 적시한 부분이 있다. 즉 ㈜삼성물산은 삼성그룹총수 일가의 영향력 내에 있기 때문에 본건 합병은 ㈜삼성물산에 불리한 합병비율로 추진되고 있으며 본건 합병목적은 삼성그룹 총수일가의 경영권승계를 위하여 이재용 삼성전자 부회장 등 3남매의 ㈜삼성전자 및 삼성그룹전반에 대한 지배권 강화에 있다고 지적하였다. 나아가 원고 채권자는 이 사건 합병이 채무자인 ㈜삼성물산 및 그 주주들의 이익에 반하고 ㈜제일모직 및 그 대주주인 삼성그룹 총수일가에게만 이익이 되는바 채무자인 ㈜삼성물산의 대표이사 등이 본건 합병을 추진하는 것은 ㈜삼성물산 및 그 주주들의 재산권을 침해하면서 탈법적인 방법으로 제3자에게 이익을 취득하게 하는 행위로서 업무상 배임에 해당하고 합병 자체도 심히 불공정하여 부당하므로 무효라고 다툰다. 그러나 이런 정황에도 불구하고 양 합병당사회사의 이사진들이 제일모직에게만 유리하게 합병비율이 산정되도록 의도적으로 행동한 정황은 확인되는 것이 없다.

오히려 삼성의 계산은 법규에 따른 것이었다. 본 사건에서 합병 당사회사는 모두 상장회사였고 따라서 자본시장법 시행령의 규정이 적용되어 주식의 시장가치만을 기준으로 합병비율이 산정되었다. 즉 삼성물산과 제일모직의 이사회가 각 합병결의를 하던 당시 양사 주식의 시장가치가 기준이 되어 합병비율이 정해졌다. 시장가치 외에 자산가치나 수익가치도 반영했더라면 다른 비율이 산출되었을 가능성도 있다. 삼성 측에서는 1:0.35가 위 규정에 따른 합법적인 비율이었다고 주장한다. 만약 합병당사회사 중 일방이 비상장사였다면 자본시장법 시행령 제176조의5 제1항 제2호가 적용되었을 것이고 그러한 사안이었다면 동호에 따라 자산가치나 수익가치를 고려할 여지가 있었다. 그러나 본 합병의 두 당사회사는 모두 상장법인이었고 따라서 자산가치나 수익가치는 고려의 여지가 없었다. 오로지 주식의 시장가치만이 고려의 대상이었다. 물론 이러한 법규의 정당성을 다툰다면 이론적으로 더 깊이 들어갈 여지는 남는다. 그러나 이는 현존하는 실정법규의 해석학은 아니다. 따라서 엘리엇 측의 반박은 실정법규에 반하는 것으로서 재판부를 설득할 수 없었다. 2015년 7월 1일 서울 중앙지법 민사합의 50부는 엘리엇 측의 주주총회결의금지가처분을 기각하였다.

---

34) 정재욱·배길수, "지배주주의 이익극대화를 위한 합병 및 피합병사의 이익조정: 관계사 합병을 이용한 증거-", 「회계학연구」 제31권 제2호(2006. 6.), 57~90면.

### 3. 합병무효의 소

#### (1) 당사자

합병무효의 소의 원고는 인적회사의 경우에는 사원, 청산인, 파산관재인 및 합병을 승인하지 않은 채권자이며($\frac{\text{상 236}}{269}$), 물적회사의 경우에는 사원(주주), 이사, 감사, 청산인, 파산관재인 및 합병을 승인하지 않은 채권자이다($\frac{\text{상 529}}{603}$). 피고는 흡수합병의 경우에는 존속회사, 신설합병의 경우에는 신설회사이다.

#### (2) 제소기간

합병무효의 소는 합병등기일로부터 6개월 내에 제기해야 한다($\frac{\text{상 236 Ⅱ, 269.}}{529 \text{ Ⅱ, 603}}$).

#### (3) 다른 소와의 관계

합병무효의 원인으로는 합병승인결의의 하자도 포함되지만 합병의 효력이 발생한 다음에는 설사 제소기간이 겹치는 경우에도 주주총회의 합병승인결의에 대한 하자소송을 제기할 수는 없다.

> **대판 1993. 5. 27, 92누14908**
>
> "회사의 합병에 있어서 **합병등기에 의하여 합병의 효력이 발생한 후에는 합병무효의 소를 제기하는 외에 합병결의무효확인청구만을 독립된 소로서 구할 수는 없고**, 또 청구의 인낙[35]은 당사자의 자유로운 처분이 허용되는 권리에 관하여만 허용되는 것으로서 회사법상의 주주총회결의의 하자를 다투는 소나 회사합병무효의 소등에 있어서는 인정되지 아니하므로, 이와 같이 법률상 인정되지 아니하는 권리관계를 대상으로 하는 청구인낙은 그 효력이 없다고 할 것이다."

#### (4) 소의 절차

합병무효의 소의 절차에 대하여는 설립무효의 소에 관한 규정이 준용된다($\frac{\text{상 240, 186~189,}}{269, 530 \text{ Ⅱ, 603}}$).

#### (5) 무효판결의 효과

(가) 원고승소의 효과:　합병무효의 소에서 원고가 승소하면 그 판결의 효력은 제3자에게도 미치며 또한 그 효력은 소급하지 않는다($\frac{\text{상 240, 190, 269.}}{530 \text{ Ⅱ, 603}}$). 합병은 단체행위의 하나로서 다수의 당사자가 관련되므로 이미 성립된 법률관계를 존중하고 다수 당사

---

35) 청구의 인낙(請求의 認諾; Klageanerkenntnis)이란 원고의 청구, 즉 소송물인 권리주장의 전부 또는 일부가 실체상의 이유있음을 피고가 변론 또는 준비절차에서 인정하는 진술이다.

자간의 법률관계를 획일적으로 처리하고자 하는 단체법이념의 한 표현이다.

(나) **합병무효의 등기:**   합병무효가 확정되면 존속회사는 변경등기, 신설회사는 해산등기, 소멸회사는 회복등기를 하여야 한다($\substack{상\ 238,\ 269, \\ 530\ II,\ 603}$).

(다) **원고패소의 경우:**   합병무효의 소에서 원고가 패소한 경우에는 민사소송의 일반원칙으로 돌아가 판결의 효력은 당사자에만 미치며($\substack{민소 \\ 218\ I}$), 원고가 악의나 중과실이었던 경우에는 회사에 대하여 연대하여 손해배상책임을 부담한다($\substack{상\ 240,\ 191,\ 269, \\ 530\ II,\ 603}$).


# 제 3 관   회사의 분할


## I. 의   의

會社의 分割이란 회사재산의 전부 또는 일부가 분할하여 신회사로 설립되든지(단순분할) 아니면 기존 회사와 합병하는(분할합병) 단체법상의 법률요건이다. 회사의 분할은 합병의 역현상이다. 회사의 분할은 경영합리화나 구조조정 등 여러 목적에서 시행되고 있다. 상법은 1998년 개정에서 회사의 분할제도를 신설하였다. 회사분할에 대한 규정이 없는 불편을 해소하고 기업의 구조조정을 원활히 하기 위하여 주식회사에 한하여 주주총회의 특별결의로 회사를 분할할 수 있도록 하였다. 다만 분할 전 회사의 주주 또는 채권자 보호조치가 긴요하므로 이를 입법상 별도로 반영하였다.

회사분할제도의 선두주자는 프랑스 회사법이다. 1966년의 프랑스회사법은 제371조 내지 제389조에서 분할제도를 합병과 더불어 처음 성문화하였고 이는 유럽공동체 회사분할지침의 모델이 되었다.[36] 미국에서도 spin-off, split-off 및 split-up 등의 제도가 있으나 주로 세법상의 제도로 나타나고 있다. 독일에서는 1994년 사업재편법(Umwandlungsgesetz)이 제정되어 회사분할에 관한 본격적인 성문화가 이루어졌고, 2006년의 일본 회사법 역시 회사의 분할제도를 시행하고 있다($\substack{동법\ 제757조\ 내 \\ 지\ 제766조\ 참조}$).

**⊛ 2015년 개정상법상 분할관련 용어정리**

2015년 12월 상법이 개정되면서 그동안 혼란을 야기하던 법전상의 용어가 정리되었다.

---

36) 프랑스회사법상의 회사분할제도에 대해서는, 이윤영, "회사의 분할", 「고려대 법학논집」 제20집, 269면 이하; 권기범, "주식회사의 분할", 서돈각교수정년기념논문집(1986), 221면 이하; 원용수, "프랑스법상의 회사의 합병과 분할제도", 「상사법연구」 제14집 제1호(1995. 8.), 125면 이하.

이에 따라 몇 용어의 법정 정의(legal definition)를 이하 정리하기로 한다.

1. **분할회사:** 분할의 주체가 되는 회사를 이른다. 다만 상법은 이를 "분할되는 회사"로 표현하기도 한다($\frac{상}{의4}^{530}$).

2. **단순분할신설회사:** 단순분할에 의해서 신설되는 회사를 이른다($\frac{상}{5}\frac{530의}{I\ 1호}$).

3. **분할합병신설회사:** 분할합병에 의해서 신설되는 회사를 이른다($\frac{상}{6}\frac{530의}{II\ 2호}$).

4. **분할승계회사:** 흡수분할합병의 경우 분할합병의 상대방 회사에 분할회사의 일부가 포괄적으로 승계될 경우 그 흡수주체를 이른다($\frac{상\ 530의6}{1호\ 참조}^{I}$).

5. **분할합병의 상대방회사:** 분할합병의 경우 분할회사의 상대방이 되는 회사를 이른다($\frac{상\ 530의6}{I\ 참조}$).

6. **분할당사회사:** 상법상의 용어는 아니지만 판례상 등장하는 "분할에 참여하는 모든 회사"를 이른다.


## Ⅱ. 구 별 점

지금까지 다음과 같은 여러 제도가 회사의 분할과 유사한 역할을 수행하였다. 이들을 통칭하여 **경제적 분할**이라 한다.

### 1. 영업양도

#### (1) 재산이전의 대가

영업양도제도는 기업의 일부를 타기업에 효율적으로 이전하는 기능을 수행한다. 그러나 회사의 분할과 다른 점은 영업양도에서는 양도대가가 금전이나 현물이라는 것이다. 양도당사자들은 이들을 거래법의 기본원리에 따라 주고 받는다. 반면 회사의 분할에서는 그것이 인적 분할이든 물적 분할이든 양도회사의 주주나 양도회사 자신이 **양수회사의 주식을 취득**한다.

#### (2) 재산이전의 방식

나아가 영업양도에서는 비록 영업의 동일성이 유지되기는 해도 특정승계의 방법으로 영업재산이 이전됨에 반하여 회사분할의 경우에는 비록 분할회사의 재산의 일부이기는 하지만 분할승계회사가 포괄승계의 방법을 취하므로 이 점 영업양도와 다르다.

### (3) 경업금지의무의 유무

끝으로 영업양도의 경우 양도인은 경업금지의무를 부담하지만($\frac{\text{상}}{\text{41}}$), 회사의 분할에서는 적어도 완전분할의 경우라면 분할회사는 완전히 소멸하므로 경업금지의무의 주체가 더 이상 존속하지 않는다.

### 2. 현물출자

現物出資는 다음과 같은 점에서 회사의 분할과 다르다. 우선 현물출자는 자본조달의 한 형태로서 부채를 그 대상으로 하지 않으나 회사의 분할에서는 양도재산 속에 적극재산뿐만 아니라 소극재산(부채)도 포함될 수 있다. 나아가 현물출자는 개인도 할 수 있으나 회사의 분할에서는 회사만이 그 행위주체가 될 수 있다. 끝으로 출자대가를 수령하는 주체가 다르다. 현물출자에서는 출자자가 회사이면 당연히 그 회사 자신이 양수회사의 사원권(주식)을 취득하나 회사의 분할에서는 양도회사가 아니라 양도회사의 사원(주주)이 양수회사의 사원권(주식)을 취득한다.

물론 물적 분할(物的 分割)의 경우는 예외이다($\frac{\text{상}}{\text{회}12}^{530}$). 그러나 물적 분할의 경우에도 현물출자와는 차이가 있다. 물적 분할의 경우에는 부분적 포괄승계가 이루어지나 현물출자의 경우에는 특정승계의 방식을 취하게 된다. 그리하여 출자대상 재산에 내재한 고유한 양도방식을 준수하여야 한다.

### 3. 재산인수 · 사후설립

財産引受($\frac{\text{상}}{\text{3}\text{조}}^{290}$)나 事後設立($\frac{\text{상}}{\text{375}}$)의 경우에도 영업양도와 마찬가지로 양도대가를 양수회사의 사원권(주식)으로 취득하는 것이 아니라 금전 등 재산으로 취득하므로 회사의 분할과 다르다.

## Ⅲ. 분할의 경제적 기능

회사의 분할은 어떠한 이유로 시도되는 것일까? 이 문제에 대한 대답은 곧 회사분할제도의 경제적 기능에 대한 답이 될 것이다.

## 1. 전업화를 통한 경영능률의 향상

수개의 사업을 다각적으로 경영하는 회사에 있어서는 종종 이질적인 사업들이 하나의 지붕 아래 공존한다. 수개의 사업이지만 규모의 경제도 누리지 못하고 서로 연결점을 찾기도 어렵다. 법률적으로는 하나의 회사가 수행하는 복수의 영업이지만 경영면에서는 이미 독립된 회사나 다름없다. 이런 현상은 특히 대기업에서 자주 관찰되는데 급격한 기술혁신이 요구되는 사업부문은 전업화(專業化)를 통하여 독립시키고 이로써 기존 회사의 몸집을 줄이는 것이 경쟁력제고에 바람직할 때가 있다.[37] 이러한 수요에 회사분할제도가 효과적인 대응수단이 될 수 있다. 합병의 주된 동기가 규모의 경제라면 분할의 효용은 반대로 전업화의 이익이라고 할 수 있다.[38]

> 🔅 신세계, 백화점-이마트 기업분할 왜 하나?
>
> 매출 20조원의 '유통공룡' 신세계가 몸을 둘로 나눈다. 하나는 매출 5조 4,000억원 규모의 신세계백화점이고, 하나는 11조 5,000억원대의 이마트다. **신세계가 백화점과 이마트 사업을 나누는 것은 부문별 업태 특성을 고려해 전문성을 제고하기 위한 전략**으로 풀이된다. 이럴 경우 부문별 책임경영이 가능하고, 수익성을 끌어올리는 게 한결 손쉬워지는 장점이 있다. 여기에 직원들의 성과나 보상체계도 합리적으로 마련돼, 향후 신세계는 최적의 경영전략 마련은 물론, 글로벌 기업 도약에도 큰 힘이 될 것으로 기대하고 있다. 특히 업계는 이번 신세계의 업태별 인적분할 작업이 향후 국내 유통업계의 판도변화에도 적잖은 영향을 미칠 것으로 내다보고 있다.
>
> • 신세계 왜 분할하나?=신세계는 지난 20일 백화점부문과 이마트부문의 인적분할 방식으로 기업 분할을 추진한다고 밝혔다. 이번 분할의 핵심은 '**전문성 강화**'다. 상품을 판매한다는 면에서 동일한 사업이지만 백화점과 대형마트는 목적이 다르다. 값비싼 고급 상품이나 명품 일부를 선택적으로 취급하는 백화점과 생활밀착형 상품을 저렴한 가격에 대량 취급하는 대형마트를 함께 운영하다보니 효율적이지 못했다는 것. 특히 내부에서도 조직간 특성과 성향이 서로 달라 쉽게 융합할 수 없었던 부분도 이번 분할의 이유로 보인다. 회사 관계자는 "**양 부문을 분리하는 것은 전문성 극대화를 통한 책임경영 강화를 위한 것**"이라며 "**분리를 통해 각 부문 특색에 맞는 세부전략을 세울 수 있고 이를 통해 양 부문의 수익성을 높일 수 있을 것**"이라고 말했다.[아시아경제, 오현길 기자 ohk0414@asiae.co.kr, 기사입력 2011.01.21 09:46]

## 2. 성장부문과 부진부문의 분리

크게 보아 동종 영업으로 불리워질 경우에도 자세히 보면 개별 부문에 따라 수익

---

37) 이윤영, "회사의 분할", 「고려대 법학논집」 제20집, 274면.
38) 권기범, "주식회사의 분할", 서돈각교수정년기념논문집(1986), 223면.

성에 차이가 나타날 때가 있다. 고수익이 유지되는 부분과 타산성에서 이에 미치지 못하는 부분이 병존할 때 분할제도는 효용가치를 가질 수 있다. 영업실적이 부진한 부문은 분할합병의 방법으로 타 기업에 이전시켜 그곳에서 규모의 경제를 누리게 하고 분할회사는 잔존하는 고수익 부분에만 전념하면서 시장점유율을 확대하거나 투자 유치의 기회를 개선할 수 있을 것이다. 예컨대 반도체(半導體)와 가전(家電)이 공존하는 전자업종의 경우 가전부분만 따로 떼어 타 회사에 분할합병시키고 반도체부분에만 전념하면서 투자유치의 기회를 개선하는 경우가 있을 수 있다.

### 3. 세제상의 혜택

미국에서 회사의 분할제도가 세법상의 제도로서 발달하였고 독일에서도 합병이나 분할의 문제는 세법상의 문제와 더불어 열띤 논의의 대상이 되고 있다.[39] 이런 현상은 바로 합병이나 분할제도가 기업의 稅制와 관련을 맺고 있음을 뜻한다.

법인세법은 기업구조조정 촉진과 경쟁력제고를 위해 세금납부연기 등 세제지원을 하고 있으며, 원활한 구조조정을 지원하기 위하여 일정 요건을 충족하는 적격분할에 대해서는 다양한 세제혜택을 부여하고 있다. 적격분할이 되려면 ① 분할법인은 5년 이상 사업을 계속하던 국내법인이어야 하고, ② 분할대상은 분할하여 사업이 가능한 독립된 사업부문이어야 하며, ③ 분할하는 사업부문의 자산 및 부채는 포괄적으로 승계되어야 한다. 나아가 ④ 분할법인만의 출자에 의한 분할이어야 하고, ⑤ 분할대가의 전액이 주식으로서 그 주식이 분할법인 등의 주주가 소유하던 주식의 비율에 따라 배정되어야 하고(지주율 유지적 분할), 분할 등기일이 속하는 사업연도의 종료일까지 그 주식을 보유하여야 한다. 끝으로 ⑥ 분할신설법인은 분할등기일이 속하는 사업연도의 종료일까지 승계받은 사업을 계속 수행하여야 한다(법인세법).[40]

### 4. 지주회사 설립을 통한 지배권 강화

회사의 분할제도는 때로 기존 경영권자의 지배권강화의 수단으로 쓰이고 있다. 특히 최근들어 적지 않은 수의 회사에서 인적 분할을 통한 지주사 설립이 이루어지고 있다. 그 수 역시 어마어마하여 뜨거운 관심의 대상이 되고 있다.

---

39) 합병이나 분할의 조세상의 효과에 대해서는 Lutter/Schumacher, UmwG, 6. Aufl., 2019, Otto Schmidt, Cologne, Anh. l, §122m, Anh., §151 참조.

40) 노혁준 편저, 회사분할의 제 문제(BFL총서 8), 서울대 금융법센터, 小花, 446~452면.

### (1) 절 차

대개 아래와 같이 지주사 설립이 이루어지고 있으며 법이론적으로는 자기주식에 대한 분할신주의 배정에 대해 이를 허용할 것인지를 놓고 심각하게 다투어지고 있다.[41]

첫째 기존의 회사를 지주회사와 사업회사로 분할한다. 분할의 방법은 인적 분할이며 존속분할이다($\text{상 } 530\text{의}5 \text{ 참조}$). 이때 지주회사는 존속회사가 되며 주로 현금과 투자자산 등 비업무용 재산을 가져가고, 신설회사인 사업회사는 매출채권, 유형자산, 재고자산 등 영업재산을 가져간다. 기존의 회사가 보유하던 자기주식은 전부 지주회사에 귀속된다.

분할비율은 합병의 경우와 달리 현재 법적 규율이 존재하지 않으며 따라서 회사는 이를 임의로 정할 수 있는바 기존 회사의 자산, 부채 및 자본을 사업목적에 맞게 존속회사와 신설회사에 임의로 나누게 된다. 실무상 분할비율은 순자산비율을 기준으로 하며 기존회사의 순자산(자산−부채)에서 분할 부문의 순자산이 차지하는 비율로 결정된다. 자사주가 있는 경우에는 결국 "(분할부문 순자산의 장부가액)/(기존 회사의 순자산 장부가액+자사주 장부가액)"의 공식을 따른다.[42]

둘째, 기존의 경영권자(최대주주 내지 오너)는 사업회사에서 배정된 분할신주를 지주회사에 현물로 출자하고 대신 지주회사의 주식을 배정받는다. 이러한 현물출자가 이루어지려면 지주회사(존속회사)에서 유상증자가 이루어져야 하며 이때 기존 경영권자에 대해서만 제3자 배정이 이루어지기도 한다.

### (2) 인적분할의 효과

**(가) 최대주주의 지배력강화:** 인적분할로 지주회사는 자기주식에 대해서도 사업회사의 분할신주를 배정받게 된다. 예컨대 분할전 기존회사가 10%의 자사주를 보유했다면 그 비율 대로 존속회사도 10%의 자사주를 갖게 된다.[43] 나아가 존속회사(지주회사)는 분할회사가 분할전에 보유하던 자사주의 비율대로 사업회사의 분할신주도 배정받게 되어 사업회사에 있어서는 자사주의 의결권이 부활하는 효과가 나타난다.[44]

---

41) 이에 반대하는 법안까지 국회에 제출되어 있는 상황이다. 동 법안은 2개로 되어 있는바 하나는 상법 일부개정 법률안이고 다른 하나는 공정거래법 일부개정 및 신설안이다. 전자(2016. 7. 12., 박용진 의원 외 10인 발의)는 분할회사가 보유하는 자기주식에 대한 **신주배정을 금지**하는 법안이고, 후자는 공정거래법 제11조 일부 개정 및 신설안(2016. 12. 29. 박용진 의원 등 10인 발의안)으로서 "상호출자제한기업집단 소속 회사가 분할 또는 분할합병하여 존속회사가 분할에 의해 새로 설립되는 회사의 신주를 배정받은 경우 존속회사는 그 **신주에 대하여 의결권을 행사할 수 없다**"로 되어 있다. 현재 전자(前者)는 법사위에 후자(後者)는 정무위에 계류중이다.

42) 홍덕기 객원기자, "인적분할, 합법적인 작전일까?"−AP 시스템사례로 본 기업분할−, 포춘코리아, 2017년 5월호, 입력(2017-05-04 15:27:55).

43) 지주회사 설립을 위한 분할실무상 분할회사의 주식은 모두 지주회사가 가져가기 때문이다.

44) 이를 보통 대중매체에서는 **"자사주의 마법"**으로 표현하였다(매일경제, 2017. 4. 13.일자 A3면 참조).

나아가 사업회사에서 최대주주에 배정되었던 분할신주는 현물로 지주회사에 출자되고 현물출자자는 출자의 댓가로 지주회사의 주식을 교부받게 되므로 최대주주는 지주회사에 대한 자신의 지배력도 강화할 수 있게 된다. 분할회사에 대한 최대주주의 완전지배를 전제로 이러한 결과가 도출될 수 있다.[45]

　**(나) 공정거래법상 지주회사 요건의 충족:**　나아가 공정거래법상 지주회사의 요건을 충족시키게 된다. 현재 지주사가 보유해야 할 자회사 주식의 의무보유비율은 자회사가 상장사인 경우에는 20%이고, 비상장사의 경우에는 40%인바[46] 분할전에 이러한 비율을 충족시키지 못한 경우에도 인적분할을 통하여 이를 충족시키게 된다. 순환출자 해소용 지주사 설립은 정부의 주요정책이기도 하였다. 이미 다수의 회사들이 이러한 방식으로 지주사 체재로 전환하였다.[47]

## IV. 분할의 종류

　회사의 분할은 구별기준에 따라 아래와 같이 나뉜다.

### 1. 단순분할과 분할합병

#### (1) 단순분할

　단순분할이란 분할에 의하여 1개 또는 수개의 회사가 설립되는 것이다($^{상\ 530}_{조2\ I}$).[48] 이 때 분할의 주체가 되는 회사를 '분할회사'라 하고($^{상\ 530}_{조4}$), 단순분할에 의하여 신설되는 회사를 '단순분할신설회사'라 한다($^{상\ 530의}_{5\ I\ 1호}$).

　단순분할은 신설분할(新設分割)이라고도 하며 독일이나 일본 등 외국에서는 이 용어가 보다 많이 쓰인다.[49] 일본 회사법은 '신설분할'에 대하여 "하나 또는 둘 이상의 주식회사 또는 합동회사가 그 영업에 관한 권리의무의 전부 또는 일부를 분할하여

---

45) 사업회사의 시가총액이 지주회사의 시가총액보다 크면 클수록 지주회사에 대한 대주주의 지분율은 더 커지게 된다. 물론 이러한 결과는 대주주인 甲이 갖고 있는 사업회사의 지분만을 지주회사에 현물로 출자한다는 가정하에 도출된 것이다. 현물출자를 위해서는 지주회사의 유상증자가 필요하고 일반적으로는 사업회사 지분의 현물출자시 공개매수의 과정을 거치므로 일반 투자자들이 가지고 있는 사업회사의 지분도 현물출자될 수 있기 때문에 대주주의 지주회사에 있어서의 지분율 증가는 실제로는 이보다 적게 나타나는 것이 일반이다(유진수, 전게논문, 78~79면 참조).
46) 독점규제 및 공정거래에 관한 법률 제8조의2 제2항 제2호 참조.
47) 대표적인 사례로 코스피 상장사 중에는 2016년 샘표식품, 일동제약, 크라운제과, 오리온, 그리고 코스닥 상장사 중에는 오스템임플란트 등이 모두 위의 방식으로 지주사 체재로 전환하였다.
48) 독일의 조직재편법상으로는 이를 '신설분할'(Spaltung durch Neugründung)이라 한다.
49) 독일 조직재편법 제123조 제1항 제2호; 일본 회사법 제762조~제766조 참조.

새로이 설립하는 회사에 승계시키는 것이다"라는 정의규정을 두고 있다.[50]

### (2) 분할합병

이에 반하여 분할회사의 일부가 분할에 의하여 1개 또는 수개의 존립중의 회사와 합병하는 것을 '분할합병'이라 한다($\frac{\text{상}}{\text{의2}}\frac{530}{\text{II}}$). 분할회사의 일부가 다른 회사와 합병하여 그 다른 회사가 존속하는 경우 그 흡수주체를 '분할승계회사'라 한다($\frac{\text{상}}{6}\frac{530\text{의}}{\text{I}1\text{호}}$). 이는 분할회사의 재산 중 그 전부나 일부가 분할하여 기존의 회사와 합병을 하는 것이다.[51] 이는 단순분할과 흡수합병이 결합된 형태이다. 반면 분할회사의 일부가 다른 분할회사의 일부 또는 다른 회사와 분할합병을 하여 새로운 회사가 설립될 때 이를 '분할합병신설회사'라 한다($\frac{\text{상}}{6}\frac{530\text{의}}{\text{II}2\text{호}}$). 이는 단순분할과 신설합병의 결합형이라 할만하다.

분할합병은 달리 흡수분할(吸收分割)이라고 한다. 독일이나 일본 등 외국에서는 이 용어가 보다 보편적이다.[52] 일본 회사법은 흡수분할에 대하여 "주식회사 또는 합동회사가 그 영업에 관하여 가지고 있는 권리의무의 전부 또는 일부를 분할후 다른 회사에 승계시키는 것이다"라는 정의규정을 두었다.[53]

### (3) 결합형

회사는 분할에 의하여 '단순분할'과 '분할합병'을 동시에 할 수도 있다($\frac{\text{상}}{2}\frac{530\text{의}}{\text{III}}$). 이는 단순분할과 분할합병의 결합형이다. 분할회사의 일부는 독립하여 신회사로 설립되고 나머지 재산은 기존의 다른 회사와 합병하는 방식이다.[54] 물론 이 경우에도 부분분할과 완전분할의 구별은 가능하다. 비록 단순분할과 분할합병이 동시에 이루어기는 하지만 이러한 경우에도 기존 분할회사의 일부가 잔존할 가능성은 남기 때문이다.

## 2. 완전분할과 부분분할

이는 분할 후 분할회사의 일부가 잔존하는지 여부에 따른 구별이다. 상법은 이 분류에 대해 별도의 용어를 사용하고 있지는 않다. 그러나 이 분류를 전제로 한 법문언이 존재하므로 이는 **상법전상의 분류**라 할 수 있다. 예컨대 상법은 단순분할의 경우 "분할후 회사가 존속하는 경우"[55] 또는 "분할회사가 분할 후에 존속하는 경우"[56]라는

---

50) 일본 회사법 제2조 제30호.
51) 따라서 독일 조직재편법은 이를 '흡수분할'(Spaltung durch Aufnahme)이라 하고 있다.
52) 독일 조직재편법 제123조 제1항 제1호; 일본 회사법 제2조 제29호; 일본 회사법 제757조~제761조 참조.
53) 일본 회사법 제2조 제29호.
54) 흡수신설분할이라고도 한다.
55) 상법 제530조의5 제2항 참조.

표현을 쓰고 있고, 분할합병의 경우에도 "각 회사가 분할합병을 하지 아니하는 부분" 등의 표현을 쓰고 있다.[57] 이러한 법문언이 충족되는 경우에는 부분분할이고 이러한 문언이 충족되지 않는 경우에는 완전분할이다. 독일 조직재편법은 완전분할과 부분분할을 각기 다른 조항으로 명확히 구별하고 있다.[58]

분할하는 기존 회사의 재산이 그 전부에 달해 기존 회사가 청산절차없이 해산하는 경우 이를 완전분할(Aufspaltung)이라 하고, 분할회사의 재산 중 일부만이 분리되어 다른 회사가 이를 흡수하고 나머지는 그대로 분할회사에 남아 분할회사 자신도 존속하는 경우에는 부분분할(Abspaltung)이라 한다. 예를 들면 삼성전자(주)에 가전부문과 반도체 부문이 있고, LG전자(주)에도 똑같이 가전부문과 반도체부문이 있다고 하자. 만약 삼성전자의 가전부문과 반도체부문이 삼성가전(주)와 삼성반도체(주) 등 2개의 신설법인으로 각각 독립하면 이는 완전분할이다. 기존의 삼성전자(주)는 청산절차 없이 해산한다. 분할회사의 권리의무를 두 신설회사가 포괄적으로 승계하기 때문이다. 반면 삼성전자(주)의 가전부문만 LG전자(주)의 가전부문에 흡수되고 기존의 반도체부문만 남아 삼성전자(주)가 그대로 잔존하면 이는 부분분할이다.

위의 단순분할 및 분할합병과 이 분류방식이 결합하면 다음의 4가지 형태가 다시 파생할 수 있다. 즉 제1형은 완전단순분할이다. 예컨대 삼성전자(주)의 가전부문과 반도체부문이 삼성가전(주)와 삼성반도체(주)로 단순분할하여 기존의 삼성전자(주)는 사라지는 경우이다. 둘째는 부분단순분할이다($^{상530}_{의5}$ Ⅱ). 삼성전자의 가전부문은 삼성가전(주)로 독립하나 나머지 반도체부문은 그대로 잔존하여 반도체부문만으로 삼성전자(주)가 그대로 존속하는 경우이다. 셋째는 완전분할합병이다. 예컨대 삼성전자의 가전부문은 LG전자(주)에 흡수되고, 반도체부문은 하이닉스반도체(주)에 흡수되는 경우이다. 삼성전자(주)에는 더 이상 잔존재산이 없고 LG전자와 하이닉스반도체의 두 분할승계회사만이 잔존한다. 넷째는 부분분할합병이다($^{상530}_{의6}$ Ⅲ). 삼성전자(주)의 가전부문은 LG전자(주)의 가전부문과 분할합병하고 반도체부문은 그대로 남아 반도체부문만으로 삼성전자(주)가 존속하는 경우이다.

### 3. 수평분할과 수직분할(인적분할과 물적분할)

이는 분할시 분리되어 신설되는 회사 또는 흡수하는 회사의 주식을 기존 회사의 주주가 취득하느냐 아니면 기존 회사 자신이 취득하느냐에 따른 구별이다. 전자를 수

---

56) 상법 제530조의9 제2항 후단 참조.
57) 상법 제530조의6 제3항 참조.
58) 독일 조직재편법 제123조 제1항(완전분할); 독일 조직재편법 제123조 제2항(부분분할).

평분할(Aufspaltung, Abspaltung) 또는 횡적 분할, 후자를 수직분할(Ausgliederung) 내지 종적 분할이라 한다.[59] 전자의 경우에는 분할회사가 분할 후 신설회사 내지 흡수하는 회사의 사원권(주식)을 전혀 취득하지 않으므로 모자관계가 성립될 수 없으나, 후자의 경우에는 분할회사가 주식을 취득할 수 있으므로 모자관계의 성립가능성이 있다. 후자는 실질적으로 현물출자에 의한 주식취득(흡수수직분할; Ausgliederung durch Aufnahme, §123 Ⅲ Nr. 1 UmwG)이나 100% 자회사의 설립(신설수직분할; Ausgliederung durch Neugründung, §123 Ⅲ Nr. 2 UmwG)과 같다. 종적 분할은 나아가 반드시 부분분할시에만 나타나는 것도 아니다. 완전분할시에도 종적 분할이 가능하다. 이때 기존 회사는 100% 지주회사(holding company)가 되고 만다.[60]

우리나라에서는 인적 분할과 물적 분할이라는 용어가 자주 사용된다. 인적분할은 수평분할에 대응하는 용어이고, 물적 분할은 수직분할에 대응하는 용어이다. 특히 상법은 수직분할 중에서도 분할되는 회사가 분할 또는 분할합병으로 인하여 설립되는 회사의 주식총수를 취득하는 경우를 '물적 분할'이라고 명명하고 있다(상530의12).

인적분할과 물적분할의 예를 들면 다음과 같다. 예컨대 삼성전자(주)에 甲, 乙, 丙 3인의 주주가 있고 각 30%, 30%, 40%의 지분을 가지고 있다고 하자. 이 때 인적분할방식으로 단순분할을 하면 단순분할 신설회사인 삼성가전(주)와 삼성반도체(주)에 있어 그대로 甲, 乙, 丙이 위의 비율대로 단순분할신설법인의 주식을 나누어 갖는다(지주율유지적 분할).

물적 분할의 경우에는 실제 유명한 사례가 있다. 한전은 발전부문을 수개의 신설법인으로 독립시켰다. 중부발전(주), 남부발전(주) 등 수개의 독립신설회사로 각 권역별 발전부문을 독립시켰다. 이 때 ㈜한국전력이 택한 방식이 상법 제530조의12에 규정된 물적 분할 방식이었다. 수개의 신설된 발전자회사는 해당 권역별로 운영되던 발전설비 등 영업재산을 포괄승계하였고, ㈜한전 본사는 이들 발전자회사의 주식을 모두 취득하여 이들의 완전모회사가 되었다.

#### ❖ 물적 분할과 쪼개기 상장의 문제점[61]

### 1. 물적 분할과 쪼개기 상장 현상

최근 들어 물적 분할 후 자회사를 상장하여 핵심사업부문에 대한 자금조달의 효율을 꾀하는 회사들이 늘고 있다. 이미 대중매체의 헤드라인을 장식했던 "LG에너지솔루션"의 상장이 대표적인 사례이다. 우리나라의 경우 이러한 물적 분할과 이에 이은 자회사의 상

---

59) 우리 상법은 이를 物的 分割이라 하고 있다(상법 제530조의12).

60) Kallmeyer/Kallmeyer, §123 UmwG, Rn. 12.

61) 이에 대한 문헌으로는 권재열, "물적 분할 후 자회사 상장시 소수주주 보호방안 — 법령개정사항을 중심으로 —", 「증권법연구」 제23권 제1호(통권 제56호)(2022. 4.), 1~21면; 김지평 · 이서연, "물적 분할 및 자회사 상장의 실무상 쟁점", 「BFL」 제114호(2022. 7.), 6~25면.

장은 다른 나라에 비해 유독 빈번하다.

　문제는 이러한 조직재편과 이에 이은 자회사의 상장이 효율적인 자금조달과 핵심사업 부문에 대한 발전방안으로서 효용을 갖는 것은 사실이지만 특히 모회사의 소수주주들에게 는 적지 않은 불이익을 야기할 수 있는 점에서 문제는 매우 심각하다. 이미 나타나고 있 는 다수의 사례에서 지주사 디스카운트나 모회사 소수주주의 주주권 감축(減縮) 등 여러 문제점이 드러나고 있다.

　이와 관련하여 지배주주 지분의 희석 우려없이 신성장 산업육성을 위한 대규모 자금조 달이 가능하다는 점에서 물적분할 후 자회사 상장은 불가피한 옵션이라는 **불가피론**과 물 적분할을 통해 모회사 "핵심사업"부문이 자회사로 분리·상장될 경우 모회사 주주의 권리 를 침해하고 모회사의 주가하락 등 소액주주의 피해가 가중된다는 비판론의 대립이 있다. 이하에서는 최근 국내에서 관심의 촛점이 되고 있는 물적 분할과 이에 이은 자회사 상장 의 문제점을 간략히 살펴보기로 한다.

### 2. 물적 분할과 모회사 지배구조의 변화

　물적 분할이 일어나면 해당 사업부문은 독립된 자회사가 되고 기존의 회사는 이 신설 된 자회사의 완전모회사, 즉 그 1인주주가 된다. 이러한 결과는 모회사 level에서는 권한 의 재분배가 일어난다. 분할전에는 모회사의 대주주와 소수주주가 주주총회에서 함께 결 정하던 사안들이 분할후에는 모회사의 이사회—사실상 모회사의 이사들을 실질적으로 선 임할 수 있는 모회사의 지배주주에게로—로 옮아감을 의미한다. 이것은 달리 표현하면 모 회사의 소액주주들에게는 주주권 감축(減縮)을 의미하게 된다.[62] 예컨대 자회사에서 배당 가능이익이 충분함에도 임의준비금을 과도하게 책정하면 모회사에 배당될 배당가능이익은 현격히 줄어든다. 과거에는 모회사 주주들이 모회사의 주주총회에서 재무제표를 승인하며 함께 결정하던 사항이 이제는 모회사 이사회의 단독 결정대상으로 되는 것이다. 이러한 지배구조의 변화는 모회사 소수주주들의 축출수단으로 악용될 여지도 있다.

### 3. 지주사 디스카운트 및 자회사 상장의 문제점

　이러한 주주권 감축은 모회사 주식의 가치하락으로 이어지게 된다. 실제에서도 물적 분 할과 이에 이은 자회사의 상장에서 이른바 지주사 디스카운트가 자주 관찰되고 있다. 즉 물적 분할은 주식시장에서는 모회사의 기업가치 하락으로 이어지는 경우가 많다. 분할 후 라도 자회사에서 증자나 상장 등이 일어나지 않을 경우 모회사는 자회사의 1인주주로 남 아 있으므로 자회사의 기업성과를 온전히 향유할 수 있다. 그러나 자회사가 유상증자를 하여 새로운 주주를 영입하거나 심지어 일반 투자자들을 상대로 상장하는 경우에는 자회 사의 기업실적은 자회사의 새로운 주주들에게 분산된다. 그 결과 모회사 소수주주들에게 는 불이익이 발생하지만 모회사 소수주주들은 이에 대해 뚜렷한 구제수단을 발견할 수 없다.

---

62) 일본에서는 "주주권의 축감(株主權の縮減)"이라는 용어가 쓰이고 있다(神作裕之, "親子會社とグループ經營", 株式會社法大系, 江頭憲治郎 編, 有斐閣, 2013, 93頁).

### 4. 모회사 소수주주의 보호방안

이러한 문제점을 해결하기 위하여 다수의 처방전들이 제시되고 있다. 다만 아직 이렇다 할 구체적인 법령의 입법이나 개정은 이루어지지 않은 상황이다. 현재 ① 자회사가 향후 상장시 발행하게 될 신주를 우선 배정하거나 그 신주에 대한 신주인수권을 부여하는 방안, ② 모회사의 소수주주에 대해 워런트(naked warrant)를 부여하는 방안, ③ 현행 상법의 규정과 달리 물적분할에 반대하는 모회사 주주에게 주식매수청구권을 부여하는 방안, ④ 물적 분할을 위한 총회승인시 소수주주의 다수결(MoM)을 허용하는 방안, ⑤ 분할승인 결의 외에도 자회사의 상장시 모회사의 주주들에게 별도의 승인권(separate approval)을 인정하는 방안, ⑥ 물적 분할 후 자회사의 상장 자체를 금지하는 방안, ⑦ 종류주식의 하나인 트래킹주식을 도입하는 방안, ⑧ 자회사의 상장시 상장요건 및 상장심사를 강화하는 방안 등 여러 것들이 논의되고 있다. [63] 그러나 어느 것도 현행 법제의 틀속에서 그 도입이 호락호락해 보이지는 않는다. 금융위원회는 2022년 3월 지배구조보고서의 가이드라인을 개정하였는바 이에 의하면 물적 분할·합병 등 기업의 소유구조 변경시 **주주보호를 위한 기업의 정책 등을 지배구조보고서에 기술하도록 요구**하고 있다. 현재의 트렌드인 ESG 경영의 시각에서도 소수주주의 보호는 매우 중요하다. 선진자본시장을 지향한다면 보다 내실있는 소수주주의 보호방안이 조속히 제시되어야 할 것이다.

## 4. 삼각분할합병

2015년 12월의 상법개정으로 삼각분할합병 방식이 우리 상법에 도입되었다($\substack{\text{상 530의6 I} \\ \text{4호. IV. V}}$). 삼각분할에서는 회사의 분할합병시 분할회사의 주주에게 분할승계회사 대신 분할승계회사의 모회사의 주식을 분할의 대가로 교부할 수 있다. 기존의 삼각합병에 이어 삼각분할 및 삼각주식교환 방식까지 도입함으로써 2015년 개정상법은 삼각조직재편의 모든 가능성을 망라하게 되었다. 삼각분할에 대해서는 삼각조직재편부분에서 보다 자세히 논하기로 한다.

---

63) 관련 논의에 대해 자세히는 권재열, "물적 분할후 자회사 상장시 소수주주의 보호방안", 『증권법연구』 제23권 제1호(통권 제56호)(2022. 4.), 1~23면.

〈분할의 종류〉

a. 단순분할과 분할합병

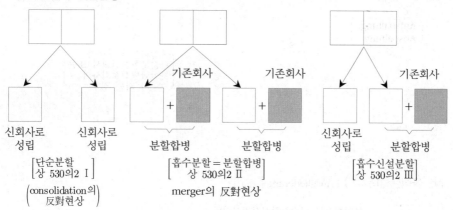

b. 완전분할과 부분분할

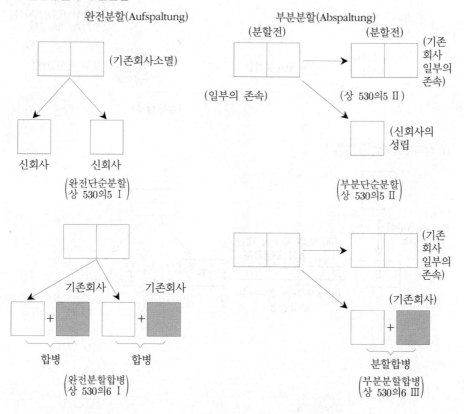

c. 인적분할과 물적분할($^{\text{상 530의}}_{12}$)

aa. 인적분할

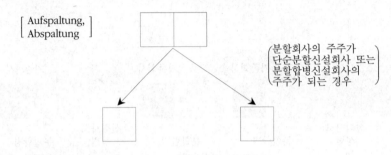

$\begin{bmatrix} \text{Aufspaltung,} \\ \text{Abspaltung} \end{bmatrix}$

$\begin{pmatrix} \text{분할회사의 주주가} \\ \text{단순분할신설회사 또는} \\ \text{분할합병신설회사의} \\ \text{주주가 되는 경우} \end{pmatrix}$

bb. 물적분할($^{\text{상 530의}}_{12}$) [ Ausgliederung ]

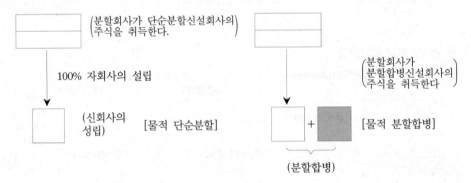

$\begin{pmatrix} \text{분할회사가 단순분할신설회사의} \\ \text{주식을 취득한다.} \end{pmatrix}$

100% 자회사의 설립

$\begin{pmatrix} \text{분할회사가} \\ \text{분할합병신설회사의} \\ \text{주식을 취득한다} \end{pmatrix}$

(신회사의 성립)  [물적 단순분할]

+  [물적 분할합병]

(분할합병)

d. 삼각분할합병($^{\text{상 530의6 I}}_{\text{4호, IV, V}}$)

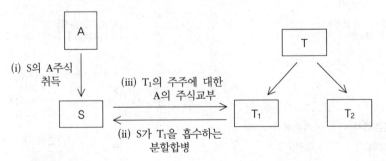

A

(i) S의 A주식 취득

(iii) T$_1$의 주주에 대한 A의 주식교부

T

S

(ii) S가 T$_1$을 흡수하는 분할합병

T$_1$  T$_2$

## Ⅴ. 분할의 개념요건

여러 기준에 따른 분류에도 불구하고 회사의 분할에는 다음과 같은 공통적 개념 요소가 있다.[64]

### 1. 회사재산의 일부의 이전

어떤 종류이든 회사의 분할은 회사재산의 일부의 이전을 수반한다. 회사재산의 전 부는 '분할'의 개념과 공존할 수 없다. 그것은 완전분할의 경우에도 같다. 따라서 분 할회사의 재산의 일부가 이전된다. 이 때 그 일부는 영업의 일부, 영업의 중요한 부 분, 한 단위의 영업뿐만 아니라 개념상 개별적 영업용 재산도 포함될 수 있다. 나아 가 소극재산만을 따로 분할의 대상으로 삼는 것도 가능할 것이다. 물론 이 경우에는 흡수주체가 이에 대해 사원권을 분배하기가 어려워질 것이다.[65]

### 2. 부분적 포괄승계

분할은 합병의 역현상(逆現狀)이다.[66] 따라서 합병에서와 같이 회사의 분할에서도 분할대상이 되는 재산은 개별적으로 특정승계되는 것이 아니라 적극 및 소극재산을 합하여 포괄적으로 승계된다. 물론 합병에서와는 달리 회사재산의 일부가 이전대상이 되므로 부분적 포괄승계(partielle Gesamtrechtsnachfolge)라 부르기도 한다. 만약 분할의 당사자들이 영업양도에서와 같은 특정승계의 방식을 선택하면 이는 더 이상 회사의 분할이 아니다.[67]

### 3. 재산이전의 반대급부는 주식

재산이전의 반대급부로 주식(社員權)이 부여되어야 한다. 따라서 영업양도에서 처 럼 금전 등의 대가가 지급되면 그것은 회사의 분할이 아니다. 물론 주식이 부여되고 현금 등이 추가지급되는 경우는 있을 수 있다(상 530의5 Ⅰ 5호 참조). 즉 주식 등을 교부해 주고 모 자라는 부분을 금전지급으로 메꾸는 것 등은 가능하다. 그러나 처음부터 금전만을 반 대급부로 예정하였다면 그것은 더 이상 분할의 개념과 합치할 수 없다.

---

64) Kallmeyer/Kallmeyer, UmwG, §123, Rdnr. 1-3.
65) Kallmeyer/Kallmeyer, §123 Rdnr. 1.
66) Reinier Kraakmann *et al. The Anatomy of Corporate Law*, 2nd ed., 2009, p. 211.
67) LG Hamburg, DB 1997, 516.

주식인수의 주체는 수평분할의 경우에는 분할회사의 기존 주주들이지만 수직분할의 경우에는 분할하는 회사 자신이다. 수평분할의 경우 기존의 주식보유비율을 그대로 유지하면서 신설회사나 흡수회사의 주식을 부여하는 경우도 있고 그렇지 않은 경우도 있다. 전자를 지주율유지적 분할(verhältniswahrende Spaltung)이라 하고, 그렇지 않은 경우를 지주율변동적 분할(nicht-verhältniswahrende Spaltung)이라 한다.[68] 극단적인 경우에는 분할하는 회사의 주주들이 신설회사나 흡수회사의 주식을 단 하나도 배정받지 못하는 경우도 있다(예컨대 소극재산만을 분할대상으로 한 경우). 이러한 경우를 '공분할(空分割; Spaltung zu Null)'이라 한다.

## VI. 분할의 절차

〈분할절차〉

| 상 530의5<br>상 530의6 | 상 530의7 | | 2주 내 | 1개월 이상 | | | 상 530의7 |

| 분할계약서<br>또는<br>분할계획서<br>작성 | 사전공시<br>개시<br>2주간 | 분할<br>승인<br>결의<br>(상 530의3) | 채권자<br>보호절차<br>(상 530의9)<br>(상 527의5) | 보고총회<br>창립총회<br>(상 530의11,<br>526, 527) | 분할<br>등기<br>(상 530의11) | 사후<br>공시 |

## 1. 분할계획서의 작성 또는 분할합병계약의 체결

### (1) 분할계획서의 작성

단순분할의 경우에는 분할에 참여하는 회사는 분할회사 자신 밖에 없으므로 분할계약이 체결될 수 없다. 따라서 분할계약서 대신 분할계획서(Spaltungsplan)가 작성된다. 이는 상대방없는 단독행위이다.[69]

일반적으로 **분할에 의하여 회사를 설립하는 경우에는 분할계획서에 아래의 내용을 기재하여야** 한다(상 530의$\frac{5}{9}$1); ① 단순분할신설회사의 상호, 목적, 본점의 소재지 및 공고의 방법, ② 단순분할신설회사가 발행할 주식의 총수 및 액면주식·무액면주식의 구분, ③ 단순분할신설회사가 분할 당시에 발행하는 주식의 총수, 종류 및 종류주식의 수,

---

68) Kallmeyer/Kallmeyer, §123 UmwG, Rn. 4.

69) Lutter/Priester, § 136 UmwG, Rdnr. 4; Kallmeyer/Zimmermann, § 136 Rdnr. 1; 윤성조·김효민, "회사분할과 분할계획서의 기재사항", 회사분할의 제 문제(BFL 총서⑧), 도서출판 소화, 2013, 97면("상대방의 수령을 요하지 아니하는 일방적 의사표시").

액면주식·무액면주식의 구분,[70] ④ 분할회사의 주주에 대한 단순분할신설회사의 주식의 배정에 관한 사항[71] 및 배정에 따른 주식의 병합 또는 분할을 하는 경우에는 그에 관한 사항,[72] ⑤ 분할회사의 주주에게 제4호(④의 사항)에도 불구하고 금전이나 그밖의 재산을 제공하는 경우에는 그 내용 및 배정에 관한 사항,[73] ⑥ 단순분할신설회사의 자본금과 준비금에 관한 사항, ⑦ 단순분할신설회사에 이전될 재산과 그 가액, ⑧ 분할채무의 정함($_{9}^{제530조의}$ 제2항)이 있는 경우에는 그 내용, ⑨ 분할기일(분할을 할 날), ⑩ 단순분할신설회사의 이사와 감사를 정한 경우에는 그 성명과 주민등록번호, ⑪ 단순분할신설회사의 정관에 기재할 그 밖의 사항이 그것이다.

**분할후 회사가 존속하는 경우에는 존속하는 회사에 관하여 분할계획서에 다음 각호의 사항을 기재하여야** 한다($_{횟5}^{상 530}$ Ⅱ); ① 감소할 자본금과 준비금의 액, ② 자본감소의 방법, ③ 분할로 인하여 이전할 재산과 그 가액, ④ 분할후의 발행주식의 총수, ⑤ 회사가 발행할 주식의 총수를 감소하는 경우에는 그 감소할 주식의 총수, 종류 및 종류별 주식의 수, ⑥ 정관변경을 가져오게 하는 그 밖의 사항이 그것이다.

### (2) 분할계약의 체결

분할합병의 경우에는 분할회사와 분할승계회사간 분할계약(Spaltungsvertrag)이 체결된다. 이 계약 역시 합병계약과 마찬가지로 단체법상의 조직계약이며 이를 통하여 분할당사회사는 분할합병의 약정, 분할의 대가, 분할기일 등을 정하게 된다.

분할합병계약서에는 기본적으로 아래의 내용이 기재되어야 한다($_{횟6}^{상 530}$ Ⅰ); ① 분할합병으로 인하여 분할승계회사의 발행주식총수가 증가하는 경우에는 증가할 주식의 총수, 종류 및 종류별 주식의 수, ② 분할승계회사가 분할합병을 하면서 신주를 발행하거나 자기주식을 이전하는 경우에는 그 발행하는 신주 또는 이전하는 자기주식의 총수, 종류 및 종류별 주식의 수, ③ 분할승계회사가 분할합병을 하면서 신주를 발행하거나 자기주식을 이전하는 경우에는 분할회사의 주주에 대한 분할승계회사의 신주의 배정 또는 자기주식의 이전에 관한 사항 및 주식의 병합 또는 분할을 하는 경우에는 그에 관한 사항, ④ 분할승계회사가 분할회사의 주주에게 ③에도 불구하고($_{6}^{상 530의}$ Ⅰ 3호)에도 불구하고 그 대가의 전부 또는 일부로서 금전이나 그 밖의 재산을 제공하는 경우에

---

70) 위 ①, ②, ③의 기재사항들은 단순분할신설회사의 설립사항으로서 정관상의 절대적 기재사항들이다.
71) 분할비율에 대한 정함이다.
72) 주식의 병합 또는 분할은 부분분할(존속분할)에 있어 분할회사의 주식을 병합하거나 분할하는 경우 관련 사항을 기재하는 것이다(이철송, 1139면 참조).
73) 이는 분할교부금에 관한 사항이다. 신설회사의 주주에게 배정할 주식 대신 그 일부를 현금으로 지급하는 것이다.

는 그 내용 및 배정에 관한 사항(삼각분할합병과 관련된 사항), ⑤ 분할승계회사의 자본금 또는 준비금이 증가하는 경우에는 증가할 자본금 또는 준비금에 관한 사항, ⑥ 분할회사가 분할승계회사에 이전할 재산과 그 가액, ⑦ 분할채무의 정함($\frac{\text{상 530의9}}{\text{II의 정함}}$)이 있는 경우에는 그 내용, ⑧ 각 분할당사회사에서 분할승인을 할 주주총회의 기일, ⑨ 분할합병기일(분할합병을 할 날), ⑩ 분할승계회사의 이사와 감사를 정한 경우에는 그 성명과 주민등록번호, ⑪ 분할승계회사의 정관변경을 가져오게 하는 그 밖의 사항이 그것이다.

분할합병을 통하여 새로운 회사가 설립되는 경우에는 아래의 사항이 기재되어야 한다($\frac{\text{상 530}}{\text{의6 II}}$); ① 분할합병신설회사의 상호, 목적, 본점소재지, 공고방법, 분할합병신설회사가 발행할 주식의 총수 및 액면 및 무액면의 구별, 분할합병신설회사의 자본금 및 준비금, 분할합병신설회사에 이전될 재산과 그 가액, 분할채무의 특약($\frac{\text{상 530}}{\text{의9 II}}$)이 있는 경우에는 그 내용, 분할기일, 분할합병신설법인의 임원(이사와 감사)을 정한 경우에는 그 성명과 주민등록번호, 기타 분할합병신설회사의 정관에 기재할 사항, ② 분할합병신설회사가 분할합병을 하면서 발행하는 주식의 총수, 종류 및 종류별 주식의 수, ③ 각 분할당사회사의 주주에 대한 주식의 배정에 관한 사항과 배정에 따른 주식의 병합 또는 분할을 하는 경우에는 그 규정, ④ 각 당사 회사가 분할합병신설회사에 이전할 재산과 그 가액, ⑤ 각 당사 회사의 주주에게 지급할 금액을 정한 때에는 그 규정, ⑥ 각 회사에서 분할승인결의를 할 주주총회의 기일, ⑦ 분할합병기일(분할합병을 할 날)이 그것이다.

## 2. 사전공시

분할회사의 이사는 분할승인을 위한 주주총회 회일의 2주간 전부터 분할등기일 또는 분할합병일로부터 6개월간 분할계획서, 분할합병계약서, 분할합병의 경우에는 상대방회사의 대차대조표, 분할회사의 주주에게 발행될 주식의 배정에 대한 이유서 등을 본점에 비치하여야 한다($\frac{\text{상 530}}{\text{의7}}$).

## 3. 분할승인결의

분할의 경우에도 주주총회의 분할승인결의를 거치게 된다. 분할승인결의는 주주총회의 특별결의로 하여야 하며($\frac{\text{상 530의}}{\text{3 II}}$), 의결권배제주주도 분할승인결의시에는 의결권이 있다($\frac{\text{상 530의}}{\text{3 III}}$). 또 회사의 분할 또는 분할합병으로 인하여 분할 또는 분할합병에 관련되는 각 회사의 주주의 부담이 가중되는 경우에는 주주총회의 승인결의와 종류주주총

회의 결의 외에도 그 주주 전원의 동의가 있어야 한다(상530의). 분할합병에 반대하는
주주에게는 주식매수청구권이 부여된다(상530의11, 522의3).[74]

그러나 간이분할합병과 소규모분할합병의 경우에는 주주총회의 승인결의 대신 이
사회결의로 분할을 승인할 수 있게 되었다(상530의). 1999년 개정상법은 간이합병제도
(상527의2)와 소규모합병제도(상527의3)를 분할합병의 경우에도 준용토록 하였다. 따라서 간이
분할합병이나 소규모분할합병의 경우에는 위 규정들이 준용된다.

### 4. 채권자보호절차

분할의 경우에도 합병시와 마찬가지로 채권자보호절차가 마련되어 있다(상530의11 Ⅱ: 상530의9 Ⅳ:
상439 Ⅲ: 상527의5). 회사분할의 경우 분할회사의 채권자에게는 책임재산이 나누어지는 관계로 적
지 않은 위험요소가 나타난다. 그리하여 상법은 두 가지 방향으로 채권자를 보호하고
있다. 그 하나는 연대책임제도이고,[75] 다른 하나는 채권자이의제도이다. 전자는 분할
의 효과 부분에서 별도로 다루기로 하고 여기서는 후자에 대해서만 보기로 한다.

물론 위에서 본 연대책임제도에 의하여도 채권자는 보호될 수 있겠지만 단순분할
이든 분할합병이든 신설회사[76]가 분할회사의 채무 중에서 분할계획서 내지 분할합병
계약서에서 정한 채무만을 부담할 수 있고 이러한 경우라면 당연히 분할회사의 채권
자는 언제든 불이익을 입을 수 있는 불안한 지위에 놓이게 된다(상530의9 Ⅱ, Ⅲ 참조). 나아가 분할
합병의 경우에는 어떠한 경우이든 분할회사의 일부가 분할승계회사와 합병을 하는
것이므로 당연히 분할회사 또는 분할승계회사의 채권자들은 불측의 손해를 볼 가능
성이 있다.

그리하여 상법은 분할의 경우에도 채권자보호절차를 시행하고 있다. 즉 상법은 분
할회사에 대하여 주주총회의 분할승인결의가 있은 날로부터 2주간내에 분할에 이의가
있는 채권자에 대하여는 1개월 이상의 기간내에 이를 제출할 것을 공고하고, 알고 있
는 채권자에 대하여는 각 채권자별로 따로 따로 최고하도록 요구한다(상530의9 Ⅳ: 상530의11 Ⅱ: 상527의5: 상232 Ⅱ, Ⅲ).
채권자가 이의를 제기하면 회사는 그 채권자에 대하여 변제 또는 상당한 담보를 제

---

74) 그러나 **단순분할의 경우에는 주식매수청구권이 부여되지 않는다.** 상법 제530조의11 제2항은 합병반대주주의
주식매수청구에 관한 상법 제522조의3을 분할합병의 경우에만 준용하고 있다. 단순분할의 경우에는 분할회사
에 속했던 주주의 지위는 분할신설회사에 그대로 잔존하므로 반대주주의 주식매수청구를 허용할 실익이 없기
때문이다. 소수주주들에게 분할승인을 위한 주주총회의 소집통지를 결여하여 분할합병 반대주주에게 주식매
수청구권의 행사가능성을 원천적으로 부여하지 않은 경우에도 법원이 분할합병무효의 소를 재량기각한 사례
가 있다. 세이브존 대 이랜드 사건(대판 2010. 7. 22, 2008다37193)을 참조하라.

75) 분할 또는 분할합병으로 인하여 설립되는 회사 또는 존속하는 회사는 분할 또는 분할합병 전의 회사채무에
관하여 연대책임을 지게 된다(상법 제530조의9 제1항).

76) 단순분할신설회사와 분할합병신설회사를 모두 지칭한다.

공하거나 이를 목적으로 상당한 재산을 신탁회사에 신탁하여야 한다. 나아가 사채권자도 이의를 제기할 수 있는데 이 경우에는 사채권자집회의 결의가 필요하다(상 530의11 Ⅲ : 상 439 Ⅲ :).

### 5. 보고총회 및 창립총회

단순분할의 경우에는 단순분할신설회사의 설립을 위한 후속절차가 진행될 것이고, 분할합병의 경우에도 보고총회나 창립총회 등 후속절차가 진행될 것이다. 상법은 단순분할이나 분할합병을 위하여 흡수합병의 보고총회 및 신설합병의 창립총회에 관한 규정들을 분할이나 분할합병에 준용하고 있다(상 530의11 참조).

### 6. 분할등기

회사가 분할을 한 때에도 분할의 등기로 분할의 효력이 발생한다(상 530의11 : 상 234). 분할등기 역시 창설적 등기사항이다. 따라서 분할등기가 없으면 분할이 효력이 발생하지 않는다. 따라서 단순분할의 경우라면 단순분할신설회사가 분할합병의 경우라면 분할합병승계(신설)회사가 그 본점 소재지에서는 2주간내에, 지점소재지에서는 3주간내에 분할등기를 하여야 한다. 분할후 존속하는 회사는 변경등기를, 분할 내지 분할합병으로 소멸하는 회사는 해산등기를, 분할 내지 분할합병으로 설립되는 회사는 설립등기를 하여야 한다(상 530의11 Ⅰ : 상 234 : 상 233).

### 7. 사후공시

분할등기일로부터 6개월간 상법 제530조의7 제1항 각호의 서류를 본점에 비치하여야 한다.

## Ⅶ. 분할의 효과

위에서 살펴보았듯이 분할등기가 완료되면 분할의 효력이 발생한다. 이제 분할의 효과를 분할당사회사간 및 그 회사와 주주간의 대내적 효과와 분할당사회사와 채권자간의 대외적 효과로 나누어 알아보기로 하자.

### 1. 대내적 효력

대내적 효력은 다시 분할당사회사간의 효과와 분할당사회사와 그 주주간의 효과로 나누어 알아본다.

### (1) 분할당사회사간의 효력

**(가) 권리의무의 포괄승계:**  분할이 완료되면 분할계획서나 분할합병계약서에 작성된 대로 분할회사의 재산은 분할신설회사나 분할승계회사에 포괄적으로 이전한다($\substack{상\ 530 \\ 의10}$). 비록 분할회사의 재산의 일부이긴 하지만 포괄승계되므로 각 권리의 특성에 따른 효력발생요건이나 대항요건을 갖출 필요가 없다. 이전되는 재산 속에 소극재산이 포함됨은 물론이다. 이 경우에도 분할계획서나 분할합병계약서의 내용대로 포괄승계되는 것이므로 개별적으로 채권자의 승낙도 얻을 필요가 없다.[77]

**(나) 회사의 해산, 설립 및 자본변동:**  완전분할(Aufspaltung)의 경우에는 분할등기의 완료로 분할회사는 청산절차없이 소멸한다($\substack{상\ 530의11 \\ 234}$). 그러나 부분분할(Abspaltung)의 경우에는 분할회사의 자본이 감소하며 분할 후 신회사로 설립되거나 또는 분할재산을 흡수합병하는 분할승계회사의 자본이 증가한다.

**(다) 고용관계:**  회사의 분할은 분할회사와 근로자간의 고용관계에 어떠한 영향을 미치는가? 이 문제는 노동법적 문제로서 상법은 이에 대하여 아무런 배려를 하지 않고 있다. 근로기준법상으로는 긴박한 경영상의 필요가 있을 때 소위 정리해고를 할 수 있다는 것과 그 절차를 규정하고 있다($\substack{동법\ 27의2 \\ 27의3}$).[78]

---

### 서울행정법원 2008. 9. 11, 2007구합45583

"[1] 회사분할로 인하여 근로관계의 일방 당사자의 지위가 변경되는 경우, 근로자의 근로관계가 신설회사에 포괄승계됨으로써 근로관계의 존속 보호를 꾀하는 것은 기존의 근로계약 상대방과 완전히 동일하다고는 할 수 없는 사용자와의 근로관계를 형성하는 것을 의미한다. 이는 근로관계의 존속 보호에는 충실할 수 있으나, 당사자의 자유로운 의사결정으로 법률관계를 형성한다는 계약자유의 원칙의 입장에서 볼 때, 실질적으로는 근로자 스스로가 자유롭게 선택하지 않은 사용자와의 근로관계가 강제되는 것과 같은 결과를 초래하여 자기결정의 원리에 반할 수 있다. 따라서 회사분할시 근로관계의 승계 문제는 근로관계 존속 보호와 근로자의 자기결정의 원리가 조화를 이룰 수 있도록 해결하여야 한다.

[2] 우리나라 기업에서 통상 근로자의 배치전환과 관련한 인사권은 대부분 사용자가

---

77) 민법 제454조에 의하면 제3자가 채무를 인수하는 경우 채권자의 동의를 얻도록 되어 있다. 그러나 회사분할로 인한 채무승계시에는 채권자의 승낙이 필요없다. 그 이유는 분할에 참여하는 회사들의 연대채무가 규정되어 있어 채무승계로 채권자가 손해를 볼 이유가 없기 때문이다.

78) 이에 대해서 보다 자세히는 김형배, 노동법, 제23판, 2014, 599면 이하; 김영문, "사업의 양도, 기업의 인수·합병과 정리해고", 「안암법학」 제7호(1998년 상반기), 371면 이하.

상당한 재량권을 가지고 행사하고 있는 점, 여러 개의 사업을 운영하고 있는 회사가 경영상 위기를 극복하기 위하여 구조조정의 일환으로 특정 사업부분을 분할하는 경우, 신설회사가 경영상의 위기를 극복하지 못하고 도산하게 되면, 회사는 근로기준법상 경영상 해고에 관한 절차를 거치지 아니하고 특정 사업 부문을 폐지하는 효과를 거둘 수 있는 점, 회사분할로 사용자이던 회사가 신설회사로 변경되는 경우, 이는 실질적으로는 사용자의 변경과 차이가 크지 아니하므로 이에 대한 근로자의 의사가 적절히 반영될 수 있도록 하는 것이 근로관계의 전속성에 합치하는 점, 회사분할로 인하여 근로관계가 포괄승계되므로, 특정승계되는 영업양도와는 달리 양도성을 제한하는 당사자의 의사보다는 법률에 의한 포괄승계의 효력에 우선권을 부여하는 것이 민사상의 법률관계의 체계에 합당한 점 등을 종합적으로 고려하면, 회사분할시 분할대상이 되는 사업에 종사하던 근로자들의 근로관계는 원칙적으로 신설회사에 포괄적으로 승계되고, 예외적으로 근로자가 거부권을 행사하는 경우에는 거부권을 행사한 근로자의 근로관계는 승계대상에서 제외된다고 봄이 상당하다.

[3] 회사분할시 사용자는 근로자의 거부권 행사를 보장하기 위하여 원칙적으로 포괄승계의 대상이 되는 근로자에게 거부권 행사에 필요한 상당한 기간을 부여하여야 한다. 만약 사용자가 근로자에게 거부권 행사에 필요한 상당한 기간을 부여하지 아니한 경우, 이는 근로자의 자기의사결정권을 침해한 것이므로 무효이고, 그 기간은 사회통념상 거부권행사에 필요한 상당한 기간까지 연장된다고 보아야 한다."

### 대판 2013. 12. 12, 2011두4282 [부당전적구제재심판정취소]

"상법 제530조의10은 분할로 인하여 설립되는 회사(이하 '신설회사'라고 한다)는 분할하는 회사의 권리와 의무를 분할계획서가 정하는 바에 따라서 승계한다고 규정하고 있으므로, 분할하는 회사의 근로관계도 위 규정에 따른 승계의 대상에 포함될 수 있다. 그런데 헌법이 직업선택의 자유를 보장하고 있고 근로기준법이 근로자의 보호를 도모하기 위하여 근로조건에 관한 근로자의 자기결정권($\frac{4}{\text{조}}$), 강제근로의 금지($\frac{7}{\text{조}}$), 사용자의 근로조건 명시의무($\frac{17}{\text{조}}$), 부당해고 등의 금지($\frac{23}{\text{조}}$) 또는 경영상 이유에 의한 해고의 제한($\frac{24}{\text{조}}$) 등을 규정한 취지에 비추어 볼 때, 회사 분할에 따른 근로관계의 승계는 근로자의 이해와 협력을 구하는 절차를 거치는 등 절차적 정당성을 갖춘 경우에 한하여 허용되고, 해고의 제한 등 근로자 보호를 위한 법령 규정을 잠탈하기 위한 방편으로 이용되는 경우라면 그 효력이 부정될 수 있어야 한다. 따라서 둘 이상의 사업을 영위하던 회사의 분할에 따라 일부 사업 부문이 신설회사에 승계되는 경우 분할하는 회사가 분할계획서에 대한 주주총회의 승인을 얻기 전에 미리 노동조합과 근로자들에게 회사 분할의 배경, 목적 및 시기, 승계되는 근로관계의 범위와 내용, 신설회사의 개요 및 업무 내용 등을 설명하고 이해와 협력을 구하는 절차를 거쳤다면 그 승계되는 사업에 관한 근로관계는 해당 근로자의 동의를 받지 못한 경우라도 신설회사에 승계되는 것이 원칙이다. 다만 회사의 분할이 근로기준법상 해고의 제한을 회피하면서 해당 근로자를 해고하기 위한 방편으로 이용되는 등의 특별한 사정이 있는 경우에는, 해당 근로자는 근로관계의 승

> 계를 통지받거나 이를 알게 된 때부터 사회통념상 상당한 기간 내에 반대 의사를 표시
> 함으로써 근로관계의 승계를 거부하고 분할하는 회사에 잔류할 수 있다."

(라) **주식의 취득:** 물적 분할의 경우 분할되는 회사는 분할재산의 양수회사로부터 주식을 취득한다(상530의12).

### (2) 분할당사회사와 주주간의 관계

(가) **주식의 취득:** 인적분할의 경우에는 분할회사의 주주는 각각 분할승계회사나 단순분할신설회사의 주식을 부여받고 그 회사의 주주가 된다. 즉 분할 또는 분할합병으로 인하여 신설된 회사 내지 분할재산을 흡수하는 분할승계회사는 분할회사의 주주에게 주식을 발행하여야 한다. 이에 대해서는 분할계획서나 분할계약서에 나타난 바에 따르게 될 것이다(상530의5 Ⅰ4호; 530의6 Ⅰ3호).

(나) **분할교부금의 취득:** 분할 후 신설회사 또는 분할재산으로 증자한 분할승계회사가 분할회사의 주주에게 분할교부금을 지급하기로 약정한 경우에는 이에 따라 분할교부금청구권이 발생할 것이다(상530의5 Ⅰ5호; 530의6 Ⅰ4호).

## 2. 대외적 효력

### (1) 대외적 효력의 기본 원칙

회사의 분할이란 분할 또는 분할합병전의 회사채권자들에게는 매우 불리한 현상이다. 어떤 경우이든 책임재산이 감소하기 때문이다. 따라서 상법은 분할전 채권자를 법률적으로 두터이 보호하기 위하여 연대주의의 기본원칙을 선언하는 한편(상530의9 Ⅰ), 분할당사회사간의 이해를 고려하여 분할채무의 예외를 인정하고 있다(상530의9 Ⅱ, Ⅲ).

(가) **연대주의:** 분할회사, 단순분할신설회사, 분할승계회사 또는 분할합병 신설회사는 분할 또는 분할합병 전의 분할회사의 채무에 대하여 연대하여 변제할 책임이 있다. 판례는 그 법적 성질을 부진정연대책임으로 파악한다.

**대판 2017. 5. 30, 2016다34687 [대여금]**

[1] 구 상법 제530조의9 제1항에 따라 '분할 또는 분할합병으로 인하여 설립되는 회사 또는 존속하는 회사'와 '분할 또는 분할합병 전의 회사'가 부담하는 연대책임의 법적 성질(＝부진정연대채무)

[2] 구 상법 제530조의9 제1항에 따라 '분할 또는 분할합병으로 인하여 설립되는 회

사 또는 존속하는 회사'가 채권자에게 부담하는 연대채무의 소멸시효 기간과 기산점 (='분할 또는 분할합병 전의 회사'가 채권자에게 부담하는 채무의 소멸시효 기간과 기산점)

[3] 채권자가 분할 또는 분할합병이 이루어진 후에 분할회사를 상대로 분할 또는 분할합병 전의 분할회사 채무에 관한 소를 제기하여 분할회사에 대한 관계에서 시효가 중단되거나 확정판결을 받아 소멸시효 기간이 연장된 경우, 소멸시효 중단이나 연장의 효과가 '분할 또는 분할합병으로 인하여 설립되는 회사 또는 존속하는 회사'에 효력이 미치는지 여부(소극)

[1] 구 상법(2015. 12. 1. 법률 제13523호로 개정되기 전의 것) 제530조의9 제1항은 "분할 또는 분할합병으로 인하여 설립되는 회사 또는 존속하는 회사(이하 '수혜회사'라 한다)는 분할 또는 분할합병 전의 회사채무에 관하여 연대하여 변제할 책임이 있다." 라고 정하고 있다(2015. 12. 1. 개정된 상법 제530조의9 제1항은 "분할회사, 단순분할 신설회사, 분할승계회사 또는 분할합병신설회사는 분할 또는 분할합병 전의 분할회사 채무에 관하여 연대하여 변제할 책임이 있다."라고 정하여, '분할회사'와 '분할합병신설 회사' 등이 동일한 분할회사 채무에 관해 연대책임을 부담한다는 점을 명시하고 있다). 이는 회사분할로 채무자의 책임재산에 변동이 생겨 채권 회수에 불리한 영향을 받는 채권자를 보호하기 위하여 부과된 법정책임을 정한 것으로, 수혜회사와 분할 또는 분할 합병 전의 회사는 분할 또는 분할합병 전의 회사채무에 대하여 부진정연대책임을 진다.

[2] 구 상법(2015. 12. 1. 법률 제13523호로 개정되기 전의 것)에서 제530조의9 제1 항에 따라 채권자가 연대책임을 물을 수 있는 기간이나 금액에 대해서 아무런 제한규정을 두고 있지 않지만 채권자를 분할 또는 분할합병 이전의 상태보다 더욱 두텁게 보호할 필요는 없다. 분할 또는 분할합병으로 인하여 설립되는 회사 또는 존속하는 회사 (이하 '수혜회사'라 한다)가 채권자에게 연대하여 변제할 책임을 부담하는 채무는 분할 또는 분할합병 전의 회사가 채권자에게 부담하는 채무와 동일한 채무이다. 따라서 수혜회사가 채권자에게 부담하는 연대채무의 소멸시효 기간과 기산점은 분할 또는 분할 합병 전의 회사가 채권자에게 부담하는 채무와 동일한 것으로 봄이 타당하다. 결국, 채권자는 해당 채권의 시효기간 내에서 분할로 인하여 승계되는 재산의 가액과 무관하게 연대책임을 물을 수 있다.

[3] 부진정연대채무에서는 채무자 1인에 대한 이행청구 또는 채무자 1인이 행한 채무의 승인 등 소멸시효의 중단사유나 시효이익의 포기가 다른 채무자에게 효력을 미치지 않는다. 따라서 채권자가 분할 또는 분할합병이 이루어진 후에 분할회사를 상대로 분할 또는 분할합병 전의 분할회사 채무에 관한 소를 제기하여 분할회사에 대한 관계에서 시효가 중단되거나 확정판결을 받아 소멸시효 기간이 연장된다고 하더라도 그와 같은 소멸시효 중단이나 연장의 효과는 다른 채무자인 분할 또는 분할합병으로 인하여 설립되는 회사 또는 존속하는 회사에 효력이 미치지 않는다.

#### (나) 분할채무의 예외

**1) 상법 제530조의9 제2항 및 제3항의 입법취지(의의):** 연대주의의 기본원칙 하에서도 경우에 따라서는 분할채무가 분할당사자간의 이해조절에 합당한 경우가 있다. 상법은 이를 고려하여 일정 요건하에 책임분할의 예외를 허용하였다($\frac{상530의}{9 ext{ II . III}}$). 분할을 추진하는 경우 분할계획서에서 단순분할신설회사의 승계책임을 일정한 범위내로 제한하거나 분할합병의 경우 분할승계회사의 책임을 일정 범위내로 제한하는 것이 바람직한 경우가 있다. 예컨대 한국전력은 권역별 발전부문을 독립자회사로 물적분할을 시도하면서 각 자회사의 책임범위는 해당 권역으로 제한하였다. 이처럼 연대책임의 원칙을 예외없이 고수할 경우 회사분할제도의 활용을 가로막는 요소로 작용할 수 있으므로 상법은 책임분할의 예외를 허용하였다. 그러나 이러한 예외를 마구 허용하면 분할제도가 남용될 가능성도 있다. 따라서 상법은 이를 보완하기 위하여 일정요건을 부과하고 있다.

**2) 책임분할의 성립요건:** 책임분할의 성립요건을 보면 다음과 같다.

**가) 분할계획서나 분할계약서에 승계할 채무를 특정할 것:** 우선 단순분할의 경우에는 분할회사의 채무 중에서 분할계획서에 명시된 것만 단순분할신설회사가 승계하는 것으로 정할 수 있다($\frac{상530}{의9 ext{ II}}$). 나아가 분할합병의 경우에도 분할승계회사나 분할합병신설회사가 분할회사의 채무 중에서 분할합병계약서에서 정한 것만 승계하는 것으로 정할 수 있다($\frac{상530}{의9 ext{ III}}$).

여기서 해석상 문제시되는 것은 분할계획서나 분할합병계약서에 승계대상으로 특정된 채무와 승계한 영업 또는 재산과의 연관성이다. 상법 제530조의9 제2항은 2015년 12월 개정되었는바 개정전에는 "… 설립되는 회사가 분할되는 회사의 채무 중에서 출자한 재산에 관한 채무만을 부담할 것을 정할 수 있다. …"로 되어 있었다.[79] 따라서 개정전에는 '출자한 재산에 관한 채무'가 무엇이냐에 대해 의문이 제기되었고, 판례는 '출자한 재산'에 대하여 "분할되는 회사가 '출자한 재산'이라 함은 분할되는 회사의 특정재산을 의미하는 것이 아니라 조직적 일체성을 가진 영업, 즉 특정의 영업과 그 영업에 필요한 재산을 의미"하는 것으로 해석하였다.[80] 따라서 이러한 해석에 의하면 그러한 재산과 관련되는 모든 채무가 책임분할의 대상에 포함될 것이다. 그 결과 이러한 판례가 나온 후에도 다시 '특정 영업과 그 영업에 필요한 재산 및 이에 관

---

[79] 동조 제3항 역시 분할합병계약서에 단순분할의 경우와 똑같이 "…출자한 재산에 관한 채무만을 부담할 것"을 정할 수 있다고 되어 있었다(2015년 개정전 상법 제530조의9 제3항).

[80] 대판 2010. 2. 25, 2008다74963.

한 채무'가 무엇이냐라는 문제가 제기되었다. 결과적으로 이러한 법문언으로는 승계할 채무를 처음부터 명확히 할 수 없는 원시적 비효율이 감지되었다. 2015년 12월 상법은 이러한 구법의 문제점을 직시한 후 이를 입법적으로 보완하였다. 즉 처음부터 '승계대상채무'를 분할계획서나 분할합병계약서에 특정하도록 한 것이다.[81] 이로써 분할채무의 대상에 대한 법적 불안정이 해소되었다.

나) **주주총회의 특별결의:** 분할회사의 주주들은 단순분할이든 분할합병이든 가리지 않고 주주총회의 특별결의로 분할합병계약서나 분할계획서상의 분할채무조항을 승인하여야 한다($\frac{상}{9}\frac{530의9}{II, III}$). 주주총회의 특별결의는 보통 분할 내지 분할합병의 승인결의를 의미한다($\frac{상}{상}\frac{530의9}{530의3}\frac{II, III}{I, II}$). 즉, 분할회사의 주주들은 분할승인을 위한 주주총회에서 연대책임 배제조항도 함께 승인하게 될 것이다.

그러나 그렇지 않은 경우도 있다. 예컨대 간이분할합병의 경우에는 분할회사의 주주총회 자체가 소집되지 않으므로,[82] 위의 연대책임을 배제하려면 이를 위한 별도의 주주총회가 소집되어야 한다.[83] 따라서 단순한 분할승인결의와 연대책임의 배제를 위한 총회결의는 개념상 엄격히 구별하여야 할 것이다. 판례 역시 간이분할합병이 아닌 정상적인 분할합병에 있어서 단순히 분할회사로부터 이전되는 재산사항만 기재된 분할계약서를 주주총회의 특별결의로 승인한 사안에서 연대책임 배제의 효과를 인정하지 않았다.

---

### 대판 2010. 8. 26, 2009다95769 [구상금 등]

"분할합병으로 인하여 설립되는 회사 또는 존속하는 회사(이하 '분할당사회사'라고 한다)가 상법 제530조의9 제1항에 의한 연대책임을 면하고 각자 분할합병계약서에 본래 부담하기로 정한 채무에 대한 변제책임만을 지는 분할채무관계를 형성하기 위해서는, 분할합병에 따른 출자를 받는 존립 중의 회사가 분할되는 회사의 채무 중에서 출자한 재산에 관한 채무만을 부담한다는 취지가 기재된 분할합병계약서를 작성하여 이에 대한 주주총회의 승인을 얻어야 하고($\frac{상}{상}\frac{530의9}{530의3}\frac{III, II}{I, II}$후단), 이러한 요건이 충족되었다는 점에 관한 주장·증명책임은 분할당사회사가 연대책임관계가 아닌 분할채무관계에 있음을 주장하는 측에게 있다. 단순히 분할합병계약서에 상법 제530조의6 제1항 제6호가 규정하는 '분할되는 회사가 분할합병의 상대방 회사에 이전할 재산과 그 가액'의 사항

---

81) 이철송, "개정상법해설", 「법무법인 세종, Legal Update」(March 18, 2016), 4면; 노혁준, 주식회사법대계(III), 제2판, 법문사, 2016, 547면.

82) 상법 제530조의11 제2항은 간이합병에 관한 상법 제527조의2를 분할합병에 준용하고 있다. 따라서 분할합병의 경우 간이분할합병이 가능함은 물론이다.

83) 이 경우 간이합병이나 간이분할합병 제도의 취지를 살려 주주총회결의 대신 이사회결의로 갈음할 수 있다고도 할 수 있으나 사견으로는 회사의 분할로 승계할 채무를 별도로 정하는 것이므로 이는 매우 중요한 사항으로서 주주총회의 특별결의가 생략될 수 없다고 생각한다.

등을 기재하여 주주총회의 승인을 얻었다는 사정만으로는 위와 같이 분할책임관계를 형성하기 위한 요건이 충족되었다고 할 수 없으므로, 분할당사회사는 각자 분할합병계약서에 본래 부담하기로 정한 채무 이외의 채무에 대하여 연대책임을 면할 수 없다."

다) **채권자보호절차의 준수**:  분할채무의 예외를 마구 허용하면 분할제도가 남용될 가능성이 있다. 따라서 상법은 이를 보완하기 위하여 합병에서처럼 채권자 보호절차를 엄격히 강화하였다. 즉 알고 있는 채권자에 대하여는 따로 따로 개별 최고를 하도록 하였고, 이를 준수하지 않으면 책임분할의 이익을 누릴 수 없게 하였다. 즉 개별최고의 누락시에는 연대책임배제의 효과는 나타나지 않는다. 즉 연대채무로 회귀한다(상 530의9 Ⅳ :  상 527의5). 판례 역시 이러한 상법의 입법취지를 확인하고 있다.[84] 다만 예외도 존재하므로 주의를 요한다.[85] '알고 있는 채권자'의 범위에 대하여 판례는 폭넓은 해석을 하고 있다; "… 회사의 장부 기타 근거에 의하여 그 성명과 주소가 회사에 알려져 있는 자는 물론이고 회사 대표이사 개인이 알고 있는 채권자도 이에 포함된다"고 보고 있다.[86]

3) **효  과**:  위의 요건이 충족되면 분할계약서나 분할계획서상 정한 바대로 책임분할이 이루어진다. 그 결과 분할회사가 분할 후 존속하는 경우에는 분할회사는 단순분할신설회사 또는 분할합병승계(신설)회사가 부담하지 않는 채무에 대해서만 책임을 지게 될 것이다(상 530의9 Ⅱ 후단 :  상 530의9 Ⅲ 후단).[87]

---

### 대판 2004. 8. 30, 2003다25973 [한전물적분할사건] [개별최고누락의 효과]

"[1] 상법은 회사가 분할되고 분할되는 회사가 분할 후에도 존속하는 경우에, 특별한 사정이 없는 한 회사의 책임재산은 분할되는 회사와 신설회사의 소유로 분리되는 것이 일반적이므로 분할 전 회사의 채권자를 보호하기 위하여 분할되는 회사와 신설회사가 분할 전의 회사채무에 관하여 연대책임을 지는 것을 원칙으로 하고, 이 경우에는 회사가 분할되더라도 채권자의 이익을 해할 우려가 없으므로 알고 있는 채권자에 대하여 따로 이를 최고할 필요가 없도록 한 반면에, 다만 만약 이러한 연대책임의 원칙을 엄격하게 고수한다면 회사분할제도의 활용을 가로막는 요소로 작용할 수 있으므로 연대책임의 원칙에 대한 예외를 인정하여 신설회사가 분할되는 회사의 채무 중에서 출자받은 재산에 관한 채무만을 부담할 것을 분할되는 회사의 주주총회의 특별결의로써 정할 수 있게 하면서, 그 경우에는 신설회사가 분할되는 회사의 채무 중에서 그 부분의

---

84) 대판 2011. 9. 29, 2011다38516; 대판 2004. 8. 30, 2003다25973.
85) 대판 2010. 2. 25, 2008다74963.
86) 대판 2011. 9. 29, 2011다38516.
87) 입증책임은 분할채무관계를 주장하는 측에 있다(대판 2010. 8. 26, 2009다95769).

채무만을 부담하고, 분할되는 회사는 신설회사가 부담하지 아니하는 채무만을 부담하게 하여 채무관계가 분할채무관계로 바뀌도록 규정하였다고 해석된다.

[2] 분할되는 회사와 신설회사가 분할 전 회사의 채무에 대하여 연대책임을 지지 않는 경우에는 채무자의 책임재산에 변동이 생기게 되어 채권자의 이해관계에 중대한 영향을 미치므로 채권자의 보호를 위하여 분할되는 회사가 알고 있는 채권자에게 개별적으로 이를 최고하도록 규정하고 있는 것이고, 따라서 분할되는 회사와 신설회사의 채무관계가 분할채무관계로 바뀌는 것은 분할되는 회사가 자신이 알고 있는 채권자에게 개별적인 최고절차를 제대로 거쳤을 것을 요건으로 하는 것이라고 보아야 하며, 만약 그러한 개별적인 최고를 누락한 경우에는 그 채권자에 대하여 분할채무관계의 효력이 발생할 수 없고 원칙으로 돌아가 신설회사와 분할되는 회사가 연대하여 변제할 책임을 지게 되는 것이라고 해석하는 것이 옳다.

### 대판 2011. 9. 29, 2011다38516 [어음금] [알고 있는 채권자의 범위]

"분할 또는 분할합병으로 인하여 회사의 책임재산에 변동이 생기게 되는 채권자를 보호하기 위하여 상법이 채권자의 이의제출권을 인정하고 그 실효성을 확보하기 위하여 알고 있는 채권자에게 개별적으로 최고하도록 한 입법 취지를 고려하면, 개별 최고가 필요한 '회사가 알고 있는 채권자'라 함은 채권자가 누구이고 그 채권이 어떠한 내용의 청구권인지가 대체로 회사에게 알려져 있는 채권자를 말하는 것이고, 그 회사에 알려져 있는지 여부는 개개의 경우에 제반 사정을 종합적으로 고려하여 판단하여야 할 것인바, 회사의 장부 기타 근거에 의하여 그 성명과 주소가 회사에 알려져 있는 자는 물론이고 회사 대표이사 개인이 알고 있는 채권자도 이에 포함된다고 봄이 상당하다.

갑 주식회사와 을 주식회사가, 갑 회사의 전기공사업, 전문소방시설공사업 부분을 분할하여 분할된 부분을 을 회사가 분할합병하면서 연대책임을 부담하지 않기로 정하였으나, 갑 회사가 발행한 약속어음을 소지하고 있는 병에게 개별 최고를 하지 않은 사안에서, 병은 갑 회사의 개별 최고기간에 어음발행인인 갑 회사에 대하여 약속어음에 관한 권리를 행사할 수 있는 채권자의 지위에 있었던 것으로 인정되고, 병이 갑 회사 대표이사로부터 약속어음을 배서양도받은 어음 소지인 또는 약속어음을 제3자에게 배서양도한 배서인으로서 지위를 가지는 점 등을 고려하면 병은 갑 회사에 알려져 있는 어음상의 채권자로 보아야 하므로, 갑 회사로서는 분할합병으로 인하여 약속어음상의 권리에 중대한 영향을 입게 되는 병의 이의제출권 행사가 보장될 수 있도록 개별 최고를 하였어야 했는데도 개별 최고를 누락하였으므로 위 약속어음금채무에 관하여 연대책임배제는 적용이 없고, 을 회사는 갑 회사와 연대하여 약속어음금채무를 변제할 책임이 있다."

### 대판 2010. 2. 25, 2008다74963 [대여금]

[개별최고누락시에도 연대채무가 부활하지 않는다고 한 사례]

[1] 회사가 분할되는 경우 분할로 인하여 설립되는 회사 또는 존속하는 회사는 분

할전 회사채무에 관하여 연대하여 변제할 책임이 있으나($\substack{상\\의9}\substack{530\\I}$), 분할되는 회사가 상법 제530조의3 제2항에 따라 분할계획서를 작성하여 출석한 주주의 의결권의 3분의 2 이 상의 수와 발행주식총수의 3분의 1 이상의 수로써 주주총회의 승인을 얻은 결의로 분 할에 의하여 회사를 설립하는 경우에는 설립되는 회사가 분할되는 회사의 채무 중에서 출자한 재산에 관한 채무만을 부담할 것을 정하여($\substack{상\\의9}\substack{530\\II}$) 설립되는 회사의 연대책임을 배제할 수 있고, 이 경우 분할되는 회사가 '출자한 재산'이라 함은 분할되는 회사의 특 정재산을 의미하는 것이 아니라 조직적 일체성을 가진 영업, 즉 특정의 영업과 그 영 업에 필요한 재산을 의미하는 것으로 해석된다.

[2] 분할되는 회사와 신설회사가 분할 전 회사의 채무에 대하여 연대책임을 지지 않는 경우에는 채무자의 책임재산에 변동이 생기게 되어 채권자의 이해관계에 중대한 영향을 미치므로 채권자의 보호를 위하여 분할되는 회사가 알고 있는 채권자에게 개별 적으로 이를 최고하고 만약 그러한 개별적인 최고를 누락한 경우에는 그 채권자에 대 하여 신설회사와 분할되는 회사가 연대하여 변제할 책임을 지게 된다고 할 것이나, 채 권자가 회사분할에 관여되어 있고 회사분할을 미리 알고 있는 지위에 있으며, 사전에 회사분할에 대한 이의제기를 포기하였다고 볼만한 사정이 있는 등 예측하지 못한 손해 를 입을 우려가 없다고 인정되는 경우에는 개별적인 최고를 누락하였다고 하여 그 채 권자에 대하여 신설회사와 분할되는 회사가 연대하여 변제할 책임이 되살아난다고 할 수 없다.

### (2) 과징금의 승계여부

회사분할의 경우 분할전 위반행위를 이유로 신설회사에 대하여 과징금을 부과할 수 있는지 의문이다. 판례는 아래의 사건에서 이를 부인하였다.

> **대판 2007. 11. 29, 2006두18928 [시정조치 등 취소]**[88]
>
> "상법은 회사분할에 있어서 분할되는 회사의 채권자를 보호하기 위하여, 분할로 인 하여 설립되는 신설회사와 존속회사는 분할 전의 회사채무에 관하여 연대책임을 지는 것을 원칙으로 하고 있으나($\substack{상\\의9}\substack{530\\I}$), 한편으로는 회사분할에 있어서 당사자들의 회사분 할 목적에 따른 자산 및 채무 배정의 자유를 보장하기 위하여 소정의 특별의결 정족수 에 따른 결의를 거친 경우에는 신설회사가 분할되는 회사의 채무 중에서 출자한 재산 에 관한 채무만을 부담할 것을 정할 수 있다고 규정하고 있고($\substack{상\\의9}\substack{530\\II}$), 신설회사 또는 존속회사는 분할하는 회사의 권리와 의무를 분할계획서가 정하는 바에 따라서 승계하 도록 규정하고 있다($\substack{상\\의10}\substack{530}$). 그런데 이때 **신설회사 또는 존속회사가 승계하는 것은 분할 하는 회사의 권리와 의무라 할 것인바, 분할하는 회사의 분할 전 법 위반행위를 이유로**

---

> 과징금이 부과되기 전까지는 단순한 사실행위만 존재할 뿐 그 과징금과 관련하여 분할
> 하는 회사에게 승계의 대상이 되는 어떠한 의무가 있다고 할 수 없고, 특별한 규정이 없
> 는 한 신설회사에 대하여 분할하는 회사의 분할 전 법 위반행위를 이유로 과징금을 부
> 과하는 것은 허용되지 않는다 할 것이다."

### (3) 변제기가 도래하지 않은 채무의 포함여부

상법 제530조의9 제1항에 따라 주식회사의 분할 또는 분할합병시 설립되는 회사
와 존속하는 회사가 연대책임을 부담하는 채무에 분할 또는 분할합병시 변제기가 도
래하지 않은 채무도 포함된다.

**대판 2008. 2. 14, 2007다73321**

> "상법 제530조의9 제1항에 따라 주식회사의 분할 또는 분할합병으로 인하여 설립되
> 는 회사와 존속하는 회사가 회사 채권자에게 연대하여 변제할 책임이 있는 분할 또는
> 분할합병 전의 회사 채무에는 회사 **분할 또는 분할합병의 효력발생 전에 발생하였으나
> 분할 또는 분할합병 당시에는 아직 그 변제기가 도래하지 아니한 채무도 포함**된다고 할
> 것이다."

(4) 회사분할무효의 소에 대한 단기제척기간이 상법 제530조의9 제1항에 의한 연
대책임의 이행 청구에도 준용되는지 여부(소극)

**부산고법 2004. 3. 31, 2003나11424**

> "법적 안정성을 위해 조속한 회사분할의 확정을 도모하고자 규정된 회사분할무효의
> 소의 단기제척기간이 상법 제530조의9 제1항에 의한 연대책임 추궁의 경우에까지 준
> 용되는 것으로 해석할 아무런 근거가 없다."

## Ⅷ. 분할의 하자

### 1. 총     설

분할의 경우에도 여러 가지 瑕疵가 발생할 수 있다. 분할승인결의의 취소, 무효,
부존재뿐만 아니라 분할계획서나 분할계약서상의 필요적 기재사항의 누락, 여타 채권
자보호절차의 흠결 등 여러 가지 하자로 인하여 분할의 효력이 문제시될 때가 있을
것이다. 이러한 경우 합병의 경우와 마찬가지로 상법은 기존상태존중주의와 법률관계

의 획일적 처리라는 단체법의 이념을 받아들여 이 경우에도 분할무효의 소라는 회사
법상의 형성소송에 의하여만 그 하자를 주장할 수 있도록 함과 동시에 분할무효의
소에서 원고가 승소한 경우에도 그 효과를 소급시키지 않고 있다.

## 2. 분할 및 분할합병무효의 소[89]

### (1) 당사자

분할 및 분할합병의 무효는 분할에 참여하는 각 회사의 주주, 이사, 감사, 청산인,
파산관재인 또는 분할을 승인하지 않은 채권자에 한하여 소만으로 이를 주장할 수
있다($\frac{상}{1}, \frac{530의11}{529}$). 이들만이 원고적격을 향유한다. 피고는 존속회사 또는 신설회사이다.

### (2) 제소기간

분할 또는 분할합병무효의 소는 분할의 등기가 이루어진 날로부터 6개월 이내에
제기하여야 한다($\frac{상}{1}, \frac{530의11}{529} \mathbb{I}$).

### (3) 소의 원인

분할 및 분할합병의 무효의 원인은 여러 가지가 될 수 있다. 우선 상법은 회사의
분할을 주식회사에 한정시키고 있으므로 주식회사 이외의 회사가 분할한 경우 분할
능력의 흠결(spaltungsunfähig)로 무효원인이 나타날 수 있다. 나아가 분할계획서나 분
할계약서상에 법정기재요건이 흠결된 경우, 분할대차대조표의 비치의무위반, 분할승
인결의에 무효나 취소사유가 있는 경우, 채권자이의절차의 흠결,[90] 지주율변동적 분
할의 경우 주식배정비율의 현저한 불균형 등 다양하다.

> **대판 2010. 7. 22, 2008다37193 [분할합병무효의 소에 있어 증명책임분배]**
>
> "주주가 회사를 상대로 제기한 분할합병무효의 소에서 당사자 사이에 분할합병계약
> 을 승인한 주주총회결의 자체가 있었는지 및 그 결의에 이를 부존재로 볼 만한 중대한
> 하자가 있는지 등 주주총회결의의 존부에 관하여 다툼이 있는 경우 **주주총회결의 자체
> 가 있었다는 점에 관해서는 회사가 증명책임을 부담하고 그 결의에 이를 부존재로 볼
> 만한 중대한 하자가 있다는 점에 관해서는 주주가 증명책임을 부담**하는 것이 타당하다."

---

89) 근래에 들어 분할무효의 소도 잦아지고 있다. 서울중앙지법 2004. 8. 19, 2001가합548, 33579, 37496, 38475,
38567, 38574, 39195 [분할무효의 소], 「법률신문」 제3315호, 11면 참조.

90) 다만 분할무효의 소와 분할합병무효의 소를 구분하여 전자에 대해서는 채권자 보호절차의 흠결로 인한 연대
책임의 부활로 족하므로 이에 대하여 분할무효의 사유까지 인정할 필요는 없다는 주장도 있다(김상곤·이승
환, "회사분할관련 소송", 「회사분할의 제 문제」(노혁준 편저), BFL총서 8, 小花, 2013, 350면 참조).

### (4) 여타의 절차규정

분할 및 분할합병의 무효의 소에 대하여도 회사설립의 하자를 다투는 형성소송에서와 마찬가지로 분할당사회사의 본점소재지를 관할하는 지방법원이 전속관할하고($\frac{\text{상}\ 530\text{의}11}{1.\ 240,\ 186}$), 분할 및 분할합병무효의 소가 제기되면 회사는 지체없이 이를 공고하여야 한다($\frac{\text{상}\ 530\text{의}11}{1.\ 240,\ 187}$). 수개의 분할 및 분할합병무효의 소가 제기된 때에는 법원은 이를 병합심리하여야 하며, 심리중 분할 및 분할합병의 하자가 보완되고 회사의 현황 및 제반 사정을 고려할 때 분할 및 분할합병의 무효를 선언하는 것이 부적당하다고 인정될 때 법원은 재량기각할 수 있다($\frac{\text{상}\ 530\text{의}11\ \text{I}.}{240,\ 188,\ 189}$).

> **대판 2010. 7. 22, 2008다37193 [하자보완불가시에도 재량기각가능의 예]**
>
> "상법 제530조의11 제1항 및 제240조는 분할합병무효의 소에 관하여 상법 제189조를 준용하고 있고 상법 제189조는 "설립무효의 소 또는 설립취소의 소가 그 심리 중에 원인이 된 하자가 보완되고 회사의 현황과 제반 사정을 참작하여 설립을 무효 또는 취소하는 것이 부적당하다고 인정한 때에는 법원은 그 청구를 기각할 수 있다"고 규정하고 있으므로, 법원이 분할합병무효의 소를 재량기각하기 위해서는 원칙적으로 그 소 제기 전이나 그 심리 중에 원인이 된 하자가 보완되어야 할 것이나, 그 하자가 추후 보완될 수 없는 성질의 것인 경우에는 그 하자가 보완되지 아니하였다고 하더라도 회사의 현황 등 제반 사정을 참작하여 분할합병무효의 소를 재량기각할 수 있다."[91]

### (5) 판결의 효력

원고승소시 판결의 효력은 제3자에게도 미치나 판결확정 전에 생긴 법률관계에는 영향을 미치지 않는다($\frac{\text{상}\ 530\text{의}11\ \text{I}.}{240,\ 190}$). 물론 원고패소시에는 민사소송의 일반원칙으로 돌아간다($\frac{\text{민소}}{218}\text{I}$). 나아가 패소원고가 악의나 중과실상태였다면 회사에 대한 손해배상책임이 발생할 것이다($\frac{\text{상}\ 530\text{의}11\ \text{I}.}{240,\ 191}$).

### (6) 분할무효의 등기

분할무효의 판결이 확정된 때에는 본점과 지점의 소재지에서 각각 분할 후 존속한 회사에 대하여는 변경등기, 분할로 인하여 소멸된 회사에 대하여는 회복등기, 분할로 인하여 설립된 회사에 대하여는 해산등기를 하여야 한다($\frac{\text{상}\ 530\text{의}11}{1.\ 238}$).

---

91) 이랜드그룹내 분할합병사건으로서 9.22%의 지분을 가진 소수주주에 대해 분할승인총회의 소집통지가 누락된 사건이었다. 소집통지의 누락으로 소수주주들은 주식매수청구권을 원천적으로 행사할 수 없었다. 그러나 차후 소수주주들이 보유주식을 제3자에 매각, 투하자본을 이미 회수한 점을 참작하여 법원은 본 분할합병무효의 소를 재량기각하였다.

# 제 4 관   주식의 포괄적 교환 및 이전

## Ⅰ. 서   설

2001년 개정상법의 내용 중 가장 중요한 것은 주식의 포괄적 交換과 주식의 포괄적 移轉에 관한 규정들이다. 이는 지주회사의 설립을 용이하게 하기 위하여 미국[92]이나 일본[93]의 선례를 참조하여 상법이 새로이 받아들인 제도이다. 주식교환과 주식이전제도는 이미 2000년 10월 23일 법률 제6274호로 제정 공포된 "금융지주회사법"에 도입되었으나[94] 상법은 이를 일반화하여 모든 주식회사에 대해 이 제도를 개방하였다. 이로써 회사분할제도에 이어 기업의 구조조정(corporate restructure)을 지원하기 위한 새로운 제도가 또 하나 탄생하게 되었다.

주식교환이나 주식이전은 상법의 법전편제상 제4장 제2절 "주식"부분에 편입되었으나 그 제도적 성격은 기업의 기본변경 내지 기본결정사항에 해당한다. 완전모회사를 지주회사로 하는 특수한 형태의 콘체른을 탄생시키는 것이 주식교환이나 주식이전의 효과이므로 주주와 회사간의 법률관계를 규정하는 상법 제329조 내지 제360조의 내용과 이들은 이론적으로 거리가 멀다. 그럼에도 불구하고 주식의 포괄적 교환 또는 이전을 통하여 기존 주주의 지위가 변동하므로 이에 착안하여 신설규정들은 상법 제3편 제4장 제2절 "주식"부분에 편제되었다.

## Ⅱ. 주식의 포괄적 교환

### 1. 개   념

#### (1) 정   의

주식의 포괄적 교환(share exchange)이라 함은 두 회사 중 일방(완전자회사)의 주주가 소유한 주식이 포괄적으로 타방(완전모회사)에 이전하고 주식을 이전한 회사의 주

---

92) §§11.01~11.08 M.B.C.A

93) 日本商法 제352조 이하(株式交換) 및 同法 제364조 이하(株式移轉) 참조; 이에 대해서는 나승성, 판례월보 제362호(2000년 11월호), 56면 이하 참조. 일본 구 상법의 해당 조문은 그후 2006년에 만들어진 일본 회사법 제767조 이하(株式交換) 및 제772조 이하(株式移轉)에 승계되었다.

94) 동법 제20조 이하(주식교환)와 동법 제31조 이하(주식이전) 참조.

주는 주식을 양수한 회사가 주식교환을 위하여 새로이 발행하는 주식을 교부받음으로써 그 회사의 주주가 되는 단체법상의 법률요건이다.

### (2) 구별점

주식교환제도는 합병과 구별되는 것이 합병의 경우에는 신설합병의 경우 합병당사회사가 모두 소멸하고 흡수합병의 경우 소멸회사의 법인격이 청산절차 없이 소멸하나 주식교환에서는 완전자회사의 법인격이 소멸하지 않는다. 물론 주식교환의 경우에도 완전모회사에서는 완전자회사의 주주들을 수용하는 인적 구조변경이 수반되나 완전자회사는 그 주주가 바뀌었을 뿐 그 법적 독립성이 그대로 유지되는 점에서 흡수합병과 다른 것이다.

나아가 주식교환제도는 주식이전과 다음과 같이 구별된다. 주식교환의 경우 완전모회사가 될 회사는 기존에 존속하던 회사이나 주식이전의 경우에는 완전모회사를 새로이 신설하여 이에 완전자회사가 될 회사의 주식이 포괄적으로 이전하는 점에서 양자는 다르다. 양자는 모두 지주회사의 설립을 용이하게 하는 제도이지만 완전모회사가 기존의 회사냐 아니면 신설되는 회사냐라는 점에서 다른 것이다. 달리 표현하면 주식교환은 흡수지주설립 내지 存續持株設立, 주식이전은 新設持株設立으로 부를 수 있을 것이다.

〈주식의 포괄적 교환〉

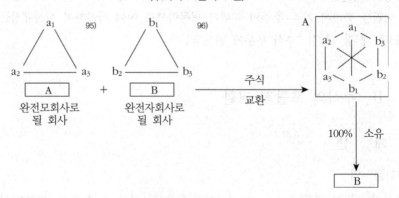

### (3) 법적 성질

주식교환계약은 이에 참여하는 두 당사회사의 인적 구성에 변화를 초래하는 단체적 법률행위이다. 주식교환계약의 이행으로 완전모회사에서는 완전자회사의 사원이

---

95) A사의 주주를 $a_1$, $a_2$, $a_3$라 한다.
96) B사의 주주를 $b_1$, $b_2$, $b_3$라 한다.

수용되어 인적 구성이 팽배하며 이는 마치 흡수합병 후의 존속회사와 유사하다. 반면 완전자회사에서는 주주의 교체를 경험한다. 이러한 법률효과를 두 당사회사가 의욕하는 것이므로 주식교환계약은 단체법상의 조직계약이라고 할 수 있다. 단지 주식교환계약이 합병계약과 다른 것은 합병의 경우 합병당사회사는 신설합병의 경우이든 흡수합병의 경우이든 단일한 합병후회사로 변모하나 주식교환의 경우에는 두 당사회사가 주식교환 후에도 법인격의 독립성을 그대로 유지하면서 단지 完全母子關係라는 수직적 결합을 파생시키는 데에 있다.

만약 주식교환에 참여하여 완전자회사가 될 회사가 복수일 경우에는 어떻게 되는가? 이 경우에도 모든 참여회사들간에 조직계약이 체결된다고 보아야 할 것이다.

## 2. 주식교환의 절차

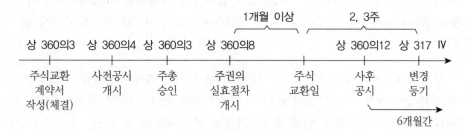

### (1) 주식교환계약의 성립

(가) 계약의 체결: 주식의 포괄적 교환이 이루어지려면 먼저 교환당사회사가 주식교환계약을 체결하고 이를 서면화하여야 한다. 즉 상법은 주식교환계약에 서면형식을 요구하고 있다($\frac{\text{상}}{3} \frac{360의}{1}$). 이러한 계약은 양 회사의 대표권자, 즉 대표이사에 의하여 체결될 것이나 그 의사결정은 단순한 일상적 업무집행행위가 아니므로 주식교환당사회사의 이사회결의를 거쳐야 할 것이다. 이때 이사회결의는 이사 정원 과반수의 출석과 출석이사 과반수로 한다($\frac{\text{상}}{391}$). 다만 모자회사간에 주식교환이 이루어지는 경우에는 상법 제398조에 따른 이사회승인이 필요하다. 모회사는 자회사의 주요주주이기 때문이다. 이 경우에는 이사정원 3분의 2 이상의 찬성이 필요하며 절차적 공정성과 내용상의 공정성이 준수되어야 한다($\frac{\text{상}}{398}$).

(나) 주식교환계약서의 작성: 주식교환계약서에는 다음 사항이 기재되어야 한다($\frac{\text{상}}{3} \frac{360의}{\text{III}}$).

1) **완전모회사의 정관변경내용**($\frac{1}{\text{호}}$): 完全母會社가 되는 회사가 주식교환으로 인

하여 정관을 변경하는 경우에는 그 규정을 기재하여야 한다. 정관변경의 내용에는 여러 가지가 있을 수 있다. 영업목적, 회사가 발행할 주식의 총수, 상호, 본점소재지 또는 주식의 양도제한 등 주식교환으로 인하여 정관의 절대적 또는 임의적 기재사항에 변화가 생길 수 있을 것이다.

**2) 완전모회사의 신주발행사항($\frac{2}{2}$):** 완전모회사로 되는 회사가 주식교환을 위하여 신주를 발행하거나 자기주식을 이전하는 경우에는 발행하는 신주 또는 이전하는 자기주식의 총수·종류, 종류별 주식의 수 및 완전자회사로 되는 회사의 주주에 대한 신주의 배정 또는 자기주식의 이전에 관한 사항도 기재하여야 한다.

완전자회사로 될 회사가 전환사채나 신주인수권부사채를 발행한 경우에는 주식교환계약체결시 그 발행주식총수를 파악하는 것이 용이하지 않고 그 결과 교환신주의 총수를 구체적으로 산정하기도 어려울 것이다. 이렇게 잠재적 주식(latente Aktie)이 발행된 경우에는 사전에 그 증가주식수를 예측하여 적정한 한도를 제시할 수밖에 없을 것이다.

**3) 완전모회사의 증자사항($\frac{3}{2}$):** 완전모회사가 되는 회사의 증가할 자본의 액과 자본준비금에 관한 사항도 교환계약서에 기재되어야 한다. 그러나 완전모회사로 될 회사의 자본은 주식교환의 날에 완전자회사가 되는 회사에 현존하는 순자산액에서 교환교부금과 신주발행에 갈음하여 교부될 자기주식의 장부가액 합계액을 공제한 금액을 초과하여 증가할 수 없다($\frac{상}{I}$ $\frac{360의}{1}$).

$$\Delta K \leq (완전자회사의\ 순자산액) - (교환교부금 + 자기주식의\ 장부가액)$$

또한 완전모회사가 되는 회사가 주식교환 이전에 완전자회사가 되는 회사의 주식을 이미 소유하고 있는 경우에는 완전모회사가 되는 회사의 자본은 주식교환일에 완전자회사가 되는 회사에 현존하는 순자산액에 그 회사의 발행주식총수에 대한 주식교환으로 인하여 완전모회사가 되는 회사에 이전하는 주식의 수의 비율을 곱한 금액으로부터 교환교부금과 신주발행에 갈음하여 교부될 자기주식의 장부가액합계액을 공제한 금액의 한도를 초과하여 증가할 수 없다($\frac{상}{의7}$ $\frac{360}{II}$).

$$\Delta K \leq 자회사의\ 순자산액 \times (이전주식수/발행주식총수) - (교환교부금 + 자기주식액)$$

**4) 교부금 주식교환 및 삼각주식교환과 관련된 사항($\frac{4}{2}$):** 완전자회사의 주주에게 완전모회사가 될 회사의 주식 대신 금전을 제공하거나 완전모회사로 될 회사의

모회사 주식 등 그 밖의 재산을 제공하는 경우 그 내용 및 배정에 관한 사항 역시 주식교환계약서에 기재하여야 한다(상 360의3 III 4호).

**가) 교부금 주식교환:**  주식교환의 대가로 완전자회사로 될 회사의 주주에게는 완전모회사로 될 회사의 주식을 배정하는 것이 원칙이지만 경우에 따라서는 현금으로 대신하기도 한다. 이를 주식교환 교부금이라 한다.

실무에서는 소수주주에 대한 관리비용의 절감 기타 다양한 목적을 위하여 소수주주를 축출하거나 완전모자관계를 형성하고자 한다. 그런데 기존의 주식교환제도에 의하면 ① 자회사의 소수주주는 모회사의 주주로 남게 되고, ② 모회사가 상장사인 경우에는 증권신고서도 제출하여야 한다. 이러한 이유 등으로 주식교환제도는 실제로는 크게 이용되지 못하였다고 한다. 나아가 소수주주의 축출제도를 실행할 경우에도 어려움이 많았는바 ① 매도청구권을 행사할 때 실기주인 경우에는 소수주주에 대한 통지가 순조롭지 못했고, ② 가액을 공탁할 경우에도 법적 불안정이 있었으며, ③ 계좌대체주식의 경우에는 예탁결제원이나 증권사와의 관계에서 실무상의 어려움이 발생하였다고 한다. 이러한 상황을 타개하기 위하여 2015년 상법은 새로이 교부금 주식교환 내지 교부금 주식이전 제도를 도입하였다(상 360의3 III 4호; 상 360의16 I 4호).[97] 이로써 소수주주를 모·자회사 모두에서 축출할 수 있게 되었고 증권신고서의 작성 등 번거로움도 피할 수 있게 되어 소수주주 축출의 효율을 높일 수 있게 되었다.

**나) 삼각주식교환:**  나아가 삼각주식교환이 시행될 경우에는 완전자회사로 될 회사(T)의 주주에 대하여 완전모회사로 될 회사(S)의 모회사(A) 주식이 교부되어야 하므로 그 사항도 기재하여야 한다. 결국 T의 주주에 대하여 S가 아니라 A의 주식을 조직재편의 대가로 교부하게 되므로 A-S-T의 모-자-손으로 된 수직관계가 만들어진다. 그 후 S를 소멸회사로 하고, T를 존속회사로 하는 역합병(逆合倂)을 하면 A는 T의 법인격을 그대로 둔 채 T를 흡수할 수 있게 된다.[98]

**5) 교환승인결의를 위한 총회의 기일(5호):**  주식교환계약에 대한 승인결의를 할 각 회사 주주총회의 기일도 기재되어야 한다. 주식교환의 예정을 명확히 하기 위하여

---

97) "교부금 주식교환제도의 도입과 소수주주 축출 방안", 법무리포트(법무법인 세종, 이동건·김남훈 변호사)(2016. 3. 11.) 참조.

98) 특히 T(Target Company)가 외국회사일 경우 이러한 방식이 유용할 수 있다. 삼성전자(주) 같은 우리의 대표기업들은 끝없이 국내외에서 성장동력을 찾고 있다. 적절한 M&A의 대상이 물색되면 우리의 대표기업들은 인수회사(Acquiror; A)로서 외국에 나가 그 나라법에 따른 특수목적법인(Subsidiary; S)을 설립한다. 그후 현지에서 현지법에 따라 S가 T와 주식교환을 한 후 T를 존속회사로 하고 S를 소멸회사로 하는 역합병(逆合倂)을 하거나 아니면 처음부터 현지국법에 따른 역삼각합병을 하기도 한다. 이렇게 함으로써 T의 법인격을 유지하면서 T를 그대로 흡수할 수 있게 된다. 삼각주식교환에 대해서는 본절 "제5관 삼각조직재편" 부분 참조.

교환당사회사는 승인결의의 가능기일을 계약서에 기재하여야 한다. 물론 "주식교환당사회사의 합의하에 이를 변경할 수 있다"는 예외조항의 설정은 가능할 것이다.

**6) 주식교환일($\frac{6}{5}$):** 이는 주식교환을 할 날이다. 이 일자를 기준으로 주식교환의 효력이 도래한다($\frac{상}{2}\frac{360의}{II}$). 이 점에서 주식교환은 완전모회사의 설립등기시에 그 효과가 도래하는 주식이전과 구별된다($\frac{상 360의21을}{참조하라}$).

**7) 주식교환일까지의 이익배당 또는 중간배당한도액($\frac{7}{5}$):** 각 회사가 주식교환을 할 날까지 이익배당이나 중간배당을 하는 경우 그 한도액도 기재하여야 한다. 교환계약일로부터 주식교환일까지 이익배당이나 중간배당이 이루어지면 금전자산의 사외유출이 이루어지고 이는 기업의 평가가치에 영향을 미치게 된다. 따라서 이러한 배당금의 한도를 명시하여 주식교환비율의 적정여부를 사전에 판단할 수 있게 하기 위하여 이익배당액이나 중간배당액의 한도액도 계약서에 기재하도록 하였다.

**8) 완전모회사로 될 회사의 신규 임원사항($\frac{9}{5}$):** 끝으로 완전모회사로 되는 회사에 취임할 이사와 감사 또는 감사위원회 위원을 정한 때에는 그 성명 및 주민등록번호를 기재하여야 한다.

### (2) 주식교환계약서 등의 비치(사전공시)

이사는 주식교환계약서의 승인결의를 위한 총회회일의 2주간 전부터 주식교환의 날 이후 6개월이 경과하는 날까지 주식교환계약서, 주식배정이유서, 주식교환당사회사의 대차대조표 또는 손익계산서를 본점에 비치하여야 한다($\frac{상}{9}\frac{360}{4}$I). 여기서 주식배정이유서라 함은 완전자회사가 되는 회사의 주주에 대한 주식배정에 관하여 그 이유를 기재한 서면이며, 대차대조표와 손익계산서는 주식교환승인총회 회일의 이전 6개월 내의 날에 작성된 것이거나 또는 최종의 대표대조표 내지 손익계산서여야 한다.

이러한 事前公示는 주식교환계약의 내용을 자세히 알고 싶은 주주에게 이를 알리는 효과가 있으며 나아가 대차대조표나 손익계산서의 공시를 통하여 교환당사회사의 재산상황과 주식교환의 적합성판단에 필요한 자료를 제공하는 기능을 갖는다. 주주는 영업시간 내에는 언제나 주식교환계약서를 비롯한 비치서류의 열람 또는 등사를 청구할 수 있다($\frac{상 360의4}{391의3}$ II).

### (3) 주식교환계약에 대한 주주총회의 승인

이러한 주식교환계약이 체결된 후에는 이를 각 회사의 주주총회가 승인하여야 한다$\left(\substack{상 360의 \\ 3 \ I}\right)$.

**(가) 승인총회의 소집:**   이를 위한 총회의 소집시에는 주식교환계약의 요령을 그 소집통지서와 공고문에 기재하여야 한다$\left(\substack{상 360의 \\ 3 \ IV}\right)$. 완전모회사로 될 회사는 하나이나 완전자회사로 될 회사는 복수인 경우 복수의 주식교환계약이 병존할 수 있다. 이 경우에는 다른 주식교환계약의 내용도 통지나 공고의 대상이 될 수 있다. 주식교환 후 창설되는 완전모자관계와 지주회사의 전체적 규모를 조감할 수 있어야 개별 계약의 승인도 제대로 할 수 있을 것이기 때문이다.

나아가 주식교환당사회사 중 어느 한 회사에서만 정관상 주식양도를 위하여 이사회 승인이 요구되는 경우 위의 통지나 공고에는 이러한 사항도 기재하여야 한다$\left(\substack{상 360의 \\ 3 \ IV, 3호}\right)$. 그 이유는 완전자회사로 될 회사의 주주는 완전모회사로 될 회사의 주주가 되므로 지금까지 존재하지 않던 주식의 양도제한을 경험할 수 있고 또 그 반대현상, 즉 양도제한의 해제를 경험할 수도 있기 때문이다. 따라서 이러한 변화는 정관변경의 효력을 갖는 것이고 이러한 효력이 정당화되자면 주식교환당사회사의 정관변경결의가 요구되므로 승인총회에서 이러한 사항도 함께 결의하여야 할 것이다. 단, 주식교환계약서를 포괄적으로 승인하는 주주총회의 특별결의는 정관변경결의도 포함하는 것으로 해석할 수 있을 것이다. 양자 모두 결의방식이 특별결의로 되어 있기 때문이다. 따라서 승인총회의 의사진행상 정관변경을 위한 별도의 의안상정은 불필요할 때가 많을 것이다.

**(나) 승인대상:**   주식교환계약서의 제반 내용이 승인대상이다. 경우에 따라서는 상기한 바대로 주식양도를 제한하는 정관변경결의가 추가될 수도 있을 것이다.

**(다) 결의요건:**   주식교환을 위한 승인결의는 주주총회의 특별결의로 한다$\left(\substack{상 360의 \\ 3 \ II}\right)$. 주식교환으로 인하여 주식교환에 관련되는 각 회사의 주주의 부담이 가중되는 경우에는 상법 제360조의3 제1항 및 상법 제436조의 결의 외에 그 주주 전원의 동의가 있어야 한다. 2011년 개정상법은 제360조의3에 제5항을 신설하여 위와 같은 뜻을 새로이 규정하였다.[99]

**(라) 반대주주의 주식매수청구권:**   주식교환승인총회 전에 회사에 대하여 서면으

---

99) 참고로 지난 2014년 (주)하나금융지주와 (주)외환은행간 주식교환무효사건에서 담당재판부인 서울중앙지방법원은 "주주가 회사에 대한 관계를 떠나 개인적으로 주식교환과 관련하여 주식을 취득, 보유 및 처분하는 등 사법적 거래관계나 공법적 조세관계를 맺게 됨으로써 부담을 지게 되는 경우에는 상법 제360조의3 제5항에 규정된 '주주의 부담이 가중되는 경우'에 해당하지 않는다"고 판시한 바 있다(서울중앙지법 2014. 6. 26, 2013 가합37444).

로 주식교환에 반대하는 의사를 통지하고 총회에서 주식교환계약서의 승인에 반대한 주주는 그 총회의 결의일부터 20일 내에 주식의 종류와 수를 기재한 서면으로 회사에 대해서 자기가 소유하고 있는 주식의 매수를 청구할 수 있다($\frac{상}{의5}\frac{360}{1}$). 이를 주식교환 반대주주의 주식매수청구권이라 한다. 이는 합병반대주주나 영업양도반대주주의 주식매수청구권에 비유되는 권리라 할 수 있다.

주식교환을 통한 完全母子關係의 창설은 때로는 당사회사의 주주들에게 심각한 이해관계를 야기시킬 수 있다. 특히 주식교환 이후 완전모회사 안에 다수파주주와 소수파주주의 대립이 심화될 경우 소수파주주의 이익은 여러 형태로 침해될 여지가 있다. 완전자회사에서의 의결권행사는 유일한 법인주주인 완전모회사의 이사회소관사항이 되므로 완전모회사의 이사선출을 주도할 다수파주주는 자회사에서의 의사결정을 자신에게만 유리하게 자의적으로 유도할 가능성이 있다.[100] 즉 자회사에서 사내유보를 과다하게 시행하면 모회사의 투자주주에게는 이익배당이 과소하여 소유주식의 투자가치가 사라지고 이러한 현상을 이용하여 다수파는 소수파를 축출할 기회를 엿보게 된다. 이들을 이러한 불안으로부터 사전에 해방시키려면 주식교환에 반대하는 주주에게 매수청구권을 부여할 필요가 있는 것이다.

주식교환반대주주가 주식매수청구권을 행사함에 있어서는 영업양도반대주주의 주식매수청구권에 관한 규정이 준용된다($\frac{상}{374의2}\frac{360의5\ Ⅲ}{Ⅱ-Ⅴ}$).

### (4) 주권의 실효절차

완전자회사가 될 회사가 주식교환승인결의를 마친 때에는 승인결의의 내용, 주식교환일 前日까지 주권을 회사에 제출할 것과 주식교환일에 주권이 무효가 된다는 뜻을 주식교환일의 1개월 전에 공고하고 주주명부에 기재된 질권자에 대해서는 개별로 그 통지를 하여야 한다($\frac{상}{8}\frac{360의}{1}$).

### (5) 주식교환의 효력발생

주식교환일이 도래하면 주식교환의 효과가 도래하여 완전자회사가 되는 회사의 주주가 가진 주식은 완전모회사가 되는 회사에 포괄적으로 이전하고 완전자회사가 될 회사의 주주는 완전모회사가 발행하는 신주를 배정받아 그 주주가 된다($\frac{상}{2}\frac{360의}{Ⅱ}$). 주식교환의 효력은 주식교환일의 도래로 발생하며 주식이전에서처럼 완전모회사의 설립등기를 하여야 도래하는 것은 아니다.

---

100) 특히 이러한 문제점들에 대해서는 졸고, "자회사의 설립과 모회사 소수주주의 보호", 「사법행정」(1992. 4.), 61면 이하; 李東原, 持株會社, 세창출판사, 1998, 276면 이하 참조.

### (6) 주식교환서면의 비치와 공시(사후공시)

이사는 주식교환일로부터 6개월간 다음 사항을 기재한 서면을 본점에 비치하여야 한다($\frac{\mathfrak{b} 360}{\mathfrak{g}12}$). 이 서면에는 ① 주식교환의 날, ② 주식교환의 날에 완전자회사가 되는 회사에 현존하는 순자산액, ③ 주식교환으로 인하여 완전모회사에 이전한 완전자회사의 주식의 수, ④ 기타 주식교환에 관한 사항이 기재되어야 한다. 이러한 사후공시의 목적은 주식교환절차가 적정히 이루어진 것을 간접적으로 담보하고 나아가 주주가 주식교환무효의 소를 제기하기 위한 판단자료를 제공하는 데에 있다.

### (7) 변경등기

주식교환으로 말미암아 완전모회사에서는 발행주식총수와 자본이 증가하므로 이에 따른 변경등기가 수반되어야 할 것이다. 이에 따라 완전모회사는 본점소재지에서는 2주간 내에 지점소재지에서는 3주간 내에 자본증가에 따른 변경등기를 하여야 할 것이다($\frac{\mathfrak{b} 317}{\mathfrak{g} 183}$).

### 3. 주식교환의 효과

주식교환일의 도래로 주식교환의 효과가 도래한다.

### (1) 완전모회사에 대한 효과

**(가) 주식의 포괄적 이동:**  주식교환일이 도래하면 주식의 포괄적 교환이 이루어져 완전자회사의 주주가 가졌던 주식은 완전모회사로 이전하고 완전자회사의 주주들은 완전모회사의 주주가 된다($\frac{\mathfrak{b} 360\mathfrak{g}}{2\mathfrak{\pi}}$). 이로써 완전모자관계가 창설되고 완전자회사는 완전모회사를 유일한 주주로 하는 1인회사가 된다.

**(나) 조직계약의 갱신:**  완전모회사에서는 완전자회사의 사원이 수용되어 그 인적 구성이 팽배한다. 그 결과 과거의 조직계약은 새로운 사원의 수만큼 그 구성원이 증가하여 새로운 모습으로 바뀐다. 나아가 모회사에서는 신주의 액면총액만큼 자본이 증가한다.

**(다) 이사 · 감사의 임기만료:**  주식교환 전에 취임한 완전모회사의 이사, 감사는 주식교환계약서에 다른 정함을 한 경우가 아니면 주식교환 후 최초로 도래하는 결산기의 정기총회가 종료한 때에 퇴임한다($\frac{\mathfrak{b} 360}{\mathfrak{g}13}$). 주주의 인적 구성이 바뀌었으므로 이사의 선임주체인 주주의 구성이 바뀌었고 따라서 새로운 주주들이 다시 업무집행기관

을 선임하여야 하는 까닭이다.

(라) 교환신주의 교부:　주식교환이 이루어지면 완전모회사는 완전자회사의 주주였던 신사원들에게 신주를 배정하여야 한다. 주식교환은 주식교환계약서에 기재된 교환비율에 따른다. 만약 주식교환을 위하여 주식을 병합하여야 하는 경우에는 감자시 적용되는 단주처리 규정이 준용된다($\substack{상 360의11 \\ 1. 443}$). 교환신주의 교부 대신 완전모회사의 자기주식이 교부될 수 있다 함은 전술한 바와 같다($\substack{상 360 \\ 의6}$).

(마) 질권의 물상대위:　주식을 병합하지 않고 교환신주를 발행하는 경우 완전자회사가 되는 회사의 주식을 목적으로 하는 질권의 효력은 교환신주에도 미친다($\substack{상 360의11 \\ 1. 339}$).

### (2) 완전자회사에 대한 효과

(가) 주주의 교체:　주식교환일의 도래로 완전자회사의 주주는 완전모회사의 주주가 되고 완전자회사의 주식은 완전모회사에 이전되므로 완전모회사는 완전자회사의 1인주주가 된다. 이로써 완전자회사는 완전모회사에 지배·종속된다. 완전자회사에서 주주총회가 열리면 완전모회사가 법인주주로서 그 대표기관이 의결권을 행사하게 되므로 실질적으로 모회사의 이사회가 의결권행사의 내용을 결정하게 될 것이다.

(나) 자산의 유지:　주식교환이 이루어져도 주주만이 교체될 뿐 완전자회사의 법인격이나 재산상태에는 변화가 없다. 이것이 합병이나 분할과의 차이점이다.

### (3) 기존에 제기된 소송에 대한 효과

주식교환이라는 조직재편은 조직재편의 효력발생후에도 완전자회사로 된 회사의 법인격을 존속시킨다. 그러나 법인격의 존속에도 불구하고 완전모자관계의 창설 때문에 참여회사들은 경제적으로는 동일체(同─體)를 형성한다. 그 결과 조직재편의 효력발생전에 제기된 각종 소송에 대해 주식교환의 효력발생후에도 계속 원고적격을 인정해줄 수 있는지 아니면 이를 부정하여야 하는지 소송요건상 어려운 문제가 제기될 수 있다.

판례는 주식교환의 효력발생전에 완전자회사의 주주가 제기한 대표소송의 경우 상법 제403조 제5항의 괄호속 문언을 존중하여 완전자회사의 주식을 모두 상실한 원고에 대해 원고적격을 부정하였다.[101] 나아가 주주총회결의의 효력을 다툰 사안에서

---

101) 대판 2018. 11. 29, 2017다35717; 대판 2019. 5. 10, 2017다279326.

도 원고적격을 부정하였다.[102] 그러나 이에 대해서는 학계의 유력한 비판이 있다.[103] 주주대표소송의 경우 일본 회사법은 원고적격의 계속을 허용하는 명문의 규정까지 두고 있다(동법 851참조).

주주총회결의의 효력을 다투는 경우에는 일률적으로 판단하기는 어렵겠지만 적어도 원고주주가 조직재편의 효력발생후에도 계속 소의 이익을 갖는 경우에는 원고적격의 계속을 인정할 필요가 있을 것이다.

> ### 대판 2018. 11. 29, 2017다35717 [외환은행주주대표소송][104]
>
> "상법 제403조 제1항, 제2항, 제3항, 제5항, 구 은행법(2015. 7. 31. 법률 제13453호로 개정되기 전의 것, 이하 '구 은행법'이라 한다) 제23조의5 제1항의 규정들을 종합하여 보면, 주주가 대표소송을 제기하기 위하여는 회사에 대하여 이사의 책임을 추궁할 소의 제기를 청구할 때와 회사를 위하여 그 소를 제기할 때 상법 또는 구 은행법이 정하는 주식보유요건을 갖추면 되고, 소 제기 후에는 보유주식의 수가 그 요건에 미달하게 되어도 무방하다. 그러나 대표소송을 제기한 주주가 소송의 계속중에 주식을 전혀 보유하지 아니하게 되어 주주의 지위를 상실하면, 특별한 사정이 없는 한 그 주주는 원고적격을 상실하여 그가 제기한 소는 부적법하게 되고(상 403), 이는 그 주주가 **자신의 의사에 반하여 주주의 지위를 상실하였다 하여 달리 볼 것은 아니다.**"

> ### 대판 2016. 7. 22, 2015다66397 [주주총회결의무효확인 등]
>
> "甲 주식회사의 주주인 乙 등이 주주총회결의부존재확인 및 취소를 구하는 소를 제기하였는데 소송 계속중에 甲 회사와 丙 주식회사의 주식교환에 따라 丙 회사가 甲 회사의 완전모회사가 되고 乙 등은 丙 회사의 주주가 된 사안에서, 乙 등에게 주주총회결의부존재확인을 구할 이익이 없고, 결의취소의 소를 제기할 원고적격도 인정되지 않는다고 한 사례"

---

102) 대판 2016. 7. 22, 2015다66397.

103) 노혁준, "주주 지위의 변동과 회사소송의 원고 적격", 「企業法研究」 제30권 제4호(통권 제67호) (2016. 12.), 9~46면, 특히 33면(본고의 입장과 같으면서도 입법적 필요성을 강조함); 최문희, "합병, 주식교환 등 조직재편과 대표소송의 원고적격의 쟁점 – 대법원 판례에 대한 비판적 고찰과 입법론적 제안 –", 「商事判例研究」 제29집 제3권(2016. 9. 30.), 247~296면(본고의 결론과 같으면서도 입법적 필요성을 강조함); 최문희, "판례에 나타난 주주대표소송의 절차법적 논점 – 주주의 제소청구 요건을 중심으로 –", 「선진상사법률연구」 통권 제82호(2018. 4.), 39~71면, 특히 46~48면(도산이나 채무재조정 등의 상황과 주식교환 등으로 인한 비자발적 지분상실의 경우를 구별할 필요성을 강조함); 손창완, "회사소송에서 주주의 원고적격", 「상사법연구」 제38권 제2호(2019. 8.), 309~353면, 특히 347면(헌법합치적 법률해석을 근거로 한 목적론적 축소해석을 통하여 비자발적 주식상실의 경우 예외사유로 인정할 필요성을 인정함); 신현탁, 「기업법연구」 제78호, 157~179면; 김정호, "조직재편과 대표소송의 원고적격", 「법학연구」, 연세대 법학연구원(2019. 12.).

104) 同旨의 후속 판례로는 대판 2019. 5. 10, 2017다279326 [현대증권 주주대표소송].

## 4. 소규모주식교환

### (1) 의 의

완전모회사로 되는 회사가 주식교환을 위하여 발행하는 신주 및 이전하는 자기주식의 총수가 그 회사의 발행주식총수의 100분의 10을 초과하지 아니하는 경우 이를 소규모주식교환(小規模株式交換)이라 한다. 이 경우 **완전모회사로 될 회사의 주식교환 승인을 위한 주주총회결의는 이사회의 승인으로 갈음할 수 있다.** 상법은 합병의 경우와 유사하게($^{상\ 527의}_{3\ 참조}$) 주식교환시에도 이것이 소규모로 이루어질 때에는 주주총회 대신 이사회의 승인으로 간편히 이를 시행할 수 있도록 예외조항을 두었다.

### (2) 성립요건

소규모주식교환이 성립하자면 다음 요건이 충족되어야 한다.

**(가) 교환신주의 발행규모:** 완전모회사가 되는 회사가 주식교환을 위하여 발행하는 신주 및 이전하는 자기주식의 총수가 그 회사의 발행주식총수의 100분의 10을 초과하지 않아야 한다($^{상\ 360의\ 10}_{1\ 1문}$). 주식교환이 이루어질 때 특히 모회사의 기존 주주들은 지분율의 하락을 경험하게 되는 데 10% 이내에서 교환신주가 발행될 경우 기존 주주의 지위에 큰 영향을 미치지 않을 것이므로 이를 소규모주식교환의 성립요건으로 하였다.

**(나) 주식교환교부금의 규모:** 완전자회사가 될 회사의 주주에게 지급할 주식교환교부금의 액수가 최종 대차대조표에 의하여 완전모회사가 되는 회사에 현존하는 순자산액의 100분의 5를 초과하지 않아야 한다($^{상\ 360의}_{10\ 1\ 2문}$). 이는 교환신주의 발행규모를 줄이기 위하여 주식교환교부금을 과다하게 지급하는 탈법행위를 막기 위한 추가요건이다. 상법은 비록 교환신주의 발행규모가 모회사자본의 10% 이내라 할지라도 교환교부금이 순자산액의 100분의 5를 초과하면 소규모주식교환의 간이절차를 인정할 실익이 없다고 본 것이다.

**(다) 20% 이상 지분보유자의 반대가 없을 것:** 완전모회사가 되는 회사의 발행주식총수의 100의 20 이상에 해당하는 주식을 가진 주주가 주식교환에 반대하는 의사를 통지한 때에는 소규모주식교환은 시행될 수 없다($^{상\ 360의}_{10\ V}$).

### (3) 효 과

소규모주식교환이 성립하면 다음과 같은 효과가 도래한다.

**(가) 주식교환계약서의 기재사항:**  소규모주식교환이 시행될 경우에는 주식교환계약서에 완전모회사가 되는 회사에 대해서는 주주총회의 승인을 거치지 않고 이를 시행한다는 뜻을 기재하여야 한다($^{상\ 360의\ 10}_{III\ 전단}$). 소규모주식교환이 시행됨을 명확히 밝혀 법률관계의 불안정을 막기 위함이다. 주의할 것은 주주총회의 승인결의가 이사회결의로 대체되는 것은 완전모회사로 될 회사에 한정된다는 것이다. 완전자회사가 될 회사에서는 여전히 이 경우에도 주주총회의 승인결의가 이루어져야 한다.

나아가 주식교환으로 인한 정관변경사항은 주식교환계약서에 기재하지 못한다($^{상\ 360의\ 10}_{III\ 후단}$). 소규모주식교환이 이루어지면 총회의 승인결의가 이사회결의로 대체되므로 이러한 간이절차를 이용하여 정관을 변경할 수는 없기 때문이다.

**(나) 주주에 대한 공고나 통지:**  완전모회사가 되는 회사는 주식교환계약서를 작성한 날로부터 2주간 내에 완전자회사가 되는 회사의 상호, 본점소재지, 주식교환일 및 주주총회의 승인없이 주식교환이 이루어진다는 뜻을 공고하거나 통지하여야 한다($^{상\ 360의}_{10\ IV}$).

**(다) 주식매수청구권의 不許:**  소규모주식교환의 경우 상법은 소규모합병의 경우와 같이 주식교환반대주주의 주식매수청구권을 인정하지 않고 있다($^{상\ 360의}_{10\ VII}$).

## 5. 간이주식교환

### (1) 의 의

완전자회사로 되는 회사의 총주주의 동의가 있거나 그 회사의 발행주식총수의 100분의 90 이상을 완전모회사가 되는 회사가 이미 소유하고 있을 때 이루어지는 주식교환을 간이주식교환이라 한다($^{상\ 360의}_{9\ I}$). 상법은 간이합병제도와 유사한 간이주식교환제도를 두었다.

### (2) 효 과

**(가) 승인절차의 간이화:**  간이주식교환의 경우에는 완전자회사로 되는 회사의 주주총회의 승인은 이사회의 승인으로 갈음할 수 있다($^{상\ 360의}_{9\ I}$).

(나) **주주에 대한 공고 및 통지의무:**　간이주식교환의 경우 완전자회사가 되는 회사는 주식교환계약서를 작성한 날부터 2주 내에 주주총회의 승인을 얻지 아니하고 주식교환을 한다는 뜻을 공고하거나 주주에게 통지하여야 한다. 다만 총주주의 동의가 있는 때에는 예외이다($_9^{상\,360의}_{\,\,II}$).

(다) **주식매수청구권:**　소규모주식교환시와 달리 **간이주식교환의 경우 주식교환 반대주주의 주식매수청구권이 인정된다.** 정상적인 주식교환의 경우와 달리 주주총회가 열리지 않으므로 주식교환에 반대하는 주주는 이에 참석하여 반대의사를 표시할 기회가 없다. 따라서 상기의 공고나 통지일로부터 2주간 내에 서면으로 주식교환에 반대하는 뜻을 알려야 주식매수청구권을 행사할 수 있다($_5^{상\,360의}_{\,\,II}$). 이 경우 매수청구주주는 상기의 기간이 만료한 날로부터 20일 내에 매수청구대상주식의 종류와 수를 서면에 기재하여 이를 회사에 제출하여야 한다($_5^{상\,360의}_{\,\,II}$).

## 6. 주식교환의 하자

### (1) 총 설

주식의 포괄적 교환이 이루어지는 경우에도 여러 유형의 하자가 존재할 수 있다. 주식교환계약체결상 각종 무효나 취소사유가 도래할 수 있을 뿐 아니라 이를 승인하는 총회결의에 취소, 무효 또는 부존재사유가 도래할 수 있다. 나아가 각종 통지 또는 공고절차상 법정사항을 준수하지 않았거나 사전 내지 사후공시를 제대로 하지 않았을 경우 하자 있는 주식교환이 된다. 상법은 이러한 경우에도 기존 상태를 존중하고 법률관계를 획일적으로 처리하는 단체법이념을 고려하여 하자의 주장방법을 제한하였다. 그리하여 株式交換無效의 訴라는 단체법상 특유한 형성소송으로만 이를 다툴 수 있게 하였고 이 소에서 원고가 승소하여도 그 결과는 과거로 소급하지 않으며 나아가 판결의 효력은 제3자에게도 미치게 하였다($_{의14}^{상\,360}$).

### (2) 주식교환무효의 소

(가) **원고적격:**　주식교환무효의 소는 주식교환당사회사의 주주, 이사, 감사, 감사위원회위원 또는 청산인에 한하여 제기할 수 있다($_{14}^{상\,360의}_{\,\,I}$).

(나) **제소기간:**　주식교환무효의 소는 주식교환일로부터 6개월 내에 제기하여야 한다($_{14}^{상\,360의}_{\,\,I}$).

(다) **관할법원:**    완전모회사가 될 회사의 본점소재지 지방법원이 주식교환무효의 소를 전속관할한다($_{14}^{상} {}^{360의}_{Ⅱ}$).

(라) **주식교환무효의 원인:**    상법은 이를 구체적으로 나열하고 있지 않다. 그러나 상기하였듯이 여러 요소가 무효원인으로 작용할 수 있을 것이다. 즉 주식교환계약에 존재하는 각종 무효, 취소사유의 존재, 주식교환을 위한 제반 법정절차를 재대로 준수하지 않은 경우, 주식교환승인결의에 내재한 취소, 무효, 부존재사유 또는 주식교환 비율의 불공정 등 다양할 것이다.

(마) **소송절차:**    소가 제기되면 회사는 지체없이 이를 공고하여야 하고 수개의 소가 제기된 때에는 법원은 이를 병합심리하여야 한다($_{187,\ 188}^{상\ 360의14\ Ⅳ.}$). 나아가 소가 제기된 경우 법원은 회사의 청구에 의하여 제소주주에게 상당한 담보제공을 명할 수 있다 ($_{Ⅳ.\ 377}^{상\ 360의14}$).

(바) **판결의 효과**

1) **원고승소의 효과:**    주식교환의 무효가 확정되면 완전모회사가 된 회사는 교환신주 또는 이에 갈음하여 교부된 자기주식의 현재의 주주에 대하여 완전자회사가 된 회사의 주식을 이전하여야 한다($_{14}^{상} {}^{360의}_{Ⅲ}$). 그러나 주식교환신주의 효력은 장래에 한하여 그 효력을 잃게 되므로 무효판결확정 전에 이루어진 제반 법률관계에 영향을 미치지 않는다($_{Ⅳ.\ 431}^{상\ 360의14}$). 그 결과 완전모회사에서 무효판결확정 전에 이루어진 의결권 행사의 효력도 그대로 유지되므로 그간 이루어진 주주총회결의나 이에 근거한 이사회결의 등 제반 후속법률관계에 영향을 미치지 않는다. 나아가 무효판결의 확정 전까지 이루어진 주식양도 역시 유효하므로 모회사는 무효판결의 확정시점에 해당 주식을 보유한 자에게 자회사주식을 반환하면 되는 것이다. 주식교환무효의 판결이 확정된 때에는 본점과 지점소재지에서 등기하여야 한다($_{Ⅳ.\ 192}^{상\ 360의14}$).

2) **원고패소의 효과:**    원고가 패소하면 판결의 효력이 제3자에게 미치는 것은 아니므로 다시 다른 원고적격자는 주식교환무효의 소를 제기할 수 있다. 나아가 패소 원고가 악의나 중과실로 소를 제기한 경우에는 회사에 대하여 연대하여 그 손해를 배상하여야 한다($_{Ⅳ.\ 191}^{상\ 360의14}$).

## Ⅲ. 주식의 포괄적 이전

### 1. 개 념

#### (1) 정 의

주식의 포괄적 移轉(share transfer; 약칭하여 이하 '주식이전'이라 한다)이란 기존 회사 (완전자회사)의 주주들이 새로이 설립되는 회사(완전모회사)에 자신의 주식을 포괄적으 로 이전하고 대신 새로이 설립되는 회사(완전모회사)가 발행하는 신주식을 배정받아 그 회사의 주주가 됨으로써 기존 회사와 신설회사간에 완전모자관계를 창설하는 단 체적 법률행위이다($^{商}_{의15}^{360}$). 주식이전제도는 우리나라에서는 주로 금융섹터에서 금융지 주회사를 만들 때 많이 이용되고 있다. 우리금융지주(주) 또는 신한금융지주(주) 등 금융계열사들이 지주회사를 설립한 후 그 산하에 수개의 계열사를 두어 경영합리화 및 경영통합의 효율을 추구하고 있다.

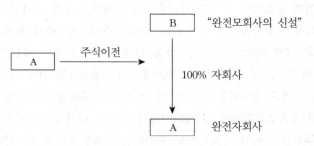

〈주식의 포괄적 이전〉

#### (2) 구별점

주식이전은 기술한 주식교환과 다르다. 주식교환에서는 기존 회사들간에 완전모자 관계가 창설됨에 반하여 주식이전에서는 완전모회사로 될 회사를 새로이 설립하여 완전모자관계를 창설한다는 점에서 양자는 다르다. 주식이전은 완전모회사가 새로이 신설된다는 점에서 新設持株設立이라 부를 수 있을 것이다.

나아가 주식이전제도는 신설합병제도와도 다르다. 신설합병(新設合倂; consolidation) 에서는 기존 회사의 법인격이 총체적으로 소멸하고 대신 신설되는 합병후 회사가 합 병당사회사의 적극 및 소극재산을 포괄적으로 승계함에 반하여 주식이전에서는 기존 회사의 법인격이 그대로 유지되고 완전자회사로 될 회사의 재산에도 변화가 생기지 않으며 다만 기존회사와 신설회사간에 완전모자관계만 창설될 뿐이다.

### (3) 법적 성질

주식이전의 법적 성질은 참여회사의 숫자에 따라 달라질 수 있다. 하나는 株式單獨移轉이요, 다른 하나는 株式共同移轉이다.

만약 하나의 회사만이 참여하여 그 주식이 모두 신설될 완전모회사에 이전하고 기존 회사는 그 신설회사의 완전자회사가 되는 경우라면 주식이전행위는 기존 회사의 단체법적 단독행위가 될 것이다(株式單獨移轉). 주식교환의 경우에는 기존 회사간에 완전모자관계가 창설되므로 계약의 형태를 띠게 되나 주식이전의 경우에는 완전모회사가 될 회사가 존재하지 않으므로 기존 회사, 즉 완전자회사로 될 회사가 홀로 조직법적 결단을 내려야 하는 것이다. 이 경우에는 株式移轉計劃書(Holdingplan)가 작성될 것이고 이것이 자회사 주주총회의 승인대상이 될 것이다. 즉 주식이전계획서라는 서면형태의 조직법적 단독행위, 이것이 주식단독이전의 법적 성질이다.

반면 수개 회사가 공동으로 완전모회사를 설립한 후 그 주식을 포괄적으로 신설회사에 이전하여 완전모자관계를 창설할 때에는 참여법인들간의 組織契約으로 풀이된다. 이러한 경우는 株式共同移轉이라 불러야 할 것이다($\frac{상}{1}\frac{360의16)}{8호}$).[105] 이 때에는 주식을 공동으로 신설회사에 이전시켜 공동의 완전모회사를 설립하는 것이므로 참여 법인들간의 조직계약이 되는 것이다. 이들은 공동으로 주식이전계약서를 작성하여 각각 자신의 주주총회에서 그 승인을 요구하게 될 것이다.

### 2. 주식이전의 절차

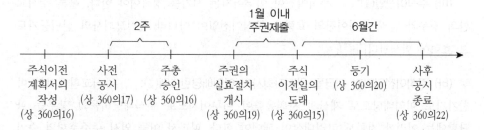

### (1) 주식이전사항의 확정

주식단독이전의 경우이든 주식공동이전의 경우이든 참여회사는 주식이전에 관계

---

105) 일본에서는 공동주식이전(共同株式移轉)이라는 용어를 쓰고 있다(神田秀樹, 會社法, 第20版, 弘文堂, 2018, 388면).

되는 다음 사항을 확정하여야 한다. 이에 있어 상기한 바대로 그 법적 성질이 주식단독이전의 경우에는 서면형식의 단독행위, 주식공동이전의 경우에는 서면형식의 조직계약인 주식이전계획서가 작성될 것이다. 그 내용은 상법 제360조의16 제1항 각호에 게기되어 있다.

(가) 완전모회사의 설립정관($\frac{1}{호}$):  설립될 완전모회사의 정관규정이 기재되어야 한다. 이는 향후 나타날 지주회사의 내부조직을 정하게 될 것이다.

(나) 완전모회사의 주식발행사항 및 배정사항($\frac{2}{호}$):  설립하는 완전모회사가 주식이전에 있어서 발행하는 주식의 종류와 수 및 완전자회사가 되는 회사의 주주에 대한 주식의 배정사항도 확정되어야 한다.

(다) 완전모회사의 자본 및 자본준비금에 관한 사항($\frac{3}{호}$):  설립될 완전모회사의 자본액 및 자본준비금의 관한 사항도 확정되어야 한다. 설립될 완전모회사의 자본은 주식이전의 날에 완전자회사가 되는 회사에 현존하는 순자산액에서 주식이전교부금을 공제한 액수를 초과하지 못한다($\frac{상360}{의18}$).

(라) 주식이전교부금에 관한 사항($\frac{4}{호}$):  완전자회사가 될 회사의 주주에게 교부될 금액을 정한 때에는 그 규정도 주식이전계획서에 기재되어야 한다. 주식이전교부금은 특히 주식공동이전의 경우 자주 나타날 수 있다. 수개의 회사가 공동으로 완전모회사를 창립하는 경우 완전자회사의 주주들에게 일정비율로 배정신주의 수를 조절하여야 할 때가 있을 것이다. 이러한 경우 일정액의 주식이전교부금이 지급될 것이다.

(마) 주식이전일($\frac{5}{호}$):  주식이전이 이루어지는 시기를 정하여야 한다. 물론 주식교환의 경우와 달리 주식이전의 효력은 주식이전일이 아니라 완전모회사의 설립등기로 그 효력이 발생한다($\frac{상360}{의21}$).

(바) 주식이전일까지 지급될 완전자회사의 이익배당한도액($\frac{6}{호}$):  주식교환에서와 마찬가지로 이익배당으로 재산의 사외유출이 이루어지므로 주식배당비율의 당부를 판단함에는 이러한 것들도 고려대상이 되어야 한다. 따라서 이들 역시 주주총회의 승인 대상이 된다.

(사) 설립될 완전모회사의 임원 등의 인적 사항($\frac{7}{호}$):  설립되는 완전모회사의 이사와 감사 또는 감사위원회위원의 성명 및 주민등록번호 역시 확정되어야 한다. 본시 완전자회사의 주주가 주식이전의 효과로 완전모회사의 주주가 되므로 이들이 이사나

감사 등을 선출하여야 하지만 이미 이들이 선임되었다면 그 내용은 당연히 주주총회의 승인대상이 되어야 한다.

(아) 주식공동이전에 관한 사항($\frac{8}{\bar{\Sigma}}$):　회사가 공동으로 주식이전에 의하여 완전모회사를 설립하는 때에는 그 취지를 기재하여야 한다.

### (2) 주식이전계획서 등의 비치(사전공시)

이사는 주식이전계획서를 승인할 주주총회소집일의 2주간 전부터 주식이전일 이후 6개월을 경과하는 날까지 주식이전계획서, 주식배정이유서와 자회사의 대차대조표 및 손익계산서를 본점에 비치하여야 한다($\frac{\text{상}}{17}\frac{360의}{I}$).

### (3) 주주총회의 승인

완전자회사의 주주총회는 상기 주식이전계획서에 의하여 확정된 내용을 특별결의로 승인하여야 한다($\frac{\text{상}}{16}\frac{360의}{I}$). 주식교환의 경우와 같이 주식이전에 반대하는 주주는 주식매수청구권을 행사할 수 있다($\frac{\text{상}}{\text{상}}\frac{360의22\cdot}{360의5}$).

### (4) 주권의 실효절차

주주총회의 승인결의가 이루어지면 완전자회사가 되는 회사는 승인결의의 내용, 일정기간 내에 주권을 회사에 제출할 것과 주식이전의 날에 주권이 무효가 된다는 뜻을 공고하고 주주명부상의 질권자에 대해서는 개별통지를 하여야 한다($\frac{\text{상}}{19}\frac{360의}{I}$). 다만 주권제출기간은 1개월 이상이어야 한다($\frac{\text{상}}{I}\frac{360의19}{2호}$).

### (5) 주식이전일의 도래

주식이전의 날이 도래하면 완전자회사가 되는 회사의 주주가 소유하는 그 회사의 주식은 주식이전에 의하여 완전모회사에 이전하고 자회사의 주주들은 모회사의 주식을 배정받게 된다($\frac{\text{상}}{15}\frac{360의}{II}$). 그러나 주식교환의 경우와 달리 주식이전일에 그 법적 효력이 도래하지는 않는다. 다음 절차인 완전모회사의 설립등기를 통하여 비로소 주식이전의 효력이 발생한다.

### (6) 주식이전의 등기(완전모회사의 설립등기)

주식이전이 이루어진 경우에는 설립한 완전모회사의 본점소재지에서는 주식이전일 이후 2주간 내에, 지점소지재에서는 3주간 내에 완전모회사의 설립등기를 하여야 한다($\frac{\text{상}}{\text{의}20}\frac{360}{}$). 이 등기 역시 창설적 효력을 가지므로 주식이전은 이 등기를 통하여 비로소 효력이 생긴다($_{의21}^{상\ 360}$).

### (7) 사후공시($_{360의12}^{상\ 360의22.}$)

이사는 주식이전의 날, 주식이전의 날에 완전자회사가 되는 회사의 현존하는 순자산액, 주식이전으로 인하여 완전모회사에 이전한 완전자회사의 주식수, 여타 주식이전에 관한 사항이 기재된 서면을 주식이전의 날로부터 6개월간 본점에 비치하여야 한다.

## 3. 주식이전의 하자

### (1) 총 설

주식교환의 경우와 유사하게 주식이전의 경우에도 여러 하자가 존재할 수 있고 상법은 이를 기존상태존중주의와 법률관계의 획일적 처리라는 단체법 이념을 존중하여 株式移轉無效의 訴라는 단체법상의 형성소송으로만 그 하자를 주장할 수 있게 하였다($_{의23}^{상\ 360}$).

### (2) 주식이전무효의 소

**(가) 원고적격:** 주식이전무효의 소는 회사의 주주, 이사, 감사, 감사위원회위원 또는 청산인만이 제기할 수 있다($_{23\ Ⅰ}^{상\ 360의}$).

**(나) 제소기간** 주식이전무효의 소는 주식이전의 날로부터 6개월 내에 제기하여야 한다($_{23\ Ⅰ}^{상\ 360의}$).

**(다) 관할법원** 주식이전무효의 소는 완전모회사로 되는 회사의 본점소재지의 지방법원이 전속관할한다($_{23\ Ⅱ}^{상\ 360의}$).

**(라) 무효의 원인** 상법은 무효의 원인을 구체적으로 나열하고 있지는 않다. 그러나 주식교환무효의 소에서와 같이 여러 가지 사유가 무효원인으로 작용할 수 있을 것이다. 주식이전을 위한 승인결의에 취소, 무효 또는 부존재사유가 존재한다든지, 법정절차를 준수하지 않은 경우 등 다양할 것이다.

**(마) 소송절차** 주식이전무효의 소가 제기되면 법원은 지체없이 이를 공고하여야 하고($_{Ⅳ.\ 187}^{상\ 360의23}$), 수개의 소가 제기된 경우에는 이를 병합심리하여야 한다($_{Ⅳ.\ 188}^{상\ 360의23}$). 또한 주주가 본소를 제기한 경우 회사의 청구가 있을 때에는 법원은 상당한 담보의 제

공을 명할 수 있다($_{\mathbb{N}.\ 377}^{\text{상 360의23}}$).

**(바) 판결의 효과**

**1) 원고승소의 경우:**   주식이전의 무효가 확정되면 완전모회사가 된 회사는 주식이전을 위하여 발행한 주식의 주주에 대하여 그가 소유하였던 완전자회사가 된 회사의 주식을 이전하여야 한다($_{②Ⅲ}^{\text{상 360의}}$). 나아가 완전모회사는 해산의 경우에 준하여 청산된다($_{\mathbb{N}.\ 193}^{\text{상 360의23}}$). 그러나 판결의 효과는 과거로 소급하지 않으므로 무효판결 이전에 이루어진 법률관계에는 영향을 미치지 않는다($_{190\ \text{단서}}^{\text{상 360의23 }Ⅳ.}$). 따라서 주식이전의 효력발생시기인 완전모회사의 설립등기시점으로부터 주식이전무효의 확정시까지 마치 하자없는 상태로 완전모회사가 존재했던 것처럼 다루어지는데 이를 事實上의 完全母會社(faktische Holdinggesellschaft) 또는 瑕疵있는 完全母會社(fehlerhafte Holdinggesellschaft)라 한다. 나아가 판결의 효과는 제3자에게도 미친다($_{\mathbb{N}.\ 190\ \text{본문}}^{\text{상 360의23}}$).

**2) 원고패소의 효과:**   주식이전무효의 소에서 원고가 패소하는 경우에는 기판력이 제3자에게 미치지 않으므로 다시 다른 원고적격자는 본소를 제기할 수 있을 것이다. 또한 패소원고가 악의 또는 중과실이었던 경우에는 회사는 손해배상을 청구할 수도 있다($_{\mathbb{N}.\ 191}^{\text{상 360의23}}$).

# 제 5 관   소수주식의 강제매수제도

## Ⅰ. 총   설

2011년 개정상법은 95% 이상의 주식을 보유한 대주주가 소수주주의 보유주식을 강제로 매수할 수 있는 길을 열어 놓았다($_{의24}^{\text{상 360}}$). 이는 미국회사법상 Squeeze-out 제도를 받아 들인 것이다. 이러한 강제매수권에 대응하여 개정상법은 소수주주도 지배주주에게 보유주식의 매수를 청구할 수 있게 하였다($_{의25}^{\text{상 360}}$). 특정 주주가 주식의 대부분을 보유하는 주식회사에 있어서 지배주주와 소수주주간의 관계가 원만하지 못할 경우 주주총회의 개최비용 등 주식의 관리비용이 증가하여 비용대비효용이 기대에 미치지 못할 때가 많다. 소수주주의 입장에서도 지배주주의 방만하고 자의적인 회사운영으로 불이익을 입을 수 있다. 이런 경우 소수주식에 대한 불필요한 관리비용을 절감하고, 소수주주의 이익을 보호하기 위하여는 지배주주는 소수주식을 강제로 매수하여 해당 회사를 폐쇄회사화할 수 있게 해주고, 소수주주는 지배주주에게 보유주식의 매수를 청구할 수 있는 길을 열어 주는 것이 필요하다. 이러한 연유로 개정 상법은 제360조의24 내지 26의 규정을 두게 되었다.

## II. 지배주주의 매도청구권

### 1. 매도청구의 요건

#### (1) 매도청구주체의 요건

소수주식의 매도를 청구할 수 있기 위하여는 청구자는 발행주식총수의 95% 이상을 자기의 계산으로 보유하여야 한다. 95% 이상의 주식보유로 한정한 이유는 매도청구권의 남용을 방지하기 위함이다.

95%의 보유비율을 산정함에 있어서는 모회사와 자회사가 보유한 주식을 합산한다($\frac{상}{24}\frac{360의}{II\ 1}$). 판례에 따르면 이 경우 자회사가 보유한 자기주식도 모회사의 보유주식에 합산된다.[106] 회사가 아닌 주주가 발행주식총수의 100분의 50을 초과하는 주식을 가진 회사가 보유하는 주식도 그 주주가 보유하는 주식과 합산한다($\frac{상}{24}\frac{360의}{II\ 2}$). 이 말은 지배주주가 회사인 경우에는 그 모회사 및 자회사가 보유한 주식을 합산하여 100분의 95 이상인지를 계산하고, 지배주주가 자연인 주주인 경우에는 그가 발행주식총수의 100분의 50을 초과하는 주식을 가진 회사가 보유하는 주식도 그 주주가 보유하는 주식과 합산하여 100분의 95 이상인지 여부를 계산한다는 말이다.

#### (2) 주주총회의 승인

소수주식의 강제매수를 하려면 사전에 주주총회의 승인을 얻어야 한다($\frac{상}{24}\frac{360의}{III}$). 주주총회의 소집통지시에는 지배주주의 주식보유현황, 매도청구의 목적, 매매가액의 산정근거와 적정성에 관한 공인된 감정인의 평가 및 매매가액의 지급보증을 소집청구서에 서면으로 밝혀야 하며 주주총회장에서 매도청구주주는 그 내용을 설명하여야 한다($\frac{상}{24}\frac{360의}{IV}$).

#### (3) 경영상의 목적

소수주식의 강제매수가 성립하려면 지배주주의 매도청구가 회사의 경영상 목적을

---

106) 대결 2017. 7. 14, 2016마230 [주식매매가액결정].

달성하기 위하여 필요한 수단이어야 한다($\frac{상}{24}\frac{360의}{1}$). 여기서 '회사의 경영상 목적을 달성하기 위하여 필요한 경우'가 무엇이냐가 문제이다. 소수주식의 강제매수제도뿐만 아니라 신주의 제3자 배정시나($\frac{상}{II}\frac{418}{2}$), 전환사채 및 신주인수권부사채의 제3자 배정시에도($\frac{상513\ III\ 2,\ 418\ II\ 2;}{516의2\ IV\ 2,\ 418\ II\ 2}$) 똑같이 경영상의 목적이라는 법문언이 출현한다.

이는 공법상 발전되어 온 비례의 원칙을 사법(私法)인 회사법이 성문화한 취의로 풀이된다. 따라서 목적의 정당성, 수단의 적합성, 침해의 최소성, 법익의 균형성 등 비례원칙의 구성요건을 상기하면 될 것이다. 첫째, 소수주식의 강제매수가 정당화되려면 정당한 경영상의 목적(valid business purpose)이 나타나야 한다. 경영상의 목적속에는 소수주식의 관리비용절감 등 소수주식을 강제로 취득하려는 목적이 노정되어야 한다. 둘째 소수주식의 강제매수라는 수단이 이 목적을 달성하기 위하여 적합한 수단이어야 한다. 즉 경영상 목적달성을 실현하는 데에 매도청구가 기여해야 한다. 셋째로 소수주식의 강제매수가 위에서 설정한 경영상의 목적을 달성하기 위하여 필요한 수단이어야 하는바 같은 목적을 달성하더라도 가장 최소로 소수주주의 이익을 침해하는 방식이어야 한다. 즉 공정한 매수가격의 보장 등 소수주주의 이익침해가 최소화되는 방식으로 진행되어야 한다. 끝으로 소수주식의 강제매수가 소수주주들에게 주는 불이익과 전체적으로 회사가 누릴 이익간에 협의의 비례성이 노정되어야 한다.

### (4) 매수청구의 방법요건

지배주주가 매도청구권을 행사할 경우에는 **반드시 소수주주가 보유하고 있는 주식 전부에 대해서 권리를 행사하여야** 한다. 즉 소수주주들의 보유 주식 중 그 일부에 대해서만 매도청구를 할 수는 없다.

> **대판 2020. 6. 11, 2018다224699**
>
> "상법 제360조의24 제1항은 회사의 발행주식총수의 100분의 95 이상을 자기의 계산으로 보유하고 있는 주주(이하 '지배주주'라고 한다)는 회사의 경영상 목적을 달성하기 위하여 필요한 경우에는 회사의 다른 주주(이하 '소수주주'라고 한다)에게 그 보유하는 주식의 매도를 청구할 수 있다고 규정하고 있다. 이는 95% 이상의 주식을 보유한 지배주주가 소수주주에게 공정한 가격을 지급한다면, 일정한 요건하에 발행주식 전부를 지배주주 1인의 소유로 할 수 있도록 함으로써 회사 경영의 효율성을 향상시키고자 한 제도이다. 이러한 입법 의도와 목적 등에 비추어 보면, 지배주주가 본 조항에 따라 매도청구권을 행사할 때에는 **반드시 소수주주가 보유하고 있는 주식 전부에 대하여 권리를 행사하여야** 한다."

## 2. 매도청구의 효과

### (1) 소수주주의 매도의무

상법은 지배주주의 매도청구에 대하여 최소 1개월의 통지기간과 최대 2개월의 매도기간을 규정하고 있다. 매도청구를 받은 소수주주는 매도청구를 받은 날로부터 2개월내에 지배주주에게 그 주식을 매도하여야 한다($\frac{상}{24}\frac{360의}{VII}$). 지배주주는 매도청구의 날 1개월 전까지 소수주주가 매매가액의 수령과 동시에 주권을 지배주주에게 교부하여야 한다는 뜻과 교부하지 않을 경우 매매가액을 수령하거나 지배주주가 매매가액을 공탁한 날에 주권이 무효가 된다는 뜻을 공고하고, 주주명부에 적힌 주주와 질권자에게 따로 통지를 하여야 한다($\frac{상}{24}\frac{360의}{V}$).

### (2) 매도가격의 결정

매매가액은 매도청구를 받은 소수주주와 매도를 청구한 지배주주간의 협의로 결정하는 것이 원칙이다($\frac{상}{24}\frac{360의}{VII}$). 다만 매도청구일로부터 30일내에 이러한 협의가 이루어지지 않을 경우 양 당사자는 누구나 법원에 매매가액의 결정을 청구할 수 있다($\frac{상}{24}\frac{360의}{VIII}$). 이 경우 법원은 회사의 재산상태와 여타의 사정을 고려하여 공정한 가격을 산출하여야 한다($\frac{상}{24}\frac{360의}{IX}$).

#### 🔹 매도가격의 공정성과 지배주주의 충실의무

미국 판례법상으로는 이러한 매도가격의 공정성판단을 위하여 아래와 같은 판례법이 발달하였다.

##### 🔹 Weinberger v. U.O.P., 457 A. 2d 701 (Del. 1983)

[50.5%의 지분을 가진 지배주주의 현금지급합병을 위해 완전한 공정성기준을 적용한 사례] 1974년 Signal사(이하 S라 한다)는 여유자금을 활용하여 Universal Oil Products Co.(이하 'U.O.P.'라 약칭한다)의 지분 50.5%를 취득한다. 3년후인 1977년 S는 U.O.P.의 나머지 49.5% 잔여주식도 취득할 목적으로 현금지급합병방식을 사용하였는바 1주당 21달러로 이를 추진하게 되었다. 델라웨어주 최고법원의 무어(Moore)판사는 완전한 공정성 기준(entire fairness standard)를 제시하였다. **50.5%의 주식을 가진 대주주 S는 49.5% 주식을 가진 잔여주주들에 대해 충실의무를 부담하는바 이를 이행하기 위하여는 절차적 및 실질적 공정성을 준수하여야 한다**고 판시하였다. S의 U.O.P.주식에 대한 주당 21달러 현금지급합병은 절차적으로 신중하지 못했고 내용상으로도 주당 21달러의 가격이 U.O.P.의 기업가치(최소 주당 24달러)에 미치지 못하므로 적법성을 상실한다고 보았다. 본 사건에서는 앞서본 Singer v. Magnabox사건의 '경영상 목적요건'은 폐기하였다. 즉 완전한 공정성 기준만 충

족되면 된다는 것이다. 본 사건의 결론은 완전한 공정성 기준을 충족시키지 못하면 S는 지배주주의 충실의무를 이행하지 못하는 결과가 된다는 것이다.

### (3) 주식의 이전

주식을 취득하는 지배주주가 매매가액을 소수주주에게 지급한 때에 주식은 이전한 것으로 본다($\frac{상}{26}\frac{360의}{I}$). 소수주주를 알 수 없거나 그가 매매가액의 수령을 거부한 경우에는 매도청구인은 가액을 공탁할 수 있다. 이 경우에는 공탁한 날에 주식이 지배주주에게 이전한 것으로 본다($\frac{상}{26}\frac{360의}{II}$). 다만 지배주주가 매매가액을 공탁하는 경우에도 해당 가액은 당사자간의 합의 혹은 법원의 결정으로 확정된 것이어야 한다. 매도청구인이 일방적으로 산정하여 공탁한 경우 주식이전의 효과는 발생하지 않는다.

> **대판 2020. 6. 11, 2018다224699**
>
> "상법 제360조의26 제1항은 상법 제360조의24에 따라 주식을 취득하는 지배주주는 매매가액을 소수주주에게 지급한 때에 주식이 이전된 것으로 본다고 규정하고, 같은 조 제2항은 제1항의 매매가액을 지급할 소수주주를 알 수 없거나 소수주주가 수령을 거부할 경우에는 지배주주는 그 가액을 공탁할 수 있다고 규정하고 있다. 이때의 '**매매가액**'은 지배주주가 일방적으로 산정하여 제시한 가액이 아니라 소수주주와 협의로 결정된 금액 또는 법원이 상법 제360조의24 제9항에 따라 산정한 공정한 가액으로 보아야 한다."

## 3. 소수주주의 매수청구권

### (1) 매수청구의 요건

발행주식의 95% 이상을 자기의 계산으로 보유하고 있는 지배주주가 있는 회사의 소수주주는 언제든지 지배주주에게 그 보유주식의 매수를 청구할 수 있다($\frac{상}{25}\frac{360의}{I}$). 지배주주의 매도청구권에서 보았듯이 95%의 보유비율을 산정함에 있어서는 모회사와 자회사가 보유한 주식을 합산한다($\frac{상}{24}\frac{360의}{II}$). 판례에 따르면 이 경우 자회사가 보유한 자기주식도 모회사의 보유주식에 합산된다고 한다.[107] 매도청구시와 달리 매수청구시에는 주주총회의 승인 등 추가적인 절차가 요구되지 않는다. 따라서 소수주주의 의사표시가 지배주주에게 도달함으로써 매수청구의 효과가 도래할 것이다.

---

107) 대결 2017. 7. 14, 2016마230 [주식매매가액결정].

> **대결 2017. 7. 14, 2016마230**
>
> 자회사의 소수주주가 상법 제360조의25 제1항에 따라 모회사에 주식매수청구를 한 경우, 모회사가 지배주주에 해당하는지는 자회사가 보유한 자기주식을 발행주식총수 및 모회사의 보유주식에 각각 합산하여 판단하여야 하는지 여부(적극)
>
> "자회사의 소수주주가 상법 제360조의25 제1항에 따라 모회사에게 주식매수청구를 한 경우에 모회사가 지배주주에 해당하는지 여부를 판단함에 있어, 상법 제360조의24 제1항은 회사의 발행주식총수를 기준으로 보유주식의 수의 비율을 산정하도록 규정할 뿐 발행주식총수의 범위에 제한을 두고 있지 않으므로 자회사의 자기주식은 발행주식 총수에 포함되어야 한다. 또한 상법 제360조의24 제2항은 보유주식의 수를 산정할 때에는 모회사와 자회사가 보유한 주식을 합산하도록 규정할 뿐 자회사가 보유한 자기주식을 제외하도록 규정하고 있지 않으므로 자회사가 보유하고 있는 자기주식은 모회사의 보유주식에 합산되어야 한다."

#### ⊕ 씨디네트웍스 주식매수청구사건

"최근에는 95% 이상의 주식을 보유한 지배주주의 매수의무 및 그 가격결정신청건도 관심을 모으고 있다($\frac{상}{의25}\frac{360}{}$). KDDI는 일본 제2위의 무선통신회사로서 한국자회사 씨디네트웍스의 지분 84.96%를 갖고 있었다. 원고는 씨디네트웍스의 소수주주로서 씨디네트웍스가 자사주 13.14%를 보유하고 있기 때문에 두 지분을 합쳐 95% 이상이 되므로 상법 제360조의25 제2항에 규정한 95% 이상 지배주주의 매수의무가 발생한다고 주장한다. 이에 반하여 KDDI 측은 자기주식까지 지배주주의 보유주식에 포함시켜서는 안된다며 각하 대상이라고 다투었다. 1,2심은 원고의 주장을 인용하였다."(2017. 6. 21.자 이투데이 뉴스 참조).

### (2) 매수청구의 효과

소수주주의 매수청구가 있을 때에는 그 날로부터 2월내에 지배주주는 그 주식을 매수하여야 한다($\frac{상}{25}\frac{360의}{II}$). 매도청구시와 마찬가지로 매수청구시에도 매수가액의 결정은 양 당사자간의 협의가 원칙이다($\frac{상}{25}\frac{360의}{III}$). 매수청구일로부터 30일내에 원만한 협의가 이루어지지 않은 경우에는 지배주주나 소수주주는 법원에 매수가격의 결정을 청구할 수 있다($\frac{상}{25}\frac{360의}{IV}$). 이 경우 법원은 회사의 재산상태 등을 고려하여 공정한 가액을 산출하여야 한다($\frac{상}{25}\frac{360의}{V}$). 이 경우에도 매도청구시와 마찬가지로 지배주주가 매수가액을 소수주주에게 지급한 때에 주식은 소수주주에서 지배주주로 이전한다($\frac{상}{26}\frac{360의}{I}$). 소수주주 불명시 또는 소수주주의 수령거부시에는 매도청구시와 마찬가지로 공탁한 날이 주식 이전일이다($\frac{상}{26}\frac{360의}{II}$).

# 제 6 관 삼각조직재편

## I. 총 설

삼각조직재편(三角組織再編; triangular reorganization) 이란 흡수합병 등의 존속회사가 소멸회사의 주주에게 자기주식(自己株式)이 아니라 모회사 주식을 합병대가 등으로 교부하는 조직재편을 이른다.[108] 2011년 개정 상법은 합병분야에서 합병대가의 유연화를 도모하여 현금지급합병과 삼각합병제도를 도입하였다. 이에 추가하여 2014년 법무부는 "경제활성화를 위해 기업 인수·합병시장의 확대가 필요하"고 이를 위해서는 "M&A 관련 법제의 정비가 요구되어" 다양한 M&A 구조를 도입하는 상법 개정안을 마련하였다. 삼각주식교환, 삼각분할합병 및 역삼각합병제도 등이 2014년 8월 법무부의 입법예고안에 추가되었다.[109] 이미 미국이나 일본 등에서는 이러한 탄력적인 구조조정기법이 제도화되어 M&A 시장에서 활용되고 있다. 물론 기존의 전통적인 기업재편방식과 달라 다소 법이론적으로 또는 실무상으로 극복하여야 할 과제는 있지만 이러한 상법개정의 방향은 거시적으로 볼 때 바람직하고 나아가 피할 수 없어 보인다. 2015년 11월 위 개정안은 마침내 국회를 통과하여 2016년 3월부터 시행되고 있다. 이로써 삼각합병, 삼각분할합병, 삼각주식교환 등 삼각조직재편의 제 유형이 상법에 도입되었다.

삼각조직재편제도 중 가장 대표적인 삼각합병은 다음과 같은 효용을 가진다. 첫째는 전래적인 **합병의 효과를 부분적으로 제한**할 수 있게 된다. 타 기업을 흡수하고자 하는 인수회사의 입장에서 전래적인 합병제도의 단점은 소멸회사의 채무를 그대로 인수하는 것이다. 특히 고위험군 사업을 인수할 때 이러한 효과는 인수자의 입장에서는 매우 불리하다. 이러한 합병의 법률효과로 합병이 망서려질 때 삼각합병이 이를 도울 수 있다. 인수회사가 합병의 직접 당사자가 아니어서 이를 피할 수 있기 때문이다. 둘째 전래적인 합병에서 나타날 수 있는 **절차상의 어려움을 극복할 수 있게** 된다. 즉 인수회사의 주주총회에서 합병승인을 얻어야 하고, 합병반대주주에게는 주식매수청구권을 부여해야 하는데 때로 이러한 절차는 인수회사에 많은 어려움을 강요한다. 이런 경우 삼각조직재편이 대안으로 제시될 수 있다. 셋째 삼각합병은 **국제합병의 길**

---

108) 石綿 學, "三角組織再編をめぐる實務上の諸問題", 商事法務 1832號(2008. 5. 5.), 42~54면, 42면.
109) 법무부 입법예고, 2014년 8월 6일, 법무부 공고 제2014-172호 참조.

**을 연다**는 점에서 의미가 크다. 삼각합병과 같은 조직재편제도를 갖지 않은 국가에서는 대개 관계법령의 해석상 외국회사와의 합병은 허용되지 않고 있다.[110) 그러나 삼각합병의 방법을 취하면 외국의 모회사가 국내에 자회사를 설립하여 국내의 대상회사를 흡수합병할 수 있고 역(逆)으로 국내 기업이 외국에 자회사를 설립한 후 그 나라의 대상회사를 흡수할 수 있게 된다. 이러한 Cross-border M&A에 삼각합병이 유용하게 쓰이게 된다. 넷째 삼각합병은 **조세전략상 유리하다**. 연결납세제도가 유지되기 위해서는 자회사(S)가 그룹외 법인을 합병하는 대가로 자기주식을 이용할 수 없다.[111) 자회사인 사업회사(S)가 그룹외의 회사(T)를 합병하는 경우 그 대가로 자기주식을 쓰면 지주회사(A)에 의한 조직이 무너지기 때문이다. 이러한 이유로 기업조직의 관점에서 삼각합병이 필요하다. S는 T의 주주에 대해 합병대가로 A의 주식을 교부하면 연결납세제도를 계속적으로 이용할 수 있게 된다.[112)

다만 이러한 기업재편방식들은 기존제도가 갖지 않는 여러 문제점을 잉태하고 있어 제도시행상 다각적 준비가 요구된다. 특히 일본의 경우 2006년 신회사법에 삼각조직재편 제도를 신설, 운영해오고 있어 그들의 직접 경험은 우리에게는 귀중한 간접경험이 될 수 있다. 7, 8년 정도 누적된 그들의 경험을 참고하여 제도시행상의 착오를 최소화하는 것이 필요할 것이다. 아래에서는 우리 상법에 새로이 도입된 삼각합병,[113) 삼각주식교환[114) 및 삼각흡수분할[115) 등 삼각조직재편이라는 새로운 구조조정방식을 살피고 미국이나 일본 등의 예를 검토한 후 향후 이 제도들이 우리 법제에 뿌리내리게 될 때 야기될 수 있는 문제점들을 정리해 보기로 한다.

---

110) 會社法 コンメンタール 第17卷, 組織變更, 合併, 會社分割, 株式交換 等 [1], 商事法務, 2010, §§ 743-774, §767, 412~413면.
111) 우리나라에서도 2008년 세제개편을 통해 연결납세제도가 도입되었으므로 일본에서와 같은 삼각합병의 선택에 대한 인센티브가 존재한다고 한다(안경봉·박훈, "삼각합병제도와 과세", 「국민대 법학논총」 제22권 제2호, 265면).
112) 안경봉·박훈, "삼각합병제도와 과세", 「국민대 법학논총」 제22권 제2호, 265면.
113) 상법 제523조의2.
114) 상법 제360조의3 제3항, 제6항 및 제7항.
115) 상법 제530조의6 제1항 제4호, 제4항 및 제5항.

## Ⅱ. 삼각조직재편의 사례들

### 1. 삼각합병관련 국내 첫 사례: 2012년 11월 네오위즈 사례

#### ✪ 코스닥기업 네오위즈, 국내 첫 '삼각합병' 진행─M&A대금을 모회사 주식으로 지급

[한국경제 조진형 기자 u2@hankyung.com입력 2012-11-04 17:44:44]

"국내 처음으로 기업간 '삼각합병'이 추진된다. 지난 4월 개정 상법에서 삼각합병을 허용한지 반년 만에 코스닥시장 게임 지주회사인 네오위즈가 이 방식으로 합병을 진행하고 있다. 4일 금융감독원과 투자은행(IB)업계에 따르면 네오위즈 계열인 코스닥 상장사 **네오위즈게임즈**는 지난달 자회사인 부동산 시행·관리업체 **엔엔에이**와 PC방 사업 등 게임 지원업을 하는 관계사 **네오위즈아이엔에스**를 삼각 합병하기로 결의하고 관련 절차를 밟고 있다. 일반적인 합병은 합병 법인이 신주를 발행해 피합병 법인 주주들에게 지급한다. 예를 들면 합병 법인인 엔엔에이가 피합병 법인 네오위즈아이엔에스 지분 100%를 보유한 네오위즈에 합병 신주를 발행하는 식이다. 하지만 이번 사례에서는 엔엔에이 대신 모회사인 네오위즈게임즈가 인수대금 236억원을 자사주(89만704주·4.06%)로 지급하기로 했다. 올해 4월 상법 개정으로 모회사가 합병에 나서는 자회사 대신 합병 대가를 줄 수 있기 때문이다. 삼각 합병에서 모회사는 합병 대가를 지급하면서 주주총회 등 번거로운 합병 절차를 거치지 않아도 된다. 한 기업 인수·합병(M&A) 전문가는 "삼각 합병을 통해 지배구조를 개선하는 사례가 잇따를 것"으로 내다봤다."

### 2. 역삼각합병사례: 2014년 LG화학 사례

#### ✪ LG화학, '역(逆)삼각합병'으로 美 NanoH2O 인수

[인베스트조선, 이서윤 기자 syoon@chosun.com, 2014. 05.09 08:54]

"LG화학이 미국 수처리 필터업체 **NanoH2O**를 역삼각합병 형태로 사들인다. 28일 투자은행(IB)업계에 따르면 LG화학은 이달 30일 NanoH2O 인수작업을 완료한다. 인수대상 지분은 100%로 거래예정규모는 약 2억 달러(한화 약 2,000억원)에 달한다. NanoH2O은 미국에 본사를 둔 해담수용 RO(Reverse Osmosis; 역삼투압) 필터를 생산하는 회사다. 바스프 벤쳐캐피탈(BASF Venture Capital)·토탈에너지 벤쳐스 (Total Energy Ventures)·코슬라 벤처스(Khosla Ventures) 등 해외 벤쳐캐피탈 등이 주요 주주로 되어 있다. 이번 거래는 미국내에서 **역삼각합병**으로 진행된다. LG화학은 미국에 자회사를 세운다. 이 회사는 NanoH2O와 합병을 목적으로 하는 일종의 **특수목적법인**(SPC) 성격이 짙다. 이 회사는 합병으로 인해 소멸되며 NanoH2O는 존속법인이 된다."

### 3. 삼각주식교환사례: 2007년 美 Citi Group과 日本 日興コ─ディアルグル ─プ 사례[116)

2007년 3월 15일 미국의 시티그룹(이하 '甲'이라 한다)의 일본 자회사인 '시티그룹 재팬 인베스트먼츠, LLC'(이하 '乙'이라 한다)가 일본의 '㈜닛코 코디알그룹'(이하 '丁'이라 약한 다)의 주식에 대한 공개매수를 단행한다. 공개매수가 완료된 후 乙은 취득한 丁의 주식을 甲의 완전자회사인 日本 법인 '시티그룹 재팬 홀딩스 유한회사'(이하 '丙'이라 한다)로 이 관(移管)하였다. 丙과 丁은 2008년 1월 29일 丙을 완전모회사, 丁을 완전자회사로 하는 삼 각주식교환을 단행하여 丁의 주주에 대하여 甲의 주식을 교부하였다. 丙과 丁은 2008년 5 월 1일에 丙을 존속회사로 하고 丁을 소멸회사로 하는 흡수합병을 단행하여 丙의 상호를 '日興시티홀딩스 주식회사'로 변경하였다.

### 4. Kyocera AVX: 1990년 일본의 쿄세라와 미국 나스닥 상장사인 AVX간 삼각합병

1990년 쿄세라의 이나모리 회장은 미국 나스닥기업인 AVX를 인수하기 위한 stock swap을 단행한다. 미국에 델라웨어주 특수목적법인으로 KCS를 설립한 후 AVX와 합병케 하였다. 합병이 종료된 후 KCS의 사명을 AVX로 바꾼다. 이로써 역삼각합병을 한 것과 같 은 결과가 되었다. 이 국제조직재편은 투자은행의 도움없이 이루어졌으며 미국측에서는 LA의 로펌 Spensley Horn Jubas & Lubitz, 일본측에서는 Tomotsune, Kimura & Mitom i[117)가 이를 수행하였다.[118)

### 5. 2010년 일본의 게임업체 DeNA와 미국의 게임업체 ngmoco, Inc.간 삼 각합병사례

2010년 일본의 도쿄1부 증시 상장사이며 시부야(しぶや)에 본사를 둔 DeNA는 미국 실 리콘밸리의 게임업체인 ngmoco, Inc.를 완전자회사(完全子會社)화하였다.[119) DeNA는 social game platform을 운영하는 게임관련업체로서 미국의 ngmoco를 흡수함으로써 미국 시장에서 소셜게임망을 확대하고자 하였다. DeNA는 ngmoco의 인수를 위해 현물출자의 방법과 삼각합병의 방법 등 2가지를 놓고 모색하다가 최종적으로 후자를 선택한다. 3각합 병을 실행하는 경우 인수모회사(A)와 인수를 위한 특수목적법인형태의 완전자회사(S)간에

---

116) 이 사례에 대한 자세한 분석으로는 谷川達也・清水誠, "シティダループと日興コ─デイアルグループによ る三角株式交換等の概要(上)(下)"; (上), 商事法務 1832號, 2008, 55~62면; (下), 商事法務 1833號, 2008, 19~26면.
117) 국제금융관련으로 특화한 도쿄(東京)의 유명한 로펌이다.
118) The New York Times, November 9, 1989, "Talking Deals; Japanese Move Into Stock Swap"(Phillip Wiggins).
119) www.google.co.jp/ディ─・エヌ・エ─ wikipedia 참조.

는 일본법이, S와 대상회사(T)간에는 미국 델라웨어주법이 적용될 예정이었다. 양국의 회사법이 모두 삼각합병을 허용하고 있어 법률적 장애가 존재하지 않았다. 다만 대상회사가 벤쳐기업인 관계로 기업가치의 변화가 유동적이어서 가치평가 내지 합병비율의 산정상 쉽지 않은 문제가 존재하였다. 이러한 정황을 위해 소위 'earnout'방식이 채택된다.[120]

## Ⅲ. 삼각조직재편 관련 외국의 상황

### 1. 미    국

#### (1) 법규상황

미국의 경우 삼각합병이 활발히 이루어지고 있다. 미국에서도 1960년경까지는 삼각합병이 허용되지 않았으나 델라웨어주 회사법[121]과 모범회사법의 개정[122]을 통하여 지금은 대다수의 주에서 삼각합병이 허용되고 있다. 삼각합병은 3개 회사가 참여하는 합병으로서 존속회사의 모회사주식을 합병대가로 교부하는 합병방식이다. 정삼각합병(forward triangular merger)과 역삼각합병(reverse triangular merger)의 방식이 있으며 전자의 경우 존속회사가 100% 자회사를 설립하고 그 자회사가 소멸회사를 흡수합병하는 방식이다. 반면 후자에서는 인수회사(A)가 자회사(S)를 설립한 후 S가 대상회사(T)와 합병하되 T를 존속회사로 하고 S를 소멸회사로 하는 흡수합병을 한다. T는 S가 가진 A의 주식을 취득하고 그 대가로 T의 주주가 가진 T사 주식을 A에게 이전한다. 결과적으로 S는 소멸하고 A는 완전모회사가 되며 T는 A의 완전자회사가 된다.[123]

미국의 모범회사법은 삼각주식교환 역시 허용한다.[124] 포괄적 주식교환의 대가를 자유롭게 정할 수 있으므로 완전모회사로 될 회사의 모회사 주식도 완전자회사로 될 회사에 교부할 수 있다. 이로써 자유로이 삼각조직재편을 수행할 수 있다. 다만 델라웨어주 회사법은 포괄적 주식교환제도는 이를 알지 못하며 삼각합병만 인정하고 있다. 반면 뉴욕주 회사법에서는 삼각주식교환제도를 인정한다고 한다.

---

120) 'Earnout' 조항은 '가격조정조항(價格調整條項)'으로 번역된다. 이에 대해 자세히는 www.kitahama. or.jp의 'M&A 뉴스레터' Vol. 2, 2014년 5월 참조. 본 사례에서의 'Earnout'조항에 대해 자세히는 棚橋元, "上場國內會社の株式を對價とする外國會社の買收", 商事法務 1922號(2011. 2. 5.), 29~39면 참조, 특히 35~36면 참조.

121) §251 (b), (5) Delaware General Corporation Law.

122) §11.02 (c), (3) MBCA

123) 역삼각합병 형태의 역합병 사례가 다수 파악되고 있다. 2003년 62건, 2004년 204건, 2005년 223건, 2006년 213건, 2007년 233건, 2008년 192건이 있었다고 한다. 송종준, "역삼각합병제도의 도입을 둘러싼 상법상의 쟁점", 「상사법연구」 제33권 제1호(2014), 38면, 각주 4번에서 재인용.

124) §11.03 MBCA.

## (2) 제도의 시행상황

삼각합병은 원래 미국의 'local rule'인바, 각주가 회사법을 관장하는 탓에 서로 다른 주에서 설립된 회사간 합병이 이루어질 때[125] 어느 주법을 따라야 하는지 불명확하므로 흡수주체인 존속회사로 될 회사가 대상회사가 속한 주에 페이퍼컴퍼니 형태의 완전자회사를 설립한 후 이 회사가 대상회사를 흡수하는 방식이 쓰여졌다. 동일 주내에서도 삼각합병이 쓰이는바 연방트러스트법 등의 적용을 피할 수 있어 의도적으로 이 방식을 선택하는 예도 있다고 한다.[126]

미국에서는 특히 역삼각합병의 케이스가 많은데 특히 국제삼각합병으로는 비미국 회사(非美國會社)에 의한 미국 대상회사(對象會社)의 역삼각합병이 다수 관찰되고 있다. 세간에 널리 알려진 Vodafone-AirTouch, BP Amoco, Kyocera AVX[127] 등의 사례는 모두 역삼각합병 방식이었다. 이러한 방식이 이용되는 이유로 아래 두 가지가 중요하다. 하나는 역삼각합병의 경우 정삼각합병의 경우와 달리 대상회사의 자산 및 부채이전을 요구하지 않는다. 정삼각합병에서는 대상회사가 소멸하므로 대상회사의 자산이나 부채는 완전자회사(S)로 이전하여야 한다. 그런데 이러한 자산이나 부채이전의 절차는 때때로 매우 번잡하다. 이를 회피하는 방법으로 역삼각합병을 쓰는 경우가 많아진다. **다른 하나는** 대상회사가 가진 특허나 인허가 나아가 대상회사가 자신의 이름으로 체결한 계약을 대상회사가 그대로 유지할 수 있다는 점이다. 여러 가지 공법상의 인허가 명의가 대상회사 명의로 되어 있으면 사후 그 명의변경이 어려울 수 있다. 또 대상회사의 이름으로 수주한 프로젝트 등도 있을 수 있다. 이 경우 수주회사의 이름이 바뀌면 각종 제한이 가해질 우려도 있다. 이러한 이유로 역삼각합병 방식이 많이 선호되었으며 매수후에는 미국예탁증권(ADR)을 미국증권거래소에 상장하는 경우가 많았다. ADR을 통해 미국의 투자자들이 쉽게 외국증권을 거래할 수 있었기 때문이다.

## (3) 국제역삼각합병 사례들[128]

### 1. 보다폰 에어터취(Vodafone AirTouch)

영국의 휴대전화사업체인 Vodafone Group Plc.(이하 'V'로 약한다)과 미국의 휴대전화

---

125) 이를 일본에서는 '州際間 合倂(interstate merger)'이라 부른다(藤田 勉・東條愛子, 三角合倂とTOBのすべて −變貌する世界のM&A法制, (社)金融財政事情研究會, 平成 19年(2007), 36~37면.
126) 藤田 勉・東條愛子, 전게서, 36~37면.
127) 물론 Kyocera AVX사례에서는 외형상 '정삼각합병'이 시도되었다. 그러나 나중에 쿄세라의 미국 자회사(KCS)가 합병완료후 사명(社名)을 AVX로 바꾸었으므로 결과적으로는 '역삼각합병'을 한 것과 같아졌다. 이를 '京セラ方式'이라 부른다.
128) 이하 사례들의 소개는 주로 藤田 勉・東條愛子, 三角合倂とTOBのすべて−變貌する世界のM&A法制, (社)金

사업자 AirTouch Communications(이하 'A'로 약한다) 간의 합병은 Cross-border M&A로는 역대 3위, 삼각합병을 이용한 Cross-border M&A로는 사상최대였다. 원래 A는 Bell Atlantic(이하 'B'로 약한다)으로부터도 합병제안이 있었다. 그러나 V와 합병하기로 최종결정을 내렸다. V는 미국 내에 델라웨어 회사인 페이퍼캄퍼니 Appollo를 설립하였고 이를 통하여 양사의 합병이 이루어졌다. 이때 대상회사인 미국의 A가 존속회사로 되었고 합병 완료후 A는 V의 완전자회사가 되었으며 A의 주주에게는 주당 Vodafone AirTouch(이하 'V-A'로 약함) ADS 0.5주와 9달러의 현금이 교부되었다. 1999년 6월 합병이 완료되었고 V-A는 ADS를 통하여 NYSE에 상장하였다. 합병후 회사인 V-A는 불과 3개월후인 1999년 9월 다시 B에 wireless 부문을 양도하였고[129] V-A는 2000년 사명을 원래의 상호인 Vodafone으로 바꾸게 된다.

### 2. BP Amoco

영국의 석유회사 BP(British Petroleum)과 미국의 석유회사 Amoco의 합병은 Cross-border M&A로 역대 4위이다. BP는 미국에서도 인지도가 높아 오랫동안 NYSE에 상장된 관계로 비교적 스무스하게 삼각합병이 가능하였다. 이 역시 역삼각합병에 의한 통합이었다. BP는 인디애나주에 완전자회사 이글 홀딩스(Eagle Holdings)를 합병용 페이퍼캄퍼니로 설립한다. 이어 Amoco와 Eagle이 합병하여 Amoco가 존속회사로 되었다. 아모코의 주주에게는 BP Amoco의 주식이 교부되어 Amoco주식과 교환되었다. 교환비율은 Amoco 1주대 BP Amoco 3.97주였다. 1998년 합병이 완료되어 BP Amoco로 상호가 변경되었다.

### 3. Kyocera AVX[130]

일본의 교세라(京セラ)와 미국의 나스닥에 상장되어 있던 부품제조회사 AVX간의 역삼각합병 역시 많은 관심을 불러 일으킨 아웃바운드 국제삼각합병사례이다.[131] 엄격히 따지면 이 건은 역삼각합병이 아니라 동원된 법적 형태로만 보면 정삼각합병(forward triangular merger)이었다. 그러나 교세라의 특수목적법인이 AVX를 흡수합병한 후 상호를 AVX로 바꾸는 바람에-이른바 '교세라方式'을 이용하였기 때문에-실질적으로는 역삼각합병이 되고만 사례이다.

교세라는 1990년 1월 AVX를 매수(買收)하기 위하여 델라웨어주에 특수목적법인 KCS[132]를 설립한 후 KCS社에 Kyocera의 ADR을 발행하였다. 그리고 이를 통하여 미국의 나스닥 상장사인 AVX를 합병하였다. AVX의 주주에게는 교세라의 ADR이 교부되었고 AVX의 주주들은 자신의 주식을 KCS에 양도하였다. 이를 통하여 Kyocera는 AVX를 완전매수하였고 ADR로 뉴욕증시에 상장하였다. 나중에 KCS는 사명을 AVX로 바꾼다.

---

融財政事情研究會, 平成 19年(2007), 40면 이하를 참조함.

129) 이로써 'verizon wireless'가 탄생한다.

130) 이에 대해 자세히는 友常信之, "株式を使った米國企業の買收・合併－京セラとAVX社のストックマージャー", 商事法務 1212號, 2면 이하.

131) 당시 일본에서는 이른바 '京セラ方式'으로 불리우며 증권가의 관심을 모았다(藤田 勉・東條愛子, 三角合併とTOBのすべて－變貌する世界のM&A法制, (社)金融財政事情研究會, 平成 19年(2007), 40면, 특히 전게서 41면 상단의 圖表 15 [京セラによる三角合併] 참조).

132) KCS는 'Kyocera Subsidiary'의 약자이다.

쿄세라가 이렇게 stock-swap의 방식을 채택한 데에는 다음과 같은 시대배경과 현실적인 필요가 있었다. 즉 쿄세라가 미국기업 AVX를 인수하던 1989~90년은 일본경제가 최고조로 활황상태였고[133] 그 직전인 1989년에 소니가 미국의 콜롬비아 픽쳐스를 현금으로 매수한데 대해 미국의 여론이 악화된 상황이었다. 1980년대 후반부터 1990년대 초반까지 특히 일본의 자동차산업은 디트로이트를 초토화시키면서 세계자동차시장을 석권하였고 소니는 워크맨 등 초호화 베스트셀러 상품을 내놓으며 전세계 가전시장에서 승승장구하고 있었다. 미국에서 마져 '토요다'의 생산방식과 경영방식을 배우러 일본으로 몰려드는 상황이었다. 이렇게 미국민의 자존심이 위협받는 가운데 만약 쿄세라까지 현금으로 미국기업을 매수하려 들었다면 반대 여론이 만만치 않았을 것이다. 나아가 세금문제도 있었다. 주식스왑방식을 쓰면 세금도 아낄 수 있었다. 쿄세라의 천재 경영자 이나모리 가즈오[134]의 선택은 분명해졌다.

그러나 1990년 당시에는 2006년의 일본 회사법이 제정되어 있지 않던 상황이어서 당시의 일본 상법상 아래와 같은 문제가 제기되었고 다수의 학설은 쿄세라의 역삼각합병이 실정법상 문제가 있는 것으로 평가하였다. 하나는 일본의 해외자회사 — 즉 본 사안에서는 KCS — 에 일본 상법이 적용되는가? 다른 하나는 일본 상법상 자회사에 의한 모회사 주식의 보유금지규정(일본 상법)을 이 사건에서 어떻게 해석해야 하는가? 하는 문제였다. 학설상의 논의가 분분하였는바 일시적으로 나마 자회사(KCS)가 모회사(Kyocera)의 주식을 보유했기 때문에 이 거래를 상법위반으로 보는 견해가 유력하였다. 이로 말미암아 그후 미국에서 일본 기업에 의한 주식대가의 삼각합병은 그 예를 찾기 어렵게 되었다. 그후 신회사법이 2007년 5월 1일부터 시행됨에 따라 이러한 삼각합병방식이 해금(解禁)되었다고 할 수 있다.

## 2. 일 본

일본 회사법은 삼각조직재편을 자세히 규정한다.

### (1) 삼각합병

(가) 근거규정[135]:　2006년의 일본 회사법은 제749조 제1항 제2호 ホ목과 제800

---

133) 1989년 당시 일본에서는 도쿄 야마노테선의 땅값은 미국 전체를 사고도 남는다고 할 정도로 부동산 거품이 심했고, 일본인들은 일본의 경제성장이 세계 1위라 여겼고 많은 사람들이 일본이 미국을 능가했다고 믿었다 (CCTV 프로그램팀 편저, 크로스보더 M&A 국제인수합병, 가나북스, 2013, 78면).

134) Kyocera의 창업자 이나모리 가즈오는 '살아있는 경영의 신(神)'으로 칭송될 정도로 유명한 일본의 경영자이다. 그는 특히 '아메바경영'으로 유명한바 생산조직을 수개의 단의, 소위 '아메바'로 나누어 그들간 서로 거래가 이루어지도록 유도하였고 이로써 모든 임직원들에게 경영상황이 세부조직까지 피부로 느껴지게 하였다. 그는 27세에 Kyocera를 창업해 세계 100대 기업으로 발전시켰을 뿐만 아니라 80 고령에 쓰러져가던 日本航空(JAL)을 맡아 단 1년 만에 흑자전환, 2년 8개월 만에 재상장시킨 전설적 인물이다. 일본에서 가장 존경받는 '경영자 중의 경영자'이다.

135) 일본 회사법의 근거규정은 江頭憲治郎 監修, 會社法·關聯法令條文集, 平成 26年(2014) 8月 30日 發行, 有斐閣, 451~452면(제749조) 및 513면(제800조)를 참조함.

조에 규정을 두어 삼각합병의 가능성을 열어 놓았다:

　　**제749조 제1항 제2호 ホ목** "제749조 [주식회사가 존속하는 흡수합병계약]  ① 회사가 흡수합병을 하는 경우에 있어서 흡수합병후 존속하는 회사(이하 '흡수합병존속회사'라 한다)가 주식회사일 때에는 흡수합병계약에 다음에 게기하는 사항을 정하여야 한다.
　　………
　　二. 흡수합병존속주식회사가 흡수합병시에 주식회사인 흡수합병소멸회사(이하 이편에서 '흡수합병소멸주식회사'라 한다)의 주주 또는 지분회사인 흡수합병소멸회사(이하 이편에서 '흡수합병소멸지분회사'라 한다)의 사원에 대하여 그 주식 또는 지분을 대신하는 금전 등을 교부할 때에는 당해 금전 등에 관한 다음에 게기하는 사항
　　………
　　ホ. 당해 금전 등이 흡수합병존속주식회사의 주식 등 이외의 재산일 때에는 당해 재산의 내용 및 수 혹은 액 또는 이러한 산정방법"

　　**제800조 [소멸회사 등의 주주 등에 대하여 교부하는 금전 등이 존속주식회사 등의 모회사 주식인 경우의 특칙]**  ① 제135조 제1항의 규정에 상관없이 흡수합병소멸주식회사 혹은 주식교환완전자회사의 주주, 흡수합병소멸지분회사의 사원 또는 흡수분할회사(이하 이 항에서 '소멸회사 등의 주주 등'이라 한다)에 대하여 교부하는 금전 등의 전부 또는 일부가 존속회사 등의 모회사 주식(동조 제1항에 규정하는 모회사 주식을 말한다. 이하 이 조에서 같다)인 경우에는 당해 존속회사 등은 흡수합병 등의 시에 소멸회사 등의 주주 등에 대하여 교부하는 당해 모회사 주식을 취득할 수 있다. ② 제135조 제3항의 규정에 상관없이 전항의 존속주식회사 등은 효력발생일까지의 사이에는 존속주식회사 등은 효력발생일까지의 사이에는 존속주식회사 등의 모회사 주식을 보유할 수 있다. 다만 흡수합병 등을 중지한 때에는 그러하지 아니하다.

　　**(나) 도입경과:**　　2006년의 일본 회사법은 흡수합병의 경우 소멸회사의 주주에게 존속회사의 주식 이외의 재산(현금, 모회사주식 등)을 교부함으로써 조직재편의 활성화를 도모하였다. 법이 만들어진 후 시행은 1년 늦추어졌다. 2007년 5월 1일부로 '합병 등의 대가유연화에 관한 회사법규정'이 시행되었다.[136] 일본 국내기업에 대한 외국회사의 적대적 인수합병의 가능성도 높이므로 이에 대한 대응책이 필요하였다고 한다. 이 기간 중 일본의 각 기업들은 정관개정을 통하여 적대적 M&A에 대한 방어책을 마련할 것으로 기대하였다고 한다. 이에 따라 일본기업들은 1년의 유예기간후 적대적 매수자가 나타날 것에 대비하여 전 주주에 대한 신주예약권의 무상부여, 일반 주주의 강제적 보통주 전환 등의 조치를 정관에 규정할 것으로 예상되었다.[137] 일본 기업들은 신주예약권을 사전에 발행하여 신탁은행에 신탁하는 방법(信託型), 매수자가 사전

---

136) 大石篤史·小島義博·小山浩, 税務·法務を統合したM&A戦略, 中央経済社, 2010, 176면.
137) 駐日 財經官 리포트, "日本의 統合 會社法 制定 施行", 2006. 5. 15., 9면 참조.

에 사업계획 등을 공시하게 하고 이를 위반할 경우 매수방어책을 발동하는 방법(事前警告型) 등을 사용하고 있었다.

일본에서는 10여년 전 이런 류(類)의 논의가 한참 진행되었다. 소멸회사의 주주에 대한 대가를 모회사 주식으로 하는 삼각합병은 외국기업 A社의 완전자회사인 'A Japan'이 B기업을 흡수합병할 경우 A주식을 그 대가로 교부하게 되는데 경우에 따라서는 일본 기업에 불리한 경우도 있으므로 그 시행은 2007년 5월 1일로 1년 연기하기로 한 것이다. 즉 합병대가의 다양화에 관한 규정은 외국 대기업이 자사주의 높은 시가총액을 무기로 일본 기업을 적대적으로 매수할 수 있다는 우려 때문에 그 시행이 1년 연기되었다. 그 이유는 삼각조직재편의 강한 요구가 미국 측으로부터 있었기 때문이다. 사실 일본 회사법상 삼각조직재편에 관한 규정 신설은 자율적인 측면도 있지만 타율적인 부분이 많았다. 그리하여 외국회사에 의한 일본 국내 기업의 경영권 방어대책을 강구할 1년의 유예기간이 필요하였다고 한다. 개정 회사법 시행 직후 미국의 시티그룹은 바로 일본의 닛코 코디알 증권을 삼각주식교환의 방법으로 인수한다. 물론 이 시티-닛코 케이스는 적대적 M&A의 사례는 아니었다. 두 회사간 오랜 제휴관계가 지속되었고 그 결과 삼각주식교환이 이루어진 것으로 우호적 M&A의 사례로 보아야 할 것이다.

그러나 우려와 달리 '합병대가의 유연화'에 관한 신회사법의 시행후에도 외국기업, 특히 미국기업에 의한 삼각조직재편은 1개의 예를 제외하고는 일어나지 않았다. 위에서 본 시티-닛코 사례가 유일하다. 이유는 일면으로는 2007년 5월 신법(新法) 시행직후 벌어진 서브프라임모기지 금융위기로 미국기업들의 국내사정이 악화되었고, 타면으로는 2007년의 스틸파트너스와 불독소스간 경영권 분쟁에서 최고재판소가 결정하였듯이[138] 신주예약권제에 의한 경영권 방어장치가 제대로 작동하였기 때문이 아닌가 추측된다.

(다) 문제점:　한편 일본회사법상 삼각합병제도가 갖는 문제점으로는 아래의 것들이 지적되고 있다.

1) 외국회사 등에 의한 모회사 주식의 취득 가부($\frac{회사법시행규칙}{제23조 제8호}$):　먼저 아웃바운드(outbound)의 경우를 보자. 즉 일본 회사가 외국에 삼각합병을 위한 특수목적법인형태의 완전자회사를 외국에서 설립한 후 해당국에서 대상회사를 찾아 합병을 시도할

---

138) 日本最高裁判所決定 2007. 8. 7, 商事法務 第1809號, 16면 이하. 이 사건에 대한 국내의 평석으로는 유영일, "적대적 공개매수에 대한 일본 방어법제의 최근 동향, -2007년 불독소스 결정을 중심으로-", 「상사판례연구」 제21집 제3권(2008. 9. 30.), 57면 이하; 최문희, "일본 포이즌필 발행사례와 법적 쟁점-불독소스 사건에 관한 최고재판소 판례를 중심으로-", 「BFL」 제26호, 2007.

때 그 외국법에 따라 설립된 완전자회사가 일본 모회사의 주식을 취득할 수 있는가? 일본 회사법 제135조는 동법에 따른 회사가 모회사주식을 취득하지 못하게 금지하는 바, 외국회사(일본 회사법 제2조 제2호) 및 외국의 조합(組合) 등이 일본 주식회사의 자회사(일본 회사법 제2조 제3호)에 해당하는 경우에도 이들의 모회사 주식의 취득을 금지한다(會社法施行規則 제3조 및 동칙 제2조 제3항 제2호). 그 이유 는 **모회사주식의 취득금지는 모회사에서 발생하는 폐해를 방지하기 위한 제도이므로 모회사의 속인법이 적용되고 따라서 자회사가 외국회사인 경우에도 일본 회사법 제135조는 그대로 적용된다**고 한다.[139] 그러나 삼각합병 등의 조직재편의 대가로 하는 경우 모회사 주식의 취득이 허용된다(회사법시행규칙 제23조 제8호).[140] [141] 따라서 일본 회사법 제800조는 동 법 제135조의 특칙이 된다.[142] 모회사 주식 취득금지의 일반 원칙이 삼각합병시 해제 된 것이다. 위의 쿄세라–AVX 사례에서 이미 살펴 본 바이다. 당시 쿄세라는 일본 국 내법에 의한 합법적인 아웃바운드 삼각합병을 할 수 없었다. 현 시점에는 그러한 법 률적 장애는 사라졌다.

이번에는 인바운드(inbound)의 경우를 보자. 일본에서 삼각합병이 실무상 차지하 는 주된 의미는 외국회사가 합병 등의 조직재편에 따라 당해 외국회사의 주식을 대 가로 일본 회사를 완전자회사로 할 수 있는 데에 있다고 한다.[143] 이 경우에는 **외국 회사의 설립준거지법을 고려할 필요**가 있다. 일본 자회사(S)가 외국 모회사(A)의 주식 을 취득하려면 A의 설립준거지법이 S의 주식취득을 허용해야 한다. 2007년에 이루어 진 미국의 시티 그룹과 일본의 닛코 코디알 증권간의 삼각주식교환의 경우 시티그룹 의 설립준거지법은 델라웨어주 회사법이었다. 동법은 일본 자회사에 의한 미국 모회 사의 주식취득을 금지하지 않았다. 이로써 '시티 재팬'은 '시티'의 주식을 취득하여 삼 각조직재편을 수행할 수 있었다.

2) **모회사주식의 취득시기**: 삼각합병에 쓰이는 모회사 주식을 언제 취득할 수 있는가? 어느 시점부터 가능한가? 이런 문제가 제기될 수 있다. 일본 회사법 제800조 에 기초하여 자회사가 모회사주식을 보유할 수 있는 시한은 삼각합병의 효력발생일 까지이다(일본 회사법 제800조 제2항). 어느 시점으로부터 존속회사가 모회사 주식을 취득할 수 있는지 이 점은 법이 명시하고 있지 않다. 그러나 원칙적으로 흡수합병계약, 주식교환계약 또는 흡수분할합병계약을 체결한 후에 하는 것이 보통일 것으로 예측된다.[144]

---

139) 藤田友敬, "企業再編對價の柔軟化・子會社の定議", 「Jurist」 1267號(2004. 5.), 112면.

140) 棚橋元, "上場國內會社の株式を對價とする外國會社の買收", 商事法務 1922號, 29~39면, 특히 31면 [圖 1] 참조.

141) 江頭憲治郎 監修, 會社法・關聯法令條文集, 平成 26年(2014) 8月 30日, 有斐閣, 83~84면.

142) 會社法 コンメンタール 第18卷, 商事法務 2010, §800, 272면.

143) 大石篤史・小島義博・小山浩, 稅務・法務を統合したM&A戰略, 中央経済社, 2010, 177면.

**3) 일본 회사법 제800조에 기하여 취득가능한 모회사 주식수의 상한:** 일본 회사법 제800조 제1항은 "… 교부하는 당해 모회사 주식의 총수를 넘지 않는 범위내에서"라고 규정한다. 따라서 자회사가 이미 어느 정도 모회사주식을 보유한 경우에는 당연히 이를 고려하여 취득가능 주식수를 정하여야 할 것이다. 즉 흡수합병계약에서 약정한 모회사 주식의 교부물량 중 기 보유분을 뺀 숫자가 자회사가 본조항에 기하여 새로이 취득할 수 있는 모회사 주식수의 상한(上限)이 될 것이다.[145]

**4) 교부할 모회사 주식의 수를 특정할 수 없는 경우:** 삼각합병의 효력발생 이전까지 소멸회사에서 합병에 반대하는 주주들의 주식매수청구가 이어질 수 있다. 이런 때에는 교부해야 할 모회사의 주식수가 특정 내지 확정되기 어렵다. 소멸회사의 각 주주에 대하여 배정할 모회사의 주식수가 쉽게 확정되지 않으므로 실무적으로는 효력발생일로부터 일정 기간이 필요하다. 이러한 상황이므로 법문언은 삼각합병의 "효력발생일까지 모회사 주식을 보유할 수 있다"(일본 회사법 제800 조 제2항 참조)고 되어 있지만 사회통념상 합리적인 기간까지 모회사 주식의 취득과 보유가 가능하다고 풀이하여야 할 것이다.[146]

**5) 자회사의 모회사주식 취득방법:** 이에 대해서는 (i) 모회사주식을 가진 제3자로부터의 취득, (ii) 모회사가 자회사에 대하여 모회사주식을 새로이 발행하는 방법, 나아가 (iii) 모회사가 자회사에 자기주식을 처분하는 방법이 있을 수 있다. 자회사는 소위 특수목적 법인(SPC)으로서 자산을 보유하지 않아 모회사에 대한 대가지급이 어려울 수 있다. 이러한 경우가 많을 것이므로 이런 경우에 대비하여 아래와 같은 이론구성이 요구되고 있다.

**첫째** 자회사가 모회사로부터 금전을 대부받거나[147] 출자를 약정받는 형식을 취할 수 있다. 이 경우 見金 형태의 가장납입 유사의 문제가 생길 여지가 있다고 한다. 즉 모회사 주식에 대한 지불 자금의 출처가 모회사 자신인 경우 이런 문제가 생길 가능성이 있는바 이 경우 모회사에 의한 자금대여가 회사의 실질적인 자산으로 인정될

---

144) 大石篤史・勝間田學・東條康一, "三角合併の實務對應に伴う法的諸問題", 商事法務 1802號, 2007, 15면.
145) 江頭憲治郎・中村直人 編著, 論點體系 會社法 제5권, 第一法規, 2012, 574면.
146) 石綿學, "三角組織再編をめぐる實務上の諸問題", 商事法務 1832號, 2008, 46면; 論點體系, 會社法, 제5권, 575면.
147) 모회사로부터 대부를 받는 경우 우리 법상으로는 사실상 모회사의 자기주식취득이 되어 법의 테두리를 벗어날 가능성도 있다. 즉 타인명의로 그러나 자기계산으로 하는 인수모회사의 자기주식취득이 될 수도 있을 것이다. 변제할 의사도 능력도 없는 자회사가 인수모회사로부터 금전을 대부받아 모회사의 주식을 취득한다면 이는 '타인 명의의 그러나 자기계산으로 하는' 모회사의 자기주식취득이 될 가능성도 있다(대판 2003. 5. 16, 2001다44109; 대판 2011. 4. 28, 2009다23610).

수 있는가는 자회사의 변제능력, 변제까지의 기간, 이에 따른 인적·물적 담보설정 상황 등을 구체적인 사실관계 속에서 검토할 필요가 있다고 한다.[148]

**둘째** 모회사가 자회사를 상대로 모회사주식을 실질가치가 아니라-예컨대 주당 1 円 등-아주 적은 가격으로 처분하는 방법이다. 이 경우라면 유리발행(有利發行)의 문제가 생길 가능성이 있다고 한다(일본 회사법 제309조 제2항 제5호, 동법 제199조 제2항 참조). 그러나 이 경우에도 모회사 주식이 전적으로 조직재편의 대가로 발행되고 이에 수반하여 대상회사의 주식이 모회사 아닌 자회사에 의하여 취득되는 것이므로 삼각조직재편에 따른 일련의 행위를 일체로 보면 조직재편대가의 상당성이 확보되는 한 경제적 이익은 모회사에도 귀속되는 것이고, 따라서 이러한 논거로 유리발행의 비난에서 벗어날 수 있다고 한다.[149]

**셋째** 기타 모자회사간 서로 신주를 발행하거나 자기주식을 처분하는 방식이 있을 수 있다. 그러나 이 방법 역시 이론적으로나 절차적으로나 구조가 복잡하여 실무가 축적될 때 까지는 선택을 주저할 가능성이 높다는 분석이 있다.[150] 특히 우리나라 같으면 제3자배정의 적법성이나 자기주식처분의 공정성 등이 문제시될 수 있을 것이다. 그 외에도 ① 모회사와 자회사간에 서로 주식을 발행하여 납입채권을 상계하는 방법,[151] ② 모자회사간에 서로 주식을 발행하여 서로 현물출자하는 방법,[152] ③ 모회사가 보유하는 자기주식을 자회사에 대하여 회사분할의 방법으로 이전하는 방법, ④ 모자회사간 서로 신주예약권을 발행하여 자회사의 신주예약권을 모회사에 현물출자하는 방법 등이 검토되고 있다.[153] 이러한 방식을 통하여 자산(資産)이 없는 SPC로서 자회사가 모회사 주식을 취득할 수 있게 될 것이다.

**6) 소멸회사 등의 각 주주에 대한 주식배정의 결과 단주가 생기는 경우의 대응:**
조직재편의 실행과정에서 모회사 주식을 소멸회사 주주에게 배정하다 보면 1주에 미치지 않는 단수가 생길 수 있다. 물론 일반적으로는 이러한 단수를 모아 1주로 한 뒤 그 매득금을 각 단수 주주에게 건네주겠지만(일본 회사법 제234조), 조직재편의 과정에서 발생하는 단주처리에 일본 회사법 제234조의 유추적용은 불가하다는 학설도 있다.[154] 하여튼 이러한 해석상의 쟁점이 있으므로 해당 조직재편계약에 필요한 정함을 미리하는 것

---

148) 篠原倫太郎, "三角組織再編制度の利用における今後の課題と展望", Jurist, 2011, 155~163면, 157면 참조.

149) 篠原倫太郎, 전게논문, Jurist, 2011, 155~163면, 157면 참조.

150) 篠原倫太郎, 전게논문, Jurist, 2011, 155~163면, 157면 참조.

151) 이에 대한 우리나라 문헌상의 내용으로는 윤영신, "삼각합병제도 도입과 활용상의 법률문제", 「상사법연구」 제32권 제2호(2013), 9~51면, 특히 31~33면 참조.

152) 이에 대한 우리나라 문헌상의 내용으로는 윤영신, "삼각합병제도 도입과 활용상의 법률문제", 「상사법연구」 제32권 제2호(2013), 9~51면, 특히 33~34면 참조.

153) 篠原倫太郎, "三角組織再編制度の利用における今後の課題と展望", Jurist, 2011, 155~163면, 157면.

154) 藤田友敬·相澤哲·高田明·石井祐介, "(座談會) 會社法における合併等對價の柔軟化の施行", 商事法務 1799 號, 2007, 19면.

이 필요하다고 생각된다.

**(라) 절    차:**      삼각합병은 아래의 순서에 따라 진행된다. 삼각합병의 **첫단계**로 모회사는 완전자회사를 설립한 후[155] 자회사는 모회사의 주식을 취득한다. 위에서 이미 보았듯이 이러한 취득을 가능케하는 법적 근거로 일본 회사법 제135조의 특칙인 제800조가 마련되어 있다. 위에서 이미 본 바대로 여러 가지 방식으로 자회사는 모회사 주식을 취득할 것이고, 또 SPC 등의 자회사 역시 이러한 다양한 방식으로 자금조달을 꾀하거나 이러한 자금조달이 필요없는 방식을 동원하게 될 것이다. 어쨌든 자회사가 모회사주식을 취득하는 방법들에 대하여 다소의 법률적, 경제적 어려움이 있을 수 있으므로 굳이 자회사(S)를 경유하여 모회사주식을 대상회사의 주주에게 배정할 필요가 있는가에 대해 논의가 있다.

**두번째 단계**로 자회사(S)와 대상회사(T)간 흡수합병계약이 체결된다. 이미 보았듯이 삼각합병에서는 모회사(A)는 합병의 당사자가 아니다.[156] S와 T간에 흡수합병계약이 체결된다. 위에서도 언급하였다시피 A와 T간의 합병계약이 아니다. S와 T간의 합병계약이다. 소멸회사와 존속회사가 맺은 흡수합병계약에 따라 소멸회사의 주주에게 교부할 모회사주식의 수 및 그 산정방법 및 그 배정방식에 관한 사항이 기재된다. 이 때 단주가 생길 가능성이 배제될 수 없음은 이미 언급한 바와 같다.[157] 합병대가의 전부나 일부가 지분에 해당하는 경우에는 소멸회사의 주주를 보호하기 위하여 흡수합병계약에 대한 소멸회사 총주주의 동의가 필요하게 된다(일본 회사법 제783조 제2항). 여기서 이야기하는 '지분' 등에는 '권리의 이전이나 행사에 채무자 기타 제3자의 승낙이 필요한 것'이 포함되므로(회사법시행규칙 제185조), 삼각합병의 대가로 교부될 모회사 주식의 행사에 있어 모회사나 제3자의 동의가 요구된다면 항상 소멸회사 전체 주주의 동의가 필요하다고 보아야 할 것이다.[158]

합병등 대가의 유연화에 관한 회사법의 시행과 더불어 회사법시행규칙이 개정되어 공시의무가 확장되었다. 그 결과 합병대가로 모회사 주식을 선택한 이유가 삼각합병의 사전비치서류에 포함되었다(회사법시행규칙 제182조 제3항 제2호). 나아가 삼각합병에는 모회사와 관련된 상세한 정보개시가 요구되고 있다(회사법시행규칙 제182조 제4항 제2호). 특히 모회사는 외국회사가 될 가능성이 크므로 이 경우에 대비하여 동 규칙은 해당 공시를 "日本語"로 자세히 할 것도 요

---

155) 일부 문헌에서는 이러한 자회사 설립을 'A drops down a subsidiary'로 표현하고 있다(Oesterle, *The Law of Mergers and Acquisitions*, 2nd ed., West Group, p. 61 (Diagram 8).

156) 大石篤史・小島義博・小山浩, 税務・法務を統合したM&A戦略, 中央経済社, 2010, 185면.

157) 이 경우 일반적인 단주처리규정인 일본 회사법 제234조의 유추적용가능성에 대해서 자세한 논의로는 大石篤史・小島義博・小山浩, 税務・法務を統合したM&A戦略, 中央経済社, 2010, 186면.

158) 大石篤史・小島義博・小山浩, 税務・法務を統合したM&A戦略, 中央経済社, 2010, 187면.

구한다(<sup>일본 회사법 시행규칙</sup><sub>제182조 제4항 제2호</sub>).<sup>159)</sup> 일본 법무성은 2007년 5월 1일부로 시행된 삼각합병관련 신회사법의 시행으로 외국기업이 자사주식을 대가로 일본 기업을 매수할 수 있게 되어 이에 대한 대응책으로 외국기업의 정관, 재무상황, 상장시장, 주가, 주요주주 등 주요 경영정보의 공시를 의무화하였다.<sup>160)</sup> 2006년 5월 미국의 요구로 삼각합병 등의 허용을 주요 내용으로 하는 신회사법을 제정하였으나 외국 기업의 적대적 매수공격에 따른 부작용을 최소화하기 위해 2007년 5월 1일로 그 시행을 1년 연기하였었다.

**세 번째 단계**에서는 합병계약이 실행되어 소멸될 대상회사의 주주들에게 존속회사의 모회사 주식이 교부되고 대상회사의 자산 및 부채는 자회사로 이전한다.

### (2) 삼각분할

**(가) 개 념:**  삼각분할이란 회사분할의 대가로 분할회사(T)에 대해 분할승계회사(S)의 모회사(A) 주식을 교부하는 기업재편방식이다.<sup>161)</sup> T가 분할하여 S에 분할합병되면서 그 대가로 S의 모회사인 A의 주식을 교부받는 방식이다. 일본 회사법은 기업재편대가의 유연화에 따라 승계회사의 주식 이외의 재산을 분할의 대가로 하는 것을 인정하고 있다. 이에 따라 흡수분할승계회사의 주식, 사채, 신주예약권 이외의 재산을 교부할 수 있으며 이 경우에는 당해 재산의 내용, 수, 액 및 그 산정방법을 흡수분할합병계약서에 기재하도록 요구한다(<sup>일본 회사법 제758</sup><sub>조 제4호 木 목</sub>).<sup>162)</sup>

**(나) 효 용:**  삼각흡수분할은 다음과 같은 법률적·세제적 장점을 갖고 있다.

**1) 완전모자관계의 유지(A-S 간):**  인수모회사(A)와 그 자회사(S)간에 완전모자관계가 존재한다고 가정하자. 그런데 이런 상황에서 대상회사(T)의 인수가 필요하다고 가정하자. S와 T간의 흡수분할합병계약이 체결되고 이에 따라 T의 甲, 乙 두 영업부문 중 乙을 S가 인수하면서 그 대가로 인수회사(S)의 주식(자기주식)을 T에 제공한다고 하자. 이 경우 A와 S간에 존재하던 완전모자관계는 깨진다. 즉 T가 S의 발행주식 중 일부를 취득하므로 A의 S에 대한 지주율은 T가 가져간 것만큼 줄어들 것이다. 그러나 만약 삼각흡수분할의 방식을 취하면 T의 乙부문을 인수한 대가로 S의 주

---

159) 大石篤史·小島義博·小山浩, 税務·法務を統合したM&A戦略, 中央経済社, 2010, 188면.
160) 한국금융연구원, 「주간금융브리프」 제16권 13호(2007. 3. 17.~3. 23.), 20~21면.
161) 권재열·황남석, 상법상 기업조직재편제도 개선방안연구, 한국기업법학회, 2013. 11., 85면.
162) **일본 회사법 제758조 제4호 木목: "제758조 [주식회사에 권리의무를 승계시키는 흡수분할계약]** 회사가 흡수분할을 하는 경우에 있어서 흡수분할승계회사가 주식회사일 때에는 흡수분할계약에 있어서 다음에 게기하는 사항을 정하여야 한다. … 4. 흡수분할승계주식회사가 흡수분할 시에 흡수분할회사에 대해서 그 사업에 관한 권리의무의 전부 또는 일부를 대신하는 금전 등을 교부할 때에는 당해 금전 등에 관한 다음에 게기하는 사항 … 木. 당해 금전 등이 흡수분할승계주식회사의 주식 등 이외의 재산일 때에는 당해 재산의 내용 및 수 혹은 액 또는 이러한 산정방법"

식이 아니라 A의 주식이 교부되므로 A와 S간의 종전의 완전모자관계는 지속될 수 있을 것이다.[163]

**2) 연결납세제도상의 혜택:** 위와 같이 삼각(흡수)분할의 방식을 사용함으로써 세법상으로도 연결납세제도(consolidated tax return)와 같은 이점(利點)을 계속 누릴 수 있다. 즉 완전모자관계가 지속될 경우에만 완전자회사(S)가 완전모회사(A)와 하나의 과세 단위가 되어 과세표준세액을 결정할 수 있기 때문에 삼각흡수분할의 방식은 일반의 흡수분할 시보다 세제상 더 유리하다. 연결납세제도를 이용할 경우 모회사가 자회사로부터 받는 배당금 전액에 대해 면세혜택이 주어지는 등 다양한 세제상의 이점이 존재한다고 한다.[164]

**3) 승계자산이나 채무의 선택가능성:** 삼각분할시에는 삼각합병의 경우와 달라 승계할 재산이나 채무의 선택이 가능하다. 즉 분할계약서를 어떻게 작성하느냐에 따라 연대채무와 분할채무 중 선택이 가능하므로 삼각합병의 경우보다 유리해진다.

### (3) 삼각주식교환

**(가) 개 념:** 삼각주식교환이란 S와 T 두 회사가 S를 완전모회사로 하는 주식의 포괄적 교환을 하면서 주식교환의 대가로 T의 주주들에게 S의 주식이 아니라 S의 모회사인 A의 주식을 교부하는 것이다.[165] 일본 회사법은 이러한 삼각주식교환이 가능하도록 근거규정을 마련하였다. 주식교환으로 완전모회사(S)가 될 회사가 주식교환으로 완전자회사(T)로 될 회사의 주주들에게 완전모회사로 될 회사의 주식 대신 금전 또는 여타의 것을 지급할 경우에는 해당 금전 기타의 것을 주식교환계약서에 기재하도록 요구한다(동법 제768조 제1항 제2호). 이로써 삼각주식교환의 근거규정이 마련되었다.[166]

삼각주식교환은 특히 국제적인 기업조직의 재편에 크게 기여할 수 있다. 즉 외국 회사가 삼각주식교환을 통하여 국제적인 기업재편을 꾀할 수 있다. 외국회사가 국내에 들어와 특수목적법인 형태의 껍데기 회사(shell company)를 설계한 후 내국회사와 주식교환계약을 체결한 다음 그 주식교환의 댓가로 껍데기회사의 교환신주를 교부하

---

163) 권재열·황남석, 전게 법무부 용역보고서, 2013년 11월, 86면.

164) 권재열·황남석, 전게 법무부 용역보고서, 2013년 11월, 86면.

165) 윤영신, "삼각합병제도 도입과 활용상의 법률문제", 「상사법연구」 제32권 제2호(2013), 9~51면, 17면.

166) 일본 회사법 제768조 제1항 제2호 末目; "제768조 [주식회사에 기발행주식을 취득하게 하는 주식교환] (1) 주식회사가 주식교환을 하는 경우에 있어서 주식교환완전모회사가 주식회사일 때에는 주식교환계약에 있어서 다음에 게기하는 사항을 정하여야 한다. … 2. 주식교환완전모주식회사가 주식교환시에 주식교환완전자회사의 주주에 대하여서 그 주식을 대신하는 금전 등을 교부할 때에는 당해 금전 등에 관한 다음에 게기하는 사항 … 木. 당해 금전 등이 주식교환완전모주식회사의 주식 등 이외의 재산일 때에는 당해 재산의 내용 및 수 혹은 액 또는 이러한 산정방법"

는 것이 아니라 자신, 즉 외국회사의 신주를 교부하는 것이다. 이렇게 해서 국제적인
주식교환을 달성할 수 있고 국제적 지주회사 체재를 갖출 수 있게 될 것이다.

(나) **일본의 삼각주식교환 사례:**    상장회사간 삼각조직재편 거래가 이루어진 예로
2007년 일본에서는 유명한 시티은행과 닛코 코디알(日興 コ−ディアル) 그룹간의 삼
각주식교환이 있었다.

　　1) 사실관계의 개요[167]:    2007년 3월 15일 미국의 시티그룹(이하 '甲'이라 한다)의 일
본 자회사인 '시티그룹 재팬 인베스트먼츠, LLC'(이하 '乙'이라 한다)가 일본의 '㈜닛코 코
디알그룹'(이하 '丁'이라 약한다)의 주식에 대한 공개매수를 단행한다. 공개매수가 완료된
후 乙은 취득한 丁의 주식을 甲의 완전자회사인 日本 법인 '시티그룹 재팬 홀딩스 유한회
사'(이하 '丙'이라 한다)로 이관(移管)하였다. 丙과 丁은 2008년 1월 29일 丙을 완전모회사,
丁을 완전자회사로 하는 삼각주식교환을 단행하여 丁의 주주에 대하여 甲의 주식을 교부
하였다. 丙과 丁은 2008년 5월 1일에 丙을 존속회사로 하고 丁을 소멸회사로 하는 흡수합
병을 단행하여 丙의 상호를 '日興시티홀딩스 주식회사'로 변경하였다.

　　2) 본 조직재편의 문제점[168]:    삼각합병과 삼각주식교환은 인수자의 모회사 주식을
인수댓가로 하고 있다는 점에서는 같지만 삼각합병의 경우에는 대상회사가 갖는 각종 인
허가권이 소멸하고 재산의 이전에 수반하는 문제가 생기지만 삼각주식교환에서는 이러한
문제가 발생하지 않는 메리트가 있다. 그러나 본 시티-니코 사례에서 문제로된 세무(稅
務)상의 논점으로 아래의 것들이 지적되고 있다.[169] 본 사건에서는 삼각주식교환이 일어난
후에 완전모회사인 丙이 존속회사로 되고 완전자회사인 丁을 소멸회사로 하는 흡수합병이
이루어졌는바 그 때문에 삼각주식교환시 삼각합병 보다 우수한 법률효과를 잃었다.[170] 즉
丁의 인허가승계(認許可承繼)문제 및 재산이전문제가 생긴 것이다. 만약 丁이 존속회사로
되고 丙을 소멸회사로 하는 흡수합병이 단행되었더라면[171] 법문상으로는 앞선 삼각주식교
환이 세제적격요건(稅制適格要件)을 충족시켰을 것이다. 일본의 법인세법시행령 제4조의2
제16항 제2호 ㅁ에 따르면 삼각주식교환을 한 후에 적격합병(適格合併)[172]을 할 것으로
예견되는 경우 해당 삼각주식교환의 세제적격요건인 계속보유요건(繼續保有要件)은 아래
와 같이 정해지기 때문이다.

　"1. 주식교환에 의한 완전자회사를 피합병법인으로 하는 적격합병이 이루어진 경우

───────────

167) 大石篤史・小島義博・小山浩, 稅務・法務を統合したM&A戰略, 中央経済社, 2010, 197~198면.
168) 이에 대해서는 大石篤史・小島義博・小山浩, 稅務・法務を統合したM&A戰略, 中央経済社, 2010, 198~200
　　면 참조.
169) 이에 대한 일본에서의 문헌으로는 太田洋, "三角合併等對應税制とM&A實務への影響", 「租稅研究」, 2008年 7
　　月號, 35~64면; 谷川達也, "シテイグループと日興コ−デイアルグループによる三角株式交換等の概要(上)
　　(下)", 商事法務 1832號, 2008, 55~62면, 1833號, 2008, 19~26면.
170) 즉 완전자회사로 된 '닛코'의 법인격이 존속되지 못하게 된 것이다.
171) 이를 일본에서는 '逆き合倂'으로 부른다.
172) 적격합병이란 법인세법에 따라 기업구조조정촉진과 경쟁력제고를 위하여 세금납부연기 등 세제지원혜택을
　　받을 수 있는 합병을 이른다. 원활한 구조조정을 지원하기 위하여 일정요건을 충족하는 적격분할에 대해서도
　　각종 세제지원혜택이 부여되고 있다.

주식교환시로부터 적격합병 직전까지 완전모회사가 완전자회사의 발행주식총수를 보유하는 상황이 계속될 것.

2. 완전모회사를 피합병법인(소멸회사)으로 하는 경우

① 주식교환으로부터 적격합병직전시점까지 완전모회사가 완전자회사의 발행주식 전부를 보유하는 관계가 지속될 것.

② 당해 적격합병후에 당해 합병에 참여한 합병법인[173]이 당해 완전자회사의 발행주식총수를 직접 또는 간접으로 보유하는 관계가 지속될 것."

이에 따르면 적격합병이 이루어진 경우 완전모회사가 소멸회사가 되느냐 아니면 완전자회사가 소멸회사가 되느냐에 따라 계속보유요건이 달라지게 된다. 본 사건에서는 丁을 존속회사로 하고 丙을 소멸회사로 하는 경우 위에서 본 2.의 ① 및 ② 의 요건을 충족시킬 필요가 있다. 그런데 丁이 존속회사로 되는 경우 완전자회사인 丁의 발행주식총수는 소멸회사, 즉 丙의 1인주주인 甲(미국의 시티社)이 보유하는 것으로 되기 때문에 ②의 요건이 충족되지 않는다. 한편 우리의 사안에서처럼 丙을 존속회사로 하고 丁을 소멸회사로 하는 경우 위 1.의 요건을 충족시킬 필요가 있는바 丙이 적격합병직전까지 丁의 발행주식총수를 보유할 것이므로 요건충족이 용이하다. 그러나 이 경우 丁이 소멸하므로 丁이 가진 인허가의 승계문제 및 丁의 재산이전 문제가 남게 되므로 丁을 존속회사로 하고 丙을 소멸회사로 하는 역합병(逆合倂)의 필요성이 제기되고 있다. 그런데 이 문제에 대하여 일본 법인세법 시행령의 위 조문이 이를 도와주지 못하므로－적어도 문리해석상으로는－개정의 필요성이 있다는 것이 다수 일본 전문가들의 분석결과이다.[174]

**(다) 역삼각합병의 가능성:**　위의 시티－니코 사건에서 살펴보았듯이 삼각주식교환을 통한 역삼각합병의 가능성이 일본 회사법에서 논의되고 있다.[175] 물론 이미 살펴본 대로 이 경우 세법상 적격조직재편의 요건을 충족시킬 수 없다는 우려가 제기되고 있기는 하다. 역삼각합병(逆三角合倂; reverse triangular merger)이란 자회사를 소멸회사로 하고 대상회사를 존속회사로 하는 삼각합병이다.[176] 역삼각합병이란 이미 살펴본 (정)삼각합병(forward triangular merger)과 유사하지만 인수모회사(A)의 자회사(S)가 소멸회사로 되고 대상회사(T)가 존속회사가 되는 삼각합병방식이다. 즉 S, T가 T를 존속회사로 하고 S를 소멸회사로 하는 삼각합병을 하기로 하면서 T의 주주의 주식과 A의 주식이 교환되는 합병방식인바 일본에서는 **삼각주식교환을 통한 역삼각합병**이 논의되고 있다.[177]

---

173) 본 사안에서는 '逆合倂'후의 丁을 지칭하게 된다.

174) 長島・大野・常松 法律事務所 編, アドバンス會社法, 商事法務 2005년 12월; 大石篤史・勝間田學・東條康一, "三角合倂の實務對應に伴う法的諸問題", 別冊 商事法務－合倂等對價の柔軟化への實務對應, No. 309, 2007, 185면; 大石篤史・小島義博・小山浩, 稅務・法務を統合したM&A戰略, 中央経済社, 2010, 197~200면.

175) 中山龍太郎, 外國會社による三角合倂利用に係る實務上の課題, 商事法務 第1802號, 24~34면, 특히 29~30면 참조.

176) 大石篤史・小島義博・小山浩, 稅務・法務を統合したM&A戰略, 中央経済社, 2010, 195면.

**첫째** A가 S를 설립한다. A는 외국회사일 가능성이 높을 것이다. 그러나 반드시 그럴 필요는 없고 국내의 그룹 지주회사일 수도 있다. 어쨌든 특수목적법인(SPC)의 형태로 S를 설립할 수도 있고 그렇지 않을 수도 있다.

**둘째** S가 A의 주식을 취득한다. 위에서 살폈듯이 S가 특수목적법인일 경우 A의 주식을 취득하는 것이 어려울 수도 있다. 위의 여러 가능성이 동원될 것이다.

**셋째** 단계에서는 S와 T간에 주식교환계약이 체결되고 S가 완전모회사, T가 완전 자회사가 되기로 약정하면서 T의 주주에게는 주식교환의 대가로 S의 주식이 아니라 S의 모회사인 A의 주식을 교부한 후 T는 S의 완전자회사가 된다.

**넷째** 단계에서는 S와 T간에 역합병계약이 체결된다. 즉 S를 소멸회사로 하고 T를 존속회사로 하는 흡수합병이 시도된다. 이러한 단계를 거쳐 미국법에서와 같은 역삼각합병이 이루어질 것이다.[178]

## Ⅳ. 상법상의 삼각조직재편

### 1. 삼각합병($^{상 523}_{의2}$)

상법은 2011년의 개정에서 삼각합병을 도입하였다. 상법 제523조의2는 제342조의2에도 불구하고 제523조 제4호에 따라 소멸회사의 주주에게 제공하는 재산이 존속회사의 모회사 주식을 포함하는 경우에는 존속회사는 그 지급을 위하여 모회사 주식을 취득할 수 있다고 하고 있다. 그 절차를 보면 (i) 우선 인수모회사(A)는 삼각합병을 목적으로 특수목적법인(SPC)를 설립한다. 물론 기존의 자회사를 이용하기도 한다. 나아가 (ii) 특수목적 자회사(S)는 A의 주식을 취득한다. 이어 (iii) S를 존속회사로 하고 대상회사(T)를 소멸회사로 하는 흡수합병이 이루어진다. 그 이행으로 (iv) T의 주주에게 S의 주식 대신 S의 모회사인 A의 주식을 교부한다. 그 결과 (v) T의 법인격은 소멸하고 T의 주주는 A의 주주가 되며 T의 권리의무는 합병후 존속회사인 S에 포괄승계된다.

---

177) 大石篤史・小島義博・小山浩, 稅務・法務を統合したM&A戰略, 中央経済社, 2010, 195~196면.

178) 藤田 勉・東條愛子, 三角合倂とTOBのすべて－變貌する世界のM&A法制, (社)金融財政事情研究會, 平成 19 年(2007), 38면.

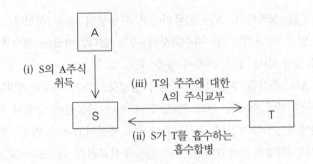

현재 우리나라에서는 2012년 국내 첫 정삼각합병 사례로 위에서 소개한 '네오위즈' 사례가 있다. 나아가 2014년에는 아웃바운드 역삼각합병 사례로 위에서 소개한 'LG 화학' 사례가 있다. 한편 2011년 개정상법이 시행되기 전에도 미국에서 우리 기업에 의한 역삼각합병이 시도된 적이 있으나 인수모회사의 설립준거법인 우리 상법이 그 당시 아직 삼각합병의 가능성을 인정하지 않아서 그런지는 몰라도 성사되지 못한 사례가 있다. 직접적인 원인은 역삼각합병 전단계에서 실시된 공개매수의 실패였다고 한다. '아리진-트라이머리스' 사례가 그것이다:

> ✦ 아리진, 美나스닥 상장 기업 트라이머리스 인수, 현금 공개 매수 통해 자회사로 편입
> 예정
>
> "코스닥 기업 아리진이 자회사를 통해 미국 나스닥 상장 신약개발기업 '트라이머리스 (Trimeris)'사의 지분 100%를 인수한다. 코스닥 상장사가 나스닥 기업을 인수한 것은 사상 처음이라고 회사 측은 설명했다. 아리진은 5일 미국 LA에서 트라이머리스 지분 100%를 인수하는 계약을 체결했다고 밝혔다. 이를 위해 아리진은 지난달 미국에 RTM이라는 특수 목적법인을 자회사로 설립했다. 이번 계약은 아리진이 트라이머스 지분 주식을 주당 3.6달러로 현금 공개 매수해 8100만달러에 인수하고 이어 합병을 통해 공개매수에 응하지 않은 나머지 주식 전부를 취득하는 형태로 이뤄졌다. **공개매수가 완료되면 아리진의 자회사 RTM 이 트라이머리스와 합병하게 되고 트라이머리스는 아리진의 완전한 자회사가 된다.**[179]"
>
> [아시아경제 증권부 이솔 기자; 기사입력 2009.10.05. 11:07]

## 2. 삼각분할합병(상 530의6 I, 4호, IV, V)

2015년 개정상법은 삼각분할과 같은 조직재편도 허용한다. 즉 회사의 분할합병시 분할회사의 주주에게 분할승계회사의 모회사 주식이 지급될 수 있도록 허용하였다. 분할승계회사가 그 대가로 분할승계회사의 모회사 주식을 포함시키는 경우에는 해당

---

179) 이 부분이 역삼각합병에 해당하는 내용이다.

사항을 분할합병계약서에 기재하여야 한다($^{상\ 530의}_{6\ I\ 4호}$). 이 경우 분할승계회사(S)는 그 지급을 위하여 모회사(A) 주식을 취득할 수 있고($^{상\ 530}_{의6\ IV}$), 이때 분할승계회사(S)가 분할합병 이후에도 모회사 주식을 계속 보유하는 경우에는 분할합병의 효력발생일로부터 6개월내에 처분하여야 한다($^{상\ 530}_{의6\ V}$).

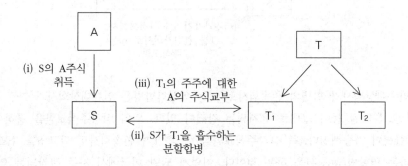

위에서 일본 회사법과 관련하여 보았듯이 우리 상법상으로도 삼각분할의 방법을 쓰게 되면 인수모회사와 특수목적 자회사간 완전모자관계의 유지를 통하여 세제상 연결납세제도의 혜택을 누릴 수 있게 될 것이다.

## 3. 삼각주식교환

삼각주식교환이란 자회사(S)와 대상회사(T)가 S를 완전모회사로 하는 주식교환을 하면서 T의 주주에게 S의 주식이 아닌 S의 모회사(A)의 주식을 교부하는 조직재편방식이다. 2015년 개정상법은 삼각주식교환제도를 도입하였고 이를 통하여 역삼각합병도 가능하도록 하였다. 2016년 3월부터 시행에 들어간 상법 제360조의3 제3항 제4호는 완전자회사가 되는 회사의 주주에게 완전모회사로 되는 회사의 주식 이외의 것을 그 대가로 지급하는 것을 허용하면서 이 경우 그 밖의 재산의 내용 및 그 배정에 관한 사항을 주식교환계약서에 기재할 것을 요구한다($^{상\ 360의3}_{III\ 4호}$). 나아가 완전자회사로 될 회사의 주주에게 제공하는 재산이 완전모회사가 되는 회사의 모회사주식을 포함하는 경우에는 완전모회사가 되는 회사는 그 모회사주식을 취득할 수 있고($^{상\ 360}_{의3\ VI}$), 완전모회사가 되는 회사가 주식교환후에도 그 모회사 주식을 계속 보유하는 경우 주식교환의 효력발생후 6개월내에 처분하도록 하였다($^{앙\ 360의}_{3\ VII}$).

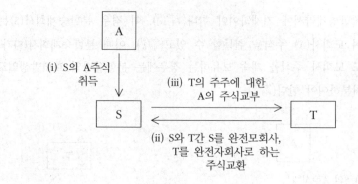

(i) S의 A주식
취득

(iii) T의 주주에 대한
A의 주식교부

(ii) S와 T간 S를 완전모회사,
T를 완전자회사로 하는
주식교환

인수대상회사가 합병의 존속회사로 되는 **역삼각합병**은 인수대상회사가 가진 상호, 영업권, 특허권 등이 그대로 유지되는 장점이 있다. 위의 삼각주식교환을 통하여 역삼각합병이 가능해진다. 즉 삼각주식교환을 한 후 T가 존속회사로 되고 S를 소멸회사로 하는 역합병(逆合倂)을 하는 것이다. 이렇게 되면 미국에서 자주 관찰되는 역삼각합병을 할 수 있게 될 것이다. 우리나라에서도 위에서 본 '시티-니코' 사례와 같은 삼각주식교환이 출현할 가능성은 크다고 생각된다.

## V. 삼각조직재편제도 시행상의 문제점

### 1. 인수모회사(A)에서의 문제점

삼각합병의 장점은 동시에 단점이 되기도 한다. 인수모회사에서 합병승인을 얻을 필요가 없고 인수모회사의 소수주주에 대하여 주식매수청구권도 부여할 필요가 없지만 이러한 절차상의 장점은 동시에 인수모회사의 소수주주 보호면에서는 커다란 장애가 될 수 있다. 실질적으로는 인수회사로서 대상회사를 흡수하면서도 인수회사의 주주들은 조직재편의 의사결정과정에서 배제되며 주식매수청구권도 행사할 수 없다는 문제가 제기된다.

미국에서는 이러한 점을 감안하여 인수모회사의 주주총회 승인이나 주식매수청구권 부여를 허용하는 주도 있다.[180] 그러나 미국 회사법상 가장 영향력이 큰 델라웨어주에서는 합병의 직접 당사자인 자회사와 대상회사에서만 주주총회 승인을 얻으면 된다.[181] 단 상장사에 대해서는 뉴욕증권거래소 상장규정 등에 따라 모회사 주주총회

---

180) 캘리포니아주가 그러하다(California Corporations Code §1200).
181) 델라웨어주 회사법 제251조.

승인을 요하는 경우가 있을 수 있다.[182]

국내에서도 삼각합병상 인수모회사 주주총회의 승인이 필요한가에 대해서는 현재 논의가 진행되고 있다. 그러나 삼각합병의 커다란 장점은 바로 인수모회사의 주주총회의 승인을 피할 수 있는 것이다. 이러한 절차상의 이점을 살리는 것이 요구되며 또 우리나라에서는 미국과 달리 주주의 신주인수권이 인정되고 불공정한 신주발행에 대한 유지청구나 신주발행무효의 소와 같은 구제수단이 존재하므로 모회사 주주총회의 승인은 삼각합병에서는 요구되지 않는 것으로 정리해도 무리가 없지 않을까 생각된다.[183] 나아가 만약 이러한 모회사의 주주총회 승인까지 인정할 경우 삼각합병과 일반 합병간의 차이는 무엇인가라는 본질적 의문에 부딪히게 될 것이다.

끝으로 국내 다수의 학설은 인수모회사의 주주에게도 삼각합병의 하자를 다툴 수 있는 상법 제529조상의 원고적격을 인정하자고 한다. 즉 동 조문상 '각 회사'에 인수모회사도 포함시키자고 한다. 삼각합병의 경우 실질적으로는 모회사와 대상회사가 합병하는 것이지만 외형상으로는 자회사와 대상회사가 합병하는 것이다. 모회사가 삼각합병의 당사자가 아니므로 모회사의 주주는 상법 제529조상 원고적격을 누릴 수 없다. 합병비율의 불공정 등 모회사 주주의 이익을 침해할 영역이 많음에도 불구하고 모회사 주주들에게는 주주총회를 통한 합병의 승인권도 주식매수청구권도 부여되지 않는다. 나아가 삼각합병무효의 소 등 사후적인 구제책도 규정되어 있지 않다. 모회사 주주들을 상법 제529조상 원고적격 주주로 보는 해석이 요구된다.[184]

## 2. 대상회사(T)에서의 문제점

소멸될 대상회사의 주주들은 물론 주주총회에서 해당 조직재편을 승인하게 되고 나아가 이에 반대하는 경우 주식매수청구권도 행사할 수 있겠지만 이러한 의사결정에 참여하기 전에 외국계 인수모회사의 정보가 필요하다. 일본에서도 약 7~8년전 외국계 인수모회사의 공시강화가 크게 논의되었다. 삼각조직재편의 시행에 즈음하여 우리나라에서도 외국회사에 대한 공시강화의 준비가 필요할 것이다.

또한 이러한 인바운드 조직재편의 경우 국내기업이 외국회사에 의해 적대적으로 인수될 가능성도 커지므로 경영권 방어법제의 전반적 재검토가 필요할 것으로 보인다. 우리 상법은 일본 회사법에서와 같은 신주예약권제도를 갖고 있지 못하다. 삼각조직재편제도의 시행과 관련하여 생각해야 할 문제이다.

---

182) NYSE Listed Company Manual Section 312.03.
183) 윤영신, "삼각합병제도 도입과 활용상의 법률문제", 「상사법연구」 제32권 제2호(2013), 39~40면.
184) 황현영, 「상사판례연구」 제25집 제4권(2012. 12. 31.), 261면; 윤영신, 「상사법연구」 제32권 제2호, 42~44면.

### 3. 자회사(S)에 의한 인수모회사(A)의 주식취득

삼각조직재편을 위하여 인수모회사가 별도로 설립하는 인수자회사(S)는 특수목적 법인인 경우가 많아 그 자체 독자적 자산이 없고 따라서 주식취득상 어려움을 겪을 가능성이 있다. 그리하여 여러 가지 방식이 논의되고 있다. 즉 제3자로부터 차입하는 방식, 인수모회사로부터 차입하는 방식, 자금부담없는 취득방식 등 여러 가지가 고려 되고 있다. 위의 일본 회사법 시행상의 문제점에서 이미 살펴 본대로 실무의 축적이 필요할 것이다.

나아가 인수모회사(A)가 직접 대상회사 주주들에게 자신의 주식을 교부하는 것도 가능하냐 등의 논의도 있다. 즉 인수회사(A)가 직접 대상회사(T)의 주주를 상대로 신 주를 발행하거나 자기주식을 배정할 수는 없는지 의문이다. 이에 대해 국내에서는 현 재 아래와 같은 찬반의 학설대립이 있다. **긍정설**의 입장에서는 우리 상법 제523조의2 는 미리 모회사 주식을 취득할 수 있는 근거에 불과하므로 삼각합병을 위해서 반드 시 자회사(S)가 모회사(A) 주식을 먼저 취득하여 보유하고 있다가 대상회사(T)의 주 주에게 교부할 필요가 없으며 모회사(A)가 직접 합병신주를 발행하는 형태의 삼각합 병 역시 제523조 제4호에 근거하여 허용된다고 한다. 모회사(A)의 기발행주식 외에 신주도 소멸회사(T)의 주주에게 삼각합병의 대가로 제공될 수 있다고 한다.[185] 이에 대해 **부정설**은 상법 제523조 제4호의 문언상 모회사(A) 주식을 교부하는 주체가 '존 속하는 회사'라 하고 있으며 자회사(S)와의 합병을 신주발행에 대한 납입으로 보기 어렵고 합병계약서에 모회사(A) 주식의 배정에 대한 기재가 있더라도 모회사(A)는 합 병의 당사자가 아니고 모회사(A)의 신주발행에 대한 대상회사(T) 주주의 납입도 없으 므로 모회사(A)가 대상회사(T)의 주주에게 직접 신주를 발행하는 등의 방법은 불가하 다고 한다.[186]

찬반양론의 대립이 있으나 입법론으로는 몰라도 현행 상법 제523조 제4호의 문언 상으로는 인수모회사(A)가 대상회사(T)의 주주에게 직접 주식을 교부하는 것은 불가 하다고 풀이된다. 물론 인수모회사가 직접 대상회사의 주주에게 주식을 발행해 준다 면 자회사의 주식취득문제는 상당부분 해결될 것이다. 나아가 인수모회사 주주들에게 도 주주총회를 통한 승인가능성 나아가 삼각합병에 반대하는 주주에게는 주식매수청

---

185) 송옥렬, "2011년 개정 회사법의 해석상 주요쟁점-기업재무분야를 중심으로", 「저스티스」 제127호(2011), 75 면; 임재연, 회사법 Ⅱ, 박영사, 2013, 595면.
186) 윤영신, "삼각합병제도 도입과 활용상의 법률문제", 「상사법연구」 제32권 제2호, 9~51면; 송종준, "삼각합병 의 구조와 관련 법적 쟁점", 「기업법연구」 제27권 제3호(2013), 147면.

구권을 부여해줄 수도 있다. 그러나 그렇게 하고 나면 과연 삼각합병의 독자성은 무엇인지 생각하지 않을 수 없다.

삼각조직재편을 조직재편 일반의 이론과 틀 속으로 무조건 접근시키는 방식은 일정한 한계에 부딪히게 될 것이다. 결국 삼각합병의 문제는 실질과 형식의 대립문제라 할 수 있다. 법형식은 자회사와 대상회사간의 합병이지만 실질은 모회사와 대상회사간의 합병이다. 형식과 실질의 괴리는 불가피하나 이러한 괴리로 부터 삼각조직재편의 효용이 파생하는 것 또한 부정할 수 없는 사실이다. 인수모회사와 대상회사간의 합병이라는 실질에 접근시키는 방식이 필요한 부분도 있지만 그러나 이는 일정선에 그쳐야 할 것으로 보인다. 그래야 삼각조직재편이라는 새로운 제도와 틀이 유지될 수 있을 것이다.

### 4. Cross—border M&A의 경우

크로스 보더 인수합병에서는 우선 **자회사의 모회사 주식취득가능성에 대한 법률적 분석**이 선행되어야 한다. 외국의 모회사가 국내에 삼각조직재편을 위한 특수목적법인을 설립한 후 국내 대상회사를 물색하여 삼각합병을 시도하거나 삼각주식교환을 시도하거나 삼각흡수분할을 시도할 때 이러한 조직재편의 대가로 자회사는 대상회사(T)의 주주들에게 외국 모회사의 주식을 교부해야 하므로 이들을 사전에 취득해 두어야 한다. 이 경우 자회사(S)가 인수 모회사(A)의 주식을 취득하는 것이 가능한가? 상법 제342조의2 상으로는 불가하지만 외국 **인수모회사의 속인법, 즉 설립준거법이 이를 허용하는 경우 가능한 것으로 풀이된다.** 또 우리 기업이 외국에 특수목적법인의 형태로 자회사를 설립한 후 해당국에서 삼각합병을 시도하는 경우 역시 우리법이 적용될 것이다. 현재는 삼각합병이 상법상 허용되므로 이러한 아웃바운드 삼각합병시 우리나라 기업이 설립한 자회사의 모회사 주식취득도 가능해졌다.

나아가 크로스 보더 인수합병에서는 외국증권을 자회사가 취득한 후 국내 대상회사의 주주들에게 교부해야 하므로 **외국 주식의 거래에 수반되는 국내법적인 제약**이 나타날 가능성이 있다. 일본의 경우 금융상품거래법상의 신고의무 등이 논의되고 있다.[187] 나아가 외국증권의 거래시 과세문제도 야기될 수 있다. 나아가 외국기업의 평가가 제대로 수행되어야 합병비율이나 주식교환비율이 합리적으로 확정될 것이다. 이에 수반되는 기업가치의 평가도 큰 문제이다. 실제 일본에서도 이러한 복잡한 문제들 때문에 지금까지 삼각합병이나 삼각주식교환 등 삼각조직재편은 그 이용이 극히 저

---

187) 이에 대해서는 中山龍太郎, "外國會社による三角合倂利用に係る實務上の課題", 商事法務, 第1802號, 24~34면, 특히 26~27면(일본의 증권거래법인 金融商品取引法상의 開示規制가 주요한 내용이다).

조하다. 2007년 5월 법시행 이래 7년이 경과했지만 2007년 시티-닛코간 삼각주식교
환,[188] 2010년의 일본 파소나 그룹내의 삼각주식교환, 2010년 일본 게임업체 DeNA와
미국의 게임업체 ngmoco 간의 삼각합병[189] 등 수개에 불과하다. 우리나라에서도 기
대와 달리 삼각조직재편의 실행은 저조할 수 있다. 나아가 경쟁적 관계에 있는 다른
제도 등과 비교될 수 있으므로 만약 같은 효과를 내면서도 절차 등이 수월한 다른
제도가 있다면 수요자들은 그쪽으로 달려 갈 것이다.

크로스 보더 인수합병에서는 또한 **국제적 인수합병에 따른 국내 산업의 보호문제도**
심각히 야기될 수 있다. 일본에서도 지난 2006년 신회사법이 제정될 당시 미국 자본
에 의한 일본 기업의 적대적 인수가 횡행할 가능성을 크게 우려하였다. 그리하여 '합
병대가의 유연화'와 관련된 신회사법상의 규정들은 별도로 그 시행일자 마져 1년간
유예하여 2007년 5월 1일부터 시행되었다. 물론 신회사법 시행직후 벌어진 미국의
서브프라임모기지 사태로 실제 미국계 자본에 의한 일본 국내 기업의 적대적 인수합
병은 거의 일어나지 않았다. 유일한 사례가 위에서 소개한 미국 시티그룹에 의한 일
본 닛코코디알 그룹의 삼각주식교환이었다. 그러나 이 건은 적대적 인수합병의 사례
는 아니었다. 즉 오랜 기간 제휴관계를 가져오던 두 그룹간의 결합이어서 우호적 인
수합병의 사례로 보아야 할 것이다.

우리나라에서도 삼각조직재편이 상법에 도입되면서 외국계 자본에 의한 국내 기
업들의 인수가 더 자유로워졌다고 할 수 있다. 물론 국제사법, 세법, 공정거래법 등
법률적 검토가 추가로 요구되기는 하지만 일단 상법상의 삼각조직재편 방식은 기업
재편상 국경을 허물었다고 보아야 한다. 현 단계에서 특히 우려되는 부분은 중국계
자본에 의한 국내 인수합병 시장의 침식가능성이다.[190] 첨단기술을 보유하였으면서도
자금난에 시달리는 국내 기업들이 외국계 자본의 표적이 되기 쉽다. 그러나 국내 기
업들도 외국에 진출하여 삼각합병 등을 통한 아웃바운드 기업재편을 꾀하고 있으므
로[191] 우리만 문을 닫고 있을 수도 없는 일이다. 나아가 삼각조직재편의 방식이 아니
더라도 이미 국내기업에 대한 외국인의 직접투자 나아가 기존의 영업양수도 등 수많

---

188) 본 사례에 대해서는 谷川達也, "シテイグループと日興コーデイアルグループによる三角株式交換等の概要
(上)", 商事法務 1832號, 2008, 55~62면; 同人, "シテイグループと日興コーデイアルグループによる三角株
式交換等の概要(下)", 商事法務, 1833號, 2008, 19~26면.
189) 본 사례에 대해서는 棚橋元, "上場國內會社の株式を對價とする外國會社の買收, 商事法務 1922號, 29~39면
참조.
190) 중국기업의 국제인수합병 현황을 보면 2002년 이전에는 불과 20여개이던 M&A 건수가 2003년 67건, 2004년
129건, 2005년 77건, 2006년 80건으로 크게 증가하고 있다(박승록, 한국경제연구원(KERI), [연구 07-09],
2007, 32면). 나아가 중국기업의 해외직접투자 역시 1990년 8억 3천만 달러에서 2010년 688억 달러에 이르는
등 지난 20년간 중국의 해외직접투자는 80배나 상승하였다(전게서, 크로스보더 M&A, 280~281면).
191) 특히 삼성전자(주) 같은 경우 현재 북미시장에서 다수의 기업인수를 꾀하고 있다.

은 기업재편 방식이 활발히 쓰이고 있는 상황이어서 위와 같은 염려는 기우에 불과한 것으로 보인다.

끝으로 **크로스 보더 M&A에 내재한 고유한 문제점**도 간과해서는 안 될 것이다. 국제인수합병이 그렇게 용이한 작업만은 아니어서 법률적, 세제적[192] 또는 경영학적 접근 이외에도 문화사회적 요소 역시 국제인수합병의 성패에 크게 작용한다는 사실을 염두에 두어야 할 것이다. 독일 다이믈러 벤츠와 미국의 크라이슬러는 둘 다 같은 기독교문화권이요, 같은 알파벳문화권의 회사였지만 양자간의 공존은 오래가지 못했다. 9년의 동거후 둘은 각자의 길을 가고 있다. 독일 기업과 미국 기업간에도 멘탈리티 등 골깊은 차이가 존재하였던 것이다. 우리 기업들이 해외에서 인수합병을 성사시키는 예도 많지만 국내 기업간 합병 때와는 상황이 사뭇 다르다. 해외 대상회사의 임직원들은 언어 내지 생활문제 등으로 국내에 들어와서 활동하는 것이 어렵다. 인적 조직의 재편에는 커다란 한계가 드러난다. 때로는 법이나 경영학적 요소가 아닌 정치적 힘이 국제인수합병의 성패에 결정적일 때도 있다. 중국기업의 미국 유노칼(Unocal) 인수가 불발로 끝난 것은 일예(一例)에 불과하다.[193] 삼각조직재편이 국제인수합병의 문을 여는 중요한 수단이 되겠지만 국내 기업간의 조직재편 때와는 달리 커다란 변수가 존재하므로 폭넓은 사전분석과 유사사례의 연구가 선행되어야 할 것이다.

## 제 7 관   영업양수도

### I. 총   설

영업양수도는 영업용 재산과 금전(또는 현물)을 교환하는 기업재편수단이다(cash for asset). 영업양수도를 통하여 양도회사는 기존에 영위하던 영업의 폐지나 중단에 이르게 되고, 양수회사는 양수받은 영업을 새로이 시작하게 되므로 영업주체가 바뀌게 된다. 때로는 양도객체가 상법상의 영업이 아닌 단순한 영업용 재산인 경우도 있다. 이때에도 일정 요건이 충족되면 '사실상의 영업양도'가 되어 영업양도에 준한 법적 취급을 받게 된다.

상법은 제374조에서 영업양도가 유효하기 위하여는 주주총회의 특별결의가 필요

---

192) 특히 크로스보더 인수합병과 관련된 세무적 문제점에 대해서는 佐藤信祐・佐和 周, クロスボーダー M&Aの 税務, ストラクチャー選択の有利・不利判定, 中央經濟社, 2013 참조.
193) CCTV 프로그램 팀 편저, 크로스보더 M&A 국제인수합병, 가나북스, 2013, 22면.

하다고 하고 있다. 나아가 '영업의 중요한 일부의 양도'나 '회사의 영업에 중대한 영향을 미치는 다른 회사의 영업 전부 또는 일부의 양수'의 경우에도 주주총회의 특별결의가 필요하다고 하고 있다. 이하 상법 제374조의 해석학을 중심으로 기업재편수단으로서의 영업양수도를 알아 보기로 한다.

## Ⅱ. 상법 제374조의 해석학

주주총회의 권한 부분에서 상법 제374조는 해석상 많은 문제점을 잉태하고 있다. 이하 이를 차례로 보기로 한다.

### 1. 상법 제374조 소정의 영업양도의 의미

판례는 상법 제374조 소정의 '영업양도'를 원칙적으로 상법 제41조 이하의 영업양도와 같은 의미로 파악한다. 즉 ① 일정한 영업목적을 위하여 조직화(組織化)되고 유기적 일체(有機的 一體)로 기능(機能)하는 영업용 재산[194]을 총체적으로 양도하는 것으로서 그 결과 ② 양수회사는 영업활동을 승계하고, ③ 양도회사는 경업피지의무를 부담하는 법률요건으로 본다.[195] 따라서 그러한 효과를 유발하지 않는 단순한 영업용 재산만의 양도는 위 조문 소정의 '영업양도'가 아니라고 한다. 다만 아래 (2)에서 보듯이 판례는 일정 요건하에 예외를 인정한다.

> **대판 2014. 10. 15, 2013다38633 [양도무효확인]**
>
> "주주총회의 특별결의가 있어야 하는 상법 제374조 제1항 제1호 소정의 '영업의 전부 또는 중요한 일부의 양도'라 함은 **일정한 영업목적을 위하여 조직되고 유기적 일체로 기능하는 재산의 전부 또는 중요한 일부를 총체적으로 양도하는 것**을 의미하는 것으로서, 이에는 양수 회사에 의한 양도 회사의 영업적 활동의 전부 또는 중요한 일부분의 승계가 수반되어야 하는 것이므로 단순한 영업용 재산의 양도는 이에 해당하지 않는다."

---

194) 이를 영어로 표현하면 'going concern'이라 할 수 있을 것이다.
195) 이는 사실상 日本 最高裁判所 昭和 40年 9月 22日 大法廷 判決, 「判例時報」 421号 20頁과 문언적으로 거의 일치한다.

## 2. 영업용 중요재산의 양도와 주주총회의 특별결의[196]

주주총회의 권한사항 가운데 상법 제374조 제1호 소정의 "영업의 전부 또는 중요한 일부의 양도"에 '중요한 영업용 재산의 양도'도 포함시킬 것인가를 놓고 학설의 다툼이 있으므로 이를 별도로 보기로 한다. 이 문제는 위에서 본 '영업양도'가 무엇인지의 연장선상에서 논의되고 있다.

### (1) 형식설(결의불요설)

이 학설은 상법 제374조의 영업양도를 동법 제41조의 영업양도와 동일한 것으로 이해한다. 즉 영업재산의 이전 뿐만 아니라 거래선과의 사실관계 및 영업활동의 승계가 따르고 나아가 양도회사가 경업금지의무를 지는 경우에만 주주총회의 특별결의가 필요하다고 한다. 단순한 '영업용 재산'의 전부 또는 중요한 일부의 양도는 그것이 회사의 존립에 영향을 미친다 하더라도 주주총회의 특별결의까지 요구하지는 않는다고 한다.

그 근거로 이 설은 (i) 동일한 법전 중 동일 용어는 같은 뜻으로 해석하는 것이 원칙인데 제374조의 영업양도는 상법총칙에서 규정하고 있는 기성(旣成)개념으로서 이를 달리 해석할 이유가 없다고 한다.

나아가 (ii) 현행 상법은 주주총회의 권한축소와 이사회의 권한증대를 일반적으로 경험하고 있는데, 영업양도를 특히 주주총회의 특별결의사항으로 정한 것은 이것이 양도주체에게는 회사의 해산이나 기존 영업의 중단을 야기하고 양도후에는 영업목적이 바뀌어 정관을 변경해야 하는 등 기존조직에 심대한 변화를 야기하기 때문이라고 한다. 따라서 이러한 상황이 나타나지 않는 영업재산 만의 양도라면 그것이 아무리 비중이 크더라도 권한배분의 기본원리상 주주총회가 아닌 이사회의 소관사항이라고 한다.[197]

끝으로 (iii) 이 학설의 주장 중 가장 중요한 것은 '거래의 안전'이다. 영업재산의 중요성 여부는 회사의 내부사항으로서 그 판단기준을 객관적으로 설정하기 어렵고, 거래상대방 또는 제3자의 입장에서는 이를 쉽게 인식하기도 어렵다고 한다. 주주총회의 특별결의를 거치지 않으면 해당 거래는 무효로 될 터인데 거래상대방이 쉽게 파

---

196) 정무원, "개정 상법안 중 영업양도에 관한 규정 보완해야"[연구논단], 「법률신문」, 제3533호, 15면 참조(영업양도에 관한 수요증가에도 불구하고 상법의 조문은 불명확하여 영업양수도 시장의 거래안전을 위협하고 있어 이를 타개하기 위하여는 주주총회 결의기준 등을 명확히 할 필요가 있다고 주장함. 특히 일본 신회사법(新會社法) 제467조 제1항 제2호 내지 동법 제468조가 참조의 여지가 크다고 함).

197) 실제 상법은 2001년 개정되어 "중요한 자산의 처분 및 양도 … 는 이사회결의로 한다"고 규정하고 있다(상법 제393조 제1항 참조).

악할 수 없는 이유를 들어 거래의 무효를 주장한다면 이는 거래안전의 시각에서 수 인하기 어려운 법적 불안정을 야기할 것이라고 한다. 나아가 이러한 상황을 양도회사 가 형편에 따라 악이용할 가능성도 있다고 한다.[198]

### (2) 실질설(결의필요설)

결의필요설은 중요 재산의 처분도 상법 제374조의 영업양도에 포함시켜 이를 행 함에 있어서도 주주총회의 특별결의가 필요하다고 한다.

그 근거로서 (i) 상법 제41조의 '영업양도'와 동법 제374조의 '영업양도'를 반드시 동일한 의미로 해석할 필요도 이유도 없다고 한다. 동일한 법률속의 용어라 하여 반 드시 동일한 의미로 해석할 당위성은 없다고 한다. 예컨대 상법 제399조상의 '임무해 태'와 동법 제401상의 '임무해태'는 그 포섭범위가 다르다고 한다.

나아가 (ii) 형식설에 의할 때에는 양도회사의 주주보호라는 정적 이익에 부응할 수 없게 된다고 한다. 회사존립의 기초가 되는 사실상의 전재산을 대표이사가 주주 몰래 자의적으로 처분하는 경우도 발생가능하다고 한다. 이러한 결과는 기업유지의 요청상 허용할 수 없다고 한다.

끝으로 (iii) 결의불요설이 드는 거래안전의 요구 역시 일정 부분 받아들이기 어렵 다고 한다. 결의불요설에 의하더라도 영업의 중요한 일부 양도시 그것이 중요한 일부 인지 아닌지 애매하며 이로 인한 법적 불안정은 여전하다고 한다.[199]

### (3) 절충설

결의필요설을 취할 때 나타나는 거래안전의 미흡을 보완하기 위하여 기본적으로 실질설의 입장에 서면서도 아래와 같이 수정을 가한 절충설도 주장되고 있다.

(가) 제1설(재산범위축소설):　실질설에서 출발하기는 하지만 '영업용 중요 재산'의 범위를 제한하고 명확히하여 거래의 안전을 제고하려는 입장이다. 상법 제374조에서 말하는 영업양도는 유기적 일체로서 조직화된 영업재산의 양도로 이에 영업활동의 승계나 경업금지의무의 부담은 요구되지 않는다고 한다. 이런 견지에서 보면 실질설 과 같다. 그러나 특별결의의 대상요건으로서 '조직화된 기능적 일체성'은 포기하지 않 는다. 일정한 영업목적 또는 경영기술적 견지에서 그러한 요건이 충족되지 않는 개별 재산의 양도는 그것이 아무리 중요하여도 상법 제374조의 적용대상은 아니라고 한다.

---

198) 최기원, 430면 이하; 日最高判 1965. 9. 22. 民集 19. 6. 600.
199) 정동윤, 540면; 이 · 최, 555면; 채이식, 491면; 정찬형, 상법강의(상), 제17판, 2014, 864면; 권기범, 현대회사 법론, 제5판, 2014, 217면.

그러한 점에서는 실질설과 차이가 있다.[200]

　　**(나) 제2설('사실상의 영업양도' 포함설):**　　제1설과 유사하면서도 성격을 조금 달리하는 제2설에 의하면 상법 제374조의 영업양도에 '사실상의 영업양도'를 추가하려 한다.[201]

　　일정 요건을 갖춘 '영업용 재산의 양도'는 영업양도에 준하므로 상법 제374조의 준용대상이 된다고 한다. 즉 해당 영업용 재산의 양도가 양도주체에게는 지금까지 그 재산으로 수행해 온 영업의 폐지를 뜻하고 양수주체로서는 동일 영업의 개시 또는 확장을 의미한다면 비록 영업용 재산의 양도라 할지라도 영업양도에 준하여 주주총회의 특별결의가 필요하다고 한다.

　　**(다) 제3설(입증책임분배설):**　　끝으로 입증책임의 분배에 의하여 거래의 안전을 도모하려는 입장도 있다. 중요 공장, 중요 기계와 같은 일부 재산의 양도가 주주총회의 특별결의 없이 이루어진 경우 그것이 양도회사의 운명에 중대한 영향을 미친다는 것을 양수인이 알고 있고 이러한 사실을 양도회사가 입증한 때에는 해당 양도는 무효가 된다고 한다.[202]

### (4) 판 례

　　판례는 상법 제374조의 영업양도를 상법 제41조 이하의 영업양도와 동일시하는 결의불요설(형식설)의 입장을 취하면서도 아래에서 보듯이 영업용 중요재산의 양도에 있어서는 일정 요건하에 실질설(결의필요설)을 취하고 있다. 그러나 그 예외를 인정함에 있어서는 거래안전의 취지에서 상당히 엄격한 제한을 가하고 있다. **판례에 의하면 상법 제374조의 적용을 받는 중요한 재산은 (i) 영업용 재산이어야 하며**[203] **(ii) 그것이 회사의 유일무이한 재산인지는 문제시되지 않지만 (iii) 그것을 양도하면 영업의 전부 또는 일부를 양도하거나 폐지(또는 중단)하는 것과 같은 결과를 가져오는 것이어야 한다.**[204] **그러나 (iv) 영업용 재산을 처분할 당시 이미 해당 영업이 폐지되거나 중단된 경우에는 상법 제374조 소정의 특별결의는 필요하지 않다**[205]**고 한다.**

---

200) 蓮井, 田林 등의 일본 학설(정동윤, 회사법, 제7판, 2001, 311면 참조).

201) 이철송, 회사법강의, 제22판, 2014, 563면 이하.

202) 鈴木, 服部 등의 일본 학설(이에 대한 상세는 정동윤, 회사법, 제7판, 2001, 296 내지 297면 참조).

203) 여기에는 특허권도 포함될 수 있다(서울고법 2004. 12. 29, 2004나56433).

204) 대판 2004. 7. 8, 2004다13717; 이에 대해서는 독일문헌도 참조의 여지가 있다. vgl. Hüffer, AktG, §179a Rdnr. 5; Kropff, G/H/ E/K, §361, Rdnr. 4.

205) 대판 1992. 8. 18, 91다14369.

**대판 1992. 8. 18, 91다14369**

"회사의 영업 그 자체가 아닌 영업용재산의 처분이라고 하더라도 그로 인하여 회사의 영업의 전부 또는 중요한 일부를 양도하거나 폐지하는 것과 같은 결과를 가져오는 경우에는 그 처분행위를 함에 있어서 상법 제374조 제1호 소정의 주주총회의 특별결의를 요하는 것이고, 다만 회사가 위와 같은 회사존속의 기초가 되는 영업재산을 처분할 당시에 **이미** 영업을 폐지하거나 중단하고 있었던 경우에는 그 처분으로 인하여 비로소 영업의 전부 또는 일부가 폐지되거나 중단되기에 이른 것이라고 할 수 없으므로 주주총회의 특별결의를 요하지 않는 것이고, 위에서 '영업의 중단'이라고 함은 영업의 계속을 포기하고 일체의 영업활동을 중단한 것으로서 영업의 폐지에 준하는 상태를 말하고 단순히 회사의 자금사정 등 경영상태의 악화로 일시 영업활동을 중지한 경우는 여기에 해당하지 않는다."

### (5) 비판 및 결론

형식설이나 실질설이 논거로 제시하는 용어해석의 통일 등은 본 문제에 있어서 본질적인 것이 될 수 없다고 생각한다. 우리 판례의 입장이 전체적으로 형식설이냐, 실질설이냐를 따지는 것도 의미가 없다고 생각한다.[206] 중요한 것은 기업유지 및 주주보호 등 이른바 정적 이익에 비중을 둘 것인가 아니면 거래의 안전 등 이른바 동적 이익에 비중을 둘 것인가의 비교형량이다. '영업용 중요재산'인지 아닌지의 판단이 쉽지 않은 것은 사실이지만 상법 제374조가 거래의 안전을 희생해서라도 회사 및 주주의 이익을 보호하려는 의도는 분명해 보인다. 다만 중요성의 판단에 있어 법적 불안정을 수반할 가능성이 있기 때문에 비교형량에 어려움이 수반될 뿐이다. 형식설에만 의존하면 기존 주주의 보호에 미흡하고 실질설에만 의존하면 거래상대방의 보호에 문제가 생길 수 있다. 결국 양설의 장단점을 비교한 후 일정선에서 절충할 수밖에 없다고 생각된다.

기본적으로는 실질설의 입장에 서되 법적 안정성의 견지에서 중요한 재산의 양도는 그것이 영업의 전부 또는 일부를 폐지하는 것과 같은 결과를 가져오는 경우로 한정시키는 것이 바람직하다고 본다. 나아가 영업이 이미 폐지 또는 중단된 경우에는 그 처분으로 인하여 비로소 영업의 전부 또는 일부가 폐지되거나 중단된 것이라고 할 수 없으므로 이러한 경우에는 주주총회의 특별결의를 요하지 않는다고 보아야 할 것이다. 결론적으로 판례의 입장에 동조한다.[207]

---

206) 同旨, 鄭東潤, 會社法, 제7판, 2005, 312면; 참고로 일본 판례는 일관되게 形式說을 취하고 있다(最高裁判所 昭和 40年 9月 22日 大法廷判決 民集 19卷 6号 1600면=「判例時報」 421号 20頁=「判例タイムズ」 181号 59면).
207) 同旨, 이철송, 회사법강의, 제28판, 592면; 홍·박, 343면.

### ❖ 영업용 중요재산의 양도와 주주총회의 특별결의에 관한 각국의 입장

위 문제의 해결을 위하여는 기본적으로 상법 제374조의 입법목적이나 취지를 충분히 고려해야겠지만 이에 추가하여 비교법적 관점도 참고할 필요가 있다.

**1. 미국:** 미국의 모범회사법에서는 회사의 전재산을 회사업무의 통상과정에 의하지 않고 매각할 경우 주주총회의 동의를 얻도록 하고 있고 이 때 전 재산에는 실질적인 전재산(substantially all asset)도 포함된다고 한다($\frac{MBCA}{12.02}$).

**2. 일본:** 일본 회사법 제467조($\frac{일본구 상법}{제245조}$)는 우리 상법 제374조에 해당한다. 판례는 영업용 중요재산의 양도에 대해서는 법률관계의 명확성의 요구 및 거래안전의 시각에서 주주총회의 특별결의가 요구되지 않는다는 형식설을 취하고 있다.[208] 학설은 갈린다. 위 판례의 다수의견과 같이 형식설을 취하는 학설도 있고, 반대로 실질설을 취하는 학설도 있다. 후자에 따르면 주주총회의 특별결의를 요하는 영업양도에는 영업활동의 승계나 경업피지 의무의 부담이 그 요건이 아니므로 영업용 중요재산의 양도 역시 영업양도에 포함시킬 수 있다고 한다.[209]

**3. 독일:** 독일 주식법 제179a조를 보면 주식회사가 보유한 전 재산을 양도할 경우 주주총회의 특별결의가 필요하다고 한다.[210] 학설은 본조의 전재산에는 회사가 보유한 전재산이라는 '문언적(文言的)인 전부(全部)'에 한정하지 않고 설사 일부가 잔존하는 경우에도 일정 요건하에 주주총회의 특별결의가 필요하다는 확장해석을 하고 있다.[211] 판단기준은 잔존재산으로 양도회사가 기존의 영업목적을 계속 수행할 수 있는 지이다. 즉 기존의 영업을 폐지 또는 중단하는 것과 같은 효과를 가져오는 양도라면 설사 영업용 재산의 전부가 아니어도 주주총회의 특별결의가 필요하다고 해석한다.[212]

독일 주식법 제179a 조의 입법목적은 기존 주주의 보호에 있으므로 동 조문에서 요구하는 결의를 거치지 아니한 경우 해당 양도계약은 효력발생요건을 갖추지 못하여 무효로 된다고 한다. 이 경우 대표이사의 대표권행사는 대표권없이 행한 것이 되며 이러한 대표권의 흠결은 독일 주식법 제82조($\frac{우리 상법 389}{III. 209}$)로도 치유되지 못한다고 한다. 이로써 동법의 입법취지는 분명해진다. 기존 주주의 보호요, 기업유지의 실현이며 기업의 정적 이익이 거래의 안전이라는 동적 이익보다 앞선다고 보는 것이다.[213]

그 결과 양도회사의 내부사정에 어두운 양수인이 주주총회의 특별결의없이 양도되었음

---

208) 最高裁判所 昭和 40年 9月 22日 大法廷判決 民集 19卷 6号 1600頁(=判例時報 421号 20頁=判例タイムズ 181号 59頁=『Jurist 会社法判例百選』, 第3版, 事例 85 [重要財産の讓渡と特別決議], 174~175면).

209) 위 일본 최고재판소 판결에서 소수의견을 냈던 松田二郎 裁判官의 견해이다.

210) §179 a AktG [Verpflichtung zur Übertragung des ganzen Gesellschaftsvermögens]
"(1) Ein Vertrag, durch den sich eine Aktiengesellschaft zur Übertragung des ganzen Gesellschaftsvermögens verpflichtet, ohne daß die Übertragung unter die Vorschriften des Umwandlungsgesetzes fällt, bedarf auch dann eines Beschlusses der Hauptversammlung nach §179, wenn damit nicht eine Änderung des Unternehmensgegenstandes verbunden ist. Die Satzung kann nur eine größere Kapitalmehrheit bestimmen."

211) Hüffer/Koch, AktG, 12. Aufl., § 179a Rdnr. 4; Kropff in Geßler/Hefermehl/Eckardt/Kropff, §361, Rdnr. 14; BGHZ 83, 122, 128(Holzmüller).

212) Hüffer/Koch, AktG, 12. Aufl., 2016, §179a Rdnr. 5.

213) BGHZ 83, 122, 128 f.; Hüffer/Koch, AktG, 12. Aufl., 2016, §179a Rdnr. 4.

을 알지 못한 채 영업용 재산을 양수하였더라도 그의 선의는 보호되지 않는다. 회사 및 주주보호라는 정적 이익과 양수인의 신뢰보호라는 동적이익을 후자에 비중을 두어 저울질한 결과이다. 나아가 본 조문상 양도승인결의에 하자가 있어 그 하자가 성공적으로 주장되는 경우 그 효과는 소급하고 그 결과 부당이득반환의 법리에 따라 원상회복된다고 한다. 이는 결론적으로 우리 판례의 입장과 같다.[214)

### 3. 상법 제374조상 '중요성' 및 '중대성'의 해석문제[215)

지금까지 우리는 상법 제374조 제1호 소정의 '영업양도'에 '영업용 중요재산의 양도'도 포함되는가의 문제를 살펴 보았다. 그런데 상법 제374조의 해석상 또 다른 주요 문제가 남아 있다. 즉 동조 제1호의 '중요한'이란 문언과 제3호의 '중대한'이 그것이다. 이러한 추상적 문언으로 실무에서는 그 구체화에 많은 신경을 쓰고 있다. 그 이유는 개별사안에서 이러한 개념이 충족되는 경우 주주총회의 특별결의와 주식매수청구권이라는 법률효과가 기다리고 있기 때문이다.

#### (1) 상법 제374조 제1호상 '중요한'의 의미

상법 제374조 제1호는 '영업의 전부 또는 중요한 일부의 양도'시 주주총회의 특별결의를 거치게 하고 나아가 이에 반대하는 주주에게는 주식매수청구권을 부여하도록 요구한다($\frac{상}{제2}^{374}$). 그 결과 동호의 '중요한 일부'가 무엇인지 구체화가 필요하다. 이를 위해서는 우선 '영업의 일부'라는 개념을 살펴보고 이어 '중요한 일부'가 무엇인지 차례로 알아 보기로 한다.

(가) 영업의 일부양도: '영업의 일부의 양도'란 회사가 영업의 한 부분을 양도하는 것이다. 조금 더 구체적으로 예를 들면 2013년 ㈜제일모직이 ㈜삼성에버랜드에 패션사업부분을 양도한 것이 대표적인 사례이다. 제일모직(주)의 사업은 사업별로 케미칼(44%), 전자재료(26.1%), 패션(29.5%) 및 기타 부분으로 되어 있었다. 이중 패션부분을 에버랜드에 양도한 것이다. 이처럼 회사가 제품별 또는 지역별로 사업부제(事業部制)를 시행하다가 그중 한 부문의 사업을 양도하는 것이 영업의 일부양도이다.

---

214) 독일의 학설들은 이 때 양도되는 재산의 평가액도 결정적인 것이 아니라고 한다. 그 재산의 양도가 영업의 폐지나 중단에 이를 정도인지 여부가 결정적인 것이지 그 액수가 전 영업재산에 차지하는 비중으로 판단하지 않는다. Hüffer, a.a.O., §179a Rdnr. 5; Kropff, a.a.O., §179a Rdnr. 14 참조.
215) 이에 대해서는 강희철, "영업양수도의 법률관계", 「BFL」 제38호(2009. 11.), 서울대 금융법 센터, 39~58면; 이승희·황현아, "영업양수도의 새로운 쟁점과 개선방안", 「경영법률」 제25집 제1호(2014. 10.), 33~67면 참조.

💠 **제일모직의 에버랜드에 대한 패션부문 양도**

"제일모직 패션부문 양도 반대 주주 26만주"

"제일모직과 삼성에버랜드간 패션사업부문 양수도가 사실상 마무리됐다. 제일모직은 패션사업 영업양도와 관련해 반대주주들의 주식매수청구권 행사를 접수한 결과 26만2,764주가 접수됐다고 22일 밝혔다. 제일모직은 패션사업 영업양도에 반대하는 주주들에게 주당 8만9,298원에 주식을 사주기로 했다. 행사 주식수는 26만2,764주를 매수하는 데 드는 비용은 234억6,430만원이다. 관련 대금 지급일은 12월 20일이다. 제일모직은 지난 1일부터 21일까지 주식매수청구권을 접수받았다. 제일모직 주가는 이날 9만500원에 장을 마쳤다. 주가가 강세를 띠면서 주식매수청구가 많이 접수되지 않은 것으로 보인다. 삼성에버랜드도 전날까지 주식매수청구권을 접수받았으나 반대의사를 표시한 주주가 전혀 없었다. 에버랜드는 비상장사인데다 대부분 주주가 삼성 그룹과 연관된 특수관계인이어서 반대의사를 표시한 주주가 없었다. 제일모직은 패션사업부문은 1조500억원에 삼성에버랜드에 매각키로 했다. 이날 주식매수청구 절차까지 마무리돼 제일모직 패션부문은 오는 12월 1일자로 에버랜드에 넘어간다." [(서울=뉴스1) 최명용 기자, 2013.11.22 07:15:59 송고]

**(나) 영업의 중요한 일부의 양도:** '영업의 중요한 일부의 양도'가 무엇을 뜻하는지에 대해서는 현재 국내에서는 아래와 같은 학설의 다툼이 있다.

**제1설(주관설)**은 양도대상 재산이 회사의 전 재산에서 차지하는 비율 등 양적 판단과 영업의 일부양도가 회사의 기본적인 사업수행에 미치는 영향 등 질적 판단을 병행하면서 여기에 주주들의 출자동기와의 괴리도를 함께 고려해보면 '**영업의 중요한 일부양도**'란 그것이 이루어지는 경우 회사의 기본적인 사업목적을 변경시킬 정도에 이르는 경우를 뜻한다고 해석한다.[216]

이에 반하여 **제2설(객관설)**에서는 자본시장법[217]상 주요사항보고서 제출대상을 근거로 매우 객관적인 기준을 제시한다. 즉 "일응 주권상장법인에 대한 특례규정에 따라, **해당 영업부문의 자산액, 매출액, 인수할 부채액 중 하나라도 최근 사업연도 말 현재 각 해당금액의 10% 이상인 경우로 보면 될 것이지만, 영업의 종류에 따라 구체적인 기준이 달라질 수 있다**"고 한다.[218] 현재 판례는 제1설을 지지하고 있는 것으로 보인다.[219]

제1설을 따를 경우 구체적 타당성의 실현면에서는 우수하여 법원의 사후심사기준으로는 타당하다고 본다. 다만 판례의 입장을 따를 경우 구조조정방식을 단시간 내에

---

216) 이철송, 590~591면.
217) 여기서 '자본시장법'이란 '자본시장과 금융투자업에 관한 법률'을 뜻한다.
218) 임재연(Ⅱ), 187~188면; 강희철, "영업양수도의 법률관계", 「BFL」 제38호(2009. 11.), 서울대 금융법 센터, 39~58면, 특히 44면(위 제2설을 직접 적용하기 어렵다고 비판하면서도 양적 기준의 합리성은 인정한다).
219) 대판 2014. 10. 15, 2013다38633; 부산지법 2009. 7. 8, 2009가합1682.

선택해야 하는 회사의 입장에서는 영업양도를 선택할지 다른 방식을 선택할지 그 기로에서 매우 불안해진다. 이러한 점을 고려하여 오래 전부터 적지 않은 입법론이 제기되었다.[220] 다만 현 상법의 문언에 따른 해석론으로는 제1설을 따를 수밖에 없을 것으로 보인다. 그러나 실무에서는 오래전부터 사실상 제2설(객관설)을 따르고 있는 것으로 생각된다.[221]

---

**대판 2014. 10. 15, 2013다38633 [양도무효확인]**

[1] 상법 제374조 제1항 제1호에서 정한 '영업의 전부 또는 중요한 일부의 양도'의 의미 및 주식회사가 사업목적으로 삼는 영업 중 일부를 양도하는 경우, 상법 제374조 제1항 제1호에서 정한 '영업의 중요한 일부의 양도'에 해당하는지 판단하는 기준

[2] 甲 주식회사가 주주총회 특별결의 없이 금융사업부문을 乙 주식회사에 양도한 사안에서, 甲 회사의 금융사업부문 양도는 상법 제374조 제1항 제1호가 규정하고 있는 '영업의 중요한 일부의 양도'에 해당한다고 본 원심판단을 수긍한 사례

[1] 주주총회의 특별결의가 있어야 하는 상법 제374조 제1항 제1호 소정의 '영업의 전부 또는 중요한 일부의 양도'라 함은 일정한 영업목적을 위하여 조직되고 유기적 일체로 기능하는 재산의 전부 또는 중요한 일부를 총체적으로 양도하는 것을 의미하는 것으로서, 이에는 양수 회사에 의한 양도 회사의 영업적 활동의 전부 또는 중요한 일부분의 승계가 수반되어야 하는 것이므로 단순한 영업용 재산의 양도는 이에 해당하지 않는다. **나아가 주식회사가 사업목적으로 삼는 영업 중 일부를 양도하는 경우 상법 제374조 제1항 제1호 소정의 '영업의 중요한 일부의 양도'에 해당하는지는 양도대상 영업의 자산, 매출액, 수익 등이 전체 영업에서 차지하는 비중, 일부 영업의 양도가 장차 회사의 영업규모, 수익성 등에 미치는 영향 등을 종합적으로 고려하여 판단**하여야 한다.

[2] 甲 주식회사가 주주총회 특별결의 없이 금융사업부문을 乙 주식회사에 양도한 사안에서, 금융사업부문의 자산가치가 甲 회사 전체 자산의 약 33.79%에 달하고 본질가치의 경우 금융사업부문만이 플러스를 나타내고 있는 점, 금융사업부문은 甲 회사 내부에서 유일하게 수익 창출 가능성이 높은 사업부문인 점 등 제반 사정에 비추어 위 양도로 甲 회사에는 회사의 중요한 영업의 일부를 폐지한 것과 같은 결과가 초래되었고, 乙 회사는 별다른 양도대가를 지불하지 않은 채 甲 회사의 금융사업부문과 관련된 대부분의 자산과 거래처 등을 그대로 인수하여 종전과 동일한 영업을 계속하고 있으므로, 위 양도는 상법 제374조 제1항 제1호가 규정하고 있는 '영업의 중요한 일부의 양도'에 해당한다고 본 원심판단을 수긍한 사례.

---

**(2) 상법 제374조 제1항 제3호의 '중대한'의 의미:**     상법 제374조 제1항 제3호

---

220) 이승희·황현아, "영업양수도의 새로운 쟁점과 개선방안", 「경영법률」 제25권 제1호, 33~67면; 정무원, "개정 상법안 중 영업양도에 관한 규정 보완해야", 「법률신문」 제3533호(2007. 7. 22.), 15면 등 참조.
221) 임재연(Ⅱ), 187면; 송옥렬, 954면; 김·노·천, 741면.

는 '회사의 영업에 중대한 영향을 미치는 다른 회사의 영업의 전부 또는 일부의 양수'
에 주주총회의 특별결의가 필요하다고 규정한다. 제1호에서와 마찬가지로 '중대한'이
라는 불확정 개념이 등장한다. 이를 어떻게 해석하느냐에 따라 위에서와 같이 회사의
선택이 달라질 수 있다. 상법 제374조 제1항 제3호의 해석상 제기되는 문제점들을
정리해 보기로 한다.

(가) **개인상인의 영업양수시:**    상법 제374조 제1항 제3호는 명문으로 '다른 회사'
의 영업을 양수하는 경우로 한정하고 있다. 이러한 명확한 법문언으로 회사의 영업이
아닌 자연인 상인, 즉 개인상인(個人商人)의 영업양수시에는 아무리 양수회사의 영업
에 중대한 영향을 미친다 해도 양수회사 주주총회의 특별결의는 요구되지 않는다. 문
리해석의 결과이다. 그러나 동호(同號)가 이야기하는 '중대성'에 비중을 둔다면 **개인상
인의 영업을 양수하는 경우에도** 당해 영업양도가 양수회사의 영업에 미치는 영향을
고려하여 그것이 '중대한' 경우라면 동호의 적용가능성을 긍정하여야 하지 않을까 생
각된다. 즉 문리해석상 명확한 법문언이지만 목적해석의 방법으로 확장해석을 시도할
수 있다고 본다.

(나) **'중대한'의 의미:**    제1설은 주관설이라 할 수 있다. 상법 제374조 제1항 제1
호에서 제1설(주관설)을 주장하는 학설은 제3호의 중대성에서도 크게 다르지 않은 견
해를 피력하고 있다. 즉 실질적인 판단기준을 제시하려 한다. 다만 영업의 양도시에
는 양도회사의 목적사업이 얼마나 위축되느냐가 중요하지만 영업의 양수시에는 영업
양수의 대가지급이 회사의 유동성에 어떤 감소요인이 되는지 나아가 그 결과 양수회
사의 기존 영업에 어떤 변화가 야기될 수 있는지에 비중을 두려 한다.[222]

제2설은 객관설이다. 이에 반하여 상법 제374조 제1항 제1호에서 제2설(객관설)을
취하는 학설은 이번에도 수치를 통한 객관적 기준을 제시하려 한다. 해당 영업부문의
자산액, 영업부문의 매출액, 인수할 부채액 중 어느 하나라도 최근 사업연도 말 현재
각 해당 금액의 10% 이상인 경우로 보되 영업의 종류에 따라 구체적 기준은 달라질
수 있다고 한다.[223] 또 이 부류에 속하는 다른 학설은 양수회사 기업가치의 10% 이
상을 중대성의 기준으로 제시한다.[224]

어떤 입장이든 2011년의 상법개정으로 영업의 일부 양수시 뿐만 아니라 전부양수
시에도 양수회사에 중대한 영향을 미치는 경우에만 주주총회의 특별결의가 요구된다

---

222) 이철송, 592면.
223) 임재연(Ⅱ), 제7판, 179면.
224) 송옥렬, 954, 1237면.

는 점을 참고하여야 할 것이다. 즉 중대한 영향이 나타나지 않는 경우에는 영업의 전부 양수시에도 주주총회의 특별결의는 요구되지 않는다. 비록 주관설이 법적 불안정을 야기할 수 있는 단점을 갖는 것은 사실이지만 현행 상법의 해석학으로는 제1설(주관설)을 선택할 수밖에 없다고 생각한다. 그런 면에서 제1설의 입장이 비록 사전심사 기준으로는 한계를 갖지만 그럼에도 불구하고 중대성의 판단기준으로 채택될 수밖에 없다고 본다.

### 🔅 상법 제374조의 불확정개념 관련 일본 회사법의 상황과 향후 우리 상법의 입법론[225)

우리 상법 제374조에는 유달리 불확정개념이 많다. 영업의 일부양도시 그 일부가 중요한 것이라면 주주총회의 특별결의를 거쳐야 한다($\frac{상\ 374}{1\ 1호}$). 다른 회사의 영업의 전부 또는 일부를 양수하는 경우에도 그 영향이 양수회사에 중대할 경우에는 역시 주주총회의 특별결의를 거쳐야 한다($\frac{상\ 374}{1\ 3호}$). 이렇게 상법 제374조는 영업의 일부양도시에는 '**중요성**'이라는 또 그 전부 또는 일부의 양수시에는 '**중대성**'이라는 불확정개념을 문언에 간직하고 있다. 그런데 이러한 불확정개념은 기업재편의 현장에 서 있는 기업이나 그들에게 각종 법률자문을 수행하는 법률가들에게는 매우 불편한 것들이다.[226) 기업의 입장에서는 신속히 기업재편의 로드맵을 설정해야 하고 필요할 경우에는 과감한 결단도 내려야 하는데 법원의 판단기준은 이러한 기업의 입장을 외면한 사후적 판단기준에 불과하기 때문이다.

적어도 주주총회결의 그것도 특별결의를 얻으려면 의결정족수도 문제이지만 총회의 소집 자체가 시간과 비용을 요구하는 것이어서 신경이 쓰일 수밖에 없다. 나아가 결의를 얻는 것도 문제이지만 더 신경이 쓰이는 것은 반대주주의 주식매수청구권행사이다. 이 경우 회사는 반대주주들에게 지급할 재원도 미리 확보하여야 한다. 기업재편의 효율을 추구하려면 기업의 입장에서는 가능한 한 주주총회결의나 반대주주의 주식매수청구는 피하는 것이 시간과 비용을 아끼는 길이다. 나아가 조직재편을 눈앞에 둔 기업의 입장에서는 어떤 절차를 취하든 가능한 한 법문언은 객관적으로 명쾌한 것이 바람직하다. 그럴 경우에만 기업들은 조직재편의 모든 가능성을 객관적으로 저울질한 후 효율이나 비용면에서 자신에게 가장 적절한 방식을 선택할 수 있게 될 것이다. 판례에 의한 실질적 기준만 존재한다면 기업재편의 속도나 법적안정성은 크게 저해될 것이다.

주주총회의 특별결의를 얻어야 하는 '영업의 중요한 일부'인지 아닌지에 관한 판례의 입장을 보자; "…주식회사가 사업목적으로 삼는 영업 중 일부를 양도하는 경우 상법 제374조 제1항 제1호 소정의 '영업의 중요한 일부의 양도'에 해당하는지는 양도대상 영업의 자산, 매출액, 수익 등이 전체 영업에서 차지하는 비중, 일부 영업의 양도가 **장차** 회사의 영업규모, 수익성 등에 미치는 영향 등을 종합적으로 고려하여 판단하여야 한다."[227) 양도

---

225) 아래 내용은 졸고, "지배주식의 양도와 경영권 이전-대판 2014. 10. 27, 2013다29424의 평석을 겸하여-", 「경영법률」 제27집 제3호, 279~282면을 전재함.

226) 이에 대해 자세히는 이승희·황현아, "영업양수도의 새로운 쟁점과 개선방안", 「경영법률」 제25권 제1호, 33~67면.

227) 대판 2014. 10. 15, 2013다38633.

될 일부 영업이 전체 영업에서 차지하는 비중 등은 다소 수치로 설명이 가능하지만 미래의 수익성 등에 미칠 영향 등은 매우 주관적이어서 그 예측이 쉽지 않을 것이다. 그리고 이러한 사후적 내지 종합적 판단기준만으로는 구조조정의 로드맵을 신속히 그리기 어렵다. 우호적 M&A에 나서는 기업들에게 이러한 판례 속 문언들은 크게 도움이 되지 않을 것이다.

여기서 잠깐 **일본 회사법상의 조문들을 우리 상법의 그것과 비교해 보기로** 한다. 일본 회사법 역시 영업의 중요한 일부의 양도시 주주총회의 특별결의를 거치도록 요구한다 (동법 제467조 제1항 제2호). 그러나 일본 회사법은 우리 상법과 달리 '중요성'의 내용을 객관적으로 구체화하였다. 즉 "당해 양도에 의하여 양도하는 자산의 장부가액이 당해 주식회사의 총자산액으로서 법무성령으로 정하는 방법에 의하여 산정되는 액의 5분의 1을 초과하는 경우"에만 특별결의를 얻도록 한 것이다.[228] 즉 영업의 중요한 일부인지 아닌지를 판단함에 있어 이 20% 라는 객관적 수치는 법적용상 예측가능성을 높여준다.[229] 나아가 다른 회사의 영업 전부를 양수하는 경우에도 영업양수의 대가가 양수회사의 순자산액의 20%를 넘는 경우에만 주주총회의 특별결의를 얻도록 하였다(일본 회사법 제468조 제2항 참조). 이를 하회(下廻)하는 경우에는 주주총회의 특별결의는 요구되지 않는다. 중대성의 판단기준을 20%라는 수치로 객관화해 놓은 것이라 할 수 있다. 물론 다른 회사의 영업 일부의 양수시에는 아예 주주들의 통제권도 없다. 즉 일부 양수시에는 그것이 아무리 중대해도 주주총회의 특별결의는 요구되지 않는다.[230] 나아가 회사의 영업이 아니라 개인상인의 영업을 양수하는 경우에도 같다. 법문언상으로는 양수회사 주주들의 특별결의는 이 경우에도 요구되지 않는다.

좀더 비교해볼 것은 일본 회사법상 이사회의 권한부분이다. 동법 제362조를 보면 이는 우리 상법 제393조에 해당하는데 그곳에서는 '중요한 재산의 처분 및 양수'시 또는 '다액(多額)의 차재(借財)'와 같은 중요한 업무집행사항에 대해서는 반드시 이사회결의를 거쳐야 하며 대표이사를 비롯한 개개 이사에게 그 의사결정을 위임할 수 없다고 하고 있다 (일본 회사법 제362조 제4항). 일본 회사법 제467조나 제468조(주주총회의 특별결의를 거쳐야 하는 경우)와 비교해볼 때 동법 제362조에서는 20% 등의 객관적 기준을 발견할 수 없다. 즉 우리 상법 제393조와 같다. 그 이유는 무엇일까? 그것은 일본 회사법이 이사회와 주주총회간 차이를 반영한 결과라고 생각된다. 주주총회의 경우 절차적 측면에서 많은 노력과 비용이 발생한다. 따라서 주주총회결의가 필요한 사항은 가급적 객관적 수치로 명확히 하여 기업재편에

---

228) 물론 양도자산의 장부가액이 회사의 총자산액의 5분의 1을 초과하는 경우에도 영업의 중요한 일부가 아니라고 판단되는 경우에는 주주총회의 승인을 요하지 아니한다. 일본에서는 "중요한 일부"에 해당하는지 여부를 직접 다룬 판례는 거의 없지만 5분의 1 이상이라는 양적 기준 이외에 고려요소로서 구 상법시대에 주장되었던 전체 수익에서 차지하는 비율, 종업원 비율, 매상고 비율 등을 전체적으로 감안하여 10% 정도를 넘지 않으면 '중요한 일부'에 해당하지 않는다고 보는 것이 다수설이다(江頭憲治郎, 株式會社法, 第6版, 951면; 菊地 伸·有限責任 監査法人 トーマツ·デロイトトーマツ稅理士法人 編著, 『企業再編』, 第2版, 淸文社, 2015, 858~859면; 伊藤眞 監修·伊藤塾 著, 伊藤眞の全條解說 會社法, 弘文堂, 2016, 750면).

229) 물론 이 5분의 1이라는 수치는 각 회사가 정관규정으로 하향조정할 수도 있다(일본 회사법 제467조 제1항 제2호 괄호속 참조). 기업재편의 원활도 중요하지만 주주들의 정적 이익도 고려한 결과이다. 예컨대 양도될 영업의 일부가 양도회사 총자산액의 10% 이상인 경우 주주총회의 특별결의가 필요하다고 정관에 규정하였으면 이에 따라 20% 미만이어도 주주총회의 특별결의를 거쳐야 한다.

230) 우리 상법 제374조 제1항 제3호와 일본 회사법 제467조 제1항 제3호의 비교 결과이다.

임하는 수규자들의 예측가능성을 높여 놓았다. 반면 이사회의 경우 상대적으로 주주총회
의 경우보다는 소집이 용이하고 비용면에서도 비교가 되지 않으므로 이 경우에는 실질적
판단기준을 그대로 유지하고 있다. 일본 판례는 우리 판례와 같이 '중요한 자산의 처
분'과 관련한 이사회의 권한은 실질적 기준에 따라 처리하고 있다.[231]

우리 상법도 지난 2015년의 개정에서 간이영업양수도 제도를 새로이 도입하였다($^{상\ 374의}_{3\ 참조}$).[232]
그러나 그것만으로는 법적용의 예측가능성 측면에서 부족하다고 생각된다. 나아가 자본시
장법 및 그 시행령에 주권상장법인에 대한 일부 특례규정이 있기는 하다. 이에 따르면 '양
수ㆍ양도하려는 영업부문의 자산액이나 매출액이 최근 사업연도말 현재 자산총액의 10%
이상인 양수 또는 양도' 나아가 '영업의 양수로 인하여 인수할 부채액이 최근 사업연도말
현재 부채총액의 10% 이상인 양수' 등의 경우 '주요사항보고서'를 금융위원회에 제출하여
야 하고[233] 양수도가액의 적정성과 관련하여서는 외부평가기관의 평가도 받아야 한다.[234]
그러나 자본시장법 제161조 제1항 제7호에서 말하는 '결의'가 반드시 주주총회의 특별결의
를 의미하는 것은 아니므로-예컨대 이사회결의 등-이러한 자본시장법상의 규정에도 불구
하고 10% 라는 수치로 주주총회의 특별결의 대상을 객관화하였다고 단정할 수도 없다. 다
만 해석상의 참고는 가능할 것이다.[235]

기업재편의 원활을 도모하는 차원에서건 또는 기업재편을 계획하는 기업들의 예측가능
성 차원에서건 위 일본 회사법의 내용들은 참고의 여지가 크다고 생각된다.[236]

## 4. 상법 제374조상 주주총회의 특별결의를 요하는 여타의 경우들

상법 제374조 제1항 제2호상의 계약과 상법 제375조가 규정하고 있는 사후설립을
차례로 보기로 한다.

### (1) 영업 전부의 임대

영업 전부의 임대차계약을 체결하거나 이를 변경 또는 해약할 경우 상법은 주주
총회의 특별결의를 거치도록 요구하고 있다($^{상\ 374}_{1\ 2호}$). 영업전부의 임대차란 임대회사의
영업용 재산의 점유를 임차회사에 이전한 후 임차회사가 그 명의와 계산으로 사업을

---

231) 日本 最高裁判所 平成 6年(1994) 1月 20日 第1小法廷判決, 判例時報 1489號, 155면=『判例タイムズ』842號,
  127면=判例百選, 제3판, 2016, 事例 [63], 130~131면; "상법 제260조 제2항 제1호(현 일본 회사법 제362조
  제4항 제1호에 해당)에서 이야기하는 '중요한 재산의 처분'에 해당하는지 여부는 당해 재산의 가액, 그 회사
  의 총자산에서 차지하는 비율, 당해 재산의 보유목적, 처분행위의 태양 및 이에 대한 회사의 종래의 취급 등
  여러 사정을 종합적으로 고려하여 판단하여야 한다."; 이러한 일본 판례의 입장은 대판 2010. 1. 14, 2009다
  55808과 사실상 동일하다.
232) 이는 일본 회사법 제468조 제1항에 해당한다.
233) 자본시장법 제161조 제1항 제7호; 동 시행령 제171조 제2항 참조.
234) 자본시장법 제165조의4 제1항; 동 시행령 제176조의6 제3항 참조.
235) 정찬형, 상법강의(상), 제21판, 911면.
236) 同旨, 정무원, "개정 상법안 중 영업양도에 관한 규정 보완해야", 「법률신문」 제3533호(2007. 7. 22.), 15면
  참조.

영위하고 계약에서 정한 임료를 지급하는 것이다.[237]

문언상 영업의 일부 임대시에는 본조의 적용이 이루어지지 않는다. 중요한 일부의 임대시에도 같다고 생각한다. 법적 안정성의 측면을 고려하여야 할 것이다. 영업재산 자체를 양도하는 경우와는 구별의 필요가 있기 때문이다. 나아가 주주총회의 특별결의가 필요한 회사는 임대회사이지 임차회사는 아니다.[238]

영업재산에 대한 권리가 임차인에게 이전하지 않는 점에서 영업양도와 다르고, 임차인 자신의 명의와 계산으로 영업한다는 점에서 위임인 명의로 영업을 수행하는 경영위임과 다르다.[239] 즉 영업의 임대란 인적 및 물적 설비를 망라한 타인의 영업을 일체로 이전받아 임차인이 스스로의 명의와 계산으로 영업을 수행하는 것이다.

### (2) 경영위임

경영위임이란 한 기업의 경영만을 타인에게 위임하는 것이다. 위에서 본 영업의 임대차와 달리 경영위임에서는 위임인 명의로 영업이 이루어진다.[240] 즉 수임인이 아니라 위임인 명의로 영업이 이루어짐을 주의하여야 한다. 경영위임은 다시 두 부류로 나누어지는데 하나는 협의의 경영위임이고, 다른 하나는 경영관리계약이다. 전자에서는 수임인이 자신의 계산으로 영업하고 위임인에게 일정 금액을 지급하나, 후자에서는 수임인이 위임인의 계산으로 영업하고 수임인은 단지 일정한 보수만 지급받는다. 영업의 임대차의 경우와 마찬가지로 주주총회의 특별결의가 필요한 회사는 위임회사이지 수임회사는 아니다.[241]

### (3) 손익공동계약

타인과 영업의 손익을 같이 하는 계약을 체결하거나 내용을 변경하거나 해약하는 경우 역시 주주총회의 특별결의가 필요하다. 손익공동계약(損益共同契約) 또는 이익공동계약(利益共同契約)은 수개의 기업이 법률상 독립성을 유지하면서 손익을 공동으로 계산하는 계약이다.

### (4) 이에 준하는 계약($\frac{상 374}{2호}$)

영업 전부의 임대차, 경영위임 내지 이익공동계약과 같이 회사의 영업기초에 심대한 변화를 야기하는 법률요건들이 이에 포함될 것이다. 이들은 영업 전부의 임대차

---

237) 伊藤眞 監修・伊藤塾 著, 伊藤眞の全條解説 會社法, 弘文堂, 2016, 751면.
238) 神田秀樹, 회사법, 제19판, 352면.
239) 金正皓, 상법총칙・상행위법, 제2판, 법문사, 182면.
240) 伊藤眞 監修・伊藤塾 著, 伊藤眞の全條解説 會社法, 弘文堂, 2016, 751면.
241) 神田秀樹, 회사법, 제19판, 352면.

등과 동등한 성격의 것이어야 한다. 독일 주식법에서 관찰되는 지배종속계약 등 기업집단 형성을 위한 콘체른계약 역시 이에 포함될 것이다.

### (5) 사후설립($\frac{\%}{375}$)

회사가 그 성립 후 2년 내에 그 성립 전부터 존재하는 재산으로서 영업을 위하여 계속하여 사용하여야 할 것을 자본금의 100분의 5 이상에 해당하는 대가로 취득하는 계약을 체결하는 경우에는 주주총회의 특별결의를 거쳐야 한다. 설립단계에서는 원시정관에 재산인수사항을 반드시 기재하여야 하고[242] 공증인의 공증이나 설립검사도 받아야 하므로 이러한 규제를 피할 목적으로 설립등기를 필한 후 같은 내용으로 계약을 체결할 가능성이 있다. 이러한 탈법적 우회로를 차단하기 위하여 마련된 제도이다.

## 5. 상법 제374조상 요구되는 특별결의 흠결의 효과

주주총회의 특별결의를 거치지 않은 경우 그 효과를 보면 다음과 같다.

### (1) 해당 거래의 효력

상법 제374조가 요구하는 특별결의를 흠결한 거래는 무효이다. 절대적 무효이므로 어떤 사람과의 관계에서도 무효이다. 나아가 거래상대방이 선의든 악의든 그것도 가리지 않는다. 즉 상법 제374조 소정의 특별결의가 이루어지지 않았음을 모르고 거래한 선의의 제3자에 대해서도 양도회사는 제한없이 무효를 주장할 수 있다. 양도회사의 물적 기초에 근본적 변화를 야기하는 법률요건이기 때문에 양도 주체의 정적 이익(靜的利益)은 양수주체의 동적 이익(動的利益)을 능가한다. 그러한 법익형량의 결과물이 바로 상법 제374조이다.

### (2) 무효를 주장할 수 있는 자

양도회사,[243] 양도회사의 주주,[244] 채권자 등 회사를 둘러싼 이해관계자 외에 거래상대방인 양수회사도 무효를 주장할 수 있다.[245] 양수회사는 양도회사 및 그 이해관계자가 무효를 주장할 때까지 불안한 상황에 놓이고 또 언제 양도인 측이 무효를 주장할지 알 수도 없다. 이러한 거래상대방의 법적 지위를 고려할 때 특단의 사정이 없는

---

242) 상법 제290조 제3호.
243) 대판 2018. 4. 26, 2017다288757.
244) 다만 판례는 총회결의 없이 이루어진 영업의 전부 또는 중요한 일부양도의 경우, 주주가 영업양도 계약의 무효확인을 구할 확인의 이익이 없다고 보고 있다(대판 2022. 6. 9, 2018다228462).
245) 伊藤眞 監修・伊藤塾 著, 伊藤眞の全條解説 會社法, 弘文堂, 2016, 752면.

한 양수인 역시 언제든지 해당 거래의 무효를 주장할 수 있다고 보아야 할 것이다.[246)]

---

**대판 2022. 6. 9, 2018다228462, 228479 (병합) [영업양도무효확인]**

[주주총회 결의 없이 이루어진 영업의 전부 또는 중요한 일부양도의 경우, 주주가 영업양도 계약의 무효를 구할 확인의 이익이 있는지 여부(소극)]

"주식회사의 주주는 주식의 소유자로서 회사의 경영에 이해관계를 가지고 있기는 하지만, 직접 회사의 경영에 참여하지 못하고 주주총회의 결의를 통해서 이사를 해임하거나 일정한 요건에 따라 이사를 상대로 그 이사의 행위에 대하여 유지청구권을 행사하여 그 행위를 유지시키고 대표소송에 의하여 그 책임을 추궁하는 소를 제기하는 등 회사의 영업에 간접적으로 영향을 미칠 수 있을 뿐이다.

그러므로 **주주가 회사의 재산관계에 대하여 법률상 이해관계를 가진다고 평가할 수 없고, 주주는 직접 제3자와의 거래관계에 개입하여 회사가 체결한 계약의 무효 확인을 구할 이익이 없다**(대법원 1979. 2. 13. 선고 78다1117 판결, 대법원 2001. 2. 28. 자 2000마7839 결정 등 참조). 이러한 법리는 회사가 영업의 전부 또는 중요한 일부를 양도하는 계약을 체결하는 경우에도 마찬가지이다."

☞ 주식회사의 주주이자 채권자인 원고가 주주총회 결의 없이 이루어진 영업의 전부를 양도한 계약의 무효확인을 청구한 사건에서, 원고는 주주의 지위에서 일정한 요건에 따라 대표이사의 행위에 대하여 유지청구권을 행사하거나($^{상}_{402}$) 대표소송에 의하여 그 책임을 추궁하는 소를 제기할 수 있을 뿐($^{상}_{403}$) 직접 이 사건 계약의 무효 확인을 구할 이익이 없다고 본 원심을 수긍한 사안임.

---

## Ⅲ. 간이영업양수도

2015년 12월의 상법개정으로 간이영업양수도제도가 도입되어 2016년 3월부터 시행되고 있다. 새로이 도입된 조문은 다음과 같다:

---

**상법 제374조의3(간이영업양도, 양수, 임대 등)**

① 제374조 제1항 각 호의 어느 하나에 해당하는 행위를 하는 회사의 총주주의 동의가 있거나 그 회사의 발행주식총수의 100분의 90 이상을 해당 행위의 상대방이 소유하고 있는 경우에는 그 회사의 주주총회의 승인은 이를 이사회의 승인으로 갈음할 수 있다.

---

246) 日本 最高裁判所 昭和 61年(1986) 9月 11日, 判例時報 1215号 125면(=判例百選 [6] 事件) (다만 이 사건은 거래상대방이 아무런 이의를 제기하지 않다가 장시간이 경과한 후-20년 이상 경과-자신의 잔여채무의 이행을 거부하기 위하여 무효를 주장한 사안이어서 법원은 그러한 무효주장이 신의칙에 반하여 허용될 수 없다고 보았다).

② 제1항의 경우에 회사는 영업양도, 양수, 임대 등의 계약서 작성일부터 2주 이내에 주주총회의 승인을 받지 아니하고 영업양도, 양수, 임대 등을 한다는 뜻을 공고하거나 주주에게 통지하여야 한다. 다만, 총주주의 동의가 있는 경우에는 그러하지 아니하다.

③ 제2항의 공고 또는 통지를 한 날부터 2주 이내에 회사에 대하여 서면으로 영업양도, 양수, 임대 등에 반대하는 의사를 통지한 주주는 그 기간이 경과한 날부터 20일 이내에 주식의 종류와 수를 기재한 서면으로 회사에 대하여 자기가 소유하고 있는 주식의 매수를 청구할 수 있다. 이 경우 제374조의2 제2항부터 제5항까지의 규정을 준용한다.

상법 제374조 제1항 각호에서 정하는 영업양도, 양수, 임대 등의 행위를 하려는 회사의 총주주의 동의가 있거나 그 회사 주식의 90% 이상을 그 거래의 상대방 회사가 이미 소유하고 있는 경우에는 행위하려는 회사의 주주총회의 승인은 이사회의 승인으로 갈음하도록 하였다. 상법은 합병의 경우 제527조의2에 '간이합병' 제도를 두고 있다. 간이영업양도 제도는 이와 유사한 제도로서 간이합병과 더불어 기업의 원활한 구조조정을 도모하게 될 것이다. 반대주주에게 주식매수청구권을 부여하는 점에서도 양자는 같다.[247]

다만 아래와 같은 차이가 있다.[248] 간이영업양수도에서는 영업양수도 거래에 참여하는 양수회사(Acquiror; A) 및 양도회사(Target; T) 모두에 대해 상법 제374조상의 특별결의가 필요한 경우 A가 T의 주식의 90% 이상을 소유한 때 T의 주주총회를 생략할 수 있음은 물론 반대로 T가 A의 주식의 90% 이상을 소유한 때에도 A의 주주총회를 생략할 수 있다. 그러나 간이합병의 경우에는 소멸회사(Target; T)가 존속회사(Acquiror; A)의 주식의 90% 이상을 소유한 경우에도 존속회사(A)의 주주총회는 생략되지 않는다.[249] 즉 소멸하는 회사의 주주총회의 승인만 이사회승인으로 대체될 뿐이다($^{상\ 527}_{의2\ I}$).

---

247) 간이영업양수도와 관련하여 상법 제374조의3 제3항은 반대주주의 주식매수청구가능성을 명문으로 허용하며, 간이합병과 관련한 상법 제527조의2는 동법 제527조의3 제5항(합병반대주주의 주식매수청구권에 관한 규정을 소규모합병에는 준용하지 않음)과 같은 규정을 두고 있지 않다. 다만 간이합병의 경우 소멸회사에서 총주주의 동의로 간이합병이 시행되는 경우 주식매수청구권은 인정되지 않는다. 모든 주주가 간이합병에 이미 동의하였기 때문이다(노혁준, 주식회사법대계(Ⅲ), 제2판, 2016, 법문사, 455~456면).

248) 김·노·천, 744면.

249) 상법 제374조의3의 법문언의 특징은 '행위를 하는 회사'와 '해당 행위의 상대방'이라는 표현이다. 반면 간이합병에 관한 상법 제527조의2는 '소멸회사'와 '존속회사'로 되어 있다.

## Ⅳ. 영업양수도의 효과

양도당사자간에는 양수회사에 의한 영업의 승계와 양도회사의 경업금지의무가 발생한다($\frac{상}{41}$). 영업의 승계를 위하여 양도회사는 양수회사에 특정승계의 방식으로 각 영업용 재산을 고유한 양도방식에 따라 권리를 이전시켜야 한다. 동산이면 인도, 부동산이면 등기 등 양도객체별 효력발생요건을 구비하여야 하고, 지명채권이면 채무자에 대한 통지나 승낙 등 대항요건도 갖추어야 한다. 양도회사는 나아가 당사자간 특약이 없는 한 동일한 행정구역 및 인접 행정구역에서 10년간 동종 영업을 하지 못한다($^{상 41}$).

영업양도는 제3자에 대해서도 일정한 효과를 갖는바 상호속용조 영업양도의 경우에는 양도회사의 영업상의 채권에 대하여는 양수회사 역시 변제의 책임이 있으며($^{상 42}$), 양도회사의 영업상의 채권에 대해 채무자가 선의, 무중과실로 양수회사에 변제한 경우에는 양도회사에 이행한 것으로 본다($\frac{상}{43}$).

## 제8관 주식양수도[250]

## Ⅰ. 개 념

### 1. 주식양수도의 의의

우호적 M&A(friendly M&A)란 위에서도 보았듯이 인수기업(acquiring company)과 대상기업(target company)간 협상과 합의에 기초한 M&A이다. 우호적 M&A에는 주식양수도,[251] 영업양수도,[252] 주식교환, 주식이전, 합병,[253] 분할 기타 신주의 제3자배정[254] 및 자기주식을 이용한 M&A[255] 등 여러 유형이 있을 수 있다.[256] 주식양수도

---

250) 이 부분은 졸고, "지배주식의 양도와 경영권 이전", 「경영법률」 제27집 제3호(2017. 4.), 249~259면에서 전재함.

251) 이는 'cash for stock' 거래이다(Oesterle, *The Law of Mergers and Acquisitions*, 2nd ed., West Group, 2002, p. 34).

252) 이는 'cash for asset' 거래이다(Oesterle, *ibid.*, p. 31).

253) 이는 'stock for stock' 거래이다(Oesterle, *ibid.*, p. 27).

254) 新株의 제3자배정을 통한 기업매수의 사례로는 아이와(AIWA)와 소니(SONY)간 자본제휴를 다룬 도쿄고등법원의 판결이 있다(東京高裁 昭和48年 7月 27日 判決 判例時報 715號 100면).

255) 신주의 제3자배정이나 자기주식을 통한 기업매수란 대상회사가 행하는 신주발행이나 자기주식의 처분시 인수회사가 이를 현금으로 인수하여 대상회사의 지배주식을 취득하는 방법이다(大石篤史・小島義博・小山浩, M&A 戰略, 中央經濟社, 2010, 37면 이하).

방식은 그중 가장 간단한 것이다.

이 방법은 대상회사 기존 주식의 전부나 일부를 매매하는 거래로서 "**회사의 주식이나 지분권을 그 소유자로부터 양수받아 양수인이 회사의 새로운 지배자로서 회사를 경영하는 것**"이다.[257]

이러한 주식양수도 방식의 우호적 M&A는 절차적 간편성으로 M&A 실무에서 가장 빈번히 활용되고 있지만[258] 이와 관련된 성문규정은 발견할 수 없고 국내에서 그 법발전은 오로지 판례와 학설에 맡겨져 있다. 사정이 그러하므로 실무계에서도 외국의 판례, 학설 및 실무처리예[259] 등이 큰 역할을 하고 있다. 최근에는 주식양수도시 특히 대상회사나 인수회사의 주주보호 문제도 논의되고 있고[260] 상법 제374조 유사의 법적 규제가 필요하다는 주장도 제기되고 있다.[261]

## 2. 유사개념과의 비교

### (1) 주식양수도와 영업양수도의 비교

주식양수도와 영업양수도를 비교하며 이 M&A방식을 좀더 구체화시켜 보기로 한다. **첫째** 양도주체를 보면 영업양수도에서는 양도인이 회사인 경우 회사가 양도주체이나 주식양수도시 양도주체는 양도될 주식을 발행한 회사가 아니라 그 회사의 개개 주주들이다. 즉 주식양수도의 경우 영업 그 자체의 양도·양수가 아니라 그 회사의 주식을 양도·양수하는 것이므로 이 경우 그 주식의 소유자인 주주 개인이 양도인이 되는 것이고 회사가 양도인이 되지는 않는다.[262] **둘째**는 주주총회의 특별결의 등 주주들의 승인이 필요한지 살펴 보기로 한다. 영업양수도의 경우에는 상법 제374조가 적용되지만 주식양수도의 경우 그러한 가능성이 없다.[263] 판례는 영업양수도와 주식

---

256) 大石篤史·小島義博·小山 浩, M&A 戰略, 中央經濟社, 2010, 15면 이하.

257) 대판 1999. 4. 23, 98다45546.

258) 2015년 9월 공정거래위원회가 발표한 "2015년 상반기 기업결합 동향·주요특징"에 의하면 주식양수도가 81건으로 32.5%, 합병이 62건으로 24. 9%, 영업양도가 37건으로 14.9%를 점하고 있다고 한다(황현영, "기업재편의 활성화와 그 딜레마 토론문", 한국상사법학회 2015년 추계대회 발표문집, 189면).

259) 특히 미국변호사협회(ABA)의 'Model Stock Purchase Agreement' 등이 큰 역할을 한다.

260) 강희철, "영업양수도의 법률관계", 「BFL」 제38호.(2009. 11.), 39~58면; 이승희·황현아, "영업양수도의 새로운 쟁점과 개선방안", 「경영법률」 제25권 제1호(2014. 10.), 33~67면; 강희주, "기업재편의 활성화와 그 딜레마 토론문", 「글로벌 시대, 주주권 보호와 경영권 방어의 조화를 위한 회사법리의 재구성」(2015년 한국상사법학회 추계공동학술대회 발표문집, 2015. 10. 23. 국회의원회관 제3세미나실), 179~183면 등.

261) 노혁준, "기업재편의 활성화와 그 딜레마-회사분할, 주식양수도에 관한 회사법 개정안들을 중심으로-", 「상사법연구」 제34권 제3호(2015), 67면 이하, 특히 109면 이하(대상회사에서는 주주총회의 특별결의로 승인하고 반대주주에게는 주식매수청구권을 부여하며, 인수회사에서는 주주총회의 보통결의로 승인하는 주주보호 방안을 제시함).

262) 대판 1999. 4. 23, 98다45546 [계약금반환 등]

263) 服部暘達, 日本のM&A, 144면.

양수도를 구별하면서 주식양수도의 경우 상법 제374조의 적용가능성을 부정한다. 즉 판례는 상법 제374조의 영업양수도는 지분권을 이전하는 방식을 포함하지 않는 것으로 해석하고 있다.[264] **셋째**는 반대주주의 주식매수청구권행사가능성이다. 보통 합병이나 영업양수도의 경우 반대주주들은 주식매수청구권을 보장받는다. 그러나 주식양수도의 경우 그러한 가능성이 부여되지 않는다.[265] 주식매수청구권이 보장되는 이유는 주주의 투자 전제였던 회사의 영업방향에 기본적인 변화가 초래된 경우인데 합병이나 영업양도시에는 그러한 변화를 인정할 수 있지만 주식양수도시에는 - 주주만 교체되므로 - 그러한 변화를 발견하기 어렵다고 한다.

### (2) 주식양수도와 주식교환/이전과의 비교

다음으로는 주식의 포괄적 교환과 주식양수도를 비교해보기로 한다. 주식의 포괄적 교환에서는 대상회사(완전자회사로 될 회사)의 주주들은 그들의 보유주식을 모두 인수회사(완전모회사로 될 회사)에 양도하고 그 대가로 인수회사가 발행하는 신주를 배정받는다. 반면 주식양수도에서는 대상회사의 주주들은 그들의 보유주식을 모두 인수회사에 양도하나 양도의 대가는 인수회사의 주식이 아니라 현금이다. 즉 대상회사와 인수회사간 (완전)모자관계가 만들어지는 면에서는 양자가 유사하나 주식양수도의 경우 대상회사의 주주들은 인수회사의 주주가 되지 못한다.

### (3) 비교의 결과

결론적으로 주식양수도의 경우 합병 등 여타 조직재편 때보다 거래의 실행방식이 간단한 것이 특징이다. 위에서 보았듯이 주식양도를 통한 M&A에서는 원칙적으로 주주총회결의도 요구되지 않으며 반대주주에 대한 주식매수청구권도 보장할 필요가 없기 때문이다.[266] 특히 비상장사의 주식을 양도하는 경우라면 더욱 그러하다.[267] 극단적으로는 주식양수도 및 대가지급에 대한 합의 나아가 주권의 교부 및 명의개서로 기업매수(企業買收)가 완성된다.[268] 이러한 절차적 간편성 때문에 현재 국내에서는 기

---

264) 대판 1999. 4. 23, 98다45546 [계약금반환 등]; "주식회사가 양도·양수에 관련되어 있는 경우에 그 양도·양수가 영업 주체인 회사로부터 영업 일체를 양수하여 회사와는 별도의 주체인 양수인이 양수한 영업을 영위하는 경우에 해당한다면 상법 제374조 제1항 제1호에 따라 회사의 양도·양수에 반드시 주주총회의 특별결의를 거쳐야 하는 것이지만, 회사의 주식을 그 소유자로부터 양수받아 양수인이 회사의 새로운 지배자로서 회사를 경영하는 경우에는 회사의 영업이나 재산은 아무런 변동이 없고 주식만이 양도될 뿐이므로 주주총회의 특별결의는 이를 거칠 필요가 없으며, 설사 당사자가 그 경우에도 회사 재산의 이전이 따르는 것으로 잘못 이해하여 양도계약 후 즉시 주주총회의 특별결의서를 제출하기로 약정하고 있다 하더라도, 당사자가 그러한 약정에 이르게 된 것은 계약의 법적 성격을 오해한 데서 비롯된 것이므로, 그 약정은 당사자를 구속하는 효력이 없다."

265) 大石篤史·小島義博·小山 浩, M&A 戰略, 中央經濟社, 2010, 16면.

266) 이에 대한 입법론에 대해서는 후술한다.

267) 상장사의 주식을 인수하는 경우에는 일정요건하에 공개매수방식이 강제될 것이다(자본시장법 제133조).

업의 M&A방식 중 주식양수도가 가장 자주 이용되고 있다.[269]

## Ⅱ. 주식양수도계약의 기재사항[270]

### 1. 일반적 기재사항

#### (1) 양도대상으로 되는 주식의 특정과 양도대가(details of basic exchange)

당해 주식양수도의 대상으로 될 주식과 그 발행회사 및 주식수 등을 특정하여 양도대가를 정하는 것이 보통이다. 예컨대 "제1조[본건주식양도] 양도인(賣主)은 본 계약에서 정하는 바에 따라 주식양도의 실행일(closing day; 클로우징데이)에 양수인(買主)에 대하여 본건 주식을 양도하고 양수인은 이를 양수한다(이하 '본건주식양도'라 한다). 제2조[양도가액] 본건 주식의 양도가액은 ○○○(이하 '본건주식양도가액'이라 한다)로 한다"등의 계약 조항을 생각할 수 있다.[271] 경우에 따라서는 계약체결시점과 closing 시점 간에 차이가 있어 합의된 인수가격만으로는 거래종결시점의 기업가치가 계약서에 제대로 반영되지 못할 수 있다. 이러한 경우에는 사전에 가격조정조항(purchase price adjustment)을 두기도 한다. 또 경우에 따라서는 계약당사자가 일정금액으로 합의를 마친 경우에도 인수회사가 대상기업의 경영성과에 따라 매도인에게 일정 금액을 추가로 지급하기도 한다. 이러한 경우 종종 수익할당조항(earn-out)이 계약서에 등장한다.[272]

#### (2) 클로우징日과 실행사항

클로우징(closing)日이란 당해 기업매수의 법적 효력이 발생하는 날이다.[273] '종결

---

268) 菊地 伸·有限責任 監査法人 トーマツ·デロイトトーマツ税理士法人 編著, 企業再編, 제2판, 淸文社, 2015, 962면.

269) 그것도 지배주주에 의한 '장외 구주매매(場外 舊株賣買)' 방식이 압도적 다수를 점하고 있어 외국과는 비교가 되지 않으며 따라서 합병이나 공개매수가 다수인 외국의 M&A관련제도와의 단순 비교나 소개만으로는 국내 인수합병법 발전에 큰 도움이 되지 않는다는 지적은 경청할 필요가 있어 보인다(천경훈, "한국 M&A의 특성과 그 법적 시사점에 관한 試論", 「선진상사법률연구」 제56호(2011. 10.), 133~168면, 특히 147면).

270) 이에 대해 보다 자세히는 천경훈, "주식양수에 의한 기업인수", 주식회사법대계(Ⅲ), 제2판, 법문사, 2016, 566~619면.

271) 菊地 伸·有限責任 監査法人 トーマツ·デロイトトーマツ税理士法人 編著, 企業再編, 제2판, 淸文社, 2015, 973면.

272) Oesterle, *The Law of Mergers and Acquisitions*, 2nd ed., West Group, 2002, p. 301; 가격조정조항이나 수익할당조항에 대해 보다 자세히는 정영철, "기업인수시 인수대가 지급수단 및 금액조정에 관한 실무", 「법학연구」 제17권 제4호, 연세대학교 법학연구원, 2007, 31~58면.

273) 武井一浩, "M&Aにおける契約法理の現状と諸課題", 株式會社法大系(江頭憲治郎 編), 有斐閣, 2013, 461면 이하, 466면.

일' 또는 '거래종결일'로도 불리우며 자산이나 주식의 이전과 그 대가의 지급 등 M&A거래의 주된 급부가 이루어지는 날이다. 통상 당사자들은 이 날짜를 합의로 연장하기도 한다. 이 일자에 실행될 계약당사자의 각종 행위가 기재된다.

예컨대 "제3조[클로우징] 1. 양도인은 클로우징일에 아래 항에 적시된 서류를 인도하고 아래에 기재된 대가지급을 수령하는 것과 상환으로 양수인에 대하여 이하의 것들을 이행한다. (1) 본건 주권 전부의 양도 (2) 본건 주식양도후 이를 반영한 대상회사 주주명부의 사본교부 (3) 전제조건의 충족여부를 표시하는 이하의 서류 ① 본건 주식양도를 승인한 대상회사 이사회의사록 사본 ② 본 계약체결 및 이행을 승인한 양도회사의 이사회의사록 사본 ③ 별지에 규정된 대상회사 임원의 사직서 사본 ④ 기타 전제조건의 충족을 증명하는 서류로서 양수인이 합리적으로 요구할 수 있는 서류 (4) 계약실행일(closing day)에 제6조에서 정한 전제조건의 충족을 확인하는 양도인 대표자가 작성한 증서의 교부  2. 양수인은 계약실행일에 전항에 기재된 서류 전부를 인도받는 것과 상환으로 양도인에 대하여 아래의 사항을 이행한다. (1) 본건 주식양수도대금의 지급 (2) 계약실행일에 제5조에서 정한 전제조건의 충족을 확인하는 양수인 대표자가 작성한 별지 소정 증서의 교부" 등을 생각할 수 있다.[274]

### (3) 진술 · 보증조항(representations and warranties; レプワラ)

주식에 대한 권리관계 등에 대한 진술 · 보증, 대상회사에 있어 사업의 적법성에 대한 진술 · 보증, 대상회사의 우발채무의 부존재에 대한 진술 · 보증 및 인수회사가 리스크를 헤지(hedge)하기 위한 진술 · 보증조항 등을 두게 된다.[275] 일반적으로 진술 및 보증의 대상을 정리해보면 ① 당해 M&A를 행하는 정당한 법적 권한에 관한 사항, ② 특히 주식이전형 M&A에서는 대상회사의 자산, 부채 및 계약관계 등에 관한 사항, ③ 양도인 측이 행한 설명의 정확성 등 정보개시관련 사항이 있으며 양도인과 대상회사가 서로 다를 경우에는 진술 및 보증의 주체는 양도인이 된다.[276]

### (4) 서약조항(誓約條項; covenants)

인수자는 클로우징일까지에 양도인 측에서 실행하지 않으면 안되는 사항에 대하여 양도인으로 하여금 그 이행을 확약하게 한다. 예컨대 대상회사가 체결하고 있는 계약에 있어서 당해 대상회사의 지배권이전이 있었던 경우에는 계약상대방이 계약을

---

274) 菊地 伸 · 有限責任 監査法人 トーマツ · デロイトトーマツ稅理士法人 編著, 企業再編, 제2판, 清文社, 2015, 974면.
275) 菊地 伸 · 有限責任 監査法人 トーマツ · デロイトトーマツ稅理士法人 編著, 企業再編, 제2판, 清文社, 2015, 974면.
276) 武井一浩, "M&Aにおける契約法理の現状と諸課題", 株式會社法大系(江頭憲治郎 編), 有斐閣, 2013, 467면.

해제할 수 있다는 뜻의 조항 등이 그러하다. 또한 양도대상주식이 양도제한주식인 경우에는 클로우징일까지 대상회사에 양도승인을 위한 이사회를 개최하여 양도승인을 받도록 규정하기도 한다.[277]

### (5) 계약실행조건(conditions precedent)

주식양도 및 그 대가지급의 전제로 계약실행일까지 실현되어야 할 정지조건부 사항을 정하기도 한다. 예컨대 관공서의 인허가를 정지조건으로 M&A의 효력이 발생하는 경우가 있으며 이를 계약서에 기재하기도 한다. 이러한 조건이 성취되지 않을 경우에는 계약쌍방이 계약실행일에 의무를 이행하지 않아도 계약위반이 되지 않는다. 예컨대 양도인 측에서 가지는 계약실행조건으로 전형적인 것은 ① 종업원의 고용계약이전에 대한 동의, ② M&A의 완결을 위하여 필요한 행정관서의 인허가 취득, ③ 진술보증의 정확성 등이다.[278]

### (6) 보상조항(補償條項; indemnification)

진술 및 보장조항위반 및 기타 채무불이행의 경우 그 보상에 관한 규정을 두는 것이 일반이다. 보상총액의 상한을 정하기도 하고, 보상대상으로 되는 사건당 최저손해액을 정하기도 하고, 보상청구기간을 일정기간내로 한정하는 조항을 두기도 한다.[279]

예컨대 "제7조[보상요건] (1) 양도인은 제4조 제2항 내지 제5항에서 정한 진술 및 보증위반 또는 본 계약에 기한 양도인의 의무위반에 기하여 또는 이와 관련하여 양수인이 입은 손해, 손실 또는 비용을 보상한다. (2) 양수인은 제5조 제2항 내지 제3항에 기한 양수인의 진술 및 보증 위반 및 본 계약에 기한 양수인의 의무위반에 기하여 또는 이와 관련하여 양도인이 입은 손해를 보상한다. 제8조[보상의 상한과 하한] (1) 양수인은 특정 보상사유 1건당 손해액이 ○○○ 이상인 경우 또는 그 전체 누계액이 ○○○ 이상인 경우 그 전액에 대하여 보상을 청구할 수 있다. (2) 양도인은 특정 보상사유 1건당 손해액이 ○○○ 이상인 경우 또는 그 전체 누계액이 ○○○ 이상인 경우 그 전액에 대하여 보상을 청구할 수 있다. 제9조[보상청구기간] 본조에 기한 보상청구권은 계약실행일로부터 ○ 년간 계약의 양 당사자로부터 상대방 당사자에 대하여 구체적인 사실관계 및 보상청구의 근거를 밝힌 서면으로 통지하지 않는 한 당해 기간의 종료로 소멸한다"[280] 등의 예를 들 수 있다.

---

277) 菊地 伸・有限責任 監査法人 トーマツ・デロイトトーマツ税理士法人 編著, 企業再編, 제2판, 清文社, 2015, 975면.
278) 武井一浩, "M&Aにおける契約法理の現状と諸課題", 株式會社法大系(江頭憲治郎 編), 有斐閣, 2013, 467면.
279) 企業再編, 전게서, 976면.
280) 보상청구기간의 법적 성질에 대해서는 **소멸시효설**(서울고법 2007. 1. 24, 2006나11182)과 **제척기간설**(김홍

## 2. 기타 기재사항[281]

계약체결시점에 예상할 수 없었던 사항 또는 예상할 수는 있었지만 확정되지 않았던 사항 나아가 중요도나 긴급도 면에서 여타 기재사항보다 열후한 사항 등은 계약서에 명시되지 않는 경우가 많다. 이러한 경우 그 처리에 대해서도 미리 계약서에 포괄적으로 합의내용을 두는 경우가 있다. 이러한 규정은 소위 신사협정으로서의 의미를 가지게 되며 이를 규정외사항(規定外事項)이라 한다.[282] 나아가 계약상대방으로부터 취득한 정보에 대해 비밀유지를 의무화하는 비밀유지조항을 두기도 한다. 나아가 해제조항(termination)을 두어 계약해제사유를 규정하기도 한다.

예컨대 "제10조[해제] (1) 양도인은 본건 주식양도가 실행되기 전에 아래의 사항이 발생하는 경우 양수인에 대해 서면으로 본 계약을 해제할 수 있다"등을 들 수 있다. 끝으로 준거법 및 국내의 특정 법원을 전속관할 법원으로 하는 뜻 또는 중재합의를 규정하기도 한다. 이를 준거법 및 전속적 합의관할 기타 분쟁해결처리특약조항이라 한다. 예컨대 "제11조[준거법] 본 계약은 한국법에 따라 해석되며 본 계약상의 모든 분쟁에 대해서는 한국법을 적용한다. 제12조[관할] 양도인과 양수인은 본 계약에 따라 발생가능한 일체의 분쟁에 대하여 서울중앙지방법원을 제1심의 전속관할로 하기로 합의한다" 등을 생각할 수 있다.

## Ⅲ. 주식양수도의 절차

일반적으로 M&A거래는 첫째 ① 비밀유지약정(Non-Disclosure Agreement)의 체결, 둘째 ② 제1단계실사(Due Diligence; DD), 셋째 ③ 의향서(Letter of Intent; LOI) 및 양해각서(Memorandom of Understanding; MOU)의 체결, 넷째 ④ 제2단계실사(이는 대상회사와 대상영업에 대한 買收監査이다), 다섯째 ⑤ 법적 구속력있는 매수(買收)계약의 체결, ⑥ 계약실행(closing)전에 당사자가 이행하여야 할 사항의 이행, ⑦ 매수계약(買收契約)의 실행의 순으로 이루어진다.[283] 주식양수도는 주식양수도계약의 체결, 양도제

---

기, "M&A계약 등에 있어서 진술보장조항의 기능과 그 위반시의 효과", 「상사판례연구」 제22집 제3권(2009), 90~92면)의 대립이 있다.

281) 企業再編, 전게서, 977~979면.

282) 예컨대 "제○○조 [성실협의조항] 매주(賣主)와 매주(買主)는 본 계약에서 정하지 않은 사항에 대해서는 본 계약의 취지에 따라 성실히 협의하여 이를 결정한다" 등의 조항을 발견할 수 있다고 한다(企業再編, 전게서, 978면).

283) 武井一浩, "M&Aにおける契約法理の現状と諸課題", 株式會社法大系(江頭憲治郎 編), 有斐閣, 2013, 464면.

한주식에 대한 양도승인결의 및 주식양도의 실행 등 대개 세 단계로 그 절차가 진행된다.[284]

## 1. 주식양수도계약의 체결

본 기업매수의 양 당사자는 주식양수도계약을 체결한다. 법률적으로 서면형태가 강제되는 것은 아니지만 보통 서면형식의 계약서를 작성하게 마련이다. 이 주식양수도계약이 효력을 발생하기 위하여 회사내부절차가 요구되기도 한다. 즉 주식양수도가 해당 회사의 '중요한 자산의 처분'에 해당하는 경우[285] 또는 '회사의 중요한 업무집행'에 해당하는 경우[286] 또는 당해 주식양수도를 실행함에 있어 반드시 이사회승인을 얻도록 당해 회사의 이사회규칙 등 내규에 정하고 있는 경우에는 당연히 이사회승인을 얻어야 한다.

본 계약을 체결하기 전에 보통 비밀유지계약이 등장한다. 거의 모든 M&A거래의 첫단계는 'Confidential Agreement'(CA; 'confi/칸피'로 약칭됨) 또는 'Non-Disclosure Agreement'('NDA'로 약칭됨)로 불리우는 비밀유지약정을 체결하는 것이다. M&A거래는 회사를 사고 파는 거래로서 매수인들은 대상회사의 실사(due diligence)[287]를 한 후 계약체결여부를 결정하게 되는바 이러한 과정에서 회사의 기밀이 상당부분 누출될 수 있고 그럼에도 반드시 해당 거래가 성사된다는 보장도 없으므로 대개 당사자들은 본 계약 체결전에 이러한 비밀유지계약을 체결한 후에야 그 이후의 절차를 진행시킨다.

## 2. 양도제한주식에 대한 승인

양도대상이 양도제한주식인 경우에는 양도승인이 이루어져야 한다. 이 때 대상회사의 주주총회[288]나 이사회[289] 등 기관승인이 필요할 것이다. 양도승인은 양도를 하고자 하는 주주뿐만 아니라[290] 및 주식을 취득한 자도 그 승인을 청구할 수 있다.[291] 경우에 따라서는 외부기관의 승인이 요구되기도 한다.

---

284) 企業再編, 전게서, 962~964면.
285) 상법 제393조 제1항.
286) 상법 제393조 제1항.
287) M&A 거래에서 실사란 'DD'로 약칭되며 '대상회사의 영업에 대한 전반적인 조사'를 의미한다.
288) 소규모 주식회사 같은 경우에는 이사회가 아니라 주주총회가 주식양도의 승인기관이다(상법 제383조 제4항).
289) 상법 제335조 제1항 단서 참조.
290) 상법 제335조의2 제1항 참조.
291) 상법 제335조의7 제1항 참조.

### 3. 주식양도의 실행

주식양수도의 경우 계약체결일과 그 실행일(closing day) 사이에 일정한 기간이 설정되는 것이 보통이다. 실행일에 이르러 양 계약당사자는 주식양도의 실행에 필요한 주권을 교부하거나 명의개서를 청구하게 된다. 회사가 주권을 발행하였으나 당해 주주가 주권불소지청구를 하여 주권이 발행되지 않은 경우에는 회사에 대하여 추가로 주권의 발행을 요구하여야 할 경우도 있을 것이다. 다만, 회사가 아직 주권을 발행하기 전이라면 주식양도계약과 회사에 대한 대항요건도 갖추어야 하므로 회사에 대한 (확정일자부) 양도통지도 이루어져야 할 것이다.

### 4. 가능한 후속절차

예컨대 5% 미만의 주식을 가진 소수주주들이 주식양수도에 동의하지 않아 발행주식총수를 모두 취득할 수 없는 경우도 발생가능하다. 주식양수도계약에서는 대상회사가 아니라 대상회사의 개별주주가 계약당사자이기 때문이다. 지배주식을 양수하여 경영권을 취득한 후에도 계속 5% 미만의 소수주주 때문에 적지 않은 행정비용이 발생하거나 회사운영상 비효율이 나타날 경우에는 인수회사는 지배주주의 매도청구권을 행사할 수 있다($\frac{\text{상} 360}{\text{의}24}$). 이 경우에는 대상회사 주주총회의 승인을 얻어야 한다($\frac{\text{상} 360의}{24\ \text{III}}$). 물론 인수회사가 이미 95% 이상의 주식을 보유하였으므로 결의의 성립여부는 이미 정해진 것이다. 따라서 형식적인 의미밖에 없겠지만 대상회사 소수주주들의 이익을 보호하는 지배주주의 충실의무규정으로 이해할 수 있을 것이다. 어쨌든 이러한 방법을 통하여 인수회사는 대상회사를 완전자회사화할 수 있게 될 것이다.[292]

## IV. 관련 문제점

### 1. 주식양수도에 대한 상법 제374조의 준용가능성

상법은 제374조에서 영업양도의 경우 주주총회의 특별결의를 요구한다. 영업의 동일성을 유지하면서 유기적으로 일체화된 영업용 재산을 양도하는 경우 회사의 사업목적이나 방향에 기본적인 변화가 야기되므로 이 경우에는 주주들의 결단이 필요하다. 그러나 양도객체가 영업 그 자체가 아닌 경우도 있다. 이 경우는 자산양수도라

---

292) 企業再編, 전게서, 980면 이하.

불리우며 이 때에는 설사 양도객체의 자산가치나 영업에서 차지하는 비중이 높아도 주주들의 결단까지 요구하지는 않는다. 다만 그 양도로 회사의 영업이 폐지되는 정도라면 사정은 달라진다. 이 때에는 영업양도에 준하는 상황이므로 주주총회의 특별결의가 있어야 한다.[293] 자산양수도 중에서도 중요한 자산의 양도라면 물론 이사회결의가 있어야 할 것이다($\frac{393}{393}$). 문제는 영업의 전부나 그 중요한 일부가 아닌 대상회사의 지배주식을 양도하는 주식양수도거래에 대해서도 주주총회의 특별결의가 필요한 지이다. 이에 대해서는 현재 찬반양론의 대립이 있다.

전통적인 불요설(不要說)에 따르면 영업양수도와 주식양수도는 거래의 당사자[294]나 거래의 대상[295] 나아가 그 법률효과가 완전히 달라 주주총회의 특별결의를 요하지 않는다고 한다.[296] 즉 이 입장에 의하면 주식양수도는-설사 A주식회사(이하 'A'로 약함)가 B주식회사(이하 'B'로 약함)의 주식의 전부를 양수하는 경우라도[297]-적어도 법률효과면에서 영업양수도와 다음과 같은 점에서 결정적으로 다르다고 한다:

첫째, 영업양수도의 경우 해당 영업에 대한 양도인의 영업주체성은 사라지지만[298] -즉 영업의 승계가 나타나지만-주식양수도의 경우 양도회사의 영업주체성에 아무런 변화가 없다. 예컨대 A를 '태평양운송(주)', B를 '명성관광(주)'라 하자. A(주)는 인수회사로서 대상회사인 B(주)의 발행주식총수를 그 주주들로부터 주식양수도 방식으로 인수할 수 있다. 이러한 경우 B(주)의 주주들이 A(주)에 발행주식총수를 양도한 후에도 B(주)는 법적 실체면에서 아무런 변화가 없다. 주주만 바뀌어 A(주)가 B(주)의 1인주주가 되었을 뿐 B(주)는 여전히 그대로 관광업의 주체이며 법인격도 그대로 유지

---

293) 대판 2006. 6. 2, 2004도7112; 대판 2004. 7. 8, 2004다13717; 대판 1998. 3. 24, 95다6885.

294) 이미 위에서 보았듯이 영업양수도에서는 양도인(B)이 주식회사인 경우 당연히 주식회사(B)가 양도인이지만 주식양수도에서는 양도회사가 아니라 그 회사(B)의 주주들이 거래의 당사자이다(대판 1995. 8. 25, 95다20904).

295) 거래의 대상을 보면 영업양수도에서는 조직화된 유기적 일체로서의 기능적 재산을 그 동일성을 유지하면서 양수받지만 주식양수도에서는 양도회사(B)의 영업용 재산이 아니라 그 회사가 발행한 주식이 양도된다.

296) 대판 1999. 4. 23, 98다45546; 강희철, "영업양수도의 법률관계", 「BFL」 제39호(2009. 11.), 45~46면; 이승희·황현아, "영업양수도의 새로운 쟁점과 개선방안", 「경영법률」 제25권 제1호(2014. 10.), 52~53면; 강희주, "기업재편의 활성화와 그 딜레마 토론문", 「글로벌 시대, 주주권 보호와 경영권 방어의 조화를 위한 회사법리의 재구성」(2015년 한국상사법학회 추계공동학술대회 발표문집, 2015. 10. 23. 국회의원회관 제3세미나실), 179~183면.

297) 물론 대상회사의 발행주식총수가 아니라 그 지배주식만 양수하여도 주식양수도는 성립한다.

298) 영업양수인이 개인상인일 경우에는 상호속용조로 영업을 양수하는 경우에도 양도인의 영업주체성은 사라진다. 예컨대 '태평양운송'이라는 상호로 운송업을 하는 개인상인 甲은 여행업을 하는 乙(주)['명성관광(주)']의 영업을 상호속용조로 양수할 수 있다. 즉 甲은 '명성관광(주)'라는 회사상호중 그 요부(要部)인 '명성관광'만 속용(續用)하여 자신의 영업으로 할 수 있다(상호의 영업별 단일성). 즉 甲은 운송업은 '태평양운송'이라는 상호로, 관광업은 '명성관광'이라는 상호로 복수의 영업을 영위할 수 있고 그 각각에 대해 서로 다른 상호를 사용할 수 있다. 영업양수후 '명성관광'의 영업주체는 甲이지 乙이 아니다. 다만 영업양수인 역시 회사라면 회사상호는 법인의 전인격을 표창하므로 개인상인에서와 같은 그런 식의 상호속용은 불가할 것이다. 과거 제일모직(주)은 자신의 '패션부문'을 (주)삼성에버랜드에 양도하였다. 제일모직의 '패션부문'은 에버랜드의 '패션부문'이 되었고 상호의 속용은 나타나지 않았다.

되고 정관상의 영업목적도 그대로이며 회사의 자본이나 여타 정관상의 규정들도 그대로 유지된다.[299] 결론적으로 회사의 영업이나 재산에는 아무런 변화도 없고 모든 것들이 그대로 유지되어 영업의 승계가 나타나지 않는다. 다만 지배주식이 양도된 결과 경영권만 이전할 뿐이다. 만약 대상회사 발행주식의 전부를 양도하는 경우라면 A(주)가 B(주)의 1인주주로 되어 완전모자관계가 창설될 뿐이다.

둘째, 영업양수도의 경우 인수회사(A)는 대상회사(B)의 영업으로 인한 모든 장래의 위험을 무한책임의 형태로 인수하지만[300] 주식양수도의 경우 인수회사(A)는 대상회사(B)의 영업으로 인한 현재 및 미래의 채무에 대해 투자한 금액(주식양수의 대가로 지급한 액수)의 범위내에서 유한책임을 질 뿐이다. 영업의 승계가 일어나지 않으므로 영업의 주체는 여전히 대상회사(B)이지 인수회사(A)가 아니다. 그 결과 주식양수도에 대해서는 상법 제374조의 준용은 불가하다는 입장을 취한다.

이에 반하여 근자들어 주장되고 있는 필요설(必要說)의 입장을 보면 영업양수도와 주식양수도간 대상회사 주주의 입장에서 주주들의 통제가능성을 비교할 때 주식양수도 거래에서도 주주총회의 특별결의 등 상법 제374조의 유추적용가능성을 부정할 수 없다고 한다.[301] 직접적인 거래대상이 영업이든 주식이든 경영권이 이전되는 점에서는 차이가 없고, 나아가 지배주주나 경영진의 사익추구 내지 이들에 의한 제국건설에 대해 통제를 가할 필요성이 있으며 이런 점을 고려할 때 주식양수도 거래에서도 대상회사 주주들의 관여를 인정하는 것이 오히려 자연스럽다고 한다.[302]

생각건데 후자인 필요설의 입장 역시 고려의 여지가 없는 것은 아니지만 주식양수도 거래와 영업양수도 거래간의 차이는 무시할 수 없을 정도로 크다. 즉 영업양수도거래에서는 양도주체가 회사일 경우 양도회사는 양도되는 해당 영업에 관한 한 영업주체성을 완전히 상실한다. 영업의 승계가 나타나기 때문이다. 이에 반하여 주식양수도의 경우 대상회사의 법인격이나 회사의 법형태에 아무런 변화가 나타나지 않는다. 주주들만 교체될 뿐 대상회사의 법적 실체에 아무런 변화가 수반되지 않는다.[303] 그런데 주식회사에서 주주 구성의 변화는 항상 일어나는 일이고 또한 이러한 가능성

---

299) Oesterle, *The Law of Mergers and Acquisitions*, 2nd ed., West Group, p. 34.

300) 에버랜드는 제일모직으로부터 양수한 '패션부문'에 관한 한 장래의 모든 위험을 무한책임의 형태로 인수하였다.

301) 대상회사의 발행주식전부를 양수하는 경우에는 실질적으로 대상회사의 영업을 양수하는 것과 같으므로 주주총회의 특별결의가 요구되는지에 대해 논란이 있을 수 있다는 문제제기에 그치는 주장도 있다(임재연, 회사법(II) 개정판, 2013, 박영사, 133면 이하).

302) 노혁준, "기업재편의 활성화와 그 딜레마-회사분할, 주식양수도에 관한 회사법 개정안들을 중심으로-",「상사법연구」제34권 제3호(2015), 107면.

303) 이점에서 주식교환과 주식양수도는 유사해진다. 그러나 주식교환의 경우에는 주식양수도와 달리 인수회사의 인적 조직에 변화가 수반된다. 즉 완전자회사로 된 회사의 주주들이 완전모회사의 주주가 되어 그 주식을 배정받기 때문이다.

은 처음부터 예정된 것으로서 주식회사의 본질이기도 하다($\S^{335}$).[304] 다만 지배주식이 일시에 인수회사에 이전하므로 이러한 변화가 소수주주에 영향을 미칠 수는 있을 것이다. 그러나 이는 지배주주의 충실의무 등 여타의 법리로 그 해결점을 찾아야 할 것이다.

결론적으로 상법이 주식의 양도와 영업의 양도를 구별하는 한 상법 제374조를 주식양수도에 준용하는 필요설의 입장에는 동조하기 어렵다. 즉 주주총회의 특별결의라는 가중된 다수결을 요구하는 구조변경이라면 주식회사의 인적 내지 물적 조직에 심대한 변화가 나타나는 경우인데 합병이나 주식교환에서는 그러한 변화를 감지할 수 있지만 지배주식의 이전에서는-설사 그것이 주식전부의 양수도라도-이를 쉽게 발견하기 어렵다. 이러한 결과는 미국 델라웨어 회사법상으로도 마찬가지이다.[305]

다만 자회사 주식의 전부나 일부가 양도될 때 모회사의 설립목적이나 존립목적에 기본적 변화가 수반되는 경우가 있다. 특히 2014년에 개정된 일본 회사법 제467조 제1항 제2호의2를 보면 자회사의 주식을 양도함으로써 모회사가 자회사의 의결권의 과반수를 상실하고 나아가 당해 양도대상주식의 장부가액이 모회사 총자산의 20%를 초과하는 경우 모회사 주주총회의 특별결의가 필요하다고 한다.[306] 모회사가 자회사를 지배하는 경우 모회사가 보유하던 자회사 주식의 양도로 모자관계가 해소되는 경우 모회사의 존립목적이나 정관상의 영업목적에 기본적인 변화가 수반될 수 있다. 일본 회사법은 위의 경우를 영업의 중요한 일부의 양도와 실질적으로 동일시하며 일정요건하에 주주총회의 특별결의를 얻도록 하였다.

자회사는 모회사에 대하여 실질적으로는 그 영업의 일부이므로 모회사가 자회사의 주식을 타에 양도하여 그 지배권을 상실하는 경우 이는 모회사에도 영업양도에 준하는 변화를 가져온다. 일본 회사법은 그러한 영향력을 양적으로 제한하여 양도된 주식의 장부가액이 모회사 전자산의 20%를 초과하고 당해 주식양도로 모회사가 자회사에 대한 의결권의 과반수를 상실하는 경우 모회사 주주들에게 통제권을 부여한 것이다.

---

304) 주식의 양도가능성(transferability)은 주식회사의 본질 중 하나이다(Reinier Kraakman et al., *The Anatomy of Corporate Law,* 2nd ed., Oxford Univ. Press, 2009, pp. 11~12.

305) Oesterle, *The Law of Mergers and Acquisitions*, 2nd ed., West Group, pp. 34~35(주식양수도의 경우 양도 주체는 개개 주주들이지 회사가 아니므로 개개 주주들은 자신의 보유주식을-양수회사가 제시하는 조건으로-양도할지 말지 스스로 결정할 수 있고 따라서 주식양수도에서는 설사 반대주주가 있다 해도 해당 주주는 자신의 권한을 주주총회장에서 반대표로 행사하는 것이 아니라 대신 매각여부에 대해 스스로 의사결정을 하면 된다고 한다. 즉 주주총회장에서의 의결권이 주식매각 여부에 대한 의사결정권으로 대체된다고 한다).

306) 菊地 伸・石井裕介, 會社法改正法案の解說と企業の實務對應, 淸文社, 2014, 148~149면; 伊藤眞 監修・伊藤塾 著, 伊藤眞の全條解說 會社法, 弘文堂, 2016, 751면; 20% 초과여부에 대하여 자세히는 일본 회사법 시행규칙 제134조 참조(江頭憲治郎 監修, 會社法・關聯法令條文集, 제2판, 2015, 363면).

이렇게 일본 회사법이 제467조 제1항 제2호의2에서 새로이 규정한 주주들의 통제 가능성은 특히 모회사가 지주회사로서 다기한 사업영역에서 다양한 영업활동을 할 경우 큰 의미를 갖게 될 것이다.[307] 모회사인 지주회사가 사업회사인 자회사를 통하여 여러 가지 영업을 수행할 경우 자회사 주식의 과반수를 상실하고 또 양도되는 주식의 장부가액이 모회사 총자산의 20%를 넘는 경우라면 영업의 중요한 일부의 양도에 해당하고 나아가 해당 자회사를 통한 지주회사의 영업영역에도 근본적인 변화가 나타날 수 있다. 이러한 경우에는 주식양도의 효력발생일(즉 기업매수의 클로우징데이)의 전날까지 주주총회의 특별결의로 해당 양도계약을 승인하도록 하였다. 그리고 이러한 경우에는 반대주주의 주식매수청구권도 보장하였다($\binom{동법 제}{469조}$).[308]

이렇게 일본 회사법의 경우를 보면 주식양수도의 경우 오로지 지금까지 살펴 본 자회사의 지배주식양도의 경우에만 모회사 주주총회의 특별결의를 요구하므로 그 이외의 경우에는 주주총회의 통제권은 인정되지 않는다고 보아야 한다.[309] 우리 상법의 해석학에서도 위 일본 회사법의 상황은 참고의 여지가 크다. 대상회사에서 대규모로 주주가 교체되는 현상이긴 하나 주식양수도 거래는 대상회사의 기본변경은 아닌 것이다. 따라서 대상회사건 인수회사건 어느 쪽에서도 주주총회의 특별결의나 반대주주의 주식매수청구권은 부정하는 것이 바람직하다고 생각한다.[310]

## 2. 진술·보증조항과 그 위반의 효과[311]

M&A계약에서 '진술 및 보증'조항(representations and warranties; レプワラ)이라 함은 "기업을 매도하고자 하는 매도인과 이를 매수하고자 하는 매수인 사이에 매매계약의 당사자와 그 목적물인 대상기업의 일정 사항을 상대방에게 진술하여 확인하고 이를 보장하는 조항"이다.[312] 이는 일정 규모 이상의 M&A에서는 통상적으로 등장한다. 특히 주식양수도를 통한 M&A계약에서는 이 조항이 자주 등장하는바 양도인이 대상회사에 대한 일정 사항에 대하여 진술 및 보증을 하였으나 그 내용이 사실과 다를 경우 주식양수인이 그로 말미암아 손해를 입으면 양도인은 양수인에게 그 손해를 보상

---

307) 發知敏雄·箱田順哉·大谷隼夫, 持株會社の實務, 第7版, 東洋經濟新報社, 2016, 147면; 三原秀哲, ここが変わった! 改正 會社法の要點がわかる本, 翔泳社, 2014, 169~170면.

308) 岡 伸浩, 會社法, 弘文堂, 2017, 880면.

309) 服部暢達, 日本のM&A, 144면; 大石篤史·小島義博·小山 浩, M&A 戰略, 中央經濟社, 2010, 16면.

310) 同旨, 송옥렬, 1237면.

311) 이에 대해 자세한 문헌으로는 김태진, "M&A 계약에서의 진술 및 보증조항 및 그 위반", 「저스티스」 제113호 (2009. 10.), 30~63면; 金兌珍, "M&A契約における表明保証条項の違反と補償責任の研究 ― デフォルトルールとしての解釈論の摸索 ―, 東京大学 大学院法学政治学研究科, 博士論文, 2020.

312) 허영만, "M&A계약과 진술보장 조항", 「BFL」 제20호(2006. 11.), 16~33면, 16면.

하여야 한다.[313] 이러한 M&A계약상의 조항들을 '진술 및 보증'조항, 또는 '진술 및 보장'조항이라 하고 일본에서는 '표명(表明) 및 보증(保證)'조항이라는 용어를 사용한다.[314] 예컨대 "대상회사에 체불 임금이나 미납 세금 등 장부외 채무가 존재하지 않는다"는 조항, "계약서에 밝힌 것 외에는 소송 등 여타 법적 분쟁이 없다"는 조항, "제시된 재무제표의 내용에 중대한 잘못이 없다"는 조항 등이 이에 속한다. 2015년 대법원은 현대오일뱅크사건에서 악의의 주식양수인에 대해서도 주식양도인의 진술 및 보증위반으로 인한 손해배상책임을 인정하였다.[315] 동시에 다기한 내용의 하급심 판례도 쌓여가고 있다.[316] 향후 국내 '진술·보증'법의 다양한 발전을 기대해 본다.

> **대판 2015. 10. 15, 2012다64253**
>
> "甲 주식회사가 乙 주식회사의 주주들인 丙 주식회사 등과 주식양수도계약을 체결하면서, 丙 회사 등이 '乙 회사가 행정법규를 위반한 사실이 없고, 행정기관으로부터 조사를 받고 있거나 협의를 진행하는 것은 없다'는 내용의 진술과 보증을 하고, 진술 및 보증 조항 위반사항이 발견될 경우 손해를 배상하기로 하였는데, 甲 회사가 당시 이미 乙 회사 등과 담합행위를 하였고, 양수도 실행일 이후 乙 회사에 담합행위를 이유로 과징금이 부과된 사안에서, 주식양수도계약서에 甲 회사가 계약 체결 당시 진술 및 보증 조항의 위반사실을 알고 있는 경우에는 손해배상책임 등이 배제된다는 내용이 없는 점 등에 비추어, 주식양수도계약서에 나타난 당사자의 의사는, 양수도 실행일 이후에 진술 및 보증 조항의 위반사항이 발견되고 그로 인하여 손해가 발생하면, 甲 회사가 위반사항을 계약 체결 당시 알았는지와 관계없이 丙 회사 등이 손해를 배상하기로 합의한 것이고, 공정거래위원회가 담합행위에 대한 조사를 개시한 것은 주식양수도계약의 양수도 실행일 이후여서, 甲 회사가 주식양수도계약을 체결할 당시 공정거래위원회가 乙 회사에 담합행위를 이유로 거액의 과징금 등을 부과할 가능성을 예상하고 있었을 것으로 보기는 어려우므로, 주식양수도계약에 따른 甲 회사의 손해배상청구가 공평의 이념 및 신의칙에 반하여 허용될 수 없다고 본 원심판단에 법리를 오해하여 판결에 영향을 미친 위법이 있다"고 한 사례이다."

## 3. 경영권 양도의무

주식양수도 계약에 따라 양도인은 양수인에게 지배주식을 양도하게 된다. 이때 양

---

313) 大石篤史·小島義博·小山 浩, M&A 戰略, 中央經濟社, 2010, 25면.
314) 大石篤史·小島義博·小山 浩, 상게서, 25면.
315) 대판 2015. 10. 15, 2012다64253; 대판 2018. 7. 20, 2015다207044(매수주식의 일부 처분후에도 손해배상청구가 가능하다고 판시함).
316) 이에 대해서 자세히는 김태진, "M&A계약의 진술 및 보장조항에 관한 최근의 하급심 판결 분석", 「고려법학」 제72호(2014. 3.), 427~467면.

도인에게 주식양도의무와 별개로 경영권 이전의무를 부과할 수 있는지 의문이다. 즉 경영권 이전의무가 주식양수도계약상 대금지급의무와 동시이행관계에 놓이는지 나아가 경영권 이전의무를 주식양도의무와 별개로 독립적인 집행대상으로 삼을 수 있는지 의문이다. 판례는 이러한 가능성을 부정한다. 경영권 이전은 지배주식양도의 부수적 효과에 불과하다고 한다.[317] 경영권이라는 개념은 학리적(學理的)으로는 이를 충분히 인정할 수 있지만 이를 실정법으로 규정하지 않는 한 별도의 집행대상으로 삼기는 어려울 것이다.

> **대판 2021. 7. 29, 2017다3222, 3239 [주식인도·매매대금]**
>
> "발행주식 전부 또는 지배주식의 양도와 함께 경영권이 주식 양도인으로부터 주식 양수인에게 이전하는 경우 **경영권의 이전은 발행주식 전부 또는 지배주식의 양도에 따른 부수적인 효과**에 지나지 않아 주식 양도의무와 독립적으로 경영권 양도의무를 인정하기 어렵다."

## 제 9 관　다단계 M&A[318]

### I. 총　설

오늘날 기업의 조직재편은 경제를 활성화시키는 주요 도구이다. 국내에서는 주식 양수도방식(SPA)이 독립당사자간 거래로 자주 등장하나 기업집단의 계열사들간에서는 주로 합병이나 분할합병 등이 빈번히 행해진다. 이렇게 경영권거래가 이루어지고 있지만 합병, 영업양수도 및 주식양수도 등 단편적 형태가 보편적으로 자리잡고 있어 하나의 조직재편에 여러 방식이 함께 동원되는 사례는 흔치 않다. 그러나 눈을 잠시 밖으로 돌려보면 적지 않은 해외 사례에서 하나 이상의 방식이 순차적으로 동원되고 있음을 관찰할 수 있다. 특히 외국에서는 공개매수가 다단계 인수합병의 중간단계에서 큰 역할을 하지만 우리나라에서는 주로 공정거래법상 지주회사의 요건을 충족시키기 위하여 이용되는 사례가 많아 국내와 국외의 상황은 사뭇 다르다.[319]

---

317) 대판 2014. 10. 27, 2013다29424.

318) 이하의 내용은 졸고, "다단계 M&A", 「경영법률」 제31집 제1호(2020. 10.), 105~149면에서 전재함.

319) 지난 20년간 우리나라에서 이용된 공개매수의 목적을 보면 매년 10회 이상 활발히 이용된 것은 사실이나 그 중 압도적 다수(72%)는 공개매수의 대가로 자주회사의 주식을 발행하는 교환공개매수의 형태이며 결국 지주회사의 자회사 지분요건을 충족시키기 위한 수단으로 이용되었다고 한다(천경훈, "기업인수에 관한 법리와 실무", 「BFL」 제100호, 100~120면, 특히 105~106면).

우호적 M&A에 있어 둘 이상의 방식이 여러 단계에 걸쳐 순차적으로 행해지는 경우 이를 다단계 M&A[320]라 하며 전단계(前段階)에서 행해진 일정 조건이 후단계(後段階)에서 다각적으로 영향을 미치는 경우가 있다. 대개 2단계 매수에 있어 제1단계에서는 인수자의 대상회사에 대한 의결권보유비율을 높인 후 2단계에서는 현금지급을 통한 소수주주의 축출(cash-out)을 시도하는 것이 보통이다.[321] 그러나 일반적으로 다단계 매수의 경우 이러한 형태만 있는 것은 아니며 다양한 목적과 유형이 망라될 수 있다. 아래에서는 이러한 점을 중심으로 국내에서는 잘 관찰되지 않지만 향후 그 발생가능성이 높은 다단계 M&A의 특징들을 정리해 보기로 한다.[322]

## Ⅱ. 사례들

다단계 조직재편은 주로 외국에서 많이 나타나므로 먼저 이들을 살펴본 후 우리나라의 관련 사례를 살펴보기로 한다.

### 1. 올리베티(Olivetti)의 언더우드(Underwood) 인수[323]
### [신주의 제3자 배정 → TOB → Short Form Merger의 3단계 조직재편]

(1) 사실관계

① 언더우드社(Underwood Corp.; 이하 'U'로 略한다)는 델라웨어회사로서 주로 타자기(打字機; typewriter) 등 사무기기를 생산하는 회사였다. 이 업체는 뉴욕증시(NYSE)에 상장되어 있었고 1950년대 초 U의 수익은 115만 달러에서 550만 달러 사이를 오가고 있었다. 1956년 이후에는 계속 적자로 일관하다가 1958년에는 손실이 711만 달러에 이르기도 하였다. 이러한 실적악화를 극복하기 위하여 U는 다방면으로 노력을 경주하였지만 1959년 중반까지 회사가 시도한 여러 가지 노력은 모두 실패하고 말았다.

② 한편 Olivetti Italy(이하 'OI'로 약한다)는 사무용품 시장을 석권하고 있는 이탈리아 업체로서 유럽시장을 선도하고 있었다. 1959년 9월 OI는 U의 주식 40만 5천주를 주당 21달러 50센트에 사들여[324] U의 발행주식총수 중 3분의 1을 취득하였고 同年末에는 U의 이

---

320) 다단계 조직재편(多段階 組織再編) – 또는 '다단계재편(多段階再編)' – 이라는 용어는 日本에서도 널리 쓰이고 있다(西村あさひ法律事務所 編, 『M&A法大全(上)』, [全訂版], 商事法務, 2019, 834頁). 나아가 cash-out의 방법 중 '二段階買收'(two-tier M&A)라는 용어도 널리 쓰이고 있다(西村あさひ法律事務所 編, 『M&A法大全(上)』, [全訂版], 商事法務, 2019, 319頁 이하). 이러한 것들을 좀더 일반화하여 '다단계 M&A'라는 용어도 가능하다고 생각한다.

321) 西村あさひ法律事務所 編, 『M&A法 大全(上)』, [全訂版], 商事法務, 2019, 319頁.

322) 우리나라에서도 하나은행의 외환은행 인수 등의 사례에서 보듯이 다단계 M&A의 사례가 전무한 것은 아니며 향후 이러한 사례들도 점증할 것으로 전망된다.

323) In re Olivetti Underwood Corp., 246 A. 2d 800 (1968).

324) 언더우드 측이 재무구조를 개선하기 위하여 올리베티에게 신주를 제3자 배정방식으로 발행하였다.

사회 및 경영진들을 지배하게 되었다.<sup>325)</sup> 익년(1960년) U는 Olivetti America(OI의 北美法人; 이하 'OA'로 약한다)로부터 재고 등의 유형자산을 인수하였고 미국과 캐나다 등 북미지역에서 독점판매권을 갖는 장기계약도 체결하였다. U는 재고인수의 대가로 OI에 120만주의 신주를 발행해주었고 그 결과 OI는 U의 주식 중 69%를 갖게 되었다.

③ OI는 U의 상황을 개선시켜 보려고 금전도 대여하고 기술도 지원해 보았지만 1963년에 이르기까지 적자경영이 계속되어 언더우드주식의 순장부가액(net book worth)은 제로(0)가 되고 말았다. 뉴욕증권거래소(NYSE)는 수익성면에서 U를 계속 상장시키기 어렵다고 하면서 상장폐지의 경고도 하게 되었다.

④ 1963년 5월 21일 OI는 U의 잔여주주들이 보유한 총 83만 6천주식에 대하여 주당 14달러 50센트로 전부 매수하겠다는 공개매수를 선언하였다. 공개매수의 결과 OI는 U의 주식중 60만주를 취득하였고 그 결과 U주식의 90%를 보유한 모회사가 됨으로써 약식합병(short form merger)을 통하여 U의 잔여주주들을 축출할 수 있는 주식매도청구권도 갖게 되었다.<sup>326)</sup>

⑤ 1963년 10월 23일 U는 Olivetti Underwood(이하 'OU'로 약함)에 합병되었고 당시 OI는 OU와 완전모자관계에 놓여 있었다. 현금지급합병의 댓가는 주당 10달러였고 이 현금지급합병에 반대한 원고 주주는 주식매수청구권을 행사하였고 원만한 가격협상이 이루어지지 않자 델라웨어 챈서리법원에 공정한 가격을 결정하기 위한 가격결정신청(appraisal proceeding)을 하게 되었다.

(2) 법원의 결정내용

반대주주는 본 사건 주식의 수익가치를 16달러 25센트로, 시장가치는 14달러 50센트 그리고 자산가치는 20달러 53센트로 본 후 이들을 각 25%, 50%, 25%로 가중하여 그 평균인 16달러 39센트를 공정한 가격으로 주장하였다. 반면 회사(OU)는 시장가격 9달러 50센트로 그러나 나머지 수익가치와 자산가치는 0으로 보아 시장가격에 대해서만 30%의 가중치를 두어 공정한 가격을 2달러 85센트로 주장하였다. 법원이 선임한 감정인(appraiser)은 수익가치는 제로(0), 시장가치는 14달러 25센트, 자산가치는 16달러 38센트로 계산한 후 이들을 각각 20%, 60%, 20%의 가중치를 두어 합산한 결과 공정한 가격은 11달러 83센트라고 주장하였다. 법원은 수익가치와 시장가치는 감정인의 평가를 그대로 따랐으나 감정인이 평가한 자산가치는 10달러 62센트로 본 후 각 항목에 대해 25%, 50%, 25%로 가중하여 최종 9달러 78센트를 공정한 가격으로 산정하였다.

(3) 코멘트

본 사건을 공개매수의 강압성 측면에서 보기 위하여 수익가치, 자산가치 및 시장가치 중 맨 마지막 요소만을 보기로 한다. 신청인 주주는 14달러 50센트의 공개매수가격을 공정한 가액의 산정을 위한 최저한으로 주장하며 시장가치를 14달러 50센트로 주장하였으나

325) 신주의 제3자배정이 우호적 M&A의 수단으로 동원되기도 한다. 좋은 사례로는 소니(SONY)의 아이와(AIWA) 인수건이 있다. SONY에 대한 신주의 제3자 배정시 신주의 가격이 AIWA 이사회의 신주발행결의일 전날의 종가(終價)보다 적게 산정되어 정상적인 주가와 실제 인수액간의 차액만큼 AIWA가 손해를 입었으므로 SONY는 AIWA에 그 차액을 지급할 의무가 있다고 주장하며 AIWA의 주주가 주주대표소송을 제기한 사건이었다. 이에 대해서는 会社法判例百選, 第3版, 事例 [97] ("第3者割當增資による企業買收"), 198~199頁.
326) 8 Del. C. s. 253.

법원은 공개매수 이전의 평균시장주가인 14달러 25센트를 시장가치로 보았다. 신청인 주주는 주당 14달러 50센트는 올리베티가 기꺼이 지불하고자 했고 또 실제 지급한 가격이므로 이것을 시장가치로 보아야 한다고 주장하였으나 법원은 이를 그대로 받아들이지는 않았고 공개매수의 선언이 있던 5월 21일 이전의 평균주가인 14달러 25센트를 시장가치로 보았다.[327] 주가의 평균 역시 공개매수 선언일인 5월 21일 이전을 기준으로 하였는 바 공개매수 선언 당시 올리베티가 언더우드의 주식을 이미 67%나 가지고 있었기 때문에 이러한 공개매수의 선언이 공개된 주식시장에 영향을 미칠 수밖에 없다고 본 것이다.

본 사건에서 델라웨어 챈서리법원은 당시에는 주식가치의 평가에 있어 상장주식이든 비상장주식이든 일률적으로 델라웨어 블럭방식(Delaware Block Method)을 사용하였기 때문에[328] 선행(先行)한 공개매수 가격이 차후 산정될 공정가격의 하한(下限)을 구성한다는 논지는 피력하지 않았다. 즉 주식평가의 산정요소인 자산가치, 수익가치 및 시장가치 중 맨마지막 요소에 대해 공개매수가격을 참고자료로 이용하였을 뿐이다. 그럼에도 불구하고 법원은 반대주주가 주장한 14달러 50센트라는 공개매수가격에 근접한 감정인의 주장을 받아 들였다. **즉 공개매수가격을 공정가격산정의 참고자료로 적극 이용하였다는 점에서 일본에서 행해지고 있는 강압성 논의와 유사한 점이 있다고 할 수 있다.**[329]

## 2. 메사(Mesa)의 유노칼(Unocal) 인수시도[330]
### [TOB → Cash-Out Merger로 이어지는 2단계 기업매수]

이 사건은 잘 알려져 있다시피 유노칼기준(Unocal Test)이라는 경영권 방어의 적법요건을 낳았다. 그런데 본 사건의 사실관계에서 잘 파악되듯 두 단계에 걸쳐 조직재편이 진행되고 있음을 알 수 있다. 하나는 공개매수요, 다른 하나는 현금지급합병이었다. 메사(Mesa)는 우선 공개매수를 추진하려 하였다. 즉 주식의 과반수를 취득할 때까지는 주당 54달러로 유노칼의 주식을 현금으로 매집할 예정이었다. 그 다음 단계는 현금지급합병이었는데 장외 공개매수로 51%의 주식을 확보하여 경영권을 장악하게 되면 나머지 49%의 잔여주주에 대해서는 같은 54달러의 가격이지만 정크본드(junk bond) 수준의 열악한 사채로 보상한다고 공표하였다. 보통 이러한 조직재편방식을 'two-tier frontloaded tender offer'라 한다.

그런데 이러한 인수합병 방식은 대상회사의 주주들에게는 적지 않은 심리적 압박을 가하게 된다. 즉 공개매수자가 선착순으로 37%의 주식을 현금으로 사들이지만[331] 이 목표가 달성되면 나머지 잔여 주주들은 매우 열악한 댓가에 만족하며 회사를 떠나야 하기 때문이다. 즉 'frontloaded'의 의미는 전반부에 전력(全力) 투구하겠다는 것으로서 기업사냥꾼

---

327) In re Olivetti Underwood Corp., 246 A. 2d 800 (1968), at p. 805.
328) 1983년 Weinberger v. UOP 사건 이후로는 델라웨어주 법원들은 델라웨어블럭방식에 국한하지 않고 회사재무상 동원가능한 모든 평가방식을 사용할 수 있게 되었다.
329) 飯田秀總, "株式買取請求權の構造と買取價格算定の考慮要素", 商事法務, 2013, 298頁.
330) Unocal v. Mesa, 493 A. 2d 946 (Del. 1985).
331) 메사는 이미 유노칼의 주식 13%를 보유하고 있었다. 따라서 이에 추가하여 과반수의 주식을 확보하기 위하여 공개매수를 선택하였다.

(corporate raider)인 Mr. Pickens는 전반부에는 좋은 조건으로 유노칼의 주주들에게 대가를 제공하지만 후반부에서는 정크본드 수준의 열악한 보상으로 잔여주주들을 사실상 축출(逐出)하는 것이어서 이러한 공개매수의 적법성에 대해 법률적으로 문제가 제기될 수밖에 없다.

메사측의 이러한 시도에 대해 유노칼의 이사회는 역공개매수를 결정하였다. 이것은 결국 유노칼의 주주에 대한 공개매수가 되므로 달리 표현하면 자기공개매수(self tender offer)가 될 것이다. 경영권 공격자가 제시한 공개매수가격보다 높은 주당 72달러로 유노칼의 주주들에게 자기공개매수(自己公開買受)를 시도하되 주주의 충실의무를 위반한 메사는 대상에서 제외하였으므로 선별적 자기공개매수(selective self tender-offer)가 되었다.

델라웨어 챈서리법원은 유노칼의 자기공개매수에 대한 메사 측의 유지청구를 인용하였지만 델라웨어주 최고법원은 챈서리법원의 결정을 파기하며 유노칼의 항소를 받아들였다.[332] 즉 메사 측의 공격정도에 비례한 방어라는 관점에서 유노칼의 자기공개매수와 메사를 그 대상에서 제외한 유노칼 이사회의 조치를 적법하다고 본 것이다. 즉 공격정도에 비례한(proportionate) 경영권 방어라면 적법성을 잃지 않는다고 판단하였다.

## 3. 파나소닉의 산요인수[333]
### [SPA → TOB → SE[334]로 이어지는 삼단계 조직재편]

이 인수합병은 일본의 전자거인(電子巨人) (주)파나소닉이 (주)산요전기를 인수하는 과정에서 나타난 삼단계 조직재편이다. 특히 파나소닉은 이 조직재편에서 산요의 배터리 사업부문을 인수하고자 하였다. 두 업체가 통합하게 되면 충전 배터리 시장, 특히 도요타, 포드, 혼다 등 자동차 업체들의 하이브리드카 배터리로 사용되는 니켈수소전지 업계에서 좋은 입지를 차지하게 된다. 나아가 세계 최대 재충전 배터리 제조업체인 산요전기를 인수함으로써 향후 가파른 성장세를 보일 것으로 전망되는 리튬이온 배터리 시장에서도 입지를 강화하고자 하였다. 결국 이 조직재편은 한국, 중국, 일본이 참가하는 이른바 동북아 3국 배터리 전쟁의 준비전 성격을 갖게 된다.[335]

이 M&A에서는 3가지 방식이 동원되었는바 차례로 보면 **첫 단계**에서는 주식양수도(Stock Purchase Agreement), **둘째 단계**에서는 공개매수(Tender Offer), 그리고 마지막 **세 번째 단계**에서는 주식교환(Share Exchange)이 이루어졌다. 대규모 조직재편에서는 이처럼 우호적 인수합병의 어느 한 방식으로 만족스럽게 전 과정이 해결되지 않는 경우가 많다. 따라서 다단계 방식이 자주 동원된다.

---

332) 물론 미국의 증권거래법은 그 후 개정되어 선별적 자기공개매수 등을 금지하고 있기는 하다(미국 증권거래법 제240.14d-10조). 그러나 뉴욕주나 델라웨어주 등 미국의 다수의 주에서 Flip-In 형태의 포이즌필이 사용되고 있고 그 경우 공격자를 역공개매수의 대상에서 제외하는 것은 쉽게 찾아 볼 수 있다.

333) 大阪地方裁判所 平成 24年(2012) 4月27日 第4民事部決定, 金融・商事判例 第1396号(2012. 8. 1.), 43頁.

334) 'SE'는 'Share Exchange'(주식교환)의 약자이다.

335) 2020년 8월 현재 전기차용 배터리의 글로벌 시장점유율을 보면 1위가 LG화학(24.6%), 2위가 중국의 CATL(23.5%), 3위가 일본의 파나소닉(20.4%) 그리고 4위가 삼성SDI (6%)이다. 우리 기업이 1위와 4위를 차지하고 있다.

파나소닉은 우선 산요의 주요 주주들과 접촉하면서 그들이 보유한 주식들을 개별적 협상으로 취득하는 방식을 취하였다. 매수시도에 응한 산요의 주주들과 주식양수도 형태의 계약을 맺으면서 파나소닉은 산요의 주식 중 과반수를 확보하였다. 그러나 과반수의 주식만으로 쉽게 조직재편결의의 승인을 낙관할 수 없다고 판단한 파나소닉은 그 다음 단계로 나머지 잔여주주들을 상대로 주당 138엔으로 공개매수를 단행하였다. 그 결과 파나소닉은 산요의 주식중 약 80.98%를 확보하게 된다. 마지막 단계인 주식교환에서는 파나소닉을 완전모회사로 하고 산요를 완전자회사로 하는 주식교환이 승인되었고, 산요의 1주식에 대해 파나소닉의 0.115주가 배정되었다.

여기서 문제시된 것이 주식교환에 반대한 산요의 주주들에게 적정한 보상이 주어져야 하는바 무엇이 공정한 가격인가 하는 점이었다. 나아가 공정한 가격 속에는 조직재편의 결과물인 시너지가치도 포함될 수 있는지였다.

우선 두번째 문제부터 보기로 한다. 일본 최고재판소는 조직재편 과정에서 발생하는 시너지 가치의 발생여부에 따라 다음과 같은 세 가지 분류를 시도하고 있다. **첫째** 플러스 시너지가 발생하는 경우에는 시너지 반영가격(synergy considering price)을 공정한 가격으로 본다.[336] 즉 플러스 시너지를 조직재편으로 소멸하는 회사의 소수주주들에게도 분배하는 방식을 사용한다. **둘째** 시너지가 발생하지 않을 경우 즉 기업가치의 합이 조직재편 전과 비교하여 증가나 감소가 관찰되지 않을 경우에는 조직재편이 일어나지 않았다면 존재하였을 주가(이를 나카리세바 가격이라 한다)를 공정한 가격으로 본다.[337] **셋째** 조직재편으로 말미암아 오히려 마이너스 시너지가 발생하는 경우에는 두 번째 경우와 같이 조직재편이 일어나지 않았더라면 존재하였을 가격(나카리세바가격; nakariseba price)으로 보상하여야 한다고 한다.[338] 즉 기업가치 훼손적인 조직재편의 경우에도 기업가치에 변화가 없었던 경우와 마찬가지로 취급된다.

이제는 첫번째 문제로 진입하기로 한다. 중요한 것은 주식교환이라는 마지막 단계에서 이 조직재편에 반대한 후 주식매수청구권을 행사한 산요의 주주들에게 지급하여야 할 공정한 가격과 제2단계 공개매수가격간의 관계이다. 결론부터 이야기하면 **공개매수가격은 공정한 가격의 하한(下限)으로 작용하게 된다**는 사실이다. 이는 후속될 쥬피터 텔레콤 사건에서 좀더 구체화되겠지만 이른바 공개매수의 강압성(coerciveness of tender offer)의 문제로 이어지게 된다.

본 사건의 담당 재판부는 본 사건의 다단계 조직재편이 플러스시너지를 낳은 것으로 보아 조직재편이 이루어지지 않았더라면 존재하였을 나카리세바가격에 시너지 분배분을 더하여 공정한 가격을 산출하였다. 다만 본 사건에서는 신청인이 2단계 공개매수 직후에 그러나 삼단계인 주식교환계약 체결전에 주당 132엔으로 산요의 주식을 매수한 것이어서 appraisal arbitrage라는 문제가 추가된다. 즉 신청인은 자신이 취득한 주당 132엔이라는

---

336) [Tecmo事件] 日本最高裁判所決定, 平成24年(2012年) 2月 29日, 第2小法廷決定, 判例時報 2148号, 3頁 = 判例タイムズ 137号(2012. 7. 1.), 108頁.

337) 樂天 v. TBS 株式買取價格決定申立事件 日本最高裁判所決定 平成 23年(2011) 4月 21日, 民集 65-3-1311.

338) インテリジェンス 株式買取價格決定申立事件 日本最高裁判所決定 平成 23年(2011) 4月 26日, 民集 235号, 519頁.

가격과 공개매수가격인 138엔간의 차이를 인식하며 주식교환이 진행되기 전에 주식을 매수하였다. 처음부터 그 차액을 노리고 차후 주식매수청구권을 행사하면 주당 적어도 138엔으로 보상될 것으로 예상하며 주식을 매입한 것이다. 이러한 권리남용적 주식매수청구권의 행사시에는 신의칙적으로 접근할 수밖에 없을 것이다. 오사카지방법원은 나카리세바 가격을 주당 114엔으로 산정한 후 여기에 시너지분배분인 주당 3엔을 합하여 주당 117엔이 공정한 가격이라고 결정하였다.

## 4. 쥬피터텔레콤사건[339]

### [TOB → Cash-Out Merger로 이어지는 二段階 스퀴즈아웃型 조직재편]

(1) 사실관계

(가) Y는 平成 22年(2010年) 당시 그 발행한 보유주식을 오사카증권거래소의 쟈스닥 스탠다드시장에 上場하여 소외 A 및 소외 B가 합계 Y의 총주주의 의결권의 70% 이상을 직접 또는 간접으로 보유하게 되었다.

(나) 平成 24年(2012年) 10月 20日 A 및 B가 Y주식의 공개매수를 계획하고 있음이 보도되었다. 동월 24일 A와 B는 일정 조건이 충족되는 경우에 A, B 및 그 외 1개사에 의하여 Y주식에 대한 공개매수를 실시하여 Y의 모든 주식을 취득하게 된 경우에는 그에 따른 절차를 밟게 된다고 공표하였다.

(다) 平成 25年(2013年) 2月 26日, A, B 외 1개사는 매수가격을 1주당 12만 3천엔으로 하여 본건 주식 및 Y의 신주예약권의 전부를 공개매수한다는 뜻, 취득가능한 본건주식은 全部取得條項附種類株式으로 하는 등 그 전부를 본건 매수가격과 동액으로 취득할 뜻을 공표하였다.

(라) 平成 25年(2013年) 6月 28日 Y의 주주총회 및 보통주주들의 종류주주총회도 개최되어 Y의 보통주를 全部取得條項附種類株式으로 하는 것, Y는 취득일을 平成 25年(2013年) 8月 2日로 정하여 전부취득조항부종류주식의 전부를 취득할 것 등이 결의되었다.

(마) X 등은 Y의 주주로서 일본 회사법 제172조 제1항에 기한 全部取得條項附種類株式의 취득가격결정을 법원에 신청하였다.

(2) 판시사항

i) 제1심: 제1심은 평기가준시점에 근접한 시장주가를 기초로 당해 주식의 객관적 가치를 평가하는 것이 합당하므로 대중매체의 보도가 이루어진 平成24年(2012年) 10月 20日의 前日인 동월 19일 이전의 시장주가를 기초로 해당 주식을 평가하여야 한다고 판시하였다.

그 위에서 平成24年(2012年) 10月 20日로부터 취득일인 平成25年(2013年) 8月2日까지는 9개월 이상의 기간이 있으므로 그 사이 예컨대 JASDAQ 지수는 74.9% 상승하였기 때문에 본건 공개매수가 이루어지지 않았다면 본건 주식의 시장가치는 "일정한 정도의 상승이 있었다고 생각하는 것이 합리적이다"라고 판시하면서 平成24年(2012年) 10月 19日로부터 본건 취득일까지 시장 전체의 추가동향을 고려한 보정을 행하는 것이 가능하다면 이를

---

339) 日本最高裁判所 第1小法廷決定 平成 28年(2016) 7月1日, 金融・商事判例 第1497号, 8頁.

행하여 본건 취득일에 있어서 본건 주식의 객관적 가치를 산정하는 것이 보다 합리적이라고 보았다.

그리하여 본건에서는 회귀분석(回歸分析)에 의한 예측주가의 평균치인 10만 4,165엔을 본건 취득일에 있어서 본건 주식의 객관적 평가액으로 산정하고 나아가 증가가치분배가격은 본건 주식의 객관적 가치에 대하여 25%로 산정함이 상당하다고 하면서 본건 주식의 취득가격을 1주당 13만 206엔으로 결정하였다.

ii) 제2심: 원심도 제1심의 판단을 그대로 인용하자 X 등 및 Y가 항고허가신청을 하게 되었다.

iii) 최고재판소: 일본 최고재판소는 원심을 파기하고 취득가액을 주당 12만 3천엔으로 확정하였다

"주식회사의 주식의 상당수를 보유하고 있는 주주(다수주주)가 당해 회사의 주식에 대하여 공개매수를 행하여 그 후 당해 회사의 주식을 전부취득조항부종류주식으로 당해 회사의 동 주식의 전부를 취득하는 거래에 있어서는 다수 주주 또는 위 주식회사와 소수주주 사이에는 이익상반관계가 존재한다. 그럼에도 불구하고 독립된 제3자 위원회 또는 전문가의 의견을 청취하는 등 의사결정이 자의적으로 진행되는 것을 배제하기 위한 합리적 조치가 강구되고 공개매수에 응하지 않았던 주주가 보유했던 위 주식도 공개매수가격과 동액으로 취득하는 등[340] 일반적으로 공정하다고 인정되는 절차에 따라 위 공개매수가 행하여진 경우에는 위 공개매수가격은 위 거래를 전제로 하여 다수주주 등과 소수주주간의 이해가 적절히 조정된 것으로 보아야 한다. 따라서 위 공개매수가격은 위 취득일까지 시장의 일반적인 가격변동이 나타나는 경우에도 그것이 이미 반영된 것으로 보아야 할 것이다.

다수주주가 주식회사의 주식 등의 공개매수를 행하여 그후 해당 주식회사의 주식을 전부취득조항부종류주식으로서 당해 주식회사가 동 주식의 전부를 취득하는 거래에 있어서는 **독립한 제3자 위원회 및 전문가의 의견을 듣는 등** 다수주주 등과 소수주주 사이에 이해상반관계가 존재함에 따라 의사결정이 자의적으로 흐르는 것을 배제하기 위한 조치가 강구되어 **공개매수에 응하지 않았던 주주의 보유주식에 대해서도 공개매수가격과 동액으로 취득한다는 뜻이 명시되어 있는 등** 일반적으로 공정하다고 인정되는 절차에 따라 위 공개매수가 행하여지고 그 후에 당해 회사가 위 공개매수가격과 동액으로 전부취득조항부종류주식을 취득한 경우에는 위 거래의 기초로 되었던 사정에 예기치 않은 변화가 생겼다고 인정되기에 족한 특단의 사정이 없는 한 법원은 위 주식의 취득가격을 위 공개매수가격과 동액으로 함이 합리적이다."[341]

(3) 코멘트

본 사건에서는 공개매수의 주체인 A와 B 등(다수주주)은 이미 의결권있는 주식의 70%를 확보한 상태였으므로 그 후 공개매수를 하고 나아가 공개매수에 응하지 않은 소수주주

---

340) 이러한 경우에는 후술할 '공개매수의 강압성' 문제가 생기지 않는다고 한다(田中 亘 編著, 数字でわかる会社法, 初版4刷, 有斐閣, 2017, 232頁).

341) 日本最高裁判所 平成 28年7月1日, 第1小法廷決定, 金融・商事判例 1497号, 8頁; 会社法判例百選, 第3版, 事例 [88], 180~181頁.

에 대한 현금지급합병을 단행할 경우 이것은 관계자거래(Related Party Transaction)가 되고 만다. 그럼에도 불구하고 일반적으로 공정하다고 인정되는 절차를 밟아 공개매수가 진행되고 또 이에 응하지 않은 주주에 대해서도 차후 이 공개매수가격으로 해당 주식을 취득하겠다고 선언하는 등 **절차상의 하자를 발견할 수 없는 경우에는 해당 주식의 매수청구로 인한 가격결정신청절차에서도 공개매수가격은 공정한 가격으로 다루어져야** 한다고 한다. 나아가 이러한 경우라면 시장 전체에서 관찰되는 주가상승 등이 있더라도 회귀분석(回歸分析)에 의한 보정 등은 요구되지 않는다고 한다. 다수주주와 소수주주 등이 원만히 합의한 사항으로서 양자간의 이해가 이미 적절히 조정된 결과로 볼 수 있기 때문이라고 한다.

즉 법원의 입장을 정리해보면 거래가 공정한 절차를 거쳤다고 인정되기 위한 조건으로서 ① 첫째 매수자가 공개매수에 있어 공개매수가격과 동액으로 현금지급합병을 할 것임을 공시할 것, ② 둘째 실제로도 그 액으로 현금지급합병이 이루어질 것이 요청된다고 한다. 이러한 2 단계매수에 있어 위 ①과 ②의 조건이 동시에 충족되지 않을 경우에는 법원은 독자적으로 공정한 가격을 산정하여야 한다고 판시한다.[342] **나아가 본 결정은 특별위원회의 설치 및 그 독립적 운영의 중요성을 강조하고 있는 바 이는 절차중심적으로 흐르는 미국 델라웨어주 판례법과도 궤를 같이 하는 것으로서 의미가 크다고 할 수 있으며 향후 우리나라의 판례법에도 적지 않은 영향을 미칠 수 있을 것으로 전망된다.**

## 5. 시그널(Signal)의 U.O.P. 인수[343]
### [TOB → Cash-out Merger; 공개매수로 경영권 취득후 현금지급합병으로 이어진 2단계 M&A]

시그널(Signal)社(이하 'S'로 약함)는 1974년 자신이 100% 주식을 보유중인 자회사를 4억2천만 달러에 매각한 후 이 자금으로 Universal Oil Product社(이하 'UOP'로 약함)의 주식을 공개매수하기로 공표한다. 이에 성공한 S는 UOP의 총발행주식 중 50.5%를 취득하여 경영권을 장악하였고 그 후 S측 인사인 제임스 크로포드(James Crawford)가 UOP의 새로운 CEO & Chairman에 취임하였다.

1977년에 이르러 여전히 현금여유분을 가지고 있던 S社는 UOP의 잔여주식 49.5%를 매수하기로 하고 UOP의 소수주주들에게 주당 21달러로 현금지급을 하는 cash-out merger를 단행한다. 이에 반대한 UOP의 주주 와인버거(Weinberger)는 본 현금지급합병이 절차적으로나 실질적으로나 공정하지 못하다고 주장하면서 주위적 청구로 합병의 무효를, 나아가 예비적 청구로 적정한 합병대가와 21달러간의 차액을 손해로 보아 그 배상을 요구하였다.

델라웨어주 챈서리법원은 원고패소판결하였으나 델라웨어주 최고법원은 원심을 파기하였다. 본 현금지급합병은 S가 이미 UOP의 경영권을 장악한 상태에서 이루어져 관계자거래(related party transaction)의 성격을 가지므로 완전한 공정성기준(entire fairness

---

342) 伊藤靖史＝大杉謙一＝田中　亘＝松井秀征, 會社法, 有斐閣, 第5版, 2021, 434頁 (Column 9-25).
343) Weinberger v. UOP, 457 A.2d 701 (Del. 1983).

standard)을 충족시켜야 하는데 본 합병은 이에 이르지 못하였다고 본 것이다.

## 6. 시티(Citi)의 닛코(日興コ—ディアルグル—プ)인수
[TOB → Triangular Share Exchange(삼각주식교환) → Merger(흡수합병) 으로 이어지는 국제삼각조직 재편]

2007년 3월 미국의 시티그룹(이하 '甲'이라 약함)의 일본 자회사인 Citi Group Japan Investments, LLC(이하 '乙'이라 약함)를 설립한 후 乙을 통하여 일본의 (주)닛코 코디알(이하 '丁'으로 약함)에 대한 공개매수를 단행한다. 공개매수가 완료된 후 乙은 취득한 주식을 甲의 완전자회사인 일본 법인 Citi Group Japan Holdings, LLC(이하 '丙'으로 약함)로 이관(移管)하였다. 丙과 丁은 2008년 1월 丙을 완전모회사, 丁을 완전자회사로 하는 삼각주식교환을 단행하여 丁의 주주에 대하여 甲의 주식을 교부하였다. 丙과 丁은 2008년 5월 丙을 존속회사로 하고 丁을 소멸회사로 하는 흡수합병을 단행하여 丙의 상호를 '(주)니코시티홀딩스(Nikko-Citi Holdings, Inc.)로 변경하였다.

## 7. (주)하나금융지주의 외환은행 인수건 [주식양수도 → 주식교환; SPA → SE]

하나금융지주는 외환은행을 인수하기 위하여 2단계 조직재편을 단행하였다. 첫 단계에서는 론스타(Lone Star)로부터 외환은행의 과반수 주식을 취득한다. 둘째 단계로 하나금융지주는 외환은행과 주식교환계약을 체결한다. 이렇게 양차에 걸친 M&A Deal을 통하여 외환은행을 완전히 흡수하였다. 그러나 양 단계 모두 순탄치 못하였다. 즉 적지 않은 숫자의 송사에 휘말렸고 나아가 론스타 측이 금융주력자인지 아니면 비금융주력자인지 문제시되어 ISDS(국가간 투자자소송)까지 제기되었고 지금까지도 완전히 해결된 것이 아니다. 주식교환무효의 소 및 주주대표소송 등 법적 분쟁으로 점철된 사건이었다.

## III. 다단계 조직재편에서 흔히 등장하는 문제점

### 1. 공개매수의 강압성문제

다단계 인수합병에서는 공개매수에 의한 지배권 취득이 자주 관찰되며 이 경우 후속단계의 조직재편이나 반대주주의 주식매수청구시 공정한 가격을 어떻게 산정할 것인지 문제시될 때가 많다. 특히 공개매수가격이 공정한 가격의 산정에 어떤 영향을 미치는지 문제시되며 다수의 문헌은 이를 **공개매수의 강압성**(coerciveness of takeover bid)으로 부르고 있다.[344]

---

344) Haas (Jeffry), Corporate Finance, 2004, West, pp. 456, 469~470; 飯田秀總, "株式買取請求權の構造と買取價格算定の考慮要素", 商事法務, 2013, 285頁 以下.

### (1) 공개매수가격과 공정한 가격간의 관계

합병 등 조직재편에 선행(先行)하여 공개매수가 이루어지는 경우 공개매수가격이 차후 산정될 공정한 가격(fair price)과 어떤 관계에 놓이는지 의문이다.[345] 특히 **전자가 후자의 하한(下限)으로 작용하는지 의문**이며 이에 대해서는 아래와 같은 학설의 대립이 있다. 이하 미국과 일본의 경우를 먼저 보기로 한다.

**미국**의 경우 공개매수의 강압성과 주식매수청구권 행사후 산정될 공정한 가격간의 적극적인 상관관계를 인정할 수 있는 판례로는 이미 위에서 살펴 본 올리베티(Olivetti)의 언더우드(Underwood) 인수건 등이 있다.[346] 공개매수가격이 공정한 가격을 산정함에 있어 그 하한(下限)으로 작용한다는 학계의 주장도 있다. 즉 2단계 freeze-out에 있어서 그 cash-out 가격은 공개매수가격과 같아야 한다고 주장한다.[347] 한편 그 반대의 목소리도 있으며[348] 나아가 일부의 판례에서는 공개매수가격의 하한기능이 인정되지 않고 있다.[349]

**영국**의 경우에는 의무공개매수제도가 매도압력을 차단하는 기능을 갖는다고 한다. 이 제도가 없다면 지배권을 확보할 일정지분까지는 상대적으로 높은 가격으로 매수제의를 하고 나머지 잔여주식에 대해서는 상대적으로 낮은 가격으로 매수제의를 할 수 있겠지만 의무공개매수를 규정하고 있는 영국식 규율체계 때문에 강압적 공개매수가 차단된다고 한다.[350]

**일본**의 경우 공개매수의 강압성 문제는 미국에서 보다는 훨씬 체계적으로 전개되고 있다. 일본에서는 다음과 같이 긍정설과 부정설의 대립을 발견할 수 있다. 먼저 **긍정설**(공개매수가격 이상설; 公開買受價格以上說)에 의하면 공개매수가격이 공정한 가격의 하한(下限)으로 작용한다고 한다. 공개매수의 강압성을 해소하기 위해서는 매수가

---

345) 우리나라에서도 2단계 합병의 경우 2단계의 합병에 반대하는 주주에게는 최소한 1단계의 공개매수가격과 동일한 대가를 지급해야 할 것인가 하는 문제가 다루어지고 있다(송종준, "2단계 합병과 소수주주의 보호", 「법학연구」 제7권 제2호, 충북대 법학연구소, 1995, 157면 이하; 同人, "공개매수제도의 개선방안", 「상장협」 제52호(2005. 9.), 16~42면, 특히 25면).

346) In re Olivetti Underwood Corp., 246 A. 2d 800 (1968); 그 외에도 Alcott v. Hyman, 208 A. 2d 501 (Del. 1965); Homer v. Crown Cork & Seal Co., 141 A. 425, 432 (1928) 등이 있다.

347) Brudney/Chirelstein, "Fair Shares in Corporate Mergers and Takeovers", 88 Harv. L. Rev. 297, 336~340(1974)(적어도 공개매수와 후속 조직재편이 시간적으로 근접하여 서로 연관성을 가질 경우 그러하다고 한다).

348) Saul Levmore, "Self-Assessed Valuation Systems for Tort and Other Law", 68 Va. L. Rev. 771, 851 (1982); Lucian Bebchuk, "Toward Undistorted Choice and Equal Treatment in Corporate Takeovers", 98 Harv. L. Rev. 1695, 1740~1742 (1985).

349) Cooper v. Pabst Brewing Co., No. 7244, 1993 WL 208763 (Del. Ch. June 8, 1993).

350) 강정민, "한국석유공사의 Dana Petroleum PLC 공개매수 사례분석", 「기업지배구조연구」 제37권(2010년 겨울호), 경제개혁연구소, 91~98면, 특히 97면.

격이 공개매수가격보다 높아야 한다고 한다.[351] 나아가 직접적으로 공개매수가격과 공정한 가격을 비교하지는 않더라도 적대적 인수합병의 상황하에서 경영권 공격자가 이러한 방법으로 공격해 올 경우 대상회사의 이사회는 그에 상응(相應)하는 방어수단을 동원할 수 있다고 한다. 즉 공격자의 공격정도에 비례한 방어가 가능하기 때문에 강압적 공개매수는 결국 대상회사의 이사진들에게는 더 강한 방어수단을 허용하는 결과로 이어진다고 한다.[352] 2단계의 Freeze-out에서 Freeze-out가격이 공개매수가격보다 적은 경우가 공개매수의 강압성이 나타나는 전형적인 예라고 한다.[353]

이에 대해서 **부정설**의 입장에서는 강압성이 존재하는 것을 이유로 TOB가격을 매수가격의 판단자료로 삼아서는 않된다고 한다.[354] 즉 공개매수가격을 매수가격의 판단자료로 존중할 필요가 없다고 한다. 요컨대 공개매수가격을 공정한 가액의 산정상 참고자료로 생각할 이유가 없다는 것이다. 일본 판례는 위의 Jupiter Telecom 사건에서 보았듯이 긍정설의 입장을 취하고 있으며,[355] 실무상으로도 공개매수의 성립후에는 공개매수가격과 동액으로 cash-out하는 것이 보통이라고 한다. 정당한 이유없이 공개매수가격 미만으로 cash-out하는 경우에는 가격결정절차(appraisal proceeding) 등 주주보호제도가 작동한다고 한다.[356]

일본의 실무에서 TOB가격의 하한기능은 2016년의 최고재판소 결정(Jupiter Telecom 사건) 이전에도 이미 확고하였다. 2007년 일본 경제산업성이 공표한 "기업가치의 향상 및 공정한 절차확보를 위한 MBO 지침"에서 이미 그러한 내용을 살펴 볼 수 있다. 동 지침은 강압성의 문제를 고려하여 "공개매수후에 squeeze-out을 행하는 경우 특단의 사정이 없는 한 공개매수가격과 스퀴즈아웃 가격은 동일하여야 하며 회사는 그 뜻을 공시자료에 명확히 밝혀야 한다"고 규정한다. MBO에 의한 squeeze out 사례로는 렉스홀딩스 사건이 있는바 이 사건에서 도쿄고등법원은 일본 회사법 제172조에 기한 주식매수가격의 결정[357]에 있어 법원은 "취득일에 있어서의 공정한 가격으로 매수가격을 결정하여야 한다"고 하면서 그 결정은 "제반 사정을 고려한 법

---

351) 日本最高裁判所決定 平成 28年 7月 1日, 「金融・商事判例」, 第1497号, 8頁(＝会社法判例百選, [88], [Jupiter Telecom사건]); 東京地方裁判所決定 平成 21年 3月 31日, 判例タイムズ, 1296号, 118頁[日興コーディアルグループ(Nikko-Cordial Group)事件]; 伊藤靖史＝大杉謙一＝田中 亘＝松井秀征, 会社法, 有斐閣, 第5版, 2021年 3月, 434頁; 田中 亘, 『会社法』, 第3版, 678頁.

352) Unocal v. Mesa, 493 A. 2d 946 (Del. 1985).

353) 飯田秀總, "株式買取請求權の構造と買取價格算定の考慮要素", 商事法務, 2013, 289頁.

354) 加藤貴仁, "レックスホールディングス事件 最高裁判所決定の檢討[中] － 公正な價格の算定における裁判所の役割", 商事法務, 1876号(2009), 4頁, 8頁.

355) 日本最高裁判所 第1小法廷決定 平成 28年(2012) 7月1日, 「金融・商事判例」, 第1497号, 8頁.

356) 田中 亘, 『会社法』, 第2版, 614頁.

357) 일본 회사법 제172조는 전부취득조항부종류주식의 취득과 관련하여 주주총회에서 이에 반대한 주주가 법원에 해당 주식의 매수가격결정을 신청할 수 있도록 허용한다.

원의 합리적 재량에 맡겨진다" 보고 있다. 좀더 구체적으로 아야기하면 동 법원은 ①
취득일에 있어서 당해 주식의 **객관적 가치**에 ② 향후 주가상승에 대한 기대치(增加價
値分配價格)를 반영하는 판단시스템을 개발하였고[358] 일본의 최고재판소도 2009년 이
를 그대로 승인하였다.[359]

그후의 판례들은 대체로 위 흐름을 그대로 유지하고 있는 바 위 ①의 객관적 가
치란 특단의 사정이 없는 한 취득일에 근접한 일정기간 시장주가의 평균치를 의미하
는 바 이때 주의할 점은 **공개매수 공표후의 주가는 산정대상에서 제외**하고 있는 점이
다.[360] 즉 **특단의 사정이 없는 한 공개매수 공표전 1개월의 종가평균이 일반적**이라고
한다. 또한 "특단의 사정"의 예로는 아베노믹스에 따른 주식시장에서의 급격한 주가
상승을 고려하여 공개매수 선언에 앞선 3개월의 종가평균을 판단의 기초로 삼은 사
례가 있고,[361] 나아가 ②의 증가가치분배가격이란 MBO후의 사업계획, 절차의 경과
(이익상반회피조치의 유무 등) 기타 다른 MBO사례의 프리미엄 등을 고려하여 산정하게
되겠지만 적어도 ①에서 산정한 객관적 가치의 20%를 下回하지 않는 법원결정이 많
았다고 한다.[362]

우리나라에 있어서는 외국에서와 달리 공개매수방식이 아직 M&A의 수단으로 크
게 선호되지 않고 있어 다양한 사례를 접하기 어렵다. 그러나 우리의 M&A 시장에
있어서도 TOB가 선행(先行)하는 M&A시 TOB가격은 뒤따르는 cash-out 거래에서는
공정한 가격(fair price)의 하한(下限)으로 작용한다고 풀이하여야 할 것이다.

### (2) 차액거래의 문제

이처럼 공개매수가 강압성의 비난에서 벗어나기 위하여 후속될 매수가격결정절차
에서 공정한 가격의 하한으로 작용할 수 있기 때문에 이를 악용하는 사례도 존재하
는바 이를 차액거래(appraisal arbitrage)라 한다.[363] 예컨대 위에서 이미 살펴 본 파나
소닉(Panasonic)과 산요(Sanyo)간 주식교환사례[364]에서 주식매수청구권을 행사한 신청

---

358) 렉스홀딩스 사건(Re Rex Holdings), 東京高等裁判所 決定, 平成 20年(2008) 9月 12日 「金融・商事判例」,
1301号, 28頁.

359) 日本 最高裁判所 決定, 平成 21年(2009) 5月 29日, 「金融・商事判例」, 1326号, 35頁.

360) 이 점 위에서 살펴본 델라웨어 챈서리법원의 올리베티사건과 같은 결과이다[In re Olivetti Underwood
Corp., 246 A. 2d 800 (1968), at p. 805].

361) 東京地方裁判所 決定 平成 25年(2013) 11月 6日, 「金融・商事判例」, 1431号, 52頁.

362) 위 렉스홀딩스 사건, 사이바트홀딩스 사건 등에서 그러하였다고 한다. Culture Convenience Club 사건에서는
산정기관이 행한 DCF가격과 객관적 가치간의 차액을 증가기대가치로 보아 이를 인수자와 소수주주에 대해
1 대 1로 분배한 경우도 있었다(CCC 사건).

363) 보다 자세한 설명으로는 최민용, "시장예외 도입에 관한 연구", 「商事判例研究」 제32집 제1권(2019. 3. 31.),
317~351면, 특히 324~326면.

364) 大阪地方裁判所 平成 24年(2012年) 4月 27日, 第4民事部決定, 「金融・商事判例」, 1396号(2012. 8. 1.), 43頁.

인 주주는 **회사가 조직재편관련 이사회결의를 공시한 후에 비로소 해당 주식을 취득한 후 주식매수청구권을 행사**하였다. 당해 주주는 처음부터 취득가격과 '공정한 가격' 간의 차액을 노리고 있었다.[365] 즉 주식교환에 앞서 행해진 공개매수가격이 "공정한 가격"의 하한(下限)이 될 것이라고 예상한 후 시장주가가 공개매수가격보다 떨어지자 비로소 주식을 대량 매수한 것이다. 신청인이 처음부터 의도적으로 취득가액과 공개매수가격간의 차액를 노리고 산요의 주식을 취득하였기 때문에 법원은 권리남용금지의 원칙을 적용하여 나카리세바가격(114엔)에 시너지분배분(3엔)을 더한 117엔으로 공정한 가격을 산정하였다. 신청인은 결과적으로 취득가격 132엔에도 못미치는 가격으로 보상된 결과가 되었다. 주식매수청구권의 남용에 대한 사법당국의 징벌적 결정이라고도 할 수 있다.

**독일**에서도 일본에서와 유사한 차액거래의 폐해를 경험하였다. 다수의 헤지펀드들이 독일의 상장기업에 진출하여 조직재편을 추진할 해당 회사의 이사회가 조직재편을 공시하고 난 후 비로소 시장에서 주식을 취득하였다. 이들은 그후 보통 몇 개월후 소집되는 해당 회사의 주주총회장에서 이에 반대한 후 주식매수청구를 해왔다. 이사회 공시일과 주주총회 승인일 사이에는 보통 수개월의 시간이 있었기에 이들은 시장에서 여러 가지 방식으로 주가를 부양한 후 차액을 노려왔다.[366]

2001년 독일 연방대법원은 DAT/Altana 사건에서 독일 주식법 제319조에 의한 '편입(Eingliederung)'[367] 이후 종속회사 소수주주에게 지급할 현금보상액(Barabfindung)을 산정함에 있어서는 조직재편을 승인하는 주주총회일에 앞선 3개월간의 종가평균 혹은 주주총회승인일의 시장주가 중 큰 액수를 기준으로 한다고 선언하였다.[368] 이 사건 이후 독일에서는 차액거래의 위험성을 지적하는 실무계와 학계의 지적이 많았다. 즉 국제적인 헤지펀드들이 독일에 진출하여 차액거래를 노릴 가능성이 높아졌다는 것이다. 이사회에 의한 조직재편의 공시내용을 살펴 본 후 주식을 취득하고 주주총회일까지 기다렸다가 이에 반대한 후 주식매수청구권을 행사할 수 있는바 조직재편에 대한 이사회의 공시일로부터 주주총회의 승인일까지는 충분한 시간이 있으므로 이

---

365) 신청인의 취득가액은 주당 132엔이었고 그에 앞선 공개매수가격은 주당 138엔이었다.

366) McDermott Will & Emery, "Squeeze-Outs in Germany; Becoming Stale for Hedge Funds?", Lexology, June 7, 2007.

367) 독일 주식법은 완전모자관계나 한 회사(A)가 다른 회사(B)의 주식의 95% 이상을 보유하는 경우 종속회사(B)의 지배회사(A)에 대한 편입(編入)가능성을 인정한다(동법 제319조 내지 제320조). 이는 주식교환과 유사한 제도이다. 편입되는 회사의 법인격이 편입된 후에도 소멸하지 않는 점에서 흡수합병과 다르나 이로써 기업결합관계가 발생하는 점에서 우리 상법상의 주식교환제도와 유사하다. 편입된 종속회사는 법적 독립성은 유지하지만 경제적으로는 지배회사의 영업의 일부로 된다. 편입등기와 더불어 종속회사(B)의 소수주주들이 보유하던 B의 주식은 지배회사(A)로 이전한다. 다만 반대주주에게는 현금보상의 가능성이 남아 B의 반대주주들은 A의 주식 또는 현금 중 선택할 수 있게 된다(독일 주식법 제320b조 제1항).

368) BGHZ 147, 108.

기간 중 여러 경로로 해당 회사의 주가에 영향을 주어 위 3개월의 종가평균을 그 회사의 실제가치보다 높일 수 있다는 것이다. 이로써 헤지펀드들은 실제로도 높은 수익을 올릴 수 있었다. 이러한 폐해가 드러나자 위 DAT/Altana 판결에 불복하는 하급심 판결이 줄을 잇더니[369] 마침내 독일 연방대법원도 스스로 판례를 변경하기에 이르렀다. 이 사건이 Stollwerck사건이다.[370] 이 사건에서 독일 연방대법원은 공정한 가격의 산정기준일을 조직재편을 승인하는 주주총회일로부터 이사회에 의한 조직재편의 공시일로 앞당기게 되었다. 즉 3개월간의 주가평균을 구하되 산정기간을 이사회의 공시일로부터 그에 앞선 3개월로 조정한 것이다.[371] 다만 주주총회일과 이사회의 공시일 간에 3개월 이상의 장기간이 소요되는 경우 또는 주가의 흐름이 비정상적인 경우에는 재차 기준일을 조정할 수 있다는 유보조건을 두었다.

위에서 살펴 본 바대로 **공개매수의 강압성**(强壓性; coerciveness of takeover bid)이 문제로 되는 한 공개매수가격의 하한기능을 악용하는 사례도 나올 수밖에 없다. 앞서 살펴 보았듯이 이러한 강압성은 법률적으로 금지되므로[372] 법원 역시 공정한 가격을 산정함에 있어서는 공개매수가격을 하한으로 공정한 가격을 산정할 수밖에 없게 될 것이다. 우리나라의 자본시장법은 이러한 남용사례에 대비하여 이사회공시가 이루어진 이후 비로소 주식을 취득한 사후취득주주에게는 처음부터 주식매수청구권을 부여하지 않는 것으로 하였다(자본시장법 제165조의5 제1항 참조).[373]

## 2. 관계자거래의 문제점

이러한 관계자거래에서는 독립당사자간의 정상적인 거래에서와 달리 여러 가지 법률문제가 복합적으로 제기될 수 있으며 특히 종속회사 소수주주의 보호 문제가 심각하다. 다단계 M&A에서 벌어지는 관계자거래의 주요 문제점들을 이하 정리해보기로 한다.

---

369) 베를린 고등법원(2006년)과 쉬투트가르트 고등법원(2007년)이 연방법원에 반기를 들었다. 이들 하급법원의 입장은 주주총회일에 앞선 3개월이 아니라 이사회 공시일에 앞선 3개월의 종가평균이어야 차액거래의 위험을 막을 수 있다는 것이었다.

370) BGHZ 186, 229 f. = BGH AG 2010, 629 f. = BGH NJW 2010, 2657.

371) 이렇게 되면 이 독일 판례의 입장은 현재 우리 자본시장법 및 그 시행령과 같아지는데 그 결과 시너지를 적정히 반영할 수 없다는 문제가 추가로 남게 된다.

372) 日本 最高裁判所 平成 28年(2016) 7月 1日, 第1小法廷決定, 「金融・商事判例」, 1497号, 8頁.

373) 금융감독원 정책브리핑자료(2007. 3. 6.字)(www.fss.co.kr 참조); 그러나 델라웨어의 판례법은 사후취득주주에게도 매수청구를 허용한다(Transkaryotic Therapies, Inc., 2007 WL 1378345 (Del. Ch. May 2, 2007)(기준일 이후 합병승인주주총회일 이전에 취득한 주주에게도 주식매수청구권을 인정하고 있다).

### (1) 수직적 관계자거래와 수평적 관계자 거래

다단계 조직재편의 경우 그 중간단계에서 인수자 측이 대상회사의 과반수 주식을 취득하는 경우 그 이후부터는 관계자거래(related party transaction)의 성격을 띠게 된다. 관계자거래는 주로 자본참여관계가 존재하는 모자관계에서 자주 발생하지만 우리나라 같은 경우에는 그러한 자본참여관계가 존재하지 않는 계열사간 조직재편에서도 자주 관찰되고 있다.

前者를 수직적 관계자거래(vertical RPT)라 한다면 後者는 수평적 관계자거래(horizontal RPT)로 부를 수 있을 것이다. 전자의 좋은 사례는 이미 앞서 살펴본 1983년 델라웨어 최고법원의 와인버거사건이다. 후자의 좋은 예는 지금까지도 송사가 마무리되지 않은 삼성물산과 제일모직간 합병이다.[374] 전자에서는 시그널社가 UOP와 현금지급합병으로 들어갈 때 이미 UOP 과반수의 주식(50.5%)를 갖고 있어 합병댓가의 공정성이 다투어졌고 법원은 완전한 공정성기준을 적용하면서 절차와 내용 양면에 걸친 공정성을 요구하였다.

후자의 사례에서는 그룹의 경영권승계가 합병의 사실상의 목적이며 이를 위하여 그룹의 워치타워(watch tower)가 양사의 합병을 사실상 지휘해 왔을 것이라는 합리적 의심이 존재하였다. 이러한 것들을 배경으로 특히 합병비율의 공정성과 합병목적의 정당성이 합병무효의 원인으로 제기되었다. 전자는 후자의 목적을 달성하기 위한 수단으로 볼 수도 있었고 후자를 심사할 경우 합병당사자인 두 회사만 따로 떼어 놓을 수도 없었다. 약 70개로 이루어진 그룹 전체의 울타리가 있었기 때문이다. 따라서 그룹전체의 이익과 합병당사회사의 이익을 적절히 조화시키는 노력도 필요하였다. 결국 경영권 공백이라는 초유의 사태를 겪으면서 경영권승계가 화급한 과제로 등장하였고 이를 해결하기 위한 수단으로 본 합병이 추진되었다. 나아가 양사간 합병은 그룹 전체의 경영권승계와 목적수단관계에 놓이게 되었다. 독립된 당사자간의 거래였다면 합병당사회사의 이사진들은 오로지 자신이 몸담고 있는 회사만을 위하여 진력하였을 것이다. 그런 팽팽한 협상결과는 합병비율이라는 종국적 숫자로 표현되었을 것이고 이에 따라 합병이라는 조직재편이 진행되었을 것이다.

그룹차원의 경영권이 확보되지 않으면 대략 70개 정도로 파악되는 그룹의 계열사

---

374) 관계자거래의 개념 외연은 상당히 탄력적으로 생각할 수 있을 것이다. 전통적으로 자기거래나 기회유용 등의 경우뿐만 아니라 넓은 범위의 '터널링(tunneling)'이 이에 속할 수 있다. 자본참여관계가 존재하는 모자회사간 합병뿐만 아니라 우리나라의 경우에는 지배주주가 사적 이익을 추구할 수 있는 계열사간 합병 역시 관계자 거래의 성격을 가질 수 있다고 생각한다(R. Kraakman et. al., The Anatomy of Corporate Law, 3rd ed., Oxford Univ. Press, pp. 145~146; 김건식, "관계자거래의 규제", 「BFL」 제100호, 2020. 3., 9면).

들은 각자 도생의 길을 걸어갈 수밖에 없었을 것이다. 그러나 그러한 결과는 국민경제적으로도 바람직스럽지 않았을 것이다. '전자'라는 그룹 최대 계열사의 경영권이 확보되지 않으면 국제 헤지펀드의 먹잇감이 되기 쉬우며 이들이 적당히 경영권을 장악한 후 분할매각할 가능성도 배제할 수 없었다. 일본의 불독소스사건 등 근자의 여러 사례가 이를 증명하고 있다. 불독소스의 경영권을 노렸던 스틸 파트너스(Steel Partners)는 불독소스의 기업가치 상승에는 처음부터 관심을 보이지 않았다. 하나은행에 외환은행의 지분을 넘겼던 론스타 역시 그러하였다. 국제적 투기자본의 속성에 대해서는 근자의 여러 사례가 이를 잘 설명해주고 있으며 여러 말이 필요없을 정도이다. 따라서 그룹차원의 경영권 안정은 그 자체가 **목적정당성**(legitimacy of the ends)을 뒷받침한다고 보아야 한다. 이러한 목적을 달성하기 위하여 본 합병은 **적합한 수단**(suitability of the means)이었다. 특히 특수관계인이 다수의 주식을 보유한 '모직'과 '전자'의 지분을 상대적으로 많이 가진 '물산'의 결합은 S그룹으로서는 피할 수 없는 선택지였을 것이다.

본 합병의 진행 과정에서는 회사문화(corporate culture)의 충돌도 감지되었다. 가중심(家中心)의 회사문화로 특징지워지는 우리나라의 회사문화와 개별회사 중심의 서구식 회사문화가 서로 양보없이 충돌하는 거칠은 싸움도 목격되었다. 엘리엇은 가처분신청을 통하여 개별회사 중심의 시각을 다각도로 주장하였다. 왜 '물산'의 주주들에게 일방적으로 불리한 합병비율로 나아가 일방적으로 불리한 합병시점에 둘이 합쳐져야 하는지 처음부터 의문이었다. 그러나 기업집단 전체의 이익을 함께 고려한다면 이 질문은 다소 실마리가 풀릴 것으로 생각된다. 즉 기업집단 전체의 경영권을 안정시킨다는 대의(大義)가 존재했던 것이다. 이것을 목적으로 보고 본 합병을 수단으로 삼아 목적수단관계를 검토할 필요가 있었다. 그러면 비례의 원칙이라는 4단계 논증구조는 비교적 매끄럽게 설명될 것으로 생각된다.[375]

### (2) 관계자거래와 공정성 확보방안

(가) 총 설:   기업의 인수합병이 진행되는 과정에서 공개매수 등을 통하여 인수회사(acquiror)가 대상회사(target)의 과반수 주식을 확보할 경우 양자간에는 지배종속관계가 형성되고 그 이후의 거래는 관계자거래의 속성을 띄게 된다. 각국의 법제에 따라서는 종속회사에서 해당 조직재편을 승인하는 주주총회가 개최될 경우 지배주주인 인수회사는 특별이해관계있는 주주가 되어 의결권이 박탈될 가능성도 있다.[376] 물

---

375) 관련 논의로는 졸고, "삼성물산과 제일모직간 합병의 회고", 「상사판례연구」 제29집 제3권 (2016), 299~356면.

론 우리나라의 경우 특별이해관계를 개인법설에 따라 처리하는 판례 및 다수설은 합병승인결의시 대주주인 인수회사의 의결권을 부정하지 않는다. 나아가 영미법계 국가에 있어서는 전통적으로 특별이해관계있는 주주의 의결권을 특별이해관계를 이유로 사전에 제한하는 법리는 발달하지 않았다. 즉 특별이해관계있는 주주와 특별이해관계있는 이사의 의결권제한을 구별하면서 전자의 경우라면 특별이해관계가 존재하는 경우에도 원칙적으로 의결권행사에 있어 제약을 받지 않는다고 보아 왔다. 영미법에 있어서는 주주의 의결권행사는 주주의 재산권행사로 보기 때문에 의결권의 사전적 제한을 선호하지 않는다.[377] 물론 현대에 와서는 '소수주주들의 다수결'(majority of the minority; MoM) 등 관련 문제가 뜨겁게 논의되고 있다.[378] 위에서 본 와인버거사건에서도 UOP의 50.5% 주식을 보유했던 시그널社는 현금지급합병을 승인하는 UOP의 주주총회에는 자발적으로 참여하지 않았다. 이러한 소수주주들의 다수결은 후속되는 조직재편을 승인할 주주총회에서 대주주의 횡포나 자의적 의사결정을 예방한다는 차원에서는 바람직스러운 점도 있지만 동시에 과반수의 주식도 보유하지 않은 소수자들이 과도한 의사결정권을 갖는 것은 아닌가 하는 회의도 낳을 수 있다.[379]

회사법에 있어 특별이해관계를 처리하는 방식은 크게 사전배제형(事前排除型)과 사후통제형(事後統制型)으로 나눌 수 있다. 대부분의 문명국가에 있어서는 후자의 방식을 더 선호한다.[380] 물론 후자를 기조로 하는 국가에서도 부분적으로는 전자의 방식이 공존한다.[381] 양자중 어느 것을 선택하여야 하는가 하는 문제는 쉬운 과제가 아니다. 각 나라가 처한 법률환경 및 기업지배구조 등도 함께 고려하여야 할 것이다. 나아가 최근에는 법경제학적 접근도 다양하게 시도되고 있다.[382] 즉 특별이해관계자의 의결권을 사전에 배제하는 경우라면 이에 해당하는 주주를 사전에 선별해야 하는바 이에 수반되는 비용, 사후통제형에서는 특별이해관계자가 결의에 참가할 경우 벌어지는 소송비용 등 여러 법률환경을 함께 참작해야 한다. 사후통제형을 선택하는 경우에

---

376) 예컨대 영국 금융감독원(financial Conduct Authority)의 상장규칙 제11조 등[S. 11. 1. 7. (3), (4) Listing Rule FCA].

377) North-West Transportation v. Beatty [1887] 12 App. Cas. 589; Burland v. Earle [1902] A.C. 83.

378) Reinier Kraakman, et. al., The Anatomy of Corporate Law, 3rd ed., 6. 2. 3., p. 157.

379) 김건식, "관계자거래의 규제", 「BFL」 100호, 14면; 특별이해관계에는 해당하지 않지만 실질적으로는 지배주주의 이익충돌이 우려되는 사안에서 회사가 자발적으로 MoM을 시행하여 본 제도의 탄력적인 운용미를 살릴 필요가 있다는 주장으로는 천경훈, "소수주주 다수결의 도입가능성에 관한 시론", 「기업법연구」 제32권 제4호(2018. 12.), 9~42면 등이 있다.

380) 이에 대해 자세히는 졸고, "회사법상의 특별이해관계", 「經營法律」 제26집 제4호(2016. 7.), 151~200면, 특히 164면 이하.

381) 독일 주식법 제136조 제1항; 일본 회사법 제140조 제3항; 스위스 채무법 제695조; 영국 상장규칙 제11조 등.

382) Zohar Goshen, "The Efficiency of Controlling Corporate Self-Dealing: Theory Meets Reality", 91 Calif. L. Rev. 393 ; 上田純子, "集團的意思決定における特別利害關係", 「現代企業法學の理論と動態」, 奧島孝康先生古稀記念論文集 第一卷(上篇), 成文堂, 2011, 155頁 以下.

도 해당 국가의 회사소송실무가 충분히 숙성된 국가라면 큰 문제가 없겠지만 그렇지 않은 경우라면 불공정의 입증이 어려워질 수 있다. 특별이해관계자가 참여한 결의가 불공정함을 법정에서 주장해야 하는바 관련 실무가 숙성하지 않은 국가라면 원고는 적지 않은 법률적 위험과 비용을 피할 수 없게 될 것이다. 미국 같은 경우에는 델라웨어주 법원이 제공하는 신속하고 숙성된 회사소송실무가 사후통제형을 더 선호하게 만든다고 한다.[383]

그러나 사전배제형이든 아니면 사후통제형이든 어느 것을 택한다고 해도 문제가 완전히 해결되는 것도 아니다. 전자의 경우 사실관계의 정황에 따라서는 특별이해관계의 존부를 파악하는 것 자체가 어려울 수 있으며 설사 이를 용이하게 확정했다 해도 그런 주주의 의결권배제로 오히려 부당한 결과가 도출될 수도 있고 그런 경우라면 송사가 후속될 수도 있을 것이다.[384] 후자의 경우에도 지배주주의 충실의무위반 또는 다수결의 남용 등 후속송사는 언제든 가능하다.[385] 결국 전자든 후자든 이러한 일도양단적 접근은 한계를 드러내므로[386] 일부 국가에서는 성문법이나 판례법을 떠나 당사자들이 절차적 공정성을 제고하기 위하여 자율적으로 대처하는 경우가 있는바 그중 주요한 것이 특별위원회를 통한 공정성제고 또는 '소수주주의 다수결'(majority of the minority; 보통 'MoM'으로 약칭된다) 등의 현상이다. 이하 주요국가의 그것을 살펴 보기로 한다.

(나) 델라웨어주의 법발전:    특히 미국에서는 오래전부터 관계자거래에 있어 특별위원회의 설치나 소수주주의 다수결 등 절차적 공정성을 제고하는 자율적 조치에 대해 법원이 일정한 보상을 제공하는 판례법의 발전을 보여 왔다. 즉 절차적 공정성을 제고하는 별도의 노력에 대해 입증책임의 전환이나 책임기준의 변환 등 탄력적인 보상이 주어지고 있다.

우선 **와인버거사건**에서는 지배주주를 배제한 채 소수주주들만이 회동하여 충분한 정보를 가지고 합병을 승인할 경우 합병조건의 불공정은 이를 주장하는 원고가 입증하도록 증명책임을 전환시켰다.[387] 본시 이 사건에서 델라웨어 법원들은 완전한 공정성 기준을 제시하였기 때문에 소수주주의 다수결이 시행되지 않는다면 합병조건의

---

383) Zohar Goshen, "Conflicts of Interest in Publicly-Traded and Closely-Held Corporations; A Comparative and Economic Analysis", [2005] 6 Theoretical Inq. L. 277, at 295~296.
384) 상법 제381조 참조.
385) 독일 주식법 제243조 제2항; 일본 회사법 제831조 제1항 제3호 참조.
386) 이 부분과 관련된 先行 연구로는 천경훈, "소수주주 다수결의 도입가능성에 관한 試論", 「기업법연구」제32권 제4호(통권 제75호), 9~42면.
387) Weinberger v. UOP, Inc., 457 A. 2d 701.

공정성은 피고 회사가 스스로 증명하여야 했다. 즉 절차적 공정성과 실질적 공정성 양자를 모두 피고 회사가 스스로 증명하여야 했지만 절차적 공정성을 제고하는 소수 주주들의 다수결은 입증책임을 전환시켜 피고 회사의 부담을 경감시켰다.

와인버거사건으로부터 약 11년후 델라웨어 최고법원은 위에서 본 증명책임전환요건을 **Kahn v. Lynch 사건**에서 더욱 정교하게 발전시켰다. 즉 관계자거래 형태의 현금지급합병에 있어 완전한 공정성기준이 유일한 사법심사기준인 것은 와인버거사건과 다르지 않지만 공정성 제고수단은 다양화하였다. 와인버거사건에서는 소수주주들의 다수결만 언급하였지만 11년후에는 여기에 특별위원회의 설치 및 그 독립적 운영방식도 공정성 제고의 한 수단이 될 수 있다고 하였다. 즉 대상회사에서 특별위원회 (special committee)를 설치하여 이를 독립적으로 운영하거나 **아니면**388) 소수주주의 다수결(majority of the Minority: MoM)을 실시하는 경우 절차적 공정성이 제고되므로 입증책임의 전환이 가능하다는 것이다. 즉 위 **두 조건 중 어느 것이든 선택적으로 충족되는 경우** 입증책임의 전환은 가능하며 합병조건의 공정을 다투는 측이 그 불공정을 입증하도록 하였다.389)

다시 그로부터 20년이 흐른 **2014년** 델라웨어 최고법원은 **Kahn v. M&F World-wide Corp. 사건**에서 위 Kahn v. Lynch 사건의 판단기준을 더욱 정교하게 발전시켰다. 이번에는 입증책임의 전환이라는 소극성에서 벗어나 책임기준 자체를 바꾸는 적극성을 보이고 있다. 즉 관계자거래의 형태로 축출합병(逐出合倂; freeze out merger)이 시도되는 경우 처음부터 특별위원회를 설치하여 이를 독립적으로 운영하도록 요구하며 **동시에**390) 소수주주들이 충분한 정보를 가지고 자유스런 분위기 속에서 다수결로 합병을 승인한다면391) 이 경우 적용될 사법심사기준은 완전한 공정성기준이 아니라 경영판단기준으로 바뀐다고 판시하였다.392)

델라웨어주의 판례법은 이처럼 절차적 공정성이 실현되는 정도에 따라 인수회사의 입증책임이나 책임기준을 경감시키는 단계적 접근을 꾀하고 있는 바 이는 매우 합리적인 것이라고 생각된다. 즉 지배주주의 충실의무를 이러한 판례법을 통하여 정교하게 구체화하였다고 보면 될 것이다.

나아가 이러한 접근은 충실의무의 다른 영역에서도 유사하게 나타나고 있는 바

---

388) 이는 'or'를 의미한다.
389) Kahn v. Lynch Communication Systems, Inc., 638 A. 2d 1110 (1994), at p. 1110.
390) 이는 'and'를 의미한다.
391) 이때 소수주주 다수결(MoM)은 '처음부터 철회불가의 것'(ab initio non-waivable)으로 설정될 필요가 있다고 한다(Kahn v. M&F Worldwide Corp., 88 A. 3d 635 (2014), at p. 645).
392) Kahn v. M&F Worldwide Corp., 88 A. 3d 635 (2014), at p. 635, Holding [1].

종합적으로 조감하면 이러한 현상들은 델라웨어주의 판례법상으로는 이미 오래전부터 상당히 일반화되어 왔다고 할 수 있다. 즉 축출거래(freeze-out)에서 뿐만 아니라 자기거래(自己去來; self-dealing) 등 일반적인 충실의무관련 사례에서는 유사한 법발전이 나타나고 있다. 이사와 회사간의 자기거래에서도 이해관계없는 이사들이 충분한 정보를 가지고 자율적으로 승인하는 등 절차적 공정성이 충족되는 경우에는 완전한 공정성 기준이 경영판단기준으로 바뀌고[393] 이는 위에서 본 비공개화거래(非公開化去來; going private transaction) 혹은 현금지급합병(cash out merger)에서와 유사한 현상이었다. 나아가 위 판례들이 보이고 있는 증명책임의 전환 역시 아이젠버그(Eisenberg)式 접근과도 유사성을 보이고 있다.[394] 충실의무의 영역뿐만 아니라 선관주의의무의 영역에서도 당사자들의 일정한 조치는 책임감경사유로 인정되고 있다. 예컨대 내부통제시스템을 적정히 구축하고 이를 지속적으로 유지·관리해 온 경우라면 당해 회사의 이사진들은 사후의 컴플라이언스(compliance) 사례에서 민사상 면책의 혜택을 누릴 뿐만 아니라[395] 형사상으로도 일정한 이익을 누리게 된다.[396]

(다) 일 본:    일본에서도 미국 델라웨어 판례법에서와 유사한 법발전이 서서히 진행되고 있다. 다만 양국의 법발전은 다소의 차이를 보이고 있어 비교할 가치가 크다. 우선 일본에서도 구조적 이해상반거래 등에 있어서 독립된 위원회의 설치나 소수주주의 다수결 등 공정성 제고방안에 대해 일정한 법률효과를 부여하는 미국식 접근이 활발히 이루어지고 있다. 소수주주들에 대하여 적절하게 판단기회를 제공한다는 측면에서 나아가 이를 위한 강압성의 해소라는 측면에서 전체적으로는 미국식 접근이라고 할 만하다.

일본의 경제산업성(經濟産業省)은 2007년 "기업가치의 향상 및 공정한 절차의 확보를 위한 경영자에 의한 기업매수(MBO)에 관한 지침"을 공표하였다.[397] 이 지침은 제1원칙으로 기업가치의 향상을 목표로 하면서도 제2원칙으로 "공정한 절차를 확보하여 주주이익을 배려"한다는 점에서 위에서 살펴본 델라웨어주 판례법과 유사한 접근을 시도하고 있다. 특히 (i) 주주들에게 적절한 판단기회를 제공하며, (ii) 의사결정과정에 있어 자의성을 배제하고, (iii) 가격의 적정성을 확보하기 위한 객관적 상황을

---

393) Marciano v. Nakash, 535 A. 2d 400, at p. 405, Footnote 3.
394) 아이젠버그는 이사와 회사간의 자기거래시 이해관계 없는 이사들이 승인할 경우 피고 이사가 부담하던 공정성의 입증책임은 공정성을 다투는 원고 주주에게 이전한다고 한다(Melvin Eisenberg, "Self-interested Transactions in Corporate Law", 13 J. Corp. L., 997 (1988); ALI-CORPGOV, §5.01).
395) In re Caremark International Inc. Derivative Litigation, 698 A. 2d 959 (Del. Ch. 1996).
396) 2004년에 개정된 미국 연방 판결선고지침(Sentencing Guidelines) 참조.
397) "企業價値の向上及び公正な手續確保のための經營者による企業買收(MBO)に關する指針"을 이른다. 이하 본고에서는 이를 'MBO 지침', 또는 단순히 '지침'이라 약한다.

확보한다는 기본 원칙을 천명하고 있다.[398]

이러한 원칙들을 실현하기 위하여 일본에서도 MBO거래에 있어서 독립적 성격의 제3자 위원회의 설치가 보편화하였고 나아가 다수의 사례에서 그 독립적인 운영이 나타나고 있다.[399] 독립된 특별위원회의 설치와 그 운용에 따른 여러 법률효과에 대해서는 일본에서도 미국과 유사한 법발전이 나타나고 있다. 다만 소수주주의 다수결(MoM)과 관련해서는 위에서 소개한 델라웨어 판례법의 여러 현상이 미국에서처럼 그렇게 명확히 실현되고 있지는 않은 것 같다.[400] 즉 델라웨어주 판례법과 같은 결과를 부여하는 판례가 있는가 하면,[401] 그렇지 않은 판례도 있다는 것이다. 예컨대 위에서 본 2016년 7월의 쥬피터텔레콤 사건에서 일본 최고재판소는 독립된 특별위원회의 운영과 그 효과에 대해서는 적극 언급하고 있으나 MoM과 관련하여서는 적극적인 언급을 하고 있지 않은 점에 비추어 MoM을 절차적 공정성을 위한 결정적 표지로 인식하고 있지는 않다고 생각된다.[402]

현재 일본에서는 이해상충구조(利害相衝構造)의 M&A 실무에서는 아래와 같은 특징을 보이고 있다. **독립적 성격의 특별위원회**는 공정성 제고수단으로서 MBO의 경우이건 모자회사간의 경우이건 거의 예외없이 이용되고 있다고 한다. 이 위원회에 M&A 거래의 진행상 교섭권 – 즉 대표권이나 대리권 – 까지 부여되지는 않지만 대부분의 경우 사외이사나 사외감사뿐만 아니라 이들과 무관한 외부전문가를 예외없이 구성원으로 초빙하여 공정성을 제고하고 있다.[403]

반면 **소수주주의 다수결**방식은 MBO의 경우에는 다소 쓰이고 있으나 모자회사간의 관계자거래에서는 지난 5년간 사용된 예가 없다고 한다. MBO의 경우 미리 공개매수신고서에 매수예정하한(下限)을 결정하여 이를 철회불가의 조건으로 공시하고 있다.[404] 구체적으로는 ① 대상회사의 총의결권의 3분의 2, ② 소수주주의 과반수, ③ 소수주주의 3분의 2 등으로 되어 있으며 ②의 경우를 'MoM', ③의 경우를 'Super

---

398) 西村あさひ法律事務所 編, M&A法大全(下), 全訂版, 2019, 商事法務, 555頁, [圖表 III-2-2].

399) 西村あさひ法律事務所 編, M&A法大全(下), 全訂版, 2019, 商事法務, 584頁,

400) 일본에 있어 소수주주의 다수결(MoM)과 관련한 전반적인 언급에 대해서는 西村あさひ法律事務所 編, M&A法大全(下), 全訂版, 2019, 商事法務, 588～593頁,

401) シャルレ株主代表訴訟事件控訴審判決, 大阪高等裁判所, 平成27年(2015) 10月 29日 判決, 金融・商事判例 1481号 28頁(창업자 이사의 책임을 인정하여 약 1억 2천만 엔의 손해배상책임을 명하였다. 다만 사외이사의 책임은 인정하지 않았다).

402) 西村あさひ法律事務所 編, M&A法大全(下), 全訂版, 2019, 商事法務, 590頁,

403) 石綿 学, 森・濱田松本法律事務所(MORI HAMADA & MATSUMOTO), "近時の利益相反構造のあるM&Aにおける公正性擔保措置の實施狀況", 2018. 12., 資料 4, 3頁(특별위원회의 설치는 100%에 이른다고 한다).

404) 이렇게 공개매수계획을 공시하면 그것이 MoM 조건으로 된다고 한다(石綿 学, 森・濱田松本法律事務所(MORI HAMADA & MATSUMOTO), "近時の利益相反構造のあるM&Aにおける公正性擔保措置の實施狀況", 2018. 12., 資料 4, 8頁).

MoM'으로 부르고 있다.[405] 지난 4년간의 통계를 보면 전체 MBO 20건 중 11건에서 이러한 'MoM'이 사용되었다고 한다.[406] 이러한 방법 이외에도 제1단계 공개매수에서는 위와 같은 하한을 설정하지 않으나 제2단계의 스퀴즈아웃으로 이행(移行)하기 위하여 위 ① 내지 ③을 조건으로 설정한 후 공개매수 전에 이를 공시하는 사례도 있다고 한다.[407]

(라) 우리 법에의 시사점:   위에서 보았듯이 다단계 M&A에서는 언제든 조직재편거래가 관계자거래의 성격을 가질 가능성이 크므로 위에서 본 미국 델라웨어주의 법발전과 일본법에서의 대응 상황을 예의주시할 필요가 있다고 생각된다. 아울러 절차적 공정성을 중시하는 회사법 전반의 흐름도 잊지 말아야 할 것이다. 다만 위에서 이야기한 델라웨어주나 일본 회사법상의 논의들을 국내에 매끄럽게 도입하기 위해서는 아래의 선결과제들이 있다. 이하 이들을 생각해보기로 한다.

**첫째**는 선관주의의무와 충실의무의 명확한 구분이 필요하다. 델라웨어주 판례법은 경영판단기준(business judgement rule)과 완전한 공정성 기준(entire fairness test)을 전자는 선관주의의무에 나아가 후자는 충실의무위반의 경우에 각 대응하도록 양자를 명확히 구분하고 있다. **사법심사기준으로서 양자간 구별이 뚜렷하지 않으면 위에서 설명한 효과들은 쉽게 설명되지 않을 것**이다. 반면 우리나라나 일본의 판례법은 아직 양자간 명확한 구분을 시도하지 못하고 있다. 이런 상태에서는 위에서 이야기하는 사법심사기준의 변환이나 입증책임의 전환을 명확히 설명하기 어려워진다. 완전한 공정성 기준은 충실의무위반의 경우에 한정되고 경영판단기준은 선관주의의무의 영역에서만 작동하는 법원칙임을 우리 판례법도 명확히 할 필요가 있을 것이다.

**둘째**는 절차적 중심적 사고에 익숙한 델라웨어주 판례법의 흐름을 인식할 필요가 있다. 특히 오늘날의 전문화된 경제사회에 있어 법관은 제3자에 불과하며 여러 경제주체가 만들어내는 각종 거래내용에 정통하기 어렵다. 절차적으로 공정성을 추구하였다면 실질적 공정성은 추정하는 등 이에 수반되는 일정한 법률효과를 귀속시킬 필요가 있다.

**셋째**는 이사의 신인의무관련 법체계는 지배구조의 국제적 수렴(convergence in corporate governance)현상 중에서도 가장 활발히 진행되는 영역임을 인식할 필요가 있다. 각국 기업의 소유(지배)구조는 여러 가지 특색을 나타낸다. 나아가 경영지배구

---

405) 西村あさひ法律事務所 編, 『M&A法大全(下)』, 全訂版, 商事法務, 2019, 588頁.
406) 石綿 学, 森・濱田松本法律事務所(MORI HAMADA & MATSUMOTO), "近時の利益相反構造のあるM&Aにおける公正性擔保措置の實施狀況", 2018. 12., 資料 4, 8頁.
407) 西村あさひ法律事務所 編, 『M&A法大全(下)』, 全訂版, 商事法務, 2019, 588頁.

조 부분에서도 이사회구성은 각 나라마다 특색을 보이고 있다. 예컨대 일본의 경우 미국식 사외이사제도와는 아직 거리가 있으며[408] 독일의 경우에도 헌법상의 사회주의 조항 때문에 공동결정제도 등이 시행되고 있고 그 결과 여타 국가의 그것과는 사뭇 다르다. 그러나 이사의 선관주의무나 충실의무 부분은 상호 동화가능성이 매우 높다. 나아가 국제적으로 보면 델라웨어주의 그것이 가장 선도적 역할을 할 수밖에 없을 것이다. 가장 큰 경제규모를 가진 미국의 판례법이야 말로 신인의무와 관련된 회사지 배구조의 종국적 지향점이 될 수밖에 없다. 따라서 이러한 목표의식을 가지고 판례법 발전을 꾀할 필요가 있을 것이다.

### (3) 관계자거래에서 발생하는 시너지의 공정한 분배문제

(가) 정보통신 및 인공지능시대와 주식매수청구제도:   21세기 우리는 인공지능이 라는 새로운 산업패러다임을 접하고 있다. 4차산업혁명의 도도한 파도는 회사법에도 많은 변화를 요구할 것이다. 특히 개개 회사들이 구축하는 다수의 인공지능화 프로그 램들은 필요하다면 서로 합쳐지거나 분할과 재융합을 반복하면서 새로운 시너지를 창출하고 해당 산업분야의 시장점유율이나 시장 판도를 바꾸게 될 것이다.

2016년 마이크로소프트(Microsoft)는 링키드인(LinkedIn)을 인수하기 위하여 270억 달러를 지불하였다. 이 액수는 대상회사 주식의 시장가격보다 훨씬 높은 액수였다. 인수대금 중 약 100억 달러는 지배주식에 대한 프리미엄과 시너지가치였다. 2013년 일본의 손마사요시(そんまさよし; 孫正義)가 운영하는 소프트뱅크(Softbank)는 미국의 이동통신업체인 스프린트(Sprint)의 주식 70%를 인수하기 위하여 약 200억 달러를 썼 다. 이는 주당 7달러 65센트의 가격이었으며 이 가격 중 주당 1달러 27센트는 합병 시너지였다.

이처럼 오늘날 전세계에서 일어나는 굵직굵직한 기업인수거래에서 M&A가 가져오 는 시너지 효과는 천문학적 숫자로 내달리고 있다. 지금까지 관찰되던 전통적인 제 조·서비스업보다 훨씬 큰 폭의 시너지 효과도 기대할 수 있게 되었다. 특히 정보통 신의 발달과 인공지능시장의 도래로 각 산업영역이 구축하는 플랫폼 내지 시스템은 통합과 분리를 되풀이할 것으로 전망되며 이 과정에서 지금까지 우리가 목도해 오던 것보다 훨씬 큰 플러스 또는 마이너스 시너지가 나타날 수 있게 되었다. 이러한 현상 은 조직재편 당사 회사의 주주들에게도 기회인 동시에 다른 한편 커다란 손실로 이 어질 수도 있는 상황이다.

---

408) Toyota 자동차주식회사나 Canon 등 일본의 대표기업은 2013년에 와서야 비로소 최초의 사외이사를 선임하 기 시작하였고 이사회의 구성면에서도 미국식 공개회사와는 적지 않은 차이가 있다.

이렇게 기업의 조직재편 자체가 플러스 시너지를 창출하여 합병후 회사의 기업가치가 상승한다 하여도 각 당사회사의 주주들이 항상 그에 따른 이익만 경험하는 것은 아니다. 물론 대등한 당사자간의 합병이라면 협상에 임하는 각사의 이사진들은 합병비율 등 협상의 주요 요소에 대해 신경을 쓰게 되고 자신의 회사 및 그 주주들의 이익을 극대화하기 위하여 최선을 다할 것이다. 그럼에도 불구하고 경우에 따라서는 회사 자체는 기업가치의 상승을 경험하여도 각 회사의 주주들은 주주가치의 하락을 경험할 수 있다. 이러한 이유로 반대주주의 주식매수청구권이 정당화되는 것이며 이 경우 반대주주의 보유주식에 대한 정당한 보상이 이루어져야 한다.

(나) 주식매수청구권과 시너지 관련 각국의 법규 변화:    세계 각국은 기업재편거래에서 창출되는 시너지가치를 주주들에게 분배하는 문제에 대해 이미 오래전부터 이를 긍정적으로 인식해왔고 이에 적극적인 자세를 취해 왔다. 우리나라는 아직 이에 대한 실무경험이 없고 법제적으로도 아무런 정비가 되어 있지 않으며 학계에서도 지금까지 본격적인 논의가 이루어지지 않았다.

**미국**의 경우 이미 1981년 델라웨어주 회사법은 동주 회사법 제262조 (h)항에 한 문장을 추가하여 시너지가치를 주주들에게 분배할 수 있는 법적 근거를 마련하였다. 개정전에는 "합병으로부터 성취되거나 기대될 수 있는 모든 요소를 고려하지 않고 (exclusive of any element of the value arising from the accomplishment or expectation of the merger)" 공정한 가격을 산정하였지만(동법 제262조 (h)항 2문), 1981년의 개정시 동항에 3문을 추가하였다. 즉 '공정한 가격'의 산정시 법원은 모든 관련 요소를 고려하여야 한다("In determining such fair value, the Court shall take into account all relevant factor"). 이에 따라 공정한 가격의 산정시 시너지가치도 고려될 수 있는 법적 근거가 마련되었다.

13년 뒤 **독일**도 유사한 법개정을 하였다. 1994년 독일은 주식법을 개정하면서 동법 제305조 제3항 2문의 문언을 바꾸었다. 개정전에는 반대주주의 주식매수청구시 공정한 가격을 산정하기 위하여 "자산가치와 수익가치"를 고려한다고 하였으나 개정후에는 그러한 제한을 없애고 "모든 관련 요소를 고려하여야(entire situation of the company)"하는 것으로 바꾸었다. 이로써 미국 델라웨어주와 마찬가지로 반대주주의 주식매수청구시 시너지가치를 반영할 수 있는 법적 근거를 마련하였다.

유사한 현상은 다시 12년 뒤 **일본**에서도 나타났다.[409] 즉 2006년의 신회사법을 제정하는 과정에서 구 상법의 문언을 개정하여 신회사법에 새로이 입법하였다. 회사법 제정전 일본 상법은 현재 우리의 법제처럼 시너지가치를 반영할 수 없는 문언이었다.

---

409) 신기한 것은 이 세 나라에서 약 12~13년이라는 거의 같은 시차가 존재한다는 사실이다.

즉 "합병 등 조직재편이 없었더라면 존재하였을" 가격(이른바 '나카리세바 가격')을 공정한 가격으로 하도록 규정하고 있었다($^{구\ 일본상법\ 제}_{408조의3\ 제1항}$). 2006년 신회사법이 제정되면서 이 나카리세바조항은 삭제되었고 – 즉 앞선 수식어는 사라졌고 – 단순히 "공정한 가격"으로 법문언이 바뀌었다. 일본 역시 이러한 법문언의 정비를 통하여 조직재편에서 발생하는 시너지가치를 공정한 가격의 산정시 반영할 수 있게 하였다.

이렇듯 주요 문명국들이 모두 성문규정을 개정하면서 공정가격의 산정시 시너지가치를 고려할 수 있도록 법규를 정비하였음에도 우리의 성문법규(상법, 자본시장법 및 동법 시행령), 판례법 및 기업금융실무는 2005년 일본의 회사법 제정전 상황에 그대로 머물러 있다. 물론 우리 상법의 현재의 문언은 단순히 공정한 가격으로 되어 있어 ($^{상\ 374조의}_{2\ V\ 참조}$)[410], 일본 회사법과 문언상으로는 같다고 할 수 있으나, 자본시장법 시행령 제176조의7 제2항은 조직재편의 의사결정이 이루어지기 전 단계에서 형성된 시장가치를 일정한 방법으로 가중평균한 액수를 기초로 공정한 가격을 산정하도록 규정한다. 또 이 가격으로 반대주주와 협상을 시작하도록 하고 있다. 물론 이 가격이 결정적인 것은 아니므로 차후 회사와 반대주주간의 협상에서 공정한 가격이 결정될 것이다. 그러나 아직까지 조직재편으로 인한 시너지 가치를 고려하는 법원의 판례나 기업실무는 존재하지 않는다.

이는 위에서 본 미국, 독일 및 일본 등 선진제국의 입장과는 다른 것이다. 다시 표현하면 우리나라의 현 입법상황 및 실무는 2005년 이전의 일본 구 상법의 상태(나카리세바 상황)에 그대로 머물러 있다고 할 수 있다. 미국, 독일, 일본에서 대략 12년을 주기로 진행된 성문법규의 변화를 심각히 고려하여야 할 것이다.

현재 기업의 조직재편에서 창출되는 시너지는 회계상 영업권(goodwill)에 포함되어 처리되고 있다. 아래에서는 이렇게 기업재편거래에서 창출되는 시너지를 조직재편에 반대하는 당사회사의 주주들에게도 분배하여야 하는지? 분배하여야 한다면 어떻게 처리하여야 할지 이하 이 문제를 보다 자세히 알아보고자 한다.

(다) 관계자거래와 시너지분배의 법적 기준:    합병이라는 조직재편은 가히 시너지 창출을 위한 거래라 하여도 지나치지 않다. 규모의 경제를 실현하여 비용을 절감하고 시장지배력을 강화하며 그로 인한 시너지가치를 회사와 주주들에게 돌리는 것, 이것이 합병의 주요 목적중 하나이다. 그런데 이렇게 합병에서 정상적으로 기대되는 시너지효과가 합병 당사회사의 주주들에게 공정하게 분배되지 않는 경우가 있다. 특히 해

---

410) 제374조의2 (반대주주의 주식매수청구권) "(5) 법원이 제4항의 규정에 의하여 주식의 매수가액을 결정하는 경우에는 **회사의 재산상태 그 밖의 사정을 참작하여 공정한 가액으로 이를 산정하여야** 한다."; 시너지 가치의 반영과 관련하여 사실 이 조문만 보면 개정의 필요성은 없다.

당 조직재편이 관계자거래의 성격을 띨 때 그러하다. 합병당사회사들이 시너지 효과를 누리는 경우에도 조직재편으로 인한 시너지가 주주들에게 공정하게 분배되지 않을 경우 당사회사의 주주들은 주주가치의 감소를 경험할 수 있다.

시너지 가치의 공정한 분배를 위하여는 다음과 같은 법적 판단기준을 제시할 수 있을 것이다. 우선 문제시되는 조직재편이 도대체 **시너지를 창출하였는지 여부**를 가려야 한다. 시너지와의 관계에서 조직재편은 다음과 같이 셋으로 나누어진다. 첫째는 정상적인 기업가치상승형(企業價値相乘形) 조직재편이다.[411] 즉 플러스시너지가 발생하는 조직재편을 이른다. 둘째는 기업가치유지형(企業價値維持形) 조직재편이다.[412] 이 경우에는 플러스시너지도 마이너스시너지도 발생하지 않는다. 셋째는 기업가치훼손형(企業價値毀損形) 조직재편이다.[413] 이 경우에는 조직재편전과 비교하여 당사회사의 기업가치의 합이 조직재편전보다 오히려 더 적어진다. 마이너스 시너지가 발생하는 경우이다.

둘째의 경우와 셋째의 경우에는 분배할 시너지가 처음부터 존재하지 않으므로 심각한 문제가 생기지 않는다. 즉 조직재편에 반대한 주주가 있고 그들이 주식매수청구권을 행사한다 하여도 분배해 줄 시너지는 처음부터 생기지 않았기 때문이다. 이 경우 답은 간단해진다. 조직재편전의 일정기간 또는 일정일자의 주가를 기준으로 **조직재편이 추진되지 않았더라면 존재하였을 가격으로 보상**할 수밖에 없다. 현재 우리 자본시장법 시행령도 이 경우를 규정하고 있다.[414] 주주에게 보상될 공정한 가격은 조직재편계약의 성립일 이전 일정기간(2달, 1달, 1주) 매일의 거래량으로 가중한 산술평균치가 공정한 가격이 될 것이다.

그러나 첫째의 경우 즉 기업가치상승형 조직재편의 경우에는 분배할 시너지가 존재하므로 아래의 길을 걷게 된다. 우선 해당 조직재편이 독립당사자간 거래(ALT)냐 아니냐에 따라 경우를 나누어야 한다. **독립당사자간의 거래(Arm's Length Transaction)**라면 조직재편에 참여한 당사자들은 공정한 협상을 하였을 것으로 추정된다.[415] 즉 특단의 사정이 없는 한 당사회사의 이사진들은 오로지 자기 회사의 이익을 위하여 최선을 다했을 것이므로 그 협상 결과로 제시되는 조직재편비율이나 현금보상액은 공정한 것으로 추정된다. 특단의 사정이 없는 한 법원도 당사자의 사적 자치를 존중할

---

411) 위 Tecmo 사건 참조; 日本 最高裁判所 第2小法廷決定 平成24年(2012) 2月29日, 民集66卷 3号 1784頁.

412) 위 樂天 v. TBS 사건 참조; 日本 最高裁判所 第3小法廷決定 平成23年(2012) 4月19日, 民集65卷 3号 1311頁.

413) 위 Intelligence 사건 참조; 日本 最高裁判所 第3小法廷決定 平成23年(2012) 4月26日, 判例時報2120号 126頁.

414) 따라서 현재 우리 자본시장법과 그 시행령에 의하면 정상적인 플러스 시너지가 발생하는 기업가치상승형 조직재편에 대해서는 입법적 고려가 전혀 되어 있지 않다는 것이 큰 문제이다.

415) 이는 미국 법률가협회가 공간한 『회사지배구조의 원칙들 ─ 분석과 권고 ─』에도 그렇게 되어 있다(ALI-CORPGOV, §7.22 (b) 참조).

회 사 법

수밖에 없을 것이다.[416]

해당 조직재편이 독립당사자간 거래의 성격을 가지지 못하는 경우 문제는 심각해 진다. 이런 경우라면 처음부터 공정한 협상은 기대되지 않으므로 법원의 개입은 거의 필연적이다. 그럼에도 불구하고 **조직재편 당사자들간에 원만한 협의를 통하여 공정한 절차가 보장되는 경우**가 있다. 이럴 경우 법원은 당사자들이 절차적 공정성을 확보하 기 위하여 어떤 노력을 기울였는지 심층 살펴 보아야 한다. 만약 의사결정의 객관성 을 확보하기 위한 충분한 노력이 이루어졌다고 판단된다면[417] 법원은 해당 조직재편 이 **관계자거래**의 성격을 갖는 경우에도 당사자들간의 협의결과를 존중하여야 할 것이 다.[418] 이러한 결과는 마치 이사와 회사간의 자기거래에 있어 이사회승인이 절차적으 로 공정한 경우라면 실질적 공정성은 추정되는 미국식 판례법과 같은 흐름이라고 아 니할 수 없다.[419]

그러나 **그러한 절차가 감지되지 않는 경우**라면 법원의 추가적 개입은 불가피하다. 이 경우에는 당사자간의 합의내용을 적극적으로 검토하여야 한다. 합의한 조직재편 비율이 적정했는지 현금보상액의 수준이 조직재편 당사회사의 기업가치를 적절히 반 영하고 있는지 등을 별도로 검토하여야 한다.[420] 양 당사회사의 기업가치를 산정한 후 공정한 제3자의 시각에서 해당 조직재편이 추진되었을 경우 합의에 이를 산정비 율이나 금전보상액의 수준을 적극적으로 산정하여야 한다.[421] 절차적으로나 내용적으 로 모두 공정하여야 하므로 완전한 공정성기준이 동원될 것이다. 기업가치는 상승해 도 주주가치는 훼손될 수 있기 때문에 법원의 개입은 매우 중요하다.

이 경우에는 우선 조직재편으로 인한 시너지가치의 총합(總合)을 조직재편 당사회 사 중 어느 하나에 모두 부여하였을 경우를 가정하여 조직재편 대가나 조직재편 비 율의 상한(上限)과 하한(下限)을 설정한다. 그 후 그 범위내에서 실제 조직재편 당사 회사 중 일방과 타방이 시너지창출에 어느 정도 기여하였는지를 구체적으로 따져 보 아야 할 것이다. 즉 법원은 시너지 창출에 대한 당사자의 기여도를 고려하여 적정한

---

416) In re Appraisal of PetSmart, Inc., Consol. C.A. No. 10782-VCS (Del. Ch. May 26, 2017) (Slights, V.C.)(신 청인이 주장한 DCF가격 대신 경매과정을 거친 합의가격을 공정한 가격으로 판단한 사례).

417) 의사결정의 객관성을 확보하기 위한 제3자 위원회의 소집이나 전문가의 의견을 청취하는 등 공정한 절차로 다루어지려면 개별 사안의 정황속에서 여러 가지 요소가 충족되어야 할 것이다.

418) 이 경우가 바로 위에서 본 Jupiter Telecom 사건이었다. 나아가 같은 취지의 델라웨어주 판례로 Golden Telecom, Inc. v. Global GT LP, 11 A. 3d 214 (Del. 2010)이 있다. 일본 판례법과 델라웨어주 판례법은 서로 접근하고 있다.

419) 델라웨어주의 판례법에 의하면 절차적으로 공정한 이사회 승인을 얻으면 자기거래에 적용되던 완전한 공정성 기준이 경영판단기준으로 바뀌어 거래의 실질적 공정성에 대한 사법심사는 사실상 차단된다고 보고 있다 [Marciano v. Nakash, 535 A. 2d 400 (Del. Ch. 1987)].

420) ALI-CORPGOV, § 7.22 (c)를 참조하라.

421) 이 경우가 바로 위에서 본 Weinberger v. UOP 사건이었다.

조직재편 비율이나 현금보상액을 적극적으로 결정하여야 할 것이다. 즉 위에서 설정한 상한과 하한의 범위내에서 시너지가 대상회사와 인수회사 중 어느 쪽의 경영자원으로부터 발생하는가를 살펴보게 되나 결국은 법원의 재량에 따라 결정될 것이다. 특히 **어느 특정 경영자원으로부터 시너지가 생긴다는 특단의 시정이 없는 한 조직재편에 참여하는 두 회사의 기업가치에 비례하여 균등히 기여한 것으로 보아야 할 것이고** 이에 대한 판단 역시 법원의 재량사항일 것이다.[422]

## Ⅳ. 에필로그

이상 우리는 다단계 인수합병의 경우 제기될 수 있는 법적 문제점들을 다루어 보았다. 현재 국내의 M&A시장에서는 한 가지 종류의 M&A 방식을 동원하는 것이 대세이지만 향후 국내에서도 다단계 인수합병 시장은 커질 것으로 전망된다. 이미 하나은행의 외환은행 인수건에서도 주식양수도와 주식교환 등 2단계 인수합병이 진행된 예가 있다. 이에 대비하여 인수합병의 과정에서 나타나는 여러 가지 대안들과 그 후속효과에 대한 법률적 분석을 준비할 필요가 있다. 특히 특별위원회의 설치 및 그 독립적 운영 나아가 소수주주들의 다수결을 자발적으로 시행하는 인수자에 대해 일정한 보상을 허용하는 델라웨어주 판례법 및 일본의 법률실무에 대해서도 예의주시할 필요가 있다. 향후 우리나라의 M&A 시장에도 적지 않은 영향을 미칠 수 있다고 생각된다. 또한 공개매수의 강압성 해소라든지 공개매수가격의 하한기능이라든지 관계자거래시 시너지의 적정분배문제 등은 머지 않은 장래 국내에서도 M&A법의 핵심과제가 될 것이다.

## 제 10 관  반대주주의 주식매수청구권[423]

## Ⅰ. 총  설

최근 기업구조조정에 반대주주의 주식매수청구권이 걸림돌이 된다는 매스컴의 관

---

422) 片山智裕, "公正な価格の判断枠組み③", (2017. 4. 1.) (www.katayama-lawyer.jp/blog/blog).
423) 이하의 내용은 졸고, "주식매수청구권에 관한 연구", 「경영법률」 제25집 제4호(2015. 7.), 161~216면을 부분적으로 전재함.

련 보도가 심심찮게 이어지고 있다.[424] 소수주주 보호라는 순기능에도 불구하고 재계는 그 부작용 때문에 고심하고 있다.[425] 우리나라에 이 제도가 도입된 것은 약 30년 전의 일이다. 이제 우리나라에서도 그 사이 적지 않은 경험이 누적되었다. 본 제도의 탄생지라 할 미국에서도 주식매수청구권의 순기능과 역기능에 대해서는 논란이 적지 않다.[426] 특히 현재 우리나라에서 본 제도의 기능상 제기되는 문제점은 상장사에 대해 아무런 제한없이 주식매수청구권을 인정하는 것이 타당한지이다. 소수주주의 권리보호에 만전을 기하자면 주식매수청구권은 상장주식에 대해서도 제한없이 허용되어야 할 것으로 보인다. 그러나 구조조정을 단행하는 회사로서는 반대주주가 어느 정도 주식매수청구를 해오느냐에 따라 적지 않은 법적 불안정을 느낄 수밖에 없다. 매수청구대금이 과다할 경우 구조조정 자체가 무산될 가능성이 있는 것이다.[427]

나아가 이런 기능적 측면 이외에도 본 제도는 현재 관련 법규의 해석상 여러 문제점을 드러내고 있다. 우선 주식매수청구권의 행사효과와 관련하여 주주의 매수청구로 회사의 매수대금지급의무가 바로 성립하며 법문언상의 2개월은 그 이행기에 불과하다는 판례의 입장[428]을 비판하면서 주주의 매수청구만으로는 매매의 성립을 인정하기 어렵고 회사에 대해 매수가격의 협의의무를 파생시킴에 불과하다고 보는 반대론도 만만치 않다.[429] 나아가 비상장사의 무의결권 주주에 대해서도 주식매수청구권을 보장하는 것이 바람직하며 상법의 관련규정도 보다 명쾌한 문언으로 정비할 필요가 있다는 제언도 있다.[430] 끝으로 공정한 매수가액 산정상 여러 문제점이 드러난다.[431]

---

424) "삼성중공업·엔지니어링 합병무산 … 매수청구 봇물에 백지화", MK뉴스(2014. 11. 24.); "주식매수청구권, 다음·카카오 합병변수로 떠올라", 연합뉴스, 2014년 5월 27일; [서울=뉴시스] 김용갑 기자, 입력 2015-4-8, 16:43:59] "현대제철-현대하이스코 합병과제…주식매수청구권이 관건"; [중앙일보 박진석 기자; 입력 2015. 3. 11. 02:30] "M&A 길 터주려 소수주주 권리제한… '원샷법' 논란"; 등.

425) "주식매수청구권 특례 도입해야", 파이낸셜 뉴스, 김영권 기자 [입력 2014. 12. 28, 16: 52]; "상장협, 원활한 M&A 위한 추가대책 마련주장"(주식매수청구제도가 기업구조조정에 장애요인으로 작용하는 경우가 많다면서 비상장회사의 경우 보유주식의 환가가능성이 적어 주식매수청구권을 통한 소수주주의 보호필요성이 강조되지만 상장회사의 경우 증권시장을 통한 환가가 언제든 가능하므로 **유동성있는 주식을 보유한 상장회사의 주식매수청구권을 인정하지 않는 특례를 도입할 필요가** 있다고 주장한다).

426) 특히 예일대 로스쿨의 매닝과 버클리 로스쿨의 아이젠버그간 논쟁은 유명하다. cf. Manning, "The Shareholder's Appraisal Remedy; An Essay For Frank Coker", 72 Yale L. J. 223 (1962); Melvin Aron Eisenberg, "The Place of Appraisal Right in a Normative Model of the Corporation in Chapter 7 of *The Structure of the Corporation, A Legal Analysis*, Little, Brown & Co., 1976, pp. 69~84.

427) 주식매수청구권이 일정 규모 이상 행사되는 경우에 대비하여 합병계약에 조직재편의 자동실효 내지 해제조항을 두는 경우가 있다. 다수설은 이러한 실효조항을 유효로 보고 있다. 이에 대해 자세히는 이형근, "주식매수청구권", 주식회사법 대계(Ⅰ), 법문사, 2013, 938~939면 참조.

428) 대판 2011. 4. 28, 2010다94953; 이는 동시에 다수 학설이 지지하는 입장이기도 하다(민정석, "합병반대주주의 주식매수청구권의 법적 성격과 주식매수대금에 대한 지연손해금의 기산점", 「BFL」 제48호(2011. 7.), 77면) 등.

429) 황의동·안성용·홍정훈·박재연, "반대주주 주식매수청구권의 법적 성격과 회사의 매수의무에 대한 소고, 대판 2011. 4. 28, 2010다94953」, 「법학평론」 제2권(2011. 9.), 342~377면.

430) 안택식, "반대주주의 주식매수청구권의 문제점", 「경영법률」 제24집 제4호, 1~32면, 특히, 19~20면 참조.

431) 양기진, "반대주주의 주식매수청구권에 관한 연구", 「기업법연구」 제26권 제1호(통권 제48호), 185~219면 등에서 문제점을 지적하고 있다.

지금까지 시행된 주식매수청구제도의 경험을 회고하면서 제도시행상의 기능적 문제점 나아가 본 제도의 바람직한 정착방안을 모색해 볼 필요가 있다. 본관에서는 이러한 제반 문제점들에 대해 접근해 보기로 한다.

## II. 의    의

반대주주의 주식매수청구권(dissenters' appraisal right)이란 합병, 분할합병, 영업양도, 주식교환[432] 및 주식이전 등 주식회사의 영업기초에 중대한 변화가 야기되는 경우 이에 반대하는 주주가 회사에 대해 공정한 가격으로 그 보유주식의 매수를 청구할 수 있는 권리이다. 역사적으로 미국에서 주식매수청구권은 주주의 의결권과 관련을 맺고 있다. 과거에는 보통법(common law)상 상기의 발생 원인에 주주의 만장일치가 필요하였다.[433] 즉 미국법에 의하면 합병이나 영업양도 등 회사의 인적 또는 물적 기초에 변화를 야기하는 기본변경(basic change)시 주주의 만장일치(unanimous approval)가 필요하였다.[434] 그후 시간이 흘러 이는 다수결로 바뀌었다. 즉 주식매수청구권은 역사적으로 보면 위의 기본변경사항에 반대하여 해당 사안 자체를 좌절시킬 수 있었던 거부권(veto right)의 대체물(quid pro quo)[435] 또는 잔존물(Residuum)이다.[436]

현재 세계 각국은 — 다소 구체적 내용은 다르지만 — 반대주주의 주식매수청구권을 널리 허용한다. **미국**에서는 일부 주에서 시장성 예외(market-out exception)를 허용하고 있기는 하지만 원칙적으로 그 행사를 허용한다. **영국**에서는 도산법(Insolvency Act, 1986) 제111조 제2항에서 이를 인정한다.[437] 구조조정을 승인하는 주주총회의 특별결의에 대해 서면으로 반대의 의사표시를 한 양도회사의 주주는 특별결의 성립후 7일내에 특별결의 내용의 실행과 관련하여 유지청구나 주식매수청구 중 선택할 수

---

432) SK텔레콤은 지난달 20일 이사회를 열고 **주식의 포괄적 교환**을 통해 SK브로드밴드 잔여지분(49.4%)을 전량 취득해 완전자회사화 하기로 결의했다.

433) Ward v. Society of Attorneys, 1 Coll. 370, 379 (Eng. 1844); Notes, "Valuation of Dissenters' Stock under Appraisal Statutes", 79 Harv. L. Rev. 1453, at p. 1453.

434) Haas, Jeffrey J., *Corporate Finance in a Nutshell*, Thomson/West, 2004, pp. 122~123.

435) 그러나 오늘날 무의결권 주주에 대해서도 주식매수청구를 허용하는 학설에 의하면 주식매수청구권의 이러한 역사적 의미는 희석될 수밖에 없다(오창석, "주식매수청구권의 행사와 매수가격결정에 관한 연구", 「법학논총」(숭실대 법학연구소) 제24집(2010. 7.), 307~329면, 특히 325면 참조).

436) Haas, *ibid.*, p. 123.

437) S. 111 (2) Insolvency Act(1986) "(2) If a member of the tranferor company who did not vote in favour of the special resolution expresses his dissent from it in writing, addressed to the liquidator and left at the company's registered office within 7 days after the passing of the resolution, he may require the liquidator, either to abstain from carrying the resolution into effect or to purchase his interest at a price to be determined by agreement or by arbitration under this section."

있게 하고 있다. 이 경우 주주가 후자를 선택한 경우 회사는 합의 또는 합의가 이루어지지 않을 경우 중재에서 결정된 가격으로 해당 주식을 매수하여야 한다. **일본** 회사법 역시 다기한 발동사유에 대해 주식매수청구권을 허용한다(일본 회사법/116~117법). 조직재편의 효력발생일 20일전부터 조직재편의 효력발생일 전날까지 주식매수청구를 허용한다. **독일**에서도 주식매수청구권은 허용된다. 기업재편법(Umwandlungsgesetz) 제29조 및 주식법(Aktiengesetz) 제305조 등에서 이를 허용한다. 기업재편법상의 그것을 보면 다음과 같다. 독일의 기업재편법은 제29조 이하에서 소멸회사의 합병반대주주에게 주식매수청구권을 부여한다: "서로 다른 법형태의 회사간 흡수합병이 이루어지거나 상장주식회사가 비상장주식회사에 흡수합병되는 경우 존속회사는 소멸회사의 합병승인결의에 서면으로 반대의사를 표시한 소멸회사의 주주에게 합병계약이나 그 초안에서 서면으로 그 주식이나 지분을 매수한다는 뜻을 서면화하여야 한다(동법/제29조). 주식매수는 소멸회사의 사정을 고려해야 하고(동법 제30조/제1항), 합병검사인은 매수가액의 적정성을 검사한다(동법 제30조/제2항). 매수가액이 적정치 않다고 주장하는 경우 주주는 법원에 공정가액의 결정을 청구할 수 있다(동법/제34조).

## III. 주식매수청구제도의 기능

### 1. 순 기 능

우선 주식매수청구제도는 기업의 구조조정의 와중에서 희생되기 쉬운 **소수주주의 이익을 보호**한다.[438] 합병이나 영업양도 등 기업의 기본변경시에는 주주총회의 특별결의 등 가중된 다수결이 필요하고 따라서 다수의 권리는 보호되나 소수주주의 이익은 희생될 수 있다. 예컨대 다수주주의 지배하에 있는 소멸회사의 이사들이 합병계약을 체결하면서 합병비율을 소멸회사의 주주들에게 불리하게 산정하면서[439] 그 대가로 합병후 존속회사의 이사직을 보장받는 등 'deal'을 할 가능성도 있다. 나아가 회사의 기본변경(basic change)시에는 기업가치의 변화가 극심하여 향후의 미래가치가 주식의 시장가격에 제대로 반영되지 않을 수 있다. 비상장회사가 구조조정의 당사자라면 더 말할 나위도 없다. 자신의 보유주식을 처분할 마땅한 시장도 없어 합병이나 영업양도에 반대하는 주주는 회사를 떠나고 싶어도 출구가 없다. 물론 해당 회사(소멸회사)가

---

438) Cross/Prentice, *Law and Corporate Finance*, Edward Elgar, 2007, p. 125.
439) 합병무효의 원인 중 가장 주요한 것이 합병비율의 불공정이다.

상장사라면 합병이나 영업양도에 반대하는 주주들은 주식시장에서 보유주식을 매각할 수 있겠지만 아무리 상장사라도 주식의 시장가치가 주식의 공정가치를 제대로 반영하지 못하는 경우가 있다. 일부 학자들은 주식시장이 주식의 공정가액을 제공한다는 전제에 동의하지 않는다.[440] 나아가 증권거래소 등 공개된 자본시장에서는 일반에게 공개된 정보만으로 가격 형성이 이루어져 주식의 공정가치 보다는 거래가격만 강조된다고 한다.[441] 이렇게 주식매수청구제도는 회사의 기본변경에 반대하는 주주에게 적절한 보상을 제공하면서 회사를 떠날 수 있게 도와 준다. 인적회사의 퇴사제도와 유사한 기능을 수행한다고 할 수 있다. 그러나 이러한 순기능을 실현하려면 법문언에도 나와 있다시피 '공정한 가액'이 신속히 산출되어야 한다.[442] 공정한 가치가 용이하게 산정될 수 없다면 본 제도의 순기능은 살아나지 않는다.[443] 이런 점에서 주식매수청구제도는 일정한 한계에 부딪힐 수 있다. 그럼에도 불구하고 회사를 떠나고 싶어하는 반대주주가 법원에 공정가액의 산정을 청구할 수 있다는 절차보장 그 자체가 그나마 본 제도의 순기능을 뒷받침한다고 할 수 있을 것이다.[444]

나아가 이러한 절차를 통하여 조직재편후의 **시너지효과도 소수주주에게 배분될 수 있다.**[445] 일본에서는 2005년 이전 구 상법시대에는 주식매수청구의 결과 회사가 지급할 매수가액을 '구조조정을 위한 주주총회결의가 없었더라면 존재하였을 공정한 가격'(소위 '나카리세바 가격')으로 보았으나 현행 회사법에서는 앞선 수식어를 모두 버리고 단지 '공정한 가격'으로 법문언을 바꾸면서 판례와 학설들은 이러한 '공정한 가격'에는 조직재편에 따른 시너지의 배분도 포함된다고 풀이하고 있다.[446] 그러나 우리 법은 아직 이 기능을 모른다. 자본시장법 시행령에 따른 법정가액(동 시행령 제176조의7 제2항 제1호)이나 지

---

440) Gilson & Kraakman, 70 Va. L. Rev. 549(1984).

441) Mary Siegel, 32 Harv. J. on Legis, (1995), p. 126.

442) 일본에서도 2006년 신회사법 시행으로 과거 구상법시대의 소위 "나카리세바 가격(ナカリセバ價格)"이란 용어대신 우리 상법과 같이 "공정한 가격"이란 용어가 사용되고 있다.

443) 신속한 보상을 가능케 하기 위하여 판례도 상법 제374조의2 제2항의 '회사가 주식매수청구를 받은 날로부터 2월'은 '주식매매대금지급의무의 이행기'로 풀이하며(대판 2011. 4. 28, 2010다94953), 이 기간이 도과하면 지연이자의 지급의무가 발생할 것이다. 일본 회사법 역시 원칙적으로 합병 등 조직재편의 효력발생일로부터 60일내에 대금을 지급하도록 정하고 있고(동법 제117조 제1항), 이 원칙은 주식매수가격결정이 법원에서 이루어진 경우에도 같다. 그리하여 회사는 법원이 정한 가격에 대하여 합병의 효력발생일 이후 6%의 법정이자도 지급하여야 한다(동법 제116조 제4항 참조).

444) 藤原總一郎・西村美智子・中島礼子, 株式買取請求の法務と税務, 中央經濟社, 2011, 4면.

445) 藤原總一郎・西村美智子・中島礼子, 株式買取請求の法務と税務, 中央經濟社, 2011, 5면; 양만식, "상법상 조직변경과 반대주주의 주식매수청구권", 「경영법률」 제23권 제4호(2013), 155~184면, 157면; 그러나 국내 학설 중에는 미래의 시너지 효과까지 주식매수청구권으로 주장할 수는 없다는 반대 입장도 있다(양기진, 전게논문, 197면; 오창석, 전게논문, 324면).

446) 明石一秀・大塚和成・松嶋隆弘・吉見 聰, 非公開化の法務・税務, 税務經理協會, 2013, 205면; 樂天 vs. TBS 株式買取價格決定申立事件(最高裁判所決定 平成 23年 4月 19日), 民集 65-3-131; 神田秀樹, 會社法, 第24版, 398~399면.

금까지 나타난 법원결정이나 우리나라에서는 조직재편전의 상태를 전제로 반대주주에게 매수대금을 지불하여 회사를 떠나도록 돕는데 그친다. 회사도 보통 상기 자본시장법 시행령상의 근거규정에 따라 산정된 액수를 이사회결의시 매수청구가액으로 확정·공시하고 있다. 그리고 주주들도 대개 이 제시된 가격을 그대로 받아들이는 것이 일반이라 한다. 시너지배분기능을 본 제도의 순기능의 하나로 하는 것이 바람직스럽다. 나카리세바기능과 시너지배분기능을 함께 인정하는 일본 최고재판소의 최근의 판례법은 매우 경청할 필요가 있어 보인다.[447]

끝으로 주식매수청구제도는 **경영자 또는 지배주주에 대한 견제기능**을 갖는다. 어느 나라건 기업의 조직재편에는 주주총회의 특별결의 등 이른바 가중된 다수결이 요구된다. 따라서 이러한 결의를 성립시키려면 다수주주나 지배주주의 찬성이 필요하다. 다수의 자의적 결정은 소수주주들을 위축시킬 수 있다. 이러한 소수자들의 불리한 지위를 본 제도가 개선할 수 있다. 경영자 내지 다수주주들에 의한 결정내용을 본 제도를 통하여 사후적으로 재검할 기회를 갖게 되기 때문이다. 즉 협의에 실패한 매수청구 주주와 회사는 법정에서 매수가액의 공정성을 놓고 다툴 수 있으며 이로써 경영자나 지배주주는 자의적으로 매수청구과정을 주도할 수 없게 된다. 나아가 법원의 심사는 간접적으로라도 무리한 조직재편 — 불공정한 합병비율 등 — 을 자제하게 하는 견제효과를 발휘할 것이다. 이로써 주식매수청구제도는 지배주주의 충실의무와 연결될 가능성이 있다.

## 2. 역 기 능

위에서도 간략히 언급하였지만 주식매수청구제도의 큰 문제점은 반대주주의 매수청구가 과도할 경우 회사의 구조조정이 좌절될 가능성이 크다는 것이다. 구조조정의 목적을 달성하여 경제적 순기능이 실현되어야 하는데 이에 자칫 주식매수청구제도가 걸림돌이 될 수 있는 것이다. 특히 지난 33년간 우리나라에서 본 제도가 시행된 과거를 돌이켜 보면 본 제도가 과연 소수주주보호를 위한 우량제도인지 아니면 소수주주보호를 명분으로 한 반기업적 제도인지 판단이 쉽지 않을 정도로 문제점이 지적되고 있다.

경영학자들이 수행한 실증적 연구결과에 따르면 주가하락기에는 주식매수청구권의 행사비율이 높아지고 상승기에는 반대현상이 나타난다고 한다. 이러한 연구결과에 의하면 소수주주 보호는 명분에 불과하고 **주식매수청구권의 실질은 '선도거래(forward**

---

447) 樂天 vs. TBS 株式買取價格決定申立事件, 最高裁判所決定 平成 23年(2011) 4月 19日, 判例タイムズ(Hanrei Times), No. 1352, (2011. 10. 1), 140면.

contract)상의 **풋옵션**(put option)'이라 한다.[448] 그러나 이러한 부정적 연구결과와는 상치되는 반대의 연구결과도 있다. 즉 "합병시 소수주주들이 단기차익만을 목적으로 주식매수청구권을 행사한다기보다는 비상장기업에 지불하는 합병대가가 과다할 경우에도 매수청구권을 행사하는 경향이 있음을 보여줌으로써 주식매수청구제도가 그 취지에 맞게 효율적으로 작동"하고 있다고 한다.[449] 따라서 이 부분에 대해서는 신중한 접근이 요구된다.

## IV. 주식매수청구권의 행사요건

### 1. 발동사유의 존재

#### (1) 성문규정들

주식매수청구권이 적법히 행사되려면 우선 **법이 정한 발동사유**(triggering event)가 존재하여야 한다. 현재 우리나라에서는 비상장주식의 매수청구는 상법이, 상장주식의 그것은 자본시장법이 규정하는바 주식매수청구를 가능케 하는 발동사유는 상장주식이든 비상장주식이든 다르지 않다. 자본시장법이 상법상의 발동사유를 그대로 재현하고 있기 때문이다($^{자본시장법}_{165의5\ I}$). 상법과 자본시장법 모두 주식매수청구권의 발동사유에 관한 한 제한된 경우에만 이를 허용하는 법정주의를 취하고 있다.[450] 이들을 보면 영업양수도($^{상\ 374}_{의2\ I}$), 합병($^{상\ 522}_{의3}$), 분할합병($^{상\ 530의}_{11\ II}$), 주식교환($^{상\ 360}_{의5}$) 및 주식이전($^{상\ 360}_{의22}$)이 그것이다.[451]

그러나 **다음의 경우에는** 반대주주의 주식매수청구가 **불가**하다. 우선 소규모합병($^{상\ 527의3\ V}_{상\ 522의3}$ ˙)의 경우가 그러하다. 대규모회사가 소규모회사를 흡수합병하는 경우[452] 존속회사에 미치는 영향이 미미하므로 이 경우 주주총회의 승인절차 및 주식매수청구절차가 생략된다.[453] 이 경우에는 법문언대로 주주총회의 승인은 이사회승인으로 대

---

448) 김근수·변진호, "주식매수청구권행사 결정요인에 대한 분석", 「증권학회지」 제36권 제3호(2007), 463~493면.

449) 류해필·이진원·강효석, "합병기업의 주식매수청구권행사 결정요인과 장기성과", 「재무관리연구」 제30권 제4호(2013. 12.), 195~224면, 특히 195면 〈요약문〉.

450) 엄세용, 「증권법연구」 제14권 제2호(2013), 180면.

451) 우리 법이 이러한 다양한 분야에서 주식매수청구권을 인정하고 있는 것과 달리 미국에서 가장 영향력이 큰 델라웨어주 회사법은 합병의 경우에만 주식매수청구권을 인정한다(Allen/Kraakman/Subramanien, 2nd ed., p. 485).

452) 이 경우 존속회사가 소멸회사를 흡수한 결과 발행하는 신주가 존속회사의 발행주식 총수의 100분의 10을 초과하지 않는 경우이다.

453) 그러나 조심할 것은 간이합병의 경우 상법은 주식매수청구권을 인정한다는 점이다(상법 제527조의2 참조). 나아가 간이영업양수도의 경우에도 주식매수청구권은 인정된다(상법 제374조의3 제3항).

체된다. 같은 이유로 소규모 주식교환($^{상\ 360의}_{10\ Ⅷ}$)[454] 및 소규모 분할합병($^{상법\ 530의11\ Ⅱ\ 및}_{통법\ 527의3}$)의 경우에도 주식매수청구권은 인정되지 않는다. 끝으로 단순분할의 경우에도 주식매수청구는 이루어지지 않는다($^{상\ 530의11\ Ⅱ·}_{통법\ 522의3}$). 이 경우 분할회사에 속했던 주주의 지위는 신설회사에 그대로 잔존하므로 반대주주의 주식매수청구를 허용할 실익이 없다.

한편 상법을 보면 정관에 의한 주식양도 제한시 회사가 양도승인을 거절하는 경우 양도의 승인을 청구한 주주는 양도상대방의 지정청구나 보유주식의 매수청구 중 하나를 선택할 수 있는바($^{상}_{의6}^{335}$), 이 경우 인정되는 주식매수청구는 회사의 기본변경과 무관하여 별개의 제도로 볼 필요가 있다. 나아가 95% 이상의 지분을 가진 지배주주의 소수주주에 대한 강제매수청구권에 대항하여 소수주주에게 부여되는 주식매수청구권($^{상\ 360}_{의25}$) 역시 **회사의 기본변경과는 무관하므로 별도의 제도**로 파악하여야 할 것이다. 즉 이러한 영역에서 나타나는 주주의 매수청구권은 본관의 고찰대상에서 제외하여야 할 것이다.

### (2) 해석상 제기될 수 있는 문제점

우선 판례상 상법 제374조의 유추적용이 가능한 '**영업용 중요재산의 양도**'시 양도회사의 주주에게 주식매수청구권이 부여될 수 있는지 문제시될 수 있다. 영업 그 자체의 양도는 아니지만 기존 영업의 폐지나 중단에 이를 정도로 비중있는 영업용 재산을 양도할 때에는[455] 양도회사의 주주들에게 주식매수청구권을 부여하여야 할 것으로 보인다. 즉 이 경우에는 상법 제374조의2의 유추적용이 불가피한 것으로 보인다.[456] 그 외에도 물적 분할 후의 주식양도 및 지주회사 자회사의 주식양도 시에도 주식매수청구를 허용할 것인지에 대해 논의되고 있지만 이 경우에는 그 최종거래형식이 주식양도인 만큼 영업양도와 동일시하거나 이에 준하는 것으로 보기는 어렵다는 견해가 있다.[457]

---

454) "SK텔레콤 한고비 넘겼다"…다음은 매수청구권 비용 [입력시간| 2015-04-21 10:30| 양효석 기자 hsyang@bizwatch.co.kr] "… SK텔레콤은 지난달 20일 이사회를 열고 주식의 포괄적 교환을 통해 SK브로드밴드 잔여지분(49.4%)을 전량 취득해 완전자회사화 하기로 결의했다. 교환 이후 SK브로드밴드는 상장 폐지된다. 이 과정에서 교환대상 주식이 총발행 주식의 5% 이하일 경우 상법 제360조의10의 '소규모 주식교환'에 해당되므로 SK텔레콤은 주주총회 대신 이사회 승인만으로 의결할 수 있다. SK브로드밴드는 주총 특별결의가 필요하다. 다만 SK텔레콤 지분 20% 이상의 주주 반대시 주주총회를 진행해야 하게 때문에 사측에서는 긴장을 풀지 않았다. 주주총회에서 주식매수청구권을 결의할 경우 재무부담이 추가된다."

455) 이 경우 판례는 상법 제374조를 유추적용하여 주주총회의 특별결의가 필요한 것으로 파악한다(대판 1988. 4. 12, 87다카1662).

456) 이형근, "주식매수청구권", 주식회사법 대계(Ⅰ), 법문사, 2013, 900~941면, 특히 904~905면 참조.

457) 이형근, 전게논문, 906~908면.

## 2. 적법행사주체에 의한 반대의 의사표시

### (1) 적법행사주체

(가) 반대주주:  합병 등 상기의 발동사유에 반대하는 주주(dissenting shareholder; dissenter)가 주식매수청구권의 적법한 행사주체이다. 주식매수청구권은 **위에서 열거한 사안에 반대하는 주주**이다. 왜 반대하는 주주에게만 이러한 권리가 인정되는가? 위에서도 보았듯이 본 제도의 역사적 발전과 관련이 있다. 본시 미국법에 의하면 합병이나 영업양도 등 회사의 인적 또는 물적 기초에 변화를 야기하는 기본변경(basic change)시 주주의 만장일치(unanimous approval)가 필요하였다.[458] 그러나 추후의 법발전에서 이는 다수결로 바뀌었고 주식매수청구권은 기본변경사항에 반대하여 해당 사안 자체를 좌절시킬 수 있었던 거부권(veto right)의 대체물(quid pro quo)이 되었다.[459]

나아가 기본변경사항은 대개 어느 나라에서건 주주총회의 특별결의 등 가중된 다수결을 요구하므로 반대주주는 지배주주가 아니라 소수주주가 되고 이는 결과적으로 본 제도가 **지배주주의 충실의무와 관련을 맺게** 한다. 즉 소수주주에게 주식매수청구권을 보장하면서 회사에 대해 공정가액의 지급의무를 부과하는 것은 따지고 보면 해당 회사의 지배주주에게 충실의무를 부과한 것으로 새겨야 할 것이다.[460]

(나) **실질주주**:  주식매수청구권을 행사하려면 매수청구의 사유발생시 해당 주주는 **주주명부상 주주로 등재되었어야** 한다. 주식을 양수하였으면서도 명의개서를 하지 않은 실질주주는 매수청구의 주체가 아니다. 과거에는 실질주주의 법리에 따라 예외적으로 회사에 대해 실질주주의 권리행사가 인정되는 경우 주식매수청구권도 행사할 수 있다고 보는 견해가 있었다.[461] 그러나 지난 2017년 3월 대법원은 전원합의체 판결에서 주주명부상의 주주만이 회사에 대해 권리행사의 주체가 되며 회사 역시 이에 구속된다고 판시하고 있다.[462] 이제는 명의주주만을 주식매수청구권의 행사주체로 보아야 할 것이다.

(다) 금고주(treasury stock):  회사가 보유하는 자기주식에 대해서도 주식매수청구권은 인정되지 않는다. 회사가 예외적으로 취득하여 보관중인 자기주식에 대해서는 회사의 모든 권리가 휴지(休止; suspended)되기 때문이다($\frac{\text{상}}{\text{참조}}^{369\ \text{II}}$). 나아가 회사가 스스

---

458) Haas, Jeffrey J., *Corporate Finance in a Nutshell*, Thomson/West, 2004, pp. 122~123.
459) Haas, *ibid.*, p. 123.
460) 주주의 충실의무 일반에 대해서는 졸고, "주주의 충실의무", 「경영법률」 제24집 제4호(2014. 7.), 317~363면.
461) 姜憲, "반대주주의 주식매수청구권에 관한 연구", 고려대 박사논문, 2001, 44면 이하.
462) 대판 2017. 3. 23, 2015다248342 [전원합의체].

로에 대하여 반대주주가 된다는 것 자체가 논리적 모순이다.

나아가 자기주식에 대해서는 현재 법적 성질에 대한 논의가 진행되고 있다. 자산설과 미발행주식설의 대립이 있는바 전자에 의할 경우에만 '권리의 휴지'라는 표현이 가능하다. 자기주식을 '수권되었으나 아직 발행하지 않은 주식'(authorized but unissued share)으로 볼 경우에는 '권리의 휴지'라는 표현 자체가 어색해진다.

**(라) 사후취득주주:** 상장법인에 대해 자본시장법은 원칙적으로는 반대의사를 통지한 주주가 기본변경사항을 결정한 이사회결의가 공시되기 전에 보유주식을 취득하였을 것을 요구한다(동법 제165조의5 제1항 참조). 다만 이사회결의가 공시된 이후에 취득한 주식에 대해서도 대통령령으로 정하는 경우에는 일부 예외가 인정되고 있다(자본시장법 시행령 제176조의7).

### 🔆 주식매수청구권의 남용사례: 차익거래(appraisal arbitrage)의 경우

주식매수청구권의 남용이 문제시되는 사례들이 발생한다. 예컨대 파나소닉(Panasonic)과 산요(Sanyo)간 주식교환사례[463]에서 주식매수청구권을 행사한 신청인 주주는 **회사가 조직재편관련 이사회결의를 공시한 후에 비로소 해당 주식을 취득한 후 주식매수청구권을 행사**하였다. 그 이유는 취득가격과 '공정한 가격'간의 차액을 노렸기 때문이다.[464] 즉 주식교환에 앞서 행해진 공개매수가격이 "공정한 가격"의 하한(下限)이 될 것이라고 예상한 것이다. 이처럼 다단계 조직재편에서는 그 중간단계에서 공개매수가 시행되는 경우가 많고[465] 이 경우 공개매수가격이 공정한 가격의 하한(下限)으로 작용하므로 이를 악용하는 사례들이 늘고 있다.

공개매수가격의 하한기능은 **공개매수의 강압성**(强壓性; coerciveness of takeover bid)과 연결되어 있다. 만약 공개매수가격보다 '공정한 가격'이 더 낮을 때에는 주주들은 공개매수자가 공개매수를 청약할 때 이에 바로 응해야지 그렇지 않으면 차후 조직재편에 반대한 후 주식매수청구권을 행사해도 공개매수가액만큼 보상을 받을 수 없으며 결과적으로 공개매수가격과의 차이 만큼 손해를 보게 된다. 이는 결과적으로 해당 공개매수가 강압적으로 시행되고 있음을 인정하는 결과가 된다. 공개매수에 응하지 않으면 결국 주주들이 피해를 보게 된다는 메시지를 대상회사의 주주들에게 던지는 것이 되기 때문이다.

이러한 강압성은 법률적으로 금지되므로[466] 법원 역시 공정한 가격을 산정함에 있어서는 공개매수가격을 하한으로 공정한 가격을 산정할 수밖에 없게 된다.[467] 이러한 가격산

---

463) 大阪地方裁判所 平成 24年(2012年) 4月 27日, 第4民事部決定, 『金融·商事判例』, 1396号(2012. 8. 1.), 43頁.

464) 신청인의 취득가액은 주당 132엔이었고 그에 앞선 공개매수가격은 주당 138엔이었다.

465) 실제 파나소닉과 산요간 조직재편은 3단계로 진행되었다. 제1단계에서는 산요의 주요주주를 상대로 주식양수도거래(SPA)가 이루어졌고 이를 통하여 산요의 의결권있는 주식 중 50.19%를 취득하였다. 제2단계에서는 나머지 주주들을 상대로 공개매수(TOB)가 진행되었으며 이를 통하여 산요의 주식 중 80.98%까지 확보하였다. 마지막 제3단계에서는 양사간 주식교환(SE)이 이루어졌다. 주식교환비율은 산요의 1 주식에 대하여 파나소닉의 0.115주식이 배정되었다. 다단계 조직재편의 좋은 사례이다.

466) 日本 最高裁判所 平成 28年(2016年) 7月 1日, 第1小法廷決定, 『金融·商事判例』, 1497号, 8頁.

467) 다만 위 파나소닉과 산요간 주식교환 사건에서는 신청인이 처음부터 의도적으로 취득가액과 공개매수가격간

정의 매카니즘을 악용한 것이 주식매수청구권을 이용한 차익거래(appraisal arbitrage)이다.[468] 우리나라의 자본시장법은 이러한 남용사례에 대비하여 이사회공시가 이루어진 이후 비로소 주식을 취득한 사후취득주주에게는 처음부터 주식매수청구권을 부여하지 않는 것으로 하였다($\substack{\text{자본시장법 165}\\\text{의5 1 참조}}$).[469]

**(마) 무의결권주주:**  의결권이 없거나 제한되는 주주($\substack{\text{상 344의}\\\text{3 1}}$) 역시 주식매수청구권의 행사주체이다($\substack{\text{상 374의2 I}\\\text{괄호속 참조}}$).[470] 상장사의 경우 무의결권 주주에게도 주식매수청구권을 허용한다는 명문의 규정이 있다($\substack{\text{자본시장법 제165}\\\text{조의5 제1항 참조}}$).[471] 비상장사에 대해서도 1991년의 상법 개정시 주주총회에 참석하여 반대해야 한다는 주식매수청구권의 행사요건이 삭제되었기 때문에 비상장사의 무의결권 주주 역시 본 매수청구의 주체에서 제외시킬 이유가 없어 졌다($\substack{\text{상 374의2}\\\text{1 참조}}$).

일본에서도 우리나라와 유사한 상황을 발견하게 된다. 2005년(평성 17년)의 개정전 상법에서는 주식매수청구권을 행사하려면 그 적법요건으로 주주총회에 참석하여 반대의 의사표시를 해야 하므로 의결권없는 주주에 대하여 주식매수청구권을 부여할 수 있는가가 다투어졌다. 그러나 2006년의 신회사법에서는 주식매수청구제도를 투하자본 회수의 한 방법으로 인식하여 의결권의 존부에 따라 매수청구의 가부가 갈리는 것이 아니므로 무의결권 주주에 대하여도 주식매수청구권이 부여된다는 것이 당연시되고 있다.[472] 일본 회사법은 이를 명정하고 있다($\substack{\text{동법 제116조 제}\\\text{2항 제1호 ㅁ목}}$).

이러한 시각이 반영되어 2015년 12월의 개정에서 상법도 '의결권이 없거나 제한되는 주주' 역시 주식매수청구권을 행사할 수 있다고 명문화하였다($\substack{\text{상 374의2 I}\\\text{괄호속 참조}}$).

**(바) 상장주식:**  미국의 일부 주는 성문규정으로 상장회사의 주주들에게는 주식매수청구권을 인정하지 않는 **시장성 예외조항**(market-out exception)을 두고 있다(§

---

의 차액를 노리고 산요의 주식을 취득하였기 때문에 법원은 권리남용금지의 원칙을 적용하여 나카리세바가격(114엔)에 시너지분배분(3엔)을 더한 117엔으로 공정한 가격을 산정하였다. 신청인은 결과적으로 취득가격 132엔에도 못미치는 가격으로 보상된 결과가 되었다. 주식매수청구권의 남용에 대한 사법당국의 징벌적 결정이라고도 할 수 있다.

468) 보다 자세한 설명으로는 최민용, "시장예외 도입에 관한 연구", 「商事判例硏究」, 제32집 제1권(2019. 3. 31.), 317~351면, 특히 324~326면.
469) 금융감독원 정책브리핑 자료(2007. 3. 6.) (www.fss.or.kr 참조); 그러나 델라웨어의 판례법은 사후취득주주에게도 매수청구를 허용한다(Transkaryotic Therapies, Inc., 2007 WL 1378345(Del. Ch. May 2, 2007)(기준일 이후 합병승인주주총회일 이전에 취득한 주주에게도 주식매수청구권을 인정하고 있다).
470) 임재연, 전게 자본시장법, 656면.
471) 자본시장법 제165조의5 제1항을 보면 합병이나 영업양도 등(자본시장법 제165조의5 제1항은 해당 조문을 나열함)에서 규정하는 의결사항에 관한 이사회결의에 반대하는 주주는 주주총회전에 회사에 대해 반대의사를 서면으로 통지하고 그후 주주총회 결의일로부터 20일내에 보유주식의 매수청구를 서면으로 하면 된다. 즉 기본변경을 승인하는 주주총회에 굳이 참여할 필요가 없다.
472) 論点體系, 會社法 I(총칙, 주식회사 I), 江頭憲治郎・中村直人 編著, §116 (評釋者; 高原達廣), 323면.

262(b),(1) Delaware General Corporation Act(2001); § 13.02 (b), (1) MBCA 참조).[473] 충분히 유동성이 있는 시장(a liquid market)에서[474] 매도가능한 경우에는 굳이 주식매수청구권을 인정하지 않아도 된다고 한다. 그러나 미국에서도 학설상 상장주식에 대해 주식매수청구권을 부정할 이유가 없다는 목소리가 크다. 주식시장이 공정가액을 제공한다는 전제에 동의하지 않거나,[475] 시장가격과 공정가격이 모든 상황에서 반드시 일치하지는 않는다는 것이다.[476] 더욱이 우리나라에서는 자본시장법상 상장주식에서 대해서도 주식매수청구권을 명문으로 인정하고 있으므로(자본시장법 제165조의5) 현행법상으로는 해석상 논란이 있을 수 없다. 다만 이 부분에 대해서는 특히 기업들이 구조조정상 제도의 개선점을 주장하고 있어 별도로 살펴 보기로 한다.

### (2) 반대의 의사표시

실제 상장주식의 매수청구에 대해서는 자본시장법이 상법의 특별법으로 우선 적용될 것이므로 상법의 관련규정은 비상장주식에만 적용될 것이다. 이러한 비상장주식의 매수청구에 대해 상법은 주주총회 전에 회사에 대해 서면으로 반대의 의사표시를 하도록 요구한다(상 제374조의2 I). 이는 합병 등 매수청구권의 발동사유에 대한 반대의 의사표시로서 주식의 매수청구는 별도로 하여야 한다. 상장주식에서는 주식매수청구권의 발동사유를 결정하는 이사회결의에 대해 반대의 의사표시를 하여야 한다. 이러한 기본변경사항을 승인할 주주총회 전에 그것도 서면으로 하여야 한다(자본시장법 제165조의5 제1항).

반대의 의미를 좀더 구체화시켜 보기로 하자. 첫째 합병이나 분할합병 등을 위한 이사회결의에 반대하는 주주가 이사회결의에 반대하면서도 이를 승인하는 주주총회에서는 찬성하는 경우 주식매수청구를 할 수 없다고 해석해야 한다. 즉 총회전의 반대통지, 총회에서의 반대, 매수청구의 각 단계에서 변동없는 일관성이 유지되어야 한다[**반대의 일관성(一貫性)**].[477] 둘째 보유주식의 일부에 대해서만 매수를 청구하는 것도 가능한가? 주주총회에서 보유주식의 전부에 대해 기본변경의 승인을 반대한 주주라도 실제의 매수청구에서 그 일부만을 매수청구하는 것도 가능한가? 즉 100주식 모두에 대해 합병에 반대해 놓고 그 결의일로부터 20일내에 그중 50주식에 대해서만 주식매수를 청구하는 것도 가능한지이다. 이러한 일부 매수청구도 가능하다고 풀이해야 할

---

473) 임재연, 전게서, p. 656; 이에 대해 자세히는 엄세용, "주식매수청구권 법제비교 및 개선방향 연구", 「증권법연구」 제14권 제2호(2013), 165~205면, 특히 175~178면.

474) 델라웨어주 회사법은 전국 규모의 증권거래소에서 거래되거나 주주 수가 2,000명을 초과할 때 시장성 예외를 인정한다[동법 제262조 (b)항 (1) 참조].

475) Gilson/Kraakman, 70 Va. L. Rev. 549 (1984).

476) Mary Siegel, 32 HARV. J. ON LEGIS (1995), p. 126.

477) 임재연, 전게 자본시장법, 657면.

것이다[**반대의 부분성(部分性)**].[478] 전부매수 청구시보다 회사의 부담이 감경될 수 있기 때문이다. 셋째 주식매수청구권 행사를 위하여 반대의 의사를 통지한 후 주주가 주주총회장에 출석하여 합병 등을 승인하는 찬성의 의사표시를 한 경우 해당 주주는 반대의사를 철회한 것으로 보아야 할 것이다[**반대의 철회가능성(撤回可能性)**].[479] 이 경우 주식매수청구는 허용되지 않는다.[480]

### 3. 주식의 매수청구

반대의 의사표시가 이루어진 후 해당 **반대주주는 회사에 대해 반대의 의사표시와는 별도로 주식의 매수청구를 하여야** 한다. 이번에도 역시 의사표시의 형식은 서면이며 발동사유를 승인하는 주주총회의 결의일로부터 20일내에 매수되기를 희망하는 주식의 종류와 수를 기재하여야 한다. 총회결의일로부터 20일의 기간은 상장, 비상장을 가리지 않고 동일하다(상 374의2 I 및 자본시장 / 법 제165조의5 제1항 참조). 이 기간은 제척기간이다.[481]

## V. 적법한 매수청구의 효과

위의 요건을 충족시키면서 적법히 주식의 매수청구가 이루어진 경우 아래와 같은 법률효과가 도래한다.

### 1. 매수청구권을 행사한 주주의 지위

주식매수청구권을 행사한 반대주주의 법적 지위에 대하여 의문스러운 부분이 있다. 해당 주주가 과거 주주의 지위를 계속 유지하는지 아니면 매수청구대금의 채권자에 불과한지이다. 물론 반대주주가 이미 회사로부터 매수대금을 지급받은 경우라면 답은 간단하다. 반대주주는 당연히 주주의 지위를 상실한다고 보아야 한다(상 360의26 / 유추적용). 문제는 회사가 아직 매수대금을 지급하지 않은 경우이다. 이 경우 반대주주가 과거 주주로서의 지위를 그대로 유지하는지 아니면 매수대금에 대한 채권자에 불과한지 의문이 제기된다.[482] 특히 지난 2015년 구 ㈜삼성물산과 ㈜제일모직의 합병에 반대한

---

478) 임재연, 전게 자본시장법, 657면.

479) 그러나 매수청구후에는 회사의 동의없이 일방적으로 철회할 수 없다고 보는 견해도 있다(姜憲, "반대주주의 주식매수청구권에 관한 연구", 고려대 박사논문, 2001, 124면; 안택식, "반대주주의 주식매수청구권의 문제점", 「경영법률」 제24집, 제4호, 1~32면, 특히 25면).

480) 엄세용, 전게 논문, 181면.

481) 임재연, 전게 자본시장법, 659면.

482) 이에 대해 보다 자세히는 노혁준, "주식매수청구권 행사 이후의 법률관계에 관한 연구-합병에 대한 반대주주

㈜일성신약은 주식매수청구권을 행사한 후 합병무효의 소도 제기하였다. 만약 원고가 이미 주주의 지위를 상실하였다면 상법 제529조상의 원고적격은 더 이상 누릴 수 없을 것이다. 결국 이 문제는 **주식매수청구권의 배타성**(exclusivity of appraisal remedy)의 문제로 이어진다. ㈜일성신약이 제기한 합병무효의 소는 적법한가 아니면 부적법 각하의 대상인가?

**주주지위설**에서는 비록 반대주주가 주식매수청구권을 행사하여 회사를 떠나기로 하였지만 아직 회사로부터 대금을 지급받지 않았기 때문에 회사의 대금지급이 있을 때까지는 과거 주주의 지위를 잃지 않는다고 한다. 반면 **채권자지위설**에 의하면 주식매수청구권을 행사하여 회사를 떠날 뜻을 분명히 한 반대 주주에 대해 주주의 지위를 계속 인정하는 것은 적절치 않다고 한다. 특히 미국의 모범회사법[483]이나 일본 회사법[484]의 경우 채권자지위설을 성문화하고 있다고 한다. 이러한 류의 성문규정을 발견할 수 없는 우리나라에 있어서 아직 매수대금을 지급받지 못한 반대주주에 대해 주주의 지위를 부정하는 것은 적절치 않아 보인다. 향후의 입법론으로는 채권자지위설의 위상을 부정하기 어렵다고 생각된다. 그러나 현행법의 해석학으로는 주주지위설을 따를 수밖에 없을 것이다. 판례의 입장 또한 그러하다.[485]

> **대판 2018. 2. 28, 2017다270916 [회계장부와서류 · 열람등사]**
>
> "…주식매수청구권을 행사한 주주도 회사로부터 주식의 매매대금을 지급받지 아니하고 있는 동안에는 주주로서의 지위를 여전히 가지고 있으므로 특별한 사정이 없는 한 주주로서의 권리를 행사하기 위하여 필요한 경우에는 위와 같은 회계장부열람 · 등사권을 가진다. 주주가 주식의 매수가액을 결정하기 위한 경우뿐만 아니라 회사의 이사에 대하여 대표소송을 통한 책임추궁이나 유지청구, 해임청구를 하는 등 주주로서의 권리를 행사하기 위하여 필요하다고 인정되는 경우에는 특별한 사정이 없는 한 그 청구는 회사의 경영을 감독하여 회사와 주주의 이익을 보호하기 위한 것이므로, **주식매수청구권을 행사하였다는 사정만으로 청구가 정당한 목적을 결하여 부당한 것이라고 볼 수 없다.**"

## 2. 회사의 지급의무

주식매수청구가 적법히 완료되면 회사는 공정한 가액을 지급하여야 한다. 그런데 상법규정의 해석상 반대주주의 매수청구로 이미 해당 주식에 대한 매매계약이 성립

---

사안을 중심으로-", 「인권과 정의」 Vol. 461 (2016. 11.), 6면 이하.
483) 동법 제13. 23조 (a)항 참조.
484) 동법 제786조 제6항 참조.
485) 대판 2018. 2. 28, 2017다270916.

하는지 아니면 반대주주의 매수청구가 반대주주와 회사간 매수협의의무만 발생시키는지에 대해서는 아래와 같은 학설의 대립이 있다.

**매매계약성립설(賣買契約成立說)**에 의하면 주식매수청구권이 형성권임을 강조하면서 반대주주의 매수청구가 있게 되면 회사의 승락이 없더라도 반대주주의 매수청구로 매매가격을 유보한 매매계약이 성립하며 매수청구를 받은 날로부터 2개월은 매수대금 지급의무의 이행기간이 된다고 한다.[486] 반면 **매수협의의무발생설(買受協議義務發生說)**에 의하면 매매계약성립설과 달리 주주의 매수청구 시점에 아직 매매가격이 결정되지 않기 때문에 매수청구 자체로는 매매의 성립을 인정하기 어렵고 회사에 대해 매수가격 협의의무를 파생시킴에 불과하다고 한다. 이 경우 2개월은 대금산정의 협의기간이 될 것이다.[487] 한편 제3의 학설로 **절충설**도 있는바 이 입장은 주주의 매수청구권 행사로 인한 매매계약의 성립시점과 매매계약의 효력발생시점을 각각 달리 파악한다.[488] 즉 주주가 매수청구권을 행사하는 시점에 주식의 매매계약이 성립하지만 이 계약의 효력은 주주가 주권을 교부하고 회사가 그 대금을 지급하는 시점에 비로소 발생한다고 한다. 이는 일본 국세심판소의 입장이라고도 한다.[489]

만약 상법 제374조의2 제2항에 규정된 2개월의 기간[490]을 제1설인 매매계약성립설처럼 풀이하지 않으면 회사는 가급적 대금지급을 늦추려 할 것이다. 이렇게 회사가 매매대금지급의 이행기를 늦출 수 있다고 해석하면 대금지급의 지연에 따른 비용은 고스란히 주주가 져야 한다. 그 결과 회사가 매수대금으로 일정액을 제시하는 경우 주주들은 협상력을 누리지 못하고 이를 수인할 가능성이 커진다.[491] 이러한 결과가 부당함은 이언을 요하지 않는다. 회사와 주주간 공정한 이해형량은 제1설에 의해서만 달성된다고 생각된다. 현재의 판례 역시 그러하다.

> **대판 2011. 4. 28, 2010다94953**
>
> "영업양도에 반대하는 주주의 주식매수청구권에 관하여 규율하고 있는 상법 제374조의2 제1항 내지 제4항의 규정 취지에 비추어 보면, 영업양도에 반대하는 주주의 주식매수청구권은 이른바 형성권으로서 그 행사로 회사의 승낙 여부와 관계없이 주식에

486) 정동윤, 573~574면; 이철송, 606면; 권기범, 현대회사법론, 제4판, 삼영사, 2012, 677면; 임재연, 자본시장법, 박영사, 2013, 655면; 장덕조, 회사법, 제2판, 2015, 법문사, 192면; 이·최, 563면.
487) 정찬형, 상법강의(상), 제18판, 박영사, 2015, 880~881면.
488) 최준선, 회사법, 제9판, 2014, 395~396면.
489) 日本 國稅審判所 裁決例, 裁決事例集, 제70호, 105면.
490) 상장회사의 경우에는 매수청구기간의 末日로부터 1개월 이내에 매수하여야 한다(자본시장법 제165조의5 제2항). 비상장사의 경우 매수청구기간의 종료일로부터 2개월내에 매수하여야 한다.
491) 양기진, "반대주주의 주식매수청구권에 관한 연구", 「기업법연구」 제26권 제1호(통권 제48호), 185~219면, 특히 190면.

관한 매매계약이 성립하고, **상법 제374조의2 제2항의 '회사가 주식매수청구를 받은 날[492] 로부터 2월'은 주식매매대금 지급의무의 이행기를 정한 것**이라고 해석된다. 그리고 이러한 법리는 위 2월 이내에 주식의 매수가액이 확정되지 아니하였다고 하더라도 다르지 아니하다."

## 3. 매수가격의 산정절차

현재 우리 법상으로는 상장주식과 비상장주식에 대해 각각 별개의 절차가 예정되어 있다.

**비상장주식**에 대해서는 상법에서 규정하는바 ① 주주와 회사간 개별협상(private negotiation)이 우선하고 이것이 만족스럽게 이루어지지 않았을 때에는 ② 공정한 가격에 대한 법원의 결정이 이루어진다($\frac{상}{및}\frac{374의2}{V}\frac{IV}{참조}$). 제1단계의 개별협상은 주식의 매수청구를 받은 날로부터 30일 이내에 이루어져야 한다. 법원에서 매수가액을 산정하는 경우에는 회사의 재산상태 그 밖의 사정을 참작하여 공정한 가액을 산정하여야 한다.[493] 이를 2단계 산정구조라 한다.[494]

**상장주식의 매수청구시**에도 역시 ① 당사자간 협의가 1차적으로 지배하며 이 절차가 성과를 거두지 못할 때 ② 그 다음 단계로 법원의 결정에 맡기게 된다. 다만 상장주식의 매수청구시에는 이 중간에 한 가지 단계가 추가된다.[495] 즉 회사와 매수청구주주가 공정한 가액에 합의하지 못하는 경우(제1단계) 자본시장법 시행령상의 절차가 후속된다(제2단계). 이 법정가격에 대해서도 협의가 이루어지지 못하는 경우 비로소 법원이 결정한다(제3단계). 제2단계에서 이야기하는 **자본시장법 시행령상의 법정가액**이란 주식매수청구의 발생원인이 된 이사회결의일 전일로부터 ① 과거 2개월간, ② 과거 1개월간 및 ③ 과거 1주일간 공표된 매일의 증권시장에서 거래된 최종 시세가격을 실물거래에 의한 거래량을 가중치로 하여 산술평균한 가격의 평균치이다. 즉 위 ①, ②, ③에서 산출된 액수의 산술평균이 법정가액이 된다($\frac{자본시장법 시행령 제}{176조의7 제2항 제1호}$). **상장은 하였으나 아직 증권시장에서 거래가 형성되지 않은 주식**은 동 시행령 제176조의5 제1항 제2호 나목에 따라 산출된 가격이 법정 가액이다($\frac{자본시장법 시행령 제}{176조의7 제2항 제2호}$). 이는 주식의 자산가치와 시장가치를 산술평균한 가액과 상대가치의 가액을 산술평균한 가액을 이른다.[496]

---

492) 상법은 2015년 12월 1일부로 개정되어 지금은 '**매수청구기간이 종료하는 날로부터 2개월**'로 바뀌었음을 주의하여야 한다.

493) 그러나 법원 결정의 대세적 효력을 부정하는 학설도 있다(오창석, 전게논문, 321면).

494) 오창석, 「숭실대 법학논총」 제24집(2010. 7.), 307~329면, 318면.

495) 이를 3단계 결정구조로 부른다(오창석, 전게논문, 320면).

496) 엄세용, "주식매수청구권 법제 비교 및 개선방향연구", 「증권법연구」 제14권 제2호(2013), 165~205면, 특히 183면.

## 4. 공정한 가격의 의미

상법전 회사편에서는 종종 법문언상 불확정개념을 조우한다. '영업의 중요한 일부의 양도'나 주식매수청구제도에서 볼 수 있는 '공정한 가액' 등이 그 예이다. 이러한 법문언에서 읽혀지는 '중요성'이나 '공정성'은 너무 추상적이어서 개별 사안에 적용하기가 어려워진다. 이런 법문언의 해석에 있어서는 판례나 학설 등의 해석작업이 절대로 중요하다. 이하 우리는 상법 제374조의2 제1항상의 '공정한 가격'을 생각해보기로 한다.

### (1) 공정한 가액에 관한 외국의 사례

**(가) 미  국:**  미국에서는 1983년 와인버거판결 이전에는 주로 델라웨어블록방식이 그후에는 와인버거방식이 주식평가의 주된 방식으로 쓰이고 있다.

**1) 델라웨어 블록방식(Delaware Block Approach):**  일반적으로 주식가치의 경제적 평가를 위하여는 순자산가치(net asset or book value), 수익가치(earning profit) 및 시장가치(market value)의 3요소가 작용할 수 있다. 실무에서 가장 자주 동원되는 것이 이 세 가지이다.[497] 우선 자산가치는 자산총계에서 부채총계를 공제한 후 얻어진 순자산가치를 발행주식총수로 나눈 액수이다. 수익가치는 기업의 미래의 추정이익을 기준으로 산정한 액수이다. 이는 해당 기업의 미래수익을 적정 할인율로 할인한 현재 가치로 주식을 평가하는 방법이다. 이를 DCF법(discounted cash flow)이라고 부르기도 한다. 끝으로 시장가치는 시장메카니즘을 통하여 얻어진 액수이다. 특히 상장주식의 경우에는 시장가치가 큰 의미를 가질 것이다.[498]

미국에서 회사법상 가장 영향력이 큰 델라웨어주의 법원들은 전통적으로 **델라웨어 블록방식(Delaware Block Approach)**을 채택하여 왔다.[499] 이는 위 3요소를 모두 고려하여 이들의 가중평균을 구하는 방법이다.[500] 즉 개별 사안의 특성을 감안하여 자산가치, 수익가치, 시장가치 중 특히 비중있는 요소에 대해서는 반영비율을 높여 평균치를 구한다. 적어도 Weinberger 판결 이전 델라웨어주 법원의 입장은 이 방식으로 일관되어 있었다. 아래의 판례를 통하여 이 방식을 조금 더 구체적으로 알아 보기로 한다.

---

497) 김홍기, "현행 주식가치 평가의 법적 쟁점과 '공정한 가액'에 관한 연구", 「상사법연구」 제30권 제1호(2011), 159~205면, 특히 163면.

498) 그러나 상장주식에서도 시장가치가 채택되지 않는 경우가 언제든 발생가능하다고 한다(神田秀樹, 會社法, 제16판, 弘文堂, 2014, 114면).

499) Haas, Corporate Finance, *ibid.*, p. 130.

500) 이를 'weighted average method of valuation'(加重平均方式)이라 한다.

### ❈ Piemonte v. New Boston Garden Corp. (Mass. 1979)[501]

본 사건의 원고들은 Boston Garden Arena Corp.(이하 'B社'라 한다)의 주주들이다. B는 메사츄세츠주법에 따라 설립된 회사로서 1973년 7월 19일 이 회사의 주주들은 합병승인을 위한 주주총회결의를 하였다. 단, 메사츄세츠주 회사법 제86 내지 98조(G.L.C. 156B,[502] ss 86-98)에 따른 주식매수청구와 이에 따른 매수대금을 합병후 회사가 책임지는 조건이었다. 원고들의 매수가액 결정신청은 동법 제90조에 따라 이루어졌는바 동 조항은 합병승인결의일 전일(前日)의 가격으로 해당 매수가격을 정하도록 하고 있었다. 1973년 7월 18일 현재 B사는 자회사의 주식을 모두 소유하고 있었고 그 자회사는 Boston Bruins로 알려져 있는 NHL(National Hockey League)의 영업권과 Boston Braves로 알려져 있는 AHL (American Hockey League)의 사업면허를 그 자신의 자회사가 보유하고 있었다. B는 또한 Boston Garden Sports Arena(이하 'Boston Garden'이라 칭한다)도 소유하였는바 이는 체육 및 기타 연예오락행사를 주관하는 실내 강당 등 설비를 운영하고 있었다. B는 나아가 이곳에서 이루어지는 식음료의 판매면허를 가진 회사도 소유하고 있었다.

1973년 7월 18일 현재의 주가를 증명할 문서들이 법원에 접수되었다. 본 합병에 반대하는 주주들과 회사는 각각 회계 및 금융전문가들을 고용하여 증인신청을 하였다. 담당 판사는 B주식의 시장가치($26.50)를 10%,[503] 수익가치($52.60)를 40%, 순자산가치($ 103.16)를 각 50% 반영하여 최종적으로 매수가액을 $75.27로 확정한다. 이러한 법원결정에 회사와 주주 양측이 모두 이의를 제기하면서 메사츄세츠 최고법원에 항소하였다. 동 법원은 B의 주식가치 평가상 시장가치, 수익가치 및 순자산가치 등 3요소를 일정한 비율로 가중한 이른바 델라웨어 블럭방식이 본 사안에서 적정히 적용되었고 나아가 10%, 40% 및 50%의 반영비율 역시 적정하였다고 판시한다. 다만 한 가지 문제점은 순자산가치(net asset value)의 산정이었는바 이에 대해서는 원심 법원이 다시 판단할 부분이 있다고 지적하면서 본 사건을 원심으로 파기환송하였다. 즉 Boston Garden의 자산평가, Boston Bruins의 영업권 및 Boston Garden에서의 식음료판매권의 평가에 대해 재고의 여지가 있다고 보았다. 본 사건에서 재판부는 소위 **델라웨어 블록방식**으로 불리우는 주식가치평가를 시행하였다. **시장가치, 수익가치, 자산가치를 각 산정하고 이들 3요소를 일정비율로 곱한 후 그 결과를 합산하는 방식**이었다.

**2) 와인버거 방식:** 이러한 델라웨어 블록 방식은 1983년 와인버거판결[504]에서 전환점을 맞게 된다. 지금까지 시행되어 오던 블록방식을 델라웨어주 최고법원은 폐기하고 대신 새로운 기준을 제시하였다. 동 법원은 델라웨어 블록방식의 경직성

---

501) 377 Mass. 719; 387 N.E. 2d 1145.
502) 'General Laws Chapter 156 B'의 약자로 이는 미국 **메사추세츠주 회사법** "Certain Business Corporations"를 뜻한다.
503) 시장가치를 10%밖에 반영하지 않은 이유는 B의 주식이 전국적으로 거래된 것이 아니라 보스톤거래소 (Boston Stock Exchange)라는 지역적 거래소에서만 그것도 발행주식 총수 중 10% 정도만 거래되었기 때문이다. 그리하여 그곳에서의 거래가도 26달러 50센트에 그쳤다.
504) Weinberger v. U.O.P. Inc., 457 A. 2d 701 (Del. 1983).

(inflexibility)을 비판하면서 보다 자유롭고 다양한 요소를 고려할 필요가 있다고 보았다. 그리하여 금융계에서 요구되는 다양한 평가방식을 수용할 것을 제안한다.

1999년 델라웨어주 최고법원은 Bancorporation v. Le Beau 사건에서 금융전문가들이 선호하는 다수의 평가방식을 승인하였다. 본 사건에서는 델라웨어주 회사법 제253조에 기초한 '간이합병(short-form merger)'이 문제된 사안이었다. Southwest Bancorp.은 M. G. Bancorp.의 주식 91%를 가지고 있었다. Southwest Bancorp.은 9%의 잔여주주를 퇴출시키기 위해 현금지급합병을 추진하면서 주당 41달러로 보상하기로 하였다. 그러나 M. G. Bancorp.의 소액주주들의 주식매수청구로 법원에서 가격산정이 이루어지게 되었다. 델라웨어주 최고법원은 위에서 소개한 금융전문가들의 여러 가지 산정방식을 모두 고려한 끝에 주당 85달러가 적정하다고 판시하였다. 합병계약상의 41달러보다 무려 배를 넘는 결과였다. 만약 델라웨어주 최고법원이 1983년 이전에 취하던 블록방식을 그대로 적용하였다면 아마도 위와 같은 결과는 나오지 않았을 것이다. 본 사건에서 금융전문가들이 제안한 평가방식에는 비교방식, 자산가치방식, 수익가치방식, 가중평균방식 등이 모두 동원되었다고 한다.[505]

**(나) 일  본:**   일본은 현재 주식매수청구제도를 세계에서 가장 활발히 운용하는 나라이다. 특히 상장주식과 관련한 일본 최고재판소의 판례(결정예)들은 거의 완성단계에 이르렀다고 보아도 좋다. 특히 '공정한 가격'의 해석상 이들은 우리에게도 매우 귀중한 자료가 될 것이다.

**1) 상장주식:**   상장회사의 주식에 대해 시장가격이 존재하는 경우에는 이를 기준으로 하는 것이 일본 법원의 실무라 할 수 있다.[506] 그러나 무엇보다도 일본에서 최근 나타나는 주요한 트렌드는 회사의 구조조정에 대한 의사결정 전후를 비교하면서 기업가치의 변동을 고려하여 공정가액을 산정하는 것이다. 실제 시장가격이 '소수자 할인현상'(minority discount)이나 지배주주의 충실의무위반 등으로 소수자에게 불리하게 형성된 경우 시장가격은 주식의 실질가치와 일치하지 않게 되고 특히 기업의 구조조정의 와중에서 미래의 시너지효과 등을 고려하지 않을 수 없는 경우도 발생하므로 구조조정으로 인한 기업가치의 변동을 매수청구가액에 반영하는 법원 실무가 새로이 발전·전개되고 있다.

---

505) Haas, *Corporate Finance, ibid.*, p. 132.

506) 神田秀樹, 會社法, 第24版, 2022, 弘文堂, 124면; 東京地決, 昭和 58년 2월 10일, 判例時報 1068號, 110면(일정 기간 주가의 평균가액); 東京地決 昭和 60년 11월 21일, 判例時報 1174호, 144면(합병발표전 6개월의 시장평균가격).

**가) 일본 구 상법시대의 나카리세바(ナカリセバ) 가격:** 신회사법이 제정된 2005년 이전에는 일본 상법 제374조의3 제1항 또는 동법 제408조의3 제1항에 이른바 '나카리세바(ナカリセバ) 가격'이 규정되어 있었다.[507] 이것은 기업의 구조조정을 승인한 주주총회결의가 성립하지 않았다면 존재하였을 또는 형성되었을 가정적 가격이었다.[508] 즉 구조조정의 의사결정이 이루어지기 전 시점의 시장가격 등을 계산하여 매수청구 주주에 대한 보상기준으로 삼았다. 현재 우리 자본시장법 시행령상의 법정 가액 역시 이러한 '나카리세바(ナカリセバ)' 가격의 일종이라 할 수 있다(동 시행령 제176조의7 제2항 제1호). 즉 주식매수청구의 발생원인이 된 이사회결의일 전일로부터 일정 시기(2개월, 1개월, 1주일)까지의 시장가액을 당일의 거래량으로 가중평균한 후 이들을 다시 평균한 수치이다. 결국 구조조정의 의사결정이 이루어지기 전 단계에서 형성된 시장가치를 일정한 방법으로 가중평균한 액수이므로 합병승인결의 등이 없었더라면 존재하였을 시장가치로서 위 나카리세바가격의 일종이다.

**나) 2006년의 신회사법 제정이후:** 그런데 이러한 '나카리세바' 가격은 신회사법의 시행후에는 더 이상 매수가액의 평가기준이 아니다. 그 대신 우리 상법의 문언처럼 "공정한 가격"으로 바뀌었다(日本 회사법 116 I 참조). 그리고 일본의 학설 및 법원실무는 이러한 '공정한 가격'에는 구조조정으로 인한 시너지효과도 포함된다고 보고 있다.[509] 2011년에 이르러 일본 최고재판소는 樂天 v. TBS 사건에서 아래와 같이 판시하고 있다: "반대주주에게 공정한 가격으로 주식의 매수청구를 허용하는 취지는 흡수합병 등으로 불리우는 회사조직의 기본변경을 주주총회의 다수결로 가능케 하면서 동시에 이에 반대하는 주주가 회사로부터의 퇴출을 선택한 경우 흡수합병이 이루어지지 않았던 경우와 경제적으로 동등한 상황을 확보함과 아울러 그로 인한 시너지 등 기업가치상승이 있었던 경우에는 그 효과를 반대주주에게도 일정한 범위내에서 적정히 함께 누릴 수 있게 보장하는 데에 있다."[510] 이 판례의 취지를 고려해볼 때 기업가치의 변화와 공정한 가격간의 관계에 대해서 생각해보면 다음과 같은 정리가 가능할 것이다.[511]

① **기업가치가 증가하는 경우:** 첫째 반대주주의 주식매수청구권을 발생시키는

---

507) 'なかりせば[無かりせば]'란 직역하면 '없었더라면'이다. 즉 조직재편(組織再編)을 위한 주주총회결의가 '없었더라면' 존재하였을 가격을 뜻한다.

508) 神田秀樹, 會社法, 제24판, 2022, 398~399면.

509) 藤原總一郎・西村美智子・中島礼子, 株式買取請求の法務と税務, 中央經濟社, 2011, 42면.

510) 樂天 vs. TBS 株式買取價格決定申立事件(最高裁判所決定 平成 23年 4月 19日), 民集 65-3-1311.

511) Koh (Alan K.), "Appraising Japan's Appraisal Remedy", [1994] 2 American Journal of Comparative Law 417 (working paper는 다음 출처에서 발견가능하며 동 페이퍼 24페이지 참조) <Electronic copy available at: http://ssrn.com/abstract=2168965>.

원인사실의 발생으로 기업가치가 증가하는 경우 그러한 시너지를 포함한 가격을 공정한 가격으로 보고 있다. 이 경우 매수가격에는 공정한 시너지 배분이 포함된 가격이 공정가격이 될 것이고, 이는 나카리세바가격보다 높을 것이다. 이러한 경우를 다룬 사건이 일본 최고재판소의 테크모(テクモ)사건[512]과 오사카지방법원의 산요전기(SANYO Electric) 사건이다.[513]

### 🏵 테크모(テクモ)사건 [주식이전]

[조직재편후 시너지효과가 발생한 경우 공정한 가격의 산정기준(=시너지분배가격)]

#### 1. 의  의

본 결정은 조직재편에 있어 시너지효과가 생긴 경우 반대주주의 주식매수청구에 있어 공정한 가격의 결정방법에 대한 최고재판소의 첫 결정이라는 점에서 의미가 크다. 이 결정보다 앞선 라쿠텐 v. TBS 사건에서는 조직재편으로 인한 시너지 효과가 없었다는 점에서 본 결정과 다르다.

#### 2. 사실관계

㈜테크모(Tecmo; 이하 'T'로 약함)는 자본금 58억엔, 발행제주식총수 2,355만주를 갖고 있다. T와 ㈜코에이(Koei; 이하 'K'로 약함)는 자신들을 완전자회사로 하고 ㈜코에이-테크모홀딩스(이하 'H'로 약함)를 주식이전완전모회사로 하는 주식이전계약을 추진한다. T는 동경증권거래소 1부 상장사로서 2008년 9월 4일 K와의 사이에 경영통합에 관한 협의를 개시하였고 당시 양사간에는 어떠한 출자관계도 존재하지 않았다. 양사는 2008년 11월 18일 자신들을 주식이전완전자회사로 하고, H를 주식이전완전모회사로 하는 주식이전계약을 체결한다. 2009년 1월 26일 양사 주주총회의 승인을 얻기로 하고 2009년 4월 1일을 주식이전의 효력발생일로 합의한다. 그날 양사는 시장거래 종료후 이 조직재편계획을 공표하였다. 주식이전비율에 대해서는 제3자 기관으로부터 제출된 주식이전비율 산정서를 참조하여 K의 보통주 1주에 대해 H의 보통주 1주를, T의 보통주 1주에 대해서는 H의 보통주 0.9주식을 배정하기로 합의하였다. 2009년 1월 26일 예정된 양사 주주총회의 승인을 얻은 후 2009년 4월 1일 마침내 주식이전의 효력발생과 더불어 H㈜가 설립되었고 동시에 도쿄 1부 증시에 상장되었다. 한편 주식이전비율에 반대하던 T의 주주 Royal Bank of Canada Trust Company (Cayman) Ltd.(이하 'R'이라 略함)은 자신이 보유한 T의 주식 389만 700주식에 대해 일본 회사법 제806조 제1항에 따라 매수청구를 하였다. 곧 이어진 T와 R간의 협상은 R이 주당 920엔을 주장한 반면, T는 주당 620엔을 고집하면서 결렬되고 말았다.

---

512) 日本最高裁判所決定 평성 24년(2012년) 2월 29일 제2소법정결정, 민집 66권 3호 1784면＝判例時報 2148호 3면＝判例タイムズ 1370號(2012. 7. 1. 자), 108면 이하.

513) 오사카지방법원결정 2012년 4월 27일, 金融・商事判例 第1396號(2012年8月 1日号), 43면(주식교환에 반대한 산요주주가 보유한 보통주식의 매수가격에 대한 오사카 지방법원의 결정이다. 산요전자 1주식에 대하여 파나소닉주식 0.115 주식으로 교환하게 되었다. 주식교환에 앞서 제시된 공개매수가격이 1주당 138엔이었고, 소위 '나카리세바'가격이 1주당 114엔으로 계산되었지만 산요전자와 파나소닉간 주식교환에서 얻어지는 시너지효과를 고려하여 1주당 117엔을 공정한 가격으로 산정한 사례이다).

2009년 5월 25일 R은 일본 회사법 제807조 제2항에 따라 본건 매수가격결정을 관할법원인 동경지방법원에 신청하였다. 법원은 모든 심급에서 공정한 가액으로 T의 주식을 주당 747엔으로 평가하였다. 동경지방재판소의 1심 결정후 K는 T를 흡수합병하여 T의 권리와 의무를 승계하였다.

### 3. 결정요지

공정한 가격이란 시너지 효과가 생기지 않은 경우에는 소위 나카리세바 가격에 따라 산정된 것을 이르며 그 외의 경우에는 조직재편비율이 공정한 경우에는 기본적으로 시너지 가치는 해당 주식의 시장가치에 반영되어 특단의 시정이 없는 한 이를 기초로 하여야 한다고 한다. 그러나 조직재편비율—합병비율 등—이 불공정한 경우 공정한 가격은 원칙적으로 **조직재편계획에 정하여져 있던 조직재편비율—합병비율이나 주식이전비율—이 공정한 것이었다면 당해 주식매수청구가 이루어진 날에 있어 그 주식이 가지고 있다고 인정되는 가격**을 말한다고 판시하고 있다.

🌐 **기업가치가 증가하였음에도 조직재편비율이 불공정한 경우 '공정한 가액'의 산정사례**[514]

A, B 두 주식회사가 합병한다고 가정하고 양사의 합병으로 25%의 시너지가 발생한다고 하자. 합병계획의 공표전 A주식의 시가총액은 400억원, 1주당 가격은 400원, 발행주식총수는 1억주이다. 한편 B사의 시가총액은 400억원, 1주당 가격은 1,000원, 발행주식총수는 4,000만주이다. 이제 두 회사가 B사 주식 1주에 대하여 A사 주식 0.625주식을 배정하는 합병비율로 합병계획을 공시하였다고 하자. 그런데 이러한 합병비율은 B社에 매우 불리한 것으로서 공정한 합병비율은 B사 주식 1주당 A사 주식 2.5주를 배정하는 것이라 하자. 어쨌든 이러한 합병계획이 공시되자 시장이 반응하기 시작하여 약 1개월후 A社 주식의 시가총액은 800억원, 1주당 가격은 800원으로 상승하였음에 반하여, B社 주식의 시가총액은 200억원으로 반토막이 나고, 1주당 가격도 500원으로 하락하였다고 하자. 합병계획 발표후 양사 주식의 시가총액의 총합은 1,000억원이다. 이 경우 합병등기까지 종료되어 합병이 효력을 발생하고 나면 A사의 경우 존속회사인 A사의 1억주에 소멸회사인 B사의 주주에게 부여될 4000만주×0.625＝2500만주를 합하면 총 1억2500만주가 되고 합병후 회사인 A의 주가는 주당 800원이 된다. 1:0.625의 불공정한 합병비율로 결국 B사의 주주만 손해를 본 상황이다.

만약 1: 2.5의 합병비율이 공정한 것이었다고 가정하면서 이 경우 A사의 합병계획 공표후 상황을 보면 시가총액이 400억원에서 500억원으로 25% 상승하였고, 1주당 금액도 400원에서 500원으로 25% 상승하였다. 한편 B社의 경우 역시 합병계획 공시후 시가총액이 400억원에서 500억원으로 25% 상승하였고, 1주당 금액도 1,000원에서 1,250원으로 25% 상승하였다. 합병계획의 공표후 양사 주식의 시가총액의 합은 1,000억원으로서 합병비율이 불공정하였던 경우와 같다. 다만 합병후 회사의 상황을 보면 합병비율이 1:2.5이므로 합병후 회사의 총발행주식은 2억주가 되고 기업가치총액은 1,000억원으로 1주당 가격은

---

514) 본 사례는 藤原總一郎·西村美智子·中島礼子, 株式買取請求の法務と税務, 中央經濟社, 2011, 63면, 도표 I-1-9를 참조한 것으로서 그곳에 나온 일본 화폐 엔을 우리의 원으로(환율 円:원＝10:1) 바꾼 것이다.

500원이 될 것이다.

이렇게 합병비율이 공정한 경우에는 양 합병당사회사에서 시가총액의 상승률이 같고, 주가의 상승률도 같아질 것이다. 이렇게 시너지가 발생하면서도 합병비율의 불공정으로 소멸회사의 소수주주가 주식매수청구권을 행사할 경우에는 합병비율이 공정하였다면 형성되었을 가격, 위 사례에서는 1,250원이 공정한 가격이 될 것이다. 물론 이는 가정적 사례이지만 참조의 여지가 크다.

② **기업가치에 변화가 없는 경우:**　둘째는 기업의 구조조정이 이루어져도 **기업가치에 변화가 없는 경우**이다. 즉 기업가치의 상승도 훼손도 나타나지 않는 경우이다. 이 경우 일본 최고재판소는 조직재편이 일어나지 않았더라면 존재하였을 주식가치(나카리세바가격)를 매수청구일을 기준으로 산정하려 한다. 조직재편 전이든 후이든 기업가치에 변화가 없으므로 시너지배분이 요구되지 않는다. 그 결과 '공정한 가격'은 실질적으로는 현존 기업가치를 발행주식총수로 나눈 액수(pro rata value)가 될 것이다.[515] 이 경우를 직접 다룬 판례가 아래의 樂天 vs. TBS 사건이다.[516]

### ⚙ 樂天 v. TBS 사건[흡수분할]

[흡수분할후 기업가치에 아무런 변동이 없었던 경우 공정한 가격의 산정기준(＝나카리세바가격)]

#### 1. 사실관계

㈜동경방송홀딩스(TBS 홀딩스)는 동경 1부증시 상장사로서 ㈜TBS텔레비의 완전모회사이다. 양사는 ㈜동경방송홀딩스를 분할회사로 하고, ㈜TBS텔레비를 분할승계회사로 하는 흡수분할(분할합병)계약을 체결한다. 이에 따르면 ㈜동경방송홀딩스가 보유하던 TBS텔레비의 방송사업 및 영상/문화사업에 관한 권리의무는 TBS텔레비가 승계하게 된다. 이러한 조직재편은 2008년 4월 1일부터 시행된 認定放送持株會社제도의 도입을 내용으로 하는 방송법 개정에 발맞추어 ㈜동경방송홀딩스를 認定放送持株會社로 바꾸기 위함이었다. 2008년 12월 본 흡수합병은 주주총회의 승인을 얻었고 이러한 조직재편에 반대한 ㈜동경방송홀딩스의 주주인 신청인 들인 ㈜樂天 등은 본 흡수분할에 반대한 후 그들이 보유한 3,777만 700주를 매수해줄 것을 청구하였고 주주와 회사간 가격협상이 시작되었으나 신청인 측은 주당 3,940엔을 주장한 반면, 회사 측은 주당 1,294엔(매수청구일 당일 종가)을 주장하여 협상이 결렬되었다. 이에 라쿠텐(樂天)주식회사는 자신이 보유하던 ㈜東京放送홀딩스(TBS)의 주식에 대해 동경지방법원에 주식매수가격결정신청을 하였다.

---

515) Alan Koh, "Appraising Japan's Appraisal Remedy", Electronic copy available as working paper at: http://ssrn.com/abstract＝2168965, p. 24 참조.

516) 樂天 vs. TBS 株式買取價格決定申立事件(最高裁判所決定 平成 23年 4月 21日) 民集 65-3-1311.

2. 결정요지

2010년 3월 동경지방법원결정과 2010년 7월 동경고등법원 결정을 거쳐 2011년 4월 19일 마침내 최고재판소 제3소법정이 마지막 결정을 내리게 되었다. 본 결정에서 일본 최고재판소는 (1) 주식매수청구제도의 취지, (2) 공정한 가격의 산정을 위한 기준일 결정기준, (3) 상장주식에 대한 공정가액 산정방법 등을 판시하고 있는바 주식매수청구제도와 관련된 매우 중요한 일본 최고재판소의 2011년 결정이다. 이하 그 판시내용을 적절히 요약하기로 한다.

(1) 주식매수청구제도의 취지: 이에 대해 상기 법원은 "반대주주에게 공정한 가격으로 주식의 매수청구를 허용하는 취지는 흡수합병 등으로 불리우는 회사조직의 기본변경을 주주총회의 다수결로 가능케하면서 동시에 이에 반대하는 주주가 회사로부터의 퇴출을 선택한 경우 흡수합병이 이루어지지 않았던 경우와 경제적으로 동등한 상황을 확보함과 아울러 그로 인한 시너지 등 기업가치상승이 있었던 경우에는 그 효과를 반대주주에게도 일정한 범위내에서 적정히 함께 누릴 수 있게 보장하는 데에 있다."고 판시하고 있다.[517] 여기서 법원은 본 제도의 두 가지 기능을 강조하고 있다. 하나는 **기업재편이 이루어지지 않았을 경우의 경제적 상황을 반대주주에게 보장하는 기능**이요,[518] 다른 하나는 **기업재편에 의하여 생기는 시너지를 반대주주에게 적정히 배분하는 기능**이다.[519]

(2) 기준일: 본 결정에서 법원은 기준일과 관련하여서는 다음과 같이 판시하고 있다: "기업재편으로 인한 시너지 기타 기업가치의 증가가 생기지 않는 경우에는 증가된 기업가치를 적절히 분배할 여지가 없다. 따라서 이 경우에 있어 '공정한 가격'이란 기업재편을 승인한 주주총회결의가 이루어지지 않았더라면 해당 주식이 가질 가격, 즉 '나카리세바가격'이다.[520] 그리고 해당 주식의 가치평가의 기준시점은 주주가 회사를 떠날 의사가 분명해지는 매수청구시점이다. 즉 **주식매수청구권을 행사한 날이다.**"

(3) 상장사에서 공정한 가격의 산출방법: 본 결정은 주식이 상장된 경우에 '나카리세바가격'을 산정함에 당하여는 시장주가가 기업의 객관적 가치를 반영하고 있지 않다는 특단의 시정이 없는 한 **기초자료로서 시장주가를 이용하는 것이 합리적**이라고 판시하고 있다. 그리고 해당 주식의 가격을 결정함에 있어서는 기준일의 시장주가 및 이에 근접한 일정 기간의 시장주가의 평균치를 이용할 수 있는 데 이에 대해 법원은 당해 사안의 여러 사정을 고려한 합리적인 범위 내에서 재량권을 갖는다.[521]

③ 기업가치 훼손시: 셋째, 구조조정의 결과 반대로 **기업가치가 훼손되는 경우**도 있다. 이런 경우에는 다시 '나카리세바 가격'으로 돌아간다. 즉 이런 경우에는 해

---

517) 樂天 vs. TBS 株式買取價格決定申立事件(最高裁判所決定 平成 23年 4月 19日), 民集 65-3-1311.
518) 이는 편의상 '나카리세바 기능'이라 할 수 있을 것이다.
519) 이는 편의상 '시너지 분배기능'이라 부를 수 있을 것이다.
520) 기업재편으로 기업가치에 변화가 나타나지 않는 경우에는 엄격히 '나카리세바가격'이란 표현이 적절치 않다는 지적이 있다. 즉 조직재편이 실행된 경우와 그렇지 않은 경우 간에 차이가 없기 때문이다(藤原總一郎・西村美智子・中島礼子, 株式買取請求の法務と税務, 中央經濟社, 2011, 45면 각주 18번 참조). 그리하여 위에서처럼 현존 기업가치를 발행제주식수로 나눈 액수(pro rata value)로 표현하였다.
521) 判例タイムズ 1352號(2011. 10. 1.), 140면 이하.

당 구조조정이 이루어지지 않았다면 형성되었을 또는 존재할 가정적 가격이 공정한 가격이 된다. 이 경우를 다룬 사건이 일본 최고재판소의 Intelligence사건이다.[522]

### 🔵 ㈜인텔리젼스 사건[주식교환]

[주식교환이 시너지를 낳지 못한 상태에서 주식교환완전자회사의 주주가 보유주식을 매수청구한 사건]

#### 1. 사실관계

㈜인텔리젼스(이하 'I'로 약함)와 ㈜우젠(USEN; 이하 'U'로 약함)은 'I'를 주식교환 완전자회사로하고, U를 주식교환 완전모회사로 하는 주식교환계약을 체결한다. 'I'는 쟈스닥(JASDAQ)에 상장되어 있는 회사로서 2008년 8월 28일 개최된 주주총회에서 U를 주식교환완전모회사, 'I'를 주식교환완전자회사로 하는 주식교환계약을 승인하였다. 본건 신청인들인 X 등은 'I'의 보통주를 보유한 'I'의 주주들로서 위 주주총회에 앞서 본건 주식교환에 대한 반대의 의사를 통지한 후 본건 주식교환의 효력발생일 20일전부터 효력발생일 전일(前日)까지 사이에 'I'에 대하여 각 보유한 주식을 공정한 가격으로 매수해 줄 것을 청구하였다.

본건 주식교환계획의 공표직전인 2008년 7월 1일 'I'의 주가는 79,500엔이었으나 그후 하락을 거듭하여 상장폐지 직전인 2008년 9월 22일에는 주당 43,250엔까지 떨어졌다. 주가하락의 주된 원인은 본건 주식교환으로 'I'의 기업가치가 하락하였고 나아가 'I'의 주주가치도 하락한 결과였다. 시장주가 하락에는 거시경제(巨視經濟)의 악화와 이에 수반한 人材 비즈니스업계의 경영환경 악화가 시장의 일반적인 가격하락요인으로 작용한 측면도 있었다.

'I'의 주주인 X 등은 일본 회사법 제785조 제1항에 기하여 'I'에 대해 각 신청인들이 보유한 주식을 공정한 가격으로 매수해 줄 것을 청구하였으나 신청인들과 'I'社간 원만한 합의에 이르지 못하자 신청인들은 일본 회사법 제786조 제2항에 따라 매수가격결정을 동경지방재판소에 신청하게 되었다.[523]

#### 2. 결정요지

주식교환 등 조직재편이 이루어진 후에도 시너지 기타 기업가치의 증가가 생기지 않은 경우 주식교환 완전자회사(또는 흡수합병시의 소멸회사 등)에 대하여 반대주주는 그 보유주식의 매수를 구할 수 있다(일본 회사법 제785조 제1항 참조). 이러한 매수청구권의 부여이유는 반대주주의 퇴출(退出)을 용이하게 하는 것으로서 퇴출을 선택한 주주에게 흡수합병이나 주식교환 등 조직재편이 이루어지지 않았다면 존재하였을 경우와 경제적으로 동일한 상황을 확보해주는 것이다. 물론 조직재편으로 시너지가 발생한 경우에는 이 시너지의 적정배분을 꾀하는 것이 주식매수청구제도의 취지이나, 그러한 **기업가치의 상승이 나타나지 않은 경우** '**공정한**

---

522) インテリジェンス株式買取價格決定申立事件, 일본최고재판소 2011년 4월 26일 결정, 민집 236호 519면; 이 사건의 原審은 동경고등재판소 2010. 10. 19, 金融・商事判例 第1354號, 28면 이하이다.

523) 一審決定 東京地方裁判所 平成 22年(2010年) 3月 29日 金融・商事判例 1354號, 28면; 二審決定 東京高等裁判所 平成 22年(2010) 10月 19日, 金融・商事判例 1354號, 14면.

가격'이란 원칙적으로 당해 주식매수청구가 이루어진 날에 있어 조직재편의 승인결의가 이루어지지 않았더라면 그 주식이 가졌을 가격(소위 '나카리세바'가격)을 이르는 것으로 풀이함이 상당하다.

상장주식에 있어 반대주주가 주식매수를 청구한 날의 '나카리세바'가격을 산정함에 있어서는 주식교환을 행한 뜻의 공표 등이 이루어지기 전의 시장주가를 참고하고 나아가 일반적인 시장에서의 가격변동요인에 따라 주가가 변동한 경우에는 이를 고려한 보정(補正)을 가하는 것이 합당하며 이러한 보정은 법원의 합리적 재량의 범위내에 있다. 나아가 매수청구기간 중 당해 주식이 상장폐지에 이르렀다 하여도 이러한 결론에는 변함이 없다.

④ **종합평가:** 위 3개의 결정을 통하여 일본 최고재판소는 조직재편의 결과 기업가치가 상승한 경우(시너지가 있었던 경우), 기업가치에 변동이 없는 경우 및 기업가치가 훼손된 경우 등 3가지 경우를 모두 아우르는 법원결정을 완료하였다. 향후 일본에서는 주식매수가격결정에 있어 이러한 방향으로 나아갈 것으로 보인다. 동 법원은 주식매수청구제도에 나카리세바 기능과 시너지 분배기능을 모두 인정하면서 기업가치가 상승하면서도 주주가치가 훼손되는 경우 반대주주에게도 시너지를 분배하며, 기업가치에 변동이 없거나 기업가치가 훼손되는 경우에는 그러한 조직재편이 이루어지지 않았을 경우를 전제로 나카리세바 가격을 공정한 가격으로 제시하고 있다. 나아가 주식평가의 기준시점은 주식매수청구권을 행사한 날이다. 이는 우리나라에서도 매우 고려할 만한 것이라 생각된다.

**2) 비상장주식:** 비상장주식에 대해서는 이론적으로는 소득접근법(income approach)과 비용접근법(cost approach)의 양자가 있을 수 있고 전자의 예로 DCF법[524]과 배당환원법,[525] 후자의 예로는 시가순자산법(時價純資產法)[526]과 청산가치법(淸算價値法)[527]을 들 수 있다고 한다.[528] 자주 이용되는 것으로는 배당환원방식을 들 수 있겠지만 그 예측이 쉽지 않을 경우 법원은 유사업종 상장사의 주식가치를 참고하는 유사업종비준방식(類似業種比準方式)[529]을 많이 사용한다고 한다. 그러나 이 분야에서도 학계의

---

524) 현금흐름법(DCF법)이란 기업의 장래의 현금흐름(cash flow)을 일정한 할인율로 할인한 할인현재가치를 기업가치로 하는 방법을 이른다.

525) 배당환원방식(配當還元方式)이란 각 사업연도에 기대되는 한 주당 예측배당금액을 일정한 자본환원율(위험없는 투자에 대한 할인율; 일반금리수준)로 환원하는 방법에 의해 원본인 주식의 현재 가격을 산출하는 것이다(姜憙, 반대주주의 주식매수청구권에 관한 연구, 고려대 박사학위논문, 2001년 12월, 167면 참조).

526) 시가순자산법이란 기업의 시가순자산을 주식가치로 하는 방법이다(藤原總一郞·西村美智子·中島礼子, 株式買取請求の法務と稅務, 中央經濟社, 2011, 76면 참조).

527) 청산가치법이란 기업을 청산한 경우에 주주에게 배분될 잔여재산을 기준으로 주식가치를 정하는 방법이다(藤原總一郞·西村美智子·中島礼子, 株式買取請求の法務と稅務, 中央經濟社, 2011, 76면 참조).

528) 藤原總一郞·西村美智子·中島礼子, 株式買取請求の法務と稅務, 中央經濟社, 2011, 76면.

529) 유사업종비준방식(類似業種比準方式)이란 당해 폐쇄회사와 유사한 공개회사를 선택한 후 두 회사의 주식가치가 두 회사의 자산상황, 수익상황, 배당상황 등과 비례관계에 있다고 전제하면서 이를 기초로 유사공개회사의

연구실적이 쌓이고 있어 최근에는 법원의 실무에도 변화가 감지된다고 한다.

### 🔅 비상장주식에 대한 일본 법원의 주식평가사례[530]

양도제한주식에 대해 배당 등 환원방식을 쓴 사례(大阪高等裁判所決定 평성1년[1989], 3. 28., 판례시보 1324호, 140면; 수익환원방식[531]으로 평가한 사례로는 동경고등법원 평성 20년(2008년), 4. 4., 判例타임즈 1284호, 273면; 수익환원방식과 배당환원방식을 1:1로 가중평균한 사례로는 히로시마(廣島)지방법원결정, 평성 21년(2009년), 4. 22., 金融商事 1320號, 49면; 배당환원방식, 자산가치방식,[532] 수익환원방식을 1:1:2의 비율로 가중평균한 사례로는 삿보로(札幌)고등재판소결정, 평성 17년(2005년) 4. 26., 판례타임즈 1216호, 272면; 수익환원방식을 사용한 동경고등재판소결정 평성 20년(2008년) 4월 4일, 판례타임즈 1284호 273페이지; 청산가치법(합병소멸회사/청산회사)를 적용한 동경지방법원 결정 평성 21년(2009) 10월 19일, 金融商事 1329호 30페이지(구 가네보 제2차 주식매수청구가액 결정신청사건); DCF 법을 사용한 동경고등재판소결정 평성 22년(2010년) 5월 24일 金融商事 1340호 12페이지(구 가네보 주식매수청구가격결정신청사건, 항고심) 등을 각 참조할 필요가 있다.

### (2) 우리 법원의 입장

현재까지 진행된 우리 법원 결정의 주식가치산정상의 트렌드를 정리해보기로 한다. 상장주식과 비상장주식으로 나누어 살펴보면 아래와 같다.

(가) 비상장주식:  **비상장주식**에 대해서 대법원은 **드림시티은평방송사건**에서 아래와 같이 결정하면서 기본적으로 델라웨어 가중평균방식을 따르고 있는 것으로 보인다. 다만 그러한 가중평균방식으로 들어가기 전에 비교가능한 사례가 있을 경우에는 그 거래가격을 시가로 보아 매수가액을 정하는 것이 좋다고 한다; "(1) 그 주식에 관하여 객관적 교환가치가 적정하게 반영된 정상적인 거래의 실례가 있으면 그 거래가격을 시가로 보아 주식의 매수가액을 정한다. (2) 그러한 거래 사례가 없으면 비상장주식의 평가에 관하여 보편적으로 인정되는 시장가치방식, 순자산가치방식, 수익가

---

주식 시장가격을 기초로 폐쇄회사의 주식가치를 추론하는 방법이다. 비교 대상 회사의 선정에 자의적 요소가 있을 수 있으므로 이를 완화하기 위하여 수개의 유사 회사를 선정한 후 그 평균치를 가지고 작업하는 것이 일반이라고 한다(강헌, 상게 박사논문, 169면 참조).

530) 神田秀樹, 會社法, 第24版, 2022, 弘文堂, 124면; 藤原總一郎・西村美智子・中島礼子, 株式買取請求の法務と稅務, 中央經濟社, 2011, 77면 참조.

531) 수익환원방식(收益還元方式)이란 장래 각 사업연도에 기대가능한 법인세후의 주당예측 순이익을 일정한 환원율로 자본환원하는 방식이다. 영리법인에 있어 수익력을 주가산정의 주요요소로 본다는 점에서 설득력이 있고, 지배주주의 자의적인 배당정책에서 발생하는 불공정성을 제거할 수 있다고 한다. 이 점에서는 배당환원방식보다 우수하다고 평가되고 있다(강헌, 전게 박사학위논문, 168면).

532) 자산가치방식(資産價值方式)이란 결산대차대조표상의 순자산을 발행시의 주식총수로 나누어 주식가치를 산출하는 것이다. 현 시점에서 회사를 해체하여 청산한다고 가정한 후 한 주에 대하여 지급될 수 있는 금액을 1주의 가격으로 정하기도 한다(강헌, 전게 박사논문, 166면 참조).

치방식 등 여러 평가방법을 활용하되 당해 회사의 상황이나 업종의 특성 등을 종합
적으로 고려하여 **공정한 가액**을 산정하여야 한다."[533] 결국 비상장주식에 대해 대법
원은 우선 과거에 이루어졌던 정상적인 선례가 있으면 이를 따르되 만약 그러한 선
례가 없을 경우에는 원칙적으로 델라웨어 가중평균방식을 출발점으로 다양한 방식을
망라하고 있는 것으로 보인다.

(나) 상장주식:   대법원은 **두산산업개발사건**에서[534] **상장주식**에 관한 평가방식을
시장가치 위주로 시도하고 있다. 즉 자산가치와 수익가치를 배제하고 시장가치만 고
려하여 매수청구가액을 정하고 있다. 원칙적으로 시장주가를 중심으로 산정할 것이나
물론 시장주가에 따른다 할지라도 자본시장법 시행령에서 정한 산정방법을 반드시
그대로 따를 필요는 없으며,[535] 다만 해당 주식이 아직 증권시장에서 거래가 형성되
지 않았거나 시장기능을 방해하는 요소가 존재하는 경우에는 시장주가를 배제하거나
혹은 시장주가와 함께 자산가치나 수익가치를 반영할 수 있다고 한다. 마지막의 경우
엔 델라웨어 가중평균방식으로 되돌아가는 것으로 이해된다.

두산산업개발사건의 1심법원과 2심법원은 모두 델라웨어가중평균방식을 사용하였
는바 제1심법원은 순자산가치, 수익가치 및 시장가치를 2:1:1로 반영하였고,[536] 제2심
법원은 이를 수정하여 수익가치를 평가요소에서 제외한 후 자산가치와 시장가치만을
1:1로 반영하여 가중평균하였다.[537] 그러나 대법원은 특히 상장주식의 평가에 있어서
는 원칙적으로 시장가치를 기준으로 한다. 그러나 시장가치의 형성이 비합리적이거나
심지어 지배주주의 이익을 위해 조작된 경우도 있고 나아가 회사와 주주간 정보의
비대칭으로 주의가 필요해 보인다. 특히 해당 주식거래가 회사와의 관계에서 이해상
충요소가 있는 경우 시장가치의 신뢰도가 떨어지므로 비상장주식에서처럼 다기한 요
소를 고려하고 나아가 각종 신종 평가기법을 다양하게 동원하는 적극적 자세를 견지
하여야 할 것이다.[538]

나아가 일부 문헌에서 지적하고 있다시피 특히 상장주식의 평가에 있어 주주와

---

533) 대결 2006. 11. 24, 2004마1022; 대결 2018. 12. 17, 2016마272.
534) 대결 2011. 10. 13, 2008마264.
535) 2015년 삼성물산과 제일모직간 합병에 반대한 주주들은 주식매수청구권을 행사하였다. 회사와 반대주주간 매
    수가격협상이 원만히 진행되지 않자 반대주주들은 법원에 매수가격결정신청을 하였다. 이 사건에서 대법원은
    자본시장법 시행령이 정하고 있는 이사회결의 전날(자본시장법 시행령 제176조의7 제2항 제1호) 대신 제일모
    직의 상장일 전일(前日)을 기준일로 하여 매수가격을 산정한 서울고등법원의 결정을 그대로 확인하였다(대법
    원 2022. 4. 14, 2016마5394, 5395, 5396 결정).
536) 서울중앙지법 2005. 11. 3, 2004비합151 결정.
537) 서울고등법원 2008. 1. 29, 2005라878 결정.
538) 양기진, "반대주주의 주식매수청구권에 관한 연구", 「기업법연구」 제26권 제1호(통권 제48호), 185~219면,
    특히 204~206면.

회사가 법정에서 다투는 경우 입증책임의 분배에도 더욱 신경 쓸 필요가 있어 보인다. 대법원은 두산산업개발사건에서 상장법인의 주식평가에 있어서는 자산가치나 수익가치를 모두 배제하고 시장가치만을 평가기준으로 제시하면서 시장주가가 기업의 객관적 가치를 반영하지 못하는 경우 예외적인 것으로 보아 반대주주에게 이에 대한 증명책임을-사실상-부과하고 있는 것으로 보인다.[539] 그런데 위 두산산업개발사건에 **서 해당 기업은 회사정리절차에 들어가 있었고 이 절차의 진행중 해당 주식은 관리대상종목에 편입되어 주식거래에 제약을 받고 있었다. 그럼에도 대법원은 시장가치만을 고려**하였으며 자산가치나 수익가치를 함께 고려하여 가중하려 하였던 원심의 결정을 파기하였다. 대법원의 이런 입장은 다소 경직된 것이 아닌가 하는 의구심이 든다. 정상적인 주식거래가 기대될 수 없었던 상황임에도 시장가치에만 의존하는 것은 지나치지 않나 생각되기도 한다. 원심에서 결정한 가액이 5,823원이었음에 반하여, 시장가치는 2,593원에 불과하였다.[540] 그럼에도 불구하고 상장주식에 대해 시장가격이 형성되어 존재하는 한 이를 쉽게 무시하여서는 안될 것이다. 따라서 시장가격의 불공정에 대한 입증은 이를 다투는 주주의 몫이 될 것이다.

## VI. 주식매수청구제도의 시행상 제기되는 문제점

이하 우리는 최근 우리나라에서 본 제도의 시행상 특히 문제시 되고 있는 영역들을 정리하여 그 해결방안을 제시하고자 한다.

### 1. 시장성 예외조항의 도입여부

현재 우리나라에서 주식매수청구권과 관련하여 크게 문제시되는 것은 일정 요건하에 주주의 주식매수청구권을 제한할 수 있는지이다. 특히 상장사에서는 일정한 요건하에 주식매수청구권을 제한하는 것이 힙리적인가에 대한 논의가 있다. 이러한 논의는 최근 삼성엔지니어링과 삼성중공업의 합병이 소수주주들의 주식매수청구권행사로 좌절된 데서 비롯되고 있다. 현재 정부와 재계는 '기업의 사업재편촉진을 위한 지원체계 구축방안'을 검토하고 있으며 이러한 논의속에서 주식매수청구권에 대한 합리

---

539) 대결 2011. 10. 13, 2008마264의 흐름이 그러하다(이에 대해 보다 자세히는 양기진, 전게논문, 215~216면 참조).
540) 이 결정에 대한 비판적 평석으로는 양기진, 전게논문, 215~216면 (결론부분); 나아가 본 결정에서 대법원은 시장주가(2,593원)가 서울고등법원이 결정한 5,823원과 2배 이상 차이가 남에도 불구하고 "시장주가가 순자산가치나 수익가치에 기초하여 산정된 가격과 **다소** 차이가 난다는 사정만으로…"라는 표현을 쓰고 있는바 2배 이상 차이가 나는 경우에도 "**다소**"라는 표현이 적절한지에 대해서는 쉽게 동의하기 어려운 부분이 있다.

적 제한을 매우 치밀하게 검토하고 있다고 한다.[541] 그 구체적인 내용은 소위 '기업구조조정촉진법(一名 원샷법)'으로 불리우는 특별법 제정으로 요약된다. 이하 우리는 이 문제에 관한 미국의 법제를 먼저 검토한 다음 나름의 결론을 제시하기로 한다.

### (1) 미국의 시장성 예외조항들

이하 주식매수청구권의 발동사유를 일정한 범위내로 제한하는 시장성 예외에 대한 미국의 입법례를 알아 보기로 한다.

(가) 델라웨어주의 일반 회사법(DGCL) 제262조 (b)항:　델라웨어주는 전국적 증권거래소(national securities exchange)에 상장된 주식 또는 주주의 수가 2,000명을 초과하는 회사의 주식에 대해 주식매수청구권의 행사를 제한한다(델라웨어주 일반회사법 제262조 (b)항 (1)목). 충분히 유통성(流通性)이 있는 시장(a liquid market)에서 주식을 처분할 수 있다면 굳이 반대주주에게 주식매수청구권을 부여할 이유가 없지 않은가? 라는 생각에서 출발하였다. 어찌 보면 이러한 시장성 예외는 일면 매우 타당해 보인다. 특히 예일대의 매닝(Manning) 교수가 주식매수청구제도의 무용론을 주장한 이래 그러한 현상이 가속되었다. 그러나 오늘날은 사정이 매우 다르다. 미국에서도 학설상 상장주식에 대해 주식매수청구권을 부정할 이유가 없다는 목소리가 크다. '주식시장이 공정가액을 제공한다'는 전제에 동의하지 않거나,[542] 시장가격과 공정가격이 모든 상황에서 반드시 일치하지는 않는다는 것이다.[543]

델라웨어주 회사법은 우리 상법이나 자본시장법과 달리 합병의 경우에만 주식매수청구권을 허용한다. 즉 영업양도, 분할합병, 주식교환 및 주식이전 등의 경우에는 아예 주식매수청구권을 인정하지 않고 있다. 이는 'manager-friendly'한 델라웨어주 회사법의 특징이기도 하다. 그렇다면 이러한 델라웨어주 회사법의 시장성 예외를 우리 법제에 그대로 도입할 수 있을까? 나아가 그러한 필요가 있을까? 이 부분은 추후 심층 살펴 볼 필요가 있을 것이다.

(나) 모범회사법:　1992년 개정 모범회사법은 유동성과 신뢰성을 기준으로 시장성 예외를 인정한다(동법 제13.02 조 (b)항). 시장성예외가 인정되기 위해서는 거래되는 주식이 유동적이어야 하고 거래에서 얻어진 주가가 신뢰할 수 있어야 한다. 먼저 유동성 기준을 보면 해당 주식거래가 유동적이기 위해서는 우선 **주식이 전국적 규모의 주식시장에서**

---

541) 중앙일보 2015년 3월 11일자 [박진석 기자; 기사입력 2015. 3. 11. 02:30] 참조.
542) Gilson/Kraakman, 70 Va. L. Rev. 549 (1984).
543) Mary Siegel, 32 Harvard Journal on LEGIS, (1995), p. 126.

**거래되어야** 한다. 뉴욕증권거래소(NYSE)나 미국증권거래소(American Stock Exchange)에 상장되어 있거나 전국증권업협회(National Association of Securities Dealers, Inc.)에 의하여 거래시세표상 '전국적 증권'(national market system security)으로 지정된 주식이 이에 해당한다. **해당 주식이 상장되지 않은 경우에는 2,000명 이상의 주주와 최소한 2,000만 달러 이상의 시장가치를 가지는 경우 유동성을 인정받는다**고 한다(동법 제13.02조 (b)항 (1) (ii)). 시장성 예외를 위한 두번째 요건은 신뢰성이다. 즉 유동성뿐만 아니라 신뢰성도 갖추어야 하는데 여기서 신뢰성이란 주식에 부여된 가치가 신뢰할 수 있는 상태를 이른다. 이익충돌거래에 대해서는 주식가치의 신뢰성이 부정된다(동법 제13.02 조 (b)항 (4)).

### (2) 시장성 예외조항에 대한 논의

(가) 매닝의 찬성론(1962):    예일대 매닝(Manning) 교수는 전국적 규모의 증권거래소에서 유동성있게 거래되는 상장주식에 대해서는 주식매수청구권을 인정할 필요가 없다고 한다. 그는 시장성 예외에 대한 대표적 지지자이다.

그는 주식매수청구권은 불필요하며 설사 허용한다 하여도 엄격히 그 행사범위를 제한해야 한다고 설파한다. 가령 구조조정 직전의 어느 회사에서 매우 불리한 거래가 진행되어 주가가 폭락했다고 가정하자. 이 회사의 주주들에게 주식매수청구권이 부여된다면 그리고 해당 구조조정이 개시되었다면 아마도 폭락직전의 가격으로 주주들은 주식매수청구에 나설 것이다. 반대로 구조조정 직전에 해당 회사가 매우 유리한 거래를 하여 주가가 폭등했다고 하자. 이 경우에도 해당 주주들이 똑같이 주식매수청구에 나설 것인가? 결국 매닝은 주식매수청구권을 주주들에게 부여하면 주주들의 기회주의만 조장할 것이라고 비판한다.[544]

특히 우리나라에서 발표된 경영학자들의 경험적 연구(empirical study)결과 역시 부분적으로는 매닝(Manning)의 주장을 뒷받침하고 있어 주목을 끌고 있다.[545] 이에 따르면 주가하락기에는 주식매수청구권의 행사비율이 높아지고 상승기에는 행사비율이 낮아진다고 하면서 결국 주식매수청구제도가 소수주주 보호를 위한 제도라고 주장하는 것은 명분에 불과하고 주식매수청구권의 실질은 '**선도거래(forward contract)상의 풋옵션(put option)**'이라고 비판한다.[546] 그러나 이러한 연구결과와 정반대되는 것도 있으므로[547] 주식매수청구권을 주주들의 기회주의적 수단으로 일괄 단정해서는 안될

---

544) Manning, *ibid.*, pp. 231~232, pp. 260~261.
545) 김근수·변진호, "주식매수청구권행사 결정요인에 대한 분석", 「증권학회지」 제36권 제3호(2007), 463~493면.
546) 김근수·변진호, 전게논문, 463면 참조.
547) 류해필·이진원·강효석. "합병기업의 주식매수청구권 행사의 결정요인과 장기성과", 「재무관리연구」 제30권 제4호(2013. 12.), 195~224면, 특히 195면 참조.

것이다.

(나) 시장성 예외에 대한 비판론:    그러나 위와 같이 1960년 이래 미국에서 인정되는 시장성 예외의 상황은 아래와 같은 비판에 직면하고 있다. 즉 오늘날에는 시장성 예외에서 벗어나려는 것이 오히려 큰 흐름이라 할 수 있다. 문헌이 출현한 시점순으로 정리해보기로 한다.

1) 아이젠버그의 비판(1976):    아이젠버그(Eisenberg)는 시장성 예외를 비판적으로 보는 대표적인 학자이다. 그는 매닝과의 설전(舌戰)에서 이미 시장성 예외를 강력히 비판했으며[548] 특히 그가 헤드리포터(head reporter)로 활동했던[549] 미국법률가협회의 "회사지배구조의 원칙-분석과 권고-"를 통하여 시장성 예외를 반박하였다.[550]

아이젠버그는 우선 증권거래소에서의 주가의 등락폭이 적지 않아 주식시장에서 형성되는 주식의 시장가치를 진정한 기업가치의 지표로 보기 어렵다고 한다. 그는 1974년 뉴욕증권거래소에 상장된 상장주식의 주가 등락폭이 상당함을 실증적으로 예시하면서 주가의 신뢰성에 의문을 제기한다.[551] 나아가 시장가치가 기업가치를 제대로 반영한 공정가액에 접근한다 할지라도 지배주주의 지분이 큰 회사의 경우 지배주식의 매각이 이루어질 때에는 해당 주식의 가치는 시장에서 바로 하향할 것이며 뉴욕증권거래소와 같은 대형 시장에 상장된 회사에서도 다수 그러한 지배주주의 존재를 확인할 수 있다고 한다.[552] 끝으로 아이젠버그는 반대주주의 주식매수청구권이 투자가치의 환수기능을 가질 뿐만 아니라 이 제도가 경영진에 대한 견제기능도 갖고 있으므로 상장사라도 이를 부정할 이유가 없다고 주장한다.[553]

2) ALI-CORPGOV(회사지배구조-분석과 권고-)의 입장(1994):    우선 주식의 시장가치는 일반 투자자들을 적정히 보호하지 못한다는 것이다. 미국 23개의 주에서 전국 규모의 증권거래소에 상장된 주식에 대하여 주식매수청구권을 허용하지 않고 있고, 몇 개의 주에서는 보다 광범하게 주주 수에 따른 추가제한을 가하고 있지만 이러한 시장성 예외가 대중 투자자들에게 불이익을 줄 수 있다고 경고한다. ALI-CORPGOV는 다음의 예를 들면서 이를 구체화한다. 현재 시가가 주당 50달러인 대상회사(Target

---

548) Eisenberg, *The Structure of the Corporation: A Legal Analysis*(1976), pp. 79~84.
549) 아이젠버그의 영향력은 너무나 강하여 "회사지배구조-분석 및 권고-"는 사실상 그의 사견(私見)을 편집한 것과 같다. 전통 회사법 분야에서 그가 미국의 1인자이기 때문에 그의 이러한 위상이 철저히 반영된 것이 바로 "회사지배구조-분석 및 권고-"이다.
550) ALI-CORPGOV, §7.21, Comment d.
551) Eisenberg, *ibid.*, p. 81 f., 특히 p. 82의 두 도표 참조.
552) Eisenberg, *ibid.*, p. 81.
553) Eisenberg, *ibid.*, p. 83.

Company)의 51% 주식을 어느 'corporate raider'가 주당 60불로 공개매수를 시작했고 그가 이 회사의 51% 주식을 취득하는 데 성공했다고 가정하자. 그리고 이 'corporate raider'는 이미 지배권을 획득했으므로 나머지 49%의 잔여주주들을 주당 40달러에 현금지급합병의 방법으로 축출한다고 하자. 공개매수 직후 이 대상회사의 주가는 40달러 이하로 떨어지지는 않겠지만 만약 주식매수청구권이 보장되는 경우라면 아마도 법원의 개입으로 주당 40불을 훨씬 상회하는 보상이 이루어질 것이다. 따라서 상장사라고 무조건 시장성 예외를 인정해서는 안된다고 한다.[554] **나아가** 회사의 경영진이 미공개 정보를 가지고 있을 경우 시장가치와 공정가액간 괴리가 발생할 수 있다는 것이다. 이 부분은 아래에서 볼 베르트하이머의 비판과 유사하다. 즉 아이젠버그 역시 '효율적 시장가설'(efficient market hypothesis)에 의할 때 일반 공중에게 알려진 해당 회사의 정보는 주가에 바로 영향을 미친다고 본다. 따라서 경영진이나 대주주가 이 고급정보를 공개하지 않을 경우 시장주가는 공정가액에 접근할 수 없다고 한다. 이러한 정보비대칭으로 시장성 예외는 그 정당성을 누릴 수 없다고 한다.[555] **끝으로** 주식매수청구권이 적정히 보장되지 않으면 불필요한 법률비용의 증대를 피할 수 없다고 한다. 즉 주식을 회사에 매각하고 회사를 떠나려는 주주들에게 주식매수청구권 이외의 법률적 구제수단은 더 큰 법률적 비용을 강요할 가능성이 크다는 것이다.[556]

**3) 베르트하이머의 비판(1998):** 베르트하이머(Wertheimer)는 다음과 같이 시장성 예외를 비판한다. **우선** 주식의 시장가치는 등락이 심하여 신뢰를 부여하기 어렵다는 것이다. 그에 따르면 주식의 시장가치만으로는 주식의 가치평가를 충분히 할 수 없다고 한다.[557] 즉 시장가치는 변동폭이 크다는 것에서 신뢰가 떨어진다고 한다. 1년 52주 동안의 주가변동을 관찰해보면 상장 대형회사의 주가가 얼마나 큰 폭으로 변동하는지 쉽게 알 수 있으며, 그러한 주가변동에도 불구하고 대다수의 경우 해당 기업에는 커다란 변화가 일어나지 않는다고 한다. 따라서 만약 매수청구가격을 시장가격에만 맡길 경우 신뢰성이 떨어지는 것은 피할 수 없다고 한다.[558] **나아가** 시장가치를 매수청구의 공정가액으로 볼 수 없는 또 다른 이유로 그는 정보의 비대칭(informational asymmetry)을 들고 있다.[559] 예컨대 현금지급합병을 시도하는 내부자(insiders)는 대중

---

554) ALI-CORPGOV, §7.21, Comment d.

555) ALI-CORPGOV, §7.21, Comment d.

556) ALI-CORPGOV, §7.21, Comment d.

557) Barry Wertheimer, "The Shareholders' Appraisal Remedy and How Courts Determine Fair Value", 47 Duke L. J. 613, at pp. 635 f.

558) Wertheimer, *ibid.*, p. 636.

559) Wertheimer, ibid., p. 638; Hideki Kanda & Saul Levmore, "The Appraisal Remedy and the Goals of Corporate Law", 32 UCLA Law Review 429 (1985), at. 467.

투자자인 소수주주들에게 공개하지 않은 고급 사내정보를 가졌을 가능성이 크다. 그리고 이러한 정보가 일반 공중에게 공개되지 않는 한 기업가치의 변화는 시장가치에 반영되지 않는다. **끝으로** 지배주주군의 주식소유는 해당 주식의 유통성을 저하시킨다고 주장한다. 시장가치만으로 매수청구가를 정할 수 없는 세번째 이유가 여기에 있다. 판례에 의하면 지배주주의 존재 자체가 정상적인 주가형성에 방해가 될 수 있다고 한다.560) 나아가 지배주주(controlling shareholder)나 지배주주와 그 특수관계인들이 일정 분량의 주식을 가지고 있는 경우 실제 주식시장에서는 소수주주들이 가진 나머지 물량만 거래되어 주가가 객관적이지 못할 때가 있다.561) 유통물량이 제한되기 때문에 공정한 시장가치가 형성되기 어렵다고 한다. 이른바 '소수지분에 대한 할인현상'(minority discount562))이 나타날 수 있고 이런 경우라면 시장가격은 더욱 신뢰를 잃게 된다고 한다.563)

### (3) 비판 및 결론

시장성 예외는 오늘날 미국에서도 대세는 아니다. 즉 큰 흐름은 시장성 예외를 인정하지 않는 쪽으로 가고 있다고 한다. 1960년대 매닝에 의하여 그 이론적 기초를 마련한 후 델라웨어주 회사법 등 영향력 있는 주회사법에 반영되었지만 위에서 보았듯이 1970년대 이후 지속적으로 비판받아 온 것이 사실이다. 주식의 시장가치가 왜곡될 가능성은 도처에 흩어져 있고 시장가치에 대한 신뢰를 반감시킬 수 있는 요소는 얼마든지 많다. 따라서 우리나라에서 시장성 예외를 상장주식에 대해 전면적으로 시행하는 것은 바람직스럽게 느껴지지 않는다. 일본 역시 시장성 예외조항은 도입하고 있지 않다. 2005년 이전의 구 상법시대에도 그러했고 2006년 이후의 신 회사법하에서도 그러하다.564)

### 2. 주식매수청구권 행사의 효과 부분에서 제기되는 해석문제

주주가 주식매수청구를 한 경우 위에서도 보았듯이 판례는 주식매수청구권이 형성권이어서 매수청구 즉시 회사의 승낙여부와 관계없이 회사와 주주간 매매계약이 성립하며 그 결과 회사는 대금지급의무를 지게 되고 '2개월'은 그 이행기라고 풀이한

---

560) In re Spang Indus., Inc., 535 A. 2d at 90 (Wertheimer, *ibid.*, p. 640, footnote 131에서 재인용).

561) Wertheimer, *ibid.*, p. 640.

562) 정반대 용어는 지배권 프리미엄(control premium)일 것이다. 즉 소수지분에 대한 할인은 지배권 프리미엄의 반대현상이며 정상적으로 주식가치가 산출되려면 소수지분이든 지배주식이든 결국 전체로서 하나의 기업가치를 산출한 후 이를 발행주식총수로 균등히 나누어야 할 것이다.

563) Wertheimer, *ibid.*, p. 641.

564) Alan Koh, *ibid.*, p. 8.

다. 이에 반하여 매수협의의무발생설에 의하면 주주가 매수청구권을 행사하는 경우 회사는 매수협의의무만 부담한다고 한다. 이 후자의 입장 중에서도 일부 견해에 따르면 채무를 수단채무(手段債務)와 결과채무(結果債務)로 양분한 후 회사가 부담하는 매수협의의무는 이중 전자(前者)라 한다. 따라서 주식매수청구권 행사후 2개월내에 공정가액에 대한 합의에 이르지 못하는 경우라도 회사는 이행지체에 빠지지 않으며 지연이자의 지급의무도 부담하지 않는다고 한다. 나아가 회사가 지는 의무가 수단채무이므로 주주에게도 과실상계의 책임을 물을 수 있어 구체적 타당성을 실현할 수 있다고 한다.[565]

그러나 이러한 입장에 대해서는 아래와 같은 비판이 불가피하다. 우선 주식매수청구권은 상적 색채가 매우 강한 영역인 바 이러한 상적 사안에서 위 학설은 지나치게 수단채무와 결과채무의 양분론에 얽매여 있다. 그 결과 주식매수청구권의 본질을 제대로 보지 못하고 있다고 생각된다. 주식매수청구권을 행사하는 주주는 이 권리를 행사함으로써 회사로부터 대금을 지급받을 때까지 매우 열악한 협상적 지위에 놓인다.[566] 주가등락에 따른 위험도 스스로 부담하여야 한다. 나아가 그간 자신이 보유해오던 주식의 미래가치도 포기하여야 한다. 즉 대금산정시 회사가 시너지 효과를 반영해주면 다행이지만 산정과정이 지체되면서 회사가 비협조적으로 나오거나 입증이 어려워지면 시너지 효과를 대금에 반영해 달라고 적극 요구하기가 어려워진다.[567] 회사가 신속히 대금지급을 해주지 않을 경우 투하자본의 회수가 이루어지지 않아 다른 투자처에 재투자할 수도 없다. 협상적 지위가 약한 소수주주들을 위하여는 판례의 입장이 타당해 보인다. 만약에 회사가 이러한 대금지급의무를 부담함으로써 불이익을 입을 수 있다면 그러한 문제들은 주식의 가치산정에 관한 판례법 발전으로 해결하여야 할 문제가 아닌가 생각된다. 일본 회사법 역시 합병등기일로부터 60일내에 회사의 매수대금지급을 명하고 있고(일본 회사법 제786조 제1항), 60일 이후에 지급하게 되면 연 6%의 법정이자도 지급해야 한다(일본 회사법 제786조 제4항)고 규정하고 있다.

## 3. 가액산정상의 문제점

위에서 본 바대로 지금까지 나타난 우리 법원의 입장을 종합정리하면 비상장주식

---

565) 황의동·안성용·홍정훈·박재연, "반대주주 주식매수청구권의 법적 성격과 회사의 매수의무에 대한 소고, 대판 2011. 4. 28, 2010다94953", 「법학평론」 제2권(2011. 9.), 342~377면.

566) 특히 주식의 시장가치가 시너지가치를 제대로 반영하지 못하는 경우 그 입증책임은 반대주주의 몫이다. 일본 최고재판소의 樂天 vs. TBS 사건 및 우리나라 두산산업개발사건(대결 2011. 10. 13, 2008마264)을 참조하라.

567) 특히 합병 등 조직재편의 결과 전체적인 기업가치는 상승할 지라도 합병비율의 불공정 등의 사유로 반대주주의 주주가치가 훼손되는 경우 주주는 주식매수청구권을 행사할 수밖에 없다.

에 대해서는 자산가치, 수익가치 및 시장가치를 일정 비율로 가중평균하는 델라웨어 가중평균방식을 바탕으로 하면서도 이를 일률적으로 적용하고 있지는 않은 것 같다. 그러나 상장주식에서는 시장가치를 중심으로 접근하고 있다. 그러나 각 심급법원의 입장을 정리해보면 결국 델라웨어 가중평균방식의 큰 틀을 벗어나지 못하고 있다.[568] 이하 우리 법원의 결정 사례에서 나타난 것을 바탕으로 몇가지 문제점을 정리해보기로 한다.

### (1) 선진평가방법의 적극적 수용필요성

우리 법원 결정에 대한 보완점을 생각해보면 우선 주식가치평가와 관련된 선진평가기법을 적극 수용하는 방향으로 나가야 할 것이다. 즉 지금까지의 델라웨어 가중평균방식 이외에도 미국이나 일본 등 선진 제국에서 시도되는 각종 평가기법을 적극 수용하는 노력이 필요해 보인다.[569] 각개 기업이 처한 특수한 상황을 고려하여 그동안 주로 국외에서 개발된 선진평가기법을 총동원하여 개별 사안의 정황을 참작한 다기한 시도를 하여야 할 것이다. 미국에서는 이미 1983년 와인버거판결 이래 이러한 방향으로 적극 나아가고 있다.

특히 2011년 일본의 樂天 v. TBS 사건 같은 법원의 입장은 적극 고려할 여지가 있어 보인다. 조직재편이 기업가치나 주주가치에 미치는 영향을 분석하여 ① 기업가치가 상승하는 경우, ② 기업가치가 불변인 경우 및 ③ 기업가치가 훼손되는 경우로 나누어 각각 시너지효과를 반영할지 여부를 결정하고 설사 **기업가치가 상승하는 경우라 할지라도 주주가치가 훼손되는 경우**도 있으므로 이런 경우에는 자발적 탈퇴형인 주식매수청구시에도 시너지효과를 가액 산정에 반영할 필요가 있을 것이다. 지금까지 우리나라에서는 상장주식과 관련한 매수대금산정시 주로 해당 조직재편이 이루어지지 않았다면 존재하였을 — 소위 일본에서 신회사법 제정전에 주로 사용되던 '나카리세바가격' — 가격을 기준으로 삼았다. 자본시장법 시행령상의 법정 가액 역시 이를 전제로 조직재편 관련 이사회결의일 전일로부터 과거 2개월, 과거 1개월 및 과거 1주일간 공표된 매일의 종가를 거래량으로 가중한 액수의 산술평균치로 하였다(<sup>자본시장법 시행령 제176조의7 제2항 제1호</sup>). 이사회결의가 이루어지기 전의 시장가치를 대상으로 할 경우 아직 합병 등 조직재편관련 정보가 시장에 유입(流入)되지 않아 시너지효과가 반영되지 않는다. 그러

---

568) 대결 2011. 10. 13, 2008마264의 사실심인 서울지방법원이나 서울고등법원의 접근법은 모두 **델라웨어 가중평균방식의 울타리를 벗어나지 못하고 있음**을 판결문에서 확인할 수 있다.

569) 이를 '와인버거式 접근'이라 부를 수 있을 것이다[Weinberger v. U.O.P., 457 A. 2d 701 (Del. 1983)]. "금융계에서 일반적으로 받아들여지고 있는 방법을 배제하는 것은 시대에 뒤진 판결이다"라는 이 사건 판결문의 일부를 항상 염두에 두면서 선진평가기법의 연구를 게을리하지 말아야 할 것이다.

나 합병비율의 불공정 등 조직재편의 여파로 기업가치는 상승할 지라도 주주가치가 훼손되는 경우가 있으므로 이런 경우에는 시너지효과를 대금산정에 반영할 필요가 있다.[570] 형식적으로는 주주가 자발적으로 회사를 떠나는 것이지만 실질적으로는 강제축출이나 다를 바 없다. 시너지가치에 대한 적정배분을 주식매수청구제도의 입법취지 내지 순기능에 포함시키는 일본 최고재판소의 결정은 시사하는 바가 많다.

나아가 위 Intelligence 사건[571]에서 동경고등법원이 시도하고 있는 **회귀분석(回歸分析)방법을 통한 보정** 역시 고려의 여지가 있다. 조직재편행위의 공표전 일정 기간의 평균주가를 공정한 가격으로 하지 않고 매수청구권 행사일을 기준일로 하는 경우 주가하락의 위험 및 투기방지 등에 도움이 된다. 그런데 이런 경우 회귀분석의 방법을 통한 다소의 보정이 필요한 경우가 있다.[572] 위 인텔리전스 사건에서 동경고등재판소의 담당재판부는 기업가치의 훼손에 따라 주식매수청구를 한 주주들에게 조직재편이 공표되기 전의 소위 '나카리세바'가격으로 '공정한 가액'을 정하였다. 다만 조직재편계획의 공표후에도 거시경제(巨視經濟)의 악화 등 시장의 일반적인 가격변동요인이 존재하였으므로 시장전체 또는 업계전체의 동향을 고려한 보정(補正)이 필요하였다. 그리하여 쟈스닥(JASDAQ) 지수의 변동률에 기초한 회귀분석의 방법으로 보정된 주가를 '공정한 가액'으로 하였다.[573]

### (2) 시너지가치를 매수가액 산정에 포함시킬지 여부

상장주식의 경우 공정가액 산정을 위한 일본 법원의 실무는 현재 주식매수청구서면을 제출한 날 해당 주식의 종가(closing price)를 기준으로 하고 있다.[574] 그럴 경우 적어도 합병 등의 이사회결의가 성립한 날 이후에는 시장에 해당 구조조정과 관련된 정보가 유입되어 주가에 시너지효과가 반영될 수 있을 것이다. 따라서 이러한 시너지효과를 일반적으로 공정한 가액에 포함시킬지 여부가 문제로 된다.

### (가) 시너지 가치를 '공정한 가격'에 포함시킬 것인가?:

현재 우리나라에는 앞서 본 일본 최고재판소 결정에서처럼 시너지가치를 공정한 가격에 포함시키는 법원결정은 존재하지 않는다. 학계에는 부정론이 대세이나 최근에는 긍정설도 유력하게 주장되고 있다. 찬성론을 취하는 학자들은 주식매수청구권의 행사로 회사가 보상해야 할 '공정한 가격'속에는 시너지 가치도 포함된다고 본다.[575] 반면 부정설에서는 시너지

---

570) 특히 이 부분에 대해서는 아래에서 보다 자세히 다룬다.
571) 東京高等裁判所 2010. 10. 19,「判例タイムズ」, No. 1341, 186면.
572) 張永眞生, 江頭憲治郎 등 편, 회사법판례백선, Jurist No. 205 (2011. 9.), 제2판, 181면.
573) 藤原總一郎·西村美智子·中島礼子, 株式買取請求の法務と税務, 中央經濟社, 2011, 65면.
574) 적어도 상기한 2011년의 樂天 v. TBS 사건 이후에는 법원의 입장이 매수청구시점으로 통일되어 있다.

가치를 '공정한 가격'에 포함시키지 않는다.[576) 그 이유로 ① 시너지는 불확실한 것으로 현실적으로 산정이 어렵고, ② 시너지를 배분하면 합병 자체에 반대한 주주도 합병으로 인한 이익을 얻는 부당한 결과가 된다고 한다. 나아가 ③ 독립된 회사 사이의 합병의 경우에는 양 당사자의 교섭과정에서 시너지 배분이 이루어지므로 구태여 주식매수청구권에서 다시 반영할 필요가 크지 않다고 한다.[577)

(나) 자발적 탈퇴형과 강제 축출형을 구별하는 것이 필요한가?: 현재 우리나라에서는 주식매수청구권의 경우와 같은 자발적 탈퇴형과 소수주식의 강제매수 등에서 나타나는 강제 축출형을 구별하여 전자의 경우와 후자의 경우 공정한 가액의 결정기준을 달리할 것인지 아니면 통일할 것인지에 대해 다툼이 있다.

**통일설**에 따르면 소수주주들에게 주식매수청구권이 부여되는 경우 주주들은 자의(自意)에 반하여 퇴출되는 것은 아니지만 이러한 때에도 소수주주가 자신의 지분적 이익을 침해받을 수 있다는 점에서 그 보호의 필요성이 소수주주 축출의 경우와 크게 다르지 않다고 한다. 그 예로 특히 소멸회사의 소수주주들에게 불리한 합병조건이 실행되거나 핵심 영업부문이 염가로 양도되는 경우 소멸회사 또는 양도회사의 소수주주들은 자의반 타의반 주식매수청구권을 행사할 수밖에 없고 그 결과 형식적으로만 자발적 탈퇴이지 이는 실질적으로는 강제 축출과 다를 바 없다고 한다. 나아가 실정 조문을 보아도 주식매수청구권의 행사에 관한 상법 제374조의2와 소수주식의 강제매수에 관한 상법 제360조의24 제6항 내지 제9항의 규정 내용은 본질적으로 다르지 않다고 한다.[578)

이에 반하여 **구별설**에서는 강제적 축출형과 자발적 탈퇴형을 구분한다. 전자(前者)에서는 조직재편후의 기업가치에 대한 기대가능성이 주주의 의사와는 무관하게 상실된다고 한다. 소수주주에게 회사에 남을지 떠날지에 대한 선택의 기회가 보장되지 않아 시너지가치 등 기업의 미래가치와 관련하여 소수주주들을 더욱 보호할 필요가 있다고 한다. 반면 후자(後者)에서는 조직재편후 기업가치의 상승이 기대되는 경우에도 소수주주들이 주식매수청구권을 행사했다면 이는 기업가치의 상승에 따른 장래의 기대권을 주주 스스로 포기한 것으로 평가한다. 그 결과 소수주주가 갖는 장래의 기대

---

575) 양만식, "상법상 조직변경과 반대주주의 주식매수청구권", 「경영법률」 제23권 4호(2013), 155~184면, 특히 163면(합병후 합병당사회사의 기업가치의 총합은 상승하나 합병비율의 불공정으로 합병당사회사의 일방, 예컨대 소멸회사의 주주가치는 훼손되는 경우 시너지 가치의 배분 역시 주식매수청구제도의 기능이라고 설명한다).

576) 김·노·천, 858면.

577) 김·노·천, 858면.

578) 노혁준, "소수주주 축출제도의 도입에 관한 연구", 「상사법연구」 제26권 4호(2008), 231~271면, 특히 263면; 육태우, "개정 상법상 소수주주축출제도에 관한 연구", 「경영법률」 제22집 제2호(2012. 1.), 72면.

이익을 가액산정에 반영한다면 이는 원칙적으로 전자(前者)의 경우에만 적용되어야
한다고 주장한다.[579] 이 입장을 따른다면 주식매수청구권의 행사는 자발적 탈퇴형이
므로 공정한 가액에 시너지 효과를 포함시키기는 어려워 보인다.

   **사견**은 통일설에 찬동한다. 주식매수청구권의 행사란 외형적으로는 자발적으로 보
이지만 합병조건의 불공정 등 소수주주에게 불리한 여러 조건이 함께 작용하여 사실
상 소수주주들을 회사로부터 축출하는 경우가 많다. 합병무효의 소를 제기하는 대신
현명한 선택으로 주식매수청구권을 행사한 후 회사를 떠나는 다수의 소수주주가 있
음을 고려하여야 할 것이다. 특히 합병 등의 조직재편이 단행되는 경우 **기업가치(企業
價値) 자체는 훼손되지 않아도 주주가치(株主價値)가 훼손되는 경우**가 있다. 이러한 경
우라면 기업가치는 조직재편전과 같거나 오히려 그 전보다 상승할 수도 있다. 그럼에
도 불구하고 개개 주주에게는 주주가치가 훼손될 가능성이 남는다. 이런 경우라면 조
직재편의 정보가 시장에 유입되어 존속회사의 주가가 시너지효과를 누리며 상승한다
해도 소멸회사의 소수주주는 주식매수청구권을 행사할 가능성이 있다. 나아가 조직재
편을 결정하는 이사회결의가 공시된 후 존속회사의 주가가 우상향곡선을 그리는데도
주식매수청구를 하는 소멸회사의 소수주주가 있다면 주주가치의 훼손여부를 심각히
고려해 볼 필요가 있을 것이다. 따라서 자발적 탈퇴형과 강제축출형을 구별하면서 전
자의 경우 시너지효과를 고려하지 않는 구별설의 입장은 지지하기 어려운 부분이 있
다. 결론적으로 통일설에 찬동한다.

   **(다) 시너지 가치가 주가에 제대로 반영되지 않았을 경우 입증책임의 부담주체(반대주
주):**   2011년 4월 19일 樂天 v. TBS 사건에서 일본 최고재판소는 시장주가는 일반
적으로 적정히 주식가치를 반영한다고 보고 있다. 다수의 투자자들이 여러 정보에 기
초하여 행동한 결과이므로 신뢰도가 높다고 한다. 나아가 특단의 사정이 없는 한 조
직재편이 공시된 다음에는 이러한 정보들이 주가에 영향을 미친다고 한다. 따라서 **시
장주가가 합병 등의 조직재편으로 말미암은 시너지효과를 적정히 반영하지 않는 특단
의 사정이 있다면 이 부분은 반대주주가 소명할 필요가 있다**고 풀이된다.[580] 즉 조직
재편 후 시너지 가치가 주가에 제대로 반영되지 않았다는 부분의 입증은 회사가 아
니라 주주가 하여야 할 것으로 보인다. 그러나 그 입증은 사실상 매우 어려워 보인
다. 이러한 입증의 어려움으로 아마도 대부분의 사건에서 시장주가가 결정적일 것으

---

579) 송종준, "개정 상법상 소수주주의 탈퇴와 축출에 있어서 주식가격 보상기준의 공정화 방안", 「선진상사법률연
   구」 제69호(2015. 1.), 45~88면, 특히 65면.

580) 矢吹保博(辯護士), "株式買取價格決定申立てにおける株主側の負擔", 法と經濟のジャーナル, 朝日新聞 DIGITAL,
   2011. 6. 2., '第6 疏明の負擔' 부분 참조.

로 생각된다. 일본에서도 이러한 법원의 입장에 대하여는 주주의 부담이 증가한다는 코멘트가 있다.[581)

### ⊛ 주식매수청구권과 시너지 관련 비교법적 고찰[582)

#### 1. 미 국

(1) 델라웨어주법

1) 성문법(일반회사법)

미국의 주 회사법 중 가장 영향력이 크고 핵심적인 역할을 하는 델라웨어주 일반회사법을 보면 전체적으로 조직재편에서 발생하는 시너지를 매수가격에 — 즉 공정한 가격(fair value)에 — 반영하는 데에는 소극적이다. 합병에서 일반적으로 파생할 수 있는 시너지가치, 즉 기업가치의 상승효과를 주식매수청구권의 행사효과에 포함시키지 않는다.[583) 그렇다고 예외없이 그런 것은 아니다. 와인버거사건[584)이나 테크니칼라사건[585)에서 시너지를 고려하는 판시내용을 발견할 수 있다. 이하 우리는 델라웨어주 성문법의 해석학을 살펴보기로 한다.

(가) 델라웨어주 일반회사법 제262조 (h)항

먼저 이 조문을 보자. 동 조항 제2문을 보면 "합병으로부터 얻어지는 것 또는 기대되는 것에서 파생하는 가치의 어떤 요소도 **배제한 상태에서** 법원이 공정한 가격을 정하"도록 요구한다.[586) 이러한 조항은 일견 매우 경직되 보이기는 하지만 조심할 점은 법원이 이 조항의 의미를 매우 탄력적으로 또는 제한적으로 해석하므로 다양한 결과가 도출될 수 있는 점이다. 와인버거사건이나 테크니칼라사건에서 델라웨어 법원들은 **투기적 내지 우발적 성격의 것(speculative)이 아닌 한 모든 관련 요소들을 고려하여 공정한 가격을 산정하여야**

---

581) 矢吹保博(辯護士), "株式買取價格決定申立てにおける株主側の負擔", 法と經濟のジャーナル, 朝日新聞 DIGITAL, 2011. 6. 2.

582) 이 부분은 졸고, "주식매수청구권과 시너지 -미국 델라웨어법과 일본법의 비교를 중심으로-", 「증권법연구」 제18권 제2호(2017. 8.)에서 발췌 전재함.

583) 동법 제262조 (h)항 참조; "(h) After the Court determines the stockholders entitled to an appraisal, the appraisal proceeding shall be conducted in accordance with the rules of the Court of Chancery, including any rules specifically governing appraisal proceedings. Through such proceeding the Court shall determine the fair value of the shares **exclusive of any element of value arising from the accomplishment or expectation of the merger** or consolidation, together with interest, if any, to be paid upon the amount determined to be the fair value. In determining such fair value, the Court shall take into account all relevant factors."; 그러나 이러한 시각에 대해 반대하는 입장도 있다. 즉 동법 제262조 (h)항을 보면 "시너지가치를 매수가격 산정상 배제하여야 한다(…exclusive of any element of value arising from the accomplishment or expectation of the merger…)"는 문구도 있지만 한편 "공정한 가치를 산정함에 있어 법원은 모든 관련 요소들을 고려하여야 한다(In determining such fair value, the Court shall take into account all relevant factors.)"고 되어 있어 양자는 어찌 본다면 상호 모순적이라고 비판한다(Jeffrey Haas, 「Corporate Finance」, 3rd ed., Thompson/West 2016, p. 136).

584) Weinberger v. UOP, 457 A. 2d 701 (1983).

585) Cede & Co. v. Technicolor Inc., 684 A. 2d 289 (1996).

586) Section 262 (h) DGCL "…Through such proceeding the Court shall determine the fair value of the shares exclusive of any element of value arising from the accomplishment or expectation of the merger or consolidation, together with interest, if any, to be paid upon the amount determined to be the fair value."

한다고 판시한다.[587] 나아가 동 조항은 위와 같은 시너지가치를 공정한 가격의 산정에서 배제하여야 한다고 하면서도($\frac{동 조항}{제2문}$), 동시에 가격결정신청을 받은 법원이 공정가격의 산정을 위하여 모든 관련 요소들을 고려할 것을 요구한다($\frac{동 조항}{제3문}$).[588]

(나) 계속기업의 현존가치평가의 원칙(going concern principle)[589]

공정가치에 접근하는 델라웨어주 회사법의 기본 자세는 'going concern'의 원칙이다. 즉 합병 등 조직재편의 법률요건이 출현하는 그 시점의 운영상황(operative reality)에 기초한 가치평가를 기본 출발점으로 삼는다. 즉 **조직재편 시점의 살아있는 영업현실을 그 상태대로 평가한다**는 것이다.[590] 따라서 조직재편후 새로운 이사진들에 의한 증자 내지 신규 투자자의 영입으로 인한 기업가치의 변동 등은 주식매수청구권의 행사효과인 매수가격 결정에 영향력을 행사하지 못한다. 그러나 예컨대 합병 시점에 법원의 확정판결을 기다리는 거액의 대표소송이 있다면 이는 고려대상에 포함될 것이다.[591]

이러한 원칙은 시너지가치의 산입을 허용하지 않는다. 즉 합병 등으로 인한 규모의 경제, 시스템통합에 따른 비용절감 등 기업가치의 상승효과는 '공정한 가치'의 산정에서 배제된다.[592] 나아가 공정가치의 평가기준은 제3자에 대한 매각가치가 아니라 주주에 대한 보유가치가 원칙이다.[593] 나아가 이 'going-concern'의 원칙은 회사 그 자체의 가치를 평가하는 것이므로 특정 주주의 개별사정들을 고려하지 않는다. 따라서 합병후에 일어날 사정 등을 고려하지 않고 우선 회사 그 자체의 조직재편시점의 가치평가에 진력한다. 따라서 반대주주의 '소수주식 할인현상(minority discount)' 또는 '시장성부재(non-marketability)' 등은 우선 회사 자체의 평가가 끝난 후에만 추가로 고려대상이 된다.[594]

(다) Two-Step Transaction

지금까지 살펴 본 '계속기업의 현존가치평가의 원칙(going-concern principle)'은 독립된 당사자간의 대등한 조직재편을 전제로 한 것이다. 즉 'arm's length transaction'(이하 우리는 이를 'ALT'로 약하기로 한다)에 적용되는 평가원칙이다. 이제 생각해 보아야 할 것은 'two-step' 구조조정 내지 'two-step' 조직재편 등의 관계자간 거래(related party

---

587) Weinberger v. UOP, 457 A. 2d 701 (1983), at p. 713; Cede & Co. v. Technicolor Inc., 684 A. 2d 289 (1996), 296, 297("Only the speculative elements of value that may arise from the accomplishment or expectation of the merger are excluded.").

588) Section 262 (h) DGCL "··· In determining such fair value, the Court shall take into account **all relevant factors.**"

589) 'going concern'의 원칙은 "繼續企業價値의 按分比例主義"로 번역될 수도 있을 것이다(飯田秀總, 株式買取請求權の構造と買取價格算定の考慮要素, 106면).

590) Folk, 『Folk on the Delaware General Corporation Law: Fundamentals』, 2007, Wolters Kluwer, § 262.9, p. 730; Cox-Hazen, 『Business Organisations Law』, 4th ed., Hornbook Series, West Academic Publishing, 2016, § 22.20., p. 621 ("···dissenter's proportionate value **of the firm**, which is not the same as stating the value of her shares **in the firm**···").

591) Folk, *ibid.*, § 262.9, p. 730; Porter v. Texas Commerce Bancshares, C. A. No. 9114, slip op. at 16 (Del. Ch. Oct 12, 1989).

592) Folk, ibid., § 262.9, p. 730; M.P.M. Enter., Inc. v. Gilbert, 731 A. 2d. 790, 797 (Del. 1999).

593) M.P.M. Enterprises, Inc. v. Gilbert, 731 A. 2d. 790, 795 (Del. 1999); "Fair, as used in § 262 (h), is more properly described **as the value of the company to the shareholder** as a going concern, rather than its value to a third party as an acquisition."

594) Folk, *ibid.*, § 262.9, p. 730~731; Cox-Hazen, *ibid.*, § 22.20., p. 621.

transaction; 본서에서는 이를 'RPT'로 약하기로 한다)에서도 위 원칙이 그대로 관철되는 지이다.

우리가 이미 Cede & Co. v. Technicolor 사건에서 보았듯이 델라웨어주 최고법원은 합병과정에서 새로운 지배주주가 보유하던 사업계획(P-plan)의 도입으로 기업가치가 상승하는 경우 이를 반대주주의 주식매수가 산정시 고려하겠다고 하였다. 동 법원은 **ALT와 RPT의 구별이 필요하다**고 보고 있다.595) 즉 델라웨어주 최고법원은 § 262 (h) DGCL 상 "accomplishment or expectation"(합병으로부터 달성되거나 기대되는 것)을 매수가격 산정에서 배제하라는 법문언은 해석상 주의를 요하며 이는 **매우 좁은 예외**('a narrow exception')로 보면서 합목적적 축소해석을 하고 있다.596) 즉 투기적(投機的; speculative) 요소에서 오는 기업가치 산정상의 불합리를 시정하려는 것이 그 입법목적이므로 그 적용범위 역시 이 범위로 제한되어야 한다고 설파한다.

이러한 델라웨어주 최고법원의 입장은 매우 흥미로우며 특히 최근 일본에서 시도되는 '공정한 가격'에의 접근 프로세스와 비교할 때 유사한 점이 많아 관심을 끌 만하다.597) 일부의 학자들은 미국 델라웨어법과 일본법이 시너지 가치의 고려여부를 놓고 차이가 크다고 보지만598) 테크니칼라 사건 등에서 델라웨어주 최고법원이 취하고 있는 자세는 그렇지 않다. 델라웨어주법과 일본법의 접근방식은 사실은 같다고 보아야 한다.

2) 판례법

미국은 누가 뭐래도 판례법 국가이다. 따라서 판례법의 흐름은 성문규정보다 더 중요하다. 주식매수청구권과 시너지간의 관계를 다룬 판례법들은 1980년대나 1990년대에는 위에서 보았듯이 RPT를 대상으로 시너지가치를 포함시키는 판례들을 내놓았다. 그러나 델라웨어주 최고법원이 와인버거사건에서 완전한 공정성 기준을 내놓은 후에는 다소 흐름이 바뀐다. 각 회사들은 절차적 정당성 내지 절차적 공정성에 신경을 쓰게 되었고 그런 탓인지는 몰라도 1990년대 후반부터는 유난히 절차적 측면을 다룬 결정들이 주류를 형성한다. 독립당사자간에 조직재편의 교섭이 이루어진 경우에는 원칙적으로 절차적 공정성은 준수된 것으로 보아 당사자간의 합병가격을 공정한 가격으로 보는 등 이러한 흐름은 상당히 강하게 되풀이된다.599) 나아가 독립당사자간 교섭이 아닌 경우에도 절차적 공정성이 준수된 경우에는 독립당사자간 교섭의 경우에 준하여 합의된 조직재편대가를 공정한 가격의 중요한 예시로 보는 흐름이 형성된다.600) 그리고 이러한 흐름은 마치 이사와 회사간의 자기거래에서 절차적 공정성을 준수한 경우 실질적 공정성이 추정되는 델라웨어 판례법의 흐름과도 유사하다.

---

595) Cede & Co. v. Technicolor, 684 A. 2d 289, at 298~299.
596) Cede & Co. v. Technicolor, 684 A. 2d 289, at 299.
597) 특히 후술할 카타야마 변호사(片山智裕)의 주장과 비슷하며 동인의 주장은 경청의 여지가 있다. 동 변호사의 "공정한 가격의 판단 시스템(公正な價格の判斷枠組み"의 시리즈게시 내용은 참조의 여지가 크다.
598) 池谷 誠, 係爭事件における株式價値評價, 中央經濟社, 2016, 202면.
599) M.P.M. Enterprises, Inc. v. Gilbert, 731 A. 2d. 790, 795 (Del. 1999); Union Illinois 1995 Investment Ltd. Partnership v. Union Financial Group, 847 A. 2d 340 (Del. Ch. 2004).
600) Golden Telecom, Inc. v. Global GT LP, 11 A. 3d 214 (Del. 2010).

(2) ALI-CORPGOV §7.22 (c):

"§7.22 [공정한 가격산정을 위한 기준들(Standards for Determining Fair Value)]

"(c) 주식매수청구권을 발생시키는 회사의 행위가 §5.10(회사의 지배주주에 의한 거래), §5.15(이사나 집행임원이 특별이해관계인인 지배주식의 양도), §7.25(다수 주주가 일방 당사자인 기업결합을 포함한 지배권거래)인 경우 **법원은 (지불)능력 있고 충분한 정보를 가진 기업의 매수자(買收者)가 기꺼이 지불할 것으로 예상되는 최고가**를 산정하기 위하여 본질적으로 노력하여야 한다. 그러한 매수자가 지불하려는 액수를 산정함에 있어서는 **법원은 조직재편으로부터 합리적으로 기대되는 비례적 이익을 포함시킬 수 있다.** 단 개별사안의 특별한 사정에서 합리성이 결여되는 경우에는 그러하지 아니하다."

**(c) 항**은 주식매수청구권을 발생시키는 회사의 행위가 §5.10(회사의 지배주주에 의한 거래), §5.15(이사나 집행임원이 특별이해관계인인 지배주식의 양도), §7.25(다수 주주가 일방 당사자인 기업결합을 포함한 지배권거래)인 경우 등 소위 **관계자거래(RPT)**를 다루고 있다. 이 경우에는 법원의 적극적 개입이 처음부터 요구되며 공정한 가액을 산정함에 있어서도 해당 조직재편으로부터 합리적으로 기대되는 것(expectation)들을 포함시킬 수 있다고 한다. 즉 합병 등 조직재편의 결과물인 시너지 역시 공정한 가액에 포함될 수 있음을 명문으로 밝히고 있다.

## 2. 일    본

일본 회사법상 주식매수청구권과 시너지에 대해 이하 살펴 보기로 한다. 이미 미국법의 내용을 살펴보기는 했지만 우리 법제와 비교하였을 때 일본법은 훨씬 우리에게 많은 영향을 줄 수 있을 것으로 전망된다. 그 이유는 미국 델라웨어주법은 ① 상장주식에 대한 '시장성 예외'(market-out exception) 때문에 처음부터 주식매수청구권이 허용되지 않고, ② 주식매수청구권의 행사가능영역이 지극히 제한되어 합병, 분할 및 영업양수도 등 이를 폭넓게 허용하는 우리 법제와는 큰 차이를 드러내기 때문이다. 이러한 미국 델라웨어주법과 달리 일본 회사법상의 주식매수청구제도는 우리나라의 그것과 큰 차이를 발견하기 어려울 정도로 근접해있다. 따라서 일본법상 주식매수청구제도가 조직재편의 결과물인 시너지 가치를 어떻게 처리하고 있는지 살피는 것은 미국법상의 그것보다 큰 의미를 가질 수 있는 것이다.

(1) 성문법의 발전

시너지가치(synergy value)와 주식매수청구제도간의 관계를 다루는 성문규정에 있어서 일본 회사법의 규정 변화는 매우 특기할 만하다. 특히 2006년에 만들어진 일본 회사법은 조직재편에서 발생하는 시너지를 주식매수청구권의 행사효과인 '공정한 가격'에 반영하기 위하여 문언을 고칠 정도로 이 부분에 대해서 적극적이었다. 즉 일본의 구 상법하에서는 주식매수청구권행사의 효과는 원칙적으로 시너지가치가 포함될 수 없는 '나카리세바가격'으로 제한되었다.[601] 즉 시너지가치를 공정한 가액에 반영하는 것은 2006년 이전에는 일본에서는 원시적 불능상태였다. 즉 합병 등의 조직재편이 없었더라면 존재하였을 주식가치로 반대주주에게 보상해 주면 되었다. 따라서 그 시대에는 조직재편으로 인한 기업가치

---

601) 일본 구 상법(2005년 이전) 제408조의3 제1항 참조.

의 상승효과는 매수가격의 산정에 반영되지 않았고 반영될 수도 없었다. 일본 회사법은 '조직재편이 없었더라면 존재하였을'이라는 이 'but for' 문구를 삭제하고 간단히 '공정한 가격'이라고만 표현하고 있다. 이렇게 함으로써 시너지가치를 고려할 수 있는 법적 가능성을 열어 놓았다. 이러한 문언변화에 많은 기여를 한 것이 江頭憲治郎 및 神田秀樹 兩人의 연구결과들이다. 두 사람의 저간의 주장이 일본 신회사법의 문언변화에 결정적 역할을 하였다고 한다.

(2) 판례법의 발전

그러나 더 주목하여야 할 부분은 오히려 신회사법 시행 이후 나타난 판례들이다. 미국과 달리 주식매수청구권의 행사가능범위(triggering events)가 넓은 일본에서는 적지 않은 숫자의 매수가격 결정신청이 이루어지고 있고 이러한 법원의 결정이 누적되면서 마침내 최고재판소의 최종결정으로 숙성되어 세계의 어느 다른 나라에서도 발견하기 힘든 풍성한 판례법이 탄생하였다.

1) 세 개의 최고재판소 결정들

시너지가치와 주식매수가격결정간의 관계를 **기업가치의 상승, 유지 및 훼손 등 세 가지 경우로 나누어 판단하는 최고재판소결정들**이 2011년과 2012년에 연이어 등장하였다. 조직재편계획의 공표후 시장이 반응하여 **기업가치(시장가치)가 증가하는 경우** 시너지포함가격을 공정한 가격으로 보아야 한다는 일본 최고재판소 결정이 2012년에 등장한다. 이른바 테크모사건이 그것인데 동 법원은 "공정한 가격이란 시너지 효과가 생기지 않는 경우에는 소위 '나카리세바가격'을 의미하지만 그 외의 경우에는 특히 조직재편비율이 공정한 경우에는 기본적으로는 시너지가치는 해당 주식의 시장가치에 반영되어 특단의 사정이 없는 한 이를 기초로 공정한 가격을 산정하여야 한다. 그러나 조직재편 비율이 불공정한 경우에는 공정한 가격은 원칙적으로 조직재편 비율이 공정한 것이었다면 당해 주식매수청구가 이루어진 날에 있어서 그 주식이 가지고 있다고 인정되는 가격을 말한다"고 판시하였다.[602] 공정한 가격산정의 기준시점은 주식매수청구권을 행사한 날이며 주식가치의 평가방식은 시장주가이다. 즉 주식의 시장가치(market value)를 기준으로 하였다. 물론 위 판례는 상장주식을 다루었기 때문에 다른 평가방법이 동원되기는 어려워 보였다.

조직재편의 결과 플러스 시너지가 발생한 또 다른 사건으로는 이미 우리가 위에서 살펴본 파나소닉과 산요전기간 주식교환사건이 있다. 주식교환에 반대한 산요전기의 주주가 보유한 보통주식의 매수가격에 대한 오사카지방법원의 결정인 바 위에서 보았듯이 '나카리세바가격'이 주당 114엔으로 계산되었지만 산요와 파나소닉간 주식교환에서 얻어지는 시너지효과를 고려하여 1주당 117엔으로 산정하였다. 즉 주식교환비율(1:0.115)의 공표후 신청인의 주식매수청구권행사일까지의 중간값(median)뿐만 아니라 신청인의 주식매수청구권행사일 직전 1개월간의 종가평균 역시 同額인 117엔이었으므로 법원은 확신을 갖고 117엔을 시너지가격으로 보아 이를 공정한 가액으로 결정하였다.[603]

한편 **기업가치에 변화가 없거나**[604] **기업가치가 훼손되는 경우**[605] 이 두 경우는 그 취급

---

602) [Tecmo事件] 日本最高裁判所決定 平成 24年(2012년) 2月 29日 第2小法廷決定·判例時報 2148號 3頁·判例 タイムズ 1370號(2012. 7. 1.字), 108頁.

603) 大阪地方裁判所 平成 24年(2012年) 4月 27日, 第4民事部決定,『金融·商事判例』, 1396號(2012. 8. 1.), 43頁.

이 같았다. 즉 이 경우에는 조직재편이 이루어지지 않았더라면 존재하였을 주식가치, 즉 '나카리세바가격'이 공정한 가격으로 되었다. 이 두 경우에는 조직재편의 경제적 효과가 긍정적으로 발생하지 않았거나 아니면 오히려 부정적으로 작용한 경우이므로 당연히 그 반대주주에게는 그러한 조직재편이 존재하지 않았을 경우를 가정하여 나카리세바가격으로 보상해주어야 했다. 이 경우에도 역시 주식의 평가방식은 시장가치(market value)이며 기준시점은 주식매수청구권의 행사일 또는 이에 근접한 일정기간의 시장주가의 종가평균을 이용할 수 있다고 판시하였다.[606]

2) 2016년의 새로운 결정

이렇게 2011년과 2012년에 일본 최고재판소가 기업가치의 상승, 유지 및 훼손의 3 경우를 각각 다룬 3개의 결정을 내린 것 이외에도 2016년에 이르러 또 하나의 중요한 최고재판소결정이 나왔다. 이 결정에서 최고재판소는 "대상회사(賣手)와 인수회사(買手)에서 다수주주와 소수주주간 이익상반관계가 존재하는 경우에도 독립한 제3자 위원회 및 전문가의 의견을 듣는 등 다수주주와 소수주주간 이해상반에서 오는 의사결정과정의 왜곡이나 자의적 의사결정을 배제하기 위한 충분한 조치가 강구되는 등 일정 조건을 만족시킨 경우에는 '일반적으로 공정하다고 인정되는 절차'가 준수되었다고 보아 실제로 합의된 조직재편대가를 '공정한 가격'으로 보아도 좋다"고 판시하였다.[607]

이 사건에서 다수주주와 소수주주간 이해상반관계가 존재한다 함은 독립당사자간의 대등한 협상(ALT)이 아니라 일반적인 용어로 이해관계자간 거래(RPT)인 경우를 의미하는 것으로 풀이된다. 이렇게 **대등한 협상 내지 교섭주체가 아닐 지라도 조직재편의 교섭과정에서 공정한 조직재편비율을 산출하기 위하여 공정한 절차가 보장된 경우에는 법원은 그 결과를 존중하겠다는 취지**로 읽혀진다. 마치 이사회의 사전승인이 필요한 자기거래에 있어서 이사회의 소집, 개시의무(duty of disclosure)의 이행, 충분한 논의 및 하자없는 결의 등 절차적 공정성이 유지된 경우 실질적 공정성(가격공정성)이 추정되는 델라웨어주 판례법을 떠올리게 한다.[608]

나아가 이 결정은 2010년의 델라웨어주 판결과도 결론을 같이 한다.[609] 비록 이해상반요소가 존재하는 조직재편이라 해도 그 교섭과정에서 독립된 위원회(independent committee)나 외부전문가의 의견을 듣는 등 절차적 공정성을 준수한 경우에는 독립당사자간의 교섭에 준하여 당사자간의 결정을 공정한 것으로 본 델라웨어주 최고법원 판결을 적극 수용한 것으로 보인다.[610] 이러한 판례법의 발전을 보면 현재 일본의 주식매수청구제도는 적어도

---

604) 樂天 v. TBS 株式買取價格決定申立事件 日本最高裁判所決定 平成 23年(2011年) 4月 21日, 民集 65-3-1311.
605) インテリジェンス株式買取價格決定申立事件 日本最高裁判所決定 平成 23年(2011年) 4月 26日, 民集 236號 519頁.
606) 두 사건에 대해 보다 자세히는 拙稿, "주식매수청구권에 관한 연구", 「경영법률」 제25집 제4호(2015. 7.), 161 면 이하, 특히 186면 이하(라쿠텐사건) 및 188면 이하(인텔리젼스사건) 각 참조.
607) 日本 最高裁判所 平成 28年(2016) 7月 1日 第1小法廷決定, 『金融·商事判例』 1497號 8頁＝岩原紳作·神作裕之·藤田友敬 編, 『會社法判例百選』, 第3版, 別冊 Jurist, No. 229, September 2016, 有斐閣, 2016, 事例 [88], 180~181면.
608) Marciano v. Nakash, 535 A. 2d 400, at. 405.
609) Golden Telecom, Inc. v. Global GT LP, 11 A. 3d 214 (Del. Supr., 2010).
610) 물론 2010년 델라웨어 판례에서는 이러한 절차적 공정성이 완전히 준수되지는 않았고 따라서 델라웨어주 챈

'공정한 가액'의 산출면에서는 거의 완성단계로 진입하였다고 평가할 수 있을 것이다.

(3) 일본법에 따른 주식매수청구시의 시너지처리

이상 우리는 주식매수청구권과 시너지간의 관계에 대한 일본법상의 상황을 알아 보았다. 이하 몇 사례군으로 나누어 현재의 상황을 정리해 보기로 한다. 이하의 논의들을 좀더 시각적으로 표현하면 아래 도표와 같다.[611]

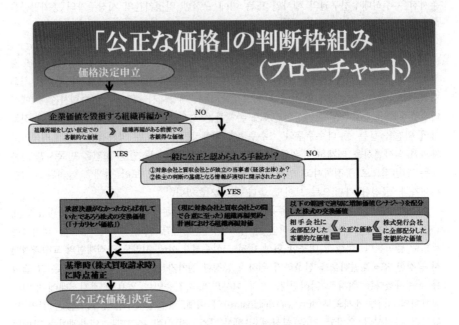

첫째의 사례군은 조직재편전과 비교할 때 **조직재편후에도 기업가치가 증가하지 않는 경우**이다. 시너지가치를 배분할지 말지의 의사결정이라면 당연히 시너지의 존재가 전제로 되어야 하므로 플러스 시너지가 창출되지 않는 경우에는 2006년 회사법 이전의 상황으로 돌아간다. 즉 조직재편을 승인한 주주총회의 결의가 존재하지 않았더라면 나타날 나카리세바가격으로 공정한 가격을 정하면 된다.[612] 조직재편의 전과 후에 있어서 기업가치에 아무런 변화가 수반되지 않는 경우도 위에서 보았듯이 여기에 속한다.[613] 기업가치가 조직재편 전이든 후이든 변화가 없는 경우라면 현존 기업의 기업가치를 발행주식총수로 나누면 그것이 공정한 가격이 될 것이다(pro rata 原則).[614]

---

서리법원은 조직재편 당사자가 합의한 현금지급합병가액(주당 105달러) 보다 높은 주당 125달러 49센트를 공정한 가액으로 산출하였다.

611) 본 도표는 카타야마(片山智裕) 변호사의 웹페이지 블로그 게시물을 참조하였다("『公正な價格』の判斷枠組み ①", 2017. 3. 11. 更新, 『公正な價格』を考える 38號); www.katayama-lawyer.jp/blog/blog에서 전재함.

612) インテリジェンス株式買取價格決定申立事件 日本最高裁判所決定 平成 23年(2011年) 4月 26日, 民集 236號 519頁.

613) 樂天 v. TBS 株式買取價格決定申立事件 日本最高裁判所決定 平成 23年(2011年) 4月 21日, 民集 65-3-1311.

614) 藤原總一郎・西村美智子・中島礼子, 『株式買取請求の法務と税務』, 中央經濟社, 2011年, 45頁, 각주 18번 참조.

**둘째의 사례군은 기업가치가 상승하면서도 합병비율 등 조직재편비율이 공정할 뿐만 아니라 절차적으로도 문제가 없는 경우**이다. 조직재편을 통하여 기업가치가 상승하는 경우에는 시너지 배분이 가능한 바 이 경우는 다시 절차적 공정성이 준수되었는지 여부를 따져 보아야 한다. 절차적 공정성이 준수된 경우라면 굳이 법원이 이에 즉 그 결과에 깊이 개입할 이유도 없다. 이 경우에는 조직재편의 협상에 임한 당사자들의 사적 자치를 최대한 보장해주면 된다. 물론 그러한 절차가 강행법규를 위반하는 경우에는 달리 판단할 여지가 남게 될 것이다. 절차적 공정성이 준수되는 경우란 대개는 독립당사자간의 대등한 협상시(arm's length transaction; ALT)이다. 이 경우라면 조직재편에 임하는 어느 쪽 당사자라도 타방에 대해 손해를 보지 않으려고 노력할 것이며 당사 회사의 이사진들은 최선의 노력으로 자신이 몸담고 있는 회사를 위하여 또 그 회사의 주주들을 위하여 협상을 진행시킬 것이다. 또 그러한 협상결과에 대해 주주들의 승인을 얻는 경우에도 협상결과에 대한 충분한 개시(開示)후 절차를 진행시킬 것으로 보인다. 따라서 이러한 경우라면 조직재편의 당사자들이 자율적으로 결정한 것 — 그것이 비율이든 아니면 가격이든 — 이 공정한 가액이 될 것이다.615) 법원의 적극적 개입은 요구되지 않는다.

**셋째의 사례군은 시너지가 창출되기는 하지만 일반적으로 공정하다고 인정되는 절차가 흠결된 경우**이다. 이러한 경우라면 대부분 관계자거래(Related Party Transaction; RPT)가 그 대상이 될 것이다. 이런 경우가 법률적으로는 가장 큰 의미를 갖게 되며 법원의 역할 또한 가장 비중있게 요구될 것이다. 조직재편 비율이 불공정한 경우에는 공정한 가격은 원칙적으로 조직재편계획에 정하여져 있던 조직재편 비율이 공정한 것이었다면 당해 주식매수청구가 이루어진 날에 있어서 그 주식이 가지고 있다고 인정되는 가격을 말한다.616) 이 경우에는 조직재편으로 인하여 창출된 시너지가치를 공정하게 조직재편 당사 회사에 배분하여야 한다. 과연 어느 당사회사에 얼마의 시너지를 배분하느냐가 문제로 된다. 이 경우의 공정한 가격은 대략 다음의 범위내에 있게 될 것이다. 그 상한과 하한을 설정해 보자. **하한(下限)은 해당 주식을 발행한 회사가 조직재편의 상대방 회사에 대해 시너지가치를 모두 양보한 상태를 가정하면 된다.** 즉 시너지 가치를 모두 상대방 회사에 빼앗겼다고 가정하면 해당 회사 주식의 시가총액은 전혀 늘어나지 않은 상태로 될 것이다. 반면 그 **상한(上限)은 시너지가치를 해당 회사가 모두 독점한 상태를 가정하면 된다.** 즉 이번에는 상대방 회사가 시너지가치를 모두 양보한 상황이 될 것이다. 이 양극을 설정해 놓고 그 범위내에서 공정한 가액을 찾으면 된다.617) 이 범위내에서 시너지가 대상회사(target)와 인수회사(acquiror) 중 어느 쪽으로부터 어느 정도 발생하는지 살펴 볼 필요가 있다. 특정의 사업부문이나 경영자원으로부터 시너지가 생긴다고 구체적으로 판단될 경우에는 그에 따라

---

615) ノジマ事件, 東京高等裁判所決定 平成 21年(2009年) 7月 7日, 『金融・商事判例』 1341號, 31頁; 協和醱酵キリン事件, (지방법원결정) 東京地方裁判所決定 平成 21年(2009年) 4月 17日, 『金融・商事判例』 1341號, 31頁, (고등법원결정) 東京高等裁判所決定 平成 21年(2009年) 5月 13日, 『金融・商事判例』 1341號, 41頁; あおみ建設事件. 大阪地方裁判所決定 平成 20年(2008年) 11月 13日, 『金融・商事判例』 1320號, 56頁.

616) [Tecmo事件] 日本最高裁判所決定 平成 24年(2012年) 2月 29日 第2小法廷決定 ＝判例時報 2148號 3頁＝判例タイムズ 1370號(2012. 7. 1. 字), 108頁.

617) 片山智裕, "『公正な價格』の判斷枠組み③", 2017. 4. 1. 更新, 『公正な價格』を考える 40號); www.katayama-lawyer.jp/blog/blog.

기여도를 고려하게 될 것이다. 그러나 그러한 **특단의 사정이 없는 경우에는 두 회사가 기업가치에 비례하여 균등히 시너지창출에 기여한 것으로 보아야** 할 것이다. 그러나 모든 구체적 판단은 법원의 재량사항이다.[618]

### 3. 미국 델라웨어주법과 일본법의 비교

지금까지 주식매수청구권의 행사시 시너지를 공정한 가액에 반영할지 여부를 미국법과 일본법의 시각에서 살펴 보았다. 이하 몇가지 점에서 양국 법제의 상황을 비교해 보기로 한다.

우선 양국 성문규정의 차이를 보면 델라웨어주 일반회사법 제262조 (h)항 제2문과 일본 회사법 제785조 제1항은 확연히 다르다. 前者는 시너지가치의 반영을 명시적으로 배제함에 반하여, 後者는 '공정한 가격'의 앞에 붙어 있던 "조직재편을 승인하는 주주총회결의가 없었더라면"이라는 수식어를 제거함으로써 시너지가치의 반영가능성을 명문으로 열어놓았다. 이런 점에서 양국의 성문규정에는 분명 차이가 있다. 물론 델라웨어주 회사법 제262조 (h)항도 제3문에 모든 요소를 고려하라는 부분이 있어 이것과 동항 제2문의 체계해석이 필요함은 기술한 바와 같다.

필자의 사견으로는 적어도 판례법의 영역에서는 델라웨어법과 일본법은 근자들어 전체적으로 큰 차이를 나타내지 않는다. 시간이 흐를수록 양국의 판례법은 본질적으로 접근하고 있다. 오히려 긴밀히 동화되어가고 있다고 표현하는 것이 옳다. 적어도 다음 세 가지 점에 있어서 그러하다.

**첫째** 공정한 절차를 거쳐 조직재편의 대가가 합의에 이른 경우 조직재편계약에서 성립한 대가(예컨대 합병가격)를 공정한 가액으로 보는 점에서 양국의 판례법은 본질적으로 접근한다. 즉 이 분야에서 발견되는 일본의 사례들[619]과 미국의 사례들[620]은 점점 더 숫자를 늘려가고 있는데 결과는 동일한 방향으로 나아가고 있다. 일본에서 2004년부터 관찰되는 매수가격결정신청사건 전체 42건중 합병가격 등 당사자가 합의한 조직재편대가를 그대로 공정한 가격으로 결정한 사례가 12건에 이른다고 한다.[621]

**둘째** 절차적 공정성을 중시하는 점에서 양국의 판례법은 접근하고 있다. 설사 조직재편의 교섭이 독립당사자간 거래가 아니라 해도 절차적으로 하자없이 조직재편의 대가가 정해진 경우에는 이를 공정한 가격으로 보는 점에서 델라웨어법[622]과 일본법[623]은 같은 방

---

618) 片山智裕, "『公正な價格』の判斷枠組み③", 2017. 4. 1. 更新, 『公正な價格』を考える 40號); www.katayama-lawyer.jp/blog/blog.

619) [Jupiter Telecom(ジュピターテレコム)事件], 日本 最高裁判所 第一小法廷 決定 平成28年(2016年) 7月 1日, 『金融・商事判例』 1497號, 8頁; 기타 이미 위에서 소개한 아래의 사건들이 있다; ノジマ事件, 東京高等裁判所決定 平成 21年(2009年) 7月 7日, 『金融・商事判例』 1341號, 31頁; 協和醱酵キリン事件, (지방법원결정) 東京地方裁判所決定 平成 21年(2009年) 4月 17日, 『金融・商事判例』 1341號, 31頁, (고등법원결정) 東京高等裁判所決定 平成 21年(2009年) 5月 13日, 『金融・商事判例』 1341號, 41頁; あおみ建設事件. 大阪地方裁判所決定 平成 20年(2008年) 11月 13日, 『金融・商事判例』 1320號, 56頁; 이외에도 자세한 사례소개로는 池谷 誠, 『論点詳解 係争事件における株式價値評價』, 中央經濟社, 2016年, 資料編 1, 244~310면 참조.

620) Merlin Partners LLP. v. AutoInfo Inc., C.A. 8509-VCN (April 30, 2015), 2015 WL 2069417; In Re Appraisal of Ancestry.com Inc., C.A. 8173-VCG (January 30, 2015) 2015 WL 399726등.

621) 池谷 誠, "日米の事例にみる株式價値評價の主要論点", 『ビジネス法務』 (2016. 12.), 12~18면, 특히 12면, 脚註 1.

향으로 진화하고 있다. 즉 공정한 가격의 산정에 있어서 절차적 공정성의 비중은 양국에서 갈수록 커져가고 있다. 마치 이사와 회사간 자기거래에서 절차적 공정성이 준수된 경우 실질적 공정성이 추정되는 델라웨어주의 판례법 발전과 유사하다.[624]

**셋째** 둘은 모두 ALT와 RPT를 구별한 후 독립당사자간 거래의 형식으로 진행된 조직재편에 대해서는 합의된 조직재편대가를 공정한 가격으로 보며, 이해관계자간 거래의 형태로 조직재편이 진행된 경우에는 시너지가치를 반영하는 점에서 델라웨어주[625]와 일본의[626] 판례법은 같은 방향으로 진화하고 있음을 알 수 있다.

### (3) 공정한 가격 산정의 기준시점

만약 시너지 효과를 공정한 가격에 포함시킨다면 어느 시점을 기준으로 공정한 가액을 산정할 것인가?[627] 일본에서는 상장주식의 경우 시장가치 위주의 평가를 하면서 어느 날의 시장가치를 중심으로 '공정한 가격'에 접근하느냐에 대해 심각한 논의가 있다.

**(가) 일본에서의 논의:**   일본에서는 대개 아래 5가지의 시점이 기준시의 후보로 거론된다. 첫째는 합병 등 구조조정계획이 이사회결의로 확정된 시점(이사회결의 성립일),[628] 둘째는 합병계약 등 구조조정 계획에 대한 주주총회의 승인시점(합병승인결의일), 셋째는 주식매수청구권의 행사시점(매수청구서면의 제출일), 넷째는 매수청구기간의 만료시점(우리나라 상법에 따르면 주주총회승인일로부터 20일의 도과일),[629] 다섯째 합병 등 구조조정의 효력발생시점(예정된 합병기일 내지 합병등기일) 등이다. 이하 이들을 하나 하나 보기로 한다.

첫째 이사회결의 성립일설(組織再編計劃公表時說[630])을 보기로 한다. 일본에서 이

---

622) Golden Telecom, Inc. v. Global GT LP, 11 A. 3d 214 (Del. 2010).

623) 日本 最高裁判所 平成 28년(2016年) 7月 1日 제1小法廷決定, 『金融・商事判例』 1497號, 8頁＝岩原紳作・神作裕之・藤田友敬 編, 『會社法判例百選』, 第3版, 別冊 Jurist, No. 229, September 2016, 有斐閣, 2016年, 事例 [88], pp. 180~181.

624) Puma v. Marriot, 283 A. 2d 693 (Del. Ch. 1971); Marciano v, Nakash, 535 A. 2d 400 (Del. Ch. 1987); Cookie v. Oolie, 2000WL710199(Del. Ch.); Hansen-Johnston-Alexander, "The Role of the Disinterested Directors in 'Conflict' Transactions-The ALI Corporate Governance Project and Existing Law", 45 Business Lawyer 2083, at p. 2089.

625) Weinberger v. UOP, 457 A. 2d 701 (1983), at p. 713; Cede & Co. v. Technicolor Inc., 684 A. 2d 289 (1996), 296, 297.

626) Panasonic과 Sanyo간 주식교환사건(大阪地方裁判所 平成 24年(2012年) 4月 27日, 第4民事部決定, 『金融・商事判例』 1396號(2012. 8. 1.), 43頁).

627) 이하의 논의에 대해서는 十市 崇・山澤秦子, "樂天對TBS株式買取價格決定申立事件", 判例タイムズ, No. 1370 (2012. 12. 1.), 14~25면을 주로 참조함.

628) 우리나라 현 자본시장법 시행령 제176조의7 제2항 제1호 역시 이사회결의일의 前日을 기준으로 삼고 있으므로 이 입장이라 할 만하다.

629) 양만식, 전게논문, 178면.

630) 上柳克郎=鴻常夫=竹內昭夫編, 『新版 注釋 會社法(5) 株式會社의 機關(1)』(有斐閣, 1986), 293면.

학설은 2006년의 회사법이 만들어지기 전의 상황을 전제로 하였다. 즉 2005년 이전의 구 상법 제245조의2에 규정된 '나카리세바가격'에 맞춘 해석이다. 그리하여 합병 등의 조직재편사항이라면 관련 이사회결의가 성립한 날을 기준일로 잡는다.

둘째는 조직재편에 관한 주주총회의 승인이 이루어진 날을 기준일로 보는 견해(**承認決議時說**)이다.[631] 즉 '결의가 이루어지지 않았더라면 존재하였을 공정한 가격'에 따른 구제가 원칙적으로 기업재편에 반대하는 주주에게 종전의 이익을 보증하는 취지라면 조직재편이 결정되는 시점, 즉 주주총회의 승인결의시점이 기준일로 적정하다고 한다.

셋째는 주식매수청구권행사시설(**株式買取請求權行使時說**)이다.[632] 이 학설은 주식매수청구권을 행사한 날을 기준일로 보자고 한다. 주주가 최종적으로 회사를 떠날지 말지를 결정하는 시점은 이 세번째 시점, 즉 매수청구서면을 회사에 제출하면서 주식매수청구권을 행사하는 날이라고 한다. 아무리 이사회결의에 대한 반대서면을 제출하였더라도, 나아가 이사회결의를 승인하는 주주총회에 참석하여 반대표를 던졌더라도 정작 조직재편의 효력발생 20일전부터 조직재편의 효력발생전일까지 허용되는 매수청구기간 중 매수청구서면을 회사에 제출하지 않으면 해당 주주는 이 회사를 떠날 의사가 없는 것이다. 따라서 매수청구권행사시를 기준일로 보아야 한다고 한다.[633]

넷째는 매수청구기간만료시설(**買取請求期間滿了時說**)이다.[634] 이 입장은 기본적으로는 세번째 학설과 같은 입장이나 다만 주식매수를 청구하는 주주가 복수일 경우 매수가격이 통일되지 않아 회사의 업무처리에 혼란이 가중될 소지가 있다는 점을 고려하여 20일간의 매수청구기간 중 그 최종일을 기준일로 보자고 한다. 또한 일본에서는 실제로 주주들이 20일의 매수청구기간 중 대개는 맨 마지막 날에 주식매수청구권을 행사하므로 실제에 있어 세번째 학설과 큰 차이도 발생하지 않는다고 한다.

다섯째는 조직재편의 효력발생시설(**效力發生時說**)이다. 즉 합병의 경우라면 예정된 합병기일이나 합병등기일을 지칭한다. 이 입장은 일본에서는 회사법의 입법담당자의 견해라고 한다. 즉 주식매수청구가 확정적으로 효력을 발하는 것은 조직재편의 효력발생시라는 점을 근거로 든다고 한다.[635]

---

631) 藤田友敬, "新會社法における株式買取請求權制度", 江頭憲治郎先生還暦記念『企業法の理論(上)』(商事法務, 2007), p. 293; 이는 독일 주식법의 입장이기도 하다(동법 제305조 제3항 참조). 독일 조직재편법 또한 같다(동법 제30조 제1항 참조).

632) 이는 2011년 이래 일본 최고재판소의 일관된 입장이다(상기 テクモ(테크모)사건, 樂天 v. TBS事件 및 インテリジェンス(인텔리젼스)사건 참조).

633) 이 문제에 대해서 자세히는 十市 崇/山澤秦子, "樂天 對 TBS株式買取價格決定申立事件", 『判例タイムズ』, No. 1370 (2012. 12. 1.), 14~25면, 특히 22~23면.

634) 江頭憲治郎, 『株式會社法』 第3版, 有斐閣, 2009, 799면, 각주 3번 참조.

635) 相澤哲 外 編, 『論点解說 新會社法』, 商事法務, 2006, 682면; 동경지방법원에서는 테크모사건이나 인텔리젼스사건 나아가 더블클릭사건 등의 1심결정에서 본 학설을 취한 바 있다고 한다(十市 崇/山澤秦子, "樂天 對 TBS株式買取價格決定申立事件", 『判例タイムズ』, No. 1370 [2012. 12. 1.], 14~25면, 특히 20면, 각주 16에

우선 첫째와 둘째의 입장은 다음과 같은 비판을 피하기 어려워 보인다. 구체적인 조직재편사안마다 차이는 있겠지만 대개 조직재편을 위한 이사회결의나 주주총회의 승인결의로부터 조직재편의 효력발생일까지는 적지 않는 시간이 소요된다고 한다. 통상 짧아도 수개월이 소요되는 때가 많다. 따라서 이 기간중 주식매수청구권을 갖는 주주는 본 제도를 투기목적으로 악용할 가능성이 있다고 한다. **주가가 앙등할 조짐을 보이면 주주들은 주식매수청구권의 행사를 접고 시장상황을 보아가며 최적기에 보유주식을 매각하려 들 것이다. 반대로 조직재편계획의 공표후 주가가 하락세를 보이면 하락한 주가로 보유주식을 매각하는 대신 주식매수청구권을 행사하여 조직재편이 일어나기 전의 가격으로 보상받으려 할 것이다. 즉 '선도거래(forward contract)상의 풋옵션(put option)'효과를 노릴 것이다.** 이러한 현상으로 말마암아 계획공표시설이나 승인결의시설은 주주의 투기적 행동을 유발할 가능성이 크다는 점에서 지지하기 어려운 부분이 있다.

한편 세번째의 매수청구권 행사시설은 우선 그 시점에 매매계약이 성립하고 나아가 주주가 회사를 떠날지 말지를 종국적으로 결정하는 시점이라는 점에서 합리성을 보이고 있기는 하다. 그러나 이 입장에 대해서도 매매계약의 성립시점을 기준일로 해야 할 논리필연성은 존재하지 않는다는 비판이 가능하다. 나아가 반대주주가 복수일 경우 주주마다 기준일이 달라져 회사의 업무처리가 어려워지는 단점도 있다.[636]

네번째 입장과 다섯째 입장은 일본에서는 사실상 세번째 학설과 결과면에서 큰 차이가 없다는 비판이 있다. 일본에서는 대개 주식매수청구기간(합병기일 20일전부터 합병기일 직전일까지)의 말일(末日)에 주식의 매수청구가 이루어지므로 세번째와 네번째 학설간 큰 차이가 없으며 네번째 학설과 다섯째 학설 역시 단 하루의 차이 밖에 없어 매수청구기간의 종료시점과 조직재편의 효력발생시점 사이에 주가가 큰 폭으로 움직이지 않는 한 주목할 만한 차이를 발견하기 어렵다.

세번째 학설은 위와 같은 비판을 받고 있기는 하지만 그럼에도 불구하고 개개 주주가 스스로 주가등락에 따른 위험부담을 하면서 매수청구시점을 스스로 결정한 것이므로 가장 당위성면에서 우수하다고 할 수 있다. 만약 매수청구주주가 복수일 경우 모든 매수청구주주에게 같은 가격으로 매수해준다면 이것이 오히려 더 부당한 결과로 이어질 가능성도 있다.

(나) **우리 법에의 시사점:**    위에서 본 일본에서의 논의는 상장주식의 경우 시장

---

636) 十市 崇/山澤泰子, "樂天 對 TBS株式買取價格決定申立事件", 「判例タイムズ」, No. 1370 [2012. 12. 1.], 14~25면, 특히 22면.

가치 위주의 평가를 할 때 공정한 가격을 어느 날짜를 기준으로 할 것인지의 문제였
다. 그런 문제는 우리나라에서도 유사하게 발생할 것이다. 물론 자본시장법 시행령상
으로는 조직재편을 결정한 이사회결의 전날을 기준일로 하여 이 날로부터 앞선 2개
월, 1개월 및 1주간의 시장가격의 가중평균을 법정매수가격으로 제시하고 있다. 이러
한 법정매수가액은 일종의 법정(法定) '나카리세바'가격이라 할 수 있다. 자본시장법
시행령의 입장은 결국 조직재편계획 공표시설에 해당하는 것으로 보이고, 위 일본 학
설중 첫째의 것에 속한다고 할 수 있다.[637]

그러나 이러한 법정가격은 주주와 회사간 협상의 자료로 될 뿐 결정적 의미는 없
다. 어차피 이 가격으로 합의가 이루어지지 않으면 법원에 가격결정신청을 하여야 하
고 법원은 **자유재량으로** '공정한 가액'에 접근하여야 하기 때문이다.[638] 현재 주식매
수청구가격결정신청관련 **일본 법원의 결정예들을 보아도 적어도 2011년의 라쿠텐(樂**
**天) v. TBS 사건 이후에는 주식매수청구일을 기준일로 보고 이 날의 종가(終價; closing**
**price)를 공정한 가격의 기준으로 삼고 있다.**[639] 다만 복수의 반대주주들이 제 각각
행사일을 달리하는 경우 업무처리상 혼란의 여지가 있으므로 그런 경우에는 행사기
간의 종료일로 통일시키는 것은 가능하다고 본다.

결론적으로 우리나라에서도 상장주식에 관한 한 일본에서 이루어지는 상기의 논
의는 그대로 이루어질 수 있다고 생각된다. 다만 일본 회사법과 우리 상법간 주식매
수청구기간의 차이로 조금 달리 평가할 부분이 있기는 하지만 그래도 위에서 비교해
보았듯이 제3설(매수청구권행사시설)이 기본적으로 가장 타당하다고 생각된다.

### (4) 일본 회사법과 우리 상법상 매수청구기간의 차이

우리 상법과 달리 일본 회사법은 매수청구기간을 조직재편의 효력발생일(합병의
경우라면 합병등기일)의 20일전부터 효력발생일의 전날까지로 잡고 있다(흡수합병의 경우라면 일<br>본 회사법 제785조 제5항).
우리 상법은 조직재편을 승인하는 주주총회 결의일로부터 20일간이다(상 522<br>의3 I). 따라서
일본의 경우 주식매수청구기간이 우리 상법 보다 다소 뒤로 미루어져 있다. 그 결과
시너지 효과가 발생하는 경우 시장은 이에 대응할 충분한 시간을 갖는다. 우리나라에

---

637) 이러한 자본시장법 및 시행령의 입장에 대해 비판적인 문헌으로는 양만식, "상법상 조직변경과 반대주주의
주식매수청구권", 「경영법률」 제23권 제4호(2013), 155~184면, 특히 178면(주식시장의 상황을 도외시한 것
이라는 비판이다).

638) 삼성물산－제일모직간 합병에 반대한 주주들이 제기한 주식매수가격결정신청사건에서 대법원은 자본시장법
시행령이 정하고 있는 이사회결의 전날 대신 제일모직의 상장일 전일(前日)을 기준일로 하여 공정한 가격을
산정하였다(대법원 2022. 4. 14, 2016마5394, 5395, 5396 결정).

639) 일본최고재판소 2011년 4월 26일 결정, 금융상사판례 1367호, 16면; 일본최고재판소 2012년 2월 29일 결정,
금융상사판례 1388호, 16면; 오사카지방법원 2012년 4월 27일 결정, 금융상사판례 1396호, 43면(매수청구일
이전 한달간의 종가평균) 등.

서는 주주총회의 합병승인결의일로부터 20일이므로 다소 일본보다는 여유가 없다고 할 수 있다. 그러나 우리나라에서도 합병관련 이사회결의 시점부터 합병관련 사항은 주식시장에 널리 알려지므로 늦어도 이 시점(이사회결의일)부터는 주식의 시장가치에 조직재편 사항이 반영될 여지가 있다. 나아가 시장의 반응 역시 매우 빠르다고 생각된다.[640] 실질적으로 일본의 경우와 큰 차이는 없어 보인다.

그럼에도 불구하고 위 기준일을 둘러싼 논의에서 보았듯이 조직재편 관련 계획이 공표되면 시장은 반응을 보이기 시작하고 주주들은 본 제도를 투기적 목적으로 악용할 소지가 있다. 따라서 주주총회의 승인 직후부터 20일간 주식매수청구를 허용하는 우리 상법의 입장은 일본 회사법과 비교하였을 때 바람직스럽게 느껴지지 않는다. 회사를 떠날지 말지의 결단을 우리나라의 주주들은 조금 일찍하라고 강요받는 상황이 된다. 주가변동의 추이를 보아가며 여유있게 결단을 내릴 수 있도록 일본 회사법에서처럼 조직재편기일의 20일전부터 조직재편기일의 전날까지로 하면 어떨까 하는 생각이 든다. 그리고 그 행사일을 기준일로 잡아 처리하면 되지 않을까 하는 생각이 든다. 즉 **향후의 입법론으로는 매수청구가능기간을 일본 회사법에서처럼 조직재편의 효력발생일 20일전으로부터 조직재편의 효력발생 직전일(直前日)까지로 후치(後置)시키는 것이 보다 바람직하다고 느껴진다.**[641] 이렇게 함으로써 반대주주에 대한 숙려기간을 보다 여유있게 부여할 수 있고 나아가 권리남용적 매수청구를 예방할 수 있을 것이다.[642] 이 부분에 대해서는 향후 더 많은 논의가 이루어질 필요가 있어 보인다.[643]

그리고 반대주주의 매수청구일을 기준으로 기업가치의 상승, 기업가치의 유지 또는 기업가치의 훼손 등 각 경우를 고려하여 공정한 가액을 산출하면 될 것이다. 기업가치가 상승할 경우에는 원칙적으로 시너지 효과를 반영하여야 할 것이다. 기업가치의 상승에도 불구하고 합병비율의 불공정 등으로 주주가치가 훼손되는 경우 해당 회사의 주주들은 주식매수청구권을 행사하려 들 것이다.[644] 이 경우에는 합병비율이 공

---

640) 실제 지난 2015년 5월 26일 공표된 제일모직과 삼성물산의 합병발표 직후 시장은 민감하게 반응하여 삼성물산의 주식은 주식매수청구권 행사가인 57,234원보다 훨씬 높은 63,000원대에서 거래되었다.

641) 일본에서도 2006년의 신회사법(新會社法) 제정전에는 매수청구기간은 우리 상법과 같았다. 즉 2005년 이전의 일본 상법은 우리 상법과 마찬가지 규정을 두고 있었다. 주식매수청구권은 조직재편사항을 승인하는 주주총회 결의일로부터 20일 이내에 행사할 수 있었다(구 일본 상법 제408조의3 제2항, 동법 제245조의3 제1항 참조). 그러나 2006년의 신회사법 제정시 흡수형 조직재편(흡수합병과 영업양도 등)과 신설형 조직재편(신설합병 및 주식이전 등)으로 양분하여 전자에서는 합병 등의 효력발생일(합병등기일) 20일전부터 효력발생일 전일(前日)까지로 하였고(일본 회사법 제785조 제5항), 후자에서는 주주총회 결의일로부터 2주내에 이루어지는 통지 및 공고일로부터 20일 이내에 주식매수청구권을 행사하는 것으로 되었다(일본 회사법 제806조 제5항 등 참조).

642) 十市崇・山澤泰子, 判例タイムズ, No. 1370 (2012. 7. 1.), 14~25면, 특히 21면, 각주 17번 참조.

643) 최소한 이사회 결의일 이전을 기준으로 주식매수청구권의 법정가액을 산정하는 자본시장법 시행령 제176조의7 제2항의 규정에 대해서는 비판적 논의가 있다(양만식, 경영법률, 전게논문, 178면; 김근수・변진호, "주식매수청구권 행사 결정요인에 대한 분석", 「증권학회지」 제36권 제3호(2007), 491면 참조).

644) 제일모직과 삼성물산의 합병 역시 이러한 경우라는 보도가 있다. 즉 삼성물산의 주주들에게 일방적으로 불리

정하였다면 존재하였을 주가를 상기의 기준일을 중심으로 파악하면 된다. 필요하다면 법원은 재량으로 기준일에 근접한 일정기간의 주가평균을 사용해도 된다. 나아가 거시경제의 악화나 해당 업종의 특수 사정 등 공정가액 산정에 영향을 미칠 수 있는 환경이 발발하는 경우에는 회귀분석 등을 통한 보정작업도 필요할 것이다.

반대로 기업가치가 훼손되는 경우에는 해당 조직재편이 이루어지지 않았다면 존재하였을 주가를 산정하여야 할 것이다. 이 경우에도 역시 기준일은 매수청구권을 행사하는 날이며 그 날을 중심으로 산출되는 가정적 주가 내지 필요하다면 이에 근접한 여러 날의 평균주가를 사용해도 될 것이다. 기업가치 유지의 경우에도 이에 준하여 처리하면 될 것으로 생각된다.

# 제 8 절    경영권분쟁과 회사법

## Ⅰ. 출발사례

### 1. 유노칼(Unocal) 사건[1]

(1) 사실관계

1985년 4월 8일 유노칼社(Unocal Corp.; 이하 '甲')의 주식 중 13%를 소유한 Mesa Petroleum Co.(이하 '乙'이라 한다)는 甲의 주식 중 37%인 6,400만주를 주당 가격 54달러로 매수하는 공개매수를 선언한다. 乙의 공개매수는 2단계(two-tier) 현금매수로서 1단계에서 37%의 주식이 모두 매집되고 나면 乙은 甲을 합병하고 나머지 49%의 주식에 대해서는 주당 54달러의 사채로 보상할 예정이다.

乙의 공개매수선언이 있은 지 5일후인 1985년 4월 13일 甲의 이사회는 乙의 공개매수에 대한 대책을 논의하기 시작하였다. 甲의 이사회는 6인의 사내이사와 8인의 사외이사로 구성되어 있었으며, 총 14인의 이사 중 13인이 출석하여 9시간 반 동안 대책을 논의하였다. 그러나 이사회가 개회되기 전에 각 이사들에게 乙의 공개매수시도관련 문건이 배포되지는 않았다. 그대신 이사회가 시작되고 난후 미연방법과 델라웨어주법상 적대적 M&A의

---

한 합병비율(제일모직: 삼성물산=1: 0.35)과 합병조건이라는 보도가 있다(중앙일보, 2015년 6월 5일, 강병철·김현예 기자, "삼성물산 지분 7.1% 가진 미국 헤지펀드, 합병 반대 나선 까닭"). 양사의 합병은 물론 전체적으로는 기업가치의 상승으로 이어질 것으로 예측된다. 즉 합병후 회사의 기업가치는 시너지효과까지 나타나 상승할 것으로 보인다. 다만 삼성물산의 주주들은 불리한 합병조건으로 손해를 볼 가능성도 있어 보인다. 다만 기업의 미래가치를 예측하기는 매우 어려운 일이어서 결국 삼성물산의 주주들은 개별적 판단으로 매수청구권을 행사할지 말지를 결정할 수밖에 없을 것이다.

1) 본 사건에 대해서는 김정호, "적대적 M&A에 있어 방어행위의 적법요건", 「경영법률」 제19집 제4호(2009. 8.) 참조.

대상회사(target company)가 취할 수 있는 대응수단에 대하여 상세한 법률적 설명이 이어 졌다. 그후 골드만 삭스의 피터 삭스(Peter Sachs)와 Dillon, Read & Co. 측으로부터 乙의 공개매수가 매우 부적절하다는 설명을 들었다. Sachs씨는 甲의 주가가 최소 60불은 되어 야 한다고 설명하면서 乙 측의 공개매수는 받아들일 수 없는 것으로 평가하였다. 이와 관 련하여 삭스씨는 다양한 방어책도 이사회에 소개하였다. 그후 8인의 사외이사는 별도로 회합을 갖고 甲의 재정전문가 및 변호사들의 의견을 청취하였다. 그후 8인의 사외이사들 은 만장일치로 甲의 이사회가 乙의 공개매수를 방어해야한다는 의견을 제시하였다. 그 방 법은 자기공개매수(self tender offer)였다. 그 후 전체 이사회가 다시 소집되었고 여기서 만장일치로 乙의 공개매수를 방어하기로 결의하였다.

4월 15일-1인은 결석이었고 4인은 전화로만 참석하였지만-재차 전체 이사회가 소집되 었고 2시간여의 회의에서 자기공개매수의 대강이 결정되었다. 甲이 취할 자기공개매수의 규모는 29%, 가격은 주당 72불, 나아가 그 대가는 사채로 지급한다고 결정되었다. 다만 乙 만큼은 자기공개매수의 대상에서 제외시켰다(Mesa exclusion).

甲이 1985년 4월 17일 자기공개매수를 시작하자 乙은 지체없이 델라웨어 Chancery 법 원에 본 자기공개매수유지청구의 소를 제기하였고 동 법원이 이를 인용하자 甲이 이에 불 복하여 델라웨어주 최고법원에 항소(interlocutory appeal)한 것이 본 사건이다.

(2) 설  문
1. 유노칼 사건이 제시하는 이사회의 방어권을 다른 나라와 비교하라.
2. 유노칼 사건은 방어행위의 적법요건을 어떻게 구체화하고 있는가?
3. 유노칼 사건이 국제적으로 차지하는 위치는 어떠한가?

## 2. 불독소스 사건[2]

[일본 최초의 포이즌필 가동사례; 일본 최고재판소결정에 의한 일본판 유노칼; 방어의 적법 기준에 대한 고전적 완성으로 평가될 사례]

(1) 사건개요:  돈가스소스 등의 상품을 제조하는 일본의 유명 불독소스사(ブルドッ クソス社; Bull-Dog Sauce社)가 미국계 투자펀드 Steel Partners의 공개매수에 대항하여 주주총회결의로 신주예약권의 무상배정을 결의하였다. 이에 대해 공개매수자 스틸파트너 즈는 이 신주예약권이 주주 모두에게 평등하지 않고 공개매수자만 차별하는 것이어서 주 주평등의 원칙에 반한다는 이유로 신주예약권의 발행금지가처분을 구하였다. 일본 최고재 판소는 비례의 원칙을 적용하여 본 신주예약권의 무상배정이 기업가치의 유지향상이라는 대의(大義)에 반하지 않아 유효하다고 판시하였다. 가히 일본판(日本版) 유노칼(Unocal)로 평가할 수 있을 것이다.

(2) 사실관계

(가) 당사자:  피신청인 Bull-Dog Sauce 주식회사(이하 'B社'로 약함)는 大正(다이쇼) 15년(1926년) 9월에 설립되어 소스 기타 조미료의 제조·판매 등을 주된 사업으로 하는 동경증권거래소 2부 상장사이다. 2007년 3분기의 매출이 약 167억엔, 영업이익이 약 7억

2) 日本 最高裁判所 決定 平成 19年 8月 7日,「判例タイムズ」1252号, 125頁.

엔, 자본금 10억 4,000만엔, 발행가능 총 주식수 7,813만 1,000주, 발행주식총수 1,901만 8,565주였다.[3] 한편 신청인은 미국계 펀드인 Steel Partners Japan[4] (이하 'S'로 약함)으로 2007년 5월 현재 B사 주식 178만주를 보유하여 그 지분율은 10.25%에 달하였다.

(나) S의 B에 대한 공개매수의 선언과 이에 대한 B의 대응: S측은 2003년 12월부터 2007년 1월까지 사이에 B의 주식 176만주를 취득하였고 관련 법인 LSAM과 합하여 위의 지분율을 확보하였는바 2007년 5월 16일 S는 B를 상대로 B의 전 주식취득을 목표로 공개매수를 선언한다. 5월 18일에는 S의 관련 법인도 B에 대한 공개매수의 선언을 하였다. 이에 B는 5월 25일 S에 대해 공개매수와 관련한 의견표명을 구하였는바, S는 이에 대해 2007년 6월 1일 "(i) 일본에서 B㈜를 직접 경영할 의사가 없고, 현재 그럴 계획도 없으며, (ii) 현 경영진에게 경영을 맡기되 스스로 경영할 의사는 없으며, (iii) 현 경영진에게 기업 가치향상을 위한 제안을 할 계획도 없고, (iv) 지배권취득 후의 사업계획이나 경영계획은 현 시점에서 가진 것이 없고, (v) B의 일상적인 업무를 스스로 운영할 뜻도 없으므로 B의 제조판매업에 대한 질의에 회신할 필요도 없다"고 답하였다.

이에 B의 이사회는 6월 7일 본건 공개매수가 B의 기업가치를 훼손하고 주주공동의 이익을 해한다고 판단하여 본건 공개매수에 반대하는 결의를 하였다. B의 이사회는 같은 날 본건 공개매수에 대한 대응책으로 (i) 신주예약권의 무상배정에 관한 사항을 주주총회의 특별결의로 하는 정관변경안 및 (ii) 이 정관변경안이 가결되는 것을 조건으로 신주예약권을 무상배정하는 안을 6월 24일로 예정된 주주총회에 상정하기로 결정하였다. 6월 24일의 주주총회에서는 위 두 의안이 출석주주의 의결권의 88.7%, 의결권총수의 83.4%라는 압도적 찬성으로 모두 가결되었다. 그 주요내용은 아래와 같다.

### ✪ 불독소스社 신주예약권 무상배정안

(i) 기준일인 7월 10일[5]에 주주명부 또는 실질주주명부에 기재된 주주에 대하여 그가 가진 B사 주식 1주에 대해 3개의 비율로 신주예약권을 배정한다. (ii) 본건 신주예약권의 효력발생일은 7월 11일이다. (iii) 본건 신주예약권 1개의 행사로 B社가 교부하는 주식수는 1주이다. (iv) 본건 신주예약권의 행사로 B社가 보통주식을 교부하는 경우 불입금액(拂入金額)은 주식 1주당 1엔으로 한다. (v) 본건 신주예약권의 행사가능기간은 9월 1일로부터 동월 30일까지이다. (vi) S 및 그 관계자들은 비적격자로서 본건 신주예약권을 행사하지 못한다. (vii) B사는 이사회가 정하는 날짜에 S 및 그 관계인들의 지분을 제외한 본건 신주예약권을 취득하여 그 대가로 본건 신주예약권 1개당 예정된 B의 보통주식을 각 주주에게 교부한다. B사는 이사회가 정하는 날짜에 S 및 그 관계인이 보유한 신주예약권을 취득하여 그 대가로 본건 신주예약권 1개당 396엔을 교부할 수 있다(이하 이를 '本件取得條項'이라 한다). 위 가격은 본건 공개매수의 애초 가격의 1/4에 상당하는 것이다. (viii) 본건 신주예약권을 법률행위적 양도로 취득하는 경우 B사의 이사회승인이 필요하다.

---

3) 『判例タイムズ』 1252号(2007. 12. 15. 자), 128頁 [理由 2 (1)].
4) S는 일본 주식에의 투자를 목적으로 英國領 케이먼群島법에 기초하여 설립된 Limited Partnership (LP) 형태의 미국계 투자펀드이다.
5) 연수의 표시가 없는 일자는 2007년의 해당일이다.

B의 이사회는 6월 24일 주주총회가 의결한 위 8개항의 신주예약권 무상배정안을 위임의 본지에 따라 구체화하는 한편 주주에 대한 과세상의 문제로 비적격자인 S 및 그 관계자로부터 본건 취득조항에 기하여 신주예약권을 취득하는 것이 불가하다고 판단되는 경우에도 S 및 그 관계자에 대하여 신주예약권 1개당 396엔을 지불하고 이를 양수하는 것으로 결의하였다(이하 이를 '本件支拂決議'라 한다).

(다) S 및 관계자들의 가처분신청:    S는 본건 주주총회에 앞선 2007년 6월 13일 본건 신주예약권의 무상배정에는 일본 회사법 제247조가 적용 또는 유추적용되는 관계로 (i) 주주평등의 원칙에 반하거나 또는 (ii) 현저히 불공정하여 무효라고 주장하면서 본건 배정의 유지를 구하는 신주예약권발행금지가처분을 관할법원에 신청하였다.

이에 원원심은 6월 28일 주주에 대해 신주예약권이 무상으로 배정되는 경우에도 당해 배정이 주주의 지위에 실질적 변동을 야기하는 경우라면 일본 회사법 제247조가 유추될 수 있으나[6] 본건 무상배정은 주주평등의 원칙에 반하거나 현저히 불공정한 것이 아니라고 판단하였다. 결론적으로 원원심은 본건 가처분신청을 기각한다.[7]

S는 원원심 결정에 항소하였으나 원심 역시 7월 9일 본건 신주예약권의 무상배정이 B의 기업가치의 훼손을 막기 위한 필요하고도 상당한 합리적 조치로서 나아가 S가 소위 "권리남용적 매수자"인 점을 고려할 때 이는 주주평등의 원칙에 반하지 않으며 나아가 현저히 불공정한 조치로 볼 수도 없다고 하면서 S의 항소 역시 기각하였다.[8]

(3) 판시사항:    일본 최고재판소 역시 본건 신주예약권의 무상배정이 주주평등의 원칙에 반하지 않으며 나아가 현저히 불공정한 것도 아니라고 판단하였다.

일본 회사법 제109조 제1항은 "주식회사는 주주를 그가 가지고 있는 주식의 내용 및 수에 따라 평등하게 취급하지 않으면 안된다"라고 규정하면서 주주평등의 원칙을 천명하고 있다. 신주예약권의 무상배정이 신주예약권자의 차별적인 취급을 내용으로 하는 경우 제109조 제1항에 정한 주주평등의 원칙은 이 경우에도 적용되지 않으면 안된다.[9] 그러나 주주평등의 원칙이란 개개 주주의 이익을 보호하기 위하여 회사에 대해 주주를 그 보유한 주식의 "내용과 수"에 따라 평등한 취급을 하는 것이므로 개개 주주의 이익은 일반적으로 회사 전체의 존립과 무관하지 않다. 그리하여 아래의 내용으로 일본 최고재판소는 본 신주예약권의 무상배정이 주주평등의 원칙에 반하지 않는다고 판시하고 있다; "특정의 주주에 의하여 경영지배권의 취득에 수반하여 회사의 존립, 발전이 저해되는 등 회사의 기업가치가 훼손되어 회사의 이익 및 주주공동의 이익이 침해되는 경우에는 그 방지를 위하여 당해 주주를 차별적으로 취급하여도 당해 취급이 형평의 이념에 반하여 상당성을 상실하지 않는 한 이를 직접 동 원칙에 반한다고 단정할 수 없다.[10] … 특정 주주에 의한 경영

---

6) 일본 회사법 제247조 **[모집신주예약권의 발행을 금지하는 청구]** "주주가 불이익을 입을 염려가 있는 경우 주주는 회사에 대하여 제238조 제1항의 모집에 관련되는 신주예약권의 발행을 금지할 것을 청구할 수 있다. 1. 당해 신주예약권의 발행이 법령 또는 정관에 위반하는 경우, 2. 당해 신주예약권의 발행이 현저히 불공정한 방법으로 이루어진 경우"
7) 東京地裁 平成 19年(2007年) 6月 28日 決定.
8) 東京高裁 平成 19年(2007年) 7月 9日 決定.
9) 「判例タイムズ」 1252号, 130頁.
10) 이러한 일본 최고재판소의 결정에 대해 국내에서는 "가히 혁명적인 결론"이라고 높이 평가하는 학자가 있는

지배권의 취득에 수반하여 회사의 기업가치가 훼손되어 회사 전체의 이익이나 주주 공동의 이익이 훼손되는가 여부를 판단함에 있어서는 최종적으로는 회사이익의 귀속주체인 주주 자신에 의하여 판단하지 않으면 안된다."[11]

(4) 코멘트: 본 사건은 방어의 적법기준을 비례성 원칙에 따라 판단하고 있다. 가히 일본판 유노칼(Unocal)로 불려야 할 것이다. 2005년 3월 일본 경제산업성 및 법무성은 공동으로 "기업가치·주주공동이익의 확보·향상을 위한 방어수단에 관한 지침"을 공표하였다. 이에 따르면 첫째, 방어가 적법하려면 해당 방어는 기업가치 및 주주공동의 이익을 위한 것이어야 한다.[12] 둘째, 방어수단은 사전공시의 원칙하에 주주의 합리적 의사에 따라 도입되어야 한다. 셋째, 방어수단은 필요성과 상당성의 원칙을 준수하며 과잉수단이 아니어야 한다.[13] 공법(公法)상 비례의 원칙을 연상시키는 본 기준을 적용하면서 일본 최고재판소는 불독소스社의 방어가 적법하다고 판단하였다.

## Ⅱ. M&A의 이론적 개요

### 1. 개 념

M&A란 기업의 지배권취득을 목적으로 이루어지는 모든 거래를 총칭한다. 합병, 영업양도(자산취득), 주식매수, 위임장권유, 공개매수 등 다양한 수단이 이에 포함될 수 있다.

### 2. 종 류

#### (1) 수평적·수직적·복합적 M&A

수평적 M&A(horizontal M&A)란 동일한 제품이나 용역 또는 서로 경쟁관계에 있는 제품이나 용역을 생산하거나 공급하는 관계에 있는 회사들이 지배권취득을 통하여 결합하는 거래이다. 수직적 M&A(vertical M&A)란 기업의 수직적 계열화를 위하여 산업의 생산단계나 판매경로상 이전 또는 이후단계에 있는 기업을 인수하는 것이다. 복합적 M&A(conglomerate M&A)란 수평적 또는 수직적 관련이 없는 회사간에 이루어지는 M&A이다.

---

가 하면(송옥렬, "포이즌필의 도입에 따른 법정책적 쟁점", 『상사법연구』 제27권 제2호(2008), 106면), "매우 의문스러운" 판결로서 찬성하기 어렵다는 학자도 있다(이철송, 회사법강의, 제28판, 2020, 916면). 즉 국내 학자들의 이 판례에 대한 반응은 극과 극을 달리고 있다.

11) 『判例タイムズ』1252号, 131頁.

12) 이는 유노칼기준에 의하면 합리성요건(reasonableness)에 해당한다. 즉 '방어 자체의 합리성'이다.

13) 이는 유노칼기준에 의하면 비례성요건(proportionality)이다. 즉 '방어 정도의 합리성'이다.

### (2) 우호적/적대적 M&A

적대적 M&A는 인수기업이 대상기업을 인수하려 할 때 대상기업의 주주나 경영진이 동의하지 않거나 반대하는 가운데 대상기업의 경영지배권을 취득하는 것이다. 이에 반하여 우호적 M&A(friendly M&A)는 인수기업과 대상기업간 합의를 기초로 이루어지는 M&A이다.

## 3. 동    기

### (1) 영업적 동기

이에 대해서는 신규시장진입에 따른 시간단축, 신규시장진입시의 마찰회피 또는 규모의 경제를 통한 시장지배력의 강화를 그 원인으로 들 수 있다.

### (2) 경영전략적 동기

기업성장과 지속성유지, 첨단기술의 도입 또는 세계화를 통한 경영전략의 측면에서 M&A를 시도한다.

### (3) 재무적 동기

M&A는 위험분산, 자금조달능력의 제고 또는 조세절감의 차원에서 시도될 때가 많다.

## 4. 경 영 권[14)]

경영권이라는 말은 상법이나 회사법에만 존재하는 것은 아니다. 노동법이나 헌법에도 존재한다. 법원의 판결에도 간간히 그러한 용어가 등장한다. 그러나 막상 '경영권'이라는 용어를 접하면 도대체 이것이 무엇인지 쉽게 이미지가 떠오르지 않는다. 경영권의 법적 의미를 규정한 성문법규도 없다. 이하에서는 '경영권'이라는 개념에 좀 더 가까이 다가가 보기로 한다.

### (1) 경영학에서 본 경영권

경영학에서는 '경영권'을 어떻게 생각하는가? 그곳에서 경영권이란 "어떻게 표현되던 간에 문자 그대로 기업을 자신이 원하는 방향으로 경영할 수 있는 혹은 경영하도록 강제할 수 있는 권리"이다.[15)] 법률상으로 독립된 명확한 개념은 아니지만 "기업가

---

14) 이 부분은 졸고, "지배주식의 양도와 경영권 이전", 「경영법률」 제27집 제3호, 265~273면을 전재함.

가 자기 기업체를 관리·경영하는 권리"로 정의되기도 한다.[16] 제2차 세계대전후 노동 조합운동이 본격화되고 노동조합측이 기업경영에의 개입을 요구하기 시작하자 기업 가 측에서 노동조합의 노동권에 대립되는 말로 '경영권'을 사용하게 되었는바 이것은 "기업경영담당자로서의 사용자가 가지는 고유의 권리로서 대내적으로는 생산방법과 생산계획의 결정이나 경영간부의 인사 및 재무에 관계되는 사항의 결정권 등을 그 중요한 내용으로 들 수 있고 대외적으로는 주주, 노조, 금융기관, 정부, 고객, 지역사 회 등의 이해관계 집단과의 관계에서 자기 경영의 이익을 자주적으로 주장할 수 있 는 권리"를 이른다고 한다.[17]

일본에서도 유사한 정의가 이루어지고 있다. 경영권을 "경영자가 기업을 자신의 의사에 따라 경영하여 지배하는 권리로서 노조와의 교섭에 있어서도 사전에 협의하 지 않고 경영에 대한 근본 방침에 대하여 독자적으로 결정할 수 있는 권리"로 정의한 다. 일본에서도 2차대전후 노조의 경영참여가 거세지자 이에 대응하여 소화 23년 (1948년) 구 일본 경단련(경영자연합회)이 '경영권'이라는 표현을 사용하면서 경영자 측 의 입장을 대변하였다고 한다.[18]

### (2) 헌법적 시각에서 본 경영권

대법원은 한국가스공사사건[19]에서 경영권의 헌법적 의미를 다음과 같이 밝히고 있다:

"헌법 제23조 제1항 전문은 '모든 국민의 재산권은 보장된다.'라고 규정하고 있고, 제 119조 제1항은 '대한민국의 경제질서는 개인과 기업의 경제상의 자유와 창의를 존중함을 기본으로 한다.'라고 규정함으로써, 우리 헌법이 사유재산제도와 경제활동에 관한 사적자 치의 원칙을 기초로 하는 자본주의 시장경제질서를 기본으로 하고 있음을 선언하고 있다. 헌법 제23조의 재산권에는 개인의 재산권뿐만 아니라 기업의 재산권도 포함되고, 기업의 재산권의 범위에는 투하된 자본이 화체된 물적 생산시설뿐만 아니라 여기에 인적조직 등 이 유기적으로 결합된 종합체로서의 '사업' 내지 '영업'도 포함된다. 그리고 이러한 재산권 을 보장하기 위하여는 그 재산의 자유로운 이용·수익뿐만 아니라 그 처분·상속도 보장 되어야 한다. 한편, 헌법 제15조는 '모든 국민은 직업선택의 자유를 가진다.'라고 규정하고 있는바, 여기에는 기업의 설립과 경영의 자유를 의미하는 기업의 자유를 포함하고 있다. 이러한 규정들의 취지를 기업활동의 측면에서 보면, 모든 기업은 그가 선택한 사업 또는

---

15) 연태훈 편, 「기업경영권에 대한 연구 -실증분석과 제도정비방안을 중심으로-」, 한국개발연구원 연구보고서, 2005-07, 14면.
16) 두산백과, [경영권; right of management, 經營權].
17) 두산백과(doopedia).
18) 片岡信之 編著, ベーシック 經營學辭典(Dictionary of Business & Management for Beginners), 中央經濟社, 2004, 87면.
19) 대판 2003. 7. 22, 2002도7225.

영업을 자유롭게 경영하고 이를 위한 의사결정의 자유를 가지며, 사업 또는 영업을 변경 (확장·축소·전환)하거나 처분(폐지·양도)할 수 있는 자유를 가지고 있고 이는 헌법에 의하여 보장되고 있는 것이다. 이를 통틀어 경영권이라고 부르기도 한다."

헌법재판소 역시 헌법 제15조 및 헌법 제23조에 바탕을 둔 '기업경영의 자유'를 아래와 같이 인정하고 있다[20]:

"① 헌법 제15조는 기업의 자유로운 운영을 내용으로 하는 기업경영의 자유를 보장하고, 헌법 제23조 제1항은 모든 국민의 재산권을 보장한다(헌재 2009. 5. 28, 2006헌바86; 헌재 2015. 9. 24, 2013헌바393 참조). 또 헌법 제37조 제2항은 기본권은 필요한 경우에 한하여 법률로써 제한할 수 있다는 한계를 설정하고 있다. …

피청구인의 요구를 받은 기업은 현실적으로 이에 따를 수밖에 없는 부담과 압박을 느꼈을 것으로 보이고 사실상 피청구인의 요구를 거부하기 어려웠을 것이다. 피청구인은 대통령으로서는 이례적으로 사기업 임원의 임용에 개입하고 계약 상대방을 특정하는 방식으로 기업 경영에 적극적으로 개입하였으며, 해당 기업들은 피청구인의 요구에 따르기 위해 통상의 과정에 어긋나게 인사를 시행하고 계약을 체결하였다.

피청구인의 이와 같은 일련의 행위들은 기업의 임의적 협력을 기대하는 단순한 의견제시나 권고가 아니라 구속적 성격을 지닌 것으로 평가된다. 만약 피청구인이 체육진흥·중소기업 육성·인재 추천 등을 위해 이러한 행위가 필요하다고 판단했을지라도 법적 근거와 절차를 따랐어야 한다. 아무런 법적 근거 없이 대통령의 권한을 이용하여 기업의 사적 자치 영역에 간섭한 피청구인의 행위는 헌법상 법률유보 원칙을 위반하여 해당 기업의 재산권 및 기업경영의 자유를 침해한 것이다."

### (3) 노동법상의 경영권

노동법의 영역에서는 특히 경영권이란 개념이 다른 어느 법역에서보다 격렬히 논의되고 있다. 그 이유는 헌법상 보장된 근로자의 근로3권(단결권, 단체교섭권 및 단체행동권)에 대한 대응개념으로서 '경영권'이라는 용어를 사용하기 때문이다. 이러한 대응개념을—그것도 헌법적으로—인정할지 여부가 문제시 되는데 이는 단체교섭의 대상범위를 정함에 있어 중요한 의미를 갖는다. 그곳에서는 특히 경영권이라는 개념을 독자적인 법적 개념으로 인정할 수 있는지? 나아가 이를 인정할 수 있다면 경영권행사를 단체교섭의 대상으로 할 수 있는지? 이러한 것들이 뜨겁게 논의되고 있다.

위 문제에 대해 기본적으로 상이한 두 입장이 대립한다. 하나는 경영권이라는 개념 자체를 부정하는 견해(경영권 부정설)이고, 다른 하나는 이를 긍정하는 견해(경영권 긍정설)이다. 전자(경영권부정설)에서는 소유권 내지 영업권으로서 '경영권'이라는 용어

---

20) 헌재 2017. 3. 11, 2016헌나1 [대통령 탄핵].

를 관행적으로 사용해 온 것은 부정할 수 없지만 이는 어디까지나 사실적 개념에 불과할 뿐 법적 권리는 아니라고 한다. 따라서 이 입장에서는 경영 및 생산에 관한 사항 역시 단체교섭의 대상에서 제외될 수 없다고 한다.[21]

반면 후자(경영권 긍정설)에서는 '기업의 의사결정의 자유에 기한 구체적인 경영권 행사는 제3자에 의해서 침해될 수 없는 기업주의 고유한 권리'가 된다고 한다. 나아가 그 법적 근거도 헌법에서 찾는다. 즉 근로자에게 근로3권이 헌법적으로 보장되듯 경영자의 '경영권' 역시 헌법적으로 보장된다고 한다. 구체적으로는 위에서 본 대법원 판례에 나와 있듯이 헌법 제15조(직업선택의 자유), 동법 제23조(재산권의 보장) 및 동법 제119조(경제질서조항)의 종합유추(Gesamtanalogie)에 의하여 경영권의 헌법적 근거가 마련된다고 한다. 따라서 이 입장에 서 있는 학자들은 근로자의 근로3권과 경영자의 경영권이 충돌하는 접점(接點) 역시 기본권충돌이론(Grundrechtskollision)으로 설명하려고 한다.[22] 그 결과 경영권 긍정설을 취하는 학자들은 기업의 구조조정시 구조조정 자체의 의사결정과 그 방식의 의사결정이 주체를 달리 할 수 있다고 본다. 구조조정 자체의 의사결정은 단체교섭이나 쟁의행위의 대상이 될 수 없지만 구조조정으로 인하여 발생된 근로조건 및 고용에 관한 사항은 협의의 대상이 될 수 있다고 한다.[23]

사견을 피력하면 경영권 긍정설에 찬동한다. 근로자에게 근로3권이 헌법적으로 보장되듯 경영자에게도 경영권이 헌법상 보장된다. 사적인 재산권의 보장, 직업선택의 자유 등을 바탕으로 영업의 자유도 기본권적으로 인정되는 것이다. 다만 경영권의 구체적인 내용까지 헌법에서 발견하기는 어려운 일이고 이는 주로 상법이 회사편에서 다루고 있다. 따라서 회사기관에 귀속되는 권리의 총합으로 경영권을 구체화할 수 있을 것이다.

### (4) 회사법에서 본 경영권

(가) 회사법상 경영권의 구체적 의미:  어떠한 법역에서 보다도 상법과 회사법 분야에서 경영권이라는 개념이 현저히 발달한 것은 사실이다. 회사법의 영역에서 경영권이라는 말은 사람들의 입에 자주 오르내린다. "경영권 방어", "경영권 프리미엄", "경영권 세습", "경영권 승계", "경영권 분쟁", "경영권 위협"등 대중매체에도 이 말은 자주 등장한다. 일부 학설에 의하면 회사법적 시각에서 경영권이란 "첫째, 상법상 이사회 및 대표이사의 권한과 둘째, 이사의 선임 및 기타 회사의 중요한 일에 대한 주

---

21) 전형배, "경영권의 본질과 노동3권에 의한 제한" 「강원법학」 제44권(2015. 2.), 639~670면.
22) 김성진, "경영자의 단체교섭대상여부-기본권충돌이론의 적용을 통한 해결-", 「노동법학」 제45호(2013. 3.), 191~231면.
23) 김형배, "단체교섭권과 경영권", 「노동법학」 제18호(2004. 6.), 67~71면.

주총회 결의에 있어서 그를 좌우할 수 있는 영향력"이라고 정의한다.[24] 실질적으로 경영권이란 "해당 기업의 사업방향과 내용에 대한 결정권, 자산과 현금흐름의 처분권한 등을 의미할 뿐 아니라 소속 임직원들에 대한 인사권, 기업의 대외적 대표권 등도 그 중요한 요소"로 인식된다고 한다.[25] 우리나라에서는 주식회사가 회사 형태 중 압도적 다수를 차지하고 있고 경영권이 주로 주식회사의 기관을 통하여 행사되므로 위의 정의는 매우 현실적이다. 따라서 경제 현실에서는 주로 주주총회, 이사회 및 대표이사 등 주식회사의 기관행위로 경영권을 인식하게 될 것이다.

(나) **경영권과 운영권의 구별필요성:**    그러나 회사법적 관점에서 한 가지 구별을 요하는 것이 있다. 그것은 회사의 '운영권(運營權)'이라는 개념이다. 대법원은 1994년의 판결에서 "회사의 '운영권'을 인수한 자라 하더라도 그가 이사회에서 대표이사로 선정된 바 없는 이상 회사의 적법한 대표자라고 볼 수 없다"라고 하면서 '경영권'과 구별되는 '운영권'이라는 용어를 사용하고 있다.[26]

> ### 대판 1994. 12. 2, 94다7591 [매매대금반환]
>
> "… 원심이 적법하게 조사한 증거들에 의하면, 위 甲은 심각한 건강문제로 피고 회사의 주식을 양도하고 중도금까지 수령한 후 위 乙에게 피고 회사의 경영권 및 회사운영권 일체 등 회사의 전권을 위임한다는 내용의 위임장(갑 제3호증의 2)을 작성하여 주고, 운영권 행사에 지장이 없도록 대표이사의 인감과 고무인을 인도하고 사무실까지 넘겨주었고, 이에 따라 위 乙은 소외 丙에게 부사장의 직함을 주어 회사의 운영을 돕도록 하는 한편 스스로 피고 회사에서 발생한 노사분규를 수습하였으며, 원고들과의 이 사건 택시운행권 매매 이전에도 여러 사람에게 피고 회사의 택시운영권을 매매하는 등 위 1990. 6. 30.경부터 위 甲과의 분쟁이 발생하기까지의 4개월 여동안 아무런 장애 없이 독자적으로 회사운영권을 행사하여 온데 다가, 원고들은 이 사건 계약후 위 乙로부터 계약이 불이행될 경우 대금반환의 확보를 위하여 피고 회사의 택시에 근저당권을 설정받기까지 한 사실을 알아볼 수 있는바, 이와 같은 사정하에서라면 달리 특단의 사정이 없는 한 원고들은 위 乙이 피고 회사의 경영권을 가지고 적법한 대표권을 행사하는 자라고 믿을 만한 사정이 있었다고 보아야 할 것이고, 따라서 원고들이 위 乙이 피고 회사의 적법한 대표이사가 아니라는 사실을 알았거나 알지 못한 데 중대한 과실이 있었다고 하기는 어렵다고 보아야 할 것이다."

현재 우리나라에서는 회사의 경영권을 거래하면서 중도금의 지급과 동시에 이른

---

24) 김화진, M&A와 경영권, 개정증보판, 박영사, 1999, 301면 참조.
25) 김화진, 상게서, 301면 참조.
26) 대판 1994. 12. 2, 94다7591.

바 회사의 '경영권'을 이전하는 것이 업계의 광범한 관행이라고 한다. 그러나 여기서 말하는 '경영권'이라는 용어에 대해서는 조심스런 접근이 필요하다. 여기서 말하는 경영권이란 경우에 따라서는 엄밀히 표현하면 완전한 '경영권'이 아닌 '사실상의 경영권' 내지 '운영권'에 불과하기 때문이다. 이는 완전한 경영권에 이르기 위한 하나의 과도기적 개념으로 인식하여야 할 것이고 판례의 문언에 등장하는 '경영권' 역시 엄밀히 표현하면 '사실상의 경영권' 내지 '운영권' 등으로 인식하여야 할 것이다.[27] 즉 운영권 (operating right)이란 경영권과 달리 주식양수도 계약의 종결(closing)을 정지조건으로 하는 일종의 기대권(期待權; Anwartschaftsrecht)으로 보아야 할 것이다. 주식양수도계약의 체결시점으로부터 'closing'까지는 대개 일정한 시간이 필요하다. 우호적 M&A계약이 무리없이 진행되어 'closing'에 이르면 잔대금의 지급과 상환으로 계약에서 정한 주권의 교부 또는 명의개서가 이루어질 것이다. 이러한 경우라면 closing이라는 정지조건이 성취되므로 그에 따라 경영권이전이라는 법률효과가 정상적으로 도래한다.[28] 이 시점에 이르러서야 비로소 경영권이전이 완성되며 이 단계에서야 양수인은 완전한 경영권자가 된다. 이 단계에 이를 때까지는 소위 과도기적인 운영권자에 불과하다. 왜냐하면 지배주식의 이전이 완성되지 못하였기 때문에 어떤 형태로든 기존의 경영권자는 자신의 옛 지위를 회복할 수 있기 때문이다.

(다) 경영권이전이 지배주식양도의 부수적 효과가 아닌 경우:  1주1의결권의 일반원칙이 철저히 지켜지는 경우 지배주식의 양도는 경영권이전으로 자연스럽게 이어질 수 있지만 그렇지 않은 예외적인 상황도 발생가능하다. 예컨대 회사가 복수의결권주식 등 차등의결권제도를 도입한 경우에는 양도될 주식의 수보다는 의결권수를 기준으로 지배주식인지 여부를 결정하여야 할 것이다. 예컨대 회사가 창업자에게 1주 10의결권을 부여하고 1주 1의결권주식을 'class A'로 하고 1주 10의결권주식을 'class B'로 분류하는 경우가 많다.[29] 물론 상장시점부터 투자자들의 동의를 얻어 복수의결권주식을 도입하여야 할 것이다. 이러한 회사에서 지배주식을 정하는 기준은 주식수가 아니라 의결권수를 기준으로 판단하여야 할 것이다. 따라서 주식수가 총발행주식의 과반수를 넘지 않는 경우에도 지배주식이 될 수 있다.

---

27) 대판 2014. 10. 27, 2013다29424 등을 예로 들 수 있다. 아직 지배주식이 완전히 이전하지 않은 가운데 인수회사가 주식일부에 대한 의결권을 위임 받는 등의 경우가 그러하다. 주식양수도계약이 클로우징에 이르지 않은 상태에서 무효로 될 경우 특히 이러한 문제가 제기될 수 있다.
28) 이러한 조건성취의 시점까지는 양수인은 일종의 불완전 경영권자 또는 이를 대법원은 회사의 '운영권'자로 부르고 있다.
29) 복수의결권주식의 사례에 대해서는 졸고, "차등의결권주식의 도입가능성에 대한 연구", 「경영법률」 제24집 제2호(2014. 1.), 132면 이하.

특히 우리나라에서는 재벌그룹내의 순환출자 문제가 있다. 그룹총수는 개인적으로
는 매우 적은 지분만 가지고도 거대 그룹의 전 계열사들을 지배한다. 이러한 현상을
보면서 지배주식의 존재와는 무관한 경영권의 독자성을 생각할 수도 있을 것이다. 나
아가 경영권을 지배주식의 존재로부터 해방시키는 것도 생각해 볼 수 있을 것이다.
그러나 그룹총수가 적은 지분으로 다수의 계열사를 지배한다 해도 그 뿌리는 결국
한 계열사가 다른 계열사에 대해 가지는 출자관계(지분)를 전제로 하므로 결국은 지
배주식의 존재와 완전히 결별시킬 수는 없다고 본다. 일반적인 지배주식을 '직접적
지배주식'이라 한다면 이는 '간접적 지배주식'이라 부를 수 있을 것이다.

## Ⅲ. 적대적 M&A

이는 인수기업이 대상기업을 인수하려 할 때 대상기업의 주주나 경영진이 동의하
지 않거나 반대하는 가운데 대상기업의 경영지배권을 취득하는 것이다.

### 1. 기  능

적대적 인수합병에는 아래와 같이 순기능과 역기능이 공존한다.

#### (1) 순기능

경영진의 경영효율을 극대화하고, 주주의 부를 증대시키며 경쟁력을 강화할 수 있
다. 이러한 순기능은 이른바 효율적 시장가설을 대변하는 법경제학자들에 의하여 주
창되었으며 이러한 순기능으로 M&A제도는 기업의 외부통제수단의 역할을 하게 된
다. 즉 기업지배구조개선의 탁월한 효과가 있다는 것이 그들의 주장이다. 그런 점에
서 이러한 순기능을 수행하는 M&A를 교정적(disciplinary) M&A로 부를 수 있을 것이
다. 나아가 인수희망자가 공개매수를 통하여 실거래가보다 높은 가격으로 대상회사의
주식을 매집하면 지배권 프리미엄이 소수주주에게도 분산되는 효과가 있다. 이런 점
역시 적대적 인수합병의 순기능이라고 할 수 있을 것이다.

#### (2) 역기능

그러나 반대로 M&A는 아래와 같은 심각한 부작용도 낳을 수 있다. 우선 대상회
사의 이사진들은 적대적 인수합병의 시도에 지나치게 민감하게 반응할 수 있다. 그
결과 경영권방어에만 몰두하게 되고 단기적인 주가관리에 치중하며 장기적인 연구개

발 내지 투자에 소홀해질 수 있다. 나아가 자사주를 우호적 제3자에게 양도하는 방어전략을 취할 경우에는 거액의 회사자금이 자사주매입에 쓰이는 나머지 정상적인 장기투자가 불가능해진다. 나아가 그린메일이나 기업가치 파괴적 M&A를 당하는 경우 기업가치의 유지·향상이 어려워진다.

## 2. 경영권 획득을 위한 수단

이에는 공개매수 내지 위임장대결의 방법이 있다.

### (1) 공개매수(takeover-bid)

이는 적대적 인수합병의 수단으로서 대상회사의 경영권을 취득하기 위하여 장외에서 단기간내에 대상회사의 주식을 집중적으로 매집하는 것이다. 이에는 다시 전부매수와 부분매수의 방법이 있는데 전자의 경우 의무공개매수(mandatory takeover bid)라 부르기도 한다. 이에 따르면 예컨대 30% 이상의 주식을 공개매수로 취득하고자 하는 경우 공개매수에 응하는 모든 주주의 주식을 매수하도록 강제한다. 현재 영국에서 이러한 방법이 채택되어 있는데 공개매수제도의 남용을 막고 경영권분쟁에서 나타날 수 있는 소수주주의 보호를 위하여 쓰이고 있다. 그러나 미국이나 일본 등의 대부분 국가에서는 부분매수(partial bid)도 허용하고 대신 다양한 방어수단을 허용하여 합리적인 결과를 꾀하는 방식을 쓰고 있다.

> 🔹 **'자본시장과 금융투자업에 관한 법률'상의 공개매수**
>
> '자본시장과 금융투자업에 관한 법률'(이하 '법'이라 약칭한다)은 동법 제133조에서 제146조까지 공개매수관련 규정을 두고 있다. 그 규정내용을 중심으로 공개매수제도를 개관한다.
>
> **1. 공개매수에 대한 규제의 필요성**
>
> 공개매수를 규제하는 것은 ① 첫째 공개매수자의 불공정한 주식매집과 대상회사 경영진의 부당한 경영권방어로 주주의 이익을 침해할 가능성이 있고, ② 둘째 대상회사 주주들의 성급한 매도청약을 방지할 필요가 있으며, ③ 셋째 장외매수의 특성상 장내매수와 달리 투명성이 보장되지 않아 매수기간, 매수수량, 매수가격 등의 공시를 통하여 이를 보완할 필요가 있기 때문이다.
>
> **2. 공개매수의 개념**(법 제133조 제1항)
>
> "공개매수란 **불특정 다수인에 대하여 의결권있는 주식, 그 밖에 대통령령으로 정하는 증권의 매수**(다른 증권과의 교환을 포함한다)**의 청약을 하거나 매도**(다른 증권과의 교환을

포함한다)**의 청약을 권유하고 증권시장 밖에서 그 주식 등을 매수하는 것**을 말한다."

이 개념정의에 기초하여 공개매수의 개념요건을 분설하면 다음과 같다. 첫째, 공개매수는 **불특정 다수인**에 대한 매수의 청약이나 매도청약의 권유이다. 둘째 **대상증권**은 의결권 있는 주식 및 이와 관련되는 증권이다(자본시장법 시행령[이하 '령'이라 약칭한다] 제139조는 주권이외에도 상장법인발행의 신주인수권증서(증권), CB, BW, 교환사채권, 파생결합증권 등을 예시하고 있다). 셋째 공개매수자는 **매수청약이나 매도청약의 권유**를 한다. 넷째 공개매수는 **장외매수**이다. 증권시장 안에서의 매수는 공개매수가 아니다.

3. 공개매수의 강제($^{법\ 제133}_{조\ 제3항}$)

자본시장법은 장외에서 주식 등을 매집하여 그 결과가 대상회사 주식의 5% 이상을 취득하게 될 경우에는 반드시 공개매수의 방법을 따르도록 강제한다($^{법\ 제133}_{조\ 제3항}$). 이 경우 10인 이상의 주주로부터 주식을 매집해야 한다($^{령\ 제140}_{조\ 제2항}$). 이미 5%를 취득한 자가 추가로 해당 주식을 매수하는 경우에도 공개매수는 강제된다($^{법\ 제133조}_{제3항\ 제2문}$). 그러나 주식소각을 목적으로 한 주식매수나 주주의 주식매수청구에 응한 주식매수의 경우에는 공개매수가 강제되지 않는다($^{법\ 제133조}_{제3항\ 제3문}$). 그러나 본 강제규정은 공법상의 단속규정에 불과하여 이에 위반한 주식매수의 사법상 효력에는 영향을 미치지 못한다.

4. 공개매수의 절차

공개매수는 사전준비, 공개매수의 공고, 신고서제출, 공개매수의 실행, 결과보고서의 제출 및 신고서의 공시 등의 순으로 진행된다.

**첫째 사전준비단계**에서는 회계법인, 로펌, M&A전문 중개회사 등의 참여하에 치밀한 사전준비가 개시된다. 공개매수자금의 조달방법, 대상회사의 물색 등 공개매수의 성공요건을 심도있게 논의한다.

**둘째 단계**에서는 예비단계의 결과를 바탕으로 **공개매수의 공고, 신고서 및 설명서의 제출 및 설명서의 비치**가 이루어진다. 공개매수는 공개매수자, 대상회사, 공개매수의 목적, 매수주식의 종류와 수, 매수기간[공고일로부터 20일 내지 60일이내]·가격·결제일, 매수자금의 명세, 기타 투자자보호 관련사항을 일반일간신문 또는 경제일간신문 중 전국을 보급지역으로 하는 둘 이상의 신문에 공고함으로써 개시된다($^{법\ 제134조\ 제1항}_{령\ 제145조\ 제1항}$). 공개매수자는 공고일에 금융위원회와 거래소에 공개매수신고서를 제출한다($^{법\ 제134조}_{제2항}$). 금융위원회는 공개매수기간의 종료일까지 신고서의 정정을 요구할 수 있다($^{법}_{제136조}$). 공개매수자는 공고일에 공개매수설명서를 작성하여 거래소와 금융위원회에 제출하고 공개매수사무취급자의 영업소, 금융위원회, 거래소 등에 이를 비치하여 일반인이 열람할 수 있게 하여야 한다($^{법\ 제137}_{조\ 제1항}$). 공개매수의 철회는 원칙적으로 금지되나($^{법\ 제139}_{조\ 제1항}$), 역공개매수 내지 대항공개매수가 있는 경우, 매수자의 사망·파산·해산 등 특별한 경우에는 공개매수기간 말일까지 철회가능하다($^{법\ 제139조}_{제1항\ 단서}$).

**셋째** 공개매수자는 공개매수기간이 종료하는 날의 다음날 이후 지체없이 **응모한 주식 등의 전부를** 매수하여야 한다($^{법\ 제141조}_{제1항\ 본문}$). **전부매수와 즉시매수의 원칙**이 지배한다. 이때 매수가격 등 주주간 차별은 금지된다. 때라서 매수가격은 균일하여야 하고($^{법\ 제141}_{조\ 제2항}$), 여타 매수기간이나 결제일에 대해서도 주주간 차별은 금지된다. 매수대상에 대해서도 차별은 금지된다(그러나 기업가치파괴적 그린메일러 등 주주의 충실의무를 위반한 경영권 공격자(Mesa)를 자기공개매수의 대상에서 제외한 Unocal 社의 결정을 델라웨어주 법원은 적법하다고 판시하고 있다(Unocal v. Mesa, 493 A. 2d 946; 이에 대하여 SEC는 "All Holders Rule"로 반대하고 있다[SEC Rule 14d-10, SEC Rule 13e-4(f)(8)] 참조). 공개매수 이외의 별도매수 역시 금지된다(법 제140조 제1문).

**넷째** 공개매수자는 금융감독위원회가 정하는 바에 따라 **공개매수결과보고서를 위원회와 거래소에 제출**하여야 하며(법 제143조), 금융위원회와 거래소는 공개매수신고서, 설명서, 결과보고서 등을 접수일로부터 3년간 비치하고 인터넷 홈페이지 등에 공시한다(법 제144조).

### 5. 공개매수규정위반에 대한 제재

공개매수신고서 및 설명서 등 중요사항에 대하여 허위기재나 누락이 있어 응모주주에게 손해를 입힌 경우 공개매수자는 그 손해를 배상하여야 한다(법 제142조). 공개매수강제나 공고 및 신고서제출을 위반한 경우 매수한 주식이 있더라도 의결권행사가 금지된다(법 제145조). 이 경우 금융위원회의 별도처분이 없어도 매수일로부터 자동금지된다. 기타 금융위원회의 제재(법 제146조)와 형사책임도 부과될 수 있다(법 제444조).

### ❖ "아리진, 美나스닥 상장 기업 트라이머리스 인수, 현금 공개 매수 통해 자회사로 편입 예정"

"코스닥 기업 아리진이 자회사를 통해 미국 나스닥 상장 신약개발기업 '트라이머리스(Trimeris)'사의 지분 100%를 인수한다. 코스닥 상장사가 나스닥 기업을 인수한 것은 사상 처음이라고 회사 측은 설명했다. 아리진은 5일 미국 LA에서 트라이머리스 지분 100%를 인수하는 계약을 체결했다고 밝혔다. 이를 위해 아리진은 지난달 미국에 RTM이라는 특수목적법인을 자회사로 설립했다. 이번 계약은 아리진이 트라이머스 지분 주식을 주당 3.6달러로 현금 공개 매수해 8,100만 달러에 인수하고 이어 합병을 통해 공개매수에 응하지 않은 나머지 주식 전부를 취득하는 형태로 이뤄졌다. 공개매수가 완료되면 아리진의 자회사 RTM이 트라이머스와 합병하게 되고 트라이머스는 아리진의 완전한 자회사가 된다. 회사 측은 트라이머리스(TRMS)는 타미플루 생산기업인 제약회사 로슈에 에이즈 치료제(퓨제온)의 특허 라이센스를 제공하고 있는 바이오 신약개발 기업이라고 소개했다.

트라이머리스는 지난 97년 미국 나스닥에 상장된 기업으로 에이즈 치료제 퓨제온을 개발해 료슈를 통해 생산 판매하고 있다. 아리진에 따르면 로슈는 퓨제온 판매로 연간 1억 5,000만~2억5,000만 달러(1,800억원~3,000억원)의 매출을 올리고 있으며 퓨제온 판매에 대한 영업이익의 50%를 트라이머리스에 로열티로 지급한다. 아리진 관계자는 "트라이머리스는 퓨제온 후속으로 에이즈 치료 신약 'TRI-1144'를 개발해 지난해 미국FDA 임상1상을 마쳤다"며 "아리진이 송도 신도시에 만들 예정인 R&D센터에서 에이즈 치료신약 등 난치병에 대한 항체치료제를 한미 공동개발해 생산할 예정"이라고 전했다. 이번 공개매수와 합병은 올 4분기에 마무리될 수 있을 것으로 회사 측은 전망했다.”

〈광남일보, 기사입력 2009. 10. 5. 10:58〉 [아시아경제 이솔 기자] pinetree19@asiae.co.kr

## (2) 위임장대결(proxy fight; proxy contest)

이는 대상회사 주주들에게 위임장 권유(proxy solicitation) 등의 방법을 통하여 의결권의 대리행사를 위한 위임장을 확보한 후 주주총회의 결의를 통하여 경영권교체를 꾀하는 방법이다.

### ⊗ 자본시장법상 위임장권유의 규제

자본시장법은 제152조 내지 제158조에서 상장주권에 관한 의결권 대리행사의 권유관련 규정을 두고 있다.

#### 1. 규제의 필요성

본시 미국 대형회사의 주식투자자들은 물리적으로 주주총회가 개최되어도 이에 참석하는 것은 매우 특별한 경우이다. 이러한 투자자의 소극성 때문에 의결권 대리행사는 주주총회의 의사형성에 매우 큰 의미를 갖는다. 특히 경영권분쟁중 타인의 의결권에 대한 대리의 위임을 받아 이를 총회장에서 일괄 행사하는 경우 경영권교체도 가능하다. 자본시장법은 의결권대리행사의 권유시 나타날 수 있는 백지위임 및 과잉권유를 방지하고, 국가기간산업의 경영권분쟁을 예방하며 기타 투자자보호를 위하여 본 규정들을 두게 되었다.

#### 2. 의결권대리행사 권유(proxy solicitation)의 개념

자본시장법은 제152조 제2항에서 “1. 자기 또는 제3자에게 의결권의 행사를 대리시키도록 권유하는 행위, 2. 의결권의 행사 또는 불행사를 요구하거나 의결권위임의 철회를 요구하는 행위, 3. 의결권의 확보 또는 그 취소를 목적으로 주주에게 위임장 용지를 송부하거나 그 밖의 방법으로 의견을 제시하는 행위”를 의결권대리행사의 권유로 보고 있다. 대리인의 자격에는 원칙적으로 제한이 없으나 판례는 이를 주주로 제한하는 정관규정의 효력을 유효로 보되 주주인 국가, 지방자치단체 및 주식회사 등에 있어서는 그 소속 공무원, 직원 또는 피용자 등이 대리하는 것을 허용한다(대판 2009. 4. 23, 2005 다22701, 22718).

#### 3. 권유자 및 피권유자의 제한

국가기간산업 등 국민경제적으로 중요한 산업을 영위하는 법인(공공적 법인)의 경우 그 공공적 법인만이 권유주체가 될 수 있다(자본시장법 제 152조 제3항). 공공적 법인의 경영권 분쟁을 막기 위함이다. 상장회사 자신 및 그 임원 이외에 대리행사권유를 받는 상대방이 10인 미만일 경우에는 자본시장법 시행령은 이를 대리행사의 권유로 보지 아니하므로 상대방은 10인 이상이어야 한다(영 제161 조 제1호).

### 4. 권유의 방법

상장주권에 대한 의결권대리행사를 권유하려면 피권유자에게 위임장용지 및 참고서류를 교부하여야 한다(법 제152조 제1항). 위임장용지에는 의결권대리행사에 관한 위임문언, 위임을 받을 자, 피권유자가 소유한 주식수, 위임할 주식수, 주·총의 목적사항 및 사항별 찬반여부, 위임일자 등을 기재하여야 한다(령 제163조 제1항). 이때 피권유자가 위 항목에 대하여 명확히 인지하고 기재할 수 있도록 작성되어야 한다(령 제163조 제1항). 나아가 **위임장 용지는 주주총회의 목적사항 각 항목에 대하여 의결권피권유자가 찬반을 명기할 수 있도록 작성**하여야 한다(법 제152조 제4항). 나아가 의결권권유자는 위임장용지에 나타난 피권유자의 의사에 반하여 의결권을 행사할 수 없다(법 제152조 제5항). 참고서류에는 권유자의 성명, 소유주식수, 권유자의 대리인, 권유자와 회사간의 관계, 주·총 목적사항, 대리행사권유의 취지 등이 기재되어야 한다(령 제163조 제2항). 그 교부방법으로는 권유자의 피권유자에 대한 직접전달, 우편, 팩스, 이메일, 주주총회소집통지서에 동봉하여 송부하는 등 여러 가지가 가능하다(령 제160조).

### 5. 위임장용지 및 참고서류의 제출 및 비치

의결권권유자는 피권유자에게 상기 서류를 제공하는 날 2일 전까지 이를 금융위원회와 거래소에 제출하여야 하고 회사의 영업소, 명의개서대리인, 위원회 및 거래소 등에 비치하고 일반인이 열람할 수 있게 하여야 한다(법 제153조, 령 제164조).

### 6. 위반시의 제재

금융위원회는 위임장 및 참고서류의 형식을 제대로 갖추지 않은 경우 상기 서류상 허위기재나 누락이 있을 경우 그 정정을 명할 수 있다(법 제156조). 나아가 자본시장법 규정을 위반한 위임장 권유에 대하여는 권유의 정지나 금지 기타 형사제재가 수반될 수 있다(법 제158조, 법 제445조, 령 제166조).

---

**사례**  **대림통상 경영권 「위임장대결」**

"대림통상의 소액주주에 이어 경영진도 주주들을 대상으로 의결권대리행사를 권유하겠다고 나서 경영진과 소액주주간 위임장대결(Proxy Fighting)이 벌어지게 됐다. 대림통상은 9일 경영권 안정을 위해 자사주 보통주 1천주이상을 보유한 주주들을 대상으로 의결권 대리행사를 권유하겠다는 신고서를 증권감독원에 제출했다. 대림통상은 신고서에서 소액주주인 白光薰(백광훈)씨가 회사의 경영권을 인수하겠다며 주주에게 의결권 위임을 권유하고 나선데 대응해 경영권을 방어하려는 목적이라고 설명했다. 이에 따라 대림통상은 오는 13일 열릴 주총에서 대주주와 소액주주들간에 경영권을 둘러싼 표대결이 벌어질 것으로 예상된다. 대림통상의 소액주주인 白씨는 지난 5일 기존대주주의 보수적인 경영을 타파하고 경영권을 인수하기 위해 주주들에게 의결권 대리행사를 권유하겠다며 증감원에 신고서를 제출한 바 있다." [문화일보, 기사 게재 일자 1998-03-10]

## 3. 적대적 인수합병시 방어행위

### (1) 방어행위의 허용여부

적대적 인수합병의 시도가 있을 때 대상회사가 방어를 할 수 있도록 허용할 것인 가에 대해서는 현재 긍정설과 부정설의 대립이 있다.

(가) 긍정설:   마틴 립튼에 따르면 대상회사의 이사진들은 경영판단의 원칙에 따 른 보호를 받으면서 적대적 인수합병의 시도에 대항할 수 있다고 한다. 비록 적대적 인수합병이 법경제학적으로 순기능을 갖는 것도 사실이지만 권리남용적 인수합병의 시도에 대항할 수 있어야 한다고 주장한다. 그는 1974년부터 1979년까지 나타난 36 건의 적대적 공개매수에 대한 방어사례를 소개하며 그중 과반수에서 대상회사의 주 가는 공개매수 가격보다 높아졌다는 사실을 실증적으로 증명하고 있다.[30] 이러한 통 계자료를 근거로 그는 기업의 장기가치를 보지 않고 단기적 주가관리에만 치중하는 시각을 경계하여야 한다고 주장한다. 결국 다수의 인수합병 시도에서 기업가치파괴적 M&A가 등장하고 있으므로 기업가치를 유지·향상시키기 위하여는 대상회사의 방어 권이 정당화되어야 한다고 한다.[31]

(나) 부정설:   이에 반하여 이스터브룩과 피셀은 적대적 M&A는 경제적 관점에 서 유용한 것이고 기업경영의 효율을 증대시킬 수 있는 순기능이 있으므로 이에 대 한 대상회사의 방어를 허용해서는 안된다고 한다. 적대적 인수합병은 기업지배구조의 개선효과가 있으며 훌륭한 외부통제수단으로서 이로 인한 교도적(disciplinary) 기능을 갖는 M&A를 금지할 아무런 이유가 없고 대상회사의 방어를 허용하면 경영효율의 극 대화는 달성될 수 없다고 한다.[32]

(다) 사 견:   적대적 M&A가 위에서 지적한 바대로 순기능을 갖는 것은 사실이 지만 마틴 립튼의 지적대로 기업의 경영효율을 증대시키는 것이 아니라 단순한 기업 사냥꾼의 사냥수단으로 전락할 가능성도 배제할 수 없다. 나아가 적대적 M&A를 무 제한 방치하면 기업의 관리자들은 기업의 장기적 발전가능성은 소홀히 하고 단기적 주가 관리에만 치중한 나머지 경제전반에 부정적 영향을 미칠 가능성도 있다. 따라서 M&A가 시도되는 경우 방어행위 자체를 금지하기보다는 일단 방어 자체는 허용하되

---

30) Martin Lipton, Takeover Bids in the Target's Boardroom, 35 Bus. Law. 101(1979), p. 107.
31) Martin Lipton, Takeover Bids in the Target's Boardroom, 35 Bus. Law. 101(1979).
32) Easterbrook/Fischel, The Proper Role of A Target's Management in Responding to A Tender Offer, 94 Harv. L. Rev. 1173(April 1981).

다만 일정한 적법요건을 설정하여 권리남용적인 방어행위를 통제하는 것이 타당할 것이다.

### (2) 방어의 주체

대상회사가 방어를 할 수 있다고 전제하면 이제 문제는 이사회가 단독으로 방어를 실행할 수 있는지 아니면 주주총회의 결의가 필요한지 의문이다.

**(가) 비교법적 상황:**　현재 세계적으로 보면 이 문제에 대해서는 아래와 같은 입장대립이 있는바 우선 미국, 일본 같은 국가에서는 적대적 M&A에 대한 대상회사 이사회의 방어행위를 허용한다. 그러나 유럽연합에서는 경영권 공격자의 공개매수에 대해 대상회사 이사회의 중립의무(中立義務)를 원칙으로 하므로 주주총회의 승인 있기 전에는 대상회사의 이사회가 단독으로 방어행위를 할 수 없다.[33] 유럽연합의 공개매수대응지침 제9조가 이러한 내용을 규정하고 있는바 물론 EU회원국 중에서도 이 조항을 채택하지 아니한 독일이나 네덜란드 같은 나라에서는 사정이 다르다. 그러나 이 조항을 승인한 영국, 프랑스 또는 스페인 같은 나라에서는 주주총회의 승인이 없는 한 대상회사의 이사회가 독자적으로 방어행위를 개시할 수는 없게 되어 있다.

**(나) 검토 및 결론:**　위에서도 보았듯이 세계의 법제가 모두 같은 것은 아니며 특히 유럽공동체의 경우 공개매수지침상 적대적 M&A의 대상회사 이사회는 주주총회의 승인이 없는 한 독자적인 방어행위가 허용되지 않는다. 일본에서도 일부 학설에 따르면 이사회의 독자적인 방어행위를 허용할 수 없다고 한다. 즉 이사들은 기업의 소유자라 할 주주들로부터 수권받은 범위내에서 업무집행을 하고 그 결과 수익을 창출하여 이를 다시 주주들에게 환원시켜야 할 의무를 띤 신인의무자이므로 그러한 이사들로 구성된 이사회가 회사의 지배에 관하여 권한을 행사할 수는 없다고 하며 또 이를 허용할 수도 없다고 한다. 즉 기관의 권한분배질서에서 이사회의 방어행위는 허용되지 않는다고 한다. 우리나라에서도 유럽공동체 공개매수지침에서와 같이 이사회의 방어권을 부정하는 학설이 있다.

그러나 회사를 소유한 자가 주주라 할지라도 오늘날 회사를 둘러싼 이해관계자의 이익도 중요하며 나아가 적대적 기업인수자가 때로는 인수합병후 분할매각을 시도하거나 적대적 인수합병을 도구로 대상회사에 압력을 가하여 자신의 보유주식을 비싼

---

33) 특히 영국에서는 의무공개매수제를 시행하여 적대적 M&A의 공격단계에서 규제가 이루어진다. 30% 이상 의 결권있는 주식을 취득하여 기업의 지배권을 획득하고자 하는 경우 나머지 주식 전부를 현금 또는 그 대용물로 사되 반드시 공개매수의 방식에 의하도록 하고 있다(British City Code on Takeovers and Mergers Rule. 9.1. 참조).

가격으로 매수하게 한 후 회사를 떠나는 이른바 그린메일러의 희생자가 될 수도 있는 것이어서 회사는 신속한 의사결정과 민첩한 스킬로 적대적 M&A에 대처할 필요가 있는 것이다. 이러한 견지에서 대상회사 이사회의 방어행위는 허용되어야 하며 다만 이사들이 자기 영속화라는 이기적 목적으로 방어행위를 추진하는 경우 회사와 주주의 이익에 상반하는 결과를 가져오므로 이에 대한 적절한 통제가 필요한 것이다. 이러한 견지에서 Unocal사건에서 판례의 입장을 비난하기는 어려울 것으로 생각된다.

### (3) 방어행위의 적법요건

미국에서는 주요목적기준,[34] 합리성·비례성기준,[35] 가치극대화기준[36] 등 주로 델라웨어 판례법상의 기준이 제시되었다. 우리나라에서도 한화종금사건,[37] 유비케어사건,[38] SK사건,[39] 현대엘리베이터사건[40] 등에서 여러 기준이 제시되었다. 그러나 이러한 장대한 흐름은 결론적으로 미국 델라웨어주 최고 법원의 유노칼(Unocal)사건이 제시한 적법기준으로 사실상 통일될 수 있다고 생각된다. 이를 살펴보면 아래와 같다.

**(가) 합리성 요건(reasonableness):**   대상회사의 이사회가 취하는 방어행위가 회사내외부의 모든 정황을 종합적으로 고려하였을 때 합리적이어야 한다. 즉 대상회사의 이사들은 적대적 M&A의 시도 때문에 회사의 정책 및 효율에 위협이 가해졌다고 믿을 만한 합리적 이유가 있음을 입증하여야 한다. 이를 위하여 다양한 요소가 고려될 수 있을 것이다. 특히 방어행위가 단순히 기존 이사들의 지위영속화의 수단은 아닌지, 적대적 인수합병의 시도를 퇴치하는 것이 회사의 영업목표에 부합하는지 고려하여야 한다.

**(나) 비례성 요건(proportionality):**   대상회사의 이사회의 방어행위는 인수합병시도자가 제기한 위협의 정도에 비추어 합리적이어야 한다. 공격자가 제기한 위협정도가 미미함에도 강도 높은 방어를 하는 경우 해당 방어행위는 정당성을 상실할 수 있다.

**(다) 입증책임:**   상기의 적법요건이 충족됨을 이사가 증명하여야 경영판단의 원칙에 따른 보호를 받을 수 있다. 즉 전통적인 순수한 경영판단의 원칙과 이사의 충실의무이행의 판단기준인 공정성기준을 절충하여 원칙적으로 경영판단의 기본틀을 유

---

34) Cheff v. Mathes, 199 A. 2d 548(1964).
35) Unocal v. Mesa, 493 A. 2d 946(1985).
36) Revlon v. MacAndrews and Forbes Holdings, Inc., 506 A. 2d 173(1986).
37) 서울지법 1997. 2. 6, 97카합118 결정.
38) 서울지법 2003. 12. 23, 2003카합4154 결정.
39) 서울남부지법 2004. 11. 25, 2003카합16871.
40) 수원지법 여주지원 2003. 12. 12, 2003카합369.

지하되 적법요건의 충족에 대한 입증은 방어행위를 선택한 이사가 하여야 한다.

## 4. 개별 방어수단

### (1) 시차임기제

시차임기제(staggered board)란 경영권 공격의 위험에 대비하여 대상 회사가 정관에 이사의 선임을 이사전원에 대하여 한꺼번에 실시하는 것이 아니라 시차를 두어 예컨대 이사 정원 9인 중 매년 1/3씩 선출하는 것으로 해놓는 것이다. 이렇게 정관규정을 둔 경우 경영권을 획득하려는 공격자는 주식을 공개매수하여 50% 이상의 지분을 취득한 후에도 자기 뜻대로 이사전원을 교체할 수 없어 경영권 획득에 지장을 받게 된다.

### (2) 초다수결제

초다수결 조항(supermajority provision)이란 2단계 공개매수에 있어서 1단계로 대상 회사의 지배권을 취득한 후 2단계로 대상회사의 기존 주주들을 축출하는 합병을 시도하는 경우 이를 어렵게 하는 특별다수결규정을 초다수결조항이라 한다. 다수의 미국 주회사법에서 2/3 내지 95%의 가중된 합병승인조항을 두는 경우가 많고 기존의 회사임원들이 특별다수결요건을 저지할 수 있을 정도의 주식을 보유하는 경우가 많으므로 과반수의 주식을 취득한 공개매수자에 대한 유효한 방어수단을 제공한다. 다만 이 방법은 2단계 공개매수를 전제로 하므로 그 한도에서 한계를 갖는다.

### (3) 차등의결권제

차등의결권제(Dual Class Stock)란 주식전부를 1주 1의결권으로 하는 것이 아니라 일부의 주식에 대해서는 다른 주식보다 많은 의결권을 인정하는 방어방식이다. 예컨대 기존 경영권자의 보유주식(Class B)에 대해서는 다른 주식(Class A)보다 10배의 의결권을 인정하는 것과 같다. 다만 우리나라에서는 주식평등의 원칙의 예외를 인정하는 문제여서 쉽지 않은 입법적 해석학적 문제를 발생시킨다.

### (4) 황금낙하산

황금낙하산(Golden Parachute)이란 회사와 임원간의 계약 내지 정관규정으로서 임원이 회사에서 퇴사할 경우 거액의 퇴직금을 주기로 하는 약정이다. 이 역시 경영권 획득을 노리는 자에게 적지 않은 부담으로 작용할 수 있다. 공개매수를 통하여 50% 이상의 주식을 취득한 후 경영진 교체를 꾀하여도 거액의 퇴직금 부담 때문에 경영권 공격을 주저하게 될 가능성이 커진다.

### (5) 포이즌필

가장 대표적인 방어책으로서 포이즌필(poison pill)이란 경영권 공격자가 일정 비율의 주식을 취득하게 되면 자동적으로 공격자(공개매수자)를 제외한 다른 주주들에게만 대상회사의 주식을 실거래가보다 저렴한 가격으로 취득할 수 있게 신주예약권 등을 보장하여 공격자의 지분율을 희석시키는 방어책이다. 즉 공격자가 아무리 거액의 자금을 동원하여 공개매수를 해와도 일정 지분율에 도달하면[41] 자동으로 다른 주주들의 지분율이 상승하게 되므로 경영권 취득에 실패하게 된다. 현재 국내에서는 이 제도의 도입을 놓고 팽팽한 논의가 계속되고 있다.

### (6) 자기주식의 취득

경영권 공격자의 공격에 대비하여 회사가 자기주식을 사들여 보유하는 방식이다. 거액의 비용이 소모된다는 단점이 있으나 본격적인 경영권 분쟁의 위협이 있을 때 우호 세력에게 이 주식을 양도하여 경영권 방어의 효과를 낼 수 있다.[42]

### (7) 차입매수 또는 폐쇄회사화를 통한 경영권 방어

차입매수(Leveraged Buyout; LBO)란 인수자가 대상회사를 인수하기 위하여 대상회사의 자산을 담보로 하여 매수자금을 대출받아 대상회사를 매수하는 것이다. 그런데 이러한 방식이 적대적 인수합병의 방어방법으로도 사용되며 이 경우 주로 대상회사의 임원진이 차입매수의 주체가 되고 이러한 경우를 경영진에 의한 차입매수(Management Buyout; MBO)라 한다. 우리 대법원은 현재 LBO의 방식을 형법상 배임으로 보아 이를 허용하지 않고 있다.[43]

### (8) 역공개매수(Pac-man Defense)

경영권 공격자의 공개매수에 맞서 대상회사(target company)가 오히려 공격자의 경영권을 획득하기 위하여 그 회사에 대한 공개매수를 선언함으로써 적극적으로 M&A에 대항하는 방법이다.

---

41) 보통 미국에서는 발행주식총수 중 15%를 의미한다.
42) 최근의 가장 좋은 사례로는 2015년 삼성물산과 제일모직간 합병시 등장한 삼성물산의 KCC에 대한 자사주 처분이었다.
43) 대판 2008. 2. 28, 2007도5987; 대판 2012. 6. 14, 2012도1283.

### (9) 주요자산의 매각(Sale of Crown Jewel Assets)

기업의 핵심 영업재산을 매각함으로써 공격자의 경영권 공격의도를 꺾는 방어방법이다. 공격자가 매력이 있다고 느끼는 회사자산이나 사업부문을 매각하거나 독립시키므로써 인수합병의 의욕을 감퇴시킨다.

### (10) 백기사·백지주 전략

회사가 자기주식을 취득하여 우호세력에게 양도하거나 전환사채를 모집하여 우호적 제3자에게 배정하는 경우 경영권 방어에 성공할 가능성이 있다. 이때 우호적인 제3자를 백기사(white knight)라 한다. 한편 백지주(white squire)란 백기사와 유사하기는 하나 통상적으로 경영권 인수에는 관심이 없이 대상 기업의 상당지분을 매입하겠다고 동의한 주주를 이른다.

### (11) 그린메일(green mail)

지배권취득의 의사없이 대상회사의 주식을 싼 가격에 대량 매수하여 주가를 끌어올린 뒤 경영권 인수의 뜻이 있는 것처럼 행동한 후 당해 주식을 다시 대상회사에 고액의 프리미엄을 붙여 매각하는 것이다. 이를 시도하는 자를 그린메일러(green mailer)라 한다. 비싼 대가를 치르고 경영권을 방어하는 방법이 되고 만다.

## Ⅳ. 관련사례·판례

### 1. 대판 2009. 1. 30. 2008다50776 [신주발행의 무효]

"[1] 상법 제418조 제1항, 제2항의 규정은 주식회사가 신주를 발행하면서 주주 아닌 제3자에게 신주를 배정할 경우 기존 주주에게 보유 주식의 가치 하락이나 회사에 대한 지배권 상실 등 불이익을 끼칠 우려가 있다는 점을 감안하여, 신주를 발행할 경우 원칙적으로 기존 주주에게 이를 배정하고 제3자에 대한 신주배정은 정관이 정한 바에 따라서만 가능하도록 하면서, 그 사유도 신기술의 도입이나 재무구조 개선 등 기업 경영의 필요상 부득이한 예외적인 경우로 제한함으로써 기존 주주의 신주인수권에 대한 보호를 강화하고자 하는 데 그 취지가 있다. 따라서 주식회사가 신주를 발행함에 있어 신기술의 도입, 재무구조의 개선 등 회사의 경영상 목적을 달성하기 위하여 필요한 범위 안에서 정관이 정한 사유가 없는데도, 회사의 경영권 분쟁이 현실화된 상황에서 경영진의 경영권이나 지배권 방어라는 목적을 달성하기 위하여 제3자에게 신주를 배정하는 것은 상법 제418조 제2항을 위반하여 주주의 신주인수권을 침해하는 것이다.

[2] 신주발행을 사후에 무효로 하는 경우 거래의 안전과 법적 안정성을 해할 우려

가 큰 점을 고려할 때 신주발행무효의 소에서 그 무효원인은 가급적 엄격하게 해석하여야 한다. 그러나 신주발행에 법령이나 정관의 위반이 있고 그것이 주식회사의 본질 또는 회사법의 기본원칙에 반하거나 기존 주주들의 이익과 회사의 경영권 내지 지배권에 중대한 영향을 미치는 경우로서 주식에 관련된 거래의 안전, 주주 기타 이해관계인의 이익 등을 고려하더라도 도저히 묵과할 수 없는 정도라고 평가되는 경우에는 그 신주의 발행을 무효라고 보지 않을 수 없다."

### 2. 대판 2008. 2. 28, 2007도5987 [LBO의 형법상 배임죄 구성여부(원칙적 적극)]

"[1] 기업인수에 필요한 자금을 마련하기 위하여 인수자가 금융기관으로부터 대출을 받고 나중에 피인수회사의 자산을 담보로 제공하는 방식, 이른바 LBO(Leveraged Buyout) 방식을 사용하는 경우, 피인수회사로서는 주채무가 변제되지 아니할 경우에는 담보로 제공되는 자산을 잃게 되는 위험을 부담하게 되는 것이므로, 인수자가 피인수회사의 위와 같은 담보제공으로 인한 위험부담에 상응하는 대가를 지급하는 등의 반대급부를 제공하는 경우에 한하여 허용될 수 있다 할 것이다. 만일 인수자가 피인수회사에 아무런 반대급부를 제공하지 않고 임의로 피인수회사의 재산을 담보로 제공하게 하였다면, 인수자 또는 제3자에게 담보가치에 상응한 재산상 이익을 취득하게 하고 피인수회사에게 그 재산상 손해를 가하였다고 봄이 상당하다. 이는 인수자가 자신이 인수한 주식, 채권 등이 임의로 처분되지 못하도록 피인수회사 또는 금융기관에 담보로 제공함으로써 피담보채무에 대한 별도의 담보를 제공한 경우라고 하더라도 마찬가지이다.

[2] 이른바 LBO(Leveraged Buyout) 방식의 기업인수 과정에서, 인수자가 제3자가 주채무자인 대출금 채무에 대하여 아무런 대가 없이 피인수회사의 재산을 담보로 제공하였다면, 실사 주채무자인 제3자가 대출원리금 상당의 정리채권 등을 담보로 제공하고 있었다고 하더라도, 피인수회사로서는 이로 인하여 그 담보가치 상당의 재산상 손해를 입었다고 할 것이므로 배임죄가 성립한다고 한 사례."

### 3. 한화종금 사건(서울고법 1997. 5. 13, 97라36 결정[재항고]; 의결권행사금지가처분)

"[1] 전환사채의 발행에 무효사유가 있는 경우 그 무효를 인정하여야 하고, 그 방법은 신주발행무효의 소에 관한 상법 제429조를 유추적용할 수 있다.

[2] 전환사채의 발행이 경영권 분쟁 상황하에서 열세에 처한 구지배세력이 지분 비율을 역전시켜 경영권을 방어하기 위하여 이사회를 장악하고 있음을 기화로 기존 주주를 완전히 배제한 채 제3자인 우호세력에게 집중적으로 '신주'를 배정하기 위한 하나의 방편으로 채택된 것이라면, 이는 전환사채 제도를 남용하여 전환사채라는 형식으로 사실상 신주를 발행한 것으로 보아야 하며, 그렇다면 그러한 전환사채의 발행은 주주의 신주인수권을 실질적으로 침해한 위법이 있어 신주 발행을 그와 같은 방식으로 행한 경우와 마찬가지로 무효로 보아야 하고, 뿐만 아니라 그 전환사채 발행의 주된 목적이 경영권 분쟁 상황하에서 우호적인 제3자에게 신주를 배정하여 경영권을 방어하기 위한 것인 점, 경영권을 다투는 상대방인 감사에게는 이사회 참석 기회도 주지 않는 등 철저히 비밀리에 발행함으로써 발행유지가처분 등 사전 구제수단을 사용할 수 없도록 한

점, 발행된 전환사채의 물량은 지배 구조를 역전시키기에 충분한 것이었고, 전환기간에도 제한을 두지 않아 발행 즉시 주식으로 전환될 수 있도록 하였으며, 결과적으로 인수인들의 지분이 경영권 방어에 결정적인 역할을 한 점 등에 비추어, 그 전환사채의 발행은 현저하게 불공정한 방법에 의한 발행으로서 이 점에서도 무효라고 보아야 한다고 한 사례.

[3] 경영권 분쟁 상황하에서의 주주의결권행사금지 가처분은 일반 가처분과는 달리 단순한 집행보전에 그치는 것이 아니라 가처분으로 경영권의 귀속을 변동시켜 버리는 거의 종국적인 만족을 가져오는 것으로서 그 결과가 중대할 뿐만 아니라, 가처분 채무자에게는 원상으로의 회복이 곤란한 점으로 말미암아 보전의 필요성에 대한 더욱 강도 높은 소명을 요구하므로, 그와 같은 경우 보전의 필요성은 피보전권리의 존재로 사실상 추정될 수도 없고, 단순히 주주권 즉 지배적 이익이 계속 침해된다는 추상적 사유만으로도 부족하며, 더 나아가 본안판결의 확정 후에 비로소 경영권이 넘어와서는 본안판결의 의미가 거의 없게 되거나 혹은 그렇게 될 경우 신청인에게 회복하기 어려운 구체적 손해가 발생할 우려가 있다는 사정이 따로 있어야 한다.

[4] 한화종금의 경영권 분쟁 사건에서, 피보전권리의 소명은 있으나 그 보전의 필요성에 대한 소명이 부족하다는 이유로 신주에 관한 의결권행사금지 가처분 신청을 기각한 사례."

### 4. 수원지법 여주지원 2003. 12. 12, 2003카합369 결정[현대엘리베이터사건]

"직접적인 법령 또는 정관의 규제규정이 없는 경우에는 구체적인 해당 **경영권 방어 행위의 동기나 목적, 방어수단의 합리성 등을 종합하여 그 허용 여부가 결정되어야** 하고, 이러한 결정에는 그 방어행위로 추구하는 회사 또는 주주의 이익의 내용, 방어행위 실행의 결정과정이 적정한 절차를 거쳐 상당한 근거를 가지고 이루어졌는지 여부가 중요한 요소로 고려되어야 할 것"이다. ……

"신주발행의 주요목적이 기존 지배주주의 대상회사에 대한 지배권 및 현 이사회의 경영권 방어에 있고, 회사의 경영을 위한 기동성있는 자금조달의 필요성 및 이를 위한 적합성을 인정하기 어려운 경우라도 적대적으로 기업취득을 시도하는 자본의 성격과 기업취득 의도, 기존 지배주주 및 현 경영진의 경영전략, 대상회사의 기업문화 및 종래의 대상회사의 사업내용이 사회경제적으로 차지하는 중요성과 기업취득으로 인한 종래의 사업의 지속전망 등에 비추어 기존 지배주주의 지배권 또는 현 경영진의 경영권이 유지되는 것이 대상회사와 일반 주주에게 이익이 되거나 특별한 사회적 필요가 있다고 인정되고, 한편, 이러한 신주발행행위가 그 결의 당시의 객관적 사정에 의하여 뒷받침되고, 그 결의에 이르기까지의 과정에 대상회사의 경영권 분쟁 당사자인 기존 지배주주가 아닌 일반 주주의 의견과 중립적인 전문가의 조언을 듣는 절차를 거치는 등 합리성이 있는 경우라면 **상법 제418조 제2항 및 이와 동일한 내용의 규정을 둔 대상회사의 정관규정이 정하는 회사의 경영상 목적을 달성하기 위하여 필요한 경우에 해당한다**고 보아 허용되어야 할 것이다."

# 제3장 합명회사

## 제1절 합명회사 서설

合名會社는 2인 이상의 무한책임사원만으로 구성된 회사이다. 즉 사원 전원이 회사채무에 대하여 연대·직접·무한 책임을 지는 회사를 말한다. 합자회사에는 무한책임사원 외에 유한책임사원도 존재하지만 합명회사에는 무한책임사원밖에 없으며 사원은 2명 이상이어야 한다. 합명회사에서는 모든 사원이 회사채권자에 대하여 연대, 직접, 무한책임을 지므로($\frac{상}{212}$), 이에 대응하여 각 사원은 회사의 업무집행기관과 대표기관이 된다. 그리하여 기업의 소유와 경영이 분리되지 않은 가운데 각 사원은 회사의 自己機關(Selbstorgan)이 되며 정관변경, 해산 및 합병 등 기본결정사항도 총사원의 동의가 필요하고($\frac{상 204, 227 \text{ III.}}{230 \text{ 등 참조}}$) 사원은 다른 사원의 동의를 얻지 아니하면 그 지위를 양도하지 못한다($\frac{상}{197}$). 이처럼 합명회사는 회사의 내부관계에 있어서 사원의 개성이 농후하고 사원이 누구냐에 따라 회사의 신용도와 성격이 달라지는 인적회사의 전형이다.

우리 상법상의 합명회사는 그 내용상 독일상법의 영향을 가장 많이 받았으나 회사의 명칭은 프랑스상법의 그것(société en nom collectif)을 계수하였다고 생각된다. 합명회사는 한 마디로 同業者組合(Mitunternehmergemeinschaft)이라 할 수 있다. 이는 합명회사가 재산과 노력의 공동체임을 뜻한다. 따라서 합명회사는 가까운 친족관계와 같이 밀접한 인적 신뢰를 바탕으로 출현하는 것이 보통이다. 그리하여 이 회사형태는 특수제품의 생산 등 기술의 이용 및 협력이 필요한 경우 또는 기술을 자본화시킬 필요가 있을 때 주로 이용되고 있다. 즉 소자본으로 신뢰도가 높은 사원들끼리 지식과 경험을 교환하고 자본을 결합시킬 수 있는 회사형태이다. 나아가 법적으로도 물적회사와 달리 내부적인 자치가 광범하게 보장되므로 탄력성있는 회사경영이 가능하다. 그러나 모든 사원이 무한책임을 부담하여야 하므로 위험도가 높은 업종에서는 합명회사의 설립은 바람직하지 않다.

합명회사의 기원은 중세로 거슬러 올라간다. 다른 많은 상사제도가 그러하듯 합명회사도 중세 말 르네상스 초기의 북이탈리아에서 시작되었다. 분업을 바탕으로 노력과 자본과 위험을 함께 하는 동업자조합의 성격을 갖고 출발하였다. 그 후 17세기에 이르러 루이 14세의 상사조례(Ordonance sur le commerce; 1673)에서 합명회사제도는 성문화하며 그 내용은 1807년의 프랑스상법(code de commerce)에 더욱 발전된 모습으로 정착된다. 이러한 프랑스상법의 성문내용은 독일 상법초안과 구상법에 영향을 주었고, 이는 그 후 거의 그 상태대로 오늘에 이르고 있다.[1]

# 제 2 절 합명회사의 설립

## Ⅰ. 합명회사 설립의 특징

합명회사의 설립은 정관작성과 설립등기만으로 완료된다. 대개 정관을 작성하기 이전에 사원이 될 자 사이에 설립을 목적으로 하는 조합계약이 체결되고 이에 따라 정관이 작성된다. 합명회사의 사원은 어차피 회사채무에 대하여 연대, 직접의 무한책임을 지므로 주식회사에서와 같이 설립단계에서 출자이행을 요구할 필요가 없다. 즉 실체형성(實體形成)이 요구되지 않는다. 그리하여 사원의 출자이행 유무와 관계없이 회사는 성립한다. 나아가 합명회사에 있어서는 사원의 개성이 중시되므로 주식회사에서와 달리 사원 개인의 주관적 사정에 기한 하자도 설립의 효력에 영향을 미칠 수 있다.

## Ⅱ. 정관작성

### 1. 정관의 법적 성질

합명회사의 경우에는 定款作成으로 회사설립을 위하여 필요한 요소가 모두 확정된다. 즉 사원이 확정되고 그들의 출자내용도 정해지며 사원이 곧 업무집행기관이요 또 대표기관이므로(豫 201. 207), 회사의 조직에 관한 모든 사항이 구체화된다. 합명회사 정관의 법적 성질은 주식회사에서와 마찬가지로 조직계약(Organisationsvertrag)이다. 조직계약도 당연히 법률행위이므로 사원이 될 자간에 의사표시의 합치가 필요하다. 그 의사표시는 최종 정관초안의 내용을 사원들이 공동으로 승인하고 확인하는 방법으로

---

1) K. Schmidt, Gesellschaftsrecht, 3. Aufl., S. 1355.

표시되어 각 사원들간에 교환된다. 따라서 이는 다자간계약(多者間契約)이다.[1] 이 조직계약을 엄밀히 표현하면 단순히 정관을 서면화하는 작업(이는 사실행위에 불과하다)이 아니라, 최종 정관초안에 대한 확인 및 확정행위(Satzungsfeststellung)이다. 상법은 이 조직계약을 반드시 서면의 형태로 하도록 법률행위의 방식을 특정하였다($^{\text{상}}_{178}$). 그러나 주식회사에서와는 달리 공증인의 인증이 요구되지 않는다. 정관에는 법정사항의 기재와 총사원의 기명날인 또는 서명이 수반되어야 한다($^{\text{상}}_{179}$).

## 2. 사원의 자격

합명회사는 소수인의 단체로서 2인 이상의 社員이 공동으로 정관을 작성하여야 하고($^{\text{상}}_{178}$), 사원은 자연인에 한한다($^{\text{상}}_{173}$). 사원의 숫자는 2인 이상이면 되고 1인 합명회사는 인정되지 않는다($^{\text{상}}_{178}$). 회사의 존속중에 사원이 1인으로 줄어들면 합명회사는 해산하게 된다($^{\text{상}}_{\text{3호}}227$). 합명회사의 사원은 모두 무한책임사원이기 때문에 회사는 합명회사의 사원이 될 수 없다.[2] 설립중의 회사 역시 같다고 본다. 법인격을 완전히 취득할 물적회사의 전신이기 때문이다. 자연인에 관한 한 특별한 제한은 없고 무능력자도 법정대리인의 허락을 얻어 사원이 될 수 있다($^{\text{상}}_{7}$). 비영리사단법인(e.V.)도 비록 회사는 아니나 역시 합명회사의 사원이 될 수 없을 것이다. 정관상의 존립목적 외에서는 권리능력을 향유하지 못하기 때문이다($^{\text{민}}_{34}$).[3] 나아가 민법상의 조합(G.b.R.),[4] 익명조합, 상속인단(Erbengemeinschaft)[5] 또는 비법인사단(n.r.V.)[6]도 합명회사의 사원이 될 수 없다.

## 3. 정관의 기재사항

합명회사 정관의 기재사항은 절대적 기재사항과 상대적 기재사항 및 임의적 기재사항으로 나뉜다.

---

1) n명의 사원이 참여하는 경우 n(n-1)개의 의사표시가 필요하다. 각 사원들간에 조직계약의 내용에 구속된다는 의사표시가 교환되어야 하기 때문이다.
2) 반면 독일에서는 법인도 합명회사의 사원이 될 수 있다. 우리 상법 제173조와 같은 규정이 없기 때문이다. vgl., Baumbach/Duden/Hopt, HGB, §105 Anm. C.
3) 독일에서는 비영리사단법인에 대해서도 합명회사의 사원성을 인정하는 것이 판례·통설의 입장이다(RGZ, 105, 101; Hueck, GesR., S. 86). 그러나 우리 상법은 회사의 합명회사 사원성을 부정하고 있으므로 이러한 영리법인과의 균형상 비영리법인 역시 그 가능성을 부정하는 것이 타당하다고 본다.
4) BGHZ 46, 296; Baumbach/Duden/Hopt, a.a.O., S. 365.
5) BGHZ 22, 192.
6) BGHZ 58, 317; BGH NJW 1983, 2377.

### (1) 절대적 기재사항

절대적 기재사항이라 함은 정관에 반드시 기재하여야 하는 최소사항으로서 그중 하나라도 기재가 누락되면 정관 자체의 효력은 물론 회사의 설립 자체가 무효가 되고 만다. 절대적 기재사항은 상법 제179조에 나열되어 있다. 이들은 ① 목적($\frac{\text{상}179}{1\bar{\text{호}}}$), ② 상호($\frac{\text{상}179}{2\bar{\text{호}}}$), ③ 사원의 성명, 주민등록번호 및 주소($\frac{\text{상}179}{3\bar{\text{호}}}$), ④ 사원의 출자의 목적과 그 가격 또는 평가의 기준($\frac{\text{상}179}{4\bar{\text{호}}}$), ⑤ 본점과 지점의 소재지($\frac{\text{상}179}{5\bar{\text{호}}}$), ⑥ 정관의 작성연월일($\frac{\text{상}179}{6\bar{\text{호}}}$), ⑦ 각 사원의 기명날인 또는 서명($\frac{\text{상}179}{\text{본문}}$)이다. 이 중 목적($\frac{1}{\bar{\text{호}}}$)은 회사의 영업목적 즉 영업대상을 뜻하고, 상호에는 반드시 합명회사라는 명칭을 부기하여야 한다($\frac{\text{상}}{19}$). 출자의 가격 또는 평가의 기준($\frac{4}{\bar{\text{호}}}$)이란 출자를 금전으로 평가한 금액 또는 그 산정방법을 가리킨다.

### (2) 상대적 기재사항

상대적 기재사항이란 정관에 반드시 기재하여야 하는 것은 아니지만 정관에 기재함으로써 그 효력이 발생하는 사항이다. 이들은 ① 사원의 업무집행권의 제한($\text{상 }200$), ② 대표사원의 결정($\frac{\text{상}}{208}$), ③ 공동대표의 결정($\frac{\text{상}}{208}$), ④ 회사의 존립기간($\frac{\text{상}}{217}$)과 해산사유($\text{상 }227$), ⑤ 사원의 퇴사사유($\text{상 }218$), ⑥ 퇴사원의 지분환급의 제한($\frac{\text{상}}{222}$), ⑦ 임의청산사항($\frac{\text{상}}{247}$) 등이다. 이 중 ②, ③, ⑦의 사항은 총사원의 동의로도 대체가 가능하므로 반드시 정관에 기재할 필요는 없다.

### (3) 임의적 기재사항

그 밖에 합명회사의 본질, 강행법규 또는 선량한 풍속 기타 사회질서에 반하지 않는 한 임의적 기재사항을 기재할 수 있다.

## Ⅲ. 설립등기

정관작성에 의하여 실체가 완성된 합명회사가 법인격을 취득하기 위하여는 회사의 본점소재지에서 설립등기를 하여야 한다($\frac{\text{상}}{172}$). 즉 합명회사는 총사원의 공동신청으로 설립등기를 함으로써 성립한다. 설립등기의 시기에 대해서는 별도의 규정이 없으나 정관작성 후 상당한 기간 내에 하여야 할 것이다.

등기사항은 ① 목적, 상호, 사원의 성명과 주소, 본점과 지점의 소재지($\frac{\text{상}180}{1\bar{\text{호}}}$), ②

사원의 출자의 목적, 재산출자에는 그 가액과 이행한 부분($\frac{상}{2호}180$), ③ 존립기간 기타 해산사유를 정한 때에는 그 기간 또는 사유($\frac{상}{3호}180$), ④ 대표사원을 정한 때에는 그 성명($\frac{상}{4호}180$), ⑤ 공동대표를 정한 때에는 그에 관한 규정($\frac{상}{5호}180$) 등이다.

회사가 지점을 설치하는 경우 또는 본점과 지점을 이전하는 경우와 등기사항에 변경이 있는 때에는 일정한 등기기간 내에 이에 따른 등기를 하여야 한다($\frac{상}{182, 183}181$). 등기사항으로서 관청의 허가 또는 인가를 요하는 것은 그 서류가 도달한 때로부터 등기기간을 기산한다($\frac{상}{177}$).

# IV. 설립의 무효와 취소

## 1. 상법의 입장

합명회사의 설립에 하자가 있는 경우에는 그 설립의 효력을 소로 다툴 수 있다. 다만 합명회사에서는 사원의 개성이 중시되므로 주식회사의 설립시에 비하여 이를 다툴 수 있는 하자의 폭이 넓어진다. 즉 합명회사에서는 주식회사에 없는 설립취소의 소제도가 있고 설립무효의 원인에서도 객관적 원인 외에 주관적 원인이 무효사유에 포함되고 있다.

합명회사의 설립이 어떠한 원인에 의하여 무효가 된 경우나 취소된 경우 일반원칙에 따르면 회사의 설립은 소급하여 무효가 될 것이다. 그러나 이것은 단체법이념에 부합하지 않는다. 그리하여 상법은 법률관계의 획일적 처리와 거래의 안전을 위하여 설립무효의 소와 설립취소의 소에서 원고가 승소하면 그 판결의 효과는 제3자에게도 미치게 하였고($\frac{상}{본문}190$), 나아가 판결의 효과가 소급하지 않도록 하였다($\frac{상}{단서}190$).

## 2. 설립무효 및 취소의 원인

### (1) 설립무효의 원인

합명회사의 설립무효에는 다음과 같이 객관적 무효원인과 주관적 무효원인을 들 수 있다.

**(가) 객관적 무효원인:** 객관적 무효원인으로는 ① 정관의 절대적 기재사항을 기재하지 않은 경우와 ② 기재하였더라도 불법인 때 그리고 ③ 법이 요구하는 준칙에 맞지 않는 경우 나아가 ④ 설립등기가 무효인 때 등이다.

(나) **주관적 무효원인:**　　이에는 ① 사원의 심신상실(의사무능력), ② 상대방이 알고 있는 심리유보($^{Mentalreservation:}_{민\ 107\ I}$), ③ 통정허위표시($^{민\ 108}$) 등이다. 합명회사는 주식회사와 달라 사원의 인적 신용이 중시되므로 설립행위자 가운데 단 한 사람의 의사표시라도 무효가 되면 그 밖의 사람들 사이에서 회사의 성립을 인정할 수 없다. 따라서 합명회사의 경우에는 1인의 의사표시의 무효는 당해 사원의 불가입으로 끝나지 않고 회사의 설립행위 전체가 무효로 되는 것이다.

### (2) 설립취소의 원인

개개 사원이 설립행위상 주장할 수 있는 취소원인은 그대로 회사설립의 취소원인이 된다. 설립취소의 원인으로는 사원의 행위무능력($^{민\ 5,}_{10,\ 13}$), 또는 의사표시의 하자($^{착오,\ 사기,\ 강박:}_{민\ 109,\ 110}$)를 들 수 있다. 예컨대 미성년자 또는 한정치산자가 법정대리인의 동의없이 합명회사의 정관에 기명날인하거나, 사기 또는 강박에 의한 회사가입의 의사표시를 한 경우이다. 나아가 상법은 제185조에서 사원이 채권자의 강제집행을 피하고 재산을 은닉하기 위하여 채권자를 해할 것을 알고 회사를 설립한 때에도 취소의 원인으로 하고 있다. 이러한 원인이 있는 경우 1인의 사원에 대한 설립행위의 하자가 회사설립의 취소를 초래하는 것은 주관적 원인에 의한 설립무효의 경우와 같다.

### 3. 설립무효·취소의 소

### (1) 제소의 요건

합명회사의 설립무효는 회사성립의 날로부터 2년 내에 소만으로 주장할 수 있다($^{상\ 184}$). 회사성립의 날이란 합명회사의 설립등기일을 지칭하며, 설립의 무효를 소만으로 주장할 수 있다 함은 소송이 아닌 방법 또는 타소송에서 항변으로 이를 주장할 수 없다는 뜻이다. 상법은 기존상태존중주의(Bestandsschutz)를 실현하기 위하여 하자의 주장방법을 제한하였다. 원고적격자는 사원이고 피고는 회사이다.

설립의 취소 역시 회사성립의 날로부터 2년 내에 소만으로 이를 주장할 수 있다($^{상\ 184}$). 원고적격은 취소권자와 채권자이다. 취소권자는 무능력자, 하자있는 의사표시를 한 자, 그 대리인 또는 승계인이다($^{상\ 184\ II\ \cdot}_{민\ 140}$). 회사설립취소의 소는 이외에 회사채권자도 제기할 수 있다. 사원이 그 채권자를 해할 것을 알고 회사를 설립한 때에는 채권자는 그 사원과 회사에 대한 소로 회사의 설립취소를 청구할 수 있다($^{상}_{185}$).

## (2) 양소의 절차($^{상\ 186,\ 187,}_{188,\ 189}$)

회사설립의 무효 또는 취소의 소는 본점소재지의 전속관할에 속한다($^{상}_{186}$). 나아가 소가 제기된 때에는 회사는 이를 지체없이 공고하여야 하고($^{상}_{187}$), 수개의 소가 제기된 때에는 법원이 이를 병합심리하여야 한다($^{상}_{188}$). 끝으로 양소에 대해서는 법원의 재량기각권이 인정된다. 즉 설립무효의 소 또는 설립취소의 소가 그 심리중에 원인이 된 하자가 보완되고 회사의 현황과 제반 사정을 참작하여 설립을 무효 또는 취소하는 것이 부적당하다고 인정한 때에는 법원은 그 청구를 기각할 수 있다($^{상}_{189}$). 이러한 상법의 입장 역시 기존상태존중주의의 한 예이다. 회사의 설립은 다수인에 의하여 이루어지며 그 법률관계도 입체적이다. 일단 설립된 회사는 가능한 한 그 실체를 유지하여 경제적으로 기여할 수 있도록 하는 것이 바람직하다. 합명회사의 경우에는 설립취소의 소도 인정되고 있어 소로 주장할 수 있는 하자의 범위도 넓다고 할 수 있다. 그리하여 상법은 재량기각권을 부여하여 기존상태존중의 가능성을 넓혔다고 할 수 있다.

## (3) 판결의 효과

### (가) 원고승소의 경우

**1) 대세효와 불소급효:**  설립무효의 판결 또는 설립취소의 판결은 제3자에 대하여도 그 효력이 있다. 그러나 판결확정 전에 생긴 회사의 사원 및 제3자간의 권리의무에 영향을 미치지 않는다($^{상}_{190}$). 원고승소의 경우 상법은 판결의 효력을 대세적으로 규정하고 또 그 효과가 소급하지 않도록 함으로써 법률관계의 획일적 처리와 기존상태존중주의를 실현하고 있다. 회사를 중심으로 하는 다수인의 법률관계가 개별적으로 처리된다든지 또 판결의 효력에 소급효가 부여되면 기형성된 회사 내외적 법률관계에 여러 가지 혼란이 가중될 것이다. 상법은 이러한 점을 고려하여 私法上의 일반원리를 회사설립의 하자에 대해서는 대폭 수정한 것이다. 이로 인하여 회사법상의 조직계약(Organisationsvertrag)은 매매나 임대차 등 일상거래의 대부분을 차지하는 교환계약(Austauschvertrag)과 뚜렷이 구별된다.

**2) 사실상의 회사의 발생:**  이렇게 판결확정 전에 생긴 회사와 사원 및 제3자간의 권리의무는 설립무효나 설립취소의 판결로 영향을 받지 않으므로 사실상의 회사(faktische Gesellschaft) 또는 하자있는 회사(fehlerhafte Gesellschaft)가 발생한다.[7] 이는

---

7) 이에 대해서는 졸고, "하자있는 회사", 「고려대 법학논집」 제30집(1994), 233~271면 참조. 그 외에도 독일문헌으로는 K. Schmidt, Gesellschaftsrecht, 3. Aufl., §6, S. 143 ff.; Wiesener, Die Lehre von der fehlerhaften Gesellschaft, 1980 등 참조.

별종의 회사형태도 아니고 설립중의 회사나 청산중인 회사도 아니다. 단지 판결의 효과가 소급하지 않으므로 회사의 설립등기시점부터 설립무효나 취소의 형성판결이 확정될 때까지 과도기적으로 나타나는 법이론적 개념형상에 불과하다. 즉 하자있는 계약적 기초에 의하여 존속된 사실상의 실체이다.

이러한 하자있는 회사의 발생을 위하여는 다음과 같은 요건이 충족되어야 한다. 우선 (i) 정관이 작성되었어야 한다. 무효나 취소사유 등 하자가 있었다해도 정관은 일단 작성되었어야 한다(fehlerhafte Satzung). 둘째 (ii) 이러한 정관내용이 회사성립 후 영업활동의 개시 등으로 實行(Invollzugsetzung der Satzung)에 옮겨졌어야 한다. 셋째 (iii) 설립무효나 취소의 소가 원고승소의 확정판결을 받아야 한다. 회사설립의 하자는 회사법상의 형성소송을 통하여만 주장할 수 있으므로 이러한 형성판결에서 원고승소판결이 내려진 경우 하자있는 회사가 나타난다. 끝으로 (iv) 회사법상의 기존상태존중주의보다 우선하는 개인이나 공공의 법익이 없어야 한다. 회사법상의 기존상태존중주의는 일반 계약법상의 소급효를 단체법에 맞게 수정한 것이다. 그러나 사법의 세계에서도 수직적인 가치구조(Wertungshierarchie)를 발견할 수 있는데, 이에 따르면 미성년자보호(Minderjährigenschutz)의 법이념은 거래법상의 외관신뢰주의나 단체법상의 기존상태존중주의보다 우선한다. 나아가 양속위반의 법률행위를 무효로 하는 법가치 역시 단체법상의 기존상태존중주의보다 우선하는 것이다. 따라서 이러한 우위의 법익이 존재하지 않는 경우에만 사실상의 회사가 발생한다.

이러한 요건이 충족되면 다음과 같이 하자있는 회사의 효과가 발생한다. 우선 (i) 하자있는 계약적 기초에 근거한 회사는 내부관계와 외부관계에 걸쳐 회사성립 후 확정판결시까지 유효한 회사로 다루어진다($^{상\ 190}_{회사}$). 나아가 (ii) 회사는 해산에 준하여 청산단계로 들어가며($^{상}_{193}$), (iii) 무효나 취소의 원인이 특정사원에 한정되는 경우에는 여타 사원 전원의 동의로 회사계속의 결의를 할 수 있다($상\ ^{194}$). 이 때 무효나 취소의 원인이 있는 사원은 퇴사한 것으로 본다($상\ ^{194}$). 만약 이 경우 사원의 퇴사로 사원이 1인으로 된 때에는 새로 사원을 가입시켜 회사를 계속할 수 있다($^{Fortsetzung\ der\ Gesellschaft:}_{상\ 194\ Ⅲ.\ 229\ Ⅱ}$). 이 경우 이미 그 회사의 해산등기가 이루어진 경우에는 본점소재지에서 2주간 내에 회사계속의 등기를 해야 한다($^{상\ 194\ Ⅲ.}_{229\ Ⅲ}$).

(나) **원고패소의 경우:** 원고가 패소한 경우에는 민사소송의 일반원칙으로 돌아가 판결의 효력은 당사자간에만 미친다($^{民訴}_{204\ 1}$). 따라서 원고를 제외한 다른 사람은 제소기간 내에 다시 설립무효 또는 취소의 소를 제기할 수 있다.

설립무효나 설립취소의 소를 제기한 자가 패소한 경우 패소원고에게 악의 또는 중대한 과실이 있는 때에는 회사에 대하여 연대하여 손해를 변제할 책임이 있다($_{191}^{商}$).

# 제 3 절   합명회사의 법률관계

## Ⅰ. 법률관계의 특징

합명회사의 법률관계는 내부관계(Innenverhältnis)와 외부관계(Außenverhältnis)로 나누어진다. 전자는 회사와 사원간의 관계 및 사원과 사원간의 관계를 뜻하는 것이고, 후자는 회사와 제3자 및 사원과 제3자간의 관계를 뜻한다. 원래 사원과 사원간 또는 사원과 제3자간의 관계는 물적회사에서는 뚜렷이 부각되지 않는다. 주식회사와 같이 사단성이 강한 회사에서는 주로 주주와 회사, 회사와 채권자간의 관계만이 강하게 현현된다. 그러나 합명회사는 가장 조합성이 강한 合手的 共同體(Gemeinschaft zur gesamten Hand)의 성격을 띠고 있다.[1] 그리하여 사원간의 관계뿐만 아니라 사원과 제3자간의 관계도 뚜렷이 부각된다. 상법은 내부관계에 대해서 제195조 내지 제206조를, 외부관계에 대하여는 제207조 내지 제216조를 두고 있다.

합명회사가 강한 조합성을 갖는다는 것은 사원들이 광범한 사적자치(Privatautonomie)를 누린다는 뜻이다. 이 말은 정관자치(Satzungsautonomie)로 바꾸어 부를 수 있는데, 합명회사의 사원들은 내부적으로는 자유스럽게 서로의 법률관계를 정할 수 있다는 결과가 된다. 그리하여 합명회사의 내부관계를 규율하는 상법규정들은 강한 임의성을 띠게 된다. 즉 당사자들은 이들과 다른 내용의 합의를 정관 속에 담을 수 있는 것이다. 그리하여 내부관계에 관한 한 정관규정이 우선적으로 적용될 수 있고 상법규정은 정관에 특별한 정함이 없는 경우 보충적으로 적용될 뿐이다. 나아가 상법에도 별도의 규정이 없으면 민법상의 조합에 관한 규정이 준용된다($_{195}^{商}$).

이와 반대로 외부관계에서는 제3자에 대한 거래의 안전을 고려하지 않을 수 없다. 따라서 외부관계에 대한 상법규정은 원칙적으로 강행적 성격을 띠고 있다. 회사와 제3자간에 법률관계가 발생하는 것은 회사의 법인격에 따른 당연한 결과이지만 사원과 제3자간의 법률관계는 합명회사의 조합성의 반영이다. 이들의 강행법규성으로 말미암아 사원들은 정관규정이나 사원총회의 결의로 이들을 상대화할 수 없다.

---

1) Hueck, Gesellschaftsrecht, 18. Aufl., S. 81.

## Ⅱ. 내부관계

내부관계에서 문제되는 것은 ① 사원의 출자, ② 업무집행, ③ 사원의 충실의무, ④ 손익분배와 지분, ⑤ 회사와 사원간의 소송 등이 될 것이다.

### 1. 사원의 출자

#### (1) 출자의 의의

出資(Beitrag; contribution)라 함은 사원이 회사의 영업목적달성을 위하여 필요한 재산, 노무 및 신용 등을 회사에 제공하는 행위이다. 이러한 사원의 출자의무는 조직계약(Organisationsvertrag)을 통하여 발생한다. 이러한 조직계약은 정관이라는 서면형태로 나타나게 되고 상법도 제179조 제4호에서 사원의 출자에 관한 사항을 절대적 기재사항으로 하고 있다.

#### (2) 출자의 종류

합명회사에서는 모든 사원의 연대, 직접, 무한책임으로 회사의 신용이 뒷받침되므로 합명회사의 사원은 재산, 노무 또는 신용 어느 것으로도 출자할 수 있다(상 195, 222; 민 703 Ⅱ).

(가) 재산출자:　재산출자의 경우 금전이나 여타 재산 어느 것이든 가능하다. 부동산, 동산 또는 여타의 무체재산권도 가능하고 영업을 동일성을 유지하면서 일괄출자하는 것도 가능하다. 나아가 출자대상의 소유권을 이전시키는 것뿐만 아니라 그 사용·수익권만 따로 출자하는 것도 가능하다.

(나) 노무출자:　이는 사원이 회사를 위하여 용역을 제공하는 것이다. 그 노무의 제공이 정신적인 것이든 육체적인 것이든, 일시적 성격의 것이든 지속적 성격의 것이든 그것은 상관없다. 그러나 노무제공의 대가로 별도의 보수가 예정되어 있다면 이는 출자라고 보기 어려울 것이다.

(다) 신용출자:　이는 사원이 회사로 하여금 자신의 신용을 이용케 하는 것이다. 예컨대 회사에 대한 담보물의 제공, 회사채무에 대한 사원의 보증 또는 회사가 발행한 어음에 배서나 인수를 하는 것이 이에 속한다. 나아가 사원으로서 단순히 가입하는 것도 신용출자의 일종이 될 수 있을 것이다. 개인적 신용으로 회사의 신용을 증대시킬 수 있기 때문이다.

### (3) 출자의 이행

**(가) 출자이행자유의 원칙:**   합명회사의 출자이행방법 역시 사원들의 사적 자치에 따라 정관에 정한 내용대로 자유스럽게 이행될 수 있으며 이러한 정함이 없는 경우에도 사원총회의 결의로 그 이행방법을 폭넓게 정할 수 있다(Grundsatz der Satzungsautonomie). 출자의 시기에 대해서도 물적 회사와 달리 반드시 설립시에 완전히 이행될 필요도 없다. 나아가 회사측의 출자청구에 대하여 각 사원은 회사에 대한 반대채권으로 상계할 수도 있다. 즉 주식회사에서와는 다르다($\frac{\text{상}}{\text{조}}^{334}$). 어차피 각 사원의 무한책임으로 뒷받침되고 있기 때문에 물적 회사에서와 같은 실체형성이 요구되지 않고 따라서 자본이라는 개념도 희박하기 때문이다.

**(나) 이행방법:**   각 출자대상별로 그 이행방법을 구체화시켜 보면, 금전출자의 경우에는 실제 납입을 하면 되고 현물출자의 경우에는 출자목적에 따라 요구되는 고유한 권리이전방식을 취하면 된다. 부동산의 경우에는 등기, 동산이면 인도, 무체재산권이면 등록, 지명채권이면 채무자에 대한 통지나 채무자의 승낙, 유가증권이면 배서교부나 단순한 교부 등 각종 권리변동의 효력발생요건과 대항요건을 갖추어야 할 것이다. 노무제공시에는 현실제공이어야 하고 신용출자의 경우에도 출자방식에 따라 요구되는 고유한 요건, 즉 보증계약의 체결이나 어음배서 등을 이행하여야 한다.

**(다) 출자이행자유의 제한:**   이렇게 합명회사의 내부적 조합성으로 인하여 출자의 이행방법이 자유스럽기는 해도 사원의 출자의무는 사원들간의 정관에 기한 단체법적 의무(Sozialverpflichtung)이므로 사원평등의 원칙이 지켜져야 한다. 나아가 회사가 청산할 경우 회사에 현존하는 재산이 회사채무를 완제하기에 부족할 때에는 청산인은 이행기가 도래하기 전이라도 사원으로 하여금 출자하게 할 수 있다($\frac{\text{상}}{}^{258}$).

### (라) 불이행의 효과

**1) 사원의 개별소권의 발생:**   보통 업무집행사원 또는 대표사원이 선출된 경우에는 그가 출자이행을 각 사원에게 요구할 것이나 예외적으로 업무집행권이 없는 사원이라도 특정 사원의 출자이행이 이루어지지 않았을 때 회사에 대하여 출자할 것을 요구할 수 있는 권능이 부여된다. 이를 사원의 個別訴權(actio pro socio)이라 한다.[2] 이러한 권리를 통하여 각 사원은 회사의 사원관계에서 파생되는 출자이행청구권 또는 손해배상청구권을 자기 자신의 이름으로 타사원에게 그 이행을 요구하여 회사재

---

2) 이에 대해서는 졸고, "사원의 개별소권", 「고려대 법학논집」 제27집(1992), 273면 이하 참조.

산에 급부토록 할 수 있다.

**2) 쌍무계약에 적용되는 규정들의 적용가능성:** 합명회사의 정관은 급부와 반대급부의 교환을 전제로 하는 쌍무계약이 아니라 일정한 내용의 조직을 창설하고 공동의 목적을 달성하기 위하여 참여자가 지속적으로 협력하는 계약관계를 창설한다. 이러한 조직계약의 속성 때문에 민법의 채무불이행과 관련된 여러 규정들이 그대로 적용될 수는 없을 것이다.

우선 동시이행의 항변에 관한 민법 제536조가 합명회사의 내부관계에도 적용될 수 있는지 살펴보자. 한 사원이 자신의 급부의무를 이행하지 않았을 때 다른 사원도 그가 이를 이행할 때까지 자신의 이행을 거절할 수 있는가? 이 경우에는 사원이 단 2인일 경우와 3인 이상일 때를 구별하여야 한다고 생각된다. 전자 즉 단 2인만이 사원으로 되어 있을 때에는 그 적용을 인정해야 할 것이다. 즉 한 사원의 급부약정은 다른 사원의 출자이행을 전제로 하므로 이 경우 한 사람의 채무불이행은 다른 사원에게도 급부거절권을 낳는다고 보아야 할 것이다. 그러나 3인 이상일 경우에는 이러한 결과가 조직계약의 기본속성과 부합하지 않는다고 생각된다. 한 사원의 급부약정은 다른 모든 사원에 대한 출자약정일 뿐만 아니라 한 사원의 채무불이행이 회사 전체를 마비시킬 수는 없는 일이기 때문이다. 따라서 이러한 경우에는 동시이행의 항변(Einrede der nichterfüllten Vertrages)으로 처리하기보다 해당 사원을 제명(상 220조)하든지 대표권이나 업무집행권을 박탈하든지 아니면 해당 사원의 급부가 제대로 이행되지 못할 때 회사경영이 원천적으로 불가한 상태라면 총사원의 동의로 회사를 해산할 수 있을 것이다. 물론 다른 여타의 사원들은 회사계속의 결의를 할 수 있을 것이다.

나아가 위험부담에 관한 민법 제537조나 제538조도 합명회사의 내부관계에 적용될 수 있는가? 즉 당사자에게 책임없는 사유로 한 사원의 출자가 이행불능이 되면 그 이행불능이 된 조합원에 대한 출자의무는 소멸하고 다른 조합원간의 출자약정만 존속하는가? 이러한 결과도 역시 조직계약에는 적절치 않다. 즉 자신의 책임없는 사유로 출자가 불가하게 된 경우 해당 사원은 퇴사를 하거나 불능으로 된 급부가 회사의 영업목적을 달성하는 데 중요한 것일 때에는 회사를 해산하는 수밖에 없을 것이다.

계약의 해제나 해지에 관한 민법 제543조 내지 제553조의 규정들도 역시 합명회사의 내부관계에는 적용될 수 없을 것이다. 대법원 판례는 조합계약에 대하여 이 규정들의 적용가능성을 부정한 바 있으나[3] 합명회사의 내부관계는 조합인 점, 상법 제195조 역시 합명회사의 내부관계에 관하여는 민법상의 조합에 관한 규정을 준용하고

---

3) 대판 1969. 11. 25, 64다1057; 대판 1994. 5. 13, 94다7157.

있는 점을 고려하면 이러한 판례의 입장은 그대로 합명회사의 내부관계에도 적용가능할 것이다. 따라서 사원 한 사람이 정관상의 출자의무를 이행하지 않더라도 조직계약을 바탕으로 하는 합명회사에 있어서는 그 계약의 해제나 해지가 아니라 해당 사원의 제명, 퇴사 또는 회사 자신의 해산 등으로 처리할 수밖에 없을 것이다.

끝으로 민법 제580조나 제575조 등의 하자담보규정들이 합명회사의 출자관계에도 준용될 수 있는지 알아보자. 물론 사원의 출자의무의 이행은 설사 그것이 현물출자의 형태라 할지라도 회사와의 매매관계는 아닐 것이다. 그러나 이러한 하자담보규정들 역시 조직계약에는 적용되지 않는다고 생각된다. 한 사원의 출자목적물에 하자가 있다 할지라도 이를 일반 매매에서처럼 계약목적달성이 불가하다고 하여 계약을 해제하거나 손해배상을 청구케 하는 것은 적절한 처방이 아니다. 이 때에는 오히려 출자대상물을 재평가하여 그 사원의 지분율을 낮출 수 있을 것이고 만약 그러한 재평가로 회사의 영업목적 달성이 불가해지면 회사를 해산시키는 것이 자연스러울 것이다. 따라서 일반적인 민법규정에 따른 계약해제나 대금감액 또는 손해배상청구 등의 효과는 사원의 출자이행관계에는 적절한 처방이 될 수 없을 것이다. 하자담보규정들은 결국 대가적 출연과 상대방이 이것을 차지하는 교환성에 기초한 것이기 때문에 이러한 等價的 交換을 내용으로 하지 않는 조직계약에는 적절한 처방이 될 수 없다. 채권을 출자의 목적으로 한 때에는 상법이 제196조에 별도의 규정을 두고 있다. 즉 그 채권이 변제기에 변제되지 아니한 때에는 채권출자를 한 사원은 그 채권액을 변제할 담보책임을 지게 된다(상법196본문). 이 경우에는 이자지급의무 외에도 발생된 손해가 있을 때에는 이를 배상하여야 한다(상법196단서).

결론적으로 사원이 출자의무를 이행하지 않을 경우 쌍무계약에 관한 일반 규정보다는 조직계약에 대한 채무불이행(positive Vertragsverletzung des Organisationsvertrages)을 이유로 손해배상을 청구하든지 아니면 제명, 해당 사원의 퇴사, 업무집행권이나 대표권의 상실(상법216,205), 회사의 해산과 이에 이은 회사계속의 결의 등 단체법에 특유한 문제해결방식이 바람직하다고 본다.

## 2. 합명회사의 의사결정

### (1) 의사형성기관

상법은 주식회사나 유한회사에서와는 달리 합명회사에 있어서는 사원총회라는 기관을 두고 있지는 않다. 그러나 합명회사에서도 중요한 단체적 의사형성을 위하여는 사원총회[4]의 결의가 요구될 것이다. 물론 회의체로 결의를 하여야 한다는 의미는 아니다. 어떠한 방법이든 의견수렴이 가능한 여러 가능성이 있을 것이다. 물론 정관규정으로 회의체를 선택할 수는 있을 것이다.

이러한 결의는 업무집행에 관한 의사결정뿐만 아니라 해산, 청산, 합병 및 정관변경 등 여러 기본결정사항에 대해서도 필요하다. 합명회사의 사원총회는 회사 내의 의사형성을 위한 최고기관의 지위를 갖는다. 물론 기관의 분화가 물적회사처럼 뚜렷하지는 않으나 사원의 일부에게만 업무집행권을 부여한 경우에는 마치 주식회사의 이사회와 유사한 권한분화가 나타나는 것이어서 사원총회의 최고기관성을 부정할 수 없을 것이다. 사원총회는 언제든지 업무집행권을 다시 회수하여 이를 다른 사원에게 부여하거나 단독업무집행의 원칙으로 돌아갈 수 있다.

### (2) 비회의체 결의의 허용

물론 합명회사의 경우에는 주식회사에서처럼 반드시 회의체결의(Beschluß in einer Versammlung)를 요하는 것은 아니다. 상법은 유한회사에 대하여는 비회의체 결의인 서면결의를 허용하고 있다($^{상}_{577}$). 합명회사에 관하여는 이러한 명문의 규정은 없으나 합명, 합자, 유한회사에서와 같이 내부적인 조합성이 강한 회사형태에서는 사원들간의 인지도가 높고 그들간의 인적 신뢰가 회사존립의 바탕이 되므로 굳이 일정한 장소와 시간에 함께 모여 의안상정과 토론을 거쳐 공동의 의사를 형성할 필요는 없는 것이다. 사원들간에는 이를 대체할 수 있을 만한 충분한 대화와 의견수렴의 가능성이 있기 때문이다. 따라서 서면을 사원들에게 순차적으로 돌려 의사를 파악할 수도 있고 전화로 결의할 수도 있으며 대표사원이 각 사원을 일 대 일로 대면하여 의견을 수렴할 수도 있다. 이외에도 여러 가지 방법이 동원될 수 있으며 이것들이 정관내용이 될 수 있다.

### (3) 의결권의 행사

(가) 의결권(Stimmrecht):　합명회사 사원들의 의결권행사는 원칙적으로 頭數主義에 따른다. 즉 1인 1의결권주의이다. 주식회사처럼 주식수에 비례한 의결권의 행사가 아니다. 그러나 정관규정으로 지분비례주의를 택하는 것은 가능할 것이다.

원칙적으로 모든 사원은 매결의시마다 의결권을 갖는다. 그러나 일정한 사안에서는 의결권이 배제되는 때가 있다. 결의의 내용에 특별이해관계있는 사원은 해당 결의에 있어서 의결권이 배제된다. 예컨대 지분양도승인결의시 지분양도를 원하는 사원($^{상}_{197}$), 경업금지승인결의시 승인을 원하는 사원($^{상}_{198}$), 다른 사원의 승인을 얻어 회사와

---

4) 이는 구체적인 회의체를 뜻하는 것이 아니라 추상적 의미로 쓰였다.

자기거래를 하고자 하는 사원($^{\dot{\wedge}}_{199}$), 제명결의시 제명될 사원($^{\dot{\wedge}}_{220}$)은 해당 결의에 참여하여 의결권을 행사할 수 없다. 그러나 어떤 경우에도 각 사원의 의결권만 따로 떼어내어 별도의 양도객체로 삼을 수는 없다(Abspaltungsverbot).

(나) **대리행사:**  나아가 정관에 별도의 규정을 두지 않는 한 의결권의 대리행사는 원칙적으로 허용되지 않는다.[5] 합명회사의 사원은 업무집행기관이고 동시에 회사채무에 대하여는 무한책임을 지기 때문이다. 나아가 각 사원의 인적 신용과 개성이 중시되므로 각 사원은 직접 의결권을 행사할 권리와 의무가 있다고 본다. 그러나 정관으로 일정한 범위를 정하여 의결권의 대리를 허용하는 것은 가능할 것이다. 나아가 사원 전원이 동의하는 경우에는 정관규정에 없는 의결권의 대리행사도 예외적으로 허용될 수 있다고 본다. 사원 전원의 동의로 정관변경도 가능하기 때문이다($^{\dot{\wedge} \ 204}_{\tilde{a}\tilde{a}}$).

(다) **의결권행사의 상대방:**  각 사원의 의결권행사(Stimmabgabe)는 의사표시(Willenserklärung)로서 이는 모든 다른 사원을 상대로 한다고 할 수 있다. 따라서 만장일치로 결의를 성립시킬 때에는 설립행위, 즉 조직계약과 유사한 의사표시의 교환이 나타날 것이다. 그러나 각 사원이 행하는 의사표시의 수령대리인을 선임하는 것은 가능할 것이다. 가령 대표사원을 의장(Versammlungsleiter)으로 선임하여 그로 하여금 각 사원의 의결권행사를 대리수령케 할 수 있다.[6] 의결권행사 역시 상대방있는 의사표시이므로 그 상대방에게 도달하여야 효력이 발생한다($^{\textrm{민}}_{111}$).

(라) **의결권행사의 하자:**  의결권행사는 의사표시이므로 이에 관한 민법의 일반규정들은 의결권행사에도 적용될 수 있다. 따라서 사원의 행위무능력이나 비진의표시를 이유로 무효가 될 수 있으며 착오나 사기·강박을 이유로 취소될 수 있다. 만장일치의 결의였다면 무효나 취소사유가 있음으로 말미암아 결의의 성립이 방해될 것이다. 즉 해당 결의는 이로 인하여 무효가 된다. 그러나 과반수의 다수결을 요구하는 경우에는 결의성립에 방해가 되지 않을 때도 있을 것이다. 이러한 의결권행사의 하자는 후술할 결의의 하자와는 구별하여야 한다.

**(4) 결 의**

(가) **결의의 종류:**  각 사원의 의결권행사(Stimmabgabe)가 완료되면 그 결과가 집적되어 決議가 성립한다. 합명회사의 결의에 대하여 상법은 만장일치의 결의($^{\dot{\wedge} \ 197.}_{198 \ \textrm{I}.}$

---

5) Hueck, GesR., a.a.O., S. 102; Heymann/Emmerich, §119, Rdnr. 14.
6) Hueck, GesR., 18. Aufl., S. 102.

$^{227,\ 230,\ 242,}_{247,\ 264}$)와 과반수결의($^{상\ 198\ Ⅳ,\ 199,\ 200\ Ⅱ,\ 203,}_{211,\ 220,\ 251,\ 257,\ 261}$)를 규정하고 있다. 내부적 조합성이 강한 합명회사에서는 원칙적으로 만장일치제(Einstimmigkeitsprinzip)가 바람직할 것이다. 그러나 만장일치제는 의사형성의 기동성을 저해하므로 상법은 많은 사안에서 사원 과반수의 찬성으로 의사형성이 이루어질 수 있도록 하였다. 그리하여 일상적 의사결정사항에 대해서는 과반수의 다수결을, 기본변경사항에 대해서는 총사원의 동의를 결의의 성립요건으로 하고 있다.

(나) 결의의 하자:  상법은 합명회사의 결의의 하자(Beschlußmängel)에 대하여는 주식회사에서처럼 그 하자의 주장방법을 소만으로 제한하거나 그러한 소송에서 원고가 승소하였을 때 판결의 효력을 제한하는 별도의 규정을 두고 있지 않다. 따라서 합명회사의 결의에 하자가 있을 때에는 민법과 민사소송법의 일반원칙으로 돌아가야 할 것이다.

결의의 내용이 법령이나 정관에 위반하는 경우 원칙적으로 무효가 될 것이다. 정관위반의 내용상의 하자를 담고 있는 주주총회결의에 대하여 단지 취소대상으로 보고 있는 상법의 규정($^{상}_{376}$)이 합명회사에 유추적용될 수는 없다. 나아가 절차상의 하자의 경우에도 원칙적으로 무효로 다루어질 것이다. 주식회사의 경우 절차상의 하자는 취소사유로 다루고 있으나 이는 강한 기존상태존중주의의 반영결과이다. 인적회사의 경우 절차상의 하자나 내용상의 하자의 구별도 없고 무효, 취소의 구별도 없다. 따라서 원칙적으로 하자있는 결의는 무효처리되고[7] 이를 위하여는 민사소송법상의 일반 무효확인의 소($^{민소}_{228}$)를 회사를 피고로 하여 제기하여야 할 것이다.

## 3. 합명회사의 업무집행

합명회사의 내부관계는 가장 자유스러운 조직형태를 갖기 때문에 주식회사에서처럼 의사결정기관, 업무집행기관 또는 감시기관의 분화가 뚜렷하지 않고 사원 전체에 혼용되어 있다. 따라서 모든 사원은 원칙적으로 업무집행의 권한을 향유하고 동시에 서로 감시권을 가지며 사원총회의 결의를 통하여 모든 의사결정과정에 참여할 수 있다. 한 마디로 한 개의 세포 속에서 이동기능, 판단 및 지각기능, 제어기능을 동시에 수행하는 단세포동물과 유사하다고 할 수 있다.

---

7) 정동윤, 상법(상), 제6판, 2012, 883면; 이철송, 회사법강의, 제22판, 2014, 153~154면(국내 통설); 독일 판례 및 통설, BGH BB 1966, 1169; Heymann/Emmerich, §119, Rdnr. 10, 11; 반대설, K. Schmidt, Gesellschaftsrecht, 3. Aufl., S. 1392.

## (1) 업무집행의 의의

회사의 업무집행(Geschäftsführung)이라 함은 회사의 목적을 달성하기 위하여 행하는 업무처리이다. 이 개념은 대내적인 것으로서 회사 외적으로는 회사대표라는 용어가 쓰인다. 업무집행에는 법률행위뿐만 아니라 사실행위도 포함될 수 있다. 동일한 행위라도 대내적으로는 업무집행이 되고 이것이 동시에 대외적으로는 대표권의 행사가 되는 경우가 많다.

## (2) 업무집행의 방법

**(가) 단독업무집행의 원칙:** 합명회사에 있어서는 주식회사처럼 이사회라는 타인기관의 성격을 갖는 회의체조직이 나타나지 않고 원칙적으로 사원 자신이 업무집행을 수행하는 관계로 각 사원이 회사의 업무를 스스로 집행하게 된다(Selbstorganschaft). 그리하여 각 사원은 정관에 별도의 규정이 없는 한 업무집행의 권리와 의무를 갖는다(상 200). 이를 단독업무집행(Einzelgeschäftsführung)의 원칙이라 한다. 이 경우 아무런 정함이 없을 때에는 업무집행에 대한 의사결정은 총사원 과반수의 결의로 정하여야 할 것이다(상 195; 민 706 Ⅱ 1). 그러나 그 실행은 통상사무에 관한 한 각 사원이 단독으로 할 수 있는 것이다. 이것은 상사회사인 합명회사의 업무집행에 기동성을 부여하기 위한 입법적 배려이다. 이에 반하여 민법상의 조합에서는 공동업무집행(Gesamtgeschäftsführung)의 원칙이 지배한다.

이렇게 각 사원이 업무를 집행할 경우 한 사원의 업무집행에 대하여 다른 사원의 이의가 있는 때에는 곧 그 행위를 중지하고 총사원의 과반수결의로 이를 결정하여야 한다(상 200). 이를 타사원의 異議權(Widerspruchsrecht)이라 한다. 이는 각 사원의 단독업무집행권에 대한 상호보완의 기능을 갖고 있다. 따라서 이러한 이의권은 업무집행사원을 선임한 경우에는 업무집행의 권한이 있는 사원에게만 부여된다(상 201 참조). 이렇게 자기기관의 원칙이 지배하므로 합명회사의 경우에는 타인에게 업무집행을 위임할 수 없다.

**(나) 업무집행사원의 선임:** 이렇게 각 사원에 의한 공동업무집행이 원칙이기는 하지만 정관으로 사원의 1인 또는 수인을 업무집행사원으로 정한 때에는 그 사원이 회사의 업무를 집행할 권리와 의무가 있다(상 201). 정관자치의 기본원칙이 지배하므로 이러한 특별한 정함은 얼마든지 가능하다. 그러나 이 경우에도 역시 단독업무집행의 기본원칙이 지배하기 때문에 아래에서 볼 공동업무집행의 특약이 있기 전에는 선출된 업무집행사원이 각자 업무를 집행한다. 나아가 이 경우에도 별도의 정함이 없으면

업무집행사항에 대한 의사결정은 업무집행사원의 과반수로 정한다($^{상\ 196;\ 민}_{706\ II\ 2문}$). 수인의 사원이 업무집행을 수행할 경우 한 업무집행사원의 행위에 대하여 다른 업무집행사원이 이의를 제기할 때에는 전체 업무집행사원 과반수의 결의로 이를 처리하여야 한다($^{상\ 201}$).

그러나 설사 업무집행사원을 선임하였다 할지라도 비상사항(非常事項)에 대해서는 그 의사결정을 위하여 사원총회의 결의를 요하는 때가 있다. 지배인의 선임 및 해임이 그러하다($^{상}_{203}$). 지배인의 선임은 그의 포괄적 대리권으로 영업 전반에 큰 영향을 미치므로 총사원의 과반수결의로 결정하도록 하였다.

(다) **공동업무집행사원:** 나아가 정관규정으로 수인의 사원을 공동업무집행사원으로 정할 수도 있다($^{상}_{202}$). 이는 공동지배인이나 공동대표이사제도와 궤를 같이한다고 할 수 있다. 업무집행에 신중을 기하고 권한남용을 방지하기 위한 제도라 할 수 있다. 이 경우에는 공동업무집행사원 전원의 동의가 있어야 업무집행이 가능하다. 그러나 지체할 염려가 있는 경우에는 예외적으로 전원의 동의없이도 업무집행을 수행할 수 있다($^{상\ 202}_{단서}$). 이를 긴급업무집행(Notgeschäftsführung)이라 한다.

(라) **업무집행사원과 회사와의 관계:** 합명회사와 그 업무집행사원간에는 위임관계가 존재한다고 봐야 한다. 비록 자기기관의 원칙에 따라 사원자격과 기관자격이 겸병을 일으키지만 업무집행은 회사 전체를 위한 것이므로 양자간에는 위임관계가 나타난다고 봐야 할 것이다($^{상\ 195;\ 민\ 707;}_{민\ 681-689}$). 따라서 업무집행사원은 선량한 관리자의 주의를 다하여야 할 것이다($^{민}_{681}$).

(3) 업무집행의 감시

(가) **업무집행권이 있는 사원에 의한 감시:** 모든 사원이 각자 업무집행권을 갖는 경우에는 이들 상호간의 이의권에 의하여 한 사원의 전횡적 업무처리는 통제될 수 있다($^{상\ 200}$). 나아가 특정 사원을 업무집행사원으로 선임한 경우에도 이들 상호간의 이의권행사로 역시 업무집행에 대한 감시의 기능을 수행할 수 있다($^{상\ 201}$). 이렇게 합명회사에서는 업무집행에 대한 의사결정과 그 실행뿐만 아니라 감시감독의 기능이 각 사원에게 혼융되어 있다.

(나) **업무집행권이 없는 사원에 의한 감시:** 그러나 업무집행권이 없는 사원이라도 그가 가진 사원권의 내용으로서 통제권(Kontrollrecht)을 향유한다($^{상\ 195;}_{민\ 710}$). 업무집행권을 가지지 않은 경우에도 업무집행사원과 같이 회사채권자에 대한 연대, 직접, 무한책임을 지기 때문이다($^{상}_{212}$). 따라서 이러한 감시권은 합명회사 사원의 고유권(固有權;

Sonderrecht)으로서 정관규정으로도 이를 박탈할 수 없다. 그러나 합리적 제한은 일정 범위 내에서 가능할 것이다.

(다) **업무집행권한의 상실**($\frac{\text{상}}{\text{205}}$):  업무집행에 대한 특수한 감시형태로서 상법은 權限喪失宣告의 訴제도를 두고 있다.

**1) 권한상실의 원인:**  업무집행사원이 업무집행을 행함에 현저히 부적임하거나 중대한 업무에 위반한 행위가 있는 때에는 법원은 사원의 청구에 의하여 업무집행권한의 상실을 선고할 수 있다($\frac{\text{상}}{205}$). 이러한 청구는 업무집행사원을 제외한 나머지 사원 전원의 동의로 하여야 하며(notwendige Streitgenosse; 필요적 공동소송), 민법상의 조합과 달리 법률관계의 명확을 기하기 위하여 사원의 동의에 그치지 않고 법원의 판결을 구하도록 하였다.[8] 그러나 상법 제205조 역시 임의규정에 불과하므로 정관규정으로 상대화시킬 수 있다. 즉 권한상실의 요건을 더욱 가중시킬 수도 있고 아예 이 조문의 적용을 폐지시킬 수도 있을 것이다.[9]

**2) 제소불원 사원의 협력의무:**  권한상실선고의 소제기를 원치 않는 사원이라 할지라도 경우에 따라서는 사원의 충실의무와의 관련에서 그 협력이 강제될 수도 있다(Mitwirkungspflicht). 이 경우에는 권한상실선고의 소(Entziehungsklage)와 提訴不願의 사원(klageunwilliger Gesellschafter)에 대한 동의요구의 소(Zustimmungsklage)가 병합될 수 있을 것이다.[10]

**3) 권한상실의 효과:**  권한상실의 요건이 갖추어지면 법원은 형성판결(Gestaltungsurteil)로 원고승소를 확인시킬 것이다. 그러나 판결의 효과는 소급하지 않는다.[11] 설사 피고 사원의 업무집행에 대한 무자격이 과거에까지 미쳐도 그러하다. 또한 피고 사원이 이 형성소송의 완결시까지 업무집행권을 남용할 우려가 있으면 가처분(einstweilige Verfügung)을 통한 사전조치도 가능할 것이다. 나아가 법원은 업무집행권의 전부박탈이 아니라 그 일부의 제한으로도 회사의 이익을 지킬 수 있다면 권한제한의 판결을 내릴 수도 있을 것이다.

**4) 권한상실의 등기:**  상법 제205조의 판결이 확정된 때에는 본점과 지점의 소재지에서 등기하여야 한다($\frac{\text{상}}{205}$).

---

8) 민법상의 조합에서는 타조합원 전원의 만장일치로 업무집행조합원의 권한을 박탈할 수 있다(민법 제708조).
9) Hueck, a.a.O., S. 101; BGH NJW 1973, 651.
10) Heymann/Emmerich, §117, Rdnr. 13.
11) Hueck, Gesellschaftsrecht, 18. Aufl., S. 101.

## 4. 사원의 충실의무

### (1) 충실의무 일반

합명회사의 내부관계로서 두번째로 사원간 및 회사와 사원간의 充實義務(Treuebindung des Gesellschafters)의 문제를 살펴본다. 합명회사는 가장 인적 성격이 강한 회사로서 사원간의 결속이 두드러지며 그들간의 인적 신뢰가 회사관계의 근저를 형성하고 있다. 그리하여 합명회사에서는 사원의 회사 및 타 사원에 대한 충실의무도 가장 강한 형태로 요구된다.

사원의 충실의무란 공동체의 목적달성을 위하여 모든 노력을 경주하며 회사 및 타사원에게 해가 되는 일체의 행동을 자제하여야 할 의무이다.[12] 이러한 충실의무는 조직계약으로부터 연유되며 합명회사의 내부관계에 두루 영향을 미친다. 그리하여 여러 각도에서 사원의 개별적인 행동준칙이 되고 이로써 단체목적달성에 기여한다.

이 의무를 구체화시켜보면 다음과 같다. 우선 업무집행면에서 각 사원은 회사의 이익을 위하여 최선의 고려를 하여야 한다. 특히 업무집행사원이 별도로 선임된 경우(상201) 해당 사원에게 이러한 의무는 더 강도높게 나타난다. 다수의 업무집행사원이 있을 때에도 자의적으로 이의권(異議權; Widerspruchsrecht)을 행사하여 효율적인 업무집행을 방해하면 충실의무를 위반하는 결과가 된다. 나아가 모든 사원에게는 회사에 급박한 위험이 닥쳤을 때 이를 회사에 알릴 의무가 있고, 회사의 의사결정을 위한 사원총회의 결의시에도 회사의 이익을 위하여 일정한 내용으로 의결권행사가 제한될 수 있다.[13] 나아가 각 사원은 회사의 영업비밀에 대한 준수의무가 있고 때로는 충실의무의 내용으로 일정 사원의 퇴사의무가 나타나기도 한다.

이렇게 충실의무에 위반하였을 때에는 일정 행위의 금지(Unterlassung)나 또는 조직계약에 대한 채무불이행으로 인한 손해배상의무가 발생할 수 있을 것이다. 상법은 합명회사 사원의 충실의무의 구체적인 예로서 사원의 경업금지의무(Wettbewerbsverbot)와 회사와의 자기거래금지를 규정하고 있다(상198.199). 이들을 좀더 구체적으로 살펴보기로 한다.

### (2) 경업금지의무(상198)

(가) 의  의:   사원은 다른 사원의 동의가 없으면 자기 또는 제3자의 계산으로 회사의 영업부류에 속하는 거래를 하지 못하며 동종영업을 목적으로 하는 다른 회사

---

12) Heymann-Emmerich, HGB, §109 Rdnr. 5.
13) BGHZ 64, 253 ff.

의 무한책임사원 또는 이사가 되지 못한다($^{상\ 198}$). 이는 사원의 충실의무를 구체화시킨 예이며 경업금지의무와 겸직금지의무를 그 내용으로 하고 있다. 여기서 다른 사원의 동의라 함은 다른 사원 전원의 동의를 뜻하고 또 사전동의(Einwilligung)가 원칙이다. 이러한 경업금지의무가 나타나는 이유는 회사의 업무집행에 정통한 사원이 지득한 정보를 이용하여 회사이익을 해하는 행위를 할 가능성이 크고 나아가 업무집행사원 이 아니라 할지라도 그가 행하는 감시권을 통하여 회사 사정에 정통하게 되기 때문 이다. 상법 제198조 역시 임의규정이므로 정관규정으로 이를 상대화시킬 수 있다.

(나) 의무위반의 효과: 이러한 의무에 위반하면 다음과 같은 효과가 나타날 수 있다.

우선 (i) 손해배상청구가 가능하며($^{상\ 198}$), 둘째 (ii) 의무위반의 사원에 대하여는 다 른 사원 과반수의 결의로 제명조치나 업무집행권한 또는 대표권한상실의 선고를 법 원에 청구할 수 있다($^{상\ 220\ I.\ 2호.}_{205\ I.\ 216}$). 셋째로는 (iii) 회사의 介入權이 인정된다($^{상\ 198}$). 즉 사 원이 전항의 규정에 위반하여 거래를 한 때 그 거래가 자기의 계산으로 한 것인 때 에는 회사는 이를 회사의 계산으로 한 것으로 볼 수 있고, 제3자의 계산으로 한 것인 때에는 그 사원에 대하여 회사는 이로 인한 이득의 양도를 구할 수 있다. 이는 이른 바 실질적 개입권 또는 경제적 개입권으로서 설사 이러한 의무를 위반하여 사원이 제3자와 한 거래도 유효하나 상법은 그러한 경업거래로 인하여 사원에게 발생한 이 익을 회사가 다시 거두어 갈 수 있는 권능(탈취권)을 부여하고 있다. 이러한 회사의 개입권은 다른 사원 과반수의 결의로 행사해야 하며 다른 사원 중의 1인이 그 거래 를 안 날로부터 2주간을 경과하거나 그 거래가 있은 날로부터 1년을 경과하면 소멸 한다($^{상\ 198}$). 이 기간은 제척기간이다. 이러한 개입권의 행사는 경업금지의무의 위반시 에만 인정되는 것으로서 겸직금지의무위반시에는 적용되지 않는다. 이때에는 손해배 상이나 제명 또는 권한상실선고로 회사의 조치가 제한될 것이다.

### (3) 자기거래의 제한($^{상}_{199}$)

사원은 다른 사원 과반수의 결의가 있는 때에 한하여 자기 또는 제3자의 계산으 로 회사와 거래를 할 수 있다. 이 경우 자기계약과 쌍방대리에 관한 민법 제124조는 적용되지 않는다($^{상}_{199}$). 여기에서 말하는 자기거래에는 사원과 회사간의 직접거래뿐만 아니라 간접거래 역시 포함된다. 사원의 개인채무를 담보하기 위하여 회사가 제3자와 보증계약을 체결하는 경우 등이다. 이 의무 역시 사원의 충실의무의 한 예이며 이를 위반했을 때에도 제명, 권한상실선고의 청구 또는 손해배상청구가 가능하다.

## 5. 합명회사의 손익분배

### (1) 손익의 산출

합명회사의 경우에도 연말결산을 통하여 대차대조표를 작성하게 되고($\binom{\text{상}}{30}$), 순재산액으로부터 부채를 공제한 액수가 자본액을 상회할 때에는 이익이 산출되고 자본보다 하회할 때에는 손실이 나타나게 될 것이다.[14]

### (2) 손익분배의 기준

損益分配는 정관이나 총사원의 동의로 결정할 수 있지만 특별한 약정이 없으면 각 사원이 이미 이행한 출자가액에 따른다($\binom{\text{상} 195;}{\text{민} 711}$). 나아가 이익과 손실에 대하여 분배의 비율을 정한 때에는 그 비율은 이익과 손실에 공통된 것으로 추정한다($\binom{\text{상} 195;}{\text{민} 711\,\text{II}}$).

### (3) 손익분배의 시기와 방법

합명회사 역시 1년에 1회 이상 일정한 시기에 대차대조표를 작성하게 되므로 정관에 별도의 정함이 없는 한 매연말결산을 통하여 이익분배가 이루어질 것이다. 이익분배는 원칙적으로 금전에 의한 현실지급이 되겠지만 사내유보의 방식을 취할 때에는 각 사원의 지분은 이로 인하여 상승할 것이다. 반면 사원이 분담하는 손실은 사원의 지분을 감소시키는 결과를 낳게 된다.

> ❖ **손익분배의 실례**
>
> 예컨대 X합명회사에 A, B, C 세 사람의 사원이 있다 하자. A와 B는 각각 2,000만원의 현물출자와 1천만원의 현금출자를 하였고 C는 노무출자를 하였다. 첫 영업연도에 270만원의 수입이 생겼고 X사의 정관으로 재산출자의 경우 출자액의 4%의 이익배당이 우선적으로 예정되어 있다고 하면, A는 80만원, B는 40만원의 이익이 분배될 것이다. 나머지 액수는 사원총회의 결의로 균등분할 하기로 하였다면 각 사원에게 50만원씩 분배될 것이다. 결론적으로 A는 2,000만원+80만원+50만원=2,130만원, B는 1천만원+40만원+50만원=1,090만원으로 각각 지분이 상승할 것이다. C는 재산출자가 없으므로 50만원의 분배를 받음에 그칠 것이다. 만약 그 다음해에 150만원의 손실이 발생하였고 A와 C 는 자신의 이익배당액을 인출하였다면 A의 지분은 2,130−130−50=1,950만원, B의 지분은 1,090−50=1,040만원, C의 지분은 50−50−50=−50만원이 될 것이다($\binom{\text{상} 195;}{\text{민} 711\,\text{II}}$).[15]

---

14) 손익={자산−(부채+자본)}.

15) 이익 또는 손실에 대하여 분배의 비율을 정한 때에는 그 비율은 이익과 손실에 공통된 것으로 추정한다(민법 제711조 제2항).

## 6. 지분 및 지분의 양도

### (1) 지분의 의미

상법은 持分을 두 가지 의미로 사용하고 있다. 하나는 사원이 회사재산에 대하여 가지는 몫으로서 계산상의 수액, 즉 자본에의 참여비율(Kapitalanteil)을 뜻하고, 다른 하나는 사원의 회사에 대한 법적 지위 즉 사원권(Mitgliedschaftsrecht)을 뜻한다. 전자의 예로 상법 제220조의 '지분'의 환급을 들 수 있고, 후자의 예로 상법 제197조의 '지분'의 양도를 들 수 있다.

### (2) 지분의 양도

(가) **양도의 제한:** 이는 사원권 내지는 사원의 지위를 양도하는 것을 의미한다. 합명회사의 경우에는 내부적 조합성과 사원 상호간의 인적 신뢰 때문에 지분의 양도는 곧 조합원의 구성과 조직을 변개(變改)하는 결과가 되므로 주식회사에서처럼 지분의 양도를 자유롭게 허용할 수 없다. 따라서 상법은 다른 사원 전원의 동의를 얻지 못하면 지분의 전부 또는 일부를 타인에게 양도할 수 없는 것으로 하였다($\frac{4}{197}$). 나아가 지분양도로 사원이 변경되는 때에는 정관변경이 수반되어야 한다($\frac{4}{3호}\frac{179}{참조}$). 정관변경에는 다시 총사원의 동의를 요하므로($\frac{4}{204}$), 지분양도에 대한 다른 사원 전원의 동의는 정관변경을 위한 총사원의 동의를 대체한다고 해석된다.

(나) **양도의 효과:** 지분의 전부양도시 양수인이 기존 사원이면 양도인은 사원의 지위를 잃고 양수인의 지분은 상승하며, 양수인이 제3자이면 그가 새로운 사원이 된다. 나아가 지분의 일부양도시에는 양도인의 지분은 감소하고 양수인이 기존 사원이면 그의 지분이 증가하고, 양수인이 제3자이면 그가 새로운 사원이 된다.

(다) **변경등기:** 지분의 양도는 사원의 변경을 야기시키고 이는 등기사항이므로 지분양도로 인한 변경등기가 수반되어야 할 것이다($\frac{4}{37}\frac{180}{40}$).

(라) **지분양도인의 지위:** 지분을 전부양도한 사원 역시 퇴사원과 같이 본점소재지에서 지분양도에 따른 변경등기를 하기 전에 생긴 회사채무에 대해서는 등기 후 2년 내에는 다른 사원과 동일한 책임이 있다($\frac{4}{225}$). 2년의 기간은 제척기간인데, 지분양도인의 책임에 대해서도 퇴사원의 책임에 관한 논의가 그대로 적용될 수 있을 것이다. 즉 상법 제37조와 제225조간의 관계는 지분양도인에게도 적용된다(상업등기의 일반적 효력의 적용범위 부분 참조).

### (3) 지분의 상속

원칙적으로 합명회사의 지분은 정관에 다른 정함이 없는 한 상속되지 못한다. 즉 인적 개성이 강한 조합적 내부구조는 상속인이 자동적으로 신사원이 되는 것을 허용하지 않는다. 그리하여 사원의 사망은 퇴사의 원인이 될 뿐이다($\frac{\text{상}}{3호}^{218}$). 그러나 정관으로 지분의 상속을 인정한 때에는 예외를 인정하고 있다($\frac{\text{상}}{219}$). 이러한 정관조항을 승계약관(Nachfolgeklausel) 또는 가입약관(Eintrittsklausel)이라 한다. 전자는 상속인이 승계의사를 통지하지 않아도 피상속인의 사망과 더불어 상속인이 사원이 되는 경우이고, 후자는 피상속인인 사원이 사망하고 이에 이어 상속인이 피상속인의 지분을 승계하겠다는 추가의 의사표시로 사원이 되는 조항이다.

우리 상법은 이러한 승계약관이 정관에 포함되어 있을 때에는 상속인은 상속의 개시를 안 날로부터 3개월 내에 회사에 대하여 승계 또는 포기의 통지를 발송하여야 한다고 하고 있고($\frac{\text{상}}{}^{219}$), 또 이러한 통지없이 3개월이 도과하면 사원이 될 권리를 포기한 것으로 보고 있다($\frac{\text{상}}{}^{219}$). 따라서 우리 상법은 후자 즉 가입약관(加入約款)을 성문화하였다고 해석된다.

# 제 4 절  합명회사의 외부관계

합명회사의 외부관계에는 회사대표의 문제와 사원의 책임문제가 있다.

## I. 합명회사의 대표문제

### 1. 대표기관

### (1) 각자대표의 원칙

합명회사는 법인이므로($\frac{\text{상}}{171}$) 스스로 대외적인 법률행위를 할 수 없고 기관에 의하여 대표되어야 한다. 합명회사는 自己機關의 원칙(Prinzip der Selbstorganschaft)이 지배하므로 따라서 사원이 대표기관의 역할을 담당하게 된다. 이에 상법은 정관으로 업무집행사원을 정하지 않은 경우에는 각 사원이 회사를 대표하도록 하고 있다($\frac{\text{상}}{207}$). 이를

社員各自代表의 原則이라 한다.

### (2) 대표사원의 선임

그러나 업무집행사원을 정한 경우에는 업무집행사원이 각자 회사를 대표한다 (상<sup>207</sup>). 물론 정관규정 또는 총사원의 동의로 업무집행사원 중 특히 회사를 대표할 자를 정할 수 있다(상<sup>207</sup>). 또 합명회사는 수인의 사원이 공동으로 회사를 대표할 것을 정할 수도 있다(상<sup>208</sup>). 대표권의 남용을 막기 위하여 공동대표사원이 선임된 경우 능동대표시에는 수인의 대표사원이 공동으로만 대표권을 행사할 수 있다. 그러나 수동대표의 경우에는 그 1인에 대한 의사표시도 회사에 대하여 유효하다(상<sup>208</sup>).

### (3) 회사와 사원간의 소

회사가 사원에 대하여 또는 사원이 회사에 대하여 소를 제기하는 경우에 회사를 대표할 사원이 없을 때에는 다른 사원 과반수의 결의로 선정하여야 한다(상<sub>211</sub>). 가령 회사가 대표사원에 대하여 소를 제기하거나 대표사원이 회사를 상대로 소를 제기할 때에는 회사를 대표할 사원이 존재하지 않게 된다. 이러한 경우에는 회사대표자를 별도로 선임하여야 한다.

### (4) 대표권한의 상실선고

대표사원이 회사를 대표하는 것이 현저하게 부적당하거나 중대한 의무에 위반한 행위가 있는 때에는 법원은 다른 사원의 청구에 의하여 대표권한의 상실을 선고할 수 있다(상<sub>205</sub><sup>216</sup>). 이러한 권한상실선고의 소는 본점소재지의 지방법원이 전속관할이고 본 판결이 확정된 때에는 본점과 지점소재지에서 등기하여야 한다(상<sub>205</sub><sup>216</sup> Ⅱ <sup>206</sup>).

### (5) 대표기관의 등기

대표사원을 선임한 경우나 공동대표사원이 정해진 경우 등기의무가 있다(상<sub>4, 5호</sub><sup>180</sup>).

## 2. 대 표 권

회사를 대표하는 사원은 회사의 영업에 관한 재판상·재판외의 모든 행위를 할 권한이 있다(상<sup>209</sup>). 대표사원의 대표권은 지배권이나 주식회사의 대표권에서와 마찬가지로 포괄적으로 법정되어 있으며 그 내부적 제한으로 선의의 제3자에게 대항할 수 없다(상<sup>209</sup>). 그러나 이렇게 포괄적이고 불가제한적이라 할지라도 대표사원의 대표권은 회사의 영업과 관련있는 사항에 한정된다. 이 때 영업관련성(Betriebsbezogenheit)은 객관적으로 파악되어야 한다.[1] 대표권의 범위에 대한 상법규정은 강행적인 것이므로 정관으로 이를 임의화시킬 수 없다.

## II. 사원의 책임

### 1. 책임의 내용

#### (1) 연대·직접·무한책임

합명회사의 사원은 회사채무에 대하여 연대, 직접, 무한책임을 진다($^{상}_{212}$). 우선 사원책임에는 한도가 없다. 나아가 회사채권자에 대하여 직접 책임지므로 채권자는 사원을 채무자로 하여 직접 그 이행을 요구할 수 있다. 나아가 복수의 사원들은 연대하여 책임진다. 그러나 이러한 책임은 회사의 채무가 발생함과 동시에 나타나는 것이지만 회사재산으로 완제할 수 없거나 회사재산에 대한 강제집행이 주효하지 못한 경우에만 성립된다($^{상 212}$). 이렇게 사원책임은 보충적 성격을 갖고 있다. 이렇게 보충적 성격을 갖는다 해도 사원의 책임한도는 회사채무의 전액이요, 회사재산으로부터 변제받을 수 없는 부분에 한정되는 것은 아니다(keine Ausfallhaftung).

> **대판 2012. 4. 12, 2010다27847 [사해행위의 취소]**
>
> "[1] 상법 제269조에 의하여 합자회사에 준용되는 상법 제212조 제1항은 "회사의 재산으로 회사의 채무를 완제할 수 없는 때에는 합명회사의 각 사원은 연대하여 변제할 책임이 있다."고 규정하고, 제2항은 "회사재산에 대한 강제집행이 주효하지 못한 때에도 전항과 같다."고 규정하고 있는데, 합자회사의 무한책임사원 책임은 회사가 채무를 부담하면 법률의 규정에 기해 당연히 발생하는 것이고, "회사의 재산으로 회사의 채무를 완제할 수 없는 때"또는 "회사재산에 대한 강제집행이 주효하지 못한 때"에 비로소 발생하는 것은 아니며, 이는 회사채권자가 그와 같은 경우에 해당함을 증명하여 합자회사의 무한책임사원에게 보충적으로 책임의 이행을 청구할 수 있다는 책임이행 요건을 정한 것으로 봄이 타당하다. 따라서 합자회사의 무한책임사원이 한 대물변제계약 등 법률행위가 사해행위에 해당하는지를 판단할 때, 무한책임사원 고유의 채무 총액과 합자회사의 부채 총액을 합한 액이 무한책임사원 고유의 재산 총액을 초과하는 경우에는 그 법률행위는 특별한 사정이 없는 한 사해행위에 해당한다고 볼 수 있지만, 합자회사의 무한책임사원 책임이 위와 같이 보충성을 갖고 있는 점 등에 비추어 법률행위 당시 합자회사가 그 재산으로 채무를 완제할 수 있었다는 점($^{상 212}$)이 주장·입증

---

[1] 대판 1997. 8. 26, 96다36753(지배권).

된 경우에는 합자회사의 채무를 고려함이 없이 무한책임사원 고유의 채무 총액과 고유의 재산 총액을 비교하여 법률행위가 사해행위에 해당하는지를 판단하여야 한다.

[2] 상법 제212조 제1항에서 정한 "회사의 재산으로 회사의 채무를 완제할 수 없는 때"란 회사의 부채 총액이 회사의 자산 총액을 초과하는 상태, 즉 채무초과 상태를 의미하는데, 이는 회사가 실제 부담하는 채무 총액과 실제 가치로 평가한 자산 총액을 기준으로 판단하여야 하고, 대차대조표 등 재무제표에 기재된 명목상부채 및 자산 총액을 기준으로 판단할 것은 아니며, 나아가 회사의 신용·노력·기능(기술)·장래 수입 등은 원칙적으로 회사의 자산 총액을 산정하면서 고려할 대상이 아니다."

### 대판 2011. 3. 24, 2010다99453 [강제집행이 주효하지 못함의 의미]

"[1] 변호사법 제58조 제1항은 "법무법인에 관하여 이 법에 정한 것 외에는 상법 중 합명회사에 관한 규정을 준용한다."고 규정하고 있으며, 상법 제212조 제1항은 "회사의 재산으로 회사의 채무를 완제할 수 없는 때에는 합명회사의 각 사원은 연대하여 변제할 책임이 있다."고 규정하고, 제2항은 "회사재산에 대한 강제집행이 주효하지 못한 때에도 전항과 같다."고 규정하고 있다. 위 제2항은 회사 채권자가 제1항에서 규정한 '회사의 재산으로 회사의 채무를 완제할 수 없는 때'를 증명하는 것이 현실적으로 용이하지 않다는 점을 고려하여, 회사 재산에 대한 강제집행이 주효하지 못한 때에 해당한다는 객관적 사실을 증명하는 것만으로도 각 사원에게 직접 변제책임을 물을 수 있도록 함으로써 회사 채권자를 보다 폭넓게 보호하려는 데 그 취지가 있다. 위와 같은 법 규정의 취지 및 문언적 의미 등을 종합하여 보면, 상법 제212조 제2항에서 정한 '강제집행이 주효하지 못한 때'란 회사 채권자가 회사 재산에 대하여 강제집행을 하였음에도 결국 채권의 만족을 얻지 못한 경우를 뜻한다.

[2] 법무법인의 채권자가 법무법인의 구성원들을 상대로 그들이 상법 제212조 제2항에 따라 법무법인의 채무를 변제할 책임이 있다고 주장한 사안에서, 위 규정은 강제집행의 개시를 전제로 하고 있으므로 채권자가 그 동안 법무법인의 재산인 전세금 및 임대차보증금 반환청구권에 대하여 아무런 환가시도도 하지 않은 이상 위 규정이 적용될 수 없다는 이유로 위 주장을 배척한 원심판단을 정당하다고 한 사례"

### 대판 2009. 5. 28, 2006다65903

[합명회사 사원 또는 합자회사 무한책임사원의 회사 채권자에 대한 책임의 발생시기]

"상법 제212조 제1항은 "회사의 재산으로 회사의 채무를 완제할 수 없는 때에는 합명회사의 각 사원은 연대하여 변제할 책임이 있다"고 규정하고, 제2항은 "회사재산에 대한 강제집행이 주효하지 못한 때에도 전항과 같다"고 규정하고 있는바, 합명회사는 실질적으로 조합적 공동기업체이어서 회사의 채무는 실질적으로 각 사원의 공동채무라고 할 것이므로, 합명회사의 사원의 책임은 회사가 채무를 부담하면 법률의 규정에 기해 당연히 발생하는 것이고, "회사의 재산으로 회사의 채무를 완제할 수 없는 때" 또는 "회사재산에 대한 강제집행이 주효하지 못한 때"에 비로소 발생하는 것은 아니며, 이

> 는 회사채권자가 그와 같은 경우에 해당함을 증명하여 합명회사의 사원에게 보충적으로 책임의 이행을 청구할 수 있다는 책임이행의 요건을 정한 것으로 봄이 타당하다. 그리고 합자회사의 장에 다른 규정이 없는 사항은 합명회사에 관한 규정을 준용하므로 (商269), 합자회사의 무한책임사원의 회사채권자에 대한 책임은 합명회사의 사원의 책임과 동일하다고 할 것이다."

## (2) 비금전적 회사채무에 대한 사원책임의 내용

나아가 회사가 부담하는 채무가 금전채무이면 사원의 채무도 금전채무의 성격을 띠겠지만 회사채무가 非金錢的 급부를 내용으로 하는 경우 사원책임도 같은 내용이어야 하는지 아니면 급부의 내용에 해당하는 금전지급으로 대체될 수 있는지 의문이다. 이에 대해서는 履行說(Erfüllungstheorie)과 責任說(Haftungstheorie)의 대립이 있다. 전자에 따르면 회사채무의 내용과 같은 것을 사원도 책임진다고 한다. 그리하여 회사가 물건을 판매하였으면 사원도 해당 물건을 급부하여야 하고 회사가 受給人으로서 일정한 일의 완성을 인수하였으면 사원도 역시 이를 이행해야 한다고 보고 있다.[2] 반면 후자에 따르면 사원은 회사채무와 반드시 같은 내용으로 급부할 필요는 없고 그에 상당한 금전지급으로 대체할 수 있다고 한다. 즉 회사채무의 내용이 비금전적일 때 사원은 금전적 손해배상책임을 자신의 책임내용으로 할 수 있다고 주장한다.[3]

이행설과 책임설의 대립은 회사채권자와 사원의 이익의 형량 문제이다. 이행설을 취하면 회사채권자의 이익은 두터이 보호되지만 사원에게는 불리하다. 반대로 책임설을 취하면 사원에게는 유리하지만 회사채권자에게는 불리하다. 오늘날 국내외적인 다수설은 이행설이다. 이러한 이행설의 입장은 상법이 합명회사의 사원에게 연대, 직접, 무한책임을 인정한 본래의 취지에도 부합한다. 즉 회사채권자를 보호하기 위하여 포괄적인 인적 책임을 설정한 것이 상법 제212조의 입법이념이기도 한 것이다.[4] 이러한 상법의 입장은 이행설에 의하여 가장 잘 설명된다. 단순한 금전적 손해배상으로는 채권자보호에 만전을 기할 수 없는 것이다. 따라서 사원의 책임내용은 근본적으로 이행설에 따라 급부내용을 정하여야 할 것이다.

그러나 이러한 이행설의 입장만을 예외없이 고집하는 것은 사원을 지나치게 불리하게 한다. 따라서 이행설의 기본입장에 서되 다음과 같은 예외를 인정하여 책임설을 부분적으로 절충시키는 것이 타당할 것이다. 즉 회사가 부담한 채무가 대체성이 없는

---

2) Buchner, JZ 1968, 622 f.; Schlegelberger-Geßler, §128 Rdnr. 1; Hueck, Gesellschaftsrecht, §15 Ⅲ 2; Müller, NJW 1968, 225.
3) Fischer in Großkomm. HGB §128 Rdnrn. 9 ff.; Baumbach-Duden-Hopt, §128 Anm. 2A.
4) Hueck, GesR, 18. Aufl, §15 Ⅲ S. 116.

것이어서 사원 자신이 이를 스스로 이행하기 어려운 경우 또는 사원에게 회사채무의 내용대로 그 이행을 요구하면 사원의 私的인 영역을 지나치게 침해하는 경우 등이다. 이러한 경우 채권자는 금전배상으로 만족하여야 할 것이다.

### (3) 회사의 항변원용($\frac{상}{214}$)

사원이 회사채무에 대하여 변제의 청구를 받은 때에는 회사가 주장할 수 있는 항변으로 그 채권자에게 대항할 수 있다($\frac{상 214 \; I : 항변}{권의 \; 대위행사}$). 나아가 회사가 채권자에 대하여 상계, 취소 또는 해제할 권리가 있는 때에는 사원은 그 변제를 거부할 수 있다($\frac{상}{214}$).

> **참고** 抗辯權의 代位行使와 通過行使
>
> Ⅰ. 항변권의 대위행사[수렴형]
> 이는 일정한 자에게 발생한 항변권이 다른 자에 의하여 행사되는 것을 가리킨다. 다음과 같은 예들을 생각할 수 있다.
>
> ① 상법 제214조의 경우

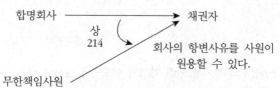

> ② 민법상의 보증의 경우

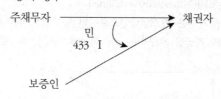

> 보증인은 주채무자가 갖는 항변권으로 채권자에게 대항할 수 있다($\frac{민}{433}$).
>
> ③ 상호속용조의 영업양도($\frac{상}{42}$ Ⅰ)의 경우

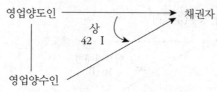

> 상호속용조의 영업양수인은 양도인이 자신의 채권자에 대하여 주장할 수 있는 항변사유로 채권자에게 대항할 수 있다.

Ⅱ. 항변권의 통과행사(Einwendungsdurchgriff)[발산형]

이는 일정한 상대방에 대하여 주장할 수 있는 항변사유로 그 외의 다른 자에게도 대항할 수 있는 것을 뜻한다.

① 제3자를 위한 계약

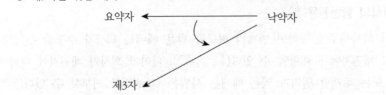

낙약자(Versprechende)는 제3자를 위한 계약의 상대방인 요약자(Versprechensempfänger)에 대하여 주장할 수 있는 항변사유로 제3자에게 대항할 수 있다($\frac{민}{542}$).

② 지명채권양도시

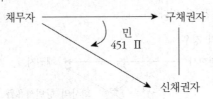

채무자는 채권양도의 통지를 받은 때까지 양도인에 대하여 생긴 사유로써 양수인에게 대항할 수 있다($\frac{민}{Ⅱ}$ 451).

③ 리스계약에서의 共鳴關係(Resonanzverhältnis)

금융리스의 경우 리스임차인은 리스임대인으로부터 양도받은 매매계약상의 하자담보권을 행사함으로써 리스료의 지급을 요구하는 리스회사에 대항할 수 있다.

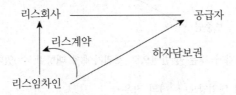

④ 은행식 할부매매의 경우($\frac{할부매매}{법\ 16\ Ⅱ}$)

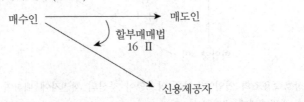

매수인은 은행식 할부매매(finanzierter Abzahlungskauf)의 경우 매물이 계약목적달성 불능의 하자를 지닌 경우 매도인과의 계약을 해제할 수 있다. 이에 그치지 않고 매수인은 금전소비대차계약상의 할부금지급의무에 대하여도 매매계약상의 항변사유를 원용하여 신용제공자에 대항할 수 있다(할부매매).

## 2. 책임자의 범위

### (1) 기존 사원

상기의 무한, 연대, 직접책임은 사원이면 누구나 지는 것이며 대표권이나 업무집행권있는 사원에 한하지 않는다.

### (2) 신입사원

나아가 회사성립 후 새로이 가입한 사원도 가입 전에 발생한 회사채무에 대하여 다른 사원과 동일한 책임을 부담한다(상213).

### (3) 퇴사원

나아가 퇴사한 사원 또는 자신의 지분을 양도한 사원도 본점소재지에서 퇴사등기를 하기 전에 생긴 회사채무에 대해서 책임을 진다(상225). 이러한 퇴사원의 책임은 퇴사등기의 시점으로부터 2년의 제척기간이 지나면 소멸한다. 퇴사원의 책임에 관한 상법 제225조와 상업등기의 효력에 관한 상법 제37조간의 관계에 대해서는 제37조의 적용긍정설과 적용부정설의 대립이 있다. 이 문제는 실퇴사와 퇴사등기의 시점이 불일치할 때 나타난다.

적용부정설에 의하면 상법 제225조는 상법 제37조의 특칙이므로 퇴사사실에 대하여 제3자가 선의든 악의든 구별함이 없이 퇴사등기의 시점을 기준으로 그 이전에 발생한 회사채무에 대하여는 무조건 책임진다고 본다. 반면 적용긍정설에 의하면 상법 제37조는 실퇴사와 퇴사등기의 중간시점에서 발생한 법률행위적 회사채무에 대해서는 퇴사원의 퇴사사실에 대하여 선의인 회사채권자에 대하여는 퇴사원이 책임진다고 한다. 단 실퇴사 이후에 발생한 불법행위채무에 대하여는 책임지지 않는다고 한다. 상업등기 부분에서 논하였듯이 적용긍정설에 찬동한다.

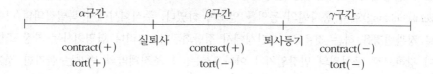

α구간: 실퇴사 이전의 시점에서 발생한 회사채무에 대하여는 계약적 채무이든 불법행위책임이든 퇴사원은 퇴사등기로부터 2년 내에는 책임진다.

β구간: 실퇴사와 퇴사등기의 중간시점에서 발생한 회사채무에 대해서는 계약적 채무에 한하여 그것도 선의의 제3자에 대하여만 책임진다.

γ구간: 퇴사등기 이후에 발생한 회사채무에 대하여는 계약적 책임이든 불법행위책임이든 퇴사원은 책임지지 않는다.

### (4) 자칭사원

사원이 아닌 자가 타인에게 자기를 사원이라고 오인시키는 행위를 하였을 때에는 오인으로 인하여 회사와 거래한 자에 대하여는 사원과 동일한 책임을 진다($\frac{商}{215}$). 사원이 아니면서 마치 사원인 양 법외관을 작출한 자를 自稱社員 또는 表見社員(Scheingesell-schafter)이라 한다. 자칭사원의 책임은 (i) 표현사원의 법외관, (ii) 이에 대한 자칭사원의 원인제공행위, (iii) 제3자의 선의 및 (iv) 법외관과 상대방의 반응간의 인과관계 등 일반 법외관책임의 발생요건이 갖추어질 때 성립된다.

자칭사원의 책임과 타사원들의 책임간에는 부진정연대관계가 발생하며, 자칭사원도 회사의 항변권을 원용할 수 있다고 본다.

### 3. 책임의 소멸

사원의 연대, 직접, 무한책임은 본점소재지에서 해산등기를 한 후 5년을 경과하면 소멸한다($\frac{商}{267}$). 5년 역시 제척기간이다.

# 제 5 절  합명회사의 기본변경사항

## Ⅰ. 정관변경

합명회사의 定款變更에는 총사원의 동의가 필요하다($\frac{商}{204}$). 합명회사의 정관변경은 조합적 결성체의 조직계약을 변경하는 행위이다. 따라서 이는 기본결정행위(Grund-satzentscheidung)로서 총사원의 동의를 얻도록 하였다. 주식회사에서 특별결의의 다수결로 정관변경을 하는 것은 그 사단성에서 정당화된다. 그러나 합명회사는 가장 조합성이 강하므로 구성원의 만장일치가 아니고서는 그 조직계약의 변개는 불가한 것이

다. 합명회사는 고도의 정관자치(Satzungsautonomie)를 향유하므로 강행법규나 양속에
위반하지 않는 한 어떠한 내용으로도 정관을 바꿀 수 있다.

## Ⅱ. 사원의 입사와 퇴사

사원의 입사와 퇴사는 합명회사에서는 기본변경사항이 된다. 앞서 서술한 정관변
경이 조직계약의 내용에 대한 변경이라면 사원의 입사와 퇴사는 그 구성원의 변경이
기 때문이다. 사원의 입사와 퇴사는 구성원의 개성이 강한 합명회사에서는 조직 그
자체에 대한 새로운 결단을 의미한다.

### 1. 사원의 입사

사원의 入社(Eintritt)란 회사의 성립 후에 사원의 지위를 새로이 취득하는 것이다.
국내 학설들은 입사의 효력이 발생하려면 신입사원과 회사간의 입사계약이 필요하다
고 한다. 그러나 이 입사계약이라는 것은 회사와 신입사원간에 맺어지는 것이 아니라
기존 모든 사원과 신입사원간에 맺어지는 새로운 조직계약으로 보아야 할 것이다. 물
론 신입사원이 행하는 입사의 의사표시는 대표사원 등에 의하여 대리수령될 수 있다.
기존 구성원의 숫자에 추가하여 신입사원이 들어옴으로써 조직계약의 구성원이 늘어
나고 이에 따라 새로운 조직계약이 체결되는 것이라고 볼 수 있다. 합명회사의 경우
사원의 성명은 정관의 절대적 기재사항이므로 사원의 입사는 정관변경을 수반하고
($^{상\,179}_{3호}$), 따라서 사원의 입사에는 전사원의 동의가 요구된다($^{상}_{204}$). 이렇게 나타나는 전사
원의 동의는 결국 따지고 보면 새로운 조직계약을 성립시키기 위한 의사표시의 교환
현상인 것이다.

신입사원은 기존 사원과 마찬가지로 입사 전에 발생한 회사채무에 대해서도 책임
지며($^{상}_{213}$), 신입사원의 성명, 주민등록번호 및 주소는 등기하여야 한다($^{상\,179\,3호.}_{180\,1호,\,183}$).

### 2. 퇴    사

#### (1) 의    의

退社(Ausscheiden)란 특정한 사원이 회사의 존속중에 자신의 사원자격을 절대적으
로 상실하는 것이다. 이는 주식회사에서는 주식의 소각에 해당하는 법률사실이다. 따
라서 모든 사원의 사원권이 소멸하는 회사의 소멸과 다르고 사원자격이 상대적으로

만 소멸하는 지분의 양도와 다르다. 물적회사에서는 지분의환급(Einlagenrückgewähr)
이 있을 수 없으므로(자본유지의 원칙) 퇴사제도를 인정할 수 없으나 인적회사에서는
자본의 개념이 없고 나아가 일정한 사유가 발생한 때에는 연대, 직접, 무한의 사원책
임으로부터 벗어날 수 있게 할 필요가 있다. 이러한 이유에서 합명회사의 퇴사제도는
정당화된다.

### (2) 퇴사의 원인

퇴사원인으로 다음 사항을 들 수 있다.

**(가) 법률행위적 퇴사원인:**  이에는 퇴사희망사원의 퇴사권행사($\frac{상}{217}$), 퇴사사원의
신청과 잔여사원들의 합의($\frac{상}{2호}$218), 채권자의 신청($\frac{상}{224}$)이 있다.

**1) 각 사원의 의사표시에 의한 임의퇴사**($\frac{상}{217}$):    모든 사원은 퇴사권을 갖는다. 각
사원은 퇴사의 의사표시를 함으로써 퇴사할 수 있다. 이러한 퇴사의 의사표시(Austritt-
serklärung)는 다른 사원에게 도달하여야 효력이 발생한다($\frac{민}{111}$). 즉 상대방있는 단독행
위로서 사원의 퇴사권은 형성권이다. 그러나 이러한 임의의 퇴사권은 다음의 경우에
만 인정된다. 즉 정관으로 회사의 존립기간을 정하지 아니하거나 어느 사원의 종신까
지 존속할 것을 정한 때 영업연도말에 한하여 6개월의 예고기간을 거친 후에야 퇴사
할 수 있다($\frac{상}{217}$). 물론 부득이한 사유가 있는 때에는 언제든지 퇴사할 수 있다($\frac{상}{217}$).

**2) 지분압류채권자의 퇴사청구**($\frac{상}{224}$)(Gläubigerkündigung:):    사원의 지분을 압류한 채권자는
영업연도 말에 6개월의 예고기간을 거친 후 회사와 그 사원에 대한 의사표시로서 해
당 사원을 퇴사시킬 수 있다($\frac{상}{224}$). 이러한 퇴사청구권 역시 상대방있는 단독행위로서
형성권에 해당한다. 그러나 이러한 퇴사청구권의 행사는 해당 사원이 변제를 하거나
상당한 담보를 제공한 때에는 효력을 잃는다($\frac{상}{224}$). 이 때 담보제공의 의미는 담보물
권의 설정이나 보증계약의 체결을 뜻하는 것으로서 실질적으로 보증과 같은 채권확
보의 효력이 있는 중첩적 채무인수계약이 체결되거나 압류채권자가 그 채무인수를
승낙한 때에도 해당 퇴사예고는 효력을 잃는다.[1]

> ### 대판 2014. 5. 29, 2013다212295 [대표권 및 업무집행권한 상실선고]
> "상법 제269조에 의하여 합자회사에 준용되는 상법 제224조 제1항은 "사원의 지분
> 을 압류한 채권자는 영업연도말에 그 사원을 퇴사시킬 수 있다. 그러나 회사와 그 사

---

1) 대판 1989. 5. 23, 88다카13516.

원에 대하여 6월 전에 그 예고를 하여야 한다."라고 규정하고 있고, 제2항은 "전항 단
서의 예고는 사원이 변제를 하거나 상당한 담보를 제공한 때에는 그 효력을 잃는다."
라고 규정하고 있다. 상법 제224조 제1항의 규정 취지는, 사원의 채권자가 사원의 지
분을 압류하여도 상법 제197조의 규정에 따라 다른 사원의 동의를 얻어야만 이를 환
가할 수 있는 점 등을 감안하여, 사원의 지분을 압류한 채권자에게 퇴사청구권을 인정
하고 지분환급에 의하여 채권의 변제를 받을 수 있게 한 것으로서, 위 **퇴사청구권은
사원 지분의 압류채권자가 직접 일방적 의사표시로 사원을 퇴사시킬 수 있도록 한 형성권**
이다. 이에 따라 채권자가 예고기간을 정하여 예고를 한 이상 다른 의사표시 없이도
영업연도말에 당연히 퇴사의 효력이 발생하고, 사원이 이를 저지하기 위하여서는 영업
연도말이 되기 전에 변제를 하거나 상당한 담보를 제공하여야 하며, 변제 또는 담보제
공이 없이 영업연도말이 도래하여 일단 퇴사의 효력이 발생하였다면 그 후 사원 또는
채권자가 일방적으로 위 퇴사의 의사표시를 철회할 수 없고, 이는 퇴사의 효력이 발생
한 후 사원이 채권자에게 채무를 변제한 경우에도 마찬가지이다."

  **3) 총사원의 동의($\substack{상218\\2호}$):**   이는 퇴사를 원하는 사원 이외의 사원들이 합의(Aust-
rittsvereinbarung des verbleibenden Gesellschafters)하여 퇴사희망사원을 퇴사시키는 방
법이다. 이 경우 당해 퇴사사원 이외의 사원들은 새로운 조직구성에 대하여 결단을
내리는 것이라고 할 수 있다. 즉 잔여사원들끼리 새로운 조직계약을 체결하는 것이
다. 이 경우 퇴사할 사원 자신도 퇴사를 희망하였다고 보아야 한다. 만약 그러한 경
우가 아니라면 이는 제명에 해당하기 때문이다.

  **(나) 비법률행위적 법정퇴사원인**   위의 여러 의사표시적 퇴사원인 이외에도 다음
과 같은 법정퇴사원인이 있다.
  ① 정관에 정한 사유의 발생($\substack{상218\\1호}$)
  ② 사망($\substack{상218\\3호}$)
  ③ 금치산($\substack{상218\\4호}$)
  ④ 파산($\substack{상218\\4호}$)
  ⑤ 除名($\substack{상218\\8호}$):   제명(Ausschließung)이란 사원의 의사에 반하여 사원의 자격을
박탈시키는 것이다. 사원에게 상법 제220조 각호의 사유가 있을 때 회사는 다른 사원
과반수의 결의로 법원에 제명선고의 소(Ausschließungsklage)를 제기할 수 있다. 제명
대상인 사원이 여럿 있을 때에는 각 제명사원에 대하여 나머지 사원의 과반수결의로
제명선고의 소의 제소 여부를 결정하여야 한다.[2]

---

2) 대판 1976. 6. 22, 75다1503 [사원제명선고]; "합자회사의 사원 중 수명이 제명대상인 경우에는 피제명 각인
   에 대하여 타의 사원의 동의 여부의 기회를 주어 개별적으로 그 제명의 당부를 나머지 다른 사원의 과반수의

⑥ 회사계속의 결의(Fortsetzungsbeschluß)에 대한 반대($\frac{상}{\Gamma}\frac{229}{2호}$)

### (3) 퇴사의 효과

**(가) 사원권의 상실:** 퇴사한 사원은 퇴사의 효과로 자신의 사원권을 상실한다. 그러나 퇴사한 사원도 퇴사등기 이전에 발생한 회사채무에 대하여 퇴사등기 후 2년 내에는 다른 사원과 동일한 책임을 부담한다($\frac{상}{225}$). 이 경우 상법 제37조와의 관계에 대하여는 이미 기술하였다. 회사는 잔여사원들에 의하여 속행된다.

**(나) 상호변경청구권의 발생:** 퇴사한 사원의 성명이 회사의 상호 중에 사용된 경우에는 그 사원은 회사에 대하여 그 사용의 폐지를 청구할 수 있다($\frac{상}{226}$).

**(다) 지분환급청구권의 발생:** 퇴사한 사원은 정관에 별도의 규정이 없는 한 재산출자시는 물론 노무 또는 신용으로 출자한 경우에도 지분환급청구권을 행사할 수 있다($\frac{상}{222}$).

**(라) 등기의무의 발생:** 퇴사의 결과 등기사항에 변경이 발생하므로 변경등기가 수반되어야 할 것이다($\frac{상}{183}$). 제명에 의한 퇴사시에는 제명등기가 수반되어야 한다 ($\frac{상\ 220\ II.}{205\ II.}$).

## Ⅲ. 조직변경

합명회사는 총사원의 동의로 일부 사원을 유한책임사원으로 가입시켜 합자회사로 組織變更할 수 있다($\frac{상}{242}$). 이 때에는 본점소재지에서는 2주간 내에, 지점소재지에서는 3주간 내에 합명회사에 대하여는 해산등기, 합자회사에 대하여는 설립등기를 하여야 한다($\frac{상}{243}$). 나아가 본래는 합명회사의 무한책임사원이던 자가 조직변경 후 합자회사의 유한책임사원이 된 경우 본점소재지에서 등기를 하기 전에 생긴 회사채무에 대하여는 등기 후 2년간 무한책임을 면치 못한다($\frac{상}{244}$).

---

의결로 결의하여야 하는 것이고 가사 그 제명원인사유가 피제명사원 전원에 공통되는 경우라 할지라도 타의 사원의 동의 여부의 기회도 주지 않고 일괄제명 의결방법으로 한 제명결의는 적법한 제명결의라 할 수 없다."

## Ⅳ. 해산과 청산

### 1. 해    산

#### (1) 해산원인

합명회사의 解散原因은 상법 제227조 각호로 다음과 같이 규정되어 있다.

(가) 존립기간의 만료 기타 정관으로 정한 사유의 발생($\frac{1}{\bar{x}}$):  합명회사의 존립기간이나 해산사유를 정한 때에는 이를 설립등기시 등기하여야 한다($\frac{\text{상}}{3\bar{x}}^{180}$). 합명회사의 존립기간은 정관상 확정적으로 정하여지기도 하지만 최소존립기간(Mindestdauer)이나 최대존립기간(Höchstdauer)을 정하기도 한다. 확정존립기간이나 최대존립기간의 정함이 있는 경우에는 이 기간의 도과로 해산사유가 발생할 수 있지만 최소존립기간이 도과한 경우에는 해산사유가 되지 못한다.[3] 최소존립기간의 의미는 다음과 같이 새겨야 하기 때문이다. 즉 이 기간 중 각 사원이 단지 법원에 해산청구의 소($\frac{\text{상 241: Auf-}}{\text{lösungsklage}}$)를 제기할 수 없다는 뜻으로 해석해야 할 것이다. 최소존립기간의 도과 후에는 회사가 무한정 존립하는 것으로 추정하여야 할 것이다.

(나) 총사원의 동의($\frac{2}{\bar{x}}$):  합명회사는 사원총회에서 해산결의(Auflösungsbeschluß)를 함으로써 해산할 수 있다. 즉시의 해산만을 해산결의의 내용으로 할 필요는 없다. 따라서 미래의 일정 시점을 해산시점으로 할 수도 있을 것이다.

(다) 사원이 1인으로 된 때($\frac{3}{\bar{x}}$):  주식회사의 경우에는 주주가 1인이 되더라도 해산사유가 되지 않지만 합명회사의 경우에는 사원이 1인인 경우 해산사유가 된다. 주식회사의 경우에는 잠재적 사단성(latente Vereinseigenschaft)으로 1인주주가 재차 주식을 제3자에게 양도하였을 때 사단성을 회복할 수 있고 또 주식양도자유의 원칙이 나타나므로 사단성의 회복은 어려운 일이 아니다. 그러나 합명회사의 경우에는 인적 개성이 강한 사원의 조합적 결성체이므로 사원의 변동은 원칙적으로 기본변경사항이 되고 신입사원을 받는 것은 새로운 조직계약의 체결을 요구한다.

(라) 합    병($\frac{4}{\bar{x}}$):  합명회사가 물적회사와 합병하는 경우 그것이 흡수합병이든 신설합병이든 합병 후 회사는 물적회사가 되어야 하므로($\frac{\text{상}}{}^{174}$), 이 경우에 합명회사의

---

3) Heymann-Emmerich, §131, Rdnr. 3.

법인격은 소멸한다. 인적회사간의 합병에서도 흡수합병의 경우 소멸회사, 신설합병의 경우 양당사회사는 모두 소멸하므로 해산사유가 도래할 것이다.

(마) 파 산($\frac{5}{2}$): 물적회사는 지급불능의 경우뿐만 아니라 그 재산으로 채무를 완제할 수 없는 경우(채무초과)에도 파산선고를 받을 수 있지만, 인적회사의 경우에는 무한책임사원이 있으므로 지급불능시에만 파산선고를 받게 된다($\frac{파,116}{117}$).

(바) 법원의 명령 또는 판결($\frac{6}{2}$): 이는 법원의 해산명령($\frac{상}{176}$)이나 해산판결($\frac{상}{241}$)을 뜻한다.

## (2) 해산의 효과

(가) 청산절차의 개시: 회사가 해산한 때에는 합병과 파산의 경우를 제외하고는 청산절차로 들어간다. 이 경우 회사의 법인격이 완전히 소멸되는 것은 아니고 청산의 목적범위 내에서 존속한다($\frac{상}{245}$). 즉 회사법인격의 완전소멸(Vollbeendigung der Gesellschaft)과 회사의 해산은 구별되어야 한다. 전자는 청산절차의 완료로 비로소 나타나게 된다.

(나) 회사의 계속: 회사의 존립기간이 만료하였거나 총사원의 해산결의로 해산하는 경우에는 사원 전부나 그 일부의 동의로 회사를 계속할 수 있다. 나아가 사원이 1인으로 된 때라도 새로운 사원을 가입시켜 회사를 계속할 수 있다($\frac{상}{229}$).

(다) 등기의무: 회사가 해산한 때에는 합병과 파산의 경우 외에는 그 해산사유가 있은 날로부터 본점소재지에서는 2주간 내에, 지점소재지에서는 3주간 내에 해산등기를 하여야 한다($\frac{상}{228}$).

## 2. 청 산

### (1) 합명회사 청산의 특징

淸算(Liquidation)이란 해산회사의 법률관계를 정리하고 잔여재산을 분배하는 절차이다. 합명회사에 있어서는 주식회사에서와 달리 법정청산뿐만 아니라 임의청산도 가능하다. 내부적 사적자치가 강하게 보장되어 있고 사원의 인적 무한책임이 나타나기 때문이다.

### (2) 임의청산

정관에 청산방법을 미리 정하였거나 총사원의 동의로 청산방법을 정한 때에는 이에 따라 청산절차가 개시된다. 이를 임의청산이라 한다.

(가) **임의청산이 가능한 경우:**　이러한 임의청산의 방법은 사원이 1인이 되어 해산하는 경우 또는 법원의 해산명령이나 해산판결로 해산하는 경우에는 불가하다($\frac{\text{상}}{\text{247}}$). 나아가 청산절차가 나타나지 않는 합병이나 파산절차에 따라 해산한 경우에도 같다. 따라서 임의청산이 가능한 경우는 존립기간의 만료 기타 정관으로 정한 사유가 발생한 경우와 총사원의 동의로 해산결의를 한 경우에 한한다($\frac{\text{상 227}}{\text{1. 2호}}$).

(나) **채권자보호절차:**　임의청산의 경우에는 사원들이 결정한 바에 따라 청산사무가 수행되므로 그 결과 채권자에게 불리한 결과가 초래될 수 있다. 따라서 상법은 다음과 같은 채권자보호절차를 강구하고 있다.

1) **청산재산의 공시:**　우선 상법은 임의청산시에는 해산사유가 도래한 날로부터 2주간 내에 재산목록과 대차대조표를 작성케 하여 청산재산을 공시하도록 하고 있다($\frac{\text{상 247}}{\text{1 2호}}$).

2) **채권자이의절차:**　또 상법 제232조상의 채권자이의절차를 거치게 하고 있다($\frac{\text{상}}{\text{247}}$). 따라서 임의청산시에는 해산사유가 도래한 날로부터 2주간내에 회사채권자에 대하여 청산방법에 이의가 있으면 일정한 기간 내에 이를 제출할 것을 공고해야 하고, 알고 있는 채권자에게는 별도의 최고를 하여야 한다. 이러한 이의제기기간은 1개월 이상이어야 한다($\frac{\text{상 247 Ⅲ.}}{\text{232 1 2호}}$). 이 기간 내에 이의가 제출되지 않았을 경우에는 청산방법을 승인한 것으로 보게 되며($\frac{\text{상 247 Ⅲ.}}{\text{232 Ⅱ}}$), 채권자의 이의가 있을 때에는 이러한 이의절차에 위반한 재산처분으로 채권자에게 손해가 발생하였을 때 회사채권자는 그 처분의 취소를 법원에 청구할 수 있다($\frac{\text{상}}{\text{248}}$).

3) **지분압류채권자의 동의:**　사원의 지분을 압류한 자가 있는 때에는 그의 동의를 얻어야 한다($\frac{\text{상}}{\text{247}}$). 이를 위반하여 재산처분이 이루어진 경우 지분압류채권자는 회사에 대하여 지분에 상당하는 금액지급을 청구할 수 있다($\frac{\text{상}}{\text{249}}$). 나아가 회사채권자와 마찬가지로 법원에 재산처분취소의 소도 제기할 수 있다($\frac{\text{상 249}}{\text{2문}}$).

(다) **청산종결의 등기:**　임의청산이 완료되면 본점소재지에서는 2주간 내에 지점소재지에서는 3주간 내에 청산종결의 등기를 하여야 한다($\frac{\text{상}}{\text{247}}$).

(라) **장부 및 서류의 보존:**　임의청산이나 법정청산이나 공히 회사의 장부와 청산에 관한 중요 서류는 본점소재지에서 청산종결의 등기를 한 후 10년간 이를 보존하여야 한다($\frac{\text{상 266}}{\text{1 본문}}$). 전표나 이와 유사한 서류의 보존기간은 5년이다($\frac{\text{상 266}}{\text{1 단서}}$). 이 경우

그 보존인과 보존방법은 총사원 과반수의 결의로 정한다($^{상\ 266}$).

### (3) 법정청산

회사가 임의청산을 하지 않는 경우에는 파산과 합병의 경우를 제외하고는 상법 제251조 내지 제265조의 규정에 따라 법정청산을 하여야 한다($^{상}_{250}$). 이하법정청산의 방법을 따르는 청산중인 회사를 살펴본다.

**(가) 청산중인 회사의 의사결정기관:** 회사가 청산중이라 할지라도 청산법인의 주요한 의사결정은 사원총회가 담당한다. 여기에서 청산사무를 담당할 청산인을 선임 또는 해임하고($^{상\ 251}_{261}$), 영업양도의 승인을 결의한다($^{상}_{257}$). 여기에서 사원총회는 추상적 의미로 쓰인 것이고 반드시 회의체의 형식을 취할 필요가 없음은 물론이다.

**(나) 청산중인 회사의 업무집행기관:** 해산 후 회사의 업무집행기관은 청산인 (Liquidator)이다. 청산인이 수인일 때에는 청산인회를 구성하며 그중 청산법인 (Abwicklungsgesellschaft)을 대표하는 청산인을 대표청산인이라 한다.

**1) 청산인의 선임:** 법정청산의 경우에는 회사가 해산한 때 총사원 과반수의 결의로 청산인을 선임한다($^{상\ 251}$). 청산인을 별도로 선임하지 않았을 때에는 업무집행사원이 청산인이 된다($^{상\ 251}$). 그러나 사원이 1인으로 된 때 또는 법원의 해산명령이나 해산판결로 해산하는 때에는 사원, 이해관계인 또는 검사의 청구에 의하여 또는 직권으로 법원이 청산인을 선임한다($^{상}_{252}$). 청산인이 정해졌을 때에는 상법 제253조에 의한 청산인등기가 이루어져야 한다. 청산인과 청산중의 회사간에는 위임관계가 성립된다 ($^{상\ 265}_{382\ II}$).

**2) 청산인의 업무집행:** 청산인의 직무권한은 현존사무의 종결, 채권의 추심과 채무의 변제, 재산의 환가처분 및 잔여재산의 분배이다($^{상\ 254}$). 청산인이 수인일 때에는 그들의 과반수의 결의로 청산사무를 집행한다($^{상\ 254}$).

청산인은 우선 청산사무를 효율적으로 수행하기 위하여 취임 후 지체없이 회사의 재산상태를 조사하고 재산목록과 대차대조표(Liquidationsbilanz)를 작성하여야 하며 ($^{상}_{256}$), 현존업무를 종결하고 총사원 과반수의 결의를 얻어 영업의 전부나 일부를 양도할 수 있다($^{상}_{257}$). 나아가 청산인은 변제기에 이르지 아니한 회사채무에 대하여도 이를 변제할 수 있고($^{상\ 259}$), 회사의 현존재산이 그 채무를 변제함에 부족한 때에는 변제기에 불구하고 각 사원에 대하여 지분비율에 따른 출자를 청구할 수 있다($^{상}_{258}$). 회사의 채무를 완제하고도 남는 잔여재산이 있으면 이를 사원에게 분배하여야 한다($\frac{상}{260}$). 청산인은 자신의 임무가 종료하였을 때에는 지체없이 계산서를 작성하여 각 사원에게 교부하고 그 승인을 얻어야 한다($\frac{상}{263}$). 그리고 계산서의 승인이 있은 날로부터 본점소재지에서는 2주간 내에, 지점소재지에서는 3주간 내에 청산종결의 등기를 한다($\frac{상}{264}$).

**3) 청산법인의 대표기관:**   업무집행사원이 청산인이 된 경우에는 존립중의 회사에서 나타나던 대표관계가 그대로 존속한다($\frac{상}{}$255). 그러나 법원이 수인의 청산인을 선임하는 경우에는 회사를 대표할 자를 정하거나 수인이 공동으로 회사를 대표할 것을 정할 수 있다($\frac{상}{}$255). 나아가 사원총회에서 청산인을 선임할 때에도 공동으로 청산법인을 대표하도록 정할 수 있다($\frac{상\ 265.}{208}$).

청산인은 청산의 직무에 관한 재판상·재판외의 모든 행위를 할 수 있으며($\frac{상}{}$254), 청산중의 회사는 이에 대한 내부적 제한으로 선의의 제3자에게 대항할 수 없다($\frac{상\ 265.}{209\ II}$). 그러나 청산법인의 권리능력은 상법규정에 따라 처음부터 청산의 목적범위(Liquidationszweck)에 한정되므로 청산인의 대표권도 이 범위로 축소된다. 존립중의 회사에서는 ultra-vires-doctrine에 대한 제한부정설이 국내외적으로 관철되고 있지만 청산법인의 권리능력에 대하여는 상법 제245조의 규정으로 제한되어 있다. 그러나 만약 장기간 청산절차가 지속되는 경우 또는 현존업무의 종결이 더디어지는 경우 권리능력의 제한은 자칫 거래안전을 해할 수 있다. 따라서 상법 제245조상의 청산목적을 해석함에 있어서도 역시 탄력적인 자세가 바람직하다고 본다. 즉 직접 청산을 목적으로 하는 행위뿐만 아니라 청산목적에 직접, 간접으로 필요한 행위도 이에 포함되는 것으로 보아야 할 것이다. 독일에서는 청산법인에 대하여도 존립중인 회사의 권리능력과 똑같이 판단하는 것이 다수설의 입장이다.[4]

**4) 청산인의 책임:**   청산인이 법령[5] 또는 정관에 위반한 행위를 하거나 그 임무를 해태한 때에는 청산법인에 대하여 연대하여 손해를 배상하여야 하며($\frac{상\ 265.}{399}$), 악의 또는 중과실로 임무를 해태한 때에는 제3자에 대하여도 손해배상책임을 부담한다($\frac{상\ 265.}{401}$).

**5) 청산인의 해임:**   사원이 선임한 청산인은 재차 총사원 과반수의 사원총회결의로 해임할 수 있으며($\frac{상}{261}$), 청산인이 직무집행에 현저히 부적임하거나 중대한 의무위

---

4) K. Schmidt, GesR., 3. Aufl., §11 V S. 321; ders., AcP 174 (1974), 67 ff.; Hueck, GesR., §§11 I, 17 III, 31 II.

5) 예컨대 사전승인없이 청산법인과 자기거래를 한 경우가 그러하다(상법 제265조, 제199조).

반시에는 사원이나 이해관계인의 청구에 의하여 법원이 청산인을 해임할 수 있다($\frac{4}{262}$).

(다) **통제기관:**    청산법인의 업무집행을 감시하는 기관 역시 사원총회이다. 청산인은 취임 즉시 재산목록과 대차대조표를 작성하여 각 사원에게 교부하여야 하며, 각 사원들은 언제든지 청산인에 대하여 청산상황에 대한 보고를 하게 할 수 있다($\frac{4}{256}$). 나아가 청산인이 직무집행을 하기에 부적임하거나 의무위반이 있을 때에는 사원의 청구로 법원에 청산인해임의 소를 제기할 수 있고($\frac{4}{262}$), 청산인이 청산법인과 자기거래를 할 때에는 사원총회의 사전승인을 얻어야 한다($\frac{4}{199}$ $^{265.}$). 끝으로 청산사무가 종결한 때에도 계산서를 작성하여 각 사원에게 교부하고 그 승인을 얻어야 한다($\frac{4}{263}$).

(라) **청산종결의 등기와 장부보존의무:**    법정청산의 경우에도 청산인이 작성한 계산서를 승인한 날로부터 본점소재지에서는 2주간 내, 지점소재지에서는 3주간 내에 청산종결의 등기가 수반되어야 하고($\frac{4}{264}$), 이러한 청산종결의 등기를 한 후 10년간은 회사의 장부와 청산에 관한 중요 서류를 보존하여야 한다($\frac{4}{266}$).

# 제4장 합자회사

## I. 개 념

合資會社(Kommanditgesellschaft)란 무한책임사원과 유한책임사원으로 구성되는 인적회사이다. 즉 합자회사에는 1인 이상의 무한책임사원(Komplementär)과 1인 이상의 유한책임사원(Kommanditist)이 있어야 한다($^{\,\&}_{268}$). 그러나 동일한 사원이 무한책임사원과 유한책임사원을 겸할 수는 없다.[1]

이러한 합자회사는 법이론적으로는 합명회사의 연장선상에서 이해되어야 한다. 말하자면 무한책임사원만으로 구성된 합명회사에 자본가들이 유한책임사원으로서 자본참여를 하였다고 가정하면 되는 것이다. 그리하여 합자회사를 '합명회사의 수정본'(Modifikation der offenen Handelsgesellschaft)으로 부르는 학자도 있다.[2] 이러한 연유로 합자회사의 업무집행은 오로지 무한책임사원만이 담당하고 유한책임사원은 단지 그 감시기구에 불과한 것이다. 이렇게 합자회사가 합명회사의 연장선상에서 이해될 수 있기에 상법도 합자회사에 대해서는 합명회사에 관한 규정들을 대거 준용하고 있다($^{\,\&}_{269}$).

합자회사의 始原은 중세의 코멘다제도라고 한다. 자본과 노력의 결성체였던 코멘다제도는 그 후 익명조합의 형태(compagnia secreta)와 합자회사의 형태(compagnia palese)로 분화하였다. 합자회사는 자본가들의 영입을 탄력성 있게 꾀할 수 있었던 덕분에 그 후의 발전에서는 비록 인적 회사임에도 다수의 유한책임사원을 갖는 사단적 형태(Publikums-KG)로 나타나기도 하였다. 이들은 오늘날 독일주식법상의 주식합자회사(Kommanditgesellschaft auf Aktien)로 성문화되기도 하였다. 우리 상법은 회사가 다른 회사의 무한책임사원이 될 수 없다고 못박고 있으나($^{\,\&}_{173}$), 그러한 제한을 모르는 독일회사법에서는 유한회사를 무한책임사원으로 받아들여 유한합자회사(GmbH&Co. KG)와 같은 복합형으로 발전하기도 하였다.

---

1) K. Schmidt, a.a.O., S. 1529.
2) K. Schmidt, GesR., 3. Aufl., S. 1527; Baumbach-Duden-Hopt, §161, Anm. 1(Abart der oHG).

## Ⅱ. 설    립

합자회사의 설립은 합명회사의 그것과 본질적으로 같다. 즉 인적회사의 설립절차가 그대로 나타난다. 그리하여 정관작성과 설립등기를 통하여 설립절차가 완성된다. 물론 무한책임사원과 유한책임사원이 병존하므로 설립시 작성하는 정관에도 절대적 기재사항으로서 기재되는 사원목록에 각 사원이 무한책임사원인지 아니면 유한책임사원인지를 밝혀야 한다(<sup>商</sup>₂₇₀). 이는 설립등기에 있어서도 그러하다. 즉 각 사원의 책임형태도 등기사항이다(<sup>商</sup>₂₇₁). 회사는 다른 회사의 무한책임사원이 되지 못하지만(<sup>商</sup>₁₇₃) 유한책임사원은 될 수 있는 것이므로 그러한 한도 내에서 법인도 합자회사의 사원이 될 수 있다.

합자회사의 정관 역시 조직계약의 서면형태이다. 회사설립의 하자는 합명회사와 마찬가지로 회사설립무효나 취소의 소만으로 다툴 수 있고 이러한 소송에서 원고가 승소한 경우 하자있는 회사가 나타날 수 있다.

## Ⅲ. 합자회사의 내부관계

### 1. 출    자

합자회사의 출자내용은 사원의 책임형태에 따라 다르다. 무한책임사원은 재산, 노무 및 신용출자가 모두 가능하지만 유한책임사원은 재산출자만 할 수 있다. 즉 신용 또는 노무를 출자의 대상으로 하지 못한다(<sup>商</sup>₂₇₂). 出資의 시기 역시 반드시 설립시에 완료되어야 하는 것도 아니다. 무한책임사원뿐만 아니라 유한책임사원도 회사채권자에 대하여 직접 책임지기 때문이다. 주식회사의 주주와 달리 자신이 부담한 책임한도 내에서는 채권자에 대하여 직접 책임지는 것이다. 유한책임사원 역시 한 사원이 자신의 출자의무를 해태할 때 회사에 출자하도록 요구할 수 있다(actio pro socio).

### 2. 의사결정

합자회사의 경우에도 원칙적으로 사원총회의 결의로 사내의 주요한 意思決定이 이루어진다. 합명회사에서와 마찬가지로 합자회사의 유한책임사원도 원칙적으로 頭數主義에 따른 1인 1의결권원칙에 따라 의결권을 행사한다. 그러나 유한책임사원이 업무집행에서 배제되는 관계로 이에 관한 의결권은 배제되는 것이 보통이다. 예컨대 지배인의 선임은 무한책임사원만의 과반수결의로 이루어진다($\frac{상}{274}$).

그러나 여타의 기본결정사항(Grundlagenentscheidung)에서는 유한책임사원 역시 무한책임사원과 더불어 의결권을 행사한다. 예컨대 정관변경결의($\frac{상 269}{204}$), 합병결의($\frac{상 269}{230}$) 또는 합명회사로의 조직변경결의가 그러하다($\frac{상}{286}$). 기본결정사항에 관한 한 정관규정으로 유한책임사원의 의결권을 배제 내지 제한할 수 없다고 본다.[3] 이는 유한책임사원의 고유권(Sonderrecht)으로 보아야 할 것이다.

이러한 기본결정사항이 아닌 경우에는 유한책임사원의 의결권은 종종 제한되고 있다. 즉 의결권구속계약이나 의결권제한계약이 정관에 나타나는 때가 많다. 유한책임사원의 고유권이나 강행법규에 어긋나지 않는 의결권구속계약은 유효하다고 해야 할 것이다. 나아가 유한책임사원에게는 의결권의 대리행사도 가능할 것이다.[4]

## 3. 업무집행

합자회사의 업무집행은 무한책임사원만이 할 수 있다($\frac{상}{278}$). 정관으로 무한책임사원 중에서 별도의 업무집행사원을 선임하지 않았을 때에는 무한책임사원이 각자 업무집행을 담당한다($\frac{상}{273}$). 물론 정관규정으로 무한책임사원 중 업무집행사원을 특정할 수 있다($\frac{상 269}{201}$). 비록 상법은 유한책임사원이 업무집행권을 갖는 것을 금지하고 있지만 상법 제278조가 강행법규는 아니다. 따라서 정관규정으로 유한책임사원에게 일정 범위의 업무집행권을 부여하는 것은 가능할 것이다.[5] 합자회사의 내부관계는 여전히 조합적 성격을 갖고 있고 강한 사적 자치를 향유하고 있기 때문이다. 그러나 외부관계에서 나타나는 회사대표권은 유한책임사원이 이를 향유할 수 없다. 상법 제278조는 그 한도에서 강행규정이다.

합자회사의 유한책임사원은 원칙적으로 업무집행권을 포기하는 대신 업무집행에 대한 감시권을 갖는다($\frac{상}{277}$). 이러한 감시권은 유한책임사원의 정보권(Informationsrecht)을 전제로 한다. 따라서 유한책임사원은 회계장부, 대차대조표 기타의 서류에 대한 열람권과 업무집행 및 재산상태에 대한 검사권을 갖는다. 물론 무한책임사원은 당연히 이러한 감시권을 행사한다($\frac{상 269, 195: 민 710:}{상 269, 200 \, \text{II}}$).

업무집행에 대한 권한상실은 합명회사에서와 같으나 무한책임사원이 처음부터 한

---

3) Heymann-Horn, §164 Rdnr. 15.
4) Heymann-Horn, §164, Rdnr. 16.
5) Heymann-Horn, §164, Rdnr. 2; Hueck, a.a.O., S. 142; BGHZ 17, 392; BGHZ 51, 198, 201; BGH DB 1968, 797.

사람인 경우에도 권한상실선고가 가능한지에 대해서는 다툼이 있다. 판례는 불가설을 취하고 있고[6] 학설은 가능설[7]과 불가설[8]로 대립한다. 생각건대 불가설에 찬동한다. 무한책임사원이 **후발적으로 1인으로 되는 경우**도 있다. 예컨대 어느 합자회사에 무한책임사원이 甲과 乙 둘이 있었는데 그중 乙이 사망하였으며, 乙의 사망전에 甲에게 권한상실의 선고가 이루어졌다고 하자. 乙의 사망 후 甲의 업무집행권 또는 회사대표권은 부활하는가? 판례에 의하면 甲의 업무집행권이나 대표권은 부활하지 않는다고 한다.

### 대판 1977. 4. 26. 75다1341 [대표사원 업무집행 권한상실]

"상법 제205조가 규정하고 있는 합자회사의 업무집행 사원의 권한상실선고제도는 회사의 운영에 있어서 장애사유를 제거하는데 목적이 있고 회사를 해산상태로 몰고 가자는데 목적이 있는 것이 아니므로 **무한책임사원 1인뿐인 합자회사에서 업무집행사원에 대한 권한상실신고는** 회사의 업무집행사원 및 대표사원이 없는 상태로 돌아가게 되어 권한상실제도의 취지에 어긋나게 되어 회사를 운영할 수 없으므로 이를 **할 수 없다.**"

### 대판 2021. 7. 8. 2018다225289 [업무집행사원 및 대표사원 지위확인]

[판시사항]

[1] 합자회사의 무한책임사원이 업무집행권한의 상실을 선고하는 판결로 업무집행권 및 대표권을 상실한 이후 어떠한 사유 등으로 합자회사의 유일한 무한책임사원이 된 경우, 업무집행권 및 대표권이 부활하는지 여부(소극)

[2] 합자회사에서 무한책임사원들만으로 업무집행사원이나 대표사원을 선임하도록 정한 정관 규정의 효력(유효) / 업무집행권한의 상실을 선고하는 판결로 업무집행권 및 대표권을 상실한 무한책임사원이 이후 다른 무한책임사원의 사망 등으로 유일한 무한책임사원이 된 경우, 위 정관을 근거로 단독으로 의결권을 행사하여 자신을 업무집행사원이나 대표사원으로 선임할 수 있는지 여부(소극) 및 이 경우 해당 무한책임사원이 업무집행사원 등에 선임될 수 있는 방법(=유한책임사원을 포함한 총사원의 동의)

[판결요지]

[1] 합자회사에서 업무집행권한 상실선고제도($\binom{상법 제269조.}{제205조}$)의 목적은 업무를 집행함에 현저하게 부적임하거나 중대한 의무위반행위가 있는 업무집행사원의 권한을 박탈함으로써 그 회사의 운영에 장애사유를 제거하려는 데 있다. 업무집행사원의 권한상실을 선고하는 판결은 형성판결로서 그 판결 확정에 의하여 업무집행권이 상실되면 그 결과 대표권도 함께 상실된다. 합자회사에서 무한책임사원이 업무집행권한의 상실을 선고하

---

6) 대판 1977. 4. 26, 75다1341.
7) 정동윤, 상법(상), 제6판, 2012, 910면.
8) 최기원, 상법학신론, 제14대정판, 2012, 1061면; 정찬형, 상법강의(상), 제17판, 2014, 580면 등.

는 판결로 인해 업무집행권 및 대표권을 상실하였다면, 그 후 어떠한 사유 등으로 그 무한책임사원이 합자회사의 유일한 무한책임사원이 되었다는 사정만으로는 형성판결인 업무집행권한의 상실을 선고하는 판결의 효력이 당연히 상실되고 해당 무한책임사원의 업무집행권 및 대표권이 부활한다고 볼 수 없다.

[2] 합자회사에서 업무집행권한의 상실을 선고받은 무한책임사원이 다시 업무집행권이나 대표권을 갖기 위해서는 정관이나 총사원의 동의로 새로 그러한 권한을 부여받아야 한다(상법 제273조, 제269조, 제201조 제1항, 제207조). 합자회사에서 무한책임사원들만으로 업무집행사원이나 대표사원을 선임하도록 정한 정관의 규정은 유효하고, 그 후의 사정으로 무한책임사원이 1인이 된 경우에도 특별한 사정이 없는 한 여전히 유효하다. 다만 유한책임사원의 청구에 따른 법원의 판결로 업무집행권한의 상실을 선고받아 업무집행권 및 대표권을 상실한 무한책임사원이 이후 다른 무한책임사원이 사망하여 퇴사하는 등으로 유일한 무한책임사원이 된 경우에는 업무집행권한을 상실한 무한책임사원이 위 정관을 근거로 단독으로 의결권을 행사하여 자신을 업무집행사원이나 대표사원으로 선임할 수는 없다고 봄이 옳다. 이렇게 해석하는 것이 판결에 의한 업무집행권한 상실선고제도의 취지와 유한책임사원의 업무감시권의 보장 및 신의칙 등에 부합한다. 결국 이러한 경우에는 유한책임사원을 포함한 총사원의 동의에 의해서만 해당 무한책임사원이 업무집행사원이나 대표사원으로 선임될 수 있을 뿐이다.

## 4. 사원의 충실의무

합자회사 역시 인적회사로서 사원들간의 강한 내부적 결속과 인적 신뢰를 바탕으로 하고 있다. 그러나 무한책임사원과 유한책임사원의 구별이 있으므로 이들의 충실의무가 그 정도면에서 같을 수는 없다. 무한책임사원은 회사의 경영을 책임지는 자로서 보다 많은 권한과 의무가 부과됨에 반하여 유한책임사원은 책임도 권한도 유한이기 때문에 충실의무면에서도 무한책임사원과 같지는 않다. 그리하여 무한책임사원에게 부과되는 경업금지의무나 취임금지의무는 유한책임사원에게는 적용되지 않는다(상275). 그러나 회사와의 자기거래는 무한책임사원과 마찬가지로 사전승인을 얻어야 한다. 정관규정으로 유한책임사원에게 예외적으로 업무집행권을 부여하는 경우에는 경업금지의무가 부활한다고 보아야 할 것이다.

## 5. 손익분배

합자회사의 손익분배 역시 합명회사의 경우에 준한다. 다만 유한책임사원은 출자액을 초과하여 손실을 부담하지는 않는다.

## Ⅳ. 합자회사의 외부관계

### 1. 회사의 대표관계

합자회사의 대표권은 무한책임사원만 향유한다(상 278). 이러한 한도에서 상법 제278조는 강행규정이다.

### 2. 사원의 책임

#### (1) 무한책임사원

합자회사에서도 무한책임사원은 회사채무에 대하여 연대·직접·무한 책임을 부담한다(상 269, 212).

> **대판 2012. 4. 12, 2010다27847 [사해행위취소]**
>
> "[1] 상법 제269조에 의하여 합자회사에 준용되는 상법 제212조 제1항은 "회사의 재산으로 회사의 채무를 완제할 수 없는 때에는 합명회사의 각 사원은 연대하여 변제할 책임이 있다."고 규정하고, 제2항은 "회사재산에 대한 강제집행이 주효하지 못한 때에도 전항과 같다."고 규정하고 있는데, **합자회사의 무한책임사원 책임은 회사가 채무를 부담하면 법률의 규정에 기해 당연히 발생하는 것이고, "회사의 재산으로 회사의 채무를 완제할 수 없는 때" 또는 "회사재산에 대한 강제집행이 주효하지 못한 때"에 비로소 발생하는 것은 아니며, 이는 회사채권자가 그와 같은 경우에 해당함을 증명하여 합자회사의 무한책임사원에게 보충적으로 책임의 이행을 청구할 수 있다는 책임이행 요건을 정한 것**으로 봄이 타당하다. 따라서 합자회사의 무한책임사원이 한 대물변제계약 등 법률행위가 사해행위에 해당하는지를 판단할 때, 무한책임사원 고유의 채무 총액과 합자회사의 부채 총액을 합한 액이 무한책임사원 고유의 재산 총액을 초과하는 경우에는 그 법률행위는 특별한 사정이 없는 한 사해행위에 해당한다고 볼 수 있지만, 합자회사의 무한책임사원 책임이 위와 같이 보충성을 갖고 있는 점 등에 비추어 법률행위 당시 합자회사가 그 재산으로 채무를 완제할 수 있었다는 점(상 212)이 주장·입증된 경우에는 합자회사의 채무를 고려함이 없이 무한책임사원 고유의 채무 총액과 고유의 재산 총액을 비교하여 법률행위가 사해행위에 해당하는지를 판단하여야 한다.
>
> [2] 상법 제212조 제1항에서 정한 "회사의 재산으로 회사의 채무를 완제할 수 없는 때"란 회사의 부채 총액이 회사의 자산 총액을 초과하는 상태, 즉 채무초과 상태를 의미하는데, 이는 회사가 실제 부담하는 채무 총액과 실제 가치로 평가한 자산 총액을 기준으로 판단하여야 하고, 대차대조표 등 재무제표에 기재된 명목상부채 및 자산 총

액을 기준으로 판단할 것은 아니며, 나아가 회사의 신용·노력·기능(기술)·장래 수
입 등은 원칙적으로 회사의 자산 총액을 산정하면서 고려할 대상이 아니다."

### (2) 유한책임사원

유한책임사원은 그 출자가액에서 이미 이행한 부분을 공제한 가액을 한도로 회사
채무를 부담한다($\frac{\text{상}}{279}$). 유한책임사원은 말 그대로 출자가액을 한도로 책임진다. 그러나
이러한 책임은 주주의 간접책임과는 달리 직접책임이어서 회사채권자는 유한책임사
원을 직접 피고로 하여 그 출자가액을 한도로 회사채무의 이행을 주장할 수 있다. 유
한책임사원은 자신의 출자가 감소한 후에도 본점소재지에서 출자감소의 등기를 하기
전에 생긴 회사채무에 대하여는 등기 후 2년간 감소 전 출자액에 따라 책임진다($\frac{\text{상}}{280}$).

이러한 유한책임의 원칙은 일반 법외관론의 적용으로 예외가 발생하기도 한다. 유
한책임사원이 타인에게 자기를 무한책임사원이라고 오인시키는 행위를 한 때에는 오
인으로 인하여 회사와 거래한 자에 대하여는 무한책임사원과 동일한 책임이 있다
($\frac{\text{상}}{281}$). 이를 자칭무한책임사원(自稱無限責任社員)의 책임이라 한다. 유한책임사원이 자
신의 책임한도를 오인시키는 행동을 한 경우에도 같다($\frac{\text{상}}{281}$).

### (3) 사원의 책임변경

정관변경을 거쳐 유한책임사원이 무한책임사원으로 되거나 무한책임사원이 유한
책임사원으로 바뀌는 경우가 있다. 상법은 전자의 경우에는 제213조, 후자의 경우에
는 제225조를 준용하고 있다($\frac{\text{상}}{282}$). 따라서 유한책임사원이 무한책임사원으로 된 경우
에는 변경 전 회사채무에 대하여도 다른 무한책임사원과 같은 책임을 지고, 무한책임
사원이 유한책임사원으로 바뀐 경우에는 본점소재지에서 책임변경등기를 하기 전에
생긴 회사채무에 대하여는 등기 후 2년간 무한책임사원의 책임을 진다.

## V. 합자회사의 기본변경사항

### 1. 사원관계의 변동

합자회사 역시 인적회사로서 그 구성원이나 책임내용의 변경은 정관변경을 수반
하는 기본변경사항이 된다. 사원의 입사와 퇴사 또는 지분양도에 관한 합명회사의 규
정들은 그대로 합자회사에도 준용된다($\frac{\text{상 269, 197,}}{213, 218 \text{ 등}}$).

### (1) 지분의 양도

무한책임사원의 지분양도에는 총사원의 동의를 요하므로($\frac{\text{상}269}{197}$), 유한책임사원의 동의도 얻어야 한다. 그러나 유한책임사원의 지분양도에는 무한책임사원 전원의 동의만 얻으면 된다($\frac{\text{상}}{276}$). 지분의 양도는 사원의 구성을 변동시킬 수 있으므로 정관변경을 초래할 수 있다. 지분 전부를 제3자에게 양도하는 경우에는 기존 사원은 사원자격을 잃을 것이며 양수인은 신입사원이 될 것이다. 지분의 일부를 제3자에게 양도하는 경우에도 신입사원이 발생할 것이다.

### (2) 유한책임사원의 사망이나 금치산

유한책임사원의 사망은 퇴사원인이 아니며, 그 상속인이 지분을 승계하여 사원이 된다($\frac{\text{상}}{283}$). 나아가 유한책임사원의 금치산의 경우에도 퇴사사유가 되지 않는다($\frac{\text{상}}{284}$). 유한책임사원은 본래 업무집행을 담당하지 않고 회사대표권도 없으므로 그가 사망하거나 금치산선고를 받았다 하여도 이로써 회사관계에 미치는 영향은 미미하기 때문이다.

### (3) 사원의 지위변경

무한책임사원이 유한책임사원이 되거나 유한책임사원이 무한책임사원이 되는 경우에는 모두 정관변경을 요구하므로 전사원의 동의가 있어야 한다($\frac{\text{상}270}{269,204}$).

> **대판 2010. 9. 30, 2010다21337**
>
> "[1] 상법 제270조는 합자회사 정관에는 각 사원이 무한책임사원인지 또는 유한책임사원인지를 기재하도록 규정하고 있으므로, 정관에 기재된 합자회사 사원의 책임 변경은 정관변경의 절차에 의하여야 하고, 이를 위해서는 정관에 그 의결정족수 내지 동의정족수 등에 관하여 별도로 정하고 있다는 등의 특별한 사정이 없는한 상법 제269조에 의하여 준용되는 상법 제204조에 따라 총 사원의 동의가 필요하다.
>
> [2] 합자회사의 유한책임사원이 한 지분양도가 합자회사의 정관에서 규정하고 있는 요건을 갖추지 못한 경우에는 그 지분양도는 무효이다."

### (4) 제명의 의사결정

제명의 의사결정을 함에 있어서는 무한책임사원이든 유한책임사원이든 모두 같은 정도의 의사결정권한을 갖는다. 수명의 사원을 동시에 제명하는 경우에도 피제명사원별로 각각 나머지 사원들이 과반수의 결의를 한 때에만 제명선고의 소를 법원에 제기할 수 있다($\substack{\, 269.\\ 상 220}$). 이 나머지 사원의 과반수의 결의를 함에 있어서는 무한책임사원이나 유한책임사원이나 대등한 자격으로 참여한다.[9]

나아가 무한책임사원과 유한책임사원이 각각 한 사람인 합자회사에 있어서는 한 사원의 의사로 다른 사원을 제명할 수 없다고 보아야 할 것이다. 왜냐하면 이 경우 회사는 해산하는데 이러한 결과는 피제명사원을 제외한 나머지 사원으로 회사의 존속을 꾀하는 제명제도의 취지에 반하기 때문이다. 나아가 제명의 의사결정에는 나머지 사원의 과반수결의가 필요한데($\substack{상 220}$), 1인이 이러한 의사결정을 한다는 것도 상법의 명문규정에 반하는 것이 된다.

## 2. 정관변경

합자회사도 사원 전원의 동의로 정관을 변경한다($\substack{\, 269.\\ 상 204}$). 따라서 유한책임사원도 무한책임사원과 마찬가지의 결정권을 갖는다.

## 3. 조직변경

합자회사는 사원 전원의 동의로 그 조직을 합명회사로 변경하여 계속할 수 있다($\substack{상 286}$). 나아가 유한책임사원 전원이 퇴사한 경우에도 잔여 무한책임사원 전원이 동의하면 합명회사로 조직변경할 수 있다($\substack{상 286}$). 이 경우에도 본점소재지에서는 2주간 내에, 지점소재지에서는 3주간 내에 합자회사는 해산등기를 합명회사는 설립등기를 하여야 한다($\substack{상 286}$).

## 4. 합   병

합자회사 역시 다른 회사와 合倂할 수 있다($\substack{상 174}$). 합병상대회사가 물적 회사인 경우에는 이로써 해산하게 될 것이다($\substack{상 174}$).

## 5. 해산과 청산

합자회사 역시 합명회사와 같은 사유로 해산하게 되나($\substack{\, 269.\\ 상 227}$), 합자회사에는 무한책임사원과 유한책임사원이 항상 병존해야 하므로 그 어느 한 부류의 사원이 모두 퇴사하면 합자회사는 해산할 수밖에 없다($\substack{상 285}$). 그러나 이 경우에도 잔존사원들은 전원의 동의로 다시 퇴사한 부류의 사원들을 새로이 가입시켜 합자회사의 계속을 꾀할

---

9) 대판 1976. 6. 22, 75다1503.

수 있다(상 285).

합자회사의 청산 역시 합명회사의 그것과 같이 임의청산과 법정청산의 양 방법이 모두 가능하다(상 269, 247-249, 250-264). 단지 청산인의 선임에 있어서는 무한책임사원의 과반수결의로 하며, 이러한 청산인이 선임되지 않을 때에는 기존의 업무집행사원이 청산인이 된다(상 287).

# 제 5 장  유한회사

## Ⅰ. 유한회사의 개념

有限會社란 폐쇄형 물적회사이다. 유한회사는 지금까지 살펴본 합명회사, 합자회사 및 주식회사와는 그 출현배경이 다르다. 유한회사는 전 3자의 회사형태와 달리 경제사회에서 자생적으로 출현하지 않았다. 즉 합명회사나 합자회사가 중세 말의 가족중심적 경제공동체나 코멘다제도에서 유래하였고 또 근세의 동인도회사를 주식회사의 맹아[1]로 꼽을 수 있지만[2] 유한회사의 경우에는 그러한 족적을 발견할 수 없다. 이러한 사실은 유한회사가 순수한 인위적 산물임을 증명하고 있다. 유한회사는 19세기 말 독일 회사법학의 산물이다. 합명회사, 합자회사 및 주식회사만으로는 경제계의 수요를 다 채울 수 없다고 판단한 당대의 학자들은 인적회사의 내부구조와 주식회사의 외부구조를 결합시킨 야누스적 법형태를 창안하게 되었다. 즉 내부적으로는 소수사원에 의한 조합적 구성을 취하여 사적 자치의 가능성을 극대화하면서도 외부적으로는 물적 유한책임의 혜택을 부여하여 사원의 개인책임을 극소화시키고자 하였다. 이러한 회사형태는 사원들에게는 유리할지 몰라도 회사와 거래하는 채권자나 거래상대방에게는 매우 위험하고도 조심스러운 대상일 수밖에 없었다. 그리하여 이 법형태가 출현한 이후 그 본향인 독일에서는 다른 어떤 회사형태보다 도산한 예가 많다.[3] 그러나 이 법형태는 20세기 들어 특히 중소형 기업형태에 안착되어 많은 발전을 하였고 영미법계를 제외한 세계 각국에 계수되어 독일 회사법학의 가장 성공적인 수출사례로 꼽히고 있다.

---

1) 이에 대해서 자세히는 이영종, "주식회사의 초기발전", 박길준교수화갑기념논문집, 제1권(1998), 195면 이하.
2) Wiedemann, Gesellschaftsrecht, PdW 8, 5. Aufl., S. 269.
3) 1986년도의 독일 통계를 보면 인적회사의 도산건수가 총 1,315건임에 비하여 유한회사는 7,013건에 달하고 있다. 이렇게 도산건수가 많으므로 일반인들도 유한회사를 크게 신뢰하지 못하는 것이 사실이다. 그리하여 유한회사를 비꼬아서 'Gesellschaft mit beschränkter Hochachtung'(크게 존경받지 못할 회사), 'Gesellschaft mit besonderem Hintergrund'(특별한 배후가 있는 회사), 'Gesellschaft mit beschmutzten Hosen'(더러운 바지를 입고 있는 회사), 'Gehste mit, biste hin' 등의 별칭이 빈발하였다. vgl., Wiedemann, GesR., PdW, S. 425.

# Ⅱ. 설 립

## 1. 설립절차의 특징

유한회사의 설립절차는 대체로 주식회사의 그것과 유사하다. 따라서 정관작성, 실체형성 및 설립등기의 3단계를 거치게 될 것이다. 그러나 소수사원에 의한 폐쇄적 성격으로 인하여 설립과정에서도 주식회사의 발기설립에 해당하는 절차만이 인정되고 모집설립의 방식은 인정되지 않는다. 나아가 사원의 이름이 일일이 정관에 기재되는 것도 주식회사와 다르고 따라서 발기인이란 개념도 존재하지 않는다. 나아가 설립검사제도도 인정되지 않는다. 반면 설립관여자들에게는 출자미필액에 대한 연대책임($_{551}^{\text{상}}$)을 인정하여 설립검사의 흠결을 보충하고 있다.

## 2. 설립의 주체

### (1) 사 원

유한회사의 설립주체로서 우선 공동으로 정관을 작성할 사원을 들 수 있다. 이들은 보통 원시정관(Ursatzung)을 작성하기 전 단계에 설립준비계약을 체결하여 創立 前 組合(Vorgründungsgesellschaft)을 결성하게 된다. 유한회사는 주식회사에서와 같은 발기인제도를 두고 있지 않으므로 사원이 공동으로 설립사무도 추진하여야 하고 그 결과책임도 함께 져야 한다($_{551}^{\text{상}550}$).

### (2) 창립 전 조합

주식회사법에서와 마찬가지로 창립 전 조합은 설립중의 회사와 엄격히 구별하여야 한다. 유한회사에서는 설립중의 회사가 이미 정관작성의 완료와 더불어 창립된다(Errichtung der Vorgesellschaft).[4] 유한회사는 원시정관을 작성함으로써 이미 출자할 사원과 그 출자내역이 확정되므로 주식회사에서처럼 주식인수라는 후일의 시점을 기다릴 필요없이[5] 정관작성으로 설립중의 회사가 창립된다. 따라서 유한회사의 설립시 나타나는 창립 전 조합은 사원들이 민법상의 조합의 형태로 회사설립의 공동작업을 약정한 때부터 원시정관의 작성완료시까지 존속한다. 물론 창립 전 조합이 설립중의 회사의 창립과 더불어 언제나 바로 해산하거나 소멸하는 것은 아니다. 양자는 설립중의

---

4) Baumbach-Hueck, GmbH-Gesetz, 15. Aufl., §11 Rdnr. 3.
5) 판례·통설인 주식일부인수시설을 따를 때 그러하다.

단계에서 병존하기도 하고 때에 따라서는 유한회사가 성립된 후에도 잔존할 수 있다.[6] 이 단계에서는 원시정관의 내용에 대한 여러 가지 사전작업이 수행되고 향후의 설립사무에 대한 법적 구속력있는 약정이 정관의 형태로 확정된다.

### (3) 설립중의 회사(Vorgesellschaft)

유한회사의 경우에도 물적회사의 기본속성상 자본에 해당하는 실질 재산이 형성되어야 하므로 따라서 실체형성과정이 요구되고 이러한 설립과정중에는 설립중의 회사라는 특수형태가 과도기적으로 존재한다. 앞서도 밝혔듯이 설립중의 회사는 유한회사에서는 정관작성의 완료로 창립된다.

설립중의 회사의 의사결정기관은 사원총회이고 이곳에서 향후 설립사무를 주도할 이사를 선임한다($\frac{상}{규}$547). 설립중의 회사의 업무집행기관은 정관이나 사원총회에서 선임된 이사로서 그가 납입시행을 주도한다($\frac{상}{규}$548). 끝으로 설립중의 회사의 감사기관은 감사와 사원총회이다.

## 3. 설립절차

### (1) 정관작성

**(가) 1인 설립의 허용:**  유한회사를 설립함에는 사원이 정관을 작성하여야 한다($\frac{상}{규}$543). 2001년 개정상법은 주식회사에서와 같이 유한회사에서도 1人 설립을 허용하였다. 과거에는 최대 50인으로 사원수가 제한되었으나($\frac{개정전 상법}{제545조 제1항}$), 2011년 개정상법은 이 제한을 폐지하였다. 비록 유한회사가 폐쇄회사로 설계되긴 하였으나 폐쇄성과 사원총수가 필연적으로 연결되기 어렵다는 점을 감안하여 2011년의 개정에서는 이를 폐지한 것이다. 정관은 공증인의 인증을 받아야 효력이 생긴다($\frac{상 543}{공 292}$). 유한회사의 정관 역시 단체법상의 조직계약(Organisationsvertrag)이다.[7] 물론 1인설립(Einmanngründung)시에는 상대방없는 단독행위가 될 것이다.[8]

**(나) 절대적 기재사항:**  유한회사 정관의 절대적 기재사항에 대해서는 상법 제543조 제2항 각호에 다음과 같이 나열되어 있다. 이들을 기재한 후 각 사원이 기명날인 또는 서명하여야 한다.

**1) 목 적**($\frac{상 543 Ⅱ 1}{호, 179 1호}$):  회사의 영업목적(Unternehmensgegenstand)을 뜻한다. 유한회

---

6) Baumbach-Hueck, a.a.O., §11 Rdnr. 34.

7) Baumbach-Hueck, GmbHG, 15. Aufl., §2 Rdnr. 2.

8) Baumbach-Hueck, a.a.O, §2 Rdnr. 7; Lutter-Hommelhoff, 20. Aufl., §2, Rz. 18.

사는 형식상인$\binom{Formkaufmann:}{\text{상 5 II}}$)으로서 상법 제46조상의 기본적 상행위 또는 그 외의 준상행위 등 모든 것을 영업대상으로 삼을 수 있다.

**2) 상 호**$\binom{\text{상 543 II 1}}{\text{호. 179 2호}}$: 유한회사의 영업상의 명칭으로서 人商號(Personenfirma)이든 物商號(Sachfirma)이든 상관없다$\binom{\text{상}}{18}$.

**3) 사원의 성명, 주민등록번호 및 주소**$\binom{\text{상 543 II 1}}{\text{호. 179 3호}}$: 유한회사의 정관에는 주식회사에서와 달리 설립과정에 참여하는 사원의 이름이 절대적 기재사항으로 되어 있다. 이는 유한회사의 폐쇄성을 대변하는 것이요 이로써 발기인제도가 유한회사에서는 나타나지 않게 된다. 즉 설립단계에 참여하는 사원들이 공동으로 설립사무를 주도하게 된다.

**4) 자본총액**$\binom{\text{상 543}}{\text{II 2호}}$: 유한회사도 자본회사로서 출자를 통하여 형성되는 자본(Stammkapital)이 필요하다. 유한회사의 자본금은 과거에는 1천만원 이상이었으나$\binom{\text{개정전 상}}{\text{546 I}}$, 2011년의 상법개정에서 이러한 최저자본금제는 폐지되었다.

**5) 출자 1좌의 금액**$\binom{\text{상 543}}{\text{II 3호}}$: 이는 주식회사의 1株의 액면금에 해당하는 절대적 기재사항이다. 유한회사에서의 출자는 정관에 기재된 출자 1좌의 금액에 출자좌수를 곱하여 산정한다. 출자 1좌의 금액은 최소 100원 이상으로 균일하여야 한다$\binom{\text{상}}{546}$. 2011년 개정상법은 출자 1좌의 최소금액을 5천원에서 100원으로 인하하였다.

**6) 각 사원의 출자좌수**$\binom{\text{상 543}}{\text{II 4호}}$: 이는 각 사원의 지분비율을 정할 수 있는 출자단위의 숫자이다. 각 사원은 그 출자좌수에 따라 지분을 갖게 된다$\binom{\text{상}}{554}$. 유한회사에서도 원칙적으로 지분비례주의에 따른 사원평등의 원칙이 지배한다$\binom{\text{상 575}}{580}$.

**7) 본점소재지**$\binom{\text{상 543}}{\text{II 5호}}$: 본점소재지는 유한회사에서도 설립무효나 취소소송 또는 결의의 하자를 다투는 소송에서 재판관할의 기준이 되고 설립등기의 관할기준이므로 정관상 절대적 기재사항으로 하였다$\binom{\text{상 552 II. 186: 578.}}{\text{376-381: 172 등 참조}}$.

**(다) 상대적 기재사항:** 상대적 기재사항이란 정관에 기재하지 않아도 정관 자체의 효력에는 영향이 없지만 해당 사항은 정관상의 기재로 비로소 효력이 발생하는 기재내용이다. 유한회사정관의 상대적 기재사항도 변태적 설립사항과 여타의 사항으로 나누어진다.

**1) 변태적 설립사항**$\binom{\text{상}}{544}$: 이에는 현물출자, 재산인수 및 설립비용이 있다. 주식

회사와 달리 발기인의 특별이익이 변태설립사항에서 빠져 있다. 유한회사에는 발기인 제도가 존재하지 않기 때문이다.

**2) 여타의 상대적 기재사항:**    변태적 설립사항 이외에도 정관에는 많은 상대적 기재사항이 등재될 수 있다. 초대이사의 선정($\text{상}^{547}$), 이사가 **數人**인 경우 대표이사의 선정내용($\text{상}^{562}$), 감사의 선정내용($\text{상}_{568}$), 별도로 정한 각 사원의 의결권의 수($\text{상서}^{575}$) 등이 이에 해당한다.

**(라) 임의적 기재사항:**    임의적 기재사항이란 기재하지 않아도 정관 및 해당 사항의 효력에는 영향이 없지만 일단 정관에 기재됨으로써 정관변경이라는 가중된 절차가 있어야 비로소 변경될 수 있는 기재내용을 말한다. 유한회사의 정관에도 양속이나 강행법규에 반하지 않는 한 여러 사항들이 임의적 기재사항으로 등재될 수 있다. 예컨대 이사의 수나 결산기 등이 그것이다.

### (2) 실체형성

유한회사의 설립에서도 자본회사의 설립과정의 특색인 실체형성과정이 요구된다. 이는 기관선임과 출자의 이행으로 구성된다.

**(가) 기관선임(Organbestellung):**    원시정관을 작성함에 있어서 初代理事를 정관의 상대적 기재사항으로 하여 선임할 수 있다. 그러나 정관상 초대이사를 선임하지 아니한 때에는 회사성립 전에 사원총회를 열어 이를 선임할 수 있다($\text{상}^{547}$). 초대이사는 유한회사의 설립사무를 주도하게 되고 실체형성기에 존재하는 설립중의 회사(Vorgesellschaft)의 업무집행기관이다. 이사의 수는 1인 또는 수인 모두 가능하다($\text{상}_{561}$). 감사는 유한회사에서는 임의기관(fakultatives Organ)이다. 따라서 정관규정으로 감사를 두기로 정한 경우에만 정관규정이나 사원총회결의로 감사를 선임할 수 있다($\text{상}_{568}$).

**(나) 출자의 이행**    유한회사에서는 정관에 설립 당시의 사원과 그 출자내용이 확정되므로 주식회사에서처럼 별도의 주식인수절차가 없다. 따라서 정관이 작성되고 초대이사가 선임되면 이사는 각 사원으로 하여금 출자 전액을 납입시켜야 하고 현물출자의 목적인 재산 전부의 급여를 시켜야 한다($\text{상}^{548}$). 주식회사와 마찬가지로 자본충실의 원칙에 따라 전액납입제가 시행되고 있다. 그러나 각 사원의 출자이행이 지체될 경우 주식회사에서와 같은 실권절차가 없으므로 강제집행에 의하여 납입을 실현시킬 수밖에 없다.

### (3) 설립등기

유한회사에서도 회사설립의 마지막 단계는 설립등기이다. 출자의 이행이 완료된 날로부터 2주간 내에 본점소재지에서 설립등기가 이루어져야 한다($\frac{\text{상}}{549}$). 설립등기사항은 상법 제549조 제2항 각호에 나열되어 있다.

### 4. 설립관여자의 책임

유한회사는 내부적 조합성이 강한 폐쇄회사이다. 따라서 설립절차에 대해서도 상법은 당사자자치를 존중하여 외부적인 설립검사제를 폐지하였다. 그러나 유한회사 역시 자본회사이므로 설립 당시 자본에 해당하는 순재산을 회사가 갖고 있지 못하면 채권자보호의 이념에 반한다. 따라서 상법은 자본유지의 원칙에 따른 전보책임제도를 두어 회사의 부실설립을 막고 있다. 하나는 사원의 부족재산가액전보책임이요($\frac{\text{상}}{550}$), 다른 하나는 사원, 이사 및 감사의 출자미필액전보책임이다($\frac{\text{상}}{551}$).

#### (1) 사원의 부족재산가액전보책임

이 책임은 재산인수와 현물출자를 위하여 제공된 목적재산의 회사성립 당시의 실가가 정관에 정한 가격보다 현저히 부족할 때 나타난다. 그리하여 사원들은 그 부족액을 연대하여 지급하여야 하며 이러한 사원의 책임은 무과실책임으로서 면제되지 못한다($\frac{\text{상}}{550}$). 이는 독일 유한회사법상으로는 차액책임(Differenzhaftung)이라 불리운다($\frac{\text{동법}}{9}$).

#### (2) 사원과 이사·감사의 출자미필액전보책임

이 책임은 금전출자나 현물출자의 이행이 완료되지 못하였을 때 사원과 이사, 감사에게 부과되는 책임이다($\frac{\text{상}}{551}$). 이 경우에는 미납입금액과 미이행된 현물출자의 가액을 연대하여 지급하여야 한다. 이 경우 이사와 감사의 책임은 총사원의 동의로 면제할 수 있으나 사원의 책임은 면제되지 않는다($\frac{\text{상}}{551,\text{III}}$). 이 역시 무과실책임의 성격을 띤다.

### 5. 회사설립의 하자

유한회사의 설립의 하자는 객관적인 원인뿐만 아니라 주관적인 것도 고려의 대상이 된다. 그리하여 주식회사에서와는 달리 설립취소의 소제도가 부활된다. 회사설립의 무효는 사원, 이사 및 감사에 한하여, 회사설립의 취소는 회사성립의 날로부터 2년 내에 소만으로 이를 주장할 수 있다($^{\text{상}}_{552}$). 설립의 하자를 다투는 형성소송에 대해서는 합명회사의 설립하자에 관한 규정이 대부분 준용되고 있다($^{\text{상}\ 552,\ 184}_{9.\ 185-193}$).

여타의 법형태에서와 마찬가지로 유한회사에서도 이러한 설립무효나 취소의 소에서 원고가 승소하면 설립등기의 시점에서부터 판결이 확정될 때까지의 과도기에 사실상의 회사(faktische Gesellschaft)가 발생한다.

## III. 회사와 사원간의 법률관계

### 1. 사원의 자격과 수

유한회사는 폐쇄회사(closed company)로서 社員의 숫자는 1인 이상이기만 하면 된다($^{\text{상}\ 543}$). 사원총수가 50인 이하여야 한다는 제한이 폐지되었다 함은 이미 기술하였다. 모든 사원은 출자금액을 한도로 유한책임을 부담하므로 회사도 유한회사의 사원이 될 수 있다($^{\text{상}\ 173}_{\text{반대해석}}$).

### 2. 사원의 권리와 의무

#### (1) 사원의 권리

유한회사에서도 사원의 권리의무의 총체를 지분(Anteil)이라 부른다. 주식회사와 마찬가지로 유한회사 사원의 권리에 대해서도 지분에 비례한 사원평등의 원칙(Gleichbehandlung der Gesellschafter)이 지배한다.

**(가) 자익권과 공익권:** 사원의 권리는 자익권과 공익권으로 나누어지며, 전자에는 이익배당청구권($^{\text{상}\ 583}_{9.\ 462}$), 잔여재산분배청구권($^{\text{상}}_{612}$), 출자인수권($^{\text{상}}_{588}$) 등이 있고, 후자에는 의결권($^{\text{상}}_{575}$), 총회소집청구권($^{\text{상}}_{572}$), 총회결의에 대한 소권($^{\text{상}\ 578}_{376-381}$), 대표소송제기권($^{\text{상}}_{565}$), 유지청구권($^{\text{상}\ 564}_{92}$) 등이 있다.

**(나) 단독사원권과 소수사원권:** 위의 여러 사원권 중 자익권 전부와 공익권 중 의결권, 각종 소권 및 자료열람청구권($^{\text{상}\ 566}$) 등은 단독사원권으로 되어 있고 그 밖의 공익권은 소수사원권으로 되어 있다.

## (2) 사원의 의무

**(가) 출자의무:**    사원은 설립시나 성립 후 증자시 인수한 출자가액을 납입하여야
한다($\frac{상}{553}\frac{548.}{596}$). 전액납입제를 취하고 있기 때문에 회사의 성립 전 또는 증자의 효력발생
전에 모두 납입하여야 한다.

**(나) 자본전보의무:**    유한회사의 사원은 자본충실의 원칙을 실현하기 위한 무과
실의 자본전보의무를 부담한다($\frac{상}{551}^{550.}$).

**(다) 충실의무(Treuepflicht):**    유한회사의 사원은 회사와 다른 사원에 대하여 광범
위한 충실의무를 부담한다. 유한회사는 폐쇄회사이기 때문에 주식회사에 있어서 보다
훨씬 사원들의 내부적 결속이 강하고 따라서 주식회사보다 강도높은 충실의무가 나
타난다. 독일의 판례도 주식회사와 달리 이미 오래전부터 유한회사 사원의 충실의무
를 인정하여 왔다.[9] 독일의 유한회사에 해당하는 영미의 "closed corporation"의 경
우도 마찬가지이다.[10] 이러한 충실의무의 존재로 말미암아 유한회사에 있어서는 폭넓
은 주의의무가 파생된다.

## 3. 지분의 관리

사원은 그 지분의 전부 또는 일부를 양도하거나 상속할 수 있다. 다만, 정관으로
지분의 양도를 제한할 수 있다($\frac{상}{556}$). 과거에는 유한회사의 지분양도를 위하여 원칙적으
로 사원총회의 특별결의($상^{585}$)가 필요하였으나, 2011년 개정 상법은 그러한 문구를 삭
제하고, 대신 지분양도의 자유를 천명하는 듯 상법 제556조 본문에서 양도 및 상속가
능성을, 그 단서에서는 정관을 통한 지분양도의 제한을 규정하고 있다. 마치 주식양
도자유의 원칙을 천명하고 있는 상법 제335조 제1항을 연상케한다. 그러나 유한회사
의 정관에는 여전히 사원의 성명과 각 사원의 출자좌수가 기재되어야 하므로($\frac{상543 Ⅱ.}{1호.4호}$),
지분의 이전이나 상속이 이루어지는 경우에는 반드시 정관변경이 수반되어야 한다.

유한회사는 폐쇄회사이므로 주식회사에서와 같은 정도의 지분양도가 불가함은 당
연하다. 지분의 유가증권화가 불가능한 것도 과거와 같다($\frac{상}{555}$). 유한회사라는 법형태의
설계에는 당연히 대외적 폐쇄성이 전제되어야 한다. 그렇지 않다면 주식회사와 다른
별도의 법형태를 인정할 이유가 희박해진다. 따라서 개정된 상법 제556조의 의미는
그리 크지 않다. 여전히 지분양도에는 사원총회의 특별결의가 요구된다고 보아야 할

---

9) BGHZ 65, 15 (ITT-Fall).
10) Wilkes v. Springside Nursing Home, Inc., 353 N.E. 2d. 657(1976).

것이다($\frac{\hat{a}}{585}$). 다만 그 단서에 정관으로 지분양도를 제한할 수 있다고 하였으므로 정관 규정으로 추가적인 양도제한을 시도할 수 있음을 규정한 것으로 새기면 될 것이다.

지분의 이전을 회사에 대항하기 위하여는 사원명부에 명의개서를 하여야 한다 ($\frac{\hat{a}}{557}$). 유한회사의 지분은 증서화되지 않는다($\frac{\hat{a}}{555}$). 상법은 지시식 또는 무기명식의 증권을 만들지 못한다고 하고 있다. 따라서 기명식 지분증서는 허용되는 것으로 풀이된다.

## Ⅳ. 유한회사의 기관

有限會社의 機關은 사원총회(Gesellschafterversammlung), 이사 및 감사이다. 그런데 유한회사는 폐쇄회사이므로 주식회사와 기관조직이 여러 가지로 다르다. 우선 주주총회와 달리 사원총회는 실질적인 최고기관성을 갖는다. 주주총회는 권한의 限定性을 경험하고 있지만($\frac{\hat{a}}{361}$), 유한회사의 사원총회는 명실공히 사내 최고기관이다. 아무리 업무집행기관인 이사가 있다 해도 이들은 주식회사의 이사회처럼 회의체로 운영되는 것도 아니고 오로지 사원총회의 지시를 받는 하부기관에 불과하기 때문이다. 이사, 감사의 선임권과 더불어 사내의 의사결정을 전반적으로 주도할 수 있고 정관자치가 허용되는 범위 내에서는 이사나 감사의 권한을 자신의 권한으로 할 수도 있다. 유한회사의 업무집행기관인 이사는 설사 복수로 선임되는 경우에도 단독으로 기관을 구성한다. 또 이사는 한 사람만 둘 수도 있다($\frac{\hat{a}}{561}$). 끝으로 감사는 유한회사에서는 필요기관이 아니다. 한마디로 주식회사의 기관조직은 '정관의 엄격성'(Satzungsstrenge)으로 대변되고 유한회사의 그것은 '정관의 자유'(Satzungsfreiheit)로 대변된다.

사원총회의 결의에 대하여 상법은 회의체결의뿐만 아니라 書面決議를 명문으로 허용하고 있다($\frac{\hat{a}}{577}$). 이것도 유한회사의 폐쇄성을 반영한 결과이다. 사원들간의 내부적 인적 신뢰는 같은 장소와 공간을 공유하지 않아도 의사형성의 메커니즘을 형성할 수 있기 때문이다. 사원총회의 결의에도 보통결의, 특별결의, 만장일치의 결의 등 세 종류가 있으며 주주총회에서와 마찬가지로 그 하자는 회사법상의 소로 다투는 것이 원칙이다($\frac{\hat{a}\ 578,}{376-381}$).

유한회사의 업무집행기관을 이사라 하는데 그 자격, 원수, 임기 등에 별도의 규정을 두고 있지 않아 탄력성있는 선출이 가능하다. 나아가 복수로 선임되어도 회의체를 구성하지 않고 각자 기관이 된다는 점이 이사회의 구성원에 불과한 주식회사의 이사와 다르다. 대표권의 범위나 이사의 책임에 관한 대부분의 규정은 주식회사의 그것을 준용하고 있다($\frac{\hat{a}}{567}$).

정관자치가 허용되는 한 유한회사에서는 그 기관으로 사원총회, 이사 및 감사만 고집할 필요는 없다. 유한회사의 본질과 강행법규에 어긋나지 않는 한 탄력성있는 기관구성이 가능하기 때문이다. 물론 사원총회와 이사의 조직은 대체할 수 없다고 본다. 그러나 이들 이외에 소위 副委員會(Beirat) 등 임의기관을 정관규정으로 창설할 수 있다고 본다. 이러한 제4의 기관은 여러 가지 기능을 수행할 수 있다. 단순한 자문역할만 하는 것도 가능하고 사회저명인사를 영입하여 기업의 대외적 이미지를 개선시키는 것도 가능하고 또 나아가 사내의 의사결정에 직접, 간접으로 영향을 미치는 권한부여도 가능할 것이다. 그러나 사원총회의 의사결정권을 전적으로 빼앗는 등 회사의 의사결정주체성(Verbandssouveränität) 자체를 위협하는 권한부여는 금지된다고 보아야 할 것이다.[11]

## V. 유한회사의 기본변경

### 1. 정관변경

유한회사의 정관을 변경함에는 사원총회의 특별결의를 거쳐야 한다($^{\text{상}584}_{585}$). 특별결의는 총사원의 반수 이상이며 총사원의 의결권의 4분의 3 이상을 가지는 자의 동의로 한다($^{\text{상}}_{585}$). 유한회사의 경우에는 자본총액이 정관의 절대적 기재사항이므로 자본의 증가나 감소는 정관변경의 경우로 다루어진다.

### 2. 조직변경

유한회사는 사원총회의 만장일치의 결의로 주식회사로 조직변경할 수 있다($^{\text{상}607}$). 이 경우 조직변경시에 발행하는 주식의 발행가액의 총액은 회사에 현존하는 순재산액을 초과하지 못한다($^{\text{상}607}$). 자본충실의 원칙을 지키기 위함이다.

### 3. 해산과 청산

#### (1) 해 산

유한회사의 해산사유로서는 ① 존립기간의 만료 기타 정관으로 정한 사유의 발생, ② 합병, ③ 파산, ④ 법원의 해산명령 또는 해산판결, ⑤ 사원총회의 결의 등이다

---

11) 이에 대해서 자세히는 Volker Voormann, Die Stellung des Beirats im Gesellschaftsrecht, Carl Heymanns, AHW 32, (1981).

($\substack{상\ 609 \\ 1}$).

## (2) 청 산

유한회사의 경우 주식회사에서와 같이 임의청산의 방법은 인정되지 않고 법정청산으로 청산사무가 처리된다. 주식회사의 청산절차에 관한 규정은 대부분 그대로 유한회사의 청산에 준용되고 있다($\substack{상\ 613 \\ 참조}$). 잔여재산은 정관에 다른 정함이 있는 경우 외에는 각 사원의 출자좌수에 따라 분배된다($\substack{상 \\ 612}$).

# 제6장 유한책임회사

## I. 유한책임회사의 개념

### 1. 정  의

유한책임회사(Limited Liability Company; LLC)란 내부적으로는 조합의 실체를 가지면서도 외부적으로는 모든 사원들이 회사에 대하여 출자금을 한도로 하는 유한책임만을 지고 회사채권자에 대하여는 직접 아무런 책임을 지지 않는 상법상의 회사이다. 내부관계에서는 합명회사를 기본틀로 하고,[1] 외부관계에서는 합명회사의 무한책임사원을 모두 유한책임사원으로 교체한 법형태라 할 만하다.

사실 2011년 상법개정으로 새로이 도입된 유한책임회사는 기존의 유한회사와 유사한 점이 매우 많다.[2] 그리하여 도입에 관한 논의가 있었던 때부터 양자를 병존시킬 것인가를 놓고 논란이 분분하였다. 결국 기존의 유한회사를 존치시키면서 이에 추가하여 새로운 법형태로 유한책임회사를 도입하였지만, 일본의 경우 기존의 유한회사를 폐지하고 미국식 유한책임회사를 모델로 한 합동회사를 두었다는 점도 참고하여야 할 것이다.

입법경과야 어떻든 새로이 도입된 유한책임회사는 창의적인 청년창업 혹은 벤처기업에 적합한 법형태로 활용되도록 설계된 것임은 분명하다. 그러나 과연 이 새로운 법형태가 우리 경제사회에 제대로 뿌리를 내릴 수 있을지 나아가 적극적으로 활용될 수 있을지는 아직 미지수이다.

### 2. 기존의 유한회사와의 비교

유한책임회사의 자본단체성은 유한회사에 비하여 미약하다. 유한회사에서는 출자 1좌의 금액은 100원 이상으로 균일하게 정하여야 한다($\frac{상}{546}$). 유한책임회사에서는 사원의 지분개념만 존재할 뿐 출자좌의 개념이 없고, 출자 1좌의 금액도 정해져 있지 않

---

1) 그리하여 유한책임회사의 내부관계에 대해서는 합명회사에 관한 규정들이 광범위하게 준용되고 있다(상법 제287조의18).

2) 유한책임회사 역시 유한회사와 마찬가지로 자본금, 지분 및 사원의 유한책임이라는 3가지 특징을 갖는다.

다. 설립절차에서도 유한책임회사는 유한회사보다 더 간소화되어 있다. 유한책임회사에서는 설립검사제도가 생략되는 등 유한회사와 달리 실체형성과정이 매우 간략히 설계되어 있다. 회사의 내부관계에서도 유한책임회사는 유한회사보다 더 조합적이다. 유한회사에서는 타인기관의 원칙이 강하여 업무집행기관인 이사를 선임하나($\frac{상}{561}$), 유한책임회사에서는 자기기관성과 타인기관성이 공존한다. 즉 사원 또는 사원이 아닌 자 모두를 업무집행자로 정할 수 있다($\frac{상}{12}\frac{287의}{I}$).

## II. 설    립

유한책임회사의 설립은 정관작성, 출자이행, 설립등기의 3단계로 이루어져있다.

### 1. 정관작성

유한책임회사를 설립함에는 사원이 정관을 작성하고 각 사원이 기명날인 또는 서명하면 되고 공증인의 인증은 요구되지 않는다($\frac{상}{287의3}\frac{287의2}{287의3}$). 사원의 자격에는 자연인뿐만 아니라 회사 기타의 법인도 가능하다. 정관에는 절대적 기재사항으로 목적, 상호, 본점소재지, 정관작성연월일, 사원의 성명 및 출자대상, 자본금의 액, 나아가 업무집행사원의 명칭 및 주소가 기재된다. 정관에는 이외에도 지분양도방법 등의 상대적 기재사항과 여타 임의적 기재사항이 등재될 수 있다.

### 2. 출자의 이행

유한책임회사는 비록 내부적으로 강한 조합성을 가지나 외부적으로는 모든 사원들은 유한책임을 지므로 출자대상은 재산출자에 한정되고 신용이나 노무의 출자는 허용되지 않는다($\frac{상}{4}\frac{287의}{I}$). 나아가 출자에는 전부이행의 원칙이 지배한다($\frac{상}{4}\frac{287의}{II}$). 현물출자를 하는 사원은 납입기일에 지체없이 출자목적재산을 인도하거나, 등기, 등록 그 밖의 권리설정 또는 이전이 필요한 경우에는 이에 관한 서류를 모두 갖추어 교부하여야 한다($\frac{상}{4}\frac{287의}{III}$).

### 3. 설립등기

유한책임회사는 본점소재지에서 설립등기를 함으로써 성립한다($\frac{상}{5}\frac{287의}{I}$). 설립등기사항은 상법 제287조의2 제1항 각호에 나열되어 있다.

## 4. 설립의 하자

유한책임회사에서도 설립중의 하자로 사실상의 회사가 출현할 가능성이 있다. 회사설립의 주관적, 객관적 하자를 이유로 회사설립취소의 소나 회사설립무효의 소가 제기될 수 있으며 이러한 설립하자소송에서 원고승소시에는 기판력의 대세효와 불소급효가 지배한다(상 287의6.<br>상 190).

## Ⅲ. 내부관계

### 1. 지분관리

유한책임회사는 내부적으로 강한 조합성을 가지며, 사실상 합명회사와 매우 유사하다. 사원의 지분양도는 다른 모든 사원의 동의를 얻어야 한다(상 287의<br>8 Ⅰ). 다만 업무집행을 하지 않는 사원의 경우에는 모든 업무집행사원의 동의를 얻어 지분의 전부나 일부를 양도할 수 있다(상 287의<br>8 Ⅱ). 그러나 이러한 양도제한 규정들은 임의규정이며 정관으로 이와 다른 정함을 할 수 있다(상 287의<br>8 Ⅲ). 회사는 자기지분의 전부나 그 일부를 양수할 수 없다(상 287의<br>9 Ⅰ).

### 2. 업무집행

유한책임회사는 정관으로 사원 또는 사원이 아닌 자를 업무집행자로 정하여야 한다(상 287의<br>12). 복수의 업무집행자가 지정된 경우에는 각자가 업무집행권을 갖는다(상 287의<br>12 Ⅱ Ⅰ). 복수의 업무집행자가 공동업무집행자로 지정된 경우에는 그 전원의 동의로 업무를 집행한다(상 287의<br>12 Ⅲ). 업무집행자가 아닌 사원은 업무집행에 대한 감시권을 갖는다(상 287<br>의14). 경우에 따라서는 자연인이 아니라 법인 업무집행자로 지정되는 경우도 있다. 이 경우에는 업무집행을 실행할 자를 지정하여야 하며 그 자의 성명과 주소를 다른 사원에게 통지하여야 한다(상 287<br>의15).

### 3. 업무집행자의 신인의무

유한책임회사의 업무집행자 역시 회사와 민법상 위임관계에 놓이므로 선관주의의무를 부담한다(상 287의18, 상 195:<br>민 707. 민 681-689). 나아가 회사의 이익과 업무집행자의 개인이익이 충돌할 경우에는 회사의 이익을 우선시하여야 한다. 즉 충실의무를 부담한다. 상법도 부분적으로 이러한 충실의무를 직접 규정하고 있다. 업무집행자의 경업금지의무($\frac{상}{의10}^{287}$)와 업무집행자와 회사간의 자기거래금지($\frac{상}{의11}^{287}$)가 그것이다. 업무집행자의 경업이 허용되는 요건은 사원들의 만장일치의 동의가 있는 경우이다($\frac{상}{의10}^{287}_{\text{I}}$). 업무집행자는 다른 사원 과반수의 승인이 있는 경우에 한하여 회사와 자기거래를 할 수 있다($\frac{상}{의11}^{287}$).

### 4. 합명회사에 관한 규정의 준용

유한책임회사의 내부관계에 관하여 정관이나 상법에 다른 규정이 없는 경우에는 합명회사에 관한 규정을 준용한다($\frac{상}{의18}^{287}$). 이러한 준용은 어디까지나 내부관계에 국한되며 이로써 상법이 유한책임회사의 내부관계를 보는 시각이 분명해진다. 강한 조합성으로 인하여 사실상 합명회사의 내부관계를 그대로 옮겨왔다고 생각해도 좋을 정도로 폭넓은 사적 자치를 허용한 것이다.

## Ⅳ. 외부관계

### 1. 회사대표권

업무집행자는 대외적으로 회사를 대표한다($\frac{상}{의19}^{287}_{\text{I}}$). 업무집행자가 복수인 경우에는 그중에서 회사를 대표할 자를 선정할 수 있으며($\frac{상}{의19}^{287}_{\text{II}}$), 둘 이상의 업무집행자에 공동대표권을 부여할 수도 있다($\frac{상}{의19}^{287}_{\text{III}}$).

### 2. 대표업무집행자의 직무관련 불법행위

대표업무집행자가 그 업무집행으로 인하여 타인에게 손해를 입힌 경우에는 회사는 그 업무집행자와 연대하여 손해를 배상할 책임을 진다($\frac{상}{의20}^{287}$). 이 점은 주식회사 대표이사의 직무관련 불법행위로 회사가 연대채무를 지는 것과 같다.

### 3. 대외적 책임

유한책임회사는 대외적으로 회사재산만으로 책임진다. 사원의 책임은 그 출자금액을 한도로 한다($\frac{상}{의7}^{287}$). 그러나 대외적으로는 아무런 책임을 지지 않는다. 이점에서 정관상 약정한 출자를 이행하지 않은 경우 비록 간접적이긴 하나 약정된 출자액의 한도에서 제3자에 대하여 직접 책임을 지는 합자회사의 유한책임사원과 다르다.

## 4. 회사와 사원 및 업무집행자간의 소(訴)

유한책임회사가 사원에 대하여 또는 사원이 유한책임회사에 대하여 소를 제기하는 경우 회사를 대표할 사원이 없을 때에는 다른 사원 과반수의 결의로 회사를 대표할 사원을 선정하여야 한다($^{\text{상 287}}_{\text{의21}}$).[3] 사원은 회사에 대하여 업무집행자의 책임을 추궁하는 소의 제기를 청구할 수 있다. 이 경우 주주대표소송에 관한 다수의 규정들이 준용된다($^{\text{상 287의}}_{\text{23 II}}$).

## V. 유한책임회사의 계산

### 1. 회계의 일반원칙

유한책임회사의 경우에도 일반적으로 공정하고 타당한 회계원칙이 적용된다($^{\text{상 287}}_{\text{의32}}$).

### 2. 결    산

유한책임회사의 업무집행자는 매 결산기마다 대차대조표, 손익계산서, 그 밖에 회사의 재무상태와 경영성과를 표시하는 결산서류를 작성한다($^{\text{상 287}}_{\text{의33}}$). 업무집행자는 이 서류들을 본점에 5년간 비치하고 그 등본은 지점에 3년간 비치하여야 한다($^{\text{상 287의}}_{\text{34 I}}$). 본 회사의 사원들과 채권자는 회사의 영업시간내에는 언제든지 재무제표의 열람 및 등사를 청구할 수 있다($^{\text{상 287의}}_{\text{34 II}}$). 회사는 대차대조표상의 순자산액으로부터 자본금을 뺀 액(이를 '잉여금'이라 한다)을 한도로 이를 각 사원에 분배할 수 있다($^{\text{상 287의}}_{\text{37 I}}$). 이 경우 출자가액비례주의가 지배한다($^{\text{상 287의}}_{\text{37 IV}}$).

## VI. 기본변경

### 1. 사원의 가입 및 탈퇴

사원의 구성변경은 조합적 성격이 강한 회사의 경우 기본변경사항(basic change)이

---

3) 이러한 경우는 회사가 대표업무집행사원을 상대로 소를 제기하는 경우이다.

다. 정관변경을 거쳐 신사원을 가입시킬 수 있다($\frac{\text{상}}{23}\frac{287의}{\text{I}}$). 가입의 효력은 정관변경시이
며 해당 가입자가 출자를 미이행상태인 경우에는 납입의무이행시점이다($\frac{\text{상}}{23}\frac{287의}{\text{II}}$). 유한
책임회사 사원의 퇴사에 관하여는 합명회사 무한책임사원의 퇴사에 관한 규정들이
적용된다($\frac{\text{상}}{\text{내지}}\frac{287의24}{27, 29}$).

## 2. 조직변경

유한책임회사는 총사원의 동의로 주식회사로 조직변경할 수 있다($\frac{\text{상}}{43}\frac{287의}{\text{II}}$). 그 역도
성립한다. 즉 주식회사도 같은 요건으로 유한책임회사로 조직변경을 꾀할 수 있다
($\frac{\text{상}}{43}\frac{287의}{\text{I}}$).

## 3. 정관변경

정관에 다른 규정이 없는 한 유한책임회사의 정관변경은 총사원의 동의로 이루어
진다($\frac{\text{상}}{\text{의}16}\frac{287}{}$).

## 4. 자본금감소

유한책임회사의 자본금은 사원이 출자한 금전이나 그 밖의 재산의 가액을 합한
금액이다($\frac{\text{상}}{\text{의}35}\frac{287}{}$). 회사는 정관변경의 방법으로 자본금을 감소할 수 있다($\frac{\text{상}}{\text{의}36}\frac{287}{}$). 이 경우
감자후의 자본액이 순자산액 이상인 경우를 제외하고는 채권자보호절차를 시행하여
야 한다($\frac{\text{상}}{\text{II, 상}}\frac{287의36}{232}$).

## 5. 합 병

유한책임회사가 합병하는 경우 존속회사 또는 신설회사는 주식회사, 유한회사, 또
는 유한책임회사여야 한다($\frac{\text{상}}{\text{의}}\frac{174}{}$). 회사는 총사원의 동의로 합병을 승인한다($\frac{\text{상}}{41}\frac{287의}{230}$). 합
명회사의 합병관련규정 중 일부는 본 회사에도 그대로 적용된다($\frac{\text{상}}{230}\frac{287의41, 상}{232-240}$).

## 6. 해산과 청산

유한책임회사는 존립기간의 만료, 총사원의 동의, 합병, 파산, 해산명령, 해산판결
또는 사원의 부존재 등의 사유로 해산한다($\frac{\text{상}}{38}\frac{287의}{\text{I}}$). 1인회사로 되는 것은 해산원인이
아니다. 그러나 사원이 아예 없게 된 경우는 해산사유이다($\frac{\text{상}}{\text{각호 참조}}\frac{287의38}{}$). 합병과 파산 이외
의 해산사유로 해산하는 경우에는 그 사유가 있었던 날로부터 본점소재지에서는 2주

내에, 지점소재지에서는 3주내에 해산등기를 해야 한다($\stackrel{상}{\text{의}39}^{287}$).

회사가 해산한 경우에는 합병과 파산으로 인한 경우를 제외하고는 청산절차로 진입하는바 유한책임회사의 경우 법정청산만 허용된다.

### ⊛ 유한책임회사제도의 입법론적 쟁점[4]

#### Ⅰ. 유한책임회사제도의 의의 및 국내 현황

2011년 주식회사나 유한회사 등 기존의 물적회사보다 유연한 내부구조를 가지면서도 대외적으로는 유한책임이 보장되는 회사형태가 새로이 상법전에 등장하였다. 이미 유한회사가 유사한 기능을 수행해온 것은 사실이지만[5] 상법은 이에 추가하여 미국식 LLC 또는 일본 회사법상의 합동회사(合同會社)를 모델로 보다 유연한 회사유형을 도입하게 되었다.[6] 첨단기술이나 고도의 모험사업 나아가 컨설팅 또는 회계법인 등 인적 자산이 중시되는 회사형태는 오늘의 지식기반형 산업구조를 감안할 때 매우 긴요한 것이다. 이러한 배경하에 유한책임회사제도가 상법전에 탄생하였다고 할 수 있다.

그러나 이러한 입법취지에도 불구하고 지난 10년간 유한책임회사에 대한 국내의 선호도는 그리 크지 않았다. 다만 최근 해외 기업의 국내 법인들이 유한책임회사로 조직변경을 하는 사례가 점증하고 있어 향후 그 추이에 관심이 집중되고 있다. 2020년부터는 외감법이 개정되어 매출액이나 자본금이 500억원을 초과할 경우[7] 기존의 유한회사에 대해서도 외부감사의 대상이 되었고 나아가 감사보고서를 공시하도록 의무화되자 유한회사 형태로 운영되던 이들 법인들이 대거 유한책임회사로 조직변경을 하게 된 것이다.[8]

#### Ⅱ. 유한책임회사제도를 둘러싼 입법론적 문제점

##### 1. 법적 성질에 대한 논의

유한책임회사를 인적회사로 볼 것인지 아니면 물적회사로 볼 것인지에 대해 학설대립이 있을 수 있다. 양자의 요소를 모두 갖고 있기 때문이다. 주식회사나 유한회사 등 기존의 물적회사와 달리 유한책임회사에서는 출자가액에 비례한 의결권이 보장되지 않는다. 즉 인적회사에서처럼 두수주의(頭數主義)가 지배한다($\stackrel{상}{\text{상}}^{287의8,}_{287의11}\stackrel{상}{\text{등}}^{287의10,}_{\text{참조}}$). 나아가 유한책임회사는 인적회사 특유의 퇴사(退社)제도도 갖고 있다($\stackrel{상}{\text{이하}}^{287의24}$). 그럼에도 불구하고 현행 상

---

4) 아래의 내용은 2021년 2월 25일 삼성동 무역센터 24층 대한상사중재원에서 개최된 한미법학회 2021년 춘계 학술대회에서 같은 제목의 발표내용(발표: 송종준 충북대 명예교수)에 대한 필자의 토론문에 기초하고 있음.

5) 유한회사 역시 주식회사와 합명회사의 장점을 합친 하이브리드형 법형태라 할 수 있다.

6) 정대익, "상법개정안상 새로운 기업유형에 대한 검토", 「상사법연구」 제28권 제3호(2009), 75~126면, 특히 91면.

7) 샤넬(Chanel), 루이뷔통(Louis Vuitton), 구찌(Gucci) 등 럭셔리 브랜드의 국내 연매출 규모는 이미 조단위에 이르고 있다. 구글코리아, 애플코리아, 나이키코리아 등 역시 조단위의 연매출을 내는 것으로 추정되고 있으며 모두 유한회사 형태로 운영되고 있다(황태호 기자, "외국계기업, 외부감사−공시의무 없는 '유한책임회사' 전환 러시", www.donga.com, 2020−12−09).

8) 2017년 아디다스코리아, 2020년 이베이코리아, 딜리버리히어로코리아 및 구찌코리아가 유한책임회사로 조직변경을 마쳤다. 상법상 유한회사에서 유한책임회사로 조직변경을 할 수 없으므로 주식회사를 경유하는 '우회전환' 방식이 동원되었다.

법전의 규정내용만으로는 물적회사로 파악하게 될 것이다. 1인설립의 허용($_{의2}^{상}{}^{287}$), 자본금($_{의35}^{상}{}^{제287}$), 전액출자의무($_{의4\,II}^{상}{}^{287}$), 대표소송의 허용($_{의22}^{상}{}^{287}$), 잉여금분배시의 출자가액 비례주의($_{37\,IV}^{상}{}^{287의}$), 주식회사와 유한책임회사간의 조직변경의 허용($_{의43}^{상}{}^{287}$) 등 **상법의 규정들을 전체적으로 살펴보면 물적회사의 요소가 인적회사의 요소를 압도하고 있음**을 알 수 있다.

### 2. 출자관련 문제점

전액출자의무제($_{4\,II}^{상}{}^{287의}$) 또는 노무·신용출자의 금지($_{1}^{상}{}^{287의}$) 등 유한책임회사의 출자관련 규정들은 인적 자산 중심의 스타트업 등에는 부정적으로 작용할 여지도 있다.[9] 즉 출자능력은 없으나 뛰어난 노하우를 가진 차세대 인재를 사원으로 영입할 수 없게 되는 문제를 야기할 수 있다. 나아가 잉여금의 분배에 있어서도 출자가액 비례주의를 취하고 있어 자칫 자산이 없는 유능한 인재의 영입에 차질을 빚을 가능성도 있다. **미국법에서처럼 노무나 신용출자자에게도 잉여금의 분배를 가능케하는 예외조항의 신설이 필요하다고 본다.**[10]

### 3. 업무집행 관련 문제점

(1) 운영계약을 통한 사적자치의 강화문제: 유한책임회사는 내부적으로 광범한 사적 자치가 허용되므로 이를 최대한 활용하는 것이 이 법형태의 최대 강점이기도 하다. 대개 실무에서는 운영계약(operating agreement)을 작성하여 이를 실행에 옮기는바 이러한 계약이 유효하기 위하여 정관에 해당 근거규정을 두는 것이 필요한지 문제시되나 필요하다고 생각한다.

(2) 업무집행자의 신인의무에 대한 근거규정의 명시필요성: 업무집행자는 유한책임회사의 사원이건 아니건 주식회사의 이사와 마찬가지로 선관주의의무(duty of care)와 충실의무(duty of loyalty)를 부담한다고 생각한다.

(가) 선관주의의무: 해당 근거규정을 새로이 두어야 하는지 의문이나 적어도 선관주의의무에 대해서는 기존 상법의 규정시스템으로도 민법 제681조의 준용은 가능하다고 생각한다($_{\to\,민\,707\,\to\,민\,681}^{상\,287의18\,\to\,상\,195}$).[11]

(나) 충실의무: 일반적 충실의무에 대해서는 주식회사 이사의 충실의무에 관한 상법 제382조의3의 규정을 유한책임회사의 업무집행자에게도 준용할 필요가 있다고 생각한다. 방법은 상법 제287조의18에 제2항을 신설하여 해당 조문을 준용대상에 포함시키는 것이다. 이러한 포괄적인 규정을 둠으로써 예컨대 주식회사에서 자주 논의되는 전직권유행위(轉職勸誘行爲)(이른바 '종업원빼가기') 등 일본 판례법상의 사례[12]들도 막을 수 있다고 생각한다.

---

9) 미국의 LLC법은 운영계약에서 달리 정하지 않는 한 출자의 목적에 제한을 가하지 않는다. 즉 현금, 재산, 노무 등 모두 허용된다(S. 402 RULLCA); 델라웨어주의 유한책임회사법 역시 그러하다(S. 18-501 Delaware Limited Liability Company Act).

10) 미국의 2006년 개정통일유한책임회사법(RULLCA) 제404조(회사에 대한 기여도 비례주의).

11) 김건식·노혁준·천경훈, 회사법, 제4판, 박영사, 995면.

12) [日本設備事件] 東京地方裁判所 昭和63年(1988年) 3月 30日, 判例時報 1272号, 23頁; 東京高等裁判所 平成元年(1989年) 10月 26日, 金融·商事判例 835号, 23頁.

(3) 업무집행권이 없는 사원의 신인의무: 업무집행권이 없다 하여도 업무집행자와 마찬가지로 신인의무를 부담한다고 본다.

(가) 선관주의의무: 비록 유한책임회사의 일상적인 업무집행에는 참여하지 않는다 할지라도 사원은 다른 사원의 지분양도를 승인하여야 하고($^{상 287}_{의8 1}$), 업무집행자의 경업거래나 자기거래를 승인하여야 한다($^{상 287의10,}_{상 287의11}$). 이러한 감시활동 역시 업무집행의 일종으로 볼 수 있으며 이에 대해서는 선량한 관리자의 주의를 다하여야 하고 업무집행자의 경업거래나 자기거래를 승인하는 경우에도 선량한 관리자의 주의를 다하여 승인여부를 결정하여야 할 것이다(성실심의의무; duty to exercise judgement in good faith). 따라서 업무집행권이 없는 사원에 대해서도 선관주의의무를 인정할 수 있다고 본다. 회사 역시 성실심의의무를 위반한 사원에 대해서는 손해배상책임을 물을 수 있다고 생각한다($^{상 287의}_{21 \ 참조}$).

(나) 충실의무: 나아가 충실의무의 경우에도 역시 이를 부정하기는 어렵다고 본다. 주식회사보다도 오히려 인적 성격이 강한 유한책임회사이고 보면 사원 상호간의 횡적 유대는 매우 강할 것이고 따라서 어떤 사원도 그가 업무집행자이건 아니건 구별없이 회사 및 다른 사원에 대한 충실의무의 주체가 된다고 본다.[13] 업무집행권이 없다 하여 이를 부정하기는 어려울 것이다. 더욱이 **유한책임회사의 사원은 모두 대외적으로 유한책임의 혜택을 누리므로 회사이익에 반하는 일체의 행동을 자제하여야 하고 나아가 다른 사원의 이익을 해하는 방법으로 행동하지 말아야** 할 것이다.[14]

(4) 업무집행자의 회사기회유용 문제: 업무집행자의 충실의무부분에서 한 가지 추가로 생각할 것은 회사기회유용의 문제이다. 상법은 업무집행자의 경업금지($^{상 287}_{의10}$) 내지 자기거래금지($^{상 287}_{의11}$)만 규정하고 있지만 주식회사에서와 유사하게 회사기회유용금지의 문제를 생각할 필요가 있다. **특히 유한책임회사는 기술집약적 기업형태에 적합한바 기술개발과정에서 창출된 결과물이 사외로 유출될 가능성**이 있다. 따라서 **상법 제397조의2를 유한책임회사에 준용하는 문제**는 매우 절실하다고 본다.

(5) 신인의무의 완화문제: 주식회사법에서도 오늘날 경업거래나 기회유용 등의 영역에 있어서 특히 미국의 회사법은 일정 요건하에 이를 완화하는 모습을 보이고 있다. 즉 영국식의 고전적 신탁법리를 회사법에 적용 내지 준용하는 경우 법적용의 완화현상이 나타나고 있다. 델라웨어의 회사법은 **회사기회유용계약도 허용하며**[15] **경업금지의무 역시 일정요건하에 완화되어가는 추세**이다.[16]

유한책임회사의 경우 AI 등 기술집약적 회사형태에 이용될 가능성이 높다. 특히 업무집행자에 대한 충실의무의 이행여부를 판단함에 있어서는 4차 산업혁명의 발전추이도 함께

---

13) 오늘날 주주의 충실의무도 인정되는 상황에서 하물며 소수의 폐쇄성이 강한 유한책임회사 사원간의 충실의무는 부정하기 어려울 것이다.

14) 권기범, 현대회사법론, 제7판, 삼영사, 2017, 369면; 참고로 합자회사의 유한책임사원에 대해 경업의 자유를 인정하는 것(상법 제275조 참조)은 합자회사의 경우에는 회사채무에 대해 연대, 직접, 무한책임을 지는 무한책임사원이 별도로 존재하고, 유한책임사원 역시 자신의 출자가액을 모두 이행한 경우에는 더 이상 회사채권자에 대해 책임질 일이 없기 때문이다. 그러나 유한책임회사의 경우 사원은 모두 유한책임만 부담하며 회사재산은 채권자에 대해 중요한 담보재산이 될 것이다.

15) 델라웨어주 회사법 제122조 제17항 참조.

16) ALI-CORPGOV, §5.06 (a), (1), pp. 289f.

고려하여야 할 것이다. 예컨대 특정 인공지능기술을 독점하고 있는 업무집행자라면 다른 회사에서도 이사직을 겸할 가능성이 있다. 이때 그러한 겸직상황을 비난하며 엄격히 규제만 하는 것이 상책은 아닐 것이다. 오히려 타 업체와의 상생(相生)을 도모하거나 기술제휴 등 협업(協業)을 실행하는 것이 회사의 장기적 이익에 부합할 수도 있다. 그런 점을 고려하여 업무집행자의 경업거래나 겸직 역시 일정 요건하에 이를 허용하고 대신 합리적인 반대급부를 설계해 보는 것도 고려할 필요가 있다. 나아가 회사기회의 유용에서도 일정 요건하에 이를 허용하는 방법도 생각해 볼 필요가 있다고 본다. 사전에 기회이용계약을 체결하고 타 업체와는 해당 기술의 공동개발 등 탄력적인 설계를 시도해 보는 것도 좋을 것이다. 이러한 방법이 오히려 회사의 장기적 이익에 부합할 때도 있을 것이다.

### 4. 조직변경상의 문제점

현재 상법은 유한회사와 유한책임회사 상호간 조직변경을 허용하고 있지 않아 문제가 될 수 있다. 본시 상법은 인적회사 상호간 그리고 물적회사 상호간에만 조직변경을 허용해 왔다. 만약 유한책임회사를 물적회사로 본다면 유한회사와 유한책임회사 상호간 조직변경을 부정할 근거는 없는 것이다. 최근 들어 외국계 명품 브랜드의 국내법인들이 유한회사의 형태로 있다가 바로 유한책임회사로 변경하지 못하고 주식회사를 경유하는 "우회전환"의 방식을 택하고 있다.[17] 이러한 조직변경이 다소 규제회피적 성격을 띠고 있는 것은 사실이지만 어쨌든 유한회사와 유한책임회사간 조직변경을 허용하지 않는 상법의 현 상황이 바람직스럽게 느껴지지는 않는다.

### 5. 다중대표소송 규정(상법 제406조의2)의 준용문제

상법은 주식회사뿐만 아니라 물적회사 모두에 대해 대표소송을 허용하고 있다. 즉 주식회사뿐만 아니라 유한회사나 유한책임회사에 대해서도 대표소송을 허용한다($^{상\ 65,\ 상}_{287의22}$).[18] 주식회사에 대해 단순대표소송뿐만 아니라 다중대표소송도 허용한다면 주식회사 이외의 물적회사에 대해서도 그러한 가능성을 생각해 볼 필요가 있다. 최소한 2020년 12월에 입법한 상법 제406조의2를 이들 법형태에 대해서도 준용할 수 있는지 한번쯤 생각해 볼 필요가 있다. 유한회사가 기업집단의 최정상에 놓일 수도 있고 유한책임회사가 그러한 위치에 놓일 수도 있기 때문이다.[19] 가능성은 다양하다고 할 수 있다. 유한회사가 다른 유한회사의 지분 과반수를 가짐으로써 기업집단을 형성할 수도 있고 유한회사가 주식회사의 과반수 주식을 가짐으로써 기업집단을 형성할 수도 있을 것이다.[20] 이러한 다양한 가능성에

---

17) '구찌코리아 유한책임회사'가 그것이다(황태호 기자, "외국계기업, 외부감사−공시의무 없는 '유한책임회사' 전환 러시", www.donga.com, 2020−12−09). 이베이코리아나 DH(딜리버리히어로)코리아 역시 유한책임회사로 조직변경을 마쳤다고 한다.

18) 델라웨어주 유한책임회사법 역시 이를 허용한다(Section 18−1001, Delaware Limited Liability Company Act).

19) 최근 NYSE에 상장을 준비중인 쿠팡(Coupang) 역시 델라웨어 회사인 Coupang LLC의 완전자회사였다. 쿠팡은 쿠팡 LLC로부터 자산과 부채를 현물출자받고 있었으며 쿠팡 LLC의 최대주주는 손정의 소프트뱅크 회장이 이끄는 '소프트뱅크 비전펀드(SVF)'였다. 상장신청 직전에 'Coupang LLC'는 'Coupang Inc.'로 법형태를 바꾸었고 이 상태에서 상장신청을 하였다. 뉴욕증시로 간 이유는 차등의결권 때문이었다. 김범석 의장은 1주 29의 의결권을 갖는 클래스B 주식을 갖게 된다. 그러나 클래스B 주식은 상장되지 않으며 일반 주주들이 갖게 될 클래스A 주식만 종목코드 "CPNG"로 상장된다.

대비하여 해당 규정을 정비하는 것도 향후의 입법과제로 조심스럽게 생각해 볼 필요가 있을 것이다.[21]

### 6. 동업기업과세특례(同業企業課稅特例)의 적용문제

새로운 회사형태가 경제계에서 선택되느냐 마느냐에 큰 영향을 주는 것이 바로 세금문제이다.[22] 유한책임회사의 경우 내부의 강한 조합성으로 말미암아 동업기업에 대한 과세특례[23] 대상에 포함시킬 수 있을지 관심이 높다. 이 새로운 법형태가 활성화되려면 유한책임회사도 위 특례 대상에 포함시키는 것이 바람직하다고 생각한다. 다만 위에서도 보았듯이 **외국계 국내법인이 오로지 규제회피를 목적으로 유한책임회사로 조직변경을 하는 경우 여론의 반대기류가 예상된다.** "조단위의 연매출을 내는 럭셔리 브랜드의 국내법인에 대해서까지 과세특례의 혜택을 줄 필요가 있느냐!"라는 반론에 부딪힐 수 있기 때문이다. 입법기술적 어려움이 예상된다.

### Ⅲ. 에필로그

2011년 우리 상법이 새로이 도입한 유한책임회사 제도가 매끄럽게 정착하여 고용증대나 산업경쟁력 강화 등 경제의 효율을 높일 수 있도록 노력하여야 할 것이다. 특히 우리 상법상 이제는 폐쇄형 물적회사로 소규모 주식회사, 유한회사, 유한책임회사 등 3종이 공존하게 되었다. 3자의 차이를 잘 비교하여 최대의 효율을 창출할 수 있도록 함께 노력하여야 할 것이다. 나아가 관련 판례법 형성도 조화롭게 이루어질 수 있도록 노력을 경주하여야 한다.

---

20) Lutter/Hommelhoff, GmbH—Gesetz, 20. Aufl., Anh. zu §13 Rdnrn. 75ff.
21) 가장 간단한 방법은 위 해당 법형태의 대표소송 관련 규정에 상법 제406조의2를 준용대상에 포함시키는 것이다. 즉 상법 제565조 및 상법 제287조의22 각 제2항에 있는 "제406조"를 "제406조의2"로 바꾸거나 아니면 "제406조의2"를 제2항에 새로이 추가하면 될 것이다.
22) 문호준, "상법 개정안상 새로운 기업유형에 관한 토론문", 「상사법연구」 제28권 제3호(2009), 129면.
23) 조세특례제한법 제100조의14 이하.

# 판례색인

# 사항색인

## ㅅ

**〇**

# 외국어색인

[저자약력]
고려대학교 법과대학 졸업
독일 쾰른대 법학부 졸업
독일 쾰른대 박사과정 수료(Dr. jur.)
UC Berkeley 비지팅 스칼라(2009)
사법시험, 행정고시, 입법고시 및 공인회계사 시험위원
주식백지신탁심사위원회 위원
매일경제 객원논설위원
(사)한국경영법률학회 회장(2012)
(사)한국상사법학회 회장(2016)
고려대학교 법학전문대학원 교수
현 고려대학교 법학전문대학원 명예교수
　상사중재인, 조정인

[저　서]
상법총칙 · 상행위법, 제6판, 법문사, 2023.
어음 · 수표법, 제2판, 법문사, 2015.
상법연습, 제3판, 법문사, 2012.
상법강의(상), 제4판, 법문사, 2005.
상법강의(하), 제2판, 법문사, 2002.
국제거래법, 고려대학교 출판부, 2002.
Die Einzelklagebefugnis des Gesellschafters, jur. Diss., Univ. Cologne, 1990.

[논　문]
주식매수청구권과 시너지, 「증권법연구」 제18권 제2호(2017) 외 다수

**회 사 법** [제8판]

2010년 3월 15일　초판 발행
2012년 3월 15일　제2판 발행
2014년 1월 10일　제3판 발행
2015년 1월 30일　제4판 발행
2019년 2월 10일　제5판 발행
2020년 7월 25일　제6판 발행
2021년 2월 5일　제7판 발행
2023년 1월 10일　제8판 1쇄발행

저　자　김　　　정　　　호
발 행 인　배　　　효　　　선

발행처　도서
출판　　法 文 社

주　소　10881 경기도 파주시 회동길 37-29
등　록　1957년 12월 12일 / 제2-76호 (윤)
전　화　(031)955-6500~6 FAX (031)955-6525
E-mail　(영업) bms@bobmunsa.co.kr
　　　　(편집) edit66@bobmunsa.co.kr
홈페이지 http://www.bobmunsa.co.kr

조　판　법　문　사　전　산　실

정가　48,000원　　　　　　ISBN 978-89-18-91357-5